Coleção

REVISAÇO®

CESPE

Obrigada Deus por essa aquisição, por poder comprar esse livro! Abençoa Senhor para que eu possa aprender muito com ele. Te amo Jesus 02/08/17

COORDENAÇÃO

PAULO LÉPORE

LEANDRO BORTOLETO

Coleção REVISAÇO®

CESPE

TOMO 1

2ª edição
revista, ampliada e atualizada

2017

EDITORA JusPODIVM
www.editorajuspodivm.com.br

EDITORA *Jus*PODIVM
www.editorajuspodivm.com.br

Rua Mato Grosso, 164, Ed. Marfina, 1º Andar – Pituba, CEP: 41830-151 – Salvador – Bahia
Tel: (71) 3045.9051
• Contato: https://www.editorajuspodivm.com.br/sac

Capa: Rene Bueno e Daniela Jardim *(www.buenojardim.com.br)*

Diagramação: SBNigri Artes e Textos Ltda. *(sbnigri@centroin.com.br)*

Sobre os Autores

DAILSON SOARES REZENDE – *DIREITOS DIFUSOS E COLETIVOS*

Mestrando em Ciências Jurídicas pela UNIBE, Especialista em Licitações e Contratos Administrativos pelo Centro Universitário UNISEB-COC, Advogado, Autor de artigos e livros jurídicos pela Editora JusPodivm, Professor da Escola Superior de Direito – Ribeirão Preto e Membro do Conselho Regional de Prerrogativas – 6ª Região – OAB – Seção São Paulo. E-mail: dailson.rezendeadvocacia@gmail.com

DANILO DA CUNHA SOUSA – *DIREITO PENAL*

Analista Judiciário – Oficial de Justiça Avaliador – TRF/3. Mestrando em Processo Penal/UNESP-Franca. Coautor em vários livros da Coleção Revisaço e autor do livro Processo Penal para Concursos, todos pela editora Juspodivm.

GUSTAVO BUGALHO – *DIREITO ELEITORAL*

Advogado eleitoralista e administrativista. Sócio do escritório Brasil Salomão e Matthes Advocacia. Bacharel em Direito pela Faculdade de Direito de Franca. Especialista em Direito Constitucional pelo Centro de Extensão Universitária/SP. Professor de Direito Eleitoral em Cursos Preparatórios para Concursos e Pós-graduações. Autor de obras na área de Direito Eleitoral e Administrativo. Membro de Comissões de Direito Administrativo e de Direito Eleitoral na Seccional Paulista e na Subseccional de Ribeirão Preto da OAB.

JAIME BULOS – *DIREITO CIVIL*

Advogado. Mestre em Direitos Coletivos e Cidadania pela Universidade de Ribeirão Preto/SP – UNAERP. Especialista lato sensu em Processo Civil também pela UNAERP. Professor da Faculdade de Direito do Centro Universitário Moura Lacerda e da Faculdade de Direito da Universidade Paulista – UNIP. Professor de cursos preparatórios para carreiras públicas e para exame da OAB. Membro do Conselho Editorial da Revista Jurídica do Centro Universitário Moura Lacerda. Coordenador da Comissão do Advogado Professor da 12ª Subsecção da OAB/SP.

KERTON NASCIMENTO E COSTA – *DIREITOS HUMANOS*

Mestre em Direitos Coletivos e Cidadania pela Universidade de Ribeirão Preto – UNAERP. Advogado. Professor no Centro Universitário Barão de Mauá. Professor na pós-graduação da Estácio Uniseb. Professor em Cursos preparatórios para concursos públicos.

LUIS HENRIQUE USAI – *DIREITO PENAL MILITAR E PROCESSO PENAL MILITAR*

Bacharel em Ciências Policiais de Segurança e Ordem Pública (Academia da Policia Militar do Barro Branco São Paulo). Bacharel em Ciências Jurídicas e Sociais (PUCCAMP). Pós-graduação stricto sensu em Prevenção de Drogas (SENASP e Universidade Federal de Santa Catarina). Mestre em Polícia Ostensiva e Preservação da Ordem Pública (Centro de Altos Estudos de Segurança APMBB).

PAULO LÉPORE – *DIREITO CONSTITUCIONAL*

Coordenador e Professor do Curso Ênfase. Professor do G7 Jurídico. Pós-doutor em Direito pela Universidade Federal de Santa Catarina – UFSC. Doutor em Serviço Social pela Universidade Estadual Paulista – UNESP. Doutorando em Direito pela Universidade de Coimbra – UC. Coordenador de coleções e autor de diversos livros e artigos jurídicos. Advogado. Coordenador da Comissão de Direitos Infantojuvenis da 12ª Subseção da OAB-SP. Site: www.paulolepore.com.br

RAFAEL COSTA FREIRIA – *DIREITO AGRÁRIO E DIREITO AMBIENTAL*

Possui graduação em Direito pela Universidade Federal do Paraná – UFPR (2000); mestrado em Direitos Difusos e Sociais pela Universidade Estadual Paulista Júlio de Mesquita Filho – UNESP (2005); doutorado em Saneamento e Ambiente pela UNICAMP (2010); pós-doutorado no Programa de Direito Ambiental e Sustentabilidade da Universidade de Alicante – Espanha (2013). Atualmente é Professor Efetivo da Faculdade de Tecnologia da Unicamp e Coordenador de Extensão FT/Unicamp. Atua principalmente nos seguintes temas: direito e legislação ambiental, avaliação de impactos ambientais, políticas públicas ambientais, planejamento e gestão ambiental, direito agrário e extensão universitária.

RICARDO SILVARES – *DIREITO PROCESSUAL PENAL*

Promotor de Justiça do Ministério Público do Estado de São Paulo desde 1994. Professor em cursos de preparação para concursos (CERS), em pós-graduação (CERS/Estácio) e graduação (FACAMP), ministrando matérias relacionadas a Direito Penal, Processo Penal e Legislação do Ministério Público. Especialista em Direito Penal Econômico e Europeu pela Universidade de Coimbra, em convênio com o Instituto Brasileiro de Ciências Criminais – IBCCrim. Especialista em Direito Constitucional e Processo Constitucional pela EDB. Mestre em Direito Processual Penal pela Faculdade de Direito da Universidade de São Paulo.

TAISA CINTRA DOSSO – *DIREITO AGRÁRIO E DIREITO AMBIENTAL*

Graduada e Mestre em Direito pela Universidade Estadual Paulista – UNESP, campus de Franca. Especialista em Direito Processual Civil. Professora de Cursos de Pós-graduação. Procuradora do Município de Ribeirão Preto-SP.

THAÍS DEL MONTE BUZATO – *DIREITO CIVIL*

Advogada. Mestre em Direito das Relações Sociais pela PUC-SP. Docente da Faculdade de Direito do Centro Universitário Moura Lacerda e da Faculdade de Direito da Universidade Paulista – UNIP. Professora da Central de Cursos Professor Pimentel. Professora convidada do Instituto Paulista de Estudos Bioéticos e Jurídicos. Membro do Conselho Editorial do Brazilian Journal of Forensic Sciences, Medical Law and Bioethics.

Apresentação da Coleção Revisaço

"REVISAÇO" é a consagrada coleção de questões comentadas da *Editora Juspodivm*.

Com cuidado, pensamos num formato que fosse além dos comentários das questões. Algo que realmente pudesse ajudar o aluno no estudo de concursos ou Exames de Ordem, principalmente na revisão final.

Para isso, estabelecemos a seguinte estrutura **didática**:

- **Questões divididas por matéria e assunto, comentadas assertiva por assertiva, item por item**, demonstrando tanto o que está certo como o que está errado na questão;
- Sempre que possível, há uma "nota do autor" em cada questão trazendo **comentários que vão além do assunto abordado no exercício**.

Ao final das disciplinas apresentamos:

- **Dicas de estudo**, funcionando como verdadeiro resumo da matéria;
- **Súmulas dos Tribunais Superiores**;
- **Informativos do STF, STJ e TST**;
- **Orientações Jurisprudenciais.**

A ideia, portanto, é apresentar a **prática do concurso ou Exame da Ordem** (questões), a **doutrina para estudo** (dicas) e a **jurisprudência** (súmulas e informativos), formando a tríade necessária para uma revisão (verdadeiro REVISAÇO!) rumo ao sucesso na aprovação.

Vários livros compõem a coleção e, para todos, chamamos grandes nomes, professores experientes, profissionais de destaque e especialistas em cada área para que organizassem as obras e comentassem as questões.

Acreditamos que essa coleção será bastante útil aos candidatos de concursos públicos e Exame de Ordem.

EDITORA JUSPODIVM

www.editorajuspodivm.com.br

Sumário

Direito Constitucional

Paulo Lépore

✦ QUESTÕES

1. CONSTITUIÇÃO. CONCEITO. CLASSIFICAÇÃO. APLICABILIDADE E INTERPRETAÇÃO DAS NORMAS CONSTITUCIONAIS. SUPREMACIA DA CONSTITUIÇÃO

01. (Cespe – Analista de Controle – Área Jurídica – TCE – PR/2016) Assinale a opção correta no que concerne às classificações das constituições.

a) As Constituições cesaristas são elaboradas com base em determinados princípios e ideais dominantes em período determinado da história.

b) Constituição escrita é aquela cujas normas estão efetivamente positivadas pelo legislador em documento solene, sejam leis esparsas contendo normas materialmente constitucionais, seja uma compilação que consolide, em um só diploma, os dispositivos alusivos à separação de poderes e aos direitos e garantias fundamentais.

c) A classificação ontológica das Constituições põe em confronto as pretensões normativas da Carta e a realidade do processo de poder, sendo classificada como nominativa, nesse contexto, a Constituição que, embora pretenda dirigir o processo político, não o faça efetivamente.

d) As Constituições classificadas como populares ou democráticas são materializadas com o tempo, com o arranjo e a harmonização de ideais e teorias outrora contrastantes.

e) As Constituições semânticas possuem força normativa efetiva, regendo os processos políticos e limitando o exercício do poder.

COMENTÁRIOS

✪ **Nota do autor:** classificação das constituições é matéria cobrada com muita frequência em concursos públicos.

Alternativa correta: letra "c": a constituição, quanto ao valor ou ontologia (Karl Loewestein), pode ser assim classificada: a) **Normativa**: dotada de valor jurídico legítimo; b) **Nominal**: sem valor jurídico; com papel eminentemente social; c) **Semântica**: tem importância jurídica, mas não valoração legítima, pois é criada apenas para justificar o exercício de um Poder não democrático. São meros simulacros de Constituição. Portanto, correto dizer que a classificação ontológica das Constituições põe em confronto as pretensões normativas da Carta e a realidade do processo de poder, sendo classificada como nominativa (ou nominal), nesse contexto, a Constituição que, embora pretenda dirigir o processo político, não o faça efetivamente, eis que não possui valor jurídico.

Alternativa "a": Constituição Cesarista, Bonapartista, Plebiscitária ou Referendária é aquela criada por um ditador ou imperador e posteriormente submetida à aprovação popular por plebiscito ou referendo.

Alternativa "b": quanto à forma, uma constituição classifica-se como escrita quando formada por um texto. Será Escrita Legal (Paulo Bonavides) quando formada por texto oriundo de documentos esparsos ou fragmentados e Escrita Codificada (Paulo Bonavides) quando formada por texto inscrito em documento único. No entanto, não é correto afirmar que a constituição escrita consagra apenas normas materialmente constitucionais, pois pode ser composta de normas apenas formalmente constitucionais.

Alternativa "d": constituição Democrática, Promulgada ou Popular é aquela elaborada por legítimos representantes do povo, normalmente organizados em torno de uma Assembleia Constituinte.

Alternativa "e": a constituição, quanto ao valor ou ontologia (Karl Loewestein), pode ser assim classificada: a) **Normativa:** dotada de valor jurídico legítimo; b) **Nominal:** sem valor jurídico; com papel eminentemente social; c) **Semântica:** tem importância jurídica, mas não valoração legítima, pois é criada apenas para justificar o exercício de um Poder não democrático. São meros simulacros de Constituição. Desse modo, as Constituições Semânticas **não** possuem força normativa efetiva, não regem os processos políticos e não limitam o exercício do poder.

---

02. (Cespe – Analista de Controle – Área Jurídica – TCE – PR/2016) Assinale a opção correta acerca da interpretação constitucional.

a) Como as Constituições regulam direitos e garantias fundamentais e o exercício do poder, deve-se priorizar o emprego de linguagem técnica em seu texto, restringindo-se a sofisticada atividade interpretativa às instâncias oficiais.

b) A interpretação constitucional deve priorizar o espírito da norma interpretada em detrimento de expressões supérfluas ou vazias; por isso, a atividade do intérprete consiste em extrair o núcleo essencial do comando constitucional, ainda que isso implique desconsiderar palavras, dispositivos ou expressões literais.

c) Sendo a Constituição impregnada de valores, sua interpretação é norteada essencialmente por diretrizes políticas, em detrimento de cânones jurídicos.

d) Na interpretação da Constituição, prepondera a teleologia, de modo que a atividade do hermeneuta deve priorizar a finalidade ambicionada pela norma; o texto da lei, nesse caso, não limita a interpretação nem lhe serve de parâmetro.

e) O caráter aberto e vago de muitas das disposições constitucionais favorece uma interpretação atualizadora e evolutiva, capaz de produzir, por vezes, uma mutação constitucional informal ou não textual.

COMENTÁRIOS

Alternativa correta: letra "e": o caráter aberto e vago de muitas das disposições constitucionais favorece uma interpretação atualizada e evolutiva, uma vez que não restringe demasiadamente o sentido da norma, possibilitando eventuais mudanças e adaptações interpretativas, e viabilizando a adequação da norma ao contexto histórico, social e jurídico. Desse modo, abre-se espaço para a mutação constitucional, que é um processo não formal de mudança da Constituição em que o texto constitucional permanece inalterado, modificando-se apenas o significado e o sentido interpretativo de determinada norma constitucional. Neste ponto, calha destacar as lições de Dirley da Cunha Júnior: "Numa perspectiva jurídica, compreende-se a Constituição como um conjunto de normas jurídicas suficientes aptas para regular todos os fenômenos da vida política e social. Mas a Constituição não é um conjunto fechado de normas, nem as suas normas revelam-se apenas sob a forma de regras. Ora, se a Constituição, como examinado no capítulo anterior, deve interagir com a realidade político-social de onde ela provém, é mais do que natural que as normas que a compõem devem estar abertas aos acontecimentos sociais para acompanhar a sua evolução e adaptar-se às transformações emergentes da sociedade. Mas essa desejada abertura das normas constitucionais somente é possível quando, entre as normas da Constituição, algumas delas expressem-se sob a forma de princípios. [...]. Isto significa afirma que uma Constituição é composta por regras e princípios de diferentes graus de densidade normativa (concretização), articulados de maneira tal que, juntos, formam uma unidade material (unidade da Constituição). Consequentemente, para compreender uma Constituição e as ideias que ela exprime, é imperioso que o intérprete se valha desta unidade constitucional e entenda como as regras e os princípios constitucionais se encontram articulados." (*Curso de direito constitucional.* 10. Ed. Salvador: Juspodivm, 2016, p. 130).

Alternativa "a": como as Constituições regulam direitos e garantias fundamentais e o exercício do poder, deve-se priorizar o emprego de linguagem clara. Neste ponto, importante destacar a **concepção aberta** da constituição (Peter Haberle – 1975), prega uma Constituição interpretada por todo o povo em qualquer espaço e, não apenas, pelos juristas, no bojo dos processos. Segundo destaca Pedro Lenza, "propõe Häberle que se supere o modelo de interpretação de uma sociedade fechada (nas mãos de juízes e em procedimentos formalizados) para a ideia de uma sociedade aberta dos intérpretes da Constituição, vale dizer, uma interpretação pluralista e democrática. Ao afirmar que a interpretação não mais deve ficar confinada dentro de uma sociedade fechada, Häberle propõe a ideia de que a interpretação não possa ficar restrita aos órgãos estatais, mas que deve ser aberta para todos os que 'vivem' a norma (a Constituição), sendo, assim, esses destinatários, legítimos intérpretes, em um interessante processo de revisão da metodologia jurídica tradicional de interpretação" (LENZA, Pedro. *Direito Constitucional Esquematizado.* 14 ed. São Paulo: Saraiva, 2010, p. 141)

Alternativa "b": na interpretação da norma constitucional, não se deve desconsiderar palavras, dispositivos ou expressões, já que a Constituição não trata de expressões ou palavras inúteis.

Alternativa "c": a Constituição deve ser norteada, em sua interpretação, por diretrizes **jurídicas**.

Alternativa "d": na interpretação da norma, o texto da lei limita a interpretação, servindo de parâmetro. Caso contrário, a interpretação seria ilimitada e vaga. Desse modo, o texto da norma estabelece os limites para a interpretação.

03. (Cespe – Defensor Público – RN/2015) A respeito de constitucionalização simbólica, de hermenêutica e de interpretação constitucional, assinale a opção correta.

a) Os conceitos jurídicos indeterminados são expressões de sentido fluido, que podem ser encontradas na Constituição, destinadas a lidar com situações nas quais o constituinte não pôde ou não quis, no relato abstrato do enunciado normativo, especificar de forma detalhada suas hipóteses de incidência. Assim, a atribuição de sentido a essas cláusulas abertas deve dar-se mediante valoração concreta dos elementos da realidade, a partir de um juízo discricionário.

b) Da relação entre texto constitucional e realidade constitucional, tem-se, como reflexo da constitucionalização simbólica em sentido negativo, uma ausência generalizada de orientação das expectativas normativas conforme as determinações dos dispositivos da Constituição.

c) Como forma básica de manifestação da constitucionalização simbólica, tem-se a constitucionalização-álibi, caracterizada pela presença de dispositivos constitucionais que, sem relevância normativo-jurídica, confirmam as crenças e o modus vivendi de determinados grupos.

d) A hermenêutica filosófica de matriz gadameriana assemelha-se à hermenêutica clássica, na medida em que trabalha com a atribuição de sentido às normas.

e) Casos difíceis são aqueles que não têm uma solução abstratamente prevista e pronta na Constituição, devendo o intérprete, para tanto, valer-se da subsunção.

COMENTÁRIOS

✪ **Nota do autor:** a questão possui alto grau de dificuldade, abordando aspectos teóricos acerca do direito constitucional.

Alternativa correta: letra "b": Constituição Simbólica (Marcelo Neves – 1994) é aquela que traz uma grande enunciação de direitos e valores sociais que não passam de álibis ou argumentos dilatórios frente à falta de efetividade prática do que se preceitua. A Constitucionalização simbólica possui um sentido negativo e um positivo. "Negativamente, o texto constitucional 'não é suficientemente concretizado normativo-juridicamente de forma generalizada'. Positivamente, 'a atividade constituinte e a linguagem constitucional desempenham um relevante papel político-ideológico', servindo para encobrir problemas sociais e obstruindo as transformações efetivas da sociedade." (LENZA, Pedro. *Direito constitucional esquematizado*. 14. Ed. São Paulo: Saraiva, 2010, p. 74).

Alternativa "a": segundo ensina Daniel Amorim Assumpção Neves, "A norma costuma ser composta de duas partes: a situação fática e o efeito jurídico. Normas fechadas são aquelas em que essas duas partes já são definidas pelo legislador, cabendo ao juiz apenas identificar a situação fática descrita na norma e aplicar seus efeitos jurídicos ao caso concreto. [...]. Quando o legislador fixa no conteúdo da norma a situação fática mas deixa a consequência jurídica em aberto, para ser definida pelo juiz no caso concreto, tem-se o conceito jurídico indeterminado. [...]. Nas cláusulas gerais o legislador prevê uma situação fática vaga e um efeito jurídico indeterminado, de forma que nesse caso o grau de indefinição é ainda maior do que no conceito jurídico indeterminado, porque nesse caso, além de ser vaga sua hipótese de incidência, é indeterminado seu efeito jurídico." (*Manual de direito processual civil*: volume único. 8. Ed. Salvador: Juspodivm, 2016, p. 127).

Alternativa "c": segundo Pedro Lenza, "Diante de certa insatisfação da sociedade, a legislação-álibi aparece como uma resposta pronta e rápida do governo e do Estado. Busca a legislação-álibi dar uma aparente solução para problemas da sociedade, mesmo que mascarando a realidade. [...] tem o 'poder' de introduzir um sentimento de 'bem-estar' na sociedade, solucionando tensões e servindo à 'lealdade das massas'." (*Direito constitucional esquematizado*. 14. Ed. São Paulo: Saraiva, 2010, p. 72).

Alternativa "d": a **hermenêutica filosófica** de matriz **gadameriana não se** assemelha à **hermenêutica clássica**. Vale colacionar a precisa e clara explicação de Flávio Quinaud Pedron: "Cabe destacar desde já que, diferentemente de Alexy, Dworkin desenvolve sua teoria levando em conta o giro hermenêutico empreendido por Heidegger e Gadamer, que irá adotar uma postura de ruptura com as posições objetivistas de Schleiermacher e Dilthey, radicalizando a experiência hermenêutica e apoiando-se principalmente no modo de ser do Dasein (do ser-aí) heideggeriano. Desta forma, a **Hermenêutica Filosófica entende que "a compreensão humana se orienta a partir de uma pré-compreensão que emerge da eventual situação existencial e que demarca o enquadramento temático e o limite de validade de cada tentativa de interpretação"** (GRONDIN, 1999:159). Os reflexos da percepção da tal "consciência histórica", podem ser sentidos no pensamento de Dworkin, como lembra Menelick de Carvalho Netto: "Para ele, a unicidade e a irrepetibilidade que caracterizam todos os eventos históricos, ou seja, também qualquer caso concreto sobre o qual se pretenda tutela jurisdicional, exigem do juiz hercúleo esforço no sentido de encontrar no ordenamento considerado em sua inteireza a única decisão correta para este caso específico irrepetível por definição" (Algumas considerações sobre a interpretação de Robert Alexy sobre a tese da única resposta correta de Ronald Dworkin. Disponível em: www.ambito-juridico.com.br) Assim, o giro hermenêutico de Heidegger e Gadamer não defende, mas sim propõe uma ruptura com os métodos objetivantes. Portanto, reconhece-se que cada caso concreto é único, exigindo, portanto, atenção especial do julgador. Lado outro, o **Método Jurídico ou Hermenêutico Clássico** (Ernest Forsthoff) parte de uma Tese da Identidade que existiria entre a Constituição e as demais leis, ou seja, se a constituição é uma lei, não há porque criar-se um método específico para interpretá-la. Ele se vale basicamente dos seguintes elementos: a) genético (origem do ato); b) gramatical ou filológico (análise textual e literal); c) histórico (momento e contexto de criação do ato); d) lógico (não contradição); e) sistemático (análise do todo ou conjunto); f) teleológico (finalidade social do ato).

Alternativa "e": quanto a interpretação constitucional, em casos difíceis (*hard cases*), é apontado o Método Tópico-problemático (Theodor Viehweg) que atua sobre as aporias (aporia: dificuldade de escolher entre duas opiniões contrárias e igualmente racionais sobre um dado problema). *Topos* que no plural são os *topoi* representam formas de pensamento, raciocínios, argumentações, pontos de vista ou lugares comuns. Os *topoi* são retirados da jurisprudência, da doutrina, dos princípios gerais de direito e até mesmo do senso comum. Trata-se de uma teoria de argumentação jurídica em torno do problema. A partir do problema expõem-se os argumentos favoráveis e contrários e consagra-se como vencedor aquele capaz de convencer o maior número de interlocutores.

04. (Cespe – Defensor Público – RN/2015) A respeito da classificação e das concepções de Constituição, do conteúdo do direito constitucional e das normas constitucionais, assinale a opção correta.

a) Consoante Hans Kelsen, a concepção jurídica de Constituição a concebe como a norma por meio da qual é regulada a produção das normas jurídicas gerais, podendo ser produzida, inclusive, pelo direito consuetudinário.

b) No que tange ao conteúdo do direito constitucional e a seus aspectos multifacetários, denomina-se direito constitucional comunitário o conjunto de normas e princípios que disciplinam as relações entre os preceitos de Estados estrangeiros e as normas constitucionais de determinado país.

c) As Constituições rígidas, também denominadas Constituições fixas, são aquelas que só podem ser modificadas por um poder de competência idêntico àquele que as criou.

d) O preâmbulo da CF possui caráter dispositivo.

e) De acordo com a concepção de Constituição trazida por Konrad Hesse, a força condicionante da realidade e a normatividade da Constituição são independentes. Nesse sentido, a Constituição real e a Constituição jurídica devem apresentar-se de forma autônoma.

COMENTÁRIOS

✪ **Nota do autor:** a questão possui alto nível de dificuldade, abordando aspectos teóricos do Direito Constitucional

Alternativa correta: letra "a": a **Constituição Jurídica** (Hans Kelsen – 1934) é aquela que se constitui em norma hipotética fundamental pura, que traz fundamento transcendental para sua própria existência (sentido lógico-jurídico), e que, por se constituir no conjunto de normas com mais alto grau de validade, deve servir de pressuposto para a criação das demais normas que compõem o ordenamento jurídico (sentido jurídico-positivo).

Alternativa "b": nos termos da doutrina, "Direito Constitucional Comunitário é o subsistema normativo integrante de uma realidade maior: o Direito Comunitário. [...]. O Direito Comunitário é um *tertium genus* que se situa entre o Direito Interno e o Direito Internacional. Lida com um conjunto de normas supranacionais, as quais consignam disposições comuns aos Estados membros da associação. Emanam de fontes próprias, que não se confundem com aquelas que produzem o Direito Interno e o Internacional, a exemplo dos Parlamentos e dos governos locais. Nesse sentido, lembre-se dos tratados de integração, como o de Maastricht, na Europa, e mesmo o de Assunção, na América do Sul, embora eles ainda estejam em fase de consolidação de suas instituições. Esses tratados são verdadeiras cartas constitucionais – aquilo que a doutrina chama de tratados-quadro. Inserem-se, nesse bojo, as resoluções e diretrizes partidas dos órgãos comunitários, vinculando Estados, as pessoas jurídicas públicas e privadas, bem como os particulares. O Direito Constitucional Comunitário é, assim, um apêndice do próprio Direito Comunitário. Está presente nas constituições de diversos países, as quais, para acompanhar as exigências da modernidade, consagram certas disposições, a exemplo do parágrafo único do art. 4º e do § 2º do art. 5º da Carta brasileira em vigor. Nesse ínterim, toma de empréstimo os princípios gerais do Direito, a exemplo do *pacta sunt servanda*, do *suum cuique tribuere*, do *ne bis in idem*, do *nemo jus ignorare censetur*, dos vetores da paz, da unidade, da isonomia, da liberdade, da subsidiariedade, da solidariedade, da segurança, da razoabilidade etc. O Direito Constitucional Comunitário, em início de formação, é o que de mais avançado existe no panorama do constitucionalismo de nosso tempo, fomentando o ideal de se instituir um poder constituinte originário supranacional, apto a criar uma constituição comum para os blocos de países, a exemplo dos megablocos econômicos da União Europeia. [...]. Dentre outras metas, propõe: • rediscutir o papel das constituições contemporâneas à luz do advento das leis supranacionais; e • criar uma constituição comum para os blocos de países, com normas vinculatórias, e não simples exortações de cunho moral aos governantes." (BULOS, Uadi Lammêgo. *Curso de Direito Constitucional*. 9. Ed. São Paulo: Saraiva, 2015, p. 62-63).

Alternativa "c": constituição rígida não se confunde com constituição fixa. A Constituição Rígida é aquela em que o processo para a alteração de qualquer de suas normas é mais difícil do que o utilizado para criar leis. Já a Constituição Fixa só pode ser alteração pelo Poder Constituinte Originário, "circunstância que implica, não em alteração, mas em elaboração, propriamente, de uma nova ordem constitucional" (CUNHA JÚNIOR, Dirley da. *Curso de Direito Constitucional*. 6 ed. Salvador: Juspodivm, 2012, p. 122-123).

Alternativa "d": o preâmbulo é o texto introdutório da Constituição e não está disposta em um dispositivo (artigo, parágrafo, inciso, alínea). Segundo posição exarada pelo STF no bojo da ADI 2076, julgada em 2002, **o Preâmbulo da Constituição da República não tem força normativa, figurando como mero vetor interpretativo**. Em seu voto, Celso de Mello sustentou que o Preâmbulo não se situa no âmbito do direito, mas no domínio da política, refletindo posição ideológica do constituinte. Ademais, ele conteria proclamação ou exortação no sentido dos princípios inscritos na Constituição Federal. **Quanto à natureza jurídica do Preâmbulo, a posição do STF filia-se à Tese da Irrelevância Jurídica**, afastando-se da Tese da Plena Eficácia (que defende ter o Preâmbulo a mesma eficácia das normas que consta da parte articulada da CF) e da Tese da Relevância Jurídica Indireta (para a qual o Preâmbulo é parte da Constituição, mas não é dotado das mesmas características normativas da parte articulada). Por essa razão, também não serve de parâmetro para controle de constitucionalidade. Esse posicionamento do STF serviu para definir que a invocação à proteção de Deus, constante do Preâmbulo da Constituição da República vigente, somente denota inspiração do constituinte, não violando a liberdade religiosa que permeia o Estado brasileiro.

Alternativa "e": Konrad Hesse defende a Constituição como uma ordem material e aberta da Comunidade. Segundo explica Uadi Lammêgo Bulos: "As constituições servem para criar os fundamentos e normatizar os princípios diretores da unidade política do Estado. Nesse ínterim, regulam o processo de solução de conflitos da comunidade e as relações sociais historicamente cambiantes. Sendo o contexto histórico que pretendem ordenar, possuem um conteúdo adaptado às necessidades do tempo em que foram concebidas. Por isso, as constituições são incompletas e imperfeitas. Instituem uma ordem jurídica fundamental, material e aberta da comunidade. Daí o conteúdo vago e indeterminado de seus preceitos. Mas isso não significa que elas se esfacelem perante a dinâmica da vida, já que equivalem a uma ordem material e aberta. Essas ideias, hauridas do espírito arguto de Konrad Hesse, granjearam notório respeito entre os nomes mais expressivos da juspublicística mundial. E faz sentido, pois é indubitável que a função de um texto constitucional escrito é racionalizar, estabilizar e garantir o exercício das liberdades, ao mesmo tempo que erige critérios para limitar as mazelas do processo político. Disso exsurge a força normativa da constituição que, ao atuar diretamente na realidade histórica, pretende atribuir ao texto supremo efetividade ou eficácia social (Konrad Hesse, *Grundzüge des Verfassungsrechts der Bundesrepublik Deutschland*, p. 1 8)." (BULOS, Uadi Lammêgo. *Curso de Direito Constitucional*. 9. Ed. São Paulo: Saraiva, 2015, p. 109).

---

05. (Cespe – Procurador do MP junto ao TCU/2015) Acerca das Constituições e das normas constitucionais, assinale a opção correta.

a) O uso da analogia em matéria constitucional pode ser visto como uma imposição do princípio da isonomia.

b) Por ser uma Constituição analítica, a CF não admite lacuna de nenhuma espécie.

c) Por não ser dotado de caráter normativo, o preâmbulo da CF não pode ser utilizado pelo aplicador como vetor de interpretação.

d) Entende-se por "silêncio eloquente" da Constituição um lapso do legislador constituinte que, pretendendo deliberadamente contemplar determinada hipótese de fato, acabe omitindo, por desaviso, a respectiva norma disciplinadora.

e) Em modelos de Constituição formal e rígida como o da brasileira, é inadequado falar-se em normas constitucionais implícitas.

COMENTÁRIOS

Alternativa correta: letra "a": o uso da analogia em matéria constitucional pode ser visto como uma imposição do princípio da isonomia.

Alternativa "b": de fato a CF de 1988 é classificada como **analítica**, pois vai além dos princípios básicos, trazendo detalhamento também de outros assuntos. No entanto, é possível que haja lacunas, já que impossível a previsão abstrata de todas as situações possíveis.

Alternativa "c": o preâmbulo é o texto introdutório da Constituição. Segundo posição exarada pelo STF no bojo da ADI 2076, julgada em 2002, o Preâmbulo da Constituição da República não tem força normativa, figurando como mero vetor interpretativo. Em seu voto, Celso de Mello sustentou que o Preâmbulo não se situa no âmbito do direito, mas no domínio da política, refletindo posição ideológica do constituinte. Ademais, ele conteria proclamação ou exortação no sentido dos princípios inscritos na Constituição Federal. Quanto à natureza jurídica do Preâmbulo, a posição do STF filia-se à Tese da Irrelevância Jurídica, afastando-se da Tese da Plena Eficácia (que defende ter o Preâmbulo a mesma eficácia das normas que consta da parte articulada da CF) e da Tese da Relevância Jurídica Indireta (para a qual o Preâmbulo é parte da Constituição, mas não é dotado das mesmas características normativas da parte articulada). Por essa razão, também não serve de parâmetro para controle de constitucionalidade. Esse posicionamento do STF serviu para definir que a invocação à proteção de Deus, constante do Preâmbulo da Constituição da República vigente, somente denota inspiração do constituinte, não violando a liberdade religiosa que permeia o Estado brasileiro.

Alternativa "d": entende-se por "silêncio eloquente" da Constituição um lapso proposital do legislador constituinte. Ou seja, deliberadamente deixa de contemplar determinada hipótese de fato.

Alternativa "e": ainda que em modelos de Constituição formal e rígida como o da brasileira, é existem normas constitucionais implícitas.

06. (Cespe – Advogado da União – 2015) Com relação a constitucionalismo, classificação e histórico das Constituições brasileiras, julgue o item que se segue.

06.1. Constituições promulgadas – a exemplo das Constituições brasileiras de 1891, 1934, 1946 e 1988 – originam-se de um órgão constituinte composto de representantes do povo que são eleitos para o fim de as elaborar e estabelecer, ao passo que Constituições outorgadas – a exemplo das Constituições brasileiras de 1824, 1937 e 1967 – são impostas de forma unilateral, sem que haja participação do povo.

COMENTÁRIOS

✪ **Nota do autor:** para facilitar a memorização acerca de quais constituições brasileiras são outorgadas e quais são promulgadas, lembrem-se que são promulgadas a de 1891 e as restantes pares. São outorgadas a de 1824 e as restantes ímpares.

Certo. Constituição promulgada, democrática ou popular é aquela elaborada por legítimos representantes do povo, normalmente organizados em torno de uma Assembleia Constituinte. Foram constituições promulgadas no Brasil as de 1891, 1934, 1946 e 1988. Já constituição outorgada é aquela elaborada sem a presença de legítimos representantes do povo, imposta pela vontade de um poder absolutista ou totalitário, não democrático. No Brasil, tivemos constituições outorgadas em 1824, 1937 e 1967.

06.2. No neoconstitucionalismo, passou-se da supremacia da lei à supremacia da Constituição, com ênfase na força normativa do texto constitucional e na concretização das normas constitucionais.

COMENTÁRIOS

Certo. O neoconstitucionalismo prega a importância destacada da moral e dos valores sociais, garantidos predominantemente por meio de princípios. Não se conforma com as normas programáticas e as constituições dirigentes, afirmando que as Constituições devem ser dotadas de força normativa. Para conferir normatividade à Constituição, destaca o Poder Judiciário como garantidor, colocando a atividade legislativa em segundo plano. Em resumo: trabalha com a ideia de extração da máxima efetividade do Texto Constitucional, pois a Constituição deve ocupar o centro do sistema jurídico.

07. (Cespe – Advogado da União – 2015) Julgue o item a seguir, relativo a normas constitucionais, hermenêutica constitucional e poder constituinte.

O preâmbulo da CF não pode servir de parâmetro para o controle de constitucionalidade, ao passo que as normas que compõem o Ato das Disposições Constitucionais Transitórias, ainda que tenham sua eficácia exaurida, podem ser usadas como paradigma de controle em razão de sua natureza de norma constitucional.

COMENTÁRIOS

Errado. Realmente o preâmbulo da CF não pode servir de parâmetro para o controle de constitucionalidade, pois figura apenas como mero vetor interpretativo. Essa é a posição do STF, que se filia à Tese da Irrelevância Jurídica, afastando-se da Tese da Plena Eficácia (que defende ter o Preâmbulo a mesma eficácia das normas que consta da parte articulada da CF) e da Tese da Relevância Jurídica Indireta (para a qual o Preâmbulo é parte da Constituição, mas não é dotado das mesmas características normativas da parte articulada). Por outro lado, as normas que compõem o ADCT podem ser usadas como paradigma de controle, salvo se já tiverem sua eficácia exaurida, pois, uma vez cumprida sua função no ordenamento, não mais se prestam como normas de paradigma de controle.

08. (Cespe – Analista Judiciário – Área Judiciária – TJ – CE/2014) Acerca de princípios fundamentais, direitos e garantias fundamentais e aplicabilidade das normas constitucionais, assinale a opção correta. Nesse sentido, considere que a sigla CF, sempre que empregada, se refere à Constituição Federal de 1988.

a) O princípio constitucional do direito de acesso à informação veda o sigilo da fonte, ainda que se aleguem motivos profissionais.

b) O repúdio à prática do racismo configura um dos princípios que norteia a República Federativa do Brasil em suas relações internacionais. Essa prática constitui crime inafiançável e imprescritível, e o referido princípio é considerado norma constitucional de eficácia contida.

c) As normas programáticas, que veiculam princípios a serem cumpridos pelo Estado, podem ser exemplificadas, entre outras, pela previsão constitucional de proteção ao mercado de trabalho da mulher mediante incentivos específicos.

d) Os fundamentos da República Federativa do Brasil incluem, entre outros, a dignidade da pessoa humana, o pluralismo político e a construção de uma sociedade livre, justa e solidária.

e) Segundo a CF, a casa é asilo inviolável do indivíduo, razão por que ninguém, independentemente da circunstância, poderá nela ingressar sem o consentimento do morador.

COMENTÁRIOS

✪ **Nota do autor:** os artigos 1º ao 5º, da CF, possuem grande incidência em concursos públicos. Do mesmo modo, a classificação das normas constitucionais quanto à eficácia, adotada por José Afonso da Silva, é matéria recorrente. A questão em tela mescla os dois temas.

Alternativa correta: "c": as normas constitucionais, segundo classificação dada por José Afonso da Silva, podem ser, no que tange à eficácia, plenas, contidas e limitadas. As **normas de eficácia plena** são dotadas de aplicabilidade direta, imediata e integral, pois não necessitam de lei infraconstitucional para torná-las aplicáveis e nem admitem lei infraconstitucional que lhes restrinja o conteúdo. Em outras palavras: elas trazem todo o conteúdo necessário para a sua materialização prática. São entendidas como de aplicabilidade direta, imediata e integral, pois não necessitam de lei infraconstitucional. Exemplo: Brasília é a Capital Federal (art. 18, § 1º, da CF). As **normas de eficácia contida ou restringível** são aquelas que têm aplicabilidade direta, imediata, mas não integral, pois admitem que seu conteúdo seja restringido por norma infraconstitucional, o que ocorre, por exemplo, com o enunciado que garante o livre exercício de qualquer trabalho, ofício ou profissão, atendidas as qualificações profissionais que a lei estabelecer (art. 5º, XIII, da CF). Para ilustrar: a função de advogado, somente pode ser exercida atendida a qualificação profissional de ser bacharel em direito, aprovado no Exame da Ordem dos Advogados do Brasil (art. 8º, IV, da Lei 8.906/94). Já as **normas de eficácia limitada** são aquelas que possuem aplicabilidade indireta, mediata e reduzida (não direta, não imediata e não integral), pois exigem norma infraconstitucional para que se materializem na prática. Elas podem ser de princípio programático ou princípio institutivo. As **normas de eficácia limitada de princípio programático** (também referidas apenas como normas programáticas) são aquelas que não regulam diretamente interesses ou direitos nelas consagrados, mas se limitam a traçar alguns preceitos a serem cumpridos pelo Poder Público, como programas das respectivas atividades, pretendendo unicamente a consecução dos fins sociais pelo Estado. Podem-se citar como exemplos os objetivos da República Federativa do Brasil (art. 3º, da CF), e a determinação de organização de um regime de colaboração dos sistemas de ensino dos Entes da Federação (art. 211, da CF). Já as **normas de eficácia limitada de princípio institutivo** são aquelas responsáveis pela estruturação do Estado como, por exemplo, a norma segundo a qual os Territórios Federais integram a União, e sua criação, transformação em Estado ou reintegração ao Estado de origem serão reguladas em lei complementar (art. 18, § 2º, da CF). **Portanto, as normas programáticas, que veiculam princípios a serem cumpridos pelo Estado, podem ser exemplificadas, entre outras, pela previsão constitucional de proteção ao mercado de trabalho da mulher mediante incentivos específicos.**

Alternativa "a": o princípio constitucional do direito de acesso à informação **não** veda o sigilo da fonte, quando alegados por motivos profissionais. Conforme consta da redação do artigo 5º, XIV, da CF, é assegurado a todos o acesso à informação e resguardado o sigilo da fonte, quando necessário ao exercício profissional. Ou seja, o sigilo da fonte, em casos que necessários ao desempenho do exercício profissional, será resguardado.

Alternativa "b": em primeiro lugar, de acordo com a previsão estabelecida pelo artigo 4º da CF, a República Federativa do Brasil rege-se nas suas relações internacionais pelos seguintes princípios: I – independência nacional; II – prevalência dos direitos humanos; III – autodeterminação dos povos; IV – não-intervenção; V – igualdade entre os Estados; VI – defesa da paz; VII – solução pacífica dos conflitos; **VIII – repúdio ao terrorismo e ao racismo**; IX – cooperação entre os povos para o progresso da humanidade; X – concessão de asilo político. Outrossim, o artigo 5º, XLII, da CF, estabelece que **a prática do racismo constitui crime inafiançável e imprescritível**, sujeito à pena de reclusão, nos termos da lei. Por isso, o repúdio à prática do racismo configura um dos princípios que norteiam a República Federativa do Brasil em suas relações internacionais (art. 4º, VIII, da CF). Essa prática constitui crime inafiançável e imprescritível (art. 5º, XLII), e o referido princípio é considerado norma constitucional de eficácia **plena** (e não contida), vez que são aquelas dotadas de aplicabilidade direta, imediata e integral, pois não necessitam de lei infraconstitucional para torná-las aplicáveis e nem admitem lei infraconstitucional que lhes restrinja o conteúdo. Ao estabelecer que a prática de racismo constitui crime inafiançável e imprescritível, já fica evidente a possibilidade de sua imediata aplicação, como forma de repúdio ao racismo. Noutro giro, vale destaque o fato de o § 1º, do artigo 5º, da CF, estabelecer que as normas definidoras dos direitos e garantias fundamentais têm aplicação imediata. Por fim, insta explanar as classificações das normas constitucionais quanto sua eficácia, proposta por José Afonso da Silva, segundo o qual, as normas podem ser plenas, contidas e limitadas. **Normas de eficácia plena** são aquelas dotadas de aplicabilidade direta, imediata e integral, pois não necessitam de lei infraconstitucional para torná-las aplicáveis e nem admitem lei infraconstitucional que lhes restrinja o conteúdo. Em outras palavras: elas trazem todo o conteúdo necessário para a sua materialização prática. São entendidas como de aplicabilidade direta, imediata e integral, pois não necessitam de lei infraconstitucional; **normas de eficácia contida ou restringível** são aquelas que têm aplicabilidade direta, imediata, mas não integral, pois admitem que seu conteúdo seja restringido por norma infraconstitucional; **normas de eficácia limitada** são aquelas que possuem aplicabilidade indireta, mediata e reduzida (não direta, não imediata e não integral), pois exigem norma infraconstitucional para que se materializem na prática. Elas podem ser de princípio programático ou princípio institutivo.

Alternativa "d": são **fundamentos da República Federativa do Brasil**, estabelecidos pelo artigo 1º da CF: I – a soberania; II – a cidadania; III – a **dignidade da pessoa humana**; IV – os valores sociais do trabalho e da livre iniciativa; V – o **pluralismo político**. No entanto, **construir uma sociedade livre, justa e solidária**, conforme artigo 3º, I, da CF, **constitui um dos objetivos fundamentais da República Federativa do Brasil** (e não fundamento).

Alternativa "e": segundo a CF (artigo 5º, XI, da CF), a casa é asilo inviolável do indivíduo, ninguém nela podendo penetrar sem consentimento do morador, **salvo em caso de flagrante delito ou desastre, ou para prestar socorro, ou, durante o dia, por determinação judicial.** Portanto, há circunstâncias permissivas.

---

09. (Cespe – Procurador do MP junto ao TCE-PB/2014) Acerca de constituição, poder constituinte e princípios fundamentais, assinale a opção correta com base na jurisprudência do STF.

a) A norma que prevê a gratuidade dos transportes coletivos urbanos aos que tenham mais de sessenta e cinco anos de idade possui eficácia plena e aplicabilidade imediata.

b) Caso uma lei anterior à CF seja com ela incompatível, poderá ser recepcionada pela nova ordem, desde que, na época em que ela foi editada, fosse compatível com a Constituição então vigente.

c) A vedação à emenda da CF durante os estados de defesa e de sítio constitui uma limitação temporal ao poder constituinte derivado reformador.

d) A República Federativa do Brasil constitui-se em estado democrático de direito e tem como fundamentos a soberania, a cidadania e a construção de uma sociedade livre, justa e solidária.

e) As constituições promulgadas são aquelas impostas pelo agente revolucionário, sem a participação do povo.

COMENTÁRIOS

✪ **Nota do autor:** dentre as alternativas, temos uma que aborda a classificação das normas constitucionais quanto à eficácia, apontada por José Afonso da Silva. Dessa forma, é imperioso que o candidato conheça a classificação e a entenda, já que bastante comum que a questão aponte determinado dispositivo, exigindo que se faça a devida classificação. Ainda, aborda temas relacionados aos limites do Poder Constituinte Derivado e os fundamentos da República Federativa do Brasil, bastante abordados por provas de concursos.

Alternativa correta: "a": a norma que prevê a gratuidade dos transportes coletivos urbanos aos que tenham mais de sessenta e cinco anos de idade possui eficácia plena e aplicabilidade imediata. Ela não exige nenhuma lei infraconstitucional para que produza seus efeitos, tampouco admite que uma norma venha restringir sua abrangência. O posicionamento adotado pelo Supremo não é outro, valendo destacá-lo: "O art. 39 da Lei nº 10.741/2003 (Estatuto do Idoso) apenas repete o que dispõe o § 2º do art. 230 da Constituição do Brasil. A norma constitucional é de eficácia plena e aplicabilidade imediata, pelo que não há eiva de invalidade jurídica na norma legal que repete os seus termos e determina que se concretize o quanto constitucionalmente disposto" (STF. ADI 3769, julgado em 2007 e relatado pela Ministra Cármen Lúcia).

Alternativa "b": a recepção consiste no fenômeno em que normas pertencentes a uma ordem jurídica anterior são recebidas e consideradas válidas por uma nova ordem constitucional, porque seus conteúdos são materialmente compatíveis. **Quando do surgimento de uma nova Constituição as normas materialmente incompatíveis serão revogadas (nomenclatura utilizada pelo STF) ou não-recepcionadas.** A incompatibilidade formal superveniente não impede a recepção, mas faz com que a norma adquira uma nova roupagem. Exemplo: CTN (Lei 5.172/66) foi recepcionado, por EC pela CF/67 e também pela CF/88 como Lei Complementar, logo, só pode ser revogado por outra lei complementar. Em outras palavras: na recepção constitucional só importa o aspecto material. Desse modo, caso uma lei anterior à CF seja com ela **incompatível, não** poderá ser recepcionada pela nova ordem, ainda que, na época em que ela foi editada, fosse compatível com a Constituição então vigente.

Alternativa "c": a vedação à emenda da CF durante os estados de defesa e de sítio constitui uma **limitação circunstancial** (e não temporal) ao poder constituinte derivado reformador. Vale destacar as espécies de limitações ao Poder Constituinte Derivado: **1. Temporais:** impedem a alteração da CF com relação a um determinado período de tempo (A CF/88 não prevê nenhuma limitação temporal, em privilégio ao ganho de estabilidade); **2. Circunstanciais:** impedem a alteração da CF em momentos de extrema gravidade, nos quais a livre manifestação do poder reformador possa estar ameaçada (Estado de Defesa, Estado de Sítio, e Intervenção Federal); **3. Formais/Processuais/Procedimentais:** que podem ser de duas espécies: 3.1. **Formal Subjetiva** (há legitimados específicos para a propositura de Emendas Constitucionais); 3.2. **Formal Objetiva** (quórum qualificado de três quintos, em dois turnos, em cada Casa do Congresso Nacional, com promulgação pelas mesas do Senador Federal e da Câmara dos Deputados); **4. Materiais/Substanciais** (Cláusulas Pétreas); **5. Implícitas:** vedação à alteração das regras pertinentes ao processo para modificação da Constituição.

Alternativa "d": a República Federativa do Brasil constitui-se em estado democrático de direito e tem como fundamentos a soberania, a cidadania, a dignidade da pessoa humana, os valores sociais do trabalho e da livre iniciativa e o pluralismo político (art. 1º da CF). Desse modo, **a construção de uma sociedade livre, justa e solidária não é fundamento da República Federativa do Brasil, mas sim um dos objetivos fundamentais**, de acordo com o artigo 3º, I, da CF.

Alternativa "e": as constituições promulgadas **são elaboradas por representantes legítimos do povo** (e não aquelas impostas pelo agente revolucionário, sem a participação do povo). Mister ressaltar a classificação das Constituições quanto à Origem: **1. Democrática ou Promulgada ou Popular:** elaborada por legítimos representantes do povo, normalmente organizados em torno de uma Assembleia Constituinte; **2. Outorgada:** é aquela elaborada sem a presença de legítimos representantes do povo, imposta pela vontade de um poder absolutista ou totalitário, não democrático; **3. Constituição Cesarista, Bonapartista, Plebiscitária ou Referendária:** é aquela criada por um ditador ou imperador e posteriormente submetida à aprovação popular por plebiscito ou referendo; **4. Heteroconstituição:** é aquela criada fora do Estado em que irá vigorar. Ex: Constituição do Chipre (procedente dos acordos de Zurique, de 1960, entre a Grã-Bretanha, a Grécia e a Turquia).

---

10. (Cespe – Juiz de Direito Substituto – DFT/2014) No que se refere à aplicabilidade e à interpretação das normas constitucionais, assinale a opção correta.

a) Conforme o método de interpretação denominado científico – espiritual, a análise da norma constitucional deve-se fixar na literalidade da norma, de modo a extrair seu sentido sem que se leve em consideração a realidade social.

b) As denominadas normas constitucionais de eficácia plena não necessitam de providência ulterior para sua aplicação, a exemplo do disposto no art. 37, I, da CF, que prevê o acesso a cargos, empregos e funções públicas a brasileiros e estrangeiros.

c) O dispositivo constitucional que assegura a gratuidade nos transportes coletivos urbanos aos maiores de sessenta e cinco anos não configura norma de eficácia plena e aplicabilidade imediata, pois demanda uma lei integrativa infraconstitucional para produzir efeitos.

d) A norma constitucional de eficácia contida é aquela que, embora tenha aplicabilidade direta e imediata, pode ter sua abrangência reduzida pela norma infraconstitucional, como ocorre com o artigo da CF que confere aos estados a competência para a instituição de regiões metropolitanas.

e) Conforme o método jurídico ou hermenêutico clássico, a Constituição deve ser considerada como uma lei e, em decorrência, todos os métodos tradicionais de hermenêutica devem ser utilizados na atividade interpretativa, mediante a utilização de vários elementos de exegese, tais como o filológico, o histórico, o lógico e o teleológico.

COMENTÁRIOS

✪ **Nota do autor:** a questão aborda conhecimentos acerca dos Métodos de Interpretação Constitucional e, ainda, acerca da classificação das normas constitucionais quanto à eficácia, segundo proposta de José Afonso da Silva. O candidato deve dedicar atenção especial a esses temas, eis que muito cobrados em concursos públicos.

Alternativa correta: "e": o Método Jurídico ou Hermenêutico Clássico (Ernest Forsthoff) parte de uma Tese da Identidade que existiria entre a Constituição e as demais leis, ou seja, se a constituição é uma lei, não há porque ter método específico para interpretá-la. Ele se vale basicamente dos seguintes elementos: a) genético (origem do ato); b) gramatical ou filológico (análise textual e literal); c) histórico (momento e contexto de criação do ato); d) lógico (não contradição); e) sistemático (análise do todo ou conjunto); f) teleológico (finalidade social do ato). Portanto, conforme o método jurídico ou hermenêutico clássico, a Constituição deve ser considerada como uma lei e, em decorrência, todos os métodos tradicionais de hermenêutica devem ser utilizados na atividade interpretativa, mediante a utilização de vários elementos de exegese, tais como o filológico, o histórico, o lógico e o teleológico.

Alternativa "a": o Método Científico-espiritual, Valorativo ou Sociológico (Rudolf Smend) tem como norte o espírito constitucional, ou seja, valores consagrados nas normas constitucionais. Além dos valores, levam-se em conta também outros fatores extraconstitucionais, como a realidade social e cultural do povo, exigindo-se uma interpretação elástica do texto constitucional, alçando a Constituição a instrumento de integração e solução de conflitos em busca da construção e da preservação da unidade social. Desse modo, o método de interpretação denominado científico – espiritual **não norteia** que a análise da norma constitucional deve-se fixar na literalidade da norma.

Alternativa "b": as denominadas normas constitucionais de eficácia plena não necessitam de providência ulterior para sua aplicação, contudo, o disposto no art. 37, I, da CF, que prevê o acesso a cargos, empregos e funções públicas a brasileiros e estrangeiros **não se trata**

de exemplo desse tipo de norma. O dispositivo mencionado, ao preceituar que **os cargos, empregos e funções públicas são acessíveis aos brasileiros que preencham os requisitos estabelecidos em lei, assim como aos estrangeiros, na forma da lei**, demonstra ser uma **norma de eficácia limitada.** Vale anotar, por oportuno, que esse é o posicionamento da Suprema Corte, adotado no julgamento do RE 544655 AgR/MG, julgado em 2008 e relatado pelo Ministro Eros Grau.

Alternativa "c": o dispositivo constitucional que assegura a gratuidade nos transportes coletivos urbanos aos maiores de sessenta e cinco anos configura norma de eficácia plena e aplicabilidade imediata e, por isso, **não** demanda uma lei integrativa infraconstitucional para produzir efeitos. Esse é, inclusive, o posicionamento adotado pelo STF na ADI 3768/DF, julgada em 2007 e relatada pela Ministra Cármen Lúcia.

Alternativa "d": a norma constitucional de eficácia contida é aquela que, embora tenha aplicabilidade direta e imediata, pode ter sua abrangência reduzida pela norma infraconstitucional, mas **não é o que ocorre com o artigo da CF que confere aos estados a competência para a instituição de regiões metropolitanas.** O artigo 35, § 3º, da CF, ao estatuir que **os Estados poderão, mediante lei complementar, instituir regiões metropolitanas**, aglomerações urbanas e microrregiões, constituídas por agrupamentos de municípios limítrofes, para integrar a organização, o planejamento e a execução de funções públicas de interesse comum, confere ao referido dispositivo, **eficácia limitada**, necessitando, portanto, de lei infraconstitucional para que se materialize na prática.

---

11. (Cespe – Analista Judiciário – Área Judiciária – STF/2013) Acerca do conceito de constituição e da interpretação das normas constitucionais, julgue o item a seguir.

Para Peter Haberle, jurista alemão cujo pensamento doutrinário tem influenciado o direito constitucional brasileiro, a constituição deve corresponder ao resultado, temporário e historicamente condicionado, de um processo de interpretação levado adiante na esfera pública por parte dos cidadãos e cidadãs.

COMENTÁRIOS

✪ **Nota do autor:** a questão exige do candidato conhecimentos teóricos acerca do conceito de constituição. Em destaque, exige que o candidato conheça o conceito de constituição aberta. Ainda, são conceitos cobrados frequentemente em provas de concursos públicos e que o candidato deve conhecer, o conceito de constituição sociológica (Ferdinand Lassalle): é aquela que deve traduzir a soma dos fatores reais de poder que rege determinada nação, sob pena de se tornar mera folha de papel; política (Carl Schmitt): é uma decisão política fundamental e contempla a estrutura do Estado e dos Poderes, bem como um rol de direitos fundamentais; jurídica (Hans Kelsen): a constituição é, em um sentido lógico-jurídico, norma hipotética fundamental pura e, em uma concepção jurídico-positiva, paradigma máximo de validade para todas as demais normas do ordenamento jurídico; e culturalista (Michele Ainis): representa o fato cultural.

Certo. Peter Häberle apregoa um conceito de constituição aberta que, conforme preleciona Paulo Lépore, "Idealizada por Peter Häberle, em 1975, Constituição aberta é aquela interpretada por todo o povo e em qual quer espaço, e não apenas pelos juristas nos bojos dos processos" (LEPORE, Paulo. *Direito Constitucional para os concursos de Técnico e Analista*. Salvador: Juspodivm, 2013, p. 22). Desse modo, a constituição deve corresponder ao resultado, temporário e historicamente condicionado, de um processo de interpretação levado adiante na esfera pública por parte dos cidadãos e cidadãs.

---

12. (Cespe – Procurador do Estado – DF/ 2013) Considerando a evolução constitucional do Brasil, julgue os itens a seguir.

12.1. A Assembleia Nacional Constituinte de 1946 contou com a participação de representantes comunistas.

COMENTÁRIOS

Certo. A partir de 1945 o Partido Comunista Brasileiro – PCB ganhou muita força política no país, o que culminou na participação de alguns de seus membros na Assembléia Constituinte de 1946.

12.2. Coerente com os processos decorrentes da Revolução de 1930, a Constituição de 1934 contemplou a eleição, pelo voto direto e secreto, de todos os integrantes das casas legislativas.

COMENTÁRIOS

Errado. De acordo com a Constituição de 1934, os Deputados eram eleitos tanto por meio de voto direito **quanto de modo indireto**, via organizações profissionais, o que se chamava de representação classista.

12.3. A primeira Constituição brasileira, datada de 1824, foi regularmente aprovada e democraticamente promulgada por assembleia nacional constituinte.

COMENTÁRIOS

Errado. Quanto à origem, uma Constituição pode ser: **Democrática** ou **Promulgada** (elaboradas por legítimos representantes do povo, normalmente organizados em torno de uma Assembleia Constituinte); **Outorgada** (elaborada sem a presença de legítimos representantes do povo, imposta pela vontade de um poder absolutista ou totalitário, não democrático); **Cesarista** (criada por um ditador ou imperador e posteriormente submetida à aprovação popular por plebiscito ou referendo); **Heteroconstituição** (é aquela criada fora do Estado em que irá vigorar). A nossa primeira Constituição de fato é datada de 1824, no entanto, não se classifica como democraticamente promulgada, mas sim como outorgada. Segundo nos ensina Pedro Lenza: "A Constituição Política do Império do Brasil foi outorgada em 25 de março de 1824 e foi, dentre todas, a que durou mais tempo, tendo sofrido considerável influência da francesa de 1814. Foi marcada por forte centralismo administrativo e político, tendo em vista a figura do Poder Moderador, constitucionalizado, e também por unitarismo e absolutismo" (*Direito Constitucional Esquematizado*. 14. ed. São Paulo: Saraiva, 2010, p. 91).

12.4. A Constituição de 1937 dissolveu a Câmara dos Deputados, o Senado Federal, as assembleias legislativas e as câmaras municipais.

COMENTÁRIOS

Certo. A Constituição de 1937, apelidada de Polaca, por ter sido inspirada na Carta Polonesa, continha ideias autoritárias e fascistas, impondo, dentre outras medidas, a dissolução do Congresso Nacional.

13. (Cespe – Procurador Federal/2013) Considerando o entendimento prevalecente na doutrina e na jurisprudência do STF sobre o preâmbulo constitucional e as disposições constitucionais transitórias, julgue os itens seguintes.

13.1. As disposições constitucionais transitórias são normas de eficácia exaurida e aplicabilidade esgotada. Por serem hierarquicamente inferiores às normas inscritas no texto básico da CF, elas não são consideradas normas cogentes e não possuem eficácia imediata.

COMENTÁRIOS

Errado. As disposições constitucionais transitórias são normas de eficácia **exaurível**, pois, por servirem à transição entre regimes constitucionais, suas normas deixam de ter eficácia depois que atendem à função para a qual foram criadas. Ademais, **as normas do ADCT são cogentes e têm o mesmo nível hierárquico** daquelas que compõem o corpo permanente da CF.

13.2. A jurisprudência do STF considera que o preâmbulo da CF não tem valor normativo. Desprovido de força cogente, ele não é considerado parâmetro para declarar a constitucionalidade ou a inconstitucionalidade normativa.

COMENTÁRIOS

Certo. Segundo posição exarada pelo **STF** no bojo da **ADI 2076**, julgada em 2002, o Preâmbulo da Constituição da República não tem força normativa, figurando como mero vetor interpretativo. Em seu voto, Celso de Mello sustentou que **o Preâmbulo não se situa no âmbito do direito**, mas no domínio da política, refletindo posição ideológica do constituinte. Ademais, ele conteria proclamação ou exortação no sentido dos princípios inscritos na Constituição Federal. Quanto à natureza jurídica do Preâmbulo, a posição do STF filia-se à Tese da Irrelevância Jurídica, afastando-se da Tese da Plena Eficácia (que defende ter o Preâmbulo a mesma eficácia das normas que consta da parte articulada da CF) e da Tese da Relevância Jurídica Indireta (para a qual o Preâmbulo é parte da Constituição, mas não é dotado das mesmas características normativas da parte articulada). Por essa razão, também não serve de parâmetro para controle de constitucionalidade. Esse posicionamento do STF serviu para definir que a invocação à proteção de Deus, constante do Preâmbulo da Constituição da República vigente somente denota inspiração do constituinte, não violando a liberdade religiosa que permeia o Estado brasileiro.

14. (Cespe – Defensor Público – DF/ 2013) Acerca dos elementos e normas constitucionais, julgue os itens seguintes.

14.1. As normas materialmente constitucionais referem-se ao conteúdo próprio da Constituição, devendo todas elas obrigatoriamente figurar no texto constitucional, a exemplo das normas relativas ao exercício e à distribuição do poder político e à garantia dos direitos fundamentais.

COMENTÁRIOS

Errado. O bloco de constitucionalidade (ideia de Louis Favoreu, mas desenvolvida por Canotilho e consagrada nas ADIs 595 e 514, pelo Ministro Celso de Mello) consiste no conjunto de normas materialmente constitucionais, que até servem de paradigma para controle de constitucionalidade, mas que, não necessariamente, integram formalmente a Constituição, a exemplo dos tratados internacionais de direitos humanos aprovados de acordo com o regramento do art. 5°, § 3°, da CF. Portanto, as normas materialmente constitucionais referem-se ao conteúdo próprio da Constituição, não devendo, obrigatoriamente, figurar no texto constitucional.

14.2. Consideram-se elementos limitativos da Constituição as normas constitucionais que compõem o catálogo dos direitos e garantias individuais.

COMENTÁRIOS

Certo. Configuram elementos das Constituições (José Afonso da Silva. *Curso de Direito Constitucional Positivo*. 6 ed. São Paulo: Malheiros, 1990, p. 43-44): **Elementos Orgânicos:** regulam a estrutura do Estado e do Poder; **Elementos Limitativos:** referem-se aos direitos fundamentais, que limitam a atuação do Estado, protegendo o povo; **Elementos Sócio-ideológicos:** revelam o compromisso do Estado em equilibrar os ideais liberais e sociais ao longo do Texto Constitucional; **Elementos de Estabilização Constitucional:** asseguram a solução de conflitos institucionais entre Poderes, e também protegem a integridade do Estado e da própria Constituição; **Elementos Formais de Aplicabilidade:** referem-se às regras de interpretação e aplicação da Constituição, a exemplo do preâmbulo, do ADCT, e a aplicabilidade imediata dos direitos e garantias fundamentais.

15. (Cespe – Juiz de Direito Substituto – RN/2013) Com relação ao conceito, à classificação e ao conteúdo das constituições e às disposições transitórias da CF, assinale a opção correta.

a) Fruto do neoconstitucionalismo, a constitucionalização do direito consiste na irradiação dos valores abrigados nos princípios e regras da constituição para todo o ordenamento jurídico, notadamente por via da jurisdição constitucional, em seus diferentes níveis.

b) As normas constitucionais, caracterizadas por especificidades no que se refere aos meios de tutela e às sanções jurídicas, denominam-se normas perfeitas, já que, em caso de violação, há sanção jurídica suficiente para repor sua força normativa.

c) As disposições transitórias da CF preveem a possibilidade de concessão de anistia aos que, no período da ditadura militar, foram atingidos, em decorrência de motivação de caráter político ou discricionário, por atos de exceção, institucionais ou complementares.

d) Define-se constituição, no sentido jurídico, como decisão política fundamental.

e) Adotando-se o critério da observância realista das normas constitucionais por governantes e governados, as constituições normativas são definidas como aquelas que logram ser lealmente cumpridas por todos os interessados, limitando, efetivamente, o poder, e as constituições semânticas como aquelas formalmente válidas, mas que contêm preceitos ainda não ativados na prática real.

COMENTÁRIOS

✪ **Nota do autor:** a questão exige profundos conhecimentos doutrinários acerca do tema e, por isso, é da elevada complexidade.

Alternativa correta: "a": de fato a constitucionalização do direito é fruto do neoconstitucionalismo, de uso relativamente contemporâneo. Possui como característica a expansão do conteúdo material (valores abrigados nos princípios e regras) da Constituição para todo o sistema jurídico pátrio. Ademais, verifica-se o tratamento dos mais diversos conteúdos, tornando matérias, inicialmente passíveis de tratamento infraconstitucional, em normas formalmente constitucionais, ou seja, vai além dos princípios básicos, trazendo detalhamento de outros assuntos – o que faz com que a Carta Magna de 1988 seja classificada como analítica (ou prolixa).

Alternativa "b": as **normas perfeitas** não autorizam, em caso de violação, sanção jurídica suficiente para repor sua força normativa, mas apenas possibilita a declaração da nulidade do ato que a confrontar.

Alternativa "c": as disposições transitórias da CF preveem a possibilidade de concessão de anistia aos que, no período da ditadura militar, foram atingidos, em decorrência de motivação de caráter **exclusivamente** político (não prevendo os de caráter discricionário), por atos de exceção, institucionais ou complementares (art. 8º, do ADCT).

Alternativa "d": define-se constituição, no **sentido político** (e não jurídico), como decisão política fundamental. A Constituição no sentido jurídico é aquela que se constitui em norma hipotética fundamental pura, que traz fundamento transcendental para sua própria existência (sentido lógico-jurídico), e que, por se constituir no conjunto de normas com mais alto grau de validade, deve servir de pressuposto para a criação das demais normas que compõem o ordenamento jurídico (sentido jurídico-positivo).

Alternativa "e": a constituição pode ser classificada quanto ao valor ou ontologia (Karl Loewestein) em: **Normativa** (dotada de valor jurídico legítimo); **Nominal** (sem valor jurídico, apenas social); **Semântica** (tem importância jurídica, mas não valoração legítima, pois é criada apenas para justificar o exercício de um Poder não democrático. São meros simulacros de Constituição).

16. (Cespe – Procurador BACEN/2013) No que se refere ao poder constituinte, ao preâmbulo da CF e ao ADCT, assinale a opção correta.

a) As normas do ADCT são normas constitucionais, com o mesmo status jurídico e mesma hierarquia das demais normas previstas no texto principal.

b) De acordo com o entendimento do STF, o preâmbulo da CF constitui norma central que deve ser reproduzida obrigatoriamente nas constituições estaduais.

c) As normas acrescidas ao ADCT pelo poder constituinte de reforma não admitem controle de constitucionalidade.

d) Para que o poder constituinte originário possa expressar-se validamente, mediante a instalação de uma nova ordem jurídica, é imprescindível a consulta prévia ao titular do poder.

e) O exercício do poder constituinte derivado não deve obediência às normas de natureza procedimental estabelecidas pelo legislador constituinte originário.

COMENTÁRIOS

✪ **Nota do autor:** perceba que o CESPE praticamente repetiu a questão em concursos do mesmo ano, mas para cargos diferentes, conforme se conclui analisando-se a questão anterior. Fique ligado nos temas de maior incidência!

Alternativa correta: "a": de fato, as normas do ADCT são normas constitucionais, com o mesmo status jurídico e mesma hierarquia das demais normas previstas no texto principal. Diferenciam-se apenas por serem normas de eficácia exaurível.

Alternativa "b": conforme visto na questão anterior, a questão envolvendo o preâmbulo foi definida pelo STF na ADI 2076. Decidiu-se pela ausência de força normativa e, portanto, que não é de reprodução obrigatória.

Alternativa "c": as normas do ADCT decorrentes de emenda constitucional são passíveis de controle de constitucionalidade como quaisquer outras da CF, pois têm o mesmo *status* normativo.

Alternativa "d": o poder constituinte originário é **inicial** (não existe outro poder anterior ou superior a ele), **portanto, não precisa** realizar consulta prévia ao titular do poder.

Alternativa "e": o poder constituinte derivado **deve** obediência às normas de natureza procedimental estabelecidas pelo legislador constituinte originário, pois ele é **condicionado**.

17. (Cespe – Procurador BACEN/2013) A respeito do conceito, dos elementos e das classificações dasconstituições, assinale a opção correta.

a) No que se refere ao modo de elaboração, a constituição dogmática espelha os dogmas e princípios fundamentais adotados pelo Estado e não será escrita.

b) Quanto à estabilidade, a constituição flexível não se compatibiliza com a forma escrita, ainda que seu eventual texto admitisse livre alteração do conteúdo por meio de processo legislativo ordinário.

c) Os direitos e garantias fundamentais previstos na CF são considerados elementos socioideológicos.

d) No sentido político, segundo Carl Schmitt, a constituição é a soma dos fatores reais do poder que formam e regem determinado Estado.

e) Quanto aos elementos, o ADCT configura exemplo de elemento formal de aplicabilidade da CF.

COMENTÁRIOS

Alternativa correta: "e": os elementos formais de aplicabilidade são aqueles que trazem regras sobre a aplicação das Constituições. O ADCT é um exemplo, por disciplina a transição entre regimes constitucionais.

O preâmbulo é outro exemplo, pois enuncia os valores que nortearam o constituinte na elaboração do Texto Constitucional.

Alternativa "a": a constituição dogmática é aquela sistematizada a partir de ideias fundamentais. Ao contrário do que afirma a alternativa, **tende a ser escrita**.

Alternativa "b": constituição flexível é aquela em que o processo para sua alteração é igual ao utilizado para criar leis. Assim, há **plena compatibilidade com a forma escrita**.

Alternativa "c": os direitos e garantias fundamentais previstos na CF são considerados **elementos limitativos** (pois serve como barreira aos Poderes Estatais), não **socioideológicos** (que espelham ideologias adotadas pelo Constituinte).

Alternativa "d": quem defende que a constituição é a soma dos fatores reais do poder é **Ferdinand Lassale** (não Carl Schmitt), em uma concepção **sociológica** (não política).

18. (Cespe – Juiz de Direito Substituto – RN/2013) No que concerne ao poder constituinte, à mutação constitucional, à interpretação constitucional e à eficácia e aplicabilidade das normas constitucionais, assinale a opção correta.

a) O princípio interpretativo da correção funcional, derivado do cânone hermenêutico da unidade da constituição, autoriza o intérprete máximo da constituição, quando necessário, a interpretar seus dispositivos de maneira tal que altere o esquema organizatório-funcional nela estabelecido.

b) As normas de eficácia contida não são consideradas normas autoexecutáveis, em razão da possibilidade de serem restringidas por deliberação do legislador infraconstitucional.

c) A mutação constitucional ocorre quando, em virtude de evolução na situação de fato sobre a qual incide a norma, ou por força do predomínio de nova visão jurídica, altera-se a interpretação dada à constituição, mas não o seu texto.

d) O poder constituinte de reforma da constituição inclui o poder de emenda, mas não abrange o poder de revisão de seu texto.

e) O método hermenêutico-concretizador de interpretação constitucional embasa-se na técnica do pensamento problemático, que consiste em interpretar a norma constitucional a partir do caso concreto.

COMENTÁRIOS

Alternativa correta: "c": a mutação constitucional é um **processo não formal de mudança da Constituição em que o texto constitucional permanece inalterado, modificando-se apenas o significado e o sentido**

interpretativo de determinada norma constitucional. Em outras palavras: na mutação, altera-se a interpretação sobre o texto da Constituição, chegando-se a norma com sentido novo. O exemplo mais famoso é o empregado ao STF ao art. 52, X, da CF, para dizer que a nova norma que dele se extrai é no sentido que a resolução emitida pelo Senador Federal para suspender a execução, no todo ou em parte, de norma declarada inconstitucional no controle difuso serve apenas para conferir publicidade à decisão do STF. Outro exemplo é a interpretação do STF sobre o conceito de casa, do art. 5°, XI, da CF, para dizer que inclui também escritórios profissionais, hotéis, motéis, pensões e congêneres. Segundo Luís Roberto Barroso, a mutação constitucional pode ocorrer por interpretação, pela atuação do legislador e por via de costume. A mutação constitucional por via de interpretação "consiste na mudança de sentido da norma, em contraste com entendimento preexistente". Já a mutação pela atuação do legislador ocorrera "quando, por ato normativo primário, procurar-se modificar a interpretação que tenha sido dada a alguma norma constitucional. É possível conceber que, ensejando a referida norma mais de uma leitura possível, o legislador opte por uma delas, exercitando o papel que lhe é próprio, de realizar escolhas políticas. A mutação terá ligar se, vigendo um determinado entendimento, a lei vier a alterá-lo. Suponha-se, por exemplo, que o § 3° do art. 226 da Constituição – que reconhece a união estável entre homem e mulher como entidade familiar – viesse a ser interpretado no sentido de considerar vedada a união estável entre pessoas do mesmo sexo. Se a lei ordinária vier a disciplinar esta última possibilidade, chancelando as uniões homoafetivas, terá modificado o sentido que vinha sendo dado à norma constitucional". Por fim, a mutação por costume é aquela que altera uma prática historicamente considerada válida. "Há outro exemplo expressivo contemporâneo, relacionado com as Comissões Parlamentares de Inquérito (CPIs). Nos últimos anos, uma prática política persistente expandiu os poderes dessas comissões e redefiniu suas competências. Passou-se a admitir, pacificamente, a determinação de providências que antes eram rejeitadas pela doutrina e pela jurisprudência, aí incluídas a quebra de sigilos bancários, telefônico e fiscais" (BARROSO, Luís Roberto. *Curso de Direito Constitucional Contemporâneo*. São Paulo: Saraiva, 2009, p. 128-135).

Alternativa "a": o Princípio da conformidade/correção/exatidão funcional ou da justeza limita o intérprete na atividade de concretizador da Constituição, pois impede que ele atue de modo a desestruturar as premissas de organização política previstas no Texto Constitucional.

Alternativa "b": normas de eficácia contida ou restringível são aquelas que têm aplicabilidade direta, imediata, mas não integral, pois admitem que seu conteúdo seja restringido por norma infraconstitucional, o que ocorre, por exemplo, com o enunciado que garante o livre exercício de qualquer trabalho, ofício ou profissão, atendidas as qualificações profissionais que a lei estabelecer (art. 5°, XIII, da CF). Para ilustrar: a função de advogado, somente pode ser exercida atendida a qualificação profissional de ser bacharel em direito, aprovado no Exame da Ordem dos Advogados do Brasil (art. 8°, IV, da Lei 8.906/94).

Alternativa "d": o poder constituinte de reforma da constituição inclui o poder de emenda e abrange o poder de revisão de seu texto.

Alternativa "e": o Método Hermenêutico-concretizador (Konrad Hesse) é aquele em que o intérprete se vale de suas pré-compreensões valorativas para obter o sentido da norma em um determinado problema. O conteúdo da norma somente é alcançado a partir de sua interpretação concretizadora, dotada do caráter criativo que emana do exegeta. Nesse sentido, o método de Hesse possibilita que a Constituição tenha força ativa para compreender e alterar a realidade. Mas, nesse mister, o texto constitucional apresenta-se como um limite intransponível para o intérprete, pois se o exegeta passar por cima do texto, ele estará modificando ou rompendo a Constituição, não interpretando-a.

---

19. (Cespe – Juiz Federal Substituto 1ª região/2013) Considerando a hermenêutica constitucional, assinale a opção correta com base na doutrina de referência.

a) Norma constitucional de eficácia contida incide direta e imediatamente sobre a matéria respectiva.

b) Norma constitucional de eficácia limitada ou reduzida somente produz efeitos mediante intervenção do Poder Judiciário.

c) Norma constitucional de eficácia plena tem aplicação direta e imediata, mas não integral.

d) A aplicação de norma constitucional de eficácia reduzida prescinde de lei em sentido material.

e) Norma constitucional de eficácia plena exige lei reguladora, ou integradora, para produzir efeitos jurídicos.

COMENTÁRIOS

✪ **Nota do autor:** a classificação das normas constitucionais quanto à eficácia, idealizada por José Afonso da Silva, possui altíssima incidência em concursos públicos, tratando-se de matéria imprescindível.

Alternativa correta: "a": as **normas de eficácia contida ou restringível** são aquelas que têm **aplicabilidade direta, imediata, mas não integral**, pois admitem que seu conteúdo seja restringido por norma infraconstitucional, o que ocorre, por exemplo, com o enunciado que garante o livre exercício de qualquer trabalho, ofício ou profissão, atendidas as qualificações profissionais que a lei estabelecer (art. 5°, XIII, da CF). Para ilustrar: a função de advogado, somente pode ser exercida atendida a qualificação profissional de ser bacharel em direito, aprovado no Exame da Ordem dos Advogados do Brasil (art. 8°, IV, da Lei 8.906/94).

Alternativa "b": as **normas de eficácia limitada ou reduzida** são aquelas que possuem **aplicabilidade indireta, mediata e reduzida** (não direta, não imediata e não integral), pois exigem norma infraconstitucional para que se materializem na prática. Elas podem ser de princípio programático ou princípio institutivo. Contudo, **é errado dizer que somente produz efeitos mediante intervenção do Poder Judiciário.**

Alternativa "c": normas de eficácia plena são aquelas dotadas de **aplicabilidade direta, imediata e integral,** pois não necessitam de lei infraconstitucional para torná-las aplicáveis e nem admitem lei infraconstitucional que lhes restrinja o conteúdo. Em outras palavras: elas trazem todo o conteúdo necessário para a sua materialização prática. São entendidas como de aplicabilidade direta, imediata e integral, pois não necessitam de lei infraconstitucional. Exemplo: Brasília é a Capital Federal (art. 18, § 1°, da CF).

Alternativa "d": para a aplicação de norma constitucional de eficácia reduzida **é imprescindível** lei em sentido material.

Alternativa "e": normas de eficácia plena são aquelas dotadas de aplicabilidade direta, imediata e integral, pois não necessitam de lei infraconstitucional para torná-las aplicáveis e nem admitem lei infraconstitucional que lhes restrinja o conteúdo. Portanto, não exigem lei reguladora, ou integradora, para produzir efeitos jurídicos.

---

20. (Cespe – Juiz Substituto da Justiça Militar da União – STM/2013) No que se refere aos métodos de interpretação da CF, assinale a opção correta.

a) No método jurídico, defende-se a identidade entre lei e constituição, esta considerada espécie de lei, devendo, portanto, ser interpretada pelas regras tradicionais de hermenêutica.

b) De acordo com o método tópico-problemático, a interpretação da constituição é concretização, criando-se um processo unitário entre aplicação e interpretação, com primazia do texto sobre o problema.

c) No método normativo-estruturante, busca-se a interpretação da constituição como um conjunto, em um processo de integração comunitária.

d) De acordo com o método científico-espiritual, deve-se priorizar a concretização em detrimento da interpretação, que é apenas uma etapa da concretização, visto que é impossível isolar a norma da realidade.

e) No método hermenêutico-concretizador, há um pensar problemático, dando-se preferência à discussão dos problemas, já que a abertura do texto constitucional inviabilizaria a possibilidade de dedução subsuntiva.

COMENTÁRIOS

✪ **Nota do autor:** a questão aborda os Métodos de Interpretação Constitucional. A matéria é bastante cobrada e merece atenção.

Alternativa correta: "a": o **Método Jurídico ou Hermenêutico Clássico** (Ernest Forsthoff) parte de uma Tese da Identidade que existiria entre a Constituição e as demais leis, ou seja, se a constituição é uma lei, não há porque ter método específico para interpretá-la. Ele se vale basicamente dos seguintes elementos: a) genético (origem do ato); b) gramatical ou filológico (análise textual e literal); c) histórico (momento e contexto de criação do ato); d) lógico (não contradição); e) sistemático (análise do todo ou conjunto); f) teleológico (finalidade social do ato).

Alternativa "b": o **Método Tópico-problemático** (Theodor Viehweg) atua sobre as aporias (aporia: dificuldade de escolher entre duas opiniões contrárias e igualmente racionais sobre um dado problema). Topos que no plural são os topoi, representam formas de pensamento, raciocínio, argumentação, pontos de vista ou lugares comuns. Os topoi são retirados da jurisprudência, da doutrina, dos princípios gerais de direito e até mesmo do senso comum. Trata-se de uma teoria de argumentação jurídica em torno do problema. A partir do problema expõem-se os argumentos favoráveis e contrários e consagra-se como vencedor aquele capaz de convencer o maior número de interlocutores. Tem aplicabilidade nos casos de difícil solução, denominados por *hard cases*.

Alternativa "c": o **Método Normativo-estruturante** (Friedrich Müller) ou Concretista (Paulo Bonavides) é aquele em que o intérprete parte do direito positivo para chegar à estruturação da norma, muito mais complexa que o texto legal. Nesse caminho, há influência da jurisprudência, da doutrina, da história, da cultura e das decisões políticas. Em outras palavras: o exegeta colhe elementos da realidade social para estruturar a norma que será aplicada.

Alternativa "d": o **Método Científico-espiritual, Valorativo** ou **Sociológico** (Rudolf Smend) tem como norte o espírito constitucional, ou seja, valores consagrados nas normas constitucionais. Além dos valores, levam-se em conta também outros fatores extraconstitucionais, como a realidade social e cultural do povo, exigindo-se uma interpretação elástica do texto constitucional, alçando a Constituição a instrumento de integração e solução de conflitos em busca da construção e da preservação da unidade social.

Alternativa "e": o **Método Hermenêutico-concretizador** (Konrad Hesse): é aquele em que o intérprete se vale de suas pré-compreensões valorativas para obter o sentido da norma em um determinado problema. O conteúdo da norma somente é alcançado a partir de sua interpretação concretizadora, dotada do caráter criativo que emana do exegeta. Nesse sentido, o método de Hesse possibilita que a Constituição tenha força ativa para compreender e alterar a realidade. Mas, nesse mister, o texto constitucional apresenta-se como um limite intransponível para o intérprete, pois se o exegeta passar por cima do texto, ele estará modificando ou rompendo a Constituição, não interpretando-a.

21. (Cespe – Analista Judiciário – Judiciária – TRT 10/2013) No que concerne à aplicabilidade das normas constitucionais, julgue os itens seguintes.

I. As normas programáticas são dotadas de eficácia plena e independem de programas ou providências estatais para a sua concretização.

II. As normas constitucionais de eficácia limitada, embora, para produzirem todos os seus efeitos, demandem lei integrativa, têm o poder de vincular o legislador ordinário, podendo servir como parâmetro para o controle de constitucionalidade.

COMENTÁRIOS

Item "I" – Errado. As normas programáticas **não** são dotadas de eficácia plena. Na verdade, elas são consideradas normas de **eficácia limitada**, aplicabilidade indireta, mediata e reduzida (não direta, não imediata e não integral) e **dependem** de programas ou providências estatais para a sua concretização. Trata-se da sempre lembrada classificação das normas constitucionais quanto à eficácia, do doutrinador José Afonso da Silva.

Item "II" – Certo. As normas constitucionais de eficácia limitada são aquelas que possuem aplicabilidade indireta, mediata e reduzida (não direta, não imediata e não integral), pois exigem norma infraconstitucional para que se materializem na prática. Entretanto, conforme destacado no item, embora para produzirem todos os seus efeitos demandem lei integrativa, as normas constitucionais de eficácia limitada têm o poder de vincular o legislador ordinário para que não crie atos infraconstitucionais contrários a elas, além de também poderem servir como parâmetro para o controle de constitucionalidade.

22. (Cespe – Juiz Federal Substituto 5ª região/2013) Acerca do conceito, dos elementos e da classificação das Constituições, assinale a opção correta.

a) As Constituições classificadas, quanto ao modo de elaboração, como Constituições históricas, apesar de serem juridicamente flexíveis, são, normalmente, politicamente rígidas.

b) De acordo com a concepção que a define como um processo público, a Constituição consiste em uma ordem jurídica fundamental do Estado e da sociedade, não se caracterizando, portanto, como Constituição aberta, ou seja, como obra de um processo de interpretação.

c) Entendida como um programa de integração e representação nacionais, a Constituição deve conter apenas matérias referentes a grupos particularizados e temas passíveis de alterações frequentes, de modo a propiciar a durabilidade e a estabilidade do próprio texto constitucional.

d) Conforme a concepção política, a Constituição é a soma dos fatores reais de poder que regem o país.

e) São denominados elementos limitativos das Constituições aqueles que visam assegurar a defesa da Constituição e do estado democrático de direito.

COMENTÁRIOS

✪ **Nota do autor:** o tema classificação das constituições possui grande importância no estudo para concursos públicos. As matérias mais teóricas ganham maior importância ainda, quando diante de provas para Magistratura Federal, cujas questões abordadas possuem elevado nível de dificuldade, explorando um conteúdo de várias maneiras.

Alternativa correta: "a": as Constituições históricas, apesar de serem juridicamente flexíveis, são, normalmente, politicamente rígidas. Inicialmente, segundo conceito dado por Nathalia Masson, a constituição classificada como histórica, "Sempre não escrita, é uma Constituição que se constrói aos poucos, em um lento processo de filtragem e absorção de ideais por vezes contraditórios; não se forma de uma só vez como as dogmáticas. Em verdade, é o produto da gradativa evolução jurídica e histórica de uma sociedade, do vagaroso processo de cristalização dos valores e princípios compartilhados pelo grupo social. Como exemplo contemporâneo de Constituição histórica, temos a inglesa. Sobre essa classificação (quanto ao modo de elaboração), uma consideração final é pertinente: em termos de estabilidade pode-se dizer que a histórica é mais duradoura e sólida, enquanto a dogmática apresenta sensível tendência à instabilidade. Isso porque enquanto **a histórica é resultado de uma paulatina maturação dos diferentes valores que existem na sociedade – o que resulta num texto demoradamente pensado e acordado pelas distintas forças políticas atuantes** – a dogmática, no mais das vezes, sedimenta valores contingenciais, interesses passageiros, e estes, conforme vá se alterado o tecido social, vão se tornando obsoletos, inadequados, o que acarreta a necessidade de seguidas modificações do texto para que a indispensável correspondência entre a Constituição e a realidade a ser normatizada seja mantida" (*Manual de Direito Constitucional*. Salvador: Juspodvim, 2013, p. 940). Desse modo, cabe estabelecer uma máxima quanto à classificação das Constituições: toda Constituição rígida é escrita, pois não há rigidez em uma Constituição Não Escrita ou Costumeira. Por todo exposto, depreendemos que as Constituições históricas, que serão sempre não escritas, por esse motivo serão sempre juridicamente flexíveis. Lado outro, conforme visto, tendo em vista que o processo de modificação é um processo lento, pautado na evolução de valores e princípios do grupo social regido por ela, concluímos, por consequência, uma rigidez política, ou seja, não falando mais sob o enfoque jurídico, mas político, o processo de modificação é lento, demorado e, portanto, rígido.

Alternativa "b": de acordo com a concepção que a define como um processo público, a Constituição consiste em uma ordem jurídica fundamental do Estado e da sociedade, **se caracterizando, portanto, como Constituição aberta, ou seja, como obra de um processo de interpretação.** Verifica-se o erro da alternativa ao negar a característica de Constituição aberta. Ademais, Constituição Aberta é aquela interpretada por todo o povo em qualquer espaço, e não apenas pelos juristas, no bojo dos processos (Peter Häberle – 1975). Segundo destaca Pedro Lenza, "propõe Häberle que se supere o modelo de interpretação de uma sociedade fechada (nas mãos de juízes e em procedimentos formalizados) para a ideia de uma sociedade aberta dos intérpretes da Constituição, vale dizer, uma interpretação pluralista e democrática. Ao afirmar que a interpretação não mais deve ficar confinada dentro de uma sociedade fechada, Häberle propõe a ideia de que a interpretação não possa ficar restrita aos órgãos estatais, mas que deve ser aberta para todos os que 'vivem' a norma (a Constituição), sendo, assim, esses destinatários, legítimos intérpretes, em um interessante processo de revisão da metodologia jurídica tradicional de interpretação" (LENZA, Pedro. *Direito Constitucional Esquematizado*. 14 ed. São Paulo: Saraiva, 2010, p. 141)

Alternativa "c": entendida como um programa de integração e representação nacionais, a Constituição **não deve** conter apenas matérias referentes a grupos particularizados e temas passíveis de alterações frequentes, de modo a propiciar a durabilidade e a estabilidade do próprio texto constitucional. Esta concepção de Constituição como um programa de integração e representação nacionais pode ser atribuída a Hild Krüger, segundo o qual uma Constituição deve conter apenas aquilo de interesse para toda sociedade (e não grupos particularizados) e um núcleo essencial que realmente interesse a essa sociedade (e não temas passíveis de alterações frequentes), visando, sobretudo, a própria estabilidade e durabilidade do texto constitucional.

Alternativa "d": a **concepção Política de Constituição** nos é dada por Carl Schmitt (1928) que, conforme nos ensina Paulo Lépore, "é aquela que decorre de uma decisão política fundamental e se traduz na estrutura do Estado e dos Poderes e na presença de um rol de direitos fundamentais" (*Direito Constitucional para os concursos de Técnico e Analista*. Salvador: Juspodivm, 2013, p. 21). Por outro lado, tratando-se da **Constituição Sociológica**, temos o conceito dado por Ferdinande Lassalle (1862), "é aquela que deve traduzir a soma dos fatores reais de poder que rege determinada nação, sob pena de se tornar mera folha de papel escrita, que não corresponde à Constituição real" (LEPORE, Paulo. *Direito Constitucional para os concursos de Técnico e Analista*. Salvador: Juspodivm, 2013, p. 21). Portanto, conforme a **concepção sociológica** (e não política), **a Constituição é a soma dos fatores reais de poder que regem o país.**

Alternativa "e": conforme José Afonso da Silva, os Elementos das Constituições são os seguintes: **a) Elementos Orgânicos:** regulam a estrutura do Estado e do Poder; **b) Elementos Limitativos:** referem-se aos direitos fundamentais, que limitam a atuação do Estado, protegendo o povo; **c) Elementos Sócio-ideológicos:** revelam o compromisso do Estado em equilibrar os ideais liberais e sociais ao longo do Texto Constitucional; **d) Elementos de Estabilização Constitucional:** asseguram a solução de conflitos institucionais entre Poderes, e também protegem a integridade do Estado e da própria Constituição; **e) Elementos Formais de Aplicabilidade:** referem-se às regras de interpretação e aplicação da Constituição, a exemplo do preâmbulo, do ADCT, e a aplicabilidade imediata dos direitos e garantias fundamentais (José Afonso da Silva. *Curso de Direito Constitucional Positivo*. 6 ed. São Paulo: Malheiros, 1990, p. 43-44). **Desse modo, são denominados Elementos Limitativos da Constituição, aqueles que se referem aos direitos fundamentais, limitando a atuação do Estado e protegendo o povo. Lado outro, caracterizam os Elementos de Estabilização Constitucional (e não Limitativos), aqueles que visam assegurar a defesa da Constituição e do estado democrático de direito.**

2. PODER CONSTITUINTE. CONCEITO, FINALIDADE, TITULARIDADE E ESPÉCIES. REFORMA DA CONSTITUIÇÃO. CLÁUSULAS PÉTREAS

23. (Cespe – Delegado de Polícia – PE/2016) Acerca do poder de reforma e de revisão constitucionais e dos limites ao poder constituinte derivado, assinale a opção correta.

a) Além dos limites explícitos presentes no texto constitucional, o poder de reforma da CF possui limites implícitos; assim, por exemplo, as normas que dispõem sobre o processo de tramitação e votação das propostas de emenda não podem ser suprimidas, embora inexista disposição expressa a esse respeito.

b) Emendas à CF somente podem ser apresentadas por proposta de um terço, no mínimo, dos membros do Congresso Nacional.

c) Emenda e revisão constitucionais são espécies do gênero reforma constitucional, não havendo, nesse sentido, à luz da CF, traços diferenciadores entre uma e outra.

d) Não se insere no âmbito das atribuições do presidente da República sancionar as emendas à CF, mas apenas promulgá-las e encaminhá-las à publicação.

e) Se uma proposta de emenda à CF for considerada prejudicada por vício de natureza formal, ela poderá ser reapresentada após o interstício mínimo de dez sessões legislativas e ser apreciada em dois turnos de discussão e votação.

COMENTÁRIOS

✪ **Nota do autor:** o Poder Constituinte Derivado Reformador (também denominado por Secundário, de Segundo Grau, Instituído, Constituído, ou de Reforma) é responsável pela reforma da Constituição (no Brasil, por meio de Emendas Constitucionais ou da incorporação de tratados internacionais de direitos humanos). Vale notar que a CF de 1988 não prevê expressamente o poder de reforma, que materializa o poder constituinte derivado, mas este se encontra implícito, e se extrai, por exemplo, da norma constitucional que prevê propostas de emendas à Constituição.

Alternativa correta: letra "a": o Poder Constituinte Derivado deve observas as seguintes limitações: **Temporais**: impedem a alteração da Constituição em um determinado período de tempo (A CF/88 não prevê nenhuma limitação temporal, em privilégio ao ganho de estabilidade); **Circunstanciais**: impedem a alteração da CF em momentos de extrema gravidade, nos quais a livre manifestação do poder reformador possa estar ameaçada (Estado de Defesa, Estado de Sítio, e Intervenção Federal); **Formais/Processuais/Procedimentais**, que podem ser de duas espécies: 3.1. Formal Subjetiva (há legitimados específicos para a propositura de Emendas Constitucionais); 3.2. Formal Objetiva (quórum qualificado de três quintos, em dois turnos, em cada Casa do Congresso Nacional, com promulgação pelas mesas do Senador Federal e da Câmara dos Deputados); **Materiais/Substanciais**: cláusulas pétreas; **Implícitas**: vedam a alteração das regras pertinentes ao processo para modificação da Constituição.

Alternativa "b": a Constituição poderá ser emendada mediante proposta: I – de um terço, no mínimo, dos membros da Câmara dos Deputados ou do Senado Federal; II – do Presidente da República; III – de mais da metade das Assembleias Legislativas das unidades da Federação, manifestando-se, cada uma delas, pela maioria relativa de seus membros.

Alternativa "c": Emenda e revisão constitucionais são espécies do gênero reforma constitucional, mas não se confundem. Segundo José Afonso da Silva, reforma é gênero, e tem como espécies: emenda (mudança pontual) e revisão (modificações mais amplas). A **revisão constitucional** está prevista no art. 3°, do ADCT da CF, foi realizada 5 anos após a promulgação da CF/88 (em 1993, portanto) pelo voto da maioria absoluta dos membros do Congresso Nacional, em sessão unicameral, tendo gerado seis emendas constitucionais de revisão que detêm o status de normas constitucionais derivadas, porque materializadas por meio de emendas. Ademais, elas estão sujeitas ao controle de constitucionalidade, pois apenas as normas constitucionais originárias gozam de presunção absoluta de constitucionalidade.

Alternativa "d": a emenda à Constituição **será promulgada pelas Mesas da Câmara dos Deputados e do Senado Federal**, com o respectivo número de ordem (art. 60, §3º, da CF).

Alternativa "e": a matéria constante de proposta de emenda rejeitada ou havida por prejudicada não pode ser objeto de nova proposta na mesma sessão legislativa (art. 60, §5º, da CF).

---

24. (Cespe – Defensor Público – RN/2015) Com relação ao poder constituinte, assinale a opção correta.

a) Tendo em vista os limites autônomos ao poder constituinte derivado decorrente, devem as Constituições estaduais observar os princípios constitucionais extensíveis, tais como aqueles relativos ao processo legislativo.

b) A mutação constitucional é fruto do poder constituinte derivado reformador.

c) De acordo com a CF, em razão das limitações procedimentais impostas ao poder constituinte derivado reformador, é de iniciativa privativa do presidente da República proposta de emenda à CF que disponha sobre o regime jurídico dos servidores públicos do Poder Executivo federal.

d) Ao poder constituinte originário esgota-se quando se edita uma nova Constituição.

e) Para a legitimidade formal de uma nova Constituição, exige-se que o poder constituinte siga um procedimento padrão, com disposições predeterminadas.

COMENTÁRIOS

Alternativa correta: letra "a": o Poder Constituinte Derivado Decorrente é aquele exercido pelos Estados-membros, na construção das Constituições Estaduais (art. 25, da CF). Ele possui limites autônomos e heterônomos. Segundo Uadi Lammêgo Bulos: "Limites autônomos são as vedações do poder constituinte decorrente, inicial e reformador, fixadas na Constituição Federal. [...]. Limites heterônomos são vedações ao poder decorrente reformador, estabelecidas pelas próprias constituições dos Estados-membros." (*Curso de direito constitucional*. 9. Ed. São Paulo: Saraiva, 2015, p. 429-433). Assim, segundo renomado autor, configuram limites autônomos ao Poder Constituinte Derivado Decorrente: I – princípios constitucionais sensíveis; II – princípios constitucionais organizatórios; III – princípios constitucionais extensíveis.

Alternativa "b": a mutação constitucional é um **processo não formal de mudança da Constituição** em que o texto constitucional permanece inalterado, modificando-se apenas o significado e o sentido interpretativo de determinada norma constitucional. Em outras palavras: na mutação, altera-se a interpretação sobre o texto da Constituição, chegando-se a norma com sentido novo.

Alternativa "c": não há disposição constitucional conferindo iniciativa privativa ao presidente da República para proposta de emenda à CF que disponha sobre o regime jurídico dos servidores públicos do Poder Executivo federal. Nos termos da Carta Magna, a Constituição poderá ser emendada mediante proposta: I – de um terço, no mínimo, dos membros da Câmara dos Deputados ou do Senado Federal; II – do Presidente da República; III – de mais da metade das Assembleias Legislativas das unidades da Federação, manifestando-se, cada uma delas, pela maioria relativa de seus membros.

Alternativa "d": o Poder Constituinte Originário **não se esgota** quando se edita uma nova Constituição. Isso porque, qualifica-se como **permanente**, "[...] já que o poder constituinte originário não se esgota com a edição da nova Constituição, sobrevivendo a ela e fora dela como forma de expressão da liberdade humana, em verdadeira ideia de subsistência." (LENZA, Pedro. *Direito constitucional esquematizado*. 16. ed. São Paulo: Saraiva, 2012, p. 186). Vale ainda destacar, que Uadi Lammêgo Bulos cita que o poder constituinte originário é **latente**, "[...] pois está pronto para ser acionado a qualquer momento." (*Curso de direito constitucional*. 9. Ed. São Paulo: Saraiva, 2015, p. 401).

Alternativa "e": O Poder Constituinte Originário (também denominado por Genuíno, Primário ou de Primeiro Grau) cria a primeira ou nova constituição de um Estado. Para atingir seu objetivo, ele é **inicial** (não existe outro poder anterior ou superior a ele), **autônomo** (o poder constituinte determina a estrutura da nova Constituição), **ilimitado** (tem autonomia para escolher o Direito que irá viger, ou seja, não se subordina a nenhuma ideia jurídica preexistente) e **incondicionado** (é dotado de liberdade quanto aos procedimentos adotados para a criação da Constituição, ou seja, não precisa seguir nenhuma formalidade preestabelecida). (LÉPORE, Paulo. *Direito constitucional*. 2. Ed. Salvador: Juspodivm, 2014, p. 25).

25. (Cespe – Advogado da União – 2015) Julgue o item a seguir, relativo a normas constitucionais, hermenêutica constitucional e poder constituinte.

Diferentemente do poder constituinte derivado, que tem natureza jurídica, o poder constituinte originário constitui-se como um poder, de fato, inicial, que instaura uma nova ordem jurídica, mas que, apesar de ser ilimitado juridicamente, encontra limites nos valores que informam a sociedade.

COMENTÁRIOS

Certo. O Poder Constituinte Originário cria a primeira ou nova constituição de um Estado. Para atingir seu objetivo, ele é inicial (não existe outro poder anterior ou superior a ele), autônomo (o poder constituinte determina a estrutura da nova Constituição), ilimitado (tem autonomia para escolher o Direito que irá viger, ou seja, não se subordina a nenhuma ideia jurídica preexistente) e incondicionado (é dotado de liberdade quanto aos procedimentos adotados para a criação da Constituição, ou seja, não precisa seguir nenhuma formalidade preestabelecida). (LÉPORE, Paulo. Direito constitucional. 2. Ed. Salvador: Juspodivm, 2014, p. 25). No entanto, apesar de ser ilimitado juridicamente, Jorge Miranda afirma que o poder constituinte está sujeito a limitações transcendentes, imanentes e heterônomas, ou seja, ligadas à consciência ética coletiva da sociedade, à identidade política e cultural da nação e às regras de Direito Internacional.

26. (Cespe – Delegado de Polícia Federal – DPF/2013) No que se refere à CF e ao poder constituinte originário, julgue os itens subsequentes.

26.1. A CF contempla hipótese configuradora do denominado fenômeno da recepção material das normas constitucionais, que consiste na possiblidade de a norma de uma constituição anterior ser recepcionada pela nova constituição, com status de norma constitucional.

COMENTÁRIOS

Certo. O fenômeno da **recepção material de normas constitucionais** ocorre quando uma norma de uma Constituição passada, por expressa previsão da nova ordem, mantém sua vigência. Em outras palavras, a nova Constituição mantém em seu corpo dispositivo da Constituição passada. Esse fenômeno pode ser verificado no artigo 34, *caput*, e seu § 1º, da CF (1988), que assim dispõe: "O sistema tributário nacional entrará em vigor a partir do primeiro dia do quinto mês seguinte ao da promulgação da Constituição, mantido, até então, o da Constituição de 1967, com a redação dada pela Emenda nº 1, de 1969, e pelas posteriores. § 1º – Entrarão em vigor com a promulgação da Constituição os arts. 148, 149, 150, 154, I, 156, III, e 159, I, "c", revogadas as disposições em contrário da Constituição de 1967 e das Emendas que a modificaram, especialmente de seu art. 25, III". Assim, verifica-se que a CF de 1988 manteve por tempo determinado dispositivos da CF de 1967, fenômeno conhecido por recepção material de normas constitucionais.

26.2. No sentido sociológico, a CF reflete a somatória dos fatores reais do poder em uma sociedade.

COMENTÁRIOS

✪ **Nota do autor:** os conceitos (sentidos) de Constituição são abordados com bastante frequência em concursos públicos. Recomenda-se especial atenção a esse assunto.

Certo. Constituição Sociológica (Ferdinand Lassalle – 1862) é aquela que deve traduzir a soma dos fatores reais de poder que rege determinada nação, sob pena de se tornar mera folha de papel escrita, que não corresponda à Constituição real.

3. PRINCÍPIOS FUNDAMENTAIS DA CONSTITUIÇÃO BRASILEIRA

27. (Cespe – Procurador Federal/2013) Considerando os fundamentos do Estado federal brasileiro e o princípio da separação dos poderes, julgue os próximos itens.

27.1. A CF atribui grande relevância ao princípio da separação dos poderes, que constitui cláusula pétrea. Nesse sentido, o texto constitucional considera que os atos do presidente da República atentatórios à separação dos poderes configuram crime de responsabilidade, e que a União possui a prerrogativa de intervir nos estados e no DF a fim de garantir o livre exercício de qualquer dos poderes.

COMENTÁRIOS

Certo. O artigo 60, § 4º, III, da CF, estabelece que não será objeto de deliberação a proposta de emenda tendente a abolir a separação dos Poderes, tratando-se, portanto, de cláusula pétrea. Por sua vez, segundo o artigo 85, II, da CF, são crimes de responsabilidade os atos do Presidente da República que atentem contra a Constituição Federal e, especialmente, contra o livre exercício do Poder Legislativo, do Poder Judiciário, do Ministério Público e dos Poderes constitucionais das unidades da Federação. Por fim, segundo a dicção do artigo 34, IV, da CF, a União não intervirá nos Estados nem no Distrito Federal, exceto para garantir o livre exercício de qualquer dos Poderes nas unidades da Federação.

27.2. São fundamentos constitucionais da República Federativa do Brasil, entre outros, os valores sociais do trabalho e da livre iniciativa.

COMENTÁRIOS

Certo. De acordo com o art. 1° da CF, a República Federativa do Brasil, formada pela união indissolúvel dos Estados e Municípios e do Distrito Federal, constitui-se em Estado Democrático de Direito e tem como fundamentos: I – a soberania; II – a cidadania; III – a dignidade da pessoa humana; IV – os valores sociais do trabalho e da livre iniciativa; V – o pluralismo político.

28. (Cespe – Analista do MPU/2013) No que se refere à CF, às emendas constitucionais e aos princípios fundamentais, julgue os itens a seguir.

28.1. A CF instituiu mecanismos de freios e contrapesos, de modo a concretizar-se a harmonia entre os Poderes Legislativo, Executivo e Judiciário, como, por exemplo, a possibilidade de que o Poder Judiciário declare a inconstitucionalidade das leis.

COMENTÁRIOS

Certo. O artigo 2º da CF dispõe que são poderes da União, independentes e harmônicos entre si, o Legislativo, o Executivo e o Judiciário. Essa independência, contudo, não se revela absoluta. Nesse sentido, destacamos os ensinamentos de José Afonso da Silva: "O sistema constitucional brasileiro admite interferências recíprocas entre os Poderes com o objetivo de manutenção de equilíbrio no exercício das Funções do Estado, o que se denomina de sistema de freios e contrapesos (*checks and balances*). Por exemplo: o judiciário não pode influenciar nas atividades do Legislativo, mas tem competência para declarar a inconstitucionalidade das leis (produzidas pelo Legislativo)" (*Curso de direito constitucional positivo*. 6. ed. São Paulo: Malheiros, 1990, p. 97-98).

28.2. Projeto de emenda constitucional que vise alterar o § 4.° do art. 60 da CF, de maneira a ab-rogar a cláusula pétrea consistente na periodicidade do voto, não ofende a Constituição, já que inexiste vedação expressa de que o poder constituinte reformador ab-rogue cláusulas pétreas.

COMENTÁRIOS

✪ **Nota do autor:** a questão exige do candidato não só o conhecimento do texto constitucional, mas também do posicionamento doutrinário acerca dos limites ao poder de reformar a Carta Política.

Errado. Projeto de emenda constitucional que vise alterar o § 4.° do art. 60 da CF, de maneira a ab-rogar a cláusula pétrea consistente na periodicidade do voto, **ofende a Constituição, diante das vedações implícitas ao poder constituinte reformador, mormente a impossibilidade da dupla revisão**. Ao lado dos tradicionais limites expressos ao poder constituinte reformador, constantes do artigo 60, da CF, verificamos também as limitações implícitas – aquelas que não estão consagradas expressamente na Carta Magna. Vale destaque, dentre elas, a chamada **dupla revisão**, que configura uma primeira reforma no rol dos limites impostos expressamente, e, em seguida, uma segunda reforma (que seria a pretendida pelo reformador). Sobre o instituto da dupla revisão, merece destaque as palavras de Nathalia Masson: "Segundo este procedimento, seria válido alterar, num primeiro momento, a cláusula pétrea protetora, com o intuito de suprimi-la ou restringi-la, e, na etapa seguinte, modificar a cláusula protegida. Exemplificando, se permitíssemos a dupla revisão teríamos a seguinte (e inaceitável) situação: primeiro uma PEC incidiria sobre o art. 60, abolindo o inciso I do parágrafo 4º, de modo que a forma federativa de Estado não mais estaria amparada enquanto cláusula pétrea; assim, poderia uma próxima PEC suprimir diretamente a federação e adotar a forma de Estado unitária" (*Manual de Direito Constitucional*. Salvador: Juspodvim, 2013, p. 139). Desse modo, sem olvidar vozes contrárias, a doutrina majoritária advoga pela impossibilidade da dupla revisão. Por fim, vale destacar que a doutrina aponta outras limitações implícitas, como a vedação de alterar o titular do poder constituinte originário e o titular do poder constituinte derivado reformador.

4. DIREITOS E GARANTIAS FUNDAMENTAIS

29. (Cespe – Juiz de Direito Substituto – AM/2016) Tendo em vista que o direito à vida – valor central do ordenamento jurídico – desdobra-se em direito à existência física e direito a uma vida digna, assinale a opção correta.

a) O direito à saúde efetiva-se mediante ações distributivas e alocativas relacionadas à promoção, proteção e recuperação da saúde.

b) Os serviços públicos de saúde integram uma rede regionalizada e hierarquizada, que constitui um sistema único, organizado de forma centralizada.

c) O STF afastou a possibilidade de o SUS pagar por tratamento diferenciado oferecido a pessoa que comprove necessitar de medida curativa ainda não incorporada ao sistema público, para evitar o chamado efeito multiplicador que o precedente judicial poderia causar.

d) Constitui direito dos trabalhadores a assistência dos filhos e dependentes desde o nascimento até cinco anos de idade em creches e pré-escolas mediante pagamento de contraprestação fixada em lei.

e) É dever privativo da União desenvolver políticas públicas que visem à redução de doenças e outros agravos.

COMENTÁRIOS

Alternativa correta: letra "a": conforme consignado no artigo 196 da Constituição, a saúde é direito de todos e dever do Estado, garantido mediante políticas sociais e econômicas que visem à redução do risco de doença e de outros agravos e ao acesso universal e igualitário às ações e serviços para sua promoção, proteção e recuperação.

Alternativa "b": segundo consta do artigo 198 da CF, **as ações e serviços públicos de saúde integram uma rede regionalizada e hierarquizada e constituem um sistema único, organizado de acordo com as seguintes diretrizes**: I – **descentralização**, com direção única em cada esfera de governo; II – atendimento integral, com prioridade para as atividades preventivas, sem prejuízo dos serviços assistenciais; III – participação da comunidade. Portanto, os serviços públicos de saúde integram uma rede regionalizada e hierarquizada, que constitui um sistema único, organizado de forma **descentralizada** (e não centralizada).

Alternativa "c": o STF **não** afastou a possibilidade de o SUS pagar por tratamento diferenciado oferecido a pessoa que comprove necessitar de medida curativa ainda não incorporada ao sistema público, para evitar o chamado efeito multiplicador que o precedente judicial poderia causar. No entanto, a Suprema Corte entendeu não ser possível a internação pelo SUS com a faculdade de melhoria do tipo de acomodação recebida pelo usuário mediante o pagamento de diferença entre os valores correspondentes. Nesse sentido, destaca-se o entendimento exarado no informativo 810, STF: "É constitucional a regra que veda, no âmbito do Sistema Único de Saúde – SUS, a internação em acomodações superiores, bem como o atendimento diferenciado por médico do próprio SUS, ou por médico conveniado, mediante o pagamento da diferença dos valores correspondentes. Essa a conclusão do Plenário, que desproveu recurso extraordinário em que discutida a possibilidade de internação pelo SUS com a faculdade de melhoria do tipo de acomodação recebida pelo usuário mediante o pagamento de diferença entre os valores correspondentes. O Colegiado explicou que o SUS, conforme instituído pela Lei 8.080/1990, prevê dois eixos de ação: estabelece a prestação de serviços públicos de saúde e uma gama de atividades denominadas de ações de saúde, conforme o art. 200 da CF. É regido pelos princípios da: a) universalidade, como garantia de atenção à saúde por parte do sistema a todo e qualquer cidadão, por meio de serviços integrados por todos os entes da federação; b) equidade, a assegurar que serviços de todos os níveis sejam prestados, de acordo com a complexidade que o caso venha a exigir, de forma isonômica, nas situações similares; e c) integralidade, reconhecendo-se cada indivíduo como um todo indivisível e integrante de uma comunidade. Embora os serviços de saúde devam obedecer a esses princípios, estão limitados pelos elementos técnico-científicos, e pela capacidade econômica do Estado. Nesse contexto, possibilitar assistência diferenciada a pessoas numa mesma situação, dentro de um mesmo sistema, vulnera a isonomia e a dignidade humana. Admitir que um paciente internado pelo SUS tenha acesso a melhores condições de internação ou a médico de sua confiança mediante pagamento subverte a lógica do sistema e ignora suas premissas. Além disso, a Constituição não veda o atendimento personalizado de saúde, e admite o sistema privado. Os atendimentos realizados pela rede pública, todavia, não devem se submeter à lógica do lucro, por não ser essa a finalidade do sistema. Ainda que os supostos custos extras corressem por conta do interessado, a questão econômica ocupa papel secundário dentre os objetivos impostos ao ente estatal. A implementação de um sistema de saúde equânime é missão do Estado, que deve buscar a igualdade sempre que chamado a atuar. O Tribunal assinalou que a diferença de classes dentro do sistema também não leva a maior disponibilidade de vagas na enfermaria, porque há um limite de admissão de pessoas para cada estabelecimento, e todo paciente, mesmo em acomodações superiores, é contabilizado dentro do mesmo sistema público. Sublinhou precedentes do STF relacionados ao tema, em que garantido, em casos excepcionais, o tratamento diferenciado, a despeito da proibição de pagamento a título de complementação aos hospitais, por internação de pacientes em quartos particulares. Ocorre que os julgados dizem respeito a casos individuais, baseados na situação clínica de pacientes específicos, e grande parte deles se dera na fase de implementação do SUS. No presente caso, entretanto, se objetiva implementar a diferença de classe de modo amplo e irrestrito. Assim, embora se reconheça que o SUS ainda carece de recursos e de aprimoramento para se consagrar como um sistema que atenda às suas finalidades constitucionais e legais, deve haver esforços no sentido da promoção da igualdade de acesso, e não em sentido oposto, em clara ofensa à Constituição. RE 581488/RS, rel. Min. Dias Toffoli, 3.12.2015. (RE-581488)".

Alternativa "d": o artigo 7º, XXV, da CF, assegura aos trabalhadores urbanos e rurais a **assistência gratuita** (e não mediante pagamento de contraprestação) aos filhos e dependentes desde o nascimento até 5 (cinco) anos de idade em creches e pré-escolas.

Alternativa "e": não se trata de competência privativa da União desenvolver políticas públicas que visem à redução de doenças e outros agravos. De acordo com o artigo 196 da CF, a saúde é direito de todos e **dever do Estado** (e não apenas da União), garantido mediante políticas sociais e econômicas que visem à redução do risco de doença e de outros agravos e ao acesso universal e igualitário às ações e serviços para sua promoção, proteção e recuperação.

30. (Cespe – Juiz de Direito Substituto – AM/2016) Assinale a opção correta acerca dos direitos e deveres individuais e coletivos e dos direitos sociais, considerando a jurisprudência do STF.

a) O dispositivo da CF que cuida do direito dos trabalhadores urbanos e rurais à remuneração pelo serviço extraordinário com acréscimo de, no mínimo, 50% não se aplica imediatamente aos servidores públicos, por não consistir norma autoaplicável.

b) A vedação constitucional à dispensa arbitrária ou sem justa causa da empregada gestante, desde a confirmação da gravidez até cinco meses após o parto, não se aplica às militares.

c) Desde que expressamente autorizado pelos sindicalizados, o sindicato tem legitimidade para atuar como substituto processual na defesa de direitos e interesses coletivos ou individuais homogêneos da categoria que representa.

d) Viola os princípios constitucionais da liberdade de associação e da liberdade sindical norma legal que condicione, ainda que indiretamente, o recebimento do benefício do seguro-desemprego à filiação do interessado a colônia de pescadores de sua região.

e) A CF proíbe tão somente o emprego do salário mínimo como indexador, sendo legítima a sua utilização como base de cálculo para o pagamento do adicional de insalubridade.

COMENTÁRIOS

Alternativa correta: letra "d": é o entendimento do STF: "Ação direta de inconstitucionalidade. Art. 2º, IV, "a", "b" e "c", da Lei nº 10.779/03. Filiação à colônia de pescadores para habilitação ao seguro-desemprego. Princípios da liberdade de associação e da liberdade sindical (arts. 5º, XX, e 8º, V, da Constituição Federal). 1. Viola os princípios constitucionais da liberdade de associação (art. 5º, inciso XX) e da liberdade sindical (art. 8º, inciso V), ambos em sua dimensão negativa, a norma legal que condiciona, ainda que indiretamente, o recebimento do benefício do seguro-desemprego à filiação do interessado a colônia de pescadores de sua região. 2. Ação direta julgada procedente" (STF. ADI 3464, julgada em 2008 e relatada pelo Ministro Menezes Direito).

Alternativa "a": primeiramente, mister ressaltar que, no que tange à eficácia, segundo classificação de José Afonso da Silva, as normas constitucionais podem ser: plenas, contidas e limitadas. Normas de eficácia plena são aquelas dotadas de aplicabilidade direta, imediata e integral, pois não necessitam de lei infraconstitucional para torná-las aplicáveis e nem admitem lei infraconstitucional que lhes restrinja o conteúdo. Normas de eficácia contida ou restringível são aquelas que têm aplicabilidade direta, imediata, mas não integral, pois admitem que seus conteúdos sejam restringidos por normas infraconstitucionais, o que ocorre, por exemplo, com o enunciado que garante o livre exercício de qualquer trabalho, ofício ou profissão, atendidas as qualificações profissionais que a lei estabelecer (art. 5º, XIII, da CF). Normas de eficácia limitada ou reduzida são aquelas que possuem aplicabilidade indireta, mediata e reduzida (não direta, não imediata e não integral), pois exigem norma infraconstitucional para que se materializem na prática. O artigo 7º, XVI, da CF, prevê a garantia da remuneração do serviço extraordinário superior, no mínimo, em cinqüenta por cento à do normal, tratando-se, pois, de norma de eficácia plena (norma autoaplicável). Nesse sentido, segundo aponta o STF: "O art. 7º, inciso XVI, da Constituição Federal, que cuida do direito dos trabalhadores urbanos e rurais à remuneração pelo serviço extraordinário com acréscimo de, no mínimo, 50%, aplica-se imediatamente aos servidores públicos, por consistir em norma autoaplicável." (AI 642528 AgR, julgado em 2012 e relatado pelo Ministro Dias Toffoli).

Alternativa "b": segundo entendimento do STF: "I – As servidoras públicas e empregadas gestantes, independentemente do regime jurídico de trabalho, têm direito à licença-maternidade de cento e vinte dias e à estabilidade provisória desde a confirmação da gravidez até cinco meses após o parto, conforme o art. 7º, XVIII, da Constituição e o art. 10, II, b, do ADCT. II – Demonstrada a proteção constitucional às trabalhadoras em geral, prestigiando-se o princípio da isonomia, não há falar em diferenciação entre servidora pública civil e militar." (STF. RE 597989 AgR, julgado em 2010 e relatado pelo Ministro Ricardo Lewandowski). Portanto, a vedação constitucional à dispensa arbitrária ou sem justa causa da empregada gestante, desde a confirmação da gravidez até cinco meses após o parto, é aplicável às militares.

Alternativa "c": independentemente de autorização expressa dos sindicalizados, o sindicato tem legitimidade para atuar como substituto processual na defesa de direitos e interesses coletivos ou individuais homogêneos da categoria que representa. "Quando atua em Juízo na defesa de direitos supraindividuais (difusos, coletivos, individuais homogêneos), o sindicato o faz como substituto processual. Portanto, é desnecessária qualquer autorização dos substituídos." (ANDRADE, Adriano; MASSON, Cleber; ANDRADE, Landolfo. *Interesses difusos e coletivos esquematizado*. 5. ed. Rio de Janeiro: Forense; São Paulo: Método, 2015, p. 93).

Alternativa "e": segundo o entendimento do STF: "Agravo regimental no recurso extraordinário com agravo. Administrativo. Servidor público. Inconstitucionalidade da vinculação do adicional de insalubridade ao salário mínimo reconhecida na origem. Impossibilidade da modificação da base de cálculo do adicional de insalubridade pelo Poder Judiciário. Precedentes. 1. **Apesar de reconhecida a inconstitucionalidade da vinculação do adicional de insalubridade ao salário mínimo**, é vedada a modificação da respectiva base de cálculo pelo Poder Judiciário, dada a vedação a que atue como legislador positivo. 2. Agravo regimental não provido." (STF. ARE 913503 AgR, julgado em 2015 e relatado pelo Ministro Dias Toffoli). Vale acrescentar que tal posicionamento foi adotado no bojo do RE 565714, relatadfo pela Ministra Cármen Lúcia, sob a sistemática da repercussão gera. Ademais, destaca-se o que dispõe o artigo 7º, IV, da CF: "São direitos dos trabalhadores urbanos e rurais, além de outros que visem à melhoria de sua condição social: [...] IV – **salário mínimo** , fixado em lei, nacionalmente unificado, capaz de atender a suas necessidades vitais básicas e às de sua família com moradia, alimentação, educação, saúde, lazer, vestuário, higiene, transporte e previdência social, com reajustes periódicos que lhe preservem o poder aquisitivo, **sendo vedada sua vinculação para qualquer fim**;".

31. (Cespe – Defensor Público – RN/2015) Assinale a opção correta em relação aos direitos fundamentais e aos conflitos que podem ocorrer entre eles.

a) A proibição do excesso e da proteção insuficiente são institutos jurídicos ligados ao princípio da proporcionalidade utilizados pelo STF como instrumentos jurídicos controladores da atividade legislativa.

b) Sob pena de colisão com o direito à liberdade de pensamento e consciência, o STF entende que a autorização estatutária genérica conferida à associação é suficiente para legitimar a sua atuação em juízo na defesa de direitos de seus filiados.

c) Como tentativa de evitar a ocorrência de conflito, a legislação brasileira tem imposto regras que impedem o exercício cumulado de diferentes direitos fundamentais.

d) Os direitos fundamentais poderão ser limitados quando conflitarem com outros direitos ou interesses, não havendo restrição a tais limitações.

e) A garantia de proteção do núcleo essencial dos direitos fundamentais está ligada à própria validade do direito, mas não guarda relação com a sua eficácia no caso concreto.

COMENTÁRIOS

Alternativa correta: letra "a": o princípio da proporcionalidade coíbe o excesso, bem como a proteção insuficiente. Segundo posicionamento do STF: "O Tribunal deve sempre levar em conta que a Constituição confere ao legislador amplas margens de ação para eleger os bens jurídicos penais e avaliar as medidas adequadas e necessárias para a efetiva proteção desses bens. Porém, uma vez que se ateste que as medidas legislativas adotadas transbordam os limites impostos pela Constituição – o que poderá ser verificado com base no princípio da proporcionalidade como proibição de excesso (Übermassverbot) e como proibição de proteção deficiente (Untermassverbot) –, deverá o Tribunal exercer um rígido controle sobre a atividade legislativa, declarando a inconstitucionalidade de leis penais transgressoras de princípios constitucionais." (HC 104410, julgado em 2012 e relatado pelo Ministro Gilmar Mendes). Ademais, pela absoluta pertinência, segue transcrito em parte o voto do Ministro Celso de Mello, do STF, na relatoria do HC 94404 MC/SP, julgado em 2008: "Como se sabe, **a exigência de razoabilidade traduz limitação material à ação normativa do Poder Legislativo. O exame da adequação de determinado ato estatal ao princípio da proporcionalidade**, exatamente por viabilizar o controle de sua razoabilidade, com fundamento no art. 5º, LV, da Carta Política, inclui-se, por isso mesmo, no âmbito da própria fiscalização de constitucionalidade das prescrições normativas emanadas do Poder Público. Esse entendimento é prestigiado pela jurisprudência do Supremo Tribunal Federal, que, por mais de uma vez, já advertiu que o Legislativo não pode atuar de maneira imoderada, nem formular regras legais cujo conteúdo revele deliberação absolutamente divorciada dos padrões de razoabilidade. Coloca-se em evidência, neste ponto, o tema concernente ao princípio da proporcionalidade, que se qualifica – enquanto coeficiente de aferição da razoabilidade dos atos estatais (CELSO ANTÔNIO BANDEIRA DE MELLO, "Curso de Direito Administrativo", p. 56/57, itens ns. 18/19, 4ª ed., 1993, Malheiros; LÚCIA VALLE FIGUEIREDO, "Curso de Direito Administrativo", p. 46, item nº 3.3, 2ª ed., 1995, Malheiros) – como postulado básico de contenção dos excessos do Poder Público. Essa é a razão pela qual a doutrina, após destacar a ampla incidência desse postulado sobre os múltiplos aspectos em que se desenvolve a atuação do Estado – inclusive sobre a atividade estatal de produção normativa – adverte que **o princípio da proporcionalidade, essencial à racionalidade do Estado Democrático de Direito e imprescindível à tutela mesma das liberdades fundamentais, proíbe o excesso e veda o arbítrio do Poder**, extraindo a sua justificação dogmática de diversas cláusulas constitucionais, notadamente daquela que veicula, em sua dimensão substantiva ou material, a garantia do "due process of law" (RAQUEL DENIZE STUMM, "Princípio da Proporcionalidade no Direito Constitucional Brasileiro", p. 159/170, 1995, Livraria do Advogado Editora; MANOEL GONÇALVES FERREIRA FILHO, "Direitos Humanos Fundamentais", p. 111/112, item nº 14, 1995, Saraiva; PAULO BONAVIDES, "Curso de Direito Constitucional", p. 352/355, item nº 11, 4ª ed., 1993, Malheiros)". (*grifos nossos*)

Alternativa "b": segundo decidiu o STF: "O disposto no artigo 5º, inciso XXI, da Carta da República encerra representação específica, não alcançando previsão genérica do estatuto da associação a revelar a defesa dos interesses dos associados." (RE 573232, julgado em 2014 e relatado pelo Ministro Ricardo Lewandowski).

Alternativa "c": a legislação brasileira **não** tem imposto regras que impedem o exercício cumulado de diferentes direitos fundamentais. Nesse ponto, vale destacar, que, na órbita da colisão de direitos fundamentais, a colisão ocorrida em âmbito constitucional não pode ser considerada na mesma perspectiva do conflito entre leis (também chamadas de "regras"), ou seja, como um "conflito aparente de normas" para cuja solução seriam utilizados os critérios cronológico, hierárquico ou da especialidade, na forma do "tudo ou nada" ("all or nothing"), em que só se aplica um documento normativo daqueles que aparentemente conflitavam. Essa solução é inaplicável aos princípios, que não se sujeitam a esses critérios apontados pela doutrina, tampouco podem ser afastados um em razão de outro. Assim, **em toda colisão de princípios deve ser respeitado o núcleo intangível dos direitos fundamentais concorrentes**, mas sempre se deve chegar a uma posição em que um prepondere sobre outro (mas, sem eliminá-lo). A colisão deve ser resolvida por concordância prática (Konrad Hesse), com aplicação do princípio da proporcionalidade (tradição alemã) ou pela dimensão de peso e importância (Ronald Dworkin), com aplicação do princípio da razoabilidade (tradição norte-americana).

Alternativa "d": em toda colisão de princípios deve ser respeitado o núcleo intangível dos direitos fundamentais concorrentes, mas sempre se deve chegar a uma posição em que um prepondere sobre outro (mas, sem eliminá-lo). A colisão deve ser resolvida por concordância prática (Konrad Hesse), com aplicação do princípio da proporcionalidade (tradição alemã) ou pela dimensão de peso e importância (Ronald Dworkin), com aplicação do princípio da razoabilidade (tradição norte-americana).

Alternativa "e": a proteção do núcleo essencial dos direitos fundamentais está ligada a sua eficácia no caso concreto (e não à própria validade do direito). Em eventual colisão de direitos fundamentais, deve ser respeitado o núcleo intangível dos direitos fundamentais concorrentes, mas sempre se deve chegar a uma posição em que um prepondere sobre outro (mas, sem eliminá-lo). No HC 82.959, julgado em 2006 e relatado pelo Ministro Gilmar Mendes, o STF traz didática lição acerca das teorias sobre o núcleo essencial dos direitos fundamentais: "(1) Os adeptos da chamada **teoria absoluta** ("absolute Theorie") entendem o núcleo essencial dos direitos fundamentais (Wesensgehalt) como unidade substancial autônoma (substantieller Wesenskern) que, independentemente de qualquer situação concreta, estaria a salvo de eventual decisão legislativa. (...) haveria um espaço que seria suscetível de limitação por parte do legislador; outro seria insuscetível de limitação. (...) (2) Os sectários da chamada **teoria relativa** ("relative Theorie") entendem que o núcleo essencial há de ser definido para cada caso, (...) mediante a utilização de um processo de ponderação entre meios e fins (Zweck-Mittel-Prüfung), com base no princípio da proporcionalidade. O núcleo essencial seria aquele mínimo insuscetível de restrição ou redução com base nesse processo de ponderação. (...). Tanto a teoria absoluta quanto a teoria relativa pretendem assegurar uma maior proteção dos direitos fundamentais, (...) Todavia, todas elas apresentam insuficiências. É verdade que a teoria absoluta, ao acolher uma noção material do núcleo essencial, insuscetível de redução por parte do legislador, pode converter-se, em muitos casos, numa fórmula vazia, dada a dificuldade ou até mesmo a impossibilidade de se demonstrar ou caracterizar *in abstracto* a existência desse mínimo essencial. (...) Por seu turno, uma opção pela teoria relativa pode conferir uma flexibilidade exagerada ao estatuto dos direitos fundamentais(...) Por essa razão, **propõe Hesse uma fórmula conciliadora, que reconhece no princípio da proporcionalidade uma proteção contra as limitações arbitrárias ou desarrazoadas (teoria relativa), mas tam-**

bém contra a lesão ao núcleo essencial dos direitos fundamentais (...) a proporcionalidade não há de ser interpretada em sentido meramente econômico, de adequação da medida limitadora ao fim perseguido, devendo também cuidar da harmonização dessa finalidade com o direito afetado pela medida.

---

32. (Cespe – Defensor Público – RN/2015) Acerca da distinção entre princípios e regras, do princípio da proibição do retrocesso social, da reserva do possível e da eficácia dos direitos fundamentais, assinale a opção correta.

a) De acordo com entendimento do STF, não é cabível à administração pública invocar o argumento da reserva do possível frente à imposição de obrigação de fazer consistente na promoção de medidas em estabelecimentos prisionais para assegurar aos detentos o respeito à sua integridade física e moral.

b) Os direitos fundamentais são também oponíveis às relações privadas, em razão de sua eficácia vertical.

c) As colisões entre regras devem ser solucionadas mediante a atribuição de pesos, indicando-se qual regra tem prevalência em face da outra, em determinadas condições.

d) Tanto regras quanto princípios são normas, contudo, tão somente as regras podem ser formuladas por meio das expressões deontológicas básicas do dever, da permissão e da proibição.

e) O princípio da proibição do retrocesso social constitui mecanismo de controle para coibir ou corrigir medidas restritivas ou supressivas de direitos fundamentais, tais como as liberdades constitucionais.

COMENTÁRIOS

Alternativa correta: letra "a": trata-se exatamente do posicionamento do STF. Nesse sentido, segundo decisão proferida pela Suprema Corte: "I – É lícito ao Judiciário impor à Administração Pública obrigação de fazer, consistente na promoção de medidas ou na execução de obras emergenciais em estabelecimentos prisionais. II – Supremacia da dignidade da pessoa humana que legitima a intervenção judicial. III – Sentença reformada que, de forma correta, buscava assegurar o respeito à integridade física e moral dos detentos, em observância ao art. 5º, XLIX, da Constituição Federal. IV – Impossibilidade de opor-se à sentença de primeiro grau o argumento da reserva do possível ou princípio da separação dos poderes. V – Recurso conhecido e provido." (STF. RE 592581, julgado em 2015 e relatado pelo Ministro Ricardo Lewandowski).

Alternativa "b": os direitos fundamentais são também oponíveis às relações privadas, em razão de sua eficácia **horizontal** (e não vertical). A **Eficácia Vertical dos Direitos Fundamentais** trata da aplicação dos direitos fundamentais nas relações entre Estado e particulares. A **Eficácia Horizontal**, Privada, Externa, ou Em Relação a Terceiros dos Direitos Fundamentais, por sua vez, configura a aplicação dos direitos fundamentais nas relações entre particulares. O STF reconheceu a eficácia horizontal em pelo menos três oportunidades: a) Exclusão de Cooperado: cooperados não poderiam ter sido excluídos sem que fosse respeitado o devido processo legal (RE 158.215, julgado em 1996 e relatado pelo Ministro Marco Aurélio); b) Caso Air France: os franceses não poderiam conceder aumento salarial apenas aos seus funcionários franceses, discriminado os brasileiros que exerciam as mesmas funções (RE 161243-6, julgado em 2006 e relatado pelo Ministro Carlos Velloso); c) Expulsão de Associado: associado não poderia ter sido expulso da União Brasileira de Compositores sem que lhe fosse garantido a ampla defesa (RE 201819, julgado em 2005 e relatado para acórdão pelo Ministro Gilmar Mendes). Por fim, a chamada **Eficácia Diagonal** trata da aplicação dos direitos fundamentais nas relações privadas demarcadas por patente desequilíbrio fático e visível desproporção entre as partes.

Alternativa "c": a colisão ocorrida em âmbito constitucional não pode ser considerada na mesma perspectiva do conflito entre leis (também chamadas de "regras"), ou seja, como um "conflito aparente de normas" para cuja solução seriam utilizados os critérios cronológico, hierárquico ou da especialidade, na forma do "tudo ou nada" (*"all or nothing"*), em que só se aplica um documento normativo daqueles que aparentemente conflitavam. Essa solução é inaplicável aos princípios, que não se sujeitam a esses critérios apontados pela doutrina, tampouco podem ser afastados um em razão de outro. Assim, em toda colisão de princípios deve ser respeitado o núcleo intangível dos direitos fundamentais concorrentes, mas sempre se deve chegar a uma posição em que um prepondere sobre outro (mas, sem eliminá-lo). A colisão deve ser resolvida por concordância prática (Konrad Hesse), com aplicação do princípio da proporcionalidade (tradição alemã) ou pela dimensão de peso e importância (Ronald Dworkin), com aplicação do princípio da razoabilidade (tradição norte-americana).

Alternativa "d": de fato, tanto as regras quanto os princípios são normas. No entanto, tanto regras quanto princípios podem ser formulados por meio das expressões deontológicas básicas do dever, da permissão e da proibição.

Alternativa "e": o Princípio da Vedação do Retrocesso significa que uma vez garantido em um ordenamento jurídico, notadamente no Texto Constitucional, um direito humano (que se torna fundamental pela positivação na Constituição) não pode mais deixar de existir naquela sociedade ou Estado. Tal princípio está implícito nos ordenamentos jurídicos de todos os países que reconhecem a importância e a validade do direito internacional dos direitos humanos.

33. (Cespe – Promotor de Justiça – AC/2014) Acerca das garantias processuais previstas no art. 5.º da CF, assinale a opção correta.

a) De acordo com o entendimento do STF, é possível a quebra do sigilo das comunicações telefônicas no âmbito de processos administrativos disciplinares, em especial quando a conduta investigada causar dano ao erário.

b) A CF admite em situações específicas, como as que envolvam ação de grupos armados, civis ou militares, contra a ordem constitucional e o Estado democrático, que alguém possa ser julgado por órgão judicial constituído ex post facto.

c) Em se tratando de crimes de ação pública, o oferecimento da ação penal é de competência privativa do MP, não se admitindo a ação privada, ainda que aquela não seja proposta no prazo legal.

d) Consoante o STF, configura expressão do direito de defesa o acesso de advogado, no interesse do representado, aos elementos de prova produzidos por órgão com competência de polícia judiciária, desde que já estejam documentados em procedimento investigativo.

e) Embora não exista norma expressa acerca da matéria, o sigilo fiscal e bancário, segundo o STF, é protegido constitucionalmente no âmbito do direito à intimidade, portanto o acesso a dados bancários e fiscais somente pode ser feito por determinação judicial, do MP, de comissão parlamentar de inquérito ou de autoridade policial.

COMENTÁRIOS

Alternativa correta: "d": de acordo com entendimento da Súmula vinculante 14 do STF, é direito do defensor, no interesse do representado, ter acesso amplo aos elementos de prova que, já documentados em procedimento investigatório realizado por órgão com competência de polícia judiciária, digam respeito ao exercício do direito de defesa em procedimento investigatório realizado por órgão com competência de polícia judiciária.

Alternativa "a": o sigilo das comunicações telefônicas, conforme podemos verificar no artigo 5º, LVI, da CF é inviolável, admitindo exceção, contudo, para os casos de investigação criminal ou instrução processual penal, desde que judicialmente autorizada a quebra. Desse modo, consoante o dispositivo Constitucional, **é inviolável o sigilo da correspondência e das comunicações telegráficas, de dados e das comunicações telefônicas, salvo, no último caso, por ordem judicial, nas hipóteses e na forma que a lei estabelecer para fins de investigação criminal ou instrução processual penal**. A sua utilização fora dos casos de procedimentos criminais (processos administrativos disciplinares, por exemplo), configura violação patente ao dispositivo. No entanto, o STF vem admitindo a chamada prova emprestada, onde em um procedimento administrativo utiliza-se uma prova produzida no processo penal para instruir procedimento administrativo disciplinar, de modo que não há ofensa à Carta Magna (no caso, utiliza-se a interceptação telefônica oriunda de processo criminal, devidamente autorizada pelo Judiciário). Desse modo, "Os elementos informativos de uma investigação criminal, ou as provas colhidas no bojo de instrução processual penal, desde que obtidos mediante interceptação telefônica devidamente autorizada por Juízo competente, admitem compartilhamento para fins de instruir procedimento criminal ou mesmo procedimento administrativo disciplinar contra os investigados" (STF. HC 102293, julgado em 2011 e relatado pelo Ministro Ayres Britto).

Alternativa "b": a CF **não** admite em qualquer hipótese, ainda que envolva ação de grupos armados, civis ou militares, contra a ordem constitucional e o Estado democrático, que alguém possa ser julgado por órgão judicial constituído *ex post facto*. O artigo 5º, XXXVII, da CF, veda juízos e tribunais de exceção (também conhecidos por juízos ou tribunais *ad-hoc*).

Alternativa "c": em se tratando de crimes de ação pública, o oferecimento da ação penal é de competência privativa do MP, admitindo-se a ação privada (ação penal privada subsidiária), se aquela não for proposta no prazo legal. Segundo consta do artigo 5º, LIX, da CF, **será admitida ação privada nos crimes de ação pública, se esta não for intentada no prazo legal**.

Alternativa "e": o **sigilo fiscal** e **bancário** estão **incluídos na proteção ao sigilo de dados**, de sorte que **só poderá ocorrer a quebra (acesso aos dados bancários e fiscais) por determinação judicial ou por determinação de comissão parlamentar de inquérito**. No entanto, **não poderá ser determinada pelo MP e nem pela autoridade policial, cabendo a estas apenas representar junto ao judiciário** para que este decida pela quebra. Nas lições de Pedro Lenza, "no tocante ao sigilo bancário, o art. 38 (parcialmente recepcionado) da Lei nº 4.595/64, que foi recepcionada pela CF/88, com *status* de lei complementar (art. 192, *caput*), permitia a quebra do sigilo bancário por: autorização judicial, determinação de CPI (art. 58, § 3º), ou requisição do Ministério Público (art. 129, VI), para objeto de investigação criminal. Referido dispositivo legal foi expressamente revogado pela LC nº 105, de 10.01.2001, que passou a disciplinar as regras sobre o sigilo das operações de instituições financeiras. Além das regras anteriores, o art. 6º da referida lei, inovando, permite às autoridades e agentes fiscais tributários da União, dos Estados, do Distrito Federal e dos Municípios examinar documentos, livros e registros de instituições financeiras, inclusive os referentes a contas de depósitos e aplicações financeiras, quando houver processo administrativo instaurado ou procedimento fiscal em curso e tais exames sejam considerados indispensáveis pela autoridade administrativa competente, devendo o resultado dos exames, as informações e os documentos ser conservados em sigilo, observada a legislação tributária. [...]. O que se percebe, então, pela nova regra, é a quebra de sigilo bancário pela própria Receita Federal, dispensando-se o requerimento ao Poder Judiciário, o que, em nosso entender, fere o art. 5º, XII, sendo a aludida lei indiscutivelmente inconstitucional, atribuindo um direito não estabelecido pelo constituinte originário" (LENZA, Pedro. *Direito Constitucional Esquematizado*. 14. ed. São Paulo: Saraiva, 2010, p. 762-763). Segundo decisão proferida pelo STF: "**Conforme disposto no inciso XII do artigo 5º da Constituição Federal, a regra é a privacidade quanto à correspondência, às comunicações telegráficas, aos dados e às comunicações, ficando a exceção – a quebra do sigilo – submetida ao crivo de órgão equidistante – o Judiciário – e, mesmo assim, para efeito de investigação criminal ou instrução processual penal.** SIGILO DE DADOS BANCÁRIOS – RECEITA FEDERAL. **Conflita com a Carta da República norma legal atribuindo à Receita Federal – parte na relação jurídico-tributária – o afastamento do sigilo de dados relativos ao contribuinte**" (STF. RE 389808, julgado em 2010 e relatado pelo Ministro Marco Aurélio). Em outro julgado, decidiu a Suprema Corte que o MP não possui legitimidade para determinar a quebra do sigilo bancário, prezando pela decisão judicial, conforme consta no bojo do RE 318136 AgR, julgado em 2006 e relatado pelo Ministro Cezar Peluso.

---

34. (Cespe – Procurador do MP junto ao TCE-PB/2014) Considerando as normas constitucionais relativas aos direitos e garantias fundamentais, bem como a jurisprudência do STF, assinale a opção correta.

a) O alistamento eleitoral e o voto são facultativos para os que tenham mais de sessenta e cinco anos de idade.

b) Constitui constrangimento ilegal a revista íntima de trabalhadoras de indústria de vestuário, sob ameaça de dispensa.

c) Apesar do direito de não ser processado nem sentenciado senão pela autoridade competente, não se admite a figura do promotor natural, tendo em vista a unidade do MP.

d) Com a finalidade de ampliar o acesso ao ensino superior, admite-se a cobrança de taxa de matrícula em curso regular de graduação em universidades públicas, com isenção dessa cobrança para os que comprovarem impossibilidade financeira.

e) A extradição do brasileiro naturalizado somente é admitida em virtude de crime comum por ele praticado antes da naturalização.

COMENTÁRIOS

Alternativa correta: "b": o primeiro ponto de destaque é o fato do artigo 1º, III, da CF, consolidar como fundamentos da República Federativa do Brasil, a Dignidade da Pessoa Humana. Por seu turno, o artigo 5º, X, da CF, estabelece que **são invioláveis a intimidade**, a vida privada, a honra e a imagem das pessoas, assegurado o direito a indenização pelo dano material ou moral decorrente de sua violação. É fato que os direitos e garantias fundamentais possuem a chamada Eficácia Vertical, que nada mais é que a aplicação dos direitos fundamentais nas relações entre Estado e particulares. Todavia, temos também a chamada **Eficácia Horizontal, Privada, Externa, ou Em Relação a Terceiros dos Direitos Fundamentais, que se trata da aplicação dos direitos fundamentais nas relações entre particulares, e já foi reconhecida e aceita pelo STF**. Além disso, questão semelhante, envolvendo revista íntima de trabalhadoras de indústria de vestuário, chegou ao Supremo, no entanto, a Corte Constitucional não pôde adentrar o mérito da questão, tendo em vista o reconhecimento de prescrição superveniente: "Constrangimento ilegal: submissão das operarias de indústria de vestuário a revista intima, sob ameaça de dispensa; sentença condenatória de primeiro grau fundada na garantia constitucional da intimidade e acórdão absolutório do Tribunal de Justiça, porque **o constrangimento questionado a intimidade das trabalhadoras, embora existente**, fora admitido por sua adesão ao contrato de trabalho: questão que, malgrado a sua relevância constitucional, já não pode ser solvida neste processo, dada a prescrição superveniente, contada desde a sentença de primeira instância e jamais interrompida, desde então." (RE 160222, julgado em 1995 e relatado pelo Ministro Sepúlveda Pertence). Contudo, vale destacar o entendimento do Tribunal Superior do Trabalho acerca da revista íntima na relação de emprego: "Extrai-se dos autos que a revista íntima adotada pelo reclamado extrapolava seu poder diretivo, pois, além da mera inspeção de pertences, ficaram evidenciados outros elementos que demonstram o procedimento abusivo do empregador, como a revista corporal e adoção de critérios discriminatórios em relação a empregados de menor nível hierárquico no âmbito da empresa. Essa atitude implica ofensa ao princípio da dignidade da pessoa humana, encartado no art. 1º, III, da Constituição Federal, ensejando, portanto, a reparação do dano moral em face da prática considerada abusiva." (TST. RR 1807500-40.2007.5.09.0004, julgado em 2014 e relatado pela Ministra Delaíde Miranda Arantes). Portanto, resta concluir que, com base no artigo 1º, III, e 5º, X, da CF, bem como na Eficácia Horizontal dos Direitos Fundamentais, constitui constrangimento ilegal a revista íntima de trabalhadoras de indústria de vestuário, sob ameaça de dispensa.

Alternativa "a": o alistamento eleitoral e o voto são facultativos para os que tenham mais de **setenta** (e não sessenta e cinco) anos de idade (art. 14, § 1º, II, *b*).

Alternativa "c": o princípio do Promotor Natural é decorrência da própria garantia de que ninguém será processado nem sentenciado senão pela autoridade competente (art. 5º, LIII, da CF). Segundo Nathalia Masson, "o princípio do Promotor Natural é o fator impeditivo de que um membro do Ministério Público venha a ser arbitrariamente afastado do desempenho de suas atribuições nos procedimentos em que ordinariamente oficie (ou em que deva oficiar), exceto se houver relevante motivo de interesse público, por impedimento ou suspeição ou, ainda, por razões decorrentes de férias ou de licença" (MASSON, Nathalia. *Manual de Direito Constitucional*. Salvador: Juspodivm, 2013, p. 920).

Alternativa "d": a Constituição prevê como um dos princípios basilares do ensino, a gratuidade do ensino público em estabelecimentos oficiais (art. 206, IV, da CF). O STF, por sua vez, editou a Súmula Vinculante nº 12, valendo a transcrição: "A cobrança de taxa de matrícula nas universidades públicas viola o disposto no art. 206, IV, da

Constituição Federal.". Desse modo, resta concluir pela impossibilidade de cobrança de taxa de matrícula em universidades públicas, por violar dispositivo constitucional.

Alternativa "e": quanto à extradição, destacam-se as seguintes regras: a) O brasileiro nato nunca será extradito (por crime comum ou de opinião); b) **O brasileiro naturalizado somente poderá ser extraditado em caso de crime comum (praticado antes da naturalização), ou de comprovado envolvimento em tráfico ilícito de entorpecentes e drogas afins (antes ou depois da naturalização)**, na forma da lei, mas não por crime político; c) O estrangeiro pode ser extraditado pela prática de crime comum, mas não por crime político e; d) O Brasil não extradita ninguém pela prática de crime político. Portanto, extradição do brasileiro naturalizado é admitida em virtude de crime comum por ele praticado antes da naturalização e também por comprovado envolvimento em tráfico ilícito de entorpecentes e drogas afins (antes ou depois da naturalização).

---

35. (Cespe – Procurador Federal/2013) Com relação aos direitos constitucionais do trabalho, julgue o próximo item.

A CF estabelece um rol de direitos de natureza trabalhista que tem como destinatários tanto os trabalhadores urbanos quanto os rurais.

COMENTÁRIOS

Certo. O *caput* do art. 7° da CF enuncia que os direitos arrolados em seus incisos são dos trabalhadores urbanos e rurais.

---

36. (Cespe – Juiz do Trabalho Substituto 5ª região/2013) A individualização de uma categoria de direitos e garantias dos trabalhadores, ao lado dos de caráter pessoal e político, reveste – se de um particular significado constitucional, pois traduz o abandono de uma concepção tradicional dos direitos, liberdades e garantias como direitos genéricos e abstratos do homem ou do cidadão.

J.J. Gomes Canotilho e Vital Moreira. Constituição. 1993, p. 285 (com adaptações).

Acerca do assunto tratado no fragmento de texto acima, assinale a opção correta.

a) O direito de greve é assegurado aos trabalhadores da iniciativa privada e aos servidores públicos civis e militares, sendo de sua competência decidir sobre a oportunidade de exercê-lo.

b) De acordo com a jurisprudência do STF, a contribuição sindical definida em lei e a contribuição confederativa são obrigatórias, inclusive para os profissionais liberais não filiados.

c) A observância dos direitos sociais dos trabalhadores não se inclui entre os requisitos para o cumprimento da função social da propriedade rural.

d) O direito à segurança no emprego, previsto constitucionalmente, inclui a proteção da relação de emprego contra a despedida arbitrária ou sem justa causa, a indenização compensatória, o seguro-desemprego em caso de desemprego involuntário e o fundo de garantia por tempo de serviço.

e) A CF não previu a aposentadoria como direito social dos trabalhadores rurais e domésticos.

COMENTÁRIOS

✪ **Nota do autor:** os direitos sociais são frequentemente cobrados em concursos públicos, mormente provas da área trabalhista.

Alternativa correta: "d": o direito à segurança no emprego, previsto constitucionalmente, inclui a proteção da relação de emprego contra a despedida arbitrária ou sem justa causa, a indenização compensatória, o seguro-desemprego em caso de desemprego involuntário e o fundo de garantia por tempo de serviço. Pelo que é possível depreender do artigo 7º, I, da CF, são direitos dos trabalhadores urbanos e rurais, além de outros que visem à melhoria de sua condição social, relação de emprego protegida contra despedida arbitrária ou sem justa causa, nos termos de lei complementar, que preverá indenização compensatória, dentre outros direitos.

Alternativa "a": o artigo 9º da CF dispõe que é assegurado o direito de greve, competindo aos trabalhadores decidir sobre a oportunidade de exercê-lo e sobre os interesses que devam por meio dele defender. Já o artigo 37, VII, da CF, assegura o direito de greve dos servidores públicos. No entanto, o artigo 142, § 3º, IV, **veda expressamente o direito de greve aos militares.**

Alternativa "b": de acordo com a jurisprudência do STF, a contribuição sindical definida em lei e a contribuição confederativa são obrigatórias, **exceto para os profissionais liberais não filiados**. Desse modo, cabe salientar o enunciado da Súmula Vinculante 40: "A contribuição confederativa de que trata o art. 8º, IV, da Constituição Federal, só é exigível dos filiados ao sindicato respectivo".

Alternativa "c": a observância dos direitos sociais dos trabalhadores **se inclui entre os requisitos para o cumprimento da função social da propriedade rural**, conforme possível aduzir do artigo 186, III e IV, da CF.

Alternativa "e": em seu artigo 7º, XXIV, a CF previu expressamente a aposentadoria como direito social dos trabalhadores urbanos e rurais, e aos domésticos, por força do parágrafo único do artigo mencionado.

---

37. (Cespe – Juiz do Trabalho Substituto 5ª região/2013) Acerca dos direitos fundamentais de caráter judicial e das garantias constitucionais do processo, assinale a opção correta.

a) A gravação ambiental não autorizada realizada por um dos interlocutores sem o conhecimento do outro não é admitida pelo ordenamento constitucional, pois viola o direito à intimidade e à vida privada das pessoas, ainda que se comprove a existência de alguma excludente de ilicitude, como a legítima defesa.

b) Para fins de prova em processo, não é necessária uma ordem judicial para a apreensão de computador pessoal e a utilização dos dados nele armazenados, já que a situação não caracteriza violação ao sigilo de comunicação de dados previsto na CF.

c) Dado o direito à liberdade, previsto na CF, somente se admite a prisão de alguém em caso de flagrante delito ou mediante ordem escrita e fundamentada da autoridade judiciária competente, inclusive nos casos de crime propriamente militar.

d) O direito de ampla defesa aplica-se aos processos judiciais e administrativos e abrange o direito à informação dos atos praticados no processo, o direito de manifestação acerca de tais atos e a garantia de consideração dos argumentos utilizados na defesa.

e) A busca e a apreensão de documentos realizada mediante violação do domicílio caracteriza-se como prova ilícita por derivação.

COMENTÁRIOS

Alternativa correta: "d": o direito de ampla defesa aplica-se aos processos judiciais e administrativos e abrange o direito à informação dos atos praticados no processo, o direito de manifestação acerca de tais atos e a garantia de consideração dos argumentos utilizados na defesa. Segundo entende a Suprema Corte: "O Supremo Tribunal Federal fixou jurisprudência no sentido de que os princípios do contraditório e da ampla defesa, ampliados pela Constituição de 1988, incidem sobre todos os processos, judiciais ou administrativos, não se resumindo a simples direito, da parte, de manifestação e informação no processo, mas também à garantia de que seus argumentos serão analisados pelo órgão julgador, bem assim o de ser ouvido também em matéria jurídica." (STF. RE 527814 AgR, julgado em 2008 e relatado pelo Ministro Eros Grau).

Alternativa "a": o STF já firmou posicionamento no sentido que a interceptação telefônica se submete à reserva de jurisdição, sem exceção. Vale ressaltar que se a gravação for feita por um dos interlocutores, desconfigura-se a interceptação telefônica, restando mera gravação ambiental (RE 453.562-AgR, julgado em 2008 e relatado pelo Ministro Joaquim Barbosa). Neste caso, a gravação ambiental realizada por um dos interlocutores sem o conhecimento do outro é admitida pelo ordenamento constitucional, e não viola o direito à intimidade e à vida privada das pessoas, ainda que não se comprove a existência de alguma excludente de ilicitude, como a legítima defesa.

Alternativa "b": para fins de prova em processo, **faz-se necessária** ordem judicial para a apreensão de computador pessoal e a utilização dos dados nele armazenados, já que a situação caracteriza violação ao sigilo de comunicação de dados previsto na CF (art. 5º, XII, da CF).

Alternativa "c": consoante artigo 5º, LXI, da CF, ninguém será preso senão em flagrante delito ou por ordem escrita e fundamentada de autoridade judiciária competente, **salvo nos casos de transgressão militar ou crime propriamente militar, definidos em lei.**

Alternativa "e": a busca e a apreensão de documentos realizada mediante violação do domicílio caracteriza-se como **prova originariamente ilícita** (e não por derivação).

---

38. (Cespe – Procurador do Estado – DF/ 2013) Com relação ao estatuto jurídico dos tratados internacionais no direito brasileiro, julgue os próximos itens.

38.1. Ao Congresso Nacional é vedado rejeitar tratado internacional que, firmado pelo presidente da República, verse sobre direitos humanos.

COMENTÁRIOS

Errado. O Congresso Nacional **tem liberdade para** rejeitar **qualquer** tratado internacional.

38.2. Segundo parte majoritária da doutrina, o direito brasileiro conta com um controle jurisdicional de convencionalidade das leis, que se distingue do controle de constitucionalidade.

COMENTÁRIOS

Certo. Segundo tese desenvolvida nacionalmente por Valério de Oliveira Mazzuoli, o direito brasileiro conta com um controle jurisdicional de convencionalidade das leis, baseada na relação de validade entre atos normativos e tratados internacionais, que se difere, pois, do controle de constitucionalidade, fundado na relação entre atos normativos e o texto constitucional.

38.3. Os tratados internacionais se incorporam ao ordenamento jurídico brasileiro com o status de emenda constitucional.

COMENTÁRIOS

Errado. Apenas os tratados internacionais **sobre direitos humanos** se incorporam ao ordenamento jurídico brasileiro com o status de emenda constitucional, nos termos do art. 5°, § 3°, da CF. Os demais terão *status* infraconstitucional.

38.4. Os tratados sobre direitos humanos incorporados ao direito pátrio e em conformidade com a CF revogam as leis ordinárias conflitantes.

COMENTÁRIOS

Certo. Os tratados sobre direitos humanos incorporados ao direito pátrio e em conformidade com a CF retiram a validade das leis ordinárias conflitantes posto que são hierarquicamente superiores a elas.

39. (Cespe – Delegado de Polícia – BA/2013) Em relação aos direitos e deveres fundamentais expressos na Constituição Federal de 1988 (CF), julgue os itens subsecutivos.

A conversa telefônica gravada por um dos interlocutores não é considerada interceptação telefônica.

COMENTÁRIOS

✪ **Nota do autor:** questões que envolvam interceptação telefônica e a gravação ambiental são cobradas com bastante frequência em concursos públicos.

Certo. Não constitui violação do direito à intimidade e à proibição constitucional de obtenção de provas por meio ilícito a gravação ambiental realizada por um dos interlocutores sem o conhecimento do outro. O STF já firmou posicionamento no sentido que a interceptação telefônica se submete à reserva de jurisdição, sem exceção. Vale ressaltar que se a gravação for feita por um dos interlocutores, desconfigura-se a interceptação telefônica, restando mera gravação ambiental (RE 453.562-AgR, julgado em 2008 e relatado pelo Ministro Joaquim Barbosa). Vale ainda destacar o entendimento de que "1. A gravação ambiental meramente clandestina, realizada por um dos interlocutores, não se confunde com a interceptação, objeto cláusula constitucional de reserva de jurisdição. 2. É lícita a prova consistente em gravação de conversa telefônica realizada por um dos interlocutores, sem conhecimento do outro, se não há causa legal específica de sigilo nem de reserva da conversação." (STF. AI 560223 AgR, julgado em 2011 e relatado pelo Ministro Joaquim Barbosa).

39.1. O brasileiro nato que cometer crime no exterior, quaisquer que sejam as circunstâncias e a natureza do delito, não pode ser extraditado pelo Brasil a pedido de governo estrangeiro.

COMENTÁRIOS

✪ **Nota do autor:** questões envolvendo as hipóteses de extradição de brasileiros e estrangeiros são bastante cobradas em provas de concursos públicos. Recomenda-se ao caro leitor, a memorização de todo artigo 5º, inciso LI e LII, da CF.

Certo. Independentemente do crime praticado pelo brasileiro nato no exterior, sua extradição nunca será possível. Isso decorre do mandamento constitucional insculpido no artigo 5º, LI, da CF, segundo o qual **nenhum brasileiro será extraditado, salvo o naturalizado**, em caso de crime comum, praticado antes da naturalização, ou de comprovado envolvimento em tráfico ilícito de entorpecentes e drogas afins, na forma da lei. Portanto, o brasileiro nato nunca será extraditado, enquanto que o naturalizado, na hipótese mencionada, poderá ser extraditado.

39.2. Caso determinado deputado estadual perca seu mandato eletivo por infidelidade partidária, o deputado que assumir o mandato em seu lugar deve, necessariamente, ser do partido político pelo qual o primeiro tenha sido eleito.

COMENTÁRIOS

Errado. Caso determinado deputado estadual perca seu mandato eletivo por infidelidade partidária, o deputado que assumir o mandato em seu lugar **não precisa**, necessariamente, ser do partido político pelo qual o primeiro tenha sido eleito, já que poderá ocorrer a sucessão do cargo para parlamentar de um partido coligado, conforme a jurisprudência da Suprema Corte, possível verificar nos informativos 482 e 621.

A proteção do direito à vida tem como consequência a proibição da pena de morte em qualquer situação, da prática de tortura e da eutanásia.

COMENTÁRIOS

Errado. A pena de morte **não é proibida em qualquer situação**, pois a própria Constituição prevê sua **possibilidade no caso de guerra declarada**, consoante disposição do artigo 5º, XLVII, "a", da CF.

40. (Cespe – Defensor Público – RR/2013) A respeito do poder constituinte e dos direitos e garantias fundamentais, assinale a opção correta.

a) O princípio da legalidade tem extensão distinta do princípio da reserva legal, sendo certo que na ordem jurídica nacional não há hipótese de reserva legal relativa.

b) O poder constituinte originário não se expressa por intermédio do estabelecimento de uma constituição decorrente de declaração unilateral de determinado agente revolucionário.

c) O dispositivo constitucional que prevê a possibilidade de impetração de mandado de injunção configura norma de preordenação de reprodução obrigatória pelos estados no exercício do poder constituinte derivado decorrente.

d) O ensino religioso deve existir obrigatoriamente nas escolas públicas de ensino fundamental, sem que tal circunstância caracterize afronta à liberdade de crença.

e) De acordo com entendimento do STF, a CF não admite o estabelecimento de limite de idade para a inscrição em concurso público.

COMENTÁRIOS

✪ **Nota do autor:** essa questão envolve aspectos pouco explorados em provas anteriores, o que não significa que os temas são de menor importância. Na verdade o candidato deve ficar atento aos temas novos, pois apresentam-se como tendências para as provas dos concursos seguintes.

Alternativa correta: "d": consoante art. 210, § 1º, da CF, o ensino religioso, de **matrícula facultativa**, constituirá disciplina dos horários normais das escolas públicas de ensino fundamental. Note que, por apenas o **oferecimento da disciplina ser obrigatório**, mas não a matrícula, não há que se falar em qualquer ofensa à liberdade de crença, pois aquele que não quiser participar da disciplina simplesmente não precisa se matricular.

Alternativa "a": o princípio da legalidade é mais amplo do que o princípio da reserva legal. O princípio da legalidade se refere à necessidade de respeito à todas as normas produzidas pelo Poder Legislativo (leis em sentido amplo) ao passo que o princípio da reserva legal impinge observância apenas às leis em sentido estrito, ou seja, que levam o nome de leis. A reserva legal será absoluta se a Constituição exigir que determinada matéria seja completamente regrada por lei em sentido estrito, e será relativa se exigir que a matéria seja apenas delimitada por lei em sentido estrito, mas permitir que um ato infralegal a regulamente. **Um exemplo de reserva legal relativa é a reserva legal tributária**, consoante art. 146, III, "a", da CF, pois os elementos principais dos tributos (fato gerador e base de cálculo v.g.) devem constar de lei, mas os elementos secundários (data e forma de pagamento v.g.) podem ser veiculados por decreto.

Alternativa "b": o poder constituinte originário **pode se expressar** por intermédio do estabelecimento de uma constituição decorrente de declaração unilateral de determinado agente revolucionário. A única diferença é que a Constituição será **outorgada** (imposta) e não promulgada (firmada democraticamente).

Alternativa "c": norma de reprodução obrigatória é aquela presenta na CF e que também deve constar nas Constituições Estaduais. O dispositivo constitucional que prevê a possibilidade de impetração de mandado de injunção (art. 5º, LXXI, da CF) **não** configura norma de reprodução obrigatória, pois a complexa disciplina do mandado de injunção no texto Constitucional, notadamente pelo estabelecimento das competências dos Tribunais (artigos 102, I, "q", 102, II, "a" e 105, I, "h" da CF), seria incompatível com um modelo estadual.

Alternativa "e": de acordo com entendimento do STF, a CF **admite** o estabelecimento de limite de idade para a inscrição em concurso público. Esse é o teor da **Súmula 683 do STF**: "O limite de idade para a inscrição em concurso público só se legitima em face do art. 7º, XXX, da Constituição, quando possa ser justificado pela natureza das atribuições do cargo a ser preenchido".

4.1. DIREITOS E DEVERES INDIVIDUAIS E COLETIVOS

41. (Cespe – Procurador do MP junto ao TCU/2015) Considerando eventuais contextos de crise institucional, assinale a opção correta acerca dos instrumentos disponibilizados pela CF para enfrentar possíveis ameaças à ordem constitucional e ao Estado democrático de direito.

a) Constatada a ocorrência de comoção grave de repercussão nacional, o presidente da República pode, ouvidos o Conselho da República e o Conselho de Defesa Nacional, decretar estado de defesa.

b) Em caso de provimento de representação do procurador-geral da República pelo STF para assegurar a observância dos princípios constitucionais de intervenção, não há impedimento para que a CF seja normalmente emendada, tendo em vista que a intervenção federal, nessa hipótese, limitar-se-á a suspender a execução do ato impugnado.

c) A intervenção em município localizado em estado-membro ocorrerá, em cada caso, conforme as hipóteses estabelecidas livremente na respectiva Constituição estadual, que definirá, entre outras coisas, os seus próprios princípios constitucionais de intervenção.

d) A ação de grupos armados, inclusive militares, contra a ordem constitucional e o Estado democrático de direito constitui crime inafiançável e imprescritível.

e) Em caso de grave comprometimento da ordem pública, a União poderá intervir em estado da Federação, devendo o decreto de intervenção especificar eventuais restrições ao direito de reunião, ainda que exercida no seio de associações.

COMENTÁRIOS

Alternativa correta: letra "d": nos termos do art. 5º, XLIV, CF.

Alternativa "a": nos termos do art. 136 da CF, o Presidente da República pode, ouvidos o Conselho da República e o Conselho de Defesa Nacional, decretar estado de defesa para **preservar ou prontamente restabelecer, em locais restritos e determinados, a ordem pública ou a paz social** ameaçadas por **grave e iminente instabilidade institucional ou atingidas por calamidades de grandes proporções na natureza**. No caso de comoção grave de repercussão nacional, a medida a ser adotada é o estado de sítio (art. 137, I, CF).

Alternativa "b": a Constituição **não poderá ser emendada** na vigência de **intervenção federal**, de estado de defesa ou de estado de sítio (art. 60, §1º, CF).

Alternativa "c": a intervenção dos Estados em seus respectivos Municípios deve seguir os parâmetros estabelecidos pela Constituição Federal, em especial as disposições do art. 35 da CF.

Alternativa "e": admite-se a intervenção da União nos Estados ou no DF para pôr termo a grave comprometimento da ordem pública (art. 34, III, CF). No entanto, não haverá que especificar eventuais restrições ao direito de reunião, pois essa medida não é prevista para os casos de intervenção federal (mas é nos casos de estado de defesa).

---

42. (Cespe – Defensor Público – RN/2015) No que diz respeito aos direitos sociais, à intervenção judicial na implementação de políticas públicas e ao mínimo existencial, assinale a opção correta.

a) Ocorre o fenômeno conhecido como judicialização da política quando o Poder Judiciário, ao interpretar uma norma, ampliar o seu sentido para abarcar situações aparentemente por ela não previstas.

b) O transporte e a felicidade são direitos fundamentais sociais assegurados pelo Estado a todo cidadão brasileiro como garantia individual.

c) Para o STF, a tese da reserva do mínimo possível é aplicável apenas se restar comprovada a real falta de recursos orçamentários pelo poder público, pois não é admissível como justificativa genérica para eventual omissão estatal na efetivação dos direitos fundamentais.

d) Uma decisão judicial que ordenasse à administração pública a execução de obras emergenciais em um estabelecimento prisional, necessárias para a garantia da integridade física dos detentos, seria uma afronta ao princípio da separação dos poderes, segundo entendimento do STF.

e) O direito ao mínimo existencial, no tocante aos direitos fundamentais, está vinculado às condições estritamente necessárias para a manutenção da vida dos indivíduos.

COMENTÁRIOS

Alternativa correta: letra "c": a teoria da reserva do possível não foi aceita integralmente pela jurisprudência do STF. É necessário que se verifique a razoabilidade da pretensão e a disponibilidade financeira do Estado. Todavia, determinados direitos são impassíveis de invocação da reserva do possível, mormente aqueles ligados ao próprio mínimo existencial. Assim, aduz Uadi Lammêgo Bulos: "Comprovando, objetivamente, a incapacidade econômico-financeira da pessoa estatal, nada se poderá exigir dela, pois não se afigura razoável cobrar a imediata efetivação de prerrogativas constitucionais de quem não tem aporte financeiro para saldá-las. De outro lado, não se afigura lícito, muito menos ético-moral, que o Poder Público alegue falta de recursos, de modo a criar obstáculos que inviabilizem o cumprimento de deveres constitucionais impostergáveis, previstos em favor da própria pessoa humana e dos cidadãos em geral. É que as constituições contemporâneas, a exemplo da Carta de 1988, preveem, em seus textos, condições materiais mínimas de existência, sem as quais o ser humano não viveria, muito menos sobreviveria. Tais condições materiais mínimas de existência irmana-se com o que se convencionou denominar mínimo existencial, que encontra na reserva do possível sua concretização e alcance. O princípio da reserva do possível, portanto, não constitui reduto de proteção para o Estado deixar de cumprir seus deveres. É o caso das omissões constitucionais, que devem ser repudiadas. Ora, qualquer conduta governamental negativa pode aniquilar direitos constitucionais básicos, como a educação, a saúde, a previdência, a moradia etc., fulminando, por completo, o status de fundamentalidade que ostentam" (*Curso de Direito Constitucional*. 9 ed. São Paulo: Saraiva, 2015, p. 378). Ainda, segundo o STF: "A cláusula da reserva do possível – que não pode ser invocada, pelo Poder Público, com o propósito de fraudar, de frustrar e de inviabilizar a implementação de políticas públicas definidas na própria Constituição – encontra insuperável limitação na garantia constitucional do mínimo existencial, que representa, no contexto de nosso ordenamento positivo, emanação direta do postulado da essencial dignidade da pessoa humana. (...) A noção de 'mínimo existencial', que resulta, por implicitude, de determinados preceitos constitucionais (CF, art. 1º, III, e art. 3º, III), compreende um complexo de prerrogativas cuja concretização revela-se capaz de garantir condições adequadas de existência digna, em ordem a assegurar, à pessoa, acesso efetivo ao direito geral de liberdade e, também, a prestações positivas originárias do Estado, viabilizadoras da plena fruição de direitos sociais básicos, tais como o direito à educação, o direito à proteção integral da criança e do adolescente, o direito à saúde, o direito à assistência social, o direito à moradia, o direito à alimentação e o direito à segurança. Declaração Universal dos Direitos da Pessoa Humana, de 1948 (Artigo XXV)." (ARE 639.337, julgado em 2011 e relatado pelo Ministro Celso de Mello).

Alternativa "a": a relevância econômica dos objetos dos direitos sociais prestacionais (que exigem atuação estatal) faz com que a discussão, previsão e aplicação de recursos públicos, atribuições estas originárias dos órgãos políticos, notadamente do Poder Executivo, legitime o Poder Judiciário, diante da inércia ou deficiência de atuação dos legitimados ordinários, à concretização dos direitos. Aliás, esse é uma das características do que se tem chamado de judicialização de políticas públicas, uma das facetas do neoconstitucionalismo. Vale ressaltar, que o STF admite a judicialização de políticas públicas, notadamente no fornecimento de medicamentos de alto custo (conforme Suspensões de Tutela (STA) 175, 211 e 278; Suspensões de Segurança 3724, 2944, 2361, 3345 e 3355; e Suspensão de Liminar (SL) 47, de Relatoria do Ministro Gilmar Mendes, julgadas em 2010).

Alternativa "b": segundo o art. 6º da CF, o **transporte** é um direito social. Nos termos de referido dispositivo, são direitos sociais a educação, a saúde, a alimentação, o trabalho, a moradia, o transporte, o lazer, a segurança, a previdência social, a proteção à maternidade e à infância, a assistência aos desamparados, na forma desta Constituição. Vale anotar, que a Constituição não fez previsão expressa quanto à felicidade.

Alternativa "d": segundo decidiu o STF no RE 592581, julgado em 2015 e relatado pelo Ministro Ricardo Lewandowski, "I – É lícito ao Judiciário impor à Administração Pública obrigação de fazer, consistente na promoção de medidas ou na execução de obras emergenciais em estabelecimentos prisionais. II – Supremacia da dignidade da pessoa humana que legitima a intervenção judicial.". Esse posicionamento foi reiterado no RE 930454 AgR, julgado em 2016 e relatado pelo Ministro Roberto Barroso.

Alternativa "e": o direito ao mínimo existencial, no tocante aos direitos fundamentais, não se limita às condições estritamente necessárias para a manutenção da vida dos indivíduos. Possui uma maior amplitude, abarcando as condições para uma vida **digna**. Nesses termos: "(...) A noção de 'mínimo existencial', que resulta, por implicitude, de determinados preceitos constitucionais (CF, art. 1º, III, e art. 3º, III), compreende um complexo de prerrogativas cuja concretização revela-se capaz de garantir condições adequadas de existência digna, em ordem a assegurar, à pessoa, acesso efetivo ao direito geral de liberdade e, também, a prestações positivas originárias do Estado, viabilizadoras da plena fruição de direitos sociais básicos, tais como o direito à educação, o direito à proteção integral da criança e do adolescente, o direito à saúde, o direito à assistência social, o direito à moradia, o direito à alimentação e o direito à segurança. Declaração Universal dos Direitos da Pessoa Humana, de 1948 (Artigo XXV)." (STF. ARE 639.337, julgado em 2011 e relatado pelo Ministro Celso de Mello).

---

43. (Cespe – Defensor Público – RN/2015) Com referência aos direitos fundamentais em espécie, assinale a opção correta com base no entendimento do STF acerca desse tópico.

a) A inviolabilidade domiciliar refere-se à residência que o indivíduo ocupa com intenção de moradia definitiva, mas não alcança seu escritório profissional ou outro local de trabalho.

b) A determinação de foro justificada por prerrogativa de função, ainda que instituída exclusivamente por Constituição estadual, prevalece sobre a competência do tribunal de júri.

c) Por ferir o direito à privacidade, é ilegítima a publicação, em qualquer tipo de veículo, dos nomes de servidores da administração pública e do valor dos vencimentos e vantagens pecuniárias por eles recebidos.

d) O Estado brasileiro reconhece que a família tem como base a união entre o homem e a mulher, fato que exclui a união de pessoas do mesmo sexo do âmbito da proteção estatal.

e) Salvo quando envolver criança e(ou) adolescente, os direitos à reunião e à livre manifestação do pensamento podem ser exercidos mesmo quando praticados para defender a legalização de drogas.

COMENTÁRIOS

Alternativa correta: letra "e": no julgamento da ADPF 187, julgada em 2011 e relatada pelo Ministro Celso de Mello, verifica-se que os direitos à reunião e à livre manifestação possui alguns parâmetros limitadores, dentre eles a proibição de participação ativa de crianças e adolescentes. Assim, segundo o julgado mencionado: "Concluiu-se **que a defesa, em espaços públicos, da legalização das drogas ou de proposta abolicionista a outro tipo penal, não significaria ilícito penal, mas, ao contrário, representaria o exercício legítimo do direito à livre manifestação do pensamento, propiciada pelo exercício do direito de reunião**. O Min. Luiz Fux ressalvou que **deveriam ser considerados os seguintes parâmetros**: 1) **que se trate de reunião pacífica, sem armas, previamente noticiada às autoridades públicas quanto à data, ao horário, ao local e ao objetivo, e sem incitação à violência**; 2) **que não exista incitação, incentivo ou estímulo ao consumo de entorpecentes na sua realização**; 3) que não ocorra o consumo de entorpecentes na ocasião da manifestação ou evento público e 4) **que**

não haja a participação ativa de crianças e adolescentes na sua realização.".

Alternativa "a": de acordo com a posição do STF no HC 93.050, julgado em 2008 e relatado pelo ministro Celso de Mello, para os fins da proteção jurídica a que se refere o art. 5º, XI, da CF, "o conceito normativo de 'casa' revela-se abrangente e, por estender-se a qualquer compartimento privado não aberto ao público, onde alguém exerce profissão ou atividade (CP, art. 150, § 4º, III), compreende, observada essa específica limitação espacial (área interna não acessível ao público), os escritórios profissionais, inclusive os de contabilidade. Sem que ocorra qualquer das situações excepcionais taxativamente previstas no texto constitucional (art. 5º, XI), nenhum agente público, ainda que vinculado à administração tributária do Estado, poderá, contra a vontade de quem de direito ('invito domino'), ingressar, durante o dia, sem mandado judicial, em espaço privado não aberto ao público, onde alguém exerce sua atividade profissional, sob pena de a prova resultante da diligência de busca e apreensão assim executada reputar-se inadmissível, porque impregnada de ilicitude material. O atributo da autoexecutoriedade dos atos administrativos, que traduz expressão concretizadora do 'privilège du preálable', não prevalece sobre a garantia constitucional da inviolabilidade domiciliar, ainda que se cuide de atividade exercida pelo Poder Público em sede de fiscalização tributária.".

Alternativa "b": consoante enunciado da Súmula Vinculante 45: "A competência constitucional do Tribunal do Júri prevalece sobre o foro por prerrogativa de função estabelecido exclusivamente pela Constituição estadual.".

Alternativa "c": no ARE 652777, julgado em 2015 e relatado pelo Ministro Teori Zavascki, em que se reconheceu repercussão geral, o STF entendeu ser legítima a publicação, inclusive em sítio eletrônico mantido pela Administração Pública, dos nomes dos seus servidores e do valor dos correspondentes vencimentos e vantagens pecuniárias.

Alternativa "d": para efeito da proteção do Estado, é reconhecida a união estável entre pessoas do mesmo sexo como entidade familiar, devendo a lei facilitar sua conversão em casamento. Segundo o STF: "Reconhecimento e qualificação da união homoafetiva como entidade familiar. O STF – apoiando-se em valiosa hermenêutica construtiva e invocando princípios essenciais (como os da dignidade da pessoa humana, da liberdade, da autodeterminação, da igualdade, do pluralismo, da intimidade, da não discriminação e da busca da felicidade) – reconhece assistir, a qualquer pessoa, o **direito fundamental à orientação sexual**, havendo proclamado, por isso mesmo, a plena legitimidade ético-jurídica da união homoafetiva como entidade familiar, atribuindo-lhe, em consequência, verdadeiro estatuto de cidadania, em ordem a permitir que se extraiam, em favor de parceiros homossexuais, relevantes consequências no plano do Direito, notadamente no campo previdenciário, e, também, na esfera das relações sociais e familiares. **A extensão, às uniões homoafetivas, do mesmo regime jurídico aplicável à união estável entre pessoas de gênero distinto justifica-se e legitima-se pela direta incidência, dentre outros, dos princípios constitucionais da igualdade, da liberdade, da dignidade, da segurança jurídica e do postulado constitucional implícito que consagra o direito à busca da felicidade, os quais configuram, numa estrita dimensão que privilegia o sentido de inclusão decorrente da própria CR (art. 1º, III, e art. 3º, IV)**, fundamentos autônomos e suficientes aptos a conferir suporte legitimador à qualificação das conjugalidades entre pessoas do mesmo sexo como espécie do gênero entidade familiar. (...) O postulado da dignidade da pessoa humana, que representa – considerada a centralidade desse princípio essencial (CF, art. 1º, III) – significativo vetor interpretativo, verdadeiro valor-fonte que conforma e inspira todo o ordenamento constitucional vigente em nosso País, traduz, de modo expressivo, um dos fundamentos em que se assenta, entre nós, a ordem republicana e democrática consagrada pelo sistema de direito constitucional positivo. (...) O **princípio constitucional da busca da felicidade**, que decorre, por implicitude, do núcleo de que se irradia o postulado da dignidade da pessoa humana, assume papel de extremo relevo no processo de afirmação, gozo e expansão dos direitos fundamentais, qualificando-se, em função de sua própria teleologia, como fator de neutralização de práticas ou de omissões lesivas cuja ocorrência possa comprometer, afetar ou, até mesmo, esterilizar direitos e franquias individuais. Assiste, por isso mesmo, a todos, sem qualquer exclusão, o direito à busca da felicidade, verdadeiro postulado constitucional implícito, que se qualifica como expressão de uma ideia força que deriva do princípio da essencial dignidade da pessoa humana." (RE 477.554-AgR, julgado em 2011 e relatado pelo Ministro Celso de Mello).

44. (Cespe – Procurador do MP junto ao TCU/2015) De acordo com a CF, prescinde de prévia decisão judicial

a) o ingresso, durante o dia, em casa de particular, sem o consentimento deste.

b) a dissolução compulsória das associações ou suspensão compulsória de suas atividades.

c) o cancelamento de concessão ou permissão para serviço de radiodifusão sonora e de sons e imagens, antes de vencido o seu prazo.

d) a perda da nacionalidade pelo brasileiro naturalizado que adquirir outra nacionalidade.

e) a interceptação de comunicações telefônicas para prova em investigação criminal e em instrução processual penal.

COMENTÁRIOS

Alternativa correta: letra "d": a perda da nacionalidade pelo brasileiro naturalizado que adquirir outra nacionalidade dispensa prévia decisão judicial. No entanto, é necessário ressaltar que a perda da nacionalidade brasileira em razão do reconhecimento de outra nacionalidade originária não se dá automaticamente, já que exige um **procedimento prévio** (mas não judicial) para tanto. "Ao contrário do cancelamento da naturalização em virtude de atividade nociva ao interesse nacional, a perda da nacionalidade em decorrência da aquisição de outra dar-se-á após procedimento administrativo, em que seja assegurada a ampla defesa, por decreto do Presidente da República (art. 23 da Lei n. 818/49)." (LENZA, Pedro. Direito constitucional esquematizado. 14. Ed. São Paulo: Saraiva, 2010, p. 864).

Alternativa "a": é possível o ingresso, durante o dia, em casa de particular, sem o consentimento deste e dispensada prévia decisão judicial, em caso de **flagrante delito** ou **desastre**, ou para **prestar socorro**. Todavia, nos demais casos, o ingresso, durante o dia, em casa de particular, sem o consentimento deste, **só poderá ocorrer por determinação judicial**.

Alternativa "b": as associações só poderão ser compulsoriamente dissolvidas ou ter suas atividades suspensas por decisão judicial, exigindo-se, no primeiro caso, o trânsito em julgado (art. 5º, XIX, da CF).

Alternativa "c": o cancelamento da concessão ou permissão, antes de vencido o prazo, depende de decisão judicial (art. 223, §4º, CF).

Alternativa "e": é necessário decisão judicial para que ocorra a interceptação de comunicações telefônicas para prova em investigação criminal e em instrução processual penal (art. 5º, XII, CF).

---

45. (Cespe – Promotor de Justiça – AC/2014) Acerca dos direitos individuais, assinale a opção correta.

a) A condenação, em âmbito civil, de cidadão italiano residente no Brasil por período superior a quinze anos ininterruptos impede a aquisição da nacionalidade brasileira.

b) Constitui violação do direito à intimidade e à proibição constitucional de obtenção de provas por meio ilícito a gravação ambiental realizada por um dos interlocutores sem o conhecimento do outro, ainda que a gravação seja feita para fins de legítima defesa no caso de prática de crime.

c) Segundo atual jurisprudência do STF, os tratados internacionais de direitos humanos possuem status constitucional, sendo possível, portanto, o controle judicial de constitucionalidade a partir de norma parâmetro prevista na Convenção Americana de Direitos Humanos, tratado ratificado pelo Brasil.

d) A norma constitucional segundo a qual a prática de tortura é considerada crime inafiançável e insuscetível de graça ou anistia é de eficácia limitada, sendo necessária a atuação legislativa dos estados da Federação para que produza efeitos.

e) Autoridade detentora de foro por prerrogativa de função estabelecido exclusivamente na constituição estadual que praticar crime doloso contra vida deverá ser julgada pelo tribunal do júri.

COMENTÁRIOS

✪ **Nota do autor:** a questão envolve direitos fundamentais e exige, também, conhecimentos acerca da classificação quanto à eficácia das normas constitucionais adotadas por José Afonso da Silva, tema de grande importância. Recomendamos ao caro leitor, a memorização do § 3º, do artigo 5º da CF, eis que cobrada frequentemente em concursos. Sem olvidar, deve o candidato se ater para o posicionamento do STF quanto à incorporação de tratados internacionais de direitos humanos no sistema normativo pátrio e a sua posição hierárquica, a depender do modo que for incorporado.

Alternativa correta: "e": a autoridade detentora de foro por prerrogativa de função, estabelecido na Constituição Federal, quando pratica crime doloso contra a vida, não será julgada pelo Tribunal do Júri, devendo prevalecer a prerrogativa de foro constitucionalmente estabelecida para a autoridade. Por outro lado, se essa prerrogativa for estabelecida exclusivamente em Constituição Estadual, deverá prevalecer a norma da Constituição Federal esculpida no artigo 5º, XXXVIII, da CF, ou seja, a autoridade será julgada pelo Tribunal do Júri, uma vez que a Constituição Federal encontra-se em um patamar hierarquicamente superior a todas as outras normas (inclusive as Constituições Estaduais). É o que diz o enunciado da Súmula Vinculante 45: "A competência constitucional do Tribunal do Júri prevalece sobre o foro por prerrogativa de função estabelecido exclusivamente pela Constituição Estadual".

Alternativa "a": a condenação, em âmbito **penal** (e não civil), de cidadão italiano residente no Brasil por período superior a quinze anos ininterruptos impede a aquisição da nacionalidade brasileira. Prevê o artigo 12, II, "b", da CF, que são brasileiro naturalizados os estrangeiros de qualquer nacionalidade, **residentes na República Federativa do Brasil há mais de quinze anos ininterruptos** e **sem condenação penal**, desde que requeiram a nacionalidade brasileira.

Alternativa "b": **não** constitui violação do direito à intimidade e à proibição constitucional de obtenção de provas por meio ilícito a gravação ambiental realizada por um dos interlocutores sem o conhecimento do outro, ainda que a gravação seja feita para fins de legítima defesa no caso de prática de crime. O STF já firmou posicionamento no sentido que a interceptação telefônica se submete à reserva de jurisdição, sem exceção. Vale ressaltar que **se a gravação for feita por um dos interlocutores, desconfigura-se a interceptação telefônica, restando mera gravação ambiental** (RE 453.562AgR, julgado em 2008 e relatado pelo Ministro Joaquim Barbosa). Vale ainda destacar o entendimento de que "1. A gravação ambiental meramente clandestina, realizada por um dos interlocutores, não se confunde com a interceptação, objeto cláusula constitucional de reserva de jurisdição. 2. É lícita a prova consistente em gravação de conversa telefônica realizada por um dos interlocutores, sem conhecimento do outro, se não há causa legal específica de sigilo nem de reserva da conversação." (STF. AI 560223 AgR, julgado em 2011 e relatado pelo Ministro Joaquim Barbosa).

Alternativa "c": segundo atual jurisprudência do STF, os tratados e convenções internacionais sobre direitos humanos que forem aprovados, em cada Casa do Congresso Nacional, em dois turnos, por três quintos dos votos dos respectivos membros, serão equivalentes às emendas constitucionais, nos termos do art. 5°, § 3°, da CF, incluído pela EC 45/04, sendo possível, portanto, adotá-la como parâmetro em eventual controle judicial de constitucionalidade. Por outro lado, aqueles tratados internacionais de direitos humanos não aprovados com o devido quórum, do dispositivo mencionado acima, possuem *status* supralegal (abaixo da CF, mas acima das normas de caráter legal – leis ordinárias e complementares), o que impede que essas normas sejam parâmetro de eventual controle judicial de constitucionalidade. Segundo Paulo Lépore, "O grande problema é que, antes da inclusão do § 3º ao art. 5º da CF, o Brasil já havia incorporado inúmeros tratados de direitos humanos. Assim, restou a dúvida: qual seria o *status* normativo dos tratados aprovados antes e, portanto, sem a observância do novo procedimento de incorporação? O Supremo Tribunal Federal (STF) acabou decidindo que os tratados internacionais sobre direitos humanos incorporados sem a observância da nova regra do art. 5º, § 3º, da CF gozam de *status* supralegal, o que acabou gerando a formação de uma "nova" pirâmide normativa, pois difere um pouco da noção clássica de Hans Kelsen" (LEPORE, Paulo. *Direito Constitucional para os concursos de Técnico e Analista*. Salvador: Juspodivm, 2013, p. 47-48). Sem prejuízo da supremacia da Constituição sobre os tratados e convenções internacionais, a norma convencional internacional em vigor e aplicável no Brasil e que disponha acerca de direitos humanos, não tendo sido objeto de processo legislativo que a equiparasse a emenda constitucional (art. 5°, § 3°, da CF, nos termos da EC 45/04), tem força jurídico-normativa suficiente para restringir a eficácia e indiretamente obstar a aplicabilidade da norma constitucional paradigma, gozando de status supralegal. Tal posição foi firmada no RE 466.343, julgado em 2008 e relatado pelo Ministro Cezar Peluso. Por outro lado, vale destacar trecho do voto do Ministro Gilmar Mendes: "Desde a adesão do Brasil, sem qualquer reserva, ao Pacto Internacional dos Direitos Civis e Políticos (art. 11) e à Convenção Americana sobre Direitos Humanos – Pacto de San José da Costa Rica (art. 7º, 7), ambos no ano de 1992, não há mais base legal para prisão civil do depositário infiel, pois o caráter especial desses diplomas internacionais sobre direitos humanos lhes reserva lugar específico no ordenamento jurídico, estando abaixo da Constituição, porém acima da legislação interna. O status normativo supralegal dos tratados internacionais de direitos humanos subscritos pelo Brasil, dessa forma, torna inaplicável a legislação infraconstitucional com ele conflitante, seja ela anterior ou posterior ao ato de adesão. Assim ocorreu com o art. 1.287 do CC de 1916 e com o DL 911/1969, assim como em relação ao art. 652 do Novo CC (Lei 10.406/2002)." (RE 466.343, julgado em 2008 e relatado pelo Ministro Cezar Peluso). Essa nova sistemática de incorporação de tratados (art. 5°, § 3°, da CF) foi aplicada pela primeira vez em 2008, na votação do Decreto Legislativo 186, que acabou culminando na promulgação da Convenção sobre os Direitos das Pessoas com Deficiência com força constitucional, segundo o Decreto 6.949/2009. Como reflexo do reconhecimento de status constituição à Convenção, a Procuradora Geral da República Deborah Macedo Duprat de Britto Pereira ajuizou, em 2009, a ADPF 182, cujos pedidos são para que se reconheça que: a) o art. 20, § 2º, da Lei nº 8.742/93 não foi recepcionado pela Convenção dos Direitos da Pessoa com Deficiência, que foi aprovada pelo Decreto Legislativo nº 186/2008, de acordo com o procedimento previsto no art. 5º, § 3º, da Constituição Federal, integrando, portanto, o bloco de constitucionalidade brasileiro; b) o conceito estabelecido no art. 1° da Convenção sobre os Direitos da Pessoa com Deficiência, é de uso imperativo no direito interno brasileiro, sendo imediatamente aplicável no que tange aos critérios para concessão dos benefícios de prestação continuada disciplinados pela Lei nº 8.742/93. Portanto, a Convenção Americana de Direitos Humanos possui caráter supralegal e não é parâmetro para controle judicial de constitucionalidade.

Alternativa "d": a norma constitucional segundo a qual a prática de tortura é considerada crime inafiançável e insuscetível de graça ou anistia é de eficácia **plena** (e não limitada), produzindo seus efeitos imediatamente, **não** sendo necessária a atuação legislativa dos estados da Federação para que produza efeitos.

---

46. (Cespe – Cartório – TJ – DF/2014) A respeito dos direitos e garantias fundamentais e dos direitos sociais, assinale a opção correta de acordo com a jurisprudência do STF.

a) Lei que trata da realização de pesquisas com células-tronco embrionárias viola o direito à vida e, assim, a ordem constitucional vigente.

b) A instituição, pelos estados, de piso salarial regional para o trabalhador viola norma da CF.

c) A utilização de critérios distintos para a promoção de integrantes do sexo feminino e do masculino de corpo militar viola o princípio constitucional da isonomia.

d) A exigência legal de depósito prévio do valor correspondente à multa administrativa, como condição de admissibilidade de recurso administrativo, é considerada inconstitucional.

e) O foro por prerrogativa de função, mesmo quando estabelecido exclusivamente por constituição estadual, prevalece sobre a competência do tribunal do júri, prevista na CF.

COMENTÁRIOS

Alternativa correta: "d": a exigência legal de depósito prévio do valor correspondente à multa administrativa, como condição de admissibilidade de recurso administrativo, é considerada inconstitucional. Tal afirmação retrata o posicionamento adotado pelo STF, que culminou na edição da Súmula Vinculante nº 21, segundo a qual, é inconstitucional a exigência de depósito ou arrolamento prévios de dinheiro ou bens para admissibilidade de recurso administrativo.

Alternativa "a": lei que trata da realização de pesquisas com células-tronco embrionárias **não** viola o direito à vida, nem a ordem constitucional vigente. No julgamento da ADI 3510, julgada em 2008 e relatada pelo Ministro Ayres Britto, decidiu o STF pela constitucionalidade das pesquisas com células-tronco, validando, com isso, a Lei de Biossegurança (Lei nº 11.105/05). Entendeu a Suprema Corte que aludidas pesquisas não implicam violação ao direito à vida. Portanto, é constitucional o uso de células-tronco embrionárias em pesquisas científicas para fins terapêuticos.

Alternativa "b": o entendimento jurisprudencial do STF escoa no sentido de que a instituição, pelos estados, de piso salarial regional para o trabalhador **não** viola norma da CF. Ademais, é possível verificar ainda, que o entendimento adotado na ADI 4432, julgada em 2011 e relatada pelo Ministro Dias Toffoli, é que além de não afrontar a Carta Magna, a instituição de piso salarial pelos Estados é forma de proteção aos trabalhadores, destacando-se trecho do julgado: "A lei impugnada não ofende o princípio do pleno emprego. Ao contrário, a instituição do piso salarial regional visa, exatamente, reduzir as desigualdades sociais, conferindo proteção aos trabalhadores e assegurando a eles melhores condições salariais.".

Alternativa "c": a utilização de critérios distintos para a promoção de integrantes do sexo feminino e do masculino de corpo militar **não** viola o princípio constitucional da isonomia. Nesse sentido, destaca-se o julgado do STF: "A jurisprudência do Supremo Tribunal Federal é pacífica no sentido de que não viola o princípio da isonomia a adoção, pela Aeronáutica, de critérios diferenciados de promoção para os sexos masculino e feminino." (STF. RE 445999 AgR, julgado em 2014 e relatado pelo Ministro Roberto Barroso)

Alternativa "e": o foro por prerrogativa de função, **exceto quando estabelecido exclusivamente por Constituição Estadual**, prevalece sobre a competência do Tribunal do Júri. Desse modo, para que haja prevalência do foro por prerrogativa de função sobre a competência do Tribunal do Júri é necessário que a prerrogativa esteja prevista na CF. A competência do Tribunal do Júri é norma Constitucional, prevalecendo sobre qualquer outra hierarquicamente inferior (como é o caso das normas constantes das Constituições Estaduais). Por isso, para que prevaleça, o foro por prerrogativa deverá estar contido na Carta Magna. Nesse sentido, destaca-se o conteúdo da Súmula Vinculante 45: "A competência constitucional do Tribunal do Júri prevalece sobre o foro por prerrogativa de função estabelecido exclusivamente pela Constituição Estadual".

---

47. (Cespe – Juiz de Direito Substituto – DFT/2014) A respeito dos direitos e garantias fundamentais, dos direitos sociais e dos direitos políticos, assinale a opção correta.

a) Caso determinado trabalhador rural ajuíze ação visando obter provimento que lhe assegure o recebimento da remuneração pelo trabalho noturno superior à remuneração do trabalho diurno, o juiz deverá rejeitar o pedido, pois a CF não conferiu ao trabalhador rural o direito postulado.

b) Embora a CF estabeleça a inviolabilidade do sigilo das comunicações telefônicas, o juiz poderá, de ofício, determinar a interceptação de comunicação telefônica na investigação criminal e na instrução processual penal.

c) Caso tenha sido impetrado habeas corpus cujo objeto seja o indevido cerceamento pelo poder público do direito de reunião, o juiz deverá admitir a ação, uma vez que se trata de instrumento adequado à proteção do direito de reunião.

d) Se determinada associação impetrar mandado de segurança coletivo para defesa de interesses de seus associados, mas não juntar a autorização destes nos autos, o juiz deverá denegar a segurança, pois a CF exige expressamente a autorização dos filiados.

e) O juiz deverá rejeitar a ação rescisória ajuizada para fins de reaquisição dos direitos políticos se a perda decorrer do cancelamento da naturalização por sentença judicial transitada em julgado, por se tratar de instrumento processual descabido para a finalidade pretendida.

COMENTÁRIOS

Alternativa correta: "b": segundo disposição Constitucional contida no artigo 5º, XII, **é inviolável o sigilo** da correspondência e das comunicações telegráficas, de dados e **das comunicações telefônicas, salvo, no último caso, por ordem judicial, nas hipóteses e na forma que a lei estabelecer para fins de investigação criminal ou instrução processual penal.** A norma que regulamenta a parte final do aludido dispositivo constitucional é a Lei nº 9.296/96, dispondo em seu artigo 3º que **a interceptação das comunicações telefônicas poderá ser determinada pelo juiz, de ofício** ou a requerimento: I – da autoridade policial, na investigação criminal; II – do representante do Ministério Público, na investigação criminal e na instrução processual penal. Portanto, em síntese, é inviolável o sigilo das comunicações telefônicas, comportando ressalva nos casos de investigação criminal ou instrução processual penal. Para que isso ocorra, no entanto, deverá haver ordem judicial, sendo permitida a determinação de ofício pelo magistrado.

Alternativa "a": caso determinado trabalhador rural ajuíze ação visando obter provimento que lhe assegure o recebimento da remuneração pelo trabalho noturno superior à remuneração do trabalho diurno, o juiz deverá **aceitar** o pedido, pois a CF **conferiu** ao trabalhador rural o direito postulado. O artigo 7º, IX, da CF, garante a remuneração do trabalho noturno superior à do diurno.

Alternativa "c": caso tenha sido impetrado *habeas corpus* cujo objeto seja o indevido cerceamento pelo poder público do direito de reunião, o juiz **não** deverá admitir a ação, uma vez que **não se trata de instrumento adequado à proteção do direito de reunião**. O instrumento adequado para combater cerceamento indevido pelo poder público ao direito de reunião é o mandado de segurança, que visa proteção de direito líquido e certo.

Alternativa "d": se determinada associação impetrar mandado de segurança coletivo para defesa de interesses de seus associados, mas não juntar a autorização destes nos autos, o juiz **não** deverá denegar a segurança, pois a CF **não** exige expressamente a autorização dos filiados. Aliás, **a impetração de mandado de segurança coletivo por entidade de classe em favor dos associados independe da autorização destes** (Súmula 629, do STF).

Alternativa "e": o juiz **não** deverá rejeitar a ação rescisória ajuizada para fins de reaquisição dos direitos políticos se a perda decorrer do cancelamento da naturalização por sentença judicial transitada em julgado, por se tratar de instrumento processual **cabível** para a finalidade pretendida. Nessa esteira, impende destacar as lições de Pedro Lenza: "Perdido o direito político, na hipótese de cancelamento da naturalização por sentença transitada em julgado, a reaquisição só se dará através de ação rescisória" (LENZA, Pedro. *Direito Constitucional Esquematizado*. 14. ed. São Paulo: Saraiva, 2010, p. 885).

48. (Cespe – Analista Judiciário – Área Judiciária – STF/2013) Com relação ao tratamento constitucional dos direitos e garantias fundamentais, julgue os itens subsequentes.

48.1. A justiça federal comum possui competência para processar e julgar as causas em que sociedades de economia mista federal forem interessadas na condição de autoras, rés, assistentes ou oponentes, exceto as de falência, as de acidentes de trabalho e as sujeitas à justiça eleitoral e à justiça do trabalho.

COMENTÁRIOS

✪ **Nota do autor:** a questão aborda a competência da justiça federal, matéria de grande importância e que exige bastante atenção do candidato.

Errado. Conforme artigo 109, inciso I da CF, **aos juízes federais** (ou seja, justiça federal comum) **compete processar e julgar as causas em que a União, entidade autárquica** ou **empresa pública federal** forem interessadas na condição de autoras, rés, assistentes ou oponentes, **exceto as de falência, as de acidentes de trabalho e as sujeitas à Justiça Eleitoral e à Justiça do Trabalho**. Desse modo, **não se vislumbra a competência da justiça federal comum para processar as causas em que sociedades de economia mista federal forem interessadas na condição de autoras, rés, assistentes ou oponentes**. Destaca-se, contudo, o enunciado da Súmula nº 517, do STF: "As sociedades de economia mista só têm foro na Justiça Federal, quando a União intervém como assistente ou opoente".

48.2. De acordo com o Supremo Tribunal Federal (STF), é direito do defensor, no interesse do representado, ter acesso amplo aos elementos de prova que, já documentados em procedimento investigatório realizado por órgão com competência de polícia judiciária, digam respeito ao exercício do direito de defesa.

COMENTÁRIOS

✪ **Nota do autor:** é de suma importância que o candidato conheça as súmulas e as súmulas vinculantes do STF.

Certo. Conforme conteúdo da Súmula Vinculante nº 14: "É direito do defensor, no interesse do representado, ter acesso amplo aos elementos de prova que, já documentados em procedimento investigatório realizado por órgão com competência de polícia judiciária, digam respeito ao exercício do direito de defesa." Desse modo, é direito do defensor acessar os elementos de prova já concluídos e acostados aos autos investigativos. Contudo, aludido direito não se estende aos elementos de prova ainda em andamento e não documentados nos autos, restrição lógica para assegurar o sucesso para as investigações em andamento.

49. (Cespe – Defensor Público – DF/ 2013) Em relação aos direitos e deveres individuais e coletivos, ao habeas data e aos princípios de interpretação das normas constitucionais, julgue os itens subsequentes.

49.1. Na hipótese de eventual conflito aparente de normas constitucionais decorrente da implantação de um empreendimento empresarial que possa vir a causar danos ao meio ambiente, aplica-se o princípio da unidade constitucional, pelo qual as normas que consagram princípios – como o da livre inciativa, inserido no capítulo dos princípios gerais da ordem econômica – devem prevalecer sobre as que disponham sobre interesses de ordem prática, como os relacionados à defesa da fauna e da flora.

COMENTÁRIOS

✪ **Nota do autor:** a banca do CESPE frequentemente mistura os princípios de interpretação constitucional enunciados por Canotilho, de modo a confundir o candidato na hora da prova. Portanto, o candidato deve dedicar especial atenção a essa matéria.

Errado. O **Princípio da Unidade da Constituição**, que compõe um dos princípios de interpretação constitucional enunciados por Canotilho, preceitua que **a interpretação constitucional deve ser realizada tomando-se as normas constitucionais em conjunto, como um sistema unitário de princípios e regras, de modo a se evitarem contradições (antinomias aparentes) entre elas**. Portanto, diferentemente do que propõe o enunciado da alternativa, o Princípio da Unidade Constitucional **não** apregoa que as normas que consagram princípios devem prevalecer sobre as que disponham sobre interesses de ordem prática. Além do princípio em tela, destacam-se os demais propostos por Canotilho: **Princípio do efeito integrador ou da eficácia integradora**: traz a ideia que as normas constitucionais devem ser interpretadas com objetivo de integrar política e socialmente o povo de um Estado Nacional; **Princípio da máxima efetividade ou eficiência**: exige que o intérprete otimize a norma constitucional para dela extrair a maior efetividade possível, guardando estreita relação com o princípio da força normativa; **Princípio da conformidade/correção/exatidão funcional ou da justeza**: limita o intérprete na atividade de concretizador da Constituição, pois impede que ele atue de modo a desestruturar as premissas de organização política previstas no Texto Constitucional; **Princípio da concordância prática ou da harmonização**: a interpretação de uma norma constitucional exige a harmonização dos bens e valores jurídicos colidentes em um dado caso concreto, de forma a se evitar o sacrifício total de um em relação a outro; **Princípio da força normativa**: a partir dos valores sociais, o intérprete, em atividade criativa, deve extrair aplicabilidade e eficácia de todas as normas da Constituição, conferindo-lhes sentido prático e concretizador, em clara relação com o princípio da máxima efetividade ou eficiência. Por meio dele, a Constituição tem força ativa para alterar a realidade.

49.2. Para o exercício do direito de reunião em locais públicos, faz-se necessário apenas que os interessados dirijam à autoridade competente pedido de autorização prévia, como forma de evitar que frustrem outra reunião anteriormente convocada para o mesmo local.

COMENTÁRIOS

✪ **Nota do autor:** a questão aborda clássica "pegadinha" de bancas de concursos ao tentar confundir o candidato quanto à necessidade ou não de autorização prévia para o exercício do direito de reunião em locais públicos.

Errado. É livre o direito de reunião pacífica, **não sendo necessária autorização**. Entretanto, exige-se **prévio aviso** (não pedido de autorização) à autoridade competente, para que não frustre outra reunião anteriormente convocada. Consoante disposto no artigo 5º, XVI, da CF, todos podem reunir-se pacificamente, sem armas, em locais abertos ao público, **independentemente de autorização**, desde que não frustrem outra reunião anteriormente convocada para o mesmo local, **sendo apenas exigido prévio aviso à autoridade competente**.

49.3. Qualquer pessoa é parte legítima para impetrar habeas data, em seu favor ou de outrem, visando conhecer ou retificar informações constantes de registros ou bancos de dados de entidades governamentais ou de caráter público.

COMENTÁRIOS

Errado. Conceder-se-á **habeas data**: a) para assegurar o conhecimento de **informações relativas à pessoa do impetrante** (nunca em favor de outrem), constantes de registros ou bancos de dados de entidades governamentais ou de caráter público; b) para a retificação de dados, quando não se prefira fazê-lo por processo sigiloso, judicial ou administrativo. Vale alertar que, se forem informações de interesse pessoal, mas não da pessoa do impetrante, cabe mandado de segurança.

50. (Cespe – Delegado de Polícia Federal – DPF/2013) No que diz respeito aos direitos fundamentais, julgue os itens que se seguem.

50.1. Segundo o STF, caso o interessado alegue que a sentença condenatória tenha sido prolatada exclusivamente com fundamento em prova emprestada, é possível a arguição de nulidade dessa decisão em sede de habeas corpus.

COMENTÁRIOS

Errado. Segundo o STF, caso o interessado alegue que a sentença condenatória tenha sido prolatada exclusivamente com fundamento em prova emprestada, **não é possível** a arguição de nulidade dessa decisão em sede de *habeas corpus*, tendo em vista que o espectro desse remédio constitucional, não admite reanálise fático-probatória. "O exame da alegação de nulidade da sentença condenatória – ao argumento de que seria baseada somente em prova emprestada – é inviável na estreita via do habeas corpus, que não admite revolvimento do contexto fático-probatório." (STF. HC 95019, julgado em 2009 e relatado pelo Ministro Ricardo Lewandowski).

50.2. O exercício do direito de associação e a incidência da tutela constitucional relativa à liberdade de associação estão condicionados à prévia existência de associação dotada de personalidade jurídica.

COMENTÁRIOS

Errado. O exercício do direito de associação e a incidência da tutela constitucional relativa à liberdade de associação **não** estão condicionados à prévia existência de associação dotada de personalidade jurídica. Ademais, segundo estabelece o artigo 5º, XVII, da CF, **é plena a liberdade de associações para fins lícitos**, vedada a de caráter paramilitar.

---

51. (Cespe – Juiz de Direito Substituto – RN/2013) Considerando a jurisprudência do STF acerca do direito fundamental consistente na proteção ao direito adquirido, assinale a opção correta.

a) Caso, após a concessão de título de propriedade de imóvel rural a um particular, se descubra que a propriedade se situa em área tradicionalmente ocupada por índios, o particular terá direito de permanecer na propriedade, por ser portador de título de legitimação concedido em favor de não índio.

b) As regras previstas em lei estadual que tenha declarado, em regime de extinção a carteira de previdência dos advogados privados do estado, alterando o regime jurídico previdenciário, não se aplicam àqueles que, na data da publicação da lei, já estavam em gozo de benefício previdenciário ou já tinham cumprido, com base no regime previdenciário instituído pela lei anterior, os requisitos necessários à concessão.

c) O estado que editar lei nova que, por exemplo, altere o regime legal de pensões, poderá evocar o princípio constitucional da irretroatividade da lei, ainda que isso prejudique os destinatários da nova regra.

d) Lei complementar que previr nova hipótese de inelegibilidade não se aplicará a fatos ou atos ocorridos antes de sua edição e que se enquadrem nessa nova hipótese, pois, se se aplicasse, restaria configurada a retroatividade mínima, o que prejudicaria direitos adquiridos.

e) Lei estadual que altere o regime legal de cálculo dos vencimentos dos servidores de determinada carreira pública, reduzindo seu valor não nominal, não se aplicará a servidores empossados antes de sua entrada em vigor, em razão da garantia da irredutibilidade de vencimentos.

COMENTÁRIOS

Alternativa correta: "b": de acordo com o entendimento do STF, adotado no bojo da ADI 4429, julgada em 2011 e relatada pelo Ministro Marco Aurélio, dando interpretação conforme a dispositivo constante de Lei Estadual de São Paulo, as regras que tenha declarado, em regime de extinção a carteira de previdência dos advogados privados do estado, alterando o regime jurídico previdenciário, não se aplicam àqueles que, na data da publicação da lei, já estavam em gozo de benefício previdenciário ou já tinham cumprido, com base no regime previdenciário instituído pela lei anterior, os requisitos necessários à concessão.

Alternativa "a": caso, após a concessão de título de propriedade de imóvel rural a um particular, se descubra que a propriedade se situa em área tradicionalmente ocupada por índios, o particular **não** terá direito de permanecer na propriedade. A Carta Política conferiu especial proteção às propriedades em que se situam áreas tradicionalmente ocupadas por índios, de modo que o artigo 231, § 2º, estabelece que **as terras tradicionalmente ocupadas pelos índios destinam-se a sua posse permanente, cabendo-lhes o usufruto exclusivo das riquezas do solo, dos rios e dos lagos nelas existentes**. Por sua vez, o § 4º do artigo mencionado diz que as terras de que trata este artigo são inalienáveis e indisponíveis, e os direitos sobre elas, imprescritíveis. Por fim, o § 6º, do artigo 231, da CF, estabelece que **são nulos e extintos, não produzindo efeitos jurídicos, os atos que tenham por objeto a ocupação, o domínio e a posse das terras** a que se refere este artigo, **ou a exploração das riquezas naturais do solo, dos rios e dos lagos nelas existentes**, ressalvado relevante interesse público da União, segundo o que dispuser lei complementar, não gerando a nulidade e a extinção direito a indenização ou a ações contra a União, salvo, na forma da lei, quanto às benfeitorias derivadas da ocupação de boa fé.

Alternativa "c": consoante a súmula 654, do STF, a garantia da irretroatividade da lei, prevista no art. 5º, XXXVI, da Constituição da República, não é invocável pela entidade estatal que a tenha editado.

Alternativa "d": há três níveis de retroatividade: máxima, média e mínima. **A retroatividade máxima se dá na hipótese em que a norma nova prejudica coisa julgada ou fatos jurídicos já consumados**. A **retroatividade média** ocorre no caso de a norma nova atingir efeitos pendentes de atos verificados antes dela. A **retroatividade mínima** se verifica quando a norma nova atinge apenas os efeitos de fatos anteriores, verificados após a data que ela entra em vigor (tudo conforme a ADI 493, julgada pelo STF em 1992 e relatada pelo Ministro Moreira Alves). Ademais, no recente julgamento do Supremo Tribunal Federal (ADC 29 e 30 e ADI 4578) sobre Lei Complementar 135/2010, conhecido como caso "ficha limpa", a questão central da discussão baseou-se na interpretação do princípio da anualidade, o qual significa que a lei que alterar o processo eleitoral entrará em vigor na data de sua publicação, não se aplicando à eleição que se realize até um ano da data de sua vigência, nos termos do art. 16, da CF, com redação dada pela EC 04/93. Por maioria de votos, prevaleceu o entendimento em favor da constitucionalidade da lei, que poderá ser aplicada nas eleições de 2012, alcançando atos e fatos ocorridos antes de sua vigência.

Alternativa "e": lei estadual que altere o regime legal de cálculo dos vencimentos dos servidores de determinada carreira pública, reduzindo seu valor **não nominal**, se aplicará a servidores empossados antes de sua entrada em vigor. A jurisprudência da Suprema Corte é firme no sentido de não haver direito adquirido a regime jurídico. Todavia, existe o resguardo da irredutibilidade remuneratória, consagrada no artigo 37, XV, da CF, de modo que **o valor nominal deve ser preservado** (tudo de acordo com o ARE 770619 AgR, julgado em 2014 e relatado pela Ministra Rosa Weber).

---

52. (Cespe – Procurador BACEN/2013) A respeito dos direitos e garantias fundamentais, assinale a opção correta.

a) De acordo com a jurisprudência do STF, os direitos sociais previstos na CF não se estendem aos servidores contratados em caráter temporário.

b) A sentença judicial que determina ao brasileiro naturalizado a perda da nacionalidade, em virtude de atividade nociva ao interesse nacional, tem natureza declaratória e efeitos ex tunc.

c) O direito de petição, assegurado às pessoas naturais, nacionais ou estrangeiras residentes no país, não se estende às pessoas jurídicas.

d) A CF atribui ao Poder Judiciário autorização exclusiva para dissolver compulsoriamente associações.

e) A interceptação telefônica, considerada, na doutrina pátria, sinônimo de quebra do sigilo telefônico, configura matéria sujeita à reserva jurisdicional.

COMENTÁRIOS

Alternativa correta: "d": dispõe o artigo 5º, XIX, da CF, que **as associações só poderão ser compulsoriamente dissolvidas** ou ter suas atividades suspensas **por decisão judicial**, exigindo-se, no primeiro caso, o trânsito em julgado.

Alternativa "a": de acordo com a jurisprudência do STF, os direitos sociais previstos na CF se estendem aos servidores contratados em caráter temporário. Nesse sentido, ARE 663104 AgR, julgado em 2012 e relatado pelo Ministro Ayres Britto.

Alternativa "b": a sentença judicial que determina ao brasileiro naturalizado a perda da nacionalidade, em virtude de atividade nociva ao interesse nacional, **tem efeitos ex-nunc e, portanto, não retroage.**

Alternativa "c": o direito de petição, assegurado às pessoas naturais, nacionais ou estrangeiras residentes no país, se estende às pessoas jurídicas. Ademais, "O direito de petição, presente em todas as Constituições brasileiras, qualifica-se como importante prerrogativa de caráter democrático. **Trata-se de instrumento jurídico-constitucional posto à disposição de qualquer interessado – mesmo daqueles destituídos de personalidade jurídica** –, com a explícita finalidade de viabilizar a defesa, perante as instituições estatais, de direitos ou valores revestidos tanto de natureza pessoal quanto de significação coletiva. Entidade sindical que pede ao PGR o ajuizamento de ação direta perante o STF. *Provocatio ad agendum*. Pleito que traduz o exercício concreto do direito de petição. Legitimidade desse comportamento" (STF. ADI 1.247, julgada em 2005 e relatada pelo Ministro Celso de Mello).

Alternativa "e": importante destacar que **a interceptação (gravações de conversas presentes e futuras) não se confunde com a quebra de sigilo (acesso a dados passados).** Tal distinção é relevante, pois as CPIs (órgãos que não são investidos de poderes jurisdicionais) até podem determinar a quebra de sigilo de dados telefônicos (registro de chamadas recebidas e efetuadas), mas não a interceptação telefônica. **O STF já firmou posicionamento no sentido que a interceptação telefônica se submete à reserva de jurisdição, sem exceção.** Vale ressaltar que se a gravação for feita por um dos interlocutores, desconfigura-se a interceptação telefônica, restando mera gravação ambiental (RE 453.562-AgR, julgado em 2008 e relatado pelo Ministro Joaquim Barbosa). Portanto, apenas a interceptação telefônica configura matéria sujeita à reserva jurisdicional.

---

53. (Cespe – Juiz de Direito Substituto – RN/2013) No que diz respeito aos direitos individuais, sociais e políticos e aos direitos dos estrangeiros, assinale a opção correta de acordo com a jurisprudência do STF.

a) O direito do trabalhador à jornada reduzida de seis horas para o trabalho realizado em turnos ininterruptos de revezamento é descaracterizado se forem fixados intervalos para descanso e alimentação durante a referida jornada.

b) Considere que determinado órgão estadual edite resolução que preveja, como condição para a interposição de recursos administrativos que questionem as multas por ele aplicadas, a exigência de depósito prévio de 1% do valor da multa questionada. Nessa situação, a resolução é inconstitucional.

c) O depositário que, se exigido, não restituir determinado valor pertencente à fazenda pública estadual poderá ser compelido a fazer a restituição mediante prisão, medida expressamente autorizada pela CF.

d) O presidente da República não está vinculado à decisão do STF proferida em processo de extradição de estrangeiro ao Estado requerente, podendo decidir, de forma discricionária, a respeito da entrega do extraditando.

e) Considere que o ex-cônjuge de determinado governador de estado, após o trânsito em julgado do divórcio, que ocorreu no curso do mandato, deseje concorrer, na próxima eleição prevista, ao cargo de governador desse mesmo estado. Nessa situação, o ex-cônjuge é elegível.

COMENTÁRIOS

Alternativa correta: "b": o entendimento do STF é que não se pode exigir depósito prévio para interposição de recursos administrativos, por configurar inconstitucionalidade. Inclusive, tal entendimento foi consolidado no enunciado da Súmula Vinculante nº 21: "É inconstitucional a exigência de depósito ou arrolamento prévios de dinheiro ou bens para admissibilidade de recurso administrativo".

Alternativa "a": o direito do trabalhador à jornada reduzida de seis horas para o trabalho realizado em turnos ininterruptos de revezamento **não** é descaracterizado se forem fixados intervalos para descanso e alimentação durante a referida jornada. Nesse sentido, destaca-se o conteúdo da Súmula 675, do STF: "Os intervalos fixados para descanso e alimentação durante a jornada de seis horas não descaracterizam o sistema de turnos ininterruptos de revezamento para o efeito do artigo 7º, XIV, da Constituição".

Alternativa "c": o depositário que, se exigido, não restituir determinado valor pertencente à fazenda pública estadual **não** poderá ser compelido a fazer a restituição mediante prisão. Inicialmente vale destacar que o artigo 5º, LXVII, da CF, dispõe que não haverá prisão civil por dívida, salvo a do responsável pelo inadimplemento voluntário e inescusável de obrigação alimentícia e a do depositário infiel. No entanto, apesar de a Constituição autorizar a prisão do depositário infiel, o Brasil é signatário do Pacto Internacional dos Direitos Civis e Políticos e da Convenção Americana sobre Direitos Humanos, ambas proíbem a prisão do depositário infiel e foram inseridas no ordenamento jurídico com *status* de norma supralegal – Tratados de Direitos Humanos aprovados sem observância das regras do art. 5°, § 3°, da CF (Antes da EC 45/04). Desse modo, a proteção dos direitos fundamentais não desconsidera o princípio da supremacia da constituição, entretanto, a norma convencional internacional sobre direitos humanos tem aptidão para afetar a eficácia ou a aplicabilidade da norma constitucional interna. No bojo do RE 466.343, ficou consignado que "Desde a adesão do Brasil, sem qualquer reserva, ao Pacto Internacional dos Direitos Civis e Políticos (art. 11) e à Convenção Americana sobre Direitos Humanos – Pacto de San José da Costa Rica (art. 7º, 7), ambos no ano de 1992, não há mais base legal para prisão civil do depositário infiel, pois o caráter especial desses diplomas internacionais sobre direitos humanos lhes reserva lugar específico no ordenamento jurídico, estando abaixo da Constituição, porém acima da legislação interna. O status normativo supralegal dos tratados internacionais de direitos humanos subscritos pelo Brasil, dessa forma, torna inaplicável a legislação infraconstitucional com ele conflitante, seja ela anterior ou posterior ao ato de adesão. Assim ocorreu com o art. 1.287 do CC de 1916 e com o DL 911/1969, assim como em relação ao art. 652 do Novo CC (Lei 10.406/2002)".

Alternativa "d": o presidente da República não está vinculado à decisão do STF proferida em processo de extradição de estrangeiro ao Estado requerente – exceto quanto ao regular processamento. Contudo, não se trata de um ato discricionário, tendo em vista que o Presidente da República deverá atuar em conformidade com o tratado entre o País que solicitou a extradição (possuindo, portanto, um caráter vinculado com o tratado). Nesse sentido, cabe enaltecer a decisão da Suprema Corte: "O Presidente da República, no sistema vigente, resta vinculado à decisão do Supremo Tribunal Federal apenas quando reconhecida alguma irregularidade no processo extradicional, de modo a impedir a remessa do extraditando ao arrepio do ordenamento jurídico, nunca, contudo, para determinar semelhante remessa, porquanto, o Poder Judiciário deve ser o último guardião dos direitos fundamentais de um indivíduo, seja ele nacional ou estrangeiro, mas não dos interesses políticos de Estados alienígenas, os quais devem entabular entendimentos com o Chefe de Estado, vedada a pretensão de impor sua vontade através dos Tribunais internos. [...]O Supremo Tribunal Federal, na Extradição nº 1.085, consagrou que o ato de extradição é ato vinculado aos termos do Tratado, sendo que a exegese da vinculação deve ser compreendida de acordo com a teoria dos graus de vinculação à juridicidade" (STF. Rcl 11243, julgada em 2011 e relatada pelo Ministro Luiz Fux).

Alternativa "e": conforme a Súmula Vinculante nº 18, consagrando o entendimento da Suprema Corte, **a dissolução da sociedade ou do vínculo conjugal, no curso do mandato, não afasta a inelegibilidade prevista no § 7º do artigo 14 da Constituição Federal.**

54. (Cespe – Procurador do Ministério Público junto ao TCDF/2013) Julgue os itens subsequentes, relativos aos direitos e garantias fundamentais.

54.1. É possível a impetração de mandado de segurança contra ato comissivo ou omissivo praticado por representantes ou órgãos de partido político e por administradores de entidades autárquicas, bem como por dirigentes de pessoas jurídicas e por pessoas naturais no exercício de atribuições do poder público.

COMENTÁRIOS

✪ **Nota do autor:** os remédios constitucionais são cobrados sempre com muita frequência em concursos públicos. A questão em tela exigia do candidato conhecimentos das disposições constantes da importante Lei nº 12.016 de 2009, que disciplina o mandado de segurança individual e coletivo.

Certo. Conforme prevê a Carta Magna, conceder-se-á mandado de segurança para proteger direito líquido e certo, não amparado por "habeas-corpus" ou "habeas-data", quando o responsável pela ilegalidade ou abuso de poder for autoridade pública ou agente de pessoa jurídica no exercício de atribuições do Poder Público (art. 5º, LXIX, da CF). Por sua vez, consoante artigo 1º, § 1º, da Lei 12.016/09, que disciplina o mandado de segurança, **equiparam-se às autoridades**, para os efeitos desta Lei, **os representantes ou órgãos de partidos políticos e os administradores de entidades autárquicas, bem como os dirigentes de pessoas jurídicas ou as pessoas naturais no exercício de atribuições do poder público**, somente no que disser respeito a essas atribuições.

54.2. As infrações penais comuns cometidas pelos ministros de Estado, pelo procurador-geral da República e pelos membros do TCU, entre outros, são processadas e julgadas pelo STF, mas os crimes dolosos contra a vida praticados por essas autoridades são da competência do tribunal do júri do local em que se der o crime.

COMENTÁRIOS

✪ **Nota do autor:** a competência para julgar as autoridades, estabelecidas na CF, são cobradas com muita frequência em concursos públicos. Outra questão usualmente cobrara é a prevalência do foro por prerrogativa estabelecida pela CF em detrimento ao julgamento pelo Tribunal do Júri em crimes dolosos conta a vida.

Errado. As **infrações penais comuns** cometidas pelos **Ministros de Estado** (art. 102, I, "c", da CF), pelo **Procurador-Geral da República** (art. 102, I, "b", da CF) e pelos **membros do TCU** (art. 102, I, "c", da CF), entre outros, são processadas e julgadas pelo STF, **inclusive os crimes dolosos contra a vida**. O foro por prerrogativa de função, estabelecido na Constituição Federal, deverá prevalecer, ainda que o crime praticado seja doloso contra a vida. Desse modo, a autoridade detentora da prerrogativa de foro não será julgada pelo Tribunal do Júri. Conclui-se, portanto, que na hipótese de prática de crime doloso contra a vida, os Ministros de Estado, o Procurador-Geral da República e os membros do TCU serão processados e julgados pelo STF.

54.3. Qualquer pessoa do povo, nacional ou estrangeira, independentemente de capacidade civil, política, idade, sexo, profissão ou estado mental pode fazer uso do habeas corpus, em benefício próprio ou alheio, não sendo permitida, porém, a impetração apócrifa, sem a precisa identificação do autor.

COMENTÁRIOS

Certo. Qualquer pessoa do povo, dispensada a presença de advogado, pode impetrar "habeas corpus" em benefício próprio ou alheio. Desse modo, independentemente de capacidade civil, política, idade, nacionalidade, sexo, profissão ou estado mental, qualquer pessoa pode impetrar o "habeas corpus". No entanto, conforme a jurisprudência emanada do Supremo Tribunal Federal, consoante MI 3000, julgado em 2010 e relatado pela Ministra Carmen Lúcia, a impetração sem qualquer identificação do autor é tida por anônima e, portanto, inadmissível. Do mesmo modo, não se admite a impetração com a devida identificação do impetrante, mas carente da assinatura confirmatória no final da petição inicial (impetração apócrifa).

55. (Cespe – Analista Judiciário – Judiciária – TRT 10/2013) Julgue os próximos itens, acerca dos direitos sociais previstos na Constituição Federal de 1988 (CF).

55.1. O empregado filiado que vier a se aposentar perderá o direito de votar e de ser votado na organização sindical que integre.

COMENTÁRIOS

Errado. O empregado filiado que vier a se aposentar **não** perderá o direito de votar e de ser votado na organização sindical que integre, nos termos do art. 8º, VII, da CF.

55.2. A criação de entidade sindical depende de autorização do órgão competente, podendo o poder público nela intervir quando houver comprovada violação de seus atos estatutários.

COMENTÁRIOS

Errado. A criação de entidade sindical **não** depende de autorização do Estado, **ressalvado o registro** no órgão competente, **não** podendo o poder público nela intervir, ainda que haja comprovada violação de seus atos estatutários, consoante art. 8º, I, da CF.

56. (Cespe – Juiz Federal Substituto 5ª região/2013) A respeito do direito de propriedade e de sua função social e de desapropriação, assinale a opção correta.

a) A caracterização de esbulho possessório no imóvel desapropriando não se mostra capaz de suspender o processo expropriatório para fins de reforma agrária.

b) Em ação de desapropriação, direta ou indireta, a taxa dos juros compensatórios incidentes é, atualmente, de 12% ao ano.

c) Visando a criação de reservas, o Estado pode negar o pagamento de indenização ao particular dono de imóvel cuja exploração econômica tenha sido afetada pela finalidade florestal.

d) Restrições administrativas preexistentes à aquisição do terreno justificam, em favor do proprietário, o direito à indenização em face da fazenda pública.

e) Na desapropriação para fins de reforma agrária, é proibido indenizar computando-se o valor da cobertura vegetal, já que tal bem não é passível de exploração econômica.

COMENTÁRIOS

Alternativa correta: "b": na dicção da Súmula 618, do STF, na desapropriação, direta ou indireta, a taxa dos juros compensatórios é de 12% (doze por cento) ao ano.

Alternativa "a": segundo a Súmula 354, do STJ, **a invasão do imóvel é causa de suspensão do processo expropriatório** para fins de reforma agrária.

Alternativa "c": visando a criação de reservas, o Estado **não** pode negar o pagamento de indenização ao particular dono de imóvel cuja exploração econômica tenha sido afetada pela finalidade florestal. Nesse sentido, destaca-se o entendimento da Suprema Corte: "Incumbe ao Poder Público o dever constitucional de proteger a flora e de adotar as necessárias medidas que visem a coibir práticas lesivas ao equilíbrio ambiental. Esse encargo, contudo, não exonera o Estado da obrigação de indenizar os proprietários cujos imóveis venham a ser afetados, em sua potencialidade econômica, pelas limitações impostas pela Administração Pública. – A proteção jurídica dispensada as coberturas vegetais que revestem as propriedades imobiliárias não impede que o dominus venha a promover, dentro dos limites autorizados pelo Código Florestal, o adequado e racional aproveitamento econômico das arvores nelas existentes. A jurisprudência do Supremo Tribunal Federal e dos Tribunais em geral, tendo presente a garantia constitucional que protege o direito de propriedade, firmou-se no sentido de proclamar a plena indenizabilidade das matas e revestimentos florestais que recobrem áreas dominiais privadas objeto de apossamento estatal ou sujeitas a restrições administrativas impostas pelo Poder Público. Precedentes. – A circunstancia de o Estado dispor de competência para criar reservas florestais não lhe confere, só por si – considerando-se os princípios que tutelam, em nosso sistema normativo, o direito de propriedade –, a prerrogativa de subtrair-se ao pagamento de indenização compensatória ao particular, quando a atividade pública, decorrente do exercício de atribuições em tema de direito florestal, impedir ou afetar a valida exploração econômica do imóvel por seu proprietário." (STF. RE 134297, julgado em 1995 e relatado pelo Ministro Celso de Mello).

Alternativa "d": restrições administrativas preexistentes à aquisição do terreno **não** justificam, em favor do proprietário, o direito à indenização em face da fazenda pública. Nesse sentido, posicionou-se o STF no julgamento do AI 526272 AgR, julgado em 2011 e relatado pela Ministra Ellen Gracie.

Alternativa "e": conforme o entendimento consolidado no STJ, na desapropriação para fins de reforma agrária, **é permitido indenizar computando-se o valor da cobertura vegetal**, desde que comprovada a efetiva exploração econômica. Destaca-se, desse modo, o julgado: "É possível a indenização em separado da cobertura vegetal somente se: a) demonstrada a exploração econômica anteriormente aos atos de expropriação; b) comprovada a viabilidade de exploração da mata nativa, tanto sob o aspecto da licitude, à luz das normas ambientais pertinentes, quanto do ponto de vista econômico, sopesados os custos de exploração em confronto com as estimativas de ganho" (STJ. REsp. 1395597, julgado em 2013 e relatado pela Ministra Eliana Calmon).

---

57. (Cespe – Juiz Federal Substituto 5ª região/2013) Acerca dos direitos e garantias individuais e dos direitos constitucionais dos trabalhadores, assim como dos direitos relativos a família, educação e cultura, assinale a opção correta.

a) Como somente a lei pode restringir a publicidade dos atos processuais, é proibido aos tribunais vedar, por exemplo, a de gravação de sustentação oral para divulgação em livro acadêmico.

b) Apesar de livre a associação sindical, o aposentado filiado não tem direito de ser votado nas organizações sindicais.

c) É direito dos trabalhadores urbanos e rurais a remuneração do trabalho noturno superior à do diurno, majoração essa não devida, na base de cálculo remuneratório, se houver escala de revezamento.

d) O princípio da gratuidade do ensino público não impede a exigência de taxa instituída, por universidade pública, como condição para a efetivação da matrícula do estudante.

e) O mandado injuncional é ação constitucional com a específica função de impedir que a mora legislativa frustre o exercício de direitos, liberdades e prerrogativas outorgados pela CF, não havendo, nesse caso, legitimidade coletiva.

COMENTÁRIOS

Alternativa correta: "a": inicialmente, vale frisar que a Carta Política prevê em seu artigo 5º, LX, que **a lei só poderá restringir a publicidade dos atos processuais**

quando a defesa da intimidade ou o interesse social o exigirem. Entendeu o STF, no julgamento do RMS 23036, julgado em 2006 e relatado pelo Ministro Maurício Corrêa, que a publicidade dos atos processuais só ocorrem quando houver justificativa plausível, sendo legítimo o acesso aos atos para fins particulares. Vale destacar trecho do julgado, que consta do Informativo 421: "Concluído julgamento de recurso ordinário em mandado de segurança interposto contra acórdão do STM que negara aos impetrantes o acesso aos registros fonográficos de julgamentos ocorridos naquele Tribunal, mediante o qual se pretendia a degravação das sustentações orais de diversos advogados para posterior divulgação em livro – v. Informativo 144. A Turma, por maioria, deu provimento ao recurso. Inicialmente, afastou-se a evocação do Estatuto da OAB ou de outras normas processuais referentes ao exercício da advocacia, haja vista que, embora os ora recorrentes fossem advogados, eles atuavam como pesquisadores em busca de dados históricos para a produção de obra literária. Tendo em conta a previsão constitucional de que a lei somente poderá restringir a publicidade dos atos processuais quando a defesa da intimidade ou o interesse social o exigirem (art. 5º, LV) e, ainda, a recente Instrução Normativa 28 do STF – que autoriza, em seu art. 1º, o fornecimento, por escrito, em aúdio, vídeo ou meio eletrônico, de cópia de sustentação oral proferida no Pleno ou nas Turmas –, entendeu-se que a autoridade tida por coatora apenas poderia limitar o acesso à informação requerida desde que agisse nos limites objetivos da lei. Ademais, asseverou-se que, para negar-se o mencionado pleito, não se poderia inferir da norma adotada (inciso I do Provimento 54 do STM) restrição ao direito à informação, bem como não seria cabível dar-se a uma norma interpretação ampliativa para restringir direito fundamental. Vencido o Min. Maurício Corrêa, relator, que negava provimento ao recurso por considerar que tais gravações seriam de uso exclusivo do mencionado Tribunal, uma vez que teriam por finalidade auxiliar internamente a elaboração dos acórdãos. RMS provido para cassar o acórdão recorrido e garantir aos impetrantes o acesso e cópia das gravações requisitadas à autoridade coatora e, ainda, determinar a devolução das fitas apreendidas. Precedentes citados: MI 284/DF (DJU de 26.6.92); MS 25832 MC/DF (DJU de 20.2.2006)" (STF. RMS 23036, julgado em 2006 e relatado pelo Ministro Maurício Corrêa). Pelo exposto, como somente a lei pode restringir a publicidade dos atos processuais (art. 5º, LX, CF), é proibido aos tribunais vedar, por exemplo, a degravação de sustentação oral para divulgação em livro acadêmico.

Alternativa "b": o aposentado filiado **tem direito a votar e ser votado** nas organizações sindicais (art. 8º, VII, da CF).

Alternativa "c": é direito dos trabalhadores urbanos e rurais a remuneração do trabalho noturno superior à do diurno, majoração essa também devida, na base de cálculo remuneratório, se houver escala de revezamento. Segundo a Súmula 213, do STF, **é devido o adicional de serviço noturno, ainda que sujeito o empregado ao regime de revezamento.**

Alternativa "d": o princípio da gratuidade do ensino público em estabelecimentos oficiais **impede a exigência de taxa instituída, por universidade pública, como condição para a efetivação da matrícula do estudante.** A educação é direito de todos e dever do Estado, devendo este garantir a educação básica obrigatória e gratuita dos quatro aos dezessete anos de idade (art. 208, I, da CF). As universidades gozam de autonomia administrativa e de gestão financeira e patrimonial (207, da CF), contudo, isso não tem o condão de autorizar as universidades públicas cobrarem taxa de matrícula, pois a CF garante a gratuidade do ensino público em estabelecimentos oficiais (art. 206, IV). Assim dispõe a Súmula Vinculante 12: "A cobrança de taxa de matrícula nas universidades públicas viola o disposto no art. 206, IV, da Constituição Federal".

Alternativa "e": a jurisprudência da Suprema Corte admite o mandado de injunção coletivo, conforme possível destacar do seguinte julgado: "A jurisprudência desta Corte sedimentou a possibilidade de as entidades de classe, desde que legalmente constituídas e em funcionamento há pelo menos um ano, utilizarem o mandado de injunção coletivo." (STF. MI 4503 AgR, julgado em 2013 e relatado pelo Ministro Ricardo Lewandowski). Por isso, **o mandado injuncional é ação constitucional com a específica função de impedir que a mora legislativa frustre o exercício de direitos, liberdades e prerrogativas outorgados pela CF, havendo legitimidade coletiva, conforme o entendimento sedimentado no STF.**

4.2. AÇÕES OU REMÉDIOS CONSTITUCIONAIS

58. (Cespe – Juiz de Direito Substituto – AM/2016) Assinale a opção correta acerca das garantias constitucionais individuais, do funcionamento e atribuições das CPIs e dos chamados remédios constitucionais, considerando a jurisprudência do STF.

a) Embora as CPIs possuam poderes de investigação próprios das autoridades judiciais, é vedada a CPI criada por assembleia legislativa de estado a quebra de sigilo de dados bancários dos investigados.

b) Em decorrência de norma constitucional acrescentada pela EC n.º 45/2004, os tratados e convenções internacionais sobre direitos humanos subscritos pelo Brasil antes da promulgação dessa emenda têm status normativo de emenda constitucional.

c) Habeas data serve para assegurar o conhecimento de informações relativas ao impetrante, constantes de registros ou bancos de dados de entidades governamentais ou de caráter público, podendo ser impetrado inclusive por pessoa jurídica nacional ou estrangeira.

d) Habeas data não é garantia constitucional adequada para obtenção de dados concernentes ao pagamento de tributos do próprio contribuinte constantes de sistemas informatizados de apoio à arrecadação dos órgãos da administração fazendária dos entes estatais.

e) Não se admite que o impetrante desista da ação de mandado de segurança sem aquiescência da autoridade apontada como coatora ou da entidade estatal interessada, após prolação de sentença de mérito.

COMENTÁRIOS

Alternativa correta: letra "c": conceder-se-á habeas data: a) para assegurar o conhecimento de informações relativas à pessoa do impetrante, constantes de registros ou bancos de dados de entidades governamentais ou de caráter público; b) para a retificação de dados, quando não se prefira fazê-lo por processo sigiloso, judicial ou administrativo. Se forem informações de interesse pessoal, mas não da pessoa do impetrante, cabe mandado de segurança. Ademais, nos termos da jurisprudência do Pretório Excelso: "A *legitimatio ad causam* para interpretação de Habeas Data estende-se às pessoas físicas e jurídicas, nacionais e estrangeiras, porquanto garantia constitucional aos direitos individuais ou coletivas" (STF. RE 673707, julgado em 2015 e relatado pelo Ministro Luiz Fux).

Alternativa "a": as CPIs possuem poderes de investigação próprios das autoridades judiciais. Por isso, é possível que decretem a quebra do sigilo de dados bancários dos investigados. "O princípio constitucional da reserva de jurisdição – que incide sobre as hipóteses de busca domiciliar (CF, art. 5º, XI), de interceptação telefônica (CF, art. 5º, XII) e de decretação da prisão, ressalvada a situação de flagrância penal (CF, art. 5º, LXI) – não se estende ao tema da quebra de sigilo, pois, em tal matéria, e por efeito de expressa autorização dada pela própria CR (CF, art. 58, § 3º), assiste competência à CPI, para decretar, sempre em ato necessariamente motivado, a excepcional ruptura dessa esfera de privacidade das pessoas." (MS 23.652, julgado no ano 2000 e relatado pelo Ministro Celso de Mello).

Alternativa "b": em decorrência de norma constitucional acrescentada pela EC n.º 45/2004, os tratados e convenções internacionais sobre direitos humanos subscritos pelo Brasil antes da promulgação dessa emenda têm status normativo **supralegal** (e não emenda constitucional). A questão é bastante importante e merece atenção do candidato. Desse modo, os tratados e convenções internacionais sobre direitos humanos que forem aprovados, em cada Casa do Congresso Nacional, em dois turnos, por três quintos dos votos dos respectivos membros, serão equivalentes às emendas constitucionais, nos termos do art. 5°, § 3°, da CF, incluído pela EC 45/04. Sem prejuízo da supremacia da Constituição sobre os tratados e convenções internacionais, a norma convencional internacional em vigor e aplicável no Brasil e que disponha acerca de direitos humanos, não tendo sido objeto de processo legislativo que a equiparasse a emenda constitucional (art. 5°, § 3°, da CF, nos termos da EC 45/04), tem força jurídico-normativa suficiente para restringir a eficácia e indiretamente obstar a aplicabilidade da norma constitucional paradigma, gozando de *status* supralegal. Tal posição foi firmada no RE 466.343, julgado em 2008 e relatado pelo Ministro Cezar Peluso.

Alternativa "d": no RE 673707, julgado em 2015 e relatado pelo Ministro Luiz Fux, o STF, em sede de repercussão geral, fixou a tese de que "O Habeas Data é garantia constitucional adequada para a obtenção dos dados concernentes ao pagamento de tributos do próprio contribuinte constantes dos sistemas informatizados de apoio à arrecadação dos órgãos da administração fazendária dos entes estatais". Portanto, o *habeas data* é garantia constitucional adequada para obtenção de dados concernentes ao pagamento de tributos do próprio contribuinte constantes de sistemas informatizados de apoio à arrecadação dos órgãos da administração fazendária dos entes estatais.

Alternativa "e": conforme o entendimento jurisprudencial do STF, o impetrante pode desistir da ação de mandado de segurança independentemente da aquiescência da autoridade apontada como coatora ou da entidade estatal interessada, ainda que após prolação de sentença de mérito. Nesse sentido, RE 669367, julgado em 2013 e relatado pela Ministra Rosa Weber.

59. (Cespe – Analista de Controle – Área Jurídica – TCE – PR/2016) À luz da jurisprudência do STF, assinale a opção correta acerca de habeas corpus.

a) O habeas corpus é instrumento viável para a revisão de súmulas de tribunais se o teor da súmula atentar abstratamente contra o direito à liberdade de locomoção.

b) A utilização do habeas corpus como mecanismo judicial para salvaguarda do direito à liberdade de locomoção é limitada no tempo, sujeitando-se a preclusão e decadência.

c) A inadmissibilidade de impetração sucessiva de habeas corpus, ou seja, de apreciação de um segundo habeas corpus quando ainda não definitivamente julgado o anteriormente impetrado, é relativizada se se tratar de ilegalidade flagrante e prontamente evidente.

d) O habeas corpus é meio idôneo para impugnar ato de sequestro ou confisco de bens em processo criminal.

e) O afastamento de cargo público é impugnável por habeas corpus.

COMENTÁRIOS

✪ **Nota do autor:** conceder-se-á *habeas corpus* sempre que alguém sofrer ou se achar ameaçado de sofrer violência ou coação em sua **liberdade de locomoção** (também denominada **ambulatorial**), por ilegalidade ou abuso de poder.

Alternativa correta: letra "c": nos termos da jurisprudência do STF: "É pacífica a jurisprudência do Supremo Tribunal Federal no sentido da inadmissibilidade de impetração sucessiva de habeas corpus, sem o julgamento de mérito do HC anteriormente impetrado. Jurisprudência, essa, que deu origem à Súmula 691/STF, segundo a qual "não compete ao Supremo Tribunal Federal conhecer de habeas corpus impetrado contra decisão do Relator que, em habeas corpus requerido a tribunal superior, indefere a liminar". Tal entendimento jurisprudencial comporta abrandamento, mas apenas quando de logo avulta que o cerceio à liberdade de locomoção do paciente decorre de ilegalidade ou abuso de poder." (HC 112829, julgado em 2012 e relatado pelo Ministro Ayres Britto).

Alternativa "a": "O habeas corpus não se presta à revisão, em tese, do teor de súmulas da jurisprudência dos tribunais." (STF. RHC 92886 AgR, julgado em 2010 e relatado pelo Ministro Joaquim Barbosa).

Alternativa "b": a utilização do *habeas corpus* como mecanismo judicial para salvaguarda do direito à liberdade de locomoção **não** é limitada no tempo, **não** se sujeitando a preclusão e decadência.

Alternativa "d": "o *habeas corpus* não é o meio adequado para impugnar ato alusivo a sequestro de bens móveis e imóveis bem como a bloqueio de valores" (STF. HC 100889, julgado em 2015 e relatado pelo Ministro Marco Aurélio).

Alternativa "e": segundo entendimento do STF: "O afastamento cautelar do cargo não pode ser questionado na via do habeas corpus, por não acarretar restrição ou privação da liberdade de locomoção do paciente." (RHC 125477 AgR, julgado em 2015 e relatado pelo Ministro Roberto Barroso). Ainda, nos termos da Súmula 694 do STF: "Não cabe habeas corpus contra a imposição da pena de exclusão de militar ou de perda de patente ou de função pública.".

---

60. (Cespe – Procurador do MP junto ao TCU/2015) No que se refere ao mandado de segurança e à reclamação constitucional, assinale a opção correta à luz da jurisprudência do STJ e do STF.

a) Após a notificação, a desistência da ação de mandado de segurança dependerá da anuência da autoridade coatora.

b) O MP estadual não tem legitimidade ativa para propor ação de mandado de segurança no STJ.

c) Permite-se a utilização da reclamação constitucional como sucedâneo recursal, de modo excepcional, quando houver violação a direito fundamental.

d) O presidente de tribunal de justiça estadual, ao executar decisão proferida pelo CNJ, é autoridade coatora para fins de impetração de ação de mandado de segurança.

e) Em mandado de segurança, a aplicação da teoria da encampação pressupõe o enfrentamento do mérito da impetração e a existência de vínculo hierárquico entre a autoridade que prestou as informações e a que praticou o ato impugnado.

COMENTÁRIOS

Alternativa correta: letra "e": pela teoria da encampação (tese adotada pelo STJ), será aceito o mandado de segurança impetrado contra autoridade que não praticou o ato impugnado, desde que obedecidos alguns requisitos, dentre eles, a existência de vínculo hierárquico entre a autoridade que prestou as informações e a que praticou o ato impugnado e o enfrentamento do mérito da impetração. Segundo o STJ: "Sobre a teoria da encampação, a Primeira Seção do STJ, nos autos do MS 10.484/DF (Rel. Ministro JOSÉ DELGADO, DJU de 26/09/2005), firmou o entendimento de que tal teoria apenas se aplica ao mandado de segurança quando preenchidos os seguintes requisitos, cumulativamente: (a) existência de vínculo hierárquico entre a autoridade que prestou informações e a que ordenou a prática do ato impugnado; (b) manifestação a respeito do mérito, nas informações prestadas; (c) ausência de modificação de competência, estabelecida na Constituição." (AgRg no RMS 45893/MA, julgado em 2015 e relatado pela ministra Assusete Magalhães).

Alternativa "a": segundo a jurisprudência do STF: "É lícito ao impetrante desistir da ação de mandado de segurança, independentemente de aquiescência da autoridade apontada como coatora ou da entidade estatal interessada ou, ainda, quando for o caso, dos litisconsortes passivos necessários, mesmo que já prestadas as informações ou produzido o parecer do Ministério Público." (STF. RE 521359, julgado em 2013 e relatado pelo Ministro Celso de Mello).

Alternativa "b": O MP estadual **tem legitimidade ativa** para propor ação de mandado de segurança no STJ.

Alternativa "c": segundo a jurisprudência do STF, a reclamação não pode ser utilizada como sucedâneo recursal. Nesse sentido: "A reclamação não se qualifica como sucedâneo recursal nem configura instrumento viabilizador do reexame do conteúdo do ato reclamado, eis que tal finalidade se revela estranha à destinação constitucional subjacente à instituição dessa medida processual." (STF. Rcl 24126 AgR, julgada em 2016 e relatada pelo Ministro Luiz Fux).

Alternativa "d": o presidente de tribunal de justiça estadual, ao executar decisão proferida pelo CNJ, **não é autoridade coatora para fins de impetração de mandado de segurança**. Segundo jurisprudência do STJ: "A jurisprudência do STJ orienta-se no sentido de que o ato normativo de Tribunal de Justiça que se destina a cumprir determinação advinda de decisão do CNJ representa simples execução administrativa, o que acarreta a ilegitimidade do Presidente do Tribunal Estadual para figurar no polo passivo de Mandado de Segurança." (RMS 51508/SC, julgado em 2016 e relatado pelo Ministro Herman Benjamin).

---

61. (Cespe – Advogado da União – 2015) No que se refere a ações constitucionais, julgue o item subsequente

De acordo com o atual entendimento do STF, a decisão proferida em mandado de injunção pode levar à concretização da norma constitucional despida de plena eficácia, no tocante ao exercício dos direitos e das liberdades constitucionais e das prerrogativas relacionadas à nacionalidade, à soberania e à cidadania.

COMENTÁRIOS

✪ **Nota do autor:** os remédios constitucionais são cobrados com frequência em provas de concursos públicos. Recomenda-se ao leitor que memorize os dispositivos constantes na Carta Magna que tratam do assunto (artigo 5º, LXVIII ao LXXIII).

Certo. Nos termos do art. 5º, LXXI, da CF, o mandado de injunção será concedido sempre que a falta de norma regulamentadora tornar inviável o exercício dos direitos e liberdades constitucionais e das prerrogativas inerentes à nacionalidade, à soberania e à cidadania. O STF adotou a posição concretista em alguns de seus julgados, visto que a inércia do legislador em editar a norma regulamentadora fazia com que o mandado de injunção padecesse de absoluta ineficiência prática. Nas palavras de Paulo Lépore, " recentemente o STF resolveu atuar de forma mais efetiva, conferindo efeito concreto ao mandado de injunção. No caso do mandado de injunção ajuizado para sanar a omissão relativa ao direito de greve do servidor público, o STF determinou que, enquanto não for criada a lei pertinente, deverá ser aplicada a lei de greve da iniciativa privada no que for cabível aos servidores públicos. Assim, diz-se que o STF adotou a tese/teoria concretista geral sobre as omissões constitucionais, pois determinou a concretização do direito com eficácia para todos (erga omnes) mesmo sem a edição da lei infraconstitucional regulamentadora" (LEPORE, Paulo. Direito Constitucional para os concursos de Técnico e Analista. Salvador: Juspodivm, 2013, p. 84).

---

62. (Cespe – Promotor de Justiça – AC/2014) No que concerne aos denominados remédios constitucionais, assinale a opção correta.

a) Compete aos juízes estaduais processar e julgar mandado de segurança contra ato de autoridade federal sempre que a causa envolver o INSS e segurados.

b) No âmbito do mandado de injunção, a atual jurisprudência do STF adota a posição não concretista em defesa apenas do reconhecimento formal da inércia do poder público para materializar a norma constitucional e viabilizar o exercício dos direitos e liberdades constitucionais e das prerrogativas inerentes à nacionalidade, à soberania e à cidadania.

c) O habeas corpus pode ser impetrado contra ato de coação ilegal à liberdade de locomoção, seja ele praticado por particular ou agente público.

d) São da competência originária do STF o processamento e o julgamento dos habeas corpus quando o coator ou paciente for governador de estado.

e) O ato estatal que nega, ilegalmente, o fornecimento de informações englobadas pelo direito de certidão não pode ser questionado por meio de mandado de segurança, ante o seu caráter subsidiário frente ao habeas data.

COMENTÁRIOS

✪ **Nota do autor:** os remédios constitucionais são cobrados com frequência em provas de concursos públicos. Recomenda-se ao nobre leitor, que memorize os dispositivos constantes na Carta Magna que tratam do assunto (artigo 5º, LXVIII ao LXXIII). Vale lembrar também, que a competência para o julgamento dessas ações é frequentemente abordada.

Alternativa correta: "c": segundo o artigo 5º, LXVIII, da CF, conceder-se-á "habeas-corpus" sempre que alguém sofrer ou se achar ameaçado de sofrer violência ou coação em sua liberdade de locomoção, por ilegalidade ou abuso de poder. **Admite-se a impetração de "habeas-corpus" contra ato de particular**. Assim é a lição da doutrina, que ilustra o cabimento: "contra o médico que ilegalmente promove a retenção de paciente no hospital ou contra o fazendeiro que não libera o colono da fazenda" (CUNHA, Rogério Sanches; LORENZATO, Gustavo Müller; FERRAZ, Maurício Lins e PINTO, Ronaldo Batista. Processo Penal Prático. 2 ed. Salvador: Juspodivm, 2007, p. 180).Portanto, o "habeas-corpus" pode ser impetrado contra ato de coação ilegal à liberdade de locomoção, seja ele praticado por particular ou agente público.

Alternativa "a": compete aos **juízes federais** (e não aos estaduais) processar e julgar mandado de segurança contra ato de autoridade federal sempre que a causa envolver o INSS e segurados. Isso decorre da regra prescrita no artigo 109, I, da CF, segundo o qual, **aos juízes federais compete processar e julgar as causas em que** a União, **entidade autárquica** ou empresa pública **federal forem interessadas na condição de autoras, rés, assistentes ou oponentes**, exceto as de falência, as de acidentes de trabalho e as sujeitas à Justiça Eleitoral e à Justiça do Trabalho. Corroborando, o STJ entende que: "Compete a Justiça Federal conhecer demandado de segurança contra o ato de autoridade autárquica federal, ainda que se discuta matéria relacionada a legislação acidentária de natureza previdenciária" (STJ. CC 18239, julgado em 1996 e relatado pelo Ministro Vicente Leal); "Este Superior Tribunal de Justiça, em consonância com a compreensão firmada pela Corte Suprema, tem se posicionado no sentido de que, estando presente em um dos polos do mandado de segurança quaisquer dos entes previstos no art. 109, I, da CF, deve prevalecer, para esses casos, a competência da Justiça Federal" (STJ. RMS 43001/PR, julgado em 2014 e relatado pelo Ministro Sérgio Kukina).

Alternativa "b": no âmbito do mandado de injunção, a atual jurisprudência do STF adota a posição **concretista**. Conforme estabelece o artigo 5º, LXXI, da CF, conceder-se-á mandado de injunção sempre que a falta de norma regulamentadora torne inviável o exercício dos direitos e liberdades constitucionais e das prerrogativas inerentes à nacionalidade, à soberania e à cidadania. Consoante as lições de Paulo Lépore, "O grande problema é que a edição de norma regulamentadora depende do Poder Legislativo e, em razão do princípio fundamental da separação dos Poderes (art. 2º, da CF), o Poder Judiciário, ao julgar mandado de injunção, não pode obrigar o Poder Legislativo a suprir a omissão. Nesse sentido, por muito tempo, o mandado de injunção padeceu de absoluta ineficiência prática. Entretanto, recentemente o STF resolveu atuar de forma mais efetiva, conferindo efeito concreto ao mandado de injunção. No caso do mandado de injunção ajuizado para sanar a omissão relativa ao direito de greve do servidor público, o STF determinou que, enquanto não for criada a lei pertinente, deverá ser aplicada a lei de greve da iniciativa privada no que for cabível aos servidores públicos. Assim, diz-se que o STF adotou a tese/teoria concretista geral sobre as omissões constitucionais, pois determinou a concretização do direito com eficácia para todos (*erga omnes*) mesmo sem a edição da lei infraconstitucional regulamentadora" (LEPORE, Paulo. *Direito Constitucional para os concursos de Técnico e Analista*. Salvador: Juspodivm, 2013, p. 84)

Alternativa "d": compete ao **STJ** (e não ao STF) processar e julgar, originariamente, os habeas corpus, quando o coator ou paciente for Governador de Estado (art. 105, I, *c*, CF).

Alternativa "e": o ato estatal que nega, ilegalmente, o fornecimento de informações englobadas pelo direito de certidão (art. 5º, XXXIV, CF) **deverá ser questionado por meio de mandado de segurança**. Por seu turno, o *habeas-data* será concedido, conforme artigo 5º, LXXII, da CF: a) para **assegurar o conhecimento de informações relativas à pessoa do impetrante**, constantes de registro ou bancos de dados de entidades governamentais ou de caráter público; b) para a **retificação de dados**, quando não prefira fazê-lo por processo sigiloso, judicial ou administrativo. Nas lições de Lenza, "Havendo recusa no fornecimento de certidões (para a defesa de direitos ou esclarecimento de situações de interesse pessoal, próprio ou de terceiros), ou informações de terceiros o remédio próprio é o mandado de segurança, e não o *habeas data*." (LENZA, Pedro. *Direito Constitucional Esquematizado*. 14. ed. São Paulo: Saraiva, 2010, p. 821).

---

63. (Cespe – Juiz de Direito Substituto – DFT/2014) A respeito dos remédios constitucionais e da ação popular, assinale a opção correta.

a) Em regra, compete ao juiz de primeiro grau de jurisdição processar e julgar a ação popular ajuizada contra ato praticado pelo presidente da República, a qual, se julgada procedente, não admitirá apelação com efeito suspensivo.

b) Contra o ato praticado por juiz na função judicial é admitida a impetração de mandado de segurança, razão pela qual o STF considera cabível o mandamus contra decisão interlocutória proferida por magistrado no âmbito dos juizados especiais.

c) De acordo com a jurisprudência, compete ao STF processar e julgar originariamente o habeas corpus no qual figure como autoridades coatoras juiz de direito e tribunal de justiça estadual.

d) De acordo com entendimento firmado no STF, o mandado de injunção é remédio destinado a suprir lacuna ou ausência de regulamentação de direito previsto em norma infraconstitucional.

e) Embora o habeas data seja destinado a assegurar o conhecimento de informações – relativas à pessoa do impetrante – constantes de registros ou bancos de dados de entidades governamentais, a personalidade jurídica de direito privado de empresa de proteção ao crédito não afasta sua legitimidade passiva para o habeas data.

COMENTÁRIOS

✪ **Nota do autor:** os remédios constitucionais são cobrados com bastante frequência em concursos públicos, portanto, deve o candidato ter conhecimentos aprofundados acerca do assunto. Importante ressaltar, de mesma importância é o conhecimento acerca da competência de julgamento dessas ações constitucionais.

Alternativa correta: "e": embora o *habeas-data* seja destinado a assegurar o conhecimento de informações – relativas à pessoa do impetrante – constantes de registros ou bancos de dados de entidades governamentais, a personalidade jurídica de direito privado de empresa de proteção ao crédito não afasta sua legitimidade passiva para o *habeas-data*. Isso ocorre, pois, conforme o artigo 5º, LXXII, da CF, preceitua, conceder-se-á *habeas-data*: a) para assegurar o conhecimento de informações relativas à pessoa do impetrante, constantes de registros ou bancos de dados de entidades governamentais ou de **caráter público**; b) para a retificação de dados, quando não se prefira fazê-lo por processo sigiloso, judicial ou administrativo. O dispositivo não exige que seja necessariamente entidade governamental, mas que possua caráter público. Desse modo, a entidade com personalidade jurídica de direito privado, que visa proteção ao crédito, possui claramente **caráter público** e poderá figurar no polo passivo do *habeas-data*.

Alternativa "a": em regra, compete ao juiz de primeiro grau de jurisdição processar e julgar a ação popular ajuizada contra ato praticado pelo Presidente da República, a qual, se julgada procedente, **admitirá apelação com efeito suspensivo**. Nos casos de ação popular movida contra o Presidente da República, a competência originária para o seu julgamento não é do Supremo Tribunal Federal, pois não há previsão no art. 102, da CF, que conta com rol taxativo (regime de direito estrito). Nesse sentido, a jurisprudência do STF: "A competência para julgar ação popular contra ato de qualquer autoridade, até mesmo do presidente da República, é, via de regra, do juízo competente de primeiro grau. Precedentes. Julgado o feito na primeira instância, se ficar configurado o impedimento de mais da metade dos desembargadores para apreciar o recurso voluntário ou a remessa obrigatória, ocorrerá a competência do STF, com base na letra n do inciso I, segunda parte, do art. 102 da CF." (AO 859-QO, julgado em 2001 e relatado pelo Ministro Maurício Corrêa). Por sua vez, o artigo 19 da Lei nº 4.717/65 determina que a sentença que concluir pela carência ou pela improcedência da ação está sujeita ao duplo grau de jurisdição, não produzindo efeito senão depois de confirmada pelo tribunal; **da que julgar a ação procedente caberá apelação, com efeito suspensivo**.

Alternativa "b": contra o ato praticado por juiz na função judicial é admitida a impetração de mandado de segurança. O STF, reconhecendo repercussão geral no julgamento do RE 576874 RG/BA, julgado em 2008 e relatado pelo Ministro Eros Grau, entendeu ser incabível o mandado de segurança contra decisão interlocutória proferida no âmbito dos Juizados Especiais. Destaca-se, desse modo, o entendimento da Suprema Corte: "Ademais, o Supremo Tribunal Federal, após reconhecer a repercussão geral da matéria, decidiu pelo não cabimento de mandado de segurança das decisões interlocutórias exaradas em processos dos juizados especiais (RE 576.847, Rel. Min. Eros Grau)" (STF. ARE 703840 AgR, julgado em 2014 e relatado pelo Ministro Roberto Barroso).

Alternativa "c": de acordo com a jurisprudência, **não** compete ao STF processar e julgar originariamente o habeas corpus no qual figure como autoridades coatoras juiz de direito e tribunal de justiça estadual. Segundo o entendimento da Suprema Corte, "A competência do Supremo Tribunal para julgar habeas corpus é determinada constitucionalmente em razão do paciente ou da autoridade coatora (art. 102, inc. I, alínea i, da Constituição da República). Nesse rol constitucionalmente afirmado não se inclui a atribuição deste Supremo Tribunal para processar e julgar, originariamente, ação de habeas corpus na qual figure como autoridades coatoras Juiz de Direito e Tribunal de Justiça Estadual" (STF. HC 98655 AgR, julgado em 2009 e relatado pela Ministra Cármen Lúcia).

Alternativa "d": de acordo com entendimento firmado no STF, o mandado de injunção **não** é remédio destinado a suprir lacuna ou ausência de regulamentação de direito previsto em norma infraconstitucional. Nesse sentido, merece relevo o entendimento da Corte Constitucional: "Os agravantes objetivam a regulamentação da atividade de jogos de bingo, mas não indicam o dispositivo constitucional que expressamente enuncie esse suposto direito. Para o cabimento do mandado de injunção, é imprescindível a existência de um direito previsto na Constituição que não esteja sendo exercido por ausência de norma regulamentadora. O mandado de injunção não é remédio destinado a fazer suprir lacuna ou ausência de regulamentação de direito previsto em norma infraconstitucional, e muito menos de legislação que se refere a eventuais prerrogativas a serem estabelecidas discricionariamente pela União. No presente caso, não existe norma constitucional que confira o direito que, segundo os impetrantes, estaria à espera de regulamentação. Como ressaltou o Procurador-Geral da República, a União não está obrigada a legislar sobre a matéria, porque não existe, na Constituição Federal, qualquer preceito consubstanciador de determinação constitucional para se que legisle, especificamente, sobre exploração de jogos de bingo. Agravo regimental desprovido" (STF. MI 766 AgR, julgado em 2009 e relatado pelo Ministro Joaquim Barbosa).

---

64. (Cespe – Juiz do Trabalho Substituto 5ª região/2013) Acerca dos tipos de ação previstos na CF para a tutela das liberdades, assinale a opção correta.

a) Caso órgão público negue, ilegalmente, a determinada pessoa informação de terceiros de interesse coletivo, caberá a impetração de habeas data.

b) Estrangeiro residente no Brasil possui legitimidade ativa para ingressar com ação popular preventiva com o objetivo de evitar a prática de ato lesivo ao patrimônio público.

c) O mandado de segurança pode ser utilizado, no âmbito da justiça do trabalho, para tutelar direito líquido e certo decorrente de acordo produzido diretamente pelas partes e não homologado pelo juiz.

d) Dispositivo de constituição estadual não pode, sob pena de ser considerado inconstitucional, estabelecer a competência originária do tribunal de justiça estadual para julgar mandado de injunção que discuta norma regulamentadora estadual que torne inviável o exercício de direitos assegurados na referida constituição.

e) A impetração de mandado de segurança coletivo por entidade de classe é hipótese de legitimidade ativa extraordinária e independe de autorização dos associados, figurando a entidade, nesse caso, como substituto processual.

COMENTÁRIOS

Alternativa correta: "e": o mandado de segurança coletivo pode ser impetrado por: a) partido político com representação no Congresso Nacional; b) organização sindical; c) entidade de classe ou associação legalmente constituída e em funcionamento há pelo menos um ano, em defesa dos interesses de seus membros ou associados. A impetração de mandado de segurança coletivo por entidade de classe em favor dos associados independe da autorização destes (Súmula 629). Ademais, o entendimento da Suprema Corte, possível vislumbrar no RE 348973 AgR, julgado em 2004 e relatado pelo Ministro Cezar Peluso, é exatamente no sentido de que a impetração de mandado de segurança coletivo por entidade de classe é hipótese de legitimidade ativa extraordinária e independe de autorização dos associados, figurando a entidade, nesse caso, como substituto processual.

Alternativa "a": caso órgão público negue, ilegalmente, a determinada pessoa informação de terceiros de interesse coletivo, **não caberá a impetração de "habeas – data"**. Insta frisar que conceder-se-á habeas data: a) para assegurar o conhecimento de **informações relativas à pessoa do impetrante**, constantes de registros ou bancos de dados de entidades governamentais ou de caráter público; b) para a retificação de dados, quando não se prefira fazê-lo por processo sigiloso, judicial ou administrativo. **Se forem informações de interesse pessoal, mas não da pessoa do impetrante, cabe mandado de segurança.**

Alternativa "b": estrangeiro residente no Brasil **não** possui legitimidade ativa para ingressar com ação popular preventiva com o objetivo de evitar a prática de ato lesivo ao patrimônio público. Para figurar no polo ativo de uma ação popular é necessário que seja **cidadão brasileiro**, conforme a dicção do artigo 5º, LXXIII, da CF, segundo o qual, **qualquer cidadão é parte legítima para propor ação popular** que vise a anular ato lesivo ao patrimônio público ou de entidade de que o Estado participe, à moralidade administrativa, ao meio ambiente e ao patrimônio histórico e cultural, ficando o autor, salvo comprovada má-fé, isento de custas judiciais e do ônus da sucumbência.

Alternativa "c": o mandado de segurança **não pode ser utilizado**, no âmbito da justiça do trabalho, para tutelar direito líquido e certo decorrente de acordo produzido diretamente pelas partes e não homologado pelo juiz. De acordo com a Súmula nº 418 do TST, **a concessão de liminar ou a homologação de acordo constituem faculdade do juiz, inexistindo direito líquido e certo tutelável pela via do mandado de segurança.**

Alternativa "d": dispositivo de constituição estadual **pode estabelecer** a competência originária do tribunal de justiça estadual para julgar mandado de injunção que discuta norma regulamentadora estadual que torne inviável o exercício de direitos assegurados na referida constituição.

65. (Cespe – Procurador BACEN/2013) No que se refere aos remédios constitucionais, assinale a opção correta à luz da legislação de regência e do entendimento do STF.

a) É possível a desistência de mandado de segurança após a sentença de mérito, ainda que favorável ao impetrante, sem a anuência do impetrado.

b) Para o cabimento do habeas data, não é necessário que o impetrante comprove prévia recusa do acesso a informações ou de sua retificação.

c) As decisões interlocutórias proferidas no âmbito dos juizados especiais são passíveis de mandado de segurança.

d) O STF não tem competência para apreciar mandado de injunção impetrado por servidor público municipal.

e) Contra decisão denegatória de habeas corpus proferida por tribunal superior é admitida a impetração de novo habeas corpus.

COMENTÁRIOS

Alternativa correta: "a": conforme notícia divulgada pelo STF, por maioria de votos, no dia 02/05/2013, o Plenário do Supremo Tribunal Federal (STF) decidiu que a desistência do mandado de segurança é uma prerrogativa de quem o propõe e pode ocorrer a qualquer tempo, sem anuência da parte contrária e independentemente de já ter havido decisão de mérito, ainda que favorável ao autor da ação. A decisão ocorreu no julgamento do Recurso Extraordinário (RE) 669367, com repercussão geral reconhecida, em que a empresa Pronor Petroquímica S/A questionava decisão do Superior Tribunal de Justiça (STJ), que não admitiu a desistência de um mandado de segurança movido pela empresa contra a Comissão de Valores Imobiliários (CVM). De acordo com o entendimento da maioria dos ministros, o mandado de segurança é uma ação dada ao cidadão contra o Estado e, portanto, não gera direito a autoridade pública considerada coatora, pois seria "intrínseco na defesa da liberdade do cidadão" (www.stf.jus.br).

Alternativa "b": segundo o STF, "O *habeas data* configura remédio jurídico-processual, de natureza constitucional, que se destina a garantir, em favor da pessoa interessada, o exercício de pretensão jurídica discernível em seu tríplice aspecto: **(a) direito de acesso aos registros; (b) direito de retificação dos registros; e (c) direito de complementação dos registros.** Trata-se de relevante instrumento de ativação da jurisdição constitucional das liberdades, a qual representa, no plano institucional, a mais expressiva reação jurídica do Estado às situações que lesem, efetiva ou potencialmente, os direitos fundamentais da pessoa, quaisquer que sejam as dimensões em que estes se projetem. O acesso ao habeas data pressupõe, entre outras condições de admissibilidade, a existência do interesse de agir. Ausente o interesse legitimador da ação, torna-se inviável o exercício desse remédio constitucional. **A prova do anterior indeferimento do pedido de informação de dados pessoais, ou da omissão em atendê-lo, constitui requisito indispensável para que se concretize o interesse de agir no habeas data.** Sem que se configure situação prévia de pretensão resistida, há carência da ação constitucional do *habeas data*." (RHD 22, julgado em 1991 e relatado para o acórdão pelo Ministro Celso de Mello).

Alternativa "c": na linha da notícia divulgada pelo STF, no dia 20/05/2009, por maioria, "o Plenário do Supremo Tribunal Federal manteve decisão da Quinta Turma Recursal dos Juizados Especiais Cíveis do Tribunal de Justiça do estado da Bahia (TJ-BA) que, liminarmente, indeferiu e extinguiu, sem julgamento de mérito, mandado de segurança impetrado pela Telemar Tele Norte Leste S/A contra decisão de juiz especial de primeiro grau que julgou ilegal a cobrança da tarifa básica de assinatura e de pulsos além da franquia do serviço de telefonia fixa. A decisão foi tomada no julgamento do Recurso Extraordinário (RE) 576847, interposto pela Telemar, que teve seu provimento negado pela Suprema Corte. O recurso se insurgia contra decisão que beneficiou uma usuária dos serviços da companhia telefônica. A maioria dos ministros endossou voto do relator, ministro Eros Grau, no sentido de que não cabe mandado de segurança contra decisão interlocutória (decisão que não põe fim ao processo) de Juizado Especial, conforme prevê a Lei 9.099. Esta lei dispõe sobre os Juizados Especiais Cíveis e Criminais e foi editada com objetivo de dar celeridade a causas cíveis de menor complexidade. Por força dessa lei, naqueles juizados, as decisões interlocutórias de Juizado Especial de primeiro grau são irrecorríveis" (www.stf.jus.br).

Alternativa "d": o STF já reconheceu sua competência para apreciar mandado de injunção impetrado por servidor público municipal (vide MI 3815, relatado pelo Ministro Luiz Fux e julgado no dia 23/05/2013).

Alternativa "e": conforme jurisprudência do STF, "o *habeas corpus* tem uma rica história, constituindo garantia fundamental do cidadão. Ação constitucional que é, não pode ser amesquinhado, mas também não é passível de vulgarização, sob pena de restar descaracterizado como remédio heróico. **Contra a denegação de habeas corpus por Tribunal Superior prevê a Constituição Federal remédio jurídico expresso, o recurso ordinário. Diante da dicção do art. 102, II, a, da Constituição da República, a impetração de novo habeas corpus em caráter substitutivo escamoteia o instituto recursal próprio, em manifesta burla ao preceito constitucional.** Precedente da Primeira Turma desta Suprema Corte.[...] 6. Habeas corpus rejeitado.' (HC 104.045/RJ, Primeira Turma, Rel. Min. Rosa Weber, DJe de 06/09/12)".

---

66. (Cespe – Juiz Substituto da Justiça Militar da União – STM/2013) No que se refere ao mandado de segurança e ao mandado de injunção, assinale a opção correta de acordo com a CF, a jurisprudência do STF e a doutrina.

a) É incabível mandado de segurança quando houver controvérsia sobre a matéria de direito invocada no mandamus.

b) Em mandado de segurança contra a nomeação de magistrado pelo presidente da República, este é considerado autoridade coatora, exceto se o fundamento da impetração for nulidade ocorrida em fase anterior à do procedimento de nomeação, hipótese na qual a autoridade coatora será o presidente do tribunal respectivo.

c) Entidade de classe estará legitimada para impetrar mandado de segurança apenas se a pretensão veiculada for do interesse de toda a categoria por ela representada.

d) Segundo o STF, a ação civil pública pode ser utilizada para fins de controle concentrado de constitucionalidade, bastando, para tanto, que a declaração de inconstitucionalidade de leis ou atos normativos seja apenas a causa de pedir, e não o objeto único do pleito apresentado na ação.

e) Não compete ao STF conhecer originariamente de mandado de segurança contra atos de outros tribunais.

COMENTÁRIOS

✪ **Nota do autor:** com bastante frequência os remédios constitucionais e a competência para julgá-los são abordados em concursos.

Alternativa correta: "e": a alternativa reproduz o enunciado da Súmula 624, do STF, portanto, não compete ao STF conhecer originariamente de mandado de segurança contra atos de outros Tribunais.

Alternativa "a": é **cabível** mandado de segurança quando houver controvérsia sobre a matéria de direito invocada no *mandamus*. De acordo com a Súmula nº 625, do STF, controvérsia sobre matéria de direito não impede concessão de mandado de segurança.

Alternativa "b": no mandado de segurança contra a nomeação de magistrado da competência do Presidente da República, este é considerado autoridade coatora, ainda que o fundamento da impetração seja nulidade ocorrida em fase anterior do procedimento, conforme a Súmula nº 627, do STF.

Alternativa "c": conforme a Súmula 630 do STF, a entidade de classe tem legitimação para o mandado de segurança **ainda quando a pretensão veiculada interesse apenas a uma parte da respectiva categoria**.

Alternativa "d": em regra, a ação civil pública não pode ser usada como instrumento de controle de constitucionalidade, sob pena de usurpação das atribuições do STF (Ag. 189.601, julgado em 1997 e relatado pelo Ministro Moreira Alves). Entretanto, é possível a utilização da ação civil pública como instrumento de controle incidental de constitucionalidade de leis ou atos do poder público, **desde que a questão qualifique-se apenas como questão prejudicial, indispensável à resolução da lide principal**. Nesse sentido, é esclarecedora a RCL 1.733, apreciada no ano 2000 e relatada pelo Ministro Celso de Mello: "O Supremo Tribunal Federal tem reconhecido a legitimidade da utilização da ação civil pública como instrumento idôneo de fiscalização incidental de constitucionalidade, pela via difusa, de quaisquer leis ou atos do Poder Público, mesmo quando contestados em face da Constituição da República, desde que, nesse processo coletivo, a controvérsia constitucional, longe de identificar-se como objeto único da demanda, qualifique-se como simples questão prejudicial, indispensável à resolução do litígio principal".

67. (Cespe – Juiz de Direito Substituto – MA/ 2013) Assinale a opção correta a respeito das ações constitucionais.

a) Tal como ocorre no mandado de segurança, há, no procedimento do habeas data, o denominado reexame necessário ou recurso de ofício.

b) Conforme entendimento do STF, não se admite a impetração de habeas corpus para o trancamento de ação de improbidade administrativa.

c) Quando praticados por administradores de empresas públicas e de sociedades de economia mista, os atos de gestão comercial podem ser objeto de mandado de segurança.

d) Tratando-se de mandado de segurança impetrado contra nomeação de magistrado de competência do presidente da República, o chefe do Poder Executivo não poderá ser considerado, de acordo com o STF, autoridade coatora quando o fundamento da impetração for nulidade ocorrida em fase anterior do procedimento.

COMENTÁRIOS

Alternativa correta: "b": segundo o STF, "O *habeas corpus* é meio processual destinado à proteção do direito de ir e vir ameaçado por ilegalidade ou abuso de poder. Daí a impropriedade desse instrumento processual para solver controvérsia cível. Ainda que se admita que a ação de improbidade administrativa tem natureza penal, não há como trancá-la em habeas corpus, porquanto as sanções previstas na Lei 8.429/1992 não consubstanciam risco à liberdade de locomoção." (HC 100.244-AgR, julgado em 2009 e relatado pelo Ministro Eros Grau).

Alternativa "a": no procedimento do *habeas data* **não há** o denominado reexame necessário ou recurso de ofício.

Alternativa "c": nos termos do art. 1º, § 2º, da Lei 12.016/09, **não cabe** mandado de segurança contra os atos de gestão comercial praticados pelos administradores de empresas públicas, de sociedade de economia mista e de concessionárias de serviço público.

Alternativa "d": segundo a Súmula 627 do STF, no mandado de segurança contra a nomeação de magistrado da competência do presidente da república, **este é considerado autoridade coatora**, ainda que o fundamento da impetração seja nulidade ocorrida em fase anterior do procedimento.

4.3. DIREITOS DA NACIONALIDADE

68. (Cespe – Delegado de Polícia – PE/2016) Assinale a opção correta acerca dos direitos sociais, dos remédios ou garantias constitucionais e dos direitos de nacionalidade.

a) Será considerado brasileiro nato o indivíduo nascido no estrangeiro, filho de pai brasileiro ou de mãe brasileira, que for registrado em repartição brasileira competente ou que venha a residir no Brasil e opte, em qualquer tempo, depois de atingida a maioridade, pela nacionalidade brasileira.

b) A duração da jornada normal de trabalho, de, no máximo, oito horas diárias e quarenta e quatro horas semanais, não comporta exceções, no entanto a CF admite a compensação de horários mediante acordo ou convenção coletiva de trabalho.

c) De acordo com o STF, o habeas data é ação que permite ao indivíduo o direito de obter informações relativas à sua pessoa, inseridas em repartições públicas ou privadas, podendo ser utilizado para a obtenção de acesso a autos de processos administrativos, como aqueles que tramitam no TCU.

d) A sentença em mandado de injunção gera efeitos erga omnes, alcançando, de maneira indistinta, todos aqueles privados de exercer quaisquer direitos e liberdades constitucionais por falta de norma regulamentadora.

e) O mandado de segurança coletivo pode ser impetrado por sindicatos, entidades de classe e associações, mas não por partidos políticos, pois se destinam à defesa de interesses coletivos comuns a determinada coletividade de pessoas.

COMENTÁRIOS

Alternativa correta: letra "a": em conformidade com o art. 12, I, *c*, da CF.

Alternativa "b": consoante disposto no art. 7º, XIII, da CF, é assegurado aos trabalhadores urbanos e rurais, duração do trabalho normal não superior a oito horas diárias e quarenta e quatro semanais, facultada a compensação de horários e a **redução da jornada, mediante acordo ou convenção coletiva de trabalho.**

Alternativa "c": nos termos da CF, conceder-se-á habeas data: a) para assegurar o conhecimento de informações relativas à pessoa do impetrante, constantes de registros ou bancos de dados de entidades governamentais ou de caráter público; b) para a retificação de dados, quando não se prefira fazê-lo por processo sigiloso, judicial ou administrativo. Para acessar autos de processos administrativos, como aqueles que tramitam no TCU, o remédio cabível é o mandado de segurança, conforme entendimento do STF, constante do HD 90 AgR, julgado em 2010 e relatado pela Ministra Ellen Gracie.

Alternativa "d": prevalece o entendimento que o efeito da decisão em mandado de injunção é *inter partes* (e não *erga omnes*).

Alternativa "e": o **mandado de segurança coletivo pode ser impetrado** por: a) **partido político** com representação no Congresso Nacional; b) organização sindical, entidade de classe ou associação legalmente constituída e em funcionamento há pelo menos um ano, em defesa dos interesses de seus membros ou associados.

69. (Cespe – Analista Judiciário – Área Judiciária – STF/2013) Ainda a respeito dos direitos fundamentais, julgue os seguintes itens.

69.1. De acordo com o STF, uma vez concedida a naturalização pelo ministro de Estado da Justiça, a revisão desse ato somente pode ser feita mediante processo judicial, e não administrativamente.

COMENTÁRIOS

Certo. De acordo com o posicionamento do STF, "Conforme revela o inciso I do § 4º do artigo 12 da Constituição Federal, o Ministro de Estado da Justiça não tem competência para rever ato de naturalização" (STF. RMS 27.840, julgado em 2013 e relatado pelo Ministro Ricardo Lewandowski). O dispositivo constitucional mencionado pela Suprema Corte, fundamentando o julgado, dispõe que será declarada a perda da nacionalidade do brasileiro que tiver cancelada sua naturalização, por sentença judicial, em virtude de atividade nociva ao interesse nacional.

69.2. Se o reconhecimento do direito adquirido beneficiar a sociedade como um todo e não se destinar, única e exclusivamente, ao atendimento de interesses individuais, considera-se cumprida a função social desse direito fundamental.

COMENTÁRIOS

✪ **Nota do autor:** a questão é puramente doutrinária.

Certo. O direito adquirido, direito fundamental insculpido no artigo 5º, XXXVI, da CF, deve beneficiar toda a sociedade e não destinar-se exclusivamente ao atendimento de interesses meramente individuais. Só dessa forma verifica-se o devido cumprimento de sua função social. Ademais, é de se salientar que nenhum direito é absoluto, sendo que, a depender do caso, nada obstaria seu eventual afastamento diante de uma eventual ponderação.

70. (Cespe – Juiz de Direito Substituto – RN/2013) Considerando as disposições constitucionais sobre nacionalidade e cidadania, assinale a opção correta.

a) É assegurado ao estrangeiro com residência permanente no Brasil o direito de voto nas eleições municipais, desde que casado com pessoa de nacionalidade brasileira.

b) Espanhol naturalizado brasileiro pode ser titular de qualquer ministério, mas não pode eleger-se presidente ou vice – presidente da República.

c) Italiano naturalizado brasileiro pode ser presidente do Senado Federal.

d) Alemão naturalizado brasileiro pode ser deputado federal, mas não presidente da Câmara dos Deputados.

e) Cidadão com dupla nacionalidade não pode ser governador de estado.

COMENTÁRIOS

✪ **Nota do autor:** os cargos privativos de brasileiro nato, constantes do artigo 12, § 3º, da CF, são cobrados com grande frequência. Dessa forma, vale relembrar que são privativos de brasileiro nato os cargos: I – de Presidente e Vice-Presidente da República; II – de Presidente da Câmara dos Deputados; III – de Presidente do Senado Federal; IV – de Ministro do Supremo Tribunal Federal; V – da carreira diplomática; VI – de oficial das Forças Armadas; VII – de Ministro de Estado da Defesa.

Alternativa correta: "d": alemão naturalizado brasileiro pode ser Deputado Federal, mas não presidente da Câmara dos Deputados. Os cargos de Presidente da Câmara dos Deputados e Presidente do Senado Federal são privativos de brasileiro nato, conforme dispõe o artigo 12, § 3º, incisos II e III, da CF.

Alternativa "a": não é assegurado ao estrangeiro com residência permanente no Brasil o direito de voto nas eleições municipais, desde que casado com pessoa de nacionalidade brasileira.

Alternativa "b": espanhol naturalizado brasileiro **não** pode ser titular de qualquer ministério, uma vez que o cargo de **Ministro de Estado da Defesa é privativo de brasileiro nato** (art. 12, § 3º, VII, da CF). Do mesmo modo, não pode eleger-se Presidente ou Vice-Presidente da República (art. 12, § 3º, I, da CF).

Alternativa "c": italiano naturalizado brasileiro **não** pode ser presidente do Senado Federal, pois é cargo privativo de brasileiro nato, conforme artigo 12, § 3º, III, da CF.

Alternativa "e": cidadão com dupla nacionalidade **pode ser Governador de Estado, pois não se trata de cargo privativo de brasileiro nato.**

71. (Cespe – Juiz Substituto da Justiça Militar da União – STM/2013) Assinale a opção correta de acordo com a CF e a jurisprudência do STF.

a) O CNJ compõe-se de quinze membros, com mandato de dois anos, vedada a recondução.

b) Participam do Conselho da República seis cidadãos brasileiros, com mais de trinta anos de idade, sendo dois nomeados pelo presidente da República, dois eleitos pelo Senado Federal e dois eleitos pela Câmara dos Deputados, todos com mandato de dois anos.

c) Compete ao Conselho da República opinar nas hipóteses de declaração de guerra e celebração de paz.

d) Os cargos de oficial das Forças Armadas e de ministro da Defesa não podem ser ocupados por brasileiros naturalizados.

e) A iniciativa para a elaboração da lei complementar sobre o Estatuto da Magistratura não é exclusiva do STF, sendo possível que o presidente da República encaminhe projeto de lei de sua iniciativa sobre esse assunto para apreciação do Congresso Nacional.

COMENTÁRIOS

✪ **Nota do autor:** outra questão exigindo conhecimentos acerca dos cargos limitados aos brasileiros natos, constantes da Carta Magna. O tema é de grande importância, portanto, recomendamos ao caro leito que memorize os cargos privativos.

Alternativa correta: "d": são **privativos de brasileiro nato os cargos**: I – de Presidente e Vice-Presidente da República; II – de Presidente da Câmara dos Deputados; III – de Presidente do Senado Federal; IV – de Ministro do Supremo Tribunal Federal; V – da carreira diplomática; VI – de **oficial das Forças Armadas**; VII – de **Ministro de Estado da Defesa.** Portanto, os cargos de oficial das Forças Armadas e de ministro da Defesa só podem ser ocupados por brasileiro nato.

Alternativa "a": o CNJ compõe-se de quinze membros, com mandato de dois anos, **admitida uma recondução** (art. Art. 103-B, da CF).

Alternativa "b": participam do Conselho da República seis cidadãos brasileiros, com mais de trinta anos de idade, sendo dois nomeados pelo Presidente da República, dois eleitos pelo Senado Federal e dois eleitos pela Câmara dos Deputados, todos com mandato de **três anos** (e não dois), vedada a recondução.

Alternativa "c": consoante artigo 90, da CF, compete ao Conselho da República pronunciar-se sobre: I – **intervenção federal, estado de defesa e estado de sítio**; II – **as questões relevantes para a estabilidade das instituições democráticas.** Verdadeiramente, conforme artigo 91, § 1º, I, da CF, compete ao **Conselho de Defesa Nacional** (e não Conselho da República) opinar nas hipóteses de declaração de guerra e celebração de paz.

Alternativa "e": a iniciativa para a elaboração da lei complementar sobre o Estatuto da Magistratura **é exclusiva do STF**, não sendo possível que o presidente da República encaminhe projeto de lei de sua iniciativa sobre esse assunto para apreciação do Congresso Nacional (art. 93, CF).

72. (Cespe – Defensor Público – RR/2013) No que se refere aos direitos à nacionalidade e aos direitos políticos, assinale a opção correta.

a) A CF dotou o analfabeto de capacidade eleitoral ativa e passiva.

b) Assim como os líderes da maioria e da minoria da Câmara dos Deputados e do Senado Federal, os cidadãos que integrarem o Conselho da República deverão ser brasileiros natos.

c) A perda da nacionalidade decorrente de aquisição voluntária de outra nacionalidade pode atingir tanto brasileiros natos quanto naturalizados e independerá de ação judicial, já que se concretiza no âmbito de procedimento meramente administrativo.

d) Se o extraditando tiver filho brasileiro, não será admitida a sua extradição.

e) Se o indivíduo sofrer condenação penal decorrente de conduta culposa, sem pena privativa de liberdade, transitada em julgado, não terá seus direitos políticos suspensos.

COMENTÁRIOS

Alternativa correta: "c": por exegese do art. 12, § 4º, II, da CF, a perda da nacionalidade decorrente de aquisição voluntária de outra nacionalidade pode atingir tanto brasileiros natos quanto naturalizados. Ademais, trata-se de hipótese que independe de ação judicial, uma vez que se materializa por procedimento administrativo que culmina em um decreto do Presidente da República, nos termos do art. 23 da Lei 818/49.

Alternativa "a": a CF dotou o analfabeto apenas de capacidade eleitoral ativa (possibilidade de votar) ao arrolá-lo em uma hipótese de alistamento eleitoral facultativo (art. 14, II, "a", da CF). O analfabeto não tem capacidade eleitoral passiva (possibilidade de ser votado), pois é considerado inelegível pelo art. 14, § 4º, da CF.

Alternativa "b": os cidadãos que integrarem o Conselho da República deverão ser brasileiros natos, nos termos do art. 89, VII, da CF. Entretanto, **os líderes da maioria e da minoria da Câmara dos Deputados e do Senado Federal podem ser tanto brasileiros natos como naturalizados.**

Alternativa "d": segundo a **Súmula 421 do STF**: "Não impede a extradição a circunstância de ser o extraditando casado com brasileira ou ter filho brasileiro".

Alternativa "e": a condenação penal transitada em julgado é condição suficiente para o indivíduo ter seus direitos políticos suspensos, **não importando se a conduta foi culposa ou se não a imposição de pena privativa de liberdade** (c.f. art. 15, III, da CF).

73. (Cespe – Defensor Público – TO/2013) A respeito do poder constituinte e dos direitos e garantias fundamentais, assinale a opção correta.

a) A dissolução compulsória de associação já constituída ocorrerá por decisão judicial, não sendo necessário, em face da comprovação de atividade ilícita, aguardar o trânsito em julgado para a efetiva dissolução.

b) Na hipótese de cancelamento de naturalização por decisão judicial fundada na constatação de ocorrência de prática de atividade nociva ao interesse nacional, o interessado não pode readquirir naturalização mediante novo processo de naturalização.

c) No sistema brasileiro, o exercício do poder constituinte originário implica revogação das normas jurídicas inseridas na constituição anterior, apenas quando forem materialmente incompatíveis com a constituição posterior.

d) Conforme regra expressamente prevista na CF, os estados – membros devem obrigatoriamente observar as linhas fundamentais do modelo federal no que se refere ao modo de elaboração da constituição estadual.

e) Segundo a doutrina, a proteção dada pela CF ao direito de propriedade autoral é dirigida exclusivamente aos direitos patrimoniais, não se estendendo, por exemplo, aos direitos morais do autor.

COMENTÁRIOS

Alternativa correta: "b": o cancelamento de naturalização por decisão judicial fundada na constatação de ocorrência de prática de atividade nociva ao interesse nacional, a naturalização não poderá ser readquirida mediante novo processo de naturalização. Em consonância com o afirmado na alternativa, merecem destaque as lições de Nathalia Masson: "uma vez perdida a nacionalidade, em virtude do cancelamento da naturalização por sentença judicial com trânsito em julgado, inexiste a possibilidade de o indivíduo, agora estrangeiro ou apátrida, recuperá-la por intermédio de novo processo de naturalização. Afinal, referida possibilidade importaria violação oblíqua da coisa julgada conquistada na sentença. A única possibilidade do retorno à condição de brasileiro é a utilização do caminho judicial da ação rescisória, se a sentença que decretou a perda não tiver transitado em julgado há mais de dois anos (já que o prazo para interposição de ação rescisória, conforme art. 495 do CPC, é de até dois anos após o trânsito em julgado da decisão)" (*Manual de Direito Constitucional*. Salvador: Juspodivm, 2013, p. 270). Desse modo, sintetizando o raciocínio, uma vez cancelada a naturalização por atividade nociva ao interesse nacional, não será possível sua reaquisição por novo processo de naturalização, no entanto, haveria a possibilidade por meio de ação rescisória, desde que no prazo de dois anos.

Alternativa "a": conforme podemos verificar do artigo 5º, XIX da CF, as associações só poderão ser **compulsoriamente dissolvidas** ou ter suas atividades suspensas por decisão judicial, **exigindo-se, no primeiro caso, o trânsito em julgado**. Do dispositivo constitucional, depreende-se que a dissolução compulsória de associação já constituída ocorrerá por decisão judicial, **sendo necessário, ainda que em face da comprovação de atividade ilícita, aguardar o trânsito em julgado para a efetiva dissolução.**

Alternativa "c": no sistema brasileiro, o exercício do poder constituinte originário implica revogação de todas as normas jurídicas inseridas na constituição anterior (sejam elas compatíveis ou não, material ou formalmente). Conforme conceito dado por Pedro Lenza, "O poder constituinte originário (chamado por alguns de inicial ou inaugural) é aquele que instaura uma nova ordem jurídica, rompendo por completo com a ordem jurídica precedente" (LENZA, Pedro. *Direito Constitucional Esquematizado*. 14 ed. São Paulo: Saraiva, 2010, p. 154). No entanto, dentre outros institutos correlatos, chamamos a atenção do caro leitor para o da desconstitucionalização que, nas lições de Lenza: "Trata-se do fenômeno pelo qual as normas da Constituição anterior, desde que compatíveis com a nova ordem, permanecem em vigor, mas com o *status* de lei infraconstitucional. Ou seja, as normas da Constituição anterior são recepcionadas com o *status* de norma infraconstitucional pela nova ordem" (LENZA, Pedro. *Direito Constitucional Esquematizado*. 14 ed. São Paulo: Saraiva, 2010, p. 168). Isso só ocorrerá, todavia, quando expressamente previsto na nova Constituição.

Alternativa "d": o artigo 25, da CF, prevê que os Estados organizam-se e regem-se pelas Constituições e leis que adotarem, **observados os princípios desta Constituição**. "E o que deve ser entendido por princípios desta Constituição? Quais são os limites à manifestação do poder constituinte derivado decorrente? Em interessante síntese, da qual nos valemos, Uadi Lammêgo Bulos estabelece, como limites à manifestação do poder constituinte derivado decorrente, os princípios constitucionais sensíveis, os princípios constitucionais estabelecidos (organizatórios) e os princípios constitucionais extensíveis" (LENZA, Pedro. *Direito Constitucional Esquematizado*. 14 ed. São Paulo: Saraiva, 2010, p. 159). Ainda, vale lembrar que dispõe o artigo 11 do ADCT que cada Assembleia Legislativa, com poderes constituintes, elaborará a Constituição do Estado, no prazo de um ano, contado da promulgação da Constituição Federal, obedecidos os princípios desta. Desse modo, vislumbramos que consta expressamente na CF que os estados-membros devem observar os princípios constantes da Lei Maior, mas não consta expressamente a obrigação de observar as linhas fundamentais do modelo federal no que se refere ao modo de elaboração da constituição estadual.

Alternativa "e": segundo a doutrina, a proteção dada pela CF ao direito de propriedade autoral **não** é dirigida exclusivamente aos direitos patrimoniais, se estendendo, por exemplo, aos direitos morais do autor.

4.4. DIREITOS POLÍTICOS E SISTEMAS ELEITORAIS

74. (Cespe – Juiz de Direito Substituto – AM/2016) De acordo com o que está expresso na CF acerca dos partidos políticos, é livre a criação, a fusão, a incorporação e a extinção de partidos políticos, resguardados a soberania nacional, o regime democrático, o pluripartidarismo e os direitos fundamentais da pessoa humana, desde que observado(a)

a) a obrigação de prestar contas à justiça eleitoral.

b) a apreciação da legalidade dos atos de admissão de pessoal para fins de registro.

c) a vinculação entre as candidaturas em âmbito nacional, estadual, distrital ou municipal em caso de coligações eleitorais.

d) o caráter regional do novo partido que se pretenda criar.

e) a ampla publicidade dos orçamentos dos partidos políticos.

COMENTÁRIOS

Alternativa correta: letra "a": consta expressamente do artigo 17 da CF, que é livre a criação, fusão, incorporação e extinção de partidos políticos, resguardados a soberania nacional, o regime democrático, o pluripartidarismo, os direitos fundamentais da pessoa humana e observados os seguintes preceitos: I – caráter nacional; II – proibição de recebimento de recursos financeiros de entidade ou governo estrangeiros ou de subordinação a estes; III – **prestação de contas à Justiça Eleitoral**; IV – funcionamento parlamentar de acordo com a lei.

Alternativa "b": não há regra constitucional expressa instituindo que os partidos políticos realizarão a apreciação da legalidade dos atos de admissão de pessoal para fins de registro.

Alternativa "c": é assegurada aos partidos políticos autonomia para definir sua estrutura interna, organização e funcionamento e para adotar os critérios de escolha e o regime de suas coligações eleitorais, **sem obrigatoriedade de vinculação entre as candidaturas em âmbito nacional, estadual, distrital ou municipal**, devendo seus estatutos estabelecer normas de disciplina e fidelidade partidária (art. 17, §1º, da CF).

Alternativa "d": consta expressamente do artigo 17 da CF, que é livre a criação, fusão, incorporação e extinção de partidos políticos, resguardados a soberania nacional, o regime democrático, o pluripartidarismo, os direitos fundamentais da pessoa humana e observados os seguintes preceitos: I – **caráter nacional** (e não regional); II – proibição de recebimento de recursos financeiros de entidade ou governo estrangeiros ou de subordinação a estes; III – prestação de contas à Justiça Eleitoral; IV – funcionamento parlamentar de acordo com a lei.

Alternativa "e": não há regra constitucional expressa impondo a ampla publicidade dos orçamentos dos partidos políticos.

75. (Cespe – Delegado de Polícia – PE/2016) Acerca dos direitos e garantias fundamentais previstos na CF, assinale a opção correta.

a) Em obediência ao princípio da igualdade, o STF reconhece que há uma impossibilidade absoluta e genérica de se estabelecer diferencial de idade para o acesso a cargos públicos.

b) Conforme o texto constitucional, o civilmente identificado somente será submetido à identificação criminal se a autoridade policial, a seu critério, julgar que ela é essencial à investigação policial.

c) São destinatários dos direitos sociais, em seu conjunto, os trabalhadores, urbanos ou rurais, com vínculo empregatício, os trabalhadores avulsos, os trabalhadores domésticos e os servidores públicos genericamente considerados.

d) Embora a CF vede a cassação de direitos políticos, ela prevê casos em que estes poderão ser suspensos ou até mesmo perdidos.

e) Os direitos e garantias fundamentais têm aplicação imediata, razão por que nenhum dos direitos individuais elencados na CF necessita de lei para se tornar plenamente exequível.

COMENTÁRIOS

Alternativa correta: letra "d": segundo art. 15 da CF, é **vedada a cassação** dos direitos políticos, cuja **perda** ou **suspensão** só se dará nos casos de: I – cancelamento da naturalização por sentença transitada em julgado; II – incapacidade civil absoluta; III – condenação criminal transitada em julgado, enquanto durarem seus efeitos; IV – recusa de cumprir obrigação a todos imposta ou prestação alternativa, nos termos do art. 5º, VIII; V – improbidade administrativa, nos termos do art. 37, § 4º. O que difere a perda da cassação é que a cassação decorre de pura arbitrariedade. Nesse sentido, ensina Nathalia Masson: "Importante, desde já, deixar firmado que a cassação dos direitos políticos, consistente na retirada arbitrária dos direitos, engendrada por perseguições ideológicas, tão típicas dos períodos de hiato constitucional (antidemocráticos), é vedada pela atual Constituição de 1988." (*Manual de direito constitucional.* Salvador: Juspodivm, 2013, p. 299).

Alternativa "a": não há impossibilidade absoluta e genérica de se estabelecer diferencial de idade para o acesso a cargos públicos. Nos termos da Súmula 683 do STF: "O limite de idade para a inscrição em concurso público só se legitima em face do art. 7º, XXX, da Constituição, quando possa ser justificado pela natureza das atribuições do cargo a ser preenchido.".

Alternativa "b": nos termos da Constituição (art. 5º, LVIII), o civilmente identificado não será submetido a identificação criminal, salvo nas hipóteses previstas em lei.

Alternativa "c": são destinatários dos direitos sociais dos trabalhadores os trabalhadores **urbanos e** (e não 'ou') **rurais**. Quanto aos servidores públicos, consta do art. 39, §3º, da CF, que aplica-se aos servidores ocupantes de cargo público o disposto no art. 7º, IV, VII, VIII, IX, XII, XIII, XV, XVI, XVII, XVIII, XIX, XX, XXII e XXX, podendo a lei estabelecer requisitos diferenciados de admissão quando a natureza do cargo o exigir.

Alternativa "e": nos termos do art. 5º, §1º, da CF, as normas definidoras dos direitos e garantias fundamentais têm aplicação imediata. No entanto, não é correto afirmar que nenhum dos direitos individuais elencados na CF necessita de lei para se tornar plenamente exequível, eis que alguns direitos, por sua natureza, exigem regulamentação infraconstitucional. Nestes termos, vale destacar o alerta de Nathalia Masson: "[...] tal regra não é absoluta e não pode atropelar a natureza dos direitos constitucionalmente proclamados. Como existem normas constitucionais, relativas a direitos fundamentais, que são evidentemente não auto-aplicáveis, isto é, que carecem de mediação legislativa para que possuam plena efetividade, é certo dizer que sozinhas não produzirão todos os seus efeitos essenciais." (*Manual de direito constitucional.* Salvador: Juspodivm, 2013, p. 203).

76. (Cespe – Analista de Controle – Área Jurídica – TCE – PR/2016) Com base na jurisprudência do STF, assinale a opção correta a respeito dos direitos políticos.

a) O princípio da anterioridade da lei eleitoral subordina, inclusive, a incidência das hipóteses de inelegibilidade introduzidas por normas constitucionais originárias constantes da Constituição Federal de 1988.

b) As condições de elegibilidade podem ser estabelecidas por simples lei ordinária federal, diferentemente das hipóteses de inelegibilidade, que são reservadas a lei complementar.

c) É constitucional a exigência legal que, independentemente da identificação civil, condiciona o voto à apresentação, pelo eleitor, do título eleitoral.

d) É dos estados a competência para legislar sobre condições específicas de elegibilidade dos juízes de paz.

e) A filiação partidária como condição de elegibilidade não se estende aos juízes de paz.

COMENTÁRIOS

Alternativa correta: letra "b": segundo a jurisprudência do STF, as condições de elegibilidade podem ser estabelecidas por simples lei ordinária federal, ao passo que as condições de inelegibilidade reclamam lei complementar. Nesse sentido: "O domicílio eleitoral na circunscrição e a filiação partidária, constituindo condições de elegibilidade (CF, art. 14, § 3º), revelam-se passíveis de válida disciplinação mediante simples lei ordinária. Os requisitos de elegibilidade não se confundem, no plano jurídico-conceitual, com as hipóteses de inelegibilidade, cuja definição – além das situações já previstas diretamente pelo próprio texto constitucional (CF, art. 14, §§ 5º a 8º) – só pode derivar de norma inscrita em lei complementar (CF, art. 14, § 9º)." (STF. ADI 1063, julgada em 1994 e relatada pelo Ministro Celso de Mello).

Alternativa "a": o princípio da anterioridade da lei eleitoral (art. 16 da CF) **não** subordina a incidência das hipóteses de inelegibilidade introduzidas por normas constitucionais originárias constantes da CF de 1988. A regra da anterioridade eleitoral vale apenas para as leis infraconstitucionais e emendas à Constituição. Desse modo, a **lei** que alterar o processo eleitoral entrará em vigor na data de sua publicação, não se aplicando à eleição que ocorra até um ano da data de sua vigência. Exemplificando, se uma norma originária da Constituição inovou em matéria de processo eleitoral, quando de sua promulgação (em 1988), ela terá aplicação imediata, não ficando subordinada à regra do art. 16 da CF. Vale anotar, segundo Direley da Cunha Júnior, que, "[...] em relação às Constituições, salvo disposição nela expressa em contrário, as normas constitucionais originárias gozam de retroatividade mínima, pois aplicam-se, quando *self executing*, imediatamente, alcançando, inclusive, os efeitos futuros de atos ou fatos anteriores. Isto é, as Constituições têm vigência imediata, alcançando os efeitos futuros de fatos passados (**retroatividade mínima**). Porém, as normas constitucionais, salvo disposição expressa em contrário (pois a Constituição pode fazê-lo), não alcançam os atos ou fatos consumados no passado (retroatividade máxima) nem os seus efeitos pendentes (retroatividade média)" (*Curso de direito constitucional*. 10. ed. Salvador: Juspodivm, 2016, p. 161).

Alternativa "c": o eleitor que se identificar civilmente não pode ser impedido de votar por não portar título eleitoral. Ou seja, o exercício do voto, quando o eleitor estiver devidamente identificado por documento civil, não pode ficar condicionado à apresentação do título eleitoral. Segundo o julgado: "[...] Reconhecimento, em exame prefacial, de plausibilidade jurídica da alegação de ofensa ao princípio constitucional da razoabilidade na interpretação dos dispositivos impugnados que impeça de votar o eleitor que, embora apto a prestar identificação mediante a apresentação de documento oficial com fotografia, não esteja portando seu título eleitoral. 6. Medida cautelar deferida para dar às normas ora impugnadas interpretação conforme à Constituição Federal, no sentido de que apenas a ausência de documento oficial de identidade com fotografia impede o exercício do direito de voto." (STF. ADI 4467, julgada em 2010 e relatada pela Ministra Ellen Gracie).

Alternativa "d": nos termos da jurisprudência do STF: "A fixação por lei estadual de condições de elegibilidade em relação aos candidatos a juiz de paz, além das constitucionalmente previstas no art. 14, § 3º, invade a competência da União para legislar sobre direito eleitoral, definida no art. 22, I, da Constituição do Brasil." (ADI 2938, julgada em 2005 e relatada pelo Ministro Eros Grau). Vale o alerta, segundo o mesmo julgado, que "Lei estadual que disciplina os procedimentos necessários à realização das eleições para implementação da justiça de paz [art. 98, II, da CB/88] não invade, em ofensa ao princípio federativo, a competência da União para legislar sobre direito eleitoral [art. 22, I, da CB/88].". Assim, a **lei estadual não pode fixar condições de elegibilidade** em relação aos candidatos a juiz de paz. Todavia, **é válida a lei estadual** que **disciplina os procedimentos** necessários à realização das eleições para implementação da justiça de paz.

Alternativa "e": a filiação partidária como condição de elegibilidade se estende aos juízes de paz. Segundo decisão exarada pelo STF: "A obrigatoriedade de filiação partidária para os candidatos a juiz de paz [art. 14, § 3º, da CB/88] decorre do sistema eleitoral constitucionalmente definido." (ADI 2938, julgada em 2005 e relatada pelo Ministro Eros Grau).

---

77. (Cespe – Advogado da União – 2015) Com base nas normas constitucionais e na jurisprudência do STF, julgue o item seguinte.

Vice-governador de estado que não tenha sucedido ou substituído o governador durante o mandato não precisará se desincompatibilizar do cargo atual no período de seis meses antes do pleito para concorrer a outro cargo eletivo.

COMENTÁRIOS

✪ **Nota do autor:** questão recorrente em concurso público diz respeito às regras de inelegibilidade constantes da Carta Constitucional. Fique atento a este ponto.

Certo. Consoante a regra da desincompatibilização contida no art. 14, § 6º, da CF, para concorrerem a outros cargos, o Presidente da República, os Governadores de Estado e do Distrito Federal e os Prefeitos devem renunciar aos respectivos mandatos até seis meses antes do pleito. Entretanto, este não é o caso dos vices que não tenham sucedido ou substituído o titular nos seis meses anteriores ao pleito.

---

78. (Cespe – Procurador do Estado – BA/2014) Acerca dos direitos políticos, julgue os itens a seguir.

78.1. Não são alistáveis como eleitores nem os estrangeiros nem os militares.

COMENTÁRIOS

✪ **Nota do autor:** questões que tratam dos alistáveis e elegíveis, pela facilidade de confusão, são tratadas com bastante frequência em concursos públicos. Recomenda-se a leitura atenta aos dispositivos que tratam do assunto.

Errado. Não podem alistar-se como eleitores os estrangeiros e, **durante o período do serviço militar obrigatório, os conscritos** (art. 14, § 2º, CF).

78.2. As ações de impugnação de mandato eletivo tramitam necessariamente em segredo de justiça.

COMENTÁRIOS

Certo. O artigo 14, § 11, da CF estatui que a ação de impugnação de mandato tramitará em segredo de justiça, respondendo o autor, na forma da lei, se temerária ou de manifesta má-fé.

78.3. Os direitos políticos passivos consagram as normas que impedem a participação no processo político eleitoral.

COMENTÁRIOS

Errado. Os **direitos políticos passivos** consagram as normas que ensejam a capacidade de ser votado e de ser eleito. Por sua vez, os **direitos políticos ativos** asseguram a capacidade de votar.

79. (Cespe – Procurador do Estado – DF/ 2013) Acerca da disciplina constitucional e legal referente à composição dos cargos públicos, julgue os seguintes itens.

79.1. Em razão do princípio da simetria, a Constituição estadual deve reproduzir a CF em relação à norma que rege a composição do Tribunal de Contas da União.

COMENTÁRIOS

Errado. O item remete ao art. 75 da CF: "as normas estabelecidas nesta seção aplicam-se, no que couber, à organização, composição e fiscalização dos Tribunais de Contas dos Estados e do Distrito Federal, bem como dos Tribunais e Conselhos de Contas dos Municípios". Assim, a norma da própria CF irradia sobre os Estados, não havendo obrigatoriedade de reprodução na Constituição Estadual. Ademais, a expressão "no que couber", do art. 75 da CF, relativiza a necessidade de absoluto respeito ao que dispõe o Texto Constitucional. Assim entende o STF: "[...] a decisão impugnada parece invadir a prerrogativa constitucional da Assembleia Legislativa de escolher nome para compor a Corte local de Contas. [...] o art. 73, entre outras disposições, estabelece a forma de composição do TCU, aplicável, 'no que couber', aos tribunais locais. Assim, não parece razoável que, em juízo liminar, precário pela natureza mesma do momento processual, o Poder Judiciário crie proibição a outro Poder, no caso ao legislativo, no sentido de que se abstenha '[...] de iniciar, dar andamento ou finalizar' o processo de escolha de nome para o cargo." (SS 4.580, Rel. Min. Presidente Cezar Peluso, decisão monocrática, julgamento em 2-3-2012, DJE de 13-3-2012.)

79.2. Caso já ocupe o cargo de deputado distrital, filho de governador do estado torna-se elegível para o mesmo cargo na eleição subsequente.

COMENTÁRIOS

Certo. A hipótese de inelegibilidade do art. 14, § 7°, da CF não atinge quem já era titular de cargo eletivo e candidato à reeleição, como narrado no item.

79.3. O governador do DF é inelegível para quaisquer outros cargos, a não ser que renuncie a seu mandato com uma antecedência mínima de seis meses em relação à data do pleito.

COMENTÁRIOS

Certo. O governador do DF, assim como os governadores de Estados-membros, o Presidente da República e os Prefeitos são inelegíveis para quaisquer outros cargos, a não ser que renunciem a seus mandatos com uma antecedência mínima de seis meses em relação à data do pleito, consoante art. 14, § 6°, da CF.

79.4. Filho de governador de estado é inelegível para qualquer cargo eletivo em âmbito nacional.

COMENTÁRIOS

Errado. Filho de Governador de Estado só é inelegível no território de jurisdição do titular, não em todo o território nacional (art. 14, § 7°, da CF).

80. (Cespe – Juiz Federal Substituto 2ª região/ 2013) Com relação aos direitos de nacionalidade, aos direitos políticos e aos partidos políticos, assinale a opção correta.

a) No Brasil, o alistamento eleitoral depende da iniciativa do nacional que preencha os requisitos constitucionais e legais exigidos, não havendo inscrição de ofício por parte da autoridade judicial eleitoral.

b) Embora se caracterizem como pessoas jurídicas de direito privado, os partidos políticos só adquirem personalidade jurídica após o registro de seus estatutos no tribunal regional eleitoral do estado em que estejam sediados.

c) Com a Emenda Constitucional n° 54/2007, passaram a ser considerados brasileiros natos os nascidos no estrangeiro, de pai e mãe brasileiros, desde que sejam registrados em repartição brasileira competente ou venham a residir no Brasil após atingir a maioridade.

d) Serão considerados brasileiros naturalizados os estrangeiros de qualquer nacionalidade residentes no Brasil há mais de quinze anos ininterruptos, mas, com relação aos originários de países de língua portuguesa, a CF prevê somente que tenham residência permanente no país como condição para adquirir a nacionalidade brasileira.

e) A idade mínima é requisito de elegibilidade, exigindo-se, no caso de candidatos a prefeito, vice-prefeito, vereador e juiz de paz, a idade de vinte e um anos no momento do registro da candidatura na justiça eleitoral.

COMENTÁRIOS

Alternativa correta: letra "a": no Brasil, o alistamento eleitoral depende da iniciativa do nacional que preencha os requisitos constitucionais e legais exigidos, consoante art. 14, da CF, não havendo inscrição de ofício por parte da autoridade judicial eleitoral

Alternativa "b": embora se caracterizem como pessoas jurídicas de direito privado (art. 44, V, do CC), os partidos políticos adquirem personalidade jurídica **na forma da lei civil e, posteriormente,** deverão realizar o registro de seus estatutos no **Tribunal Superior Eleitoral** (não no tribunal regional eleitoral do estado em que estejam sediados), tudo de acordo com o art. 17, § 2°, da CF.

Alternativa "c": com a Emenda Constitucional n° 54/2007, passaram a ser considerados brasileiros natos os nascidos no estrangeiro, de pai **brasileiro ou de mãe brasileira**, desde que sejam registrados em repartição brasileira competente ou venham a residir no Brasil e optem, em qualquer tempo, depois de atingida a maioridade, pela nacionalidade brasileira (art. 12, I, "c", da CF).

Alternativa "d": serão considerados brasileiros naturalizados os estrangeiros de qualquer nacionalidade residentes no Brasil há mais de quinze anos ininterruptos **e sem condenação criminal**, mas, com relação aos originários de países de língua portuguesa, a CF prevê somente que tenham **residência por um ano ininterrupto e idoneidade moral** (art. 12, II, "a" e "b", da CF).

Alternativa "e": a idade mínima é requisito de elegibilidade, exigindo-se, no caso de candidatos a prefeito, vice-prefeito e juiz de paz, a idade de vinte e um anos (art. 14, § 3°, "c", da CF) no momento **da posse** (art. 11, § 2°, da Lei 9.504/97)**.** Já o candidato a vereador precisa ter dezoito anos (art. 14, § 3°, "d", da CF) na data da posse.

81. (Cespe – Analista do MPU/2013) A respeito dos direitos e garantias fundamentais e da aplicabilidade das normas constitucionais, julgue os itens subsequentes.

81.1. Considere que Marcos, cidadão brasileiro, com vinte anos de idade, pretenda se eleger na próxima eleição, pela primeira vez, vereador de determinado município e que seu irmão adotivo seja atualmente vereador do referido município. Nessa situação, Marcos é considerado relativamente inelegível.

COMENTÁRIOS

✪ **Nota do autor:** questão recorrente em concurso público, diz respeito às regras de inelegibilidade constantes da Carta Constitucional. A questão em tela exige que o candidato concatene conhecimentos acerca das idades mínimas para os cargos pleiteados e a inelegibilidade reflexa.

Errado. Considerando que Marcos conta com 20 anos de idade, ele já é elegível, pois a idade mínima constitucionalmente prevista para pleitear o cargo de vereador Municipal é de 18 (dezoito) anos. Desse modo, conforme dicção do artigo 14, § 3º, VI, são condições de elegibilidade, na forma da lei, a idade mínima de: a) trinta e cinco anos para Presidente e Vice-Presidente da República e Senador; b) trinta anos para Governador e Vice-Governador de Estado e do Distrito Federal; c) vinte e um anos para Deputado Federal, Deputado Estadual ou Distrital, Prefeito, Vice-Prefeito e juiz de paz; d) **dezoito anos para Vereador**. Lado outro, o fato de seu irmão (seja adotivo ou não) já ser vereador do referido município em nada influi na sua elegibilidade. Contudo, deve o candidato ficar atento à inelegibilidade reflexa, contida no artigo 14, § 7º da CF, segundo o qual, são inelegíveis, no território de jurisdição do titular, o cônjuge e os parentes consanguíneos ou afins, até o segundo grau ou por adoção, do **Presidente da República, de Governador de Estado ou Território, do Distrito Federal, de Prefeito ou de quem os haja substituído dentro dos seis meses anteriores ao pleito**, salvo se já titular de mandato eletivo e candidato à reeleição.

81.2. Os direitos fundamentais de primeira dimensão são aqueles que outorgam ao indivíduo direitos a prestações sociais estatais, caracterizando-se, na maioria das vezes, como normas constitucionais programáticas.

COMENTÁRIOS

✪ **Nota do autor:** as dimensões (ou gerações) de direitos humanos é matéria de grande importância e deve ser de conhecimento do candidato.

Errado. A doutrina classifica os direitos humanos e os fundamentais em gerações ou dimensões de direitos. Os **direitos civis e políticos seriam os de primeira geração ou dimensão, caracterizados pelo valor liberdade**. Já **os direitos econômicos, sociais e culturais seriam os de segunda geração ou dimensão, caracterizados pelo valor igualdade**. Por fim, **os direitos de solidariedade ou fraternidade seriam os de terceira geração ou dimensão, caracterizados pelo valor solidariedade ou fraternidade.** De acordo com Paulo Bonavides: "os direitos da primeira geração ou direitos da liberdade têm por titular o indivíduo, são oponíveis ao Estado, traduzem-se como faculdades ou atributos da pessoa e ostentam uma subjetividade que é seu traço mais característico; enfim, são direitos de resistência ou de oposição perante o Estado" (*Curso de Direito Constitucional.*22 ed. São Paulo: Malheiros, 2008, p. 564). Desse modo, os direitos de primeira dimensão devotam uma abstenção do estado. Novamente segundo as lições de Paulo Bonavides, "com o advento dos direitos fundamentais da segunda geração os publicistas alemães, a partir de Schmitt, descobriram também o aspecto objetivo [...] Os direitos da segunda geração merecem um exame mais amplo. Dominam o século XX do mesmo modo como os direitos de primeira geração dominaram o século passado. São os direitos sociais, culturais e econômicos [...] Mas passaram primeiro por um ciclo de baixa normatividade ou tiveram eficácia duvidosa, em virtude de sua própria natureza de direitos que exigem do Estado determinadas prestações materiais nem sempre resgatáveis por exigüidade, carência ou limitação essencial de meios e recursos. De juridicidade questionada nessa fase, foram eles remetidos à chamada esfera programática, em virtude de não conterem para sua concretização aquelas garantias habitualmente ministradas pelos instrumentos processuais de proteção aos direitos da liberdade" (*Curso de Direito Constitucional*.22 ed. São Paulo: Malheiros, 2008, p. 564-565). Desse modo, vemos que os direitos fundamentais de segunda dimensão (e não os de primeira) outorgam ao indivíduo direitos a prestações sociais estatais, caracterizando-se, na maioria das vezes, como normas constitucionais programáticas.

5. ORGANIZAÇÃO DO ESTADO

82. (Cespe – Procurador do MP junto ao TCE-PB/2014) Acerca das normas constitucionais que tratam da organização do Estado e de acordo com a jurisprudência do STF, assinale a opção correta.

a) Apesar de Brasília ser a capital federal, a CF admite a transferência temporária da sede do governo federal, por meio de lei ordinária exarada pelo Congresso Nacional, com a sanção do presidente da República.

b) A criação, a incorporação, a fusão e o desmembramento de municípios far-se-ão por lei estadual, dentro do período determinado por lei complementar federal, e dependerão de consulta prévia, mediante plebiscito, às populações dos municípios envolvidos, com posterior referendo pela assembleia legislativa do estado respectivo.

c) A CF admite que os estados, o DF e os territórios se dividam em municípios.

d) Como forma de incentivar a produção local e assim aumentar a arrecadação tributária estadual, mostra-se de acordo com o ordenamento jurídico lei estadual que estabeleça, como condição de acesso a licitação pública para a aquisição de bens, que estes sejam produzidos no âmbito do território do estado licitante.

e) O presidente da República poderá decretar a intervenção da União em um estado da Federação quando verificar o flagrante descumprimento dos direitos da pessoa humana. Nessa hipótese, o decreto de intervenção deverá ser imediatamente submetido a referendo pelo Congresso Nacional.

COMENTÁRIOS

Alternativa correta: "a": apesar de Brasília ser a capital federal, a CF admite a **transferência temporária da sede do governo federal**, por meio de lei ordinária exarada pelo Congresso Nacional, com a sanção do presidente da República. Conforme possível abstrair do artigo 48, VII, da CF, cabe ao Congresso Nacional, com a sanção do Presidente da República, dispor especialmente sobre transferência temporária da sede do Governo Federal.

Alternativa "b": a criação, a incorporação, a fusão e o desmembramento de Municípios far-se-ão por lei estadual, dentro do período determinado por Lei Complementar Federal, e dependerão de consulta prévia, mediante plebiscito, às populações dos Municípios envolvidos, **após divulgação dos Estudos de Viabilidade Municipal, apresentados e publicados na forma da lei** (e não com posterior referendo pela assembleia legislativa do estado respectivo), conforme prescreve o artigo 18, § 4º, da CF.

Alternativa "c": a CF admite que os Estados (art. 18, § 3º e § 4º) e os Territórios (art. 33, § 1º) se dividam em Municípios. Contudo, **é expressamente vedada a divisão do DF em Municípios** (art. 32, *caput*, da CF).

Alternativa "d": o entendimento da Suprema Corte, na apreciação da ADI 3583, julgada em 2008 e relatada pelo Ministro Cezar Peluso, é que se revela **inconstitucional** lei estadual que estabeleça, como condição de acesso a licitação pública para a aquisição de bens, que estes sejam produzidos no âmbito do território do estado licitante. Desse modo, não poderia ser exigido pelo Estado-membro que a empresa licitante tenha a fábrica ou sede em seu território, como condição de acesso a licitação pública.

Alternativa "e": o presidente da República poderá decretar a intervenção da União em um Estado da Federação quando verificar o flagrante descumprimento dos direitos da pessoa humana, conforme previsto no artigo 34, VII, "b", da CF. Nessa hipótese, o decreto de intervenção deverá de provimento, pelo Supremo Tribunal Federal, de representação do Procurador-Geral da República (art. 36, III, CF). Contudo, estará dispensada a apreciação pelo Congresso Nacional, conforme artigo 36, § 3º, da CF.

83. (Cespe – Defensor Público – TO/2013) Considerando o disposto na CF e o entendimento do STF a respeito da organização do Estado brasileiro, assinale a opção correta.

a) Não invade a competência legislativa da União a edição de lei estadual que obrigue, sob pena de multa, veículo automotor a transitar permanentemente com os faróis acesos nas rodovias do estado, já que a norma dispõe sobre segurança, matéria cuja competência é concorrente entre os entes da Federação.

b) Lei estadual que disponha sobre questões inerentes a custas forenses é inconstitucional, visto que a competência para legislar sobre direito processual é privativa da União.

c) O estado-membro pode intervir em município quando o tribunal de justiça der provimento à representação para assegurar a observância de princípios insertos na constituição estadual, ou para prover a execução de lei, ordem ou decisão judicial, embora seja cabível recurso extraordinário contra o respectivo acórdão.

d) Compete à União a tarefa de organizar e manter a polícia civil, militar e o corpo de bombeiros dos territórios.

e) É constitucional lei municipal que estabeleça limite de tempo de espera em fila para os usuários dos serviços prestados pelos cartórios, já que a matéria não está inserida na disciplina dos registros públicos, de competência da União.

COMENTÁRIOS

Alternativa correta: "e": o STF já decidiu que: ""Distrito Federal: competência legislativa para fixação de tempo razoável de espera dos usuários dos serviços de cartórios. A imposição legal de um limite ao tempo de espera em fila dos usuários dos serviços prestados pelos cartórios não constitui matéria relativa à disciplina dos registros públicos, mas assunto de interesse local, cuja competência legislativa a Constituição atribui aos Municípios [...]." (RE 397.094, julgado em 2006 e relatado pelo Ministro Sepúlveda Pertence).

Alternativa "a": invade a competência legislativa da União a edição de lei estadual que obrigue, sob pena de multa, veículo automotor a transitar permanentemente com os faróis acesos nas rodovias do estado. Segundo o STF: "Legislação sobre trânsito: competência privativa federal: CF, art. 22, XI. Lei 11.766, de 1997, do Estado do Paraná, que torna obrigatório a qualquer veículo automotor transitar permanentemente com os faróis acesos nas rodovias do Estado do Paraná, impondo a pena de multa aos que descumprirem o preceito legal: inconstitucionalidade, porque a questão diz respeito ao trânsito." (ADI 3.055, julgada em 2005 e relatada pelo Ministro Carlos Velloso).

Alternativa "b": lei estadual que disponha sobre questões inerentes a custas forenses é **constitucional**. Nos termos da jurisprudência do STF: "Custas e emolumentos são espécies tributárias, classificando-se como taxas. Precedentes do STF. **À União, ao Estado membro e ao Distrito Federal é conferida competência para legislar concorrentemente sobre custas dos serviços forenses**, restringindo-se a competência da União, no âmbito dessa legislação concorrente, ao estabelecimento de normas gerais, certo que, inexistindo tais normas gerais, os Estados exercerão a competência legislativa plena, para atender a suas peculiaridades (CF, art. 24, IV, §§ 1º e 3º)." (ADI 1.624, julgada em 2003 e relatada pelo Ministro Carlos Velloso).

Alternativa "c": conforme art. 35, IV, da CF, o estado-membro pode intervir em município quando o Tribunal de Justiça der provimento à representação para assegurar a observância de princípios indicados na Constituição Estadual, ou para prover a execução de lei, ordem ou decisão judicial. Entretanto, **o STF não admite o recurso extraordinário**: "Recurso extraordinário: descabimento: inexistência de causa no procedimento político-administrativo de requisição de intervenção estadual nos Municípios para prover a execução de ordem ou decisão judicial (CF, art. 35, IV), ainda quando requerida a providência pela parte interessada." (Pet 1.256, Rel. Min. Sepúlveda Pertence, julgamento em 4-11-1998, Plenário, DJ de 4-5-2001.)

Alternativa "d": compete à União a tarefa de organizar e manter a polícia civil, militar e o corpo de bombeiros **do Distrito Federal** (art. 24, XIV, da CF).

5.1. ORGANIZAÇÃO POLÍTICO ADMINISTRATIVA

84. (Cespe – Advogado da União – 2015) Julgue o item seguinte, que se refere ao Estado federal, à Federação brasileira e à intervenção federal.

84.1. No federalismo pátrio, é admitida a decretação de intervenção federal fundada em grave perturbação da ordem pública em caso de ameaça de irrupção da ordem no âmbito de estado-membro, não se exigindo para tal fim que o transtorno da vida social seja efetivamente instalado e duradouro.

COMENTÁRIOS

Errado. O art. 34, III, da CF, autoriza que a União intervenha em Estado-membro a fim de pôr termo a grave comprometimento da ordem pública. Porém, nas palavras de Gilmar Mendes, "ao contrário do que dispunha a Constituição de 1967, **não** se legitima a intervenção em caso de mera ameaça de irrupção da ordem. O problema tem de estar instaurado para a intervenção ocorrer. Não é todo tumulto que justifica a medida extrema, mas apenas as situações em que a desordem assuma feitio inusual e intenso" (MENDES, Gilmar; BRANCO, Paulo Gustavo Gonet. Curso de Direito Constitucional. São Paulo: Saraiva, 2015, p. 1122).

84.2. Entre as características do Estado federal, inclui-se a possibilidade de formação de novos estados-membros e de modificação dos já existentes conforme as regras estabelecidas na CF.

COMENTÁRIOS

Certo. O art. 18, § 3º, da CF, prevê a possibilidade de os estados se incorporarem entre si, subdividir-se ou desmembrar-se para se anexarem a outros, ou formarem novos estados ou territórios federais, mediante aprovação da população diretamente interessada, através de plebiscito, e do Congresso Nacional, por lei complementar.

85. (Cespe – Promotor de Justiça – AC/2014) No que tange à organização político-administrativa brasileira, assinale a opção correta.

a) Compete à União, aos estados, ao DF e aos municípios legislar concorrentemente sobre educação, saúde, trânsito e transporte, cabendo a cada ente federativo adotar a sua legislação de acordo com as peculiaridades nacional, regional e local.

b) A aplicação anual de 25% da receita resultante de impostos estaduais na manutenção e desenvolvimento do ensino e a prestação de contas da administração pública são consideradas princípios constitucionais sensíveis, cujo descumprimento autoriza a intervenção federal nos estados.

c) Perderá o mandato o prefeito que assumir o cargo de secretário estadual de educação, exceto nos casos em que houver autorização da câmara municipal.

d) Segundo o STF, a previsão do instituto da reclamação nas constituições estaduais viola disposição da CF, pois configura invasão da competência privativa da União para legislar sobre direito processual.

e) O princípio geral que norteia a repartição de competência entre os entes federativos é o da predominância do interesse, em decorrência do qual seria inconstitucional delegação legislativa que autorizasse os estados a legislar sobre questões específicas das matérias de competência privativa da União.

COMENTÁRIOS

✪ **Nota do autor:** a intervenção da União nos Estados é matéria costumeiramente cobrada em concursos e quase sempre exigem apenas as disposições constantes do texto da Carta Magna. Desse modo, é necessário que o candidato dedique atenção ao que a Constituição estabelece sobre o assunto.

Alternativa correta: "b": a Constituição estabelece em seu artigo 34, VII, que **a União não intervirá nos Estados nem no Distrito Federal, exceto para assegurar a observância dos seguintes princípios constitucionais:** a) forma republicana, sistema representativo e regime democrático; b) direito da pessoa humana; c) autonomia municipal; **d) prestação de contas da administração pública**, direta e indireta; **e) aplicação do mínimo exigido da receita resultante de impostos estaduais, compreendida a proveniente de transferências, na manutenção e desenvolvimento do ensino e nas ações e serviços públicos de saúde. Esses princípios mencionados são chamados pela doutrina de Princípios Sensíveis e sua inobservância enseja a intervenção da União nos estados.** Desse modo, a aplicação anual de 25% da receita resultante de impostos estaduais na manutenção e desenvolvimento do ensino e a prestação de contas da administração pública são consideradas princípios constitucionais sensíveis, cujo descumprimento autoriza a intervenção federal nos estados.

Alternativa "a": a competência para legislar acerca de educação e saúde é concorrente entre a União, Estados e Distrito Federal, conforme preceitua o artigo 24, IX e XII. Nestes casos, a competência da União limitar-se-á a estabelecer normas gerais, não excluídas, com isso, a competência suplementar dos Estados (art. 24, §§ 1º e 2º). Quanto a competência para legislar sobre trânsito e transporte, a competência é privativa da União, consoante artigo 22, XI, da CF. Desse modo, compete à União, aos estados e ao DF (excluídos os municípios) legislar concorrentemente sobre educação e saúde, devendo a União estabelecer normas gerais. Já quanto à competência para legislar sobre trânsito e transporte, caberá privativamente à União.

Alternativa "c": de acordo com o que preleciona Pedro Lenza, "perderá o mandato o prefeito que assumir outro cargo ou função na Administração Pública direta ou indireta, ressalvada a posse em virtude de concurso público e observado o disposto no art. 38, I, IV e V (art. 28, § 1º – primitivo parágrafo único, transformado em § 1º pela EC nº 19/98, c/c o art. 29, XIV, inciso renumerado pela EC nº 1/92)" (LENZA, Pedro. *Direito Constitucional Esquematizado*. 14. ed. São Paulo: Saraiva, 2010, p. 521). A perda do mandato de Prefeito que assumir outro cargo ou função na Administração Pública (por exemplo, o cargo de secretário estadual de educação) decorre do artigo 29, XIV, da CF, que remete ao artigo 28, § 1º, da CF, aplicando-se as disposições pertinentes aos Governadores de Estado, segundo o qual, **perderá o mandato o Governador que assumir outro cargo ou função na administração pública direta ou indireta, ressalvada a posse em virtude de concurso público e observado o disposto no art. 38, I, IV e V.** Portanto, perderá o mandato o prefeito que assumir o cargo de secretário estadual de educação, **independentemente** se houver autorização da câmara municipal.

Alternativa "d": segundo o STF, a previsão do instituto da reclamação nas constituições estaduais **não** viola disposição da CF, **não** configurando invasão da competência privativa da União para legislar sobre direito processual. O entendimento é que a reclamação não se trata de recurso, nem de uma ação, e nem um incidente processual, mas sim, situa-se no âmbito do direito constitucional de petição (art. 5º, XXXIV, CF). Desse modo, não há invasão de competência privativa da União, pois não se trata de matéria relativa ao direito processual. Destaca-se, nesse sentido, o posicionamento da Suprema Corte: "1. **A natureza jurídica da reclamação não é a de um recurso, de uma ação e nem de um incidente processual. Situa-se ela no âmbito do direito constitucional de petição previsto no artigo 5º, inciso XXXIV da Constituição Federal. Em consequência, a sua adoção pelo Estado-membro, pela via legislativa local, não implica em inva-**

são da competência privativa da União para legislar sobre direito processual (art. 22, I da CF). 2. A reclamação constitui instrumento que, aplicado no âmbito dos Estados-membros, tem como objetivo evitar, no caso de ofensa à autoridade de um julgado, o caminho tortuoso e demorado dos recursos previstos na legislação processual, inegavelmente inconvenientes quando já tem a parte uma decisão definitiva. Visa, também, à preservação da competência dos Tribunais de Justiça estaduais, diante de eventual usurpação por parte de Juízo ou outro Tribunal local. 3. A adoção desse instrumento pelos Estados-membros, além de estar em sintonia com o princípio da simetria, está em consonância com o princípio da efetividade das decisões judiciais. 4. Ação direta de inconstitucionalidade improcedente" (STF. ADI 2212, julgada em 2003 e relatada pela Ministra Ellen Gracie).

Alternativa "e": o princípio geral que norteia a repartição de competência entre os entes federativos é o da predominância (ou preponderância) do interesse. No entanto, a própria Constituição Federal estabelece que em casos de competência privativa da União (só a União pode legislar), lei complementar poderá autorizar os Estados a legislar sobre questões específicas (art. 22, parágrafo único, da CF). Desse modo, verifica-se que uma lei complementar que autoriza os Estados a legislar sobre questões específicas das matérias relacionadas no artigo 22, da CF – que estabelece a competência privativa da União – não afrontará a Carta Magna, sendo, portanto, constitucional.

---

86. (Cespe – Cartório – TJ – DF/2014) Com base nos dispositivos constitucionais referentes à estrutura e à competência dos entes federados e à intervenção federal, assinale a opção correta.

a) Ao legislar sobre transporte coletivo municipal de passageiros, o município exerce sua competência legislativa residual.

b) A moralidade e a eficiência da administração pública estão entre os denominados princípios constitucionais sensíveis, que, uma vez violados, possibilitam a intervenção federal nos estados.

c) A intervenção federal da União nos estados estará sempre sujeita ao controle político do Congresso Nacional, que apreciará o decreto interventivo.

d) A CF prevê hipótese de intervenção federal em município.

e) A fusão de municípios deverá ser feita por lei estadual, após aprovação das câmaras municipais dos entes envolvidos.

COMENTÁRIOS

✪ **Nota do autor:** a questão, dentre outros assuntos, aborda a intervenção. Essa matéria costuma ser cobrada conforme consta do texto constitucional. Devido a relevância e a volumosa quantidade de peculiaridades, recomendamos ao caro leitor, que dedique atenção especial aos dispositivos constitucionais que abordam o assunto (arts. 34, 35 e 36, da CF).

Alternativa correta: "d": a CF prevê hipótese de intervenção federal em Município. Mas, conforme a dicção constitucional, **a União apenas poderá intervir em Municípios localizados em Território Federal.** O artigo 35 da CF estabelece que o Estado não intervirá em seus Municípios, **nem a União nos Municípios localizados em Território Federal, exceto quando:** I – deixar de ser paga, sem motivo de força maior, por dois anos consecutivos, a dívida fundada; II – não forem prestadas contas devidas, na forma da lei; III – não tiver sido aplicado o mínimo exigido da receita municipal na manutenção e desenvolvimento do ensino e nas ações e serviços públicos de saúde; IV – o Tribunal de Justiça der provimento a representação para assegurar a observância de princípios indicados na Constituição Estadual, ou para prover a execução de lei, de ordem ou de decisão judicial.

Alternativa "a": compete aos Municípios organizar e prestar, diretamente ou sob regime de concessão ou permissão, os serviços públicos de interesse local, incluído o de transporte coletivo, que tem caráter essencial, conforme dicção o artigo 30, V, da CF. Estamos diante de uma **competência administrativa ou material exclusiva dos Municípios** (e não residual ou remanescente).

Alternativa "b": conforme cediço, a moralidade e a eficiência da administração pública são princípios constitucionalmente estabelecidos. No entanto, **não** estão entre os denominados princípios constitucionais sensíveis, que, uma vez violados, possibilitam a intervenção federal nos Estados. Segundo classificação doutrinária, os princípios constitucionais sensíveis são aqueles arrolados no art. 34, VII, da CF: a) forma republicana, sistema representativo e regime democrático; b) direitos da pessoa humana; c) autonomia municipal; d) prestação de contas da administração pública, direta e indireta; e) aplicação do mínimo exigido da receita resultante de impostos estaduais, compreendida a proveniente de transferências, na manutenção e desenvolvimento do ensino e nas ações e serviços públicos de saúde.

Alternativa "c": a intervenção federal da União nos estados **nem sempre** estará sujeita ao controle político do Congresso Nacional para apreciar o decreto interventivo. Isso ocorre devido o conteúdo do artigo 36, § 3º, da CF, que dispensa a apreciação pelo Congresso Nacional do decreto interventivo, nos casos estabelecidos no artigo 34, VI (para prover a execução de lei federal, ordem ou decisão judicial) e VII (princípios sensíveis).

Alternativa "e": a fusão de municípios deverá ser feita por lei estadual, após consulta prévia, **mediante plebiscito** (e não após aprovação das Câmaras Municipais dos entes envolvidos), **às populações interessa-**

das. Destarte, o artigo 18, § 4º, da CF, estabelece que a criação, a incorporação, **a fusão** e o desmembramento **de Municípios, far-se-ão por lei estadual, dentro do período determinado por Lei Complementar Federal, e dependerão de consulta prévia, mediante plebiscito, às populações dos Municípios envolvidos, após divulgação dos Estudos de Viabilidade Municipal, apresentados e publicados na forma da lei.**

87. (Cespe – Procurador do Ministério Público junto ao TCDF/2013) Acerca da organização político-administrativa do Estado brasileiro, julgue os itens a seguir.

87.1. A União, dentro do seu juízo discricionário, pode delegar, por meio de lei específica, assuntos de sua competência legislativa privativa a determinado estado da Federação, sem necessidade de estender essa delegação a todos os estados.

COMENTÁRIOS

Errado. Para Alexandre de Moraes, há três requisitos pertinentes à delegação de competência legislativa privativa da União para os Estados: i. formal; ii. material e; iii. Implícito. O requisito formal se refere à necessidade de expedição de Lei complementar. Já o requisito material se refere ao fato de que a delegação deve ser pontual, ou seja, especificando-se alguma matéria expressamente disposta no art. 22 da CF, que detalhada os temas de competência privativa da União. Por fim, **o requisito implícito se refere ao fato que, se a União delegar determinada matéria a um Estado, deverá estender a mesma possibilidade a todos os Estados da Federação, sob pena de afronta ao princípio do art. 19, da CF, que veda o estabelecimento de preferência entre entes federados** (*Direito Constitucional*. São Paulo: Atlas, 2010, p. 309-310). Vale notar, que a questão da delegação de competência legislativa privativa da União aos Estados tem como base o art. 22, parágrafo único, da CF: "Lei complementar poderá autorizar os Estados a legislar sobre questões específicas das matérias relacionadas neste artigo".

87.2. A iniciativa popular de lei, no âmbito municipal, tanto pode envolver projetos de interesse específico do município como da cidade ou de bairros, por meio da manifestação de, pelo menos, 5% do eleitorado.

COMENTÁRIOS

Certo. De acordo com o que prevê o artigo 29, XIII, da CF, a iniciativa popular de projetos de lei de **interesse específico do Município, da cidade ou de bairros**, através de manifestação de, pelo menos, **cinco por cento do eleitorado.**

88. (Cespe – Defensor Público – RR/2013) Assinale a opção correta a respeito da organização político – administrativa do Estado brasileiro.

a) No exercício de sua capacidade de auto-organização, os municípios podem criar, nas respectivas leis orgânicas, imunidades formais em relação aos vereadores.

b) Como os municípios recém-criados devem ser imediatamente instalados, revela-se possível na ordem constitucional a realização de eleições extemporâneas para tal finalidade.

c) Com a finalidade de reduzir as desigualdades regionais, a União poderá criar regiões de desenvolvimento com capacidade política.

d) Os estados-membros poderão criar aglomerações urbanas mediante lei ordinária específica, para integrar a execução de funções públicas de interesse comum.

e) O prefeito que praticar crime de responsabilidade impróprio deverá ser julgado perante o Poder Judiciário e não perante a câmara municipal.

COMENTÁRIOS

✪ **Nota do autor:** a questão tem alto grau de dificuldade, exigindo que o candidato tenha conhecimento muito além do texto constitucional.

Alternativa correta: "e": segundo o art. 29, X, da CF, o Prefeito está sujeito a julgamento perante o Tribunal de Justiça. Por sua vez, a Súmula 702 do STF determina que a competência do Tribunal de Justiça para julgar prefeitos restringe-se aos crimes de competência da justiça comum estadual; nos demais casos, a competência originária caberá ao respectivo tribunal de segundo grau", tal como o TRF ou o TRE. Tanto o texto da CF quanto a Súmula referem-se ao julgamento de crimes comuns. Em se tratando de crimes de responsabilidade, entra em cena o **Decreto-Lei 201/66**, segundo o qual, no crime de responsabilidade próprio (infração político administrativa punida com a cassação do mandato), a competência será da Câmara Municipal; **já no crime de responsabilidade impróprio (crime de responsabilidade punido com pena privativa de liberdade de detenção ou reclusão), a competência será do Tribunal de Justiça**. Assim, trocando em miúdos, o TJ julgará o Prefeito tanto em caso de crime comum de competência da justiça estadual (porque se for federal, a competência será do TRF) e nos crimes de responsabilidade impróprios (punidos com pena privativa de liberdade de detenção ou reclusão).

Alternativa "a": conforme o art. 29, VIII, da CF, os Vereadores são invioláveis por suas opiniões, palavras e votos no exercício do mandato e na circunscrição do Município. Trata-se de uma imunidade material. Não tem, pois, os Vereadores, as imunidade formais relativas à prisão e ao processo, a que fazem jus os parlamentares federais. Aliás, esse é o posicionamento do STF sobre o tema: "O Tribunal, por maioria, julgou procedente o pedido formulado na inicial de ação direta ajuizada pelo Procurador-Geral da República para declarar a inconstitucionalidade da expressão abaixo destacada, constante da parte final do inciso XVII, do art. 13, da Constituição do Estado de Sergipe, que estabelece "a inviolabilidade do vereador por suas opiniões, palavras e votos, no exercício do mandato e na circunscrição do Município, não podendo, desde a expedição do diploma até a inauguração da legislatura seguinte, ser preso, salvo em flagrante de crime inafiançável, nem processado criminalmente sem prévia autorização da Câmara Municipal, cujo deferimento da licença ou ausência de deliberação suspende a prescrição enquanto durar o mandato;". Considerou-se caracterizada na espécie a ofensa ao art. 22, I, da CF/88, que prevê a competência privativa da União para legislar sobre direito penal e processual. O Min. Sepúlveda Pertence também julgou procedente o pedido formulado, mas por fundamento diverso, qual seja, por ofensa ao art. 29, VIII – "inviolabilidade dos vereadores por suas opiniões, palavras e votos no exercício do mandato e na circunscrição do município". – haja vista que a CF, ao estender expressamente aos vereadores a imunidade material, excluiu implicitamente a que eles se aplicasse a imunidade formal. Vencido o Min. Marco Aurélio que julgava improcedente o pedido formulado, por considerar que os vereadores devem gozar das mesmas prerrogativas quanto ao exercício do mandato no que diz respeito aos deputados federais e senadores. ADI 371, julgada em 2002 e relatada pelo Ministro Maurício Corrêa).

Alternativa "b": não é possível na ordem constitucional a realização de eleições extemporâneas para a instalação de Municípios recém-criados. Assim decidiu o TSE: "Município. Criação. Primeira eleição. Constituição. Simultaneidade. Observância. Necessidade. A eletividade do prefeito, do vice-prefeito e dos vereadores é a regra constitucional asseguradora da autonomia política do município, conforme o art. 29 da Constituição. A Constituição Federal de 1988 extinguiu a nomeação de prefeito em qualquer município. Como cediço, as regras de hermenêutica jurídica orientam que não é dado ao intérprete distinguir onde a lei não o fez. O inciso I do art. 29 da Constituição estabelece que as eleições para prefeito, vice-prefeito e vereador são realizadas simultaneamente em todo o país, não havendo distinção entre município criado e município instalado, pelo que descabida a pretendida realização de pleito específico para instituir vigência de mandato mais curto, até as eleições gerais de 2012. Nem a Constituição nem a legislação infraconstitucional tratam de situação privilegiada dos municípios recém-criados e ainda não instalados que enseje a promoção de eleições extemporâneas. Há somente uma exceção: nos casos de dupla vacância na chefia do Poder Executivo. Trata-se, contudo, de excepcionalidade prevista na própria Constituição. Além disso, existe a previsão legal de situações específicas, descritas no art. 224 do Código Eleitoral, que possibilitam a realização de novas eleições em período diverso ao das eleições ordinárias. Todavia, esses pleitos decorrem da anulação de eleição anteriormente realizada que, de alguma forma, tenha sido maculada, afastando sua incidência no caso concreto. Sendo assim, as eleições extraordinárias constituem medida extrema, excepcional e singular, e devem ocorrer apenas nas hipóteses previstas na Constituição ou em lei federal. À míngua de previsão específica sobre o tema, prevalece a simultaneidade constitucional. Ademais, a criação de um novo município não está vinculada a sua imediata estruturação e seu funcionamento, devendo ser observado o regramento constitucional. Assim, conquanto o município recém-criado possua personalidade jurídica e possa compor seu governo, a ausência de norma que disponha sobre a realização das primeiras eleições no município implica a observância do inciso I do art. 29 da Constituição Federal. Nesse caso, não haverá prejuízo algum ao município, uma vez que seu patrimônio e rendas continuarão a ser administrados pelo município-mãe. Some-se a isso o fato de que o processo eleitoral é de competência legislativa da União, nos termos do inciso I do art. 22 da Constituição, razão pela qual é vedado a outra unidade da federação legislar sobre o tema. Tampouco caberia a qualquer órgão da Justiça Eleitoral promover eleições sem amparo na Constituição Federal ou em outra lei (MS 39691-03, julgado em 2011 e relatado pelo Ministro Aldir Passarinho Junior).

Alternativa "c": nos termos do art. 43 da CF, para **efeitos administrativos**, a União poderá articular sua ação em um mesmo complexo geoeconômico e social, visando a seu desenvolvimento e à redução das desigualdades regionais. Assim, **as regiões não poderão ser dotadas de capacidade políticas.**

Alternativa "d": os estados-membros poderão, **mediante lei complementar** (e não lei ordinária específica), **instituir regiões metropolitanas, aglomerações urbanas** e microrregiões mediante, para integrar a organização, o planejamento e a execução de funções públicas de interesse comum.

5.2. ENTES FEDERADOS E DISTRIBUIÇÃO DE COMPETÊNCIAS

89. (Cespe – Juiz de Direito Substituto – AM/2016) À luz da jurisprudência do STF, assinale a opção correta acerca da CF e da Constituição do Estado do Amazonas, dos estados federados, dos princípios constitucionais e das imunidades parlamentares.

a) Como a regra da CF quanto à iniciativa do chefe do Poder Executivo para projeto a respeito de certas matérias suplanta o tratamento dessas matérias pela assembleia constituinte estadual, é inconstitucional previsão, na Constituição estadual, de escolha do procurador-geral do estado entre integrantes da carreira.

b) O reconhecimento aos deputados estaduais das imunidades dos congressistas não deriva necessariamente da CF, mas decorre de decisão autônoma do constituinte local, de modo que a imunidade concedida a deputados estaduais é restrita à justiça do estado.

c) Compreende-se na esfera de autonomia dos estados a concessão de anistia de infrações disciplinares de seus respectivos servidores, podendo concedê-la a assembleia constituinte estadual, principalmente no que se refere às punições impostas sob o regime da Constituição anterior por motivos políticos, medida concedida pela CF.

d) Os estados organizam-se e regem-se pelas Constituições e leis que adotarem, observados os princípios da CF, sendo, por isso, considerado constitucional o aumento do número de desembargadores pela assembleia constituinte estadual sem prévia proposta do tribunal de justiça.

e) Os princípios constantes da CF sobre processo legislativo não são de observância obrigatória pelos estados-membros em suas Constituições, mas é vedado ao legislador estadual, como ao federal, dispor sobre as matérias de iniciativa privativa do chefe do Poder Executivo.

COMENTÁRIOS

Alternativa correta: letra "c": segundo entendimento do STF, compreende-se na esfera de autonomia dos estados a concessão de anistia de infrações disciplinares de seus respectivos servidores, podendo concedê-la a assembleia constituinte estadual, principalmente no que se refere às punições impostas sob o regime da Constituição anterior por motivos políticos, medida concedida pela CF. Desse modo, "Anistia de infrações disciplinares de servidores estaduais: competência do Estado-membro respectivo. 1. Só quando se cuidar de anistia de crimes – que se caracteriza como *abolitio criminis* de efeito temporário e só retroativo – a competência exclusiva da União se harmoniza com a competência federal privativa para legislar sobre Direito Penal; ao contrário, conferir à União – e somente a ela – o poder de anistiar infrações administrativas de servidores locais constituiria exceção radical e inexplicável ao dogma fundamental do princípio federativo – qual seja, a autonomia administrativa de Estados e Municípios – que não é de presumir, mas, ao contrário, reclamaria norma inequívoca da Constituição da República (precedente: Rp 696, 06.10.66, red. Baleeiro)" (STF. ADI 104, julgada em 2007 e relatada pelo Ministro Sepúlveda Pertence).

Alternativa "a": conforme entendimento do STF: "O cargo de Procurador Geral do Estado **é de livre nomeação e exoneração pelo Governador do Estado, que pode escolher o Procurador Geral entre membros da carreira ou não**" (STF. ADI 291, julgada em 2010 e relatada pelo Ministro Joaquim Barbosa).

Alternativa "b": segundo entendimento do STF: "Parlamentar distrital: imunidade formal: CF, art. 53, § 2º c/c os arts. 27, § 1º, e 32, § 3º: incidência. Com o advento da Constituição de 1988 (art. 27, § 1º), que tornou aplicáveis, sem restrições, aos membros das Assembleias Legislativas dos Estados e do Distrito Federal, as normas sobre imunidades parlamentares dos integrantes do Congresso Nacional, ficou superada a tese da Súmula 3/STF ("A imunidade concedida a Deputados Estaduais é restrita à Justiça do Estado"), que tem por suporte necessário que o reconhecimento aos deputados estaduais das imunidades dos congressistas não derivava necessariamente da Constituição Federal, mas decorreria de decisão autônoma do constituinte local" (STF. RE 456679, julgado em 2005 e relatado pelo Ministro Sepúlveda Pertence).

Alternativa "d": consoante artigo 25 da Constituição, os Estados organizam-se e regem-se pelas Constituições e leis que adotarem, observados os princípios da Constituição. Por isso, é inconstitucional o aumento do número de desembargadores pela assembleia constituinte estadual sem prévia proposta do tribunal de justiça. "EMENTA: – **Aumento do número de cargos de Desembargadores e criação de Tribunal de Alçada. Medidas dependentes de proposta do Tribunal de Justiça** (art. 96, II, b, e c da Carta Federal), **sendo, assim, inconstitucionais quando editadas independentemente daquela iniciativa, pela Constituição estadual.** Precedentes: Ações Diretas nº 274, de Pernambuco, nº 157, do Amazonas e nº 142, de Rondônia" (ADI 366, julgada em 1996 e relatada pelo Ministro Octavio Gallotti).

Alternativa "e": os princípios constantes da CF sobre processo legislativo **são de observância obrigatória** pelos estados-membros em suas Constituições, e é vedado ao legislador estadual, como ao federal, dispor sobre as matérias de iniciativa privativa do chefe do Poder Executivo. Assim assenta a jurisprudência do STF: "A Constituição do Brasil, ao conferir aos Estados-membros a capacidade de auto-organização e de autogoverno --- artigo 25, caput ---, impõe a obrigatória observância de vários princípios, entre os quais o pertinente ao processo legislativo. O legislador estadual não pode usurpar a iniciativa legislativa do Chefe do Executivo, dispondo sobre as matérias reservadas a essa iniciativa privativa. Precedentes." (STF. ADI 1594, julgada em 2008 e relatada pelo Ministro Eros Grau).

---

90. (Cespe – Procurador do MP junto ao TCU/2015) Segundo a jurisprudência predominante do STF, determinadas normas da CF voltadas à União são consideradas de observância obrigatória para os demais entes da Federação, independentemente de previsão constitucional expressa para essa extensão, ao passo que outras, ao contrário, são tidas como não obrigatórias e até mesmo vedadas a esses mesmos entes. Diante de tais circunstâncias, assinale a opção correta acerca dos limites constitucionais à autonomia dos entes federativos.

a) De modo geral, se determinada regra da CF voltada à União representa a concretização de princípio constitucional comum a todos os entes da Federação, então essa regra deve ser considerada obrigatória também aos demais entes, como forma de fazer valer o referido princípio. É o que ocorre, por exemplo, com as regras de iniciativa legislativa reservada ao presidente da República, que o STF entende serem uma projeção do princípio da separação de poderes.

b) Embora não previsto expressamente, o princípio da simetria determina que todas as normas da CF voltadas à União devem, sem exceção, ser aplicadas também aos demais entes federativos, especialmente nos casos em que o texto constitucional for silente sobre tal extensão.

c) São de reprodução obrigatória nas Constituições estaduais e leis orgânicas municipais, sob pena de nulidade destas, todas as normas da CF consideradas de observância obrigatória para estados e municípios, dependendo a incidência local destas últimas da sua devida transposição naqueles diplomas fundamentais.

d) As prerrogativas de chefe de governo asseguradas ao presidente da República devem igualmente ser asseguradas aos chefes de Poder Executivo das unidades da Federação, como é o caso da garantia de que, na vigência de seu mandato, não serão responsabilizados por atos estranhos ao exercício de suas funções.

e) É de observância obrigatória para o controle abstrato de constitucionalidade instituído nos estados a norma da CF que estabelece o rol de legitimados para propor ADI perante o STF.

COMENTÁRIOS

Alternativa correta: letra "a": de modo geral, se determinada regra da CF voltada à União representa a concretização de princípio constitucional comum a todos os entes da Federação, então essa regra deve ser considerada obrigatória também aos demais entes, como forma de fazer valer o referido princípio. É o que ocorre, por exemplo, com as regras de iniciativa legislativa reservada ao presidente da República, que o STF entende serem uma projeção do princípio da separação de poderes. São de iniciativa privativa do Presidente da República as leis que disponham sobre a criação de cargos, funções ou empregos públicos na administração direta e autárquica ou aumento de sua remuneração (art. 61, § 1º, II, "a", da CF). Essa regra, também deve ser aplicada ao Governador e à administração estadual, em decorrência do Princípio da Simetria ou Parametricidade, segundo o qual, as normas de organização do Estado dispostas na Constituição Federal e válidas para a União, devem ser reproduzidas nas Constituições Estaduais e aplicadas aos Estados Membros. O mesmo se dá em relação aos Municípios, na medida em que será de iniciativa privativa dos Prefeitos a criação de cargos, funções ou empregos públicos na administração direta e autárquica ou aumento de sua remuneração no âmbito de cada Município.

Alternativa "b": segundo o **Princípio da Simetria ou Parametricidade** as normas de **organização do Estado** dispostas na Constituição Federal e válidas para a União, devem ser reproduzidas nas Constituições Estaduais e aplicadas aos Estados Membros. O mesmo se dá em relação aos Municípios, na medida em que será de iniciativa privativa dos Prefeitos a criação de cargos, funções ou empregos públicos na administração direta e autárquica ou aumento de sua remuneração no âmbito de cada Município.

Alternativa "c": para que haja a incidência local das normas de reprodução obrigatória, não se exige a transposição na respectiva Constituição Estadual ou na Lei Orgânica Municipal, já que sua força normativa e aplicabilidade decorre da própria Constituição Federal. Ademais, vale destacar que é possível a utilização da técnica da remissão normativa que consiste na remissão, por parte da Constituição Estadual, de dispositivos constantes da Constituição Federal, sem, contudo, reproduzi-lo. Desse modo, se a Constituição de um Estado prevê genericamente a aplicação dos direitos e garantias fundamentais dispostos na CF, remetendo às suas disposições, verifica-se o uso da técnica de remissão normativa.

Alternativa "d": as normas constantes dos §§ 3º e 4º do art. 86 da Constituição da República (imunidade à prisão cautelar e imunidade temporária à persecução penal, ambas em favor do Presidente da República) não são suscetíveis de extensão aos Governadores de Estado, nos termos da jurisprudência predominante do STF (ADI 1634, julgada no ano 2000 e relatada pelo Ministro Néri da Silveira e; HC 102.732, julgada em 2010 e relatado pelo Ministro Marco Aurélio).

Alternativa "e": o artigo 125, § 2º, da CF é expresso ao estabelecer que cabe aos Estados a instituição de representação de inconstitucionalidade de leis ou atos normativos estaduais ou municipais em face da Constituição Estadual, vedada a atribuição da legitimação para agir a um único órgão. **Não é de observância obrigatória** para o controle abstrato de constitucionalidade instituído nos estados a norma da CF que estabelece o rol de legitimados para propor ADI perante o STF. A única limitação estabelecida pela Constituição, refere-se a impossibilidade de legitimar apenas um único órgão.

91. (Cespe – Defensor Público – RN/2015) A respeito do estatuto constitucional das leis orgânicas dos municípios, assinale a opção correta.

a) A lei orgânica municipal será aprovada por dois terços dos membros da câmara municipal, após dois turnos de discussão e votação, podendo ser declarada constitucional ou inconstitucional, em abstrato, tanto pelo TJ do respectivo estado quanto pelo STF.

b) A lei orgânica municipal definirá as situações em que a autoridade local gozará de foro por prerrogativa de função no TJ do respectivo estado-membro.

c) Lei orgânica municipal, por seu caráter hierárquico-normativo superior no âmbito local, pode servir de parâmetro no controle abstrato de constitucionalidade estadual.

d) Como consequência do seu caráter subordinante em relação às leis orgânicas dos municípios localizados no respectivo estado-membro, podem as Constituições estaduais estabelecer limites à auto-organização municipal não previstos na CF.

e) Na condição de lei fundamental do ente municipal, a lei orgânica pode inovar em matéria de direitos básicos do funcionalismo público local, devendo tais direitos ser necessariamente observados pelas leis ordinárias municipais regulamentadoras.

COMENTÁRIOS

Alternativa correta: letra "a": nos termos do art. 29 da CF, o Município reger-se-á por lei orgânica, votada em dois turnos, com o interstício mínimo de dez dias, e aprovada por dois terços dos membros da Câmara Municipal. A lei orgânica pode ser objeto de controle de constitucionalidade pelo TJ do respectivo estado quanto pelo STF. Quanto ao controle de constitucionalidade de normas Municipais no STF, vale recordar que se fará por via difusa ou por meio de ADPF, não sendo cabível o manejo de ADI ou ADC.

Alternativa "b": lei orgânica municipal não definirá situações em que a autoridade local gozará de foro por prerrogativa de função no TJ do respectivo estado-membro. Quanto aos Prefeitos, por força do art. 29, X, da CF, serão julgados perante Tribunal de Justiça. Vale destacar, segundo o STF: "Foro especial por prerrogativa de função: extensão, no tempo, ao momento posterior à cessação da investidura na função dele determinante. Súmula 394/STF (cancelamento pelo STF). (...) Quanto aos tribunais locais, a CF – salvo as hipóteses dos seus arts. 29, X, e 96, III –, reservou explicitamente às Constituições dos Estados-membros a definição da competência dos seus tribunais, o que afasta a possibilidade de ser ela alterada por lei federal ordinária." (ADI 2.797 e ADI 2.860, julgadas em 2005 e relatadas pelo Ministro Sepúlveda Pertence).

Alternativa "c": lei orgânica municipal não serve de parâmetro para controle abstrato de constitucionalidade. "Os Tribunais de Justiça dos Estados, ao realizarem o controle abstrato de constitucionalidade, somente podem utilizar, como parâmetro, a Constituição do Estado." (RE 421256, julgado em 2006 e relatado pelo Ministro Ricardo Lewandowski).

Alternativa "d": os estados-membros não podem estabelecer limites à auto-organização municipal que não estejam previstos na CF. Segundo STF: "O poder constituinte dos Estados-membros está limitado pelos princípios da Constituição da República, que lhes assegura autonomia com condicionantes, entre as quais se tem o respeito à organização autônoma dos Municípios, também assegurada constitucionalmente." (ADI 3549, julgada em 2007 e relatada pela Ministra Cármen Lúcia).

Alternativa "e": conforme entendimento jurisprudencial do STF: "LEI ORGÂNICA DE MUNICÍPIO – SERVIDORES – DIREITOS. Descabe, em lei orgânica de município, a normatização de direitos dos servidores, porquanto a prática acaba por afrontar a iniciativa do Chefe do Poder Executivo – Ações Diretas de Inconstitucionalidade nº 2.944/PR, relatada pela ministra Cármen Lúcia, 3.176/AP, 3.295/AM, relatadas pelo ministro Cezar Peluso, e 3.362/BA, de minha relatoria." (RE 590829, julgada em 2015 e relatada pelo Ministro Marco Aurélio).

---

92. (Cespe – Procurador do MP junto ao TCU/2015) Parlamentar federal apresentou projeto de lei com o propósito de estabelecer normas de processo administrativo a serem observadas nos feitos que tramitam perante todos os tribunais de contas do país. Na justificação apresentada com a proposta, sustentou que a União, na condição de ente federativo central, seria a única em condições de estabelecer regras uniformes em todo o território nacional. Ademais, argumentou que a CF, ao inscrever entre as competências concorrentes a legislação sobre "procedimentos em matéria processual" (Art. 24, XI, CF), não fizera distinção entre processo judicial e processo administrativo, de modo que a competência da União para editar normas gerais na matéria abrangeria ambas as modalidades de processo.

Com relação a essa situação hipotética, assinale a opção correta.

a) O projeto de lei em apreço é válido, porque, constituindo competência comum de todas as unidades federativas zelar pela guarda da CF, cabe à União editar as correspondentes normas gerais que visem resguardar os direitos fundamentais dos administrados perante as cortes de contas como um todo.

b) O projeto de lei em questão não contém vícios formais, estando correta a justificação apresentada pelo parlamentar.

c) A justificação apresentada pelo parlamentar está incorreta, uma vez que, embora a União possa dispor sobre o tema, o fundamento jurídico para tanto reside na sua competência para legislar privativamente sobre direito processual.

d) A despeito de o Congresso Nacional poder legislar sobre o tema, o projeto de lei em questão contém vício de iniciativa, visto que somente ao TCU caberia apresentá-lo ao parlamento federal.

e) A matéria em questão está situada no poder de auto-organização de cada unidade federativa, cabendo aos tribunais de contas encaminharem projeto de lei a respeito da matéria aos respectivos parlamentos.

COMENTÁRIOS

Alternativa correta: letra "e" (responde todas as demais alternativas): a competência para legislar sobre procedimentos em matéria processual é concorrente entre a União, Estados e Distrito Federal. No âmbito da legislação concorrente, a competência da União limitar-se-á a estabelecer normas gerais, o que não exclui a competência suplementar dos Estados (art. 24, §1º e §2º, CF). Deve-se ressaltar que, conforme a Constituição, as Constituições estaduais disporão sobre os Tribunais de Contas respectivos, que serão integrados por sete Conselheiros. A matéria em questão está situada no poder de auto-organização de cada unidade federativa, cabendo aos tribunais de contas encaminharem projeto de lei a respeito da matéria aos respectivos parlamentos. Por fim, destaca-se importante julgado do STF: "As Cortes de Contas do país, conforme reconhecido pela Constituição de 1988 e por esta Suprema Corte, gozam das prerrogativas da autonomia e do autogoverno, o que inclui, essencialmente, a iniciativa reservada para instaurar processo legislativo que pretenda alterar sua organização e seu funcionamento, como resulta da interpretação lógico-sistemática dos artigos 73, 75 e 96, II, "d", CRFB/88. Precedentes: ADI 1.994/ES, Rel. Ministro Eros Grau, DJe 08.09.06; ADI nº 789/DF, Rel. Ministro Celso de Mello, DJ 19/12/94." (ADI 4643, julgada em 2014 e relatada pelo Ministro Luiz Fux).

93. (Cespe – Procurador do MP junto ao TCU/2015) Com relação aos mecanismos de freios e contrapesos admitidos pela CF, assinale a opção correta.

a) Admitida a acusação contra o presidente da República por dois terços da Câmara dos Deputados, será ele submetido a julgamento perante o STF nos crimes de responsabilidade.

b) Propostas de emenda à CF não estão sujeitas a sanção ou veto do presidente da República, salvo quando versarem sobre matéria em que o poder de iniciativa para o respectivo projeto de lei seja do chefe do Poder Executivo.

c) Não observado o prazo para deliberação congressual de projeto de lei apresentado pelo presidente da República com pedido de urgência, a proposta estará automaticamente aprovada.

d) Em caso de omissão do Congresso Nacional em legislar sobre determinado tema, medida provisória poderá dispor sobre matéria de lei complementar, cuja edição for requerida para pôr em execução a CF.

e) A deliberação do STF em controle abstrato de constitucionalidade acerca da interpretação de determinada cláusula constitucional não impede que o Congresso Nacional, observados os limites ao poder de reforma, aprove emenda constitucional em sentido contrário à referida deliberação.

COMENTÁRIOS

Alternativa correta: letra "e": a decisão definitiva de mérito em controle concentrado no STF tem efeitos vinculantes, mas isso não obsta a tramitação de projeto de lei que incorra no mesmo vício de inconstitucionalidade declarado pelo STF, sob pena de fossilização da Constituição.

Alternativa "a": admitida a acusação contra o Presidente da República, por dois terços da Câmara dos Deputados, será ele submetido a julgamento perante o Supremo Tribunal Federal, nas infrações penais comuns, ou **perante o Senado Federal, nos crimes de responsabilidade** (art. 86 da CF).

Alternativa "b": propostas de ementa à CF, independentemente da matéria, não estão sujeitas a sanção ou veto do Presidente da República.

Alternativa "c": solicitada urgência pelo Presidente da República, se a Câmara dos Deputados e o Senado Federal não se manifestarem sobre a proposição, cada qual sucessivamente, em até quarenta e cinco dias, sobrestar-se-ão todas as demais deliberações legislativas da respectiva Casa, com exceção das que tenham prazo constitucional determinado, até que se ultime a votação (art. 64, §2º, CF).

Alternativa "d": é vedada edição de medidas provisórias sobre matéria reservada a lei complementar (art. 62, III, CF).

94. (Cespe – Procurador do MP junto ao TCU/2015) De acordo com a CF, são bens indisponíveis ao domínio patrimonial da União

a) as ilhas costeiras que contenham sede de municípios.

b) os potenciais de energia hidráulica localizados integralmente no território de um único estado.

c) as cavidades naturais subterrâneas localizadas em sede de municípios.

d) as terras devolutas indispensáveis à defesa das fronteiras, quando não alcançarem mais de um estado.

e) as praias marítimas localizadas nas capitais de estados.

COMENTÁRIOS

✪ **Nota do autor:** o leitor deve atentar-se bem para o enunciado da questão, que, resumidamente, quer que o candidato aponte qual das alternativas contempla bens que não pertencem à União.

Alternativa correta: letra "a": as ilhas costeiras são bens da União. No entanto, conforme art. 20, IV, da CF, excluem-se dos bens da União, aquelas que contenham a sede de Municípios. Assim, as ilhas costeiras que contenham sede de municípios são bens indisponíveis ao domínio patrimonial da União.

Alternativa "b": conforme art. 20, VIII, os potenciais de energia hidráulica são bens da União.

Alternativa "c": as cavidades naturais subterrâneas são bens da União (art. 20, X, CF).

Alternativa "d": são bens da União as terras devolutas indispensáveis à defesa das fronteiras (art. 20, II, CF).

Alternativa "e": são bens da União as praias marítimas (art. 20, IV, da CF).

---

95. (Cespe – Procurador do MP junto ao TCU/2015) No que diz respeito às leis aprovadas pela União e ao seu correspondente regime de incidência, assinale a opção correta.

a) A depender da matéria tratada, o conteúdo das leis aprovadas pela União com incidência apenas no âmbito das entidades ligadas a este ente central pode ser incorporado ao ordenamento jurídico de determinado ente federativo por força de lei aprovada pelo respectivo parlamento local.

b) Leis aprovadas pela União, independentemente da matéria sobre a qual disponham, sempre incidirão sobre os demais entes federativos.

c) Leis aprovadas pela União poderão incidir sobre os demais entes federativos, bastando apenas, para tanto, que tal incidência esteja determinada expressamente no texto legislativo.

d) Leis aprovadas pela União incidirão sobre os demais entes federativos apenas quando versarem sobre temas elencados entre as competências legislativas concorrentes.

e) Leis aprovadas pela União no exercício de competência legislativa privativa terão incidência apenas sobre as entidades ligadas a esse ente central.

COMENTÁRIOS

Alternativa correta: letra "a": a depender da matéria tratada, o conteúdo das leis aprovadas pela União com incidência apenas no âmbito das entidades ligadas a este ente central pode ser incorporado ao ordenamento jurídico de determinado ente federativo por força de lei aprovada pelo respectivo parlamento local.

Alternativa "b": as regras de distribuição de competência legislativa devem ser observadas, inclusive pela União. Assim, uma lei da União pode ou não incidir sobre os demais entes federativos, a depender da matéria. Matérias de competência concorrente, por exemplo, apenas as normas gerais terão aplicação para os demais entes federativos, sendo que normas específicas terão aplicação apenas em âmbito federal e os Estados deverão legislar de forma suplementar.

Alternativa "c": deve ser observada as regras de distribuição de competência legislativa instituídas pela Constituição, de modo que a lei não pode alterar essas regras estabelecidas pela Carta Magna.

Alternativa "d": leis aprovadas pela União incidirão sobre os demais entes federativos não apenas quando versarem sobre temas elencados entre as competências legislativas concorrentes, mas em outras hipóteses, como no caso de competência legislativa privativa da União.

Alternativa "e": no caso de leis aprovadas pela União no exercício de competência legislativa privativa, terão incidência sobre todas entidades ligadas a esse ente central.

---

96. (Cespe – Advogado da União – 2015) A respeito das competências atribuídas aos estados-membros da Federação brasileira, julgue o item subsecutivo à luz da jurisprudência do STF.

96.1. Seria constitucional norma instituída por lei estadual exigindo depósito recursal como pressuposto para sua interposição no âmbito dos juizados especiais cíveis do estado, uma vez que esse tema está inserido entre as competências legislativas dos estados-membros acerca de procedimento em matéria processual.

COMENTÁRIOS

Errado. O STF entendeu ser **inconstitucional** norma instituída por lei estadual exigindo depósito recursal como pressuposto para sua interposição no âmbito dos juizados especiais cíveis do estado, vez que é competência privativa da União legislar sobre direito processual. Entendeu também que a lei contraria os princípios constitucionais do acesso a jurisdição, do contraditório e ampla defesa, estabelecidos no artigo 5º, incisos XXV e LV, da Constituição Federal. (ADI 4161, julgada em 2014 e relatada pela Ministra Cármen Lúcia).

96.2. Seria constitucional lei estadual que, fundada no dever de proteção à saúde dos consumidores, criasse restrições ao comércio e ao transporte de produtos agrícolas importados no âmbito do território do respectivo estado.

COMENTÁRIOS

✪ **Nota do autor:** atente-se o amigo candidato à presença de decisão recente do STF. Assim, merece cuidado especial acompanhar a jurisprudência dessa Corte.

Errado. O STF enfrentou essa questão na ADI 3813 (julgada em 2015 e relatada pelo Ministro Dias Toffoli) e decidiu pela inconstitucionalidade de lei estadual que proibia a comercialização, estocagem e trânsito de produtos agrícolas que não tivessem sido submetidos à análise de resíduos químicos de agrotóxicos. Ademais, o Supremo entendeu haver, na hipótese, a invasão da competência legislativa da União (conforme art. 22, III, da CF), uma vez que a norma estadual trata de matéria de comércio exterior e interestadual.

96.3. Situação hipotética: Determinada Constituição estadual condicionou a deflagração formal de processo acusatório contra governador pela prática de crime de responsabilidade a juízo político prévio da assembleia legislativa local. Assertiva: Nessa situação, a norma estadual é compatível com o estabelecido pela CF quanto à competência legislativa dos estados-membros.

COMENTÁRIOS

✪ **Nota do autor:** mais uma questão envolvendo entendimento atual do STF, o que exige do candidato acompanhamento frequente das decisões deste tribunal.

Certo. O STF afirmou ser "constitucional norma prevista em Constituição estadual que preveja a necessidade de autorização prévia dos membros da Assembleia Legislativa para que sejam iniciadas ações por crimes comuns e de responsabilidade eventualmente dirigidas contra o Governador de Estado. Durante a fase inicial de tramitação de processo instaurado contra Governador, a Constituição estadual deve obedecer à sistemática disposta na legislação federal. Isso porque não há nada que impeça que as Constituições estaduais estendam aos Governadores, por simetria, essa prerrogativa assegurada ao Presidente da República no art. 51, I, da CF. STF. Plenário. ADI 4791/PR, Rel. Min. Teori Zavascki; ADI 4800/RO e ADI 4792/ES, Rel. Min. Cármen Lúcia, julgados em 12/2/2015 (Info 774)".

97. (Cespe – Analista Judiciário – Área Judiciária – TJ – CE/2014) Em determinada unidade da Federação, uma lei estadual criou a profissão de motofretista (ou motoboy), definindo suas atividades e regulamentado seu exercício no âmbito daquela unidade federativa.

Com referência a essa situação hipotética e com base na jurisprudência do STF, assinale a opção correta.

a) Eventual contradição entre a citada lei estadual e uma lei federal que disponha sobre a mesma matéria deverá ser resolvida com base no critério da hierarquia.

b) A lei estadual em questão somente estaria de acordo com a CF se houvesse uma lei complementar que fixasse critérios para a cooperação entre União, estados e municípios relativamente à matéria em apreço.

c) A mencionada lei estadual estará de acordo com a CF caso haja lei complementar que autorize os estados a legislar genericamente sobre qualquer matéria referente a direito do trabalho.

d) A lei estadual em tela atende a previsão constitucional de competência comum entre União, estados e municípios para estabelecer e implantar a política de educação para a segurança do trânsito.

e) A referida lei estadual violou a CF por invadir a competência privativa da União para legislar sobre direito do trabalho e condições para o exercício das profissões.

COMENTÁRIOS

Alternativa correta: "e": lei estadual que cria a profissão de motofretista (ou motoboy), definindo suas atividades e regulamentado seu exercício no âmbito da unidade federativa viola a CF por invadir a competência privativa da União para legislar sobre direito do trabalho e condições para o exercício das profissões. Consoante artigo 22, I e XVI, da CF, **compete privativamente à União legislar sobre:** I – direito civil, comercial, penal, processual, eleitoral, agrário, marítimo, aeronáutico, espacial e **do trabalho; [...]**; XVI – **organização do sistema nacional de emprego e condições para o exercício de profissões**. Acerca desse tema, o Supremo assim se posicionou: "INCONSTITUCIONALIDADE. Ação direta. Lei nº 2.769/2001, do Distrito Federal. Competência Legislativa. Direito do trabalho. Profissão de motoboy. Regulamentação. Inadmissibilidade. Regras sobre direito do trabalho, condições do exercício de profissão e trânsito. Competências exclusivas da União. Ofensa aos arts. 22, incs. I e XVI, e 23, inc. XII, da CF. Ação julgada procedente. Precedentes. É inconstitucional a lei distrital ou estadual que disponha sobre condições do exercício ou criação de profissão, sobretudo quando esta diga à segurança de trânsito" (STF. ADI 3610/DF, julgada em 2011 e relatada pelo Ministro Cezar Peluso).

Alternativa "a": eventual contradição entre a citada lei estadual e uma lei federal que disponha sobre a mesma matéria **não** deverá ser resolvida com base no critério da hierarquia. Ressalta-se que a matéria não é de competência dos Estados, vez que, segundo reza o artigo 22, I e XVI, da CF, é competência privativa da União. Ainda, não se verifica hierarquia entre leis federais e leis estaduais. Balizados na melhor doutrina, vale destacar que, "Não se pode falar em hierarquia de atos normativos. Existem campos de atribuição, definidos pelo constituinte originário. Não se pode afirmar, por exemplo, que a lei municipal é hierarquicamente inferior a uma certa lei federal. No fundo, o que se tem são campos de atuação e, portanto, se, eventualmente, um determinado Município legisla sobre assunto de competência da União, o vício não é legislativo (entre as leis), mas, em essência, constitucional, ou seja, em relação à competência federativa para legislar sobre aquele assunto" (LENZA, Pedro. *Direito Constitucional Esquematizado*. 14. ed. São Paulo: Saraiva, 2010, p. 376).

Alternativa "b": a lei estadual em questão **não** estaria de acordo com a CF, ainda que houvesse uma lei complementar que fixasse critérios para a cooperação entre União, Estados e Municípios relativamente à matéria em apreço, pois se trata de matéria cuja competência legislativa é privativa da União (art. 22, I e XVI, CF).

Alternativa "c": a mencionada lei estadual estará de acordo com a CF caso haja lei complementar que autorize os estados a legislar **sobre questões específicas** (e não genericamente) sobre matéria referente a direito do trabalho (art. 22, parágrafo único, CF).

Alternativa "d": a lei estadual em tela **não** atende a previsão constitucional de competência, vez que a matéria se trata de competência privativa da União.

---

98. (Cespe – Procurador do Estado – BA/2014) No que concerne ao estatuto constitucional da União, dos estados, dos municípios, do Distrito Federal (DF) e dos territórios, julgue os itens seguintes.

98.1. Compete exclusivamente à União legislar sobre direito financeiro.

COMENTÁRIOS

✪ **Nota do autor:** a competência dos entes federados é bastante lembrada em provas de concursos públicos e, na maioria das vezes, reproduz o texto da Carta Magna.

Errado. Compete à **União, aos Estados e ao Distrito Federal legislar concorrentemente** sobre direito tributário, **financeiro**, penitenciário, econômico e urbanístico (art. 24, I, da CF). Não se trata, portanto, de competência exclusiva da União, mas sim, competência concorrente para legislar acerca de direito financeiro.

98.2. Cabe aos municípios explorar os serviços locais de gás canalizado.

COMENTÁRIOS

Errado. O artigo 25, § 2º, da CF, define que **cabe aos Estados** (e não aos Municípios) explorar diretamente, ou mediante concessão, os **serviços locais de gás canalizado**, na forma da lei, vedada a edição de medida provisória para a sua regulamentação.

98.3. Os estados têm competência para criar, organizar e suprimir distritos.

COMENTÁRIOS

Errado. O artigo 30, IV, da CF, preconiza que compete aos **Municípios** (e não aos Estados) criar, organizar e suprimir distritos, observada a legislação estadual. Desse modo, a competência para criar, organizar e suprimir distritos é Municipal, mas deve observância à legislação do Estado.

98.4. A CF autoriza a divisão de territórios em municípios.

COMENTÁRIOS

Certo. Consoante artigo 33, § 1º, da CF, os Territórios poderão ser divididos em Municípios. Portanto, há expressa autorização constitucional.

---

99. (Cespe – Cartório – TJ – DF/2014) Assinale a opção correta acerca das normas constitucionais referentes ao DF.

a) De acordo com o STF, o DF tem plena autonomia para instituir gratificações a seus bombeiros e policiais militares.

b) O DF possui competência para instituir imposto sobre transmissão causa mortis e doação de bens ou direitos, devendo, todavia, respeitar a alíquota máxima para o tributo fixada pelo Senado Federal.

c) O DF rege-se por lei orgânica aprovada por dois terços dos membros de sua Câmara Legislativa, na qual se deve tratar da organização de seus Poderes Executivo, Legislativo e Judiciário.

d) O DF pode legislar, de forma concorrente com a União, sobre registros públicos.

e) A Mesa da Câmara Legislativa do Distrito Federal não possui legitimidade ativa para propor ação declaratória de constitucionalidade.

COMENTÁRIOS

Alternativa correta: "b": o DF possui competência para instituir imposto sobre transmissão *causa mortis* e doação de bens ou direitos, devendo, todavia, respeitar a alíquota máxima para o tributo fixada pelo Senado Federal. Segundo estabelecido no artigo 155, I e § 1º, IV, **compete aos Estados e ao Distrito Federal instituir impostos sobre transmissão causa mortis e doação, de quaisquer bens ou direitos, e terá suas alíquotas máximas fixadas pelo Senado Federal.**

Alternativa "a": de acordo com o STF, o DF não possui competência para instituir gratificações a seus bombeiros e policiais militares. A competência para instituir gratificação aos bombeiros militares e policiais militares é da União. Aliás, prevê a Súmula Vinculante 39, "Compete privativamente à União legislar sobre vencimentos dos membros das polícias civil e militar e do corpo de bombeiros militar do Distrito Federal". Na jurisprudência da Suprema Corte: "Ao instituir a chamada "gratificação por risco de vida" dos policiais e bombeiros militares do Distrito Federal, o Poder Legislativo distrital usurpou a competência material da União para "organizar e manter a polícia civil, a polícia militar e o corpo de bombeiros militar do Distrito Federal, bem como prestar assistência financeira ao Distrito Federal para a execução de serviços públicos, por meio de fundo próprio" (inciso XIV do art. 21 da Constituição Federal). Incidência da Súmula 647 do STF" (STF. ADI 3791, julgada em 2010 e relatada pelo Ministro Ayres Britto)

Alternativa "c": consoante o artigo 32 da CF, o Distrito Federal, vedada sua divisão em Municípios, **reger-se-á por lei orgânica, votada em dois turnos com interstício mínimo de dez dias, e aprovada por dois terços da Câmara Legislativa,** que a promulgará, atendidos os princípios estabelecidos nesta Constituição. Noutro giro, o artigo 21, XIII, da CF, diz que **compete à União organizar e manter o Poder Judiciário**, o Ministério Público **do Distrito Federal** e dos Territórios e a Defensoria Pública dos Territórios. Por sua vez, o artigo 22, XVII, da CF, preceitua que **compete privativamente à União legislar sobre organização judiciária**, do Ministério Público **do Distrito Federal** e dos Territórios e da Defensoria Pública dos Territórios, bem como organização administrativa destes.

Alternativa "d": de acordo com o expresso no artigo 22, XXV, da CF, compete **privativamente à União** legislar sobre registros públicos.

Alternativa "e": dentre os legitimados à propositura da ação declaratória de constitucionalidade, constantes do rol do artigo 103, da CF, encontramos a Mesa da Câmara Legislativa do Distrito Federal. Assim, podem propor a ação direta de inconstitucionalidade, a **ação declaratória de constitucionalidade** e a arguição de descumprimento de preceito fundamental: I – o Presidente da República; II – a Mesa do Senado Federal; III – a Mesa da Câmara dos Deputados; **IV – a Mesa de Assembléia Legislativa ou da Câmara Legislativa do Distrito Federal**; V – o Governador de Estado ou do Distrito Federal; VI – o Procurador-Geral da República; VII – o Conselho Federal da Ordem dos Advogados do Brasil; VIII – partido político com representação no Congresso Nacional; IX – confederação sindical ou entidade de classe de âmbito nacional.

---

100. (Cespe – Juiz de Direito Substituto – DFT/2014) No que concerne às competências dos entes federativos no ordenamento jurídico pátrio, assinale a opção correta à luz da jurisprudência do STF.

a) Lei municipal de iniciativa parlamentar que estabeleça isenção ou benefício de natureza fiscal não contém vício de iniciativa consistente na invasão da seara privativa do chefe do Poder Executivo, pois a competência para legislar sobre matéria tributária pertence concorrentemente ao Poder Legislativo e ao Poder Executivo, ainda que o diploma legal tenha repercussão na matéria orçamentária.

b) Compete privativamente ao município promover o saneamento básico.

c) O DF tem competência para editar lei que faculte o pagamento parcelado de multas decorrentes de infração de trânsito.

d) Será constitucional lei distrital que defina as condutas típicas configuradoras de crimes de responsabilidade dos agentes políticos distritais e que discipline o correspondente processo.

e) Uma lei distrital que venha a estabelecer penalidades para o motorista flagrado em estado de embriaguez durante a condução do veículo será constitucional, pois disporá acerca de segurança pública, matéria inserida no âmbito da competência legislativa concorrente.

COMENTÁRIOS

✪ **Nota do autor:** a questão aborda o entendimento do STF sobre diversas matérias. Desse modo, o candidato deve estar atento aos principais julgados e posicionamentos adotados pela Suprema Corte.

Alternativa correta: "a": o entendimento da Suprema Corte é que assembleia legislativa pode legislar sobre matéria tributária, sem que incorra em vício de iniciativa, tendo em vista tratar-se de matéria de iniciativa comum ou concorrente entre o Poder Executivo e o Legislativo, mesmo quando tenha repercussão em matéria orçamentária. Nesse sentido, destaca-se o julgado: "I – A iniciativa de leis que versem sobre matéria tributária é concorrente entre o chefe do poder executivo e os membros do legislativo. II – A circunstância de as leis que versem sobre matéria tributária poderem repercutir no orçamento do ente federado não conduz à conclusão de que sua iniciativa é privativa do chefe do executivo." (STF. RE 590697 ED, julgado em 2011 e relatado pelo Ministro Ricardo Lewandowski). Ademais, a jurisprudência do STF é no sentido de que o artigo 61, § 1º, II, "b", da CF, que prevê competência privativa do Poder Executivo para iniciar o processo legislativo em matéria tributária, apenas se aplica no âmbito dos Territórios (STF. RE 492816 AgR, julgado em 2012 e relatado pelo Ministro Joaquim Barbosa). Portanto, lei municipal de iniciativa parlamentar que estabeleça isenção ou benefício de natureza fiscal não contém vício de iniciativa consistente na invasão da seara privativa do chefe do Poder Executivo, pois a competência para legislar sobre matéria tributária pertence concorrentemente ao Poder Legislativo e ao Poder Executivo, ainda que o diploma legal tenha repercussão na matéria orçamentária.

Alternativa "b": não compete privativamente ao município promover o saneamento básico. Segundo entendimento adotado pelo STF, trata-se de competência comum da União, Estados, Distrito Federal e Municípios. Nessa esteira, destaca-se o julgado: "Aglomerações urbanas e saneamento básico. O art. 23, IX, da Constituição Federal conferiu competência comum à União, aos estados e aos municípios para promover a melhoria das condições de saneamento básico. Nada obstante a competência municipal do poder concedente do serviço público de saneamento básico, o alto custo e o monopólio natural do serviço, além da existência de várias etapas – como captação, tratamento, adução, reserva, distribuição de água e o recolhimento, condução e disposição final de esgoto – que comumente ultrapassam os limites territoriais de um município, indicam a existência de interesse comum do serviço de saneamento básico. A função pública do saneamento básico frequentemente extrapola o interesse local e passa a ter natureza de interesse comum no caso de instituição de regiões metropolitanas, aglomerações urbanas e microrregiões, nos termos do art. 25, § 3º, da Constituição Federal. Para o adequado atendimento do interesse comum, a integração municipal do serviço de saneamento básico pode ocorrer tanto voluntariamente, por meio de gestão associada, empregando convênios de cooperação ou consórcios públicos, consoante o arts. 3º, II, e 24 da Lei Federal 11.445/2007 e o art. 241 da Constituição Federal, como compulsoriamente, nos termos em que prevista na lei complementar estadual que institui as aglomerações urbanas. A instituição de regiões metropolitanas, aglomerações urbanas ou microrregiões pode vincular a participação de municípios limítrofes, com o objetivo de executar e planejar a função pública do saneamento básico, seja para atender adequadamente às exigências de higiene e saúde pública, seja para dar viabilidade econômica e técnica aos municípios menos favorecidos. Repita-se que este caráter compulsório da integração metropolitana não esvazia a autonomia municipal" (STF. ADI 1842/RJ, julgada em 2013 e relatada pelo Ministro Gilmar Mendes).

Alternativa "c": o DF **não** tem competência para editar lei que faculte o pagamento parcelado de multas decorrentes de infração de trânsito, visto competir privativamente à União. "Segundo a jurisprudência desta Casa, é inconstitucional dispositivo de lei estadual que faculta o pagamento parcelado de multas decorrentes de infrações de trânsito, por invadir a competência privativa da União para legislar sobre a matéria (art. 22, XI, da Constituição da República)" (STF. ADI 4734, julgado em 2013 e relatado pela Ministra Rosa Weber).

Alternativa "d": será **in**constitucional lei distrital que defina as condutas típicas configuradoras de crimes de responsabilidade dos agentes políticos distritais e que discipline o correspondente processo. Segundo entende o STF: "A definição das condutas típicas configuradoras do crime de responsabilidade e o estabelecimento de regras que disciplinem o processo e julgamento das agentes políticos federais, estaduais ou municipais envolvidos são da competência legislativa privativa da União e devem ser tratados em lei nacional especial (art. 85 da Constituição da República). Precedentes. Ação julgada procedente quanto às normas do art. 48; da expressão "ou nos crimes de responsabilidade, perante Tribunal Especial" do caput do art. 49; dos §§ 1º, 2º e 3º, item 2, do art. 49 e do art. 50, todos da Constituição do Estado de São Paulo" (STF. ADI 2220, julgada em 2011 e relatada pela Ministra Cármen Lúcia).

Alternativa "e": uma lei distrital que venha a estabelecer penalidades para o motorista flagrado em estado de embriaguez durante a condução do veículo será **in**constitucional, pois disporá acerca de **trânsito**, matéria inserida no âmbito da competência legislativa privativa da União (artigo 22, XI, da CF). Não é outro, o entendimento do STF, constante no bojo da ADI 2796 MC, julgada em 2003 e relatada pelo Ministro Gilmar Mendes.

---

101. (Cespe – Procurador Federal/2013) Julgue os itens a seguir, relacionados às competências da União e dos estados-membros.

101.1. A fim de integrar a organização, o planejamento e a execução de funções públicas de interesse comum, o Poder Executivo estadual pode, mediante ato administrativo, instituir regiões metropolitanas, aglomerações urbanas e microrregiões, constituídas por agrupamentos de municípios limítrofes.

COMENTÁRIOS

✪ **Nota do autor:** o tema "Regiões Metropolitanas" é recorrente nas provas do CESPE e da ESAF. Vale a pena estudá-lo com afinco e incluí-lo nas revisões que antecedem as provas.

Errado. Os Estados poderão, **mediante lei complementar** (não por ato administrativo do Poder Executivo), instituir regiões metropolitanas, aglomerações urbanas e microrregiões, constituídas por agrupamentos de municípios limítrofes, para integrar a organização, o planejamento e a execução de funções públicas de interesse comum (art. 25, § 3°, da CF).

101.2. A União é pessoa jurídica de direito público interno à qual incumbe exercer prerrogativas do Estado federal brasileiro, como, por exemplo, assegurar a defesa nacional e permitir, nos casos previstos em lei complementar, que forças estrangeiras transitem pelo território nacional ou nele permaneçam temporariamente.

COMENTÁRIOS

Certo. De acordo com o art. 21, III e IV, da CF, compete à União assegurar a defesa nacional e permitir, nos casos previstos em lei complementar, que forças estrangeiras transitem pelo território nacional ou nele permaneçam temporariamente.

---

102. (Cespe – Juiz do Trabalho Substituto 5ª região/2013) Acerca da organização político-administrativa do Estado brasileiro, assinale a opção correta.

a) No que se refere à repartição de competências, a CF adotou exclusivamente a técnica da repartição horizontal.

b) Como o federalismo estabelecido na CF é assimétrico, é conferido aos estados, aos municípios e ao Distrito Federal, como entes federativos, o direito de secessão.

c) Com o objetivo de erradicar a pobreza, podem os estados e os municípios criar, com base no critério geográfico, distinções entre brasileiros.

d) A inspeção do trabalho pode ser executada pelos municípios, já que a CF estabeleceu, em relação a essa matéria, a competência material comum.

e) Compete à União, aos estados e ao Distrito Federal legislar concorrentemente sobre educação, limitando-se a União a estabelecer normas gerais que podem ser suplementadas pelos estados, pelo Distrito Federal e, no que couber, pelos municípios.

COMENTÁRIOS

✪ **Nota do autor:** a questão aborda dispositivos de peculiar importância em provas objetivas. Os artigos constitucionais que fixam as competências devem ser estudados com bastante afinco. Merece especial atenção, tendo em vista a alta incidência em provas, os parágrafos do artigo 24, da CF.

Alternativa correta: "e": compete à União, aos Estados e ao Distrito Federal **legislar concorrentemente sobre educação**, de acordo com o artigo 24, IX, da CF. Ainda, por dicção do artigo 24, § 1º, no âmbito da legislação concorrente, **a competência da União limitar-se-á a estabelecer normas gerais**. Por seu turno, a competência da União para legislar sobre normas gerais **não exclui a competência suplementar dos Estados** (art. 24, § 2º, da CF). Por fim, compete aos Municípios, legislar sobre assuntos de interesse local, bem como **suplementar a legislação federal e a estadual no que couber** (art. 30, I e II, da CF).

Alternativa "a": no que se refere à repartição de competências, a CF adotou **predominantemente** (e não exclusivamente) **a técnica da repartição horizontal**. A repartição horizontal caracteriza-se pela inexistência de qualquer relação de subordinação. Cada ente exerce sua competência conforme fixado na CF e sem relação de hierarquia ou dependência com os outros entes, sendo que cada um exerce competência sobre uma determinada matéria. Por sua vez, na órbita da competência vertical, conforme assinala Pedro Lenza, "[...] a mesma matéria é partilhada entre os diferentes entes federativos, havendo, contudo, uma certa relação de subordinação no que tange à atuação deles. Em se tratando de competência legislativa, normalmente, a União fica com as normas gerais e princípios, enquanto os Estados, completando-as, legislam para atender as suas peculiaridades locais" (*Direito Constitucional Esquematizado*. 14. ed. São Paulo: Saraiva, 2010, p. 375).

Alternativa "b": como o federalismo estabelecido na CF é assimétrico, **é vedado** aos Estados, aos Municípios e ao Distrito Federal o direito de secessão (art. 1º da CF).

Alternativa "c": é vedado à União, aos Estados, ao Distrito Federal e aos Municípios criar distinções entre brasileiros ou preferências entre si (art. 19, III, da CF). Ainda, consta do *caput* do artigo 5º, da CF, que **todos são iguais perante a lei, sem distinção de qualquer natureza.**

Alternativa "d": a inspeção do trabalho **não** pode ser executada pelos municípios, já que a CF estabeleceu, em relação a essa matéria, **competência exclusiva da União** (art. 21, XXIV, da CF).

103. (Cespe - Procurador BACEN/2013) De acordo com o entendimento jurisprudencial a respeito das competências dos entes integrantes da Federação brasileira, assinale a opção correta.

a) Os municípios não têm competência para a edição de lei que disponha sobre a instalação de equipamentos de segurança em estabelecimentos bancários, por ser tal questão matéria de interesse geral.

b) Os municípios não podem legislar sobre o período máximo de atendimento de clientes em instituições bancárias, sob pena de afronta à competência legislativa privativa da União e de conflito com as prerrogativas fiscalizadoras do BACEN.

c) É inconstitucional lei estadual que imponha às agências bancárias o uso de equipamento que ateste a autenticidade das cédulas de dinheiro nas transações bancárias, ainda que o equipamento seja indicado pelo BACEN.

d) Lei estadual que disponha sobre a destinação de armas de fogo apreendidas, fazendo remissão expressa à lei federal que trata do tema e utilizando os preceitos nela contidos é constitucional e não invade competência legislativa atribuída à União.

e) Lei estadual que disponha sobre o cancelamento de multa de trânsito anotada em rodovia estadual não invade a competência privativa da União para legislar sobre trânsito e transporte, dada a restrição de sua incidência às multas impostas no âmbito de rodovia estadual.

COMENTÁRIOS

Alternativa correta: "c": de acordo com notícia divulgada no Informativo 634 do STF, "O Plenário julgou procedente pedido formulado em ação direta, ajuizada pelo Governador do Estado de Santa Catarina, para declarar a inconstitucionalidade da Lei 12.775/2003, daquela unidade federativa, que dispõe sobre o uso obrigatório de equipamento que ateste a autenticidade de cédulas de dinheiro por estabelecimentos bancários e dá outras providências. Reputou-se que a norma adversada teria invadido a competência privativa da União para legislar sobre o sistema financeiro nacional" (CF, artigos 21, VIII; 22, VII; e 192, caput). ADI 3515/SC, rel. Min. Cezar Peluso, 1º.8.2011. (ADI-3515)

Alternativa "a": o Supremo Tribunal Federal assentou que o Município tem competência para legislar sobre equipamentos de segurança (portas eletrônicas) em estabelecimentos bancários. Nesse sentido: "O Município **dispõe de competência**, para, com apoio no poder autônomo que lhe confere a Constituição da República, exigir, mediante lei formal, a instalação, em estabelecimentos bancários, dos pertinentes equipamentos de segurança, tais como portas eletrônicas ou câmaras filmadoras, sem que o exercício dessa atribuição institucional, fundada em título constitucional específico (CF, art. 30, I), importe em conflito com as prerrogativas fiscalizadoras do Banco Central do Brasil. Precedentes"(RE 312.050-AgR, Rel. Min. Celso de Mello, Segunda Turma, DJ 6.5.2005).

Alternativa "b": segundo o STF: "Atendimento ao público e tempo máximo de espera na fila. Matéria que não se confunde com a atinente às atividades fim das instituições bancárias. Matéria de interesse local e de proteção ao consumidor. Competência legislativa do Município." (RE 432.789, Rel. Min. Eros Grau, julgamento em 14-6-2005, Primeira Turma DJ de 7-10-2005.)

Alternativa "d": Lei estadual que disponha sobre a destinação de armas de fogo apreendidas, fazendo remissão expressa à lei federal que trata do tema e utilizando os preceitos nela contidos é **in**constitucional, pois **invade** competência legislativa atribuída à União. Assim entende o STF: "Competência da União para legislar sobre direito penal e material bélico. Lei 1.317/2004 do Estado de Rondônia. Lei estadual que autoriza a utilização, pelas polícias civil e militar, de armas de fogo apreendidas. A competência exclusiva da União para legislar sobre material bélico, complementada pela competência para autorizar e fiscalizar a produção de material bélico, abrange a disciplina sobre a destinação de armas apreendidas e em situação irregular." (ADI 3.258, Rel. Min. Joaquim Barbosa, julgamento em 6-4-2005, Plenário, DJ de 9-9-2005.) No mesmo sentido: ADI 3.193, rel. min. Marco Aurélio, julgamento em 9-5-2013, Plenário, DJE de 6-8-2013.

Alternativa "e": na linha da jurisprudência do STF, "Ação direta de inconstitucionalidade. Lei 3.279/1999 do Estado do Rio de Janeiro, que dispõe sobre o cancelamento de multas de trânsito anotadas em rodovias estaduais em certo período relativas a determinada espécie de veículo. Inconstitucionalidade formal. [...]**O cancelamento de toda e qualquer infração é anistia**, não podendo ser confundido com o poder administrativo de anular penalidades irregularmente impostas, o qual pressupõe exame individualizado. **Somente a própria União pode anistiar ou perdoar as multas aplicadas pelos órgãos responsáveis, restando patente a invasão da competência privativa da União no caso em questão.**" (ADI 2.137, rel. min. Dias Toffoli, julgamento em 11-4-2013, Plenário, DJE de 9-5-2013.)

---

104. (Cespe – Juiz de Direito Substituto – RN/2013) No que concerne à organização do Estado brasileiro, assinale a opção correta.

a) A capital federal, atualmente o DF, pode ser transferida para outra localidade, mediante lei complementar.

b) Compete à União, aos estados e ao DF legislar concorrentemente a respeito de florestas, caça, pesca, fauna, conservação da natureza, defesa do solo e dos recursos naturais, proteção do meio ambiente e controle da poluição.

c) No âmbito da legislação concorrente, a competência da União limita-se a estabelecer normas gerais, o que exclui a competência suplementar dos estados.

d) É comum a competência da União, dos estados, do DF e dos municípios para legislar a respeito da proteção ao patrimônio histórico, cultural, artístico, turístico e paisagístico.

e) A organização político-administrativa da República Federativa do Brasil compreende a União, os estados, o DF e os municípios, todos soberanos, nos termos da CF.

COMENTÁRIOS

Alternativa correta: "b": conforme previsto no artigo 24, VI, da CF, compete à União, aos estados e ao DF legislar concorrentemente a respeito de florestas, caça, pesca, fauna, conservação da natureza, defesa do solo e dos recursos naturais, proteção do meio ambiente e controle da poluição.

Alternativa "a": pode ocorrer a **transferência temporária** da **sede do Governo Federal**, conforme possível verificar do artigo 48, VII, da CF.

Alternativa "c": no âmbito da legislação concorrente, a competência da União limita-se a estabelecer normas gerais, o que **não** exclui a competência suplementar dos estados (art. 24, § 1º e § 2º, da CF).

Alternativa "d": compete à **União**, aos **Estados** e ao **Distrito Federal** legislar **concorrentemente** sobre proteção ao patrimônio histórico, cultural, artístico, turístico e paisagístico, conforme artigo 24, VII, da CF.

Alternativa "e": a organização político-administrativa da República Federativa do Brasil compreende a União, os Estados, o DF e os Municípios, **todos autônomos** (e não soberanos), nos termos da CF, conforme possível verificar da redação do artigo 18, da CF.

---

105. (Cespe – Juiz de Direito Substituto – MA/ 2013) À luz da legislação e da jurisprudência, assinale a opção correta no que se refere à distribuição de competências entre os entes da Federação brasileira.

a) É constitucional lei estadual que estabeleça, em favor dos portadores de deficiência proprietários de automóveis, a gratuidade nos estacionamentos situados no estado.

b) Insere-se na competência suplementar do município lei municipal que proíbe a contratação, com o ente municipal, de parentes, afins ou consanguíneos do prefeito e do vice-prefeito, até seis meses após o fim do exercício das suas respectivas funções, não configurando o fato invasão da competência da União para legislar sobre normas gerais de licitação.

c) É constitucional lei estadual que proíba a cobrança de tarifa de assinatura básica nos serviços de telefonia fixa e móvel no estado, por tratar de matéria inserida no âmbito da competência concorrente dos estados-membros para dispor sobre direito do consumidor.

d) Os estados-membros têm competência para definir as condutas típicas configuradoras de crimes de responsabilidade do chefe do Poder Executivo estadual.

COMENTÁRIOS

Alternativa correta: "b": segundo o STF, "a proibição de contratação com o Município dos parentes, afins ou consanguíneos, do prefeito, do vice-prefeito, dos vereadores e dos ocupantes de cargo em comissão ou função de confiança, bem como dos servidores e empregados públicos municipais, até seis meses após o fim do exercício das respectivas funções, é norma que evidentemente homenageia os princípios da impessoalidade e da moralidade administrativa, prevenindo eventuais lesões ao interesse público e ao patrimônio do Município, sem restringir a competição entre os licitantes." (RE 423.560, Rel. Min. Joaquim Barbosa, julgamento em 29-5-2012, Segunda Turma, DJE de 19-6-2012.)

Alternativa "a": é **in**constitucional lei estadual que estabeleça, em favor dos portadores de deficiência proprietários de automóveis, a gratuidade nos estacionamentos situados no estado. Isso porque, nos termos da jurisprudência do STF, há **invasão da competência da União**, *in verbis*: "Estacionamento de veículos em áreas particulares. Lei estadual que limita o valor das quantias cobradas pelo seu uso. Direito Civil. Invasão de competência privativa da União. Hipótese de inconstitucionalidade formal por invasão de **competência privativa da União para legislar sobre Direito Civil (CF, art. 22, I)**. Enquanto a União regula o direito de propriedade e estabelece as regras substantivas de intervenção no domínio econômico, os outros níveis de governo apenas exercem o policiamento administrativo do uso da propriedade e da atividade econômica dos particulares, tendo em vista, sempre, as normas substantivas editadas pela União." (ADI 1.918, Rel. Min. Maurício Corrêa, julgamento em 23-8 – 2001, Plenário, DJ de 1º-8-2003.)

Alternativa "c": é **in**constitucional lei estadual que proíba a cobrança de tarifa de assinatura básica nos serviços de telefonia fixa e móvel no estado, por tratar de matéria de **competência privativa da União**. Assim decidiu o STF em caso semelhante: "[...] as Leis fluminenses 3.915/2002 e 4.561/2005, ao obrigarem as **concessionárias dos serviços de telefonia fixa**, energia elétrica, água e gás a instalar medidores de consumo, intervêm na relação firmada entre a União e suas concessionárias, pelo que contrariam os arts. 21, XI e XII, b; e 22, IV, da Constituição da República." (ADI 3.558, voto da Rel. Min. Cármen Lúcia, julgamento em 17-3-2011, Plenário, DJE de 6-5-2011.)

Alternativa "d": no julgamento da ADI 3.279, em 2011, relatada pelo Ministro Cezar Peluso, o STF entendeu que **a definição dos crimes de responsabilidade do Chefe do Executivo Estadual é de competência privativa da União** (art. 22, I, da CF).

5.3. ADMINISTRAÇÃO PÚBLICA

5.3.1. PRINCÍPIOS CONSTITUCIONAIS ORGANIZAÇÃO DA ADMINISTRAÇÃO PÚBLICA

106. (Cespe – Analista Judiciário – Área Judiciária – TJ – CE/2014) O edital de um concurso público previu, para o teste de aptidão física, a impossibilidade de remarcação da prova em virtude de inaptidão temporária do candidato por problema de saúde, ainda que comprovada mediante atestado médico.

Acerca dessa situação hipotética, assinale a opção correta à luz da jurisprudência do Supremo Tribunal Federal (STF).

a) Mesmo que não houvesse previsão expressa no edital, seria impossível a remarcação do teste de aptidão física.

b) A regulamentação da situação em apreço deveria ser feita por meio de lei e não por meio de edital.

c) A despeito da previsão contida no edital do referido concurso, o candidato teria direito à remarcação caso se submetesse a uma junta médica, para comprovação de sua inaptidão temporária.

d) A previsão editalícia em questão fere o princípio da isonomia, devendo haver o direito à remarcação da data da prova para o candidato que comprovar problema temporário de saúde.

e) Na hipótese em apreço, o edital está de acordo com as normas constitucionais que regem o concurso público, não se podendo alegar ofensa ao princípio da isonomia.

COMENTÁRIOS

✪ **Nota do autor:** a questão exige que o candidato conheça entendimento atualizado da Suprema Corte acerca do assunto.

Alternativa correta: "e" (responde todas as demais alternativas): consoante o posicionamento do

STF, adotado no julgamento do RE 630733, julgado em 2013 e relatado pelo Ministro Gilmar Mendes, **não fere o princípio da isonomia edital de concurso público que contenha vedação expressa de remarcação de teste de aptidão física em razão de problema temporário de saúde**. Neste caso, a cláusula editalícia confere eficácia ao princípio da isonomia à luz dos postulados da impessoalidade e da supremacia do interesse público, conforme consta do julgado. Ademais, adotou o entendimento que **não existe direito constitucional à remarcação de provas, em virtude de circunstâncias pessoais dos candidatos.**

107. (Cespe – Procurador do MP junto ao TCE-PB/2014) Lei aprovada pela AL/PB permite a nomeação, para o exercício de cargo em comissão no âmbito do Poder Executivo, de até dois parentes consanguíneos ou afins até o terceiro grau civil de seus servidores e membros.

Com referência a essa situação hipotética, assinale a opção correta à luz das normas constitucionais e da jurisprudência do STF.

a) A lei em questão poderá ser aplicada no âmbito estadual, desde que, primeiramente, seja editada lei nacional autorizativa desse tipo de nomeação.

b) A norma em apreço não poderia ser objeto de controle concentrado de constitucionalidade perante o STF, já que, por direcionar seus preceitos exclusivamente ao Poder Executivo local, não se mostra dotada de efeitos genéricos.

c) A lei em exame é constitucional já que se insere no âmbito de autogoverno e de autoadministração estadual.

d) A referida lei é constitucional, haja vista que a vedação às citadas nomeações pela administração pública depende de previsão expressa em norma estadual, que poderá, inclusive, excepcionar algumas hipóteses específicas, como ocorreu na lei em questão.

e) A norma em apreço padece de inconstitucionalidade por violação aos princípios constitucionais da impessoalidade e da moralidade.

COMENTÁRIOS

✪ **Nota do autor:** a matéria é de grande importância e trata acerca do nepotismo. É necessário que o candidato estude cautelosamente as disposições acerca da Súmula Vinculante nº 13.

Alternativa correta: "e" (responde todas as demais alternativas): a questão aborda posicionamento consolidado no STF, consagrado no enunciado da Súmula Vinculante nº 13, que veda a prática do nepotismo em qualquer dos Poderes de todos os Entes Federados no Brasil, nos seguintes termos: "A nomeação de cônjuge, companheiro ou parente em linha reta, colateral ou por afinidade, até o terceiro grau, inclusive, da autoridade nomeante ou de servidor da mesma pessoa jurídica, investido em cargo de direção, chefia ou assessoramento, para o exercício de cargo em comissão ou de confiança, ou, ainda, de função gratificada na Administração Pública direta e indireta, em qualquer dos Poderes da União, dos Estados, do Distrito Federal e dos municípios, compreendido o ajuste mediante designações recíprocas, viola a Constituição Federal.". A vedação do nepotismo não precisa de norma regulamentadora, pois decorre dos próprios princípios encartados no artigo 37, *caput*, da CF, em especial ao Princípio da Impessoalidade e o da Moralidade. Neste sentido, destaca-se o julgado: "A vedação a que cônjuges ou companheiros e parentes consanguíneos, afins ou por adoção, até o segundo grau, de titulares de cargo público ocupem cargos em comissão visa a assegurar, sobretudo, cumprimento ao princípio constitucional da isonomia, bem assim fazer valer os princípios da impessoalidade e moralidade na Administração Pública." (STF. ADI 1521, julgada em 2013 e relatada pelo Ministro Ricardo Lewandowski).

108. (Cespe – Procurador Federal/2013) Relativamente ao princípio da reserva legal e ao princípio da legalidade, julgue os itens subsequentes.

108.1. Como decorrência do princípio da legalidade, a organização e o funcionamento da administração federal somente podem ser disciplinados por lei.

COMENTÁRIOS

Errado. A própria Carta Magna, em seu artigo 84, VII, "a", prevê que compete privativamente ao Presidente da República dispor, **mediante decreto**, sobre **organização e funcionamento da administração federal**, quando não implicar aumento de despesa nem criação ou extinção de órgãos públicos.

108.2. Segundo o princípio da reserva legal, todas as pessoas, órgãos e entidades sujeitam-se às diversas espécies legislativas descritas na CF.

COMENTÁRIOS

Errado. O Princípio da Reserva Legal reserva o tratamento **de determinado conteúdo à lei** (e não às diversas espécies legislativas descritas na CF).

5.3.2. DIREITOS DO SERVIDOR. REMUNERAÇÃO, CUMULAÇÃO DE CARGOS E GREVE

109. (Cespe – Analista de Controle – Área Jurídica – TCE – PR/2016) Com base na Constituição Federal de 1988 e na jurisprudência do STF, assinale a opção correta a respeito do concurso público.

a) É incabível o controle judicial do resultado alcançado por avaliação psicológica em etapa eliminatória de concurso público, seja por conta da alta carga do exame, seja por força da presunção de legalidade dos atos administrativos ou, ainda, pela vedação à ingerência judicial no mérito administrativo.

b) As etapas por que passa o concurso público devem ser exaustivamente detalhadas por lei em sentido formal e material.

c) A competência legislativa para a regulamentação do acesso dos estrangeiros aos cargos públicos é dos estados-membros da Federação, e não da União.

d) A demonstração do preenchimento da habilitação legal para ingresso em determinado cargo, aí incluídos o diploma em área de formação e o registro no órgão profissional competente, deve ser feita pelo candidato no momento de sua inscrição no concurso público.

e) É no momento da posse que o candidato deve comprovar o cumprimento do requisito de idade mínima para o cargo, se houver.

COMENTÁRIOS

✪ **Nota do autor:** o estudo da jurisprudência do STF é de crucial importância para provas realizadas pela banca CESPE.

Alternativa correta: letra "c": a competência legislativa para a regulamentação do acesso dos estrangeiros aos cargos públicos é dos Estados-membros. Segundo entendimento do STF: "Estrangeiro. Acesso ao cargo de professor da rede de ensino do Estado de Roraima. Ausência de norma regulamentadora. (...) **Por não ser a norma regulamentadora de que trata o art. 37, I, da Constituição do Brasil matéria reservada à competência privativa da União, deve ser de iniciativa dos Estados-membros.**" (AI 590.663 AgR, julgada em 2009 e relatada pelo Ministro Eros Grau).

Alternativa "a": o STF entende ser possível o controle judicial da avaliação psicológica, mormente quando possuir natureza eliminatória. Nestes termos: "O exame psicotécnico, especialmente quando possuir natureza eliminatória, deve revestir-se de rigor científico, submetendo-se, em sua realização, à observância de critérios técnicos que propiciem base objetiva destinada a viabilizar o controle jurisdicional da legalidade, da correção e da razoabilidade dos parâmetros norteadores da formulação e das conclusões resultantes dos testes psicológicos, sob pena de frustrar-se, de modo ilegítimo, o exercício, pelo candidato, da garantia de acesso ao Poder Judiciário, na hipótese de lesão a direito." (STF. AI 625.617 AgR, julgado em 2007 e relatado pelo Ministro Celso de Mello).

Alternativa "b": consoante jurisprudência do STF: "As etapas do concurso prescindem de disposição expressa em lei no sentido formal e material, sendo suficientes a previsão no edital e o nexo de causalidade consideradas as atribuições do cargo." (MS 30.177, julgado em 2012 e relatado pelo Ministro Marco Aurélio).

Alternativa "d": segundo o STF, a demonstração do preenchimento da habilitação legal para o ingresso em determinado cargo se dá no ato da posse, e não da inscrição. Nesse sentido: "Concurso público para cargo de técnico de provimento de apoio. Exigência de três anos de habilitação. Inexistência de previsão constitucional. Segurança concedida. O que importa para o cumprimento da finalidade da lei é a existência da habilitação plena no ato da posse. A exigência de habilitação para o exercício do cargo objeto do certame dar-se-á no ato da posse e não da inscrição do concurso." (STF. MS 26.668, MS 26.673 e MS 26.810, julgados em 2009 e relatados pelo Ministro Ricardo Lewandowski).

Alternativa "e": segundo precedente do STF: "(...) A comprovação do requisito etário estabelecido na lei deve ocorrer no momento da inscrição no certame, e não no momento da inscrição do curso de formação." (ARE 685.870, julgado em 2013 e relatado pelo Ministra Cármen Lúcia).

---

110. (Cespe – Procurador do MP junto ao TCU/2015) Acerca da jurisprudência do STF relativa ao direito adquirido, ao ato jurídico perfeito e à coisa julgada, assinale a opção correta.

a) Sob o pretexto de que as normas que tratam de regime monetário têm natureza institucional e estatutária, não é possível admitir a incidência imediata de novo índice de correção monetária sobre contratos ainda em curso, visto que estes estão protegidos pela cláusula do ato jurídico perfeito.

b) Reconhecido ao servidor público, por sentença judicial, determinado percentual de acréscimo remuneratório, tal decisão deixará de ter eficácia a partir do momento em que o referido percentual vier a ser incorporado definitivamente aos seus ganhos por reajuste posterior.

c) Se for comprovada a existência de controvérsia judicial relevante sobre a aplicação de preceito fundamental que se considere violado, o STF poderá, no julgamento de arguição de descumprimento de preceito fundamental, determinar que juízes e tribunais suspendam os efeitos de decisões judiciais, ou de qualquer outra medida que apresente relação com a matéria objeto da arguição, mesmo que decorrentes da coisa julgada.

d) Não existe direito adquirido em face da CF, nem mesmo diante de norma constitucional derivada.

e) Como consequência do postulado de que "não existe direito adquirido a regime jurídico", o servidor público deve suportar a mudança de determinada fórmula de composição remuneratória que levar à redução da sua remuneração total.

COMENTÁRIOS

Alternativa correta: letra "b": em sede de repercussão geral (Tema nº 494), o STF decidiu que "[...] a sentença que reconhece ao trabalhador ou servidor o direito a determinado percentual de acréscimo remuneratório deixa de ter eficácia a partir da superveniente incorporação definitiva do referido percentual nos seus ganhos." (RE 596663, julgado em 2014 e relatado pelo Ministro Teori Zavascki).

Alternativa "a": segundo entendimento do STF: "Não revestindo tais contas caráter contratual, mas estatutário, não há falar em direito adquirido dos seus titulares à atualização monetária dos respectivos saldos, em face de novos índices fixados por lei, ainda que no curso do prazo aquisitivo do direito à correção, posto inexistir direito adquirido a regime jurídico, segundo jurisprudência assente do STF." (RE 248188, julgado em 2000 e relatado pelo Ministro Ilmar Galvão).

Alternativa "c": no âmbito da ADPF, segundo dispõe o art. 5º, §3º, da Lei nº 9.882/99, a liminar poderá consistir na determinação de que juízes e tribunais suspendam o andamento de processo ou os efeitos de decisões judiciais, ou de qualquer outra medida que apresente relação com a matéria objeto da arguição de descumprimento de preceito fundamental, **salvo se decorrentes da coisa julgada**.

Alternativa "d": prevalece o entendimento que não existe direito adquirido em face da CF (normas originárias), mas há em relação às normas constitucionais derivadas.

Alternativa "e": segundo o julgado: "O Supremo Tribunal Federal possui firme entendimento no sentido de que não há direito adquirido a regime jurídico, sendo assegurada somente a irredutibilidade de vencimentos." (STF. RE 895068 AgR, julgado em 2016 e relatado pelo Ministro Roberto Barroso).

---

111. (Cespe – Advogado da União – 2015) Com base nas normas constitucionais e na jurisprudência do STF, julgue o item seguinte.

Situação hipotética: Servidor público, ocupante de cargo efetivo na esfera federal, recebia vantagem decorrente do desempenho de função comissionada por um período de dez anos. O servidor, após ter sido regularmente exonerado do cargo efetivo anterior, assumiu, também na esfera federal, novo cargo público efetivo. Assertiva: Nessa situação, o servidor poderá continuar recebendo a vantagem referente ao cargo anterior, de acordo com o princípio do direito adquirido.

COMENTÁRIOS

Errado. O STF já exarou entendimento sobre esse assunto, decidindo que o servidor **não** poderá continuar recebendo a vantagem referente ao cargo anterior, visto que não encontra amparo constitucional. Tal posição foi firmada no RE 587.371, julgado em 2013 e relatado pelo Ministro Teori Zavascki.

---

112. (Cespe – Advogado da União – 2015) De acordo com o entendimento do STF, julgue o item seguinte, a respeito da administração pública e do servidor público.

Segundo o STF, por força do princípio da presunção da inocência, a administração deve abster-se de registrar, nos assentamentos funcionais do servidor público, fatos que não forem apurados devido à prescrição da pretensão punitiva administrativa antes da instauração do processo disciplinar.

COMENTÁRIOS

Certo. No MS 23.262/DF, o STF entendeu ser inconstitucional o art. 170 da Lei 8.112/1990 (Estatuto dos Servidores Públicos Civis da União), dispositivo que determina o registro de eventuais transgressões cometidas nos assentamentos do servidor, mesmo que os fatos tenham sido alcançados pela prescrição. O relator do caso, ministro Dias Toffoli, entendeu que manter a anotação da ocorrência, mesmo após reconhecida a prescrição, viola a princípio constitucional da presunção da inocência, previsto no art. 5º, LVII, da CF.

---

113. (Cespe – Promotor de Justiça – AC/2014) Em relação às regras constitucionais aplicáveis à administração pública e ao entendimento do STF sobre a matéria, assinale a opção correta.

a) De acordo com o entendimento pacificado do STF, a fixação de limite de idade para a inscrição em concurso público viola o princípio constitucional da igualdade, independentemente da justificativa apresentada.

b) De acordo com a CF, as parcelas de caráter indenizatório devem ser computadas para efeito do cálculo do teto constitucional da remuneração dos servidores públicos.

c) A exigência constitucional da realização de concurso público não se aplica ao provimento de vagas no cargo de titular de serventias judiciais nem ao ingresso na atividade notarial e de registro, dado o regime jurídico específico aplicável a essas funções.

d) Ao servidor ocupante, exclusivamente, de cargo em comissão declarado em lei de livre nomeação e exoneração aplica-se o mesmo regime de previdência dos cargos efetivos.

e) É constitucionalmente permitido o acúmulo de proventos de aposentadoria de servidor aposentado em cargo efetivo estadual com a remuneração percebida em razão de exercício de cargo em comissão, declarado em lei como de livre nomeação e exoneração.

COMENTÁRIOS

Alternativa correta: "e": é constitucionalmente permitido o acúmulo de proventos de aposentadoria de servidor aposentado em cargo efetivo estadual com a remuneração percebida em razão de exercício de cargo em comissão, declarado em lei como de livre nomeação e exoneração. Conforme possível verificar dos artigos 37, § 10º, combinado com o artigo 40, todos da CF, é vedada a percepção simultânea de proventos de aposentadoria decorrentes do art. 40 (cargo efetivo estadual) ou dos arts. 42 e 142 com a remuneração de cargo, emprego ou função pública, **ressalvados os cargos acumuláveis na forma desta Constituição, os cargos eletivos e os cargos em comissão declarados em lei de livre nomeação e exoneração.**

Alternativa "a": de acordo com o entendimento pacificado do STF, a fixação de limite de idade para a inscrição em concurso público **não** viola o princípio constitucional da igualdade, dependendo da justificativa apresentada (deve estar de acordo com a natureza das atribuições do cargo a ser preenchido). Desse modo, vale destaque o enunciado da Súmula 683, do STF: "O limite de idade para a inscrição em concurso público só se legitima em face do art. 7º, XXX, da Constituição, quando possa ser justificado pela natureza das atribuições do cargo a ser preenchido".

Alternativa "b": de acordo como artigo 37, § 11, da CF, as parcelas de caráter indenizatório **não** devem ser computadas para efeito do cálculo do teto constitucional da remuneração dos servidores públicos.

Alternativa "c": a exigência constitucional da realização de concurso público aplica-se ao provimento de vagas no cargo de titular de serventias judiciais e ao ingresso na atividade notarial e de registro. Vale destacar o teor do artigo 236, § 3º, da CF, que dispõe que **o ingresso na atividade notarial e de registro depende de concurso público de provas e títulos, não se permitindo que qualquer serventia fique vaga, sem abertura de concurso de provimento ou de remoção, por mais de seis meses.**

Alternativa "d": ao servidor ocupante, exclusivamente, de cargo em comissão declarado em lei de livre nomeação e exoneração aplica-se o **regime geral de previdência social**, conforme artigo 40, § 13, da CF.

---

114. (Cespe – Cartório – TJ – DF/2014) Acerca da administração pública, assinale a opção correta à luz do disposto na CF e da jurisprudência do STF.

a) Exige-se a edição de lei formal, por cada ente da Federação, para que o nepotismo seja considerado ilícito, bem como para que sua prática seja coibida em cada ente.

b) É vedada a conversão em pecúnia de férias não usufruídas por servidor público que se torne inativo.

c) Não se pode exigir idade mínima para o ingresso em concurso na carreira policial, uma vez que se proíbe a utilização de critérios de admissão discriminatórios por motivo de sexo, idade, cor ou estado civil.

d) A condenação de servidor por ato de improbidade administrativa implica a cassação de seus direitos políticos.

e) A dispensa unilateral de empregado de sociedade de economia mista que realiza serviço público deve ser feita de forma motivada.

COMENTÁRIOS

✪ **Nota do autor:** a questão aborda vários temas e exigem, além do conhecimento do texto da CF, que o candidato esteja ciente dos posicionamentos adotados pelo STF.

Alternativa correta: "e": a dispensa unilateral de empregados de sociedades de economia mista e empresas públicas que realizam serviço público deve ser feita de forma motivada. Não é outro o entendimento da Suprema Corte, valendo destaque o seguinte julgado: "EMPRESA BRASILEIRA DE CORREIOS E TELÉGRAFOS – ECT. DEMISSÃO IMOTIVADA DE SEUS EMPREGADOS. IMPOSSIBILIDADE. NECESSIDADE DE MOTIVAÇÃO DA DISPENSA. RE PARCIALMENTE PROVIDO. I – Os empregados públicos não fazem jus à estabilidade prevista no art. 41 da CF, salvo aqueles admitidos em período anterior ao advento da EC nº 19/1998. Precedentes. II – Em atenção, no entanto, aos princípios da impessoalidade e isonomia, que regem a admissão por concurso público, a dispensa do empregado de empresas públicas e sociedades de economia mista que prestam serviços públicos deve ser motivada, assegurando-se, assim, que tais princípios, observados no momento daquela admissão, sejam também respeitados por ocasião da dispensa. III – A motivação do ato de dispensa, assim, visa a resguardar o empregado de uma possível quebra do postulado da impessoalidade por parte do agente estatal investido do poder de demitir. IV – Recurso extraordinário parcialmente provido para afastar a aplicação, ao caso, do art. 41 da CF, exigindo-se, entretanto, a motivação para legitimar a rescisão unilateral do contrato de trabalho" (STF. RE 589998, julgado em 2013 e relatado pelo Ministro Ricardo Lewandowski). Portanto, apesar de não possuírem a estabilidade constitucional, prevista no artigo 41, da CF, inerente aos servidores públicos, a dispensa de empregado de sociedade de economia mista prestadora de serviço público reclama motivação.

Alternativa "a": não se exige a edição de lei formal, por cada ente da Federação, para que o nepotismo seja considerado ilícito, bem como para que sua prática seja coibida em cada ente. A sua proibição decorre dos próprios princípios constitucionais encartados no artigo 37, *caput*, da CF, em especial os princípios da moralidade e da impessoalidade. Nesse sentido, o STF já se posicionou: "A redação do enunciado da Súmula Vinculante nº 13 não pretendeu esgotar todas as possibilidades de configuração de nepotismo na Administração Pública, uma vez que a tese constitucional nele consagrada consiste na proposição de que essa irregularidade decorre diretamente do caput do art. 37 da Constituição Federal, independentemente da edição de lei formal sobre o tema" (STF. Rcl 15451 AgR, julgada em 2014 e relatada pelo Ministro Dias Toffoli). Dada sua importância, vale destaque o teor da Súmula Vinculante nº 13, do STF: "A nomeação de cônjuge, companheiro ou parente em linha reta, colateral ou por afinidade, até o terceiro grau, inclusive, da autoridade nomeante ou de servidor da mesma pessoa jurídica investido em cargo de direção, chefia ou assessoramento, para o exercício de cargo em comissão ou de confiança ou, ainda, de função gratificada na administração pública direta e indireta em qualquer dos poderes da União, dos Estados, do Distrito Federal e dos Municípios, compreendido o ajuste mediante designações recíprocas, viola a Constituição Federal".

Alternativa "b": não é vedada a conversão em pecúnia de férias não usufruídas por servidor público que se torne inativo. O STF entendeu no ARE 662624 AgR-ED, julgado em 2013 e relatado pelo Ministro Luiz Fux, que independentemente de estar ou não o servidor em atividade, deve lhe ser garantido o direito às férias remuneradas, sendo que o impedimento de usufruí-las, reclama indenização por parte do Estado, sob pena de enriquecimento ilícito da Administração Pública. Ou seja, em atividade ou não, o direito às férias é patente, não sendo vedada a conversão em pecúnia daquelas que não foram gozadas, pelo contrário, a falta de indenização ensejaria enriquecimento ilícito por parte da Administração.

Alternativa "c": é possível exigir idade mínima para o ingresso em concurso na carreira policial, desde que a limitação tenha pertinência com a natureza das atribuições que serão exercidas no cargo. Desse modo, o entendimento da Suprema Corte acerca do assunto, ensejou a edição da Súmula nº 683, dispondo o seguinte: "O limite de idade para a inscrição em concurso público só se legitima em face do art. 7º, XXX, da, quando possa ser justificado pela natureza das atribuições do cargo a ser preenchido".

Alternativa "d": a condenação de servidor por ato de improbidade administrativa implica a **suspensão** (nunca a cassação) de seus direitos políticos. Segundo artigo 15, da CF, **é vedada a cassação de direitos políticos, cuja perda ou suspensão só se dará nos casos de:** I – cancelamento da naturalização por sentença transitada em julgado; II – incapacidade civil absoluta; III – condenação criminal transitada em julgado, enquanto durarem seus efeitos; IV – recusa de cumprir obrigação a todos imposta ou prestação alternativa, nos termos do art. 5º, VIII; **V – improbidade administrativa**, nos termos do art. 37, § 4º.

---

115. (Cespe – Defensor Público – DF/ 2013) Considerando as disposições constitucionais acerca da administração pública e de seus servidores, julgue os itens a seguir.

115.1. Os mesmos direitos sociais assegurados na CF aos trabalhadores urbanos e rurais são garantidos aos servidores públicos civis, mas não aos militares.

COMENTÁRIOS

Errado. A CF não assegura aos servidores públicos civis os mesmos direitos sociais dos trabalhadores urbanos e rurais, conforme possível verificar no artigo 39, § 3º, da CF, que faz uma seleção dos direitos sociais garantidos aos servidores ocupantes de cargo público. Quanto aos militares, os direitos sociais aplicáveis encontram-se no artigo 142, § 3º, VIII, da CF. Em outras palavras, o artigo 7º estabelece direitos aplicáveis aos trabalhadores urbanos e rurais, sendo que apenas alguns deles serão aplicáveis aos servidores públicos civis e aos militares.

115.2. Como regra, compete ao Congresso Nacional dispor sobre a criação, transformação ou extinção de cargos, empregos ou funções públicas, mesmo que a iniciativa para sua proposição seja do Poder Judiciário ou do chefe do Poder Executivo.

COMENTÁRIOS

Certo. Como regra, compete ao Congresso Nacional dispor sobre a criação, transformação ou extinção de cargos, empregos ou funções públicas, mesmo que a iniciativa para sua proposição seja do Poder Judiciário ou do chefe do Poder Executivo, conforme dispõe o artigo 48, X, da CF. Vale destacar, no entanto, que compete privativamente ao Presidente da República dispor, mediante decreto, sobre extinção de funções ou cargos públicos, **quando vagos** (art. 84, VI, "b", da CF).

115.3. Servidor público da administração direta, autárquica ou fundacional eleito vereador poderá acumular o exercício de seu cargo público com o do mandato. Entretanto, sendo ele eleito para os demais cargos eletivos, deverá ficar afastado de seu cargo, emprego ou função pública.

COMENTÁRIOS

✪ **Nota do autor:** o artigo 38, da CF, é bastante importante e é cobrado com frequência em provas de concursos públicos.

Certo. Conforme dispõe o artigo 38, da CF: "Ao servidor público da administração direta, autárquica e fundacional, no exercício de mandato eletivo, aplicam-se as seguintes disposições: **I – tratando-se de mandato eletivo federal, estadual ou distrital, ficará afastado de**

seu cargo, emprego ou função; II – investido no mandato de Prefeito, será afastado do cargo, emprego ou função, sendo-lhe facultado optar pela sua remuneração; III – investido no mandato de Vereador, havendo compatibilidade de horários, perceberá as vantagens de seu cargo, emprego ou função, sem prejuízo da remuneração do cargo eletivo, e, não havendo compatibilidade, será aplicada a norma do inciso anterior; IV – em qualquer caso que exija o afastamento para o exercício de mandato eletivo, seu tempo de serviço será contado para todos os efeitos legais, exceto para promoção por merecimento; V – para efeito de benefício previdenciário, no caso de afastamento, os valores serão determinados como se no exercício estivesse". Da regra constitucional transcrita, infere-se que caberá acumulação de cargos apenas ao servidor público da administração direta, autárquica ou fundacional eleito Vereador, sendo vedada para os demais cargos eletivos, como, por exemplo, o de Deputado Estadual. Tratando o tema de uma forma mais simplificada, podemos estabelecer o seguinte: I – servidor eleito para o exercício de mandato federal, estadual e distrital, deverá ficar afastado do cargo público e não poderá optar pela remuneração; II – os Prefeitos também ficarão afastados do cargo público, mas poderá optar pela remuneração; III – apenas aos Vereadores é permitido acumular, se houver compatibilidade de horários. Se os horários forem incompatíveis, os Vereadores poderão optar pela remuneração de qualquer dos cargos.

---

116. (Cespe – Juiz Substituto da Justiça Militar da União – STM/2013) A respeito do servidor público e do regime jurídico a que se sujeita, assinale a opção correta à luz da CF, da jurisprudência do STF e da doutrina.

a) Não há direito adquirido contra mudança de regime jurídico se o patrimônio consolidado do servidor não se alterou.

b) Os dispositivos constitucionais têm vigência imediata, alcançando efeitos futuros de fatos passados (retroatividade máxima), e, salvo disposição expressa em contrário, que pode constar da própria CF, não alcançam os fatos consumados no passado nem as prestações anteriormente vencidas e não pagas (retroatividades mínima e média, respectivamente).

c) A existência de direito subjetivo constitucionalmente previsto não é pressuposto do mandado de injunção.

d) A realização prática dos direitos sociais, subordinada à reserva do possível, exige apenas a disponibilidade financeira do Estado para tornar efetivas as prestações positivas pleiteadas.

e) Ressalvada a revisão prevista em lei, os proventos de inatividade regulam-se pela lei vigente ao tempo em que o militar ou o servidor civil tiver requerido a aposentadoria ao órgão ao qual se vinculava, independentemente de ter preenchido em data anterior os requisitos necessários para se aposentar.

COMENTÁRIOS

Alternativa correta: "a": não há direito adquirido contra mudança de regime jurídico se o patrimônio consolidado do servidor não se alterou. Conforme entendimento pacificado no STF: "não cabe invocar direito adquirido contra regime jurídico se o patrimônio do servidor legalmente consolidado não foi reduzido." (STF. RMS 23458, julgado em 2001 e relatado pelo Ministro Marco Aurélio).

Alternativa "b": segundo consta da melhor doutrina, "O STF vem se posicionando no sentido de que as normas constitucionais fruto da manifestação do poder constituinte originário têm, por regra geral, retroatividade mínima, ou seja, aplicam-se a fatos que venham a acontecer após a sua promulgação, referentes a negócios passados" (LENZA, Pedro. *Direito Constitucional Esquematizado*. 14. ed. São Paulo: Saraiva, 2010, p. 170). Conforme a orientação firmada no próprio Supremo: "Já se firmou a jurisprudência desta Corte no sentido de que os dispositivos constitucionais têm vigência imediata, alcançando os efeitos futuros de fatos passados (retroatividade mínima). Salvo disposição expressa em contrário – e a Constituição pode fazê-lo –, eles não alcançam os fatos consumados no passado nem as prestações anteriormente vencidas e não pagas (retroatividades máxima e média)" (STF. RE 242740, julgado em 2001 e relatado pelo Ministro Moreira Alves).

Alternativa "c": a existência de direito subjetivo constitucionalmente previsto **é pressuposto do mandado de injunção**.

Alternativa "d": a realização prática dos direitos sociais, subordinada à reserva do possível, **exige a disponibilidade financeira do Estado** para tornar efetivas as prestações positivas pleiteadas, bem como a **razoabilidade da pretensão**. A título complementar, vale destacar o que nos ensina Nathalia Masson acerca da teoria da reserva do possível: "Tornou-se clássica a leitura que Ingo Wolfgang Sarlet fez da teoria, ao delimitar que a mesma apresenta uma tríplice dimensão, alcançando: (*i*) a efetiva disponibilidade fática dos recursos para a efetivação dos direitos fundamentais sociais; (*ii*) a disponibilidade jurídica dos recursos materiais e humanos, que guarda íntima conexão com a determinação das prioridades na alocação das receitas; (*iii*) a proporcionalidade da prestação, em especial no tocante à sua exigibilidade e, nesta quadra, também da sua razoabilidade" (MASSON, Nathalia. *Manual de Direito Constitucional*. Salvador: Juspodivm, 2013, p. 226).

Alternativa "e": conforme o entendimento do STF, consolidado no enunciado da Súmula 359: "Ressalvada a revisão prevista em lei, os proventos da inatividade regulam-se pela lei vigente ao tempo em que o militar, ou o servidor civil, reuniu os requisitos necessários".

5.4. SEPARAÇÃO DOS PODERES

117. (Cespe – Advogado da União – 2015) Acerca de aspectos diversos relacionados à atuação e às competências dos Poderes Executivo, Legislativo e Judiciário, do presidente da República e da AGU, julgue o item a seguir.

117.1. Caso um processo contra o presidente da República pela prática de crime de responsabilidade fosse instaurado pelo Senado Federal, não seria permitido o exercício do direito de defesa pelo presidente da República no âmbito da Câmara dos Deputados.

COMENTÁRIOS

Errado. O STF entendeu que, mesmo não havendo previsão expressa na Lei 1.079/50, seria permitido o exercício do direito de defesa pelo presidente da República no âmbito da Câmara dos Deputados, defesa que decorre do princípio inscrito no art. 5º, LV, da CF. Como o processo foi instaurado pelo Senado, não se poderia subtrair do chefe do Executivo seu direito de defesa durante o juízo de admissão do processo por crime de responsabilidade (MS 21.564/DF, julgado em 1992 e relatado pelo Ministro Octávio Gallotti).

117.2. Conforme entendimento do STF, compete à justiça federal processar e julgar o crime de redução à condição análoga à de escravo, por ser este um crime contra a organização do trabalho, se for praticado no contexto das relações de trabalho.

COMENTÁRIOS

Certo. No RE 398041, julgado em 2006 e relatado pelo Ministro Joaquim Barbosa, o STF entendeu que a prática do crime previsto no art. 149 do Código Penal (Redução à condição análoga a de escravo) se caracteriza como crime contra a organização do trabalho, de modo a atrair a competência da Justiça federal (art. 109, VI da CF). Nas palavras do relator, "a Constituição de 1988 traz um robusto conjunto normativo que visa à proteção e efetivação dos direitos fundamentais do ser humano. A existência de trabalhadores a laborar sob escolta, alguns acorrentados, em situação de total violação da liberdade e da autodeterminação de cada um, configura crime contra a organização do trabalho. Quaisquer condutas que possam ser tidas como violadoras não somente do sistema de órgãos e instituições com atribuições para proteger os direitos e deveres dos trabalhadores, mas também dos próprios trabalhadores, atingindo-os em esferas que lhes são mais caras, em que a Constituição lhes confere proteção máxima, são enquadráveis na categoria dos crimes contra a organização do trabalho, se praticadas no contexto das relações de trabalho".

117.3. Compete à AGU a representação judicial e extrajudicial da União, sendo que o poder de representação do ente federativo central pelo advogado da União decorre da lei e, portanto, dispensa o mandato.

COMENTÁRIOS

✪ **Nota do autor:** é imprescindível que o candidato estude com afinco todas as normas que envolvem a carreira almejada, uma vez que é certo a incidência de questões envolvendo o cargo e suas atribuições.

Certo. A AGU é a instituição que, diretamente ou através de órgão vinculado, representa a União, judicial e extrajudicialmente, cabendo-lhe, nos termos da lei complementar que dispuser sobre sua organização e funcionamento, as atividades de consultoria e assessoramento jurídico do Poder Executivo (CF, 131, caput). Quanto ao poder de representação do advogado da União, o STF já exarou entendimento no sentido de que, uma vez subscrito o ato por detentor do cargo, dispensável é a apresentação de instrumento de mandato, da procuração (AO 1.757, julgado em 2013 e relatado pelo Ministro Marco Aurélio).

117.4. Caso uma lei de iniciativa parlamentar afaste os efeitos de sanções disciplinares aplicadas a servidores públicos que participarem de movimento reivindicatório, tal norma padecerá de vício de iniciativa por estar essa matéria no âmbito da reserva de iniciativa do chefe do Poder Executivo.

COMENTÁRIOS

Certo. É esse o entendimento do STF, uma vez que o art. 61, § 1º, II, c, da CF prevê competir ao Chefe do Poder Executivo a iniciativa de lei que trate sobre os direitos e deveres dos servidores públicos.

117.5. O veto do presidente da República a um projeto de lei ordinária insere-se no âmbito do processo legislativo, e as razões para o veto podem ser objeto de controle pelo Poder Judiciário.

COMENTÁRIOS

Errado. O veto do Presidente da República a projeto de lei aprovado pelas casas do Congresso Nacional, por motivo de inconstitucionalidade, é considerado mecanismo de controle político prévio de constitucionalidade, a teor do art. 66, § 1º, da CF, inserindo-se no âmbito do processo legislativo. No entanto, as razões para o veto **não** podem ser objeto de controle pelo Poder Judiciário. Embora o tema seja controvertido, o STF decidiu, no julgamento da ADPF nº 1, que o veto não é passível de controle judicial. No julgamento da ADPF nº 45, o relator, Ministro Celso de Melo, em decisão monocrática, manifestou-se favoravelmente pela possibilidade de controle judicial das razões do veto. Contudo, essa arguição não chegou a ser julgada pelo plenário, de modo que a última decisão do STF sobre o assunto negou a possibilidade de questionamento judicial das razões de questionamento judicial das razões do veto.

117.6. No ordenamento jurídico brasileiro, admitem-se a autorização de referendo e a convocação de plebiscito por meio de medida provisória.

COMENTÁRIOS

Errado. A autorização de referendo e a convocação de plebiscito por meio de medida provisória **não** é admitida no ordenamento brasileiro, posto que devem ser realizadas mediante decreto legislativo, de competência exclusiva do Congresso Nacional (CF, 49, XV).

---

118. (Cespe – Procurador BACEN/2013) No que se refere aos poderes da República, assinale a opção correta.

a) O STF dispõe de competência originária para processar e julgar ação popular promovida contra ato emanado do presidente da República.

b) O TCU é um órgão judicante, com função deliberativa, encarregado da fiscalização das contas prestadas por qualquer pessoa física ou jurídica que utilize dinheiro, bens e valores públicos.

c) A CF consagra a regra da irresponsabilidade penal absoluta do presidente da República em relação às infrações penais cometidas antes do início do exercício do mandato e da irresponsabilidade penal relativa no que se refere às infrações penais que, cometidas durante o exercício do mandato, não tenham relação com as funções de chefe do Poder Executivo.

d) A CF estabelece a iniciativa exclusiva do presidente da República para o processo legislativo em matéria de natureza tributária.

e) No exercício de suas atribuições administrativas, o Conselho Nacional de Justiça tem competência para expedir atos regulamentares, de comando abstrato, impondo obrigações de natureza administrativa a toda a magistratura nacional.

COMENTÁRIOS

Alternativa correta: "e": nos termos do art. 103-B, § 4°, I, da CF, compete ao CNJ o controle da atuação administrativa e financeira do Poder Judiciário e do cumprimento dos deveres funcionais dos juízes, cabendo-lhe, além de outras atribuições que lhe forem conferidas pelo Estatuto da Magistratura, zelar pela autonomia do Poder Judiciário e pelo cumprimento do Estatuto da Magistratura, podendo expedir atos regulamentares, no âmbito de sua competência, ou recomendar providências.

Alternativa "a": nos casos de ação popular movida contra o Presidente da República, a competência originária para o seu julgamento **não é** do Supremo Tribunal Federal, pois não há previsão no art. 102, da CF, que conta com rol taxativo (regime de direito estrito). Nesse sentido, a jurisprudência do STF: "**A competência para julgar ação popular contra ato de qualquer autoridade, até mesmo do presidente da República, é, via de regra, do juízo competente de primeiro grau**. Precedentes. Julgado o feito na primeira instância, se ficar configurado o impedimento de mais da metade dos desembargadores para apreciar o recurso voluntário ou a remessa obrigatória, ocorrerá a competência do STF, com base na letra n do inciso I, segunda parte, do art. 102 da CF." (AO 859-QO, julgado em 2001 e relatado pelo Ministro Maurício Corrêa).

Alternativa "b": de acordo com o STF, "A posição constitucional dos Tribunais de Contas – órgãos investidos de **autonomia jurídica** – inexistência de qualquer vínculo de subordinação institucional ao poder legislativo – atribuições do Tribunal de Contas que traduzem direta emanação da própria Constituição da República. Os Tribunais de Contas ostentam posição eminente na estrutura constitucional brasileira, não se achando subordinados, por qualquer vínculo de ordem hierárquica, ao Poder Legislativo, de que não são órgãos delegatários nem organismos de mero assessoramento técnico. A competência institucional dos Tribunais de Contas não deriva, por isso mesmo, de delegação dos órgãos do Poder Legislativo, mas traduz emanação que resulta, primariamente, da própria Constituição da República. Doutrina. Precedentes." (ADI 4.190-MC-REF, Rel. Min. Celso de Mello, julgamento em 10-3-2010, Plenário, DJE de 11-6-2010.). Quanto à **fiscalização** de contas, nos termos do art. 71, V, da CF, ocorre apenas em relação às **contas nacionais das empresas supranacionais de cujo capital social a União participe**, de forma direta ou indireta, nos termos do tratado constitutivo.

Alternativa "c": de acordo com a doutrina a Constituição Federal reconhece apenas **irresponsabilidade penal relativa** (mas, não a absoluta) **do Presidente da República,** consoante art. 86, §§ 3° e 4°, da CF: enquanto não sobrevier sentença condenatória, nas infrações comuns, o Presidente da República não estará sujeito a prisão; o Presidente da República, na vigência de seu mandato, não pode ser responsabilizado por atos estranhos ao exercício de suas funções. O STF referenda esse posicionamento: "O art. 86, § 4º, da Constituição, ao outorgar privilégio de ordem político-funcional ao presidente da República, excluiu-o, durante a vigência de seu mandato – e por atos estranhos ao seu exercício –, da possibilidade de ser ele submetido, no plano judicial, a qualquer ação persecutória do Estado. A cláusula de exclusão inscrita nesse preceito da Carta Federal, ao inibir a atividade do Poder Público, em sede judicial, alcança as infrações penais comuns praticadas em momento anterior ao da investidura no cargo de chefe do Poder Executivo da União, bem assim aquelas praticadas na vigência do mandato, desde que estranhas ao ofício presidencial. A norma consubstanciada no art. 86, § 4º, da Constituição, reclama e impõe, em função de seu caráter excepcional, exegese estrita, do que deriva a sua inaplicabilidade a situações jurídicas de ordem extrapenal. O presidente da República não dispõe de imunidade, quer em face de ações judiciais que visem a definir-lhe a responsabilidade civil, quer em função de processos instaurados por suposta prática de infrações político-administrativas, quer, ainda, em virtude de procedimentos destinados a apurar, para efeitos estritamente fiscais, a sua responsabilidade tributária. **A CB não consagrou, na regra positivada em seu art. 86, § 4º, o princípio da irresponsabilidade penal absoluta do presidente da República**. O chefe de Estado, nos ilícitos penais praticados in officio ou cometidos propter officium, poderá, ainda que vigente o mandato presidencial, sofrer a persecutio criminis, desde que obtida, previamente, a necessária autorização da Câmara dos Deputados." (Inq 672-QO, Rel. Min. Celso de Mello, julgamento em 16-9-1992, Plenário, DJ de 16-4-1993.)

Alternativa "d": a CF estabelece a iniciativa **privativa** do Presidente da República para o processo legislativo em matéria de natureza tributária (art. 61, § 1°, II, "b", da CF).

---

119. (Cespe – Juiz de Direito Substituto – MA/ 2013) Assinale a opção correta no que se refere aos poderes da República.

a) Embora a CF estabeleça a competência privativa dos tribunais de justiça para a escolha de seus órgãos diretivos, tal circunstância não reveste de inconstitucionalidade lei estadual que admita a participação, na referida escolha, não somente de desembargadores, mas também de juízes vitalícios que atuem em primeiro grau de jurisdição.

b) De acordo com o entendimento do STF, o deputado ou senador que assumir o cargo de ministro de Estado estará sujeito à perda do mandato por quebra de decoro parlamentar caso pratique, na condição de Ministro, ato considerado indecoroso.

c) De acordo com o estabelecido na CF, o Tribunal de Contas da União é órgão de natureza técnica que auxilia o Poder Legislativo na atividade de controle e fiscalização, cujos ministros são detentores das mesmas garantias, impedimentos, vencimentos e vantagens conferidas aos parlamentares.

d) A competência do presidente da República para prover cargos públicos federais não pode ser delegada a ministro de Estado.

COMENTÁRIOS

Alternativa correta: "b": o entendimento do STF sobre a questão se deu nos seguintes termos: "Tramitação e processamento de representação por quebra de decoro parlamentar. Deputado federal licenciado e investido no cargo de ministro de Estado. Liminar indeferida. [...] O membro do Congresso Nacional que se licencia do mandato para investir-se no cargo de ministro de Estado não perde os laços que o unem, organicamente, ao Parlamento (CF, art. 56, I). Consequentemente, continua a subsistir em seu favor a garantia constitucional da prerrogativa de foro em matéria penal (Inq 777-3-QO/TO, Rel. Min. Moreira Alves, DJ de 1º-10-1993), bem como a faculdade de optar pela remuneração do mandato (CF, art. 56, § 3º). Da mesma forma, ainda que licenciado, cumpre-lhe guardar estrita observância às vedações e incompatibilidades inerentes ao estatuto constitucional do congressista, assim como às exigências ético-jurídicas que a Constituição (CF, art. 55, § 1º) e os regimentos internos das casas legislativas estabelecem como elementos caracterizadores do decoro parlamentar. Não obstante, o princípio da separação e independência dos Poderes e os mecanismos de interferência recíproca que lhe são inerentes impedem, em princípio, que a Câmara a que pertença o parlamentar o submeta, quando licenciado nas condições supramencionadas, a processo de perda do mandato, em virtude de atos por ele praticados que tenham estrita vinculação com a função exercida no Poder Executivo (CF, art. 87, parágrafo único, I, II, III e IV), uma vez que a Constituição prevê modalidade específica de responsabilização política para os membros do Poder Executivo (CF, arts. 85, 86 e 102, I, c). Na hipótese dos autos, contudo, embora afastado do exercício do mandato parlamentar, o impetrante foi acusado de haver usado de sua influência para levantar fundos junto a bancos 'com a finalidade de pagar parlamentares para que, na Câmara dos Deputados, votassem projetos em favor do Governo' (Representação 38/2005, formulada pelo PTB). Tal imputação se adequa, em tese, ao que preceituado no art. 4º, IV, do Código de Ética e Decoro Parlamentar da Câmara dos Deputados que qualifica como suscetíveis de acarretar a perda do mandato os atos e procedimentos levados a efeito no intuito de 'fraudar, por qualquer meio ou forma, o regular andamento dos trabalhos legislativos para alterar o resultado de deliberação'." (MS 25.579-MC, Rel. p/ o ac. Min. Joaquim Barbosa, julgamento em 19-10-2005, Plenário, DJ de 24-8-2007.)

Alternativa "a": conforme já decidiu o STF, "O processo de escolha para os cargos de direção superior nos tribunais judiciários e a definição das condições de elegibilidade pertinentes aos seus membros vitalícios e, onde houver órgão especial, aos magistrados togados que o integram constituem matérias que, por dizerem respeito à organização e ao funcionamento do Poder Judiciário, **acham-se sujeitas, por efeito de reserva constitucional, ao domínio normativo de lei complementar**. Precedentes. A autonomia do Poder Judiciário, que confere aos Tribunais a prerrogativa institucional do autogoverno, **não lhes permite veicular, livremente, em sede regimental, a disciplina normativa referente à eleição e à estipulação dos requisitos de**

elegibilidade para os cargos de sua administração superior." (ADI 1.152, julgada em 1994 e relatada pelo Ministro Celso de Mello).

Alternativa "c": de acordo com o estabelecido na CF, o Tribunal de Contas da União é órgão que auxilia o Poder Legislativo na atividade de controle **externo** (art. 71 da CF), cujos ministros são detentores das mesmas garantias, impedimentos, vencimentos e vantagens conferidas aos **Ministros do Superior Tribunal de Justiça** (não aos parlamentares), conforme art. 73, § 3°, da CF.

Alternativa "d": nos termos do art. 84, parágrafo único, da CF, a competência do presidente da República para prover cargos públicos federais **pode** ser delegada a Ministro de Estado.

5.4.1. PODER LEGISLATIVO

120. (Cespe – Delegado de Polícia – PE/2016) No que se refere a CPI, assinale a opção correta.

a) CPI proposta por cinquenta por cento dos membros da Câmara dos Deputados e do Senado Federal não poderá ser instalada, visto que, conforme exige o texto constitucional, são necessários dois terços dos membros do Congresso Nacional para tanto.

b) As CPIs, no exercício de suas funções, dispõem de poderes de investigação próprios das autoridades judiciais, tais como os de busca domiciliar, interceptação telefônica e decretação de prisão.

c) A CF só admite CPIs que funcionem separadamente na Câmara dos Deputados ou no Senado Federal.

d) Não poderá ser criada CPI que versar sobre tema genérico e indefinido, dada a exigência constitucional de que esse tipo de comissão deva visar à apuração de fato determinado.

e) As conclusões de determinada CPI deverão ser encaminhadas ao TCU para que este promova a responsabilidade civil ou administrativa dos que forem indicados como infratores.

COMENTÁRIOS

Alternativa correta: letra "d": a criação da CPI depende da existência de fato determinado, devendo, por consectário lógico, preexistir à criação da Comissão. Nos termos do art. 58, §3º, da CF, as comissões parlamentares de inquérito, que terão poderes de investigação próprios das autoridades judiciais, além de outros previstos nos regimentos das respectivas Casas, serão criadas pela Câmara dos Deputados e pelo Senado Federal, em conjunto ou separadamente, mediante requerimento de um terço de seus membros, para a apuração de **fato determinado** e **por prazo certo**, sendo suas conclusões, se for o caso, encaminhadas ao Ministério Público, para que promova a responsabilidade civil ou criminal dos infratores.

Alternativa "a": nos termos do art. 58, §3º, da CF, as comissões parlamentares de inquérito, que terão poderes de investigação próprios das autoridades judiciais, além de outros previstos nos regimentos das respectivas Casas, serão criadas pela Câmara dos Deputados e pelo Senado Federal, em conjunto ou separadamente, mediante requerimento de **um terço** de seus membros (e não dois terços), para a apuração de fato determinado e por prazo certo, sendo suas conclusões, se for o caso, encaminhadas ao Ministério Público, para que promova a responsabilidade civil ou criminal dos infratores.

Alternativa "b": as CPIs, no exercício de suas funções, dispõem de poderes de investigação próprios das autoridades judiciais, no entanto, não podem determinar busca domiciliar, interceptação telefônica e decretação de prisão, temas submetidos à reserva de jurisdição. Importante destacar que a interceptação (gravações de conversas presentes e futuras) não se confunde com a quebra de sigilo (acesso a dados passados). Tal distinção é relevante, pois as CPIs (órgãos que não são investidos de poderes jurisdicionais) até podem determinar a quebra de sigilo de dados telefônicos (registro de chamadas recebidas e efetuadas), mas não a interceptação telefônica. Vale anotar ainda que: "O princípio constitucional da reserva de jurisdição – que incide sobre as hipóteses de busca domiciliar (CF, art. 5º, XI), de interceptação telefônica (CF, art. 5º, XII) e de decretação da prisão, ressalvada a situação de flagrância penal (CF, art. 5º, LXI) – não se estende ao tema da quebra de sigilo, pois, em tal matéria, e por efeito de expressa autorização dada pela própria CR (CF, art. 58, § 3º), assiste competência à CPI, para decretar, sempre em ato necessariamente motivado, a excepcional ruptura dessa esfera de privacidade das pessoas." (MS 23.652, julgado no ano 2000 e relatado pelo Ministro Celso de Mello).

Alternativa "c": as CPIs podem funcionar separada ou conjuntamente. Nos termos do art. 58, §3º, da CF, as comissões parlamentares de inquérito, que terão poderes de investigação próprios das autoridades judiciais, além de outros previstos nos regimentos das respectivas Casas, serão criadas pela Câmara dos Deputados e pelo Senado Federal, **em conjunto ou separadamente**, mediante requerimento de um terço de seus membros (e não dois terços), para a apuração de fato determinado e por prazo certo, sendo suas conclusões, se for o caso, encaminhadas ao Ministério Público, para que promova a responsabilidade civil ou criminal dos infratores.

Alternativa "e": nos termos do art. 58, §3º, da CF, as comissões parlamentares de inquérito, que terão poderes de investigação próprios das autoridades judiciais, além de outros previstos nos regimentos das respectivas Casas, serão criadas pela Câmara dos Deputados e pelo Senado Federal, em conjunto ou separadamente, mediante requerimento de um terço de seus membros, para a apuração de fato determinado e por prazo certo, sendo **suas conclusões, se for o caso, encaminhadas ao Ministério Público** (e não ao TCU), **para que promova a responsabilidade civil ou criminal dos infratores.**

121. (Cespe – Defensor Público – RN/2015) Assinale a opção correta acerca do perfil constitucional do Estado federal brasileiro.

a) Os territórios federais, quando criados, elegerão um senador para integrar o Congresso Nacional.

b) No tocante às competências legislativas concorrentes, a superveniência de norma suplementar específica proveniente de ente federativo local suspenderá de pronto a eficácia de lei federal sobre normas gerais, no que esta lhe for contrária.

c) A CF não poderá ser emendada na vigência de intervenção federal, salvo por iniciativa de mais da metade das assembleias legislativas das unidades da Federação, manifestando-se, cada uma delas, pela maioria relativa de seus membros.

d) Por não integrarem a Federação, municípios podem ter sua autonomia político-constitucional suprimida por emenda à CF.

e) A despeito de a CF fixar os números mínimo e máximo de deputados federais por unidade da Federação, é ao Congresso Nacional que cabe, dentro dessa margem, fixar o efetivo número desses parlamentares por estado e pelo DF, mediante a edição de lei complementar, sem possibilidade de delegação de tal tarefa a outro órgão estatal.

COMENTÁRIOS

Alternativa correta: letra "e": nos termos do art. 45, §1º, da CF, o número total de Deputados, bem como a representação por Estado e pelo Distrito Federal, será estabelecido por lei complementar, proporcionalmente à população, procedendo-se aos ajustes necessários, no ano anterior às eleições, para que nenhuma daquelas unidades da Federação tenha menos de oito ou mais de setenta Deputados.

Alternativa "a": cada Território elegerá **quatro Deputados** (art. 45, §2º, CF). Os Territórios não elegem Senadores.

Alternativa "b": no âmbito da legislação concorrente, a competência da União limitar-se-á a estabelecer normas gerais. A competência da União para legislar sobre normas gerais não exclui a competência suplementar dos Estados. Inexistindo lei federal sobre normas gerais, os Estados exercerão a competência legislativa plena, para atender a suas peculiaridades. **A superveniência de lei federal** sobre normas gerais **suspende a eficácia da lei estadual**, no que lhe for contrário (art. 24, §1º ao §4º, da CF).

Alternativa "c": a Constituição não poderá ser emendada na vigência de intervenção federal, de estado de defesa ou de estado de sítio (art. 60, §1º, CF).

Alternativa "d": os Municípios integram a Federação e não podem ter sua autonomia político-constitucional suprimida por emenda à CF (art. 60, §4º, I, CF).

122. (Cespe – Defensor Público – RN/2015) Com relação ao regime constitucional das imunidades parlamentares, assinale a opção correta.

a) Para que incida a inviolabilidade do vereador, é necessário que suas opiniões, palavras e votos sejam expressos na circunscrição do município em que ele exerça seu mandato, não se exigindo a demonstração de conexão com o efetivo exercício da vereança.

b) Deputados distritais desfrutam de imunidade formal apenas quanto aos fatos de competência da justiça local.

c) Não perderá o foro por prerrogativa de função o parlamentar federal que estiver licenciado para exercer cargo de ministro de Estado.

d) Vereadores não poderão ser presos desde a expedição do diploma, salvo em caso de flagrante de crime inafiançável cometido fora da circunscrição do município em que forem eleitos.

e) Enquanto deputados federais e senadores compartilham de um regime de imunidades abrangente tanto da chamada inviolabilidade como da imunidade formal, deputados estaduais e vereadores são detentores tão somente da inviolabilidade.

COMENTÁRIOS

Alternativa correta: letra "c": nos termos do art. 56, I, da CF.

Alternativa "a": para que incida a inviolabilidade do vereador, é necessário que suas opiniões, palavras e votos sejam expressos na circunscrição do município em que ele exerça seu mandato, exigida a demonstração de conexão com o efetivo exercício da vereança, segundo depreende-se do art. 29, VIII, CF.

Alternativa "b": os Deputados distritais desfrutam de imunidade formal, ainda que os fatos não sejam de competência da justiça local.

Alternativa "d": a **imunidade formal** (que garante regras especiais para a prisão e o processo de Parlamentar) **não se aplica aos Vereadores, por falta de expressa previsão no Texto Constitucional.** Aliás, esse é o posicionamento do STF sobre o tema: "O Tribunal, por maioria, julgou procedente o pedido formulado na inicial de ação direta ajuizada pelo Procurador-Geral da República para declarar a inconstitucionalidade da expressão abaixo destacada, constante da parte final do inciso XVII, do art. 13, da Constituição do Estado de Sergipe, que estabelece "a inviolabilidade do vereador por suas opiniões, palavras e votos, no exercício do mandato e na circunscrição do Município, não podendo, desde a expedição do diploma até a inauguração da legislatura seguinte, ser preso, salvo em flagrante de crime inafiançável, nem processado criminalmente sem prévia autorização da Câmara Municipal, cujo deferimento da licença ou ausência de deliberação suspende a prescrição enquanto durar o mandato;". Considerou-se caracterizada na espécie a ofensa ao art. 22, I, da CF/88, que prevê a competência privativa da União para legislar sobre direito penal e processual. O Min. Sepúlveda Pertence também julgou procedente o pedido formulado, mas por fundamento diverso, qual seja, por ofensa ao art. 29, VIII - "inviolabilidade dos vereadores por suas opiniões, palavras e votos no exercício do mandato e na circunscrição do município". - haja vista que a CF, ao estender expressamente aos vereadores a imunidade material, excluiu implicitamente a que eles se aplicasse a imunidade formal. Vencido o Min. Marco Aurélio que julgava improcedente o pedido formulado, por considerar que os vereadores devem gozar das mesmas prerrogativas quanto ao exercício do mandato no que diz respeito aos deputados federais e senadores. ADI 371, julgada em 2002 e relatada pelo Ministro Maurício Corrêa).

Alternativa "e": aos deputados estaduais aplicam-se as mesmas regras sobre sistema eleitoral, inviolabilidade, imunidades, remuneração, perda de mandato, licença, impedimentos e incorporação às Forças Armadas dos parlamentares federais. Desse modo, deputados federais, senadores e deputados estaduais e distritais compartilham de um regime de imunidades abrangente tanto da chamada inviolabilidade como da imunidade formal. Já os vereadores são detentores tão somente da inviolabilidade.

123. (Cespe – Procurador do MP junto ao TCU/2015) A respeito dos sistemas de controle dos poderes públicos previstos na CF, assinale a opção correta.

a) Determinada a quebra de sigilo bancário de um investigado por comissão parlamentar de inquérito instaurada no âmbito de assembleia legislativa, deve o BCB fornecer as informações assim requeridas.

b) Sob o argumento do caráter público dos recursos envolvidos em determinada operação financeira realizada por bancos estatais, não podem os tribunais de contas ter acesso às correspondentes informações, sob pena de violação do sigilo bancário dos envolvidos.

c) Havendo procedimentos instaurados tanto em tribunal de contas como no CNJ acerca do mesmo ato administrativo praticado por órgão do Poder Judiciário, terá prevalência na tramitação o procedimento que se tiver iniciado por primeiro, devendo o outro procedimento ficar sobrestado até decisão final daquele.

d) Passados sessenta dias durante os quais anualmente as contas dos municípios ficarão à disposição dos contribuintes, estes somente poderão ter acesso aos respectivos registros e informações de maneira indireta, por meio de eventuais decisões da câmara municipal ou da corte de contas local.

e) Tendo em vista a indivisibilidade da autonomia do estado-membro, não cabe ao Poder Executivo estadual eximir-se de sanções ou responsabilidades impostas pela União, em matéria de operações de crédito, decorrentes do descumprimento do limite de gastos com pessoal por parte do Poder Legislativo, do Poder Judiciário, do MP ou de tribunal de contas da respectiva esfera federativa.

COMENTÁRIOS

Alternativa correta: letra "a": nos termos do art. 4º, §1º, da Lei Complementar 105/2001, as comissões parlamentares de inquérito, no exercício de sua competência constitucional e legal de ampla investigação, obterão as informações e documentos sigilosos de que necessitarem, diretamente das instituições financeiras, ou por intermédio do Banco Central do Brasil ou da Comissão de Valores Mobiliários.

Alternativa "b": nos termos do entendimento do STF: "Operações financeiras que envolvam recursos públicos não estão abrangidas pelo sigilo bancário a que alude a Lei Complementar nº 105/2001, visto que as operações dessa espécie estão submetidas aos princípios da administração pública insculpidos no art. 37 da Constituição Federal. Em tais situações, é prerrogativa constitucional do Tribunal [TCU] o acesso a informações relacionadas a operações financiadas com recursos públicos." (MS 33340, julgado em 2015 e relatado pelo Ministro Luiz Fux).

Alternativa "c": compete ao CNJ zelar pela observância do art. 37 e apreciar, de ofício ou mediante provocação, a legalidade dos atos administrativos praticados por membros ou órgãos do Poder Judiciário, podendo desconstituí-los, revê-los ou fixar prazo para que se adotem as providências necessárias ao exato cumprimento da lei, sem prejuízo da competência do Tribunal de Contas da União (art. 103-B, §4º, II, CF).

Alternativa "d": as contas dos Municípios ficarão, durante sessenta dias, anualmente, à disposição de qualquer contribuinte, para exame e apreciação, o qual poderá questionar-lhes a legitimidade, nos termos da lei (art. 31, §3º, CF). Passados sessenta dias durante os quais anualmente as contas dos municípios ficarão à disposição dos contribuintes, estes poderão ter acesso aos respectivos registros e informações, conforme dispuser a lei.

Alternativa "e": segundo o STF: "O Poder Executivo estadual não pode sofrer sanções nem expor-se a restrições emanadas da União Federal, em matéria de realização de operações de crédito, sob a alegação de que o Poder Judiciário, a Assembléia Legislativa, o Tribunal de Contas e o Ministério Público locais teriam descumprido o limite individual a eles imposto pela Lei de Responsabilidade Fiscal (art. 20, inciso II, "a", "b" e "d"), pois o Governo do Estado não tem competência para intervir na esfera orgânica de referidas instituições, que dispõem de plena autonomia institucional a elas outorgada por efeito de expressa determinação constitucional." (AC 2659, julgada em 2010 e relatada pelo Ministro Celso de Mello).

124. (Cespe – Procurador do MP junto ao TCE-PB/2014) A respeito da organização do Estado, da organização dos poderes no Estado e das funções essenciais à justiça, assinale a opção correta à luz da jurisprudência do STF.

a) A Advocacia-Geral da União (AGU) é instituição nacional que representa judicial e extrajudicialmente a União, os estados e os municípios.

b) Uma lei dispondo sobre sistemas de consórcio e sorteios, inclusive bingos e loterias, pode ser editada pela União, pelos estados ou pelo DF, em virtude da competência legislativa concorrente.

c) Uma ação em que se questione a responsabilidade pessoal de conselheiro do Conselho Nacional de Justiça (CNJ) deverá ser ajuizada perante o STF, que detém a competência originária para processar e julgar o feito.

d) Caso um parlamentar conceda declarações à imprensa, ainda que fora do ambiente de trabalho, e tais manifestações estejam vinculadas ao exercício do mandato, incidirá sobre essa atuação a cláusula de inviolabilidade constitucional.

e) O poder regulamentar conferido diretamente pela CF aos ministros de Estado concede-lhes a competência para a edição de atos normativos primários, subordinados diretamente à própria CF.

COMENTÁRIOS

Alternativa correta: "d": Deputados e Senadores são invioláveis, civil e penalmente, por quaisquer de suas opiniões, palavras e votos (imunidade material ou inviolabilidade). Conforme assevera Paulo Lépore: "Vale notar que a imunidade material não se submete a qualquer restrição territorial. Assim, exercendo sua função, o Parlamentar Federal está resguardado pela imunidade material mesmo se estiver fora dos limites territoriais do Congresso Nacional" (LÉPORE, Paulo. *Direito Constitucional para os concursos de Técnico e Analista*. Salvador: Juspodivm, 2013, p. 264). No entanto, a imunidade material/inviolabilidade deve estar vinculada ao exercício do mandato, o que é presumido apenas quando no interior do recinto Parlamentar. Pelo exposto, é possível concluir que **se um parlamentar conceder declarações à imprensa, ainda que fora do ambiente de trabalho, e tais manifestações estejam vinculadas ao exercício do mandato, incidirá sobre essa atuação a cláusula de inviolabilidade constitucional.**

Alternativa "a": a Advocacia-Geral da União é a instituição que, diretamente ou através de órgão vinculado, **representa a União**, judicial e extrajudicialmente, cabendo-lhe, nos termos da lei complementar que dispuser sobre sua organização e funcionamento, as atividades de consultoria e assessoramento jurídico do Poder Executivo. Desse modo, a Advocacia-Geral da União (AGU) é instituição nacional que representa judicial e extrajudicialmente a União, e não os Estados e os Municípios.

Alternativa "b": conforme estatui o artigo 22, XX, da CF, compete **privativamente à União** legislar sobre sistemas de consórcios e sorteios.

Alternativa "c": uma ação em que se questione a responsabilidade pessoal de conselheiro do Conselho Nacional de Justiça (CNJ) não deverá ser ajuizada perante o STF. Segundo entendimento da Suprema Corte: "o que a Constituição, com a EC 45/04, inseriu na competência originária do Supremo Tribunal foram as ações contra os respectivos colegiado, e não, aquelas em que se questione a responsabilidade pessoal de um ou mais dos conselheiros, como seria de dar-se na ação popular" (STF. Pet. 3674 QO, julgada em 2006 e relatada pelo Ministro Sepúlveda Pertence).

Alternativa "e": o poder regulamentar conferido diretamente pela CF aos Ministros de Estado não lhes concede a competência para a edição de atos normativos primários. Conforme o próprio STF: "O poder regulamentar deferido aos Ministros de Estado, embora de extração Constitucional, não legitima a edição de atos normativos de caráter primário, estando necessariamente subordinado, no que concerne ao seu exercício, conteúdo e limites, ao que prescrevem as leis e a Constituição da República" (STF. ADI 1075 MC, julgado em 1998 e relatado pelo Ministro Celso de Mello).

125. (Cespe – Procurador do MP junto ao TCE-PB/2014) De acordo com as normas constitucionais e a jurisprudência do STF acerca das CPIs, assinale a opção correta.

a) Caso seja impetrado mandado de segurança em face de ato de CPI que tenha determinado a quebra do sigilo fiscal do impetrante, e, em seguida, sejam encerrados os trabalhos da CPI, o julgamento do writ deverá prosseguir, em virtude do temor do impetrante de eventual uso abusivo das informações.

b) As CPIs podem ser criadas para a apuração de fato determinado, ainda que sobre esses mesmos fatos já tenham sido instaurados inquéritos policiais ou processos judiciais.

c) A CF exige que a criação das CPIs se dê sempre em conjunto pela Câmara dos Deputados e pelo Senado Federal, mediante requerimento de um terço de seus membros. No âmbito dos estados, pelo princípio da simetria, exige-se um terço dos membros da assembleia legislativa.

d) Caso o investigado já tenha prestado depoimento perante a CPI, eventual habeas corpus preventivo impetrado com o fim de garantir-lhe o exercício de seu direito ao silêncio será necessariamente considerado prejudicado, ainda que o paciente informe a existência de reconvocação para prestar novos depoimentos. Nessas situações, deverá ser impetrado novo habeas corpus.

e) Devido ao fato de possuírem os poderes de investigação próprios das autoridades policiais, as CPIs poderão determinar a quebra ou transferência de sigilos bancário, fiscal e de dados.

COMENTÁRIOS

Alternativa correta: "b": consoante o artigo 58, § 3º, da Lei Maior, as comissões parlamentares de inquérito, que terão poderes de investigação próprios das autoridades judiciais, além de outros previstos nos regimentos das respectivas Casas, serão criadas pela Câmara dos Deputados e pelo Senado Federal, em conjunto ou separadamente, mediante requerimento de um terço de seus membros, **para a apuração de fato determinado e por prazo certo**, sendo suas conclusões, se for o caso, encaminhadas ao Ministério Público, para que promova a responsabilidade civil ou criminal dos infratores. Ainda, conforme o entendimento adotado pelo STF, possível verificar no MS 24849, julgado em 2005 e relatado pelo Ministro Celso de Mello, a existência de inquéritos policiais ou processos judiciais relativos ao mesmo fato, não impedem a atuação da CPI, tendo em vista seu caráter autônomo.

Alternativa "a": no julgamento do MS 25459 AgR, julgado em 2010 e relatado pelo Ministro Cezar Peluso, decidiu a Suprema Corte que, caso seja impetrado mandado de segurança em face de ato de CPI que tenha determinado a quebra do sigilo fiscal do impetrante, e, em seguida, sejam encerrados os trabalhos da CPI, **o mandado de segurança deverá ser extinto sem julgamento de mérito**.

Alternativa "c": a CF **não** exige que a criação das CPIs se dê sempre em conjunto pela Câmara dos Deputados e pelo Senado Federal. Na realidade, poderá ocorrer a criação separada ou junta. De acordo com o artigo 58, § 3º, da CF, as comissões parlamentares de inquérito, que terão poderes de investigação próprios das autoridades judiciais, além de outros previstos nos regimentos das respectivas Casas, **serão criadas pela Câmara dos Deputados e pelo Senado Federal, em conjunto ou separadamente**, mediante requerimento de um terço de seus membros, para a apuração de fato determinado e por prazo certo, sendo suas conclusões, se for o caso, encaminhadas ao Ministério Público, para que promova a responsabilidade civil ou criminal dos infratores. **No âmbito dos Estados, pelo princípio da simetria, exige-se um terço dos membros da assembleia legislativa**, resguardando, desse modo, o direito das minorias, conforme entendimento adotado pelo STF no julgamento da ADI 3619, julgada em 2006 e relatada pelo Ministro Eros Grau.

Alternativa "d": caso o investigado já tenha prestado depoimento perante a CPI, eventual *habeas-corpus* preventivo impetrado com o fim de garantir-lhe o exercício de seu direito ao silêncio **não será considerado prejudicado**, ainda que o paciente informe a existência de reconvocação para prestar novos depoimentos. Nessa esteira, vale destaque o posicionamento jurisprudencial do STF: "O fato de o paciente já ter prestado declarações à CPI não acarreta prejudicialidade do writ quando ainda existir a possibilidade de futuras convocações para prestação de novos depoimentos. É jurisprudência pacífica desta Corte a possibilidade de o investigado, convocado para depor perante CPI, permanecer em silêncio, evitando-se a auto-incriminação, além de ter assegurado o direito de ser assistido por advogado e de comunicar-se com este durante a sua inquirição. Precedentes. Considerando a qualidade de investigado convocado por CPI para prestar depoimento, é imperiosa a dispensa do compromisso legal inerente às testemunhas. Direitos e garantias inerentes ao privilégio contra a auto-incriminação podem ser previamente assegurados para exercício em eventuais reconvocações. Precedentes. Ordem concedida" (STF. ADI 100200, julgado em 2010 e relatado pelo Ministro Joaquim Barbosa).

Alternativa "e": devido ao fato de possuírem os poderes de investigação próprios das **autoridades judiciais** (e não policiais), as CPIs poderão determinar a quebra ou transferência de sigilos bancário, fiscal e de dados. Nesse sentido, MS 24817, julgado em 2005 e relatado pelo Ministro Celso de Mello.

---

126. (Cespe – Cartório – TJ – DF/2014) Com base no disposto na CF e na jurisprudência do STF, assinale a opção correta referente à organização dos poderes do Estado.

a) Em nenhuma hipótese, a matéria constante de projeto de lei rejeitado poderá constituir objeto de novo projeto na mesma sessão legislativa.

b) Cabe ao estado-membro, em sua constituição estadual, disciplinar a eleição do novo titular do Poder Executivo estadual, em caso de vacância de governador e de vice – governador de um estado, observados o princípio da simetria e o modelo previsto na CF para o Poder Executivo federal.

c) A exoneração, de ofício, realizada anteriormente ao término do mandato de procurador-geral da República é de competência privativa do Senado Federal e deve ser aprovada, em votação secreta, por maioria absoluta.

d) Proposta de emenda à constituição que vise acabar com o poder de veto do presidente da República no processo legislativo não pode ser objeto de controle pelo STF, porque, no direito brasileiro, o Poder Judiciário não realiza controle preventivo de constitucionalidade.

e) Os comandantes da Marinha, do Exército e da Aeronáutica são sempre julgados pelo Senado Federal, no caso de crime de responsabilidade, e pelo STF, no caso de crime comum.

COMENTÁRIOS

Alternativa correta: "c": prevê o artigo 52, XI, da CF, que **compete privativamente ao Senado Federal** aprovar, por **maioria absoluta e por voto secreto**, a **exoneração**, de ofício, **do Procurador-Geral da República antes do término de seu mandato**. Portanto, a exoneração, de ofício, realizada anteriormente ao término do mandato de Procurador-Geral da República é de competência **privativa do Senado Federal** e deve ser aprovada, em **votação secreta**, por **maioria absoluta**.

Alternativa "a": de acordo com o artigo 67, *caput*, da CF, a matéria constante de projeto de lei rejeitado **somente poderá constituir objeto de novo projeto, na mesma sessão legislativa, mediante proposta da maioria absoluta dos membros de qualquer das Casas do Congresso Nacional.**

Alternativa "b": pode o estado-membro, em sua Constituição Estadual, disciplinar a eleição do novo titular do Poder Executivo estadual, em caso de vacância de Governador e de Vice – Governador de um Estado, não sendo necessário observar o modelo previsto na CF para o Poder Executivo federal. O entendimento da Suprema Corte encontra-se no julgamento da ADI 4298, em sede de tutela antecipada, julgada em 2009 e relatada pelo Ministro Cezar Peluso, em que se reconheceu não ser norma de observância obrigatória aos Estados-membros o modelo estabelecido para eleição do novo titular do Poder Executivo federal. Sobre o assunto, destacam-se as precisas lições de Nathalia Masson: "conforme entendimento firmado pelo STF, os Estados-membros não precisam observar a regra constante do art. 81, § 1º, CF/88, já que referida disposição, absolutamente excepcional em face do sufrágio universal, deve ser interpretada de forma estrita, não sendo, pois, norma de observância obrigatória. Não há que se falar, portanto, em aplicação do princípio da simetria, de forma que as Constituições estaduais é que regulamentarão, livremente, as normas de sucessão do Governador e Vice" (MASSON, Nathalia. *Manual de Direito Constitucional.* Salvador: Juspodivm, 2013, p. 745).

Alternativa "d": proposta de emenda à constituição que vise acabar com o poder de veto do presidente da República no processo legislativo **pode ser objeto de controle pelo STF**, porque, no direito brasileiro, **o Poder Judiciário realiza, ainda que excepcionalmente, controle preventivo (ou prévio) de constitucionalidade**, segundo as orientações do próprio STF. Esse controle ocorre no caso de proposta de emenda constitucional que possui como objeto proposta de emenda em discordância com o proposto no artigo 60, § 4º, da CF (cláusulas pétreas). Desse modo, proposta legislativa pretensamente inconstitucional pode ser impugnada por meio de mandado de segurança individual manejado por parlamentar sob o argumento de vulneração às cláusulas pétreas e violação ao direito líquido e certo de participação de um processo legislativo hígido (STF. MS 20.257, julgado em 1981 e relatado pelo Ministro Décio Miranda). Vale destaque também, o conteúdo do seguinte julgado: "Não se admite, no sistema brasileiro, o controle jurisdicional de constitucionalidade material de projetos de lei (controle preventivo de normas em curso de formação). O que a jurisprudência do STF tem admitido, como exceção, é "a legitimidade do parlamentar – e somente do parlamentar – para impetrar mandado de segurança com a finalidade de coibir atos praticados no processo de aprovação de lei ou emenda constitucional incompatíveis com disposições constitucionais que disciplinam o processo legislativo" (MS 24.667, Pleno, Min. Carlos Velloso, DJ de 23.04.04). Nessas excepcionais situações, em que o vício de inconstitucionalidade está diretamente relacionado a aspectos formais e procedimentais da atuação legislativa, a impetração de segurança é admissível, segundo a jurisprudência do STF, porque visa a corrigir vício já efetivamente concretizado no próprio curso do processo de formação da norma, antes mesmo e independentemente de sua final aprovação ou não" (STF. MS 32033/DF, julgado em 2013 e relatado pelo Ministro Gilmar Mendes).

Alternativa "e": de acordo com o estabelecido no artigo 102, I, "c", da CF, **compete ao Supremo Tribunal Federal**, precipuamente, a guarda da Constituição, cabendo-lhe **processar e julgar, originariamente nas infrações penais comuns e nos crimes de responsabilidade**, os Ministros de Estado e os **Comandantes da Marinha, do Exército e da Aeronáutica**, ressalvado o disposto no art. 52, I, os membros dos Tribunais Superiores, os do Tribunal de Contas da União e os chefes de missão diplomática de caráter permanente. Já o artigo 52, I, CF, estatui que **compete privativamente ao Senado Federal processar e julgar** o Presidente e o Vice-Presidente da República nos crimes de responsabilidade, bem como os Ministros de Estado e **os Comandantes da Marinha, do Exército e da Aeronáutica nos crimes da mesma natureza conexos com aqueles**. Portanto, **em regra, os Comandantes da Marinha, do Exército e da Aeronáutica são julgados pelo STF**, tanto nos crimes comuns quanto nos de responsabilidade. **Apenas**

no caso de crime de responsabilidade conexo com o Presidente e o Vice-Presidente da República, a competência será privativa do Senado Federal.

---

127. (Cespe – Procurador Federal/2013) Ainda sobre a organização e o funcionamento de diversas instituições públicas brasileiras, julgue os itens seguintes.

127.1. O Congresso Nacional, mediante delegação, atribuiu ao Senado Federal a competência para suspender a execução do todo ou de parte de lei declarada inconstitucional por decisão definitiva do STF (art. 52, X, da CF).

COMENTÁRIOS

Errado. É competência privativa do Senado Federal suspender a execução do todo ou de parte de lei declarada inconstitucional por decisão definitiva do STF.

127.2. O sigilo das comunicações telefônicas só poderá ser afastado por decisão judicial e somente para fins da instrução processual penal.

COMENTÁRIOS

Errado. De acordo com o art. 5°, XII, da CF, é inviolável o sigilo da correspondência e das comunicações telegráficas, de dados e das **comunicações telefônicas, salvo, no último caso, por ordem judicial, nas hipóteses e na forma que a lei estabelecer para fins de investigação criminal ou instrução processual penal**. Ademais, de acordo com o STF, "O sigilo bancário, o sigilo fiscal e o **sigilo telefônico** (sigilo este que incide sobre os dados/registros telefônicos e que não se identifica com a inviolabilidade das comunicações telefônicas) – ainda que representem projeções específicas do direito à intimidade, fundado no art. 5º, X, da Carta Política – **não se revelam oponíveis, em nosso sistema jurídico, às comissões parlamentares de inquérito**, eis que o ato que lhes decreta a quebra traduz natural derivação dos poderes de investigação que foram conferidos, pela própria CR, aos órgãos de investigação parlamentar. As CPIs, no entanto, para decretarem, legitimamente, por autoridade própria, a quebra do sigilo bancário, do sigilo fiscal e/ou do sigilo telefônico, relativamente a pessoas por elas investigadas, devem demonstrar, a partir de meros indícios, a existência concreta de causa provável que legitime a medida excepcional (ruptura da esfera de intimidade de quem se acha sob investigação), justificando a necessidade de sua efetivação no procedimento de ampla investigação dos fatos determinados que deram causa à instauração do inquérito parlamentar, sem prejuízo de ulterior controle jurisdicional dos atos em referência (CF, art. 5º, XXXV). As deliberações de qualquer comissão parlamentar de inquérito, à semelhança do que também ocorre com as decisões judiciais (RTJ 140/514), quando destituídas de motivação, mostram-se írritas e despojadas de eficácia jurídica, pois nenhuma medida restritiva de direitos pode ser adotada pelo Poder Público, sem que o ato que a decreta seja adequadamente fundamentado pela autoridade estatal." (MS 23.452, julgado em 1999 e relatado pelo Ministro Celso de Mello).

127.3. Compete ao STF processar e julgar originariamente o mandado de injunção quando a elaboração da norma regulamentadora for atribuição do TCU.

COMENTÁRIOS

Certo. Trata-se do que determina o art. 102, I, "q", da CF.

127.4. A Advocacia-Geral da União tem por chefe o advogado-geral da União, de livre nomeação pelo presidente da República entre os integrantes da carreira que tenham mais de trinta e cinco anos de idade, notável saber jurídico e reputação ilibada.

COMENTÁRIOS

Errado. A Advocacia-Geral da União tem por chefe o advogado-geral da União, de livre nomeação pelo presidente da República **dentre cidadãos** (e não necessariamente dentre os integrantes da carreira) que tenham mais de trinta e cinco anos de idade, notável saber jurídico e reputação ilibada, consoante art. 131, § 1°, da CF.

127.5. É vedado à União, aos estados, ao DF e aos municípios instituir impostos sobre o patrimônio, renda ou serviços dos partidos políticos e de suas fundações em qualquer hipótese e independentemente das atividades desenvolvidas por esses entes.

COMENTÁRIOS

Errado. É vedado à União, aos estados, ao DF e aos municípios instituir impostos sobre o patrimônio, renda ou serviços dos partidos políticos e de suas fundações **sem fins lucrativos, atendidos os requisitos da lei** (e não em qualquer hipótese e independentemente das atividades desenvolvidas por esses entes), nos termos do art. 150, VI, da CF.

127.6. O Ato das Disposições Constitucionais Transitórias assegurou o direito de opção, nos termos de lei complementar, pela carreira da AGU aos procuradores da República que ingressaram nesse cargo antes da promulgação da atual CF.

COMENTÁRIOS

Certo. Essa é a norma do art. 29, § 2°, do ADCT.

Compete ao TCU, entre outras atribuições, fiscalizar a aplicação de quaisquer recursos repassados pela União mediante convênio, acordo, ajuste ou outros instrumentos congêneres, a estado, ao DF ou a município, aplicando aos responsáveis, em caso de ilegalidade de despesa ou de irregularidade de contas, as sanções previstas em lei.

COMENTÁRIOS

Certo. O item reproduz as normas dos incisos VI e VIII, do art. 71 da CF.

---

128. (Cespe – Juiz do Trabalho Substituto 5ª região/2013) Em relação ao Poder Legislativo, assinale a opção correta.

a) Os parlamentares integrantes da Câmara dos Deputados são eleitos pelo sistema majoritário.

b) As propostas de emenda à Constituição devem ser sancionadas pelo presidente da República, ressalvados os casos de sua iniciativa exclusiva.

c) Decreto do presidente da República que viole os limites legais pode ser objeto do controle político repressivo de constitucionalidade pelo Congresso Nacional.

d) Ao Tribunal de Contas da União, órgão auxiliar e integrante do Poder Legislativo, compete julgar as contas prestadas anualmente pelo presidente da República.

e) O presidente da República detém competência para vetar, por razões de inconstitucionalidade, determinada palavra contida em projeto de lei.

COMENTÁRIOS

Alternativa correta: "c": primeiramente, cumpre destacar que **compete exclusivamente ao Congresso Nacional sustar os atos normativos do Poder Executivo que exorbitem do poder regulamentar ou dos limites de delegação legislativa (art. 49, V, da CF).** Desse modo, quando o decreto presidencial exorbitar os limites legais, o Congresso Nacional poderá realizar o chamado controle político repressivo. Trata-se de controle político, pois é realizado por órgão diverso do Judiciário, portanto, sem Poder Jurisdicional. Noutro giro, é repressivo por alcançar a norma já pronta, apta a produzir seus efeitos.

Alternativa "a": os parlamentares integrantes da Câmara dos Deputados são eleitos pelo **sistema proporcional** (e não majoritário), de acordo com o artigo 45, da CF.

Alternativa "b": as propostas de emenda à Constituição **não devem ser sancionadas** pelo presidente da República.

Alternativa "d": ao Tribunal de Contas da União, órgão auxiliar e integrante do Poder Legislativo, compete **apreciar** (e não julgar) as contas prestadas anualmente pelo Presidente da República (art. 71, I, da CF).

Alternativa "e": o Presidente da República detém competência para vetar, por razões de inconstitucionalidade (veto jurídico). Contudo, pela dicção do artigo 66, § 2º, da CF, o **veto parcial somente abrangerá texto integral de artigo, de parágrafo, de inciso ou de alínea,** não podendo incidir apenas sobre palavras.

---

129. (Cespe – Defensor Público – DF/ 2013) Com relação ao Poder Legislativo, julgue os itens subsequentes.

129.1. Uma CPI poderá ser instalada mediante requerimento de um terço dos membros da Câmara dos Deputados, não se exigindo que o requerimento seja submetido a deliberação plenária da Casa.

COMENTÁRIOS

Certo. Segundo dispõe o artigo 58, § 3º, da CF, as comissões parlamentares de inquérito, que terão poderes de investigação próprios das autoridades judiciais, além de outros previstos nos regimentos das respectivas Casas, serão criadas pela Câmara dos Deputados e pelo Senado Federal, em conjunto ou separadamente, **mediante requerimento de um terço de seus membros**, para a apuração de fato determinado e por prazo certo, sendo suas conclusões, se for o caso, encaminhadas ao Ministério Público, para que promova a responsabilidade civil ou criminal dos infratores. Ademais, não há qualquer exigência constitucional quanto à necessidade de deliberação do requerimento pelo plenário da Casa. Não é outro o entendimento da Suprema Corte: "A garantia da instalação da CPI independe de deliberação plenária, seja da Câmara, do Senado ou da Assembléia Legislativa" (STF. ADI 3619, julgada em 2006 e relatada pelo Ministro Eros Grau).

129.2. O projeto de lei aprovado nas comissões para as quais tenha sido enviado, na forma e prazo regimentalmente estabelecidos, deve, necessariamente, seguir para votação no plenário da respectiva Casa legislativa, pois o modelo constitucional brasileiro não admite a aprovação de leis por meio de órgãos fracionários da Câmara dos Deputados ou do Senado Federal.

COMENTÁRIOS

Errado. O projeto de lei aprovado nas comissões para as quais tenha sido enviado, na forma e prazo regimentalmente estabelecidos, **não** deve, necessariamente, seguir para votação no plenário da respectiva Casa legislativa, pois o modelo constitucional brasileiro admite a aprovação de leis por meio de órgãos fracionários da Câmara dos Deputados ou do Senado Federal. Estabelece o artigo 58, § 2º, da CF, que às comissões, em razão da matéria de sua competência, cabe: **I – discutir e votar projeto de lei que dispensar, na forma do regimento, a competência do Plenário, salvo se houver recurso de um décimo dos membros da Casa**; II – realizar audiências públicas com entidades da sociedade civil; III – convocar Ministros de Estado para prestar informações sobre assuntos inerentes a suas atribuições; IV – receber petições, reclamações, representações ou queixas de qualquer pessoa contra atos ou omissões das autoridades ou entidades públicas; V – solicitar depoimento de qualquer autoridade ou cidadão; VI – apreciar programas de obras, planos nacionais, regionais e setoriais de desenvolvimento e sobre eles emitir parecer. Desse modo, depreende-se do dispositivo mencionado que as comissões poderão discutir e votar projeto de lei nas hipóteses que o regimento interno dispensar a deliberação pelo Plenário.

129.3. Inserem-se nas competências do TCU a fiscalização das contas nacionais das empresas supranacionais de cujo capital a União participe, nos termos do tratado constitutivo, e a fiscalização de aplicação de quaisquer recursos repassados pela União a estado, ao DF ou a município.

COMENTÁRIOS

Errado. Dentre as competências do TCU, estabelecidas pelo artigo 71 da CF, destacam-se as constantes dos incisos V e VI. Segundo aludido dispositivo constitucional, inserem-se nas competências do TCU fiscalizar as contas nacionais das empresas supranacionais de cujo capital social a União participe, de forma direta ou indireta, nos termos do tratado constitutivo e fiscalizar a aplicação de quaisquer recursos repassados pela União **mediante convênio, acordo, ajuste ou outros instrumentos congêneres,** a Estado, ao Distrito Federal ou a Município.

129.4. Na CF, é expressamente estabelecido que cada legislatura tenha a duração de quatro anos.

COMENTÁRIOS

Certo. O artigo 44, parágrafo único, da CF, prevê expressamente que cada legislatura terá a duração de quatro anos.

---

130. (Cespe – Juiz de Direito Substituto – RN/2013) Com relação à organização dos poderes estabelecida na CF, assinale a opção correta.

a) Compete privativamente à Câmara dos Deputados dispor a respeito de incorporação, da subdivisão ou do desmembramento de áreas de territórios ou estados, ouvidas as respectivas assembleias legislativas.

b) A Câmara dos Deputados e o Senado Federal, ou qualquer de suas comissões, podem convocar ministro de Estado ou quaisquer titulares de órgãos diretamente subordinados à presidência da República para prestarem, pessoalmente, informações acerca de assunto previamente determinado, configurando crime de responsabilidade a ausência sem justificação adequada.

c) Compete privativamente à Câmara dos Deputados processar e julgar os ministros do STF, os membros do Conselho Nacional de Justiça e do Conselho Nacional do Ministério Público, o procurador-geral da República e o advogado-geral da União nos crimes de responsabilidade.

d) A partir da posse, os membros do Congresso Nacional não podem ser presos, salvo em flagrante de crime inafiançável, situação em que os autos devem ser remetidos, dentro de vinte e quatro horas, à casa respectiva, para que, pelo voto da maioria de seus membros, se decida a respeito da prisão.

e) O número total de deputados, bem como a representação de estado e do Distrito Federal, será estabelecido por lei ordinária, proporcionalmente à população, procedendo-se aos ajustes necessários, até seis meses antes das eleições, para que nenhuma daquelas unidades da Federação tenha menos de oito ou mais de setenta deputados.

COMENTÁRIOS

Alternativa correta: "b": a Câmara dos Deputados e o Senado Federal, ou qualquer de suas Comissões, poderão convocar Ministro de Estado ou quaisquer titulares de órgãos diretamente subordinados à Presidência da República para prestarem, pessoalmente, informações sobre assunto previamente determinado, importando crime de responsabilidade a ausência sem justificação adequada (art. 50 da CF). Desse modo, a convocação é absolutamente constitucional, e a **ausência injustificada** do Ministro importaria crime de responsabilidade.

Alternativa "a": cabe ao **Congresso Nacional** (e não privativamente à Câmara dos Deputados), com a sanção do Presidente da República, dispor a respeito de incorporação, da subdivisão ou do desmembramento de áreas de territórios ou estados, ouvidas as respectivas assembleias legislativas (art. 48, VI, da CF).

Alternativa "c": compete privativamente **ao Senado Federal** (e não à Câmara dos Deputados) processar e julgar os ministros do STF, os membros do Conselho Nacional de Justiça e do Conselho Nacional do Ministério Público, o Procurador-Geral da República e o Advogado-Geral da União nos crimes de responsabilidade (art. 52, II, da CF).

Alternativa "d": desde a expedição do diploma (e não a partir da posse), os membros do Congresso Nacional não podem ser presos, salvo em flagrante de crime inafiançável, situação em que os autos devem ser remetidos, dentro de vinte e quatro horas, à casa respectiva, para que, pelo voto da maioria de seus membros, se decida a respeito da prisão, conforme possível verificar no artigo 53, § 2º, da CF.

Alternativa "e": o número total de deputados, bem como a representação de Estado e do Distrito Federal, será estabelecido por lei **complementar** (e não ordinária), proporcionalmente à população, procedendo-se aos ajustes necessários, **no ano anterior às eleições** (e não até seis meses antes das eleições), para que nenhuma daquelas unidades da Federação tenha menos de oito ou mais de setenta deputados, conforme dicção do artigo 45, § 1º, da CF.

---

131. (Cespe – Procurador do Ministério Público junto ao TCDF/2013) Considerando a disciplina constitucional relativa aos TCs, julgue os itens subsecutivos.

131.1. Os membros do MP junto ao TCU ocupam cargos vitalícios, providos por concurso público específico; são titulares dos mesmos direitos atribuídos aos membros do MP comum e sujeitos às mesmas vedações a que estes se submetem.

COMENTÁRIOS

Certo. Segundo a previsão do artigo 130 da CF, os membros do MP junto ao TCU ocupam cargos vitalícios, providos por concurso público específico, sendo titulares dos mesmos direitos atribuídos aos membros do MP comum e sujeitos às mesmas vedações a que estes se submetem.

131.2. As decisões dos TCs não são imunes à revisão judicial, mas, quando imputarem débito ou multa, constituirão título executivo extrajudicial.

COMENTÁRIOS

Certo. As decisões proferidas pelos Tribunais de Contas estão sujeitas à revisão judicial. Pela dicção do artigo 71, § 3º, da CF, as decisões do Tribunal de que resulte imputação de débito ou multa terão eficácia de título executivo (extrajudicial).

---

132. (Cespe – Delegado de Polícia – BA/2013) A respeito do Poder Legislativo, julgue os próximos itens.

132.1. Aos suplentes de senadores e deputados federais são garantidas as mesmas prerrogativas dos titulares, ainda que aqueles não estejam em exercício.

COMENTÁRIOS

Errado. Aos suplentes de senadores e deputados federais são garantidas as mesmas prerrogativas dos titulares, contudo, **apenas quando em exercício**. Esse é o entendimento da Suprema Corte, valendo destacar o julgado a seguir: "**A prerrogativa de foro conferida aos membros do Congresso Nacional, vinculada à liberdade máxima necessária ao bom desempenho do ofício legislativo, estende-se ao suplente respectivo apenas durante o período em que este permanecer no efetivo exercício da atividade parlamentar.** Assim, o retorno do deputado ou do senador titular às funções normais implica a perda, pelo suplente, do direito de ser investigado, processado e julgado no Supremo Tribunal Federal" (STF. Inq. 2421 Agr, julgado em 2008 e relatado pelo Ministro Menezes Direito).

132.2. O processo penal impetrado contra deputado federal será julgado no STF, enquanto durar seu mandato, ainda que o crime tenha sido cometido antes da eleição.

COMENTÁRIOS

Certo. Compete ao Supremo Tribunal Federal, precipuamente, a guarda da Constituição, cabendo-lhe **processar e julgar, originariamente nas infrações penais comuns**, o Presidente da República, o Vice-Presidente, **os membros do Congresso Nacional**, seus próprios Ministros e o Procurador-Geral da República. Conjugado a isso, o artigo 53, § 2º estabelece que **os Deputados e Senadores, desde a expedição do diploma, serão submetidos a julgamento perante o Supremo Tribunal Federal**. Explicando o assunto, Pedro Lenza nos ensina que "diplomando-se o réu (em caso de ser eleito, por exemplo, Deputado Federal), o processo deve ser remetido imediatamente ao STF, que, entendendo preenchidos os requisitos, dará prosseguimento à ação penal. Nesse caso, como se trata de crime praticado antes da diplomação, pela nova regra não há mais imunidade processual. Assim, a ação criminal deverá ser processada no próprio STF (tendo em vista a regra de competência prevista de forma genérica no art. 53, § 1º), sem qualquer interferência do Legislativo, não havendo, sequer, necessidade de ser dada ciência à Casa respectiva. Findo o mandato, caso o processo não tenha terminado, encerrar-se-á a competência do STF, devendo o processo retornar para o juiz natural" (LENZA, Pedro. *Direito Constitucional Esquematizado*. 14. ed. São Paulo: Saraiva, 2010, p. 432).

---

133. (Cespe – Defensor Público – RR/2013) Com referência a aspectos pertinentes aos poderes da República, assinale a opção correta.

a) De acordo com entendimento do STF, a perda de mandato do parlamentar por condenação em ação de improbidade administrativa transitada em julgado dependerá de votação pela casa do parlamentar.

b) Compete privativamente ao Congresso Nacional permitir que forças estrangeiras transitem pelo território nacional.

c) Na hipótese de crime comum praticado pelo presidente da República, o recebimento da denúncia pelo STF independerá de juízo positivo de admissibilidade da Câmara dos Deputados.

d) Não compete ao STF processar e julgar ações populares contra o presidente da República, mesmo quando a questão debatida envolver conflito federativo.

e) Compete privativamente ao Senado Federal processar e julgar os membros do Conselho Nacional de Justiça nos crimes de responsabilidade.

COMENTÁRIOS

Alternativa correta: "e": de acordo com o art. 52, II, da CF, compete privativamente ao Senado Federal processar e julgar os membros do Conselho Nacional de Justiça nos crimes de responsabilidade.

Alternativa "a": de acordo com entendimento do STF, a perda de mandato do parlamentar por condenação em ação de improbidade administrativa transitada em julgado **não dependerá** de votação pela casa do parlamentar. "Extinção de mandato parlamentar em decorrência de sentença proferida em ação de improbidade administrativa, que suspendeu, por seis anos, os direitos políticos do titular do mandato. Ato da Mesa da Câmara dos Deputados que sobrestou o procedimento de declaração de perda do mandato, sob alegação de inocorrência do trânsito em julgado da decisão judicial. Em hipótese de extinção de mandado parlamentar, a sua declaração pela Mesa é ato vinculado à existência do fato objetivo que a determina, cuja realidade ou não o interessado pode induvidosamente submeter ao controle jurisdicional. No caso, **comunicada a suspensão dos direitos políticos do litisconsorte passivo por decisão judicial e solicitada a adoção de providências para a execução do julgado, de acordo com determinação do STJ, não cabia outra conduta à autoridade coatora senão declarar a perda do mandato do parlamentar**." (MS 25.461, julgado em 2006 e relatado pelo Ministro Sepúlveda Pertence).

Alternativa "b": segundo o art. 84, XXII, da CF, compete privativamente ao **Presidente da República** (e não ao Congresso Nacional) permitir que forças estrangeiras transitem pelo território nacional ou nele permaneçam temporariamente.

Alternativa "c": consoante art. 86, *caput*, da CF, logo após ser oferecida pelo Procurador Geral da República, a acusação/denúncia em face do Presidente da República pela prática de crime comum **passará pelo crivo da Câmara dos Deputados** e somente será admitida mediante a concordância de 2/3 dos Deputados Federais.

Alternativa "d": compete ao STF processar e julgar ações populares contra o presidente da República quando a questão debatida envolver conflito federativo, conforme ACO, 622-QO, Rel. p/ o ac. Min. Ricardo Lewandowski, julgamento em 7-11-2007, Plenário, DJE de 15-2-2008.

134. (Cespe - Defensor Público - TO/2013) No que concerne aos entes da Federação e à organização dos poderes no ordenamento jurídico nacional, assinale a opção correta.

a) É inconstitucional a criação, por estado-membro, de procuradoria especial para representação judicial do tribunal de contas do estado, ainda que para a prática, em juízo, de atos processuais em defesa de sua autonomia e independência, visto que tal competência é atribuída, com exclusividade, à procuradoria do estado.

b) Na CF, a regra que diz respeito à recondução de membros das mesas das casas legislativas constitui norma de preordenação para os estados-membros.

c) De acordo com o entendimento do STF, a validade jurídica da quebra de sigilo bancário determinada por comissão parlamentar de inquérito demanda aprovação da maioria absoluta dos membros que compõe o órgão de investigação legislativa.

d) O deputado ou senador que tenha praticado crime antes da diplomação não terá direito à imunidade formal em relação ao processo e à prisão.

e) É constitucional norma inserida na constituição estadual que repute crime de responsabilidade a ausência injustificada de secretário do estado à convocação da assembleia legislativa para prestar esclarecimentos.

COMENTÁRIOS

Alternativa correta: "c": de acordo com o STF, "O **princípio da colegialidade** traduz diretriz de fundamental importância na regência das deliberações tomadas por qualquer CPI, notadamente quando esta, no desempenho de sua competência investigatória, ordena a adoção de medidas restritivas de direitos, como aquelas que importam na revelação (disclosure) das operações financeiras ativas e passivas de qualquer pessoa. A **legitimidade do ato de quebra do sigilo bancário**, além de supor a plena adequação de tal medida ao que prescreve a Constituição, deriva da necessidade de a providência em causa respeitar, quanto à sua adoção e efetivação, o princípio da colegialidade, sob pena de essa deliberação reputar-se nula." (MS 24.817, Rel. Min. Celso de Mello, julgamento em 3-2-2005, Plenário, DJE de 6-11-2009.) Ademais, no bojo do MS 23.669, julgado no ano 2000, o Supremo Tribunal Federal decidiu que "A quebra do sigilo bancário, que compreende a ruptura da esfera de intimidade financeira da pessoa, quando determinada por ato de qualquer Comissão Parlamentar de Inquérito, **depende, para revestir-se de validade jurídica, da aprovação da maioria absoluta dos membros que compõem o órgão de investigação legislativa** (Lei nº 4.595/64, art. 38, § 4º)".

Alternativa "a": no julgamento pelo STF da ADI 94, em 2011, sob relatoria do Ministro Gilmar Mendes, "asseverou-se a **possibilidade de existência de carreiras especiais para representação judicial das assembléias e dos tribunais de contas nos casos em que estes necessitassem praticar, em juízo e em nome próprio, atos processuais na defesa de sua autonomia e independência em face dos demais Poderes.** Sublinhou-se, outrossim, que essas procuradorias poderiam ser responsáveis pela consultoria e pelo assessoramento jurídico dos demais órgãos da assembléia e do tribunal de contas. Ademais, tendo em vista a alteração na Constituição da República, estabelecida pela EC 19/98, consignou-se a não-prejudicialidade da ação em curso, de modo que se imporia a verificação da constitucionalidade das normas impugnadas em relação aos dois paradigmas constitucionais. No ponto, não se observou qualquer ofensa ao art. 135 da CF, seja na sua redação original, seja na atual."

Alternativa "b": segundo o STF, Nos expressos termos do § 1º do art. 27 da CF de 1988, 'será de quatro anos o mandato dos Deputados Estaduais'. A CF, no art. 28, fixou em 1º de janeiro a data da posse do Governador e do Vice-Governador eleitos noventa dias antes do término de seus mandatos. Não marcou data para o início das legislaturas estaduais, mas, no art. 25, atribuiu aos Estados o poder de se organizarem e se regerem pelas Constituições e leis que adotarem, observados, porém, os seus próprios princípios (da CF). E o art. 11 do ADCT da CF de 1988 também estabeleceu: 'cada Assembleia Legislativa, com poderes constituintes, elaborara a Constituição do Estado, no prazo de um ano, contado da promulgação da CF, **obedecidos os princípios desta'. Um desses princípios é o que fixa em quatro anos a duração do mandato dos Deputados Estaduais (§ 1º do art. 27 da CF), que, consequentemente, não pode ser desobedecido por normas estaduais, como a Constituição do Estado e o Regimento Interno de sua Assembleia Legislativa**. Não podem tais normas ampliar nem reduzir o prazo de duração dos mandatos de Deputados Estaduais." (ADI 1.162-MC, julgada em 1995 e relatada pelo Ministro Sydney Sanches). O trecho negrito refere-se à norma de **preordenação**, ou seja, a um mandamento Constituição a ser obedecido pelos Estados.

Alternativa "d": nos termos do art. 53, § 1°, da CF, Os Deputados e Senadores, **desde a expedição do diploma, serão submetidos a julgamento perante o Supremo Tribunal Federal**.

Alternativa "e": sobre o tema é clara a jurisprudência do STF: "ADI 3.279, relatada pelo Ministro Cezar Peluso. [...] É **inconstitucional** a norma de Constituição do Estado que, como pena cominada, caracterize como crimes de responsabilidade a ausência injustificada de secretário de Estado a convocação da Assembléia Legislativa, bem como o não atendimento, pelo governador, secretário de estado ou titular de entidade da administração pública indireta, a pedido de informações da mesma Assembléia".

5.4.1.1. PROCESSO LEGISLATIVO

135. (Cespe – Delegado de Polícia – PE/2016) Assinale a opção correta acerca do processo legiferante e das garantias e atribuições do Poder Legislativo.

a) A criação de ministérios depende de lei, mas a criação de outros órgãos da administração pública pode se dar mediante decreto do chefe do Poder Executivo.

b) Se um projeto de lei for rejeitado no Congresso Nacional, outro projeto do mesmo teor só poderá ser reapresentado, na mesma sessão legislativa, mediante proposta da maioria absoluta dos membros da Câmara dos Deputados ou do Senado Federal.

c) Uma medida provisória somente poderá ser reeditada no mesmo ano legislativo se tiver perdido sua eficácia por decurso de prazo, mas não se tiver sido rejeitada.

d) Somente após a posse, deputados e senadores passam a gozar do foro por prerrogativa de função, quando deverão ser submetidos a julgamento perante o STF.

e) Os deputados e os senadores gozam de imunidades absolutas, que não podem ser suspensas nem mesmo em hipóteses como a de decretação do estado de defesa ou do estado de sítio.

COMENTÁRIOS

Alternativa correta: letra "b": conforme consta do *caput* do art. 67 da CF, valendo a transcrição: "A matéria constante de projeto de lei rejeitado somente poderá constituir objeto de novo projeto, na mesma sessão legislativa, mediante proposta da maioria absoluta dos membros de qualquer das Casas do Congresso Nacional.".

Alternativa "a": a criação e extinção de Ministérios e **órgãos da administração pública** dependem de lei, consoante disposto no art. 61, §1º, II, *e*, da CF.

Alternativa "c": é vedada a reedição, na mesma sessão legislativa, de medida provisória que tenha sido rejeitada ou que tenha perdido sua eficácia por decurso de prazo (art. 62, § 10, da CF).

Alternativa "d": nos termos do art. 53, §1º, da CF, os Deputados e Senadores, desde a expedição do **diploma** (e não com a posse), serão submetidos a julgamento perante o Supremo Tribunal Federal.

Alternativa "e": consoante art. 53, §8º, da CF, as imunidades de Deputados ou Senadores subsistirão durante o estado de sítio, **só podendo ser suspensas** mediante o **voto de dois terços dos membros da Casa respectiva**, nos casos de atos praticados fora do recinto do Congresso Nacional, que sejam incompatíveis com a execução da medida.

136. (Cespe – Procurador do MP junto ao TCU/2015) Considere os seguintes temas: (a) elaboração, redação, alteração e consolidação das leis; (b) criação e extinção de órgãos da administração pública; (c) extinção de cargos públicos vagos; (d) delegação de matéria legislativa ao presidente da República. A partir da disciplina constante da CF, assinale a opção que apresenta as respectivas fontes normativas adequadas para disciplinar cada um dos temas considerados.

a) lei complementar / lei em sentido formal / medida provisória / resolução

b) regimento interno das casas do Poder Legislativo / decreto autônomo presidencial / lei oriunda de projeto de iniciativa presidencial / decreto legislativo

c) lei complementar / lei oriunda de projeto de iniciativa presidencial / decreto autônomo presidencial / resolução do Congresso Nacional

d) regimento interno das casas do Poder Legislativo / lei oriunda de projeto de iniciativa parlamentar / decreto regulamentar presidencial / decreto legislativo

e) emenda constitucional / decreto autônomo presidencial / lei em sentido formal / lei delegada

COMENTÁRIOS

Alternativa correta: letra "c" (responde todas as demais alternativas): nos termos do art. 59, parágrafo único, l**ei complementar disporá sobre a elaboração, redação, alteração e consolidação das leis**. Segundo o art. 61, §1º, II, e, são de **iniciativa privativa do Presidente da República as leis que disponham sobre criação e extinção de Ministérios e órgãos da administração pública**, observado o disposto no art. 84, VI. Já a **extinção de caragos públicos vagos** pode ocorrer por meio de **decreto autônomo presidencial**, com base no disposto no art. 84, VI, b, da CF. Por fim, dispõe o art. 68, §2º, da CF, que **a delegação ao Presidente da República** terá a **forma de resolução do Congresso Nacional,** que especificará seu conteúdo e os termos de seu exercício.

137. (Cespe – Analista Judiciário – Área Judiciária – TJ – CE/2014) Assinale a opção correta com base nas normas constitucionais que disciplinam as medidas provisórias e na jurisprudência do STF relativa a essa matéria.

a) Caso o texto original de uma medida provisória seja aprovado e convertido em lei, essa lei terá de ser sancionada pelo presidente da República, em homenagem ao princípio da separação de poderes.

b) Em qualquer caso, poderá o STF analisar o preenchimento dos requisitos de relevância e urgência estabelecidos constitucionalmente para as medidas provisórias, em homenagem ao princípio da inafastabilidade da jurisdição.

c) Caso medida provisória tenha versado sobre matéria reservada a lei complementar, sua conversão em lei, pelo Congresso Nacional, convalidará o vício inicial, desde que tal conversão seja aprovada por maioria absoluta.

d) Apesar de o presidente da República, após a edição da medida provisória, não poder mais retirá-la da apreciação do Congresso Nacional, ele pode ab-rogá-la por meio da edição de nova medida provisória.

e) A competência constitucional do presidente da República para adotar medidas provisórias, em caso de relevância e urgência, poderá ser delegada, mediante decreto, ao ministro de Estado da Justiça.

COMENTÁRIOS

✪ **Nota do autor:** o candidato deve ficar atento e conhecer as disposições Constitucionais referentes às medidas provisórias (art. 62, da CF), bem como os principais entendimentos do STF. O processo legislativo é cobrado com bastante frequência em provas de concurso público.

Alternativa correta: "d": conforme o entendimento da Suprema Corte, apesar de o Presidente da República, após a edição da medida provisória, não poder mais retirá-la da apreciação do Congresso Nacional, ele pode ab-rogá-la por meio da edição de nova medida provisória, sendo que esta última também será apreciada pelo Congresso Nacional. Nesse sentido, destaca-se o julgado: "Orientação assentada no STF no sentido de que, não sendo dado ao Presidente da Republica retirar da apreciação do Congresso Nacional medida provisória que tiver editado, é-lhe, no entanto, possível ab-roga-la por meio de nova medida provisória, valendo tal ato pela simples suspensão dos efeitos da primeira, efeitos esses que, todavia, o Congresso poderá ver restabelecidos, mediante a rejeição da medida ab-rogatória. Circunstancia que, em princípio, desveste de plausibilidade a tese da violação ao princípio constitucional invocado" (STF. ADI MC, julgada em 1995 e relatada pelo Ministro Ilmar Galvão).

Alternativa "a": caso o texto original de uma medida provisória seja aprovado e convertido em lei, essa lei **não** terá de ser sancionada pelo Presidente da República, quando não houver alteração. Caso contrário, havendo modificação pelo Congresso Nacional, a Medida Provisória se tornará um projeto de lei de conversão (art. 62, § 12, CF), o que implicará seguir o procedimento legislativo ordinário (neste caso, portanto, o projeto terá de ser sancionado pelo Presidente da República). Sobre o assunto em tela, destacam-se as palavras de Nathalia Masson: "A conversão em lei sem alterações do texto deriva da aprovação da medida nas duas Casas Legislativas sem a incidência de nenhuma modificação engendrada na Câmara ou no Senado. Neste caso, depois de aprovado, o texto será encaminhado ao Presidente da Mesa do Congresso Nacional para que ele promova a promulgação da lei, por autorização do art. 12 da Resolução nº 1/2002-CN" (MASSON, Nathalia. *Manual de Direito Constitucional*. Salvador: Juspodivm, 2013, p. 685). Ainda, vale sobressaltar o entendimento da Suprema Corte: "RECURSO EXTRAORDINÁRIO. CONSTITUCIONAL. LEI Nº 7.689/88. LEI DE CONVERSÃO DA MEDIDA PROVISÓRIA Nº 22/88. AUSÊNCIA DE SANÇÃO PRESIDENCIAL. INCONSTITUCIONALIDADE FORMAL. ALEGAÇÃO IMPROCEDENTE. 1. Medida provisória. Instrumento legislativo precário, com termo final de vigência prefixado pela Constituição Federal, sujeito à apreciação imediata do Congresso Nacional, que poderá aprová-lo integralmente, rejeitá-lo ou modificá-lo, faculdade que se encerra na competência constitucional outorgada ao Poder Legislativo. 2. Conversão em lei das medidas provisórias, sem alteração substancial do seu texto: ratificação do ato normativo editado pelo Presidente da República. Sanção do Chefe do Poder Executivo. Inexigível. 3. Medida Provisória alterada pelo Congresso Nacional, com supressão ou acréscimo de dispositivos. Obrigatoriedade da remessa do projeto de lei de conversão ao Presidente da República para sanção ou veto, de modo a prevalecer a comunhão de vontade do Poder Executivo e do Legislativo. 4. Medida Provisória nº 22/88, convertida integralmente na Lei nº 7.689/88. Vício formal decorrente da ausência de sanção presidencial. Inexistência. Recurso extraordinário não conhecido." (STF. RE 217194, julgado em 2001 e relatado pelo Ministro Maurício Corrêa)

Alternativa "b": em hipóteses excepcionais (e não em qualquer caso), poderá o STF analisar o preenchimento dos requisitos de relevância e urgência estabelecidos constitucionalmente para as medidas provisórias. Desse modo, só seria justificável a análise dos requisitos pelo Poder Judiciário, quando restar claro e evidente sua ausência. Nessa esteira, segundo a Suprema Corte: "A verificação pelo Judiciário dos requisitos de relevância e urgência para a adoção de medida provisória só é possível em caráter excepcional, quando estiver patente o excesso de discricionariedade por parte do Chefe do Poder Executivo." (STF. RE 550652 AgR, julgado em 2013 e relatado pelo Ministro Ricardo Lewandowski).

Alternativa "c": diante do exposto no artigo 62, § 1º, III, da CF, **é vedada a edição de medidas provisórias sobre matéria reservada a lei complementar**, de modo que sua edição não comportará, sequer, eventual convalidação pelo Congresso Nacional, ainda que venha ser votada com o mesmo quórum das leis complementares.

Alternativa "e": a competência constitucional do presidente da República para adotar medidas provisórias, em caso de relevância e urgência, **não** poderá ser delegada em hipótese alguma. Trata-se de uma competência indelegável, conforme possível verificar do artigo 84, XXVI e parágrafo único, da CF.

---

138. (Cespe – Delegado de Polícia Federal – DPF/2013) Em relação ao processo legislativo e ao sistema de governo adotado no Brasil, julgue o seguinte item.

A iniciativa das leis ordinárias cabe a qualquer membro ou comissão da Câmara dos Deputados, do Senado Federal ou do Congresso Nacional, bem como ao presidente da República, ao STF, aos tribunais superiores, ao procurador-geral da República e aos cidadãos. No que tange às leis complementares, a CF não autoriza a iniciativa popular de lei.

COMENTÁRIOS

Errado. A iniciativa das leis complementares e ordinárias cabe a qualquer membro ou Comissão da Câmara dos Deputados, do Senado Federal ou do Congresso Nacional, ao Presidente da República, ao Supremo Tribunal Federal, aos Tribunais Superiores, ao Procurador-Geral da República **e aos cidadãos**, na forma e nos casos previstos nesta Constituição (art. 61, *caput*, CF).

---

139. (Cespe – Juiz Federal Substituto 1ª região/2013) Assinale a opção correta no que se refere ao processo legislativo brasileiro, de acordo com o disposto na CF e o entendimento do STF.

a) Durante a vigência do estado de defesa, a CF não pode ser alterada.

b) A iniciativa de lei para a convocação de plebiscito ou referendo é privativa do presidente da República.

c) A lei orçamentária anual tem natureza autorizativa, mas as emendas parlamentares nela inseridas constituem matéria de execução obrigatória.

d) Sanção presidencial a projeto em que se observa desrespeito à competência privativa do presidente sana o vício formal.

e) Por meio de emenda constitucional, pode-se afastar aplicação de direito adquirido, desde que mediante fundamentação adequada.

COMENTÁRIOS

Alternativa correta: "a": durante a vigência do estado de defesa, a CF não pode ser alterada. Trata-se de uma **limitação circunstancial** ao Poder Constituinte Derivado. As limitações circunstanciais impedem a alteração da CF em momentos de extrema gravidade, nos quais a livre manifestação do poder reformador possa estar ameaçada (Estado de Defesa, Estado de Sítio, e Intervenção Federal). O artigo 60, § 1º, da CF estabelece expressamente que **a Constituição não poderá ser emendada na vigência** de intervenção federal, **de estado de defesa** ou de estado de sítio.

Alternativa "b": a iniciativa de lei para a convocação de plebiscito ou referendo **não é** privativa do presidente da República. Consoante disposto no artigo 49, XV, da CF, **é de competência exclusiva do Congresso Nacional autorizar referendo e convocar plebiscito.**

Alternativa "c": o entendimento prevalente no Brasil é que as leis orçamentárias são, em regra, autorizativas. Por esse motivo, a lei orçamentária anual compartilha dessa natureza, o que incluem as emendas parlamentares nela inseridas.

Alternativa "d": segundo o atual entendimento do STF, sanção presidencial a projeto em que se observa desrespeito à competência privativa do presidente não sana o vício formal. Desse modo, encontra-se superada a Súmula nº 05 do STF. Nesse sentido, é possível verificar o entendimento do Pretório Excelso no julgamento da ADI 2.867-7, julgada em 2003 e relatada pelo Ministro Celso de Mello, e da ADI 3627, julgada em 2014 e relatada pelo Ministro Teori Zavascki.

Alternativa "e": não se pode afastar aplicação de direito adquirido por meio de Emenda Constitucional. Isso ocorre, pois a CF estabeleceu o direito adquirido com *status* de cláusula pétrea, incluído no rol dos direitos e garantias fundamentais (art. 5º, XXXVI, da CF). Desse modo, visto que Emenda Constitucional não pode violar cláusula pétrea, pela limitação material expressamente estabelecida no artigo 60, § 4º, VI, da CF, o direito adquirido também não poderá por ela ser violado.

---

140. (Cespe – Procurador do Ministério Público junto ao TCDF/2013) Com relação ao processo legislativo, julgue os próximos itens.

140.1. É vedada a edição de medida provisória em matéria penal, processual penal e processual civil, salvo se em benefício do acusado, como, por exemplo, na criação de hipótese de extinção de punibilidade.

COMENTÁRIOS

Errado. O artigo 62, § 1º, I, "b", da CF, veda expressamente a edição de medidas provisórias que versem sobre matéria relativa a direito penal, processual penal e processual civil. A Carta Magna não abre qualquer exceção.

140.2. Os projetos de lei de iniciativa reservada, como os que dispõem sobre a organização dos serviços administrativos dos tribunais federais e do MP, não admitem a apresentação de emenda parlamentar.

COMENTÁRIOS

Errado. Os projetos de lei de iniciativa reservada, como os que dispõem sobre a organização dos serviços administrativos dos tribunais federais e do MP, **admitem a apresentação de emenda parlamentar.** É necessário frisar, que a iniciativa privativa se verifica apenas no que tange a deflagração do processo legislativo, mas não para o seu andamento, o que não impede a proposta de emendas pelos parlamentares. Nesse sentido, é a jurisprudência do STF: "A cláusula constitucional que confere exclusividade ao Tribunal de Justiça para instaurar o processo legislativo em tema de organização e divisão judiciárias do Estado não impede os parlamentares de oferecerem emendas ao correspondente projeto de lei. O poder de emendar, que não constitui derivação do poder de iniciar o processo de formação das leis, é prerrogativa deferida aos parlamentares, que se sujeitam, quanto ao seu exercício, apenas às restrições impostas, em numerus clausus, pela Constituição Federal." (STF. ADI 865 MC, julgada em 1993 e relatada pelo Ministro Celso de Mello). Também merece destaque o seguinte entendimento: "A jurisprudência da Suprema Corte, em algumas oportunidades, fixou parâmetros para o exercício do poder de emenda parlamentar relativamente a projeto de lei fruto de iniciativa reservada do chefe do Poder Executivo ou de órgão detentor de autonomia financeira e orçamentária. São eles: (i) a necessidade de pertinência da emenda com relação à matéria tratada na proposição legislativa e (ii) a máxima de que dela não resulte aumento de despesa pública." (STF. ADI 1835, julgada em 2014 e relatada pelo Ministro Dias Toffoli).

---

141. (Cespe – Analista Judiciário – Judiciária – TRT 10/2013) Considerando, por mera hipótese, que um deputado federal apresentasse projeto de lei ordinária dispondo sobre a organização da Defensoria Pública da União (DPU) e que tal proposição, depois de aprovada na Câmara dos Deputados e no Senado Federal, fosse encaminhada à sanção do presidente da República, julgue os itens que se seguem.

I. Se considerasse o projeto em apreço inconstitucional, o presidente da República poderia vetá-lo, exercendo, nesse caso, controle preventivo de constitucionalidade.

II. As leis que disponham sobre a organização da DPU são de iniciativa privativa do presidente da República, de modo que o projeto de lei em questão seria inconstitucional por vício formal subjetivo.

COMENTÁRIOS

Item "I" – Certo. Controle preventivo de constitucionalidade é aquele realizado em face de projeto de lei. O ato que transforma projeto de lei em lei é a sanção. Assim, considerando um projeto de lei inconstitucional, o presidente da República pode vetá-lo (em vez de sancioná-lo, conforme art. 66, § 1º, da CF), exercendo, nesse caso, controle preventivo de constitucionalidade.

Item "II" – Certo. Nos termos do art. 61, § 1º, II, "d", as leis que disponham sobre a organização da DPU são de iniciativa privativa do presidente da República, de modo que o projeto de lei em questão seria inconstitucional por vício formal subjetivo, entendido como aquele que afronta regras de iniciativa ou competência.

142. (Cespe – Juiz Federal Substituto 2ª região/ 2013) A respeito das disposições constitucionais sobre o processo legislativo, assinale a opção correta.

a) O presidente da República não poderá reeditar, na mesma sessão legislativa, a medida provisória que tenha sido expressamente rejeitada. Ele poderá fazê-lo, porém, se a medida provisória tiver sofrido rejeição tácita ou implícita, que se caracteriza quando o Congresso Nacional não a examina dentro do prazo de cento e vinte dias previsto no texto constitucional.

b) Compete às assembleias legislativas estaduais, por autoridade própria, dispor, mediante decretos legislativos, sobre a iniciativa popular de lei no âmbito dos respectivos estados.

c) Nos casos em que o presidente da República, transcorrido o prazo de quinze dias úteis do recebimento de projeto de lei aprovado pelo Congresso Nacional, não se manifestar expressamente no sentido de sancionar ou de vetar o projeto, ocorrerá a sanção tácita, que terá como fase seguinte a promulgação da lei.

d) As resoluções são atos normativos destinados a regular assunto de competência exclusiva do Congresso Nacional, incumbindo – lhes, prioritariamente, referendar atos emanados do presidente da República.

e) A iniciativa para apresentação de proposta de emenda à CF por deputado ou senador depende da manifestação de dois terços, no mínimo, dos membros da Câmara dos Deputados e do Senado Federal.

COMENTÁRIOS

Alternativa correta: letra "c": nos casos em que o presidente da República, transcorrido o prazo de quinze dias úteis do recebimento de projeto de lei aprovado pelo Congresso Nacional, não se manifestar expressamente no sentido de sancionar ou de vetar o projeto, ocorrerá a sanção tácita, que terá como fase seguinte a promulgação da lei. (art. 66, §§ 1° e 3°, da CF) Lembrando que a sanção do presidente pode ser expressa ou tácita, mas o veto deve ser sempre expresso.

Alternativa "a": o presidente da República não poderá reeditar, na mesma sessão legislativa, a medida provisória que tenha sido expressamente rejeitada **ou que tenha perdido sua eficácia por decurso de prazo** (art. 62, § 10, da CF).

Alternativa "b": lei disporá sobre a iniciativa popular no processo legislativo estadual, consoante art. 27, § 4°, da CF.

Alternativa "d": os **decretos legislativos** são atos normativos destinados a regular assunto de competência exclusiva do Congresso Nacional (art. 49, I a XVII, da CF), incumbindo – lhes, prioritariamente, referendar atos emanados do presidente da República (art. 49, I, da CF).

Alternativa "e": a iniciativa para apresentação de proposta de emenda à CF por deputado ou senador depende da manifestação de **um terço**, no mínimo, dos membros da Câmara dos Deputados e do Senado Federal (art. 60, I, da CF).

143. (Cespe – Juiz de Direito Substituto – MA/ 2013) Considerando as disposições constitucionais e a jurisprudência acerca do processo legislativo, assinale a opção correta.

a) A rejeição expressa de medida provisória opera efeitos ex nunc.

b) Os projetos de lei de iniciativa popular poderão iniciar-se tanto na Câmara dos Deputados quanto no Senado Federal.

c) De acordo com entendimento do STF, a iniciativa de lei que verse sobre matéria tributária é concorrente entre o chefe do Poder Executivo e os membros do Legislativo.

d) De acordo com o regime de tramitação do projeto de lei complementar, é dispensável a submissão de seu conteúdo ao plenário da casa legislativa.

COMENTÁRIOS

Alternativa correta: "c": de acordo com entendimento do STF, "A iniciativa de leis que versem sobre matéria tributária é concorrente entre o chefe do Poder Executivo e os membros do Legislativo. A circunstância de as leis que versem sobre matéria tributária poderem repercutir no orçamento do ente federado não conduz à conclusão de que sua iniciativa é privativa do chefe do Executivo." (RE 590.697-ED, Rel. Min. Ricardo Lewandowski, julgamento em 23-8-2011, Segunda Turma, DJE de 6-9-2011).

Alternativa "a": a rejeição expressa de medida provisória opera efeitos **ex tunc** (não ex nunc), ou seja, **retroativos** (STF, RE 254.818).

Alternativa "b": os projetos de lei de iniciativa popular sempre terão início **na Câmara dos Deputados** (não no Senado Federal), conforme art. 64, *caput*, da CF.

Alternativa "d": segundo o art. 58, § 2°, da CF, às comissões, em razão da matéria de sua competência, cabe discutir e votar projeto de lei que dispensar, na forma do regimento, a competência do Plenário, salvo se houver recurso de um décimo dos membros da Casa. Portanto, **não há qualquer especificidade em relação a projeto de lei complementar.**

144. (Cespe – Analista do MPU/2013) Acerca do processo legislativo, julgue os seguintes itens.

144.1. Promulgação é ato que incide sobre projeto de lei, transformando-o em lei e certificando a inovação do ordenamento jurídico.

COMENTÁRIOS

Errado. Promulgação, diferentemente do que descrito no enunciado, **não é** o ato que incide sobre projeto de lei, transformando-o em lei. Em verdade, o projeto de lei se torna lei com a sanção do Presidente da República ou com a derrubada do veto, mas não com a sua promulgação (que virá ocorrer após a sanção ou derrubada do veto). Invocamos, para melhor elucidar o que se entende por promulgação, as lições de Paulo Lépore: "**A promulgação é o ato por meio do qual o chefe do Poder Executivo atesta que a ordem jurídica foi regularmente inovada e que a nova lei tem aptidão para produzir efeitos**, ou seja, tem executoriedade. Se o projeto for sancionado expressamente, a promulgação é implícita. Mas, nos casos de sanção tácita ou derrubada de veto, o Presidente da República terá 48 horas para proceder à promulgação da lei. Se não o fizer, a lei vai ao Presidente do Senado, que tem o mesmo prazo (48 horas) para fazê-lo. Caso o Presidente do Senado também não faça, o Vice-Presidente do Senado ficará com essa incumbência (art. 66, § 7º, da CF)" (*Direito Constitucional para os concursos de Técnico e Analista*. Salvador: Juspodvim, 2013, p. 280-281).

144.2. É expressamente vedada a edição de medidas provisórias que versem sobre matérias de direito penal, processual penal e processual civil.

COMENTÁRIOS

✪ **Nota do autor:** tendo em vista a diversidade de peculiaridades que podemos extrair do processo legislativo, as bancas de concursos públicos cobram com bastante frequência o tema. Desse modo, recomendamos que o candidato dedique especial atenção às disposições constantes do artigo 59 e seguintes da Constituição Federal.

Certo. Segundo a dicção do artigo 62, § 1º, I, "b", da CF, é expressamente vedada a edição de medidas provisórias sobre matéria relativa a direito penal, processual penal e processual civil.

5.4.1.2. FISCALIZAÇÃO CONTÁBIL, FINANCEIRA E ORÇAMENTÁRIA

145. (Cespe – Juiz de Direito Substituto – AM/2016) Sabendo que o controle externo a cargo do Congresso Nacional é exercido com o auxílio do TCU, assinale a opção correta.

a) Deverá o TCU sustar, diretamente, a execução de atos e de contratos impugnados, devendo comunicar a decisão à Câmara dos Deputados e ao Senado Federal e solicitar ao Poder Executivo que adote as medidas cabíveis.

b) O TCU deve encaminhar, mensalmente, ao Congresso Nacional relatório de suas atividades.

c) O TCU é competente para julgar as contas dos administradores e demais responsáveis por valores públicos da administração direta e indireta, tendo eficácia de título executivo as decisões desse tribunal das quais resulte imputação de débito ou multa.

d) Compete ao TCU apreciar, para fins de registro, a legalidade dos atos de admissão de pessoal, a qualquer título, na administração direta e indireta, inclusive nomeações para cargo de provimento em comissão, bem como a das concessões de aposentadorias, reformas e pensões.

e) O TCU fiscalizará as contas nacionais de empresas supranacionais apenas quando houver participação direta da União em seu capital social, nos termos do tratado constitutivo.

COMENTÁRIOS

Alternativa correta: letra "c": segundo possível extrair do artigo 71, II, da CF, compete ao TCU julgar as contas dos administradores e demais responsáveis por dinheiros, bens e valores públicos da administração direta e indireta, incluídas as fundações e sociedades instituídas e mantidas pelo Poder Público federal, e as contas daqueles que derem causa a perda, extravio ou outra irregularidade de que resulte prejuízo ao erário público. Por seu turno, consoante o §3º do dispositivo mencionado, as decisões do Tribunal de que resulte imputação de débito ou multa terão eficácia de título executivo.

Alternativa "a": conforme consta do artigo 71, X, da CF, compete ao TCU **sustar**, se não atendido, a **execução do ato impugnado**, comunicando a decisão à Câmara dos Deputados e ao Senado Federal. Por seu turno, o §1º do dispositivo mencionado dispõe que no caso de **contrato, o ato de sustação será adotado diretamente pelo Congresso Nacional, que solicitará, de imediato, ao Poder Executivo as medidas cabíveis.**

Alternativa "b": o TCU encaminhará ao Congresso Nacional, **trimestral e anualmente** (e não mensalmente), relatório de suas atividades.

Alternativa "d": compete ao TCU apreciar, para fins de registro, a legalidade dos atos de admissão de pessoal, a qualquer título, na administração direta e indireta, incluídas as fundações instituídas e mantidas pelo Poder Público, **excetuadas** (e não incluídas) as nomeações para cargo de provimento em comissão, bem como a das concessões de aposentadorias, reformas e pensões, ressalvadas as melhorias posteriores que não alterem o fundamento legal do ato concessório (art. 71, III, CF).

Alternativa "e": compete ao TCU fiscalizar as contas nacionais das empresas supranacionais de cujo capital social a União participe, de forma **direta ou indireta** (e não apenas quando houver participação direta), nos termos do tratado constitutivo (art. 71, V, CF).

146. (Cespe - Cartório - TJ - DF/2014) No que se refere ao Poder Legislativo e aos tribunais de contas, assinale a opção correta.

a) A autorização de operações externas de natureza financeira de interesse do DF é de competência privativa do Senado Federal, sem sanção presidencial.

b) A iniciativa de leis sobre matéria tributária é privativa do chefe do Poder Executivo de cada ente federativo, conforme reiterado entendimento do STF.

c) O veto presidencial a projeto de lei somente pode ser rejeitado pela manifestação da maioria absoluta dos deputados e senadores, em deliberação realizada de forma secreta.

d) Em razão da denominada imunidade formal, os membros do Congresso Nacional são invioláveis, civil e penalmente, por quaisquer de suas opiniões, palavras e votos, desde que proferidos no exercício de suas funções parlamentares.

e) O Tribunal de Contas da União tem a competência de apreciar e julgar anualmente as contas prestadas pelo presidente da República e por demais responsáveis por dinheiros, bens e valores públicos da administração direta e indireta da União.

COMENTÁRIOS

✪ **Nota do autor:** a questão aborda a recente alteração realizada na Carta Magna, por meio da Emenda Constitucional nº 76/2013. Isso demonstra ser imprescindível que o candidato conheça todas as alterações ocorridas recentemente no texto constitucional.

Alternativa correta: "a": na dicção do artigo 52, V, da CF, compete privativamenteao Senado Federal autorizar operações externas de natureza financeira, de interesse da União, dos Estados, **do Distrito Federal**, dos Territórios e dos Municípios. Aludida autorização não depende de sanção presidencial.

Alternativa "b": a iniciativa de leis sobre matéria tributária **não** é privativa do chefe do Poder Executivo de cada ente federativo e, portanto, admite-se iniciativa parlamentar, conforme reiterado entendimento do STF. No ARE 743480, julgado em 2013 e relatado pelo Ministro Gilmar Mendes, em que se reconheceu Repercussão Geral, entendeu o STF que a iniciativa de lei em matéria tributária não é reservada, mas sim geral, uma vez que não existe previsão constitucional que confere exclusividade ao Chefe do Poder Executivo.

Alternativa "c": em conformidade com o artigo 66, § 4º, da CF, o veto será apreciado em sessão conjunta, dentro de trinta dias a contar de seu recebimento, **só podendo ser rejeitado pelo voto da maioria absoluta dos Deputados e Senadores**. Vale destaque, contudo, que, conforme a nova redação do dispositivo, dada pela EC nº 76/2013, **o voto não é mais secreto, mas sim aberto**. Desse modo, antes da EC nº 76/2013, o voto dos Deputados e Senadores que decidiriam pela rejeição do veto presidencial era secreto, atualmente, com o advento da alteração, **a votação que rejeita o veto será aberta**. Então, o veto presidencial a projeto de lei somente pode ser rejeitado pela manifestação da maioria absoluta dos Deputados e Senadores, em deliberação realizada de forma **aberta** (e não secreta).

Alternativa "d": em razão da denominada **imunidade material** (e não formal), os membros do Congresso Nacional são invioláveis, civil e penalmente, por quaisquer de suas opiniões, palavras e votos, desde que proferidos no exercício de suas funções parlamentares. Por sua vez, a **imunidade formal é aquela que garante regras especiais para a prisão e o processo de Parlamentar**.

Alternativa "e": o Tribunal de Contas da União tem a competência de **apreciar** anualmente as contas prestadas pelo presidente da República (art. 71, I, da CF) e **julgar** as contas dos demais responsáveis por dinheiros, bens e valores públicos da administração direta e indireta da União (art. 71, II, da CF). Ou seja, o TCU **aprecia** (e não julga) **as contas prestadas anualmente pelo Presidente da República** e **julga as contas dos demais responsáveis por dinheiros, bens e valores públicos da administração direta e indireta.**

147. (Cespe - Juiz de Direito Substituto - DFT/2014) Acerca do Poder Legislativo e do tribunal de contas no âmbito das três esferas da Federação, assinale a opção correta.

a) Após a edição de determinada medida provisória, o presidente da República poderá retirá-la da apreciação do Congresso Nacional.

b) O modelo federal de composição do tribunal de contas previsto na CF é de observância obrigatória pelos estados, inclusive no que se refere à proporção que deve ser observada entre as carreiras de auditor ou de membro do MP na indicação dos conselheiros.

c) As comissões parlamentares de inquérito têm poderes próprios das autoridades judiciais, razão pela qual podem determinar a indisponibilidade de bens da pessoa investigada.

d) Embora a imunidade material dos deputados e senadores exclua a responsabilidade criminal, civil, disciplinar e política por suas opiniões, palavras e votos, tal imunidade é prerrogativa de ordem subjetiva que pode ser objeto de renúncia pelo congressista.

e) No projeto de lei orçamentária anual – de iniciativa exclusiva do presidente da República –, não são admitidas emendas parlamentares que acarretem aumento de despesas.

COMENTÁRIOS

Alternativa correta: "b": o modelo federal de composição do tribunal de contas previsto na CF é de observância obrigatória pelos Estados, inclusive no que se refere à proporção que deve ser observada entre as carreiras de auditor ou de membro do MP na indicação dos conselheiros. O artigo 75 da CF prevê a necessidade de os Tribunais de Contas dos Estados e Distrito Federal, assim como os Municipais, adotarem, no que couber, o modelo federal, ao dizer que: "As normas estabelecidas nesta seção aplicam-se, no que couber, à organização, composição e fiscalização dos Tribunais de Contas dos Estados e do Distrito Federal, bem como dos Tribunais e Conselhos de Contas dos Municípios". Por sua vez, o parágrafo único, do artigo 75, da CF, estabelece que as Constituições Estaduais disporão sobre os Tribunais de Contas respectivos, que serão integrados por sete Conselheiros. Assim, destaca-se o conteúdo da Súmula 653, do STF: "No Tribunal de Contas Estadual, composto por sete conselheiros, quatro devem ser escolhidos pela Assembleia Legislativa e três pelo chefe do Poder Executivo Estadual, cabendo a este indicar um dentre auditores e outro dentre membros do Ministério Público, e um terceiro a sua livre escolha". A Súmula da Suprema Corte visa delinear a proporção de conselheiros que será escolhida para os Tribunais de Contas Estaduais à luz do modelo federal, adaptando para a realidade estadual que é de sete conselheiros, diferentemente da esfera federal que conta com nove Ministros.

Alternativa "a": após a edição de determinada medida provisória, o presidente da República **não** poderá retirá-la da apreciação do Congresso Nacional. É o entendimento adotado pela Suprema Corte: "Orientação assentada no STF no sentido de que, não sendo dado ao Presidente da Republica retirar da apreciação do Congresso Nacional medida provisória que tiver editado, é-lhe, no entanto, possível ab-roga-la por meio de nova medida provisória, valendo tal ato pela simples suspensão dos efeitos da primeira, efeitos esses que, todavia, o Congresso poderá ver restabelecidos, mediante a rejeição da medida ab-rogatória. Circunstancia que, em princípio, desveste de plausibilidade a tese da violação ao princípio constitucional invocado" (STF. ADI MC, julgada em 1995 e relatada pelo Ministro Ilmar Galvão).

Alternativa "c": as comissões parlamentares de inquérito têm poderes de investigação próprios das autoridades judiciais (mas não têm poderes propriamente jurisdicionais), razão pela qual **não** podem determinar a indisponibilidade de bens da pessoa investigada. No julgamento do MS 23446, julgado em 1999 e relatado pelo Ministro Ilmar Galvão, o STF entendeu que a indisponibilidade de bens, assim como o poder geral de cautela, é medida reservada ao juiz e não se vincula à produção de provas, por isso, não é possível que seja determinada pelas comissões parlamentares de inquérito.

Alternativa "d": o artigo 53 da CF prescreve que os Deputados e Senadores são invioláveis, civil e penalmente, por quaisquer de suas opiniões, palavras e votos. Essa imunidade, contudo, não é passível de renúncia pelo congressista, vez que ela é inerente à função exercida e não à pessoa do parlamentar. Por isso, a imunidade material dos deputados e senadores exclui a responsabilidade criminal, civil, disciplinar e política por suas opiniões, palavras e votos.Tal imunidade, no entanto, **não** pode ser objeto de renúncia pelo congressista.

Alternativa "e": no projeto de lei orçamentária anual – de iniciativa exclusiva do presidente da República – **são admitidas emendas parlamentares que acarretem aumento de despesas**, de acordo com a regra extraída do artigo 63, I, da CF.

5.4.2. PODER EXECUTIVO

148. (Cespe – Juiz de Direito Substituto – AM/2016) Assinale a opção correta acerca do Poder Executivo, considerando o disposto na CF e a doutrina.

a) Os atos do presidente da República que atentem especialmente contra a probidade na administração, a lei orçamentária e o cumprimento das leis e das decisões judiciais são crimes de responsabilidade classificados como crimes funcionais.

b) Admitida a acusação contra o presidente da República, por dois terços da Câmara dos Deputados, será ele suspenso de suas funções e submetido a julgamento perante o Senado Federal, nos casos de crimes de responsabilidade.

c) No texto constitucional, a afirmação de que o Poder Executivo é exercido pelo presidente da República, auxiliado pelos ministros de Estado, indica que a função é compartilhada, caracterizando-se o Poder Executivo como colegial, dependendo o seu chefe da confiança do Congresso Nacional para permanecer no cargo.

d) Se, decorridos dez dias da data fixada para a posse, o presidente ou o vice-presidente eleitos, salvo motivo de força maior, não tiverem assumido o cargo, este será declarado vago, sendo a declaração de vacância ato político feito pelo TSE.

e) A competência privativa do presidente da República para nomear os ministros do STF e dos tribunais superiores, o procurador-geral da República, o presidente e os diretores do Banco Central do Brasil é classificada como função básica de chefia do Estado.

COMENTÁRIOS

✪ **Nota do autor:** com base na recente conjuntura política brasileira, é provável que as bancas elaborem questões acerca do processo e julgamento dos crimes de responsabilidade do Presidente da República. Desse modo, recomenda-se o estudo do tema.

Alternativa correta: letra "a": são crimes de responsabilidade os atos do Presidente da República que atentem contra a Constituição Federal e, especialmente, contra: I – a existência da União; II – o livre exercício do Poder Legislativo, do Poder Judiciário, do Ministério Público e dos Poderes constitucionais das unidades da Federação; III – o exercício dos direitos políticos, individuais e sociais; IV – a segurança interna do País; V – a probidade na administração; VI – a lei orçamentária; VII – o cumprimento das leis e das decisões judiciais (art. 85 da CF). Segundo nos explica Nathalia Masson: "Crimes de responsabilidade são infrações político-administrativas praticadas pelo Presidente que estão listadas no rol exemplificativo do art. 85/CF/88 e melhor especificadas na legislação federal que trata do assunto. Conforme preleciona José Afonso da Silva os crimes de responsabilidade podem ser classificados em dois grupos: (*i*) infrações políticas (art. 85, incisos I a IV, da CF/88): condutas que implique atentado contra a existência da União, contra o livre exercício do Poder Legislativo, do Poder Judiciário, do Ministério Público e dos Poderes Constitucionais das unidades da federação, contra o exercício dos direitos políticos, individuais e sociais e contra a segurança interna do país; (*ii*) crimes funcionais (art. 85, incisos V a VII, da CF/88): atos que atentem contra a probidade na administração, a lei orçamentária e o cumprimento das leis e das decisões judiciais" (MASSON, Nathalia. *Manual de direito constitucional*. Salvador: Juspodivm, 2013, p. 761).

Alternativa "b": conforme artigo 86, §1º, da CF, o Presidente ficará suspenso de suas funções: I – nas infrações penais comuns, se recebida a denúncia ou queixa-crime pelo Supremo Tribunal Federal; II – nos crimes de responsabilidade, **após a instauração do processo pelo Senado Federal**. Desse modo, não é com a admissão da acusação contra o presidente da República, por dois terços da Câmara dos Deputados, que ele será suspenso de suas funções, mas com a instauração do processo pelo Senado Federal.

Alternativa "c": de fato, consoante o artigo 76 da CF, o Poder Executivo é exercido pelo Presidente da República, auxiliado pelos Ministros de Estado. Isso não caracteriza o Poder Executivo como colegial (os Ministros de Estado exercerá apenas auxílio ao Presidente da República). Além disso, o chefe do Poder Executivo (ou seja, o Presidente da República) não depende da confiança do Congresso Nacional para permanecer no cargo (seria característica de um Parlamento, o que não vigora entre nós). Como bem explica Nathalia Masson: "a inexistência de vínculo político necessário entre o Poder Legislativo e o Poder Executivo é outra marca central do presidencialismo. É possível que o Presidente seja eleito sem possuir o apoio da maioria no parlamento, sendo que esta maioria pode (ou não) ser construída posteriormente, no transcorrer do Governo. Isso porque no sistema presidencialista o Presidente não depende do apoio da maioria parlamentar para se eleger, tampouco para governar ou reeleger-se para o cargo; seu programa de Governo pode ser absolutamente divergente das concepções partilhadas pela maioria dos integrantes do parlamento e mesmo assim se efetivar e obter acolhida popular" (MASSON, Nathalia. *Manual de direito constitucional*. Salvador: Juspodivm, 2013, p. 730).

Alternativa "d": se, decorridos dez dias da data fixada para a posse, o Presidente ou o Vice-Presidente, salvo motivo de força maior, não tiver assumido o cargo, este será declarado vago (art. 78, parágrafo único, CF). Todavia, não se trata de ato político feito pelo TSE, mas sim pelo Congresso Nacional. Desse modo, "Se há motivo de força maior, que impeça que o Presidente e o Vice-Presidente assumam os respectivos cargos, a posse será efetivada ao cessar referido motivo. Isso significa que se houver justificativa para o não comparecimento, os cargos não serão declarados vagos após o prazo de dez dias: aguardar-se-á a superação do motivo plausível que impediu a posse. Mas se não houver justificativa que fundamente o não comparecimento do Presidente e do Vice-Presidente para tomar posse dos cargos, após dez dias estes serão declarados vagos pelo Congresso Nacional, em verdadeiro ato político, devendo o próprio Congresso convocar nova eleição (direta) em até noventa dias" (MASSON, Nathalia. *Manual de direito constitucional*. Salvador: Juspodivm, 2013, p. 741).

Alternativa "e": no que tange ao sistema de governo, o presidencialismo caracteriza-se pelo fato de o Presidente acumular duas atribuições, ou seja, Chefe de Estado e Chefe de Governo. Comanda o aparelho estatal e a condução dos interesses externos da nação. Segundo Pedro Lenza, "O art. 84 atribui ao Presidente da república competências privativas, tanto de natureza de Chefe de Estado (representando a República Federativa do Brasil nas relações internacionais e, internamente, sua unidade, previstas nos incisos VII, VIII e XIX do art. 84), como de Chefe de Governo (prática de atos de administração e de natureza política – estes últimos quando participa do processo legislativo – conforme se percebe da leitura das atribuições previstas nos incisos I a VI; IX a XVIII e XX a XXVII)." (LENZA, Pedro. *Direito constitucional esquematizado*. 14. ed. São Paulo: Saraiva, 2010, p. 522). Desse modo, a competência privativa do presidente da República para nomear os ministros do STF e dos tribunais superiores, o procurador-geral da República, o presidente e os diretores do Banco Central do Brasil é classificada como função básica de **chefia de Governo** (não de Estado).

---

149. (Cespe – Delegado de Polícia – PE/2016) Com base na disciplina constitucional acerca dos tratados internacionais, da forma e do sistema de governo e das atribuições do presidente da República, assinale a opção correta.

a) Insere-se no âmbito das competências privativas do Senado Federal resolver definitivamente sobre tratados, acordos ou atos internacionais que acarretem encargos ou compromissos gravosos ao patrimônio nacional.

b) O sistema presidencialista de governo adotado no Brasil permite que o presidente da República, na condição de chefe de Estado, decrete o estado de defesa e o estado de sítio, independentemente de autorização do Congresso Nacional.

c) Da forma republicana de governo adotada pela CF decorre a responsabilidade política, penal e administrativa dos governantes; os agentes públicos, incluindo-se os detentores de mandatos eletivos, são igualmente responsáveis perante a lei.

d) Na condição de chefe de governo, cabe ao presidente da República editar atos administrativos que criem e provejam órgãos públicos federais, na forma da lei.

e) Tratados e convenções internacionais sobre direitos humanos, para que sejam equivalentes a emendas constitucionais, deverão ser aprovados em cada Casa do Congresso Nacional, por maioria absoluta de votos, em dois turnos de discussão e votação.

COMENTÁRIOS

Alternativa correta: letra "c": segundo ensinamentos de Nathalia Masson: "Diversamente do princípio da absoluta irresponsabilidade, intrínseco ao caráter vitalício dos cargos reais, uma das características centrais da forma republicana de Governo é a possibilidade de responsabilização dos governantes. Em que pese o Presidente não poder ser destituído da chegia do Governo pelo Congresso Nacional porque deixou de ser detentor da sua confiança, possibilidade que só se viabiliza no sistema parlamentarista, ele pode ser responsabilizado tanto pela prática de crimes comuns (infrações penais comuns), quanto por crimes de responsabilidade (infrações político-administrativas)." (*Manual de direito constitucional*. Salvador: Juspodivm, 2013, p. 756).

Alternativa "a": é da competência exclusiva do Congresso Nacional resolver definitivamente sobre tratados, acordos ou atos internacionais que acarretem encargos ou compromissos gravosos ao patrimônio nacional (art. 49, I, da CF).

Alternativa "b": o sistema presidencialista de governo adotado no Brasil **não** permite que o presidente da República, na condição de chefe de Estado, decrete o estado de defesa e o estado de sítio, independentemente de autorização do Congresso Nacional. Nos termos da Lei Maior, é da competência exclusiva do Congresso Nacional aprovar o estado de defesa e a intervenção federal, autorizar o estado de sítio, ou suspender qualquer uma dessas medidas (art. 49, IV, CF).

Alternativa "d": a **lei** disporá sobre a criação e extinção de Ministérios e órgãos da administração pública (art. 88 da CF). Já o art. 61, §1º, II, *e*, da CF, dispõe que são de iniciativa privativa do Presidente da República as **leis** que disponham sobre criação e extinção de Ministérios e órgãos da administração pública, observado o disposto no art. 84, VI. Desse modo, a criação de órgãos públicos federais devem ocorrer por **lei** (e não por ato administrativo).

Alternativa "e": os tratados e convenções internacionais sobre direitos humanos que forem aprovados, em cada Casa do Congresso Nacional, em dois turnos, por **três quintos** dos votos dos respectivos membros, serão equivalentes às emendas constitucionais.

---

150. (Cespe – Analista Judiciário – Área Judiciária – TJ – CE/2014) O presidente da República, mediante decreto, delegou aos ministros de Estado e ao advogado-geral da União a competência para, após processo administrativo disciplinar, aplicar a penalidade de demissão a servidor público federal.

Com referência a essa situação hipotética e com base na jurisprudência do STF, assinale a opção correta.

a) As competências conferidas pelo texto da CF ao presidente da República são indelegáveis, motivo por que o decreto em apreço é inconstitucional.

b) Considerando que, na hipótese em tela, o presidente da República agiu como chefe de Estado, a referida delegação não poderia ocorrer, no âmbito estadual, do governador para os secretários estaduais.

c) O referido decreto está de acordo com a CF, pois a possibilidade de delegação da competência para prover cargos públicos federais abrange também a competência para demitir o servidor público.

d) O decreto citado violou a CF, pois só há previsão de delegação para provimento de cargos públicos federais, e não para hipóteses de demissão.

e) De acordo com o texto da CF, a referida delegação pode, sim, ser feita aos ministros de Estado, mas não pode ser estendida ao advogado-geral da União. Por isso, o decreto em questão padece do vício de inconstitucionalidade.

COMENTÁRIOS

Alternativa correta: "c": conforme consta do art. 84, XXV, compete privativamente ao Presidente da República, prover os cargos públicos federais, sendo que o parágrafo único de aludido dispositivo prevê a hipótese de delegar a atribuição mencionada aos **Ministros de Estado**, ao Procurador-Geral da República ou ao **Advogado-Geral da União**. Ainda, consoante o entendimento do STF: "Esta Corte firmou orientação no sentido da legitimidade de delegação a Ministro de Estado da competência do Chefe do Executivo Federal para, nos termos do art. 84, XXV, e parágrafo único, da Constituição Federal, aplicar pena de demissão a servidores públicos federais" (STF. RMS 28047, julgado em 2011 e relatado pelo Ministro Ricardo Lewandowski). Portanto, o referido decreto está de acordo com a CF, pois a possibilidade de delegação da competência para prover cargos públicos federais abrange também a competência para demitir o servidor público.

Alternativa "a": as competências conferidas pelo texto da CF ao presidente da República são passíveis de delegação, nas hipóteses previstas no parágrafo único do artigo 84, da CF, motivo por que o decreto em apreço é **constitucional**. Portanto, temos algumas competências que são indelegáveis e outras passíveis de delegação, como é o caso da competência de prover os cargos públicos federais, cuja possibilidade de delegação está expressamente elencada no parágrafo único do artigo 84, da CF.

Alternativa "b": a referida delegação **poderia ocorrer, no âmbito estadual, do governador; para os secretários estaduais, com supedâneo no Princípio da Simetria.** Desse modo: "I – Esta Corte firmou orientação no sentido da legitimidade de delegação a Ministro de Estado da competência do Chefe do Executivo Federal para, nos termos do art. 84, XXV, e parágrafo único, da Constituição Federal, aplicar pena de demissão a servidores públicos federais. Precedentes. II – Legitimidade da delegação a secretários estaduais da competência do Governador do Estado de Goiás para, nos termos do art. 37, XII e parágrafo único, da Constituição Estadual, aplicar penalidade de demissão aos servidores do Executivo, tendo em vista o princípio da simetria. Precedentes" (STF. RE 633009 AgR, julgado em 2011 e relatado pelo Ministro Ricardo Lewandowski).

Alternativa "d": o decreto citado não violou a CF, pois a previsão de delegação para provimento de cargos públicos federais abrange também as hipóteses de demissão, conforme entendimento do STF.

Alternativa "e": o parágrafo único do art. 84, da CF prevê a hipótese de o Presidente da República delegar algumas de suas competências aos Ministros de Estado, ao Procurador-Geral da República ou ao **Advogado-Geral da União**. Assim sendo, a referida delegação pode, sim, ser feita aos Ministros de Estado, bem como **pode ser estendida ao advogado-geral da União**. Por isso, o decreto em questão **não** padece do vício de inconstitucionalidade.

---

151. (Cespe – Promotor de Justiça – AC/2014) Acerca dos Poderes Legislativo e Executivo, assinale a opção correta.

a) É constitucional a criação de hipótese de extinção de punibilidade por meio de medida provisória editada por governador.

b) Ao tribunal de contas estadual, órgão auxiliar integrante do Poder Legislativo estadual, compete julgar as contas prestadas anualmente pelo governador e pelos prefeitos, sendo vedada a criação de tribunais de contas municipais.

c) Não se admite a apresentação de emendas parlamentares durante o processo legislativo referente a projeto de lei que, em tramitação na Assembleia Legislativa, disponha sobre a organização dos serviços administrativos do MPE, dado o caráter reservado de sua iniciativa.

d) De acordo com o STF, são inaplicáveis aos governadores o instituto da imunidade formal relativa à prisão do presidente da República e a cláusula de responsabilidade relativa, mesmo que haja previsão a tal respeito nas constituições estaduais.

e) Dada a cláusula de reserva jurisdicional, é vedada à comissão parlamentar de inquérito criada no âmbito de assembleia legislativa a determinação de quebra de sigilo bancário.

COMENTÁRIOS

Alternativa correta: "d": as imunidades, segundo as quais, enquanto não sobrevier sentença condenatória, nas infrações comuns, o Presidente da República não estará sujeito a prisão e, que, na vigência de seu mandato, o Presidente da República não pode ser responsabilizado por atos estranhos ao exercício de suas funções, **não podem ser estendidas ao Governador de Estado**. Esse foi o posicionamento adotado pelo STF, em 1995, no julgamento da ADI 978. Isso significa dizer que Constituição Estadual não poderá estabelecer as mesmas imunidades formais previstas na Carta Magna para o Presidente da República ao Governador de Estado. Nathalia Masson, explica o porquê da impossibilidade: "O desacerto das previsões estaduais está na circunstância de as imunidades relativas à prisão e à cláusula de irresponsabilidade penal relativa terem sido concedidas ao Presidente da República na qualidade de chefe de Estado, o que as torna inaplicáveis às demais esferas da federação. Nesse contexto, as imunidades presidenciais supramencionadas não são partilhadas com os Governadores, de forma que os dispositivos das Constituições Estaduais que as trouxerem são considerados inconstitucionais" (MASSON, Nathalia. *Manual de Direito Constitucional*. Salvador: Juspodivm, 2013, p. 754)

Alternativa "a": é **in**constitucional a criação de hipótese de extinção de punibilidade por meio de medida provisória editada por governador. Isso ocorre, pois, conforme preceitua o artigo 21, XVII, da CF **compete à União conceder anistia**. Por sua vez, o artigo 48, VIII, da CF, estabelece que **cabe ao Congresso Nacional, com a sanção do Presidente da República, dispor sobre todas as matérias de competência da União, especialmente sobre concessão de anistia.** E o artigo 84, XII, da Carta Magna dispõe que **compete privativamente ao Presidente da República conceder indulto e comutar penas**, com audiência, se necessário, dos órgãos instituídos em lei. Somando-se a isso, vale salientar que **compete privativamente à União legislar sobredireito** civil, comercial, **penal**, processual, eleitoral, agrário, marítimo, aeronáutico, espacial e do trabalho (art. 22, I, CF).

Alternativa "b": ao tribunal de contas estadual, **órgão auxiliar** (porém, não é integrante) do Poder Legislativo estadual, compete julgar as contas prestadas anualmente pelo governador e pelos prefeitos, sendo vedada a criação de tribunais de contas municipais. Os Tribunais de Contas auxiliam o Poder Legislativo na fiscalização externa, no entanto, não é correto dizer que se trata de órgão do Legislativo, tratando-se, verdadeiramente, de órgão autônomo. Nesse sentido, destacam-se as lições de Paulo Lépore: "Há muita discussão sobre a natureza jurídica do Tribunal de Contas, mas é certo que o TCU não é órgão do Poder Legislativo, apesar de auxiliá-lo, nem do Poder Judiciário, apesar de ter competência para julgar contas. Em verdade, o TCU é um órgão autônomo cuja existência e atividade encontram respaldo diretamente no texto constitucional" (LEPORE, Paulo. *Direito Constitucional para os concursos de Técnico e Analista*. Salvador: Juspodivm, 2013, p. 295). Vale alertar, contudo, a situação da criação de Tribunais de Contas nos Municípios. A Constituição veda expressamente a criação de Tribunais de Contas Municipais, no entanto, aqueles que já existiam, ficarão mantidos. Assim, dispõe o artigo 31, § 4º, da CF, que **é vedada a criação de Tribunais, Conselhos ou órgãos de Contas Municipais**. Já o artigo 31, § 1º, da CF, estatui que o controle externo da Câmara Municipal será exercido com o auxílio dos Tribunais de Contas dos Estados ou do Município ou dos **Conselhos ou Tribunais de Contas dos Municípios, onde houver.**

Alternativa "c": é admitida a apresentação de emendas parlamentares durante o processo legislativo referente a projeto de lei que, em tramitação na Assembleia Legislativa, disponha sobre a organização dos serviços administrativos do MPE. Em primeiro lugar, necessário frisar que a iniciativa privativa se verifica apenas no que tange a deflagração do processo legislativo, mas não para o andamento, o que não impede a proposta de emendas pelos parlamentares. O STF, posicionando-se sobre o assunto, entende que: "A cláusula constitucional que confere exclusividade ao Tribunal de Justiça para instaurar o processo legislativo em tema de organização e divisão judiciárias do Estado não impede os parlamentares de oferecerem emendas ao correspondente projeto de lei. O poder de emendar, que não constitui derivação do poder de iniciar o processo de formação das leis, é prerrogativa deferida aos parlamentares, que se sujeitam, quanto ao seu exercício, apenas às restrições impostas, em numerus clausus, pela Constituição Federal" (STF. ADI 865 MC, julgada em 1993 e relatada pelo Ministro Celso de Mello). Noutro giro, vale destacar o teor do artigo 61, § 1º, II, "d", da CF, que dispõe que são de iniciativa privativa do Presidente da República as leis que disponham sobre organização do Ministério Público e da Defensoria Pública da União, bem como normas gerais para a organização do Ministério Público e da Defensoria Pública dos Estados, do Distrito Federal e dos Territórios. Já o art. 128, § 5º, estatui que leis complementares da União e dos Estados, cuja iniciativa é facultada aos respectivos Procuradores-Gerais, estabelecerão a organização, as atribuições e o estatuto de cada Ministério Público. Diante disso, Pedro Lenza afirma que: "Assim, no âmbito estadual, **concorrem para legislar**, mediante lei complementar, sobre normas específicas de organização, atribuições e estatuto do respectivo Ministério Público local, o Governador do Estado e o Procurador-Geral de Justiça [...]" (LENZA, Pedro. *Direito Constitucional Esquematizado*. 14. ed. São Paulo: Saraiva, 2010, p. 458).

Alternativa "e": a comissão parlamentar de inquérito, criada no âmbito de assembleia legislativa, **pode determinar de quebra de sigilo bancário**, que não está adstrita à cláusula de reserva jurisdicional. Ademais, não é outro o entendimento adotado pelo STF no julgamento da ACO 730, julgada em 2004 e relatada pelo Ministro Joaquim Barbosa.

---

152. (Cespe – Juiz do Trabalho Substituto 5ª região/2013) Acerca do Poder Executivo, assinale a opção correta.

a) Estados e municípios podem legislar sobre a relação de emprego de trabalhadores domésticos, dado que a matéria é de competência concorrente dos três entes federativos.

b) No presidencialismo adotado no Brasil, sistema de governo previsto na CF, a chefia de Estado e a chefia de governo não coincidem.

c) Emenda constitucional introduziu na CF previsão de edição, pelo presidente da República, de decretos autônomos que disponham sobre a criação ou a extinção de cargos e órgãos públicos.

d) Conforme previsto na CF, a responsabilidade penal do presidente da República é relativa, já que ele não pode ser responsabilizado penalmente, na vigência do seu mandato, por atos estranhos ao exercício de suas funções.

e) Em caso de relevância e urgência, pode o presidente da República editar medida provisória para regulamentar matéria relacionada a direitos e deveres dos juízes do trabalho.

COMENTÁRIOS

Alternativa correta: "d": o Presidente da República, na vigência de seu mandato, não pode ser responsabilizado por atos estranhos ao exercício de suas funções. Segundo Lenza, "Trata-se da irresponsabilidade penal relativa, pois a imunidade só abrange ilícitos penais praticados antes do mandato, ou durante, sem relação funcional. No tocante às infrações de natureza civil, política (crimes de responsabilidade), administrativa, fiscal ou tributária, poderá o Presidente da República ser responsabilizado, pois a imunidade (irresponsabilidade penal relativa) restringe-se apenas à *persecutio criminis* por ilícitos penais que não tenham sido cometidos *in officio* ou *propter officium*, como vimos" (LENZA, Pedro. *Direito Constitucional Esquematizado*. 14. ed. São Paulo: Saraiva, 2010, p. 536).

Alternativa "a": apenas a União pode legislar sobre a relação de emprego de trabalhadores domésticos, dado que a matéria é de **competência privativa da União** (art. 22, I, da CF).

Alternativa "b": no presidencialismo adotado no Brasil a chefia de Estado e a chefia de governo coincidem, ou seja, concentram-se na mesma pessoa (Presidente da República).

Alternativa "c": conformea Emenda Constitucional nº 32, de 2001, que alterou o artigo 84, VI, da CF, compete privativamente ao Presidente da República dispor, mediante decreto, sobre a) organização e funcionamento da administração federal, **quando não implicar aumento de despesa nem criação ou extinção de órgãos públicos**; b) **extinção de funções ou cargos públicos, quando vagos**.

Alternativa "e": dispõe o artigo 62, § 1º, da CF, que **é vedada a edição de medidas provisórias sobre matéria relativa a organização do Poder Judiciário e do Ministério Público, a carreira e a garantia de seus membros**.

---

153. (Cespe – Juiz Federal Substituto 5ª região/2013) No que concerne ao Poder Executivo, assinale a opção correta.

a) A administração de território federal fica ao encargo de governador nomeado pela Presidência da República, independentemente de aprovação pelo Senado Federal.

b) A sentença condenatória em processo de impeachment é materializada por meio de resolução editada pelo Senado Federal.

c) Pelos crimes de responsabilidade, conexos ou não a crime cometido pelo presidente da República, os ministros de Estado serão julgados pelo STF.

d) Para instaurar o processo de impeachment contra o chefe do Poder Executivo, o Senado Federal deve considerar os critérios de oportunidade e conveniência.

e) O governador de estado que, em decorrência de aprovação em concurso público, tomar posse em cargo na administração pública direta ou indireta perderá o mandato.

COMENTÁRIOS

Alternativa correta: "b": a **sentença condenatória em processo de impeachment** – processo que julga a responsabilidade do Presidente da República – **é materializada por meio de resolução editada pelo Senado Federal, conforme possível verificar da redação do artigo 35 da Lei nº 1.079/1950**, que define os crimes de responsabilidade e regula o respectivo processo de julgamento. Mencionado dispositivo dispõe ainda, **que a resolução do Senado constará de sentença que será lavrada, nos autos do processo, pelo Presidente do Supremo Tribunal Federal, assinada pelos senadores que funcionarem como juízes, transcrita na ata da sessão e, dentro desta, publicada no Diário Oficial e no Diário do Congresso Nacional.** Segundoo artigo 52, I, da CF, **compete privativamente ao Senado Federal processar e julgar o Presidente** e o Vice-Presidente da República **nos crimes de responsabilidade**, bem como os Ministros de Estado e os Comandantes da Marinha, do Exército e da Aeronáutica nos crimes da mesma natureza conexos com aqueles..

Alternativa "a": a administração de território federal fica ao encargo de governador nomeado pela Presidência da República, **após aprovação pelo Senado Federal** (art. 84, XIV, da CF).

Alternativa "c": pelos crimes de responsabilidade, **conexos a crime cometido pelo Presidente da República**, os Ministros de Estado **serão julgados pelo Senado Federal** (e não pelo STF), conforme possível verificar do artigo 52, I, da CF. Segundo aludido dispositivo, compete privativamente ao Senado Federal processar e julgar o Presidente e o Vice-Presidente da República nos crimes de responsabilidade, bem como os Ministros de Estado e os Comandantes da Marinha, do Exército e da Aeronáutica nos crimes da mesma natureza conexos com aqueles. Contudo, se o crime de responsabilidade praticado pelo Ministro de Estado não for conexo com do Presidente da República, a competência para processar e julgá-lo será do STF, conforme dicção do artigo 102, I, "c", da CF. Da norma mencionada, infere-se que **compete ao Supremo Tribunal Federal**, precipuamente, a guarda da Constituição, cabendo-lhe **processar e julgar, originariamente, nas infrações penais comuns e nos crimes de responsabilidade, os Ministros de Estado** e os Comandantes da Marinha, do Exército e da Aeronáutica, **ressalvado o disposto no art. 52, I**, os membros dos Tribunais Superiores, os do Tribunal de Contas da União e os chefes de missão diplomática de caráter permanente. Em síntese conclusiva, **se o Ministro de Estado comete crime de responsabilidade conexo com o Presidente da República será julgado com este pelo Senado Federal, se o crime de responsabilidade não possuir conexão com o do Presidente, a competência será do STF.**

Alternativa "d": para instaurar o processo de *impeachment* contra o chefe do Poder Executivo, o Senado Federal **nãodeve considerar os critérios de oportunidade e conveniência**. Nas lições de Pedro Lenza: "havendo autorização da Câmara dos Deputados, o Senado Federal deverá instaurar o processo sob a presidência do Presidente do STF, submetendo o Presidente da República a julgamento (no Senado Federal), assegurando-lhe as garantias do contraditório e ampla defesa, podendo, ao final, absolvê-lo ou condená-lo pela prática do crime de responsabilidade" (LENZA, Pedro. *Direito Constitucional Esquematizado.* 14. ed. São Paulo: Saraiva, 2010, p. 534). Portanto, uma vez autorizada pela Câmara dos Deputados, o Senado Federal não terá discricionariedade para a instauração do processo, sendo um dever.

Alternativa "e": o Governador de Estado que, em decorrência de aprovação em concurso público, tomar posse em cargo na administração pública direta ou indireta **não** perderá o mandato. Conforme descrito no artigo 28, § 1º, da CF, perderá o mandato o Governador que assumir outro cargo ou função na administração pública direta ou indireta, **ressalvada a posse em virtude de concurso público** e observado o disposto no art. 38, I, IV e V.

---

154. (Cespe – Juiz Federal Substituto 2ª região/ 2013) Assinale a opção correta acerca do Poder Executivo na ordem constitucional brasileira.

a) O Conselho da República é órgão superior de consulta do presidente da República, e dele participam, além dos presidentes da Câmara dos Deputados e do Senado Federal, os líderes da maioria e da minoria em ambas as casas legislativas, o ministro da Justiça e seis cidadãos brasileiros natos, com mais de trinta e cinco anos de idade, de livre nomeação pelo chefe do Poder Executivo.

b) Compete ao Conselho da República opinar nas hipóteses de declaração de guerra e de celebração da paz, de decretação do estado de defesa e do estado de sítio.

c) Tanto as funções de chefe de Estado como as de chefe de governo integram o rol de competências privativas do presidente da República.

d) A CF determina que, ficando vagos os cargos de presidente e vice-presidente da República nos dois primeiros anos de mandato, o STF declarará a vacância de ambos os cargos e investirá na função de presidente o sucessor, para em seguida serem convocadas eleições.

e) Os ministros de Estado serão sempre julgados pelo STF, seja nos crimes comuns, seja nos crimes de responsabilidade.

COMENTÁRIOS

Alternativa correta: letra "c": a Constituição Federal de 1988 adota como sistema de governo o presidencialista, de modo que tanto as funções de chefe de Estado como as de chefe de governo estão concentradas nas mãos do presidente da República, integrando o rol de competências privativas do presidente (artigos 76 e 84, ambos da CF).

Alternativa "a": o Conselho da República é órgão superior de consulta do presidente da República, e dele participam, além dos presidentes da Câmara dos Deputados e do Senado Federal, os líderes da maioria e da minoria em ambas as casas legislativas, o ministro da Justiça e seis cidadãos brasileiros natos. Estes cidadãos terão mais de trinta e cinco anos de idade, **sendo dois nomeados pelo presidente da República, dois eleitos pelo Senado Federal, e dois eleitos pela Câmara dos Deputados.** É o que dispõe o art. 89, I a VII, da CF.

Alternativa "b": nos termos do art. 91, § 1º, I e II, da CF, compete ao **Conselho de Defesa Nacional** opinar nas hipóteses de declaração de guerra e de celebração da paz, de decretação do estado de defesa e do estado de sítio.

Alternativa "d": o art. 81, *caput*, da CF, determina que, ficando vagos os cargos de presidente e vice-presidente da República nos dois primeiros anos de mandato, **far-se-á eleição noventa dias depois de aberta a última vaga.**

Alternativa "e": de acordo com art. 102, I, "c", da CF, em regra, os ministros de Estado serão julgados pelo STF, seja nos crimes comuns, seja nos crimes de responsabilidade. Entretanto, o próprio dispositivo faz uma ressalva, referindo-se ao art. 52, I, da Carta da República, que preceitua ser **competência privativa do Senado Federal** processar e julgar o Presidente e o Vice-Presidente da República nos crimes de responsabilidade, bem como os Ministros de Estado e os Comandantes da Marinha, do Exército e da Aeronáutica nos crimes da mesma natureza **conexos com aqueles.**

5.4.3. PODER JUDICIÁRIO

---

155. (Cespe – Juiz de Direito Substituto – AM/2016) Considerando a jurisprudência do STF, assinale a opção correta acerca do Poder Judiciário, do STF e das justiças federal, do trabalho e eleitoral.

a) Caso o número total da composição dos tribunais estaduais, TREs e TRFs não seja divisível por cinco, arredondar-se-á a fração restante (seja superior ou inferior à metade) para o número inteiro seguinte, a fim de alcançar-se a quantidade de vagas destinadas ao quinto constitucional assegurado a advogados e membros do MP.

b) Se o fundamento da impetração de mandado de segurança for nulidade ocorrida na elaboração da lista tríplice pelos tribunais competentes, o presidente da República não poderá ser considerado autoridade coatora no mandado de segurança impetrado contra ato de sua competência em que ele tenha nomeado magistrado.

c) A falta ou a insuficiência de fundamentação de prisão preventiva podem ser supridas pela fundamentação constante das informações prestadas em habeas corpus ou em acórdão que o denegue ou negue provimento a recurso, o que afasta a causa de nulidade da decisão por descumprimento do disposto na CF acerca da publicidade dos julgamentos.

d) Não satisfaz a exigência de fundamentação das decisões o ato judicial que apenas faz remissão expressa a manifestações ou peças processuais existentes nos autos, produzidas pelas partes, pelo MP ou por autoridades públicas, cujo teor indique os fundamentos de fato e(ou) de direito que justifiquem a decisão emanada do Poder Judiciário.

e) A publicidade assegurada constitucionalmente alcança os autos do processo, e não somente as sessões e audiências, razão pela qual padece de inconstitucionalidade disposição normativa que determine abstratamente segredo de justiça em todos os processos em curso perante vara criminal.

COMENTÁRIOS

Alternativa correta: letra "e": nos exatos termos do entendimento do STF: "A publicidade assegurada constitucionalmente (art. 5º, LX, e 93, IX, da CRFB) alcança os autos do processo, e não somente as sessões e audiências, razão pela qual padece de inconstitucionalidade disposição normativa que determine abstratamente segredo de justiça em todos os processos em curso perante Vara Criminal." (STF. ADI 4414, julgada em 2012 e relatada pelo Ministro Luiz Fux). Ademais, conforme disposto no artigo 5º, LX, da CF, **a lei só poderá restringir a publicidade dos atos processuais quando a defesa da intimidade ou o interesse social o exigirem**. Por seu turno, prescreve o artigo 93, IX, da CF, que **todos os julgamentos dos órgãos do Poder Judiciário serão públicos**, e fundamentadas todas as decisões, sob pena de nulidade, **podendo a lei limitar a presença, em determinados atos, às próprias partes e a seus advogados, ou somente a estes, em casos nos quais a preservação do direito à intimidade do interessado no sigilo não prejudique o interesse público à informação**. A regra, portanto, é a publicidade **de todos os atos** processuais.

Alternativa "a": de fato, a jurisprudência do STF assinala no sentido de que, caso o número total da composição dos tribunais que se submetem ao quinto constitucional não seja divisível por cinco, arredondar-se-á a fração restante (seja superior ou inferior à metade) para o número inteiro seguinte, a fim de alcançar-se a quantidade de vagas destinadas ao quinto constitucional assegurado a advogados e membros do MP (Nesse sentido: STF. RE 678957, julgado em 2013 e relatado pela Ministra Cármen Lúcia). Todavia, o erro da alternativa está ao incluir os TREs, pois estes tribunais não possuem a regra do quinto constitucional. Ademais, segundo consta do artigo 94 da CF, um quinto dos lugares dos **Tribunais Regionais Federais**, dos **Tribunais dos Estados, e do Distrito Federal e Territórios** será composto de membros, do Ministério Público, com mais de dez anos de carreira, e de advogados de notório saber jurídico e de reputação ilibada, com mais de dez anos de efetiva atividade profissional, indicados em lista sêxtupla pelos órgãos de representação das respectivas classes. A regra do quinto constitucional também é observada no **TST** (art. 111-A, I, da CF) e pelos **TRTs** (art. 115, I, da CF). Por sua vez, a composição dos TREs encontra-se no artigo 120, §1º, da CF, que dispõe que os Tribunais Regionais Eleitorais compor-se-ão: I – mediante eleição, pelo voto secreto: a) de dois juízes dentre os desembargadores do Tribunal de Justiça; b) de dois juízes, dentre juízes de direito, escolhidos pelo Tribunal de Justiça; II – de um juiz do Tribunal Regional Federal com sede na Capital do Estado ou no Distrito Federal, ou, não havendo, de juiz federal, escolhido, em qualquer caso, pelo Tribunal Regional Federal respectivo; III – por nomeação, pelo Presidente da República, de dois juízes dentre seis advogados de notável saber jurídico e idoneidade moral, indicados pelo Tribunal de Justiça.

Alternativa "b": consoante a Súmula 627 do STF, no mandado de segurança contra a nomeação de magistrado da competência do Presidente da República, **este é considerado autoridade coatora**, ainda que o fundamento da impetração seja nulidade ocorrida em fase anterior do procedimento. Portanto, se o fundamento da impetração de mandado de segurança for nulidade ocorrida na elaboração da lista tríplice pelos tribunais competentes, o presidente da República **poderá ser considerado autoridade coatora no mandado de segurança** impetrado contra ato de sua competência em que ele tenha nomeado magistrado.

Alternativa "c": a falta ou a insuficiência de fundamentação de prisão preventiva **não podem ser supridas pela fundamentação constante das informações prestadas em habeas corpus ou em acórdão que o denegue ou negue provimento a recurso**. Segundo entendimento do STF: "INADMISSIBILIDADE DO REFORÇO DE FUNDAMENTAÇÃO, PELAS INSTÂNCIAS SUPERIORES, DO DECRETO DE PRISÃO CAUTELAR. A legalidade da decisão que decreta a prisão cautelar ou que denega liberdade provisória deverá ser aferida em função dos fundamentos que lhe dão suporte, e não em face de eventual reforço advindo dos julgamentos emanados das instâncias judiciárias superiores. Precedentes. A motivação há de ser própria, inerente e contemporânea à decisão que decreta (ou que mantém) o ato excepcional de privação cautelar da liberdade, pois a ausência ou a deficiência de fundamentação não podem ser supridas "a posteriori"." (STF. HC 96351, julgado em 2008 e relatado pelo Ministro Celso de Mello).

Alternativa "d": o STF vem admitindo que satisfaz a exigência de fundamentação das decisões o ato judicial que apenas faz remissão expressa a manifestações ou peças processuais existentes nos autos, produzidas pelas partes, pelo MP ou por autoridades públicas, cujo teor indique os fundamentos de fato e(ou) de direito que justifiquem a decisão emanada do Poder Judiciário. Trata-se da chamada fundamentação *per relationem*. Assim: "O Supremo Tribunal Federal tem salientado, em seu magistério jurisprudencial, a propósito da motivação "per relationem", que inocorre ausência de fundamentação quando o ato decisório – o acórdão, inclusive – reporta-se, expressamente, a manifestações ou a peças processuais outras, mesmo as produzidas pelo Ministério Público, desde que nelas achem-se expostos os motivos, de fato ou de direito, justificadores da decisão judicial proferida. Precedentes. Doutrina. – O acórdão, ao fazer remissão aos fundamentos fático-jurídicos expostos no parecer do Ministério Público – e ao invocá-los como expressa razão de decidir –, ajusta-se, com plena fidelidade, à exigência jurídico-constitucional de motivação a que estão sujeitos os atos decisórios emanados do Poder Judiciário (CF, art. 93, IX). – Revela-se legítima a prisão cautelar se a decisão que a decreta encontra suporte idôneo em elementos concretos e reais que – além de ajustarem-se aos fundamentos abstratos definidos em sede legal – demonstram que a permanência em liberdade do suposto autor do delito comprometerá a garantia da ordem pública." (STF. HC 127228 AgR, julgado em 2015 e relatado pelo Ministro Celso de Mello).

---

156. (Cespe – Analista de Controle – Área Jurídica – TCE – PR/2016) De acordo com a jurisprudência do STF, assinale a opção correta acerca da regra do quinto constitucional.

a) Não afrontará o princípio da simetria a norma que, presente em Constituição estadual, imponha a sabatina, pela assembleia legislativa do estado, do candidato escolhido pelo Poder Executivo a partir de lista tríplice para preenchimento de vaga em tribunal de justiça destinada ao quinto constitucional.

b) A inobservância, pelo tribunal, da regra do quinto constitucional para preenchimento de sua composição provoca a nulidade de seus julgamentos, por força do princípio do juiz natural.

c) O juiz de tribunal regional eleitoral ocupante de vaga destinada à advocacia estará impedido de concorrer ao quinto constitucional para preenchimento de vaga no tribunal de justiça de estado também destinada à advocacia.

d) Os tribunais de justiça possuem a prerrogativa de, fundamentada e objetivamente, devolver a lista sêxtupla encaminhada pela Ordem dos Advogados do Brasil para preenchimento de vaga destinada à advocacia quando faltar a algum dos indicados requisito constitucional para a investidura.

e) O quinto constitucional que destina parcela das vagas de um tribunal à advocacia não se estende aos tribunais regionais do trabalho.

COMENTÁRIOS

Alternativa correta: letra "d": o STF possui entendimento de que os tribunais de justiça possuem a prerrogativa de, fundamentada e objetivamente, devolver a lista sêxtupla encaminhada pela Ordem dos Advogados do Brasil para preenchimento de vaga destinada à advocacia quando faltar a algum dos indicados requisito constitucional para a investidura. Nesse sentido, MS 25.624, julgado em 2006 e relatado pelo Ministro Sepúlveda Pertence.

Alternativa "a": segundo decidido pelo STF, "Conflita com a CF norma da Carta do Estado que junge à aprovação da Assembleia Legislativa a escolha de candidato à vaga do quinto em Tribunal" (ADI 4.150, julgada em 2015 e relatada pelo Ministro Marco Aurélio).

Alternativa "b": "O quinto constitucional previsto para o provimento de lugares em Tribunal, quando eventualmente não observado, não gera nulidade do julgado, máxime em razão da ilegitimidade da parte para questionar os critérios de preenchimento das vagas nos órgãos do Judiciário, mercê da incidência do princípio pas de nullité sans grief, consagrado no art. 499 do CPPM (...)." (STF. RE 484.388, julgado em 2011 e relatado pelo Ministro Luiz Fux).

Alternativa "c": o STF entende que juiz de tribunal regional eleitoral ocupante de vaga destinada à advocacia **não** estará impedido de concorrer ao quinto constitucional para preenchimento de vaga no tribunal de justiça de estado também destinada à advocacia. Nestes termos: "Advogado nomeado ao cargo de desembargador pelo quinto constitucional. (...) A qualidade de ex-juiz do TRE/BA ostentada pelo impetrante indica que é detentor dos requisitos necessários para ocupar o cargo de desembargador do TJ do mesmo Estado, a despeito de possuir um inquérito policial instaurado contra ele. Os cargos de juiz do TRE, assim como o de desembargador do TJ, possuem os mesmos requisitos para o respectivo preenchimento, a saber: notório saber jurídico e idoneidade moral. Dessa forma, se o impetrante preenchia o requisito para atuar no TRE, nada impede que assuma o cargo no TJ local. Não há, na legislação vigente, nenhum impedimento a que ocupante do cargo de juiz no TRE na vaga destinada aos advogados no TRE concorra ao cargo de desembargador pelo quinto constitucional no TJ." (STF. MS 32.491, julgado em 2014 e relatado pelo Ministro Ricardo Lewandowski).

Alternativa "e": de acordo com o entendimento do STF: "Com a promulgação da EC 45/2004, deu-se a extensão, aos tribunais do trabalho, da regra do "quinto" constante do art. 94 da Carta Federal." (ADI 3.490, julgada em 2005 e relatada pelo Ministro Marco Aurélio). Desse modo, o quinto constitucional que destina parcela das vagas de um tribunal à advocacia se estende aos Tribunais Regionais do Trabalho.

---

157. (Cespe – Analista de Controle – Área Jurídica – TCE – PR/2016) No que concerne ao mandado de segurança, à reclamação e às ações popular, civil pública e de improbidade administrativa, assinale a opção correta de acordo com a legislação e com a jurisprudência dos tribunais superiores.

a) O cabimento do mandado de segurança depende da presença de direito líquido e certo e, portanto, esse instrumento será inadequado quando a matéria de direito, objeto da ação, for controvertida.

b) O Superior Tribunal de Justiça possui competência originária para julgar ação popular quando no polo passivo da demanda figurar ministro de Estado.

c) O Superior Tribunal de Justiça reconhece o direito à propositura de ação de improbidade exclusivamente contra particular, nos casos em que não se possa identificar agente público autor do ato de improbidade.

d) A reclamação é a medida que poderá ser utilizada para garantir a observância do caráter vinculante de decisão proferida nos incidentes de resolução de demandas repetitivas e de assunção de competência.

e) O Supremo Tribunal Federal consagrou o entendimento no sentido da indispensabilidade da observância do princípio do contraditório no inquérito civil que fundamente o ajuizamento de ação civil pública.

COMENTÁRIOS

Alternativa correta: letra "d": nos termos do art. 988 do Novo CPC, **caberá reclamação** da parte interessada ou do Ministério Público para: I – preservar a competência do tribunal; II – garantir a autoridade das decisões do tribunal; III – garantir a observância de enunciado de súmula vinculante e de decisões do Supremo Tribunal Federal em controle concentrado de constitucionalidade; IV – **garantir a observância de acórdão proferido em julgamento de incidente de resolução de demandas repetitivas ou de incidente de assunção de competência**.

Alternativa "a": segundo consta da Súmula 630 do STF, controvérsia sobre matéria de direito não impede concessão de mandado de segurança. No entanto, havendo

Alternativa "b": conforme entendimento do STF, "A competência para julgar ação popular contra ato de qualquer autoridade, até mesmo do Presidente da República, é, via de regra, do juízo competente de primeiro grau" (AO 859, julgada em 2001 e relatada pelo Ministro Maurício Corrêa).

Alternativa "c": conforme consta do REsp 1409940, julgado em 2014 e relatado pelo Ministro Og Fernandes, "De acordo com a jurisprudência do STJ, é inviável o manejo da ação civil de improbidade exclusivamente contra o particular, sem a concomitante presença de agente público no polo passivo da demanda.".

Alternativa "e": nos termos da jurisprudência do STF: "Desnecessidade de observância no inquérito civil dos princípios do contraditório e da ampla defesa" (STF. RE 481.955 AgR, julgado em 2011 e relatado pela Ministra Cármen Lúcia).

---

158. (Cespe – Defensor Público – RN/2015) Acerca dos tratados internacionais de direitos humanos, do ADCT e dos direitos de nacionalidade e de cidadania, assinale a opção correta.

a) A nacionalidade de brasileiros naturalizados perdida por sentença judicial devido ao exercício de atividade nociva ao interesse nacional pode ser readquirida mediante novo procedimento de naturalização.

b) Os pagamentos devidos pela fazenda pública em virtude de sentença judicial far-se-ão mediante precatório, salvo quando forem pertinentes a obrigações definidas em lei como de pequeno valor. Caso não haja lei específica do ente da Federação, considerar-se-ão como de pequeno valor os débitos ou obrigações da fazenda pública estadual que tenham valor igual ou inferior a quarenta salários mínimos.

c) O número de DPs estaduais na unidade jurisdicional deve ser proporcional ao número de processos judiciais em trâmite na comarca em questão.

d) Segundo o STF, os tratados internacionais referentes aos direitos humanos têm status de norma constitucional, independentemente do seu eventual quorum de aprovação.

e) Embora possa filiar-se a partido político, o militar em serviço na ativa não é elegível.

COMENTÁRIOS

Alternativa correta: letra "b": nos termos do art. 100, *caput*, §3° e §4°, combinado com o art. 87, I, da CF.

Alternativa "a": uma vez perdida a nacionalidade brasileira, por decisão judicial transitada em julgado (hipótese de cancelamento de naturalização do art. 12, § 4°, I, da CF), o indivíduo poderá readquiri-la por meio de **decisão favorável em ação rescisória**. Entretanto, a reaquisição **não poderá ocorrer por meio de novo procedimento de naturalização, sob pena de contrariedade ao texto constitucional** (LENZA, Pedro. Direito constitucional esquematizado. 16. ed. São Paulo: Saraiva, 2012, p. 1.115).

Alternativa "c": nos termos do art. 98 do ADCT, o número de defensores públicos na unidade jurisdicional será proporcional à efetiva demanda pelo serviço da Defensoria Pública e à respectiva população.

Alternativa "d": os tratados e convenções internacionais sobre direitos humanos que forem aprovados, em cada Casa do Congresso Nacional, em dois turnos, por três quintos dos votos dos respectivos membros, serão equivalentes às emendas constitucionais, nos termos do art. 5°, § 3°, da CF, incluído pela EC 45/04. Sem prejuízo da supremacia da Constituição sobre os tratados e convenções internacionais, a norma convencional internacional em vigor e aplicável no Brasil e que disponha acerca de direitos humanos, **não tendo sido objeto de processo legislativo que a equiparasse a emenda constitucional (art. 5°, § 3°, da CF, nos termos da EC 45/04),** tem força jurídico-normativa suficiente para restringir a eficácia e indiretamente obstar a aplicabilidade da norma constitucional paradigma, gozando de **status supralegal**. Tal posição foi firmada no RE 466.343, julgado em 2008 e relatado pelo Ministro Cezar Peluso.

Alternativa "e": o militar, enquanto em serviço ativo, não pode estar filiado a partidos políticos (art. 142, §3º, V, CF).

---

159. (Cespe – Procurador do MP junto ao TCU/2015) Em 2007, o STF aprovou a Súmula Vinculante n.° 3, com o seguinte teor: "Nos processos perante o TCU asseguram-se o contraditório e a ampla defesa quando da decisão puder resultar anulação ou revogação de ato administrativo que beneficie o interessado, excetuada a apreciação da legalidade do ato de concessão inicial de aposentadoria, reforma e pensão". Considerando os efeitos dessa súmula sobre a atividade do TCU, assinale a opção correta.

a) Caberá reclamação constitucional ao STF contra decisão do TCU que, sem a oitiva do interessado, apreciar, para fins de registro, a legalidade da concessão de aposentadoria, se dessa apreciação resultar a não confirmação do benefício.

b) Caso entendam que a apreciação da legalidade do ato de concessão inicial de aposentadoria, reforma e pensão também deva estar sujeita a contraditório e ampla defesa, tanto o procurador-geral do MP/TCU quanto o presidente do TCU poderão propor a revisão do enunciado da súmula em apreço por serem, por lei, legitimados para isso.

c) Ao exercer a iniciativa reservada para instaurar processo legislativo que pretenda alterar sua organização e seu funcionamento, o TCU estará constitucionalmente impedido de incluir no respectivo projeto cláusula modificativa de aspectos abordados na súmula em questão.

d) Ante reclamação constitucional contra decisão do TCU que tenha contrariado os termos da súmula em questão, o STF cassará a decisão reclamada e proclamará outra em seu lugar.

e) Caso entendam que a apreciação da legalidade do ato de concessão inicial de aposentadoria, reforma e pensão também deva estar sujeita a contraditório e ampla defesa, tanto o defensor público-geral da União quanto o Conselho Federal da Ordem dos Advogados do Brasil poderão propor a revisão do enunciado da súmula por serem, por lei, legitimados para isso.

COMENTÁRIOS

Alternativa correta: letra "e": a Lei nº 11.417/2006, em seu art. 3º, estabelece que **são legitimados a propor a edição, a revisão ou o cancelamento de enunciado de súmula vinculante**: I – o Presidente da República; II – a Mesa do Senado Federal; III – a Mesa da Câmara dos Deputados; IV – o Procurador-Geral da República; V – o **Conselho Federal da Ordem dos Advogados do Brasil**; VI – o **Defensor Público-Geral da União**; VII – partido político com representação no Congresso Nacional; VIII – confederação sindical ou entidade de classe de âmbito nacional; IX – a Mesa de Assembleia Legislativa ou da Câmara Legislativa do Distrito Federal; X – o Governador de Estado ou do Distrito Federal; XI – os Tribunais Superiores, os Tribunais de Justiça de Estados ou do Distrito Federal e Territórios, os Tribunais Regionais Federais, os Tribunais Regionais do Trabalho, os Tribunais Regionais Eleitorais e os Tribunais Militares.

Alternativa "a": não caberá reclamação constitucional ao STF contra decisão do TCU que, sem a oitiva do interessado, apreciar, para fins de registro, a legalidade da concessão de aposentadoria, se dessa apreciação resultar a não confirmação do benefício. Trata-se justamente da parte final do enunciado da Súmula Vinculante nº 3.

Alternativa "b": o procurador-geral do MP/TCU e o presidente do TCU **não** poderão propor a revisão do enunciado da súmula em apreço, pois não são, por lei, legitimados para isso.

Alternativa "c": o efeito vinculante de Súmula, não alcança a atividade legislativa. Assim, ao exercer a iniciativa reservada para instaurar processo legislativo que pretenda alterar sua organização e seu funcionamento, o TCU **não** estará constitucionalmente impedido de incluir no respectivo projeto cláusula modificativa de aspectos abordados na súmula em questão.

Alternativa "d": consoante art. 103-A, § 3°, da CF, do ato administrativo ou decisão judicial que contrariar a súmula aplicável ou que indevidamente a aplicar, caberá reclamação ao Supremo Tribunal Federal que, julgando-a procedente, anulará o ato administrativo ou cassará a decisão judicial reclamada, e **determinará que outra seja proferida** com ou sem a aplicação da súmula, conforme o caso.

---

160. (Cespe – Analista Judiciário – Área Judiciária – TJ – CE/2014) Com base nas normas relativas ao Poder Judiciário e na jurisprudência do STF, assinale a opção correta.

a) A CF estabelece vedação absoluta a que os juízes exerçam a advocacia perante o juízo ou tribunal do qual se tenham afastado em virtude de aposentadoria ou exoneração.

b) A fim de dirimir conflitos relativos a questões agrárias, de consumo e ambientais, a CF permite expressamente que os tribunais de justiça estaduais proponham a criação de varas especializadas, com competências exclusivas.

c) Em atenção ao princípio do duplo grau de jurisdição, das decisões judiciais proferidas pelos tribunais de justiça estaduais e pelos tribunais regionais federais, caberá recurso ao Conselho Nacional de Justiça, que funcionará como um novo grau de jurisdição.

d) Em homenagem ao princípio do acesso à justiça, a CF permite o funcionamento descentralizado dos tribunais de justiça estaduais mediante a criação de câmaras regionais.

e) Com base no princípio da simetria, podem os estados federados instituir conselho estadual de justiça destinado ao controle da atividade administrativa, financeira e disciplinar da respectiva justiça.

COMENTÁRIOS

✪ **Nota do autor:** a questão exige conhecimentos da Constituição Federal e do posicionamento do STF. O candidato deve conhecer o posicionamento atualizado da Suprema Corte acerca dos principais temas do Direito Constitucional, vez que cobrados com muita frequência em provas CESPE.

Alternativa correta: "d": determina o artigo 125, § 6º, da CF que **o Tribunal de Justiça poderá funcionar descentralizadamente,** constituindo Câmaras regionais, **a fim de assegurar o pleno acesso do jurisdicionado à justiça em todas as fases do processo**. Desse modo, em homenagem ao princípio do acesso à justiça, a CF permite o funcionamento descentralizado dos tribunais de justiça estaduais mediante a criação de câmaras regionais.

Alternativa "a": a CF estabelece vedação a que os juízes exerçam a advocacia perante o juízo ou tribunal do qual se tenham afastado em virtude de aposentadoria ou exoneração. **Não se trata, contudo, de vedação absoluta**. Segundo reza o artigo 95, parágrafo único, V, da CF, **aos juízes é vedado exercer a advocacia no juízo ou tribunal do qual se afastou, antes de decorridos três anos do afastamento do cargo por aposentadoria ou exoneração**. Esse período constante do dispositivo Constitucional é chamado pela doutrina de **quarentena.**

Alternativa "b": para dirimir conflitos fundiários (e não de consumo e ambientais), o Tribunal de Justiça proporá a criação de varas especializadas, **com competência exclusiva para questões agrárias**. (artigo 126, *caput*, da CF)

Alternativa "c": em primeiro lugar, cumpre exaltar que o Conselho Nacional de Justiça é órgão integrante do Poder Judiciário, no entanto, **sem poder jurisdicional**. A sua competência constitucional reside no controle da atuação administrativa e financeira do Poder Judiciário e do cumprimento dos deveres funcionais dos juízes, além de outras atribuições que lhe forem conferidas pelo Estatuto da Magistratura. Desse modo, o Conselho Nacional de Justiça **não é instância recursal**, aliás, conforme já destacado, não possui poder jurisdicional (art. 103-B, da CF). Por isso, concluímos que das decisões judiciais proferidas pelos tribunais de justiça estaduais e pelos tribunais regionais federais, **não** caberá recurso ao Conselho Nacional de Justiça, sendo que, **de modo algum** funcionará como um novo grau de jurisdição. Por fim, em atenção ao princípio do duplo grau de jurisdição**, das decisões judiciais proferidas pelos tribunais de justiça estaduais e pelos tribunais regionais federais, caberá recurso ao Superior Tribunal de Justiça** (art. 105, III, da CF).

Alternativa "e": a instituição de Conselhos Estaduais de Justiça, destinados ao controle da atividade administrativa, financeira e disciplinar da respectiva justiça, já foi apreciada pelo Supremo Tribunal Federal, que considerou inconstitucional a criação desses órgãos nos judiciários estaduais, valendo destacar o posicionamento da Suprema Corte: "Ação direta de inconstitucionalidade. Conselho Estadual de Justiça integrado por membros da magistratura estadual, autoridades pertencentes aos outros Poderes, advogados e representantes de cartórios de notas de registro e de serventuários da Justiça. – A criação, pela Constituição do Estado, de Conselho Estadual de Justiça com essa composição e destinado à fiscalização e ao acompanhamento do desempenho dos órgãos do Poder Judiciário é inconstitucional, por ofensa ao princípio da separação dos Poderes (art. 2º da Constituição Federal), de que são corolários o auto-governo dos Tribunais e a sua autonomia administrativa, financeira e orçamentária (arts. 96, 99 e parágrafos, e 168 da Carta Magna)" (STF. ADI 137, julgada em 1997 e relatada pelo Ministro Moreira Alves). Destarte, editou ainda a Súmula nº 649, cujo conteúdo destaca que é inconstitucional a criação, por Constituição Estadual, de órgão de controle administrativo do Poder Judiciário do qual participem representantes de outros Poderes ou entidades. Neste norte, cumpre destacar as lições de Pedro Lenza: "O STF, em diversos momentos, pronunciou-se pela impossibilidade da instituição do controle externo da Magistratura em âmbito estadual, sob pena de se configurar afronta à cláusula pétrea da separação de Poderes, de que são corolários o autogoverno dos Tribunais e a sua autonomia administrativa, financeira e orçamentária (arts. 96, 99 e §§, e 168 da Carta Magna), conforme se depreende pelo julgamento do Pleno na ADI 135/PB, Rel. Min. Octavio Gallotti, julgada em 21.11.1996, que considerou inconstitucional o artigo da Constituição do Estado da Paraíba que estabelecia a criação do Conselho Estadual de Justiça como órgão de controle da atividade administrativa e do desempenho dos deveres funcionais do Poder Judiciário" (LENZA, Pedro. *Direito Constitucional Esquematizado*. 14. ed. São Paulo: Saraiva, 2010, p. 635). **Portanto, não podem os estados federados instituir conselho estadual de justiça destinado ao controle da atividade administrativa, financeira e disciplinar da respectiva justiça.**

---

161. (Cespe – Promotor de Justiça – AC/2014) Com relação ao Poder Judiciário, assinale a opção correta.

a) De acordo com a CF, membro do MPE poderá compor o tribunal regional eleitoral, desde que nomeado pelo presidente da República, devendo atuar pelo prazo mínimo de dois anos e nunca por mais de dois biênios consecutivos.

b) Desde que haja previsão na constituição estadual, é possível a criação da justiça militar estadual, constituída, em primeiro grau, pelos juízes auditores e, em segundo grau, pelas auditorias militares.

c) Em casos de crimes dolosos contra a vida, o julgamento de prefeito, de competência da justiça comum estadual, será realizado perante o tribunal de justiça respectivo, dada a previsão constitucional específica, que prevalece sobre a competência geral do tribunal do júri.

d) As decisões administrativas dos tribunais de justiça em matéria disciplinar devem ser motivadas e podem ser realizadas em sessão secreta por decisão da maioria absoluta de seus membros.

e) Constituição estadual pode prever representação de inconstitucionalidade de leis ou atos normativos estaduais em face de seu texto, desde que estabeleça a legitimidade exclusiva para o seu oferecimento ao procurador-geral de justiça.

COMENTÁRIOS

✪ **Nota do autor:** a competência de julgamento dos Tribunais é muito explorada em concursos públicos. Um tema de bastante destaque é quando há o aparente conflito entre a competência do Tribunal do Júri e a competência do foro por prerrogativa de função.

Alternativa correta: "c": inicialmente, destaca-se quea CF prevê a competência do Tribunal do Júri para julgamento dos crimes dolosos contra a vida (art. 5º, XXXVIII, da CF). Todavia, o artigo 29, X, da CF, estabelece que compete ao Tribunal de Justiça julgar Prefeito na prática de crimes (prerrogativa de foro). Nesse caso, deverá prevalecer a competência do Tribunal de Justiça em face do Júri, vez que se trata de **norma mais específica.** Nas lições de Pedro Lenza, "afasta-se a regra geral do art. 5º, XXXVIII, aplicando-se a do art. 29, X, de maior especialidade. Logo, Prefeitos são julgados perante o TJ também nos crimes dolosos contra a vida" (LENZA, Pedro. *Direito Constitucional Esquematizado*. 14. ed. São Paulo: Saraiva, 2010, p. 541). Desse modo, a autoridade detentora de foro por prerrogativa de função, estabelecido na Constituição Federal, quando pratica crime doloso contra a vida, deverá prevalecer a prerrogativa de foro da autoridade, sendo que, não será julgada pelo Tribunal do Júri. Por outro lado, vale destacar que, se essa prerrogativa de foro for estabelecida exclusivamente em Constituição Estadual, deverá prevalecer a norma da Constituição Federal esculpida no artigo 5º, XXXVIII, ou seja, a autoridade será julgada pelo Tribunal do Júri, uma vez que a Constituição Federal encontra-se em um patamar hierarquicamente superior a todas as outras normas (inclusive as Constituições Estaduais). É o que diz o enunciado da Súmula Vinculante 45: "A competência constitucional do Tribunal do Júri prevalece sobre o foro por prerrogativa de função estabelecido exclusivamente pela Constituição Estadual".

Alternativa "a": de acordo com o artigo 120, § 1º, da CF, os Tribunais Regionais Eleitorais compor-se-ão: I – mediante eleição, pelo voto secreto: a) de dois juízes dentre os desembargadores do Tribunal de Justiça; b) de dois juízes, dentre juízes de direito, escolhidos pelo Tribunal de Justiça; II – de um juiz do Tribunal Regional Federal com sede na Capital do Estado ou no Distrito Federal, ou, não havendo, de juiz federal, escolhido, em qualquer caso, pelo Tribunal Regional Federal respectivo; III – **por nomeação, pelo Presidente da República, de dois juízes dentre seis advogados** (e não membros do MPE) **de notável saber jurídico e idoneidade moral, indicados pelo Tribunal de Justiça.** Por sua vez, o § 2º, do artigo 121 prevê que os juízes dos tribunais eleitorais, salvo motivo justificado, servirão por dois anos, no mínimo, e nunca por mais de dois biênios consecutivos, sendo os substitutos escolhidos na mesma ocasião e pelo mesmo processo, em número igual para cada categoria. Portanto, **a CF não prevê** que membro do MPE poderá compor o Tribunal Regional Eleitoral.

Alternativa "b": não é possível a criação da justiça militar estadual por Constituição Estadual. Conforme consta do artigo 125, § 3º, da CF, a **lei estadual** poderá criar, mediante **proposta do Tribunal de Justiça, a Justiça Militar estadual,** constituída, em primeiro grau, pelos juízes de direito e pelos Conselhos de Justiça e, em segundo grau, pelo próprio Tribunal de Justiça, ou por Tribunal de Justiça Militar nos Estados em que o efetivo militar seja superior a vinte mil integrantes. Da conjugação dos dispositivos elencados, o entendimento do STF é que **não é possível** que a Constituição Estadual crie a Justiça Militar Estadual, vez que deve ser feita por **lei** estadual, cuja **iniciativa é exclusiva do Tribunal de Justiça**. Nesse sentido, destaca-se o entendimento da Suprema Corte: "A Constituição do Brasil – – artigo 125, § 3º – – atribui à lei ordinária a criação da Justiça Militar estadual. A iniciativa, nos termos do que o texto constitucional estabelece, é reservada ao Tribunal de Justiça local. O constituinte goiano, ao criar a Justiça Militar naquela unidade federativa, o fez de forma diversa da prevista na CB/88, seja em razão da iniciativa reservada, seja em razão da espécie normativa adotada. Vício formal" (STF. ADI 471, julgada em 2008 e relatada pelo Ministro Eros Grau). No seguinte julgado, o Pretório Excelso adotou o mesmo posicionamento: "Ação direta de inconstitucionalidade. §§ 1º e 3º do artigo 104 da Constituição do Estado do Rio Grande do Sul. Composição do Tribunal Militar do Estado. – Inconstitucionalidade formal, porque, pelo disposto no art. 125, § 3º, da Constituição Federal, há expressa reserva constitucional federal em favor da lei ordinária estadual, de iniciativa exclusiva do Tribunal de Justiça, para criação da Justiça Militar estadual, e, sendo certo que, competindo a essa lei ordinária a criação dessa Justiça a ela também compete a sua organização e a sua extinção, não pode a Carta Magna estadual criar, ou manter a criação já existente, organizar ou extinguir a Justiça Militar estadual. Ação que se julga procedente, para declarar-se a inconstitucionalidade dos §§ 1º e 3º do artigo 104 da Constituição do Estado do Rio Grande do Sul" (STF. ADI 725/RS, julgada em 1997 e relatada pelo Ministro Moreira Alves).

Alternativa "d": as decisões administrativas dos tribunais serão motivadas e **em sessão pública** (não podem ser realizadas em sessão secreta), sendo as disciplinares tomadas pelo voto da maioria absoluta de seus membros, conforme preconiza o artigo 93, X, da CF.

Alternativa "e": o artigo 125, § 2º, da CF é expresso ao estabelecer que cabe aos Estados a instituição de representação de inconstitucionalidade de leis ou atos normativos estaduais ou municipais em face da Constituição Estadual, **vedada a atribuição da legitimação para agir a um único órgão**. Por esse motivo, Constituição Estadual não pode estabelecer a legitimidade exclusiva para representação de inconstitucionalidade ao procurador-geral de justiça.

---

162. (Cespe – Procurador do Estado – BA/2014) No que se refere ao Poder Judiciário, julgue os itens seguintes, considerando que STJ se refere ao Superior Tribunal de Justiça.

162.1. Os tribunais regionais federais não podem funcionar de forma descentralizada, ressalvada a justiça itinerante.

COMENTÁRIOS

Errado. Os Tribunais Regionais Federais **poderão funcionar descentralizadamente**, constituindo Câmaras regionais, a fim de assegurar o pleno acesso do jurisdicionado à justiça em todas as fases do processo (art. 107, § 3º, da CF).

162.2. O tribunal regional eleitoral deve eleger seu vice-presidente entre os juízes federais.

COMENTÁRIOS

Errado. O Tribunal Regional Eleitoral elegerá seu Presidente e o Vice-Presidente – dentre os **desembargadores** (e não juízes federais).

162.3. Compete ao STJ processar e julgar, originariamente, o conflito de competência instaurado entre juiz federal e juiz do trabalho.

COMENTÁRIOS

Certo. Segundo a dicção do artigo 105, I, "d", da CF, **compete ao Superior Tribunal de Justiça processar e julgar, originariamente, os conflitos de competência** entre quaisquer tribunais, ressalvado o disposto no art. 102, I, "o", bem como entre tribunal e juízes a ele não vinculados e **entre juízes vinculados a tribunais diversos** (juiz vinculado à Justiça Federal em conflito com juiz vinculado à Justiça do Trabalho).

162.4. A função de ministro-corregedor do Conselho Nacional de Justiça deve ser exercida por ministro do STJ.

COMENTÁRIOS

Certo. O Ministro do Superior Tribunal de Justiça exercerá a função de Ministro-Corregedordo CNJ e ficará excluído da distribuição de processos no Tribunal, conforme possível depreender do art. 103-B, § 5º, CF.

---

163. (Cespe – Cartório – TJ – DF/2014) Com referência ao Poder Judiciário, assinale a opção correta de acordo com o disposto na CF e o entendimento do STF.

a) O princípio constitucional da publicidade alcança somente as audiências e sessões de julgamento do Poder Judiciário, razão pela qual pode a lei determinar, por exemplo, que todas as ações em curso nas varas criminais tramitem em segredo de justiça.

b) Os juízes de paz integram o Poder Judiciário e, por esse motivo, a eles é vedado receber, a qualquer título ou pretexto, custas ou participação em processo.

c) O STF é o órgão do Poder Judiciário competente para processar notificação judicial de ministro de Estado vinculada a futura ação de improbidade administrativa.

d) Se, ao ajuizar ação popular, um cidadão incluir ministro de Estado no polo passivo da demanda, a ação deverá ser encaminhada ao STJ, órgão do Judiciário com competência originária nesse caso.

e) É vedado a membro do Poder Judiciário exercer a advocacia, em qualquer juízo ou tribunal, antes de decorridos três anos de seu afastamento do cargo, seja por aposentadoria ou por exoneração.

COMENTÁRIOS

Alternativa correta: "b": conforme o entendimento do STF, adotado na ADI 954, julgada em 2011 e relatada pelo Ministro Gilmar Mendes, os juízes de paz integram o Poder Judiciário e, por esse motivo, a eles é vedado receber, a qualquer título ou pretexto, custas ou participação em processo, impondo-se as vedações previstas no artigo 95, parágrafo único, II, da CF.

Alternativa "a": o artigo 5º, LX, da CF, assegura que **a lei só poderá restringir a publicidade dos atos processuais quando a defesa da intimidade ou o interesse social o exigirem**. Por seu turno, prescreve o artigo 93, IX, da CF, que **todos os julgamentos dos órgãos do Poder Judiciário serão públicos**, e fundamentadas todas as decisões, sob pena de nulidade, **podendo a lei limitar a presença, em determinados atos, às próprias partes e a seus advogados, ou somente a estes, em casos nos quais a preservação do direito à intimidade do interessado no sigilo não prejudique o interesse público à informação**. A regra, portanto, é a publicidade **de todos os atos** processuais. Dessa forma, o princípio constitucional da publicidade **não alcança somente** as audiências e sessões de julgamento do Poder Judiciário. Assim, **não** pode a lei determinar que todas as ações em curso nas varas criminais tramitem em segredo de justiça.

Alternativa "c": o entendimento adotado pela Suprema Corte, no julgamento da Pet. 4084 AgR, julgada em 2007 e relatada pelo Ministro Menezes Direito, é que o STF **não** é o órgão do Poder Judiciário competente para processar notificação judicial de Ministro de Estado vinculada a futura ação de improbidade administrativa, sendo que o juízo competente será o mesmo que julgará a ação de improbidade administrativa.

Alternativa "d": nos casos de ação popular movida contra Ministro de Estado, a competência originária para o seu julgamento não é do Supremo Tribunal Federal e nem do Superior Tribunal de Justiça, pois não há previsão nos artigos 102 e 105, da CF, que contam com hipóteses taxativas (regime de direito estrito). Nesse sentido, a jurisprudência do STF: "A competência para julgar ação popular contra ato de qualquer autoridade, até mesmo do presidente da República, é, via de regra, do juízo competente de primeiro grau. Precedentes. Julgado o feito na primeira instância, se ficar configurado o impedimento de mais da metade dos desembargadores para apreciar o recurso voluntário ou a remessa obrigatória, ocorrerá a competência do STF, com base na letra n do inciso I, segunda parte, do art. 102 da CF" (AO 859-QO, julgado em 2001 e relatado pelo Ministro Maurício Corrêa).

Alternativa "e": é vedado a membro do Poder Judiciário exercer a advocacia, **no juízo ou tribunal do qual se afastou** (e não em qualquer juízo ou tribunal), antes de decorridos três anos de seu afastamento do cargo, seja por aposentadoria ou por exoneração (art. 95, parágrafo único, V, da CF).

---

164. (Cespe – Cartório – TJ – DF/2014) À luz do disposto na CF e na jurisprudência do STF, assinale a opção correta com relação ao Poder Judiciário.

a) O STJ deve compor-se de um terço de membros egressos dos tribunais regionais federais e de um terço de membros egressos dos tribunais de justiça, devendo todos ser originariamente magistrados da carreira.

b) O Conselho Nacional de Justiça deve ser presidido por membro do STF indicado pelo respectivo tribunal e que irá compor o referido conselho após a aprovação de seu nome pelo Senado Federal.

c) A justiça do trabalho não tem competência para julgar ações penais condenatórias.

d) O julgamento de habeas data contra atos do Tribunal de Contas da União compete, originariamente, ao STJ.

e) Em todos os órgãos do Poder Judiciário, deve ser ininterrupta a atividade jurisdicional, sendo vedadas as férias coletivas.

COMENTÁRIOS

✪ **Nota do autor:** a organização do Poder Judiciário, mormente em relação à distribuição de competências e a composição dos Tribunais Superiores, é assunto abordado com ampla frequência.

Alternativa correta: "c": dentre as competências estabelecidas à Justiça do Trabalho, conforme disposição do artigo 114, da CF, não se verifica a competência para julgar ações penais condenatórias. Ademais, o próprios STF, em Medida Cautelar na ADI 3684, julgada em 2007 e relatada pelo Ministro Cezar Peluso, reconheceu que a Justiça do Trabalho não possui competência para processar e julgar ações penais.

Alternativa "a": a divisão de vagas no Superior Tribunal de Justiça permite o ingresso de um terço dos membros dentre juízes dos Tribunais Regionais Federais e um terço dentre desembargadores dos Tribunais de Justiça, indicados em lista tríplice elaborada pelo próprio Tribunal; além de outro terço em partes iguais, dentre advogados e membros do Ministério Público Federal, Estadual, do Distrito Federal e Territórios. Contudo, os membros oriundos dos Tribunais não precisam ser todos originariamente magistrados da carreira, vez que o Advogado e o membro do Ministério Público oriundos do Quinto Constitucional nos Tribunais concorrem como magistrados para ocupar vagas no Superior Tribunal de Justiça, pois disputam o terço das vagas a serem ocupadas por Desembargadores dos Tribunais de Justiça.

Alternativa "b": o Conselho Nacional de Justiça deve ser presidido pelo Presidente do STF. Segundo reza o artigo 103-B, § 1º, da CF, o Conselho será presidido pelo Presidente do Supremo Tribunal Federal e, nas suas ausências e impedimentos, pelo Vice-Presidente do Supremo Tribunal Federal.Ainda, não há necessidade de indicação pelo respectivo Tribunal, tampouco aprovação pelo Senado Federal, vez que o exercício da Presidência se dará de forma "automática".

Alternativa "d": O julgamento de habeas data contra atos do Tribunal de Contas da União compete, originariamente, **ao STF** (e não ao STJ). Conforme possível verificar do disposto no artigo 102, I, "d", da CF, compete ao Supremo Tribunal Federal processar e julgar, originariamente, o mandado de segurança e o "habeas-data" contra atos do Presidente da República, das Mesas da Câmara dos Deputados e do Senado Federal, do Tribunal de Contas da União, do Procurador-Geral da República e do próprio Supremo Tribunal Federal.

Alternativa "e": a atividade jurisdicional será ininterrupta, **sendo vedado férias coletivas nos juízos e tribunais de segundo grau** (apenas nos juízos e tribunais de segundo grau, e não em todos os órgãos do Poder Judiciário), segundo dispõe o art. 93, XII, da CF.

165. (Cespe – Analista Judiciário – Área Judiciária – STF/2013) A respeito da organização do Estado e do Poder Judiciário, julgue o item a seguir, de acordo com a jurisprudência do STF.

Em razão de ausência de previsão expressa na Constituição Federal de 1988 (CF), na hipótese de promoção, por merecimento, de juízes federais para tribunal regional federal, o presidente da República não está vinculado a escolher o nome que figurar em lista tríplice por três vezes consecutivas ou cinco alternadas.

COMENTÁRIOS

Errado. Ainda que diante da ausência de previsão expressa na Constituição Federal de 1988 (CF), na hipótese de promoção, por merecimento, de juízes federais para tribunal regional federal, o presidente da República está vinculado a escolher o nome que figurar em lista tríplice por três vezes consecutivas ou cinco alternadas. Assim já entendeu o STF: "I – O art. 107 não abriga qualquer regra, seja genérica, seja específica, que implique o afastamento ou a impossibilidade de aplicação do que se contém no art. 93, II, a, da Carta Magna no tocante à promoção de juízes federais para a segunda instância. II – Nada existe, na redação do referido art. 107, que diga respeito a requisitos a serem observados pelo Chefe do Executivo na escolha de juiz, integrante de lista tríplice, para compor o Tribunal Regional Federal, pelo critério do merecimento. III – Não há nele nenhuma referência quanto à formação de lista tríplice pelos Tribunais Regionais, silêncio esse revelador de lacuna cuja superação só pode se dar mediante uma exegese sistemática das normas que regem toda a magistratura nacional. IV – Não basta, para a solução da questão, que se proceda a uma exegese meramente literal do art. 107 da CF, passando ao largo de uma interpretação holística do texto constitucional, porquanto tal proceder levaria à falaciosa conclusão de que a própria exigência de formação da lista tríplice para promoção de juízes, por merecimento, teria sido extinta pelo que se contém no referido dispositivo. V – Sustentar o contrário, com fulcro no argumento de que a EC 45/2004 suprimiu a expressão "de acordo com o inciso II e a classe de origem", contida originalmente no inc. III do art. 93 da CF, implicaria fazer tabula rasa do sistema normativo que empresta determinada estrutura e feição ao Poder Judiciário nacional, além de afrontar o princípio da separação dos Poderes, elevado à categoria de "cláusula pétrea" pelo art. 60, § 4º, III, da CF. VI – O sistema de freios e contrapesos foi concebido pelo constituinte originário como parte integrante do sistema de controle recíproco dos Poderes, sendo impensável cogitar-se seja possível ferir, por emenda constitucional, esse verdadeiro núcleo axiológico da Carta Magna, conferindo ao Presidente da República a faculdade de desprezar a opinião técnica de um órgão do Poder Judiciário, reiteradamente manifestada, quanto à promoção, por merecimento, de um juiz federal à segunda instância. VII – O objetivo da EC 45/2004, no que concerne à redução de texto levada a efeito na redação original do inc. III do art. 93 foi, tão somente, o de extirpar do cenário constitucional os Tribunais de Alçada, na medida em que a única referência feita a eles na Lei Maior encontrava-se nesse dispositivo. VIII – Ordem concedida para cassar definitivamente o decreto presidencial que deixou de observar o disposto no art. 93, II, a, da Constituição, prejudicado o exame do agravo regimental interposto pela União" (MS 30585, julgado em 2012 e relatado pelo Ministro Ricardo Lewandowski).

166. (Cespe – Procurador Federal/2013) Julgue os itens a seguir, que tratam da organização de instituições do Estado brasileiro e de seu funcionamento.

166.1. Os membros do Conselho Nacional de Justiça e os membros do Conselho Nacional do Ministério Público serão, todos eles, nomeados pelo presidente da República e exercerão os seus respectivos mandatos por dois anos, admitida somente uma recondução.

COMENTÁRIOS

Errado. Os membros do Conselho Nacional do Ministério Público serão todos nomeados pelo Presidente da República (art. 130-A da CF). Por seu turno, os membros do Conselho Nacional de Justiça, segundo possível depreender do artigo 103-B, § 1º e § 2º, da CF, serão nomeados pelo Presidente da República, **exceto o Presidente e o Vice-Presidente, que não se submetem a essa exigência.** Por fim, tanto no CNJ quanto no CNMP, os mandatos serão de dois anos, admitida uma recondução.

166.2. Os membros do Ministério Público da União não poderão exercer atividade político-partidária, salvo se prévia e expressamente licenciados para esse fim pelo Conselho Superior do Ministério Público.

COMENTÁRIOS

Errado. Consoante art. 128, § 5º, II, "e", da CF, com redação dada pela EC 45/04, os membros do Ministério Público da União **não poderão** exercer atividade político-partidária.

166.3. Nos termos da CF, compete privativamente ao Senado Federal processar e julgar o procurador-geral da República nos crimes de responsabilidade e nas infrações penais comuns.

COMENTÁRIOS

Errado. Nos termos do art. 52, II, da CF, compete privativamente ao Senado Federal processar e julgar o Procurador-geral da República nos crimes de responsabilidade, **apenas**. Nas **infrações penais comuns**, o Procurador-geral da República será julgado pelo **STF** (art. 102, I, "b", da CF).

166.4. Compete privativamente ao presidente da República declarar guerra em caso de agressão estrangeira e celebrar a paz, desde que, em ambos os casos, ocorra prévia autorização do Senado Federal.

COMENTÁRIOS

Errado. Compete privativamente ao presidente da República declarar guerra em caso de agressão estrangeira e celebrar a paz, desde que, em ambos os casos, ocorra prévia autorização do **Congresso Nacional**, não do Senado Federal (art. 49, II, da CF).

166.5. De acordo com a CF, os julgamentos dos órgãos do Poder Judiciário serão públicos e todas as decisões administrativas dos tribunais ocorrerão em sessões públicas.

COMENTÁRIOS

Certo. Trata-se do que dispõe o art. 93, incisos IX e X, da CF.

167. (Cespe – Juiz do Trabalho Substituto 5ª região/2013) A respeito do Poder Judiciário, assinale a opção correta.

a) De acordo com a CF, o magistrado que se candidatar ao cargo de deputado federal deve, durante o exercício do mandato eletivo, ficar afastado do seu cargo, devendo o seu tempo de serviço ser contado para todos os efeitos legais, salvo para promoção por merecimento.

b) De acordo com o STF, a justiça do trabalho é competente para julgar as causas oriundas da relação estabelecida entre o poder público e seus servidores, já que há, entre eles, relação de trabalho regida pelo regime jurídico-estatutário.

c) Com base no critério do quinto constitucional, advogado com sessenta anos de idade e com cinco anos de efetiva atividade profissional pode ser nomeado para o cargo de juiz de TRT.

d) A justiça do trabalho possui competência para processar e julgar habeas corpus, inclusive em matéria penal que envolva relação de trabalho.

e) Compete ao Conselho Nacional da Justiça, órgão integrante da estrutura constitucional do Poder Judiciário, fiscalizar o exercício dos deveres funcionais dos magistrados, mas não sua atividade jurisdicional.

COMENTÁRIOS

✪ **Nota do autor:** o Poder Judiciário é sempre bastante cobrado em concursos públicos, em especial para magistratura e cargos nos tribunais.

Alternativa correta: "e": o Conselho Nacional de Justiça é órgão integrante da estrutura Constitucional do Poder Judiciário, de acordo com o artigo 92, I-A. da CF. Por sua vez, o artigo 103-B, § 4º, da CF, estabelece que compete ao Conselho o controle da atuação administrativa e financeira do Poder Judiciário e do cumprimento dos deveres funcionais dos juízes. Não possui, contudo, competências jurisdicionais. Desse modo, conclui-se que o CNJ, órgão integrante do Poder Judiciário, possui competência administrativa e financeira, mas não judicial.

Alternativa "a": de acordo com a CF, aos juízes é vedado dedicar-se à atividade político-partidária, consoante artigo 95, parágrafo único, III, da CF.

Alternativa "b": de acordo com o entendimento do STF, sedimentado na ADI 3395 MC, julgada em 2006 e relatada pelo Ministro Cezar Peluso, a justiça do trabalho **não** é competente para julgar as causas oriundas da relação estabelecida entre o poder público e seus servidores, regida pelo regime jurídico-estatutário.

Alternativa "c": com base no critério do quinto constitucional, advogado com **sessenta e cinco** (e não sessenta) anos de idade e com **mais de dez** (e não cinco) anos de efetiva atividade profissional pode ser nomeado para o cargo de juiz de TRT, conforme a regra do artigo 115, I, da CF.

Alternativa "d": a Carta Magna estabelece em seu artigo 114, IV, que **compete à Justiça do Trabalho processar e julgar** os mandados de segurança, **habeas-corpus** e *habeas-data*, **quando o ato questionado envolver matéria sujeita à sua jurisdição.** O entendimento adotado pela Suprema Corte, no entanto, é de que referida norma, acrescida pela Emenda Constitucional nº 45/2004, não confere competências criminais à Justiça laboral. Nesse sentido, ADI 3684 MC, julgada em 2007 e relatada pelo Ministro Cezar Peluso. Portanto, **a justiça do trabalho possui competência para processar e julgar habeas corpus, não incluindo matéria penal**.

---

168. (Cespe – Defensor Público – DF/ 2013) Julgue os itens a seguir, que versam sobre o Poder Judiciário, o MP e a DP, conforme o disposto na CF.

168.1. Segundo o STF, as DPs dos estados podem ter relação de vinculação, mas não de subordinação, a órgãos do Poder Executivo, desde que o vínculo seja estabelecido pela própria Constituição estadual e não afete sua autonomia funcional e administrativa.

COMENTÁRIOS

Errado. Segundo entendimento do STF, no informativo nº 462, as DPs dos estados não podem ter relação de vinculação a órgãos do Poder Executivo, ainda que o vínculo seja estabelecido pela própria Constituição Estadual, pois viola sua autonomia funcional e administrativa. Destaca-se o teor do informativo: "O Tribunal julgou procedente pedido formulado em ação direta ajuizada pelo Diretório Nacional do Partido Trabalhista Brasileiro – PTB para declarar a inconstitucionalidade da alínea c do inciso IV do art. 2º da Lei 12.775/2005, do Estado de Pernambuco, que vincula a Defensoria Pública Estadual à Secretaria de Justiça e Direitos Humanos – SEJUDH que cria. Entendeu-se que o dispositivo impugnado viola o § 2º do art. 134 da CF, incluído pela EC 45/2004, que assegura às Defensorias Públicas Estaduais autonomia funcional e administrativa e a iniciativa de sua proposta orçamentária. Asseverou-se que a EC 45/2004 não conferiu à Defensoria Pública a iniciativa legislativa para criação de cargos, outorgada ao Ministério Público, continuando ela vinculada, no ponto, ao Poder Executivo estadual (CF, art. 61, § 1º). Ressaltou-se, entretanto, que, no caso, a vinculação da Defensoria Pública à Secretaria de Justiça submete a primeira à tutela do Secretário de Estado, que sobre ela deterá poder de controle de legalidade, que é incompatível com o vigente status constitucional da Defensoria Pública. Além disso, afastou-se a alegação de que a ação seria desprovida de utilidade, em razão de o dispositivo impugnado repetir orientação prévia fixada pelo art. 2º da Lei Complementar estadual 20/98, a qual, por não ter sido objeto de impugnação, subsistiria ainda que declarada a inconstitucionalidade do dispositivo questionado. Aduziu-se que, quando da sanção da Lei 12.755/2005, o art. 2º da Lei Complementar 20/98 já estava revogado, por não estar em harmonia com o texto constitucional modificado. A Min. Cármen Lúcia ressalvou que a vinculação, por si só, não acarretaria a quebra da autonomia, mas tendo em conta o que foi dito na ação com relação à tutela, acompanhou o relator" (STF. ADI 3569, julgada em 2007 e relatada pelo Ministro Sepúlveda Pertence).

168.2. A regra constitucional que proíbe o magistrado de exercer a advocacia no juízo ou no tribunal do qual se tenha afastado, antes de decorrido o período de três anos, contados do afastamento do cargo, aplica-se tanto ao Poder Judiciário estadual quanto ao federal de qualquer instância, incluindo-se o STF, o STJ e os demais tribunais superiores.

COMENTÁRIOS

Certo. De acordo com a dicção do artigo 95, parágrafo único, V, da CF, aos juízes é vedado exercer a advocacia no juízo **ou tribunal do qual se afastou**, antes de decorridos três anos do afastamento do cargo por aposentadoria ou exoneração. A regra constitucional é expressa ao vedar o exercício no juízo ou tribunal do qual o magistrado tenha se afastado. Sendo assim, a norma é aplicada tanto na esfera do Poder Judiciário Federal quanto Estadual, em qualquer instância, inclusive nos Tribunais Superiores (o que abrange o STJ e STF).

168.3. De acordo com a CF, é obrigação dos tribunais de justiça estaduais, dos tribunais regionais federais e dos tribunais regionais do trabalho a instalação da justiça itinerante com competência para realizar atividades jurisdicionais, inclusive audiências, dentro dos limites territoriais da respectiva jurisdição.

COMENTÁRIOS

Certo. O artigo 125, § 7º, da CF, estabelece, no âmbito dos Estados, que **o Tribunal de Justiça instalará a justiça itinerante**, com a realização de audiências e demais funções da atividade jurisdicional, nos limites territoriais da respectiva jurisdição, servindo-se de equipamentos públicos e comunitários. Por sua vez, o artigo 107, § 2º, da CF, diz que **os Tribunais Regionais Federais instalarão a justiça itinerante**, com a realização de audiências e demais funções da atividade jurisdicional, nos limites territoriais da respectiva jurisdição, servindo-se de equipamentos públicos e comunitários. Por fim, o artigo 115, § 1º, da CF, faz expressa previsão de que **os Tribunais Regionais do Trabalho instalarão a justiça itinerante**, com a realização de audiências e demais funções de atividade jurisdicional, nos limites territoriais da respectiva jurisdição, servindo-se de equipamentos públicos e comunitários.

168.4. É exemplificativo o rol de funções atinentes ao MP no texto constitucional, cumprindo à legislação infraconstitucional conferir-lhe outras funções, desde que compatíveis com sua finalidade institucional.

COMENTÁRIOS

Certo. É exemplificativo o rol de funções atinentes ao MP no texto constitucional. Isso decorre da dicção do artigo 129, IX, da CF, que prevê, dentre as competências do MP, **exercer outras funções que lhe forem conferidas, desde que compatíveis com sua finalidade, sendo-lhe vedada a representação judicial e a consultoria jurídica de entidades públicas.**

169. (Cespe – Delegado de Polícia Federal – DPF/2013) Com base nas disposições da CF acerca das competências dos juízes federais, julgue o item a seguir.

169.1. Aos juízes federais compete processar e julgar, entre outros crimes, os que atentem contra a organização do trabalho e os de ingresso ou permanência irregular de estrangeiro no território nacional, bem como as disputas sobre direitos indígenas.

COMENTÁRIOS

✪ **Nota do autor:** a competência estabelecida na CF é bastante abordada em concursos públicos. Via de regra, as provas cobram o próprio texto constitucional, sendo, portanto, de grande importância que o candidato leia os artigos pertinentes.

Certo. Aos juízes federais compete processar e julgar, entre outros crimes, os que **atentem contra a organização do trabalho** (art. 109, VI, CF) e os **de ingresso ou permanência irregular de estrangeiro no território nacional** (art. 109, X, CF), bem como **as disputas sobre direitos indígenas** (art. 109, XI, CF).

170. (Cespe – Juiz de Direito Substituto – RN/2013) Considerando o disposto na Emenda Constitucional n° 45/2004, assinale a opção correta.

a) Somente se provocado, poderá o STF, mediante decisão de dois terços dos seus membros, depois de reiteradas decisões acerca de matéria constitucional, aprovar súmula de efeito vinculante em relação aos demais órgãos do Poder Judiciário e à administração pública direta e indireta, nas esferas federal, estadual e municipal, bem como proceder à sua revisão ou cancelamento, na forma estabelecida em lei.

b) Segundo o entendimento do STF, embora detenha competência originária e subsidiária para investigar magistrados, o Conselho Nacional de Justiça não poderá iniciar a investigação.

c) Nas hipóteses de grave violação de direitos humanos, o procurador-geral da República, com a finalidade de assegurar o cumprimento de obrigações decorrentes de tratados internacionais de direitos humanos ratificados pelo Brasil, poderá suscitar, perante o STJ, em qualquer fase do inquérito ou processo, incidente de deslocamento de competência para a justiça federal.

d) Aos juízes é vedado exercer a advocacia em qualquer juízo ou tribunal antes de decorridos três anos de seu afastamento do cargo por aposentadoria ou exoneração.

e) Compete ao STJ processar e julgar originariamente as ações contra o Conselho Nacional de Justiça e contra o Conselho Nacional do Ministério Público.

COMENTÁRIOS

Alternativa correta: "c": a alternativa está de acordo com o artigo 109, § 5º, da CF, que dispõe que nas hipóteses de grave violação de direitos humanos, o Procurador-Geral da República, com a finalidade de **assegurar o cumprimento de obrigações decorrentes de tratados internacionais de direitos humanos** dos quais o Brasil seja parte, poderá suscitar, **perante o Superior Tribunal de Justiça**, em qualquer fase do inquérito ou processo, **incidente de deslocamento de competência para a Justiça Federal.**

Alternativa "a": conforme estabelece o artigo 103-A da CF, o Supremo Tribunal Federal poderá, **de ofício ou por provocação**, mediante decisão de dois terços dos seus membros, após reiteradas decisões sobre matéria constitucional, aprovar súmula que, a partir de sua publicação na imprensa oficial, terá efeito vinculante em relação aos demais órgãos do Poder Judiciário e à administração pública direta e indireta, nas esferas federal, estadual e municipal, bem como proceder à sua revisão ou cancelamento, na forma estabelecida em lei.

Alternativa "b": segundo o entendimento do STF, adotado no bojo da ADI 4638 Ref.-MC, julgada em 2012 e relatada pelo Ministro Marco Aurélio, embora detenha competência originária e **concorrente** (e não subsidiária) para investigar magistrados, o Conselho Nacional de Justiça **poderá iniciar a investigação.**

Alternativa "d": aos juízes é vedado exercer a advocacia **no juízo ou tribunal do qual se afastou** (e não em qualquer juízo ou tribunal), antes de decorridos três anos de seu afastamento do cargo por aposentadoria ou exoneração (art. 95, parágrafo único, V, da CF).

Alternativa "e": compete ao **STF** (e não ao STJ) processar e julgar originariamente as ações contra o Conselho Nacional de Justiça e contra o Conselho Nacional do Ministério Público (art. 102, I, "r", da CF).

171. (Cespe – Juiz Federal Substituto 1ª região/2013) Assinale a opção correta a respeito das competências da justiça federal e da justiça estadual.

a) Juiz federal de primeira instância não tem competência para julgar conflito entre governo estrangeiro e ente municipal brasileiro.

b) As disputas que envolvem direitos indígenas a reserva no território de um único estado se inserem entre as competências da justiça estadual.

c) Compete aos juízes federais julgar os crimes cometidos a bordo de avião, ainda que se trate de voo doméstico, ressalvados os crimes militares.

d) Não há o que falar em competência de juiz federal no que concerne ao julgamento de crimes políticos caso o autor seja agente político estadual.

e) Brasília é o foro necessário para o julgamento de ação de competência da justiça federal que envolva servidor público federal.

COMENTÁRIOS

✪ **Nota do autor:** competência é matéria muito cobrada em concursos públicos. Na seara federal, é terminantemente indispensável que o candidato domine as regras de competência.

Alternativa correta: "c": a competência dos juízes federais está fixada no artigo 109 da CF. Conforme dispõe o inciso IX do dispositivo citado, **aos juízes federais compete processar e julgar os crimes cometidos a bordo de navios ou aeronaves, ressalvada a competência da Justiça Militar**.

Alternativa "a": por força do artigo 109, II, da CF, juiz federal de primeira instância **tem competência** para julgar conflito entre governo estrangeiro e ente municipal brasileiro.

Alternativa "b": as disputas que envolvem direitos indígenas a reserva no território de um único estado se inserem entre as competências da **Justiça Federal** (e não Estadual), pelo que dispõe o artigo 109, XI, da CF.

Alternativa "d": é competência do juiz federal o julgamento de crimes políticos, ainda que o autor seja agente político estadual (art. 109, IV, da CF).

Alternativa "e": Brasília **não é o foro necessário** para o julgamento de ação de competência da justiça federal que envolva servidor público federal.

172. (Cespe – Juiz Substituto da Justiça Militar da União – STM/2013) Assinale a opção correta de acordo com as disposições da CF e a jurisprudência do STF.

a) Militar da reserva pode ser nomeado ministro do STM.

b) São considerados órgãos da justiça militar apenas o STM e os tribunais militares instituídos por lei.

c) Somente a indicação dos ministros civis do STM deve ser submetida à aprovação do Senado Federal.

d) O STM submete-se ao controle exercido pelo CNJ.

e) Os ministros civis do STM serão escolhidos pelo presidente da República entre brasileiros com mais de trinta anos, sendo três, por escolha paritária, entre juízes auditores e membros do MPM, e dois entre advogados de notório saber jurídico e conduta ilibada, com mais de dez anos de efetiva atividade profissional.

COMENTÁRIOS

✪ **Nota do autor:** a questão envolve disposições constitucionais e o entendimento jurisprudencial acerca dos órgãos da Justiça Militar. Provas para Magistratura tendem cobrar com frequência questões que envolvam o Poder Judiciário.

Alternativa correta: "d": o STM submete-se ao controle exercido pelo CNJ. O artigo 103-B, § 4º, da CF, determina, dentre outras atribuições, que compete ao Conselho o controle da atuação administrativa e financeira **do Poder Judiciário e do cumprimento dos deveres funcionais dos juízes.** Por sua vez, o artigo 92, VI, da CF, prevê os Tribunais e Juízes Militares como órgãos do Poder Judiciário. Isso implica que o STM é órgão do Poder Judiciário e submete-se ao controle exercido pelo CNJ.

Alternativa "a": o Superior Tribunal Militar compor-se-á de quinze Ministros vitalícios, nomeados pelo Presidente da República, depois de aprovada a indicação pelo Senado Federal, sendo três dentre oficiais-generais da Marinha, quatro dentre oficiais-generais do Exército, três dentre oficiais-generais da Aeronáutica, **todos da ativa** (e não da reserva) **e do posto mais elevado da carreira**, e **cinco dentre civis** (art. 123 da CF). Ademais, segundo o entendimento do STF: "A dualidade de composição prevista no artigo 123 da Constituição Federal – militares oficiais generais da ativa no posto mais elevado e civis – é conducente a ter-se como inconstitucional a indicação de oficial da reserva para ocupar vaga destinada a civil, sendo irrelevante o fato de o escolhido manter dupla qualificação – militar reformado na patente de coronel e advogado" (STF. MS 23138, julgado em 1999 e relatado pelo Ministro Marco Aurélio).

Alternativa "b": são considerados órgãos da justiça militar o STM, os Tribunais **e os Juízes Militares** instituídos por lei (art. 122, I e II, da CF).

Alternativa "c": não somente a indicação dos Ministros civis do STM deve ser submetida à aprovação do Senado Federal, mas dos Ministros militares também (art. 123, da CF).

Alternativa "e": os ministros civis do STM serão escolhidos pelo presidente da República entre brasileiros com mais de trinta anos, sendo **dois** (e não três), por escolha paritária, entre juízes auditores e membros do MPM, e **três** (e não dois) entre advogados de notório saber jurídico e conduta ilibada, com mais de dez anos de efetiva atividade profissional.

173. (Cespe – Juiz Federal Substituto 5ª região/2013) Assinale a opção correta acerca do Poder Judiciário.

a) Advogado ou membro do MP que passe a integrar a carreira da magistratura por meio da regra do quinto constitucional adquirirá a vitaliciedade após dois anos de efetivo exercício do cargo.

b) A partir da publicação do enunciado de súmula vinculante do STF na imprensa oficial, ficam vinculados ao seu teor os demais órgãos do Poder Judiciário, assim como os órgãos do Poder Legislativo e do Poder Executivo.

c) De acordo com o entendimento do STF, o foro especial por prerrogativa de função estende-se aos magistrados aposentados.

d) O STF entende que, caso magistrado federal tenha sido indicado por três vezes consecutivas, em lista tríplice, para promoção por merecimento, a cargo de juiz de TRF, a Presidência da República é obrigada a nomeá-lo, por ser a nomeação um direito subjetivo público decorrente de garantia da magistratura.

e) De acordo com a jurisprudência do STF, confirmada pelo plenário do tribunal, é desnecessária a realização de sessão pública e de votação nominal, aberta e fundamentada para a promoção por merecimento de magistrados, bem como para deliberações sobre remoções voluntárias para membros do Poder Judiciário.

COMENTÁRIOS

Alternativa correta: "d": em primeiro lugar, cumpre destacar que, segundo artigo 107, *caput*, da CF, os Tribunais Regionais Federais compõem-se de, no mínimo, sete juízes, recrutados, quando possível, na respectiva região e **nomeados pelo Presidente da República** dentre brasileiros com mais de trinta e menos de sessenta e cinco anos. Somando-se a isto, determina o artigo 93, II, "a", da CF, **é obrigatória a promoção do juiz que figure por três vezes consecutivas ou cinco alternadas em lista de merecimento**. Desse modo, verifica-se que o juiz federal que figurar por três vezes consecutivas em lista de merecimento, terá o direito à promoção por merecimento, conforme interpretação conjunta dos dispositivos. Nessa esteira, destaca-se o posicionamento da Suprema Corte: "I – O art. 107 não abriga qualquer regra, seja genérica, seja específica, que implique o afastamento ou a impossibilidade de aplicação do que se contém no art. 93, II, a, da Carta Magna no tocante à promoção de juízes federais para a segunda instância. II – Nada existe, na redação do referido art. 107, que diga respeito a requisitos a serem observados pelo Chefe do Executivo na escolha de juiz, integrante de lista tríplice, para compor o Tribunal Regional Federal, pelo critério do merecimento. III – Não há nele nenhuma referência quanto à formação de lista tríplice pelos Tribunais Regionais, silêncio esse revelador de lacuna cuja superação só pode se dar mediante uma exegese sistemática das normas que regem toda a magistratura nacional. IV – Não basta, para a solução da questão, que se proceda a uma exegese meramente literal do art. 107 da CF, passando ao largo de uma interpretação holística do texto constitucional, porquanto tal proceder levaria à falaciosa conclusão de que a própria exigência de formação da lista tríplice para promoção de juízes, por \ merecimento, teria sido extinta pelo que se contém no referido dispositivo. V – Sustentar o contrário, com fulcro no argumento de que a EC 45/2004 suprimiu a expressão "de acordo com o inciso II e a classe de origem", contida originalmente no inc. III do art. 93 da CF, implicaria fazer tabula rasa do sistema normativo que empresta determinada estrutura e feição ao Poder Judiciário nacional, além de afrontar o princípio da separação dos Poderes, elevado à categoria de "cláusula pétrea" pelo art. 60, § 4º, III, da CF. VI – O sistema de freios e contrapesos foi concebido pelo constituinte originário como parte integrante do sistema de controle recíproco dos Poderes, sendo impensável cogitar-se seja possível ferir, por emenda constitucional, esse verdadeiro núcleo axiológico da Carta Magna, conferindo ao Presidente da República a faculdade de desprezar a opinião técnica de um órgão do Poder Judiciário, reiteradamente manifestada, quanto à promoção, por merecimento, de um juiz federal à segunda instância. VII – O objetivo da EC 45/2004, no que concerne à redução de texto levada a efeito na redação original do inc. III do art. 93 foi, tão somente, o de extirpar do cenário constitucional os Tribunais de Alçada, na medida em que a única referência feita a eles na Lei Maior encontrava-se nesse dispositivo. VIII – Ordem concedida para cassar definitivamente o decreto presidencial que deixou de observar o disposto no art. 93, II, a, da Constituição, prejudicado o exame do agravo regimental interposto pela União" (STF. MS 30585, julgado em 2012 e relatado pelo Ministro Ricardo Lewandowski).

Alternativa "a": Advogado ou membro do MP que passe a integrar a carreira da Magistratura por meio da regra do quinto constitucional **adquirirá a vitaliciedade no momento da posse** (e não após dois anos de efetivo exercício do cargo). Primeiramente, vale frisar que nossa Carta Política prescreve como uma das garantias aos juízes a **vitaliciedade, que, no primeiro grau,** só será adquirida após dois anos de exercício, dependendo a perda do cargo, nesse período, de deliberação do tribunal a que o juiz estiver vinculado, e, nos demais casos, de sentença judicial transitada em julgado. Nota-se que o dispositivo constitucional, ao conferir a garantia aos Magistrados, faz a exigência prazal apenas no que se refere aos integrantes da carreira de primeiro grau. Portanto, segundo Pedro Lenza: "Todos os membros dos tribunais têm a garantia da vitaliciedade, independentemente da forma de acesso. Mesmo que um advogado ou membro do MP integre a carreira da Magistratura, por exemplo, através da regra do quinto constitucional – art. 94, no exato momento da posse adquirirá a vitaliciedade, não tendo de passar por qualquer estágio probatório" (LENZA, Pedro. *Direito Constitucional Esquematizado*. 14. ed. São Paulo: Saraiva, 2010, p. 572).

Alternativa "b": o Supremo Tribunal Federal poderá, de ofício ou por provocação, mediante decisão de dois terços (e não da maioria absoluta) de seus membros, após reiteradas decisões sobre matéria constitucional, aprovar súmula que, a partir de sua publicação na imprensa oficial, terá **efeito vinculante em relação aos demais órgãos do Poder Judiciário e à administração pública direta e indireta, nas esferas federal, estadual e municipal**, bem como proceder à sua revisão ou cancelamento, na forma estabelecida em lei (art. 103-A, da CF). Portanto, a partir da publicação do enunciado de súmula vinculante do STF na imprensa oficial, ficam vinculados ao seu teor os demais órgãos do Poder Judiciário, assim como os órgãos do Poder Executivo (mas não o do Poder Legislativo).

Alternativa "c": de acordo com o consolidado entendimento do STF, o foro especial por prerrogativa de função **não se** estende aos magistrados aposentados, conforme possível verificar no julgamento do RE 634795 AgR, julgado em 2012 e relatado pelo Ministro Dias Toffoli.

Alternativa "e": de acordo com a jurisprudência do STF, existe necessidade de que as decisões administrativas dos tribunais sejam expressamente motivadas, públicas e fundamentadas. Desse modo, é desnecessária a realização de sessão pública e de votação nominal, aberta e fundamentada para a promoção por merecimento de magistrados, bem como para deliberações sobre remoções voluntárias para membros do Poder Judiciário. No informativo 666, do STF, no julgamento do MS 25747, julgado em 2012 e relatado pelo Ministro Gilmar Mendes, é possível vislumbrar o posicionamento.

---

174. (Cespe – Juiz Federal Substituto 5ª região/2013) À luz do que dispõe a CF a respeito dos estados-membros e dos municípios, assinale a opção correta.

a) A definição do horário de funcionamento das instituições bancárias é da competência legislativa do município, por constituir matéria de interesse local.

b) Será constitucional norma de estado-membro que conceda estabilidade aos empregados de empresa pública e de sociedade de economia mista estadual.

c) A hipótese de município compor um dos polos da lide e de a União compor o outro polo não configura, por si só, conflito federativo apto a ensejar a competência originária do STF.

d) A União pode intervir em estado-membro para pôr termo a grave comprometimento da ordem pública, desde que haja provimento pelo STF de representação do procurador-geral da República.

e) Como a CF prevê a imunidade do presidente da República à persecução penal por atos estranhos ao exercício de sua função, será legítima norma constitucional estadual que preveja imunidade semelhante ao governador do respectivo estado – membro.

COMENTÁRIOS

Alternativa correta: "c": segundo dispõe o artigo 102, I, "f", da CF, compete ao Supremo Tribunal Federal, precipuamente, a guarda da Constituição, cabendo-lhe processar e julgar, originariamente, as **causas e os conflitos entre a União e os Estados, a União e o Distrito Federal**, ou **entre uns e outros, inclusive as respectivas entidades da administração indireta**. Diante da literalidade do dispositivo Constitucional mencionado, não estão incluídos os Municípios, de modo que, havendo conflito entre a União e um Município, não será caso de competência originária do STF. Nesse sentido, vale destacar o posicionamento jurisprudencial pacificado na Suprema Corte: "A competência prevista na alínea "f" do inciso I do artigo 102 da Constituição Federal envolve causas e conflitos entre a União e os Estados, a União e o Distrito Federal, ou entre uns e outros, inclusive as respectivas entidades da administração indireta, não alcançando relação jurídica subjetiva processual a revelar como parte Município." (STF. ACO 1342 AgR, julgada em 2010 e relatada pelo Ministro Marco Aurélio). Pelo exposto, vislumbramos correta a afirmação de que a hipótese de Município compor um dos polos da lide e de a União compor o outro polo não configura, por si só, conflito federativo apto a ensejar a competência originária do STF.

Alternativa "a": inicialmente, vale destacar que, segundo a Suprema Corte, o Município é competente para legislar acerca do tempo de atendimento ao público nas instituições bancárias (assim como as matérias relacionadas às normas de proteção das relações de consumo), valendo destacar o julgado a seguir: **"É pacífica a jurisprudência desta Corte de que os Municípios detêm competência para legislar determinando a instalação de sanitários nas agências bancárias, uma vez que essa questão é de interesse local e diz respeito às normas de proteção das relações de consumo, posto que visa o maior conforto dos usuários daquele serviço, não se confundindo com a atividade-fim das instituições bancárias**" (STF. RE 266536 AgR, julgado em 2012 e relatado pelo Ministro Dias Toffoli). **No entanto, sendo matéria relacionada à atividade-fim das instituições bancárias, a competência não mais é do Município, mas da União. Desse modo, no que tange a definição do horário de funcionamento das instituições bancárias, a competência legislativa é da União, por constituir matéria de interesse Nacional.**

Alternativa "b": Será **inconstitucional** (e não constitucional) norma de estado-membro que conceda estabilidade aos empregados de empresa pública e de sociedade de economia mista estadual. Em sede de Medida Cautelar, no bojo da Reclamação 12838, julgada em 2011, decidiu o relator Ministro Joaquim Barbosa que "na linha do afirmado pelo reclamante, a decisão proferida na ADI 1.302-MC efetivamente reconheceu a inconstitucionalidade de norma estadual que atribuía estabilidade a empregados públicos estaduais". Nesse sentido, destacam-se julgamentos da Suprema Corte: "Ao primeiro exame, conflita com a Carta Politica da Republica preceito de Constituição estadual que implique a impossibilidade de ser resilido contrato de trabalho mantido por empresas publicas e sociedades de economia mista" (STF. ADI 1302 MC, julgada em 1995 e relatada pelo Ministro Marco Aurélio); "1. O art. 6 do A.D.C.T. da Constituição do Estado do Amazonas estabelece: "Art. 6º. Os servidores públicos civis do Estado e dos Municípios, da administração direta e indireta, em exercício na data da promulgação da Constituição da República, há, pelo menos, cinco anos continuados, e que não tenham sido admitidos na forma regulada no artigo 109, desta Constituição, são considerados estáveis no serviço público, contando-se o respectivo tempo de serviço como título quando se submeterem a concurso para fins de efetivação, na forma da lei." 2. A um primeiro exame, o dispositivo impugnado parece violar os artigos da C.F./88 e de seu A.D.C.T., apontados na inicial, pois acaba permitindo que sejam estabilizados, sem concurso público, até "servidores" das sociedades de economia mista, das empresas públicas e das demais entidades de direito privado sob o controle direto ou indireto do Estado e Municípios, inclusive sob a forma de participação acionária, em face do que conjugadamente dispõe o art. 105, parágrafo 1, incisos II, III e V, da mesma Constituição estadual" (STF. ADI 1808 MC/AM, julgada em 1999 e relatada pelo Ministro Sydney Sanches); "Inconstitucionalidade do art. 1º. do ADCT da Carta Baiana, ao dispor sobre estabilidade de empregados das empresas públicas e sociedades de economia mista. Ofensa aos arts. 22, I e 37, II, da Constituição Federal. O art. 19 do ADCT da Constituição de 1988 tem abrangência limitada aos servidores civis da União, dos Estados, do Distrito Federal e dos Municípios, entre eles não se compreendendo os empregados de Empresas Públicas e Sociedades de Economia Mista. Constituição Federal, arts. 39 e 173, par. 1" (STF. ADI 112, julgada em 1994 e relatada pelo Ministro Néri da Silveira).

Alternativa "d": de fato a união poderá intervir, em casos excepcionais, nos Estados e no Distrito Federal. Consoante a dicção do artigo 34 da Carta Magna, **a União não intervirá nos Estados nem no Distrito Federal, exceto para:** I – manter a integridade nacional; II – repelir invasão estrangeira ou de uma unidade da Federação em outra; **III – pôr termo a grave comprometimento da ordem pública**; IV – garantir o livre exercício de qualquer dos Poderes nas unidades da Federação; V – reorganizar as finanças da unidade da Federação que: a) suspender o pagamento da dívida fundada por mais de dois anos consecutivos, salvo motivo de força maior; b) deixar de entregar aos Municípios receitas tributárias fixadas nesta Constituição, dentro dos prazos estabelecidos em lei; VI – prover a execução de lei federal, ordem ou decisão judicial; VII – assegurar a observância dos seguintes princípios constitucionais: a) forma republicana, sistema representativo e regime democrático; b) direitos da pessoa humana; c) autonomia municipal; d) prestação de contas da administração pública, direta e indireta; e) aplicação do mínimo exigido da receita resultante de impostos estaduais, compreendida a proveniente de transferências, na manutenção e desenvolvimento do ensino e nas ações e serviços públicos de saúde. Desse modo, a União pode intervir em estado-membro para pôr termo a grave comprometimento da ordem pública, **não dependendo, contudo, que haja provimento pelo STF de representação do Procurador-Geral da República.** Na realidade, apenas nas hipóteses constantes do artigo 34, VII, da CF (Princípios Constitucionais Sensíveis) e na recusa à execução de lei federal, a decretação da intervenção dependerá de provimento pelo Supremo Tribunal Federal de representação do Procurador-Geral da República, segundo dispõe o artigo 36, III, da CF.

Alternativa "e": segundo preceitua o artigo 86, § 4º, da CF, o Presidente da República, na vigência de seu mandato, não pode ser responsabilizado por atos estranhos ao exercício de suas funções. Em relação ao dispositivo, nos alerta Paulo Lépore que "Essa norma, apesar de simples, traz uma imunidade muito abrangente. Ela significa que o Presidente não poderá responder por nenhum crime que não seja relativo às suas funções. Assim, se, por exemplo, por razões familiares, o Presidente cometer um crime passional, ele não responderá por essa conduta enquanto exercer a Presidência da República" (LEPORE, Paulo. *Direito Constitucional para os concursos de Técnico e Analista*. Salvador: Juspodivm, 2013, p. 330). Contudo, a imunidade em tela, não se aplica aos Governadores de Estado-membro, conforme entendimento do STF, segundo o qual, "Normas que, estendendo ao Governador do Estado, sem expressa referência no texto constitucional federal, garantias do Presidente da República como Chefe de Estado, implicam relativização da responsabilidade dos governantes, violando o princípio republicano, conforme decidido na ADI 978, Rel. Min. Celso de Mello" (STF. ADI 1026, julgada em 2002 e relatada pelo Ministro Ilmar Galvão); "PRERROGATIVAS INERENTES AO PRESIDENTE DA REPUBLICA ENQUANTO CHEFE DE ESTADO. – Os Estados-membros não podem reproduzir em suas próprias Constituições o conteúdo normativo dos preceitos inscritos no art. 86, par. 3. e 4., da Carta Federal, pois as prerrogativas contempladas nesses preceitos da Lei Fundamental – por serem unicamente compatíveis com a condição institucional de Chefe de Estado – são apenas extensíveis ao Presidente da Republica" (STF. ADI 1023, julgada em 1995 e relatada pelo Ministro Ilmar Galvão). Portanto, embora a CF preveja a imunidade do presidente da República à persecução penal por atos estranhos ao exercício de sua função, **não** será legítima norma constitucional estadual que preveja imunidade semelhante ao Governador do respectivo Estado – membro, segundo posicionamento da Suprema Corte.

175. (Cespe – Juiz Federal Substituto 2ª região/ 2013) Considerando as disposições constitucionais sobre o Poder Judiciário, assinale a opção correta.

a) O merecimento como critério de promoção do juiz será aferido conforme o desempenho, a produtividade e a presteza no exercício da jurisdição e pela frequência e aproveitamento em cursos oficiais ou reconhecidos de aperfeiçoamento.

b) Apenas o STF dispõe de competência para, de ofício, editar, rever ou cancelar súmula vinculante, instrumento que permite a essa corte padronizar a exegese de uma norma jurídica controvertida, evitando insegurança e disparidade de entendimento em questões idênticas.

c) O STF firmou, em súmula, o entendimento de que, dada a estreita conexão com o tráfico internacional, compete à justiça federal, como regra, o processo e o julgamento dos crimes relativos a entorpecentes.

d) É competência do STJ processar e julgar originariamente os conflitos de competência entre juízes federais.

e) Todos os julgamentos dos órgãos do Poder Judiciário serão públicos, mas as decisões administrativas dos tribunais, quando envolverem matéria disciplinar, serão adotadas em sessões reservadas e publicadas a posteriori.

COMENTÁRIOS

✪ **Nota do autor:** a questão foi **anulada pela banca examinadora** sob a seguinte justificativa: "A opção que afirma que 'apenas o STF dispõe de competência para, de ofício, editar, rever ou cancelar súmula vinculante, instrumento que permite a essa corte padronizar a exegese de uma norma jurídica controvertida, evitando insegurança e disparidade de entendimento em questões idênticas' também está correta. Se é verdade que o STF também pode aprovar, revisar ou cancelar súmula mediante provocação (CF, art. 103-A, § 2º), também é verdade que apenas a Corte possui competência para, de ofício, agir nesse sentido. Por esse motivo, opta-se pela anulação da questão".

Alternativa inicialmente gabaritada como correta: letra "a": o merecimento como critério de promoção do juiz será aferido conforme o desempenho, a produtividade e a presteza no exercício da jurisdição e pela frequência e aproveitamento em cursos oficiais ou reconhecidos de aperfeiçoamento (art. 93, II, "c", da CF).

Alternativa também considerada correta: letra "b": consoante art. 103-A, *caput*, da CF, o Supremo Tribunal Federal poderá, **de ofício** ou por provocação, mediante decisão de dois terços dos seus membros, após reiteradas decisões sobre matéria constitucional, **aprovar súmula** que, a partir de sua publicação na imprensa oficial, terá efeito vinculante em relação aos demais órgãos do Poder Judiciário e à administração pública direta e indireta, nas esferas federal, estadual e municipal, **bem como proceder à sua revisão ou cancelamento**, na forma estabelecida em lei.

Alternativa "c": na súmula 522, o STF firmou entendimento no sentido de que compete à **justiça dos estados** o processo e julgamento dos crimes relativos a entorpecentes, **salvo** ocorrência de tráfico para o exterior, quando, então, a competência será da justiça federal.

Alternativa "d": é competência dos **TRFs** processar e julgar originariamente os conflitos de competência entre juízes federais vinculados ao Tribunal, conforme art. 108, I, "e", da CF.

Alternativa "e": todos os julgamentos dos órgãos do Poder Judiciário serão públicos, **inclusive** as decisões administrativas dos tribunais Estas, quando envolverem matéria disciplinar, serão tomadas pelo voto da maioria absoluta dos membros do tribunal (art. 93, IX e X, da CF).

176. (Cespe – Juiz de Direito Substituto – MA/ 2013) Em relação à competência e à atuação dos órgãos integrantes do Poder Judiciário, assinale a opção correta, à luz da jurisprudência.

a) A competência para julgar habeas corpus impetrado contra ato de integrantes de turmas recursais de juizados especiais é do tribunal de justiça ou do tribunal regional federal, conforme o caso.

b) Os tribunais de justiça dos estados, ao realizarem o controle abstrato de constitucionalidade, podem analisar leis ou atos normativos municipais em face da CF ou das constituições estaduais.

c) Embora as turmas recursais sejam órgãos recursais ordinários de última instância relativamente às decisões dos juizados especiais, os juízes desses juizados não estão a elas vinculados no que concerne ao reexame de seus julgados.

d) Não compete à justiça do trabalho o julgamento de ação de indenização decorrente de acidente de trabalho em demanda ajuizada por sucessores do trabalhador falecido.

COMENTÁRIOS

Alternativa correta: "a": no julgamento do HC 86.834, em 2006, sob relatoria do Ministro Marco Aurélio, DJ 9.3.2007, o STF firmou entendimento no sentido de que a Corte Constitucional é incompetente para apreciar e julgar pedidos de habeas corpus diretamente impetrados contra atos de Turmas ou Colégios Recursais de Juizados Especiais. A competência para o julgamento do habeas corpus é definida pelos envolvidos, paciente e impetrante. Estando os integrantes das turmas recursais dos juizados especiais submetidos, nos crimes comuns e nos de responsabilidade, à jurisdição do tribunal de justiça ou do tribunal regional federal, incumbe a cada qual, conforme o caso, julgar os habeas impetrados contra ato que tenham praticado. Esse precedente implicou a superação da Súmula 690 do STF.

Alternativa "b": os tribunais de justiça dos estados, ao realizarem o controle abstrato de constitucionalidade, podem analisar leis ou atos normativos municipais em face das constituições estaduais, **se assim houver previsão, mas não em face da CF**, cuja guarda, em controle abstrato, é do STF.

Alternativa "c": de acordo com o STF, a Constituição não conferira às turmas recursais a natureza de órgãos autárquicos do Judiciário, tampouco a qualidade de tribunais, como também não lhes outorgara qualquer autonomia com relação aos Tribunais Regionais Federais. Nesse aspecto, os juízes de 1º grau e as turmas recursais que eles integram seriam instituídos pelos respectivos Tribunais Regionais Federais, estando subordinados a estes administrativa, mas não jurisdicionalmente. As turmas recursais seriam, portanto, órgãos recursais ordinários de última instância relativamente às decisões dos juizados especiais, **a elas vinculados no que concerne ao reexame de seus julgados** (RE 586.789, julgado em 2011 e relatado pelo Ministro Ricardo Lewandowski).

Alternativa "d": de acordo com a Súmula Vinculante 22, a justiça do trabalho **é competente para processar e julgar as ações de indenização por danos morais e patrimoniais decorrentes de acidente de trabalho** propostas por empregado contra empregador, inclusive aquelas que ainda não possuíam sentença de mérito em primeiro grau quando da promulgação da emenda constitucional nº 45/04.

---

177. (Cespe – Defensor Público – RR/2013) A respeito das competências dos órgãos integrantes do Poder Judiciário, assinale a opção correta.

a) Compete ao STJ julgar conflito de competência estabelecido entre o Tribunal Superior do Trabalho e juiz federal.

b) Segundo posicionamento do STF, compete à justiça comum estadual processar e julgar ação possessória ajuizada em decorrência do exercício do direito de greve pelos trabalhadores da iniciativa privada.

c) De acordo com entendimento firmado no STF, os crimes comuns praticados por índios contra índios devem ser julgados pela justiça federal.

d) É de competência da justiça estadual processar e julgar prefeito por desvio de verba transferida e incorporada ao patrimônio da municipalidade, ainda que tal verba tenha sido repassada pela União.

e) Os ministros de Estado e os membros do Conselho Nacional do Ministério Público são processados e julgados originariamente pelo STF nos crimes de responsabilidade.

COMENTÁRIOS

✪ **Nota do autor:** a questão aborda vários aspectos acerca da competência para julgamentos, tanto das regras previstas expressamente na Carta Magna, quanto ao posicionamento adotado pelo STF e STJ. Desse modo, destaca-se a importância que aludido tema tem em provas de concursos públicos.

Alternativa correta: "d": no caso de Município que recebe e incorpora ao seu patrimônio verba da União, a Justiça competente será a Estadual, no caso de eventual desvio. **Desse modo, faz-se mister destacar o posicionamento sumulado pelo STJ: "Compete à Justiça Estadual processar e julgar prefeito por desvio de verba transferida e incorporada ao patrimônio municipal" (Súmula 209)**. Noutro norte, devemos nos ater para o disposto na súmula 208, também do STJ, segundo a qual, "Compete a Justiça Federal processar e julgar prefeito municipal por desvio de verba sujeita a prestação de contas perante órgão federal". Comparando as súmulas, é possível depreender que se há necessidade de prestação de contas perante órgão federal será competente a Justiça Federal, lado outro, não havendo aludida necessidade de prestar contas, e a verba venha ser incorporada ao patrimônio municipal, a Justiça Estadual será a competente. Nessa esteira, destaca-se julgado do próprio STJ: "Nem toda transferência de verba que um ente federado faz para outro enseja o entendimento de que o dinheiro veio a incluir seu patrimônio. A questão depende do exame das cláusulas dos convênios e/ou da análise da natureza da verba transferida. Assim, a depender da situação fático-jurídica delineada no caso, pode-se aplicar o entendimento da Súmula nº 209 do STJ ("compete a Justiça Estadual processar e julgar prefeito por desvio de verba transferida e incorporada ao patrimônio municipal") ou aquele outro constante da Súmula nº 208 do STJ ("compete à justiça federal processar e julgar prefeito municipal por desvio de verba sujeita a prestação de contas perante órgão federal")" (STJ. REsp 1391212, julgado em 2014 e relatado pelo Ministro Humberto Martins). Pelos motivos expostos, é de competência da justiça estadual processar e julgar prefeito por desvio de verba transferida e incorporada ao patrimônio da municipalidade, ainda que tal verba tenha sido repassada pela União.

Alternativa "a": não compete ao STJ julgar conflito de competência estabelecido entre o Tribunal Superior do Trabalho e juiz federal. A competência, nesse caso, é do Supremo Tribunal Federal, de acordo com o teor do artigo 102, I, "o", da CF, dispondo que compete ao Supremo Tribunal Federal, precipuamente, a guarda da Constituição, cabendo-lhe processar e julgar, originariamente, os conflitos de competência entre o Superior Tribunal de Justiça e quaisquer Tribunais, entre Tribunais Superiores, ou entre estes e qualquer outro Tribunal. Assim, **se o conflito envolver qualquer Tribunal Superior, a competência será sempre do STF.**

Alternativa "b": segundo posicionamento do STF, compete à Justiça do Trabalho (e não à justiça comum estadual) processar e julgar ação possessória ajuizada em decorrência do exercício do direito de greve pelos trabalhadores da iniciativa privada. De acordo com a Súmula Vinculante nº 23, do STF: "A Justiça do Trabalho é competente para processar e julgar ação possessória ajuizada em decorrência do exercício do direito de greve pelos trabalhadores da iniciativa privada". A título complementar vale destacar julgado da Suprema Corte: "É pacífico nesta Corte o entendimento de que a Justiça do Trabalho é competente para processar e julgar ação possessória ajuizada em decorrência do exercício do direito de greve pelos trabalhadores da iniciativa privada (Súmula Vinculante 23)" (STF. RE 522222 Agr, julgado em 2013 e relatado pelo Ministro Teori Zavascki).

Alternativa "c": de acordo com entendimento firmado no STF, **os crimes comuns praticados por índios contra índios devem ser julgados pela Justiça Estadual** (e não pela Justiça Federal). Neste sentido, "Competência Criminal. Conflito. Crime praticado por silvícolas, contra outro índio, no interior de reserva indígena. Disputa sobre direitos indígenas como motivação do delito. Inexistência. Feito da competência da Justiça Comum. Recurso improvido. Votos vencidos. Precedentes. Exame. Inteligência do art. 109, incs. IV e XI, da CF. A competência penal da Justiça Federal, objeto do alcance do disposto no art. 109, XI, da Constituição da República, só se desata quando a acusação seja de genocídio, ou quando, na ocasião ou motivação de outro delito de que seja índio o agente ou a vítima, tenha havido disputa sobre direitos indígenas, não bastando seja aquele imputado a silvícola, nem que este lhe seja vítima e, tampouco, que haja sido praticado dentro de reserva indígena" (STF. RE 419528, julgado em 2006 e relatado pelo Ministro Marco Aurélio); "Não havendo disputa sobre direitos indígenas, a competência para processar e julgar as causas em que envolvido indígena, seja como sujeito ativo ou sujeito passivo do delito, é da Justiça estadual" (STF. AI 496653 Agr, julgado em 2005 e relatado pelo Ministro Joaquim Barbosa); "Os crimes cometidos por silvícolas ou contra silvícolas, não configurando disputa sobre direitos indígenas e nem, tampouco, infrações praticadas em detrimento de bens e interesse da União ou de suas autarquias e empresas públicas, não se inserem na competência privativa da Justiça Federal (CF, art. 109, inc. XI)" (STF. RE 263010, julgado em 2000 e relatado pelo Ministro Ilmar Galvão).

Alternativa "e": os ministros de Estado e os membros do Conselho Nacional do Ministério Público são processados e julgados originariamente pelo **Senado Federal** (e não pelo STF) nos crimes de responsabilidade. Segundo consta do artigo 52, incisos I, da Carta Magna, **compete privativamente ao Senado Federal processar e julgar o Presidente e o Vice-Presidente da República nos crimes de responsabilidade bem como os Ministros de Estado** e os Comandantes da Marinha, do Exército e da Aeronáutica nos crimes da mesma natureza conexos com aqueles. Já o inciso II do artigo constitucional mencionado, prevê que **compete privativamente ao Senado Federal processar e julgar** os Ministros do Supremo Tribunal Federal, **os membros do Conselho Nacional de Justiça e do Conselho Nacional do Ministério Público**, o Procurador-Geral da República e o Advogado-Geral da União **nos crimes de responsabilidade**.

---

178. (Cespe – Analista do MPU/2013) Julgue o próximo item, relativo a Poder Judiciário e funções essenciais à justiça.

Considere que determinado sindicato pretenda ajuizar ação possessória para garantir o livre acesso de empregados e clientes às agências bancárias, fechadas devido à greve realizada por empregados de um banco privado. Nessa situação, de acordo com o STF, a competência para julgar a ação é da justiça comum estadual, por tratar de matéria concernente ao direito civil.

COMENTÁRIOS

✪ **Nota do autor:** a questão exige o conhecimento acerca do posicionamento jurisprudencial da Suprema Corte. O candidato deve estar atento e atualizado quanto aos posicionamentos adotados pelo STF, vez que tais conhecimentos são rotineiramente exigidos pelas provas CESPE.

Errado. No caso de ação possessória para garantir o livre acesso de empregados e clientes às agências bancárias, fechadas devido à greve realizada por empregados de um banco privado, a competência, consoante posicionamento do STF, **é da Justiça do Trabalho** e não da Justiça Comum Estadual, pouco importando se a solução da lide dependa de questões cíveis. A Suprema Corte reconheceu a Repercussão Geral do tema adotando o seguinte posicionamento: "1. "**A determinação da competência da Justiça do Trabalho não importa que dependa a solução da lide de questões de direito civil**" (Conflito de Jurisdição nº 6.959), bastando que a questão submetida à apreciação judicial decorra da relação de emprego. 2. **Ação de interdito proibitório cuja causa de pedir decorre de movimento grevista, ainda que de forma preventiva**. 3. **O exercício do direito de greve respeita a relação de emprego, pelo que a Emenda Constitucional nº 45/2003 incluiu, expressamente, na competência da Justiça do Trabalho conhecer e julgar as ações dele decorrentes** (art. 114, inciso II, da Constituição da República). 4. Recurso extraordinário conhecido e provido para fixar a competência da Justiça do Trabalho" (STF. RE 579648/MG, julgado em 2008 e relatado pelo Ministro Menezes Direito). Nesta esteira, decidiu também o RE 491780 AgR, julgado em 2011 e relatado pelo Ministro Dias Toffoli. Por fim, destaca-se o conteúdo da Súmula Vinculante nº 23, do STF, dispondo que: "A Justiça do Trabalho é competente para processar e julgar ação possessória ajuizada em decorrência do exercício do direito de greve pelos trabalhadores da iniciativa privada".

5.5. FUNÇÕES ESSENCIAIS À JUSTIÇA

179. (Cespe – Analista Judiciário – Área Judiciária – TJ – CE/2014) Acerca das funções essenciais à justiça, assinale a opção correta.

a) O Conselho Nacional do Ministério Público somente exercerá o controle da atuação administrativa e jurisdicional do Ministério Público.

b) Apesar de a CF determinar que os procuradores dos estados exerçam a representação judicial e a consultoria jurídica dos respectivos estados, segundo o STF, o Poder Legislativo local poderá praticar em juízo, em nome próprio, atos processuais na defesa de sua autonomia e independência.

c) Segundo a CF, compete à defensoria pública a orientação jurídica e a defesa dos necessitados no âmbito da justiça ordinária, não tendo tal órgão competência para atuar perante os tribunais superiores.

d) O ingresso nas carreiras da Advocacia-Geral da União e das procuradorias dos estados e do Distrito Federal será feito mediante concurso público de provas e títulos, com a participação da Ordem dos Advogados do Brasil em todas as suas fases.

e) O procurador-geral da República será nomeado pelo presidente da República, devendo a sua escolha ser feita entre integrantes da carreira, com mais de trinta e cinco anos de idade, para mandato de dois anos, sendo permitida a recondução somente se não houver outros candidatos.

COMENTÁRIOS

✪ **Nota do autor:** a questão engloba conhecimentos de dispositivos constitucionais, bem como entendimento da Suprema Corte.

Alternativa correta: "b": a CF determina em seu artigo 132 que os procuradores dos estados exerçam a representação judicial e a consultoria jurídica dos respectivos Estados. Consoante aludido dispositivo constitucional, **os Procuradores dos Estados e do Distrito Federal, organizados em carreira**, na qual o ingresso dependerá de concurso público de provas e títulos, com a participação da Ordem dos Advogados do Brasil em todas as suas fases, **exercerão a representação judicial e a consultoria jurídica das respectivas unidades federadas**. No entanto, segundo o STF, o Poder Legislativo local poderá praticar em juízo, em nome próprio, atos processuais na defesa de sua autonomia e independência. Nesse sentido, conforme posicionamento da Suprema Corte, "A Procuradoria Geral do Distrito Federal é a responsável pelo desempenho da atividade jurídica consultiva e contenciosa exercida na defesa dos interesses da pessoa jurídica de direito público Distrito Federal. Não obstante, a jurisprudência desta Corte reconhece a ocorrência de situações em que o Poder Legislativo necessite praticar em juízo, em nome próprio, uma série de atos processuais na defesa de sua autonomia e independência frente aos demais Poderes, nada impedindo que assim o faça por meio de um setor pertencente a sua estrutura administrativa, também responsável pela consultoria e assessoramento jurídico de seus demais órgãos" (STF. ADI 1557, julgada em 2004 e relatada pela Ministra Ellen Gracie).

Alternativa "a": o Conselho Nacional do Ministério Público exercerá o controle da atuação administrativa e **financeira** (e não jurisdicional) do Ministério Público e do cumprimento dos deveres funcionais de seus membros, consoante artigo 130-A, § 2º, da CF.

Alternativa "c": segundo a CF, compete à defensoria pública a orientação jurídica e a defesa dos necessitados **em todos os graus de jurisdição**. Nesta esteira, o artigo 134 da Carta Magna dispõe que a Defensoria Pública é instituição permanente, essencial à função jurisdicional do Estado, **incumbindo-lhe, como expressão e instrumento do regime democrático, fundamentalmente, a orientação jurídica, a promoção dos direitos humanos e a defesa, em todos os graus, judicial e extrajudicial, dos direitos individuais e coletivos, de forma integral e gratuita, aos necessitados.**

Alternativa "d": o artigo 131, § 2º, da CF, estabelece que **o ingresso nas classes iniciais das carreiras da Advocacia-Geral da União far-se-á mediante concurso público de provas e títulos**. Por outro lado, conforme artigo 132 da CF, **os Procuradores dos Estados e do Distrito Federal**, organizados em carreira, na qual **o ingresso dependerá de concurso público de provas e títulos, com a participação da Ordem dos Advogados do Brasil em todas as suas fases**, exercerão a representação judicial e a consultoria jurídica das respectivas unidades federadas. Portanto, segundo prescreve a CF, **o ingresso nas carreiras da Advocacia-Geral da União far-se-á mediante concurso público de provas e títulos (não fazendo previsão quanto a participação da OAB)**, enquanto que o ingresso nas carreiras das **procuradorias dos estados e do Distrito Federal será feito mediante concurso público de provas e títulos, com a participação da Ordem dos Advogados do Brasil em todas as suas fases**.

Alternativa "e": o Procurador-Geral da República será nomeado pelo presidente da República, devendo a sua escolha ser feita entre integrantes da carreira, com mais de trinta e cinco anos de idade, para mandato de dois anos, **sendo permitida a recondução,** independentemente se houver ou não outros candidatos. Extrai-se do artigo 128, § 1º, da CF que **o Ministério Público da União tem por chefe o Procurador-Geral da República, nomeado pelo Presidente da República dentre integrantes da carreira, maiores de trinta e cinco anos, após a aprovação de seu nome pela maioria absoluta dos membros do Senado Federal, para mandato de dois anos, permitida a recondução.**

---

180. (Cespe – Promotor de Justiça – AC/2014) De acordo com as normas constitucionais e o entendimento doutrinário e jurisprudencial referentes ao MP, assinale a opção correta.

a) Compete ao Conselho Nacional do MP o controle da atuação administrativa, financeira e da independência funcional dos membros do MP, competindo-lhe, entre outras atribuições, a revisão, de ofício ou mediante provocação, de processos disciplinares de membros do MPE julgados há menos de um ano.

b) Cabe ao STF dirimir conflito negativo de atribuições entre o MPF e o MPE, quando não configurado virtual conflito de jurisdição que, por força da CF, seja da competência do STJ.

c) Desde que previsto em lei estadual, o membro do MPE pode atuar como procurador do MP junto ao tribunal de contas estadual.

d) Em decorrência do princípio da simetria, é obrigatória a aprovação, pela assembleia legislativa, de indicado pelo governador, em lista tríplice, ao cargo de procurador-geral de justiça.

e) Por caber privativamente ao procurador-geral da República o exercício das funções do MP junto ao STF, os membros do MPE não podem propor, de forma autônoma, reclamação perante a suprema corte.

COMENTÁRIOS

✪ **Nota do autor:** a questão exige conhecimentos acerca do posicionamento do Supremo Tribunal Federal em seus julgados em relação às questões propostas nas alternativas.

Alternativa correta: "b": de acordo com o posicionamento adotado pelo STF, caberá à Suprema Corte dirimir conflito negativo de atribuições entre o MPF e o MPE, quando não configurado virtual conflito de jurisdição que, por força da CF, seja da competência do STJ. Desse modo, vale destacar trecho do Informativo 403, do STF, em que foi adotado aludido entendimento: "**Compete ao Supremo Tribunal Federal dirimir conflito de atribuições entre os Ministérios Públicos Federal e Estadual, quando não configurado virtual conflito de jurisdição que, por força da interpretação analógica do art. 105, I, d, da CF, seja da competência do Superior Tribunal de Justiça.** Com base nesse entendimento, o Tribunal, resolvendo conflito instaurado entre o MP do Estado da Bahia e o Federal, firmou a competência do primeiro para atuação em inquérito que visa apurar crime de roubo (CP, art. 157, § 2º, I). Considerou-se a orientação fixada pelo Supremo no sentido de ser dele a competência para julgar certa matéria diante da inexistência de previsão específica na Constituição Federal a respeito, e emprestou-se maior alcance à alínea f do inciso I do art. 102 da CF, ante o fato de estarem envolvidos no conflito órgãos da União e de Estado-membro. **Asseverou-se, ademais, a incompetência do Procurador-Geral da República para a solução do conflito, em face da impossibilidade de sua interferência no parquet da unidade federada**" (STF. Pet 3528, julgado em 2005 e relatado pelo Ministro Marco Aurélio).

Alternativa "a": conforme artigo 130-A, § 2º, da CF, **compete ao Conselho Nacional do Ministério Público o controle da atuação administrativa e financeira do Ministério Público** e do **cumprimento dos deveres funcionais de seus membros.** Por sua vez, o inciso I do dispositivo prevê como competência do CNMP **zelar pela autonomia funcional e administrativa do Ministério Público**, podendo expedir atos regulamentares no âmbito de sua competência, ou recomendar providências. E o inciso IV, dispõe competir também ao CNMP **rever, de ofício ou mediante provocação, os processos disciplinares de membros do Ministério Público da União ou dos Estados julgados há menos de um ano.** Desse modo, compete ao Conselho Nacional do MP o controle da atuação administrativa e financeira, bem como da autonomia funcional **do Ministério Público**, competindo-lhe, entre outras atribuições, a revisão, de ofício ou mediante provocação, de processos disciplinares de membros do MPU ou MPE julgados há menos de um ano.

Alternativa "c": é entendimento do STF que o membro do MPE **não** pode atuar como procurador do MP junto ao tribunal de contas estadual. Nesta esteira, segue o entendimento da Suprema Corte: "1. **Impossibilidade de Procuradores de Justiça do Estado do Espírito Santo atuarem junto à Corte de Contas estadual, em substituição aos membros do Ministério Público especial.** 2. **Esta Corte entende que somente o Ministério Público especial tem legitimidade para atuar junto aos Tribunais de Contas dos Estados e que a organização e composição dos Tribunais de Contas estaduais estão sujeitas ao modelo jurídico estabelecido pela Constituição do Brasil** [artigo 75]. Precedentes. 3. **É inconstitucional o texto normativo que prevê a possibilidade de Procuradores de Justiça suprirem a não-existência do Ministério Público especial, de atuação específica no Tribunal de Contas estadual.** 4. Pedido julgado procedente, para declarar inconstitucionais o inciso IV do § 1º do artigo 21; o § 2º do artigo 21; o § 2º do artigo 33; a expressão "e ao Tribunal de Contas" constante do artigo 186; e o parágrafo único do artigo 192, todos da Lei Complementar nº 95, de 28 de janeiro de 1997, do Estado do Espírito Santo" (STF. ADI 3192/ES, julgada em 2006 e relatada pelo Ministro Eros Grau).

Alternativa "d": segundo posicionamento do STF, **não** é obrigatória a aprovação, pela assembleia legislativa, de indicado pelo governador, em lista tríplice, ao cargo de Procurador-Geral de Justiça, não se aplicando, neste caso, o princípio da simetria. Destaca-se o julgado: "1. A escolha do Procurador-Geral da República deve ser aprovada pelo Senado (CF, artigo 128, § 1º). **A nomeação do Procurador-Geral de Justiça dos Estados não está sujeita à aprovação da Assembléia Legislativa. Compete ao Governador nomeá-lo dentre lista tríplice composta de integrantes da carreira** (CF, artigo 128, § 3º). **Não-aplicação do princípio da simetria**. Precedentes. 2. Dispositivo da Constituição do Estado de Mato Grosso que restringe o alcance do § 3º do artigo 128 da Constituição Federal, ao exigir a aprovação da escolha do Procurador-Geral de Justiça pela Assembléia Legislativa. Ação julgada procedente e declarada a inconstitucionalidade da alínea "c" do inciso XIX do artigo 26 da Constituição do Estado de Mato Grosso" (STF. ADI 452/MT, julgada em 2002 e relatada pelo Ministro Maurício Corrêa).

Alternativa "e": o entendimento inicial da Ministra Ellen Gracie, quando da relatoria da Reclamação 7358, era de que, por caber privativamente ao Procurador-Geral da República o exercício das funções do MP junto ao STF, os membros do MPE não poderiam propor, de forma autônoma, reclamação perante a suprema corte. No entanto, o entendimento da Ministra relatora foi superado, sendo que o entendimento prevalente foi que os membros do MPE podem propor de forma autônoma reclamação perante a Suprema Corte. Desse modo, destaca-se trecho do julgado: "1. Inicialmente, entendo que o Ministério Público do Estado de São Paulo não possui legitimidade para propor originariamente Reclamação perante esta Corte, já que "incumbe ao Procurador-Geral da República exercer as funções do Ministério Público junto ao Supremo Tribunal Federal, nos termos do art. 46 da Lei Complementar 75/93" (Rcl 4453 MC-AgR-AgR / SE, de minha relatoria, DJe 059, 26.03.2009). 2. Entretanto, a ilegitimidade ativa foi corrigida pelo Procurador-Geral da República, que ratificou a petição inicial e assumiu a iniciativa da demanda. 3. Entendimento original da relatora foi superado, por maioria de votos, para reconhecer a legitimidade ativa autônoma do Ministério Público Estadual para propor reclamação" (STF. Rcl 7358/SP, julgada em 2011 e relatada pela Ministra Ellen Gracie).

181. (Cespe – Cartório – TJ – DF/2014) Assinale a opção correta a respeito das denominadas funções essenciais à justiça.

a) Segundo o STF, a imunidade profissional assegurada ao advogado não impede que ele seja processado por crime de desacato decorrente de ato ou manifestação no exercício de sua profissão.

b) A garantia da inamovibilidade é conferida, de forma expressa, pela CF aos procuradores dos estados e do DF.

c) O MP possui, conforme disposto na CF, a função institucional de representar judicialmente entidades públicas que não tiverem corpo jurídico próprio.

d) O advogado-geral da União é nomeado pelo presidente da República, após aprovação de seu nome pela maioria absoluta dos membros do Senado Federal, para mandato de dois anos, sendo permitida sua recondução para o mesmo cargo.

e) De acordo com a CF, o Ministério Público Eleitoral compõe-se de membros do Ministério Público Federal e do Ministério Público Estadual.

COMENTÁRIOS

Alternativa correta: "a": a palavra "desacato" contido no § 2º do artigo 7º da Lei nº 8.906/94 é inconstitucional, de modo que a imunidade profissional assegurada no artigo 133 da CF não é absoluta, posicionamento este adotado pela jurisprudência da Suprema Corte. É o que se verifica no julgamento do HC 94398/RJ, julgado em 2010 e relatado pelo Ministro Eros Grau.

Alternativa "b": a garantia da inamovibilidade **não** é conferida, de forma expressa, pela CF aos Procuradores dos Estados e do DF. Ainda, na ADI 291, julgada em 2010 e relatada pelo Ministro Joaquim Barbosa, reconheceu a Suprema Corte que a garantia da inamovibilidade não é extensível aos Procuradores do Estado, eis que a Constituição Federal apenas conferiu aos Magistrados, membros do Ministério Público e aos membros da Defensoria Pública.

Alternativa "c": o MP **não** possui a função institucional de representar judicialmente entidades públicas que não tiverem corpo jurídico próprio. Na realidade, conforme estabelece o artigo 129, IX, ao Ministério Público é expressamente **vedada a representação judicial e a consultoria jurídica de entidades públicas.**

Alternativa "d": a Advocacia-Geral da União tem por chefe o Advogado-Geral da União, de **livre nomeação pelo Presidente da República dentre cidadãos maiores de trinta e cinco anos, de notável saber jurídico e reputação ilibada**, nos dizeres do art. 131, § 1º, da CF. Ainda, conforma consta do artigo 84, XVI, da CF, **compete privativamente ao Presidente de República nomear** os magistrados, nos casos previstos nesta Constituição, e **o Advogado-Geral da União**.

Alternativa "e": o Ministério Público eleitoral **não** possui sua organização definida na Constituição Federal.

---

182. (Cespe – Analista Judiciário – Judiciária – TRT 10/2013) A respeito das funções essenciais à justiça, julgue o item subsequente.

A CF considera, de modo expresso, que o advogado é indispensável à administração da justiça.

COMENTÁRIOS

Certo. A CF, em seu art. 133, considera, de modo expresso, que o advogado é indispensável à administração da justiça.

---

183. (Cespe – Juiz Federal Substituto 2ª região/ 2013) No que se refere às funções essenciais à justiça e à defesa do Estado e das instituições democráticas, assinale a opção correta.

a) Cabe à DP a orientação jurídica e a defesa dos necessitados em todos os graus de jurisdição, não tendo a DPU exclusividade para atuação perante o STJ, pois as DPEs têm legitimidade para interpor recursos nos tribunais superiores.

b) O presidente da República pode, ouvido o Conselho da República e o Conselho de Defesa Nacional, decretar estado de defesa para preservar ou prontamente restabelecer, em locais restritos e determinados, a ordem pública ou a paz social ameaçadas por grave e iminente instabilidade institucional, devendo submeter o decreto à apreciação do Congresso Nacional, cuja manifestação terá caráter meramente consultivo.

c) Incumbe privativamente ao procurador-geral da República exercer as funções do MP junto ao STF, e, em razão do princípio da unidade institucional, os membros do MPE não têm legitimidade para propor originariamente reclamação perante a Corte Suprema.

d) O MPU compreende o MPF, MPT, MPM e o MPDFT e, embora assim não conste de forma expressa na Carta Magna, o STF entendeu que o MP/TCU também integra o MPU.

e) A Advocacia-Geral da União é a instituição que, diretamente ou por meio de órgão vinculado, representa a União, judicial e extrajudicialmente, sendo que o advogado-geral da União é de livre nomeação pelo presidente da República entre os integrantes da carreira.

COMENTÁRIOS

Alternativa correta: letra "a": segundo art. 134, caput, da CF, cabe à DP a orientação jurídica e a defesa dos necessitados em todos os graus de jurisdição, não tendo a DPU exclusividade para atuação perante o STJ, pois as DPEs têm legitimidade para interpor recursos nos tribunais superiores. Nesse sentido foi a decisão do HC 85.844, julgado em 2006 e relatado pelo Ministro Joaquim Barbosa.

Alternativa "b": o presidente da República pode, ouvido o Conselho da República e o Conselho de Defesa Nacional, decretar estado de defesa para preservar ou prontamente restabelecer, em locais restritos e determinados, a ordem pública ou a paz social ameaçadas por grave e iminente instabilidade institucional, devendo submeter o decreto à apreciação do Congresso Nacional, cuja manifestação tem **caráter vinculativo.** É o que fixa o art. 136, *caput* e §§ 4° e 7°, da CF.

Alternativa "c": consoante art. 128, § 1°, da CF, o Ministério Público da União tem por chefe o procurador-geral da República, que exerce as funções do MP junto ao STF. O princípio da unidade, consagrado no art. 127, § 1°, da CF, traduz a ideia de que o MP deve ser visto como uma instituição única. Entretanto, essa unidade **não existe entre o MPU e os MPEs**, pois está dentro de cada órgão. Em relação à legitimidade do MPE para propor reclamação perante o Supremo, a decisão da reclamação 7358, julgada em 2011 e relatada pela Ministra Ellen Gracie, foi no sentido de se **admiti-la**.

Alternativa "d": o MPU compreende o MPF, MPT, MPM e o MPDFT (art. 128, I, "a" a "d", da CF). Quanto ao MP/TCU, o STF entendeu que ele é um **Ministério Público especial** e que "está assente na jurisprudência deste STF que o Ministério Público junto ao Tribunal de Contas possui **fisionomia institucional própria**, que não se confunde com a do Ministério Público comum, sejam os dos Estados, seja o da União [...]" (MS 27.339, julgado em 2009 e relatado pelo Ministro Menezes Direito).

Alternativa "e": a Advocacia-Geral da União é a instituição que, diretamente ou por meio de órgão vinculado, representa a União, judicial e extrajudicialmente, sendo que o advogado-geral da União é de livre nomeação pelo presidente da República **dentre cidadãos maiores de trinta e cinco anos, de notável saber jurídico e reputação ilibada**, de acordo com art. 131, *caput* e § 1°, da CF.

---

184. (Cespe – Juiz de Direito Substituto – MA/ 2013) Consoante ao disposto na legislação e na jurisprudência, assinale a opção correta no que concerne às funções essenciais à justiça.

a) A regra estabelecida na CF a respeito da indispensabilidade da intervenção do advogado não é absoluta, razão pela qual não é obrigatória a participação do advogado nas causas criminais dos juizados especiais.

b) A defensoria pública não pode prestar assistência judiciária a servidor público processado, civil ou penalmente, por ato praticado em razão do exercício regular de suas funções.

c) Não se aplica aos membros do MP que ingressaram na instituição após o advento da atual CF a denominada quarentena estabelecida para a magistratura, que consiste na vedação de exercício da advocacia no juízo ou tribunal do qual se afastem antes de decorridos três anos de afastamento do cargo, por aposentadoria ou exoneração.

d) É inconstitucional regra estabelecida na constituição estadual segundo a qual a escolha do chefe da Procuradoria-Geral do estado ou da Advocacia-Geral do estado pelo governador deva recair, necessariamente, sobre membro integrante da carreira, por se contrapor ao modelo federal, de observância obrigatória pelos estados-membros da Federação.

COMENTÁRIOS

Alternativa correta: "b": segundo o entendimento da Suprema Corte, consolidado no Informativo nº 355, norma estadual não pode atribuir atribuição à Defensoria Pública para prestar assistência judiciária a servidor público, processado por ato praticado em razão do exercício regular de suas funções, uma vez que estaria exorbitando as atribuições constitucionalmente previstas para referida instituição. Assim, destaca-se o julgado: "Norma estadual que atribui à Defensoria Pública do estado a defesa judicial de servidores públicos estaduais processados civil ou criminalmente em razão do regular exercício do cargo extrapola o modelo da CF (art. 134), o qual restringe as atribuições da Defensoria Pública à assistência jurídica a que se refere o art. 5º, LXXIV" (STF. ADI 3022, julgado em 2004 e relatado pelo Ministro Joaquim Barbosa). Desse modo, entendeu o STF que, caso norma estadual venha inserir dentre as atribuições da Defensoria Pública, a de prestar assistência judiciária a servidor público processado, civil ou penalmente, por ato praticado em razão do exercício regular de suas funções, estaria extrapolando as atribuições propostas na Carta Magna. Portanto, por não constar das atribuições previstas na CF, a defensoria pública não pode prestar assistência judiciária a servidor público processado, civil ou penalmente, por ato praticado em razão do exercício regular de suas funções.

Alternativa "a": a regra estabelecida na CF a respeito da indispensabilidade da intervenção do advogado não é absoluta, razão pela qual **não é obrigatória a participação do advogado nas causas cíveis (e não nas criminais) dos juizados especiais.** Nesse sentido, vale destacar o posicionamento da Suprema Corte: "Nos processos de natureza cível não é absoluta a obrigatoriedade da presença do advogado em juízo. A lei dos juizados especiais pode facultar às partes, em determinadas hipóteses, a dispensa da assistência de profissional da advocacia" (STF. AI 461490, julgada em 2009 e relatada pela Ministra Ellen Gracie). Por outro lado, **nas causas criminais,** a indispensabilidade de defesa técnica adquire uma roupagem absoluta. A própria Lei nº 9.099/95, que trata dos Juizados Especiais Cíveis e Criminais, em seu artigo 68 dispõe que do ato de intimação do autor do fato e do mandado de citação do acusado, constará a **necessidade de seu comparecimento acompanhado de advogado, com a advertência de que, na sua falta, ser-lhe-á designado defensor público.**

Alternativa "c": o artigo 95, parágrafo único, V, da CF, prevê que aos juízes é vedado exercer a advocacia no juízo ou tribunal do qual se afastou, antes de decorridos três anos do afastamento do cargo por aposentadoria ou exoneração. Já, consoante artigo 128, § 6º da CF, aplica-se aos membros do Ministério Público o disposto no art. 95, parágrafo único, V. Portanto, aplica-se aos membros do MP que ingressaram na instituição após o advento da atual CF a denominada quarentena, estabelecida para a magistratura, que consiste na vedação de exercício da advocacia no juízo ou tribunal do qual se afastem antes de decorridos três anos de afastamento do cargo, por aposentadoria ou exoneração.

Alternativa "d": não é inconstitucional regra estabelecida na Constituição Estadual segundo a qual a escolha do chefe da Procuradoria-Geral do Estado ou da Advocacia-Geral do Estado pelo governador deva recair, necessariamente, sobre membro integrante da carreira. Isso ocorre porque a regra constante da Carta da República, que dispõe acerca da nomeação do Advogado-Geral da União, não é de observância obrigatória (art. 131, § 1º, da CF). Referida norma dispõe que a Advocacia-Geral da União tem por chefe o Advogado-Geral da União, nomeado pelo Presidente da República dentre cidadãos (não necessariamente integrantes da carreira) maiores de 35 anos, de notável saber jurídico e reputação ilibada. Contudo, as Constituições Estaduais não precisam reproduzir a aludida norma, podendo determinar que o chefe da Procuradoria-Geral do Estado ou da Advocacia-Geral do Estado seja escolhido dentre os membros integrantes da carreira. Assim, o STF já se manifestou nesse sentido, valendo destacar: "PROCURADOR-GERAL DO ESTADO – ESCOLHA ENTRE OS INTEGRANTES DA CARREIRA. Mostra-se harmônico com a Constituição Federal preceito da Carta estadual prevendo a escolha do Procurador-Geral do Estado entre os integrantes da carreira." (STF. ADI 2581, julgado em 2007 e relatado pelo Ministro Maurício Corrêa)

---

185. (Cespe – Defensor Público – RR/2013) Assinale a opção correta a respeito das funções essenciais à justiça.

a) Segundo entendimento do STF, a imunidade do advogado assegurada pela CF se estende às relações desse profissional com o seu cliente.

b) Será constitucional regra inserida em constituição estadual que reconheça ao DP a possibilidade de exercer a advocacia privada.

c) O MP Federal escolherá o Corregedor Nacional do Conselho Nacional do MP entre seus integrantes, vedada a recondução.

d) Compete à Advocacia-Geral da União a representação judicial da União, circunstância que lhe autoriza a representação judicial não somente do Poder Executivo, como também do Poder Legislativo e do Poder Judiciário.

e) A CF conferiu aos estados-membros a competência para dispor, no âmbito das respectivas constituições, sobre o tempo de exercício no cargo necessário para a aquisição da estabilidade por parte dos membros de suas procuradorias – gerais ou advocacias-gerais de estado.

COMENTÁRIOS

✪ **Nota do autor:** o tema funções essenciais à justiça é cobrado com bastante frequência. A questão exige conhecimentos acerca do posicionamento jurisprudencial do STF, bem como as regras contidas na CF.

Alternativa correta: "d": compete à Advocacia-Geral da União a representação judicial da União, circunstância que lhe autoriza a representação judicial não somente do Poder Executivo, como também do Poder Legislativo e do Poder Judiciário. Conforme possível verificar do artigo 131, da CF, **a Advocacia-Geral da União é a instituição que, diretamente ou através de órgão vinculado, representa a União, judicial e extrajudicialmente**, cabendo-lhe, nos termos da lei complementar que dispuser sobre sua organização e funcionamento, as atividades de consultoria e assessoramento jurídico do Poder Executivo. Desse modo, a Advocacia-Geral da União é competente para representar judicial e extrajudicialmente a União, isso quer dizer que não se trata de uma exclusividade do Poder Executivo, mas abarca também os Poderes Legislativo e Judiciário. Nesse sentido, destacam-se as palavras de Nathalia Masson: "Nada obstante o AGU ser nomeado livremente pelo chefe do Poder Executivo Federal, vale o alerta feito pela doutrina de que é inadequado considera-lo um mero "advogado do Presidente", haja vista a representação judicial e extrajudicial da União não se limitar à representação do Poder Executivo, alcançando também os demais Poderes" (*Manual de Direito Constitucional*. Salvador: Juspodvim, 2013, p. 940)

Alternativa "a": segundo entendimento do STF, a imunidade do advogado assegurada pela CF **não se estende às relações desse profissional com o seu cliente.** Desse modo, vale destacar julgado da Suprema Corte relativo ao assunto: "A imunidade do advogado – além de condicionada aos "limites da lei", o que, obviamente, não dispensa o respeito ao núcleo essencial da garantia da libertas conviciandi – não alcança as relações do profissional com o seu próprio cliente" (STF. RE 387945, julgado em 2006 e relatado pelo Ministro Sepúlveda Pertence)

Alternativa "b": será **inconstitucional** (e não constitucional) regra inserida em Constituição Estadual que reconheça ao Defensor Público a possibilidade de exercer a advocacia privada. Isso porque, segundo a dicção do § 1º do art. 134 da CF, lei complementar organizará a Defensoria Pública da União e do Distrito Federal e dos Territórios e prescreverá normas gerais para sua organização nos Estados, em cargos de carreira, providos, na classe inicial, mediante concurso público de provas e títulos, assegurada a seus integrantes a garantia da inamovibilidade e **vedado o exercício da advocacia fora das atribuições institucionais.** O próprio dispositivo constitucional cuida da vedação da advocacia fora das atribuições inerentes à Defensoria Pública, sendo que qualquer disposição infraconstitucional (inclusive as Constituições Estaduais) em sentido contrário viria colidir com a norma mencionada. Não é outro o entendimento do STF: "1. O § 1º do artigo 134 da Constituição do Brasil repudia o desempenho, pelos membros da Defensoria Pública, de atividades próprias da advocacia privada. Improcede o argumento de que o exercício da advocacia pelos Defensores Públicos somente seria vedado após a fixação dos subsídios aplicáveis às carreiras típicas de Estado. 2. Os §§ 1º e 2º do artigo 134 da Constituição do Brasil veiculam regras atinentes à estruturação das defensorias públicas, que o legislador ordinário não pode ignorar" (STF. ADI 3043, julgada em 2006 e relatada pelo Ministro Eros Grau). Nessa esteira, o mesmo entendimento foi compartilhado pelo STJ: "Não procede, igualmente, a afirmação do impetrante de que, por também exercer a profissão de advogado particular, teria o direito de escolher o melhor regime de previdência e o respectivo salário de contribuição, tendo em vista a declaração de inconstitucionalidade do art. 137 da Lei Complementar 65, do Estado de Minas Gerais, ocorrida no julgamento da ADI 3.043/MG, ocasião na qual a Corte Suprema deixou assentado que "o § 1º do artigo 134 da Constituição do Brasil repudia o desempenho, pelos membros da Defensoria Pública, de atividades próprias da advocacia privada" (Tribunal Pleno, Rel. Min. Eros Grau, DJ de 27.10.2006)" (STJ. RMS 20561, julgado em 2008 e relatado pela Ministra Denise Arruda).

Alternativa "c": segundo artigo 130-A, § 3º, da CF, **o Conselho escolherá**, em votação secreta, um Corregedor nacional, dentre os membros do Ministério Público que o integram, vedada a recondução. Desse modo, o próprio Conselho Nacional do MP (e não o MP Federal), por meio de votação secreta, escolherá o Corregedor Nacional do Conselho Nacional do MP dentre seus integrantes, vedada a recondução.

Alternativa "e": a CFnãoconferiu aos estados-membros a competência para dispor, no âmbito das respectivas constituições, sobre o tempo de exercício no cargo necessário para a aquisição da estabilidade por parte dos membros de suas Procuradorias-Gerais ou Advocacias-Gerais de Estado. Aos Procuradores dos Estados e Distrito Federal é assegurada estabilidade após três anos de efetivo exercício, mediante avaliação de desempenho perante os órgãos próprios, após relatório circunstanciado das corregedorias, conforme regra estabelecida no artigo 132, parágrafo único, da CF. Desse modo, a própria CF já dispôs o tempo necessário para que os membros das Procuradorias-Gerais ou Advocacias-Gerais de Estado adquiram a estabilidade, ou seja, estabeleceu necessário o decurso prazal de três anos.

186. (Cespe – Defensor Público – TO/2013) Considerando as disposições constitucionais e a jurisprudência, assinale a opção correta a respeito das funções essenciais à justiça.

a) Não são devidos honorários advocatícios sucumbenciais em favor da DP, ainda que patrocine demanda ajuizada contra ente federativo diverso daquele a que pertença.

b) O advogado é indispensável à administração da justiça, e o efetivo exercício da profissão demanda inscrição na OAB, razão pela qual a atuação em processo judicial sem a correspondente habilitação torna anuláveis os atos processuais praticados.

c) De acordo com entendimento do STJ, o advogado dativo nomeado na hipótese de não existência de DP no local da prestação do serviço tem direito a honorários advocatícios, que não podem ser fixados pelo juiz em valores distintos dos fixados em tabela da OAB.

d) Embora as DPs estaduais detenham autonomia funcional e administrativa, a CF confere à União a competência para organizar e manter a DP do DF.

e) Segundo o STF, o MP do Trabalho não possui legitimidade para atuar, em sede processual, perante o STF, visto que essa competência é privativa do procurador-geral da República.

COMENTÁRIOS

Alternativa correta: "e": segundo o STF, "**O Ministério Público do Trabalho – MPT não dispõe de legitimidade para atuar perante o Supremo Tribunal Federal**, porque a representação institucional do Ministério Público da União – MPU, nas causas instauradas nesta Corte, inclusive em tema de reclamação, está inserida na esfera de atribuições do Procurador-Geral da República, chefe do MPU (CF, art. 128, § 1º) e em cujo âmbito está estruturado o MPT. Com base nesse entendimento, o Tribunal, por maioria, não conheceu de agravo regimental interposto pelo MPT contra decisão que deferira pedido de medida liminar em reclamação proposta pelo Instituto Estadual de Meio Ambiente e Recursos Hídricos – Iema do Espírito Santo. A reclamante sustenta que o Juízo da 10ª Vara do Trabalho de Vitória/ES – ao reconhecer, em sede de ação civil pública ajuizada pelo MPT, a competência da Justiça do Trabalho para apreciar e julgar referida ação, que veio a ser declarada procedente, em tema de contratações, sem concurso público, de pessoal temporário e de investidura, alegadamente inconstitucional, de servidores públicos em cargos comissionados – teria desrespeitado a eficácia vinculante que é inerente aos pronunciamentos do Supremo em sede de fiscalização normativa abstrata (ADI 3395/DF)". Vencido o Min. Marco Aurélio que conhecia do recurso, admitindo o interesse de agir do MPT". Rcl 5873 AgR/ES, rel. Min. Celso de Mello, 9.12.2009.

Alternativa "a": segundo o entendimento jurisprudencial do STJ, **são devidos** honorarios advocaticios sucumbenciais em favor da Defensoria Publica quando patrocina demanda ajuizada contra Ente Federativo diverso do qual ela pertence.

Alternativa "b": o advogado é indispensável à administração da justiça (art. 133 da CF), e o efetivo exercício da profissão demanda inscrição na OAB (conforme art. 8º, IV, da Lei 8.906/94). Conforme entendimento do STF, "são **nulos de pleno direito** os atos processuais, que, privativos de advogado, venham a ser praticados por quem não dispõe de capacidade postulatória. Inaplicabilidade do art. 13 do CPC, quando o recurso já estiver em tramitação no STF. Precedentes. O direito de petição qualifica-se como prerrogativa de extração constitucional assegurada à generalidade das pessoas pela Carta Política (art. 5º, XXXIV, a). Traduz direito público subjetivo de índole essencialmente democrática. O direito de petição, contudo, não assegura, por si só, a possibilidade de o interessado – que não dispõe de capacidade postulatória – ingressar em juízo, para, independentemente de advogado, litigar em nome próprio ou como representante de terceiros. Precedentes." (MI 772-AgR, Rel. Min. Celso de Mello, julgamento em 24-10-2007, Plenário, DJE de 20-3-2009).

Alternativa "c": de acordo com entendimento do STJ, relativo a situação envolvendo o Estado de Minas Gerais, o advogado dativo nomeado na hipótese de **impossibilidade da Defensoria Pública** no local da prestação do serviço, tem direito a honorários advocatícios, que não podem ser fixados pelo juiz em valores distintos dos fixados em tabela da OAB.

Alternativa "d": depois da EC 69/12, a competência para organizar e manter a DP do DF passou a ser **do próprio DF**.

6. CONTROLE DE CONSTITUCIONALIDADE. SISTEMAS DE CONTROLE DE CONSTITUCIONALIDADE

187. (Cespe – Juiz de Direito Substituto – AM/2016) À luz da jurisprudência do STF, assinale a opção correta acerca da supremacia da CF e dos diferentes tipos de inconstitucionalidade.

a) Se o Estado deixar de adotar as medidas necessárias à realização concreta dos preceitos da CF, ou seja, a torná-los efetivos, operantes e exequíveis, abstendo-se, em consequência, de cumprir o dever de prestação que a CF lhe impôs, incidirá em violação negativa do texto constitucional. Desse *non facere* ou *non praestare*, resultará a inconstitucionalidade por omissão, que pode ser total ou parcial.

b) Lei estadual que regule a comercialização de artigos de conveniência e prestação de serviços de utilidade pública em farmácias e drogarias do estado, editada no exercício de competência suplementar dos estados para legislar sobre a matéria, embora formalmente constitucional, incidirá em inconstitucionalidade material, embora observado o princípio da proporcionalidade.

c) Lei estadual que imponha proibição ao Poder Executivo estadual de iniciar, renovar ou manter, em regime de exclusividade, em qualquer instituição bancária privada, as disponibilidades de caixa estaduais, com clara intenção de revogar o regime anterior e desconstituir todos os atos e contratos firmados com base em suas normas, violará o princípio da separação dos poderes e da segurança jurídica, padecendo de inconstitucionalidade formal.

d) Somente pelo voto da maioria absoluta de seus membros ou dos membros do respectivo órgão especial poderão os tribunais declarar a inconstitucionalidade de lei ou ato normativo do poder público. Por isso, não viola a cláusula de reserva de plenário a decisão de órgão fracionário de tribunal que, embora não declare expressamente a inconstitucionalidade de lei ou ato normativo do poder público, afasta sua incidência, no todo ou em parte.

e) Lei estadual de iniciativa parlamentar que disponha sobre entidades municipais legitimadas a integrar órgão da administração pública estadual ou firmar convênios com o estado-membro, usurpando competência legislativa exclusiva do chefe do Poder Executivo, incidirá em inconstitucionalidade material, mas não formal.

COMENTÁRIOS

✪ **Nota do autor:** o tema controle de constitucionalidade é bastante cobrado em concursos públicos. A questão é bastante abrangente, abordando jurisprudência, doutrina e o próprio texto da Carta Maior.

Alternativa correta: letra "a": exatamente conforme o entendimento do STF: "O desrespeito à Constituição tanto pode ocorrer mediante ação estatal quanto mediante inércia governamental. A situação de inconstitucionalidade pode derivar de um comportamento ativo do Poder Público, que age ou edita normas em desacordo com o que dispõe a Constituição, ofendendo-lhe, assim, os preceitos e os princípios que nela se acham consignados. Essa conduta estatal, que importa em um "facere" (atuação positiva), gera a inconstitucionalidade por ação. – **Se o Estado deixar de adotar as medidas necessárias à realização concreta dos preceitos da Constituição, em ordem a torná-los efetivos, operantes e exequíveis, abstendo-se, em consequência, de cumprir o dever de prestação que a Constituição lhe impôs, incidirá em violação negativa do texto constitucional. Desse "non facere" ou "non praestare" resultará a inconstitucionalidade por omissão, que pode ser total, quando é nenhuma a providência adotada, ou parcial, quando é insuficiente a medida efetivada pelo Poder Público.** Precedentes (ADI 1.458-MC/DF, Rel. Min. CELSO DE MELLO, v.g.). Doutrina" (AI 598212 ED, julgada em 2014 e relatada pelo Ministro Celso de Mello). Nathalia Masson, por sua vez, preleciona que: "A violação à Constituição pode resultar de uma atuação estatal, hipótese em que a inconstitucionalidade deriva de um comportamento ativo (de um *facere*) do Poder Público, seja porque este faz o que o documento constitucional não lhe autoriza, seja, ainda, porque confecciona normas em dissonância, no aspecto formal ou no conteúdo, com aquilo que determina a Constituição. Essa conduta estatal, que importa em um fazer (um agir), gera a inconstitucionalidade por ação. Por outro lado, a letargia governamental em adotar as medidas imprescindíveis à realização concreta das diretrizes constitucionais, mantendo-se inerte diante do dever de cumpri as determinações que a Constituição impõe, ocasiona a inequívoca violação negativa do texto constitucional. Deste não fazer estatal, do não agir dos Poderes Públicos, exsurge também a inconstitucionalidade, mas agora por omissão. Esta pode ser total (ou absoluta), quando não há nenhum resquício de regulamentação da norma constitucional, ou parcial, decorrente de execução defeituosa ou insuficiente do dever constitucional de efetivar a própria Constituição" (MASSON, Nathalia. *Manual de direito constitucional*. Salvador: Juspodvim, 2013, p. 1050-1051).

Alternativa "b": é constitucional lei estadual que regule a comercialização de artigos de conveniência e prestação de serviços de utilidade pública em farmácias e drogarias do estado, editada no exercício de competência suplementar dos estados para legislar sobre a matéria. Segundo entendimento do STF: "AÇÃO DIRETA DE INCONSTITUCIONALIDADE PROPOSTA PELO GOVERNADOR DO ESTADO DE SÃO PAULO. LEI ESTADUAL Nº 12.623/2007. DISCIPLINA DO COMÉRICIO DE ARTIGOS DE CONVENIÊNCIA EM FARMÁCIAS E DROGARIAS. USURPAÇÃO DA COMPETÊNCIA DA UNIÃO. IMPROCEDÊNCIA. A Lei Federal 5.991/73, ao dispor sobre o controle sanitário do comércio de drogas, medicamentos, insumos farmacêuticos e correlatos, destinou a farmácias e drogarias a exclusividade na comercialização de tais produtos sem proibir, contudo, a oferta de artigos de conveniência. A mera disciplina acerca dos produtos de conveniência que também podem ser comercializados em tais estabelecimentos não extrapola a competência supletiva estadual. **O Plenário desta Corte já enfrentou a questão ao julgamento de ações diretas de inconstitucionalidade propostas pelo Procurador-Geral da República contra diversas leis estaduais – que tam-**

bém disciplinavam a comercialização de artigos de conveniência em farmácias e drogarias-, concluindo pela constitucionalidade das normas impugnadas, seja pela natureza - comércio local-, seja pelo legítimo exercício da competência suplementar dos legisladores estaduais no campo da defesa da saúde - a que se refere o art. 24, XII, da Constituição da República-, seja pela desproporcionalidade da limitação ao exercício da livre iniciativa requerida. Às agências reguladoras não compete legislar, e sim promover a normatização dos setores cuja regulação lhes foi legalmente incumbida. A norma regulatória deve se compatibilizar com a ordem legal, integrar a espécie normativa primária, adaptando e especificando o seu conteúdo, e não substituí-la ao inovar na criação de direitos e obrigações. Em espaço que se revela qualitativamente diferente daquele em que exercida a competência legiferante, a competência regulatória é, no entanto, conformada pela ordem constitucional e legal vigente. As normas da ANVISA que extrapolem sua competência normativa - como é o caso da proibição de comércio de artigos de conveniência em farmácias e drogarias - não se revelam aptas a obstar a atividade legiferante dos entes federados. Ação direta de inconstitucionalidade julgada improcedente" (STF. ADI 4093, julgada em 2014 e relatada pela Ministro Rosa Weber).

Alternativa "c": lei estadual que imponha proibição ao Poder Executivo estadual de iniciar, renovar ou manter, em regime de exclusividade, em qualquer instituição bancária privada, as disponibilidades de caixa estaduais, com clara intenção de revogar o regime anterior e desconstituir todos os atos e contratos firmados com base em suas normas, violará o princípio da separação dos poderes e da segurança jurídica, padecendo de inconstitucionalidade **material** (e não formal). Nesse mesmo sentido, o STF julgou a ADI 3075, julgada em 2014 e relatada pelo Ministro Gilmar Mendes. Vale recordar, que a inconstitucionalidade atacada pode ser **formal** ou nomodinâmica (vício de procedimento legislativo ou de afronta a regras de iniciativa/competência) ou **material** ou nomoestática (vício que afeta o conteúdo substantivo das normas constitucionais).

Alternativa "d": Somente pelo voto da maioria absoluta de seus membros ou dos membros do respectivo órgão especial poderão os tribunais declarar a inconstitucionalidade de lei ou ato normativo do Poder Público. Trata-se do denominado Princípio da Reserva de Plenário, previsto no art. 97, da CF. Ademais, nos termos da Súmula Vinculante 10, **viola** a cláusula de reserva de plenário (CF, artigo 97) a **decisão de órgão fracionário de tribunal que, embora não declare expressamente a inconstitucionalidade de lei ou ato normativo do poder público, afasta sua incidência, no todo ou em parte.**

Alternativa "e": lei estadual de iniciativa parlamentar que disponha sobre entidades municipais legitimadas a integrar órgão da administração pública estadual ou firmar convênios com o estado-membro, usurpando competência legislativa exclusiva do chefe do Poder Executivo, incidirá em inconstitucionalidade **formal** (e não material). Nesse sentido: "Ação direta de inconstitucionalidade. 2. Governador do Estado do Rio Grande do Sul. 3. Lei estadual nº 10.114, de 16 de março de 1994. 4. Alegação de ofensa aos artigos 2º; 5º, caput e incisos XVII, XVIII e XX; e 61, § 1º, II, "e", da Constituição Federal. 5. Lei que dispõe sobre entidades municipais legitimadas a integrar órgão da administração pública estadual ou firmar convênios com o Estado-membro. 6. Usurpação da competência legislativa exclusiva do Chefe do Poder Executivo. Artigo 61, § 1º, inciso II, "e", da Constituição Federal. Precedentes. Inconstitucionalidade formal configurada. 7. Violação aos princípios da autonomia municipal e da isonomia. Artigos 30, inciso I; 34, inciso VII, "c"; e, art. 5º, caput da Constituição Federal. Inconstitucionalidade material configurada. 8. Ação julgada procedente" (STF. ADI 1077, julgada em 2015 e relatada pelo Ministro Gilmar Mendes).

---

188. (Cespe - Defensor Público - RN/2015) No tocante à jurisdição constitucional dos TJs estaduais, assinale a opção correta de acordo com a jurisprudência do STF.

a) Pela técnica da remissão normativa, a Constituição estadual pode incorporar o conteúdo de normas da CF, podendo os preceitos constitucionais estaduais de remissão servir de parâmetro no controle abstrato de normas de âmbito estadual.

b) Não será exigido o requisito da pertinência temática para qualquer dos legitimados ao controle abstrato de constitucionalidade estadual, salvo se a Constituição estadual contemplar expressamente essa exigência.

c) Se o autor de representação de inconstitucionalidade estadual invocar como parâmetro de controle norma da Constituição estadual incompatível com a CF, o TJ deverá, mesmo assim, julgar a ação, ainda que em face desse parâmetro local, não lhe sendo admitido controlar incidentalmente a constitucionalidade dessa norma constitucional estadual em face da CF.

d) A decisão de TJ que, em ação direta, declarar inconstitucional lei estadual somente terá eficácia contra todos após a assembleia legislativa do respectivo estado suspender a execução do referido ato normativo.

e) Cabe aos estados instituir a representação de inconstitucionalidade de leis ou de atos normativos estaduais ou municipais em face da Constituição estadual, vedada a instituição de ADI por omissão.

COMENTÁRIOS

Alternativa correta: letra "a": a técnica da remissão normativa consiste na remissão, por parte da Constituição Estadual, de dispositivos constantes da Constituição Federal, sem, contudo, reproduzi-lo. Desse modo, se a Constituição de um Estado prevê genericamente a aplicação dos direitos e garantias fundamentais dispostos na CF, remetendo às suas disposições, verifica-se o uso da técnica de remissão normativa. Segundo o STF: "Revela-se legítimo invocar, como referência paradigmática, para efeito de controle abstrato de constitucionalidade de leis ou atos normativos estaduais e/ou municipais, cláusula de caráter remissivo que, inscrita na Constituição Estadual, remete, diretamente, às regras normativas constantes da própria Constituição Federal, assim incorporando-as, formalmente, mediante referida técnica de remissão, ao plano do ordenamento constitucional do Estado-membro. – Com a técnica de remissão normativa, o Estado-membro confere parametricidade às normas que, embora constantes da Constituição Federal, passam a compor, formalmente, em razão da expressa referência a elas feita, o "corpus" constitucional dessa unidade política da Federação, o que torna possível erigir-se, como parâmetro de confronto, para os fins a que se refere o art. 125, § 2º, da Constituição da República, a própria norma constitucional estadual de conteúdo remissivo." (STF. Rcl 5690, julgada em 2015 e relatada pelo Ministro Celso de Mello).

Alternativa "b": a depender do legitimado, ainda que não conste expressamente da Constituição Estadual, poderá ser exigido o requisito da pertinência temática para alguns legitimados. Exemplo do que ocorre no controle concentrado de constitucionalidade no âmbito federal. Apesar de silente a Constituição Federal, segundo jurisprudência do STF, são legitimados especiais, ou seja, precisam demonstrar pertinência temática: a) Mesa da Assembleia Legislativa ou da Câmara Legislativa do Distrito Federal; b) Governador do Estado ou do Distrito Federal; c) Confederação Sindical ou Entidade de Classe de âmbito nacional. Os demais são legitimados neutros ou universais e não precisam demonstrar pertinência temática. Ademais, "O requisito da pertinência temática – que se traduz na relação de congruência que necessariamente deve existir entre os objetivos estatutários ou as finalidades institucionais da entidade autora e o conteúdo material da norma questionada em sede de controle abstrato – foi erigido à condição de pressuposto qualificador da própria legitimidade ativa ad causam para efeito de instauração do processo objetivo de fiscalização concentrada de constitucionalidade." Essa foi a conclusão do STF no bojo da ADI 1.157-MC, julgada em 1994 e relatada pelo Ministro Celso de Mello.

Alternativa "c": é admitido ao TJ controlar incidentalmente a constitucionalidade dessa norma constitucional estadual em face da CF. Segundo Dirley da Cunha Júnior: "[...] constatando o Tribunal que a norma da Constituição Estadual viola a Constituição Federal, deve a Corte estadual declarar, de ofício e incidentemente à ADI proposta, a inconstitucionalidade da norma constitucional estadual e julgar extinto o processo por absoluta impossibilidade jurídica do pedido, pois não se admite, juridicamente, uma pretensão de declaração de inconstitucionalidade de lei em face de parâmetro constitucional estadual inconstitucional por ofensivo a Constituição Federal.

Alternativa "d": no controle concentrado estadual (assim como no âmbito federal), a eficácia *erga omnes* da decisão que reconhece a inconstitucionalidade da norma impugnada independe de manifestação da assembleia legislativa. Segundo entendimento do STF: "(...) Tratando-se de hipótese em que a competência para julgar originariamente a representação de inconstitucionalidade é do Tribunal de Justiça, não cabe a comunicação à Casa Legislativa. Esse é o sistema que decorre da Carta Federal. Declarada a inconstitucionalidade de ato normativo no abstrato, em processo objetivo e não subjetivo, a decisão irradia-se. Vale dizer que fulminada fica a lei, não cabendo providência voltada à suspensão." (RE 199.293, julgado em 2004 e relatado pelo Ministro Marco Aurélio).

Alternativa "e": segundo reza a Constituição, cabe aos Estados a instituição de representação de inconstitucionalidade de leis ou atos normativos estaduais ou municipais em face da Constituição Estadual**, vedada a atribuição da legitimação para agir a um único órgão** (art. 125, §2º, CF).

---

189. (Cespe – Defensor Público – RN/2015) Em relação a controle de constitucionalidade, assinale a opção correta.

a) Segundo o entendimento do STF, o Conselho Nacional do Ministério Público pode, excepcionalmente, no exercício de suas atribuições de controle da legitimidade dos atos administrativos praticados por membros do MP, afastar a aplicação de norma identificada como inconstitucional.

b) Consoante entendimento do STF, em ADI, após a deliberação a respeito do mérito da declaração de inconstitucionalidade e, mesmo já proclamado o resultado final do julgamento, é possível a reabertura do julgamento para fins de deliberação a respeito da modulação dos efeitos da decisão.

c) De acordo com alteração constitucional promovida por emenda constitucional, o defensor público-geral federal passou a ser um dos legitimados a propor ADI e a ação declaratória de constitucionalidade.

d) A decisão que julgar procedente o pedido em ADPF é irrecorrível, não podendo ser objeto de ação rescisória ou de reclamação contra o seu descumprimento.

e) De acordo com entendimento do STF, para admitir-se a revisão ou o cancelamento de súmula vinculante, faz-se necessário demonstrar: a evidente superação da jurisprudência do STF no trato da matéria; a alteração legislativa quanto ao tema; ou, ainda, a modificação substantiva de contexto político, econômico ou social.

COMENTÁRIOS

Alternativa correta: letra "e": segundo conteúdo do Informativo nº 800/2015 do STF: "A Corte asseverou que, **para admitir-se a revisão ou o cancelamento de súmula vinculante, seria necessário demonstrar**: a) a **evidente superação da jurisprudência do STF no trato da matéria**; b) a **alteração legislativa quanto ao tema**; ou, ainda, c) a **modificação substantiva de contexto político, econômico ou social**. A proponente, porém, não teria comprovado a existência dos aludidos pressupostos, assim como não teria se desincumbido do ônus de apresentar decisões reiteradas do STF que demonstrassem a desnecessidade de vigência do enunciado em questão, o que impossibilitaria o exame da presente proposta de cancelamento. Por fim, cumpriria destacar que o mero descontentamento ou eventual divergência quanto ao conteúdo de verbete vinculante não autorizariam a rediscussão da matéria." (PSV 13/DF, 24.9.2015).

Alternativa "a": o CNMP e o CNJ não podem realizar controle de constitucionalidade. Segundo entendimento do STF: "O Conselho Nacional de Justiça, no exercício de suas funções constitucionais, possui, tão somente, atribuições de natureza administrativa e, nesse sentido, não lhe é permitido apreciar a constitucionalidade dos atos administrativos, mas somente sua legalidade." (MS 31285, julgado em 2016 e relatado pelo Ministro Marco Aurélio).

Alternativa "b": no bojo do Informativo 780 do STF, restou consignado que: "Em ação direta de inconstitucionalidade, com a proclamação do resultado final, se tem por concluído e encerrado o julgamento e, por isso, inviável a sua reabertura para fins de modulação." (ADI 1949, julgada em 2015 e relatada pelo Ministro Joaquim Barbosa).

Alternativa "c": o defensor público-geral federal **não** passou a ser um dos legitimados a propor ADI e a ação declaratória de constitucionalidade.

Alternativa "d": nos termos do art. 12 da Lei 9.882/99, a decisão que julgar procedente ou improcedente o pedido em arguição de descumprimento de preceito fundamental **é irrecorrível**, **não podendo ser objeto de ação rescisória**. No entanto, segundo expresso no art. 13 de referida lei, **caberá reclamação** contra o descumprimento da decisão proferida pelo Supremo Tribunal Federal na forma de seu Regimento Interno. Desse modo, conclui-se que a decisão que julgar procedente o pedido em ADPF é irrecorrível e não poderá ser objeto de ação rescisória, no entanto, é cabível reclamação contra o seu descumprimento.

190. (Cespe – Advogado da União – 2015) Acerca do controle de constitucionalidade das normas, julgue os itens subsecutivos.

190.1. Situação hipotética: O presidente da República ajuizou no STF ação direta de inconstitucionalidade que impugna a constitucionalidade de uma lei estadual com base em precedente dessa corte. A petição inicial dessa ação também foi assinada pelo AGU. Assertiva: Nessa situação, conforme entendimento do STF, o AGU deverá defender a constitucionalidade da lei ao atuar como curador da norma.

COMENTÁRIOS

Errado. O STF já enfrentou a questão sobre a obrigatoriedade de o AGU defender a norma impugnada em sede de ADI. Entendeu que a instituição teria autonomia para, caso entendesse se tratar de norma inconstitucional, deixar de defender o ato atacado.

190.2. Considerando-se que a emenda constitucional, como manifestação do poder constituinte derivado, introduz no ordenamento jurídico normas de hierarquia constitucional, não é possível a declaração de inconstitucionalidade dessas normas. Assim, eventuais incompatibilidades entre o texto da emenda e a CF devem ser resolvidas com base no princípio da máxima efetividade constitucional.

COMENTÁRIOS

Errado. É possível a declaração de inconstitucionalidade de emenda constitucional, uma vez que é manifestação do poder constituinte derivado reformador e deve observar os limites estabelecidos pelo poder constituinte originário. Vide ADIs 4357, 4372, 4400 e 4425.

191. (Cespe – Promotor de Justiça – AC/2014) A respeito do controle de constitucionalidade, assinale a opção correta.

a) Em decisão de órgão fracionário de tribunal de justiça na qual, embora não se declare expressamente a inconstitucionalidade de lei estadual questionada perante a constituição estadual, seja afastada sua incidência no caso concreto, prescinde-se da cláusula da reserva de plenário.

b) A inconstitucionalidade formal de uma lei somente pode ser aferida de acordo com as regras constitucionais vigentes no momento de sua elaboração, e não em razão da mudança posterior do parâmetro constitucional.

c) Assim como ocorre na ação declaratória de constitucionalidade e na ação direta de inconstitucionalidade, as leis pré – constitucionais não podem ser objeto de arguição de descumprimento de preceito fundamental.

d) A sanção presidencial tem o condão de sanar vício de inconstitucionalidade formal relativo à competência para iniciar o processo legislativo.

e) Em se tratando de ajuizamento de ação direta de inconstitucionalidade, aplica-se o princípio da congruência ou da adstrição ao pedido, não se admitindo a declaração de inconstitucionalidade de uma norma que não tenha sido objeto do pedido.

COMENTÁRIOS

✪ **Nota do autor:** a questão aborda um tema muito cobrado em concursos públicos que é o controle de constitucionalidade. Além disso, a questão exige atenção do candidato quanto às palavras utilizadas, que podem levar a confusão de conteúdo, como é o caso quando utiliza em suas a palavra "prescindível", facilmente confundida com "imprescindível".

Alternativa correta: "b": a receptação consiste no fenômeno em que normas pertencentes a uma ordem jurídica anterior são recebidas e consideradas válidas por uma nova ordem constitucional, porque seus conteúdos são materialmente compatíveis. Quando do surgimento de uma nova Constituição as normas materialmente incompatíveis serão revogadas (nomenclatura utilizada pelo STF) ou não-recepcionadas. **A incompatibilidade formal superveniente não impede a recepção, mas faz com que a norma adquira uma nova roupagem. Exemplo: CTN (Lei 5.172/66) foi recepcionado, por EC pela CF/67 e também pela CF/88 como Lei Complementar, logo, só pode ser revogado por outra lei complementar. Em outras palavras: na recepção constitucional só importa o aspecto material.** Há, ainda, a recepção expressa, a exemplo da norma do art. 34 do ADCT, segundo a qual o sistema tributário nacional entraria em vigor apenas a partir do primeiro dia do quinto mês seguinte ao da promulgação da Constituição, mantido, até então, o da Constituição de 1967, com a redação dada pela Emenda nº 1, de 1969, e pelas posteriores. Assim, o art. 34 do ADCT recepcionou, expressamente, o sistema tributário da Constituição de 1967, ainda que por prazo determinado. Portanto, a inconstitucionalidade formal de uma lei somente pode ser aferida de acordo com as regras constitucionais vigentes no momento de sua elaboração, e não em razão da mudança posterior do parâmetro constitucional.

Alternativa "a": nos termos da Súmula Vinculante 10, viola a cláusula de reserva de plenário (CF, artigo 97) a decisão de órgão fracionário de tribunal que, embora não declare expressamente a inconstitucionalidade de lei ou ato normativo do poder público, afasta sua incidência, no todo ou em parte. Portanto, **é imprescindível observar a cláusula de reserva de plenário** em decisão de órgão fracionário de Tribunal de Justiça na qual, embora não se declare expressamente a inconstitucionalidade de lei estadual questionada perante a constituição estadual, seja afastada sua incidência no caso concreto.

Alternativa "c": a arguição de descumprimento de preceito fundamental (ADPF), prevista do art. 102, § 1º, da CF, é a única ação do controle concentrado de constitucionalidade federal (apreciado pelo STF) que **pode realizar controle de recepção constitucional (direito infraconstitucional anterior à Constituição vigente, ou seja, como um de seus objetos temos as normas pré-constitucionais)**, nos termos do art. 1º, parágrafo único, I, da Lei nº 9.882/1999. A ADPF também é a única ação a contemplar a hipótese de controle concentrado de constitucionalidade pelo Supremo Tribunal Federal sobre lei ou ato normativo municipal em face da Constituição da República (art. 1º, parágrafo único, I, da Lei nº 9.882/1999). Portanto, **diferentemente do que ocorre na ação declaratória de constitucionalidade e na ação direta de inconstitucionalidade, as leis pré-constitucionais podem ser objeto de arguição de descumprimento de preceito fundamental.**

Alternativa "d": o atual entendimento consolidado no STF é quea sanção presidencial **não** tem o condão de sanar vício de inconstitucionalidade formal relativo à competência para iniciar o processo legislativo. Desse modo, o vício de iniciativa não pode ser convalidado pela sanção do Chefe do Poder Executivo, de modo que o enunciado da Súmula nº 5, do STF, que previa que a sanção do projeto supre a falta de iniciativa do poder executivo não mais se aplica.

Alternativa "e": em regra, em se tratando de ajuizamento de ação direta de inconstitucionalidade, aplica-se o princípio da congruência ou da adstrição ao pedido, mas, em caráter excepcional, nos casos de inconstitucionalidade por arrastamento, tem-se admitido a declaração de inconstitucionalidade de uma norma que não tenha sido objeto do pedido. Nas lições de Nathalia Masson: "Com relação à indicação do dispositivo que se vai impugnar, pode-se dizer que é a indicação do próprio objeto da ação. Com relação a ele, vigora o princípio do pedido ou da congruência ao pedido. Segundo este, o órgão judicial fica adstrito àquilo que o legitimado ativo apresentou na petição, somente podendo avaliar os dispositivos que foram listados na inicial. O STF, porém, vem reconhecendo a possibilidade de ampliar a declaração de inconstitucionalidade para alcançar dispositivos não impugnados na inicial, mas dependentes de disposições que foram impugnadas e consideradas inconstitucionais. O faz por meio da utilização da técnica da declaração de inconstitucionalidade por arrastamento (ou consequencial, ou por atração, ou por reverberação normativa)" (MASSON, Nathalia. *Manual de Direito Constitucional*. Salvador: Juspodivm, 2013, p. 1029).

192. (Cespe – Cartório – TJ – DF/2014) Com base no disposto na CF e na jurisprudência do STF, assinale a opção correta acerca do controle de constitucionalidade.

a) O reconhecimento, pelo STF, da presença da repercussão geral em determinada matéria exime outros recorrentes do dever de apresentar preliminar sobre a presença da repercussão geral em recursos que tratem da mesma questão afetada.

b) No julgamento de reclamação constitucional, é possível ao STF realizar a reinterpretação e, portanto, a redefinição do conteúdo e do alcance da decisão paradigma apontada pelo reclamante como violada.

c) A cláusula de reserva de plenário deve ser aplicada aos casos em que determinado tribunal reconheça a não recepção de norma anterior pela nova ordem constitucional.

d) É incabível a interposição de recurso extraordinário contra decisão de tribunal de justiça proferida em ADI estadual ou distrital.

e) A concessão de provimento cautelar é incompatível com o rito da ADI por omissão.

COMENTÁRIOS

✪ **Nota do autor:** a questão envolve conhecimentos acerca dos posicionamentos adotados pela Suprema Corte. É de grande importância que o candidato mantenha-se atualizado acerca dos julgados proferidos pelo STF, vez que seus entendimentos são abordados com grande frequência em provas de concurso.

Alternativa correta: "b": no julgamento de reclamação constitucional, é possível ao STF realizar a reinterpretação e, portanto, a redefinição do conteúdo e do alcance da decisão paradigma apontada pelo reclamante como violada. Desse modo, em sede de julgamento da reclamação constitucional, surgiria a possibilidade de uma nova análise da decisão paradigma pelo próprio Tribunal Constitucional e, caso necessário, uma nova interpretação. Nesse sentido, cumpre destacar o posicionamento adotado pela Suprema Corte: "Reclamação como instrumento de (re)interpretação da decisão proferida em controle de constitucionalidade abstrato. Preliminarmente, arguido o prejuízo da reclamação, em virtude do prévio julgamento dos recursos extraordinários 580.963 e 567.985, o Tribunal, por maioria de votos, conheceu da reclamação. O STF, no exercício da competência geral de fiscalizar a compatibilidade formal e material de qualquer ato normativo com a Constituição, pode declarar a inconstitucionalidade, incidentalmente, de normas tidas como fundamento da decisão ou do ato que é impugnado na reclamação. Isso decorre da própria competência atribuída ao STF para exercer o denominado controle difuso da constitucionalidade das leis e dos atos normativos. A oportunidade de reapreciação das decisões tomadas em sede de controle abstrato de normas tende a surgir com mais naturalidade e de forma mais recorrente no âmbito das reclamações. É no juízo hermenêutico típico da reclamação – no "balançar de olhos" entre objeto e parâmetro da reclamação – que surgirá com maior nitidez a oportunidade para evolução interpretativa no controle de constitucionalidade. Com base na alegação de afronta a determinada decisão do STF, o Tribunal poderá reapreciar e redefinir o conteúdo e o alcance de sua própria decisão. E, inclusive, poderá ir além, superando total ou parcialmente a decisão-parâmetro da reclamação, se entender que, em virtude de evolução hermenêutica, tal decisão não se coaduna mais com a interpretação atual da Constituição" (STF. Rcl. 4374, julgada em 2013 e relatada pelo Ministro Gilmar Mendes).

Alternativa "a": o reconhecimento, pelo STF, da presença da repercussão geral em determinada matéria **não** exime outros recorrentes do dever de apresentar preliminar sobre a presença da repercussão geral em recursos que tratem da mesma questão afetada. Esse entendimento foi adotado no julgado da ARE 663637 AgR-QO, julgada em 2012 e relatada pelo Ministro Ayres Britto.

Alternativa "c": no julgamento do RE 2787710 AgR, julgado em 2010 e relatado pelo Ministro Joaquim Barbosa, o posicionamento adotado pela Suprema Corte foi quea cláusula de reserva de plenário **não** se aplica aos casos em que determinado tribunal reconheça a não recepção de norma anterior pela nova ordem constitucional. Ou seja, não é necessário observância da cláusula de reserva de plenário na apreciação de recepção de norma pré-constitucional. Nesse sentido, decidiu também o STF no julgamento do AI 824937 AgR, julgado em 2013 e relatado pelo Ministro Roberto Barroso.

Alternativa "d": é cabível a interposição de recurso extraordinário contra decisão de Tribunal de Justiça proferida em ADI estadual ou distrital, quando a norma violadora afrontar dispositivo constante da Constituição Estadual (ou Lei Orgânica Distrital) que reproduza norma da CF, cujo conteúdo seja de observância obrigatória. Vale destaque o julgado: "No que guarda pertinência com a possibilidade de recurso extraordinário em sede de ADIN estadual, esta Corte tem precedentes que admitem a interposição, mas apenas nas hipóteses de decisões dos Tribunais locais em que há alegação de ofensa, pela legislação ou ato normativo estadual ou municipal, a preceito da Constituição estadual que reproduza norma constitucional federal de observância obrigatória pelos Estados" (STF. RE 599633 AgR-AgR, julgado em 2013 e relatado pelo Ministro Luiz Fux).

Alternativa "e": a concessão de provimento cautelar é **compatível** (e não incompatível) com o rito da ADI por omissão. A ação direta de inconstitucionalidade por omissão admite medida cautelar. Nos termos do art. 12-F, da Lei 9.868/99 (incluído pela Lei 12.063/09), em caso de excepcional urgência e relevância da matéria, o Tribunal, por decisão da maioria absoluta de seus membros, observado o disposto no art. 22, poderá conceder medida cautelar, após a audiência dos órgãos ou autoridades responsáveis pela omissão inconstitucional, que deverão pronunciar-se no prazo de 5 (cinco) dias.

193. (Cespe – Analista Judiciário – Área Judiciária – STF/2013) Ainda a respeito de controle de constitucionalidade, julgue os itens.

193.1. A repercussão geral de questão constitucional objeto de recurso extraordinário, reconhecida pelo plenário virtual do STF, não poderá ser, posteriormente, rejeitada pelo plenário presencial sob o argumento de se tratar de matéria infraconstitucional.

COMENTÁRIOS

Errado. O próprio STF já manifestou-se que a repercussão geral de questão constitucional objeto de recurso extraordinário, reconhecida pelo plenário virtual do STF, poderá ser, posteriormente, rejeitada pelo plenário presencial sob o argumento de se tratar de matéria infraconstitucional. Assim, destaca-se o julgado da Suprema Corte: "Embargos parcialmente providos para que fique esclarecido que o reconhecimento da repercussão geral da matéria pelo Plenário Virtual não obstaculiza o superveniente julgamento pelo Pleno desta Corte no sentido do não conhecimento do Recurso Extraordinário com fundamento na exigência de interpretação da legislação infraconstitucional e do direito local" (RE 607607 ED, julgado em 2013 e relatado pelo Ministro Luiz Fux).

193.2. Pela teoria da inconstitucionalidade por reverberação normativa, a norma dependente daquela declarada inconstitucional em processo anterior também estará eivada do vício da inconstitucionalidade, haja vista a relação de instrumentalidade existente entre elas.

COMENTÁRIOS

✪ **Nota do autor:** controle de constitucionalidade é matéria que o candidato deve dominar para provas de concursos públicos, vez que se trata de matéria de elevadíssima importância e de altíssima incidência em provas de concursos públicos. A questão exige conhecimentos acerca da inconstitucionalidade quanto ao prisma de apuração que pode ser: direta: a norma afronta diretamente a CF, sem que haja qualquer outra entre o objeto e o parâmetro; indireta: a) reflexa ou oblíqua: segundo Nathalia Masson, "é aquela na qual o vício é decorrente do desrespeito a uma norma infraconstitucional interposta entre o ato que se questiona e a Constituição" (MASSON, Nathalia. *Manual de Direito Constitucional*. Salvador: Juspodivm, 2013, p. 980); b) por reverbação normativa, por arrastamento ou consequencial: é a possibilidade de o STF declarar a inconstitucionalidade de uma norma objeto de pedido e também de outro ato normativo que não tenha sido objeto do pedido, em virtude de correlação, conexão ou interdependência entre uma e outro. Assim, haverá uma norma primária constitucional e outra dependente desta e secundária, que também será inconstitucional por consequência.

Certo. Pela teoria da inconstitucionalidade por reverberação normativa, a norma dependente daquela declarada inconstitucional em processo anterior também estará eivada do vício da inconstitucionalidade, haja vista a relação de instrumentalidade existente entre elas. O ordenamento jurídico brasileiro admite a inconstitucionalidade por arrastamento, que consiste na possibilidade de o STF declarar a inconstitucionalidade de uma norma objeto de pedido e também de outro ato normativo que não tenha sido objeto do pedido, em virtude de correlação, conexão ou interdependência entre uma e outro. Assim definiu o STF, na ADI 2995, julgada em 2006 e relatada pelo Ministro Celso de Mello: "Por entender caracterizada a ofensa ao art. 22, XX, da CF, que confere à União a competência privativa para legislar sobre sistemas de consórcios e sorteios, o Tribunal, por maioria, julgou procedente pedido formulado em ação direta ajuizada pelo Procurador-Geral da República, para declarar a inconstitucionalidade da Lei 12.343/2003 e, por arrastamento, do Decreto 24.446/2002, ambos do Estado de Pernambuco, que dispõem sobre o serviço de loterias no âmbito da referida unidade federativa".

193.3. Constitui requisito da petição inicial da ação declaratória de constitucionalidade a indicação da existência de controvérsia judicial relevante sobre a aplicação da disposição objeto da ação declaratória. Essa controvérsia pode ser caracterizada pela demonstração do simples desacordo entre os tribunais acerca da aplicação da norma.

COMENTÁRIOS

Errado. Constitui requisito da petição inicial da ação declaratória de constitucionalidade a indicação da existência de controvérsia judicial relevante sobre a aplicação da disposição objeto da ação declaratória. Contudo, essa controvérsia não pode ser caracterizada pela demonstração do simples desacordo entre os tribunais acerca da aplicação da norma. De acordo com o posicionamento do STF: "O ajuizamento da ação declaratória de constitucionalidade, que faz instaurar processo objetivo de controle normativo abstrato, supõe a existência de efetiva controvérsia judicial em torno da legitimidade constitucional de determinada lei ou ato normativo federal. Sem a observância desse pressuposto de admissibilidade, torna-se inviável a instauração do processo de fiscalização normativa "in abstracto", pois a inexistência de pronunciamentos judiciais antagônicos culminaria por converter, a ação declaratória de constitucionalidade, em um inadmissível instrumento de consulta sobre a validade constitucional de determinada lei ou ato normativo federal, descaracterizando, por completo, a própria natureza jurisdicional que qualifica a atividade desenvolvida pelo Supremo

Tribunal Federal. – O Supremo Tribunal Federal firmou orientação que exige a comprovação liminar, pelo autor da ação declaratória de constitucionalidade, da ocorrência, "em proporções relevantes", de dissídio judicial, cuja existência – precisamente em função do antagonismo interpretativo que dele resulta – faça instaurar, ante a elevada incidência de decisões que consagram teses conflitantes, verdadeiro estado de insegurança jurídica, capaz de gerar um cenário de perplexidade social e de provocar grave incerteza quanto à validade constitucional de determinada lei ou ato normativo federal" (ADC 8 MC, julgada em 1999 e relatada pelo Ministro Celso de Mello).

---

194. (Cespe – Procurador Federal/2013) Com referência à declaração de inconstitucionalidade sem redução de texto e à interpretação conforme a Constituição, julgue os itens consecutivos.

194.1. Na ação direta de inconstitucionalidade por omissão, a legitimidade passiva restringe-se ao Poder Legislativo inadimplente, ao qual será estipulado prazo para adotar as providências cabíveis no sentido de suprir a omissão.

COMENTÁRIOS

Errado. Na ação direta de inconstitucionalidade por omissão, a legitimidade passiva **é dos órgãos responsáveis pela edição do ato que supriria a omissão** (não se restringe ao Poder Legislativo inadimplente). Ademais, **não há que se falar** em estipulação de prazo para adoção das providências cabíveis. Nos termos do art. .12-H da Lei 9.868/99, declarada a inconstitucionalidade por omissão, será dada **ciência ao Poder competente para adoção das providências necessárias**.

194.2. A declaração de inconstitucionalidade sem redução de texto, assim como a interpretação conforme a Constituição, apresenta eficácia erga omnes e efeito vinculante relativamente aos órgãos do Poder Judiciário e à administração pública federal, estadual e municipal.

COMENTÁRIOS

Certo. Tanto a interpretação conforme quanto a declaração de inconstitucionalidade sem redução de texto são reconhecidas e consideradas válidas pelo STF. Nos termos da Rcl 1880, julgada em 2002 e relatada pelo Ministro Maurício Corrêa: "A declaração de constitucionalidade ou de inconstitucionalidade, **inclusive a interpretação conforme a Constituição e a declaração parcial de inconstitucionalidade sem redução de texto**, têm eficácia contra todos e efeito vinculante em relação aos órgãos do Poder Judiciário e à Administração Pública federal, estadual e municipal".

---

195. (Cespe – Juiz Federal Substituto 1ª região/2013) A respeito do sistema brasileiro de controle de constitucionalidade de leis e atos normativos, tal como instituído na Carta Magna e aplicado pelo Poder Judiciário, assinale a opção correta.

a) O controle de constitucionalidade de leis municipais, em face da constituição do estado, é de competência do STF.

b) A apreciação de proposta de emenda constitucional viciada de inconstitucionalidade material enseja o controle de constitucionalidade preventivo pelo STF.

c) Não há inconstitucionalidade de norma constante do texto da Carta Magna promulgado em 5/10/1988.

d) Desde que observado o princípio da reserva de plenário, a inconstitucionalidade de lei ou ato normativo pode ser declarada por maioria simples dos membros de um tribunal.

e) O controle de constitucionalidade alcança leis e outros atos normativos, excetuando-se as emendas constitucionais.

COMENTÁRIOS

Alternativa correta: "c": não há inconstitucionalidade de norma constante do texto da Carta Magna promulgado em 5/10/1988. Por sua vez, as emendas constitucionais podem ser objeto de controle de constitucionalidade, ou em outras palavras: admite-se a existência de normas constitucionais inconstitucionais, **desde que não sejam originárias**, mas oriundas de emendas constitucionais (vide ADIs 4357, 4372, 4400 e 4425, que versam sobre a inconstitucionalidade da EC 62/2009, que criou um regime especial de pagamento de precatórios). Conclui-se, portanto, que as normas constitucionais originárias, aquelas constantes do texto original da CF (promulgadas em 05 de outubro de 1988), não são inconstitucionais.

Alternativa "a": o controle de constitucionalidade de leis municipais, em face da Constituição do Estado, é de competência do Tribunal de Justiça (e não do STF). Vale destacar que, se a norma estadual ou municipal confrontar com norma de observância obrigatória contida na CE, caberá Recurso Extraordinário para o STF. Por fim, vale assinalar que o artigo 125, § 2º, da CF prescreve que cabe aos Estados a instituição de representação de inconstitucionalidade de leis ou atos normativos estaduais ou municipais em face da Constituição Estadual, vedada a atribuição da legitimação para agir a um único órgão.

Alternativa "b": a apreciação de proposta de Emenda Constitucional viciada de inconstitucionalidade formal (e não material) enseja o controle de constitucionalidade preventivo pelo STF. A inconstitucionalidade formal é aquela que há vício de **procedimento legislativo** ou de afronta à regras de iniciativa/competência. Desse modo, proposta legislativa pretensamente inconstitucional pode ser impugnada por meio de mandado de segurança individual manejado por parlamentar sob o argumento de vulneração às cláusulas pétreas e violação ao direito líquido e certo de participação de um processo legislativo hígido (STF. MS 20.257, julgado em 1981 e relatado pelo Ministro Décio Miranda). Assim, uma proposta de Emenda Constitucional que tende abolir as cláusulas pétreas (art. 60, § 4º, da CF) poderá ser atacada por meio de mandado de segurança impetrado por parlamentar, sob o fundamento de violação ao direito líquido e certo de participação de um processo legislativo hígido.

Alternativa "d": somente pelo voto da **maioria absoluta de seus membros ou dos membros do respectivo órgão especial** poderão os tribunais declarar a inconstitucionalidade de lei ou ato normativo do Poder Público. Trata-se do denominado Princípio da Reserva de Plenário, previsto no art. 97, da CF, e reafirmado na Súmula Vinculante 10.

Alternativa "e": o controle de constitucionalidade alcança leis e outros atos normativos, **inclusive as emendas constitucionais**.

196. (Cespe – Procurador do Ministério Público junto ao TCDF/2013) No que se refere ao controle de constitucionalidade e ao controle exercido pelos TCs, julgue os itens a seguir.

196.1. Não se admite ação direta de inconstitucionalidade, perante o STF, cujo objeto seja ato normativo editado pelo DF no exercício de competência que a CF reserve aos municípios, tal como a disciplina e polícia do parcelamento do solo.

COMENTÁRIOS

Certo. Inicialmente calha destacar que compete aos Municípios promover, no que couber, adequado ordenamento territorial, mediante planejamento e controle do uso, do parcelamento e da ocupação do solo urbano (art. 30, VIII, da CF). Conforme cediço, por força do disposto no artigo 32, § 1º, da CF, **ao Distrito Federal são atribuídas as competências legislativas reservadas aos Estados e Municípios**. Já que apenas lei ou ato normativo federal ou estadual pode ser objeto de ação direta de inconstitucionalidade (ADI), deveremos analisar a natureza da lei ou do ato normativo editado pelo DF, para então saber da possibilidade da lei ou do ato normativo figurar como objeto de eventual controle em sede de ADI. Desse modo, se o ato normativo editado pelo DF for no exercício de competência que a CF reserve aos Municípios, não poderá ser objeto de ADI. Por outro lado, se estiver no exercício da competência constitucionalmente reservada aos Estados, a lei ou o ato normativo poderá ser atacado por ADI perante o STF.

196.2. Embora os TCs não detenham competência para declarar a inconstitucionalidade das leis ou dos atos normativos em abstrato, eles podem, no caso concreto, reconhecer a desconformidade formal ou material de normas jurídicas com a CF, deixando de aplicar, ou providenciando a sustação, de atos que considerem inconstitucionais.

COMENTÁRIOS

Certo. Conforme estabelece a Súmula 347 do STF, o Tribunal de Contas, no exercício de suas atribuições, pode apreciar a constitucionalidade das leis e dos atos do poder público. Sobre o assunto, assinala Lenza que "Assim, ao exercer as suas atividades poderá, sempre no caso concreto e de modo incidental, apreciar a constitucionalidade de uma lei e, se for o caso, deixar de aplicá-la" (LENZA, Pedro. *Direito Constitucional Esquematizado*. 14. ed. São Paulo: Saraiva, 2010, p. 221).

196.3. O STF possui competência para apreciar a inconstitucionalidade por omissão, legislativa ou administrativa, de órgãos federais em face da CF, mas, no que diz respeito aos órgãos estaduais, a competência para conhecer essas omissões pertence aos tribunais de justiça dos estados.

COMENTÁRIOS

Errado. O STF possui competência para apreciar a inconstitucionalidade por omissão, legislativa ou administrativa, de órgãos federais em face da CF. Ainda, é correto afirmar que os Estados podem implementar a ADO na esfera estadual. Todavia, é necessário ater-se para o seguinte fato: se o parâmetro invocado é dispositivo da Constituição Federal a competência será do STF, sendo que a competência dos Tribunais de Justiça subsistirão apenas quando o parâmetro invocado for dispositivo de sua respectiva Constituição Estadual. Portanto, **o STF possui competência para apreciar a inconstitucionalidade por omissão, legislativa ou administrativa, de órgãos estaduais em face da CF**.

197. (Cespe – Juiz Federal Substituto 5ª região/2013) Em relação ao controle de constitucionalidade das leis e dos atos normativos, assinale a opção correta.

a) É cabível a oposição de embargos de declaração para fins de modulação dos efeitos de decisão proferida em ação direta de constitucionalidade.

b) Inexiste inconstitucionalidade por vício formal subjetivo em lei resultante de iniciativa parlamentar que disponha sobre a criação de cargos na administração direta.

c) Conforme a jurisprudência do STF, é permitido ao amicuscuriae interpor recurso das decisões proferidas nos processos objetivos de controle de constitucionalidade.

d) O controle incidental de constitucionalidade de uma lei somente pode ser realizado em face da Constituição vigente, e não de Constituição anterior, já revogada.

e) O veto jurídico é exemplo de controle prévio de constitucionalidade, realizado pelo chefe do Poder Executivo quando entende ser o projeto de lei contrário ao interesse público.

COMENTÁRIOS

Alternativa correta: "a": é cabível a oposição de embargos de declaração para fins de modulação dos efeitos de decisão proferida em ação direta de constitucionalidade, conforme o entendimento do STF. Vale destacar trecho do Informativo 543 de 2009, que versa sobre o julgamento da ADI 2791: "É cabível a oposição de embargos de declaração para fins de modulação dos efeitos de decisão proferida em ação direta de inconstitucionalidade, ficando seu acolhimento condicionado, entretanto, à existência de pedido formulado nesse sentido na petição inicial. Com base nesse entendimento, o Tribunal conheceu de embargos de declaração opostos de decisão proferida em ação direta em que se discutia o cabimento desse recurso para a modulação dos efeitos da declaração de inconstitucionalidade e, por maioria, os rejeitou" (ADI 2791 ED, julgado em 2009 e relatado pelo Ministro Gilmar Mendes).

Alternativa "b": o **vício formal subjetivo** é aquele que se relaciona com a fase de iniciativa, ou seja, quando o processo legislativo não é deflagrado por quem tem a competência constitucionalmente estabelecida para tanto. O artigo 61, § 1º, II, "a", da CF, estabelece que são **de iniciativa privativa do Presidente da República as leis que disponham sobre criação de cargos, funções ou empregos públicos na administração direta e autárquica ou aumento de sua remuneração.** Isso significa que apenas o Presidente da República possui competência para iniciar o processo legislativo quando a matéria referir-se à criação de cargos na administração direta. Portanto, **existe inconstitucionalidade por vício formal subjetivo em lei resultante de iniciativa parlamentar que disponha sobre a criação de cargos na administração direta.**

Alternativa "c": conforme a jurisprudência do STF, **não é permitido ao amicus curiae interpor recurso** das decisões proferidas nos processos objetivos de controle de constitucionalidade. Desse modo, conforme decisão proferida pelo Supremo: "Entidades que participam na qualidade de *amicus curiae* dos processos objetivos de controle de constitucionalidade, não possuem legitimidade para recorrer, ainda que aportem aos autos informações relevantes ou dados técnicos. Decisões monocráticas no mesmo sentido" (STF. ADI 2591 ED, julgada em 2006 e relatada pelo Ministro Eros Grau).

Alternativa "d": o controle incidental de constitucionalidade de uma lei **pode ser realizado em face da Constituição vigente ou de Constituição anterior**, já revogada. Para o último caso, é necessário apenas que a norma, objeto do controle, tenha sido criada na vigência da Constituição revogada.

Alternativa "e": o **veto político** (e não o jurídico) é realizado pelo chefe do Poder Executivo quando entende ser o projeto de lei **contrário ao interesse público.** Por sua vez, o **veto jurídico** é espécie de controle prévio ou preventivo de constitucionalidade, quando o chefe do Poder Executivo entende ser o projeto contrário à Constituição, e, portanto, inconstitucional.

198. (Cespe – Defensor Público – RR/2013) Assinale a opção correta com relação ao controle de constitucionalidade no sistema brasileiro.

a) A competência do Senado Federal para suspender a execução de lei ou ato normativo declarado inconstitucional incidentalmente pelo STF é aplicável às leis federais e não se estende às leis ou atos normativos estaduais ou municipais, que são de competência dos respectivos poderes legislativos.

b) O STF reconhece a legitimidade das entidades sindicais de composição heterogênea para o ajuizamento de ADI.

c) A Mesa do Congresso Nacional possui legitimidade ativa universal para o ajuizamento de ADI, razão pela qual não necessita demonstrar a denominada pertinência temática.

d) Em regra, a concessão de medida liminar na ADI possui efeitos repristinatórios, de modo que a suspensão da eficácia da lei impugnada na ação implicará o retorno provisório da vigência e eficácia da lei por ela revogada, até o efetivo julgamento de mérito da ação.

e) O Poder Legislativo pode exercer o controle preventivo de constitucionalidade, mas não o controle repressivo, por ter sido adotado no Brasil o denominado controle judiciário ou jurídico, segundo o qual o Poder Judiciário detém exclusividade quanto à aferição da compatibilidade da lei ou do ato com a CF.

COMENTÁRIOS

Alternativa correta: "d": no plano constitucional, fala-se na existência de um efeito repristinatório tácito, em que no controle de constitucionalidade concentrado, a concessão da medida cautelar ou decisão de mérito torna aplicável a legislação anterior acaso existente, salvo expressa manifestação em sentido contrário (art. 11, § 2°, da Lei 9.868/99). Vale ressaltar, com Pedro Lenza, que o STF vem utilizando a expressão "efeito repristinatório" da declaração de inconstitucionalidade (c.f. ADI 2.215-PE, medida cautelar, Rel. Ministro Celso de Mello, Informativo 224 do STF). Isso porque, se a lei é nula, ela nunca teve eficácia. Se nunca teve eficácia, nunca revogou nenhuma norma. Se nunca revogou nenhuma norma, aquela que teria sido supostamente "revogada" continua tendo eficácia (*Direito Constitucional Esquematizado*. 16 ed. São Paulo: Saraiva, 2012, p. 342).

Alternativa "a": a competência do Senado Federal para suspender a execução de lei ou ato normativo declarado inconstitucional incidentalmente pelo STF, consoante art. 52, X, da CF é aplicável às leis **de todos as esferas e entes da Federação.**

Alternativa "b": o STF reconhece a legitimidade para o ajuizamento de ADI apenas das entidades sindicais de composição **homogênea**. Vale destacar o informativo sobre o julgamento em que essa questão foi decidida: "Por ausência de legitimidade ativa, o Plenário, em votação majoritária, julgou extinta, sem resolução de mérito, ação direta de inconstitucionalidade proposta pela Associação Brasileira de TV por Assinatura – ABTA contra a Lei 3.074/2006, do Estado do Amazonas. A lei impugnada veda a cobrança pela instalação e utilização de pontos adicionais de TV a cabo nas residências amazonenses. **Entendeu-se que a requerente não se enquadraria no conceito de entidade de classe em razão da heterogeneidade de sua composição**. Aduziu-se que, de acordo com o art. 4º de seu estatuto, ela seria constituída por associações de várias espécies, dentre elas, empresas que oferecem o serviço de TV por assinatura, afiliados, associados honorários e institucionais. Asseverou-se, ainda, que seus membros seriam pessoas físicas ou jurídicas cujas atividades se relacionariam, direta ou indiretamente, com o objeto da associação. **O Min. Ricardo Lewandowski enfatizou que a heterogeneidade permitiria que essa espécie de associação fosse criada para atacar qualquer tipo de lei que não interessasse a determinado setor, de modo a baratear o acesso ao STF**. Vencidos os Ministros Cármen Lúcia, relatora, Gilmar Mendes, Marco Aurélio e Cezar Peluso, Presidente, que superavam a preliminar, haja vista que o tema de fundo já teria sido resolvido por esta Corte em casos análogos. ADI 3900, julgada em 2010 e relatada para o acórdão pelo Ministro Joaquim Barbosa).

Alternativa "c": a Mesa do Congresso Nacional **não** possui legitimidade para o ajuizamento de ADI. Apenas as Mesas do Senado Federal, da Câmara dos Deputados, de Assembléia Legislativa ou da Câmara Legislativa do Distrito Federal é que possuem essa legitimidade (art. 103 da CF).

Alternativa "e": o Poder Legislativo pode exercer **tanto o controle preventivo quanto o controle repressivo de constitucionalidade**. O controle preventivo exercido pelo Legislativo se dá nas Comissões de Constituição e Justiça. Já o controle repressivo se opera pela sustação de atos que exorbite os limites do poder regulamentar do Executivo (art. 49, V, da CF) e mediante apreciação de medida provisória produzida pelo Executivo (art. 62 da CF).

199. (Cespe - Defensor Público - TO/2013) No que se refere ao controle de constitucionalidade, assinale a opção correta.

a) Quando o STF julga improcedente o pedido deduzido em sede de ação declaratória de constitucionalidade, tal circunstância não impede o posterior ajuizamento, por um dos legitimados ativos, de ADI com o mesmo objeto.

b) A arguição de descumprimento de preceito fundamental não pode ter por objeto ato normativo já revogado.

c) Com fundamento na denominada inconstitucionalidade por arrastamento, o STF pode declarar a inconstitucionalidade de norma que não tenha sido objeto do pedido na ADI, sendo a inconstitucionalidade declarada não em decorrência da incompatibilidade direta da norma com a CF, mas da inconstitucionalidade de outra norma com a qual aquela guarde relação de dependência.

d) Segundo entendimento do STF, não cabe ação direta de inconstitucionalidade contra resoluções do Conselho Nacional de Justiça (CNJ), órgão que não dispõe de poder para editar ato normativo primário.

e) A entidade de classe de âmbito nacional tem legitimidade para propor ADI, sendo necessário, segundo o STF, que a referida entidade esteja situada em, pelo menos, três estados da Federação.

COMENTÁRIOS

Nota do autor: os concursos de 2013 exploraram a jurisprudência do STF do próprio ano. Assim, o candidato deve estar atento a todas as novidades divulgadas próximas às datas das provas.

Alternativa correta: "c": o ordenamento jurídico brasileiro **admite a inconstitucionalidade por arrastamento**, que consiste na possibilidade de o STF declarar a inconstitucionalidade de uma norma objeto de pedido e também de outro ato normativo que não tenha sido objeto do pedido, em virtude de correlação, conexão ou interdependência entre uma e outro. Assim definiu o STF, na ADI 2995, julgada em 2006 e relatada pelo Ministro Celso de Mello: "Por entender caracterizada a ofensa ao art. 22, XX, da CF, que confere à União a competência privativa para legislar sobre sistemas de consórcios e sorteios, o Tribunal, por maioria, julgou procedente pedido formulado em ação direta ajuizada pelo Procurador-Geral da República, para declarar a inconstitucionalidade da Lei 12.343/2003 **e, por arrastamento**, do Decreto 24.446/2002, ambos do Estado de Pernambuco, que dispõem sobre o serviço de loterias no âmbito da referida unidade federativa".

Alternativa "a": a ação direta de inconstitucionalidade e a ação declaratória de constitucionalidade são consideradas **ações dúplices, ambivalentes, gêmeas,**

ou de sinais trocados, quanto aos efeitos da decisão. Isso porque, nos termos do art. 24, da Lei 9.868/99, "Proclamada a constitucionalidade, julgar-se-á improcedente a ação direta ou procedente eventual ação declaratória; e, proclamada a inconstitucionalidade, julgar-se-á procedente a ação direta ou improcedente eventual ação declaratória". Assim também entende o STF: "Concluindo o julgamento de questão de ordem em agravo regimental interposto contra decisão do Min. Maurício Corrêa, relator – que não conhecera de reclamação ajuizada pelo Município de Turmalina-SP em que se pretendia ver respeitada a decisão proferida pelo STF na ADIn 1.662-SP por falta de legitimidade ativa ad causam do reclamante – o Tribunal, por maioria, decidiu todos aqueles que forem atingidos por decisões contrárias ao entendimento firmado pelo STF no julgamento de mérito proferido em ação direta de inconstitucionalidade, sejam considerados como parte legítima para a propositura de reclamação, e declarou a constitucionalidade do parágrafo único do art. 28 da Lei 9.868/99. Considerou-se que a ADC consubstancia uma ADI com sinal trocado e, tendo ambas caráter dúplice, seus efeitos são semelhantes. Vencidos os Ministros Moreira Alves, Ilmar Galvão e Marco Aurélio, que declaravam a inconstitucionalidade do mencionado dispositivo por ofensa ao princípio da separação de Poderes. (Lei 9.868/99, art. 28, parágrafo único: "A declaração de constitucionalidade ou de inconstitucionalidade, inclusive a interpretação conforme a Constituição e a declaração parcial de inconstitucionalidade sem redução de texto, têm eficácia contra todos e efeito vinculante em relação aos órgãos do Poder Judiciário e à Administração Pública federal, estadual e municipal."). Rcl (AgR-QO) 1.880, julgada em 2002 e relatada pelo Ministro Maurício Corrêa. Assim, quando o STF julga improcedente o pedido deduzido em sede de ação declaratória de constitucionalidade, tal circunstância **impede** o posterior ajuizamento, por um dos legitimados ativos, de ADI com o mesmo objeto.

Alternativa "b": segundo restou evidente no julgamento da ADPF 37, em 2010, o STF segue a opinião de Gilmar Mendes no sentido de que a arguição de descumprimento de preceito fundamental **pode** ter por objeto ato normativo já revogado, segundo Gilmar Mendes, a ADPF, na hipótese de ato normativo revogado, tendo em vista o interesse jurídico da solução quanto à legitimidade de sua aplicação no passado.

Alternativa "d": resolução administrativa do Conselho Nacional de Justiça que discipline determinada matéria, de forma geral e abstrata, pode ser objeto de ação direta de inconstitucionalidade. Assim entendeu o STF no bojo da ADI 3367, julgada em 2005 e relatada pelo Ministro Cezar Peluso.

Alternativa "e": a jurisprudência do STF entende que, figuram como requisitos qualificativos das entidades de classe de âmbito nacional, para fins de acesso ao controle abstrato de normas, **(i) a delimitação subjetiva da associação**, que deve representar categoria delimitada ou delimitável de pessoas físicas ou jurídicas, sendo vedada a heterogeneidade de composição (ADI nº 4.230/RJ-AgR, de relatoria do Ministro Dias Tóffoli); **(ii) o caráter nacional, configurada com a comprovação da presença de associados em ao menos nove Estados da Federação** (ADI nº 108/DF-QO, Ministro Celso de Mello, DJ de 5/6/92); e **(iii) a vinculação temática entre os objetivos institucionais da postulante e a norma objeto de sindicância.**

6.1. CONTROLE DIFUSO

200. (Cespe – Advogado da União – 2015) Acerca do controle de constitucionalidade das normas, julgue o item subsecutivo.

O caso Marbury versus Madison, julgado pela Suprema Corte norte-americana, conferiu visibilidade ao controle difuso de constitucionalidade, tendo a decisão se fundamentado na supremacia da Constituição, o que, consequentemente, resultou na nulidade das normas infraconstitucionais que não estavam em conformidade com a Carga Magna.

COMENTÁRIOS

Certo. O controle difuso é fruto de construção jurisprudencial da Suprema Corte dos Estados Unidos no famoso caso Marbury versus Madison, em 1803. Naquela ocasião, afirmou-se que a Constituição é soberana e que os atos e leis que a contrariam são nulos.

201. (Cespe – Procurador do MP junto ao TCE-PB/2014) Em relação ao controle incidental de constitucionalidade, assinale a opção correta com base na jurisprudência do STF.

a) O controle difuso de constitucionalidade somente pode ser realizado pelos tribunais do Poder Judiciário, em atenção à cláusula de reserva de plenário.

b) Embora não seja a regra geral, o STF admite, em certos casos, a concessão de efeitos ex nunc à declaração incidental de inconstitucionalidade.

c) Ao julgar os recursos extraordinários, o STF deve observar a cláusula de reserva de plenário, razão por que esses recursos devem sempre ser apreciados pela composição plena daquele tribunal.

d) A decisão de órgão fracionário de tribunal que apenas afasta a aplicação de determinada lei, sem expressamente declará-la inconstitucional, não ofende a cláusula de reserva de plenário.

e) A competência privativa do Senado Federal de suspender a execução, no todo ou em parte, de lei declarada inconstitucional por decisão definitiva do STF não se aplica ao direito municipal.

COMENTÁRIOS

✪ **Nota do autor:** o tema Controle de Constitucionalidade é uma das matérias mais importantes dentro do Direito Constitucional e, por esse motivo, é cobrado com ampla frequência em concursos públicos. Por conter bastantes peculiaridades e um conteúdo amplo, recomenda-se ao leitor que preste especial atenção ao tema.

Alternativa correta: "b": os efeitos da decisão no controle difuso são *ex tunc* (em regra). Entretanto, **o STF já admitiu a modulação dos efeitos das decisões proferidas em sede de controle difuso de constitucionalidade, o que representa uma flexibilização do princípio da nulidade no controle de constitucionalidade.** "A declaração de inconstitucionalidade reveste-se, ordinariamente, de eficácia *ex tunc* (RTJ 146/461-462 – RTJ 164/506-509), retroagindo ao momento em que editado o ato estatal reconhecido inconstitucional pelo STF. O STF tem reconhecido, excepcionalmente, a possibilidade de proceder à modulação ou limitação temporal dos efeitos da declaração de inconstitucionalidade, mesmo quando proferida, por esta Corte, em sede de controle difuso. Precedente: RE 197.917/SP, Rel. Min. Maurício Corrêa (Pleno). Revela-se inaplicável, no entanto, a teoria da limitação temporal dos efeitos, se e quando o STF, ao julgar determinada causa, nesta formular juízo negativo de recepção, por entender que certa lei préconstitucional mostra-se materialmente incompatível com normas constitucionais a ela supervenientes. A não recepção de ato estatal pré-constitucional, por não implicar a declaração de sua inconstitucionalidade – mas o reconhecimento de sua pura e simples revogação (RTJ 143/355 – RTJ 145/339) –, descaracteriza um dos pressupostos indispensáveis à utilização da técnica da modulação temporal, que supõe, para incidir, dentre outros elementos, a necessária existência de um juízo de inconstitucionalidade. Inaplicabilidade, ao caso em exame, da técnica da modulação dos efeitos, por tratar-se de diploma legislativo, que, editado em 1984, não foi recepcionado, no ponto concernente à norma questionada, pelo vigente ordenamento constitucional" (STF. AI 589.281-AgR, julgado em 2006 e relatado pelo Ministro Celso de Mello). Vale destacar trecho do Informativo 304, do STF, que versa sobre o julgamento do RE 197.917, conhecido popularmente como "Caso Mira Estrela", que foi o *leading case* sobre modulação de efeitos no controle difuso de constitucionalidade: "Retomado o julgamento de recurso extraordinário interposto contra acórdão do Tribunal de Justiça do Estado de São Paulo que reconhecera a constitucionalidade do parágrafo único do art. 6º da Lei Orgânica do Município de Mira Estrela, de menos de três mil habitantes, que fixara em 11 o número de vereadores da Câmara Municipal, por entender que o número estabelecido não se afastou dos limites constantes da CF, art. 29, IV, a, b e c. Na assentada anterior, o Min. Maurício Corrêa, relator, proferira voto no sentido de julgar procedente, em parte, o pedido formulado na ação, declarando a inconstitucionalidade do parágrafo único do art. 6º da Lei 226/90 do referido Município, por considerar que o citado preceito constitucional estabelece um critério de proporcionalidade aritmética para o cálculo do número de vereadores, não tendo os municípios autonomia para fixar esse número discricionariamente, sendo que, na espécie, o Município em questão somente poderia ter 9 vereadores, sob pena de incompatibilidade com a proporção determinada pela CF (v. Informativos 271 e 274). Na presente Sessão, O Min. Gilmar Mendes, embora acompanhando o voto do Min. Maurício Corrêa, relator, proferiu voto-vista no sentido de restringir a declaração da inconstitucionalidade pro futuro, de modo que tal declaração não afete a composição da atual legislatura da Câmara Municipal, cabendo ao legislativo municipal estabelecer nova disciplina sobre a matéria, em tempo hábil para que se regule o próximo pleito eleitoral. (STF. RE 197.917, julgado em 2003 e relatado pelo Ministro Maurício Corrêa). **Desse modo, embora não seja a regra geral, o STF admite, em certos casos, a concessão de efeitos ex nunc à declaração incidental de inconstitucionalidade.**

Alternativa "a": o controle difuso brasileiro pode ser provocado por qualquer pessoa e **realizado por todo juiz** (juízes singulares de primeira instância) **ou Tribunal**, inclusive de ofício. Desse modo, quando realizado pelo juiz singular, não haverá se falar em cláusula de reserva de plenário. Contudo, o controle difuso exercido nos Tribunais deverá observá-la, por força do artigo 97, da CF, segundo o qual, somente pelo voto da maioria absoluta de seus membros ou dos membros do respectivo órgão especial poderão os tribunais declarar a inconstitucionalidade de lei ou ato normativo do Poder Público. Portanto, **o controle difuso de constitucionalidade pode ser realizado por qualquer juiz ou Tribunal do Poder Judiciário, sendo que apenas no último caso deverá atenção à cláusula de reserva de plenário.**

Alternativa "c": inicialmente, vale realçar que, a princípio, ao julgar os recursos extraordinários, o STF deve observar a cláusula de reserva de plenário, isso não implica, todavia, que esses recursos devem sempre ser apreciados pela composição plena daquele Tribunal. Isso ocorre, pois, nos termos do parágrafo único, do art. 949 do Novo CPC, os órgãos fracionários dos tribunais não submeterão ao plenário ou ao órgão especial a arguição de inconstitucionalidade quando já houver pronunciamento destes ou do plenário do Supremo Tribunal Federal sobre a questão. (Incluído pela Lei nº 9.756, de 1998). Trata-se de abrandamento da cláusula de reserva de plenário (art. 97, da CF), e que encontra guarida na jurisprudência do STF (RE 190.725, julgado em 1995 e relatado pelo Ministro Ilmar Galvão). No entanto, em controverso julgado, entendeu-se que **o princípio da reserva de plenário não se aplica ao STF no julgamento de recursos extraordinários.** Assim já assentou a jurisprudência: "O STF exerce, por excelência, o controle difuso de constitucionalidade quando do julgamento do recurso extraordinário, tendo os seus colegiados fracionários competência regimental para fazê-lo sem ofensa ao art. 97 da CF" (RE 361.829, julgado em 2010 e relatado pela Ministra Ellen Gracie).

Alternativa "d": a decisão de órgão fracionário de tribunal que apenas afasta a aplicação de determinada lei, sem expressamente declará-la inconstitucional, **ofende a cláusula de reserva de plenário**. Nos termos da Súmula Vinculante 10, viola a cláusula de reserva de plenário (CF, artigo 97) a decisão de órgão fracionário de tribunal que, embora não declare expressamente a inconstitucionalidade de lei ou ato normativo do poder público, afasta sua incidência, no todo ou em parte.

Alternativa "e": a competência privativa do Senado Federal de suspender a execução, no todo ou em parte, de lei declarada inconstitucional por decisão definitiva do STF se aplica ao direito municipal, pois este está passível de controle de constitucionalidade por via difusa.

6.2. CONTROLE CONCENTRADO. AÇÃO DIRETA DE INCONSTITUCIONALIDADE. AÇÃO DECLARATÓRIA DE CONSTITUCIONALIDADE. ARGUIÇÃO DE DESCUMPRIMENTO DE PRECEITO FUNDAMENTAL

202. (Cespe - Delegado de Polícia - PE/2016) Com relação ao controle de constitucionalidade, assinale a opção correta.

a) Como atos *interna corporis*, as decisões normativas dos tribunais, estejam elas sob a forma de resoluções administrativas ou de portarias, não são passíveis do controle de constitucionalidade concentrado.

b) Se o governador de um estado da Federação ajuizar ADI contra lei editada por outro estado, a ação não deverá ser conhecida pelo STF, pois governadores de estado somente dispõem de competência para ajuizar ações contra leis e atos normativos federais e de seu próprio estado.

c) A ADPF pode ser proposta pelos mesmos legitimados ativos da ADI genérica e da ADC, além do juiz singular quando, na dúvida sobre a constitucionalidade de uma lei, este suscita o incidente de arguição de inconstitucionalidade perante o STF.

d) Se a câmara de vereadores de um município entender que o prefeito local pratica atos que lesam princípios ou direitos fundamentais, ela poderá propor uma ADPF junto ao STF visando reprimir e fazer cessar as condutas da autoridade municipal.

e) São legitimados universais para propor ADI, não se sujeitando ao exame da pertinência temática, o presidente da República, as mesas da Câmara dos Deputados e do Senado Federal, o procurador-geral da República, partido político com representação no Congresso Nacional e o Conselho Federal da OAB.

COMENTÁRIOS

✪ **Nota do autor:** são legitimados para propor ADI, ADC e ADPF: I - o Presidente da República; II - a Mesa do Senado Federal; III - a Mesa da Câmara dos Deputados; IV - a Mesa de Assembleia Legislativa ou da Câmara Legislativa do Distrito Federal; V - o Governador de Estado ou do Distrito Federal; VI - o Procurador-Geral da República; VII - o Conselho Federal da Ordem dos Advogados do Brasil; VIII - partido político com representação no Congresso Nacional; IX - confederação sindical ou entidade de classe de âmbito nacional.

Alternativa correta: letra "e": nos termos da jurisprudência do STF, **são legitimados especiais**, ou seja, precisam demonstrar pertinência temática: a) Mesa da Assembleia Legislativa ou da Câmara Legislativa do Distrito Federal; b) Governador do Estado ou do Distrito Federal; c) Confederação Sindical ou Entidade de Classe de âmbito nacional. Os demais são **legitimados neutros ou universais** e não precisam demonstrar pertinência temática. Portanto, são legitimados universais para propor ADI, não se sujeitando ao exame da pertinência temática, o presidente da República, as mesas da Câmara dos Deputados e do Senado Federal, o procurador-geral da República, partido político com representação no Congresso Nacional e o Conselho Federal da OAB.

Alternativa "a": segundo ensina Uadi Lammêgo Bulos: "O Supremo Tribunal Federal admite o controle de constitucionalidade concentrado das decisões normativas dos tribunais. Tais decisões podem revestir-se sob a forma de resoluções administrativas, portarias, deliberações *interna corporis* etc." (*Curso de direito constitucional*. 9. Ed. São Paulo: Saraiva, 2015, p. 263).

Alternativa "b": se o governador de um estado da Federação ajuizar ADI contra lei editada por outro estado, a ação poderá ser conhecida pelo STF. Segundo ensinamentos de Uadi Lammêgo Bulos: "A garantia do equilíbrio federativo pressupõe a legitimidade ativa especial do Governador para propor a direta genérica no Pretório Excelso, quando ocorrerem invasões de competências constitucionais. Nesse caso, configura-se o elo de pertinência temática entre a norma impugnada e os interesses estaduais a serem, legitimamente, tutelados. Assim, **pode o Governador ajuizar a direta genérica tendo por objeto lei ou ato normativo da União, de seu próprio Estado, e até de outros Estados-membros da federação, cujas deliberações ferirem interesses e competências de sua ordem jurídica parcial**." (*Curso de direito constitucional*. 9. Ed. São Paulo: Saraiva, 2015, p. 284).

Alternativa "c": juiz não possui legitimidade para impetração de ADPF.

Alternativa "d": câmara de vereadores não possui legitimidade para impetração de ADPF.

203. (Cespe – Procurador do MP junto ao TCE--PB/2014) No que se refere ao controle abstrato de constitucionalidade, assinale a opção correta de acordo com a jurisprudência do STF.

a) Ainda que a petição inicial da ADI por omissão não indique a omissão total ou parcial quanto ao cumprimento do dever constitucional de legislar, deverá o relator submeter o feito ao plenário, não podendo decidir de forma monocrática.

b) A petição inicial da ação declaratória de constitucionalidade (ADC) deverá indicar a existência de controvérsia judicial ou doutrinária relevante sobre a aplicação da norma objeto da ação.

c) É cabível a arguição de descumprimento de preceito fundamental (ADPF) para se obter a revisão ou o cancelamento de súmula vinculante, haja vista os efeitos erga omnes e a eficácia vinculante desses enunciados.

d) O amicus curiae não tem legitimidade para opor embargos de declaração contra decisão proferida pelo STF sobre o mérito de ADI.

e) Ainda que não figurem no feito como requerentes ou requeridos, os legitimados a ajuizar a ADI poderão opor embargos de declaração.

COMENTÁRIOS

✪ **Nota do autor:** a Lei nº 9.868/1999, que dispõe sobre o processo e julgamento da ação direta de inconstitucionalidade e da ação declaratória de constitucionalidade perante o Supremo Tribunal Federal, é de grande importância para concursos em geral e foi explorada nessa questão.

Alternativa correta: "d": conforme o entendimento adotado pelo STF, **o amicus curiae não possui legitimidade para recorrer de decisão proferida em ADI**. Desse modo, também não é legitimado para opor embargos de declaração, conforme podemos verificar da decisão proferida pela Suprema Corte na ADI 5167, julgada em 2013 e relatada pelo Ministro Joaquim Barbosa.

Alternativa "a": a Lei nº 9.868/99, que dispõe sobre o processo e julgamento da ADI e da ADC perante o STF, determina em seu artigo 12-B, I, que a **petição indicará a omissão inconstitucional total ou parcial quanto ao cumprimento de dever constitucional de legislar** ou quanto à adoção de providência de índole administrativa. Por sua vez, segundo o artigo 12-C, *caput*, **a petição inicial inepta, não fundamentada, e a manifestamente improcedente serão liminarmente indeferidas pelo relator**. Desse modo, consoante as normas aludidas, se a petição inicial da ADI por omissão não indique a omissão total ou parcial quanto ao cumprimento do dever constitucional de legislar, deverá o relator decidir de forma monocrática.

Alternativa "b": a petição inicial da ação declaratória de constitucionalidade (ADC) deverá indicar a **existência de controvérsia judicial** (não se requer existência de controvérsia doutrinária) **relevante** sobre a aplicação da norma objeto da ação (art. 14, III, da Lei 9.868/99).

Alternativa "c": não é cabível a arguição de descumprimento de preceito fundamental (ADPF) para se obter a revisão ou o cancelamento de súmula vinculante, haja vista existir procedimento específico para o seu cancelamento. Com isso, vale destacar que à ADPF aplica-se o princípio da subsidiariedade, o que implica que ela não será cabível quando houver qualquer outro meio eficaz de sanar a lesividade, por força do artigo 4º, § 1º, da Lei 9.882/99.

Alternativa "e": ainda que legitimados para ajuizar a ADI, **não poderão opor embargos de declaração, se não figurem no feito como requerentes ou requeridos**, consoante o posicionamento adotado pelo STF na ADI 1105 ED-segundos, julgado em 2011 e relatado pelo Ministro Ricardo Lewandowski. Ou seja, é necessário que seja parte para que tenha legitimidade recursal na ADI perante o STF.

204. (Cespe – Cartório – TJ – DF/2014) Considerando que determinado partido político, com representação no Congresso Nacional, tenha ajuizado, no STF, ação direta de inconstitucionalidade (ADI) de lei federal, assinale a opção correta.

a) Os requisitos para o ajuizamento da ADI incluem representação do partido político por seu diretório nacional e presença do partido político no Congresso Nacional, que é configurada pela existência de pelo menos um parlamentar do partido no Senado Federal ou na Câmara dos Deputados.

b) Caso seja julgada procedente a ADI, há possibilidade de modulação dos efeitos da decisão do STF, não sendo possível, contudo, a declaração de inconstitucionalidade com efeitos prospectivos (pro futuro).

c) O reconhecimento da legitimidade ativa do partido político requer a demonstração do vínculo de pertinência temática, ou seja, da relação entre o interesse e a finalidade institucional.

d) É dispensável a subscrição, por advogado, da ADI ajuizada pelo partido político, uma vez que, nesse caso, a capacidade postulatória decorre da própria CF.

e) A perda de representação do partido político no Congresso Nacional após o ajuizamento da ADI implica, necessariamente, a extinção da ação por ilegitimidade ativa.

COMENTÁRIOS

✪ **Nota do autor:** a questão aborda vários temas clássicos acerca da legitimidade na ADI. Portanto, recomendamos especial atenção às peculiaridades, que são cobradas com bastante frequência em provas de concursos públicos.

Alternativa correta: "a": segundo entende o STF, a legitimidade para propositura de ADI, prevista no artigo 103, VIII (partido político com representação no Congresso Nacional), **exige ao menos um parlamentar do partido no Congresso Nacional** e que a **representação do partido político na ação seja pelo Diretório Nacional** (não se admitindo Diretório Regional). Nessa esteira, destaca-se o seguinte julgado: "O Partido Político, com bancada parlamentar no Congresso Nacional, é carecedor da ação direta de inconstitucionalidade, quando representado, no processo objetivo de controle normativo abstrato, por Diretório Regional ou por Comissão Diretora Estadual Provisória, pois a representação partidária, em sede de fiscalização concentrada de constitucionalidade, instaurada perante o Supremo Tribunal Federal, compete, exclusivamente, ao Diretório Nacional ou, quando for o caso, à Comissão Executiva do Diretório Nacional da agremiação partidária, ainda que o objeto de impugnação seja lei ou ato normativo de origem local" (STF. ADI 2547 QO/SE, julgada em 2001 e relatada pelo Ministro Celso de Mello).

Alternativa "b": caso seja julgada procedente a ADI, há possibilidade de modulação dos efeitos da decisão do STF, **sendo possível, inclusive, a declaração de inconstitucionalidade com efeitos prospectivos (pro futuro)**. A modulação dos efeitos da decisão, nos termos do art. 27, da Lei 9, 868/99, permite que ao declarar a inconstitucionalidade de lei ou ato normativo, e tendo em vista razões de segurança jurídica ou de excepcional interesse social, o Supremo Tribunal Federal, por maioria de dois terços de seus membros, restrinja os efeitos daquela declaração ou decida que ela só tenha eficácia a partir de seu trânsito em julgado ou de outro momento que venha a ser fixado.

Alternativa "c": nos termos da jurisprudência do STF, são legitimados especiais, ou seja, precisam demonstrar pertinência temática: a) Mesa da Assembleia Legislativa ou da Câmara Legislativa do Distrito Federal; b) Governador do Estado ou do Distrito Federal; c) Confederação Sindical ou Entidade de Classe de âmbito nacional. Os demais são legitimados neutros ou universais e não precisam demonstrar pertinência temática. Ou seja, partido político não precisa demonstrar vínculo de pertinência temática.

Alternativa "d": é **in**dispensável a subscrição, por advogado, da ADI ajuizada pelo partido político, uma vez que, nesse caso, a capacidade postulatória **não se presume**. No controle concentrado de constitucionalidade, a petição inicial nem sempre precisa ser assinada por advogado. Essa exigência de assinatura da inicial atinge apenas: a) **partido político com representação no Congresso Nacional** e; b) Confederação Sindical ou Entidade de Classe de âmbito nacional. Os demais legitimados têm capacidade postulatória presumida.

Alternativa "e": a perda de representação do partido político no Congresso Nacional após o ajuizamento da ADI **não** implica, necessariamente, a extinção da ação por ilegitimidade ativa. No caso de um partido político perder sua representação no Congresso Nacional após ter proposto uma ação direta de inconstitucionalidade, essa ação não é considerada prejudicada, **pois a aferição de legitimidade deve ser feita apenas no momento da propositura, conforme jurisprudência do STF.**

---

205. (Cespe – Analista Judiciário – Área Judiciária – STF/2013) Acerca do sistema brasileiro de controle de constitucionalidade, julgue os itens que se seguem.

205.1. A arguição de descumprimento de preceito fundamental é instrumento de controle concentrado de constitucionalidade que possui caráter subsidiário ou residual, só podendo ser utilizada quando não houver qualquer outro meio eficaz de sanar a lesividade.

COMENTÁRIOS

✪ **Nota do autor:** controle de constitucionalidade é uma das matérias de maior incidência em provas de concursos públicos. Portanto, é de vital importância que o candidato dispense especial atenção ao estudo dessa matéria, que certamente será cobrada. A questão em tela trata da ADPF.

Certo. A arguição de descumprimento de preceito fundamental (ADPF), prevista do art. 102, § 1°, da CF, é a única ação do controle concentrado de constitucionalidade federal (apreciado pelo STF) que pode realizar controle de recepção constitucional (direito infraconstitucional anterior à Constituição vigente), nos termo do art. 1º, parágrafo único, I, da Lei nº 9.882/1999. A ADPF também é a única ação a contemplar a hipótese de controle concentrado de constitucionalidade pelo Supremo Tribunal Federal sobre lei ou ato normativo municipal em face da Constituição da República (art. 1º, parágrafo único, I, da Lei nº 9.882/1999). Aplica-se à arguição de descumprimento o princípio da subsidiariedade, pois, nos termos do art. 4°, § 1°, da Lei 9.882/99, não será admitida arguição de descumprimento de preceito fundamental quando houver qualquer outro meio eficaz de sanar a lesividade.

205.2. Ao julgar procedente uma ação direta de inconstitucionalidade, o STF poderá, por maioria de dois terços de seus membros, realizar a modulação dos efeitos da declaração de inconstitucionalidade.

COMENTÁRIOS

✪ **Nota do autor:** a questão da modulação dos efeitos da decisão do CF em controle de constitucionalidade é sempre lembrada em concursos públicos.

Certo. Nos termos do art. 27, da Lei 9, 868/99, ao declarar a inconstitucionalidade de lei ou ato normativo, e tendo em vista razões de segurança jurídica ou de excepcional interesse social, poderá o Supremo Tribunal Federal, por maioria de dois terços de seus membros, restringir os efeitos daquela declaração ou decidir que ela só tenha eficácia a partir de seu trânsito em julgado ou de outro momento que venha a ser fixado.

---

206. (Cespe – Defensor Público – DF/ 2013) Acerca do controle de constitucionalidade, julgue os itens seguintes.

206.1. Embora o sistema brasileiro não admita ADI contra lei municipal, é cabível contra essa lei o controle difuso de constitucionalidade, assim como o controle por meio de arguição de descumprimento de preceito fundamental.

COMENTÁRIOS

✪ **Nota do autor:** a questão exige que o candidato saiba as hipóteses em que lei ou ato normativo municipal pode ser objeto de controle de constitucionalidade.

Certo. Conforme possível verificar do artigo 102, I, "a", da CF, **a ADI só é cabível quando for objeto lei ou ato normativo federal ou estadual**, por isso, não é admitido no sistema brasileiro ADI contra lei municipal. Contudo, podemos vislumbrar que **a única ação em sede de controle concentrado de constitucionalidade que pode ter como objeto lei ou ato normativo municipal é a Arguição de Descumprimento de Preceito Fundamental (ADPF)**.Por sua vez, **o controle difuso de constitucionalidade, provocado por qualquer pessoa e exercido por todo juiz, admite como objeto lei ou ato normativo municipal**.

206.2. Caso o presidente da República expeça decreto regulamentar que contrarie lei a que pretenda dar fiel execução, tal decreto será, ao mesmo tempo, ilegal e inconstitucional, configurando-se a inconstitucionalidade direta, ensejadora do ajuizamento de ADI perante o STF.

COMENTÁRIOS

Errado. Caso o presidente da República expeça decreto regulamentar que contrarie lei a que pretenda dar fiel execução, tal decreto será, ao mesmo tempo, ilegal e inconstitucional, configurando-se a **inconstitucionalidade reflexa** (e não direta), **não cabendo o ajuizamento de ADI perante o STF. Inconstitucionalidade reflexa consiste na incompatibilidade de uma norma infralegal, como o decreto não autônomo expedido pelo chefe do Poder Executivo, com uma lei e, por via indireta, com a própria CF. Segundo o entendimento do STF a ação direta de inconstitucionalidade não é meio idôneo para verificação de tal vício.** Vejamos: "Se a interpretação administrativa da lei, que vier a consubstanciar-se em decreto executivo, divergir do sentido e do conteúdo da norma legal que o ato secundário pretendeu regulamentar, quer porque tenha este se projetado ultra legem, quer porque tenha permanecido citra legem, quer, ainda, porque tenha investido contra legem, a questão caracterizará, sempre, típica crise de legalidade, e não de inconstitucionalidade, a inviabilizar, em consequência, a utilização do mecanismo processual da fiscalização normativa abstrata. O eventual extravasamento, pelo ato regulamentar, dos limites a que materialmente deve estar adstrito poderá configurar insubordinação executiva aos comandos da lei. Mesmo que, a partir desse vício jurídico, se possa vislumbrar, num desdobramento ulterior, uma potencial violação da Carta Magna, ainda assim estar-se-á em face de uma situação de inconstitucionalidade reflexa ou oblíqua, cuja apreciação não se revela possível em sede jurisdicional concentrada." (ADI 996-MC, julgada em 2004 e relatada pelo Ministro Celso de Mello). No mesmo sentido: ADI 4.176-AgR, rel. min. Cármen Lúcia, julgamento em 20-6-2012, Plenário, DJE de 1º-8-2012; ADI 3.805-AgR, Rel. Min. Eros Grau, julgamento em 22-4-2009, Plenário, DJE de 14-8-2009; ADI 2.999, Rel. Min. Gilmar Mendes, julgamento em 13-3-2008, Plenário, DJE de 15-5-2009; ADI 365-AgR, Rel. Min. Celso de Mello, julgamento em 7-11-1990, Plenário, DJ de 15-3-1991.

206.3. Embora a regra geral do controle de constitucionalidade brasileiro seja o controle judicial repressivo, admite-se o controle político repressivo, por exemplo, quando o Congresso Nacional susta atos normativos do Poder Executivo que exorbitem os limites da delegação legislativa.

COMENTÁRIOS

Certo. O controle repressivo de constitucionalidade é exercido pelo Poder Judiciário. Excepcionalmente o Legislativo pode realizar esse controle, o que se dá por decreto legislativo emitido pelo Congresso Nacional para sustar atos normativos do Poder Executivo que exorbitem de poder regulamentar ou da delegação legislativa (artigos 49, V, 84, IV e 68, todos da CF). O Legislativo também faz controle repressivo em relação às medidas provisórias (art. 62 da CF). O Executivo também tem a possibilidade de realizar controle repressivo, o que se materializa pelo descumprimento, por parte do Chefe do Poder Executivo, de lei ou ato normativo que entenda inconstitucional.

---

207. (Cespe – Delegado de Polícia Federal – DPF/2013) Considerando o controle de constitucionalidade no ordenamento jurídico pátrio, julgue os itens subsecutivos.

207.1. Na ação direta de inconstitucionalidade ajuizada perante o STF, apesar de lhe ser aplicável o princípio da congruência ou da adstrição ao pedido, admite-se a declaração de inconstitucionalidade de uma norma que não tenha sido objeto do pedido, na hipótese configuradora da denominada inconstitucionalidade por arrastamento.

COMENTÁRIOS

✪ **Nota do autor:** questões semelhantes, envolvendo o principio da congruência ou da adstrição ao pedido e a inconstitucionalidade por arrastamento, vem aparecendo com bastante frequência em concursos elaborados pelo CESPE. Recomenda-se o aprofundamento nesse ponto da matéria.

Certo. Em regra, em se tratando de ajuizamento de ação direta de inconstitucionalidade, aplica-se o princípio da congruência ou da adstrição ao pedido, mas, em caráter excepcional, nos casos de inconstitucionalidade por arrastamento, tem-se admitido a declaração de inconstitucionalidade de uma norma que não tenha sido objeto do pedido. Nas lições de Nathalia Masson: "Com relação à indicação do dispositivo que se vai impugnar, pode-se dizer que é a indicação do próprio objeto da ação. Com relação a ele, vigora o princípio do pedido ou da congruência ao pedido. Segundo este, o órgão judicial fica adstrito àquilo que o legitimado ativo apresentou na petição, somente podendo avaliar os dispositivos que foram listados na inicial. O STF, porém, vem reconhecendo a possibilidade de ampliar a declaração de inconstitucionalidade para alcançar dispositivos não impugnados na inicial, mas dependentes de disposições que foram impugnadas e consideradas inconstitucionais. O faz por meio da utilização da técnica da declaração de inconstitucionalidade por arrastamento (ou consequencial, ou por atração, ou por reverberação normativa)" (MASSON, Nathalia. *Manual de Direito Constitucional*. Salvador: Juspodivm, 2013, p. 1029). Portanto, o ordenamento jurídico brasileiro admite a inconstitucionalidade por arrastamento, que consistiria na possibilidade de o STF declarar a inconstitucionalidade de uma norma objeto de pedido e também de outro ato normativo que não tenha sido objeto do pedido, em virtude de correlação, conexão ou interdependência entre uma e outro. Assim definiu o STF, na ADI 2995, julgada em 2006 e relatada pelo Ministro Celso de Mello: "Por entender caracterizada a ofensa ao art. 22, XX, da CF, que confere à União a competência privativa para legislar sobre sistemas de consórcios e sorteios, o Tribunal, por maioria, julgou procedente pedido formulado em ação direta ajuizada pelo Procurador-Geral da República, para declarar a inconstitucionalidade da Lei 12.343/2003 e, por arrastamento, do Decreto 24.446/2002, ambos do Estado de Pernambuco, que dispõem sobre o serviço de loterias no âmbito da referida unidade federativa".

207.2. De acordo com entendimento do STF, no controle difuso de constitucionalidade, os tribunais não podem aplicar a denominada interpretação conforme a CF sem a observância da cláusula de reserva de plenário.

COMENTÁRIOS

Errado. A interpretação conforme consiste em conferir-se a um ato normativo polissêmico (que admite vários significados) a interpretação que mais se adéque ao que preceitua a Constituição, sem que essa atividade se constitua em atentado ao próprio texto constitucional. O atual entendimento da Suprema Corte, é que **na interpretação conforme não é necessário observar a cláusula de reserva de plenário**. Nesse sentido, destaca-se o julgado: "A jurisprudência do Supremo Tribunal Federal é firme no sentido de que não há violação ao princípio da reserva de plenário quando o acórdão recorrido apenas interpreta norma infraconstitucional, sem declará-la inconstitucional" (STF. ARE 640886, julgado em 2014 e relatado pelo Ministro Roberto Barroso).

208. (Cespe – Procurador BACEN/2013) No que se refere ao controle incidental ou concreto e às ações do controle concentrado de constitucionalidade perante o STF, assinale a opção correta à luz da jurisprudência.

a) A arguição de descumprimento de preceito fundamental, como instrumento de fiscalização abstrata de normas, submete-se aos requisitos da relevância constitucional da controvérsia suscitada e da subsidiariedade.

b) Considere que, em determinado caso concreto, o magistrado afaste a incidência de dispositivo legal por considerá-lo incompatível com a CF e reconheça o direito da parte em decisão que transite em julgado, e que, posteriormente, o STF declare a constitucionalidade do mesmo dispositivo em sede de ação declaratória de constitucionalidade. Nessa situação, segundo entendimento do STF, a decisão exarada em controle concentrado revela-se apta, por si só, para desconstituir a decisão proferida no caso concreto.

c) É irrecorrível a decisão do ministro relator que indeferir a petição inicial da ação declaratória de constitucionalidade por considerá-la manifestamente improcedente.

d) A legislação de regência veda expressamente a participação de amicus curiae em ADI por omissão, embora admita a participação dos demais legitimados para a ação.

e) No ordenamento jurídico brasileiro, não se admite arguição de descumprimento de preceito fundamental que tenha por objeto decisões judiciais.

COMENTÁRIOS

Alternativa correta: "a": a arguição de descumprimento de preceito fundamental é cabível para **evitar ou reparar lesão a preceito fundamental resultante de ato do poder público** e seu julgamento é da competência do Supremo Tribunal Federal (art. 1°, da Lei 9.882/99). Caberá também ADPF quando for relevante o fundamento da controvérsia constitucional sobre lei ou ato normativo federal, estadual ou municipal, incluídos os anteriores à Constituição (art. 1°, parágrafo único, da Lei 9.882/99). Aplica-se à arguição de descumprimento o **princípio da subsidiariedade**, pois, nos termos do art. 4°, § 1°, da Lei 9.882/99, não será admitida arguição de descumprimento de preceito fundamental quando houver qualquer outro meio eficaz de sanar a lesividade.

Alternativa "b": em tese, diante do desrespeito a decisão do STF, é cabível **reclamação**, nos termos do art. 102, I, "l", da CF. Entretanto, deve-se levar em consideração o conteúdo da Súmula 734 do STF, segundo a qual **não cabe reclamação quando já houver transitado em julgado o ato judicial** que se alega tenha desrespeitado decisão do STF'.

Alternativa "c": cabe **agravo** da decisão que indeferir a petição inicial (art. 4°, parágrafo único, da Lei 9.868/99).

Alternativa "d": a legislação de regência admite a participação dos demais legitimados para a ação (art. 12-E da Lei 9.868/99), mas **não** veda expressamente a participação de *amicus curiae* em ADI por omissão

Alternativa "e": no ordenamento jurídico brasileiro, **admite-se** arguição de descumprimento de preceito fundamental que tenha por objeto decisões judiciais. O art. 1° da Lei 9.882/99 enuncia que a argüição prevista no § 1° do art. 102 da Constituição Federal será proposta perante o Supremo Tribunal Federal, e terá por objeto evitar ou reparar lesão a preceito fundamental, resultante de **ato do Poder Público.** Caberá também argüição de descumprimento de preceito fundamental quando for relevante o fundamento da controvérsia constitucional sobre lei ou ato normativo federal, estadual ou municipal, incluídos os anteriores à Constituição. Vale notar que o STF apenas **não admite** ADPF para atacar exclusivamente uma decisão judicial **já transitada em julgado** (vide julgamento da ADPF 101).

---

209. (Cespe – Procurador BACEN/2013) À luz do entendimento do STF acerca da ADI no ordenamento-jurídico pátrio, assinale a opção correta.

a) Federação de abrangência nacional é competente para ajuizar ADI perante o STF, pois, ainda que não seja confederação sindical, sua abrangência nacional constitui pressuposto suficiente para o reconhecimento de sua legitimidade para o controle concentrado de normas.

b) Considere que determinada lei estadual seja objeto de controle concentrado de constitucionalidade perante o tribunal de justiça do estado, sob o fundamento de contrariar dispositivo da constituição estadual que reproduz regra da CF de observância obrigatória. Nessa situação, configura-se usurpação da competência do STF, visto que o tribunal de justiça não poderia analisar a ação.

c) Caso o STF, ao julgar ADI, declare a inconstitucionalidade de determinada lei federal e não se pronuncie sobre a eficácia temporal do julgado, presume-se que o tribunal considera ausentes as razões de segurança jurídica ou de interesse social para eventual modulação de efeitos, as quais podem ser demonstradas em embargos de declaração, meio processual considerado adequado para suscitar a modulação dos efeitos temporais do controle de constitucionalidade.

d) Ajuizada, perante o STF, ADI tendo por objeto ato normativo estadual que seja revogado no curso da ação, a remanescência de efeitos concretos pretéritos à revogação do ato normativo autoriza, por si só, a continuidade de processamento da ADI.

e) Considere que ADI ajuizada perante o STF por governador de estado seja inadmitida monocraticamente e que o estado – membro interponha recurso contra a decisão. Nessa situação, não há ilegitimidade recursal, pois o STF reconhece aos estados-membros da Federação a legitimidade para agir como sujeitos processuais em sede de controle concentrado de constitucionalidade.

COMENTÁRIOS

✪ **Nota do autor:** essa questão deixa claro que o candidato deve manter-se atualizado com a doutrina e a jurisprudência sobre controle de constitucionalidade. Recomendamos a leitura semanal dos informativos do STF.

Alternativa correta: "c": conforme argumentação exarada na ADI 2791, julgada perante o STF, como regra geral, as decisões proferidas em sede de ação direta possuem efeitos *ex tunc*, sendo nulo o ato impugnado desde a sua origem, mas, excepcionalmente, poderão ter eficácia ex nunc quando, por razões de segurança jurídica ou de relevante interesse social, mostrar-se oportuno que seja fixado outro momento de eficácia, nos termos do art. 27 da Lei 9.868/99. O Min. Gilmar Mendes, relator, **conheceu dos embargos de declaração e a eles deu provimento** para esclarecer que a declaração de inconstitucionalidade não afeta os casos de benefícios previdenciários, aposentadorias e pensões já assegurados, assim como nas hipóteses em que o serventuário já preencheu todos os requisitos legais para a obtenção desses benefícios até a data da publicação da decisão de declaração de inconstitucionalidade, ocorrida em 23.8.2006. **Entendeu que, nas hipóteses**

em que se reconhecesse que a declaração de inconstitucionalidade com efeitos limitados ou restritos seria uma imposição da própria Constituição, não se atribuiria valor definitivo a uma eventual omissão por parte do Tribunal. Assim, seria possível, em tese, identificar a omissão no âmbito dos embargos de declaração para os fins de explicitar a necessária limitação de efeitos da decisão de inconstitucionalidade. Afirmou que uma limitação de efeitos decorreria de algum princípio constitucional imanente, sobretudo da idéia de segurança jurídica (Informativo 499 do STF).

Alternativa "a": de acordo com o STF, "no âmbito das associações sindicais, apenas estão aptas a deflagrar o controle concentrado de constitucionalidade as entidades de terceiro grau, ou seja, as confederações sindicais organizadas na forma da lei, excluindo-se, portanto, os sindicatos e as federações, **ainda que possuam abrangência nacional**" (ADO 9. Relatora: Ministra Ellen Gracie. Julgamento: 21/10/2010).

Alternativa "b": de acordo com a Nathalia Masson, "numa federação, a existência de uma ordem jurídica central e de ordens jurídicas parciais, cada qual com seu documento constitucional, enseja a convivência entre duas modalidades de controle concentrado, a federal (em tutela da Constituição Federal) e a estadual (para proteger a Carta Estadual). Isso oportuniza uma interessante situação: a possibilidade de **interposição simultânea de duas ações diretas**, uma perante o STF e a outra perante o Tribunal de Justiça local, impugnando uma mesma lei (ou outro ato normativo), que certamente será estadual, em face da Constituição Federal e da Constituição Estadual, respectivamente. A essa ocorrência denomina-se "simultaneidade de ações diretas de inconstitucionalidade" ou "tramitação paralela de ações diretas de inconstitucionalidade". Para solucionar essa peculiar ocorrência, basta fazer-se uma construção com base no princípio da primazia da Constituição Federal (e, por consequência, o da primazia de sua tutela). Assim, a propositura de ação direta no STF vai acarretar o sobrestamento do processo em sede estadual, segundo a doutrina, em virtude de uma causa especial de suspensão do processo, até que o STF julgue a ação direta federal" (*Manual de direito constitucional*. Salvador: Juspodivm, 2013, p. 1.112).

Alternativa "d": a **revogação de lei ou ato normativo objeto de ação direta de inconstitucionalidade implica perda de objeto da ação.** Este é o posicionamento do STF: "É por essa razão que o magistério jurisprudencial desta Suprema Corte tem advertido que o controle concentrado de constitucionalidade reveste-se de um só e único objetivo: o de julgar, em tese, a validade de determinado ato estatal contestado em face do ordenamento constitucional, desde que em regime de plena vigência, pois – conforme já enfatizado pelo Supremo Tribunal Federal (RTJ 95/980 – RTJ 95/993 – RTJ 99/544 – RTJ 145/339) –, o julgamento da argüição de inconstitucionalidade, quando deduzida "in abstracto", não deve considerar, para efeito do contraste que lhe é inerente, a existência de paradigma revestido de valor meramente histórico" (ADC 8, julgada em 2004 e relatada pelo Ministro Celso de Mello).

Alternativa "e": os Estados-membros **não têm** legitimidade para o controle concentrado de constitucionalidade (art. 103 da CF).

---

210. (Cespe – Juiz de Direito Substituto – RN/2013) Acerca do controle de constitucionalidade, assinale a opção correta de acordo com a jurisprudência do STF.

a) Considere que, decorrido o prazo legal após a rejeição de determinada medida provisória, não tenha sido editado o decreto legislativo, de competência do Congresso Nacional, que disciplinasse as relações jurídicas constituídas durante a vigência da referida medida, contrariando dispositivo da CF. Nessa situação, não se pode ajuizar arguição de descumprimento de preceito fundamental com vistas a sanar possível lesividade advinda da não edição do referido decreto.

b) Não há violação da cláusula de reserva de plenário no caso de órgão fracionário de tribunal de justiça estadual prolatar acórdão que afaste, no caso concreto, a incidência de lei estadual que contrarie dispositivo da constituição estadual, já que, nesse caso, não há declaração expressa da inconstitucionalidade da lei estadual.

c) Em caso de tramitarem, simultaneamente, perante tribunal de justiça estadual e perante o STF, ADI contra lei estadual por violação a dispositivo da CF de reprodução obrigatória nas constituições dos estados-membros, o processo que tramita no tribunal de justiça deverá ser suspenso até a deliberação definitiva do STF.

d) Em se tratando de recurso extraordinário interposto pela União, tendo havido reconhecimento pelo STF da repercussão geral da questão suscitada nesse recurso, não é possível o ingresso de estado da Federação como amicus curiae, já que essa forma de ingresso é possível apenas em ação de controle concentrado de constitucionalidade.

e) Tendo o STF declarado, no julgamento de uma ADI, a inconstitucionalidade de determinada lei federal, estará o Poder Legislativo impedido de editar norma de teor idêntico ao da lei inconstitucional, em razão da eficácia erga omnes da decisão do STF.

COMENTÁRIOS

Alternativa correta: "c": havendo simultaneidade de Ações nos Controles Concentrados Estadual e Federal, invocado como parâmetro norma constante da Constituição Federal de observância obrigatória pelas Constituições Estaduais, o processo que se realiza no

Tribunal de Justiça ficará suspenso até que o Supremo decida a questão. Desse modo, destaca-se o entendimento do Pretório Excelso: "A instauração do processo de fiscalização normativa abstrata, perante o Supremo Tribunal Federal, em que se postule a invalidação de diploma normativo editado por Estado-membro ou pelo Distrito Federal, questionado em face da Constituição da República (CF, art. 102, I, "a"), qualifica-se como causa de suspensão prejudicial do processo de controle concentrado de constitucionalidade, que, promovido perante o Tribunal de Justiça local (CF, art. 125, § 2º), tenha, por objeto de impugnação, exatamente os mesmos atos normativos emanados do Estado-membro ou do Distrito Federal, contestados, porém, em face da Constituição estadual ou, então, como sucede na espécie, em face da Lei Orgânica do Distrito Federal. Tal entendimento, no entanto, há de ser observado, sempre que tal impugnação – deduzida perante a Corte Judiciária local – invocar, como parâmetro de controle, princípios inscritos na Carta Política local impregnados de predominante coeficiente de federalidade, tal como ocorre com os postulados de reprodução necessária constantes da própria Constituição da República (RTJ 147/404 – RTJ 152/371-373, v.g.). Isso significa, portanto, que, em ocorrendo hipótese caracterizadora de "simultaneus processus", impor-se-á a paralisação do processo de fiscalização concentrada em curso perante o Tribunal de Justiça local, até que esta Suprema Corte julgue a ação direta, que, ajuizada com apoio no art. 102, I, "a", da Constituição da República, tenha por objeto o mesmo diploma normativo local (estadual ou distrital), embora contestado em face da Carta Federal. Cabe assinalar, neste ponto, por relevante, que esse entendimento acha-se consagrado na jurisprudência do Supremo Tribunal Federal, cuja orientação, no tema, tem sido reafirmada em sucessivas decisões que proclamam, em situações como a destes autos, a necessidade de suspensão prejudicial do processo de fiscalização normativa abstrata instaurado perante Tribunal de Justiça local (CF, art. 125, § 2º), se houver, em tramitação simultânea no Supremo, processo de controle concentrado em que se questione a constitucionalidade do mesmo diploma normativo, também contestado na ação direta ajuizada no âmbito local" (STF. ADI 3482, julgada em 2006 e relatada pelo Ministro Celso de Mello).

Alternativa "a": é possível ajuizar ADPF com vistas a sanar possível lesividade advinda da não edição do decreto legislativo pelo Congresso Nacional, para disciplinar as relações jurídicas constituídas durante a vigência de Medida Provisória rejeitada. Não é outro o posicionamento da Suprema Corte, no bojo do informativo nº 429: "O Tribunal deu provimento a agravo regimental interposto contra decisão pela qual o Min. Sepúlveda Pertence, relator, negara seguimento a arguição de descumprimento de preceito fundamental ajuizada pelo Partido da Frente Liberal – PFL contra a Medida Provisória 242/2005, que alterou dispositivos da Lei 8.213/91, que dispõe sobre os Planos de Benefícios da Previdência Social e dá outras providências. Sustentava o argüente que, embora a Medida Provisória em questão tivesse sido rejeitada, as relações jurídicas constituídas e decorrentes de atos praticados durante sua vigência, entre 28.3.2005 e 30.6.2005, teriam continuado a ser por ela regidas, uma vez que não fora editado, no prazo de sessenta dias, o decreto legislativo a que se refere o art. 62, §§ 3º e 11, da CF ("Art. 62. ... § 3º As medidas provisórias, ressalvado o disposto nos §§ 11 e 12 perderão eficácia, desde a edição, se não forem convertidas em lei no prazo de sessenta dias, prorrogável, nos termos do § 7º, uma vez por igual período, devendo o Congresso Nacional disciplinar, por decreto legislativo, as relações jurídicas delas decorrentes. ... § 11. Não editado o decreto legislativo a que se refere o § 3º até sessenta dias após a rejeição ou perda de eficácia de medida provisória, as relações jurídicas constituídas e decorrentes de atos praticados durante sua vigência conservar-se-ão por ela regidas."). Entendeu-se que a ação deveria ser admitida, tendo em conta que, nela, estar-se-ia discutindo a adequada interpretação da disposição constante do § 11 do art. 62 da CF, ou seja, se ela regularia apenas as relações no período de sua vigência ou também situações nas relações prospectivas" (STF. ADPF 84 AgR, julgada em 2006 e relatada pelo Ministro Sepúlveda Pertence).

Alternativa "b": nos dizeres da Súmula Vinculante nº 10, viola a cláusula de reserva de plenário (CF, artigo 97) a decisão de órgão fracionário de tribunal que, embora não declare expressamente a inconstitucionalidade de lei ou ato normativo do poder público, afasta sua incidência, no todo ou em parte.

Alternativa "d": o "Amicus Curiae" não é admitido exclusivamente em controle concentrado de constitucionalidade, uma vez que o STF admite, conforme consta do Informativo 742, no julgamento do RE 659424, julgado em 2013 e relatado pelo Ministro Celso de Melo, que essa forma de ingresso é possível em sede de recurso extraordinário com repercussão geral reconhecida.

Alternativa "e": tendo o STF declarado, no julgamento de uma ADI, a inconstitucionalidade de determinada lei federal, não estará o Poder Legislativo impedido de editar norma de teor idêntico ao da lei inconstitucional, pois o Poder Legislativo não ficará vinculado ao conteúdo da decisão. Diz o artigo 102, § 2º, da CF, que as decisões definitivas de mérito, proferidas pelo Supremo Tribunal Federal, nas ações diretas de inconstitucionalidade e nas ações declaratórias de constitucionalidade produzirão eficácia contra todos e efeito vinculante, relativamente aos demais órgãos do Poder Judiciário e à administração pública direta e indireta (exceto o Poder Legislativo), nas esferas federal, estadual e municipal. Além disso, é o entendimento do STF: "A eficácia geral e o efeito vinculante de decisão, proferida pelo Supremo Tribunal Federal, em ação direta de constitucionalidade ou de inconstitucionalidade de lei ou ato normativo federal, só atingem os demais órgãos do Poder Judiciário e todos os do Poder Executivo, não alcançando o legislador, que pode editar nova lei com idêntico conteúdo normativo, sem ofender a autoridade daquela decisão" (STF. Rcl 2617 AgR, julgada em 2005 e relatada pelo Ministro Cezar Peluso).

---

211. (Cespe – Juiz Substituto da Justiça Militar da União – STM/2013) Com base na CF, na jurisprudência do STF e na doutrina, assinale a opção correta acerca do controle incidental, concreto e abstrato de constitucionalidade.

a) São objeto de ADI: atos normativos primários; tratados internacionais, atos normativos federais, regimento interno, decreto autônomo; leis ou atos normativos anteriores a 5/10/1988; constituições e leis estaduais, decretos (com força de lei) e atos normativos estaduais.

b) Dado o princípio da unidade da CF, norma constitucional originária não pode ser objeto de ADI.

c) Tratando-se de controle concentrado de constitucionalidade de leis ou atos normativos, o requerente da ação pode pleitear a desistência do pedido.

d) Cabe ação rescisória contra acórdão proferido em sede de controle concentrado de constitucionalidade.

e) É vedada, em qualquer hipótese, a cumulação objetiva de arguições de inconstitucionalidade de atos normativos emanados de entidades estatais diversas.

COMENTÁRIOS

Alternativa correta: "b": o Princípio da Unidade da Constituição preceitua que a interpretação constitucional deve ser realizada tomando-se as normas constitucionais em conjunto, como um sistema unitário de princípios e regras, de modo a se evitarem contradições (antinomias aparentes) entre elas. Desse modo, tendo em vista que não há essa contradição entre normas originárias, não há inconstitucionalidade de norma constante do texto original da Carta Magna promulgado em 5/10/1988 – eventual antinomia será apenas aparente. O mesmo não ocorre com as emendas constitucionais, que podem ser objeto de controle de constitucionalidade, ou em outras palavras: admite-se a existência de normas constitucionais inconstitucionais, exceto aquelas originárias.

Alternativa "a": são objeto de ADI: atos normativos primários; tratados internacionais, atos normativos federais, regimento interno, decreto autônomo; constituições e leis estaduais, decretos (com força de lei) e atos normativos estaduais. Contudo, **leis ou atos normativos anteriores a 05/10/1988 não poderão ser objeto de ADI,** mas, conforme o caso, poderão figurar como objeto de ADPF.

Alternativa "c": nos termos do art. 5° da Lei 9.868/99, **não é possível a desistência em sede de controle concentrado, pois o processo é objetivo, de interesse público.**

Alternativa "d": não cabe ação rescisória contra acórdão proferido em sede de controle concentrado de constitucionalidade. Dentre as particularidades do processo objetivo do controle concentrado podemos encontrar a irrescindibilidade da decisão proferida, que não pode ser atacada por ação rescisória, nos termos do art. 26 da Lei 9.868/99 (LENZA, Pedro. *Direito Constitucional Esquematizado*. 16 ed. São Paulo: Saraiva, 2012, p. 329).

Alternativa "e": é vedada, **em regra**, a cumulação objetiva de arguições de inconstitucionalidade de atos normativos emanados de entidades estatais diversas. No entanto, a jurisprudência do STF assinala duas hipóteses em que será necessária a cumulação, quais sejam: "a) a primeira é aquela em que, dada a imbricação substancial entre a norma federal e a estadual, a cumulação é indispensável para viabilizar a eficácia do provimento judicial visado: assim, por exemplo, quando, na área da competência concorrente da União e dos Estados, a lei federal de normas gerais e a lei local contiverem preceitos normativos idênticos ou similares cuja eventual inconstitucionalidade haja de ser simultaneamente declarada, sob pena de fazer-se inócua a decisão que só a um deles alcançasse; b) a segunda é aquela em que da relação material entre os dois diplomas resulta que a inconstitucionalidade de um possa tornar-se questão prejudicial da invalidez do outro, como sucede na espécie." (STF. ADI 2844 QO, julgada em 2003 e relatada pelo Ministro Sepúlveda Pertence).

---

212. (Cespe – Delegado de Polícia – BA/2013) A respeito do controle de constitucionalidade, julgue os itens que se seguem.

212.1. Ao governador de estado é permitido questionar, por via principal e concentrada, a validade de determinada lei, ainda que não tenha vetado, na ocasião própria, o projeto dessa lei.

COMENTÁRIOS

✪ **Nota do autor:** os legitimados à propositura das ações constitucionais concentradas são cobrados com bastante frequência e é de suma importância que o candidato memorize todos.

Certo. Podem propor a ação direta de inconstitucionalidade, a ação declaratória de constitucionalidade e a arguição de descumprimento de preceito fundamental: I – o Presidente da República; II – a Mesa do Senado Federal; III – a Mesa da Câmara dos Deputados; IV – a Mesa de Assembléia Legislativa ou da Câmara Legislativa do Distrito Federal; V – **o Governador de Estado ou do Distrito Federal**; VI – o Procurador-Geral da República; VII – o Conselho Federal da Ordem dos Advogados do Brasil; VIII – partido político com representação no Congresso Nacional; IX – confederação sindical ou entidade de classe de âmbito nacional (art. 103, CF). Desse modo, nada impede o Governador de Estado questionar, por via principal e concentrada, a validade de determinada lei, independentemente que não a tenha vetado, na ocasião própria, o projeto dessa lei.

212.2. Prefeito municipal é parte legítima para ingressar com arguição de descumprimento de preceito fundamental perante o Supremo Tribunal Federal (STF).

COMENTÁRIOS

✪ **Nota do autor:** outra questão abordando o rol de legitimados para propor ações de controle concentrado perante o STF. O tema é bastante lembrado em provas de concursos públicos e merece atenção.

Errado. Prefeito Municipal, **não** compõe o rol de legitimados para ingressar com Arguição de Descumprimento de Preceito Fundamental no STF. Aliás, o rol de legitimados para propositura da ADPF é o mesmo para o da ADI e ADC. Podem propor a ação direta de inconstitucionalidade, a ação declaratória de constitucionalidade e a arguição de descumprimento de preceito fundamental: I – o Presidente da República; II – a Mesa do Senado Federal; III – a Mesa da Câmara dos Deputados; IV – a Mesa de Assembleia Legislativa ou da Câmara Legislativa do Distrito Federal; V – o Governador de Estado ou do Distrito Federal; VI – o Procurador-Geral da República; VII – o Conselho Federal da Ordem dos Advogados do Brasil; VIII – partido político com representação no Congresso Nacional; IX – confederação sindical ou entidade de classe de âmbito nacional.

212.3. O mandado de injunção é remédio jurídico apto a enfrentar a inconstitucionalidade por omissão.

COMENTÁRIOS

Certo. O mandado de injunção é utilizado sempre que a falta de norma regulamentadora torne inviável o exercício dos direitos e liberdades constitucionais e das prerrogativas inerentes à nacionalidade, à soberania e à cidadania (artigo 5º, LXXI, da CF). Tem-se por inconstitucionalidade por omissão, segundo Nathalia Masson, "quando a nefasta letargia dos Poderes Públicos impede a efetivação de uma norma constitucional que, para produzir com plenitude seus efeitos, depende de uma atuação estatal" (MASSON, Nathalia. *Manual de Direito Constitucional*. Salvador: Juspodivm, 2013, p. 976). Portanto, o mandado de injunção representa o remédio jurídico apto a enfrentar a inconstitucionalidade por omissão pela via difusa, ao passo que a ADI por omissão configura o instrumento para enfrentar a inconstitucionalidade por omissão pela via concentrada.

213. (Cespe – Juiz Federal Substituto 5ª região/2013) Ainda com relação ao controle de constitucionalidade das leis e dos atos normativos, assinale a opção correta.

a) O STF admite a declaração de inconstitucionalidade por arrastamento, também denominada por atração, de decreto regulamentar de lei que tenha sido objeto de ADI julgada procedente.

b) As associações que congregam exclusivamente pessoas jurídicas, as denominadas associações de associações, não têm legitimidade, segundo a jurisprudência do STF, para propor a ADI perante o tribunal.

c) É cabível a proposição de ação rescisória à decisão que julga procedente o pedido em arguição de descumprimento de preceito fundamental, não sendo possível sua proposição quando o pedido for julgado improcedente.

d) Segundo a jurisprudência do STF, não se admite o controle preventivo de constitucionalidade em relação a projeto de lei ou de emenda constitucional.

e) O advogado-geral da União será sempre citado para a defesa de ato impugnado em ADI, ainda que o STF já tenha se manifestado pela inconstitucionalidade em caso semelhante.

COMENTÁRIOS

✪ **Nota do autor:** a inconstitucionalidade por arrastamento costumar vir com bastante frequência em alternativas de questões elaboradas pela banca CESPE. Portanto, deve o candidato conhecer o instituto e o posicionamento jurisprudencial do STF acerca do tema.

Alternativa correta: "a": o ordenamento jurídico brasileiro admite a inconstitucionalidade por arrastamento, que consiste na possibilidade de o STF declarar a inconstitucionalidade de uma norma, objeto do pedido de inconstitucionalidade, e também de outro ato normativo, que não tenha sido objeto do pedido, em virtude de correlação, conexão ou interdependência entre uma e outro. Assim definiu o STF, na ADI 2995, julgada em 2006 e relatada pelo Ministro Celso de Mello: "Por entender caracterizada a ofensa ao art. 22, XX, da CF, que confere à União a competência privativa para legislar sobre sistemas de consórcios e sorteios, o Tribunal, por maioria, julgou procedente pedido formulado em ação direta ajuizada pelo Procurador-Geral da República, para declarar a inconstitucionalidade da Lei 12.343/2003 e, por arrastamento, do Decreto 24.446/2002, ambos do Estado de Pernambuco, que dispõem sobre o serviço de loterias no âmbito da referida unidade federativa".

Alternativa "b": o entendimento adotado pelo STF, conforme consolidado no julgamento da ADI 3153 (Informativo 356 de 2004), é que as chamadas "associações de associações" possuem legitimidade para a propositura da ADI, por estar abrangidas no termo "entidades de classes de âmbito nacional". Desse modo, destaca-se o entendimento: "O Tribunal concluiu julgamento de agravo regimental em ação direta de inconstitucionalidade no qual se discutia se entidades que congregam pessoas jurídicas consubstanciam entidades de classe de âmbito nacional, para os fins de legitimação para a propositura de ação direta. Tratava-se, na espécie, de agravo regimental interposto pela Federação Nacional das Associações dos Produtores de Cachaça de Alambique - FENACA contra decisão do Min. Celso de Mello, relator, que, por ausência de legitimidade ad causam da autora, julgara extinto o processo e declarara o prejuízo da apreciação do pedido de medida cautelar - v. Informativo 346. Por maioria, deu-se provimento ao recurso, por se entender que a autora possui legitimidade ad causam, haja vista ser entidade de classe que atua na defesa da mesma categoria social, apesar de se reunir em associações correspondentes a cada Estado. Vencidos os Ministros Celso de Mello, relator, e Carlos Britto que mantinham a decisão agravada, salientando a orientação da Corte segundo a qual não se qualificam como entidades de classe aquelas que, congregando exclusivamente pessoas jurídicas, apresentam-se como verdadeiras associações de associações, nem tampouco as pessoas jurídicas de direito privado, ainda que coletivamente representativas de categorias profissionais ou econômicas. (CF, art. 103: "Podem propor a ação de inconstitucionalidade: ... IX - confederação sindical ou entidade de classe de âmbito nacional.")" (STF. ADI 3153 AgR, julgada em 2004 e relatada pelo Ministro Celso de Mello). Portanto, **as associações que congregam exclusivamente pessoas jurídicas, as denominadas associações de associações, têm legitimidade, segundo a jurisprudência do STF, para propor a ADI perante o tribunal.**

Alternativa "c": não é cabível a proposição de ação rescisória à decisão que julga procedente o pedido em arguição de descumprimento de preceito fundamental, não sendo possível, do mesmo modo, sua proposição quando o pedido for julgado improcedente. Consoante o artigo 12, da Lei nº 9.882/99, a decisão que julgar procedente ou improcedente o pedido em arguição de descumprimento de preceito fundamental é irrecorrível, não podendo ser objeto de ação rescisória.

Alternativa "d": o controle prévio ou preventivo de constitucionalidade é aquele realizado na proposta normativa, ou seja, durante seu processo legislativo de formação, e poderá ser realizado por todos os Poderes (Executivo, Legislativo e Judiciário). É exemplo de controle prévio ou preventivo, o realizado pelas Comissões de Constituição e Justiça (CCJ), no âmbito do Poder Legislativo. O Veto Jurídico realizado pelo Presidente da República é um bom exemplo da espécie de controle em comento, realizado no âmbito do Poder Executivo (lembrando que Emenda Constitucional não passa pelo veto ou sanção do Presidente da República). Ainda, é mister frisar que proposta legislativa pretensamente inconstitucional pode ser impugnada por meio de mandado de segurança individual manejado por parlamentar sob o argumento de vulneração às cláusulas pétreas e violação ao direito líquido e certo de participação de um processo legislativo hígido (STF. MS 20.257, julgado em 1981 e relatado pelo Ministro Décio Miranda). Desse modo, resta concluir que, segundo a jurisprudência do STF, **admite-se** o controle preventivo de constitucionalidade em relação a projeto de lei ou de emenda constitucional.

Alternativa "e": não há necessidade do Advogado-Geral da União se manifestar acerca de ato impugnado em ADI, se o STF já tiver se manifestado pela inconstitucionalidade. Assim, destaca-se o posicionamento da Suprema Corte: "O Supremo Tribunal Federal entende que Advogado-Geral da União e, nos Estados, o Procurador-Geral do Estado, não está obrigado a defender tese jurídica se sobre ela esta Corte já fixou entendimento pela inconstitucionalidade" (STF. RE 739998 AgR, julgado em 2014 e relatado pela Ministra Rosa Weber). Por isso, o advogado-geral da União **não** será sempre citado para a defesa de ato impugnado em ADI, pois nos casos que o STF já tenha se manifestado pela inconstitucionalidade em caso semelhante, não estará obrigado a defender o ato impugnado.

---

214. (Cespe - Juiz Federal Substituto 2ª região/ 2013) Com relação ao controle de constitucionalidade no direito brasileiro, assinale a opção correta.

a) A ação de inconstitucionalidade interventiva, que tem como único legitimado ativo o procurador-geral da República, está fundamentada na violação de um princípio sensível por parte de estado-membro ou do DF e o seu procedimento não admite a concessão de medida liminar.

b) As decisões definitivas de mérito proferidas pelo STF nas ações diretas de inconstitucionalidade e nas ações declaratórias de constitucionalidade produzirão eficácia contra todos e efeito vinculante relativamente aos demais órgãos do Poder Judiciário e à administração pública direta e indireta.

c) Segundo a cláusula de reserva de plenário, somente pela maioria de seus membros ou dos membros do respectivo órgão especial os tribunais poderão declarar a inconstitucionalidade de lei ou ato normativo, porém não haverá violação da cláusula de reserva de plenário quando a decisão de órgão fracionário de tribunal, embora não declare expressamente a inconstitucionalidade de lei ou ato normativo do poder público, afaste a sua incidência no todo ou em parte.

d) Inconstitucionalidade reflexa consiste na incompatibilidade de uma norma infralegal, como o decreto não autônomo expedido pelo chefe do Poder Executivo, com uma lei e, por via indireta, com a própria CF. Segundo o entendimento do STF a ação direta de inconstitucionalidade é meio idôneo para verificação de tal vício.

e) O amicus curiae somente pode demandar a sua intervenção até a data em que o relator liberar o processo para pauta de julgamento, e a sua participação será autorizada mediante despacho irrecorrível do relator nas ações diretas de inconstitucionalidade; porém a sua participação não será cabível no procedimento de controle difuso de constitucionalidade.

COMENTÁRIOS

Alternativa correta: letra "b": as decisões definitivas de mérito proferidas pelo STF nas ações diretas de inconstitucionalidade e nas ações declaratórias de constitucionalidade produzirão eficácia contra todos e efeito vinculante relativamente aos demais órgãos do Poder Judiciário e à administração pública direta e indireta, nos termos do art. 102, § 2°, da CF.

Alternativa "a": a ação de inconstitucionalidade interventiva, que tem como único legitimado ativo o procurador-geral da República (art. 36, III, da CF), está fundamentada na violação de um princípio sensível (art. 34, VII, da CF) por parte de estado-membro ou do DF e o seu procedimento **admite** a concessão de medida liminar, nos termos do art. 5°, da Lei 12.562/11, que regulamenta o inciso III do art. 36 da Constituição Federal, para dispor sobre o processo e julgamento da representação interventiva perante o Supremo Tribunal Federal.

Alternativa "c": segundo a cláusula de reserva de plenário (art. 97, da CF), somente pela maioria **absoluta** de seus membros ou dos membros do respectivo órgão especial os tribunais poderão declarar a inconstitucionalidade de lei ou ato normativo. Ademais **haverá violação da cláusula de reserva de plenário** quando a decisão de órgão fracionário de tribunal, embora não declare expressamente a inconstitucionalidade de lei ou ato normativo do poder público, afaste a sua incidência no todo ou em parte, nos termos do que dispõe **súmula vinculante 10.**

Alternativa "d": inconstitucionalidade reflexa consiste na incompatibilidade de uma norma infralegal, como o decreto não autônomo expedido pelo chefe do Poder Executivo, com uma lei e, por via indireta, com a própria CF. Segundo o entendimento do STF a ação direta de inconstitucionalidade **não** é meio idôneo para verificação de tal vício. Vejamos: "Se a interpretação administrativa da lei, que vier a consubstanciar-se em decreto executivo, divergir do sentido e do conteúdo da norma legal que o ato secundário pretendeu regulamentar, quer porque tenha este se projetado ultra legem, quer porque tenha permanecido citra legem, quer, ainda, porque tenha investido contra legem, a questão caracterizará, sempre, **típica crise de legalidade**, e não de inconstitucionalidade, **a inviabilizar, em consequência, a utilização do mecanismo processual da fiscalização normativa abstrata**. O eventual extravasamento, pelo ato regulamentar, dos limites a que materialmente deve estar adstrito poderá configurar insubordinação executiva aos comandos da lei. Mesmo que, a partir desse vício jurídico, se possa vislumbrar, num desdobramento ulterior, uma potencial violação da Carta Magna, ainda assim **estar-se-á em face de uma situação de inconstitucionalidade reflexa ou oblíqua, cuja apreciação não se revela possível em sede jurisdicional concentrada**." (ADI 996-MC, julgada em 2004 e relatada pelo Ministro Celso de Mello). No mesmo sentido: ADI 4.176-AgR, rel. min. Cármen Lúcia, julgamento em 20-6-2012, Plenário, DJE de 1º-8-2012; ADI 3.805-AgR, Rel. Min. Eros Grau, julgamento em 22-4-2009, Plenário, DJE de 14-8-2009; ADI 2.999, Rel. Min. Gilmar Mendes, julgamento em 13-3-2008, Plenário, DJE de 15-5-2009; ADI 365-AgR, Rel. Min. Celso de Mello, julgamento em 7-11-1990, Plenário, DJ de 15-3-1991.

Alternativa "e": segundo o atual entendimento do STF, o amicus curiae somente pode demandar a sua intervenção até a data em que o relator liberar o processo para pauta de julgamento (ADI 4246, em 2011), e a sua participação será autorizada mediante despacho irrecorrível do relator nas ações diretas de inconstitucionalidade. Ademais, a sua participação **também é cabível no procedimento de controle difuso de constitucionalidade**, a exemplo do que dispõe o art. 482, § 3°, da CF: "O Relator, considerando a relevância da matéria e a representatividade dos postulantes, poderá admitir, por despacho irrecorrível, a manifestação de outros órgãos ou entidades" (LENZA, Pedro. *Direito Constitucional Esquematizado*. 16 ed. São Paulo: Saraiva, p. 335).

215. (Cespe – Juiz de Direito Substituto – MA/ 2013) À luz da jurisprudência do STF, assinale a opção correta em relação ao exercício do controle concentrado ou abstrato de constitucionalidade.

a) Não é admitida a participação do *amicus curiae* na ADI por omissão.

b) É cabível a intervenção de terceiros na arguição de descumprimento de preceito fundamental.

c) De acordo com o STF, não é admissível o ajuizamento de ADI contra ato estatal de conteúdo derrogatório, ou seja, contra resolução administrativa normativa que incida sobre atos normativos.

d) Para ajuizar ação declaratória de constitucionalidade, o partido político com representação no Congresso Nacional deve estar representado por advogado.

COMENTÁRIOS

Alternativa correta: "d": no controle concentrado de constitucionalidade, a petição inicial nem sempre precisa ser assinada por advogado. Essa exigência de assinatura da inicial atinge apenas: a) partido político com representação no Congresso Nacional e; b) Confederação Sindical ou Entidade de Classe de âmbito nacional. Os demais legitimados têm capacidade postulatória presumida ou especial.

Alternativas "a" e "b": em regra, no controle concentrado de constitucionalidade (englobando todas as suas ações), é inadmissível a intervenção de terceiros (c.f. (art. 7°, *caput*, da Lei 9.868/99 e art. 169, § 2°, do Regimento Interno do STF). Mas, o relator, considerando a relevância da matéria e a representatividade dos postulantes, poderá, por despacho irrecorrível, admitir a **manifestação de outros órgãos ou entidades** (art. 7°, § 2°, da Lei 9.868/99), o que abre espaço para a figura do **amicus curiae**, conforme já decidiu o STF na ADI 2238, julgada em 2002 e relatada pelo Ministro Ilmar Galvão. Assim, pode-se dizer que a atuação do *amicus curiae* tem natureza *sui generis*. Em especial, quanto à admissibilidade na ADI por Omissão (ou ADO, na linguagem do STF), há vários precedentes, a exemplo da ADO 22.

Alternativa "c": de acordo com o STF (v.g. ADI 2195, julgada no ano 2000 e relatada pelo Ministro Celso de Mello), **é admissível** o ajuizamento de ADI contra resolução administrativa normativa.

---

216. (Cespe - Defensor Público - RR/2013) No que concerne às ações por meio das quais o STF realiza o controle concentrado de constitucionalidade, assinale a opção correta.

a) No exercício do juízo de admissibilidade, o ministro relator poderá indeferir de plano a ação declaratória de constitucionalidade, em decisão da qual não caberá recurso.

b) Não é cabível a concessão de medida liminar na ADI por omissão.

c) Na arguição de descumprimento de preceito fundamental, é vedada a concessão de medida liminar inaudita altera partes.

d) O STF admite o ingresso de amicus curiae na ADI, reconhecendo-lhe o direito de aditar o pedido formulado pelo autor da referida ação.

e) A produção de efeitos da decisão de mérito proferida pelo STF na ADI não se condiciona ao trânsito em julgado.

COMENTÁRIOS

Alternativa correta: "e": nos termos do art. 27, da Lei 9, 868/99, ao declarar a inconstitucionalidade de lei ou ato normativo, e tendo em vista razões de segurança jurídica ou de excepcional interesse social, poderá o Supremo Tribunal Federal, por maioria de dois terços de seus membros, restringir os efeitos daquela declaração ou decidir que ela só tenha eficácia a partir de seu trânsito em julgado **ou de outro momento que venha a ser fixado**.

Alternativa "a": de fato, no exercício do juízo de admissibilidade, o ministro relator poderá indeferir de plano a ação declaratória de constitucionalidade, consoante art. 12-C, da Lei 9.868/99. **Entretanto, essa decisão é passível de recurso de agravo** (art. 12-C, parágrafo único, da Lei 9.868/99).

Alternativa "b": a teor do art. 12-F, da Lei 9.868/99, em caso de excepcional urgência e relevância **é cabível** a concessão de medida liminar/cautelar na ADI por omissão.

Alternativa "c": quanto à concessão de liminar na arguição de descumprimento de preceito fundamental, o art. 5°, § 2°, da Lei 9.882/99 aduz que **o relator poderá ouvir os órgãos ou autoridades responsáveis pelo ato questionado**, bem como o Advogado-Geral da União ou o Procurador-Geral da República, no prazo comum de cinco dias. Por sua vez, o art. 6°, § 1° da Lei 9.882/99 é claro ao dizer que, apenas **se entender necessário, poderá o relator ouvir as partes nos processos que ensejaram a arguição.**

Alternativa "d": o STF admite o ingresso de amicus curiae na ADI, mas **não lhe** reconhece o direito de aditar o pedido formulado pelo autor da referida ação. Vejamos: "Ação direta de inconstitucionalidade. Embargos de declaração opostos por amicus curiae. Ausência de legitimidade. Interpretação do § 2º da Lei 9.868/1999. A jurisprudência deste Supremo Tribunal é assente quanto ao não cabimento de recursos interpostos por terceiros estranhos à relação processual nos processos objetivos de controle de constitucionalidade. **Exceção apenas para impugnar decisão de não admissibilidade de sua intervenção nos autos**. Precedentes." (ADI 3.615, julgada em 2008 e relatada pela Ministra Cármen Lúcia).

7. DEFESA DO ESTADO E DAS INSTITUIÇÕES DEMOCRÁTICAS

---

217. (Cespe - Delegado de Polícia - PE/2016) A respeito das atribuições constitucionais da polícia judiciária e da organização político-administrativa do Estado Federal brasileiro, assinale a opção correta.

a) Todos os anos, as contas dos municípios devem ficar, durante sessenta dias, à disposição de qualquer contribuinte, para exame e apreciação, o qual poderá questionar a legitimidade dessas contas, nos termos da lei.

b) O DF, como ente federativo *sui generis*, possui as competências legislativas reservadas aos estados, mas não aos municípios; entretanto, no que se refere ao aspecto tributário, ele possui as mesmas competências que os estados e municípios dispõem.

c) As polícias civis, dirigidas por delegados de polícia de carreira, exercem as funções de polícia judiciária e de apuração de infrações penais, sejam elas civis ou militares.

d) Dirigidas por delegados de polícia, as polícias civis subordinam-se aos governadores dos respectivos estados, com exceção da polícia civil do DF, que é organizada e mantida pela União.

e) Os territórios não são entes federativos; assim, na hipótese de vir a ser criado um território federal, ele não disporá de representação na Câmara dos Deputados nem no Senado Federal.

COMENTÁRIOS

Alternativa correta: letra "a": as contas dos Municípios ficarão, durante sessenta dias, anualmente, à disposição de qualquer contribuinte, para exame e apreciação, o qual poderá questionar-lhes a legitimidade, nos termos da lei (art. 31, §3º, da CF).

Alternativa "b": o DF possui as competências legislativas reservadas **aos estados e aos municípios**.

Alternativa "c": às polícias civis, dirigidas por delegados de polícia de carreira, incumbem, ressalvada a competência da União, as funções de polícia judiciária e a apuração de infrações penais, **exceto as militares** (art. 144, §4º, da CF).

Alternativa "d": as polícias militares e corpos de bombeiros militares, forças auxiliares e reserva do Exército, **subordinam-se, juntamente com as polícias civis, aos Governadores dos Estados, do Distrito Federal e dos Territórios** (art. 144, §6º, da CF).

Alternativa "e": cada Território elegerá quatro Deputados (art. 45, §2º, da CF).

---

218. (Cespe - Cartório - TJ - DF/2014) Considerando os dispositivos constitucionais referentes à defesa do Estado e das instituições democráticas, assinale a opção correta.

a) Em caso de calamidade de grandes proporções na natureza, pode o presidente da República decretar, em local restrito e determinado, o estado de sítio.

b) A decretação do estado de defesa pelo presidente da República deve ser precedida de autorização do Congresso Nacional.

c) O município está constitucionalmente autorizado a criar guarda municipal para que exerça a função de polícia judiciária em assuntos de interesse local.

d) O estabelecimento de remuneração inferior ao salário mínimo às praças prestadoras de serviço militar inicial está em consonância com o texto constitucional.

e) A impossibilidade de a CF sofrer alterações durante o estado de defesa configura uma limitação material ao poder constituinte reformador.

COMENTÁRIOS

Alternativa correta: "d": diante da ausência de previsão expressa no texto constitucional, não é assegurado o salário mínimo às praças prestadoras de serviço militar inicial. Nesse sentido, julgou o STF, reconhecendo repercussão geral da matéria: "I – A Constituição Federal não estendeu aos militares a garantia de remuneração não inferior ao salário mínimo, como o fez para outras categorias de trabalhadores. II – O regime a que submetem os militares não se confunde com aquele aplicável aos servidores civis, visto que têm direitos, garantias, prerrogativas e impedimentos próprios. III – Os cidadãos que prestam serviço militar obrigatório exercem um múnus público relacionado com a defesa da soberania da pátria. IV – A obrigação do Estado quanto aos conscritos limita-se a fornecer-lhes as condições materiais para a adequada prestação do serviço militar obrigatório nas Forças Armadas. V – Recurso extraordinário desprovido" (STF. RE 570177, julgado em 2008 e relatado pelo Ministro Ricardo Lewandowski).

Alternativa "a": em caso de calamidade de grandes proporções na natureza, pode o presidente da República decretar, em local restrito e determinado, o **estado de defesa** (e não o de sítio). De acordo com o art. 136, da CF, o Presidente da República pode, ouvidos o Conselho da República e o Conselho de Defesa Nacional, decretar Estado de Defesa para preservar ou prontamente restabelecer, em locais restritos e determinados, a ordem pública ou a paz social ameaçadas por grave e iminente instabilidade institucional ou atingidas por calamidades de grandes proporções na natureza. Em outra banda, o Presidente da República pode, ouvidos o Conselho da República e o Conselho de Defesa Nacional, solicitar ao Congresso Nacional autorização para decretar o Estado de Sítio nos casos de: I – comoção grave de repercussão nacional ou ocorrência de fatos que comprovem a ineficácia de medida tomada durante o estado de defesa; II – declaração de estado de guerra ou resposta a agressão armada estrangeira.

Alternativa "b": o Estado de Defesa será instituído por decreto, que determinará o tempo de sua duração, especificará as áreas a serem abrangidas e indicará, nos termos e limites da lei, as medidas coercitivas a vigorarem, dentre as quais estão abrangidas as que imponham restrições aos direitos de: i. reunião, ainda que exercida no seio das associações; ii. sigilo de correspondência e; iii. sigilo de comunicação telegráfica e telefônica. Também ficam permitidos a ocupação e ouso temporários de bens e serviços públicos, na hipótese de calamidade pública, respondendo a União pelos danos e custos decorrentes. Assim, **decretado o estado de defesa ou sua prorrogação, o Presidente da República, dentro de 24 horas, submeterá o ato com a respectiva justificação ao Congresso Nacional, que decidirá por maioria absoluta** (portanto, a decretação do estado de defesa não será precedida de autorização do CN, mas será submetido após a sua decretação). Se o Congresso Nacional estiver em recesso, será convocado, extraordinariamente, no prazo de cinco dias. O Congresso Nacional apreciará o decreto dentro de dez dias contados de seu recebimento, devendo continuar funcionando enquanto vigorar o estado de defesa. Rejeitado o decreto, cessa imediatamente o estado de defesa.

Alternativa "c": estabelece a CF, em seu artigo 144, § 8º, que os Municípios poderão constituir guardas municipais **destinadas à proteção de seus bens, serviços e instalações**, conforme dispuser a lei. A função de polícia judiciária é constitucionalmente atribuída às polícias civis.

Alternativa "e": a impossibilidade de a CF sofrer alterações durante o estado de defesa configura uma **limitação circunstancial** (e não material) ao poder constituinte reformador. Vale lembrar que, configuram **limitações ao Poder Constituinte Derivado**: **1. Temporais:** impedem a alteração da CF com relação a um determinado período de tempo (A CF/88 não prevê nenhuma limitação temporal, em privilégio ao ganho de estabilidade); **2. Circunstanciais:** impedem a alteração da CF em momentos de extrema gravidade, nos quais a livre manifestação do poder reformador possa estar ameaçada (Estado de Defesa, Estado de Sítio, e Intervenção Federal); **3. Formais/Processuais/Procedimentais,** que podem ser de duas espécies: 3.1. Formal Subjetiva (há legitimados específicos para a propositura de Emendas Constitucionais); 3.2. Formal Objetiva (quórum qualificado de três quintos, em dois turnos, em cada Casa do Congresso Nacional, com promulgação pelas mesas do Senador Federal e da Câmara dos Deputados); **4. Materiais/Substanciais** (Cláusulas Pétreas); **5. Implícitas** (vedação à alteração das regras pertinentes ao processo para modificação da Constituição).

---

219. (Cespe – Defensor Público – DF/ 2013) Julgue o item abaixo, a respeito da defesa do Estado e das instituições democráticas.

A decretação do estado de sítio, medida excepcional, pode ocorrer tanto em caso de guerra ou resposta a agressão armada estrangeira, quanto de comoção grave de repercussão nacional ou ocorrência de fatos que comprovem a ineficácia de medida tomada durante o estado de defesa.

COMENTÁRIOS

Certo. O artigo 137 elenca as hipóteses de decretação do Estado de Sítio. Conforme a regra estabelecida pelo dispositivo mencionado, o Presidente da República pode, ouvidos o Conselho da República e o Conselho de Defesa Nacional, solicitar ao Congresso Nacional autorização para decretar o estado de sítio nos casos de: I – comoção grave de repercussão nacional ou ocorrência de fatos que comprovem a ineficácia de medida tomada durante o estado de defesa; II – declaração de estado de guerra ou resposta a agressão armada estrangeira.

---

220. (Cespe – Delegado de Polícia Federal – DPF/2013) Acerca das atribuições da Polícia Federal, julgue os itens a seguir.

220.1. A Polícia Federal dispõe de competência para proceder à investigação de infrações penais cuja prática tenha repercussão interestadual ou internacional, exigindo-se repressão uniforme.

COMENTÁRIOS

Certo. O artigo 144, § 1º, da CF, estabelece que a Polícia Federal, instituída por lei como órgão permanente, organizado e mantido pela União e estruturado em carreira, destina-se a: I – apurar infrações penais contra a ordem política e social ou em detrimento de bens, serviços e interesses da União ou de suas entidades autárquicas e empresas públicas, assim como outras **infrações cuja prática tenha repercussão interestadual ou internacional e exija repressão uniforme,** segundo se dispuser em lei; II – prevenir e reprimir o tráfico ilícito de entorpecentes e drogas afins, o contrabando e o descaminho, sem prejuízo da ação fazendária e de outros órgãos públicos nas respectivas áreas de competência; III – exercer as funções de polícia marítima, aeroportuária e de fronteiras; IV – exercer, com exclusividade, as funções de polícia judiciária da União.

220.2. De acordo com a norma constitucional, cabe exclusivamente à Polícia Federal prevenir e reprimir o tráfico ilícito de entorpecentes e drogas afins, portanto a atuação da polícia militar de determinado estado da Federação no flagrante e apreensão de drogas implica a ilicitude da prova e a nulidade do auto de prisão.

COMENTÁRIOS

Errado. A Polícia Federal é a que exerce com exclusividade as funções de polícia judiciária da União. Contudo, o artigo 144, § 1º, da CF, estabelece que a Polícia Federal, instituída por lei como órgão permanente, organizado e mantido pela União e estruturado em carreira, destina-se a **prevenir e reprimir o tráfico ilícito de entorpecentes e drogas afins**, o contrabando e o descaminho, **sem prejuízo da ação fazendária e de outros órgãos públicos nas respectivas áreas de competência**.

---

221. (Cespe – Juiz de Direito Substituto – RN/2013) A respeito da defesa do Estado e das instituições democráticas, assinale a opção correta.

a) No decreto do estado de sítio, devem constar a duração da medida, as normas necessárias a sua execução e as garantias constitucionais que ficarão suspensas, devendo o presidente da República, após a publicação do decreto, designar o executor das medidas específicas e as áreas abrangidas.

b) Conforme o STF, em se tratando de concurso público para acesso à carreira militar, a fixação de limite de idade pode ser feita apenas no edital, não sendo necessária previsão nesse sentido em lei.

c) A consulta ao Conselho da República e ao Conselho de Defesa Nacional é desnecessária em caso de decretação, pelo presidente da República, de estado de defesa com vistas à preservação ou ao pronto restabelecimento, em locais restritos e determinados, da ordem pública ou da paz social ameaçada por grave e iminente instabilidade institucional ou atingidas por calamidades de grandes proporções na natureza, haja vista que esse ato é de competência exclusiva do chefe do Poder Executivo.

d) A duração do estado de defesa não pode ser superior a sessenta dias, prazo que pode ser prorrogado uma vez, por igual período, se persistirem as razões que justificaram a sua decretação.

e) O presidente da República pode, ouvidos o Conselho da República e o Conselho de Defesa Nacional, independentemente de autorização do Congresso Nacional, decretar o estado de sítio nos casos de comoção grave de repercussão nacional ou ocorrência de fatos que comprovem a ineficácia de medida tomada durante estado de defesa, declaração de estado de guerra ou resposta a agressão armada estrangeira.

COMENTÁRIOS

Alternativa correta: "a": o decreto do estado de sítio indicará sua duração, as normas necessárias a sua execução e as garantias constitucionais que ficarão suspensas, e, depois de publicado, o Presidente da República designará o executor das medidas específicas e as áreas abrangidas (artigo 138, da CF).

Alternativa "b": conforme o STF, em se tratando de concurso público para acesso à carreira militar, a fixação de limite de idade não pode ser feita apenas no edital, sendo necessária previsão nesse sentido em lei. Nesse sentido, destaca-se o julgado: "O Supremo Tribunal Federal possui a orientação pacífica de que é legítima a limitação de idade máxima para a inscrição em concurso público, desde que instituída por lei e justificada pela natureza do cargo a ser provido" (STF. RE 595893 AgR, julgado em 2014 e relatado pelo ministro Teori Zavascki).

Alternativa "c": de acordo com o art. 136, da CF, o Presidente da República pode, **ouvidos o Conselho da República e o Conselho de Defesa Nacional,** decretar Estado de Defesa para preservar ou prontamente restabelecer, em locais restritos e determinados, a ordem pública ou a paz social ameaçadas por grave e iminente instabilidade institucional ou atingidas por calamidades de grandes proporções na natureza. A competência para a decretação do estado de defesa e o estado de sítio **é privativa** do Presidente da República (art. 84, IX, da CF).

Alternativa "d": a duração do estado de defesa não pode ser superior a **trinta** (e não sessenta) dias, prazo que pode ser prorrogado uma vez, por igual período, se persistirem as razões que justificaram a sua decretação (art. 136, § 2º, da CF).

Alternativa "e": para a **decretação do estado de sítio**, conforme determina o artigo 137, da CF, **é necessário que haja autorização do Congresso Nacional.**

---

222. (Cespe – Analista Judiciário – Judiciária – TRT 10/2013) Julgue os itens seguintes, a respeito do estado de defesa e do estado de sítio.

222.1. O estado de sítio é medida mais branda de defesa do Estado e das instituições democráticas e, diferentemente do estado de defesa, não exige autorização prévia do Congresso Nacional para que possa ser decretado pelo presidente da República.

COMENTÁRIOS

Errado. O estado de sítio é medida mais **severa** de defesa do Estado e das instituições democráticas, pois, uma das suas hipóteses de cabimento é justamente a ocorrência de fatos que comprovem a ineficácia da medida tomada durante o estado de defesa (art. 137, I, da CF). Ademais, diferentemente do estado de defesa, o estado de sítio **exige** autorização prévia do Congresso Nacional para que possa ser decretado pelo Presidente da República (art. 137, parágrafo único, da CF).

222.2. O Congresso Nacional deixará de funcionar enquanto vigorar o estado de defesa.

COMENTÁRIOS

Errado. O art. 60, § 1º determina que a Constituição não poderá ser emendada na vigência de estado de defesa, mas isso **não significa que o Congresso Nacional deixará de funcionar**. Aliás, após ser decretado o estado de defesa, cabe justamente ao Congresso apreciá-lo (art. 136, §§ 4º a 6º, da CF).

222.3. O estado de defesa e o estado de sítio são medidas excepcionais previstas no texto constitucional e visam à restauração da ordem em momentos de crise.

COMENTÁRIOS

Certo. O estado de defesa e o estado de sítio são medidas excepcionais previstas no texto constitucional e visam à restauração da ordem em momentos de crise, nos termos dos artigos 136 a 139 da CF, compondo o título constitucional da Defesa do Estado e das Instituições Democráticas.

223. (Cespe – Juiz Federal Substituto 5ª região/2013) Com relação a segurança pública, defesa do estado e das instituições democráticas e funções essenciais à justiça, assinale a opção correta.

a) O decreto que instituir o estado de defesa pode indicar, como medida coercitiva, a busca e apreensão em domicílio.

b) É constitucional, de acordo com entendimento do STF, norma estadual que atribua à defensoria pública estadual a prestação de assistência judicial a servidores públicos processados pela prática de ato em razão do exercício de suas funções.

c) É obrigatória a participação do Poder Legislativo estadual no procedimento de escolha e nomeação do procurador-geral de justiça de estado-membro, assim como é obrigatória a participação do Senado Federal no procedimento de escolha e nomeação do procurador-geral da República.

d) O advogado-geral da União será julgado, pelos crimes de responsabilidade, perante o STF.

e) O rol dos órgãos encarregados do exercício da segurança pública, previsto constitucionalmente, é taxativo e, segundo o STF, os estados-membros e o DF devem observá-lo.

COMENTÁRIOS

Alternativa correta: "e": segundo entendimento do STF, conforme possível verificar na ADI 2827, julgada em 2010 e relatada pelo Ministro Gilmar Mendes, o rol dos órgãos encarregados do exercício da segurança pública, previsto constitucionalmente, é taxativo e os Estados-Membros e o DF devem observá-lo. Nos termos do Informativo nº 600, do STF: "O rol de órgãos encarregados do exercício da segurança pública, previsto no art. 144, I a V, da CF, é taxativo e esse modelo federal deve ser observado pelos Estados-membros e pelo Distrito Federal. Com base nesse entendimento, o Tribunal, por maioria, julgou procedente, em parte, pedido formulado em ação direta proposta pelo Partido Social Liberal – PSL para declarar a inconstitucionalidade da EC 19/98 e da expressão "Instituto-Geral de Perícias" constante da EC 18/97, ambas da Constituição do Estado do Rio Grande do Sul, que dispõem sobre o aludido Instituto-Geral de Perícias. Preliminarmente, rejeitou-se a alegada inépcia da inicial, uma vez que o requerente indicara os dispositivos sobre os quais versaria a ação, bem como os fundamentos jurídicos do pedido. Ademais, ressaltou-se estar superada a tese relativa à prejudicialidade da ação direta em face da perda superveniente de representação do partido no Congresso Nacional. Assinalou-se, inclusive, que o requerente já teria readquirido sua representatividade. ADI 2827/RS, rel. Min. Gilmar Mendes, 16.9.2010. (ADI-2827)".

Alternativa "a": consoante artigo 136, § 1º, da CF, o decreto que instituir o estado de defesa determinará o tempo de sua duração, especificará as áreas a serem abrangidas e indicará, nos termos e limites da lei, as medidas coercitivas a vigorarem, dentre as seguintes: I – restrições aos direitos de: a) reunião, ainda que exercida no seio das associações; b) sigilo de correspondência; c) sigilo de comunicação telegráfica e telefônica; II – ocupação e uso temporário de bens e serviços públicos, na hipótese de calamidade pública, respondendo a União pelos danos e custos decorrentes. Portanto, a CF não prevê que o decreto que instituir o estado de defesa pode indicar, como medida coercitiva, a busca e apreensão em domicílio.

Alternativa "b": é inconstitucional, de acordo com entendimento do STF, norma estadual que atribua à defensoria pública estadual a prestação de assistência judicial a servidores públicos processados pela prática de ato em razão do exercício de suas funções. Segundo o entendimento da Suprema Corte, consolidado no Informativo nº 355, norma estadual não pode atribuir atribuição à Defensoria Pública para prestar assistência judiciária a servidor público, processado por ato praticado em razão do exercício regular de suas funções, uma vez que estaria exorbitando as atribuições constitucionalmente previstas para referida instituição. Assim, destaca-se o julgado: "Norma estadual que atribui à Defensoria Pública do estado a defesa judicial de servidores públicos estaduais processados civil ou criminalmente em razão do regular exercício do cargo extrapola o modelo da CF (art. 134), o qual restringe as atribuições da Defensoria Pública à assistência jurídica a que se refere o art. 5º, LXXIV" (STF. ADI 3022, julgado em 2004 e relatado pelo Ministro Joaquim Barbosa). Desse modo, entendeu o STF que, caso norma estadual venha inserir dentre as atribuições da Defensoria Pública, a de prestar assistência judiciária a servidor público processado, civil ou penalmente, por ato praticado em razão do exercício regular de suas funções, estaria extrapolando as atribuições propostas na Carta Magna. Portanto, por não constar das atribuições previstas na CF, a defensoria pública não pode prestar assistência judiciária a servidor público processado, civil ou penalmente, por ato praticado em razão do exercício regular de suas funções.

Alternativa "c": segundo posicionamento do STF, **não é obrigatória a aprovação, pela assembleia legislativa, de indicado pelo governador, em lista tríplice, ao cargo de Procurador-Geral de Justiça, não se aplicando, neste caso, o princípio da simetria,** já que no âmbito federal, a CF prevê a aprovação do Procurador-Geral da República pelo Senado Federal (art. 52, III, *e*, da CF). Destaca-se o julgado: "1. A escolha do Procurador-Geral da República deve ser aprovada pelo Senado (CF, artigo 128, § 1º). A nomeação do Procurador-Geral de Justiça dos Estados não está sujeita à aprovação da Assembléia Legislativa. Compete ao Governador nomeá-lo dentre lista tríplice composta de integrantes da carreira (CF, artigo 128, § 3º). Não-aplicação do princípio da simetria. Precedentes. 2. Dispositivo da Constituição do Estado de Mato Grosso que restringe o alcance do § 3º do artigo 128 da Constituição Federal, ao exigir a aprovação da escolha do Procurador-Geral de Justiça pela Assembléia Legislativa. Ação julgada procedente e declarada a inconstitucionalidade da alínea "c" do inciso XIX do artigo 26 da Constituição do Estado de Mato Grosso" (STF. ADI 452, julgada em 2002 e relatada pelo Ministro Maurício Corrêa).

Alternativa "d": o Advogado-Geral da União será julgado, pelos crimes de responsabilidade, perante o **Senado Federal** (e não pelo STF).

224. (Cespe – Juiz de Direito Substituto – MA/ 2013) A respeito da defesa do Estado e das instituições democráticas, assinale a opção correta.

a) Na vigência do estado de sítio, as imunidades parlamentares não podem ser suspensas.

b) Caso ocorra agressão estrangeira no intervalo das sessões legislativas, o presidente da República poderá decretar o estado de sítio sem a prévia autorização do Congresso Nacional.

c) A Polícia Rodoviária Federal é órgão permanente, organizado e mantido pela União, destinado ao patrulhamento ostensivo das rodovias federais, com competência para as funções de polícia judiciária.

d) Na vigência de estado de defesa, o decreto editado pelo presidente da República estabelecerá, como prazo máximo de duração da medida, trinta dias, o qual será submetido à aprovação da maioria absoluta do Congresso Nacional, sendo viável uma prorrogação por igual período, dispensando-se, nessa hipótese, nova deliberação do Congresso Nacional.

COMENTÁRIOS

Alternativa correta: "b": nos termos do art. 138, § 2°, da CF, solicitada autorização para decretar o estado de sítio durante o recesso parlamentar, o Presidente do Senado Federal, de imediato, convocará extraordinariamente o Congresso Nacional para se reunir dentro de cinco dias, a fim de **apreciar o ato**, ou seja, nesta hipótese excepcional, o Congresso analisará o ato depois de já concretizado.

Alternativa "a": consoante art. 53, § 8°, da CF, as imunidades de Deputados ou Senadores subsistirão durante o estado de sítio, **só podendo ser suspensas mediante o voto de dois terços dos membros da Casa respectiva, nos casos de atos praticados fora do recinto do Congresso Nacional, que sejam incompatíveis com a execução da medida**.

Alternativa "c": a Polícia Rodoviária Federal é órgão permanente, organizado e mantido pela União, destinado ao patrulhamento ostensivo das rodovias federais (art. 144, § 2°, da CF), mas **não tem** competência para as funções de polícia judiciária, quem cabem à Polícia Federal e à Polícia Civil.

Alternativa "d": de acordo com o art. 136, § 2°, da CF, o tempo de duração do estado de defesa não será superior a trinta dias, **mas pode ser prorrogado uma vez, por igual período, se persistirem as razões que justificaram a sua decretação**.

8. TRIBUTAÇÃO E ORÇAMENTO

225. (Cespe – Delegado de Polícia – PE/2016) Considerando os dispositivos constitucionais relativos ao STN e à ordem econômica e financeira, assinale a opção correta.

a) Como entidades integrantes da administração pública indireta, as empresas públicas e as sociedades de economia mista gozam de privilégios fiscais não extensivos às empresas do setor privado.

b) Em razão do princípio da anterioridade tributária, a cobrança de tributo não pode ser feita no mesmo exercício financeiro em que fora publicada a norma impositiva tributária.

c) De acordo com a CF, é vedado à administração tributária, visando aferir a capacidade econômica do contribuinte, identificar, independentemente de ordem judicial, o patrimônio, os rendimentos e as atividades econômicas do contribuinte.

d) Embora a CF vede a retenção ou qualquer outra restrição à entrega e ao emprego dos recursos atribuídos aos estados, ao DF e aos municípios, neles compreendidos adicionais e acréscimos relativos a impostos, a União e os estados podem condicionar a entrega de recursos.

e) A CF, ao diferenciar empresas brasileiras de capital nacional de empresas estrangeiras, concede àquelas proteção, benefícios e tratamento preferencial.

COMENTÁRIOS

Alternativa correta: letra "d": é o que consta do art. 160, *caput* e parágrafo único, da CF.

Alternativa "a": as empresas públicas e as sociedades de economia mista **não poderão gozar de privilégios fiscais não extensivos às do setor privado** (art. 173, §2º, CF).

Alternativa "b": é vedado à União, aos Estados, ao Distrito Federal e aos Municípios cobrar tributos no mesmo exercício financeiro em que haja sido publicada a **lei que os instituiu ou aumentou** (princípio da anterioridade tributária). Note-se que tal regra aplica-se apenas à lei que instituir ou aumentar. Ademais, tal princípio encontra exceções, conforme disposto no §1º do art. 150 da CF.

Alternativa "c": sempre que possível, os impostos terão caráter pessoal e serão graduados segundo a capacidade econômica do contribuinte, **facultado à administração tributária, especialmente para con-**

ferir efetividade a esses objetivos, identificar, respeitados os direitos individuais e nos termos da lei, o patrimônio, os rendimentos e as atividades econômicas do contribuinte (art. 145, §1º, da CF).

Alternativa "e": a CF **não** concede às empresas brasileiras de capital nacional proteção, benefícios e tratamento preferencial.

---

226. (Cespe – Analista de Controle – Área Jurídica – TCE – PR/2016) À luz da jurisprudência do STF, assinale a opção correta acerca das limitações ao poder de tributar.

a) As anuidades exigidas pelos conselhos profissionais, embora ostentem natureza tributária, não se submetem ao princípio da legalidade estrita, podendo sua cobrança ser prevista apenas em ato normativo.

b) Os emolumentos cartorários, por serem destituídos de natureza tributária, podem ser instituídos por atos normativos emanados dos tribunais de justiça dos estados, não se submetendo ao princípio da legalidade estrita.

c) A definição do vencimento das obrigações tributárias não se submete ao princípio da legalidade estrita, podendo ocorrer por decreto do Poder Executivo.

d) É constitucional a concessão de isenções com base na ocupação profissional do contribuinte.

e) O estabelecimento das hipóteses de imunidade tributária é reservado a lei complementar.

COMENTÁRIOS

Alternativa correta: letra "c": o entendimento do STF é que a definição do vencimento das obrigações tributárias não se submete ao princípio da legalidade estrita e, por conta disso, pode ocorrer por decreto do Poder Executivo. Nesse sentido: STF. RE 195218, julgado em 2002 e relatado pelo Ministro Ilmar Galvão).

Alternativa "a": as anuidades exigidas pelos conselhos profissionais, em decorrência de sua natureza tributária, se submete ao princípio da legalidade estrita. Desse modo, segundo entendimento do STF: "As contribuições devidas ao agravante, nos termos do art. 149 da Constituição, possui natureza tributária e, por via de consequência, deve-se observar o princípio da legalidade tributária na instituição e majoração dessas contribuições." (STF. AI 768577 AgR-segundo, julgada em 2010 e relatada pelo Ministro Ricardo Lewandowski).

Alternativa "b": os emolumentos cartorários possuem natureza tributária, qualificando-se como taxas.

Alternativa "d": conforme consta do art. 150, II, da CF, é vedado à União, aos Estados, ao Distrito Federal e aos Municípios instituir tratamento desigual entre contribuintes que se encontrem em situação equivalente, **proibida qualquer distinção em razão de ocupação profissional** ou função por eles exercida, independentemente da denominação jurídica dos rendimentos, títulos ou direitos. Portanto, é **in**constitucional a concessão de isenções com base na ocupação profissional do contribuinte.

Alternativa "e": o estabelecimento das hipóteses de **imunidade** tributária é reservado a Constituição. Segundo ensina Fernanda Marques Cornélio: "As imunidades tributárias estão sempre prevista na Constituição Federal. Se há previsão na CF de dispensa de pagamento de tributo, sempre será uma imunidade, ainda que expressamente no texto da norma constitucional exista outra nomenclatura. [...]. A isenção, por sua vez, é a dispensa legal do pagamento de tributo. O ente federativo tem competência para instituir o tributo, mas opta por não exercer sua competência em determinadas situações. Ou seja, a isenção pressupõe o exercício da competência tributária, mas o ente tributante, por meio de lei, opta por dispensar o pagamento. Deve sempre estar prevista em lei em sentido estrito do ente competente para instituir o tributo." (*Direito Tributário*: Coleção resumos para concursos. 4. ed. Salvador: Juspodivm, 2016, p. 72 – 74).

---

227. (Cespe – Defensor Público – RN/2015) No que diz respeito à disciplina constitucional da autonomia financeira, aos poderes e aos órgãos públicos, assinale a opção correta.

a) Lei de iniciativa exclusiva do Poder Executivo poderá restringir a execução orçamentária do Poder Judiciário, mesmo no tocante às despesas amparadas na LDO e na LOA.

b) Ao elaborar sua proposta orçamentária, deve o MP ater-se aos limites estabelecidos na LDO, não sendo dado ao chefe do Poder Executivo estadual interferir nessa proposta, ressalvada a possibilidade de pleitear a sua redução ao respectivo parlamento.

c) Por exercer função constitucional autônoma e contar com fisionomia institucional própria, o MP junto aos TCs tem assegurada a garantia institucional da autonomia financeira nos mesmos moldes consagrados ao MP comum.

d) Em razão do seu caráter de auxiliar do respectivo Poder Legislativo, os TCs estaduais não gozam de autonomia financeira, ficando a sua proposta orçamentária condicionada à proposição daquele poder.

e) A despeito da autonomia financeira das DPs, sua proposta orçamentária deve estar atrelada à proposta do respectivo Poder Executivo, como uma subdivisão desta, tendo em vista especialmente a circunstância de as DPs, não constituindo um poder autônomo e independente, atuarem no exercício de função executiva.

COMENTÁRIOS

Alternativa correta: letra "b": segundo o art. 127, §3º, da CF, o Ministério Público elaborará sua proposta orçamentária dentro dos limites estabelecidos na lei de diretrizes orçamentárias. Se a proposta orçamentária de que trata este artigo for encaminhada em desacordo com os limites estipulados na forma do § 3º, o Poder Executivo procederá aos ajustes necessários para fins de consolidação da proposta orçamentária anual (§5º).

Alternativa "a": não se admite que lei de iniciativa exclusiva do Poder Executivo restrinja a execução orçamentária do Poder Judiciário. Segundo entendimento do STF, que consta do Informativo 615: "No que tange ao mérito, vislumbrou-se violação à autonomia financeira do Poder Judiciário e do Ministério Público do Estado do Ceará. Asseverou-se que, **devidamente fixadas as diretrizes gerais para a elaboração e a execução dos orçamentos do Estado** – por meio da Lei de Diretrizes Orçamentárias (Lei 14.416/2009, art. 1º, III), e estimadas a receita e a despesa do Estado para o exercício financeiro de 2010, por meio da Lei Orçamentária Anual (Lei 14.608/2010) –, **não poderia lei ordinária, de iniciativa exclusiva do Poder Executivo, fixar limites de execução orçamentária** sem nenhuma participação do Poder Judiciário e do Ministério Público, por implicar indevida interferência sobre a gestão orçamentária desses órgãos autônomos. Frisou-se que, em razão da autonomia do Poder Judiciário e do Ministério Público na execução das despesas de seus respectivos orçamentos, somente os próprios entes poderiam contingenciar as dotações orçamentárias que receberam, sendo ilegítima a imposição de medidas nesse sentido pelo Executivo (CF, artigos 2º, 99, § 1º e 127, §§ 2º e 3º)." (STF. ADI 4426/CE, julgada em 2011 e relatada pelo Ministro Dias Toffoli).

Alternativa "c": segundo o entendimento do STF: "O Ministério Público especial junto aos Tribunais de Contas estaduais **não dispõe das garantias institucionais pertinentes ao Ministério Público comum dos Estados-membros, notadamente daquelas prerrogativas que concernem à autonomia administrativa e financeira dessa Instituição, ao processo de escolha, nomeação e destituição de seu titular e ao poder de iniciativa dos projetos de lei relativos à sua organização**. Precedentes. – A cláusula de garantia inscrita no art. 130 da Constituição – que não outorgou, ao Ministério Público especial, as mesmas prerrogativas e atributos de autonomia conferidos ao Ministério Público comum – não se reveste de conteúdo orgânico-institucional. Acha-se vocacionada, no âmbito de sua destinação tutelar, a proteger, unicamente, os membros do Ministério Público especial no relevante desempenho de suas funções perante os Tribunais de Contas. Esse preceito da Lei Fundamental da República – que se projeta em uma dimensão de caráter estritamente subjetivo e pessoal – submete os integrantes do Ministério Público especial junto aos Tribunais de Contas ao mesmo estatuto jurídico que rege, em tema de direitos, vedações e forma de investidura no cargo, os membros do Ministério Público comum. – **O Ministério Público especial junto aos Tribunais de Contas estaduais não dispõe de fisionomia institucional própria** e, não obstante as expressivas garantias de ordem subjetiva concedidas aos seus Procuradores pela própria Constituição da República (art. 130), encontra-se consolidado na "intimidade estrutural" dessas Cortes de Contas (RTJ 176/540-541), que se acham investidas – até mesmo em função do poder de autogoverno que lhes confere a Carta Política (CF, art. 75) – da prerrogativa de fazer instaurar, quanto ao Ministério Público especial, o processo legislativo concernente à sua organização." (ADI 2378, julgada em 2004 e relatada pelo Ministro Maurício Corrêa).

Alternativa "d": segundo entende o STF: "Os Tribunais de Contas dos Estados são órgãos **dotados de autonomia institucional, financeira e administrativa**, conforme já assentado pelo Plenário deste Tribunal (ADI 4.643, Rel. Min. Luiz Fux, Tribunal Pleno, DJe de 28/11/2014)." (ACO 1501 AgR, julgada em 2015 e relatada pelo Ministro Luiz Fux).

Alternativa "e": nos termos da jurisprudência do STF: "Às Defensorias Públicas Estaduais são asseguradas autonomia funcional e administrativa, bem como a prerrogativa de formulação de sua própria proposta orçamentária (art. 134, § 2º, da CRFB/88), por força da Constituição da República (Emenda Constitucional nº 45/2004). [...].À Defensoria Pública Estadual compete a prerrogativa de elaborar e apresentar sua proposta orçamentária, a qual está condicionada tão somente a (i) obedecer a Lei de Diretrizes Orçamentárias; (ii) ser encaminhada em conformidade com a previsão do art. 99, § 2º, da CRFB/88. 4. O Poder Executivo, que detém a competência para deflagrar o processo legislativo (art. 165, I, II e III, da CRFB/88), uma vez atendida essa dupla de requisitos, não pode realizar qualquer juízo de valor sobre o montante ou o impacto financeiro da proposta orçamentária apresentada pela Defensoria Pública Estadual, preconizada nos termos dos artigos 99, § 2º, c/c 134, § 2º, da CRFB/88, cabendo-lhe tão somente consolidar a proposta encaminhada e remetê-la ao órgão legislativo correspondente, sem introduzir nela quaisquer reduções ou modificações." (ADI 5287, julgada em 2016 e relatada pelo Ministro Luiz Fux).

---

228. (Cespe – Defensor Público – RN/2015) Assinale a opção correta acerca do regime constitucional dos gastos públicos.

a) A existência de prévia autorização legislativa é requisito suficiente para a abertura de crédito suplementar ou especial.

b) A transposição, o remanejamento ou a transferência de recursos de uma categoria de programação para outra ou de um órgão para outro não depende de prévia autorização legislativa.

c) A instituição de fundos de qualquer natureza pode ser autorizada por decreto do Poder Executivo, circunstância em que tal ato terá a natureza de decreto autônomo.

d) Para se iniciar investimento cuja execução ultrapasse um exercício financeiro, basta que esse investimento esteja previsto na LOA do primeiro exercício financeiro de sua execução.

e) O início de programas e projetos governamentais não será possível sem a inclusão deles na LOA.

COMENTÁRIOS

Alternativa correta: letra "e": a Constituição veda expressamente o início de programas ou projetos não incluídos na lei orçamentária anual (art. 167, I, CF).

Alternativa "a": segundo possível depreender do art. 167, V, da CF, a abertura de crédito suplementar exige prévia autorização legislativa, bem como indicação dos recursos correspondentes.

Alternativa "b": segundo entendimento do art. 167, VI, da CF, a transposição, o remanejamento ou a transferência de recursos de uma categoria de programação para outra ou de um órgão para outro **depende de prévia autorização legislativa**.

Alternativa "c": a Constituição, nos termos do art. 167, IX, veda a instituição de fundos de qualquer natureza, sem prévia autorização legislativa.

Alternativa "d": segundo dispõe o art. 167, §1º, da CF, nenhum investimento cuja execução ultrapasse um exercício financeiro poderá ser iniciado sem prévia inclusão no plano plurianual, ou sem lei que autorize a inclusão, sob pena de crime de responsabilidade.

---

229. (Cespe – Procurador do MP junto ao TCE-PB/2014) O TJ/PB encaminhou à AL/PB projeto de lei complementar dispondo sobre a divisão judiciária do estado, com a alteração das comarcas e a criação dos cargos necessários. Ao deliberar sobre essa proposição, o Poder Legislativo introduziu emendas à proposta que aumentaram o número de comarcas e de cargos em relação ao projeto original.

Com base nessa situação hipotética, assinale a opção correta de acordo com as normas constitucionais e a jurisprudência do STF.

a) As referidas emendas somente poderiam ser aprovadas se indicassem os recursos necessários, admitidos apenas os provenientes de anulação de despesas.

b) As emendas em questão somente poderiam ser aprovadas se estivessem compatíveis com o plano plurianual e com a lei de diretrizes orçamentárias.

c) As referidas emendas parlamentares são inconstitucionais, haja vista que, por simetria às normas da CF, é vedado o aumento de despesa nos projetos de lei que versam sobre organização judiciária.

d) A CF veda a apresentação de emendas parlamentares nos projetos de lei de iniciativa privativa.

e) As emendas apresentadas são constitucionais, haja vista que só são vedadas emendas que impliquem aumento de despesa em projetos de lei sobre a organização dos serviços administrativos dos tribunais, não naqueles sobre organização judiciária.

COMENTÁRIOS

✪ **Nota do autor:** a questão aborda o entendimento do STF acerca da possibilidade de emendas parlamentares em projetos de lei de iniciativa privativa de determinado órgão, nas hipóteses vedadas ou permitidas. Trata-se de um assunto bastante abordado em provas objetivas, devendo o leitor ater-se ao entendimento da Suprema Corte.

Alternativa correta: "c" (responde todas as demais alternativas): com base na jurisprudência do STF, não é possível emendas parlamentares que ensejam o aumento de despesa nos projetos de lei que versam sobre organização judiciária. Por outro lado, não ocorrendo aumento de despesas, é possível que haja emendas parlamentares, ainda que a iniciativa seja privativa, conforme possível verificar do julgamento do RE 257163 AgR, julgado em 2013 e relatado pelo Ministro Gilmar Mendes. Desse modo, conforme entendimento da Suprema Corte: "A Constituição Federal veda ao Poder Legislativo apenas a prerrogativa da formalização de emendas a projeto originário de Tribunal de Justiça, se delas resultar aumento de despesa pública, observada ainda a pertinência temática, a harmonia e a simetria à proposta inicial" (STF. ADI 2350, julgada em 2004 e relatada pelo Ministro Maurício Corrêa).

---

230. (Cespe – Cartório – TJ – DF/2014) Considere que um estado da Federação tenha concedido, mediante lei complementar, isenção do imposto sobre importação de determinados produtos estrangeiros destinados a hospitais públicos. Nessa situação hipotética, a isenção

a) é irrevogável e deve perdurar pelo prazo mínimo de um ano.

b) deveria ser restrita a determinada região do território do estado da Federação.

c) é inconstitucional.

d) poderia ter sido concedida mediante decreto do governador do estado, tendo sido desnecessária a edição de lei complementar.

e) poderia ter sido concedida mediante lei ordinária estadual, sem necessidade da edição de lei complementar.

COMENTÁRIOS

Alternativa correta: "c" (responde todas as demais alternativas): consoante artigo 153, I, da CF, **compete à União instituir impostos sobre importação de produtos estrangeiros.** Portanto, a instituição de impostos de importação é competência da União e não dos Estados, sendo que estes não poderão estabelecer isenções.

---

231. (Cespe – Procurador do Ministério Público junto ao TCDF/2013) Julgue os itens seguintes, relativos ao Sistema Tributário Nacional, às limitações do poder de tributar e aos princípios gerais da atividade econômica.

231.1. O princípio da imunidade recíproca, mediante o qual é vedado à União, aos estados, ao DF e aos municípios instituir impostos sobre patrimônio, renda ou serviços uns dos outros, é extensivo às autarquias e às fundações instituídas e mantidas pelo poder público, no que se refere ao patrimônio, à renda e aos serviços, vinculados a suas finalidades essenciais ou às delas decorrentes.

COMENTÁRIOS

Certo. O artigo 150, VI, "a", da CF, institui a chamada**imunidade recíproca**, segundo a qual é vedado à União, aos Estados, ao Distrito Federal e aos Municípios instituir impostos sobre patrimônio, renda ou serviços, uns dos outros. Por sua vez, o § 2º, do dispositivo referido, diz que aludida imunidade é extensiva às autarquias e às fundações instituídas e mantidas pelo Poder Público, no que se refere ao patrimônio, à renda e aos serviços, vinculados a suas finalidades essenciais ou às delas decorrentes.

231.2. As empresas públicas, as sociedades de economia mista e suas subsidiárias que explorem atividade econômica de produção ou comercialização de bens, mas não as que se destinem à prestação de serviços, sujeitam-se ao regime jurídico próprio das empresas privadas, inclusive quanto aos direitos e obrigações civis, comerciais, trabalhistas e tributários.

COMENTÁRIOS

Errado. As empresas públicas, as sociedades de economia mista e suas subsidiárias que explorem atividade econômica de produção ou comercialização de bens, **incluídas as que se destinem à prestação de serviços**, sujeitam-se ao regime jurídico próprio das empresas privadas, inclusive quanto aos direitos e obrigações civis, comerciais, trabalhistas e tributários (art. 173, § 1º, II, da CF).

231.3. A União pode criar empréstimos compulsórios visando investimentos públicos de caráter urgente e de relevante interesse nacional, mas está impedida de cobrar tais tributos no mesmo exercício financeiro em que haja sido publicada a lei que os instituiu.

COMENTÁRIOS

Certo. De acordo com o artigo 148, II, da CF, os empréstimos compulsórios, nas hipóteses de investimento público de caráter urgente e de relevante interesse nacional, deve observar o Princípio da Anterioridade Comum, segundo o qual é vedado à União, aos Estados, ao Distrito Federal e aos Municípios cobrar tributos no mesmo exercício financeiro em que haja sido publicada a lei que os instituiu ou aumentou (art. 150, III, "b", da CF).

---

232. (Cespe – Juiz Substituto da Justiça Militar da União – STM/2013) Assinale a opção correta acerca das finanças públicas e orçamento, de acordo com a CF, a jurisprudência do STF e a doutrina.

a) Compete ao Congresso Nacional dispor sobre limites globais e condições para operações de crédito externo e interno da União, dos estados, do DF e dos municípios, de suas autarquias e das demais entidades controladas pelo poder público federal.

b) O Poder Executivo deve publicar, até sessenta dias após o encerramento de cada bimestre, relatório resumido da execução orçamentária.

c) A CF veda expressamente os denominados orçamentos rabilongos.

d) Receitas derivadas decorrem da exploração do patrimônio do Estado, que pode participar da atividade econômica explorando atividades privadas e cobrando tarifa ou preço público.

e) Compete ao Senado Federal dispor sobre o montante da dívida mobiliária federal.

COMENTÁRIOS

✪ **Nota do autor:** a questão é de elevado nível de dificuldade, pois exige tanto a atenção do candidato para os erros nas alternativas, quanto o domínio das expressões utilizadas na matéria referente às finanças públicas e ao orçamento.

Alternativa correta: "c": orçamento rabilongo foi expressão utilizada por Ruy Barbosa para se referir às leis orçamentárias que continham em seu bojo matérias estranhas às finanças. Nesse sentido, visando vedar os chamados orçamentos rabilongos, o artigo 165, § 8º, da CF, prevê que **a lei orçamentária anual não conterá dispositivo estranho à previsão da receita e à fixação da despesa**, não se incluindo na proibição a autorização para abertura de créditos suplementares e contratação de operações de crédito, ainda que por antecipação de receita, nos termos da lei. Desse modo, a CF veda os denominados orçamentos rabilongos.

Alternativa "a": compete **privativamente ao Senado Federal** (e não ao Congresso Nacional) dispor sobre limites globais e condições para operações de crédito externo e interno da União, dos Estados, do DF e dos Municípios, de suas autarquias e das demais entidades controladas pelo Poder Público federal (art. 52, VII, da CF).

Alternativa "b": o Poder Executivo deve publicar, até **trinta dias** (e não sessenta) após o encerramento de cada bimestre, relatório resumido da execução orçamentária (art. 165, § 3º, da CF).

Alternativa "d": receitas derivadas decorrem da imposição Estatal ao particular, como é o caso dos tributos.

Alternativa "e": compete ao **Congresso Nacional** (e não ao Senado Federal) dispor sobre o montante da dívida mobiliária federal (art. 48, XIV, da CF).

---

233. (Cespe – Juiz de Direito Substituto – MA/ 2013) Assinale a opção correta no que se refere ao sistema tributário nacional.

a) No que se refere às limitações ao poder de tributar, a CF estabelece a necessidade de prévia autorização orçamentária para a exigibilidade de tributos.

b) A CF não admite o estabelecimento de imposto de caráter real, definido sem que se levem em consideração as condições pessoais do contribuinte, aspecto tido por imprescindível na ordem tributária nacional para a fixação do referido tributo.

c) Segundo entendimento do STF, o valor cobrado dos usuários pelos serviços de água e esgoto tem natureza jurídica de taxa.

d) O princípio da imunidade tributária recíproca não pode, à luz do posicionamento firmado pelo STF, ser invocado na hipótese de contribuições previdenciárias.

COMENTÁRIOS

Alternativa correta: "d": o princípio da imunidade tributária recíproca encontra-se disposto no artigo 150, VI, "a", da CF, segundo o qual é vedado à União, aos Estados, ao Distrito Federal e aos Municípios instituir impostos sobre patrimônio, renda ou serviços, uns dos outros. O entendimento consolidado na Suprema Corte (informativo 465), é no sentido de que a imunidade tributária recíproca refere-se apenas aos impostos, não podendo ser invocada no caso de contribuições sociais. Nesta esteira:

> *"É da jurisprudência do Supremo Tribunal que o princípio da imunidade tributária recíproca (CF, art. 150, inciso VI, alínea a) – ainda que se discuta a sua aplicabilidade a outros tributos que não os impostos – não pode ser invocado na hipótese de contribuições previdenciárias" (STF. RE 388373 AgR, julgado em 2012 e relatado pelo Ministro Dias Toffoli).*

Alternativa "a": no que se refere às limitações ao poder de tributar, **a CF não estabelece a necessidade de prévia autorização orçamentária para a exigibilidade de tributos.** A necessidade de prévia autorização orçamentária para a exigibilidade de tributos configura o chamado Princípio da Anualidade, que não foi adotado na CF de 1988. Segundo o STF: "1. Cabe ao Poder Legislativo autorizar a realização de despesas e a instituição de tributos, como expressão da vontade popular. **Ainda que a autorização orçamentária para arrecadação de tributos não mais tenha vigência ('princípio da anualidade'), a regra da legalidade tributária estrita não admite tributação sem representação democrática.** Por outro lado, a regra da legalidade é extensível à concessão de benefícios fiscais, nos termos do art. 150, § 6º da Constituição. Trata-se de salvaguarda à atividade legislativa, que poderia ser frustrada na hipótese de assunto de grande relevância ser tratado em texto de estatura ostensivamente menos relevante. 2. Porém, no caso em exame, é incontroverso que o benefício fiscal foi concedido com a anuência dos Legislativos local e estadual (Resolução 265/1973 da Câmara Municipal e Resolução 1.065/1973 da Assembléia Legislativa). Portanto, está afastado o risco de invasão de competência ou de quebra do sistema de checks and counterchecks previsto no art. 150, § 6º da Constituição. Aplicação dos mesmos fundamentos que inspiraram o RE 539.130 (rel. min. Ellen Gracie, Segunda Turma, DJe 022 de 05.02.2010). 3. "Isenções tributárias concedidas sob condição onerosa não podem ser livremente suprimidas" (Súmula 544/STF)" (STF. RE 414249 AgR, julgado em 2010 e relatado pelo Ministro Joaquim Barbosa).

Alternativa "b": a CF admite o estabelecimento de imposto de caráter real, definido sem que se levem em consideração as condições pessoais do contribuinte. É verdade que a Carta Magna, em seu artigo 145, § 1º prescreve que **sempre que possível, os impostos terão caráter pessoale serão graduados segundo a capacidade econômica do contribuinte**, facultado à administração tributária, especialmente para conferir efetividade a esses objetivos, identificar, respeitados os direitos individuais e nos termos da lei, o patrimônio, os rendimentos e as atividades econômicas do contribuinte. Desse modo, há predileção para que se instituam impostos com caráter pessoal, mas não significa dizer que a CF veda a instituição de impostos de caráter real. Exemplo disso é o IPTU, que é imposto de caráter real, não levando em consideração as condições pessoais do contribuinte. Segundo a Suprema Corte: "É pacífica a jurisprudência desta Corte no sentido de que a progressividade do IPTU, que é imposto de natureza real em que não se pode levar em consideração a capacidade econômica do contribuinte, só é admissível, em face da Constituição Federal, para o fim extrafiscal de assegurar o cumprimento da função social da propriedade" (STF. RE 248892, julgado em 1999 e relatado pelo Ministro Maurício Corrêa).

Alternativa "c": segundo entendimento do STF, o valor cobrado dos usuários pelos serviços de água e esgoto tem natureza jurídica de **preço público** (e não taxa). De acordo com a Suprema Corte: "A cobrança pelos serviços de água e esgoto não consubstancia tributo. Trata-se de preço público" (STF. AI 784175 AgR, julgado em 2013 e relatado pela Ministra Rosa Weber)

9. ORDEM ECONÔMICA E FINANCEIRA

234. (Cespe – Procurador do MP junto ao TCU/2015) A respeito da ordem econômica prevista na CF, especialmente no que se refere à prestação de serviços públicos, assinale a opção correta.

a) A exploração direta das atividades econômicas cabe preferencialmente ao setor privado e excepcionalmente ao Estado, daí a razão pela qual é inadmissível, inclusive em prestígio ao princípio constitucional da livre concorrência, que o desempenho dessas atividades dependa de prévias autorizações do poder público.

b) O serviço postal é exemplo de atividade econômica em sentido estrito prestada pelo Estado em regime de monopólio legal, conforme consolidado pela jurisprudência do STF.

c) A partir dos anos 90 do século passado, mediante os processos de desestatização e com a introdução no Brasil do conceito de serviço público competitivo ou serviço público econômico, passou-se a admitir a aplicação do princípio da livre concorrência também às empresas públicas prestadoras de serviço público.

d) O conceito de atividade econômica, em sentido estrito, opõe-se ao de serviço público, notadamente no que toca à titularidade: a atividade econômica cabe preferencialmente ao setor privado; os serviços públicos, por sua vez, são da competência direta ou indireta do Estado por meio de concessão ou permissão. Essa diferenciação quanto à titularidade, contudo, não determina uma diversificação quanto ao regime jurídico, pois ambos os conceitos referem-se à atividade econômica em sentido amplo.

e) Pode o Estado ser o titular exclusivo de um serviço público sem ter o dever de prestá-lo diretamente ou por meio de criatura sua, pois são admitidos legalmente os regimes de concessão ou permissão com a transferência do exercício da atividade por entidades privadas, tendo o Estado, nesses casos, o dever de fiscalizar a qualidade do serviço prestado.

COMENTÁRIOS

✪ **Nota do autor:** a atividade econômica é gênero, sendo espécies o serviço público e a atividade econômica em sentido estrito.

Alternativa correta: letra "e": Pode o Estado ser o titular exclusivo de um serviço público sem ter o dever de prestá-lo diretamente ou por meio de criatura sua. Segundo ensinamentos de Matheus Carvalho, "[...]os serviços públicos podem se classificar em 4 (quatro) espécies: 1) **Serviços públicos exclusivos, não delegáveis**: são aqueles que somente podem ser prestados diretamente pelo Estado, não se admitindo a transferência a particulares. [...]. 2) **Serviços públicos exclusivos delegáveis**: São os serviços que devem ser necessariamente prestados pelo Estado, que pode realizar esta prestação diretamente ou mediante delegação a particulares. Exemplos desta espécie, previstos no art. 21, XI, da Carta Magna, são os sérvios de transporte público, energia elétrica, entre outros. [...]. 3) **Serviços públicos de delegação obrigatória**: são os serviços de radiodifusão sonora e radiodifusão de sons e imagens (rádio e televisão), regulamentados no art. 223, da Constituição da República. O Estado não pode monopolizar esses serviços, não obstante tenha o dever de prestação. [...]. 4) **Serviços públicos não exclusivos de Estado**: nestes casos o Estado presta estes serviços e o particular também o faz, sem a necessidade de delegação. [...]." (*Manual de direito administrativo*. 3. Ed. Salvador: Juspodivm, 2016, p.608).

Alternativa "a": de fato, a exploração direta das atividades econômicas cabe preferencialmente ao setor privado. Desse modo, a Constituição prevê que a exploração direta de atividade econômica pelo Estado só será permitida quando necessária aos imperativos da segurança nacional ou a relevante interesse coletivo, conforme definidos em lei (art. 173 da CF). Todavia, não é inadmissível que o desempenho dessas atividades dependa de prévias autorizações do poder público. Segundo parágrafo único do art. 170 da CF, é assegurado a todos o livre exercício de qualquer atividade econômica, independentemente de autorização de órgãos públicos, **salvo nos casos previstos em lei.**

Alternativa "b": segundo STF, "O serviço postal não consubstancia atividade econômica em sentido estrito, a ser explorada pela empresa privada. Por isso é que a argumentação em torno da livre iniciativa e da livre concorrência acaba caindo no vazio (...)." (ADPF 46, julgada em 2009 e relatada pelo Ministro Eros Grau).

Alternativa "c": a livre concorrência possui incidência na atividade econômica em sentido estrito (e não na prestação de serviços públicos). As empresas públicas, na exploração de atividade econômica em sentido estrito, estarão sujeitas ao regime jurídico próprio das empresas privadas (art. 173, §1º, II, CF), submetendo-se ao princípio da livre concorrência (art. 170, IV, da CF). Na jurisprudência do STF, vale destacar: "Distinção entre empresas estatais prestadoras de serviço público e empresas estatais que desenvolvem atividade econômica em sentido estrito. (...). As sociedades de economia mista e as empresas públicas que explorem atividade econômica em sentido estrito estão sujeitas, nos termos do disposto no § 1º do art. 173 da Constituição do Brasil, ao regime jurídico próprio das empresas privadas. (...). O § 1º do art. 173 da Constituição do Brasil não se aplica às empresas públicas, sociedades de economia mista e entidades (estatais) que prestam serviço público."

(ADI 1.642,julgada em 2008 e relatada pelo Ministro Eros Grau).

Alternativa "d": a atividade econômica é gênero, sendo espécies o serviço público e a atividade econômica em sentido estrito. O Estado pode prestar serviços públicos (regime jurídico público) e também atuar na atividade econômica em sentido estrito. Quando atuar na atividade econômica em sentido estrito (nas hipóteses de imperativos da segurança nacional ou a relevante interesse coletivo), as empresas públicas e sociedades de economia mista ficarão sujeitas ao regime jurídico próprio das empresas privadas, inclusive quanto aos direitos e obrigações civis, comerciais, trabalhistas e tributários (art. 173, §1º, II, CF). Portanto, essa diferenciação quanto à titularidade pode determinar uma diversificação quanto ao regime jurídico.

235. (Cespe – Procurador do MP junto ao TCU/2015) A CF consagra a livre iniciativa como princípio da ordem econômica, razão por que serão inconstitucionais as leis

a) municipais que fixem o horário de funcionamento de estabelecimentos comerciais.

b) que condicionem o exercício de qualquer atividade econômica à autorização prévia de órgãos públicos.

c) que pretendam regular e determinar as formas de afixação de preços de produtos e serviços.

d) que restrinjam a livre negociação entre as partes, a exemplo de leis que fixem a gratuidade de acesso ao transporte público para pessoas com deficiência, desde que comprovadamente carentes.

e) municipais que impeçam a instalação de estabelecimentos comerciais do mesmo ramo em determinada área.

COMENTÁRIOS

Alternativa correta: letra "e": segundo enunciado da Súmula Vinculante 49: "Ofende o princípio da livre concorrência lei municipal que impede a instalação de estabelecimentos comerciais do mesmo ramo em determinada área".

Alternativa "a": nos termos da Súmula Vinculante 38: "É competente o Município para fixar o horário de funcionamento de estabelecimento comercial.".

Alternativa "b": segundo a Constituição, é assegurado a todos o livre exercício de qualquer atividade econômica, independentemente de autorização de órgãos públicos, **salvo nos casos previstos em lei** (art. 170, parágrafo único, CF). Desse modo, é possível condicionar o exercício de atividades econômicas à autorização prévia de órgãos públicos, desde que haja previsão legal.

Alternativa "c": segundo precedente do STF: "Em face da atual Constituição, para conciliar o fundamento da livre iniciativa e do princípio da livre concorrência com os da defesa do consumidor e da redução das desigualdades sociais, em conformidade com os ditames da justiça social, pode o Estado, por via legislativa, regular a politica de preços de bens e de serviços, abusivo que e o poder econômico que visa ao aumento arbitrário dos lucros. – Não e, pois, inconstitucional a Lei 8.039, de 30 de maio de 1990, pelo só fato de ela dispor sobre critérios de reajuste das mensalidades das escolas particulares." (ADI 319 QO, julgada em 1993 e relatada pelo Ministro Moreira Alves).

Alternativa "d": não é inconstitucional leis que fixem a gratuidade de acesso ao transporte público para pessoas com deficiência, desde que comprovadamente carentes, restringindo a livre negociação entre as partes.

236. (Cespe – Procurador do MP junto ao TCU/2015) Assinale a opção correta no que se refere aos princípios gerais da atividade econômica e às entidades estatais prestadoras de serviços públicos.

a) O estatuto jurídico da empresa pública, da sociedade de economia mista e de suas subsidiárias que explorem atividade econômica está sujeito ao regime jurídico próprio das empresas privadas, razão por que não se aplicam a elas as disposições constantes da Lei de Acesso à Informação.

b) As empresas públicas e as sociedades de economia mista que executem atividades em regime de concorrência estão sujeitas ao regime jurídico próprio das empresas privadas. Isso não as impede, porém, de se beneficiarem do sistema de pagamento por precatório de dívidas decorrentes de decisões judiciais, conforme previsão constitucional.

c) É nula a contratação para a investidura em cargo ou emprego público nas empresas públicas ou nas sociedades de economia mista que exerçam atividades econômicas sem prévia aprovação em concurso público, razão pela qual ela não gera efeitos trabalhistas, ressalvado o pagamento do saldo de salários dos dias efetivamente trabalhados, sob pena de enriquecimento sem causa.

d) O estatuto jurídico da empresa pública, da sociedade de economia mista e de suas subsidiárias que explorem atividade econômica está sujeito ao regime jurídico próprio das empresas privadas, o que justifica estarem todas elas dispensadas do dever de realizar licitações, bem como do dever da observância dos princípios próprios da administração pública.

e) Na ponderação entre o princípio do tratamento favorecido às empresas de pequeno porte constituídas sob as leis brasileiras, o princípio da igualdade e o da supremacia do interesse público, devem preponderar estes dois últimos, sendo inadmissível tratamento privilegiado às propostas formuladas por empresas de pequeno porte nos procedimentos licitatórios.

COMENTÁRIOS

✪ **Nota do autor:** a Constituição Federal prevê que "a lei estabelecerá o estatuto jurídico da empresa pública, da sociedade de economia mista e de suas subsidiárias que explorem atividade econômica de produção ou comercialização de bens ou de prestação de serviços..." (art. 173, §1º, CF). Em decorrência disso, aprovou-se a Lei 13.303 de junho de 2016, que dispõe sobre o estatuto jurídico da empresa pública, da sociedade de economia mista e de suas subsidiárias, no âmbito da União, dos Estados, do Distrito Federal e dos Municípios.

Alternativa correta: letra "c": nos termos da jurisprudência do STF: "Após a Constituição do Brasil de 1988, é nula a contratação para a investidura em cargo ou emprego público sem prévia aprovação em concurso público. Tal contratação não gera efeitos trabalhistas, salvo o pagamento do saldo de salários dos dias efetivamente trabalhados, sob pena de enriquecimento sem causa do Poder Público. Precedentes. A regra constitucional que submete as empresas públicas e sociedades de economia mista ao regime jurídico próprio das empresas privadas (...) não elide a aplicação, a esses entes, do preceituado no art. 37, II, da CF/1988, que se refere à investidura em cargo ou emprego público." (AI 680.939 AgR, julgado em 2007 e relatado pelo Ministro Eros Grau).

Alternativa "a": segundo art. 1º, parágrafo único, II, da Lei 12.257/2011 (que regula o acesso a informações), subordinam-se ao regime desta lei: I – os órgãos públicos integrantes da administração direta dos Poderes Executivo, Legislativo, incluindo as Cortes de Contas, e Judiciário e do Ministério Público; II – as autarquias, as fundações públicas, as **empresas públicas**, as **sociedades de economia mista** e demais entidades controladas direta ou indiretamente pela União, Estados, Distrito Federal e Municípios.

Alternativa "b": as empresas públicas e as sociedades de economia mista que executem atividades em regime de concorrência não se beneficiam do sistema de pagamento por precatório de dívidas decorrentes de decisões judiciais. Segundo consta do art. 173, §2º, as empresas públicas e as sociedades de economia mista não poderão gozar de privilégios fiscais não extensivos às do setor privado.

Alternativa "d": as empresas públicas e as sociedades de economia mista e suas subsidiárias que explorem atividade econômica, devem realizar licitação, bem como observar os princípios próprios da administração pública (art. 173, §1º, III, da CF).

Alternativa "e": a lei de licitações (Lei nº 8.666/93) confere tratamento privilegiado às microempresas e empresas de pequeno porte (art. 3º, §14 e art. 5º-A).

237. (Cespe – Promotor de Justiça – AC/2014) Considerando as normas constitucionais aplicáveis ao sistema tributário nacional, às finanças públicas e à ordem econômica, assinale a opção correta.

a) Incorrerá em inconstitucionalidade a lei estadual que criar taxa incidente sobre o patrimônio, renda ou serviços de municípios, visto que, na CF, é prevista, para esse caso, a limitação constitucional ao poder de tributar denominada imunidade recíproca.

b) Em razão do regime de livre mercado estabelecido na CF, é vedado ao Estado explorar diretamente atividade econômica.

c) De acordo com a CF, não se pode vincular a receita de impostos estaduais a despesas com manutenção e desenvolvimento do ensino e ações e serviços públicos de saúde.

d) Os municípios, os estados e o DF poderão instituir imposto para custeio do serviço de iluminação pública, desde que o façam com observância ao princípio da legalidade, da anterioridade e da irretroatividade.

e) Viola disposição da CF o convênio firmado entre estado e município com o objetivo de realizar transferência voluntária de recursos financeiros para pagamento de despesas com professores integrantes da rede pública de ensino.

COMENTÁRIOS

✪ **Nota do autor:** a questão exige bastante atenção do candidato, pois em algumas alternativas faz pequenas alterações das afirmações em relação ao que está no texto constitucional, podendo levar o candidato a erro.

Alternativa correta: "e": viola o disposto no artigo 167, X, da CF convênio firmado entre estado e município com o objetivo de realizar transferência voluntária de recursos financeiros para pagamento de despesas com professores integrantes da rede pública de ensino. O dispositivo veda a transferência voluntária de recursos e a concessão de empréstimos, inclusive por antecipação de receita, pelos Governos Federal e Estaduais e suas instituições financeiras, para pagamento de despesas com pessoal ativo, inativo e pensionista, dos Estados, do Distrito Federal e dos Municípios.

Alternativa "a": incorrerá em inconstitucionalidade a lei estadual que criar **imposto** (e não taxa) incidente sobre o patrimônio, renda ou serviços de municípios, visto que, na CF, é prevista, para esse caso, a limitação constitucional ao poder de tributar denominada imunidade recíproca. O artigo 150, VI, "a", da CF, institui que, sem prejuízo de outras garantias asseguradas ao contribuinte, **é vedado à União, aos Estados, ao Distrito Federal e aos Municípios instituir impos-**

tos sobre patrimônio, renda ou serviços, uns dos outros. O dispositivo elencado consagra o Princípio da Imunidade Recíproca.

Alternativa "b": não é vedada a exploração direta de atividade econômica pelo Estado. Será permitida a exploração direta de atividade econômica pelo Estado quando necessária aos imperativos da segurança nacional ou a relevante interesse coletivo (art. 173, *caput*, CF). Essa exploração poderá ser feita por meio das empresas públicas ou sociedades de economia mista, consoante § 1º, do artigo 173, da CF.

Alternativa "c": de acordo com a CF, é possível vincular a receita de impostos estaduais a despesas com manutenção e desenvolvimento do ensino e ações e serviços públicos de saúde. Na dicção do artigo 167, IV, da CF, é vedada a vinculação de receita de impostos a órgão, fundo ou despesa, **ressalvadas a repartição do produto da arrecadação dos impostos a que se referem os arts. 158 e 159, a destinação de recursos para as ações e serviços públicos de saúde, para manutenção e desenvolvimento do ensino** e para realização de atividades da administração tributária, como determinado, respectivamente, pelos arts. 198, § 2º, 212 e 37, XXII, e a prestação de garantias às operações de crédito por antecipação de receita, previstas no art. 165, § 8º, bem como o disposto no § 4º deste artigo.

Alternativa "d": segundo artigo 149-A da CF, os **Municípios e o Distrito Federal** (não se incluem os Estados) poderão instituir **contribuição** (e não imposto), na forma das respectivas leis, para o custeio do serviço de iluminação pública, observado o disposto no art. 150, I e III, da CF.

10. ORDEM SOCIAL

238. (Cespe – Advogado da União – 2015) Com base nas normas constitucionais e na jurisprudência do STF, julgue o item seguinte.

Situação hipotética: Determinado estado e um dos seus municípios estão sendo processados judicialmente em razão de denúncias acerca da má qualidade do serviço de atendimento à saúde prestado à população em um hospital do referido município. Assertiva: Nessa situação, o estado, em sua defesa, poderá alegar que, nesse caso específico, ele não deverá figurar no polo passivo da demanda, já que a responsabilidade pela prestação adequada dos serviços de saúde à população é do município, e, subsidiariamente, da União.

COMENTÁRIOS

Errado. Nos termos do artigo 198, caput, da CF, os serviços públicos de saúde integram uma rede regionalizada e hierarquizada e constituem um sistema único. Ademais, o STF já proferiu decisão no sentido de que a responsabilidade dos entes da federação, em matéria de saúde pública, deve ser solidária (AI 550.530, julgado em 2012 e relatado pelo Ministro Joaquim Barbosa).

239. (Cespe – Advogado da União – 2015) A respeito do meio ambiente e dos direitos e interesses das populações indígenas, julgue o item seguinte.

Os índios, suas comunidades e organizações são partes legítimas para ingresso em juízo em defesa de seus direitos e interesses, competindo à justiça federal processar e julgar os crimes relacionados aos direitos dos índios.

COMENTÁRIOS

Certo. Na dicção do art. 232, da CF, os índios, suas comunidades e organizações são partes legítimas para ingresso em juízo em defesa de seus direitos e interesses e, conforme art. 109, XI, da CF, cabe aos juízes federais processar e julgar os crimes relacionados aos direitos dos índios.

240. (Cespe – Promotor de Justiça – AC/2014) No tocante à ordem social, assinale a opção correta.

a) De acordo com a CF, os municípios devem atuar, no âmbito educacional, prioritariamente, nos ensinos fundamental e médio.

b) Em razão da proibição constitucional de vinculação de receita de impostos a órgão, fundo ou despesa, não podem os estados vincular a fundo estadual de fomento à cultura percentual de sua receita tributária líquida.

c) O oferecimento de alimentação escolar no âmbito do ensino médio estadual não constitui dever estatal, estando condicionado à discricionariedade e às prioridades do governo no momento da elaboração da política pública de educação.

d) É direito público subjetivo das crianças de até cinco anos de idade o atendimento em creches e pré-escolas, exceto nos casos de inexistência de recursos orçamentários.

e) No âmbito da saúde, existe proibição constitucional para o repasse de recursos públicos para auxílios ou subvenções às instituições privadas com fins lucrativos.

COMENTÁRIOS

Alternativa correta: "e": o artigo 199, *caput*, da CF, estabelece que a assistência à saúde é livre à iniciativa privada. Por sua vez, o § 2º do mencionado dispositivo constitucional prescreve que é vedada a destinação de recursos públicos para auxílios ou subvenções às instituições privadas com fins lucrativos. Desse modo, no âmbito da saúde, existe proibição constitucional para o repasse de recursos públicos para auxílios ou subvenções às instituições privadas com fins lucrativos.

Alternativa "a": de acordo com a CF, artigo 211, § 2º, os Municípios atuarão prioritariamente no ensino fundamental e na educação infantil. Por seu turno, estabelece o § 3º que os Estados e o Distrito Federal atuarão prioritariamente no ensino fundamental e médio. Desse modo, conforme a CF, **os municípios devem atuar, no âmbito educacional, prioritariamente, no ensino fundamental e na educação infantil** (e não no ensino médio).

Alternativa "b": assegura o artigo 216, § 6º, que **é facultado aos Estados e ao Distrito Federal vincular a fundo estadual de fomento à cultura até cinco décimos por cento de sua receita tributária líquida, para o financiamento de programas e projetos culturais,** vedada a aplicação desses recursos no pagamento de: I – despesas com pessoal e encargos sociais; II – serviço da dívida; III – qualquer outra despesa corrente não vinculada diretamente aos investimentos ou ações apoiados.

Alternativa "c": o oferecimento de alimentação escolar no âmbito do ensino médio estadual **constitui dever estatal**, nos moldes do artigo 208, VII, da CF.

Alternativa "d": o artigo 208, IV, da CF, prescreve que **o dever do Estado com a educação será efetivado mediante a garantia de:** I – educação básica obrigatória e gratuita dos 4 (quatro) aos 17 (dezessete) anos de idade, assegurada inclusive sua oferta gratuita para todos os que a ela não tiveram acesso na idade própria; II – progressiva universalização do ensino médio gratuito; III – atendimento educacional especializado aos portadores de deficiência, preferencialmente na rede regular de ensino; **IV – educação infantil, em creche e pré-escola, às crianças até 5 (cinco) anos de idade**; V – acesso aos níveis mais elevados do ensino, da pesquisa e da criação artística, segundo a capacidade de cada um; VI – oferta de ensino noturno regular, adequado às condições do educando; VII – atendimento ao educando, em todas as etapas da educação básica, por meio de programas suplementares de material didático escolar, transporte, alimentação e assistência à saúde. Por sua vez, o § 1º, de mencionado artigo, dispõe que **o acesso ao ensino obrigatório e gratuito é direito público subjetivo**.

---

241. (Cespe – Procurador do Estado – BA/2014) Considerando o disposto na Constituição Federal de 1988 (CF) a respeito dos índios, dos idosos e da cultura, julgue os itens a seguir.

241.1. A CF assegura a gratuidade dos transportes coletivos urbanos aos maiores de sessenta e cinco anos.

COMENTÁRIOS

Certo. O artigo 230, § 2º, da CF, estabelece expressamente que aos maiores de sessenta e cinco anos é garantida a gratuidade dos transportes coletivos urbanos.

241.2. Aplica-se ao Sistema Nacional de Cultura o princípio da complementaridade nos papéis dos agentes culturais.

COMENTÁRIOS

Certo. Com fulcro no artigo 216-A, § 1º, da CF, o Sistema Nacional de Cultura fundamenta-se na política nacional de cultura e nas suas diretrizes, estabelecidas no Plano Nacional de Cultura, e rege-se pelos seguintes princípios: I – diversidade das expressões culturais; II – universalização do acesso aos bens e serviços culturais; III – fomento à produção, difusão e circulação de conhecimento e bens culturais; IV – cooperação entre os entes federados, os agentes públicos e privados atuantes na área cultural; V – integração e interação na execução das políticas, programas, projetos e ações desenvolvidas; **VI – complementaridade nos papéis dos agentes culturais;** VII – transversalidade das políticas culturais; VIII – autonomia dos entes federados e das instituições da sociedade civil; IX – transparência e compartilhamento das informações; X – democratização dos processos decisórios com participação e controle social; XI – descentralização articulada e pactuada da gestão, dos recursos e das ações; XII – ampliação progressiva dos recursos contidos nos orçamentos públicos para a cultura.

241.3. Os índios detêm o usufruto exclusivo das riquezas do solo, do subsolo, dos rios e dos lagos existentes nas terras por eles tradicionalmente ocupadas.

COMENTÁRIOS

Errado. Segundo dispõe o artigo 231, § 2º, da CF, as terras tradicionalmente ocupadas pelos índios destinam-se a sua posse permanente, cabendo-lhes o usufruto exclusivo das riquezas do solo, dos rios e dos lagos nelas existentes.

---

242. (Cespe – Defensor Público – DF/ 2013) Relativamente às fontes de custeio da seguridade social, julgue o item abaixo.

A seguridade social tem como únicas fontes de custeio, além dos recursos advindos dos orçamentos da União, dos estados, do DF e dos municípios, as contribuições do empregador e do trabalhador.

COMENTÁRIOS

Errado. Pelo que determina o artigo 195 da CF, **a seguridade social será financiada por toda a sociedade**, de forma direta e indireta, nos termos da lei, **mediante recursos provenientes dos orçamentos da União, dos Estados, do Distrito Federal e dos Municípios, e das seguintes contribuições sociais**: **I – do empregador, da empresa e da entidade a ela equiparada na forma da lei**, incidentes sobre: a) a folha de salários e demais rendimentos do trabalho pagos ou creditados, a qualquer título, à pessoa física que lhe preste serviço, mesmo sem vínculo empregatício; b) a receita ou o faturamento; c) o lucro; II – **do trabalhador e dos demais segurados da previdência social**, não incidindo contribuição sobre aposentadoria e pensão concedidas pelo regime geral de previdência social de que trata o art. 201; III – **sobre a receita de concursos de prognósticos**; IV – **do importador de bens ou serviços do exterior, ou de quem a lei a ele equiparar.** Desse modo, **não são as únicas fontes de custeio da seguridade social** os recursos advindos dos orçamentos da União, dos estados, do DF e dos municípios, e as contribuições do empregador e do trabalhador.

---

243. (Cespe – Delegado de Polícia Federal – DPF/2013) Considerando o disposto na CF acerca na ordem social, julgue os itens subsequentes.

243.1. A floresta amazônica brasileira, assim como a mata atlântica, é considerada bem da União, devendo sua utilização ocorrer na forma da lei, em condições que assegurem a preservação do meio ambiente, inclusive no que concerne ao uso dos recursos naturais.

COMENTÁRIOS

✪ **Nota do autor:** a questão exige muita atenção e cuidado do candidato, uma vez que ela faz uma simples alteração na redação constitucional, que pode passar despercebido, levando o candidato desatento errar a questão.

Errado. A Floresta Amazônica brasileira, a Mata Atlântica, a Serra do Mar, o Pantanal Mato-Grossense e a Zona Costeira são **patrimônio nacional (e não da União)**, e sua utilização far-se-á, na forma da lei, dentro de condições que assegurem a preservação do meio ambiente, inclusive quanto ao uso dos recursos naturais (art. 225, § 4º, CF).

243.2. As terras tradicionalmente ocupadas pelos índios, incluídas no domínio constitucional da União Federal, são inalienáveis, indisponíveis e insuscetíveis de prescrição aquisitiva.

COMENTÁRIOS

Certo. De acordo com o que prescreve o artigo 231, § 4º, da CF, as terras tradicionalmente ocupadas pelos índios, incluídas no domínio constitucional da União Federal, são inalienáveis, indisponíveis e insuscetíveis de prescrição aquisitiva.

---

244. (Cespe – Procurador do Ministério Público junto ao TCDF/2013) Com relação às disposições constitucionais acerca da seguridade social, julgue o próximo item.

As contribuições sociais dos empregadores para a seguridade social têm caráter uniforme, não se admitindo alíquotas ou bases de cálculo diferenciadas em razão do porte das empresas ou das atividades econômicas que desenvolvem.

COMENTÁRIOS

Errado. As contribuições sociais dos empregadores para a seguridade social **poderão ter alíquotas ou bases de cálculo diferenciadas, em razão da atividade econômica, da utilização intensiva de mão-de-obra, do porte da empresa ou da condição estrutural do mercado de trabalho.**

---

245. (Cespe – Juiz Federal Substituto 2ª região/2013) Com relação à ordem econômica, financeira e social, assinale a opção correta.

a) Os gestores locais do SUS poderão admitir agentes comunitários de saúde e agentes de combate às endemias por meio de processo seletivo público, porém caberá à legislação federal dispor sobre o regime jurídico e o piso salarial profissional nacional de tais agentes.

b) A educação é direito de todos e dever do Estado, devendo este garantir a educação básica obrigatória e gratuita dos quatro aos dezessete anos de idade, porém as universidades gozam de autonomia administrativa e de gestão financeira e patrimonial, o que autoriza as universidades públicas cobrarem taxa de matrícula.

c) A justiça desportiva não integra o Poder Judiciário, competindo-lhe dirimir as controvérsias relativas à disciplina e às competições desportivas, e, por isso, os magistrados poderão cumular suas funções com as da justiça desportiva, desde que haja compatibilidade de horários.

d) A proteção à livre concorrência é um dos princípios orientadores da ordem econômica, e, segundo entendimento do STF o privilégio de entrega de correspondência da ECT – empresa pública – viola tal princípio.

e) Ao disciplinar a política urbana, a CF estabelece que a propriedade privada deve cumprir sua função social, motivo pelo qual é perfeitamente admissível que o poder público fixe adicional progressivo do IPTU em função do número de imóveis do contribuinte.

COMENTÁRIOS

Alternativa correta: letra "a": nos termos do art. 198, §§ 4° e 5°, da CF (incluído pela EC 51/06), os gestores locais do SUS poderão admitir agentes comunitários de saúde e agentes de combate às endemias por meio de processo seletivo público, porém caberá à legislação federal dispor sobre o regime jurídico e o piso salarial profissional nacional de tais agentes.

Alternativa "b": a educação é direito de todos e dever do Estado, devendo este garantir a educação básica obrigatória e gratuita dos quatro aos dezessete anos de idade (art. 208, I, da CF). Ademais, de fato, as universidades gozam de autonomia administrativa e de gestão financeira e patrimonial (207, da CF), mais isso não autoriza as universidades públicas cobrarem taxa de matrícula, pois a CF garante a gratuidade do ensino público em estabelecimentos oficiais (art. 206, IV). Assim dispõe a súmula vinculante 12: "A cobrança de taxa de matrícula nas universidades públicas viola o disposto no art. 206, IV, da Constituição Federal".

Alternativa "c": a justiça desportiva não integra o Poder Judiciário (art. 217, § 2°, da CF), competindo-lhe dirimir as controvérsias relativas à disciplina e às competições desportivas. Entretanto, **os magistrados não poderão cumular suas funções com as da justiça desportiva**. Nos termos do art. 95, parágrafo único, I, da CF, aos juízes é vedado exercer, ainda que em disponibilidade, outro cargo ou função, salvo uma de magistério. Ademais, nos termos do art. 1°, da Resolução 10/05, do CNJ: "É vedado o exercício pelos integrantes do Poder Judiciário de funções nos Tribunais de Justiça Desportiva e em suas Comissões Disciplinares (Lei n° 9.615, de 24.03.98, arts. 52 e 53)".

Alternativa "d": a proteção à livre concorrência é um dos princípios orientadores da ordem econômica. Mas, segundo entendimento do STF o privilégio de entrega de correspondência da ECT – empresa pública – **não** viola tal princípio. O serviço postal – conjunto de atividades que torna possível o envio de correspondência, ou objeto postal, de um remetente para endereço final e determinado – não consubstancia atividade econômica em sentido estrito. Serviço postal é serviço público. A atividade econômica em sentido amplo é gênero que compreende duas espécies, o serviço público e a atividade econômica em sentido estrito. Monopólio é de atividade econômica em sentido estrito, empreendida por agentes econômicos privados. A exclusividade da prestação dos serviços públicos é expressão de uma situação de privilégio. Monopólio e privilégio são distintos entre si; não se os deve confundir no âmbito da linguagem jurídica, qual ocorre no vocabulário vulgar. A Constituição do Brasil confere à União, em caráter exclusivo, a exploração do serviço postal e o correio aéreo nacional [artigo 21, inciso X]. O serviço postal é prestado pela Empresa Brasileira de Correios e Telégrafos – ECT, empresa pública, entidade da Administração Indireta da União, criada pelo decreto-lei nº 509, de 10 de março de 1.969. É imprescindível distinguirmos o regime de privilégio, que diz com a prestação dos serviços públicos, do regime de monopólio sob o qual, algumas vezes, a exploração de atividade econômica em sentido estrito é empreendida pelo Estado. A Empresa Brasileira de Correios e Telégrafos deve atuar em regime de exclusividade na prestação dos serviços que lhe incumbem em situação de privilégio, o privilégio postal. Os regimes jurídicos sob os quais em regra são prestados os serviços públicos importam em que essa atividade seja desenvolvida sob privilégio, inclusive, em regra, o da exclusividade. Argüição de descumprimento de preceito fundamental julgada improcedente por maioria. O Tribunal deu interpretação conforme à Constituição ao artigo 42 da Lei nº 6.538 para restringir a sua aplicação às atividades postais descritas no artigo 9º desse ato normativo." (ADPF 46, Rel. p/ o ac. Min. Eros Grau, julgamento em 5-8-09, Plenário, DJE de 26-2-10)

Alternativa "e": nos termos do art. 182, § 4°, II, da CF, é **facultado ao Poder Público municipal, mediante lei específica para área incluída no plano diretor, exigir, nos termos da lei federal, do proprietário do solo urbano não edificado, subutilizado ou não utilizado, que promova seu adequado aproveitamento, sob pena, sucessivamente**, de: I – parcelamento ou edificação compulsórios; II – **imposto sobre a propriedade predial e territorial urbana progressivo no tempo.**

11. ADCT

246. (Cespe – Procurador do Estado – BA/2014) Em relação ao Ato das Disposições Constitucionais Transitórias (ADCT), julgue os itens seguintes.

246.1. No ADCT, não há previsão expressa para que o Brasil envide esforços para a formação de um tribunal internacional dos direitos humanos.

COMENTÁRIOS

Errado. Está expressamente estabelecido no artigo 7º do ADCT que o **Brasil propugnará pela formação de um tribunal internacional dos direitos humanos.**

246.2. O ADCT concedeu anistia àqueles que foram atingidos por atos de exceção, institucionais ou complementares, em decorrência de motivação exclusivamente política.

COMENTÁRIOS

Certo. Conforme estabelece o artigo 8º do ADCT, **é concedida anistia aos que, no período de 18 de setembro de 1946 até a data da promulgação da Constituição, foram atingidos, em decorrência de motivação exclusivamente política, por atos de exceção, institucionais ou complementares**, aos que foram abrangidos pelo Decreto Legislativo nº 18, de 15 de dezembro de 1961, e aos atingidos pelo Decreto-Lei nº 864, de 12 de setembro de 1969, asseguradas as promoções, na inatividade, ao cargo, emprego, posto ou graduação a que teriam direito se estivessem em serviço ativo, obedecidos os prazos de permanência em atividade previstos nas leis e regulamentos vigentes, respeitadas as características e peculiaridades das carreiras dos servidores públicos civis e militares e observados os respectivos regimes jurídicos.

246.3. Segundo o ADCT, a revisão constitucional será feita a cada cinco anos, em sessão bicameral do Congresso Nacional.

COMENTÁRIOS

Errado. Pelo que se depreende do artigo 3º do ADCT, **a revisão constitucional será realizada após cinco anos,** contados da promulgação da Constituição, pelo voto da maioria absoluta dos membros do Congresso Nacional, **em sessão unicameral.**

✦ DICAS

TEORIA DA CONSTITUIÇÃO E DAS NORMAS CONSTITUCIONAIS

1. **Constitucionalismo:** movimento evolutivo de criação das Constituições.
2. **Constitucionalismo Primitivo (aproximadamente de 30.000 a. C. até 1.000 a. c):** na antiguidade clássica, os lideres das famílias ditavam e resguardavam as regras supremas para o convívio social. Segundo Karl Loewestein, o povo hebreu, teve grande destaque no movimento constitucionalista desse período, notadamente por reconhecer que os valores garantidos pelos primeiros textos bíblicos não podiam ser violados por ninguém (*Teoria de La Constitución*. Barcelona: Ariel, 1986, p. 154-157).
3. **Constitucionalismo Antigo (aproximadamente de 1.000 a.c. ao Séc. V d.c.):** os Parlamentos e Monarcas formulavam as normas de convívio social, e já existia uma exortação aos direitos fundamentais dos indivíduos. Entretanto, o constitucionalismo tinha pouco efetividade, pois os Monarcas não cumpriam as garantias dispostas nos direitos fundamentais.
4. **Constitucionalismo Medieval (Séc. V a XVIII):** surgimento de documentos que limitavam os poderes dos Monarcas e garantiam liberdades públicas aos cidadãos, a exemplo da Magna Charta de 1215, no Reino Unido. Também é desta época o que se denomina **constitucionalismo whig ou termidoriano**, que caracteriza a evolução lenta e gradual do movimento constitucionalista, e que se materializou com a ascensão de Guilherme de Oranges e do partido whig no Reino Unido, no final do século XVII, também marcado pela edição da Bill of Rights (1689).
5. **Constitucionalismo Moderno (Séc. XVIII a Séc. XX):** materialização e afirmação das Constituições Formais Liberais, que representavam garantias sérias de limitação dos Poderes Soberanos, e eram dotadas de legitimidade democrática popular. Desenvolveu-se à partir das revoluções liberais (Revolução Francesa e Revolução das 13 Colônias Estadunidenses). Representou o início do garantismo e o surgimento das primeiras Constituições dirigentes.
6. **Constitucionalismo Contemporâneo (Séc. XX a Séc. XXI):** caracteriza-se pela consolidação da existência de Constituições garantistas, calcadas na defesa dos direitos fundamentais igualitários, sociais e solidários. As disposições constantes nas Constituições têm reafirmada sua força normativa destacada em relação às prescrições de outras fontes jurídicas (leis e atos estatais). Esse período é marcado pelas constituições dirigentes, que prescrevem programas a serem implementados pelos Estados, normalmente por meio de normas programáticas. Vale destacar que esse período acabou manchado por algumas constituições criadas apenas para justificar o exercício de um Poder não democrático, a exemplo da Carta Polaca de 1937, que sustentou a Era Vargas no Brasil, e que faz parte do que se denomina **constitucionalismo semântico**, uma vez que se busca extrair da Constituição apenas os significados que possam reconhecer a tomada e manutenção de Poder por regimes autoritários.
7. **Neoconstitucionalismo (Séc. XX e Séc. XXI):** como um aprimoramento do Constitucionalismo Contemporâneo, prega a importância destacada da moral e dos valores sociais, garantidos predominantemente por meio de princípios. Não se conforma com as normas programáticas e as constituições dirigentes, afirmando que as Constituições devem ser dotadas de força normativa. Para conferir normatividade à Constituição, destaca o Poder Judiciário como garantidor, colocando a atividade legislativa em segundo plano. Em resumo: trabalha com a ideia de extração da máxima efetividade do Texto Constitucional, pois a Constituição deve ocupar o centro do sistema jurídico.

- Segundo **Ana Paula de Barcellos** (*"Neoconstitucionalismo, Direitos Fundamentais e Políticas Públicas"*, disponível em www.mundojuridico.adv.br), **o Neoconstitucionalismo tem as seguintes características**:

1. Do ponto de vista metodológico-formal:

a) Normatividade da Constituição: todas as disposições constitucionais são normas jurídicas;

b) Superioridade da Constituição sobre o restante da ordem jurídica: o que se dá por meio de constituições rígidas;

c) Centralidade da Constituição nos sistemas jurídicos: os demais ramos do Direitos devem ser compreendidos e interpretados a partir do que dispõe a Constituição.

2. Do ponto de vista material:

a) Incorporação explícita de valores e opções políticas nos textos constitucionais, sobretudo no que diz respeito à promoção da dignidade humana e dos direitos fundamentais;

b) Expansão de conflitos específicos e gerais entre as opções normativas e filosóficas existentes dentro do próprio sistema constitucional: envolve as colisões reais e aparentes entre regras e princípios (conflitos específicos) e o papel da Constituição (conflito geral). Esse conflito geral sobre o papel da constituição divide os autores em duas correntes.

- **Correntes sobre o papel da Constituição no Neoconstitucionalismo, segundo Ana Paula de Barcellos:**

a) Percepção/Visão Substancialista: cabe à Constituição impor ao cenário político um conjunto de decisões valorativas que se consideram essenciais e consensuais.

b) Percepção/Visão Procedimentalista: cabe à Constituição apenas garantir o funcionamento adequado do sistema de participação democrático, ficando a cargo da maioria, em cada momento histórico, a definição de seus valores e de suas políticas.

8. Concepções de Constituição

8.1. Constituição Sociológica (Ferdinand Lassalle – 1862): é aquela que deve traduzir a soma dos fatores reais de poder que rege determinada nação, sob pena de se tornar mera folha de papel escrita, que não corresponda à Constituição real.

8.2. Constituição Política (Carl Schmitt – 1928): é aquela que decorre de uma decisão política fundamental, e se traduz na estrutura do Estado e dos Poderes, e na presença de um rol de direitos fundamentais. As normas que não traduzirem a decisão política fundamental não serão constituição propriamente dita, mas meras leis constitucionais.

8.3. *Constituição Material*: é o arcabouço de normas que tratam da organização do poder, da forma de governo, da distribuição da competência, dos direitos da pessoa humana, considerados os sociais e individuais, do exercício da autoridade, ou seja, trata da composição e do funcionamento da ordem política. Tem relação umbilical com a Constituição Política de Carl Schimitt.

8.4. Constituição Jurídica (Hans Kelsen – 1934): é aquela que se constitui em norma hipotética fundamental pura, que traz fundamento transcendental para sua própria existência (sentido lógico-jurídico), e que, por se constituir no conjunto de normas com mais alto grau de validade, deve servir de pressuposto para a criação das demais normas que compõem o ordenamento jurídico (sentido jurídico-positivo).

8.5. Constituição Culturalista (Michele Ainis – 1986): é aquele que representa o fato cultural, ou seja, que disciplina as relações e direitos fundamentais pertinentes à cultura, tais como a educação, o desporto, e a cultura em sentido estrito.

8.6. Constituição Aberta (Peter Haberle – 1975): é aquela interpretada por todo o povo em qualquer espaço, e não apenas pelos juristas, no bojo dos processos.

8.7. Constituição Pluralista (Gustavo Zagrebelsky): não é nem um mandato nem um contrato. É aquela dotada de princípios universais, segundo as pretensões acordadas pelas "partes". Caracteriza-se pela capacidade de oferecer respostas adequadas ao nosso tempo ou, mais precisamente, da capacidade da ciência constitucional de buscar e encontrar essas respostas na constituição.

9. Supremacia Constitucional: a noção de supremacia da Constituição é oriunda de dois conceitos essenciais: 1. a ideia de superioridade do Poder Constituinte sobre as instituições jurídicas vigentes; e 2. a distinção entre Constituições Rígidas e Flexíveis. Nesse sentido, a supremacia prega que as normas constitucionais representam o paradigma máximo de validade do ordenamento jurídico, de modo que todas as demais normas são hierarquicamente inferiores a ela. Na pirâmide normativa de Hans Kelsen a Constituição está no ápice e as demais normas estão abaixo dela (relação de compatibilidade vertical).

10. Preâmbulo: é o texto introdutório da Constituição. Segundo posição exarada pelo STF no bojo da ADI 2076, julgada em 2002, o Preâmbulo da Constituição da República não tem força normativa, figurando como mero vetor interpretativo. Em seu voto, Celso de Mello sustentou que o Preâmbulo não se situa no âmbito do direito, mas no domínio da política, refletindo posição ideológica do constituinte. Ademais, ele conteria proclamação ou exortação no sentido dos princípios inscritos na Constituição Federal. Quanto à natureza jurídica do Preâmbulo, a posição do STF filia-se à Tese da Irrelevância Jurídica, afastando-se da Tese da Plena Eficácia (que defende ter o Preâmbulo a mesma eficácia das normas que consta da parte articulada da CF) e da Tese da Relevância Jurídica Indireta (para a qual o Preâmbulo é parte da Constituição, mas não é dotado das mesmas características normativas da parte articulada). Por essa razão, também não serve de parâmetro para controle de constitucionalidade. Esse posicionamento do STF serviu para definir que a invocação à proteção de Deus, constante do Preâmbulo da Constituição da República vigente, somente denota inspiração do constituinte, não violando a liberdade religiosa que permeia o Estado brasileiro.

11. Classificação das Constituições

I. Quanto à Origem

1. Democrática, Promulgada ou Popular: elaborada por legítimos representantes do povo, normalmente organizados em torno de uma Assembleia Constituinte.
2. Outorgada: é aquela elaborada sem a presença de legítimos representantes do povo, imposta pela vontade de um poder absolutista ou totalitário, não democrático.

3. Constituição Cesarista, Bonapartista, Plebiscitária ou Referendária: é aquela criada por um ditador ou imperador e posteriormente submetida à aprovação popular por plebiscito ou referendo.

4. Pactuada/Dualista: originada de um compromisso instável de duas forças políticas rivais, de modo que o equilíbrio fornecido por tal espécie de Constituição é precário. Esse modelo foi muito utilizado na monarquia da Idade Média. A Magna Carta de 1215, que os barões obrigaram João Sem Terra a jurar, é um exemplo.

5. Heteroconstituição (ou "Constituição Dada"): é aquela criada fora do Estado em que irá vigorar. Ex: Constituição do Chipre (procedente dos acordos de Zurique, de 1960, entre a Grã-Bretanha, a Grécia e a Turquia).

II. Quanto ao Conteúdo:

1. Formal: compõe-se do que consta em documento solene que tem posição hierárquica de destaque no ordenamento jurídico.

2. Material: composta por regras que exteriorizam a forma de Estado, organizações dos Poderes e direitos fundamentais. Portanto, suas normas são aquelas essencialmente constitucionais, mas que podem ser escritas ou costumeiras, pois a forma tem importância secundária.

III. Quanto à Forma:

1. Escrita/Instrumental: formada por um texto.

1.1. Escrita Legal (Paulo Bonavides): formada por texto oriundo de documentos esparsos ou fragmentados.

1.2. Escrita Codificada (Paulo Bonavides): formada por texto inscrito em documento único.

2. Não Escrita: identificada a partir dos costumes, da jurisprudência predominante e até mesmo por documentos escritos (por mais contraditório que possa parecer). Como esclarece Dirley da Cunha Júnior, "não existe Constituição inteiramente não--escrita ou costumeira, pois sempre haverá normas escritas compondo o seu conteúdo. A Constituição inglesa, por exemplo, compreende importantes textos escritos, mas esparsos no tempo e no espaço, como a Magna Carta (1251), o Petition of Rights (1628), o Habeas Corpus Act (1679), o Bill of Rights (1689), entre outros" (*Direito Constitucional.* 6 ed. Salvador: Juspodivm, 2012, p. 120).

IV. Quanto à Estabilidade:

1. Imutável: não prevê qualquer processo para sua alteração.

2. Fixa: só pode ser alteração pelo Poder Constituinte Originário, "circunstância que implica, não em alteração, mas em elaboração, propriamente, de uma nova ordem constitucional" (CUNHA JÙNIOR, Dirley da. *Curso de Direito Constitucional.* 6 ed. Salvador: Juspodivm, 2012, p. 122-123)

3. Rígida: aquela em que o processo para a alteração de qualquer de suas normas é mais difícil do que o utilizado para criar leis.

* Vale ressaltar que alguns autores falam em Constituição super-rígida, como aquela em que além de o seu processo de alteração ser mais difícil do que o utilizado para criar leis, dispõe ainda de uma parte imutável (cláusulas pétreas).

4. Flexível: aquela em que o processo para sua alteração é igual ao utilizado para criar leis.

5. Semi-rígida ou semiflexível: é aquela dotada de parte rígida (em que somente pode ser alterada por processo mais difícil do que o utilizado para criar leis), e parte flexível (em que pode ser alterada pelo mesmo processo utilizado para criar leis).

V. Quanto à Extensão:

1. Sintética: é a Constituição que regulamenta apenas os princípios básicos de um Estado.

2. Analítica ou prolixa: é a Constituição que vai além dos princípios básicos, detalhando também outros assuntos.

VI. Quanto à Finalidade:

1. Garantia: contém proteção especial às liberdades públicas.

2. Dirigente: confere atenção especial à implementação de programas pelo Estado.

VII. Quanto ao Modo de Elaboração:

1. Dogmática: sistematizada a partir de ideias fundamentais.

2. Histórica: de elaboração lenta, pois se materializa a partir dos costumes, que se modificam ao longo do tempo.

VIII. Quanto à Ideologia:

1. Ortodoxa: forjada sob a ótica de somente uma ideologia.

2. Eclética: fundada em valores plurais.

IX. Quanto ao Valor ou Ontologia (Karl Loewestein):

1. Normativa: dotada de valor jurídico legítimo.

2. Nominal: sem valor jurídico; com papel eminentemente social.

3. Semântica: tem importância jurídica, mas não valoração legítima, pois é criada apenas para justificar o exercício de um Poder não democrático. São meros simulacros de Constituição.

- **Máximas quanto às Classificações das Constituições**

- Toda Constituição rígida é escrita, pois não há rigidez em uma Constituição Não Escrita ou Costumeira.

- Toda Constituição costumeira é, ao menos conceitualmente, flexível, pois seu processo de alteração não se diferencia do que se utiliza para a alteração de qualquer outra norma que discipline o convívio social.

- Nem toda Constituição escrita é rígida, pois a Constituição formada por um texto pode ser imutável, fixa, rígida, flexível, ou semiflexível.
- Uma Constituição pode ter partes rígidas e partes flexíveis, e nesse caso será denominada de semi-rígida ou semiflexível.

CLASSIFICAÇÃO DA CONSTITUIÇÃO DA REPÚBLICA FEDERATIVA DO BRASIL DE 1988	
1. Democrática ou Promulgada ou Popular	Elaborada por legítimos representantes do povo
2. Formal	Documento solene
3. Escrita ou Instrumental	Texto único
4. Rígida ou Super-rígida	Rígida: seu processo de alteração é mais difícil do que o utilizado para criar leis; Super-rígida: além de o seu processo de alteração ser mais difícil do que o utilizado para criar leis, ela tem uma parte imutável (cláusulas pétreas)
5. Analítica	Vai além dos princípios básicos, trazendo detalhamento também de outros assuntos
6. Dirigente	Confere atenção especial à implementação de programas pelo Estado
7. Dogmática	Sistematizada a partir de ideias fundamentais
8. Eclética	Fundada em valores plurais
9. Normativa	Tem valor jurídico legítimo (não apenas social)

12. Elementos das Constituições (José Afonso da Silva. *Curso de Direito Constitucional Positivo*. 6 ed. São Paulo: Malheiros, 1990, p. 43-44)

12.1. Elementos Orgânicos: regulam a estrutura do Estado e do Poder

12.2. Elementos Limitativos: referem-se aos direitos fundamentais, que limitam a atuação do Estado, protegendo o povo.

12.3. Elementos Sócio-ideológicos: revelam o compromisso do Estado em equilibrar os ideais liberais e sociais ao longo do Texto Constitucional.

12.4. Elementos de Estabilização Constitucional: asseguram a solução de conflitos institucionais entre Poderes, e também protegem a integridade do Estado e da própria Constituição.

12.5. Elementos Formais de Aplicabilidade: referem-se às regras de interpretação e aplicação da Constituição, a exemplo do preâmbulo, do ADCT, e a aplicabilidade imediata dos direitos e garantias fundamentais.

13. Bloco de Constitucionalidade

- O bloco de constitucionalidade (ideia de Louis Favoreu, mas desenvolvida por Canotilho e consagrada nas ADIs 595 e 514, pelo Ministro Celso de Mello) consiste no conjunto de normas materialmente constitucionais, que até servem de paradigma para controle de constitucionalidade, mas que, não necessariamente, integram formalmente a Constituição, a exemplo dos tratados internacionais de direitos humanos aprovados de acordo com o regramento do art. 5º, § 3º, da CF.

14. Convenções Constitucionais: "(...) consistem em acordos, implícitos ou explícitos, entre as várias forças políticas, sobre o comportamento a adoptar para se dar execução ou actuação a determinadas normas constitucionais, legislativas ou regimentais." Esses acordos não necessariamente criam normas solenes, mas tem força material, apresentando-se como verdadeiras limitações aos poderes constituídos. (*Direito constitucional e teoria da Constituição*. Coimbra: Almedina, 2007).

15. Normas, Postulados Normativos, Princípio e Regras

- **Normas Jurídicas de Primeiro Grau (Princípios e Regras):** os Princípios são mandados de otimização que impõem a promoção de um fim, na maior medida possível, com abstração e generalidade, enquanto as Regras prescrevem comportamentos imediatos, de modo mais completo e preciso.
- **Normas Jurídicas de Segundo Grau/Postulados Normativos (Humberto Ávila):** situam-se num plano distinto daquele das normas cuja aplicação estruturam. A violação deles consiste na não interpretação de acordo com sua estruturação. Não impõem a promoção de um fim, mas, em vez disso, estruturam a aplicação do dever de promover um fim. Não prescrevem imediatamente comportamentos, mas modos de raciocínio e de argumentação relativamente a normas que indiretamente prescrevem comportamentos.

16. Colisão de Direitos Fundamentais: a colisão ocorrida em âmbito constitucional não pode ser considerada na mesma perspectiva do conflito entre leis (também chamadas de "regras"), ou seja, como um "conflito aparente de normas" para cuja solução seriam utilizados os critérios cronológico, hierárquico ou da especialidade, na forma do "tudo ou nada" ("all or nothing"), em que só se aplica um documento normativo daqueles que aparentemente conflitavam. Essa solução é inaplicável aos princípios, que não se sujeitam a esses critérios apontados pela doutrina, tampouco podem ser afastados um em razão de outro. Assim, em toda colisão de princípios deve ser respeitado o núcleo intangível dos direitos fundamentais concorrentes, mas sempre se deve chegar a uma posição em que um prepondere sobre outro (mas, sem eliminá-lo). A colisão deve ser resolvida por concordância prática (Konrad Hesse), com aplicação do princípio da proporcionalidade (tradição alemã) ou pela dimensão de peso e importância (Ronald Dworkin), com aplicação do princípio da razoabilidade (tradição norte-americana).

17. Classificação das Normas Constitucionais quanto à Eficácia

- No que tange à eficácia, segundo classificação de José Afonso da Silva, as normas constitucionais podem ser: plenas, contidas e limitadas.

17.1. Normas de eficácia plena são aquelas dotadas de aplicabilidade direta, imediata e integral, pois não necessitam de lei infraconstitucional para torná-las aplicáveis e nem admitem lei infraconstitucional que lhes restrinja o conteúdo. Em outras palavras: elas trazem todo o conteúdo necessário para a sua materialização prática. São entendidas como de aplicabilidade direta, imediata e integral, pois não necessitam de lei infraconstitucional. Exemplo: Brasília é a Capital Federal (art. 18, § 1º, da CF).

17.2. Normas de eficácia contida ou restringível são aquelas que têm aplicabilidade direta, imediata, mas não integral, pois admitem que seus conteúdos sejam restringidos por normas infraconstitucionais, o que ocorre, por exemplo, com o enunciado que garante o livre exercício de qualquer trabalho, ofício ou profissão, atendidas as qualificações profissionais que a lei estabelecer (art. 5º, XIII, da CF). Para ilustrar: a função de advogado, somente pode ser exercida atendida a qualificação profissional de ser bacharel em direito, aprovado no Exame da Ordem dos Advogados do Brasil (art. 8º, IV, da Lei 8.906/94).

17.3. Normas de eficácia limitada ou reduzida são aquelas que possuem aplicabilidade indireta, mediata e reduzida (não direta, não imediata e não integral), pois exigem norma infraconstitucional para que se materializem na prática. Entretanto, apesar de não se realizarem sozinhas na prática, elas são dotadas de eficácia jurídica, pois revogam as leis anteriores com elas incompatíveis; vinculam o legislador, de forma permanente, à sua realização; condicionam a atuação da administração pública e informam a interpretação e aplicação da lei pelo Poder Judiciário. Elas podem ser de princípio programático ou princípio institutivo.

17.3.1. As **normas de eficácia limitada de princípio programático** (também referidas apenas como normas programáticas) são aquelas que não regulam diretamente interesses ou direitos nelas consagrados, mas se limitam a traçar alguns preceitos a serem cumpridos pelo Poder Público, como programas das respectivas atividades, pretendendo unicamente a consecução dos fins sociais pelo Estado. Podem-se citar como exemplos os objetivos da República Federativa do Brasil (art. 3º, da CF), a estruturação da política agrícola brasileira (art. 187 da CF), e a determinação de organização de um regime de colaboração dos sistemas de ensino dos Entes da Federação (art. 211 da CF).

17.3.2. Já as **normas de eficácia limitada de princípio institutivo** são aquelas responsáveis pela estruturação do Estado como, por exemplo, a norma segundo a qual os Territórios Federais integram a União, e sua criação, transformação em Estado ou reintegração ao Estado de origem serão reguladas em lei complementar (art. 18, § 2º, da CF).

<table>
<tr><td rowspan="3">CLASSIFICAÇÃO DAS NORMAS CONSTITUCIONAIS QUANTO À EFICÁCIA</td><td>1. Eficácia Plena</td><td rowspan="2"></td></tr>
<tr><td>2. Eficácia Contida</td></tr>
<tr><td>3. Eficácia Limitada</td><td>a) Princípio Programático (Programáticas)
b) Princípio Institutivo</td></tr>
</table>

18. Métodos de Interpretação Constitucional

18.1. Método Jurídico ou Hermenêutico Clássico (Ernest Forsthoff): parte de uma Tese da Identidade que existiria entre a Constituição e as demais leis, ou seja, se a constituição é uma lei, não há porque criar-se um método específico para interpretá-la. Ele se vale basicamente dos seguintes elementos: a) genético (origem do ato); b) gramatical ou filológico (análise textual e literal); c) histórico (momento e contexto de criação do ato); d) lógico (não contradição); e) sistemático (análise do todo ou conjunto); f) teleológico (finalidade social do ato).

18.2. Método Científico-espiritual, Valorativo ou Sociológico (Rudolf Smend): tem como norte o espírito constitucional, ou seja, valores consagrados nas normas constitucionais. Além dos valores, levam-se em conta também outros fatores extraconstitucionais, como a realidade social e cultural do povo, exigindo-se uma interpretação elástica do texto constitucional, alçando a Constituição a instrumento de integração e solução de conflitos em busca da construção e da preservação da unidade social.

18.3. Método Tópico-problemático (Theodor Viehweg): atua sobre as aporias (aporia: dificuldade de escolher entre duas opiniões contrárias e igualmente racionais sobre um dado problema). Topos que no plural são os topoi representam formas de pensamento, raciocínios, argumentações, pontos de vista ou lugares comuns. Os topoi são retirados da jurisprudência, da doutrina, dos princípios gerais de direito e até mesmo do senso comum. Trata-se de uma teoria de argumentação jurídica em torno do problema. A partir do problema expõem-se os argumentos favoráveis e contrários e consagra-se como vencedor aquele capaz de convencer o maior número de interlocutores. Tem aplicabilidade nos casos de difícil solução, denominados por *hard cases*.

18.4. Método Hermenêutico-concretizador (Konrad Hesse): é aquele em que o intérprete se vale de suas pré-compreensões valorativas para obter o sentido da norma e então aplicá-la à resolução de determinado problema. O conteúdo da norma somente é alcançado a partir de sua interpretação concretizadora, dotada do caráter criativo que emana do exegeta. Nesse sentido, o método de Hesse possibilita que a Constituição tenha força ativa para compreender e alterar a realidade. Mas, nesse mister, o texto constitucional apresenta-se como um limite intransponível para o intérprete, pois se o exegeta passar por cima do texto, ele estará modificando ou rompendo a Constituição, não a interpretando.

18.5. Método Normativo-estruturante (Friedrich Müller) ou Concretista (Paulo Bonavides): é aquele em que o intérprete parte do direito positivo para chegar à estruturação da norma, muito mais complexa que o texto legal. Nesse caminho, há influência da jurisprudência, da doutrina, da história, da cultura e das decisões políticas. Em outras palavras: o exegeta colhe elementos da realidade social para estruturar a norma que será aplicada.

18.6. Método Concretista da Constituição Aberta (Peter Häberle): traz a ideia que a Constituição deve ser interpretada por todos e em quaisquer espaços (abertura interpretativa), e não apenas pelos juristas no bojo de procedimentos formais.

18.7. Método da Comparação Constitucional (Peter Häberle): prega a interpretação a partir da comparação entre diversas Constituições.

- **Inexistência de hierarquia entre métodos de interpretação constitucional:** segundo Gilmar Ferreira Mendes, Inocêncio Mártires Coelho e Paulo Gustavo Gonet Branco: "Não por acaso Gustavo Zagrebelsky afirma que não existe na literatura, nem na jurisprudência, uma teoria de métodos interpretativos da Constituição que nos esclareça se é possível e mesmo necessário adotar um método previamente estabelecido ou uma ordem metodológica concreta, um dado de realidade que, se não configura lacuna inexplicável, por certo reflete a consciência de que não tem maior significado nos aproximarmos da interpretação através dos seus métodos, ainda que a palavra método, como todos sabem, signifique, precisamente, o caminho a ser percorrido para se alcançar a verdade". (*Curso de direito constitucional*. 2. ed. São Paulo: Saraiva, 2008, p. 98).

19. Leitura Moral da Constituição: Segundo Ronald Dworkin, a leitura moral da Constituição elucida que a interpretação jurídica deve valer-se de uma teoria política, sem que isso signifique uma corrupção da interpretação. Os princípios e valores dos julgadores tendem a influenciar no desvelar das normas jurídicas (*Uma questão de princípio*. São Paulo: Martins Fontes: 2001, p. 246-247).

20. Princípios de Interpretação Constitucional

20.1. Princípios Enunciados por Canotilho

20.1.1. Princípio da unidade da Constituição: preceitua que a interpretação constitucional deve ser realizada tomando-se as normas constitucionais em conjunto (interpretação sistêmica), como um sistema unitário de princípios e regras, de modo a se evitarem contradições (antinomias aparentes) entre elas.

20.1.2. Princípio do efeito integrador ou da eficácia integradora: traz a ideia que as normas constitucionais devem ser interpretadas com objetivo de integrar política e socialmente o povo de um Estado Nacional.

20.1.3. Princípio da máxima efetividade ou eficiência: exige que o intérprete otimize a norma constitucional para dela extrair a maior efetividade possível, guardando estreita relação com o princípio da força normativa. Segundo Luis Roberto Barroso, por meio dele realiza-se uma aproximação, tão íntima quanto possível, entre o dever-ser normativo e o ser da realidade social. (*Curso de direito constitucional contemporâneo*. São Paulo: Saraiva, 2009).

20.1.4. Princípio da conformidade/correção funcional/exatidão funcional ou da justeza: limita o intérprete na atividade de concretizador da Constituição, pois impede que ele atue de modo a desestruturar as premissas de organização política previstas no Texto Constitucional.

20.1.5. Princípio da concordância prática ou da harmonização: a interpretação de uma norma constitucional exige a harmonização dos bens e valores jurídicos colidentes em um dado caso concreto, de forma a se evitar o sacrifício total de um em relação a outro.

20.1.6. Princípio da força normativa: a partir dos valores sociais, o intérprete, em atividade criativa, deve extrair aplicabilidade e eficácia de todas as normas da Constituição, conferindo-lhes sentido prático e concretizador, em clara relação com o princípio da máxima efetividade ou eficiência. Por meio dele, a Constituição tem força ativa para alterar a realidade.

20.2. Outros Princípios

20.2.1. Princípio da razoabilidade ou da proporcionalidade: exige a tomada de decisões racionais, não abusivas, e que respeitem os núcleos essenciais de todos os direitos fundamentais. Por meio dele, analisa-se se as condutas são adequadas, necessárias e trazem algum sentido em suas realizações.

20.2.2. Princípio da interpretação conforme: consiste em conferir-se a um ato normativo polissêmico (que admite vários significados) a interpretação que mais se adéque ao que preceitua a Constituição, sem que essa atividade se constitua em atentado ao próprio texto constitucional. Aplicável ao controle de constitucionalidade, a interpretação conforme permite que se mantenha um texto legal, conferindo-se a ele um sentido ou interpretação de acordo com os valores constitucionais.

20.2.3. Princípio da presunção de constitucionalidade das leis: traz a ideia que todas as normas infraconstitucionais criadas estão de acordo com a Constituição. Toda lei é válida e constitucional até que se prove o contrário, portanto, a presunção de constitucionalidade é relativa (*juris tantum*). Esse princípio ainda tem por missão orientar que o judiciário declare a inconstitucionalidade de uma norma apenas se ela for patente ou chapada, não permitindo uma interpretação conforme a constituição. Sobre o princípio, a lição de Luís Roberto Barroso: "a) não sendo evidente a inconstitucionalidade, havendo dúvida ou a possibilidade de razoavelmente se considerar a norma como válida, deve o órgão competente abster-se da declaração de inconstitucionalidade; b) havendo alguma interpretação possível que permita afirmar-se a compatibilidade da norma com a Constituição, em meio a outras que carreavam para ela um juízo de invalidade, deve o intérprete optar pela interpretação legitimadora, mantendo o preceito em vigor" (*Interpretação e aplicação da Constituição*. 2. ed. São Paulo: Saraiva. 1998, p. 165).

20.2.4. Princípio da vedação do retrocesso: significa que uma vez garantido em um ordenamento jurídico, notadamente no Texto Constitucional, um direito humano (que se torna fundamental pela positivação na Constituição) não pode mais deixar de existir naquela sociedade ou Estado. Tal princípio está implícito nos ordenamentos jurídicos de todos os países que reconhecem a importância e a validade do direito internacional dos direitos humanos.

20.2.5. Correntes interpretativista e não-interpretativista: segundo a corrente interpretativista, os intérpretes têm como limites os valores expressos, ou, ao menos, claramente implícitos nas Constituições, de modo a respeitar-se a vontade do constituinte. Já a corrente não-interpretativista sustenta que o intérprete pode invocar valores eventualmente não expressos ou claramente implícitos nas Constituições, a exemplo da justiça, da moral e da liberdade. A corrente não-interpretativista recebe esse nome porque ela não interpretaria a partir da Constituição, mas criaria uma nova norma para servir à resolução do problema.

21. Classificação dos princípios constitucionais segundo José Afonso da Silva

21.1. Princípios Constitucionais Sensíveis: são aqueles que devem ser observados, sob pena de intervenção federal, consoante art. 34, II, da CF.

21.2. Princípios Constitucionais Extensíveis: são aqueles que trazem as normas de organização que a Constituição Federal estendeu aos Estados-membros, a exemplo do art. 6º da CF.

21.3. Princípios Constitucionais Estabelecidos: são aqueles que limitam a autonomia organizatória do Estado, a exemplo do art. 37 da CF.

PODER CONSTITUINTE E DIREITO CONSTITUCIONAL INTERTEMPORAL

- **CF, art. 60, § 4º.**

✦ DICAS

1. PODER CONSTITUINTE

1.1. Ideia ou Teoria Clássica de Poder Constituinte (de Emmanuel Joseph Sieyès, na obra *Que é o Terceiro Estado?*): a soberania popular consiste essencialmente no poder constituinte da nação. Entretanto, atualmente, a ideia de nação cedeu lugar ao poder do povo. Assim, é o povo que atribui seus poderes a órgãos estatais especializados, que passam a se denominar Poderes (Executivo, Legislativo e Judiciário). E se o povo delega certas partes do seu poder às diversas autoridades constituintes, ele mantém o poder constituinte. Nesse sentido, o Poder Constituinte tem suas raízes em uma força geral da Nação (JJ. Gomes Canotilho).

1.2. A **titularidade** do Poder Constituinte é do povo, mas é o Estado quem o exerce.

1.3. O **Poder Constituinte Originário (também denominado por Genuíno, Primário ou de Primeiro Grau)** cria a primeira ou nova constituição de um Estado. Para atingir seu objetivo, ele é **inicial** (não existe outro poder anterior ou superior a ele), **autônomo** (o poder constituinte determina a estrutura da nova Constituição), **ilimitado** (tem autonomia para escolher o Direito que irá viger, ou seja, não se subordina a nenhuma ideia jurídica preexistente) e **incondicionado** (é dotado de liberdade quanto aos procedimentos adotados para a criação da Constituição, ou seja, não precisa seguir nenhuma formalidade preestabelecida). (LÉPORE, Paulo. *Direito constitucional*. 2. Ed. Salvador: Juspodivm, 2014, p. 25). Ademais, o poder constituinte originário pode ser qualificado como **permanente**, "[...] já que o poder constituinte originário não se esgota com a edição da nova Constituição, sobrevivendo a ela e fora dela como forma de expressão da liberdade humana, em verdadeira ideia de subsistência." (LENZA, Pedro. *Direito constitucional esquematizado*. 16. ed. São Paulo: Saraiva, 2012, p. 186).

1.4. Já o **Poder Constituinte Derivado Reformador (também denominado por Secundário, de Segundo Grau, Instituído, Constituído, ou de Reforma)** é responsável pela reforma da Constituição (no Brasil, por meio de Emendas Constitucionais ou da incorporação de tratados internacionais de direitos humanos). Vale notar que a CF de 1988 **não** prevê expressamente o poder de reforma, que materializa o poder constituinte derivado, mas este se encontra implícito, e se extrai, por exemplo, da norma constitucional que prevê propostas de emendas à Constituição.

1.5. A seu turno, o Poder Constituinte Derivado **Decorrente** é aquele exercido pelos Estados-membros, na construção das Constituições Estaduais (art. 25, da CF).

1.6. Limitações ao Poder Constituinte Derivado

1.6.1. Temporais: impedem a alteração da Constituição em um determinado período de tempo (A CF/88 não prevê nenhuma limitação temporal, em privilégio ao ganho de estabilidade).

1.6.2. Circunstanciais: impedem a alteração da CF em momentos de extrema gravidade, nos quais a livre manifestação do poder reformador possa estar ameaçada (Estado de Defesa, Estado de Sítio, e Intervenção Federal).

1.6.3. Formais/Processuais/Procedimentais, que podem ser de duas espécies: 3.1. Formal Subjetiva (há legitimados específicos para a propositura de Emendas Constitucionais); 3.2. Formal Objetiva (quórum qualificado de três quintos, em dois turnos, em cada Casa do Congresso Nacional, com promulgação pelas mesas do Senador Federal e da Câmara dos Deputados).

1.6.4. Materiais/Substanciais: cláusulas pétreas.

1.6.5. Implícitas: vedam a alteração das regras pertinentes ao processo para modificação da Constituição.

- **Atenção!** Algumas provas pedem a classificação das limitações ao Poder Constituinte na Constituição de 1988. **Para a ESAF**, as limitações são **explícitas** (englobam as circunstanciais e as materiais) e **implícitas** (se confundem com as formais/processuais/procedimentais)
- As **cláusulas pétreas** (de pedra, duras) estão dispostas no art. 60, § 4º, da CF: I – a forma federativa de Estado; II – o voto direto, secreto, universal e periódico; III – a separação dos Poderes; IV – os direitos e garantias individuais. Não será objeto de deliberação a proposta de emenda constitucional **tendente** a aboli-las.
- O STF entende que **os direitos e garantias individuais considerados cláusulas pétreas pela CF não se restringem àqueles expressos no elenco do art. 5º**, admitindo interpretação extensiva para definição de **direitos análogos,** o que restou claro na ADI 939, julgada em 1993 e relatada pelo Ministro Sydney Sanches, que considerou direito e garantia individual a anterioridade tributária, consoante art. 5º, § 2º, art. 60, § 4º, IV, e art. 150, III, "b", todos da CF.
- As cláusulas pétreas tem como significado último **prevenir a erosão da Constituição Federal**, inibindo a tentativa de abolir o projeto constitucional deixado pelo constituinte (que normalmente ocorrem em momentos de pressões e revoltas populares, consoante lição de Karl Loewenstein (*Teoria de la constitución*. Barcelona: Ariel, 1983, p. 222).
- O STF considera que os limites materiais ao poder constituinte de reforma **não significam a intangibilidade literal da disciplina dada ao tema pela Constituição originária**, mas sim a proteção do núcleo essencial dos princípios e institutos protegidos pelas cláusulas pétreas, consoante ADI 2.024, julgada em 2007 e relatada pelo Ministro Sepúlveda Pertence.
- O poder constituinte de reforma não pode criar novas cláusulas pétreas, ou seja, não pode ampliar as hipóteses do art. 60, § 4º, da CF. Entretanto, é possível que haja uma **ampliação no catálogo dos direitos fundamentais** criado pelo poder constituinte originário, notadamente dos direitos e garantias individuais protegidos pelo art. 60, § 4º, IV, da CF, a exemplo do direito à razoável duração do processo (art. 5º, LXXVIII, da CF), incluído pela EC 45/04.
- O sistema constitucional brasileiro **admite a existência de cláusulas pétreas implícitas**, a exemplo da forma republicana de governo. Essa afirmação encontra fundamento na **jurisprudência do STF** (ADI 829, Rel. Min. Moreira Alves, julgamento em 14-4-1993, Plenário, DJ de 16-9-1994; e (MS 24.875, Rel. Min. Sepúlveda Pertence, julgamento em 11-5-2006, Plenário, DJ de 6-10-2006.).
- De acordo com Luís Roberto Barroso, "[...] hierarquia, em Direito, designa o fato de uma norma colher o seu fundamento de validade em outra, sendo inválida se contravier a norma matriz. Ora bem: não é isso que se passa na situação aqui descrita. Pelo princípio da unidade da Constituição, inexiste hierarquia entre normas constitucionais originárias, que jamais poderão ser declaradas inconstitucionais umas em face das outras. **A proteção especial dada às normas amparadas por cláusulas pétreas sobrelevam seu status político ou sua carga valorativa, com importantes repercussões hermenêuticas, mas não lhes atribui superioridade jurídica**". (Curso de direito constitucional contemporâneo. São Paulo: Saraiva, 2009, p. 167).

1.7. Segundo José Afonso da Silva, **reforma é gênero**, e tem como espécies: emenda (mudança pontual) e revisão (modificação mais amplas). Alguns autores também apontam a mutação constitucional como um procedimento não-formal de reforma ou mudança da Constituição

- **Revisão constitucional**: prevista no art. 3º, do ADCT da CF, foi realizada 5 anos após a promulgação da CF/88 (em 1993, portanto) pelo voto da maioria absoluta dos membros do Congresso Nacional, em sessão unicameral, tendo gerado seis emendas constitucionais de revisão que detêm o *status* de normas constitucionais **derivadas**, porque materializadas por meio de emendas. Ademais, elas estão sujeitas ao controle de constitucionalidade, pois apenas as normas constitucionais originárias gozam de presunção absoluta de constitucionalidade.

- **Mutação constitucional:** é um processo não formal de mudança da Constituição em que o texto constitucional permanece inalterado, modificando-se apenas o significado e o sentido interpretativo de determinada norma constitucional. Em outras palavras: na mutação, altera-se a interpretação sobre o texto da Constituição, chegando-se a norma com sentido novo. O exemplo mais famoso é o empregado ao STF ao art. 52, X, da CF, para dizer que a nova norma que dele se extrai é no sentido que a resolução emitida pelo Senador Federal para suspender a execução, no todo ou em parte, de norma declarada inconstitucional no controle difuso serve apenas para conferir publicidade à decisão do STF. Outro exemplo é a interpretação do STF sobre o conceito de casa, do art. 5º, XI, da CF, para dizer que inclui também escritórios profissionais, hotéis, motéis, pensões e congêneres. Segundo Luís Roberto Barroso, a mutação constitucional pode ocorrer por interpretação, pela atuação do legislador e por via de costume. A mutação constitucional por via de interpretação "consiste na mudança de sentido da norma, em contraste com entendimento preexistente". Já a mutação pela atuação do legislador ocorrerá "quando, por ato normativo primário, procurar-se modificar a interpretação que tenha sido dada a alguma norma constitucional. É possível conceber que, ensejando a referida norma mais de uma leitura possível, o legislador opte por uma delas, exercitando o papel que lhe é próprio, de realizar escolhas políticas. A mutação terá ligar se, vigendo um determinado entendimento, a lei vier a alterá-lo. Suponha-se, por exemplo, que o § 3º do art. 226 da Constituição – que reconhece a união estável entre homem e mulher como entidade familiar – viesse a ser interpretado no sentido de considerar vedada a união estável entre pessoas do mesmo sexo. Se a lei ordinária vier a disciplinar esta última possibilidade, chancelando as uniões homoafetivas, terá modificado o sentido que vinha sendo dado à norma constitucional". Por fim, a mutação por costume é aquela que altera uma prática historicamente considerada válida. "Há outro exemplo expressivo contemporâneo, relacionado com as Comissões Parlamentares de Inquérito (CPIs). Nos últimos anos, uma prática política persistente expandiu os poderes dessas comissões e redefiniu suas competências. Passou-se a admitir, pacificamente, a determinação de providências que antes eram rejeitadas pela doutrina e pela jurisprudência, aí incluídas a quebra de sigilos bancários, telefônico e fiscais" (BARROSO, Luís Roberto. Curso de Direito Constitucional Contemporâneo. São Paulo: Saraiva, 2009, p. 128-135).

- **Atenção!** Até recente pronunciamento do STF, entendia-se que o art. 52, X, da CF havia sofrido mutação constitucional, para dizer que a nova norma que dele se extrai seria no sentido de que a resolução emitida pelo Senado Federal para suspender a execução, no todo ou em parte, de norma declarada inconstitucional no controle difuso serviria apenas para conferir publicidade à decisão do STF. No entanto, **no julgamento da Reclamação 4335/AC, julgada em 2014 e relatada pelo Ministro Gilmar Mendes, esse posicionamento (da incidência da mutação constitucional no art. 52, X, CF) foi adotado apenas pelos Ministros Gilmar Mendes e Eros Grau, portanto, não foi compartilhado pela maioria dos Ministros. Assim, a tese de que o artigo 52, X, da CF sofreu mutação Constitucional não foi acolhida pelo STF**.

1.8. Poder constituinte supranacional: tem capacidade para submeter as diversas constituições nacionais ao seu poder supremo, distinguindo-se do ordenamento jurídico positivo interno assim como do direito internacional. Exemplo concreto é a tentativa de criação de uma Constituição para a União Européia, responsável pela regência de vários países e não se confundindo com cada um dos direitos internos e nem com os tratados internacionais.

- **Não há** manifestação de Poder Constituinte (Originário, Derivado, ou Decorrente) nos Municípios, pois estes têm sua estruturação jurídica dada por meio de Lei Orgânica, não de Constituição.

2. DIREITO CONSTITUCIONAL INTERTEMPORAL

2.1. Revogação: a Constituição nova, mesmo que não diga expressamente ou que não seja incompatível, revoga inteiramente a Constituição anterior. Trata-se de revogação por normação geral. Ocorre uma ab-rogação da Constituição anterior.

2.2. Desconstitucionalização: quando do surgimento de uma nova Constituição, apenas a constituição propriamente dita (anterior) é revogada, e as normas constitucionais compatíveis materialmente com o novo diploma são recepcionadas com status infraconstitucional (desconstitucionalizadas). Segundo a maioria da doutrina, esse fenômeno nem ocorreu tacitamente e nem foi expressamente adotado pela Constituição Federal vigente.

2.3. Recepção: consiste no fenômeno em que normas pertencentes a uma ordem jurídica anterior são recebidas e consideradas válidas por uma nova ordem constitucional, porque seus conteúdos são materialmente compatíveis. Quando do surgimento de uma nova Constituição as normas materialmente incompatíveis serão revogadas (nomenclatura utilizada pelo STF) ou não-recepcionadas. A incompatibilidade formal superveniente não impede a recepção, mas faz com que a norma adquira uma nova roupagem. Exemplo: CTN (Lei 5.172/66) foi recepcionado, por EC pela CF/67 e também pela CF/88 como Lei Complementar, logo, só pode ser revogado por outra lei complementar. Em outras palavras: na recepção constitucional só importa o aspecto material. Há, ainda, a recepção expressa, a exemplo da norma do art. 34 do ADCT, segundo a qual o sistema tributário nacional entraria em vigor apenas a partir do primeiro dia do quinto mês seguinte ao da promulgação da Constituição, mantido, até então, o da Constituição de 1967, com a redação dada pela Emenda nº 1, de 1969, e pelas posteriores. Assim, o art. 34 do ADCT recepcionou, expressamente, o sistema tributário da Constituição de 1967, ainda que por prazo determinado.

2.4. **Repristinação:** fenômeno que se dá pela recuperação da vigência de uma norma que tinha sido revogada, se, por acaso, a lei que a tinha revogado, por qualquer razão, perder a vigência (porque foi revogada, por exemplo). Simplificando: tomemos três leis "1", "2" e "3". Se "2" revoga "1", mas "3" revoga "2", "1" volta a ter vigência. No plano legal, esse fenômeno só existe de forma expressa (se a lei que entra em vigor revogando a lei revogadora expressar o restabelecimento da lei inicialmente revogada), não havendo repristinação tácita. Mas, no plano constitucional, fala-se na existência de um efeito repristinatório tácito, em que no controle de constitucionalidade concentrado, a concessão da medida cautelar ou decisão de mérito torna aplicável a legislação anterior acaso existente, salvo expressa manifestação em sentido contrário (art. 11, § 2º, da Lei 9.868/99). Vale ressaltar, com Pedro Lenza, que o STF vem utilizando a expressão "efeito repristinatório" da declaração de inconstitucionalidade (c.f. ADI 2.215-PE, medida cautelar, Rel. Ministro Celso de Mello, Informativo 224 do STF). Isso porque, se a lei é nula, ela nunca teve eficácia. Se nunca teve eficácia, nunca revogou nenhuma norma. Se nunca revogou nenhuma norma, aquela que teria sido supostamente "revogada" continua tendo eficácia (Direito Constitucional Esquematizado. 16 ed. São Paulo: Saraiva, 2012, p. 342).

2.5. **Constitucionalidade superveniente:** trata-se do saneamento do vício de inconstitucionalidade por uma nova constituição ou emenda. Não é admitida no Brasil. A constitucionalidade de uma lei sempre deve ser analisada em relação à Constituição vigente quando de sua edição. O vício de inconstitucionalidade, quando existente, é sempre congênito, ou seja, existe desde o momento de edição da norma. Se uma lei nasceu inconstitucional, o vício é insanável e o fato de ela não ser incompatível com uma nova Constituição é absolutamente irrelevante. Uma nova Constituição não pode constitucionalizar, tirar o vício de uma lei que é inconstitucional segundo o parâmetro constitucional anterior. Assim entende o STF: "Em nosso ordenamento jurídico, não se admite a figura da constitucionalidade superveniente. Mais relevante do que a atualidade do parâmetro de controle é a constatação de que a inconstitucionalidade persiste e é atual, ainda que se refira a dispositivos da CF que não se encontram mais em vigor. Caso contrário, ficaria sensivelmente enfraquecida a própria regra que proíbe a convalidação. (ADI 2.158, julgada em 2010 e relatada pelo Ministro Dias Tóffoli) "Constituição. Lei anterior que a contrarie. Revogação. Inconstitucionalidade superveniente. Impossibilidade. A lei ou é constitucional ou não é lei. Lei inconstitucional é uma contradição em si. A lei é constitucional quando fiel à Constituição; inconstitucional na medida em que a desrespeita, dispondo sobre o que lhe era vedado. O vício da inconstitucionalidade é congênito à lei e há de ser apurado em face da Constituição vigente ao tempo de sua elaboração. Lei anterior não pode ser inconstitucional em relação à Constituição superveniente; nem o legislador poderia infringir Constituição futura. A Constituição sobrevinda não torna inconstitucionais leis anteriores com ela conflitantes: revoga-as. Pelo fato de ser superior, a Constituição não deixa de produzir efeitos revogatórios. Seria ilógico que a lei fundamental, por ser suprema, não revogasse, ao ser promulgada, leis ordinárias. A lei maior valeria menos que a lei ordinária." (ADI 2, julgada em 1992 e relatada pelo Ministro Paulo Brossard).

2.6. **Retroatividade da norma constitucional:** há três níveis de retroatividade: máxima, média e mínima. A retroatividade máxima ou restitutória se dá na hipótese em que a norma nova prejudica coisa julgada ou fatos jurídicos já consumados. A retroatividade média ocorre no caso de a norma nova atingir efeitos pendentes de atos verificados antes dela. A retroatividade mínima, temperada ou mitigada se verifica quando a norma nova atinge apenas os efeitos de fatos anteriores, verificados após a data que ela entra em vigor (tudo conforme a ADI 493, julgada pelo STF em 1992 e relatada pelo Ministro Moreira Alves).

PRINCÍPIOS FUNDAMENTAIS DA CONSTITUIÇÃO DA REPÚBLICA FEDERATIVA DO BRASIL

- **CF, artigos 1º a 4º**

✦ DICAS

1. A República Federativa do Brasil (RFB), formada pela união indissolúvel dos Estados e Municípios e do Distrito Federal, constitui-se em Estado Democrático de Direito e tem como **fundamentos**: I – a soberania; II – a cidadania; III – a dignidade da pessoa humana; IV – os valores sociais do trabalho e da livre iniciativa; V – o pluralismo político (art. 1º da CF).

- Para memorizar os fundamentos da RFB, o leitor pode se valer da expressa mnemônica: **SOCIDIVAPLU**

FUNDAMENTOS DA REPÚBLICA FEDERATIVA DO BRASIL	
SO:	Soberania
CI:	Cidadania
DI:	Dignidade da pessoa humana
VA:	Valores sociais do trabalho e da livre iniciativa
PLU:	pluralismo político
SO-CI-DI-VA-PLU	

2. **Federalismo:** pode ser classificado em: a) por agregação ou centrípeto: b) por desagregação ou centrífugo:

2.1. **Federalismo por agregação ou centrípeto:** se forma a partir de Estados ou entes independentes que se juntam para a formação de um Estado Federado, com garantia de autonomia aos seus componentes, mas que dota apenas o Estado Unido (reunião de seus entes autônomos) de independência. Assim, por serem autônomos, mas não independentes, os entes federados não têm direito à secessão, ou seja, não podem se tornar independentes do Estado Federado. Essa é a forma originária e própria de Federalismo, que ocorreu com as treze colônias que conquistaram a independência da Grã Bretanha, mas optaram pela formação dos Estados (federados) Unidos da América.

2.2. **Federalismo por desagregação ou centrífugo:** se forma a partir da subdivisão de um Estado unitário em entes independentes, que se harmonizam para a formação de um Estado Federado, com garantia de autonomia aos seus componentes, mas que dota apenas o Estado Unido (reunião de seus entes autônomos) de independência. Assim, por serem autônomos, mas não independentes, os entes federados não têm direito à secessão, ou seja, não podem se tornar independentes do Estado Federado. Essa é a forma imprópria de Federalismo, que ocorreu com o Brasil em 1891, formando os Estados Unidos do Brasil e permanece até hoje, mas sob nova roupagem, pois estamos sob a égide da República Federativa do Brasil.

- **Federalismo de terceiro grau:** é o nome que se dá à Federação que também confere autonomia aos Municípios. No Brasil, o federalismo de terceiro grau passou a existir apenas a partir da Constituição Federal de 1988, momento em que os Municípios ganharam autonomia.

3. Ninguém é obrigado a cumprir ordem ilegal, ou a ela se submeter, ainda que emanada de autoridade judicial. É dever de cidadania opor-se à ordem ilegal; caso contrário, nega-se o **Estado Democrático de Direito**. Tal posicionamento foi exarado no **HC 73.454**, julgado pelo STF em 1996 e relatado pelo Ministro Maurício Corrêa.

4. **Princípio da livre iniciativa:** segundo o STF, "o princípio da livre iniciativa não pode ser invocado para afastar regras de regulamentação do mercado e de defesa do consumidor." (RE 349.686, julgado em 2005 e relatado pela Ministra Ellen Gracie).

5. **Todo o poder emana do povo**, que o exerce por meio de representantes eleitos ou diretamente, nos termos da Constituição Federal de 1988 (art. 1º, parágrafo único, da CF). Trata-se do denominado **Princípio Democrático.**

6. São **Poderes da União**, independentes e harmônicos entre si, o Legislativo, o Executivo e o Judiciário (art. 2º da CF).

- A Primeira Constituição Brasileira, de 1824, previa um quarto Poder, chamado de **Moderador**. Por meio dele o Imperador podia interferir diretamente nas atividades exercidas pelos demais Poderes, o que se ilustrava pela possibilidade de o Governante dissolver a Câmara dos Deputados.
- Atenção! O Ministério Público é compreendido como uma Função Essencial à Justiça (art. 127 da CF), não um Poder.
- A União é pessoa jurídica de direito público interno que representa a **pessoa jurídica de direito público externo República Federativa do Brasil**.

7. Constituem **objetivos fundamentais** da República Federativa do Brasil: I – construir uma sociedade livre, justa e solidária; II – garantir o desenvolvimento nacional; III – erradicar a pobreza e a marginalização e reduzir as desigualdades sociais e regionais; IV – promover o bem de todos, sem preconceitos de origem, raça, sexo, cor, idade e quaisquer outras formas de discriminação (art. 3º da CF).

8. A República Federativa do Brasil rege-se, nas suas **relações internacionais**, pelos seguintes princípios: I – independência nacional; II – prevalência dos direitos humanos; III – autodeterminação dos povos; IV – não-intervenção; V – igualdade entre os Estados; VI – defesa da paz; VII – solução pacífica dos conflitos; VIII – repúdio ao terrorismo e ao racismo; IX – cooperação entre os povos para o progresso da humanidade; X – concessão de asilo político (art. 4º da CF).

9. São chamados de **preceitos fundamentais** não só os princípios fundamentais descritos nos artigos 1º a 4º da CF, mas também todas as prescrições que dão o sentido básico do regime constitucional, especialmente as designativas de direitos e garantias fundamentais. Assim leciona José Afonso da Silva: "Os preceitos fundamentais são, além dos princípios fundamentais, **todas as prescrições que dão o sentido básico do regime constitucional**, como são, por exemplo, as que apontam para a autonomia dos Estados, do Distrito Federal e especialmente as designativas de direitos e garantias fundamentais" (*Curso de Direito Constitucional Positivo*. 13 ed. Malheiros. São Paulo: 1997, p. 530).

DIREITOS E GARANTIAS FUNDAMENTAIS

- **CF, artigos 5º a 11.**

✦ DICAS

1. Os direitos e garantias fundamentais estão formalmente alocados nos **artigos 5º a 17 da CF**.
2. Denominam-se direitos fundamentais os **direitos humanos que são positivados nas constituições**.

- O jurista espanhol **Antonio Perez Luño** define os direitos fundamentais como um conjunto de faculdades e instituições que, em cada momento histórico, concretizam as exigências da dignidade, igualdade e liberdade humanas, devendo obrigatoriamente ser reconhecidos no ordenamento jurídico positivo e por este garantidos, em âmbito internacional e nacional, gozando no ordenamento nacional de tutela reforçada em face dos poderes constituídos do Estado (Los derechos fundamentales. 5. ed. Madrid: Tecnos, 1993, p. 46-47).

3. A doutrina classifica os direitos humanos e os fundamentais em **gerações ou dimensões de direitos**. Os **direitos civis e políticos** seriam os de primeira geração ou dimensão, caracterizados pelo valor liberdade. Já os **direitos econômicos, sociais e culturais** seriam os de segunda geração ou dimensão, caracterizados pelo valor igualdade. Por fim, os **direitos de solidariedade ou fraternidade** seriam os de terceira geração ou dimensão, caracterizados pelo valor solidariedade ou fraternidade. Estes direitos formariam, assim, um conjunto indivisível de direitos fundamentais, entre os quais não há qualquer relação hierárquica.
4. **Dimensões objetiva e subjetiva dos direitos fundamentais:** "a dimensão subjetiva dos direitos fundamentais corresponde à característica desses direito de, em maior ou menor escala, ensejarem uma pretensão a que se adote um dado comportamento ou então essa dimensão se expressa no poder da vontade de produzir efeitos sobre certas relações jurídicas". [...] "A dimensão objetiva resulta do significado dos direitos fundamentais como princípios básicos da ordem constitucional, [...] que transcendem a perspectiva da garantia de posições individuais, para alcançar a estatura de normas que filtram os valores básicos da sociedade política, expandindo-os para todo o direito positivo". [...] A perspectiva objetiva, nesse sentido, legitima até restrições aos direitos subjetivos individuais, limitando o conteúdo e o alcance dos direitos fundamentais em favor dos seus próprios titulares ou de outros bens constitucionalmente valiosos" (MENGES, Gilmar Ferreira; COELHO, Inocêncio Mártires; BRANCO, Paulo Gustavo Gonet. Curso de direito constitucional. 2. ed. São Paulo: Saraiva, 2008, p. 133)

- A **representação dos interesses individuais** sob a **ótica negativa** perante o Poder Público, que se refere a uma perspectiva subjetiva, não se compreende dentre as características da perspectiva objetiva dos direitos fundamentais. De acordo com Paulo Bonavides: "**os direitos da primeira geração** ou direitos da liberdade têm por titular o indivíduo, são oponíveis ao Estado, traduzem-se como faculdades ou atributos da pessoa e ostentam uma **subjetividade** que é seu traço mais característico; enfim, são direitos de resistência ou de oposição perante o Estado" (*Curso de Direito Constitucional*.22 ed. São Paulo: Malheiros, 2008, p. 564).
- Novamente segundo as lições de Paulo Bonavides, "**com o advento dos direitos fundamentais da segunda geração os publicistas alemães, a partir de Schmitt, descobriram também o aspecto objetivo** [...] Os direitos da segunda geração merecem um exame mais amplo. Dominam o século XX do mesmo modo como os direitos de primeira geração dominaram o século passado. São os direitos sociais, culturais e econômicos [...] Mas passaram primeiro por um ciclo de baixa normatividade ou tiveram eficácia duvidosa, em virtude de sua própria natureza de direitos que exigem do Estado determinadas prestações materiais nem sempre resgatáveis por exigüidade, carência ou limitação essencial de meios e recursos. De juridicidade questionada nessa fase, foram eles remetidos à chamada esfera programática, em virtude de não conterem para sua concretização aquelas garantias habitualmente ministradas pelos instrumentos processuais de proteção aos direitos da liberdade" (*Curso de Direito Constitucional*.22 ed. São Paulo: Malheiros, 2008, p. 564-565)

5. Segundo apontamentos doutrinários, os direitos fundamentais caracterizados pela **indivisibilidade, irrenunciabilidade e incaducabilidade**, que decorrem da exigência de atendimento do princípio da dignidade da pessoa humana.
6. **Efeito *cliquet* e vedação do retrocesso:** o efeito *cliquet* nada mais é do que a aplicação do princípio da vedação do retrocesso. Ou seja, uma vez garantido, um direito não pode mais ser revogado. Sua aplicação é evidente na temática dos direitos humanos. Uma vez reconhecido, um direito humano não pode mais ser desconsiderado.
7. No final do século XIX, na obra intitulada Sistema dos Direitos Subjetivos Públicos (System der subjektiv öffentlichen Rechte),**Georg Jellinek** desenvolveu parte de seu pensamento doutrinário sob o enfoque das diversas formas em relação as quais os indivíduos podem se colocar frente ao Estado. Dependendo do ***status***, ou seja, da relação que os indivíduos mantêm com o Estado, é que emergirão direitos ou deveres. Das diversas formas pelas quais os indivíduos podem se relacionar com o Estado podem ser extraídas quatro espécies fundamentais: a) status subjectionis ou status passivo; b) status negativus ou status libertatis; c) status civitatis ou status positivo e; d) status activus (JELLINEK, Georg.

Teoria general del Estado. Buenos Aires: Albatros, 1981, p. 306).

7.1. *Status subjectionis* ou status passivo, o indivíduo encontra-se subordinado aos poderes estatais, razão pela qual, deve se submeter ao cumprimento de alguns deveres, e às proibições impostas pelo Estado. Citem-se como exemplo a obrigação de exercício do direito de sufrágio pelo voto aos maiores de dezoito anos , e a proibição do direito de reunião para fins não pacíficos.

7.2. *Status libertatis*, *status negativus* ou status negativo, pode-se afirmar que se refere àqueles direitos que devem ser assegurados na situação em que o indivíduo requer um comportamento negativo do Estado, uma abstenção, para que, assim, possa exercer plenamente algumas de suas liberdades.

7.3. *Status civitatis* ou status positivo, permite que o indivíduo, subjugado pelos poderes instituídos e classes mais favorecidas, exija prestações positivas do Estado, que propiciem redução das desigualdades sociais.

7.4. *Status activus*, relaciona-se à possibilidade de participação ativa dos indivíduos na formação da vontade política estatal. Consubstancia-se, por exemplo, na iniciativa popular de lei, e na possibilidade de manejo de ação popular.

8. Multiculturalismo e Interculturalidade: são pensamentos que se apresentam ligados à tutela dos direitos humanos e fundamentais. O multiculturalismo prega o respeito às diferentes culturas presentes na sociedade e que normalmente tem origem nas misturas de nacionalidades, raças e etnias durante o processo de formação de um povo. Funda-se, ainda, em um movimento contra-hegemônico, que não aceita a imposição de valores homogêneos que refletem os interesses da classe dominante. Por sua vez, a interculturalidade é uma das perspectivas do multiculturalismo, que se especializa por trabalhar com as ideias de abertura e interatividade. Sob este prisma, a sociedade deve ser democrática e aceitar que todos os valores culturais devem ser respeitados, em um movimento de constante negociação e ponderação.

9. Eficácia Vertical dos Direitos Fundamentais: aplicação dos direitos fundamentais nas relações entre Estado e particulares.

10. Eficácia Horizontal, Privada, Externa, ou Em Relação a Terceiros dos Direitos Fundamentais: trata-se da aplicação dos direitos fundamentais nas relações entre particulares. O STF reconheceu a eficácia horizontal em pelo menos três oportunidades: a) Exclusão de Cooperado: cooperados não poderiam ter sido excluídos sem que fosse respeitado o devido processo legal (RE 158.215, julgado em 1996 e relatado pelo Ministro Marco Aurélio); b) Caso Air France: os franceses não poderiam conceder aumento salarial apenas aos seus funcionários franceses, discriminado os brasileiros que exerciam as mesmas funções (RE 161243-6, julgado em 2006 e relatado pelo Ministro Carlos Velloso); c) Expulsão de Associado: associado não poderia ter sido expulso da União Brasileira de Compositores sem que lhe fosse garantido a ampla defesa (RE 201819, julgado em 2005 e relatado para acórdão pelo Ministro Gilmar Mendes).

- **Teorias quanto à Eficácia Horizontal:** No que tange à eficácia horizontal, é possível apontar as seguintes teorias: a) **Teoria da Ineficácia horizontal**: nega a aplicação dos direitos fundamentais às relações privadas; b) **Teoria da Eficácia Horizontal Indireta**: reclama a necessidade de normas infraconstitucionais delimitando a aplicabilidade das normas de direito fundamental nas relações privadas; c) **Teoria da Eficácia Horizontal Direta**: consente na aplicação direta dos direitos fundamentais às relações privadas, independentemente de sua delimitação legal; d) **Teoria Integradora**: preconiza que, em um plano ideal, cabe à lei regular a aplicação dos direitos fundamentais nas relações privadas, no entanto, diante de sua ausência, a aplicação será direta.
- **Eficácia Diagonal:** trata-se da aplicação dos direitos fundamentais nas relações privadas demarcadas por patente desequilíbrio fático e visível desproporção entre as partes.

11. No HC 82.959, julgado em 2006 e relatado pelo Ministro Gilmar Mendes, o STF traz didática lição acerca das teorias sobre o **núcleo essencial dos direitos fundamentais**: "(1) Os adeptos da chamada **teoria absoluta** ("absolute Theorie") entendem o núcleo essencial dos direitos fundamentais (Wesensgehalt) como unidade substancial autônoma (substantieller Wesenskern) que, independentemente de qualquer situação concreta, estaria a salvo de eventual decisão legislativa. (...) haveria um espaço que seria suscetível de limitação por parte do legislador; outro seria insuscetível de limitação. (...) (2) Os sectários da chamada **teoria relativa** ("relative Theorie") entendem que o núcleo essencial há de ser definido para cada caso, (...) mediante a utilização de um processo de ponderação entre meios e fins (Zweck-Mittel-Prüfung), com base no princípio da proporcionalidade. O núcleo essencial seria aquele mínimo insuscetível de restrição ou redução com base nesse processo de ponderação. (...). Tanto a teoria absoluta quanto a teoria relativa pretendem assegurar uma maior proteção dos direitos fundamentais, (...) Todavia, todas elas apresentam insuficiências. É verdade que a teoria absoluta, ao acolher uma noção material do núcleo essencial, insuscetível de redução por parte do legislador, pode converter-se, em muitos casos, numa fórmula vazia, dada a dificuldade ou até mesmo a impossibilidade de se demonstrar ou caracterizar in abstracto a existência desse mínimo essencial. (...) Por seu turno, uma opção pela teoria relativa pode conferir uma flexibilidade exagerada ao estatuto dos direitos fundamentais(...) Por essa razão, **propõe Hesse**

uma fórmula conciliadora, que reconhece no princípio da proporcionalidade uma proteção contra as limitações arbitrárias ou desarrazoadas (teoria relativa), mas também contra a lesão ao núcleo essencial dos direitos fundamentais (...) a proporcionalidade não há de ser interpretada em sentido meramente econômico, de adequação da medida limitadora ao fim perseguido, devendo também cuidar da harmonização dessa finalidade com o direito afetado pela medida.

12. **Eficácia irradiante:** segundo Daniel Sarmento (*Direitos fundamentais e relações privadas*. Rio de Janeiro: Ed. Lumen Juris, 2004) a eficácia irradiante dos direitos fundamentais é o atributo que confere caráter eminentemente objetivo a esses direitos, como critérios para o exercício das funções executiva, legislativa e judiciária do Estado, em claro afastamento da concepção privada e individualista do direito civil.

- O § 2º do artigo 5º, da CF, instituiu **cláusula de expansividade** do catálogo de direitos fundamentais no Brasil, ao dispor que os direitos e garantias expressos nesta Constituição não excluem outros decorrentes do regime e dos princípios por ela adotados, ou dos tratados internacionais em que a República Federativa do Brasil seja parte. Todavia, a Carta de 1988 não foi pioneira na abertura (expansividade) do catálogo de direitos fundamentais no Brasil. Norma semelhante era adotada desde a Constituição da República dos Estados Unidos do Brasil de 1891, e também nas Constituições de 1934, 1937, 1946 e 1967.

13. Os tratados e convenções internacionais sobre direitos humanos que forem aprovados, em cada Casa do Congresso Nacional, em dois turnos, por três quintos dos votos dos respectivos membros, **serão equivalentes às emendas constitucionais,** nos termos do art. 5º, § 3º, da CF, incluído pela EC 45/04.

- Essa nova sistemática de incorporação de tratados (art. 5º, § 3º, da CF) foi aplicada pela primeira vez em 2008, na votação do Decreto Legislativo 186, que acabou culminando na promulgação da **Convenção sobre os Direitos das Pessoas com Deficiência com força constitucional**, segundo o Decreto 6.949/2009. Como reflexo do reconhecimento de status constituição à Convenção, a Procuradora Geral da República Deborah Macedo Duprat de Britto Pereira ajuizou, em 2009, a **ADPF 182**, cujos pedidos são para que se reconheça que: a) o art. 20, § 2º, da Lei nº 8.742/93 não foi recepcionado pela Convenção dos Direitos da Pessoa com Deficiência, que foi aprovada pelo Decreto Legislativo nº 186/2008, de acordo com o procedimento previsto no art. 5º, § 3º, da Constituição Federal, **integrando, portanto, o bloco de constitucionalidade brasileiro**; b) o conceito estabelecido no art. 1º da Convenção sobre os Direitos da Pessoa com Deficiência, é de uso imperativo no direito interno brasileiro, sendo imediatamente aplicável no que tange aos critérios para concessão dos benefícios de prestação continuada disciplinados pela Lei nº 8.742/93.

- Sem prejuízo da supremacia da Constituição sobre os tratados e convenções internacionais, a norma convencional internacional em vigor e aplicável no Brasil e que disponha acerca de direitos humanos, não tendo sido objeto de processo legislativo que a equiparasse a emenda constitucional (art. 5º, § 3º, da CF, nos termos da EC 45/04), tem força jurídico--normativa suficiente para restringir a eficácia e indiretamente obstar a aplicabilidade da norma constitucional paradigma, gozando de **status supralegal**. Tal posição foi firmada no RE 466.343, julgado em 2008 e relatado pelo Ministro Cezar Peluso.

- A proteção dos direitos fundamentais não desconsidera o princípio da supremacia da constituição, **entretanto,** a norma convencional internacional sobre direitos humanos **tem** aptidão para afetar a eficácia ou a aplicabilidade da norma constitucional interna. No bojo do RE 466.343, ficou consignado que "Desde a adesão do Brasil, sem qualquer reserva, ao Pacto Internacional dos Direitos Civis e Políticos (art. 11) e à Convenção Americana sobre Direitos Humanos – Pacto de San José da Costa Rica (art. 7º, 7), ambos no ano de 1992, não há mais base legal para prisão civil do depositário infiel, pois o caráter especial desses diplomas internacionais sobre direitos humanos lhes reserva lugar específico no ordenamento jurídico, estando abaixo da Constituição, porém acima da legislação interna. O status normativo supralegal dos tratados internacionais de direitos humanos subscritos pelo Brasil, dessa forma, **torna inaplicável a legislação infraconstitucional com ele conflitante**, seja ela anterior ou posterior ao ato de adesão. Assim ocorreu com o art. 1.287 do CC de 1916 e com o DL 911/1969, assim como em relação ao art. 652 do Novo CC (Lei 10.406/2002)."

"NOVA" PIRÂMIDE NORMATIVA
(Baseada no posicionamento do STF)

Status constitucional:	Normas da CF + Tratados de Direitos Humanos aprovados de acordo com as regras do art. 5°, § 3°, da CF (Após EC 45/04)
Status supralegal:	Tratados de Direitos Humanos aprovados sem observância das regras do art. 5°, § 3°, da CF (Antes da EC 45/04)
Status legal:	Leis Complementares e Leis Ordinárias
Status infralegal:	Demais atos normativos

14. "Os direitos e garantias individuais **não têm caráter absoluto**. Não há, no sistema constitucional brasileiro, direitos ou garantias que se revistam de caráter absoluto, mesmo porque razões de relevante interesse público ou exigências derivadas do princípio de convivência das liberdades legitimam, ainda que excepcionalmente, a adoção, por parte dos órgãos estatais, de medidas restritivas das prerrogativas individuais ou coletivas, desde que respeitados os termos estabelecidos pela própria Constituição. O estatuto constitucional das liberdades públicas, ao delinear o regime jurídico a que estas estão sujeitas – e considerado o substrato ético que as informa- permite que sobre elas incidam limitações de ordem jurídica, destinadas, de um lado, a proteger a integridade do interesse social e, de outro, a assegurar a coexistência harmoniosa das liberdades, pois nenhum direito ou garantia pode ser exercido em detrimento da ordem pública ou com desrespeito aos direitos e garantias de terceiros." (MS n.º 23.452, julgado no ano 2000 e relatado pelo Ministro Celso de Mello).

15. Nas hipóteses de **grave violação de direitos humanos**, o Procurador Geral da República, com a finalidade de assegurar o cumprimento de obrigações decorrentes de tratados internacionais de direitos humanos dos quais o Brasil seja parte, poderá suscitar, perante o **Superior Tribunal de Justiça**, em qualquer fase do inquérito ou processo, incidente de deslocamento de competência para a Justiça Federal. Trata-se do disposto no § 5º do art. 109 da CF.

16. Direitos e deveres individuais e coletivos

- Os direitos e deveres individuais e coletivos estão concentrados no **art. 5º** da CF.
- Apesar do *caput* do artigo 5º garanti-los apenas a brasileiros e estrangeiros residentes no Brasil, a doutrina e o STF os estendem **também para estrangeiros em trânsito e pessoas jurídicas** (HC 94.016, julgado em 2008 e relatado pelo Ministro Celso de Mello).
- Segundo entendimento pacífico do Supremo Tribunal Federal, **as pessoas jurídicas também são titulares de direitos fundamentais** (AC 2.032-QO/SP, relatada pelo Ministro Celso de Mello e julgada em 2008).

17. O *caput* do art. 5º da CF enuncia que "todos são iguais perante a lei, sem distinção de qualquer natureza". Segundo posição doutrinária pacífica, trata-se do reconhecimento da **igualdade formal (perante a lei)**. Entretanto, implícita ao texto constitucional também existe a **igualdade material (na lei)**, que significa conferir tratamento desigual, para igualar. A igualdade material leva em consideração os sujeitos e valores envolvidos e busca equilibrar as relações de fato.

18. Igualdade e Teoria do Impacto Desproporcional: a abordagem dessa teoria se deu na inicial da ADI 4.424, ajuizada em 2010 pelo Procurador Geral da República, Paulo Gurgel. Destacamos o seguinte trecho: A doutrina e a jurisprudência alienígena designam tal situação como de discriminação indireta, correlata com a **teoria do impacto desproporcional. Segundo Joaquim Barbosa, tal teoria consiste na ideia de que "toda e qualquer prática empresarial, política governamental ou semigovernamental, de cunho legislativo ou administrativo, ainda que não provida de intenção discriminatória no momento de sua**

concepção, deve ser condenada por violação do princípio constitucional da igualdade material se, em consequência de sua aplicação, resultarem efeitos nocivos de incidência especialmente desproporcional sobre certas categorias de (*Ação afirmativa e princípio constitucional da igualdade*. Rio de Janeiro: Renovar, 2001, p. 24). Daniel Sarmento informa sobre o uso da teoria do impacto desproporcional, para evitar discriminações indiretas no campo da igualdade de gênero, pela Corte Europeia de Justiça. Diz ele: "O primeiro precedente ocorreu no julgamento do Caso 170/84, Bilka Kaufhaus vs. Von Hartz, em que se discutia a validade de um sistema privado de pensão mantido por empresa germânica, o qual negava o benefício a empregados que trabalhassem em regime de tempo parcial, à luz do art. 119 do Tratado de Roma, que garante a igualdade entre mulheres e homens em relação ao trabalho. Embora não houvesse ali explícita discriminação de gênero, a Corte entendeu que seria inválido o sistema, porque afetaria de forma muito mais intensa as mulheres do que os homens, já que são elas as que, na grande maioria dos casos, trabalham em regime parcial". E prossegue a respeito da jurisprudência pátria: "Embora a teoria do impacto desproporcional ainda não tenha sido explicitamente examinada pela jurisprudência constitucional brasileira, é importante destacar que nossos tribunais vêm se mostrando cada vez mais abertos à argumentação sobre o impacto real de determinadas medidas sobre grupos vulneráveis, independentemente da comprovação de qualquer intenção discriminatória. O caso mais importante e conhecido neste particular é o acórdão do STF, proferido na ADI nº 1946-DF, julgada em 2003, em que se examinou a constitucionalidade da incidência do limite dos benefícios previdenciários de R$ 1.200,00, estabelecido pela Emenda Constitucional nº 20, sobre o salário-maternidade. A consequência da aplicação do referido teto sobre o salário maternidade seria a transferência, para o empregador da gestante, da responsabilidade pelo pagamento da diferença entre o seu salário e o referido limite durante o período da licença maternidade. Ora, o argumento em que se louvou o STF para, por unanimidade, em decisão de interpretação conforme a Constituição, impedir a incidência questionada, foi o de que ela teria como efeito concreto o aumento da discriminação contra a mulher no mercado de trabalho. Como a isonomia entre gêneros constitui cláusula pétrea (art. 5º, inciso I, combinado com art. 60, § 4º, inciso IV, CF), entendeu-se que o limite dos benefícios não poderia ser aplicado ao salário-maternidade, sob pena de inconstitucionalidade" (*Livre e Iguais – Estudos de Direito Constitucional.* Rio de Janeiro: Lumen Juris, 2006, p. 150). A ADI 4.424 tinha como pedidos para a interpretação conforme a Constituição aos artigos 12, I, 16 e 41 da Lei nº 11.340/2006 (Lei Maria da Penha), no sentido de que (i) a Lei 9.099/95 não se aplica, em nenhuma hipótese, aos crimes cometidos no âmbito da Lei Maria da Penha; (ii) o crime de lesões corporais consideradas de natureza leve, praticadas contra a mulher emambiente doméstico, processa-se mediante ação penal pública incondicionada; (iii) os dispositivos referidos têm aplicação a crimes que se processam mediante representação, por previsão legal distinta da Lei 9.099/95. Trazendo solução à celeuma, em 2012, por maioria de votos, vencido o presidente, ministro Cezar Peluso, o Plenário do STF julgou procedente, a ADI 4.424. A corrente majoritária da Corte acompanhou o voto do relator, ministro Marco Aurélio, no sentido da possibilidade de o Ministério Público dar início a ação penal sem necessidade de representação da vítima. O artigo 16 da lei dispõe que as ações penais públicas "são condicionadas à representação da ofendida", mas, para a maioria dos ministros do STF, essa circunstância acaba por esvaziar a proteção constitucional assegurada às mulheres. Também foi esclarecido que não compete aos Juizados Especiais julgar os crimes cometidos no âmbito da Lei Maria da Penha (www.stf.jus.br).

19. **Igualdade e política de cotas:** o Plenário do STF julgou improcedente pedido formulado em arguição de descumprimento de preceito fundamental ajuizada, pelo Partido Democratas – DEM, contra atos da Universidade de Brasília – UnB, do Conselho de Ensino, Pesquisa e Extensão da Universidade de Brasília – Cepe e do Centro de Promoção de Eventos da Universidade de Brasília – Cespe, os quais instituíram sistema de reserva de 20% de vagas no processo de seleção para ingresso de estudantes, com base em critério étnico-racial. Preliminarmente, admitiu-se o cabimento da ação, por inexistir outro meio hábil para sanar a lesividade questionada. Apontou-se entendimento da Corte no sentido de que a subsidiariedade da via eleita deveria ser confrontada com a existência, ou não, de instrumentos processuais alternativos capazes de oferecer provimento judicial com eficácia ampla, irrestrita e imediata para solucionar o caso. Articulou-se que, diante da natureza infralegal dos atos impugnados, a ação direta de inconstitucionalidade não seria medida idônea para o enfrentamento da controvérsia, tampouco qualquer das ações que comporiam o sistema de jurisdição constitucional abstrata. De igual modo, repeliu-se alegada conexão ante eventual identidade de causa de pedir entre esta ADPF e a ADI 2197/RJ. Ocorre que as ações de índole abstrata não tratariam de fatos concretos, razão pela qual nelas não se deveria, como regra, cogitar de conexão, dependência ou prevenção relativamente a outros processos ou julgadores. Ademais, avaliou-se que o tema relativo às ações afirmativas inserir-se-ia entre os clássicos do controle de constitucionalidade, e seria conveniente que a controvérsia fosse definitivamente resolvida pelo STF, para colocar fim a polêmica que já se arrastaria, sem solução, por várias décadas nas diversas instâncias

jurisdicionais do país. No mérito, explicitou-se a abrangência da matéria. Nesse sentido, comentou-se, inicialmente, sobre o princípio constitucional da igualdade, examinado em seu duplo aspecto: formal e material. Rememorou-se o art. 5º, caput, da CF, segundo o qual ao Estado não seria dado fazer qualquer distinção entre aqueles que se encontrariam sob seu abrigo. Frisou-se, entretanto, que o legislador constituinte não se restringira apenas a proclamar solenemente a igualdade de todos diante da lei. Ele teria buscado emprestar a máxima concreção a esse importante postulado, para assegurar a igualdade material a todos os brasileiros e estrangeiros que viveriam no país, consideradas as diferenças existentes por motivos naturais, culturais, econômicos, sociais ou até mesmo acidentais. Além disso, atentaria especialmente para a desequiparação entre os distintos grupos sociais. **Asseverou-se que, para efetivar a igualdade material, o Estado poderia lançar mão de políticas de cunho universalista — a abranger número indeterminado de indivíduos — mediante ações de natureza estrutural; ou de ações afirmativas — a atingir grupos sociais determinados — por meio da atribuição de certas vantagens, por tempo limitado, para permitir a suplantação de desigualdades ocasionadas por situações históricas particulares. Certificou-se que a adoção de políticas que levariam ao afastamento de perspectiva meramente formal do princípio da isonomia integraria o cerne do conceito de democracia.** Anotou-se a superação de concepção estratificada da igualdade, outrora definida apenas como direito, sem que se cogitasse convertê-lo em possibilidade. (ADPF 186, julgada em 2012 e relatada pelo Ministro Ricardo Lewandowski).

20. **Igualdade, família, orientação sexual e união homoafetiva**: "Reconhecimento e qualificação da união homoafetiva como entidade familiar. O STF – apoiando-se em valiosa hermenêutica construtiva e invocando princípios essenciais (como os da dignidade da pessoa humana, da liberdade, da autodeterminação, da igualdade, do pluralismo, da intimidade, da não discriminação e da busca da felicidade) – reconhece assistir, a qualquer pessoa, o **direito fundamental à orientação sexual**, havendo proclamado, por isso mesmo, a plena legitimidade ético-jurídica da união homoafetiva como entidade familiar, atribuindo-lhe, em consequência, verdadeiro estatuto de cidadania, em ordem a permitir que se extraiam, em favor de parceiros homossexuais, relevantes consequências no plano do Direito, notadamente no campo previdenciário, e, também, na esfera das relações sociais e familiares. **A extensão, às uniões homoafetivas, do mesmo regime jurídico aplicável à união estável entre pessoas de gênero distinto justifica-se e legitima-se pela direta incidência, dentre outros, dos princípios constitucionais da igualdade, da liberdade, da dignidade, da segurança jurídica e do postulado constitucional implícito que consagra o direito à busca da felicidade, os quais configuram, numa estrita dimensão que privilegia o sentido de inclusão decorrente da própria CR (art. 1º, III, e art. 3º, IV)**, fundamentos autônomos e suficientes aptos a conferir suporte legitimador à qualificação das conjugalidades entre pessoas do mesmo sexo como espécie do gênero entidade familiar. (...) O postulado da dignidade da pessoa humana, que representa – considerada a centralidade desse princípio essencial (CF, art. 1º, III) – significativo vetor interpretativo, verdadeiro valor-fonte que conforma e inspira todo o ordenamento constitucional vigente em nosso País, traduz, de modo expressivo, um dos fundamentos em que se assenta, entre nós, a ordem republicana e democrática consagrada pelo sistema de direito constitucional positivo. (...) O **princípio constitucional da busca da felicidade**, que decorre, por implicitude, do núcleo de que se irradia o postulado da dignidade da pessoa humana, assume papel de extremo relevo no processo de afirmação, gozo e expansão dos direitos fundamentais, qualificando-se, em função de sua própria teleologia, como fator de neutralização de práticas ou de omissões lesivas cuja ocorrência possa comprometer, afetar ou, até mesmo, esterilizar direitos e franquias individuais. Assiste, por isso mesmo, a todos, sem qualquer exclusão, o direito à busca da felicidade, verdadeiro postulado constitucional implícito, que se qualifica como expressão de uma ideia força que deriva do princípio da essencial dignidade da pessoa humana." (RE 477.554-AgR, julgado em 2011 e relatado pelo Ministro Celso de Mello).

- "O caput do art. 226 confere à família, base da sociedade, especial proteção do Estado. Ênfase constitucional à instituição da família. Família em seu coloquial ou proverbial significado de núcleo doméstico, pouco importando se formal ou informalmente constituída, ou se integrada por casais heteroafetivos ou por pares homoafetivos. A Constituição de 1988, ao utilizar-se da expressão 'família', não limita sua formação a casais heteroafetivos nem a formalidade cartorária, celebração civil ou liturgia religiosa. Família como instituição privada que, voluntariamente constituída entre pessoas adultas, mantém com o Estado e a sociedade civil uma necessária relação tricotômica. Núcleo familiar que é o principal lócus institucional de concreção dos direitos fundamentais que a própria Constituição designa por 'intimidade e vida privada' (inciso X do art. 5º). **Isonomia entre casais heteroafetivos e pares homoafetivos que somente ganha plenitude de sentido se desembocar no igual direito subjetivo à formação de uma autonomizada família**. Família como figura central ou continente, de que tudo o mais é conteúdo. Imperiosidade da interpretação não reducionista do conceito de família como instituição que também se forma por vias distintas do casamento civil. Avanço da CF de 1988 no plano dos costumes. Caminhada na direção do pluralismo como categoria sócio-político-cultural. Competência do STF para manter, interpretativamente, o Texto Magno na posse do seu fundamental atributo da coerência, o que passa pela eliminação de preconceito quanto à orientação sexual das pessoas." (ADI 4.277 e ADPF 132, julgadas em 2011 e relatadas pelo Ministro Ayres Britto).

- **Interpretando a jurisprudência da Suprema Corte dos Estados Unidos da América,** Joaquim Benedito Barbosa Gomes (Ministro do STF, mais conhecido apenas como Joaquim Barbosa) ensina que, **no que tange à igualdade**, pode haver dois **tipos de discriminação**: a) Discriminação por impacto desproporcional ou adverso (A Teoria do Impacto Desproporcional – "Diparate Impact Doctrine"). É a grande inovação do Direito norte-americano no que diz respeito à concretização do princípio da Igualdade. Nos termos dessa teoria, em vez da busca da igualdade através da trivial coibição do tratamento discriminatório, cumpre combater a "discriminação indireta", ou seja, aquela que redunda em uma desigualdade não oriunda de atos concretos ou de manifestação expressa de discriminação por parte de quem quer que seja, mas de práticas administrativas, empresariais ou de políticas públicas aparentemente neutras, porém dotadas de grande potencial discriminatório. [...] **a teoria do impacto desproporcional pode ser singelamente resumida na seguinte formulação: toda e qualquer prática empresarial, política governamental ou semi-governamental, de cunho legislativo ou administrativo, ainda que não provida de intenção discriminatória no momento de sua concepção, deve ser condenada por violação do princípio constitucional da igualdade material, se em conseqüência de sua aplicação resultarem efeitos nocivos de incidência especialmente sobre certas categorias de pessoas.** b) Discriminação de fato. Esta modalidade de discriminação pode ser motivada por diversos fatores. Em primeiro lugar, ela resulta da «indiferença», do «desdém» das autoridades públicas para com o destino dos grupos marginalizados, para com a sua dignidade humana. Na implementação das políticas governamentais, essas autoridades em geral optam por uma concepção do princípio da igualdade que não leva em conta as especificidades dos grupos minoritários, tendendo quase sempre a perpetuar as iniqüidades de que eles historicamente são vítimas. [...] Além disso, no que concerne à discriminação em razão da raça ou cor, existe ainda o chamado "racismo inconsciente", que bem pode ser ilustrado por aquelas hipóteses em que não há propósito discriminatório por parte do legislador ao editar a norma excludente, tampouco por parte de quem a aplica. No entanto, a discriminação lá está. Palpável. Visível. Irrefutável" (Ação afirmativa & princípio constitucional da igualdade: (o Direito como instrumento de transformação social. A experiência dos EUA). Rio de Janeiro: Renovar, 2001).

21. **Direito à vida e pesquisas com células-tronco**: o Plenário do STF, no julgamento da ADI 3.510, declarou a constitucionalidade do art. 5º da Lei de Biossegurança (Lei 11.105/2005), por entender que as pesquisas com células-tronco embrionárias não violam o direito à vida ou o princípio da dignidade da pessoa humana. "O Magno Texto Federal não dispõe sobre o início da vida humana ou o preciso instante em que ela começa. Não faz de todo e qualquer estádio da vida humana um autonomizado bem jurídico, mas da vida que já é própria de uma concreta pessoa, porque nativiva (teoria 'natalista', em contraposição às teorias 'concepcionista' ou da 'personalidade condicional'). E, quando se reporta a 'direitos da pessoa humana' e até a 'direitos e garantias individuais' como cláusula pétrea, está falando de direitos e garantias do indivíduo-pessoa, que se faz destinatário dos direitos fundamentais 'à vida, à liberdade, à igualdade, à segurança e à propriedade', entre outros direitos e garantias igualmente distinguidos com o timbre da fundamentalidade (como direito à saúde e ao planejamento familiar). Mutismo constitucional hermeneuticamente significante de transpasse de poder normativo para a legislação ordinária. A potencialidade de algo para se tornar pessoa humana já é meritória o bastante para acobertá-la, infraconstitucionalmente, contra tentativas levianas ou frívolas de obstar sua natural continuidade fisiológica. Mas as três realidades não se confundem: o embrião é o embrião, o feto é o feto e a pessoa humana é a pessoa humana. Donde não existir pessoa humana embrionária, mas embrião de pessoa humana. O embrião referido na Lei de Biossegurança (in vitro apenas) não é uma vida a caminho de outra vida virginalmente nova, porquanto lhe faltam possibilidades de ganhar as primeiras terminações nervosas, sem as quais o ser humano não tem factibilidade como projeto de vida autônoma e irrepetível. O Direito infraconstitucional protege por modo variado cada etapa do desenvolvimento biológico do ser humano. Os momentos da vida humana anteriores ao nascimento devem ser objeto de proteção pelo direito comum. O embrião pré-implanto é um bem a ser protegido, mas não uma pessoa no sentido biográfico a que se refere a Constituição." (ADI 3.510, julgada em 2008 e relatada pelo Ministro Ayres Britto).

22. **Direito à vida e antecipação terapêutica do parto de anencéfalos:** "Na inicial, pede-se a declaração de inconstitucionalidade, com eficácia para todos e efeito vinculante, da interpretação dos arts. 124, 126 e 128, I e II, do CP (DL 2.848/1940) que impeça a antecipação terapêutica do parto na hipótese de gravidez de feto anencéfalo, previamente diagnosticada por profissional habilitado. Pretende-se o reconhecimento do direito da gestante de submeter-se ao citado procedimento sem estar compelida a apresentar autorização judicial ou qualquer outra forma de permissão do Estado. Destaco a alusão feita pela própria arguente ao fato de não se postular a proclamação de inconstitucionalidade abstrata

dos tipos penais, o que os retiraria do sistema jurídico. Busca-se tão somente que os referidos enunciados sejam interpretados conforme a Constituição. Dessa maneira, mostra-se inteiramente despropositado veicular que o Supremo examinará, neste caso, a descriminalização do aborto, especialmente porque, consoante se observará, existe distinção entre aborto e antecipação terapêutica do parto. Apesar de alguns autores utilizarem expressões 'aborto eugênico ou eugenésico' ou 'antecipação eugênica da gestação', afasto-as, considerado o indiscutível viés ideológico e político impregnado na palavra eugenia. Inescapável é o confronto entre, de um lado, os interesses legítimos da mulher em ver respeitada sua dignidade e, de outro, os interesses de parte da sociedade que deseja proteger todos os que a integram – sejam os que nasceram, sejam os que estejam para nascer – independentemente da condição física ou viabilidade de sobrevivência. O tema envolve a dignidade humana, o usufruto da vida, a liberdade, a autodeterminação, a saúde e o reconhecimento pleno de direitos individuais, especificamente, os direitos sexuais e reprodutivos de milhares de mulheres. No caso, não há colisão real entre direitos fundamentais, apenas conflito aparente. (...) Conforme a Resolução 1.480, de 8-8-1997, do Conselho Federal de Medicina (CFM), os exames complementares a serem observados para a constatação de morte encefálica deverão demonstrar, de modo inequívoco, a ausência de atividade elétrica cerebral ou metabólica cerebral ou, ainda, a inexistência de perfusão sanguínea cerebral. Não foi por outra razão que o CFM, mediante a Resolução 1.752/2004, consignou serem os anencéfalos natimortos cerebrais. O anencéfalo jamais se tornará uma pessoa. Em síntese, não se cuida de vida em potencial, mas de morte segura. O fato de respirar e ter batimento cardíaco não altera essa conclusão, até porque, como acentuado pelo dr. Thomaz Rafael Gollop[42], a respiração e o batimento cardíaco não excluem o diagnóstico de morte cerebral[43]. (...) No célebre caso de Marcela – suposta portadora de anencefalia que teria sobrevivido por um ano, oito meses e doze dias –, o diagnóstico estava equivocado, consoante informaram renomados especialistas. Não se tratava de anencefalia no sentido corriqueiramente utilizado pela literatura médica, mas de meroencefalia. Vale dizer: o feto possuía partes do cérebro – cerebelo e pedaço do lóbulo temporal – que viabilizavam, embora precariamente, a vida extrauterina. Daí não se poder qualificá-lo, em sentido técnico, como feto anencéfalo, o qual jamais será dotado de tais estruturas. (...) Cumpre rechaçar a assertiva de que a interrupção da gestação do feto anencéfalo consubstancia aborto eugênico, aqui entendido no sentido negativo em referência a práticas nazistas. O anencéfalo é um natimorto. Não há vida em potencial. Logo não se pode cogitar de aborto eugênico, o qual pressupõe a vida extrauterina de seres que discrepem de padrões imoralmente eleitos. Nesta arguição de descumprimento de preceito fundamental, não se trata de feto ou criança com lábio leporino, ausência de membros, pés tortos, sexo dúbio, Síndrome de Down, extrofia de bexiga, cardiopatias congênitas, comunicação interauricular ou inversões viscerais, enfim, não se trata de feto portador de deficiência grave que permita sobrevida extrauterina. Cuida-se tão somente de anencefalia. (...) De fato, a anencefalia mostra-se incompatível com a vida extrauterina, ao passo que a deficiência não. (...) Anencefalia e vida são termos antitéticos. Conforme demonstrado, o feto anencéfalo não tem potencialidade de vida. Trata-se, na expressão adotada pelo CFM e por abalizados especialistas, de um natimorto cerebral. Por ser absolutamente inviável, o anencéfalo não tem a expectativa nem é ou será titular do direito à vida, motivo pelo qual aludi, no início do voto, a um conflito apenas aparente entre direitos fundamentais. Em rigor, no outro lado da balança, em contraposição aos direitos da mulher, não se encontra o direito à vida ou à dignidade humana de quem está por vir, justamente porque não há ninguém por vir, não há viabilidade de vida. Aborto é crime contra a vida. Tutela-se a vida em potencial. No caso do anencéfalo, repito, não existe vida possível. (...) É de conhecimento corrente que, nas décadas de trinta e quarenta, a medicina não possuía os recursos técnicos necessários para identificar previamente a anomalia fetal incompatível com a vida extrauterina[70]. A literalidade do CP de 1940 certamente está em harmonia com o nível de diagnósticos médicos existentes à época, o que explica a ausência de dispositivo que preveja expressamente a atipicidade da interrupção da gravidez de feto anencefálico. Não nos custa lembrar: estamos a tratar do mesmíssimo legislador que, para proteger a honra e a saúde mental ou psíquica da mulher – da mulher, repito, não obstante a visão machista então reinante –, estabeleceu como impunível o aborto provocado em gestação oriunda de estupro, quando o feto é plenamente viável. (...) mesmo à falta de previsão expressa no CP de 1940, parece-me lógico que o feto sem potencialidade de vida não pode ser tutelado pelo tipo penal que protege a vida. (...) este Supremo Tribunal proclamou que a Constituição 'quando se reporta a 'direitos da pessoa humana' e até dos 'direitos e garantias individuais' como cláusula pétrea está falando de direitos e garantias do indivíduo-pessoa, que se faz destinatário dos direitos fundamentais 'à vida, à liberdade, à igualdade, à segurança e à propriedade'. É certo, senhor presidente, que, no caso do anencéfalo, não há, nem nunca haverá, indivíduo-pessoa. No segundo trecho, este Tribunal assentou que 'a potencialidade de algo para se tornar pessoa humana já é meritória o bastante para acobertá-la, infraconstitucionalmente, contra tentativas levianas ou frívolas de obstar sua natural continuidade fisiológica'. Ora, inexistindo potencialidade para tornar-se pessoa humana, não surge justificativa para a tutela jurídico-penal, com maior razão quando eventual tutela esbarra em direitos fundamentais da mulher, como se verá adiante. Enfim, cumpre tomar de empréstimo o conceito jurídico de morte cerebral previsto na Lei 9.434/1997[72], para concluir ser de todo impróprio falar em direito à vida intrauterina ou extrauterina do anencéfalo, o qual é um natimorto cerebral. (...) Constata-se a existência de dados merecedores de confiança que apontam riscos físicos maiores à gestante portadora de feto anencéfalo do que os verificados na gravidez comum. Sob o aspecto psíquico, parece incontroverso – impor a continuidade da gravidez de feto anencéfalo pode conduzir a quadro devastador, como o experimentado por Gabriela Oliveira Cordeiro, que figurou como paciente no emblemático HC 84.025/RJ, rel. min. Joaquim Barbosa. (...) Relatos como esse evidenciam que a manutenção compulsória da gravidez de feto anencéfalo importa em graves danos à saúde psíquica da família toda e, sobretudo, da mulher. Enquanto, numa gestação normal, são nove meses de acompanhamento, minuto a minuto, de avanços, com a predominância do amor, em que a alteração estética é suplantada pela alegre expectativa do nascimento da criança; na gestação do feto anencéfalo, no mais das vezes, reinam sentimentos mórbidos, de dor, de angústia, de impotência, de tristeza, de luto, de desespero, dada a certeza do óbito. (...) Ao Estado não é dado intrometer-se. Ao Estado compete apenas se desincumbir do dever de informar e prestar apoio médico e psicológico a paciente, antes e depois da decisão, seja ela qual for, o que se mostra viável, conforme esclareceu a então ministra da Secretaria Especial de Políticas para as Mulheres, Nilcéa Freire [103]. (...) Não se trata de impor a antecipação do parto do feto anencéfalo. De modo algum. O que a arguente pretende é que 'se assegure a cada mulher o direito de viver as suas escolhas, os seus valores, as suas crenças'[105]. Está em jogo o direito da mulher de autodeterminar-se, de escolher, de agir de acordo com a própria vontade num caso de absoluta inviabilidade de vida extrauterina. Estão em jogo, em última análise, a privacidade, a autonomia e a dignidade humana dessas mulheres. Hão de ser respeitadas tanto as que optem por prosseguir com a gravidez – por sentirem-se mais felizes assim ou por qualquer outro motivo que não nos cumpre perquirir – quanto as que prefiram interromper a gravidez, para pôr fim ou, ao menos, minimizar um estado de sofrimento. (...) Não se coaduna com o princípio da proporcionalidade proteger apenas um dos seres da relação, privilegiar aquele que, no caso da anencefalia, não tem sequer expectativa de vida extrauterina, aniquilando, em contrapartida, os direitos da mulher, impingindo-lhe sacrifício desarrazoado. A imposição estatal da manutenção de gravidez cujo resultado final será irremediavelmente a morte do feto vai de encontro aos princípios basilares do sistema constitucional, mais precisamente à dignidade da pessoa humana, à liberdade, à autodeterminação, à saúde, ao direito de privacidade, ao reconhecimento pleno dos direitos sexuais e reprodutivos de milhares de mulheres. O ato de obrigar a mulher a manter a gestação, colocando-a em uma espécie de cárcere privado em seu próprio corpo, desprovida do mínimo essencial de autodeterminação e liberdade, assemelha-se à tortura [109] ou a um sacrifício que não pode ser pedido a qualquer pessoa ou dela exigido. (...) Se alguns setores da sociedade reputam moralmente reprovável a antecipação terapêutica da gravidez de fetos anencéfalos, relembro-lhes de que essa crença não pode conduzir à incriminação de eventual conduta das mulheres que optarem em não levar a gravidez a termo. O Estado brasileiro é laico e ações de cunho meramente imorais não merecem a glosa do direito penal. A incolumidade física do feto anencéfalo, que, se sobreviver ao parto, o será por poucas horas ou dias, não pode ser preservada a qualquer custo, em detrimento dos direitos básicos da mulher. No caso, ainda que se conceba o direito à vida do feto anencéfalo – o que, na minha óptica, é inadmissível, consoante enfatizado –, tal direito cederia, em juízo de ponderação, em prol dos direitos à dignidade da pessoa humana, à liberdade no campo sexual, à autonomia, à privacidade, à integridade física, psicológica e moral e à saúde, previstos, respectivamente, nos arts. 1º III; 5º, cabeça e II III e X; e 6º, cabeça, da CR. Os tempos atuais, realço, requerem empatia, aceitação, humanidade e solidariedade para com essas mulheres. Pelo que ouvimos ou lemos nos depoimentos prestados na audiência pública, somente aquela que vive tamanha situação de angústia é capaz de mensurar o sofrimento a que se submete. Atuar com sapiência e justiça, calcados na Constituição da República e desprovidos de qualquer dogma ou paradigma moral e religioso, obriga-nos a garantir, sim, o direito da mulher de manifestar-se livremente, sem o temor de tornar-se ré em eventual ação por crime de aborto. Ante o exposto, julgo procedente o pedido formulado na inicial, para **declarar a inconstitucionalidade da interpretação segundo a qual a interrupção da gravidez de feto anencéfalo é conduta tipificada nos arts. 124, 126, e 128, I e II, do CP brasileiro**." (ADPF 54, julgada em 2012 e relatada pelo Ministro Marco Aurélio).

23. É livre a **manifestação do pensamento**, vedado o anonimato, e assegurado direito de resposta proporcional ao agravo, **além** de eventual indenização por dano material, moral ou à imagem (a resposta não exclui o dever de indenizar).

24. "(...) (a) os **escritos anônimos** não podem justificar, só por si, desde que isoladamente considerados, a imediata instauração da *persecutio criminis*, eis que **peças apócrifas** não podem ser incorporadas, formalmente, ao processo, salvo quando tais documentos forem produzidos pelo acusado, ou, ainda, quando constituírem, eles próprios, o corpo de delito (como sucede com bilhetes de resgate no delito de extorsão mediante sequestro, ou como ocorre com cartas que evidenciem a prática de crimes contra a honra, ou que corporifiquem o delito de ameaça ou que materializem o *crimen falsi*, p. ex.); (b) nada impede, contudo, que o Poder Público provocado por delação anônima ('disque-denúncia', p. ex.), adote medidas informais destinadas a apurar, previamente, em averiguação sumária, 'com prudência e discrição', a possível ocorrência de eventual situação de ilicitude penal, desde que o faça com o objetivo de conferir a verossimilhança dos fatos nela denunciados, em ordem a promover, então, em caso positivo, a formal instauração da *persecutio criminis*, mantendo-se, assim, completa desvinculação desse procedimento estatal em relação às peças apócrifas; e (c) o Ministério Público, de outro lado, independentemente da prévia instauração de inquérito policial, também pode formar a sua *opinio delicti* com apoio em outros elementos de convicção que evidenciem a materialidade do fato delituoso e a existência de indícios suficientes de sua autoria, desde que os dados informativos que dão suporte à acusação penal não tenham, como único fundamento causal, documentos ou escritos anônimos." (Inq 1.957, Rel. Min. Carlos Velloso, voto do Min. Celso de Mello, julgamento em 11-5-2005, Plenário, DJ de 11-11-2005.)

25. Inviolabilidade do domicílio

INVIOLABILIDADE DO DOMICÍLIO	
Regra	**Exceções: hipóteses em que se pode penetrar em casa mesmo sem o consentimento do morador**
A casa (englobando escritórios, motéis, hotéis e congêneres, segundo o STF) é asilo inviolável do indivíduo e nela ninguém pode penetrar sem consentimento do morador.	**a) a qualquer horário:** em caso de flagrante delito ou desastre, ou para prestar socorro **b) somente durante o dia:** por determinação judicial.

- De acordo com a posição do STF no HC 93.050, julgado em 2008 e relatado pelo ministro Celso de Mello, para os fins da proteção jurídica a que se refere o art. 5º, XI, da CF, **"o conceito normativo de 'casa' revela-se abrangente** e, por estender-se a qualquer compartimento privado não aberto ao público, onde alguém exerce profissão ou atividade (CP, art. 150, § 4º, III), compreende, observada essa específica limitação espacial (área interna não acessível ao público), os escritórios profissionais, inclusive os de contabilidade. Sem que ocorra qualquer das situações excepcionais taxativamente previstas no texto constitucional (art. 5º, XI), nenhum agente público, ainda que vinculado à administração tributária do Estado, poderá, contra a vontade de quem de direito ('invito domino'), ingressar, durante o dia, sem mandado judicial, em espaço privado não aberto ao público, onde alguém exerce sua atividade profissional, sob pena de a prova resultante da diligência de busca e apreensão assim executada reputar-se inadmissível, porque impregnada de ilicitude material. O atributo da autoexecutoriedade dos atos administrativos, que traduz expressão concretizadora do 'privilège du preálable', não prevalece sobre a garantia constitucional da inviolabilidade domiciliar, ainda que se cuide de atividade exercida pelo Poder Público em sede de fiscalização tributária."
- O conceito normativo de casa é abrangente; assim, qualquer compartimento privado onde alguém exerce profissão ou atividade está protegido pela inviolabilidade do domicílio. Apesar disso, **há a possibilidade de se instalar escuta ambiental em escritório de advocacia que seja utilizado como reduto para a prática de crimes, conforme já decidiu o STF**: "Escuta ambiental e exploração de local. Captação de sinais óticos e acústicos. Escritório de advocacia. Ingresso da autoridade policial, no período noturno, para instalação de equipamento. Medidas autorizadas por decisão judicial. Invasão de domicílio. Não caracterização. (...) Inteligência do art. 5º, X e XI, da CF; art. 150, § 4º, III, do CP; e art. 7º, II, da Lei 8.906/1994. (...) Não opera a inviolabilidade do escritório de advocacia, quando o próprio advogado seja suspeito da prática de crime, sobretudo concebido e consumado no âmbito desse local de trabalho, sob pretexto de exercício da profissão." (Inq 2.424, julgado em 2008 e relatado pelo Ministro Cezar Peluso).

26. É assegurado a todos o **acesso à informação** e resguardado o sigilo da fonte, quando necessário ao exercício profissional.

- "O sigilo profissional constitucionalmente determinado não exclui a possibilidade de **cumprimento de mandado de busca e apreensão em escritório de advocacia**. O local de trabalho do advogado, desde que este seja investigado, pode ser alvo de busca e apreensão, observando-se os limites impostos pela autoridade judicial. Tratando-se de local onde existem documentos que dizem respeito a outros sujeitos não investigados, é indispensável a especificação do âmbito de abrangência da medida, que não poderá ser executada sobre a esfera de direitos de não investigados. Equívoco quanto à indicação do escritório profissional do paciente, como seu endereço residencial, deve ser prontamente comunicado ao magistrado para adequação da ordem em relação às cautelas necessárias, sob pena de tornar nulas as provas oriundas da medida e todas as outras exclusivamente delas decorrentes. Ordem concedida para declarar a nulidade das provas oriundas da busca e apreensão no escritório de advocacia do paciente, devendo o material colhido ser desentranhado dos autos do Inq 544 em curso no STJ e devolvido ao paciente, sem que tais provas, bem assim quaisquer das informações oriundas da execução da medida, possam ser usadas em relação ao paciente ou a qualquer outro investigado, nesta ou em outra investigação." (HC 91.610, julgado em 2010 e relatado pelo Ministro Gilmar Mendes).

27. **Ninguém será privado de direitos por motivo de crença religiosa ou de convicção filosófica ou política**, salvo se as invocar para eximir-se de obrigação legal a todos imposta e recusar-se a cumprir prestação alternativa, fixada em lei;

- Apesar de a prestação de serviço militar ser obrigatória (art. 143, *caput*, da CF), a recusa em cumpri-la é admitida sob a alegação do direito de escusa de consciência, cabendo, nesse caso, às forças armadas atribuir àquele que exercer esse direito serviço alternativo em tempo de paz (art. 143, § 1º, da CF), cuja recusa enseja como sanção a declaração da **perda** dos direitos políticos (art. 15, IV, da CF). A matéria é regulamentada, ainda, pela Lei Federal nº 8.239, de 1991, segundo a qual será atribuído **serviço alternativo ao serviço militar obrigatório aos que, em tempo de paz, após alistados, alegarem imperativo de consciência decorrente de crença religiosa ou de convicção filosófica ou política, para se eximirem de atividades de caráter essencialmente militar**. O mesmo diploma legal define, ademais, o que se entende por serviço alternativo, a ser prestado em substituição às atividades de caráter essencialmente militar.
- Destaca-se que, tradicionalmente, a doutrina sempre se pronunciou no sentido de que a recusa prestação alternativa implica na **perda** dos direitos políticos. Entretanto, o art. 4º, § 2º, da Lei 8.239/91 (que regulamenta o art. 143, §§ 1º e 2º da Constituição Federal, sobre a prestação de Serviço Alternativo ao Serviço Militar Obrigatório), enuncia que a recusa de prestação alternativa gerará a **suspensão** dos direitos políticos.

28. Consoante art. 210, § 1º, da CF, o **ensino religioso**, de **matrícula facultativa**, constituirá disciplina dos horários normais das escolas públicas de ensino fundamental. Note que, por apenas o **oferecimento da disciplina ser obrigatório**, mas não a matrícula, não há que se falar em qualquer ofensa à liberdade de crença, pois aquele que não quiser participar da disciplina simplesmente não precisa se matricular.

29. É assegurada, nos termos da lei, a **proteção às participações individuais em obras coletivas e à reprodução da imagem e voz humanas, inclusive** nas atividades desportivas.

30. A **sucessão de bens de estrangeiros situados no País** será regulada pela lei brasileira em benefício do cônjuge ou dos filhos brasileiros, sempre que não lhes seja mais favorável a lei pessoal do "de cujus". Em outras palavras: **aplica-se a lei brasileira, salvo se a do falecido for mais favorável**.

31. O **sigilo da correspondência e das comunicações telegráficas, de dados e das comunicações telefônicas** é inviolável, **salvo**, no último caso, por **ordem judicial**, nas hipóteses e na forma que a lei estabelecer para fins de **investigação criminal ou instrução processual penal** (não para processo civil).

- Os sigilos bancário e fiscal estão incluídos na proteção ao **sigilo de dados**.
- **O STF já firmou posicionamento no sentido que a interceptação telefônica se submete à reserva de jurisdição, sem exceção**. Vale ressaltar que se a gravação for feita por um dos interlocutores, desconfigura-se a interceptação telefônica, restando mera gravação ambiental (RE 453.562-AgR, julgado em 2008 e relatado pelo Ministro Joaquim Barbosa).
- Importante destacar que a **interceptação** (gravações de conversas presentes e futuras) **não se confunde com a quebra de sigilo** (acesso a dados passados). Tal distinção é relevante, pois as CPIs (órgãos que não são investidos de poderes jurisdicionais) até podem determinar a quebra de sigilo de dados telefônicos (registro de chamadas recebidas e efetuadas), mas não a interceptação telefônica.
- Conforme posição do STF no RE 461366, julgado em 2007 e relatado pelo Ministro Marco Aurélio: "**A atuação fiscalizadora do Banco Central do Brasil não encerra a possibilidade de, no campo administrativo, alcançar dados bancários de correntistas**, afastando o sigilo previsto no inciso XII do artigo 5º da Constituição Federal".

32. **Interceptação e prova emprestada**: "Prova emprestada. Penal. Interceptação telefônica. Escuta ambiental. Autorização judicial e produção para fim de investigação criminal. Suspeita de delitos cometidos por autoridades e agentes públicos. Dados obtidos em inquérito policial. Uso em procedimento administrativo disciplinar, contra outros servidores, cujos eventuais ilícitos administrativos teriam despontado à colheita dessa prova. Admissibilidade. Resposta afirmativa a questão de ordem. Inteligência do art. 5º, XII, da CF e do art. 1º da Lei federal 9.296/1996. (...) Dados obtidos em interceptação de comunicações telefônicas e em escutas ambientais, judicialmente autorizadas para produção de prova em investigação criminal ou em instrução processual penal, **podem ser usados em procedimento administrativo disciplinar, contra a mesma ou as mesmas pessoas em relação às quais foram colhidos, ou contra outros servidores cujos supostos ilícitos teriam despontado à colheita dessa prova**." (Inq 2.424-QO-QO, Rel. Min. Cezar Peluso, julgamento em 20-6-2007, Plenário, DJ de 24-8-2007).

33. **Interceptação e prorrogações sucessivas de prazo**: "É lícita a interceptação telefônica, determinada em decisão judicial fundamentada, quando necessária, como único meio de prova, à apuração de fato delituoso. (...) **É lícita a prorrogação do prazo legal de autorização para interceptação telefônica, ainda que de modo sucessivo,**

quando o fato seja complexo e, como tal, exija investigação diferenciada e contínua. (...) O ministro relator de inquérito policial, objeto de supervisão do STF, tem competência para determinar, durante as férias e recesso forenses, realização de diligências e provas que dependam de decisão judicial, inclusive interceptação de conversação telefônica. (...) O disposto no art. 6º, § 1º, da Lei federal 9.296, de 24-7-1996, só comporta a interpretação sensata de que, salvo para fim ulterior, só é exigível, na formalização da prova de interceptação telefônica, a transcrição integral de tudo aquilo que seja relevante para esclarecer sobre os fatos da causa sub iudice." (Inq 2.424, Rel. Min. Cezar Peluso, julgamento em 26-11-2008, Plenário, DJE de 26-3-2010.)

34. Interceptação e encontro fortuito de prova em crime punido com detenção: Encontro fortuito de prova da prática de crime punido com detenção. (...) O STF, como intérprete maior da CR, considerou compatível com o art. 5º, XII e LVI, o uso de prova obtida fortuitamente através de interceptação telefônica licitamente conduzida, ainda que o crime descoberto, conexo ao que foi objeto da interceptação, seja punido com detenção." (AI 626.214-AgR, Rel. Min. Joaquim Barbosa, julgamento em 21-9-2010, Segunda Turma, DJE de 8-10-2010.)

35. Segundo o STF, **a análise dos últimos registros telefônicos em aparelhos celulares apreendidos após a efetuação de prisão em flagrante é lícita**. Assim restou decidido no HC 91.867, julgado em 2012 e relato pelo Ministro Gilmar Mendes: "Suposta ilegalidade decorrente do fato de os policiais, após a prisão em flagrante do corréu, terem realizado a análise dos últimos registros telefônicos dos dois aparelhos celulares apreendidos. Não ocorrência. 2.2 Não se confundem comunicação telefônica e registros telefônicos, que recebem, inclusive, proteção ju-rídica distinta. Não se pode interpretar a cláusula do artigo 5º, XII, da CF, no sentido de proteção aos dados enquanto registro, depósito re-gistral. A proteçãoconstitucional é da comunicação de dados e não dos dados. 2.3 Art. 6º do CPP: dever da autoridade policial de proceder à coleta do material comprobatório da prática da infração penal. Ao proceder à pesquisa na agenda eletrônica dos aparelhos devidamente apreendidos, meio material indireto de prova, a autoridade policial, cumprindo o seu mister, buscou, unicamente, colher elementos de in-formação hábeis a esclarecer a autoria e a materialidade do delito (dessa análise logrou encontrar ligações entre o executor do homicídio e o ora paciente). Verificação que permitiu a orientação inicial da linha investigatória a ser adotada, bem como possibilitou concluir que os aparelhos seriam relevantes para a investigação. 2.4 À guisa de mera argumentação, mesmo que se pudesse reputar a prova produzida como ilícita e as demais, ilícitas por derivação, nos termos da teoria dos frutos da árvore venenosa (fruit of the poisonous tree), é certo que, ainda assim, melhor sorte não assistiria à defesa. É que, na hipótese, não há que se falar em prova ilícita por derivação. Nos termos da teoria da descoberta inevitável, construída pela Suprema Corte norte-americana no caso Nix x Williams (1984), o curso normal das investigações conduziria a elementos informativos que vinculariam os pacientes ao fato investigado. Bases desse entendimento que parecem ter encontrado guarida no ordenamento jurídico pátrio com o advento da Lei 11.690/2008, que deu nova redação ao art. 157 do CPP, em especial o seu §2º.

36. "O princípio constitucional da reserva de jurisdição – que incide sobre as hipóteses de busca domiciliar (CF, art. 5º, XI), de interceptação telefônica (CF, art. 5º, XII) e de decretação da prisão, ressalvada a situação de flagrância penal (CF, art. 5º, LXI) – **não se estende ao tema da quebra de sigilo, pois, em tal matéria, e por efeito de expressa autorização dada pela própria CR (CF, art. 58, § 3º), assiste competência à CPI, para decretar, sempre em ato necessariamente motivado, a excepcional ruptura dessa esfera de privacidade das pessoas.**" (MS 23.652, julgado no ano 2000 e relatado pelo Ministro Celso de Mello).

- Segundo a jurisprudência do STF, "**A quebra do sigilo inerente aos registros bancários, fiscais e telefônicos, por traduzir medida de caráter excepcional, revela-se incompatível com o ordenamento constitucional, quando fundada em deliberações emanadas de CPI cujo suporte decisório apoia-se em formulações genéricas, destituídas da necessária e específica indicação de causa provável**, que se qualifica como pressuposto legitimador da ruptura, por parte do Estado, da esfera de intimidade a todos garantida pela CR. Precedentes. Doutrina. O controle jurisdicional de abusos praticados por CPI não ofende o princípio da separação de poderes. O STF, quando intervém para assegurar as franquias constitucionais e para garantir a integridade e a supremacia da Constituição, neutralizando, desse modo, abusos cometidos por CPI, desempenha, de maneira plenamente legítima, as atribuições que lhe conferiu a própria Carta da República. O regular exercício da função jurisdicional, nesse contexto, porque vocacionado a fazer prevalecer a autoridade da Constituição, não transgride o princípio da separação de Poderes. Doutrina. Precedentes." (MS 25.668, julgado em 2006 e relatado pelo Ministro Celso de Mello).

37. Segundo o entendimento do STF, "**A administração penitenciária**, com fundamento em razões de segurança pública, de disciplina prisional ou de preservação da ordem jurídica, **pode, sempre excepcionalmente**, e desde que respeitada a norma inscrita no art. 41, parágrafo único, da Lei 7.210/1984, **proceder à interceptação da correspondência remetida pelos sentenciados, eis que a cláusula tutelar da inviolabilidade do sigilo epistolar não pode constituir instrumento de salvaguarda de práticas ilícitas.**" (HC 70.814, Rel. Min. Celso de

Mello, julgamento em 1º-3-1994, Primeira Turma, DJ de 24-6-1994.)

38. Assegura-se a todos, **independentemente do pagamento de taxas**, o **direito de petição** aos Poderes Públicos em defesa de direitos ou contra ilegalidade ou abuso de poder.

- "O **direito de petição**, presente em todas as Constituições brasileiras, qualifica-se como importante prerrogativa de caráter democrático. Trata-se de **instrumento jurídico-constitucional posto à disposição de qualquer interessado – mesmo daqueles destituídos de personalidade jurídica** –, com a explícita finalidade de viabilizar a defesa, perante as instituições estatais, de direitos ou valores revestidos tanto de natureza pessoal quanto de significação coletiva. Entidade sindical que pede ao PGR o ajuizamento de ação direta perante o STF. *Provocatio ad agendum*. Pleito que traduz o exercício concreto do direito de petição. Legitimidade desse comportamento." (STF. ADI 1.247, julgada em 2005 e relatada pelo Ministro Celso de Mello).

39. É livre o direito de reunião pacífica, não sendo necessária autorização. Entretanto, exige-se **prévio aviso** (não pedido de autorização) à autoridade competente, para que não frustre outra reunião anteriormente convocada.

- **Atenção!** A finalidade do direito de reunião é a manifestação do pensamento. A liberdade ambulatorial constitui apena um meio para o exercício do direito de reunião. Nesse sentido, diante de uma violação ao direito fundamental, líquido e certo, de reunião, cabível será o **mandado de segurança**, não o habeas corpus.

40. No caso de iminente perigo público, a autoridade competente poderá usar de propriedade particular, assegurada ao proprietário **indenização ulterior**, apenas **se houver dano** (e não em qualquer caso).

41. Associações

ASSOCIAÇÕES	
OBJETIVO	**EXIGÊNCIAS**
1. Criação	Não depende de autorização do poder público. É **vedada** a criação de associações de caráter paramilitar
2. Suspensão das Atividades	Somente por decisão Judicial
3. Dissolução	Somente por decisão judicial com trânsito em julgado

- A jurisprudência do STF **não é pacífica** quanto ao fato de as pessoas jurídicas serem titulares da liberdade de associação. Vale destacar trecho da ADI 2054: "I. Liberdade de associação. 1. Liberdade negativa de associação: sua existência, nos textos constitucionais anteriores, como corolário da liberdade positiva de associação e seu alcance e inteligência, na Constituição, quando se cuide de entidade destinada a viabilizar a gestão coletiva de arrecadação e distribuição de direitos autorais e conexos, cuja forma e organização se remeteram à lei. 2. Direitos autorais e conexos: sistema de gestão coletiva de arrecadação e distribuição por meio do ECAD (L 9610/98, art. 99), sem ofensa do art. 5º, XVII e XX, da Constituição, cuja aplicação, na esfera dos direitos autorais e conexos, hão de conciliar-se com o disposto no art. 5º, XXVIII, b, da própria Lei Fundamental. 3. **Liberdade de associação: garantia constitucional de duvidosa extensão às pessoas jurídicas** (ADI 2054, julgado em 2003 e relatado pelo Ministro Ilmar Galvão).

- Conforme entendimento do STF, "A **obrigatoriedade do visto de advogado para o registro de atos e contratos constitutivos de pessoas jurídicas** (art. 1º, § 2º, da Lei 8.906/1994) **não ofende** os princípios constitucionais da isonomia e da liberdade associativa." (ADI 1.194, Rel. p/ o ac. Min. Cármen Lúcia, julgamento em 20-5-2009, Plenário, DJE de 11-9-2009.)

42. Súmula 654 do STF: "A garantia da irretroatividade da lei, prevista no art. 5º, XXXVI, da Constituição da República, não é invocável pela entidade estatal que a tenha editado".

43. Somente os crimes de racismo e de ações de grupos armadas, civis ou militares, contra a ordem constitucional e o Estado Democrático são **imprescritíveis** (além de inafiançáveis). Já os crimes de tortura, tráfico ilícito de entorpecentes e drogas afins, terrorismo e os definidos em lei como hediondos, são **insuscetíveis de graça ou anistia** (além de inafiançáveis).

CRIME	INAFIANÇÁVEL	IMPRESCRITÍVEL	INSUSCETÍVEL DE GRAÇA OU ANISTIA
Racismo	Sim	Sim	Não
Ações de Grupos Armados, Civis ou Militares contra a Ordem Constitucional e o Estado Democrático	Sim	Sim	Não
Tortura	Sim	Não	Sim
Tráfico Ilícito de Entorpecentes e Drogas Afins	Sim	Não	Sim
Terrorismo	Sim	Não	Sim
Hediondo	Sim	Não	Sim

- Dica para memorização: **TTTH** prescrevem! (**T**ortura, **T**ráfico Ilícito de Entorpecentes e Drogas Afins, **T**errorismo e **H**ediondos).
- Vale destacar que os crimes insuscetíveis de graça ou anistia também não admitem **indulto** (que é espécie de graça, segundo entendimento do STF exposto no HC 84.312) e **comutação de pena** (que é tipo de indulto, também segundo o STF em julgamento do HC 84.312).
- No julgamento do HC 82424, julgado em 2003 e relatado para o acórdão pelo Ministro Maurício Corrêa, em que se discutia o **alcance da expressão "racismo"**, contida no inciso XLII do art. 5º, da CF, ("a prática do racismo constitui crime inafiançável e imprescritível, sujeito à pena de reclusão, nos termos da lei;"), o Tribunal, por maioria, acompanhou o voto proferido pelo Min. Maurício Corrêa no sentido do indeferimento do writ, sob o entendimento de que **o racismo é antes de tudo uma realidade social e política, sem nenhuma referência à raça enquanto caracterização física ou biológica, refletindo, na verdade, reprovável comportamento que decorre da convicção de que há hierarquia entre os grupos humanos, suficiente para justificar atos de segregação, inferiorização e até de eliminação de pessoas.** O Min. Marco Aurélio, ao proferir seu voto, salientando a necessidade do exame da causa em face da realidade social brasileira – na qual não há predisposição para a prática de discriminação contra o povo judeu, diferentemente do que ocorre com o negro, para o qual a CF/88 conferiu a proteção prevista no inciso XLII do art. 5º –, e tendo em conta a colisão entre os direitos fundamentais da liberdade de expressão e da proteção à dignidade do povo judeu, considerou não demonstrado que a conduta do paciente pudesse resultar em incitação à prática de discriminação ou colocar em risco a segurança do povo judeu, a justificar limitação do direito à liberdade de expressão. (Informativo 321 do STF).

44. A CF garante que não haverá prisão civil por dívida, **salvo** a do responsável pelo inadimplemento voluntário e inescusável (não desculpável) de obrigação alimentícia e a do depositário infiel (mas o STF já declarou inaplicável a prisão civil do depositário infiel).

45. O Estado prestará **assistência jurídica integral e gratuita** (apenas) aos que comprovarem **insuficiência de recursos** (e não a todos, indistintamente).

46. Todos têm direito a receber dos órgãos públicos informações de seu interesse particular, ou de interesse coletivo ou geral, que serão prestadas no prazo da lei, sob pena de responsabilidade, **ressalvadas aquelas cujo sigilo seja imprescindível à segurança da sociedade e do Estado, não** havendo prevalência do direito individual neste caso.

47. O registro civil de nascimento e a certidão de óbito são gratuitos **apenas aos reconhecidamente pobres**.

48. É livre o exercício de qualquer trabalho, ofício ou profissão, **desde que** atendidas as qualificações profissionais que a lei estabelecer.

- "O **jornalismo** é uma profissão diferenciada por sua estreita vinculação ao pleno exercício das liberdades de expressão e de informação. O jornalismo é a própria manifestação e difusão do pensamento e da informação de forma contínua, profissional e remunerada. Os jornalistas são aquelas pessoas que se dedicam profissionalmente ao exercício pleno da liberdade de expressão. O jornalismo e a liberdade de expressão, portanto, são atividades que estão imbricadas por sua própria natureza e não podem ser pensadas e tratadas de forma separada. Isso implica, logicamente, que a interpretação do art. 5º, XIII, da Constituição, na hipótese da profissão de jornalista, se faça, impreterivelmente, em conjunto com os preceitos do art. 5º, IV, IX, XIV, e do art. 220, da Constituição, que asseguram as liberdades de expressão, de informação e de comunicação em geral. (...) No campo da profissão de jornalista, não há espaço para a regulação estatal quanto às qualificações profissionais. **O art. 5º, IV, IX, XIV, e o art. 220 não autorizam o controle, por parte do Estado, quanto ao acesso e exercício da profissão de jornalista. Qualquer tipo de controle desse tipo, que interfira na liberdade profissional no momento do próprio acesso à atividade jornalística, configura, ao fim e ao cabo, controle prévio que, em verdade, caracteriza censura prévia das liberdades de expressão e de informação, expressamente vedada pelo art. 5º, IX, da Constituição.** A impossibilidade do estabelecimento de controles estatais sobre a profissão jornalística leva à conclusão de que não pode o Estado criar uma ordem ou um conselho profissional (autarquia) para a fiscalização desse tipo de profissão. O exercício do poder de polícia do Estado é vedado nesse campo em que imperam as liberdades de expressão e de informação. Jurisprudência do STF: Representação 930, Rel. p/ o ac. Min. Rodrigues Alckmin, DJ de 2-9-1977." (RE 511.961, julgado em 2009 e relatado pelo Ministro Gilmar Mendes).
- "Nem todos os ofícios ou profissões podem ser condicionadas ao cumprimento de condições legais para o seu exercício. A regra é a liberdade. Apenas quando houver potencial lesivo na atividade é que pode ser exigida inscrição em conselho de fiscalização profissional. **A atividade de músico prescinde de controle**. Constitui, ademais, manifestação artística protegida pela garantia da liberdade de expressão." (RE 414.426, Rel. Min. Ellen Gracie, julgamento em 1º-8- 2011, Plenário, DJE de 10-10-2011.)
- Já entendeu o STF, segundo noticiado no Informativo nº 748, que "**A exigência, pela Fazenda Pública, de prestação de fiança, garantia real ou**

fidujossória para a impressão de notas fiscais de contribuintes em débito com o Fisco viola as garantias do livre exercício do trabalho, ofício ou profissão (CF, art. 5º, XIII), da atividade econômica (CF, art. 170, parágrafo único) e do devido processo legal (CF, art. 5º, LIV)" (RE 565048, julgado em 2014 e relatado pelo Ministro Marco Aurélio).

49. A lei assegurará aos autores de inventos industriais **privilégio temporário** para sua utilização, bem como proteção às criações industriais, à propriedade das marcas, aos nomes de empresas e a outros signos distintivos, tendo em vista o interesse social e o desenvolvimento tecnológico e econômico do País.

50. O Supremo Tribunal Federal entende que decorre da regra que veda a utilização no processo de provas obtidas por meios ilícitos a proibição de utilização também das provas derivadas das ilícitas – teoria que se tornou conhecida pela alcunha de **"frutos da árvore envenenada"**. Todas essas provas são consideradas **nulas**. Entretanto, a jurisprudência daquele tribunal admite a utilização das provas derivadas das ilícitas em processo penal, quando a acusação demonstrar que as provas derivadas advêm de uma **fonte independente** (RHC 90.376, julgado em 2007 e relatado pelo Ministro Celso de Mello).

- O STF, como intérprete maior da Constituição Federal, considerou **compatível com o art. 5º, XII e LVI, o uso de prova obtida fortuitamente através de interceptação telefônica licitamente conduzida**, ainda que o crime descoberto, conexo ao que foi objeto da interceptação, seja punido com detenção." (AI 626.214, julgado em 2010 e relatado pelo Ministro Joaquim Barbosa).

51. A prisão de qualquer pessoa e o local onde se encontre serão comunicados imediatamente ao juiz competente e à família do preso ou à pessoa por ele indicada

52. É assegurada, nos termos da lei, a prestação de **assistência religiosa** nas entidades civis e militares de internação coletiva.

53. De acordo com entendimento da **Súmula vinculante 14 do STF**, é direito do defensor, no interesse do representado, ter acesso amplo aos elementos de prova que, **já documentados em procedimento investigatório realizado por órgão com competência de polícia judiciária, digam respeito ao exercício do direito de defesa** em procedimento investigatório realizado por órgão com competência de polícia judiciária.

- Sobre a Súmula vinculante 14, destaca-se o seguinte precedente representativo: 4. **Há, é verdade, diligências que devem ser sigilosas, sob o risco do comprometimento do seu bom sucesso. Mas, se o sigilo é aí necessário à apuração e à atividade instrutória, a formalização documental de seu resultado já não pode ser subtraída ao indiciado nem ao defensor, porque, é óbvio, cessou a causa mesma do sigilo**. (...) Os atos de instrução, enquanto documentação dos elementos retóricos colhidos na investigação, esses devem estar acessíveis ao indiciado e ao defensor, à luz da Constituição da República, que garante à classe dos acusados, na qual não deixam de situar-se o indiciado e o investigado mesmo, o direito de defesa. O sigilo aqui, atingindo a defesa, frustra-lhe, por conseguinte, o exercício. (...) 5. Por outro lado, o instrumento disponível para assegurar a intimidade dos investigados (...) não figura título jurídico para limitar a defesa nem a publicidade, enquanto direitos do acusado. E invocar a intimidade dos demais acusados, para impedir o acesso aos autos, importa restrição ao direito de cada um do envolvidos, pela razão manifesta de que os impede a todos de conhecer o que, documentalmente, lhes seja contrário. Por isso, a autoridade que investiga deve, mediante expedientes adequados, aparelhar-se para permitir que a defesa de cada paciente tenha acesso, pelo menos, ao que diga respeito ao seu constituinte." HC 88.190 (DJ 6.10.2006) – Relator Ministro Cezar Peluso – Segunda Turma.

54. Nenhuma pena passará da pessoa do condenado, podendo a obrigação de reparar o dano e a decretação do perdimento de bens ser, nos termos da lei, estendidas aos sucessores e contra eles executadas, **até o limite** do valor do patrimônio transferido (art. 5º, XLV, da CF).

55. De acordo com o art. 5º, LXVI, da CF, ninguém será levado à prisão ou nela mantido, quando a lei admitir a **liberdade provisória**, com ou sem fiança. O Plenário do **STF já declarou, incidentalmente, a inconstitucionalidade da vedação da liberdade provisória constante do art. 44, caput, da Lei 11.343/2006 (Lei de Drogas)**. "(...) essa vedação apriorística de concessão de liberdade provisória (Lei 11.343/2006, art. 44) é incompatível com o princípio constitucional da presunção de inocência, do devido processo legal, entre outros. É que a Lei de Drogas, ao afastar a concessão da liberdade provisória de forma apriorística e genérica, retira do juiz competente a oportunidade de, no caso concreto, analisar os pressupostos da necessidade do cárcere cautelar, em inequívoca antecipação de pena, indo de encontro a diversos dispositivos constitucionais. (...) a segregação cautelar – mesmo nos crimes atinentes ao tráfico ilícito de entorpecentes – deve ser analisada tal quais as prisões decretadas nos casos dos demais delitos previstos no ordenamento jurídico, o que conduz à necessidade de serem apreciados os fundamentos da decisão que denegou a liberdade provisória ao ora paciente, no intuito de verificar se estão presentes os requisitos do art. 312 do CPP que rege a matéria. (...) Ante o exposto, declaro, *incidenter tantum*, a inconstitucionalidade da vedação à liberdade provisória imposta pelo art. 44 da Lei 11.343/2006." (HC 104.339, julgado em 2012 e relatado pelo Ministro Gilmar Mendes).

56. De acordo com posição consolidada do Supremo Tribunal Federal, **a exigência de depósito prévio** como requisito de admissibilidade de ação judicial na qual se pretenda discutir a exigibilidade de crédito tributário **ofende a garantia de acesso ao Poder Judiciário**. Essa é a conclusão que se extrai da **Súmula Vinculante 28**, aprovada em 2010.

57. Súmula 667 do STF: viola a garantia constitucional de acesso à jurisdição a **taxa judiciária calcada sem limite sobre o valor da causa**.

58. No bojo do RHC 79785, julgado em 2002, o STF se pronunciou no sentido de que o **duplo grau de jurisdição** não seria uma garantia constitucional. Entretanto, em 2007, no HC 88.420, julgado em 2007, a Suprema Corte relativizou a negativa, passando a entender aplicável o duplo grau de jurisdição como uma garantia constitucional implícita, que decorre da previsão da existência e competência dos Tribunais para apreciação de decisões proferidas em instâncias inferiores. Vale ainda destacar que a existência de processos com instância única ou originária (AP 470, sobre o Mensalão, v.g.) faz parte da lógica constitucional, impondo uma ponderação de valores. Nos casos de instância única, não se aplica o duplo grau, mas isso não significa que ele deixa de existir como uma garantia implícita.

59. No bojo do RE 207.732, julgado em 2002 e relatado pela Ministra Ellen Gracie, o STF definiu que: "**Cabe ao Estado o custeio do exame de DNA para os beneficiários da Assistência Judiciária gratuita, em virtude da auto-executoriedade do art. 5º, LXXIV, da CF**, possibilitando o amplo acesso à Justiça e a igualdade no litígio para os menos favorecidos, sendo incabível a discussão de descumprimento do precatório judicial, tendo em vista que não existe lide entre o Estado agravante e as partes do processo contencioso (...)". Assim, a alternativa está incorreta porque a obrigação de o Estado-membro custear o exame de DNA em favor de hipossuficientes **não é condicional**, mas sim direta, imediata e integral.

60. Nos autos da ADPF 87, julgada em 2011 e relatada pelo Ministro Celso de Mello, cujo tema era a "**Marcha da Maconha**", o STF assim se manifestou: "[...] o presente feito não teria por objetivo discutir eventuais propriedades terapêuticas ou supostas virtudes medicinais ou possíveis efeitos benéficos resultantes da utilização de drogas ou de qualquer outra substância entorpecente. Destacou-se estar em jogo a proteção às liberdades individuais de reunião e de manifestação do pensamento. Em passo seguinte, assinalou-se que a liberdade de reunião, enquanto direito-meio, seria instrumento **viabilizador da liberdade de expressão e qualificar-se-ia como elemento apto a propiciar a ativa participação da sociedade civil na vida política do Estado.** A praça pública, desse modo, desde que respeitado o direto de reunião, passaria a ser o espaço, por excelência, para o debate. E, nesse sentido, salientou-se que **esta Corte, há muito, firmara compromisso com a preservação da integridade das liberdades fundamentais contra o arbítrio do Estado.** [...] Dessa forma, esclareceu-se que **seria nociva e perigosa a pretensão estatal de reprimir a liberdade de expressão, fundamento da ordem democrática, haja vista que não poderia dispor de poder algum sobre a palavra, as idéias e os modos de sua manifestação. Afirmou-se que, conquanto a livre expressão do pensamento não se revista de caráter absoluto, destinar-se-ia a proteger qualquer pessoa cujas opiniões pudessem conflitar com as concepções prevalecentes, em determinado momento histórico, no meio social**".

61. A **proibição de tratamento caricatural e humorístico a candidatos a cargos eletivos, no período eleitoral, constitui ofensa à liberdade de imprensa**. Assim decidiu o STF na ADI 4451: "Não cabe ao Estado, por qualquer dos seus órgãos, definir previamente o que pode ou o que não pode ser dito por indivíduos e jornalistas. Dever de omissão que inclui a própria atividade legislativa, pois é vedado à lei dispor sobre o núcleo duro das atividades jornalísticas, assim entendidas as coordenadas de tempo e de conteúdo da manifestação do pensamento, da informação e da criação lato sensu. Vale dizer: não há liberdade de imprensa pela metade ou sob as tenazes da censura prévia, pouco importando o poder estatal de que ela provenha. Isso porque a liberdade de imprensa não é uma bolha normativa ou uma fórmula prescritiva oca. Tem conteúdo, e esse conteúdo é formado pelo rol de liberdades que se lê a partir da cabeça do art. 220 da CF: liberdade de 'manifestação do pensamento', liberdade de 'criação', liberdade de 'expressão', liberdade de 'informação'. Liberdades constitutivas de verdadeiros bens de personalidade, porquanto correspondentes aos seguintes direitos que o art. 5º da nossa Constituição intitula de 'Fundamentais': 'livre manifestação do pensamento' (inciso IV); 'livre (...) expressão da atividade intelectual, artística, científica e de comunicação' (inciso IX); 'acesso a informação' (inciso XIV). (...) Programas humorísticos, charges e modo caricatural de pôr em circulação ideias, opiniões, frases e quadros espirituosos compõem as atividades de 'imprensa', sinônimo perfeito de 'informação jornalística' (§ 1º do art. 220). Nessa medida, gozam da plenitude de liberdade que é assegurada pela Constituição à imprensa. (...) A liberdade de imprensa assim abrangentemente livre não é de sofrer constrições em período eleitoral. Ela é plena em todo o tempo, lugar e circunstâncias. (ADI 4.451, julgada em 2010 e relatada pelo Ministro Ayres Britto).

62. Para o STF a liberdade de expressão **não** protege os discursos racistas e preconceituosos, o que restou consignado no seguinte julgado: "Liberdade de expressão. Garantia constitucional que não se tem como absoluta. Limites morais e jurídicos. **O**

direito à livre expressão não pode abrigar, em sua abrangência, manifestações de conteúdo imoral que implicam ilicitude penal. As liberdades públicas não são incondicionais, por isso devem ser exercidas de maneira harmônica, observados os limites definidos na própria CF (CF, art. 5º, § 2º, primeira parte). **O preceito fundamental de liberdade de expressão não consagra o 'direito à incitação ao racismo', dado que um direito individual não pode constituir-se em salvaguarda de condutas ilícitas, como sucede com os delitos contra a honra.** Prevalência dos princípios da dignidade da pessoa humana e da igualdade jurídica." (HC 82.424, Rel. p/ o ac. Min. Presidente Maurício Corrêa, julgamento em 17-9-2003, Plenário, DJ de 19-3-2004.)

63. Desde o RE 153.531, julgado em 1997 e relatado para o acórdão pelo Ministro Marco Aurélio, o STF **entende que no conflito entre o direito de manifestação cultural e a proibição de práticas de crueldade contra os animais, deve prevalecer esta última**. Vale destacar o seguinte trecho do julgado: "A manifestação cultural deve ser estimulada, mas não a prática cruel. Admitida a chamada "farra do boi", em que uma turba ensandecida vai ensandecida atrás do animal para procedimentos que estarrecem, como vimos, não há poder de polícia que consiga coibir esse procedimento. Não vejo como chegar-se a posição intermediária. A distorção alcançou tal ponto que somente uma medida que obstaculize terminantemente a prática pode evitar o que verificamos nesse ano de 1997 [...] Não se trata, no caso, de uma manifestação cultural que mereça o agasalho da Carta da República. Como disse no início de meu voto, cuida-se de uma prática cuja crueldade é ímpar e decorre das circunstâncias de pessoas envolvidas por paixões condenáveis buscarem, a todo custo, o próprio sacrifício do animal."

64. Segundo a jurisprudência do STF, "[...] no Brasil, sendo o princípio do respeito ao direito adquirido, ao ato jurídico perfeito e à coisa julgada de natureza constitucional, sem qualquer exceção a qualquer espécie de legislação ordinária, **não tem sentido a afirmação de muitos – apegados ao direito de países em que o preceito é de origem meramente legal – de que as leis de ordem pública se aplicam de imediato, alcançando os efeitos futuros do ato jurídico perfeito ou da coisa julgada**, e isso porque, se se alteram os efeitos, é óbvio que se está introduzindo modificação na causa, o que é vedado constitucionalmente." (Rp 1451, julgada em 1988 e relatada pelo Ministro Moreira Alves).

65. Em matéria de **direito intertemporal e direito adquirido**, a Constituição brasileira, de acordo com a jurisprudência do STF, aderiu à chamada teoria **subjetiva,** que veda a retroatividade das leis e a incidência de normas de ordem pública sobre efeitos futuros de negócios jurídicos celebrados no passado. No RE 441.409, julgado em 2007 e relatado pelo Ministro Gilmar Mendes, restou consignado que: "A discussão sobre direito intertemporal assume delicadeza ímpar, entre nós, tendo em vista a disposição constante do art. 5º, inciso XXXVI, da Constituição, que reproduz norma tradicional do direito brasileiro. Os princípios constitucionais do direito adquirido e do ato jurídico perfeito não se mostram aptos a proteger as posições jurídicas contra eventuais mudanças dos institutos ou dos próprios estatutos jurídicos previamente fixados. **Na lição de Moreira Alves, domina, na nossa tradição, a teoria subjetiva do direito adquirido. É o que se lê na seguinte passagem do voto proferido na ADI nº 493, verbis: "Por fim, há de salientar-se que as nossas Constituições, a partir de 1934, e com exceção de 1937, adotaram desenganadamente, em matéria de direito intertemporal, a teoria subjetiva dos direitos adquiridos e não a teoria objetiva da situação jurídica,** que é a teoria de ROUBIER. [...] É certo, outrossim, que a dimensão constitucional que se confere ao princípio do direito adquirido, entre nós, não permite que se excepcionem da aplicação do princípio as chamadas regras de ordem pública.Daí concluir Moreira Alves que o princípio do direito adquirido "se aplica a toda e qualquer lei infraconstitucional, sem qualquer distinção entre lei de direito público e lei de direito privado, ou entre lei de ordem pública e lei dispositiva" [ADI no 493, Relator Ministro Moreira Alves, RTJ 143, p. 724 (746)]. O problema relativo à modificação das situações subjetivas em virtude da mudança de um instituto de direito não passou despercebido a Carlos Maximiliano, que assinala, a propósito, em seu clássico O Direito Intertemporal, verbis: "**Não há direito adquirido no tocante a instituições, ou institutos jurídicos. Aplica-se logo, não só a lei abolitiva, mas também a que, sem os eliminar, lhes modifica essencialmente a natureza. Em nenhuma hipótese granjeia acolhida qualquer alegação de retroatividade, posto que, às vezes, tais institutos envolvam certas vantagens patrimoniais que, por eqüidade, o diploma ressalve ou mande indenizar**". (MAXIMILIANO, Carlos. Direito Intertemporal, cit. p. 62).Essa orientação básica, perfilhada por nomes de prol das diferentes correntes jurídicas sobre direito intertemporal, encontrou acolhida na jurisprudência do Supremo Tribunal Federal. Assentou-se que a proteção ao direito adquirido e ao ato jurídico perfeito não obstava à modificação ou à supressão de determinado instituto jurídico. Em acórdão mais recente, proferido no RE no 94.020, de 4 de novembro de 1981, deixou assente a Corte, pela voz do eminente Ministro Moreira Alves: "**em matéria de direito adquirido vigora o princípio – que este Tribunal [...]tem assentado inúmeras vezes – de que não há direito adquirido a regime jurídico de um instituto de direito. Quer isso dizer que, se a lei nova modificar o regime jurídico de determinado instituto de direito (como é o direito de propriedade, seja ela de coisa móvel ou imóvel,**

ou de marca), essa modificação se aplica de imediato". [RE no 94.020, Relator Ministro Moreira Alves, RTJ 104, p. 269 (272)].**Esse entendimento tem sido reiterado pelo Supremo Tribunal Federal.** Nesse sentido, arrolo os seguintes precedentes: RE no 105.137, Relator: Ministro Cordeiro Guerra, RTJ 115, p. 379; ERE no 105.137, Relator Ministro Rafael Mayer, RTJ 119, p. 783; RE no 105.322, Relator Ministro Francisco Rezek, RTJ 118, p. 709.

66. **Princípio da Razoável Duração do Processo:** a todos, no âmbito judicial e administrativo, são assegurados a razoável duração do processo e os meios que garantam a celeridade de sua tramitação.

67. Ações ou remédios constitucionais

67.1. Habeas Corpus

- Conceder-se-á ***habeas corpus*** sempre que alguém sofrer ou se achar ameaçado de sofrer violência ou coação em sua liberdade de locomoção (também denominada **ambulatorial**), por ilegalidade ou abuso de poder.
- "**Não cabe** *habeas corpus* originário para o Tribunal Pleno **de decisão de turma, ou do plenário,** proferida em habeas corpus ou no respectivo recurso (Súmula 606 do STF).
- "Não cabe habeas corpus quando já **extinta a pena privativa de liberdade.**" (Súmula 695 do STF.)
- "Não cabe habeas corpus contra a **imposição da pena de exclusão de militar ou de perda de patente ou de função pública.**" (Súmula 694 do STF)
- "Não cabe habeas corpus contra **decisão condenatória a pena de multa, ou relativo a processo em curso por infração penal a que a pena pecuniária seja a única cominada.**" (Súmula 693 do STF)
- "Não se conhece de habeas **corpus contra omissão de relator de extradição, se fundado em fato ou direito estrangeiro cuja prova não constava dos autos**, nem foi ele provocado a respeito." (Súmula 692 do STF)
- "Não se conhece de recurso de habeas corpus cujo objeto seja **resolver sobre o ônus das custas, por não estar mais em causa a liberdade de locomoção.**" (Súmula 395 do STF)
- Ao **estrangeiro**, residente no exterior, é assegurado o direito de impetrar habeas corpus (STF, HC 94.404, julgado em 2008 e relatado pelo Ministro Celso de Mello).
- O habeas corpus **não pode ser proposto em favor de pessoa jurídica**, pois não há que se falar em liberdade ambulatorial. Nesse sentido o STF: "Habeas corpus. Negativa de seguimento. (...) Na concreta situação dos autos, a pessoa jurídica da qual o paciente é representante legal se acha processada por delitos ambientais. Pessoa Jurídica que somente poderá ser punida com multa e pena restritiva de direitos. Noutro falar: a liberdade de locomoção do agravante não está, nem mesmo indiretamente, ameaçada ou restringida." (HC 88.747-AgR, Rel. Min. Ayres Britto, julgamento em 15-9-2009, Primeira Turma, DJE de 29-10-2009.)
- **Entretanto,** segundo a doutrina e a jurisprudência predominantes, a pessoa jurídica pode impetrar habeas corpus **em favor de pessoa física**.
- "É nulo julgamento de recurso criminal, na segunda instância, sem prévia intimação ou publicação da pauta, salvo em habeas corpus." (Súmula 431 do STF)
- "O habeas corpus é **medida idônea para impugnar decisão judicial que autoriza a quebra de sigilos fiscal e bancário em procedimento criminal**, haja vista a possibilidade destes resultarem em constrangimento à liberdade do investigado. Com base nesse entendimento, a Turma, resolvendo questão de ordem, deu provimento a agravo de instrumento interposto pelo Ministério Público Federal para, convertendo-o em recurso extraordinário, negar-lhe provimento. Alegava-se, na espécie, ofensa ao art. 5º, LXVIII, da CF, ao fundamento de que a decisão que determinara a quebra de sigilos não ameaçaria o imediato direito de locomoção do paciente, consoante exigido constitucionalmente" (STF. AI 573623 QO/RJ, julgado em 2006 e relatado pelo Ministro Gilmar Mendes).
- Admite-se a **impetração de *habeas corpus* contra ato de particular**. Assim é a lição da doutrina, que ilustra o cabimento: "contra o médico que ilegalmente promove a retenção de paciente no hospital ou contra o fazendeiro que não libera o colono da fazenda" (CUNHA, Rogério Sanches; LORENZATO, Gustavo Müller; FERRAZ, Maurício Lins e PINTO, Ronaldo Batista. *Processo Penal Prático*. 2 ed. Salvador: Juspodivm, 2007, p. 180).
- A doutrina brasileira do *habeas corpus* **não subsiste** nos dias atuais. Nesse sentido o STF: "A ação de *habeas corpus* não se revela cabível, quando inexistente situação de dano efetivo ou de risco potencial ao *jus manendi, ambulandi, eundi ultro citroque* do paciente. Esse entendimento decorre da circunstância histórica de a reforma constitucional de 1926 – que importou na cessação da doutrina brasileira do *habeas corpus* – haver restaurado a função clássica desse extraordinário remédio processual, destinando-o, quanto à sua finalidade, à específica tutela jurisdicional da imediata liberdade de locomoção física das pessoas." (HC 102.041, julgado em 2010 e relatado pelo Ministro Celso de Mello).
- ***Habeas corpus* e liberdade na internet:** "O *habeas corpus*, em sua condição de instrumento de ativação da jurisdição constitucional das liberdades, configura um poderoso meio de cessação do injusto constrangimento ao estado de liberdade de locomoção física das pessoas. Se essa liberdade não se expõe a qualquer tipo de cerceamento, e se o direito de ir, vir ou permanecer sequer se revela

ameaçado, **nada justifica o emprego do remédio heróico do habeas corpus, por não estar em causa a liberdade de locomoção física** (de todo inconfundível com a 'liberdade de locomoção pelos sítios informativos' existentes no universo virtual, cuja proteção é ora pretendida pelo impetrante) (...)." (HC 100.231, julgado em 2009 e relatado pelo Ministro Celso de Mello).

- ***Habeas corpus* e ação de improbidade:** segundo o STF, "O *habeas corpus* é meio processual destinado à proteção do direito de ir e vir ameaçado por ilegalidade ou abuso de poder. Daí a impropriedade desse instrumento processual para solver controvérsia cível. Ainda que se admita que a ação de improbidade administrativa tem natureza penal, não há como trancá-la em habeas corpus, porquanto as sanções previstas na Lei 8.429/1992 não consubstanciam risco à liberdade de locomoção." (HC 100.244-AgR, julgado em 2009 e relatado pelo Ministro Eros Grau).

67.2. Mandado de Segurança

- Caberá **mandado de segurança** para proteger **direito líquido e certo, não amparado por habeas corpus ou habeas data,** quando o responsável pela ilegalidade ou abuso de poder for **autoridade pública ou agente de pessoa jurídica no exercício de atribuições do Poder Público.**
- "**Não cabe condenação em honorários de advogado** na ação de mandado de segurança." (Súmula 512 do STF)
- "Não cabe mandado de segurança para impugnar enquadramento da Lei 3.780, de 12-7-1960, **que envolva exame de prova ou de situação funcional** complexa." (Súmula 270 do STF)
- "Não cabe mandado de segurança contra **decisão judicial com trânsito em julgado**." (Súmula 268 do STF)
- "Não cabe mandado de segurança contra **ato judicial passível de recurso ou correição.**" (Súmula 267 do STF)
- "Não cabe mandado de segurança **contra lei em tese.**" (Súmula 266 do STF)
- Entretanto, segundo o STF, "**Se o decreto é,** materialmente, ato administrativo, assim **de efeitos concretos, cabe contra ele mandado de segurança**. Todavia, se o decreto tem efeito normativo, genérico, por isso mesmo sem operatividade imediata, necessitando, para a sua individualização, da expedição de ato administrativo, contra ele não cabe mandado de segurança. (Súmula 266)." (MS 21.274, julgado em 1994 e relatado pelo Ministro Carlos Velloso).
- **Vale ressaltar**, que em MC no MS 26.325, em 2007, o Ministro Gimar Mendes entendeu pela admissão de mandado de segurança para a impugnação de leis "dotadas de eficácia imediata e capazes de afetar direito subjetivo".
- "É constitucional lei que fixa **prazo de decadência** para impetração de mandado de segurança." (Súmula 632 do STF)
- Nos termos da Súmula 474 do STF, **não há direito líquido e certo**, amparado pelo mandado de segurança, quando se escuda em lei cujos efeitos foram anulados por outra, declarada constitucional pelo Supremo Tribunal Federal.
- Ao estrangeiro, residente no exterior, é assegurado o **direito de impetrar mandado de segurança** (STF, MS 4706, julgado em 1969 e relado pelo Ministro Ari Franco)
- o STF reconhece o direito de impetração de mandado de segurança a **diferentes órgãos públicos despersonalizados que tenham prerrogativas ou direitos próprios a defender**, tais como as Chefias dos Executivos e de Ministério Público; as Presidências das Mesas dos Legislativos; as Presidências dos Tribunais; os Fundos Financeiros; as Presidências de Comissões Autônomas; as Superintendências de Serviços e demais órgãos da Administração centralizada ou descentralizada contra atos de outros órgãos públicos.
- Não compete ao Supremo Tribunal Federal conhecer originariamente de mandado de segurança contra **atos de outros Tribunais**. (Súmula 624 do STF)
- "**Controvérsia sobre matéria de direito** não impede concessão de mandado de segurança." (Súmula 625 do STF)
- "Praticado o ato por **autoridade, no exercício de competência delegada**, contra ela cabe o mandado de segurança ou a medida judicial." (Súmula 510 do STF)
- "**Pedido de reconsideração** na via administrativa não interrompe o prazo para o mandado de segurança." (Súmula 430 do STF)
- "Concessão de mandado de segurança não produz efeitos patrimoniais em relação a **período pretérito**, os quais devem ser reclamados administrativamente ou pela via judicial própria." (Súmula 271 do STF)
- "O mandado de segurança **não é substitutivo de ação de cobrança.**" (Súmula 269 do STF)
- Em que pese o teor da súmula 267, do Supremo Tribunal Federal, que afirma **não caber Mandado de Segurança contra ato judicial passível de recurso ou correição**, é certo que o próprio STF, abrandando a rigidez da referida súmula, **tem admitido** o *mandamus* quando, do ato judicial impugnado, puder resultar **dano irreparável**, desde logo cabalmente demonstrado. Tal posicionamento restou assentado no MS 22.623-AgR, julgado em 1996 e relatado pelo Ministro Sydney Sanches).
- "O mandado de segurança **não substitui a ação popular**." (Súmula 101 do STF)
- Lei 12.016/09: Art. 5º: **Não se concederá mandado de segurança** quando se tratar:

I – de ato do qual caiba recurso administrativo com efeito suspensivo, independentemente de caução;

II – de decisão judicial da qual caiba recurso com efeito suspensivo;

III – de decisão judicial transitada em julgado.

- O mandado de segurança pode ser utilizado **contra ato de juiz criminal, praticado em processo penal** (STJ. REsp 96024 GO, julgado em 1998 e relatado pelo Ministro José Dantas)
- **Entende-se por direito líquido e certo** aquele que pode ser demonstrado de plano por meio de prova pré-constituída, isto é, sem que haja necessidade de dilação probatória. Na dicção de conceituada doutrina de **Hely Lopes Meirelles**, é o direito "manifesto na sua existência, delimitado na sua extensão e apto a ser exercitado no momento da impetração" (*Mandado de Segurança.* 22 ed. São Paulo: Malheiros, 2000. p. 21-22).
- Conforme decidiu o STF, diante da ausência de previsão constitucional e com fundamento no art. 21 VI, da Loman, "a competência originária para conhecer de mandado de segurança contra coação imputada a Turma Recursal dos Juizados Especiais **é dela mesma e não do Supremo Tribunal Federal**" (MS 24.691).
- Na esteira de notícia divulgada pelo STF, por maioria de votos, no dia 02/05/2013, o Plenário do Supremo Tribunal Federal (STF) decidiu que a desistência do mandado de segurança é uma prerrogativa de quem o propõe e pode ocorrer a qualquer tempo, sem anuência da parte contrária e independentemente de já ter havido decisão de mérito, ainda que favorável ao autor da ação. A decisão ocorreu no julgamento do Recurso Extraordinário (RE) 669367, com repercussão geral reconhecida, em que a empresa Pronor Petroquímica S/A questionava decisão do Superior Tribunal de Justiça (STJ), que não admitiu a desistência de um mandado de segurança movido pela empresa contra a Comissão de Valores Imobiliários (CVM). De acordo com o entendimento da maioria dos ministros, o mandado de segurança é uma ação dada ao cidadão contra o Estado e, portanto, não gera direito a autoridade pública considerada coatora, pois seria "intrínseco na defesa da liberdade do cidadão".

67.3. Mandado de Segurança Coletivo

- O **mandado de segurança coletivo** pode ser impetrado por: a) partido político com representação no Congresso Nacional; b) organização sindical; c) entidade de classe ou **associação legalmente constituída** e em funcionamento há **pelo menos um ano**, em defesa dos interesses de seus membros ou associados.
- Conforme entendimento do STF, **os partidos políticos não têm legitimidade ativa ad causam para impetrar mandado de segurança coletivo em defesa de terceiros**, com vistas a impugnar direito individual disponível, como a incidência de imposto. Tal posicionamento restou evidenciado em 2004, no julgamento do RE 196.184, relatado pela Ministra Ellen Gracie: "Uma exigência tributária configura interesse de grupo ou classe de pessoas, só podendo ser impugnada por eles próprios, de forma individual ou coletiva. Precedente: RE 213.631, Rel. Min. Ilmar Galvão, DJ de 7-4-2000. O partido político não está, pois, autorizado a valer-se do mandado de segurança coletivo para, substituindo todos os cidadãos na defesa de interesses individuais, impugnar majoração de tributo."
- A impetração de mandado de segurança coletivo por entidade de classe em favor dos associados **independe da autorização destes** (Súmula 629 do STF).
- "A entidade de classe tem legitimação para o mandado de segurança **ainda quando a pretensão veiculada interesse apenas a uma parte da respectiva categoria**." (Súmula 630 do STF)
- Segundo o STF, "a **legitimidade de sindicato** para atuar como substituto processual no mandado de segurança coletivo **pressupõe tão somente a existência jurídica**, ou seja, o registro no cartório próprio, **sendo indiferente estarem ou não os estatutos arquivados e registrados no Ministério do Trabalho.**" (RE 370.834, julgado em 2011 e relatado pelo Ministro Marco Aurélio).
- O STF já entendeu pela "legitimidade do **sindicato** para a impetração de mandado de segurança coletivo **independentemente da comprovação de um ano de constituição e funcionamento.**" (RE 198.919, julgado em 1999 e relatado pelo Ministro Ilmar Galvão).
- Segundo o STF, "A **legitimação** das organizações sindicais, entidades de classe ou associações, para a segurança coletiva, é **extraordinária**, ocorrendo, em tal caso, substituição processual. CF, art. 5º, LXX. **Não se exige, tratando-se de segurança coletiva, a autorização expressa** aludida no inciso XXI do art. 5º da Constituição, que contempla hipótese de representação." (RE 193.382, Rel. Min. Carlos Velloso, julgamento em 28-6-1996, Plenário, DJ de 20-9-1996.). Assim, por exemplo, um sindicato não dependerá de autorização expressa de seus filiados para promover a defesa de seus interesses em juízo.

67.4. *Habeas Data*

- Conceder-se-á ***habeas data***: a) para assegurar o conhecimento de **informações relativas à pessoa do impetrante**, constantes de registros ou bancos de dados de entidades governamentais ou de caráter público; b) para a retificação de dados, quando não se prefira fazê-lo por processo sigiloso, judicial ou administrativo. Se forem informações de **interesse pessoal**, mas não da pessoa do impetrante, cabe **mandado de segurança**.
- Segundo o STF, "O *habeas data* configura remédio jurídico-processual, de natureza constitucional, que se destina a garantir, em favor da pessoa interessada, o exercício de pretensão jurídica discernível em seu tríplice aspecto: **(a) direito de acesso aos registros; (b) direito de retificação dos registros;**

e (c) **direito de complementação dos registros.** Trata-se de relevante instrumento de ativação da jurisdição constitucional das liberdades, a qual representa, no plano institucional, a mais expressiva reação jurídica do Estado às situações que lesem, efetiva ou potencialmente, os direitos fundamentais da pessoa, quaisquer que sejam as dimensões em que estes se projetem. O acesso ao habeas data pressupõe, entre outras condições de admissibilidade, a existência do interesse de agir. Ausente o interesse legitimador da ação, torna-se inviável o exercício desse remédio constitucional. **A prova do anterior indeferimento do pedido de informação de dados pessoais, ou da omissão em atendê-lo, constitui requisito indispensável para que se concretize o interesse de agir no *habeas data*.** Sem que se configure situação prévia de pretensão resistida, há carência da ação constitucional do *habeas data*." (RHD 22, julgado em 1991 e relatado para o acórdão pelo Ministro Celso de Mello).

- No que se refere à legitimidade ativa, tem-se que **pessoa jurídica pode impetrar *habeas data*.** Conforme entendeu o STF no RE 673707, julgado em 2015 e relatado pelo Ministro Luiz Fux, "**A *legitimatio ad causam* para interpretação de *Habeas Data* estende-se às pessoas físicas e jurídicas, nacionais e estrangeiras, porquanto garantia constitucional aos direitos individuais ou coletivas**" (Informativo 790, de 2015).
- Atenção! Não confunda o mandado de segurança com o *habeas data*. São comuns as questões que desafiam os candidatos quanto ao cabimento dessas duas ações constitucionais. Para facilitar a compreensão, elaboramos a seguinte tabela.

MANDADO DE SEGURANÇA	*HABEAS DATA*
1. Conhecimento de informações de **interesse pessoal** do impetrante	1. Conhecimento de informações **relativas/referentes à pessoa** do impetrante
2. Obtenção de **certidão** que contenha informações de interesse pessoal do impetrante	2. Obtenção de **informações constantes em registros ou bancos de dados** (não em certidões)[1]

1. O habeas data também não se presta para obtenção de vista em processo administrativo, consoante posicionamento do STF: "A ação de habeas data visa à proteção da privacidade do indivíduo contra abuso no registro e/ou revelação de dados pessoais falsos ou equivocados. O habeas data não se revela meio idôneo para se obter vista de processo administrativo". (HD 90-AgR, julgado em 2010 e relatado pela Ministra Ellen Gracie).

- **Atenção! São gratuitas** as ações de *habeas corpus* e *habeas data*, e, na forma da lei, os atos necessários ao exercício da cidadania.

67.5. Mandado de Injunção

- O mandado de injunção é utilizado **sempre que a falta de norma regulamentadora torne inviável o exercício dos direitos e liberdades constitucionais e das prerrogativas inerentes à nacionalidade, à soberania e à cidadania.**
- O entendimento atual do STF é no sentido de que **não** é cabível liminar em mandado de injunção (vide MI 680, julgado em 2008 e relatado pela Ministra Ellen Gracie).
- "Mandado de injunção. Garantia fundamental (CF, art. 5º, LXXI). Direito de greve dos servidores públicos civis (CF, art. 37, VII). Evolução do tema na jurisprudência do STF. Definição dos parâmetros de competência constitucional para apreciação no âmbito da Justiça Federal e da Justiça estadual até a edição da legislação específica pertinente, nos termos do art. 37, VII, da CF. Em observância aos ditames da segurança jurídica e à evolução jurisprudencial na interpretação da omissão legislativa sobre o direito de greve dos servidores públicos civis, fixação do prazo de sessenta dias para que o Congresso Nacional legisle sobre a matéria. Mandado de injunção deferido para determinar a aplicação das Leis 7.701/1988 e 7.783/1989. Sinais de evolução da garantia fundamental do mandado de injunção na jurisprudência do STF. No julgamento do MI 107/DF, Rel. Min. Moreira Alves, DJ de 21-9-1990, **o Plenário do STF consolidou entendimento que conferiu ao mandado de injunção os seguintes elementos operacionais**: **i)** os direitos constitucionalmente garantidos por meio de mandado de injunção apresentam-se como direitos à expedição de um ato normativo, os quais, via de regra, não poderiam ser diretamente satisfeitos por meio de provimento jurisdicional do STF; **ii)** a decisão judicial que declara a existência de uma omissão inconstitucional constata, igualmente, a mora do órgão ou poder legiferante, insta-o a editar a norma requerida; **iii)** a omissão inconstitucional tanto pode referir-se a uma omissão total do legislador quanto a uma omissão parcial; **iv)** a decisão proferida em sede do controle abstrato de normas acerca da existência, ou não, de omissão é dotada de eficácia erga omnes, e não apresenta diferença significativa em relação a atos decisórios proferidos no contexto de mandado de injunção; **v)** o STF possui competência constitucional para, na ação de mandado de injunção, determinar a suspensão de processos administrativos ou judiciais, com o intuito de assegurar ao interessado a possibilidade de ser contemplado por norma mais benéfica, ou que lhe assegure o direito constitucional invocado; **vi)** por fim, esse plexo de poderes institucionais legitima que o STF determine a edição de outras medidas que garantam a posição do impetrante até

a oportuna expedição de normas pelo legislador. Apesar dos avanços proporcionados por essa construção jurisprudencial inicial, **o STF flexibilizou a interpretação constitucional primeiramente fixada para conferir uma compreensão mais abrangente à garantia fundamental do mandado de injunção. A partir de uma série de precedentes, o Tribunal passou a admitir soluções 'normativas' para a decisão judicial como alternativa legítima de tornar a proteção judicial efetiva** (CF, art. 5º, XXXV). Precedentes: MI 283, Rel. Min. Sepúlveda Pertence, DJ de 14-11-1991; MI 232/RJ, Rel. Min. Moreira Alves, DJ de 27-3-1992; MI 284, Rel. Min. Marco Aurélio, Rel. p/ o ac. Min. Celso de Mello, DJ de 26-6-1992; MI 543/DF, Rel. Min. Octavio Gallotti, DJ de 24-5-2002; MI 679/DF, Rel. Min. Celso de Mello, DJ de 17-12-2002; e MI 562/DF, Rel. Min. Ellen Gracie, DJ de 20-6-2003. (...) Em razão da evolução jurisprudencial sobre o tema da interpretação da omissão legislativa do direito de greve dos servidores públicos civis e em respeito aos ditames de segurança jurídica, fixa-se o prazo de sessenta dias para que o Congresso Nacional legisle sobre a matéria. Mandado de injunção conhecido e, no mérito, deferido para, nos termos acima especificados, determinar a aplicação das Leis 7.701/1988 e 7.783/1989 aos conflitos e às ações judiciais que envolvam a interpretação do direito de greve dos servidores públicos civis." (MI 708, Rel. Min. Gilmar Mendes, julgamento em 25-10-2007, Plenário, DJE de 31-10-2008). No mesmo sentido: MI 670, Rel. p/ o ac. Min. Gilmar Mendes, e MI 712, Rel. Min. Eros Grau, julgamento em 25-10-2007, Plenário, DJE de 31-10-2008.

- Quanto à decisão no mandado de injunção, temos as seguintes teorias: a) **teoria não-concretista**: assinala que a decisão do mandado de injunção possui natureza declaratória, apenas reconhecendo a omissão legislativa, mas não possuindo forças para concretizar o exercício do direito. É pautada no princípio da separação de Poderes; b) **teoria concretista:** reconhece a natureza constitutiva da decisão de mandado de injunção (e não apenas a declaratória). Esse reconhecimento implica viabilizar o exercício do direito carente de regulamentação. Como desdobramento da teoria concretista, temos: b.1) teoria concretista geral: a decisão produzirá efeitos *erga omnes;* b.2) teoria concretista individual: a decisão terá apenas efeitos *inter partes*, podendo ser direta (o Judiciário não aguarda que a autoridade competente edite a lei, conferindo o exercício do direito de imediato) ou intermediária (hipótese em que o Judiciário, ao reconhecer a omissão, comunicará o órgão competente, fixando-lhe prazo que, persistindo a omissão, o próprio judiciário concretizará o direito pendente de regulamentação). Em um primeiro momento, o STF adotou a teoria não-concretista. Todavia, esse posicionamento foi superado, de modo que, atualmente, **o posicionamento adotado pela Suprema Corte é a teoria concretista**.
- Em 2016 foi publicada a Lei 13.300, que disciplinou o processo e o julgamento do mandado de injunção. **A grande novidade ficou por conta da previsão do mandado de injunção coletivo**, o que, a bem da verdade, simplesmente trouxe um alinhamento à jurisprudência pacífica do STF, que há muitos anos já o admitia.
- Consoante art. 12 da Lei 13.300/2016, **o mandado de injunção coletivo pode ser promovido**: I - pelo **Ministério Público**, quando a tutela requerida for especialmente relevante para a defesa da ordem jurídica, do regime democrático ou dos interesses sociais ou individuais indisponíveis; II - por **partido político** com representação no Congresso Nacional, para assegurar o exercício de direitos, liberdades e prerrogativas de seus integrantes ou relacionados com a finalidade partidária; III - por **organização sindical, entidade de classe ou associação** legalmente constituída e em funcionamento há pelo menos 1 (um) ano, para assegurar o exercício de direitos, liberdades e prerrogativas em favor da totalidade ou de parte de seus membros ou associados, na forma de seus estatutos e desde que pertinentes a suas finalidades, dispensada, para tanto, autorização especial; IV - pela **Defensoria Pública**, quando a tutela requerida for especialmente relevante para a promoção dos direitos humanos e a defesa dos direitos individuais e coletivos dos necessitados, na forma do inciso LXXIV do art. 5º da Constituição Federal.
- O **STF já reconheceu sua competência para apreciar mandado de injunção impetrado por servidor público municipal** (vide MI 3815, relatado pelo Ministro Luiz Fux e julgado no dia 23/05/2013).
- Se, após a impetração de mandado de injunção, o diploma legal objeto da reclamação foi promulgado a ação estará prejudicada pela perda do objeto. Conforme consolidado no STF: "AGRAVO REGIMENTAL EM MANDADO DE INJUNÇÃO. SUPERAÇÃO DA MORA LEGISLATIVA. PERDA DO OBJETO. 1. A jurisprudência desta Corte se firmou no sentido de que a edição do diploma reclamado pela Constituição leva à perda de objeto do mandado de injunção. 2. "Excede os limites da via eleita a pretensão de sanar a alegada lacuna normativa do período pretérito à edição da lei regulamentadora" (MI 634-AgR, Rel. Min. Sepúlveda Pertence). 3. Agravo regimental improvido" (MI 3709 AgR, julgado em 2014 e Relatado pelo Min. Roberto Barroso).

67.6. Ação Popular

- A **ação popular** pode ser proposta por qualquer **cidadão** (nacional no gozo dos direitos políticos) com o objetivo de anular ato lesivo ao patrimônio público ou de entidade de que o Estado participe, à moralidade administrativa, ao meio ambiente e ao patrimônio histórico e cultural, ficando o autor, **salvo comprovada má-fé**, isento de custas judiciais e do ônus da sucumbência;
- "**Pessoa jurídica** não tem legitimidade para propor ação popular." (Súmula 365.)

- "**O mandado de segurança não substitui** a ação popular." (Súmula 101.)
- Como o requisito para a propositura é ser cidadão (art. 5º, LXXIII, da CF), e formalmente isso significa ter título de eleitor, aquele que, **a partir dos 16 anos** estiver munido deste documento, poderá ajuizar ação popular.
- Nos casos de ação popular movida contra o Presidente da República, a competência originária para o seu julgamento **não é** do Supremo Tribunal Federal, pois não há previsão no art. 102, da CF, que conta com rol taxativo (regime de direito estrito). Nesse sentido, a jurisprudência do STF: "**A competência para julgar ação popular contra ato de qualquer autoridade, até mesmo do presidente da República, é, via de regra, do juízo competente de primeiro grau**. Precedentes. Julgado o feito na primeira instância, se ficar configurado o impedimento de mais da metade dos desembargadores para apreciar o recurso voluntário ou a remessa obrigatória, ocorrerá a competência do STF, com base na letra n do inciso I, segunda parte, do art. 102 da CF." (AO 859-QO, julgado em 2001 e relatado pelo Ministro Maurício Corrêa).
- O prazo de contestação na ação popular é de **20 (vinte)** dias, prorrogável por mais **20 (vinte)**, a requerimento do interessado, se particularmente difícil a produção da prova documental, e será comum a todos os interessados, correndo da entrega em cartório do mandado cumprido, ou, quando for o caso, do decurso do prazo assinado em edital, de acordo com o art. 7º, IV, da Lei 4.717/65.
- A ação popular **prescreve em 05 (cinco) anos**, consoante art. 21, da Lei 4.717/65

⊙ SÚMULAS

- **Súmula Vinculante 1:** Ofende a garantia constitucional do ato jurídico perfeito a decisão que, sem ponderar as circunstâncias do caso concreto, desconsidera a validez e a eficácia de acordo constante de termo de adesão instituído pela Lei Complementar 110/2001.
- **Súmula Vinculante 5:** A falta de defesa técnica por advogado no processo administrativo disciplinar não ofende a Constituição.
- **Súmula Vinculante 11:** Só é lícito o uso de algemas em casos de resistência e de fundado receio de fuga ou de perigo à integridade física própria ou alheia, por parte do preso ou de terceiros, justificada a excepcionalidade por escrito, sob pena de responsabilidade disciplinar, civil e penal do agente ou da autoridade e de nulidade da prisão ou do ato processual a que se refere, sem prejuízo da responsabilidade civil do Estado.
- **Súmula vinculante 14:** É direito do defensor, no interesse do representado, ter acesso amplo aos elementos de prova que, **já documentados em procedimento investigatório realizado por órgão com competência de polícia judiciária, digam respeito ao exercício do direito de defesa** em procedimento investigatório realizado por órgão com competência de polícia judiciária.
- **Súmula Vinculante 25:** É ilícita a prisão civil de depositário infiel, qualquer que seja a modalidade do depósito.
- **Súmula 419 do STJ:** Descabe a prisão civil do depositário judicial infiel.
- **Súmula Vinculante 28:** É inconstitucional a exigência de **depósito prévio como requisito de admissibilidade** de ação judicial na qual se pretenda discutir a exigibilidade de crédito tributário.
- **Súmula 654 do STF**: A garantia da irretroatividade da lei, prevista no art 5º, XXXVI, da Constituição da República, não é invocável pela entidade estatal que a tenha editado.
- **Súmula 667 do STF:** viola a garantia constitucional de acesso à jurisdição a taxa judiciária calcada sem limite sobre o valor da causa.
- **Súmula 693 do STF:** Não cabe habeas corpus contra decisão condenatória a pena de multa, ou relativo a processo em curso por infração penal a que a pena pecuniária seja a única cominada.
- **Súmula 694 do STF:** "Não cabe habeas corpus contra a imposição da pena de exclusão de militar ou de perda de patente ou de função pública".
- **Súmula 695 do STF:** Não cabe habeas corpus quando já **extinta a pena privativa de liberdade**.
- **Súmula 693 do STF:** Não cabe habeas corpus contra **decisão condenatória a pena de multa, ou relativo a processo em curso por infração penal a que a pena pecuniária seja a única cominada**.
- **Súmula 692 do STF:** Não se conhece de habeas **corpus contra omissão de relator de extradição, se fundado em fato ou direito estrangeiro cuja prova não constava dos autos**, nem foi ele provocado a respeito.
- **Súmula 395 do STF:** Não se conhece de recurso de habeas corpus cujo objeto seja **resolver sobre o ônus das custas, por não estar mais em causa a liberdade de locomoção.**
- **Súmula 512 do STF: Não cabe condenação em honorários de advogado** na ação de mandado de segurança.
- **Súmula 270 do STF:** Não cabe mandado de segurança para impugnar enquadramento da Lei 3.780, de 12-7-1960, **que envolva exame de prova ou de situação funcional** complexa.
- **Súmula 268 do STF:** Não cabe mandado de segurança contra **decisão judicial com trânsito em julgado.**
- **Súmula 267 do STF:** Não cabe mandado de segurança contra **ato judicial passível de recurso ou correição.**

- **Súmula 266 do STF:** Não cabe mandado de segurança **contra lei em tese**.
- **Súmula 431 do STF:** É nulo julgamento de recurso criminal, na segunda instância, sem prévia intimação ou publicação da pauta, salvo em habeas corpus.
- **Súmula 632 do STF:** É constitucional lei que fixa **prazo de decadência** para impetração de mandado de segurança.
- **Súmula 630 do STF:** A entidade de classe tem legitimação para o mandado de segurança **ainda quando a pretensão veiculada interesse apenas a uma parte da respectiva categoria.**
- **Súmula 629 do STF:** A impetração de mandado de segurança coletivo por entidade de classe em favor dos associados **independe da autorização destes**.
- **Súmula 624 do STF:** Não compete ao Supremo Tribunal Federal conhecer originariamente de mandado de segurança contra **atos de outros Tribunais**.
- **Súmula 625 do STF: Controvérsia sobre matéria de direito** não impede concessão de mandado de segurança.
- **Súmula 510, do STF:** Praticado o ato por **autoridade, no exercício de competência delegada**, contra ela cabe o mandado de segurança ou a medida judicial.
- **Súmula 430, do STF: Pedido de reconsideração** na via administrativa não interrompe o prazo para o mandado de segurança.
- **Súmula 271 do STF:** Concessão de mandado de segurança não produz efeitos patrimoniais em relação a **período pretérito**, os quais devem ser reclamados administrativamente ou pela via judicial própria.
- **Súmula 629 do STF:** O mandado de segurança **não é substitutivo de ação de cobrança**.
- **Súmula 101 do STF:** O mandado de segurança **não substitui a ação popular**.
- **Súmula 365 do STF: Pessoa jurídica** não tem legitimidade para propor ação popular.
- **Súmula 2 do STJ:** não cabe o habeas data (CF, art. 5º, LXXII, letra "a") se não houve recusa de informações por parte da autoridade administrativa.
- **Súmula 376 do STJ:** compete à turma recursal processar e julgar o mandado de segurança contra ato de juizado especial.
- **Súmula 333 do STJ:** cabe mandado de segurança contra ato praticado em licitação promovida por sociedade de economia mista ou empresa pública.
- **Súmula 105 do STJ:** na ação de mandado de segurança, não se admite condenação em honorários advocatícios.
- **Súmula 481 do STJ:** faz jus ao benefício da justiça gratuita a pessoa jurídica com ou sem fins lucrativos que demonstrar sua impossibilidade de arcar com os encargos processuais

✦ INFORMATIVOS

STF

▸ ***Anistia. AgRg no ARE 724.006-RJ. Rel. Min. Gilmar Mendes***

Agravo regimental em recurso extraordinário com agravo. 2. Direito Administrativo. 3. Anistia política. Reparação econômica. Ajuizamento de ação pelo anistiado com intuito de pleitear a incidência de juros e correção monetária. Descumprimento de requisito previsto em acordo. Anulação do termo de adesão pela autoridade coatora. 4. Análise de legislação infraconstitucional. Lei 11.354/06. Ofensa meramente reflexa ao texto constitucional. 5. Reexame do conteúdo fático-probatório. Impossibilidade. Incidência do Enunciado 279 da Súmula do STF. 6. Ausência de argumentos capazes de infirmar a decisão agravada. 7. Agravo regimental a que se nega provimento. (Info 708)

▸ ***Inviolabilidade das Comunicações. RHC 115.983-RJ. Rel. Min. Ricardo Lewandowski***

Recurso ordinário em "habeas corpus". Constitucional e processual penal. Delito de homicídio. Busca e apreensão de cartas amorosas enviadas pela recorrente a um dos corréus com quem mantinha relacionamento extraconjugal. Art. 240, § 1º, f, do CPP. Violação do direito à inviolabilidade de correspondência. Não ocorrência. Garantia que não é absoluta. Autoria intelectual evidenciada por outras provas colhidas na instrução criminal. Ausência de demonstração do efetivo prejuízo. Impossibilidade de revolvimento do conjunto fático-probatório na via estreita do "habeas corpus". Soberania dos veredictos proferidos pelo tribunal do júri. Trânsito em julgado da condenação. Impossibilidade de admitir-se o writ constitucional como sucedâneo de revisão criminal. Recurso improvido. I. A jurisprudência desta Corte consagrou o entendimento de que o princípio constitucional da inviolabilidade das comunicações (art. 5º, XII, da CF) não é absoluto, podendo o interesse público, em situações excepcionais, sobrepor-se aos direitos individuais para evitar que os direitos e garantias fundamentais sejam utilizados para acobertar condutas criminosas. II. A busca e apreensão das cartas amorosas foi realizada em procedimento autorizado por decisão judicial, nos termos do art. 240, § 1º, f, do CPP. III. A condenação baseou-se em outros elementos de prova, em especial nos depoimentos de testemunhas, reproduzidos em plenário, sob o crivo do contraditório. IV. Esta Corte assentou o entendimento de que a demonstração de prejuízo, "a teor do art. 563 do CPP, é essencial à alegação de nulidade, seja ela relativa ou absoluta, eis que, (...) o âmbito normativo do dogma fundamental da disciplina das nulidades "pas de nullité sans grief" compreende as nulidades absolutas" (HC 85.155/SP). V. Não cabe a este Tribunal, na via do remédio constitucional, decidir de modo diverso, ainda mais quando se analisa a questão sob a ótica do preceito fundamental da soberania dos veredictos, assegurado ao Tribunal do Júri na alínea c do inciso XXXVIII do art. 5º da Carta Magna. VI. O "habeas corpus", em que pese configurar remédio constitucional de largo espectro, não pode ser utilizado como sucedâneo da revisão criminal, salvo em situações nas quais se verifique flagrante ilegalidade ou nulidade, o que não é o caso dos autos. VII. Recurso ordinário improvido. (Info 718)

▸ ***Prisão civil por inadimplemento voluntário e inescusável de pensão alimentícia. HC 110.526-SP. Rel. Min. Luiz Fux***

Prisão civil por inadimplemento voluntário e inescusável de pensão alimentícia (CF, art. 5º, inc. LXVII). Perda superveniente do objeto do "writ". Ausência do interesse de agir. "writ" prejudicado. 1. O art. 5º, inciso LXVII, da Carta Magna, dispõe que "não haverá prisão civil por dívida, salvo a do responsável pelo inadimplemento voluntário e inescusável de obrigação alimentício e a do depositário infiel". 2. "In casu", o paciente teve decretada a prisão civil por inadimplemento voluntário e inescusável de obrigação alimentícia, sobrevindo a perda do objeto do presente "writ", pelo decurso do prazo de 30 (trinta) dias da prisão civil, consoante entendimento desta Corte (HC 107558). 3. "Habeas corpus" julgado extinto, sem resolução do mérito, face à perda superveniente de seu objeto.

STJ

▸ ***Desnecessidade de sobrestamento de mandado de segurança que tramita no STJ em razão de declaração de repercussão geral pelo STF.***

O reconhecimento da repercussão geral pelo STF não implica, necessariamente, a suspensão de mandado de segurança em trâmite no STJ, mas unicamente o sobrestamento de eventual recurso extraordinário interposto em face de acórdão proferido pelo STJ ou por outros tribunais. MS 11.044-DF, Rel. Min. Og Fernandes, j. 13.3.2013. 3ª S. (Info 519)

▸ ***Ilegitimidade do governador de estado para figurar como autoridade coatora em mandado de segurança em que se busque a atribuição de pontuação em concurso público.***

O Governador do Estado é parte ilegítima para figurar como autoridade coatora em mandado de segurança no qual o impetrante busque a atribuição da pontuação referente à questão de concurso público realizado para o provimento de cargos do quadro de pessoal da respectiva unidade federativa. A autoridade coatora, para impetração de mandado de segurança, é aquela que pratica ou ordena, de forma concreta e específica, o ato ilegal, ou, ainda, aquela que detém competência para corrigir a suposta ilegalidade, conforme se extrai do art. 6º, § 3º, da Lei 12.016/2009. Na hipótese em análise, constatada a não atribuição de pontuação após a anulação de questão, a autoridade competente para proceder à reclassificação dos impetrantes seria a banca examinadora responsável pelo certame, que é a executora direta do ato impugnado. O Governador do Estado teria competência para nomear e dar posse aos candidatos, mas não para corrigir a ilegalidade apontada. AgRg no RMS 37.924-GO, Rel. Min. Mauro Campbell Marques, j. 9.4.2013. 2ª T. (Info 519)

▸ ***Inocorrência de perda do objeto de mandado de segurança em razão do encerramento do certame, do término do curso de formação ou da homologação do resultado final do concurso impugnado.***

O encerramento do certame, o término do curso de formação ou a homologação do resultado final do concurso público não acarretam perda do objeto de mandado de segurança impetrado em face de suposta ilegalidade ou abuso de poder praticados durante uma de suas etapas. Com efeito, entender como prejudicado o pedido nessas situações seria assegurar indevida perpetuação da eventual ilegalidade ou do possível abuso praticado. RMS 28.400-BA, Rel. Min. Sebastião Reis Júnior, j. 19.2.2013. 6ª T. (Info 515)

▸ ***Mandado de segurança. Cabimento. Configuração de prova pré-constituída da liquidez e certeza do direito à obtenção de medicamentos e insumos. Laudo médico particular.***

A instrução de MS somente com laudo médico particular não configura prova pré-constituída da liquidez e certeza do direito do impetrante de obter do Poder Público determinados medicamentos e insumos para o tratamento de enfermidade acometida por ele. O laudo de médico particular, embora aceito como elemento de prova, não pode ser imposto ao magistrado como se a matéria fosse, exclusivamente, de direito. Esse parecer não é espécie de prova suprema ou irrefutável, ainda mais quando a solução da controvérsia, de natureza complexa, depende de conhecimento técnico-científico, necessário para saber a respeito da possibilidade de substituição do medicamento ou sobre sua imprescindibilidade. Além do mais, o laudo médico, como elemento de prova, deve submeter-se ao contraditório, à luz do que dispõe o art. 333, II, do CPC, principalmente quando, para o tratamento da enfermidade, o Sistema Único de Saúde ofereça tratamento adequado, regular e contínuo. Nesse contexto, o laudo médico particular, não submetido ao crivo do contraditório, é apenas mais um elemento de prova, que pode ser ratificado ou infirmado por outras provas a serem produzidas no processo instrutório, dilação probatória incabível no MS. Desse modo, as vias ordinárias, e não a via do MS, representam o meio adequado ao reconhecimento do direito à obtenção de medicamentos do Poder Público, uma vez que, como foi dito, apenas o laudo médico atestado por profissional particular sem o crivo do contraditório não evidencia direito líquido e certo para impetração de MS. RMS 30.746-MG, Rel. Min. Castro Meira, j. 27.11.2012. 2ª T. (Info 511)

▸ ***Mandado de segurança concomitante com recurso especial. Mesma matéria. Invasão de competência.***

Não é cabível impetrar MS perante o tribunal de origem para discutir matéria já aduzida em REsp pendente de apreciação do STJ, ainda que os vícios acerca dos quais a parte se insurgiu no "mandamus" não sejam, ordinariamente, passíveis de revisão no apelo extremo. Assim, há invasão de competência do STJ no julgamento de mandado de segurança (MS) pelo tribunal "a quo" no qual a parte, derrotada na anterior análise de recurso de apelação, impugna uma série de matérias ligadas ao procedimento adotado no julgamento. Rcl 8.668-GO, Rel. Min. Nancy Andrighi, j. 28.11.2012. 2ª S. (Info 510)

▸ ***Mandado de segurança para impugnar ato judicial que tenha determinado a conversão de agravo de instrumento em agravo retido.***

É cabível mandado de segurança para impugnar decisão que tenha determinado a conversão de agravo de instrumento em agravo retido. Isso porque, nessa hipótese, não há previsão de recurso próprio apto a fazer valer o direito da parte ao imediato processamento de seu agravo. RMS 30.269-RJ, Rel. Min. Raul Araújo, j. 11.6.2013. 4ª T. (Info 526)

▸ ***Mandado de segurança. Ilegitimidade da autoridade coatora. Agente de retenção de tributos.***

Não tem legitimidade o Procurador-Geral de Justiça do MPDFT para figurar no polo passivo de MS impetrado por procuradora de justiça do respectivo órgão com o intuito de obter a declaração da ilegalidade da incidência de imposto de renda e de contribuição social no pagamento de parcelas referentes à conversão em pecúnia de licença-prêmio não usufruída. Para fins de mandado de segurança, autoridade coatora é aquela que pratica, ordena ou omite a prática do ato impugnado e tem o dever funcional de responder pelo seu fiel cumprimento, além de dispor da competência para corrigir eventual ilegalidade. No caso, os referidos tributos são instituídos pela União, e não pertence ao DF o produto da arrecadação do IRPF e da contribuição para o Plano de Seguridade Social do Servidor incidente sobre os rendimentos pagos pela União aos membros do MPDFT, conforme estabelecido nos arts. 21, XIII, 40, 149, 153 e 157 da CF. O Procurador-Geral de Justiça do MPDFT, ao determinar o desconto relativo ao imposto de renda e à contribuição social no pagamento de parcelas referentes à conversão em pecúnia de licença-prêmio, atua como mero responsável tributário pela retenção dos tributos sobre os rendimentos pagos pela União; não detém, portanto, legitimidade para figurar no polo passivo do respectivo mandado de segurança. O delegado da Receita Federal do Brasil no Distrito Federal seria o legitimado para figurar no polo passivo do presente writ, conforme o disposto no art. 243 do Regimento Interno da Secretaria da Receita Federal do Brasil, aprovado pela Portaria do Ministério da Fazenda 95/2007. AgRg no AREsp 242.466-MG, Rel. Min. Castro Meira, j. 27.11.2012. 2ª T. (Info 512)

▸ ***Prazo decadencial para a impetração de mandado de segurança.***

Renova-se mês a mês o prazo decadencial para a impetração de mandado de segurança no qual se contesta o pagamento de pensão feito pela Administração em valor inferior ao devido. De acordo com a jurisprudência do STJ, cuidando-se de conduta omissiva ilegal da Administração, que envolve obrigação de trato sucessivo, o prazo decadencial estabelecido pela Lei do Mandado de Segurança se renova de forma continuada. AgRg no AREsp 243.070-CE, Rel. Min. Humberto Martins, j. 7.2.2013. 2ª T. (Info 517)

▸ ***Termo inicial do prazo decadencial do mandado de segurança. Supressão de horas extras incorporadas.***

O termo inicial do prazo decadencial para impetração de mandado de segurança na hipótese de supressão de valores referentes a horas extras supostamente incorporadas por servidor público é a data em que a verba deixou de ser paga. A exclusão do pagamento de horas extras é ato comissivo que atinge o fundo de direito, portanto está sujeita ao prazo decadencial do art. 23 da Lei 12.016/2009, cuja contagem se inicia na data do primeiro pagamento em que houve a supressão da verba, ocasião em que toma ciência o interessado, não se renovando nos meses subsequentes. De modo diverso, no caso de redução, ficaria configurada a prestação de trato sucessivo, pois não haveria a negação do próprio fundo de direito. RMS 34.363-MT, Rel. Min. Herman Benjamin, j. 6.12.2012. 2ª T. (Info 513)

▸ ***Termo inicial do prazo para impetração de mandado de segurança objetivando a nomeação em cargo público.***

Na hipótese em que houver, em ação autônoma, o reconhecimento da nulidade de questões de concurso público, o termo inicial do prazo para que o candidato beneficiado impetre mandado de segurança objetivando sua nomeação no cargo público será a data do trânsito em julgado da decisão judicial. Isso porque o candidato favorecido pela decisão judicial somente passa a ter direito líquido e certo à nomeação a partir da referida data. AgRg no REsp 1.284.773-AM, Rel. Min. Benedito Gonçalves, j. 23.4.2013. 1ª T. (Info 522)

▸ ***Utilização de mandado de segurança para controle da competência dos juizados especiais.***

É cabível mandado de segurança, a ser impetrado no Tribunal de Justiça, a fim de que seja reconhecida, em razão da complexidade da causa, a incompetência absoluta dos juizados especiais para o julgamento do feito, ainda que no processo já exista decisão definitiva de Turma Recursal da qual não caiba mais recurso. Inicialmente, observe-se que, em situações como essa, o controle por meio da ação mandamental interposta dentro do prazo decadencial de cento e vinte dias não interfere na autonomia dos Juizados, uma vez que o mérito da demanda não será decidido pelo Tribunal de Justiça. Ademais, é necessário estabelecer um mecanismo de controle da competência dos Juizados, sob pena de lhes conferir um poder desproporcional: o de decidir, em caráter definitivo, inclusive as causas para as quais são absolutamente incompetentes, nos termos da lei civil. Dessa forma, sendo o juízo absolutamente incompetente em razão da matéria, a decisão é, nesse caso, inexistente ou nula, não havendo, tecnicamente, que falar em trânsito em julgado. RMS 39.041-DF, Rel. Min. Raul Araújo, j. 7.5.2013. 4ª T. (Info 524)

DIREITOS SOCIAIS

- **CF, artigos 6º a 11.**

✦ DICAS

1. Os direitos sociais, econômicos, e culturais são **direitos humanos de segunda geração, realizáveis por meio de políticas públicas estatais, e normalmente descritos em normas programáticas**, mas isso não significa que não podem ser exigidos juridicamente. Isso porque, **todos os direitos humanos são juridicamente exigíveis**, e os direitos fundamentais expressos na Constituição têm aplicabilidade imediata.

2. Nos termos do art. 6º, da CF, **são direitos sociais:** a educação, a saúde, a alimentação, o trabalho, a moradia, o transporte, o lazer, a segurança, a previdência social, a proteção à maternidade e à infância, além da assistência aos desamparados, na forma da Constituição.

- **Atenção!** O transporte foi expressamente reconhecido como direito social pela recente emenda constitucional 90/2015!

3. A **relevância econômica dos objetos dos direitos sociais prestacionais** (que exigem atuação estatal) faz com que a discussão, previsão e aplicação de recursos públicos, atribuições estas originárias dos órgãos políticos, notadamente do Poder Executivo, **legitime o Poder Judiciário, diante da inércia ou deficiência de atuação dos legitimados ordinários, à concretização dos direitos**. Aliás, esse é uma das características do que se tem chamado de judicialização de políticas públicas, uma das facetas do neoconstitucionalismo.

4. Canotilho ensina que: "1. "**Reserva do possível**" significa total desvinculação jurídica do legislador quanto à dinamização dos direitos sociais constitucionais consagrados. 2. Reserva do possível significa a "tendência para o zero" da eficácia jurídica das normas constitucionais consagradoras de direitos sociais. 3.Reserva do possível significa gradualidade com dimensão lógica e necessária da concretização dos direitos sociais,tendo sobretudo em conta os limites financeiros. 4. Reserva do possível significa insindicabilidade jurisdicional das opções legislativas quanto à densificação legislativa das normas constitucionais reconhecedoras de direitos sociais" (CANOTILHO, J. J. Gomes. Estudos Sobre Direitos Fundamentais, Coimbra: Coimbra, 2004, p. 108)

- "**A cláusula da reserva do possível – que não pode ser invocada, pelo Poder Público, com o propósito de fraudar, de frustrar e de inviabilizar a implementação de políticas públicas definidas na própria Constituição – encontra insuperável limitação na garantia constitucional do mínimo existencial**, que representa, no contexto de nosso ordenamento positivo, emanação direta do postulado da essencial dignidade da pessoa humana. (...) A **noção de 'mínimo existencial'**, que resulta, por implicitude, de determinados preceitos constitucionais (CF, art. 1º, III, e art. 3º, III), compreende um **complexo de prerrogativas cuja concretização revela-se capaz de garantir condições adequadas de existência digna**, em ordem a assegurar, à pessoa, acesso efetivo ao direito geral de liberdade e, também, a prestações positivas originárias do Estado, viabilizadoras da **plena fruição de direitos sociais básicos, tais como o direito à educação, o direito à proteção integral da criança e do adolescente, o direito à saúde, o direito à assistência social, o direito à moradia, o direito à alimentação e o direito à segurança.** Declaração Universal dos Direitos da Pessoa Humana, de 1948 (Artigo XXV)." (ARE 639.337, julgado em 2011 e relatado pelo Ministro Celso de Mello).

- Ademais, "Embora resida, primariamente, nos Poderes Legislativo e Executivo, a prerrogativa de formular e executar políticas públicas, **revela-se possível, no entanto, ao Poder Judiciário, determinar, ainda que em bases excepcionais, especialmente nas hipóteses de políticas públicas definidas pela própria Constituição, sejam estas implementadas pelos órgãos estatais inadimplentes**, cuja omissão – por importar em descumprimento dos encargos político-jurídicos que sobre eles incidem em caráter mandatório – mostra-se apta a comprometer a eficácia e a integridade de direitos sociais e culturais impregnados de estatura constitucional. A questão pertinente à 'reserva do possível'." (RE 436.996, julgado em 2005 e relatado pelo Ministro Celso de Mello).

5. A Constituição Federal, estabelece **proibição de distinção entre trabalho** manual, técnico e intelectual e entre os profissionais respectivos.

6. Há proibição de qualquer trabalho a menores de dezesseis anos, salvo na condição de aprendiz, a partir de **quatorze** anos.

7. É direito do trabalhador urbano e rural, **remuneração do serviço extraordinário** superior, no mínimo, em cinquenta por cento (50%) à do normal.

8. **Trabalhador doméstico**

- Os trabalhadores **domésticos tiveram os seus direitos ampliados pela Emenda Constitucional 72** de 2 de abril de 2013. Com a alteração constitucional, passam a existir dois grupos de direitos relativos aos domésticos: **a) direitos incondicionados**; e **b) direitos condicionados**. Os direitos incondicionados são aqueles que devem ser aplicados independentemente de qualquer determinação estabelecida na legislação infraconstitucional. Já os direitos condicionados são aqueles que devem ser aplicados com atendimento às condições estabelecidas em legislação infraconstitucional e observância de simplificação do cumprimento das obrigações tributárias, principais e acessórias, decorrentes da relação de trabalho e suas peculiaridades. Os detalhes estão arrolados na tabela a seguir.

DIREITOS CONSTITUCIONALMENTE ASSEGURADOS AO TRABALHADOR DOMÉSTICO DEPOIS DA EC 72/13		
	Direitos incondicionados	**Direitos condicionados à legislação infraconstitucional e à observância de simplificação do cumprimento das obrigações tributárias, principais e acessórias, decorrentes da relação de trabalho e suas peculiaridades**
Os que já existiam antes da EC 72/13	1. Salário mínimo 2. Irredutibilidade do salário 3. Décimo terceiro salário com base na remuneração integral ou no valor da aposentadoria 4. Repouso semanal remunerado, preferencialmente aos domingos 5. Férias anuais remuneradas com, pelo menos, um terço a mais do que o salário normal 6. Licença-gestante de 120 dias 7. Licença-paternidade de 5 dias 8. Aviso-prévio 9. Aposentadoria	1. Integração à previdência social
Os que foram estabelecidos pela EC 72/13	10. Garantia de salário, nunca inferior ao mínimo, para os que percebem remuneração variável 11. Proteção do salário na forma da lei, constituindo crime sua retenção dolosa 12. Duração do trabalho normal não superior a oito horas diárias e quarenta e quatro semanais, facultada a compensação de horários e a redução da jornada, mediante acordo ou convenção coletiva de trabalho	2. Relação de emprego protegida contra despedida arbitrária ou sem justa causa, nos termos de lei complementar, que preverá indenização compensatória, dentre outros direitos; 3. Seguro-desemprego, em caso de desemprego involuntário; 4. Fundo de garantia do tempo de serviço; 5. Remuneração do trabalho noturno superior à do diurno;
Os que foram estabelecidos pela EC 72/13	13. Remuneração do serviço extraordinário superior, no mínimo, em cinqüenta por cento à do normal 14. Redução dos riscos inerentes ao trabalho, por meio de normas de saúde, higiene e segurança 15. Reconhecimento das convenções e acordos coletivos de trabalho 16. Proibição de diferença de salários, de exercício de funções e de critério de admissão por motivo de sexo, idade, cor ou estado civil 17. Proibição de qualquer discriminação no tocante a salário e critérios de admissão do trabalhador portador de deficiência 18. Proibição de trabalho noturno, perigoso ou insalubre a menores de dezoito e de qualquer trabalho a menores de dezesseis anos, salvo na condição de aprendiz, a partir de quatorze anos	6. Salário-família pago em razão do dependente do trabalhador de baixa renda nos termos da lei 7. Assistência gratuita aos filhos e dependentes desde o nascimento até 5 (cinco) anos de idade em creches e pré-escolas 8. Seguro contra acidentes de trabalho, a cargo do empregador, sem excluir a indenização a que este está obrigado, quando incorrer em dolo ou culpa

- **Atenção!** Como a matéria é nova, a doutrina ainda se posicionará a respeito do tema. É possível que, com base na doutrina de José Afonso da Silva se diga que os direitos aqui denominados de **condicionados**, representam, em verdade, **normas constitucionais de eficácia limitada**, aplicabilidade indireta, mediata e reduzida e, por isso, poderiam ser chamados de direitos de aplicabilidade mediata. **Aliás, fique ligado, pois a FCC, na prova do TRT SC/2013, adotou justamente esse entendimento!**

9. Nos termos da doutrina de Alexandre de Moraes, o **direito de relacionamento ou de filiação** em organizações sindicais internacionais é manifestação do princípio da solidariedade internacional dos interesses dos trabalhadores (*Direito Constitucional*. 25 ed. São Paulo: Atlas, 2010, p. 204).

10. Ninguém poderá ser obrigado a **filiar-se ou manter-se filiado** a qualquer sindicato.

11. É **vedada a dispensa** do empregado sindicalizado a partir do registro da candidatura a cargo de direção ou representação sindical e, se eleito, ainda que suplente, até um ano após o final do mandato, salvo se cometer falta grave.

12. O **aposentado filiado** tem direito a votar e ser votado nas organizações sindicais.

13. É vedada a criação de mais de uma organização sindical, em qualquer grau, representativa de categoria profissional ou econômica, na mesma base territorial, que será definida pelos trabalhadores ou empregadores interessados, não podendo ser inferior à área de um **Município** (não de um Estado).

DIREITOS DA NACIONALIDADE

- **CF, artigos 12 e 13.**

✦ DICAS

1. O fato natural do nascimento não é suficiente para o reconhecimento de nacionalidade, pois devem ser levados em consideração outros elementos tais como: i) o local do nascimento; ii) nacionalidade dos pais; e; iii) função exercida pelos pais no local de nascimento da criança.

2. A origem sanguínea firma a nacionalidade pelo critério *jus sanguinis*, e a vinculação territorial reconhece o brasileiro via critério *jus solis*.

3. São brasileiros **natos:** a) os **nascidos na República Federativa do Brasil**, ainda que de pais estrangeiros, desde que estes não estejam a serviço de seu país; b) os nascidos no estrangeiro, de pai brasileiro ou mãe brasileira, desde que **qualquer deles** esteja **a serviço da República Federativa do Brasil** e; c) os nascidos no estrangeiro de pai brasileiro ou de mãe brasileira, desde que sejam **registrados em repartição brasileira competente ou venham a residir na República Federativa do Brasil e optem**, em qualquer tempo, depois de atingida a maioridade, pela nacionalidade brasileira (nacionalidade potestativa).

4. São brasileiros **naturalizados:** a) os que, na forma da lei, **adquiram a nacionalidade brasileira**, exigidas aos originários de países de língua portuguesa apenas residência por um ano ininterrupto e idoneidade moral (ato discricionário de soberania estatal, não sendo direito público subjetivo); b) os estrangeiros de qualquer nacionalidade, residentes na República Federativa do Brasil há mais de quinze anos ininterruptos e sem condenação penal, desde que **requeiram** a nacionalidade brasileira (direito público subjetivo).

SÃO BRASILEIROS	
1. Natos (Nacionalidade Primária/Originária)	a) os **nascidos na República Federativa do Brasil**, ainda que de pais estrangeiros, desde que estes não estejam a serviço de seu país;
1. Natos (Nacionalidade Primária/Originária)	b) os nascidos no estrangeiro, de pai brasileiro ou mãe brasileira, desde que **qualquer deles** esteja **a serviço da República Federativa do Brasil**.
	c) os nascidos no estrangeiro de pai brasileiro ou de mãe brasileira, desde que sejam **registrados em repartição brasileira competente ou venham a residir na República Federativa do Brasil e optem**, em qualquer tempo, depois de atingida a maioridade, pela nacionalidade brasileira.
2. Naturalizados (Nacionalidade Secundária)	a) os que, na forma da lei, **adquiram a nacionalidade brasileira**, exigidas aos originários de países de língua portuguesa apenas residência por um ano ininterrupto e idoneidade moral;
	b) os estrangeiros de qualquer nacionalidade, residentes na República Federativa do Brasil há mais de quinze anos ininterruptos e sem condenação penal, desde que **requeiram** a nacionalidade brasileira.

5. São **privativos de brasileiros natos** os cargos: I – de Presidente e Vice-Presidente da República; II – de Presidente da Câmara dos Deputados; III – de Presidente do Senado Federal; IV – de Ministro do Supremo Tribunal Federal; V – da carreira diplomática; VI – de oficial das Forças Armadas; VII – de Ministro de Estado da Defesa.

- Para memorizar os cargos privativos de brasileiro nato, o amigo leitor pode valer-se da expressa mnemônica **"MP3.COM"**

Cargos privativos de brasileiro nato		
	M	inistro do STF
	P	residente da República (e Vice)
P3	**P**	residente da Câmara dos Deputados
	P	residente do Senado Federal
	C	arreira Diplomática
	O	ficial das Forças Armadas
	M	inistro de Estado da Defesa

- **Atenção** para as "pegadinhas" clássicas: a) o cargo de Ministro do STJ não é privativo de brasileiro nato, mas o de Ministro do STF é; b) o cargo de Ministro da Justiça não é privativo de brasileiro nato, mas o de Ministro de Estado da Defesa é; c) o cargo de Senador não é privativo de brasileiro nato, mas o de Presidente do Senado Federal é.

6. O **brasileiro nato pode perder a nacionalidade**, pois nos termos do § 4º, do art. 12, da CF, será declarada a perda da nacionalidade do brasileiro que **adquirir outra nacionalidade**, **salvo** nos casos de reconhecimento de nacionalidade originária pela lei estrangeira ou de imposição de naturalização, pela norma estrangeira, ao brasileiro residente em estado estrangeiro, como condição para permanência em seu território ou para o exercício de direitos civis, quando o indivíduo poderá ter mais de uma nacionalidade. Vale notar que, o "exercício de direitos civis" deve ser interpretado de modo bastante amplo, para abranger, por exemplo, o exercício de atividade profissional.

7. O STF já decidiu que, o **Ministro da Justiça não tem competência para cancelar naturalização concedida**: "Conforme revela o inciso I do § 4º do art. 12 da CF, o ministro de Estado da Justiça não tem competência para rever ato de naturalização." (RMS 27.840, rel. p/ o ac. min. Marco Aurélio, julgamento em 7-2-2013, Plenário, DJE de 27-8-2013.)

8. A **deportação** se materializada na hipótese de entrada ou permanência irregular de estrangeiro no país, independentemente da prática de qualquer crime. Desta feita, será deportado aquele que entrar ou permanecer no território nacional violando normas administrativas, e não quiser se retirar voluntariamente no prazo fixado pela autoridade competente.

9. O **banimento ou degredo** se refere ao envio compulsório de um nacional ao estrangeiro, sem possibilidade de retorno, como forma de punição. Trata-se de medida vedada pelo ordenamento brasileiro.

10. O **princípio da especialidade** prega que extraditado somente pode ser processado e julgado pelo país estrangeiro em face do delito objeto do pedido de extradição, nos termos do art. 91, IV, do Estatuto do Estrangeiro. Vale destacar, na lição de Uadi Lammêgo Bulos, que não obstante a adoção do princípio da especialidade pelo Brasil, o STF permite o **pedido de extensão**, que consiste na permissão, solicitada pelo país estrangeiro, de processar pessoa já extraditada por qualquer delito praticado antes da extradição e diverso daquele que motivou o pedido extradicional (*Curso de Direito Constitucional*. 2 ed. São Paulo: Saraiva, 2008, p. 521).

11. **O Supremo Tribunal Federal não fica vinculado ao juízo formulado pelo Poder Executivo na concessão administrativa de asilo político**. A condição de asilado político (art. 4, X, da CF) **não** suprime, por si só, a possibilidade de o Estado brasileiro conceder a extradição que lhe haja sido requerida (vide Ext 524, julgada em 1989 e relatada pelo Ministro Celso de Mello), **salvo** quando o fato que enseja o pedido assume a qualificação de crime político ou de opinião (art. 5º, LII, da CF).

- "Deveras, antes de deliberar sobre a existência de poderes discricionários do presidente da República em matéria de extradição, ou mesmo se essa autoridade se manteve nos lindes da decisão proferida pelo Colegiado anteriormente, é necessário definir se o ato do chefe de Estado é sindicável pelo Judiciário, em abstrato. (...) **O sistema 'belga' ou 'da contenciosidade limitada', adotado pelo Brasil, investe o STF na categoria de órgão juridicamente existente apenas no âmbito do direito interno, devendo, portanto, adstringir-se a examinar a legalidade da extradição; é dizer, seus aspectos formais, nos termos do art. 83 da Lei 6.815/1980 (...). O presidente da República, no sistema vigente, resta vinculado à decisão do STF apenas quando reconhecida alguma irregularidade no processo extradicional, de modo a impedir a remessa do extraditando ao arrepio do ordenamento jurídico, nunca, contudo, para determinar semelhante remessa, porquanto, o Poder Judiciário deve ser o último guardião dos direitos fundamentais de um indivíduo, seja ele nacional ou estrangeiro, mas não dos interesses políticos de Estados alienígenas, os quais devem entabular entendimentos com o chefe de Estado, vedada a pretensão de impor sua vontade através dos tribunais internos. (...)** O princípio da separação dos Poderes (art. 2º da CRFB), indica não competir ao STF rever o mérito de decisão do presidente da República, enquanto no exercício da soberania do país, tendo em vista que o texto constitucional conferiu ao chefe supremo da Nação a função de representação externa do país. (...) A extradição não é ato de nenhum Poder do Estado, mas da República Federativa do Brasil, pessoa jurídica de direito público externo, representada na pessoa de seu chefe de Estado, o presidente da República. A reclamação por descumprimento de decisão ou por usurpação de poder, no caso de extradição, deve considerar que a Constituição de 1988 estabelece que a soberania deve ser exercida, em âmbito interno, pelos três Poderes (Executivo, Legislativo e Judiciário) e, no plano internacional, pelo chefe de Estado, por isso que é insindicável o poder exercido pelo presidente da República e, consequentemente, incabível a reclamação, porquanto juridicamente impossível submeter o ato presidencial à apreciação do Pretório Excelso." (STF. Rcl 11.243, julgada em 2011 e relatada pelo Ministro Luiz Fux).

12. A **expulsão** é medida política que se aplica ao estrangeiro que pratica condutas que coloquem em risco a segurança ou a ordem pública do país. Normalmente se refere à prática de crime, mas pode também decorrer da violação de normas

administrativas, sendo aplicável aos casos em que a deportação não seja aconselhável.

13. O **ostracismo** tem origem na Grécia Antiga. Em palavras simples, pode-se dizer que se trata de um "banimento ou degredo com prazo determinado". Desta feita, seria o envio compulsório de um nacional ao estrangeiro, sem possibilidade de retorno, como forma de punição, mas apenas por um determinado prazo. Assim como o banimento ou degredo, o ostracismo é prática vedada no ordenamento jurídico brasileiro.

14. Regras sobre **extradição**: a) O brasileiro nato **nunca** será extradito (por crime comum ou de opinião); b) O brasileiro naturalizado somente poderá ser extraditado em caso de crime comum (praticado **antes** da naturalização), ou de comprovado envolvimento em tráfico ilícito de entorpecentes e drogas afins (**antes ou depois** da naturalização), na forma da lei, mas **não** por crime político; c) O estrangeiro pode ser extraditado pela prática de crime comum, mas **não** por crime político e; d) O Brasil não extradita **ninguém** pela prática de crime político.

POSSIBILIDADE DE EXTRADIÇÃO		
	CRIME COMUM	**CRIME POLÍTICO OU DE OPINIÃO**
1. Brasileiro Nato	Não	Não
2. Brasileiro Naturalizado	Sim, desde que seja por: a) crime praticado antes da naturalização; b) comprovado envolvimento em tráfico ilícito de entorpecentes e drogas afins, na forma da lei.	Não
3. Estrangeiro	Sim	Não
REGRA GERAL:	**O Brasil não extradita ninguém pela prática de crime político ou de opinião**	

- Segundo a Súmula 421 do STF: "**Não impede a extradição** a circunstância de ser o extraditando casado com brasileira ou ter filho brasileiro".
- O Supremo Tribunal Federal, em recente revisão da jurisprudência, firmou a orientação de que **o Estado requerente deve emitir prévio compromisso em comutar a pena de prisão perpétua**, para a pena privativa de liberdade com o prazo máximo de trinta anos (pena máxima no Brasil). Esse entendimento baseia-se na garantia individual fundamental prevista pelo art. 5º, XLVII, b, da Constituição Federal do Brasil. (Ext 985, julgada em 2006 e relatada pelo Ministro Joaquim Barbosa).

15. A língua portuguesa é o **idioma oficial** da República Federativa do Brasil, que tem como **símbolos** a bandeira, o hino, as armas e o selo nacionais.

DIREITOS POLÍTICOS E SISTEMAS ELEITORAIS

- **CF, artigos 14 a 17.**

✦DICAS

1. Conceitos Fundamentais

1.1. Democracia: podemos classificar os regimes democráticos em três espécies:

- Democracia Direta: povo exerce seus poderes diretamente, sem representantes.
- Democracia Representativa: o poder é exercido indiretamente, por meio da outorga de poderes aos representantes eleitos pelo povo.
- Democracia Semidireta ou Participativa: sistema híbrido, em que se tem uma democracia representativa com atributos da democracia direta. Nesse sistema, além da participação direta e concreta do cidadão na democracia representativa, há também um controle popular sobre os atos estatais.

OBS: Adotada pelo Brasil a partir da exegese do parágrafo único do artigo 1º c.c. o artigo 14, ambos da CF. Participação popular no poder.

1.2. Soberania Popular: é a qualidade máxima de poder extraída da soma dos atributos de cada membro da sociedade estatal, encarregado de escolher os seus representantes no governo através do sufrágio universal e do voto direto.

1.3. Nacionalidade: é o vínculo jurídico-político que liga um indivíduo a um determinado Estado, tornando-lhe apto a contrair obrigações e exercer direitos.

1.4. Cidadania: é a característica decorrente da nacionalidade que consiste na capacidade de exercer direitos políticos devido ao fato de o indivíduo ter direito de sufrágio (votar e ser votado).

1.5. Sufrágio: é o direito de votar e ser votado.

1.6. Voto: instrumento do exercício do direito de sufrágio.

1.7. Escrutínio: é a forma de exteriorização do voto, pública ou secreta.

2. Tem **capacidade eleitoral passiva** aquele que preenche as condições do direito de ser escolhido para exercício de mandato eletivo por meio de voto. Em sentido oposto, **capacidade eleitoral ativa** é atributo de quem reúne condições para votar em candidato, partido ou coligação.

3. O **alistamento eleitoral e o voto** são: I – **obrigatórios** para os maiores de dezoito anos; II – **facultativos** para: a) os analfabetos; b) os maiores de setenta anos e; c) os maiores de dezesseis e menores de dezoito anos.

ALISTAMENTO E VOTO	
1. Obrigatórios	Maiores de 18 anos
2. Facultativos	a) Maiores de 16 e menores 18 anos b) Maiores de 70 anos; c) Analfabetos;

4. São **inalistáveis** (para votarem ou serem votados) os estrangeiros e os conscritos, durante o período militar obrigatório.
5. São **condições de elegibilidade**, na forma da lei: I – a nacionalidade brasileira;II – o pleno exercício dos direitos políticos; III – o alistamento eleitoral; IV – o domicílio eleitoral na circunscrição;V – a filiação partidária; VI – a idade mínima.

IDADE MÍNIMA PARA EXERCÍCIO DE MANDATO POLÍTICO ELETIVO	
Idade Mínima	**Mandato Político Eletivo**
18 anos	Vereador
21 anos	Prefeito, Vice Prefeito, Deputado Estadual ou Distrital e Deputado Federal
30 anos	Governador e Vice Governador de Estado e do Distrito Federal
35 anos	Presidente da República, Vice Presidente da República e Senador

6. O **quase-nacional**, português que exerce direitos de brasileiros, condicionado à existência de reciprocidade (art. 12, § 1º, da CF), também poderá exercer direitos políticos no Brasil, como eleitor ou candidato (respeitadas as restrições constitucionais), nos termos do art. 17 do Decreto 3.927/01, que versa sobre o Tratado de Amizade, Cooperação e Consulta entre a República Federativa do Brasil e a República Portuguesa. Assim, nem sempre a nacionalidade será condição de elegibilidade.
7. **Nem todos os que tiverem feito alistamento eleitoral serão elegíveis**, isso porque, o alistamento é facultativo entre 16 e 18 anos, e nessa idade o eleitor será absolutamente inelegível porque sequer terá adquirido capacidade eleitoral passiva.
8. São **inelegíveis** (não podem ser votados) os inalistáveis e os analfabetos.
9. Assim, **todo inalistável é inelegível, mas nem todo inelegível é inalistável**, pois o analfabeto é inelegível (não pode ser votado), mas é alistável (pode votar). Somente os estrangeiros e os conscritos são inalistáveis e inelegíveis.
10. **Súmula Vinculante 18:** "A **dissolução da sociedade ou do vínculo conjugal, no curso do mandato**, não afasta a inelegibilidade prevista no § 7º do art. 14 da CF".
11. A improbidade administrativa é caso de **suspensão** de direitos políticos (art. 15, V, c.c. art. 37, § 4º, ambos da CF)
12. A condenação **criminal** (não a cível) transitada em julgado, enquanto durarem seus efeitos, é caso de **suspensão** dos direitos políticos, lembrando que **é vedada a cassação de direitos políticos**.
13. O cancelamento de naturalização por **sentença judicial** (e não por decisão administrativa) é caso de perda de nacionalidade e, por consequência, também dos direitos políticos.

- **Cuidado!** A incapacidade civil que gera a **suspensão** (não a perda) de direitos políticos é a de natureza **absoluta**, não relativa.

14. As **eleições para Presidente e Governador** seguem o sistema majoritário com exigência de maioria absoluta ou dois turnos.
15. A **eleição do Prefeito** e do Vice-Prefeito será realizada no primeiro domingo de outubro do ano anterior ao término do mandato dos que devam suceder, aplicadas as regras do art. 77 da CF (com segundo turno ou exigência de maioria absoluta) apenas no caso de Municípios com mais de duzentos mil eleitores. Sendo assim, nos Municípios de até duzentos mil eleitores considera-se eleito o candidato que obtiver a maioria (simples) dos votos, independentemente de ter obtido a aprovação da maioria absoluta dos eleitores.
16. São **Congressistas** o Deputado Federal e o Senador. O deputado federal é eleito pelo sistema proporcional (art. 45, da CF), e o Senador é eleito pelo majoritário simples (art. 46, da CF). Desta feita, é errado dizer que o Congressista é eleito mediante sistema proporcional, pois tal afirmativa ignora que o Senador se elege via sistema majoritário.
17. O **Vereador** será eleito mediante sistema proporcional.
18. Para concorrerem a **outros cargos**, o Presidente da República, os Governadores de Estado e do Distrito Federal e os **Prefeitos** devem **renunciar** aos respectivos mandatos **até seis meses antes** do pleito.
19. **Inelegibilidade reflexa:** são **inelegíveis**, no território de jurisdição do titular, o cônjuge e os parentes consangüíneos ou afins, até o segundo grau ou por adoção, do Presidente da República, de Governador de Estado ou Território, do Distrito Federal, de Prefeito ou de quem os haja substituído dentro dos seis meses anteriores ao pleito, salvo se já titular de mandato eletivo e candidato à reeleição (art. 14, § 7º, da CF).

- **Parâmetros para aplicação da inelegibilidade reflexa** (art. 14, § 7º, da CF). "É inelegível para o cargo de Prefeito de Município resultante de desmembramento territorial o irmão do atual Chefe do Poder Executivo do Município-mãe. O regime jurídico das inelegibilidades comporta interpretação construtiva dos preceitos que lhe compõem a estrutura normativa. Disso resulta a plena validade da exegese que, norteada por parâmetros axiológicos consagrados pela própria Constituição, visa a impedir que se formem grupos hegemônicos nas instâncias políticas locais. O primado da ideia republicana – cujo fundamento ético-político repousa no exercício do regime democrático e no postulado da igualdade – rejeita qualquer prática que possa monopolizar o acesso aos mandatos eletivos e patrimonializar o poder governamental, comprometendo, desse modo, a legitimidade do processo eleitoral". (STF. RE 158314, julgado em 1992 e relatado pelo Ministro Celso de Mello).

20. O **militar alistável é elegível**, sendo que, se contar mais de dez anos de serviço, será agregado pela autoridade superior e, se eleito, passará automaticamente, no ato da diplomação, para a inatividade, e, se contar **menos** (não mais) de dez anos de serviço, deverá afastar-se da atividade.

21. As hipóteses de inelegibilidade constam de rol **exemplificativo**. Prova disso é o artigo 14, § 9º, da CF, segundo o qual **lei complementar estabelecerá outros casos de inelegibilidade e os prazos de sua cessação,** a fim de proteger a probidade administrativa, a moralidade para exercício de mandato considerada vida pregressa do candidato, e a normalidade e legitimidade das eleições contra a influência do poder econômico ou o abuso do exercício de função, cargo ou emprego na administração direta ou indireta.

- Utilizando-se da classificação elaborada por José Afonso da Silva, o Supremo Tribunal Federal decidiu que a norma constitucional que prevê que '"lei complementar estabelecerá outros casos de inelegibilidade...", além das previstas no texto constitucional, é **norma de eficácia limitada** (não contida), portanto, não autoaplicável e dependente de lei para poder ser aplicada, o que se deu nos seguintes termos: "Como venho de assinalar, o § 9º do art. 14 da Constituição, por traduzir norma revestida de eficácia meramente limitada, não dispõe de autoaplicabilidade. Esta Suprema Corte não pode, por isso mesmo, substituindo-se, inconstitucional-mente, ao legislador, estabelecer, com apoio em critérios próprios, meios destinados a viabilizar a imediata incidência da regra constitucional mencionada (CF, art. 14, § 9º), ainda mais se se considerar que resultarão, dessa proposta da Associação dos Magistrados Brasileiros (AMB), restrições que comprometerão, sem causa legítima, a esfera jurídica de terceiros, a quem não se impôs sanção condenatória com trânsito em julgado. É preciso advertir que o princípio constitucional da reserva de lei formal traduz limi-tação ao exercício da atividade jurisdicional do Estado" (ADPF 144, julgada em 2008 e relatada pelo Ministro Celso de Mello).

22. No recente julgamento do Supremo Tribunal Federal (ADC 29 e 30 e ADI 4578) sobre Lei Complementar 135/2010, conhecido como **caso "ficha limpa"**, a questão central da discussão baseou-se na **interpretação do princípio da anualidade**, o qual significa que a lei que alterar o processo eleitoral entrará em vigor na data de sua publicação, não se aplicando à eleição que se realize até um ano da data de sua vigência, nos termos do art. 16, da CF, com redação dada pela EC 04/93. Por maioria de votos, prevaleceu o entendimento em favor da constitucionalidade da lei, que poderá ser aplicada nas eleições de 2012, alcançando atos e fatos ocorridos antes de sua vigência.

- Ademais, **os candidatos a cargo eletivo que tenham sido condenados, mesmo por sentença não transitada em julgado, são, conforme entendimento atual do STF (pois, anteriormente a posição da Suprema Corte era em sentido contrário), inelegíveis**, desde que assim esteja previsto em lei complementar (LC 135/2010, popularmente conhecida como Lei da Ficha Limpa). Após análise conjunta das Ações Declaratórias de Constitucionalidade (ADC 29 e 30) e da Ação Direta de Inconstitucionalidade (ADI 4578) que tratam da Lei Complementar 135/2010, por maioria de votos, prevaleceu o entendimento em favor da constitucionalidade da lei, que pode ser aplicada nas eleições de 2012, alcançando atos e fatos ocorridos antes de sua vigência. Assim, é plenamente válida a previsão no sentido de que são considerados inelegíveis os candidatos que forem condenados, em decisão transitada em julgado ou proferida por órgão judicial colegiado, em razão da prática de crimes contra a economia popular, a fé pública, a administração pública e o patrimônio público; contra o patrimônio privado, o sistema financeiro, o mercado de capitais e os previstos na lei que regula a falência; e contra o meio ambiente e a saúde pública.

23. O mandato eletivo poderá ser **impugnado** ante a Justiça Eleitoral no prazo de quinze dias contados da diplomação, instruída a ação com provas de abuso do poder econômico, corrupção ou fraude.

- A ação de impugnação de mandato **tramitará** em segredo de justiça, respondendo o autor, na forma da lei, se temerária ou de manifesta má-fé.

24. É livre a criação, fusão, incorporação e extinção de partidos políticos, resguardados a soberania nacional, o regime democrático, o pluripartidarismo, os direitos fundamentais da pessoa humana (art. 17, *caput*, da CF).

25. Nos termos do art. 17, § 2º, da CF, os **partidos políticos** adquirem personalidade jurídica (de direito privado) **na forma da lei civil, com a inscrição dos atos constitutivos no respectivo registro.** Existe ainda o dever de **posterior registro de seus estatutos no Tribunal Superior Eleitoral (TSE)**, consoante art. 44, V, art. 44 § 3º e art. 45, todos do Código Civil c.c. artigos 8º, 9º e 10 da Lei 9.096/95, mas que não é requisito para criação.

- De acordo com o art. 7º, § 2º, da Lei 9.096/95, só o partido que tenha registrado seu estatuto no Tribunal Superior Eleitoral pode participar do processo eleitoral, receber recursos do Fundo Partidário e ter acesso gratuito ao rádio e à televisão, nos termos fixados nesta Lei.

ORGANIZAÇÃO POLÍTICO ADMINISTRATIVA

✦ DICAS

1. A **organização político-administrativa da República Federativa do Brasil** compreende a União, os Estados, o Distrito Federal e os Municípios, todos autônomos, nos termos desta Constituição (art. 18, *caput*, da CF).
2. A autonomia dos Estados federados está assegurada por meio da sua capacidade de **auto-organização** (elaboração das Constituições Estaduais e Leis Orgânicas do DF e dos Municípios), de **autolegislação** (criação de leis estaduais, distritais e municipais), de **autogoverno** (eleição de seus representantes) e **autoadministração** (organizações próprias dos Poderes Executivo, Legislativo e Judiciário, ressalvado o judiciário municipal, que não existe).
3. **Brasília** é a Capital Federal (art. 18, § 1º, da CF).
4. Os **Territórios Federais** integram a União, e sua criação, transformação em Estado ou reintegração ao Estado de origem serão reguladas em lei complementar (art. 18, § 2º, da CF).
5. **Os Estados podem incorporar-se entre si, subdividir-se ou desmembrar-se para se anexarem a outros, ou formarem novos Estados ou Territórios Federais**, mediante aprovação da população diretamente interessada, através de , e do Congresso Nacional, por lei complementar (art. 18,§ 3º, da CF).
   - **Atenção!** Exige-se **lei complementar federal** (com trâmite no Congresso Nacional) para a aprovação da **criação de novos Entes Estaduais** (novos Estados).
6. Os Estados podem **incorporar-se entre si**, mas mediante aprovação da população diretamente interessada, através de **plebiscito**, não de referendo.
   - Consoante art. 3º, da Lei 9.709/98, nas questões de relevância nacional, de competência do Poder Legislativo ou do Poder Executivo, e no caso do § 3º do art. 18 da Constituição Federal (Os Estados podem incorporar-se entre si, subdividir-se ou desmembrar-se para se anexarem a outros, ou formarem novos Estados ou Territórios Federais, mediante aprovação da população diretamente interessada, através de plebiscito, e do Congresso Nacional, por lei complementar), o plebiscito e o referendo são convocados **mediante decreto legislativo, por proposta de um terço, no mínimo, dos membros que compõem qualquer das Casas do Congresso Nacional**, de conformidade com esta Lei.
   - A consulta à população do território que restar do Estado originário é **requisito para a reconfiguração de Estados** (art. 18, § 3º, da CF). Nesse sentido: "A expressão 'população diretamente interessada' constante do § 3º do art. 18 da CF (...) deve ser entendida como a população tanto da área desmembrada do Estado-membro como da área remanescente." (ADI 2.650, julgada em 2011 e relatado pelo Ministro Dias Toffoli).
   - No bojo da ADI 2650, a Mesa da Assembleia Legislativa do Estado de Goiás (AL-GO) impugnava a primeira parte do artigo 7º da Lei 9.709/98, e o STF decidiu, por unanimidade, que **o plebiscito para o desmembramento de um estado da federação deve envolver não somente a população do território a ser desmembrado, mas a de todo o Estado.** A ação tinha como objeto o plebiscito para o desmembramento do Estado do Pará, que objetivava criar os Estados do Tapajós e de Carajás. Por fim, no dia 11 de dezembro de 2011, toda a população do Pará pode ir às urnas, e o resultado indicou que 66,59% escolheu "não" para a criação do Estado de Carajás e 66,08% rejeitou a criação do Estado de Tapajós.
7. **A criação, a incorporação, a fusão e o desmembramento de Municípios**, far-se-ão por lei estadual, dentro do período determinado por Lei Complementar Federal, e dependerão de consulta prévia, mediante plebiscito, às populações dos Municípios envolvidos, após divulgação dos Estudos de Viabilidade Municipal, apresentados e publicados na forma da lei (art. 18, § 4º, da CF).
   - Nos termos do art. 5º da Lei 9.709/98 (que regulamenta os plebiscitos, os referendos e a iniciativa popular de lei), o plebiscito destinado à criação, à incorporação, à fusão e ao desmembramento de Municípios, será convocado pela **Assembléia Legislativa** (não pela Câmara de Vereadores), de conformidade com a legislação federal e estadual.
   - Não obstante a **inexistência de lei complementar federal regulamentando a criação de novos municípios**, o STF deixou de pronunciar a nulidade de leis estaduais de criação de diversos municípios em razão da consolidada situação de fato e em respeito ao princípio da segurança jurídica. O art. 18, §4º, da CF diz que é necessária LC federal para criação, a incorporação, a fusão e o desmembramento de municípios. Entretanto, vários municípios foram criados sem essa LC, que ainda não existe. Com isso o STF declarou inconstitucional a criação desses municípios, mas não anulou a criação deles. O Supremo, então, fixou um prazo (em alguns casos de 18 e outros de 24 meses) para o Congresso criar a LC. Porém, ao invés de o Congresso editar a LC, editou a EC 57/2008 que acrescentou o art. 96 ao ADCT, convalidou os atos de criação dos municípios, desmembrados, fundidos ou incorporados – Art. 96 ADCT

8. Os **Municípios integram a federação brasileira**, possuindo autogoverno (gestão próprio de suas atividades por Prefeito, Vereadores, e demais agentes públicos), auto-organização (possuem Lei Orgânica) e auto-administração (prestam e mantêm serviços próprios).

9. O número de Vereadores não é definido por proporcionalidade. A CF, no art. 29, IV, estabelece os **limites máximos** de vereadores de acordo com **faixas que levam em consideração o número de habitantes**.

10. Município pode ter **eleição em segundo turno** se contar com mais de duzentos mil **eleitores,** não habitantes (art. 29, II, da CF).

- Portanto, **cuidado!** Para fixação de vereadores o critério é número de habitantes, mas para determinação de segundo turno em eleições para o executivo municipal o critério é número de eleitores.

11. **Não é possível** na ordem constitucional **a realização de eleições extemporâneas para a instalação de Municípios recém-criados**. Assim decidiu o TSE: "Município. Criação. Primeira eleição. Constituição. Simultaneidade. Observância. Necessidade. A eletividade do prefeito, do vice-prefeito e dos vereadores é a regra constitucional asseguradora da autonomia política do município, conforme o art. 29 da Constituição. A Constituição Federal de 1988 extinguiu a nomeação de prefeito em qualquer município. Como cediço, as regras de hermenêutica jurídica orientam que não é dado ao intérprete distinguir onde a lei não o fez. O inciso I do art. 29 da Constituição estabelece que as eleições para prefeito, vice-prefeito e vereador são realizadas simultaneamente em todo o país, não havendo distinção entre município criado e município instalado, pelo que descabida a pretendida realização de pleito específico para instituir vigência de mandato mais curto, até as eleições gerais de 2012. Nem a Constituição nem a legislação infraconstitucional tratam de situação privilegiada dos municípios recém-criados e ainda não instalados que enseje a promoção de eleições extemporâneas. Há somente uma exceção: nos casos de dupla vacância na chefia do Poder Executivo. Trata-se, contudo, de excepcionalidade prevista na própria Constituição. Além disso, existe a previsão legal de situações específicas, descritas no art. 224 do Código Eleitoral, que possibilitam a realização de novas eleições em período diverso ao das eleições ordinárias. Todavia, esses pleitos decorrem da anulação de eleição anteriormente realizada que, de alguma forma, tenha sido maculada, afastando sua incidência no caso concreto. Sendo assim, as eleições extraordinárias constituem medida extrema, excepcional e singular, e devem ocorrer apenas nas hipóteses previstas na Constituição ou em lei federal. À míngua de previsão específica sobre o tema, prevalece a simultaneidade constitucional. Ademais, a criação de um novo município não está vinculada a sua imediata estruturação e seu funcionamento, devendo ser observado o regramento constitucional. Assim, conquanto o município recém-criado possua personalidade jurídica e possa compor seu governo, a ausência de norma que disponha sobre a realização das primeiras eleições no município implica a observância do inciso I do art. 29 da Constituição Federal. Nesse caso, não haverá prejuízo algum ao município, uma vez que seu patrimônio e rendas continuarão a ser administrados pelo município-mãe. Some-se a isso o fato de que o processo eleitoral é de competência legislativa da União, nos termos do inciso I do art. 22 da Constituição, razão pela qual é vedado a outra unidade da federação legislar sobre o tema. Tampouco caberia a qualquer órgão da Justiça Eleitoral promover eleições sem amparo na Constituição Federal ou em outra lei (MS 39691-03, julgado em 2011 e relatado pelo Ministro Aldir Passarinho Junior).

12. Segundo o art. 29, X, da CF, o **Prefeito** está sujeito a julgamento perante o Tribunal de Justiça. Por sua vez, a Súmula 702 do STF determina que a competência do Tribunal de Justiça para julgar prefeitos restringe-se aos crimes de competência da justiça comum estadual; nos demais casos, a competência originária caberá ao respectivo tribunal de segundo grau", tal como o TRF ou o TRE. Tanto o texto da CF quanto a Súmula referem-se ao **julgamento de crimes comuns.** Em se tratando de crimes de responsabilidade, entra em cena o Decreto-Lei 201/66, segundo o qual, no **crime de responsabilidade próprio** (infração político administrativa punida com a cassação do mandato), a competência será da Câmara Municipal; já no **crime de responsabilidade impróprio** (crime de responsabilidade punido com pena privativa de liberdade de detenção ou reclusão), a competência será do Tribunal de Justiça. Assim, trocando em miúdos, o TJ julgará o Prefeito tanto em caso de crime comum de competência da justiça estadual (porque se for federal, a competência será do TRF) e nos crimes de responsabilidade impróprios (punidos com pena privativa de liberdade de detenção ou reclusão).

13. Compete à Justiça Federal processar e julgar prefeito municipal por desvio de verba sujeita à prestação de contas perante órgão federal **(súmula 208 do STJ).**

14. **Intervenção**

- Estado-membro que não assegura os direitos da pessoa humana expõe-se à **intervenção federal.**

- Segundo classificação doutrinária, os **princípios constitucionais sensíveis** são aqueles arrolados no art. 34, VII, da CF: a) forma republicana, sistema representativo e regime democrático; b) direitos da pessoa humana; c) autonomia municipal; d) prestação de contas da administração pública, direta e indireta; e) aplicação do mínimo exigido da receita resultante de impostos estaduais, compreendida a proveniente de transferências, na manutenção e desenvolvimento do ensino e nas ações e serviços públicos de saúde.

PRINCÍPIOS CONSTITUCIONAIS SENSÍVEIS (art. 34, VII, da CF)
a) forma republicana, sistema representativo e regime democrático;
b) direitos da pessoa humana;
c) autonomia municipal;
d) prestação de contas da administração pública, direta e indireta;
e) aplicação do mínimo exigido da receita resultante de impostos estaduais, compreendida a proveniente de transferências, na manutenção e desenvolvimento do ensino e nas ações e serviços públicos de saúde.

- O descumprimento dos princípios sensíveis enseja intervenção da União nos Estados ou no DF, **não sendo possível intervenção nos Municípios por desrespeito a eles**.

15. Entes federados e distribuição de competências

15.1. Regras gerais

COMPETÊNCIAS			
Natureza das Competências	**Espécie**	**Regra**	**Exceção**
I. ADMINISTRATIVAS	**1. Exclusiva:** art. 21, da CF	Somente a União exerce	
I. ADMINISTRATIVAS	**2. Comum:** art. 23, da CF	Cooperação entre União, Estados, DF e Municípios	
II. LEGISLATIVAS	**1. Privativa:** art. 22, da CF	A União legisla privativamente	Lei complementar poderá autorizar os Estados a legislar sobre questões relativas à competência privativa da União, criando a competência legislativa delegada
II. LEGISLATIVAS	**2. Delegada:** art. 22, p. único, da CF	Mediante LC, em que a União delega para Estados e DF.	
II. LEGISLATIVAS	**3. Concorrente:** art. 24, da CF	A União edita as normas Gerais e os Estados e o DF editam as normas específicas de seus interesses	Se a União não editar as normas gerais, os Estados e o DF passarão a ter competência plena. Se, posteriormente, a União legislar, as normas gerais feitas pelos Estados terão a sua eficácia suspensa.

15.2. A competência **material/administrativa** exclusiva, do art. 21, é indelegável. Já a competência material/administrativa comum do art. 23 segue a regra da cooperação entre União, Estados, DF e Municípios (a cooperação será regulada por Lei Complementar).

15.3. A competência legislativa da União ou é privativa (art. 22, da CF) ou é concorrente (art. 24, da CF). Já a competência administrativa da União pode ser exclusiva (art. 21, da CF) ou comum (art. 23, da CF). Portanto, **a União não exerce competência remanescente ou residual**. Na distribuição de competências feita pela CF, a competência residual ou remanescente administrativa fica com os Estados (art. 25, § 1º) e a legislativa (em razão do interesse local) resta aos Municípios (art. 30, I, da CF).

15.4. Lei complementar poderá autorizar os Estados a legislar sobre questões relativas à competência privativa da União. Assim, há a **possibilidade de delegação**.

- Para Alexandre de Moraes, há três **requisitos pertinentes à delegação de competência legislativa privativa da União para os Estados**: i. formal; ii. material; iii. Implícito. O requisito formal se refere à necessidade de expedição de Lei complementar. Já o requisito material se refere ao foto de que a delegação deve ser pontual, ou seja, especificando-se alguma matéria expressamente disposta no art. 22 da CF, que detalhada os temas de competência privativa da União. Por fim, o requisito implícito se refere ao fato que, se a União delegar determinada matéria a um Estado, deverá estender a mesma possibilidade a todos os Estados da Federação, sob pena de afronta ao princípio do art. 19, da CF, que veda o estabelecimento de preferência entre entes federados (*Direito Constitucional*. São Paulo: Atlas, 2010, p. 309-310). Vale notar, que a questão da delegação de competência legislativa privativa da União aos Estados tem como base o art. 22, parágrafo único, da CF: "Lei complementar poderá autorizar os Estados a legislar sobre questões específicas das matérias relacionadas neste artigo".

15.5. Na competência legislativa concorrente, a União limita-se a estabelecer normas gerais. Entretanto, a competência da União para legislar sobre normas gerais **não** exclui a competência suplementar dos Estados.

15.6. Os Estados, **inexistindo** Lei Federal sobre normas gerais, exercerão a competência legislativa plena, para atender a suas peculiaridades. Nesse caso, a superveniência de Lei Federal sobre normas gerais não suspende a eficácia da Lei Estadual, **somente** no que lhe for contrário.

15.7. A União **não pode avocar** uma competência estadual ou municipal, ainda que o interesse público exigir. Isso porque, deve haver respeito à distribuição de competências feita pela CF, pois protege o equilíbrio do Pacto Federativo.

15.8. A suplementação na competência legislativa concorrente do art. 24, da CF, **cabe aos Municípios**, não à União.

16. Competência da União

- Compete privativamente à União legislar sobre **comércio exterior e interestadual**, o que engloba a importação de bens de outros países.
- Compete privativamente à União legislar sobre **direito civil**. Gratuidade de pagamento em estacionamento privado e mensalidade de serviço educacional são matérias de direito civil.
- Compete privativamente à União legislar sobre **direito processual.** Mas, é de **competência concorrente o estabelecimento de normas gerais sobre procedimentos.**
- Súmula Vinculante 46: "A definição dos crimes de responsabilidade e o estabelecimento das respectivas normas de processo e julgamento são da competência legislativa privativa da União".
- Nos termos do art. 177, V, da CF, constituem monopólio da União, a pesquisa, a lavra, o enriquecimento, o reprocessamento, a industrialização e o comércio de minérios e minerais nucleares e seus derivados, com exceção dos radioisótopos cuja produção, comercialização e utilização poderão ser autorizadas sob regime de permissão, conforme as alíneas b e c do inciso XXIII do caput do art. 21 desta Constituição Federal. Em seguida, no art. 177, § 1º, da CF, há regra segundo a qual a União poderá contratar com empresas estatais ou privadas a realização das atividades previstas nos incisos I a IV deste artigo observadas as condições estabelecidas em lei. Sendo assim, o inciso V, do art. 177 fica excluído, ou seja, a pesquisa, a lavra, o enriquecimento, o reprocessamento, a industrialização e o comércio de minérios e minerais nucleares e seus derivados não pode ficar a cargo de empresas estatais ou privadas, ainda que contratadas com a União.
- Caso se edite lei estadual proibindo as empresas de telecomunicações de cobrarem taxas para a instalação de segundo ponto de acesso à Internet, tal lei deverá ser considerada inconstitucional, visto que invadirá a competência privativa da União para legislar sobre telecomunicações (art. 22, IV, da CF), matéria que já foi decidida pelo STF na ADI 4.083, julgada em 2010 e relatada pela Ministra Cármen Lúcia.
- Lei estadual que institua a obrigatoriedade de instalação de cinto de segurança em veículo de transporte coletivo será **inconstitucional**, visto que trânsito e transporte é matéria de competência privativa da União (art. 22, XI, da CF e ADI 874, julgada em 2011 e relatada pelo Ministro Gilmar Mendes).
- Se for editada lei distrital de iniciativa parlamentar instituindo gratificação específica para os policiais militares e o Corpo de Bombeiros Militar do DF, essa lei será **inconstitucional**, pois é competência da União organizar e manter a Polícia Militar e o Corpo de Bombeiros Militar do DF, conforme art. 21, XIV, da CF e ADI 3.791, julgada em 2010 e relatada pelo Ministro Ayres Britto.
- "A Constituição estadual representa, no plano local, a expressão mais elevada do exercício concreto do poder de auto-organização deferido aos Estados-membros pela Lei Fundamental da República. Essa prerrogativa, contudo, não se reveste de caráter absoluto, pois se acha submetida, quanto ao seu exercício, a limitações jurídicas impostas pela própria Carta Federal (art. 25). **O Estado-membro não dispõe de competência para instituir, mesmo em sua própria Constituição, cláusulas tipificadoras de crimes de responsabilidade,** ainda mais se as normas estaduais definidoras de tais ilícitos tiverem por finalidade viabilizar a responsabilização política dos membros integrantes do Tribunal de Contas. A competência constitucional para legislar sobre crimes de responsabilidade (e, também, para definir-lhes a respectiva disciplina ritual) pertence, exclusivamente, à União Federal. Precedentes. Súmula 722/STF. (ADI 4.190-MC-REF, julgada em 2010 e relatada pelo Ministro Celso de Mello).
- Segundo o STF: "Legislação sobre trânsito: **competência privativa federal**: CF, art. 22, XI. Lei 11.766, de 1997, do Estado do Paraná, que **torna obrigatório a qualquer veículo automotor transitar permanentemente com os faróis acesos nas rodovias do Estado do Paraná**, impondo a pena

de multa aos que descumprirem o preceito legal: inconstitucionalidade, porque a questão diz respeito ao **trânsito.**" (ADI 3.055, julgada em 2005 e relatada pelo Ministro Carlos Velloso).

- No julgamento da ADI 3.279, em 2011, relatada pelo Ministro Cezar Peluso, o STF entendeu que **a definição dos crimes de responsabilidade do Chefe do Executivo Estadual é de competência privativa da União** (art. 22, I, da CF).

- É inconstitucional lei estadual que estabeleça, em favor dos portadores de deficiência proprietários de automóveis, a gratuidade nos estacionamentos situados no estado, pois nos termos da jurisprudência do STF, há **invasão da competência da União**, *in verbis*: "Estacionamento de veículos em áreas particulares. Lei estadual que limita o valor das quantias cobradas pelo seu uso. Direito Civil. Invasão de competência privativa da União. Hipótese de inconstitucionalidade formal por invasão de **competência privativa da União para legislar sobre Direito Civil (CF, art. 22, I)**. Enquanto a União regula o direito de propriedade e estabelece as regras substantivas de intervenção no domínio econômico, os outros níveis de governo apenas exercem o policiamento administrativo do uso da propriedade e da atividade econômica dos particulares, tendo em vista, sempre, as normas substantivas editadas pela União." (ADI 1.918, julgada em 2001 e relatada pelo Ministro Maurício Corrêa).

- **Telecomunicações e energia elétrica. Abrangência. "O sistema federativo instituído pela CF de 1988 torna inequívoco que cabe à União a competência legislativa e administrativa para a disciplina e a prestação dos serviços públicos de telecomunicações e energia elétrica (CF, arts. 21, XI e XII, b, e 22, IV)**. A Lei 3.449/2004 do Distrito Federal, ao proibir a cobrança da **tarifa de assinatura básica 'pelas concessionárias prestadoras de serviços de água, luz, gás, TV a cabo e telefonia** no Distrito Federal' (art. 1º, caput), incorreu em inconstitucionalidade formal, porquanto necessariamente inserida a fixação da 'política tarifária' no âmbito de poderes inerentes à titularidade de determinado serviço público, como prevê o art. 175, parágrafo único, III, da Constituição, elemento indispensável para a preservação do equilíbrio econômico-financeiro do contrato de concessão e, por consequência, da manutenção do próprio sistema de prestação da atividade. Inexiste, in casu, suposto respaldo para o diploma impugnado na competência concorrente dos Estados-membros para dispor sobre direito do consumidor (CF, art. 24, V e VII), cuja interpretação não pode conduzir à frustração da teleologia da referida regra expressa contida no art. 175, parágrafo único, III, da CF, descabendo, ademais, a aproximação entre as figuras do consumidor e do usuário de serviços públicos, já que o regime jurídico deste último, além de informado pela lógica da solidariedade social (CF, art. 3º, I), encontra sede específica na cláusula 'direitos dos usuários' prevista no art. 175, parágrafo único, II, da Constituição. Ofende a denominada reserva de administração, decorrência do conteúdo nuclear do princípio da separação del poderes (CF, art. 2º), a proibição de cobrança de tarifa de assinatura básica no que concerne aos serviços de água e gás, em grande medida submetidos também à incidência de leis federais (CF, art. 22, IV), mormente quando constante de ato normativo emanado do Poder Legislativo fruto de iniciativa parlamentar, porquanto supressora da margem de apreciação do chefe do Poder Executivo Distrital na condução da administração pública, no que se inclui a formulação da política pública remuneratória do serviço público." (ADI 3.343, Rel. p/ o ac. Min. Luiz Fux, julgamento em 1º-9-2011, Plenário, DJE de 22-11-2011).

- De acordo com notícia divulgada no Informativo 634 do STF, "O Plenário julgou procedente pedido formulado em ação direta, ajuizada pelo Governador do Estado de Santa Catarina, para declarar a **inconstitucionalidade da Lei 12.775/2003, daquela unidade federativa, que dispõe sobre o uso obrigatório de equipamento que ateste a autenticidade de cédulas de dinheiro por estabelecimentos bancários** e dá outras providências. Reputou-se que **a norma adversada teria invadido a competência privativa da União para legislar sobre o sistema financeiro nacional**" (CF, artigos 21, VIII; 22, VII; e 192, caput). ADI 3515/SC, rel. Min. Cezar Peluso, 1º.8.2011. (ADI-3515)

- **Lei estadual que disponha sobre a destinação de armas de fogo apreendidas, fazendo remissão expressa à lei federal que trata do tema e utilizando os preceitos nela contidos é inconstitucional, pois invade competência legislativa atribuída à União**. Assim entende o STF: "Competência da União para legislar sobre direito penal e material bélico. Lei 1.317/2004 do Estado de Rondônia. Lei estadual que autoriza a utilização, pelas polícias civil e militar, de armas de fogo apreendidas. A competência exclusiva da União para legislar sobre material bélico, complementada pela competência para autorizar e fiscalizar a produção de material bélico, abrange a disciplina sobre a destinação de armas apreendidas e em situação irregular." (ADI 3.258, Rel. Min. Joaquim Barbosa, julgamento em 6-4-2005, Plenário, DJ de 9-9-2005.) No mesmo sentido: ADI 3.193, rel. min. Marco Aurélio, julgamento em 9-5-2013, Plenário, DJE de 6-8-2013.

- "**Mensalidades escolares**. Fixação da data de vencimento. **Matéria de direito contratual**. (...) Os serviços de educação, seja os prestados pelo Estado, seja os prestados por particulares, configuram serviço público não privativo, podendo ser desenvolvidos pelo setor privado independentemente de concessão, permissão ou autorização. Nos termos do art. 22, I, da CB, **compete à União legislar sobre Direito Civil.**" (ADI 1.007, Rel. Min. Eros Grau, julgamento em 31-8-2005, Plenário, DJ de 24-2-2006.) No mesmo sentido: ADI 1.042, Rel.

Min. Cezar Peluso, julgamento em 12-8-2009, Plenário, DJE de 6-11-2009.

- "A definição das **condutas típicas configuradoras do crime de responsabilidade e o estabelecimento de regras que disciplinem o processo e julgamento das agentes políticos** federais, estaduais ou municipais envolvidos são da **competência legislativa privativa da União** e devem ser tratados em lei nacional especial (art. 85 da CR)." (ADI 2.220, Rel. Min. Cármen Lúcia, julgamento em 16-11-2011, Plenário, DJE de 7-12-2011.).
- Segundo o entendimento da Suprema Corte, divulgado no Informativo 782, é **formalmente inconstitucional lei estadual que estabelecer restrições ao ingresso, armazenamento e comercialização de produtos agrícolas importados no âmbito do estado-membro, pois estará caracterizada invasão da competência privativa da União para legislar sobre comércio exterior**. Nesse sentido, "Ação direta de inconstitucionalidade. Lei estadual (RS) nº 12.427/2006. Restrições ao comércio de produtos agrícolas importados no Estado. Competência privativa da União para legislar sobre comércio exterior e interestadual (CF, art. 22, inciso VIII). 1. É formalmente inconstitucional a lei estadual que cria restrições à comercialização, à estocagem e ao trânsito de produtos agrícolas importados no Estado, ainda que tenha por objetivo a proteção da saúde dos consumidores diante do possível uso indevido de agrotóxicos por outros países. A matéria é predominantemente de comércio exterior e interestadual, sendo, portanto, de competência privativa da União (CF, art. 22, inciso VIII). 2. É firme a jurisprudência do Supremo Tribunal Federal no sentido da inconstitucionalidade das leis estaduais que constituam entraves ao ingresso de produtos nos Estados da Federação ou a sua saída deles, provenham esses do exterior ou não (cf. ADI nº 280, Rel. Min. Francisco Rezek, DJ de 17/6/94; e ADI nº 3.035, Rel. Min. Gilmar Mendes, DJ de 14/10/05). 3. Ação direta julgada procedente" (STF. ADI 3813, julgada em 2015 e Relatada pelo Min. Dias Toffoli).

17. Competência dos Estados e competência concorrente

- São reservadas aos Estados **as competências que não lhes sejam vedadas** pela constituição (art. 25, § 1º, da CF). Além disso, o § 2º do art. 25 da CF dispõe expressamente que cabe aos Estados (privativamente) explorar, diretamente ou mediante concessão, os **serviços locais de gás canalizado**, na forma da lei, vedada a edição de medida provisória para a sua regulamentação.
- Segundo a jurisprudência do STF, é constitucional **lei estadual** que disponha sobre o ensino de língua espanhola aos alunos da rede pública do respectivo estado, pois o legislador estadual "atuara nos limites da competência concorrente dos Estados-membros e do DF para legislar sobre educação, cultura, ensino e desporto (CF, art. 24, IX). Ademais, asseverou-se que a Constituição, ao prever a competência privativa da União para tratar de diretrizes e bases da educação nacional (art. 22, XXIV) – cujo tratamento em âmbito nacional se dá pela Lei 9.394/96 – permitira que os entes estaduais e o DF atuassem no campo de suas especificidades" (ADI 3669, julgada em 2007 e relatada pela Ministra Cármen Lúcia).
- É **constitucional** lei estadual que fixe índices de correção monetária de créditos fiscais desde que o fator de correção adotado seja igual ou inferior ao utilizado pela União, conforme decisão do STF na ADI 442, julgada em 2010 e relatada pelo Ministro Eros Graus.
- A competência para legislar sobre direito urbanístico é **concorrente** entre União, Estados e Distrito Federal, e não privativa dos Municípios.
- A competência para legislar sobre defesa dos recursos naturais é **concorrente** entre União, Estados e Distrito Federal, pois é matéria de interesse de todos os entes da Federação, e não somente da União.
- **O estado federado não tem competência para dispor sobre as condições do exercício da profissão de motoboy** no âmbito do seu território. Assim entende o STF: "Competência legislativa. Direito do Trabalho. Profissão de motoboy. Regulamentação. Inadmissibilidade. (...) Competências exclusivas da União. (...) É inconstitucional a lei distrital ou estadual que disponha sobre condições do exercício ou criação de profissão, sobretudo quando esta diga à segurança de trânsito." (ADI 3.610, julgada em 2011 e relatada pelo Ministro Cezar Peluso).
- A **Súmula Vinculante** 2 é clara ao dispor que é inconstitucional a lei ou ato normativo estadual ou distrital que disponha sobre consórcios e sorteios, inclusive bingos e loterias.
- "Custas e emolumentos são espécies tributárias, classificando-se como taxas. Precedentes do STF. **À União, ao Estado membro e ao Distrito Federal é conferida competência para legislar concorrentemente sobre custas dos serviços forenses**, restringindo-se a competência da União, no âmbito dessa legislação concorrente, ao estabelecimento de normas gerais, certo que, inexistindo tais normas gerais, os Estados exercerão a competência legislativa plena, para atender a suas peculiaridades (CF, art. 24, IV, §§ 1º e 3º)." (ADI 1.624, julgada em 2003 e relatada pelo Ministro Carlos Velloso).

18. Competência dos Municípios

- O Município **possui** competência para suplementar a legislação federal e a estadual no que couber, além de poder legislar sobre assuntos de interesse local.
- É competente o Município para fixar o horário de funcionamento de estabelecimento comercial (súmula 645 do STF).

- "É pacífica a jurisprudência desta Corte de que **os Municípios detêm competência para legislar sobre o tempo máximo de espera por atendimento nas agências bancárias**, uma vez que essa questão é de interesse local e diz respeito às normas de proteção das relações de consumo, não se confundindo com a atividade-fim das instituições bancárias". (**STF. AI 495187**, julgado em 2011 e relatado pelo Ministro Dias Tóffoli).
- Segundo o STF, ""Distrito Federal: competência legislativa para fixação de tempo razoável de espera dos usuários dos **serviços de cartórios**. A imposição legal de um limite ao tempo de espera em fila dos usuários dos serviços prestados pelos cartórios não constitui matéria relativa à disciplina dos registros públicos, mas **assunto de interesse local, cuja competência legislativa a Constituição atribui aos Municípios** (...)." (RE 397.094, julgado em 2006 e relatado pelo Ministro Sepúlveda Pertence).
- O Município dispõe de competência, para, com apoio no poder autônomo que lhe confere a Constituição, exigir, mediante lei, a **instalação de sanitários ou a colocação de bebedouros em estabelecimentos bancários** (AI-AgR 614510, julgado em 2007 e relatado pelo Ministro Celso de Mello).
- O STF firmou entendimento no sentido de que é constitucional **lei municipal que determina às agências bancárias a instalação de portas eletrônicas de segurança**, visto que é competência do Município legislar sobre assuntos de interesse local dispondo sobre medidas referentes à segurança dos usuários de serviços bancários (AI-AgR 347.717, julgado em 2005 e relatado pelo Ministro Celso de Mello)
- A Constituição de 1988, no que se refere à organização federativa aplicada aos Municípios, dispõe que compete ao Município organizar e prestar, diretamente ou sob regime de concessão ou permissão, os **serviços públicos de interesse local, incluído o de transporte coletivo, que tem caráter essencial** (art. 30. V, da CF).
- Compete aos Municípios instituir e arrecadar os tributos de sua competência, bem como aplicar suas rendas, sem prejuízo da obrigatoriedade de prestar contas e publicar balancetes nos prazos fixados em lei.
- Os Municípios podem **criar, organizar e suprimir distritos**, **observada a legislação estadual, não havendo necessidade de Lei Federal** para nenhuma hipótese.
- Compete aos Municípios promover, no que couber, adequado ordenamento territorial, mediante planejamento e controle do uso, do parcelamento e da ocupação do solo urbano
- A jurisprudência do STF entende que, pelo princípio da simetria, os crimes de responsabilidade praticados pelos Prefeitos serão julgados pela **Câmara Municipal**, cabendo ao **TJ** a competência para os crimes comuns (art. 29, X, da CF). No julgamento perante o TJ, a competência para a decisão poderá ser do Plenário, do Órgão Fracionário ou do Órgão Especial, o que será fixado no Regimento Interno do Tribunal, Além disso, há a Súmula 702 do STF, que dispõe: "a competência do Tribunal de Justiça para julgar prefeitos restringe-se aos crimes de competência da justiça comum estadual; nos demais casos, a competência originária caberá ao respectivo tribunal de segundo grau", o que reafirma não ser competência privativa do TJ o julgamento de Prefeito.
- É inconstitucional a Lei Estadual que determina o fornecimento gratuito de água potável à população por meio de caminhão-pipa todas as vezes que houver interrupção do fornecimento normal do serviço, pois invade o âmbito de competência legislativa municipal (STF. 2340, julgada em 2013 e relatada pelo Ministro Ricardo Lewandowski).
- **Súmulas**
- **Súmula 208 do STJ:** Compete à Justiça Federal processar e julgar prefeito municipal por desvio de verba sujeita à prestação de contas perante órgão federal.
- **Súmula Vinculante 2:** É inconstitucional a lei ou ato normativo estadual ou distrital que disponha sobre sistemas de consórcios e sorteios, inclusive bingos e loterias.
- **Súmula Vinculante 39:** Compete privativamente à União legislar sobre vencimentos dos membros das polícias civil e militar e do corpo de bombeiros militar do Distrito Federal.
- **Súmula Vinculante 46:** A definição dos crimes de responsabilidade e o estabelecimento das respectivas normas de processo e julgamento são da competência legislativa privativa da União.
- **Súmula Vinculante 38:** É competente o Município para fixar o horário de funcionamento de estabelecimento comercial.

✦ INFORMATIVOS

STF

Competência

ADI: uso de veículos apreendidos e competência – 3

Revestem-se de constitucionalidade as Leis 5.717/98 e 6.931/2001, do Estado do Espírito Santo, que autorizam a utilização, pela polícia militar ou pela polícia civil estadual, de veículos apreendidos e não identificados quanto à procedência e à propriedade, exclusivamente no trabalho de repressão penal. Essa a orientação do Plenário que, em conclusão, por maioria, julgou improcedente pedido formulado em ação direta de inconstitucionalidade ajuizada contra as mencionadas normas. Avaliou-se não se tratar de matéria correlata a trânsito, mas concernente à administração. Recordou-se que norma do Código de Trânsito Brasileiro permitiria que veículos fossem levados a hasta pública, embora constituísse permissão que nem sempre ocorreria. Destacou-se que as normas disporiam sobre a regulação no plano estritamente administrativo, na esfera de autonomia do estado-membro. ADI 3327/ES, red. p/ ac. Min. Cármen Lúcia, 8.8.2013. Pleno. (Info 714)

▸ *Adaptação de veículos de transporte coletivo e acessibilidade*

O Plenário julgou improcedente pedido formulado em ação direta de inconstitucionalidade proposta contra a Lei 10.820/92, do Estado de Minas Gerais, que dispõe sobre a obrigatoriedade de empresas concessionárias de transporte coletivo intermunicipal promoverem adaptações em seus veículos, a fim de facilitar o acesso e a permanência de pessoas com deficiência física ou com dificuldade de locomoção. Salientou-se que a Constituição dera destaque à necessidade de proteção às pessoas com deficiência, ao instituir políticas e diretrizes de acessibilidade física (CF, arts. 227, § 2º; e 244), bem como de inserção nas diversas áreas sociais e econômicas da comunidade. Enfatizou-se a incorporação, ao ordenamento constitucional, da Convenção Internacional sobre os Direitos das Pessoas com Deficiência – primeiro tratado internacional aprovado pelo rito legislativo previsto no art. 5º, § 3º, da CF –, internalizado por meio do Decreto 6.949/2009. Aduziu-se que prevaleceria, no caso, a densidade do direito à acessibilidade física das pessoas com deficiência (CF, art. 24, XIV), não obstante pronunciamentos da Corte no sentido da competência privativa da União (CF, art. 22, XI) para legislar sobre trânsito e transporte. Consignou-se que a situação deveria ser enquadrada no rol de competências legislativas concorrentes dos entes federados. Observou-se que, à época da edição da norma questionada, não haveria lei geral nacional sobre o tema. Desse modo, possível aos estados-membros exercerem a competência legislativa plena, suprindo o espaço normativo com suas legislações locais (CF, art. 24, § 3º). Ressaltou-se que a preocupação manifestada, quando do julgamento da medida cautelar, sobre a ausência de legislação federal protetiva encontrar-se-ia superada, haja vista a edição da Lei 10.098/2000, a estabelecer normas gerais e critérios básicos de promoção da acessibilidade de pessoas com deficiência. Registrou-se que, diante da superveniência dessa lei nacional, a norma mineira, embora constitucional, perderia força normativa, na atualidade, naquilo que contrastasse com a legislação geral de regência do tema (CF, art. 24, § 4º). ADI 903/MG, Rel. Min. Dias Toffoli, 22.5.2013. Pleno. (Info 707)

▸ *Alegação de inconstitucionalidade e "Zona Azul"*

A 2ª Turma deliberou afetar ao Plenário julgamento de recurso extraordinário em que se alega a inconstitucionalidade de lei municipal paulistana, de iniciativa de vereador, que autorizaria oficiais de justiça estacionar seus veículos em áreas denominadas "Zona Azul", sem pagamento das tarifas próprias. Destacou-se que o recurso poderia ser paradigmático, apesar de anterior à sistemática da repercussão geral, porque esses estacionamentos rotativos onerosos existiriam em muitas localidades brasileiras. RE 239458/SP, Rel. Min. Cármen Lúcia, 18.12.2012. 2ª T. (Info 693)

▸ *ADI: cancelamento de multas e competência*

O Plenário, por maioria, julgou procedente pleito formulado em ação direta proposta, pelo Procurador-Geral da República, contra a Lei fluminense 3.279/99, que dispõe sobre o cancelamento de multas de trânsito. Concluiu-se pela afronta à regra de competência privativa da União para legislar sobre a matéria (CF, art. 22, XI). ADI 2137/RJ, Rel. Min. Dias Toffoli, 11.4.2013. Pleno. (Info 701)

▸ *ADI e competência para parcelar multa de trânsito*

O Plenário, por maioria, julgou procedente pleito formulado em ação direta contra o art. 29 da Lei 6.555/2004, do Estado de Alagoas, na parte em que autoriza o parcelamento de débitos oriundos de multas de trânsito, inclusive os inscritos em dívidas ativas. Reputou-se que, na esteira da jurisprudência da Corte, a norma questionada estaria em conflito com o art. 22, XI, da CF, segundo o qual competiria privativamente à União legislar sobre trânsito e transporte. Vencido, em parte, o Min. Marco Aurélio, que julgava procedente o pedido em menor extensão. Admitia o parcelamento por entender tratar-se de receita do estado-membro. Sublinhava, no entanto, que o legislador alagoano teria adentrado no campo do direito processual, ao prever, no § 4º do art. 29 da norma impugnada, que "o pleito de parcelamento do débito implica, em si, a desistência, a renúncia a processo, a pretensão já submetida ao Judiciário". Assentava, assim, a inconstitucionalidade do aludido preceito. ADI 4734/AL, Rel. Min. Rosa Weber, 16.5.2013. Pleno. (Info 706)

▸ *ADI: parcelamento de multas e competência*

O Plenário, por maioria, julgou procedente pedido formulado em ação direta ajuizada, pelo Procurador-Geral da República, contra a Lei 8.027/2003, que autorizou o parcelamento de multa vencida, resultante de infração de trânsito, e sua norma regulamentadora, Decreto 3.404/2004, ambos do Estado de Mato Grosso. Neste, autorizou-se que a penalidade de multa vencida, resultante de infração, pudesse ser dividida. Rejeitou-se preliminar de não conhecimento do Decreto 3.404/2004, porquanto se trataria de norma regulamentadora da lei questionada. No mérito, ante a usurpação de competência legislativa privativa da União, declarou-se a inconstitucionalidade da Lei 8.027/2003 e, por arrastamento, do referido decreto. ADI 3708/MT, Rel. Min. Dias Toffoli, 11.4.2013. Pleno. (Info 701)

▸ *ADI: segurança no trânsito e competência*

O Plenário julgou procedente pleito formulado em ação direta de inconstitucionalidade proposta, pelo Procurador-Geral da República, contra a Lei 10.521/95, do Estado do Rio Grande do Sul, que estabelece a obrigatoriedade do uso de cinto de segurança nas vias urbanas daquele estado, bem como proíbe aos menores de dez anos viajar nos bancos dianteiros de veículos que menciona. Asseverou-se haver inconstitucionalidade formal por ofensa ao art. 22, XI, da CF, que dispõe sobre a competência privativa da União para legislar sobre trânsito e transporte. ADI 2960/RS, Rel. Min. Dias Toffoli, 11.4.2013. Pleno. (Info 701)

▸ *ADI: uso de veículos apreendidos e competência*

O Plenário julgou procedente pedido formulado em ação direta, para declarar a inconstitucionalidade da Lei 8.493/2004, do Estado do Rio Grande do Norte. A norma questionada determina o uso de carros particulares apreendidos e que se encontram nos pátios das delegacias e no Departamento Estadual de Trânsito – Detran, notificados há mais de noventa dias, em serviços de inteligência e operações especiais, a critério da Secretaria de Defesa Social. Aduziu-se que o estado-membro não poderia criar hipóteses semelhantes à requisição administrativa para incidência no período em que a destinação do veículo aguardaria definição. Observou-se que a legalidade da medida dependeria do exame no curso do processo legislativo da União. O Min. Luiz Fux enfatizou que a Constituição estabeleceria a competência privativa da União para legislar sobre trânsito e transporte (CF, art. 22, XI). Em acréscimo, assinalou a edição do Código de Trânsito Brasileiro – CTB, em que fixadas as consequências específicas para a apreensão de veículos particulares (CTB, art. 328). Assim, ao versar sobre sanções administrativas da infração, preveria expressa e pontualmente o destino dos veículos após o decurso do lapso de noventa dias. Reputou que a lei estadual, ao desconsiderar por completo a legislação federal, trataria do tema de forma inteiramente distinta, a tornar imperativo o emprego dos veículos mencionados em atividades da própria Administração Pública. A par disso, sublinhou ser evidente existir antinomia jurídica instaurada na espécie. De igual modo, se a apreensão estivesse fundada em ordem judicial, também configuraria inconstitucionalidade por usurpação da competência da União para legislar sobre direito processual. Consignou que a forma de alienação ou de emprego de bens tomados judicialmente seria questão a integrar o cerne de matéria processual, a orientar a própria atividade jurisdicional. A Min. Cármen Lúcia entendeu que a norma impugnada, inclusive, seria lacônica. ADI 3639/RN, Rel. Min. Joaquim Barbosa, 23.5.2013. Pleno. (Info 707)

▸ *ADI: uso de veículos apreendidos e competência*

O Plenário iniciou exame de ação direta de inconstitucionalidade ajuizada, pelo Procurador-Geral da República, contra as Leis 5.717/98 e 6.931/2001, ambas do Estado do Espírito Santo, que autorizava a utilização, pela polícia militar ou pela polícia civil estadual, de veículos apreendidos e não identificados quanto à procedência e à propriedade, exclusivamente no trabalho de repressão penal. O Min. Dias Toffoli, relator, julgou procedente o pedido formulado, no que foi acompanhado pelos Ministros Ricardo Lewandowski, Rosa Weber e Luiz Fux. Destacou que a Constituição, na parte em que fixaria a competência legislativa dos entes federados, teria outorgado à União, privativamente, a faculdade de editar normas sobre trânsito e transporte. Em divergência, a Min. Cármen Lúcia considerou o pleito improcedente, no que foi seguida pelos Ministros Marco Aurélio, Celso de Mello e Joaquim Barbosa, Presidente. Obtemperou não se tratar de matéria correlata a trânsito, mas concernente à administração. Recordou que norma do Código de Trânsito Brasileiro permitiria que veículos fossem levados a hasta pública, embora constituísse permissão que nem sempre ocorreria. O Min. Marco Aurélio aduziu que o ente federado não teria invadido a esfera de competência da União porque, ante a inexistência de lei geral, os Estados-membros exerceriam normatividade plena, nos termos previstos na Constituição. Para o Min. Celso de Mello, a matéria em causa não envolveria trânsito e transporte, mas, sim, típica norma de caráter administrativo, integrada no âmbito de autonomia do próprio Estado-membro. Após, o julgamento foi suspenso para colher-se os votos dos demais Ministros. ADI 3327/ES, Rel. Min. Dias Toffoli, 11.4.2013. Pleno. (Info 701)

▸ *ADI: uso de veículos apreendidos e competência – 2*

O Plenário retomou julgamento de ação direta de inconstitucionalidade ajuizada contra as Leis 5.717/98 e 6.931/2001, ambas do Estado do Espírito Santo, que autorizam a utilização, pela polícia militar ou pela polícia civil estadual, de veículos apreendidos e não identificados quanto à procedência e à propriedade, exclusivamente no trabalho de repressão penal. Nesta assentada, os Ministros Teori Zavascki e Gilmar Mendes, ao acompanharem a divergência iniciada pela Min. Cármen Lúcia, consideraram o pleito improcedente. O Min. Teori Zavascki asseverou que os diplomas não tratariam de trânsito. O Min. Gilmar Mendes salientou que as leis cuidariam apenas da destinação dos bens apreendidos, o que configuraria disciplina meramente administrativa, de competência do estado-membro. O Min. Marco Aurélio, por sua vez, reajustou o voto anteriormente proferido, para julgar o pedido procedente. Asseverou que a competência normativa do tema estaria restrita à União, por versar disciplina do Código de Trânsito Brasileiro. Após, verificado empate na votação, deliberou-se suspender o julgamento para aguardar-se o voto do 11º membro da Corte. ADI 3327/ES, Rel. Min. Dias Toffoli, 16.5.2013. Pleno. (Info 706)

▸ *Comercialização de produtos em recipientes reutilizáveis e competência*

O Plenário julgou improcedente pedido formulado em ação direta ajuizada contra a Lei 3.874/2002, do Estado do Rio de Janeiro, que dispõe sobre a comercialização de produtos por meio de vasilhames, recipientes ou embalagens reutilizáveis. Afastou-se alegação de inconstitucionalidade formal da norma, por suposto vício de competência legislativa, pois esta seria concorrente dos estados-membros, do Distrito Federal e da União, no tocante à defesa do consumidor. Frisou-se que o diploma não disciplinaria matéria de direito de marcas e patentes ou relacionada à propriedade intelectual. Lembrou-se que a Corte apreciara lei de redação idêntica em outra oportunidade (ADI 2359) e também julgara improcedente aquele pleito, haja vista o disposto no art. 24, V e VIII, da CF. ADI 2818/RJ, Rel. Min. Dias Toffoli, 9.5.2013. Pleno. (Info 705)

▸ *Destinação de armas de fogo apreendidas e competência*

O estado-membro não tem competência para legislar sobre uso de armas de fogo apreendidas. Com base nessa orientação, o Plenário julgou procedente pedido formulado em ação direta, para declarar a inconstitucionalidade da Lei 11.060/2002, do Estado de São Paulo. A norma impugnada dispõe sobre o uso, pelas polícias civil e militar da referida entidade federativa, das armas de fogo apreendidas. De início, ressaltou-se que a existência de regulamentação federal sobre a matéria (Estatuto do Desarmamento) não impediria a análise em abstrato do diploma atacado com base exclusivamente no texto constitucional. Aduziu-se, na sequência, que a lei paulista possuiria peculiaridade, porquanto teria previsto que a transferência das armas de fogo ocorreria nos termos da legislação federal em vigor. Destacou-se que, ao assim proceder, a norma em tela incorporaria ao ordenamento jurídico estadual regras de competência privativa da União, a quem caberia legislar sobre comércio de material bélico e direito processual penal. Asseverou-se que o estado-membro não possuiria qualquer relação com o tema, de maneira que não lhe seria permitido utilizar-se da técnica de remissão à lei federal, distinto do que aconteceria se envolvida matéria de competência comum. O Min. Marco Aurélio consignou a impropriedade da manifestação do Advogado-Geral da União na defesa do ato questionado. ADI 3193/SP, Rel. Min. Marco Aurélio, 9.5.2013. Pleno. (Info 705)

▸ *Sistema monetário e lei estadual*

À luz do entendimento esposado no julgamento do RE 561836/RN, apreciado nesta assentada, o Plenário julgou prejudicada, por perda superveniente de objeto, arguição de descumprimento de preceito fundamental em que discutida a competência para disciplinar a matéria referente à conversão de padrão monetário, tendo em vista a existência da Lei federal 8.880/94 e da Lei 6.612/94, do Estado do Rio Grande do Norte. Reputou-se que a lei potiguar teria sido declarada, "incidenter tantum", inconstitucional no julgamento supracitado, por tratar de tema cuja competência seria exclusiva da União. ADPF 174/RN, Rel. Min. Luiz Fux, 26.9.2013. Pleno. (Info 721)

▸ *Telecomunicações e competência legislativa – 1*

Por vislumbrar aparente usurpação da competência privativa da União para legislar sobre telecomunicações (CF: Art. 21: XI), o Plenário deferiu pedido de medida cautelar em ação direta de inconstitucionalidade, proposta pela Associação das Operadoras de Celulares – Acel, a fim de suspender a eficácia da Lei 4.084/2011, do Estado de Mato Grosso do Sul. A norma impugnada versa sobre a validade de créditos alusivos à telefonia móvel. O Min. Gilmar Mendes aventou a possibilidade de converter-se a liminar em exame de mérito, principalmente, nas hipóteses a envolver competência legislativa e matérias já pacificadas na Corte. Destacou-se que, na espécie, isso não seria possível, porquanto ausentes, nos autos, as manifestações do Procurador-Geral da República e do Advogado-Geral da União. ADI 4715 MC/DF, Rel. Min. Marco Aurélio, 7.2.2013. Pleno. (Info 694)

▸ *Telecomunicações e competência legislativa – 2*

Com base no fundamento acima expendido, o Plenário deferiu medida cautelar em ação direta de inconstitucionalidade, ajuizada pela Associação Brasileira de Concessionárias de Serviço Telefônico Fixo Comutado – Abrafix, para suspender a eficácia da Lei 14.150/2012, do Estado do Rio Grande do Sul. A norma questionada veda a cobrança de assinatura básica pelas concessionárias de telefonias fixa e móvel naquela unidade federativa. O Min. Ricardo Lewandowski, relator, salientou que o processo não estaria aparelhado para que houvesse pronunciamento sobre o mérito da ação. ADI 4907 MC/RS, Rel. Min. Ricardo Lewandowski, 7.2.2013. Pleno. (Info 694)

▸ *Telecomunicações e competência legislativa – 3*

Na mesma linha acima referida, o Plenário deferiu pedido de medida cautelar em ação direta de inconstitucionalidade, ajuizada pela Associação Brasileira das Prestadoras de Serviços de Telecomunicações Competitivas – Telecomp, para suspender a eficácia da vigência dos arts. 1º a 4º da Lei 2.659/2011, do Estado de Rondônia. O ato normativo obriga empresa concessionária de serviços de telefonia celular a fornecer, mediante solicitação, informações sobre a localização de aparelhos de clientes à polícia judiciária estadual, ressalvado o sigilo do conteúdo das ligações telefônicas. O Min. Teori Zavascki acompanhou a conclusão, porém, por fundamento diverso. Entreviu não se tratar de lei a disciplinar telecomunicações, mas sim produção de prova em inquérito policial. Ressaltou que, como a causa de pedir em ação direta seria aberta, nada impediria a concessão da cautelar por ofensa ao art. 22, I, da CF, que trataria de matéria penal e processual penal. ADI 4739 MC/DF, Rel. Min. Marco Aurélio, 7.2.2013. Pleno. (Info 694)

▸ ***Fila de banco. Competência. AgRg no AI 568.674-RJ. Rel. Min. Marco Aurélio***

Competência legislativa. Fila de banco. Tempo de espera. Interesse local – precedente. De acordo com o entendimento consolidado no Supremo, compete aos municípios legislar sobre o período máximo ao qual os clientes de instituições bancárias podem ser submetidos, no aguardo de atendimento. (Info 697)

▸ ***ADI e criação de município***

O Plenário concedeu medida cautelar em ação direta de inconstitucionalidade, para suspender a eficácia da Lei 2.264/2010, do Estado de Rondônia, por vislumbrar aparente ofensa ao art. 18, § 4º, da CF, que estabelece a previsão da forma mediante a qual poderá haver a criação de novos municípios no Brasil. A norma impugnada criara a municipalidade de Extrema de Rondônia, a partir de desmembramento de área territorial de Porto Velho, fixara os seus limites, bem como informara os distritos que integrariam a municipalidade criada. Ponderou-se que, até a presente data, não fora editada a lei complementar a que aludiria o art. 18, § 4º, da CF. Destacou-se a pacífica jurisprudência da Corte quanto ao procedimento constitucionalmente previsto para a criação de municípios, que não fora observado na espécie. ADI 4992 MC/RO, Rel. Min. Gilmar Mendes, 26.6.2013. Pleno. (Info 712)

▸ ***Fornecimento de água e obrigatoriedade – 3***

Em conclusão, o Plenário, por maioria, julgou procedente pedido formulado em ação direta, ajuizada pelo Governador do Estado de Santa Catarina, para declarar a inconstitucionalidade da Lei estadual 11.560/2000, que torna obrigatório o fornecimento de água potável pela Companhia Catarinense de Águas e Saneamento – Casan, com caminhão-pipa, sempre que houver interrupção no fornecimento normal. A norma adversada prevê, também, o cancelamento automático da cobrança da conta referente ao mês em que ocorrido o não fornecimento, ainda que eventual. Na espécie, salientou-se que haveria duas questões essenciais a serem enfrentadas: a) se a distribuição de água constituiria ou não serviço de natureza local, de competência dos municípios; e b) se no regime de concessão, o estabelecimento de normas quanto ao serviço concedido constituiria atribuição privativa do poder concedente ou se a matéria poderia ser disciplinada por lei estadual, uma vez que o Estado de Santa Catarina deteria o controle do capital social da prestadora do serviço. Asseverou-se que a competência para legislar sobre assuntos locais que a Constituição atribuiria aos municípios (art. 30, I) incluiria a distribuição de água potável. Destacou-se que, em face da ideia da preponderância do interesse, a realização de determinada tarefa haveria de ser atribuída ao ente federativo capaz de atender, de modo mais efetivo, ao interesse comum, consentâneo com o princípio da subsidiariedade, a reger as relações entre os entes da Federação. Aduziu-se que o Estado de Santa Catarina não poderia substituir-se aos municípios que contrataram com a Casan. Sequer poderia determinar àquela companhia, ainda que mediante lei estadual, o fornecimento de água em caminhões-pipa. Afirmou-se que o ente federativo tampouco poderia instituir isenção tarifária a favor dos usuários. O modo e a forma de prestação dos serviços configurariam normas de caráter regulamentar, cuja elaboração seria de competência exclusiva do poder concedente, ao passo que a remuneração destes estaria condicionada ao equilíbrio econômico-financeiro das concessões. ADI 2340/SC, Rel. Min. Ricardo Lewandowski, 6.3.2013. Pleno. (Info 697)

▸ ***Fornecimento de água e obrigatoriedade – 4***

O Min. Gilmar Mendes apontou que a essência da autonomia municipal abrangeria primordialmente autoadministração, a significar a capacidade decisória quanto aos interesses locais sem delegação ou aprovação hierárquica, e autogoverno. Frisou que, no caso, não se cuidaria de regiões metropolitanas, mas de lei estadual a disciplinar o fornecimento de água para todos os municípios catarinenses. Mencionou ser notório que poucos municípios teriam condições de atender, por si sós, à função pública de saneamento básico. Dessa forma, esta extrapolaria o interesse local e passaria a ter natureza de interesse comum, apta a ser tratada não só pela legislação municipal. Pontuou que, embora a lei impugnada tivesse o intuito de proteger o usuário do serviço, adentraria a competência dos municípios, em patente inconstitucionalidade formal. O Min. Celso de Mello enfatizou que, conquanto tivesse indeferido a medida cautelar, posteriormente, após maior reflexão, adotara, em questão análoga, posição que lhe pareceria mais compatível com o sistema de repartição material de competências legislativas em âmbito do Estado Federal. Por conseguinte, julgou procedente o pleito, a despeito do extremo valor da água como bem comum, que deveria ser acessível a todos. ADI 2340/SC, Rel. Min. Ricardo Lewandowski, 6.3.2013. Pleno. (Info 697)

▸ ***Serviços de água e saneamento básico – 4***

Por vislumbrar aparente ofensa ao princípio da autonomia dos municípios, o Plenário, em conclusão de julgamento, concedeu parcialmente medida cautelar em ação direta de inconstitucionalidade, proposta pelo Partido dos Trabalhadores – PT, para suspender a eficácia dos artigos 59, V, e 228, caput, da Constituição do Estado da Bahia, com a redação dada pela EC 7/99. ADI 2077 MC/BA, red. p/ ac. Min. Joaquim Barbosa, 6.3.2013. Pleno. (Info 697)

▸ ***Estado-membro: criação de região metropolitana – 7***

O Plenário retomou julgamento de ação direta de inconstitucionalidade ajuizada pelo Partido Democrático Trabalhista – PDT contra dispositivos da LC 87/97, do Estado do Rio de Janeiro – que "dispõe sobre a Região Metropolitana do Rio de Janeiro, sua composição, organização e gestão, e sobre a Microrregião dos Lagos, define as funções públicas e serviços de interesse comum e dá outras providências" –, e os artigos 8º a 21 da Lei 2.869/97, do mesmo Estado-membro, a qual trata do regime de prestação do serviço público de transporte ferroviário e metroviário de passageiros e do serviço público de saneamento básico na mencionada unidade da Federação, e dá outras providências. Rejeitou-se, por maioria, preliminar de insuficiência de quórum para prosseguimento do feito. Registrou-se que 2 Ministros não mais comporiam a Corte já teriam proferido voto, que não mais poderia ser modificado. Por essa razão, a presença deles em Plenário não seria necessária para fins de quórum. ADI 1842/RJ, red. p/ ac. Min. Gilmar Mendes, 28.2.2013. Pleno. (Info 696)

▸ *Estado-membro: criação de região metropolitana – 8*

Afastada preliminar de inépcia da inicial, no mérito, por maioria, julgou-se parcialmente procedente o pleito, para declarar a inconstitucionalidade: a) da expressão "a ser submetida à Assembleia Legislativa", constante do inciso I do art. 5º; b) do § 2º do art. 4º; c) do parágrafo único do art. 5º; d) dos incisos I, II, IV e V do art. 6º; e) do art. 7º; f) do art. 10; e g) do § 2º do art. 11, todos da LC 87/97. De igual modo, declarou-se a inconstitucionalidade dos arts. 11 a 21 da Lei 2.869/97. Ademais, julgou-se prejudicado o pedido quanto ao: a) Decreto 24.631/98, do Estado do Rio de Janeiro; b) art. 1º, caput e § 1º; c) art. 2º, caput; d) art. 4º, caput e incisos I a VII; e e) art. 11, caput e incisos I a VI, todos da LC 87/97, porquanto esses dispositivos teriam sido alterados de forma superveniente pelas Leis Complementares 89/98, 97/2001 e 105/2002, bem como pelo Decreto 24.804/98, diplomas do Estado do Rio de Janeiro. O Min. Joaquim Barbosa, Presidente, salientou que o art. 25, § 3º, da CF imporia a conclusão de que não deveria haver conflito entre o estabelecimento de regiões metropolitanas e a autonomia municipal. Entendeu que os dispositivos impugnados violariam esta última, por alijar os municípios do processo decisório quanto à concessão e permissão de serviços de interesse comum dos entes integrantes da região metropolitana, bem como da organização, do planejamento e da execução desses serviços, ao transferir exclusivamente ao Estado-membro essas competências. Nesta assentada, reajustou seu voto anteriormente proferido para acompanhar a maioria quanto à inconstitucionalidade do § 2º do art. 4º e do § 2º do art. 11, ambos da LC 87/97. ADI 1842/RJ, red. p/ ac. Min. Gilmar Mendes, 28.2.2013. Pleno. (Info 696)

▸ *Estado-membro: criação de região metropolitana – 9*

Por sua vez, o Min. Gilmar Mendes entendeu que o serviço de saneamento básico, no âmbito de regiões metropolitanas, microrregiões e aglomerados urbanos, constituiria interesse coletivo que não poderia estar subordinado à direção de único ente, mas deveria ser planejado e executado de acordo com decisões colegiadas em que participassem tanto os municípios compreendidos como o Estado federado. Frisou que, nesses casos, o poder concedente do serviço de saneamento básico nem permaneceria fracionado entre os municípios, nem seria transferido para o Estado-membro, mas deveria ser dirigido por estrutura colegiada, instituída por meio da lei complementar estadual que criaria o agrupamento de comunidades locais, em que a vontade de um único ente não fosse imposta a todos os demais participantes. Assim, esta estrutura deveria regular o serviço de saneamento básico de forma a dar viabilidade técnica e econômica ao adequado atendimento do interesse coletivo. Ressaltou que a mencionada estrutura colegiada poderia ser implementada tanto por acordo, mediante convênios, quanto de forma vinculada, na instituição dos agrupamentos de municípios, e a instituição de agências reguladoras poderia se provar como forma eficiente de estabelecer padrão técnico na prestação e concessão coletivas do serviço e saneamento básico. ADI 1842/RJ, red. p/ ac. Min. Gilmar Mendes, 28.2.2013. Pleno. (Info 696)

▸ *Estado-membro: criação de região metropolitana – 10*

O Min. Ricardo Lewandowski, em voto-vista, ao acompanhar a maioria, corroborou que, para a efetivação dos valores constitucionais em jogo, bastaria que nenhum dos integrantes do ente regional fosse excluído dos processos decisórios que ocorressem, ou pudesse, sozinho, definir os rumos de gestão. Destacou, ainda, a necessidade de participação popular no planejamento regional. Sublinhou a democracia participativa como um dos valores mais caros da CF/88. Reputou contraditório que a Constituição houvesse garantido, às associações representativas de munícipes, a faculdade de intervir no planejamento local (CF, art. 29, XII), para retirar-lhes esse direito, caso as comunas viessem a integrar ente regional (CF, art. 25, § 3º). O Min. Teori Zavascki frisou que a definição sobre o sistema constitucionalmente mais adequado para gestão das regiões metropolitanas – matéria reservada à discrição política do legislador estadual, que deveria considerar as particularidades próprias de cada agrupamento de municípios – não poderia se constituir em pura e simples transferência de competências municipais para o âmbito do estado-membro. A Min. Rosa Weber registrou a necessidade de participação do estado-membro e dos municípios envolvidos, não necessariamente em paridade. ADI 1842/RJ, red. p/ ac. Min. Gilmar Mendes, 28.2.2013. Pleno. (Info 696)

▸ *Estado-membro: criação de região metropolitana – 11*

Vencidos os Ministros Maurício Corrêa, relator, e Marco Aurélio, em menor extensão. O relator julgava o pedido improcedente. Salientava posicionamento da Corte no sentido de que a instituição de regiões metropolitanas, aglomerações urbanas e microrregiões dependeria apenas de lei complementar estadual (ADI 1841/RJ, DJU de 20.9.2002). Considerava legítima a reunião de municípios territorialmente próximos pelo estado-membro, a prestigiar a concretização do pacto federativo e dos princípios da eficiência e da economicidade. Ressaltava caber àquele ente federado a responsabilidade pela adequada prestação dos serviços metropolitanos. O Min. Marco Aurélio, por sua vez, julgava parcialmente procedente o pleito, para declarar a inconstitucionalidade das expressões "condicionada sua execução à ratificação pelo Governador do Estado" e "a ser submetido à Assembléia Legislativa", contidas, respectivamente, no § 2º do art. 4º e no inciso I do art. 5º, ambos da LC 87/97. Anotava que o poder de veto atribuído ao Governador e à Assembleia Legislativa pela LC 87/97 criara inequívoco desequilíbrio federativo. Concluía que a lei complementar contestada não implicara subtrair dos municípios que comporiam a Região Metropolitana e a Microrregião dos Lagos a gestão plena sobre os serviços atrelados ao saneamento localmente prestados. Ao contrário, reconhecera-os como detentores de legítimos interesses no modo como seriam executados pelo estado-membro ou por delegação deste. Ao fazê-lo, todavia, o Estado do Rio de Janeiro não estaria autorizado a criar modelo que lhe possibilitasse assumir o controle dos serviços comuns de modo unilateral. Tanto a literalidade quanto a teleologia do art. 25, § 3º, da CF indicariam que a região metropolitana, as microrregiões e as aglomerações urbanas seriam um esforço cooperativo. ADI 1842/RJ, red. p/ ac. Min. Gilmar Mendes, 28.2.2013. Pleno. (Info 696)

▸ ***Estado-membro: criação de região metropolitana – 12***

Em seguida, passou-se à deliberação quanto à proposta formulada pelo Min. Gilmar Mendes, em sessão anterior, no sentido de que fossem modulados os efeitos da declaração para que só tivesse eficácia a partir de 24 meses após a conclusão do presente julgamento. Reputara razoável esse lapso de tempo, dentro do qual poderia o legislador estadual reapreciar o tema, para constituir modelo de prestação de saneamento básico, nas áreas de integração metropolitana, dirigido por órgão colegiado, com participação dos municípios pertinentes e do próprio Estado do Rio de Janeiro. Após os votos dos Ministros Ricardo Lewandowski e Teori Zavascki, que acompanharam o suscitante, e o voto do Min. Marco Aurélio, que não aderia à proposta, por entender que particularidades do caso concreto deveriam ser solucionadas por instrumento próprio, pediu vista dos autos o Ministro Luiz Fux – para manifestar-se apenas quanto a esta questão, uma vez suceder o Relator, que já proferira voto quanto ao mérito. ADI 1842/RJ, red. p/ ac. Min. Gilmar Mendes, 28.2.2013. Pleno. (Info 696)

▸ ***Estado-membro: criação de região metropolitana – 13***

Em conclusão, o Plenário, por maioria, ao acolher proposta do Min. Gilmar Mendes, modulou os efeitos de decisão em ação direta, ajuizada pelo Partido Democrático Trabalhista – PDT, na qual declarada a inconstitucionalidade: a) da expressão "a ser submetida à Assembleia Legislativa", constante do inciso I do art. 5º; b) do § 2º do art. 4º; c) do parágrafo único do art. 5º; d) dos incisos I, II, IV e V do art. 6º; e) do art. 7º; f) do art. 10; e g) do § 2º do art. 11, todos da LC 87/97, do Estado do Rio de Janeiro. De igual modo, reconhecida a inconstitucionalidade dos arts. 11 a 21 da Lei 2.869/97, do mencionado estado-membro. Ademais, assentado o prejuízo do pedido quanto ao: a) Decreto 24.631/98, do Estado do Rio de Janeiro; b) art. 1º, caput e § 1º; c) art. 2º, caput; d) art. 4º, caput e incisos I a VII; e e) art. 11, caput e incisos I a VI, todos da LC 87/97. Estabeleceu-se que a declaração teria eficácia apenas 24 meses após a conclusão do julgamento. O Min. Luiz Fux assinalou que a súbita transferência da gestão dos serviços públicos prestados no âmbito fluminense, decorrente de imediata necessidade de adequação ao que decidido por esta Corte, poderia inviabilizar a continuidade dos serviços públicos prestados, bem como ocasionar incerteza jurídica e problemas substanciais aos usuários. ADI 1842/RJ, red. p/ ac. Min. Gilmar Mendes, 6.3.2013. Pleno. (Info 697)

ADMINISTRAÇÃO PÚBLICA

- **CF, artigos 37 a 42.**

✦ DICAS

1. **Constituição e a atuação administrativa:** de acordo com os ensinamentos de Gustavo Binenbojm (*Uma teoria do Direito Administrativo*: direitos fundamentais, democracia e constitucionalização. Rio de Janeiro: Renovar, 2006), as políticas públicas não estão mais restritas à interposição legislativa, pois "a reserva vertical de lei foi substituída por uma reserva vertical de Constituição. **A Constituição para passa a figurar como norma diretamente habilitadora da atuação administrativa**, havendo uma verdadeira 'osmose entre a Constituição e a lei'. Pode-se, assim, dizer, com Canotilho, que se abre caminho para 'uma legalidade sem lei'. [...] **a Constituição se presta (i) não só como norma direta e imediatamente habilitadora de competências administrativas, como também (ii) serve de critério imediato de decisão administrativa**". Assim, em apertada síntese, pode-se dizer que, na condução da máquina administrativa e das políticas públicas, o administrador não mais se submete à mera legalidade estrita, mas sim aos preceitos que emanam diretamente da Constituição Federal.
2. **Princípios da Administração Pública: p**ara memorizar os princípios da administração pública que constam do artigo 37, da CF, o amigo leitor pode valer-se da clássica expressa mnemônica **"LIMPE"**.

Princípios da Administração Pública	
L	egalidade
I	mpessoalidade
M	oralidade
P	ublicidade
E	ficiência
LIMPE	

3. O **conteúdo do Princípio da Legalidade** (art. 37, *caput*, da CF) **não exclui a possibilidade de atividade discricionária pela Administração Pública**, desde que observados os limites da lei, quando esta deixa alguma margem para a Administração agir conforme os critérios de conveniência e oportunidade. Isso porque, é ínsita à atividade administrativa a tomada de decisões políticas, que se referem às opções que o administrador pode escolher na administração dos bens e serviços públicos. Por exemplo: um administrador pode decidir entre a construção de uma escola ou hospital (valendo-se de critérios de conveniência e oportunidade), e ambas são opções políticas legítimas. Entretanto, para materializar a obra, ele deverá abrir procedimento licitatório, pois a Constituição Federal (art. 37, XXI) e a Lei 8.666/93 lhe impõem esse dever (limites da lei).

4. A Administração Pública pode ser **direta** (prestada pela própria pessoa política, União, Estado ou Município) ou **indireta** (descentralizada para outra pessoa jurídica, Autarquia, Fundação, Empresa Pública ou Sociedade de Economia Mista).

5. Somente por **lei específica** poderá ser criada autarquia e autorizada a instituição de empresa pública, de sociedade de economia mista e de fundação, cabendo à **lei complementar**, neste último caso (fundação), definir as áreas de sua atuação.

6. Depende de **autorização legislativa**, em cada caso, a criação de subsidiárias de empresa pública, assim como a participação de qualquer delas em empresa privada.

7. A **autonomia gerencial, orçamentária e financeira dos órgãos e entidades da administração direta e indireta poderá ser ampliada** mediante contrato, a ser firmado entre seus administradores e o poder público, que tenha por objeto a fixação de metas de desempenho para o órgão ou entidade, cabendo à lei dispor sobre prazo de duração do contrato, os controles e critérios de avaliação de desempenho, direitos, obrigações e responsabilidade dos dirigentes, bem como a remuneração do pessoal.

8. A **administração fazendária** e seus servidores fiscais terão, dentro de suas áreas de competência e jurisdição, **precedência sobre os demais setores administrativos**, na forma da lei (art. 37, XVIII, da CF).

9. A **publicidade dos atos, programas, obras, serviços e campanhas dos órgãos públicos** deverá ter **caráter educativo, informativo ou de orientação,** dela não podendo constar nomes, símbolos ou imagens que caracterizem promoção pessoal de autoridades ou servidores públicos.

- No ARE 652777, julgado em 2015 e relatado pelo Ministro Teori Zavascki, em que se reconheceu repercussão geral, **o STF entendeu ser legítima a publicação, inclusive em sítio eletrônico mantido pela Administração Pública, dos nomes dos seus servidores e do valor dos correspondentes vencimentos e vantagens pecuniárias.**

10. As obras, serviços, compras e alienações, ressalvados os casos especificados na legislação, serão contratados mediante processo de **licitação pública** que assegure igualdade de condições a todos os concorrentes, com cláusulas que estabeleçam obrigações de pagamento, mantidas as condições efetivas da proposta, nos termos da lei, o qual somente permitirá as exigências de qualificação técnica e econômica indispensáveis à garantia do cumprimento das obrigações.

11. Concurso Público

- Quanto a **concurso público e o princípio da igualdade**, segundo **entendimento do STF**, é possível: a) fixação limites etários máximos para a admissão de pessoal no serviço público em atenção à natureza das atribuições do cargo a ser preenchido; e b) estabelecimento de limites mínimos de altura para candidatos em concurso público.

CONCURSO PÚBLICO E O PRINCÍPIO DA IGUALDADE Segundo entendimento do STF é possível:
a) fixação **limites etários máximos** para a admissão de pessoal no serviço público em atenção à natureza das atribuições do cargo a ser preenchido (Súmula 683, do STF);
b) estabelecimento de **limites mínimos de altura** para candidatos em concurso público;

- Súmula 683, do STF: "O limite de idade para a inscrição em concurso público só se legitima em face do art. 7º, XXX, da Constituição, quando possa ser justificado pela natureza das atribuições do cargo a ser preenchido."

- Segundo a jurisprudência do STF: "Razoabilidade da exigência de altura mínima para ingresso na carreira de delegado de polícia, dada a natureza do cargo a ser exercido. Violação ao princípio da isonomia. Inexistência." (RE 140.889, Rel. p/ o ac. Min. Maurício Corrêa, julgamento em 30-5-2000, Segunda Turma, DJ de 15-12-2000.)

- No **RE 598.099**, julgado em 2011 e relatado pelo Ministro Gilmar Mendes, o STF assentou que: "Dentro do prazo de validade do concurso, **a administração poderá escolher o momento no qual se realizará a nomeação**, mas não poderá dispor sobre a própria nomeação, a qual, de acordo com o edital, passa a constituir um direito do concursando aprovado e, dessa forma, um dever imposto ao Poder Público. **Uma vez publicado o edital do concurso com número específico de vagas, o ato da administração que declara os candidatos aprovados no certame cria um dever de nomeação para a própria administração** e, portanto, um direito à nomeação titularizado pelo candidato aprovado dentro desse número de vagas. (...) O dever de boa-fé da administração pública exige o respeito incondicional às regras do edital, inclusive quanto à previsão das vagas do concurso público". **Entretanto**, quando se afirma que a Administração Pública tem a obrigação de nomear os aprovados dentro do número de vagas previsto no edital, **deve-se levar em consideração a possibilidade de situações excepcionalíssimas que justifiquem soluções diferenciadas**, devidamente motivadas de acordo com o interesse público. Não se pode ignorar que determinadas situações excepcionais podem exigir a recusa da Administração Pública de nomear novos servidores. Para justificar o excepcionalíssimo não cumprimento do dever de nomeação por parte da Administração Pública, é necessário que a situação justificadora seja dotada das seguintes características: a) Superveniência: os eventuais fatos ensejadores de uma situação excepcional devem ser necessariamente posteriores à publicação do edital do certame público; b) Imprevisibilidade: a situação deve ser determinada por circunstâncias extraordinárias, imprevisíveis à época da publicação do edital; c) Gravidade: os acontecimentos extraordinários e imprevisíveis devem ser extremamente graves, implicando onerosidade excessiva, dificuldade ou mesmo impossibilidade de cumprimento efetivo das regras do edital; d) Necessidade: a solução drástica e excepcional de não cumprimento do dever de nomeação deve ser extremamente necessária, de forma que a Administração somente pode adotar tal medida quando absolutamente não existirem outros meios menos gravosos para lidar com a situação excepcional e imprevisível. De toda forma, a recusa de nomear candidato aprovado dentro do número de vagas deve ser devidamente motivada e, dessa forma, passível de controle pelo Poder Judiciário.

- A **Súmula 15 do STF** dispõe: "Dentro do prazo de validade do concurso, o candidato aprovado tem **direito à nomeação, quando o cargo for preenchido sem observância da classificação**."
- "A **abertura de novo concurso**, no prazo de validade de concurso anterior, não gera direito de nomeação para os candidatos aprovados no primeiro, mas apenas **prioridade sobre os novos concursados**." (STF. RMS 22.926, julgado em 1997 e relatado pelo Ministro Ilmar Galvão).
- A exigência constitucional de reserva de vagas para portadores de deficiência em concurso público **não pode** ser afastada se o percentual legalmente previsto for inferior a um, hipótese em que a fração deve ser arredondada, obedecendo a regra constitucional constante no art. 37, VIII, da CF.

12. Os cargos, empregos e funções públicas são acessíveis aos brasileiros que preencham os requisitos legais, **assim como aos estrangeiros**, na forma da lei (art. 37, I, da CF).

13. É **inconstitucional** toda modalidade de provimento que propicie ao servidor investir-se, sem prévia aprovação em concurso público destinado ao seu provimento, em cargo que não integra a carreira na qual anteriormente investido (Súmula Vinculante 43).

14. Adquire **estabilidade, após três anos de efetivo exercício**, o servidor nomeado para cargo de provimento efetivo em virtude de concurso público, consoante art. 41, *caput*, da CF.

15. Em 2007, no bojo dos Mandados de Injunção (MIs) 670, 708 e 712, o STF autorizou **a aplicação da lei de greve da iniciativa privada** (Lei 7.783/89) **para garantir o exercício grevista regular dos servidores públicos.**

- Vale notar, entretanto, que o STF vem entendendo pela **inadmissibilidade de exercício de greve por policiais**. "O direito constitucional de greve atribuído aos servidores públicos em geral não ampara indiscriminadamente todas as categorias e carreiras, mas antes excepciona casos como o de agentes armados e policiais cujas atividades não podem ser paralisadas, ainda que parcialmente, sem graves prejuízos para a segurança e a tranquilidade pública. (Ministro Gilmar Mendes, ao negar seguimento ao MI 774).

16. Tanto a vinculação quanto a equiparação de quaisquer espécies remuneratórias no serviço público **são vedadas** para o efeito de remuneração de pessoal das carreiras públicas (art. 37, XIII, da CF).

17. É **vedada a acumulação** remunerada de cargos ou empregos públicos, exceto, quando houver compatibilidade de horários, nos seguintes casos: a) a de dois cargos de professor; b) a de um cargo de professor com outro técnico ou científico; c) a de dois cargos ou empregos privativos de profissionais de saúde, com profissões regulamentadas.

ACUMULAÇÃO REMUNERADA DE CARGOS PÚBLICOS	
1. Regra →	Vedação/Impossibilidade
2. Exceções	a) dois cargos de professor b) um cargo de professor com outro técnico ou científico c) dois cargos ou empregos privativos de profissionais de saúde, com profissões regulamentadas

- **Cuidado! Não é possível** a acumulação nos seguintes casos:

  a) de cargo técnico com outro privativo de profissional da saúde;

  b) de mais de dois cargos ou empregos públicos (três ou mais).

  c) de dois cargos técnicos;

18. As **funções de confiança**, exercidas exclusivamente por servidores ocupantes de cargo efetivo, e os **cargos em comissão**, a serem preenchidos por servidores de carreira nos casos, condições e percentuais mínimos previstos em lei, **destinam-se apenas às atribuições de direção, chefia e assessoramento**.

19. **A nomeação de cargos de natureza política não está incluída nas proibições elencadas pela Súmula Vinculante 13, que veda a prática do nepotismo** em qualquer dos Poderes de todos os Entes Federados no Brasil, nos seguintes termos: "A nomeação de cônjuge, companheiro ou parente em linha reta, colateral ou por afinidade, até o terceiro grau, inclusive, da autoridade nomeante ou de servidor da mesma pessoa jurídica, investido em cargo de direção, chefia ou assessoramento, para o exercício de cargo em comissão ou de confiança, ou, ainda, de função gratificada na Administração Pública direta e indireta, em qualquer dos Poderes da União, dos Estados, do Distrito Federal e dos municípios, compreendido o ajuste mediante designações recíprocas, viola a Constituição Federal."

20. **Reintegração:** invalidação da pena de demissão aplicada a servidor público, com o retorno ao cargo, sem prejuízo da indenização. Se quem estiver em seu lugar for estável, será reconduzido ao cargo anteriormente ocupado, ou será afastado com vencimentos proporcionais, ou aproveitado em outro cargo (sem direito a indenização), mas se quem estava no lugar não era estável, será simplesmente exonerado.

21. A **exoneração** somente será a pedido ou por conveniência da administração, já a **demissão** é sempre a título de punição.

- O servidor público ocupante de cargo efetivo **não pode ser exonerado segundo livre critério da autoridade competente**, pois os casos de perda de cargo estão previstos no § 1º do art. 41 da CF (I – Em virtude de sentença judicial transitada em julgado; II – Mediante Processo Administrativo em que lhe seja assegurada ampla defes; III – Mediante Procedimento de Avaliação Periódica de Desempenho, na forma da lei complementar, assegurada ampla defeda).
- No caso da **falta de necessidade do cargo**, o servidor **ficará em disponibilidade**, com remuneração proporcional ao tempo de serviço, até o seu adequado aproveitamento em outro cargo.
- O servidor público ocupante de cargo efetivo **não pode ser exonerado *ad nutum***, com base em decreto que declara a desnecessidade do cargo (Súmula 21 do STF).

22. Os **vencimentos** referem-se ao vencimento básico somado às gratificações permanentes previstas em lei (art. 1º, da Lei 8.852/94), que se aplicam aos agentes administrativos submetidos a regime estatutário, os denominados servidores públicos.

23. Já o **subsídio**, na lição de Leandro Bortoleto "é o pagamento de uma única parcela, sem subdivisões [...] forma normalmente adotada para se remunerar os agentes políticos" (*Direito Administrativo*. Salvador: Juspodivm, 2012, p. 142).

24. Segundo Hely Lopes Meirelles "**vantagens pecuniárias** são acréscimos de estipêndio do servidor, concedidas a título definitivo ou transitório, pela decorrência do tempo de serviço (*ex facto temporis*), ou pelo desempenho de funções especiais (*ex facto officii*), ou em razão das condições anormais em que se realiza o serviço (*propter laborem*), ou, finalmente, em razão de condições pessoais do servidor (*propter personam*). As duas primeiras espécies constituem os adicionais (adicionais de vencimento e adicionais de função), as duas últimas formam a categoria das gratificações (gratificações de serviço e gratificações pessoais). (*Direito Administrativo Brasileiro*, 18 ed. São Paulo: Malheiros, 1993, p. 402). Portanto, pode-se dizer que **os vencimentos abrangem vantagens pecuniárias (gratificações)**

25. O membro de Poder, o detentor de mandato eletivo, os Ministros de Estado e os Secretários Estaduais e Municipais serão remunerados exclusivamente por **subsídio fixado em parcela única** (e não em quatro parcelas, trimestrais), vedado o acréscimo de qualquer gratificação, adicional, abono, prêmio, verba de representação ou outra espécie remuneratória.

26. É vedada a **vinculação ou equiparação de quaisquer espécies remuneratórias** para o efeito de remuneração de pessoal do serviço público.

27. Os **acréscimos pecuniários percebidos por servidor público** não serão computados e acumulados para fins de concessão de acréscimos ulteriores.

28. A fixação dos **padrões de vencimento e dos demais componentes do sistema remuneratório** observará a natureza, o grau de responsabilidade e a complexidade dos cargos componentes de cada carreira; os requisitos para a investidura; e as peculiaridades dos cargos.

29. A Lei da União, dos Estados, do Distrito Federal e dos Municípios disciplinará a aplicação de recursos orçamentários provenientes da economia com despesas correntes em cada órgão, autarquia e fundação, para aplicação no desenvolvimento de programas de qualidade e produtividade, treinamento e desenvolvimento, modernização, reaparelhamento e racionalização do serviço público, **inclusive** sob a forma de adicional ou prêmio de produtividade (art. 39, § 7º, da CF).

30. A remuneração dos servidores públicos deve ser fixada por lei específica, assegurada a revisão geral anual, **sempre na mesma data e sem distinção de índices**, e não depois de decorrido o prazo mínimo de um ano do último reajuste concedido à categoria.

31. A **fixação de vencimentos dos servidores** públicos não pode ser objeto de **convenção coletiva** (Súmula 679 do STF).

32. O **teto salarial do funcionalismo público**, previsto no texto constitucional e cujo parâmetro é o subsídio dos ministros do STF, **aplica-se** aos servidores da administração direta, autárquica e fundacional, e também, aos empregados das empresas públicas e sociedades de economia mista, e suas subsidiárias, que receberem recursos da União, dos Estados, do DF ou dos Municípios para pagamento de despesas de pessoal ou de custeio em geral (art. 37, § 9º, da CF).

33. A União, os Estados e o Distrito Federal manterão escolas de governo para a formação e o aperfeiçoamento dos servidores públicos, constituindo-se a participação nos cursos um dos requisitos para a promoção na carreira, **facultada** (e não sendo obrigatória), para isso, a celebração de convênios ou contratos entre os entes federados, que deverão promovê-los anualmente.

- **Súmula Vinculante 37**: "Não cabe ao Poder Judiciário, que não tem função legislativa, aumentar vencimentos de servidores públicos sob fundamento de isonomia".

34. Aos servidores titulares de cargos efetivos da União, dos Estados, do Distrito Federal e dos Municípios, **incluídas** suas autarquias e fundações, é assegurado **regime de previdência de caráter contributivo e solidário**, mediante contribuição do respectivo ente público, dos servidores ativos e inativos e dos pensionistas, observados critérios que preservem o equilíbrio financeiro e atuarial.

35. Os servidores abrangidos pelo regime de previdência **serão aposentados**: I – por invalidez permanente, sendo os proventos proporcionais ao tempo de contribuição, exceto se decorrente de acidente em serviço, moléstia profissional ou doença grave, contagiosa ou incurável, na forma da lei; II – compulsoriamente, aos setenta anos de idade, com proventos proporcionais ao tempo de contribuição; III – voluntariamente, desde que cumprido tempo mínimo de dez anos de efetivo exercício no serviço público e cinco anos no cargo efetivo em que se dará a aposentadoria, observadas as seguintes condições: a) sessenta anos de idade e trinta e cinco de contribuição, se homem, e cinqüenta e cinco anos de idade e trinta de contribuição, se mulher; b) sessenta e cinco anos de idade, se homem, e sessenta anos de idade, se mulher, com proventos proporcionais ao tempo de contribuição.

36. Os **proventos de aposentadoria** e as pensões, por ocasião de sua concessão, **não** poderão exceder a remuneração do respectivo servidor, no cargo efetivo em que se deu a aposentadoria ou que serviu de referência para a concessão da pensão.

37. Os proventos **nunca poderão ser excedentes ao subsídio mensal, em espécie, dos Ministros do Supremo Tribunal Federal**, o que não abrange as parcelas de caráter indenizatório previstas em lei.

<table>
<tr><th colspan="5">REGRAS CONSTITUCIONAIS PARA APOSENTADORIA DO SERVIDOR</th></tr>
<tr><th>Modalidade</th><th>Sexo</th><th>Requisito</th><th>Aposentadoria</th><th>Limite/Teto</th></tr>
<tr><td>I. Por Invalidez Permanente</td><td>Homem ou Mulher</td><td>Invalidez Permanente</td><td>Com proventos proporcionais ao tempo de contribuição, exceto se decorrente de acidente em serviço, moléstia profissional ou doença grave, contagiosa ou incurável.</td><td rowspan="10">Proventos nunca excedentes ao subsídio mensal, em espécie, dos Ministros do Supremo Tribunal Federal</td></tr>
<tr><td>II. Compulsoriamente</td><td>Homem ou Mulher</td><td>70 ou 75 anos de idade, na forma de lei complementar</td><td>Com proventos proporcionais ao tempo de contribuição.</td></tr>
<tr><td rowspan="8">III. Voluntariamente</td><td rowspan="3">1. Homem</td><td>a) 60 anos de idade + 35 anos de contribuição</td><td>Com proventos integrais, nunca excedentes à remuneração do servidor em atividade</td></tr>
<tr><td colspan="2">OU</td></tr>
<tr><td>a) 65 anos de idade</td><td>Com proventos proporcionais ao tempo de contribuição</td></tr>
<tr><td rowspan="3">2. Mulher</td><td>a) 55 anos de idade + 30 anos de contribuição</td><td>Com proventos integrais, nunca excedentes à remuneração do servidor em atividade</td></tr>
<tr><td colspan="2">OU</td></tr>
<tr><td>b) 60 anos de idade</td><td>Com proventos proporcionais ao tempo de contribuição</td></tr>
<tr><td colspan="3">E</td></tr>
<tr><td>3. Homem e Mulher</td><td>Tempo mínimo de dez anos de efetivo exercício no serviço público e cinco anos no cargo efetivo em que se dará a aposentadoria</td><td></td></tr>
</table>

38. É **vedada a existência de mais de um regime próprio de previdência social para os servidores titulares de cargos efetivos.**

39. Notários e registradores: "O art. 40, § 1º, II, da CB, na redação que lhe foi conferida pela EC 20/1998, está restrito aos cargos efetivos da União, dos Estados-membros, do Distrito Federal e dos Municípios – incluídas as autarquias e fundações. Os serviços de registros públicos, cartorários e notariais são exercidos em caráter privado por delegação do Poder Público – serviço público não privativo. **Os notários e os registradores exercem atividade estatal, entretanto não são titulares de cargo público efetivo, tampouco ocupam cargo público. Não são servidores públicos, não lhes alcançando a compulsoriedade imposta pelo mencionado art. 40 da CF/1988 – aposentadoria compulsória aos setenta anos de idade."** (ADI 2.602, julgada em 2005 e relatada para o acórdão pelo Ministro Eros Grau).

40. As pessoas jurídicas de direito público e as de direito privado prestadoras de serviços públicos **responderão pelos danos que seus agentes, nessa qualidade, causarem a terceiros**, assegurado o direito de regresso contra o responsável nos casos de dolo ou culpa.

41. Segundo o STF, "A **responsabilidade civil das pessoas jurídicas de direito privado prestadoras de serviço público é objetiva relativamente a terceiros usuários, e não usuários do serviço**, segundo decorre do art. 37, § 6º, da CF. A inequívoca presença do nexo de causalidade entre o ato administrativo e o dano causado ao terceiro não usuário do serviço público é condição suficiente para estabelecer a responsabilidade objetiva da pessoa jurídica de direito privado." (RE 591.874, julgado em 2009 e relatado pelo Ministro Ricardo Lewandowski).

42. A lei disporá sobre os requisitos e as restrições ao ocupante de cargo ou emprego da administração direta e indireta que possibilite o acesso a informações privilegiadas.

43. A Administração pode anular seus próprios atos, quando eivados de vícios que os tornem ilegais, porque deles não se originam direitos, ou revogá-los, por motivo de conveniência ou oportunidade, mas **não pode** fazer revisão de direitos adquiridos, consoante súmula 473 do STF.

44. Os atos de improbidade administrativa importarão a **suspensão** de direitos políticos, a perda da função pública, a indisponibilidade de bens e o ressarcimento ao erário, na forma e gradação previstas em lei, **sem prejuízo da ação penal cabível**.

- **Súmulas**
- **Súmula Vinculante 21:** É inconstitucional a exigência de depósito ou arrolamento prévios de dinheiro ou bens para a admissibilidade de recurso administrativo.

SEPARAÇÃO DOS PODERES

- **CF, artigos 44 a 126 da CF.**

✦ DICAS

1. **Separação dos Poderes**: são **independentes e harmônicos entre si**, o Executivo, o Legislativo e o Judiciário, que se fiscalizam, uns aos outros, em mecanismo de freios e contrapesos, eliminando-se os excesso e desvios.

- Piero Calamandrei ensina que o **critério orgânico** explica o exercício da função estatal a partir do órgão responsável por seu exercício. Sendo assim, a função jurisdicional (jurisdição) é aquela exercida fundamentalmente pelo Poder Judiciário. Ao seu lugar, a função de administrar ou executar pertence ao Poder Executivo. Por fim, a função de legislar é a desempenhada pelo Poder Legislativo. (c.f. Instituições de Direito Processual Civil. 1 V. Campinas: booksellers, 2003). Desta feita, é o critério orgânico que considera como jurisdição aquilo que o legislador constituinte incluiu na competência dos órgãos Judiciários e como administração o que conferiu aos órgãos do Executivo.

2. Em âmbito Federal, o **Poder Legislativo** é exercido pelo Congresso Nacional, que se compõe da Câmara dos Deputados e do Senado Federal.

- O Congresso Nacional reúne-se, anualmente, na Capital Federal, de 2 de **fevereiro** (não janeiro) a **17 de julho** (não 30 de junho) e de 1º de agosto a 22 de dezembro, nos termos do art. 57, *caput*, da CF.

- Salvo disposição constitucional em contrário, as **deliberações** de cada Casa do Congresso Nacional e de suas Comissões serão tomadas por maioria dos votos, presente a maioria absoluta de seus membros.

ATIVIDADE LEGISLATIVA DO CONGRESSO NACIONAL	
Legislatura	Período de 4 anos de atividade legislativa
Sessão Legislativa	Período compreendido entre 2 de fevereiro a 17 de julho e 1º de agosto a 22 de dezembro de cada ano
Sessão Extraordinária	Ocorre por convocação ou do Presidente do Senado Federal ou do Presidente da Câmara dos Deputados ou do Presidente da República ou a requerimento da maioria dos membros de ambas as Casas, em caso de urgência ou interesse público relevante.
Sessão Conjunta	Reunião da Câmara dos Deputados e do Senado Federal destinada, por exemplo, a conhecer do veto presidencial e sobre ele deliberar.

- A **Câmara dos Deputados** compõe-se de representantes do povo, eleitos, pelo sistema proporcional, em cada Estado, em cada Território e no Distrito Federal.
- Os Deputados Federais representam o povo e possuem mandato de quatro anos (art. 45, da CF), **o mesmo período de duração da legislatura do Congresso Nacional**.
- Cada **Território** elegerá quatro Deputados Federais.
- O **Senado Federal** compõe-se de representantes dos Estados e do Distrito Federal, eleitos segundo o princípio majoritário para mandato de oito anos. Com esse mandato, o Senador exercerá o cargo por duas legislaturas. A renovação se dará de quatro em quatro anos, alternadamente, por um e dois terços.
- Cada Estado e o Distrito Federal elegerão **3 Senadores.**
- A Câmara dos Deputados e o Senado Federal, **ou qualquer de suas Comissões**, poderão convocar **Ministro de Estado** ou quaisquer titulares de órgãos diretamente subordinados à Presidência da República para prestarem, pessoalmente, informações sobre assunto previamente determinado, **importando crime de responsabilidade a ausência sem justificação adequada,** de modo que a convocação é absolutamente constitucional, e a ausência injustificada do Ministro importaria crime de responsabilidade.
- Compete exclusivamente ao Congresso Nacional **sustar os atos normativos** do Poder Executivo que exorbitem do poder regulamentar ou dos limites de delegação legislativa.
- Compete exclusivamente ao Congresso Nacional resolver definitivamente apenas sobre tratados acordos ou atos internacionais **que acarretem encargos ou compromissos gravosos ao patrimônio nacional,** e não sobre tratados de qualquer natureza.
- Compete exclusivamente ao Congresso Nacional aprovar o estado de defesa e a intervenção federal, e **autorizar** o estado de sítio, ou **suspender** qualquer dessas medidas, consoante disposto no art. 49, IV, da CF.
- Para não haver confusão, quanto às **contas do Presidente da República**, memorizar: TCU **aprecia** as contas (art. 71, I, da CF), o Congresso Nacional **julga** as contas (art. 49, IX, da CF) e a Câmara dos Deputados **procede a tomada** de contas (art. 51, II, da CF).
- O Presidente da República somente pode **ausentar-se do país por período superior a 15 dias se o Congresso Nacional autorizá-lo**, nos termos do art. 49, III, da CF.

3. Imunidades

- **Imunidade Material/Inviolabilidade:** Deputados e Senadores são **invioláveis**, civil e penalmente, por quaisquer de suas opiniões, palavras e votos.
- **Imunidade Formal:** desde a expedição do diploma, os membros do Congresso Nacional **não poderão ser presos**, salvo em flagrante de crime inafiançável. Nesse caso, os autos serão remetidos dentro de 24 horas à Casa respectiva, para que, pelo voto da maioria de seus membros, resolva sobre a prisão.
- Deputados e Senadores, desde a **expedição do diploma**, serão submetidos a julgamento perante o **Supremo Tribunal Federal**.
- Recebida a denúncia contra o Senador ou Deputado, por crime ocorrido após a diplomação, o Supremo Tribunal Federal dará ciência à Casa respectiva, que, **por iniciativa de partido político** nela representado e pelo voto da maioria de seus membros, **poderá**, até a decisão final, **sustar o andamento** da ação. Assim, **o STF não precisa de licença** da Cada Legislativa para processar um de seus membros.
- No bojo do HC 89.417, julgado pelo STF em 2006 e relatado pela Ministra Carmem Lúcia ficou consignado que, nem sempre, devem ser aplicadas as regras dos parágrafos 2º e 3º do art. 52, da CF (imunidades), *in verbis*: "Os elementos contidos nos autos impõem interpretação que considere mais que a regra proibitiva da prisão de parlamentar, isoladamente, como previsto no art. 53, § 2º, da CR. Há de se buscar interpretação que conduza à aplicação efetiva e eficaz do sistema constitucional como um todo. **A norma constitucional que cuida da imunidade parlamentar e da proibição de prisão do membro de órgão legislativo não pode ser tomada em sua literalidade, menos ainda como regra isolada do sistema constitucional**. Os princípios determinam a interpretação e aplicação corretas da norma, sempre se considerando os fins a que ela se destina. A Assembleia Legislativa do Estado de Rondônia, composta de 24 deputados, dos quais, 23 estão indiciados em diversos inquéritos, afirma situação excepcional e, por isso, não se há de aplicar a regra constitucional do art. 53, § 2º, da CF, de forma isolada e insujeita aos princípios fundamentais do sistema jurídico vigente".
- A **inviolabilidade parlamentar não se estende ao congressista quando, na condição de candidato a qualquer cargo eletivo, vem a ofender, moralmente, a honra de terceira pessoa**, inclusive a de outros candidatos, em pronunciamento motivado por finalidade exclusivamente eleitoral, que não guarda qualquer conexão com o exercício das funções congressuais. Segundo o STF, "o postulado republicano – que repele privilégios e não tolera discriminações – impede que o parlamentar-candidato tenha, sobre seus concorrentes, qualquer vantagem de ordem jurídico-penal resultante da garantia da imunidade parlamentar, sob pena de dispensar-se, ao congressista, nos pronunciamentos estranhos à atividade legislativa, tratamento diferenciado e seletivo, capaz de gerar, no contexto do processo eleitoral, inaceitável quebra da essencial igualdade que deve existir entre todos aqueles

que, parlamentares ou não, disputam mandatos eletivos". (Inq-QO 1400, julgado em 2002 e relatado pelo Ministro Celso de Mello).

- "Perda do mandato parlamentar. Entendimento da maioria no sentido de que **não cabe ao Poder Judiciário decretar a perda de mandato de parlamentar federal, em razão de condenação criminal. Determinação de comunicação à respectiva Casa para instauração do procedimento do art. 55, § 2º, da Constituição Federal**" (STF. AP 572, julgada em 2014 e relatada pelo Ministro Gilmar Mendes).
- **Os Vereadores gozam de imunidade material** (inviolabilidade) relativa às suas opiniões, palavras e votos, no exercício do mandato e na **circunscrição (limites territoriais) do Município** a que estejam vinculados.
- A **imunidade formal** (que garante regras especiais para a prisão e o processo de Parlamentar) **não se aplica aos Vereadores**, por falta de expressa previsão no Texto Constitucional. Aliás, esse é o posicionamento do STF sobre o tema: "O Tribunal, por maioria, julgou procedente o pedido formulado na inicial de ação direta ajuizada pelo Procurador-Geral da República para declarar a inconstitucionalidade da expressão abaixo destacada, constante da parte final do inciso XVII, do art. 13, da Constituição do Estado de Sergipe, que estabelece "a inviolabilidade do vereador por suas opiniões, palavras e votos, no exercício do mandato e na circunscrição do Município, não podendo, desde a expedição do diploma até a inauguração da legislatura seguinte, ser preso, salvo em flagrante de crime inafiançável, nem processado criminalmente sem prévia autorização da Câmara Municipal, cujo deferimento da licença ou ausência de deliberação suspende a prescrição enquanto durar o mandato;". Considerou-se caracterizada na espécie a ofensa ao art. 22, I, da CF/88, que prevê a competência privativa da União para legislar sobre direito penal e processual. O Min. Sepúlveda Pertence também julgou procedente o pedido formulado, mas por fundamento diverso, qual seja, por ofensa ao art. 29, VIII – "inviolabilidade dos vereadores por suas opiniões, palavras e votos no exercício do mandato e na circunscrição do município". – haja vista que a CF, ao estender expressamente aos vereadores a imunidade material, excluiu implicitamente a que eles se aplicasse a imunidade formal. Vencido o Min. Marco Aurélio que julgava improcedente o pedido formulado, por considerar que os vereadores devem gozar das mesmas prerrogativas quanto ao exercício do mandato no que diz respeito aos deputados federais e senadores. ADI 371, julgada em 2002 e relatada pelo Ministro Maurício Corrêa).

4. Comissão Parlamentar de Inquérito – CPI

- **STF e as CPIs:** "Criação de CPI: requisitos constitucionais. O Parlamento recebeu dos cidadãos, não só o poder de representação política e a competência para legislar, mas também o mandato para fiscalizar os órgãos e agentes do Estado, respeitados, nesse processo de fiscalização, os limites materiais e as exigências formais estabelecidas pela CF. O direito de investigar – que a Constituição da República atribuiu ao Congresso Nacional e às Casas que o compõem (art. 58, § 3º) – tem, no inquérito parlamentar, o instrumento mais expressivo de concretização desse relevantíssimo encargo constitucional, que traduz atribuição inerente à própria essência da instituição parlamentar. A instauração do inquérito parlamentar, para viabilizar-se no âmbito das Casas legislativas, está vinculada, unicamente, à satisfação de três exigências definidas, de modo taxativo, no texto da Carta Política: **(1) subscrição do requerimento de constituição da CPI por, no mínimo, 1/3 dos membros da Casa legislativa, (2) indicação de fato determinado a ser objeto de apuração e (3) temporariedade da CPI.** Preenchidos os requisitos constitucionais (CF, art. 58, § 3º), impõe-se a criação da CPI, que não depende, por isso mesmo, da vontade aquiescente da maioria legislativa. Atendidas tais exigências (CF, art. 58, § 3º), cumpre, ao presidente da Casa legislativa, adotar os procedimentos subsequentes e necessários à efetiva instalação da CPI, não lhe cabendo qualquer apreciação de mérito sobre o objeto da investigação parlamentar, que se revela possível, dado o seu caráter autônomo (RTJ 177/229 – RTJ 180/191-193), ainda que já instaurados, em torno dos mesmos fatos, inquéritos policiais ou processos judiciais. A prerrogativa institucional de investigar, deferida ao Parlamento (especialmente aos grupos minoritários que atuam no âmbito dos corpos legislativos), não pode ser comprometida pelo bloco majoritário existente no Congresso Nacional e que, por efeito de sua intencional recusa em indicar membros para determinada CPI (ainda que fundada em razões de estrita conveniência político-partidária), culmine por frustrar e nulificar, de modo inaceitável e arbitrário, o exercício, pelo Legislativo (e pelas minorias que o integram), do poder constitucional de fiscalização e de investigação do comportamento dos órgãos, agentes e instituições do Estado, notadamente daqueles que se estruturam na esfera orgânica do Poder Executivo. (...) Legitimidade passiva ad causam do presidente do Senado Federal – autoridade dotada de poderes para viabilizar a composição das comissões parlamentares de inquérito." (MS 24.831, julgado em 2005 e relatado pelo Ministro Celso de Mello).
- De acordo com o STF, "O **princípio da colegialidade** traduz diretriz de fundamental importância na regência das deliberações tomadas por qualquer CPI, notadamente quando esta, no desempenho de sua competência investigatória, ordena a adoção de medidas restritivas de direitos, como aquelas que importam na revelação (disclosure) das operações financeiras ativas e passivas de qualquer pessoa. A **legitimidade do ato de quebra do sigilo bancário**, além de supor a plena adequação de tal

medida ao que prescreve a Constituição, deriva da necessidade de a providência em causa respeitar, quanto à sua adoção e efetivação, o princípio da colegialidade, sob pena de essa deliberação reputar-se nula." (MS 24.817, Rel. Min. Celso de Mello, julgamento em 3-2-2005, Plenário, DJE de 6-11-2009.) Ademais, no bojo do MS 23.669, julgado no ano 2000, o Supremo Tribunal Federal decidiu que "A quebra do sigilo bancário, que compreende a ruptura da esfera de intimidade financeira da pessoa, quando determinada por ato de qualquer Comissão Parlamentar de Inquérito, **depende, para revestir-se de validade jurídica, da aprovação da maioria absoluta dos membros que compõem o órgão de investigação legislativa** (Lei nº 4.595/64, art. 38, § 4º)".

- À luz da jurisprudência do STF, "Existe, no sistema político-jurídico brasileiro, um verdadeiro **estatuto constitucional das minorias parlamentares**, cujas prerrogativas – notadamente aquelas pertinentes ao direito de investigar – devem ser preservadas pelo Poder Judiciário, a quem incumbe proclamar o alto significado que assume, para o regime democrático, a essencialidade da proteção jurisdicional a ser dispensada ao direito de oposição, analisado na perspectiva da prática republicana das instituições parlamentares. A norma inscrita no art. 58, § 3º, da CR destina-se a ensejar a participação ativa das minorias parlamentares no processo de investigação legislativa, sem que, para tanto, mostre-se necessária a concordância das agremiações que compõem a maioria parlamentar. O direito de oposição, especialmente aquele reconhecido às minorias legislativas, para que não se transforme numa prerrogativa constitucional inconsequente, há de ser aparelhado com instrumentos de atuação que viabilizem a sua prática efetiva e concreta no âmbito de cada uma das Casas do Congresso Nacional. **A maioria legislativa não pode frustrar o exercício, pelos grupos minoritários que atuam no Congresso Nacional, do direito público subjetivo que lhes é assegurado pelo art. 58, § 3º, da Constituição e que lhes confere a prerrogativa de ver efetivamente instaurada a investigação parlamentar, por período certo, sobre fato determinado**. Precedentes: MS 24.847/DF, Rel. Min. Celso de Mello. A ofensa ao direito das minorias parlamentares constitui, em essência, um desrespeito ao direito do próprio povo, que também é representado pelos grupos minoritários que atuam nas Casas do Congresso Nacional. (...) O requisito constitucional concernente à observância de 1/3 (um terço), no mínimo, para criação de determinada CPI (CF, art. 58, § 3º), refere-se à subscrição do requerimento de instauração da investigação parlamentar, que traduz exigência a ser aferida no momento em que protocolado o pedido junto à Mesa da Casa legislativa, tanto que, 'depois de sua apresentação à Mesa', consoante prescreve o próprio Regimento Interno da Câmara dos Deputados (art. 102, § 4º), não mais se revelará possível a retirada de qualquer assinatura. **Preenchidos os requisitos constitucionais (CF, art. 58, § 3º), impõe-se a criação da CPI, que não depende, por isso mesmo, da vontade aquiescente da maioria legislativa**. Atendidas tais exigências (CF, art. 58, § 3º), cumpre, ao presidente da Casa legislativa, adotar os procedimentos subsequentes e necessários à efetiva instalação da CPI, não se revestindo de legitimação constitucional o ato que busca submeter, ao Plenário da Casa legislativa, quer por intermédio de formulação de questão de ordem, quer mediante interposição de recurso ou utilização de qualquer outro meio regimental, a criação de qualquer CPI. **A prerrogativa institucional de investigar, deferida ao Parlamento (especialmente aos grupos minoritários que atuam no âmbito dos corpos legislativos), não pode ser comprometida pelo bloco majoritário existente no Congresso Nacional**, que não dispõe de qualquer parcela de poder para deslocar, para o Plenário das Casas legislativas, a decisão final sobre a efetiva criação de determinada CPI, sob pena de frustrar e nulificar, de modo inaceitável e arbitrário, o exercício, pelo Legislativo (e pelas minorias que o integram), do poder constitucional de fiscalizar e de investigar o comportamento dos órgãos, agentes e instituições do Estado, notadamente daqueles que se estruturam na esfera orgânica do Poder Executivo. **A rejeição de ato de criação de CPI, pelo Plenário da Câmara dos Deputados, ainda que por expressiva votação majoritária, proferida em sede de recurso interposto por líder de partido político que compõe a maioria congressual, não tem o condão de justificar a frustração do direito de investigar que a própria CR outorga às minorias que atuam nas Casas do Congresso Nacional**." (MS 26.441, julgado em 2007 e relatado pelo Ministro Celso de Mello).

- "A fundamentação exigida das Comissões Parlamentares de Inquérito quanto à **quebra de sigilo bancário, fiscal, telefônico e telemático não ganha contornos exaustivos** equiparáveis à dos atos dos órgãos investidos do ofício judicante. Requer-se que constem da deliberação as razões pelas quais veio a ser determinada a medida" (MS 24.749 julgado em 2004 e relatado pelo Ministro Marco Aurélio).

- De acordo com o STF, "**O sigilo bancário, o sigilo fiscal e o sigilo telefônico (sigilo este que incide sobre os dados/registros telefônicos e que não se identifica com a inviolabilidade das comunicações telefônicas) – ainda que representem projeções específicas do direito à intimidade, fundado no art. 5º, X, da Carta Política – não se revelam oponíveis, em nosso sistema jurídico, às comissões parlamentares de inquérito**, eis que o ato que lhes decreta a quebra traduz natural derivação dos poderes de investigação que foram conferidos, pela própria CR, aos órgãos de investigação parlamentar. As CPIs, no entanto, para decretarem, legitimamente, por autoridade própria, a quebra do sigilo bancário, do sigilo fiscal e/ou do sigilo telefônico, relativamente a pessoas por elas investigadas, devem demonstrar, a partir de meros indícios, a existência concreta de causa provável que legitime a medida excepcional (ruptura da esfera de intimidade de quem se acha sob investigação), justificando a necessidade de sua efetivação no procedimento de ampla investigação dos fatos determinados que deram causa à instauração do inquérito parlamentar, sem prejuízo de ulterior controle jurisdicional dos atos em referência (CF, art. 5º, XXXV). As deliberações de qualquer comissão parlamentar de inquérito, à semelhança do que também ocorre com as decisões judiciais (RTJ 140/514), quando destituídas de motivação, mostram-se írritas e despojadas de eficácia jurídica, pois nenhuma medida restritiva de direitos pode ser adotada pelo Poder Público, sem que o ato que a decreta seja adequadamente fundamentado pela autoridade estatal." (MS 23.452, julgado em 1999 e relatado pelo Ministro Celso de Mello).

- A testemunha e o indiciado, quando convocados, **não são obrigados a responder às perguntas que possam incriminá-los, em razão do seu direito constitucional ao silêncio e a não autoincriminação**. Entretanto, tanto o indiciado quanto a testemunha tem **o dever de ao menos comparecer** à CPI.
- É possível a ampliação da atuação de CPI para além da finalidade para a qual ela tenha sido criada. Segundo o STF, **fatos inicialmente imprevistos podem ser acrescidos a uma CPI que esteja em funcionamento** (HC 71.039, julgado em 1996).

É constitucionalmente **legítima** a decisão judicial, emanada por autoridade competente, determinando o compartilhamento de registros bancários entre diversos órgãos de investigação. Também é possível a ampliação do objeto da investigação no curso dos trabalhos. Assim decidiu o STF: "Quarta preliminar. Prova emprestada. Caso 'Banestado'. **Autorização de compartilhamento tanto pela Comissão Parlamentar Mista de Inquérito como pelo STF. Legalidade.** Quinta preliminar. **Ampliação do objeto de investigação de CPI no curso dos trabalhos. Possibilidade**. Precedentes. Sexta preliminar. Quebra de sigilo pela CPMI. Fundamento exclusivo em matéria jornalística. Alegação inconsistente. Posterior autorização para quebra também pelo relator, no âmbito do inquérito e das ações cautelares incidentais. Sétima preliminar. Dados de empréstimo fornecidos pelo Banco Central. Pedido direto do Ministério Público. Ilegalidade. Ausência. Requisição feita pela CPMI dos Correios. Posterior autorização de compartilhamento com o Ministério Público para instrução do inquérito. Legalidade. (...) Oitava preliminar. Dados fornecidos ao Ministério Público pelo banco BMG. **Existência de decisão judicial de quebra de sigilo proferida pelo presidente do STF e, posteriormente, de modo mais amplo, pelo relator do inquérito. Ausência de ilegalidade**." (Inq 2.245, Rel. Min. Joaquim Barbosa, julgamento em 28-8-2007, Plenário, DJ de 9-11-2007.)

- De acordo com o STF, "**Não aparentam caracterizar abuso de exposição da imagem pessoal na mídia, a transmissão e a gravação de sessão em que se toma depoimento de indiciado, em CPI.**" (MS 24.832, julgado em 2004, e relatado pelo Ministro Cezar Peluso).
- Nos termos da jurisprudência do STF, "**O privilégio contra a autoincriminação – que é plenamente invocável perante as CPIs – traduz direito público subjetivo** assegurado a qualquer pessoa, que, na condição de testemunha, de indiciado ou de réu, deva prestar depoimento perante órgãos do Poder Legislativo, do Poder Executivo ou do Poder Judiciário. O exercício do direito de permanecer em silêncio não autoriza os órgãos estatais a dispensarem qualquer tratamento que implique restrição à esfera jurídica daquele que regularmente invocou essa prerrogativa fundamental. Precedentes. **O direito ao silêncio** – enquanto poder jurídico reconhecido a qualquer pessoa relativamente a perguntas cujas respostas possam incriminá-la (*nemo tenetur se detegere*) – impede, quando concretamente exercido, que aquele que o invocou venha, por tal específica razão, a ser preso, ou ameaçado de prisão, pelos agentes ou pelas autoridades do Estado. Ninguém pode ser tratado como culpado, qualquer que seja a natureza do ilícito penal cuja prática lhe tenha sido atribuída, sem que exista, a esse respeito, decisão judicial condenatória transitada em julgado. O princípio constitucional da não culpabilidade, em nosso sistema jurídico, consagra uma regra de tratamento que impede o Poder Público de agir e de se comportar, em relação ao suspeito, ao indiciado, ao denunciado ou ao réu, como se estes já houvessem sido condenados definitivamente por sentença do Poder Judiciário." (HC 79.812, julgado no ano 2000 e relatado pelo Ministro Celso de Mello).

- Para facilitar, preparamos os seguintes quadros:

CPI pode	**a) quebrar sigilo fiscal, bancário e de dados;** **b) ouvir testemunhas e, se for o caso, determinar condução coercitiva (garantido o direito ao silêncio);** **c) ouvir investigados ou indiciados (garantido o direito ao silêncio).**

CPI não pode	**a) determinar busca domiciliar;** **b) determinar interceptação telefônica ou quebra do sigilo de comunicação telefônica (mas poderá determinar quebra do sigilo de dados telefônicos, ou seja, dos registros pretéritos em lista);** **c) determinar prisão (salvo em flagrante, como no falso testemunho).**

- As comissões parlamentares de inquérito **não são permanentes,** pois são criadas para a apuração de fato determinado e por prazo certo. Além disso, possuem **poderes de investigação próprios das autoridades judiciais**, mas **não podem** aplicar sanções, devendo, se for o caso, encaminhar suas conclusões ao Ministério Público, para que promova a responsabilidade civil ou criminal dos infratores.

5. **Tribunal de Contas:** o controle externo, a cargo do Congresso Nacional, será exercido com o auxílio do Tribunal de Contas da União – TCU.

- **Natureza e Poderes do TCU:** de acordo com o STF, "A posição constitucional dos Tribunais de Contas – órgãos investidos de autonomia jurídica – inexistência de qualquer vínculo de subordinação institucional ao poder legislativo – atribuições do Tribunal de Contas que traduzem direta emanação da própria Constituição da República. Os Tribunais de Contas ostentam posição eminente na estrutura constitucional brasileira, não se achando subordinados, por qualquer vínculo de ordem hierárquica, ao Poder Legislativo, de que não são órgãos delegatários nem organismos de mero assessoramento técnico. A competência institucional dos Tribunais de Contas não deriva, por isso mesmo, de delegação dos órgãos do Poder Legislativo, mas traduz emanação que resulta, primariamente, da própria Constituição da República. Doutrina. Precedentes." (ADI 4.190-MC-REF, Rel. Min. Celso de Mello, julgamento em 10-3-2010, Plenário, DJE de 11-6-2010.)

- **TCU e Poderes Implícitos:** "(...) a atribuição de poderes explícitos, ao Tribunal de Contas, tais como enunciados no art. 71 da Lei Fundamental da República, supõe que se lhe reconheça, ainda que por implicitude, a titularidade de meios destinados a viabilizar a adoção de medidas cautelares vocacionadas a conferir real efetividade às suas deliberações finais, permitindo, assim, que se neutralizem situações de lesividade, atual ou iminente, ao erário público. Impende considerar, no ponto, em ordem a legitimar esse entendimento, a formulação que se fez em torno dos poderes implícitos, cuja doutrina, construída pela Suprema Corte dos Estados Unidos da América, no célebre caso McCulloch v. Maryland (1819), enfatiza que a outorga de competência expressa a determinado órgão estatal importa em deferimento implícito, a esse mesmo órgão, dos meios necessários à integral realização dos fins que lhe foram atribuídos. (...) É por isso que entendo revestir-se de integral legitimidade constitucional a atribuição de índole cautelar, que, reconhecida com apoio na teoria dos poderes implícitos, permite, ao TCU, adotar as medidas necessárias ao fiel cumprimento de suas funções institucionais e ao pleno exercício das competências que lhe foram outorgadas, diretamente, pela própria CR." (MS 24.510, Rel. Min. Ellen Gracie, voto do Min. Celso de Mello, julgamento em 19-11-2003, Plenário, DJ de 19-3-2004.)

6. **Processo Legislativo**

- O **processo legislativo compreende** a elaboração de: I – emendas à Constituição; II – leis complementares; III – leis ordinárias; IV – leis delegadas; V – medidas provisórias; VI – decretos legislativos e; VII – resoluções.

- A **Lei Complementar** exige aprovação por maioria absoluta, enquanto a **Lei Ordinária** é aprovada por maioria simples dos membros presentes à sessão, desde que presente a maioria absoluta dos membros de cada Casa ou de suas Comissões.

- As matérias que devem ser regradas por **Lei Complementar** encontram-se taxativamente indicadas no texto constitucional (ao longo dos dispositivos) e, desde que não seja assunto específico de normatização por decreto legislativo ou resolução, o regramento de todo o resíduo competirá à lei ordinária (conclusão que se extrai a partir de interpretação sistemática do texto constitucional).

- **Não** existe **hierarquia** entre lei complementar e lei ordinária, nem entre lei federal e lei estadual.

- As matérias reservadas à Lei Complementar **não** serão objeto de **delegação** do Congresso ao Presidente da República.

- Se uma **lei denominada de complementar versar sobre matéria relativa a lei ordinária** (ou seja, para a qual não seria exigível lei complementar), então ela poderá ser revogada também por lei ordinária posterior. Esse é o entendimento do STF (RE, 377.457, julgado em 2008 e relatado pelo Ministro Gilmar Mendes).
- Na apreciação de **projeto de lei delegada** pelo Congresso Nacional, não são admitidas emendas parlamentares.
- A discussão e votação dos **Projetos de Lei Ordinária não** devem, obrigatoriamente, ter início na Câmara dos Deputados. Somente os projetos de lei de iniciativa do Presidente da República, do Supremo Tribunal Federal e dos Tribunais Superiores terão início obrigatoriamente na Câmara dos Deputados (art. 64, da CF).
- A **correção redacional** a um projeto de lei ordinária **não importa** em retorno à casa iniciadora. Somente se exige o retorno à Casa iniciadora se a emenda parlamentar introduzida acarretar modificação no sentido da proposição jurídica, o que não ocorre quando há mera correção de redação.
- "**Não é necessária a reapreciação**, pela Câmara dos Deputados, de expressão suprimida pelo Senado Federal em texto de proposta de emenda constitucional que, na redação remanescente, aprovada por ambas as Casas do Congresso Nacional, **não perdeu sentido normativo**". (STF, ADI 3.367, julgada em 2005 e relatada pelo Ministro Cezar Peluso).
- **A sanção de projeto de lei não convalida o vício** de inconstitucionalidade resultante da usurpação do poder de iniciativa.
- Dá-se a chamada **sanção tácita** quando o Presidente da República permanece inerte durante o prazo de que dispõe para vetar ou sancionar o projeto de lei.
- É possível o controle sobre a **intempestividade do veto,** nos termos da jurisprudência do STF: "Processo legislativo: veto mantido pelo Legislativo: decreto-legislativo que, anos depois, sob fundamento de ter sido o veto intempestivo, desconstitui a deliberação que o mantivera e declara tacitamente sancionada a parte vetada do projeto de lei. Inconstitucionalidade formal do decreto-legislativo, independentemente da indagação acerca da validade material ou não da norma por ele considerada sancionada: aplicação ao **processo legislativo, que é verdadeiro processo, da regra da preclusão que, como impede a retratação do veto, também obsta a que se retrate o Legislativo de sua rejeição ou manutenção; preclusão, no entanto, que, não se confundindo com a coisa julgada, esta sim, peculiar do processo jurisdicional, não inibe o controle judicial da eventual intempestividade do veto.**" (ADI 1.254, Rel. Min. Sepúlveda Pertence, julgamento em 9-12-1999, Plenário, DJ de 17-3-2000.)
- A **iniciativa popular** pode ser exercida pela apresentação à Câmara dos Deputados de projeto de lei subscrito por, no mínimo, um por cento do eleitorado nacional, distribuído pelo menos por cinco Estados, com não menos de três décimos por cento dos eleitores de cada um deles.
- **Não** há previsão de iniciativa popular para se emendar a Constituição.
- São de iniciativa privativa do **Presidente da República** as leis que disponham sobre a criação de cargos, funções ou empregos públicos na administração direta e autárquica ou **aumento de sua remuneração** (art. 61, § 1º, II, "a", da CF). Essa regra, também deve ser aplicada ao Governador e à administração estadual, em decorrência do **Princípio da Simetria ou Parametricidade**, segundo o qual, as normas de organização do Estado dispostas na Constituição Federal e válidas para a União, devem ser reproduzidas nas Constituições Estaduais e aplicadas aos Estados Membros. O mesmo se dá em relação aos Municípios, na medida em que será de iniciativa privativa dos Prefeitos a criação de cargos, funções ou empregos públicos na administração direta e autárquica ou aumento de sua remuneração no âmbito de cada Município.
- No bojo da ADI 2813 (rel. Min. Cármen Lúcia, 1º.8.2011), **o STF entendeu pela possibilidade de emendas parlamentares a projetos de lei de iniciativa do Chefe do Poder Executivo, desde que** haja pertinência temática com o projeto de lei originário e que delas não decorra aumento da despesa global prevista (art. 166, §§ 3º e 4º da CF).
- Ainda, segundo consta do Informativo 773 do STF, no bojo da ADI 3942/DF, julgada em 2014 e relatada pela Ministra Cármen Lúcia, "**A iniciativa de competência privativa do Poder Executivo não impede a apresentação de emendas parlamentares, presente a identidade de matéria e acompanhada da estimativa de despesa e respectiva fonte de custeio**. Com base nessa orientação, o Plenário julgou improcedente pedido formulado em ação direta em face do art. 2º da Lei 11.075/2004, que dispõe sobre a criação de 435 cargos em comissão do Grupo-Direção e Assessoramento Superiores – DAS e Funções Gratificadas – FG. **O Plenário enfatizou que a Lei 11.075/2004 resultaria da fusão de conteúdo de duas normas de iniciativas presidenciais que contaram com parecer de comissão mista parlamentar incumbida da apreciação da matéria. Asseverou que, no caso, a incorporação ou a fusão de um projeto de lei em outro — projeto de conversão de medida provisória em lei — por emenda parlamentar seria admissível, desde que ambos tivessem sido propostos pela mesma autoridade, em respeito à competência para iniciar o processo legislativo.** Frisou que **a emenda parlamentar não desvirtuara a proposta inicial e tampouco incorrera na vedação ao aumento da despesa originalmente prevista (CF, art. 63, I e II).**

Ademais, a eventual superação do limite estabelecido pela LC 101/2000 para despesas com pessoal, decorrente da criação de novos cargos em comissão e das funções gratificadas, não importaria em ofensa direta e imediata à Constituição, porque seu exame estaria restrito à verificação de sua legalidade".

- A **Constituição poderá ser emendada** mediante **proposta**: I – de um terço, no mínimo, dos membros da Câmara dos Deputados ou do Senado Federal (nunca Congressista sozinho); II – do Presidente da República; III – de mais da metade das Assembléias Legislativas das unidades da Federação, manifestando-se, cada uma delas, pela maioria relativa de seus membros.

EMENDA À CONSTITUIÇÃO A Constituição poderá ser emendada mediante proposta:
1. De 1/3, no mínimo, dos membros da Câmara dos Deputados ou do Senado Federal (nunca Congressista sozinho);
2. Do Presidente da República;
3. De mais da metade das Assembléias Legislativas das unidades da Federação, manifestando-se, cada uma delas, pela maioria relativa de seus membros.

- A proposta de emenda constitucional será discutida e votada em cada Casa do Congresso Nacional, em **dois turnos**, considerando-se aprovada se obtiver, em ambos, **três quintos dos votos** (portanto, mais do que maioria absoluta) dos respectivos membros.
- **Atenção!** Emenda à Constituição será promulgada pelas **Mesas da Câmara dos Deputados e do Senado Federal** (não pelo Presidente da República), com o respectivo número de ordem.
- A matéria constante de proposta de **emenda à Constituição rejeitada ou havida por prejudicada** não pode ser objeto de nova proposta na mesma sessão legislativa (Princípio da Irrepetibilidade).
- Em caso de relevância e urgência, o Presidente da República poderá adotar **medidas provisórias**, com força de lei, devendo submetê-las de imediato ao Congresso Nacional.
- As medidas provisórias, regra geral, perderão eficácia, desde a edição, **se não forem convertidas em lei** no prazo de sessenta dias, prorrogável uma vez por igual período, devendo o Congresso Nacional disciplinar, por **decreto legislativo**, as relações jurídicas delas decorrentes.
- **Não editado o decreto legislativo** até sessenta dias após a **rejeição ou perda de eficácia** de medida provisória, as relações jurídicas constituídas e decorrentes de atos praticados durante sua vigência conservar-se-ão por ela regidas.
- A não apreciação pela Câmara dos Deputados e, após, pelo Senado Federal, no prazo de 45 dias contados da publicação, tem como consequência a entrada em **regime de urgência**, subseqüentemente, em cada uma das Casas do Congresso Nacional, **ficando sobrestadas**, até que se ultime a votação, **todas as demais deliberações** legislativas da Casa em que estiver tramitando.
- Se a Medida Provisória perder eficácia por decurso de prazo ou, em caráter expresso, for rejeitada pelo Congresso Nacional, **vedada será sua reedição na mesma sessão legislativa.**
- **Atenção! É vedada** a edição de medidas provisórias sobre matéria relativa a nacionalidade, cidadania, direitos políticos, partidos políticos, direito eleitoral, direito penal, processual penal e processual civil, **mas não sobre direito civil!**
- É **vedada** a edição de medidas provisórias sobre matéria já disciplinada em projeto de lei aprovado pelo Congresso Nacional e pendente de sanção ou veto do Presidente da República.
- É **vedada a reedição**, na mesma sessão legislativa, de medida provisória que tenha sido rejeitada ou que tenha perdido sua eficácia por decurso de prazo
- **Não é vedada** a edição de medidas provisórias para a abertura de crédito extraordinário, para a criação de normas gerais de licitações e contratos administrativos ou para aumento de **alíquota de imposto.**
- Segundo o STF, porque possui força de lei e eficácia imediata a partir de sua publicação, **a medida provisória não pode ser 'retirada' pelo presidente da República à apreciação do Congresso Nacional. (...). Entretanto, como qualquer outro ato legislativo, a medida provisória é passível de ab-rogação mediante diploma de igual ou superior hierarquia. (...). A revogação da medida provisória por outra apenas suspende a eficácia da norma ab-rogada, que voltará a vigorar pelo tempo que lhe reste para apreciação, caso caduque ou seja rejeitada a medida provisória ab-rogante**. Consequentemente, o ato revocatório não subtrai ao Congresso Nacional o exame da matéria contida na medida provisória revogada. (ADI 2.984, julgada em 2003 e relatada pela Ministra Ellen Gracie).
- De acordo com a jurisprudência atual do Supremo Tribunal Federal, **a medida provisória pode ser adotada pelos Estados-membros**, desde que: i. Esteja expressamente previsto na Constituição do Estado; e ii. Sejam observados os princípios e as limitações impostas pelo modelo adotado pela CF, tendo em vista a necessidade da observância simétrica do processo legislativo federal. *In verbis:* "Ação direta de inconstitucionalidade. Art. 51 e parágrafos da Constituição do Estado de Santa Catarina. Adoção de medida provisória por Estado-membro. Possibilidade. Arts. 62 e 84, XXVI, da CF. EC 32, de 11-9-2001, que alterou substancialmente a redação do art. 62. Revogação parcial do preceito impugnado por incompatibilidade com o novo texto constitucional. Subsistência do núcleo

essencial do comando examinado, presente em seu caput. Aplicabilidade, nos Estados-membros, do processo legislativo previsto na CF. Inexistência de vedação expressa quanto às medidas provisórias. Necessidade de previsão no texto da Carta estadual e da estrita observância dos princípios e limitações impostas pelo modelo federal. Não obstante a permanência, após o superveniente advento da EC 32/2001, do comando que confere ao chefe do Executivo Federal o poder de adotar medidas provisórias com força de lei, tornou-se impossível o cotejo de todo o referido dispositivo da Carta catarinense com o teor da nova redação do art. 62, parâmetro inafastável de aferição da inconstitucionalidade arguida. Ação direta prejudicada em parte. No julgamento da ADI 425, Rel. Min. Maurício Corrêa, DJ 19-12-2003, o Plenário desta Corte já havia reconhecido, por ampla maioria, a constitucionalidade da instituição de medida provisória estadual, desde que, primeiro, esse instrumento esteja expressamente previsto na Constituição do Estado e, segundo, sejam observados os princípios e as limitações impostas pelo modelo adotado pela CF, tendo em vista a necessidade da observância simétrica do processo legislativo federal. Outros precedentes: ADI 691, Rel. Min. Sepúlveda Pertence, DJ 19-6-1992 e ADI 812-MC, Rel. Min. Moreira Alves, DJ de 14-5-1993. Entendimento reforçado pela significativa indicação na CF, quanto a essa possibilidade, no capítulo referente à organização e à regência dos Estados, da competência desses entes da Federação para 'explorar diretamente, ou mediante concessão, os serviços locais de gás canalizado, na forma da lei, vedada a edição de medida provisória para a sua regulamentação' (art. 25, § 2º). Ação direta cujo pedido formulado se julga improcedente." (ADI 2.391, julgada em 2007 e relatada pela Ministra Ellen Gracie).

- **Não será admitido aumento de despesa** prevista: I – nos projetos de iniciativa exclusiva do Presidente da República (salvo nas leis orçamentárias); II – nos projetos sobre organização dos serviços administrativos da Câmara dos Deputados, do Senado Federal, dos Tribunais Federais e do Ministério Público.
- Nos termos da ADI 4034, julgada no ano 2000 e relatada pelo Ministro Sepúlveda Pertence, **as regras básicas do processo legislativo federal são de absorção compulsória pelos Estados-membros** em tudo aquilo que diga respeito – como ocorre às que enumeram casos de iniciativa legislativa reservada – ao princípio fundamental de independência e harmonia dos poderes, como delineado na Constituição da República.

7. **Poder Executivo**

- A **eleição do Presidente e do Vice-Presidente da República** realizar-se-á, simultaneamente, no primeiro domingo de outubro, em primeiro turno, e no último domingo de outubro, em segundo turno, se houver, do ano anterior ao do término do mandato presidencial vigente.
- Substituirá o Presidente, no caso de impedimento, e suceder-lhe-á, no de vaga, o **Vice-Presidente**.
- O Presidente e o Vice-Presidente da República tomarão posse em sessão do Congresso Nacional, prestando o compromisso de manter, defender e cumprir a Constituição, observar as leis, promover o bem geral do povo brasileiro, sustentar a união, a integridade e a independência do Brasil. Essa é a função típica (da essência do Poder Executivo) de ordem constitucional (porque prevista na Constituição) do Presidente e do Vice. Em regra, quem a exerce é o Presidente, mas, em caso de impedimento, será substituído pelo Vice-Presidente (art. 79, da CF).
- Na hipótese de impedimento ou vacância dos cargos de PR e Vice, serão chamados, sucessivamente: Presidente da Câmara, Presidente do SF e o Presidente do SF, nessa ordem. Mas se não for simples impedimento (que [e temporário, como férias, ou doença), mas vacância (definitiva), deve-se resolver a questão em definitivo. Assim, na dupla vacância, vigem as seguintes regras:
- Vagando os cargos de Presidente e Vice-Presidente da República **nos dois primeiros anos** do mandato presidencial, far-se-á eleição noventa dias depois de aberta a última vaga.
- Ocorrendo a vacância dos cargos de Presidente e Vice-Presidente da República nos últimos dois anos do período presidencial, será feita a eleição para ambos os cargos trinta dias depois da última vaga, pelo Congresso Nacional (eleição indireta).

VACÂNCIA DOS CARGOS DE PRESIDENTE DA REPÚBLICA E VICE (DUPLA VACÂNCIA)	
1. Nos 2 primeiros anos do mandato presidencial*	Eleição direta 90 dias depois de aberta a última vaga.
2. Nos 2 últimos anos do mandato presidencial*	Eleição indireta para ambos os cargos 30 dias depois da última vaga, pelo Congresso Nacional.

* **Atenção! Em ambos os casos haverá mandato "Tampão", ou seja, pelo prazo restante.** O eleito somente completará o mandato do sucedido.

- Tendo em vista o Princípio da Simetria, vagando o cargo de Governador de Estado e diante do impedimento do Vice-Governador será chamado para governar o Presidente da Assembleia Legislativa. "Acerca do rol de substitutos (a serem acionados em caso de duplo impedimento ou durante a espera da realização das eleições em hipótese de dupla vacância) nos âmbitos estadual, distrital e municipal, a doutrina informa que, por simetria ao modelo federal estabelecido no art. 80, CF, deve-se observar o seguinte regramento: (i) **nos Estados-membros, o impedimento simultâneo do Governador e do Vice, ou quando há vacância de ambos os cargos, exigiria o chamamento sucessivo do Presidente da Assembleia Legislativa e do Presidente do**

Tribunal de Justiça local; (ii) **no Distrito Federal, o impedimento simultâneo do Governador e do Vice, ou quando há vacância de ambos os cargos, exigiria o chamamento sucessivo do Presidente da Câmara Legislativa e do Presidente do Tribunal de Justiça do Distrito Federal e Territórios**; (iii) **nos Municípios, o impedimento simultâneo do Prefeito e do Vice, ou quando há vacância de ambos os cargos, exigiria o chamamento do Presidente da Câmara Municipal. Como este também pode estar impossibilitado, convém que a Lei Orgânica do Município inclua, na sequência, o Vice-Presidente da Câmara Municipal** (como ocorre em São Paulo e no Rio de Janeiro), **nunca sendo viável, porém, que o documento municipal agregue o Presidente do Tribunal de Justiça, por ser ele integrante do Poder Judiciário estadual** (não há Poder Judiciário municipal)" (MASSON, Nathalia. *Manual de Direito Constitucional*. Salvador: Juspodivm, 2013, p. 746). Todavia, **no caso de vacância do Governador e do Vice-Governador, pode o Estado-membro, em sua Constituição Estadual, disciplinar a eleição do novo titular do Poder Executivo estadual** (ou seja, apenas o procedimento e não a ordem sucessiva), **não sendo necessário observar o modelo previsto na CF para o Poder Executivo federal**. O entendimento da Suprema Corte encontra-se no julgamento da ADI 4298, em sede de tutela antecipada, julgada em 2009 e relatada pelo Ministro Cezar Peluso, em que se reconheceu não ser norma de observância obrigatória aos Estados-membros o modelo estabelecido para eleição do novo titular do Poder Executivo federal. Em outras palavras, vale destacar que: a) em caso de impedimento do Governador e do Vice-Governador, quem deve assumir, sucessivamente, é o presidente da Assembleia Legislativa e o Presidente do Tribunal de Justiça do Estado, hipótese que deverá seguir o modelo federal, por conta do princípio da simetria; b) sendo caso de vacância dos cargos de Governador e Vice, pode o Estado-membro, em sua Constituição Estadual, disciplinar a eleição do novo titular do Poder Executivo estadual, não sendo necessário observar o modelo previsto na CF para o Poder Executivo federal, por não se tratar de norma de observância obrigatória.

- Os **Ministros de Estado** serão escolhidos dentre brasileiros maiores de 21 anos e no exercício dos direitos políticos.
- Quanto à **responsabilidade dos Ministros de Estado,** nos termos dos artigos 52, I e 102, I, "c", da CF, **caso sejam crimes de responsabilidade autônomos (sem conexão), o julgamento ocorrerá perante o STF**. Em se tratando de crimes de responsabilidade conexos com crimes da mesma natureza, praticados pelo presidente ou pelo vice-presidente da República, o julgamento será perante o Senado Federal.
- Compete privativamente ao Presidente da República dispor, mediante **decreto autônomo**, sobre organização e funcionamento da administração federal, quando não implicar aumento de despesa nem criação ou extinção de órgãos públicos, bem como sobre a extinção de funções ou cargos públicos, quando vagos (conforme art. 84, VI, da CF).
- De acordo com o art. 84, parágrafo único, da CF, o Presidente da República poderá **delegar as atribuições** mencionadas nos incisos VI (dispor, mediante decreto, sobre organização e funcionamento da administração federal, quando não implicar aumento de despesa nem criação ou extinção de órgãos públicos; e sobre extinção de funções ou cargos públicos, quando vagos), XII (conceder indulto e comutar penas, com audiência, se necessário, dos órgãos instituídos em lei) e XXV, primeira parte (prover cargos públicos federais, na forma da lei), aos Ministros de Estado, ao Procurador-Geral da República ou ao Advogado-Geral da União, que observarão os limites traçados nas respectivas delegações.
- O Presidente da República responde a processo criminal, por **crime comum** no Supremo Tribunal Federal, e por **crime de responsabilidade** perante o Senado Federal, somente após ser declarada procedente a acusação por parte da Câmara dos Deputados.
- "Enfatize-se que **a necessidade de licença não obstaculiza o inquérito policial**, muito menos o oferecimento da denúncia. Impede, contudo, o seu recebimento, que é o primeiro ato de presseguimento exercido pelo Supremo Tribunal Federal (STF, Diário de Justiça 69. Ministro Celso de Mello. Seção I, 10.04.1995, p. 9223).
- O ato do Presidente da República que atenta contra o livre exercício do Poder Legislativo, do Poder Judiciário, do Ministério Público e dos Poderes constitucionais das unidades da Federação é considerado **crime de responsabilidade**.
- Os atos do Presidente da República que atentem contra a Constituição Federal e, especialmente, contra a lei orçamentária, são **crimes de responsabilidade.**
- Nos Crimes de Responsabilidade do Presidente da República, a Câmara autoriza a instauração do processo pelo voto da maioria **qualificada de dois terços,** e não pela maioria absoluta dos seus membros. O julgamento ocorre pelo Senado Federal, cuja decisão será proferida por **dois terços** (não maioria simples) dos votos do Senado Federal. No julgamento funcionará como Presidente o do Supremo Tribunal Federal.
- O Presidente ficará suspenso de suas funções nos crimes de responsabilidade, por **180** dias, **assim que instaurado o processo** pelo Senado Federal (**e não** após a condenação pelo órgão competente).
- Condenado o Presidente por Crime de Responsabilidade, perderá o cargo, com inabilitação, por oito anos, para o exercício de função pública, sem prejuízo das demais sanções judiciais cabíveis. Por-

tanto **o Senado não condena ao cumprimento de pena privativa de liberdade.**

- Compete ao **Supremo Tribunal Federal** (e não ao Superior Tribunal de Justiça) processar e julgar, originariamente, nas infrações penais comuns e nos crimes de responsabilidade, os Ministros de Estado e os Comandantes da Marinha, do Exército e da Aeronáutica, ressalvado o disposto no art. 52, I, da CF, os membros dos Tribunais Superiores, os do Tribunal de Contas da União e os chefes de missão diplomática de caráter permanente (consoante art. 102, I, "c", da CF).
- **Não podem ser estendidas ao Governador de Estado** as **imunidades** segundo as quais enquanto não sobrevier sentença condenatória, nas infrações comuns, o Presidente da República não estará sujeito a prisão e, que, na vigência de seu mandato, o Presidente da República não pode ser responsabilizado por atos estranhos ao exercício de suas funções, Esse foi o posicionamento adotado pelo STF, em 1995, no julgamento da ADI 978.
- De acordo com a doutrina, a Constituição Federal reconhece apenas a **irresponsabilidade penal relativa** (mas, não a absoluta) **do Presidente da República,** consoante art. 86, §§ 3º e 4º, da CF: enquanto não sobrevier sentença condenatória, nas infrações comuns, o Presidente da República não estará sujeito a prisão; o Presidente da República, na vigência de seu mandato, não pode ser responsabilizado por atos estranhos ao exercício de suas funções. O STF referenda esse posicionamento: "O art. 86, § 4º, da Constituição, ao outorgar privilégio de ordem político-funcional ao presidente da República, excluiu-o, durante a vigência de seu mandato – e por atos estranhos ao seu exercício –, da possibilidade de ser ele submetido, no plano judicial, a qualquer ação persecutória do Estado. A cláusula de exclusão inscrita nesse preceito da Carta Federal, ao inibir a atividade do Poder Público, em sede judicial, alcança as infrações penais comuns praticadas em momento anterior ao da investidura no cargo de chefe do Poder Executivo da União, bem assim aquelas praticadas na vigência do mandato, desde que estranhas ao ofício presidencial. A norma consubstanciada no art. 86, § 4º, da Constituição, reclama e impõe, em função de seu caráter excepcional, exegese estrita, do que deriva a sua inaplicabilidade a situações jurídicas de ordem extrapenal. O presidente da República não dispõe de imunidade, quer em face de ações judiciais que visem a definir-lhe a responsabilidade civil, quer em função de processos instaurados por suposta prática de infrações político-administrativas, quer, ainda, em virtude de procedimentos destinados a apurar, para efeitos estritamente fiscais, a sua responsabilidade tributária. **A CB não consagrou, na regra positivada em seu art. 86, § 4º, o princípio da irresponsabilidade penal absoluta do presidente da República**. O chefe de Estado, nos ilícitos penais praticados in officio ou cometidos propter officium, poderá, ainda que vigente o mandato presidencial, sofrer a persecutio criminis, desde que obtida, previamente, a necessária autorização da Câmara dos Deputados." (Inq 672-QO, Rel. Min. Celso de Mello, julgamento em 16-9-1992, Plenário, DJ de 16-4-1993.)
- A imunidade relativa à proibição de prisão do Presidente da República **não impede a prisão em flagrante por crime inafiançável**.
- O STF já se pronunciou no sentido que **o processo por crime de responsabilidade praticado pelo Presidente da República (*Impeachment*) implica em considerá-lo como acusado e, por isso, deve se desenvolver sob o manto do devido processo legal (*due processo of Law*)**, com todas as garantias a ele inerentes, sob pena de nulidade do procedimento (MS 21.623. Rel. Carlos Velloso. J. 17.12.1992). Nesse mesmo sentido, Dirley da Cunha Júnior: "[...] devem ser asseguradas ao Presidente da República as garantias constitucionais, em especial o contraditório e a ampla defesa" (*Curso de Direito Constitucional*. 6 ed. Salvador: Juspodivm, 2012, p. 1.104).
- As consequências diante da condenação pela prática de crime de responsabilidade são **autônomas** (podem ser aplicadas isoladamente, pois são independentes) **e cumulativas** (também podem ser aplicadas em conjunto, pois geram conseqüências diversas). Tais características ficaram evidentes no *Impeachment* (Processo pela Prática de Crime de Responsabilidade) de 1992, envolvendo o Ex- Presidente Fernando Collor de Mello que, dado o fato de ter renunciado ao Cargo antes do julgamento, apenas recebeu a medida de inabilitação, por 8 anos, para o exercício de função pública. Para encerrar os comentário, destacamos que os termos dispostos nas demais alternativas da questão não tem qualquer pertinência com o tema.
- "**Afronta os princípios constitucionais da harmonia e independência entre os Poderes e da liberdade de locomoção norma estadual que exige prévia licença da Assembleia Legislativa para que o governador e o vice-governador possam ausentar-se do País por qualquer prazo.** Espécie de autorização que, segundo o modelo federal, somente se justifica quando o afastamento exceder a quinze dias. Aplicação do princípio da simetria." (ADI 738, julgada em 2002 e relatada pelo Ministro Maurício Corrêa).
- De acordo com o art. 29, X, da CF, os **Prefeitos** serão submetidos a julgamento perante o Tribunal de Justiça. Ainda, segundo a Súmula 702 do STF, a competência do Tribunal de Justiça para julgar Prefeitos restringe-se aos crimes de competência da justiça comum estadual (compreendendo as condutas de desvio de verba transferida e incorporada ao patrimônio municipal, conforme Súmula 209 do STJ); nos demais casos, a competência originária caberá ao respectivo Tribunal de segundo grau. Assim, o Tribunal Regional Eleitoral julgará os crimes eleito-

rais e o Tribunal Regional Federal será competente para as hipóteses de crimes praticados em detrimento de bens, serviços ou interesses da União, suas autarquias e empresas públicas (englobando situações de desvio de verba sujeita a prestação de contas perante órgão federal, segundo a Súmula 208 do STJ). Por fim, quanto aos crimes de responsabilidade, segundo o STF, aplica-se o princípio da simetria, de modo que os Prefeitos devem ser julgados pelas respectivas Câmaras Municipais.

- O **Conselho de Defesa Nacional** é órgão de consulta do Presidente da República nos assuntos relacionados com a soberania nacional e a defesa do Estado democrático. Ele tem como membros: I – o Vice-Presidente da República; II – o Presidente da Câmara dos Deputados; III – o Presidente do Senado Federal; IV – o Ministro da Justiça; V – o Ministro de Estado da Defesa; VI – o Ministro das Relações Exteriores; VII – o Ministro do Planejamento; VIII – os Comandantes da Marinha, do Exército e da Aeronáutica. Portanto, o **Procurador Geral da República não o compõe.**

8. Poder Judiciário

- São **órgãos** do Poder Judiciário: I – o Supremo Tribunal Federal; I-A o Conselho Nacional de Justiça; II – o Superior Tribunal de Justiça; III – os Tribunais Regionais Federais e Juízes Federais; IV – os Tribunais e Juízes do Trabalho; V – os Tribunais e Juízes Eleitorais; VI – os Tribunais e Juízes Militares; VII – os Tribunais e Juízes dos Estados e do Distrito Federal e Territórios.
- Alexandre de Moraes, citando Carlos S. Fayt, enuncia que "A **magistratura** se desempenha no interesse geral e suas garantias têm fundamento no *princípio da soberania do povo e na forma republicana de governo*, de modo que todo avanço sobre a independência do Poder Judiciário importa em um avanço contra a própria Constituição (*Direito Constitucional.* 25 ed. São Paulo: Atlas, 2010, p. 508-509). Nesses termos, soberania e forma republicada seriam os fundamentos da magistratura, pois ambos relacionam-se à ideia da soberania popular que legitima cada função do Estado. É claro que, por exemplo, inadmissibilidade das provas ilícitas, publicidade, verdade real dos fatos, menor onerosidade, ampla defesa, contraditório, presunção de inocência e moralidade (presentes nas demais alternativas) são princípios que devem ser respeitados pelo Magistrado, mas, note, não são valores que dão fundamento ao Poder Judiciário.
- De acordo com o que dispõe o art. 93, da CF, **Lei complementar, de iniciativa do Supremo Tribunal Federal, disporá sobre o Estatuto da Magistratura**.
- **É obrigatória a promoção** do juiz que figure por três vezes consecutivas ou cinco alternadas em lista de merecimento.
- **Não será promovido** o juiz que, injustificadamente, retiver autos em seu poder além do prazo legal, **não** podendo devolvê-los ao cartório sem o devido despacho ou decisão. Trata-se de nova regra criada pela EC 45/04, no contexto da reforma do Poder Judiciário, que teve como vetor fundamental a busca pela celeridade processual, estampada também no princípio da razoável duração do processo (art. 5º, LXXVIII, da CF).
- A **promoção por merecimento** pressupõe **2 anos** de exercício na respectiva entrância e integrar o juiz a primeira **quinta parte** da lista de antiguidade desta, salvo se não houver com tais requisitos quem aceite o lugar vago.
- Para fins de promoção, deverá ocorrer a aferição do merecimento conforme o desempenho e pelos critérios objetivos de produtividade e presteza no exercício da jurisdição e **pela frequência e aproveitamento em cursos** oficiais ou reconhecidos de aperfeiçoamento (portanto, o aproveitamento não é dispensável), consoante art. 93, II, "c", da CF.
- Na **apuração de antiguidade**, o tribunal somente poderá recusar o juiz mais antigo pelo voto fundamentado de **dois terços** de seus membros, conforme procedimento próprio, e assegurada ampla defesa, repetindo-se a votação até fixar-se a indicação (art. 93, II, "d", da CF).
- **Vitaliciedade:** de acordo com a doutrina, "todos os membros dos tribunais têm a garantia da vitaliciedade, independentemente da forma de acesso. Mesmo que um advogado ou membro do MP integre a carreira da magistratura, por exemplo, através da regra do quinto constitucional – art. 94 [...], no exato momento da posse adquirirá a vitaliciedade, não tendo de passar por qualquer estágio probatório (LENZA, Pedro. Direito constitucional esquematizado. 18. ed. São Paulo: Saraiva, 2014, p. 796)
- **Foro especial:** o STF já firmou entendimento no sentido de que: "**O foro especial por prerrogativa de função não se estende a magistrados aposentados**. Essa a conclusão do Plenário ao, por maioria, negar provimento a recurso extraordinário, afetado ao Pleno pela Primeira Turma, no qual desembargador aposentado insurgia-se contra decisão da Corte Especial do STJ, que declinara de sua competência para julgar ação penal contra ele instaurada, pois não teria direito à referida prerrogativa pelo encerramento definitivo da função — v. Informativos 485, 495 e 585. Aduziu-se que a pretensão do recorrente esbarraria em orientação jurisprudencial fixada pelo Supremo no sentido de que: a) o foro especial por prerrogativa de função teria por objetivo o resguardo da função pública; b) o magistrado, no exercício do ofício judicante, gozaria da prerrogativa de foro especial, garantia voltada não à pessoa do juiz, mas aos jurisdicionados; e c) o foro especial, ante a inexistência do exercício da função, não deveria perdurar, haja vista que a proteção dos jurisdicionados, nesse caso, não seria mais necessária. Ressaltou-se, ainda, que o provimento vitalício seria o ato que garantiria a permanência do servidor no cargo,

aplicando-se apenas aos integrantes das fileiras ativas da carreira pública. Consignou-se não haver se falar em parcialidade do magistrado de 1ª instância para o julgamento do feito, porquanto a lei processual preveria o uso de exceções capazes de afastar essa situação. Enfatizou-se, também, cuidar-se de matéria de direito estrito que teria por destinatários aqueles que se encontrassem *in officio*, de modo a não alcançar os que não mais detivessem titularidades funcionais no aparelho de Estado. Assinalou-se, outrossim, que essa prerrogativa seria estabelecida *ratione muneris* e destinar-se-ia a compor o estatuto jurídico de determinados agentes públicos enquanto ostentassem essa particular condição funcional." (RE 549.560, Rel. Min. Ricardo Lewandowski, julgamento em 22-3-2012, Plenário, Informativo 659.)

- O Conselho da Justiça Federal funcionará junto ao Superior Tribunal de Justiça e lhe cabe exercer, na forma da lei, a **supervisão administrativa e orçamentária da Justiça Federal** de primeiro e segundo graus, como órgão central do sistema e com **poderes correicionais**, cujas decisões terão **caráter vinculante**. Trata-se de uma novidade instituída pela EC 45/04, no contexto da Reforma do Poder Judiciário.
- Compete ao Supremo Tribunal Federal, precipuamente, a guarda da Constituição, cabendo-lhe processar e julgar, originariamente, nas infrações penais comuns e nos crimes de responsabilidade, os Ministros de Estado e os Comandantes da Marinha, do Exército e da Aeronáutica, ressalvado o disposto no art. 52, I (crimes de responsabilidade conexos com o Presidente da República serão julgados pelo Senado Federal), os membros dos Tribunais Superiores, os do Tribunal de Contas da União e os chefes de missão diplomática de caráter permanente.
- Compete ao Supremo Tribunal Federal julgar **processar e julgar originariamente** (e não mediante recurso extraordinário) nas infrações penais comuns, o Presidente da República, o Vice-Presidente, os membros do Congresso Nacional, seus próprios Ministros e o Procurador- Geral da República (art. 103, I, "b", da CF).
- Compete ao Supremo Tribunal Federal julgar ação direta de inconstitucionalidade de lei ou ato normativo federal ou estadual e a ação declaratória de constitucionalidade de lei ou ato normativo federal, nos termos do art. 102, I, "a", da CF.
- No julgamento do HC 86.834, em 2006, sob relatoria do Ministro Marco Aurélio, DJ 9.3.2007, o STF firmou entendimento no sentido de que **a Corte Constitucional é incompetente para apreciar e julgar pedidos de habeas corpus diretamente impetrados contra atos de Turmas ou Colégios Recursais de Juizados Especiais**. A competência para o julgamento do habeas corpus é definida pelos envolvidos, paciente e impetrante. Estando os integrantes das turmas recursais dos juizados especiais submetidos, nos crimes comuns e nos de responsabilidade, à jurisdição do tribunal de justiça ou do tribunal regional federal incumbe a cada qual, conforme o caso, julgar os habeas impetrados contra ato que tenham praticado. Esse precedente implicou a superação da Súmula 690 do STF.
- Consoante art. 102, III, "d", da CF, compete ao Supremo Tribunal Federal julgar, mediante recurso extraordinário, as causas decididas em única ou última instância, quando a decisão recorrida julgar válida lei local contestada em face de lei federal. Essa competência foi incluída no Texto Constitucional pela EC 45/04, responsável pela Reforma do Poder Judiciário.
- No recurso extraordinário o recorrente deverá demonstrar a **repercussão geral** das questões constitucionais discutidas no caso, nos termos da lei, a fim de que o Tribunal examine a admissão do recurso, somente podendo recusá-lo pela manifestação de dois terços de seus membros.
- **Compete ao STF julgar Mandado de Segurança em face do TCU.** "A jurisprudência desta Corte é firme no sentido de que o TCU é parte legítima para figurar no polo passivo de mandado de segurança apenas quando o ato impugnado estiver revestido de caráter impositivo. Nesse sentido o MS 24.001, Rel. Min. Maurício Corrêa, DJ de 20-5-2002. A especificação da autoridade coatora na petição inicial há de ser feita em função do órgão do TCU que tenha proferido a decisão impugnada no mandamus. Tanto o presidente daquela Corte de Contas quanto os das respectivas Câmaras podem figurar como autoridades coatoras. O Supremo, no entanto, não faz essa distinção, conhecendo dos mandados de segurança impetrados contra o presidente do TCU (MS 23.919, Rel. Min. Carlos Velloso, DJ de 20-6-2003), contra os presidentes de suas Câmaras (MS 25.090, Rel. Min. Eros Grau, DJ de 1º-4-2005 e MS 24.381, Rel. Min. Gilmar Mendes, DJ de 13-5-2004) ou, simplesmente, contra o TCU (MS 23.596, Rel. Min. Sepúlveda Pertence, DJ de 18-5-2001). O ato emanado do TCU deve impor diretamente determinada conduta ao órgão público, configurando a coação impugnável pelo writ. Em se tratando de mandado de segurança de caráter preventivo, a concessão da ordem pressupõe a existência de efetiva ameaça a direito, ameaça que decorra de atos concretos da autoridade pública (MS 25.009, Rel. Min. Carlos Velloso, Plenário, DJ de 24-11-2004)." (MS 26.381-AgR, julgado em 2007 e relatado pelo Ministro Eros Grau).
- **STF e Regime de direito estrito:** "A competência do STF – cujos fundamentos repousam na CR – submete-se a regime de direito estrito. A competência originária do STF, por qualificar-se como um complexo de atribuições jurisdicionais de extração essencialmente constitucional – e ante o regime de direito estrito a que se acha submetida –, não comporta a possibilidade de ser estendida a situações que extravasem os limites fixados, em numerus clau-

sus, pelo rol exaustivo inscrito no art. 102, I, da CR. Precedentes. **O regime de direito estrito, a que se submete a definição dessa competência institucional, tem levado o STF, por efeito da taxatividade do rol constante da Carta Política, a afastar, do âmbito de suas atribuições jurisdicionais originárias, o processo e o julgamento de causas de natureza civil que não se acham inscritas no texto constitucional** (ações populares, ações civis públicas, ações cautelares, ações ordinárias, ações declaratórias e medidas cautelares), mesmo que instauradas contra o presidente da República ou contra qualquer das autoridades, que, em matéria penal (CF, art. 102, I, b e c), dispõem de prerrogativa de foro perante a Corte Suprema ou que, em sede de mandado de segurança, estão sujeitas à jurisdição imediata do Tribunal (CF, art. 102, I, d). Precedentes." (Pet 1.738-AgR, Rel. Min. Celso de Mello, julgamento em 1º-9-1999, Plenário, DJ de 1º-10-1999.)

- O **Superior Tribunal de Justiça** compõe-se de, no mínimo, **33 Ministros**. Os Ministros do Superior Tribunal de Justiça serão nomeados pelo Presidente da República, dentre brasileiros com mais de trinta e cinco e menos de sessenta e cinco anos, de notável saber jurídico e reputação ilibada, depois de aprovada a escolha pela maioria absoluta do Senado Federal.
- A divisão de vagas no Superior Tribunal de Justiça permite o ingresso de **um terço dos membros** dentre juízes dos Tribunais Regionais Federais e **um terço** dentre desembargadores dos Tribunais de Justiça, indicados em lista tríplice elaborada pelo próprio Tribunal; **além de outro terço em partes iguais, dentre advogados e membros do Ministério Público Federal, Estadual, do Distrito Federal e Territórios.**
- A competência para julgamento dos membros do Ministério Público da União que oficiem perante Tribunais, e dos Governadores dos Estados nos crimes comuns, é do **Superior Tribunal de Justiça** (não do STF).
- Com o advento da EC 45/2004, a concessão de *exequatur* às cartas e a homologação de sentença estrangeira passaram a ser de competência do **Superior Tribunal de Justiça.**
- **Órgãos da Justiça Federal:** I – os Tribunais Regionais Federais; II – os Juízes Federais.
- **Tribunais Regionais Federais**: compõem-se de, no mínimo, 7 juízes, recrutados, quando possível, na respectiva região e nomeados pelo Presidente da República dentre brasileiros com mais de 30 e menos de 65 anos, sendo: I – um quinto dentre advogados com mais de dez anos de efetiva atividade profissional e membros do Ministério Público Federal com mais de dez anos de carreira; II – os demais, mediante promoção de juízes federais com mais de cinco anos de exercício, por antigüidade e merecimento, alternadamente.
- A lei disciplinará a **remoção ou a permuta de juízes dos Tribunais Regionais Federais** e determinará sua jurisdição e sede.
- Os Tribunais Regionais Federais instalarão a **justiça itinerante**, com a realização de audiências e demais funções da atividade jurisdicional, nos limites territoriais da respectiva jurisdição, servindo-se de equipamentos públicos e comunitários.
- Os Tribunais Regionais Federais **poderão funcionar descentralizadamente**, constituindo Câmaras regionais, a fim de assegurar o pleno acesso do jurisdicionado à justiça em todas as fases do processo.
- Nos termos do art. 108, da CF, **compete aos Tribunais Regionais Federais:**

I – processar e julgar, originariamente:

a) os juízes federais da área de sua jurisdição, incluídos os da Justiça Militar e da Justiça do Trabalho, nos crimes comuns e de responsabilidade, e os membros do Ministério Público da União, ressalvada a competência da Justiça Eleitoral;

b) as revisões criminais e as ações rescisórias de julgados seus ou dos juízes federais da região;

c) os mandados de segurança e os "habeas-data" contra ato do próprio Tribunal ou de juiz federal;

d) os "habeas-corpus", quando a autoridade coatora for juiz federal;

e) os conflitos de competência entre juízes federais vinculados ao Tribunal;

II – julgar, em grau de recurso, as causas decididas pelos juízes federais e pelos juízes estaduais no exercício da competência federal da área de sua jurisdição.

- De acordo com o art. 109, da CF, aos **juízes federais compete** processar e julgar:

I – as causas em que a União, entidade autárquica ou empresa pública federal forem interessadas na condição de autoras, rés, assistentes ou oponentes, exceto as de falência, as de acidentes de trabalho e as sujeitas à Justiça Eleitoral e à Justiça do Trabalho;

II – as causas entre Estado estrangeiro ou organismo internacional e Município ou pessoa domiciliada ou residente no País;

III – as causas fundadas em tratado ou contrato da União com Estado estrangeiro ou organismo internacional;

IV – os crimes políticos e as infrações penais praticadas em detrimento de bens, serviços ou interesse da União ou de suas entidades autárquicas ou empresas públicas, excluídas as contravenções e ressalvada a competência da Justiça Militar e da Justiça Eleitoral;

V – os crimes previstos em tratado ou convenção internacional, quando, iniciada a execução no País, o resultado tenha ou devesse ter ocorrido no estrangeiro, ou reciprocamente;

V- A as causas relativas a direitos humanos a que se refere o § 5º deste artigo;

VI – os crimes contra a organização do trabalho e, nos casos determinados por lei, contra o sistema financeiro e a ordem econômico-financeira;

VII – os "habeas-corpus", em matéria criminal de sua competência ou quando o constrangimento provier de autoridade cujos atos não estejam diretamente sujeitos a outra jurisdição;

VIII – os mandados de segurança e os "habeas-data" contra ato de autoridade federal, excetuados os casos de competência dos tribunais federais;

IX – os crimes cometidos a bordo de navios ou aeronaves, ressalvada a competência da Justiça Militar;

X – os crimes de ingresso ou permanência irregular de estrangeiro, a execução de carta rogatória, após o "exequatur", e de sentença estrangeira, após a homologação, as causas referentes à nacionalidade, inclusive a respectiva opção, e à naturalização;

XI – a disputa sobre direitos indígenas.

- As **causas em que a União for autora** serão aforadas na seção judiciária onde tiver domicílio a outra parte.
- As **causas intentadas contra a União** poderão ser aforadas na seção judiciária em que for domiciliado o autor, naquela onde houver ocorrido o ato ou fato que deu origem à demanda ou onde esteja situada a coisa, ou, ainda, no Distrito Federal.
- Serão **processadas e julgadas na justiça estadual, no foro do domicílio dos segurados ou beneficiários**, as causas em que forem parte instituição de previdência social e segurado, **sempre que a comarca não seja sede de vara do juízo federal**, e, se verificada essa condição, a lei poderá permitir que outras causas sejam também processadas e julgadas pela justiça estadual. Neste caso, o recurso cabível será sempre para o Tribunal Regional Federal na área de jurisdição do juiz de primeiro grau.
- Conforme restou apurado do voto prolatado pelo Ministro Gilmar Mendes, no bojo do HC 100.772/GO, julgado em 2011 e relatado pelo Min. Gilmar Mendes, **a competência para processar e julgar ação que se discute o desvio de recursos proveniente do Fundo de Manutenção e de Desenvolvimento do Ensino Fundamente e Valorização do Magistério (FUNDEF) é da Justiça Federal**, com fundamento no artigo 109, IV, da CF. Considera o Pretório Excelso que, com base na redação do dispositivo mencionado, a Constituição atribuiu à União função supletiva e redistributiva em matéria educacional, bem como o interesse na universalização de um padrão mínimo de qualidade do ensino, sendo que isso seria condição suficiente para caracterizar o interesse da União nas ações penais concernentes a desvios do FUNDEF, independentemente de repasse de verba federal. Assim, conforme se destaca do Informativo 643 de 2011 também entendeu a Suprema Corte que a propositura da ação penal, no caso de desvio de recursos do FUNDEB, é atribuição do MPF (Ministério Público Federal), ainda que não haja repasse de verbas da União, sendo julgada pela Justiça Federal. Já no caso de investigação de improbidade administrativa e a eventual ação de responsabilização civil, a competência é do Ministério Público Estadual.
- Cada Estado, bem como o Distrito Federal, constituirá uma **seção judiciária** que terá por sede a respectiva Capital, e varas localizadas segundo o estabelecido em lei.
- Nos Territórios Federais, a jurisdição e as atribuições cometidas aos juízes federais caberão aos juízes da justiça local, **na forma da lei**.
- O **Tribunal Superior do Trabalho** compõe-se de 27 Ministros, escolhidos dentre brasileiros com mais de 35 e menos de 65 anos, nomeados pelo Presidente da República após aprovação pela maioria absoluta do Senado Federal, sendo: I. um quinto dentre advogados com mais de 10 anos de efetiva atividade profissional e membros do Ministério Público do Trabalho com mais de 10 anos de efetivo exercício; II. os demais dentre juízes dos Tribunais Regionais do Trabalho, oriundos da magistratura da carreira, indicados pelo próprio Tribunal Superior. Sendo assim, apenas um quinto das 27 vagas será ocupado por advogados ou membros do Ministério Público (aliás, vale notar que o art. 111-A é oriundo da EC 45/04 e prevê o instituto do quinto constitucional, que não existia para Justiça do Trabalho), e o restante ficará com juízes dos Tribunais Regionais do Trabalho, oriundos da magistratura da carreira, indicados pelo próprio Tribunal Superior.
- O Tribunal Superior do Trabalho é composto de vinte e sete Ministros, escolhidos dentre brasileiros com mais de trinta e cinco e menos de sessenta e cinco anos, nomeados pelo Presidente da República após aprovação pela maioria absoluta do Senado Federal, **sendo um quinto dentre advogados com mais de dez anos de efetiva atividade profissional e membros do Ministério Público do Trabalho com mais de dez anos de efetivo exercício e os demais dentre juízes dos Tribunais Regionais do Trabalho, oriundos da magistratura da carreira, indicados pelo próprio Tribunal Superior** (art. 111-A, "I" e "II", da CF).
- Os Ministros do Tribunal Superior do Trabalho devem ser brasileiros, **mas, não necessariamente, natos (portanto, podem também ser naturalizados)**, nomeados pelo Presidente da República, após aprovação pela maioria absoluta do **Senado Federal** (não do Congresso Nacional), consoante art. 111-A, da CF.
- A **lei disporá sobre a competência do Tribunal Superior do Trabalho**, e funcionará, junto a ele a Escola Nacional de Formação e Aperfeiçoamento de Magistrados do Trabalho, cabendo-lhe, dentre outras funções, regulamentar os cursos oficiais para o ingresso e promoção na carreira. O dispositivo tem origem na EC 45/04, que promoveu a reforma do Poder Judiciário.

- O **Conselho Superior da Justiça do Trabalho** funcionará junto ao Tribunal Superior do Trabalho (não é entidade separada e independente e também não pertence à administração pública), cabendo-lhe exercer, na forma da lei, a supervisão administrativa, orçamentária, financeira e patrimonial da Justiça do Trabalho de primeiro e segundo graus, como **órgão central do sistema, cujas decisões terão efeito vinculante.**
- Previstas na redação original do art. 112, da CF, **as Juntas de Conciliação e Julgamento não mais encontram guarida constitucional, por força da EC 45/04**. Segundo nova redação do art. 112, da CF, a lei criará varas da Justiça do Trabalho, podendo, nas comarcas não abrangidas por sua jurisdição, atribuí-la aos juízes de direito, com recurso para o respectivo Tribunal Regional do Trabalho. Portanto, não há mais menção das Juntas de Conciliação e Julgamento na estrutura da Justiça do Trabalho.
- Consoante art. 114, VI, da CF, **compete à Justiça do Trabalho** processar e julgar as ações de indenização por dano moral ou patrimonial, decorrentes da relação de trabalho. Tal regra foi incluída pela Emenda Constitucional nº 45, de 2004. Interessante notar que, logo depois da inclusão da nova regra, o STF no bojo do RE 438639, chegou a entender de modo diverso, firmando competência para a justiça do trabalho. Entretanto, logo em seguida, nos autos do Conflito de Competência 7.204-1, a Suprema Corte mudou de posição firmou a competência da justiça comum para o processo e o julgamento de ações de indenização por dano moral decorrente de acidente do trabalho propostas por empregado contra empregador, alinhando-se ao Texto Constitucional.
- Os **Tribunais Regionais do Trabalho compõem-se** de, **no mínimo**, sete juízes, recrutados, quando possível, na respectiva região, e nomeados pelo Presidente da República dentre brasileiros com mais de trinta e menos de sessenta e cinco anos (art. 115 da CF, com redação dada pela EC 45/04).
- Os Tribunais Regionais do Trabalho instalarão a **justiça itinerante**, com a realização de audiências e demais funções de atividade jurisdicional, nos limites territoriais da respectiva jurisdição (e não além deles), servindo-se de equipamentos públicos e comunitários (art. 115, § 1º, da CF).
- Os Tribunais Regionais do Trabalho **poderão** funcionar de forma descentralizada, **constituindo Câmaras regionais**, a fim de assegurar o pleno acesso do jurisdicionado à justiça em todas as fases do processo (art. 115, § 2º, da CF).
- Conforme determina a CF em seu art. 120, § 1º, III, o TRE é composto, entre outros, por dois juízes oriundos da classe dos advogados, os quais são nomeados pelo presidente da República, após indicação do respectivo tribunal de justiça. No entanto, **esses juízes não estão impedidos de continuar a exercer a advocacia**, conforme se pronunciou o STF na ADI 1127, julgada em 2006 e relatada pelo Ministro Ricardo Lewandowski.
- **Regra do Quinto Constitucional: um quinto dos lugares dos Tribunais Regionais Federais, dos Tribunais dos Estados, e do Distrito Federal e Territórios** será composto de membros, do **Ministério Público**, com mais de dez anos de carreira, e de **advogados** de notório saber jurídico e de reputação ilibada, com mais de dez anos de efetiva atividade profissional, indicados em lista sêxtupla pelos órgãos de representação das respectivas classes.
- O Advogado oriundo do Quinto Constitucional nos Tribunais de Justiça concorre como magistrado para ocupar vagas no Superior Tribunal de Justiça, **pois disputa o terço das vagas a serem ocupadas por Desembargadores dos Tribunais de Justiça**.

9. Conselho Nacional de Justiça – CNJ

CONSELHO NACIONAL DE JUSTIÇA – CNJ	
1. Natureza Jurídica	Órgão Integrante do Poder Judiciário, mas sem poder jurisdicional
2. Composição	15 membros, sendo: a) 9 do Poder Judiciário; b) 2 do Ministério Público; c) 2 advogados; d) 2 cidadãos. A Presidência do CNJ cabe ao Presidente do STF, que é um dos integrantes oriundo do Poder Judiciário.
3. Nomeação dos Membros	Pelo Presidente da República, após aprovação pela maioria absoluta do Senado Federal, salvo o Presidente e o Vice-Presidente, que não se submetem a essa exigência.
4. Mandatos dos Membros	2 anos, admitida uma recondução
5. Competência	Controle da atuação administrativa e financeira do Poder Judiciário e do cumprimento dos deveres funcionais dos juízes
6. Poderes/ Prerrogativas Especiais	a) apreciar, de ofício ou mediante provocação, a legalidade dos atos administrativos praticados por membros ou órgãos do Poder Judiciário, podendo desconstituí-los, revê-los ou fixar prazo para que se adotem as providências necessárias ao exato cumprimento da lei; b) receber e conhecer das reclamações contra membros ou órgãos do Poder Judiciário. c) avocar processos disciplinares em curso e determinar a remo-

CONSELHO NACIONAL DE JUSTIÇA – CNJ	
6. Poderes/ Prerrogativas Especiais	ção, a disponibilidade ou a aposentadoria com subsídios ou proventos proporcionais ao tempo de serviço e aplicar outras sanções administrativas, assegurada ampla defesa d) rever, de ofício ou mediante provocação, os processos disciplinares de juízes e membros de tribunais julgados há menos de um ano (portanto, não pode ser a qualquer tempo).
7. Controle Externo	Os atos do CNJ sujeitam-se ao controle do Supremo Tribunal Federal (art. 102, I, "r", da CF).

- O CNJ, órgão integrante do Poder Judiciário (art. 92, I-A, da CF), não pode julgar magistrados por crime de abuso de autoridade, pois sua **competência é administrativa e financeira**, não judicial.
- **Compete ao CNJ o controle da atuação administrativa e financeira do Poder Judiciário e do cumprimento dos deveres funcionais dos juízes**, cabendo-lhe, além de outras atribuições que lhe forem conferidas pelo Estatuto da Magistratura, zelar pela observância do art. 37 (que contém os princípios da administração) e apreciar, de ofício ou mediante provocação, a legalidade dos atos administrativos praticados por membros ou órgãos do Poder Judiciário, podendo desconstituí-los, revê-los ou fixar prazo para que se adotem as providências necessárias ao exato cumprimento da lei, sem prejuízo da competência do Tribunal de Contas da União.
- "Ação direta. EC 45/2004. Poder Judiciário. CNJ. Instituição e disciplina. Natureza meramente administrativa. Órgão interno de controle administrativo, financeiro e disciplinar da magistratura. **Constitucionalidade reconhecida**. Separação e independência dos Poderes. História, significado e alcance concreto do princípio. Ofensa a cláusula constitucional imutável (cláusula pétrea). Inexistência. Subsistência do núcleo político do princípio, mediante preservação da função jurisdicional, típica do Judiciário, e das condições materiais do seu exercício imparcial e independente. Precedentes e Súmula 649. Inaplicabilidade ao caso. Interpretação dos arts. 2º e 60, § 4º, III, da CF. Ação julgada improcedente.Votos vencidos. **São constitucionais as normas que, introduzidas pela EC 45, de 8-12-2004, instituem e disciplinam o CNJ**, como órgão administrativo do Poder Judiciário nacional. Poder Judiciário. Caráter nacional. Regime orgânico unitário. Controle administrativo, financeiro e disciplinar. Órgão interno ou externo. Conselho de Justiça. Criação por Estado-membro. Inadmissibilidade. Falta de competência constitucional. Os Estados-membros carecem de competência constitucional para instituir, como órgão interno ou externo do Judiciário, conselho destinado ao controle da atividade administrativa, financeira ou disciplinar da respectiva Justiça. Poder Judiciário. CNJ. Órgão de natureza exclusivamente administrativa. Atribuições de controle da atividade administrativa, financeira e disciplinar da magistratura. Competência relativa apenas aos órgãos e juízes situados, hierarquicamente, abaixo do STF. Preeminência deste, como órgão máximo do Poder Judiciário, sobre o Conselho, cujos atos e decisões estão sujeitos a seu controle jurisdicional. Inteligência dos arts. 102, caput, I, letra r, e 103-B, § 4º, da CF. O CNJ não tem nenhuma competência sobre o STF e seus ministros, sendo esse o órgão máximo do Poder Judiciário nacional, a que aquele está sujeito." (ADI 3.367, Rel. Min. Cezar Peluso, julgamento em 13-4-2005, Plenário, DJ de 22-9-2006.)
- "As provas obtidas em razão de diligências deflagradas na esfera criminal podem ser utilizadas em processo administrativo disciplinar, uma vez submetidas ao contraditório, posto estratégia conducente à duração razoável do processo, sem conjuração das cláusulas pétreas dos processos administrativo e judicial. A instauração de um Processo Administrativo Disciplinar (PAD) prescinde de prévia sindicância, quando o objeto da apuração encontra-se elucidado à luz de outros elementos lícitos de convicção. A competência originária do CNJ resulta do texto constitucional e independe de motivação do referido órgão, bem como da satisfação de requisitos específicos. **A competência do CNJ não se revela subsidiária**. Ressalva do redator do acórdão no sentido de que o STF, por força do princípio da unidade da Constituição e como guardião da Carta Federal, não pode desconsiderar a autoridade do CNJ e a autonomia dos tribunais, por isso que a conciliação possível, tendo em vista a atividade correcional de ambas as instituições, resulta na competência originária do órgão, que pode ser exercida de acordo com os seguintes termos e parâmetros apresentados de forma exemplificativa: a) comprovação da inércia do tribunal local quanto ao exercício de sua competência disciplinar. Nesse contexto, o CNJ pode fixar prazo não inferior ao legalmente previsto de 140 dias [60 dias (art. 152 da Lei 8.112) + 60 dias (art. 152 da Lei 8.112, que admite prorrogação de prazo para a conclusão do PAD) + 20 dias (prazo para o administrador competente decidir o PAD, ex vi do art. 167 da Lei 8.112)] para que as corregedorias locais apurem fatos que cheguem ao conhecimento do órgão, avocando os feitos em caso de descumprimento imotivado do lapso temporal; sem prejuízo da apuração de responsabilidade do órgão correcional local; b) demora irrazoável na condução, pelo tribunal local, de processo administrativo com risco de prescrição; c) falta de quórum para deliberação, por suspeição, impedimentos ou vagas de magistrados do tribunal; d) simulação quanto ao exercício da competência correicional pelo Poder Judiciário local; e) prova da incapa-

cidade de atuação dos órgãos locais por falta de condições de independência, hipóteses nas quais é lícita a inauguração de procedimento pelo referido Conselho ou a avocação do processo; f) a iminência de prescrição de punições aplicáveis pelas corregedorias no âmbito de suas atribuições autoriza o CNJ a iniciar ou avocar processos; g) qualquer situação genérica avaliada motivadamente pelo CNJ que indique a impossibilidade de apuração dos fatos pelas corregedorias autoriza a imediata avocação dos processos pelo CNJ; h) arquivado qualquer procedimento, disciplinar ou não, da competência das corregedorias, é lícito ao CNJ desarquivá-los e prosseguir na apuração dos fatos; i) havendo conflito de interesses nos tribunais que alcancem dimensão que torne o órgão colegiado local impossibilitado de decidir, conforme avaliação motivada do próprio CNJ, poderá o mesmo avocar ou processar originariamente o feito; j) os procedimentos disciplinares iniciados nas corregedorias e nos tribunais locais deverão ser comunicados ao CNJ dentro do prazo razoável de trinta dias para acompanhamento e avaliação acerca da avocação prevista nas alíneas antecedentes; k) as regras acima não se aplicam aos processos já iniciados, aos em curso e aos extintos no CNJ na data deste julgamento; l) as decisões judiciais pretéritas não são alcançadas pelos parâmetros acima. O instituto da translatio judicii, que realça com clareza solar o princípio da instrumentalidade do processo, viabiliza o aproveitamento dos atos processuais praticados no âmbito do CNJ pelo órgão correicional local competente para decidir a matéria. Denegação da segurança, mantendo-se a decisão do CNJ com o aproveitamento de todas as provas já produzidas." (MS 28.003, julgado em 2012 e relatado para o acórdão pelo Ministro Luiz Fux).

- De acordo com o entendimento da Suprema Corte, **a competência estabelecida no artigo 102, I, *r*, da CF, de processar e julgar as ações contra o Conselho Nacional de Justiça, restringe-se às ações constitucionais**, quais sejam, mandado de segurança, mandado de injunção, habeas corpus e habeas data. Desse modo, segundo dispõe o próprio Pretório: **"A competência desta Corte para conhecer e julgar ações que questionam atos do Conselho Nacional de Justiça – CNJ e do Conselho Nacional do Ministério Público – CNMP se limita às ações tipicamente constitucionais: mandados de segurança, mandados de injunção, habeas corpus e habeas data**" (STF. Pet 4794 ED, julgado em 2015 e relatado pelo Ministro Luiz Fux).

10. Súmula vinculante

- Somente o **STF** pode editar Súmula Vinculante.
- O Supremo Tribunal Federal poderá, de ofício ou por provocação, mediante decisão de **dois terços** (e não da maioria absoluta) de seus membros, **após reiteradas decisões sobre matéria constitucional**, aprovar súmula que, a partir de sua publicação na imprensa oficial, terá **efeito vinculante** em relação aos demais órgãos do Poder Judiciário e à administração pública direta e indireta, nas esferas federal, estadual e municipal, bem como proceder à sua revisão ou cancelamento, na forma estabelecida em lei.
- **A súmula vinculante terá por objetivo** a validade, a interpretação e a eficácia de normas determinadas, acerca das quais haja controvérsia atual entre órgãos judiciários ou entre esses e a administração pública que acarrete **grave insegurança jurídica** e **relevante multiplicação de processos** sobre questão idêntica.
- **A edição, a revisão ou o cancelamento de enunciado de súmula vinculante podem ser provocados** pelos legitimados para a propositura da ação direta de inconstitucionalidade, e também pelo Defensor Público-Geral da União, os Tribunais Superiores, os Tribunais de Justiça de Estados ou do Distrito Federal e Territórios, os Tribunais Regionais Federais, os Tribunais Regionais do Trabalho, os Tribunais Regionais Eleitorais e os Tribunais Militares, nos termos do art. 3º da Lei 11.417/06, que regulamenta o art. 103-A da Constituição Federal, disciplinando a edição, a revisão e o cancelamento de enunciado de súmula vinculante pelo Supremo Tribunal Federal.
- Atenção! O **Município** poderá propor, **incidentalmente ao curso de processo em que seja parte**, a edição, a revisão ou o cancelamento de enunciado de súmula vinculante, o que não autoriza a suspensão do processo.
- Conforme art. 103-A, da CF, o quórum para a decisão da aprovação da Súmula será de **dois terço de seus membros,** e não da maioria simples dos Ministros presentes.
- Do ato administrativo ou decisão judicial que contrariar a súmula aplicável ou que indevidamente a aplicar, caberá **reclamação** ao Supremo Tribunal Federal que, julgando-a procedente, anulará o ato administrativo ou cassará a decisão judicial reclamada, e determinará que outra seja proferida com ou sem a aplicação da súmula, conforme o caso.
- **É plenamente cabível** revisão ou cancelamento da Súmula Vinculante mesmo após sua edição, por força do que dispõe o Art. 103-A, da CF.
- Consoante art. 7º, § 1º, da Lei 11.417/06, contra omissão ou ato da administração pública, o uso da reclamação só será admitido **após esgotamento das vias administrativas**.

⊙ SÚMULAS

✦ INFORMATIVOS

▸ ***Art. 93, II, a, da CF e obrigatoriedade de apresentação de lista***

O Plenário acolheu parcialmente embargos de declaração opostos, pela União, contra acórdão proferido em mandado de segurança, no qual cassado decreto presidencial que deixara de observar o disposto no art. 93, II, a, da CF. Naquela decisão, asseverara-se que, na promoção de magistrado federal, por merecimento, que figurasse por 3 vezes consecutivas ou 5 alternadamente, em lista tríplice, o Chefe do Executivo teria de, obrigatoriamente, sufragar o nome que figurasse no mencionado rol. Esclareceu-se que, ainda que existente vinculação ao nome que figurasse na lista observadas essas condições – a significar, para a embargante, indicação direta, e não lista –, o documento sempre deveria ser elaborado pelo respectivo tribunal e enviado à Presidência da República, por expressa exigência constitucional. Além disso, na lista constariam os nomes de 2 outros juízes que, eventualmente, poderiam ser beneficiados por esta regra, caso viessem a preencher os requisitos futuramente. MS 30585 ED/DF, Rel. Min. Ricardo Lewandowski, 27.2.2013. Pleno. (Info 696)

▸ *Juízes classistas aposentados e auxílio-moradia – 7*

Ao concluir julgamento, o Plenário, por maioria, proveu, em parte, recurso ordinário em mandado de segurança para reformar acórdão do TST com intuito de reconhecer o direito aos reflexos da parcela autônoma de equivalência incidente sobre os proventos e pensões de 1992 a 1998 e, após esse período, o direito à irredutibilidade dos respectivos valores. O aresto questionado reputara inviável a incorporação da parcela denominada auxílio-moradia aos proventos de juízes classistas aposentados sob a égide da Lei 6.903/81. De início, destacou-se que a Lei 9.655/98 desvinculara os vencimentos dos magistrados togados da remuneração percebida pelos juízes classistas de 1ª instância da justiça do trabalho, que passaram a ter direito às reposições salariais concedidas em caráter geral aos servidores públicos federais. Asseverou-se que, em seguida, a EC 24/99 extinguira a representação classista naquele âmbito, assegurado o cumprimento dos mandatos em curso. Assim, os classistas que adquiriram o direito à aposentadoria e os respectivos pensionistas teriam jus ao valor da última remuneração dos classistas ativos até 1999 e, a partir daí, ao percentual de variação dos reajustes concedidos aos servidores públicos federais. No ponto, afastou-se identidade entre juízes classistas e togados, no sentido da obrigatoriedade de remuneração equivalente. Tendo em conta essas considerações, deixou-se de acolher o pedido de equiparação de proventos e pensões de juízes classistas com os subsídios de magistrados togados em atividade. RMS 25841/DF, red. p/ ac. Min. Marco Aurélio, 20.3.2013. Pleno. (Info 699)

▸ *Juízes classistas aposentados e auxílio-moradia – 8*

Todavia, assentou-se o direito dos juízes classistas à parcela autônoma de equivalência até a edição da Lei 9.655/98. Relembrou-se que o STF afirmara, em sessão administrativa de 12.8.92, que o auxílio-moradia conferido aos membros da Câmara dos Deputados teria natureza remuneratória e, por isso, deveria integrar o cálculo de equivalência previsto na redação originária do art. 37, XI, da CF. Com esse fundamento, concedera-se, em 27.2.2000, medida liminar na AO 630/DF, com a determinação de que a aludida parcela fosse estendida aos demais membros da magistratura. Salientou-se que esse quadro perdurara até 2002. Observou-se que o Relator da mencionada ação declarara a perda de seu objeto, haja vista o reconhecimento administrativo do direito à parcela autônoma de equivalência no período compreendido entre 2000 e 2002 aos juízes, exceto aos classistas. Reputou-se que a premissa que embasara a decisão, de igual modo, poderia ser aplicada aos juízes classistas ativos, cujo cálculo de remuneração encontrava-se disciplinado pela Lei 4.439/64. Dessa maneira, a parcela enquadrar-se-ia no conceito de vencimento-base para todos os fins. Ao ressaltar o conteúdo declaratório da antecipação dos efeitos da tutela, dessumiu-se que o direito se originara com a criação desse auxílio pela Câmara dos Deputados em 1992. Logo, os juízes classistas ativos, entre 1992 e 1998, teriam jus ao cálculo remuneratório que computasse a parcela autônoma de equivalência recebida pelos togados. Em consequência, nesse interregno, existiria o direito dos classistas de obter os reflexos da parcela pleiteada sobre os respectivos proventos de aposentadorias e pensões. Quanto à eventual prescrição, assinalou-se que, se ocorrente, incidiria nas parcelas vencidas 5 anos antes da impetração e, sobre elas, a Corte não fora instada a se manifestar. RMS 25841/DF, red. p/ ac. Min. Marco Aurélio, 20.3.2013. Pleno. (Info 699)

▸ *Loman e decisões paradigmas em reclamação – 1*

O Plenário, por maioria, deu provimento a agravo regimental em reclamação e cassou liminar deferida pelo Min. Luiz Fux, relator, que sustara a posse de magistrado eleito para o cargo de Corregedor do Tribunal de Justiça do Estado do Rio Grande do Sul – TJRS. Na espécie, a reclamação fora ajuizada por magistrado que, inobstante figurar na quinta colocação na ordem de antiguidade dos desembargadores elegíveis e ser o segundo mais antigo dentre os candidatos, não tivera seu nome sufragado nas eleições realizadas para o biênio 2012-2013. Em face de recusa dos pares em participar da eleição, fora eleito desembargador que figurara em quinquagésimo na ordem de antiguidade e em quinto dentre os concorrentes. O reclamante, ora agravado, alegara que não se poderia estender o universo dos elegíveis a todos os desembargadores que integrassem o tribunal. Afirmara ofensa a Lei Orgânica da Magistratura Nacional – Loman (LC 35/79), na parte que cuidaria dos magistrados que poderiam se candidatar aos cargos de direção dos tribunais (Art. 102). Arguia, ainda, que ao proceder à eleição de seu órgão diretivo, o TJRS teria desrespeitado a autoridade das decisões proferidas pelo STF na ADI 3566, na ADI 3976 e na ADI 4108, bem como na Rcl 9723. Sustentara que o tribunal gaúcho não poderia permitir que se candidatassem mais desembargadores do que o número de cargos de direção em disputa. Rcl 13115 MC-AgR/RS, red. p/ ac. Min. Marco Aurélio, 12.12.2012. Pleno. (Info 692)

▸ Loman e decisões paradigmas em reclamação – 2

No agravo regimental, o Presidente daquela Corte insurgia-se contra a mencionada liminar suspensiva da posse e alegava que as eleições teriam ocorrido nos termos preceituados pela Loman. De início, o Min. Marco Aurélio destacou que, embora a Constituição tivesse proclamado a autonomia administrativa e financeira dos tribunais, seria silente quanto à disciplina de sua direção. Obtemperou que tampouco o art. 102 da Loman se mostraria sensato, em especial no que concerniria à inelegibilidade de magistrados que exerceram cargos de direção. Repisou seu posicionamento, vencido, quanto à não recepção do art. 102 da Loman pela Constituição. Aduziu que o STF não admitiria o efeito transcendente para ter-se como adequada a presente reclamação. Salientou que o acórdão paradigma da ADI 3566 analisara a constitucionalidade de dispositivo do Regimento Interno do TRF da 3ª Região, o qual não poderia ser apontado como descumprido por Corte diversa, no caso, pelo TJRS. Assinalou que, consoante jurisprudência do Supremo, não se poderia cogitar de reclamação para tornar prevalente decisão formalizada em reclamação. Assim, deu provimento ao agravo e afastou a parte que sobejaria da liminar. A Min. Cármen Lúcia pontuou que se estaria diante de reclamação por descumprimento de decisão proferida pelo STF e que a Corte já se manifestara quanto à recepção da Loman pela Constituição. Atestou que não se poderia, em sede de reclamação, questionar-se, novamente, a problemática da interpretação e aplicação da norma da Loman. O Min. Teori Zavascki corroborou que, no julgamento da ADI 3566/DF, tida como afrontada, discutia-se legitimidade constitucional de norma interna do TRF da 3ª Região. Naquela ação, ter-se-ia decidido, também, que regimento interno de tribunal não poderia disciplinar critérios de antiguidade de modo diverso do que contido na Loman. Frisou que a Rcl 9723, paradigma citado no ajuizamento da presente reclamação, questionara as eleições de 2009 do Tribunal gaúcho. Concluiu que a essência da fundamentação vinculante na ADI seria que os tribunais deveriam obedecer ao art. 102 da Loman e, na situação dos autos, o TJRS teria observado esse dispositivo. Dessa forma, não teria ocorrido ofensa ao que decidido na reclamação anterior, uma vez que atendido procedimento outrora reputado legítimo. O Min. Ricardo Lewandowski assentou, outrossim, que o art. 102 da Loman não teria sido violado e que inexistiria paradigma ofendido com a prática levada a efeito pelo TJRS. A Min. Rosa Weber, ao destacar a observância do art. 102 da Loman, assinalou que, sendo a presente reclamação baseada no descumprimento do que decidido pelo STF na Rcl 9723/RS, não teria havido descumprimento por parte do TJRS. Rcl 13115 MC-AgR/RS, red. p/ ac. Min. Marco Aurélio, 12.12.2012. Pleno. (Info 692)

▸ Nomeação para TRT. MS 31.375-DF Rel. Min. Cármen Lúcia

Mandado de segurança. Nomeação de magistrado para Tribunal Regional do Trabalho da 2ª Região: o impetrante em três listas tríplices consecutivas para promoção por merecimento para desembargador do TRT da 2ª região (art. 115, LI, da CF). Observância obrigatória do art. 93, inc. II, a. A, da CF. Regra aplicável à magistratura. Segurança concedida. Agravo regimental prejudicado. (Info 714)

▸ Deliberação legislativa acerca de veto presidencial e ordem cronológica – 1

Ao salientar a singular gravidade do cenário fático-jurídico da situação em apreço, o Plenário, por maioria, deu provimento a agravo regimental para revogar medida liminar concedida pelo Min. Luiz Fux, em mandado de segurança do qual relator. Trata-se de "writ" impetrado por deputado federal contra ato da Mesa Diretora do Congresso Nacional consubstanciado na aprovação de requerimento de urgência para exame do Veto Parcial 38/2012, aposto pela Presidente da República ao Projeto de Lei 2.565/2011, que dispõe sobre a distribuição entre os entes federados de "royalties" relativos à exploração de petróleo, gás natural e outros hidrocarbonetos fluidos. Sustenta-se, em síntese, violação ao devido processo legislativo por inobservância ao art. 66, § § 4º e 6º, da CF e a dispositivos do Regimento Comum do Congresso Nacional. A decisão agravada determinara àquele órgão que se abstivesse de deliberar acerca do veto presidencial antes que se procedesse à apreciação, em ordem cronológica de recebimento da respectiva comunicação, de todos os vetos pendentes com prazo constitucional de análise expirado até a data da concessão da medida acauteladora. MS 31816 AgR-MC/DF, red. p/ ac. Min. Teori Zavascki, 27.2.2013. Pleno. (Info 696)

▸ Deliberação legislativa acerca de veto presidencial e ordem cronológica – 2

De início, assentou-se a "legitimatio ad causam" do impetrante, bem como a adequação da via eleita. Destacou-se jurisprudência do STF segundo a qual o parlamentar no pleno exercício de mandato eletivo ostentaria legitimidade para impetrar mandado de segurança com a finalidade de prevenir atos no processo de aprovação de leis e emendas constitucionais incompatíveis com o processo legislativo constitucional. O Min. Luiz Fux aduziu inexistir alegação de inconstitucionalidade como causa de pedir, mas sim de pleito que visaria obstar a prática de ato em desacordo com a Constituição. Os Ministros Dias Toffoli, Cármen Lúcia, Ricardo Lewandowski e Celso de Mello ressaltaram a pertinência do instrumento escolhido e o direito público subjetivo de deputado federal invocar a tutela jurisdicional do Estado quando não atendidos os ditames constitucionais do processo legislativo. O Min. Celso de Mello acresceu que a índole política dos atos e dos procedimentos parlamentares, por si só, não bastaria para subtraí-los à esfera do controle jurisdicional. O Min. Gilmar Mendes, por sua vez, afirmou que o caso não envolveria a defesa de direito líquido e certo, porém diria respeito a mandado de segurança com perfil especial, utilizado para resolver típico conflito de atribuições. Em divergência, os Ministros Teori Zavascki e Rosa Weber consignavam o não cabimento do mandado de segurança como meio de controle preventivo de constitucionalidade, formal ou material, de atos normativos, em especial, se o impetrante não estiver incluído no rol de legitimados previsto no art. 103 da CF. O Min. Teori Zavascki frisou não estar em jogo tutela a direito líquido e certo ameaçado ou violado por ato de autoridade (direito subjetivo) e, tampouco, a prerrogativa do cargo de parlamentar, já que o impetrante objetivaria a proteção da higidez do processo legislativo. MS 31816 AgR-MC/DF, red. p/ ac. Min. Teori Zavascki, 27.2.2013. Pleno. (Info 696)

▸ *Deliberação legislativa acerca de veto presidencial e ordem cronológica – 3*

No tocante ao exame da liminar, prevaleceu o voto do Min. Teori Zavascki. Obtemperou que os argumentos de ofensa a normas regimentais não mereceriam consideração, notadamente em juízo de delibação. Quanto às cláusulas constitucionais que disciplinariam a votação sobre o veto presidencial (CF, art. 66, § § 4º e 6º), concordou com o Relator que teriam sido descumpridas. Mencionou que a sanção acarretada pelo não atendimento do prazo fixado na Constituição (prazo peremptório) atrairia, de forma automática e sem formalidade ou necessidade de manifestação de vontade, a colocação do veto na ordem do dia, sobrestadas as demais proposições até sua votação final. Registrou, no ponto, que essa imposição alcançaria não apenas a votação de outros vetos, mas sim todas as demais proposições de competência do Congresso Nacional. Aludiu a informações sobre a inércia parlamentar, tendo em vista a existência, nos dias de hoje, de mais de 3000 vetos pendentes de análise, alguns com prazo vencido há cerca de 13 anos. Assinalou que esse quadro mostrar-se-ia mais grave quando levado em conta que a estrita observância dos preceitos constitucionais do processo legislativo configuraria pressuposto de validade dos correspondentes atos normativos. Dessumiu que a aplicação rígida dos referidos artigos constitucionais, com eficácia retroativa, não apenas imporia futuro caótico para a atuação daquela Casa Legislativa – a paralisar nova deliberação, exceto a de vetos pendentes por ordem de vencimento –, assim como causaria insegurança jurídica sobre as deliberações tomadas pelo Congresso Nacional nos últimos 13 anos. MS 31816 AgR-MC/DF, red. p/ ac. Min. Teori Zavascki, 27.2.2013. Pleno. (Info 696)

▸ *Deliberação legislativa acerca de veto presidencial e ordem cronológica – 4*

Ademais, explicitou a relação de compatibilidade material que deveria ocorrer entre a decisão liminar e a sentença final, a limitar o juízo de verossimilhança, que consistiria na alta probabilidade de atendimento pela sentença definitiva da providência objeto de antecipação. Reputou que a questão em debate seria semelhante à enfrentada pelo STF no julgamento da ADI 4029/DF (DJe de 27.6.2012), razão pela qual tudo estaria a indicar o acolhimento de solução similar. A par disso, concluiu que, embora a Corte pudesse vir a declarar a inconstitucionalidade da prática até agora adotada pelo Congresso Nacional no processo legislativo de apreciação de vetos, dever-se-ia atribuir à decisão eficácia ex nunc. Excluir-se-iam as deliberações tomadas, os vetos presidenciais apreciados e os que já tivessem sido apresentados, mas pendentes de exame. Alinhavou que, sendo essa a decisão definitiva mais provável, a medida liminar deveria, desde logo, com ela se compatibilizar. Desse modo, a improbabilidade de êxito retiraria da impetração o indispensável requisito da verossimilhança. MS 31816 AgR-MC/DF, red. p/ ac. Min. Teori Zavascki, 27.2.2013. Pleno. (Info 696)

▸ *Deliberação legislativa acerca de veto presidencial e ordem cronológica – 5*

A Min. Rosa Weber acentuou, com relação às normas regimentais, jurisprudência do Supremo no sentido de que sua eventual afronta caracterizaria matéria interna corporis. O Min. Dias Toffoli acrescentou que o pedido final cingir-se-ia à afirmação de existência de fila de vetos em ordem cronológica, histórica ou, ao menos, na presente sessão legislativa. Nesse tocante, não vislumbrou, da leitura do § 6º do art. 66 da CF, a imposição de ordem cronológica de votação, de maneira a subtrair-se do Congresso Nacional a pauta política de votar o veto quando e na ordem que lhe aprouvesse. Evidenciou que, na espécie, o prazo constitucionalmente previsto não estaria exaurido e, portanto, teria dificuldades em proferir decisão que impediria outro Poder de deliberar. O Min. Ricardo Lewandowski, outrossim, não entreviu exigência de ordem cronológica na apreciação de vetos. Ressaiu que o constituinte ao referir-se à ordem cronológica, fizera-o em termos explícitos (CF, art. 100; ADCT, art. 86, § § 1º e 3º; art. 97, § § 6º e 7º). Sinalizou dúvida sobre o termo inicial em que se contaria o prazo de 30 dias para trancamento da pauta: se da comunicação do Presidente da República ao Presidente do Senado ou se do recebimento do veto pelo Plenário do Congresso Nacional. Destacou que, entre esses marcos, haveria iter complexo, disposto no art. 104 do Regimento Comum daquela Casa. Além disso, sublinhou que o impetrante não trouxera informação sobre a existência de data definida para o exame do referido veto presidencial. A Min. Cármen Lúcia distinguiu os requisitos da liminar em mandado de segurança – expressos taxativamente no art. 7º, III, da Lei 12.016/2009 – de outras formas cautelares no processo civil em geral. Realçou a necessidade de ocorrência de relevante fundamento para que se transcendesse o aguardo do julgamento final. Entendeu que a manutenção da liminar poderia gerar conjuntura mais gravosa ao Parlamento, à sociedade brasileira e ao Direito. O Min. Gilmar Mendes sobressaiu que, se a Corte estivesse a apreciar o mérito, pronunciar-se-ia pelo não recebimento do § 1º do art. 104 do Regimento Comum do Congresso Nacional. De igual modo, também não inferia da Constituição a necessidade de observância cronológica. MS 31816 AgR-MC/DF, red. p/ ac. Min. Teori Zavascki, 27.2.2013. Pleno. (Info 696)

▸ *Deliberação legislativa acerca de veto presidencial e ordem cronológica – 6*

Vencidos os Ministros Luiz Fux, Marco Aurélio, Celso de Mello e Joaquim Barbosa, Presidente, que mantinham a decisão agravada. O Relator considerava inconstitucional a deliberação aleatória dos vetos presidenciais pendentes de análise legislativa, cuja simples existência subtrairia do Poder Legislativo a autonomia para definição da respectiva pauta política (CF, art. 66, § 6º). Ressurtia ser necessária a deliberação dos vetos presidenciais em ordem cronológica de comunicação ao Congresso Nacional, a resultar na apreciação do Veto Parcial 38/2012 somente após a análise daqueles com prazo constitucional expirado. Aludia, ainda, à cognoscibilidade, em sede mandamental, das assertivas de transgressão à disciplina das regras dos regimentos das Casas Legislativas. Pontuava que, pela qualidade de normas jurídicas, elas reclamariam instrumentos jurisdicionais idôneos a resguardar-lhes a efetividade. Repelia, em consequência, a doutrina das questões interna corporis ante sua manifesta contrariedade ao Estado de Direito (CF, art. 1º, caput) e à proteção das minorias parlamentares. Arrematava que a leitura do citado veto, em regime de urgência, violaria as disposições regimentais que impediriam a discussão de matéria estranha à ordem do dia e a deliberação do veto sem prévio relatório da comissão mista. O Min. Marco Aurélio ressaltava que a concessão da liminar não teria implicado o trancamento da pauta do Congresso. O Min. Celso de Mello reiterava que nenhum Poder da República teria legitimidade para desrespeitar a Constituição ou para ferir direitos públicos e privados de seus cidadãos. Além disso, consignava que o debate envolveria típica situação de inconstitucionalidade por omissão, a comprometer a força normativa da Constituição. Mencionava a prática institucional em que o Congresso Nacional diminuir-se-ia perante o Poder Executivo ao não exercer o dever que lhe incumbiria, pela Constituição, de apreciar os vetos presidenciais, o que os transformaria, de superáveis e relativos, em absolutos. Nessa mesma linha, pronunciou-se o Presidente ao citar que se estaria diante de exemplo da hipertrofia do Poder Executivo, em face da abdicação, pelo Congresso Nacional, de suas prerrogativas. MS 31816 AgR-MC/DF, red. p/ ac. Min. Teori Zavascki, 27.2.2013. Pleno. (Info 696)

▸ *Rejeição de contas de prefeito pelo tribunal de contas e ausência de decisão da câmara legislativa – 6*

Tendo em vista o encerramento do mandato eletivo do recorrido, o Plenário, por maioria, julgou prejudicado recurso extraordinário em que se discutia se o parecer prévio de tribunal de contas municipal pela rejeição das contas de prefeito, ante o silêncio da câmara municipal, ensejaria a inelegibilidade prevista no art. 1º, I, g, da LC 64/90. Consignou-se que o pleito referir-se-ia a deferimento de registro de candidatura. A Min. Cármen Lúcia destacou que a questão constitucional discutida no caso possuiria repercussão geral reconhecida, a qual seria examinada em outros processos que tratariam de idêntica matéria. RE 597362/BA, repercussão geral – mérito, red. p/ ac. Min. Cármen Lúcia, 21.2.2013. Pleno. (Info 695)

▸ *TCU: repactuação de termos contratados, limites de atuação e via processual adequada – 1*

A 1ª Turma iniciou julgamento de mandado de segurança no qual se postula anular decisão do TCU que condenara a empresa impetrante, solidariamente, à devolução de valores ao erário, apurados a título de sobrepreço. Segundo aquela Corte de Contas, teria havido superfaturamento de preços, constatado em aditamentos contratuais celebrados entre o Departamento de Estradas e Rodagens – DNER de determinado estado-membro e a impetrante (construtora). Os referidos contratos destinavam-se a obras em rodovia que tiveram o aporte de recursos federais oriundos de convênios firmados com o extinto Departamento Nacional de Estradas de Rodagem – DNER. Com o intuito de cumprir determinação do TCU, o ente federado tentara repactuar os termos do contrato, o que não fora aceito. Diante da negativa da empresa contratada, o estado teria rescindido o instrumento contratual e seus aditivos, com base no art. 78, VII, da Lei 8.666/93. Esse fato dera origem à tomada de contas especial, perante o TCU, objeto da presente impetração. Na espécie, alegava-se: a) participação regular no processo licitatório, abarcado pelo Decreto-Lei 2.300/86, e cumprimento das especificações do edital, inclusive quanto ao preço dos serviços a serem executados; b) incompetência do TCU para promover alteração retroativa e unilateral dos preços, a modificar cláusulas econômico-financeiras de contrato; c) necessidade de preservação dos direitos adquiridos ou dos efeitos consolidados desses contratos e aditivos, no que se refere aos serviços já executados, ainda que o TCU pudesse anular contrato ou aditivos firmados com a impetrante e fixar novos preços; e d) violação ao devido processo legal por não terem sido considerados os elementos técnicos favoráveis à impetrante, somado ao indeferimento de produção de prova pericial por parte da empresa. MS 29599/DF, Rel. Min. Dias Toffoli, 7.5.2013. 1ª T. (Info 705)

▸ *TCU: repactuação de termos contratados, limites de atuação e via processual adequada – 2*

O Min. Dias Toffoli, relator, denegou a ordem, no que foi acompanhado pelo Min. Luiz Fux. De início, o Relator destacou que a impetrante não fora condenada a restituir valores recebidos em razão da execução de contrato, tampouco se trataria de modificação de cláusulas econômico-financeiras. Ela teria sido condenada a devolver aos cofres públicos a diferença de valores superfaturados apontados pelo TCU. Ressurtiu que o núcleo das prerrogativas do TCU no exame de atos e negócios administrativos estaria contido no inciso IX do art. 71 da CF. Asseverou que as atribuições daquela Corte de Contas abrangeriam a fixação de prazo ao órgão ou à entidade a fim de que adotasse providências necessárias ao exato cumprimento da lei, se verificada ilegalidade. Julgou ser legítima a condenação da impetrante ao ressarcimento do dano causado ao erário, bem como a sua consequente inscrição no CADIN, no caso de inadimplemento, nos termos da Lei 8.443/92. MS 29599/DF, Rel. Min. Dias Toffoli, 7.5.2013. 1ª T. (Info 705)

▸ ***TCU: repactuação de termos contratados, limites de atuação e via processual adequada – 3***

Ressaltou que, ante o estreito limite da ação mandamental, extrair-se-ia dos autos que a impugnação padeceria de liquidez necessária, uma vez que demandaria análise pericial e verificação dos preços, dados e tabelas apresentados; em suma, revolvimento de fatos e provas. Frisou não prosperar a alegação de afronta ao princípio do devido processo legal, porque a impetrante teria participado, de forma efetiva, tanto do processo de denúncia, como da tomada de contas especial, com apresentação de defesa e interposição dos respectivos recursos. Por fim, aduziu que o mandado de segurança não seria a via adequada para impor ao TCU a análise de elementos técnicos ou o deferimento de requerimento de produção de prova pericial. Reconheceu, entretanto, a possibilidade da impetrante de buscar seus direitos pelas vias ordinárias, passível de obter, inclusive, antecipação de tutela, oportunidade em que seriam discutidos dados técnicos. O Min. Luiz Fux ponderou que a Constituição estabeleceria a competência do TCU e traria as sanções àqueles que agissem com ilegalidade nas contas públicas, a fazer valer os preceitos de seu art. 37. MS 29599/DF, Rel. Min. Dias Toffoli, 7.5.2013. 1ª T. (Info 705)

▸ ***TCU: repactuação de termos contratados, limites de atuação e via processual adequada – 4***

Em divergência, o Min. Marco Aurélio concedeu a ordem. Sublinhou a importância do tema, porquanto se trataria de definir os limites de atuação do TCU. Observou que o TCU, a agir como órgão auxiliar no campo administrativo do Congresso Nacional, não poderia sustar contratos e sim comunicar àquele órgão legislativo. Enfatizou seu estranhamento quanto ao fato do TCU condenar pessoa jurídica de direito privado e essa condenação encerrar título executivo sem que houvesse, à exaustão, o direito de defesa. Realçou que, constatada a irregularidade, o âmbito de alcance do TCU consistiria em extrair cópias e encaminhá-las à AGU, para as medidas cabíveis. Sinalizou que a interpretação sistemática da Constituição reconheceria o TCU como órgão estritamente administrativo, não incluído no Poder Judiciário. O campo de atuação da Corte de Contas limitar-se-ia, quanto aos contratos, à Administração Pública. Após, pediu vista a Min. Rosa Weber. MS 29599/DF, Rel. Min. Dias Toffoli, 7.5.2013. 1ª T. (Info 705)

▸ ***ARE-RG 641.896-RJ. Rel. Min. Marco Aurélio***

Legitimidade. Execução de multa aplicada pelo Tribunal de Contas do estado. Danos ao erário municipal. Matéria constitucional. Recurso extraordinário. Repercussão geral verificada. Possui repercussão geral a controvérsia acerca da legitimidade para promover a execução de multa aplicada pelo Tribunal de Contas estadual a agente político, por danos causados ao erário municipal – se do estado ou do município no qual ocorrida a irregularidade. (Info 705)

▸ ***MS 30.221-DF. Rel. Min. Cármen Lúcia***

Mandado de segurança. Administrativo. Ato do TCU. Irregularidades no controle de horário e frequência de servidores. Imposição de multa ao gestor público. Alegada contrariedade ao devido processo legal. Suposta omissão culposa no acompanhamento da eficiência do controle de frequência. Não ocorrência. Ordem de segurança concedida. (Info 695)

▸ ***RE-RG 717.424-AL. Rel. Min. Marco Aurélio***

Tribunal de contas. Composição. Egresso do Ministério Público. Distribuição das cadeiras. Mandado de segurança. Ordem deferida na origem. Recurso extraordinário. Alcance do Art. 73, § 2º, da Constituição Federal. Repercussão geral configurada. Possui repercussão geral a controvérsia relativa à possibilidade, ou não, de cargo vago de Conselheiro do Tribunal de Contas cujo ocupante anterior fora nomeado mediante indicação da Assembleia Legislativa ser preenchido por membro do Ministério Público de Contas, em observância à representatividade do órgão no aludido Tribunal. (Info 708)

FUNÇÕES ESSENCIAIS À JUSTIÇA

- **CF, artigos 127 a 135.**

✦ DICAS

1. Ministério Público

- O **Ministério Público** é instituição permanente, essencial à função jurisdicional do Estado, incumbindo-lhe a **defesa da ordem jurídica, do regime democrático** e **dos interesses sociais e individuais indisponíveis**.
- São **princípios institucionais** do Ministério Público: a **unidade,** a **indivisibilidade** e a **independência funcional**.
- São **funções institucionais** do Ministério Público:

a) promover, privativamente, a ação penal pública, na forma da lei;

b) zelar pelo efetivo respeito dos Poderes Públicos e dos serviços de relevância pública aos direitos assegurados nesta Constituição, promovendo as medidas necessárias a sua garantia;

c) promover o inquérito civil e a ação civil pública, para a proteção do patrimônio público e social, do meio ambiente e de outros interesses difusos e coletivos;

d) promover a ação de inconstitucionalidade ou representação para fins de intervenção da União e dos Estados, nos casos previstos nesta Constituição;

e) defender judicialmente os direitos e interesses das populações indígenas;

f) expedir notificações nos procedimentos administrativos de sua competência, requisitando informações e documentos para instruí-los, na forma da lei complementar respectiva;

g) exercer o controle externo da atividade policial, na forma da lei complementar mencionada no artigo anterior;

h) requisitar diligências investigatórias e a instauração de inquérito policial, indicados os fundamentos jurídicos de suas manifestações processuais;

i) exercer outras funções que lhe forem conferidas, desde que compatíveis com sua finalidade, sendo-lhe vedada a representação judicial e a consultoria jurídica de entidades públicas.

- Ao Ministério Público é assegurada **autonomia funcional e administrativa**, podendo propor ao Poder Legislativo a criação e extinção de seus cargos e serviços auxiliares, provendo-os por concurso público de provas ou de provas e títulos, a política remuneratória e os planos de carreira.
- O Ministério Público elaborará sua **proposta orçamentária** dentro dos limites estabelecidos na lei de diretrizes orçamentárias. Se o Ministério Público **não encaminhar a respectiva proposta** orçamentária dentro do prazo estabelecido na lei de diretrizes orçamentárias, o Poder Executivo **considerará, para fins de consolidação da proposta orçamentária anual, os valores aprovados na lei orçamentária vigente**.
- **Princípio ou Postulado do Promotor Natural**: de acordo com o STF, "O postulado do promotor natural, que se revela **imanente** ao sistema constitucional brasileiro, repele, a partir da vedação de designações casuísticas efetuadas pela chefia da instituição, a figura do acusador de exceção. Esse princípio consagra uma garantia de ordem jurídica, destinada tanto a proteger o membro do Ministério Público, na medida em que lhe assegura o exercício pleno e independente do seu ofício, quanto a tutelar a própria coletividade, a quem se reconhece o direito de ver atuando, em quaisquer causas, apenas o promotor cuja intervenção se justifique a partir de critérios abstratos e predeterminados, estabelecidos em lei. **A matriz constitucional desse princípio assenta-se nas cláusulas da independência funcional e da inamovibilidade dos membros da instituição**. O postulado do promotor natural limita, por isso mesmo, o poder do procurador-geral que, embora expressão visível da unidade institucional, não deve exercer a chefia do Ministério Público de modo hegemônico e incontrastável. Posição dos Min. Celso de Mello (relator), Sepúlveda Pertence, Marco Aurélio e Carlos Velloso. Divergência, apenas, quanto a aplicabilidade imediata do princípio do promotor natural: necessidade da interpositio legislatoris para efeito de atuação do princípio (Min. Celso de Mello); incidência do postulado, independentemente de intermediação legislativa (Min. Sepúlveda Pertence, Marco Aurélio e Carlos Velloso)." (HC 67.759, Rel. Min. Celso de Mello, julgamento em 6-8-1992, Plenário, DJ de 1º-7-1993.). Portanto, trata-se de **princípio implícito.**
- O **Princípio do Promotor Natural não é violado pela designação de Promotor de Justiça Substituto para prestar auxílio ao titular da Comarca**, ainda que ambos subscrevam a denúncia. A subscrição da denúncia pelo Promotor da Comarca e por Promotores auxiliares não a torna à margem do Direito. Nesse sentido o RHC 93.247, julgado em 2008 e relatado pelo Ministro Marco Aurélio.
- São **garantias dos membros do Ministério Público:**

a) **vitaliciedade**, após dois anos de exercício, não podendo perder o cargo senão por sentença judicial transitada em julgado;

b) **inamovibilidade**, salvo por motivo de interesse público, mediante decisão do órgão colegiado competente do Ministério Público, pelo voto da maioria absoluta de seus membros, assegurada ampla defesa

c) **irredutibilidade de subsídio**.

- **Vedações aos Membros do Ministério Público**:

a) receber, a qualquer título e sob qualquer pretexto, honorários, percentagens ou custas processuais;

b) exercer a advocacia;

c) participar de sociedade comercial, na forma da lei;

d) exercer, ainda que em disponibilidade, qualquer outra função pública, salvo uma de magistério;

e) exercer atividade político-partidária;

f) receber, a qualquer título ou pretexto, auxílios ou contribuições de pessoas físicas, entidades públicas ou privadas, ressalvadas as exceções previstas em lei.

g) exercer, ainda que em disponibilidade, outro cargo ou função, salvo uma de magistério;

h) receber, a qualquer título ou pretexto, custas ou participação em processo;

i) dedicar-se à atividade político-partidária.

j) receber, a qualquer título ou pretexto, auxílios ou contribuições de pessoas físicas, entidades públicas ou privadas, ressalvadas as exceções previstas em lei;

- Segundo entendimento do STF, **membro do MP pode exercer cargo ou função pública em órgão externo à organização do MP**, desde que tenha ingressado na instituição **antes** da promulgação da CF/88. Ressalte-se que a alternativa não citou acumulação de funções, mas sim fez referência ao exercício de cargo ou função em órgão diverso da organização do MP, questão já decidida pelo Supremo no MS 26.595, julgado em 2010 e relatado pela Ministra Cármen Lúcia.
- O Ministério Público **abrange**:

I – o Ministério Público da União, que compreende:

a) o Ministério Público Federal;

b) o Ministério Público do Trabalho;

c) o Ministério Público Militar;

d) o Ministério Público do Distrito Federal e Territórios;

II – os Ministérios Públicos dos Estados.

- O Ministério Público da União **tem por chefe o Procurador-Geral da República – PGR**, nomeado pelo Presidente da República dentre integrantes da carreira, maiores de trinta e cinco anos, após a aprovação de seu nome pela maioria absoluta dos membros do Senado Federal, para mandato de dois anos, permitida a recondução.
- **Procurador-Geral de Justiça:** "A escolha do PGR deve ser aprovada pelo Senado (CF, art. 128, § 1º). A nomeação do procurador-geral de Justiça dos Estados não está sujeita à aprovação da Assembleia Legislativa. Compete ao governador nomeá-lo dentre lista tríplice composta de integrantes da carreira (CF, art. 128, § 3º). Não aplicação do princípio da simetria." (ADI 452, Rel. Min. Maurício Corrêa, Plenário, DJ de 31-10-2002.)
- Conforme entendimento do STF (Pet. 3.528, julgada em 2005 e relatada pelo Ministro Marco Aurélio), compete ao próprio **Supremo** dirimir **conflito negativo de competência entre o Ministério Público Federal e o MP de determinado estado**.

MINISTÉRIO PÚBLICO	
1. Incumbências/ Missão	a) Defesa da Ordem Jurídica b) Defesa do Regime Democrático c) Defesa dos interesses sociais e individuais indisponíveis
2. Princípios Institucionais	a) Unidade b) Indivisibilidade c) Independência Funcional
3. Funções Institucionais	a) promover, privativamente, a ação penal pública, na forma da lei; b) zelar pelo efetivo respeito dos Poderes Públicos e dos serviços de relevância pública aos direitos assegurados nesta Constituição, promovendo as medidas necessárias a sua garantia; c) promover o inquérito civil e a ação civil pública, para a proteção do patrimônio público e social, do meio ambiente e de outros interesses difusos e coletivos; d) promover a ação de inconstitucionalidade ou representação para fins de intervenção da União e dos Estados, nos casos previstos nesta Constituição; e) defender judicialmente os direitos e interesses das populações indígenas; f) expedir notificações nos procedimentos administrativos de sua competência, requisitando informações e documentos para instruí-los, na forma da lei complementar respectiva; g) exercer o controle externo da atividade policial, na forma da lei complementar mencionada no artigo anterior; h) requisitar diligências investigatórias e a instauração de inquérito policial, indicados os fundamentos jurídicos de suas manifestações processuais; i) exercer outras funções que lhe forem conferidas, desde que compatíveis com sua finalidade, sendo-lhe vedada a representação judicial e a consultoria jurídica de entidades públicas.
4. Garantias dos Membros	a) vitaliciedade, após dois anos de exercício, não podendo perder o cargo senão por sentença judicial transitada em julgado; b) inamovibilidade, salvo por motivo de interesse público, mediante decisão do órgão colegiado competente do Ministério Público, pelo voto da maioria absoluta de seus membros, assegurada ampla defesa c) irredutibilidade de subsídio.
5. Vedações aos Membros	a) receber, a qualquer título e sob qualquer pretexto, honorários, percentagens ou custas processuais;

MINISTÉRIO PÚBLICO	
5. Vedações aos Membros	b) exercer a advocacia; c) participar de sociedade comercial, na forma da lei; d) exercer, ainda que em disponibilidade, qualquer outra função pública, salvo uma de magistério; e) exercer atividade político-partidária f) receber, a qualquer título ou pretexto, auxílios ou contribuições de pessoas físicas, entidades públicas ou privadas, ressalvadas as exceções previstas em lei. g) exercer, ainda que em disponibilidade, outro cargo ou função, salvo uma de magistério; h) receber, a qualquer título ou pretexto, custas ou participação em processo; i) dedicar-se à atividade político-partidária. j) receber, a qualquer título ou pretexto, auxílios ou contribuições de pessoas físicas, entidades públicas ou privadas, ressalvadas as exceções previstas em lei;
6. Composição	<u>6.1. Ministério Público da União</u> a) Ministério Público Federal; b) Ministério Público do Trabalho; c) Ministério Público Militar; d) Ministério Público do Distrito Federal e Territórios; <u>6.2. Ministérios Públicos dos Estados</u>
7. Chefia	<u>7.1. Ministério Público da União</u> – Procurador Geral da República, nomeado pelo Presidente da República dentre integrantes da carreira, maiores de 35 anos, após a aprovação de seu nome pela maioria absoluta dos membros do Senado Federal, para mandato de 2 anos, permitida a recondução. <u>7.2. Ministérios Públicos dos Estados e do Distrito Federal e Territórios</u> – Procuradores Gerais dos Estados e do Distrito Federal e Territórios, serão nomeados pelo Chefe do Poder Executivo, a partir de lista tríplice formada por integrantes da carreira, na forma da lei respectiva, mandato de 2 anos, permitida uma recondução.

- Segundo posicionamento do STF, **as atribuições do Ministério Público não estão sujeitas à reserva de lei complementar**: IV. Atribuições do Ministério Público: matéria não sujeita à reserva absoluta de lei complementar: improcedência da alegação de inconstitucionalidade formal do art. 66, caput e § 1º, do Código Civil (L. 10.406, de 10.1.2002). 1. O art. 128, § 5º, da Constituição, não substantiva reserva absoluta à lei complementar para conferir atribuições ao Ministério Público ou a cada um dos seus ramos, na União ou nos Estados-membros. 2. A tese restritiva é elidida pelo art. 129 da Constituição, que, depois de enumerar uma série de "funções institucionais do Ministério Público", admite que a elas se acresçam a de "exercer outras funções que lhe forem conferidas, desde que compatíveis com sua finalidade, sendo-lhe vedada a representação judicial e a consultoria jurídica de entidades públicas". 3. **Trata-se, como acentua a doutrina, de uma "norma de encerramento", que, à falta de reclamo explícito de legislação complementar, admite que leis ordinárias – qual acontece, de há muito, com as de cunho processual – possam aditar novas funções às diretamente outorgadas ao Ministério Público pela Constituição, desde que compatíveis com as finalidades da instituição e às vedações de que nelas se incluam "a representação judicial e a consultoria jurídica das entidades públicas"** (STF. ADI 2794, julgada em 2006 e relatada pelo Ministro Sepúlveda Pertence).
- A **destituição do Procurador-Geral da República**, por iniciativa do Presidente da República, deverá ser precedida de autorização da maioria absoluta do Senado Federal.
- **Os Procuradores-Gerais nos Estados e no Distrito Federal e Territórios poderão ser destituídos** por deliberação da maioria absoluta do Poder Legislativo, na forma da lei complementar respectiva.
- O **ingresso na carreira do Ministério Público** far-se-á mediante concurso público de provas e títulos, assegurada a participação da Ordem dos Advogados do Brasil em sua realização, exigindo-se do bacharel em direito, no mínimo, 3 anos de atividade jurídica e observando-se, nas nomeações, a ordem de classificação.
- As funções do Ministério Público só podem ser exercidas por integrantes da carreira, que **deverão residir na comarca da respectiva lotação, salvo autorização do chefe da instituição**.

Foro por Prerrogativa de Função dos Membros do MP		
1. Membros do Ministério Público DOS ESTADOS que:		
– Oficiarem no 1° grau de jurisdição	→	respondem perante o TJ do Estado.
– Oficiarem no 2° grau de jurisdição	→	respondem perante o TJ do Estado.
2. Membros do Ministério Público DA UNIÃO (MPF/MPT/MPM/MPDFT) que:		
– Oficiarem no 1° grau de jurisdição	→	respondem perante o TRF.
– Oficiarem no 2° grau de jurisdição	→	respondem perante o STJ.

- Para julgamento do Procurador-Geral da República, a competência será do STF, nos crimes comuns, e do Senado Federal, nos crimes de responsabilidade. Quanto aos Procuradores-Gerais de Justiça, o STF se manifestou no sentido de que **cabe à Constituição de cada Estado-membro** estabelecer a competência dos seus tribunais, com base no art. 125, § 1º, da CF, inclusive para fixar a competência do Tribunal de Justiça para processar e julgar, originariamente, nos crimes comuns ou de responsabilidade, o PGJ (ADI 541, julgada em 2007 e relatada pelo Ministro Carlos Velloso).
- A **distribuição de processos** no Ministério Público será imediata.
- O Ministério Público **está legitimado** a ingressar com ação civil pública para proteger direitos individuais homogêneos. Na jurisprudência do STF: "Concurso. Isenção de taxa de inscrição de candidatos carentes. Ação civil pública. Legitimidade ativa *ad causam* do MPF. (...) A legitimação do Ministério Público para o ajuizamento de ação civil pública, não se restringe à defesa dos direitos difusos e coletivos, mas também abarca a defesa dos direitos individuais homogêneos, máxime quando presente o interesse social." (AI 737.104-AgR, julgado em 2011 e relatado pelo Ministro Luiz Fux).
- Há decisão do STF no sentido de que "A Constituição do Brasil, em seu art. 127, confere expressamente ao Ministério Público poderes para agir em **defesa de interesses sociais e individuais indisponíveis**, como no caso de garantir o fornecimento de medicamentos a hipossuficiente. Não há que se falar em usurpação de competência da defensoria pública [...]". (RE 497858, julgado em 2010 e relatado pelo Ministro Joaquim Barbosa).
- Segundo o STF, "[...] as **garantias constitucionais da ampla defesa e do contraditório não são aplicáveis na fase do inquérito civil**, que tem de natureza administrativa, de caráter pré-processual, e somente se destina à colheita de informações para propositura da ação civil pública." (RE 481.955-AgR, julgado em 2011 e relatado pela Ministra Cármen Lúcia).
- **O Conselho Nacional do Ministério Público (CNMP)** compõe-se de **14 membros nomeados pelo Presidente da República,** depois de aprovada a escolha pela maioria absoluta do Senado Federal, para um **mandato de 2 anos, admitida uma recondução,** sendo:

I. o Procurador-Geral da República, que o preside;

II. quatro membros do Ministério Público da União, assegurada a representação de cada uma de suas carreiras;

III. três membros do Ministério Público dos Estados;

IV. dois juízes, indicados um pelo Supremo Tribunal Federal e outro pelo Superior Tribunal de Justiça;

V. dois advogados, indicados pelo Conselho Federal da Ordem dos Advogados do Brasil;

VI. dois cidadãos de notável saber jurídico e reputação ilibada, indicados um pela Câmara dos Deputados e outro pelo Senado Federal.

- Os membros do Conselho oriundos do Ministério Público serão **indicados pelos respectivos Ministérios Públicos**, na forma da lei.
- Compete ao Conselho Nacional do Ministério Público o **controle da atuação administrativa e financeira do Ministério Público e do cumprimento dos deveres funcionais de seus membros**, cabendo-lhe:

I. zelar pela autonomia funcional e administrativa do Ministério Público, podendo expedir atos regulamentares, no âmbito de sua competência, ou recomendar providências;

II. zelar pela observância do art. 37 e apreciar, de ofício ou mediante provocação, a legalidade dos atos administrativos praticados por membros ou órgãos do Ministério Público da União e dos Estados, podendo desconstituí-los, revê-los ou fixar prazo para que se adotem as providências necessárias ao exato cumprimento da lei, sem prejuízo da competência dos Tribunais de Contas;

III. receber e conhecer das reclamações contra membros ou órgãos do Ministério Público da União ou dos Estados, inclusive contra seus serviços auxiliares, sem prejuízo da competência disciplinar e correicional da instituição, podendo avocar processos disciplinares em curso, determinar a remoção, a disponibilidade ou a aposentadoria com subsídios ou proventos proporcionais ao tempo de serviço e aplicar outras sanções administrativas, assegurada ampla defesa;

IV. rever, de ofício ou mediante provocação, os processos disciplinares de membros do Ministério Público da União ou dos Estados julgados há menos de um ano;

V. elaborar relatório anual, propondo as providências que julgar necessárias sobre a situação do Ministério Público no País e as atividades do Conselho, o qual deve integrar a mensagem prevista no art. 84, XI.

- O Conselho escolherá, em votação secreta, um **Corregedor nacional**, dentre os membros do Ministério Público que o integram, vedada a recondução, competindo-lhe, além das atribuições que lhe forem conferidas pela lei, as seguintes:

I. receber reclamações e denúncias, de qualquer interessado, relativas aos membros do Ministério Público e dos seus serviços auxiliares;

II. exercer funções executivas do Conselho, de inspeção e correição geral;

III. requisitar e designar membros do Ministério Público, delegando-lhes atribuições, e requisitar servidores de órgãos do Ministério Público.

- **O Presidente do Conselho Federal da Ordem dos Advogados do Brasil oficiará junto ao Conselho**.
- **Leis da União e dos Estados criarão ouvidorias do Ministério Público**, competentes para receber reclamações e denúncias de qualquer interessado contra membros ou órgãos do Ministério Público, inclusive contra seus serviços auxiliares, representando diretamente ao Conselho Nacional do Ministério Público.

2. Advocacia Pública

- **A Advocacia-Geral da União** é a instituição que, diretamente ou através de órgão vinculado, representa a União, judicial e extrajudicialmente, cabendo-lhe, nos termos da lei complementar que dispuser sobre sua organização e funcionamento, as atividades de consultoria e assessoramento jurídico do Poder Executivo.
- O **ingresso nas classes iniciais das carreiras da AGU** far-se-á mediante concurso público de provas e títulos.
- A **Advocacia-Geral da União** tem por chefe o Advogado-Geral da União, nomeado pelo Presidente da República, **não necessariamente dentre integrantes da carreira**, maiores de 35 anos, de notável saber jurídico e reputação ilibada.
- Na execução da dívida ativa de natureza tributária, a representação da União caberá à **Procuradoria-Geral da Fazenda Nacional**.
- Os **Procuradores dos Estados e do Distrito Federal**, organizados em carreira, na qual o ingresso dependerá de concurso público de provas e títulos, com a participação da Ordem dos Advogados do Brasil em todas as suas fases, exercerão a **representação judicial e a consultoria jurídica das respectivas unidades federadas**.
- Aos **Procuradores dos Estados e do Distrito Federal**, que ingressarem na carreira mediante concurso público, é assegurada **estabilidade** (não vitaliciedade) **após 3 anos** de efetivo exercício, mediante avaliação periódica de desempenho perante os órgãos próprios, após relatório circunstanciado das corregedorias.
- Conforme decisão exarada pelo STF, "A **garantia da inamovibilidade** é conferida pela CF apenas aos magistrados, aos membros do Ministério Público e aos membros da Defensoria Pública, **não podendo ser estendida aos procuradores do Estado**." (ADI 291, julgada em 2010 e relatada pelo Ministro Joaquim Barbosa).
- **Não é** inconstitucional lei estadual que crie Procuradoria-Geral para consultoria, assessoramento jurídico e representação judicial de Assembleia Legislativa.
- Segundo a jurisprudência do STF, **dispositivo de constituição estadual que confira independência funcional aos procuradores estaduais é inconstitucional**, "dado o princípio da hierarquia que informa a atuação dos servidores da Administração Pública". (ADI 291, julgada em 2010 e relatada pelo Ministro Joaquim Barbosa).
- Na ADI 2587, cujo relator foi o Ministro Maurício Corrêa, julgada em 2004, o STF entendeu que **a Constituição estadual pode conferir prerrogativa de foro aos Procuradores de Estado**.
- **A Defensoria Pública Estadual tem autonomia funcional e administrativa (art. 134, § 2º, da CF), mas as Procuradorias Estaduais não têm**, conforme posicionamento do STF na ADI 291, sob relatoria do Ministro Joaquim Barbosa, julgada em 2010. Nesse julgado o Supremo entendeu que os Procuradores dos Estados são subordinados hierárquicos do Chefe do Poder Executivo.
- No julgamento pelo STF da ADI 94, em 2011, sob relatoria do Ministro Gilmar Mendes, "asseverou-se a **possibilidade de existência de carreiras especiais para representação judicial das assembléias e dos tribunais de contas nos casos em que estes necessitassem praticar, em juízo e em nome próprio, atos processuais na defesa de sua autonomia e independência em face dos demais Poderes**. Sublinhou-se, outrossim, que essas procuradorias poderiam ser responsáveis pela consultoria e pelo assessoramento jurídico dos demais órgãos da assembléia e do tribunal de contas. Ademais, tendo em vista a alteração na Constituição da República, estabelecida pela EC 19/98, consignou-se a não-prejudicialidade da ação em curso, de modo que se imporia a verificação da constitucionalidade das normas impugnadas em relação aos dois paradigmas constitucionais. No ponto, não se observou qualquer ofensa ao art. 135 da CF, seja na sua redação original, seja na atual."

3. Advocacia

- O **advogado é indispensável à administração da justiça**, sendo inviolável por seus atos e manifestações no exercício da profissão, nos limites da lei.

4. Defensoria Pública

- A Defensoria Pública é **instituição permanente, essencial à função jurisdicional do Estado, incumbindo-lhe, como expressão e instrumento**

do regime democrático, fundamentalmente, a orientação jurídica, a promoção dos direitos humanos e a defesa, em todos os graus, judicial e extrajudicial, dos direitos individuais e coletivos, de forma integral e gratuita, aos necessitados, na forma do inciso LXXIV do art. 5º desta Constituição Federal. ("o Estado prestará assistência jurídica integral e gratuita aos que comprovarem insuficiência de recursos").

- São **princípios institucionais da Defensoria Pública** a unidade, a indivisibilidade e a independência funcional, aplicando-se também, no que couber, o disposto no art. 93 e no inciso II do art. 96 desta Constituição Federal.
- Acerca dos **princípios institucionais da Defensoria Pública** (unidade, indivisibilidade e independência funcional), assevera Uadi Lammêgo Bulos que "Pelo vetor da unidade, a Defensoria Pública é una, vedando-se a formação de 'panelinhas' ou 'grupelhos' que busquem a satisfação de interesses particulares. Segundo o ditame da indivisibilidade, a Defensoria Pública não pode ser dividida ou fragmentada, porque a prestação da assistência jurídica é contínua, ainda quando um defensor possa vir a ser substituído por outro ao longo de sua atividade. Conforme a diretriz da independência funcional, o defensor não deve satisfações a ninguém, mas apenas a sua própria consciência, podendo desagradar aqueles que se sentirem ofendidos por sua atuação, sem que sofra represálias ou retaliações de quem quer que seja" (BULOS, Uadi Lammêgo. *Curso de Direito Constitucional*. 9 ed. São Paulo: Saraiva, 2015, p. 1443).
- Lei complementar organizará a Defensoria Pública da União e do Distrito Federal e dos Territórios e prescreverá normas gerais para sua organização nos Estados, em cargos de carreira, providos, na classe inicial, mediante concurso público de provas e títulos, assegurada a seus integrantes a garantia da **inamovibilidade** (mas não a vitaliciedade) e vedado o exercício da advocacia fora das atribuições institucionais.
- **Atenção!** A **EC 69/12** passou a disciplinar que compete à União organizar e manter a Defensoria Pública dos Territórios, mas que a organização e a manutenção da Defensoria Pública do Distrito Federal caberá ao próprio DF.
- Nos termos da jurisprudência do STF, "A EC 45/2004 outorgou expressamente autonomia funcional e administrativa às defensorias públicas estaduais, além da iniciativa para a propositura de seus orçamentos (art. 134, § 2º): donde, ser **inconstitucional a norma local que estabelece a vinculação da Defensoria Pública a Secretaria de Estado**. A norma de autonomia inscrita no art. 134, § 2º, da CF pela EC 45/2004 é de eficácia plena e aplicabilidade imediata, dado ser a Defensoria Pública um instrumento de efetivação dos direitos humanos." (ADI 3.569, julgada em 2007 e relatada pelo Ministro Sepúlveda Pertence).
- De acordo com as jurisprudências do STJ e do STF, as **Defensorias Públicas Estaduais podem atuar perante os tribunais superiores**. O fundamento é o art. 106 da Lei Complementar 80/94, segundo o qual, a Defensoria Pública do Estado prestará assistência jurídica aos necessitados, em todos os graus de jurisdição e instâncias administrativas do Estado e caberá a ela interpor recursos aos Tribunais Superiores, quando cabíveis.
- **Defensoria e convênio com a OAB**: "É inconstitucional toda norma que, impondo a Defensoria Pública estadual, para prestação de serviço jurídico integral e gratuito aos necessitados, a obrigatoriedade de assinatura de convênio exclusivo com a OAB, ou com qualquer outra entidade, viola, por conseguinte, a autonomia funcional, administrativa e financeira daquele órgão público." (ADI 4.163, julgada em 2012 e relatada pelo Ministro Cezar Peluso).
- **Ao Defensor Público aplica-se o regramento disposto no art. 41 da CF, ou seja, será estável após 3 anos de efetivo exercício** e poderá perder o cargo em virtude de sentença judicial transitada em julgado, ou mediante processo administrativo em que lhe seja assegurada ampla defesa, ou mediante procedimento de avaliação periódica de desempenho, na forma da lei complementar, assegurada ampla defesa. Aliás, o STF já entendeu inconstitucional previsão da Constituição do Rio de Janeiro que previa estabilidade com 2 anos e perda do cargo apenas por sentença judicial transitada em julgado (ADI 230, julgada em 2010 e relatada pela Ministra Cármen Lúcia).
- **Atenção! A EC 80/2014** alterou o art. 98 do ADCT, que passou a dispor o seguinte: O número de defensores públicos na unidade jurisdicional será proporcional à efetiva demanda pelo serviço da Defensoria Pública e à respectiva população. § 1º: No prazo de 8 (oito) anos, a União, os Estados e o Distrito Federal deverão contar com defensores públicos em todas as unidades jurisdicionais, observado o disposto no caput deste artigo. Durante o decurso do prazo previsto no § 1º deste artigo, a lotação dos defensores públicos ocorrerá, prioritariamente, atendendo as regiões com maiores índices de exclusão social e adensamento populacional.
- **Súmulas**
- **Súmula 644, do STF:** "Ao titular do cargo de Procurador de autarquia não se exige a apresentação de instrumento de mandato para representá-la em juízo."

✦ INFORMATIVOS

STF

ADI e prerrogativas de Procuradores de Estado – 2

Em conclusão, o Plenário julgou procedente pedido formulado em ação direta para declarar a inconstitucionallidade da expressão "com porte de arma, independente de qualquer ato formal de licença ou autorização", contida no art. 88 da Lei Complementar 240/2002, do Estado do Rio Grande do Norte. A norma impugnada dispõe sobre garantias e prerrogativas dos Procuradores do Estado. Na sessão de 16.11.2005, o Plenário assentou a inconstitucionalidade do inciso I e § § 1º e 2º do art. 86, e dos incisos V, VI, VIII e IX do art. 87 da aludida lei. Na presente assentada, concluiu-se o exame do pleito remanescente relativo ao art. 88, que autoriza o porte de arma aos integrantes daquela carreira. Asseverou-se que, se apenas à União fora atribuída competência privativa para legislar sobre matéria penal, somente ela poderia dispor sobre regra de isenção de porte de arma. Em acréscimo, o Min. Gilmar Mendes ressaltou que o registro, a posse e a comercialização de armas de fogo e munição estariam disciplinados no Estatuto do Desarmamento (Lei 10.826/2003). Esse diploma criara o Sistema Nacional de Armas – Sinarm e transferira à polícia federal diversas atribuições até então executadas pelos estados-membros, com o objetivo de centralizar a matéria em âmbito federal. Mencionou precedentes da Corte no sentido da constitucionalidade do Estatuto e da competência privativa da União para autorizar e fiscalizar a produção e o comércio de material bélico (CF, art. 21, VI). Aduziu que, não obstante a necessidade especial que algumas categorias profissionais teriam do porte funcional de arma, impenderia um diálogo em seara federal. ADI 2729/RN, red. p/ ac. Min. Gilmar Mendes, 19.6.2013. Pleno. (Info 711)

▸ *MP. Conflito de atribuições e Fundef – 2*

O Plenário retomou julgamento de ação cível originária em que o Ministério Público Federal suscita conflito negativo de atribuição relativamente ao Ministério Público do Estado do Rio Grande do Norte para a investigação de supostas irregularidades concernentes à gestão de recursos oriundos do Fundo de Manutenção e Desenvolvimento do Ensino Fundamental e de Valorização do Magistério – Fundef. Em voto-vista, o Min. Ricardo Lewandowski reconheceu a atribuição do Ministério Público Federal para atuar em matéria criminal e a atribuição do Ministério Público estadual para atuar em matéria cível, sem prejuízo, no último caso, de deslocamento da competência para a justiça federal, na hipótese de superveniente intervenção da União. Após o voto do Min. Teori Zavascki que, pelos fundamentos acima expostos não conheceu do feito, pediu vista o Min. Joaquim Barbosa, Presidente. ACO 1394/RN, Rel. Min. Marco Aurélio, 21.3.2013. Pleno. (Info 699)

▸ *MP. Conflito de atribuições e Fundef – 3*

O Plenário retomou julgamento de duas petições em que o Ministério Público Federal suscita conflito negativo de atribuição quanto, respectivamente, aos Ministérios Públicos dos Estados de São Paulo e Rio Grande do Norte para a investigação de supostas irregularidades concernentes à gestão de recursos oriundos do Fundo de Manutenção e Desenvolvimento do Ensino e Valorização do Magistério – Fundef. Em voto-vista, o Min. Joaquim Barbosa, Presidente, reconheceu a atribuição do Ministério Público estadual, porquanto ausente indicação de que verbas originárias do referido fundo tivessem sido complementadas com recursos provenientes do erário federal. Por outro lado, o Min. Ricardo Lewandowski, assentou a atribuição do Ministério Público Federal para atuar em matéria criminal e a atribuição do Ministério Público estadual para atuar em matéria cível, sem prejuízo, no último caso, de deslocamento da competência para a justiça federal, na hipótese de superveniente intervenção da União. O Min. Teori Zavascki, por seu turno, não conheceu do feito por reputar inexistente conflito federativo a ser dirimido pelo STF. Tratar-se-ia de divergência estabelecida "interna corporis", cuja solução suporia juízo de valor sobre o resultado da própria investigação a ser promovida e de avaliação sobre as providências judiciais ou extrajudiciais cabíveis. Ressaltou que esse juízo típico do exercício de funções institucionais do parquet não seria suscetível de delegação judiciária. Sublinhou que, no âmbito da competência jurisdicional, embora ausente relação de natureza hierárquica entre juízes federal e estadual, caberia exclusivamente ao primeiro decidir a respeito da ocorrência ou não de interesse federal em determinada causa. Asseverou que esse entendimento deveria orientar as relações entre Ministério Público da União e Ministério Público dos Estados, de modo que a análise sobre as atribuições do Ministério Público da União seria do próprio órgão. Além disso, não caberia ao parquet estadual qualquer controle a respeito. Após, o julgamento foi suspenso. Pet 4706/DF, Pet 4863/RN, Rel. Min. Marco Aurélio, 21.3.2013. Pleno. (Info 699)

▸ *MP. Conflito de atribuições e superfaturamento em construção de conjuntos habitacionais*

O Plenário iniciou julgamento de ação cível originária em que o Ministério Público do Estado do Paraná suscita conflito negativo de atribuição em face do Ministério Público Federal para a investigação de possível superfaturamento na construção de conjuntos habitacionais em município paranaense. Na espécie, os valores para o financiamento das obras teriam sido disponibilizados pela Caixa Econômica Federal – CEF, oriundos do Fundo de Garantia por Tempo de Serviço – FGTS, e colocadas no mercado de consumo por meio do Sistema Financeiro de Habitação. O Min. Luiz Fux, relator, não conheceu do conflito de atribuição, no que foi acompanhado pelo Min. Teori Zavascki. Primeiramente, recordou que se pronunciara em outra oportunidade pela remessa dos autos ao STJ, caso existente conflito federativo, à semelhança do que ocorreria quando envolvida controvérsia sobre competência entre juízes pertencentes a tribunais distintos. Em seguida, rememorou preliminar recentemente aventada pelo Min. Teori Zavascki, no sentido de competir à União dizer se teria, ou não, interesse na causa. Assim, por analogia, caberia ao parquet federal a palavra definitiva na questão. Por fim, consignou que, se vencido na preliminar de inexistência de conflito federativo a ser dirimido pelo STF, manifestar-se-ia a respeito dos demais temas arguidos no feito. O Min. Teori Zavascki explicitou que se estaria a decidir, no caso, sobre qual parquet iria promover investigação de natureza civil. Na sequência, reiterou os fundamentos expendidos em seu voto nas Petições 4706/DF e 4863/RN, para concluir que a natureza desta controvérsia não se qualificaria como de conflito federativo, apto a atrair a incidência do art. 102, f, da CF. Em divergência, o Min. Marco Aurélio conheceu do pedido e estabeleceu a atribuição do Ministério Público Federal. Reafirmou entendimento segundo o qual, ante o silêncio da Constituição, caberia ao Supremo atuar em favor da própria sociedade para que o inquérito civil público prosseguisse. Aduziu que, como o parquet da União não seria hierarquicamente superior ao estadual, não cumpriria a ele definir atribuição. No mérito, assentou cuidar-se de abatimento em prestações de mutuários da CEF, cujo objeto seria o superfaturamento havido tendo em conta o que financiado pela referida instituição. Ato contínuo, assinalou existir interesse a definir o inquérito como da atribuição do órgão federal. Após, pediu vista o Min. Joaquim Barbosa. ACO 924/PR, Rel. Min. Luiz Fux, 23.5.2013. Pleno. (Info 707)

▸ ***Ministério Público e investigação criminal – 19***

O Plenário retomou julgamento de recurso extraordinário em que discutida a constitucionalidade da realização de procedimento investigatório criminal pelo Ministério Público. O acórdão impugnado dispusera que, na fase de recebimento da denúncia, prevaleceria a máxima "in dubio pro societate", oportunidade em que se possibilitaria ao titular da ação penal ampliar o conjunto probatório. Sustenta o recorrente que a investigação procedida pelo parquet ultrapassaria suas atribuições funcionais constitucionalmente previstas, as quais seriam exclusivas da polícia judiciária. Em voto-vista, o Min. Luiz Fux negou provimento ao recurso e reconheceu a legitimidade do poder investigatório do Ministério Público, com modulação nos efeitos da decisão. Após, pediu vista o Min. Marco Aurélio. RE 593727/MG, Rel. Min. Cezar Peluso, 19.12.2012. Pleno. (Info 693)

▸ ***MPT. AgRg na Rcl 3.760-PA Rel. Min. Teori Zavascki***

Processual civil. Ministério Público do Trabalho. Atuação direta no STF. Impossibilidade. Função da Procuradoria-Geral da República, conforme disposto no art. 46 da LC 75/1993. 1. Segundo a jurisprudência firmada no STF, incumbe ao Procurador-Geral da República exercer as funções do Ministério Público junto ao STF, nos termos do art. 46 da LC 75/93, sendo que o exercício das atribuições do MPT se circunscreve aos órgãos da Justiça do Trabalho, consoante se infere dos arts. 83, 90, 107 e 110 da LC 75/93 (Rcl 4453). 2. Agravo não conhecido. (Info 711)

CONTROLE DE CONSTITUCIONALIDADE

- **CF, artigos 97 e 102 a 103 da CF.**

✦ DICAS

1. O Controle de Constitucionalidade consiste na **fiscalização da compatibilidade** entre condutas (comissivas ou omissivas) dos Poderes Públicos e o bloco de constitucionalidade, integrado pela Constituição Formal.

2. **Bloco de constitucionalidade** (ideia de Louis Favoreu, mas desenvolvida por Canotilho e consagrada nas ADIs 595 e 514, pelo Ministro Celso de Mello) consiste no **conjunto de normas materialmente constitucionais**, que servem de paradigma para controle de constitucionalidade, mas que, não necessariamente, integram formalmente a Constituição, a exemplo dos tratados internacionais de direitos humanos aprovados de acordo com o regramento do art. 5º, § 3º, da CF. Entretanto, nesse bloco não estão incluídas as normas infraconstitucionais. Assim, se uma norma ofende uma lei, mas não viola diretamente a Constituição, não é possível a realização do controle de constitucionalidade, posto que lei eventualmente violada não integra o bloco de constitucionalidade. Essa lei ofendida, que fica entre a norma objeto de questionamento e a Constituição, recebe o nome de norma interposta. **O STF tem posição firme no sentido de que não se admite controle de constitucionalidade em face de norma interposta**, ou seja, só há controle de constitucionalidade quando ocorrer violação ao bloco de constitucionalidade. Destacamos o seguinte julgado: "Ação direta de inconstitucionalidade. Lei nº 6.004, de 14/04/98, do Estado de Alagoas. Alegada violação aos arts. 150, § 6º; e 155, § 2º, XII, g, da constituição federal. **Ausência de conflito direto com o texto constitucional. Não cabe controle abstrato de constitucionalidade por violação de norma infraconstitucional interposta, sem ocorrência de ofensa direta à Constituição Federal.** Hipótese caracterizada nos autos, em que, para aferir a validade da lei alagoana sob enfoque frente aos dispositivos da Constituição Federal, seria necessário o exame do conteúdo da Lei Complementar nº 24/75 e do Convênio 134/97, inexistindo, no caso, conflito direto com o texto constitucional. Ação direta de inconstitucionalidade não conhecida". (STF. ADI 2122, julgada no ano 2000 e relatada pelo Ministro Ilmar Galvão).

3. **Evolução do controle de constitucionalidade no Brasil**

- **Constituição de 1891:** o controle difuso de constitucionalidade, que pode ser realizado por qualquer juiz mediante a provocação de qualquer indivíduo que tenha direito seu obstaculizado por uma inconstitucionalidade, tem raiz no direito norte-americano (caso Marbury vs Madison de

1803), mas somente foi introduzido no Brasil pela Constituição de 1891.

- **Constituição de 1934:** criou a ação direta de inconstitucionalidade interventiva, introduziu a cláusula da reserva de plenário (exigência que a declaração de inconstitucionalidade somente possa ser pronunciada pela maioria absoluta do tribunal), e estabeleceu ao Senado Federal atribuição para suspender a execução, no todo ou em parte, de lei ou ato normativo declarado inconstitucional por decisão definitiva.
- **Constituição de 1937:** de cunho ditatorial, criou a esdrúxula possibilidade de o Presidente da República submeter as decisões de inconstitucionalidade do Poder Judiciário ao crivo do Parlamento, para reexame. Havendo dois terços dos votos em cada Casa do Congresso, a decisão judicial de inconstitucionalidade perdia seus efeitos.
- **Constituição de 1946:** reestruturou o controle de constitucionalidade brasileiro. Ademais, a teor da Emenda Constitucional nº 16, de 1965, admitiu a representação contra inconstitucionalidade de lei ou ato de natureza normativa, federal, estadual, em face da Constituição da República, cujo julgamento competia exclusivamente ao STF. Também foi responsável por prever o controle concentrado de constitucionalidade em âmbito estadual (EC 16/65).
- **Constituição de 1967:** por meio da EC 01/69, previu o controle de constitucionalidade de lei municipal frente à Constituição Estadual. Também foi sob a égide da Constituição de 1967 que surgiu o primeiro elemento ou sucedâneo de incidência do *stare decisis*. A teor da EC 07/77, adotou-se a representação para interpretação de lei ou ato normativo federal ou estadual, que tinha, segundo o Regimento Interno do Supremo Tribunal Federal, "força vinculante". O *stare decisis* (está decidido) é o elemento que atribui efeito vinculante ao precedente judicial.
- **Constituição de 1988:** foi responsável pela democratização da legitimidade para a propositura de ações no controle concentrado, criando o rol de legitimados do art. 103, da CF, abandonando a legitimidade exclusiva do PGR. Além disso, criou a ação direta de inconstitucionalidade por omissão e o mandado de injunção, instrumentos que atacam as omissões inconstitucionais. Também é da Constituição Cidadã de 1988 o reconhecimento do controle concentrado de constitucionalidade estadual (art. 125, § 2º, da CF). Outra novidade foi a criação da ADPF – arguição de descumprimento de preceito fundamental (art. 102, parágrafo único, da CF). Por fim, a EC 03/93, fez previsão da ação declaratória de constitucionalidade, de lei ou ato normativo federal, com efeito vinculante.

4. Formas de inconstitucionalidade

- A inconstitucionalidade atacada pode ser **formal ou nomodinâmica** (vício de procedimento legislativo ou de afronta a regras de iniciativa/competência) ou **material ou nomoestática** (vício que afeta o conteúdo substantivo das normas constitucionais). Ex: projeto de lei de iniciativa de deputado federal visando criação de cargos na administração federal padecerá de vício de inconstitucionalidade **formal subjetiva** (vício de competência ou iniciativa), pois nesse caso a iniciativa é privativa do Presidente da República, nos termos do art. 61, § 1º, II, "a", da CF.
- Considerando-se que a inconstitucionalidade formal se relaciona a vício de procedimento ou de iniciativa/competência, ela só pode ser aferida em relação às regras constitucionais vigentes no momento de sua elaboração, e não em razão da mudança posterior do parâmetro constitucional.
- Segundo o STF, "Tem-se **inconstitucionalidade reflexa** – a cuja verificação não se presta a ação direta – quando o vício de ilegitimidade ir-rogado a um ato normativo é o desrespeito à Lei Fundamental por ha-ver violado norma infraconstitucional interposta, a cuja observância estaria vinculado pela Constituição" (ADI 3132, Rel. Sepúlveda Per-tence. Julgamento em 15.02.2006).

5. Controle prévio ou preventivo

- **Proposta legislativa pretensamente inconstitucional pode ser impugnada** por meio de mandado de segurança individual manejado por parlamentar sob o argumento de vulneração às cláusulas pétreas e violação ao direito líquido e certo de participação de um processo legislativo hígido (STF. MS 20.257, julgado em 1981 e relatado pelo Ministro Décio Miranda).
- O **veto do Presidente da República** a projeto de lei aprovado pelas casas do Congresso Nacional, por motivo de inconstitucionalidade é considerado mecanismo de controle político prévio de constitucionalidade, a teor do art. 66, § 1º, da CF.
- A sustação, pelo Poder Legislativo, de atos normativos do presidente da República que exorbitem do poder regulamentar constitui exemplo do controle de constitucionalidade **posterior ou repressivo** (não prévio ou preventivo), manejado via **Decreto Legislativo** produzido pelo Congresso Nacional (art. 49, V, da CF).

6. Controle posterior ou repressivo

- **Em regra, o controle repressivo de constitucionalidade é exercido pelo Poder Judiciário. Excepcionalmente** o Legislativo pode realizar esse controle, o que se dá por decreto legislativo emitido pelo Congresso Nacional para sustar atos normativos do Poder Executivo que exorbitem de poder regulamentar ou da delegação legislativa (artigos 49, V, 84, IV e 68, todos da CF). O Legislativo também faz controle repressivo em relação às medidas provisórias (art. 62 da CF). O Executivo também tem a possibilidade de realizar controle repressivo, o que se materializa pelo descumprimento, por parte de seu Chefe, de lei ou ato normativo que entenda inconstitucional.

- Apesar de haver dissonância na doutrina, há julgados do STF e do STJ que sinalizam pela **possibilidade de o chefe do Executivo deixar de aplicar lei que entenda inconstitucional**, podendo ainda determinar a seus subordinados que assim procedam. (STF. ADI 221, julgada em 1993 e relatada pelo Ministro Moreira Alves: "O controle de constitucionalidade da lei ou dos atos normativos é de competência exclusiva do Poder Judiciário. Os Poderes Executivo e Legislativo, por sua chefia – e isso mesmo tem sido questionado com o alargamento da legitimação ativa na ação direta de inconstitucionalidade –, podem tão só determinar aos seus órgãos subordinados que deixem de aplicar administrativamente as leis ou atos com força de lei que considerem inconstitucionais"). (STJ, REsp 23121, julgado em 1993 e relatado pelo Ministro Humberto Gomes de Barros: "O Poder Executivo deve negar execução a ato normativo que lhe pareça inconstitucional").

7. **Controle jurisdicional**

- O Brasil adota duas formas de controle jurisdicional: **difuso** (realizado por qualquer juízo) e **concentrado** (realizado apenas por um órgão de cúpula, que em âmbito federal, é o STF). Assim, o direito brasileiro dispõe de um **controle ou sistema jurisdicional misto.**
- O Controle difuso também pode ser denominado por: concreto; Incidental ou *incidenter tantum*; Via de Exceção; Processo Subjetivo; De efeitos inter partes; Estadunidense e Aberto.
- O Controle concentrado pode ser denominado por: Abstrato; Principal; Via de Ação; Processo Objetivo; De efeitos *erga omnes*; Austríaco e Reservado.

DENOMINAÇÕES DAS FORMAS DE CONTROLE DE CONSTITUCIONALIDADE NO BRASIL	
1. Controle Difuso	**2. Controle Concentrado**
Concreto	Abstrato
Incidental ou *incidenter tantum*	Principal
Via de Exceção	Via de Ação
Processo Subjetivo	Processo Objetivo
De efeitos *inter partes*	De efeitos *erga omnes*
Estadunidense	Austríaco
Aberto	Reservado

8. **Controle difuso**

- O controle difuso é fruto de construção jurisprudencial da Suprema Corte dos Estados Unidos (no famoso **caso Marbury *versus* Madison**, em 1803), embora alguns autores defendam que decisões anteriores já indicavam a possibilidade de o Judiciário declarar uma norma contrária à Constituição, a exemplo de Uadi Lammêgo Bulos: "A justiça do Estado de New Jersy, nos idos de 1780, já havia declarado que leis contrárias à constituição reputavam-se nulas. Em 1782, um grupo de juízes da Virgínia declararam, em seus vereditos, que leis inconstitucionais afiguravam-se nulas. No ano de 1787, a Suprema Corte da Carolina do Norte invalidou leis contrárias aos artigos da Confederação. Todas essas datas demonstram o quão é equivocada a ideia de que o controle difuso nasceu no caso Madison versus Marbury. Na realidade, o *decisum* de Marshall resultou do amadurecimento de séculos. Homens e instituições, de todo o mundo, exigiam o respeito incondicional às normas constitucionais, a fim de se encontrar a tão almejada salvaguarda de direitos e garantias". (BULOS, Uadi Lammêgo. Curso de Direito Constitucional. 2. ed. São Paulo: Saraiva, 2008, p. 114).
- O controle de constitucionalidade incidental brasileiro **pode ser provocado por qualquer pessoa e realizado por todo juiz, inclusive de ofício**, pois a questão constitucional somente servirá de fundamentação para decisão quanto ao pedido que envolve a resolução de um caso concreto.
- No controle difuso, a pronúncia do Judiciário sobre a inconstitucionalidade não é feita enquanto manifestação sobre o objeto principal da lide, mas sim sobre questão prévia (**via de exceção)**, indispensável ao julgamento do mérito. Em outras palavras: na via de exceção, a questão constitucional é a **causa de pedir**, e não o pedido.
- Somente pelo voto da maioria absoluta de seus membros ou dos membros do respectivo órgão especial poderão os tribunais declarar a inconstitucionalidade de lei ou ato normativo do Poder Público. Trata-se do denominado **Princípio da Reserva de Plenário**, previsto no art. 97, da CF, e reafirmado na Súmula Vinculante 10.
- Nos termos do parágrafo único, do art. 494 do Novo CPC, os órgãos fracionários dos tribunais não submeterão ao plenário, ou ao órgão especial, a arguição de inconstitucionalidade, quando já houver pronunciamento destes ou do plenário do Supremo Tribunal Federal sobre a questão. (Incluído pela Lei nº 9.756, de 1998). Trata-se de **abrandamento da cláusula de reserva de plenário** (art. 97, da CF), e que encontra guarida na jurisprudência do STF (RE 190.725, julgado em 1995 e relatado pelo Ministro Ilmar Galvão)
- A cláusula constitucional de reserva de plenário, insculpida no art. 97 da CF, fundada na presunção de constitucionalidade das leis, **não impede que os órgãos fracionários ou os membros julgadores dos tribunais, quando atuem monocraticamente, rejeitem a arguição de invalidade dos atos normativos, conforme consagrada lição da doutrina** (MOREIRA, José Carlos Barbosa. Comentários ao Código de Processo Civil, Vol. V – Arts. 476 a 565, Rio de Janeiro: Ed. Forense, 2009, p. 40)." (STF.

RE 636.359-AgR, julgado em 2011 e relatado pelo ministro Luiz Fux).

- Nos termos da Súmula Vinculante 10, **viola a cláusula de reserva de plenário** (CF, artigo 97) a decisão de órgão fracionário de tribunal que, embora não declare expressamente a inconstitucionalidade de lei ou ato normativo do poder público, afasta sua incidência, no todo ou em parte.
- Entretanto, como já decidiu o STF, "a simples ausência de aplicação de uma dada norma jurídica ao caso sob exame não caracteriza, apenas por isso, violação da orientação firmada pelo STF. Para caracterização da contrariedade à Súmula Vinculante 10, do STF, **é necessário que a decisão fundamente-se na incompatibilidade entre a norma legal tomada como base dos argumentos expostos na ação e a Constituição.**" (Rcl 6.944, julgada em 2010 e relatada pela Ministra Cármen Lúcia).
- Segundo o STF, "EMENTA: (...) 1. **A cláusula de reserva de plenário (full bench) é aplicável somente aos textos normativos erigidos sob a égide da atual Constituição**. 2. As normas editadas quando da vigência das Constituições anteriores se submetem somente ao juízo de recepção ou não pela atual ordem constitucional, o que pode ser realizado por órgão fracionário dos Tribunais sem que se tenha por violado o art. 97 da CF. (...)" AI 669.872 AgR (DJe 14.02.2013) – Relator Ministro Luiz Fux – Primeira Turma.
- "Vê-se, portanto, na linha de iterativa jurisprudência prevalecente nesta Suprema Corte e em outros tribunais (RTJ 82/44 - RTJ 99/544 - RTJ 124/415 - RTJ 135/32 - RT 179/922 - RT 208/197 - RT 231/665, v.g.), que a incompatibilidade entre uma lei anterior (como a norma ora questionada inscrita na Lei 691/1984 do Município do Rio de Janeiro/RJ, p. ex.) e uma Constituição posterior (como a Constituição de 1988) resolve-se pela constatação de que se registrou, em tal situação, revogação pura e simples da espécie normativa hierarquicamente inferior (o ato legislativo, no caso), não se verificando, por isso mesmo, hipótese de inconstitucionalidade (RTJ 145/339 - RTJ 169/763). **Isso significa que a discussão em torno da incidência, ou não, do postulado da recepção – precisamente por não envolver qualquer juízo de inconstitucionalidade (mas, sim, quando for o caso, o de simples revogação de diploma pré-constitucional) – dispensa, por tal motivo, a aplicação do princípio da reserva de Plenário (CF, art. 97), legitimando, por isso mesmo, a possibilidade de reconhecimento, por órgão fracionário do Tribunal, de que determinado ato estatal não foi recebido pela nova ordem constitucional** (RTJ 191/329-330), além de inviabilizar, porque incabível, a instauração do processo de fiscalização normativa abstrata (RTJ 95/980 – RTJ 95/993 – RTJ 99/544 – RTJ 143/355 - RTJ 145/339, v.g.)." (AI 582.280 AgR, voto do Rel. Min. Celso de Mello, julgamento em 12-9-2006, Segunda Turma, DJ de 6-11-2006.) No mesmo sentido: RE 495.370-AgR, Rel. Min. Joaquim Barbosa, julgamento em 10-8-2010, Segunda Turma, DJE de 1º-10-2010.
- De acordo com o STF, "O **art. 97 da Constituição**, ao subordinar o reconhecimento da inconstitucionalidade de preceito normativo a decisão nesse sentido da 'maioria absoluta de seus membros ou dos membros dos respectivos órgãos especiais', está se dirigindo aos tribunais indicados no art. 92 e aos respectivos órgãos especiais de que trata o art. 93, XI. A referência, portanto, **não atinge juizados de pequenas causas (art. 24, X) e juizados especiais (art. 98, I)**, os quais, pela configuração atribuída pelo legislador, não funcionam, na esfera recursal, sob regime de plenário ou de órgão especial." (ARE 792.562-AgR, rel. min. Teori Zavascki, julgamento em 18-3-2014, Segunda Turma, DJE de 2-4-2014.)
- **O princípio da reserva de plenário não se aplica ao STF no julgamento de recursos extraordinários**. Assim já assentou a jurisprudência: "O STF exerce, por excelência, o controle difuso de constitucionalidade quando do julgamento do recurso extraordinário, tendo os seus colegiados fracionários competência regimental para fazê-lo sem ofensa ao art. 97 da CF." (RE 361.829, julgado em 2010 e relatado pela Ministra Ellen Gracie).
- **Súmula 513 do STF**: "a decisão que enseja a **interposição de recurso** ordinário ou extraordinário não é a do plenário, que resolve o incidente de inconstitucionalidade, mas a do órgão (câmaras, grupos ou turmas) que completa o julgamento do feito".
- **Em regra, a ação civil pública não pode ser usada como instrumento de controle de constitucionalidade**, sob pena de usurpação das atribuições do STF (Ag. 189.601, julgado em 1997 e relatado pelo Ministro Moreira Alves).
- **Entretanto, é possível a utilização da ação civil pública** como instrumento de controle incidental de constitucionalidade de leis ou atos do poder público, **desde que a questão qualifique-se apenas como questão prejudicial, indispensável à resolução da lide principal**. Nesse sentido, é esclarecedora a RCL 1.733, apreciada no ano 2000 e relatada pelo Ministro Celso de Mello: "O Supremo Tribunal Federal tem reconhecido a legitimidade da utilização da ação civil pública como instrumento idôneo de fiscalização incidental de constitucionalidade, pela via difusa, de quaisquer leis ou atos do Poder Público, mesmo quando contestados em face da Constituição da República, desde que, nesse processo coletivo, a controvérsia constitucional, longe de identificar-se como objeto único da demanda, qualifique-se como simples questão prejudicial, indispensável à resolução do litígio principal".
- A eficácia da decisão no controle difuso é ***inter partes***, não *erga omnes*.

- Poderá haver a geração de efeitos *erga omnes* se aplicado o art. 52, X, da CF, segundo o qual o **Senado Federal pode suspender a execução**, no todo ou em parte, de lei declarada inconstitucional por decisão definitiva do Supremo Tribunal Federal.
- A resolução do **Senado Federal** que suspende **a execução** (e não a eficácia), **no todo ou em parte**, de lei declarada inconstitucional por decisão definitiva do Supremo Tribunal Federal é forma de controle político de constitucionalidade, nos termos do art. 52, X, da CF.
- No controle difuso, quando houver **declaração de não recepção** (e não de inconstitucionalidade), não há enquadramento ao art. 52, X, da CF, portanto, o STF **não** deverá encaminhar a decisão ao Senado Federal.
- Segundo o STF, uma vez expedida, a **resolução senatorial é irretratável**.
- **Predomina o entendimento** no sentido de que o Senado Federal **não é obrigado** a suspender a execução de lei declarada inconstitucional pelo STF, pois se trata de atividade discricionária desse órgão do Poder Judiciário. Quanto à extensão da suspensão, o entendimento é no sentido de que **o Senado Federal está vinculado ao que decidiu o STF**. Assim, se, por exemplo, o STF declarou uma inconstitucionalidade parcial, o Senado tem que seguir a mesma linha, não podendo suspender a execução total da lei. Por fim, também é assente o pensamento segundo o qual a suspensão da execução pelo Senado Federal pode se dar em relação a **lei federal, estadual, distrital ou municipal**.
- Ao contrário dos demais órgãos jurisdicionais, que, no controle difuso, só podem declarar a inconstitucionalidade *incidenter tantum* (como fundamento para apreciação dos pedidos de cada caso julgado) de norma que devesse ser aplicada à hipótese concreta de julgamento, **ao Supremo Tribunal Federal, conforme sua jurisprudência dominante, é possível, quando apreciada a inconstitucionalidade em sede de controle difuso, emitir juízo quanto à validade ou invalidade da norma, ainda que a aplicação ou não desta se mostre dispensável à solução concreta da controvérsia** (MENDES, Gilmar Ferreira; COELHO, Inocêncio Mártires; BRANCO, Paulo Gustavo Gonet. *Curso de Direito Constitucional.* 2 ed. São Paulo: Saraiva, 2008, p. 1.076). Referido posicionamento foi adotado pelo STF em 2005, no julgamento do MS 20.505, relatado pelo Ministro Néri da Silveira, e também na apreciação do RE 102.553, julgado em 2005 e relatado pelo Ministro Francisco Rezek.
- "O poder de que dispõe qualquer juiz ou tribunal para deixar de aplicar a lei inconstitucional a determinado processo (...) pressupõe a invalidade da lei e, com isso, a sua nulidade. **A faculdade de negar aplicação à lei inconstitucional corresponde ao direito do indivíduo de recusar-se a cumprir a lei inconstitucional, assegurando-se-lhe, em última instância, a possibilidade de interpor recurso extraordinário ao STF contra decisão judicial que se apresente, de alguma forma, em contradição com a Constituição (...) (Cf., a propósito, Rp 980, Rel. Min. Moreira Alves, RTJ 96, p. 508). Tanto o poder do juiz de negar aplicação à lei inconstitucional quanto a faculdade assegurada ao indivíduo de negar observância à lei inconstitucional (mediante interposição de recurso extraordinário) demonstram que o constituinte pressupôs a nulidade da lei inconstitucional.** Em certos casos, o efeito necessário e imediato da declaração de nulidade de uma norma, na declaração de inconstitucionalidade pelo STF ou pelos Tribunais de Justiça dos Estados, há de ser a exclusão de toda ultra-atividade da lei inconstitucional. **A eventual eliminação dos atos praticados com fundamento na lei inconstitucional terá de ser considerada em face de todo o sistema jurídico, especialmente das chamadas fórmulas de preclusão.** Na espécie, com a declaração de inconstitucionalidade, pelo tribunal local, dos atos normativos que conferiam pontuação extra a todos os servidores públicos municipais, quando submetidos a concurso público, atribuindo-lhes 40% da pontuação total das provas, entendo que o ato do Prefeito não violou direito líquido e certo dos impetrantes." (RE 348.468, voto do Relator, Ministro Gilmar Mendes, julgamento em 2009).
- "**No direito brasileiro, jamais se aceitou a idéia de que a nulidade da lei importaria na eventual nulidade de todos os atos que com base nela viessem a ser praticados.** Embora a ordem jurídica brasileira não disponha de preceitos semelhantes aos constantes do § 79 da Lei do Bundesverfassungsgericht, que prescreve a intangibilidade dos atos não mais suscetíveis de impugnação, **não se deve supor que a declaração de nulidade afete, entre nós, todos os atos praticados com fundamento na lei inconstitucional**. É verdade que o nosso ordenamento não contém regra expressa sobre o assunto, aceitando-se, genericamente, a idéia de que o ato fundado em lei inconstitucional está eivado, igualmente, de iliceidade (Cf., a propósito, RMS 17.976, Rel. Amaral Santos, RTJ 55, p. 744). **Concede-se, porém, proteção ao ato singular, em homenagem ao princípio da segurança jurídica, procedendo-se à diferenciação entre o efeito da decisão no plano normativo (Normebene) e no plano do ato singular (Einzelaktebene) mediante a utilização das chamadas fórmulas de preclusão** (cf. Ipsen, Jörn, Rechtsfolgen der Verfassungswidrigkeit von Norm und Einzelakt, Baden-Baden, 1980, p. 266 e s. Ver, também, Mendes, Gilmar, Jurisdição Constitucional, 5ª ed., São Paulo: Saraiva, 2005, p. 334)." (RE 217.141-AgR, voto do Relator, Ministro Gilmar Mendes, julgamento em 2006).
- **Os efeitos da decisão no controle difuso são *ex tunc*.** Entretanto, o STF já admitiu a modulação dos

efeitos das decisões proferidas em sede de controle difuso de constitucionalidade, o que representa uma flexibilização do princípio da nulidade no controle de constitucionalidade. "A declaração de inconstitucionalidade reveste-se, ordinariamente, de eficácia ex tunc (RTJ 146/461-462 – RTJ 164/506-509), retroagindo ao momento em que editado o ato estatal reconhecido inconstitucional pelo STF. **O STF tem reconhecido, excepcionalmente, a possibilidade de proceder à modulação ou limitação temporal dos efeitos da declaração de inconstitucionalidade, mesmo quando proferida, por esta Corte, em sede de controle difuso. Precedente: RE 197.917/SP, Rel. Min. Maurício Corrêa (Pleno).** Revela-se inaplicável, no entanto, a teoria da limitação temporal dos efeitos, se e quando o STF, ao julgar determinada causa, nesta formular juízo negativo de recepção, por entender que certa lei préconstitucional mostra-se materialmente incompatível com normas constitucionais a ela supervenientes. A não recepção de ato estatal pré-constitucional, por não implicar a declaração de sua inconstitucionalidade – mas o reconhecimento de sua pura e simples revogação (RTJ 143/355 – RTJ 145/339) –, descaracteriza um dos pressupostos indispensáveis à utilização da técnica da modulação temporal, que supõe, para incidir, dentre outros elementos, a necessária existência de um juízo de inconstitucionalidade. Inaplicabilidade, ao caso em exame, da técnica da modulação dos efeitos, por tratar-se de diploma legislativo, que, editado em 1984, não foi recepcionado, no ponto concernente à norma questionada, pelo vigente ordenamento constitucional." (STF. AI 589.281-AgR, julgado em 2006 e relatado pelo Ministro Celso de Mello).

- Vale destacar trecho do Informativo 304, do STF, que versa sobre o julgamento do **RE 197.917, conhecido popularmente como "Caso Mira Estrela"**, que foi o *leading case* sobre modulação de efeitos no controle difuso de constitucionalidade: "Retomado o julgamento de recurso extraordinário interposto contra acórdão do Tribunal de Justiça do Estado de São Paulo que reconhecera a constitucionalidade do parágrafo único do art. 6º da Lei Orgânica do Município de Mira Estrela, de menos de três mil habitantes, que fixara em 11 o número de vereadores da Câmara Municipal, por entender que o número estabelecido não se afastou dos limites constantes da CF, art. 29, IV, a, b e c. Na assentada anterior, o Min. Maurício Corrêa, relator, proferira voto no sentido de julgar procedente, em parte, o pedido formulado na ação, declarando a inconstitucionalidade do parágrafo único do art. 6º da Lei 226/90 do referido Município, por considerar que o citado preceito constitucional estabelece um critério de proporcionalidade aritmética para o cálculo do número de vereadores, não tendo os municípios autonomia para fixar esse número discricionariamente, sendo que, na espécie, o Município em questão somente poderia ter 9 vereadores, sob pena de incompatibilidade com a proporção determinada pela CF (v. Informativos 271 e 274). Na presente Sessão, **O Min. Gilmar Mendes, embora acompanhando o voto do Min. Maurício Corrêa, relator, proferiu voto-vista no sentido de restringir a declaração da inconstitucionalidade pro futuro, de modo que tal declaração não afete a composição da atual legislatura da Câmara Municipal, cabendo ao legislativo municipal estabelecer nova disciplina sobre a matéria, em tempo hábil para que se regule o próximo pleito eleitoral**. (STF. RE 197.917-SP, julgado em 2003 e relatado pelo Ministro Maurício Corrêa).
- **Repercussão Geral**
- No recurso extraordinário o recorrente deverá demonstrar a **repercussão geral** das questões constitucionais discutidas no caso, nos termos da lei, a fim de que o Tribunal examine a admissão do recurso, somente podendo recusá-lo pela manifestação de dois terços de seus membros (art. 102, § 3º, da CF).
- **Atenção!** A **preliminar formal de repercussão geral** é exigida nos recursos extraordinários interpostos de acórdãos publicados a partir de 3 de maio de 2007, data da entrada em vigor da Emenda Regimental nº 21/07 ao RISTF, que estabeleceu as normas necessárias à execução das disposições legais e constitucionais sobre o novo instituto (QO-AI 664.567, Min. Sepúlveda Pertence).
- Em regra, o **recurso extraordinário** apresenta-se como um instrumento do controle difuso de constitucionalidade. Entretanto, em sede de controle concentrado de constitucionalidade, se uma norma da Constituição Estadual violada é idêntica à norma da Constituição Federal, caso tenha sido provocado o controle de constitucionalidade estadual, será cabível um Recurso Extraordinário da decisão do TJ (que aprecia o controle concentrado estadual) para o STF, pois, nos termos do art. 102, III, "a", da CF, compete ao Supremo Tribunal Federal, precipuamente, a guarda da Constituição, cabendo-lhe julgar, mediante recurso extraordinário, as causas decididas em única ou última instância, quando a decisão recorrida contrariar dispositivo da Constituição. Assim, nesse caso excepcional, o recurso extraordinário poderá ser utilizado como um elemento do controle concentrado.

9. Controle concentrado

- O Controle concentrado pode ser manejado via: **ADI** – Ação Direta de Inconstitucionalidade (por ação, omissão ou interventiva); **ADC** – Ação Declaratória de Constitucionalidade e; **ADPF** – Arguição de Descumprimento de Preceito Fundamental.
- Compete ao **Supremo Tribunal Federal**, precipuamente, a **guarda da Constituição**, cabendo-lhe processar e julgar, originariamente, entre outras, a ação direta de inconstitucionalidade de lei ou ato normativo federal ou estadual (mas, não municipal) e a ação declaratória de constitucionalidade de lei ou ato normativo federal, consoante art. 102, I, "a", da CF.

- Desde a edição da EC 45/04, o **rol de legitimados** para a propositura de ADI e de ADC é o mesmo: aquele disposto no art. 103 da CF.
- **Podem propor** a ação direta de inconstitucionalidade, a ação declaratória de constitucionalidade e a arguição de descumprimento de preceito fundamental: I – o Presidente da República; II – a Mesa do Senado Federal; III – a Mesa da Câmara dos Deputados; IV – a Mesa de Assembléia Legislativa ou da Câmara Legislativa do Distrito Federal; V – o Governador de Estado ou do Distrito Federal; VI – o Procurador-Geral da República; VII – o Conselho Federal da Ordem dos Advogados do Brasil; VIII – partido político com representação no Congresso Nacional; IX – confederação sindical ou entidade de classe de âmbito nacional.
- No caso de um partido **político perder sua representação no Congresso Nacional** após ter proposto uma ação direta de inconstitucionalidade, essa **ação não é considerada prejudicada**, pois a aferição de legitimidade deve ser feita apenas no momento da propositura, conforme jurisprudência do STF.
- Segundo a jurisprudência do STF, figuram como **requisitos qualificativos das entidades de classe de âmbito nacional**, para fins de acesso ao controle abstrato de normas, **(i) a delimitação subjetiva da associação**, que deve representar categoria delimitada ou delimitável de pessoas físicas ou jurídicas, sendo vedada a heterogeneidade de composição (ADI nº 4.230/RJ-AgR, de relatoria do Ministro Dias Tóffoli); **(ii) o caráter nacional, configurada com a comprovação da presença de associados em ao menos nove Estados da Federação** (ADI nº 108/DF-QO, Ministro Celso de Mello, DJ de 5/6/92); e **(iii) a vinculação temática entre os objetivos institucionais da postulante e a norma objeto de sindicância**.
- **Associações de associações:** Em especial, quanto às associações de associações, decidiu o STF: ""Ação direta de inconstitucionalidade: legitimação ativa: 'entidade de classe de âmbito nacional': compreensão da 'associação de associações' de classe: revisão da jurisprudência do Supremo Tribunal. **O conceito de entidade de classe é dado pelo objetivo institucional classista, pouco importando que a eles diretamente se filiem os membros da respectiva categoria social ou agremiações que os congreguem, com a mesma finalidade, em âmbito territorial mais restrito.** É entidade de classe de âmbito nacional – como tal legitimada à propositura da ação direta de inconstitucionalidade (CF, art. 103, IX) – aquela na qual se congregam associações regionais correspondentes a cada unidade da Federação, a fim de perseguirem, em todo o País, o mesmo objetivo institucional de defesa dos interesses de uma determinada classe. **Nesse sentido, altera o Supremo Tribunal sua jurisprudência, de modo a admitir a legitimação das 'associações de associações de classe', de âmbito nacional, para a ação direta de inconstitucionalidade.**" (ADI 3.153-AgR, Rel. Min. Sepúlveda Pertence, julgamento em 12-8-2004, Plenário, DJ de 9-9-2005.)
- Segundo o STF: "O rol do artigo 103 da Constituição Federal é exaustivo quanto à legitimação para a propositura da ação direta de inconstitucionalidade. **Os denominados conselhos**, compreendidos no gênero "autarquia" e tidos como a consubstanciar a espécie corporativista **não se enquadram na previsão constitucional relativa às entidades de classe de âmbito nacional**. Da Lei Básica Federal exsurge a legitimação de Conselho único, ou seja, o Federal da Ordem dos Advogados do Brasil. **Daí a ilegitimidade "ad causam" do Conselho Federal de Farmácia e de todos os demais que tenham idêntica personalidade jurídica** – de direito público (Ação Direta de Inconstitucionalidade nº 641, Relator Ministro Néri da Silveira, vencido, na qual fui designado para redigir o acórdão, publicado no Diário da Justiça de 12 de março de 1999, página 03557, Ementário 01695-02, página 00.223)".
- As **centrais sindicais não têm legitimidade ativa** para ajuizar ADI perante o STF. "Ação direta de inconstitucionalidade. Ausência de legitimidade ativa de Central Sindical (CUT)." (ADI 1.442, Rel. Min. Celso de Mello, julgamento em 3-11-2004, Plenário, DJ de 29-4-2005.)
- De acordo com o STF, "no âmbito das **associações sindicais**, apenas estão aptas a deflagrar o controle concentrado de constitucionalidade as entidades de terceiro grau, ou seja, as confederações sindicais organizadas na forma da lei, excluindo-se, portanto, os sindicatos e as federações, **ainda que possuam abrangência nacional**" (ADO 9. Relatora: Ministra Ellen Gracie. Julgamento: 21/10/2010).
- Nos termos da jurisprudência do STF, são **legitimados especiais**, ou seja, precisam demonstrar **pertinência temática**: a) Mesa da Assembleia Legislativa ou da Câmara Legislativa do Distrito Federal; b) Governador do Estado ou do Distrito Federal; c) Confederação Sindical ou Entidade de Classe de âmbito nacional. Os demais são legitimados neutros ou universais e não precisam demonstrar pertinência temática.
- "O requisito da **pertinência temática** – **que se traduz na relação de congruência que necessariamente deve existir entre os objetivos estatutários ou as finalidades institucionais da entidade autora e o conteúdo material da norma questionada em sede de controle abstrato** – foi erigido à condição de pressuposto qualificador da própria legitimidade ativa ad causam para efeito de instauração do processo objetivo de fiscalização concentrada de constitucionalidade." Essa foi a conclusão do STF no bojo da ADI 1.157-MC, julgada em 1994 e relatada pelo Ministro Celso de Mello.
- No controle concentrado de constitucionalidade, a petição inicial nem sempre precisa ser assinada por

advogado. Essa exigência de assinatura da inicial atinge apenas: a) partido político com representação no Congresso Nacional e; b) Confederação Sindical ou Entidade de Classe de âmbito nacional. Os demais legitimados têm **capacidade postulatória presumida ou especial**.

- O entendimento encampado pelo STF é que **o Governador de Estado deve assinar a petição inicial**, sendo **facultada a assinatura do Procurador-Geral do Estado**, tendo em vista que a legitimidade repousa sobre o Governador. Ou seja, a petição inicial pode ser assinada pelo Governador de Estado ou do DF isolada ou conjuntamente com o Procurador-Geral do Estado ou Advogado habilitado, mas o Procurador-Geral do Estado não pode assiná-la sozinho, por não possuir legitimidade *ad causam*. Nesse sentido, decisão monocrática da Ministra Rosa Weber, no bojo da ADI 5084, julgada em 2014 e ARE 893279/DF, julgado em 2015 e relatado pelo Ministro Celso de Mello.

- **Particularidades do processo objetivo do controle concentrado** (Listagem realizada com base nas lições de: LENZA, Pedro. *Direito Constitucional Esquematizado*. 16 ed. São Paulo: Saraiva, 2012, p. 329).

I. Inexistência de **prazo recursal em dobro ou diferenciado para contestar** (STF, ADI 2.130, julgada em 2001 e relatada pelo Ministro Celso de Mello);

II. Inexistência de **prazo prescricional ou decadencial** (STF, ADI 1.247, julgada em 1995 e relatada pelo Ministro Celso de Mello);

III. Inadmissibilidade de **assistência jurídica** a qualquer das partes (art. 169, § 2º, do Regimento Interno do STF);

IV. Inadmissibilidade de **intervenção de terceiros** (art. 7º, *caput*, da Lei 9.868/99 e art. 169, § 2º, do Regimento Interno do STF). Mas, o relator, considerando a relevância da matéria e a representatividade dos postulantes, poderá, por despacho irrecorrível, admitir a **manifestação de outros órgãos ou entidades** (art. 7º, § 2º, da Lei 9.868/99), o que abre espaço para a figura do *amicus curiae*, conforme já decidiu o STF na ADI 2238, julgada em 2002 e relatada pelo Ministro Ilmar Galvão. Assim, pode-se dizer que a atuação do ***amicus curiae*** tem natureza *sui generis*.

V. Vedação expressa à **desistência** da ação proposta (art. 5º, *caput*, da Lei 9.868/99 e art. 169, § 1º, do Regimento Interno do STF);

VI. **Irrecorribilidade** da decisão proferida, **salvo embargos de declaração** (art. 26 da Lei 9.868/99);

VII. **Irrescindibilidade** da decisão proferida (não pode ser atacada por ação rescisória), nos termos do art. 26 da Lei 9.868/99;

VIII. **Não vinculação do STF à tese jurídica/causa de pedir**, já que no processo objetivo de controle de constitucionalidade o que importa é a apreciação do pedido.

IX. **Possibilidade de dilação probatória com perícia ou audiência pública**: nos termos do art. 9º, § 2º, da Lei 9.868/99, em caso de necessidade de esclarecimento de matéria ou circunstância de fato ou de notória insuficiência das informações existentes nos autos, poderá o relator requisitar informações adicionais, designar perito ou comissão de peritos para que emita parecer sobre a questão, ou fixar data para, em audiência pública, ouvir depoimentos de pessoas com experiência e autoridade na matéria.

- Quanto à **participação do *amicus curiae***, vale destacar a jurisprudência do STF: "Ação direta de inconstitucionalidade. Embargos de declaração opostos por amicus curiae. Ausência de legitimidade. Interpretação do § 2º da Lei 9.868/1999. A jurisprudência deste Supremo Tribunal é assente quanto ao não cabimento de recursos interpostos por terceiros estranhos à relação processual nos processos objetivos de controle de constitucionalidade. **Exceção apenas para impugnar decisão de não admissibilidade de sua intervenção nos autos**. Precedentes." (ADI 3.615, julgada em 2008 e relatada pela Ministra Cármen Lúcia).

- Com o advento do Novo CPC (Lei 13.105/2015), **o *amicus curiae* passou a ser admitido em qualquer processo**, de maneira ampla. Desse modo, segundo a nova norma processualística, **o juiz ou o relator, considerando a relevância da matéria, a especificidade do tema objeto da demanda ou a repercussão social da controvérsia, poderá, por decisão irrecorrível, de ofício ou a requerimento das partes ou de quem pretenda manifestar-se, solicitar ou admitir a participação de pessoa natural ou jurídica, órgão ou entidade especializada, com representatividade adequada, no prazo de 15 (quinze) dias de sua intimação** (art. 138, do Novo CPC). Assim, interpretando a aplicação do *amicus curiae* com o advento do novel ordenamento processualista, "A intervenção do *amicus curiae* passou a ser possível em qualquer processo, desde que se trate de causa relevante, ou com tema muito específico ou que tenha repercussão social (art. 138, caput, CPC). Generalizou-se a intervenção do *amicus curiae*" (DIDIER JÚNIOR, Fredie. *Curso de Direito Processual Civil*, Vol 1, 17. Ed. Salvador: Ed. Juspodivm, 2015, p. 523). Além disso, compete destacar que **o Novo Código inseriu o *amicus curiae* dentre as disposições relativas à intervenção de terceiros.**

- Segundo a Ministra do STF Cármen Lúcia, no julgamento da ADI 3943, "**a pertinência temática também é requisito para a admissão de *amicus curiae*** [...]. Reduzir a pertinência temática ao disposto no estatuto das entidades, desconsiderando a sua natureza jurídica e a sua finalidade precípua, colocaria o Supremo Tribunal na condição submissão de ter de admitir sempre toda entidade em qualquer ação de controle abstrato de constitucionalidade de normas jurídicas como *amicus curiae*, bastando incluir-se em seu estatuto a finalidade de defender a Constituição da República".

- **Presença do contraditório:** de acordo com o STF "CONTROLE DE CONSTITUCIONALIDADE E GARANTIA DO CONTRADITÓRIO. – [...] **O postulado do contraditório, no processo de controle abstrato de constitucionalidade, vê-se atendido**, de um lado, com a possibilidade de o órgão estatal defender, objetivamente, o próprio ato que editou, e, de outro, com a intervenção do Advogado-Geral da União, que, em atuação processual plenamente vinculada, deve assumir, na condição de garante e curador da presunção de constitucionalidade, a defesa irrestrita da validade jurídica da norma impugnada (...)". (ADI 1434 MC/SP)
- **Impedimento e suspeição:** conforme restou claro no voto do Ministro Gilmar Mendes quando do julgamento da AS 37, em 2009, "Na linha de pensamento da Corte constitucional alemã, (...), **a arguição de suspeição revela-se incabível no âmbito do processo objetivo de controle normativo abstrato de constitucionalidade**. No tocante ao **impedimento, este pode ocorrer se o julgador houver atuado no processo como requerente, requerido, Advogado-Geral da União ou Procurador-Geral da República**. (...). No voto que proferiu quando do julgamento da ADI 2.370/CE, o eminente Ministro Sepúlveda Pertence esclareceu, forte em precedentes da casa (ADI 55, Gallotti, 13.5.89; ADI 2.243, Março Aurélio, 16.8.2000) que o Supremo Tribunal Federal não admite, no processo objetivo da ação direta de inconstitucionalidade, 'nem impedimentos, que não sejam os de formal participação na relação processual, nem de suspeição'. Ante o exposto, nego seguimento à presente arguição de suspeição (art. 21, § 1º, do RISTF).

10. ADI

- O **objeto** da ADI é lei ou ato normativo federal, estadual ou distrital. Já o objeto da **ADC** é somente lei ou ato normativo federal (art. 102, I, "a", da CF). Por sua vez, a **ADPF** admite como objeto também a lei ou ato normativo municipal.
- Enumerando os **atos que podem ser objeto de controle concentrado** de constitucionalidade, Ives Gandra da Silva Martins e Gilmar Ferreira Mendes (*Controle Concentrado de Constitucionalidade*. 2 ed. São Paulo: Saraiva, 2005, p. 171-175):

I. Direito Federal:

1. Disposições da Constituição propriamente ditas, desde que sejam normas secundárias (oriundas de emendas constitucionais, conforme ADI 829-3, julgada em 1993 e relatada pelo Ministro Moreira Alves); 2. Leis de todas as formas e conteúdos, incluídas todas as leis formais e atos normativos gerais federais, além das medidas provisórias; 3. Decreto Legislativo que contém a aprovação do Congresso Nacional aos tratados e autoriza o Presidente da República a ratificá-los em nome do Brasil (art. 49, I, da CF); 4. Decreto do Chefe do Executivo que promulga os Tratados e Convenções; 5. Decreto Legislativo do Congresso Nacional que suspende a execução de ato do Executivo, em virtude de incompatibilidade com a lei regulamentada (art. 49, V, da CF); 6. Atos normativos editados por pessoas jurídicas de direito público criadas pela União, bem como, 7. Os regimentos dos Tribunais Superiores, se configurado o seu caráter autônomo, não meramente acessório;

II. Direito Estadual:

1. Disposições das Constituições Estaduais; 2. Leis Estaduais de qualquer espécie ou conteúdo; 3. Leis Estaduais editadas para regulamentar matéria de competência exclusiva da União (art. 22, parágrafo único da CF); 4. Decreto editado com força de Lei (c.f. ADI 460-3, julgada em 1991 e relatado pelo Ministro Sepúlveda Pertence); 5. Regimento Interno dos Tribunais Estaduais; 6. Regimento Interno das Assembleias Legislativas; 7. Atos Normativos expedidos por pessoas jurídicas de direito público estadual.

ATOS QUE PODEM SER OBJETO DE CONTROLE CONCENTRADO DE CONSTITUCIONALIDADE PERANTE O STF	
I. Normas de Direito Federal	**II. Normas de Direito Estadual**
1. Disposições da Constituição propriamente ditas, desde que sejam normas secundárias (oriundas de emendas constitucionais)	1. Disposições das Constituições Estaduais;
2. Leis de todas as formas e conteúdos, incluídas todas as leis formais e atos normativos gerais federais, além das medidas provisórias	2. Leis Estaduais de qualquer espécie ou conteúdo
3. Decreto Legislativo que contém a aprovação do Congresso Nacional aos tratados e autoriza o Presidente da República a ratificá-los em nome do Brasil;	3. Leis Estaduais editadas para regulamentar matéria de competência exclusiva da União;
4. Decreto do Chefe do Executivo que promulga os Tratados e Convenções;	4. Decreto editado com força de Lei;
5. Decreto Legislativo do Congresso Nacional que suspende a execução de ato do Executivo, em virtude de incompatibilidade com a lei regulamentada (art. 49, V, da CF);	5. Regimento Interno dos Tribunais Estaduais;
6. Atos normativos editados por pessoas jurídicas de direito público criadas pela União;	6. Regimento Interno das Assembleias Legislativas;

ATOS QUE PODEM SER OBJETO DE CONTROLE CONCENTRADO DE CONSTITUCIONALIDADE PERANTE O STF	
I. Normas de Direito Federal	**II. Normas de Direito Estadual**
7. Os regimentos dos Tribunais Superiores, se configurado o seu caráter autônomo, não meramente acessório.	7. Atos Normativos expedidos por pessoas jurídicas de direito público estadual.

- Complementando, segundo a doutrina são atos normativos e, portanto, podem ser objeto de controle de constitucionalidade: a) **resoluções administrativas dos tribunais** (c.f. medida cautelar na ADI 1352-1, julgada em 1995 e relatada pelo Ministro Sepúlveda Pertence); b) **deliberações administrativas de outros órgãos do Poder Judiciário** (c.f. ADI 728, relatada pelo Ministro Marco Aurélio), inclusive dos Tribunais Regionais do Trabalho (c.f. ADI 681, julgada em 1992 e relatada pelo Ministro Néri da Silveira), salvo as convenções coletivas de trabalho; c) **atos estatais de conteúdo meramente derrogatórios, como as resoluções administrativas desde que incidam sobre atos de caráter normativo** (c.f. ADI 1716, relatado pelo Ministro Sepúlveda Pertence). (MORAES, Alexandre de. *Direito Constitucional.* 25 ed. São Paulo: Atlas, 2010, p. 739).
- O STF ainda reconhece que os **decretos autônomos** podem ser objeto de controle concentrado de constitucionalidade: "Decreto que, não se limitando a regulamentar lei, institua benefício fiscal ou introduza outra novidade normativa, reputa-se **autônomo e, como tal, é suscetível de controle concentrado de constitucionalidade** (ADI 3.664, julgada em 2011 e relatada pelo Ministro Cezar Peluso).
- **Resolução administrativa do Conselho Nacional de Justiça** que discipline determinada matéria, de forma geral e abstrata, pode ser objeto de ação direta de inconstitucionalidade. Assim entendeu o STF no bojo da ADI 3367, julgada em 2005 e relatada pelo Ministro Cezar Peluso.
- **Resolução do CNMP** também já foi reconhecida como objeto possível de ADI (Cautelar na ADI 3831, julgada em 2006 e relatada pela Ministra Cármen Lúcia).
- As **emendas constitucionais** podem ser objeto de controle de constitucionalidade, ou em outras palavras: admite-se a existência de normas constitucionais inconstitucionais, desde que não sejam originárias, mas oriundas de emendas constitucionais (vide ADIs 4357, 4372, 4400 e 4425, que versam sobre a inconstitucionalidade da EC 62/2009, que criou um regime especial de pagamento de precatórios).
- **Excepcionalmente se admite o controle concentrado de normas de efeito concreto, notadamente em se tratando de lei formal.** Na ADI 4048 MC/DF, julgada em 2008 e relatada pelo Ministro Gilmar Mendes, o STF entendeu possível o controle concentrado de normas de efeito concreto, admitindo-se o controle de constitucionalidade da Medida Provisória 405/2007, que abriu crédito extraordinário, em favor da Justiça Eleitoral e de diversos órgãos do Poder Executivo. Assim julgou o STF: "O Supremo Tribunal Federal deve exercer sua função precípua de fiscalização da constitucionalidade das leis e dos atos normativos quando houver um tema ou uma controvérsia constitucional suscitada em abstrato, independente do caráter geral ou específico, concreto ou abstrato de seu objeto. Possibilidade de submissão das normas orçamentárias ao controle abstrato de constitucionalidade".
- **Controle concentrado de Leis Orçamentárias.** Estabelecendo **mudança de posicionamento, em 2008 o STF passou a admitir o controle concentrado de leis orçamentárias.** Destacamos trecho do julgado: "A extensão da jurisprudência, desenvolvida para afastar do controle abstrato de normas os atos administrativos de efeito concreto, às chamadas leis formais suscita, sem dúvida, alguma insegurança, porque coloca a salvo do controle de constitucionalidade um sem-número de leis. (...) Outra há de ser, todavia, a interpretação, se se cuida de atos editados sob a forma de lei. Nesse caso, houve por bem o constituinte não distinguir entre leis dotadas de generalidade e aqueloutras, conformadas sem o atributo da generalidade e abstração. Essas leis formais decorrem ou da vontade do legislador ou do desiderato do próprio constituinte, que exige que determinados atos, ainda que de efeito concreto, sejam editados sob a forma de lei (v.g., lei de orçamento, lei que institui empresa pública, sociedade de economia mista, autarquia e fundação pública). Ora, se a Constituição submete a lei ao processo de controle abstrato, até por ser este o meio próprio de inovação na ordem jurídica e o instrumento adequado de concretização da ordem constitucional, não parece admissível que o intérprete debilite essa garantia da Constituição, isentando um número elevado de atos aprovados sob a forma de lei do controle abstrato de normas e, muito provavelmente, de qualquer forma de controle. É que muitos desses atos, por não envolverem situações subjetivas, dificilmente poderão ser submetidos a um controle de legitimidade no âmbito da jurisdição ordinária. Ressalte-se que não se vislumbram razões de índole lógica ou jurídica contra a aferição da legitimidade das leis formais no controle abstrato de normas, até porque abstrato – isto é, não vinculado ao caso concreto – há de ser o processo e não o ato legislativo submetido ao controle de constitucionalidade. (...) **Todas essas considerações parecem demonstrar que a jurisprudência do STF não andou bem ao considerar as leis de efeito concreto como inidôneas para o controle abstrato de normas. (...) A Corte não pode se furtar à análise do tema posto nesta ação direta. Há**

uma questão constitucional, de inegável relevância jurídica e política, que deve ser analisada a fundo." (ADI 4.048, julgada em 2008 e relatada pelo Ministro Gilmar Mendes)

- **A revogação de lei ou ato normativo objeto de ação direta de inconstitucionalidade implica perda de objeto da ação.** Este é o posicionamento do STF: "É por essa razão que o magistério jurisprudencial desta Suprema Corte tem advertido que o controle concentrado de constitucionalidade reveste-se de um só e único objetivo: o de julgar, em tese, a validade de determinado ato estatal contestado em face do ordenamento constitucional, desde que em regime de plena vigência, pois – conforme já enfatizado pelo Supremo Tribunal Federal (RTJ 95/980 – RTJ 95/993 – RTJ 99/544 – RTJ 145/339) –, o julgamento da argüição de inconstitucionalidade, quando deduzida "in abstracto", não deve considerar, para efeito do contraste que lhe é inerente, a existência de paradigma revestido de valor meramente histórico" (ADC 8, julgada em 2004 e relatada pelo Ministro Celso de Mello).
- Vale ressaltar que atos normativos **secundários,** tais como decretos regulamentares que não inovam originariamente a ordem jurídica, **não** poderão ser objeto de controle concentrado de constitucionalidade.
- Nos termos da Súmula 642, do STF: "**Não cabe ação direta de inconstitucionalidade de lei do Distrito Federal derivada da sua competência legislativa municipal**". Assim, apesar de o Distrito Federal poder fazer uso das competências legislativas dos Estados (art. 32, § 1º, da CF) e dos Municípios, somente as normas criadas por ele no exercício de competência estadual poderão ser objeto de ação direta de inconstitucionalidade. Isso porque, conforme art. 102, I, "a", da CF, compete ao Supremo Tribunal Federal, precipuamente, a guarda da Constituição, cabendo-lhe processar e julgar, originariamente, a ação direta de inconstitucionalidade de lei ou ato normativo federal ou estadual.
- Lei municipal que apresenta antinomia direta e frontal, somente com a Constituição Federal, **não** pode ser objeto de ação direta de inconstitucionalidade proposta perante o Tribunal de Justiça Estadual, pois esse ajuizamento somente seria possível se também houvesse afronta à Constituição Estadual, no caso de haver normas repetidas (Rcl 383, julgada em 1992 e relatada pelo Ministro Octavio Gallotti). Por sua vez, nessa **hipótese em que um ato normativo municipal puder ser contestado em face de norma da constituição do Estado repetida da CF, por força da reprodução obrigatória, a competência para julgar a ADI somente poderá ser do TJ em face da Constituição Estadual, pois lei municipal não poder ser objeto de ADI perante o STF (art. 102, I, "a", da CF).**
- Predomina na doutrina o entendimento que **a Súmula Vinculante não pode ser objeto de ação direta de inconstitucionalidade.** Isso porque, ela tem **procedimento próprio** para edição, revisão ou cancelamento (art. 103-A, da CF), que inclusive exige quórum mais qualificado (dois terços) do que o exigido para o STF declarar um ato normativo inconstitucional (maioria absoluta).
- O STF somente admite como objeto de ação direta de inconstitucionalidade lei ou ato normativo federal ou estadual que contrariar a CF, estando **excluídos os decretos e resoluções.**
- **Lei ou norma de caráter ou efeito concreto já exaurido não pode** ser objeto de controle abstrato de constitucionalidade, em ação direta de inconstitucionalidade. (STF. ADI 2.980, julgada em 2009 e relatada pelo Ministro Cezar Peluso).
- **Procedimento para julgamento da ADI**
- A **petição inicial** da ação direta de inconstitucionalidade inepta, não fundamentada e a manifestamente improcedente será liminarmente indeferida pelo relator, **mas cabe agravo** (consoante art. 3º, parágrafo único, e art. 4º, ambos da lei 9.868/99).
- Nos termos do art. 103, § 1º, da CF, **o Procurador-Geral da República deverá ser previamente ouvido nas ações de inconstitucionalidade** e em todos os processos de competência do Supremo Tribunal Federal.
- De acordo com o art. 103, § 3º, da CF, quando o Supremo Tribunal Federal apreciar a inconstitucionalidade, em tese, de norma legal ou ato normativo, **citará, previamente, o Advogado-Geral da União, que defenderá o ato ou texto impugnado.**
- Salvo no período de recesso, a **medida cautelar (também chamada de liminar)** na ação direta será concedida por decisão da maioria absoluta dos membros do Tribunal, após a audiência dos órgãos ou autoridades dos quais emanou a lei ou ato normativo impugnado, que deverão pronunciar-se no prazo de cinco dias, consoante art. 10, da Lei 9.868/99.
- A **eficácia de uma liminar** concedida em sede de ação direta de inconstitucionalidade opera, regra geral, efeitos *ex nunc*, podendo ter efeitos *ex tunc*, em caráter excepcional, se o Supremo Tribunal Federal assim o declarar expressamente, demonstrando a conveniência da medida.
- A concessão de medida cautelar **torna aplicável a legislação anterior acaso existente**, salvo expressa manifestação em sentido contrário, nos exatos termos do art. 11, § 2º, da Lei 9.868/99.
- Conforme entendimento do STF, **não cabe reclamação da decisão que conceder ou negar a liminar** proferida em ação direta de inconstitucionalidade. "O indeferimento de liminar em ação direta de inconstitucionalidade, pouco importando o fundamento, não dá margem à apresentação de reclamação" (STF. Rcl-AgR 2810, julgada em 2004 e relatada pelo Ministro Marco Aurélio).

- A decisão sobre a constitucionalidade ou a inconstitucionalidade da lei ou do ato normativo somente será tomada **se presentes na sessão pelo menos 8 Ministros** (art. 22, da Lei 9.868/99).
- Efetuado o julgamento, **proclamar-se-á a constitucionalidade ou a inconstitucionalidade da disposição ou da norma impugnada se num ou noutro sentido se tiverem manifestado pelo menos 6 Ministros**, quer se trate de ação direta de inconstitucionalidade ou de ação declaratória de constitucionalidade (art. 23, da Lei 9.868/99).
- As **decisões definitivas de mérito**, proferidas pelo Supremo Tribunal Federal, nas ações diretas de inconstitucionalidade e nas ações declaratórias de constitucionalidade produzirão eficácia contra todos (*erga omnes*) e efeito vinculante, relativamente aos demais órgãos do Poder Judiciário e à administração pública direta e indireta, nas esferas federal, estadual e municipal (art. 28, parágrafo único, da Lei 9.868/99).
- De acordo com a jurisprudência dominante do Supremo Tribunal Federal, "a mera instauração do processo de controle normativo abstrato não se reveste, só por si, de efeitos inibitórios das atividades normativas do Poder Legislativo, que não fica impossibilitado, por isso mesmo, de revogar, enquanto pendente a respectiva ação direta, a própria lei objeto de impugnação perante o Supremo Tribunal, podendo, até mesmo, reeditar o diploma anteriormente pronunciado inconstitucional, eis que **não se estende, ao Parlamento, a eficácia vinculante que resulta, naturalmente, da própria declaração de inconstitucionalidade proferida em sede concentrada.**" (ADI 2.903, Rel. Min. Celso de Mello, julgamento em 1º-12-2005, Plenário, DJE de 19-9-2008.)
- **A eficácia geral e o efeito vinculante de decisão proferida pelo STF em ação declaratória de constitucionalidade ou direta de inconstitucionalidade de lei ou ato normativo federal não alcançam o Poder Legislativo**, que pode editar nova lei com idêntico teor ao texto anteriormente censurado pela Corte. Perfilhando esse entendimento, e tendo em conta o disposto no § 2º do art. 102 da CF e no parágrafo único do art. 28 da Lei 9.868/99, o Plenário negou provimento a agravo regimental em reclamação na qual se alegava que a edição da Lei 14.938/2003, do Estado de Minas Gerais, que instituiu taxa de segurança pública, afrontava a decisão do STF na ADI 2424 MC/CE (acórdão pendente de publicação), em que se suspendera a eficácia de artigos da Lei 13.084/2000, do Estado do Ceará, que criara semelhante tributo. Ressaltou-se que entender de forma contrária afetaria a relação de equilíbrio entre o tribunal constitucional e o legislador, reduzindo o último a papel subordinado perante o poder incontrolável do primeiro, acarretando prejuízo do espaço democrático-representativo da legitimidade política do órgão legislativo, bem como criando mais um fator de resistência a produzir o inaceitável fenômeno da chamada fossilização da Constituição. Rcl 2617 AgR/MG, rel. Min. Cezar Peluso, 23.2.2005. (Rcl-2617)
- **Modulação dos efeitos da decisão:** nos termos do art. 27, da Lei 9.868/99, ao declarar a inconstitucionalidade de lei ou ato normativo, e tendo em vista **razões de segurança jurídica ou de excepcional interesse social**, poderá o Supremo Tribunal Federal, por maioria de **dois terços de seus membros**, restringir os efeitos daquela declaração ou decidir que ela só tenha eficácia a partir de seu trânsito em julgado ou de outro momento que venha a ser fixado.
- **Modulação dos efeitos da decisão via embargos de declaração:** conforme argumentação exarada na ADI 2791, julgada perante o STF, como regra geral, as decisões proferidas em sede de ação direta possuem efeitos *ex tunc*, sendo nulo o ato impugnado desde a sua origem, mas, excepcionalmente, poderão ter eficácia ex nunc quando, por razões de segurança jurídica ou de relevante interesse social, mostrar-se oportuno que seja fixado outro momento de eficácia, nos termos do art. 27 da Lei 9.868/99. O Min. Gilmar Mendes, relator, **conheceu dos embargos de declaração e a eles deu provimento** para esclarecer que a declaração de inconstitucionalidade não afeta os casos de benefícios previdenciários, aposentadorias e pensões já assegurados, assim como nas hipóteses em que o serventuário já preencheu todos os requisitos legais para a obtenção desses benefícios até a data da publicação da decisão de declaração de inconstitucionalidade, ocorrida em 23.8.2006. **Entendeu que, nas hipóteses em que se reconhecesse que a declaração de inconstitucionalidade com efeitos limitados ou restritos seria uma imposição da própria Constituição, não se atribuiria valor definitivo a uma eventual omissão por parte do Tribunal. Assim, seria possível, em tese, identificar a omissão no âmbito dos embargos de declaração para os fins de explicitar a necessária limitação de efeitos da decisão de inconstitucionalidade. Afirmou que uma limitação de efeitos decorreria de algum princípio constitucional imanente, sobretudo da idéia de segurança jurídica** (Informativo 499 do STF).
- Nos termos do art. 5º da Lei 9.868/99, **não é possível a desistência** em sede de controle concentrado, pois o processo é objetivo, de interesse público.
- A Ação Direta de Inconstitucionalidade **não** se submete a qualquer **prazo prescricional ou decadencial.**
- "À vista do modelo dúplice de controle de constitucionalidade por nós adotado, **a admissibilidade da ação direta não está condicionada à inviabilidade do controle difuso.**" (ADI 3.205, julgada em 2006 e relatada pelo Ministro Sepúlveda Pertence).

11. ADC

- Na **ADC não há** manifestação do Advogado-Geral da União, porque não há ato normativo a ser defendido quanto a sua constitucionalidade, pois o objeto é **por termo a controvérsia judicial relevante** (art. 14, da Lei 9.868/99).
- Só há exigência de **controvérsia judicial relevante** na ADC.
- A ação direta de inconstitucionalidade e a ação declaratória de constitucionalidade são consideradas **ações dúplices, ambivalentes, gêmeas, ou de sinais trocados**, quanto aos efeitos da decisão. Isso porque, nos termos do art. 24, da Lei 9.868/99, "Proclamada a constitucionalidade, julgar-se-á improcedente a ação direta ou procedente eventual ação declaratória; e, proclamada a inconstitucionalidade, julgar-se-á procedente a ação direta ou improcedente eventual ação declaratória". Assim também entende o STF: "Concluindo o julgamento de questão de ordem em agravo regimental interposto contra decisão do Min. Maurício Corrêa, relator – que não conhecera de reclamação ajuizada pelo Município de Turmalina-SP em que se pretendia ver respeitada a decisão proferida pelo STF na ADIn 1.662-SP por falta de legitimidade ativa ad causam do reclamante – o Tribunal, por maioria, decidiu todos aqueles que forem atingidos por decisões contrárias ao entendimento firmado pelo STF no julgamento de mérito proferido em ação direta de inconstitucionalidade, sejam considerados como parte legítima para a propositura de reclamação, e declarou a constitucionalidade do parágrafo único do art. 28 da Lei 9.868/99. Considerou-se que a ADC consubstancia uma ADI com sinal trocado e, tendo ambas caráter dúplice, seus efeitos são semelhantes. Vencidos os Ministros Moreira Alves, Ilmar Galvão e Marco Aurélio, que declaravam a inconstitucionalidade do mencionado dispositivo por ofensa ao princípio da separação de Poderes. (Lei 9.868/99, art. 28, parágrafo único: "A declaração de constitucionalidade ou de inconstitucionalidade, inclusive a interpretação conforme a Constituição e a declaração parcial de inconstitucionalidade sem redução de texto, têm eficácia contra todos e efeito vinculante em relação aos órgãos do Poder Judiciário e à Administração Pública federal, estadual e municipal."). Rcl (AgR-QO) 1.880, julgada em 2002 e relatada pelo Ministro Maurício Corrêa.
- O Supremo Tribunal Federal, por decisão da maioria absoluta de seus membros, poderá deferir **pedido de medida cautelar na ação declaratória de constitucionalidade**, consistente na determinação de que os juízes suspendam o julgamento dos processos que envolvam a aplicação da lei ou do ato normativo objeto da ação até seu julgamento definitivo, tudo de acordo com o art. 21, da Lei 9.868/99.

12. ADI por omissão

- Declarada a inconstitucionalidade por omissão de medida para tornar efetiva norma constitucional, **será dada ciência ao Poder competente para a adoção das providências necessárias** e, em se tratando de órgão administrativo, para fazê-lo em trinta dias.
- A ação direta de inconstitucionalidade por omissão **admite** medida cautelar. Nos termos do art. 12-F, da Lei 9.868/99 (incluído pela Lei 12.063/09), em caso de excepcional urgência e relevância da matéria, o Tribunal, por decisão da maioria absoluta de seus membros, observado o disposto no art. 22, poderá conceder medida cautelar, após a audiência dos órgãos ou autoridades responsáveis pela omissão inconstitucional, que deverão pronunciar-se no prazo de 5 (cinco) dias.
- **ADI, ADI por omissão e fungibilidade.** A jurisprudência do STF firma-se no seguinte sentido: "Senhores Ministros, Senhoras Ministras. Estamos diante de um caso deveras interessante. Temos quatro ações diretas de inconstitucionalidade (ADI n.º 1.987/DF, ADI n.º 875/DF, ADI n.º 2.727/DF e ADI n.º 3.243/DF) imbricadas por uma evidente relação de conexão, fenômeno que determina o seu julgamento conjunto, conforme a jurisprudência desta Corte (ADI-MC n.º 150, rel. min. Moreira Alves, DJ 9.3.1990). Por outro lado, é possível observar a intenção dos requerentes de estabelecer uma nítida distinção de pedidos: uns pela declaração da inconstitucionalidade por omissão e outros pela declaração da inconstitucionalidade (por ação). (...) O quadro aqui revelado, portanto, está a demonstrar uma clara imbricação de pedidos e causas de pedir e, dessa forma, a **evidenciar a patente fungibilidade que pode existir entre a ação direta de inconstitucionalidade e a ação direta de inconstitucionalidade por omissão**. (...) A Lei n.º 9.868/99 possui capítulos específicos para a ação direta de inconstitucionalidade (Capítulo II) e para a ação declaratória de constitucionalidade (Capítulo III). Com a nova Lei n.º 12.063, de 22 de outubro de 2009, a Lei n.º 9.868/99 passa a contar com o capítulo II-A, que estabelece rito procedimental e medidas cautelares específicas para a ação direta de inconstitucionalidade por omissão. A Lei n.º 9.882/99, por seu turno, trata da arguição de descumprimento de preceito fundamental. No Supremo Tribunal Federal, atualmente, todas as ações possuem uma classe específica de autuação: Ação Direta de Inconstitucionalidade (ADI); Ação Declaratória de Constitucionalidade (ADC); Ação Direta de Inconstitucionalidade por Omissão (ADO) e Arguição de Descumprimento de Preceito Fundamental (ADPF). Portanto, ante a aparente confusão inicialmente verificada nos diversos pedidos, como demonstrado, e tendo em vista a patente defasagem da jurisprudência até então adotada pelo Tribunal, temos aqui uma valiosa oportunidade para superarmos o antigo entendimento e reconhecermos o caráter fungível entre as ações." (ADI 875; ADI 1.987; ADI 2.727, voto do rel. min. Gilmar Mendes, julgamento em 24-2-2010, Plenário, DJE de 30-4-2010.)

13. ADI interventiva

- A ação direta de inconstitucionalidade interventiva, também denominada por representação de inconstitucionalidade interventiva federal (art. 36, III, da CF), tem como legitimado ativo o **Procurador-Geral da República** e o decreto de intervenção federal, que especificará a amplitude, o prazo e as condições de execução e que, se couber, nomeará o interventor, **será submetido à apreciação do Congresso Nacional ou da Assembléia Legislativa do Estado, no prazo de vinte e quatro horas** (art. 34, § 1º, da CF).

14. ADPF

- A arguição de descumprimento de preceito fundamental é cabível para **evitar ou reparar lesão a preceito fundamental resultante de ato do poder público** e seu julgamento é da competência do Supremo Tribunal Federal (art. 1º, da Lei 9.882/99). Caberá também ADPF quando for relevante o fundamento da controvérsia constitucional sobre lei ou ato normativo federal, estadual ou municipal, incluídos os anteriores à Constituição (art. 1º, parágrafo único, da Lei 9.882/99).
- Aplica-se à arguição de descumprimento o **princípio da subsidiariedade**, pois, nos termos do art. 4º, § 1º, da Lei 9.882/99, não será admitida arguição de descumprimento de preceito fundamental quando houver qualquer outro meio eficaz de sanar a lesividade.
- **Princípio da fungibilidade e ADI:** "Aplicação do princípio da fungibilidade. (...) É lícito conhecer de ação direta de inconstitucionalidade como arguição de descumprimento de preceito fundamental, quando coexistentes todos os requisitos de admissibilidade desta, em caso de inadmissibilidade daquela." (ADI 4.180-MC-REF, Rel. Min. Cezar Peluso, julgamento em 10-3-2010, Plenário, DJE de 27-8-2010.)
- A arguição de descumprimento de preceito fundamental (ADPF), prevista do art. 102, § 1º, da CF, é a única ação do controle concentrado de constitucionalidade federal (apreciado pelo STF) que pode realizar controle de **recepção constitucional** (direito infraconstitucional anterior à Constituição vigente), nos termos do art. 1º, parágrafo único, I, da Lei nº 9.882/1999. A ADPF **também é a única ação a contemplar a hipótese de controle concentrado de constitucionalidade pelo Supremo Tribunal Federal sobre lei ou ato normativo municipal** em face da Constituição da República (art. 1º, parágrafo único, I, da Lei nº 9.882/1999).
- **Direito pré-constitucional revogado e a ADPF:** ADPF 33: "[...] 6. Cabimento de argüição de descumprimento de preceito fundamental para solver controvérsia sobre legitimidade de lei ou ato normativo federal, estadual ou municipal, **inclusive anterior à Constituição (norma pré-constitucional)**. 7. Requisito de admissibilidade implícito relativo à relevância do interesse público presente no caso. 8. Governador de Estado detém aptidão processual plena para propor ação direta (ADIMC 127/AL, Rel. Min. Celso de Mello, DJ 04.12.92), bem como argüição de descumprimento de preceito fundamental, constituindo-se verdadeira hipótese excepcional de jus postulandi. 9. ADPF configura modalidade de integração entre os modelos de perfil difuso e concentrado no Supremo Tribunal Federal. 10. **Revogação da lei ou ato normativo não impede o exame da matéria em sede de ADPF, porque o que se postula nessa ação é a declaração de ilegitimidade ou de não-recepção da norma pela ordem constitucional superveniente**. 11. Eventual cogitação sobre a inconstitucionalidade da norma impugnada em face da Constituição anterior, sob cujo império ela foi editada, não constitui óbice ao conhecimento da argüição de descumprimento de preceito fundamental, uma vez que nessa ação o que se persegue é a verificação da compatibilidade, ou não, da norma pré-constitucional com a ordem constitucional superveniente. [...] 15. Argüição de descumprimento de preceito fundamental julgada procedente para declarar a ilegitimidade (não-recepção) do Regulamento de Pessoal do extinto IDESP em face do princípio federativo e da proibição de vinculação de salários a múltiplos do salário mínimo (art. 60, § 4º, I, c/c art. 7º, inciso IV, in fine, da Constituição Federal). STF. ADPF 33. Relator(a): Gilmar Mendes. Julgamento: 07/12/2005.
- Segundo restou evidente no julgamento da ADPF 37, em 2010, o STF segue a opinião de Gilmar Mendes no sentido de que **a arguição de descumprimento de preceito fundamental pode ter por objeto ato normativo já revogado**, segundo Gilmar Mendes, a ADPF, na hipótese de ato normativo revogado, tendo em vista o interesse jurídico da solução quanto à legitimidade de sua aplicação no passado.
- **Para o STF não cabe arguição de descumprimento de preceito fundamental em face de sentenças transitadas em julgado.** Tal posicionamento restou assentado na ADPF 134: ""O presente caso objetiva a desconstituição de decisões judiciais, dentre as quais muitas já transitadas em julgado, que aplicaram índice de reajuste coletivo de trabalho definido pelos Decretos Municipais 7.153/1985, 7.182/1985, 7.183/1985, 7.251/1985, 7.144/1985, 7.809/1988 e 7.853/1988, bem como pela Lei Municipal 6.090/86, todos do Município de Fortaleza/CE. Este instituto de controle concentrado de constitucionalidade não tem como função desconstituir coisa julgada. A argüição de descumprimento de preceito fundamental é regida pelo princípio da subsidiariedade a significar que a admissibilidade desta ação constitucional pressupõe a inexistência de qualquer outro meio juridicamente apto a sanar, com efetividade real, o estado de lesividade do ato impugnado. A ação tem como objeto normas que não se encontram mais em vigência. A ofensa

à Constituição Federal, consubstanciada na vinculação da remuneração ao salário mínimo, não persiste nas normas que estão atualmente em vigência. Precedentes. A admissão da presente ação afrontaria o princípio da segurança jurídica." (STF. ADPF 134-AgR-terceiro, Relator Ministro Ricardo Lewandowski, julgamento em 2009).

- **O STF admite ato infralegal como objeto de ADPF.** "O Plenário julgou improcedente pedido formulado em arguição de descumprimento de preceito fundamental ajuizada, pelo Partido Democratas – DEM, contra atos da Universidade de Brasília – UnB, do Conselho de Ensino, Pesquisa e Extensão da Universidade de Brasília – Cepe e do Centro de Promoção de Eventos da Universidade de Brasília – Cespe, os quais instituíram sistema de reserva de 20% de vagas no processo de seleção para ingresso de estudantes, com base em critério étnico-racial. Preliminarmente, admitiu-se o cabimento da ação, por inexistir outro meio hábil para sanar a lesividade questionada. Apontou-se entendimento da Corte no sentido de que a **subsidiariedade da via eleita** deveria ser confrontada com a existência, ou não, de instrumentos processuais alternativos capazes de oferecer provimento judicial com eficácia ampla, irrestrita e imediata para solucionar o caso. Articulou-se que, diante **da natureza infralegal dos atos impugnados**, a ação direta de inconstitucionalidade não seria medida idônea para o enfrentamento da controvérsia, tampouco qualquer das ações que comporiam o sistema de jurisdição constitucional abstrata. (ADPF 186, julgada em 2012 e relatada pelo Ministro Ricardo Lewandowski).
- O **STF não reconhece a prefeito municipal legitimidade ativa para o ajuizamento de ADPF**. *In verbis*: "Ação por descumprimento de preceito fundamental (ADPF). Prefeito municipal. Autor não legitimado para ação direta de inconstitucionalidade. Ilegitimidade reconhecida. Negativa de seguimento ao pedido. Recurso, ademais, impertinente. Agravo improvido. Aplicação do art. 2º, I, da Lei federal nº 9.882/99. Precedentes. **Quem não tem legitimidade para propor ação direta de inconstitucionalidade, não a tem para ação de descumprimento de preceito fundamental**". (ADPF 148. Relator Cezar Peluso. Julgamento: 03/12/2008).

15. Controle concentrado estadual

- É possível a **representação de inconstitucionalidade de leis ou atos normativos estaduais ou municipais diante da Constituição Estadual perante os Tribunais de Justiça dos Estados**, o que se denomina Controle Concentrado de Constitucionalidade Estadual. Assim dispõe o art. 125, § 2º, da CF: "Cabe aos Estados a instituição de representação de inconstitucionalidade de leis ou atos normativos estaduais ou municipais em face da Constituição Estadual, vedada a atribuição da legitimação para agir a um único órgão".
- Compete aos Estados a instituição de representação de inconstitucionalidade de leis ou atos normativos estaduais ou municipais em face da Constituição Estadual, **mas não é reconhecida expressamente a legitimação para agir aos mesmos órgãos e entidades legitimados a propositura de ação direta de inconstitucionalidade**. Cada Estado é livre para estabelecer o seu rol de legitimados.
- **Simultaneidade de ações nos controles concentrados Estadual e Federal:** "A instauração do processo de fiscalização normativa abstrata, perante o Supremo Tribunal Federal, em que se postule a invalidação de diploma normativo editado por Estado-membro ou pelo Distrito Federal, questionado em face da Constituição da República (CF, art. 102, I, "a"), qualifica-se como **causa de suspensão prejudicial do processo de controle concentrado de constitucionalidade, que, promovido perante o Tribunal de Justiça local** (CF, art. 125, § 2º), tenha, por objeto de impugnação, exatamente os mesmos atos normativos emanados do Estado-membro ou do Distrito Federal, contestados, porém, em face da Constituição estadual ou, então, como sucede na espécie, em face da Lei Orgânica do Distrito Federal. Tal entendimento, no entanto, há de ser observado, sempre que tal impugnação – deduzida perante a Corte Judiciária local – invocar, como parâmetro de controle, princípios inscritos na Carta Política local impregnados de predominante coeficiente de federalidade, tal como ocorre com os **postulados de reprodução necessária** constantes da própria Constituição da República (RTJ 147/404 – RTJ 152/371-373, v.g.). Isso significa, portanto, que, em ocorrendo hipótese caracterizadora de "simultaneus processus", impor-se-á **a paralisação do processo de fiscalização concentrada em curso perante o Tribunal de Justiça local, até que esta Suprema Corte julgue a ação direta**, que, ajuizada com apoio no art. 102, I, "a", da Constituição da República, tenha por objeto o mesmo diploma normativo local (estadual ou distrital), embora contestado em face da Carta Federal. Cabe assinalar, neste ponto, por relevante, que **esse entendimento acha-se consagrado na jurisprudência do Supremo Tribunal Federal**, cuja orientação, no tema, tem sido reafirmada em sucessivas decisões que proclamam, em situações como a destes autos, a necessidade de suspensão prejudicial do processo de fiscalização normativa abstrata instaurado perante Tribunal de Justiça local (CF, art. 125, § 2º), se houver, em tramitação simultânea no Supremo, processo de controle concentrado em que se questione a constitucionalidade do mesmo diploma normativo, também contestado na ação direta ajuizada no âmbito local". (STF. ADI 3482, julgada em 2006 e relatada pelo Ministro Celso de Mello).
- Cabe **recurso extraordinário contra decisão de Tribunal de Justiça que julgou ação direta de inconstitucionalidade em face da Constituição Estadual**, o que se dará em duas hipóteses: "(1) na

situação de a norma da Constituição estadual eleita como parâmetro ser de repetição obrigatória da Constituição Federal. [...] (2) na hipótese de o Tribunal de Justiça considerar inconstitucional o parâmetro, isto é, a própria norma da Constituição estadual invocada como norma de referência. (MASSON, Nathalia. *Manual de direito constitucional*. Salvador: Juspodivm, 2013, p. 1.111).

16. Reclamação Constitucional

- A **Reclamação Constitucional** é um instrumento por meio do qual se busca assegurar a autoridade das decisões proferidas pelo STF. Nos termos do art. 102, I, "l", da CF, compete ao Supremo Tribunal Federal, precipuamente, a guarda da Constituição, cabendo-lhe processar e julgar, originariamente, reclamação para a **preservação de sua competência e garantia da autoridade de suas decisões**.
- Na linha da Súmula 734 do STF, **não cabe reclamação quando já houver transitado em julgado o ato judicial** que se alega tenha desrespeitado decisão do Supremo Tribunal Federal.
- De acordo com o STF, "a reclamação, constitucionalmente vocacionada a cumprir a dupla função a que alude o art. 102, I, l, da Carta Política (RTJ 134/1033) – embora cabível, em tese, quando se tratar de decisão revestida de efeito vinculante (como sucede com os julgamentos proferidos em sede de arguição de descumprimento de preceito fundamental, de ação direta de inconstitucionalidade ou de ação declaratória de constitucionalidade) –, **não se qualifica como sucedâneo recursal** nem configura instrumento viabilizador do reexame do conteúdo do ato reclamado, além de não constituir meio de revisão da jurisprudência eleitoral, eis que tal finalidade revela-se estranha à destinação constitucional subjacente à instituição dessa medida processual. Precedentes." (Rcl 6.534-AgR, Rel. Min. Celso de Mello, julgamento em 25-9-2008).
- Segundo entendimento do STF, todo aquele (pessoa física ou jurídica, pública ou privada), que for atingido por deliberações que contrariem decisões de mérito do STF, **pode ajuizar reclamação** (Recl. em AgRg 1.880, julgada em 2004 e relatada pelo Ministro Maurício Corrêa).
- **Segundo o próprio STF, a reclamação é cabível tanto no controle de constitucionalidade federal, quanto no Estadual.** Nesse sentido a ADI 2480, julgada em 2007 e relatada pelo Ministro Sepúlveda Pertence "O Tribunal, por maioria, julgou improcedente pedido formulado em ação direta ajuizada pelo Governador do Estado da Bahia, na qual se requeria fosse dada interpretação conforme a Constituição Federal ao art. 357 do Regimento Interno do Tribunal de Justiça local, que determina, nos casos omissos, a aplicação subsidiária dos Regimentos Internos do STF e do STJ. Alegava-se, na espécie, que se teria criado, por analogia, o instituto da reclamação, para preservar a competência do Tribunal ou garantir a autoridade das suas decisões, conforme o art. 156 e seguintes do Regimento Interno do Supremo. Considerou-se o texto da Constituição do Estado da Paraíba que prevê cláusulas de poderes implícitos, atribuídos ao Tribunal de Justiça estadual, para fazer valer os poderes explicitamente conferidos pela ordem legal, ainda que por instrumento com nomenclatura diversa ("Art. 105. Compete ainda ao Tribunal de Justiça: I – processar e julgar:... e) a representação para assegurar a observância de princípios indicados nesta Constituição; f) a representação para prover a execução de lei, no caso de desobediência a ordem ou decisão judiciária emanada do próprio Tribunal, de juiz de direito ou de auditor militar estadual;"). Entendeu-se, em razão disso, não haver afronta ao art. 125, § 1º da CF ("Art. 125. Os Estados organizarão sua Justiça, observados os princípios estabelecidos nesta Constituição. § 1º – A competência dos tribunais será definida na Constituição do Estado, sendo a lei de organização judiciária de iniciativa do Tribunal de Justiça."), haja vista que a reclamação paraibana não fora criada com a norma regimental impugnada, a qual, na interpretação dada pelo Tribunal de Justiça estadual no exercício dos seus poderes implícitos, possibilita a observância das normas de processo e das garantias processuais das partes (CF, art. 96, I, a). Vencido o Min. Marco Aurélio que julgava procedente o pedido, ao fundamento de que a mesclagem de regimentos de Cortes diversas estaria a violar o que disposto no art. 125, § 1º, da CF. ADI 2480/PB, rel. Min. Sepúlveda Pertence, 2.4.2007. (ADI-2480)
- Segundo entendimento do STF, aos estados **não** é vedada a criação do instituto da reclamação. *In verbis:* "Ação direta de inconstitucionalidade: dispositivo do Regimento Interno do Tribunal de Justiça do Estado da Paraíba (art. 357), que admite e disciplina o processo e julgamento de reclamação para preservação da sua competência ou da autoridade de seus julgados: ausência de violação dos arts. 125, caput e § 1º, e 22, I, da CF. **O STF, ao julgar a ADI 2.212 (Pleno, 2-10-2003, Ellen Gracie, DJ de 14-11-2003), alterou o entendimento – firmado em período anterior à ordem constitucional vigente (v.g., Rp 1.092, Pleno, Djaci Falcão, RTJ 112/504) – do monopólio da reclamação pelo STF e assentou a adequação do instituto com os preceitos da Constituição de 1988: de acordo com a sua natureza jurídica (situada no âmbito do direito de petição previsto no art. 5º, XXIV, da CF) e com os princípios da simetria (art. 125, caput e § 1º)** e da efetividade das decisões judiciais, é permitida a previsão da reclamação na Constituição Estadual. Questionada a constitucionalidade de norma regimental, é desnecessário indagar se a colocação do instrumento na seara do direito de petição dispensa, ou não, a sua previsão na Constituição estadual, dado que consta do texto da Constituição do Estado da Paraíba a existência de cláusulas de poderes implícitos atribuídos ao Tribu-

nal de Justiça estadual para fazer valer os poderes explicitamente conferidos pela ordem legal – ainda que por instrumento com nomenclatura diversa (Constituição do Estado da Paraíba, art. 105, I, e e f). Inexistente a violação do § 1º do art. 125 da CF: a reclamação paraibana não foi criada com a norma regimental impugnada, a qual – na interpretação conferida pelo Tribunal de Justiça do Estado à extensão dos seus poderes implícitos – possibilita a observância das normas de processo e das garantias processuais das partes, como exige a primeira parte da alínea a do art. 96, I, da CF. Ação direta julgada improcedente. (ADI 2212 CE, Rel. Min. Ellen Gracie, julgamento em 02/10/2003, DJ 14/11/2003).

17. Hermenêutica no controle de constitucionalidade

- **O STF não admite a inconstitucionalidade superveniente.** "Constituição. Lei anterior que a contrarie. Revogação. Inconstitucionalidade superveniente. Impossibilidade. A lei ou é constitucional ou não é lei. Lei inconstitucional é uma contradição em si. A lei é constitucional quando fiel à Constituição; inconstitucional na medida em que a desrespeita, dispondo sobre o que lhe era vedado. **O vício da inconstitucionalidade é congênito à lei e há de ser apurado em face da Constituição vigente ao tempo de sua elaboração. Lei anterior não pode ser inconstitucional em relação à Constituição superveniente; nem o legislador poderia infringir Constituição futura.** A Constituição sobrevinda não torna inconstitucionais leis anteriores com ela conflitantes: revoga-as. Pelo fato de ser superior, a Constituição não deixa de produzir efeitos revogatórios. Seria ilógico que a lei fundamental, por ser suprema, não revogasse, ao ser promulgada, leis ordinárias. A lei maior valeria menos que a lei ordinária." (ADI 2. Julgada em 1997 e relatada pelo Ministro Paulo Brossard).

- **Alteração de parâmetro e inconstitucionalidade superveniente:** Conforme noticiado no Informativo 600 do STF, "o Tribunal, em apreciação conjunta de duas ações diretas, julgou, por maioria, procedente em parte o pedido formulado na ADI 2158/PR, e, por unanimidade, procedente o na ADI 2198/PR, propostas, respectivamente, pela Associação dos Magistrados Brasileiros – AMB e pelo Procurador-Geral da República, para declarar a inconstitucionalidade de expressões e dispositivos constantes da Lei 12.398/98, do Estado do Paraná. A lei impugnada prevê a incidência de contribuição previdenciária sobre os proventos de servidores inativos e pensionistas no âmbito daquela unidade federativa. **Inicialmente, em votação majoritária, rejeitou-se a preliminar de prejudicialidade das ações em face da substancial alteração de parâmetro de controle operada pela EC 41/2003**, a qual — ao contrário do que previsto na EC 20/98, em vigor à época da edição da norma impugnada — admite expressamente a incidência da contribuição previdenciária sobre os proventos dos inativos na parte em que exceder o limite máximo para os benefícios do Regime Geral de Previdência Social (CF, art. 40, § 18). Salientou-se que, no caso, apesar de até hoje não ter sido cobrada a aludida contribuição naquele Estado, uma vez que a lei adversada fora suspensa com a concessão de medidas cautelares pela Corte, a norma não fora revogada, permanecendo no mundo jurídico. **Tendo isso em conta, asseverou-se que, se o Supremo aplicasse sua jurisprudência tradicional no sentido do prejuízo das ações, revogar-se-iam, em conseqüência, as medidas cautelares. Além disso, a lei estadual, não obstante patentemente inconstitucional, tornaria a produzir seus efeitos à luz do regramento instituído pela EC 41/2003, a qual lhe conferiria uma aparência de validade.** Aduziu-se, na linha de precedentes, que esse inconveniente poderia ser evitado com a excepcional admissão do exame de mérito das ações. **Ao enfatizar que o sistema brasileiro não contempla a figura da constitucionalidade superveniente, consignou-se que a norma em apreço não fora convalidada e, por isso, sua inconstitucionalidade persistiria e seria atual, embora se referisse a dispositivos da Constituição que não se encontram mais em vigor, modificados pela EC 41/2003.** Desse modo, reputou-se que, **se o sistema veda a convalidação da lei inconstitucional, seria necessária a existência de mecanismos eficazes para expungir a norma ainda inconstitucional do ordenamento jurídico, mesmo que em face de parâmetro de controle alterado ou revogado**. Concluiu-se que, na situação dos autos, cumpriria ao STF, ainda que já ajuizada a ação direta, declarar a inconstitucionalidade da norma, com eficácia erga omnes e efeito vinculante, em benefício da máxima efetividade da jurisdição constitucional. Salientou-se, por fim, o progressivo reforço legislativo na expansão da jurisdição constitucional abstrata do Supremo. Vencidos os Ministros Marco Aurélio, Ellen Gracie e Celso de Mello que assentavam o prejuízo das ações. ADI 2158/PR, rel. Min. Dias Toffoli, 15.9.2010. (ADI-2158)

- A **Teoria da Transcendência dos Motivos Determinantes** prega que a *ratio decidendi* (razões de decidir ou fundamentos determinantes de uma sentença) também estaria incluída no efeito vinculante gerado pela decisão em sede de controle de constitucionalidade. O STF reconheceu a aplicação dessa teoria na apreciação da ADI 3345, julgada em 2005 e relatada pelo Ministro Celso de Mello. A ação versava sobre uma Resolução do TSE que reduzia o número de vereadores em Municípios brasileiros. Vale destacar trecho do voto do Relator: "em relação ao mérito, concluiu-se pela inexistência das apontadas violações aos princípios da reserva de lei, da separação de poderes, da anterioridade da lei eleitoral e da autonomia municipal. Esclareceu-se que a Resolução 21.702/2004 foi editada com o propósito de dar efetividade e concreção ao julgamento do Pleno no RE 197917/SP (DJU de 27.4.2004), já que nele o STF dera interpretação definitiva à cláusula de proporcionalidade inscrita no inciso IV do art. 29 da CF, conferindo efeito transcendente aos **fundamentos determinantes** que deram suporte ao mencionado julgamento". **Entretanto, na apreciação da Rcl 3014, em 2007, o STF deu sinais que irá inverter sua orientação.** Nos termos do Informativo 475 do STF: "o Tribunal retomou julgamento de reclamação ajuizada pelo Município de Indaiatuba contra acórdão do Tribunal Regional do Trabalho da 15ª Região que mantivera a expedição de requisição de pequeno valor em patamar superior ao fixado pela Lei municipal 4.233/2002, por considerá-la inconstitucional ante a ausência de fixação da quantia em número de salários mínimos. Alega-se, na espécie, desrespeito à autoridade da decisão do Supremo na ADI 2868/PI (DJU de 11.12.2004), na qual se teria reconhecido a possibilidade de fixação, pelos estados-membros, de valor referencial inferior ao do art. 87 do ADCT. Na sessão de 13.12.2006, o Min. Carlos Britto, relator, julgou improcedente a reclamação. Asseverou, inicialmente, que, no julgamento da ADI 2868/PI, o Tribunal examinara a constitucionalidade da Lei piauiense 5.250/2002, que fixou, no âmbito da Fazenda Estadual, o quantum da obrigação de pequeno valor. **Salientou que o acolhimento da pretensão ora deduzida passaria pelo exame da possibilidade de se atribuir efeitos transcendentes aos motivos determinantes da decisão tomada no controle abstrato de normas. Considerando o fato de que, no julgamento da Rcl 4219 QO/SP (v. Informativos 441 e 458) — em que retomada a discussão do tema da aplicabilidade da chamada "transcendência dos fundamentos determinantes" —, quatro ministros já teriam votado em sentido contrário à respectiva adoção, votou, preliminarmente, pelo não-conhecimento da reclamação.** Rcl 3014/SP, rel. Min. Carlos Britto, 8.8.2007".

- **Interpretação Conforme a Constituição e Declaração parcial de Inconstitucionalidade sem redução de texto**
- Tanto a interpretação conforme quanto a declaração de inconstitucionalidade sem redução de texto são reconhecidas e consideradas válidas pelo STF. Nos termos da Rcl 1880, julgada em 2002 e relatada pelo Ministro Maurício Corrêa: "A declaração de constitucionalidade ou de inconstitucionalidade, **inclusive a interpretação conforme a Constituição e a declaração parcial de inconstitucionalidade sem redução de texto**, têm eficácia contra todos e efeito vinculante em relação aos órgãos do Poder Judiciário e à Administração Pública federal, estadual e municipal".
- "Ainda que se não possa negar a semelhança dessas categorias e a proximidade do resultado prático de sua utilização, é certo que, enquanto, na **interpretação conforme a Constituição** se tem, dogmaticamente, a declaração de que uma lei é constitucional com a interpretação que lhe é conferida pelo órgão judicial, constata-se, na **declaração de nulidade sem redução de texto**, a expressa exclusão, por inconstitucionalidade, de determinadas hipóteses de aplicação (Anwendungsfälle) do programa normativo sem que se produza alteração expressa do texto legal". (MENDES, Gilmar Ferreira. *Jurisdição Constitucional*. São Paulo: Saraiva, 1996, p.275).
- Caso **paradigmático sobre interpretação conforme foi o da ADPF 54, julgada em 2012 e relatada pelo Ministro Marco Aurélio, que teve como tema a antecipação terapêutica do parto de anencéfalos**. A Ministra Rosa Weber, em seu voto, se referiu expressamente à interpretação conforme: "Expressou que a tese da ausência de vontade do legislador para previsão da anencefalia como causa excludente da ilicitude não seria bom parâmetro hermenêutico para o caso. Evidenciou que, no direito contemporâneo, o processo legislativo seria muito complexo, a dificultar a aferição da vontade real do Legislativo e que seus documentos preparatórios nem sempre se mostrariam fontes seguras. Além disso, registrou que não seria rara a criação da lei de maneira ambígua e atécnica de forma proposital, a fim de que sua aprovação fosse politicamente viável, deixando-se a resolução das dúvidas futuras ao Judiciário. Também considerou que a Constituição determinaria os limites dessa vontade, de modo que a do legislador não poderia lhe ser contrária. Afastou a aplicação do precedente proferido no julgamento do RE 121336/CE (DJU de 26.6.92) à espécie, tendo em conta que não se trataria de vontade inconstitucional com atribuição de conteúdo para salvar o texto, mas de **interpretação conforme a Constituição** para mantê-lo e impedir que ele se estendesse a outra hipótese, que seria a anencefalia. No que diz respeito ao método da ponderação valorativa, recorreu à proporcionalidade em sentido estrito, pois as ações que preservariam os valores em concorrência para a situação concreta seriam necessárias e adequadas. Segundo esse princípio, que levaria à técnica da ponderação, impenderia estabelecer as razões argumentativas, que justificariam a restrição de abrangência de um princípio sobre outro, sempre com relação ao caso sob análise" (Informativo 661 do STF).
- "Ação direta de inconstitucionalidade: eficácia da suspensão cautelar da norma argüida de inconstitucional, que alcança, no caso, o dispositivo da lei primitiva, substancialmente idêntico. Ação direta de inconstitucionalidade e impossibilidade jurídica do pedido: **não se declara a inconstitucionalidade parcial quando haja inversão clara do sentido da lei**, dado que não é permitido ao Poder Judiciário agir como legislador positivo: hipótese excepcional, contudo, em que se faculta a emenda da inicial para ampliar o objeto do pedido." (ADI 1.949, julgada em 1996 e relatada pelo Ministro Sepúlveda Pertence).
- Sobre os efeitos das decisões em que há manifestação sobre interpretação conforme ou declaração parcial, vale o destaque ao seguinte julgado: "As decisões consubstanciadoras de declaração de

constitucionalidade ou de inconstitucionalidade, inclusive aquelas que importem em interpretação conforme à Constituição e em declaração parcial de inconstitucionalidade sem redução de texto, quando proferidas pelo STF, em sede de fiscalização normativa abstrata, revestem-se de eficácia contra todos (erga omnes) e possuem efeito vinculante em relação a todos os magistrados e tribunais, bem assim em face da administração pública federal, estadual, distrital e municipal, impondo-se, em consequência, à necessária observância por tais órgãos esta-tais, que deverão adequar-se, por isso mesmo, em seus pronunciamentos, ao que a Suprema Corte, em manifestação subordinante, houver decidido, seja no âmbito da ação direta de inconstitucionalidade, seja no da ação declaratória de constitucionalidade, a propósito da validade ou da invalidade jurídico-constitucional de determinada lei ou ato normativo." (Rcl 2.143-AgR, Rel. Min. Celso de Mello, julgamento em 12-3-2003, Plenário, DJ de 6-6-2003.)

- "A doutrina e a jurisprudência nacionais admitem plenamente a **teoria da divisibilidade da lei**, de modo que somente deve ser proferida a inconstitucionalidade daquelas normas viciadas, não devendo se estender o juízo da censura às outras partes da lei, salvo se elas não puderem subsistir de forma autônoma. Essa é a lição de Gilmar Ferreira Mendes, que, complementando ainda ensina que: "Faz-se mister, portanto, verificar se estão presentes as condições objetivas de divisibilidade. Para isso, impõe-se aferir o grau de dependência entre os dispositivos, isto é, examinar se as disposições estão em uma relação de vinculação que impediria sua divisibilidade. Impõe-se verificar, igualmente, se a norma que irá subsistir após a declaração de nulidade parcial corresponderia à vontade do legislador. Portanto, devem ser investigadas não só a existência de uma relação de dependência (unilateral ou recíproca), mas também a possibilidade de intervenção no âmbito da vontade do legislador (*Jurisdição constitucional: o controle abstrato de normas no Brasil e na Alemanha*. 5.ed. São Paulo: Saraiva, 2007, p. 342-343).
- O ordenamento jurídico brasileiro **admite a inconstitucionalidade por arrastamento ou atração**, que consistiria na possibilidade de o STF declarar a inconstitucionalidade de uma norma objeto de pedido e também de outro ato normativo que não tenha sido objeto do pedido, em virtude de correlação, conexão ou interdependência entre uma e outro. Trata-se de uma mitigação ao princípio da adstrição ou congruência. Assim definiu o STF, na ADI 2995, julgada em 2006 e relatada pelo Ministro Celso de Mello: "Por entender caracterizada a ofensa ao art. 22, XX, da CF, que confere à União a competência privativa para legislar sobre sistemas de consórcios e sorteios, o Tribunal, por maioria, julgou procedente pedido formulado em ação direta ajuizada pelo Procurador-Geral da República, para declarar a inconstitucionalidade da Lei 12.343/2003 **e, por arrastamento**, do Decreto 24.446/2002, ambos do Estado de Pernambuco, que dispõem sobre o serviço de loterias no âmbito da referida unidade federativa".

18. Técnicas de Decisões no Direito Comparado e o Controle de Constitucionalidade

- ***Distinguishing:*** é um termo norte-americano aplicado quando se distingue o caso concreto do precedente, ainda que sumulado. Tendo em vista condições essenciais do caso concreto, o precedente não deve ser aplicado, o que não significa que ele esteja sendo definitivamente abandonado.
- ***Overruling:*** ao contrário do distinguishing, as decisões do caso concreto significam o abandono definitivo do precedente da matéria.
- ***Stare decisis:*** A doutrina norte-americana do *stare decisis* sustenta que deve ser dado o devido peso aos precedentes judiciais, devido às bases do *common law* dos EUA. Essa doutrina é dividida em dois efeitos:

a) **Horizontal**: impõe o respeito aos precedentes dentro do mesmo tribunal. No Brasil, instituto semelhante é a "cláusula de reserva de plenário", do art. 97, da CF.

b) **Vertical:** impõe respeito dos precedentes da Suprema Corte aos demais órgãos do Judiciário e do Executivo. No âmbito do judiciário é chamado de ***binding effect*** pelo qual os precedentes de qualquer tribunal superior têm que ser observados pelos tribunais inferiores. No Brasil, esse instituto é parecido com o efeito vinculante, só que neste, o respeito aos precedentes restringe-se ao STF.

- **Súmulas**
- **Súmula Vinculante 10:** Viola a cláusula de reserva de plenário (cf, artigo 97) a decisão de órgão fracionário de tribunal que, embora não declare expressamente a inconstitucionalidade de lei ou ato normativo do poder público, afasta sua incidência, no todo ou em parte.
- **Súmula 513 do STF:** A decisão que enseja a **interposição de recurso** ordinário ou extraordinário não é a do plenário, que resolve o incidente de inconstitucionalidade, mas a do órgão (câmaras, grupos ou turmas) que completa o julgamento do feito.
- **Súmula 347 do STF:** O Tribunal de Contas, no exercício de suas atribuições, pode apreciar a constitucionalidade das leis e dos atos do Poder Público.

DEFESA DO ESTADO E DAS INSTITUIÇÕES DEMOCRÁTICAS

- **CF, artigos 136 a 144.**

✦ DICAS

1. **Estado de Defesa:** De acordo com o art. 136, da CF, o Presidente da República pode, ouvidos o Conse-

lho da República e o Conselho de Defesa Nacional, decretar Estado de Defesa para preservar ou prontamente restabelecer, em locais restritos e determinados, a ordem pública ou a paz social ameaçadas por grave e iminente instabilidade institucional ou atingidas por calamidades de grandes proporções na natureza.

- O Estado de Defesa será **instituído por decreto**, que determinará o tempo de sua duração, especificará as áreas a serem abrangidas e indicará, nos termos e limites da lei, as medidas coercitivas a vigorarem, dentre as quais estão abrangidas as que imponham restrições aos direitos de: i. reunião, ainda que exercida no seio das associações; ii. sigilo de correspondência e; iii. sigilo de comunicação telegráfica e telefônica. Também ficam permitidos a ocupação e ouso temporários de bens e serviços públicos, na hipótese de calamidade pública, respondendo a União pelos danos e custos decorrentes.
- **Decretado o estado de defesa ou sua prorrogação, o Presidente da República, dentro de 24 horas, submeterá o ato com a respectiva justificação ao Congresso Nacional**, que decidirá por maioria absoluta. Se o Congresso Nacional estiver em recesso, será convocado, extraordinariamente, no prazo de cinco dias. O Congresso Nacional apreciará o decreto dentro de dez dias contados de seu recebimento, devendo continuar funcionando enquanto vigorar o estado de defesa. Rejeitado o decreto, cessa imediatamente o estado de defesa.

2. **Estado de Sítio:** O Presidente da República pode, ouvidos o Conselho da República e o Conselho de Defesa Nacional, **solicitar ao Congresso Nacional autorização para decretar o Estado de Sítio** nos casos de: I – comoção grave de repercussão nacional ou ocorrência de fatos que comprovem a ineficácia de medida tomada durante o estado de defesa; II – declaração de estado de guerra ou resposta a agressão armada estrangeira.

- O Presidente da República, ao solicitar autorização para decretar o estado de sítio ou sua prorrogação, **relatará os motivos determinantes do pedido, devendo o Congresso Nacional decidir por maioria absoluta**.
- O **decreto do estado de sítio indicará sua duração, as normas necessárias a sua execução e as garantias constitucionais que ficarão suspensas**, e, depois de publicado, o Presidente da República designará o executor das medidas específicas e as áreas abrangidas.

3. As **Forças Armadas**, constituídas pela Marinha, pelo Exército e pela Aeronáutica, são instituições nacionais permanentes e regulares, organizadas com base na hierarquia e na disciplina, sob a autoridade suprema do Presidente da República, e destinam-se à defesa da Pátria, à garantia dos poderes constitucionais e, por iniciativa de qualquer destes, da lei e da ordem.

- Lei complementar estabelecerá as normas gerais a serem adotadas na organização, no preparo e no emprego das Forças Armadas.

4. **A Segurança Pública, dever do Estado, direito e responsabilidade de todos,** é exercida para a preservação da ordem pública e da incolumidade das pessoas e do patrimônio, através dos seguintes órgãos:

I – polícia federal;

II – polícia rodoviária federal;

III – polícia ferroviária federal;

IV – polícias civis;

V – polícias militares e corpos de bombeiros militares.

- **Rol taxativo:** conforme noticiado no informativo 600 do STF, **"o rol de órgãos encarregados do exercício da segurança pública, previsto no art. 144, I a V, da CF, é taxativo e esse modelo federal deve ser observado pelos Estados-membros e pelo Distrito Federal.** Com base nesse entendimento, o Tribunal, por maioria, julgou procedente, em parte, pedido formulado em ação direta proposta pelo Partido Social Liberal – PSL para declarar a inconstitucionalidade da EC 19/98 e da expressão "Instituto-Geral de Perícias" constante da EC 18/97, ambas da Constituição do Estado do Rio Grande do Sul, que dispõem sobre o aludido Instituto-Geral de Perícias. Preliminarmente, rejeitou-se a alegada inépcia da inicial, uma vez que o requerente indicara os dispositivos sobre os quais versaria a ação, bem como os fundamentos jurídicos do pedido. Ademais, ressaltou-se estar superada a tese relativa à prejudicialidade da ação direta em face da perda superveniente de representação do partido no Congresso Nacional. Assinalou-se, inclusive, que o requerente já teria readquirido sua representatividade. ADI 2827/RS, rel. Min. Gilmar Mendes, 16.9.2010".

  Nos termos do artigo 144, § 10º, da CF, com redação dada pela EC n. 82/2014, a segurança viária, exercida para a preservação da ordem pública e da incolumidade das pessoas e do seu patrimônio nas vias públicas: I – compreende a educação, engenharia e fiscalização de trânsito, além de outras atividades previstas em lei, que assegurem ao cidadão o direito à mobilidade urbana eficiente; II – compete, no âmbito dos Estados, do Distrito Federal e dos Municípios, aos respectivos órgãos ou entidades executivos e seus agentes de trânsito, estruturados em Carreira, na forma da lei.

TRIBUTAÇÃO E ORÇAMENTO

- **CF, artigos 145 a 169.**

✦ DICAS

1. A União, os Estados, o Distrito Federal e os Municípios poderão instituir os seguintes **tributos:** I –

impostos; II – taxas, em razão do exercício do poder de polícia ou pela utilização, efetiva ou potencial, de serviços públicos específicos e divisíveis, prestados ao contribuinte ou postos a sua disposição; III – contribuição de melhoria, decorrente de obras públicas.

2. Sempre que possível, **os impostos terão caráter pessoal e serão graduados segundo a capacidade econômica do contribuinte**, facultado à administração tributária, especialmente para conferir efetividade a esses objetivos, identificar, respeitados os direitos individuais e nos termos da lei, o patrimônio, os rendimentos e as atividades econômicas do contribuinte.

3. As **taxas** não poderão ter base de cálculo própria de impostos.

4. Sem prejuízo de outras garantias asseguradas ao contribuinte, **é vedado à União, aos Estados, ao Distrito Federal e aos Municípios**:

I – **exigir ou aumentar tributo** sem lei que o estabeleça (**Princípio da Legalidade Tributária**);

II – **instituir tratamento desigual entre contribuintes** que se encontrem em situação equivalente, proibida qualquer distinção em razão de ocupação profissional ou função por eles exercida, independentemente da denominação jurídica dos rendimentos, títulos ou direitos (**Princípios da Isonomia e da Capacidade Contributiva**);

III – **cobrar tributos**:

a) **em relação a fatos geradores ocorridos antes do início da vigência da lei** que os houver instituído ou aumentado;

b) **no mesmo exercício financeiro** em que haja sido publicada a lei que os instituiu ou aumentou **(Princípio da Anterioridade Comum)**;

c) antes de decorridos noventa dias da data em que haja sido publicada a lei que os instituiu ou aumentou **(Princípio da Anterioridade Nonagesimal)**,

IV – utilizar tributo com efeito de confisco **(Princípio do Não-confisco ou Não-confiscatoriedade)**;

V – **estabelecer limitações ao tráfego de pessoas ou bens, por meio de tributos** interestaduais ou intermunicipais, ressalvada a cobrança de pedágio pela utilização de vias conservadas pelo Poder Público **(Princípio da Liberdade de Tráfego)**;

VI – **instituir impostos sobre**:

a) patrimônio, renda ou serviços, uns dos outros **(Princípio da Imunidade Recíproca)**;

b) templos de qualquer culto;

c) patrimônio, renda ou serviços dos partidos políticos, inclusive suas fundações, das entidades sindicais dos trabalhadores, das instituições de educação e de assistência social, sem fins lucrativos, atendidos os requisitos da lei;

d) livros, jornais, periódicos e o papel destinado a sua impressão.

- Segundo decisão do STF no RE 455.017, julgado em 2009 e relatado pela Ministra Cármen Lúcia, **ofende o princípio da não confiscatoriedade** hipótese normativa que estipule multa fiscal de 300%, **ainda** que se trate de inadimplemento pelo contribuinte de obrigação tributária.

- **A jurisprudência do STF entende cabível, em sede de controle normativo abstrato, a possibilidade de a Corte examinar se determinado tributo ofende, ou não, o princípio constitucional da não confiscatoriedade**, consagrado no art. 150, IV, da Constituição. Precedente: ADI 2.010-MC/DF, Rel. Min. Celso de Mello. A proibição constitucional do confisco em matéria tributária nada mais representa senão a interdição, pela Carta Política, de qualquer pretensão governamental que possa conduzir, no campo da fiscalidade, à injusta apropriação estatal, no todo ou em parte, do patrimônio ou dos rendimentos dos contribuintes, comprometendo-lhes, pela insuportabilidade da carga tributária, o exercício do direito a uma existência digna, ou a prática de atividade profissional lícita ou, ainda, a regular satisfação de suas necessidades vitais (educação, saúde e habitação, por exemplo). **A identificação do efeito confiscatório deve ser feita em função da totalidade da carga tributária, mediante verificação da capacidade de que dispõe o contribuinte considerado o montante de sua riqueza (renda e capital) – para suportar e sofrer a incidência de todos os tributos que ele deverá pagar, dentro de determinado período, à mesma pessoa política que os houver instituído (a União Federal, no caso), condicionando-se, ainda, a aferição do grau de insuportabilidade econômico-financeira, à observância, pelo legislador, de padrões de razoabilidade destinados a neutralizar excessos de ordem fiscal eventualmente praticados pelo Poder Público**. Resulta configurado o caráter confiscatório de determinado tributo, sempre que o efeito cumulativo – resultante das múltiplas incidências tributárias estabelecidas pela mesma entidade estatal – afetar, substancialmente, de maneira irrazoável, o patrimônio e/ou os rendimentos do contribuinte. O Poder Público, especialmente em sede de tributação (as contribuições de seguridade social revestem-se de caráter tributário), não pode agir imoderadamente, pois a atividade estatal acha-se essencialmente condicionada pelo princípio da razoabilidade." (ADC 8-MC, Rel. Min. Celso de Mello, julgamento em 13-10-1999, Plenário, DJ de 4-4-2003.)

- Súmula 657, do STF: "A imunidade prevista no art. 150, VI, d, da CF **(livros, jornais, periódicos e o papel destinado a sua impressão)**, abrange os filmes e papéis fotográficos necessários à publicação de jornais e periódicos."

5. A competência da União para **emitir moeda** será exercida exclusivamente pelo banco central (art. 164, *caput*, da CF).

6. É **vedado ao banco central** conceder, direta ou indiretamente, empréstimos ao Tesouro Nacional e a qualquer órgão ou entidade que não seja instituição financeira (art. 164, § 1º, da CF). .

7. Leis de iniciativa do Poder **Executivo** (não do Poder Legislativo) estabelecerão o **plano plurianual**, as **diretrizes orçamentárias** e os **orçamentos anuais** (art. 165, da CF).

- A lei que instituir o **Plano Plurianual** estabelecerá, de forma regionalizada, as diretrizes, objetivos e metas da administração pública federal para as despesas de capital e outras delas decorrentes e para as relativas aos programas de duração continuada.
- A **Lei de Diretrizes Orçamentárias** compreenderá as metas e prioridades da administração pública federal, incluindo as despesas de capital para o exercício financeiro subseqüente, orientará a elaboração da lei orçamentária anual, disporá sobre as alterações na legislação tributária e estabelecerá a política de aplicação das agências financeiras oficiais de fomento.
- A **Lei Orçamentária Anual** não conterá dispositivo estranho à previsão da receita e à fixação da despesa, não se incluindo na proibição a autorização para abertura de créditos suplementares e contratação de operações de crédito, ainda que por antecipação de receita.
- Os projetos de lei relativos ao plano plurianual, às diretrizes orçamentárias, ao orçamento anual e aos créditos adicionais serão apreciados **pelas duas Casas do Congresso Nacional, na forma do regimento comum** (e não pelo Chefe do Executivo), consoante art, 166, *caput*, da CF.

c) Súmulas

- **Súmula 657 do STF**: A imunidade prevista no art. 150, VI, d, da CF (livros, jornais, periódicos e o papel destinado a sua impressão), abrange os filmes e papéis fotográficos necessários à publicação de jornais e periódicos.

ORDEM ECONÔMICA E FINANCEIRA

- **CF, artigos 170 a 192.**

✦ DICAS

1. A ordem econômica, **fundada** na valorização do trabalho humano e na livre iniciativa, tem por **fim** assegurar a todos existência digna, conforme os ditames da justiça social.

2. São **princípios da ordem econômica**: I – soberania nacional; II – propriedade privada; III – função social da propriedade; IV – livre concorrência; V – defesa do consumidor; VI – defesa do meio ambiente, inclusive mediante tratamento diferenciado conforme o impacto ambiental dos produtos e serviços e de seus processos de elaboração e prestação; VII – redução das desigualdades regionais e sociais; VIII – busca do pleno emprego; IX – tratamento favorecido para as empresas de pequeno porte constituídas sob as leis brasileiras e que tenham sua sede e administração no País.

- Súmula Vinculante 49: "**Ofende o princípio da livre concorrência** lei municipal que impede a instalação de estabelecimentos comerciais do mesmo ramo em determinada área".

3. Excetuadas hipóteses previstas na Constituição da República, **o Estado poderá explorar atividade econômica quando necessária aos imperativos da segurança nacional ou a relevante interesse coletivo**, conforme definido em lei (art. 173, da CF).

4. As empresas públicas e as sociedades de economia mista **não poderão gozar de privilégios fiscais não extensivos às do setor privado**.

5. A lei **reprimirá o abuso do poder econômico** que vise à dominação dos mercados, à eliminação da concorrência e ao aumento arbitrário dos lucros.

6. Tem-se por **inadmissível**, no sistema da Constituição de 1988, que **norma de constituição estadual proíba, no estado-membro, que este possa reordenar, no âmbito da própria competência, sua posição na economia, transferindo à iniciativa privada atividades indevidas ou, sem qualquer necessidade, exploradas pelo setor público**. Assim restou decidido pelo STF na ADI 234, julgada em 1995 e relatada pelo Ministro Néri da Silveira.

7. **Política Urbana**

- Nos termos do art. 182, da CF, a **política de desenvolvimento urbano**, executada pelo Poder Público municipal, conforme diretrizes gerais fixadas em lei, tem por objetivo ordenar o pleno desenvolvimento das funções sociais da cidade e garantir o bem- estar de seus habitantes. O plano diretor, aprovado pela Câmara Municipal, obrigatório para cidades com mais de vinte mil habitantes, é o instrumento básico da política de desenvolvimento e de expansão urbana. Ademais, a propriedade urbana cumpre sua função social quando atende às exigências fundamentais de ordenação da cidade expressas no plano diretor. Nesse sentido é facultado ao Poder Público municipal, mediante lei específica para área incluída no plano diretor, exigir, nos termos da lei federal, do proprietário do solo urbano não edificado, subutilizado ou não utilizado, que promova seu adequado aproveitamento, sob pena, sucessivamente, de: I – parcelamento ou edificação compulsórios; II – imposto sobre a propriedade predial e territorial urbana progressivo no tempo; III – desapropriação com pagamento mediante títulos da dívida pública de emissão previamente aprovada pelo Senado Federal, com prazo de resgate de até dez anos, em parcelas anuais, iguais e sucessivas, assegurados o valor real da indenização e os juros legais. As desapropriações de imóveis urbanos serão feitas com prévia e justa indenização em dinheiro.

8. Política agrícola e fundiária e da reforma agrária

- Compete à União **desapropriar por interesse social, para fins de reforma agrária**, o imóvel rural que não esteja cumprindo sua função social, mediante prévia e justa indenização em títulos da dívida agrária, com cláusula de preservação do valor real, resgatáveis no prazo de até vinte anos, a partir do segundo ano de sua emissão, e cuja utilização será definida em lei. As benfeitorias úteis e necessárias serão indenizadas em dinheiro.
- O **decreto** que declarar o imóvel como de interesse social, para fins de reforma agrária, autoriza a União a propor a ação de desapropriação.
- Cabe à **lei complementar** estabelecer procedimento contraditório especial, de rito sumário, para o processo judicial de desapropriação.
- **São insuscetíveis de desapropriação para fins de reforma agrária**:

I – a pequena e média propriedade rural, assim definida em lei, desde que seu proprietário não possua outra;

II – a propriedade produtiva.

- A lei garantirá **tratamento especial à propriedade produtiva** e fixará normas para o cumprimento dos requisitos relativos a sua função social.

9. Sistema financeiro nacional

- O **sistema financeiro nacional**, estruturado de forma a promover o desenvolvimento equilibrado do País e a servir aos interesses da coletividade, em todas as partes que o compõem, abrangendo as cooperativas de crédito, será regulado por leis complementares que disporão, inclusive, sobre a participação do capital estrangeiro nas instituições que o integram.
- **Súmula Vinculante 3**: nos processos perante o Tribunal de Contas asseguram-se o contraditório e a ampla defesa quando da decisão puder resultar anulação ou revogação de ato administrativo que beneficie o interessado, excetuada a apreciação da legalidade do ato de concessão inicial de aposentadoria, reforma e pensão.

ORDEM SOCIAL

- **CF, artigos 193 a 232.**

✦ DICAS

1. A **ordem social tem como base** o primado do trabalho, e como objetivo o bem-estar e a justiça sociais.
2. A **seguridade social** compreende um conjunto integrado de ações de iniciativa dos Poderes Públicos e da sociedade, destinadas a assegurar os direitos relativos à **saúde**, à **previdência** e à **assistência social.**

- A **saúde** é direito de todos e dever do Estado, garantido mediante políticas sociais e econômicas que visem à redução do risco de doença e de outros agravos e ao acesso universal e igualitário às ações e serviços para sua promoção, proteção e recuperação.
- "Consolidou-se a jurisprudência desta Corte no sentido de que, **embora o art. 196 da Constituição de 1988 traga norma de caráter programático, o Município não pode furtar-se do dever de propiciar os meios necessários ao gozo do direito à saúde por todos os cidadãos**. Se uma pessoa necessita, para garantir o seu direito à saúde, de tratamento médico adequado, é dever solidário da União, do Estado e do Município providenciá-lo." (AI 550.530, julgado em 20012 e relatado pelo Ministro Joaquim Barbosa).
- O art. 199, § 4º, da CF, **veda todo tipo de comercialização de sangue**, entretanto estabelece que a lei infraconstitucional disporá sobre as condições e requisitos que facilitem a coleta de sangue. Por isso, na visão do STF, se um ato normativo estadual não determina recompensa financeira à doação ou estimula a comercialização de sangue, mas apenas incentiva a doação, na composição entre o princípio da livre iniciativa e o direito à vida há de ser preservado o interesse da coletividade, interesse público primário." (ADI 3.512, Rel. Min. Eros Grau, julgamento em 15-2-2006.).
- **Medicamentos e o STF:** "O recebimento de medicamentos pelo Estado é direito fundamental, podendo o requerente pleiteá-los de qualquer um dos entes federativos, desde que **demonstrada sua necessidade e a impossibilidade de custeá-los com recursos próprios**. Isso por que, uma vez satisfeitos tais requisitos, o ente federativo deve se pautar no espírito de solidariedade para conferir efetividade ao direito garantido pela Constituição, e não criar entraves jurídicos para postergar a devida prestação jurisdicional." (RE 607.381, julgado em 2011 e relatado pelo Ministro Luiz Fux).
- No art. 196 da Constituição Federal está estabelecido que a "saúde é direito de todos e dever do Estado, garantido mediante políticas sociais e econômicas que visem à redução do risco de doença e de outros agravos e ao acesso universal e igualitário às ações e serviços para sua promoção, proteção e recuperação", A referida norma é programática, ou seja, depende de ações estatais para ser implementada, mas, não obstante essa característica, **se algum paciente carente com patologia crônica com indiscutível risco de morte necessitar de remédio de alto custo não fornecido pelo SUS – Sistema Único de Saúde –, será possível mover ação judicial para sua obtenção e, se houver recurso, em última instância a pretensão será**

acolhida, pois o STF admite a judicialização de políticas públicas, em especial, o fornecimento de medicamentos de alto custo (conforme Suspensões de Tutela (STA) 175, 211 e 278; Suspensões de Segurança 3724, 2944, 2361, 3345 e 3355; e Suspensão de Liminar (SL) 47, de Relatoria do Ministro Gilmar Mendes, julgadas em 2010).

- A **previdência social** será organizada sob a forma de regime geral, de caráter contributivo e de filiação obrigatória, observados critérios que preservem o equilíbrio financeiro e atuarial.
- A **assistência social** será prestada a quem dela necessitar, independentemente de contribuição à seguridade social, e tem por objetivos:

I – a proteção à família, à maternidade, à infância, à adolescência e à velhice;

II – o amparo às crianças e adolescentes carentes;

III – a promoção da integração ao mercado de trabalho;

IV – a habilitação e reabilitação das pessoas portadoras de deficiência e a promoção de sua integração à vida comunitária;

V – a garantia de um salário mínimo de benefício mensal à pessoa portadora de deficiência e ao idoso que comprovem não possuir meios de prover à própria manutenção ou de tê-la provida por sua família.

3. A **educação**, direito de todos e dever do Estado e da família, será promovida e incentivada com a colaboração da sociedade, visando ao pleno desenvolvimento da pessoa, seu preparo para o exercício da cidadania e sua qualificação para o trabalho.

- De acordo com o art. 208, da CF, **o dever do Estado com a educação** será efetivado mediante a garantia de:

I – educação básica obrigatória e gratuita dos 4 aos 17 anos de idade, assegurada inclusive sua oferta gratuita para todos os que a ela não tiveram acesso na idade própria;

II – progressiva universalização do ensino médio gratuito;

III – atendimento educacional especializado aos portadores de deficiência, **preferencialmente na rede regular de ensino**;

IV – educação infantil, em **creche e pré-escola**, às crianças até 5 anos de idade;

V – acesso aos níveis mais elevados do ensino, da pesquisa e da criação artística, segundo a capacidade de cada um;

VI – oferta de ensino noturno regular, adequado às condições do educando;

VII – atendimento ao educando, em todas as etapas da educação básica, por meio de programas suplementares de material didáticoescolar, transporte, alimentação e assistência à saúde.

- o **STF** já decidiu que: "A educação infantil representa prerrogativa constitucional indisponível, que, deferida às crianças, a estas assegura, para efeito de seu desenvolvimento integral, e como primeira etapa do processo de educação básica, o atendimento em creche e o acesso à pré-escola (CF, art. 208, IV). Essa prerrogativa jurídica, em consequência, **impõe, ao Estado, por efeito da alta significação social de que se reveste a educação infantil, a obrigação constitucional de criar condições objetivas que possibilitem, de maneira concreta, em favor das 'crianças até cinco anos de idade'** (CF, art. 208, IV), o efetivo acesso e atendimento em creches e unidades de pré-escola, sob pena de configurar-se inaceitável omissão governamental, apta a frustrar, injustamente, por inércia, o integral adimplemento, pelo Poder Público, de prestação estatal que lhe impôs o próprio texto da CF. A educação infantil, por qualificar-se como direito fundamental de toda criança, **não se expõe, em seu processo de concretização, a avaliações meramente discricionárias da administração pública nem se subordina a razões de puro pragmatismo governamental.**" (ARE 639.337-AgR, julgado em 2011 e relatado pelo Ministro Celso de Mello). "A jurisprudência do STF firmou-se no sentido da existência de **direito subjetivo público de crianças até cinco anos de idade ao atendimento em creches e pré-escolas**. (...) também consolidou o entendimento de que **é possível a intervenção do Poder Judiciário visando à efetivação daquele direito constitucional**." (RE 554.075-AgR, Rel. Min. Cármen Lúcia, julgamento em 30-6-2009, Primeira Turma, DJE de 21-8-2009.)
- "É consentânea com a Carta da República previsão normativa asseguradora, ao militar e ao dependente estudante, do acesso a instituição de ensino na localidade para onde é removido. Todavia, **a transferência do local do serviço não pode se mostrar verdadeiro mecanismo para lograr-se a transposição da seara particular para a pública, sob pena de se colocar em plano secundário a isonomia** – art. 5º, cabeça e inciso I –, a impessoalidade, a moralidade na administração pública, a igualdade de condições para o acesso e permanência na escola superior, prevista no inciso I do art. 206, bem como a viabilidade de chegar-se a níveis mais elevados do ensino, no que o inciso V do art. 208 vincula o fenômeno à capacidade de cada qual." (ADI 3.324, julgada em 2004 e relatada pelo Ministro Marco Aurélio).
- A educação será prestada com garantia de **ensino religioso**, de matrícula **facultativa** (não obrigatória) nas escolas públicas de ensino fundamental (art. 210, § 1º, da CF).
- **Súmula vinculante 12:** A cobrança de taxa de matrícula nas universidades públicas viola o disposto no art. 206, IV, da Constituição Federal.

4. **Cultura:** Art. 215, da CF: O Estado garantirá a todos o **pleno exercício dos direitos culturais e acesso**

às fontes da cultura nacional, e apoiará e incentivará a valorização e a difusão das manifestações culturais. Ademais, o Estado protegerá as manifestações das culturas populares, indígenas e afro-brasileiras, e das de outros grupos participantes do processo civilizatório nacional.

- Segundo o §1º, do artigo 216-A, da CF, o **Sistema Nacional de Cultura** (e não o Plano Nacional de Cultura) **fundamenta-se na política nacional de cultura e nas suas diretrizes, estabelecidas no Plano Nacional de Cultura** (e não Sistema Nacional de Cultura) e rege-se pelos seguintes princípios: I – diversidade das expressões culturais; II – universalização do acesso aos bens e serviços culturais; III – fomento à produção, difusão e circulação de conhecimento e bens culturais; IV – cooperação entre os entes federados, os agentes públicos e privados atuantes na área cultural; V – integração e interação na execução das políticas, programas, projetos e ações desenvolvidas; VI – complementaridade nos papéis dos agentes culturais; VII – transversalidade das políticas culturais; VIII – autonomia dos entes federados e das instituições da sociedade civil; IX – transparência e compartilhamento das informações; X – democratização dos processos decisórios com participação e controle social; XI – descentralização articulada e pactuada da gestão, dos recursos e das ações; XII – ampliação progressiva dos recursos contidos nos orçamentos públicos para a cultura.
- **Sistema Nacional de Ciência, Tecnologia e Inovação (SNCTI):** Instituído pela Emenda Constitucional nº 85/2015, o artigo 219-B da CF dispõe que o Sistema Nacional de Ciência, Tecnologia e Inovação (SNCTI) será organizado em regime de colaboração entre entes, tanto públicos quanto privados, com vistas a promover o desenvolvimento científico e tecnológico e a inovação. Lei federal disporá sobre as normas gerais do SNCTI. Os Estados, o Distrito Federal e os Municípios legislarão concorrentemente sobre suas peculiaridades.

5. **Meio Ambiente:** Art. 225, da CF: Todos têm direito ao **meio ambiente ecologicamente equilibrado**, bem de uso comum do povo e essencial à sadia qualidade de vida, impondo-se ao Poder Público e à coletividade o dever de defendê-lo e preservá- lo para as presentes e futuras gerações.

- **Rinhas ou brigas de galo**: "Por entender caracterizada ofensa ao art. 225, § 1º, VII, da CF, que veda práticas que submetam os animais a crueldade, o Plenário julgou procedente pedido formulado em ação direta ajuizada pelo Procurador-Geral da República para declarar a inconstitucionalidade da Lei fluminense 2.895/98. A norma impugnada autoriza a criação e a realização de exposições e competições entre aves das raças combatentes (fauna não silvestre). Rejeitaram-se as preliminares de inépcia da petição inicial e de necessidade de se refutar, artigo por artigo, o diploma legislativo invocado. Aduziu-se que o requerente questionara a validade constitucional da integridade da norma adversada, citara o parâmetro por ela alegadamente transgredido, estabelecera a situação de antagonismo entre a lei e a Constituição, bem como expusera as razões que fundamentariam sua pretensão. Ademais, destacou-se que a impugnação dirigir-se-ia a todo o complexo normativo com que disciplinadas as "rinhas de galo" naquela unidade federativa, qualificando-as como competições. Assim, despicienda a indicação de cada um dos seus vários artigos. No mérito, enfatizou-se que o constituinte objetivara assegurar a efetividade do direito fundamental à preservação da integridade do meio ambiente, que traduziria conceito amplo e abrangente das noções de meio ambiente natural, cultural, artificial (espaço urbano) e laboral. Salientou-se, de um lado, a íntima conexão entre o dever ético-jurídico de preservação da fauna e o de não-incidência em práticas de crueldade e, de outro, a subsistência do gênero humano em um meio ambiente ecologicamente equilibrado (direito de terceira geração). Assinalou-se que a proteção conferida aos animais pela parte final do art. 225, § 1º, VII, da CF teria, na Lei 9.605/98 (art. 32), o seu preceito incriminador, o qual pune, a título de crime ambiental, a inflição de maus-tratos contra animais. Frisou-se que tanto os animais silvestres, quanto os domésticos ou domesticados – aqui incluídos os galos utilizados em rinhas – estariam ao abrigo constitucional. **Por fim, rejeitou-se o argumento de que a "briga de galos" qualificar-se-ia como atividade desportiva, prática cultural ou expressão folclórica, em tentativa de fraude à aplicação da regra constitucional de proteção à fauna**. Os Ministros Marco Aurélio e Dias Toffoli assentaram apenas a inconstitucionalidade formal da norma. Precedentes citados: RE 153531/SC (DJU de 13.3.98); ADI 2514/SC (DJU de 3.8.2005); ADI 3776/RN (DJe de 29.6.2007). Manifestação na ADI 1856, julgada em 2011 e relatada pelo Ministro Celso de Mello.

6. **Família, Criança, Adolescente, Jovem e Idoso**

- Consoante art. 226, da CF, a **família, base da sociedade, tem especial proteção do Estado**.
- O **casamento** é civil e gratuita a celebração **(Família Formal)**. O casamento religioso tem efeito civil, nos termos da lei.
- Para efeito da proteção do Estado, é reconhecida a união estável **(Família Informal)** entre o homem e a mulher como entidade familiar, **devendo a lei facilitar sua conversão em casamento**.
- Entende-se, também, como entidade familiar a **comunidade formada por qualquer dos pais e seus descendentes (Família Monoparental)**.
- Os direitos e deveres referentes à **sociedade conjugal** são exercidos igualmente pelo homem e pela mulher.
- O casamento civil pode ser dissolvido pelo **divórcio**.

- Fundado nos princípios da dignidade da pessoa humana e da paternidade responsável, o **planejamento familiar é livre decisão do casal**, competindo ao Estado propiciar recursos educacionais e científicos para o exercício desse direito, vedada qualquer forma coercitiva por parte de instituições oficiais ou privadas.
- É dever da família, da sociedade e do Estado assegurar **à criança, ao adolescente e ao jovem**, com absoluta prioridade, o direito à vida, à saúde, à alimentação, à educação, ao lazer, à profissionalização, à cultura, à dignidade, ao respeito, à liberdade e à convivência familiar e comunitária, além de colocá-los a salvo de toda forma de negligência, discriminação, exploração, violência, crueldade e opressão.
- A lei **punirá severamente** o abuso, a violência e a exploração sexual da criança e do adolescente.
- Lei estabelecerá: I – o **estatuto da juventude**, destinado a regular os direitos dos jovens; II – o **plano nacional de juventude, de duração decenal**, visando à articulação das várias esferas do poder público para a execução de políticas públicas.
- **A família, a sociedade e o Estado têm o dever de amparar as pessoas idosas**, assegurando sua participação na comunidade, defendendo sua dignidade e bem-estar e garantindo-lhes o direito à vida.
- De acordo com o STF, o artigo da CF que assegura a **gratuidade nos transportes coletivos urbanos aos maiores de sessenta e cinco anos de idade** constitui norma de eficácia plena e de aplicabilidade imediata, conforme restou decidido no seguinte julgado: "Ação direta de inconstitucionalidade. Art. 39 da Lei 10.741, de 1º de outubro de 2003 (Estatuto do Idoso), que assegura gratuidade dos transportes públicos urbanos e semiurbanos aos que têm mais de 65 (sessenta e cinco) anos. Direito constitucional. Norma constitucional de eficácia plena e aplicabilidade imediata. Norma legal que repete a norma constitucional garantidora do direito. Improcedência da ação. O art. 39 da Lei 10.741/2003 (Estatuto do Idoso) apenas repete o que dispõe o § 2º do art. 230 da Constituição do Brasil. **A norma constitucional é de eficácia plena e aplicabilidade imediata, pelo que não há eiva de invalidade jurídica na norma legal que repete os seus termos e determina que se concretize o quanto constitucionalmente disposto**. Ação direta de inconstitucionalidade julgada improcedente." (ADI 3.768, julgada em 2007 e relatada pela Ministra Cármen Lúcia).

7. Índios

- **São reconhecidos aos índios** sua organização social, costumes, línguas, crenças e tradições, e os direitos originários sobre as terras que tradicionalmente ocupam, competindo à União demarcá-las, proteger e fazer respeitar todos os seus bens
- As terras tradicionalmente ocupadas pelos **índios** destinam-se à sua posse
- As terras tradicionalmente ocupadas pelos **índios** destinam-se à sua posse permanente, **cabendo-lhes o usufruto exclusivo das riquezas do solo, dos rios e dos lagos nelas existentes** (sem qualquer participação da União), nos termos do art. 231, § 1º, da CF.
- A CF, em seu art. 231, § 5º, consagrou o **princípio da irremovibilidade dos índios de suas terras**, salvo, *ad referendum* do Congresso Nacional, em caso de catástrofe ou epidemia que ponha em risco sua população, ou no interesse da soberania do país, devendo, cessado o risco, os índios retornar, de imediato, às suas terras
- O aproveitamento dos recursos hídricos, incluídos os potenciais energéticos, a pesquisa e a lavra das riquezas minerais em terras indígenas só podem ser efetivados com autorização **do Congresso Nacional** (e não da Fundação Nacional do Índio – FUNAI), ouvidas, as comunidades afetadas, ficando-lhes assegurada participação nos resultados da lavra, na forma da lei.

✦ INFORMATIVOS

STF

1. DIREITOS E DEVERES INDIVIDUAIS E COLETIVOS

▸ ***Prisão civil e pensão alimentícia***

A Constituição apenas permite prisão por dívida decorrente de pensão alimentícia quando a não prestação é voluntária e inescusável. *HC 131554/SP, Rel. Min. Cármen Lúcia, 15.12.2015. 2ª T. (Info 812)*

▸ ***Reclamação e uso de algemas por ordem de autoridade policial***

A apresentação do custodiado algemado à imprensa pelas autoridades policiais não afronta o Enunciado 11 da Súmula Vinculante. *Rcl 7116/PE, Rel. Min. Marco Aurélio, 24.5.2016. 1ª T. (Info 827)*

▸ ***Ação penal e "habeas corpus" de ofício***

A alteração da competência inicial em face de posterior diplomação do réu não invalida os atos regularmente praticados, devendo o feito prosseguir da fase em que se encontre, em homenagem ao princípio "tempus regit actum". O regular oferecimento e recebimento da denúncia perante o juízo natural à época dos atos desautoriza o pedido de arquivamento formulado nesta fase processual, em homenagem ao princípio da obrigatoriedade da ação penal. Não demonstrado pela acusação o dolo do acusado na autorização da despesa e incluído no polo passivo exclusivamente em razão de sua posição hierárquica, fica evidenciada a ausência de justa causa para o prosseguimento da ação penal. No caso, delegado de polícia, hoje parlamentar, teria autorizado o pagamento de diárias a policial para viagens oficiais não realizadas. *AP 905 QO/MG, Rel. Min. Roberto Barroso, 23.2.2016. 1ª T. (Info 815)*

▸ ***Audiência de instrução e ausência de testemunha***

Na via estreita do "habeas corpus" não se admite o exame de nulidade cujo tema não foi trazido antes do trânsito em julgado da ação originária e tampouco antes do trânsito em julgado da revisão criminal. *RHC 124041/GO, Rel. p/ ac. Min. Roberto Barroso, 30.8.2016. 1ª T. (Info 837)*

1.1. REMÉDIOS CONSTITUCIONAIS

1.1.1. HABEAS CORPUS

▸ ***"Habeas corpus": competência de juiz instrutor e foro privilegiado***

Os juízes instrutores atuam como "longa manus" do magistrado relator e, nessa condição, procedem sob sua supervisão. Trata-se, portanto, de delegação limitada a atos de instrução, com poder decisório restrito ao alcance desses objetivos. *HC 131164/TO, Rel. Min. Edson Fachin, 24.5.2016. 1ª T. (Info 827)*

▸ ***"Habeas corpus" contra decisão monocrática***

Não é cabível "habeas corpus" impetrado contra decisão monocrática de ministro da Corte. O tema está materializado na Súmula 606/STF. Não se trata de impedir a revisão do ato do relator, posto que há outro meio processual para tanto, conforme previsto no art. 38 da Lei 8.038/90 e no art. 21, § 1º, do RISTF. *HC 105959/DF, Red. p/ ac. Min. Edson Fachin, 17.2.2016. Pleno. (Info 814)*

▸ ***"Habeas corpus" e cabimento***

O "habeas corpus", cuja finalidade é a tutela da liberdade de locomoção, não é cabível para o reexame de pressupostos de admissibilidade de recursos. *HC 114293/MG, Red. p/ ac. Min. Edson Fachin, 1º.12.2015. 1ª T. (Info 810)*

▸ ***"Habeas corpus" e desclassificação***

É incabível a utilização de "habeas corpus" impetrado com a finalidade de obter a desclassificação de homicídio com dolo eventual (CP, art. 121, c/c art. 18, I) para homicídio culposo na direção de veículo automotor (CTB, art. 302, § 2º), na hipótese em que discutida a existência de dolo eventual ou culpa consciente na conduta do motorista que se apresente em estado de embriaguez. *HC 131029/RJ, Red. p/ ac. Min. Edson Fachin, 17.5.2016. 1ª T. (Info 826)*

▸ ***"Habeas corpus" e razoável duração do processo***

Concedido HC para atribuir celeridade ao julgamento de mérito de REsp no STJ. O grande volume de trabalho do STJ permite flexibilizar, em alguma medida, o princípio constitucional da razoável duração do processo. No caso, contudo, a demora demasiada para o julgamento do recurso, em razão do elevado número de substituição de relatores - cinco substituições -, configura negativa de prestação jurisdicional e flagrante constrangimento ilegal sofrido pelo paciente. *HC 136435/PR, rel. Min. Ricardo Lewandowski, j. 22.11.2016. 2ª T. (Info 848)*

▸ ***"Habeas corpus" e trancamento de ação penal***

A Primeira Turma denegou a ordem em "habeas corpus" em que se pretendia trancar ação penal contra paciente acusado da prática de atividade clandestina de telecomunicação por disponibilizar provedor de internet sem fio. A defesa, ao sustentar a insignificância da conduta, ponderava que a atividade desenvolvida teria sido operada abaixo dos parâmetros objetivos estabelecidos pela Lei 9.612/98. Acrescentava, ainda, que não teria sido realizado, nos autos da ação penal, qualquer tipo de exame técnico pericial que comprovasse a existência de lesão ao serviço de telecomunicações. Porém, para o Colegiado, houve o desenvolvimento de atividade clandestina de telecomunicações, de modo que a tipicidade da conduta está presente no caso. Ademais, o trancamento da ação penal, por meio de "habeas corpus", seria algo excepcional. *HC 118400/RO, Rel. Min. Marco Aurélio, j. 4.10.2016. 1ª T. (Info 842)*

▸ ***"Habeas corpus" e trancamento de processo de "impeachment"***

"Habeas corpus" não é o instrumento adequado para pleitear trancamento de processo de "impeachment". *HC 134315 AgR/DF, Rel. Min. Teori Zavascki, 16.6.2016. Pleno. (Info 830)*

▸ ***HC e desclassificação***

É incabível a utilização do "habeas corpus" com a finalidade de se obter a desclassificação de imputação de homicídio doloso, na modalidade dolo eventual, para homicídio culposo, na hipótese em que apurada a prática de homicídio na direção de veículo automotor. Isso porque os limites estreitos dessa via processual impossibilitariam a análise apurada do elemento subjetivo do tipo penal para que se pudesse afirmar que a conduta do paciente fora pautada pelo dolo eventual ou pela culpa consciente. *HC 132036/SE, Rel. Min. Cármen Lúcia, 29.3.2016. 2ª T. (Info 819)*

▸ ***Visita a detento e impetração de "habeas corpus"***

Não conhecido "habeas corpus" no qual pleiteada a realização de visita direta a interno em estabelecimento penal e não nas dependências de parlatório. No caso, fora vedada a manutenção de contato direto entre detento recluso em penitenciária de segurança máxima e sua mãe. Não sendo possível a realização dos movimentos exigidos no procedimento de revista íntima em razão de doença – artrose no joelho direito – de que seria portadora a visitante, o juiz de execução penal, com fundamento em norma regimental, recomendara a utilização de parlatório. Por não haver efetiva restrição ao "status libertatis" do paciente, o "habeas corpus" seria meio inidôneo para discutir direito de visita a preso. *HC 133305/SP, Rel. Min. Dias Toffoli, 24.5.2016. 2ª T. (Info 827)*

1.1.2. MANDADO DE SEGURANÇA

▸ *Mandado de segurança e legitimidade ativa do Ministério Público Militar*

Negado provimento a recurso ordinário em mandado de segurança interposto pelo Ministério Público Militar, em face de decisão que reconhecera a prescrição no tocante a militar acusado da suposta prática de ato libidinoso com menor de idade. No caso, em razão desse fato fora instaurado, contra o militar, procedimento administrativo em que alegada, desde o início, a prescrição. Esta, no entanto, somente fora declarada pelo STM, que concedera "habeas corpus" de ofício. O recorrente sustentava que o direito líquido e certo a fundamentar o "mandamus" seria o direito à ordem democrática e à ordem jurídica, e que a concessão de "habeas corpus" de ofício teria sido aplicada equivocadamente porque em sede administrativa. O "Parquet" militar, atuando como "custos legis", não teria legitimidade ativa no tocante ao mandado de segurança. Os direitos à ordem democrática e à ordem jurídica não seriam de titularidade do Ministério Público, mas de toda a sociedade. O mandado de segurança, na espécie, se insurgiria contra decisão judicial, e não administrativa. Além disso, não houvera usurpação de competência que pudesse ser considerada ilegalidade ou abuso de poder, mesmo porque o acusado fora absolvido em sede penal. *RMS 32970/DF, Rel. Min. Cármen Lúcia, 16.2.2016. 2ª T. (Info 814)*

▸ *Mandado de segurança e legitimidade ativa do PGR*

O Procurador-Geral da República não possui legitimidade ativa para impetrar mandado de segurança em que se questione decisão que reconheça a prescrição da pretensão punitiva em processo administrativo disciplinar. *MS 33736/DF, Rel. Min. Cármen Lúcia, 21.6.2016. 2ª T. (Info 831)*

2. RECLAMAÇÃO CONSTITUCIONAL

▸ *Cabimento de reclamação e Enunciado 10 da Súmula Vinculante*

Reclamação constitucional fundada em afronta ao Enunciado 10 da Súmula Vinculante do STF não pode ser usada como sucedâneo de recurso ou de ação própria que analise a constitucionalidade de normas que foram objeto de interpretação idônea e legítima pelas autoridades jurídicas competentes. *Rcl 24284/SP, rel. Min. Edson Fachin, j. 22.11.2016. 1ª T. (Info 848)*

▸ *Decisão do STJ e reintegração de defensores não concursados*

Procedente a reclamação para cassar decisão do STJ que reintegrava os interessados nos quadros da Defensoria Pública no Estado de Minas Gerais sem concurso público. Entendeu-se que a decisão reclamada contraria a autoridade da decisão proferida pelo STF (ADI 3819), que assentara a inconstitucionalidade, com efeitos prospectivos, de leis estaduais que admitiram, na função de defensor público, servidores que não ingressaram na carreira mediante concurso. *Rcl 16950/MG, Rel. Min. Cármen Lúcia, 1º.12.2015. 2ª T. (Info 810)*

3. DIREITOS SOCIAIS

▸ *Licença-maternidade e discriminação entre gestação e adoção*

[RPG] Os prazos da licença-adotante não podem ser inferiores aos prazos da licença-gestante, o mesmo valendo para as respectivas prorrogações. Em relação à licença-adotante, não é possível fixar prazos diversos em função da idade da criança adotada. *RE 778889/PE, repercussão geral – mérito, Rel. Min. Roberto Barroso, 10.3.2016. Pleno. (Info 817)*

4. DIREITOS DA NACIONALIDADE

▸ *MS e perda de nacionalidade brasileira*

Denegado mandado de segurança que questionava ato do Ministro da Justiça que declarou a perda da nacionalidade brasileira da impetrante (CF, art. 12, § 4º, II), por ter adquirido outra nacionalidade (Lei 818/49, art. 23). A impetrante, brasileira nata, obteve a nacionalidade norte-americana de forma livre e espontânea e, posteriormente, foi acusada, nos EUA, de homicídio contra o marido, nacional daquele país. O governo norte-americano a indiciou e requereu às autoridades brasileiras sua prisão para fins de extradição. O ato de cassação da nacionalidade brasileira é legítimo, pois a impetrante perdeu a nacionalidade brasileira ao adquirir situação que não se enquadra em qualquer das duas exceções constitucionalmente previstas: (i) mero reconhecimento de outra nacionalidade originária, considerada a natureza declaratória desse reconhecimento (art. 12, § 4º, II, "a"); e (ii) outra nacionalidade imposta pelo estado estrangeiro como condição de permanência em seu território ou para o exercício de direitos civis (art. 12, § 4º, II, "b"). *MS 33864/DF, Rel. Min. Roberto Barroso, 19.4.2016. 1ª T. (Info 822)*

5. ORGANIZAÇÃO POLÍTICO-ADMINISTRATIVA

5.1. DA UNIÃO

▸ *ADI e normas para a venda de títulos de capitalização*

O Plenário, em conclusão, julgou procedente pedido formulado em ação direta para declarar a inconstitucionalidade da Lei 14.507/2002 do Estado de Minas Gerais. A lei impugnada estabelece normas para a venda de títulos de capitalização e similares na referida unidade federativa. O Colegiado asseverou que a regra contida no

§ 3º do art. 24 da CF também abrange o "caput" do artigo. Em seguida, entendeu que o exercício da competência legislativa concorrente pelos Estados - presente ou não norma geral editada pela União - pressupõe o atendimento de situações peculiares do ente, circunstância não verificada no caso. Observou haver lei federal sobre a matéria (Código de Defesa do Consumidor). Ademais, ressaltou que a lei impugnada dispõe, na sua inteireza, sobre sistema de capitalização, o que compete privativamente à União, que também já editou normas sobre defesa do consumidor e publicidade nessa matéria. A norma em debate estabelece, indevidamente, vedação a uma venda casada, o que a legislação federal autoriza. *ADI 2905/MG, red. p/ o ac. Min. Marco Aurélio, j. 16.11.2016. Pleno. (Info 847)*

▸ *Competência da União em telefonia*

Compete à União explorar os serviços de telecomunicações, bem como legislar privativamente sobre essa matéria (CF, artigos 21, XI e 22, IV). *ADI 3959/SP, Rel. Min. Roberto Barroso, 20.4.2016. Pleno. (Info 822)*

▸ *Cobrança de estacionamento de veículos: competência e livre iniciativa*

É inconstitucional, por violar a competência privativa da União (CF, art. 22, I), lei estadual que regulamenta cobrança de estacionamento de veículos. A disciplina acerca da exploração econômica de estacionamentos privados refere-se a direito civil. *ADI 4862/PR, Rel. Min. Gilmar Mendes, 18.8.2016. Pleno. (Info 835)*

▸ *Lei estadual e bloqueadores de sinal de celular*

Lei estadual que disponha sobre bloqueadores de sinal de celular em presídio invade a competência da União para legislar sobre telecomunicações. *ADI 3835/MS, Rel. Min. Marco Aurélio, 3.8.2016. Pleno. (Info 833)*

5.2. DOS ESTADOS FEDERADOS

▸ *Constituição estadual e modelo federal*

O Tribunal julgou parcialmente procedente pedido formulado em ação direta ajuizada em face de dispositivos da Constituição do Estado do Sergipe que dispõem sobre as competências do Tribunal de Contas estadual e os critérios de recondução do Procurador-Geral de Justiça e de escolha do Superintendente da Polícia Civil. A Corte, por unanimidade: a) declarou a inconstitucionalidade do art. 47, V, e da expressão "decorrido o tempo previsto sem oferecimento do parecer, serão os autos remetidos no prazo de cinco dias às respectivas Câmaras Municipais", contida na parte final do inciso XII do art. 68, ambos da Constituição de Sergipe; b) deu interpretação conforme à Constituição da República à expressão "permitida a recondução", constante do § 1º do artigo 116, para ser entendida como "permitida uma recondução"; e c) deu interpretação ao § 1º do art. 127 da Constituição de Sergipe, conforme o art. 144, § 4º, da Constituição da República, para circunscrever a escolha do Superintendente da Polícia Civil, pelo Governador do Estado, a delegados ou delegadas de polícia da carreira, independentemente do estágio de sua progressão funcional. Entendeu que os referidos preceitos impugnados violam o modelo federal instituído pela Constituição da República, de observância compulsória pelos Estados-Membros, por força do art. 75. Considerou que o inciso V do art. 47, ao conferir competência privativa à Assembleia Legislativa para julgar as contas do Poder Legislativo, usurpou a atribuição típica do Tribunal de Contas para julgar as contas dos administradores e demais responsáveis por dinheiros, bens e valores públicos da administração direta e indireta, prevista no inciso II do art. 71 da Carta Magna. Relativamente à expressão contida na parte final do inciso XII do art. 68, que permite que as Câmaras Legislativas apreciem as contas anuais prestadas pelos prefeitos, independentemente do parecer do Tribunal de Contas do Estado, caso este não o ofereça em 180 dias a contar do respectivo recebimento, o Colegiado vislumbrou ofensa ao art. 31, § 2º, da Constituição Federal. Asseverou, no ponto, que o parecer prévio a ser emitido pela Corte de Contas seria imprescindível, só deixando de prevalecer por decisão de dois terços dos membros da Câmara Municipal. No que se refere ao § 1º do art. 116, ressaltou a jurisprudência do STF no sentido de que a permissão de recondução ao cargo do Procurador-Geral de Justiça, sem limite de mandatos, seria contrária ao disposto no art. 128, § 3º, da Constituição Federal, que autoriza uma única recondução. Por fim, o Plenário concluiu que ao § 1º do art. 127 não cumpria circunscrever o exercício da Superintendência da Polícia Civil aos delegados ou delegadas em final de carreira, mas, apenas, àqueles da carreira independentemente de sua progressão, tendo em conta o disposto no art. 144, § 4º, da Constituição Federal. *ADI 3077/SE, rel. Min. Cármen Lúcia, j. 16.11.2016. Pleno. (Info 847)*

5.3. DOS MUNICÍPIOS

▸ *Administração municipal e publicidade de bebidas alcoólicas ou de cigarros*

Para o Colegiado, a Lei 12.643/98 não invadiu a esfera de atribuição própria do Poder Executivo. A competência do prefeito para exercer a administração do patrimônio municipal não impede que o Poder Legislativo estabeleça, mediante lei, limitações à realização, em imóveis do Município, de eventos patrocinados por empresas ligadas ao comércio de cigarros e de bebidas alcoólicas. Além disso, consignou que a realização de eventos não se enquadra nas atividades de mera administração dos bens públicos, sendo legítima sua regulamentação por lei. A Turma decidiu, ainda, que não houve desrespeito ao art. 22, XXIX, da CF – que atribui à União a competência privativa para legislar sobre propaganda comercial. A lei municipal não limita a veiculação de propagandas comerciais por distribuidoras de cigarro e de bebidas alcoólicas, mas apenas proíbe a realização, em imóveis do Município, de eventos patrocinados por empresas envolvidas no comércio dessas substâncias. Concluiu, dessa forma, que a restrição imposta pela lei local recai sobre a Administração Pública municipal e não sobre as empresas comercializadoras de cigarros e bebidas alcóolicas, encontrando-se, por conseguinte, no âmbito de competência do Poder Legislativo local. *RE 305470/SP, Rel. p/ ac. Min. Teori Zavascki, 18.10.2016. 2ª T. (Info 844)*

6. SEPARAÇÃO DOS PODERES

6.1. DO PODER LEGISLATIVO

▸ ***Cassação de mandato parlamentar e autocontenção do Judiciário***

O STF somente deve interferir em procedimentos legislativos para assegurar o cumprimento da Constituição, proteger direitos fundamentais e resguardar os pressupostos de funcionamento da democracia e das instituições republicanas. A suspensão do exercício do mandato do impetrante, por decisão do STF em sede cautelar penal, não gera direito à suspensão do processo de cassação do mandato, pois ninguém pode beneficiar-se da própria conduta reprovável. *MS 34.327/DF, Rel. min. Roberto Barroso, 8.9.2016. Pleno. (Info 838)*

▸ ***Parlamentar e afastamento do cargo***

Por reputar que a presença de parlamentar na função de Presidente da Câmara dos Deputados representa risco para as investigações penais no STF, referendou-se medida cautelar que decretou a suspensão do exercício do mandato de deputado federal e, em decorrência, da função de Presidente da Câmara. Determinou-se que fosse notificado o Primeiro-Vice-Presidente da Câmara dos Deputados, ou, na sua ausência, o Segundo-Vice-Presidente, a fim de dar cumprimento à decisão. Embora se tratar de providência inserida no rol das competências originárias do relator das ações penais (Lei 8.038/90, art. 2º, "caput" e parágrafo único), a decisão foi levada a referendo pela relevância institucional de suas consequências. De forma minuciosa o MPF descreveu fatos supostamente criminosos e praticados com desvio de finalidade, sob a atuação direta do parlamentar, que estaria a utilizar o cargo e a função de Presidente para fins ilícitos e, em especial, para obtenção de vantagens indevidas. A reforma positivada pela Lei 12.403/11 no CPP trouxe alterações quanto à decretação de medidas de cautela, entre as quais o estabelecimento da preferencialidade do uso de meios alternativos à prisão preventiva (art. 282, § 6º). Entretanto, o cabimento da medida suspensiva reclama inevitável leitura a respeito da existência de riscos que possam transcender a própria instância processual penal, sobretudo quando se tratar do exercício de funções públicas relevantes. Nestes casos, a decretação da medida serve a dois interesses públicos indivisíveis: a) a preservação da utilidade do processo (pela neutralização de uma posição de poder que possa tornar o trabalho de persecução mais acidentado); e b) a preservação da finalidade pública do cargo (pela eliminação da possibilidade de captura de suas competências em favor de conveniências particulares sob suspeita). *AC 4070/DF, Rel. Min. Teori Zavascki, 5.5.2016. Pleno. (Info 824)*

▸ ***Parlamentar e imunidade***

A imunidade parlamentar é uma proteção adicional ao direito fundamental de todas as pessoas à liberdade de expressão, previsto no art. 5º, IV e IX, da Constituição. Assim, mesmo quando desbordem e se enquadrem em tipos penais, as palavras dos congressistas, desde que guardem alguma pertinência com suas funções parlamentares, estarão cobertas pela imunidade material do art. 53, "caput", da Constituição. *Inq 4088/DF, Rel. Min. Edson Fachin, 1º.12.2015. 1ª T. (Info 810)*

▸ ***ADI: Tribunal de Contas estadual e vício de iniciativa***

No processo objetivo de controle de constitucionalidade , surgindo a relevância e o risco de manter-se com plena eficácia os preceitos atacados, impõe-se o deferimento da medida acauteladora, suspendendo-os. A ausência de pertinência temática de emenda parlamentar da casa legislativa a projeto de lei de iniciativa exclusiva leva a concluir-se pela inconstitucionalidade formal. A norma "sub judice" dispõe sobre competência e organização de TCE, e sobre a estrutura do Ministério Público de Contas. O projeto de lei, apresentado pelo TCE, foi alterado pelos parlamentares, incluindo-se dezenove artigos a versar sobre objetos distintos do veiculado no único dispositivo constante do texto original, o que demonstra não se tratar de simples emenda, mas de inclusão e de supressão de preceitos relacionados a questões estranhas à contida na proposição inicial, a configurar aparente vício de iniciativa. *ADI 5442 MC/DF, Rel. Min. Marco Aurélio, 17.3.2016. Pleno. (Info 818)*

▸ ***EC: vício de iniciativa e autonomia da Defensoria Pública***

Indeferida cautelar em ADI em que se pretendia a suspensão da eficácia do § 3º do art. 134 da CF, introduzido pela EC 74/2013, segundo o qual se aplica às Defensorias Públicas da União e do Distrito Federal o disposto no § 2º do mesmo artigo, este introduzido pela EC 45/2004, a assegurar às Defensorias Públicas estaduais autonomia funcional e administrativa e a iniciativa de sua proposta orçamentária dentro dos limites estabelecidos na lei de diretrizes orçamentárias e subordinação ao disposto no art. 99, § 2º, da CF. A controvérsia diria respeito à aplicabilidade, às propostas de emenda constitucional, da cláusula de iniciativa legislativa reservada à Presidência da República (CF, art. 61, § 1º). Discutia-se eventual ofensa ao postulado da separação de Poderes (CF, art. 60, § 4º, III) em decorrência da edição de emenda constitucional sobre matéria disposta no art. 61, § 1º, II, da CF, sem que o processo constituinte reformador tenha sido deflagrado pelo titular da iniciativa fixada nesse dispositivo para as leis complementares e ordinárias. A respeito, o direito constitucional pátrio inscreve a emenda constitucional entre os atos elaborados por meio de processo legislativo (CF, art. 59). A jurisprudência reconhece, com apoio no princípio da simetria, a inconstitucionalidade de emendas a constituições estaduais, por inobservância da reserva de iniciativa do Chefe do Executivo. Não há, por outro lado, precedente do Colegiado a assentar, no plano federal, a sujeição do poder constituinte derivado à cláusula de reserva de iniciativa do chefe do Executivo prevista de modo expresso no art. 61, § 1º, da CF, para o Poder Legislativo complementar e ordinário (poderes constituídos). A orientação de que o poder das assembleias legislativas de emendar constituições estaduais está sujeito à reserva de iniciativa do Executivo local existe desde antes do advento da CF/88. O poder constituinte, originário ou derivado, delimita as matérias alçadas ao nível constitucional, e também aquelas expressamente atribuídas aos legisladores ordinário e complementar. Assim, norma de constituição estadual dotada de rigidez não imposta pela Constituição Federal é contrária à vontade desta. Portanto, não se reveste de validade constitucional a emenda a Constituição estadual que, subtraindo o regramento de determinada matéria do titular da reserva de iniciativa legislativa, eleva-a à condição de norma constitucional. Desse modo, emana da jurisprudência do STF a visão de que o poder constituinte estadual jamais é originário. É poder constituído, cercado por limites mais rígidos do que o poder constituinte federal. A regra da simetria é exemplo disso. Por essa razão, as assembleias legislativas se submetem a limites rígidos quanto ao poder de emenda às constituições estaduais. Entretanto, não há precedentes no sentido de que as regras de reserva de iniciativa contempladas no art. 61 da CF alcançam o processo de emenda à Constituição disciplinado em seu art. 60. *ADI 5296 MC/DF, Rel. Min. Rosa Weber, 18.5.2016. Pleno. (Info 826)*

▸ ***Emenda parlamentar e aumento de despesa***

É inconstitucional norma resultante de emenda parlamentar a projeto de lei de iniciativa exclusiva do Chefe do Poder Executivo, na hipótese em que a emenda apresentada acarrete aumento de despesa (CF, art. 61, § 1º, II, "a" e art. 63, I). *ADI 2810/RS, Rel. Min. Roberto Barroso, 20.4.2016. Pleno. (Info 822)*

▸ ***Extinção de sociedade de economia mista estadual e iniciativa legislativa***

É formalmente inconstitucional lei estadual de iniciativa parlamentar que altera norma autorizadora da extinção da Companhia Riograndense de Laticínios e Correlatos. Afronta a iniciativa do Poder Executivo (CF, art. 61, § 1º, II, "e"). *ADI 2295/RS, Rel. Min. Marco Aurélio, 15.6.2016. Pleno. (Info 830)*

6.2. DO PODER EXECUTIVO

▸ ***Exercício do cargo de Ministro de Estado por membro do Ministério Público e vedações constitucionais***

Membros do Ministério Público não podem ocupar cargos públicos, fora do âmbito da instituição, salvo cargo de professor e funções de magistério. *ADPF 388/DF, Rel. Min. Gilmar Mendes, 9.3.2016. Pleno. (Info 817)*

▸ ***Réu em processo-crime e substituição presidencial***

O Tribunal referendou parcialmente medida cautelar deferida em ADPF para assentar que os substitutos eventuais do presidente da República a que se refere o art. 80 da Constituição Federal, caso ostentem a posição de réus criminais perante o STF, ficarão impossibilitados de exercer o ofício de presidente da República. Negou referendo à liminar, no ponto em que ela estendia a determinação de afastamento imediato desses mesmos substitutos eventuais do presidente da República em relação aos cargos de chefia e direção por eles titularizados em suas respectivas Casas. *ADPF 402 MC-REF/DF, rel. Min. Marco Aurélio, j. 7.12.2016. Pleno. (Info 850)*

6.3. DO PODER JUDICIÁRIO

▸ ***Abono variável e competência do STF***

Compete ao STF para processar e julgar, originariamente, demanda ajuizada por magistrado estadual a respeito de pagamento de correção monetária sobre valores correspondentes a abono variável. *RE 608847 AgR/RJ, Red. p/ ac. Min. Teori Zavascki, 1º.12.2015. 2ª T. (Info 810)*

▸ ***Ato do CNJ e extensão de gratificação de servidor público***

O CNJ, no exercício de suas funções constitucionais, possui, tão somente, atribuições de natureza administrativa e, nesse sentido, não lhe é permitido apreciar a constitucionalidade dos atos administrativos, mas somente sua legalidade. A lei estadual que criou a a gratificação por condições especiais de trabalho, não afastou o direito dos demais servidores efetivos à percepção da gratificação. Essa interpretação é corroborada pelo fato de que o próprio Tribunal de Justiça, ao regulamentar a lei, estendeu a outros servidores efetivos o direito. Se há o direito à percepção, inexiste ilegalidade na decisão do Conselho que, reconhecendo a omissão, determina que o Tribunal de Justiça regulamente as condições pelas quais os supervisores dos juizados farão jus à gratificação. *MS 31285/DF, Rel. p/ ac. Min. Edson Fachin, 2.8.2016. 1ª T. (Info 833)*

▸ ***CNJ e revisão de processo disciplinar***

O Conselho Nacional de Justiça (CNJ) pode proceder à revisão disciplinar de juízes e membros de tribunais desde que observado o requisito temporal: processos disciplinares julgados há menos de um ano. Assim, nos termos do art. 103-B, § 4º, V, da Constituição, referida medida pode ser instaurada de ofício ou mediante provocação de qualquer interessado e admite agravamento ou abrandamento da decisão disciplinar revista. *MS 33565/DF, Rel. Min. Rosa Weber, 14.6.2016. 1ª T. (Info 830)*

▸ *CNJ: férias de 60 dias e justiça estadual*

As normas estaduais infirmadas na decisão do CNJ assegurariam 60 dias de férias aos servidores da Justiça estadual como decorrência da associação entre esse direito e o período de férias coletivas concedidas nos tribunais. Todavia, essa forma de usufruto do direito às férias já teria a sua inconstitucionalidade declarada pelo STF. De fato, a jurisprudência da Corte se pacificara no sentido de ser inconstitucional a concessão de férias coletivas aos magistrados, diante da previsão inserta pela EC 45/04 ao art. 93, XII, da CF. Tal preceito dispõe que "a atividade jurisdicional será ininterrupta, sendo vedado férias coletivas nos juízos e tribunais de segundo grau, funcionando, nos dias em que não houver expediente forense normal, juízes em plantão permanente". Ademais, "EC 45/04, ao vedar as férias coletivas nos juízos e tribunais de segundo grau, revogou os atos normativos inferiores que a elas se referiam" (ADI 3085). Assim, se a Constituição veda a concessão de férias coletivas aos magistrados, com vista a garantir que a atividade jurisdicional seja ininterrupta, seria também inadmissível o gozo coletivo de férias pelos servidores de tribunal de justiça local. *MS 26739/DF, Rel. Min. Dias Toffoli, 1º.3.2016. 2ª T. (Info 816)*

▸ *CNJ: revisão disciplinar e devido processo legal*

O CNJ tem competência originária e concorrente para apreciar, até mesmo de ofício, a legalidade dos atos praticados por membros ou órgãos do Poder Judiciário, bem como para rever os processos disciplinares contra juízes e membros de tribunais julgados há menos de um ano (CF, art. 103-B, § 4º). É possível a instauração, de ofício, de processo de revisão disciplinar que culmine na aplicação da pena mais gravosa, de aposentadoria compulsória, a magistrado, inexistindo, nesse caso, sobreposições de sanções administrativas. A falta de intimação pessoal do magistrado para a sessão de julgamento da revisão disciplinar não é nula se não demonstrado prejuízo à defesa. A dosagem e a proporcionalidade da sanção disciplinar aplicada enseja reexame de fatos e provas, o que não se mostra possível em sede de mandado de segurança. *MS-AgR 32581/DF, Rel. Min. Edson Fachin, 8.3.2016. 1ª T. (Info 817)*

▸ *Deliberação negativa do CNJ e competência do STF*

Não compete ao STF apreciar originariamente pronunciamento do Conselho Nacional de Justiça que tenha julgado improcedente pedido de cassação de ato normativo editado por vara judicial. A Segunda Turma reiterou, assim, jurisprudência firmada no sentido de que não cabe ao STF o controle de deliberações negativas do CNJ, isto é, daquelas que simplesmente tenham mantido decisões de outros órgãos (MS 32729 AgR). *MS 33085/DF, Rel. Min. Teori Zavascki, j. 20.9.2016. 2ª T. (Info 840)*

▸ *Magistratura e limites de despesas médicas e odontológicas conferidas por lei estadual*

Não subsiste ato do CNJ que determina cessação de ressarcimento de despesas médicas, cirúrgicas e odontológicas de magistrados, benefício previsto em lei estadual. Reconhecida a legitimidade ativa do ente federado, tendo em conta o afastamento da lei estadual pelo CNJ. Afastada eventual alegação de decadência do "mandamus", porque ausente a cientificação do Estado-Membro do ato impugnado, haja vista não ter sido parte no procedimento administrativo realizado pelo CNJ. Quanto ao mérito, a LC 35/79 (Loman), ao vedar a concessão de adicionais ou vantagens pecuniárias nela não previstas, não atinge as verbas de natureza indenizatória consagradas em legislação estadual. *MS 27463/MT, Rel. Min. Marco Aurélio, 10.5.2016. 1ª T. (Info 825)*

7. FUNÇÕES ESSENCIAIS À JUSTIÇA

7.1. DO MINISTÉRIO PÚBLICO

▸ *CNMP e vitaliciamento de membros do Ministério Público*

O ato de vitaliciamento tem natureza de ato administrativo, e assim se sujeita ao controle de legalidade do Conselho Nacional do Ministério Público, por força do art. 130-A, § 2º, II, da CF/88, cuja previsão se harmoniza perfeitamente com o art. 128, § 5º, I, a, do texto constitucional.. *MS 27542/DF, Rel. Min. Dias Toffoli, j. 4.10.2016. 2ª T. (Info 842)*

▸ *Conflito de atribuição e fato novo*

Sobrestado julgamento de agravo regimental em ação cível originária que trata de conflito positivo de atribuições entre MPF e o MP estadual relativamente a procedimentos investigatórios criminais com o escopo de apurar quem seria o proprietário e se teria havido reformas em determinados imóveis. Na espécie, alega-se afronta aos princípios do "non bis in idem" e do promotor natural, haja vista que referidos procedimentos investigatórios teriam igual objeto e versariam sobre os mesmos fatos. A Min. Rel. indeferira a liminar por entender que não havia "seja pela ótica formal, seja pela material, elementos de convicção hábeis a justificar a concessão ..., neste juízo delibatório". Contra essa decisão, fora interposto o agravo, em que se sustenta a ocorrência de fatos novos, configurados no oferecimento de denúncia por parte do MP estadual e na decisão jurisdicional declinatória da competência da justiça estadual para a federal. Segundo o agravante, tais fatos seriam aptos a ensejar a reconsideração da decisão monocrática ou a submissão do julgamento à Turma. Foi reconhecida a existência de fato novo (remessa do procedimento da justiça estadual paulista para a justiça federal do Paraná). Apontou que o juízo federal poderia vir a assentar não ter a respectiva competência e determinar o retorno do inquérito, a desencadear um conflito negativo com o órgão paulista. Asseverou a necessidade de se aguardar o crivo do Ministério Público Federal e do juízo criminal federal, ambos do Estado do Paraná. *ACO 2833 AgR/SP, Rel. Min. Rosa Weber, 15.3.2015. 1ª T. (Info 818)*

▸ ***Conflito de atribuições e Fundef***

Não cabe à Corte julgar conflitos de atribuição entre o Ministério Público Federal e os Ministérios Públicos dos estados. Não foi reconhecido conflito de atribuições suscitado pelo MPF em face do MP estadual relativamente à investigação de supostas irregularidades concernentes à gestão de recursos oriundos do Fundef. No caso, foi instaurado inquérito civil, a pedido de Conselho Municipal de Acompanhamento e Controle Social do Fundef, pelo "parquet" estadual, visando apurar a existência de irregularidades no Município, no tocante às ordens de despesas à conta do Fundef. *ACO 1394/RN, Red. p/ ac. Min. Teori Zavascki, 19.5.2016. Pleno. (Info 826)*

▸ ***Conflito de atribuições e superfaturamento em construção de conjuntos habitacionais***

Compete ao PGR, na condição de órgão nacional do Ministério Público, dirimir conflitos de atribuições entre membros do MPF e de Ministérios Públicos estaduais. *ACO 924/PR, Rel. Min. Luiz Fux, 19.5.2016. Pleno. (Info 826)*

▸ ***PGR e conflito de atribuição entre órgãos do Ministério Público***

Cabe ao Procurador-Geral da República a apreciação de conflitos de atribuição entre órgãos do Ministério Público. *ACO 1567 QO/SP, Rel. Min. Dias Toffoli, 17.8.2016. Pleno. (Info 835)*

7.2. DA DEFENSORIA PÚBLICA

▸ ***Defensoria Pública: autonomia funcional, administrativa e orçamentária***

Normas que interferem na autonomia de defensorias públicas estaduais são inconstitucionais. A redução unilateral – pelo governador – do valor da proposta orçamentária elaborada pela Defensoria Pública estadual, apresentada em consonância com a Lei de Diretrizes Orçamentária e demais requisitos constitucionais, revela verdadeira extrapolação de sua competência em clara ofensa à autonomia da referida instituição (CF, art. 134, § 2º) e à separação dos Poderes. *ADI 5287/PB, Rel. Min. Luiz Fux, 18.5.2016. Pleno. (Info 826)*

▸ ***Defensoria Pública e defensor público natural***

O art. 4º-A da LC 80/94 estabelece que são direitos dos assistidos pela Defensoria Pública "o patrocínio de seus direitos e interesses pelo defensor natural" (designação por critérios legais), o que não se confunde com exclusividade do órgão para atuar nas causas em que figure pessoa carente, sobretudo se considerada a atual realidade institucional. No caso, o indeferimento do pedido de adiamento de audiência designada não configura cerceamento de defesa, pois, à falta de defensor público disponível para atuar na defesa técnica do paciente, foi-lhe constituído advogado particular, que exerceu seu mister com eficiência e exatidão, precedido de entrevista reservada e privativa com o acusado. *HC 123494/ES, Rel. Min. Teori Zavascki, 16.2.2016. 2ª T. (Info 814)*

▸ ***Defensoria Pública e participação na sua proposta orçamentária***

Por fixar os limites do orçamento anual da Defensoria Pública estadual, a Lei de Diretrizes Orçamentárias enviada pelo governador à assembleia legislativa deve contar com a participação prévia daquela instituição pública. *ADI 5381 Referendo-MC/PR, Rel. Min. Roberto Barroso, 18.5.2016. Pleno. (Info 826)*

8. CONTROLE DE CONSTITUCIONALIDADE

▸ ***ADPF: associação e legitimidade ativa***

As associações que representam fração de categoria profissional não são legitimadas para instaurar controle concentrado de constitucionalidade de norma que extrapole o universo de seus representados. *ADPF 254 AgR/DF, Rel. Min. Luiz Fux, 18.5.2016. Pleno. (Info 826)*

▸ ***Anape e legitimidade***

A Associação Nacional dos Procuradores dos Estados e do Distrito Federal (Anape) tem legitimidade ativa para, via arguição de descumprimento de preceito fundamental (ADPF), questionar dispositivos de lei estadual que estabelecera a isonomia de vencimentos entre as carreiras de procurador estadual e de delegado de polícia. *ADPF 328 AgR/MA, Rel. p/ ac. Min. Roberto Barroso, 18.08.2016. Pleno. (Info 835)*

▸ ***Ato de efeitos concretos e Enunciado 10 da Súmula Vinculante***

A Segunda Turma, em conclusão e por maioria, negou provimento a agravo regimental interposto contra decisão que havia desprovido reclamação em que se discutia se órgão fracionário de TRF, ao afastar a aplicação do Dec. Legislativo 6/10, editado pela Assembleia Legislativa do Estado de Roraima, teria violado o Enunciado 10 da Súmula Vinculante. O referido decreto havia sustado o andamento de ação penal movida contra deputado estadual, com fundamento no art. 53, § 3º, da Constituição Federal e no art. 34, §§ 4º e 5º, da Constituição do Estado de Roraima. O agravante sustentava que o ato normativo possuiria grau de abstração, generalidade e impessoalidade suficientes a exigir a observância do art. 97 da CF e do Enunciado 10 da Súmula Vinculante. O Colegiado considerou que, em razão de o mencionado decreto legislativo não constituir lei em sentido formal ou material, nem possuir caráter de ato normativo, não se aplica ao caso a regra do art. 97 da CF, inexistindo, dessa forma, ofensa ao Enunciado 10 da Súmula Vinculante.

Ademais, por ter um destinatário específico e referir-se a uma dada situação individual e concreta, exaurindo-se no momento de sua promulgação, o decreto não atende às exigências de abstração, generalidade e impessoalidade, o que caracteriza típico ato estatal de efeitos concretos. *Rcl 18165 AgR/RR, Rel. Min. Teori Zavascki, 18.10.2016. 2ª T. (Info 844)*

▸ ***Rcl: reserva de plenário, isonomia e reajuste de vencimentos***

A decisão de órgão fracionário do TRF da 1ª Região, que concedeu, com base no princípio da isonomia, a incorporação do percentual de 13,23% aos vencimentos dos servidores da Justiça do Trabalho, após haver afastado a aplicação de texto de lei, declarando-o, por via transversa, inconstitucional afronta os Enunciados 10 e 37 da Súmula Vinculante. *Rcl 14872, Rel. Min. Gilmar Mendes, 31.5.2016. 2ª T. (Info 828)*

9. ORDEM SOCIAL

9.1. DA SEGURIDADE SOCIAL

▸ ***Distribuição de medicamento e necessidade de registro sanitário***

Deferida liminar em ADI para suspender a eficácia da Lei 13.269/16, que autoriza o uso do medicamento fosfoetanolamina sintética (conhecida como "pílula do câncer") por pacientes diagnosticados com neoplasia maligna, a despeito da inexistência de estudos conclusivos no tocante aos efeitos colaterais em seres humanos, bem assim de ausência de registro sanitário da substância perante o órgão competente. Ao suspender a exigibilidade de registro sanitário do medicamento, a lei impugnada discrepa da CF (art. 196) no tocante ao dever estatal de reduzir o risco de doença e outros agravos à saúde dos cidadãos. Na elaboração do ato impugnado, foi permitida a distribuição do remédio sem o controle prévio de viabilidade sanitária. Entretanto, a aprovação do produto no órgão do Ministério da Saúde é condição para industrialização, comercialização e importação com fins comerciais (Lei 6.360/76, art. 12). O registro é condição para o monitoramento da segurança, eficácia e qualidade terapêutica do produto, sem o qual a inadequação é presumida. A lei em debate é casuística ao dispensar o registro do medicamento como requisito para sua comercialização, e esvazia, por via transversa, o conteúdo do direito fundamental à saúde. A atividade fiscalizatória (CF, art. 174) é realizada mediante atos administrativos concretos devidamente precedidos de estudos técnicos. Não cabe ao Congresso, portanto, viabilizar, por ato abstrato e genérico, a distribuição de qualquer medicamento. *ADI 5501 MC/DF, Rel. Min. Marco Aurélio, 19.5.2016. Pleno. (Info 826)*

▸ ***SUS e atendimento por diferença de classe***

[RPG] É constitucional a regra que veda, no âmbito do Sistema Único de Saúde – SUS, a internação em acomodações superiores, bem como o atendimento diferenciado por médico do próprio SUS, ou por médico conveniado, mediante o pagamento da diferença dos valores correspondentes. *RE 581488/RS, repercussão geral – mérito, Rel. Min. Dias Toffoli, 3.12.2015. Pleno. (Info 810)*

9.2. DA EDUCAÇÃO, DA CULTURA E DO DESPORTO

▸ ***ADI e "vaquejada"***

O Plenário, em conclusão e por maioria, julgou procedente ação direta para declarar a inconstitucionalidade da Lei 15.299/13 do Estado do Ceará, que regulamenta a atividade de "vaquejada", em que uma dupla de vaqueiros montados em cavalos distintos busca derrubar um touro dentro de uma área demarcada. Na espécie, o requerente sustentava a ocorrência de exposição dos animais a maus-tratos e crueldade, ao passo que o governador do Estado-membro defendia a constitucionalidade da norma, por versar patrimônio cultural do povo nordestino. Haveria, portanto, conflito de normas constitucionais sobre direitos fundamentais – de um lado, o art. 225, § 1º, VII; de outro, o art. 215. O Tribunal asseverou ter o autor juntado laudos técnicos comprobatórios das consequências nocivas à saúde dos bovinos, tais como fraturas nas patas, ruptura dos ligamentos e dos vasos sanguíneos, traumatismos e deslocamento da articulação do rabo e até seu arrancamento, das quais resultariam comprometimento da medula espinhal e dos nervos espinhais, dores físicas e sofrimento mental. Ante os dados empíricos, é indiscutível o tratamento cruel dispensado às espécies animais envolvidas, em descompasso com o preconizado no art. 225, § 1º, VII, da CF. À parte das questões morais relacionadas ao entretenimento à custa do sofrimento dos animais, a crueldade intrínseca à "vaquejada" não permite a prevalência do valor cultural como resultado desejado pelo sistema de direitos fundamentais da Constituição. Portanto, o sentido da expressão "crueldade" constante da parte final do inciso VII do § 1º do art. 225 da CF alcança a tortura e os maus-tratos infligidos aos bovinos durante a prática impugnada, de modo a tornar intolerável a conduta humana autorizada pela norma estadual atacada. *ADI 4983/CE, Rel. Min. Marco Aurélio, j. 6.10.2016. Pleno. (Info 842)*

STJ

▸ ***Responsabilidade civil. Abuso de Direito. Impetração de "habeas corpus". Impedimento de interrupção de gravidez. Síndrome de "Body Stalk".***

Caracteriza abuso de direito ou ação passível de gerar responsabilidade civil pelos danos causados a impetração do "habeas corpus" por terceiro com o fim de impedir a interrupção, deferida judicialmente, de gestação de feto portador de síndrome incompatível com a vida extrauterina. *REsp 1.467.888-GO, Rel. Min. Nancy Andrighi, DJe 25.10.2016. 3ª T. (Info 592)*

▸ ***Segredo de justiça e divulgação do nome do réu e da tipificação do crime em sítio eletrônico de tribunal.***

No caso de processo penal que tramita sob segredo de justiça em razão da qualidade da vítima (criança ou adolescente), o nome completo do acusado e a tipificação legal do delito podem constar entre os dados básicos do processo disponibilizados para consulta livre no sítio eletrônico do Tribunal, ainda que os crimes apurados se relacionem com pornografia infantil. A CF, em seu art. 5º, XXXIII e LX, erigiu como regra a publicidade dos atos processuais, sendo o sigilo a exceção, visto que o interesse individual não pode se sobrepor ao interesse público. Tal norma é secundada pelo disposto no art. 792, caput, do CPP. A restrição da publicidade somente é admitida quando presentes razões autorizadoras, consistentes na violação da intimidade ou se o interesse público a determinar. *RMS 49.920-SP, Rel. Min. Reynaldo Soares da Fonseca, DJe 10.8.2016. 5ª T. (Info 587)*

▸ ***Controle externo da atividade de inteligência da Polícia Federal.***

O controle externo da atividade policial exercido pelo Ministério Público Federal não lhe garante o acesso irrestrito a todos os relatórios de inteligência produzidos pela Diretoria de Inteligência do Departamento de Polícia Federal, mas somente aos de natureza persecutório-penal. *REsp 1.439.193-RJ, Rel. Min. Gurgel de Faria, DJe 9.8.2016. 1ª T. (Info 587)*

▸ ***Controle externo da atividade policial pelo Ministério Público.***

O Ministério Público, no exercício do controle externo da atividade policial, pode ter acesso a ordens de missão policial. *REsp 1.365.910-RS, Rel. p/ ac. Min. Mauro Campbell Marques, DJ 28.9.2016. 2ª T. (Info 590)*

Direito Penal

Danilo da Cunha Sousa

✦ QUESTÕES

1. PARTE GERAL DO CÓDIGO PENAL

1.1. PRINCÍPIOS DE DIREITO PENAL E APLICAÇÃO DA LEI PENAL

01. (Cespe – Promotor de Justiça – AC/2014) No tocante aos princípios constitucionais penais, assinale a opção correta.

a) No que se refere à aplicação do princípio da insignificância, o STF tem afastado a tipicidade material dos fatos em que a lesão jurídica seja inexpressiva, sem levar em consideração os antecedentes penais do agente.

b) O direito penal constitui um sistema exaustivo de proteção de todos os bens jurídicos do indivíduo, de modo a tipificar o conjunto das condutas que outros ramos do direito consideram antijurídicas.

c) Uma das vertentes do princípio da proporcionalidade é a proibição de proteção deficiente, por meio da qual se busca impedir um direito fundamental de ser deficientemente protegido, seja mediante a eliminação de figuras típicas, seja pela cominação de penas inferiores à importância exigida pelo bem que se quer proteger.

d) Segundo entendimento consolidado do STF, a imposição de regime disciplinar diferenciado ao executando ofende o princípio da individualização da pena, visto que extrapola o regime de cumprimento da reprimenda imposta na sentença condenatória.

e) Prevalece na doutrina o entendimento de que constitui ofensa ao princípio da legalidade a existência de leis penais em branco heterogêneas, ou seja, daquelas cujos complementos provenham de fonte diversa da que tenha editado a norma que deva ser complementada.

COMENTÁRIOS

Alternativa correta: letra "c". O Direito Penal tutela bens jurídicos de maior importância no ordenamento jurídico brasileiro, muitos deles de caráter fundamental, como a vida, a liberdade, a integridade física, etc. Por isso, deve a norma penal estabelecer resposta que sejam proporcionais à importância desses direitos fundamentais, por meio de tipos penais e sanções penais eficientes.

Alternativa "a". O princípio da insignificância incide quando presentes, cumulativamente, as seguintes condições objetivas: (a) mínima ofensividade da conduta do agente, (b) nenhuma periculosidade social da ação, (c) grau reduzido de reprovabilidade do comportamento, e (d) inexpressividade da lesão jurídica provocada. De acordo com o STF, a **reincidência** obsta o reconhecimento da insignificância, porque aumenta a reprovabilidade do comportamento do agente.

Alternativa "b". O Direito Penal é voltado apenas para a tutela dos bens jurídicos mais relevantes da sociedade, quando a intervenção dos demais ramos do Direito é insuficiente (**Princípios da fragmentariedade e da intervenção mínima**).

Alternativa "d". O STF firmou entendimento de que o sistema do regime disciplinar diferenciado é constitucional, desde que demonstrados no caso concreto a necessidade da medida imposta, o que implica dizer que, em verdade, a presos que demonstram alta periculosidade nos termos do art. 50, LEP, deve-se aplicar regime mais rigoroso, em respeito à individualização da pena.

Alternativa "e". A doutrina e a jurisprudência acolhem as normas penais heterogenias, restando ao tipo penal estabelecer apenas o órgão competente para edição dessas normas complementares, como ocorre no tráfico de drogas, em que o complemento é feito pela ANVISA, que define as substâncias que são consideradas droga.

02. (Cespe – Procurador do MP junto ao TCE--PB/2014) Acerca da aplicação da lei penal brasileira, assinale a opção correta.

a) Os crimes praticados no exterior ficarão sujeitos à lei brasileira quando forem cometidos contra a fé pública municipal.

b) Sobrevindo lei que torne o ato atípico, cessará a execução da pena imposta ao condenado, exceto quando se tratar de crime praticado contra a administração pública ou contra a paz pública.

c) Sobrevindo lei mais benéfica, aplica-se esta aos fatos que lhe sejam anteriores, mesmo na hipótese de trânsito em julgado da sentença penal condenatória, salvo se, no mínimo, dois terços desta já tiverem sido cumpridos.

d) Considera-se praticado o crime sempre no momento em que ocorre o resultado delituoso desejado pelo agente.

e) Considera-se ocorrido o crime somente no lugar onde tenha ocorrido o resultado ilícito almejado pelo agente, embora a ação ou a omissão tenha se dado em local diverso.

COMENTÁRIOS

Alternativa correta: letra "a". Aplica-se a lei brasileira a fato ocorrido no estrangeiro (princípio da **extraterritorialidade**), se o crime for praticado contra o patrimônio ou a **fé pública** da União, do Distrito Federal, de Estado, de Território, de **Município**, de empresa pública, sociedade de economia mista, autarquia ou fundação instituída pelo Poder Público (art. 7º, I, *b*, CP).

Alternativa "b". Não há exceções ao princípio da *aboltio criminis*. Dessa forma, se um fato deixar de ser considerado crime, haverá extinção da pena a ser aplicada contra o agente.

Alternativa "c". Também não há exceção ao princípio da retroatividade da norma penal mais benéfica, o qual incide ainda no caso de trânsito em julgado da sentença penal condenatória.

Alternativa "d". Considera-se praticado o crime no momento da ação ou omissão, ainda que outro seja o momento do resultado (art. 4º, CP). Para fixação do **tempo do crime**, o legislador adotou a **teoria da ação**.

Alternativa "e". Considera-se praticado o crime no lugar em que ocorreu a ação ou omissão, no todo ou em parte, bem como onde se produziu ou deveria produzir-se o resultado. Para fixação do **lugar do crime**, o legislador adotou a **teoria da ubiquidade**.

03. (Cespe – Cartório – TJ – DF/2014) Com relação às fontes e aos princípios de direito penal, bem como às normas penais e seu conflito aparente, assinale a opção correta.

a) Contrair casamento conhecendo a existência de impedimento que lhe cause a nulidade absoluta constitui crime previsto em norma penal em branco em sentido estrito.

b) De acordo com a atual jurisprudência do STJ, a aplicação do princípio da consunção pressupõe a existência de ilícitos penais que funcionem como fase normal de preparação ou de execução de outro crime com evidente vínculo de dependência ou subordinação entre eles.

c) Em caso de omissão legal, o uso de analogia não é admitido em direito penal, ainda que seja para favorecer o réu.

d) Os costumes não são considerados pela doutrina como fonte formal do direto penal.

e) O Código Penal, ao tipificar o crime de abandono intelectual, não viola o princípio da legalidade ou da reserva legal, uma vez que, para a validade da tipificação penal, é suficiente que esta esteja prevista em lei em sentido estrito.

COMENTÁRIOS

✪ **Nota do autor:** o conflito aparente de normas consiste na possibilidade de mais de uma norma ser aplicada ao caso concreto. Tal fato é apenas aparente, porque diante dos princípios da **especialidade, subsidiariedade e consunção**, ao final, aplica-se apenas uma das normas.

Alternativa correta: letra "b". Haverá a incidência do princípio da consunção (absorção) nas hipóteses em que a) um crime é meio necessário ou normal fase de preparação ou de execução de outro crime; ou b) nos casos de antefato ou pós-fato impuníveis. 3. Na hipótese, aos pacientes, na condição de diretores de empresa de fabricação e venda de peças automotivas, foram imputadas a prática de crimes contra a propriedade intelectual, por terem fabricado e colocado à venda produto supostamente contrafeito. 4. Ocorre que a segunda conduta (colocação de produto contrafeito à venda) é decorrência da primeira (fabricação de produto contrafeito). Assim, está-se diante de pós-fato impunível." (STJ – HC nº 56.097/MG. Rel. Min. Og Fernandes. DJ. 17/11/2009).

Alternativa "a". Na norma penal em branco em sentido estrito, a fonte formal da norma que complementa o tipo penal é distinta do Legislativo, como ocorre nos crimes da Lei de Drogas, em que a norma complementar é editada pela ANVISA (Poder Executivo). No caso do crime de bigamia, é o Poder Legislativo, por meio do CC, que edita as causas impeditivas do casamento, sendo assim referido crime de **norma penal em branco em sentido amplo**.

Alternativa "c". A analogia para favorecer o réu é permitida em direito penal. Por exemplo, o CP prevê a possibilidade de perdão judicial em caso de homicídio culposo praticado por pai contra o filho. A lei, porém, é omissa no que tange aos crimes de porte de arma de fogo e omissão de cautela, dos quais resultou o tiro fatal e acidental contra a vítima. Por analogia *in bonam partem* (TJDFT – Apel. Crim. nº 20120310169426. Rel. Des. Sandra de Santis).

Alternativa "d". Os costumes são fontes formais indiretas do Direito, apesar de não poderem criar normas incriminadoras, as quais só podem ser criadas por lei.

Alternativa "e". O princípio da reserva legal exige que, em primeiro lugar, a conduta incriminadora seja prevista em lei. Mas, nada impede que o complemento do tipo penal seja buscado em normas outras, sejam elas emanadas do Poder Legislativo, seja do Poder Executivo.

---

04. (Cespe – Juiz de Direito Substituto – DFT/2014) Com fundamento nas súmulas dos tribunais superiores, assinale a opção correta.

a) O juiz não pode declarar extinta a pena, enquanto não passar em julgado a sentença em processo a que responda o liberado, por crime ou contravenção praticados na vigência do livramento condicional.

b) É possível a aplicação retroativa de lei penal vigente em combinação com a lei penal revogada, desde que o resultado da incidência de leis penais combinadas seja favorável ao acusado.

c) A pena substitutiva de prestação de serviços à comunidade pode figurar como condição especial ao regime aberto.

d) A lei penal mais grave aplicar-se-á ao crime continuado ou ao crime permanente, se a sua vigência for anterior à cessação da continuidade ou da permanência.

e) O ato infracional análogo ao tráfico de drogas conduz obrigatoriamente à imposição de medida socioeducativa de internação do adolescente.

COMENTÁRIOS

Alternativa correta: letra "d". A consumação do crime permanente se prolonga no tempo. E, por isso, a lei que se aplica é a do tempo em que cessa a conduta. Já o crime continuado, por ficção, todos os crimes são considerados um só, motivo pelo qual se aplica a lei do último crime.

Alternativa "a". Não há revogação do livramento condicional, se a condenação do agente for por contravenção penal, o que, portanto, não impede a extinção da punibilidade (art. 86, CP).

Alternativa "b". No crime continuado, a fração de aumento de pena é determinada pelo número de crimes continuados. Como houve sete crimes, deve ser a pena aumentada no máximo permitido em lei, que é de **dois terços**.

Alternativa "c". De acordo com a jurisprudência, não é possível a combinação de leis, mesmo que resulte pena mais favorável ao acusado, pois, neste caso, estaria o Judiciário a criar uma terceira lei, o que implica dizer que estaria invadindo atribuição do Legislativo.

Alternativa "e". De acordo com a jurisprudência do STJ, o tráfico de drogas, em que não há violência ou grave ameaça, não acarreta a medida socioeducativa de internação, conforme previsão do art. 122, ECA.

---

05. (Cespe – Juiz de Direito Substituto – DFT/2014) A respeito da aplicação da lei penal no espaço, assinale a opção correta.

a) Sujeitar-se-á à jurisdição penal brasileira cidadão chileno que praticar, a bordo de navio estrangeiro em águas marinhas correspondentes à zona econômica exclusiva brasileira, homicídio contra cidadão italiano domiciliado no Brasil.

b) Considera-se lugar do crime, para efeito de fixação da competência territorial da jurisdição penal brasileira, o lugar em que ocorreu a ação ou a omissão, no todo ou em parte, bem como o lugar em que se produziu o resultado.

c) Caso, a bordo de embarcação privada, em alto-mar, de propriedade de uma organização não governamental que ostente bandeira de país onde o aborto seja legalizado, um médico brasileiro provoque aborto em uma gestante brasileira, com seu consentimento, ambos responderão pelo crime de aborto previsto na lei penal brasileira.

d) A expressão "águas jurisdicionais brasileiras", contida na Lei nº 9.605/1998, é sinônima de mar territorial brasileiro, cuja extensão é de duzentas milhas, contadas do baixa-mar do litoral continental e insular.

e) Dado o princípio da extraterritorialidade incondicionada, estará sujeito à jurisdição brasileira aquele que praticar, a bordo de navio a serviço do governo brasileiro em águas territoriais argentinas, crime contra o patrimônio da União.

COMENTÁRIOS

Alternativa correta: letra "b". O Código Penal brasileiro adotou a teoria da **ubiquidade** para determinação do local do crime. A jurisdição penal brasileira só incide em infrações penais, em que **a conduta e/ou resultado** tenha ocorrido no território nacional.

Alternativa "a". A **zona econômica exclusiva** está fora do mar territorial. Dessa forma, não está sujeito à legislação penal brasileira o homicídio de estrangeiro contra outro estrangeiro, praticado em embarcação particular.

Alternativa "c". Em regra, em alto-mar, os navios devem se submeter exclusivamente à jurisdição do

Estado do **pavilhão**. Isto significa que estão subordinados civil, penal e administrativamente ao Poder Jurisdicional do Estado sob cuja **bandeira naveguem**.

Alternativa "d". As águas jurisdicionais brasileiras compreendem a faixa de duzentas milhas marítimas contadas a partir das linhas de base **(mar territorial)**, **acrescida** das águas sobrejacentes à extensão da Plataforma Continental além das duzentas milhas marítimas, onde ela ocorrer.

Alternativa "e". Os navios públicos são considerados extensões do território nacional. Dessa forma, não se faz necessário o uso do princípio da extraterritorialidade, pois, no caso, há aplicação do princípio da territorialidade.

---

06. (Cespe – Juiz de Direito Substituto – DFT/2014) No que se refere à teoria do crime e à lei penal, suas fontes, características e eficácia temporal, assinale a opção correta.

a) A lei penal retroage em benefício do agente, respeitada a coisa julgada.

b) A ultra-atividade aplica-se à lei penal somente se ela for excepcional ou temporária.

c) Aquele que, no exterior, falsificar papel-moeda de curso legal no estrangeiro, estará sujeito a responder pelo mesmo crime perante a jurisdição brasileira, independentemente do cumprimento de pena no país onde o crime for praticado.

d) Em se tratando de crime omissivo próprio, a legislação penal não estabelece qualquer qualidade ou condição específica para o sujeito ativo da omissão.

e) O princípio da anterioridade da lei penal é sintetizado pela expressão "não há crime sem lei que o defina".

COMENTÁRIOS

✪ **Nota do autor:** no meu entendimento, a alternativa "d" também está correta.

Alternativa correta: letra "b". Falsificar, fabricando-a ou alterando-a, moeda metálica ou papel-moeda de curso legal no país ou no **estrangeiro** (crime de moeda falsa – art. 289, CP). Trata-se de crime contra a fé pública e, portanto, sujeito ao princípio da **defesa ou proteção**, punível no território brasileiro, mesmo que cometido no estrangeiro, independentemente de tê-lo sido punido no exterior (art. 7º, I, *b*, e § 1º, CP).

Alternativa "a". No direito penal, a lei penal **não retroage, salvo para beneficiar o réu**. Tem ela o poder de **rescisão da coisa julgada**, pois a lei posterior, que de qualquer modo favorecer o agente, aplica-se aos fatos anteriores, ainda que decididos por sentença condenatória transitada em julgado (art. 1º, parágrafo único, CP).

Alternativa "c". Há outras hipóteses de ultra-atividade. Assim, se lei posterior for mais gravosa, há a ultra-atividade da lei menos gravosa.

Alternativa "d". Quanto ao sujeito, os crimes omissivos próprios seriam aqueles que se caracterizam por não individualizar o sujeito, podendo assim ser praticados por qualquer pessoa. Seu sujeito ativo não careceria de uma especial qualidade, pois se considera que o dever de agir intrínseco a tais delitos seria extensivo à coletividade. Assim sendo, os omissivos impróprios seriam aqueles cujos sujeitos necessitariam de uma qualificação especial, ou seja, autores delimitados (Leia mais: http: //jus.com.br/artigos/28886/dos-crimes-omissivos#ixzz3GAy5efGD)

Alternativa "e". Na verdade, estabelece o princípio da **reserva legal** que não há crime sem lei que o defina. O princípio da **anterioridade** estabelece que a lei que define o crime deve ser anterior ao fato.

---

07. (Cespe – Defensor Público – DF/ 2013) Com relação aos conceitos, objetivos e princípios do direito penal, às penas restritivas de direitos, ao livramento condicional e à reincidência, julgue os itens subsecutivos.

A versão clássica do modelo penal garantista ideal se funda sob os princípios da legalidade estrita, da materialidade e lesividade dos delitos, da responsabilidade pessoal, do contraditório entre as partes e da presunção de inocência.

COMENTÁRIOS

Certo: Pela visão garantista, as normas penais, em verdade, visam assegurar os direitos e garantias fundamentais da pessoa, tendo elas a finalidade de limitar o *jus puniendi* do Estado. É o sistema adotado pela CF/88 que estabelece.

---

08. (Cespe – Procurador do DF/ 2013) À luz das fontes do direito penal e considerando os princípios a ele aplicáveis, julgue o item abaixo.

Segundo a jurisprudência do STF e do STJ, a aplicação do princípio da insignificância no direito penal está condicionada ao atendimento, concomitante, dos seguintes requisitos: primariedade do agente, valor do objeto material da infração inferior a um salário mínimo, não contribuição da vítima para a deflagração da ação criminosa, ausência de violência ou grave ameaça à pessoa.

COMENTÁRIOS

✪ **Nota do autor:** a teoria do princípio da insignificância foi desenvolvida pelo Min. Celso de Melo do STF e implica absolvição do agente, por atipicidade material da conduta.

Errado: De acordo com a jurisprudência do STF e do STJ, são condições objetivas para reconhecimento do princípio da insignificância: (a) mínima ofensividade da conduta do agente, (b) nenhuma periculosidade social da ação, (c) grau reduzido de reprovabilidade do comportamento, e (d) inexpressividade da lesão jurídica provocada. Há entendimento no sentido de que a reincidência implica maior reprovabilidade da conduta do agente, o que afastaria o princípio da insignificância. Mas, já há entendimento de que a reincidência não é obstáculo, por si só, para o reconhecimento da benesse.

---

09. (Cespe – Juiz de Direito Substituto – RN/2013) No que se refere à aplicação da lei penal, assinale a opção correta.

a) De acordo com entendimento doutrinário dominante, a lei excepcional ou temporária aplica-se ao fato praticado durante sua vigência, ainda que, no momento da condenação do réu, não mais vija, ou ainda, que tenham cessado as condições que determinaram sua aplicação.

b) Tendo o Código Penal adotado sem exceção o princípio da territorialidade, a lei penal brasileira aplica-se somente aos crimes praticados no território nacional.

c) O prazo prescricional começa a ser contado a partir do dia seguinte ao da prática do delito, não se podendo considerar, em sua contagem, frações de dia.

d) Lei superveniente que abrande a penalidade referente a determinado crime somente beneficiará réu processado na vigência da lei anterior se não houver trânsito em julgado da sentença condenatória quando de sua entrada em vigor.

e) Se, no curso do cumprimento de pena por determinado réu condenado por sentença transitada em julgado, lei nova deixar de considerar crime o ato por ele praticado, cessará a execução da pena, mas não os efeitos da condenação.

COMENTÁRIOS

✪ **Nota do autor:** A lei penal temporária é aquela cujo prazo de vigência é determinado (por exemplo, entre 01º de janeiro e 25 de dezembro); excepcional é aquela que vige durante um fato excepcional, como período de guerra, sem estipular prazo determinado.

Alternativa correta: letra "a". Para que as leis excepcionais e temporárias tenham eficácia são elas dotadas de ultra-atividade. Assim, mesmo que passado o fato excepcional ou período de vigência da referida lei, devem ser elas aplicadas aos fatos realizados durante sua vigência.

Alternativa "b". Em regra, o Código Penal adotou a teoria da territorialidade. Porém, no art. 7º, há exceções a essa regra, aplicando-se a extraterritorialidade, como, por exemplo, no crime de homicídio contra o Presidente da República, praticado no exterior.

Alternativa "c". O termo inicial para a contagem do prazo prescricional é regulado pelo art. 111, CP. A regra geral é que ele se inicia do **dia em que o crime se consumou.**

Alternativa "d". A retroatividade da norma penal mais benéfica é garantia constitucional, estabelecida em favor do réu, ainda que já transitada em julgado a condenação, podendo o agente neste caso se valer da revisão criminal.

Alternativa "e". Com a *abolitio criminis*, cessam-se todos os **efeitos penais da condenação.** Permanecem, porém, em caso de transito em julgado da sentença, os efeitos civis, como o dever de indenizar.

---

10. (Cespe – Procurador do Ministério Público junto ao TCDF/2013) Julgue os itens seguintes, relativos a aspectos diversos do direito penal.

De acordo com o CP, com relação à sucessão das leis penais no tempo, não se aplicam as regras gerais da irretroatividade da lei mais severa, tampouco a retroatividade da norma mais benigna, bem como não se aplica o preceito da ultra-atividade à situação caracterizada pela chamada lei penal em branco.

COMENTÁRIOS

Errado: A sucessão das leis penais no tempo tem regramento constitucional: **a lei penal não retroagirá, salvo para beneficiar o réu** (art. 5º, XL, CF/88). Assim, se a norma for **mais severa, não retroage**; se a lei for **mais benéfica, retroage**. A norma penal em branco é elemento de integração do tipo penal e, dessa forma, se aplicam os preceitos da ultra-atividade, como em caso de norma penal mais benéfica.

---

11. (Cespe – Delegado de Polícia – BA/2013) Acerca da parte geral do direito penal e seus Institutos, julgue os itens seguintes.

Somente mediante expressa manifestação pode o agente diplomático renunciar à imunidade diplomática, porquanto o instituto constitui causa pessoal de exclusão da pena.

COMENTÁRIOS

Nota: as imunidades diplomáticas são objeto da Convenção de Viena sobre Relações Diplomáticas, promulgada no Brasil pelo Decreto nº 58.453/65.

Errado: As imunidades diplomáticas não têm caráter pessoal, mas têm como fundamento jurídico a tutela do livre e pleno exercício da representação do Estado estrangeiro no País. Têm elas caráter **absoluto** e, por isso, não podem ser renunciadas pelo Diplomata.

12. (Cespe – Juiz Federal Substituto 2ª região/ 2013) Assinale a opção correta acerca da interpretação da lei penal.

a) A interpretação extensiva é admitida em direito penal para estender o sentido e o alcance da norma até que se atinja sua real acepção.

b) A interpretação analógica não é admitida em direito penal porque prejudica o réu.

c) A interpretação teleológica consiste em extrair o sentido e o alcance da norma de acordo com a posição da palavra na estrutura do texto legal.

d) A analogia penal permite ao juiz atuar para suprir a lacuna da lei, desde que isso favoreça o réu.

e) A interpretação judicial da lei penal se manifesta na edição de súmulas vinculantes editadas pelos tribunais.

COMENTÁRIOS

✪ **Nota do autor:** Não se pode confundir analogia, interpretação analógica e interpretação extensiva.

Alternativa correta: letra "a". Por meio da interpretação extensiva, o operador do direito busca o real significado da norma com ampliação do sentido das palavras usadas pelo legislador. É admitida no Direito Penal, pois a **norma legal existe** e o operador do Direito só deve buscar o seu real sentido. Assim, no art. 157, § 2º, I, CP, o legislador usa a expressão **arma** e a jurisprudência majoritária entende que se trata tanto de arma própria (revólver), como de arma imprópria (faca).

Alternativa "b". Na interpretação analógica, a própria lei lança elementos mínimos e autoriza a aplicação a casos semelhantes. Vide art. 121, I, CP, "mediante paga ou promessa de recompensa, ou por **outro motivo torpe**". A definição de outro motivo torpe cabe ao intérprete.

Alternativa "c". A intepretação teológica é aquela em que se busca a finalidade social buscada pelo legislador com a edição da norma. Já a intepretação gramatical é aquela em que se fica preso ao sentido estrito da letra legal.

Alternativa "d". A analogia é forma de integração do **ordenamento jurídico**, não apenas de uma lei já existente. O ordenamento jurídico é uno e suficiente: se não há lei que trate da matéria, deve o Juiz se valer da analogia, entre outros elementos de integração. No direito penal, a analogia só pode ser aplicada para beneficiar o réu.

Alternativa "e". A jurisprudência é fonte do Direito Penal. Ela se manifesta por meio de decisões reiteradas e uniformes dos Tribunais. No Direito brasileiro, sem prejuízo da interpretação levada a cabo por Juízes e Tribunais, ela se manifesta por meio de julgados e Súmulas do STJ (uniformização da legislação infraconstitucional) e STF (uniformização da CF), além de edições de Súmula Vinculante pelo STF.

13. (Cespe – Defensor Público – RR/2013) Em relação às fontes da lei penal e à sua interpretação, assinale a opção correta.

a) A teoria subjetiva de interpretação da lei penal assevera que a natureza subjetiva da lei permite sua adaptação aos novos contextos histórico-culturais, de modo a possibilitar a aplicação da disposição legislativa a situações imprevistas ou imprevisíveis ao tempo da sua criação.

b) A interpretação sistemática possui idêntica finalidade da interpretação evolutiva, uma vez que ambas possuem o escopo da correta aplicação da lei ao caso concreto, considerando apenas o sistema formado pelo conjunto de leis.

c) Na atualidade, os tribunais superiores têm admitido o uso e o costume, ainda que *contra legem*, para ajustar as condutas previstas no tipo penal às concepções sociais dominantes, de modo a afastar a norma incriminadora que, em razão da natureza do sistema jurídico, seja desfavorável ao réu.

d) Na interpretação teleológica, que busca a vontade da lei (*voluntas legis*) e não a vontade do legislador (*voluntas legislatoris)*, incumbe ao jurista o dever de perseguir sempre o escopo da lei e o resultado prático que ela pressupõe realizar, observando o limite insuperável da legalidade penal.

e) A moderna doutrina penal considera a jurisprudência como fonte criadora do direito, similar à lei, em razão do fator de produção normativa decorrente da obrigatoriedade que possuem as decisões dos tribunais superiores e do caráter vinculante das súmulas.

COMENTÁRIOS

Alternativa correta: letra "d". A intepretação teológica é aquela em que se busca a finalidade social buscada pelo legislador com a edição da norma. Mas, em Direito Penal, há um imperativo lógico que limita a atuação do intérprete: **o princípio da reserva legal**.

Alternativa "a". A interpretação subjetiva preconiza que o intérprete deve buscar a vontade do legislador no momento de elaboração da norma. A crítica que se faz a esse método consiste justamente na dificuldade que se tem de adaptar o texto legal às transformações históricas e sociais.

Alternativa "b". Na interpretação sistemática, a norma é interpretada em inter-relação com outras normas do ordenamento jurídico. Já a interpretação evolutiva é aquela em que se modifica o sentido da lei em decorrência das mudanças históricas e sociais.

Alternativa "c". Os usos e os costumes não revogam o estabelecido em lei, ainda que seja norma penal incriminadora. Esta só pode ser afastada por meio de nova lei ou de interpretação que declare a sua incompatibilidade com o Texto Constitucional.

Alternativa "e". A lei é fonte imediata de criação de Direito. A jurisprudência é fonte mediata, ainda que se manifeste por meio de Súmula Vinculante, que visa dar uniformidade à interpretação do sistema jurídico-constitucional, vinculando-se a Administração Pública e os demais órgãos do Judiciário.

14. (Cespe – Defensor Público – TO/2013) Considerando os princípios básicos de direito penal, assinale a opção correta.

a) O princípio da culpabilidade impõe a subjetividade da responsabilidade penal. Logo, repudia a responsabilidade objetiva, derivada, tão só, de uma relação causal entre a conduta e o resultado de lesão ou perigo a um bem jurídico, exceto no caso dos crimes perpetrados por pessoas jurídicas.

b) Os princípios da legalidade e da irretroatividade da lei penal são aplicáveis à pena cominada pelo legislador, aplicada pelo juiz e executada pela administração, não sendo, todavia, esses princípios extensíveis às medidas de segurança, dotadas de escopo curativo e não punitivo.

c) Constituem funções do princípio da lesividade, proibir a incriminação de atitudes internas, de condutas que não excedam a do próprio autor do fato, de simples estados e condições existenciais e de condutas moralmente desviadas que não afetem qualquer bem jurídico.

d) O princípio da intervenção mínima não está previsto expressamente no texto constitucional nem pode dele ser inferido.

e) O princípio da humanidade proíbe a instituição de penas cruéis, como a de morte e a de prisão perpétua, mas não a de trabalhos forçados.

COMENTÁRIOS

Alternativa correta: letra "c". Pelo princípio da lesividade, não se pode incriminar conduta que não saia da esfera do seu próprio autor. Somente são relevantes ao direito penal condutas que lesionem ou causam perigo de lesão a um bem jurídico.

Alternativa "a". Também em matéria de responsabilidade penal das pessoas jurídicas, se exige o elemento subjetivo, culpa ou dolo, motivo pelo qual os Tribunais exigem a dupla imputação em crimes de tal natureza, ou seja, imputa-se a conduta à pessoa jurídica e às pessoas físicas, seus diretores que, por culpa, deram causa ao resultado.

Alternativa "b". Apesar de, ao estabelecer os princípios da reserva legal e da anterioridade da lei penal (arts. 1º e 2º, CP), o legislador fazer menção apenas ao termo "**pena**", deve-se fazer interpretação extensiva para abranger qualquer **sanção penal**, seja pena, seja medida de segurança.

Alternativa "d". O princípio da intervenção mínima implica dizer que o Direito Penal deve ser visto como *ultima ratio*, destinado a tutelar apenas os bens jurídicos mais relevantes. Não está implícito na Constituição Federal, mas decorre de aplicação dos princípios da liberdade, da proporcionalidade, entre outros.

Alternativa "e". O princípio da humanidade veda a aplicação de penas que atentem contra a dignidade da pessoa humana, entre as quais estão aquelas que estabeleçam qualquer forma de trabalho forçado (art. 5º, XLVII, CF/88).

15. (Cespe – Analista do MPU/2013) Acerca dos institutos do direito penal brasileiro, julgue os próximos itens.

A homologação de sentença estrangeira para obrigar condenado à reparação de dano requer a existência de tratado de extradição com o país de cuja autoridade judiciária emanou a sentença.

COMENTÁRIOS

Errado: Homologação de sentença estrangeira é um processo que visa conferir **eficácia** a um ato judicial estrangeiro. Não tem, a princípio, qualquer relação com extradição. São seus requisitos: a) haver sido proferida por autoridade competente; b) terem sido as partes citadas ou haver-se legalmente verificado a revelia; c) ter transitado em julgado; d) estar autenticada pelo cônsul brasileiro e acompanhada de tradução por tradutor oficial ou juramentado no Brasil.

16. (Cespe – Analista do MPU/2013) Com base no que dispõe a CF acerca do direito penal, julgue os itens seguintes.

16.1. A lei regulará a individualização da pena, proibidas, em qualquer situação, a pena de morte, a de caráter perpétuo, a de trabalhos forçados, a de banimento e a cruel.

COMENTÁRIOS

✪ **Nota do autor:** o candidato deve ficar atento às exceções previstas na Constituição Federal e em lei.

Errado: Em nome do princípio da dignidade da pessoa humana, são vedadas penas de caráter cruel. Entre as penas cruéis vedadas pela CF (art. 5º, XLVII), admite-se, excepcionalmente, a **pena de morte em caso de guerra declarada**.

16.2. Nenhum brasileiro nato será extraditado, salvo em caso de comprovado envolvimento em tráfico internacional de entorpecentes e drogas afins, na forma da lei.

COMENTÁRIOS

Errado: Nunca o brasileiro nato será extraditado. O brasileiro **naturalizado**, em regra, não pode ser extraditado, salvo em caso de **crime comum, praticado antes da naturalização**, ou de comprovado envolvimento em **tráfico ilícito de entorpecentes e drogas afins**, na forma da lei;

17. (Cespe – Analista Judiciário – Área Judiciária – STM/2011) No que se refere a lei penal, julgue os itens a seguir.

O direito penal brasileiro adotou expressamente a teoria absoluta de territorialidade quanto à aplicação da lei penal, adotando a exclusividade da lei brasileira e não reconhecendo a validez da lei penal de outro Estado.

COMENTÁRIOS

✪ **Nota do autor:** o princípio da territorialidade temperada foi adotado tanto pelo Código Penal (art. 5º), quanto no Código Penal Militar (art. 7º).

Errado: o ordenamento jurídico brasileiro adotou o princípio da **territorialidade temperada**, segundo o qual, em regra, se aplicam as leis brasileiras aos crimes praticadas no território nacional. Admite-se, porém, a aplicação de legislação estrangeira em razão do que estabelecer tratados e convenções internacionais.

17.1. Além de conduzir à extinção da punibilidade, a *abolitio criminis* faz cessar todos os efeitos penais e cíveis da sentença condenatória.

COMENTÁRIOS

Errado: consiste a *abolitio criminis* na extinção de punibilidade decorrente da superveniência de lei que deixa de considerar o fato como crime. Ela apaga apenas os efeitos penais da condenação, permanecendo os civis, como o dever de indenizar à vítima.

1.2. DO CRIME

18. (Cespe – Procurador do MP junto ao TCU/2015) Em relação aos elementos do crime, assinale a opção correta.

a) Na sistemática brasileira penal, o erro de proibição inevitável afasta a ilicitude da conduta.

b) De acordo com a teoria adotada pelo CP, em regra, a consciência da ilicitude é requisito essencial do dolo.

c) O crime culposo, considerando-se o seu elemento subjetivo, não admite a participação, seja dolosa, seja culposa.

d) A embriaguez culposa é causa excludente de culpabilidade.

e) A aferição de um resultado classificado a título subjetivo de preterdolo exige a constatação efetiva da previsibilidade subjetiva.

COMENTÁRIOS

Alternativa correta: letra "c". o crime culposo não admite a instigação, a indução e o auxílio, que caracterizaria a participação. Admite, porém, a coautoria, ou seja, que mais de uma pessoa pratiquem os elementos do tipo penal.

Alternativa "a". o erro de proibição inevitável impede que a pessoa tem a potencial consciência da ilicitude e, assim, exclui a culpabilidade e, em consequência, torna o agente isento de penal.

Alternativa "b". a consciência da ilicitude se refere à culpabilidade, juízo de reprovabilidade.

Alternativa "d". a embriaguez, dolosa ou culposa, não excluem a culpabilidade.

Alternativa "e". o crime preterdoloso é aquele em que há dolo na conduta antecedente e culpa na consequente, como ocorre na lesão corporal seguida de morte. Nesse caso, o agente não precisa prever que, naquele caso, sua conduta vai resultar na morte da vítima. É o que se tem por culpa inconsciente.

19. (Cespe – Defensor Público – RN/2015) No que tange a nexo de causalidade, iter criminis, espécies e aplicação da pena, assinale a opção correta à luz da legislação e jurisprudência do STJ.

a) Situação hipotética: Lino e Vítor, mediante complexa logística, escavaram por dois meses um túnel de setenta metros entre um imóvel que adquiriram e o cofre de uma instituição bancária que pretendiam furtar, cessando a empreitada em decorrência de prisão em flagrante, quando estavam a doze metros do ponto externo do banco. Assertiva: Nesse contexto, Lino e Vítor colocaram em risco o bem jurídico tutelado e praticaram atos executórios do crime de furto qualificado.

b) Na aplicação da pena, na primeira fase do processo dosimétrico, o julgador encontra-se vinculado a critério objetivo, sendo que, na hipótese de aferir negativamente circunstância judicial, não pode exasperar a pena-base do réu em fração superior a um sexto.

c) Situação hipotética: A vítima Lúcia foi alvejada e ferida por disparo de arma de fogo desfechado por Aldo, que agiu com *animus laedandi*. Internada em um hospital, Lúcia faleceu não em decorrência dos ferimentos sofridos, mas em razão de queimaduras causadas por um incêndio que destruiu toda a área de internação dos enfermos. Assertiva: Nessa situação, e considerando a teoria da equivalência dos antecedentes ou da conditio sine qua non, Aldo será responsabilizado criminalmente pelo resultado naturalístico (morte).

d) O agente condenado a pena privativa de liberdade inferior a quatro anos de reclusão, reincidente e com circunstância judicial desfavorável somente pode iniciar o cumprimento da sanção corporal em regime semiaberto.

e) O aumento da pena de multa no concurso formal de crimes, dentro do intervalo de um sexto a um meio previsto no art. 70 do CP, deve adotar o critério da quantidade de infrações praticadas. Assim, aplica-se o aumento de um sexto pela prática de duas infrações; um quinto, para três infrações; um quarto, para quatro infrações; um terço, para cinco infrações; um meio, para seis infrações ou mais infrações.

COMENTÁRIOS

Alternativa correta: letra "a". houve tentativa de furto qualificado, porque os agentes empreenderam boa parte do *inter criminis*, iniciando atos executórios, qual seja escavar o túnel para superar obstáculos que os impediam de chegar ao cofre. O crime não se consumou por circunstâncias alheias à vontade deles, quando foram descobertos a poucos metros do cofre.

Alternativa "b". na fase do art. 59, CP, analisam-se circunstâncias subjetivas, como personalidade. Os limites ao juiz quanto à quantidade de pena consistem na impossibilidade de fixar a pena aquém do mínimo legal ou além do máximo legal.

Alternativa "c". Aldo responderá pelo crime de lesão corporal. A morte da vítima foi consequência de causa absolutamente independente da conduta do autor, o incêndio do hospital, o que rompe o nexo de causalidade de sua conduta e o resultado morte.

Alternativa "d". como é reincidente e tem circunstâncias judiciais desfavoráveis, o juiz pode valor negativamente a personalidade do agente e, assim, fixar o regime inicial fechado para o cumprimento da reprimenda. Na fixação do regime inicial de pena, o juiz deve levar em consideração também as circunstâncias judiciais do art. 59, CP.

Alternativa "e". em razão do princípio constitucional de individualização da pena, o juiz deve fundamentar a sua decisão de acordo com as circunstâncias do caso concreto e não ficar preso a fórmulas matemáticas, que podem dar causa a tratamento igual a fatos e pessoas diferentes.

Texto para as duas próximas questões

Júlio foi denunciado em razão de haver disparado tiros de revólver, dentro da própria casa, contra Laura, sua companheira, porque ela escondera a arma, adquirida dois meses atrás. Ele não tinha licença expedida por autoridade competente para possuir tal arma, e a mulher tratou de escondê-la porque viu Júlio discutindo asperamente com um vizinho e temia que ele pudesse usá-la contra esse desafeto. Raivoso, Júlio adentrou a casa, procurou em vão o revólver e, não o achando, ameaçou Laura, constrangendo-a a devolver-lhe a arma. Uma vez na sua posse, ele disparou vários tiros contra Laura, ferindo-a gravemente e também atingindo o filho comum, com nove anos de idade, por erro de pontaria, matando-o instantaneamente. Laura só sobreviveu em razão de pronto e eficaz atendimento médico de urgência.

20. (Cespe – Juiz de Direito Substituto – AM/2016) Com referência à situação hipotética descrita no texto anterior, assinale a opção correta de acordo com a jurisprudência do STJ.

a) Júlio cometeu homicídio doloso contra Laura e culposo contra o filho, porque não teve intenção de matá-lo.

b) Júlio deverá responder por dois homicídios dolosos, sendo um consumado e o outro tentado, e as penas serão aplicadas cumulativamente, por concurso material de crimes, já que houve desígnios distintos nos dois resultados danosos.

c) A hipótese configura aberractio ictus, devendo Júlio responder por duplo homicídio doloso, um consumado e outro tentado, com as penas aplicadas em concurso formal de crimes, sem se levar em conta as condições pessoais da vítima atingida acidentalmente.

d) O fato configura duplo homicídio doloso, consumado contra o filho, e tentado contra Laura, e, em razão de aquele ter menos de quatorze anos, a pena deverá ser aumentada em um terço.

e) Houve, na situação considerada, homicídio privilegiado consumado, considerando que Júlio agiu impelido sob o domínio de violenta emoção depois de ter sido provocado por Laura.

COMENTÁRIOS

Alternativa correta: letra "c". Trata-se do fenômeno da *aberratio ictus* ou erro na execução, em que o agente, por acidente ou erro na execução, produz resultado diverso daquele que pretendia produzir. Se, além da vítima que pretendia atingir, o sujeito ativo acerta outra, reponde pelos dois crimes em concurso formal, conforme art. 73, *in fine*, do Código Penal.

Alternativa "a". Júlio cometeu crime de homicídio tentado contra Laura e de homicídio consumado contra o filho. No primeiro caso, houve dolo direito e, no segundo, dolo eventual, porque ele assumiu o risco de produzir tal resultado ao disparar diversas vezes.

Alternativa "b". Júlio responde por um crime de homicídio tentado e outro consumado, ambos dolosos, devendo aplicar-se a regra do concurso formal por força do que dispõe o art. 73, CP.

Alternativa "d". tendo-se em vista que a vítima menor de quatorze anos foi atingida acidentalmente, suas condições pessoais não são levadas em consideração.

Alternativa "e". não houve homicídio privilegiado, pois não houve injusta provocação da vítima (art. 121, § 1º, CP).

21. (Cespe – Juiz de Direito Substituto – AM/2016) Ainda com referência à situação hipotética descrita no texto anterior e a aspectos legais a ela pertinentes, assinale a opção correta com respaldo na jurisprudência do STJ.

a) Além dos crimes de homicídio, Júlio responderá em concurso material pelo crime de posse irregular de arma de fogo, uma vez que, ao mantê-la guardada em sua residência durante mais de dois meses, já havia consumado esse crime.

b) Opera-se o fenômeno da consunção entre o ato de possuir arma de fogo sem autorização legal e o ato dispará-la com ânimo de matar, uma vez que o crime mais grave sempre absorve o menos grave.

c) O fato de Júlio possuir guardado na sua casa, fora do alcance de crianças, um revólver municiado constitui ante factum não punível em relação ao homicídio posteriormente praticado.

d) Laura também deverá responder pelo fato de haver escondido o revólver dentro da residência, sabendo ou devendo saber ser proibido deter sua posse sem licença da autoridade competente.

e) O fato de possuir um revólver guardado em casa e posteriormente utilizá-lo para praticar homicídio pode caracterizar continuidade delitiva.

COMENTÁRIOS

Alternativa correta: letra "a". O agente possuía a arma de fogo já há bastante tempo e não com o único propósito de cometer os homicídios. Assim, responde por posse irregular de arma de fogo e homicídio.

Alternativa "b". Não há consunção, porque a posse irregular de arma de fogo não foi mero meio de execução dos homicídios.

Alternativa "c". a posse irregular de arma de fogo já torna típica a conduta de Júlio, mesmo que ela não esteja ao alcance de crianças.

Alternativa "d". Laura não responde pelo crime de posse de arma de fogo, pois com sua conduta visou diminuir o perigo da posse de arma. Diminuiu o risco de produção de resultado vedado pela norma penal.

Alternativa "e". não se trata de crime continuado, porque o homicídio e posse de arma de fogo não são crimes de mesma espécie.

22. (Cespe – Analista de Controle – Área Jurídica – TCE – PR/2016) Considerando a relação de causalidade prevista no Código Penal, assinale a opção correta.

a) As causas supervenientes relativamente independentes possuem relação de causalidade com conduta do sujeito e não excluem a imputação do resultado.

b) As causas preexistentes relativamente independentes não possuem relação de causalidade com a conduta do sujeito e excluem a imputação do resultado.

c) As causas preexistentes absolutamente independentes possuem relação de causalidade com a conduta do sujeito e não excluem o nexo causal.

d) As causas concomitantes relativamente independentes não possuem relação de causalidade com a conduta do sujeito e não excluem a imputação do resultado.

e) As causas concomitantes absolutamente independentes não possuem relação de causalidade com a conduta do sujeito e excluem o nexo causal.

COMENTÁRIOS

Alternativa correta: letra "e". As **absolutamente** independentes, sejam antecedentes, concomitantes ou posteriores, não possuem qualquer vínculo com a conduta do agente, ou seja, possuem uma origem totalmente divorciada da conduta delitiva e o ocorreriam ainda que o agente jamais tivesse agido.

Alternativa "a". As causas relativamente independentes têm relação com a conduta do agente. Quando elas são supervenientes, o CP, excepcionalmente, adota a teria da causalidade, não da equivalência dos antecedentes causais. Assim, a causa superveniente não rompe o nexo de causalidade da conduta do agente em relação ao resultado, salvo se, por si só, ou seja, sem a colaboração da conduta do agente, produziu o resultado.

Alternativa "b". No que se refere às causas relativamente independentes preexistentes, aplica-se a teoria da equivalência dos antecedentes, ou seja, ele não rompe o nexo de causalidade da conduta do agente e o resultado.

Alternativa "c". As **absolutamente** independentes, sejam antecedentes, concomitantes ou posteriores, não possuem qualquer vínculo com a conduta do agente, ou seja, possuem uma origem totalmente divorciada da conduta delitiva e o ocorreriam ainda que o agente jamais tivesse agido.

Alternativa "d". No que se refere às causas relativamente independentes concomitantes, aplica-se a teoria da equivalência dos antecedentes, ou seja, ele não rompe o nexo de causalidade da conduta do agente e o resultado.

23. (Cespe – Delegado de Polícia – PE/2016) A relação de causalidade, estudada no conceito estratificado de crime, consiste no elo entre a conduta e o resultado típico. Acerca dessa relação, assinale a opção correta.

a) Para os crimes omissivos impróprios, o estudo do nexo causal é relevante, porquanto o CP adotou a teoria naturalística da omissão, ao equiparar a inação do agente garantidor a uma ação.

b) A existência de concausa superveniente relativamente independente, quando necessária à produção do resultado naturalístico, não tem o condão de retirar a responsabilização penal da conduta do agente, uma vez que não exclui a imputação pela produção do resultado posterior.

c) O CP adota, como regra, a teoria da causalidade adequada, dada a afirmação nele constante de que "o resultado, de que depende a existência do crime, somente é imputável a quem lhe deu causa; causa é a ação ou omissão sem a qual o resultado não teria ocorrido".

d) Segundo a teoria da imputação objetiva, cuja finalidade é limitar a responsabilidade penal, o resultado não pode ser atribuído à conduta do agente quando o seu agir decorre da prática de um risco permitido ou de uma conduta que diminua o risco proibido.

e) O estudo do nexo causal nos crimes de mera conduta é relevante, uma vez que se observa o elo entre a conduta humana propulsora do crime e o resultado naturalístico.

COMENTÁRIOS

Alternativa correta: letra "d". A imputação objetiva tem como base a teoria do risco, em que se analisa a conduta do agente antes do dolo ou da culpa. O risco permitido é aquele inerente aos riscos de se viver em sociedade, como o de transitar em veículo automotor de acordo com as regras de trânsito. O risco proibido seria aquele vedado pelo convívio social, como o de transitar na contramão de direção.

Alternativa "a". Nos crimes omissivos impróprios, em que o tipo penal descreve conduta ativa, mas o resultado pode ser alcançado pela omissão (p.e. homicídio), o nexo de causalidade é normativo, porque decorre de um dever de conduta do agente que, apesar de poder, não impede o resultado. A omissão é penalmente relevante quando o omitente devia e podia agir para evitar o resultado (art. 13, § 2º, CP).

Alternativa "b". se a causa superveniente relativamente independente, **por si só**, causar o resultado, o agente responde apenas pelos atos já praticados (ex: A atira em B e, quando este está internado, o hospital pega fogo: A responde por tentativa de homicídio. Se a causa superveniente relativamente independente, **não por si só**, causar o resultado, o agente responde pelo resultado final (ex: A atira em B e, durante a cirurgia, há erro médico: A responde por homicídio consumado).

Alternativa "c". O CP adotou a teoria da *conditio sine qua non*, em que todas as condutas anteriores são consideradas causas dos resultados produzidos.

Alternativa "e". Nos crimes de mera conduta, não se exige o resultado naturalístico. Basta a conduta do agente e, portanto, o nexo de causalidade é irrelevante.

24. (Cespe – AGU/2015) Acerca da aplicação da lei penal, do conceito analítico de crime, da exclusão de ilicitude e da imputabilidade penal, julgue os itens que se seguem.

24.1. Como a relação de causalidade constitui elemento do tipo penal no direito brasileiro, foi adotada como regra, no CP, a teoria da causalidade adequada, também conhecida como teoria da equivalência dos antecedentes causais.

COMENTÁRIOS

Errado: em regra, o Código Penal adotou a teoria da equivalência dos antecedentes causais, conhecida como teoria da *conditio sine qua non*, segundo a qual toda conduta que, de qualquer forma, tenha contribuído para o resultado é considerado causa. Oposta a essa teoria, tem-se a da causalidade adequada, que considera causa do evento apenas a ação ou omissão do agente apta e idônea a gerar o resultado.

24.2. O direito penal brasileiro não admite a punição de atos meramente preparatórios anteriores à fase executória de um crime, uma vez que a criminalização de atos anteriores à execução de delito é uma violação ao princípio da lesividade.

COMENTÁRIOS

Errado: os atos preparatórios não atingem o bem jurídico tutelado pela norma penal. Assim, como não há lesão, não pode haver punição. Justifica-se, portanto, a não punição dos atos preparatórios o princípio da lesividade. Ocorre que há corrente doutrinária – adotada pela banca examinadora- no sentido de que há lei prevê, excepcionalmente, a punição de atos preparatórios, como no crime de associação criminosa (art. 288, CP).

24.3. A legítima defesa é causa de exclusão da ilicitude da conduta, mas não é aplicável caso o agente tenha tido a possibilidade de fugir da agressão injusta e tenha optado livremente pelo seu enfrentamento.

COMENTÁRIOS

Errado: não se exige ato heroico para configuração de legítima defesa. É preciso que a conduto seja moderada e, dentro dos limites necessários, para repelir injusta e iminente ou atual agressão. Portanto, se a pessoa tem a possibilidade de fuga, não se afasta a hipótese de legítima defesa, se seu bem jurídico está sendo agredido.

24.4. O CP adota o sistema vicariante, que impede a aplicação cumulada de pena e medida de segurança a agente semi-imputável e exige do juiz a decisão, no momento de prolatar sua sentença, entre a aplicação de uma pena com redução de um a dois terços ou a aplicação de medida de segurança, de acordo com o que for mais adequado ao caso concreto.

COMENTÁRIOS

Certo: pelo sistema vicariante, ao semi-imputável, aplica-se medida de segurança ou pena, com redução de um a dois terços. O Juiz, no caso concreto, deverá observar o nível de periculosidade do agente para definir qual das duas sanções penais irá adotar.

25. (Cespe – Analista Judiciário – Área Judiciária – TJ – CE/2014) A respeito da inimputabilidade penal, do erro, da desistência voluntária, do arrependimento eficaz, do crime impossível e da relevância da omissão, assinale a opção correta.

a) Crime impossível e delito putativo são considerados pela doutrina como expressões sinônimas.

b) Aquele que causa um acidente e, sem justo motivo, deixa de socorrer a vítima, que falece no local, comete crime de omissão de socorro.

c) De acordo com o entendimento do STJ, aquele que pratica um crime no mesmo dia em que tenha completado dezoito anos é considerado inimputável.

d) Aquele que porta carteira nacional de habilitação falsa, acreditando ser ela um documento legítimo, não pratica o delito de uso de documento falso, uma vez que incide em erro de tipo acidental.

e) O agente que tenha desistido voluntariamente de prosseguir na execução ou, mesmo depois de tê-la esgotado, atue no sentido de evitar a produção do resultado, não poderá ser beneficiado com os institutos da desistência voluntária e do arrependimento eficaz caso o resultado venha a ocorrer.

COMENTÁRIOS

Alternativa correta: letra "e". A desistência voluntária e o arrependimento eficaz só ocorrem se forem capazes de romper o nexo de causalidade e, assim, se evitar o resultado. Se este advir, os agentes respondem por crime consumado.

Alternativa "a". O crime impossível tem caráter objetivo, recaindo sobre o objeto e/ou o meio de produzir o resultado. Já o delito putativo se refere ao elemento subjetivo, recaindo sobre a vontade.

Alternativa "b". No caso, o agente responde por homicídio culposo na direção de veículo automotor, com causa de aumento de pena em decorrência do fato de deixar de prestar socorro à vítima (art. 302, parágrafo único, III, CTB). Não responde o agente por omissão de socorro em decorrência da causa de aumento de pena mencionada, sob pena de *bis in idem*.

Alternativa "c". São menores de dezoito anos os inimputáveis. Se o crime é cometido no dia em que a pessoa faz aniversário de dezoito anos, ele não é menor de idade e, por isso, é imputável.

Alternativa "d". Aquele que porta carteira nacional de habilitação falsa, acreditando ser ela um documento legítimo, não pratica o delito de uso de documento falso, uma vez que incide em erro de tipo essencial, pois recai sobre elemento do tipo penal.

26. (Cespe – Analista Judiciário – Área Judiciária – TJ – CE/2014) Acerca do arrependimento posterior, da culpa, dos crimes qualificados pelo resultado, das excludentes de ilicitude e das excludentes de culpabilidade, assinale a opção correta.

a) Todo crime qualificado pelo resultado é um crime preterdoloso.

b) A coação física irresistível é capaz de excluir a culpabilidade pelo cometimento de um crime.

c) Para a doutrina majoritária, aquele que, para salvar-se de perigo iminente, sacrifica direito de outrem não atua em estado de necessidade.

d) O instituto do arrependimento posterior pode ser aplicado ao crime de lesão corporal culposa.

e) O direito penal admite a compensação de culpas.

COMENTÁRIOS

Alternativa correta: letra "d". Como se trata de crime culposo, apesar de haver violência contra a vítima, é possível o reconhecimento do arrependimento posterior.

Alternativa "a". Crime preterdoloso é aquele em que a conduta antecedente é dolosa, mas o resultado é obtido por meio de culpa. Isso ocorre, por exemplo, na lesão corporal seguida de morte (art. 129, § 3º, CP). Mas, há crime agravado pelo resultado que não é preterdoloso, como o latrocínio, em que o resultado morte também é pretendido pelo agente que subtrai bens da vítima (art. 157, § 3º, CP).

Alternativa "b". A coação física irresistível exclui a **tipicidade**, pois, em verdade, a pessoa age sem vontade, elemento essencial à conduta típica.

Alternativa "c". Considera-se em estado de necessidade quem pratica o fato para salvar de perigo atual, que não provocou por sua vontade, nem podia de outro modo evitar, **direito próprio ou alheio**, cujo sacrifício, nas circunstâncias, não era razoável exigir-se (art. 24, CP).

Alternativa "d". No direito penal, a compensação de culpas não exclui o nexo de causalidade.

27. (Cespe – Procurador do Estado – BA/2014) No que diz respeito aos diversos institutos previstos na parte geral do Código Penal, julgue os itens seguintes.

Em direito penal, conforme a teoria limitada da culpabilidade, as discriminantes putativas consistem em erro de tipo, ao passo que, de acordo com a teoria extremada da culpabilidade, elas consistem em erro de proibição.

COMENTÁRIOS

Errado. Para a teoria limitada da culpabilidade, se o erro do agente incidir sobre uma situação fática que, se existisse, tornaria a conduta legítima, fala-se em erro de tipo (erro de tipo permissivo); mas, se o erro recair sobre a existência ou, os limites de uma causa de justificação, o erro é de proibição (erro de proibição indireto/ erro de permissão). Em contrapartida, a teoria extremada da culpabilidade não faz qualquer distinção, entendendo que, tanto o erro sobre a situação fática, como aquele em relação à existência ou limites da causa de justificação devem ser considerados erros de proibição, já que o indivíduo supõe lícito o que não é.

28. (Cespe – Procurador do MP junto ao TCE-PB/2014) Com relação a aspectos diversos pertinentes ao crime, assinale a opção correta de acordo com o CP.

a) Diz-se consumado o crime quando nele se reúnem, pelo menos, parte dos elementos de sua definição legal.

b) A tentativa, salvo disposição legal em contrário, é punida com a pena correspondente à prevista para o crime na modalidade continuada, diminuída de um terço até a metade.

c) O agente que, embora tenha iniciado a execução do crime, voluntariamente impeça o resultado danoso responderá somente pelos atos por ele já praticados.

d) Pune-se a tentativa ainda que, por ineficácia do meio ou por absoluta impropriedade do objeto, o resultado ilícito almejado nunca possa ser alcançado.

e) Quando se trata de omissão penalmente relevante, o dever de agir incumbe somente a quem, com o seu comportamento anterior, tiver dado causa ao resultado delituoso.

COMENTÁRIOS

Alternativa correta: letra "c". Trata-se da chamada **desistência voluntária**, em que o agente inicia os atos de execução, mas deixa de prosseguir no *iter criminis*, por ato voluntário, ainda que não espontâneo. Responde pelos atos já praticados, como lesão corporal no caso de desistência no crime de homicídio (art. 15, CP).

Alternativa "a". Para a consumação de um crime, se faz necessário que se reúnam todos os elementos do tipo penal (art. 14, I, CP).

Alternativa "b". Salvo disposição em contrário, pune-se a tentativa com a pena correspondente ao crime consumado, diminuída de um a dois terços (art. 14, parágrafo único, CP).

Alternativa "d". Não se pune a tentativa ainda que, por ineficácia do meio ou por absoluta impropriedade do objeto, o resultado ilícito almejado nunca possa ser alcançado. Trata-se de **crime impossível ou tentativa inidônea** (art. 17, CP).

Alternativa "e". Na omissão penalmente relevante, o dever de agir incumbe a quem: a) tenha por lei obrigação de cuidado, proteção ou vigilância; b) de outra forma, assumiu a responsabilidade de impedir o resultado; c) com seu comportamento anterior, criou o risco da ocorrência do resultado.

29. (Cespe – Procurador do MP junto ao TCE-PB/2014) De acordo com o CP, assinale a opção correta a respeito de crimes (relação de causalidade; ilicitude e causas de sua exclusão) imputabilidade penal e penas.

a) Se a participação do agente delituoso no crime for de menor importância, a sua pena pode ser reduzida de um sexto a um terço.

b) Somente nos casos em que o agente praticar o fato em estado de necessidade, em legítima defesa (ainda que putativa) e em estrito cumprimento do dever legal não se considerará existente o crime.

c) A inimputabilidade penal, se for devidamente comprovada, resultará sempre em redução da pena, de um a dois terços, independentemente do crime praticado.

d) A emoção, a paixão e a embriaguez culposa podem, em circunstâncias especiais, excluir a imputabilidade penal.

e) O ajuste, a determinação e o auxílio são sempre puníveis, independentemente da natureza do crime planejado.

COMENTÁRIOS

✪ **Nota do autor:** para responder à questão, o candidato deveria se valer do princípio da **individualização da pena**.

Alternativa correta: letra "a". Estabelece o art. 29, § 1º, CP, que, se a participação for de menor importância, a pena pode ser diminuída de um sexto a um terço. Nesse caso, o legislador visa cumprir o princípio da individualização da pena, pois, ao partícipe, cuja contribuição foi de menor importância, aplica-se pena menor do que ao autor ou ao partícipe de maior importância, em que pese todos respondam pelo mesmo crime.

Alternativa "b". O crime é fato típico, ilícito e culpável, de acordo com a teoria tripartida da ação. Assim, qualquer fato exclua a tipicidade, a ilicitude e a culpabilidade faz excluir o crime. Pela teoria bipartida, crime é fato típico e antijurídico e, assim, qualquer fato exclua a tipicidade e a ilicitude faz excluir o crime.

Alternativa "c". Em verdade, a inimputabilidade decorrente de doença mental exclui a possibilidade de aplicação de pena, devendo ao agente ser aplicada **medida de segurança**. No caso de menoridade, o agente está sujeito ao ECA.

Alternativa "d". A emoção, a paixão e a embriaguez culposa não excluem a imputabilidade penal, conforme estabelece o art. 28, CP. O legislador entende que, nesses casos, a vontade do agente não é viciada a ponto de se excluir a culpabilidade.

Alternativa "e". Não basta que haja os simples ajuste, determinação e auxílio. Deve haver o início da execução do núcleo típico do crime para que ocorra a infração penal.

---

30. (Cespe – Cartório – TJ – DF/2014) Assinale a opção correta com base na teoria geral do delito.

a) A lei penal brasileira não considera a independência relativa do novo curso causal como excludente da imputação do resultado.

b) O tipo subjetivo da omissão de ação é assimétrico: na omissão de ação imprópria, há somente dolo; na omissão de ação própria, há dolo e imprudência.

c) Nos tipos dolosos de simples atividade, a tarefa de atribuição causal do tipo objetivo se esgota na subsunção da ação ao tipo legal respectivo porque não existe um resultado exterior imputável ao autor do fato.

d) O conhecimento atual das circunstâncias de fato do tipo objetivo deve abranger os elementos presentes – a vítima, a coisa, o documento etc. – e futuros – o curso causal e o resultado – do tipo objetivo, bem como as condições objetivas de punibilidade.

e) O conceito clássico de delito é falho, na medida em que nele não é estabelecido vínculo entre a conduta e o resultado por meio do nexo de causalidade.

COMENTÁRIOS

Alternativa correta: letra "c". Nos **tipos dolosos de resultado**, o tipo objetivo pressupõe dois momentos importantes: **a causação do resultado e a imputação do resultado**. Já nos tipos dolosos de **simples atividade** o tipo objetivo se esgota na **subsunção da ação ao tipo legal respectivo**, ou seja, não se faz necessário o advento do resultado.

Alternativa "a". Na causa relativamente independente, há o corte do nexo de causalidade, devendo o agente responder pelo ato que já praticou. Assim, em decorrência do tiro, uma pessoa é internada em hospital, o qual pega fogo, motivo da morte da vítima. O autor do disparo responde pelo crime de homicídio na forma tentada.

Alternativa "b". Nos crimes **omissivos próprios**, como o de omissão de socorro (art. 135, CP), só se admite a figura **dolosa**. Já, nos crimes **omissivos impróprios**, em que o tipo penal descreve uma conduta positiva, mas o resultado advém de uma omissão, tem-se a possibilidade de o crime ser doloso ou culposo, como no homicídio.

Alternativa "d". As condições objetivas de punibilidade, como a decretação da falência nos crimes falimentares, são estranhas ao tipo penal e, em consequência, ao dolo.

Alternativa "e". Para a teoria causal, ação é o movimento corporal que produz modificação do mundo exterior (resultado), havendo nexo de causalidade entre um e outro. No caso, as críticas que se fazem a tal teoria é que ela tem dificuldades crimes omissivos culposos, bem como aqueles em que não há produção de resultado naturalístico (formal e de mera conduta).

---

31. (Cespe – Cartório – TJ – DF/2014) Em relação a tentativa, desistência voluntária, arrependimento eficaz, arrependimento posterior e crime impossível, assinale a opção correta.

a) Aquele que, por ato voluntário, porém não espontâneo, devolve a coisa furtada antes do recebimento da denúncia não pode beneficiar-se do arrependimento posterior.

b) No que diz respeito à punibilidade do crime impossível, o autor de uma tentativa inidônea não merece, segundo a teoria subjetiva, sofrer sanção penal, dada a inexistência de qualquer perigo de lesão ao bem jurídico protegido pela norma.

c) Admite-se a tentativa nos delitos de imprudência.

d) Em se tratando de tentativa branca de crime de homicídio, a fixação da redução da pena pela tentativa deve ocorrer no patamar máximo, isto é, dois terços.

e) A desistência da tentativa inacabada deve ser entendida como arrependimento eficaz.

COMENTÁRIOS

✪ **Nota do autor:** tentativa branca é aquela em que o agente não atinge o objeto material tutelado pela norma penal. A ela, se opõe a tentativa cruenta.

Alternativa correta: letra "d". No crime tentado, a pena deve ser diminuída de um a dois terços (art. 14, parágrafo único, CP). Quanto menor for a ofensa ao objeto jurídico, maior vai ser a diminuição da pena. Na tentativa branca, como não houve ofensa ao objeto material, a pena é diminuída no máximo.

Alternativa "a". No arrependimento posterior, **não exige espontaneidade**, devendo o ato ser voluntário e a restituição ocorrer até o recebimento da denúncia (art. 16, CP).

Alternativa "b". O CP adotou a teoria objetiva em matéria de punibilidade do crime impossível (art. 17, CP). Como o bem jurídico não for atingido, não há punição. Pela teoria subjetiva, haveria punição em decorrência da simples vontade do agente ter cometido o crime.

Alternativa "c". Nos crimes culposos, não se admite a tentativa, porque não é possível o fracionamento da conduta. Ou a pessoa comete a imprudência, ou não a comete.

Alternativa "e". Apesar de previstos no mesmo artigo, desistência voluntária não se confunde com arrependimento eficaz (art. 15, CP). No primeiro, ele não esgota os meios de execução. Enquanto no segundo ele esgota os meios de execução, mas impede o advento do resultado.

---

32. (Cespe – Cartório – TJ – DF/2014) No que se refere às hipóteses de *aberratio ictus*, erro e causas excludentes de ilicitude e de culpabilidade, assinale a opção correta.

a) Os elementos subjetivos do tipo, como o próprio dolo e as intenções, tendências e atitudes especiais da ação, podem ser objeto de erro de tipo.

b) O uso imoderado de um meio necessário configura excesso intensivo de legítima defesa.

c) O erro de proibição pode incidir sobre a existência e a validade da lei penal, mas não sobre sua interpretação.

d) Segundo a doutrina majoritária, para o reconhecimento da obediência hierárquica, causa excludente da culpabilidade, não é exigida comprovação da relação de direito público entre coator e coato.

e) Se A desejando matar B, atinge mortalmente C, A deverá responder, de acordo com a teoria da concretização, por tentativa de homicídio contra B e por homicídio imprudente contra C.

COMENTÁRIOS

✪ **Nota do autor:** no meu entender a alternativa "b" está correta também, motivo pelo qual deveria ser anulada essa questão.

Alternativa correta: letra "e". No caso houve **erro na execução** ou *aberratio ictus*. Pela Teoria da concretização, que leva em conta a ação concreta, a vítima concreta do crime, não o que o agente pretendia fazer, importa é o que de fato acontece. Assim, o agente responde por homicídio culposo em relação a "C" e tentativa de homicídio em relação a "B".

Alternativa "a". O erro de tipo recai sobre elementares do tipo penal. Em matéria de elementos subjetivos, é relevante o **dolo**.

Alternativa "b". Excesso **intensivo** é aquele que se verifica a partir dos **meios** utilizados para repelir a agressão, ou ao grau de utilização deles. Já o excesso **extensivo** se configura quando a **defesa se prolonga** no tempo além do que dura a atualidade da agressão, ou seja, quando a agressão já tenha cessado e não exista mais o perigo de sua continuação

Alternativa "c". O erro de proibição incide sobre a **ilicitude do fato**. O erro de proibição não se confunde com desconhecimento da lei, pois esta significa não ter conhecimento dos artigos, leis, entre outros, enquanto aquela significa uma noção comum sobre o permitido e o proibido.

Alternativa "d". De acordo com a doutrina majoritária, deve haver uma relação de direito público entre ambos, já que o poder hierárquico é inerente à Administração Pública, estando excluídas da hipótese de obediência hierárquica as relações de direito privado, tais como as entre patrão e empregado.

---

33. (Cespe – Cartório – TJ – DF/2014) Diversas pessoas invadiram um prédio de um órgão público, sem avisar previamente às autoridades competentes, para pedir maior investimento em educação e saúde no país. Chamada pelos servidores do órgão, a polícia militar determinou que os manifestantes desocupassem o local imediatamente. Todavia, a ordem não foi obedecida e todos os manifestantes sentaram-se no chão. Os policiais, utilizando bombas de gás lacrimogênio e projéteis de borracha, retiraram todos à força, o que acabou ferindo gravemente muitos protestantes.

Considerando essa situação hipotética, assinale a opção correta.

a) Os manifestantes praticaram crime de resistência.

b) Os manifestantes não praticaram qualquer crime, dado o acobertamento de suas condutas por causa supralegal de exclusão da culpabilidade.

c) A conduta adotada pelos policiais é típica, porém lícita, haja vista estar amparada pela causa excludente de ilicitude do estrito cumprimento de um dever legal.

d) Os manifestantes praticaram crime de desobediência.

e) A conduta dos manifestantes é típica, porém lícita, na medida em que é acobertada pela causa excludente de ilicitude do exercício regular de direito.

COMENTÁRIOS

✪ **Nota do autor:** causa supralegal de culpabilidade não prevista em lei, mas que também afasta a reprovabilidade da conduta típica e ilícita.

Alternativa correta: letra "b". Trata-se de questão doutrinária. Os protestos podem ser vistos como ato de desobediência civil, como ocorreu na Índia de Gandhi. A doutrina a prevê como causa supra legal de culpabilidade, desde que 1. As ações sejam mais inovadoras que destruidoras; 2. Visem a proteção de direitos fundamentais; 3. Que os danos decorrentes não sejam relevantes (CF. Bruno Cavalcante Leitão Santos. *A necessidade de ampliação dos requisitos da desobediência civil como excludente supralegal de culpabilidade frente ao choque entre Direitos Fundamentais.* http: //www.ambito-juridico.com.br/site/index.php?n_link=revista_artigos_leitura&artigo_id=10003).

Alternativa "a". Não se configurou o tipo penal da resistência, porque não houve violência ou grave ameaça contra os policiais militares, funcionários públicos com atribuição para desocupar os prédios.

Alternativa "c". Não há informações suficientes no problema para indicar se houve abuso de autoridade por parte dos policiais, mesmo porque, como se sabe, tais métodos são usados amplamente por policias de vários países do mundo na dispersão da multidão.

Alternativa "d". A princípio houve crime de desobediência, mas em decorrência da presença da causa supralegal de culpabilidade, fica afastada a possibilidade de punição dos protestantes.

Alternativa "e". A conduta dos manifestantes é típica e ilícita, porém, faz-se incidir causa supralegal de culpabilidade.

34. (Cespe – Juiz de Direito Substituto – DFT/2014) Com relação às teorias que versam sobre o delito e a pena, assinale a opção correta.

a) Decorre do pós-finalismo, mais propriamente da teoria social da ação desenvolvida por Hans-Heinrich Jescheck, a afirmação de que a culpabilidade não constitui condição suficiente para a imposição da pena, mas apenas um dos elementos que, juntamente com a necessidade preventiva, passa a integrar a categoria denominada responsabilidade.

b) Entre as teorias contemporâneas do delito, apenas a teoria do defeito da motivação jurídica, ou teoria da motivação, realiza a crítica ao livre arbítrio como expressão de absoluto indeterminismo e como fundamento ontológico da culpabilidade. Essa teoria foi desenvolvida a partir da ideia de censura sobre o autor que defrauda as expectativas da norma penal, porque, apesar de possuir a capacidade de reconhecer e acatar a motivação de comportamento prescrita normativamente, ele atua com defeito volitivo e se revela infiel ao direito.

c) Claus Roxin, na formulação da sua teoria da imputação objetiva, entende que a finalidade do direito penal é a de garantir a segurança das expectativas em relação ao cumprimento dos papéis atribuídos a cada um, e não a de impedir todos os danos possíveis, paralisando a vida social. Por essa razão, não devem ser imputados aos indivíduos os resultados danosos provenientes de condutas socialmente adequadas.

d) Na dogmática penal brasileira contemporânea, a posição adotada por Juarez Tavares, no tocante ao conceito de ação como condição para a existência do delito, distancia-se do finalismo, por não admitir um conceito pré-jurídico de conduta, e aproxima-se do modelo social, pela afirmação de que a conduta humana não é somente um fenômeno individual, mas deve ser estruturada sob a característica de constituir atividade social. Essa abordagem se identifica com o funcionalismo, por vincular o conceito de ação, exclusivamente, a um sistema ou processo de imputação.

e) Conforme a teoria pessoal da ação, nem as atividades insuscetíveis de controle pela consciência e pela vontade nem os simples pensamentos constituem ação como manifestação da personalidade, porque aquelas não são atribuíveis ao centro de ação psicoespiritual humana e estes, a despeito de sua natureza psicoespiritual, não chegam a se manifestar no mundo exterior.

COMENTÁRIOS

Alternativa correta: letra "e". Pela teoria pessoal da ação, a ação é vista como manifestação da personalidade. Excluem-se todos os comportamentos não domináveis pela vontade humana, bem como aqueles que não são exteriorizados por meio da conduta.

Alternativa "a". Para a teoria social da ação, a culpabilidade mantém elementos da vontade, pois o dolo e a culpa, além de integrarem o tipo penal, também recai sobre juízo de reprovabilidade. Neste, se reprova a conduta do agente, pois dele se podia exigir conduta diversa.

Alternativa "b". Há outras teorias do direito penal que não admitem o livre-arbítrio como elemento único para a determinação da culpabilidade. Tem-se como exemplo a teoria da co-culpabilidade, em que se deve levar em consideração o meio social em que está o agente.

Alternativa "c". As teorias da imputação objetiva e da conduta socialmente adequada têm pontos em comum, porque consideram que nem toda conduta formalmente típica é punível, pois podem elas ser desprovidas de injusto. Mas, a primeira é mais abrangente que a segunda, porquanto, exige, para a punição do agente, que ainda que o resultado produzido por aquela conduta guarde uma relação com o risco por ela criado.

Alternativa "d". No funcionalismo, a imputação é um elemento a mais e não o único para a determinação da ação.

35. (Cespe – Juiz de Direito Substituto – DFT/2014) No que concerne à teoria do domínio do fato, ao conceito de autoria mediata, ao erro e às causas de exclusão da ilicitude, assinale a opção correta.

a) Se, por hipótese, Joaquim furtar bem de Américo, supondo estar praticando um ato de vingança contra Emílio, ocorrerá erro na execução.

b) Supondo que Júlio deseje agredir Camilo, mas, por erro de representação, fira Reinaldo, seu próprio irmão, incidirá, nessa hipótese, em relação ao crime praticado, a agravante de parentesco.

c) O erro determinado por terceiro pode configurar hipótese de autoria mediata, embora a autoria mediata não ocorra somente nos casos em que o executor material do delito atue sem dolo ou sem culpabilidade.

d) Conforme a teoria do domínio do fato, não há nenhuma utilidade no conceito de autoria mediata, porque o domínio da vontade, elemento especial dessa modalidade de autoria, insere-se no elemento geral da figura da autoria – que é o próprio domínio do fato –, podendo-se, por isso, concluir que autor mediato é o mesmo que mandante.

e) No âmbito da dogmática jurídico-penal, não se admite legítima defesa contra legítima defesa putativa.

COMENTÁRIOS

Alternativa correta: letra "c". É possível que o autor imediato haja com culpa e, mesmo assim, há a **autoria mediata.** Exemplo: "A" induz "B" a, com um disparo, cortar o cigarro que está na boca de "C". "B" dispara e, por inabilidade, mata "C". "B" agiu com culpa (não assumiu o risco de produzir o resultado, por isso que não se trata de dolo eventual). "B" responde por homicídio culposo (afastando-se a hipótese do dolo eventual que, em tese, seria perfeitamente possível). E o autor mediato? Responde por homicídio doloso, como autor mediato. Não há dúvida que cabe autoria mediata quando o executor atua com culpa. Problema existe quando ele atua com dolo, como vimos acima (Exemplo de Luiz Flávio Gomes).

Alternativa "a". Em verdade, houve erro contra a pessoa (art. 20, § 3º, CP). O agente responde pelo crime de furto contra Américo, mas levam-se em consideração a personalidade de Emílio. Assim, o Juiz pode levar em consideração na aplicação da pena que Américo agiu com vingança.

Alternativa "b". Mais uma vez, houve erro contra a pessoa. Deve-se levar em consideração as condições pessoais da vítima virtual, aquela que o agente deveria atingir, e não da real, aquela que foi de fato atingida. Neste caso, não incide a agravante de ser a vítima real irmão do autor do fato.

Alternativa "d". Na teoria do domínio do fato, a autoria mediata tem relevância, porquanto também são autores aqueles que praticam o crime por meio do **domínio da vontade de outrem** que age sem dolo ou culpabilidade, em regra sob coação ou em erro.

Alternativa "e". Legítima defesa contra legítima defesa putativa é admissível no direito brasileiro, porque, objetivamente, aquele que age em legítima defesa putativa se conduz de forma **injusta.**

36. (Cespe – Procurador Federal/2013) Acerca de aspectos diversos do direito penal, entre eles a desistência voluntária, o arrependimento e a coação física ou moral, julgue os itens a seguir.

36.1. O CP permite a aplicação de causa de diminuição de pena quando o arrependimento posterior for voluntário, não exigindo que haja espontaneidade no arrependimento.

COMENTÁRIOS

Certo. O arrependimento posterior é causa de diminuição de pena, que será reduzida de um a dois terços (art. 16, CP). São seus requisitos: a. crimes cometidos **sem violência ou grave ameaça** à pessoa; b. reparação do dano ou restituição da coisa, até o **recebimento** da denúncia ou da queixa; c. ato **voluntário** do agente, que pode agir por iniciativa sua (espontâneo) ou por indução, instigação ou auxílio de outrem.

36.2. Para ser aceita como excludente de culpabilidade, a coação física ou moral tem de ser irresistível, inevitável e insuperável.

COMENTÁRIOS

✪ **Nota do autor:** a vontade é elemento do tipo penal; já a exigibilidade de conduta diversa é elemento da culpabilidade.

Errado. A coação física irresistível afasta por completo a vontade do agente, motivo pelo qual não se pode dizer que ele agiu com dolo e culpa. Assim, **a coação física irresistível é excludente de tipicidade.** Já a coação moral irresistível vicia a vontade do agente, que, ainda, persiste. Dessa forma, a coação **moral irresistível é excludente de culpabilidade**, por inexigibilidade de conduta diversa.

36.3. Entende-se que o arrependimento eficaz se configura quando o agente, no curso do *iter criminis*, podendo continuar com os atos de execução, deixa de fazê-lo por desistir de praticar o crime.

COMENTÁRIOS

✪ **Nota do autor:** a desistência voluntária e o arrependimento eficaz impedem o resultado por vontade do próprio agente. Ao contrário da tentativa, em que o resultado não advém em decorrência de circunstâncias alheias à vontade do agente.

Errado. Entende-se que a **desistência voluntária** se configura quando o agente, no curso do *iter criminis*, podendo continuar com os atos de execução, deixa de fazê-lo por desistir de praticar o crime. Já, no **arrependimento eficaz**, o agente já encerrou a execução, mas, voluntariamente, impede que o resultado advenha.

37. (Cespe – Analista Judiciário – Área Judiciária – STF/2013) Acerca dos princípios gerais que norteiam o direito penal, das teorias do crime e dos institutos da Parte Geral do Código Penal brasileiro, julgue os itens a seguir.

37.1. Considere que Manoel, penalmente imputável, tenha sequestrado uma criança com o intuito de receber certa quantia como resgate. Um mês depois, estando a vítima ainda em cativeiro, nova lei entrou em vigor, prevendo pena mais severa para o delito. Nessa situação, a lei mais gravosa não incidirá sobre a conduta de Manoel.

COMENTÁRIOS

✪ **Nota do autor:** em provas do CESPE, sempre é recomendável a memorização de Súmulas Vinculantes e Súmulas do STF e do STJ.

Errado: em primeiro lugar, cabe identificar que se trata de crime de extorsão mediante sequestro (art. 159, CP). Trata-se de infração penal **permanente**, cuja consumação se prolonga no tempo. De acordo com a Súmula nº 711 do STF, a lei penal **mais grave** aplica-se **ao crime permanente**, caso a sua vigência se inicie enquanto permanece a conduta criminosa.

37.2. A teoria finalista adota o conceito clássico de ação, entendida como mero impulso mecânico, dissociado de qualquer conteúdo da vontade.

COMENTÁRIOS

Errado: de acordo com a teoria finalista da ação, a ação criminosa é aquela voltada a um determinado fim contrário à lei. No finalismo, a **culpa e o dolo são elementos da conduta criminosa**. Diferentemente do que estabelece a teoria causal ou naturalista, segundo a qual a ação é um mero impulso mecânico. Na teoria causal, a culpa e o dolo não fazem parte da conduta, mas da culpabilidade.

37.3. Considerando o disposto no Código Penal brasileiro, quanto à matéria do erro, é correto afirmar que, em regra, o erro de proibição recai sobre a consciência da ilicitude do fato, ao passo que o erro de tipo incide sobre os elementos constitutivos do tipo legal do crime.

COMENTÁRIOS

✪ **Nota do autor:** crime é fato típico, antijurídico (ilícito) e culpável. O erro de tipo recai sobre a tipicidade da conduta, enquanto o erro de proibição sobre a culpabilidade.

Certo: o erro de proibição exclui a culpabilidade, porque o agente age sem a potencial consciência de ilicitude de sua conduta. É o caso do agente que imagina estar em legítima defesa e ofende bem jurídico da vítima. Por causa do erro, entende que sua conduta é lícita, abarcada pela legítima defesa, mas não é. Já, no erro de tipo, o agente pratica uma conduta atípica, porque o erro recai sobre os elementos constitutivos do tipo penal. É o caso da pessoa que subtrai um chapéu imaginando que era de outra pessoa, mas, em verdade, era seu.

38. (Cespe – Juiz do Trabalho Substituto 5ª região/2013) No que se refere às causas de exclusão de ilicitude, assinale a opção correta.

a) O consentimento do ofendido, considerado causa de exclusão de ilicitude, produz efeito se houver expressa manifestação de vontade da vítima, independentemente de o bem jurídico afetado ser disponível, ou seja, de ser bem jurídico de natureza pessoal ou patrimonial.

b) O médico que, sabendo que sua amante, grávida de um filho seu, corre risco de morrer em decorrência de complicações da gravidez, a submete a aborto, com o intuito de evitar que sua esposa tome conhecimento da gravidez, age em estado de necessidade justificante.

c) Responde por homicídio consumado, não sendo possível a alegação do estado de necessidade, o segurança que, contratado para defesa pessoal, não enfrenta cães ferozes que atacaram a pessoa que o contratou, causando-lhe a morte, já que era seu dever legal enfrentar o perigo.

d) Age impelido por estado de necessidade o bombeiro que se recusa a ingressar em prédio onde há incêndio de grandes proporções, com iminente risco de desabamento, para salvar a vida de alguém que se encontre em andar alto e que tenha poucas chances de sobreviver, dada a possibilidade de intoxicação por fumaça, se houver risco para sua própria vida.

e) Age em legítima defesa o autor de furto que, surpreendido pelo proprietário do imóvel por ele invadido, provoca-lhe lesões corporais ao se defender, com os próprios punhos, de agressão física consistente em golpe de imobilização.

COMENTÁRIOS

Alternativa correta: letra "d". Estabelece o art. 24, § 1º, CP, que não pode alegar estado de necessidade aquele que tinha o **dever legal de enfrentar o perigo**. Assim, em princípio, o bombeiro não pode alegar estado de necessidade no enfrentamento a incêndio para salvar uma pessoa. Porém, **não se exigem atos de heroísmo** de modo a ser possível a reconhecer o estado de necessidade ao bombeiro se a operação for de alto risco para ele, bem como ser improvável o sucesso da operação.

Alternativa "a". A doutrina considera o consentimento do ofendido como causa excludente de ilicitude. Porém, não pode ele recair sobre bens jurídicos indisponíveis de natureza pessoal, como a vida e a integridade física.

Alternativa "b". No caso, o médico comete o crime de aborto, porque a sua intenção foi evitar que sua esposa tomasse conhecimento de sua traição. Caso a sua intenção fosse salvar a vida de sua amante, configurado estaria o estado de necessidade. Para caracterização da excludente de ilicitude, deve estar presente na vontade do agente.

Alternativa "c". Estabelece o art. 24, § 1º, CP, que não pode alegar estado de necessidade aquele que tinha o **dever legal de enfrentar o perigo**. Há entendimento no sentido de que esse dispositivo abarca os deveres contratuais, como o do segurança. Mas predomina que o simples contrato não impõe o dever de enfrentar o perigo. Nesse caso, o segurança, presentes os requisitos legais, pode alegar estado de necessidade, e não responder pelo crime de homicídio.

Alternativa "e". Não pode o autor do furto alegar legítima defesa, porque esta só ocorre se a agressão for **ilícita**. No caso, foi o agressor que agiu em legítima defesa para afastar a violação ao seu patrimônio.

---

39. (Cespe – Juiz do Trabalho Substituto 5ª região/2013) Acerca dos crimes consumados e tentados, assinale a opção correta.

a) A lei prevê a tentativa imperfeita para os crimes habituais.

b) Em se tratando de crimes unissubsistentes, não há tentativa, não se plicando, portanto, a causa de diminuição da pena prevista na Parte Geral do CP para os crimes tentados.

c) Crime consumado, sinônimo de crime exaurido, difere da tentativa em relação à conduta que percorre o *iter criminis*. Em se tratando de tentativa, a execução inicia-se, mas não se consuma por circunstâncias alheias à vontade do agente.

d) O *iter criminis* compreende etapas de cogitação, preparação, execução e consumação, sendo puníveis apenas os atos que englobem as duas últimas etapas.

e) Configura-se como falho o crime quando o processo executório é interrompido por circunstâncias alheias à vontade do agente.

COMENTÁRIOS

✪ **Nota do autor:** essa questão foi **anulada** pela comissão organizadora do concurso.

Alternativa "a". Tentativa imperfeita é aquela em que o agente não termina a execução da conduta, por circunstâncias alheias à sua vontade. Por exemplo, enquanto a pessoa esfaqueia a vítima, terceiro impede que ela continue na execução e salva o ofendido. Nos crimes **habituais**, porque se exige a reiteração de condutas, sendo cada uma delas indiferente ao Direito Penal **não se admite a tentativa**, seja perfeita ou imperfeita.

Alternativa "b". Essa alternativa está correta. De fato, em crimes unissubsistentes, não se admite a tentativa, porque a conduta não pode ser fracionada. É o que ocorre na **injúria verbal**.

Alternativa "c". O crime consumado é aquele que percorre todo o *iter criminis*, enquanto que, na tentativa, não há a consumação por fato alheio à vontade do agente. Porém, consumação não se confunde com exaurimento, pois, neste, o crime já está consumado e pode advir fato posterior relevante, como, no caso, da obtenção da vantagem indevida no crime de extorsão.

Alternativa "d". Essa alternativa também está correta. Com efeito, não são puníveis a cogitação (quando o agente forma a vontade de cometer o crime) e a preparação. Apenas a partir da execução, há o relevante penal, respondendo ele por crime tentado ou consumado.

Alternativa "e". Crime falho é sinônimo de **tentativa perfeita ou acabada**. É uma forma de tentativa na qual o agente esgota todo o caminho executório para o crime, de acordo com seu planejamento, mas não ocorre a consumação. Há outra forma de tentativa que é a **imperfeita**.

---

40. (Cespe – Defensor Público – DF/ 2013) Com relação aos conceitos, objetivos e princípios do direito penal, às penas restritivas de direitos, ao livramento condicional e à reincidência, julgue os itens subsecutivos.

Para a caracterização do crime culposo, a culpa consciente se equipara à culpa inconsciente ou comum.

COMENTÁRIOS

Errado: Culpa consciente é aquela em que o agente prevê a possibilidade de ocorrência do evento danoso, mas, acredita ser possível evitá-lo. Contrapõe-se à culpa inconsciente, em que, apesar de previsível ao homem comum, no caso comum, o agente não prevê o resultado. Em ambas as hipóteses, a pessoa responde por crime culposo.

41. (Cespe – Delegado de Polícia Federal – DPF/2013) Considerando a distinção doutrinária entre culpabilidade de ato e culpabilidade de autor, julgue o seguinte item.

Tratando-se de culpabilidade pelo fato individual, o juízo de culpabilidade se amplia à total personalidade do autor e a seu desenvolvimento.

COMENTÁRIOS

✪ **Nota do autor:** Culpabilidade é juízo de reprovação.

Errado. A culpabilidade do autor é juízo de reprovação que recai sobre a personalidade do agente; culpabilidade do fato incide sobre as circunstâncias fáticas do crime. Ora, se a culpabilidade incide sobre o fato, não leva em consideração a personalidade do autor e seu desenvolvimento.

42. (Cespe – Delegado de Polícia Federal – DPF/2013) Em relação ao concurso de agentes, à desistência voluntária e ao arrependimento eficaz, bem como à cominação das penas, ao erro do tipo e, ainda, à teoria geral da culpabilidade, julgue os itens subsecutivos.

42.1. No arrependimento eficaz, é irrelevante que o agente proceda *virtutis amore* ou *formidine poence*, ou por motivos subalternos, egoísticos, desde que não tenha sido obstado por causas exteriores independentes de sua vontade.

COMENTÁRIOS

Certo. No arrependimento eficaz, o agente esgota sua conduta criminosa. Porém, impede o advento do resultado em decorrência de **ato voluntário** de sua parte.

42.2. De acordo com a teoria extremada da culpabilidade, o erro sobre os pressupostos fáticos das causas descriminantes consiste em erro de tipo permissivo.

COMENTÁRIOS

✪ **Nota do autor:** a teoria extremada da culpabilidade é adotada na Alemanha. No Brasil, se consagrou a teoria limitada da culpabilidade.

Errado. Pela teoria extremada da culpabilidade, o dolo e a culpa são elementos desta e não da tipicidade. Assim, quando o agente pratica a conduta em erro, imaginado uma situação que justificava sua conduta, agiria com dolo, segundo essa teoria, e, em consequência, o fato era típico, mas não culpável. Diferente da teoria limitada da culpabilidade, em que a conduta é atípica, porque excluído o dolo.

42.3. Configura autoria por convicção o fato de uma mãe, por convicção religiosa, não permitir a realização de transfusão de sangue indicada por equipe médica para salvar a vida de sua filha, mesmo ciente da imprescindibilidade desse procedimento.

COMENTÁRIOS

Certo. Pela teoria da autoria por convicção, o agente conhece a norma, mas, por razões de consciência, como política, filosófica e religião, a descumpre deliberadamente. A questão que se coloca nessa teoria é que até que ponto a decisão por convicção é causa justificante para se afastar a incidência da norma penal? No caso de Testemunhas de Jeová, apesar de posicionamento em sentidos diversos, ganha corpo a teste de que não responde pelo crime o agente que deixa de fazer a transfusão de sangue, se o paciente for pessoa capaz de decidir os atos da vida civil.

43. (Cespe – Delegado de Polícia Federal – DPF/2013) No que se refere à teoria geral do crime, julgue o próximo item.

Segundo a teoria causal, o dolo causalista é conhecido como dolo normativo, pelo fato de existir, nesse dolo, juntamente com os elementos volitivos e cognitivos, considerados psicológicos, elemento de natureza normativa (real ou potencial consciência sobre a ilicitude do fato).

COMENTÁRIOS

Certo. Para a teoria causal da ação, o dolo e a culpa são elementos da culpabilidade. Assim, o dolo exige a consciência da ilicitude do fato, sendo, assim, denominado de normativo. Diferentemente, na teoria finalista, o dolo, elemento do tipo penal, é natural, porque não exige a consciência da ilicitude.

44. (Cespe – Delegado de Polícia Federal – DPF/2013) No que se refere às causas de exclusão de ilicitude e à prescrição, julgue os seguintes itens.

44.1. Considere que João, maior e capaz, após ser agredido fisicamente por um desconhecido, também maior e capaz, comece a bater, moderadamente, na cabeça do agressor com um guarda-chuva e continue desferindo nele vários golpes, mesmo estando o desconhecido desacordado. Nessa situação hipotética, João incorre em excesso intensivo.

COMENTÁRIOS

✪ **Nota do autor:** Excesso **intensivo** é aquele que se verifica a partir dos meios utilizados para repelir a agressão ou ao grau de utilização deles. Já o excesso **extensivo** se configura quando a defesa se prolonga no tempo além do que dura a atualidade da agressão injusta, ou seja, quando a agressão já tenha cessado e não exista mais o perigo de sua continuação.

Errado. No caso presente, João continuou a se defender mesmo depois de cessadas as injustas agressões por parte do desconhecido. Logo, se trata de excesso **extensivo.**

44.2. Ocorre legítima defesa sucessiva, na hipótese de legítima defesa real contra legítima defesa putativa.

COMENTÁRIOS

Errado. Na legítima defesa sucessiva, há reação contra o excesso no uso da legítima defesa. Assim, "A" sofre injusta agressão de "B" e reage em legítima defesa, porém, em excesso. Diante disso, "B" exerce legítima defesa sucessiva para afastar a agressão em decorrência do excesso.

---

45. (Cespe – Procurador do DF/ 2013) Marcos, imbuído de *animus necandi*, disparou tiros de revólver em Ricardo por não ter recebido deste pagamento referente a fornecimento de maconha. Apesar de ferido gravemente, Ricardo sobreviveu. Marcos, para chegar ao local onde Ricardo se encontrava, foi conduzido em motocicleta por Rômulo, que sabia da intenção homicida do amigo, embora desconhecesse o motivo, e concordava em ajudá-lo. Ricardo foi atingido pelas costas enquanto caminhava em via pública, e Marcos e Rômulo, ao verem a vítima tombar, fugiram, supondo tê-la matado.

Com base nessa situação hipotética, julgue os próximos itens.

Houve desistência voluntária, pois os agentes fugiram do local ao perceberem a vítima tombar no chão, sem disparar o tiro de misericórdia.

COMENTÁRIOS

Errado. Não houve desistência voluntária, porque os autores do crime não exauriram sua conduta por ato voluntário deles, mas, por suporem que a vítima havia morrido, o que não ocorreu **por circunstâncias alheias à sua vontade**, ocorrendo, assim, crime tentado.

---

46. (Cespe – Procurador BACEN/2013) Em relação ao crime impossível e ao arrependimento posterior, assinale a opção correta.

a) A apresentação de laudo médico falso ao Instituto Nacional do Seguro Social (INSS) para fins de obtenção de auxílio-doença caracteriza crime impossível caso sua consumação seja impedida pela identificação da falsidade do documento pelos peritos do referido órgão antes do deferimento do benefício pleiteado.

b) O Brasil adota, em relação ao crime impossível, a teoria objetiva temperada, segundo a qual os meios empregados e o objeto do crime devem ser absolutamente inidôneos a produzir o resultado idealizado pelo agente.

c) No crime impossível, o erro do agente recai sobre a idoneidade do meio ou do objeto material, o que exclui a tipicidade; no putativo, o agente acredita realizar um indiferente penal, o que exclui a culpabilidade, já que se trata do inverso da falta de consciência do ilícito.

d) Em se tratando de arrependimento posterior, a reparação parcial do dano ou a restituição implica uma redução na aplicação da pena, a ser aferida pelo juiz sentenciante.

e) A existência de sistema de vigilância em estabelecimento comercial exclui a possibilidade de consumação de crime patrimonial, dada a caracterização de crime impossível ante a ineficácia absoluta do meio empregado.

COMENTÁRIOS

Alternativa correta: letra "b". A teoria é objetiva, porque não se investiga a intenção do agente, mas apenas aspectos relacionados ao meio de produzir o resultado. É temperada, porque se exige que os meios sejam **absolutamente** ineficazes e o objeto **absolutamente** inapropriado.

Alternativa "a". Nos crimes de falsidade documental, se tem crime impossível caso a falsidade for grosseira, facilmente perceptível ao homem comum. Veja-se que, no caso, apenas peritos identificaram a falsidade.

Alternativa "c". Tanto no crime impossível, quanto no crime putativo, a conduta do agente é **atípica**. No primeiro caso, a atipicidade decorre de características objetivas; no segundo caso, de características subjetivas.

Alternativa "d". São requisitos do arrependimento posterior: a. crime cometido sem violência ou grave ameaça; b. reparação do dano ou restituição do bem de forma **integral**; c. reparação e restituição até o **recebimento** da denúncia ou queixa; d. ato **voluntário** do agente.

Alternativa "e". A existência de câmeras de vigilância em supermercado torna o meio de execução do crime de furto mais difícil, mas **não inteiramente ineficaz**, sendo assim não há que se falar em crime impossível.

---

47. (Cespe – Juiz de Direito Substituto – RN/2013) Em relação aos crimes de violência doméstica e aos crimes definidos no Estatuto de Desarmamento, no CDC e no CTB, assinale a opção correta.

a) Se, após trâmite regular da ação penal, o magistrado julgar parcialmente procedente a acusação e condenar o réu como incurso somente nas penas do latrocínio, acolhendo tese defensiva de absorção do crime de porte ilegal de arma pelo de latrocínio, terá ele aplicado o princípio da consunção.

b) Pratica o crime de lesão corporal qualificada pela violência doméstica o agente que agride fisicamente sua esposa, caso em que deve incidir a circunstância agravante decorrente da prática do delito contra o cônjuge.

c) De acordo com o CDC, constitui crime, punido apenas na modalidade dolosa, a omissão de dizeres ou sinais ostensivos sobre a nocividade ou periculosidade do produto na sua embalagem, invólucro, recipiente ou publicidade.

d) Aquele que, ao trafegar com seu veículo em via pública, avista sua ex-namorada e atira o carro na direção dela, com a intenção de lesioná-la, causando-lhe ferimentos leves, pratica crime previsto no CTB.

e) Conforme o entendimento jurisprudencial que considera o porte ilegal de arma de fogo crime de perigo abstrato, para a consumação do delito, é necessária a demonstração do efetivo caráter ofensivo da arma transportada pelo indivíduo.

COMENTÁRIOS

✪ **Nota do autor:** Formas de resolução do conflito aparente de normas: princípio da especialidade; subsidiariedade e consunção.

Alternativa correta: letra "a". Pelo princípio da consunção, há dois crimes, mas um deles é meio para execução do outro. Nesse caso, o crime de porte de arma de fogo é meio para a execução do crime de latrocínio, sendo por este absorvido, motivo pelo qual o agente só responde por crime de latrocínio.

Alternativa "b". Em verdade, a circunstância de ser a vítima esposa do autor do fato configura **qualificadora** do crime de lesão corporal leve, pois é estabelecido um patamar de pena mais gravoso (art. 129, § 9º, CP).

Alternativa "c". De acordo com o art. 63 do CDC, constitui crime, punido nas modalidades **dolosa e culposa**, a omissão de dizeres ou sinais ostensivos sobre a nocividade ou periculosidade do produto na sua embalagem, invólucro, recipiente ou publicidade

Alternativa "d". O crime de lesão corporal na direção de veículo automotor (art. 303, CTB) é unicamente **culposo**. Se o agente agiu com **dolo**, sua conduta incide no crime de lesão corporal leve (art. 129 do CP).

Alternativa "e". O crime de porte ilegal de arma de fogo é de mera conduta e de perigo abstrato, motivo pelo qual é indiferente que a arma tenha eficácia para o disparo.

48. (Cespe – Juiz de Direito Substituto – RN/2013) No que se refere ao conceito de antijuridicidade e às hipóteses de sua exclusão, assinale a opção correta.

a) Age no exercício regular de direito o oficial de justiça que, em cumprimento a decisão proferida nos autos do procedimento de medidas protetivas de urgência, adentra no imóvel da ofendida para afastar do lar, coercitivamente, o ofensor.

b) A causa de exclusão da ilicitude decorrente da prática da conduta em estrito cumprimento do dever legal pode estender-se ao coautor se for de seu conhecimento a situação justificadora.

c) Age em legítima defesa aquele que, para combater o fogo que repentinamente tomou conta de seu automóvel, invade carro de terceiro estacionado nas proximidades e dele retira um extintor, sem autorização do proprietário.

d) As causas excludentes de ilicitude são exaustivamente elencadas no Código Penal.

e) De acordo com a teoria adotada pelo Código Penal, o estado de necessidade pode funcionar como causa de exclusão da ilicitude ou da culpabilidade, conforme os valores dos bens em conflito.

COMENTÁRIOS

✪ **Nota do autor:** estrito cumprimento do dever legal é excludente de ilicitude, em que o agente pratica conduta típica, porém, como está a cumprir dever imposto por lei, observados os limites impostos, não responde pelo crime, pois sua conduta é considerada lícita.

Alternativa correta: letra "b". Para que incida a causa excludente de ilicitude, indispensável que o elemento subjetivo, ou seja, que o agente tenha ciência de que estejam presentes os pressupostos que tornam sua conduta lícita. Assim, no caso de estrito cumprimento do dever legal, ambos coautores praticam conduta lícita, se ambos tinham ciência da causa excludente.

Alternativa "a". No caso, o oficial de justiça age em estrito cumprimento do dever legal. O cumprimento de mandado judicial não se trata de um direito do oficial de justiça, mas um dever funcional.

Alternativa "c". Houve, em verdade, estado de necessidade, em que o agente, pois visava proteger o seu patrimônio. Não há notícias de que forma o fogo foi ateado ou tampouco que o dono do outro carro tenha sido o seu causador, o que tornaria o fato ração legítima.

Alternativa "d". A doutrina reconhece algumas causas supralegais de antijuricidade, entre as quais o consentimento do ofendido em alguns casos, como, por exemplo, na doação de um rim.

Alternativa "e". O CP adotou a teoria unitária: o estado de necessidade é **sempre causa justificante,**

sempre excludente de antijuridicidade. Opõe-se a ela a teoria distinção entre bens jurídicos (Adotada na Alemanha). – bens jurídicos iguais: excluem a culpabilidade (Estado de necessidade exculpante). – bens jurídicos desiguais: exclui-se a antijuridicidade (estado de necessidade justificante).

49. (Cespe – Juiz de Direito Substituto – RN/2013) Acerca da culpabilidade, teorias e causas de exclusão, assinale a opção correta.

a) O dolo, conforme a teoria normativa pura, é elemento da culpabilidade e contém a potencial consciência da ilicitude.

b) Conforme a teoria limitada da culpabilidade, o erro de proibição indireto, quando inescusável, é causa de diminuição da pena.

c) Tendo sido adotada a teoria da *actio libera in causa* pelo Código Penal, é permitida a exclusão da imputabilidade do agente se a embriaguez não acidental for completa e culposa.

d) A responsabilidade penal independe da imputabilidade do agente.

e) A inimputabilidade por doença mental que retira do agente toda a capacidade de entendimento do caráter ilícito do fato é causa de diminuição da pena.

COMENTÁRIOS

Alternativa correta: letra "b". Para a teoria limitada da culpabilidade, os elementos desta são a imputabilidade, a potencial consciência da ilicitude e a exigibilidade de conduta diversa. Foi a teoria adotada pelo CP e, segundo ela, o erro de proibição se for inevitável, **isenta a pessoa de pena**, já se evitável, reduz a pena (art. 21, CP).

Alternativa "a". Para a teoria normativa pura da culpabilidade, os elementos desta são os mesmos da teoria limitada da culpabilidade: a imputabilidade, a potencial consciência da ilicitude e a exigibilidade de conduta diversa. O dolo passa a ser um dos elementos da conduta típica.

Alternativa "c". A embriaguez não acidental, ou seja, voluntária não exclui a imputabilidade, justamente em decorrência da teoria da *actio libera in causa*, segundo a qual relevante é a vontade do agente no momento imediatamente anterior à embriaguez.

Alternativa "d". A imputabilidade penal é a possibilidade jurídica de responsabilizar determinada pessoa pelo fato típico e antijurídico que cometera.

Alternativa "e". Se a doença mental afasta, por completo, a imputabilidade do agente, que fica isento de pena, aplicando-se a ele medida de segurança.

50. (Cespe – Juiz de Direito Substituto – RN/2013) Considerando a teoria geral do delito, assinale a opção correta.

a) Se determinada pessoa, em decorrência de discussão em fila de hospital onde espera atendimento por ter sido agredida com um soco, acaba agredida por outro paciente e, por isso, perde um dente, deve o autor da primeira agressão responder pela prática do crime de lesão corporal agravado pelo resultado perda do dente, já que a segunda agressão ocorreu apenas porque a vítima já havia sido por ele agredida.

b) De acordo com a teoria da imputação objetiva, a criação de um risco proibido é suficiente para se atribuir ao agente o tipo incriminador, ainda que o resultado não decorra diretamente desse risco.

c) Classifica-se como crime de mão própria a ação de exigir de outrem vantagem indevida se o agente for funcionário público e, no momento da prática do ato, estiver no exercício de sua função.

d) Para a configuração do crime de desobediência, não é necessário o resultado naturalístico.

e) Aquele que, tendo obrigação de evitar o resultado, não o faz responderá pela prática de crime omissivo próprio.

COMENTÁRIOS

Alternativa correta: letra "d". O crime de desobediência (art. 330, CP) é crime **formal**, não se exigindo o advento do resultado naturalístico, qual seja o efetivo prejuízo à Administração Pública em decorrência da desobediência.

Alternativa "a". A primeira agressão é causa prévia e absolutamente independente em relação à perda do dente, porque a segunda briga não é sua consequência lógica. Por isso, o primeiro agressor não responde pelo crime de lesão corporal, sendo que este não pode ser considerado qualificado, somente pelo fato de se ter perdido um dente.

Alternativa "b". A teoria da imputação objetiva exige que haja o chamado nexo de imputação entre o risco proibido e o resultado.

Alternativa "c". Trata-se do crime de concussão (art. 316, CP), que, em verdade, é **crime próprio**, em que se exige uma qualidade especial do sujeito ativo do crime (funcionário público), mas se admite a participação.

Alternativa "e". No crime omissivo próprio, o próprio tipo penal descreve conduta omissiva. No crime omissivo impróprio, a conduta típica é comissiva, mas o resultado pode advir de uma omissão do agente que tinha o dever de agir e podia evitar o resultado.

51. (Cespe – Juiz de Direito Substituto – RN/2013) Considerando as teorias relativas ao tipo penal e os conceitos de crime doloso e crime culposo, assinale a opção correta.

a) Configura-se crime impossível, que enseja a exclusão da ilicitude, a conduta de tomar remédios para abortar, se, posteriormente, ficar comprovado que a autora nunca esteve grávida.

b) De acordo com a teoria do tipo indiciário, a tipicidade leva à presunção absoluta de ilicitude da conduta.

c) Adotando-se a teoria do tipo avalorado ou acromático, no caso de atropelamento com morte, a comprovação de que a vítima se jogou na frente do veículo para cometer suicídio seria relevante para a verificação da existência do fato típico.

d) Conforme a teoria dos elementos negativos do tipo ou do tipo total de injusto, a legítima defesa configura causa excludente da tipicidade.

e) De acordo com a legislação penal vigente, toda conduta de quem prevê o resultado é considerada dolosa.

COMENTÁRIOS

Alternativa correta: letra "d". Pela teoria dos elementos negativos do tipo, há elementos do tipo penal que são implícitos. No caso, a ilicitude da conduta é um desses elementos negativos. **Portanto, se o fato é lícito, como ocorre no caso de legítima defesa, a conduta é atípica**.

Alternativa "a". Em verdade, há crime impossível por absoluta impropriedade do objeto, mas não se trata de exclusão de ilicitude. Há **exclusão de tipicidade**.

Alternativa "b". Em verdade, a tipicidade da conduta leva à presunção relativa de ilicitude. Assim, a princípio, matar alguém é fato típico e antijurídico. Porém, se presente a legítima defesa, por exemplo, o fato é **típico, mas lícito.**

Alternativa "c". Pela teoria do tipo avalorado, que não tem seguidores modernos, a tipicidade da conduta não indica coisa alguma em relação à antijuricidade da conduta. Com efeito, se a vítima se lançar à frente do carro, a conduta do motorista é típica.

Alternativa "e". De acordo com a doutrina, na **culpa consciente** o agente prevê o resultado, mas acredita sinceramente que ele possa não acontecer.

52. (Cespe – Juiz Federal Substituto 1ª região/2013) No que concerne à culpabilidade e às causas de sua exclusão, à disciplina do erro relevante em direito penal e às causas de exclusão da ilicitude, assinale a opção correta.

a) No modelo psicológico de culpabilidade, o dolo é normativo.

b) Todo erro penalmente relevante relacionado a uma causa de exclusão da ilicitude é erro de proibição indireto.

c) O erro de tipo evitável isenta de pena o agente.

d) Não se admite legítima defesa contra legítima defesa putativa.

e) A coação física absoluta é causa de exclusão da culpabilidade.

COMENTÁRIOS

Alternativa correta: letra "a". O dolo normativo é adotado pela **teoria psicológica normativa da culpabilidade** (de base neokantista); ele integra a culpabilidade e tem como requisitos: a consciência, a vontade e a consciência atual da ilicitude (que é o elemento normativo do dolo).

Alternativa "b". Em regra, o erro sobre excludente da ilicitude exclui a culpabilidade, porque o agente age sem potencial consciência da ilicitude, sendo assim erro de proibição indireto. Ocorre, porém, que, por vezes, fato que seria excludente da ilicitude é elemento do tipo penal, como ocorre no caso do crime de exercício irregular da medicina (art. 282, CP). Neste crime, se o agente tem autorização legal para exercer a medicina, há o exercício regular de um direito e o fato é atípico. Mas, se o agente em erro entende que tem essa autorização, mas não a tem, sua conduta é ilícita, mas o exercício regular, neste caso, é elemento do tipo penal e, assim, há erro de tipo.

Alternativa "c". No erro de tipo evitável o agente age com culpa e, dessa forma, responde por crime culposo, caso haja tipo penal culposo para sua conduta (art. 20, CP).

Alternativa "d". Na legítima defesa putativa, o agente pratica o ato em erro, imaginado que estão presentes os pressupostos dessa excludente de ilicitude. Objetivamente, porém, sua conduta é ilícita e, assim, pode sofrer a reação da outra parte por meio de legítima defesa real.

Alternativa "e". A coação física absoluta exclui a **tipicidade**, porque o agente tem a sua vontade suprimida. A coação física relativa, em que há expressão da vontade, porém, viciada, exclui a culpabilidade, por inexigibilidade diversa da conduta do agente.

53. (Cespe – Juiz Federal Substituto 1ª região/2013) Armando e Frederico, médicos, ministraram, cada um, em Bruno, paciente que convalescia no leito hospitalar, uma dose de veneno, fazendo-a passar pelo medicamento adequado, o que resultou na morte de Bruno.

Tendo essa situação hipotética como referência inicial, assinale a opção correta.

a) Caso Armando e Frederico tenham ministrado as doses de veneno sem combinação prévia e sem conhecimento da intenção um do outro, e tenha sido comprovado que apenas uma das doses, embora ministrada no mesmo instante da outra, produziu, por si só, a morte de Bruno, ambos os agentes devem responder pela morte de Bruno, ainda que seja impossível determinar o autor da aplicação da dose letal, visto que a morte teria ocorrido necessariamente por uma ou por outra condição.

b) Se, além de haver recebido as duas doses letais de veneno ministradas por Armando e Frederico, Bruno, ainda vivo, fosse vítima de outra ação, dolosa ou culposa, de terceiro, e viesse a falecer em seguida a essa terceira ação posterior, Armando e Frederico não poderiam ser responsabilizados pelo resultado morte.

c) Ainda que Armando e Frederico tenham agido em conjunto e de comum acordo, seria indispensável a aplicação do critério da prognose posterior objetiva para se proceder à imputação objetiva do resultado morte aos dois agentes, em concurso, a despeito da comprovação de que o envenenamento tenha sido a causa da morte de Bruno.

d) Caso Armando e Frederico tenham ministrado as doses de veneno no mesmo instante, sem combinação prévia e sem conhecimento da intenção um do outro, e tenha sido comprovado que cada uma das doses produziu seu efeito de forma instantânea, e que cada uma delas, isoladamente, era suficiente para matar, o fato configuraria dupla causalidade alternativa, mostrando-se inadequada a aplicação pura e simples da fórmula da eliminação hipotética, cuja correção, nesta situação, pode ser feita pela fórmula da eliminação global.

e) Caso Armando e Frederico, com a intenção de matar, tenham, individualmente, sem combinação prévia e sem conhecimento da intenção um do outro, ministrado doses de veneno que, isoladamente, fossem insuficientes para produzir a morte de Bruno, eles deveriam responder, de forma individual, por tentativa de homicídio, apesar da ocorrência do resultado morte.

COMENTÁRIOS

Alternativa correta: letra "d". De acordo com a teoria da dupla causalidade alternativa, **duas ou mais causas concorrem para o resultado sendo cada qual suficiente, por si só, para a sua produção.** Nenhuma das duas condutas poderia ser considerada causa, pois mesmo que suprimida uma delas, o resultado ainda assim teria ocorrido. Portanto, o causador do resultado é aquele, cuja dose efetivamente, produziu a morte, devendo o outro ser punido por tentativa. **Não se provando qual das doses acarretou a morte, aplica-se o in dubio pro reo, respondendo ambos por tentativa.**

Alternativa "a". Se se comprovar qual das doses provocou a morte, mas sem se estabelecer qual dos agentes que a aplicou, deve-se absolver ambos, por falta de provas de autoria delitiva.

Alternativa "b". Ambos respondem pelo crime de homicídio, pois a conduta deles contribuiu para o resultado morte.

Alternativa "c". Nesse caso, os agentes respondem pelo crime de homicídio em concurso de agentes, porque havia o liame subjetivo entre os agentes. A teoria da conditio *sine qua non* resolve as questões ligadas ao nexo causal.

Alternativa "e". Se as doses fossem insuficientes por si sós para levar ao resultado morte, mas somadas acabam por atingi-lo, ambas devem ser consideradas causa e os dois agentes devem responder por **homicídio consumado.**

54. (Cespe – Juiz Federal Substituto 1ª região/2013) Considerando as teorias que tratam do dolo eventual e da culpa consciente, assinale a opção correta.

a) Consoante a teoria do risco, pertencente ao grupo das teorias volitivas, o dolo eventual não tem como objeto o resultado típico, mas, apenas, a conduta típica, sendo necessário que o agente, primeiro, tenha conhecimento de que sua ação implica risco indevido e, segundo, assuma o risco da produção do resultado como decorrência provável da conduta tipificada como proibida.

b) Com base na teoria do perigo desprotegido, também conhecida como teoria do perigo a descoberto, mesmo que a ocorrência do resultado lesivo fique na dependência do acaso e, portanto, fora da possibilidade de ser evitado pelo agente, poder-se-á falar, em princípio, tanto em dolo eventual quanto em culpa consciente, uma vez que somente a atitude subjetiva do agente em relação ao resultado mentalmente representado como possível é que poderá constituir referencial seguro para a distinção entre uma e outra hipótese típica.

c) Uma variante da teoria do risco surge com base no critério do conhecimento sobre um perigo qualificado para o bem jurídico, segundo o qual o dolo se configura no caso em que a produção do resultado for provável e não meramente possível, examinando-se as condições específicas de atuação do agente e afastado o parâmetro genérico fornecido pelo homem sensato ou cuidadoso.

d) De acordo com a teoria da representação, também denominada teoria da possibilidade, integrante do grupo das teorias intelectivas, haverá dolo eventual se o agente admitir, conscientemente, a possibilidade da ocorrência do resultado. Com base nessa teoria, portanto, culpa é sempre culpa inconsciente, não existindo culpa consciente. Assim, a distinção entre dolo e culpa está associada ao conhecimento ou ao desconhecimento, por parte do agente, dos elementos do tipo objetivo: o conhecimento configura o dolo; o desconhecimento caracteriza a culpa.

e) Segundo a teoria do consentimento ou da aprovação, pertencente ao grupo das teorias volitivas, para a configuração do dolo eventual, é necessário que o agente se conforme com a produção do resultado, aceitando-o, mesmo que a posteriori, ou seja, ainda que não o tenha previsto no momento da prática da conduta típica.

COMENTÁRIOS

✪ **Nota do autor:** no dolo eventual, o agente antevê o resultado, mas assente que ele advenha; na culpa consciente, o agente antevê o resultado, mas acredita sinceramente que ele não acontecerá.

Alternativa correta: letra "d". Pela **teoria da representação**, o agente prevê o resultado como possível e ainda assim opta por continuar a conduta. Ela abrange o **dolo eventual** e a **culpa consciente**, com diferença acima apontada.

Alternativa "a". No dolo eventual, a vontade do agente não é voltada para a realização da conduta típica. A princípio, sua conduta é atípica, mas o agente antevê a possibilidade de produção do resultado típico e pouco se importa que ela de fato advenha.

Alternativa "b". Teoria do perigo desprotegido o perigo desprotegido, caracterizado pela dependência de meros fatores de sorte; configura dolo eventual, ainda que o autor confie na ausência do resultado, como jogar roleta russa (com risco de resultado na proporção de 1: 5), ou praticar sexo com meninas de idade presumível inferior a 14 anos.

Alternativa "c". A teoria do risco (às vezes classificada como variante da teoria da possibilidade), define dolo pelo conhecimento da conduta típica, excluindo do objeto do dolo o resultado típico porque a ação de conhecer não pode ter por objeto realidades ainda inexistentes no momento da ação.

Alternativa "e". Segundo a teoria do consentimento ou da aprovação, pertencente ao grupo das teorias volitivas, para a configuração do dolo eventual, é necessário que o agente se conforme com a produção do resultado, aceitando-o, no momento da prática da conduta típica.

55. (Cespe – Juiz Federal Substituto 1ª região/2013) No que se refere aos temas relacionados à teoria do delito e à teoria da pena, assinale a opção correta.

a) Todo delito qualificado pelo resultado é preterdoloso.

b) Para a realização do cálculo do prazo da prescrição da pena em abstrato, interessa o limite máximo da pena cominada no tipo penal respectivo, independentemente da existência de causas de aumento ou diminuição e de circunstâncias agravantes ou atenuantes.

c) Para a aplicação da pena, é perfeitamente admissível a compensação entre a causa de aumento e a causa de diminuição da pena, desde que as respectivas frações sejam idênticas.

d) O crime impossível constitui causa de exclusão da tipicidade.

e) Não há, na Parte Geral do CP brasileiro, previsão de causa especial de diminuição de pena, sendo esta prevista apenas na Parte Especial desse mesmo código.

COMENTÁRIOS

Alternativa correta: letra "d". O crime impossível ou tentativa inidônea é aquele em que **jamais será alcançado o resultado previsto no tipo penal**, seja pela ineficácia absoluta do meio, seja pela absoluta impropriedade do objeto. Como o resultado é um dos elementos do tipo penal, o crime impossível torna a conduta atípica.

Alternativa "a". Delito qualificado pelo resultado é aquele em que a norma penal prevê pena maior em caso de advento de um resultado posterior e mais grave ao do tipo simples. É o que ocorre no crime de latrocínio (art. 157, § 3º, CP), o qual é um roubo qualificado pelo resultado, pois há a morte da vítima em decorrência da violência empregada pelo agente. Nesse caso, seja a morte decorrente de conduta **culposa** ou **dolosa**, haverá a incidência do crime de latrocínio

Alternativa "b". Para o cálculo da prescrição em abstrato deve ser levado em conta as **causas de aumento** e **diminuição de pena**, pois estas são levadas em conta na terceira fase de aplicação da pena e podem fixar a pena aquém ou além do mínimo e do máximo de pena privativa de liberdade. Já as circunstâncias agravantes e atenuantes não podem extrapolar os limites impostos em abstrato pelo legislador e, assim, não são levadas em conta para a contagem do prazo prescricional em abstrato.

Alternativa "c". A compensação entre causas de aumento e diminuição de pena não é possível. O Juiz, em primeiro lugar, deve aumentar a pena e, no segundo momento, diminuí-la. Assim, no roubo praticado com arma de fogo na forma tentado. Primeiro, aumenta a pena pelo uso de arma e, depois, sobre o resultado obtido, diminui a pena pela tentativa.

Alternativa "e". Há sim na Parte Geral causas de diminuição de pena, como ocorre na tentativa e no arrependimento posterior (arts. 14, parágrafo único, e 16, CP). Na Parte Especial, também há causas de diminuição de pena, como no caso de homicídio privilegiado (art. 121, § 1º, CP).

56. (Cespe – Procurador do Ministério Público junto ao TCDF/2013) Julgue os itens seguintes, relativos a aspectos diversos do direito penal.

Nos termos do CP, a caracterização de uma conduta dolosa prescinde da consciência ou do conhecimento da antijuridicidade dessa conduta e requer apenas a presença dos elementos que compõem o tipo objetivo.

COMENTÁRIOS

Certo: Com a teoria finalista da ação, a potencial consciência da ilicitude se deslocou do dolo para a culpabilidade. O dolo adotado pelo ordenamento jurídico brasileiro é o **natural**, bastando a vontade de se praticar a conduta típica.

57. (Cespe – Delegado de Polícia – BA/2013) Acerca da parte geral do direito penal e seus Institutos, julgue os itens seguintes.

57.1. Tanto a conduta do agente que age imprudentemente, por desconhecimento invencível de algum elemento do tipo quanto a conduta do agente que age acreditando estar autorizado a fazê-lo ensejam como consequência a exclusão do dolo e, por conseguinte, a do próprio crime.

COMENTÁRIOS

Errado: Se o erro incidiu sobre um dos elementos do tipo penal, há exclusão do dolo, porque configurado o **erro de tipo**, respondendo o agente por crime culposo (art. 20, CP). Se o erro incide sobre a existência de fato que tornaria sua conduta lícita, há **erro de proibição**, que exclui a culpabilidade, pois o agente age sem a potencial consciência da ilicitude, o que o faz isento de pena ou diminuída a pena (art. 21, *caput*, CP).

57.2. As causas ou concausas absolutamente independentes e as causas relativamente independentes constituem limitações ao alcance da teoria da equivalência das condições.

COMENTÁRIOS

✪ **Nota do autor:** a teoria da equivalência das condições ainda é a regra no ordenamento jurídico penal brasileiro, apesar das críticas que se fazem a ela por se possibilitar o regresso ao infinito.

Certo: Pela teoria da equivalência das condições, qualquer evento que contribuiu ao resultado deve ser considerado sua causa. Ela permite o regresso ao infinito. No entanto, com a teoria das causas absolutamente independentes e das relativamente independentes, permite-se o rompimento do nexo de causalidade e, assim, mitiga-se a teoria da equivalência das condições em nome da teoria da causa determinante.

58. (Cespe – Juiz Federal Substituto 5ª região/2013) No que se refere à teoria e à aplicação do direito penal, assinale a opção correta.

a) O condutor de veículo automotor que, por imprudência, colidir em veículo dirigido por uma gestante, causando-lhe lesões corporais de natureza leve, responderá criminalmente por sua conduta, incidindo, na aplicação da pena, a circunstância agravante de ter sido o crime praticado contra mulher grávida.

b) Crime profissional consiste na prática de ações com intenção de lucro, como é o caso, por exemplo, do curandeirismo, enquanto o crime habitual consiste na reiteração da mesma conduta reprovável, como um meio usual de sobrevivência, como, por exemplo, o rufianismo.

c) Na hipótese de tentativa irreal ou supersticiosa, o agente não responde pelo crime pretendido porque sua intenção não basta para ofender o bem jurídico visado, sendo a tentativa impunível e, conforme o caso, o crime impossível ou o delito putativo.

d) Não pode alegar, em sua defesa, estado de necessidade o indivíduo que tem o dever legal ou contratual de enfrentar o perigo.

e) Será reduzida de um a dois terços a pena do condenado pelo crime de latrocínio que colaborar voluntariamente com a investigação policial e o processo criminal na identificação dos demais coautores ou partícipes do crime, na localização da vítima e na recuperação total ou parcial do produto do crime.

COMENTÁRIOS

✪ **Nota do autor:** *Iter criminis*: é o caminho do crime. Tem quatro fases: a. cogitação; b. atos preparatórios; c. atos executórios; d. consumação. Apenas, as duas últimas são relevantes para o direito penal, porque efetivamente atingem o objeto jurídico tutelado por ele.

Alternativa correta: letra "c". Na tentativa irreal ou supersticiosa, o cometimento do crime fica apenas na esfera do desejo do agente, como, por exemplo, no caso em que ele escolhe matar a vítima por meio de "rezas", "mau-olhado", etc. No delito putativo, o agente acredita ter praticado um crime, mas isso ficou apenas em seu pensamento. No crime impossível, não se atinge o bem jurídico tutelado pela norma, seja pela ineficácia absoluta do meio, seja pela improbidade absoluta do objeto.

Alternativa "a". O cometimento de crime contra mulher grávida é uma circunstância agravante (art. 61, II, *h*, CP). No entanto, para que incida essa circunstância, é necessário que ela seja abrangida pelo **dolo**, isto é, querer cometer o crime contra a gestante. No caso presente, o agente agiu com imprudência, modalidade de **culpa**, logo não há que se falar na aplicação da agravante em comento.

Alternativa "b". Crime profissional é aquele praticado pelo agente no exercício ou em razão de sua profissão, como o médico que provoca aborto. Crime habitual é aquele em que o agente pratica reiteradamente condutas, que, isoladas, são lícitas; é a habitualidade da prática dessas condutas isoladas que consuma o crime, como no curandeirismo.

Alternativa "d". Não pode alegar estado de necessidade quem tinha o **dever legal** de enfrentar o perigo (art. 24, § 1º, CP), como, por exemplo, o militar do corpo de bombeiros ou brigada de incêndio. O dever contratual não impede a alegação de estado necessidade.

Alternativa "e". A delação premiada é medida excepcional, admitida apenas em casos previstos em lei. Não há previsão desse benefício no crime de latrocínio (art. 157, § 3º, CP). Um exemplo de delação premiada no CP está prevista no art. 159, § 4º, referente ao crime de extorsão mediante sequestro.

---

59. (Cespe – Juiz Federal Substituto 5ª região/2013) Assinale a opção correta com base no direito penal.

a) Tratando-se de crime de estupro, a ação penal pública é incondicionada se a vítima for pobre, menor de dezoito anos de idade ou pessoa vulnerável.

b) Os crimes de racismo e de injúria racial assemelham-se quanto à legitimidade do MP para promover a ação penal pública incondicionada.

c) Comete, em concurso material, crime de redução à condição análoga à de escravo e crime de racismo aquele que, por motivo de preconceito de raça, submete trabalhador de cor negra a jornada de trabalho exaustiva e exige que ele resida próximo ao local de trabalho, mas não age da mesma forma com os trabalhadores de cor branca.

d) Aquele que, no exercício de atividade comercial, vende bebida alcoólica a adolescente comete crime, devendo ser punido com pena privativa de liberdade, que poderá, conforme o caso, ser substituída por pena restritiva de direitos consistente em prestação de serviços à comunidade.

e) É necessariamente permanente o crime para cuja caracterização é essencial a continuidade do estado danoso ou perigoso, como ocorre com o sequestro ou cárcere privado, enquanto o crime eventualmente permanente é aquele para cuja caracterização é dispensável a persistência da situação antijurídica; nesse último caso, se ela se verifica, não dá lugar a vários crimes, mas a uma só conduta punível, como ocorre com o delito de usurpação de função pública.

COMENTÁRIOS

Alternativa correta: letra "e". Crime permanente é aquele em que a conduta única se prolonga no tempo, característica indispensável para a consumação do delito, como na extorsão mediante sequestro, que perdura enquanto permanecer a vítima com a liberdade de locomoção privada. No crime eventualmente permanente, a persistência da situação antijurídica é dispensável para a sua consumação e, se ela se verifica, não dá lugar a vários crimes, mas a uma só conduta punível (usurpação de função pública).

Alternativa "a". A Lei nº 12.015/2009 trouxe profundas modificações à tutela da dignidade sexual (art. 225, *caput*, CP). A partir dela, no crime de estupro, em regra, a **ação é penal pública condicionada à representação da vítima**. Será **pública incondicionada** se a vítima **for menor de dezoito anos ou vulnerável** (art. 225, parágrafo único, CP).

Alternativa "b". No crime de injúria racial (art. 140, § 3º, CP), a ação penal é **privada** (art. 145, CP), pois o agente visou atingir apenas e tão somente a vítima em sua honra subjetiva. No crime de racismo, previsto na Lei nº 7.716/98, em que a ofensa é à coletividade, ação penal é pública **incondicionada**.

Alternativa "c". Se o crime de redução a condição análoga à de escravo for cometido por motivo de preconceito de raça, cor, etnia, religião ou origem, incide a causa de aumento de pena do art. 149, § 2º, II, CP. Não ocorre crime de racismo, ainda mais porque essa conduta não consta da Lei nº 7.716/98.

Alternativa "d". De acordo com o art. 243, CP, é crime: "Vender, fornecer ainda que gratuitamente, ministrar ou entregar, de qualquer forma, a criança ou adolescente, sem justa causa, produtos cujos componentes possam causar **dependência física ou psíquica**, ainda que por utilização indevida". O STJ firmou jurisprudência que a venda de bebida alcóolica não constitui o crime do art. 243, CP, tendo-se em vista interpretação sistemática do ECA, cujo art. 81 diferencia álcool de outras substâncias que causam dependência física ou psíquica. Assim, quem vende bebida alcóolica a adolescente, se comerciante, incide no art. 63 da Lei de Contravenções Penais.

---

60. (Cespe – Juiz Federal Substituto 5ª região/2013) No que concerne à teoria do crime, assinale a opção correta.

a) Em direito penal, entende-se a tentativa como uma forma de adequação típica de subordinação imediata ou direta.

b) O princípio da insignificância incide nos crimes contra a administração pública, o que exclui a tipicidade, mesmo que a conduta praticada ofenda a probidade administrativa, e não apenas o patrimônio.

c) O indivíduo que tenta o suicídio pode ser sujeito ativo e passivo da própria conduta.

d) Há crimes que se caracterizam pela pluralidade de objetos materiais, mas nenhum crime prescinde de objeto material.

e) Crime de dever, semelhante ao crime de domínio, é aquele praticado dolosamente por quem rege a conduta dos demais envolvidos no crime, incidindo, nesse caso, a teoria do domínio do fato.

COMENTÁRIOS

✪ **Nota do autor:** de acordo com a banca examinadora, a alternativa "b" estaria correta. Mas, ela vai contra o que vem decidindo o STJ sobre a matéria, motivo pelo qual a questão deveria ser anulada.

Alternativa "a". A tentativa é tipo penal de subordinação **mediata ou indireta**. Isso porque, para a sua configuração, é indispensável o uso da norma de extensão prevista no art. 14, II, CP. Assim, quem comete homicídio na forma tentada incide nos tipos penais dos art. 121, *caput*, e 14, II, ambos do Código Penal.

Alternativa "b". Nos crimes contra a Administração Pública, como o peculato e a corrupção ativa, tutelam-se o **patrimônio e a moralidade** pública. Dessa forma, mesmo que ó patrimônio tenha sido atingido de forma insignificante, em regra, não se aplica o princípio da insignificância, pois a probidade administrativa foi violada (STJ – AgRg no AREsp nº 342908/DF; AgRg no REsp nº 1382289/PR). Excepcionalmente, pode-se admitir a aplicação do princípio da insignificância, mormente, se a conduta do agente for isolada, como no caso de crime de descaminho e contrabando.

Alternativa "c". Não é possível que uma pessoa cometa crime contra si mesmo. Com isso, não é possível que uma pessoa seja, ao mesmo tempo, sujeito ativo e sujeito passivo de uma infração penal. Ademais, no suicídio, por questão de política criminal, não convém punir aquele que tentou se suicidar.

Alternativa "d". O objeto material de um crime é a pessoa ou a coisa sobre a qual recai a conduta delituosa. Assim, no furto, o objeto material é a coisa subtraída; no roubo, é a pessoa contra quem há a violência e o objeto subtraído (pluralidade de objetos). Há crimes, porém, que não têm objeto material, como no falso testemunho e no ato obsceno, apesar de haver entendimento doutrinário em sentido diverso.

Alternativa "e". Crime de dever é aquele que decorre da violação de um dever, seja legal, seja contratual, como o médico que não observa o dever de cuidado para com o paciente; pode ser ele cometido mediante dolo ou culpa. Já os crimes de domínio sempre são dolosos e se referem, de fato, à teoria do domínio do fato.

---

61. (Cespe – Juiz de Direito Substituto – MA/ 2013) A respeito do erro em matéria penal, assinale a opção correta.

a) Erro de pessoa e *aberratio ictus* são espécies de erro na execução do crime, não tendo nenhuma relação com a representação que o agente faz da realidade.

b) Consoante a teoria estrita da culpabilidade, o erro penalmente relevante referido a uma causa de exclusão da ilicitude pode, ou não, configurar erro de permissão, ou seja, erro de proibição indireto.

c) De acordo com a teoria limitada da culpabilidade, o erro de tipo permissivo é inconfundível com a hipótese descrita expressamente no Código Penal brasileiro como descriminante putativa.

d) Segundo a teoria extremada do dolo, o erro inevitável, seja em relação aos elementos do tipo, seja em relação à consciência da ilicitude, sempre exclui o dolo e, em consequência, também a culpabilidade.

COMENTÁRIOS

✪ **Nota do autor:** o estudo do erro de tipo e do erro de proibição é um dos mais conturbados na doutrina. Houve, até mesmo, segundo parte dos jurisconsultos, confusão do próprio legislador no que tange à regulamentação da matéria.

Alternativa correta: letra "d". A teoria extremada da culpabilidade não faz qualquer distinção, entendendo que, tanto o erro sobre a situação fática, como aquele em relação à existência ou limites da causa de justificação devem ser considerados **erros de proibição**, já que o indivíduo supõe lícito o que não é.

Alternativa "a". Na *aberratio ictus*, ocorre erro na execução. Com isso, o agente erra o tiro e atinge pessoa diversa da que pretendia ou erra o tiro e atinge a pessoa que pretendia, bem como terceira pessoa. No erro contra a pessoa, há relação quanto à representação, pois o agente imagina que atingiu "A", quando, em verdade, atingiu "B", irmão de seu desafeto.

Alternativa "b". O erro de permissão se relaciona ao erro de tipo e, portanto, exclui a tipicidade. Por outro lado, o erro de proibição indireto exclui a culpabilidade, se invencível.

Alternativa "c". De acordo com a Exposição de Motivos do CP, o legislador reformador da Parte Geral, de 1984, adotou a teoria **limitada da culpabilidade**. Para essa teoria, se o equívoco recai sobre circunstâncias **fáticas**, há erro de tipo, mas se recair sobre os **requisitos legais** das causas de justificação, há **erro de proibição**. No entanto, leitura do art. 20, § 1º, CP, dá a entender que não se faz tal distinção, havendo sempre erro de proibição, pois o legislador usa isenção de pena, termo relacionado à culpabilidade.

---

62. (Cespe – Juiz de Direito Substituto – MA/ 2013) Com relação ao que dispõe o Código Penal brasileiro sobre o erro de tipo, assinale a opção correta.

a) Se o erro de tipo for evitável, isenta-se de pena o agente.

b) O erro de tipo inevitável exclui o dolo e a culpa.

c) Sendo inevitável o erro de tipo, exclui-se a culpabilidade.

d) Se o erro de tipo for evitável, diminui-se a pena de 1/6 a 1/3 em relação ao total legalmente estipulado.

COMENTÁRIOS

Alternativa correta: letra "b". Erro de tipo é aquele que incide sobre os elementos do tipo penal. Pela teoria finalista, adotado pela Reforma do Código Penal em 1984, dolo e culpa são elementos do tipo penal. Logo, o erro incidente sobre, se inevitável, torna o fato atípico.

Alternativa "a". O erro de tipo, se for vencível, não exclui o dolo ou a culpa. Logo, o agente responde pelo fato praticado por ele.

Alternativa "c". Na teoria finalista, o erro de tipo invencível afasta o dolo ou a culpa, elementos do tipo penal. Logo, o fato é **atípico**, Não há que se avançar à culpabilidade.

Alternativa "d". No erro de tipo evitável, a conduta do agente é considerada típica. Não há qualquer diminuição da pena, ao contrário do que ocorre no erro de proibição evitável.

---

63. (Cespe – Juiz de Direito Substituto – MA/ 2013) No que concerne às posições existentes na teoria do delito, assinale a opção correta.

a) É possível a punição a título de culpa mesmo se o resultado não tenha sido previsto pelo agente.

b) É inadmissível legítima defesa contra legítima defesa putativa.

c) A existência do dolo do tipo permissivo serve à concepção objetiva da descriminante.

d) O dolo normativo corresponde ao modelo normativo de culpabilidade.

COMENTÁRIOS

Alternativa correta: letra "a". No tipo culposo, é indispensável que o resultado seja previsto **objetivamente**, ou seja, por todas as pessoas. Porém, admite-se que o agente responda pelo tipo culposo, caso ele não preveja o resultado **subjetivamente**. Trata-se da hipótese de **culpa inconsciente**.

Alternativa "b". É possível legítima defesa contra legítima defesa putativa. Neste caso, quem age em legítima defesa real reage a uma injusta agressão de quem age em legítima defesa putativa, pois não existe, para este, objetivamente, o fato que justificaria a agressão.

Alternativa "c". O dolo é elemento subjetivo do tipo penal. Portanto, no caso de erro, serve ao aspecto subjetivo da existência da discriminante.

Alternativa "d". O dolo normativo está relacionado à teoria psicológica da culpabilidade, ambos se relacionam à teoria neokantista. O dolo natural é relacionado com a teoria normativa pura da culpabilidade, associada ao finalismo.

---

64. (Cespe – Juiz de Direito Substituto – MA/ 2013) Abel, com intenção de matar, disparou um tiro de revólver contra Bruno, que foi socorrido e, dias depois, faleceu em decorrência do desabamento do prédio do hospital onde convalescia dos ferimentos causados pelo disparo. Carlos foi esfaqueado por Daniel, que pretendia matá-lo, e, embora tenha resistido às feridas, morreu dias depois, em decorrência de septicemia originada por infecção bacteriana contraída em razão dos ferimentos, apesar do rigoroso tratamento médico a que fora submetido. Fátima submeteu-se a uma cirurgia, após haver sido gravemente ferida por Eliana, que pretendia matá-la, e, já bastante debilitada pelos ferimentos sofridos, morreu em razão de hemorragia no curso do procedimento cirúrgico realizado por médico imperito. Considerando as situações hipotéticas acima apresentadas, assinale a opção correta.

a) O médico imperito e Eliana, autora das lesões, podem responder, em concurso de pessoas, pelo resultado morte.

b) Abel deve responder por homicídio, pois, se não houvesse disparado o tiro contra Bruno, este não teria sido internado no hospital e, portanto, não teria morrido em decorrência do desabamento do prédio.

c) Daniel deve responder por tentativa de homicídio, pois a septicemia não foi, no caso em questão, decorrência natural dos ferimentos produzidos em Carlos.

d) Eliana deve responder por homicídio se for comprovado que a hemorragia poderia ter sido contida, não fosse a gravidade do estado de Fátima, em decorrência da lesão produzida por Eliana.

COMENTÁRIOS

✪ **Nota do autor:** causas independentes são aquelas que se interpõem entre a conduta do agente e o resultado, podendo romper (absolutamente independente) ou não (relativamente independente) o **nexo de causalidade**.

Alternativa correta: letra "d". Eliana responde pelo crime de homicídio porque deu causa à hemorragia e só por isso foi submetida à cirurgia realizada por médico imperito. A imperícia médica é uma causa **superveniente relativamente independente,** porque não decorre do natural desenvolvimento do golpe dado por Eliana, mas não rompe o nexo de causalidade entre a conduta dela e a morte da ofendida.

Alternativa "a". O médico imperito responde por homicídio culposo, enquanto Eliana por homicídio doloso. Não liame objetivo entre os dois que justifique o reconhecimento do concurso de agentes.

Alternativa "b". O desabamento do teto do hospital é causa **absolutamente independente** da conduta de Abel, porquanto não está ligado ao desdobramento natural da conduta deste. Portanto, rompe-se o nexo de causalidade e Abel responde apenas pelo ato praticado, qual seja **tentativa de homicídio.**

Alternativa "c". Daniel deve responder por homicídio **consumado**, pois a septicemia foi, no caso em questão, decorrência natural dos ferimentos produzidos em Carlos. A septicemia é causa **dependente** da conduta de Daniel.

---

65. (Cespe - Juiz de Direito Substituto - MA/ 2013) Consoante à classificação dos delitos, à tentativa e ao elemento de tendência interna transcendente, assinale a opção correta.

a) Delito de resultado cortado equivale a delito tentado, na medida em que, nos dois casos, a consumação não ocorre por circunstâncias alheias à vontade do agente.

b) O dolo, na tentativa, apesar de assumir o caráter de elemento de tendência interna transcendente, está sempre presente nos tipos de injusto, ao contrário dos elementos subjetivos especiais.

c) O delito de tendência interna transcendente é gênero da espécie delito de resultado cortado.

d) Em se tratando de delito mutilado de dois atos, a obtenção do fim especial visado pelo agente não depende de nova atuação deste, mas do comportamento de terceiros.

COMENTÁRIOS

Alternativa correta: letra "b". A tentativa só se admite em crime **doloso**, nunca em crime culposo. O caráter de elemento de tendência interna transcendente decorre do fato de que, na tentativa, não há produção do resultado pretendido pelo agente, que não é alcançado por circunstâncias alheias à sua vontade. A intenção transcende o resultado produzido. Já os elementos subjetivos especiais, caracterizado por um fim do agente que vai além do dolo, nem sempre estão presentes no tipo do injusto, como no homicídio simples. Já, no furto, há elemento subjetivo especial, pois o agente só é punido se a subtração for para ele ou para outrem.

Alternativa "a". Os delitos de resultado cortado são aqueles em que o agente deseja que um resultado externo ao tipo se produza, porém, sem sua intervenção direta. Como ocorre no crime de extorsão mediante sequestro, em que, após a exigência da indevida vantagem, quando o crime se consuma, o agente espera um resultado externo, qual seja o pagamento do resgate por terceiros. Nada tem a ver, portanto, com crime tentado.

Alternativa "c". Na verdade, o delito de tendência interna transcendente é **gênero** do que são espécies: delito de resultado cortado e delito incompleto de dois atos.

Alternativa "d". Em se tratando de delito mutilado de dois atos, a obtenção do fim especial visado pelo agente depende de nova atuação sua. Como, por exemplo, no crime de associação criminosa (art. 288, CPP), em que a realização dos crimes pretendidos pelos agentes, ao formar a associação, depende de conduta deles próprios, não de terceiros, como ocorre nos crimes de resultado cortado.

---

66. (Cespe - Defensor Público - RR/2013) No que diz respeito à relação de causalidade, à superveniência de causa independente e à relevância da omissão no direito penal, assinale a opção correta.

a) A teoria adotada pelo CP tem como inconveniente a possibilidade de se levar *ad infinitum* a pesquisa da causa, abrangendo todos os agentes das causas anteriores, sendo limitada pelo dolo ou culpa da conduta e do vínculo objetivo do agente com a ação.

b) A exclusão do nexo de causalidade ocorre nas concausas absolutamente independentes quando estas forem supervenientes, mas não ocorre quando estas forem preexistentes ou concomitantes.

c) A relevância causal da omissão diz respeito tão somente aos crimes omissivos próprios, em face da relação causal objetiva preconizada pelo CP.

d) De acordo com preceito expresso no CP, a relação de causalidade limita-se aos crimes materiais.

e) O CP adota a teoria da causalidade jurídica, uma vez que a causalidade relevante para o direito penal é aquela que pode ser prevista pelo agente, ou seja, que se encontra na esfera da previsibilidade, podendo ser mentalmente antecipada.

COMENTÁRIOS

Alternativa correta: letra "d". No crime material, se exige o advento de um resultado naturalístico, o qual só é imputado ao agente se existir nexo de causalidade entre sua conduta e o resultado advindo. No crime formal e no crime de mera conduta, **não se exige o resultado naturalístico**, logo basta a conduta do agente, sem se falar, portanto, em resultado naturalístico.

Alternativa "a". O CP adotou a teoria da *conditio sine qua non* ou da equivalência dos antecedentes, segundo a qual todos os fatos que antecedem o resultado são considerados "causa". Assim, seria causa do homicídio a fabricação da arma. Mas, o fabricante desta não reponde pelo crime, porque não agiu com dolo ou culpa. Portanto, apenas o elemento subjetivo é suficiente para limitar a teoria da *conditio sine qua non.*

Alternativa "b". As concausas **absolutamente independentes**, sejam elas antecedentes, concomitantes e antecedentes, rompem o nexo de causalidade, porque, por si só, produzem o resultado, independentemente da conduta do agente.

Alternativa "c". A relevância causal da omissão diz respeito tão somente aos crimes omissivos **impróprios**, aqueles em que, em regra, a conduta é positiva, mas o resultado é obtido por omissão, como a mãe que mata o filho ao deixar de amamenta-lo. O art. 13, § 2º, CP, é norma de extensão.

Alternativa "e". O CP adotou a teoria da *conditio sine qua non*, segundo a qual causa é todo fator que antecede o resultado e que é determinante para sua ocorrência. Para um fato ser considerado causa, independe de aspectos subjetivos da conduta do agente.

---

67. (Cespe – Defensor Público – TO/2013) Com relação aos princípios da insignificância e da irrelevância penal do fato, assinale a opção correta.

a) Os princípios da insignificância e da irrelevância penal do fato não contam com previsão expressa no direito penal brasileiro.

b) O reconhecimento do princípio da irrelevância penal do fato implica a atipicidade da conduta do agente.

c) A aplicação do princípio da insignificância de modo a tornar a ação atípica exige a satisfação, de forma concomitante, de certos requisitos estabelecidos pelo STF, os quais têm relação, apenas, com o desvalor da conduta do agente, e não com o resultado por ele ocasionado.

d) A existência de condenações criminais pretéritas imputadas a um indivíduo impede a posterior aplicação do princípio da insignificância, consoante a jurisprudência do STF.

e) Infração bagatelar imprópria é a que surge sem nenhuma relevância penal, porque não há desvalor da ação ou um relevante desvalor do resultado que mereça a incidência do direito penal.

COMENTÁRIOS

✪ **Nota do autor:** O princípio da **irrelevância penal** do fato cuida de infração não afasta o tipo penal, mas a aplicação da pena se mostra desnecessária. Já, o princípio da **insignificância** afasta a tipicidade material da conduta.

Alternativa correta: letra "d". De acordo com a jurisprudência do STF, o princípio da insignificância tem como requisitos: a conduta minimamente ofensiva, a ausência de periculosidade social da ação, o reduzido grau de reprovabilidade do comportamento e a lesão jurídica inexpressiva. A existência de condenação anterior denota maior reprovabilidade do comportamento a afastar a bagatela (STF – HC nº 121.596/MG).

Alternativa "a". É comum dizer que não há previsão legal do princípio da insignificância no ordenamento jurídico brasileiro. Porém, no Código Penal Militar, há previsão desse princípio nos crimes de lesões corporais e de furto (arts. 209, § 6º, e 240, § 1º, CPM). Neles, estabelece-se que o fato, dada a insignificância, deixa de ser considerado crime, passando a ser considerado mera infração disciplinar.

Alternativa "b". O princípio da irrelevância penal está associado à desnecessidade da pena. Ou seja, o fato permanece típico e ilícito, mas a aplicação da pena se apresenta totalmente desnecessária.

Alternativa "c". Um dos requisitos do princípio da insignificância é que haja **lesão jurídica inexpressiva**, relacionada, portanto, ao resultado.

Alternativa "e". A infração **bagatelar imprópria** está relacionada ao princípio da irrelevância penal. Nele, há desvalor da conduta e do resultado, motivo pelo qual o fato permanece típico e ilícito, mas a aplicação da pena se mostra desnecessária.

---

68. (Cespe – Analista do MPU/2013) Com base no direito penal brasileiro, julgue os itens a seguir.

Considere a seguinte situação hipotética.

Júlio, com intenção de matar Maria, disparou tiros de revólver em sua direção. Socorrida, Maria foi conduzida, com vida, de ambulância, ao hospital; entretanto, no trajeto, o veículo foi abalroado pelo caminhão de José, que ultrapassara um sinal vermelho, tendo Maria falecido em razão do acidente. Nessa situação, Júlio deverá responder por tentativa de homicídio e José, por homicídio culposo.

COMENTÁRIOS

Certo. O que matou Maria foi o acidente de trânsito, que é causa superveniente absolutamente independente à conduta de Júlio, o qual, assim, responde apenas pelos atos praticados, ou seja, tentativa de homicídio. Por sua vez, José, causador do acidente, pois imprudentemente não respeitou o sinal vermelho, responde por homicídio culposo.

---

69. (Cespe – Analista do MPU/2013) Acerca dos institutos do direito penal brasileiro, julgue os próximos itens.

69.1. Em relação às excludentes de ilicitude, na hipótese de legítima defesa, o agente deve agir nos limites do que é estritamente necessário para evitar injusta agressão a direito próprio ou de terceiro.

COMENTÁRIOS

✪ **Nota do autor:** são requisitos da legítima defesa: a) a reação a uma agressão atual ou iminente e injusta; b) a defesa de um direito próprio ou alheio; c) a moderação no emprego dos meios necessários à repulsa; e d) o elemento subjetivo.

Certo: Veja-se que um dos requisitos da legítima defesa é a moderação no emprego dos meios necessários para afastar a injusta agressão. Isso porque o fato é típico penalmente, mas deixa de ser punido, porque é licito afastar a injusta agressão, mas desde que moderadamente, respondendo o agente pelo **excesso culposo ou doloso** (art. 23, parágrafo único, CP).

69.2. Por caracterizar inexigibilidade de conduta diversa, a coação moral ou física exclui a culpabilidade do crime.

COMENTÁRIOS

✪ **Nota do autor:** são elementos da **culpabilidade**: imputabilidade, exigibilidade de conduta diversa e potencial consciência da ilicitude.

Errado: A **coação moral** irresistível exclui a culpabilidade, porque a conduta do agente é voluntária e ilícita, mas o fato não é dotado de reprovabilidade, porque dele não se pode exigir conduta diversa. Já, na coação física irresistível, há absoluta ausência de vontade por parte do agente, o que, de pronto, exclui a **tipicidade** da conduta.

70. (Cespe – Delegado de Polícia – AL/ 2012) Com base na interpretação doutrinária majoritária e no entendimento dos tribunais superiores, julgue os itens.

70.1. O erro de tipo, se vencível, afasta o dolo e a culpa, estando diretamente ligado à tipicidade da conduta do agente.

COMENTÁRIOS

✪ **Nota do autor:** erro de tipo é aquele que incide sobre um dos elementos do tipo penal.

Errado: Se o erro de tipo for **vencível ou inescusável**, exclui-se o dolo, mas agente responde por crime **culposo**, caso haja tipo penal culposo pela sua conduta: deixa de responder por homicídio doloso para responder por homicídio culposo. Apenas o erro **invencível ou escusável** exclui o dolo e a culpa.

70.2. Apesar de, no campo fático, ser possível ocorrer a tentativa de contravenção penal, esta, quando se desenvolve na forma tentada, não é penalmente alcançável.

COMENTÁRIOS

✪ **Nota do autor:** o art. 14, II, CP, é norma penal de extensão, pois complementa a tipicidade do fato. Sem ela, o crime tentado seria atípico.

Certo: No caso de contravenções penais, seria, a princípio, possível a tentativa, pois são condutas fracionáveis (plurissubsitentes). No entanto, a Lei de Contravenções Penais estabelece que não é punível a tentativa de contravenções penais (art. 4º, LCP).

70.3. Considere que Pedro, penalmente imputável, pretendendo matar Rafael, seu desafeto, aponta em sua direção uma arma de fogo e aperta o gatilho por diversas vezes, não ocorrendo nenhum disparo em razão de defeito estrutural da arma que, de forma absoluta, impede o seu funcionamento. Nessa situação, Pedro será punido pela tentativa delituosa, porquanto agiu com manifesta vontade de matar José.

COMENTÁRIOS

✪ **Nota do autor:** na tentativa, o resultado pretendido pelo agente é possível, mas não é alcançado por circunstâncias alheias à sua vontade; no crime impossível, o resultado jamais será alcançado, seja por ineficácia absoluta do meio, seja por absoluta impropriedade do objeto.

Errado: No caso, houve **crime impossível**, já que o defeito estrutural da arma impede o seu funcionamento. Ou seja, há **ineficácia absoluta do meio.**

70.4. A imputabilidade, a exigibilidade de conduta diversa e a potencial consciência da ilicitude são elementos da culpabilidade.

COMENTÁRIOS

Certo: Imputabilidade: é capacidade de o agente entender o caráter ilícito do fato e determinar-se acordo com ele; **exigibilidade de conduta diversa**: o agente poderia agir de uma forma diferente, mas optou por se conduzir de forma típica e ilícita; **potencial consciência da ilicitude**: o agente tem, ao menos potencialmente, consciência de que sua conduta é **atípica.**

71. (Cespe – Defensor Público – ES/ 2012) Julgue os itens a seguir, que versam sobre a desistência voluntária, o arrependimento eficaz e posterior e o crime impossível.

COMENTÁRIOS

✪ **Nota do autor:** é de grande incidência em concursos públicos a diferenciação entre crime tentado, desistência voluntária, arrependimento eficaz, arrependimento posterior e crime impossível.

71.1. O crime impossível caracteriza-se pela ineficácia absoluta do meio ou por absoluta impropriedade do objeto, não ocorrendo a consumação do crime; nesse delito, considerado putativo pela doutrina, o agente acredita estar agindo ilicitamente, quando, na verdade, não está.

COMENTÁRIOS

Errado: Crime impossível não se confunde com **delito putativo**. No primeiro, o crime não se consuma por aspectos objetivos (ineficácia absoluta do meio ou absoluta impropriedade do objeto). No segundo, não há crime por questão subjetiva, o agente acredita estar agindo ilicitamente, quando, na verdade, não está.

71.2. Os efeitos da desistência voluntária e do arrependimento eficaz ficam condicionados à presença dos requisitos objetivos e subjetivos, aliados à espontaneidade do comportamento do agente, evitando-se a consumação do delito.

COMENTÁRIOS

Errado: Na desistência voluntária e no arrependimento eficaz, não se faz necessário que o agente aja espontaneamente. **Basta que haja voluntariedade**. Ele tem de querer a desistência ou o arrependimento, que pode advir por instigação ou induzimento de outrem.

72. (Cespe – Analista Judiciário – Área Judiciária – STJ/2012) No que concerne ao direito penal, julgue os itens que se seguem.

Considere a seguinte situação hipotética. Luís trafegava a 65 km/h por uma via cujo limite máximo de velocidade era de 50 km/h. Augusto, que trafegava pela mesma via a 50 km/h, tendo ignorado o sinal luminoso vermelho indicativo de "Pare", colidiu seu veículo contra o dirigido por Luís. Em decorrência da colisão, Paulo, um pedestre que passava pelo local do acidente, foi atropelado. Os três, Luís, Augusto e Paulo, ficaram gravemente feridos. Nessa situação, deve-se aplicar a Luís e a Augusto a concorrência de culpas.

COMENTÁRIOS

Anulada: Na concorrência de culpas, o evento danoso é causado por conduta culposa do autor do fato e da vítima. Não se exclui a responsabilidade penal do autor do fato, se a vítima concorreu para o resultado. Apenas a culpa exclusiva da vítima rompe o nexo de causalidade.

1.3. DA IMPUTABILIDADE PENAL

73. (Cespe – Procurador Federal/2013) Julgue os itens seguintes, acerca da prescrição, da reabilitação e da imputabilidade.

O CP prevê uma redução de pena para aquele que, em virtude de perturbação de saúde mental ou por desenvolvimento mental incompleto ou retardado, não seja inteiramente capaz de entender o caráter ilícito do fato ou de determinar-se de acordo com esse entendimento, circunstância que enseja uma menor reprovabilidade da conduta do agente comprovadamente naquelas condições. Tem-se, nesse caso, a denominada semi-imputabilidade, também nominada pelos doutrinadores como responsabilidade penal diminuída.

COMENTÁRIOS

✪ **Nota do autor:** A imputabilidade é um dos elementos da culpabilidade. Portanto, a sua graduação está relacionada à reprovabilidade da conduta. Imputável: pena; semi-imputável: pena reduzida ou medida de segurança; inimputável: medida de segurança.

Certo: Semi-imputável é o agente que, em virtude de perturbação de saúde mental ou por desenvolvimento mental incompleto ou retardado, **não era inteiramente capaz** de entender o caráter ilícito do fato ou de determinar-se de acordo com esse entendimento. Nesse caso, a pena pode ser reduzida de um a dois terços (art. 26, parágrafo único, CP) ou pode ser substituída por internação, se esta medida se mostrar necessária (art. 98, CP).

74. (Cespe – Juiz Federal Substituto 2ª região/2013) Assinale a opção correta com referência à imputabilidade penal.

a) Aquele que, ao tempo da ação, era inteiramente incapaz de compreender o caráter ilícito do fato, mas que recobrar sua sanidade no curso da ação penal, conforme perícia atestada nos autos, não poderá ser condenado pelo crime cometido, pois o juiz proferirá sentença absolutória imprópria, não incidindo a aplicação de medida de segurança.

b) Aquele que, ao tempo da ação, por desenvolvimento mental retardado, era inteiramente incapaz de entender o caráter ilícito do fato estará sujeito à sanção de medida de segurança por tempo indeterminado, devendo submeter-se periodicamente a perícias médicas para avaliar a cessação ou não de sua periculosidade.

c) A reforma do CP ocorrida em 1984 aboliu o sistema vicariante, em que a sentença impunha ao inimputável e ao semi-imputável não só pena como também medida de segurança.

d) Aquele que, ao tempo da ação, não era inteiramente capaz de entender o caráter ilícito do fato por força da dependência do consumo de drogas, comprovada mediante laudo pericial produzido em juízo, poderá ser absolvido impropriamente e encaminhado a tratamento médico adequado.

e) Aquele que, ao tempo da ação, por desenvolvimento mental incompleto, não era inteiramente capaz de determinar-se de acordo com o entendimento do caráter ilícito do fato deverá ser condenado criminalmente, mas com a pena reduzida de um terço a dois terços.

COMENTÁRIOS

Alternativa correta: letra "a". A imputabilidade penal é verificada no **momento do crime**. Portanto, se o agente, **ao tempo do crime**, era inimputável é isento de pena, mesmo que, posteriormente, no curso do processo recobre a sanidade mental.

Alternativa "b". Não basta que o agente seja inteiramente incapaz de entender o caráter ilícito do fato. É necessário, também, que ele seja incapaz de determinar-se de acordo com esse entendimento.

Alternativa "c". Até a reforma da Parte Geral de 1984, o CP adotava o sistema do duplo binário, em que há aplicação **concomitante de pena e medida de segurança**. Após a reforma, adotou-se o sistema vicariante em que se aplica apenas **medida de segurança** ao inimputável. Ao semi-imputável, aplica-se **pena reduzida ou medida de segurança.**

Alternativa "d". Nos termos do art. 45, parágrafo único, da Lei nº 11.343/06, se a inimputabilidade decorrer de dependência ao uso de drogas, o agente será absolvido e submetido a tratamento médico adequado. Veja-se que a lei não fala em absolvição imprópria e imposição de medida de segurança, mas em absolvição e tratamento médico.

Alternativa "e". No caso de semi-imputabilidade, o agente deve ser condenado. Mas, neste caso, se demonstrada a sua periculosidade, deve ser submetido à medida de segurança. Se não demonstrada a periculosidade, deverá ter a pena reduzida de um a dois terços (art. 26, parágrafo único, CP).

1.4. DO CONCURSO DE PESSOAS

75. (Cespe – Procurador do MP junto ao TCU/2015) José, empregado de empresa responsável pela segurança de determinado estacionamento, percebeu que Lucas pratica furtos nas proximidades do estacionamento. Desse modo, resolveu, em razão de discórdia com seu patrão, deixar a porta da sala de chaves aberta com o objetivo de facilitar o acesso de Lucas, sem que este tivesse conhecimento de seu auxílio. Em razão disso, diversos pertences de veículos estacionados foram subtraídos por Lucas.

Com referência a essa situação hipotética, assinale a opção correta.

a) Segundo entendimento majoritário da doutrina e jurisprudência, a desistência voluntária de Lucas não alcançaria a conduta de José.

b) A ausência de conhecimento por parte de Lucas impede a existência de concurso de pessoas, já que um dos requisitos para a configuração da participação é a prévia combinação.

c) Conforme a teoria da acessoriedade limitada, as condições de ilicitude da conduta de Lucas se estendem a José.

d) A conduta de José tem adequação direta com o tipo penal descrito, o furto.

e) Eventual inimputabilidade de Lucas tornaria José autor imediato do crime.

COMENTÁRIOS

Alternativa correta: letra "c". Em relação à participação existe praticamente consenso de que vale a teoria da acessoriedade limitada, que significa o seguinte: a conduta do partícipe é acessória. A conduta do autor é principal. O partícipe só pode ser punido se a conduta principal for típica e antijurídica. Então, se Lucas cometeu fato típico e ilícito, José responde pelo crime. Se a conduta de Lucas for lícita, José não responde pelo crime.

Alternativa "a". A desistência voluntária tem natureza objetiva e se comunica ao partícipe.

Alternativa "b". No concurso de agentes, deve haver o liame subjetivo, mas não é preciso a combinação. José facilitou a conduta de Lucas e este se aproveitou da facilidade. Eis o liame, que não depende de combinação.

Alternativa "d". José não praticou os verbos-núcleo do tipo penal. Ele auxiliou Lucas a cometer o crime.

Alternativa "e". A inimputabilidade de Lucas tornaria José autor **mediato** do crime, pois se valeria de um inimputável para a prática do crime.

76. (Cespe – Defensor Público – RN/2015) Acerca do concurso de agentes, assinale a opção correta conforme a legislação de regência e a jurisprudência do STJ.

a) A ciência da prática do fato delituoso caracteriza conivência e, consequentemente, participação, mesmo que inexistente o dever jurídico de impedir o resultado.

b) Em um crime de roubo praticado com o emprego de arma de fogo, mesmo que todos os agentes tenham conhecimento da utilização do artefato bélico, somente o autor do disparo deve responder pelo resultado morte, visto que não se encontrava dentro do desdobramento causal normal da ação delitiva. Nesse caso, não há que se falar em coautoria no crime mais gravoso (latrocínio).

c) Não se admite o concurso de agentes no crime de porte ilegal de arma de fogo, haja vista que somente o agente que efetivamente porta a arma de fogo incorre nas penas do delito.

d) É admissível, segundo o entendimento doutrinário e jurisprudencial, a possibilidade de concurso de agentes em crime culposo, que ocorre quando há um vínculo psicológico na cooperação consciente de alguém na conduta culposa de outrem. O que não se admite nos tipos culposos é a participação.

e) O falso testemunho, por ser crime de mão própria, não admite a coautoria ou a participação do advogado que induz o depoente a proclamar falsa afirmação.

COMENTÁRIOS

Alternativa correta: letra "d". A coautoria ocorre quando os agentes do crime realizam todos os elementos do tipo penal. Isso é possível em tipo culposo, como na hipótese em que dois pedreiros arremessam pedras por de trás de um muro e, por imprudência, acertam um pedestre que vem a falecer. O que não se admite em crime culposo é a instigação, a indução e o auxílio ao tipo culposo.

Alternativa "a". A omissão só tem relevância penal, se o agente, mesmo ciente da prática do crime por outrem, tinha o dever de agir e podia evitar a produção do resultado criminoso.

Alternativa "b". Ciente de que o comparsa portava arma de fogo, o coautor correu o risco de se produzir o resultado mais gravoso, a morte da vítima no latrocínio, crime pelo qual ele responde.

Alternativa "c". Pode-se admitir o concurso de agentes no crime de porte de arma de fogo, como ocorre no caso e participação, em que o agente auxilia, induz ou instiga outrem a portar a arma.

Alternativa "e". O crime de falso testemunho é classificado como próprio, porque exige a qualidade especial do sujeito ativo, ser testemunha. Como crime próprio, admite a participação de outrem, como o advogado que induz, instiga ou auxilia a testemunha a falsear a verdade.

---

77. (Cespe – Procurador do DF/ 2013) Marcos, imbuído de *animus necandi*, disparou tiros de revólver em Ricardo por não ter recebido deste pagamento referente a fornecimento de maconha. Apesar de ferido gravemente, Ricardo sobreviveu. Marcos, para chegar ao local onde Ricardo se encontrava, foi conduzido em motocicleta por Rômulo, que sabia da intenção homicida do amigo, embora desconhecesse o motivo, e concordava em ajudá-lo. Ricardo foi atingido pelas costas enquanto caminhava em via pública, e Marcos e Rômulo, ao verem a vítima tombar, fugiram, supondo tê-la matado.

Com base nessa situação hipotética, julgue os próximos itens.

Rômulo agiu em coautoria e deve responder pelo mesmo crime cometido por Marcos, não se aplicando a ele, entretanto, a qualificadora baseada no motivo do crime (torpeza), já que ignorava o motivo por que o seu comparsa queria a morte de Ricardo.

COMENTÁRIOS

✪ **Nota do autor:** o examinador entendeu correta essa questão, mas no meu entender está incorreta.

Errado. Em verdade, Rômulo agiu como **partícipe**, pois apenas **auxiliou** Marcos ao conduzi-lo ao local dos fatos. Rômulo não efetuou disparos de arma de fogo. Nesse caso, seja como partícipe, seja como coautor, Rômulo responde por homicídio simples, pois não tinha ciência do motivo torpe que levou Marcos a tentar matar a vítima.

---

78. (Cespe – Juiz de Direito Substituto – RN/2013) Acerca da autoria e do concurso de pessoas, assinale a opção correta.

a) De acordo com a teoria da acessoriedade limitada, para a punibilidade da participação basta que a conduta principal constitua fato típico.

b) Considere que Carlos, Mércia e José, empregados de uma grande empresa em Natal, tenham oferecido bombons envenenados ao seu chefe, Mário, que morreu após ingerir unicamente os bombons oferecidos por Mércia. Considere, ainda, que os três tenham agido de forma independente, sem ter ciência da conduta dos demais. Nessa situação, de acordo com a teoria da causalidade material, resta configurada a autoria colateral, devendo Carlos, Mércia e José responder pela prática de homicídio consumado.

c) Em se tratando de concurso de pessoas, o juiz deve, necessariamente, reduzir a pena do partícipe, em relação à pena do autor, em face do reconhecimento da acessoriedade da participação.

d) A doutrina considera plurissubjetivos os crimes que podem ser praticados por um ou mais agentes.

e) Considere que, em uma noite escura, Mel induza a prima Maria a disparar contra Pedro ao fazê-la acreditar que atirava em um animal feroz que rondava a casa de campo em que estavam. Nessa situação, ficando comprovado que Maria matou Pedro em erro de tipo escusável determinado pela prima, que sabia da realidade dos fatos, Mel responderá como autora mediata do crime de homicídio.

COMENTÁRIOS

Alternativa correta: letra "e". Na autoria mediata, a autora do fato usa outra pessoa, isenta de pena, como **instrumento do crime**. Maria agiu em erro de tipo escusável e, assim, não responde pelo crime, mas foi usada como instrumento de Mel, a qual responde pelo crime de homicídio.

Alternativa "a". Para a teoria da acessoriedade limitada, para se punir a participação, a ação principal deve ser, obrigatoriamente, **típica e antijurídica**. Para esta teria o fato é comum, mas a culpabilidade é individual.

Alternativa "b". Autoria colateral: várias pessoas executam o fato (contexto fático único) sem **nenhum vínculo subjetivo** entre elas. Não há concurso de agentes por falta de liame subjetivo. Identificada a pessoa responsável pelo homicídio, no caso Márcia, responde ela por homicídio consumado, enquanto os demais por homicídio tentado.

Alternativa "c". A participação, consistente em auxílio, instigação e indução, tem a mesma relevância que a autoria principal. Haverá a diminuição da pena apenas se o juiz considerar que houve **participação de menor importância** (art. 29, § 1º, CP).

Alternativa "d". Os crimes **unissubjetivos** são aqueles que podem ser praticados por apenas um sujeito, entretanto, admite-se a coautoria e a participação. Os crimes **plurissubjetivos** são aqueles que exigem dois ou mais agentes para a prática do delito em virtude de sua conceituação típica.

79. (Cespe – Delegado de Polícia – BA/2013) Acerca da parte geral do direito penal e seus Institutos, julgue os itens seguintes.

Considere que Joana, penalmente imputável, tenha determinado a Francisco, também imputável, que desse uma surra em Maria e que Francisco, por questões pessoais, tenha matado Maria. Nessa situação, Francisco e Joana deverão responder pela prática do delito de homicídio, podendo Joana beneficiar-se de causa de diminuição de pena.

COMENTÁRIOS

Errado: No caso não há o concurso de agentes em relação ao homicídio por falta do **liame subjetivo**. Joana não tinha a intenção de matar Maria, cuja morte decorreu de deliberação exclusiva de Francisco. Assim, este responde por homicídio, enquanto Joana responde por lesão corporal, consoante art. 29, § 2º, CP.

80. (Cespe – Analista do MPU/2013) Acerca dos institutos do direito penal brasileiro, julgue os próximos itens.

Tratando-se de concurso de agentes, quando comprovada a vontade de um dos autores do fato em participar de crime menos grave, a pena será diminuída até a metade, na hipótese de o resultado mais grave ter sido previsível, não podendo, contudo, ser inferior ao mínimo da pena cominada ao crime efetivamente praticado.

COMENTÁRIOS

✪ **Nota do autor:** pela teoria monista, adotada pelo Código Penal, coautor e partícipe do crime respondem pelo mesmo tipo penal. Mas, em nome do princípio da individualização da pena, cada um deve ter a pena na medida de sua culpabilidade.

Errado: Em nome dos princípios da individualização da pena e da culpabilidade, se algum dos concorrentes **quis** participar de **crime menos grave**, ser-lhe-á aplicada a **pena deste**; essa pena será **aumentada até metade**, na hipótese de ter sido previsível o resultado mais grave (art. 29, § 2º, CP). Assim, "A" fica na rua a dar cobertura a "B" praticar o furto. Mas, no interior da casa, "B" exerce grave ameaça contra a vítima. Com isso, "B" responde por roubo, enquanto "A" responde por **furto**, com a pena regulada nos termos do art. 29, § 2º, CP.

81. (Cespe – Delegado de Polícia – AL/ 2012) Com base na interpretação doutrinária majoritária e no entendimento dos tribunais superiores, julgue os itens.

No concurso de pessoas, o partícipe terá obrigatoriamente reduzida a pena pelo crime em relação ao autor, porquanto a participação é considerada como forma de concorrência diferente da autoria ou coautoria.

COMENTÁRIOS

Errado: Pela teoria monista, partícipe, autor e coautor respondem pelo mesmo crime. A princípio, a pena do partícipe será a mesma do autor ou coautor, desde que ela tenha igual importância para a execução do crime. Mas, excepcionalmente, **a pena deverá ser reduzida em caso de participação de menor importância** (art. 29, § 1º, CP).

1.5. DAS PENAS

82. (Cespe – Defensor Público – RN/2015) Em cada uma das seguintes opções, é apresentada uma situação hipotética relativa ao concurso de crimes, seguida de uma assertiva a ser julgada. Assinale a opção que apresenta assertiva correta de acordo com a legislação penal e a jurisprudência do STJ.

a) No interior de um ônibus coletivo, Sérgio subtraiu, com o emprego de grave ameaça, os aparelhos celulares de cinco passageiros, além do dinheiro que o cobrador portava. Nessa situação, como houve a violação de patrimônios distintos, Sérgio praticou o crime de roubo simples em concurso material.

b) Plínio praticou um crime de latrocínio (previsto no art. 157, § 3.º, parte final, do CP) no qual houve uma única subtração patrimonial, com desígnios autônomos e com dois resultados mortes (vítimas).

Nessa situação, Plínio praticou o crime de latrocínio em concurso formal impróprio, disposto no art. 70, caput, parte final, do CP, no qual se aplica a regra do concurso material, de forma que as penas devem ser aplicadas cumulativamente.

c) Túlio, em um mesmo contexto fático, praticou, com uma menor impúbere de treze anos de idade, sexo oral (felação), além de cópula anal e conjunção carnal. Nessa situação, Túlio perpetrou o crime de estupro de vulnerável em concurso material.

d) Zélio foi condenado pela prática de crimes de roubo e corrupção de menores em concurso formal, cometidos em continuidade delitiva. Nessa situação, na dosimetria da pena aplicar-se-ão cumulativamente as regras do concurso formal (art. 70 do CP) e da continuidade delitiva (art. 71 do CP).

e) Múcio, mediante grave ameaça exercida com o emprego de arma de fogo, subtraiu bens pertencentes a Bruna e, ainda, exigiu dela a entrega de cartão bancário e senha para a realização de saques. Nessa situação, Múcio praticou, em concurso formal, os crimes de roubo circunstanciado e extorsão majorada.

COMENTÁRIOS

Alternativa correta: letra "b". O STJ, em consonância com a Súmula 610 do STF, entende que o latrocínio se consuma com o resultado morte, independentemente da subtração de bens. Assim, se houve duas mortes, há dois crimes de latrocínio. Uma única conduta: crime formal. Desígnios autônomos: crime formal impróprio.

Alternativa "a". No caso, houve concurso formal impróprio, porque, com uma única conduta, subtraiu bens de diversos sujeitos ativos com desígnios autônomos.

Alternativa "c". Em se tratando de uma única vítima, em um único contexto, mesmo que haja mais uma espécie de ato sexual, considera-se como uma única conduta e, assim, se trata de concurso formal.

Alternativa "d". A jurisprudência do STJ é firme no entendimento de que, em caso de concurso formal e continuidade delitiva, aplica-se apenas o aumento decorrente do concurso formal, sob pena de *bis in idem* (STJ – (HC n. 331.852/RJ, Rel. Ministro Reynaldo Soares da Fonseca, 5ª T., DJe 2/5/2016)

Alternativa "e". Segundo a jurisprudência do STJ, se durante o mesmo contexto fático, o agente, mediante grave ameaça, subtrai coisa móvel da vítima e exige que ela forneça a senha do cartão do banco para a realização de saques em sua conta bancária, configuram-se os crimes de roubo e extorsão, em concurso material. Isso porque são condutas diferentes: subtração (roubo) e constranger (extorsão).

83. (Cespe – Defensor Público – RN/2015) A respeito de arrependimento posterior, crime impossível, circunstâncias judiciais, agravantes e atenuantes, assinale a opção correta à luz da legislação e da jurisprudência do STJ.

a) Existindo duas qualificadoras ou causas de aumento de pena, uma delas implica o tipo qualificado ou a majorante na terceira fase da dosimetria, enquanto a outra pode ensejar, validamente, a valoração negativa de circunstância judicial e a exasperação da pena-base.

b) O arrependimento posterior, por ser uma circunstância subjetiva, não se estende aos demais corréus, uma vez reparado o dano integralmente por um dos autores do delito até o recebimento da denúncia.

c) A existência de sistema de segurança ou de vigilância eletrônica torna impossível, por si só, o crime de furto cometido no interior de estabelecimento comercial.

d) Condenações anteriores transitadas em julgado alcançadas pelo prazo depurador de cinco anos previsto no art. 64, I, do CP, além de afastarem os efeitos da reincidência, também impedem a configuração de maus antecedentes.

e) Na hipótese de o autor confessar a autoria do crime, mas alegar causa excludente de ilicitude ou culpabilidade, não se admite a incidência da atenuante da confissão espontânea, descrita no art. 65, III, d, CP.

COMENTÁRIOS

Alternativa correta: letra "a". Se houver duas qualificadoras, uma delas será usada para a tipificação do crime, enquanto a outra será usada como circunstância judicial desfavorável. Se houver duas majorantes, uma delas será usada como circunstância judicial na primeira fase, e a outra, na terceira fase.

Alternativa "b". O arrependimento posterior, de acordo com a posição majoritária, é circunstância objetiva, que beneficia o coautor que não a realizou.

Alternativa "c". A jurisprudência do STJ é no sentido de que a existência de câmeras e sistema de vigilância, por si só, não torna impossível a consumação do crime de furto. Desse modo, se o agente for flagrado pelo sistema de segurança, responde por crime de furto na forma tentada.

Alternativa "d". A jurisprudência do STJ é firme no entendimento de que a condenação anterior transitada em julgado que já não pode ser considerada para efeitos de reincidência, porque passado prazo depurador, pode ser considerada maus antecedentes, porque não pode ser apagada da vida pretérita do acusado.

Alternativa "e". o STJ considera que a confissão para ser usada como atenuante não precisa ser qualificada, ou seja, basta que o réu assuma a autoria do fato criminoso e ao alegar eventual excludente de ilicitude, como legítima defesa, não perde o benefício.

---

84. (Cespe – Juiz de Direito Substituto – AM/2016) Determinada sentença justificou a dosimetria da pena em um crime de roubo da forma seguinte.

A culpabilidade do réu ficou comprovada, sendo a sua conduta altamente reprovável; não constam informações detalhadas sobre seus antecedentes, mas consta que ele foi anteriormente preso em flagrante acusado de roubo — embora não haja prova do trânsito em julgado da condenação — e que responde também a dois inquéritos policiais nos quais é acusado de furtar. A conduta social do réu não é boa e denota personalidade voltada para o crime; os motivos e as circunstâncias do crime não favorecem o réu; e as consequências do fato são muito graves, pois as vítimas, que em nada contribuíram para a deflagração do ato criminoso, tiveram prejuízo expressivo, já que houve desbordamento do caminho usualmente utilizado para a consumação do crime. É relevante observar que, sendo o réu pobre, semianalfabeto, sem profissão e sem emprego, muito provavelmente voltará ao crime, fato que, por si, justifica o aumento da pena-base como forma de prevenção.

Tendo em vista os elementos apresentados na justificação hipotética descrita, assinale a opção correta de acordo com a jurisprudência do STJ.

a) Por ser inerente ao crime de roubo, compondo a fase de criminalização primária, a perda material não poderia justificar o aumento da pena-base como consequência negativa do crime.

b) O juiz decidiu corretamente, pois apresentou justificação convincente, baseada no princípio do livre convencimento.

c) Considerando que o réu já tinha sido preso em flagrante por roubo e, mesmo sem o trânsito em julgado da respectiva sentença, ele ainda responde a dois inquéritos policiais por furtos, justifica-se a exacerbação da pena-base.

d) O juiz deveria ter levado em conta o fato de as vítimas em nada terem contribuído para a ocorrência do crime também como motivo para exasperação da pena-base do réu, a fim de atender as funções repressivas e preventivas da sanção penal.

e) A exasperação da pena-base por causa da pobreza, ignorância ou desemprego caracteriza a prática do que a doutrina denomina direito penal do inimigo.

COMENTÁRIOS

Alternativa correta: letra "e". A teoria do direito penal do inimigo foi desenvolvida pelo doutrinador alemão, Günter Jakobs, pela qual reserva-se o Direito Penal a inimigos do Estado, aos quais, portanto, não se podem destinar os direitos e garantias fundamentais aos acusados, que são institutos do Estado, o qual eles próprios, como inimigos, refutam.

Alternativa "a". A perda patrimonial da vítima não está inserida no tipo legal do crime de roubo, já que o resultado deste delito pode ou não ser a perda dos bens do ofendido, visto que podem ter sido recuperados sem que isso descaracterize a consumação do ilícito, motivo pelo qual tal perda é elemento idôneo para aumentar a pena-base (TJ-PR – Revisão Criminal de Sentença RVCR 4668466 PR 0466846-6 – Data de publicação: 04/12/2008).

Alternativa "b". O livre convencimento deve ser motivado de modo que o juiz apresente suas razões de decidir, que devem ser de acordo com os preceitos do ordenamento constitucional e legal.

Alternativa "c". Sob pena de violação ao princípio constitucional de presunção de inocência, a existência de inquéritos policiais ou ações penais sem o trânsito em julgado de sentença penal condenatória não justificam o aumento de pena-base.

Alternativa "d". A vítima não contribuir para a prática do crime de roubo é elemento do tipo penal, pois o bem lhe é subtraído, mediante violência ou grave ameaça, com o que se esvai a sua capacidade de resistência.

---

85. (Cespe – Juiz de Direito Substituto – AM/2016) Um policial militar, em dia de folga e vestido com traje civil, se embriagou voluntariamente e saiu à rua armado, decidido a roubar um carro. Empunhando seu revólver particular, ele abordou um motorista e o ameaçou, obrigando-o a descer do automóvel. A vítima obedeceu, mas, ao perceber a embriaguez do assaltante, saiu correndo com as chaves do carro. Deparando-se adiante com uma viatura da polícia militar, relatou o ocorrido aos componentes da guarnição, que foram ao local e prenderam o policial em flagrante. Em decorrência de tais fatos, o policial foi submetido a processo penal que resultou na sua condenação em três anos, dez meses e vinte dias de reclusão pela tentativa de roubo.

Com referência a essa situação hipotética, assinale a opção correta de acordo com a jurisprudência do STJ.

a) Estando ausente qualquer relação da ação com o exercício do cargo público, a exoneração do serviço público como efeito da condenação extrapolaria as funções repressivas e preventivas da sanção penal.

b) Na hipótese descrita e em casos semelhantes, sendo a pena privativa de liberdade inferior a quatro anos, a condenação por si só nunca implica a perda do cargo público.

c) O policial militar não praticou crime funcional típico porquanto o delito previsto no art. 157 do CP — Subtrair coisa móvel alheia, para si ou para outrem, mediante grave ameaça ou violência à pessoa — é comum e, por isso, o réu em questão não poderia ser afastado do cargo.

d) O agente não responderia por crime doloso porque estava em estado de embriaguez, sendo incapaz de entender o caráter criminoso de suas ações.

e) O policial militar, mesmo fora do exercício da função, violou dever inerente a ela, porque está vinculado à administração pública no exercício das atividades cotidianas, sendo cabível a perda do cargo como efeito da condenação.

COMENTÁRIOS

Alternativa correta: letra "e". Um dos efeitos da condenação penal é a perda do cargo público, função ou mandado eletivo (art. 92, I, CP). O STJ firmou entendimento no sentido de que compete à Justiça Penal decretar a perda do cargo de Policial Militar, julgado e condenado por crime comum, pois se trata de efeito da própria sentença condenatória (STJ – HC nº 144.441/MS).

Alternativa "a". A perda do cargo público é um dos efeitos da sentença penal condenatório, devendo o juiz motivar sua sentença ao demonstrar a incompatibilidade da manutenção do agente no cargo público diante do crime cometido. É incompatível que Policial Militar se mantenha no cargo depois de praticar crime de roubo.

Alternativa "b". O art. 91, I, CP, não estipula a pena mínima a partir da qual se pode decretar a perda do cargo público. Deve o juiz apenas demonstrar a incompatibilidade de se manter o agente no cargo público diante do crime cometido.

Alternativa "c". O roubo não é um crime militar, mas comum. Neste caso, o juiz pode declarar a perda do cargo pelo policial militar, se demonstrada a incompatibilidade de sua função com o crime praticado.

Alternativa "d". A embriaguez dolosa ou culposa não exclui a culpabilidade do agente (art. 28, II, CP).

---

86. (Cespe – Delegado de Polícia – PE/2016) A respeito do livramento condicional, assinale a opção correta.

a) O benefício do livramento condicional é um direito subjetivo do condenado, a ser concedido pelo juiz na sentença condenatória, desde que o réu preencha os requisitos legais subjetivos e objetivos, no momento da sentença penal condenatória, de modo a substituir a pena privativa de liberdade e restritiva de direitos por liberdade vigiada e condicionada.

b) Caso o liberado condicionalmente seja condenado irrecorrivelmente por crime praticado durante o gozo do livramento condicional, sendo a nova pena imposta a privativa de liberdade, haverá a revogação obrigatória do livramento condicional e o tempo do período de prova será considerado para fins de desconto na pena.

c) Em caso de prática de crime durante o período de prova do livramento condicional, o juiz não poderá prorrogar o benefício, devendo declarar extinta a punibilidade quando, ao chegar o fim daquele período fixado, o beneficiário não for julgado em processo a que responde por crime cometido na vigência do livramento.

d) Entre outros requisitos legais, segundo o CP, em caso de crime doloso cometido com violência ou grave ameaça à pessoa, a concessão do livramento condicional ao condenado ficará também subordinada à constatação de condições pessoais que façam presumir que o liberado não voltará a delinquir.

e) A prática de falta grave, devidamente apurada em procedimento disciplinar, interrompe o requisito temporal para a concessão do livramento condicional.

COMENTÁRIOS

Alternativa correta: letra "d". A jurisprudência do STJ firmou o entendimento de que, para o livramento condicional, é possível a realização do exame criminológico para se verificar as condições subjetivas do condenado, desde que haja devida fundamentação da necessidade de se realizar tal exame.

Alternativa "a". O livramento condicional é benefício concedido ao condenado durante a execução da pena. Não é no momento de prolação de sentença penal condenatório que ele é concedido.

Alternativa "b". Caso o liberado condicionalmente seja condenado irrecorrivelmente por crime praticado durante o gozo do livramento condicional, sendo a nova pena imposta a privativa de liberdade, haverá a revogação obrigatória do livramento condicional, mas o tempo do período de prova será considerado para fins de desconto na pena.

Alternativa "c". Em caso de prática de crime durante o período de prova do livramento condicional, o juiz deverá prorrogar o benefício, até que o executado seja julgado pelo novo crime.

Alternativa "e". De acordo com a Súmula nº 441 do STJ, a falta grave não interrompe o prazo para concessão do benefício. Isso decorre da ausência de lei nesse sentido.

---

87. (Cespe – Delegado de Polícia – PE/2016) Da sentença penal se extraem diversas consequências jurídicas e, quando for condenatória, emergem-se os efeitos penais e extrapenais. Acerca dos efeitos da condenação penal, assinale a opção correta.

a) A licença de localização e de funcionamento de estabelecimento onde se verifique prática de exploração sexual de pessoa vulnerável, em caso de o proprietário ter sido condenado por esse crime, não será cassada, dada a ausência de previsão legal desse efeito da condenação penal.

b) A condenação por crime de racismo cometido por proprietário de estabelecimento comercial sujeita o condenado à suspensão do funcionamento de seu estabelecimento, pelo prazo de até três meses, devendo esse efeito ser motivadamente declarado na sentença penal condenatória.

c) Segundo o CP, constitui efeito automático da condenação a perda de cargo público, quando aplicada pena privativa de liberdade por tempo igual ou superior a um ano, nos crimes praticados com abuso de poder ou violação de dever para com a administração pública.

d) A condenação por crime de tortura acarretará a perda do cargo público e a interdição temporária para o seu exercício pelo dobro do prazo da pena aplicada, desde que fundamentada na sentença condenatória, não sendo efeito automático da condenação.

e) A condenação penal pelo crime de maus-tratos, com pena de detenção de dois meses a um ano ou multa, ocasiona a incapacidade para o exercício do poder familiar, quando cometido pelo pai contra filho, devendo ser motivado na sentença condenatória, por não ser efeito automático.

COMENTÁRIOS

Alternativa correta: letra "b". um dos efeitos da condenação por racismo é a suspensão do funcionamento do estabelecimento particular em que ocorreu o crime (art. 16, Lei de Racismo). Qualquer efeito de condenação deve ser fundamentado e, no caso, deve-se demonstrar a correlação entre o funcionamento do estabelecimento comercial e o crime. Por exemplo, o proprietário de um bar impede a entrada de negros e judeu no local em razão de cor e religião.

Alternativa "a". A cassação de licença de localização e de funcionamento de estabelecimento onde se verifique prática de exploração sexual de pessoa vulnerável, em caso de o proprietário ter sido condenado por esse crime, é efeito obrigatório da sentença penal condenatória por esse crime, devendo haver a devida fundamentação (art. 218-B, § 3º, CP).

Alternativa "c". Segundo o CP, constitui efeito da condenação a perda de cargo público, quando aplicada pena privativa de liberdade por tempo igual ou superior a um ano, nos crimes praticados com abuso de poder ou violação de dever para com a administração pública. Mas, não é efeito automático (art. 92, parágrafo único, CP).

Alternativa "d". A condenação por crime de tortura acarretará a perda do cargo público e a interdição temporária para o seu exercício pelo dobro do prazo da pena aplicada, desde que fundamentada na sentença condenatória, **sendo efeito automático da condenação.**

Alternativa "e". A condenação penal pelo crime de maus-tratos, com pena de detenção de dois meses a um ano ou multa, **não** ocasiona a incapacidade para o exercício do poder familiar, quando cometido pelo pai contra filho, porque efeito da sentença só ocorre se o crime for punido com reclusão.

---

88. (Cespe – Analista Judiciário – Área Judiciária – TJ – CE/2014) A respeito da aplicação das penas, das medidas de segurança e dos benefícios penais do condenado, assinale a opção correta.

a) De acordo com o Código Penal, réu primário condenado à pena de dois anos de reclusão pelo crime de furto qualificado consumado não pode se beneficiar da suspensão condicional da pena.

b) O cometimento de crime doloso anteriormente à concessão do benefício do livramento condicional não enseja a revogação do benefício.

c) A medida de segurança, por não possuir natureza de sanção penal, não se sujeita a prazo prescricional.

d) De acordo com a jurisprudência do STJ, na dosimetria da pena, os fatos posteriores ao crime em julgamento não podem ser utilizados para configurar reincidência, mas podem servir de fundamento para valorar negativamente a culpabilidade, a personalidade e a conduta social do réu.

e) A reabilitação do condenado poderá ser requerida após a decorrência do prazo de cinco anos, contado do dia em que for extinta, de qualquer modo, a pena ou terminar sua execução, computando-se o período de prova da suspensão e o do livramento condicional.

COMENTÁRIOS

✪ **Nota do autor:** o *sursis* é um benefício concedido ao condenado que, presentes determinados requisitos legais, tem a pena a suspensa por um determinado período de prova, findo o qual, se não houver revogação do benefício, tem extinta a sua punibilidade.

Alternativa correta: letra "a". Um dos requisitos para que se conceda o *sursis* é que a pena **não seja superior a dois anos** (art. 77, CP). Assim, como a pena imposta é **igual a dois anos**, não pode o agente ser beneficiado pela suspensão condicional do processo.

Alternativa "b". Trata-se de hipótese de **revogação obrigatória** a condenação do sentenciado, durante o período de prova, por crime doloso, ainda que o fato tenha ocorrido em período anterior.

Alternativa "c". Os Tribunais Superiores firmaram entendimento de que a medida de segurança, em que pese faltar previsão legal, não é imprescritível. O prazo prescricional é leva em conta a pena máxima em abstrato prevista ao crime.

Alternativa "d". Apenas fatos anteriores ao crime podem ser considerados para efeitos de reincidência e outras circunstâncias a serem levadas em conta na fixação da pena.

Alternativa "e". A reabilitação poderá ser requerida, decorridos **dois** anos do dia em que for extinta, de qualquer modo, a pena ou terminar sua execução, computando-se o período de prova da suspensão e o do livramento condicional, se não sobrevier revogação, além de outros requisitos.

---

89. (Cespe – Promotor de Justiça – AC/2014) Miguel, Abel e Laerte, ocupantes de cargos de direção em determinada câmara municipal, previamente ajustados e em união de esforços com Pires, empresário, todos agindo consciente e voluntariamente, associaram-se permanentemente com vistas à apropriação de verbas públicas, simulando operações comerciais entre a referida casa legislativa e empresa de fachada. Para tanto, os referidos servidores públicos determinavam que seus subordinados emitissem ordens de pagamento em valores superiores aos efetivamente contratados. O grupo foi objeto de investigação, que resultou em denúncia pela prática dos crimes de peculato doloso e de quadrilha, recebida por juízo criminal. Antes da prolação da sentença, os acusados efetuaram a reparação do dano ao erário.

Em relação à situação hipotética apresentada acima, assinale a opção correta.

a) Dada a manifesta ilegalidade da determinação dada aos subordinados para a expedição de ordens de pagamento em valores superiores aos efetivamente contratados, o fato de os ocupantes de cargo de direção se valeram de seus subordinados como instrumentos para a prática da infração penal caracteriza caso de autoria mediata.

b) Na hipótese de impossibilidade de conhecimento da ilicitude do fato pelos subordinados que cumpriram a ordem manifestamente ilegal, ficaria afastado o dolo da conduta, consoante a teoria normativa pura da culpabilidade.

c) O crime de peculato é delito próprio de agente na função de servidor público, de modo que Pires, por ser empresário, deve responder por delito diverso do praticado pelos servidores da câmara municipal.

d) A reparação do dano ao erário antes da sentença extingue a punibilidade dos agentes apenas em relação ao delito de peculato doloso, devendo o processo prosseguir quanto ao crime de quadrilha.

e) É possível ao magistrado fixar a pena-base em conjunto para os corréus servidores públicos, na hipótese em que todos eles sejam funcionários da mesma entidade pública e as circunstâncias judiciais se mostram equivalentes, sem que isso importe em ofensa ao princípio constitucional da individualização da pena, segundo entendimento do STJ.

COMENTÁRIOS

Alternativa correta: letra "e". As circunstâncias judiciais do art. 59, CP, autorizam a fixação da pena-base acima do mínimo legal, somente se for o fato fugir ao extraordinário. Assim, caso a haja uma característica da personalidade do agente que fuja ao extraordinário, é que se autoriza o aumento de pena. Já as circunstâncias agravantes são de ordem objetiva. Dessa forma, é possível que as penas dos coautores sejam fixadas no mesmo patamar sem se falar em desrespeito ao princípio da individualização da pena.

Alternativa "a". Por si só, a ordem de superior hierárquico afasta a culpabilidade do agente. Por isso, não há que se falar em coautoria mediato, em regra, salvo nas hipóteses em que a conduta do subordinado for em estrita obediência à ordem não manifestamente ilegal (art. 22, *caput*, CP).

Alternativa "b". A teoria normativa pura da culpabilidade, associada ao finalismo, afasta o dolo e a culpa da culpabilidade para o tipo penal. Portanto, presente a obediência hierárquica, o subordinado age com dolo (fato típico), mas sua conduta não é punível, pois falta potencial consciência da ilicitude.

Alternativa "c". O crime de peculato é próprio, porque se exige a qualidade de funcionário público do sujeito ativo. Porém, nada impede que terceiro não funcionário público responda pelo crime de peculato, pois as circunstâncias de caráter pessoal, quando elementares do crime, se comunicam ao partícipe (art. 30, CP).

Alternativa "d". A reparação do dano somente extingue a punibilidade do **peculato culposo** (art. 312, § 3º, CPC).

---

90. (Cespe – Promotor de Justiça – AC/2014) Sílvia, interditada para os atos da vida civil por ser portadora de doença mental, foi denunciada pela prática dos crimes de estelionato e de uso de documento público materialmente falso, acusada de ter aplicado o denominado golpe do conto do paco. Sílvia, agindo de forma consciente e voluntária, de prévio acordo e em unidade de desígnios com Júlia, induziu a vítima Paulo a erro, para obter vantagem ilícita em proveito próprio. Em data e local predefinidos, a denunciada deixou cair uma cártula de cheque falsificada, no valor de nove mil e quinhentos reais e na qual estava grampeada uma cédula de vinte reais, supostamente pertencente a uma relojoaria. Paulo, que caminhava logo atrás, recolheu a cártula e a devolveu para a denunciada, que, fingindo estar muito agradecida, disse que ligaria para seu patrão com o objetivo de obter uma recompensa para Paulo. Minutos depois, Sílvia retornou e avisou Paulo de que a recompensa lhe seria dada, desde que todos deixassem seus pertences com Júlia, que ficaria aguardando. A vítima, induzida a erro, deixou sua bolsa com a comparsa da denunciada e dirigiu-se ao suposto estabelecimento comercial, enquanto Sílvia e Júlia fugiram do local com seus pertences, que incluíam R$ 1.000, 00 em espécie.

Ao fim da instrução, Sílvia foi condenada à pena de três anos e dois meses de reclusão e multa. A pena privativa de liberdade foi substituída por duas penas restritivas de direitos, consistentes em prestação pecuniária em favor da vítima e limitação de fim de semana.

Considerando essa situação hipotética, assinale a opção correta.

a) A aplicação do estelionato privilegiado ao caso em questão condiciona-se ao fato de os autores do delito serem primários e de bons antecedentes e ao pequeno valor da coisa.

b) Tendo sido adotado pelo CP o critério biológico para a aferição da inimputabilidade do agente, Sílvia somente em razão de ser interditada por doença mental, está isenta de culpabilidade.

c) O valor da prestação pecuniária a ser paga por Sílvia será calculado com base em sua capacidade econômica e na extensão do dano causado à vítima.

d) Ainda que Sílvia e Júlia tivessem utilizado, além da cártula de cheque, cartão de crédito materialmente falso para a perpetração do estelionato, responderam pela prática do crime de uso de documento público falso, pois o cartão de crédito é equiparado a documento público pelo CP.

e) A torpeza Sílvia, Júlia e Paulo afasta a tipicidade da conduta, já que, para a configuração do delito de estelionato, exige-se a boa-fé da vítima.

COMENTÁRIOS

Alternativa correta: letra "c". A prestação pecuniária, como tem caráter indenizatório, ainda que parcial, do dano sofrido pela vítima, motivo pelo qual este é um dos critérios para sua fixação. O outro consiste na possibilidade econômica do condenado, pois não pode ser fixado um valor que ele não possa pagar.

Alternativa "a". No estelionato privilegiado (art. 171, § 1º, CP), deve-se levar em consideração a primariedade e o **pequeno prejuízo** sofrido pela vítima, no caso concreto.

Alternativa "b". No que se refere à inimputabilidade em decorrência de doença mental, o CO adotou o critério **biopsicológico**. Não basta, assim, que a pessoa seja portadora de doença mental. Há de se comprovar, também, que essa doença mental impeça que ela tenha ciência do caráter ilícito do fato e de se determinar de acordo com esse entendimento.

Alternativa "d". Para fins de crimes de falsidade, o cartão de crédito é considerado documento **particular** (art. 298, parágrafo único, CP).

Alternativa "e". De acordo com a jurisprudência consolidada, não se exige a má-fé da vítima para que haja o crime de estelionato. Basta que ela seja induzida ou mantida em erro e, mesmo que vise obter vantagem econômica, mantém-se a condenação do estelionatário.

91. (Cespe – Cartório – TJ – DF/2014) Acerca dos princípios do direito penal, do concurso de crimes, da suspensão condicional do processo e da execução da pena, assinale a opção correta.

a) De acordo com o disposto na LEP, não é possível o cumprimento da pena privativa de liberdade em local diverso daquele em que tenham ocorrido a perpetração e a consumação do crime.

b) É vedado ao juiz fixar a mesma pena base aos corréus, sob pena de violação ao princípio da individualização da pena, ainda que as circunstâncias judiciais sejam comuns.

c) Suponha que um indivíduo danifique um telefone público, ocasionando à concessionária prejuízo da ordem de R$ 137, 00. Nessa situação, segundo a jurisprudência do STF, é materialmente atípica a conduta do agente, dada a mínima ofensividade da infração e do reduzido grau de reprovabilidade do comportamento.

d) Segundo a jurisprudência dominante, em se tratando de concurso formal de dois delitos, a pena deve ser aumentada em um sexto.

e) Considere que João tenha sido condenado por furto privilegiado e, na sentença, o juiz tenha substituído a pena privativa de liberdade por pena de multa. Nessa situação, caso João seja réu em outra ação penal, ele não poderá ser beneficiado com a suspensão condicional da pena.

COMENTÁRIOS

✪ **Nota do autor:** Veja o candidato que muitas questões são repetidas pelos examinadores.

Alternativa correta: letra "d". No concurso formal perfeito, a pena única do crime é aumentada de 1/6 até 1/2. Com base nisso, a doutrina e a jurisprudência fizeram a seguinte tabela que indica a fração de aumento de pena por resultado produzido:

Número de crimes	Fração de aumento
2	1/6
3	**1/5**
4	1/4
5	1/3
6 ou mais	1/2

Alternativa "a". Tendo-se em vista que uma das funções da pena é a ressocialização do condenado, o preso deve cumprir a pena mais próximo de sua residência, mesmo que seja em unidade da Federação diversa daquela em que cometeu o crime (art. 86, LEP).

Alternativa "b". O art. 59, CP, que regulamenta as circunstâncias judiciais nada mais é do que a possibilidade de efetivação do princípio constitucional da **individualização da pena**. Assim, dadas as circunstâncias pessoais, como personalidade e antecedentes do agente, pode fixar penas diversas ou as mesmas aos corréus.

Alternativa "c". De acordo com o STF, os danos a aparelhos de telefone públicos (orelhão) não são insignificantes, porque há ausência dos vetores da mínima ofensividade da conduta do agente e do reduzido grau de reprovabilidade do comportamento (STF – HC nº 115.383/RS).

Alternativa "e". A princípio, a reincidência por crime doloso impede a concessão de *sursis* (art. 77, I, CP). Mas, se a condenação for por simples multa, o benefício pode ser concedido (art. 77, § 1º, CP).

92. (Cespe – Cartório – TJ – DF/2014) Acerca da aplicação da pena e do concurso de crimes, assinale a opção correta.

a) De acordo com o entendimento do STJ, o juiz, ao fixar o regime aberto ao condenado, poderá estipular, como condição especial, o cumprimento cumulativo de pena restritiva de direitos.

b) Não se aplica a regra do crime continuado àquele que, após a morte do beneficiário, passa a receber, durante cinco meses, em lugar do falecido, aposentadoria por invalidez paga pelo INSS, mediante a utilização do cartão magnético pertencente ao titular.

c) A existência de ações penais em curso configura maus antecedentes.

d) Nos moldes do recente posicionamento exarado pelo STJ, nos casos de crimes praticados com mais de uma causa de aumento de pena, será possível a utilização de uma delas como fundamento para desvalorar quaisquer das circunstâncias judiciais do art. 59 do Código Penal.

e) Em razão da aplicação do concurso formal próprio, será aumentada em um quinto a pena do indivíduo que, com uma só ação, praticar crimes de roubo contra três vítimas diferentes.

COMENTÁRIOS

✪ **Nota do autor:** concurso formal perfeito ou próprio é aquele em que o agente tem a vontade de praticar uma **única conduta**, mas acaba por produzir mais de um resultado (art. 70, primeira parte, CP). No concurso formal impróprio ou imperfeito, o agente pratica conduta dolosa e os resultados advêm de **desígnios autônomos** (art. 70, *caput*, segunda parte, CP).

Alternativa correta: letra "e". No concurso formal perfeito, a pena única do crime é aumentada de 1/6 até 1/2. Com base nisso, a doutrina e a jurisprudência fizeram a seguinte tabela que indica a fração de aumento de pena por resultado produzido:

Número de crimes	Fração de aumento
2	1/6
3	**1/5**
4	1/4
5	1/3
6 ou mais	1/2

Alternativa "a". A pena restritiva de direitos, apesar de autônoma, **substitui a pena privativa de liberdade**. Ora, se uma pessoa está a cumprir pena em regime aberto, tem-se pena privativa de liberdade, o que é incompatível com a cumulação com pena restritiva de direitos.

Alternativa "b". Entendemos que essa alternativa está **correta.** Isso porque, de acordo com o decidido pelo STF e pelo STJ, o crime de estelionato, em que o sujeito ativo, é pessoa diversa do beneficiário, como no caso em tela, tem-se hipótese de **crime instantâneo de efeitos permanentes**, consumado no momento em que o agente recebe a primeira prestação, mediante a fraude. Os demais recebimentos são novas lesões ao INSS, mas a conduta que vale é a primeira e única, quando o ardil foi aplicado, havendo no caso **concurso formal de crimes** (CF. Luiz Flávio Gomes: http: //lfg.jusbrasil.com.br/noticias/963905/estelionato-previdenciario-crime-instantaneo-ou-permanente-crime-unico--continuado-ou-concurso-formal).

Alternativa "c". De acordo com o posicionamento do STF e do STJ, a simples existência de ações penais não configura maus antecedentes, exige-se a condenação transitada em julgado, sob pena de se violar o princípio constitucional de inocência.

Alternativa "d". De acordo com a jurisprudência, a existência de mais de uma **qualificadora**, uma delas pode ser utilizada como **circunstância judicial desfavorável**, desde que haja pertinência entre uma e outra. Já a causa de aumento deve ser usada na terceira fase do procedimento.

93. (Cespe – Juiz de Direito Substituto – DFT/2014) A respeito da substituição da pena privativa de liberdade e do cálculo da pena de multa nos crimes contra o meio ambiente, assinale a opção correta.

a) O CP veda a substituição da pena privativa de liberdade igual ou inferior a seis meses por prestação de serviços.

b) A Lei dos Crimes contra o Meio Ambiente, ao dispor sobre o cálculo da pena de multa para os crimes nela previstos, determina que se considerem a situação financeira do condenado e o prejuízo causado.

c) A substituição da pena privativa de liberdade por pena restritiva de direitos não será cabível caso o condenado seja reincidente na prática de qualquer delito.

d) A execução da pena de multa deverá ser suspensa se sobrevier doença mental ao condenado.

e) Quando a pena substituída for superior a um ano, será facultado ao condenado cumprir a prestação de serviços à comunidade em menor tempo, nunca inferior, entretanto, a um terço da pena privativa de liberdade fixada na sentença.

COMENTÁRIOS

Alternativa correta: letra "d". Trata-se de disposição expressa no art. 52, CP: É suspensa a execução da pena de multa, se sobrevém ao condenado doença mental.

Alternativa "a". A prestação de serviços à comunidade ou a entidades públicas é aplicável às condenações **superiores a seis meses** de privação da liberdade. Portanto, entendo que essa alternativa está correta.

Alternativa "b". A Lei dos Crimes contra o Meio Ambiente, ao dispor sobre o cálculo da pena de multa para os crimes nela previstos, determina que se considerem a **situação econômica do infrator** (art. 6º, III, Lei nº 9.605/98).

Alternativa "c". A substituição da pena privativa de liberdade por pena restritiva de direitos não será cabível caso o condenado seja reincidente na prática de **crime doloso**. Ainda assim, é possível a substituição se não se tratar de **reincidência específica**, desde que, em face de condenação anterior, a medida seja socialmente recomendável.

Alternativa "e". Quando a pena substituída for superior a um ano, será facultado ao condenado cumprir a prestação de serviços à comunidade em menor tempo, nunca inferior, entretanto, à **metade** da pena privativa de liberdade fixada na sentença.

---

94. (Cespe – Juiz de Direito Substituto – DFT/2014) No que diz respeito à teoria da pena, à prescrição e ao crime de motim, assinale a opção correta.

a) É de dois terços o limite superior da majorante do concurso de pessoas no furto.

b) O prazo prescricional da pena de multa é de dois anos.

c) A prescrição, nos crimes definidos na Lei de Falência e Recuperação de Empresas, começa a correr do dia da decretação da falência, ainda que o recurso de efeito suspensivo contra tal decisão esteja pendente de apreciação.

d) O benefício da suspensão condicional do processo não será admitido na hipótese de concurso formal de crimes se a pena mínima cominada ao delito mais grave, por incidência do limite mínimo da majorante, ultrapassar o prazo de um ano.

e) A simples reunião de militares ou assemelhados, com a finalidade de organizar ocupação de quartel, para ação militar, em desobediência a ordem superior, é conduta que configura o crime definido no CPM sob o nomen juris de motim, tipo que não admite a figura da tentativa.

COMENTÁRIOS

✪ **Nota do autor:** Cabe suspensão condicional do processo, nos crimes em que a pena mínima cominada **for igual ou inferior a um ano** (art. 89, Lei nº 9.099/95).

Alternativa correta: letra "d". De acordo com a jurisprudência, deve-se levar em consideração as causas de aumento de pena para se verificar a possibilidade de suspensão condicional do processo, porque, neste caso, a pena pode ser fixada além do mínimo legal.

Alternativa "a". No crime de furto, o concurso de agentes é uma **qualificadora**. Assim, a pena tem um novo patamar (art. 155, § 4º, IV, CP), em relação ao furto **simples** previsto no *caput*.

Alternativa "b". A prescrição da pena de multa ocorrerá: em **dois anos**, quando a multa for a **única cominada ou aplicada**; no **mesmo prazo estabelecido** para prescrição da **pena privativa** de liberdade, quando a multa for **alternativa ou cumulativamente cominada ou cumulativamente aplicada**.

Alternativa "c". A prescrição dos crimes falimentares reger-se-á pelas disposições do Código Penal, começando a correr do dia da **decretação da falência, da concessão da recuperação judicial ou da homologação do plano de recuperação extrajudicial**, independentemente de recurso.

Alternativa "e". O crime de motim não admite tentativa, mas se exige finalidade específica do agente, pois a ocupação para ação militar, ou prática de violência, em desobediência a ordem superior ou em detrimento da ordem ou da disciplina militar (art. 149, CPM).

---

95. (Cespe – Juiz de Direito Substituto – DFT/2014) Em relação a comportamentos subsumíveis a diversos tipos penais previstos no CP e em legislação extravagante, assinale a opção correta.

a) A conduta que causa dano patrimonial não está abrangida no conceito de violência doméstica e familiar contra a mulher.

b) Comete crime contra a propriedade industrial quem acondiciona e vende produto de sua própria indústria em vasilhame que contenha marca legítima de outrem.

c) O crime de deserção, previsto no CPM, admite a figura da coautoria.

d) Em virtude de exceção expressa no Estatuto do Idoso, não incide a escusa absolutória prevista na parte especial do CP em relação ao furto praticado pelo neto contra o avô.

e) Oferecer droga a pessoa estranha ou ceder/entregar droga a pedido de tal pessoa, eventualmente e sem objetivo de lucro, ainda que em pequena quantidade e para consumo partilhado, caracteriza conduta de tráfico, para a qual é prevista a pena de detenção, de seis meses a um ano.

COMENTÁRIOS

Alternativa correta: letra "b". A propriedade intelectual é tutelada constitucionalmente. No caso em tela, tutela-se a **marca,** que distingue um produto no meio comercial (art. 190, II, CP).

Alternativa "a". São formas de violência doméstica contra a mulher: **física, psicológica, sexual, patrimonial** e **moral** (art. 7º, Lei nº 11.340/06.

Alternativa "c". O crime de deserção é crime próprio, pois só pode ser cometido por **militar** e, dessa forma, não admite coautoria, mas apenas participação (art. 187, CPM).

Alternativa "d". Há escusa absolutória se autor e vítima forem antecedentes. Assim, em regra, não se aplica na relação entre avô e neto. Somente será afastada, na relação entre neto e avô, se este for **maior de sessenta anos de idade** (art. 183, III, CP).

Alternativa "e". Neste caso, não se trata de crime de tráfico privilegiado (art. 33, § 3º, Lei nº 11.343/06), porque não a droga o destinatário da droga foi pessoa que **não é de seu relacionamento**. Assim, responde por crime de tráfico comum, previsto no *caput*.

---

96. (Cespe – Juiz de Direito Substituto – DFT/2014) Lúcio e Lucinda, marido e mulher, desempregados, sem qualificação para o trabalho e pais de três filhos pequenos, planejaram e praticaram juntos, entre janeiro e março de 2012, mais de sete furtos, todos com rompimento de obstáculo e durante o repouso noturno. Lúcio tem dezenove anos. Em dezembro de 2012, enquanto corria o processo pelos referidos crimes patrimoniais, transitou em julgado sentença condenatória que o havia condenado pela prática de outro delito, o de receptação, cometido no ano de 2010. Lucinda, de vinte e quatro anos de idade, primária e de bons antecedentes, arrependida, confessou espontaneamente os fatos. O produto dos furtos foi estimado em valor considerável, entre dinheiro, relógios, joias e aparelhos eletrodomésticos, nenhum deles recuperado nem devolvido.

Com base nessa situação hipotética, assinale a opção correta.

a) Lúcio é reincidente, mas tem a seu favor a atenuante da menoridade, sendo possível a compensação entre uma e outra circunstância, na segunda fase da dosimetria, por serem ambas preponderantes.

b) Lúcio e Lucinda devem responder pelos crimes com incidência de causa de aumento de pena prevista na parte geral do CP, no seu limite máximo, ou seja, igual à fração de um meio, por terem realizado, no total, mais de sete furtos.

c) Lúcio e Lucinda responderão por furto triplamente qualificado.

d) Embora não se prestem à caracterização do estado de necessidade, as circunstâncias do desemprego, da falta de qualificação para o trabalho e o fato de possuírem três filhos pequenos sob sua guarda e responsabilidade podem interferir em favor de Lúcio e Lucinda, seja na primeira, seja na segunda fase da dosimetria.

e) Lucinda tem a seu favor a atenuante da confissão espontânea, que, embora não preponderante, atua como dado positivo relacionado à sua personalidade.

COMENTÁRIOS

✪ **Nota do autor:** essa questão foi anulada pela comissão examinadora.

Alternativa "a". Lúcio não é reincidente, pois, quando cometeu os sete crimes de furto, não havia o trânsito em julgado da sentença penal condenatória pelo crime de roubo. Incide a menoridade relativa, pois era menor de vinte e um anos, circunstância agravante.

Alternativa "b". No crime continuado, a fração de aumento de pena é determinada pelo número de crimes continuados. Como houve sete crimes, deve ser a pena aumentada no máximo permitido em lei, que é de **dois terços**.

Alternativa "c". Há duas qualificadoras apenas **rompimento de obstáculo** e **concurso de agentes**.

Alternativa "d". Não nos parecem que esses fatores possam influenciar na pena dos acusados, pois não fogem à normalidade das pessoas.

Alternativa "e". A confissão é circunstância atenuante e, no caso de Lucinda, é compensada com a reincidência.

97. (Cespe – Procurador Federal/2013) Julgue os itens seguintes, acerca da prescrição, da reabilitação e da imputabilidade.

Considere a seguinte situação hipotética.

João cumpriu pena pela prática de roubo e, decorridos dois anos do dia em que foi extinta a pena, ele pleiteou, por meio de seu advogado, sua reabilitação.

Nessa situação, para ter seu pedido deferido, João deverá, necessariamente, ressarcir o dano causado pelo crime, demonstrar a absoluta impossibilidade de fazê-lo ou exibir documento que comprove a renúncia da vítima ou a novação da dívida.

COMENTÁRIOS

✪ **Nota do autor:** Reabilitação é a declaração judicial de que estão cumpridas ou extintas as penas impostas ao sentenciado, assegurando o sigilo dos registros sobre o processo e atingindo outros efeitos da condenação (Mirabete).

Certo: Requisitos da reabilitação: a. prazo de **dois anos** do dia em que extinta a punibilidade ou terminada a execução da pena; b. domicílio no País nesse prazo; c. demonstração de bom comportamento durante esse prazo; d. ressarcimento do prejuízo à vítima ou prova de **absoluta** impossibilidade de fazê-lo ou ainda renúncia da vítima.

98. (Cespe – Defensor Público – DF/ 2013) No que se refere aos crimes culposos e à confissão, julgue os seguintes itens.

De acordo com o STJ, a confissão qualificada enseja o reconhecimento da circunstância atenuante da confissão espontânea, prevista no art. 65 do CP.

COMENTÁRIOS

✪ **Nota do autor:** confissão qualificada é aquela em que a pessoa agrega teses defensivas, como excludente de antijuricidade e de culpabilidade.

Anulada: O STJ entendia que não era possível o reconhecimento da circunstância atenuante, se a confissão fosse qualificada, porquanto faltaria espontaneidade ao confidente. Porém, recentemente modificou seu entendimento ao estabelecer que o CP não faz distinção e, assim, é possível o reconhecimento da atenuante, mesmo em caso de confissão qualificada (STJ – AgRg no AREsp 433206/SP – Rel. Min. Laurita Vaz. DJ. 26/08/2014).

99. (Cespe – Defensor Público – DF/ 2013) Com relação aos conceitos, objetivos e princípios do direito penal, às penas restritivas de direitos, ao livramento condicional e à reincidência, julgue os itens subsecutivos.

99.1. O reincidente específico em tráfico ilícito de entorpecentes e drogas afins poderá pleitear o livramento condicional após cumprir dois terços da sua pena privativa de liberdade.

COMENTÁRIOS

✪ **Nota do autor:** reincidente específico é aquele que, já condenado por um crime com trânsito em julgado, comete o mesmo crime novamente.

Errado: Nos termos do que estabelecem o art. 83, V, CP, e art. 44, parágrafo único, Lei nº 11.343/06, **não é possível** a concessão livramento condicional em caso de reincidente específico na prática do crime de tráfico de drogas. Há entendimento no sentido de que essa vedação seria inconstitucional em virtude do **princípio da individualização da pena**. Porém, o STJ tem entendimento no sentido de que se trata de norma constitucional, porque evidencia o caráter repressivo da pena (STJ – AgRg no RHC 38542/DF. Rel. Min. REGINA HELENA COSTA. DJ. 10/12/2013).

99.2. O juiz poderá substituir a pena privativa de liberdade do condenado reincidente não específico por penas restritivas de direitos se, em face da condenação anterior, a substituição for socialmente recomendável.

COMENTÁRIOS

Certo: A reincidência deve ser levada em consideração para fins de substituição da pena privativa de liberdade por restritiva de direitos. Assim, veda-se, a princípio, tal benefício ao **reincidente por crime doloso** (art. 44, II, CP). Porém, se não se tratar de reincidência específica, é possível a substituição, mesmo em crime doloso. Assim, **se for reincidente pelo mesmo crime**, é impossível a substituição da pena (art. 44, § 3º, CP).

100. (Cespe – Delegado de Polícia Federal – DPF/2013) A respeito da pena pecuniária, julgue o item abaixo.

A multa aplicada cumulativamente com a pena de reclusão pode ser executada em face do espólio, quando o réu vem a óbito no curso da execução da pena, respeitando-se o limite das forças da herança.

COMENTÁRIOS

✪ **Nota do autor:** A multa é pena voltada ao pagamento de quantia em dinheiro revertida em favor do Fundo Penitenciário.

Errado. Como dívida de valor, a execução da pena de multa, caso não seja paga voluntariamente, é feita por meio de procedimento previsto na Lei de Execuções Fiscais. Contudo, não perde ela característica de pena e, portanto, deve seguir o princípio da **intranscendência**, segundo o qual a pena não pode passar da pessoa do condenado (art. 5º, XLV, da CF). Os herdeiros do condenado podem responder pelos danos civis, limitadamente à força da herança, mas não sofrem os efeitos penais da condenação.

101. (Cespe – Delegado de Polícia Federal – DPF/2013) Em relação ao concurso de agentes, à desistência voluntária e ao arrependimento eficaz, bem como à cominação das penas, ao erro do tipo e, ainda, à teoria geral da culpabilidade, julgue os itens subsecutivos.

O indivíduo, maior e capaz, condenado, definitivamente, por diversos crimes, a pena unificada que perfaça, por exemplo, noventa anos de reclusão, fará jus ao livramento condicional somente após o cumprimento de um terço ou metade de noventa.

COMENTÁRIOS

✪ **Nota do autor:** No Direito Brasileiro, ninguém pode ficar preso por mais de trinta anos. Porém, as frações de tempo para contagem dos benefícios, como progressão de regime e liberdade condicional, não incidem sobre os trinta anos.

Anulada. De fato, a contagem do prazo para o livramento condicional deve ser feita sobre o total da condenação. Porém, nem sempre a fração de cumprimento de pena para a concessão do benefício é de um terço (primário) ou metade (reincidente), pois, em caso de crimes hediondos, a fração é de mais de dois terços, se o apenado não for reincidente específico (art. 83, CP).

102. (Cespe – Delegado de Polícia Federal – DPF/2013) Em relação aos efeitos da condenação, julgue o item que se segue.

Considere que uma mulher, maior e capaz, chegue a casa, logo após ter sido demitida, e, nervosa, agrida, injustificada e intencionalmente, seu filho de dois anos de idade, causando-lhe lesões corporais de natureza leve. Nessa situação hipotética, caso essa mulher seja condenada pela referida agressão após o devido processo legal, não caberá, como efeito da condenação, a decretação de sua incapacidade para o exercício do poder familiar, nos termos do CP.

COMENTÁRIOS

Certo. O crime de lesão corporal de natureza leve é punido com pena de **detenção** (art. 129, CP). Como efeito secundário da condenação, a incapacidade para o exercício do poder familiar se refere a crimes **dolosos, sujeitos à pena de reclusão, cometidos contra filho, tutelado ou curatelado.**

103. (Cespe – Procurador do DF/ 2013) Com referência às penas e à sua aplicação, julgue os seguintes itens.

Desde que o STF declarou incidentalmente a inconstitucionalidade do artigo 2.0, § 1.0, da Lei n.º 8.072/1990 ("A pena por crime previsto neste artigo [crime hediondo] será cumprida inicialmente em regime fechado"), não é mais obrigatória a fixação do regime inicial fechado para o condenado pelo crime de tráfico de entorpecentes, podendo a pena privativa de liberdade ser substituída por restritivas de direitos quando o réu for primário e sem antecedentes e não ficar provado que ele se dedique ao crime ou esteja envolvido com organização criminosa.

COMENTÁRIOS

Certo. O **princípio da individualização da pena** veda que a lei fixe parâmetros intransponíveis ao Juiz. Deve-se dar a ele o mínimo de discricionariedade que lhe permita a fixação do regime inicial mais adequado ao caso concreto e a possibilidade de substituição da pena privativa de liberdade por restritiva de direitos.

104. (Cespe – Procurador BACEN/2013) No que se refere a concurso de crimes e a concurso de pessoas, assinale a opção correta.

a) O agente que, mediante uma só conduta, praticar crimes contra a ordem tributária e de relações de consumo a fornecedor deverá responder em concurso ideal heterogêneo de crimes, aplicando-se a pena do crime mais grave, acrescida de um sexto até a metade.

b) A gestão fraudulenta de instituição financeira e o exercício de atividade de câmbio sem a devida autorização do BACEN configuram crimes contra o sistema financeiro nacional, mas, por serem classificados como habituais e formais, são incompatíveis entre si, o que exclui a possibilidade de concurso formal.

c) Pela teoria monista, adotada de forma irrestrita no Brasil, cada coautor deve responder por sua própria conduta, cujos contornos devem ser retirados da intenção de cada um.

d) As hipóteses de coação moral irresistível e obediência hierárquica são de autoria mediata, e, por suas naturezas e consequências, excluem a ilicitude da conduta.

e) De acordo com a teoria da ficção jurídica, adotada no direito penal brasileiro, o concurso continuado de crimes configura-se pela pluralidade de condutas e de crimes da mesma espécie, condições subjetivas semelhantes e unidade de desígnio entre os agentes.

COMENTÁRIOS

Alternativa correta: letra "a". Como se trata de uma só conduta e dois resultados, há no caso o chamado **concurso formal heterogêneo** (art. 70, CP). Heterogêneo porque há dois crimes de espécies diferentes. Com isso, como não há violência ou grave ameaça e não há desígnios autônomos, aplica-se apenas a pena do crime mais grave, acrescida de um sexto até metade (art. 70, primeira parte, CP).

Alternativa "b". Os crimes de gestão fraudulenta e operação não autorizada de câmbio (arts. 4º e 22, Lei nº 7.492/86) são **instantâneos**, consumando-se em um momento definitivo, não se exigindo a prática reiteradas dos atos, como pressupõe os crimes habituais. Ademais, admite-se o concurso formal entre os dois crimes, porque, na gestão fraudulenta, visa-se punir que gerencia instituição financeira com má-fé e de forma enganosa, enquanto que, no art. 22, a lei visa tutelar o funcionamento regular do mercado de câmbio, de acordo com as normas do BACEN.

Alternativa "c". Pela teoria monista, adotada como regra no Brasil, todos os coautores e partícipes dos fatos respondem pelo mesmo crime. Excepcionalmente, afasta-se a teoria monista como ocorre no caso de aborto.

Alternativa "d". Tanto a coação moral irresistível quanto a obediência hierárquica são causas excludentes da culpabilidade, por não se exigir conduta diversa do autor do fato.

Alternativa "e". O CP adotou a teoria da ficção jurídica em relação ao crime continuado, que se trata, em verdade, de concurso material de crimes, mas que, por questão de política criminal, é considerado um único crime. São seus requisitos: pluralidade de condutas, crimes de mesma espécie e nexo de continuidade (mesmas condições de lugar, tempo, forma de execução, entre outros) e unidade de desígnios. Esta, contudo, não recai sobre os agentes, mas sobre as condutas, ou seja, desde a vontade do sujeito ativo do crime era praticar um crime único, embora por partes.

---

105. (Cespe – Juiz de Direito Substituto – RN/2013) Acerca da aplicação da pena, dos regimes prisionais, dos tipos de penas e dos efeitos da condenação, assinale a opção correta.

a) Réu reincidente na prática de crime não doloso condenado a pena privativa de liberdade não tem direito à substituição dessa pena por pena restritiva de direitos.

b) A reincidência é circunstância agravante, de modo que influencia a segunda fase de aplicação da pena, mesmo que já tenha sido considerada no momento da fixação da pena.

c) A confissão não pode ser considerada pelo juiz como circunstância atenuante se sua consideração ensejar fixação da pena abaixo do mínimo legal.

d) A perda do cargo, quando aplicada pena privativa de liberdade por período superior a quatro anos, é efeito específico e automático da condenação, aplicável independentemente de constar expressamente na sentença.

e) A comprovação da reincidência, embora possa ensejar o aumento do quantum da pena aplicada, não exerceria influência na fixação do regime inicial para o seu cumprimento.

COMENTÁRIOS

✪ **Nota do autor:** o Código Penal adotou o sistema trifásico de aplicação da pena. No primeiro momento, leva-se em consideração as **circunstâncias judiciais**; no segundo momento as **circunstâncias agravantes** e **atenuantes**; por fim, as **causas de diminuição e aumento de pena**.

Alternativa correta: letra "c". Nos primeiro e segundo momentos de aplicação de pena, o Juiz está limitado aos mínimo e máximo de pena cominada em abstrato, somente, na terceira fase, ele pode ir além ou aquém do preceito estabelecido pelo legislador. A confissão é uma circunstância atenuante a ser considerada na segunda fase de aplicação da pena e, assim, mesmo ela presente, o Juiz não pode fixar a pena aquém do mínimo legal.

Alternativa "a". Nos termos do art. 44, II, do CP, apenas a **reincidência por crime doloso** impede a substituição da pena privativa de liberdade por restritiva de direitos.

Alternativa "b". Se a reincidência decorrer de apenas uma única condenação anterior, ela deve ser considerada apenas na segunda fase de aplicação de pena. Não pode ser considerada circunstâncias judicial desfavorável (maus antecedentes) e agravante (reincidência), sob pena de vedado **bis in idem.**

Alternativa "d". A perda do cargo ou função pública é efeito secundário da pena, devendo o Juiz fundamentar a decisão demonstrando a incompatibilidade entre a conduta do agente e a permanência da pessoa no cargo público.

Alternativa "e". Nos termos do art. 33, CP, a reincidência é motivo para a fixação do regime inicial fechado para o cumprimento de pena, tendo maior relevância do que a própria quantidade de pena.

---

106. (Cespe – Juiz Federal Substituto 1ª região/2013) No que se refere a temas relativos à teoria da pena, assinale a opção correta.

a) A reincidência influi no prazo de prescrição da pena de multa.

b) Não pode ser considerado reincidente quem, já condenado pela prática de crime por sentença transitada em julgado, no Brasil ou no estrangeiro, pratica contravenção penal.

c) Réu reincidente condenado à pena de quatro anos e dois meses deve, necessariamente, iniciar o cumprimento da pena privativa de liberdade no regime fechado.

d) Não se somam as penas correspondentes a crimes diversos para o efeito do livramento condicional.

e) A pena de seis meses de detenção imposta a réu primário condenado pela prática de crime doloso cometido com grave ameaça à pessoa pode ser substituída por multa, com base no disposto no CP.

COMENTÁRIOS

✪ **Nota do autor:** essa questão foi anulada pela comissão examinadora.

Alternativa "a". A reincidência aumenta os prazos prescricionais, previstos no art. 109, do CP, em um terço. No que se refere à pena de multa, o prazo prescricional é em dois anos, quando a multa for **a única cominada ou aplicada**; no mesmo prazo estabelecido para prescrição da pena privativa de liberdade, quando a multa for alternativa ou cumulativamente cominada ou cumulativamente aplicada. A reincidência, portanto, não aumenta o prazo da prescrição da pena de multa se for ela a **única cominada ou aplicada**.

Alternativa "b". Admite-se a reincidência = **crime + crime; crime + contravenção penal; contravenção penal + contravenção penal**. Não se admite a reincidência: **contravenção penal + crime**.

Alternativa "c". Interpretação gramatical do art. 33, do CP, de fato, em relação ao reincidente, deve-se impor o regime inicial **fechado**. No entanto, há entendimento jurisprudencial no sentido de que o Juiz pode levar em consideração outras circunstâncias, como as judiciais do art. 59, CP, para fixar regime semiaberto ou aberto, mesmo que o agente seja reincidente.

Alternativa "d". No caso de concurso de crimes, deve-se fazer a **unificação de pena** para a concessão de benefícios durante a execução da pena, como no caso de livramento condicional.

Alternativa "e". O fato de o crime ter sido cometido com grave ameaça impede a aplicação de pena privativa de liberdade.

---

107. (Cespe – Procurador do Ministério Público junto ao TCDF/2013) No que se refere aos crimes contra a fé pública e contra a administração pública, aos delitos previstos na Lei de Licitações e à aplicação de pena, julgue os itens consecutivos.

Nos crimes contra a administração pública, caso o servidor seja condenado a pena superior a um ano de prisão, por delito praticado com abuso de poder ou violação do dever para com a administração pública, poderá ser suspenso o efeito extrapenal específico da perda de cargo, função pública ou mandato eletivo, disposto no CP, nos casos em que tenha havido substituição da pena privativa de liberdade por pena restritiva de direito.

COMENTÁRIOS

Errado: A perda de cargo, função pública ou mandato eletivo é um dos efeitos secundários da condenação, devendo o Juiz fundamentar a decisão demonstrando a incompatibilidade de o agente permanecer no cargo diante de sua conduta delituosa. Prevista no art. 91, I, CP, esse efeito da condenação pode se materializar ainda que haja substituição da pena privativa de liberdade por restritiva de direitos.

---

108. (Cespe – Procurador do Ministério Público junto ao TCDF/2013) Julgue os itens seguintes, relativos a aspectos diversos do direito penal.

Há reincidência quando o agente comete novo crime, depois de transitar em julgado a sentença que o tenha condenado por crime anterior, não se considerando como tal condenações por crimes militares próprios ou por crimes políticos e sentenças oriundas de país estrangeiro.

COMENTÁRIOS

Errado: Nos termos do art. 63 do Código Penal, a sentença penal condenatória prolatada no exterior gera reincidência, sem necessidade de homologação pelo STJ. Por sua vez, os crimes políticos e os militares não geram reincidência, dada a peculiaridade dessas espécies de infração penal (art. 64, CP).

---

109. (Cespe – Juiz Federal Substituto 5ª região/2013) Assinale a opção correta acerca da aplicação da pena.

a) Em caso de condenação por crimes praticados com abuso de poder ou violação de dever para com a administração pública, constituirá efeito automático da condenação criminal a perda do cargo, da função pública ou do mandato eletivo se aplicada pena privativa de liberdade por tempo igual ou superior a um ano.

b) Incorreria em mera infração administrativa o gerente da Casa da Moeda do Brasil que autorizasse a emissão de papel-moeda em quantidade superior à autorizada por lei, já que inexiste previsão legal dessa conduta, em especial no tipo penal de moeda falsa.

c) Antes do trânsito em julgado da sentença condenatória, pode o juiz conceder progressão de regime de execução da pena ou a aplicação imediata de regime menos severo.

d) Para conceder o livramento condicional ao condenado à pena privativa de liberdade de vinte e cinco anos de reclusão e, ainda, à pena privativa de liberdade de doze anos de reclusão, o juiz procederá ao cálculo da soma das penas, atento ao limite legal de trinta anos de cumprimento como critério para a concessão do benefício.

e) O desconto do valor da multa aplicada cumulativamente à pena privativa de liberdade poderá ser efetuado no salário do condenado, desde que não incida sobre os recursos indispensáveis ao sustento do condenado e de sua família.

COMENTÁRIOS

✪ **Nota do autor:** em provas do CESPE convém ao candidato memorizar as Súmulas do STF e do STJ em matéria penal.

Alternativa correta: letra "c". O Enunciado nº 718 do STF: "Admite-se a progressão de regime de cumprimento da pena ou a aplicação imediata de regime menos severo nela determinada, antes do trânsito em julgado da sentença condenatória". Em que pese, em regra, a execução provisória de sentença penal condenatória não transitada em julgado é vedada, sob pena de violação ao princípio constitucional da presunção de inocência, admite-se a progressão do regime, pois se trata de **medida mais favorável ao condenado**, que não pode permanecer no regime mais severo além do tempo estabelecido na sentença e na lei.

Alternativa "a". A perda de cargo público **não é efeito automático** da sentença penal condenatória, pois exige fundamentação idônea do Juiz a explicitar a incompatibilidade da permanência do agente no cargo e a condenação que sofrera. Além disso, só será permitida: quando aplicada pena privativa de liberdade **por tempo igual ou superior a um ano**, nos crimes praticados com **abuso de poder** ou **violação de dever** para com a **Administração Pública**; quando for aplicada pena privativa de liberdade por tempo superior a **quatro anos nos demais casos** (art. 92, I, CP).

Alternativa "b". O gerente da Casa da Moeda do Brasil que autorizasse a emissão de papel-moeda em quantidade superior à autorizada por lei cometeria **ilícito penal** equiparado ao crime de moeda falsa, conforme art. 289, § 3º, II, CP, além de sua responsabilidade civil e administrativa.

Alternativa "d". Caso o sentenciado tenha mais de uma condenação, o Juiz deve promover a **unificação das penas**. Para efeito de benefícios penais, como livramento condicional e progressão de regime, a fração de pena exigida por lei deve ser calculado com base no total da pena somada (no caso proposto, trinta e sete anos), ainda que superior aos trinta anos, que o limite apenas para que a pessoa permaneça presa.

Alternativa "e". A cobrança da multa pode efetuar-se mediante desconto no vencimento ou salário do condenado quando: a) aplicada **isoladamente**; b) aplicada **cumulativamente com pena restritiva de direitos**; c) **concedida a suspensão condicional da pena**. Assim, se for cumulada com pena privativa de liberdade, não poderá ser descontada do salário. De qualquer forma, desconto não deve incidir sobre os recursos indispensáveis ao sustento do condenado e de sua família. Tudo conforme art. 50, CP.

---

110. (Cespe – Juiz Federal Substituto 2ª região/ 2013) Acerca de aspectos diversos relacionados às penas, assinale a opção correta.

a) Aquele que, dolosamente, falsificar produto cosmético e o expuser à venda em feira pública poderá, na sentença condenatória, ter sua pena privativa de liberdade substituída por pena restritiva de direitos, consistente em prestação pecuniária ao consumidor que eventualmente faça uso do produto, deduzindo-se o valor do montante de eventual condenação em ação de reparação civil.

b) Aquele que ostente condenação anterior transitada em julgado a pena de multa pelo crime de ter, dolosamente, danificado plantas de ornamentação de logradouro público, e que for condenado a pena de três anos de reclusão por crime de desmatamento de floresta nativa em terra de domínio público, sem autorização do órgão competente, poderá ser beneficiado pela suspensão condicional da execução da pena.

c) Será causa para a revogação obrigatória da suspensão condicional da execução da pena concedida ao condenado por crime de lesão corporal de natureza grave o fato de este beneficiário, no curso do prazo, ser condenado, em sentença irrecorrível, pelo crime de, culposamente, ter destruído floresta considerada de preservação permanente.

d) Será inicialmente fechado o regime de cumprimento da pena nos crimes hediondos, de tortura, de terrorismo e de tráfico ilícito de entorpecentes.

e) O reincidente em crime de receptação que for condenado em crime de falsificação de documento público não poderá ser beneficiado pela substituição da pena privativa de liberdade por pena restritiva de direitos.

COMENTÁRIOS

✪ **Nota do autor:** suspensão condicional da pena ou *sursis* implica condenação do acusado à pena privativa de liberdade, cuja execução é suspensa desde que preenchidos os requisitos legais.

Alternativa correta: letra "b". Neste caso, o agente já possuía uma condenação anterior transitada em julgado e, assim, é considerado **reincidente**. Como os dois crimes são dolosos, é vedada a concessão de *sursis* em decorrência da **reincidência em crime doloso** (art. 77, I, CP).

Alternativa "a". A perda de cargo público **não é efeito automático** da sentença penal condenatória, pois exige fundamentação idônea do Juiz a explicitar a incompatibilidade da permanência do agente no cargo e a condenação que sofrera. Além disso, só será permitida: quando aplicada pena privativa de liberdade **por tempo igual ou superior a um ano**, nos crimes praticados com **abuso de poder** ou **violação de dever** para com a **Administração Pública**; quando for aplicada pena privativa de liberdade por tempo superior a **quatro anos nos demais casos** (art. 92, I, CP).

Alternativa "c". Nesse caso, o agente praticaria o crime de falsificação, corrupção, adulteração ou alteração de produto destinado a fins terapêuticos ou medicinais na figura equiparada do art. 273, § 1º-A, CP, cuja pena varia de 10 a 15 anos de reclusão. Portanto, não cabe a substituição da pena, pois a lei exige para tanto pena privativa de liberdade **não superior a quatro anos, em caso de crime doloso** (art. 44, I, CP).

Alternativa "d". Como a segunda condenação foi por **crime culposo**, trata-se de hipótese de **revogação facultativa** (art. 81, § 1º, CP). Caso fosse por **crime doloso**, a revogação seria obrigatória (art. 81, I, CP).

Alternativa "e". Nos termos do art. 2º, § 1º, da Lei nº 8.072/90, o cumprimento de pena nos crimes hediondos, no tráfico de drogas, no terrorismo e na tortura terá **início obrigatoriamente no regime fechado**. No entanto, é pacífico nos Tribunais Superiores que esse dispositivo fere o postulado da **individualização da pena,** o que torna possível de fixação de regime semiaberto ou aberto, caso preenchidos os requisitos legais.

---

111. (Cespe – Juiz Federal Substituto 2ª região/2013) A respeito de aspectos diversos relacionados às penas, assinale a opção correta.

a) No concurso formal perfeito, ou próprio, de crimes, a pena de multa é resultado da pena mais grave, aumentada de um sexto até a metade.

b) Para agravar a pena, o juiz poderá, em decisão fundamentada, aplicar ao crime de furto qualificado pelo concurso de pessoas a causa especial de aumento relativa ao concurso de pessoas que se encontra prevista no crime de roubo.

c) A existência de ações penais em curso, e não de inquéritos policiais, pode ser utilizada como critério de aumento da pena-base na primeira fase de aplicação da pena.

d) A confissão espontânea e a menoridade relativa são circunstâncias atenuantes preponderantes e que, por tal motivo, podem servir de fundamento à redução da pena-base abaixo do grau mínimo previsto em lei.

e) O juiz pode aplicar o regime semiaberto ao condenado a pena igual ou inferior a quatro anos, se forem favoráveis as circunstâncias judiciais, ainda que a reincidência se opere em crime específico.

COMENTÁRIOS

✪ **Nota do autor:** veja-se que o CESPE, por vezes, exige do candidato não apenas o texto da lei, como ainda a jurisprudência do STF e do STJ.

Alternativa correta: letra "e". Nos termos do que estabelece o art. 33, § 2º, CP, o condenado reincidente deve iniciar o cumprimento de pena em regime inicial fechado, independentemente do *quantum* de pena privativa de liberdade aplicada. No entanto, a jurisprudência mitigou essa regra, em nome do princípio da individualização da pena, e permitiu que, mesmo o reincidente específico, inicie cumprimento de pena em regime inicial semiaberto se presentes os demais requisitos previstos em lei.

Alternativa "a". No concurso **material ou formal** de crimes, em qualquer de suas modalidades, as penas de multa são aplicadas distinta e integralmente, ou seja, somam-se as penas (art. 72, CP). Essa regra não se aplica em relação aos crimes continuados, segundo o STJ.

Alternativa "b". No crime de furto, o concurso de pessoas é uma causa **qualificadora** (art. 155, § 4º, IV, CP). Portanto, não pode ser aplicada a causa de aumento do art. 157, § 2º, II, CP).

Alternativa "c". A simples existência de inquéritos policiais e/ou de ações penais não pode ser considerada circunstância judicial desfavorável ao réu no momento de aplicação da pena-base. Exige-se condenação com trânsito em julgado, sob pena de violação do princípio de presunção de inocência.

Alternativa "d". São circunstâncias preponderantes: os motivos determinantes do crime, a personalidade do agente e a reincidência (art. 67, CP). De qualquer forma, tais circunstâncias legais, assim como a confissão espontânea e a menoridade relativa, são consideradas na segunda fase de aplicação da pena, não na fixação da pena-base (circunstâncias judiciais do art. 59, CP). De qualquer forma, apenas na terceira fase de aplicação da pena (causas de aumento e diminuição de pena), haverá possibilidade da pena ficar além do máximo legal ou aquém do mínimo legal.

---

112. (Cespe – Juiz de Direito Substituto – MA/ 2013) Em relação à pena de multa, assinale a opção correta.

a) A obrigação de pagar a quantia em dinheiro determinada na pena de multa é transmissível aos herdeiros do condenado.

b) A prescrição da pretensão punitiva e da pretensão executória da pena de multa ocorre em dois anos, seja ela cominada de forma isolada, cumulativa ou alternativa.

c) Não é aplicável ao prazo prescricional da multa a redução pelo fator etário, a saber, condenado menor de vinte e um anos de idade ao tempo do crime e maior de setenta anos de idade na data da sentença.

d) A multa destina-se ao fundo penitenciário, ao passo que a prestação pecuniária se destina à vítima, a seus dependentes ou a entidade pública ou privada com destinação social.

COMENTÁRIOS

Alternativa correta: letra "d". Não se confundem pena de multa e pena pecuniária. A primeira pode ser aplicada isolada, alternativa ou cumulativamente à pena privativa de liberdade. É considerada **dívida de valor do Estado** e seu pagamento é voltado ao Fundo Penitenciário. Já a pena pecuniária é restritiva de direitos, substitutiva da privativa de liberdade, e o seu valor tem **caráter indenizatório à vítima**.

Alternativa "a". No direito penal, vige o princípio da **intranscendência da pena**, ou seja, a pena não pode passar da pessoa do condenado, mesmo que se trate de pena de multa, que, como dito, é dívida de valor.

Alternativa "b". A prescrição da pena de multa ocorrerá: I – em **dois anos**, quando a multa for a **única** cominada ou aplicada; II – **no mesmo prazo** estabelecido para prescrição da pena privativa de liberdade, quando a multa for **alternativa ou cumulativamente cominada ou cumulativamente aplicada** (art. 114, CP).

Alternativa "c". O art. 115, CP, não faz qualquer restrição à redução do prazo de prescrição. Assim, aplica-se também à pena de multa.

113. (Cespe – Juiz de Direito Substituto – MA/ 2013) No tocante às penas substitutivas e à dosimetria da pena privativa de liberdade, assinale a opção correta.

a) Consoante a doutrina majoritária, a circunstância agravante presente no crime praticado contra ascendente, descendente, irmão ou cônjuge pode ser compensada com a atenuante da confissão espontânea, mas não com a da menoridade.

b) Considere que Alberto tenha sido condenado à pena alternativa de prestação de serviços à comunidade pelo período de oito meses e tenha-se recusado a cumprir os últimos cinco dias da referida pena. Nessa situação, a pena a ele aplicada deve ser convertida em privativa de liberdade pelo prazo de trinta dias.

c) É possível a compensação de uma causa especial de aumento por uma causa especial de diminuição de pena, desde que sejam idênticas as frações de aumento e de redução da pena, situação que não configura prejuízo ao condenado.

d) Réu primário condenado a um ano de reclusão pelo crime de furto tem direito à substituição da pena privativa de liberdade por multa e uma pena restritiva de direitos ou por duas penas restritivas de direitos, desde que lhe seja favorável a análise da culpabilidade, dos antecedentes, da conduta social, da personalidade, dos motivos e das circunstâncias.

COMENTÁRIOS

✪ **Nota do autor:** na sentença penal condenatória, em um primeiro momento, o juiz deve fixar a pena privativa de liberdade e, no segundo, se for o caso, substituí-la por restritiva de direitos. Isso porque, se o condenado não cumprir a restritiva, passa a cumprir a privativa de liberdade (art. 44, § 4º, CP).

Alternativa correta: letra "b". Como houve o descumprimento da pena restritiva de direitos, esta é novamente convertida em privativa de liberdade, descontado o prazo cumprido da restritiva de direito. Com isso, no caso, Alberto teria prazo de **cinco dias** a cumprir. Mas, o CP estabelece um prazo mínimo de **trinta dias** para cumprimento da nova pena privativa de liberdade (art. 44, § 4º, CP).

Alternativa "a". No art. 67, o CP enumera as circunstâncias preponderantes: **os motivos determinantes do crime, a personalidade do agente e a reincidência**. Portanto, somente nestes casos, não se pode compensar agravante com atenuante. Assim, é possível a compensação da circunstância agravante presente no crime praticado contra ascendente, descendente, irmão ou cônjuge pode ser compensada com a atenuante da confissão espontânea e, também, com a da menoridade.

Alternativa "c". As causas de aumento de pena e as de diminuição de pena não se compensam. Assim, primeiro, o Juiz aumenta a pena e, depois, diminui a pena sobre a fração. A simples compensação poderia implicar prejuízo ao réu. Exemplo: roubo praticado com arma de fogo tentado: 4 anos + 1/3 = 5 anos e 4 meses – 1/3 = **3 anos, 3 meses e 20 dias**, mais benéfico que a mera compensação.

Alternativa "d". Como a pena privativa de liberdade fixada é **igual a um ano**, a substituição pode ser feita **por multa ou por uma pena restritiva** de direitos (art. 44, § 2º, CP).

114. (Cespe – Defensor Público – RR/2013) Assinale a opção correta com referência às penas, suas espécies, cominação, aplicação e efeitos.

a) O recente pronunciamento dos tribunais superiores consolidou – se no sentido da impossibilidade de o julgador, na aplicação da pena, compensar a agravante da reincidência com a atenuante da confissão espontânea.

b) De acordo com o entendimento dos tribunais superiores, a confissão qualificada, quando o réu, ao assumir o fato, apresenta elemento que afasta a antijuridicidade da conduta imputada, não resulta em redução da pena imposta ao réu pela incidência da atenuante de confissão espontânea.

c) A pena restritiva de direito é acessória e admite cumulação com pena privativa de liberdade com duração idêntica, podendo ser cumprida em menor tempo, desde que não inferior à metade do tempo da pena privativa de liberdade igualmente aplicada.

d) As penas de interdição temporária de direitos consistentes na proibição do exercício de profissão, atividade ou ofício que dependam de habilitação especial, de licença ou autorização do poder público são aplicáveis apenas aos agentes que infrinjam deveres próprios de profissão, atividade ou ofício.

e) O CP determina como efeito obrigatório e automático da sentença penal condenatória por crime de fraudar certame de interesse público a interdição temporária de direitos consistente na proibição de inscrever-se em concurso, avaliação ou exame público, pelo dobro do tempo da pena privativa de liberdade aplicada.

COMENTÁRIOS

✪ **Nota do autor:** Houve modificação da jurisprudência dos Tribunais Superiores, motivo pelo qual a questão ficou sem resposta correta.

Alternativa "a". Houve entendimento jurisprudencial no sentido de que a reincidência prevaleceria em face da confissão espontânea. Porém, o entendimento mais recente é o sentido de que há possibilidade compensação, pois a confissão espontânea é considerada como caráter positivo da personalidade do agente, logo, é elemento preponderante (art. 67, CP).

Alternativa "b". De fato, antes, os Tribunais Superiores entendiam que a confissão qualificada não poderia ser considerada como atenuante, pois faltaria espontaneidade ao acusado. Porém, houve mudança no entendimento jurisprudencial e, assim, passou-se a admitir a confissão qualificada como atenuante (STJ – HC. nº 291.894/SP).

Alternativa "c". As penas restritivas de direitos são **autônomas** e **substituem** as privativas de liberdade (art. 44, CP). Em regra, as penas restritivas de direitos têm a mesma duração da pena privativa de liberdade, salvo no caso de prestação de serviços à comunidade nos termos do art. 46, § 4º, CP.

Alternativa "d". A pena de interdição de direitos também pode ser aplicada em outras situações que não sejam necessariamente aos agentes que infrinjam deveres próprios de profissão, atividade ou ofício. Assim, por exemplo, no caso em que se aplica a pena de proibição de frequentar determinados lugares, como um torcedor que comete crime em estádio de futebol.

Alternativa "e". O crime de fraudes em certames de interesse público está previsto no art. 311-A, CP. O CP **não** determina como efeito obrigatório e automático da sentença penal condenatória por crime de fraudar certame de interesse público a interdição temporária de direitos.

---

115. (Cespe – Delegado de Polícia – AL/ 2012) Acerca dos critérios de cominação e aplicação da pena, julgue os itens que se seguem.

115.1. No caso de substituição da pena privativa de liberdade por pena restritiva de direitos, a sua execução depende do trânsito em julgado da sentença condenatória, sendo vedada a execução provisória.

COMENTÁRIOS

✪ **Nota do autor:** princípio de **presunção de inocência**: ninguém é considerado culpado até o trânsito em julgado da sentença penal condenatória (art. 5º, LVII, CF/88).

Certo. Em face do princípio de presunção de inocência, não se permite a antecipação da execução da pena, ainda que seja ela restritiva de direitos. Assim, pendente recurso da defesa, não se pode iniciar a execução da pena, ainda que provisória.

115.2. Para a fixação da pena de multa nos casos de crime de tráfico de entorpecentes, o juiz deverá obedecer aos critérios fixados na parte especial do Código Penal, que determina que o número de dias-multa será, no mínimo, de 10 e, no máximo, de 360.

COMENTÁRIOS

✪ **Nota do autor:** princípio da **especialidade**: a lei especial derroga a lei geral.

Errado. A Lei nº 11.343/06 possui um sistema próprio de fixação de pena de multa. Aliás, em razão da grande movimentação financeira do tráfico de drogas, o legislador fixou multas altas para esse crime. Assim, a multa prevista no art. 33, *caput*, da Lei nº 11.343/06, a pena de multa varia de 500 (quinhentos) a 1.500 (mil e quinhentos) dias-multa.

115.3. Não existe impeditivo legal para que haja condenação consistente em prestação pecuniária substitutiva da pena privativa de liberdade cumulada com a pena de multa, determinada pelo tipo penal.

COMENTÁRIOS

Anulada. Em regra, é possível a cumulação de pena de prestação pecuniária em multa. Mas, há entendimento jurisprudencial no sentido de que, se a pena de multa for prevista em lei especial, não é possível a cumulação com pena pecuniária.

115.4. O acréscimo da pena em razão do crime continuado é fixado de acordo com o *iter criminis* percorrido pelo agente, porquanto na continuidade delitiva, os vários delitos que a integram são considerados como crime único.

COMENTÁRIOS

Errado. Consoante a jurisprudência do STJ "o aumento da pena pela continuidade delitiva, dentro do intervalo de 1/6 a 2/3, previsto no art. 71 do CPB, deve adotar o critério da **quantidade de infrações praticadas**. Assim, aplica-se o aumento de 1/6 pela prática de 2 infrações; 1/5, para 3 infrações; 1/4, para 4 infrações; 1/3, para 5 infrações; 1/2, para 6 infrações; e 2/3, para 7 ou mais infrações" (STJ, AgRg no REsp 1169484/RS, Rel. Ministro JORGE MUSSI, QUINTA TURMA, DJe de 16/11/2012)

116. (Cespe – Analista Judiciário – Área Judiciária – STJ/2012) No que concerne ao direito penal, julgue os itens que se seguem.

116.1. Considere que um indivíduo em livramento condicional seja condenado por sentença irrecorrível, por, em data anterior à vigência do livramento, ter quebrado intencionalmente os vidros das janelas da casa de seu vizinho. Nessa situação, poderá ocorrer a revogação do livrado condicional.

COMENTÁRIOS

✪ **Nota do autor:** Livramento condicional é o benefício concedido ao condenado a cumprir pena privativa de liberdade superior a dois anos, em que ele, mediante condições, é colocado em liberdade.

Certo. No caso, o indivíduo cometeu crime de dano. Assim, se for condenado por sentença penal irrecorrível por esse crime de dano, poderá haver revogação do benefício (art. 86, II, CP).

116.2. Se um indivíduo, reincidente, for condenado, por roubo praticado com três majorantes, a doze anos de reclusão e ao pagamento de duzentos dias/multa, à razão de um trinta avos do salário mínimo vigente à época do fato, a pena privativa de liberdade, nos termos do Código Penal, poderá ser aumentada até o triplo.

COMENTÁRIOS

Errado. Não há previsão legal para o aumento de pena até o triplo para o caso proposto. Existiria a possibilidade de aumento de pena até o triplo, caso fosse **crime continuado** (art. 71, parágrafo único, CP), mas, *in casu*, houve um único crime.

117. (Cespe – Analista Judiciário – Área Judiciária – TRE-RJ/2012) A respeito de institutos diversos de direito penal, julgue os itens a seguir.

Segundo a jurisprudência do Superior Tribunal de Justiça, é inidônea a utilização do critério do número de infrações penais praticadas para calcular o percentual de aumento da pena fundado no crime continuado.

COMENTÁRIOS

✪ **Nota do autor:** veja como existe a possibilidade de as questões se repetirem. O examinador não é tão criativo assim.

Errado. Consoante a jurisprudência do STJ "o aumento da pena pela continuidade delitiva, dentro do intervalo de 1/6 a 2/3, previsto no art. 71 do CPB, deve adotar o critério da **quantidade de infrações praticadas**. Assim, aplica-se o aumento de 1/6 pela prática de 2 infrações; 1/5, para 3 infrações; 1/4, para 4 infrações; 1/3, para 5 infrações; 1/2, para 6 infrações; e 2/3, para 7 ou mais infrações" (STJ, AgRg no REsp 1169484/RS, Rel. Ministro JORGE MUSSI, QUINTA TURMA, DJe de 16/11/2012)

1.6. DAS MEDIDAS DE SEGURANÇA

118. (Cespe – Juiz de Direito Substituto – DFT/2014) No que se refere a medida de segurança e medida socioeducativa, assinale a opção correta.

a) A manutenção da medida socioeducativa de internação deve ser reavaliada a cada ano, no máximo, mediante decisão fundamentada do juízo competente.

b) A desinternação ou a liberação de alguém sujeito a medida de segurança será sempre condicional e a situação anterior deverá ser restabelecida se o agente, antes do decurso do prazo de um ano, voltar a praticar fato indicativo da persistência de sua periculosidade.

c) O juiz não está obrigado a fixar na sentença o prazo mínimo de duração da medida de segurança aplicada ao inimputável, uma vez que esse prazo é determinado expressamente no CP como igual a um ano.

d) Entende o STJ que, em razão de sua natureza e de sua finalidade, a medida de segurança não está sujeita ao prazo prescricional e deve prevalecer enquanto perdurar o estado perigoso do agente.

e) A medida socioeducativa de liberdade assistida será adotada sempre que se afigurar mais adequada para o fim de acompanhar, auxiliar e orientar o adolescente, podendo ser fixada no prazo máximo de seis meses.

COMENTÁRIOS

✪ **Nota do autor:** medida de segurança é aplicada a pessoas maiores de dezoito anos **inimputáveis**, nos termos do CP. Já as medidas socioeducativas são voltadas ao adolescente que pratica ato infracional, conforme estabelece o ECA.

Alternativa correta: letra "b". No sistema de medida de segurança adotado pelo CP, a **periculosi-**

dade é extremamente relevante, pois sua cessação é imprescindível para se deixar de aplicar a pena. Assim, a desinternação é condicional, pois pode ser restabelecida a medida de segurança se houver indícios de permanência da periculosidade.

Alternativa "a". A internação pode durar no máximo três anos, não sendo preciso a sua reavaliação a cada ano pelo Juiz, o que só ocorre em caso de medida protetiva de acolhimento institucional (art. 101, VII, ECA).

Alternativa "c". A internação, ou tratamento ambulatorial, será por tempo indeterminado, perdurando enquanto não for averiguada, mediante perícia médica, a cessação de periculosidade. O prazo mínimo deverá ser de **um a três anos**, conforme estabelecido em regra no laudo pericial.

Alternativa "d". Não fixa a lei prazo prescricional para medida de segurança. Mas, não se pode ter ela como imprescritível, sob pena de violação à Constituição Federal. Por isso, os Tribunais Superiores fixaram que o prazo prescricional das medidas de segurança é o da **pena máxima em abstrato cominada ao crime** (STJ – RHC nº 30.915/SP)

Alternativa "e". A liberdade assistida será fixada pelo prazo mínimo de seis meses, podendo a qualquer tempo ser prorrogada, revogada ou substituída por outra medida, ouvido o orientador, o Ministério Público e o defensor (art. 118, § 2º, ECA).

119. (Cespe – Procurador do DF/ 2013) Julgue o item subsequente, relativo a crime e medidas de segurança.

Predomina no STF e no STJ o entendimento de que a duração máxima da medida de segurança, internação ou tratamento ambulatorial é limitada pelo tempo máximo da pena abstratamente cominada ao delito, não podendo jamais exceder a trinta anos, já que o ordenamento jurídico não prevê a existência de penas perpétuas.

COMENTÁRIOS

Certo. O CP não estabelece o prazo máximo de cumprimento de medida de segurança: devendo perdurar enquanto houver constatada a periculosidade do agente. Como, no direito penal brasileiro, se veda a sanção penal de caráter **perpétuo** (art. 5º, XLVII, CF/88), os Tribunais Superiores fixaram o prazo máximo de cumprimento da medida a trinta anos, tal como ocorre no caso de pena.

1.7. DA AÇÃO PENAL

120. (Cespe – Juiz Federal Substituto 2ª região/ 2013) Assinale a opção correta acerca da classificação dos crimes, da ação penal, dos crimes contra a organização do trabalho e do crime de lavagem de dinheiro.

a) Classifica-se pela doutrina como de forma livre o crime de curandeirismo por se admitir que ele seja cometido por meio de qualquer comportamento que cause o resultado jurídico previsto em lei.

b) O crime de lavagem de dinheiro, ao contrário da receptação, não é autônomo porque não prescinde do processo e do julgamento da infração penal antecedente.

c) Será pública e condicionada à representação a ação penal movida contra o agente que vier a subtrair do tio dois mil reais guardados no armário da cozinha da casa onde ambos residam. Nessa hipótese, o agente não poderá beneficiar-se da isenção de pena.

d) Se, durante período de greve, três indivíduos grevistas apedrejarem um ônibus de uma empresa prestadora de serviço público, de modo a impedir que esse serviço seja prestado, tal fato tipificará o crime de dano qualificado, por envolver empresa concessionária de serviço público.

e) O crime de aliciar trabalhadores de um local para outro do território nacional é plurissubjetivo porque só se o tipifica se houver pelo menos dois trabalhadores, uma vez que a lei prevê o termo trabalhadores e não, apenas trabalhador.

COMENTÁRIOS

Alternativa correta: letra "c". Em regra, os crimes contra o patrimônio são de ação penal pública incondicionada. Porém, há hipóteses em que se tornam de ação penal pública **condicionada à representação** (art. 182, CP), entre as quais no caso de tio ou sobrinho, com quem o agente coabita. Há ainda as hipóteses de **escusa absolutória**, em que o agente não é punido (art. 181, CP).

Alternativa "a". O curandeirismo (art. 284, CP) é crime de forma **vinculada**, porque só pode ser cometido se o agente o praticar: prescrevendo, ministrando ou aplicando, habitualmente, qualquer substância; usando gestos, palavras ou qualquer outro meio; fazendo diagnósticos.

Alternativa "b". O crime de lavagem de dinheiro consiste em "ocultar ou dissimular a natureza, origem, localização, disposição, movimentação ou propriedade de bens, direitos ou **valores provenientes, direta ou indiretamente, de infração penal**". Ou seja, necessariamente, há um crime antecedente, mas a lavagem é crime **autônomo**, assim como a receptação, porque o processo e o julgamento independem do processo e julgamento das infrações penais antecedentes (art. 2º, II, Lei nº 9.613/98).

Alternativa "d". Não se trata de crime de dano, porque o dolo dos agentes não era causar prejuízo à empresa de ônibus. Poderá, no entanto, haver crime de **paralisação de trabalho, seguida de violência ou perturbação da ordem** (art. 200, CP), caso haja perturbação da ordem.

Alternativa "e". O crime de aliciar trabalhadores de um local para outro do território nacional é plurissubjetivo porque só se o tipifica se houver pelo menos **três** trabalhadores, conforme jurisprudência e doutrina.

121. (Cespe – Analista do MPU/2013) Com base no que dispõe a CF acerca do direito penal, julgue os itens seguintes.

A titularidade do MP na ação penal pública é excepcionalizada pela ação penal privada subsidiária da pública, direito individual do cidadão, a ele assegurado nos casos em que a ação não é intentada no prazo legal.

COMENTÁRIOS

✪ Nota do autor: entre as funções institucionais do Ministério Público, está a de promover, privativamente, a ação pena pública incondicionada (art. 129, I, CF/88).

Certo. Relatado o Inquérito Policial, o Ministério Público pode tomar três atitudes: oferecer denúncia, arquivar o inquérito policial ou requisitar novas diligências. Mas, se ele se manter **inerte** e não tomar nenhuma das atitudes, o próprio ofendido poderá promover a ação penal privada subsidiária da pública, por meio de queixa crime (art. 5º, LIX, CF/88).

1.8. DA EXTINÇÃO DA PUNIBILIDADE

122. (Cespe – Defensor Público – RN/2015) No que se refere à extinção da punibilidade, assinale a opção correta.

a) Nos crimes contra a ordem tributária, o pagamento integral do débito tributário após o trânsito em julgado da condenação é causa de extinção da punibilidade.

b) Na compreensão do STF, a decisão que, com base em certidão de óbito falsa, julga extinta a punibilidade do réu não pode ser revogada, dado que gera coisa julgada material.

c) O indulto, ato privativo do presidente da República, tem por escopo extinguir os efeitos primários da condenação, isto é, a pena, de forma plena ou parcial. Todavia, persistem os efeitos secundários, tais como a reincidência.

d) O recebimento de queixa-crime pelo juiz não é condição para o reconhecimento da perempção.

e) O ajuizamento da queixa-crime perante juízo incompetente ratione loci, no prazo fixado para o seu exercício, não obsta o decurso do prazo decadencial.

COMENTÁRIOS

Alternativa correta: letra "c". O indulto é causa extintiva de punibilidade. É benefício concedido ao condenado que cumpre já cumpre pena. Como já iniciada a execução, só se afastam os efeitos primários da condenação, mas permanecem os demais, como considerar tal condenação para efeitos de reincidência.

Alternativa "a". O pagamento do débito tributário só extingue a punibilidade enquanto existir a pretensão punitiva estatal. Encerrada essa com o trânsito em julgado da sentença penal condenatória, com o que surge a pretensão executória, não há que se falar em extinção da punibilidade pelo pagamento do débito tributário.

Alternativa "b". A decisão que declara extinta a punibilidade com fundamento em certidão de óbito falsa não gera coisa julgada, segundo o STF (HC nº 104.998/SP). Não pode prevalecer decisão que se baseou em documento falso, ainda mais por má-fé do beneficiado com a decisão.

Alternativa "d". A perempção é causa extintiva de punibilidade em decorrência da inércia do querelante. Assim, pressupõe a existência da ação penal privada, o que ocorre a partir do recebimento da queixa-crime.

Alternativa "e". A decadência decorre de inércia do ofendido. Se ela ofereceu queixa-crime, não há inércia, ainda que tenha direcionada a Juízo incompetente territorialmente, cuja nulidade é relativa.

123. (Cespe – Delegado de Polícia – PE/2016) A respeito da prescrição penal, assinale a opção correta.

a) Caso o tribunal do júri venha a desclassificar o crime para outro que não seja de sua competência, a pronúncia não deverá ser considerada como causa interruptiva da prescrição.

b) A reincidência penal caracteriza causa interruptiva do prazo da prescrição da pretensão punitiva.

c) Para crimes praticados em 2016, a prescrição retroativa deverá ser regulada pela pena aplicada, tendo-se por termo inicial data anterior à da denúncia ou da queixa.

d) O prazo de prescrição da pretensão executória deverá iniciar-se no dia em que transitar em julgado a sentença condenatória para a acusação, ainda que haja recurso exclusivo da defesa em tramitação contra a sentença condenatória.

e) No caso de revogação do livramento condicional, a prescrição deverá ser regulada pelo total da pena aplicada na sentença condenatória, não se considerando o tempo de cumprimento parcial da reprimenda antes do deferimento do livramento.

COMENTÁRIOS

Alternativa correta: letra "d". o prazo da pretensão executória se inicia quando a pena aplicada não mais pode ser agravada, o que ocorre com o trânsito em julgado para a acusação. Assim, torna-se definitiva o *quantum* da pretensão do Estado e se inicia o prazo para que ele comece a executar a pena.

Alternativa "a". Mesmo que haja desclassificação pelo Tribunal do Júri, a decisão anterior de pronúncia continua a ser considerada como causa de interrupção do prazo prescricional, pois ela representa ato processual em que se demonstra a ausência de inércia do Estado.

Alternativa "b". A reincidência penal é causa de interrupção da pretensão executória, porque seus efeitos incidem sob o crime, cuja condenação já transitou em julgado.

Alternativa "c". A partir da Lei nº 12.234/2010, prescrição, depois da sentença condenatória com trânsito em julgado para a acusação ou depois de improvido seu recurso, regula-se pela pena aplicada, não podendo, em nenhuma hipótese, ter por termo inicial data anterior à da denúncia ou queixa.

Alternativa "e". No caso de revogação do livramento condicional, a prescrição deverá ser regulada pelo restante da pena aplicada na sentença condenatória, considerando-se o tempo de cumprimento parcial da reprimenda antes do deferimento do livramento.

---

124. (Cespe – Analista Judiciário – Área Judiciária – TJ – CE/2014) Pedro, nascido em 29/6/1988, praticou o crime de corrupção de menores em 2/7/2008 e foi condenado à pena de um ano e cinco dias de reclusão em sentença publicada no dia 20/11/2013. Somente a defesa ofereceu recurso, transitando em julgado a sentença para a acusação. O recurso defensivo foi improvido em 19/1/2014.

Tendo por base a situação hipotética acima e considerando que a denúncia tenha sido recebida em 11/4/2012, assinale a opção correta em relação à prescrição.

a) Deve ser reconhecida a prescrição da pretensão punitiva superveniente.

b) A extinção da punibilidade deve ser declarada, por haver transcorrido o curso do prazo prescricional da pretensão punitiva intercorrente.

c) A prescrição da pretensão punitiva retroativa não é mais admitida pelo Código Penal, o que impede seu reconhecimento no caso da questão.

d) Deve ser reconhecida a prescrição da pretensão punitiva retroativa.

e) Não houve o transcurso do prazo prescricional da pretensão punitiva.

COMENTÁRIOS

✪ **Nota do autor:** Com a Lei nº 12.234/2010, a prescrição retroativa não pode ter termo inicial anterior ao recebimento da denúncia ou da queixa (art. 110, § 1º, CP). Mas, essa reforma é *in pejus*, motivo pelo qual não pode retroagir aos fatos anteriores à reforma, como no da questão, ocorrido em 2008, o que implica dizer que o cálculo da prescrição pode voltar à data do fato.

Alternativa correta: letra "d". O prazo da prescrição da pretensão executória deve ser calculado com base na pena em concreto, qual seja um ano e cinco dias de reclusão, e, assim, é de quatro anos, reduzida a dois, porque o condenado é menor de vinte e um anos. No caso, a prescrição ocorreu, porque entre a data do fato e o recebimento da denúncia decorreu mais de dois anos.

Alternativa "a". A prescrição da **pretensão punitiva superveniente** é aquela que ocorre entre a publicação da sentença e o julgamento do recurso, levando-se em conta a pena fixada em concreto na sentença. No caso, a apelação foi julgada em dois meses, não ocorrendo a prescrição.

Alternativa "b". A prescrição da **pretensão punitiva superveniente** é sinônimo de prescrição da **pretensão punitiva intercorrente.**

Alternativa "c". O CP ainda prevê a prescrição da pretensão punitiva retroativa. Agora, o que se limitou apenas a restringir a retroatividade ao recebimento da denúncia ou da queixa, não podendo voltar à data do crime (art. 110, § 1º, CP).

Alternativa "e". Houve a prescrição da pretensão punitiva na modalidade **retroativa.**

---

125. (Cespe – Procurador do Estado – BA/2014) Julgue os itens que se seguem, referentes aos diversos tipos penais.

Considere a seguinte situação hipotética.

Joaquim foi denunciado pela prática do crime de falsidade ideológica previsto no Código Penal. A inicial acusatória foi recebida em 3/10/2007. O juiz da causa, por meio de sentença publicada em 19/7/2012, condenou o réu à pena de um ano, dez meses e vinte dias de reclusão, em regime semiaberto, mais pagamento de quinze dias-multa. Não houve recurso do MP e a defesa interpôs apelação, alegando a prescrição da pretensão punitiva do Estado.

Nessa situação, deverá o tribunal negar provimento ao apelo.

COMENTÁRIOS

Errado. Houve a **prescrição da pretensão punitiva retroativa**. Com efeito, houve o trânsito em julgado para a acusação e, assim, o prazo prescricional deve ser calculado com base na pena aplicada em sentença. Como a pena é de um ano, dez meses e vinte dias de reclusão, em regime semiaberto, mais pagamento de quinze dias-multa, o prazo prescricional é de **quatro anos** (art. 109, V, CP). Assim, como o prazo entre o recebimento da denúncia e a publicação da sentença penal condenatória é superior a quatro anos, houve a prescrição da pretensão punitiva.

126. (Cespe – Procurador do Estado – BA/2014) No que diz respeito aos diversos institutos previstos na parte geral do Código Penal, julgue os itens seguintes.

126.1. Considere que determinado indivíduo condenado definitivamente pela prática de determinado delito tenha obtido a extinção da punibilidade por meio de anistia e que, um ano depois do trânsito em julgado da sentença condenatória, tenha cometido novo delito. Nessa situação, esse indivíduo é considerado reincidente, estando, pois, sujeito aos efeitos da reincidência.

COMENTÁRIOS

Errado. A anistia apaga os efeitos penais da sentença penal condenatória. Dessa forma, não pode ser o anistiado considerado reincidente pela prática de um novo crime.

126.2. Em se tratando de *abolitio criminis*, serão atingidas pela lei penal as ações típicas anteriores à sua vigência, mas não os efeitos civis decorrentes dessas ações.

COMENTÁRIOS

Certo. *Aboltio criminis* ocorre, quando lei posterior deixa de considerar crime determinado fato. Veja-se que ela incide apenas sobre a tipicidade da conduta, ou seja, o fato continua sendo ilícito, motivo pelo qual permanecem a responsabilidade civil do agente pelo fato.

127. (Cespe – Juiz de Direito Substituto – DFT/2014) Acerca de prescrição, classificação jurídica dos crimes e aspectos da teoria do delito, assinale a opção correta.

a) O termo inicial de contagem do prazo da prescrição da pretensão executória é a data em que a sentença condenatória transita em julgado para a acusação.

b) Inimputável o agente, dispensa-se a análise dos demais elementos da culpabilidade, potencial consciência da ilicitude e exigibilidade de comportamento diverso.

c) O furto somente se compatibiliza com a desistência voluntária antes de iniciada a fase de execução.

d) Conforme entendimento sumulado do STJ, a reincidência influi no prazo da prescrição da pretensão punitiva.

e) Delito de resultado cortado e delito mutilado de dois atos são conceitos sinônimos, ambos espécies do gênero delito de tendência interna transcendente.

COMENTÁRIOS

✪ **Nota do autor:** com o trânsito em julgado da sentença penal condenatória, surge a pretensão executória, que deve ser cumprida dentro do prazo estabelecido em lei, relacionado com o a pena imposta em concreto na sentença.

Alternativa correta: letra "a". De acordo com interpretação sistemática do CP, a prescrição da pretensão executória se dá com o trânsito em julgado da sentença penal condenatória para a acusação, mesmo que haja recurso somente da defesa, pois, nesse caso, a quantidade de pena se mantém inalterada.

Alternativa "b". Se o agente for inimputável, ainda se pode lhe aplicar **medida de segurança**, motivo pelo qual há interesse em se verificar se agiu sem a potencial consciência de ilicitude ou inexigibilidade de conduta diversa, afastando-se de vez a possibilidade de aplicação de qualquer sanção penal.

Alternativa "c". Na desistência voluntária (art. 15, CP), seja qual for o crime, exige-se o início da execução. Se não se teve início a execução, o fato é atípico, pois foi reduzido à cogitação ou a atos meramente preparatórios.

Alternativa "d". De acordo com a Súmula 220 do STJ, a reincidência não influi no prazo da prescrição da pretensão punitiva. Essa Súmula decorre da interpretação do art. 110, parte final, CP, cuja aplicação se restringe ao caso de prescrição da pretensão executória.

Alternativa "e". Delito de resultado cortado e delito mutilado de dois atos são espécies distintas do gênero delito de tendência interna transcendente. O primeiro consiste são aqueles em que o agente deseja que um resultado externo ao tipo se produza, porém, sem sua intervenção direta. Os delitos mutilados de dois atos (ou vários atos) são aqueles nos quais o autor quer alcançar, após ter realizado o tipo, o resultado que fica fora dele e que depende de um ato próprio, seu.

128. (Cespe – Juiz de Direito Substituto – DFT/2014) Constitui causa extintiva da punibilidade

a) a morte da vítima, no crime de induzimento a erro essencial e ocultação de impedimento.

b) a anulação, nos crimes de bigamia, do primeiro casamento.

c) o perdão, nos crimes de ação privada.

d) a perempção, nos crimes de ação pública.

e) a retratação, nos crimes de falso testemunho ou falsa perícia, desde que antes do trânsito em julgado da sentença do processo em que ocorreu o ilícito.

COMENTÁRIOS

✪ **Nota do autor:** o art. 107, CP, traz um rol meramente **exemplificativo** de causas de extinção de punibilidade.

Alternativa correta: letra "a". No crime de induzimento a erro essencial e ocultação de impedimento, a ação penal é **privada personalíssima**, porque somente o cônjuge contraente enganado pode apresentar queixa-crime (art. 236, parágrafo único, CP). Assim, a morte dele acarreta a **extinção da punibilidade.**

Alternativa "b". A anulação do primeiro casamento afasta a **inexistência do próprio crime**, motivo pelo qual é causa excludente de tipicidade (art. 235, § 2º, CP).

Alternativa "c". Apenas o **perdão aceito** provoca a extinção da punibilidade (art. 107, V, CP).

Alternativa "d". Perempção é causa de extinção da punibilidade, típica em crime de **ação penal privada**, decorrente da contumácia do querelante que não dá prosseguimento à ação nos termos do art. 60, CPP.

Alternativa "e". O fato deixa de ser punível se, antes da sentença no processo em que ocorreu o ilícito, o agente se retrata ou declara a verdade (art. 342, § 2º, CP). Veja-se que não se exige o trânsito em julgado.

---

129. (Cespe – Procurador Federal/2013) Julgue os itens seguintes, acerca da prescrição, da reabilitação e da imputabilidade.

129.1. Não se admite a prescrição da pretensão executória antes do trânsito em julgado da sentença para ambas as partes.

COMENTÁRIOS

✪ **Nota do autor:** O termo inicial do prazo da prescrição executória é controverso na doutrina e na jurisprudência. Há entendimento de que só é necessário o trânsito em julgado para a acusação. Há de outro lado entendimento de que deve haver o trânsito em julgado para ambas as partes. No caso, a comissão examinadora adotou o posicionamento atual do STF.

Certo: A prescrição regula-se pela pena aplicada depois de proferida a sentença condenatória, sendo que, cuidando-se de **execução da pena**, o lapso prescricional flui do dia em que **transita em julgado para a acusação**, conforme previsto no artigo 112, combinado com o artigo 110 do Código Penal. De acordo com esse entendimento, com o trânsito em julgado para a acusação, a pena aplicada ao réu não mais pode ser agravada e, assim, se estabiliza a pretensão punitiva estatal.

129.2. Mesmo que ocorra a prescrição da pretensão executória, a sentença condenatória poderá ser executada no juízo cível para efeito de reparação do dano.

COMENTÁRIOS

Certo: Com a prescrição da pretensão executória, perde-se a possibilidade jurídica de execução da pena. Mas, **permanecem outros efeitos da sentença penal condenatória**, não só no aspecto penal, como lançamento do nome no rol dos culpados e reincidência, como ainda os efeitos extrapenais, como o dever de indenizar.

---

130. (Cespe – Delegado de Polícia Federal – DPF/2013) No que se refere às causas de exclusão de ilicitude e à prescrição, julgue os seguintes itens.

130.1. Suponha que determinada sentença condenatória, com pena de dez anos de reclusão, imposta ao réu, tenha sido recebida em termo próprio, em cartório, pelo escrivão, em 13/8/2011 e publicada no órgão oficial em 17/8/2011, e que tenha sido o réu intimado, pessoalmente, em 20/8/2011, e a defensoria pública e o MP intimados, pessoalmente, em 19/8/2011. Nessa situação hipotética, a interrupção do curso da prescrição ocorreu em 17/8/2011.

COMENTÁRIOS

Errado. Nos termos do art. 117, IV, do CP, a publicação da sentença interrompe o prazo prescricional. Tecnicamente, publicação da sentença se dá quando os autos são recebidos em cartório pelo escrivão, em que a decisão sai da esfera íntima do Juiz. A publicação da sentença no órgão oficial é apenas para fins de intimação. Assim, no caso, a interrupção ocorreu em **13/8/2014**.

130.2. Considere que Jorge, Carlos e Antônio sejam condenados, definitivamente, a uma mesma pena, por terem praticado, em coautoria, o crime de roubo. Nessa situação, incidindo a interrupção da prescrição da pretensão executória da referida pena em relação a Jorge, essa interrupção não produzirá efeitos em relação aos demais coautores.

COMENTÁRIOS

Certo. A interrupção da prescrição em relação a um dos corréus não se comunica ao outro, porque tem caráter pessoal. No caso da prescrição da pretensão executória, a interrupção pode se dar pelo início do cumprimento da pena (art. 117, V, CP), o qual pode se dar em momentos diferentes em relação aos coautores.

130.3. A detração é considerada para efeito da prescrição da pretensão punitiva, não se estendendo aos cálculos relativos à prescrição da pretensão executória.

COMENTÁRIOS

✪ **Nota do autor:** Detração é o cômputo na pena privativa de liberdade e na medida de segurança, o tempo de prisão provisória, no Brasil ou no estrangeiro, o de prisão administrativa e o de internação em decorrência de doença menta (art. 40, CP).

Errado. Embora com a detração penal haja desconto na pena privativa de liberdade a ser cumprida, não há previsão legal no sentido de que ela deve ser levada em consideração para fins de prazo da prescrição. Por isso, segundo jurisprudência consolidada do STJ, o período em que o réu permanece preso provisoriamente, em razão de flagrante, serve apenas para desconto da reprimenda a ser cumprida, não se empregando a detração para fins prescricionais.

131. (Cespe – Procurador BACEN/2013) Acerca da prescrição penal e da extinção de punibilidade, assinale a opção correta.

a) Segundo orientação jurisprudencial, o período de suspensão do prazo prescricional relacionado aos crimes de quebra de sigilo bancário é regulado pelo máximo da pena cominada.

b) Por serem matérias de ordem pública, as causas de extinção de punibilidade sempre se comunicam ao coautor ou partícipe.

c) A anistia rescinde a condenação e extingue totalmente a punibilidade, com a anulação de todos os efeitos da condenação.

d) Em razão do princípio da especialidade, o prazo prescricional relativo aos crimes falimentares não é regido pelo Código Penal, mas por lei especial.

e) Instaurado o processo administrativo fiscal relacionado a crime contra o sistema financeiro nacional, suspende-se o prazo prescricional.

COMENTÁRIOS

Alternativa correta: letra "a". De acordo com o entendimento dos Tribunais Federais, como não há prazo de suspensão fixado, o período de suspensão é o equivalente à **pena máxima cominada em abstrato**, na lei.

Alternativa "b". Nem sempre as causas de extinção de punibilidade alcançam o coautor ou partícipe, pois podem elas ter caráter pessoal. Assim, o autor pode ser beneficiado de um prazo de prescrição menor, porque menor de vinte e um anos à época dos fatos, hipótese que não se comunica ao partícipe, maior de vinte e um anos.

Alternativa "c". A anistia extingue a punibilidade e os efeitos **penais** da condenação. Não alcançam os efeitos civis e administrativos, salvo se a lei da anistia dispuser de forma diversa.

Alternativa "d". Nos termos do que dispõe o art. 182, da Lei nº 11.101/2005, a prescrição dos crimes falimentares é regida pelo que dispõe o CP. Sem prejuízo, essa lei estabelece que o prazo prescricional começa a correr do dia da decretação da falência, da concessão da recuperação judicial ou da homologação do plano de recuperação judicial.

Alternativa "e". As causas de suspensão e interrupção do prazo prescricional são aquelas previstas em lei. Não há previsão de que a instauração do processo administrativo suspenda o prazo da prescrição de crimes contra o sistema financeiro.

132. (Cespe – Procurador do Ministério Público junto ao TCDF/2013) Julgue os itens seguintes, relativos a aspectos diversos do direito penal.

No sistema penal brasileiro, há causas pessoais que excluem e extinguem totalmente a punibilidade e, igualmente, causas pessoais de exclusão e extinção parcial da punibilidade.

COMENTÁRIOS

Certo: Com a extinção total da punibilidade, o Estado não tem mais a possibilidade jurídica para imposição da pena. É o que ocorre no indulto total. Já, na extinção parcial, ainda permanece a possibilidade jurídica de aplicação da pena, mas ela é substituída por menos gravosa ou ainda diminuída. É o que ocorre no indulto parcial (comutação).

133. (Cespe – Delegado de Polícia – BA/2013) Acerca da parte geral do direito penal e seus Institutos, julgue os itens seguintes.

O instituto da prescrição é aplicável a medida de segurança a que esteja sujeito o inimputável, não podendo a duração dessa medida ultrapassar o limite máximo abstratamente cominado ao crime.

COMENTÁRIOS

✪ **Nota do autor:** essa questão foi anulada pela comissão organizadora.

Anulada: Não há previsão no CP acerca do prazo prescricional de medida de segurança aplicada a inimputável. Houve entendimento no sentido de que não haveria prazo prescricional, pois o tempo de duração da medida é indeterminado. No entanto, o STJ firmou entendimento de que essa posição tornaria essa sanção penal imprescritível, o que seria vedado constitucionalmente. Assim, fixou-se entendimento de que o prazo prescricional tem como parâmetro a **pena máxima cominada para o crime imputado**.

134. (Cespe – Juiz Federal Substituto 2ª região/ 2013) A respeito da punibilidade e das suas causas de extinção, assinale a opção correta.

a) A morte do agente dá ensejo à extinção da punibilidade desse agente e, ainda que posteriormente à sentença declaratória da extinção se comprove a falsidade da certidão de óbito, a sentença será mantida, uma vez que não cabe revisão criminal em prejuízo do réu.

b) No crime de peculato exclusivamente em sua modalidade culposa, se houver reparação do dano no curso do inquérito policial, extinguir-se-á a punibilidade do agente.

c) A prescrição retroativa regula-se pela pena concreta fixada na condenação, contado o prazo do trânsito em julgado para a acusação retroativamente ao recebimento da denúncia, ou do recebimento da denúncia até a prática do crime.

d) O juiz não pode declarar isenção de pena em favor do autor do crime de homicídio.

e) Nos crimes contra a ordem tributária, extingue-se a punibilidade com o pagamento integral ou o parcelamento do tributo ou contribuição social devida, incluídos os acessórios legais.

COMENTÁRIOS

✪ **Nota do autor:** punibilidade é a possibilidade jurídica de aplicar sanção penal àquele que comete uma infração penal.

Alternativa correta: letra "b". Há uma regra específica no caso de **peculato culposo**. Assim, prevê o art. 312, § 3º, CP, no caso deste crime, a reparação do dano, **se precede à sentença irrecorrível, extingue a punibilidade**; se lhe é posterior, reduz de metade a pena imposta. Essa benesse não se aplica ao peculato doloso.

Alternativa "a". Declarada extinta a punibilidade, não haverá revisão dessa decisão por causa do princípio que veda a revisão *pro societatis*. Mas, se a decisão que declara extinta a punibilidade for fundamentada em Certidão de Óbito falsa, **não faz coisa julgada** e, assim, pode ser afastada a extinção da punibilidade.

Alternativa "c". A prescrição retroativa não pode, em nenhuma hipótese, ter por termo inicial **data anterior à da denúncia ou queixa**.

Alternativa "d". Isenção de pena ocorre em caso de **exclusão de culpabilidade**. Assim, em qualquer crime, mesmo no homicídio, é isento de pena em caso de **inimputabilidade, inexigibilidade de conduta diversa** e **coação moral irresistível**.

Alternativa "e". O pagamento integral do tributo implica extinção de punibilidade nos crimes contra a ordem tributária. No entanto, o **parcelamento** do débito fiscal não é causa de extinção da punibilidade, mas sim, de **suspensão** da pretensão punitiva estatal, enquanto o devedor estiver inserido e implementando o programa de parcelamento, hipótese dos autos (STJ – RHC 25231/CE).

---

135. (Cespe – Juiz de Direito Substituto – MA/ 2013) Em relação à prescrição, assinale a opção correta.

a) A prescrição da pretensão executória tem início no dia em que a sentença condenatória transita em julgado para a defesa, desde que já tenha passado em julgado também para a acusação.

b) O tempo de internação do condenado a quem sobrevém doença mental é computado para efeito da prescrição da pretensão executória.

c) A agravação da pena pela reincidência não alcança a prescrição da pretensão punitiva nem o prazo de prescrição da pena de multa.

d) No caso de fuga do sentenciado, a prescrição é regulada pelo tempo da pena aplicada na sentença condenatória, considerando-se o dia da fuga como o termo inicial da contagem do prazo prescricional.

COMENTÁRIOS

Alternativa correta: letra "c". A reincidência é uma circunstância agravante a ser considerada no segundo momento de aplicação da pena e, portanto, não pode ser fixada nem aquém, nem além, da quantidade da pena prevista em abstrato. Logo, não há influência no cálculo da prescrição.

Alternativa "a". A prescrição da pretensão executória tem início a partir da data em que a sentença penal condenatória torna **irrecorrível para a acusação** (art. 112, I, CP). Não é necessário que tenha havido trânsito em julgado para a defesa.

Alternativa "b". A superveniência de doença mental e sua internação não interrompem a execução da pena, motivo pelo qual não é caso de se computar como prazo da prescrição executória.

Alternativa "d". No caso de fuga do sentenciado, a prescrição é regulada pelo **restante da pena a ser cumprida**, considerando-se o dia da fuga como o termo inicial da contagem do prazo prescricional (art. 113, CP).

---

136. (Cespe – Defensor Público – TO/2013) Considere que Carlos, com vinte anos de idade, tenha mantido sua irmã Dora em cárcere privado, no período de 7/4/2010 a 7/5/2010, quando tenha libertado a vítima, e que, após o fim das investigações, em 10/5/2012, ele tenha sido denunciado pelo MP por crime de sequestro e cárcere privado, sendo a pena abstratamente prevista, para esse crime, de um a três anos de reclusão. Considere, ainda, que a inicial acusatória tenha sido rejeitada em 15/5/2012, por ausência de suporte probatório mínimo e que, após recurso do MP, o tribunal de justiça tenha reformado a decisão de rejeição da denúncia em acórdão publicado em 10/8/2012, tendo o processo retomado seu curso. Considere, também, que, em sentença que seja publicada em 15/12/2013, Carlos seja absolvido da acusação, mas que, em 11/9/2014, após julgamento de recurso interposto pelo MP, o tribunal reforme a sentença de modo a condenar o réu à pena de um ano de reclusão em regime aberto. Considere, por fim, que não haja interposição de novo recurso por parte da acusação.

Com base nos fatos narrados nessa situação hipotética e sabendo que, em 6/5/2010, entrou em vigor a Lei nº 12.234, que promoveu alterações no tratamento da prescrição penal, assinale a opção correta a respeito da aplicação da lei penal no tempo e das causas extintivas da punibilidade.

a) As instâncias ordinárias deveriam ter reconhecido a ocorrência da prescrição da pretensão punitiva retroativa ao caso, pois entre a data do fato e do recebimento da denúncia transcorreram mais de dois anos.

b) Segundo entendimento do STF, o provimento do recurso interposto contra a decisão que rejeitou a denúncia contra Carlos faz retroagir a data do recebimento da inicial acusatória para o momento em que foi indevidamente rejeitada.

c) No julgamento do recurso de apelação interposto pelo MP, o tribunal deveria ter reconhecido, de ofício, a ocorrência de prescrição da pretensão punitiva superveniente, pois, entre a data do recebimento da denúncia e do acórdão condenatório, terão transcorrido mais de dois anos.

d) De acordo com entendimento do STF, em face do princípio da irretroatividade da lei penal mais gravosa, não se aplica a Lei nº 12.234/2010 ao crime de cárcere privado cometido por Carlos.

e) Em abstrato, o crime de sequestro e cárcere privado cometido por Carlos prescreveria em oito anos, e a pena aplicada, em quatro anos. Assim, não teria ocorrido a prescrição da pretensão punitiva do crime perpetrado por Carlos.

COMENTÁRIOS

✪ **Nota do autor:** essa questão foi **anulada** pela comissão examinadora. A Lei nº 12.234/2010 é mais maléfica ao réu. Primeiro, porque aumentou o prazo de prescrição de dois para três anos, se o máximo da pena é inferior a um ano (art. 109, VI, CP) e limitou a prescrição retroativa à denúncia ou queixa (art. 110, § 2º, CP) e, portanto, somente se aplica aos fatos ocorrido após a sua vigência em 06/05/2010.

Alternativa "a". O reconhecimento da prescrição retroativa depende de trânsito em julgado da sentença penal condenatória para a acusação. Como a condenação só ocorreu em segundo grau, não era possível às instâncias ordinárias decretarem a prescrição retroativa.

Alternativa "b". Não há retroatividade para efeitos de prescrição à data da decisão que rejeitou a denúncia. O fato interruptivo da prescrição é a decisão do Tribunal que recebeu a denúncia.

Alternativa "c". A prescrição da pretensão punitiva superveniente ocorre entre a publicação da sentença condenatória de primeiro grau e o julgamento do recurso da defesa. Pressupõe condenação em primeiro grau, portanto. No caso em tela, não houve condenação em primeiro grau de jurisdição, logo, não há que se falar em prescrição da pretensão punitiva superveniente.

Alternativa "d". O crime de cárcere privado é permanente. Assim, o início do prazo prescricional ocorre, quando cessada a conduta criminosa pelo autor, que, no caso, se deu em 07/05/2010, um dia após o início da vigência da Lei nº 12.234/2010, que, portanto, se aplica ao caso em tela.

Alternativa "e". A pena **máxima em abstrato** do crime de sequestro e cárcere privado é de **três anos**, logo a prescrição com base nessa pena é de **oito anos** (art. 109, IV, CP). A pena em **concreto** foi fixada em **um ano**, logo a prescrição se dá em **quatro anos** (art. 109, IV, CP). Mas, no caso, o réu era **menor de vinte e um anos**, os prazos prescricionais devem ser **reduzidos de metade** (art. Art. 115, CP).

---

137. (Cespe – Delegado de Polícia – AL/ 2012) Com relação às causas extintivas da punibilidade, julgue os itens a seguir.

O instituto da perempção não se aplica nas ações penais de iniciativa pública incondicionada ou condicionada à representação do ofendido, sendo aplicável somente às ações penais de iniciativa privada.

COMENTÁRIOS

✪ **Nota do autor:** perempção é modalidade de extinção de punibilidade em que há contumácia do querelante, autor da ação penal privada propriamente dita ou personalíssima, nos termos do **art. 60 do CPP**.

Certo. Na **ação penal pública**, incondicionada ou condicionada, vige-se o princípio da **indisponibilidade**. Assim, oferecida a denúncia, o Ministério Público não pode desistir de seu prosseguimento. A ação penal privada é **disponível** e, assim, pode o autor desistir dela expressamente ou, em caso de sua inércia, haverá **perempção.**

Excepcionando a regra constitucional da prescritibilidade, duas hipóteses em que a pretensão punitiva ou executória do Estado não são atingidas são os crimes de racismo e de tortura.

COMENTÁRIOS

✪ **Nota do autor:** as hipóteses de **imprescritibilidade** são aquelas taxativamente previstas na CF/88. Não pode o legislador infraconstitucional criar outros tipos de crimes imprescritíveis.

Errado. A CF/88 prevê dois crimes **imprescritíveis**: a prática do racismo e a ação de grupos armados, civis ou militares, contra a ordem constitucional e o Estado Democrático (art. 5º, XLII e XLIV). A tortura é equiparada a crime hediondo, mas, como estes, **não é imprescritível** (art. 5º, XLIII, CF/88).

Tratando-se de sentença na qual é imposta medida de segurança ao acusado inimputável, o tempo de seu cumprimento, independentemente da cessação da periculosidade, não poderá ultrapassar o limite máximo da pena abstratamente aplicada ao crime.

COMENTÁRIOS

✪ **Nota do autor:** No caso, o examinador CESPE exigiu conhecimento de jurisprudência dos Tribunais Superiores.

Certo. O CP não prevê expressamente o prazo máximo para cumprimento de medida de segurança de inimputável, condicionando-a apenas à cessação da periculosidade. Os Tribunais Superiores vêm entendendo que deve haver limite temporal a ser seguido, sob pena de haver uma espécie de sanção penal perpétua, o que é vedado pela CF/88. Assim, **limita-se o tempo de internação à pena máximo em abstrato cominada ao crime imputado ao agente** (STJ – HC nº 285.953/RS).

A multa prevista no Estatuto da Criança e do Adolescente como sanção às infrações administrativas, sujeita-se ao prazo prescricional de dois anos quando for a única cominada ou aplicada.

COMENTÁRIOS

✪ **Nota do autor:** No caso, o examinador CESPE exigiu conhecimento de jurisprudência dos Tribunais Superiores.

Certo. O CP não prevê expressamente o prazo máximo para cumprimento de medida de segurança de inimputável, condicionando-a apenas à cessação da periculosidade. Os Tribunais Superiores vêm entendendo que deve haver limite temporal a ser seguido, sob pena de haver uma espécie de sanção penal perpétua, o que é vedado pela CF/88. Assim, **limita-se o tempo de internação à pena máximo em abstrato cominada ao crime imputado ao agente** (HC nº 285.953/RS).

Na hipótese de concurso de crimes, a extinção da punibilidade pela prescrição incidirá sobre a pena cominada por cada crime, isoladamente.

COMENTÁRIOS

✪ **Nota do autor:** Já, nesta questão, o examinador exigiu o mero conhecimento da lei.

Certo. No concurso material, no concurso formal e no crime continuado, a pena final deve ser obtida ou pela soma de penas ou pelo método da exasperação da pena maior (art. 69 a 71, CP). Mas, para efeito de prescrição, os crimes devem ser considerados isoladamente (art. 119, CP).

2. DA PARTE ESPECIAL DO CÓDIGO PENAL

2.1. DOS CRIMES CONTRA A PESSOA

138. (Cespe – Defensor Público – RN/2015) Dalva, em período gestacional, foi informada de que seu bebê sofria de anencefalia, diagnóstico confirmado por laudos médicos. Após ter certeza da irreversibilidade da situação, Dalva, mesmo sem estar correndo risco de morte, pediu aos médicos que interrompessem sua gravidez, o que foi feito logo em seguida.

Nessa situação hipotética, de acordo com a jurisprudência do STF, a interrupção da gravidez

a) deve ser interpretada como conduta atípica e, portanto, não criminosa.

b) deveria ter sido autorizada pela justiça para não configurar crime.

c) é isenta de punição por ter ocorrido em situação de aborto necessário.

d) configurou crime de aborto praticado por Dalva.

e) configurou crime de aborto praticado pelos médicos com consentimento da gestante.

COMENTÁRIOS

Alternativa correta: letra "a". O STF firmou entendimento de que o aborto de feto que sofre de anencefalia é atípica, porque, diante da inexistência de vida cerebral, não há vida a se tutelar pela norma penal.

Alternativa "b". A jurisprudência é firme no entendimento de que é desnecessária a autorização judicial para a realização das formas permitidas de aborto pela legislação brasileira.

Alternativa "c". Não se trata de aborto necessário, hipótese em que a interrupção da gestação se faz necessária para a preservação da vida.

Alternativa "d". Não se trata de crime de aborto ante a atipicidade da conduta, pois, como não havia atividade cerebral,

Alternativa "e". Não há crime de aborto em decorrência da anencefalia do feto.

139. (Cespe – Juiz de Direito Substituto – AM/2016) Assinale a opção correta conforme a jurisprudência do STJ no âmbito penal.

a) Mesmo sendo declarada a extinção da possibilidade em decorrência da prescrição da pretensão punitiva, o fato de o réu ter sido condenado justifica a avaliação negativa por maus antecedentes na dosimetria da pena por outro crime praticado posteriormente.

b) Se várias pessoas ofenderem a honra de alguém em rede social, cada qual fazendo comentários desairosos de forma autônoma, caberá ao ofendido ajuizar queixa-crime contra todos eles, em razão do princípio da indivisibilidade da ação penal, sob pena de se presumir renúncia tácita ao direito de queixa.

c) Para que se tipifique o crime contra a honra, tem de haver dolo direto, não se configurando ele com o dolo eventual.

d) Na tipificação do crime de perigo abstrato, não se dispensa prova de um dano efetivo a bem jurídico tutelado, ante os princípios que orientam a doutrina do direito penal mínimo.

e) O motorista que apenas conduzir os agentes ao local onde estes praticarão um crime e ali permanecer, vigiando as imediações para alertar os comparsas sobre a eventual aproximação de outras pessoas, ou para lhes proporcionar a fuga, responderá por participação de menor importância.

COMENTÁRIOS

✪ **Nota do autor: essa questão foi anulada pela comissão examinadora.**

Alternativa "a". Declarada extinta a punibilidade do agente em decorrência da prescrição da pretensão punitiva, jamais houve o trânsito em julgado de sentença penal condenatória e, em consequência, presume-se a inocência do acusado, o que impede o reconhecimento de maus antecedentes.

Alternativa "b". O denominado princípio da indivisibilidade é inerente à ação penal privada e consiste na necessidade de o querelante oferecer queixa contra todos os autores do mesmo crime. No caso presente, como as ofensas foram autônomas, cada uma delas constitui um crime, cabendo ao ofendido optar em mover a ação penal contra quem ele entender conveniente.

Alternativa "c". Os crimes contra a honra são dolosos e, como tal, podem ser cometidos por dolo direito ou eventual, não havendo restrição quanto a isso.

Alternativa "d". Crimes de perigo se notabilizam pela desnecessidade de haver dano. No crime de perigo abstrato, basta a prova da conduta, que a lei presume como de perigo ao bem jurídico tutelado.

Alternativa "e". Não se trata de participação de menor importância, porque o agente não só conduziu os comparsas ao local do crime, como ainda ficou em vigia para que eles não fossem surpreendidos.

---

140. (Cespe – Juiz – TJDFT/2015) Constitui homicídio qualificado o crime

a) cometido contra deficiente físico.

b) praticado com emprego de arma de fogo.

c) concretizado com o concurso de duas ou mais pessoas.

d) praticado com o emprego de asfixia.

e) praticado contra menor de idade.

COMENTÁRIOS

✪ **Nota do autor:** como as qualificadoras são um tipo penal autônomo, deve-se seguir o princípio da reserva legal.

Alternativa correta: letra "d". A asfixia é enumerada como qualificadora no art. 121, § 2º, III, CP.

Alternativa "a". Não há previsão no art. 121, § 3º, CP, no sentido de que, se a vítima for deficiente física, se caracteriza o homicídio qualificado.

Alternativa "c". Não há previsão no art. 121, § 3º, CP, no sentido de que, se for empregada arma de fogo, se caracteriza o homicídio qualificado.

Alternativa "d". Não há previsão no art. 121, § 3º, CP, caso haja o concurso de duas ou mais pessoas, se caracteriza o homicídio qualificado.

Alternativa "e". Não há previsão no art. 121, § 3º, CP, no sentido de que, se a vítima for menor de idade, se caracteriza o homicídio qualificado.

---

141. (Cespe – Juiz – TJDFT/2015) No que se refere aos crimes contra o patrimônio, assinale a opção correta à luz da jurisprudência do STJ e do STF.

a) Caso haja concurso de agentes em crime de furto qualificado, deve ser aplicada, por analogia, a causa de aumento de pena referente ao crime de roubo.

b) No crime de roubo, para que seja aplicado o aumento de pena por emprego de arma de fogo, é imprescindível que tenham sido realizadas a apreensão e a perícia no artefato utilizado no crime.

c) Se o agente for primário, a coisa for de valor reduzido e a qualificadora incidente for de ordem objetiva, será permitido o reconhecimento de furto privilegiado nos casos de crime de furto qualificado.

d) O crime de uso de documento falso será absorvido pelo crime de estelionato sempre que ambos forem praticados no mesmo contexto, ainda que o dano provocado ao patrimônio da vítima também alcance outros bens jurídicos.

e) Pode ocorrer o reconhecimento da insignificância da conduta em furto praticado com o rompimento de obstáculo.

COMENTÁRIOS

Alternativa correta: letra "c". Súmula 511 do STJ: "É possível o reconhecimento do privilégio previsto no § 2º do art. 155 do CP nos casos de crime de furto qualificado, se estiverem presentes a primariedade do agente, o pequeno valor da coisa e a qualificadora for de ordem objetiva". Consolidou-se o entendimento de que é possível, dessa forma, o chamado furto privilegiado, desde que a qualificadora seja de ordem objetiva, fixando, assim, afastada essa possibilidade no caso de abuso de abuso de confiança (art. 155, § 4º, II, CP).

Alternativa "a". Em primeiro lugar, deve-se destacar que se veda a analogia *in malan partem*. De qualquer forma, o concurso de agentes é causa de aumento de pena no roubo (art. 157, § 2º, II, CP), enquanto que, no furto, é qualificadora (art. 155, § 4º, IV, CP).

Alternativa "b". É pacífico no STJ e no STF que é dispensável a apreensão de arma de fogo usada no crime de roubo desde que se possa provar tal fato por outros meios (STJ – REsp 1.350.744/MG).

Alternativa "d". ". Súmula 17 do STJ: "Quando o falso se exaure no estelionato, sem mais potencialidade lesiva, é por este absorvido". No caso, o falso provocou dano em mais de m bem jurídico e, por isso, o crime de uso de documento público não é absorvido pelo crime patrimonial.

Alternativa "e". "HABEAS CORPUS. DIREITO PENAL. FURTO QUALIFICADO. ÍNFIMO VALOR DA RES FURTIVA. ROMPIMENTO DE OBSTÁCULO. PRINCÍPIO DA INSIGNIFICÂNCIA. INAPLICABILIDADE. 1. A pertinência do princípio da insignificância deve ser avaliada, em casos de pequenos furtos, considerando não só o valor do bem subtraído, mas igualmente outros aspectos relevantes da conduta imputada. 2. Não tem pertinência o princípio da insignificância em crime de furto qualificado cometido mediante rompimento de obstáculo. Precedentes. 3. Ordem denegada" (STF – HC 121760/MT).

---

142. (Cespe – Analista Judiciário – Área Judiciária – TJ – CE/2014) Alberto tentou matar Bianca, sua esposa, alvejando-a com um disparo de arma de fogo. Ao ver sua irmã gravemente ferida, Celso chamou um táxi, colocou Bianca em seu interior e pediu que o taxista fosse rapidamente para o hospital mais próximo. Ao ver um sinal de trânsito que se fechava e, confiando levianamente que nenhum carro se aproximava do cruzamento, César ordenou ao taxista que avançasse o sinal vermelho. Com isso, o táxi acabou sendo abalroado por outro veículo, vindo Bianca a falecer em razão do acidente automobilístico.

Considerando a teoria da imputação objetiva e assumindo que, na situação hipotética em apreço, não haveria mais tempo de salvar a vida de Bianca caso o táxi tivesse parado no sinal vermelho, assinale a opção correta.

a) Alberto perpetrou o crime de lesão corporal seguida de morte.

b) Celso e o taxista praticaram o delito de homicídio culposo em concurso de pessoas, sendo o taxista autor e Celso partícipe.

c) Celso e o taxista perpetraram o crime de homicídio doloso, sendo ambos os coautores do delito.

d) A morte de Bianca não pode ser criminalmente imputada a nenhum dos personagens.

e) Alberto praticou o crime de homicídio doloso consumado.

COMENTÁRIOS

✪ **Nota do autor:** essa questão foi anulada pela comissão organizadora.

Alternativa "a". Alberto perpetrou o crime de homicídio consumado. Primeiro, porque foi ele quem criou o risco não permitido contra a vítima. Segundo, porque, quando adveio o acidente, não havia mais tempo de impedir a morte da vítima.

Alternativa "b". Celso e o taxista não respondem pelo crime de homicídio culposo, pois a conduta deles não aumentou o risco contra a vida da vítima, mormente porque, no momento do acidente, já não havia mais tempo de salvá-la.

Alternativa "c". É Alberto que responde pelo crime de homicídio doloso.

Alternativa "d". A morte da vítima deve ser imputada a Alberto.

Alternativa "e". No nosso entender, Alberto cometeu o crime de homicídio consumado, pois ele criou o risco contra o bem jurídico tutelado pela norma penal e, quando do acidente, já não havia mais tempo de ser salva.

---

143. (Cespe – Juiz do Trabalho Substituto 5ª região/2013) Com relação aos crimes contra a liberdade pessoal, assinale a opção correta.

a) O fato de a vítima consentir no seu sequestro, realizado por seu namorado, a fim de exigir certa quantia em dinheiro de seus pais, exclui a tipicidade penal, não havendo, portanto, crime de sequestro ou cárcere privado.

b) Para a consumação do crime de ameaça, exige-se a ocorrência de mal injusto à vítima.

c) A privação de liberdade de outrem, mediante sequestro ou cárcere privado, consuma-se após vinte e quatro horas do início da execução do ato.

d) O empregador que retiver a carteira de trabalho do empregado com a finalidade de fazer que ele permaneça no local de trabalho responderá pela prática do crime de constrangimento ilegal.

e) O policial que, para impedir determinada pessoa de se suicidar, usar de coação mediante violência poderá ser beneficiado com o perdão judicial.

COMENTÁRIOS

Alternativa correta: letra "a". No caso, o consentimento da vítima afasta a caracterização do crime de sequestro ou cárcere privado (art. 148, CP), porque, neste, a privação de liberdade deve ser contra a vontade do ofendido.

Alternativa "b". No crime de ameaça, não se exige a concretização do mal, mas apenas a **promessa de causar mal justo e grave** (art. 147, CP).

Alternativa "c". No caso, há crime previsto no art. 203, II, CP (Frustração de direito assegurado por lei trabalhista), porque a retenção do documento visou especificamente a liberdade de trabalho do ofendido.

Alternativa "d". A doutrina considera o consentimento do ofendido como causa excludente de ilicitude. Porém, não pode ele recair sobre bens jurídicos indisponíveis de natureza pessoal, como a vida e a integridade física.

Alternativa "e". No caso, em tese, poderia se configurar o crime de constrangimento ilegal. Porém, a conduta é **atípica** por expressa disposição do art. 146, § 3º, II, que afasta o constrangimento se ele visar evitar o suicídio.

---

144. (Cespe – Delegado de Polícia Federal – DPF/2013) Com relação aos crimes previstos no CP, julgue os itens que se seguem.

O delito de sequestro e cárcere privado, inserido entre os crimes contra a pessoa, constitui infração penal de ação múltipla, e a circunstância de ter sido praticado contra menor de dezoito anos de idade qualifica o crime.

COMENTÁRIOS

Errado: O crime de sequestro e cárcere privado é de **ação única**, porque há um único verbo-núcleo do tipo, qual seja **"privar"**. De fato, se a vítima for menor de dezoito anos incide a **qualificadora** (art. 148, § 1º, IV, CP).

---

145. (Cespe – Procurador do DF/ 2013) Com referência às penas e à sua aplicação, julgue os seguintes itens.

Por serem os crimes contra a honra, (calúnia, difamação e injúria), independentemente da vítima ofendida, crimes de ação penal privada exclusiva, essa ação só pode ser iniciada mediante queixa-crime apresentada pela própria vítima, representada por advogado com poderes expressos para tanto.

COMENTÁRIOS

Errado. Em regra, os crimes contra a honra são de **iniciativa privada**, porque a honra é direito da personalidade. Porém, a ação penal é **pública incondicionada** no caso de **injúria real** (art. 145, *caput*, CP); **pública condicionada à requisição do Ministro da Justiça** no caso de crime **contra o Presidente da República, ou contra chefe de governo estrangeiro; pública condicionada à representação** no caso de **injúria racial**.

---

146. (Cespe – Defensor Público – TO/2013) Em 20/10/2012, Tibério, completamente embriagado, ao ser impedido por sua esposa, Amélia, de entrar no dormitório do casal, desferiu um soco no rosto de sua esposa, que perdeu dois dentes. Ato contínuo, Lívia, filha do casal, tentando interceder em favor da mãe, agrediu Tibério, que, em resposta, atirou um copo de vidro no rosto da filha. Após o fim da confusão, Tibério, em estado de fúria e com medo da repercussão penal do caso, chamou Amélia de ladra e afirmou que a mataria se ela o denunciasse na delegacia de polícia. Ainda sim, Amélia registrou ocorrência policial contra Tibério e se submeteu a exame de corpo de delito, cujo laudo indicou não ter havido redução da função mastigatória pela perda dos dentes, os quais poderiam ser substituídos por próteses. Segundo o laudo do exame de corpo de delito a que Lívia se submeteu, o seu rosto ficaria marcado com uma mínima cicatriz no lábio.

Em face dessa situação hipotética, assinale a opção correta no que se refere aos crimes contra a pessoa.

a) Ao chamar a esposa de ladra, Tibério praticou o crime de calúnia.

b) Ao lesionar sua esposa com um soco, que ocasionou a perda de dois dentes, Tibério praticou o crime de lesão corporal grave.

c) Tibério praticou o crime de lesão corporal gravíssima contra Lívia, que ficou com o rosto marcado por cicatriz em decorrência da agressão.

d) Tibério praticou o crime de constrangimento ilegal contra Amélia, ao afirmar que a mataria caso ela registrasse ocorrência policial a respeito dos fatos.

e) Caso seja condenado, a pena imposta a Tibério poderá ser majorada pela incidência da circunstância agravante de embriaguez preordenada.

COMENTÁRIOS

Alternativa correta: letra "d". Trata-se de crime de constrangimento ilegal (art. 146, CP). Primeiro, porque o constrangimento foi feito por meio de grave ameaça. Segundo, porque Tibério visava impedir que Amélia fizesse o que a lei lhe permitia, ou seja, registrar a ocorrência dos fatos.

Alternativa "a". Na calúnia, há imputação de um **fato criminoso determinado e falso.** No caso, Tibério, sem especificar um fato, fez uma atribuiu à vítima uma qualidade negativa, chamando-a de ladra, o que configura crime de **injúria** (art. 140, CP).

Alternativa "b". As hipóteses de crime de lesão corporal grave estão previstas no art. 129, § 1º, CP. Poderia se pensar em debilidade permanente de membro, sentido ou função pela perda dos dois dentes, mas como houve reposição por meio de prótese, foi preservada a função mastigatória.

Alternativa "c". As hipóteses de crime de lesão corporal grave estão previstas no art. 129, § 2º, CP. Como a cicatriz foi mínima, não há que se falar em deformidade permanente.

Alternativa "e". Não há na questão elementos a indicar que a embriagues de Tibério era preordenada, ou seja, que ele tenha se embriagado com o fim de praticar os crimes. Sua embriaguez, assim, é eventual e não exclui o crime, nem aumenta a pena.

147. (Cespe – Delegado de Polícia – AL/ 2012) Acerca dos crimes em espécie, julgue os itens seguintes.

147.1. O crime de omissão de socorro não admite tentativa, porquanto estando a omissão tipificada na lei como tal e tratando-se de crime unissubsistente, se o agente, sem justa causa, se omite, o crime já se consuma.

COMENTÁRIOS

✪ **Nota do autor:** crime omissivo próprio é aquele em que o resultado advém de conduta negativa descrita no tipo penal. Crime unissubsistente é aquele em que a conduta do agente não pode ser fracionada.

Certo. A omissão de socorro é crime omissivo próprio e unissubsistente. Com efeito, se o agente deixar de prestar o socorro, presentes as demais circunstâncias do tipo penal, comete o crime. Mas, se não deixar de prestar socorro, o fato é atípico, não há início do verbo núcleo do tipo e, portanto, não há sequer tentativa.

147.2. Considere que José, penalmente imputável, horas após ter sido injustamente provocado por João, agindo sob influência de violenta emoção, tenha desferido uma facada em João, o que resultou em sua morte. Nessa situação, impõe-se em benefício de José, o reconhecimento do homicídio privilegiado.

COMENTÁRIOS

✪ **Nota do autor:** Homicídio privilegiado (art. 121, § 1º, CP): Se o agente comete o homicídio **impelido por motivo de relevante valor social ou moral**, ou **sob o domínio de violenta emoção, logo em seguida a injusta provocação** da vítima, o juiz pode reduzir a pena de um sexto a um terço

Errado. Não há que se falar em homicídio privilegiado. A um, pois a conduta de José foi **horas depois (não logo depois)** de ter sofrido a injusta agressão. A dois, pois José estava sob **influência (não sob domínio)** de violenta emoção; veja-se que há um *plus*: domínio é mais do que influência.

148. (Cespe – Defensor Público – ES/ 2012) Com relação aos crimes contra a pessoa, contra o patrimônio e contra a dignidade sexual, julgue os itens que se seguem.

Para a caracterização do delito de abandono de incapaz, impõe-se, além da existência de transgressão da relação particular de assistência entre o agente e a vítima, a presença, ainda que por certo lapso temporal, de perigo concreto para esta, sendo prevista, para o delito, tanto a forma comissiva quanto a omissiva.

COMENTÁRIOS

✪ **Nota do autor:** Abandono de incapaz (art. 133, CP): Abandonar pessoa que está sob seu cuidado, guarda, vigilância ou autoridade, e, por qualquer motivo, incapaz de defender-se dos riscos resultantes do abandono.

Certo. a. Relação particular de assistência: o incapaz deve estar sob **cuidado, guarda vigilância ou autoridade** do sujeito ativo do crime; b. certo lapso temporal e perigo concreto: deve haver um **perigo efetivo**, não bastando ser meramente presumido; c. em regra, o crime é cometido na forma **omissiva**, mas nada impede que seja cometido na forma **comissiva**, caso em que a vítima é levada e abandonada no local em que sofre o perigo.

2.2. DOS CRIMES CONTRA O PATRIMÔNIO

149. (Cespe – Defensor Público – RN/2015) João, imputável, foi preso em flagrante no momento em que subtraía para si, com a ajuda de um adolescente de dezesseis anos de idade, cabos de telefonia avaliados em cem reais. Ao ser interrogado na delegacia, João, apesar de ser primário, disse ser Pedro, seu irmão, para tentar ocultar seus maus antecedentes criminais. Por sua vez, o adolescente foi ouvido na delegacia especializada, continuou sua participação nos fatos e afirmou que já havia sido internado anteriormente pela prática de ato infracional análogo ao furto.

Nessa situação hipotética, conforme a jurisprudência dominante dos tribunais superiores, em tese, João praticou os crimes de

a) furto qualificado privilegiado, corrupção de menores e falsa identidade.

b) corrupção de menores e falsidade ideológica.

c) furto simples, falsa identidade e corrupção de menores.

d) furto qualificado e falsidade ideológica.

e) furto simples e corrupção de menores.

COMENTÁRIOS

Alternativa correta: letra "a". furto qualificado: concurso de agentes e escalda para subtrais os fios de telefonia; furto privilegiado: valor do bem (cem reais) e primariedade do agente, sendo que os Tribunais Superiores firmaram entendimento de que é possível o reconhecimento do privilégio, mesmo se presente qualificadoras; corrupção de menores: coautoria de adolescente, trata-se de crime formal, em que se mostra indiferente que o adolescente tenha sido corrompido ou já tenha cometido infrações anteriores; falsa identidade: os Tribunais Superiores firmaram entendimento de que o falso na qualificação em interrogatório não está inserido no exercício da ampla defesa constitucionalmente tutelada, que se refere aos fatos criminosos.

Alternativa "b". Não houve falsidade ideológica, porque esta recai sobre documento, em que a realidade fática é distinta daquela expressa. Há o típico específico da falsa identidade.

Alternativa "c". O furto é qualificado pelo concurso de agentes e escalada.

Alternativa "d". Não houve falsidade ideológica.

Alternativa "e". O furto foi qualificado.

---

150. (Cespe – Juiz de Direito Substituto – AM/2016) Assinale a opção correta de acordo com a jurisprudência do STJ.

a) Diz-se tentado o latrocínio quando não se realiza plenamente a subtração da coisa, mas ocorre a morte da vítima.

b) Tendo o CP adotado a teoria monista, não há como punir diferentemente todos quantos participem direta ou indiretamente para a produção do resultado danoso.

c) É impossível o concurso de pessoas nos crimes culposos, ante a ausência de vínculo subjetivo entre os agentes na produção do resultado danoso.

d) O crime de latrocínio não admite forma preterdolosa, considerando a exigência do animus necandi na conduta do agente.

e) No crime de roubo praticado com pluralidade de agentes, se apenas um deles usar arma de fogo e os demais tiverem ciência desse fato, todos responderão, em regra, pelo resultado morte, caso este ocorra, pois este se acha dentro do desdobramento normal da conduta.

COMENTÁRIOS

Alternativa correta: letra "e". Se apenas um dos agente porta de arma de fogo e causa a morte da vítimas, os demais também respondem pelo crime de latrocínio, pois assumiram o risco de produzir o resultado morte com aquele que portava a arma. O resultado morte é previsível no desenrolar dos fatos (STJ – AgRg no REsp 1417364/SC)

Alternativa "a". O STJ segue orientação da Súmula 610 do STF, segundo a qual consuma-se o estelionato com a produção do resultado morte, ainda que os agentes não tenham subtraídos os bens móveis alheios.

Alternativa "b". O CP adotou a teoria monista, segundo a qual coautores e partícipes respondem pelo mesmo crime.

Alternativa "c". É possível a coautoria em crimes culposos, pois possível o vínculo subjetivo entre agentes, como o pai que empresta as chaves do carro ao filho menor, o qual, por imprudência, comete homicídio culposo na direção de veículo automotor (STJ – Resp. nº 85.947/MG).

Alternativa "d". Não o latrocínio é necessariamente preterdoloso, já que a morte pode resultar de dolo (ladrão, depois de roubar, atira para matar), havendo este tanto no antecedente como no conseqüente. Quando a morte for acidental (culposa), porém, o latrocínio será preterdoloso.

---

151. (Cespe – Delegado de Polícia – PE/2016) Nos últimos tempos, os tribunais superiores têm sedimentado seus posicionamentos acerca de diversos institutos penais, criando, inclusive, preceitos sumulares. Acerca desse assunto, assinale a opção correta segundo o entendimento do STJ.

a) É possível a consumação do furto em estabelecimento comercial, ainda que dotado de vigilância realizada por seguranças ou mediante câmara de vídeo em circuito interno.

b) A conduta de atribuir-se falsa identidade perante autoridade policial é considerada típica apenas em casos de autodefesa.

c) O tempo máximo de duração da medida de segurança pode ultrapassar o limite de trinta anos, uma vez que não constitui pena perpétua.

d) No que diz respeito à progressão de regime prisional de condenado por crime hediondo cometido antes ou depois da vigência da Lei n.° 11.464/2007, é necessária a observância, além de outros requisitos, do cumprimento de dois quintos da pena, se primário, e, de três quintos, se reincidente, para a obtenção do benefício.

e) A incidência da causa de diminuição de pena prevista no tipo penal de tráfico de drogas implica o afastamento da equiparação existente entre o delito de tráfico ilícito de drogas e os crimes hediondos, por constituir novo tipo penal, sendo, portanto, o tráfico privilegiado um tipo penal autônomo, não equiparado a hediondo.

COMENTÁRIOS

Alternativa correta: letra "a". A vigilância feita por meio de seguranças ou câmeras de vídeo em estabelecimento comercial não torna o crime de furto impossível (Súmula 567, STJ). Se o agente é flagrado na posse dos bens ainda nas dependências do estabelecimento, há tentativa de furto, não crime impossível.

Alternativa "b". Segundo a Súmula 522 do STJ, é típica a conduta de atribuir-se falsa identidade perante autoridade policial, ainda que em situação de alegada autodefesa. Ou seja, em outras hipóteses que não seja autodefesa condissera-se típica a conduta. A autodefesa recai sobre os fatos que se imputam ao acusado, não sobre sua identidade.

Alternativa "c". Segundo a Súmula 527 do STJ, o tempo máximo de duração da medida de segurança não pode ultrapassar o limite de trinta anos, que é o temo máximo de privação de liberdade previsto na CF.

Alternativa "d". Segundo a Súmula 471 do STJ, os condenados por crimes hediondos ou assemelhados cometidos antes da vigência da lei 11.464/07 sujeitam-se ao disposto no art. 112 da lei 7.210/84 (lei de execução penal) para a progressão de regime prisional. A Lei nº 11.464/07 passou a autorizar a progressão de regime em crime hediondo, mas com requisitos mais gravosos do que estabelece a LEP. Por isso, é norma mais grave que não retroage, conforme dispõe o art. 5º, XL, CF.

De Alternativa "e". O STJ havia editado a Súmula 512, segundo a qual o tráfico de drogas privilegiado seria equiparado a hediondo, porque não havia qualquer distinção legal nesse ponto em relação ao tráfico comum. No entanto, o STF firmou entendimento de que a natureza e as sanções penais do tráfico privilegiado seriam incompatíveis com as consequências da Lei de Crime Hediondo. Diante disso, o STJ revoou a Súmula 512.

152. (Cespe – Analista Judiciário – Área Judiciária – TJ – CE/2014) Carlos, Maurício, Alexandre, todos maiores de idade, e o adolescente José planejaram, de comum acordo e agindo em unidade de desígnios, subtrair aparelhos eletrônicos da casa de Gabriel. O quarteto dividiu-se, então, da seguinte forma: Carlos e Maurício permaneceram de vigia, dentro de um automóvel, nas cercanias da referida residência, enquanto Alexandre e José se incumbiram da tarefa de consumar a subtração dos equipamentos. Ao chegarem à porta da garagem da casa, esses dois últimos avistaram e renderam Marcelo, amigo de Gabriel que ali estacionava seu veículo. A rendição ocorreu com o uso de arma de fogo de propriedade de Alexandre, a qual fora por ele ocultada de todos os demais comparsas. Em seguida, os dois criminosos entraram na residência, renderam, também, seu proprietário e iniciaram a movimentação dos aparelhos eletrônicos em direção ao carro do grupo. Quando todo o material desejado havia sido subtraído, o grupo viu-se impossibilitado, por razões técnicas, de dar partida no veículo e fugiu do local sem levar nenhum objeto. Avisada por vizinhos, a polícia chegou rapidamente ao local, prendendo os bandidos após breve perseguição a pé.

Com base nessa situação hipotética, assinale a opção correta.

a) Carlos e Maurício concorreram para dois crimes de tentativa de roubo praticados por Alexandre; contudo, como quiseram participar de crime menos grave, a pena de ambos poderá ser diminuída até metade, já que foi previsível o resultado mais grave.

b) De acordo com a jurisprudência do Superior Tribunal de Justiça (STJ), a punição de Carlos, Maurício e Alexandre pelo crime de corrupção de menores dependerá da prova da efetiva corrupção de José.

c) Carlos e Maurício praticaram dois crimes de roubo consumado, qualificado pelo concurso de agentes, e um de corrupção de menores, devendo a pena imposta ser acrescida de um quinto em razão do concurso formal.

d) Alexandre praticou dois crimes de tentativa de roubo circunstanciado pelo emprego de arma, concurso de agentes e restrição de liberdade das vítimas, um delito de corrupção de menores e um crime de porte ilegal de arma de fogo, devendo sua pena ser acrescida de um quarto em razão do concurso formal.

e) Carlos, Maurício e Alexandre praticaram dois crimes de tentativa de roubo circunstanciado pelo emprego de arma, concurso de agentes e restrição de liberdade das vítimas, em concurso formal com o crime de corrupção de menores, devendo suas penas serem acrescidas de metade em razão do concurso formal.

COMENTÁRIOS

✪ **Nota do autor:** essa questão foi anulada pela comissão examinadora.

Alternativa "a". Houve apenas um crime de roubo, pois apenas **um patrimônio foi atingido**, apesar de duas vítimas terem sido rendidas. Entendo que todos devem responder pelo crime de roubo, inclusive, Carlos e Maurício, que, apesar de não terem ciência do porte de arma de fogo por parte de Alexandre, assumiram o risco que ele encontrasse a vítima e terceiros no interior da casa e, assim, cometesse violência ou grave ameaça.

Alternativa "b". De acordo com a jurisprudência do STJ e do STF, o crime de corrupção de menores (art. 244-B, ECA) é **formal**, motivo pelo qual não é necessária a efetiva prova da corrupção do menor.

Alternativa "c". Carlos e Maurício respondem por um crime de roubo tentado, agravado pelo concurso de agentes e uso de arma, pois os agentes visaram subtrair patrimônio de uma só vítima, não consumando o intento por circunstâncias alheias à vontade deles. Respondem por corrupção de menores. No caso, em concurso material, pois não unidade de ação, mas sim pluralidade de condutas.

Alternativa "d". O crime de roubo é tentado, com agravantes de concurso de agentes e uso de arma de fogo, sendo que a simples rendição não implica em relevante restrição de liberdade. O crime de porte ilegal de arma de fogo é absorvido pelo crime de roubo, pois é meio para a execução do crime de roubo.

Alternativa "e". Os agentes respondem por um crime de roubo tentado, agravado pelo concurso de agentes e uso de arma de fogo, em concurso material com o crime de corrupção de menores.

153. (Cespe – Procurador do Estado – BA/2014) No que diz respeito aos diversos institutos previstos na parte geral do Código Penal, julgue os itens seguintes.

Conforme o STF, o crime de estelionato previdenciário praticado por terceiro não beneficiário tem natureza de crime instantâneo de efeitos permanentes, razão por que seu prazo prescricional começa a fluir da percepção da primeira parcela do benefício.

COMENTÁRIOS

✪ **Nota do autor:** De acordo com o STF: "Em tema de estelionato previdenciário, o Supremo Tribunal Federal tem uma jurisprudência firme quanto à **natureza binária da infração**. Isso porque é de se distinguir aquele que, em interesse próprio, recebe o benefício ilicitamente daquele que comete uma falsidade para permitir que outrem obtenha a vantagem indevida. No primeiro caso, a conduta, a despeito de produzir efeitos permanentes no tocante ao beneficiário da indevida vantagem, materializa, instantaneamente, os elementos do tipo penal. Já naquelas situações em que a conduta é cometida pelo próprio beneficiário e renovada mensalmente, o crime assume a natureza permanente, dado que, para além de o delito se protrair no tempo, o agente tem o poder de, a qualquer tempo, fazer cessar a ação delitiva" (STF – ARE 663.735-AgR, Rel. Min. Ayres Britto, DJe 19.3.2012).

Certo. Como se trata de crime instantâneo com efeito permanente, a consumação do estelionato se dá no momento em que o agente obtém a primeira vantagem econômica, a partir da qual passa a correr a prescrição.

---

154. (Cespe – Juiz do Trabalho Substituto 5ª região/2013) Assinale a opção correta acerca dos crimes contra o patrimônio.

a) O crime de extorsão consuma-se com o recebimento de, ao menos, parte da vantagem indevida.

b) A tipificação do crime de receptação depende da prova da materialidade e da autoria do furto do produto receptado.

c) Em se tratando do crime de roubo, comprovada a existência de causas de aumento de pena, é suficiente que o juiz, ao concluir, aponte o número de majorantes que embasaram a aplicação da pena acima do patamar mínimo.

d) É punível a subtração de coisa comum fungível cujo valor não exceda a quota a que tiver direito o agente.

e) Se a vantagem ilícita decorrente da prática do furto privilegiado ou do estelionato for de pequeno valor, a pena a que for condenado o autor do crime, sendo ele réu primário, poderá ser reduzida.

COMENTÁRIOS

✪ **Nota do autor:** no meu entendimento, essa questão deveria ser anulada, pois, na verdade, não faz distinção entre furto privilegiado e estelionato privilegiado.

Alternativa correta: letra "e". No caso de furto privilegiado, há de se levar em consideração o valor do bem subtraído (art. 155, § 2º, CP), enquanto que, no estelionato, leva-se em consideração o **prejuízo sofrido pela vítima**, não a vantagem patrimonial obtida pelo autor do fato (art. 171, § 1º, CP). A dimensão do prejuízo à vítima varia de acordo com o seu patrimônio.

Alternativa "a". O crime de extorsão é meramente **formal**, consuma-se com a **exigência** da indevida vantagem econômica, sem necessidade de que efetivamente ocorra. Se o agente a obter, estará configurado o mero exaurimento do crime (art. 158, CP).

Alternativa "b". A receptação é punível, ainda que **desconhecido** ou isento de pena o autor do crime de que proveio a coisa (art. 180, § 4º, CP). No caso, mesmo que não se tenha conhecimento da autoria do crime de furto antecedente, pune-se o autor da receptação.

Alternativa "c". O STJ firmou entendimento de que, para fixação da pena em caso de mais de uma causa de aumento do art. 157, § 2º, CP, deve-se levar em conta circunstâncias do caso concreto, que indiquem maior violação aos bens jurídicos tutelados pela norma penal, abandoando-se o critério meramente matemático (Súmula 443, STJ).

Alternativa "d". No caso de furto de bem comum, como no caso de condomínio, não é punível a subtração de coisa comum fungível, cujo valor não excede a quota a que tem direito o agente (art. 156, § 2º, CP).

---

155. (Cespe – Defensor Público – DF/ 2013) Julgue os seguintes itens, relativos aos crimes de porte ilegal de arma de fogo, roubo e falsificação.

Conforme a mais recente jurisprudência do STF, o crime de roubo se consuma quando o agente, depois de cessada a violência ou a grave ameaça, tem a posse pacífica e desvigiada da coisa subtraída.

COMENTÁRIOS

✪ **Nota do autor:** Houve modificação do entendimento quanto à consumação do crime de furto. Antes, exigia-se que o agente tivesse a posse mansa e pacífica, condição que nunca se exigiu no crime de roubo.

Errado: O STF e o STJ, no que se refere à consumação do crime de **roubo ou furto**, adotam a teoria da **apprehensio**, também denominada de **amotio**, segundo a qual considera-se consumado o delito no momento em que o **agente obtém a posse da res furtiva, ainda que não seja de forma mansa e pacífica**.

---

156. (Cespe – Delegado de Polícia Federal – DPF/2013) Em cada item a seguir, é apresentada uma situação hipotética, seguida de uma assertiva a ser julgada com base no direito penal.

Três criminosos interceptaram um carro forte e dominaram os seguranças, reduzindo-lhes por completo qualquer possibilidade de resistência, mediante grave ameaça e emprego de armamento de elevado calibre. O grupo, entretanto, encontrou vazio o cofre do veículo, pois, por erro de estratégia, efetuara a abordagem depois que os valores e documentos já haviam sido deixados na agência bancária. Por fim, os criminosos acabaram fugindo sem nada subtrair. Nessa situação, ante a inexistência de valores no veículo e ante a ausência de subtração de bens, elementos constitutivos dos delitos patrimoniais, ficou descaracterizado o delito de roubo, subsistindo apenas o crime de constrangimento ilegal qualificado pelo concurso de pessoas e emprego de armas.

COMENTÁRIOS

Certo. Não se configura o crime de roubo por falta de objeto material, já que o cofre estava vazio, não sendo violado o patrimônio da vítima, ainda que de forma tentada (art. 157, CP). Houve o crime de constrangimento ilegal, porque as vítimas foram coagidas a fazer coisa não prevista em lei (art. 146, CP).

---

157. (Cespe – Delegado de Polícia Federal – DPF/2013) Com relação aos crimes previstos no CP, julgue os itens que se seguem.

157.1. No estelionato perpetrado em detrimento de entidade de direito público, admite-se a incidência da figura privilegiada (pequeno valor do prejuízo) por ser circunstância de natureza objetiva.

COMENTÁRIOS

✪ **Nota do autor:** não se pode confundir a figura dos crimes contra o patrimônio **privilegiados** (furto, apropriação indébita e estelionato) com o princípio da insignificância. Naqueles, há lesão ao bem jurídico tutelado, enquanto neste não há lesão ao patrimônio.

Anulada: De acordo com a jurisprudência, admite-se o estelionato privilegiado, mesmo que a vítima seja entidade de direito público, desde que o **prejuízo sofrido seja de pequeno valor**. Não se admite a insignificância em crimes dessa espécie, dada a relevância de se tutelar o patrimônio público. Os requisitos do estelionato privilegiado (primariedade do agente e pequeno prejuízo) são de natureza objetiva.

157.2. A inserção, em documento público, de informações relativas a pessoa que não possua a qualidade de segurado obrigatório, com o objetivo de constituir prova perante a previdência social, configura falsidade ideológica, delito que se consuma no momento da inserção dos dados inverídicos, independentemente do uso posterior dessas informações.

COMENTÁRIOS

Anulada: Se a inserção foi feita por funcionário público, incide o art. 313-A, CP (Inserção de dados falsos em sistema de informações). Por outro lado, se foi o particular a inserir os dados falsos, o crime é de estelionato contra a Previdência Social, já que a falsidade visava a obtenção da indevida vantagem econômica.

---

158. (Cespe – Procurador do DF/ 2013) Jonas, de vinte e cinco anos de idade, foi condenado, em janeiro de 2005, pelo sequestro de Márcio. A vítima, que, à época do sequestro, contava com sessenta e dois anos de idade, ficou em cativeiro de 8/9/2003 a 13/10/2003 e foi solta após o pagamento de cem mil reais exigidos pelo agente.

Com base nessa situação hipotética e considerando que o Estatuto do Idoso (Lei n.0 10.741, de 1º/10/2003) inseriu, no § 1.0 do art. 159 do CP, a expressão "ou maior de 60 anos", estabelecendo, para esse caso, pena entre doze e vinte anos de reclusão, muito superior à prevista no caput do referido artigo (de oito a quinze anos) e que, por isso, a conduta de Jonas amoldou-se a essa nova qualificação, julgue os itens a seguir.

158.1. Sendo a extorsão com sequestro crime permanente, a sua consumação se protrai no tempo, renovando-se a cada momento. Por isso, na hipótese em apreço, incide a norma qualificadora editada durante o período da privação da liberdade de Márcio.

COMENTÁRIOS

✪ **Nota do autor:** o examinador entendeu que essa assertiva estava errada, mas entendo que ela está correta.

Certo: O crime de extorsão mediante sequestro é crime permanente, pois perdura enquanto a vítima está privada de sua liberdade. Nos termos da Súmula nº 711, STF: "A lei penal **mais grave aplica-se** ao **crime continuado ou ao crime permanente**, se a sua **vigência é anterior** à **cessação** da continuidade ou da permanência." No caso em tela, a lei mais grave entrou em vigência em 1º/10/2003 e o sequestro se encerro em 13/10/2003, logo de acordo com a Súmula citada, aplica-se a nova lei ainda que mais gravosa.

158.2. Em razão do princípio da irretroatividade da lei penal mais gravosa, Jonas não poderia ser condenado na forma qualificada decorrente do fator etário da vítima, pois a circunstância qualificadora foi introduzida no CP depois do sequestro por ele realizado.

COMENTÁRIOS

Errado: Na verdade, como, no crime continuado e no crime permanente, entende-se que o crime se consuma enquanto perduram as condutas do agente, não há que se falar em retroativa da norma a um fato pretérito. Aplica-se a lei de regência do momento em que se encerram a continuidade e a permanência.

---

159. (Cespe – Procurador do DF/ 2013) José adentrou residência e rendeu um casal de moradores usando arma de fogo, com o fim de subtrair bens valiosos ali existentes. Consumada a subtração da prataria e de um computador, José exigiu a entrega das alianças do casal e, diante da resistência da mulher, disparou sua arma, matando-a. Em seguida, ele fugiu, levando as duas alianças e os demais objetos subtraídos.

Julgue o item abaixo, referente à situação hipotética acima descrita.

Na situação em apreço, consoante a jurisprudência do STF, configurou-se o concurso formal de crimes, pois, com uma única ação, José atingiu o patrimônio de duas vítimas diferentes.

COMENTÁRIOS

✪ **Nota do autor:** essa questão foi anulada, porém, no meu entender, ela está correta.

Certo: Na verdade, de acordo com o STF, há crime único de latrocínio, porque o patrimônio atingido foi o do casal. De acordo com a Corte, sob o aspecto civil, as alianças são bens personalíssimos de cada um dos cônjuges, mas, para fins penais, não podem assim ser entendidas, pois importa-se o dolo do agente. **Sendo apenas um patrimônio atingido, há crime único** (STF – HC nº 109539/RS. Rel. Min. Gilmar Mendes. DJ. 07/05/2013).

---

160. (Cespe – Juiz de Direito Substituto – RN/2013) No que concerne aos crimes em espécie, assinale a opção correta.

a) Tratando-se de crimes contra o patrimônio, o reconhecimento das escusas absolutórias de caráter pessoal afasta a configuração do fato típico.

b) A unificação no mesmo tipo penal, sob a rubrica de estupro, das figuras da conjunção carnal e de outros atos libidinosos, afasta a possibilidade de se admitir a tentativa em relação a esse tipo de crime.

c) Requer-se o exame pericial para a constatação do crime de falsidade ideológica.

d) Considere que Marcos, com o objetivo de matar Pedro, tenha atirado nele e que o projétil, após atingir o braço de Pedro, tenha atingido Lúcio, que faleceu no local em decorrência do ferimento provocado pela bala. Nessa situação, Marcos responderá pelo homicídio consumado e pelo crime de tentativa de homicídio, por também ter atingido Pedro, aplicando-se as regras da continuidade delitiva para o cálculo da pena final.

e) Pratica o crime de latrocínio o agente, pretendendo subtrair coisa alheia móvel, emprega violência contra a pessoa e, em decorrência dessa violência, consuma o homicídio, ainda que não realize a subtração de bens da vítima.

COMENTÁRIOS

✪ **Nota do autor:** No crime de latrocínio (art. 157, § 3º, CP), os bens jurídicos tutelados são o patrimônio e a vida.

Alternativa correta: letra "e". Como um dos bens jurídicos tutelados pelo art. 157, § 3º, CP, é a vida, o STF editou enunciado de Súmula no sentido de que, mesmo que não haja subtração de bens da vítima, o latrocínio se consuma com o homicídio (Súmula 310, STF).

Alternativa "a". De acordo com Júlio Mirabete, as escusas absolutórias não afetam a tipicidade, a antijuridicidade e a culpabilidade. Trata-se de imunidades absolutas que isentam o autor do fato de pena em decorrência de política criminal.

Alternativa "b". Ainda é possível a tentativa do crime de estupro, mesmo depois das reformas penais da matéria. Trata-se de crime plurissubsistente, em que a conduta pode ser fracionada. Por exemplo, o agente aplica a violência contra a vítima, mas não inicia os atos libidinosos porque terceira pessoa chega ao local.

Alternativa "c". O exame pericial só é exigido em crimes que deixam vestígio. No caso de falsidade ideológica, como a falsidade não consiste em adulteração material, mas em incompatibilidade entre a verdade fática e a exposta no documento, não se faz necessário o exame.

Alternativa "d". Trata-se de erro na execução (art. 73, CP). No caso, houve uma única conduta que produziu dois resultados. Assim, é o caso de **concurso formal** de crimes de homicídio consumado e tentado.

---

161. (Cespe – Juiz Federal Substituto 1ª região/2013) Em cada uma das opções a seguir, é apresentada uma situação hipotética seguida de uma assertiva a ser julgada acerca de determinadas espécies de delitos. Assinale a opção em que a assertiva está correta.

a) Margarida trabalhava no caixa de uma loja de roupas de propriedade de Teresinha, de cuja confiança gozava, razão por que detinha o controle pessoal da movimentação do caixa. Pretendendo mudar-se para outra cidade, Margarida pediu demissão e, no decurso do período de cumprimento do aviso prévio, deixou de registrar, no caixa da loja, a entrada de várias notas relativas a vendas efetuadas, tendo-se apropriado do valor correspondente, que totalizou R$ 850, 00. Além disso, Margarida retirou do caixa, para si, ao longo do referido período, outras quantias, que, somadas, alcançaram o valor de R$

1.500, 00. Nessa situação, Margarida praticou furto qualificado em continuação delitiva.

b) Augusto confiou a Bernardo o preenchimento de uma folha de papel assinada em branco, na qual deveria constar proposta de trabalho com orçamento que seria remetida a um cliente. Bernardo guardou a folha em uma gaveta, planejando preenchê-la assim que retornasse do almoço. Aproveitando-se da ausência de Bernardo, Heleno retirou o papel da gaveta, redigiu uma confissão de dívida de duzentos mil reais de Augusto a seu favor, embora este não lhe devesse coisa alguma, e se apropriou do documento. Nessa situação, a conduta de Heleno se enquadra no tipo penal da falsidade ideológica.

c) Joaquim subtraiu de Manuel um cheque assinado em branco, preencheu-o com valor expressivo e efetuou o saque do dinheiro diretamente no caixa do banco. Posteriormente, descobriu-se que, de fato, o verdadeiro titular da conta bancária a que pertencia o cheque era Felipe, cuja assinatura fora falsificada por Manuel que havia subtraído o cheque. Nessa situação, Joaquim e Manoel devem responder pela falsificação material do documento e Joaquim, também, por estelionato.

d) Emiliana, pobre e desempregada, sem condições de criar o quinto filho recém-nascido, entregou a criança a Letícia, que, de comum acordo com o marido, Arnaldo, e juntamente com este, registrou em cartório o menino como se fosse filho do casal. Nessa hipótese, Letícia e Arnaldo devem responder por falsidade ideológica, configurada como crime contra a fé pública.

e) Ao sair de uma festa, Celestino entregou o ticket de estacionamento ao manobrista e aguardou a chegada do automóvel. O manobrista, por engano, entregou-lhe outro veículo, muito mais novo e, portanto, mais valioso. Mesmo sabendo que aquele não era o seu automóvel, Celestino o recebeu e o levou consigo. Nessa situação, Celestino não provocou o engano, mas também não o desfez, incorrendo no crime de estelionato.

COMENTÁRIOS

Alternativa correta: letra "e". Celestino cometeu o crime de estelionato, porque **manteve a vítima em erro**. E, por meio dessa conduta, ele **obteve vantagem patrimonial indevida** em prejuízo alheio. O meio fraudulento é o silêncio de não alertar a vítima de que o carro não era o seu.

Alternativa "a". Ao deixar de registrar a entrada do dinheiro no caixa, Margarida praticou ardil e, assim, obteve vantagem indevida no valor de R$ 850, 00, cometendo no caso **estelionato**. Por outro lado, subtraiu a quantia de R$ 1.500, 00 do caixa e, no caso, comete o crime de **furto qualificado** pelo abuso de confiança.

Alternativa "b". No caso, houve crime de **falsificação de documento particular** (art. 298, CP). Isso porque Bernardo não tinha legitimidade para preencher o documento, que foi assim alterado por ele.

Alternativa "c". A subtração de folha em branco por Manuel não configura crime de furto, porque elas são desprovidas de valor econômico. Manuel ao assinar o cheque comete crime de falsidade material, pois o titular da conta é Felipe. Joaquim não responde por falsidade material, porque não tinha ciência da conduta de Manuel. Ao preencher o cheque e sacar dinheiro, comete crime de estelionato, porque aplicou ardil para obter vantagem indevida.

Alternativa "d". Trata-se de crime de Parto suposto. Supressão ou alteração de direito inerente ao estado civil de recém-nascido (art. 242, CP), porque registraram como seu filho de outrem.

---

162. (Cespe – Procurador do Ministério Público junto ao TCDF/2013) No que se refere aos crimes contra a fé pública e contra a administração pública, aos delitos previstos na Lei de Licitações e à aplicação de pena, julgue os itens consecutivos.

O disciplinamento previsto no CP acerca da conduta de suprimir ou reduzir contribuição social previdenciária e qualquer acessório, mediante omissão total ou parcial de receitas ou lucros auferidos, remunerações pagas ou creditadas e demais fatos geradores de contribuições sociais previdenciárias, prevê a extinção da punibilidade do agente, mesmo sem o pagamento do tributo devido, desde que esse agente faça, espontaneamente, declaração acompanhada de confissão das contribuições, importâncias ou valores devidos, e que ele preste, ainda, todas as informações devidas à previdência social, na forma definida em lei ou regulamento, antes do início da ação fiscal.

COMENTÁRIOS

✪ **Nota do autor:** a comissão organizadora entendeu que essa assertiva estava certa. Porém, entendo que não estava errada/.

Errada: Ocorre que nos termos do art. 168-A, CP, não basta que haja a confissão espontânea antes do início da ação fiscal, se exige também o pagamento da **contribuição social** apropriada indevidamente. Ora, em crimes de sonegação fiscal, por questão de política criminal, o Estado abre mão da pretensão punitiva para o fim receber o tributo devido, incentivando o pagamento em troca da extinção da punibilidade.

---

163. (Cespe – Delegado de Polícia – BA/2013) No que se refere às contravenções penais, aos crimes em espécie e às leis penais extravagantes, julgue os itens a seguir com base na jurisprudência dos tribunais superiores.

COMENTÁRIOS

✪ **Nota do autor:** nos termos do art. 155, § 3º, equipara-se à coisa móvel a energia elétrica ou qualquer outra que tenha valor econômico. Prevê-se, assim, o chamado furto de energia.

Certo: De acordo com o entendimento do STJ, o sinal de televisão se propaga por meio de ondas, o que, na definição técnica, se enquadra como **energia radiante**, que é uma forma de energia associada à radiação eletromagnética, a qual tem valor econômico. Portanto, o STJ considera que a subtração de sinal de TV a cabo é conduta típica por força do art. 155, § 3º, CP (STJ – REsp. nº 1123.747/RS – rel. Min. Gilson Dipp. DJ. 16/12/2010).

---

164. (Cespe – Delegado de Polícia – BA/2013) Acerca da parte geral do direito penal e seus Institutos, julgue os itens seguintes.

Considere que Marcos, penalmente imputável, subtraia de seu genitor de sessenta e oito anos de idade, um relógio de alto valor. Nessa situação, o autor não pode beneficiar-se da escusa penal absolutória, em razão da idade da vítima.

COMENTÁRIOS

Nota: As escusas absolutórias são fatos previstos em lei que tornam o agente isentos de pena por questão de política criminal. Em matéria de crimes contra o patrimônio, as escusas absolutórias são tratadas nos arts. 181 e 183, CP, motivo pelo qual essa questão é comentada nesse tópico.

Certo: Como se trata de crime praticado sem violência ou grave ameaça, em que a vítima é ascendente do sujeito ativo do crime, é o caso de escusa absolutória (art. 181, II, CP). Porém, como a vítima é praticada contra pessoa maior de sessenta anos de idade afasta-se a incidência da benesse (art. 183, III, CP).

---

165. (Cespe – Defensor Público – RR/2013) André, maior de idade, capaz, visando subtrair bens deixados no interior de um veículo automotor estacionado em frente a sua residência, durante a madrugada, arrombou um vidro lateral do automóvel, nele ingressou e subtraiu objetos de seu interior. Tendo encontrado a chave reserva no interior do veículo, André levou o carro, mas foi interceptado pela polícia, horas depois, em cidade vizinha, próximo à divisa do estado.

À luz da legislação e da doutrina penal referentes aos crimes contra o patrimônio, assinale a opção correta a respeito da situação hipotética acima apresentada.

a) A conduta perpetrada por André ajusta-se ao delito de furto de veículo automotor qualificado pela prática durante o repouso noturno.

b) Os fatos narrados na situação apresentada ajustam-se ao tipo de furto consumado.

c) A adequação típica dos fatos descritos ajusta-se ao crime de furto qualificado de veículo automotor que seria transportado para outro estado, na forma tentada.

d) André perpetrou furto de veículo automotor duplamente qualificado pelo uso de chave falsa e durante o repouso noturno.

e) André responderá por furto qualificado pelo rompimento de obstáculo – vidro lateral – à subtração da coisa.

COMENTÁRIOS

✪ **Nota do autor:** como regra geral, pode-se dizer que os crimes contra o patrimônio se consumam no momento em que o agente tem a posse do bem, ainda que por breve espaço de tempo.

Alternativa correta: letra "b". No que se refere à consumação do crime de furto, o STJ e o STF adotam a teoria da *apprehensio*, também denominada de *amotio*, segundo a qual considera-se consumado o mencionado delito **no momento em que o agente obtém a posse da res furtiva, ainda que não seja mansa e pacífica e/ou haja perseguição policial**, sendo prescindível que o objeto do crime saia da esfera de vigilância da vítima.

Alternativa "a". Como o obstáculo rompido foi o vidro do próprio veículo, o entendimento doutrinário é no sentido de que não cabe a qualificadora do rompimento de obstáculo (art. 155, § 4º, I, CP). Além disso, há discussão na doutrina de que a causa de aumento de pena do furto noturno (art. 155, § 1º, CP) não incide em furto qualificado, pois a pena deste já é suficientemente grave.

Alternativa "c". Não há dados suficientes a indicar se a intenção do agente seria transportar o veículo para outro Estado. Haveria tentativa de furto qualificado pelo transporte do veículo para outro Estado, se o agente tinha a intenção de fazer a transposição da divisa entre os Estados e não conseguir por circunstância alheia à sua vontade.

Alternativa "d". Não houve uso de chave falsa, pois o agente usou a chave do próprio veículo, encontrada em seu interior. O repouso noturno é causa de aumento de pena, não qualificadora do crime de furto.

Alternativa "e". Não se considera furto qualificado pelo rompimento de obstáculo, pois foi quebrado o veículo do próprio objeto furtado, o veículo. Se ele tivesse furtado apenas os bens que estariam no interior do carro, haveria crime de furto qualificado pelo rompimento de obstáculo.

---

166. (Cespe – Defensor Público – TO/2013) Júlio foi denunciado pelo MP por ter, em 7/8/2012, por volta das 20 h 15 min, de forma livre e consciente, em perfeita comunhão de ações e desígnios com outros dois elementos não identificados, mediante grave ameaça exercida com emprego de arma de fogo, que a polícia não logrou apreender, subtraído, para si, uma bolsa, um telefone celular e um cartão bancário pertencentes a Cleusa. O denunciado e seus comparsas abordaram a vítima, apontaram a arma em sua direção, determinando que a vítima lhes entregasse, imediatamente, todos os seus pertences. Logo em seguida, para impedir que Cleusa chamasse a polícia, Júlio manteve a vítima em seu poder, restringindo sua liberdade, e exigiu que ela ingressasse no veículo automotor utilizado na ação desviante, deslocando-se por considerável período e importante distância. Depois, libertou a vítima.

Em face dessa situação hipotética, assinale a opção correta a respeito dos crimes contra a vida e contra o patrimônio.

a) Júlio perpetrou o delito de extorsão qualificada pela restrição da liberdade da vítima, com causa de aumento de pena pelo emprego de arma de fogo e pelo concurso de duas ou mais pessoas.

b) Júlio praticou o crime de roubo duplamente majorado pelo concurso de pessoas e pelo emprego de arma de fogo, em concurso material com o delito de sequestro ou cárcere privado.

c) De acordo com o entendimento do STJ, é imprescindível a apreensão e a perícia da arma de fogo utilizada na ação do grupo para a aplicação da causa de aumento prevista para agravar a pena do crime de extorsão praticado por Júlio.

d) Com sua conduta de privação da liberdade da vítima, Júlio praticou o crime de extorsão mediante sequestro, com causa de aumento de pena relativa ao concurso de pessoas e ao uso de arma de fogo.

e) De acordo com os fatos narrados, é possível imputar a Júlio o cometimento do crime de roubo triplamente majorado, pelo emprego de arma de fogo, concurso de pessoas e privação da liberdade da vítima, ainda que não tenham sido identificados os demais participantes da empreitada criminosa.

COMENTÁRIOS

Alternativa correta: letra "e". Houve crime de roubo, porque foi usada violência e grave ameaça contra a vítima. Incidem as seguintes causas de aumento: a. concurso de agentes, sendo que não é preciso a identificação de todos os autores do fato; emprego de arma de fogo, já que esta foi usada para a grave ameaça; privação de liberdade da vítima, realizada para assegurar a consumação do crime.

Alternativa "a". Não houve extorsão, porque, nesta, o agente constrange a vítima a ter uma conduta que imprescindível para que ele obtenha a indevida vantagem patrimonial. No roubo, a conduta da vítima é dispensável para os agentes terem a posse do bem, como, no caso em tela, em que a vítima, entregou os bens aos agentes, mas estes, de qualquer forma, obteriam os bens, por meio de subtração.

Alternativa "b". Não houve crime de sequestro ou cárcere privado. Isso porque a restrição da liberdade está relacionada à consumação do crime de roubo.

Alternativa "c". De acordo com o STJ, não é preciso a apreensão da arma de fogo para a incidência da causa de aumento de pena. Basta a existência de outras provas, como a declaração das vítimas e testemunhas.

Alternativa "d". Não houve crime de extorsão mediante sequestro, porque a privação de liberdade não teve o objetivo de se pedir resgate e, sim, visava garantir a consumação do crime de roubo.

---

167. (Cespe – Delegado de Polícia – AL/ 2012) Acerca dos crimes em espécie, julgue os itens seguintes.

De acordo com o melhor entendimento jurisprudencial, para a aplicação da majorante do repouso noturno basta que a infração ocorra durante a noite, sendo irrelevante o fato de se tratar de residência habitada ou desabitada.

COMENTÁRIOS

✪ **Nota do autor:** Durante o repouso noturno, a vigilância sobre os bens, seja por parte da própria vítima, seja por outros da comunidade, é menor, motivo pelo qual se tem causa de aumento de pena (art. 155, § 1º, CP).

Certo. Para incidência da causa especial de aumento de pena prevista no § 1º. do art. 15 do Código Penal é suficiente que a infração ocorra durante o repouso noturno, período de maior vulnerabilidade para as residências, lojas e veículos, de modo que, igualmente, é irrelevante o fato de se tratar de crime cometido em via pública (STJ – HC nº 191.300/MG).

---

168. (Cespe – Defensor Público – ES/ 2012) Com relação aos crimes contra a pessoa, contra o patrimônio e contra a dignidade sexual, julgue os itens que se seguem.

Para a configuração do denominado crime de sequestro-relâmpago, a restrição da liberdade da vítima é condição necessária para a obtenção da vantagem econômica, independentemente da ocorrência desta.

COMENTÁRIOS

✪ **Nota do autor:** No crime de sequestro-relâmpago, a vítima é obrigada a cometer uma conduta indispensável para obter a indevida vantagem econômica. É o caso da restrição de liberdade da vítima, que se vê obrigada a fornecer a senha do cartão bancária para os agentes.

Certo. Trata-se de crime de **extorsão qualificada** (art. 158, § 3º, CP), crime formal, que não exige a obtenção da vantagem pelo agente, que se consuma antecipadamente, com a simples exigência.

169. (Cespe – Analista Judiciário – Área Judiciária – TRE-RJ/2012) A respeito de institutos diversos de direito penal, julgue os itens a seguir.

Nos casos de delitos contra o patrimônio praticados sem violência ou grave ameaça à pessoa, a aplicação do princípio da insignificância é admitida pelo Superior Tribunal de Justiça, mesmo que existam condições pessoais desfavoráveis, tais como maus antecedentes, reincidência ou ações penais em curso.

COMENTÁRIOS

✪ **Nota do autor:** No crime de sequestro-relâmpago, a vítima é obrigada a cometer uma conduta indispensável para obter a indevida vantagem econômica. É o caso da restrição de liberdade da vítima, que se vê obrigada a fornecer a senha do cartão bancária para os agentes.

Certo. Trata-se de crime de **extorsão qualificada** (art. 158, § 3º, CP), crime formal, que não exige a obtenção da vantagem pelo agente, porque se consuma antecipadamente, com a simples exigência.

2.3. DOS CRIMES CONTRA A PROPRIEDADE IMATERIAL

170. (Cespe – Defensor Público – RN/2015) Vanessa foi presa em flagrante enquanto vendia e expunha à venda cerca de duzentos DVDs piratas, falsificados, de filmes e séries de televisão. Realizada a devida perícia, foi confirmada a falsidade dos objetos. Incapaz de apresentar autorização para a comercialização dos produtos, Vanessa alegou em sua defesa que desconhecia a ilicitude de sua conduta.

Com relação a essa situação hipotética, assinale a opção correta à luz da jurisprudência dominante dos tribunais superiores.

a) Vanessa é isenta de culpabilidade, pois incidiu em erro de proibição.

b) O MP deve comprovar que os detentores dos direitos autorais das obras falsificadas sofreram real prejuízo para que a conduta de Vanessa seja criminosa.

c) A conduta de Vanessa ofende o direito constitucional que protege a autoria de obras intelectuais e configura crime de violação de direito autoral.

d) A conduta de vender e expor à venda DVDs falsificados é atípica em razão da incidência do princípio da adequação social.

e) A conduta de vender e expor à venda DVDs falsificados é atípica em razão da incidência do princípio da insignificância.

COMENTÁRIOS

Alternativa correta: letra "c". O STJ editou a Súmula nº 502: "Presentes a materialidade e a autoria, afigura-se típica, em relação ao crime previsto no art. 184, § 2º, do CP, a conduta de expor à venda CDs e DVDs piratas". Tutela-se o direito autoral, amplamente, tutelado na CF/88.

Alternativa "a". Ninguém pode alegar o desconhecimento da lei para se isentar da responsabilidade penal. O erro de proibição recai sobre o fato concreto, em que o agente supõe estar acobertado por licitude, mas não está.

Alternativa "b". Trata-se de crime contra a propriedade imaterial, em que se comprova o ilícito pela violação do direito autoral, ainda que não haja reflexos patrimoniais à vítima.

Alternativa "d". Não se admite como adequada à sociedade brasileira conduta de agente que viola direito constitucionalmente assegurado, como é o direito autoral.

Alternativa "e". Não se pode considerar insignificante, ao menos a priori, conduta que viola direito constitucionalmente assegurado, como é o direito autoral, ainda mais no caso em tela que a autora foi surpreendida na posse de centenas de objetos.

171. (Cespe – Juiz de Direito Substituto – DFT/2014) No que diz respeito à teoria da pena, à prescrição e ao crime de motim, assinale a opção correta.

a) É de dois terços o limite superior da majorante do concurso de pessoas no furto.

b) O prazo prescricional da pena de multa é de dois anos.

c) A prescrição, nos crimes definidos na Lei de Falência e Recuperação de Empresas, começa a correr do dia da decretação da falência, ainda que o recurso de efeito suspensivo contra tal decisão esteja pendente de apreciação.

d) O benefício da suspensão condicional do processo não será admitido na hipótese de concurso formal de crimes se a pena mínima cominada ao delito mais grave, por incidência do limite mínimo da majorante, ultrapassar o prazo de um ano.

e) A simples reunião de militares ou assemelhados, com a finalidade de organizar ocupação de quartel, para ação militar, em desobediência a ordem superior, é conduta que configura o crime definido no CPM sob o nomen juris de motim, tipo que não admite a figura da tentativa.

COMENTÁRIOS

✪ **Nota do autor:** Cabe suspensão condicional do processo, nos crimes em que a pena mínima cominada **for igual ou inferior a um ano** (art. 89, Lei nº 9.099/95).

Alternativa correta: letra "d". De acordo com a jurisprudência, deve-se levar em consideração as causas de aumento de pena para se verificar a possibilidade de suspensão condicional do processo, porque, neste caso, a pena pode ser fixada além do mínimo legal.

Alternativa "a". No crime de furto, o concurso de agentes é uma **qualificadora**. Assim, a pena tem um novo patamar (art. 155, § 4º, IV, CP), em relação ao furto **simples** previsto no *caput*.

Alternativa "b". A prescrição da pena de multa ocorrerá: em **dois anos**, quando a multa for a **única cominada ou aplicada**; no **mesmo prazo estabelecido** para prescrição da **pena privativa** de liberdade, quando a multa for **alternativa ou cumulativamente cominada ou cumulativamente aplicada**.

Alternativa "c". A prescrição dos crimes falimentares reger-se-á pelas disposições do Código Penal, começando a correr do dia da **decretação da falência, da concessão da recuperação judicial ou da homologação do plano de recuperação extrajudicial**, independentemente de recurso.

Alternativa "e". O crime de motim não admite tentativa, mas se exige finalidade específica do agente, pois a ocupação para ação militar, ou prática de violência, em desobediência a ordem superior ou em detrimento da ordem ou da disciplina militar (art. 149, CPM).

---

172. (Cespe – Juiz de Direito Substituto – DFT/2014) Em relação a comportamentos subsumíveis a diversos tipos penais previstos no CP e em legislação extravagante, assinale a opção correta.

a) A conduta que causa dano patrimonial não está abrangida no conceito de violência doméstica e familiar contra a mulher.

b) Comete crime contra a propriedade industrial quem acondiciona e vende produto de sua própria indústria em vasilhame que contenha marca legítima de outrem.

c) O crime de deserção, previsto no CPM, admite a figura da coautoria.

d) Em virtude de exceção expressa no Estatuto do Idoso, não incide a escusa absolutória prevista na parte especial do CP em relação ao furto praticado pelo neto contra o avô.

e) Oferecer droga a pessoa estranha ou ceder/entregar droga a pedido de tal pessoa, eventualmente e sem objetivo de lucro, ainda que em pequena quantidade e para consumo partilhado, caracteriza conduta de tráfico, para a qual é prevista a pena de detenção, de seis meses a um ano.

COMENTÁRIOS

Alternativa correta: letra "b". A propriedade intelectual é tutelada constitucionalmente. No caso em tela, tutela-se a **marca,** que distingue um produto no meio comercial (art. 190, II, CP).

Alternativa "a". São formas de violência doméstica contra a mulher: **física, psicológica, sexual, patrimonial** e **moral** (art. 7º, Lei nº 11.340/06).

Alternativa "c". O crime de deserção é crime próprio, pois só pode ser cometido por **militar** e, dessa forma, não admite coautoria, mas apenas participação (art. 187, CPM).

Alternativa "d". Há escusa absolutória se autor e vítima forem antecedentes. Assim, em regra, não se aplica na relação entre avô e neto. Somente será afastada, na relação entre neto e avô, se este for **maior de sessenta anos de idade** (art. 183, III, CP).

Alternativa "e". Neste caso, não se trata de crime de tráfico privilegiado (art. 33, § 3º, Lei nº 11.343/06), porque não a droga o destinatário da droga foi pessoa que **não é de seu relacionamento**. Assim, responde por crime de tráfico comum, previsto no *caput*.

---

173. (Cespe – Delegado de Polícia – BA/2013) No que se refere às contravenções penais, aos crimes em espécie e às leis penais extravagantes, julgue os itens a seguir com base na jurisprudência dos tribunais superiores.

O dolo direto ou eventual é elemento subjetivo do delito de violação de direito autoral, não havendo previsão para a modalidade culposa desse crime.

COMENTÁRIOS

Certo: O crime de violação de direito autoral está previsto no art. 184, CP, em que se prevê apenas a modalidade **dolosa** para tal crime, ou seja, ciente de que se trata de obra artística, o agente não respeita o direito do autor, o qual encontra tutela em nível constitucional.

---

174. (Cespe – Analista Judiciário – Área Judiciária – TRE-RJ/2012) A respeito de institutos diversos de direito penal, julgue os itens a seguir.

A venda de cópias não autorizadas de CDs e DVDs – cópias piratas – por vendedores ambulantes que não possuam outra renda além da advinda dessa atividade, apesar de ser conduta tipificada, não possui, segundo a jurisprudência do STJ, tipicidade material, aplicando-se ao caso o princípio da adequação social.

COMENTÁRIOS

Errado. O STJ pacificou o entendimento de que o crime de venda de cópias piratas de CD e DVD é materialmente típico, porque há violação direito autoral, que é garantido constitucionalmente (Súmula nº 502, STJ).

2.4. DOS CRIMES CONTRA A ORGANIZAÇÃO DO TRABALHO

---

175. (Cespe – Juiz de Direito Substituto – AM/2016) Acerca do crime de que trata o art. 198 do CP — atentado contra a liberdade de trabalho e boicotagem violenta —, assinale a opção correta.

a) A competência para o processamento de ação que envolva a prática desse crime é da justiça federal, independentemente de se tratar de interesse individual do trabalhador ou coletivo.

b) A conduta de constranger alguém, mediante violência ou grave ameaça, a adquirir de outrem matéria-prima ou produto industrial agrícola configura o crime previsto no referido artigo.

c) Cometerá o referido crime aquele que constranger alguém, mediante violência ou grave ameaça, a não celebrar contrato de trabalho.

d) Haverá concurso de crimes se o agente praticar mais de uma das condutas previstas no art. 198 do CP.

e) O referido crime classifica-se como crime próprio.

COMENTÁRIOS

Alternativa correta: letra "d". O art. 198, CP, prevê dois crimes: atentado de liberdade de trabalho, em que constrangimento visa que a vítima celebre contrato de trabalho, e o outro é o de boicotagem violenta, em que o constrangimento tem como escopo não fornecer a outrem ou não adquirir de outrem matéria-prima ou produto industrial ou agrícola. Portanto, se há incidência nesses dois crimes, haverá concurso de crimes.

Alternativa "a". Para o STF , somente são da competência da Justiça Federal os crimes contra a organização do trabalho (arts. 197 a 207 do CP) quando causarem prejuízo à ordem pública, econômica ou social e ao trabalho coletivo (RE 599943 AgR, Relator Min. Cármen Lúcia, Primeira Turma, julgado em 02/12/2010). Se há apenas interesse individual, como a retenção de CTPS de um único trabalhador, a competência é da Justiça Estadual.

Alternativa "b". Uma das condutas do crime de boicotagem violenta é a de constranger alguém, mediante violência ou grave ameaça, a **NÃO** adquirir de outrem matéria-prima ou produto industrial agrícola.

Alternativa "c". Cometerá o crime de atentado de liberdade de trabalho aquele que constranger alguém, mediante violência ou grave ameaça, **a celebrar** contrato de trabalho.

Alternativa "d". Não se trata de crime próprio, porque pode ser cometido por qualquer pessoa, não se exigindo uma qualidade pessoal do agente.

---

176. (Cespe – Juiz do Trabalho Substituto 5ª região/2013) Assinale a opção correta em relação aos crimes contra a organização do trabalho.

a) Comete o crime de redução à condição análoga à de escravo aquele que contrata trabalhadores de localidade diversa daquela onde será executado o trabalho e não assegura condições de seu retorno ao local de origem.

b) Podem ser sujeitos ativos do crime de paralisação de trabalho, seguido do crime de perturbação da ordem, tanto os empregados que participam do abandono coletivo de trabalho, com violência exercida contra coisa, quanto o empregador que paralisa as atividades empresariais para frustrar negociação coletiva, fato conhecido como lockout.

c) O crime de paralisação de trabalho de interesse coletivo consiste na participação de abandono coletivo de trabalho que resulte na interrupção de obra pública ou serviço de interesse coletivo, como, por exemplo, a construção de estádio de futebol com vistas à realização da Copa do Mundo de Futebol em 2014.

d) Para a consumação do crime de sabotagem agrícola, exige-se que ao menos parte da safra seja destruída, estragada ou inutilizada, admitindo-se que o dano seja causado também às máquinas e instrumentos, utensílios, matérias-primas e instalação elétrica.

e) O indivíduo que, mediante fraude consistente em falsa promessa de alto salário, recruta um dentista para trabalhar no exterior e, ao chegar ao destino, retém seu passaporte, impedindo-o de retornar ao Brasil, pratica o crime de aliciamento para o fim de emigração.

COMENTÁRIOS

Alternativa correta: letra "b". O crime de paralisação de trabalho, seguida de violência ou perturbação da ordem, pode ser cometido tanto pelo empregado (greve) ou pelo empregador (lockout). Claro que há abuso dessas paralisações, porque decorrem de violência ou perturbação da ordem (art. 200, CP).

Alternativa "a". Comete o crime de **aliciamento de trabalhadores de um local para outro do território** nacional aquele que contrata trabalhadores de localidade diversa daquela onde será executado o trabalho e não assegura condições de seu retorno ao local de origem (art. 207, CP).

Alternativa "b". No crime do art. 201, CP, a paralisação deve ter como objeto obra pública, como uma estrada federal, ou serviço de interesse coletivo, como a saúde. No caso de estádio de futebol, haveria o crime somente se o estádio fosse público, já que não se vislumbra violação ao interesse coletivo no sentido de que a norma penal visa tutelar.

Alternativa "c". Para a consumação do crime de sabotagem agrícola (art. 202, CP), basta que haja a invasão ou ocupação do estabelecimento agrícola com o intuito de impedir ou embaraçar o curso normal do trabalho, ou com o mesmo fim danificar o estabelecimento ou as coisas nele existentes ou delas dispor. Trata-se de crime **formal**, não se exigindo o resultado naturalístico.

Alternativa "e". O crime de aliciamento para o fim de emigração exige que haja pelo menos dois trabalhos aliciados, pois o tipo penal fala em "**trabalhadores**".

2.5. DOS CRIMES CONTRA O SENTIMENTO RELIGIOSO E CONTRA O RESPEITO AOS MORTOS

177. (Cespe – Cartório – TJ – DF/2014) Acerca dos crimes contra o patrimônio, de tráfico de drogas, contra a dignidade sexual, contra o sentimento religioso e contra o respeito aos mortos, bem como acerca dos delitos previstos no Estatuto da Criança e do Adolescente (ECA), assinale a opção correta.

a) O indivíduo que mantiver relações sexuais com prostituta, prometendo-lhe, dolosa e enganosamente, pagá-la após a prática do ato, e não cumprir com o pactuado, poderá ser responsabilizado pelo crime de estelionato.

b) Constitui fato atípico a subtração de cinzas e ossos humanos de uma sepultura.

c) A venda de bebida alcoólica a pessoa menor de dezoito anos constitui crime previsto no ECA.

d) Segundo o entendimento do STJ e do STF, a captação irregular de sinal de TV a cabo não configura delito de furto de energia de valor econômico.

e) Réu condenado pelo crime de tráfico ilícito de drogas, reincidente em razão de condenação anterior transitada em julgado pelo crime de furto, deve cumprir dois quintos da pena para que possa progredir de regime.

COMENTÁRIOS

Alternativa correta: letra "b". Não há crime de furto, pois os ossos e as cinzas não têm valor patrimonial. Não é crime de vilipêndio ao cadáver, porque a simples subtração pode não significar desrespeito ao cadáver.

Alternativa "a". No crime de estelionato, a indevida vantagem é **patrimonial**. Vantagem de ordem sexual não configura esse crime.

Alternativa "c". O objeto material do art. 243, ECA, são **componentes que possam causar dependência física ou psíquica**, lícitas e ilícitas. Segundo o STJ, não está incluído nesse tipo penal o álcool, porque o próprio ECA, em seu art. 81, II e III, o distingue de outras substâncias que causam dependência. Assim, a venda de bebida alcoólica é contravenção penal (art. 63, I, LCP).

Alternativa "d". O STF e o STJ firmaram entendimento no sentido de que a subtração de sinais de TV a cabo, porque é considerada bem móvel e tem valor patrimonial, sendo equiparado energia elétrica (art. 155, § 3º, CP).

Alternativa "e". A progressão de regime, no caso dos condenados aos crimes previstos neste artigo, dar-se-á após o cumprimento de 2/5 (dois quintos) da pena, se o apenado for primário, **e de 3/5 (três quintos), se reincidente** (art. 2º, § 2º, Lei nº 8.072/90).

2.6. DOS CRIMES CONTRA A DIGNIDADE SEXUAL

178. (Cespe – Defensor Público – RN/2015) José, com trinta anos de idade, manteve, entre 2013 e 2015, relacionamento amoroso com uma menor que atualmente tem treze anos de idade. Nesse período, constantemente, José, praticava com ela conjunção carnal e outros atos libidinosos diversos. A mãe da menor descobriu o caso e denunciou José à polícia. A menor, em seu depoimento, afirmou que sempre consentiu com o namoro e com os atos sexuais praticados e que, da mesma forma, já havia namorado outros rapazes antes de José.

Acerca dessa situação hipotética, assinale a opção correta à luz da jurisprudência dominante, atualmente, no STF e no STJ.

a) A prévia existência de relacionamento amoroso e duradouro entre a menor e José extingue a punibilidade do agente por crime de estupro de vulnerável.

b) José praticou crime de estupro de vulnerável e atentado violento ao pudor em continuidade delitiva.

c) José praticou crime de estupro de vulnerável, ainda que a adolescente tenha consentido em manter com ele relações sexuais.

d) A ausência de representação formulada pela menor ou por sua mãe impede que José seja processado pelos fatos ocorridos.

e) A anterior experiência sexual da vítima afasta sua vulnerabilidade, de forma que José deve responder apenas por corrupção de menor.

COMENTÁRIOS

Alternativa correta: letra "c". O crime de estupro de vulnerável tutela o sadio desenvolvimento da sexualidade do menor de 14 anos de idade. Por isso, o seu consentimento não afasta a tipicidade da conduta do agente.

Alternativa "a". Não há entre as causas de extinção de punibilidade a prévia anuência da vítima de estupro de vulnerável às relações sexuais a que foi submetida.

Alternativa "b". Com as reformas do CP, houve unificação em um único tipo penal dos crimes de estupro e atendado violento ao pudor. Seja conjunção carnal, seja ato libidinoso diverso desse, haverá crime de estupro.

Alternativa "d". Nos crimes contra a dignidade sexual, sendo a vítima menor de dezoito anos, a ação penal é pública incondicionada, sem necessidade de prévia representação da vítima ou de seu representante legal

Alternativa "e". A presunção de vulnerabilidade do menor de quatorze anos no crime de estupro é absoluta. Não se afasta tal presunção em decorrência de anterior experiência da vítima.

179. (Cespe – Analista Judiciário – Área Judiciária – TJ – CE/2014) Com relação ao excesso punível, aos crimes contra a dignidade sexual, aos crimes contra o sentimento religioso e o respeito aos mortos, aos crimes contra a família e aos crimes contra a administração pública, assinale a opção correta.

a) No crime de bigamia, a data do fato constitui o termo inicial do prazo prescricional.

b) Comete o crime de concussão o empregado de empresa pública que, utilizando-se de grave ameaça, exige para si vantagem econômica.

c) Ao contrário do que ocorria com a Parte Geral do Código Penal de 1940, o Código Penal atual não prevê, expressamente, a aplicabilidade das regras de excesso punível às quatro causas de exclusão de ilicitude.

d) No estupro de vulnerável, a presunção de violência é absoluta, segundo a jurisprudência do STJ, sendo irrelevante a aquiescência do menor ou mesmo o fato de já ter mantido relações sexuais anteriormente.

e) As cinzas humanas não podem ser objeto material do crime de vilipêndio a cadáver.

COMENTÁRIOS

Alternativa correta: letra "d". Antes das reformas do CP, havia a chamada presunção de violência, que era relativa. Com as reformas, como se tutela a dignidade sexual, entendida como a preservação desse atributo da personalidade, que deve se desenvolver de maneira sadia, a presunção de violência contra o vulnerável é absoluta (art. 217-A, CP).

Alternativa "a". No crime de bigamia, a prescrição passa a correr da data em que o fato se tornou conhecido (art. 111, IV, CP).

Alternativa "b". Só haverá concussão (art. 316, CP), se a vantagem econômica exigida for **indevida**.

Alternativa "c". A punição ao excesso punível, doloso ou culposo, é previsto no art. 23, parágrafo único, CP.

Alternativa "d". O crime de vilipêndio ao cadáver tem como objeto material o **cadáver** ou **suas cinzas.**

180. (Cespe – Promotor de Justiça – AC/2014) No que concerne aos crimes contra a dignidade sexual, assinale a opção correta.

a) Atualmente, considera-se fato atípico a conduta do agente que mantenha estabelecimento em que haja exploração sexual, sem intuito de lucro específico com essa atividade.

b) Para a caracterização do delito de corrupção de menores previsto no CP, é essencial que o agente induza menor de catorze anos de idade a satisfazer a lascívia de outrem, com o intuito de obter vantagem indevida.

c) Pratica o crime de assédio sexual o agente que constranja superior hierárquico com o intuito de obter vantagem sexual.

d) Aos crimes de estupro de vulnerável praticados após a entrada em vigor da Lei nº 12.015/2009, por meio da qual se eliminou a antiga denominação de presunção de inocência, não se aplica a causa de aumento de metade da pena, prevista na Lei dos Crimes Hediondos.

e) Em regra, os crimes contra a liberdade sexual são julgados mediante ação penal pública incondicionada.

COMENTÁRIOS

✪ **Nota do autor:** essa questão foi anulada pela comissão organizadora.

Alternativa "a". A Lei nº 12.015/2009 deu nova redação ao crime de **casa de prostituição:** Manter, por conta própria ou de terceiro, estabelecimento em que ocorra exploração sexual, **haja, ou não, intuito de lucro** ou mediação direta do proprietário ou gerente (art. 229, CP).

Alternativa "b". No crime de corrupção de menores do art. 218, CP, não é necessário que o agente vise obter lucro, pois há a tutela da dignidade sexual do menor de quatorze anos.

Alternativa "c". Na verdade, no crime de assédio sexual (art. 216-A, CP), o constrangimento é cometido pelo superior hierárquico contra o subordinado.

Alternativa "d". De fato, antes a Lei nº 8.072/90, previa que, em crimes hediondos, se houvesse a chamada presunção de violência do art. 224, CP. Como houve revogação deste artigo pela Lei nº 12.015/2009, não há mais que se falar nessa causa de aumento de pena.

Alternativa "e". Em regra, os crimes contra a liberdade sexual são julgados mediante ação penal pública **condicionada à representação**.

181. (Cespe – Analista Judiciário – Área Judiciária – STF/2013) Julgue os itens subsecutivos, a respeito dos crimes previstos na Parte Especial do Código Penal.

Considere que Armando, penalmente imputável, no dia 25/3/2013, mediante grave ameaça, tenha constrangido Maria, de dezesseis anos de idade, à prática de conjunção carnal e ato libidinoso diverso, no mesmo cenário fático. Nessa situação, Armando responderá por dois delitos – estupro e atentado violento ao pudor – em concurso material, devendo ser condenado a pena equivalente à soma das sanções previstas para cada um desses crimes.

COMENTÁRIOS

Errado: por meio da Lei nº 12.015/2009, os crimes de estupro e atentado violento ao pudor se unificaram em um único tipo penal, qual seja o art. 213, CP. Assim, qualquer que seja o ato libidinoso, o crime é **estupro**. Como houve duas condutas, mas no mesmo contexto fático, o agente deve responder por estupro em **continuidade delitiva** (art. 71. CP).

182. (Cespe – Defensor Público – RR/2013) Assinale a opção correta com relação aos crimes contra a dignidade sexual.

a) Para a consumação do crime de tráfico internacional de pessoa para fim de exploração sexual, é indispensável que a pessoa que ingressar ou sair do território nacional venha a exercer, efetivamente, a prostituição ou seja submetida a outra forma de exploração sexual.

b) Incidirá majorante no quantum da pena referente à prática de crime contra a dignidade sexual de que resulte gravidez ou transmissão à vítima, com dolo direto ou eventual, de doença sexualmente transmissível de que o agente saiba ser portador.

c) O delito consistente em manter, por conta própria ou de terceiro, estabelecimento para que nele ocorra exploração sexual possui como elemento constitutivo do tipo a habitualidade da conduta e o objetivo do lucro, sob pena de atipicidade da conduta.

d) De acordo com a doutrina, o preceito contido no CP em relação ao assédio sexual contempla a conduta perpetrada por líder religioso que, aproveitando-se do exercício de seu ministério, assedia sexualmente uma fiel seguidora.

e) Considere a seguinte situação hipotética. Pedro, maior de idade, capaz, promoveu o deslocamento, no território nacional, de diversas pessoas, maiores e capazes, de ambos os sexos, com o consentimento expresso delas, fornecendo-lhes transporte e alojamento, para elas acompanharem eventos esportivos e exercerem a prostituição. Pedro obteve vantagem econômica em razão do agenciamento dessas atividades. Nessa situação hipotética, o assentimento das vítimas afasta o delito de tráfico interno de pessoas para fim de prostituição.

COMENTÁRIOS

Alternativa correta: letra "b". No art. 234-A, CP, há duas causas de aumento de pena no caso de **gravidez** e **transmissão de doença sexualmente transmissível**, já que geram consequências mais graves à vítima do que o ordinário.

Alternativa "a". O crime de tráfico internacional de pessoa para fim de exploração sexual se consuma no momento em que o agente **promove ou facilita** a entrada da pessoa no território nacional para fins de prostituição ou outra forma de exploração sexual, mesmo que não haja a efetiva prostituição ou exploração sexual.

Alternativa "c". O crime de casa de prostituição é **habitual**, logo exige a reiteração de condutas pelo autor do crime. Mas, incide no art. 229 o agente que **vise ou não o lucro** com a exploração sexual.

Alternativa "d". No crime de assédio sexual (art. 216-A, CP), o sujeito ativo do crime se vale da sua condição de superior hierárquico ou ascendência inerentes ao exercício de **emprego, cargo ou função**. Assim, em nome da reserva legal, não incide no crime se a ascendência for religiosa.

Alternativa "e". No crime de tráfico interno de pessoas para fim de prostituição, **é irrelevante** a vontade da vítima. Basta que o sujeito ativo do crime **promova** ou **facilite** o deslocamento de alguém dentro do território nacional para o exercício da prostituição ou outra forma de exploração sexual.

183. (Cespe – Defensor Público – TO/2013) Augusto levou sua filha, Ana, de treze anos de idade, a uma boate cuja entrada era permitida apenas para pessoas maiores de dezoito anos de idade, para que a menina se encontrasse com amigas que comemoravam o aniversário de uma delas. O segurança da boate não pediu documento de identificação à menina, que aparentava ser maior de idade. Após consumir algumas doses de tequila, Ana começou a flertar com Otávio, de vinte e oito anos de idade, e disse ao rapaz que tinha dezesseis anos de idade. Após breve conversa, Otávio convidou a adolescente a ir com ele a um motel. Lisonjeada, porém indecisa, Ana perguntou a opinião de suas amigas, que foram unânimes em incentivá-la a aceitar o convite, pois conheciam muito bem Otávio. Na manhã seguinte, após ter relações sexuais consentidas com Otávio, com quem perdera a virgindade, Ana retornou, sozinha, para casa. Desconfiado do que a filha poderia ter feito na noite anterior, Augusto começou a interrogá-la, e ela, por medo, afirmou ter sido obrigada a manter relações sexuais com Otávio. Ato contínuo, Augusto levou a filha até a delegacia de polícia, onde registrou ocorrência policial contra Otávio.

Com base nos fatos narrados na situação hipotética acima apresentada, assinale a opção correta.

a) O crime de estupro de vulnerável impõe, em caráter absoluto, um dever geral de abstenção da conduta de manter conjunção carnal ou qualquer ato libidinoso com pessoa menor de quatorze anos de idade, podendo, entretanto, ser reconhecido o erro de tipo da parte de Otávio, o que engendraria a atipicidade de sua conduta.

b) Caso Otávio seja absolvido da acusação, ficará configurado o crime de denunciação caluniosa cometido por Augusto.

c) As amigas de Ana figuram como partícipes do crime do qual Otávio é acusado, pois incentivaram a vítima, menor de idade, a ir ao motel com pessoa maior de idade.

d) Em razão de ter levado a filha a local exclusivo para pessoas maiores de dezoito anos de idade e de nada ter feito para impedir o fato, pode ser imputado a Augusto o crime de estupro de vulnerável praticado por omissão imprópria, visto que, na qualidade de pai e, portanto, de agente garantidor, deveria impedir a ocorrência do resultado.

e) Otávio praticou o crime de corrupção sexual de menores, dado o consentimento das relações sexuais, figurando o segurança da boate como partícipe do referido delito, na medida em que sua negligência no trabalho foi determinante para a ocorrência do resultado.

COMENTÁRIOS

✪ **Nota do autor:** uma das mais importantes inovações da Lei nº 12.015/2009 foi a introdução do art. 217-A, CP, que trata do estupro de vulnerável, em que a presunção de violência contra os chamados vulneráveis é absoluta.

Alternativa correta: letra "a". No art. 217-A, CP, o **consentimento da vítima é irrelevante** para a ocorrência do crime de estupro de vulnerável. Daí, porque se fala em dever de abstenção de manter relação sexual com pessoas menores de quatorze anos. Agora, se o autor agiu em erro, no caso em que diante das circunstâncias concretas, como a fisionomia do ofendido e a declaração dela de que é maior de quatorze anos, afasta-se a tipicidade da conduta por conta de **erro de tipo**.

Alternativa "b". Augusto tinha sérias suspeitas de que Otávio havia cometido estupro contra a sua filha, porque esta lhe disse que havia sido obrigada a manter relações sexuais. Assim, não se vislumbra o dolo de instaurar investigação penal contra pessoa que sabia inocente, conforme exige o art. 339, CP.

Alternativa "c". Também não se observa o dolo por parte das amigas da vítima de auxiliar Otávio a praticar o crime de estupro. Visavam o que entendiam ser o melhor para a amiga, pois confiavam em Otávio.

Alternativa "d". No crime de omissão imprópria praticado pelo garantidor, este responde apenas se devia e podia agir (art. 13, CP). No caso, Augusto não podia evitar e nem sequer previu que sua filha fosse manter relação sexual com uma pessoa doze anos mais velho.

Alternativa "e". Para que fosse configurado o crime de corrupção de menores, Otávio iria induzi-la a satisfazer a lasciva de terceira pessoa (art. 218, CP). No caso, ele próprio manteve a relação sexual com a adolescente. De qualquer forma, o segurança da boate não responde pelo crime, já que não tem qualquer intenção de auxiliar Otávio na prática do ato sexual.

---

184. (Cespe – Delegado de Polícia – AL/ 2012) Acerca dos crimes em espécie, julgue os itens seguintes.

Nos crimes contra a dignidade sexual, a vulnerabilidade da menor de 14 anos de idade é considerada relativa diante de seu consentimento para a prática sexual, devendo, no caso concreto, ser considerado o comportamento sexual da vítima, sua vida social e o grau de conscientização da menor.

COMENTÁRIOS

Errado. Antes da Lei nº 12.015/2009, a prática de ato sexual contra menor de quatorze anos gerava presunção relativa de violência, o que poderia afastar a tipicidade do fato diante de certas circunstâncias concretas, em que se concluía que a vítima já tinha experiência sexual a ponto de afastar a presunção de violência. Com as reformas, não mais se questiona sobre a experiência sexual da vítima, caracterizado o crime do art. 217-A, CP, **independentemente da vontade da vítima vulnerável**.

---

185. (Cespe – Defensor Público – ES/ 2012) Com relação aos crimes contra a pessoa, contra o patrimônio e contra a dignidade sexual, julgue os itens que se seguem.

Considere que Silas, maior, capaz, motorista de caminhão, tenha praticado conjunção carnal com Lúcia, de dezessete anos de idade, após tê-la conhecido em uma boate às margens da rodovia, conhecido ponto de prostituição. Nessa situação hipotética, o erro em relação à menoridade da vítima elide o dolo e afasta a tipicidade, e, caso Silas tenha atuado na dúvida, resta caracterizado o delito de exploração sexual de vulnerável.

COMENTÁRIOS

Certo. Como Lúcia tinha dezessete anos, não é considerada vulnerável nos termos do art. 217-A, CP. Logo, como estava em situação de prostituição, a conduta de Silas pode incidir no art. 218-B, CP (Favorecimento da prostituição ou de outra forma de exploração sexual de criança ou adolescente ou de vulnerável), caso ele tenha **agido com dolo**. Se tinha dúvida quanto à idade, pode ser configurado o **dolo eventual**, respondendo pelo crime do art. 218-B, CP.

2.7. DOS CRIMES CONTRA A FAMÍLIA

2.7.1. DOS CRIMES CONTRA A INCOLUMIDADE PÚBLICA

186. (Cespe – Juiz Federal Substituto 1ª região/2013) Assinale a opção correta no que diz respeito aos crimes tipificados no CP e na legislação penal extravagante e à responsabilidade penal acessória.

a) Qualquer infração penal, independentemente de sua natureza formal ou material, pode ser admitida como antecedente do crime de lavagem ou ocultação de bens, direitos e valores.

b) O crime de evasão de divisas somente se aperfeiçoa com a saída dos recursos do território nacional, ou seja, com a efetiva transposição física dos recursos das fronteiras do país.

c) A fabricação de substância explosiva constitui crime contra a incolumidade pública, tipificado no CP; a fabricação de engenho ou artefato explosivo é crime previsto na lei que trata do registro, posse e comercialização de armas de fogo e munição; se o artefato ou engenho explosivo for mina terrestre antipessoal, a conduta constitui crime previsto em lei específica.

d) Abandonar produto ou substância nuclear ou radioativa ou utilizá-los em desacordo com normas ambientais ou de segurança é crime previsto em lei especial, no contexto da exploração e utilização de energia nuclear, conhecido sob a denominação de inobservância de segurança e proteção, sendo a pena a ele cominada superior à prevista para o delito semelhante tipificado na lei que trata dos crimes ambientais.

e) Em tese, é possível a atribuição de responsabilidade penal acessória em crime de supressão ou redução de tributo a quem não seja sujeito passivo da obrigação tributária, sendo inexigível a demonstração de cumprimento da condição objetiva de punibilidade em relação ao partícipe, qual seja, o lançamento definitivo do tributo, uma vez que este não é obrigado a realizar seu pagamento.

COMENTÁRIOS

Alternativa correta: letra "c". A fabricação de substância explosiva constitui crime contra a incolumidade pública, tipificado no art. 253, do CP, desde que feita sem licença da autoridade, porque se trata substância capaz de produzir explosão; fabricação de engenho ou artefato explosivo é crime previsto no art. 16, III, da Lei nº 10.826/2003; se o artefato ou engenho explosivo for mina terrestre antipessoal, a conduta constitui crime previsto na Lei nº 10.300/2001.

Alternativa "a". A partir da Lei nº 12.683/2012, qualquer infração penal pode ser antecedente ao crime de lavagem de dinheiro. No entanto, essa infração anterior deve ser material, porque, na lavagem de dinheiro, deve ocultar ou dissimular a origem de **bens, direitos ou valores provenientes, direta ou indiretamente, de infração penal**. Há assim o resultado material anterior exigido.

Alternativa "b". No crime de evasão de divisas (art. 22 da Lei nº 7.492/86), a saída dos valores (ao exterior) constitui mero exaurimento do fato. O crime em comento tem **natureza formal,** ou seja, **independe da efetiva remessa ao exterior**, e, por conseguinte, de qualquer prejuízo causado à política cambial brasileira.

Alternativa "d". A Lei nº 6.453/77 cuida da responsabilidade civil por danos nucleares e da responsabilidade criminal por atos relacionados com atividades nucleares e dá outras providências. Mas o abandono de produto nuclear é crime previsto na Lei de Crimes Ambientais, conforme dispõe o art. 56, § 1º, I, da Lei nº 9.605/98, sendo que, por ser produto nuclear, há causa de aumento de pena (art. 56, § 2º, da Lei nº 9.605/98)

Alternativa "e". É possível a responsabilidade penal do partícipe em crimes contra a ordem tributária. Mas, também, em relação ao partícipe, é imprescindível a constituição do crédito tributário, por meio do lançamento, pois se trata de crime material.

2.8. DOS CRIMES CONTRA A PAZ PÚBLICA

187. (Cespe – Delegado de Polícia – PE/2016) O CP, em seu art. 14, assevera que o crime estará consumado quando o fato reunir todos os elementos da definição legal. Para tanto, necessária será a realização de um juízo de subsunção do fato à lei. Acerca do amoldamento dos fatos aos tipos penais, assinale a opção correta.

a) A conduta de constituir, organizar, integrar, manter ou custear organização paramilitar, milícia particular, grupo ou esquadrão com a finalidade de praticar qualquer dos crimes previstos no CP configura crime contra a paz pública, sendo considerada como crime vago, uma vez que o sujeito passivo é a coletividade.

b) A doutrina e a jurisprudência são unânimes ao afirmar que configura crime de desacato quando um tenente da polícia militar, no exercício de sua função, ofende verbalmente, em razão da função exercida, um de seus subordinados.

c) Amolda-se no tipo legal de calúnia, previsto nos crimes contra a honra, a conduta de instaurar investigação policial contra alguém, imputando-lhe crime de que se sabe ser inocente.

d) Constituem crime de corrupção ativa, praticado por particular contra a administração geral, as condutas de dar, oferecer ou prometer dinheiro ou qualquer outra vantagem a testemunha, perito, contador, tradutor ou intérprete, para fazer afirmação falsa, negar ou calar a verdade em depoimento, perícia, cálculos, tradução ou interpretação.

e) A fraude processual será atípica, se a inovação artificiosa do estado de coisa, de pessoa ou de lugar, com o fim de induzir a erro o juiz, ocorrer antes de iniciado o processo penal.

COMENTÁRIOS

Alternativa correta: letra "a". O crime de milícia privada foi introduzido no CP (art. 288-A) pela Lei nº 12.720/2012). Referido crime é classificado como vago, porque se tutela a coletividade, cuja paz está ameaçada por grupos dessa natureza que cobram por serviços, de segurança a TV à cabo, impondo pavor à comunidade.

Alternativa "b". O crime de desacato é crime cometido por particular contra o funcionário público. Assim, parte da doutrina defende que não há desacato, se a ofensa for cometida por funcionário público contra funcionário público.

Alternativa "c". Amolda-se no tipo legal de denunciação caluniosa (art. 339, CP), previsto nos crimes contra a Administração da Justiça, a conduta de instaurar investigação policial contra alguém, imputando-lhe crime de que se sabe ser inocente. Houve a indevida movimentação dos aparelhos do Estado em por isso, se trata de crime contra a Administração.

Alternativa "d". Constituem crime de corrupção de testemunha e outros (art. 343, CP) praticado por particular contra a administração geral, as condutas de dar, oferecer ou prometer dinheiro ou qualquer outra vantagem a testemunha, perito, contador, tradutor ou intérprete, para fazer afirmação falsa, negar ou calar a verdade em depoimento, perícia, cálculos, tradução ou interpretação.

Alternativa "e". A fraude processual será **típica**, se a inovação artificiosa do estado de coisa, de pessoa ou de lugar, com o fim de induzir a erro o juiz, ocorrer ainda que antes de iniciado o processo penal. Mas, se for processo civil ou administrativo, a fraude deve ocorrer, enquanto no decorrer destes (art. 347, CP).

---

188. (Cespe – Promotor de Justiça – AC/2014) Quatro indivíduos associaram-se com o fim de captar irregularmente sinal de TV a cabo, fornecendo-o a moradores da comunidade mediante retribuição financeira mensal, e, para tanto, constrangeram, mediante grave ameaça com o uso de arma, os comerciantes locais ao pagamento de valores e à permissão da utilização dos estabelecimentos para as atividades do grupo.

A respeito dessa situação hipotética, assinale a opção correta.

a) A condenação do grupo pelos crimes de quadrilha armada e de extorsão majorada pelo emprego de arma e concurso de agentes caracterizaria *bis in idem*, conforme entendimento do STJ.

b) Configura-se, nessa situação, crime de extorsão, consumado com a exigência de vantagem indevida, mediante o uso de violência ou grave ameaça, ainda que as vítimas não se tenham submetido à vontade do criminoso.

c) Segundo o entendimento do STJ, a captação irregular de sinal de TV a cabo é fato atípico, não podendo, portanto, a prática do referido grupo ser equiparada à de furto de energia elétrica prevista no CP.

d) Considerando-se que o ânimo associativo depende do entendimento do caráter ilícito do fato, é correto afirmar que, se um dos integrantes do grupo for adolescente de dezesseis anos de idade, não ficará configurado o crime de quadrilha ou bando.

e) Nesse caso, configura-se crime de quadrilha ou bando, classificado como plurissubjetivo de condutas paralelas de mais de três pessoas que se auxiliam mutuamente em busca de um resultado comum.

COMENTÁRIOS

✪ **Nota do autor:** essa questão foi anulada pela comissão organizadora.

Alternativa "a". De acordo com a jurisprudência dos Tribunais Superiores, não se tem *bis in idem*, porque os tipos penais são **autônomos** e tutelam **objetos jurídicos distintos**, quais sejam, a extorsão (crime contra o patrimônio) e associação criminosa (paz pública). De qualquer forma, entendemos que, no caso, não se trata de crime de quadrilha ou banda, mas de **constituição de milícia privada.**

Alternativa "b". Há crimes de extorsão contra cada um dos comerciantes dos quais foram exigidos indevida vantagem econômica. O crime de extorsão é **formal**, sendo indiferente que os agentes obtenham a indevida vantagem econômica.

Alternativa "c". Nos termos de posicionamento pacificado de nossos Tribunais Superiores, o sinal de TV a cabo é equiparado a energia elétrica, pois é uma forma de energia transmitida por cabo e que tem valor econômico. Assim, há o crime do art. 155, § 3º, CP).

Alternativa "d". No caso, há crime de **constituição de milícia privada**, não de formação de quadrilha. Mesmo assim, em um e outro, a participação de inimputáveis na prática de ilícitos não desnatura a ocorrência do crime.

Alternativa "e". No caso, há crime de **constituição de milícia privada**, não de formação de quadrilha, porque há uma organização que atua em determinado espaço em paralelo ao Estado.

189. (Cespe – Procurador do Estado – BA/2014) Julgue os itens que se seguem, referentes aos diversos tipos penais.

Considere a seguinte situação hipotética.

A associação, de três ou mais pessoas, para o fim específico de cometer crimes, configura quadrilha ou bando, devendo a pena imposta ao condenado com base nesse tipo penal ser aumentada até a metade quando tomarem parte da associação criança, adolescente, idoso ou pessoas com deficiência.

COMENTÁRIOS

✪ **Nota do autor:** o crime de quadrilha teve nova configuração com a edição da Lei nº 12.850/2013 e passou a ser denominado **associação criminosa** (art. 288, CP).

Errado. O crime de associação criminosa ocorre da associação de **três ou mais pessoas**, para o fim específico de cometer crimes. A pena aumenta-se até a metade se a associação é armada ou se houver a participação de **criança ou adolescente** (art. 288, parágrafo único, CP), dada a condição de vulnerabilidade dessas pessoas nesse estágio de desenvolvimento.

2.9. DOS CRIMES CONTRA A FÉ PÚBLICA

190. (Cespe – Procurador do MP junto ao TCE-PB/2014) A respeito de crimes contra a paz, a fé e a administração públicas, assinale a opção correta conforme o CP.

a) O agente que faz uso de selo público destinado a autenticar atos oficiais de Estado sujeita-se à pena de reclusão de dois a quatro anos e multa.

b) No caso da prática de peculato culposo, se reparar o dano que causou à administração pública após ser sentenciado, o agente poderá beneficiar-se da extinção da punibilidade, caso ainda não tenha ocorrido o trânsito em julgado da sentença condenatória.

c) Causar incêndio, expondo a vida, a integridade física ou o patrimônio de outrem só é punível na modalidade dolosa.

d) A prática de constituir, organizar ou manter milícia particular sujeita o agente à pena de reclusão de três a oito anos e multa.

e) A prática de falsificar papel de crédito público que não tenha curso legal sujeita o agente à pena de reclusão de dois a oito anos e multa.

COMENTÁRIOS

Alternativa correta: letra "e". Trata-se de crime de falsificação de papéis públicos, conforme estabelece o art. 293, II, CP, cuja pena é de reclusão, de dois a oito anos e multa.

Alternativa "a". Trata-se de crime de falsificação de selo ou sinais públicos, conforme estabelece o art. 296, I, CP, cuja pena é de reclusão, de dois a seis anos e multa.

Alternativa "b". No crime de peculato culposo, a reparação do dano, **se precede à sentença irrecorrível, extingue a punibilidade**; **se lhe é posterior, reduz de metade a pena imposta.**

Alternativa "c". O crime de incêndio é punido tanto na modalidade **dolosa** (art. 250, *caput*, CP), como na **culposa** (art. 250, § 2º, CP).

Alternativa "d". Trata-se de crime de **constituição de milícia privada**, conforme estabelece o art. 288-A, CP, cuja pena é de reclusão, de quatro a oito anos e multa.

191. (Cespe – Procurador do MP junto ao TCE-PB/2014) Acerca das espécies, da cominação e da aplicação das penas, assinale a opção correta segundo o CP.

a) O condenado por crime contra a administração pública terá a progressão do regime de cumprimento de pena condicionada à reparação do dano que causou ou à devolução do produto do crime praticado, contudo, sem os acréscimos legais.

b) As penas restritivas de direito são autônomas e podem substituir as penas privativas de liberdade quando, no caso concreto, a pena de reclusão for de, no máximo, oito anos e o crime não tiver sido cometido com violência ou grave ameaça à pessoa.

c) A prestação de serviços à comunidade ou a entidades públicas, que consiste na atribuição, ao condenado, de tarefas gratuitas, é aplicável às condenações superiores a seis meses de privação de liberdade.

d) A limitação de fim de semana consiste na obrigação do condenado de permanecer, aos sábados e aos domingos, por seis horas diárias e contínuas, em casa de albergado ou outro estabelecimento adequado.

e) A pena de reclusão deverá ser cumprida em regime fechado ou semiaberto, sempre em estabelecimento de segurança máxima ou média.

COMENTÁRIOS

Alternativa correta: letra "c". Trata-se de crime de falsificação de papéis públicos, conforme estabelece o art. 293, II, CP, cuja pena é de reclusão, de dois a oito anos e multa.

Alternativa "a". Trata-se de crime de falsificação de selo ou sinais públicos, conforme estabelece o art. 296, I, CP, cuja pena é de reclusão, de dois a seis anos e multa.

Alternativa "b". No crime de peculato culposo, a reparação do dano, **se precede à sentença irrecorrível, extingue a punibilidade**; **se lhe é posterior, reduz de metade a pena imposta**.

Alternativa "d". Trata-se de crime de **constituição de milícia privada**, conforme estabelece o art. 288-A, CP, cuja pena é de reclusão, de quatro a oito anos e multa.

Alternativa "e". A pena de reclusão pode ser cumprida em regime **aberto** (cumprimento da pena em casa de albergado ou estabelecimento adequado), **semiaberto** (cumprimento da pena em colônia agrícola, industrial ou estabelecimento similar) e **fechado** (cumprimento da pena em estabelecimento de segurança máxima ou média).

---

192. (Cespe – Cartório – TJ – DF/2014) Em relação aos crimes contra a fé pública, assinale a opção correta.

a) Funcionário de cartório de notas que reconhecer como verdadeira, em documento particular, firma que não o seja, comete o crime de falsificação de documento público.

b) Médico da rede pública que emite atestado médico com conteúdo falso, com o intuito de habilitar paciente seu para o exercício de cargo público, incorre na prática do crime de atestado ideologicamente falso.

c) Considere que determinado empregado de empresa pública tenha falsificado sua própria carteira nacional de habilitação com a finalidade de comprovar sua capacidade legal para a condução de motocicleta. Nessa situação, o referido empregado pratica o crime de falsificação de documento público, devendo a pena prevista ser aumentada em razão da função pública ostentada.

d) De acordo com a jurisprudência do STJ, não configura crime de falsificação de documento público a alteração de fotocópia autenticada de documento, visto que o conceito de documento público está restrito à sua versão original.

e) Aquele que declara em cartório nascimento inexistente comete o crime de falsidade ideológica.

COMENTÁRIOS

✪ **Nota do autor:** há conflito aparente de normas entre o art. 299 e o art. 302, ambos do CP, mas a questão se resolve pelo princípio da **especialidade.**

Alternativa correta: letra "b". Trata-se de crime de **falsidade de atestado médico**, previsto no art. 302, CP. Há falsidade ideológica, porque o autor do documento tinha atribuição para confeccioná-lo e os fatos representados pelo documento não condizem com a realidade. Incide o art. 302, CP, porque o sujeito ativo era **médico no exercício de sua atividade** e o objeto material era um atestado.

Alternativa "a". Em verdade, o crime cometido é o de falso reconhecimento de firma, previsto o art. 300, CP, também, especial em relação ao crime de falsidade de documento particular (art. 298, CP), já que o autor do falso foi funcionário de cartório e a conduta recaiu sobre reconhecimento de firma.

Alternativa "c". O crime cometido é o de falsidade material de documento público, porque houve adulteração de uma CNH. Ocorre, porém, que o agente não se valeu de sua condição de funcionário público para realizar o falso, que nada tem a ver com suas funções públicas, como no caso de um funcionário do DETRAN a falsificar documento de um carro.

Alternativa "d". De acordo com o STJ, o documento público goza de presunção de veracidade e, por isso, **mesmo que a cópia não seja autenticada**, é possível que haja o crime de falsidade documental (STJ – Resp nº 260562/RS).

Alternativa "e". Trata-se de crime específico previsto no art. 241 do CP, que afasta a regra geral do art. 299, CP.

---

193. (Cespe – Cartório – TJ – DF/2014) Com intenção de praticar um crime de estelionato contra uma instituição financeira, Helena entregou para Agnaldo uma folha de papel em branco com sua assinatura para que este lavrasse uma simples declaração. No entanto, ao preencher a folha em branco, Agnaldo lavrou uma procuração e a levou ao Cartório do 1.º Ofício de Notas, Registro civil e Protestos do DF para reconhecimento de firma. Muito atarefado, Caio, tabelião substituto, esqueceu-se de conferir se Helena possuía cartão de autógrafos na serventia e reconheceu sua firma, sem a presença da subscritora do documento, e sem que constasse naquele estabelecimento o respectivo cartão de autógrafos.

Considerando-se que até o momento a procuração não tenha sido utilizada por Agnaldo, é correto afirmar que

a) Helena e Caio não praticaram qualquer crime, porém, Agnaldo perpetrou o crime de falsificação de documento particular.

b) Helena e Caio não praticaram qualquer crime, porém, Agnaldo perpetrou o delito de falsidade ideológica.

c) Helena praticou crime de tentativa de estelionato; Agnaldo, de falsidade de documento particular; e Caio, de falso reconhecimento de firma.

d) Helena não praticou crime; Agnaldo praticou falsidade ideológica; e Caio cometeu o delito de falso reconhecimento de firma.

e) Helena não praticou crime; Agnaldo praticou falsificação de documento particular; e Caio cometeu o delito de falso reconhecimento de firma.

COMENTÁRIOS

Alternativa correta: letra "b". Helena não praticou o crime de estelionato, porque sua conduta foi mero **ato preparatório**, consistente em assinar a folha em branco, sequer iniciou o ardil contra o banco. Caio não praticou falso reconhecimento de firma, porque sua conduta foi meramente **culposa**, houve desídia a refletir meramente na esfera administrativa. Agnaldo praticou crime de falsidade ideológica, porque tinha **atribuição** para expor a vontade de Helena no documento, mas **distorceu completamente a vontade** desta, que queria fazer apenas uma declaração, não uma procuração.

Alternativa "a". A falsidade praticada por Agnaldo não foi meramente material, mas sim formal.

Alternativas "c", "d" e "e". As condutas de Helena e Caio são atípicas e a de Agnaldo configura crime de falsidade ideológica.

---

194. (Cespe – Procurador Federal/2013) Julgue os itens seguintes, acerca da prescrição, da reabilitação e da imputabilidade.

194.1. Não se admite a prescrição da pretensão executória antes do trânsito em julgado da sentença para ambas as partes.

COMENTÁRIOS

✪ **Nota do autor:** O termo inicial do prazo da prescrição executória é controverso na doutrina e na jurisprudência. Há entendimento de que só é necessário o trânsito em julgado para a acusação. Há de outro lado entendimento de que deve haver o trânsito em julgado para ambas as partes. No caso, a comissão examinadora adotou o posicionamento atual do STF.

Certo: A prescrição regula-se pela pena aplicada depois de proferida a sentença condenatória, sendo que, cuidando-se de **execução da pena**, o lapso prescricional flui do dia em que **transita em julgado para a acusação**, conforme previsto no artigo 112, combinado com o artigo 110 do Código Penal. De acordo com esse entendimento, com o trânsito em julgado para a acusação, a pena aplicada ao réu não mais pode ser agravada e, assim, se estabiliza a pretensão punitiva estatal.

194.2. Considere a seguinte situação hipotética.

João cumpriu pena pela prática de roubo e, decorridos dois anos do dia em que foi extinta a pena, ele pleiteou, por meio de seu advogado, sua reabilitação.

Nessa situação, para ter seu pedido deferido, João deverá, necessariamente, ressarcir o dano causado pelo crime, demonstrar a absoluta impossibilidade de fazê-lo ou exibir documento que comprove a renúncia da vítima ou a novação da dívida.

COMENTÁRIOS

✪ **Nota do autor:** Reabilitação é a declaração judicial de que estão cumpridas ou extintas as penas impostas ao sentenciado, assegurando o sigilo dos registros sobre o processo e atingindo outros efeitos da condenação (Mirabete).

Certo: Requisitos da reabilitação: a) prazo de **dois anos** do dia em que extinta a punibilidade ou terminada a execução da pena; b) domicílio no País nesse prazo; c) demonstração de bom comportamento durante esse prazo; d) ressarcimento do prejuízo à vítima ou prova de **absoluta** impossibilidade de fazê-lo ou ainda renúncia da vítima.

194.3. O CP prevê uma redução de pena para aquele que, em virtude de perturbação de saúde mental ou por desenvolvimento mental incompleto ou retardado, não seja inteiramente capaz de entender o caráter ilícito do fato ou de determinar-se de acordo com esse entendimento, circunstância que enseja uma menor reprovabilidade da conduta do agente comprovadamente naquelas condições. Tem-se, nesse caso, a denominada semi-imputabilidade, também nominada pelos doutrinadores como responsabilidade penal diminuída.

COMENTÁRIOS

✪ **Nota do autor:** A imputabilidade é um dos elementos da culpabilidade. Portanto, a sua graduação está relacionada à reprovabilidade da conduta. Imputável: pena; semi-imputável: pena reduzida ou medida de segurança; inimputável: medida de segurança.

Certo: Semi-imputável é o agente que, em virtude de perturbação de saúde mental ou por desenvolvimento mental incompleto ou retardado, **não era inteiramente capaz** de entender o caráter ilícito do fato ou de determinar-se de acordo com esse entendimento. Nesse caso, a pena pode ser reduzida de um a dois terços (art. 26, parágrafo único, CP) ou pode ser substituída por internação, se esta medida se mostrar necessária (art. 98, CP).

194.4. Mesmo que ocorra a prescrição da pretensão executória, a sentença condenatória poderá ser executada no juízo cível para efeito de reparação do dano.

COMENTÁRIOS

Certo: Com a prescrição da pretensão executória, perde-se a possibilidade jurídica de execução da pena. Mas, **permanecem outros efeitos da sentença penal condenatória**, não só no aspecto penal, como lançamento do nome no rol dos culpados e reincidência, como ainda os efeitos extrapenais, como o dever de indenizar.

195. (Cespe – Procurador Federal/2013) Acerca da legislação penal especial e dos crimes contra a administração pública e contra a fé pública, julgue os itens subsequentes.

Aquele que emitir, sem permissão legal, título que contenha promessa de pagamento em dinheiro ao portador praticará crime contra a ordem econômica, as relações de consumo e a economia popular.

COMENTÁRIOS

Errado: Na verdade, nesse caso, o agente praticou o crime de emissão de título ao portador sem permissão legal (art. 292, CP). Neste crime, o sujeito passivo é o Estado, mas o objeto jurídico tutelado é a **fé-pública**.

196. (Cespe – Juiz do Trabalho Substituto 5ª região/2013) Assinale a opção correta com relação aos crimes de falsidade documental.

a) Comete crime de uso de documento falso o promitente vendedor de imóvel que entrega ao oficial do registro público cópia não autenticada de sua carteira de identidade civil na qual constem número de registro e filiação diversos dos constantes na carteira original.

b) De acordo com expressa previsão legal, constitui crime de falsidade ideológica a conduta de atestar ao juiz da execução penal a prestação de serviço para fins de remição de pena quando, na verdade, não houve prestação de serviço pelo condenado.

c) Comete o crime de falsidade ideológica, ou moral, aquele que presta declaração falsa sobre o valor da contribuição previdenciária devida.

d) A tipificação do crime de falso reconhecimento de firma ou letra, crime próprio com relação aos sujeitos ativo e passivo, visa tutelar a fé pública, não sendo admitida a modalidade culposa desse crime.

e) Aquele que apresenta à autoridade judicial carteira de trabalho com sua fotografia, mas na qual conste o nome de seu irmão gêmeo, pratica o crime de uso de documento falso particular.

COMENTÁRIOS

✪ **Nota do autor:** no crime de falsidade ideológica, o documento é materialmente verdadeiro e emitido por quem tenha legitimidade e atribuição para fazê-lo, mas o seu conteúdo não espelha a real situação fático, gerando efeitos jurídicos relevantes.

Alternativa correta: letra "b". No caso presente, a pessoa que tem atribuição para emitir o atestado, certifica prestação de serviço que, em verdade, não ocorreu. Houve distorção da realidade com o fim de gerar efeito jurídico relevante, considerar a remição da pena. Por si só, já se poderia incidir a conduta no art. 299, CP, mas, por cautela, expressamente, assim dispõe o art. 130, LEP.

Alternativa "a". A **cópia não autenticada** não é considerada documento para fins penais. E, dessa forma, não há crime de uso de documento falso (art. 304, CP).

Alternativa "c". Comete o crime de falsidade **material** aquele que presta declaração falsa sobre o valor da contribuição previdenciária devida por força do que dispõe o art. 397, § 3º, CP.

Alternativa "d". O crime de falso reconhecimento de firma ou letra (art. 300, CP) é próprio somente em relação ao sujeito ativo, que deve ser funcionário público. Por sua vez, no que tange ao sujeito passivo, é crime próprio, pois, em primeiro lugar, a vítima é o Estado e, no segundo momento, qualquer pessoa que pode ser prejudicada pelo indevido reconhecimento da firma.

Alternativa "e". Trata-se crime de **uso de documento público falso** (art. 304, CP). Houve a apresentação à Autoridade Policial e, por isso, houve o crime de uso. Ademais, a CTPS é documento emitido pelo Estado e, por isso, é público.

197. (Cespe – Defensor Público – DF/ 2013) Julgue os seguintes itens, relativos aos crimes de porte ilegal de arma de fogo, roubo e falsificação.

O agente que falsificar cartão de crédito ou débito cometerá, em tese, o crime de falsificação de documento particular previsto no CP.

COMENTÁRIOS

Certo: O cartão de crédito ou o de débito é um documento, porque reproduz a possibilidade de o agente efetuar o pagamento por meio de instituição financeira. São documentos particulares, porque não emitidos por órgãos estatais, motivo pelo qual a falsidade que recai sobre eles incide em crime de falsidade de documento particular.

198. (Cespe – Delegado de Polícia Federal – DPF/2013) Com relação aos crimes previstos no CP, julgue os itens que se seguem.

A falsa atribuição de identidade só é caracterizada como delito de falsa identidade se feita oralmente, com o poder de ludibriar; quando formulada por escrito, constitui crime de falsificação de documento público.

COMENTÁRIOS

✪ **Nota do autor:** em conflito aparente de normas, de acordo com o princípio da subsidiariedade, significa dizer que há uma norma primária, mais ampla, que abarca uma norma secundária, menos ampla e grave, ambas a proteger o mesmo bem jurídico.

Errado: No crime de identidade falsa é de **forma livre.** Pode ele ser praticado oralmente ou por meio de escrito, quando ele, por exemplo, preenche uma ficha com nome de outrem. Mas, se ele se valer de documento público falso, incide apenas o delito do art. 297, CP, pois o crime de falsa identidade é **expressamente subsidiário**, pois sua pena é de detenção, de três meses a um ano, ou multa, **se o fato não constitui elemento de crime mais grave**.

---

199. (Cespe – Procurador do Ministério Público junto ao TCDF/2013) No que se refere aos crimes contra a fé pública e contra a administração pública, aos delitos previstos na Lei de Licitações e à aplicação de pena, julgue os itens consecutivos.

O crime de uso de documento falso é formal, consumando-se com a simples utilização do documento reputado falso, não se exigindo a comprovação de efetiva lesão à fé pública, o que afasta a possibilidade de aplicação do princípio da insignificância, em razão do bem jurídico tutelado.

COMENTÁRIOS

✪ **Nota do autor:** o examinador no caso em tela faz uma confusão de conceitos. Não é porque o crime é formal que se impede o reconhecimento da insignificância, motivo pelo qual entendo que essa questão deveria ser anulada ou considerada errada.

Errada: De fato, o crime do art. 304, CP, é crime formal, que não exige o efetivo prejuízo à fé pública. Isso não impede que seja reconhecida a insignificância. A teoria do princípio da insignificância foi desenvolvida pela jurisprudência do STF e tem como parâmetros: a. mínima ofensividade da conduta do agente; b. nenhuma periculosidade social da ação; c. reduzidíssimo grau de reprovabilidade; e d. inexpressividade da lesão jurídica provocada. Veja-se que o fato de o crime ser formal ou contra a fé-pública não impede o reconhecimento da insignificância, por si só. Pode ocorrer que o uso do documento falso se dê apenas na esfera privada, sem maiores consequências sociais, o que, em tese, permite o reconhecimento da insignificância.

---

200. (Cespe – Juiz Federal Substituto 2ª região/ 2013) Assinale a opção correta com relação a crimes contra o patrimônio, a dignidade sexual, a paz pública e a fé pública.

a) No crime de apropriação indébita previdenciária, o juiz pode deixar de aplicar a pena ou aplicar somente a pena de multa, se o agente for primário e tiver bons antecedentes, desde que tenha promovido o pagamento da contribuição previdenciária, incluídos os acessórios, antes do recebimento da denúncia.

b) Por força do princípio constitucional da ampla defesa, não responderá pelo crime de falsa identidade aquele que se identificar com nome de outrem perante a autoridade policial a fim de evitar o cumprimento de mandado judicial de prisão expedido contra si.

c) Considere a seguinte situação hipotética. Nos autos de interceptação telefônica judicialmente autorizada na forma da lei, foram identificados e processados criminalmente três entre quatro indivíduos que se comunicavam constantemente para planejar a prática de vários crimes de falsificação de carteira de trabalho e da previdência social. Nessa situação, embora comprovada a associação estável e permanente para a prática de crimes, não se poderá condenar por crime de quadrilha os três indivíduos identificados, devido à ausência da identificação do quarto comparsa.

d) No crime de tráfico internacional de pessoa para fim de exploração sexual, o CP não prevê causa especial de redução de pena, salvo aquela em favor do agente que também já tiver sido vítima do mesmo delito, situação essa em que a pena será reduzida de um sexto a um terço.

e) Aquele que fabricar uma nota de cinco reais similar à verdadeira não poderá ser beneficiado pela incidência do princípio da insignificância, ainda que seja primário e de bons antecedentes.

COMENTÁRIOS

✪ **Nota do autor:** o princípio da insignificância afasta a tipicidade material da conduta do agente. Seus requisitos foram traçados pela Jurisprudência dos Tribunais Superiores: (a) mínima ofensividade da conduta do agente, (b) nenhuma periculosidade social da ação, (c) grau reduzido de reprovabilidade do comportamento, e (d) inexpressividade da lesão jurídica provocada.

Alternativa correta: letra "e". Consoante jurisprudência do STF, inaplicável o princípio da insignificância aos crimes de moeda falsa, em que objeto de tutela da norma é **a fé pública e a credibilidade do sistema financeiro**, não sendo determinante para a tipicidade o valor posto em circulação.

Alternativa "a". Para que seja possível o perdão judicial no crime de apropriação indébita previdenciária, é necessário que o agente tenha promovido, **após o início da ação fiscal e antes de oferecida a denúncia**, o pagamento da contribuição social previdenciária, inclusive acessórios (art. 168-A, § 3º, CP).

Alternativa "b". O STF decidiu em julgamento de recurso extraordinário com **repercussão geral** que incide no crime do art. 307, CP, se a pessoa, para ocultar maus antecedentes, se identifica falsamente à Autoridade Policial. Isso porque a identidade da pessoa não está intrinsicamente relacionada com os fatos sobre os quais a parte exerce a ampla defesa (RE nº 640.139 RG/DF)

Alternativa "c". O crime de formação de quadrilha era de concurso necessário, porque se exigia a participação de, ao menos, quatro pessoas, não se precisando identificar, porém, todos os membros da quadrilha. Com a Lei nº 12.850/2013, o crime de formação de quadrilha passou a ser chamado de **associação criminosa**, em que se exige a participação de **três pessoas no mínimo**, ainda que nem todas sejam identificadas (art. 288, CP).

Alternativa "d". No crime de tráfico internacional de pessoa para fim de exploração sexual (art. 231, CP), não há qualquer causa de diminuição de pena.

---

201. (Cespe – Juiz de Direito Substituto – MA/ 2013) Ana recebeu de Bete um cheque em pagamento de uma dívida de dez mil reais e, ato contínuo, inseriu o algarismo 1 antes do valor numérico preenchido no documento e as palavras "cento e" antes da palavra "dez", alterando o valor do cheque para cento e dez mil reais. Na sequência, transferiu o cheque, por endosso, a Camila, de quem recebeu a quantia de cem mil reais. Em face dessa situação hipotética, assinale a opção correta de acordo com posicionamento sumulado do STJ.

a) Caso o cheque seja compensado e seja descoberta a fraude, Camila deverá responder por uso de documento falso em concurso com estelionato.

b) Ana deve responder pelo falso material, ainda que tenha recebido o cheque com a assinatura do emitente falsificada.

c) Ana deve responder apenas pelo crime de estelionato.

d) Ana deve responder, cumulativamente, por falsificação de documento e estelionato.

COMENTÁRIOS

✪ **Nota do autor:** Súmula nº 17, STJ: Quando o falso se exaure no estelionato, **sem mais potencialidade lesiva**, é por este absorvido.

Alternativa correta: letra "d". Como o cheque foi endossado, a circulação não se esgotou na vítima, com potencialidade de se atingir outras pessoas. Assim, o crime de falsidade não é absorvido pelo estelionato, devendo o agente responder pelos dois crimes.

Alternativa "a". Camila não responde por qualquer crime, pois não há dados de que tenha ciência da falsidade perpetrada por Ana.

Alternativa "b". Caso o cheque já era falso pela assinatura, Ana não responde pelo crime de falsidade material, pois, neste crime, a falsidade incide sobre documento verdadeiro.

Alternativa "c". No caso, Ana responde pelos dois crimes, falsidade material e estelionato, pois, com o endosso, a potencialidade lesiva não se exaure dada a possibilidade de circulação da cártula.

---

202. (Cespe – Analista do MPU/2013) Com base no direito penal brasileiro, julgue os itens a seguir.

A inserção, em assentamento de registro civil, de declaração falsa com vistas à alteração da verdade sobre fato juridicamente relevante configura crime de falsidade ideológica, com aumento de pena em razão da natureza do documento.

COMENTÁRIOS

Certo. No crime de falsidade, o agente faz inserir declaração falsa no documento que ela tema atribuição para produzir. Há um descompasso entre a verdade dos fatos e o que foi externado pelo autor do documento. Só haverá o crime se a falsidade for juridicamente relevante.

---

203. (Cespe – Advogado da União/2012) Julgue os itens a seguir, que versam sobre crimes relacionados às licitações e delitos contra a fé pública e as relações de consumo.

O agente que falsificar e, em seguida, usar o documento falsificado responderá apenas pelo crime de falsificação.

COMENTÁRIOS

Certo. O agente responde apenas pelo crime de falsidade ideológica, porque o uso do documento é mero exaurimento de sua conduta. A fé pública já estava atingida com a falsificação, não com o uso do documento.

---

204. (Cespe – Analista Judiciário – Área Judiciária – TRE-RJ/2012) A respeito dos delitos resultantes de preconceito (Lei nº 7.716/1989) e das disposições da parte especial do Código Penal, julgue os itens seguintes.

A conduta consistente na emissão de título ao portador sem permissão legal constitui crime contra a fé pública.

COMENTÁRIOS

Certo. O título ao portador é equiparado a documento público para fins penais (art. 297, § 2º, CP). Logo, quem falsifica título ao portador comete crime de falsidade material.

2.10. DOS CRIMES CONTRA A ADMINISTRAÇÃO PÚBLICA

---

205. (Cespe – Procurador do MP junto ao TCU/2015) No que diz respeito aos crimes praticados contra a administração pública, assinale a opção correta.

a) Para efeitos penais, deve-se considerar a remuneração do cargo ou função exercida pelo funcionário.

b) A condenação de funcionário público em processo criminal decorrente de crime funcional prejudica o ajuizamento da ação de improbidade administrativa.

c) A reparação do dano como condição para a progressão de regime prisional ou do cumprimento de pena é destinada tanto ao funcionário público quanto ao particular.

d) Conforme previsão do CP, a agravante de violação de dever inerente ao cargo aplica-se ao crime de peculato.

e) O conceito de funcionário público não abrange a pessoa que trabalha para empresa civil prestadora de serviço contratada ou conveniada para exercer atividade típica da administração pública.

COMENTÁRIOS

Alternativa correta: letra "c". O condenado por crime contra a administração pública terá a progressão de regime do cumprimento da pena condicionada à reparação do dano que causou, ou à devolução do produto do ilícito praticado, com os acréscimos legais. Vê-se que o art. 33, § 4º, CP, não distingue entre autor funcionário público ou particular que tenha cometido crime contra a Administração Pública.

Alternativa "a". Para tipificação da conduta em crime contra a Administração Pública, é indiferente a remuneração do agente, basta a prova do vínculo entre ele e a Administração, com a investira no cargo, na função ou em mandado eletivo.

Alternativa "b". A ação de improbidade administrativa pode ser ajuizada independentemente da responsabilidade civil, administrativa ou penal do agente.

Alternativa "d". A violação de inerente dever ao cargo é elemento do tipo penal do peculato. Logo, não pode ser usada como agravante da pena.

Alternativa "e". O art. 327, § 1º, CP, traz o conceito de funcionário público por equiparação para efeitos penais: Equipara-se a funcionário público quem exerce cargo, emprego ou função em entidade paraestatal, e quem trabalha para empresa prestadora de serviço contratada ou conveniada para a execução de atividade típica da Administração Pública.

206. (Cespe – Procurador do MP junto ao TCU/2015) Acerca de crimes contra as finanças públicas, assinale a opção correta.

a) Na inclusão dos crimes contra as finanças públicas, o legislador não repetiu a redação da legislação esparsa revogada que permitia a aplicação da pena acessória no que diz respeito à inabilitação para o exercício do cargo. Desse modo, fica o juiz impossibilitado de determinar a perda do cargo.

b) As figuras descritas no capítulo do CP que diz respeito aos crimes contra as finanças públicas têm como escopo a proteção das finanças contra condutas fraudulentas ao erário.

c) O crime existente na prestação de garantia graciosa por agente público independe, para a sua consumação, da ocorrência de qualquer prejuízo para a administração, bem como não há necessidade de chamamento do Estado para suprir a prestação do devedor original.

d) O tipo penal consistente em ordenar despesa não autorizada por lei configura crime material, o qual vem a consumar-se com o efetivo pagamento da despesa ordenada.

e) A ordenação de aumento de despesa total com pessoal nos cento e oitenta dias anteriores ao final do mandato ou legislatura não alcança o regime celetista, de modo que tal controle se volta somente aos servidores estatutários.

COMENTÁRIOS

Alternativa correta: letra "c". Trata-se do crime previsto no art. 359-E, CP, um crime contra as finanças públicas. É crime formal, que, para a consumação, não exige prejuízo ao Erário ou que este chame o devedor para suprir a prestação do devedor originário.

Alternativa "a". a inabilitação para o cargo pode ser efeito da sentença penal condenatória, conforme art. 92, I, CP).

Alternativa "b". Os crimes contra as finanças públicas visam tutelar as finanças públicas dentro do conceito de equilíbrio fiscal, política que se tornou corrente no Brasil a partir da década de 1990. O atentado às finanças não necessariamente decorre de fraude.

Alternativa "d". O tipo penal consistente em ordenar despesa não autorizada por lei configura crime formal, o qual vem a consumar-se com a simples ordem, independentemente do efetivo pagamento da despesa ordenada.

Alternativa "e". A ordenação de aumento de despesa total com pessoal nos cento e oitenta dias anteriores ao final do mandato ou legislatura alcança o regime celetista e o estatutário.

207. (Cespe – Procurador do MP junto ao TCU/2015) Ainda com relação aos crimes praticados contra a administração pública, assinale a opção correta.

a) O crime de abandono de função é comissivo por omissão.

b) Será automática a perda do cargo, se o crime funcional praticado com abuso de poder ou violação de dever para com a administração pública resultar em condenação a pena privativa de liberdade superior a quatro anos.

c) A falsa apresentação de particular na qualidade de funcionário público configura o crime de usurpação de função pública, na sua modalidade simples.

d) Para a caracterização do crime de emprego irregular de verba ou renda pública, não há que se fazer presente o lucro ou proveito próprio ou de terceiro; esse crime será caracterizado ainda que não haja lucro ou proveito próprio ou de terceiro.

e) O crime de corrupção ativa consiste no ato de exigir para si, ou para outrem, vantagem indevida em razão do cargo e configura crime de mera conduta.

COMENTÁRIOS

Alternativa correta: letra "d". O crime de emprego irregular de verba ou renda pública é formal, u seja, não é preciso que haja lucro ou proveito do agente ou de terceiros. Basta dar às verbas ou rendas públicas aplicação diversa da estabelecida em lei.

Alternativa "a". O crime de abandono de função é omissivo próprio, porque a conduta típica descrita descreve uma omissão: abandonar. Não descreve uma conduta ativa que produz resultado, que pode ser alcançado por omissão.

Alternativa "b". A ação de improbidade administrativa pode ser ajuizada independentemente da responsabilidade civil, administrativa ou penal do agente.

Alternativa "c". O crime de usurpação de função pública exige habitualidade. Não basta uma única conduta, como se apresentar o particular como funcionário público, é preciso que ele haja como tal ao longo de tempo que caracterize habitualidade.

Alternativa "e". O crime de corrupção ativa consiste no ato de exigir para si, ou para outrem, vantagem indevida em razão do cargo e configura crime formal ou de consumação antecipada, em que não se faz necessário o prejuízo à Administração Pública, basta a conduta descrita no tipo penal.

208. (Cespe – Analista de Controle – Área Jurídica – TCE – PR/2016) No que se refere ao crime de peculato, assinale a opção correta com base na jurisprudência do Superior Tribunal de Justiça (STJ).

a) A reparação do dano pelo funcionário público antes do recebimento da denúncia exclui a configuração do crime de peculato doloso.

b) A qualidade de funcionário público do sujeito ativo é elementar do crime de peculato, a qual não se comunica a coautores e partícipes estranhos ao serviço público.

c) A circunstância de o sujeito ativo ser funcionário público ocupante de cargo de elevada responsabilidade justifica a majoração da pena-base aplicada em decorrência da condenação pela prática do crime de peculato.

d) A consumação do crime de peculato-apropriação ocorre com a posse mansa e pacífica do objeto material pelo funcionário público.

e) A consumação do crime de peculato-desvio ocorre no momento em que o funcionário público obtém a vantagem indevida com o desvio do dinheiro, ou outro bem móvel, em proveito próprio ou de terceiro.

COMENTÁRIOS

Alternativa correta: letra "c". É firme a jurisprudência do STJ que se admite a exasperação da pena-base no crime de peculato, se as circunstâncias fogem ao comum e não estão previstas no próprio tipo penal. Não se pode agravar a pena pelo fato de o sujeito ativo ser funcionário público, pois isso é elemento do tipo penal. Porém, se o cargo que ele ocupa é de elevada responsabilidade, como Juiz de Direito, é possível a exasperação da pena.

Alternativa "a". No peculato doloso, a reparação do dano antes do recebimento da denúncia, configura o arrependimento posterior, o que permite a redução da pena (art. 16, CP).

Alternativa "b". A qualidade de funcionário público, por ser elementar do crime de peculato, comunica-se ao coautor ou partícipe, conforme estabelece o art. 30, CP.

Alternativa "d". A consumação do crime de peculato-apropriação previsto no art. 312 , 1.ª parte, do Código Penal , ocorre no momento em que o funcionário público, em virtude do cargo, começa a dispor do dinheiro, valores ou qualquer outro bem móvel apropriado, como se proprietário fosse.

Alternativa "e". A consumação do crime de peculato-desvio ocorre no momento em que o funcionário público desvia efetivamente o dinheiro público, ainda que não obtenha a vantagem indevida com o desvio do dinheiro, ou outro bem móvel, em proveito próprio ou de terceiro.

209. (Cespe – Analista de Controle – Área Jurídica – TCE – PR/2016) À luz da jurisprudência do STJ, assinale a opção correta, no que se refere aos crimes contra administração pública.

a) O crime de corrupção ativa se consuma com a realização da promessa ou apenas com a oferta de vantagem indevida.

b) O crime de concussão se consuma com o recebimento das vantagens exigidas indevidamente, sendo mero exaurimento a utilização de tais vantagens.

c) O funcionário público que se utiliza de violência ou grave ameaça para obter vantagem indevida em razão de sua função comete o crime de concussão.

d) Em razão da incidência do princípio da bilateralidade nos crimes de corrupção passiva e ativa, a comprovação de um deles pressupõe a do outro.

e) Para a configuração do crime de corrupção passiva, é prescindível a existência de nexo de causalidade entre a conduta do funcionário público e a realização de ato funcional de sua competência.

COMENTÁRIOS

Alternativa correta: letra "a". O crime de corrupção ativa é formal, ou seja, de consumação antecipada. Assim, o simples oferecimento ou promessa de recompensa configura o tipo penal de corrupção ativa. O pagamento da vantagem, nesses casos, é mero exaurimento do crime.

Alternativa "b". A concussão também é crime formal, que se consuma no momento em que o agente exige a indevida vontade patrimonial, cujo recebimento é mero exaurimento do crime.

Alternativa "c". No crime de concussão, o agente exige a indevida vantagem econômica, valendo-se de sua função pública. Mas, se usar de violência ou grave ameaça comete o crime de extorsão (art. 158, CP).

Alternativa "d". Não há relação de dependência entre corrupção ativa e passiva. Assim, pode o agente oferecer indevida vantagem a funcionário público e este recusar, quando só há corrupção ativa. Além disso, pode o funcionário público solicitar indevida vantagem econômica e o particular se recusar, quando só há corrupção passiva.

Alternativa "e". No crime de corrupção passiva, não se exige que o funcionário deixe de praticar o ato de ofício, mas, se deixar de fazê-lo há incidência da causa de aumento de pena (art. 317, § 1º, CP).

---

210. (Cespe - Juiz - TJDFT/2015) Luiz, policial civil lotado em uma delegacia de polícia, deixou de dar andamento a inquérito no qual Francisco estava sendo investigado. Tal interrupção no andamento do inquérito deveu-se ao fato de Mauro, irmão de Francisco, ter pagado ao policial, voluntariamente, a quantia de dois mil reais. Nessa situação hipotética, Luiz cometeu, em tese, o crime de

a) advocacia administrativa.

b) prevaricação.

c) corrupção passiva.

d) peculato.

e) concussão.

COMENTÁRIOS

Alternativa correta: letra "c". Luiz cometeu o crime de corrupção passiva (art. 317, CP), porque recebeu indevida vantagem indevida, em razão da função pública que exerce.

Alternativa "a". No crime de advocacia administrativa (art. 321, CP), o funcionário público patrocina, direta ou indiretamente, interesse privado perante a administração pública, valendo-se da sua qualidade de funcionário.

Alternativa "b". No crime de prevaricação (art. 319, CP), o funcionário público retarda ou deixa de praticar, indevidamente, ato de ofício, ou o pratica contra disposição expressa de lei, para satisfazer interesse ou sentimento pessoal.

Alternativa "d". ". No crime de peculato (art. 312, CP), o funcionário público apropria-se de dinheiro, valor ou qualquer outro bem móvel, público ou particular, de que tem a posse em razão do cargo, ou o desvia, em proveito próprio ou alheio.

Alternativa "e". No crime de concussão (art. 316, CP), o funcionário público exige, para si ou para outrem, direta ou indiretamente, ainda que fora da função ou antes de assumi-la, mas em razão dela, vantagem indevida.

---

211. (Cespe - Promotor de Justiça - AC/2014) No que concerne ao crime de falso testemunho, assinale a opção correta.

a) De acordo com o entendimento firmado pelo STJ, mostra-se imprescindível, para a configuração do delito de falso testemunho, o compromisso de dizer a verdade.

b) Não se aplica a causa especial de aumento de pena prevista no CP para o crime de falso testemunho praticado em processo judicial destinado a apurar a prática de contravenção penal.

c) O STF e o STJ já se posicionaram no sentido de que, em tese, é possível atribuir a advogado a coautoria pelo crime de falso testemunho.

d) Para a consumação do delito de falso testemunho, é essencial que o depoimento falso seja determinante para o resultado do processo.

e) A prolação da sentença no processo em que ocorra afirmação falsa é condição de procedibilidade da ação penal pelo crime de falso testemunho.

COMENTÁRIOS

✪ **Nota do autor:** crime próprio é aquele que exige do autor do fato uma qualidade especial, como o funcionário público nos crimes contra a Administração Pública e a qualidade de testemunha no crime de falso testemunho.

Alternativa correta: letra "c". Apesar do crime de falso testemunho ser próprio (art. 342, CP), a jurisprudência firmou entendimento de que é possível a participação de terceira pessoa no crime. Assim, se o advogado induzir, instigar ou auxiliar a testemunha a praticar o crime, incide no mesmo tipo penal.

Alternativa "a". De acordo com o entendimento jurisprudencial, o dever de dizer a verdade é inerente à testemunha e decorre da lei, mesmo que o Juiz não extrai dela o compromisso de dizer a verdade.

Alternativa "b". A causa de aumento de pena do art. 342, § 1º, CP, incide em caso de crime praticado com o fim de obter prova destinada a produzir efeito em **processo penal**, seja para se apurar crime ou contravenção penal.

Alternativa "d". O crime de falso testemunho é formal, motivo pelo qual não é necessário que cause influência na decisão do processo em que ocorreu o falso.

Alternativa "e". Não exige o tipo penal que tenha havido a prolação de sentença no processo em que houve falso testemunho. Tanto que é possível decretação da prisão em flagrante do agente na audiência em que é cometido o falso.

---

212. (Cespe – Procurador do Estado – BA/2014) Julgue os itens que se seguem, referentes aos diversos tipos penais.

212.1. Considere que Paulo, servidor público lotado no INSS, tenha inserido nos bancos de dados dessa autarquia informações falsas a respeito de Carlos, o que possibilitou a este receber quantia indevida a título de aposentadoria. Nessa situação hipotética, Paulo cometeu o crime de falsidade ideológica.

COMENTÁRIOS

Errado. Trata-se de crime de **inserção de dados falsos em sistema de informações** (art. 313-A, CP). O agente inseriu dados falsos nos dados do INSS, autarquia pública, para que terceira possa ter vantagem indevida.

212.2. Caso o denunciado por peculato culposo opte, antes do pronunciamento da sentença, por reparar o dano a que deu causa, sua punibilidade será extinta.

COMENTÁRIOS

Certo. No peculato culposo, a reparação do dano extingue a punibilidade desde que seja feita até o **trânsito em julgado da sentença penal condenatória** (art. 312, § 3º, CP).

---

213. (Cespe – Cartório – TJ – DF/2014) Geraldo, escrevente de um cartório de registro civil, contratado nos termos da legislação trabalhista, utilizou seu prestígio na instituição para tentar agilizar a averbação do habite-se de um imóvel pertencente a parente seu, atestando que os requisitos legais para o ato estariam preenchidos. Ao descobrir a conduta de seu funcionário, Caio, oficial do registro de imóveis, decidiu comunicar os fatos à corregedoria. No entanto, por piedade, mudou de ideia, em razão do desespero de seu funcionário diante da notícia.

Nessa situação hipotética, Geraldo e Caio praticaram, respectivamente, os crimes de

a) tráfico de influência e prevaricação.
b) advocacia administrativa e condescendência criminosa.
c) tráfico de influência e condescendência criminosa.
d) prevaricação e prevaricação.
e) prevaricação e condescendência criminosa.

COMENTÁRIOS

✪ **Nota do autor:** essa questão foi **anulada** pela comissão organizadora. Entendemos que a conduta de Geraldo é **atípica**.

Alternativa "a". Geraldo não cometeu crime de tráfico de influência (art. 332, CP), porque não houve solicitação ou exigência por parte dele para receber qualquer vantagem. A conduta de Caio consiste em condescendência criminosa (art. 320, CP)

Alternativa "b". Geraldo não cometeu crime de advocacia administrativa, pois não defendeu interesse de terceiro, mas apenas acelerou o procedimento administrativo. Caio cometeu crime de condescendência criminosa, uma vez que, por indulgência, deixou de comunicar à corregedoria a infração administrativa cometida por Geraldo.

Alternativa "c". Geraldo não cometeu crime de tráfico de influência (art. 332, CP), porque não houve solicitação ou exigência por parte dele para receber qualquer vantagem. Caio cometeu crime de condescendência criminosa, uma vez que, por indulgência, deixou de comunicar à corregedoria a infração administrativa cometida por Geraldo.

Alternativas "d" e "e". Geraldo não cometeu crime de prevaricação (art. 319, CP), porque não houve desobediência à ordem legal expressa. A conduta de Caio consiste em condescendência criminosa (art. 320, CP)

---

214. (Cespe – Cartório – TJ – DF/2014) Considere que Mário, tabelião do registro de imóveis de Brasília, tenha exigido de Cláudio o pagamento de custas e emolumentos que deveria saber indevidos, relativos à expedição de uma certidão de ônus reais. Nessa situação hipotética, conforme jurisprudência atual do STJ, Mário

a) praticou o comportamento típico do peculato, mas sua punibilidade será extinta caso, voluntariamente, devolva o valor indevidamente cobrado até o recebimento da denúncia.
b) praticou conduta atípica.
c) cometeu o crime de excesso de exação.
d) praticou o delito de extorsão.
e) perpetrou a infração penal de concussão.

COMENTÁRIOS

Alternativa correta: letra "c". Não se discute que o tabelião é considerado funcionário público para fins penais. A questão que se coloca é a natureza dos emolumentos e custas, os quais, segundo os Tribunais Superiores, são **tributos**. Logo, firmou o STJ recentemente que podem eles cometerem o crime de excesso de exação (art. 316, § 1º, CP).

Alternativa "a". Peculato é o crime em que o agente se apropria ou desvia ou subtrai bem que está sob o poder da Administração Pública (art. 312, CP). Somente no caso de peculato culposo é que a devolução do bem implica extinção da punibilidade, se feita antes da sentença irrecorrível.

Alternativa "b". Houve crime de excesso de exação.

Alternativa "d". O crime de extorsão é contra o patrimônio de particular, em que o agente exige indevida vantagem (art. 180, CP).

Alternativa "e". No crime de concussão, o agente exige indevida vantagem econômica em razão do cargo. O excesso de exação é especial em relação à concussão, pois a indevida vantagem recai sobre tributo ou contribuição social.

---

215. (Cespe – Juiz de Direito Substituto – DFT/2014) Servidor público que se apropriar de dinheiro ou qualquer utilidade que tiver recebido, no exercício do cargo, por erro de outrem responderá pela prática do crime de

a) concussão.

b) corrupção passiva.

c) peculato-estelionato.

d) peculato-apropriação.

e) peculato-próprio.

COMENTÁRIOS

Alternativa correta: letra "c". No peculato-estelionato, a vítima, espontaneamente, age em erro e faz pagamento em favor da Administração Pública. O sujeito ativo do crime não alerta o ofendido do erro, mantendo-o em erro, e ainda se apropria do dinheiro ou vantagem (art. 213, CP).

Alternativa "a". Na concussão, o agente obtém vantagem por meio de **exigência**, próxima a uma coação.

Alternativa "b". Na corrupção passiva, o funcionário público **solicita, recebe** ou **aceita promessa** de vantagem econômica (art. 317, CP).

Alternativa "d". No peculato-apropriação, o funcionário público tem o valor patrimonial público em seu poder, mas dele se apropria, ao inverter a posse de tal bem em seu favor (art. 312, CP).

Alternativa "e". O peculato próprio se refere ao peculato apropriação e o peculato desvio, previsto no art. 312, CP.

---

216. (Cespe – Analista Judiciário – Área Judiciária – STF/2013) Julgue os itens subsecutivos, a respeito dos crimes previstos na Parte Especial do Código Penal.

Considere que José, penalmente imputável, tenha fornecido abrigo para que o seu irmão Alfredo, autor de crime de homicídio, se escondesse e evitasse a ação da autoridade policial. Nessa situação, a conduta de José é isenta de pena em face de seu parentesco com Alfredo.

COMENTÁRIOS

✪ **Nota do autor:** fique o candidato atento às exceções previstas em lei.

Certo: em regra, quem auxilia um autor de crime punido com reclusão a fugir da autoridade pública comete crime de **favorecimento pessoal** (art. 348, CP). Excepcionalmente, em decorrência das relações familiares, ascendente, descendente, cônjuge ou **irmão** do criminoso, fica isento de pena.

---

217. (Cespe – Juiz do Trabalho Substituto 5ª região/2013) Assinale a opção correta a respeito dos crimes contra a administração da justiça.

a) Responderá pelo crime de exercício arbitrário das próprias razões o indivíduo que cortar, até o limite divisório de seu terreno, ramos de árvore plantada no imóvel vizinho que invadam seu terreno, devendo a questão ser resolvida perante o juízo cível competente.

b) O indivíduo que emprestar motocicleta de sua propriedade para que o irmão cometa o crime de furto em uma agência bancária, de modo a auxiliá-lo na fuga, será beneficiado, na ação penal movida por favorecimento pessoal, com a isenção de pena, não respondendo, portanto, por sua conduta.

c) O crime de reingresso de estrangeiro expulso não se consuma caso a autoridade competente impeça a entrada no território nacional daquele que se encontre na fila de atendimento após o desembarque da aeronave civil de voo comercial regular, respondendo o agente, nesse caso, pela tentativa.

d) O fato de o intérprete nomeado dolosamente calar a verdade perante juízo arbitral configura crime de falso testemunho ou falsa perícia, sendo o agente punido mesmo que seja substituído por profissional que atue com maior zelo na causa.

e) Aquele que, tendo visto determinada pessoa na posse de veículo automotor furtado, informa à autoridade policial ser essa pessoa o autor do crime de furto pratica o crime de comunicação falsa de crime se restar provado que, de fato, tal pessoa era autora de crime de receptação.

COMENTÁRIOS

Alternativa correta: letra "d". O crime de falso testemunho ou falsa perícia é crime próprio, porque a norma penal estabelece uma condição especial do agente. Entre os possíveis autores dessa infração penal, está a de **intérprete**. O falso deve ocorrer em **processo judicial, ou administrativo, inquérito policial, ou em juízo arbitral.**

Alternativa "a". As raízes e os ramos de árvore, que ultrapassarem a estrema do prédio, poderão ser cortados, até o plano vertical divisório, pelo proprietário do terreno invadido (art. 1.283, CC). Verifica-se, assim, que João agiu conforme lhe permite o Direito Civil, não configurado o arbítrio, exigido pela norma penal (art. 345, CP).

Alternativa "b". Na verdade, o indivíduo auxilio o seu irmão a praticar o crime de furto e, assim, ambos respondem por crime de **furto qualificado pelo concurso de agentes**. O favorecimento pessoal é conduta posterior ao crime já consumado. Assim, seria se o irmão do indivíduo depois de consumado o furto, fosse para sua casa e seu irmão o auxiliasse a fugir da ação da autoridade policial.

Alternativa "c". O crime de reingresso de estrangeiro expulso (art. 338, CP) é crime **formal**. Consuma-se com o reingresso no território nacional, sem necessidade de resultado naturalístico. No caso, houve a consumação já que o agente foi surpreendido depois do desembarque.

Alternativa "e". Na comunicação falsa de crime, o agente provoca a ação desnecessária da autoridade policial, por comunicar crime que sabe que não aconteceu. No caso em tela, o agente sabe que ocorreu um crime e, por isso, legitimamente, acionou a Autoridade Policial, pouco importando que não saiba qual é, de fato, o crime que ocorrera.

---

218. (Cespe – Delegado de Polícia Federal – DPF/2013) Com relação aos crimes previstos no CP, julgue os itens que se seguem.

Os delitos de inserção de dados falsos e de modificação ou alteração de dados não autorizada em sistema de informações só se configuram se praticados por funcionário público autorizado, com o fim específico de obter vantagem indevida para si ou para outrem, ou para causar dano, sendo as penas aumentadas de um terço até a metade se da modificação ou alteração resultar dano para a administração pública ou para o administrado.

COMENTÁRIOS

Certo: Os crimes dos arts. 313-A e 313-B, do CP, estão previstos no contexto do peculato, pois se destinam a obter indevida vantagem econômica em prejuízo à Administração Pública. São crimes **formais**, ou seja, não exige o efetivo prejuízo ao Poder Público, mas se este advir incide causa de aumento de pena no caso do art. 313-B, CP.

---

219. (Cespe – Juiz de Direito Substituto – RN/2013) Acerca dos crimes de menor potencial ofensivo, dos crimes contra a administração pública e dos crimes previstos na Lei de Drogas, assinale a opção correta.

a) Considere que João, insatisfeito com o destaque da atuação de Mara, sua colega de trabalho, a denuncie para a chefia pela prática de crime de peculato, sabendo que ela era inocente. Nesse caso, ficará configurado o crime de denunciação caluniosa, na forma consumada, se a imputação feita por João der causa à instauração de investigação administrativa contra Mara.

b) O agente que, mesmo antes de assumir a função, mas em razão dela, exige para si ou para outrem, direta ou indiretamente, vantagem indevida pratica o crime de concussão, caso em que não seria admitida coautoria de particular, por ser esse um crime de mão própria.

c) Para fins de proposta de transação, considera-se crime de menor potencial ofensivo aquele para o qual a pena máxima prevista em abstrato não ultrapasse dois anos, de forma que, ainda que tenha praticado dois ou mais crimes dessa natureza, em concurso material, o agente terá direito ao benefício se para cada um dos delitos for prevista pena máxima em abstrato não superior a dois anos.

d) Para que se configure o crime de coação no curso do processo, é necessário que a pessoa contra quem é exercida a violência ou a grave ameaça seja autoridade que intervenha em processo judicial.

e) Para que incida a causa de aumento de pena decorrente do uso de transporte público no tráfico de entorpecentes, é necessário que fique comprovado que o agente tentou distribuir ou disponibilizar a droga para outros passageiros.

COMENTÁRIOS

✪ **Nota do autor:** Essa questão foi anulada pela comissão examinadora

Alternativa "a". No meu entender, essa questão está correta, pois João deu causa à instauração de um procedimento administrativo contra Mara, porque imputou-lhe o crime de **peculato**, uma infração penal.

Alternativa "b". De fato, se trata de crime de concussão, mas esse crime é próprio e, assim, é possível a participação de particular.

Alternativa "c". Consideram-se infrações penais de menor potencial ofensivo, para os efeitos desta Lei, as **contravenções penais** e os crimes a que a lei comine pena **máxima não superior a dois anos**, cumulada ou não com multa. No caso de concurso material de crimes, deve-se somar as penas e, caso o resultado seja superior a dois anos, não cabe a transação.

Alternativa "d". A coação pode-se voltar contra **autoridade, parte, ou qualquer outra pessoa que funciona ou é chamada a intervir** em processo judicial, policial ou administrativo, ou em juízo arbitral (art. 344, CP).

Alternativa "e". Essa questão também está correta, consoante jurisprudência dos Tribunais Superiores: "Conforme orientação firmada no âmbito desta Quinta Turma, o simples fato de o agente se utilizar de transporte público para conduzir o entorpecente não autoriza a incidência da majorante do art. 40, inciso III, da Lei nº 11.343/06, que somente deve ser aplicada nas hipóteses em que demonstrada a comercialização efetiva da droga em seu interior." (STJ – AgRg no REsp 1467983/PR – Min. Rel. Jorge Mussi).

---

220. (Cespe – Juiz de Direito Substituto – RN/2013) Considerando a teoria geral do delito, assinale a opção correta.

a) Se determinada pessoa, em decorrência de discussão em fila de hospital onde espera atendimento por ter sido agredida com um soco, acaba agredida por outro paciente e, por isso, perde um dente, deve o autor da primeira agressão responder pela prática do crime de lesão corporal agravado pelo resultado perda do dente, já que a segunda agressão ocorreu apenas porque a vítima já havia sido por ele agredida.

b) De acordo com a teoria da imputação objetiva, a criação de um risco proibido é suficiente para se atribuir ao agente o tipo incriminador, ainda que o resultado não decorra diretamente desse risco.

c) Classifica-se como crime de mão própria a ação de exigir de outrem vantagem indevida se o agente for funcionário público e, no momento da prática do ato, estiver no exercício de sua função.

d) Para a configuração do crime de desobediência, não é necessário o resultado naturalístico.

e) Aquele que, tendo obrigação de evitar o resultado, não o faz responderá pela prática de crime omissivo próprio.

COMENTÁRIOS

Alternativa correta: letra "d". O crime de desobediência (art. 330, CP) é crime **formal**, não se exigindo o advento do resultado naturalístico, qual seja o efetivo prejuízo à Administração Pública em decorrência da desobediência.

Alternativa "a". A primeira agressão é causa prévia e absolutamente independente em relação à perda do dente, porque a segunda briga não é sua consequência lógica. Por isso, o primeiro agressor não responde pelo crime de lesão corporal, sendo que este não pode ser considerado qualificado, somente pelo fato de se ter perdido um dente.

Alternativa "b". A teoria da imputação objetiva exige que haja o chamado nexo de imputação entre o risco proibido e o resultado.

Alternativa "c". Trata-se do crime de concussão (art. 316, CP), que, em verdade, é **crime próprio**, em que se exige uma qualidade especial do sujeito ativo do crime (funcionário público), mas se admite a participação.

Alternativa "e". No crime omissivo próprio, o próprio tipo penal descreve conduta omissiva. No crime omissivo impróprio, a conduta típica é comissiva, mas o resultado pode advir de uma omissão do agente que tinha o dever de agir e podia evitar o resultado.

---

221. (Cespe – Procurador do Ministério Público junto ao TCDF/2013) No que tange aos crimes contra as finanças públicas, julgue os itens seguintes.

221.1. O crime consistente em ordenar, autorizar ou executar ato que acarrete aumento de despesa total com pessoal, nos cento e oitenta dias anteriores ao final do mandato ou da legislatura, é delito material e não se caracteriza quando o aumento de despesa estiver dentro dos percentuais da receita corrente líquida estabelecidos em legislação própria.

COMENTÁRIOS

✪ **Nota do autor:** Na esteira da Lei de Responsabilidade Fiscal, acrescentou-se o Capítulo IV, aos Título dos Crimes contra a Administração Pública, tutelada, especificamente, no que tange às finanças públicas.

Certo: O crime do art. 359-G do Código Penal visa impedir que o Administrador em fim de mandato aumente o total de despesas com pessoal e, assim, inviabilize o orçamento do próximo administrador. É crime material, porque deve haver o aumento de despesa efetivamente. Mas não há crime se aumento estiver dentro dos limites percentuais de receita corrente líquida, pois estas constam da previsão orçamentária.

221.2. Por força de dispositivo expresso constante no CP, a caracterização dos crimes contra as finanças públicas depende de pronunciamento definitivo da corte de contas.

COMENTÁRIOS

Errado: Não há dispositivo no CP a exigir o prévio pronunciamento do Tribunal de Contas para se caracterizar qualquer dos crimes contra as finanças públicas. O Tribunal de Contas é órgão de auxílio ao Poder Legislativo na sua função fiscalizadora. Assim, a responsabilidade criminal é independente da política-administrativa

222. (Cespe – Procurador do Ministério Público junto ao TCDF/2013) Ângelo, funcionário público exercente do cargo de fiscal da Agência de Fiscalização do DF (AGEFIS), no exercício de suas funções, exigiu vantagem indevida do comerciante Elias, de R$ 2.000, 00 para que o estabelecimento não fosse autuado em razão de irregularidades constatadas. Para a prática do delito, Ângelo foi auxiliado por seu primo, Rubens, taxista, que o conduziu em seu veículo até o local da fiscalização, previamente acordado e consciente tanto da ação delituosa que seria empreendida quanto do fato de que Ângelo era funcionário público. Antes que os valores fossem entregues, o comerciante, atemorizado, conseguiu informar policiais militares acerca dos fatos, tendo sido realizada a prisão em flagrante de Ângelo.

Com referência a essa situação hipotética, julgue os itens a seguir.

222.1. Se Ângelo for condenado pela prática do delito praticado contra a administração pública, não caberá a seguinte agravante, prevista em artigo do CP: Ter o agente cometido o crime com abuso de poder ou violação de dever inerente a cargo, ofício, ministério ou profissão.

COMENTÁRIOS

✪ **Nota do autor:** em tese, houve o crime de concussão (art. 316, CP).

Certo: Como se trata de crime contra a Administração Pública, o agente o cometeu em abuso de poder ou violação de dever inerente ao cargo. Assim, não pode incidir a circunstância agravante (art. 61, II, *g*, CP), sob pena de haver o vedado *bis in idem*.

222.2. Ângelo responderá pelo delito de corrupção passiva, previsto em artigo do CP.

COMENTÁRIOS

✪ **Nota do autor:** reitera-se ao candidato que memorize as diferenças entre corrupção passiva e concussão.

Errado: Trata-se de crime de **concussão**, porque o agente público **exigiu a indevida vantagem**.

222.3. Tendo em vista que Elias não efetivou a entrega dos valores exigidos por Ângelo, o crime não se consumou.

COMENTÁRIOS

Errado: O crime de concussão é **formal**, se consuma com a exigência da vantagem indevida. O recebimento desta é desnecessária para a consumação do delito, sendo considerado mero exaurimento.

222.4. A condição de funcionário público comunica-se ao partícipe Rubens, que tinha prévia ciência do cargo ocupado por seu primo e acordou sua vontade com a dele para auxiliá-lo na prática do delito, de forma que os dois deverão estar incursos no mesmo tipo penal.

COMENTÁRIOS

✪ **Nota do autor:** lembrem-se que em crimes próprios, como os são os crimes contra a administração pública praticados por funcionário público, se admite a participação de terceiros.

Certo: Em que pese particular, Rubens responde pelo crime de concussão, pois tinha ciência da condição de funcionário público de Elias. Como esta condição de Elias é elemento do tipo penal, se comunica a seu partícipe, respondendo ambos pelo mesmo delito (art. 30, CP).

223. (Cespe – Delegado de Polícia – BA/2013) Em relação aos crimes contra a administração pública e aos delitos praticados em detrimento da ordem econômica e tributária e em licitações e contratos públicos, julgue os itens.

223.1. Constitui pressuposto material dos crimes de peculato-apropriação e peculato-desvio, em suas formas dolosas, a anterior posse do dinheiro, do valor ou de qualquer outro bem móvel, público ou particular, em razão do cargo ou função.

COMENTÁRIOS

✪ **Nota do autor:** o peculato apropriação e o peculato desvio, previstos no art. 312, CP, são chamados de peculatos **próprios.**

Certo: no peculato apropriação, o bem está na posse legítima da Administração Pública e o agente público passa a fazer uso da coisa como se fosse sua. É o caso do agente carcereiro que se apropria dos bens depositados pelo preso. No peculato desvio, o agente aplica altera do destino a ser aplicado ao bem público, em proveito próprio ou de terceiros. Por exemplo, o prefeito desvia a verba de representação recebida por uma viagem em interesse da Prefeitura para pagar sua hospedagem particular.

223.2. Considere a seguinte situação hipotética.

Alfredo, alegando, de forma fraudulenta, a terceiros interessados que, por ter influência sobre determinado funcionário público, poderia acelerar a conclusão de processo administrativo de interesse do grupo, cobrou desse grupo vultosa quantia em dinheiro, da qual metade lhe foi paga adiantadamente. Antes da conclusão do processo, entretanto, descobriu-se que Alfredo não tinha qualquer acesso ou influência sobre o referido funcionário. Nessa situação hipotética, a conduta de Alfredo constitui crime de estelionato, já que ele alegou ter prestígio que, na realidade, não possuía.

COMENTÁRIOS

Errado: na verdade, pelo princípio da especialidade, Alfredo cometeu o crime de tráfico de influência, pois solicitou a indevida vantagem a **pretexto de influir em ato praticado por funcionário público no exercício da função** (art. 332, CP).

224. (Cespe – Juiz Federal Substituto 5ª região/2013) Em relação aos crimes contra a administração pública, assinale a opção correta.

a) A sanção penal abstratamente cominada ao crime de advocacia administrativa depende da legitimidade, ou não, do interesse privado patrocinado perante a administração pública.

b) Poderá o juiz conceder o perdão judicial ao funcionário público que excluir culposamente dados de um dos sócios-gerentes de pessoa jurídica devedora da previdência social cadastrados no banco de dados de informática do órgão em que trabalha, desde que a exclusão não tenha causado dano ao erário.

c) Comete o delito de supressão de documento, e não o de corrupção passiva, o estagiário de órgão de fiscalização ambiental que, em razão de sua atividade, solicita dinheiro para si, a fim de destruir autos de processo administrativo no qual conste lavrado auto de infração ambiental com a consequente aplicação de penalidade de multa a pessoa jurídica causadora do dano, pois se equipara, para fins de caracterização do crime de corrupção passiva, a funcionário público quem exerce cargo, emprego ou função pública, com ou sem remuneração, salvo se na condição de estagiário.

d) Em se tratando do crime de contrabando ou descaminho, a pena aplica-se em dobro se o crime é praticado em transporte aéreo ou naval.

e) A ilegitimidade da pretensão daquele que, mediante grave ameaça, sem escusa legal, faz justiça com as próprias mãos, agrava a pena prevista para a prática do delito de exercício arbitrário das próprias razões.

COMENTÁRIOS

✪ **Nota do autor:** Advocacia administrativa: Patrocinar, direta ou indiretamente, interesse privado perante a administração pública, valendo-se da qualidade de funcionário.

Alternativa correta: letra "a". Se o funcionário público patrocinar interesse **legítimo**, a pena será de detenção, de **um a três meses, ou multa**; se for **ilegítimo**, a pena será de **três meses a um ano, além da multa**.

Alternativa "b". No crime de inserção de dados falsos em sistema de informações (art. 313-A, CP), o elemento subjetivo do tipo é o **dolo**. Não há a figura culposa, logo se o funcionário público agir com culpa, o **juiz vai absolvê-lo por atipicidade de sua conduta**. Não se trata de perdão judicial, que é forma de extinção de punibilidade.

Alternativa "c". De acordo com jurisprudência consolidada, **estagiário se compara a funcionário público para fins penais.** No entanto, no caso, o agente vai responder pelo crime de **corrupção passiva** (art. 317, CP), porque solicitou indevida vantagem econômica.

Alternativa "d". A pena aplica-se em dobro se o crime de contrabando é praticado em transporte **aéreo, marítimo ou fluvial**. Trata-se de uma lamentável "pegadinha" do examinador, que usou a expressão "naval", referente a navio, mas o transporte marítimo ou fluvial pode ocorrer por meio de outros veículos.

Alternativa "e". No crime de exercício arbitrário das próprias razões, é indiferente que a pretensão do autor da conduta seja **legítima ou ilegítima, legal ou ilegal**. Visa o Estado vedar a Justiça com as próprias mãos, pois ela é monopólio seu (art. 345, CP).

225. (Cespe – Juiz Federal Substituto 2ª região/ 2013) A respeito dos crimes contra a administração pública, assinale a opção correta.

a) No crime de sonegação de contribuição previdenciária, será extinta a punibilidade se o agente, espontaneamente, declarar e confessar as contribuições, importâncias ou valores e prestar informações devidas à previdência social, na forma definida em lei ou regulamento, após o início da ação fiscal e antes do oferecimento da denúncia.

b) O perito que fizer afirmação falsa em processo cível em que uma das partes seja o IBAMA responderá pelo crime de falsa perícia, que, no entanto, deixará de ser punível se, antes do trânsito em julgado da sentença no processo cível, citado perito retratar-se ou declarar a verdade.

c) O diretor de presídio que não vedar ao preso o acesso a aparelho de comunicação que possibilite a este conversar apenas com outros presos no mesmo estabelecimento prisional não cometerá crime porque o que a lei penal veda é a comunicação do preso com o ambiente externo. Nessa situação, o diretor responderá apenas por infração administrativa.

d) No crime de descaminho, não se admite a incidência do princípio da insignificância, sob pena de isso facilitar a sonegação fiscal.

e) Praticará o crime de denunciação caluniosa quem der causa à instauração de investigação policial contra alguém, imputando – lhe contravenção penal de que o sabe inocente.

COMENTÁRIOS

Alternativa correta: letra "e". No crime de denunciação caluniosa (art. 339, CP), o agente aciona a máquina investigativa ou judiciária do Estado, sabendo que o denunciado é inocente. Se a imputação for referente à contravenção penal, se trata de denunciação caluniosa privilegiada, pois se tem causa de diminuição de pena (art. 339, § 2º, CP).

Alternativa "a". É extinta a punibilidade se o agente, espontaneamente, declara e confessa as contribuições, importâncias ou valores e presta as informações devidas à previdência social, na forma definida em lei ou regulamento, **antes do início da ação fiscal** (art. 337-A, § 1º, CP).

Alternativa "b". No crime de inserção de dados falsos em sistema de informações (art. 313-A, CP), o elemento subjetivo do tipo é o **dolo**. Não há a figura culposa, logo se o funcionário público agir com culpa, o **juiz vai absolvê-lo por atipicidade de sua conduta**. Não se trata de perdão judicial, que é forma de extinção de punibilidade.

Alternativa "c". Trata-se de uma nova figura de **prevaricação** (art. 319-A, CP). A punição ocorre tanto se a comunicação visar outros presos ou o ambiente externo.

Alternativa "d". De acordo com a Lei nº 10.522/2002, as execuções fiscais inferiores a R$ 20.000, 00 devem ser arquivadas. Assim, a jurisprudência consolidada dos Tribunais Superiores é no sentido de que é possível a aplicação do princípio da insignificância, se o valor da elisão fiscal for inferior a R$ 20.000, 00 (vinte mil reais).

---

226. (Cespe – Juiz de Direito Substituto – MA/ 2013) Miguel, delegado de polícia, pediu ao advogado de Pedro, conduzido à delegacia em razão de ter sido flagrado em prática ilícita, o pagamento de determinada quantia em dinheiro para não lavrar o auto de prisão em flagrante. O advogado de Pedro realizou o pagamento, e o auto, conforme o acordado, não foi lavrado. Nessa situação hipotética, o delegado deve responder

a) por concussão, e o advogado, por corrupção ativa sem aumento de pena.

b) por corrupção passiva exaurida, com aumento de pena de 1/3, e o advogado não responde por nenhum delito.

c) por concussão, e o advogado não responde por nenhum delito.

d) por corrupção passiva exaurida, com aumento de pena de 1/3, e o advogado, por corrupção ativa também com aumento de pena.

COMENTÁRIOS

✪ **Nota do autor:** o candidato deve ter em mente que, quando o funcionário público solicita a indevida vantagem econômica, se o particular efetuar o pagamento, o funcionário responde por corrupção passiva, mas não há figura típica no crime de corrupção ativa, sendo a conduta do particular atípica.

Alternativa correta: letra "b". O Delegado de Polícia responde pelo crime de corrupção, porque solicitou a indevida vantagem econômica. Há incidência do aumento de pena, porque ele deixou de cumprir o ato de ofício (art. 216, § 1º, CP). Já o advogado não responde pelo crime de corrupção ativa, pois não foi ele que teve a iniciativa de subornar a Autoridade.

Alternativa "a". O Delegado não responde por crime de concussão, porque não exigiu a vantagem indevida, mas apenas a pediu (solicitou). Já o advogado não responde por corrupção ativa, porque não ofereceu, nem prometeu indevida vantagem econômica.

Alternativas "c" e "d". O Delegado de Polícia responde por corrupção passiva. Já o advogado cometeu conduta atípica.

3. DA LEGISLAÇÃO EXTRAVAGANTE

3.1. ECA

---

227. (Cespe – Defensor Público – DF/ 2013) Com base na Lei n° 11.340/2006 (Lei Maria da Penha) e na Lei n° 8.069/1990, julgue os itens que se seguem.

Conforme jurisprudência consolidada do STF e do STJ, para a configuração do crime de corrupção de menores, previsto na Lei n° 8.069/1990, são necessárias provas de que a participação na prática do crime efetivamente corrompeu o menor de dezoito anos de idade.

COMENTÁRIOS

Errado: O STF e o STJ, no que se refere à consumação do crime de corrupção de menores (art. 244-B, ECA, firmaram entendimento de que o crime de corrupção de menores é **formal**, não havendo necessidade de prova efetiva da corrupção ou da idoneidade moral anterior da vítima, bastando indicativos do envolvimento de menor na companhia do agente imputável.

Em se tratando de crimes praticados com violência doméstica e familiar contra a mulher, é possível a concessão da suspensão condicional da pena.

---

228. (Cespe – Defensor Público – ES/ 2012) Com relação às disposições do ECA, da lei que trata da violência doméstica e familiar e da lei referente à lavagem de dinheiro, julgue os itens subsequentes.

O ECA preconiza expressamente a responsabilidade penal do agente que adquirir, possuir ou armazenar, por qualquer meio, fotografia, vídeo ou outra forma de registro que contenha cena de sexo explícito ou pornográfica envolvendo criança ou adolescente, com a possibilidade de diminuição da pena, se for pequena a quantidade do material apreendido, e faculta ao juiz deixar de aplicar a sanção ou substituí-la, a qualquer tempo, por pena restritiva de direitos, se o autor, coautor ou partícipe colaborar espontaneamente com as autoridades, prestando esclarecimentos que conduzam à apuração das infrações penais, à identificação dos autores, coautores e partícipes, ou à sua localização.

COMENTÁRIOS

✪ **Nota do autor:** em matéria de ECA, o candidato deve ter em mente que a criança e o adolescente são pessoas em especial condição de desenvolvimento e, assim, são sujeitos de direito aos quais se conferem a **máxima proteção**.

Errado: Trata-se do crime previsto no art. 241-B, ECA, ao qual se prevê a causa de diminuição de pena enumerada se a quantidade de material for pequena (art. 241-B, § 1º, ECA). Contudo, não há previsão da chamada **delação premiada** para esse crime, no caso em que o juiz concede o perdão judicial ou diminuição de pena ao agente que contribui com as investigações, mediante acordo com o Ministério Público.

229. (Cespe – Analista Judiciário – Área Judiciária – TRE-RJ/2012) A respeito das disposições do Estatuto da Criança e do Adolescente, dos crimes contra o meio ambiente e dos direitos do consumidor, julgue os itens que se seguem.

As regras pertinentes à punibilidade constantes na parte geral do Código Penal são aplicáveis, de forma subsidiária, aos atos infracionais praticados por adolescentes, devendo o prazo prescricional penal ser empregado às medidas socioeducativas, que, a par de sua natureza preventiva e reeducativa, possuem também caráter retributivo e repressivo.

COMENTÁRIOS

Certo: O ECA adotou o chamado Direito Penal Juvenil, o que permite a aplicação dos dispositivos do direito penal, levando-se em consideração a condição especial da criança e do adolescente de pessoal em especial estágio desenvolvimento. Assim, por falta de disposição expressa em sentido diverso no ECA, em relação à prescrição, se adotam os critérios do CP. Da mesma forma, destacado o caráter **reeducativo** das medidas de proteção e socioeducativas, não deixam elas de ter caráter retributivo e repressivo.

3.2. LEI DE DROGAS

230. (Cespe – Delegado de Polícia – PE/2016) Se determinada pessoa, maior e capaz, estiver portando certa quantidade de droga para consumo pessoal e for abordada por um agente de polícia, ela

a) estará sujeita à pena privativa de liberdade, se for reincidente por este mesmo fato.

b) estará sujeita à pena privativa de liberdade, se for condenada a prestar serviços à comunidade e, injustificadamente, recusar a cumprir a referida medida educativa.

c) estará sujeita à pena, imprescritível, de comparecimento a programa ou curso educativo.

d) poderá ser submetida à pena de advertência sobre os efeitos da droga, de prestação de serviço à comunidade ou de medida educativa de comparecimento a programa ou curso educativo.

e) deverá ser presa em flagrante pela autoridade policial.

COMENTÁRIOS

Alternativa correta: letra "d". A Lei de Drogas distingue a resposta penal ao usuário de drogas e ao seu traficante. Enquanto a este são previstas penas privativas de liberdade severas, dada a hediondez da conduta, no crime de porte para uso, aplicam-se apenas penas restritivas de direitos, que visam afastá-lo do uso de drogas.

Alternativa "a". Mesmo sendo reincidente, aquele que porta a droga para seu consumo pessoal, só está sujeito à pena restritiva de direitos, embora essas possam ser agravadas.

Alternativa "b". Mesmo que não cumpra a pena restritiva de direitos a ele imposta, o agente não está sujeito à pena privativa de liberdade.

Alternativa "c". As penas previstas no art. 28 da Lei de Drogas prescrevem em dois anos. **Alternativa "e".** Como se trata de infração de menor potencial ofensivo, o agente não está sujeito à prisão em flagrante.

231. (Cespe – Delegado de Polícia – PE/2016) O ordenamento penal brasileiro adotou a sistemática bipartida de infração penal — crimes e contravenções penais —, cominando suas respectivas penas, por força do princípio da legalidade. Acerca das infrações penais e suas respectivas reprimendas, assinale a opção correta.

a) O crime de homicídio doloso praticado contra mulher é hediondo e, por conseguinte, o cumprimento da pena privativa de liberdade iniciar-se-á em regime fechado, em decorrência de expressa determinação legal.

b) No crime de tráfico de entorpecente, é cabível a substituição da pena privativa de liberdade por restritiva de direitos, bem como a fixação de regime aberto, quando preenchidos os requisitos legais.

c) Constitui crime de dano, previsto no CP, pichar edificação urbana. Nesse caso, a pena privativa de liberdade consiste em detenção de um a seis meses, que pode ser convertida em prestação de serviços à comunidade.

d) O STJ autoriza a imposição de penas substitutivas como condição especial do regime aberto.

e) O condenado por contravenção penal, com pena de prisão simples não superior a quinze dias, poderá cumpri-la, a depender de reincidência ou não, em regime fechado, semiaberto ou aberto, estando, em quaisquer dessas modalidades, obrigado a trabalhar.

COMENTÁRIOS

Alternativa correta: letra "b". Não constando o delito de tráfico de drogas privilegiado no rol de crimes elencado pelo art. 1º da Lei 8.072/90, cabível a fixação do regime aberto, sob pena de ofensa ao princípio da legalidade. No tocante à substituição da pena privativa de liberdade por restritivas de direitos, revela-se inconstitucional a restrição prevista nos arts. 33, §4º, e 44, ambos da Lei 11.343/06, por violação ao direito fundamental à individualização da pena. Preenchidos os requisitos do art. 44 do Código Penal, imperativa se mostra a substituição.

Alternativa "a". o crime de homicídio doloso é considerado hediondo, quando praticado em atividade típica de grupo de extermínio, ainda que cometido por um só agente, e homicídio qualificado. A simples condição de mulher da vítima não é suficiente para a configuração do crime de homicídio qualificado. Deve haver a situação de vulnerabilidade da mulher em razão do gênero para se caracterizar o feminicídio.

Alternativa "c". Pichar edificação urbana é crime contra o meio ambiente (Art. 65, Lei nº 9.605/98). Nesse caso, a pena privativa de liberdade consiste em detenção de três meses a um ano, que pode ser convertida em prestação de serviços à comunidade.

Alternativa "d". A eg. Terceira Seção do STJ, ao julgar o REsp n. 1.107.314/PR, representativo de controvérsia (art. 543-C do CPC/73), firmou orientação no sentido de que, não obstante seja lícita a determinação de condições especiais a fim da concessão para o regime aberto, não é possível ao magistrado impor quaisquer das penas substitutivas (art. 44 do Código Penal), sob pena de *bis in idem*.

Alternativa "e". O condenado pela prática de contravenção penal está sujeito a cumprir a sanção penal em regime de prisão simples, sem os rigores do sistema penitenciário.

---

232. (Cespe – Delegado de Polícia – PE/2016) Na análise das classificações e dos momentos de consumação, busca-se, por meio da doutrina e da jurisprudência pátria, enquadrar consumação e tentativa nos diversos tipos penais. A esse respeito, assinale a opção correta.

a) Conforme orientação atual do STJ, é imprescindível para a consumação do crime de furto com a posse de fato da res furtiva, ainda que por breve espaço de tempo, a posse mansa, pacífica e desvigiada da coisa, caso em que se deve aplicar a teoria da ablatio.

b) A extorsão é considerada pelo STJ como crime material, pois se consuma no momento da obtenção da vantagem indevida.

c) O crime de exercício ilegal da medicina, previsto no CP, por ser crime plurissubsistente, admite tentativa, desde que, iniciados os atos executórios, o agente não consiga consumá-lo por circunstâncias alheias a sua vontade.

d) Por ser crime material, o crime de corrupção de menores consuma-se no momento em que há a efetiva prova da prática do delito e a efetiva participação do inimputável na empreitada criminosa. Assim, se o adolescente possuir condenações transitadas em julgado na vara da infância e da juventude, em decorrência da prática de atos infracionais, o crime de corrupção de menores será impossível, dada a condição de inimputável do corrompido.

e) Segundo o STJ, configura crime consumado de tráfico de drogas a conduta consistente em negociar, por telefone, a aquisição de entorpecente e disponibilizar veículo para o seu transporte, ainda que o agente não receba a mercadoria, em decorrência de apreensão do material pela polícia, com o auxílio de interceptação telefônica.

COMENTÁRIOS

Alternativa correta: letra "e". conforme entendimento do STJ, incide no tipo penal de tráfico de drogas, na modalidade "adquirir", o agente que, embora sem receber a droga, concorda com o fornecedor quanto à coisa, não havendo necessidade, para a configuração do delito, de que se efetue a tradição da droga adquirida, pois que a compra e venda se realiza pelo consenso sobre a coisa e o preço (REsp 1.215-RJ, Sexta Turma, DJ 12/3/1990). Conclui-se, pois, que a negociação com aquisição da droga e colaboração para seu transporte constitui conduta típica, encontrando-se presente a materialidade do crime de tráfico de drogas. HC 212.528-SC, Rel. Min. Nefi Cordeiro, julgado em 1º/9/2015, DJe 23/9/2015.

Alternativa "a". O Plenário do STF consolidou a adoção da teoria da *apprehensio* (ou *amotio*), segundo a qual se considera consumado o delito de furto quando, cessada a clandestinidade, o agente detenha a posse de fato sobre o bem, ainda que seja possível à vítima retomá-lo, por ato seu ou de terceiro, em virtude de perseguição imediata. Desde então, o tema encontra-se pacificado na jurisprudência dos Tribunais Superiores.

Alternativa "b". O crime de extorsão é crime formal e se consuma no momento em que a vítima, submetida a violência ou a grave ameaça, realiza o comportamento desejado pelo criminoso (STJ – REsp nº 1.288.494/SP).

Alternativa "c". O crime de exercício ilegal da medicina é plurissubjetivo, porque suas condutas são fracionáveis. Mas, não se admite a tentativa, porque o tipo penal exige habitualidade na conduta do agente.

Alternativa "d". Para a configuração do crime de corrupção de menores, atual artigo 244-B do Estatuto da Criança e do Adolescente, não se faz necessária a prova da efetiva corrupção do menor, uma vez que se trata de delito formal, cujo bem jurídico tutelado pela norma visa, sobretudo, a impedir que o maior imputável induza ou facilite a inserção ou a manutenção do menor na esfera criminal (STJ – REsp nº 1112326/DF).

---

233. (Cespe – Juiz – TJDFT/2015) Assinale a opção correta à luz da Lei n.º 11.343/2006 (Lei de Drogas), do CP e da jurisprudência do STF.

a) O crime de associação para o tráfico, caracterizado pela associação de duas ou mais pessoas para a prática de alguns dos crimes previstos na Lei de Drogas, é delito equiparado a crime hediondo.

b) O crime de porte de entorpecentes para consumo pessoal, sem autorização ou em desacordo com determinação legal ou regulamentar, está sujeito aos prazos prescricionais do CP.

c) Na dosimetria da pena pela prática do crime de induzir, instigar ou auxiliar alguém ao uso indevido de droga, poderá ser aplicada causa de redução de pena se o agente for primário, tiver bons antecedentes e não se dedicar a atividades criminosas ou integrar organização criminosa.

d) Quanto aos crimes previstos na Lei de Drogas, será isento de pena o agente que, por ser dependente de drogas, for, ao tempo do fato, totalmente incapaz de entender o caráter ilícito da ação praticada.

e) Os crimes previstos na Lei de Drogas são insuscetíveis de anistia, graça e indulto, sendo impossível, àqueles que os praticarem, a concessão de liberdade provisória.

COMENTÁRIOS

Alternativa correta: letra "d". Trata-se do disposto no art. 41 da Lei de Drogas. No caso a dependência de drogas, retira a capacidade do agente de entender o caráter criminoso do fato e de se determinar de acordo com esse entendimento, situação de inimputabilidade.

Alternativa "a". O crime de associação para o tráfico de drogas (art. 35) não é equiparado a hediondo por falta de previsão legal. De se lembrar que o rol do art. 1º da Lei de Crimes Hediondos é taxativo e dele não consta o crime do art. 35 da Lei de Drogas.

Alternativa "b". A Lei de Drogas traz prazo prescricional específico para o crime de porte de drogas para uso próprio (art. 28, Lei de Drogas), que é de dois anos (art. 30, Lei de Drogas).

Alternativa "c". ". O crime de induzir, instigar ou auxiliar alguém ao uso indevido de droga está previsto no art. 33, § 2º, Lei de Drogas). A causa de diminuição se o agente for primário, tiver bons antecedentes e não se dedicar a atividades criminosas ou integrar organização criminosa (art. 33, § 4º, Lei de Drogas) se aplica apenas aos crimes previstos no art. 33, *caput* e § 1º, Lei de Drogas.

Alternativa "e". Os crimes previstos nos arts. 33, caput e § 1º, e 34 a 37 da Lei de Drogas são inafiançáveis e insuscetíveis de sursis, graça, indulto, anistia e liberdade provisória, vedada a conversão de suas penas em restritivas de direitos (art. 44, Lei de Drogas). Mas, a jurisprudência é no sentido de que é possível a concessão de liberdade provisória nesses casos, se ausentes os requisitos da custódia cautelar.

---

234. (Cespe – Cartório – TJ – DF/2014) A respeito dos crimes previstos no ECA, bem como dos crimes contra a propriedade intelectual, tráfico de entorpecentes, de trânsito e contra o meio ambiente, assinale a opção correta.

a) Segundo a jurisprudência predominante do STJ, a conduta daquele que, com o intuito de lucro, vender cópia de obra intelectual ou fonograma reproduzido com violação do direito de autor, sem a expressa autorização dos titulares dos direitos, não pode ser considerada materialmente típica, por ser contrária ao princípio da adequação social.

b) O bem jurídico tutelado pela lei que trata dos crimes ambientais é o meio ambiente, cuja proteção constitui direito de natureza difusa assegurado pela CF, que confere especial relevo à questão ambiental, não sendo, portanto, possível a aplicação do princípio da insignificância em favor de pessoa sem antecedentes criminais que seja surpreendida pela fiscalização do Instituto Brasileiro do Meio Ambiente e dos Recursos Naturais Renováveis no momento em que comece a pescar com petrecho de uso proibido, ainda que em área de pesca permitida.

c) Réu condenado pelos crimes de tráfico e de associação ao tráfico de entorpecentes, ainda que primário e de bons antecedentes, não pode, segundo a jurisprudência do STJ, beneficiar-se da aplicação de causa especial de diminuição de pena do tráfico privilegiado.

d) Em atenção ao princípio da lesividade, o direito penal somente pode sancionar condutas que afetem um bem jurídico de forma concreta, por essa razão é essencial à configuração do crime de embriaguez ao volante a demonstração da potencialidade lesiva da conduta do agente.

e) De acordo com o entendimento consolidado do STJ, requer-se, para a configuração do crime de corrupção de menores previsto no ECA, a existência de prova a respeito da efetiva corrupção do menor.

COMENTÁRIOS

Alternativa correta: letra "c". O tráfico privilegiado está previsto no art. 33, § 4º, Lei nº 11.343/06. Aquele que é condenado por crime de associação para o tráfico indica que a pessoa tem a vida voltada para **atividades criminosas**, o que inviabiliza o reconhecimento da causa de diminuição de pena.

Alternativa "a". A pirataria, apesar de ser prática comum no Brasil, não pode ser considerada conduta socialmente adequada, porque tutela-se o direito autoral, que encontra amparo constitucional (Súmula 502, STJ).

Alternativa "b". Apesar da tutela constitucional conferida ao meio ambiente pela Constitucional, não se pode abrir mão de princípios penais, como a **fragmentariedade e intervenção mínima**, o que implica dizer que é possível se reconhecer a insignificância em crimes ambientais.

Alternativa "d". O ordenamento jurídico brasileiro agasalha os chamados crimes de **perigo**, entre os quais estão o de embriaguez ao volante (art. 306, CTB).

Alternativa "e". O crime de corrupção de menores (art. 244-B, CP) é de natureza **formal**. Assim, não é preciso a prova de que o adolescente tenha sido corrompido, bastando a comprovação de que ele tenha participado do crime com um maior e capaz.

---

235. (Cespe – Analista Judiciário – Área Judiciária – STF/2013) No que se refere às condutas tipificadas como crimes em leis penais extravagantes, julgue os itens seguintes.

235.1. Independentemente da pena prevista, aos crimes praticados contra a mulher em situação de violência doméstica não se aplica as disposições da Lei dos Juizados Especiais Criminais.

COMENTÁRIOS

Certo: diante da vulnerabilidade da mulher vítima de violência doméstica em decorrência de **gênero**, a Lei Maria da Penha impede que se apliquem os dispositivos da Lei nº 9.099/95, qualquer que seja a pena prevista para o crime. Assim, de acordo com o art. 41 da Lei nº 11.340/06, não se pode aplicar a transação penal e a suspensão condicional do processo.

235.2. Equipara-se à figura delitiva do tráfico ilícito de substância entorpecente a conduta daquele que oferece droga, sem objetivo de lucro, a pessoa de seu relacionamento para juntos a consumirem.

COMENTÁRIOS

Errado: nesse caso, há a figura do crime de tráfico de drogas **privilegiado (art. 33, § 3º, CP)**, pois a pena prevista a tal conduta é inferior àquela do crime de **tráfico** (art. 33, *caput*, CP).

---

236. (Cespe – Delegado de Polícia Federal – DPF/2013) No que diz respeito aos crimes previstos na legislação penal extravagante, julgue os itens subsequentes.

Na Lei de Drogas, é prevista como crime a conduta do agente que oferte drogas, eventualmente e sem objetivo de lucro, a pessoa do seu relacionamento, para juntos a consumirem, não sendo estabelecida distinção entre a oferta dirigida a pessoa imputável ou inimputável.

COMENTÁRIOS

Certo. Trata-se de tipo penal previsto no art. 33, § 3º, da Lei nº 11.343/06. Observe-se que, nesta infração penal, o agente deve ofertar a droga **eventualmente, sem objetivo de lucro, para pessoa de seu relacionamento, para que juntos consumam.**

---

237. (Cespe – Delegado de Polícia – AL/ 2012) Com base na interpretação doutrinária majoritária e no entendimento dos tribunais superiores, julgue os itens.

Para a materialidade do crime de tráfico ilícito de entorpecentes pressupõe-se a apreensão da droga, todavia, o mesmo não ocorre para o crime de associação para o tráfico, cuja materialidade pode advir de outros meios de prova.

COMENTÁRIOS

✪ **Nota do autor:** essa questão foi dada como certa pela comissão examinadora. Porém, o candidato deve ficar atento ao julgado pelo STJ no HC nº 131.455/MT, de relatoria da Min. Maria Thereza de Assis Moura, ocorrido em 02 de agosto de 2012.

Certo: Não há dúvidas de que o crime para associação para o tráfico (art. 35, *caput*, Lei nº 11.343/06) não exige a apreensão de droga para a prova da materialidade delitiva, pois a conduta do agente é contribuir para o tráfico e, não necessariamente, praticá-lo, que pode ficar a cargo de outro membro da associação. Já, no crime de tráfico de drogas, a doutrina e a jurisprudência majoritárias fixaram entendimento de que é imprescindível a apreensão da droga para comprovação da materialidade delitiva. Porém, na citada decisão, a Sexta Turma do STJ decidiu que não é necessária a apreensão da droga, pois a materialidade pode ser comprovada por outros meios, como a interceptação telefônica e outros meios de investigação levada a cabo pela Polícia Judiciária.

---

238. (Cespe – Defensor Público – ES/ 2012) Julgue os itens seguintes, com relação aos crimes previstos na Lei Antidrogas, no Estatuto do Desarmamento e no CDC.

A natureza hedionda do delito de tráfico de drogas privilegiado, assim nominado pela doutrina, afasta, por si só, a possibilidade da conversão da pena privativa de liberdade em pena restritiva de direitos e a possibilidade de aplicação do regime inicial de cumprimento da pena diverso do fechado.

COMENTÁRIOS

✪ **Nota do autor:** Súmula 512, STJ: A aplicação da causa de diminuição de pena prevista no art. 33, § 4º, da Lei nº 11.343/2006 **não afasta a hediondez** do crime de tráfico de drogas.

Errado: Apesar de confirmado o caráter hediondo do crime de tráfico de drogas privilegiado, em nome do postulado constitucional de **individualização da pena**, o Juiz deve substituir a pena privativa de liberdade por restritiva de direito, se presentes os requisitos legais do art. 44 do CP. Da mesma forma, pode fixar o regime aberto ou semiaberto, caso também seja cabível esses regimes menos gravosos nos termos do art. 33, CP.

3.3. ESTATUTO DO DESARMAMENTO

239. (Cespe – Delegado de Polícia – PE/2016) Lucas, delegado de polícia de determinado estado da Federação, em dia de folga, colidiu seu veículo contra outro veículo que estava parado em um sinal de trânsito. Sem motivo justo, o delegado sacou sua arma de fogo e executou um disparo para o alto. Imediatamente, Lucas foi abordado por autoridade policial que estava próxima ao local onde ocorrera o fato.

Nessa situação hipotética, a conduta de Lucas poderá ser enquadrada como

a) crime inafiançável.

b) contravenção penal.

c) crime, com possibilidade de aumento de pena, devido ao fato de ele ser delegado de polícia.

d) crime insuscetível de liberdade provisória.

e) atípica, devido ao fato de ele ser delegado de polícia.

COMENTÁRIOS

Alternativa correta: letra "c". Lucas cometeu crime de disparo de arma de fogo (art. 15 do Estatuto do Desarmamento). A pena é agravada, porque Lucas faz parte de órgão controlador do uso de armas, a Polícia Federal (art. 20 do Estatuto do Desarmamento).

Alternativa "a". A redação original do Estatuto do Desarmamento previa que o crime de disparo de arma de fogo seria inafiançável. Porém, o STF julgou procedente ADI para declarar a inconstitucionalidade dessa disposição.

Alternativa "b". Não se trata de contravenção penal, mas de crime previsto no art. 15 do ED.

Alternativa "d". O crime de disparo de arma de fogo é suscetível de liberdade provisória.

Alternativa "e". Trata-se de crime de disparo de arma de fogo, sendo que a qualidade de Delegado faz com que incida a agravante do art. 20 do ED.

240. (Cespe – Promotor de Justiça – AC/2014) A respeito dos crimes previstos no Estatuto do Desarmamento (Lei nº 10.826/2003), assinale a opção correta com base no entendimento dos tribunais superiores.

a) Segundo entendimento consolidado do STJ, a potencialidade lesiva da arma é um dado dispensável para a tipificação do delito de porte ilegal de arma de fogo, pois o objeto jurídico tutelado não é a incolumidade física, mas a segurança pública e a paz social, colocados em risco com a posse ou o porte de armas.

b) Responde pelo crime de porte ilegal de arma de fogo o responsável legal de empresa que mantenha sob sua guarda, sem autorização, no interior de seu local de trabalho, arma de fogo de uso permitido.

c) Se for possível, mediante o uso de processos físico-químicos, recuperar numeração de arma de fogo que tenha sido raspada, estará desconfigurado o crime de porte ilegal de arma de fogo de uso restrito, devendo a conduta ser classificada como porte ilegal de arma de fogo de uso permitido.

d) Segundo entendimento do STJ, o porte de arma de fogo desmuniciada configura delito previsto no Estatuto do Desamamento por ser crime de perigo abstrato, entretanto o porte de munição desacompanhada da respectiva arma é fato atípico, visto que não gera perigo à incolumidade pública.

e) Os crimes de porte de arma de fogo de uso permitido e de disparo de arma de fogo são delitos inafiançáveis, segundo entendimento do STF.

COMENTÁRIOS

✪ **Nota do autor:** Distingue-se o crime de **posse ilegal de arma de fogo** (art. 12, Lei nº 10.826/2003) do de **porte ilegal de arma de fogo** (art. 14, Lei nº 10.826/2003), em regra, porque o primeiro a arma se encontra em local interno, como a casa, e o segundo, em ambiente externo, como na rua.

Alternativa correta: letra "a". O STJ firmou seu entendimento no sentido de que o porte de arma desmuniciada se insere no tipo descrito no art. 14 da Lei 10.826/2003, por ser delito de perigo **abstrato**, cujo bem jurídico é a segurança pública e a paz social (AgRg nos EAREsp nº 260.556/SC, Min. Sebastião Reis Júnior, Terceira Seção, DJE 3/4/2014).

Alternativa "b". Responde pelo crime de **posse ilegal de arma de fogo** (art. 12, Lei nº 10.826/2003) o responsável legal de empresa que mantenha sob sua guarda, sem autorização, no interior de seu local de trabalho, arma de fogo de uso permitido.

Alternativa "c". A apreensão da arma com a numeração raspada consuma por si só o crime de porte ilegal de arma de fogo de uso restrito (art. 16, parágrafo único, Lei nº 10.826/2003), mesmo que seja possível recuperar a numeração.

Alternativa "d". De acordo com a orientação jurisprudencial STJ, o crime de **porte ilegal de munição**, ainda que desacompanhado da respectiva arma de fogo, é delito de perigo abstrato, sendo punido antes mesmo que represente qualquer lesão ou perigo concreto (STJ – AgRg no REsp Nº 144.215-2/MG).

Alternativa "e". De fato, crimes de porte de arma de fogo de uso permitido e de disparo de arma de fogo são delitos inafiançáveis nos termos do que estabelecem os arts. 14, parágrafo único, e 15, parágrafo único, da Lei nº 10.826/2003. Porém, o STF declarou inconstitucionais estes dispositivos no julgamento da ADI nº 3.112-1, porque a inafiançabilidade de um crime só pode ser fixada em sede de norma constitucional.

---

241. (Cespe – Defensor Público – DF/ 2013) Julgue os seguintes itens, relativos aos crimes de porte ilegal de arma de fogo, roubo e falsificação.

241.1. O agente que falsificar cartão de crédito ou débito cometerá, em tese, o crime de falsificação de documento particular previsto no CP.

COMENTÁRIOS

Certo: O cartão de crédito ou o de débito é um documento, porque reproduz a possibilidade de o agente efetuar o pagamento por meio de instituição financeira. São documentos particulares, porque não emitidos por órgãos estatais, motivo pelo qual a falsidade que recai sobre eles incide em crime de falsidade de documento particular.

241.2. Conforme a jurisprudência pacificada do STF, o crime de porte ilegal de arma de fogo é de perigo abstrato, de modo que não se exige demonstração de ofensividade real para sua consumação.

COMENTÁRIOS

Certo: De acordo com a jurisprudência do STF, o crime de porte ilegal de arma de fogo é de perigo **abstrato** e de **mera conduta**, o que implica dizer que não se faz necessário demonstrar a potencialidade lesiva da arma.

---

242. (Cespe – Delegado de Polícia Federal – DPF/2013) Em cada item a seguir, é apresentada uma situação hipotética, seguida de uma assertiva a ser julgada com base no direito penal.

Um homem foi flagrado com arma de fogo de uso restrito, tendo a perícia técnica posteriormente atestado a cabal impossibilidade de o instrumento produzir disparos. Nessa situação, configura-se atípica a conduta de porte de arma, não podendo ser considerado o uso desse artefato para a prática de outra infração como majorante da pena pelo uso de arma.

COMENTÁRIOS

Anulada. No que se refere ao crime de porte de arma de fogo, ainda não é pacífico na jurisprudência, se a ineficácia da arma de fogo é típica ou não. Há entendimento no sentido de que, por ser crime de **mera conduta** e **de perigo abstrato**, é irrelevante se a arma é ineficaz ou não. Em sentido diverso, há entendimento de que a ineficácia retira a **potencialidade lesiva** da arma. Com isso, a conduta seria atípica. O uso de arma de fogo é majorante do crime de roubo (art. 157, § 1º, II, CP), mas, se comprovada a ineficácia da arma de fogo, não se pode reconhecer a majorante.

---

243. (Cespe – Delegado de Polícia – BA/2013) Em relação aos crimes contra a administração pública e aos delitos praticados em detrimento da ordem econômica e tributária e em licitações e contratos públicos, julgue os itens.

Servidor público alfandegário que, em serviço de fiscalização fronteiriça, permitir a determinado indivíduo penalmente imputável adentrar o território nacional trazendo consigo, sem autorização do órgão competente e sem o devido desembaraço, pistola de calibre 380 de fabricação estrangeira deverá responder pela prática do crime de facilitação de contrabando, com infração do dever funcional excluída a hipótese de aplicação do Estatuto do Desarmamento.

COMENTÁRIOS

Errado: Na verdade, o agente alfandegário responde pelo crime de **tráfico internacional de arma de fogo** (art. 18 do Estatuto do Desarmamento), em concurso de agentes com a outra pessoa que fez ingressar no território nacional a arma de fogo.

---

244. (Cespe – Juiz Federal Substituto 5ª região/2013) Assinale a opção correta tendo como referência o Estatuto do Desarmamento.

a) Um fazendeiro poderá pleitear à autoridade policial federal a aquisição e registro de arma de fogo, desde que preencha determinados requisitos legais, como contar com mais de vinte e um anos de idade, incorrendo na posse irregular de arma de fogo o fazendeiro que, não cumprindo esses requisitos, adquirir arma de fogo e mantê-la em sua propriedade rural.

b) Modificar as características de uma arma de fogo, de forma a torná-la equivalente a arma de fogo de uso restrito, constitui, por equiparação, crime de comércio irregular de arma de fogo.

c) O proprietário de arma de fogo legalmente registrada em seu nome deverá, no prazo de vinte e quatro horas depois de ocorrido o fato, registrar ocorrência policial e comunicar à Polícia Federal a sua perda, sob pena de responder por crime de omissão de cautela, previsto na Lei nº 10.826/2003.

d) Aquele que exerce a função de frentista em posto de combustíveis durante o período noturno e possui certificado de registro de arma de fogo da qual é o legítimo proprietário pode, sem incorrer em crime, mantê-la em seu local de trabalho, para defesa pessoal.

e) São vedadas a fabricação, a venda, a comercialização de réplicas e simulacros de armas de fogo que com estas se possam confundir, salvo as réplicas e simulacros destinados à instrução, ao adestramento, ou à coleção de usuário autorizado, nas condições fixadas pelo Comando do Exército, e os brinquedos. Aquele que, sem autorização legal, proceder à fabricação de simulacro de arma de fogo, que com esta possa se confundir, responde pelo crime de comércio ilegal de arma de fogo.

COMENTÁRIOS

✪ **Nota do autor:** a comissão organizadora entendeu que a alternativa "c" está correta. Porém, entendemos diferente.

Alternativa "a". Em regra, o porte de arma de fogo é proibido no Brasil, exceto nas hipóteses do art. 6º do Estatuto do Desarmamento. Aos moradores da zona rural, é permitido o porte conferido pela Polícia Federal, desde que presentes os seguintes requisitos: maior de **vinte e cinco anos de idade**, porte de arma de fogo para **caça de subsistência,** refira a **uma única arma** com as características descritas no art. 6º, § 5º, do ED, e os seguintes documentos: documento de identificação pessoal; II – comprovante de residência em área rural; e III – atestado de bons antecedentes.

Alternativa "b". Modificar as características de uma arma de fogo, de forma a torná-la equivalente a arma de fogo de uso restrito, constitui, por equiparação, crime de **posse ou porte ilegal de arma de fogo de uso restrito** (art. 16, parágrafo único, II, ED).

Alternativa "c". As pessoas que têm o direito ao porte de arma de fogo têm o dever jurídico de informar o extravio da arma, na esfera administrativa. Mas, a figura equiparada do art. 13, parágrafo único, do ED, exige uma qualidade especial do sujeito ativo do crime, isto é, que ele seja **proprietário ou diretor responsável de empresa de segurança e transporte de valores**. O erro da alternativa é que ela generaliza a qualquer responsável o crime omissivo previsto no art. 13 do ED.

Alternativa "d". O porte de arma de fogo só é possível no caso do art. 6º do ED. Não consta que o frentista de um posto tenha porte de arma de fogo e, neste caso, sua conduta incide no crime do art. 14, do ED, (porte ilegal de arma de fogo de uso permitido). Se fosse o responsável legal pelo estabelecimento, em tese, poderia cometer o crime de posse irregular de arma de fogo de uso permitido (art. 12, ED).

Alternativa "e". No crime de comércio ilegal de arma de fogo, exige-se que a conduta seja no exercício de atividade comercial ou industrial. Além disso, não há a figura típica da fabricação de simulacro previsto no art. 17 do ED.

---

245. (Cespe – Defensor Público – RR/2013) Assinale a opção correta de acordo com o Estatuto do Desarmamento.

a) Considere a seguinte situação hipotética. Paulo, agente de segurança de uma empresa privada, em dia de folga, efetuou diversos disparos com arma de fogo de propriedade da citada empresa, para o alto, no bairro em que morava, de modo a causar temor em desafetos que estavam nas proximidades da sua residência. Nessa situação, ficou configurado, em concurso, os crimes de disparo e porte de arma de fogo, com a incidência da causa de aumento de pena da metade, em razão da condição pessoal do agente.

b) Constitui crime a omissão de cautela necessária para impedir o acesso de menor ou deficiente mental a arma de fogo que esteja na posse ou propriedade do agente. Incidirá agravante se a omissão for imputada a integrante das Forças Armadas, das polícias ou a empregado de empresa de segurança privada.

c) As condutas consistentes em consertar, dar manutenção e executar limpeza em arma de fogo exercidas de maneira informal e na própria residência não foram contempladas no referido estatuto e, portanto, são consideradas atípicas.

d) As condutas de reciclar, recarregar, adulterar e produzir, de qualquer forma, munição ou explosivo têm como elemento normativo do tipo a sua prática sem autorização legal, sendo irrelevante, para a caracterização do delito, a quantidade de munição ou de explosivos.

e) A conduta de empregar artefato explosivo sem autorização legal ou em desacordo com determinação legal de que resulte explosão ou incêndio que acarrete perigo concreto para a vida ou o patrimônio alheio é punida nos mesmos termos do crime de disparo de arma de fogo, independentemente do concurso com os crimes de explosão e incêndio previstos no CP.

COMENTÁRIOS

Alternativa correta: letra "a". Como o sujeito ativo do crime não estava em sua atividade profissional, ele portava a arma de fogo em **desacordo com as normas legais e regulamentares**. Assim, responde pelo crime de porte de arma de fogo (art. 14, ED). Como houve disparo de arma de fogo em região habitada, fato que não configurou outro crime, há também o crime de disparo de arma de fogo (art. 15, ED). Incide ainda a causa de aumento de pena prevista no art. 20 do ED, dada a condição de segurança do autor do fato.

Alternativa "b". A causa de aumento de pena do art. 20 do ED, que se refere à condição pessoal do sujeito ativo do crime, não se aplica ao crime de omissão de cautela.

Alternativa "c". Na verdade, em tese, há a figura da posse irregular de arma de fogo de uso permitido (art. 12, ED), porque, para consertar, dar manutenção e executar limpeza de arma, ele tem que a possuir e, se forma irregular, sem observação dos deveres legais e regulamentares, há o crime em comento.

Alternativa "d". Apesar de o tipo penal não fazer menção ao número de munições, ou seja, a princípio, o número de munições seria indiferente para a configuração do tipo penal (art. 16, VI). Porém, a jurisprudência é no sentido de que o pequeno número de munições não configura o crime em comento, incidindo o princípio da **insignificância**.

Alternativa "e". No caso de haver explosão ou incêndio, nas condições descritas na alternativa, há os crimes de incêndio ou explosão (arts. 250 e 251, CP), em concurso de crimes, em tese, como o de disparo de arma de fogo (art. 15, ED).

---

246. (Cespe – Defensor Público – TO/2013) No que tange ao disposto no Estatuto do Desarmamento, assinale a opção correta.

a) Suponha que Lucas, maior, capaz, empregado de uma pedreira, seja abordado por policiais militares, no trajeto para sua residência após o trabalho, sendo encontrado em sua mochila um artefato explosivo conhecido como dinamite, sem a devida autorização. Nesse caso, a conduta é atípica, uma vez que o estatuto prevê apenas punição para o emprego de artefato explosivo sem autorização.

b) Considere que Celso tenha posse regular de arma de fogo e que, para evitar a invasão de sua propriedade, por mendigos, em zona urbana e habitada, tenha efetuado um único disparo para o alto da janela de casa. Nesse caso, Celso responderá pelo delito de disparo de arma de fogo em local habitado.

c) O crime de disparo de arma de fogo em lugar habitado ou adjacências, ou em via pública, previsto no Estatuto do Desarmamento, contempla as formas dolosa e culposa.

d) No referido estatuto, é prevista a punição, da mesma forma, para as condutas de reciclar ou recarregar munição sem autorização legal e de adulterar, por qualquer forma, munição ou explosivo, sendo irrelevante, para a caracterização do delito, a quantidade de explosivo ou a habitualidade da conduta.

e) Considere que Joca tenha a posse regular de arma de fogo de uso permitido e que, para dificultar a identificação do disparo produzido pela arma, tenha feito modificações na saída do cano. Nesse caso, com base no referido estatuto, é atípica a conduta de Joca.

COMENTÁRIOS

Alternativa correta: letra "d". As condutas de reciclar ou recarregar munição sem autorização legal e de adulterar, por qualquer forma, munição ou explosivo, são crimes equiparados ao crime de posse ou porte ilegal de arma de fogo de uso restrito (art. 16, parágrafo único, ED). No que se refere ao explosivo, devido à sua potencialidade lesiva ser maior do que as munições, a quantidade apreendida na posse do agente é indiferente para a caracterização do ilícito penal.

Alternativa "a". Em relação ao **explosivo**, o ED pune as seguintes condutas: **possuir, deter, fabricar** ou **empregar** artefato explosivo ou incendiário, sem autorização ou em desacordo com determinação legal ou regulamentar; **vender, entregar ou fornecer**, ainda que gratuitamente, explosivo a criança ou adolescente; **produzir, recarregar ou reciclar**, sem autorização legal, ou **adulterar**, de qualquer forma, explosivo. Lucas, no caso, responde pelo crime porque possuía o explosivo.

Alternativa "b". Celso tinha a **posse regular da arma** e o disparo foi feito em ato de legítima defesa, não reponde pelo crime de disparo de arma de fogo.

Alternativa "c". O crime de disparo de arma de fogo em lugar habitado ou adjacências, ou em via pública, previsto no Estatuto do Desarmamento, contempla **apenas a forma dolosa**.

Alternativa "e". No caso houve crime de **posse ou porte ilegal de arma de fogo de uso restrito**, na forma equiparada (art. 16, parágrafo único, II, ED).

---

247. (Cespe – Defensor Público – ES/ 2012) Julgue os itens seguintes, com relação aos crimes previstos na Lei Antidrogas, no Estatuto do Desarmamento e no CDC.

Suponha que Tobias, maior, capaz, tenha sido abordado por policiais militares quando trafegava em sua moto, tendo sido encontradas com ele duas armas de uso restrito e munições, e atestada, em exame pericial, a impossibilidade de as armas efetuarem disparos. Nessa situação hipotética, resta caracterizado o delito de porte de arma de uso restrito, devendo Tobias responder por crime único.

COMENTÁRIOS

✪ **Nota do autor:** a comissão examinadora entendeu o item como correto, mas a jurisprudência do STJ nos leva a concluir de forma diversa.

Errado: "1. De acordo com o entendimento firmado no âmbito desta Sexta Turma, tratando-se de crime de porte de arma de fogo, **faz-se necessária que a arma seja eficaz, vale dizer, tenha potencialidade lesiva**. 2. No caso, a arma foi apreendida e periciada. Entretanto, o laudo técnico apontou a sua total ineficácia, vale dizer, descartou, por completo, a sua potencialidade lesiva." (STJ – HC nº 122.181/ES – Min. Og Fernandes).

3.4. LEI MARIA DA PENHA

248. (Cespe – Defensor Público – RN/2015) Maria alegou ser vítima de violência doméstica praticada pelo seu ex-companheiro Lucas, com quem conviveu por cinco anos, até dele se separar. Após a separação, Lucas passou a fazer frequentes ligações telefônicas para o aparelho celular da ex-mulher durante o dia, no período em que ela está trabalhando, à noite e de madrugada. Embora Maria já tenha trocado de número telefônico algumas vezes, Lucas consegue os novos números com conhecidos e continua a fazer as ligações. Apavorada e em sofrimento psicológico, Maria procurou auxílio e obteve do juiz competente medida protetiva urgente que obriga Lucas a não manter mais contato com ela por qualquer meio de comunicação, ordem que ele, porém, não obedeceu, pois continua a fazer as ligações.

A respeito dessa situação hipotética, assinale a opção correta com base na Lei n.° 11.340/2006 e na jurisprudência dos tribunais superiores.

a) A medida protetiva de urgência concedida pelo juiz deverá ser considerada inválida, se Lucas não tiver sido previamente intimado nem ouvido, pois isso caracterizaria flagrante desrespeito ao princípio do contraditório.

b) Para garantir que Lucas cumpra a medida protetiva de urgência, o juiz pode requisitar auxílio da força policial.

c) Ao descumprir a medida protetiva imposta pelo juiz, Lucas pratica o crime de desobediência.

d) Como não houve violência física, não ficou caracterizada violência doméstica que justificasse a aplicação da medida protetiva de urgência imposta a Lucas, que deve ser revogada.

e) Para a aplicação e validade da medida protetiva de urgência, eram imprescindíveis a coabitação e a prática da violência no âmbito da unidade doméstica.

COMENTÁRIOS

Alternativa correta: letra "a". a possibilidade de requisição de força policial para se garantir a eficácia de força policial está prevista expressamente no art. 22, § 4º, Lei Maria da Penha.

Alternativa "b". As medidas cautelares de urgência têm natureza de cautelares *inaudita altera pars*. Esperar o trânsito em julgado e mesmo instalar o contraditório tira eficácia da medida.

Alternativa "c". Os Tribunais Superiores firmaram jurisprudência no sentido de que não se configura crime de desobediência o não cumprimento de medida protetiva de urgência, porque a lei prevê hipóteses de se fazer cumprir a medida ou mesmo substituí-la.

Alternativa "d". Não é preciso haver violência física para a caracterização de violência doméstica, com a violência psicológica já é suficiente.

Alternativa "e". Não é preciso a coabitação para a configuração da violência doméstica, como na hipótese em que o agressor conviva ou tenha convivido com a ofendida, independentemente de coabitação (art. 5º, III).

249. (Cespe – Juiz de Direito Substituto – AM/2016) Com relação às disposições da Lei n.º 11.340/2006 — Lei Maria da Penha —, assinale a opção correta.

a) Para os efeitos da referida lei, a configuração da violência doméstica e familiar contra a mulher depende da demonstração de coabitação da ofendida e do agressor.

b) Os juizados especiais de violência doméstica e familiar contra a mulher têm competência exclusivamente criminal.

c) É tido como o âmbito da unidade doméstica o espaço de convívio permanente de pessoas, com ou sem vínculo familiar, salvo as esporadicamente agregadas.

d) A ofendida poderá entregar intimação ou notificação ao agressor se não houver outro meio de realizar a comunicação.

e) Considera-se violência sexual a conduta de forçar a mulher ao matrimônio mediante coação, chantagem, suborno ou manipulação, assim como a conduta de limitar ou anular o exercício de seus direitos sexuais e reprodutivos.

COMENTÁRIOS

Alternativa correta: letra "e". A violência sexual atenta contra a liberdade da mulher de desenvolver livre e salutarmente a sua sexualidade, conforme prevê o art. 7º, III, da Lei Maria da Penha.

Alternativa "a". Incide a Lei Maria da Penha, se a violência doméstica ocorrer em qualquer relação íntima de afeto, na qual o agressor conviva ou tenha convivido com a ofendida, independentemente de coabitação (art. 5º, III).

Alternativa "b". Os Juizados de Violência Doméstica e Familiar contra a Mulher, órgãos da Justiça Ordinária tem competência cível e criminal (art. 14).

Alternativa "c". É tido como o âmbito da unidade doméstica o espaço de convívio permanente de pessoas, com ou sem vínculo familiar, inclusive as esporadicamente agregadas (art. 5º, I).

Alternativa "d". A ofendida não poderá entregar intimação ou notificação ao agressor (art. 21, parágrafo único).

---

250. (Cespe – Delegado de Polícia – PE/2016) Alexandre, sob o efeito de bebida alcoólica, agrediu fisicamente sua esposa Ana, causando-lhe lesões corporais.

Nessa situação hipotética, após a constatação da prática de violência contra Ana, o juiz poderá

a) dispensar a intervenção do MP, quando não for parte, em eventual causa cível decorrente do fato.

b) determinar, se a ofendida requerer, que Alexandre se afaste do lar, independentemente de manifestação do MP.

c) restringir ou suspender a visita do agressor aos seus dependentes, caso o casal tenha filhos menores.

d) substituir eventual pena de Alexandre por cessão de cestas básicas.

e) substituir eventual pena de Alexandre por multa.

COMENTÁRIOS

✪ Nota do autor: essa questão foi anulada pela comissão examinadora. Acredito que as alternativas "b" e "e" estariam corretas.

Alternativa letra "a". O Ministério Público deve intervir nas causas civis e criminais, em que não é parte, decorrentes de violência doméstica contra a mulher (art. 25, Lei Maria da Penha).

Alternativa "b". A concessão de medidas protetivas requerida pela ofendida pode ser concedida pelo juiz, sem necessidade de prévia manifestação do MP (art. 19, § 1º, Lei Maria da Penha).

Alternativa "c". A restrição ou suspensão de visitas do agressor se refere a dependentes, o que pode acontecer em relação a filhos menores ou outras pessoas em condição de dependência.

Alternativa "d". A Lei Maria da Penha veda a aplicação de pena de entrega de cestas básicas para o agressor em situação de violência doméstica contra a mulher (art. 17 da Lei Maria da Penha).

Alternativa "e". A Lei Maria da Penha veda a aplicação de pena de multa isoladamente, mas pode ser aplicada de forma cumulada, para o agressor em situação de violência doméstica contra a mulher (art. 17 da Lei Maria da Penha).

---

251. (Cespe – Analista Judiciário – Área Judiciária – STF/2013) No que se refere às condutas tipificadas como crimes em leis penais extravagantes, julgue os itens seguintes.

Independentemente da pena prevista, aos crimes praticados contra a mulher em situação de violência doméstica não se aplica as disposições da Lei dos Juizados Especiais Criminais.

COMENTÁRIOS

Certo: diante da vulnerabilidade da mulher vítima de violência doméstica em decorrência de **gênero**, a Lei Maria da Penha impede que se apliquem os dispositivos da Lei nº 9.099/95, qualquer que seja a pena prevista para o crime. Assim, de acordo com o art. 41 da Lei nº 11.340/06, não se pode aplicar a transação penal e a suspensão condicional do processo.

---

252. (Cespe – Defensor Público – DF/ 2013) Com base na Lei nº 11.340/2006 (Lei Maria da Penha) e na Lei nº 8.069/1990, julgue os itens que se seguem.

COMENTÁRIOS

Certo: A Lei Maria da Penha veda os benefícios da Lei nº 9.099/95, quais sejam, **transação penal** e **suspensão condicional do processo**. A suspensão condicional da pena é o **sursis** previsto no art. 77, CP, cuja concessão não é vedada pela lei especial.

---

253. (Cespe – Defensor Público – RR/2013) Com base no disposto na Lei Maria da Penha – Lei nº 11.340/2006 –, assinale a opção correta.

a) A lei em pauta estabelece a habitualidade das condutas como requisito configurador das infrações nela contempladas, ou seja, como elemento constitutivo do tipo.

b) Caso uma empregada doméstica, maior e capaz, ao receber a notícia que será despedida, sob a suspeita da prática de furtos, agrida seu patrão – este com sessenta e sete anos de idade – e fuja, tal conduta da empregada em face do patrão caracterizará violência doméstica expressamente tipificada na lei em questão.

c) A violência familiar, assim considerada para efeitos da lei em pauta, engloba a praticada entre pessoas unidas por vínculo jurídico de natureza familiar ou por vontade expressa.

d) O conflito entre vizinhas de que resulte violência física e agressões verbais constitui evento que integra a esfera da violência doméstica e familiar de que trata a lei em apreço.

e) Para a caracterização de violência doméstica e familiar é imprescindível a existência de vínculo familiar entre o agente e o paciente.

COMENTÁRIOS

✪ **Nota do autor:** a Lei Maria da Penha incide em casos de violência doméstica, em decorrência do **gênero**, característico da sociedade patriarcal brasileira.

Alternativa correta: letra "c". Para efeitos de incidência da Lei Maria da Penha, considera-se tanto aquela ocorrido nos círculos familiares, mesmo que já tenha se encerrado a entidade familiar, como no caso de casamento ou união estável desfeitos, bem aqueles em que não há vínculo familiar, mas há convívio permanente entre as pessoas.

Alternativa "a". Não se faz necessário que a violência contra a mulher seja habitual. Basta uma agressão para a incidência da lei, que exige o convívio familiar nos termos do art. 5º, da Lei Maria da Penha.

Alternativa "b". Não incide a Lei Maria da Penha por dois motivos: a vítima é homem e não há relação de afeto entre as partes envolvidas.

Alternativa "d". Não incide a Lei Maria da Penha por dois motivos: não há relação de afeto entre as partes envolvidas, bem como relação de coabitação.

Alternativa "e". De acordo com o art. 5º, I, da Lei Maria da Penha, mesmo que não haja relação familiar, incide a Lei Maria da Penha, desde que a convivência seja no âmbito da mesma unidade.

---

254. (Cespe – Defensor Público – ES/ 2012) Com relação às disposições do ECA, da lei que trata da violência doméstica e familiar e da lei referente à lavagem de dinheiro, julgue os itens subsequentes.

Considere que Lúcia, maior, capaz, tenha trabalhado por seis meses na residência da família Silva, como empregada doméstica, tendo abandonado a relação laboral após ter sofrido agressão física da filha mais velha do casal, que a acusara, injustamente, de furto. Nessa situação hipotética, por ser a agressora do sexo feminino e estar ausente o vínculo familiar, afasta-se a incidência da norma de violência doméstica e familiar.

COMENTÁRIOS

✪ **Nota do autor:** é possível a incidência da Lei Maria da Penha em caso de relação **homoafetiva** (art. 5º, parágrafo único).

Errado: A Lei Maria da Penha não incide no caso presente, porque não há relação de afeto entre as partes, mas apenas relação laboral.

3.5. LEI DE LICITAÇÃO

---

255. (Cespe – Procurador Federal/2013) Julgue os itens seguintes, acerca da prescrição, da reabilitação e da imputabilidade.

255.1. Não se admite a prescrição da pretensão executória antes do trânsito em julgado da sentença para ambas as partes.

COMENTÁRIOS

✪ **Nota do autor:** O termo inicial do prazo da prescrição executória é controverso na doutrina e na jurisprudência. Há entendimento de que só é necessário o trânsito em julgado para a acusação. Há de outro lado entendimento de que deve haver o trânsito em julgado para ambas as partes. No caso, a comissão examinadora adotou o posicionamento atual do STF.

Certo: A prescrição regula-se pela pena aplicada depois de proferida a sentença condenatória, sendo que, cuidando-se de **execução da pena**, o lapso prescricional flui do dia em que **transita em julgado para a acusação**, conforme previsto no artigo 112, combinado com o artigo 110 do Código Penal. De acordo com esse entendimento, com o trânsito em julgado para a acusação, a pena aplicada ao réu não mais pode ser agravada e, assim, se estabiliza a pretensão punitiva estatal.

255.2. Considere a seguinte situação hipotética.

João cumpriu pena pela prática de roubo e, decorridos dois anos do dia em que foi extinta a pena, ele pleiteou, por meio de seu advogado, sua reabilitação.

Nessa situação, para ter seu pedido deferido, João deverá, necessariamente, ressarcir o dano causado pelo crime, demonstrar a absoluta impossibilidade de fazê-lo ou exibir documento que comprove a renúncia da vítima ou a novação da dívida.

COMENTÁRIOS

✪ **Nota do autor:** Reabilitação é a declaração judicial de que estão cumpridas ou extintas as penas impostas ao sentenciado, assegurando o sigilo dos registros sobre o processo e atingindo outros efeitos da condenação (Mirabete).

Certo: Requisitos da reabilitação: a. prazo de **dois anos** do dia em que extinta a punibilidade ou terminada a execução da pena; b. domicílio no País nesse prazo; c. demonstração de bom comportamento durante esse prazo; d. ressarcimento do prejuízo à vítima ou prova de **absoluta** impossibilidade de fazê-lo ou ainda renúncia da vítima.

255.3. O CP prevê uma redução de pena para aquele que, em virtude de perturbação de saúde mental ou por desenvolvimento mental incompleto ou retardado, não seja inteiramente capaz de entender o caráter ilícito do fato ou de determinar-se de acordo com esse entendimento, circunstância que enseja uma menor reprovabilidade da conduta do agente comprovadamente naquelas condições. Tem-se, nesse caso, a denominada semi-imputabilidade, também nominada pelos doutrinadores como responsabilidade penal diminuída.

COMENTÁRIOS

✪ **Nota do autor:** A imputabilidade é um dos elementos da culpabilidade. Portanto, a sua graduação está relacionada à reprovabilidade da conduta. Imputável: pena; semi-imputável: pena reduzida ou medida de segurança; inimputável: medida de segurança.

Certo: Semi-imputável é o agente que, em virtude de perturbação de saúde mental ou por desenvolvimento mental incompleto ou retardado, **não era inteiramente capaz** de entender o caráter ilícito do fato ou de determinar-se de acordo com esse entendimento. Nesse caso, a pena pode ser reduzida de um a dois terços (art. 26, parágrafo único, CP) ou pode ser substituída por internação, se esta medida se mostrar necessária (art. 98, CP).

255.4. Mesmo que ocorra a prescrição da pretensão executória, a sentença condenatória poderá ser executada no juízo cível para efeito de reparação do dano.

COMENTÁRIOS

Certo: Com a prescrição da pretensão executória, perde-se a possibilidade jurídica de execução da pena. Mas, **permanecem outros efeitos da sentença penal condenatória**, não só no aspecto penal, como lançamento do nome no rol dos culpados e reincidência, como ainda os efeitos extrapenais, como o dever de indenizar.

---

256. (Cespe – Procurador Federal/2013) Acerca da legislação penal especial e dos crimes contra a administração pública e contra a fé pública, julgue os itens subsequentes.

Caso um procurador federal patrocinasse interesse privado perante a administração pública, dando causa à instauração de licitação cuja invalidação viesse a ser decretada pelo Poder Judiciário, tal patrocínio caracterizaria a prática do delito de advocacia administrativa.

COMENTÁRIOS

Errado: Na verdade, nesse caso, há um tipo penal especial previsto no art. 91 da Lei de Licitações. Afasta-se com isso a incidência do crime do art. 321, CP (advocacia administrativa) para aplicação da norma especial.

---

257. (Cespe – Delegado de Polícia Federal – DPF/2013) Em cada item a seguir, é apresentada uma situação hipotética, seguida de uma assertiva a ser julgada com base no direito penal.

O prefeito de um município dispensou licitação, fora das hipóteses previstas na legislação de regência, para a contratação de pessoal e bens atinentes aos festejos de São João na cidade. Nessa situação, o delito abstratamente previsto é uma infração penal em branco, homogênea ou de complementação homóloga, para cuja caracterização é imprescindível a demonstração de prejuízo ou de dolo específico, por não ser delito de mera conduta.

COMENTÁRIOS

Anulada. Trata-se de norma penal em branco, pois o complemento do tipo penal exige outras normas jurídicas, como as previstas na própria Lei nº 8.666/93, bem como em normas outras, como decretos, a regulamentar o procedimento de dispensa e inexigibilidade de licitação. De acordo com o STJ, o crime previsto no art. 89, da Lei nº 8.666/93. Exige o dolo de causar prejuo à Administração Pública e a prova do efetivo prejuízo.

---

258. (Cespe – Procurador do DF/ 2013) Com referência às penas e à sua aplicação, julgue os seguintes itens.

Conforme a jurisprudência atual do STJ, o crime de dispensar ou não exigir licitação só se configura quando há prova do dolo específico do agente em causar dano à administração pública e do prejuízo efetivo ao erário, não sendo bastante o dolo genérico de desobedecer às normas legais do procedimento licitatório.

COMENTÁRIOS

Certo. Em regra, no Direito brasileiro, as contratações feitas pela Administração devem ser feitas por meio de processo licitatório. Mas, excepcionalmente, admite-se a inexigibilidade e a dispensa da licitação, que deve ser feita mediante procedimento administrativo prévio. No nosso entender, mais do que o aspecto patrimonial, o art. 89, LL, tutela justamente este aspecto da impessoalidade e moralidade relacionados à licitação. Contudo, o STJ firmou entendimento de que é necessária prova do dolo específico de causar dano ao Erário e a sua efetivação (STJ – AgRg. no REsp. nº 130.417-9/RS. Rel. Min. Jorge Mussi).

---

259. (Cespe – Procurador BACEN/2013) Em relação aos crimes contra a administração pública e aos previstos na Lei n° 8.666/1993, assinale a opção correta.

a) Servidor do BACEN que, no exercício do cargo, celebrar contrato com empresa declarada inidônea, gerando prejuízo ao erário, com a destinação diversa de verbas públicas prevista em lei, deve responder pelo crime de emprego irregular de verbas públicas.

b) Responderá por crime previsto na referida lei o servidor público que exija de concorrente em processo licitatório tributo que saiba indevido.

c) Agente terceirizado que exerça a função de assistente de licitação no BACEN não responde por crime previsto na citada lei, por não ser servidor ou empregado público, embora responda subsidiariamente por crime contra a administração pública.

d) O procurador do BACEN que praticar crime previsto na referida lei estará sujeito, além das sanções penais, à perda do cargo público.

e) Considere que um servidor público ocupante de cargo comissionado em órgão da administração direta tenha frustrado, mediante ajuste, o caráter competitivo de procedimento licitatório, com o intuito de obter vantagem pessoal decorrente da adjudicação do objeto da licitação. Nessa situação, a pena prevista para o crime cometido pelo referido servidor será aumentada de um sexto.

COMENTÁRIOS

Alternativa correta: letra "d". Nos termos do art. 83 da Lei de Licitações, a condenação por crimes nela previstos acarreta, além da imposição de pena, a perda do cargo, emprego, função ou mandado eletivo, em caso de o sujeito ativo do crime for servidor público. Trata-se e efeito extrapenal da condenação que deve ser fundamentado pelo Juiz.

Alternativa "a". A celebração de contrato com empresa declarada inidônea é crime específico da Lei de Licitações (art. 97, LL).

Alternativa "b". O funcionário público que exige tributo que sabe indevido, comete o crime de **excesso de exação** (art. 316, § 1º, CP).

Alternativa "c". Quando a Lei de Licitações exige a condição especial de funcionário público ao autor de crime nela previsto, tem-se os chamados crimes próprios, os quais admitem a participação de particulares, como agentes terceirizados.

Alternativa "e". No CP, há causa de aumento de um terço, se o autor dos crimes contra a Administração Pública for ocupante de cargo em comissão (art. 327, § 2º, CP). Não há na lei de licitações dispositivo nesse sentido. Assim, não se aplica a causa de aumento em caso de agente comissionado que comete crime que frustre o caráter concorrencial da licitação.

---

260. (Cespe – Procurador do Ministério Público junto ao TCDF/2013) No que se refere aos crimes contra a fé pública e contra a administração pública, aos delitos previstos na Lei de Licitações e à aplicação de pena, julgue os itens consecutivos.

Para a caracterização do delito de dispensar ou inexigir licitação fora das hipóteses previstas em lei, ou de deixar de observar as formalidades pertinentes a estas, é indispensável a presença de dolo, não se admitindo culpa.

COMENTÁRIOS

Certo: Trata-se da figura típica do art. 89 da Lei de Licitações, o qual não prevê a modalidade culposa, mas apenas a dolosa.

---

261. (Cespe – Procurador do Ministério Público junto ao TCDF/2013) Em 15 de janeiro de 2012, Fábio, com vinte anos de idade, sócio da empresa Diversões Ltda., pretendendo sagrar-se vencedor em licitação aberta para contratar a execução de show comemorativo do aniversário da cidade de Brasília, coagiu moralmente o funcionário público Mateus, ameaçando ofender a integridade física de seus filhos menores, se ele não introduzisse no edital licitatório cláusula que direcionasse o certame para favorecer sua empresa. Temeroso de que as ameaças se concretizassem, Mateus elaborou o edital e dele fez constar cláusulas destinadas a assegurar a vitória da empresa de Fábio, frustrando, dessa forma, o caráter competitivo da licitação.

Acerca dessa situação hipotética, julgue os itens que se seguem.

261.1. O sujeito ativo do crime de frustrar ou fraudar o caráter competitivo do procedimento licitatório, previsto em artigo da Lei de Licitações e Contratos, poderá ser tanto o particular que concorre na licitação quanto o servidor público com atuação no procedimento licitatório, razão por que, na hipótese em questão, Fábio e Mateus poderiam figurar no polo passivo de ação penal pertinente.

COMENTÁRIOS

Certo: O crime de frustrar ou fraudar o caráter competitivo do procedimento licitatório é previsto no art. 89 da LL. No *caput*, o legislador previu um crime próprio cometido pelo servidor público. Já, no parágrafo único, há a previsão do crime praticado por particular. Para a doutrina, esse parágrafo seria desnecessário em face do art. 30 do CP.

261.2. A coação moral irresistível é uma hipótese de autoria mediata, em que o autor da coação detém o domínio do fato e comete o fato punível por meio de outra pessoa.

COMENTÁRIOS

Certo: Na autoria mediata, o autor imediato do crime usa aquele cuja vontade está viciada (autor mediato) como se fosse um mero instrumento do crime. Assim, apenas o primeiro responde pelo crime, enquanto o segundo não responde, pois teve sua vontade suprimida pela coação moral irresistível.

261.3. Para a consumação do delito de frustrar ou fraudar o caráter competitivo do procedimento licitatório, previsto em artigo da Lei de Licitações e Contratos, seria necessário que Mateus tivesse auferido vantagem decorrente da adjudicação do objeto da licitação.

COMENTÁRIOS

Errado: O crime do art. 89 da Lei de Licitações não tutela apenas o patrimônio da Administração Pública, mas também princípios administrativos, como a legalidade e a moralidade. Por isso, não é preciso que o agente obtenha vantagem patrimonial em detrimento da Administração.

---

262. (Cespe – Delegado de Polícia – BA/2013) Em relação aos crimes contra a administração pública e aos delitos praticados em detrimento da ordem econômica e tributária e em licitações e contratos públicos, julgue os itens.

Considere a seguinte situação hipotética.

Pedro e Paulo simularam contrato de gestão com o objetivo de dispensar licitação em situação que não configurava hipótese de dispensa autorizada por lei. Em processo criminal, Pedro foi condenado à pena de dois anos e um mês de detenção e Paulo, à pena de três anos e dois meses de detenção e, apesar de não ter sido comprovada a obtenção de vantagem econômica, ambos foram condenados, ainda, ao pagamento de multa. Nessa situação hipotética, o juiz agiu corretamente ao aplicar a pena pecuniária.

COMENTÁRIOS

✪ **Nota do autor:** considera-se crime a dispensa ou inexigência de licitação fora das hipóteses previstas em lei.

Errado: Na Lei de Licitações, as penas pecuniárias têm um tratamento especial a afastar a incidência dos arts. 49 a 52, CP. Com efeito, de acordo com o art. 99 da Lei de Licitações, a pena pecuniária haverá de corresponder ao **valor da vantagem efetivamente obtida ou potencialmente auferível pelo agente**. Como, no caso, não houve prejuízo material, não podem os agentes serem condenados ao pagamento de multa.

---

263. (Cespe – Advogado da União/2012) Julgue os itens a seguir, que versam sobre crimes relacionados às licitações e delitos contra a fé pública e as relações de consumo.

A caracterização do ilícito de dispensa irregular de licitação prescinde da comprovação do prejuízo ao erário, sendo suficiente, para que o crime se configure, a ocorrência da mera dispensa e do dolo específico.

COMENTÁRIOS

Errado: De acordo com jurisprudência do STJ, para a caracterização do crime do art. 89 da Lei nº 8.666/96, são indispensáveis o **dolo específico do agente** de fraudar a exigibilidade da licitação, bem como o **prejuízo ao erário** (STJ – AgRg no AREsp 161.059/MA). Veja-se que, se não comprovado prejuízo ao erário, não há crime, mas permanece o ilícito administrativo e a improbidade administrativa.

3.6. CRIMES CONTRA A ORDEM TRIBUTÁRIA, ECONÔMICA E RELAÇÕES DE CONSUMO

---

264. (Cespe – Juiz de Direito Substituto – AM/2016) Com relação ao direito penal econômico, assinale a opção correta.

a) Para a configuração do crime de lavagem de capitais não se exige a existência de delito antecedente.

b) Constitui crime contra as relações de consumo favorecer ou preferir, com ou sem justa causa, comprador ou freguês, ressalvados os sistemas de entrega ao consumo por intermédio de distribuidores ou revendedores.

c) Em se tratando dos crimes previstos na Lei n.º 8.137/1990, havendo quadrilha ou coautoria, deve ser reduzida de um sexto a um terço a pena do coautor ou partícipe que, em confissão espontânea, revelar à autoridade policial ou judicial toda a trama delituosa.

d) Ainda que se trate de crimes contra as relações de consumo, o consentimento do ofendido pode ser considerado excludente da tipicidade.

e) Tanto pode ser doloso quanto culposo o crime de aumento de despesa com pessoal no último ano do mandato ou legislatura, prevista a mesma pena para ambos os casos.

COMENTÁRIOS

Alternativa correta: letra "d". os crimes contra a relação de consumo tutelam o direito coletivo em sentido amplo de se ter lealdade nas relações econômicas, em que o consumo é uma das vertentes. Assim, como não se tutela uma condição subjetiva, há crime contra a relação de consumo, mesmo que haja consentimento do consumidor à conduta do agente.

Alternativa "a". O dolo antecedente é imprescindível nos crimes de lavagem de dinheiro. Em verdade, o agente tem de ter ciência da ocorrência do crime anterior, cujo produto ele visa promover a lavagem de dinheiro.

Alternativa "b". Constitui crimes contra a relação de consumo favorecer ou preferir, **sem justa causa**, comprador ou freguês, ressalvados os sistemas de entrega ao consumo por intermédio de distribuidores ou revendedores (art. 7º, I, da Lei nº 8.137/90).

Alternativa "c". Cometerá o crime de atentado de liberdade de trabalho aquele que constranger alguém, mediante violência ou grave ameaça, **a celebrar** contrato de trabalho.

Alternativa "d". É **crime doloso** ordenar, autorizar ou executar ato que acarrete aumento de despesa total com pessoal, nos cento e oitenta dias anteriores ao final do mandato ou da legislatura (art. 359-G, CP).

265. (Cespe – Procurador do Estado – BA/2014) Julgue os itens que se seguem, referentes aos diversos tipos penais.

Aquele que utilizar laudo médico falso para, sob a alegação de possuir doença de natureza grave, furtar-se ao pagamento de tributo, deverá ser condenado apenas pela prática do delito de sonegação fiscal se a falsidade ideológica for cometida com o exclusivo objetivo de fraudar o fisco, em virtude da aplicação do princípio da subsidiariedade.

COMENTÁRIOS

Errado. Nos termos da jurisprudência do STJ, é aplicável o **princípio da consunção** quando o crime de **falsidade ideológica – crime meio** – é praticado para facilitar ou encobrir a falsa declaração, com vistas à efetivação do pretendido crime de **sonegação fiscal – crime fim** –, localizando-se na mesma linha de desdobramento causal de lesão ao bem jurídico, integrando, assim, o *iter criminis* do delito-fim (STJ – AgRg nos EDcl no REsp 1266272/PR – Rel. Min. Laurita Vaz).

Suponha que, antes do término do correspondente processo administrativo de lançamento tributário, o MP tenha oferecido denúncia contra Maurício, por ter ele deixado de fornecer, em algumas situações, notas fiscais relativas a mercadorias efetivamente vendidas em seu estabelecimento comercial. Nesse caso, de acordo com a jurisprudência pacífica do STF, a inicial acusatória não deve ser recebida pelo magistrado, dada a ausência de configuração de crime material.

COMENTÁRIOS

✪ **Nota do autor:** Súmula Vinculante nº 24: Não se tipifica crime material contra a ordem tributária, previsto no **art. 1º, incisos I a IV, da Lei nº 8.137/90**, antes do lançamento definitivo do tributo.

Errado. No caso em tela, o agente deixou de fornecer, em algumas situações, notas fiscais relativas a mercadorias efetivamente vendidas em seu estabelecimento comercial. Logo, sua conduta incide no art. 1º, **inciso V, da Lei nº 8.137/90**. Trata-se da única hipótese do art. 1º da Lei nº 8.137/90 em que se tem **crime formal** e que, portanto, não se faz necessário o final do lançamento tributário.

266. (Cespe – Procurador Federal/2013) Julgue os itens seguintes, acerca da prescrição, da reabilitação e da imputabilidade.

266.1. Não se admite a prescrição da pretensão executória antes do trânsito em julgado da sentença para ambas as partes.

COMENTÁRIOS

✪ **Nota do autor:** O termo inicial do prazo da prescrição executória é controverso na doutrina e na jurisprudência. Há entendimento de que só é necessário o trânsito em julgado para a acusação. Há de outro lado entendimento de que deve haver o trânsito em julgado para ambas as partes. No caso, a comissão examinadora adotou o posicionamento atual do STF.

Certo: A prescrição regula-se pela pena aplicada depois de proferida a sentença condenatória, sendo que, cuidando-se de **execução da pena**, o lapso prescricional flui do dia em que **transita em julgado para a acusação**, conforme previsto no artigo 112, combinado com o artigo 110 do Código Penal. De acordo com esse entendimento, com o trânsito em julgado para a acusação, a pena aplicada ao réu não mais pode ser agravada e, assim, se estabiliza a pretensão punitiva estatal.

266.2. Considere a seguinte situação hipotética.

João cumpriu pena pela prática de roubo e, decorridos dois anos do dia em que foi extinta a pena, ele pleiteou, por meio de seu advogado, sua reabilitação.

Nessa situação, para ter seu pedido deferido, João deverá, necessariamente, ressarcir o dano causado pelo crime, demonstrar a absoluta impossibilidade de fazê-lo ou exibir documento que comprove a renúncia da vítima ou a novação da dívida.

COMENTÁRIOS

✪ **Nota do autor:** Reabilitação é a declaração judicial de que estão cumpridas ou extintas as penas impostas ao sentenciado, assegurando o sigilo dos registros sobre o processo e atingindo outros efeitos da condenação (Mirabete).

Certo: Requisitos da reabilitação: a. prazo de **dois anos** do dia em que extinta a punibilidade ou terminada a execução da pena; b. domicílio no País nesse prazo; c. demonstração de bom comportamento durante esse prazo; d. ressarcimento do prejuízo à vítima ou prova de **absoluta** impossibilidade de fazê-lo ou ainda renúncia da vítima.

266.3. O CP prevê uma redução de pena para aquele que, em virtude de perturbação de saúde mental ou por desenvolvimento mental incompleto ou retardado, não seja inteiramente capaz de entender o caráter ilícito do fato ou de determinar-se de acordo com esse entendimento, circunstância que enseja uma menor reprovabilidade da conduta do agente comprovadamente naquelas condições. Tem-se, nesse caso, a denominada semi-imputabilidade, também nominada pelos doutrinadores como responsabilidade penal diminuída.

COMENTÁRIOS

✪ **Nota do autor:** A imputabilidade é um dos elementos da culpabilidade. Portanto, a sua graduação está relacionada à reprovabilidade da conduta. Imputável: pena; semi-imputável: pena reduzida ou medida de segurança; inimputável: medida de segurança.

Certo: Semi-imputável é o agente que, em virtude de perturbação de saúde mental ou por desenvolvimento mental incompleto ou retardado, **não era inteiramente capaz** de entender o caráter ilícito do fato ou de determinar-se de acordo com esse entendimento. Nesse caso, a pena pode ser reduzida de um a dois terços (art. 26, parágrafo único, CP) ou pode ser substituída por internação, se esta medida se mostrar necessária (art. 98, CP).

266.4. Mesmo que ocorra a prescrição da pretensão executória, a sentença condenatória poderá ser executada no juízo cível para efeito de reparação do dano.

COMENTÁRIOS

Certo: Com a prescrição da pretensão executória, perde-se a possibilidade jurídica de execução da pena. Mas, **permanecem outros efeitos da sentença penal condenatória**, não só no aspecto penal, como lançamento do nome no rol dos culpados e reincidência, como ainda os efeitos extrapenais, como o dever de indenizar.

---

267. (Cespe – Procurador Federal/2013) Acerca da legislação penal especial e dos crimes contra a administração pública e contra a fé pública, julgue os itens subsequentes.

O agente que suprimir tributo mediante a falsificação ou alteração de nota fiscal praticará crime contra o Sistema Financeiro Nacional.

COMENTÁRIOS

Errado: Na verdade, nesse caso, o agente comete crime contra a ordem tributária, pois houve sonegação de tributo, mediante a falsificação de documento fiscal (art. 1º, III, Lei nº 8.137/90)

---

268. (Cespe – Delegado de Polícia Federal – DPF/2013) No que diz respeito aos crimes previstos na legislação penal extravagante, julgue os itens subsequentes.

Se os crimes funcionais, previstos no art. 3.º da Lei nº 8.137/1990, forem praticados por servidor contra a administração tributária, a pena imposta aumentará de um terço até a metade.

COMENTÁRIOS

Errado. A qualidade de servidor público já é **elemento do tipo penal**, motivo pelo qual não pode ser considerada causa de aumento de pena, sob pena de *bis in idem* indevido, até mesmo, em decorrência de falta de previsão legal.

---

269. (Cespe – Procurador do Ministério Público junto ao TCDF/2013) No que se refere aos crimes contra a fé pública e contra a administração pública, aos delitos previstos na Lei de Licitações e à aplicação de pena, julgue os itens consecutivos.

No crime funcional contra a ordem tributária consistente em exigir, solicitar ou receber, para si ou para outrem, direta ou indiretamente, ainda que fora da função ou mesmo antes de iniciar seu exercício, mas em razão dela, vantagem indevida; ou aceitar promessa de tal vantagem, para deixar de lançar ou cobrar tributo ou contribuição social, ou cobrá-los parcialmente, extingue-se a punibilidade do agente, desde que haja pagamento integral do tributo antes da persecução penal em juízo, nos termos da lei regente dos crimes contra a ordem tributária.

COMENTÁRIOS

✪ **Nota do autor:** o examinador entendeu que essa questão está incorreta. Porém, há divergência doutrinária e jurisprudencial acerca do tema, o que nos levaria à anulação da questão.

Anulada: No REsp nº 1.111.687/RO, o Min. Nilson Naves, em decisão monocrática, decidiu que o pagamento do tributo também extingue a punibilidade do servidor público que comete crime funcional contra a ordem tributária (art. 3º, Lei nº 8.137/90), porque a lei não faz qualquer tipo de exceção, ou seja, qualquer que seja o crime contra a ordem tributária, efetuado o pagamento, extingue-se a punibilidade. Porém, há entendimento em sentido diverso. Assim, Guilherme Nucci sustenta que o pagamento do tributo não extingue a punibilidade em crimes funcionais contra a ordem tributária, porque o objeto jurídico tutelado, além da arrecadação tributária, também é a moralidade da administração pública, com a qual não se pode transigir.

---

270. (Cespe – Delegado de Polícia – BA/2013) Em relação aos crimes contra a administração pública e aos delitos praticados em detrimento da ordem econômica e tributária e em licitações e contratos públicos, julgue os itens.

Servidor público que, na qualidade de agente fiscal, exigir vantagem indevida para deixar de emitir auto de infração por débito tributário e de cobrar a consequente multa responderá, independentemente do recebimento da vantagem, pela prática do crime de concussão, previsto na parte especial do Código Penal (CP).

COMENTÁRIOS

✪ **Nota do autor:** a Lei nº 8.137/90 traz crimes que podem ser cometidos pelo contribuinte, bem como pelos agentes públicos do Fisco, crimes especiais que afastam a incidência daqueles previstos no CP contra a Administração Pública, em caso de conflito aparente de normas.

Errado: Como o agente público exigiu indevida vantagem econômica, a princípio, sua conduta se subsumiria no crime de concussão (art. 316, CP). Porém, como se trata de **agente fiscal** e a exigência indevida **está relacionada ao Fisco**, pelo princípio da especialidade, o crime cometido por ele é o previsto no art. 3º, II, Lei nº 8.137/90.

---

271. (Cespe – Juiz Federal Substituto 5ª região/2013) No que se refere aos delitos de natureza econômica, financeira, tributária e decorrentes das relações de consumo, assinale a opção correta.

a) Admite-se a modalidade culposa do crime de omitir informação relevante sobre a durabilidade de produto alimentício no exercício de atividade comercial.

b) O dono de posto de combustível que adquire dois mil litros gasolina e, então, mistura a gasolina a água e solvente, colocando o produto adulterado à venda em seu estabelecimento comercial, comete o delito de estelionato previsto no art. 171 do CP, já que, com essa conduta, obtém, mediante fraude, vantagem econômica ilícita em prejuízo de terceiro.

c) Em se tratando de crime de supressão de tributo mediante falsificação de nota fiscal, o sócio gerente responsável pela administração contábil e financeira da empresa que admitir à autoridade policial ter praticado o delito e revelar a participação de outros sócios, ou mesmo de contadores e falsários, salvo em caso de quadrilha, será beneficiado pela diminuição da pena, de um a dois terços, na terceira fase de sua aplicação.

d) Tratando-se de crimes contra o sistema financeiro, a pessoa jurídica poderá ser condenada criminalmente quando comprovada a ofensa a bens supraindividuais, a fim de se manter a confiabilidade do sistema como um todo.

e) Não constitui crime a conduta de deixar de fornecer à fiscalização tributária documento obrigatório relativo à prestação de serviços realizada, sujeitando-se o infrator a penalidade administrativa e ao pagamento de multa.

COMENTÁRIOS

✪ **Nota do autor:** A Lei nº 8.137/90 define crimes contra a **ordem tributária, econômica** e contra as **relações de consumo**, e dá outras providências. Já a Lei nº 7.492/86 prevê crimes contra **sistema financeiro.**

Alternativa correta: letra "a". É dever legal do fornecedor informar ao consumidor sobre o prazo de validade do produto (art. 31, Código de Defesa do Consumidor). Nos termos da Lei nº 8.137/90, é crime contra as relações de consumo vender ou expor à venda mercadoria cuja embalagem, tipo, especificação, peso ou composição esteja em desacordo **com as prescrições legais**, como ocorre na falta de informação sobre a validade do produto. Esse crime é punido na forma dolosa (art. 7º, II, da Lei nº 8.137/90) e na forma culposa, hipótese em que a pena é diminuída (art. 7º, parágrafo único, Lei nº 8.137/90).

Alternativa "b". Tem-se como figura típica dos crimes contra a relação de consumo: "vender, ter em depósito para vender ou expor à venda ou, de qualquer forma, entregar matéria-prima ou mercadoria, em **condições impróprias ao consumo**" (art. 7º, IX, Lei nº 8.137/90). Assim, a adulteração de gasolina é crime contra as relações de consumo. Não há estelionato, porque não há vítima determinada, mas a coletividade.

Alternativa "c". Nos crimes previstos na Lei nº 8.137/90, cometidos em quadrilha (atual crime de associação criminosa) ou coautoria, o coautor ou partícipe que através de confissão espontânea revelar à autoridade policial ou judicial toda a trama delituosa terá a sua pena reduzida de um a dois terços (art. 16, parágrafo único).

Alternativa "d". A Constituição Federal de 1988 previu a possibilidade de responsabilidade penal da pessoa jurídica em crimes contra o sistema financeiro (art. 175, § 3º, CF/88). Porém, a Lei nº 7.492/86 não prevê a responsabilidade penal da pessoa jurídica. Assim, por enquanto, em nome do postulado da **reserva legal**, não é possível a punição da pessoa jurídica por crime contra o sistema financeiro.

Alternativa "e". Deixar de fornecer à fiscalização tributária documento obrigatório relativo à prestação de serviços realizada **é crime contra a ordem tributária** nos termos do art. 1º, V, da Lei nº 8.137/90, sujeitando-se o infrator a penalidade administrativa e ao pagamento de multa.

---

272. (Cespe – Analista Judiciário – Área Judiciária – STJ/2012) No que concerne ao direito penal, julgue os itens que se seguem.

Praticará crime contra a ordem tributária o gerente de empresa que elevar o valor de venda a prazo de determinados bens mediante cobrança de comissão considerada ilegal.

COMENTÁRIOS

Errado: Praticará crime contra as **relações de consumo** o gerente de empresa que elevar o valor de venda a prazo de determinados bens mediante cobrança de comissão considerada ilegal (art. 7º, V, da Lei nº 8.137/90).

273. (Cespe – Advogado da União/2012) Julgue os itens a seguir, que versam sobre crimes relacionados às licitações e delitos contra a fé pública e as relações de consumo.

A lei estabelece, com relação ao sistema de vendas ao consumidor em que o preço do produto seja sugerido pelo fabricante, que, se este praticar crime contra as relações de consumo, responderá por esse ato também o distribuidor ou o revendedor.

COMENTÁRIOS

Errado: No direito penal brasileiro, se veda a responsabilidade penal objetiva. Portanto, se o distribuidor ou o revendedor não tinha ciência do ilícito perpetrado pelo fabricante, não o auxiliando em sua conduta, não responde pelo crime.

3.7. CRIMES CONTRA O SISTEMA FINANCEIRO NACIONAL

274. (Cespe – Delegado de Polícia – PE/2016) A respeito da legislação penal extravagante brasileira, assinale a opção correta.

a) Não constitui crime de abuso de autoridade a conduta, consumada ou tentada, de violação de domicílio, fora das hipóteses constitucionais e legais de ingresso em casa alheia, quando praticada por delegado de polícia, uma vez que este está amparado pelo estrito cumprimento do dever legal, como causa legal de exclusão de ilicitude da conduta típica.

b) O direito penal econômico visa tutelar os bens jurídicos de interesse coletivo e difuso, coibindo condutas que lesem ou que coloquem em risco o regular funcionamento do sistema econômico-financeiro, podendo estabelecer como crime ações contra o meio ambiente sustentável.

c) Agente absolvido de crime antecedente de tráfico de drogas, em razão de o fato não constituir infração penal, ainda poderá ser punido pelo crime de branqueamento de capitais, uma vez que a absolvição daquele crime precedente pela atipicidade não tem o condão de afastar a tipicidade do crime de lavagem de dinheiro.

d) Segundo entendimento do STJ, o crime de porte ilegal de arma de fogo é delito de perigo abstrato, considerando-se típica a conduta de porte de arma de fogo completamente inapta a realizar disparos e desmuniciada, ainda que comprovada a inaptidão por laudo pericial.

e) Para o STF, haverá crime contra a ordem tributária, ainda que esteja pendente de recurso administrativo que discuta o débito tributário em procedimento fazendário específico, haja vista independência dos poderes.

COMENTÁRIOS

Alternativa correta: letra "b". A Constituição estabelece, como princípio da ordem econômica, a proteção do meio ambiente, com o que se legitima a defesa do meio ambiente por norma de Direito Penal Econômico.

Alternativa "a". O Delegado de Polícia, como qualquer outra pessoa, tem o dever de observar os parâmetros constitucionais de inviolabilidade do domicílio. Ou seja, depende de mandado para cumprir diligência durante do dia, não o podendo à noite, além de outras hipóteses, como o consentimento do titular do direito e em caso de flagrante delito.

Alternativa "c". O crime de lavagem de dinheiro é classificado como crime remetido, porque depende da existência de um prévio crime ou contravenção penal. Não se exige prova dessa infração penal antecedente, mas há de haver ao menos indícios dessas infrações. A absolvição por esses crimes afasta a existência de seus indícios e, com isso, afasta-se o crime de lavagem de dinheiro.

Alternativa "d". O crime de porte de arma de fogo é de perigo abstrato, mas, afastada por laudo pericial, a aptidão da arma para causar perigo, a conduta do agente é atípica.

Alternativa "e". Para o STF, o crime contra a ordem tributária é material e só se consuma quando comprovada a sonegação, o que só ocorre com a constituição definitiva do débito no processo administrativo-tributário.

275. (Cespe – Procurador Federal/2013) Julgue os itens seguintes, acerca da prescrição, da reabilitação e da imputabilidade.

275.1. Não se admite a prescrição da pretensão executória antes do trânsito em julgado da sentença para ambas as partes.

COMENTÁRIOS

✪ **Nota do autor:** O termo inicial do prazo da prescrição executória é controverso na doutrina e na jurisprudência. Há entendimento de que só é necessário o trânsito em julgado para a acusação. Há de outro lado entendimento de que deve haver o trânsito em julgado para ambas as partes. No caso, a comissão examinadora adotou o posicionamento atual do STF.

Certo: A prescrição regula-se pela pena aplicada depois de proferida a sentença condenatória, sendo que, cuidando-se de **execução da pena**, o lapso prescricional flui do dia em que **transita em julgado para a acusação**, conforme previsto no artigo 112, combinado com o artigo 110 do Código Penal. De acordo com esse entendimento, com o trânsito em julgado para a acusação, a pena aplicada ao réu não mais pode ser agravada e, assim, se estabiliza a pretensão punitiva estatal.

275.2. Considere a seguinte situação hipotética.

João cumpriu pena pela prática de roubo e, decorridos dois anos do dia em que foi extinta a pena, ele pleiteou, por meio de seu advogado, sua reabilitação.

Nessa situação, para ter seu pedido deferido, João deverá, necessariamente, ressarcir o dano causado pelo crime, demonstrar a absoluta impossibilidade de fazê-lo ou exibir documento que comprove a renúncia da vítima ou a novação da dívida.

COMENTÁRIOS

✪ **Nota do autor:** Reabilitação é a declaração judicial de que estão cumpridas ou extintas as penas impostas ao sentenciado, assegurando o sigilo dos registros sobre o processo e atingindo outros efeitos da condenação (Mirabete).

Certo: Requisitos da reabilitação: a. prazo de **dois anos** do dia em que extinta a punibilidade ou terminada a execução da pena; b. domicílio no País nesse prazo; c. demonstração de bom comportamento durante esse prazo; d. ressarcimento do prejuízo à vítima ou prova de **absoluta** impossibilidade de fazê-lo ou ainda renúncia da vítima.

275.3. O CP prevê uma redução de pena para aquele que, em virtude de perturbação de saúde mental ou por desenvolvimento mental incompleto ou retardado, não seja inteiramente capaz de entender o caráter ilícito do fato ou de determinar-se de acordo com esse entendimento, circunstância que enseja uma menor reprovabilidade da conduta do agente comprovadamente naquelas condições. Tem-se, nesse caso, a denominada semi-imputabilidade, também nominada pelos doutrinadores como responsabilidade penal diminuída.

COMENTÁRIOS

✪ **Nota do autor:** A imputabilidade é um dos elementos da culpabilidade. Portanto, a sua graduação está relacionada à reprovabilidade da conduta. Imputável: pena; semi-imputável: pena reduzida ou medida de segurança; inimputável: medida de segurança.

Certo: Semi-imputável é o agente que, em virtude de perturbação de saúde mental ou por desenvolvimento mental incompleto ou retardado, **não era inteiramente capaz** de entender o caráter ilícito do fato ou de determinar-se de acordo com esse entendimento. Nesse caso, a pena pode ser reduzida de um a dois terços (art. 26, parágrafo único, CP) ou pode ser substituída por internação, se esta medida se mostrar necessária (art. 98, CP).

275.4. Mesmo que ocorra a prescrição da pretensão executória, a sentença condenatória poderá ser executada no juízo cível para efeito de reparação do dano.

COMENTÁRIOS

Certo: Com a prescrição da pretensão executória, perde-se a possibilidade jurídica de execução da pena. Mas, **permanecem outros efeitos da sentença penal condenatória**, não só no aspecto penal, como lançamento do nome no rol dos culpados e reincidência, como ainda os efeitos extrapenais, como o dever de indenizar.

---

276. (Cespe – Procurador Federal/2013) Acerca da legislação penal especial e dos crimes contra a administração pública e contra a fé pública, julgue os itens subsequentes.

276.1. Os autos referentes à interceptação de comunicações telefônicas correrão em apenso aos autos do inquérito policial ou do processo criminal.

COMENTÁRIOS

Certo: Como a interceptação telefônica tem caráter cautelar, a Lei nº 9.296/96, em seu art. 8º, determina que ela corra em Apenso.

276.2. Aquele que ocultar ou dissimular a natureza, origem, localização, disposição, movimentação ou propriedade de bens, direitos ou valores provenientes, direta ou indiretamente, de infração penal, praticará o delito de receptação.

COMENTÁRIOS

Errado: Neste caso, há o crime de **lavagem de dinheiro** (Lei nº 9.613/98). No crime de receptação, o agente recebe o bem em proveito próprio ou alheio, sem preocupação de torna-lo aparentemente lícito. Além disso, o sujeito ativo é pessoa distinta do autor do crime antecedente. Na lavagem de dinheiro, a intenção do agente é tornar o ilícito aparentar lícito e o sujeito ativo pode ser o mesmo que cometeu o crime antecedente ou outra pessoa.

276.3. O agente que suprimir tributo mediante a falsificação ou alteração de nota fiscal praticará crime contra o Sistema Financeiro Nacional.

COMENTÁRIOS

Errado: Na verdade, nesse caso, o agente comete crime contra a ordem tributária, pois houve sonegação de tributo, mediante a falsificação de documento fiscal (art. 1º, III, Lei nº 8.137/90)

276.4. Aquele que emitir, sem permissão legal, título que contenha promessa de pagamento em dinheiro ao portador praticará crime contra a ordem econômica, as relações de consumo e a economia popular.

COMENTÁRIOS

Errado: Na verdade, nesse caso, o agente praticou o crime de emissão de título ao portador sem permissão legal (art. 292, CP). Neste crime, o sujeito passivo é o Estado, mas o objeto jurídico tutelado é a **fé-pública**.

276.5. Caso um procurador federal patrocinasse interesse privado perante a administração pública, dando causa à instauração de licitação cuja invalidação viesse a ser decretada pelo Poder Judiciário, tal patrocínio caracterizaria a prática do delito de advocacia administrativa.

COMENTÁRIOS

Errado: Na verdade, nesse caso, há um tipo penal especial previsto no art. 91 da Lei de Licitações. Afasta-se com isso a incidência do crime do art. 321, CP (advocacia administrativa) para aplicação da norma especial.

276.6. Aquele que fizer inserir elemento falso ou omitir elemento exigido pela legislação em demonstrativos contábeis de instituição financeira cometerá o delito de falsidade ideológica.

COMENTÁRIOS

Errado: Na verdade, nesse caso, há crime contra o Sistema Financeiro Nacional, previsto no art. 10 da Lei nº 7.492/86. A higidez e a confiabilidade dos sistemas contáveis das instituições financeiras são essenciais para a tutela do Sistema como um todo.

---

277. (Cespe – Advogado da União/2012) Com relação aos delitos de preconceito e de lavagem de dinheiro e dos delitos contra o sistema financeiro nacional, julgue os próximos itens.

277.1. O crime de gestão fraudulenta pode ser considerado crime habitual impróprio, tendo uma só ação relevância para configurar o tipo, ainda que a reiteração da ação não configure pluralidade de crimes.

COMENTÁRIOS

Anulada: Apesar dessa questão ter sido anulada, ela é a posição adotada pela jurisprudência do STJ (HC nº 196.207/SP). No crime habitual, a reiteração de condutas é essencial para a configuração do crime. Mas, no caso de gestão fraudulenta, é necessária a reiteração, mas apenas uma delas é considerada relevante para a configuração do crime, motivo pelo qual se tem crime habitual impróprio. E cada uma das condutas reiteradas não configura um novo crime (pluralidade de crimes), mas apenas um **único**.

277.2. Apesar de serem crimes autônomos, o empréstimo vedado e a gestão temerária, quando forem praticados em uma só ação e originários de uma só operação bancária, não deverão ser processados em concurso formal, pois haverá a absorção do primeiro delito pelo segundo.

COMENTÁRIOS

Errado: As operações financeiras realizadas podem ocasionar a prática de dois delitos, sem que represente ofensa ao princípio do *ne bis in idem*. O primeiro diz respeito ao empréstimo vedado, tipificado no art. 17 da Lei 7.492/86, em que prevê expressamente o impedimento de empréstimos às pessoas ali especificadas. E o segundo, refere-se à gestão temerária, prevista no art. 4º., parág. único, da Lei 7.492/86. 5. São delitos autônomos o empréstimo vedado (art. 17 da Lei 7.492/86) e a gestão temerária (art. 4º., parágrafo único da mesma norma incriminadora); havendo ofensa aos dois dispositivos legais, não se afigura ilegal o processamento por ambas as condutas, ainda que originárias de uma só operação bancária, porquanto neste caso, não ocorre absorção de uma figura típica pela outra. (STJ – HC nº 132.510 – SP. Rel. Min. Napoleão Nunes Maia Filho).

3.8. CRIMES CONTRA PRECONCEITO DE RAÇA OU DE COR

COMENTÁRIOS

Alternativa correta: letra "d". Trata-se de uma modalidade de crime de racismo e preconceito. Os males que o nazismo causou aos judeus e outras minorias. Por isso, a divulgação de seus símbolos é considerada crime, sendo o direito à liberdade de manifestação cede espaço à tutela penal de minorias (art. 20, § 1º, Lei nº 7.716/90).

Alternativa "a". O art. 258, CP, prevê as causas de aumento se do crime contra incolumidade resultar morte ou lesão corporal. Há causa de aumento tanto para crimes dolosos e culposos, com menor fração para esse crime.

Alternativa "b". Ocorre o crime do art. 212, CP, vilipendiar cadáver ou suas cinzas.

Alternativa "c". Se três indivíduos, mediante grave ameaça contra pessoa e com emprego de arma de fogo, renderem o motorista e os agentes de segurança de um carro-forte e subtraírem todo o dinheiro nele transportado, haverá três causas especiais de aumento de pena: o concurso de duas ou mais pessoas, a vítima está em serviço de transporte de valores e o agente conhece tal circunstância e o emprego de arma de fogo.

Alternativa "e". Conhecimento prévio de impedimento (art. 237, CP): contrair casamento conhecendo a existência de impedimento que lhe cause a nulidade absoluta ou relativa.

---

278. (Cespe – Defensor Público – TO/2013) Em relação aos crimes resultantes de preconceitos de raça ou de cor, assinale a opção correta.

a) O legislador constitucional alçou à condição de crimes imprescritíveis e inafiançáveis as infrações penais reproduzidas na lei que trata dos crimes de preconceito de raça ou cor, dada a gravidade abstrata dos delitos.

b) As infrações penais previstas na lei que trata dos crimes de preconceito de raça ou cor são todas formais e comissivas.

c) A prática de conduta preconceituosa fora dos locais e das formas descritas taxativa e expressamente na norma de regência é atípica em razão do princípio da estrita legalidade penal.

d) Os crimes relacionados a preconceito de raça ou de cor são todos, de acordo com a lei de regência, delitos próprios, cuja caracterização exige um fim especial de agir do agente ativo.

e) A criminalização da discriminação decorrente da opção sexual encontra-se expressamente prevista na lei que, regulamentando dispositivo constitucional, trata dos crimes resultantes de preconceitos.

COMENTÁRIOS

✪ **Nota do autor:** Essa questão foi anulada pela comissão examinadora.

Alternativa "a". De fato, a CF/88 estabeleceu como **imprescritíveis** e **inafiançáveis** a prática dos crimes de racismo (art. 5º, XLII, CF/88). Mas, isso não se deu em razão de perigo abstrato de tais condutas, mas, dado o histórico de preconceito racial da sociedade brasileira, formado a partir do sistema escravagista.

Alternativa "b". Os crimes da Lei nº 7.716/89 são todos formais, ou seja, independem de efetivo prejuízo à pessoa discriminada. Além disso, são crimes comissivos, pois os verbos núcleos do tipo indicam ações. O que pode ter levado o examinador a julgar a anular essa questão é que, como todo crime comissivo, pode ser cometido por omissão imprópria, quando a pessoa que tem o dever e podia agir deixa de fazê-lo. Por exemplo, o gerente do hotel vê que o recepcionista impede o acesso da vítima ao estabelecimento em decorrência de discriminação, porém, não toma qualquer atitude. Ambos respondem pelo crime racial.

Alternativa "c". Há crimes da Lei nº 7.716/89 que estabelecem local determinado para realização da conduta, como, por exemplo, a discriminação em salão de beleza (art. 10). Porém, outros não exigem local específico, como, por exemplo, o do art. 20: Praticar, induzir ou incitar a discriminação ou preconceito de raça, cor etnia, religião ou procedência nacional.

Alternativa "d". Os crimes da Lei nº 7.716/89 exigem o elemento subjetivo do tipo penal, consistente na vontade de produzir alguma forma de discriminação de pessoa. Porém, há crimes que são próprios, em que se exige uma especial condição do sujeito ativo do crime (p. e. art. 12) e outros são tidos como comum (p. e. art. 20).

Alternativa "e". De acordo com o art. 1º, da Lei nº 7.716/89, serão punidos, na forma dela, os crimes resultantes de discriminação ou preconceito de raça, cor, etnia, religião, ou procedência nacional. A lei não cuidou de crimes em razão de orientação sexual, dos quais, aliás, pelo menos expressamente, não cuidou o legislador constituinte.

---

279. (Cespe – Analista Judiciário – Área Judiciária – TRE-RJ/2012) A respeito dos delitos resultantes de preconceito (Lei nº 7.716/1989) e das disposições da parte especial do Código Penal, julgue os itens seguintes.

Aquele que imputar a outrem termos pejorativos referentes à sua raça, com o nítido intuito de lesão à sua honra, deverá responder pelo crime de racismo.

COMENTÁRIOS

✪ **Nota do autor:** há o crime de injúria racial (art. 140, § 3º, CP) em aparente conflito de normas com a Lei nº 7.716/89).

Errado: na injúria racial, o agente usa expressões de cunho racista, mas sua intenção é atingir a honra de uma pessoa determinada. Por outro lado, nos crimes da Lei nº 7.716/89, não se atinge um indivíduo, mas a coletividade em decorrência do preconceito de raça, a qual julga ser inferior.

---

280. (Cespe – Advogado da União/2012) Com relação aos delitos de preconceito e de lavagem de dinheiro e dos delitos contra o sistema financeiro nacional, julgue os próximos itens.

280.1. O crime de racismo praticado por meio da rede mundial de computadores consuma-se no local onde sejam recebidas as manifestações racistas.

COMENTÁRIOS

Errado: o crime de racismo por meio da internet se consuma **no local do qual foram enviadas as manifestações racistas** (STJ – CC nº 110.383/SP – Rel. Min. Gilson Dipp. DJ 18/11/2010). Isso porque o crime se consuma no momento em que a discriminação racial é manifestada e passa a ser potencialmente difundida na rede.

280.2. O fato de um empresário, por preconceito em relação à cor de determinado empregado, impedir a sua ascensão funcional na empresa, configurará delito contra a organização do trabalho, e não crime resultante de preconceito.

COMENTÁRIOS

Errado: no art. 4º, da Lei nº 7.716/89, pune-se a conduta de quem negar ou obstar emprego em empresa privada. Incide no tipo penal quem nega o ingresso da pessoa na empresa, nem como ascensão funcional. Pune-se a negativa de acesso ao posto de trabalho. Se a conduta for direcionada a uma só pessoa não incide o crime contra organização do trabalho e, sim, o art. 4º mencionado, se a negativa decorrer de preconceito.

✪ **Nota do autor:** a Lei nº 9.613/98 cuida da Lei de Lavagem de dinheiro e sofreu várias modificações pela Lei nº 12.683/12. Assim, as respostas serão adaptadas à nova sistemática.

3.9. LEI DE LAVAGEM DE DINHEIRO

281. (Cespe – Juiz de Direito Substituto – DFT/2014) Acerca de crimes previstos na legislação penal extravagante, de condições objetivas de punibilidade, da suspensão condicional do processo e da aplicação das agravantes do concurso de pessoas, assinale a opção correta.

a) Qualquer infração penal pode figurar como antecedente do crime de lavagem ou ocultação de bens, direitos e valores.

b) Se um fat33º estiver previsto como crime na LSN e no CP, devem-se levar em consideração, para o efeito de aplicação da LSN, a motivação e os objetivos do agente, a lesão real ou potencial à integridade territorial, a soberania nacional, o regime representativo e democrático, a Federação, o estado de direito e a pessoa dos chefes dos poderes da União e dos estados brasileiros.

c) A decisão declaratória de falência e a constituição definitiva do crédito tributário são condições objetivas de punibilidade.

d) Para o STF, haverá bis in idem na aplicação das agravantes do concurso de pessoas ao crime de associação em bando ou quadrilha.

e) A suspensão condicional do processo pode ser aplicada ao crime de calúnia praticado por meio que facilite a divulgação da informação.

COMENTÁRIOS

✪ **Nota do autor:** essa questão foi anulada pela comissão examinadora.

Alternativa "a". Com as reformas impostas pela Lei nº 12.683/2012, qualquer infração penal, ou seja, crime ou contravenção penal, pode ser antecedente no crime de lavagem de dinheiro.

Alternativa "b". A LSN estabelece que, no conflito aparente de normas com o CP, deve-se levar em consideração a motivação e os objetivos do agente e a lesão real ou potencial aos seguintes bens jurídicos a integridade territorial e a soberania nacional; o regime representativo e democrático, a Federação e o Estado de Direito; a pessoa dos chefes dos Poderes da União (art. 1º, Lei nº 7.170/83).

Alternativa "c". A sentença de falência é condição objetiva de punibilidade, porque é elemento externo ao tipo penal. Já a constituição do crédito tributário é elemento do tipo penal, pois o crime de sonegação fiscal é material.

Alternativa "d". Não se verifica bis in idem pela aplicação da agravante do art. 62, inciso I, do CP, ao condenado pelo crime de quadrilha (atual associação criminosa), se verificado que o agente promoveu ou organizou a cooperação no crime ou dirigiu a atividade dos demais agentes.

Alternativa "e". No caso de calúnia, praticada por meio que facilite a sua divulgação, há aumento de pena de **um terço**. Logo, a pena mínima em abstrato, neste caso, é de **oito meses**, o que implica dizer ser possível a suspensão condicional do processo.

282. (Cespe – Procurador Federal/2013) Julgue os itens seguintes, acerca da prescrição, da reabilitação e da imputabilidade.

282.1. Não se admite a prescrição da pretensão executória antes do trânsito em julgado da sentença para ambas as partes.

COMENTÁRIOS

✪ **Nota do autor:** O termo inicial do prazo da prescrição executória é controverso na doutrina e na jurisprudência. Há entendimento de que só é necessário o trânsito em julgado para a acusação. Há de outro lado entendimento de que deve haver o trânsito em julgado para ambas as partes. No caso, a comissão examinadora adotou o posicionamento atual do STF.

Certo: A prescrição regula-se pela pena aplicada depois de proferida a sentença condenatória, sendo que, cuidando-se de **execução da pena**, o lapso prescricional flui do dia em que **transita em julgado para a acusação**, conforme previsto no artigo 112, combinado com o artigo 110 do Código Penal. De acordo com esse entendimento, com o trânsito em julgado para a acusação, a pena aplicada ao réu não mais pode ser agravada e, assim, se estabiliza a pretensão punitiva estatal.

282.2. Considere a seguinte situação hipotética.

João cumpriu pena pela prática de roubo e, decorridos dois anos do dia em que foi extinta a pena, ele pleiteou, por meio de seu advogado, sua reabilitação.

Nessa situação, para ter seu pedido deferido, João deverá, necessariamente, ressarcir o dano causado pelo crime, demonstrar a absoluta impossibilidade de fazê-lo ou exibir documento que comprove a renúncia da vítima ou a novação da dívida.

COMENTÁRIOS

✪ **Nota do autor:** Reabilitação é a declaração judicial de que estão cumpridas ou extintas as penas impostas ao sentenciado, assegurando o sigilo dos registros sobre o processo e atingindo outros efeitos da condenação (Mirabete).

Certo: Requisitos da reabilitação: a. prazo de **dois anos** do dia em que extinta a punibilidade ou terminada a execução da pena; b. domicílio no País nesse prazo; c. demonstração de bom comportamento durante esse prazo; d. ressarcimento do prejuízo à vítima ou prova de **absoluta** impossibilidade de fazê-lo ou ainda renúncia da vítima.

282.3. O CP prevê uma redução de pena para aquele que, em virtude de perturbação de saúde mental ou por desenvolvimento mental incompleto ou retardado, não seja inteiramente capaz de entender o caráter ilícito do fato ou de determinar-se de acordo com esse entendimento, circunstância que enseja uma menor reprovabilidade da conduta do agente comprovadamente naquelas condições. Tem-se, nesse caso, a denominada semi-imputabilidade, também nominada pelos doutrinadores como responsabilidade penal diminuída.

COMENTÁRIOS

✪ **Nota do autor:** A imputabilidade é um dos elementos da culpabilidade. Portanto, a sua graduação está relacionada à reprovabilidade da conduta. Imputável: pena; semi-imputável: pena reduzida ou medida de segurança; inimputável: medida de segurança.

Certo: Semi-imputável é o agente que, em virtude de perturbação de saúde mental ou por desenvolvimento mental incompleto ou retardado, **não era inteiramente capaz** de entender o caráter ilícito do fato ou de determinar-se de acordo com esse entendimento. Nesse caso, a pena pode ser reduzida de um a dois terços (art. 26, parágrafo único, CP) ou pode ser substituída por internação, se esta medida se mostrar necessária (art. 98, CP).

282.4. Mesmo que ocorra a prescrição da pretensão executória, a sentença condenatória poderá ser executada no juízo cível para efeito de reparação do dano.

COMENTÁRIOS

Certo: Com a prescrição da pretensão executória, perde-se a possibilidade jurídica de execução da pena. Mas, **permanecem outros efeitos da sentença penal condenatória**, não só no aspecto penal, como lançamento do nome no rol dos culpados e reincidência, como ainda os efeitos extrapenais, como o dever de indenizar.

283. (Cespe – Procurador Federal/2013) Acerca da legislação penal especial e dos crimes contra a administração pública e contra a fé pública, julgue os itens subsequentes.

Aquele que ocultar ou dissimular a natureza, origem, localização, disposição, movimentação ou propriedade de bens, direitos ou valores provenientes, direta ou indiretamente, de infração penal, praticará o delito de receptação.

COMENTÁRIOS

Errado: Neste caso, há o crime de **lavagem de dinheiro** (Lei nº 9.613/98). No crime de receptação, o agente recebe o bem em proveito próprio ou alheio, sem preocupação de torna-lo aparentemente lícito. Além disso, o sujeito ativo é pessoa distinta do autor do crime antecedente. Na lavagem de dinheiro, a intenção do agente é tornar o ilícito aparentar lícito e o sujeito ativo pode ser o mesmo que cometeu o crime antecedente ou outra pessoa.

284. (Cespe – Delegado de Polícia Federal – DPF/2013) No que diz respeito aos crimes previstos na legislação penal extravagante, julgue os itens subsequentes.

284.1. O crime de lavagem de capitais, delito autônomo em relação aos delitos que o antecedam, não está inserido no rol dos crimes hediondos.

COMENTÁRIOS

Certo. Os crimes hediondos são aqueles enumerados taxativamente no art. 1º da Lei nº 8.072/90, entre os quais não está o de **lavagem de capitais**.

284.2. O crime de lavagem de capitais, consoante entendimento consolidado na doutrina e na jurisprudência, divide-se em três etapas independentes: colocação (placement), dissimulação (layering) e integração (integration), não se exigindo, para a consumação do delito, a ocorrência dessas três fases.

COMENTÁRIOS

Certo. Ocultação: O objetivo fim desta etapa ou fase é fazer com que o dinheiro seja transformado em outra forma de valor, com depósito em contas bancárias ou outro ativo financeiro líquido, ou ainda em outros estabelecimentos não-tradicionais (casa de câmbio, hotéis, motéis, bares, etc.; **Dissimulação**: inicia-se a tentativa de ocultamento ou disfarce (por isso também chamada de camuflagem) da fonte, da origem ilícita do dinheiro, bens ou valores, através da realização de complexas transações financeiras e/ou comerciais no intuito de mascarar o rastro do dinheiro, promovendo o anonimato, dificultando a identificação por parte do Estado e dando um aspecto de licitude para a origem ilícita do dinheiro. **Integração**: o dinheiro obtido de forma ilícita já conta com o aspecto de legalidade que se pretendia que tivesse, como se tivesse sido ganho licitamente, e pode ser utilizado no sistema econômico-financeiro de maneira a proporcionar legitimidade para a aparente riqueza do investidor, aparecendo como o produto normal de uma atividade empresarial, comercial, lícita (http: //jus.com.br/artigos/22056/o-crime-de-lavagem-de-dinheiro-algumas-reflexoes#ixzz3FhYG058n). Não é preciso o esgotamento das três fases pois o tipo penal já se consuma com a ocultação.

---

285. (Cespe – Procurador BACEN/2013) A respeito do crime de lavagem de dinheiro e dos crimes contra o sistema financeiro nacional e contra a fé pública, assinale a opção correta à luz do entendimento do STF.

a) Em face dos princípios da especialidade e subsidiariedade, na falsificação de procurações, de reconhecimento de firmas e de documentos do BACEN, as condutas criminais serão subsumidas pelo crime-fim: negociação do título falso.

b) Ao delito de emissão de vinte e cinco moedas falsas nos valores de dois reais é aplicável o princípio da insignificância, em face da inexistência de grave prejuízo ao sistema financeiro e da observância de princípios constitucionais aplicáveis aos crimes.

c) Para a configuração do crime de lavagem ou ocultação de valores, é imprescindível o especial elemento subjetivo, sob pena de exclusão da tipicidade.

d) Para a instauração da ação penal ou para o ato de recebimento da denúncia de crime de lavagem de dinheiro, faz-se necessária a certeza quanto aos crimes antecedentes, uma vez que a tipificação está atrelada aos bens, direitos ou valores ocultados provenientes, direta ou indiretamente, de um dos crimes antecedentes previstos em lei.

e) O recebimento de dinheiro em espécie que o réu saiba ser de origem criminosa, mediante mecanismos de ocultação e dissimulação da natureza, origem, localização, destinação e propriedade dos valores, com auxílio dos agentes envolvidos no pagamento do dinheiro, caracteriza crime contra o sistema financeiro nacional.

COMENTÁRIOS

Alternativa correta: letra "c". No crime de lavagem de dinheiro, o especial fim de agir é, por meio da ocultação e das outras condutas, é a de obtenção de proveito ilícito para outrem (STJ – APn nº 472/ES). Assim, o produto ilícito do crime deve se tornar proveitoso patrimonialmente com a aparência lícita que ele ganha com a lavagem.

Alternativa "a". Em verdade, no caso de conflito aparente de normas, quando o crime meio é absorvido pelo crime fim, aplica-se o **princípio da consunção.** No caso, os crimes de falsidade são considerados meio para a execução do crime de negociação de título e, por este, é absorvido.

Alternativa "c". Ambas as Turmas do Supremo Tribunal Federal já consolidaram o entendimento de que é "**inaplicável o princípio da insignificância aos crimes de moeda falsa**, em que objeto de tutela da norma a fé pública e a credibilidade do sistema financeiro, não sendo determinante para a tipicidade o valor posto em circulação" (HC 105.638, Rel. Min. Rosa Weber).

Alternativa "d". A denúncia por crime de lavagem de dinheiro será instruída com **indícios suficientes** da existência da **infração penal antecedente** (art. 2º, § 1º, Lei nº 9.613/98).

Alternativa "e". Em verdade, a ocultação de bens provenientes de infração penal é crime de lavagem de dinheiro, em que se tutelam a **Administração da Justiça** e a **ordem econômico-financeira**.

---

286. (Cespe – Defensor Público – ES/ 2012) Com relação às disposições do ECA, da lei que trata da violência doméstica e familiar e da lei referente à lavagem de dinheiro, julgue os itens subsequentes.

A caracterização do crime de lavagem de dinheiro, de acordo com o que preconiza a lei de regência, depende da natureza patrimonial dos crimes antecedentes e da presença do *animus lucrandi*.

COMENTÁRIOS

Errado: o crime de lavagem de dinheiro exige que haja uma **infração penal antecedente** (art. 1º da Lei nº 9.613/98). Essa infração penal não precisa ser necessariamente crime contra o patrimônio, podendo ser crimes de outra natureza, como o tráfico de drogas, ou mesmo contravenções penais, como a exploração de jogos de azar. Além disso, não é necessário o ânimo de lucro, o qual, aliás, já foi alcançado com a conduta antecedente. A intensão do agente é dar aparência de lícita a um valor obtido de forma ilícita.

287. (Cespe – Advogado da União/2012) Com relação aos delitos de preconceito e de lavagem de dinheiro e dos delitos contra o sistema financeiro nacional, julgue os próximos itens.

Para a configuração do delito de lavagem de capitais, é necessário que o dinheiro, bens ou valores ocultados ou dissimulados sejam provenientes de outros ilícitos vinculados àquele.

COMENTÁRIOS

Certo: O crime de lavagem de dinheiro depende de uma infração antecedente. Antes da Lei nº 12.683/2012, havia um rol taxativo de crimes que ensejavam a incidência da lavagem. A partir dessa lei, passou-se a admitir qualquer infração penal **(crime ou contravenção penal)** como antecedente.

3.10. CRIMES DO CÓDIGO DE DEFESA DO CONSUMIDOR

288. (Cespe – Delegado de Polícia – PE/2016) Ana contratou Cláudio, prestador de serviços, para consertar seu aparelho de televisão. Sem autorização de Ana e sem motivo justo, Cláudio utilizou, dolosamente, peças de reposição usadas na reparação do aparelho.

Nessa situação hipotética, a conduta de Cláudio é considerada

a) crime previsto no Código de Defesa do Consumidor (CDC).

b) crime previsto no CP.

c) crime previsto na Lei n.° 8.137/1990, que define crimes contra a ordem tributária, econômica e contra as relações de consumo, e dá outras providências.

d) atípica, pois não há lei que preveja essa conduta como crime.

e) contravenção penal.

COMENTÁRIOS

Alternativa correta: letra "a". Trata-se de crime contra o consumidor previsto no art. 70, CDC. A norma tutela o consumidor e a qualidade da prestação do serviço.

Alternativas "b", "c", "d" e "e". O livramento condicional é benefício concedido ao condenado durante a execução da pena. Não é no momento de prolação de sentença penal condenatório que ele é concedido.

289. (Cespe – Defensor Público – ES/ 2012) Julgue os itens seguintes, com relação aos crimes previstos na Lei Antidrogas, no Estatuto do Desarmamento e no CDC.

É crime expressamente previsto no CDC, sancionado com pena de detenção e multa correspondente ao dobro do valor cobrado ao consumidor, a exigência de cheque-caução, nota promissória ou qualquer outra garantia, assim como a imposição de preenchimento de formulários administrativos, como condição de atendimento médico-hospitalar emergencial.

COMENTÁRIOS

Errado: Em verdade, trata-se de crime previsto no art. 135-A, do Código Penal, denominado crime de condicionamento de atendimento médico-hospitalar, com pena de detenção de três meses a um ano, e multa. Há causa de aumento de pena se da conduta resultar lesão corporal de natureza grave ou morte.

290. (Cespe – Analista Judiciário – Área Judiciária – TRE-RJ/2012) A respeito das disposições do Estatuto da Criança e do Adolescente, dos crimes contra o meio ambiente e dos direitos do consumidor, julgue os itens que se seguem.

É do credor o ônus da baixa da indicação do nome do consumidor em cadastro de proteção ao crédito, caracterizando crime a não correção imediata de informações inexatas relativas a consumidores constantes nesses bancos de dados.

COMENTÁRIOS

Certo: Segundo jurisprudência consolidada no STJ, é do credor o dever de providenciar a baixa da indicação do nome do consumidor em cadastros de proteção ao crédito. Em tese, se agir com dolo, o credor que não tomar tal atitude comete crime previsto no art. 73 do CDC, que caracteriza como crime a falta de correção imediata dos registros de dados e de informações inexatas a respeito dos consumidores.

3.11. CRIMES AMBIENTAIS

291. (Cespe – Delegado de Polícia – PE/2016) Se uma pessoa física e uma pessoa jurídica cometerem, em conjunto, infrações previstas na Lei n.° 9.605/1998 — que dispõe sobre as sanções penais e administrativas derivadas de condutas e atividades lesivas ao meio ambiente, e dá outras providências —,

a) as atividades da pessoa jurídica poderão ser totalmente suspensas.

b) a responsabilidade da pessoa física poderá ser excluída, caso ela tenha sido a coautora das infrações.

c) a pena será agravada, se as infrações tiverem sido cometidas em sábados, domingos ou feriados.

d) a pena será agravada, se ambas forem reincidentes de crimes de qualquer natureza.

e) será vedada a suspensão condicional da pena aplicada.

COMENTÁRIOS

Alternativa correta: letra "a". A Constituição Federal prevê a possibilidade de a pessoa jurídica cometer crime ambiental. As penas a ela destinadas são estabelecidas de acordo com a sua natureza, como é o caso da suspensão total de suas atividades. Não se preveem penas privativas de liberdade à pessoa jurídica, porque incompatível com a sua natureza.

Alternativa "b". A pessoa física responde pelo crime ambiental, desde que tenha concorrido para a sua ocorrência, como coautora ou partícipe.

Alternativa "c". Não há previsão legal para se agravar a pena se o crime é cometido em sábado, domingo ou feriado.

Alternativa "d". A reincidência agrava a pena da pessoa física por força do que dispõe o CP, qualquer que seja o crime. Já a pessoa jurídica só tem a pena agravada se reincidente em crime ambiental.

Alternativa "e". Não há qualquer vedação legal à suspensão condicional da pena.

---

292. (Cespe – Promotor de Justiça – AC/2014) No que concerne à tutela penal do meio ambiente, assinale a opção correta com base na jurisprudência dos tribunais superiores.

a) O agente que dolosamente promova a queimada de lavouras e pastagens deve responder pela prática do delito de incêndio previsto na Lei dos Crimes Ambientais.

b) Segundo entendimento consolidado do STJ, não é possível a aplicação do princípio da insignificância aos tipos penais que tutelam a proteção ao meio ambiente, em razão da necessidade de proteção ao direito ao meio ambiente ecologicamente equilibrado.

c) Entre as circunstâncias que atenuam a pena dos delitos previstos na Lei dos Crimes Ambientais incluem-se o baixo grau de instrução ou escolaridade do agente e o arrependimento do infrator, manifestado pela espontânea reparação do dano ou limitação significativa da degradação ambiental causada.

d) O valor pago em dinheiro à vítima ou à entidade pública ou privada com fim social, em razão da aplicação da pena restritiva de direitos de prestação pecuniária, prevista na Lei dos Crimes Ambientais, não poderá ser deduzido do montante de eventual reparação civil a que for condenado o infrator.

e) A prática de abuso e maus-tratos a animais, como feri-los ou mutilá-los, prevista na Lei dos Crimes Ambientais, incide somente nas hipóteses em que o animal seja silvestre, nativo ou exótico, sendo a conduta praticada em relação a animal doméstico configurada apenas como contravenção penal.

COMENTÁRIOS

Alternativa correta: letra "c". As circunstâncias que atenuam a pena nos crimes ambientais são enumeradas no art. 14 da Lei nº 9.605/98. Entre elas estão: o baixo grau de instrução ou escolaridade do agente, o que não pode ser escusa para se afastar o tipo penal, mas é causa para diminuir a pena, e o arrependimento do infrator com a restauração do dano ambiental provocado.

Alternativa "a". A Lei nº 9.605/98 prevê como crime incêndio provocado em **mata** ou **floresta** (art. 41). No caso de incêndio a lavouras ou pastagens, incide o crime de incêndio previsto no Código Penal, com causa de aumento de pena (art. 250, § 1º, II, *h*, CP).

Alternativa "b". Apesar da relevância do meio ambiente, como bem coletivo e de interesse das presentes e futuras gerações, os Tribunais Superiores firmaram entendimento de que é possível o reconhecimento da insignificância e crimes ambientais, quando demonstrada, a partir do exame do caso concreto, a ínfima lesividade ao bem ambiental tutelado pela norma. (STJ – AgRg no REsp 1263800/SC).

Alternativa "d". A pena de pagamento de prestação pecuniária tem natureza indenizatória. Em razão disso, o valor pago será deduzido do montante de eventual reparação civil a que for condenado o infrator (art. 12, Lei nº 9.605/98).

Alternativa "e". Constitui crime praticar ato de abuso, maus-tratos, ferir ou mutilar animais silvestres, domésticos ou **domesticados**, nativos ou exóticos (art. 32, Lei nº 9.605/98), que revogou tacitamente a contravenção penal, prevista no art. 62 da Lei de Contravenções Penais.

---

293. (Cespe – Juiz Federal Substituto 5ª região/2013) A respeito dos crime ambientais, assinale a opção correta.

a) A pena de multa fixada na sentença condenatória por crime ambiental será calculada de acordo com os critérios previstos no CP e, se revelar-se ineficaz, ainda que aplicada no seu valo máximo, poderá ser aumentada de três vezes, tendo em vista o valor da vantagem econômica auferida.

b) O juiz que julgar o indivíduo que praticou crime de ter em depósito madeira sem licença válida para o armazenamento deve decretar o leilão ou a destruição da mercadoria apreendida, conforme o estado da coisa.

c) Não há modalidade culposa do crime de elaborar laudo falso para licenciamento ambiental.

d) Em se tratando de crime de danificar floresta de preservação permanente, o arrependimento do infrator, manifestado pela limitação significativa da degradação ambiental causada, faz incidir, na terceira fase de aplicação da pena, causa especial de redução.

e) A perícia de constatação do dano ambiental produzida no juízo cível poderá ser aproveitada no processo penal, dispensada a instauração do contraditório, se este tiver sido assegurado na instância cível.

COMENTÁRIOS

✪ **Nota do autor:** pelo princípio da especialidade, afasta-se a norma geral prevista no Código Penal para aplicação da norma especial.

Alternativa correta: letra "a". Em princípio, aplica-se a sistemática da pena de multa prevista no Código Penal, seja em relação à fixação do quanto de dias-multa, seja para a fixação do valor de cada dia-multa. Porém, mesmo que se alcance o máximo do valor de acordo com os critérios do CP, dada a relevância do meio ambiente, constitucionalmente protegido, como direito de atuais e futuras gerações, aplica-se a pena de multa máxima obtida aumentada em até três vezes, para que assim haja a integral reparação do dano (art. 18 da Lei nº 9.605/98).

Alternativa "b". Em caso de apreensão de produtos e instrumentos de infrações penais e administrativas contra o meio ambiente, a destinação será feita no âmbito **administrativo**, sem intervenção judicial. Se for produto perecível ou madeira, serão eles avaliados e doados a instituições científicas, hospitalares e outras com fins beneficentes (art. 25, Lei nº 9.605/98).

Alternativa "c". A elaboração de laudo falso constitui crime previsto no art. 69-A da Lei nº 9.605/98. Se a condita for culposa, a pessoa incide no art. 69-A, § 1º, da referida Lei.

Alternativa "d". Em nome da tutela integral que se deve dispensar ao meio ambiente, o arrependimento posterior (art. 16, CP) só incide se **houver reparação total do dano**. Se houve degradação ainda que mínima, a pena não será diminuída.

Alternativa "e". Pode a perícia produzida no Juízo Cível ser usada como prova emprestada no Juízo Criminal, mas desde que se possibilite o contraditório, que é uma garantia constitucional do acusado.

---

294. (Cespe – Defensor Público – RR/2013) Acerca dos crimes contra o meio ambiente, previstos na Lei nº 9.605/1998, assinale a opção correta.

a) Nos crimes ambientais, a responsabilidade penal da pessoa jurídica será sempre reflexa, e, de acordo com entendimento consolidado na doutrina e na jurisprudência dos tribunais superiores, a pessoa jurídica não poderá ser responsabilizada por crime culposo, salvo quando essa infração for imputada única e exclusivamente ao ente moral.

b) Admite-se a aplicação das circunstâncias agravantes genéricas previstas no CP aos crimes ambientais e, de igual modo, a aplicação das agravantes genéricas ambientais aos delitos comuns da lei ambiental em apreço, em face do princípio da subsidiariedade, preconizado de forma expressa em ambos os diplomas legais.

c) Nos crimes ambientais, a concessão do sursis (comum e especial) segue idênticos requisitos do CP; neles, são igualmente cabíveis o sursis etário e o sursis humanitário nas condenações não superiores a quatro anos.

d) Os crimes ambientais, em relação aos entes morais, são plurissubjetivos ou de concurso necessário; contudo, não se pode imputar concomitantemente a mesma infração penal a pessoa física e a pessoa jurídica, sob pena de ofensa ao princípio do no *bis in idem*.

e) Na fixação da pena por delitos ambientais, o juiz deverá levar em conta, de forma preponderante, os bons ou maus antecedentes ambientais do infrator e, apenas supletivamente, os outros antecedentes.

COMENTÁRIOS

✪ **Nota do autor:** em matéria de crime ambiental, a extensão e gravidade do dano ganha especial relevo para a fixação da pena nos termos do art. 6º da Lei nº 9.605/98.

Alternativa correta: letra "e". Em matéria de antecedentes, o juiz deverá levar em conta os antecedentes do infrator quanto ao cumprimento da legislação ambiental, seja no aspecto positivo, como, por exemplo, nunca ter cometido infração penal ou administrativa, seja no aspecto negativo, como, por exemplo, já ter cometido infrações dessa natureza. Somente depois é que o juiz vai levar os antecedentes criminais da pessoa nos termos do art. 59 do Código Penal.

Alternativa "a". Nos termos do art. 3º da Lei nº 9.605/98, a responsabilidade penal das pessoas jurídicas por crimes ambientais é **reflexa**, pois só ocorre no caso em que a infração seja cometida por decisão do seu representante legal ou contratual, ou de seu órgão colegiado, no interesse ou benefício de sua entidade. A responsabilidade da pessoa jurídica incide tanto em crimes dolosos quanto culposos.

Alternativa "b". As circunstâncias agravantes do CP se aplicam aos crimes ambientais, salvo disposição expressa em sentido contrário da lei especial. Por outro lado, as agravantes do art. 14 da Lei nº 9.605/98 não se aplicam a crimes do Código Penal, porque é lei especial, que não se aplica subsidiariamente à lei geral.

Alternativa "c". A suspensão condicional da pena (sursis) nos crimes ambientais pode ser aplicada nos casos em que a pena privativa de liberdade seja fixada em patamar não superior a **três anos** (art. 16, Lei nº 9.605/98), enquanto que, no CP, a pena é não superior a **dois anos** (art. 77, CP). Como não há disposição especial em sentido contrário, é possível o reconhecimento do *sursis* etário ou humanitário, cuja pena não pode ser superior a quatro anos (art. 77, § 2º, CP).

Alternativa "d". No art. 3º, parágrafo único, a Lei de Crimes Ambientais adotou o princípio da dupla imputação, por meio do qual a responsabilidade da pessoa jurídica **não exclui** a responsabilidade das pessoas físicas, autoras, coautoras ou partícipes do mesmo fato.

295. (Cespe – Defensor Público – TO/2013) Com relação aos crimes contra o meio ambiente, assinale a opção correta, conforme entendimento do STJ e do STF.

a) Considere que Gil, a fim de comemorar, durante a madrugada, em zona urbana, a vitória de determinado time de futebol, tenha ajustado o aparelho de som do veículo em volume muito acima do limite permitido na legislação local, perturbando o sono e o sossego da vizinhança, e que esta tenha acionado o órgão municipal responsável. Considere, ainda, que o referido aparelho de som tenha sido apreendido, e Gil, conduzido à delegacia de polícia. Nessa situação, a conduta de Gil é atípica, visto que a poluição sonora não está expressamente prevista na lei de crimes ambientais.

b) O crime ambiental que consiste em impedir o nascimento de nova vegetação ou dificultar a regeneração natural de florestas e demais formas de vegetação é crime permanente, visto que a consumação do delito se protrai no tempo, violando o bem jurídico tutelado de forma contínua e duradoura, renovando-se, a cada momento a consumação, consoante entendimento do STF.

c) Em se tratando dos crimes contra o meio ambiente, admite-se responsabilização penal unicamente da pessoa jurídica, salvo se a imputação for pela prática de delitos culposos.

d) Os tribunais superiores, no que concerne aos crimes ambientais, rejeitam a incidência do sistema da dupla imputação ou sistema da imputação paralela dada a ocorrência de bis in idem na responsabilização, pelo mesmo crime, de mais de uma pessoa.

e) O crime de deixar de cumprir obrigação de relevante interesse ambiental, previsto no rol dos crimes contra a administração pública ambiental, é crime omissivo próprio, punido apenas na forma dolosa, e se caracteriza quando o agente público deixa de praticar o ato, contrariando o dever legal de fazê-lo para evitar o resultado lesivo ao meio ambiente, consoante entendimento do STJ.

COMENTÁRIOS

Alternativa correta: letra "b". De acordo com a jurisprudência do STF, o crime previsto no art. 48 da Lei de Crimes Ambientais é **permanente**, porquanto sua consumação se prolonga no tempo, enquanto permanece a conduta do agente que impede ou dificulta a regeneração natural da floresta e demais formas de vegetação (STF – HC nº 107.412/SP – Rel. Min. Dias Toffoli. DJ 08/05/2012.

Alternativa "a". Constatado que houve poluição sonora, a conduta do agente pode incidir no art. 54 da Lei de Crimes Ambientais, pois referido tipo penal torna típica causar poluição de **qualquer natureza**. Veja-se que o tipo penal não traz explicitamente a poluição sonora, mas se ela causar danos à saúde a conduta do agente é típica.

Alternativa "c". Nos termos do art. 3º da Lei nº 9.605/98, a responsabilidade penal das pessoas jurídicas por crimes ambientais é **reflexa**, pois só ocorre no caso em que a infração seja cometida por decisão do seu representante legal ou contratual, ou de seu órgão colegiado, no interesse ou benefício de sua entidade. A responsabilidade da pessoa jurídica incide tanto em crimes dolosos quanto culposos

Alternativa "d". No art. 3º, parágrafo único, a Lei de Crimes Ambientais adotou o princípio da dupla imputação, por meio do qual a responsabilidade da pessoa jurídica **não exclui** a responsabilidade das pessoas físicas, autoras, coautoras ou partícipes do mesmo fato. Essa é a posição majoritária no STJ e no STF.

Alternativa "e". O crime de deixar de cumprir obrigação de relevante interesse ambiental, previsto no art. 68 da Lei nº 9.605/98, é crime **omissivo próprio**, punido na forma **dolosa** e **culposa**, e se caracteriza quando o agente público deixa de praticar o ato, contrariando o dever legal de fazê-lo para evitar o resultado lesivo ao meio ambiente, consoante entendimento do STJ.

296. (Cespe – Analista Judiciário – Área Judiciária – TRE-RJ/2012) A respeito das disposições do Estatuto da Criança e do Adolescente, dos crimes contra o meio ambiente e dos direitos do consumidor, julgue os itens que se seguem.

Não se aplica o princípio da insignificância às infrações penais que atinjam o meio ambiente, uma vez que não se pode mensurar de forma segura o grau de lesão ambiental.

COMENTÁRIOS

✪ **Nota do autor:** princípio da insignificância afasta a tipicidade material do fato.

Errado: há entendimento doutrinário no sentido de que em crime ambiental não é possível a incidência do princípio da insignificância, porque o meio ambiente é um bem jurídico intangível. Porém, o STF, no HC nº 112.563/SC, firmou entendimento pela possibilidade de reconhecimento em crimes de tal natureza do postulado da insignificância se a conduta se mostrar pouco nociva ao meio ambiente como o pescado de doze camarões.

3.12. JUIZADO ESPECIAL CRIMINAL

297. (Cespe – Juiz de Direito Substituto – DFT/2014) No que diz respeito à teoria da pena, à prescrição e ao crime de motim, assinale a opção correta.

a) É de dois terços o limite superior da majorante do concurso de pessoas no furto.

b) O prazo prescricional da pena de multa é de dois anos.

c) A prescrição, nos crimes definidos na Lei de Falência e Recuperação de Empresas, começa a correr do dia da decretação da falência, ainda que o recurso de efeito suspensivo contra tal decisão esteja pendente de apreciação.

d) O benefício da suspensão condicional do processo não será admitido na hipótese de concurso formal de crimes se a pena mínima cominada ao delito mais grave, por incidência do limite mínimo da majorante, ultrapassar o prazo de um ano.

e) A simples reunião de militares ou assemelhados, com a finalidade de organizar ocupação de quartel, para ação militar, em desobediência a ordem superior, é conduta que configura o crime definido no CPM sob o nomen juris de motim, tipo que não admite a figura da tentativa.

COMENTÁRIOS

✪ **Nota do autor:** Cabe suspensão condicional do processo, nos crimes em que a pena mínima cominada **for igual ou inferior a um ano** (art. 89, Lei nº 9.099/95).

Alternativa correta: letra "d". De acordo com a jurisprudência, deve-se levar em consideração as causas de aumento de pena para se verificar a possibilidade de suspensão condicional do processo, porque, neste caso, a pena pode ser fixada além do mínimo legal.

Alternativa "a". No crime de furto, o concurso de agentes é uma **qualificadora**. Assim, a pena tem um novo patamar (art. 155, § 4º, IV, CP), em relação ao furto **simples** previsto no *caput*.

Alternativa "b". A prescrição da pena de multa ocorrerá: em **dois anos**, quando a multa for a **única cominada ou aplicada**; no **mesmo prazo estabelecido** para prescrição da **pena privativa** de liberdade, quando a multa for **alternativa ou cumulativamente cominada ou cumulativamente aplicada**.

Alternativa "c". A prescrição dos crimes falimentares reger-se-á pelas disposições do Código Penal, começando a correr do dia da **decretação da falência, da concessão da recuperação judicial ou da homologação do plano de recuperação extrajudicial**, independentemente de recurso.

Alternativa "e". O crime de motim não admite tentativa, mas se exige finalidade específica do agente, pois a ocupação para ação militar, ou prática de violência, em desobediência a ordem superior ou em detrimento da ordem ou da disciplina militar (art. 149, CPM).

298. (Cespe – Delegado de Polícia – AL/ 2012) Com base na interpretação doutrinária majoritária e no entendimento dos tribunais superiores, julgue os itens.

Para a aplicação dos benefícios da lei dos juizados especiais no caso de crime continuado ou concurso formal de crimes, deve-se analisar a pena máxima com o aumento máximo previsto para cada uma dessas formas de concurso.

COMENTÁRIOS

✪ **Nota do autor:** CESPE exige enunciados de Súmulas dos Tribunais Superiores.

Certo: Para a definição das infrações penais em que caibam transação penal (art. 61) e suspensão condicional do processo, a Lei nº 9.099/95 adotou o critério da **quantidade de pena**. De acordo com a Súmula nº 243, deve-se levar em conta o somatório das penas em caso de concurso material, formal e crime continuado para a concessão da suspensão condicional do processo, o que deve ser estendido à transação penal.

COMENTÁRIOS

✪ **Nota do autor:** em 2013, passou a viger a Lei nº 12.850/2013, que passou a dispor sobre crime organizado. As respostas serão comentadas de acordo com referida lei.

3.13. LEI DE CRIME ORGANIZADO

299. (Cespe – Juiz de Direito Substituto – AM/2016) Assinale a opção correta com base no disposto na Lei n.º 12.850/2013.

a) Se a colaboração for posterior à sentença, a pena poderá ser reduzida até a metade ou poderá ser admitida a progressão de regime, ainda que ausentes os requisitos objetivos e subjetivos.

b) Não se exige do colaborador a renúncia ao direito de silêncio nos depoimentos nem o compromisso legal de dizer a verdade, devendo a renúncia ser espontânea.

c) Em caso de decretação do sigilo da investigação, é assegurado ao defensor, no interesse do representado e mediante prévia autorização judicial, amplo acesso aos elementos de prova relacionados ao exercício do direito de defesa, ressalvados os referentes às diligências em andamento.

d) Pode-se considerar organização criminosa o grupo de pessoas que se estruturem para cometer infrações penais para as quais seja prevista pena máxima de três anos.

e) O consentimento de perdão judicial por colaboração premiada que possibilite um dos resultados previstos em lei depende do requerimento do MP.

COMENTÁRIOS

Alternativa correta: letra "c". A Lei de Crime Organizado amplia os poderes persecutórios do Estado, mas, ao mesmo tempo, observa direitos e garantias constitucionais do acusado, como o contraditório na fase investigatória, ainda que de forma mitigada, como o acesso aos Autos pelo advogado, desde que haja autorização judicial.

Alternativa "a". Se a colaboração for posterior à sentença, a pena poderá ser reduzida até a metade ou poderá ser admitida a progressão de regime, ainda que ausentes os requisitos objetivos. Exigem-se os requisitos subjetivos.

Alternativa "b". Nos depoimentos que prestar, o colaborador renunciará, na presença de seu defensor, ao direito ao silêncio e estará sujeito ao compromisso legal de dizer a verdade. Abre mão assim a direitos constitucionais do acusado.

Alternativa "d". Considera-se organização criminosa a associação de 4 (quatro) ou mais pessoas estruturalmente ordenada e caracterizada pela divisão de tarefas, ainda que informalmente, com objetivo de obter, direta ou indiretamente, vantagem de qualquer natureza, mediante a prática de infrações penais cujas penas máximas sejam superiores a 4 (quatro) anos, ou que sejam de caráter transnacional.

Alternativa "e". Em caso de colaboração premiada, o juiz pode conceder o perdão judicial a requerimento de qualquer uma das partes, não necessariamente com a intervenção do MP.

---

300. (Cespe – Defensor Público – TO/2013) No que diz respeito ao crime organizado, assinale a opção correta.

a) De acordo com a lei de regência, os procedimentos para a investigação da organização criminosa e a formação de provas podem ser executados em qualquer fase da *persecutio criminis*, na apuração de qualquer infração penal, sem prazo de duração da medida.

b) A autorização judicial circunstanciada para a adoção dos procedimentos de investigação da organização criminosa e de formação de provas, previstos na lei de regência, fica condicionada à prévia demonstração do esgotamento da colheita da prova por outro meio.

c) A caracterização de organização criminosa depende de prévia consumação do crime de formação de quadrilha ou bando e do caráter transnacional das infrações penais perpetradas.

d) A prática de contravenções penais pela organização criminosa afasta a incidência da norma de regência pelo princípio da legalidade penal.

e) Para a investigação desse crime, a lei de regência autoriza expressamente a captação ambiental de sinais eletromagnéticos e a interceptação telefônica, no prazo máximo de quinze dias, renovável por igual período, mediante circunstanciada autorização judicial, desde que não haja outro meio para a formação da prova.

COMENTÁRIOS

✪ **Nota do autor:** a banca examinadora considerou a alternativa "a" como correta. Porém, no nosso entender, com a nova Lei de Crime Organizado entendemos que essa alternativa está incorreta.

Alternativa "a". A Lei nº 9.034/95 estabelecia sua incidência em relação aos ilícitos praticados por organização criminosa, sem restringir esses ilícitos. Com a Lei nº 12.850/2013, houve a definição de organização criminosa que devem ser voltadas para a prática de infrações penais cujas **penas máximas sejam superiores a quatro anos ou sejam de caráter transnacional**. Por isso, os meios de prova nela enumerados devem ser usados, em qualquer fase da persecução, mas para apuração de crimes por ela praticados com as limitações com as características mencionadas.

Alternativa "b". Nem todos os meios de prova enumerados na Lei nº 12.850/2013 dependem de autorização judicial. Aliás, o único que depende é o de infiltração de agentes (art. 10). A adoção desses meios de prova não precisa ser subsidiária.

Alternativa "c". A Lei nº 12.850/2013 definiu organização criminosa como a associação de quatro ou mais pessoas estruturalmente ordenada e caracterizada pela divisão de tarefas, ainda que informalmente com objetivo de obter, direta ou indiretamente, vantagem de qualquer natureza, mediante prática de infrações penais, cujas **penas máximas sejam superiores a quatro anos ou sejam de caráter transnacional.** Não que se demonstrar a prévia formação do crime de quadrilha, hoje, denominado de associação criminosa (art. 288, CP).

Alternativa "d". A Lei nº 9.034/95 estabelecia sua incidência em relação aos ilícitos praticados por organização criminosa, sem restringir esses ilícitos a crimes, podendo incidir em relação a contravenções penais. Com a Lei nº 12.850/2013, houve a definição de organização criminosa que devem ser voltadas para a prática de infrações penais cujas **penas máximas sejam superiores a quatro anos ou sejam de caráter transnacional**. Nota-se que não impediu em relação às contravenções penais, mas é improvável pena do delito anão alcançar tal patamar.

Alternativa "e". A captação ambiental de sinais eletromagnéticos e a interceptação telefônica são enumerados como meios de prova pelo Lei nº 12.850/2013, a qual, porém, não trouxe o procedimento para a produção, ao contrário do que fez em relação à ação controlada, à infiltração de agentes e à colaboração de agentes. Assim, aplica-se a Lei nº 9.296/1996, segundo a qual o prazo máximo de duração da interceptação é de 15 dias, renovável por meio de decisão judicial.

3.14. LEI DE INTERCEPTAÇÃO TELEFÔNICA

301. (Cespe – Procurador Federal/2013) Julgue os itens seguintes, acerca da prescrição, da reabilitação e da imputabilidade.

301.1. Não se admite a prescrição da pretensão executória antes do trânsito em julgado da sentença para ambas as partes.

COMENTÁRIOS

✪ **Nota do autor:** O termo inicial do prazo da prescrição executória é controverso na doutrina e na jurisprudência. Há entendimento de que só é necessário o trânsito em julgado para a acusação. Há de outro lado entendimento de que deve haver o trânsito em julgado para ambas as partes. No caso, a comissão examinadora adotou o posicionamento atual do STF.

Certo: A prescrição regula-se pela pena aplicada depois de proferida a sentença condenatória, sendo que, cuidando-se de **execução da pena**, o lapso prescricional flui do dia em que **transita em julgado para a acusação**, conforme previsto no artigo 112, combinado com o artigo 110 do Código Penal. De acordo com esse entendimento, com o trânsito em julgado para a acusação, a pena aplicada ao réu não mais pode ser agravada e, assim, se estabiliza a pretensão punitiva estatal.

301.2. Considere a seguinte situação hipotética.

João cumpriu pena pela prática de roubo e, decorridos dois anos do dia em que foi extinta a pena, ele pleiteou, por meio de seu advogado, sua reabilitação.

Nessa situação, para ter seu pedido deferido, João deverá, necessariamente, ressarcir o dano causado pelo crime, demonstrar a absoluta impossibilidade de fazê-lo ou exibir documento que comprove a renúncia da vítima ou a novação da dívida.

COMENTÁRIOS

✪ **Nota do autor:** Reabilitação é a declaração judicial de que estão cumpridas ou extintas as penas impostas ao sentenciado, assegurando o sigilo dos registros sobre o processo e atingindo outros efeitos da condenação (Mirabete).

Certo: Requisitos da reabilitação: a. prazo de **dois anos** do dia em que extinta a punibilidade ou terminada a execução da pena; b. domicílio no País nesse prazo; c. demonstração de bom comportamento durante esse prazo; d. ressarcimento do prejuízo à vítima ou prova de **absoluta** impossibilidade de fazê-lo ou ainda renúncia da vítima.

301.3. O CP prevê uma redução de pena para aquele que, em virtude de perturbação de saúde mental ou por desenvolvimento mental incompleto ou retardado, não seja inteiramente capaz de entender o caráter ilícito do fato ou de determinar-se de acordo com esse entendimento, circunstância que enseja uma menor reprovabilidade da conduta do agente comprovadamente naquelas condições. Tem-se, nesse caso, a denominada semi-imputabilidade, também nominada pelos doutrinadores como responsabilidade penal diminuída.

COMENTÁRIOS

✪ **Nota do autor:** A imputabilidade é um dos elementos da culpabilidade. Portanto, a sua graduação está relacionada à reprovabilidade da conduta. Imputável: pena; semi-imputável: pena reduzida ou medida de segurança; inimputável: medida de segurança.

Certo: Semi-imputável é o agente que, em virtude de perturbação de saúde mental ou por desenvolvimento mental incompleto ou retardado, **não era inteiramente capaz** de entender o caráter ilícito do fato ou de determinar-se de acordo com esse entendimento. Nesse caso, a pena pode ser reduzida de um a dois terços (art. 26, parágrafo único, CP) ou pode ser substituída por internação, se esta medida se mostrar necessária (art. 98, CP).

301.4. Mesmo que ocorra a prescrição da pretensão executória, a sentença condenatória poderá ser executada no juízo cível para efeito de reparação do dano.

COMENTÁRIOS

Certo: Com a prescrição da pretensão executória, perde-se a possibilidade jurídica de execução da pena. Mas, **permanecem outros efeitos da sentença penal condenatória**, não só no aspecto penal, como lançamento do nome no rol dos culpados e reincidência, como ainda os efeitos extrapenais, como o dever de indenizar.

302. (Cespe – Procurador Federal/2013) Acerca da legislação penal especial e dos crimes contra a administração pública e contra a fé pública, julgue os itens subsequentes.

302.1. Os autos referentes à interceptação de comunicações telefônicas correrão em apenso aos autos do inquérito policial ou do processo criminal.

COMENTÁRIOS

Certo: Como a interceptação telefônica tem caráter cautelar, a Lei nº 9.296/96, em seu art. 8º, determina que ela corra em Apenso.

303. (Cespe – Delegado de Polícia Federal – DPF/2013) Em cada item a seguir, é apresentada uma situação hipotética, seguida de uma assertiva a ser julgada com base no direito penal.

O presidente de uma comissão parlamentar mista de inquérito, após as devidas formalidades, ordenou, de forma sigilosa e reservada, a interceptação telefônica e a quebra do sigilo de dados telefônicos de testemunha que se reservara o direito de permanecer calada perante a comissão. Nessa situação, a primeira medida é ilegal, visto que a interceptação telefônica se restringe à chamada reserva jurisdicional, sendo permitida, por outro lado, a quebra do sigilo de dados telefônicos da testemunha, medida que não se submete ao mesmo rigor da primeira, consoante entendimento da doutrina majoritária.

COMENTÁRIOS

✪ **Nota do autor:** reserva de jurisdição são limitações a direitos fundamentais que só podem ocorrer por meio de decisão judicial: **prisão, busca domiciliar** e **interceptação telefônica.**

Certo. A interceptação telefônica depende de ordem judicial, pois está entre as medidas exclusivas do Poder Judiciária. A quebra de dados, por implicar restrição à privacidade, depende de ordem judicial, mas não exclusivamente, podendo a CPI, que tem **poderes de investigação próprios das autoridades judiciais.**

304. (Cespe – Defensor Público – TO/2013) No que diz respeito à interceptação telefônica, assinale a opção correta, segundo entendimento do STJ e do STF.

a) Em se tratando da apuração da prática de crime punível com reclusão, admite-se, para o amparo dos interesses do réu, que a interceptação telefônica possa ser postulada pela defesa.

b) Como medida cautelar, a interceptação telefônica submete-se ao procedimento adotado no CPP, que impõe ao magistrado, sob pena de nulidade da medida, determinar, ao receber o pedido, a intimação da parte contrária, com cópia do requerimento e das peças necessárias.

c) Admite-se que a interceptação telefônica, conforme o caso concreto, seja executada diretamente e sob a responsabilidade do órgão do MP, por autoridade própria, e que a transcrição seja feita diretamente pelos servidores do MP, sob a supervisão do promotor de justiça, consoante posição do STJ.

d) A lei de regência, de acordo com a doutrina majoritária, não alcança as formas de comunicações telemáticas independentes ou de informática.

e) É imprescindível a instauração prévia de inquérito policial ou ação penal para a decretação de quebra de sigilo telefônico, que constitui medida cautelar de natureza preparatória ou incidental.

COMENTÁRIOS

✪ **Nota do autor:** a banca examinadora considerou a alternativa "a" como correta. Porém, no nosso entender, com a nova Lei de Crime Organizado entendemos que essa alternativa está incorreta.

Alternativa correta: letra "c". De acordo com a jurisprudência, a escuta e a transcrição das intervenções pelos servidores do Ministério Público não tornam a prova nula, pois se trata de mera divisão de tarefas dentro do próprio órgão, devendo haver o acompanhamento de Promotores de Justiça, responsáveis pela condução das investigações.

Alternativa "a". A interceptação telefônica será determinada pelo Juiz de ofício ou mediante requerimento da Autoridade Policial em investigação criminal e do representante do Ministério Público em se de investigação criminal e na instrução processual penal. O acusado não tem interesse em requerer a interceptação telefônica, pois poderá simplesmente gravar a conversa para fazer prova em seu favor.

Alternativa "b". O procedimento de interceptação telefônica é regido pela Lei nº 9.296/1996, não pelo CPP. Não há intimação da parte contrária, até mesmo para se garantir a eficácia da medida.

Alternativa "d". O art. 1º, parágrafo único, da Lei nº 9.296/96, faz incidir as normas de interceptação telefônica ao fluxo de comunicações em sistemas de informática e telemática. Vê-se que o legislador infraconstitucional foi além do que dispõe o legislador constitucional, que restringiu a medida às interceptações telefônicas (art. 5º, XII, parte final, CF/88). Porém, a doutrina majoritária entende que o citado parágrafo único é constitucional, pois os sistemas de comunicação de informática e de telemática são espécies ou semelhantes à comunicação telefônica.

Alternativa "e". Como a interceptação telefônica também tem caráter preparatório, não é necessário que já haja instauração de inquérito policial ou de ação penal.

3.15. CÓDIGO DE TRÂNSITO BRASILEIRO

305. (Cespe – Juiz de Direito Substituto – DFT/2014) Ao ultrapassar o sinal vermelho de um cruzamento de vias públicas, Frederico, que dirigia um veículo automotor, atropelou Jurandir, que morreu instantaneamente. Frederico, que nem sequer conferiu o estado de saúde de Jurandir, deixou o local do acidente sem prestar-lhe socorro, ainda que não houvesse risco pessoal em fazê-lo. Algumas horas após o acidente, Frederico se apresentou espontaneamente à autoridade policial, tendo assumido a responsabilidade pelo ocorrido e alegado que estava sob influência de cocaína no momento do acidente, circunstância que ficou devidamente confirmada com a realização de exame clínico específico. Frederico não possuía permissão ou habilitação para dirigir.

Com base nessa situação hipotética, assinale a opção correta.

a) Frederico deve responder por três crimes, dois deles previstos no CTB e um previsto na Lei nº 11.343/2006.

b) Frederico deve responder por homicídio culposo, previsto no CTB, duplamente qualificado, ficando a conduta de dirigir sob efeito de substância psicoativa que determine dependência, também prevista no CTB, absorvida pelo homicídio culposo.

c) Frederico deve responder por homicídio culposo, previsto no CTB, duplamente qualificado, em concurso material com o crime de dirigir sob efeito de substância psicoativa que determine dependência, também previsto no CTB.

d) Frederico deve responder, em concurso material, por homicídio culposo, pelo crime de dirigir sob efeito de substância psicoativa que determine dependência e pelo crime de omissão de socorro, todos previstos no CTB, devendo a conduta de dirigir sem permissão ou habilitação, prevista como crime autônomo no CTB, ser considerada para o efeito de majoração da pena.

e) Frederico não deve ser responsabilizado pela omissão de socorro, nem a título de crime autônomo nem como circunstância majorante do homicídio culposo.

COMENTÁRIOS

✪ **Nota do autor:** essa questão foi **anulada** pela Comissão Examinadora. No caso, o primeiro crime pelo qual responde o agente é o de **homicídio culposo na direção de veículo automotor** (art. 302, CTB). Haverá a incidência de duas causas de aumento de pena: não possuir permissão ou habilitação para dirigir veículo automotor e não prestar socorro, quando possível fazê-lo sem risco pessoal, à vítima do acidente (art. 302, parágrafo único, I e III, CTB), sem incidência da circunstância agravante do art. 298, III, CTB, sob pena de *bis in idem* com o art. 302, parágrafo único, I, CTB. E ainda responde pelo crime de **conduzir veículo automotor com capacidade psicomotora alterada em razão da influência de álcool ou de outra substância psicoativa que determine dependência** (art. 306, CTB) com a circunstância agravante do art. 298, III, CTB. Não responde pelo crime de omissão de socorro (art. 304, CTB), para se evitar o *bis in idem* com o art. 302, parágrafo único, III, CTB). Não responde pelos crimes da Lei nº 11.343/2003, porque não possuía ou guardava droga e o fato dele ter consumido cocaína, momentos antes, é atípica.

Assim, Frederico deve responder por dois crimes do CTB, um deles com duas causas de aumento de pena, e o outro com uma circunstância agravante, reposta que não existe em qualquer uma das alternativas.

306. (Cespe – Juiz Federal Substituto 5ª região/2013) No que concerne aos crimes de trânsito, assinale a opção correta.

a) Em caso de crime de trânsito com pena privativa de liberdade em regime fechado, a penalidade de suspensão da habilitação para conduzir veículo automotor inicia-se na data do trânsito em julgado da condenação criminal.

b) Pratica crime previsto no Código de Trânsito Brasileiro aquele que conduz veículo automotor, na via pública, com concentração de álcool por litro de sangue igual ou superior a seis decigramas ou sob influência de qualquer outra substância psicoativa que determine dependência, cabendo ao Poder Executivo, por força de seu poder regulamentar, estipular a equivalência entre distintos testes de alcoolemia.

c) De acordo com o entendimento jurisprudencial, aquele que, sem possuir habilitação ou permissão para dirigir, ao dirigir colida com veículo conduzido por terceiro, sem causar lesão corporal à vítima, não responde por crime, mas apenas por infração administrativa.

d) É circunstância agravante do crime de homicídio culposo cometido na direção de veículo automotor, incidente na segunda fase de aplicação da pena, o fato de ter o agente praticado o delito em faixa de pedestres ou na calçada.

e) Da decisão judicial que indefere pedido do MP para decretar a medida cautelar de suspensão do direito de dirigir cabe recurso em sentido estrito, e da decisão que defere o pedido cabe habeas corpus ou reclamação perante a instância judicial competente.

COMENTÁRIOS

✪ **Nota do autor:** a Lei nº 12.760/2012 alterou a redação do art. 306 do Código de Trânsito Brasileiro.

Alternativa correta: letra "b". Com a anova redação conferida ao art. 306 do CTB, a condição de embriaguez deve ser comprovada pela concentração igual ou superior a seis decigramas de álcool por litro de sangue ou igual a superior a 0, 3 miligrama de álcool por litro de ar alveolar ou ainda com sinais que indiquem, na forma disciplinada pela Contran, alteração da capacidade psicomotora. Alguns Tribunais têm exigido a prova efetiva ou indiciária da perda da alteração da capacidade psicomotora.

Alternativa "a". Em caso de crime de trânsito com pena privativa de liberdade em regime fechado, a penalidade de suspensão da habilitação para conduzir veículo automotor inicia-se somente **depois de cumprida a pena em regime fechado** e a pessoa é colocada em liberdade (art. 293, § 2º, CTB).

Alternativa "c". Há o crime do art. 309 do CTB, o qual exige que, além de dirigir sem a habilitação, **a conduta do agente cause perigo de dano**. A colisão evidencia que a conduta do sujeito ativo do crime causou perigo de dano, não só no aspecto material, o qual foi concretizado, como também quanto à integridade física de terceiros.

Alternativa "d". É **causa de aumento de pena** do crime de homicídio culposo cometido na direção de veículo automotor, incidente na **terceira fase de aplicação da pena**, o fato de ter o agente praticado o delito em faixa de pedestres ou na calçada (art. 302, parágrafo único, II, CTB).

Alternativa "e". Da decisão judicial que indefere pedido do MP para decretar a medida cautelar de suspensão do direito de dirigir cabe recurso em sentido estrito (art. 294, parágrafo único, CTB), e da decisão que defere o pedido cabe **mandado de segurança**, pois ainda não há pena privativa de liberdade aplicada ao infrator. O STJ só admite *habeas corpus* para impugnar suspensão de habilitação, se ela for cumulada com pena privativa de liberdade (HC nº 159.298).

307. (Cespe – Defensor Público – RR/2013) Luiz, maior de idade, capaz, motorista habilitado, quando trafegava com seu veículo em via pública, onde a velocidade máxima era de 40 km/h, atropelou Rui, que estava em faixa de trânsito destinada à travessia de pedestres, causando-lhe lesão corporal. Luiz, que, no momento do acidente, dirigia seu veículo à velocidade de 95 km/h, prestou imediato socorro à vítima.

Com referência à situação hipotética apresentada, assinale a opção correta tendo em vista as disposições do CTB.

a) De acordo com o CTB, admite-se a compensação da agravante do excesso de velocidade na via com a atenuante da prestação de imediato socorro à vítima.

b) Luiz será responsabilizado pelo delito de lesão corporal culposa, com a incidência da causa de aumento de pena em razão de o fato ter ocorrido sobre faixa de trânsito destinada à travessia de pedestres, e a ação penal será pública incondicionada.

c) Nesse caso, de acordo com preceito expresso do CTB, Luiz praticou crime de lesão corporal culposa e a sua responsabilização dependerá de representação de Rui, vítima no acidente.

d) No caso, o crime perpetrado por Luiz foi o de lesão corporal culposa com a incidência das agravantes do excesso de velocidade na via e de o fato ter sido praticado na faixa de pedestres, admitindo-se, no caso, a incidência da causa de diminuição de pena por ter sido prestado socorro à vítima.

e) Caso Luiz não prestasse socorro à vítima e, no mesmo momento e circunstância, fugisse do local do acidente na tentativa de afastar a responsabilidade, seriam consumados, em concurso material, o crime de lesão corporal culposa, agravada pelo excesso de velocidade na via e por ter o fato ocorrido na faixa de pedestres; o delito de omissão de socorro e a infração penal de fuga.

COMENTÁRIOS

Alternativa correta: letra "b". Luiz agiu com **imprudência**, pois conduzia o seu veículo em velocidade superior à permitida na via pública e, assim, responde por lesão corporal culposa na direção de veículo automotor (art. 303, CTB). Como a vítima estava sobre a faixa de pedestres, incide a causa de aumento de pena de pena (art. 303, parágrafo único, CTB). Nos crimes de lesão corporal do CTB, aplica-se a Lei nº 9.099/95, exceto nas hipóteses do art. 291, § 1º, CTB. Portanto, como o motorista desenvolvia velocidade de 94 km/h, onde era permitido quarenta, a ação penal pública é incondicionada (art. 291, § 1º, III, CTB).

Alternativa "a". O fato de o agente estar desenvolvendo velocidade acima do mínimo legal não é agravante da pena, porque é elemento do tipo culposo (imprudência), e não está enumerado no art. 298, CTB. Além disso, a prestação imediata de socorro não é circunstância atenuante, porque, em verdade, se trata de dever de quem provocou o acidente.

Alternativa "c". Em regra, os crimes de lesão corporal culposa são de ação penal pública condicionada à representação (art. 88 da Lei nº 9.099/95). Mas, o CTB afasta a incidência dessa Lei nas hipóteses do art. 291, parágrafo único, entre as quais se encontra o fato de o agente estiver transitando em velocidade superior à máxima permitida para a via em cinquenta quilômetros.

Alternativa "d". O fato de a vítima estar sobre a faixa de pedestres é **causa de aumento de pena**. O excesso de velocidade e a imediata prestação de socorro não são circunstâncias agravantes e atenuantes, respectivamente.

Alternativa "e". Caso Luiz não prestasse socorro à vítima e, no mesmo momento e circunstância, fugisse do local do acidente na tentativa de afastar a responsabilidade, seriam consumados, em concurso material, o crime de lesão corporal culposa, com a **causa de aumento de pena** por ter o fato ocorrido na faixa de pedestres; o delito de omissão de socorro e a infração penal de fuga.

3.16. CRISE DE ABUSO DE AUTORIDADE

308. (Cespe – Juiz de Direito Substituto – AM/2016) Com base no disposto na Lei n.º 4.898/1965, que trata do crime de abuso de autoridade, e na jurisprudência do STJ, assinale a opção correta.

a) A pessoa física, mas não a pessoa jurídica, pode ser sujeito passivo do crime de abuso de autoridade.

b) De acordo com o STJ, pode caracterizar abuso de autoridade a negativa infundada do juiz em receber advogado, durante o expediente forense, quando este estiver atuando em defesa do interesse de seu cliente.

c) A representação da vítima, dirigida ao MP, é condição de procedibilidade para a instauração da ação penal referente ao crime de abuso de autoridade.

d) Constitui abuso de autoridade submeter pessoa sob sua guarda ou custódia a vexame ou a constrangimento, ainda que o procedimento adotado pela autoridade policial esteja previsto em lei.

e) Constitui crime de abuso de autoridade qualquer atentado à incolumidade física, psíquica e moral do indivíduo.

COMENTÁRIOS

Alternativa correta: letra "b". O Juiz é ocupante de cargo público e, portanto, pode ser sujeito ativo de crime de abuso de autoridade. O Estatuto da OAB, Lei Federal, garante ao advogado audiência com o Juiz da causa. Se este negar receber o advogado comete abuso de autoridade, porque atenta aos direitos e garantias legais assegurados ao exercício profissional.

Alternativa "a". A pessoa jurídica é titular de direitos na medida da natureza de sua personalidade. Assim, a autoridade que ofender direitos da pessoa jurídica comete crime de abuso de autoridade.

Alternativa "c". A ação penal referente ao crime de abuso de autoridade é pública incondicionada. O MP não depende de representação da vítima para oferecer a denúncia. O termo representação da Lei de abuso de autoridade se refere ao direito de petição da vítima de informar o Poder Público sobre o fato abusivo.

Alternativa "d". Se o procedimento estiver amparado pela lei, há estrito cumprimento do dever legal. Não há como negar que o Oficial de Justiça que executa mandado de despejo expõe a vexame a parte. Mas, age dentro do seu dever funcional.

Alternativa "e". Constitui crime de abuso de autoridade qualquer atentado à incolumidade física, psíquica e moral do indivíduo, somente se a autoridade não estiver amparada em lei, dentro do estrito cumprimento do dever legal.

---

309. (Cespe – Defensor Público – RR/2013) Com base no disposto na lei de abuso de autoridade – Lei n° 4.898/1965 –, assinale a opção correta.

a) De acordo com a lei em questão, somente podem ser agentes dos delitos de abuso de autoridade os agentes públicos ou pessoas que exerçam múnus público.

b) Configura abuso de autoridade a ausência de comunicação da custódia à família do preso.

c) O crime de abuso de autoridade absorve as demais infrações penais perpetradas na mesma circunstância, por ser mais grave e possuir legislação especial, segundo posição dos tribunais superiores.

d) Admite-se a prática do crime de abuso de autoridade na forma culposa.

e) Os crimes de abuso de autoridade podem ser comissivos ou omissivos.

COMENTÁRIOS

Alternativa correta: letra "e". Há crimes de abuso de autoridade que são comissivos, em que se exige uma conduta positiva do agente, por exemplo, ordenar ou executar medida privativa de liberdade individual, sem as formalidades legais (art. 4º, *a*, Lei nº 4.898/65), bem como omissivos, em que a conduta do agente é negativa, como a de deixar de comunicar, imediatamente, ao juiz competente a prisão ou detenção de qualquer pessoa (art. 4º, *d*, Lei nº 4.898/65).

Alternativa "a". O crime de abuso de autoridade é próprio, pois exige uma especial condição do agente, qual seja, ser agente público. Nada impede, porém, que o particular pratique crimes de igual natureza por meio de participação.

Alternativa "b". Não há previsão na Lei nº 4.898/65 de que se o agente deixar de comunicar os familiares do preso acerca da prisão seja crime de abuso de autoridade. O crime ocorre se o responsável pela prisão deixar de comunica-la ao Juiz competente (art. 4º, *a*, Lei nº 4.898/65).

Alternativa "c". O crime de abuso de autoridade não impede o reconhecimento de outros crimes cometidos nas mesmas circunstâncias de espaço e tempo, como a tortura e a lesão corporal, porque se tutelam bens jurídicos diferentes.

Alternativa "d". A Lei nº 4.898/65 só prevê crimes dolosos. Não é possível a prática de crimes na modalidade culposa.

3.17. LEI DE EXECUÇÃO PENAL

310. (Cespe – Promotor de Justiça – AC/2014) A respeito da execução das penas e das medidas de segurança, assinale a opção correta.

a) O cometimento de falta disciplinar de natureza grave pelo executando interrompe tanto o prazo para a obtenção da progressão de regime, quanto para fins de concessão de livramento condicional.

b) O agente inimputável desinternado poderá ser novamente internado antes do decurso de um ano, desde que pratique conduta típica e antijurídica.

c) Atualmente, a remissão de parte do tempo de execução da pena sob regime fechado ou semiaberto, em razão de frequência a curso de ensino formal, só é possível em virtude de construção jurisprudencial, dada a falta de expressa previsão legal acerca da matéria.

d) A Lei de Execuções Penais autoriza o trabalho externo ao preso provisório somente em serviço ou obras públicas realizadas por órgãos da administração direta ou indireta.

e) Segundo o STJ, é inadmissível a fixação de pena restritiva de direitos substitutiva da privativa de liberdade como condição especial ao regime aberto.

COMENTÁRIOS

Alternativa correta: letra "e". Trata-se de jurisprudência pacífica do STJ, estabelecida no enunciado nº 493 da Súmulas do Tribunal. Assim, regime aberto é forma de cumprimento de pena privativa de liberdade e as restritivas de direitos têm justamente a função de substituir as privativas.

Alternativa "a". Um dos requisitos para a progressão do regime é o bom comportamento carcerário. Assim, se a pessoa cometeu falta grave, **não é possível a progressão de regime**. Mas, em relação ao livramento condicional, a falta grave não o obsta por falta de previsão legal nesse sentido, conforme a Súmula 441, STJ.

Alternativa "b". Nos termos do art. 97, § 3º, CP, a desinternação, ou a liberação, será sempre condicional devendo ser restabelecida a internação se o agente, antes do decurso de um ano, pratica **fato indicativo** de persistência de sua periculosidade. Veja-se que a lei não fala em crime, mas apenas em fato, como, por exemplo, envolvimento em uma briga, ainda que atue em legítima defesa.

Alternativa "c". O condenado que cumpre a pena em regime fechado ou semiaberto poderá remir, por trabalho ou por estudo, parte do tempo de execução da pena, conforme estabelece o art. 126, LEP, após redação conferida pela Lei nº 12.433/2011, que acolheu, enfim, posicionamento jurisprudencial anterior acerca de estender o benefício em decorrência do estudo.

Alternativa "d". A jurisprudência do STJ firmou entendimento de que, ao preso provisório, não será permitido o trabalho externo, porquanto o art. 31, parágrafo único, da LEP, menciona apenas **trabalho interno** (STJ – Resp nº 723.596/RS).

---

311. (Cespe – Defensor Público – DF/ 2013) De acordo com a Lei de Execução Penal, julgue os itens subsequentes.

311.1. É pacificado, na jurisprudência do STJ, o entendimento de que o cometimento de falta disciplinar de natureza grave pelo condenado que cumpre pena privativa de liberdade interrompe o prazo para a obtenção do livramento condicional.

COMENTÁRIOS

✪ **Nota do autor:** Os efeitos do cometimento da falta grave são aqueles taxativamente previstos na legislação de execução criminal.

Errado: O STJ pacificou o entendimento de que o cometimento de falta grave não gera efeitos em relação ao prazo de concessão de **livramento condicional** (Súmula 441, STJ), justamente por falta de previsão legal.

311.2. A autorização para saída temporária, sem vigilância direta, do estabelecimento prisional, para participação em atividades que concorram para o retorno ao convívio social, pode ser obtida por condenados que cumpram pena em regime fechado e semiaberto.

COMENTÁRIOS

✪ **Nota do autor:** um dos fundamentos da pena é a ressocialização do preso com o que se visa a diminuir a reincidência.

Errado: A saída temporária que pode ter por fim visita à família, frequência a cursos e atividades de convívio social, é benefício concedido a presos do regime **semiaberto** (art. 122, LEP).

311.3. De acordo com a jurisprudência mais recente do STJ, a medida de segurança aplicada, no curso da execução da pena privativa de liberdade, em razão de superveniência de doença ou perturbação da saúde mental do condenado terá duração determinada, não superior ao tempo restante de cumprimento da pena privativa de liberdade.

COMENTÁRIOS

Certo: A superveniência de doença mental ao condenado no curso do cumprimento de pena privativa de liberdade acarreta a transferência do preso para hospital de custódia e tratamento psiquiátrico. Porém, ao contrário do que ocorre, em regra, no cumprimento de medidas de segurança pelo inimputável, em que o tempo de duração da sanção penal é indeterminado, no caso de substituição de pena privativa por medida de segurança, esta é limitada pelo **tempo de pena fixado em sentença**, em decorrência da força da coisa julgada e de que ninguém pode permanecer preso além do prazo estabelecido em lei ou na sentença.

311.4. Durante a execução da pena privativa de liberdade, em caso de saída temporária, prisão domiciliar e livramento condicional, o juiz poderá determinar a fiscalização por meio de monitoração eletrônica.

COMENTÁRIOS

Errado: A monitoração eletrônica consiste em forma de vigilância do sentenciado que se encontra em alguma forma de liberdade. De qualquer maneira, não deixa de ser constrangimento ilegal, que deve ser aplicado apenas nos casos previstos em Lei de Execuções Penais, que a prevê apenas nos casos de **saída temporária** e **prisão domiciliar**. Não a prevê em caso de livramento condicional.

---

312. (Cespe – Procurador do DF/ 2013) O juiz da vara de execuções penais negou ao condenado o direito de receber visita da mãe pelo fato de ela ter sido condenada em sentença transitada em julgado por tentar adentrar o presídio transportando 100 g de maconha na cavidade vaginal. Na época da negativa, ela encontrava-se cumprindo sua pena no regime aberto.

Com referência a essa situação hipotética, julgue os itens que se seguem.

312.1. Em situações semelhantes à da hipótese em questão, é permitido ao condenado a quem se negou o direito de receber a visita impugnar a decisão por meio de agravo em execução, devendo o tribunal afastar a restrição, pois ninguém é obrigado a fazer ou deixar de fazer alguma coisa senão em virtude de lei que o obrigue.

COMENTÁRIOS

Anulada: Como se trata de decisão do Juízo das Execuções Criminais, essa decisão é impugnável por meio de agravo em execução. Ocorre que o direito ao recebimento da visita não é um direito absoluto, podendo ser limitado pelo Juízo das Execuções, em caso de superior interesse público, assim tal conduta do Juiz não viola o princípio da legalidade. De qualquer forma, o TJDFT já decidiu que o fato de a pessoa possuir condenação anterior por crime de tráfico, por si só, não é suficiente para se afastar o direito de visitas (TJDFT – Recurso de Agravo 20130020057675RAG – Rel. Des. JOÃO TIMÓTEO DE OLIVEIRA).

312.2. O juiz agiu corretamente, pois quem já foi condenado por traficar drogas em presídio oferece riscos ao ambiente emocionalmente instável da penitenciária.

COMENTÁRIOS

Anulada: De acordo com o entendimento do TJDFT, a condenação por crime de tráfico de drogas do visitante, por si só, não é suficiente para proibição de visita. Deve-se analisar o caso concreto para decidir sobre a vedação.

---

313. (Cespe – Juiz Federal Substituto 5ª região/2013) Pena é a sanção aflitiva imposta pelo Estado, mediante ação penal, ao autor de uma infração (penal), como retribuição de seu ato ilícito, consistente na diminuição de um bem jurídico, e cujo fim é evitar novos delitos. A respeito da execução da pena, assinale a opção correta.

a) O exame criminológico foi abolido do sistema jurídico brasileiro, sendo vedada sua utilização para fins de progressão da pena.

b) O sistema penitenciário pensilvânico, originado no século XVIII, tinha por objetivo o isolamento total do preso, a quem era vedado o recebimento de visitas, e orientava-se exclusivamente pelo trabalho forçado, o que constituía regime extremamente severo e não permitia a ressocialização do condenado.

c) A prisão especial impede a progressão do regime de execução da pena fixada em sentença ainda não transitada em julgado.

d) No regime fechado de cumprimento da pena, o trabalho deve ser realizado pelo preso dentro do estabelecimento prisional, em conformidade com as aptidões ou ocupações anteriores do condenado, desde que compatíveis com a execução da pena, sendo, pois, vedado o trabalho externo.

e) A permissão de saída consiste na autorização temporária, concedida ao condenado pelo diretor do estabelecimento prisional, em situações de urgência, tais como falecimento de irmão do preso, admitida aos que cumprem pena em regime fechado e semiaberto, assim como aos presos provisórios.

COMENTÁRIOS

Alternativa correta: letra "e". A permissão de saída temporária ocorre nas hipóteses de falecimento ou doença grave do cônjuge, companheiro, ascendente, descendente ou irmão do preso, bem como para necessidade de tratamento médico (art. 120, LEP). Como se trata de medida excepcional e não definitiva, é de atribuição do diretor do estabelecimento prisional, sem necessidade autorização judicial, concedê-la.

Alternativa "a". O exame criminológico permanece no sistema de execução penal para a obtenção dos elementos necessários para a individualização da pena, no início da execução em regime fechado (art. 8º, LEP). Para a progressão de regime, em regra, não se faz necessário tal exame, mas, excepcionalmente, o juiz pode exigir sua realização (Súmula Vinculante nº 26, STF).

Alternativa "b". O sistema penitenciário pensilvânico, originado no século XVIII, tinha por objetivo o isolamento total do preso, com passeio isolado do sentenciado em um pátio circular, sem trabalho ou visitas, incentivando-se a leitura da Bíblia (Damásio E. de Jesus).

Alternativa "c". A prisão especial é forma de cumprimento de prisão preventiva em decorrência de determinadas circunstâncias peculiares. De acordo com a Súmula 714, STF, é possível a progressão de regime em caso de cumprimento de prisão especial, pois o prazo desta será considerado como cumprimento de pena (detração penal).

Alternativa "d". Para quem cumpre pena em regime fechado, o trabalho externo é possível somente em **serviços ou obras públicas** realizadas por órgãos da Administração Direta ou indireta, ou entidades privadas, desde que tomadas cautelas contra a fuga em favor da disciplina (art. 36, LEP).

3.18. LEI DE CRIMES HEDIONDOS

314. (Cespe – Analista Judiciário – Área Judiciária – TJ – CE/2014) A respeito dos crimes contra o patrimônio, dos crimes contra a fé pública, da Lei de Crimes Hediondos, da Lei Maria da Penha e da Lei Antidrogas, assinale a opção correta.

a) A pena privativa de liberdade imposta a um condenado primário, portador de bons antecedentes, sentenciado à pena de três anos de reclusão por tráfico ilícito de substâncias entorpecentes, não pode ser substituída por restritiva de direitos.

b) Crime de lesão corporal leve praticado em contexto de violência doméstica contra a mulher é de ação penal pública condicionada à representação da ofendida.

c) Um réu reincidente, condenado à pena de dez anos de reclusão em regime fechado pelo crime de estupro simples, somente poderá progredir de regime depois de cumpridos seis anos de pena.

d) Aquele que adultera fotocópia não autenticada comete o crime de falsidade ideológica.

e) Aquele que, à noite, subtrai coisa alheia móvel de residência desabitada pratica o crime de furto simples, sem causa de aumento de pena.

COMENTÁRIOS

Alternativa correta: letra "c". O crime de estupro é hediondo. Assim, a progressão de regime se dá depois do cumprimento de 3/5 da pena por ser o agente reincidente (art. 2º, § 2º, Lei nº 8.072/90). Assim, no caso em tela, a progressão se dá depois de **seis anos**.

Alternativa "a". A Lei de Drogas estabelecia que é vedada a substituição da pena privativa de liberdade por restritiva de direitos, mas o STF firmou entendimento de que esse dispositivo é **inconstitucional** e a sua eficácia foi afastada pelo Senado Federal, em conclusão a controle difuso de constitucionalidade (art. 33, § 4º, Lei de Drogas).

Alternativa "b". Em regra, o crime de lesão corporal leve é de ação penal pública condicionada à representação (art. 88, Lei nº 9.099/95). Como a Lei Maria da Penha, afasta a incidência de referida Lei, a jurisprudência firmou entendimento de que os crimes de lesão corporal no ambiente de violência doméstica contra a mulher são de ação penal pública **incondicionada**.

Alternativa "d". A fotocópia não autenticada não é considerada documento para fins de crimes contra a fé pública.

Alternativa "e". Na verdade, o agente comete o crime de **furto noturno** (art. 155, § 1º, CP). A jurisprudência do STJ firmou entendimento de que, mesmo que a residência esteja desabitada, incide a causa de aumento de pena, pois, no período noturno, há maior vulnerabilidade da residência (STJ – HC nº 29.153/SC).

315. (Cespe – Defensor Público – DF/ 2013) Com relação aos crimes hediondos e ao tráfico ilícito de entorpecentes, julgue os próximos itens.

315.1. Conforme a jurisprudência consolidada do STJ, a prática de ato infracional análogo ao crime de tráfico ilícito de entorpecentes autoriza, por si só, a aplicação da medida socioeducativa de internação ao adolescente que o cometa.

COMENTÁRIOS

✪ **Nota do autor:** A internação só é possível se o ato infracional for cometido mediante **grave ameaça** ou **violência** a pessoa; por **reiteração** no cometimento de outras **infrações graves**; por **descumprimento** reiterado e injustificável da **medida anteriormente imposta**.

Errado: O tráfico de drogas é crime equiparado a **hediondo** por força de disposto constitucional (art. 5º, XLIII, CF). Por conta disso, havia entendimento no sentido de que o adolescente que cometesse ato infracional de tráfico de drogas deveria ser submetido à internação. Porém, o STJ pacificou entendimento de que a medida de internação deve seguir estritamente o princípio da legalidade. Assim, o tráfico de drogas, por si só, ou seja, sem a presença de ao menos um daqueles requisitos acima apontados não enseja a internação (Súmula nº 492, STJ).

315.2. Conforme a mais recente jurisprudência do STF, os condenados por crimes hediondos praticados antes da entrada em vigor da Lei nº 11.464/2007 podem pleitear a progressão de regime após o cumprimento de apenas um sexto da pena aplicada.

COMENTÁRIOS

Certo: Antes da Lei nº 11.464/2007, a fração de cumprimento de pena para a progressão de regime era de um **1/6**, independentemente da natureza da infração penal. Após referida lei, em relação aos **crimes hediondos**, a fração passou a ser 2/5, se o réu for primário, e de 3/5, se reincidente. Portanto, se trata de lei penal mais gravosa, sujeita ao princípio da irretroatividade (STJ – HC nº 100.328/SP. Rel. Min. Eros Grau. DJ. 27/10/2009).

316. (Cespe – Delegado de Polícia – BA/2013) No que se refere às contravenções penais, aos crimes em espécie e às leis penais extravagantes, julgue os itens a seguir com base na jurisprudência dos tribunais superiores.

O indivíduo penalmente imputável condenado à pena privativa de liberdade de vinte e três anos de reclusão pela prática do crime de extorsão seguido de morte poderá ser beneficiado, no decorrer da execução da pena, pela progressão de regime após o cumprimento de dois quintos da pena, se for réu primário, ou de três quintos, se reincidente.

COMENTÁRIOS

Certo: O crime de extorsão qualificada pela morte (art. 158, § 2º, CP) é considerado **hediondo** (art. 1º, III, Lei nº 8.072/90). Por essa razão, a fração de tempo para a progressão de regime é maior, dando-se depois de 2/5, se o apenado for primário, e de 3/5, se reincidente (art. 1º, § 4º, Lei nº 8.072/90).

3.19. LEI DE CONTRAVENÇÕES PENAIS

317. (Cespe – Delegado de Polícia – PE/2016) O brasileiro nato, maior e capaz, que praticar vias de fato contra outro brasileiro nato

a) será considerado reincidente, caso tenha sido condenado, em território estrangeiro, por contravenção penal.

b) poderá ser condenado a penas de reclusão, de detenção e de multa.

c) responderá por contravenção penal no Brasil, ainda que a conduta tenha sido praticada em território estrangeiro.

d) responderá por contravenção, na forma tentada, se tiver deixado de praticar o ato por circunstâncias alheias a sua vontade.

e) responderá por contravenção penal e, nesse caso, a ação penal é pública incondicionada.

COMENTÁRIOS

Alternativa correta: letra "e". vias de fato é contravenção penal e, como tal, a ação penal é pública incondicionada (arts. 17 e 21, LCP)

Alternativa "a". Só haveria reincidência, se a primeira contravenção ocorresse no Brasil (art. 7º, LCP)

Alternativa "b". A sanção penal prevista para quem comete contravenção penal é prisão simples (art. 5º, LCP).

Alternativa "c". A lei brasileira só incide a contravenção penal cometida no território nacional (art. 2º, LCP).

Alternativa "d". Não é punível a tentativa de contravenção penal (art. 4º, LCP).

318. (Cespe – Delegado de Polícia – BA/2013) No que se refere às contravenções penais, aos crimes em espécie e às leis penais extravagantes, julgue os itens a seguir com base na jurisprudência dos tribunais superiores.

A tentativa de contravenção, mesmo que factível, não é punida.

COMENTÁRIOS

Certo: Em regra, as contravenções penais são delitos plurissubsisitentes em que a conduta pode ser fracionada e, assim, admitem a tentativa. Porém, por disposição expressa no art. 4º, da Lei de Contravenções Penais, **a tentativa não é punível no caso de delito anão.**

3.20. ESTATUTO DO ÍNDIO

319. (Cespe – Juiz Federal Substituto 1ª região/2013) No que concerne aos crimes contra o índio, de genocídio e outros previstos na legislação penal extravagante e às penalidades previstas no Estatuto do Estrangeiro, assinale a opção correta.

a) O Estatuto do Índio, ao tipificar crimes contra os índios e contra a cultura indígena, não define um tipo especial de homicídio contra o índio, mas prevê causa especial de aumento da pena no caso de crime contra a pessoa, o patrimônio ou os costumes, no qual o ofendido seja índio não integrado ou comunidade indígena.

b) Impedir o acesso de alguém ou recusar-lhe atendimento em restaurantes, bares, confeitarias ou locais semelhantes abertos ao público, pelo único motivo desse alguém ser indígena, é crime previsto no Estatuto do Índio.

c) O falso testemunho, definido como crime contra a administração da justiça, quando praticado perante o Conselho de Defesa dos Direitos da Pessoa Humana ou perante comissão de inquérito por ele constituída, está sujeito a pena mais elevada que a prevista no CP brasileiro.

d) A medida de deportação é mais severa que a de expulsão, sendo ambas penalidades cominadas a algumas das infrações previstas no Estatuto do Estrangeiro, além da pena privativa de liberdade, no regime de reclusão ou detenção, da pena de multa e do banimento.

e) Na legislação penal brasileira há previsão típica de genocídio por omissão e genocídio culposo.

COMENTÁRIOS

Alternativa correta: letra "a". No Estatuto do Índio, são fatos típicos: I – escarnecer de cerimônia, rito, uso, costume ou tradição culturais indígenas, vilipendiá-los ou perturbar, de qualquer modo, a sua prática; II – utilizar o índio ou comunidade indígena como objeto de propaganda turística ou de exibição para fins lucrativos; III – propiciar, por qualquer meio, a aquisição, o uso e a disseminação de bebidas alcoólicas, nos grupos tribais ou entre índios não integrados. No caso de **crime contra a pessoa**, como o homicídio, o patrimônio ou os costumes, em que o ofendido seja índio não integrado ou comunidade indígena, a pena será agravada de um terço (art. 59).

Alternativa "b". Como se nota da alternativa "a", impedir o acesso de alguém ou recusar-lhe atendimento em restaurantes, bares, confeitarias ou locais semelhantes abertos ao público, pelo único motivo desse alguém ser indígena, **não** é crime previsto no Estatuto do Índio.

Alternativa "c". Nos termos do art. 8º da Lei nº 4.319/64, aplicava-se o crime de falso testemunho em depoimento à Comissão de Direitos Humanos, sem previsão de causa de aumento de pena. Referida Lei foi revogada pela Lei nº 12.986/2014, que transformou o Conselho de Defesa dos Direitos da Pessoa Humana em Conselho Nacional dos Direitos Humanos, deixou de prever esse crime expressamente, o qual incide por força do próprio art. 342, CP, que determina o falso testemunho em processo administrativo.

Alternativa "d". A deportação é **menos severa** que a expulsão. A primeira é sanção decorrente de entrada irregular no território nacional nos casos de **entrada ou estada irregular de estrangeiro**. Já a expulsão é o estrangeiro que, de qualquer forma, **atentar contra a segurança nacional, a ordem política ou social, a tranquilidade ou moralidade pública e a economia popular, ou cujo procedimento o torne nocivo à conveniência e aos interesses nacionais**, além das hipóteses do parágrafo único, do art. 65, do Estatuto do Estrangeiro.

Alternativa "e". O crime de genocídio é previsto na Lei nº 2.889/56 e só há crimes **comissivos e dolosos.**

3.21. LEI DE TORTURA

320. (Cespe – Promotor de Justiça – AC/2014) A respeito dos crimes de tortura e de abuso de autoridade, assinale a opção correta.

a) A tortura, o racismo e as ações de grupos armados contra a ordem constitucional e o Estado democrático são delitos imprescritíveis, de acordo com previsão constitucional.

b) O crime de tortura, na modalidade de constranger alguém com emprego de violência ou grave ameaça, causando-lhe sofrimento físico e mental com o fim de obter informação, declaração ou confissão da vítima, é delito próprio, que só pode ser cometido por quem possua autoridade, guarda ou poder sobre a vítima.

c) A condenação de agente público por delito previsto na Lei de Tortura acarreta, como efeito extrapenal automático da sentença condenatória, a perda do cargo, função ou emprego público e a interdição para seu exercício pelo dobro do prazo da pena aplicada, segundo entendimento do STJ.

d) A representação dirigida ao MP, com a exposição do fato com todas as suas circunstâncias, prevista na Lei de Abuso de Autoridade, constitui autorização do ofendido ou de seu representante legal para a propositura da ação penal pública, ou seja, é condição de procedibilidade, sem a qual o MP está impedido de oferecer a denúncia.

e) Deve responder pelo delito de abuso de autoridade o juiz que, sem justa causa, deixar de ordenar a imediata liberação de adolescente ilegalmente apreendido.

COMENTÁRIOS

Alternativa correta: letra "c". "A perda do cargo, função ou emprego público é efeito **automático** da condenação pela prática do crime de tortura, **não sendo necessária fundamentação concreta** para a sua aplicação" (AgRg no Ag 1388953/SP, Rel. Ministra MARIA THEREZA DE ASSIS MOURA, SEXTA TURMA, julgado em 20/06/2013, DJe 28/06/2013).

Alternativa "a". A Lei nº 9.605/98 prevê como crime incêndio provocado em **mata** ou **floresta** (art. 41). No caso de incêndio a lavouras ou pastagens, incide o crime de incêndio previsto no Código Penal, com causa de aumento de pena (art. 250, § 1º, II, *h*, CP).

Alternativa "b". Apenas o racismo e as ações de grupos armados contra a ordem constitucional e o Estado democrático são delitos imprescritíveis, de acordo com previsão constitucional (art. 5º, XLII e XLIV, CF/88). A tortura e todos os demais crimes hediondos não são imprescritíveis.

Alternativa "d". A Lei nº 9.455/97, Lei de Tortura, representa um avanço em relação a outras legislações extravagantes. Isso porque previu a possibilidade de particular praticar crime de tortura, não apenas funcionário público. **A tortura não é crime próprio, mas comum.**

Alternativa "e". Deixar a autoridade competente, como o **juiz**, sem justa causa, de ordenar a imediata liberação de criança ou adolescente, tão logo tenha conhecimento da ilegalidade da apreensão, é crime previsto no art. 234, ECA.

321. (Cespe – Procurador do DF/ 2013) Com referência às penas e à sua aplicação, julgue os seguintes itens.

Se um integrante de corporação policial militar for processado penalmente pela prática de tortura ao submeter agente preso por sua guarnição a sofrimento físico intenso com a intenção de obrigá-lo a delatar os comparsas, o julgamento do processo deverá ocorrer na justiça comum, e a eventual condenação implicará, automaticamente, a perda do cargo, função ou emprego público e a interdição para seu exercício pelo dobro do prazo da pena aplicada, como efeito automático da condenação, dispensando-se motivação circunstanciada.

COMENTÁRIOS

Certo. O crime de tortura é julgado pelo Juízo Comum, porque não é crime doloso contra a vida (Tribunal do Júri), nem de menor potencial ofensivo (Jecrim). Um dos efeitos da condenação, sendo o agente funcionário público, é a perda automática do cargo, função ou emprego público e a interdição para seu exercício pelo dobro do prazo da pena aplicada, como efeito automático da condenação, dispensando-se motivação circunstanciada (art. 1º, § 5º, Lei nº 9.455/97).

3.22. LEI DE LENIÊNCIA

322. (Cespe – Analista de Controle – Área Jurídica – TCE – PR/2016) No que se refere ao acordo de leniência no caso de prática de atos ilícitos previstos na Lei n.° 12.846/2013, assinale a opção correta.

a) A celebração do acordo de leniência interrompe o prazo prescricional dos atos ilícitos previstos na Lei n.° 12.846/2013.

b) A celebração do acordo de leniência poderá reduzir em até dois terços o valor a ser pago a título de reparação dos danos causados pela pessoa jurídica responsável pelo ato ilícito.

c) A propositura e a celebração desse tipo de acordo são de competência exclusiva do Ministério Público no âmbito do inquérito civil ou durante o processamento de ação civil pública.

d) Tal acordo poderá ser celebrado com a pessoa jurídica que aceitar cooperar plenamente com a apuração do ato ilícito, ainda que ela não tenha admitido a sua participação na infração investigada.

e) A rejeição da proposta de acordo de leniência pela pessoa jurídica investigada implicará a confissão e o reconhecimento da prática do ato ilícito em apuração.

COMENTÁRIOS

Alternativa correta: letra "a". Houve a edição de medida provisória no sentido de que a proposta de acordo de leniência suspenderia a prescrição, enquanto que o a conclusão do acordo, a interromperia. Porém, essa MP perdeu vigência pelo decurso do tempo e, atualmente, prevalece a redação original, ou seja, de que a celebração do acordo de leniência interrompe a prescrição, porque demonstra que o Estado não ficou inerte na apuração do falo ilícito (art. 16, § 9º, Lei nº 12.846/2013).

Alternativa "b". A celebração do acordo de leniência poderá reduzir em até dois terços o valor a ser pago a título de **multa** pela pessoa jurídica responsável pelo ato ilícito

Alternativa "c". O Ministério Público não tem atribuição para celebrar acordos de leniência. Isso é de incumbência da autoridade máxima administrativa, como a Controladoria Geral da União.

Alternativa "d". Um dos requisitos para que seja celebrado o acordo de leniência é que a pessoa jurídica admita a sua participação no ilícito (art. 16, III, Lei de Leniência).

Alternativa "e". Não importará em reconhecimento da prática do ato ilícito investigado a proposta de acordo de leniência rejeitada (art. 16, § 7º, Lei de Leniência).

3.23. CRIMES DE RESPONSABILIDADE DE PREFEITO MUNICIPAL

323. (Cespe – Analista de Controle – Área Jurídica – TCE – PR/2016) De acordo com o Decreto-lei n.° 201/1967 e a jurisprudência dos tribunais superiores, assinale a opção correta.

a) O prazo prescricional referente à pena de perda do cargo decorrente de condenação definitiva de prefeito por crime de responsabilidade previsto no Decreto-lei n.° 201/1967 é distinto do prazo prescricional previsto para a pena privativa de liberdade aplicada ao condenado pelo mesmo crime.

b) Para a configuração de crime de responsabilidade previsto no Decreto-lei n.° 201/1967, é imprescindível que o desvio de rendas públicas tenha ocorrido em proveito do próprio prefeito.

c) É imprescindível a autorização da respectiva câmara municipal para o julgamento, perante o Poder Judiciário, dos acusados da prática dos crimes de responsabilidade previstos no Decreto-lei n.° 201/1967.

d) O prefeito que emprega rendas públicas em proveito próprio para a realização de propagandas autopromocionais comete o crime de peculato-uso.

e) A extinção do mandato impede a condenação do prefeito pela prática de crimes de responsabilidade previstos no Decreto-lei n.° 201/1967.

COMENTÁRIOS

✪ Nota do autor: a comissão examinadora entendeu como correta a alternativa "a". Porém, em pesquisa jurisprudencial no STJ, a Sexta Turma e, depois, a Quinta Turma passaram a entender que as penas de perda ou inabilitação para o cargo pelo prazo de cinco anos é acessória.

Alternativa "a". "PENAL. AGRAVO REGIMENTAL NO AGRAVO DE INSTRUMENTO. CRIME DE RESPONSABILIDADE DE PREFEITO. PREJUDICIALIDADE PARCIAL PELA PRESCRIÇÃO DA PRETENSÃO PUNITIVA. PERDA DO CARGO E INABILITAÇÃO PARA O EXERCÍCIO DE FUNÇÃO PÚBLICA. PENAS ACESSÓRIAS À PRIVAÇÃO DE LIBERDADE. NOVA ORIENTAÇÃO DOS TRIBUNAIS SUPERIORES. AGRAVO PARCIALMENTE CONHECIDO E, NESTA EXTENSÃO, PROVIDO." (STJ – AgRg no Ag 1139986/PR).

Alternativa "b". Quanto ao desvio de verbas há dois tipos penais: a – apropriar-se de bens ou rendas públicas, ou desviá-los em proveito próprio ou **alheio**; b – desviar, ou aplicar indevidamente, rendas ou verbas públicas (art. 1º, I e III, do Decreto-lei nº 201/1967)

Alternativa "c". Para processamento dos crimes de reponsabilidade de Prefeito Municipal, não é preciso a prévia autorização do Legislativo Municipal. Trata-se de ação penal pública incondicionada.

Alternativa "d". O prefeito que emprega rendas públicas em proveito próprio para a realização de propagandas autopromocionais comete o crime de responsabilidade previsto no art. 1º, II, Decreto-lei nº 201/1967: utilizar-se, indevidamente, em proveito próprio ou alheio, de bens, rendas ou serviços públicos.

Alternativa "e". O prefeito municipal, após a extinção do mandato, continua sujeito a processo por crime previsto no art. 1. Do dec. lei n. 201, de 27/02/67 (Súmula 164, STJ).

Direito Penal

Danilo da Cunha Sousa

✦ DICAS (RESUMO)

1. CARACTERÍSTICAS E FONTES DO DIREITO PENAL

- O Direito Penal é o conjunto de normas voltadas para o estabelecimento de fatos criminosos e a respectiva sanção penal.
- No atual estágio do constitucionalismo, que adota o Estado Democrático de Direito, o Direito Penal aparece com a função de **limitação do poder punitivo estatal**.
- A **política criminal** estuda e recomenda os meios de prevenção e repressão à delinquência.
- **Direito penal do autor:** pune-se a pessoa pelo que ela é, não pelo fato que ela praticou.
- **Direito penal do fato**: pune-se a pessoa pelo fato que ela cometeu.
- No direito brasileiro, se adotou o direito penal do fato, pois o crime é fato típico, antijurídico e culpável. Essa é a tendência dos Estados Democráticos.
- Sem prejuízo, no momento de aplicação da pena, o juiz deve levar em considerações condições pessoais do autor, como personalidade, conduta social, reincidência, etc.

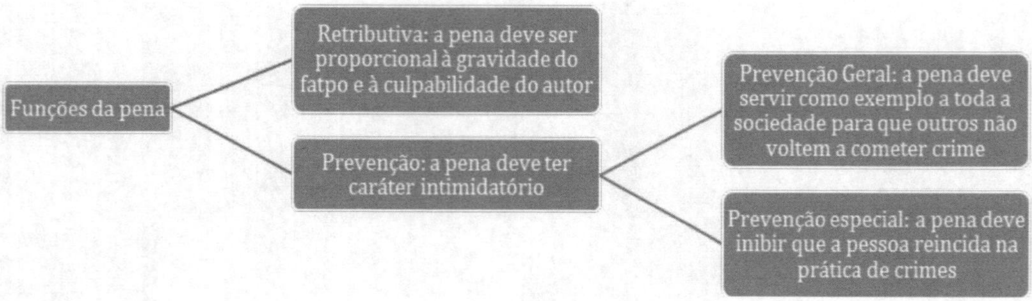

Teorias das penas	• **Absoluta ou retributiva:** a pena é uma forma de retribuição ao criminoso pela conduta ilícita realizada. Não há qualquer outra preocupação, como a reeducação do condenado; • **Relativa ou preventiva**: finalidade do direito penal é a prevenção de novos delitos, evitando a proliferação de condutas criminosas. • **Unificadora, mista ou eclética:** a pena é tanto uma retribuição ao condenado pela realização de um delito, como uma forma de prevenir a realização de novos delitos.

Características do Direito Penal	a) **Direito Público** – Regula as relações entre indivíduo e o Estado. b) **Valorativo** – Consiste na valoração das normas pelo Direito, em conformidade com o fato e em escala hierárquica. (Fato, valor e norma). c) **Sancionador** – Prevê a cominação e aplicação de sanções penais. d) **Dogmático** – Expõe seu conteúdo através de normas.

Fontes do Direito Penal	(a) **Lei:** fonte formal por excelência. Somente a lei pode dar segurança jurídica à relação jurídica penal; (b) **Costume:** não é fonte primária, porque não pode instituir crimes. Mas, pode ser fonte secundária no que se refere à interpretação da lei penal; (c) **Jurisprudência**: entendimento reiterados dos Tribunais, não é fonte formal, mas é importante fonte para esclarecimento da interpretação da norma. (d) **Doutrina**: não é fonte formal de Direito Penal, mas tem função questionadora do Direito Penal, o que leva à sua renovação e aperfeiçoamento.

2. PRINCÍPIOS APLICÁVEIS AO DIREITO PENAL

- **Princípio da reserva legal**: Não há crime sem lei anterior que o defina, nem pena sem prévia cominação legal (CF/88, art. 5º, XXXIX e Código Penal (CP) art. 1º).
- **Princípio da anterioridade da** lei: Só há crime e pena se o ato foi praticado depois de lei que os define esteja em vigor.
- **Princípio da fragmentariedade**: O estado só protege, por meio de normas penais, os bens jurídicos mais importantes, assim intervém só nos casos de maior gravidade.
- **Princípio da intervenção mínima**: O Direito Penal é a *ultima ratio*, só tem legitimidade sua intervenção quando os outros ramos do Direito não conseguirem prevenir a conduta ilícita.
- **Princípio da ofensividade**: Não basta que a conduta seja imoral ou pecaminosa, ela deve ofender um bem jurídico provocando uma lesão efetiva ou um perigo concreto ao bem.
- **Princípio da culpabilidade**: Só será penalizado quem agiu com dolo ou culpa cometeu um fato atípico e antijurídico.
- **Princípio da humanidade**: O réu deve ser tratado como pessoa humana, vedando-se a aplicação de penas cruéis, como a de morte e prisão perpétua.
- **Princípio da Proporcionalidade da pena**: A pena não pode ser superior ao grau de responsabilidade pela prática do fato.
- **Princípio do estado de inocência**: Ninguém será culpado até o trânsito em julgado de sentença penal condenatória.
- **Princípio do *ne bis in idem*:** ninguém pode ser punido duas vezes pelo mesmo fato.

3 APLICAÇÃO DA LEI PENAL

3.1 A LEI PENAL NO TEMPO E NO ESPAÇO

- Princípio da **irretroatividade da norma penal:** a norma penal não retroage, exceto para beneficiar o réu.
- Assim, a qualquer tempo, mesmo depois de condenação transitada em julgado, é extinta a pena do réu, se lei posterior deixar de considerar o fato crime (*abolitio criminis*).
- Mas, não se aplica a lei penal posterior que passa a incriminar uma conduta.
- **Ultratividade da norma penal:** como em vista, a norma penal que perde vigência deixa de ser aplicada, retroagindo em favor do réu.
- Exceções: **lei excepcional ou temporária**, embora decorrido o período de sua duração ou cessadas as circunstâncias que a determinaram, aplica-se ao fato praticado durante sua vigência.
- **Princípio da territorialidade:** se aplica a lei brasileira aos crimes cometidos no território nacional, ou seja, o espaço territorial em que o Brasil é soberano.
- Considera-se **extensão do território brasileiro**: *i.* as embarcações e aeronaves brasileiras, de natureza pública ou a serviço do governo brasileiro, em qualquer lugar que se encontre; *ii.* as embarcações e aeronaves brasileiras, de natureza mercantil ou privada, que se achem respectivamente em alto-mar ou no espaço aéreo correspondente; *iii.* aeronaves e embarcações estrangeiras de propriedade privada, se estiverem sobre o território nacional, em aeroporto ou porto, ou no espaço aéreo ou marítimo (art. 5º, §§ 1º e 2º, do Código Penal).
- **Princípio da extraterritorialidade**: em razão de determinadas circunstâncias, como de pessoas envolvidas ou dos bens jurídicos atingidos, aplica-se a lei brasileira, ainda que o fato tenha acontecido no exterior (art. 7º do Código Penal). É o caso de homicídio contra o Presidente da República praticado no exterior.

3.2 TEMPO E LUGAR DO CRIME

- **Tempo do crime:** art. 4º do Código Penal: adotou a teoria da **atividade**: considera-se praticado o crime no momento da ação ou da omissão, ainda que seja outro o do resultado.
- Se o agente tem 17 anos no dia em que atirou na vítima, que só veio a falecer dois meses depois, quando o autor do fato já completou 18 anos, este não responde penalmente.

- **Lugar do crime**: art. 6º do Código Penal: adotou a teoria da **ubiquidade:** considera-se praticado o crime no lugar em que ocorreu a ação ou omissão, no todo ou em parte, bem como onde se produziu ou deveria produzir o resultado.

3.3 LEI PENAL EXCEPCIONAL, ESPECIAL E TEMPORÁRIA

- **Lei excepcional:** é aquela adotada em razão de um fato extraordinário, como a guerra ou terremoto.
- **Lei temporária**: é aquela adotada durante período de tempo determinado.
- **Lei especial:** é a norma penal não prevista no Código Penal, como os crimes eleitorais do Código Eleitoral.

3.4 TERRITORIALIDADE E EXTRATERRITORIALIDADE DA LEI PENAL

A aplicação da lei penal está relacionada à soberania do Estado e, portanto, incide aos limites de seu território.

Excepcionalmente, a lei penal brasileira se aplica a fatos ocorridos no exterior.

Espécies	Características	Hipóteses
Extraterritorialidade incondicionada	A lei brasileira se aplica aos fatos praticados no exterior, independentemente de qualquer condição	os crimes: a) contra a vida ou a liberdade do Presidente da República; b) contra o patrimônio ou a fé pública da União, do Distrito Federal, de Estado, de Território, de Município, de empresa pública, sociedade de economia mista, autarquia ou fundação instituída pelo Poder Público; c) contra a administração pública, por quem está a seu serviço; d) de genocídio, quando o agente for brasileiro ou domiciliado no Brasil.
Extraterritorialidade condicionada	A aplicação da lei brasileira depende do concurso de diversas condições	I – os crimes: a) que, por tratado ou convenção, o Brasil se obrigou a reprimir; b) praticados por brasileiro; c) praticados em aeronaves ou embarcações brasileiras, mercantes ou de propriedade privada, quando em território estrangeiro e aí não sejam julgados. II- crime cometido por estrangeiro contra brasileiro fora do Brasil

3.5 PENA CUMPRIDA NO ESTRANGEIRO

- **Pena cumprida no estrangeiro**: é causa de **detração penal**: porque atenua a pena imposta no Brasil pelo mesmo crime, quando diversas, ou nela é computada, quando idênticas.

3.6. EFICÁCIA DA SENTENÇA ESTRANGEIRA

- A competência para homologação de sentença penal estrangeira é do **STJ.**

3.7 CONTAGEM DE PRAZO

- **Prazo penal**: dia do começo inclui-se no cômputo do prazo.
- Assim, a pessoa que comete crime no dia em que completa dezoito anos está sujeito à legislação penal, não ao ECA.
- **Prazos mistos**: são aqueles que têm importância para o Direito Penal e para o Direito Processual Penal, como no caso de prazo decadencial para representação na ação penal pública condicionada ou para oferecer queixa-crime. Nesse caso, aplica-se a regra do direito penal.

3.8 FRAÇÕES NÃO COMPUTÁVEIS DA PENA

- Desprezam-se, nas penas privativas de liberdade e nas restritivas de direitos, as frações de dia, e, na pena de multa, as frações de moeda.
- Com efeito, a pena aplicada é de ano, mês e dia.

3.9 INTERPRETAÇÃO DA LEI PENAL

- A norma penal incriminadora, como implica restrição do direito de liberdade de ir e vir, deve ser interpretada restritivamente.
- **Interpretação extensiva:** busca o verdadeiro alcance da norma. O intérprete analisa um caso, a norma que regula esse caso, e procura entender qual o alcance e a elasticidade dela. É admitida no Direito Penal. Exemplo: crime de invasão de domicílio abrange também a proteção ao escritório de advocacia.
- **Interpretação analógica:** é autorizada pelo próprio legislador que, de início, estabelece a casuística e, em seguida, estabelece cláusula aberta. Exemplo: mediante paga ou promessa de recompensa, ou por outro motivo torpe (art. 121, § 2º, I, CP).

3.10. ANALOGIA

- Analogia é o método de **integração da norma**, em que se aplica, a uma hipótese não regulada por lei, a legislação de um caso semelhante.
- **Analogia em norma penal incriminadora ou *in malam partem***: é aquela aplicada em desfavor do réu. **É vedada em matéria penal.**
- Exemplo:
- Por exemplo: no processo penal, há a figura do assistente técnico. Não pode ele ser condenado por falso testemunho ou falsa perícia, pois os sujeitos ativos deste crime só podem ser testemunha e perito. Não se pode usar analogia para condenar o assistente técnico que elabore falso laudo.
- **Analogia *in bonam partem***: é aquela aplicada em favor do réu. **É admitida em matéria penal.**
- Por exemplo: não é punido o aborto praticado por médico com o consentimento da gestante, se a gravidez for resultado de estupro. Se, em um local remoto em que não haja médico, não será punido o aborto praticado por uma enfermeira, se presentes os demais requisitos.

3.11 IRRETROATIVIDADE DA LEI PENAL

- A irretroatividade da norma penal é uma garantia constitucional: **a lei penal não retroagirá, salvo para beneficiar o réu.**
- Assim, não retroagem as normas que instituem crime, aumentam pena, criam causa de aumento de pena, etc.
- Retroagem as normas que deixam de considerar crime um determinado fato (*abolitio criminis*), diminuem pena, alteram pena de reclusão por detenção, etc.

3.12 CONFLITO APARENTE DE NORMAS PENAIS

- **Conflito aparente de normas**: a um fato concreto aplica-se uma única norma. Pode ocorrer que, aparentemente, mais de uma lei pode ser aplicada a um fato, o que deve ser resolvido pelas técnicas de resolução do conflito.

Princípios	Características
Especialidade	Há uma norma especial que afasta a aplicação geral. Especial é a norma que reúne todos os elementos da norma geral, acrescidos de alguns outros denominados especializantes.
Subsidiariedade	A norma subsidiária afasta a aplicação da norma principal, ambas a tutelar o mesmo bem jurídico. Essa relação se revela pela análise do fato concreto
Consunção	A norma definidora de um crime é meio necessário ou fase normal de preparação ou execução de outro crime. Tem-se o fato anterior ou posterior impunível, porque fase preparatória ou consequência lógica para a realização do crime.

4 TEORIA DO DELITO

- **Conceito analítico:** crime é fato **típico, antijurídico e culpável.**
- **Conceito material:** crime é o comportamento humano causador de lesão ou perigo de lesão ao bem jurídico tutelado, passível de sanção penal.
- **Conceito formal:** crime é aquilo que está estabelecido em uma normal penal incriminadora sob ameaça de pena.

4.1 CLASSIFICAÇÃO DOS CRIMES

- **Crimes Comuns**: É o que pode ser praticado por qualquer pessoa (lesão corporal, estelionato, furto).
- **Crimes Próprios**: São aqueles que exigem ser o agente portador de uma capacidade ou qualidade especial.

- **Crime de Mão Própria**: Distinguem-se dos delitos próprios porque estes não são suscetíveis de ser cometidos por um número limitado de pessoas, que podem, no entanto, valer-se de outras para executá-los, enquanto nos delitos de mão própria – embora passíveis de serem cometidos por qualquer pessoa – ninguém os pratica por intermédio de outrem.
- **Crimes de Dano**: Só se consumam com a efetiva lesão do bem jurídico visado, por exemplo, lesão à vida, no homicídio; ao patrimônio, no furto; à honra, na injúria etc.
- **Crimes de Perigo**: O delito consuma-se com o simples perigo criado para o bem jurídico. O perigo pode ser individual, quando expõe ao risco o interesse de uma só ou de um número determinado de pessoas, ou coletivo, quando ficam expostos ao risco os interesses jurídicos de um número indeterminado de pessoas, tais como nos crimes de perigo comum.
- **Crimes Materiais**: Há necessidade de um resultado externo à ação, descrito na lei, e que se destaca lógica e cronologicamente da conduta.
- **Crimes Formais**: Não há necessidade de realização daquilo que é pretendido pelo agente, e o resultado jurídico previsto no tipo ocorre ao mesmo tempo em que se desenrola a conduta. A lei antecipa o resultado no tipo; por isso, são chamados crimes de conduta antecipada.
- **Crimes de Mera Conduta**: A Lei não exige qualquer resultado naturalístico, contentando-se com a ação ou omissão do agente. Não sendo relevante o resultado material, há uma ofensa (de dano ou de perigo) presumida pela lei diante da prática da conduta.
- **Crimes Comissivos**: São os que exigem, segundo o tipo penal objetivo, em princípio, uma atividade positiva do agente, um fazer. Na rixa (art. 137) será o "participar"; no furto (art. 155) o "subtrair" etc.
- **Crimes Omissivos**: São os que objetivamente são descritos com uma conduta negativa, de não fazer o que a lei determina, consistindo a omissão na transgressão da norma jurídica e não sendo necessário qualquer resultado naturalístico. Ex: Não prestar assistência a uma pessoa ferida (omissão de socorro, art. 135).
- **Crimes Comissivos por Omissão**: A omissão consiste na transgressão do dever jurídico de impedir o resultado, praticando-se o crime que, abstratamente, é comissivo. Ex: Mãe que deixa de amamentar ou cuidar do filho causando-lhe a morte.
- **Crimes Instantâneos**: É aquele que, uma vez consumado, está encerrado, a consumação não se prolonga. Isso não quer dizer que a ação seja rápida, mas que a consumação ocorre em determinado momento e não mais prossegue. Ex: Homicídio.
- **Crimes Permanentes**: A consumação se prolonga no tempo, dependente da ação do sujeito ativo. Ex: Cárcere privado (art. 148).
- **Crimes Instantâneos de Efeitos Permanentes**: Ocorrem quando, consumada a infração em dado momento, os efeitos permanecem, independentemente da vontade do sujeito ativo. Na bigamia (art. 235), não é possível aos agentes desfazer o segundo casamento.

4.2 TEORIAS DA AÇÃO

ESCOLAS DA TEORIA GERAL DO CRIME	SÍNTESE
NATURALISMO OU CLASSICISMO	Tem como principal teórico **von Liszt**. Busca fundamento no positivismo jurídico, em que se afastam considerações éticas, sociais, políticas ou filosóficas, com subordinação exclusiva ao Direito Positivo. A conduta é o comportamento corporal (ação) que produz resultado no mundo exterior. O tipo penal e antijuridicidade são objetivos. Já a culpabilidade é subjetiva, pois, nela se situam o dolo e a culpa. Tem dificuldades em explicar os crimes omissivos, culposos, formais, de mera conduta e tentados.
NEOKANTISMO OU NEOCLASSICISMO	Tem como principais teóricos **Radbruch** e **Sauer**. Não é uma ruptura completa com o positivismo, mas busca superar o pensamento meramente formal e introduzir elementos valorativos (axiológicos) e finalísticos (teleológicos) do Direito. O tipo penal passa a ter elementos normativos (conteúdo de valor) e subjetivos. A antijuridicidade deixa de ser meramente formal, exigindo-se efetiva lesão ao bem jurídico tutelado (antijuricidade material). Já a culpabilidade continua subjetiva, pois, nela se situam o dolo e a culpa, mas se acrescenta a reprovabilidade. Tem dificuldades em explicar os crimes omissivos, formais, de mera conduta e tentados.
FINALISMO	Tem como principal teórico **Welzel**. Rompe em definitivo com o positivismo. **A ação humana é exercício de atividade final**. A conduta é voltada a uma finalidade previsível pelo saber humano. Com o finalismo o dolo e a culpa são deslocados para o tipo penal do injusto, enquanto a culpabilidade passa a ser meramente objetiva, consistindo em juízo de reprovabilidade. As grandes contribuições do finalismo foram introduzir a finalidade da conduta e representação (previsibilidade) do resultado, como elementos do injusto e concepção mais adequada dos tipos penais, principalmente, na distinção entre tipo culposo e tipo doloso.

FUNCIONALISMO DUALISTA	Tem como principal teórico **Roxin**. O Direito Penal não pode ser reduzido a questões meramente ontológicas, sendo que é produto de escolhas de políticas criminais, não só sob o ponto de vista da escolha dos bens jurídicos a serem tutelados por ele, como ainda como limitação constitucional do poder punitivo estatal, priorizando-se valores e princípios garantistas. À finalidade da conduta, somam-se critérios de **imputação objetiva**, em que se investiga se a conduta representa ou não uma realização típica de um **risco permitido**.
FUNCIONALISMO MONISTA	Tem como principal teórico **Jakobs**. Diferencia-se do funcionalismo dualista, porque este busca limitações fora do sistema penal, enquanto o monista defende que o sistema penal tem seus limites internamente, sem parâmetros em outras áreas do conhecimento jurídico. Para Jakobs, devem ser afastadas valorações não normativas-penais, sendo o Direito Penal um sistema fechado, o que dificulta qualquer tentativa de limitação do poder punitivo estatal, deixando de lado a tutela dos reais interesses da sociedade, para dar ênfase a interesses meramente simbólicos. Ressalta a função da pena, como mecanismo de defesa de valores da sociedade. Àqueles que negam a existência do ordenamento jurídico e do próprio Estado, como terroristas, não se merece qualquer tutela do sistema penal.

4.3 TEORIA DO TIPO. O FATO TÍPICO E SEUS ELEMENTOS

- **Fato típico**: é o fato descrito na norma penal como crime.

São elementos do fato típico	(a) Conduta; (b) Resultado; (c) Nexo de causalidade; (d) Tipicidade.

- **Conduta**: é o comportamento humano, comissivo ou omissivo, voltado para a prática de um fato definido em lei como típico.
- De acordo com a teoria finalista, o **dolo** e a **culpa** são elementos da conduta.

4.4 RELAÇÃO DE CAUSALIDADE. TEORIAS. IMPUTAÇÃO OBJETIVA

- Nexo causal é o vínculo existente entre a conduta do agente e o resultado por ela produzido.

Teorias	• **da equivalência das condições ou equivalência dos antecedente ou *conditio sine que non***: quaisquer das condutas que compõem a totalidade dos antecedentes é causa do resultado; • **da causalidade adequada:** considera causa do evento apenas a ação ou omissão do agente apta e idônea a gerar o resultado; • **imputação objetiva**: para que uma conduta seja considerada causa do resultado é preciso que: 1) o agente tenha, com sua ação ou omissão, criado, realmente, um risco não tolerado nem permitido ao bem jurídico; ou 2) que o resultado não fosse ocorrer de qualquer forma, ou; 3) que a vítima não tenha contribuído com sua atitude irresponsável ou dado seu consentimento para o ocorrência do resultado.

4.5 TIPOS DOLOSOS DE AÇÃO

Teorias do dolo	• **teoria da vontade:** há dolo direto quando há vontade consciente de querer praticar a infração penal; • **teoria da representação:** o agente prevê o resultado como possível e ainda assim opta por continuar a conduta (esta teoria abrange tanto o dolo eventual quanto a culpa consciente). • **teoria do consentimento ou assentimento:** há dolo quando o agente prevê o resultado como possível e ainda assim continua na prática assumindo o risco de produzi-lo.

- **Dolo direto**: é a vontade de, por meio de conduta, produzir o resultado previsto em lei como crime. Teoria da vontade.
- **Dolo eventual**: o agente não tem como finalidade a produção do resultado, mas, diante de sua conduta, assume o risco de produzi-lo, sem se importar que ele advenha. Teoria do assentimento.

4.6 TIPOS DOS CRIMES DE IMPRUDÊNCIA

- **Culpa**: é a conduta do agente que por **imprudência, negligência** ou **imperícia** produz o resultado.
- **Culpa inconsciente:** objetivamente, é previsível que a conduta vai produzir o resultado típico. Mas, em decorrência de imprudência, imperícia ou negligência, subjetivamente, o agente não prevê a produção do resultado.
- **Culpa consciente**: o agente prevê o advento do resultado típico, mas, mesmo assim, continua em sua conduta.

Dolo eventual	Culpa consciente
O agente prevê o resultado e assume o risco de produzi-lo, pouco se importando que ele advenha	O agente prevê o resultado, mas acredita sinceramente que pode evita-lo

4.7 TIPOS DOS CRIMES DE OMISSÃO

- **Crimes omissivos próprios**: o fato típico é uma omissão. Por exemplo, crime de omissão de socorro.
- **Crimes omissivos impróprios**: o fato típico é uma conduta positiva, mas o resultado pode ser obtido por omissão, como, no caso, de homicídio, em que o salva-vidas deixa a vítima se afogar deliberadamente.
- Nos crimes omissivos impróprios, a conduta só é relevante para o Direito Penal, se o agente **podia e tinha o dever de evitar o resultado.**

Dever evitar o resultado em crimes omissivos	a) tenha por lei obrigação de cuidado, proteção ou vigilância; b) de outra forma, assumiu a responsabilidade de impedir o resultado; c) com seu comportamento anterior, criou o risco da ocorrência do resultado.

- Nos crimes omissivos impróprios, a conduta só é relevante para o Direito Penal, se o agente **podia e tinha o dever de evitar o resultado.**

4.8 CONSUMAÇÃO E TENTATIVA. 5 DESISTÊNCIA VOLUNTÁRIA E ARREPENDIMENTO EFICAZ. 6 ARREPENDIMENTO POSTERIOR

INSTITUTO	DEFINIÇÃO	CONSEQUÊNCIA
TENTATIVA	o agente inicia a execução do crime, que não se consuma por **circunstâncias alheias à sua vontade**, como na hipótese de o agente atirar como a vítima, mas erra os tiros, ou, se acerta, esta é salva por terceiros	salvo disposição em contrário, **a pena é reduzida de um a dois terços.** Uma disposição em contrário: crime de evasão mediante violência contra a pessoa (art. 352 do CP), em que a tentativa de fuga mediante violência é punida com a mesma pena da fuga consumada.
DESISTÊNCIA VOLUNTÁRIA	o agente inicia a execução do crime, que não se consuma por vontade dele próprio. Por exemplo, a pessoa coloca a mão no bolso da vítima para furtar sua carteira, mas antes de ter a posse desta desiste de consumar a subtração por vontade sua.	o agente responde apenas pelos atos que já havia praticado.
ARREPENDIMENTO EFICAZ	O agente voluntariamente impede a produção do resultado.	Idem.
ARREPENDIMENTO POSTERIOR	o crime já se consumou, porém, o sujeito ativo, voluntariamente, repara o dano sofrido pela vítima. É o que ocorre no caso do furtador que devolve o dinheiro à vítima.	a pena é reduzida de um a dois terços.

5 CRIME IMPOSSÍVEL

- No crime impossível, o agente pratica atos de execução, mas jamais conseguiria consumar o crime por ineficácia absoluta do meio por ele empregado ou absoluta impropriedade do objeto.
- Exemplos: ineficácia absoluta do meio: ministrar farinha ao invés de veneno à vítima; absoluta impropriedade do objeto: esfaquear uma pessoa que já está morta.

6 AGRAVAÇÃO PELO RESULTADO

- Atos cujo resultado extrapola a vontade do agente só o responsabilizam penalmente quando forem praticados por culpa ou dolo, ao menos quando ele agiu sem observar um dever de cuidado, atuando com imprudência, negligência ou imperícia.
- **Crime preterdoloso:** preverem uma conduta inicial dolosa e um resultado adicional culposo, que justifica o agravamento da sanção.
- Exemplo: lesão corporal seguida de morte. O dolo do agente era praticar lesão corporal, mas por culpa sua a vítima falece.
- **Crime progressivo** é aquele realizado mediante um único ato ou atos que compõem único contexto. Em outras palavras, ocorre quando o agente, para alcançar um resultado mais grave, passa por uma conduta inicial que produz um evento menos grave.
- Exemplo: para provocar o homicídio (crime mais grave), é preciso que o agente provoque lesão corporal (crime menos grave).
- A **progressão criminosa** é aquela realizada mediante dois atos, dois movimentos, ou seja, quando o agente inicia um comportamento que

configura um crime menos grave, porém, ainda dentro do mesmo *inter criminis*, resolve praticar uma infração mais grave, que pressupõe a primeira.

- Exemplo: inicialmente, o agente visa apenas cometer crime de lesão corporal e depois muda seu intento e comete crime de homicídio, respondendo por este.

7 ERRO

- **Erro de tipo:** incide sobre uma das elementares do tipo penal. O agente que age em erro de tipo não responde pelo crime, pois se exclui o dolo, salvo se houver previsão de tipo culposo para a conduta.

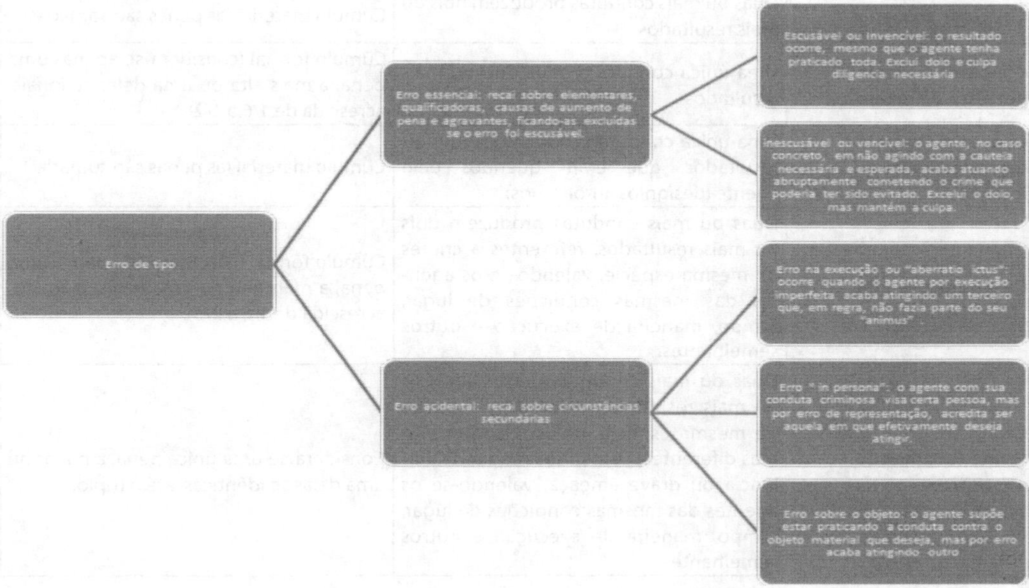

7.1 DESCRIMINANTES PUTATIVAS

- **Descriminantes putativas:** As descriminantes putativas ocorrem nas hipóteses, em que o agente acredita estar amparado por uma causa legal de exclusão da antijuridicidade (descriminante) que não existe (putativa).
- O agente tem na mente que há um fato que lhe permite agir, por exemplo, em legítima defesa, mas esse fato não existe.
- Se o erro for invencível, exclui-se o dolo e a culpa.
- Se o erro for vencível, exclui-se o dolo, mas mantém-se a culpa. É a chamada **culpa imprópria**.

7.2 ERRO DETERMINADO POR TERCEIRO

- **Erro determinado por terceiro:** é o erro provocado por terceiro, que induz o agente a atuar com erro.
- Nesse caso, o terceiro responde pelo crime cometido.

7.3 ERRO SOBRE A PESSOA

- **Erro sobre pessoa ou erro *in persona***: o agente com sua conduta criminosa visa certa pessoa, mas por erro de representação, acredita ser aquela em que efetivamente deseja atingir.
- Trata-se de erro acidental e, com isso, não são excluídos o dolo e a culpa, respondendo o agente pela sua conduta.
- Por exemplo, o agente mata "A" pensando que se trata de "B". Responde o agente pelo crime de homicídio, como se a vítima fosse "B".

7.4 ERRO SOBRE A ILICITUDE DO FATO (ERRO DE PROIBIÇÃO)

- **Erro de proibição**: exclui a potencial consciência da ilicitude. Portanto, o fato é típico e antijurídico, mas, se o erro for escusável, o agente é isento de pena.
- O agente atua com vontade, ou seja, dolo, portanto o primeiro requisito do fato típico punível encontra-se superado. A solução da questão se dará na culpabilidade. Esta não há, uma vez que se pratica o fato por erro quanto a antijuridicidade de sua conduta.

8. CONCURSO DE CRIMES

- **Concurso de crimes**: acontece quando o agente comete mais de um crime mediante uma ou mais ação ou omissão. No direito brasileiro, por questões de política criminal, cada forma de concurso tem uma maneira distinta no sistema de aplicação e cálculo das penas.

Instituto	Requisitos	Penas
Concurso material	Duas ou mais condutas produzem dois ou mais resultados	Cúmulo material (as penas são somadas)
Concurso formal perfeito ou próprio	Uma única conduta produz dois ou mais resultados	Cúmulo formal (considera-se apenas uma pena, a mais alta ou uma delas se iguais, acrescida de 1/6 a 1/2)
Concurso formal imperfeito ou impróprio	Uma única conduta produz dois ou mais resultados, que eram queridos pelo agente (desígnios autônomos)	Cúmulo material (as penas são somadas)
Crime continuado	Duas ou mais condutas produzem dois ou mais resultados, referentes a crimes de mesma espécie, valendo-se os agentes das mesmas condições de lugar, tempo, maneira de execução e outros semelhantes.	Cúmulo formal (considera-se apenas uma pena, a mais alta ou uma delas se iguais, acrescida de 1/6 a 2/3).
Crime continuado específico	Duas ou mais condutas produzem dois ou mais resultados, referentes a crimes de mesma espécie, dolosos contra vítimas diferentes, cometidos mediante violência ou grave ameaça, valendo-se os agentes das mesmas condições de lugar, tempo, maneira de execução e outros semelhantes.	Considera-se uma única pena, a maior ou uma delas se idênticas, até o triplo.

9 ILICITUDE

- **Ilicitude**: a conduta do agente é contrária ao direito.
- **Excludentes de ilicitude ou de antijuricidade**: a princípio, a conduta do agente é típica, ou seja, se "encaixa" em um fato descrito como crime pela lei. Mas há uma circunstância, no caso concreto, que torne essa conduta **lícita,** o que faz com que ele não responda penalmente por tal fato.
- **São excludentes de ilicitude**: legítima defesa, estado de necessidade, estrito cumprimento do dever legal e exercício regular de um direito (arts. 23 a 25 do Código Penal).
- **Legítima defesa**: Entende-se em legítima defesa quem, usando moderadamente dos meios necessários, repele injusta agressão, atual ou iminente, a direito seu ou de outrem.

Requisitos da legítima defesa	• Uso moderado; • Meios necessários; • Contra agressão atual e iminente; • Defesa de direito seu ou de outrem.

- **Estado de necessidade**: Considera-se em estado de necessidade quem pratica o fato para salvar de perigo atual, que não provocou por sua vontade, nem podia de outro modo evitar, direito próprio ou alheio, cujo sacrifício, nas circunstâncias, não era razoável exigir-se.
- **Distinção entre legítima defesa e estado de necessidade**: em ambos, há uma reação a uma agressão ao bem jurídico. No entanto, na legítima defesa, a reação se volta contra a pessoa autora da agressão injusta, enquanto, no estado de necessidade, em regra, a reação se dá contra um objeto (um carro, um cão etc), cujo titular não ocasionou o perigo intencionalmente. Excepcionalmente, a reação no estado de necessidade se volta contra uma pessoa, cuja conduta é lícita, porque, se fosse ilícita, haveria legítima defesa.
- **Estrito cumprimento do dever legal**: compreende as normas e princípios relativos à atuação de quem, sob comando legal, pratica conduta descrita em um tipo legal.
- Exemplo: o soldado do corpo de bombeiros que destrói a parede de uma casa (tipo do dano) para salvar a vítima. É uma conduta típica, porém lícita.

- **Exercício regular de direito**: compreende ações do cidadão comum autorizadas pela existência de direito definido em lei e condicionadas a regularidade do exercício desse direito.
- Exemplo: o proprietário que imediatamente afasta com as próprias mãos a turbação à posse do imóvel. No caso, a conduta é típica (exercício arbitrário das próprias razões), mas é lícita, porque abrigado pelo Direito Civil.

10. CULPABILIDADE

- **Culpabilidade**: é o juízo de reprovação que recai sobre a pessoa que cometeu um fato típico e antijurídico.
- **Excludentes de culpabilidade**: o agente comete um fato típico e antijurídico, mas, diante de uma situação que justifique a sua conduta deixa de ser punido.
- Por exemplo, uma pessoa de quinze anos mata outra pessoa. Seu fato é típico (art. 121 do Código Penal), ilícito (não agiu em legítima defesa ou outra excludente de ilicitude), mas há uma circunstância que impede a aplicação da sanção penal, qual seja a menoridade.
- **Requisitos da culpabilidade**: imputabilidade (no que se inclui a maioridade), potencial consciência da ilicitude do fato e exigibilidade de conduta diversa.

Situação pessoal do agente	Característica	Sanção penal
Imputável	**Inteiramente capaz** de entender o caráter ilícito do fato e de se autodeterminar	Pena.
Semi-imputável	**Parcialmente incapaz** de entender o caráter ilícito do fato e de se autodeterminar	Medida de segurança ou pena reduzida.
Inimputável	**Inteiramente incapaz** de entender o caráter ilícito do fato e de se autodeterminar	Medida de segurança.

EMBRIAGUEZ	CONSEQUÊNCIA
Voluntária	Não exclui a imputabilidade penal
Culposa	Não exclui a imputabilidade penal
Caso fortuito ou força maior – completa	A pessoa é considerada **inimputável**
Caso fortuito ou força maior – incompleta	A pessoa é considerada **semi-imputável**
Preordenada (a pessoa se coloca na situação de embriaguez para "ter coragem" de cometer o crime).	Não exclui a imputabilidade penal e incide a agravante do art. 61, II, l, do CP.

11. DO CONCURSO DE PESSOAS

- **No concurso de pessoas**, o Código Penal adotou a **teoria monista**. Dessa forma, todos que contribuem para a execução do crime responde pelo mesmo tipo penal.
- Excepcionalmente, o CP, por opção legislativa, afasta a **teoria monista.** É o que ocorre no caso de haver corrupção ativa, pela qual responde o particular, e corrupção passiva, pela qual responde o funcionário público.
- Em atendimento ao princípio constitucional da **individualização da pena,** cada um dos coautores e partícipes terão a pena aplicada na medida proporcional à sua contribuição para o evento.
- A participação ocorre nas hipóteses em que o sujeito ativo do crime não prática um dos verbos-núcleos do tipo penal, mas concorre de qualquer forma para a sua consumação por meio de **instigação, indução** ou **auxílio.**
- A punição do partícipe é explicada pela teoria da acessoriedade, ou seja, sua conduta é acessória à do autor do fato.
- No Brasil, se adotou o princípio da acessoriedade limitada.

Teoria da acessoriedade	Característica
Mínima	Basta que o autor tenha praticado uma conduta típica
Limitada	Basta que o autor tenha praticado uma conduta típica e antijurídica
Extrema	O autor deve ter praticado uma conduta típica, antijurídica e culpável

12. PENAS

- **Conceito de pena:** a imposição da perda ou diminuição de um bem jurídico, prevista em lei e aplicada pelo órgão judiciário, a quem praticou ilícito penal.

Fins da pena	• **Retributiva:** a pena é uma resposta do Estado àquele que viola a norma penal; • **Preventiva:** a pena é exemplo para que outros não cometam a infração (prevenção geral), bem como o próprio autor do crime não reincida (prevenção especial); • **Ressocializadora:** durante a execução da pena, deve-se dar condições ao condenado de retornar à vida em sociedade.

12.1. ESPÉCIES DE PENA

- **Pena privativa de liberdade:** é a pena que implica restrição da liberdade de ir e vir e deve ser cumprida no sistema de reclusão ou detenção.

Sistema	Formas de Regime Inicial
Reclusão	Fechado, semiaberto e aberto.
Detenção	Semiaberto e aberto.

- **No sistema de reclusão,** o agente inicia o cumprimento de pena pelo regime aberto, semiaberto ou fechado.
- **No sistema de detenção,** o agente inicia o cumprimento de pena pelo regime aberto ou semiaberto, admitindo-se, porém a **regressão** de regime semiaberto para o fechado.

Regime	Local de cumprimento	A quem é destinado
Fechado	Estabelecimento de segurança máxima ou média	**Reincidente** e primário com pena superior a 8 anos
Semiaberto	Colônia agrícola ou industrial ou estabelecimento similar	**Primário** com pena superior a quatro e não exceda oito anos
Aberto	Casa de albergado ou estabelecimento adequado	**Primário** com pena igual ou inferior a quatro anos.

- De acordo com a lei, quem comete **crime hediondo** o regime **inicial** para cumprimento de pena é o **fechado.**
- Na sentença penal condenatória, o juiz fixa o regime inicial de cumprimento de pena. Mas, durante a execução, o agente está sujeito à **progressão ou regressão de regime**.
- **Pena restritiva de direitos:** são autônomas e substituem a pena privativa de liberdade, se presentes os requisitos legais do art. 44 do CP.

Espécies de pena restritiva de direitos	• prestação pecuniária; • perda de bens e valores; • limitação de fim de semana. • prestação de serviço à comunidade ou a entidades públicas; • interdição temporária de direitos; • limitação de fim de semana.

Requisitos para a aplicação de penas restritivas de direitos	• aplicada pena privativa de liberdade não superior a quatro anos e o crime não for cometido com violência ou grave ameaça à pessoa ou, qualquer que seja a pena aplicada, se o crime for culposo; • o réu não for reincidente em crime doloso; • a culpabilidade, os antecedentes, a conduta social e a personalidade do condenado, bem como os motivos e as circunstâncias indicarem que essa substituição seja suficiente.

- **O reincidente** pode ser beneficiado com pena restritiva de direitos, se **não for reincidente específico** (ou seja, não for condenado pelo mesmo crime da condenação anterior) e se a medida for socialmente recomendável.
- **Multa**: espécie de sanção penal sanção de caráter patrimonial, que se subsume na diminuição do patrimônio do condenado através de uma prestação em dinheiro.
- A pena de multa é aplicada em dias-multa. O valor do dia-multa será fixado pelo juiz não podendo ser inferior a um trigésimo do maior salário mínimo mensal vigente ao tempo do fato, nem superior a 5 (cinco) vezes esse salário.
- O não pagamento da multa **jamais** será convertido em pena privativa de liberdade, devendo ela ser executada pela Fazenda Pública, como dívida ativa.

12.2. COMINAÇÃO DA PENA

- É a pena prevista em lei, fixada pelo legislador.
- Consiste no preceito secundário da norma penal. Exemplo: reclusão, de seis a vinte anos (art. 121, *caput*, CP).

12.3. APLICAÇÃO DA PENA

- O CP, no art. 68, adotou a teoria trifásica de aplicação da pena: 1ª fase (circunstâncias judiciais), 2ª fase (agravantes e atenuantes genéricas) e 3ª fase (causas especiais de aumento e diminuição de pena).

- Na primeira e na segunda fases, o juiz não pode fixar a pena aquém ou além da pena cominada.
- Na terceira fase, em caso de diminuição de pena, ela pode ser fixada aquém do mínimo legal.
- Na terceira fase, em caso de aumento de pena, ela pode ser fixada além do mínimo legal.

Instituto	Conceito
Circunstâncias judiciais	Estão enumeradas no art. 59 do CP e devem ser valoradas pelo juiz para aplicação da pena-base
Agravantes Genéricas	Previstas nos arts. 61 e 62 do CP, são levadas em consideração pelo Juiz na 2ª fase para aumentar a pena
Atenuantes Genéricas	Previstas nos arts. 65 e 66 do CP, são levadas em consideração pelo juiz na 2ª fase para diminuir a pena
Causas especiais de aumento de pena	Previstas na Parte Geral e Especial, aumentam a pena em fração determinada por lei (art. 155, § 1º, CP)
Causa especiais de diminuição de pena	Previstas na Parte Geral e Especial, diminuem a pena em fração determinada por lei (art. 14, p.u., CP)
Qualificadoras	Circunstâncias mais graves que fazem com que o legislador preveja pena mais grave (art. 155, § 4º, CP)
Privilégios	Circunstâncias menos graves que fazem com que o legislador preveja pena mais branda (art. 155, § 2º, CP)

12.4 SUSPENSÃO CONDICIONAL DA PENA

- É conhecida como *sursis* e implica na imposição de medidas restritivas de direitos e na suspensão da execução da pena privativa de liberdade durante o período de prova, findo o qual, sem revogação do benefício, há extinção de punibilidade.

Pressupostos	I – o condenado **não seja reincidente** em crime doloso; II – a culpabilidade, os antecedentes, a conduta social e personalidade do agente, bem como os motivos e as circunstâncias autorizem a concessão do benefício; III – Não seja indicada ou cabível a substituição prevista no art. 44 deste Código.

- Se a condenação anterior for a pena de multa, é possível o *sursis*.

Espécies de *sursis*	• **Simples**: **condições estabelecidas pelo juiz** + no primeiro ano do prazo, deverá o condenado **prestar serviços à comunidade** ou submeter-se à **limitação de fim de semana** (art. 78, *caput*, e § 1º, CP). • **Especial**: em caso de reparação do dano ou na impossibilidade de fazê-lo e condições judiciais favoráveis: **condições estabelecidas pelo juiz** + a) proibição de frequentar determinados lugares; b) proibição de ausentar-se da comarca onde reside, sem autorização do juiz; comparecimento pessoal e obrigatório a juízo, mensalmente, para informar e justificar suas atividades (art. 78, *caput* e § 2º, CP).

- ***Sursis* etário:** concedido ao condenado **maior de setenta anos.**
- ***Sursis* humanitário:** concedido ao condenado por razões de saúde que justifiquem.

Regra geral	Regra do sursis etário e humanitário
• Condenação por pena privativa de liberdade não superior a **dois anos;** • Período de prova de **dois a quatro anos.**	• Condenação por pena privativa de liberdade não superior a **quatro anos**; • Período de prova de **quatro a seis anos.**

Revogação do *sursis*	Hipóteses
Obrigatória	• é condenado, em sentença irrecorrível, por crime doloso; • frustra, embora solvente, a execução de pena de multa ou não efetua, sem motivo justificado, a reparação do dano; • descumpre a condição de, no primeiro ano do prazo, prestar serviços à comunidade ou submeter-se à limitação de fim de semana.
Facultativa	• se o condenado descumpre qualquer outra condição imposta; • ou é irrecorrivelmente condenado, por crime culposo ou por contravenção, a pena privativa de liberdade ou restritiva de direitos

12.5 LIVRAMENTO CONDICIONAL

- É benefício concedido ao condenado que preencher algumas condições, pelo qual **se antecipa** a liberdade daquele que cumpre pena privativa liberdade.

Requisitos	• Condenação **igual ou superior a dois anos**; • Cumprida **mais de um terço** da pena se o condenado **não for reincidente em crime doloso** e tiver **bons antecedentes**; • Cumprida **mais da metade** se o condenado for **reincidente em crime doloso**; • Comprovado **comportamento satisfatório durante a execução da pena**, bom desempenho no trabalho que lhe foi atribuído e aptidão para prover à própria subsistência mediante trabalho honesto; • Tenha **reparado**, salvo efetiva impossibilidade de fazê-lo, **o dano causado pela infração.**

Hipóteses específicas	Condições especiais
• Condenado por **crime doloso**, cometido com **violência ou grave ameaça** à pessoa	• Constatação de condições pessoais que façam presumir que o **liberado não voltará a delinquir.**
• Condenação por **crime hediondo, prática da tortura, tráfico de pessoas e terrorismo**, se o apenado não for reincidente específico em crimes dessa natureza.	• **Não reincidente específico nesses crimes**: cumprido **mais de dois terços da pena;** • **Reincidente específico nesses crimes:** VEDADO o livramento condicional.
• **arts. 33, caput e § 1º** (tráfico de drogas), **e 34** (associação para o tráfico) **a 37 da Lei de Drogas.**	• **Não reincidente específico nesses crimes**: após o cumprimento de **dois terços da pena;** • **Reincidente específico nesses crimes:** VEDADO o livramento condicional.

Revogação do livramento condicional	Hipóteses
Obrigatória	• se o liberado vem a ser **condenado a pena privativa de liberdade, em sentença irrecorrível**: a) por crime cometido durante a vigência do benefício; b) por crime anterior, observado o disposto no art. 84 do Código Penal.
Facultativa	• se o liberado deixar de cumprir qualquer das obrigações constantes da sentença; • ou for irrecorrivelmente condenado, por crime ou contravenção, a pena que não seja privativa de liberdade.

12.6 EFEITOS DA CONDENAÇÃO

Espécies	Efeitos
Penais	**a) Direto:** cumprimento da pena imposta; **b) Indireto:** consequências provocadas pela condenação, tais como a reincidência, os maus antecedentes, a revogação de algum benefício etc.
Extrapenais	**a) Genéricos, obrigatórios e automáticos:** **a.1)** tornar certa a **obrigação de indenizar o dano** causado pelo crime; **a.2) perda em favor da União,** ressalvado o direito da vítima e do terceiro de boa-fé, dos instrumentos do crime, quando ilícitos, do produto do delito e do proveito auferido pelo agente com a prática criminosa. **b) específicos, facultativos para o juiz e necessitam constar da sentença para valer:** **b.1) a perda de cargo, função pública ou mandato eletivo,** quando aplicada pena privativa de liberdade igual ou superior a um ano, nos crimes cometidos com abuso de poder ou violação de dever para com a administração pública, bem como quando aplicada pena de prisão superior a quatro anos em qualquer caso; **b.2) a incapacidade para o exercício do poder familiar, tutela ou curatela,** nos delitos dolosos, sujeitos à pena de reclusão, cometidos contra filho, tutelado ou curatelado; **b.3) a inabilitação para dirigir veículos** quando usado para o cometimento de delito doloso.

12.7. REABILITAÇÃO

- **Conceito:** benefício jurídico criado com o intuito de **restituir o condenado à sua situação anterior à condenação,** retirando de sua ficha de antecedentes criminais as anotações negativas nela apostas.

Requisitos a serem observados pelo condenado	• tenha tido domicílio no País no prazo acima referido; • tenha dado, durante esse tempo, demonstração efetiva e constante de bom comportamento público e privado; • tenha ressarcido o dano causado pelo crime ou demonstre a absoluta impossibilidade de o fazer, até o dia do pedido, ou exiba documento que comprove a renúncia da vítima ou novação da dívida.

- **Revogação:** se o reabilitado for condenado, como reincidente, por decisão definitiva, a pena que não seja de multa.

12.8. EXECUÇÃO DE PENA

- A execução penal é regida por lei específica: Lei nº 7.210/84.
- O disposto no artigo 127 da Lei nº 7.210/1984 (Lei de Execução Penal) foi recebido pela ordem constitucional vigente, e não se lhe aplica o limite temporal previsto no caput do artigo 58.
- Transitada em julgado a sentença condenatória, compete ao juízo das execuções a aplicação de lei mais benigna.
- A pena unificada para atender ao limite de trinta anos de cumprimento, determinado pelo art. 75 do Código Penal, não é considerada para a concessão de outros benefícios, como o livramento condicional ou regime mais favorável de execução.
- Para obtenção dos benefícios de saída temporária e trabalho externo, considera-se o tempo de cumprimento da pena no regime fechado.
- Compete ao juízo das execuções penais do estado a execução das penas impostas a sentenciados pela justiça federal, militar ou eleitoral, quando recolhidos a estabelecimentos sujeitos à administração estadual.
- A frequência a curso de ensino formal é causa de remição de parte do tempo de execução de pena sob regime fechado ou semiaberto.
- Admite-se o exame criminológico pelas peculiaridades do caso, desde que em decisão motivada.
- A falta grave não interrompe o prazo para obtenção de livramento condicional.
- Os condenados por crimes hediondos ou assemelhados cometidos antes da vigência da Lei nº 11.464/2007 sujeitam-se ao disposto no art. 112 da Lei nº 7.210/1984 (Lei de Execução Penal) para a progressão de regime prisional.
- É inadmissível a chamada progressão "per saltum" de regime prisional.
- A prática de falta grave não interrompe o prazo para fim de comutação de pena ou indulto.
- A prática de falta grave interrompe a contagem do prazo para a progressão de regime de cumprimento de pena, o qual se reinicia a partir do cometimento dessa infração.
- Para o reconhecimento da prática de falta disciplinar no âmbito da execução penal, é imprescindível a instauração de procedimento administrativo pelo diretor do estabelecimento prisional, assegurado o direito de defesa, a ser realizado por advogado constituído ou defensor público nomeado.

12.9. LIMITES DA PENA

- O tempo de cumprimento das penas privativas de liberdade não pode ser superior a **30 (trinta) anos**.
- Unificação de pena: incidente na execução da pena, em que se somam todas as penas a que o sentenciado foi condenado.
- Para efeitos de benefícios, como o livramento condicional e a progressão de regime, leva-se em consideração o total da pena após unificação, mesmo que a soma seja superior a trinta anos.

13. MEDIDAS DE SEGURANÇA E 15.1. EXECUÇÃO DAS MEDIDAS DE SEGURANÇA

- São duas as medidas de segurança: **internação** em hospital de tratamento psiquiátrico e **atendimento ambulatorial**, reservados, respectivamente, para condenados por crimes apenados com reclusão e detenção.
- Na internação de inimputável, o prazo é **indeterminado**, perdurando enquanto for constatada a periculosidade do agente, fixando-se **um prazo mínimo de um a três anos**, ao final do qual se realizará exame para aferição de **periculosidade do agente**.
- Observada a cessação de periculosidade o agente é colocado em liberdade, mas se, no prazo de um ano, praticar ato que indique que se mantém a periculosidade, a medida de segurança é restabelecida.
- Em caso de semi-imputável e necessitando o condenado de especial tratamento curativo, a pena privativa de liberdade pode ser substituída pela internação, ou tratamento ambulatorial, pelo prazo mínimo de um a três anos.

14. AÇÃO PENAL

- Ação penal pública **incondicionada** é aquela que se inicia por meio de denúncia do Ministério Público, independentemente da vontade da vítima.

- Ação penal pública **condicionada à representação** é aquela iniciada por meio de denúncia do Ministério Público, mediante o expresso consentimento da vítima, por meio de representação, nos casos previstos em lei.
- A representação é **irretratável após o oferecimento da denúncia** pelo Ministério Público.
- No caso da Lei Maria da Penha, a retratação da representação deve ser feita em audiência em Juízo e só pode ser feita antes do recebimento da denúncia, ouvido o Ministério Público.
- Ação penal pública condicionada à requisição é aquela iniciado por meio de denúncia de denúncia do Ministério Público, mediante **requisição do Ministro da Justiça**, nos casos previstos em lei.
- Ação penal pública **privada** é aquela iniciada por meio de queixa crime do ofendido, nos casos previstos em lei.
- **Legitimidade concorrente**: Ministério Público e ofendido em crimes contra honra contra funcionário público em razão do exercício de suas funções.

15. PUNIBILIDADE E CAUSAS DE EXTINÇÃO

- A punibilidade é a possibilidade jurídica do Estado de aplicar sanção penal ao infrator da norma penal.
- Tem-se por extinta a punibilidade, quando um fato previsto em lei torna impossível a aplicação da sanção penal.

CAUSAS EXTINTIVAS DE PUNIBILIDADE
Morte do agente
Anistia, graça e indulto
Pela retroatividade de lei que não mais considera o fato como criminoso (*abolitio criminis*)
Pela prescrição, decadência ou perempção
Pela renúncia do direito de queixa ou pelo perdão aceito, nos crimes de ação privada
Pela retratação do agente, nos casos em que a lei a admite
Pelo perdão judicial, nos casos previstos em lei

- **Morte:** no direito penal brasileiro, aplica-se o princípio da intranscedência da responsabilidade penal, ou seja, somente o autor do fato pode ser punido pelo crime.
- Se a extinção da punibilidade do agente for declarada com base em **certidão de óbito falsa**, essa decisão judicial pode ser revista, segundo entendimento jurisprudencial predominante.
- **Anistia:** é estabelecida por **lei**, que tem efeito retroativo, fazendo que se apaguem os efeitos penais do crime. Relacionada, geralmente, a crimes políticos.
- **Graça:** é concedida pelo Presidente da República, mediante provocação do interessado, e é direcionada a uma pessoa específica.
- **Indulto:** é concedida espontaneamente pelo Presidente da República e tem caráter generalizado, destinada a um grupo de sentenciados com características próprias.
- ***Abolitio criminis:*** uma lei deixa de considerar determinado fato como criminoso. É o que ocorreu com o adultério, que deixou de ser considerado crime pela Lei nº 11.106/2005. Como se trata de norma penal mais benéfica, retroage para beneficiar o agente, extinguindo a sua punibilidade.
- **Decadência** é a extinção da punibilidade decorrente da perda de direito de ação, já que o ofendido se mantém inerte e não oferece representação, no caso de ação penal pública condicionada à representação, ou queixa-crime, no caso de ação penal privada.
- Em regra, o prazo decadencial é de **seis meses** depois que se tem conhecimento de quem foi o **autor do crime**.
- **Perempção:** é a extinção da punibilidade decorrente da inércia do querelante (ofendido) na ação penal privada.

Causas de Perempção (art. 60, CPP)
Iniciada a ação penal, o querelante deixar de promover o andamento do processo durante 30 dias seguidos
Falecendo o querelante, ou sobrevindo sua incapacidade, não comparecer em juízo, para prosseguir no processo, dentro do prazo de 60 (sessenta) dias, qualquer das pessoas a quem couber fazê-lo, ressalvado o disposto no art. 36
Quando o querelante deixar de comparecer, sem motivo justificado, a qualquer ato do processo a que deva estar presente, ou deixar de formular o pedido de condenação nas alegações finais
Quando, sendo o querelante pessoa jurídica, esta se extinguir sem deixar sucessor.

16. PRESCRIÇÃO

- **Prescrição** é a extinção da punibilidade decorrente da inércia estatal que não exerce sua pretensão punitiva, que ocorre antes da sentença penal condenatória transitada em julgado, ou executória, que ocorre antes da sentença penal condenatória transitada em julgado.

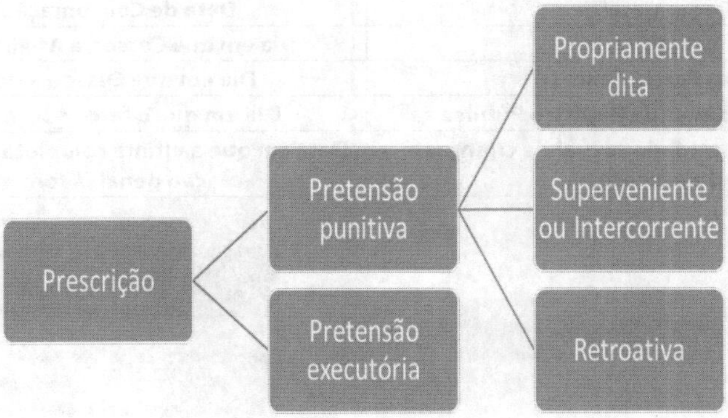

Espécie	Forma de contagem	Termo Inicial	Efeitos	Modo de Ocorrência
Pretensão punitiva propriamente dita	Pega-se o máximo da pena prevista em lei	Em regra, o dia que o crime se consumou o crime.	Apagam-se todas as consequências penais do crime, obstando desde a instauração de Inquérito Policial até a prolação de sentença penal condenatória.	Transcurso do prazo prescricional sem que tenha ocorrido um fator que o suspensa ou interrompa.
Superveniente ou intercorrente	Pega-se a pena em concreto estabelecido na sentença.	Publicação da sentença peal condenatória.	Apagam-se todas as consequências penais do crime, tirando o efeito da sentença penal condenatória, já prolatada, mas não transitada em julgado.	Transcurso do prazo prescricional entre a publicação da sentença e a intimação do réu ou a publicação da sentença e o julgamento do recurso da defesa.
Retroativa	Pega-se a pena em concreto estabelecido na sentença.	Publicação da sentença peal condenatória.	Apagam-se todas as consequências penais do crime, tirando o efeito da sentença penal condenatória, já prolatada, mas não transitada em julgado.	Conta-se para trás os eventos que suspendem ou interrompem o prazo prescricional
Executória	Pega-se a pena fixada na sentença ou acórdão condenatório transitado em julgado	Trânsito em julgado da sentença condenatória para a acusação	Impede a aplicação da pena, mas permanecem os demais efeitos penais, como reincidência, e extrapenais, como indenizatória.	Transcurso do prazo prescricional para o início ou a continuação da execução da pena

- A prescrição, depois da sentença condenatória com trânsito em julgado para a acusação ou depois de improvido seu recurso, regula-se pela pena aplicada, não podendo, em nenhuma hipótese, ter por termo inicial data anterior à da denúncia ou queixa.
- Termos iniciais para a contagem do prazo prescricional antes do trânsito em julgado da sentença penal condenatória:

Regra Geral	Data de Consumação do Crime
Tentativa	**Dia em que Cessou a Atividade Criminosa**
Crimes Permanentes	**Dia em que Cessou a Permanência**
Bigamia e falsidades de Registro Público	**Dia em que o fato se tornou conhecido**
Crimes contra a dignidade sexual de crianças e adolescente	**Data em que a vítima completar 18 anos, salvo se a ação penal já fora proposta**

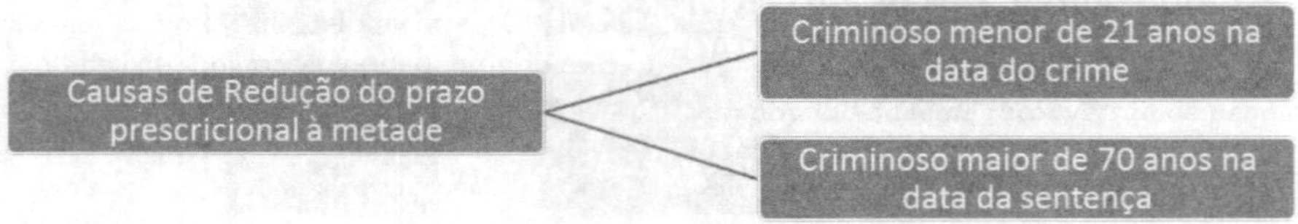

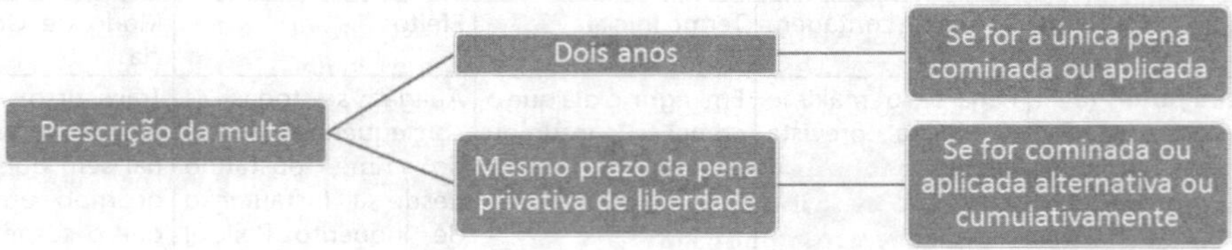

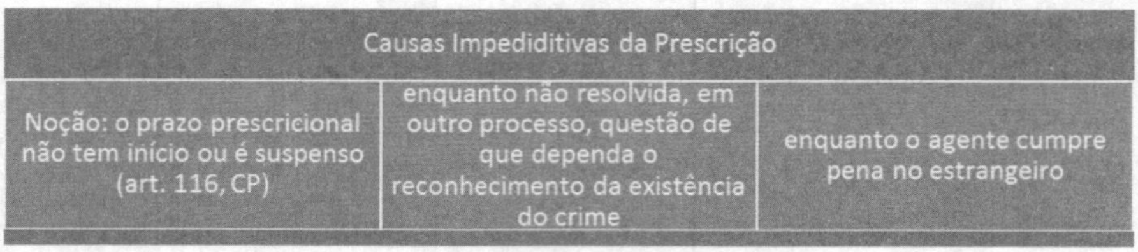

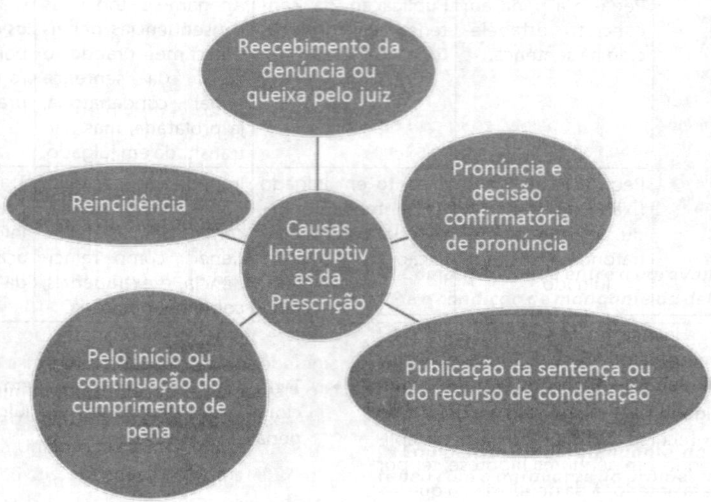

17. CRIMES CONTRA A PESSOA

- Apenas os crimes dolosos contra a vida são submetidos ao Tribunal do Júri: **homicídio doloso, induzimento instigação ou auxílio ao suicídio, infanticídio e aborto**.
- É possível a realização de **Tribunal do Júri na Justiça Federal**, se o crime for cometido em detrimento de bens, serviços ou interesse da União ou de suas entidades autárquicas ou empresas públicas.
- Por exemplo, é de competência da Justiça Federal o julgamento de homicídio doloso contra Policial Rodoviário Federal no exercício de suas funções.
- **Homicídio** é o crime em que o agente mata alguém.
- Os crimes de latrocínio (roubo seguido de morte) e genocídio (homicídio com a intenção de extinção de uma raça, credo ou cultura) **não são** crimes contra a vida.
- No homicídio privilegiado, o juiz deve reduzir a pena de um sexto a um terço (art. 121, § 1º, do Código Penal.
- A eutanásia pode configurar homicídio privilegiado.

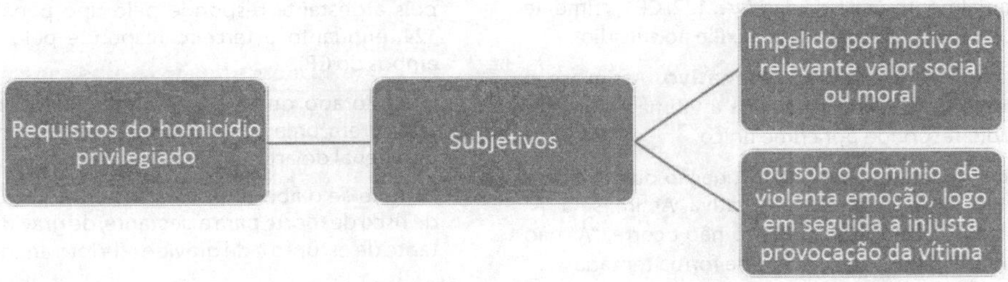

- Homicídio qualificado: os patamares da pena prevista para o crime são maiores (pena: reclusão de 12 a 30 anos), em decorrência de circunstâncias objetivas e subjetivas, consideradas mais graves pelo legislador (art. 121, § 2º, CP).

Qualificadoras subjetivas	Qualificadoras objetivas
Mediante paga ou promessa de recompensa ou por outro motivo torpe.	Com emprego de veneno, fogo, explosivo, asfixia, tortura ou outro meio insidioso ou cruel, ou de que possa resultar perigo comum
Por motivo fútil.	À traição, de emboscada, ou mediante dissolução ou outro recurso que dificulte ou torne impossível a defesa do ofendido.
Para assegurar a execução, a ocultação, a impunidade ou vantagem de outro crime.	Contra a mulher por razões da condição de sexo feminino.
--	Contra autoridade ou agente descrito nos arts. 142 e 144 da Constituição Federal, integrantes do sistema prisional e da Força Nacional de Segurança Pública, no exercício da função ou em decorrência dela, ou contra seu cônjuge, companheiro ou parente consanguíneo até terceiro grau, em razão dessa condição

- **Feminicídio:** é o homicídio praticado contra mulher em razão dessa condição, ou seja, em razão do gênero.
- A vítima pode ser mulher, homossexual ou heterossexual, ou transexual, pois não se trata de identidade de sexo biológico, mas questão de gênero.
- Não se aplica em caso de homossexuais masculinos.
- Admite-se o **homicídio privilegiado-qualificado**, se a qualificadora decorrer de motivo objetivo. Assim, impelido por motivo de relevante valor social, o agente mata a vítima por meio de asfixia.
- No homicídio culposo, o agente provoca a morte da vítima em decorrência de inobservância do dever de cuidado, caracterizada pela imprudência, imprudência ou negligência (art. 121, § 3º, CP).

- Admite-se o perdão judicial no crime de homicídio culposo, como ocorre na hipótese em que um pai negligente acaba por causar a morte de seu próprio filho.
- O homicídio culposo na direção de veículo automotor caracteriza o crime do art. 302 do Código de Transito Brasileiro.
- O suicídio, que é a causa da morte pela própria vítima, não é crime. Dessa forma, não se pune a pessoa que tenta se suicidar, mas não consegue morrer.
- Pune-se aquela pessoa que **induz** (incutir na vítima o desejo de se suicidar), **instiga** (reforça na vítima o desejo de se suicidar) ou **auxilia** (ajuda a vítima materialmente a se suicidar) (art. 122, CP – crime de induzimento, instigação ou auxílio ao suicídio).
- Trata-se de **tipo misto alternativo**. Assim, se o agente induz, instiga e auxilia a vítima a cometer suicídio responde por crime único.
- No crime de induzimento, instigação ou auxílio ao suicídio, não se admite a tentativa. Assim, se a "A" induzir "B" a suicidar, mas isso não ocorre, "A" não responde pelo crime em tela na forma tentada.
- No crime de induzimento, instigação ou auxílio ao suicídio, só se pune o agente se a vítima morrer ou sofrer lesões corporais de natureza grave.
- No infanticídio (art. 123, CP), a mãe, em estado puerpreral, provoca a morte do filho, durante ou logo após o parto.
- **Atenção:** o infanticídio é norma especial em relação ao homicídio, já que o sujeito ativo é a **mãe da vítima influenciada pelo estado puerperal,** ocorrendo a conduta durante ou logo após o parto.
- Se o pai da criança ou qualquer outra pessoa induzir, instigar ou auxiliar a mãe a cometer o crime, responde também por infanticídio, em decorrência da comunicação das elementares do tipo ao partícipe (art. 30, CP).
- Nos crimes de aborto (arts. 124 a 126, CP), a morte da vítima ocorre durante a gestação, ou seja, tutela-se a vida intrauterina.
- No aborto provocado por terceiro com o consentimento da gestante, há exceção à teoria monista, pois a gestante responde pelo tipo penal do art. 124, enquanto o terceiro responde pelo art. 126, ambos do CP).
- O namorado que induz a namorada a praticar o aborto em uma clínica clandestina responde pelo tipo penal do art. 124, CP, como **partícipe.**
- Permite-se o aborto praticado por médico no caso de risco de morte para a gestante, de gravidez resultante de estupro e de gravidez de feto anencefálico.
- Se o aborto for praticado por outra pessoa que não seja médico, o agente responde pelo crime, exceto, no caso de risco de morte para a gestante, se presentes os requisitos do estado de necessidade.
- A integridade física também é um bem jurídico tutelado constitucional e penalmente, motivo pelo qual há o crime de lesão corporal.

Leve	Grave	Gravíssima
Residual	Incapacidade para ocupações habituais por mais de 30 dias	Incapacidade permanente para o trabalho
--------------------------	Perigo de vida	Enfermidade incurável
--------------------------	Debilidade permanente de membro, sentido ou função	Perda ou inutilizarão de membro, sentido ou função
--------------------------	Aceleração de Parto	Deformidade permanente
--------------------------	--------------------------	Aborto.

- No crime de lesão corporal gravíssima em decorrência do aborto, há um crime preterdoloso, já que o agente tinha o dolo de provocar a lesão corporal, enquanto resultado aborto decorre de conduta culposa.
- No crime de lesão corporal seguida de morte, há um crime preterdoloso, já que o agente tinha o dolo de provocar a lesão corporal, enquanto resultado morte decorre de conduta culposa.
- A honra é um direito da personalidade assegurado pela Constituição Federal, pelo Pacto de San José da Costa Rica, bem como na legislação infraconstitucional, como o Código Penal, o Código Civil e o Código Eleitoral.
- **Honra subjetiva:** refere-se à autoestima, ao conceito que a própria pessoa tem de si mesmo.
- **Honra objetiva:** refere-se ao conceito que a pessoa tem no meio social em que vive.
- Para a configuração de um dos crimes contra a honra (calúnia, difamação e injúria) é indispensável que o agente tenha o propósito de ofender (**elemento subjetivo especial do tipo**).
- Se a ofensa tem motivação eleitoral, trata-se de um dos crimes contra a honra previstos no Código Eleitoral.
- O STF declarou que a Lei de Imprensa não foi recepcionada pela CF/88, motivo pelo qual se a ofensa se der por meio de veículo de comunicação, a conduta

do agente se subsume em uma das figuras dos arts. 138 a 140, CP.

- Imunidade parlamentar é uma causa de exclusão da **tipicidade material.**
- Para as declarações ofensivas feitas no recinto do Parlamento, a inviolabilidade é absoluta.
- Para as declarações feitas fora do Parlamento, como à imprensa, deverá haver um nexo entre as declarações e a atividade parlamentar, podendo, assim, ser afastada a imunidade em caso de abuso.
- **Calúnia**: imputação falsa de um **crime** a uma pessoa.
- Criança, adolescentes e doentes mentais podem ser vítimas de **calúnia**, pois, apesar de serem inimputáveis, podem praticar **fato definido como crime**, como o é o ato infracional praticado por criança e adolescente.
- A calúnia contra os mortos é punível, porém, as vítimas são os familiares do *de cujos*.
- Não há calúnia se a imputação se referir a **contravenção penal**.
- Na calúnia, admite-se, em regra, **a exceção da verdade**, meio de defesa em que o agente visa demonstrar que a imputação que fez é verdadeira.

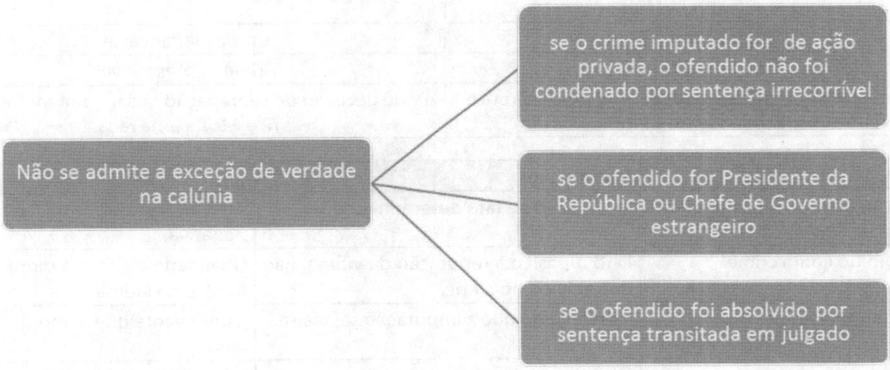

- Exceção de notoriedade: trata-se de figura prevista no art. 523 do Código de Processo Penal. Fato notório é aquele que todas ou muitas pessoas têm conhecimento. Assim, sendo o fato notório, não haverá calúnia, pois é verdadeira a imputação.
- O crime de calúnia praticado por meio de internet se consuma no local em que se encontra o responsável pela veiculação e divulgação do fato ofensivo.
- A denunciação caluniosa, em que se ofende a Administração da Justiça, por ser mais ampla, absorve a calúnia.
- Assim, a imputação falsa sobre o mesmo fato criminoso feita à Autoridade Policial, que, por causa dela, instaura Inquérito Policial, configura crime de denunciação caluniosa, não se falando em calúnia.
- **Difamação:** é a imputação recai sobre fato desonroso, fato esse que não é considerado crime.
- A imputação pode ser falsa ou verdadeira, que se consuma a difamação.
- Na difamação, a exceção de verdade só se admite se o ofendido for funcionário público e a ofensa se referir a essa qualidade.
- Se o ofendido for Presidente da República, considerado funcionário público para efeitos penais, não se admite a exceção de verdade em caso de difamação, dada a vedação expressa no crime de calúnia.
- No caso da difamação, acolhida a exceção de verdade, o fato permanece típico, porém, reconhece-se a excludente da ilicitude do **exercício regular de um direito**.
- **Na injúria,** o agente atribui à vítima uma qualidade desfavorável, um atributo negativo, a provocar abalo em sua autoestima.
- A injúria ocorre no momento em que a vítima toma conhecimento da ofensa.

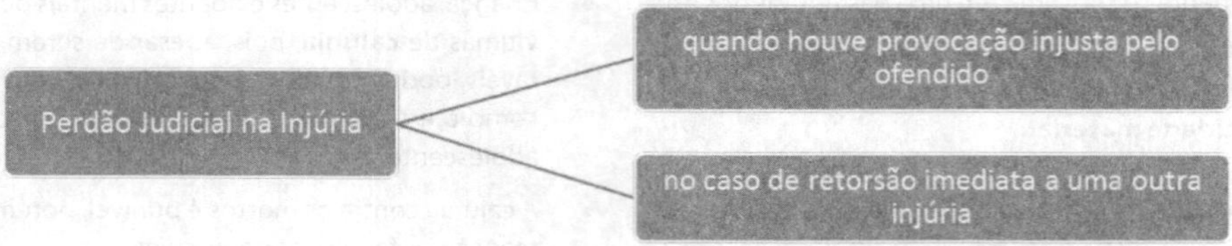

- A **injúria** real: a ofensa é provocada mediante violência ou vias de fato, como, por exemplo, dar um tapa no rosto da vítima.
- No caso de haver produção de lesões corporais, haverá soma da pena da injúria com a da lesão corporal.

Injúria preconceituosa	Racismo
Art. 140, § 3º, CP	Lei nº 7.716/89
Ação penal pública condicionada à representação da vítima	Ação penal pública incondicionada
Crime afiançável	Crime inafiançável
Crime prescritível	Crime imprescritível
Não decorre de segregação racial – é dirigida direta e especificamente à vítima	Pode decorrer de segregação racial – a ofensa é genérica a toda uma raça.

Calúnia	**Difamação**	**Injúria**
Imputação de fato determinado.	Imputação de fato determinado.	Atribuição de uma qualidade negativa.
Fato definido como crime.	Fato ofensivo à reputação da vítima, não definido como crime.	Qualidade ofensiva à dignidade ou decoro da vítima.
Imputação é falsa	É irrelevante que a imputação seja falsa.	É irrelevante que a imputação seja falsa.
Ofensa à honra objetiva.	Ofensa à honra objetiva.	Ofensa à honra subjetiva.
Em regra, admite a exceção de verdade.	Em regra, **não** admite a exceção de verdade.	Não admite a exceção de verdade.

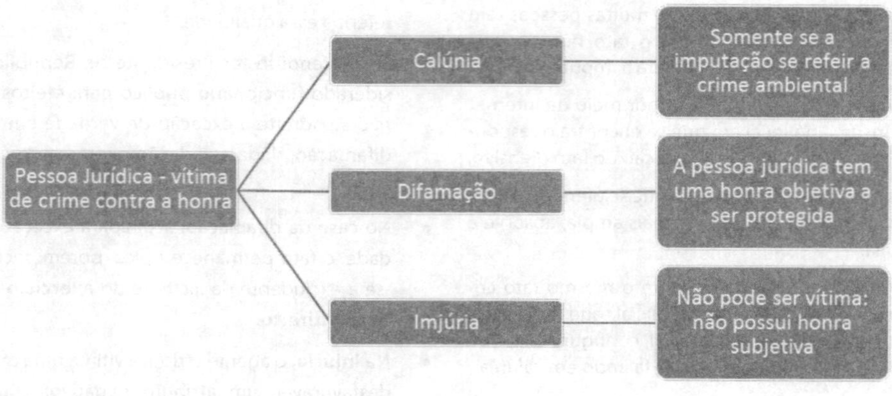

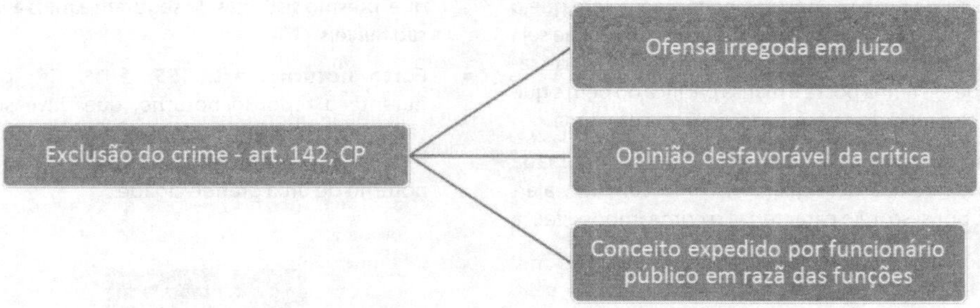

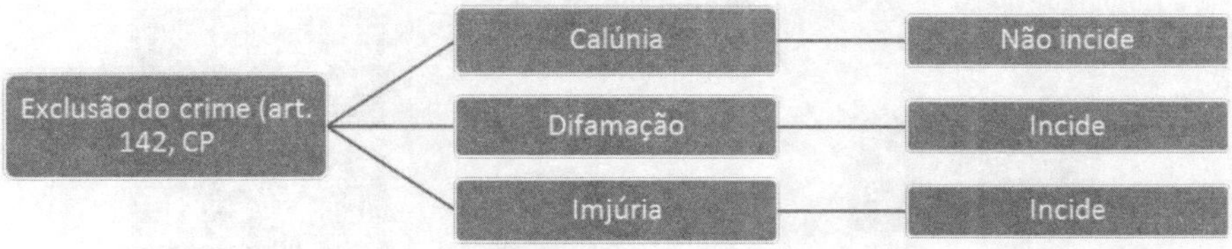

18. DOS CRIMES CONTRA O PATRIMÔNIO

- Nos crimes contra o patrimônio, tutelam-se a propriedade e a posse da vítima sobre um bem.
- Furto: o agente subtrai coisa alheia móvel pertencente a outrem.
- Ladrão que furta ladrão comete crime de furto, mas a vítima continua sendo o proprietário ou o possuidor originário.
- Objeto material: coisa corporal com valor patrimonial.
- Coisa de valor sentimental: há entendimento da doutrina majoritária no sentido de que pode ocorrer crime de furto.
- A subtração de cheque em branco não configura crime de furto por falta de valor econômico. Mas, se o agente que subtraiu o cheque o preenche e o faz circular, comete crime de estelionato.
- A coisa deve pertencer a uma terceira pessoa.
- A coisa abandonada, portanto, não pode ser objeto de furto.
- Se o agente subtrair coisa própria que está em poder de terceiro, pode cometer crime de exercício arbitrário das próprias razões (art. 346, CP) ou furto de coisa comum (art. 156, CP).
- Furto de uso: figura atípica.

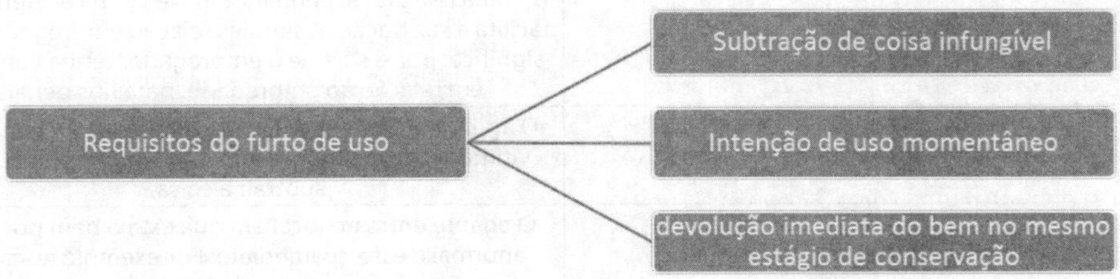

- O crime de furto se consuma no momento em que o agente tem a posse da coisa subtraída, ainda que seja por um breve espaço de tempo, sem que seja necessário que ele tenha posse e mansa pacífica do bem e que este seja retirado da esfera de vigilância da vítima.
- De acordo com o STJ, o fato de a loja ser equipada com aparelhos de vigilância, como câmaras, alarmes, por si só, não caracteriza o crime impossível, já que, mesmo sistemas de segurança mais avançados são falíveis.
- **Furto noturno: art. 155, § 1º, CP:** praticado durante o repouso noturno, que deve ser analisado de acordo com os usos e costumes do lugar. O repouso noturno no campo é diferente do repouso noturno de uma grande cidade.

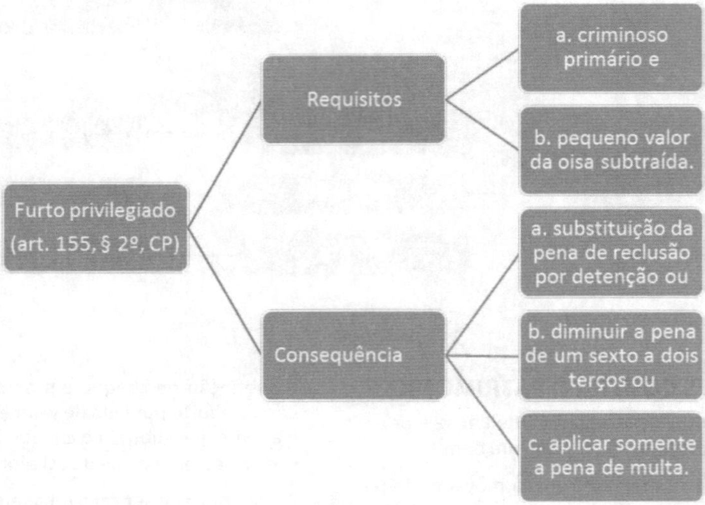

- Há um escalonamento para se diferenciar o furto privilegiado do furto em que incide o princípio da insignificância. No primeiro caso, trata-se de coisa com pequeno valor (até um salário mínimo); no segundo, o valor do bem é insignificante a ponto de não ser ofendido o patrimônio da vítima da subtração.
- **Furto qualificado – art. 155, § 4º, CP:** são circunstâncias que fazem com que o preceito penal secundário seja elevado: pena – **reclusão de 02 a 08 anos e multa.**

QUALIFICADORA	CARACTERÍSTICAS
Destruição ou rompimento de obstáculo	O agente pratica uma violência contra uma coisa que protege o bem a ser subtraído: corta a cerca elétrica da casa. Exige perícia.
Com abuso de confiança	Há uma relação de confiança entre vítima e agente que facilita a subtração. A simples relação empregatícia não significa, por si só, que o empregador tenha confiança em relação ao empregado, para fins penais.
Mediante fraude	O agente utiliza um ardil para diminuir a vigilância da vítima sobre o bem e, assim, ter mais facilidade para subtrair a coisa.
Escalada	O agente entra no local em que está o bem por meio anormal e esforço imediato. Por exemplo, escalar o muro da casa.
Destreza	O agente usa uma especial habilidade para subtrair o bem, como na subtração de uma carteira do bolso da calça da vítima sem que ela perceba a ação do agente.
Chave falsa	Uso de instrumento para fazer vezes de chave verdadeira, como mixa, gazua, arame, alicate.
Concurso de pessoas	Duas ou mais pessoas participam da execução do crime, seja como autores, seja como partícipes.

QUALIFICADORA	CARACTERÍSTICAS
Veículo automotor que venha a ser transportado de um estado para outro ou para o exterior	O veículo é transportado de um Estado da Federação para outro (de SP para MG) ou para o exterior (do Brasil para o Paraguai)
Subtração for de semovente domesticável de produção, ainda que abatido ou dividido em partes no local da subtração.	Pena de dois a cinco anos

- **Roubo Próprio (art. 157, *caput*, CP)**: o agente subtrai coisa alheia móvel pertencente a outrem com o emprego de violência ou grave ameaça ou qualquer outra forma de redução de vigilância da vítima (violência imprópria).
- **Roubo Impróprio (art. 157, § 1º, CP):** depois de subtrair o bem, para assegurar a posse e/ou impunidade, o agente pratica violência ou grave ameaça contra a vítima.
- **Roubo majorado (art. 157, § 3º, CP):** circunstância que faz o juiz aumentar a pena do agente de um terço até metade.

Circunstância	Característica
Emprego de arma	Pode ser arma de fogo ou arma branca, como faca. Arma de brinquedo não faz incidir a circunstância.
Concurso de duas ou mais pessoas	Duas ou mais pessoas participam da execução do crime, seja como autores, seja como partícipes.
A vítima está em transporte de valores	Como por exemplo, carros fortes
Veículo automotor que venha a ser transportado de um estado para outro ou para o exterior	O veículo é transportado de um Estado da Federação para outro (de SP para MG) ou para o exterior (do Brasil para o Paraguai)
Restrição de liberdade da vítima	A restrição de liberdade da vítima deve se dar por um tempo juridicamente relevante e deve ser para executar o crime ou garantir a fuga

- **Roubo qualificado: da violência empregada resulta lesão corporal de natureza grave ou morte (latrocínio).**
- O latrocínio consiste na subtração do bem, bem como, no mesmo contexto, na morte da vítima, que pode se dar pela forma culposa ou pela forma dolosa.

SUBTRAÇÃO	MORTE	LATROCÍNIO
Consumada	Consumada	Consumado
Consumada	Tentada	Tentado
Tentado	Consumada	Consumado
Tentada	Tentada	Tentado

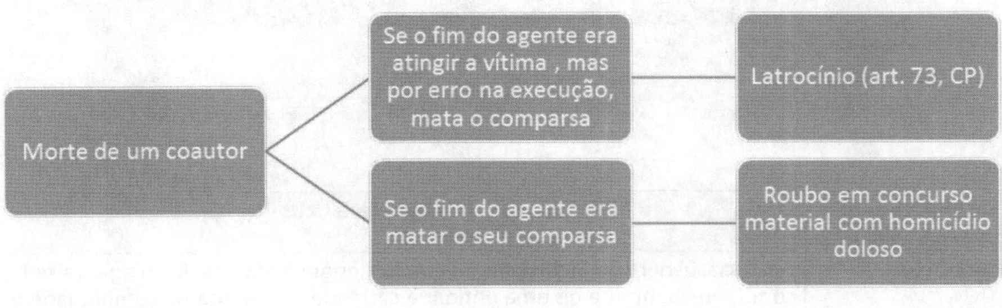

- **Extorsão (art. 158, CP)**: mediante violência ou grave ameaça, o agente constrange alguém a fazer algo, como que obtém vantagem econômica.
- Na **extorsão**, a vítima é constrangida a fazer, tolerar que se faça ou deixar de fazer alguma coisa, mediante violência ou grave ameaça, tendo o sujeito ativo do crime a finalidade de obter, para si ou para outrem, indevida vantagem econômica.
- A diferença fundamental entre roubo e extorsão se encontra **na necessidade de participação ativa** da vítima para que o agente obtenha a vantagem patrimonial.

- No roubo, a coisa desejada pelo agente está à mão e a subtração independe da colaboração da vítima. Na extorsão, a conduta ativa da vítima é imprescindível para que o sujeito ativo do crime obtenha a indevida vantagem econômica.
- **Extorsão mediante sequestro (art. 159, CP)**: a obtenção da vantagem econômica é obtida por meio da restrição de liberdade da vítima.
- Trata-se de crime complexo, pois o sequestro, por si só, é uma infração autônoma e que, praticado com o fim de obter indevida vantagem, configura o tipo penal do art. 159, CP.
- **Apropriação Indébita (art. 168, CP)**: a posse do bem é obtida licitamente pelo agente, que, no entanto, passa a ter a coisa como sua ilicitamente. Há uma inversão da vontade do agente.
- É também crime formal, pois se consuma mesmo que não haja obtenção da indevida vantagem econômica, o que vem a ser mero exaurimento da conduta.

Formas qualificadas (art. 159, § 1º, CP)	**Característica**
O sequestro dura mais de vinte e quatro horas	A privação de liberdade traz fortes abalos emocionais à vítima, muitas vezes confinadas em locais insalubres, sem notícias de parentes e o medo de desfecho trágico, o que justifica a qualificadora em tela
O sequestrado é menor de dezoito anos ou maior de sessenta	A vulnerabilidade das pessoas menores de dezoito e maiores de sessenta anos exige maior reprimenda. Essa circunstância deve ser abrangida pelo dolo do agente, que sabia ou devia saber de sua existência.
Crime cometido por bando ou quadrilha	Com a Lei nº 12.850/2013, o *nomen criminis* passou a ser associação criminosa, sendo necessário que, pelo menos, **três pessoas** estejam associadas com o fim específico de praticar crimes. Ou seja, não basta o mero concurso de três pessoas a praticar o sequestro, mas se exige a estabilidade da associação voltada à prática de crimes

- **Estelionato (art. 171, CP)**: o agente obtém a vantagem patrimonial em detrimento de prejuízo da vítima, induzida ou mantida em erro, em decorrência de ardil.

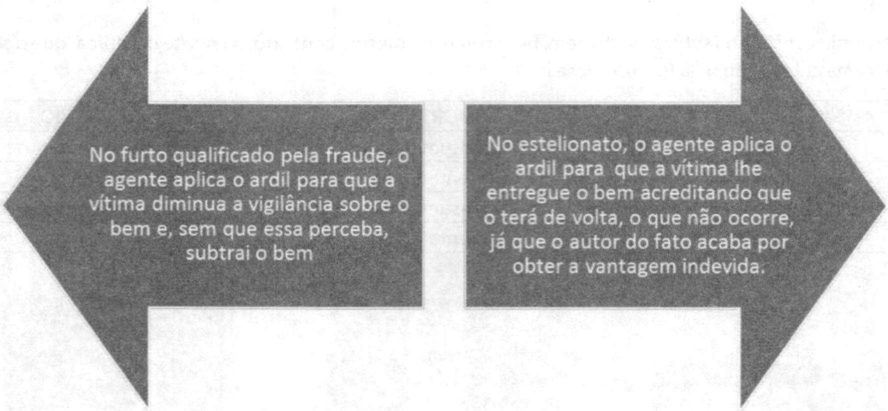

Meios de induzimento ou manutenção em erro	**Características**
Artifício	É astúcia, esperteza, manobra que implica engenhosidade. Ex: o agente se faz passar como representante de uma entidade caridade respeitada na comunidade e induz o ofendido a fazer doação que, desde o início, tem a intenção de tê-la para si
Ardil	É também artifício, esperteza, embora na forma de armadilha, cilada ou estratagema. Ex: o agente prepara um local como sendo agência de veículos, vende automóvel à vítima, recebe o dinheiro, mas, antes de entrega-lo, desaparece com o dinheiro obtido.
Qualquer outro meio fraudulento	Trata-se de interpretação analógica

- **Receptação própria**: o agente, adquire, recebe, transporta, conduz ou oculta, para si ou para outrem, coisa que **sabe ser produto de crime.**
- **Receptação imprópria:** o agente influencia para que terceiro, de boa-fé, a adquira, receba ou oculte a coisa que ele, sujeito ativo do crime, sabe ser produto de crime.
- **Receptação qualificada:** trata-se de crime próprio, porque o agente deve ter uma qualidade especial: comerciante, ainda que irregular ou clandestino, ou empresário.
- **Receptação de animal:**

  Com a Lei nº 13.330/2016, passou-se a ter o seguinte tipo penal: adquirir, receber, transportar, conduzir, ocultar, terem depósito ou vender, **com a finalidade de produção ou de comercialização, semovente domesticável de produção**, ainda que abatido ou dividido em partes, que deve saber ser produto de crime (art. 180, CP).

  Veja-se que o novo tipo penal exige uma finalidade especial do agente: **produção ou comercialização.**

  Caso a pessoa cometa um dos verbos do tipo, mas visa o consumo pessoal, sua conduta não incide no novo tipo penal, podendo ser o crime de receptação comum (art. 180-A, CP).

  Além disso, o objeto material: deve ser semovente domesticável de produção, como, por exemplo, o gado.
- **Escusa absolutória**: há isenção de pena, apesar da conduta do agente ser típica.

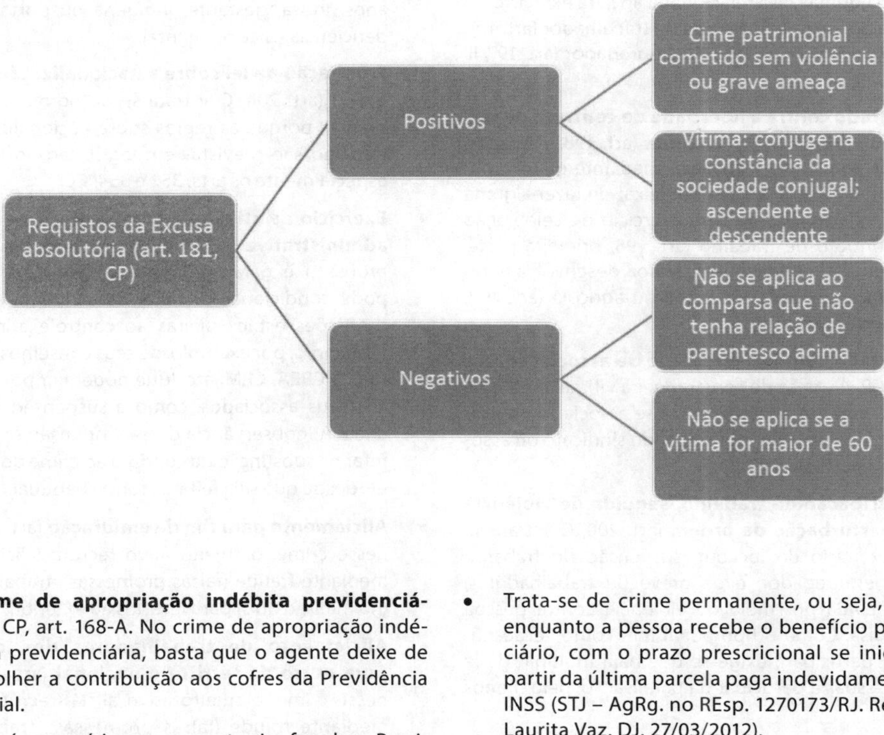

- **Crime de apropriação indébita previdenciária**: CP, art. 168-A. No crime de apropriação indébita previdenciária, basta que o agente deixe de recolher a contribuição aos cofres da Previdência Social.
- Não é necessário que o agente vise fraudar a Previdência Social, ou que reverta o dinheiro apropriado em proveito próprio (o chamado animus rem sibi habendi) (STJ – 5.ª T. – REsp. 629.091 – Rel. Arnaldo Esteves Lima – DJU 24.04.2006).
- Crime de estelionato previdenciário: CP, art. 171, § 3º. Não raro a Previdência Social é vítima de fraude por meio da qual uma pessoa passa a receber benefícios previdenciários.
- Trata-se de crime permanente, ou seja, perdura enquanto a pessoa recebe o benefício previdenciário, com o prazo prescricional se iniciando a partir da última parcela paga indevidamente pelo INSS (STJ – AgRg. no REsp. 1270173/RJ. Rela. Mina Laurita Vaz. DJ. 27/03/2012).

19. CRIMES CONTRA A PROPRIEDADE IMATERIAL

- O STJ e o STF consolidaram entendimento que os crimes de CD's e DVD's "piratas" merecem resposta penal, porque não são abarcados pelo princípio da adequação social, já que visam tutelar o direito de autor, que encontra amparo constitucional.

- A falsificação de CD's e DVD's de filmes e shows musicais incide no art. 184, CP.

20. CRIMES CONTRA A ORGANIZAÇÃO DO TRABALHO

- Os crimes contra a organização do trabalho visam tutelar a **dignidade do trabalhador nas relações de trabalho**, seja sob o aspecto individual, seja sob o aspecto coletivo.
- Se o crime contra a organização do trabalho atingir o **interesse coletivo**, a competência é da **Justiça Federal**. Contudo, se atingir apenas o **interesse individual** do trabalhador ou do empregador, haverá competência da **Justiça Estadual**.
- **Atentado contra a liberdade de trabalho** (art. 197, CP): trata-se de constranger a vítima, mediante grave ameaça ou violência, a fazer ou deixar de fazer alguma coisa relacionada ao livre exercício do trabalho, seja na qualidade de trabalhador (art. 197, I, CP), seja na qualidade de empregador (art. 197, II, CP).
- **Atentado contra a liberdade de contrato de trabalho e boicotagem violenta** (art. 198, CP): trata-se de constranger a vítima, mediante grave ameaça ou violência, a fazer ou deixar de fazer alguma coisa relacionada ao livre exercício de celebração do contrato de trabalho (art. 198, primeira parte, CP), ou de impedir que a pessoa desenvolva livremente a atividade industrial ou agrícola (art. 198, segunda parte, CP).
- **Atentado contra a liberdade de associação** (art. 199, CP): trata-se de constranger a vítima, mediante grave ameaça ou violência, a se associar ou deixar de se associar a um determinado sindicato ou associação profissional.
- **Participação de trabalho, seguida de violência ou perturbação da ordem** (art. 200, CP): trata-se do exercício do lockout, suspensão do trabalho pelo empregador, e da greve de trabalhadores, promovida por meio de violência contra pessoa ou coisa. Como o tipo penal tem como verbo-núcleo "participar", exige-se que haja multiplicidade de pessoas a participar da paralisação, pelo menos três.
- **Paralisação de trabalho de interesse coletivo** (art. 201, CP): trata-se do exercício do lockout, suspensão do trabalho pelo empregador, e da greve de trabalhadores, em que há interrupção de obra pública ou serviço de interesse público. Nesse caso, há abuso do direito de greve e, portanto, deve-se analisar o tipo penal à luz da Lei de Greve (Lei nº 7.783/89). Também, se exige a participação de pelo menos três pessoas.
- **Invasão de estabelecimento industrial, comercial ou agrícola. Sabotagem** (art. 202, CP): a invasão ou a sabotagem (danificação do estabelecimento ou das coisas que ele guarnece) deve ser feita com a finalidade de impedir ou embaraçar o curso normal do trabalho.
- **Frustração de direito assegurado por lei trabalhista** (art. 203, CP): mais uma vez, a incidência da norma penal depende da conjugação com interpretação da legislação trabalhista, constitucional ou inconstitucional. Deve haver o dolo por parte do agente, sendo que o simples inadimplemento com as normas trabalhistas não implica incidência do tipo penal.
- No parágrafo primeiro, o agente não se vale de simples fraude, como no caput, mas de coação. Estranhamento, contudo, as penas previstas são as mesmas.
- Causa especial de pena: vítima menor de dezoito anos, idosa, gestante, indígena ou portadora de deficiência física ou mental.
- **Frustração da lei sobre a nacionalização do trabalho** (art. 204, CP): trata-se de norma penal em branco, porque as regras sobre nacionalização do trabalho são previstas em legislação do trabalho, especialmente os arts. 352 e 354, CLT.
- **Exercício de atividade com infração de decisão administrativa** (art. 205, CP): o livre exercício da profissão é garantia constitucional, porém, a lei pode condicionar e limitar esse direito. Algumas profissões estão sujeitas ao controle administrativo, como, por exemplo, de seus conselhos, como o CRECI, CREA, CRM, etc., que podem impor sanções aos seus associados, como a suspensão da atividade. A inobservância dessa suspensão pode acarretar na subsunção da conduta ao crime do art. 205, CP, desde que seja feita de forma habitual.
- **Aliciamento para fim de emigração** (art. 206, CP): nesse crime, o sujeito ativo recruta (alicia, atrai), mediante fraude (falsas promessas), trabalhadores (no mínimo dois) para levá-los ao exterior.
- **Aliciamento de trabalhadores de um local para outro do território nacional** (art. 207, CP): nesse crime, o sujeito ativo alicia (recruta, atrai), mediante fraude (falsas promessas), trabalhadores (no mínimo dois) com o fim de levá-los de uma localidade para outra do território nacional. No caso, há violação não só a liberdade trabalhista, como ainda da liberdade de locomoção, dos sujeitos passivos do crime, que se deslocam de seu Estado de origem para outro e, ainda, o retorno ao Estado de origem é dificultada pelas precárias condições de trabalho encontradas no novo local de trabalho, como, por exemplo, o não fornecimento de meios de transporte, conforme figura equiparada do art. 207, § 1º, CP.

- Causas especiais de aumento de pena: qualidade especial da vítima: menor de dezoito anos, idosa, gestante, indígena ou portadora de deficiência física ou mental.

21. CRIMES CONTRA O SENTIMENTO RELIGIOSO E CONTRA O RESPEITO AOS MORTOS

- **Ultraje a culto e impedimento ou perturbação de ato a ele relativo:** na primeira parte do tipo penal, a conduta punida é o **escárnio**, ou seja, a **humilhação, zombaria, desprezo à pessoa em decorrência de religião**.
- Na segunda parte do tipo penal, é o **impedimento ou perturbação de cerimônia religiosa**, como o barulho excessivo, os gritos de que aquela cerimônia religiosa é uma farsa, etc.
- **Impedimento ou perturbação de cerimônia funerária** (art. 209, CP): nesse crime, o sujeito ativo impede ou perturba o enterro ou a cerimônia de homenagens ao falecido, como derrubar o caixão do morto ao solo, com o dolo de perturbar o ambiente já naturalmente consternado.
- **Violação de sepultura** (art. 210, CP): nesse crime, se viola ou profana o local em que se encontram o cadáver ou os restos mortais da pessoa. Considera-se a infração penal na remoção de parte do túmulo, na destruição de sinais religiosos que nele estão fixados, como esculturas da cruz e de imagens santas.
- Poderá haver concurso com o crime de furto, se, além de atuar com a intenção de violar a sepultura, o agente visa subtrair o bem para si par outro, como as imagens de cobre ou mesmo ouro, as pedras de mármore.
- **Destruição, subtração ou ocultação de cadáver** (art. 211, CP): são as seguintes condutas puníveis:
  - o Destruir: ocorre nas hipóteses em que o cadáver é esmagado, queimado;
  - o Subtrair: é o furto do cadáver;
  - o Ocultar: esconder, desaparecer com o cadáver.
- O crime de **ocultação de cadáver** é praticado muitas vezes com o de homicídio, em que o autor do crime contra a vida joga o corpo do falecido nas águas do rio, o enterra, o deixa abandonado em um matagal. Nesse caso, há concurso material entre homicídio e ocultação de cadáver.
- **Vilipêndio ao cadáver** (art. 212, CP): nesse crime, trata-se o cadáver ou suas cinzas com desrespeito, desprezo. Ocorre nos casos de necrofilia, por exemplo.

22. CRIMES CONTRA A DIGNIDADE SEXUAL

- A Lei nº 12.015/09 provocou radical mudança no tratamento dado aos crimes sexuais. Antes se tutelavam os costumes. Agora, se tutela a dignidade sexual, ou seja, o desenvolvimento sadio da sexualidade.
- Com a nova sistemática, o crime de estupro (art. 213, CP) pode ter como sujeitos passivos **homens e mulheres**.
- Para a caracterização do crime de estupro é indispensável que a haja o dissenso por parte da vítima, ou seja, que ela não concorde com a relação sexual que só acontece em decorrência de **violência** ou **grave ameaça**.
- Consuma-se o estupro com a conjunção carnal (coito vaginal) ou com qualquer outra modalidade de ato libidinoso, como o coito anal, o sexo oral, o toque em regiões erógenas como o pênis, os seios, a própria vagina, etc.
- Não há se falar em violação à lei nem em dissídio jurisprudencial, haja vista o acórdão impugnado estar em consonância com o atual entendimento dos tribunais superiores, no sentido de ser possível o reconhecimento de **crime único**, quando praticados os delitos de estupro e de atentado violento ao pudor, denominado hodiernamente também como estupro, contra a mesma vítima e no mesmo contexto.
- Estupro qualificado:

Art. 213, § 1º, CP: reclusão de 8 a 12 anos	• Se da conduta resulta **lesão corporal de natureza grave**. • Se a vítima é menor de 18 anos ou maior de 14 anos.
Art. 213, § 2º, CP: reclusão de 12 a 30 anos	• Se da conduta resulta morte.

- **Assédio Sexual:** Trata-se de crime **próprio** porque o sujeito ativo deve ser superior hierárquico à vítima em relação de trabalho, seja no setor privado, seja no setor público.
- Não configura o crime se a relação hierárquica for de outra natureza, como familiar, de ordem religiosa ou entre professor ou aluno.
- No crime de estupro de vulnerável (art. 217-A, CP), **não são necessárias** a violência ou **grave ameaça**. Isso porque o legislador presume que as vítimas não têm capacidade de discernimento sobre o consentimento na realização do sexo. **Trata-se de presunção absoluta.**
- O crime de tráfico internacional de pessoa para fim de exploração sexual (art. 231, CP) se consuma no momento em que o ofendido **entra ou sai do território nacional, não se exigindo o início das atividades de prostituição.**

- No crime de tráfico internacional de pessoa para fim de exploração sexual, é indiferente o consentimento da vítima em sair do País para se prostituir.
- **Ação penal:** Nos crimes do art. 213 a 218-B, CP, a ação penal é **pública condicionada** à representação.
- Exceção: a ação penal é pública **incondicionada** nos casos em que a vítima: a. é menor de dezoito anos de idade; b. é vulnerável nos termos do art. 217-A, CP.

23. CRIMES CONTRA A FAMÍLIA

- **Bigamia:** uma pessoa já casada contrai novo casamento.
- Se houver ação de anulação do primeiro casamento, o juiz deve suspender o processo criminal até o julgamento dela, pois, se o primeiro matrimônio for anulado, deixa de haver crime de bigamia.
- Com a permissão do **casamento de pessoas do mesmo sexo (homoafetivo)**, se um homem é casado com uma mulher, dela separa de fato, e contrai casamento com um homem, comete bigamia.
- **Adultério:** foi revogado pela Lei nº 11.106/2005.
- **Registro de nascimento inexistente:** o crime se consuma no momento em que é feito o registro de um nascimento que inexistiu e no caso de natimorto.
- O prazo prescricional se inicia a partir da data em que o fato se torna conhecido da autoridade pública.

Condutas do art. 242 do Código Penal
Dar parto suposto como próprio: só pode ser praticado por mulher, que apresenta um recém-nascido como se fosse seu filho, mas não é.
Registrar como seu filho de outrem: pode ser praticado por qualquer pessoa. O Oficial de Registro responde se tem ciência que a criança não é filha da pessoa.
Ocultar recém-nascido, suprimindo ou alterando direito inerente ao estado civil: há um fim especial, que é a supressão de direito do recém-nascido ocultado
Subtrair recém-nascido, suprimindo ou alterando direito inerente ao estado civil: consiste na troca dolosa de recém-nascido em berçário.

24. CRIMES CONTRA A INCOLUMIDADE PÚBLICA

1. No crime de **incêndio** (art. 250, CP, o agente dá origem a um incêndio com a intenção de causar perigo à vida, à integridade física ou patrimônio de outrem.
2. Não é necessária a identificação das pessoas que foram expostas ao **perigo concreto**. Trata-se de crime **vago**, porque a sociedade é sujeito ativo do crime.
3. Não há crime se o incêndio for causado em uma casa abandonada, em meio a um campo, sem potencial perigo a pessoas ou patrimônio de outros que não o proprietário do imóvel incendiado.
4. O crime de incêndio pode ser consumado ainda que o incêndio não seja de grandes proporções, mas, em decorrência do próprio fato, como no incêndio em um teatro, em que o perigo decorre do pânico dos presentes.
5. **Explosão** é "o abalo seguido de forte ruído causado pelo surgimento repentino de uma energia física ou expansão de gás".
6. Trata-se de tipo misto alternativo e pode ser cometido por meio de três condutas: Provocar a explosão; Arremessar explosivo; Colocação de explosivo.
7. **Incêndio:** o sujeito ativo desvia o curso natural ou artificial da água de modo a provocar o alagamento, lento ou repentino, de uma extensa área de modo a expor a perigo concreto a vida, a integridade física ou o patrimônio de outrem.

25. CRIMES CONTRA A PAZ PÚBLICA

- **Incitação ao crime:** a conduta deve ser pública, ou seja, na presença de várias pessoas que tenham acesso livre ao evento. Pode ser feito por qualquer meio de discursos, orais ou escritos. A incitação deve se referir a um crime determinado e individualizado, como, por exemplo, o agente que instiga as pessoas a matarem uma pessoa.
- **Apologia ao crime**: o autor faz elogios a um crime ou ao autor do crime, porque o cometeu. O elogio deve ser com o objetivo de atingir número indeterminado de pessoas com o intuito de propagá-la.
- **Associação criminosa**: o tipo penal exige que a associação seja composta por **no mínimo três pessoas**. Portanto, se trata de crime plurissubsistente. Para a caracterização do crime, é necessário que os agentes devam estar associados com o fim específico de cometer crimes.
- **Milícia privada:** As milícias privadas são um fenômeno social em que ela atua em substituição ao Estado, controlando a vida da comunidade por meio de extorsões e coações, interferindo na prestação de serviços, como de água, energia, gás GLP, sinais de TV a cabo, etc. Com o crescimento desse fenômeno, a Lei nº 12.720/2012 acrescentou ao art. 288-A, CP em que se tipificou: Constituir, organizar, integrar, manter ou custear organização paramilitar, milícia particular, grupo ou esquadrão com a finalidade de praticar qualquer dos crimes previstos neste Código.

26. DOS CRIMES CONTRA A FÉ PÚBLICA

- Nos crimes contra a fé-pública, tutela-se a presunção de veracidade que se emana dos documentos.

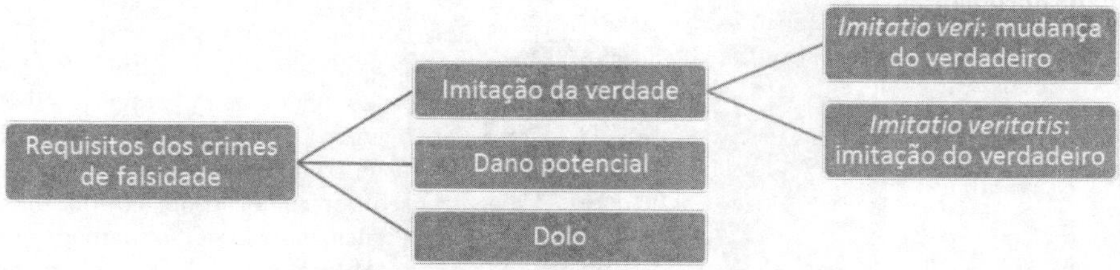

- **Moeda falsa (art. 290, CP):** consiste na fabricação de moeda falsa ou alteração do valor de moeda verdadeira.
- A moeda pode ser **metálica ou papel-moeda, nacional ou estrangeira.**
- A competência para o julgamento do crime é da **Justiça Federal**.
- É atípica a conduta de falsificar moeda que já saiu de circulação, como o cruzeiro ou cruzado.
- **Moeda falsa privilegiada (art. 290, § 2º, CP):** inicialmente, a pessoa recebe a moeda de boa-fé, sem saber da falsidade. No entanto, ao tomar conhecimento de que se trata de moeda falsa, a coloca em circulação.
- **Moeda falsa qualificada (art. 290, § 3º, CP):** trata-se de crime **próprio**, pois o sujeito ativo sempre será **funcionário público ou diretor, gerente, ou fiscal de banco de emissão que fabrica emite ou autoriza a fabricação ou emissão:**

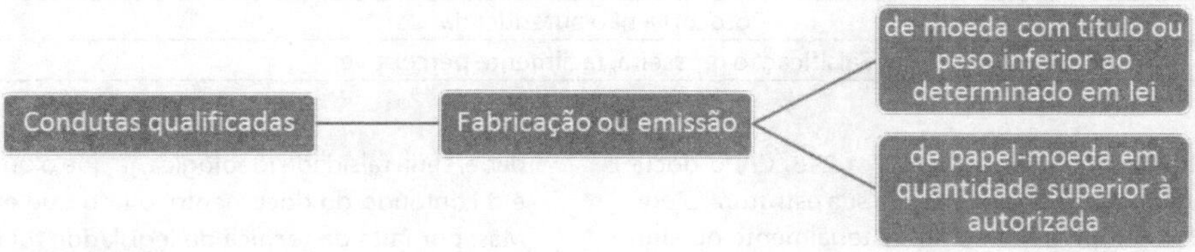

- **Moeda falsa qualificada por equiparação (art. 290, § 4º, CP): funcionário público ou diretor, gerente, ou fiscal de banco de emissão** desvia e faz circular moeda, cuja **circulação não estava ainda autorizada**. Vê-se que a moeda não é falsa, mas sua circulação ainda não é permitida.
- **Petrechos para falsificação de moedas (art. 291, CP):** trata-se de um tipo penal **subsidiário**, pois, se o agente usa o maquinário e fabrica moeda falsa, responde apenas pelo tipo de crime de moeda falsa (art. 290, CP).
- **Falsificação de papéis públicos (art. 293, CP):** conceito de papel público: são os de feitura atribuída privativamente à administração do Estado ou a entidade de direito público cujos objetivos particulares são realizados no interesse da coletividade e que se ajustam ao programa funcional do Poder Público (Júlio Fabbrini Mirabete. *Manual de Direito Penal*. v. 3. p. 223).
- Há inúmeros papéis públicos, mas o crime só se caracterizará se a falsidade recair sobre um daqueles enumerados pelo art. 293, CP, tais como: estampilha, papel selado, papel de crédito público, etc.
- Quem falsifica vale postal incide na figura penal prevista no art. 47 da Lei nº 6.538/78, que revogou tacitamente o art. 293, III, CP.

- **Falsidade documental.**

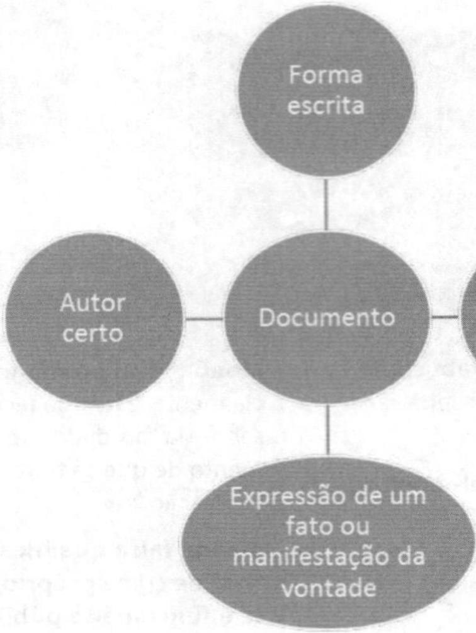

Não são considerados documentos
Escrito a lápis
Fotografias isoladas
Fotocópia não autenticada
Falsificação grosseira, facilmente perceptível

- **Falsidade material:** (arts. 297 a 298, CP) o documento ou parte dele é falso em sua estrutura. Significa formar um documento materialmente ou alterá-lo. Por exemplo, uma gráfica produz espelho de CNH ou alguém rasura o contrato.
- **Falsidade de documento público:** (art. 297, CP). Documento público: é o elaborado por funcionário público no desempenho de suas funções: escritura pública, RG, CPF, CTPS, alvará judicial, etc.
- **Documentos públicos por equiparação:** emanado de entidade paraestatal, título ao portador ou transmissível por endosso, ações da sociedade comercial, os livros mercantis e o testamento particular.
- **O particular** pode ser sujeito ativo do crime de falsidade de documento público, se fazer um documento que deveria ser elaborado por funcionário público ou adultera um documento público.
- **Causa de aumento de pena:** se o funcionário público for o autor da falsificação e se valer de sua função para cometer o crime (art. 297, § 1º, CP).
- **Crimes de falsidade de documentos relativos à Previdência Social:** art. 297, §§ 3º e 4º, CP: na verdade, seria falsidade ideológica, já que o que é falso é o conteúdo do documento, o fato que expressa. Mas, por falta de técnica de legislador, foi incluído no art. 297, tendo as mesmas penas deste, portanto.
- **Falsidade de documento particular:** (art. 298, CP): documento particular tem conceito residual, ou seja, é aquele que não é elaborado por funcionário público no exercício de suas funções ou não é equiparado pela lei.
- Em caso de documento público, a **Justiça Federal** será competente se o documento público for emanado de entidade ligada à União; se o documento for particular, a **justiça Federal** será competente, se a intenção do autor era causar prejuízo à União.
- A cópia autenticada de um documento particular continua particular. No entanto, se a falsificação recair precisamente sobre a autenticação, haverá falsificação de documento público.
- **Falsidade Ideológica:** (art. 299, CP) o documento é materialmente verdadeiro, emanado de quem tenha legitimidade para fazê-lo, mas o conteúdo que expressa é falso.

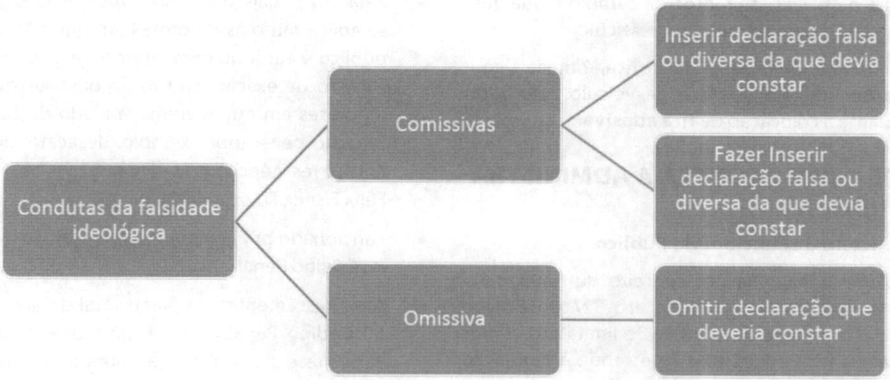

- Na falsidade ideológica, o documento pode ser público ou particular, conforme o art. 299, CP. Porém, a pena é maior se for público.
- O autor do documento pode não responder pelo crime, se não for ciente da declaração falsa. Por exemplo, "A" passou uma informação falsa a um funcionário público que produz uma certidão com esses dados falsos, sem saber desse fato. Somente, "A" responde pelo crime.
- Somente haverá crime de falsidade ideológica se o autor agir com um fim especial: **prejudicar direito, criar obrigação ou alterar a verdade sobre fato juridicamente relevante.**
- Na falsidade material, **é imprescindível o exame de corpo de delito;** enquanto falsidade ideológica não pode ser provado por perícia, já que, nesse caso, o documento é materialmente verdadeiro.

Falsidade Material	Falsidade Ideológica
Fabricação de espelho de RG em uma gráfica não autorizada para emiti-lo	Funcionário Público tem um espelho de RG verdadeiro em suas mãos e, com atribuição para preenchê-lo, acrescenta dados falsos
Particular tem espelho em branco de um RG verdadeiro e o preenche com dados falsos ou mesmo verdadeiro	Particular fornece dados inverídicos ao funcionário público que tem atribuição para emitir RG

- **Uso de documento falso:** (art. 304, CP): Fazer uso de um dos documentos falsos na forma dos arts. 297 a 302, CP.
- Trata-se de um tipo penal **remitido**, uma vez que faz referência a outros tipos penais para a sua configuração.
- Posição majoritária: **aquele que falsifica um documento e depois faz uso dele, só responde pelo crime de falsidade.** De acordo com essa corrente, o uso de documento falso, material ou formalmente, seria mero *post factum* impunível.
- Policiais em cumprimento de mandado de busca e apreensão domiciliar encontram o documento em uma gaveta, não há crime de uso de documento falso, pois não foi a pessoa que o apresentou, que dele fez uso.
- **Exceção:** Em uma *blitz* policial, o condutor se recusa a apresentar a **CNH**, que é falsa. Os policiais, então, fazem a busca e encontram o documento no interior do porta-luvas. Nesse caso, há crime de uso de documento público, uma vez que a **CNH é documento de porte obrigatório** pelos motoristas (art. 159, § 1º, CTB).
- **Finalidade especial:** fazer prova de fato relevante juridicamente.
- **Supressão de documento público**: (art. 305, CP): **destruição, supressão ou ocultação** de um documento público ou particular.
- **Falsa identidade**: (art. 307, CP): o agente não usa um documento falso, mas se identifica falsamente. Ou seja, mente em relação a um elemento de identificação, como nome, estado civil, sexo, idade, filiação, nacionalidade, etc.
- **Finalidade específica**: obter alguma vantagem ou causar prejuízo a terceiros.
- O Supremo Tribunal Federal, ao examinar o RE 640.139/DF, cuja repercussão geral foi reconhecida, entendeu que o **princípio constitucional da autodefesa não alcança aquele que atribui falsa identidade perante autoridade policial** com o objetivo de ocultar maus antecedentes, sendo, portanto, **típica a conduta praticada pelo agente.**
- **Adulteração de sinal de veículo automotor:** (art. 311, CP): trata-se de falsificação de numeração de

chassi, de placas, de motor, de câmbio e qualquer outro dado de identificação de veículo.

- Para o Superior Tribunal de Justiça, é típica a conduta de adulterar a placa de veículo automotor mediante a colocação de **fita adesiva**.

27. DOS CRIMES CONTRA A ADMINISTRAÇÃO PÚBLICA

I. Conceito de Funcionário Público.

- Para fins penais, há um conceito de funcionário público próprio, previsto no art. 327 do Código Penal. Conceito esse que não se limita aos crimes previstos no Código, mas se estende à legislação extravagante, como a Lei nº 8.137/1990.
- O conceito abarca quem exerce transitoriamente ou sem remuneração cargo, emprego ou função. É o caso dos jurados do Tribunal do Júri.
- O modo de investidura no serviço público é indiferente. Pode ser por meio de concurso público (servidor de carreira), de eleição (prefeitos, vereadores, vice-prefeitos etc.) ou de livre nomeação (Ministros de Estado).
- Não importa se se trata de agente político (como membro de um dos Poderes ou do Ministério Público), servidor público estatutário, celetista ou ocupante de função pública.
- Estagiário no serviço público: é considerado funcionário público para efeitos penais (STJ – RHC 21951/MT – Rel. Min. Félix Fisher. DJ. 02/09/2008).
- Aquele que não é funcionário público (particular) pode cometer peculato, corrupção passiva ou outro crime em que se exige a qualidade de funcionário público para o sujeito ativo, desde que o particular seja partícipe ou coautor do crime. Ou seja, ele atue conjuntamente com um funcionário público.
- Para fins penais: o art. 327, *caput*, do Código Penal, se aplica tanto às hipóteses em que o funcionário público é autor do crime (por exemplo, concussão, excesso de exação, corrupção passiva), quanto às hipóteses em que é vítima, ao lado do Estado, da infração penal (por exemplo, desacato, desobediência e resistência). (STJ – HC nº 52.989/AC, Rel. Min. Félix Fisher, DJ. 23/05/2006)
- Funcionário público por equiparação: Art. 327, § 1º, do Código Penal.
- A expressão entidade paraestatal do art. 327, § 1º, do Código Penal, deve ser interpretada ampliativamente e deve abranger: autarquias, fundações públicas, sociedades de economia mista, empresas públicas, entidades do sistema S (SESI, SENAI, SENAC) etc.
- São equiparados a funcionários públicos os empregados das pessoas jurídicas de direito privado que mantêm contratos de concessão, permissão, autorização e convênios com o Poder Público, desde que o objeto desse contrato seja uma atividade típica da Administração Pública, como a prestação de serviços de saúde por uma Santa Casa.
- **Causa especial de aumento de pena:** funcionário público ocupante de **cargos em comissão ou de função de direção ou assessoramento.**

II. Alguns crimes contra Administração Pública.

- **Peculato** (arts. 312 e 313 do Código Penal). Peculato é um crime praticado por funcionário público e que visa tutelar o patrimônio da Administração e, excepcionalmente, atinge um bem particular, quando este está sob a posse ou a detenção do Poder Público.

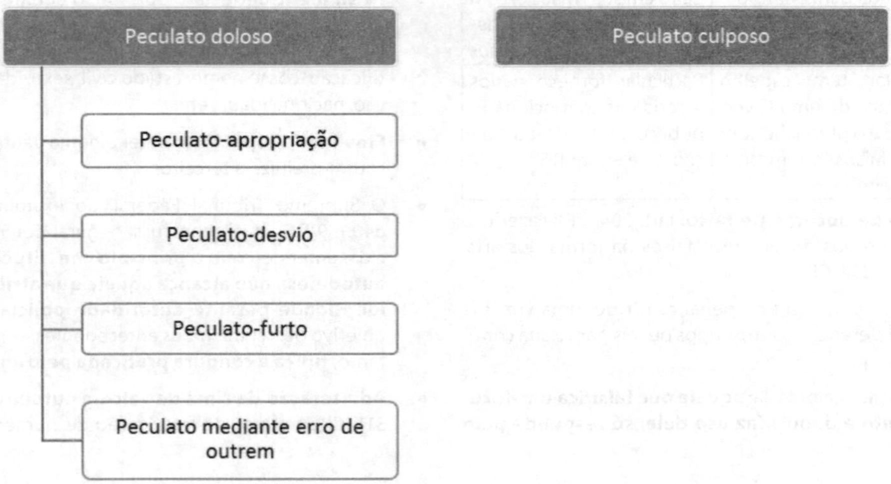

- **Peculato-apropriação**: art. 312, *caput*, 1ª parte, do Código Penal: o funcionário público, em razão da função que ocupa, tem **a posse lícita do bem público, mas passa a agir como se dono fosse do bem**. Por exemplo, o funcionário público tem a posse do computador em que trabalha e, então, resolve levá-lo para casa, dele se apropriando.
- **Peculato-desvio**: art. 312, *caput*, 2ª parte: o funcionário público, em razão da função que ocupa, tem a posse lícita do bem público, mas desvia a sua aplicação em proveito próprio ou alheio. Por exemplo, há uma verba destinada ao pagamento pela construção da praça pública.
- **Prefeito Municipal**: não há crime de peculato, mas crime próprio, previsto no Decreto-Lei nº 201/1967 – que cuida dos crimes de responsabilidade de prefeitos.
- **Peculato-furto**: art. 312, § 1º, do Código Penal: o funcionário público, valendo-se das facilidades de sua função, subtrai (furta) ou concorre (auxilia, induz ou instigue) outrem a subtrair, para si ou para outrem, o bem da Administração Pública ou que esteja sob sua posse ou detenção.
- Nesse caso, o bem não está na posse ou detenção do funcionário-público (como ocorre no peculato-apropriação). Por exemplo, o segurança de um Banco estatal subtrai o dinheiro do caixa da agência, em que trabalha.
- **Peculato mediante erro de outrem**: agindo em erro, um particular entrega à Administração Pública um bem de expressão econômica, o funcionário público percebe o erro, mas mantém o particular nesse estado, e, ainda, se apropria do bem.
- Exemplo: agindo em erro, o particular paga R$ 2.000,00 (dois mil reais), relativa a uma multa administrativa, quando o valor seria de R$ 1.000,00 (mil reais). O funcionário público percebe o erro, mas mantém o particular dessa forma, e se apropria dos R$ 1.000,00 (mil reais).
- **Peculato culposo**: Art. 312, § 2º, do Código Penal: o agente age com culpa (negligência, imprudência ou imperícia), e, de sua conduta culposa, uma terceira pessoa se aproveita para praticar um crime contra a Administração Pública, como um furto ou um peculato, etc.

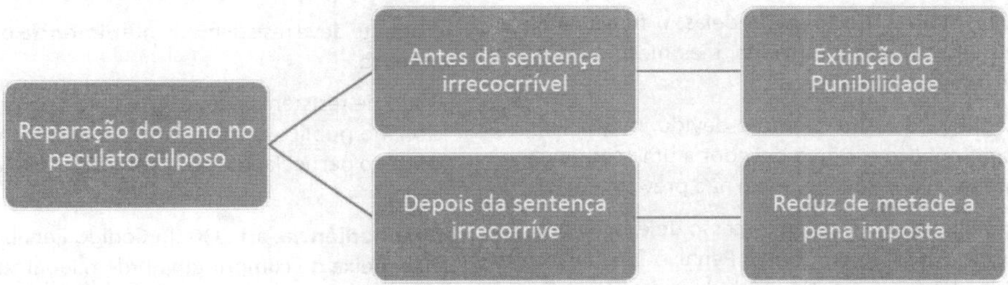

- **NO PECULATO DOLOSO, A REPARAÇÃO DO DANO NÃO EXTINGUE A PUNIBILIDADE.**

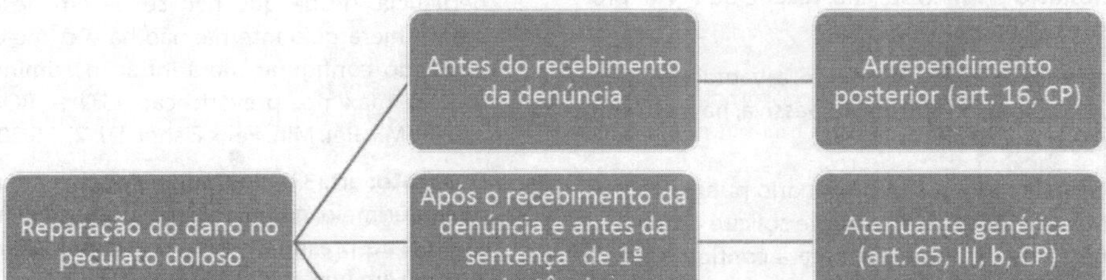

- **Peculato de uso**: ocorre na hipótese de o funcionário público se apropriar, desviar ou subtrair o bem público, mas com a nítida intenção de restituí-lo à Administração Pública e, assim, procede. Nesse caso, não há crime de peculato, porque se exige prejuízo de ordem patrimonial à Administração Pública (STJ – HC nº 94.168/MG. Rel. Min. Jane Silva. DJ. 01º.04.2008).
- Porém, apesar de não ser crime, tal conduta pode configurar ato de improbidade administrativa (Lei nº 8.429/92).
- **Concussão**: Art. 316 do Código Penal: o funcionário público, faz uma exigência ao particular, em que há uma ameaça, ao menos implicitamente, para receber vantagem indevida.
- Exemplo: o agente florestal exige do poluidor uma quantia em dinheiro para si, para deixar de aplicar a multa.
- O crime se consuma com a exigência, independentemente da efetiva vantagem pretendida pelo agente.
- **Excesso de exação**: art. 316, § 1º, do Código Penal: rime relacionado à cobrança de tributos.
- Há duas figuras. Na primeira delas, o funcionário sabe que o tributo é indevido, mas mesmo assim exige o seu pagamento.
- Na segunda delas, o tributo é devido, mas o funcionário público expõe o devedor a uma cobrança vexatória ou gravosa, por meio não previsto em lei.
- Há modalidade especial de excesso de exação previsto: art. 316, § 2º, do Código Penal: o funcionário público desvia a quantia recebida indevidamente em proveito próprio ou alheio.
- **Corrupção passiva**: art. 317 do Código Penal: o **funcionário público** solicita, recebe ou aceita promessa de vantagem indevida.
- Na concussão, o agente **exige** a vantagem indevida, enquanto, na corrupção passiva, há mera **solicitação**.
- Não é necessário que o funcionário público receba a vantagem indevida, basta que solicite ou aceite a promessa de recompensa, para a configuração do crime de corrupção passiva, já que se trata de **crime formal**.
- **Facilitação de contrabando ou descaminho: (art. 318, CP):** o funcionário público que tem a atribuição de combater o contrabando e o descaminho facilita sua ocorrência.
- Trata-se de uma exceção à teoria monista: pois o particular responde por contrabando ou descaminho, enquanto que o funcionário público que facilita responde pelo art. 318, CP.
- **Prevaricação**: art. 319 do Código Penal: se o funcionário público agir de forma contrária ao que determina a lei, comete crime de prevaricação, desde que vise a satisfazer interesse ou sentimento pessoal.
- No caso de dúvida ou erro na interpretação da lei, o funcionário público não responde por prevaricação.
- Além de querer não observar o que estabelece em lei, o funcionário público age para satisfazer interesse ou sentimento pessoal, como o ódio, a afeição, a teimosia, o capricho, a contemplação, benefício patrimonial indireto, etc.
- **Condescendência criminosa:** art. 320, CP: o superior hierárquico, por indulgência, deixa de tomar as medidas legais cabíveis contra o funcionário público subordinado que cometeu uma infração administrativa.
- **Resistência**: art. 329 do Código Penal: Trata-se de crime praticado por particular contra a Administração Pública. Para a caracterização do crime de resistência, o sujeito ativo deve se voltar contra ato legal da Administração Pública, isto é, ato praticado formal e materialmente nos termos da lei.
- O agente deve resistir mediante **violência ou grave ameaça**.
- O ato de resistência deve ser voltado contra o funcionário público competente para a sua prática ou contra o particular que, por ventura, o esteja a auxiliá-lo.
- **Desobediência**: art. 330 do Código Penal: O particular deixa de cumprir uma ordem legal, emanada de funcionário público que tenha competência para dar tal ordem.
- Pode o funcionário público praticar crime de desobediência, desde que não se dê em descumprimento hierarquia interna, não há o crime em tela, podendo configurar mera infração administrativa ou, no máximo, prevaricação (STJ – ROCHA nº 12.780/MS. Rel. Min. Félix Fisher. DJ. 27.05.2003).
- **Desacato:** art. 331 do Código Penal: o agente, por qualquer meio, como palavras ou gestos, humilha, ofende, desprestigia o funcionário público no exercício ou em função dela.
- O que se tutela é a dignidade da função pública, ou seja, há crime ainda que o servidor não se sinta ofendido subjetivamente.
- Se a ofensa for feita ao funcionário público ausente, haverá crime de injúria qualificada.
- A discussão exaltada entre o particular e o funcionário público não tipifica o crime de desacato (STJ – REsp. 13.946/PR. Rel. Min. Cid Flaquer Scartezzini. DJ. 24.06.1992).

- O Supremo Tribunal Federal declarou inconstitucional o art. 7º, § 2 ª, do Estatuto da Ordem dos Advogados do Brasil (Lei nº 8.906/1994), que tornava imune o advogado que cometia desacato no exercício de sua função (ADI nº 1127/DF. Rel. Original. Min. Marco Aurélio. Rel. para Acórdão. Min. Ricardo Lewandowski. DJ. 17.05.2006).
- **Corrupção ativa**: art. 333 do Código Penal: o particular que oferece ou promete a vantagem indevida comete crime.
- Trata-se de exceção à teoria monista, pois o funcionário público responde por corrupção passiva, enquanto o particular por corrupção ativa.

Corrupção ativa	Corrupção passiva
--------------------	Solicitar
Oferecer	Receber
Prometer	Aceitar promessa.

- Atenção: se o funcionário público tomar a iniciativa e solicitar a vantagem econômica, o particular não responde por corrupção ativa, mesmo que efetue o pagamento.
- **Denunciação caluniosa:** o agente dá início a uma investigação policial, processo judicial, inquérito civil ou ação de improbidade administrativa, imputando falsamente a autoria de um crime ou contravenção penal.
- O crime se consuma com o início das investigações, mesmo que não haja inquérito policial formalmente instaurado.
- O envio de carta anônima dando notícia de um crime e apontando falsamente a autoria delitiva configura crime de denunciação caluniosa, se a partir dela se iniciam as investigações.
- **Falso testemunho:** se o falso é cometido no cumprimento de carta precatória, o Juízo deprecado é o competente para o julgamento do crime, pois o crime se consumou nesse local.

28. LEGISLAÇÃO EXTRAVAGANTE

28.1. CÓDIGO DE DEFESA DO CONSUMIDOR

- Uma das grandes preocupações do Código de Defesa do Consumidor é tutelar o consumidor da propaganda enganosa. E, assim, enumera quatro condutas como criminosas.
- Art. 66. Fazer afirmação falsa ou enganosa, ou omitir informação relevante sobre a natureza, característica, qualidade, quantidade, segurança, desempenho, durabilidade, preço ou garantia de produtos ou serviços.
- Art. 67. Fazer ou promover publicidade que sabe ou deveria saber ser enganosa ou abusiva.
- Art. 68. Fazer ou promover publicidade que sabe ou deveria saber ser capaz de induzir o consumidor a se comportar de forma prejudicial ou perigosa a sua saúde ou segurança.
- Art. 69. Deixar de organizar dados fáticos, técnicos e científicos que dão base à publicidade.

28.2. CRIMES AMBIENTAIS

- Meio ambiente é o conjunto de condições, leis, influências, alterações e interações de ordem física, química e biológica que permite, abriga e rege a vida em todas essas formas.
- Os crimes ambientais podem ser cometidos por pessoas naturais e jurídicas.
- A pessoa jurídica só responde criminalmente se a conduta também for imputada à pessoa física (**princípio da dupla imputação**).
- O baixo grau de instrução ou escolaridade do agente não exclui o crime, mas é atenuante genérica.
- Nos crimes ambientais de menor potencial ofensivo, se admite a transação penal, desde que haja prévia composição do dano ambiental, salvo em caso de comprovada impossibilidade.
- Praticar ato de abuso, maus-tratos, ferir ou mutilar animais silvestres, domésticos ou domesticados, nativos ou exóticos constitui crime. É o que ocorre nas **brigas de galo**.
- Para efeitos da norma penal-ambiental, considera-se pesca todo ato tendente de retirar grupos de **peixe, crustáceos, moluscos e vegetais hidróbios**.
- A mera **utilização** de floresta considerada área de preservação permanente constitui crime, se não observadas normas de proteção ambiental.
- Destruir **plantas de ornamentação** de logradouros públicos e em propriedade privada constitui crime ambiental.

28.3. CRIMES HEDIONDOS

- Trata-se de mandado de criminalização da Constituição Federal a previsão legal de crimes hediondos (art. 5º, XLIII, CF/88).
- Crimes equiparados a hediondos – previsão mínima da CF/88: **a tortura, o tráfico ilícito de entorpecentes e drogas afins e o terrorismo.**
- O Brasil adotou o critério legal para definição de crimes hediondos: rol taxativo previsto no art. 1º da Lei nº 8.072/90.

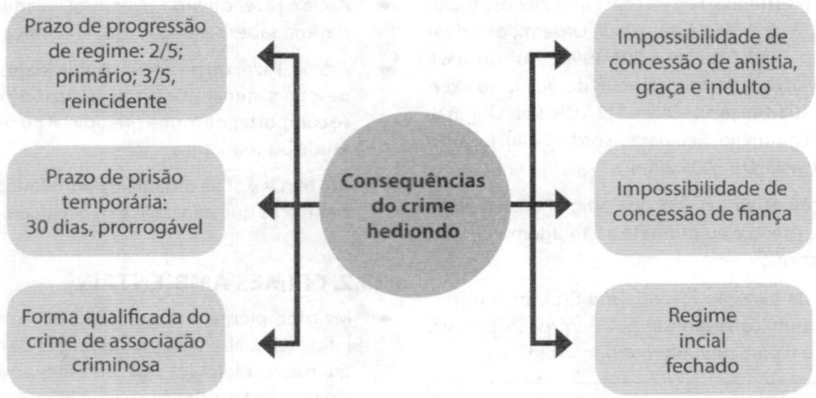

28.4. LEI DE ABUSO DE AUTORIDADE

- Os crimes de abuso de autoridade são previstos na Lei nº 4.898/65.
- A vítima pode oferecer representação por meio de petição à autoridade superior hierárquico do infrator, bem como para o Ministério Público.
- A ação penal nos crimes de abuso de autoridade é pública incondicionada. Com isso, mesmo que não haja representação da vítima, se o Ministério Público tomar conhecimento do fato de outra forma.
- As condutas consideradas crimes hediondos estão previstos nos arts. 3º e 4º da Lei nº 4.898/65 e consistem, resumidamente, em hipóteses de abuso ou desvio de poder.
- Se o agente praticar uma ou mais das condutas previstas nesses artigos, poderá haver concurso formal ou concurso material de crimes, conforme o caso concreto.
- Trata-se de crime doloso, ou seja, o agente tem que ter a intenção de praticar o abuso de autoridade, havendo possibilidade de dolo eventual.
- Sanções penais: multa, detenção de dez dias a seis meses e perda do cargo e inabilitação para o exercício de qualquer outra função pública pelo prazo de três anos.
- Pena acessória ou autônoma: **autoridade policial, militar ou civil**: vedação da pessoa de exercer cargo de policial, civil ou militar, no município da culpa pelo prazo de um a cinco anos.

28.5. LEI DE LAVAGEM DE DINHEIRO

- Trata-se da Lei nº 9.613/98.
- Consiste a lavagem de dinheiro nos atos de ocultar ou dissimular a natureza, origem, localização, disposição, movimentação ou propriedade de bens, direitos ou valores provenientes, direta ou indiretamente, de **infração penal.**
- O crime de lavagem de dinheiro exige uma infração penal antecedente, cujo produto será o objeto da lavagem.
- Com a Lei nº 12.683/2012, a infração penal antecedente pode ser **crime ou contravenção penal.**

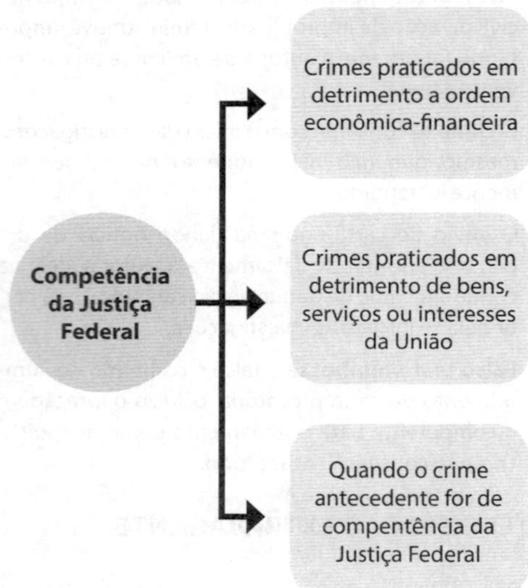

- Causas especiais de aumento de pena: crime de lavagem de dinheiro praticado de forma habitual ou por crime organizado.

28.6. LEI DE TORTURA

- Tortura é um crime equiparado a hediondo, consistente, em síntese, no emprego de grave ameaça ou violência, que cause sofrimento físico ou mental à vítima.

- No Brasil, o funcionário público e o particular podem ser sujeito ativo do crime de tortura.

- Tortura imprópria: art. 1º, § 2º, da Lei de Tortura – **OMISSÃO DO AGENTE,** que tinha o dever de evitá-la ou puni-la.
- Crime qualificado: se da tortura resulta **morte ou lesões corporais graves ou gravíssimas.**
- **Princípio da extraterritorialidade incondicionada:** aplicação da lei brasileira, ainda que o fato tenha acontecido no exterior, mas se a vítima é brasileira ou se o agente se encontrar em local sob jurisdição brasileira.

28.7. LEI DE DROGAS

- A Lei nº 11.343/06 trouxe dois sistemas de repressão bem diferentes para quem porta a droga para consumo pessoal e para quem promove o tráfico de drogas.
- Para quem visa o consumo próprio, a Lei prevê apenas penas restritivas de direito: advertência sobre os efeitos das drogas; prestação de serviços à comunidade e medida educativa de comparecimento a programa ou curso educativo.
- As penas de prestação de serviços à comunidade e medida educativa de comparecimento a programa ou curso educativo são pelo período de **cinco meses**, salvo se a pessoa for reincidente, quando a pena será de **dez meses.**
- Para determinar se a droga destinava-se a consumo pessoal, o juiz atenderá à natureza e à quantidade da substância apreendida, ao local e às condições em que se desenvolveu a ação, às circunstâncias sociais e pessoais, bem como à conduta e aos antecedentes do agente.
- Prescrevem em 2 (dois) anos a imposição e a execução das penas do crime do art. 28 da Lei nº 11.343/06.
- Já para o crime de tráfico de drogas, equiparado a hediondo, são reservadas penas privativas de liberdade e de multa bem mais elevadas.
- No crime de tráfico, a intenção do agente é disseminar a droga a terceiras pessoas, **ainda que gratuitamente.**
- Oferecer droga, eventualmente e sem objetivo de lucro, a pessoa de seu relacionamento, para juntos a consumirem é o crime de **tráfico privilegiado de drogas** (art. 33, § 3º, Lei nº 11.343/06).
- No crime de associação para o tráfico de drogas, se exige estabilidade na conduta de **duas ou mais pessoas** voltadas para o mesmo fim, qual seja o tráfico de drogas.
- Médico, farmacêutico ou enfermeiro podem praticar o crime **próprio** do art. 38 da Lei nº 11.343/06.
- O art. 40 da Lei de Drogas prevê causas de aumento de pena de um sexto a dois terços, tai como:
- A infração tiver sido cometida **nas dependências ou imediações de estabelecimentos prisionais, de ensino ou hospitalares**, de sedes de entidades estudantis, sociais, culturais, recreativas, esportivas, ou beneficentes, de locais de trabalho coletivo, de recintos onde se realizem espetáculos ou diversões de qualquer natureza, de serviços de tratamento de dependentes de drogas ou de reinserção social, de unidades militares ou policiais ou em transportes públicos.
- Sua prática envolver ou visar a atingir criança ou adolescente ou a quem tenha, por qualquer motivo, diminuída ou suprimida a capacidade de entendimento e determinação.
- É pacífico na jurisprudência do STF e do STJ a **inconstitucionalidade** do art. 44 da Lei de Drogas no ponto em que veda a concessão de liberdade e a conversão das penas em restritivas de direitos para o crime de tráfico

28.8. ESTATUTO DA CRIANÇA E DO ADOLESCENTE

- Considera-se ato infracional a conduta descrita como **crime ou contravenção penal** praticada por criança e adolescente.
- A criança que cometer ato infracional será submetida a medias protetivas do art. 101, ECA.
- O adolescente que comete ato infracional está submetido a **medida socioeducativa e/ou protetiva.**
- É proibida a produção de cena de sexo explícito que envolva criança ou adolescente, sob pena de se cometer o crime do art. 240, ECA.
- Quem pública cena de sexo explícito de criança ou adolescente na internet comete o crime do art. 241-A, ECA.

- O crime de corrupção de menores (art. 244-A, ECA), é crime **formal**. Com isso, se um adulto comete crime qualquer, como roubo, em companhia de adolescente incide nas penas do art. 244-A, ECA), **mesmo que a criança ou adolescente já tenha cometido ato infracional anteriormente.**

28.9. ESTATUTO DO DESARMAMENTO

- **Posse de arma de fogo:** possuir ou manter sob sua guarda arma de fogo, acessório ou munição, de uso permitido, em desacordo com determinação legal ou regulamentar, **no interior de sua residência ou dependência desta, ou, ainda no seu local de trabalho**, desde que seja o titular ou o responsável legal do estabelecimento ou empresa (art. 12, Estatuto do Desarmamento).
- **Porte de arma:** portar, deter, adquirir, forn0ecer, receber, ter em depósito, transportar, ceder, ainda que gratuitamente, emprestar, remeter, empregar, manter sob guarda ou ocultar arma de fogo, acessório ou munição, de uso permitido, sem autorização e em desacordo com determinação legal ou regulamentar, **fora do domicílio ou o emprego** (art. 14, Estatuto do Desarmamento).
- **Crime omissivo próprio:** deixar de observar as cautelas necessárias para impedir que menor de 18 (dezoito) anos ou pessoa portadora de deficiência mental se apodere de arma de fogo que esteja sob sua posse ou que seja de sua propriedade (art. 13, Estatuto do Desarmamento).
- **Crime subsidiário:** disparar arma de fogo ou acionar munição em lugar habitado ou em suas adjacências, em via pública ou em direção a ela, desde que essa conduta não tenha como finalidade a prática de outro crime (art. 15, Estatuto do Desarmamento). Assim, quem dispara em via pública para matar alguém responde apenas pelo **crime de homicídio.**

28.10. LEI MARIA DA PENHA

Configura violência doméstica e familiar contra a mulher aquela que é decorrente do gênero, praticadas:	no âmbito da unidade doméstica, compreendida como o espaço de convívio permanente de pessoas, com ou sem vínculo familiar, inclusive as esporadicamente agregadas.
	no âmbito da família, compreendida como a comunidade formada por indivíduos que são ou se consideram aparentados, unidos por laços naturais, por afinidade ou por vontade expressa.
	no âmbito da família, compreendida como a comunidade formada por indivíduos que são ou se consideram aparentados, unidos por laços naturais, por afinidade ou por vontade expressa.

- Configura violência contra a mulher, ensejando a aplicação da Lei nº 11.340/2006, a agressão cometida por **ex-namorado que não se conformou com o fim de relação de namoro**, restando demonstrado nos autos o nexo causal entre a conduta agressiva do agente e a relação de intimidade que existia com a vítima.
- Por força de exigência legal, o **sujeito passivo**, para fins de incidência da proteção e assistência previstas na Lei Maria da Penha, deve ser **mulher**.
- Todavia, no que tange ao **agressor**, isto é, ao **sujeito ativo**, a Lei nº 11.340/06, no parágrafo único de seu art. 5º, **não repetiu o mencionado requisito**, permitindo, por conseguinte, sua aplicabilidade também em hipótese de **relações homoafetivas entre mulheres**.
- Medidas **protetivas de urgência contra o OFENSOR:** I – suspensão da posse ou restrição do porte de armas, com comunicação ao órgão competente, nos termos da Lei no 10.826, de 22 de dezembro de 2003; II – afastamento do lar, domicílio ou local de convivência com a ofendida; III – proibição de determinadas condutas, entre as quais: a) aproximação da ofendida, de seus familiares e das testemunhas, fixando o limite mínimo de distância entre estes e o agressor; b) contato com a ofendida, seus familiares e testemunhas por qualquer meio de comunicação; c) freqüentação de determinados lugares a fim de preservar a integridade física e psicológica da ofendida; IV – restrição ou suspensão de visitas aos dependentes menores, ouvida a equipe de atendimento multidisciplinar ou serviço similar; V – prestação de alimentos provisionais ou provisórios.

28.11. LEI DE CRIME ORGANIZADO

- Considera-se **organização criminosa a associação de 4 (quatro) ou mais pessoas** estruturalmente ordenada e caracterizada pela divisão de tarefas, ainda que informalmente, com objetivo de obter, direta ou indiretamente, vantagem de qualquer natureza, mediante a prática de infrações penais cujas penas máximas sejam superiores a 4 (quatro) anos, ou que sejam de caráter transnacional.
- O juiz poderá, a requerimento das partes, conceder o perdão judicial, reduzir em até 2/3 (dois terços) a pena privativa de liberdade ou substituí-la por restritiva de direitos daquele que tenha **colaborado efetiva e voluntariamente** com a investigação e com o processo criminal, desde que dessa colaboração advenha um ou mais dos seguintes resultados.
- A infiltração de agentes de polícia em tarefas de investigação, representada pelo delegado de polícia ou requerida pelo Ministério Público, após manifestação técnica do delegado de polícia quando solicitada no curso de inquérito policial, será precedida de circunstanciada, motivada e sigilosa autorização judicial, que estabelecerá seus limites.

28.12. CÓDIGO DE TRÂNSITO BRASILEIRO

- Os crimes do Código de Trânsito Brasileiro (CTB) são aqueles praticados na condução de **veículo automotor em via pública**.
- **Veículo automotor**: todo veículo a motor de propulsão que circule por seus próprios meios, e que serve normalmente para o transporte viário de pessoas e coisas, ou para a tração viária de veículos utilizados para o transporte de pessoas e coisas. O termo compreende os veículos conectados a uma linha elétrica e que não circulam sobre trilhos (ônibus elétrico).
- **Via pública**: superfície por onde transitam veículos, pessoas e animais, compreendendo a pista, a calçada, o acostamento, ilha e canteiro central.
- Não comete o crime se o fato ocorreu dentro de uma garagem, ou no interior de um jardim particular, ou em um rio, no mar, etc.
- **Homicídio culposo na direção de veículo automotor:** previsto no art. 302 do CTB, trata-se do homicídio causado pelo agente na direção de veículo automotor, em decorrência de negligência, imprudência ou imperícia.
- Interessante questão surge no que se refere ao homicídio ocorrido em ambiente de disputas de automóveis não autorizadas (**rachas ou pegas**): admissível, em crimes de homicídio na direção de veículo automotor, o reconhecimento do dolo eventual, a depender das circunstâncias concretas da conduta.

Causas de aumento de pena no crime de homicídio do CTB	• não possuir Permissão para Dirigir ou Carteira de Habilitação; • praticá-lo em faixa de pedestres ou na calçada; • deixar de prestar socorro, quando possível fazê-lo sem risco pessoal, à vítima do acidente; • no exercício de sua profissão ou atividade, estiver conduzindo veículo de transporte de passageiros

Formas qualificadas: Se o agente conduz o veículo automotor	• com capacidade psicomotora alterada em razão da **influência de álcool ou de outra substância psicoativa** que determine dependência: é necessário que a ingestão de álcool ou droga tenha provocado alteração da capacidade psicomotora; • participa, em via, de corrida, disputa ou competição automobilística ou ainda de exibição ou demonstração de perícia em manobra de veículo automotor, não autorizada pela autoridade competente: é a hipótese do **racha** em que foi reconhecida modalidade culposa e a incidência do CTB, não dolosa.

- **Lesão corporal culposa na direção de veículo automotor:** trata-se do crime de lesão corporal culposa praticada na direção de veículo automotor (art. 303, CTB).
- Incidem nesse tipo penal as causas de aumento de pena do crime de homicídio culposo na direção de veículo automotor.
- Mas, não incide as formas qualificadas.
- Ação penal: em regra, a ação penal é pública condicionada à representação porque incide a Lei nº 9.099/95.
- Será de ação penal pública incondicionada nos seguintes casos do art. 291, CTB, se o agente: I – sob a influência de álcool ou qualquer outra substância psicoativa que determine dependência; II – participando, em via pública, de corrida, disputa ou competição automobilística, de exibição ou demonstração de perícia em manobra de veículo automotor, não autorizada pela autoridade competente; III – transitando em velocidade superior à máxima permitida para a via em 50 km/h (cinquenta quilômetros por hora).
- **Omissão de socorro na direção de veículo automotor:** no art. 304, CTB, pune-se o crime de omissão de socorro praticado pelo condutor do veículo que causou acidente em que houve vítima.
- Se quem não presta o socorro é o condutor que não causou o acidente ou se não é o condutor do veículo, como o passageiro ou um pedestre, o agente responde pelo crime do art. 135, CP.
- Se houver crime de homicídio culposo na direção de veículo automotor e omissão de socorro: o agente responde apenas pelo crime do art. 302, § 1º, III, CTB, sem incidência do art. 304, CTB, sob pena de bis in idem.
- **Embriaguez ao volante:** O crime do art. 306, CTB, incide no caso de conduzir veículo automotor com capacidade psicomotora alterada em razão da influência de álcool ou de outra substância psicoativa que determine dependência.

Caracterização da embriaguez	• Concentração igual ou superior a 6 decigramas de álcool por litro de sangue ou igual ou superior a 0,3 miligrama de álcool por litro de ar alveolar; ou • Sinais que indiquem, na forma disciplinada pelo Contran, alteração da capacidade psicomotora.

28.13. CRIMES CONTRA A ORDEM TRIBUTÁRIA

- A Lei nº 8.137/90 regulamentou os crimes contra a ordem tributária, econômica e relações de consumo.
- No capítulo I dessa lei, cuida-se dos crimes contra a ordem tributária em duas seções: Seção I dos crimes praticados por particulares; Seção II dos crimes praticados por funcionários públicos.
- Previstos nos arts. 1º e 2º, da Lei nº 8137/90, os crimes praticados por particulares contra ordem tributária se caracterizam pela **sonegação fiscal dolosa** praticada pelo contribuinte.
- Para a caracterização das condutas previstas no art. 1º, I a IV, da Lei nº 8.137/90, faz-se **imprescindível o lançamento tributário definitivo**, motivo pelo qual a natureza jurídica de **crime material** (Súmula Vinculante nº 24 do Supremo Tribunal Federal).
- Se o agente falsificar um documento fiscal, o crime de falsidade é absorvido pelo crime contra a ordem tributária, pois é crime meio para isso.

CONDUTAS POR MEIO DAS QUAIS A PESSOA PRATICA A SONEGAÇÃO FISCAL
Omitir informação, ou prestar declaração falsa às autoridades fazendárias
Fraudar a fiscalização tributária, inserindo elementos inexatos, ou omitindo operação de qualquer natureza, em documento ou livro exigido pela lei fiscal
Falsificar ou alterar nota fiscal, fatura, duplicata, nota de venda, ou qualquer outro documento relativo à operação tributável
Elaborar, distribuir, fornecer, emitir ou utilizar documento que saiba ou deva saber falso ou inexato
Negar ou deixar de fornecer, quando obrigatório, nota fiscal ou documento equivalente, relativa a venda de mercadoria ou prestação de serviço, efetivamente realizada, ou fornecê-la em desacordo com a legislação

- Se o agente pagar o tributo devido, ou parcelar a dívida, é extinta a punibilidade.

28.14. JUIZADO ESPECIAL CRIMINAL

- Princípios (art. 2º da Lei nº 9.099/95):
  a) Oralidade: deve prevalecer a palavra oral sobre a palavra escrita. Os termos processuais devem ser gravados em mídia.
  b) Simplicidade e Informalidade: os atos processuais devem ser realizados sem interrupções, livres de qualquer burocracia.
  c) Economia processual e celeridade: a resolução do processo não pode se alongar no tempo.
- Objetivos: a) desburocratização do procedimento criminal; b) como prioridade, busca-se a transação penal ou a composição civil dos danos sempre que possível; c) procedimento criminal, marcado pela celeridade e economia processual, com a concentração dos atos em uma única audiência, sempre que possível.
- Infração penal de menor potencial ofensivo: contravenções penais e os crimes a que a lei comine pena máxima não superior a dois anos, cumulada ou não com multa.
- Transação penal: O Ministério Público oferece transação penal ao suposto infrator. Assim, ele abre mão de oferecer denúncia e o agente cumpre as medidas propostas por ele, sem qualquer outra consequência penal (como ser considerado reincidente) ou processual penal (como a confissão).
- Composição civil dos danos: nesse caso, o acordo é feito entre a vítima e ofensor.
- **Resumo:**
- ação penal pública incondicionada: o Ministério Público oferece a transação penal ao autor do fato. Obtida a transação encerra-se o processo. Não obtida, o Ministério Público oferece denúncia e o processo prossegue.
- ação penal pública condicionada à representação: tenta-se a composição civil entre a vítima e autor do fato. Se obtida, encerra-se o processo. Não obtida, abre-se oportunidade para o Ministério Público oferecer transação. Obtida a transação encerra-se o processo. Não obtida, o Ministério Público oferece denúncia e o processo prossegue.
- ação penal privada: há oportunidade para a composição civil entre o autor do fato e a vítima. Obtida a composição civil, encerra-se o processo. Não obtida, o ofendido pode oferecer queixa-crime e o processo prossegue.
- Transação na ação penal privada: o Ministério Público não tem legitimidade para oferecer transação penal na ação penal privada (STJ – Apn 634/RJ – Rel. Min. Félix Fischer. Corte Especial. DJ. 21/03/2012).
- Suspensão condicional do processo: nos crimes cuja pena mínima culminada for igual ou inferior a um ano, o Ministério Público oferece a denúncia, mas presentes os requisitos legais, propõe a suspensão condicional do processo por um prazo de dois a quatro anos.
- Se, durante esse prazo, o denunciado cumprir as condições celebradas com o Ministério Público, o processo é extinto, sem que haja condenação em face dele. Do contrário, se não cumprir as condições, o processo é retomado até final sentença, condenatória ou absolutória.

28.15 LEI DE EXECUÇÃO PENAL

Direitos e Garantias Fundamentais da Execução Penal
Individualização da pena (art. 5º, XLVI, CF/88)
Vedação de penas cruéis, desumanas e perpétuas (art. 5º, XLVII, CF)
Cumprimento da pena em estabelecimentos prisionais distintos, de acordo com a natureza do delito, a idade e o sexo do apenado (art. 5º, XLVIII, CF/88).
Respeito à integridade física e moral do preso (art. 5º, XLIX, CF/88)
Às presidiárias, serão asseguradas condições para que possam permanecer com seus filhos durante o período de amamentação

- O processo de execução penal se inicia de ofício pelo Juiz, mediante expedição ode guia de recolhimento, não existindo a citação do condenado.
- **Penitenciária**: destinada ao condenado definitivamente ao cumprimento de pena em regime fechado. O preso deve ser acomodado isoladamente nas celas;
- **Colônia agrícola, industrial ou similar**: destinado ao condenado ao cumprimento de pena em regime semiaberto. É possível a acomodação coletiva;
- **Casa do albergado**: destinada ao condenado ao regime aberto. Deve se localizar no perímetro urbano e sem mecanismos que impeçam a fuga do preso, pois o regime aberto pressupõe a responsabilidade do condenado;
- **Centro de observação**: destinado à realização de exames gerais e criminológicos.
- **Hospital de custódia e tratamento psiquiátrico**: destinado ao cumprimento de pena de internação e ambulatorial ao inimputável ou semi-imputável.
- **Cadeia Pública:** destinada aos presos provisórios, devendo haver uma em cada comarca. Assim, os presos provisórios devem ficar separados dos definitivos.
- **Não se admite a progressão por salto**, que consiste na progressão do regime fechado para o aberto sem passagem pelo semiaberto.
- A regressão ocorre nas hipóteses em que o condenado comete **fato definido como crime doloso ou falta grave.**
- Há uma graduação de faltas em **leve, média e grave**. As duas primeiras são previstas em legislação local, enquanto as graves são aquelas enumeradas taxativamente no art. 50 da LEP.
- O RDD tem as seguintes características: I – **duração máxima de trezentos e sessenta dias**, sem prejuízo de repetição da sanção por nova falta grave de mesma espécie, até o limite de um sexto da pena aplicada; II – recolhimento em **cela individual**; III – **visitas semanais de duas pessoas**, sem contar as crianças, com duração de duas horas; IV – o preso terá direito à saída da cela por **2 horas diárias para banho de sol.**
- **Desvio ou excesso de execução:** incidente instaurado para adequação da execução aos exatos termos da sentença ou da previsão legal. O desvio se caracteriza pela destinação diversa da finalidade da pena, enquanto o excesso pela aplicação abusiva do previsto em lei.
- **Remição:** é a possibilidade dos presos em regime **fechado e semiaberto** abaterem da pena por dias estudados ou trabalhados na proporção prevista no art. 126 da LEP. Não se aplica ao regime aberto, pois, neste, se pressupõe o dever de responsabilidade do condenado em ter ocupação lícita.
- **Saída temporária:** concedida ao preso que cumpre pena em regime semiaberto, como parte do processo do retorno ao convício social. É concedida, geralmente, em datas comemorativas como Natal, dia das mães e dos pais. O juiz pode determinar que o preso em saída temporária seja submetido ao **monitoramento eletrônico.**
- Toda e qualquer decisão do Juízo das execuções é impugnável por agravo em execução, sem prejuízo da possibilidade de manejo de habeas corpus e mandado de segurança.
- A multa é considerada como dívida de valor e deve ser inscrita na **Dívida Ativa** da Fazenda Pública Estadual ou Federal, conforme a natureza do crime, e executada nos termos da **Lei de Execuções Fiscais.**

28.16 LEI DE LICITAÇÕES

- Há conflito aparente de normas entre o art. 89 da LL e o art. 1º, XI, Dec-Lei nº 201/67, se o sujeito ativo do crime for Prefeito. Aplica-se a Lei de Licitações nos fatos ocorridos na sua vigência, e o Decreto-Lei nº 201/67 se o fato for anterior à LL.
- O hodierno entendimento STJ é que para a consumação do delito previsto no art. 89 da Lei de Licitações haja a demonstração da efetiva ocorrência de dano ao erário.
- Nos crimes da LL, o valor da pena de multa terá como base o valor da vantagem efetivamente obtida ou potencialmente auferível pelo agente.

✦ SÚMULAS APLICÁVEIS

1. APLICAÇÃO DA LEI PENAL

- STF 711. A lei penal mais grave aplica-se ao crime continuado ou ao crime permanente, se a sua vigência é anterior à cessação da continuidade ou da permanência.

- STJ 501. É cabível a aplicação retroativa da Lei nº 11.343/2006, desde que o resultado da incidência das suas disposições, na íntegra, seja mais favorável ao réu do que o advindo da aplicação da Lei nº 6.368/1976, sendo vedada a combinação de leis.

2. EXTINÇÃO DA PUNIBILIDADE

- STJ 18. A sentença concessiva do perdão judicial é declaratória da extinção da punibilidade, não subsistindo qualquer efeito condenatório.
- STJ 438. É inadmissível a extinção da punibilidade pela prescrição da pretensão punitiva com fundamento em pena hipotética, independentemente da existência ou sorte do processo penal.

3. PENA

- STF Vinculante 26. Para efeito de progressão de regime no cumprimento de pena por crime hediondo, ou equiparado, o juízo da execução observará a inconstitucionalidade do art. 2º da Lei nº 8.072, de 25 de julho de 1990, sem prejuízo de avaliar se o condenado preenche, ou não, os requisitos objetivos e subjetivos do benefício, podendo determinar, para tal fim, de modo fundamentado, a realização de exame criminológico.
- STF 499. Não obsta a concessão do "sursis" condenação anterior a pena de multa.
- STF 716. Admite-se a progressão de regime de cumprimento da pena ou a aplicação imediata de regime menos severo nela determinada, antes do trânsito em julgado da sentença condenatória.
- STF 717. Não impede a progressão de regime de execução da pena, fixada em sentença não transitada em julgado, o fato de o réu se encontrar em prisão especial.
- STF 718. A opinião do julgador sobre a gravidade em abstrato do crime não constitui motivação idônea para a imposição de regime mais severo do que o permitido segundo a pena aplicada.
- STF 719. A imposição do regime de cumprimento mais severo do que a pena aplicada permitir exige motivação idônea.
- STJ 74. Para efeitos penais, o reconhecimento da menoridade do réu requer prova por documento hábil.
- STJ 171. Cominadas cumulativamente, em lei especial, penas privativa de liberdade e pecuniária, é defeso a substituição da prisão por multa.
- STJ 231. A incidência da circunstância atenuante não pode conduzir à redução da pena abaixo do mínimo legal.
- STJ 241. A reincidência penal não pode ser considerada como circunstância agravante e, simultaneamente, como circunstância judicial.
- STJ 269. É admissível a adoção do regime prisional semiaberto aos reincidentes condenados a pena igual ou inferior a quatro anos se favoráveis as circunstâncias judiciais.
- STJ 440. Fixada a pena-base no mínimo legal, é vedado o estabelecimento de regime prisional mais gravoso do que o cabível em razão da sanção imposta, com base apenas na gravidade abstrata do delito.
- STJ 442. É inadmissível aplicar, no furto qualificado, pelo concurso de agentes, a majorante do roubo.
- STJ 443. O aumento na terceira fase de aplicação da pena no crime de roubo circunstanciado exige fundamentação concreta, não sendo suficiente para a sua exasperação a mera indicação do número de majorantes.
- STJ 444. É vedada a utilização de inquéritos policiais e ações penais em curso para agravar a pena-base.
- STJ 493. É inadmissível a fixação de pena substitutiva (art. 44 do CP) como condição especial ao regime aberto.

4. PRESCRIÇÃO

- STF 146. A prescrição da ação penal regula-se pela pena concretizada na sentença, quando não há recurso da acusação.
- STF 497. Quando se tratar de crime continuado, a prescrição regula-se pela pena imposta na sentença, não se computando o acréscimo decorrente da continuação.
- STF 592. Nos crimes falimentares, aplicam-se as causas interruptivas da prescrição, previstas no Código Penal.
- STJ 191. A pronúncia é causa interruptiva da prescrição, ainda que o Tribunal do Júri venha a desclassificar o crime.
- STJ 220. A reincidência não influi no prazo da prescrição da pretensão punitiva.
- STJ 338. A prescrição penal é aplicável nas medidas socioeducativas.
- STJ 415. O período de suspensão do prazo prescricional é regulado pelo máximo da pena cominada.

5. TIPIFICAÇÃO PENAL

- STF Vinculante 24. Não se tipifica crime material contra a ordem tributária, previsto no art. 1º, incisos I a IV, da Lei nº 8.137/90, antes do lançamento definitivo do tributo.
- STF 145. Não há crime, quando a preparação do flagrante pela polícia torna impossível a sua consumação.
- STF 246. Comprovado não ter havido fraude, não se configura o crime de emissão de cheque sem fundos.

- STF 610. Há crime de latrocínio, quando o homicídio se consuma, ainda que não se realize o agente a subtração de bens da vítima.
- STF 720. O art. 309 do Código de Trânsito Brasileiro, que reclama decorra do fato perigo de dano, derrogou o art. 32 da Lei das Contravenções Penais no tocante à direção sem habilitação em vias terrestres. STJ 17. Quando o falso se exaure no estelionato, sem mais potencialidade lesiva, é por este absorvido.
- STJ 24. Aplica-se ao crime de estelionato em que figure como vítima entidade autárquica da Previdência Social a qualificadora do § 3º do art. 171 do Código Penal.
- STJ 51. A punição do intermediador, no jogo do bicho, independe da identificação do "apostador" ou do "banqueiro".
- STJ 73. A utilização de papel moeda grosseiramente falsificado configura, em tese, o crime de estelionato, da competência da justiça estadual.
- STJ 96. O crime de extorsão consuma-se independentemente da obtenção da vantagem indevida.
- STJ 500. A configuração do crime do art. 244-B do ECA independe da prova da efetiva corrupção do menor, por se tratar de delito formal.
- STJ 502. Presentes a materialidade e a autoria, afigura-se típica, em relação ao crime previsto no art. 184, § 2º, do CP, a conduta de expor à venda CDs e DVDs "piratas".
- STJ 511. É possível o reconhecimento do privilégio previsto no § 2º do art. 155 do CP nos casos de crime de furto qualificado, se estiverem presentes a primariedade do agente, o pequeno valor da coisa e a qualificadora for de ordem objetiva.

6. EXECUÇÃO PENAL

- STF Vinculante 9. O disposto no artigo 127 da Lei nº 7.210/1984 (Lei de Execução Penal) foi recebido pela ordem constitucional vigente, e não se lhe aplica o limite temporal previsto no caput do artigo 58.
- STF 611. Transitada em julgado a sentença condenatória, compete ao juízo das execuções a aplicação de lei mais benigna.
- STF 715. A pena unificada para atender ao limite de trinta anos de cumprimento, determinado pelo art. 75 do Código Penal, não é considerada para a concessão de outros benefícios, como o livramento condicional ou regime mais favorável de execução.
- STJ 40. Para obtenção dos benefícios de saída temporária e trabalho externo, considera-se o tempo de cumprimento da pena no regime fechado.
- STJ 192. Compete ao juízo das execuções penais do estado a execução das penas impostas a sentenciados pela justiça federal, militar ou eleitoral, quando recolhidos a estabelecimentos sujeitos à administração estadual.
- STJ 341. A frequência a curso de ensino formal é causa de remição de parte do tempo de execução de pena sob regime fechado ou semiaberto.
- STJ 439. Admite-se o exame criminológico pelas peculiaridades do caso, desde que em decisão motivada.
- STJ 441. A falta grave não interrompe o prazo para obtenção de livramento condicional.
- STJ 471. Os condenados por crimes hediondos ou assemelhados cometidos antes da vigência da Lei nº 11.464/2007 sujeitam-se ao disposto no art. 112 da Lei nº 7.210/1984 (Lei de Execução Penal) para a progressão de regime prisional.
- STJ 491. É inadmissível a chamada progressão "per saltum" de regime prisional.

7. ESTATUTO DO DESARMAMENTO

- STJ 513. A 'abolitio criminis' temporária prevista na Lei nº 10.826/2003 aplica-se ao crime de posse de arma de fogo de uso permitido com numeração, marca ou qualquer outro sinal de identificação raspado, suprimido ou adulterado, praticado somente até 23/10/2005.

8. LEI DE DROGAS

- STJ 512. A aplicação da causa de diminuição de pena prevista no art. 33, § 4º, da Lei nº 11.343/2006 não afasta a hediondez do crime de tráfico de drogas.

✦ INFORMATIVOS APLICÁVEIS

✦ STF

1. DAS PENAS

1.1. DA APLICAÇÃO DA PENA

Circunstâncias judiciais e "bis in idem"

É legítima a utilização da condição pessoal de policial civil como circunstância judicial desfavorável para fins de exasperação da pena base aplicada a acusado pela prática do crime de concussão. *HC 132990/PE, Rel. p/ ac. Min. Edson Fachin, 16.8.2016. 1ª T. (Info 835)*

Conduta social e dosimetria

A circunstância judicial conduta social, prevista no art. 59 do Código Penal, compreende o comportamento do agente no meio familiar, no ambiente de trabalho e no relacionamento com outros indivíduos. Vale dizer, os antecedentes sociais do réu não se confundem com os seus antecedentes criminais. São vetores diversos, com regramentos próprios. Assim, revela-se inidônea a invocação de condenações anteriores transitadas em julgado para considerar a conduta social desfavorável, sobretudo se verificado que as ocorrências criminais foram utilizadas para exasperar a sanção em outros momentos da dosimetria. *RHC 130132, Rel. Min. Teori Zavascki, 10.5.2016. 2ª T. (Info 825)*

Dosimetria da pena e custos da atuação estatal

Os elevados custos da atuação estatal para apuração da conduta criminosa e o enriquecimento ilícito logrado pelo agente não constituem motivação idônea para a valoração negativa do vetor "consequências do crime" na primeira fase da dosimetria da pena (CP/40, art. 59). *HC 134193/GO, Rel. Min. Dias Toffoli, j. 26.10.2016. 2ª T. (Info 845)*

1.2. DA SUSPENSÃO CONDICIONAL DA PENA

Injúria: ofensa recíproca e perdão judicial

A representação do ofendido é ato que dispensa maiores formalidades, bastando a inequívoca manifestação de vontade da vítima, ou de quem tenha qualidade para representá-la, no sentido de ver apurados os fatos acoimados de criminosos. A inviolabilidade parlamentar material, especialmente com relação a declarações proferidas fora da Casa Legislativa, requer a existência de nexo de implicação entre as declarações e o exercício do mandato. Imunidade afastada no caso concreto. Ofensor e ofendido, ao projetarem deliberadamente ofensas recíprocas, incitando um ao outro, devem suportar as aleivosias em relação de vice e versa. Hipótese de perdão judicial, nos termos do art. 140, § 1º, do CP. Extinção da punibilidade declarada com fundamento no art. 109, IX, do CP. *AP 926/AC, Rel. min. Rosa Weber, 6.9.2016. 1ª T. (Info 838)*

Prescrição: condenado com mais de 70 anos e sentença condenatória

A prescrição da pretensão punitiva de condenado com mais de 70 anos se consuma com a prolação da sentença e não com o trânsito em julgado, conforme estatui o art. 115 do CP. *HC 129696/SP, Rel. Min. Dias Toffoli, 19.4.2016. 2ª T. (Info 822)*

2. DOS CRIMES CONTRA A PESSOA

2.1. DOS CRIMES CONTRA A VIDA

Aborto consentido e direitos fundamentais da mulher

É preciso conferir interpretação conforme à Constituição aos arts. 124 a 126 do CP, que tipificam o crime de aborto, para excluir do seu âmbito de incidência a interrupção voluntária da gestação efetivada no primeiro trimestre. A criminalização, nessa hipótese, viola diversos direitos fundamentais da mulher, bem como o princípio da proporcionalidade. *HC 124306/RJ, red. p/ ac. Min. Roberto Barroso, j. 29.11.2016. 1ª T. (Info 849)*

3. DOS CRIMES CONTRA O PATRIMÔNIO

3.1. DO ROUBO E DA EXTORSÃO

Roubo: pena-base no mínimo legal e regime inicial fechado

Provido recurso que pleiteava a fixação do regime semiaberto para o início do cumprimento da pena. No caso, ele foi condenado pela prática de roubo duplamente circunstanciado, em razão do concurso de agentes e do uso de arma de fogo. Na sentença, o juízo fixou a pena-base no mínimo legal, mas estabeleceu o regime inicial fechado. Entendeu-se que o juízo, ao analisar os requisitos do art. 59 do CP, havia considerado todas as circunstâncias favoráveis. Fixada a pena no mínimo legal, não cabe determinar regime inicial fechado. A Súm. 440/STJ tem o mesmo sentido. *RHC 135298/SP, Rel. p/ ac. Teori Zavascki, 18.10.2016. 2ª T. (Info 844)*

4. DOS CRIMES CONTRA A PAZ PÚBLICA

Incitação ao crime de estupro, injúria e imunidade parlamentar

Deputado federal passará à condição de réu, perante a Corte, pela suposta prática dos delitos de incitação ao crime de estupro (por denúncia) e injúria (por queixa-crime). Conforme os processos, os crimes teriam sido cometidos durante discurso no Plenário da Câmara dos Deputados, quando teria dito que deputada "não merecia ser estuprada". Também consta dos autos que, em entrevista, teria reafirmado as declarações, dizendo que a deputada "é muito feia, não faz meu gênero, jamais a estupraria". Entendeu-se que as declarações não têm relação com o exercício do mandato. Apesar da impossibilidade de responsabilização do parlamentar quanto às palavras proferidas na Câmara dos Deputados, as declarações foram veiculadas também em veículo de imprensa, não incidindo, assim, a imunidade. Não importa o fato de o parlamentar estar no gabinete durante a entrevista, uma vez que as declarações se tornaram públicas. Para que possam ser relacionadas ao exercício do mandato, as afirmações devem revelar "teor minimamente político", referindo-se a fatos que estejam sob o debate público e sob investigação do Congresso Nacional ou da Justiça, ou ainda sobre qualquer tema relacionado a setores da sociedade, do eleitorado, organizações ou grupos representados no Parlamento ou com a pretensão à representação democrática. A declaração menospreza a dignidade da mulher e, ao menos em tese, a manifestação teve o potencial de incitar outros homens a expor as mulheres à fragilidade, à violência física e psicológica, à ridicularização, inclusive à prática de crimes contra a honra da vítima e das mulheres em geral. Quanto à queixa-crime, o crime de injúria se refere às mesmas declarações analisadas na denúncia, que teriam atingido a honra subjetiva da deputada e, portando, caracterizariam a configuração do delito, mas não foi recebida na parte relativa ao crime de calúnia, por falta de elementos de convicção. *Inq 3932/DF, Rel. Min. Luiz Fux, 21.6.2016. 1ª T. (Info 831)*

5. DOS CRIMES CONTRA A FÉ PÚBLICA

5.1. DA FALSIDADE DOCUMENTAL

➘ *Falsificação de lei por prefeito e dosimetria da pena*

A posterior inserção de conteúdo não aprovado pela Câmara de Vereadores em texto de Lei Municipal, pelo prefeito municipal, com a finalidade de autorizar a utilização de créditos excepcionais não contemplados no texto originalmente aprovado, configura o crime do art. 297, § 1º, do CP. O fato de a falsificação recair sobre ato legislativo é revelador de alto grau de censurabilidade, a se refletir na dosimetria da pena. Configura "bis in idem" valorar negativamente o fato de ser o apelante Prefeito Municipal, quando da fixação da pena-base, bem como para enquadramento da conduta prevista no § 1º, do art. 297, do CP. *AP 971/RJ, Rel. Min. Edson Fachin, 28.6.2016. 1ª T. (Info 832)*

6. DOS CRIMES CONTRA A ADMINISTRAÇÃO PÚBLICA

6.1. DOS CRIMES PRATICADOS POR FUNCIONÁRIO PÚBLICO

➘ *Empréstimos consignados e retenção por prefeito*

Procedente pedido formulado em ação penal para condenar acusado da prática dos crimes de peculato-desvio e assunção de obrigação no último ano do mandato (CP, arts. 312 e 359-C). O acusado teria desviado numerário referente a retenções feitas administrativamente nas remunerações de servidores públicos municipais que contraíram empréstimos consignados junto a determinada instituição financeira. Além disso, em razão da não transferência do referido numerário ao banco, o acusado autorizara a assunção de obrigação para com a referida instituição no montante de R$ 8.385.486,73 no último ano do seu mandato. A consumação desse crime ocorreria no momento que houvesse a efetiva destinação diversa do dinheiro ou valor de que tivesse posse o agente, independente da obtenção material de proveito próprio ou alheio. Assim, a consumação, no caso em comento, ocorrera com a não transferência dos valores retidos na fonte dos servidores municipais ao banco detentor do crédito, referentes a empréstimos consignados em folha de pagamento. Com isso, teria havido a alteração do destino da aplicação dos referidos valores. O município seria mero depositário das contribuições descontadas dos contracheques de seus servidores, as quais pertenceriam ao banco. Desse modo, os valores retidos não seriam do Município, não configurando receita pública. Tratar-se-ia de verba particular não integrante do patrimônio público. O acusado, na qualidade de prefeito, teria deixado de repassar os valores retidos dos salários dos servidores municipais à instituição financeira, descumprindo os termos do convênio firmado entre esta última e o município. O réu teria afirmado que o não repasse dos valores ao banco se dera em função da necessidade de pagamento de funcionários do município, que se encontraria em momento de crise, e que, posteriormente, com o repasse de ICMS pelo governo estadual, faria a compensação das consignações. Assim, teria ficado provada a intenção, o dolo, de não repassar os valores para a instituição financeira, descumprindo, também, a legislação referente a operações de crédito com desconto em folha de pagamento (Lei 10.820/2003). Portanto, a partir do momento em que o acusado, consciente e voluntariamente, se apropria de verbas que detém em razão do cargo que ocupa e as desvia para finalidade distinta, pagando os salários dos servidores municipais, não haveria dúvidas quanto à pratica do delito de peculato-desvio. *AP 916/AP, Rel. Min. Roberto Barroso, 17.5.2016. 1ª T. (Info 826)*

➘ *Licitação e demonstração de prejuízo ao erário ou favorecimento*

O desvio de recursos para finalidades públicas (os recursos teriam sido incorporados ao Tesouro – caixa único do Estado) não configura o crime de peculato (CP, art. 312, caput: "peculato desvio"). O proveito à administração pública não se enquadra no conceito de "proveito próprio ou alheio" exigido pelo tipo penal, mas no tipo "emprego irregular de verbas ou rendas públicas" (CP, art. 315). Já o art. 89 da Lei 8.666/93 (inexigibilidade indevida de licitação) requer prova da inexigibilidade fora das hipóteses legais e demonstração do prejuízo ao erário e da finalidade específica de favorecimento indevido. *Inq 3731/DF, Rel. Min. Gilmar Mendes, 2.2.2016. 2ª T. (Info 813)*

➘ *Nomeação de secretária parlamentar e configuração do crime de peculato*

No Inq 2913 AgR, o Plenário concluíra que, em tese, a nomeação de funcionário para o exercício de funções incompatíveis com o cargo em comissão ocupado tipificaria o crime de peculato-desvio (CP, art. 312, "caput"). Já no julgamento do Inq 3.776, a Corte assentara que a "utilização dos serviços custeados pelo erário por funcionário público no seu interesse particular não é conduta típica de peculato (art. 312, do CP), em razão do princípio da taxatividade (CF, art. 5º, XXXIX)". O tipo em questão exigiria "apropriação ou desvio de dinheiro, valor ou outro bem móvel". Assim, tendo essas premissas em conta, seria a hipótese de se verificar se, na situação em comento, teria havido: a) desvio de serviços prestados por secretária parlamentar à custa do erário, no interesse particular do apelante, fato este penalmente atípico; ou b) utilização da Administração Pública para pagar o salário de empregado particular, fato que constituiria crime. Contudo, a prova dos autos demonstraria que a pessoa nomeada secretária parlamentar pelo apelante teria, de fato, exercido atribuições inerentes a esse cargo, ainda que também tivesse desempenhado outras atividades no estrito interesse particular do recorrente. De acordo com o art. 8º do Ato da Mesa 72/97, da Câmara dos Deputados, o secretário parlamentar tem atribuições que, nos termos do art. 2º do referido ato normativo, devem ser desempenhadas no gabinete parlamentar na Câmara dos Deputados ou no Estado-Membro de representação do parlamentar, ou seja, no escritório político do parlamentar. Nesse contexto, teria ficado comprovado o efetivo exercício de atribuições inerentes ao cargo de secretária parlamentar. Assim, a prova mostra que a conduta do apelante seria penalmente atípica, uma vez que teria consistido no uso de funcionário público que, de fato, exercia as atribuições inerentes ao seu cargo para, também, prestar outros serviços de natureza privada. A despeito disso, a emissão de qualquer juízo de valor a respeito da moralidade da conduta verificada ou de seu enquadramento em eventual ato de improbidade administrativa não caberia no processo em comento, isso tendo em consideração o seu caráter penal. *AP 504/DF, Rel. p/ ac. Min. Dias Toffoli, 9.8.2016. 2ª T. (Info 834)*

✦ LEIS PENAIS ESPECIAIS

1. ESTATUTO DO DESARMAMENTO (LEI 10.826/03)

➘ *Porte ilegal de munição e princípio da insignificância*

A configuração da conduta tipificada no art. 14, "caput", da Lei 10.826/03 não depende do tipo ou da quantidade da munição portada pelo agente. *HC 131771/RJ, Rel. Min. Marco Aurélio, 18.10.2016. 1ª T. (Info 844)*

➘ *Uso de munição como pingente e atipicidade*

É atípica a conduta daquele que porta, na forma de pingente, munição desacompanhada de arma. *HC 133984/MG, Rel. Min. Cármen Lúcia, 17.5.2016. 2ª T. (Info 826)*

2. LEI DE INTERCEPTAÇÃO TELEFÔNICA (LEI 9.296/96)

➘ *Interceptação telefônica e competência*

Denegado "habeas corpus" em que discutido a competência para o exame de medidas cautelares em procedimento de investigação criminal. No caso, o juízo da vara central de inquéritos de justiça estadual deferiu interceptação telefônica e suas sucessivas prorrogações. A defesa alegou incompetência do juízo pois o procedimento investigatório seria incidente relacionado a ação penal atribuída a outro juízo. Reputou-se que o art. 1º da Lei 9.296/96 não fixa regra de competência, mas sim reserva de jurisdição para quebra de sigilo, o que foi observado. Precedentes do STF admitem a divisão de tarefas entre juízes que atuam na fase de inquérito e na fase da ação penal. *HC 126536/ES, Rel. Min. Teori Zavascki, 1º.3.2016. 2ª T. (Info 816)*

➘ *Interceptações telefônicas: compartilhamento e autuação*

Os dados alusivos a interceptação telefônica verificada em outra unidade da Federação, ante ordem judicial, para elucidar certa prática delituosa, podem ser aproveitados em persecução criminal diversa. A ausência de autuação da interceptação telefônica, em descompasso com o artigo 8º, cabeça, da Lei 9.296/96, caracteriza irregularidade incapaz de torná-la ilícita. *HC 128102/SP, Rel. Min. Marco Aurélio, 9.12.2015. 1ª T. (Info 811)*

3. LEI DE LICITAÇÕES (LEI 8.666/93)

➘ *Dispensa de licitação e peculato*

No caso, a acusada deixara de observar, ante a justificativa de inviabilidade de competição, as formalidades legais em processos de inexigibilidade de licitação. Adquirira livros didáticos diretamente das empresas contratadas, com recursos oriundos dos cofres públicos, beneficiando-as com superfaturamento dos objetos contratuais. O Colegiado ressaltou que a justificativa utilizada para a inexigibilidade de licitação fora a inviabilidade de competição. Para dar respaldo a essa alegação, foram consideradas válidas declarações de exclusividade emitidas por entidade não prevista em lei, ou ainda atestados não constantes do respectivo procedimento. Essas cartas de exclusividade não permitiam inferir a inexistência, à época, de outros fornecedores das mercadorias pretendidas. Além disso, inexistiria impedimento ao órgão estadual de efetuar pesquisa de preço em outras praças, ou mesmo em outros órgãos públicos, já que os livros adquiridos têm distribuição em todo o território nacional. Logo, não procede a assertiva de que a exclusividade do fornecedor constituiria obstáculo à realização das pesquisas. Demonstrou que os preços praticados não foram compatíveis com o mercado ou mais vantajosos, mas que houvera significativo sobrepreço, inclusive por meio de aditivos contratuais. Estes eram acompanhados do máximo permitido em lei sobre o preço estabelecido no contrato original, porém, sem dados concretos que justificassem a majoração. Ao contrário, o órgão não negociara os preços, afirmando serem os praticados pelo mercado, sem comprovação. *AP 946/DF, Rel. p/ ac. Min. Edson Fachin, 30.8.2016. 1ª T. (Info 837)*

4. LEI DO TRÁFICO ILÍCITO DE DROGAS (LEI 11.343/06)

➘ *Causa de diminuição da pena e quantidade de droga apreendida*

Embora o juízo de 1º grau tenha reconhecido a presença de todos os requisitos do art. 33, § 4º, da Lei 11.343/06 (primariedade, bons antecedentes, ausência de dedicação a atividades criminosas e de integração a organização criminosa), a quantidade de entorpecente foi o único fundamento utilizado para afastar a aplicação do redutor do art. 33, § 4º, da Lei 11.343/06. Por essa razão, a quantidade de drogas não constitui isoladamente fundamento idôneo para negar o benefício da redução da pena. *HC 138138/SP, rel. Min. Ricardo Lewandowski, j. 29.11.2016. 2ª T. (Info 849)*

➘ *Causa de diminuição e Lei de Drogas*

Na espécie, o paciente foi condenado pela prática de tráfico de entorpecentes (art. 33, "caput", da Lei de Drogas), com a incidência da causa de aumento prevista no art. 40, V, do referido diploma legal. Na análise das circunstâncias judiciais (art. 59 do CP), a quantidade de entorpecente não foi observada para a dosimetria da pena-base, fixada no mínimo legal. Não é crível que o paciente – surpreendido com 500 kg de maconha – não esteja integrado, de alguma forma, a organização criminosa, circunstância que justifica o afastamento da incidência da causa de diminuição prevista no art. 33, § 4º, da Lei de Drogas. *HC 130981/MS, Rel. Min. Marco Aurélio, 18.10.2016. 1ª T. (Info 844)*

➘ *Pureza da droga e dosimetria da pena*

O grau de pureza da droga é irrelevante para fins de dosimetria da pena. *HC 132909/SP, Rel. Min. Cármen Lúcia, 15.3.2016. 2ª T. (Info 818)*

➘ *Regime inicial e tráfico de drogas*

É legítima a fixação de regime inicial semiaberto, tendo em conta a quantidade e a natureza do entorpecente, na hipótese em que ao condenado por tráfico de entorpecentes tenha sido aplicada pena inferior a 4 anos de reclusão. *HC 133308/SP, Rel. Min. Cármen Lúcia, 29.3.2016. 2ª T. (Info 819)*

➘ *Tráfico de entorpecentes: fixação do regime e substituição da pena*

Não se tratando de réu reincidente, ficando a pena no patamar de quatro anos e sendo as circunstâncias judiciais positivas, cumpre observar o regime aberto e apreciar a possibilidade da substituição da pena privativa de liberdade pela restritiva de direitos. *HC 130411/SP, Red. p/ ac. Min. Edson Fachin, 12.4.2016. 1ª T. (Info 821)*

➘ *Tráfico de entorpecentes: fixação do regime e substituição da pena*

Não sendo o paciente reincidente, nem tendo contra si circunstâncias judiciais desfavoráveis (CP, art. 59), a gravidade em abstrato do crime do art. 33, "caput", da Lei 11.343/06, não constitui motivação idônea para justificar a fixação do regime mais gravoso. *HC 133028/SP, Rel. Min. Gilmar Mendes, 12.4.2016. 2ª T. (Info 821)*

➘ *Tráfico privilegiado e crime hediondo*

O crime de tráfico privilegiado de drogas não tem natureza hedionda. Por conseguinte, não são exigíveis requisitos mais severos para o livramento condicional (Lei 11.343/2006, art. 44, parágrafo único) e tampouco incide a vedação à progressão de regime (Lei 8.072/1990, art. 2º, § 2º) para os casos em que aplicada a causa de diminuição prevista no art. 33, § 4º, Lei 11.343/2006. *HC 118533/MS, Rel. Min. Cármen Lúcia, 23.6.2016. Pleno. (Info 831)*

5. LEI DOS CRIMES CONTRA A ORDEM TRIBUTÁRIA/ECONÔMICA/CONSUMO (LEI 8.137/90)

➘ *HC: denúncias anônimas e lançamento definitivo*

Nos crimes de sonegação tributária, apesar de a jurisprudência do STF condicionar a persecução penal à existência do lançamento tributário definitivo, o mesmo não ocorre quanto à investigação preliminar. Os crimes contra a ordem tributária ou de outra modalidade delitiva podem ser tentados e consumados e jamais se entendeu pela impossibilidade da investigação preliminar durante a execução de um crime e mesmo antes da consumação. *HC 106152/MS, Rel. Min. Rosa Weber, 29.3.2016. 1ª T. (Info 819)*

6. LEI MARIA DA PENHA (LEI 11.340/06)

➘ *Princípio da insignificância e violência doméstica*

Inadmissível a aplicação do princípio da insignificância aos delitos praticados em situação de violência doméstica. *RHC 133043/MT, Rel. Min. Cármen Lúcia, 10.5.2016. 2ª T. (Info 825)*

7. OUTRAS LEIS ESPARSAS

➘ *Incitação à discriminação religiosa e proselitismo*

A Primeira Turma, por maioria, deu provimento a recurso ordinário em "habeas corpus" para trancar ação penal em que se imputa ao recorrente a suposta prática de crime de racismo, por meio de incitação à discriminação religiosa (Lei 7.716/1989, art. 20, § 2º). No caso, sacerdote da Igreja Católica Apostólica Romana publicou livro no qual, segundo a acusação, explicitou conteúdo discriminatório a atingir a doutrina espírita. O Colegiado equacionou que, em um cenário permeado por dogmas com fundamentos emocionais, os indivíduos tendem a crer que professam sua fé dentro da religião correta e que aquela é a melhor, e essa certeza contém intrínseca hierarquização. Nesse ambiente, é necessário avaliar a observância dos limites do exercício das liberdades constitucionais. Por sua vez, não cabe ao Judiciário censurar manifestações de pensamento. Assim, eventual infelicidade de declarações e explicitações escapa do espectro de atuação estatal. Ponderou que a liberdade religiosa possui expressa proteção constitucional (CF, art. 5º, VI e VIII) e abrange o livre exercício de consciência, crença e culto. Além disso, alcança a escolha de convicções, de optar por determinada religião ou por nenhuma delas, de empreender proselitismo e de explicitar atos próprios de religiosidade. Assim, a liberdade de expressão funciona como condição de tutela efetiva da liberdade religiosa, assegurando-se a explicitação de compreensões religiosas do indivíduo e atuações conforme a crença. Caso contrário, em vez de liberdade, haveria mera indiferença religiosa. Por outro lado, a liberdade religiosa não ostenta caráter absoluto e deve ser exercitada de acordo com a delimitação constitucional, segundo o princípio da convivência das liberdades públicas. Nessa perspectiva, o repúdio ao racismo figura como um dos princípios que regem o País em suas relações internacionais (CF, art. 4º, VIII). Ademais, o tipo penal em debate decorre de mandamento de criminalização expresso no art. 5º, XLII, da CF. No caso, cumpre perquirir se as opiniões explicitadas pelo recorrente estão em conformidade com a Constituição ou se desbordam dos limites do exercício das liberdades constitucionalmente asseguradas. No caso concreto, a publicação escrita pelo recorrente, sacerdote católico, dedica-se à pregação da fé católica, e suas explicitações detêm público específico. Não se pode depreender a intenção de proferir ofensas às pessoas que seguem a doutrina espírita, mas sim de orientar a população católica da incompatibilidade verificada, segundo sua visão, entre o catolicismo e o espiritismo. Ainda que, eventualmente, os dizeres possam sinalizar certa animosidade, não há intenção de que os fiéis católicos procedam à escravização, exploração ou eliminação dos adeptos do espiritismo. A vinculação operada entre o espiritismo e características malignas cinge-se à afirmação da suposta superioridade da religião professada pelo recorrente. Não se trata de tentativa de subjugação dos adeptos do espiritismo, portanto. Assim, a explicitação de aspectos de desigualação, bem como da suposta inferioridade decorrente de aspectos religiosos não perfaz, por si, o elemento típico. É indispensável que se verifique o especial fim de supressão ou redução da dignidade do diferente. Sendo assim, a afirmação de superioridade direcionada à realização de um suposto resgate ou salvação, apesar de indiscutivelmente preconceituosa, intolerante, pedante e prepotente, encontra guarida na liberdade de expressão religiosa, e não preenche o âmbito proibitivo da norma. *RHC 134682/BA, rel. Min. Edson Fachin, j. 29.11.2016. 1ª T. (Info 849)*

➘ *Lei de Segurança Nacional: dolo específico e desclassificação*

Por não se tratar de questão envolvendo segurança nacional, o Plenário deu provimento a recurso ordinário criminal para, afastada a tipificação do art. 12, parágrafo único, da Lei 7.170/1983: a) desclassificar a imputação para a contravenção penal do art. 18 do Decreto-Lei 3.688/1941; b) reconhecer a nulidade "ab initio" do processo, diante da incompetência constitucional da Justiça Federal (CF, art. 109, IV); e c) declarar extinta a punibilidade do recorrente, pela prescrição da pretensão punitiva, com fundamento nos artigos 107, IV, e 109, V, ambos do CP. No caso, o recorrente fora condenado, como incurso nas sanções do art. 12, parágrafo único, da Lei 7.170/1983, à pena de quatro anos e oito meses de reclusão, por guardar e transportar material militar privativo das Forças Armadas. Sustentava, entretanto, que a tipificação do delito exigiria a comprovação do dolo específico, qual seja, a motivação política. Defendia que sua intenção era roubar uma agência bancária, sem motivação política, de modo a não haver ameaça à segurança nacional. O Colegiado entendeu não haver motivação política ou intenção de lesar ou expor a perigo de lesão: a) a integridade territorial e a soberania nacional; b) o regime representativo e democrático, a Federação e o Estado de Direito; e c) a pessoa dos chefes dos Poderes da União, a fazer incidir a Lei de Segurança Nacional. Além disso, à época dos fatos (1997) não estava em vigência o Estatuto do Desarmamento, de modo que a legislação aplicável era a Lei das Contravenções Penais. *RC 1472/MG, Rel. Min. Dias Toffoli, 25.5.2016. Pleno. (Info 827)*

✦ STJ

1. DAS PENAS

1.1. DAS ESPÉCIES DE PENA

1.1.1. DAS PENAS PRIVATIVAS DE LIBERDADE

➘ *Impossibilidade de reconversão de pena a pedido do sentenciado.*

Não é possível, em razão de pedido feito por condenado que sequer iniciou o cumprimento da pena, a reconversão de pena de prestação de serviços à comunidade e de prestação pecuniária (restritivas de direitos) em pena privativa de liberdade a ser cumprida em regime aberto. *REsp 1.524.484-PE, Rel. Min. Reynaldo Soares da Fonseca, DJe 25.5.2016. 5ª T. (Info 584)*

➘ *Sistema vicariante e impossibilidade de conversão de pena privativa de liberdade em medida de segurança por fatos diversos.*

Durante o cumprimento de pena privativa de liberdade, o fato de ter sido imposta ao réu, em outra ação penal, medida de segurança referente a fato diverso não impõe a conversão da pena privativa de liberdade que estava sendo executada em medida de segurança. *HC 275.635-SP, Rel. Min. Nefi Cordeiro, DJe 15.3.2016. 6ª T. (Info 579)*

1.2. DA APLICAÇÃO DA PENA

➘ *Aumento de pena-base fundado na confiança da vítima no autor de estelionato.*

O cometimento de estelionato em detrimento de vítima que conhecia o autor do delito e lhe depositava total confiança justifica a exasperação da pena-base. De fato, tendo sido apontados argumentos idôneos e diversos do tipo penal violado que evidenciam como desfavoráveis as circunstâncias do crime, não há constrangimento ilegal na valoração negativa dessa circunstância judicial (HC 86.409). *HC 332.676-PE, Rel. Min. Ericson Maranho, DJe 3.2.2016. 6ª T. (Info 576)*

➘ *Compatibilidade entre a agravante do art. 62, I, do CP e a condição de mandante do delito.*

Em princípio, não é incompatível a incidência da agravante do art. 62, I, do CP ao autor intelectual do delito (mandante). *REsp 1.563.169-DF, Rel. Min. Reynaldo Soares da Fonseca, DJe 28.3.2016. 5ª T. (Info 580)*

➘ *Compensação da atenuante da confissão espontânea com a agravante da promessa de recompensa.*

É possível compensar a atenuante da confissão espontânea (art. 65, III, "d", do CP) com a agravante da promessa de recompensa (art. 62, IV). *HC 318.594-SP, Rel. Min. Felix Fischer, DJe 24.2.2016. 5ª T. (Info 577)*

➘ Emprego da confissão qualificada como atenuante.

A confissão, mesmo que qualificada, dá ensejo à incidência da atenuante prevista no art. 65, III, d, do CP, quando utilizada para corroborar o acervo probatório e fundamentar a condenação. *EREsp 1.416.247-GO, Rel. Min. Ribeiro Dantas, DJe 28.6.2016. 3ª S. (Info 586)*

➘ Exclusão de circunstância judicial e "reformatio in pejus".

Caso o Tribunal, na análise de apelação exclusiva da defesa, afaste uma das circunstâncias judiciais (art. 59 do CP) valoradas de maneira negativa na sentença, a pena base imposta ao réu deverá, como consectário lógico, ser reduzida, e não mantida inalterada. *HC 251.417-MG, Rel. Min. Rogerio Schietti Cruz, DJe 19.11.2015. 6ª T. (Info 573)*

➘ Impossibilidade de aplicação concomitante da continuidade delitiva comum e específica.

Se reconhecida a continuidade delitiva específica entre estupros praticados contra vítimas diferentes, deve ser aplicada exclusivamente a regra do art. 71, par. ún., do Código Penal, mesmo que, em relação a cada uma das vítimas, especificamente, também tenha ocorrido a prática de crime continuado. *REsp 1.471.651-MG, Rel. Min. Sebastião Reis Júnior, DJe 5.11.2015. 6ª T. (Info 573)*

➘ Possibilidade de desconsiderar condenações anteriores para fins de maus antecedentes.

Mostrou-se possível a aplicação da minorante prevista no § 4º do art. 33 da Lei 11.343/06 em relação a réu que, apesar de ser tecnicamente primário ao praticar o crime de tráfico, ostentava duas condenações (a primeira por receptação culposa e a segunda em razão de furto qualificado pelo concurso de pessoas) cujas penas foram aplicadas no mínimo legal para ambos os delitos anteriores (respectivamente, 1 mês em regime fechado e 2 anos em regime aberto, havendo sido concedido sursis. *REsp 1.160.440-MG, Rel. Min. Rogerio Schietti Cruz, DJe 31.3.2016. 6ª T. (Info 580)*

➘ Vulnerabilidade emocional e psicológica da vítima como circunstância negativa na dosimetria da pena.

O fato de o agente ter se aproveitado, para a prática do crime, da situação de vulnerabilidade emocional e psicológica da vítima decorrente da morte de seu filho em razão de erro médico pode constituir motivo idôneo para a valoração negativa de sua culpabilidade. *HC 264.459-SP, Rel. Min. Reynaldo Soares da Fonseca, DJe 16.3.2016. 5ª T. (Info 579)*

2. DOS CRIMES CONTRA A PESSOA

2.1. DOS CRIMES CONTRA A VIDA

➘ Hipótese de inexistência de motivo fútil em homicídio decorrente da prática de "racha".

Não incide a qualificadora de motivo fútil (art. 121, § 2º, II, do CP), na hipótese de homicídio supostamente praticado por agente que disputava "racha", quando o veículo por ele conduzido – em razão de choque com outro automóvel também participante do "racha" – tenha atingido o veículo da vítima, terceiro estranho à disputa automobilística. *HC 307.617-SP, Rel. p/ ac. Min. Sebastião Reis Júnior, DJe 16.5.2016. 6ª T. (Info 583)*

➘ Incompatibilidade entre dolo eventual e a qualificadora de motivo fútil.

É incompatível com o dolo eventual a qualificadora de motivo fútil (art. 121, § 2º, II, do CP). *HC 307.617-SP, Rel. p/ ac. Min. Sebastião Reis Júnior, DJe 16.5.2016. 6ª T. (Info 583)*

➘ Qualificadora do motivo torpe em relação ao mandante de homicídio mercenário.

O reconhecimento da qualificadora da "paga ou promessa de recompensa" (inciso I do § 2º do art. 121) em relação ao executor do crime de homicídio mercenário não qualifica automaticamente o delito em relação ao mandante, nada obstante este possa incidir no referido dispositivo caso o motivo que o tenha levado a empreitar o óbito alheio seja torpe. *REsp 1.209.852-PR, Rel. Min. Rogerio Schietti Cruz, DJe 2.2.2016. 6ª T. (Info 575)*

2.2. DAS LESÕES CORPORAIS

➘ Natureza da lesão corporal que resulta em perda de dentes.

A lesão corporal que provoca na vítima a perda de dois dentes tem natureza grave (art. 129, § 1º, III, do CP), e não gravíssima (art. 129, § 2º, IV, do CP). *REsp 1.620.158-RJ, Rel. Min. Rogerio Schietti Cruz, DJ 20.9.2016. 6ª T. (Info 590)*

3. DOS CRIMES CONTRA O PATRIMÔNIO

3.1. DO ROUBO E DA EXTORSÃO

➘ Incidência da majorante do § 1º do art. 158 do CP sobre a extorsão qualificada prevista no § 3º do mesmo dispositivo legal.

Em extorsão qualificada pela restrição da liberdade da vítima, sendo essa condição necessária para a obtenção da vantagem econômica (art. 158, § 3º, do CP), é possível a incidência da causa de aumento prevista no § 1º do art. 158 do CP (crime cometido por duas ou mais pessoas ou com emprego de arma). *REsp 1.353.693-RS, Rel. Min. Reynaldo Soares da Fonseca, DJ 21.9.2016. 5ª T. (Info 590)*

3.2. DO DANO, DA APROPRIAÇÃO INDÉBITO

➘ Hipótese de inaplicabilidade da majorante descrita no art. 168, § 1º, II, do CP.

O fato de síndico de condomínio edilício ter se apropriado de valores pertencentes ao condomínio para efetuar pagamento de contas pessoais não implica o aumento de pena descrito no art. 168, § 1º, II, do CP (o qual incide em razão de o agente de apropriação indébita ter recebido a coisa na qualidade de "síndico"). *REsp 1.552.919-SP, Rel. Min. Reynaldo Soares da Fonseca, DJe 1.6.2016. 5ª T. (Info 584)*

4. DOS CRIMES CONTRA A DIGNIDADE SEXUAL

➘ *Desnecessidade de contato físico para deflagração de ação penal por crime de estupro de vulnerável.*

A conduta de contemplar lascivamente, sem contato físico, mediante pagamento, menor de 14 anos desnuda em motel pode permitir a deflagração da ação penal para a apuração do delito de estupro de vulnerável. A maior parte da doutrina penalista pátria orienta no sentido de que a contemplação lasciva configura o ato libidinoso constitutivo dos tipos dos arts. 213 e 217-A do CP, sendo irrelevante, para a consumação dos delitos, que haja contato físico entre ofensor e ofendido. *RHC 70.976-MS, Rel. Min. Joel Ilan Paciornik, DJe 10.8.2016. 5ª T. (Info 587)*

➘ *Estupro circunstanciado. Vítima maior de 14 anos e menor de 18 anos. Ato libidinoso diverso da conjunção carnal. Configuração do crime na modalidade consumada. Atipicidade afastada.*

Subsume-se ao crime previsto no art. 213, § 1º, do CP – a conduta de agente que abordou de forma violenta e sorrateira a vítima com a intenção de satisfazer sua lascívia, o que ficou demonstrado por sua declarada intenção de "ficar" com a jovem – adolescente de 15 anos – e pela ação de impingir-lhe, à força, um beijo, após ser derrubada ao solo e mantida subjugada pelo agressor, que a imobilizou pressionando o joelho sobre seu abdômen. *REsp 1.611.910-MT, Rel. Min. Rogerio Schietti Cruz, DJe 27.10.2016. 6ª T. (Info 592)*

5. DOS CRIMES CONTRA A INCOLUMIDADE PÚBLICA

➘ *Atipicidade penal do exercício da acupuntura.*

O exercício da acupuntura não configura o delito previsto no art. 282 do CP (exercício ilegal da medicina, arte dentária ou farmacêutica). *RHC 66.641-SP, Rel. Min. Nefi Cordeiro, DJe 10.3.2016. 6ª T. (Info 578)*

6. DOS CRIMES CONTRA A FÉ PÚBLICA

➘ *Clonagem de cartão de crédito ou débito antes da entrada em vigor da Lei 12.737/2012.*

Ainda que praticada antes da entrada em vigor da Lei 12.737/12, é típica (art. 298 do CP) a conduta de falsificar, no todo ou em parte, cartão de crédito ou débito. *REsp 1.578.479-SC, Rel. p/ ac. Min. Rogerio Schietti Cruz, DJ 3.10.2016. 6ª T. (Info 591)*

7. DOS CRIMES CONTRA A ADMINISTRAÇÃO PÚBLICA

7.1. DOS CRIMES PRATICADOS POR PARTICULAR

➘ *Crime de contrabando e importação de colete à prova de balas.*

Configura crime de contrabando a importação de colete à prova de balas sem prévia autorização do Comando do Exército. *RHC 62.851-PR, Rel. Min. Sebastião Reis Júnior, DJe 26.2.2016. 6ª T. (Info 577)*

➘ *Hipótese em que o falso pode ser absorvido pelo crime de descaminho. Recurso repetitivo. Tema 933.*

Quando o falso se exaure no descaminho, sem mais potencialidade lesiva, é por este absorvido, como crime-fim, condição que não se altera por ser menor a pena a este cominada. Conforme entendimento doutrinário, na aplicação do critério da consunção, verifica-se que "o conteúdo de injusto principal consome o conteúdo de injusto do tipo secundário porque o tipo consumido constitui meio regular (e não necessário) de realização do tipo consumidor". *REsp 1.378.053-PR, Rel. Min. Nefi Cordeiro, 3ª S., DJe 15.8.2016. 3ª S. (Info 587)*

➘ *Não configuração do crime de desobediência na hipótese de não atendimento por Defensor Público Geral de requisição judicial de nomeação de defensor.*

Não configura o crime de desobediência (art. 330 do CP) a conduta de Defensor Público Geral que deixa de atender à requisição judicial de nomeação de defensor público para atuar em determinada ação penal. *HC 310.901-SC, Rel. Min. Nefi Cordeiro, DJe 28.6.2016. 6ª T. (Info 586)*

➘ *Reiteração criminosa no crime de descaminho e princípio da insignificância.*

A reiteração criminosa inviabiliza a aplicação do princípio da insignificância nos crimes de descaminho, ressalvada a possibilidade de, no caso concreto, as instâncias ordinárias verificarem que a medida é socialmente recomendável. *EREsp 1.217.514-RS, Rel. Min. Reynaldo Soares da Fonseca, DJe 16.12.2015. 3ª S. (Info 575)*

7.2. DOS CRIMES CONTRA A ADMINISTRAÇÃO DA JUSTIÇA

➘ *Denunciação Caluniosa. Inquérito Policial que culmina em indiciamento do falso apontado. Desnecessidade.*

Não autoriza a desclassificação do crime de denunciação caluniosa (art. 339 do CP) para a conduta do art. 340 do mesmo Estatuto, o fato de que aqueles que foram falsamente apontados como autores do delito inexistente não tenham chegado a ser indiciados no curso do inquérito policial, em virtude da descoberta da inveracidade da imputação. *REsp 1.482.925-MG, Rel. Min. Sebastião Reis, DJe 25.10.2016. 6ª T. (Info 592)*

➘ *Reconhecimento de proteção jurídica a profissionais do sexo.*

Ajusta-se à figura típica prevista no art. 345 do CP (exercício arbitrário das próprias razões) – e não à prevista no art. 157 do CP (roubo) – a conduta da prostituta maior de dezoito anos e não vulnerável que, ante a falta do pagamento ajustado com o cliente pelo serviço sexual prestado, considerando estar exercendo pretensão legítima, arrancou um cordão com pingente folheado a ouro do pescoço dele como forma de pagamento pelo serviço sexual praticado mediante livre disposição de vontade dos participantes e desprovido de violência não consentida ou grave ameaça. *HC 211.888-TO, Rel. Min. Rogerio Schietti Cruz, DJe 7.6.2016. 6ª T. (Info 584)*

Direito Processual Penal

Ricardo Silvares

✦ QUESTÕES

1. PRINCÍPIOS E GARANTIAS

- CF, art. 5º
- Decreto 678/1992 (Convenção Americana de Direitos Humanos)

01. (Cespe – Juiz de Direito Substituto – AM/2016) Relativamente aos sistemas e princípios fundamentais do processo penal, assinale a opção correta.

a) A proibição de revisão pro societate foi expressamente integrada ao ordenamento jurídico brasileiro pela CF, sendo fruto da necessidade de segurança jurídica a vedação que impede que alguém possa ser julgado mais de uma vez por fato do qual já tenha sido absolvido por decisão passada em julgado, exceto se por juiz absolutamente incompetente.

b) O direito ao silêncio ou garantia contra a autoincriminação derrubou um dos pilares do processo penal tradicional: o dogma da verdade real, permitindo que o acusado permaneça em silêncio durante a investigação ou em juízo, bem como impedindo de forma absoluta que ele seja compelido a produzir ou contribuir com a formação da prova ou identificação pessoal contrária ao seu interesse, revogando as previsões legais nesse sentido.

c) A elaboração tradicional do princípio do contraditório garantia a paridade de armas como forma de igualdade processual. A doutrina moderna propõe a reforma do instituto, priorizando a participação do acusado no processo como meio de permitir a contribuição das partes para a formação do convencimento do juiz, sendo requisito de eficácia do processo.

d) O princípio do juiz natural tem origem no direito anglo-saxão, construído inicialmente com base na ideia da vedação do tribunal de exceção. Posteriormente, por obra do direito norte-americano, acrescentou-se a exigência da regra de competência previamente estabelecida ao fato, fruto, provavelmente,+ do federalismo adotado por aquele país. O direito brasileiro adota tal princípio nessas duas vertentes fundamentais.

e) A defesa técnica é o corolário do princípio da ampla defesa, exigindo a participação de um advogado em todos os atos da persecução penal. Segundo o STF, atende integralmente a esse princípio o pedido de condenação ao mínimo legal, ainda que seja a única manifestação jurídica da defesa, patrocinada por DP ou dativo.

COMENTÁRIOS

Alternativa correta: letra "D": de fato, o direito brasileiro adota as duas vertentes. Primeiramente, proíbe a CF a instalação de tribunais de exceção, consoante o inciso XXXVII do art. 5º; depois, de modo explícito, a exigência de que ninguém poderá ser julgado senão pela autoridade competente (inciso LIII). Além disso, nosso sistema processual, a partir das disposições da própria CF, traz diversas, e por vezes complexas, divisão de competências, havendo, inclusive, diferentes ramos do Poder Judiciário, que atuarão conforme as regras de competência previstas na CF e nas leis processuais.

Alternativa "A": não há previsão expressa de tal proibição na CF, mas foi acolhida por nosso ordenamento jurídico por meio da aplicação da Convenção Americana de Direitos Humanos (Pacto de São José da Costa Rica), art. 8.4. Afirma-se, além disso, que a própria CF admite outros direitos e garantias, ainda que não previstos no art. 5º, graças à regra de seu § 2º. A absolvição não pode ser afastada por revisão, ainda que a decisão tenha sido proferida por juiz incompetente.

Alternativa "B": o princípio *nemo tenetur se detegere* garante ao acusado que não seja compelido a produzir prova contra si mesmo. Daí, por exemplo, o direito a silêncio. Porém, tal garantia não veda, de modo absoluto, a que o acusado seja compelido a contribuir com a produção da prova ou identificação pessoal, uma vez que não tem o direito, por exemplo, a se recusar a fornecer dados sobre sua identidade, tampouco, segundo a doutrina majoritária (de modo geral, no mundo todo, diga-se) pode recursar-se a se submeter a reconhecimento pessoal, que é meio de prova. Note-se que a doutrina majoritária admite que o acusado possa ser compelido a participar de atos que não importem em invasão corporal (ou seja, não é obrigado a fornecer sangue, por exemplo) ou que exija conduta ativa de sua parte (não pode ser compelido a participar de reconstituição dos fatos ou dar sua versão sobre os fatos, por exemplo). Porém, ficar parado enquanto alguém faz um reconhecimento não se equipara a tais hipóteses.

Alternativa "C": a formulação clássica do princípio do contraditório afirma que este consiste na ciência bilateral dos atos do processo e a possibilidade de contrariá-los. Porém, não é só isso. Contraditório pressupõe conhecimento dos atos e termos do processo, sem dúvida. Mas, implica também na possibilidade efetiva de participar de tais atos, podendo neles influir, como ocorre no caso da produção das provas. E as partes no processo devem atuar em igualdade de condições.

Alternativa "E": não é em toda fase da persecução penal que se exige a presença de defensor, não havendo qualquer obrigatoriedade que o imputado seja assistido por advogado na fase investigatória. Pode fazer-se acompanhar de um causídico se quiser. Na fase processual, porém, a defesa técnica é imprescindível e sua ausência leva à nulidade absoluta do processo. Nesse sentido, a Súmula 523 do STF: "No processo penal, a falta da defesa constitui nulidade absoluta, mas a sua deficiência só o anulará se houver prova de prejuízo para o réu".

---

02. (Cespe – Delegado de Polícia – PE/2016) Em consonância com a doutrina majoritária e com o entendimento dos tribunais superiores, assinale a opção correta acerca dos sistemas e princípios do processo penal.

a) O princípio da obrigatoriedade deverá ser observado tanto na ação penal pública quanto na ação penal privada.

b) O princípio da verdade real vigora de forma absoluta no processo penal brasileiro.

c) Na ação penal pública, o princípio da igualdade das armas é mitigado pelo princípio da oficialidade.

d) O sistema processual acusatório não restringe a ingerência, de ofício, do magistrado antes da fase processual da persecução penal.

e) No sistema processual inquisitivo, o processo é público; a confissão é elemento suficiente para a condenação; e as funções de acusação e julgamento são atribuídas a pessoas distintas.

COMENTÁRIOS

Alternativa correta: letra "C": segundo o princípio da paridade de armas, a Defesa deve ter os mesmos direitos, no processo, que o Ministério Público e vice-versa. É a igualdade formal, que decorre do art. 5º, *caput*, da CF. Mas, há a necessidade também da igualdade substancial, com a criação de mecanismos que garantam, efetivamente, a igualdade entre as partes no processo, já que a realidade mostra que, na prática, há desigualdade de forças entre o acusado – ou a maioria deles, que não possuem recursos para bancar, por exemplo, assistentes técnicos ou investigações privadas – e o Ministério Público. Alguns mecanismos foram criados, como no caso dos embargos infringentes (só possíveis para a Defesa) e a revisão criminal (já que é vedada a revisão *pro societate*, ou seja, revisão só é permitida a favor do acusado). E por que há tal desigualdade na prática? Devido ao princípio da oficialidade, segundo o qual os órgãos responsáveis pela investigação e pela ação penal pública são órgãos do Estado, com funções públicas. Assim, o Ministério Público terá o apoio da Polícia nas investigações, dos órgãos oficiais de perícia etc., o que não ocorre com o acusado. Está nesse aspecto, a nosso ver, a mitigação do princípio da paridade de armas.

Alternativa "A": o princípio da obrigatoriedade somente se aplica às ações penais públicas, já que, nesse caso, o Ministério Público tem o dever, a obrigação de oferecer a denúncia caso estejam presentes as condições de procedibilidade, prova da ocorrência do crime e indício suficiente de autoria. Somente pode deixar de oferecer a denúncia se houver expressa autorização legal. Nas ações penais privadas, o princípio é outro, o da oportunidade, pois o ofendido ou seu representante legal pode escolher se oferecerá ou não a denúncia.

Alternativa "B": embora o princípio da verdade real seja muito citado por parte da doutrina e especialmente em julgados, inclusive do STJ, a nosso ver ele não existe. O processo deve buscar a verdade, disso não temos dúvida. Porém, deve-se perguntar: qual verdade? É possível acreditar ser tarefa do processo a descoberta da verdade efetiva, substancial, "real"? Cremos ser uma ilusão, que é revelada de modo muito simples: há limites impostos ao juiz quanto à prova, sendo exemplo a proibição de valorar provas ilícitas. Ora, fosse o objetivo do processo a busca da verdade real, tal limitação não seria justificável: tudo seria admitido para buscar a verdade, mas, como sabe o leitor, não é assim. Portanto, o que se busca no processo é a verdade sobre as alegações trazidas pelas partes, mas a verdade possível, a verdade, enfim, processual.

Alternativa "D": ao contrário, característica do sistema acusatório é a separação entre as funções de investigar e acusar e a função de julgar. Segundo Ada Pellegini Grinover (A iniciativa instrutória do juiz no processo penal acusatório, *Revista Brasileira de Ciências Criminais*, nº 27, 1999), no sistema acusatório "as funções de acusar, defender e julgar são atribuídas a órgãos distintos", enquanto no sistema inquisitório "as funções estão reunidas e o inquisidor deve proceder espontaneamente. É só no processo acusatório que o juízo penal é o *actum trium personarum* (...), enquanto no processo inquisitório a investigação unilateral a tudo se antepõe (...)". No sistema acusatório, os elementos de informação colhidos na fase pré-judicial servem apenas para o convencimento do órgão acusatório, normalmente não podendo fazer parte do processo ou ser valorados pelo julgador como provas. Além disso, no sistema acusatório "o exercício da jurisdição depende de acusação formulada por órgão diverso do juiz (...)" e "todo o processo deve desenvolver-se em contraditório pleno, perante o juiz natural". Assim, regras que permitem ao juiz, de ofício, na fase de investigação, adotar medidas investigativas são, a nosso ver, atentatórias ao sistema acusatório, sendo exemplo, a permissão do art. 156 do CPP para que o juiz determinar, de ofício, antes da fase processual, a produção antecipada de provas. Esta até poderá ser realizada em tal fase, mas deverá ser requerida pelo Ministério Público ou por representação da Autoridade Policial.

Alternativa "E": no sistema inquisitivo, em geral há o caráter do sigilo do processo. Além disso, normalmente, não havia separação efetiva entre as funções de acusar e de julgar. Notem que no Brasil permitia-se, ainda no Século XX, que a ação penal, em certos casos, tivesse início por ato do juiz, não do Ministério Público. Mas é correto dizer que a confissão, em tal sistema, é considerada prova muito importante ("a rainha das provas", como já se disse). A consequência, inevitável, é que o processo passou a ser dirigido para a obtenção de tal confissão, o que, em tempos outros, acabou por praticamente trazer para o processo a tortura.

---

03. (Cespe – Juiz de Direito Substituto – DFT/2014) No que se refere ao juiz criminal e aos princípios processuais penais que fundamentam o CPP, assinale a opção correta.

a) O magistrado que, eventualmente, vislumbrar ausência de tipicidade penal dos fatos investigados deve intimar o MP a se manifestar acerca da situação, pois é ilícita a concessão, de ofício, de ordem de habeas corpus.

b) É ilícito ao magistrado indeferir, ainda que em decisão devidamente fundamentada, exame de falsidade documental requerido pela defesa, mesmo se reputá-lo impertinente ou desnecessário, sob pena de afronta aos princípios da ampla defesa e do contraditório e às regras do sistema acusatório.

c) No sistema normativo brasileiro, é possível o arquivamento, de ofício, por iniciativa do Poder Judiciário, de peças informativas, em se tratando de delitos perseguíveis mediante ação penal privada e ação penal pública condicionada.

d) O Poder Judiciário caracteriza-se pela estática: dizer o que seja de direito a partir de impulso externo.

e) A atividade desenvolvida pelo presidente do TJDFT no processamento dos precatórios decorre do exercício de parcela do poder jurisdicional.

COMENTÁRIOS

✪ **Nota do autor:** pode-se afirmar que a questão tem como pano de fundo o princípio acusatório, adotado, segundo afirma a doutrina, em nossa CF no que tange ao processo penal. Conforme as lições de Ada Pellegini Grinover (A iniciativa instrutória do juiz no processo penal acusatório, *Revista Brasileira de Ciências Criminais*, nº 27, 1999), no sistema acusatório "as funções de acusar, defender e julgar são atribuídas a órgãos distintos", enquanto no sistema inquisitório "as funções estão reunidas e o inquisidor deve proceder espontaneamente. É só no processo acusatório que o juízo penal é o *actum trium personarum* (...), enquanto no processo inquisitório a investigação unilateral a tudo se antepõe (...)". No sistema acusatório, os elementos de informação colhidos na fase pré-judicial servem apenas para o convencimento do órgão acusatório, normalmente não podendo fazer parte do processo ou ser valorados pelo julgador como provas. Além disso, no sistema acusatório "o exercício da jurisdição depende de acusação formulada por órgão diverso do juiz (...)" e "todo o processo deve desenvolver-se em contraditório pleno, perante o juiz natural".

Alternativa "D": essa característica do Poder Judiciário não se aplica apenas ao processo penal, mas à sua atuação em geral, talvez com uma ou outra exceção, notadamente no âmbito eleitoral. No processo penal, não cabe ao Judiciário, como já ocorreu no passado, dar início à ação penal, cabendo ao Ministério Público ou ao ofendido provocar o início do procedimento judicial penal.

Alternativa "A": o juiz pode perfeitamente conceder *habeas corpus* de ofício (art. 654, § 2º, CPP). Porém, caso haja processo em andamento – o que é curioso, já que, sendo atípico o fato, a denúncia nem deveria ter sido recebida – pode o juiz absolver o acusado antes mesmo da instrução, com base no art. 397, III, do CPP.

Alternativa "B": segundo o entendimento do STJ: "(...) O art. 145 do CPP, com o intuito de que se promova a busca da realidade, faculta à defesa e à acusação a arguição de incidente de falsidade documental constante dos autos, que será autuado em apartado, oportunizando-se a devida resposta e podendo o magistrado, caso entenda necessário, ordenar diligências, entretanto, o procedimento somente se mostra oportuno nos casos em que há relevância jurídica para o julgamento da causa. (...) Sendo o pleito de instauração do incidente indeferido em razão de ser dispensável diante da inexistência de poder o seu resultado causar qualquer influência no deslinde da questão, não há o que se falar em cerceamento por ofensa aos princípios constitucionais do contraditório e da ampla defesa. (...)"(AgRg no Ag 1.068.638-MG, Rel. Min. Jorge Mussi, j. 18.06.2009).

Alternativa "C": o Poder Judiciário jamais poderá arquivar, de ofício, peças de informação. Cabe ao Ministério Público requerer o arquivamento e ao juiz ou tribunal determiná-lo. Por sinal, no âmbito da competência originária dos Procuradores-Gerais de Justiça, o Tribunal apenas homologa o arquivamento, não podendo recusá-lo.

Alternativa "E": a alternativa não diz respeito ao processo penal, razão pela qual deixamos de comentá-la.

---

04. (Cespe – Delegado de Polícia Federal – DPF/2013) A respeito dos processos em espécie, dos princípios que orientam o processo penal e da sentença criminal, julgue os próximos itens.

Suponha que a instrução criminal de um processo tenha sido presidida pelo juiz titular de determinada vara e que, na fase decisória, a sentença condenatória tenha sido proferida por juiz substituto, diverso do que tenha colhido as provas e acompanhado a instrução processual. Suponha, ainda, que a defesa, no prazo legal, tenha apelado da decisão sob a argumentação de nulidade absoluta da sentença condenatória em face de ter sido proferida por juiz que não presidira à instrução. Nessa situação hipotética, não assiste razão à defesa, visto que não vigora, no processo penal, o princípio da identidade física do juiz.

COMENTÁRIOS

A assertiva foi anulada. Vigora no processo penal o princípio da identidade física do juiz, de modo que o magistrado que presidir a instrução deverá, em regra, proferir a sentença. Tal princípio não existia no processo penal brasileiro até a reforma de 2008, quando o art. 399, § 2º, trouxe a seguinte regra: "O juiz que presidiu a instrução deverá proferir a sentença". E se o juiz estiver afastado por algum motivo? Nesse caso, é bem possível que em seu lugar atue um juiz substituto. Pergunta-se: este poderá proferir a sentença? Isso feriria o princípio visto acima? Segundo o entendimento que sempre prevaleceu na jurisprudência, deveria ser aplicado ser aplicado nessa hipótese, subsidiariamente, o art. 132 do CPC revogado, que dispunha: "O juiz, titular ou substituto, que concluir a audiência julgará a lide, salvo se estiver convocado, licenciado, afastado por qualquer motivo, promovido ou aposentado, casos em que passará os autos ao seu sucessor". E nos demais casos? O entendimento que prevalecia na jurisprudência era o mesmo, ou seja, deveria ser aplicado o *caput* do art. 132. Ocorre que o novo CPC não trouxe qualquer regra semelhante a essa, deixando de regular esse ponto. Desse momento, pensamos que, uma vez mais, caberá à jurisprudência definir se se deve ou não seguir o anterior entendimento, a despeito da revogação do anterior CPC. Essa é a solução que preferimos, por uma questão de segurança jurídica. É verdade que sempre houve entendimentos em contrário, pois na doutrina há quem diga não haver qualquer exceção ao princípio da identidade física do juiz trazido pelo § 2º do art. 399 do CPP, de modo que não se podia aplicar o art. 132 do revogado CPC. E mais: se aplicada a solução do revogado artigo de lei, entende tal corrente que a instrução deverá ser repetida.

---

05. (Cespe – Defensor Público – DF/ 2013) Com relação ao incidente de insanidade mental do acusado e ao princípio da motivação dos atos decisórios, julgue os itens subsequentes.

O STF admite a motivação das decisões per relationem no processo penal, caso o ato decisório se reporte expressamente a manifestações ou peças, mesmo as produzidas pelo MP, se nestas se acharem expostos os motivos, de fato ou de direito, justificadores da decisão judicial proferida.

COMENTÁRIOS

Certo. Há um princípio em nosso sistema: todas as decisões judiciais devem ser motivadas, encontrando-se previsto no inciso IX do art. 93 da CF. Porém, admite-se que o juiz, como fundamento da decisão, adote argumentos já existentes nos autos, como se fossem seus. Nesse sentido, o entendimento do STF: "(...) Falta de fundamentação. Alegada ofensa ao art. 93, inciso IX, da Constituição Federal. Não ocorrência. Motivação per relationem. Legitimidade. Precedentes. Agravo regimental não provido. 1. É firme a jurisprudência da Corte no sentido de que não caracteriza ofensa ao art. 93, inciso IX, da Constituição a decisão que adota como razões de decidir os fundamentos lançados no parecer do Ministério Público. (...)" (ARE 742.212 AgR-DF, Rel. Min. Dias Toffoli, j. 02.09.2014).

---

06. (Cespe – Analista Judiciário – Área Judiciária – STM/2011) Acerca dos princípios gerais do processo penal, julgue os itens a seguir.

06.1. O dispositivo constitucional que estabelece serem inadmissíveis as provas obtidas por meios ilícitos, bem como as restrições à prova criminal existentes na legislação processual penal, são exemplos de limitações ao alcance da verdade real.

COMENTÁRIOS

Certo. Muito se menciona, principalmente na doutrina mais tradicional, a expressão "verdade real". Chega-se a falar, inclusive, num "princípio da verdade real". Porém, não acreditamos na existência de tal princípio. Para nós, a verdade é aquela construída no processo, portanto, uma verdade processual, enquanto reconstrução histórica de fatos (que são fatos passados). Entendemos, por óbvio, que o processo não pode prescindir da busca da verdade, apesar de ser pretensão excessiva achar possível que se possa chegar à verdade absoluta. Aliás, lembramos que o processo brasileiro veda as provas ilícitas, o que mostra não ser a busca da "verdade real" o objetivo do processo. Se fosse, poder-se-ia fazer de tudo para obtê-la. Porém, reconhecemos que somos minoria. De qualquer modo, a afirmativa está certa, vez que a busca da "verdade real", de fato, encontra limites nas restrições à prova, uma delas, como visto, a vedação às provas ilícitas.

06.2. A adoção do princípio da inércia no processo penal brasileiro não permite que o juiz determine, de ofício, diligências para dirimir dúvida sobre ponto relevante dos autos.

COMENTÁRIOS

Errado. O art. 156, II, do CPP permite que o juiz, de ofício, determine, no curso da instrução ou antes da sentença, a realização de diligências para dirimir dúvida sobre ponto relevante. Tal regra deve ser usada com cuidado, eis que não cabe ao juiz suprir falhas na iniciativa probatória do órgão de acusação, sob pena de ferir o princípio acusatório.

06.3. O processo penal brasileiro não adota o princípio da identidade física do juiz em face da complexidade dos atos processuais e da longa duração dos procedimentos, o que inviabiliza a vinculação do juiz que presidiu a instrução à prolação da sentença.

COMENTÁRIOS

Errado. O § 2º do art. 399 estabelece que o juiz que presidiu a instrução deverá proferir a sentença, com o que o CPP adotou o princípio da identidade física do juiz. De se observar, porém, que a jurisprudência não tem considerado absoluto o princípio. Nesse sentido, decisão do STJ: "(...) 1. De acordo com o princípio da identidade física do juiz, que passou a ser aplicado também no âmbito do processo penal após o advento da Lei nº 11.719, de 20 de junho de 2008, o magistrado que presidir a instrução criminal deverá proferir a sentença no feito, nos termos do § 2º do artigo 399 do Código de Processo Penal. 2. Em razão da ausência de outras normas específicas regulamentando o referido princípio, nos casos de convocação, licença, promoção ou de outro motivo que impeça o juiz que tiver presidido a instrução de sentenciar o feito, por analogia – permitida pelo artigo 3º da Lei Adjetiva Penal –, deverá ser aplicada a regra contida no artigo 132 do Código de Processo Civil, que dispõe que os autos passarão ao sucessor do magistrado. Doutrina. Precedente. (...)" (HC 242.115-PE. Rel. Min. Jorge Mussi, j. 02.08.2012). Notem como a jurisprudência vinha aplicando, de modo específico e subsidiariamente, o art. 132 do revogado CPC. O novo Código não prevê qualquer regra semelhante, de modo que a jurisprudência deverá decidir qual a solução a ser dada. A nosso ver, deveria ser a mesma que vinha sendo seguida até aqui, por uma questão de segurança jurídica.

---

07. (Cespe – Analista Judiciário – Área Judiciária – STM/2011) No que concerne aos princípios constitucionais do processo penal, julgue os seguintes itens.

07.1. Não se admite, por caracterizar ofensa ao princípio do contraditório e do devido processo legal, a concessão de medidas judiciais inaudita altera parte no processo penal.

COMENTÁRIOS

Errado. Embora o contraditório seja a regra em nosso processo penal, inclusive nas medidas coativas pessoais, algumas destas podem ser concedidas sem a prévia oitiva da parte atingida, em casos de urgência ou de perigo de ineficácia da medida (art. 282, § 3º, CPP).

07.2. Conforme entendimento do Supremo Tribunal Federal (STF), não é nula a citação por edital que se limita a indicar o dispositivo da lei penal, não transcrevendo o inteiro teor da denúncia ou queixa, inexistindo violação ao princípio do contraditório e da ampla defesa.

COMENTÁRIOS

Certo. O STF realmente entende não ser nula a citação por edital que indica o dispositivo da lei penal, embora não transcreva a denúncia ou queixa, ou não resuma os fatos em que se baseia. É exatamente o teor da Súmula 366.

07.3. O princípio da inocência está expressamente previsto na Constituição Federal de 1988 e estabelece que todas as pessoas são inocentes até que se prove o contrário, razão pela qual se admite a prisão penal do réu após a produção de prova que demonstre sua culpa.

COMENTÁRIOS

Errado. O inciso LVII do art. 5º do CF dispõe que ninguém será considerado culpado até o trânsito em julgado de sentença penal condenatória. Para nós, trata-se do reconhecimento, no texto constitucional, do princípio da presunção de inocência. Na doutrina, porém, há quem sustente haver apenas o reconhecimento de um "estado de inocência", mas não da citada presunção. Seja como for o posicionamento que se adote, é certo que, de fato, todos devem ser considerados inocentes enquanto não for definitivamente condenado. Somente após tal condenação definitiva é que se admite a prisão penal, ou seja, a prisão-pena. Antes disso, toda prisão é cautelar, sendo mero instrumento do processo, para garantir sua efetividade, quando presente a necessidade de garantir a ordem pública ou a ordem econômica, ou assegurar futura aplicação da lei penal ou mesmo para assegurar a realização da instrução. Ocorre que, mais recentemente, o STF, no julgamento do HC 126.292-SP, modificou o entendimento que até então mantinha sobre o alcance do princípio da presunção de inocência. Assim, a Corte Suprema entendeu possível o início da execução da pena imediatamente depois do julgamento do recurso em segunda instância, ou seja, do esgotamento da via recursal ordinária. Portanto, o STF agora entende ser possível a prisão para cumprimento da pena ainda que haja recurso especial ou extraordinário pendente, isso porque não mais será possível a discussão do fato e da prova, não havendo mais, a partir daí, a presunção da inocência. Por fim, cuidado com os termos usados no enunciado acima. É que a sentença condenatória pressupõe a produção de prova que tenha demonstrado a culpa do acusado.

2. NORMA PROCESSUAL PENAL E SUA APLICAÇÃO

▸ CPP, arts. 1º a 3º.

08. (Cespe – Delegado de Polícia – PE/2016) Assinale a opção correta acerca do processo penal e formas de procedimento, aplicação da lei processual no tempo, disposições constitucionais aplicáveis ao direito processual penal e ação civil ex delicto, conforme a legislação em vigor e o posicionamento doutrinário e jurisprudencial prevalentes.

a) No momento da prolação da sentença condenatória, não cabe ao juízo penal fixar valores para fins de reparação dos danos causados pela infração, porquanto tal atribuição é matéria de exclusiva apreciação do juízo cível.

b) Sendo o interrogatório um dos principais meios de defesa, que expressa o princípio do contraditório e da ampla defesa, é imperioso, de regra, que o réu seja interrogado ao início da audiência de instrução e julgamento.

c) É cabível a absolvição sumária do réu em processo comum caso o juiz reconheça, após a audiência preliminar, a existência de doença mental do acusado que, comprovada por prova pericial, o torne inimputável.

d) Lei processual nova de conteúdo material, também denominada híbrida ou mista, deverá ser aplicada de acordo com os princípios de temporalidade da lei penal, e não com o princípio do efeito imediato, consagrado no direito processual penal pátrio.

e) Nos crimes comuns e nos casos de prisão em flagrante, deverá a autoridade policial garantir a assistência de advogado quando do interrogatório do indiciado, devendo nomear defensor dativo caso o indiciado não indique profissional de sua confiança.

COMENTÁRIOS

✪ **Nota do autor:** a questão mistura assuntos muito diversos, mas escolhemos o tema da alternativa correta para inseri-la neste tópico.

Alternativa correta: letra "D": é o que prevalece na doutrina e na jurisprudência. Vamos entender o problema. É possível que uma lei tenha conteúdo material (de direito penal) e processual. Um exemplo: o art. 366 do CPP é híbrido, pois trata da citação por edital e suspensão do processo (temas puramente processuais) e da suspensão da prescrição (tema de direito penal). A lei processual, como é cediço, aplica-se desde logo a todos os casos em andamento; a lei penal nova aplica-se aos casos cometidos antes de sua vigência apenas se for favorável ao imputado. Sendo híbrida a lei, o que pode ser aplicado? Tudo ou nada, depende. Se o conteúdo de direito penal da lei for favorável ao acusado, toda a lei híbrida aplica-se ao caso que já estava em andamento quando de sua vigência; do contrário, não se aplica a norma, nem mesmo a parte puramente processual.

Alternativa "A": o CPP agora permite que o juiz fixe, já na sentença penal condenatória, o valor mínimo da reparação pelos danos causados pelo crime, não obstando a que o ofendido busque, no juízo cível, valor ainda maior (art. 387, IV).

Alternativa "B": há controvérsia sobre a natureza do interrogatório. Há posicionamentos em diversos sentidos: que é meio de prova; que é apenas meio de defesa; que é meio híbrido, de prova e de defesa. Seja como for, a maioria dos ritos agora adotados – uma exceção é o da Lei de Drogas (Lei 11.343/2006) – inserem o interrogatório ao final do procedimento instrutório. E com razão: com isso, poderá o acusado escolher o que dirá, com base no que já foi produzido de prova nos autos, dando-se efetividade ao princípio da ampla defesa e também ao do contraditório, pois será a oportunidade de refutar tais provas. Uma observação: prevalecia o entendimento jurisprudencial de que o rito processual da Lei 11.343/2006, que, como visto, prevê o interrogatório como ato antecedente às oitivas das testemunhas, deveria ser aplicado, pois especial em relação ao rito do CPP. Ocorre que o STF e o STJ alteraram tal entendimento a partir do julgamento, pelo Supremo Tribunal Federal, do HC 127.900-AM, Rel. Min. Dias Toffoli, j. 03.03.2016. Segundo a Corte Suprema, que julgou caso em que era aplicado o Código de Processo Penal Militar, entendeu que a regra do art. 400 do CPP deve ser aplicado a todos os ritos especiais, devendo o interrogatório ser realizado ao final da instrução

Alternativa "C": nos ritos comuns ordinário e no sumário não há audiência preliminar, que só é previsto para o rito sumaríssimo da Lei 9.099/1995. À parte isso, é certo que o juiz não pode absolver sumariamente o acusado depois da resposta à acusação, com base no art. 397, III, do CPP, pois este exclui, de modo expresso, a inimputabilidade. É que nesse caso a absolvição é do tipo **imprópria**, pois depende do reconhecimento de prova de autoria de um fato típico e antijurídico, o que só se admite depois da regular instrução probatória. Ou seja, esta deverá ser realizada e, na fase normal da sentença, poderá o juiz absolver o acusado e aplicar medida de segurança.

Alternativa "E": não há necessidade de nomeação de advogado dativo. O imputado tem o direito de ser acompanhado por advogado em tal ato e a Defensoria Pública deverá ser comunicada da prisão. Mas, repita-se, não há obrigatoriedade da presença do advogado e, portanto, de nomeação de um para tal ato.

---

09. (Cespe – Defensor Público – RN/2015) Assinale a opção correta a respeito dos sistemas de processo penal e da interpretação da lei processual penal segundo o CPP e o entendimento do STJ.

a) De acordo com o CPP, a analogia equivale à norma penal incriminadora, protegida pela reserva legal, razão pela qual não pode ser usada contra o réu.

b) No sistema inquisitivo, a confissão é considerada a rainha das provas e predominam nele procedimentos exclusivamente escritos.

c) A lei processual penal veda a interpretação extensiva para prejudicar o réu.

d) A interpretação extensiva é um processo de integração por meio do qual se aplica a uma determinada situação para a qual inexiste hipótese normativa própria um preceito que regula hipótese semelhante.

e) Para o uso da analogia, é importante considerar a natureza do diploma de onde se deve extrair a norma reguladora.

COMENTÁRIOS

Alternativa correta: letra "B": trata-se, de fato, de algumas das características do sistema inquisitivo, podendo ser a eles acrescentado o sigilo, pois a publicidade é característica mais ligada ao sistema acusatório.

Alternativa "A": analogia é forma de integração do ordenamento jurídico, usada em caso de lacuna (há quem entenda ser modo de interpretação da norma). No Direito Penal, a analogia é vedada nas normas penais incriminatórias, pois prevalece a legalidade estrita. Nas demais normas penais, somente é admitida a analogia *in bonam partem*. No processo penal, o CPP admite amplamente o uso da analogia.

Alternativa "C": o CPP admite a interpretação extensiva (art. 3º do CPP), não havendo qualquer restrição quanto aos efeitos em relação ao acusado.

Alternativa "D": essa descrição aplica-se à analogia, não à interpretação extensiva. Esta última é uma classificação que se dá quanto aos efeitos da interpretação.

Alternativa "E": não importa a natureza do diploma de onde se deve extrair a norma reguladora, mas é importante verificar os princípios aplicados ao ramo do Direito. Vide as explicações contidas nos comentários à alternativa "A".

---

10. (Cespe – Juiz de Direito Substituto – RN/2013) Considerando os princípios constitucionais do processo penal e as disposições do CPP acerca da aplicação da lei processual penal, assinale a opção correta.

a) De acordo com o princípio da presunção de inocência, o juiz não deve receber denúncia quando houver, além da prova da materialidade do crime, apenas indícios de autoria.

b) Em razão do princípio da especialidade, a existência de lei especial que verse sobre determinado procedimento impede a aplicação do CPP, ainda que de forma subsidiária.

c) Dado o princípio da territorialidade, o CPP é aplicado em todo território nacional, inclusive no que se refere aos processos da competência da justiça militar.

d) O julgador poderá aplicar por analogia uma lei processual, para a solução de questão pendente no curso da ação penal.

e) Nova lei que altere as regras de intimação no processo penal tem aplicação imediata, tornando automaticamente inválidas, nos processos em curso, todas as intimações já realizadas sob a forma da lei revogada.

COMENTÁRIOS

✪ **Nota do autor:** predomina na questão o tema da aplicação da lei penal. Por isso, trataremos dela nesse tópico.

Alternativa correta: letra "D": o processo penal é muito diferente do direito penal nesse aspecto. Como os leitores sabem, no direito penal não se admite a analogia *in malam partem*, mas apenas *in bonam partem*. No processo penal não há tal distinção, admitindo-se perfeitamente a analogia, como o faz expressamente o art. 3º do CPP: "A lei processual penal admitirá interpretação extensiva e aplicação analógica, bem como o suplemento dos princípios gerais de direito".

Alternativa "A": para o recebimento da denúncia, deve haver provas suficientes de que ocorreu o fato típico. Porém, quanto à autoria, basta a mera presença de indícios suficientes de que foi o denunciado quem o cometeu ou dele participou. "Indícios", aqui, não têm o significado técnico exposto no art. 239 do CPP. Na verdade, significa apenas que há a prova "semiplena", não suficiente para a condenação, mas que possibilita o início da fase judicial da persecução penal. Esse entendimento não fere de modo algum o princípio da presunção de inocência.

Alternativa "B": o CPP pode ter aplicação subsidiária, mesmo havendo lei especial regulando o procedimento de determinado crime. Aliás, o § 5º do art. 394 dispõe que são aplicados aos procedimentos especial, sumário e sumaríssimo as disposições do procedimento ordinário, regulado pelo CPP. E mais: o parágrafo único do art. 1º deixa absolutamente claro que o CPP terá aplicação subsidiária mesmo nos procedimentos especiais.

Alternativa "C": aos processos da Justiça Militar aplica-se o CPPM, não o CPP.

Alternativa "E": realmente, as alterações legislativas do processo penal devem ser aplicadas de imediato. No entanto, isso não invalida os atos já realizados, eis que a lei processual não retroage: ela apenas se aplica de imediato, como dito acima. Diz o art. 2º do CPP: "A lei processual penal aplicar-se-á desde logo, sem prejuízo da validade dos atos realizados sob a vigência da lei anterior".

---

11. (Cespe – Procurador do DF/ 2013) No que se refere à lei processual penal no espaço e no tempo, julgue os itens que se seguem.

11.1. A aplicação do princípio da territorialidade, previsto na lei processual penal brasileira, poderá ser afastada se, mediante tratado internacional celebrado pelo Brasil e referendado internamente por decreto, houver disposição que determine, nos casos que ele indicar, a aplicação de norma diversa.

COMENTÁRIOS

Certo. O princípio da territorialidade é previsto no art. 1º do CPP, que estabelece a regência, por tal Código, de todo processo penal que tramitar em território brasileiro. Porém, tal princípio não é absoluto, ou seja, é "temperado", já que o próprio art. 1º traz algumas exceções, notadamente os tratados, as convenções e as regras de direito internacional (inciso I). Portanto, havendo tratado entre o Brasil e outro(s) país(es), é possível que haja disposições processuais diversas daquelas constantes do CPP, desde que não haja afronta à CF. E mais: é necessário que o tratado tenha sido ratificado e ingressado em nosso ordenamento jurídico por meio dos necessários decretos, do Legislativo e do Executivo.

11.2. A lei processual penal será aplicada desde logo, sem prejuízo da validade dos atos instrutórios realizados sob a vigência de lei processual anterior, salvo se esta for, de alguma maneira, mais benéfica ao réu que aquela.

COMENTÁRIOS

Errado. A regra geral do art. 2º do CPP estabelece que a lei processual penal aplicar-se-á desde logo, sem prejuízo da validade dos atos realizados sob a vigência da lei anterior. Portanto, alterada a lei processual, as novas regras devem ser aplicadas, sem prejuízo do que já ocorreu no processo, mesmo que a nova lei for mais "dura" com o acusado. É verdade que há entendimento de que, no que tange às normas a respeito de medidas cautelares pessoais privativas ou restritivas da liberdade, por possuírem conteúdo misto, ou seja, penal e processual, deve seguir a regra do art. 5º, LV, da CF, que proíbe a retroação de norma penal, salvo para beneficiar o réu. Além disso, há entendimento de que ainda pode ser aplicado, mesmo que por analogia, o disposto no art. 2º do Decreto-lei 3.931/1941 (Lei de Introdução ao Código de Processo Penal), que prevê expressamente, quanto à prisão preventiva e à fiança, a aplicação da lei mais favorável no caso de intertemporalidade.

---

12. (Cespe – Defensor Público – DF/ 2013) No que se refere aos prazos e ao interrogatório no processo penal, julgue os itens a seguir.

Considere a seguinte situação hipotética.

Em um dos processos no qual é réu pela prática de crime de extorsão mediante sequestro, Júlio, cumprindo pena privativa de liberdade em regime disciplinar diferenciado, foi interrogado por meio de sistema de videoconferência antes da edição da Lei nº 11.900/2009, que prevê a possibilidade de realização de interrogatório por videoconferência. Nessa situação hipotética, considerando-se o entendimento do STF, o interrogatório de Júlio será válido, uma vez que a nova lei, por ter caráter processual, retroage para atingir os atos praticados anteriormente à sua edição.

COMENTÁRIOS

Errado. Não se trata de retroação, mas de aplicação imediata da lei processual a um processo ainda em andamento. Se retroação houvesse, os atos já praticados nos autos seriam desconsiderados e renovados, o que não ocorre em nosso sistema.

3. INQUÉRITO POLICIAL E OUTROS PROCEDIMENTOS INVESTIGATÓRIOS

- CPP, arts. 4º a 23
- Lei 9.099/1995, art. 69
- Lei 12.037/2009, art. 3º
- CF, arts. 58, § 3º, e 129

---

13. (Cespe – Delegado de Polícia – PE/2016) A respeito do inquérito policial, assinale a opção correta, tendo como referência a doutrina majoritária e o entendimento dos tribunais superiores.

a) Por substanciar ato próprio da fase inquisitorial da persecução penal, é possível o indiciamento, pela autoridade policial, após o oferecimento da denúncia, mesmo que esta já tenha sido admitida pelo juízo a quo.

b) O acesso aos autos do inquérito policial por advogado do indiciado se estende, sem restrição, a todos os documentos da investigação.

c) Em consonância com o dispositivo constitucional que trata da vedação ao anonimato, é vedada a instauração de inquérito policial com base unicamente em denúncia anônima, salvo quando constituírem, elas próprias, o corpo de delito.

d) O arquivamento de inquérito policial mediante promoção do MP por ausência de provas impede a reabertura das investigações: a decisão que homologa o arquivamento faz coisa julgada material.

e) De acordo com a Lei de Drogas, estando o indiciado preso por crime de tráfico de drogas, o prazo de conclusão do inquérito policial é de noventa dias, prorrogável por igual período desde que imprescindível para as investigações.

COMENTÁRIOS

Alternativa correta: letra "C": não pode a autoridade policial instaurar o inquérito, tendo como base tão-somente a denúncia anônima. Deve, antes disso, investigar e verificar se a denúncia traz algum fundamento e, se positivo, angariar algum elemento informativo mais concreto, para, aí sim, instaurar o procedimento investigatório. É o entendimento, por sinal, do STJ: "(...)Esta Corte Superior de Justiça, com supedâneo em entendimento adotado por maioria pelo Plenário do Pretório Excelso nos autos do Inquérito n. 1957/PR, tem entendido que a notícia anônima sobre eventual prática criminosa, por si só, não é idônea para a instauração de inquérito policial ou deflagração da ação penal, prestando-se, contudo, a embasar procedimentos investigatórios preliminares em busca de indícios que corroborem as informações da fonte anônima, os quais tornam legítima a persecução criminal estatal. (...)" (HC 233.440-SE, Rel. Min. Jorge Mussi, j. 18.06.2014).

Alternativa "A": o indiciamento é ato realizado durante a fase policial. Se já oferecida a peça inicial e já recebida esta, não há mais lugar para o indiciamento. Nesse sentido, reiterados julgados do STJ, como o seguinte: "(...)Não se admite a determinação de indiciamento formal do acusado, medida própria do inquérito policial, quando o feito já se encontra na fase judicial. Precedentes. (...)" (HC 293.623-SP, Rel. Min. Maria Thereza de Assis Moura, j. 20.05.2014).

Alternativa "B": o acesso somente se estende aos elementos já documentados nos autos do inquérito. Nesse sentido, claríssima a Súmula 14 do STF: "É direito do defensor, no interesse do representado, ter acesso amplo aos elementos de prova que, já documentados em procedimento investigatório realizado por órgão com competência de polícia judiciária, digam respeito ao exercício do direito de defesa".

Alternativa "D": a decisão, nesse caso, faz coisa julgada apenas formal, podendo ser proposta a ação penal caso surjam provas novas. É o que se extrai do art. 18 do CPP e da Súmula 524 do STF ("Arquivado o inquérito policial, por despacho do juiz, a requerimento do promotor de justiça, não pode a ação penal ser iniciada sem novas provas").

Alternativa "E": de acordo com o *caput* do art. 51 da Lei 11.343/2006, o inquérito policial será concluído no prazo de 30 dias, se o indiciado estiver preso, e de 90 dias, quando solto. Por força do que dispõe o parágrafo único, os prazos podem ser duplicados pelo juiz, ouvido o Ministério Público, mediante pedido justificado da autoridade de polícia judiciária. Portanto, pode o prazo chegar a 180 dias, se estiver o indiciado solto.

---

14. (Cespe – Delegado de Polícia – PE/2016) Com base nos dispositivos da Lei n.° 12.830/2013, que dispõe sobre a investigação criminal conduzida por delegado de polícia, assinale a opção correta.

a) São de natureza jurídica, essenciais e exclusivas de Estado as funções de polícia judiciária e a apuração de infrações penais pelo delegado de polícia.

b) A redistribuição ou a avocação de procedimento de investigação criminal poderá ocorrer de forma casuística, desde que determinada por superior hierárquico.

c) A remoção de delegado de polícia de determinada unidade policial somente será motivada se ocorrer de uma circunscrição para outra, não incidindo a exigência de motivação nas remoções de delegados de uma delegacia para outra no âmbito da mesma localidade.

d) A decisão final sobre a realização ou não de diligencias no âmbito do inquérito policial pertence exclusivamente ao delegado de polícia que preside os autos.

e) A investigação de crimes é atividade exclusiva das polícias civil e federal.

COMENTÁRIOS

✪ **Nota do autor**: a Lei 12.830/2013, de texto curto, é muito importante para complementar o estudo do inquérito policial e tem sido cobrada em concursos, sobretudo quando trata do indiciamento.

Alternativa correta: letra "A": segundo o art. 2º da Lei 12.830/2013, as funções de polícia judiciária e a apuração de infrações penais exercidas pelo delegado de polícia são de natureza jurídica, essenciais e exclusivas de Estado.

Alternativa "B": não mais. Segundo o § 4º do art. 2º da Lei 12.830, o inquérito policial ou outro procedimento previsto em lei em curso somente poderá ser avocado ou redistribuído por superior hierárquico, mediante despacho fundamentado, por motivo de interesse público ou nas hipóteses de inobservância dos procedimentos previstos em regulamento da corporação que prejudique a eficácia da investigação.

Alternativa "C": não há tais limitações à remoção na Lei 12.830. A respeito, consta dela a seguinte regra: "A remoção do delegado de polícia dar-se-á somente por ato fundamentado" (art. 2º, § 5º).

Alternativa "D": é o delegado de polícia quem preside o inquérito policial, como deixa claro o § 1º do art. 2º da Lei 12.830. Porém, pode o Ministério Público requisitar diligências, que deverão ser cumpridas pela autoridade policial. Tal poder do Parquet decorre do próprio texto constitucional (art. 129, VIII).

Alternativa "E": não é exclusividade, eis que outras instituições detém tal atribuição. Exemplo disso é o Ministério Público, que pode instaurar seus próprios procedimentos investigatórios, como já reconheceu – finalmente – o STF.

---

15. (Cespe – Juiz de Direito – PB/2015) A autoridade policial foi informada da descoberta de um cadáver, com perfurações por toda a região abdominal, às margens de uma rodovia. Próximo ao local, havia também uma faca com marcas de sangue e garrafas de bebida alcoólica.

Em face dessa situação, e considerando-se o disposto no CPP, a autoridade policial deverá

a) oficiar ao Poder Judiciário a fim de que se efetue a retirada do corpo do local.
b) dirigir-se ao local e providenciar que o estado e a conservação das coisas não sejam alterados até a chegada de peritos criminais.
c) determinar de imediato a higienização da faca para proceder a reprodução simulada dos fatos.
d) requerer autorização judicial para que a área seja isolada e para o deslocamento de peritos criminais.
e) pedir autorização judicial para abertura do inquérito policial.

COMENTÁRIOS

Alternativa correta: letra "B": é a primeira providência que deve tomar a autoridade policial, de acordo com o art. 6º do CPP.

Alternativa "A": não há necessidade alguma de que o Poder Judiciário interfira nesse ponto. Cabe ao próprio Instituto Médico Legal providenciar a remoção do corpo.

Alternativa "C": jamais deverá a autoridade policial limpar a faca, eis que removeria vestígios importantes, impedindo a análise pericial. A faca deverá ser apreendida e entregue à perícia, imediatamente, se possível.

Alternativa "D": o próprio delegado de polícia tem autoridade para isolar a área e requisitar a presença dos peritos.

Alternativa "E": tomando conhecimento pessoalmente da ocorrência do crime, cabe ao delegado de polícia instaurar, de ofício, o inquérito policial, não sendo necessária autorização judicial (art. 5º, I, CPP). Aliás, não há necessidade de autorização judicial para instauração de inquérito, salvo nos casos em que haja investigados com foro por prerrogativa de função.

---

16. (Cespe – Juiz de Direito Substituto – DFT/2014) Considerando as normas atinentes às investigações criminais presididas pelo MP e o entendimento do STJ e do STF acerca da matéria, assinale a opção correta.

a) A promoção de investigação pelo MP interfere na relação de equilíbrio entre acusação e defesa, na medida em que não há controle judicial dessa atividade ministerial.
b) As investigações conduzidas pelo MP são menos formais que as conduzidas pela polícia, o que fere o princípio da ampla defesa.
c) A investigação pelo MP deve ocorrer de forma subsidiária e em hipóteses específicas, como nos casos em que se verificar uma intencional omissão da polícia na apuração de determinados delitos ou se configurar o deliberado intuito da própria corporação policial de frustrar, em razão da condição do suspeito, a adequada apuração de determinadas infrações penais.
d) Eventuais diligências realizadas pelo MP, em procedimento preparatório por ele instaurado para investigar crimes, confundem-se com o inquérito policial.
e) De acordo com a CF, condiciona-se ao exclusivo impulso da polícia a investigação para a futura propositura das ações penais públicas incondicionadas, como nos delitos de formação de quadrilha, extorsão e lavagem de dinheiro, sendo nulo o inquérito policial em que o MP protagonizar várias das medidas de investigação.

COMENTÁRIOS

✪ **Nota do autor:** o tema da questão – investigação criminal realizada pelo Ministério Público – está longe de ser pacífico, muito embora as decisões judiciais, em geral, a tem aceitado. O STF decidiu, recentemente, pelo Pleno, que o Ministério Público pode fazer suas próprias investigações. Nesse sentido: "(...) Questão constitucional com repercussão geral. Poderes de investigação do Ministério Público. Os artigos 5º, incisos LIV e LV, 129, incisos III e VIII, e 144, inciso IV, § 4º, da Constituição Federal, não tornam a investigação criminal exclusividade da polícia, nem afastam os poderes de investigação do Ministério Público. Fixada, em repercussão geral, tese assim sumulada: 'O Ministério Público dispõe de competência para promover, por autoridade própria, e por prazo razoável, investigações de natureza penal, desde que respeitados os direitos e garantias que assistem a qualquer indiciado ou a qualquer pessoa sob investigação do Estado, observadas, sempre, por seus agentes, as hipóteses de reserva constitucional de jurisdição e, também, as prerrogativas profissionais de que se acham investidos, em nosso País, os Advogados (Lei 8.906/94, artigo 7º, notadamente os incisos I, II, III, XI, XIII, XIV e XIX), sem prejuízo da possibilidade – sempre presente no Estado democrático de Direito – do permanente controle jurisdicional dos atos, necessariamente documentados (Súmula Vinculante 14), praticados pelos membros dessa instituição'. Maioria. (...)"(RE 593.727-MG, Rel. Min. Gilmar Mendes, j. 14.05.2015).

Alternativa correta: letra "C": O STF decidiu, pelo Pleno, que a investigação criminal pelo Ministério Público não contraria a CF e que pode ser perfeitamente realizada, inclusive em caráter subsidiário.

Alternativa "A": trata-se de crítica que parte da doutrina faz sobre a investigação realizada pelo Ministério Público.

Alternativa "B": o problema não é propriamente de informalidade, mas de falta de regulação legal, o que vem sendo suprido por regulações administrativas, tanto no âmbito interno de cada Ministério Público, quanto no âmbito do Conselho Nacional do Ministério Público. Não vemos, porém, problema para o exercício do direito de defesa.

Alternativa "D": não há confusão. Inquérito policial é procedimento presidido por delegado de polícia, no âmbito da polícia judiciária (Lei 12.830/2013). Procedimento do Ministério Público não é inquérito, portanto.

Alternativa "E": Ministério Público não realiza ato de investigação em inquérito policial, mas, sim, em procedimento próprio. De outra parte, a CF não afirma que a investigação criminal é privativa da polícia judiciária, mas apenas que, no âmbito Federal, a função de polícia judiciária será exercida – não as atividades de investigação, notem –, com privatividade, pela Polícia Federal; e, no âmbito estadual, pela Polícia Civil, nesse caso, sem nem mencionar a privatividade.

---

17. (Cespe – Procurador do Estado – BA/2014) Acerca das provas, das sentenças e dos princípios do direito processual penal, julgue os itens a seguir.

De acordo com a jurisprudência do STF, é vedado ao juiz requisitar novas diligências probatórias caso o MP tenha-se manifestado pelo arquivamento do feito.

COMENTÁRIOS

Certo. Cabe ao Ministério Público decidir se deve oferecer denúncia, requerer o arquivamento do inquérito ou outras diligências à polícia. Caso entenda ser caso de arquivamento, deve requerê-lo ao juiz, que deverá apreciar o pedido e nada mais. Se entender procedente, determina o arquivamento. Do contrário, procede nos termos do art. 28 do CPP, remetendo os autos ao Chefe do Ministério Público.

---

18. (Cespe – Procurador do Estado – BA/2014) Em relação à assistência no processo penal, julgue os itens subsecutivos.

A interveniência do assistente de acusação não é permitida no curso do inquérito policial ou da execução penal.

COMENTÁRIOS

Certo. A assistência é prevista no CPP apenas para a fase da ação penal, não para a fase anterior, de investigação, e termina com o trânsito em julgado da sentença, excluindo, portanto, a fase de execução (arts. 268 e 269).

---

19. (Cespe – Analista Judiciário – Área Judiciária – TJ – CE/2014) Acerca de inquérito policial (IP), assinale a opção correta. Nesse sentido, considere que a sigla MP, sempre que empregada, se refere ao Ministério Público.

a) Ainda que o MP possua provas suficientes para instauração da ação penal, o IP não poderá ser dispensado.

b) O MP, que é o dominus litis, pode determinar a abertura de IPs, requisitar esclarecimentos e diligências investigatórias, bem como assumir a presidência do IP.

c) A elaboração de laudo pericial na fase do IP sem prévio oferecimento de quesitos pela defesa ofende o princípio da ampla defesa quando somente tenha sido dada oportunidade de manifestação e oferecimento de quesitos após sua juntada.

d) O arquivamento do IP pode ser realizado pela autoridade policial, quando houver requerimento do MP, com sua concordância.

e) Caso o MP requeira o arquivamento de IP com fundamento na atipicidade do fato, a decisão que determinar o arquivamento com base nesse fundamento, ainda que seja emanada de juiz absolutamente incompetente, impedirá a instauração de processo que tenha por objeto o mesmo episódio.

COMENTÁRIOS

Alternativa correta: letra "E": o arquivamento do inquérito policial não faz coisa julgada material, ao menos, como regra. Assim, sempre que surgirem provas novas, ou seja, com conteúdo novo, desconhecido quando do arquivamento, poderá ser proposta a ação penal. Mas a jurisprudência vem apontando algumas exceções, a saber: reconhecimento de atipicidade do fato, de causa de extinção da punibilidade ou de causa de exclusão da ilicitude. Nesse sentido, o posicionamento do STJ: "(...) A decisão de arquivamento do inquérito policial no âmbito da Justiça Comum, em virtude de promoção ministerial no sentido da atipicidade do fato e da incidência de causa excludente de ilicitude, impossibilita a instauração de ação penal perante a

Justiça Especializada, uma vez que o Estado-Juiz já se manifestou sobre o fato, dando-o por atípico (precedentes). Ainda que se trate de decisão proferida por juízo absolutamente incompetente, deve-se reconhecer a prevalência dos princípios do favor rei, favor libertatis e ne bis in idem, de modo a preservar a segurança jurídica que o ordenamento jurídico demanda. No caso de causa de extinção da punibilidade, observamos que, caso o arquivamento tenha se dado por suposta morte do autor do crime, reconhecida por certidão de óbito falsa, poderá o caso ser desarquivado, como tem admitido o STF. (...)" (HC 173.397-RS, Rel. Min. Maria Thereza de Assis Moura, j. 17.03.2011). No entanto, o STF possui entendimento ligeiramente diverso: o arquivamento do inquérito policial em razão do reconhecimento de excludente de ilicitude não faz coisa julgada material (HC 125.101-SP, Rel. para o Acórdão Min. Dias Toffoli, j. 25.08.2015, Informativo 796).

Alternativa "A": o inquérito é dispensável, podendo o Ministério Público oferecer denúncia com base em peças de informação que forneçam prova da ocorrência de um crime e indícios suficientes de autoria (arts. 12 e 39, § 5º, CPP).

Alternativa "B": o Ministério Público jamais poderá assumir a presidência do inquérito, que é privativa de delegado de polícia, como deixa absolutamente claro a Lei 12.830/2013.

Alternativa "C": entendemos que está certa a alternativa, visto que não tem a autoridade policial a obrigação de garantir o contraditório na fase investigatória. Porém, incide em tal momento da persecução o princípio da ampla defesa. Nesse caso, se o defensor do investigado tomar conhecimento de que será realizada uma perícia, tem ele o direito de apresentar quesitos, o que está garantido pelo inciso XXI do art. 7º da Lei 8.906/1994, com a redação que lhe foi dada pela Lei 13.245/2016)

Alternativa "D": a autoridade policial e o Ministério Público jamais poderão arquivar inquérito policial. Cabe ao *Parquet* requerer ao juiz o arquivamento e a este último determiná-lo.

---

20. (Cespe – Cartório – TJ – DF/2014) Com relação ao inquérito policial e à ação penal, assinale a opção correta.

a) Ao interrogatório do indiciado na fase inquisitiva são aplicadas as mesmas regras do interrogatório judicial, sendo obrigatória a presença de defensor com direito a interferência, em atendimento ao princípio da ampla defesa.

b) O decêndio legalmente determinado para o fim das investigações policiais no caso de prisão preventiva poderá ser prorrogado com vistas à realização de diligências complementares necessárias à acusação.

c) Em se tratando de ação penal privada, se o ofendido for menor de vinte e um anos de idade e maior de dezoito anos de idade, o direito de queixa poderá ser exercido por ele ou por seu representante legal.

d) Oferecida a denúncia, não mais é cabível ao MP a desistência da ação penal.

e) O inquérito policial nos crimes em que a ação pública for condicionada à representação, poderá ser instaurado sem esta, desde que mediante ato de ofício da autoridade policial competente.

COMENTÁRIOS

✪ **Nota do autor:** inserimos a questão neste tópico, eis que as alternativas sobre o inquérito nela prevalecem.

Alternativa correta: letra "D": a ação penal pública, de titularidade do Ministério Público, é indisponível, ou seja, uma vez proposta, não pode dela desistir o órgão acusatório (art. 42, CPP). Nada impede, porém, que ao final da instrução o *Parquet* opine pela absolvição do acusado. Aliás, pode até mesmo opinar nesse sentido já na fase do art. 397.

Alternativa "A": não temos dúvida em afirmar que o princípio da ampla defesa já se aplica à fase do inquérito. Então, quando do interrogatório, tem o imputado o direito de permanecer em silêncio, bem como o de não produzir prova contra si mesmo. Porém, não vige em tal fase o princípio do contraditório, de modo que a presença de advogado, posto seja direito do imputado, não é obrigatória caso este não providencie a presença do profissional.

Alternativa "B": não pode haver prorrogação nesse caso. Se realmente forem necessárias mais diligências, sem as quais a denúncia não poderá ser oferecida, deverá ser revogada a prisão preventiva.

Alternativa "C": o direito de queixa, nesse caso, deve ser exercida pelo próprio ofendido, que já possui total capacidade. Entende-se que, em face do novo Código Civil, não mais é aplicável o art. 34 do CPP.

Alternativa "E": em caso de crime de ação penal pública condicionada à representação, sem esta o inquérito não poderá ser instaurado (art. 5º, § 4º, CPP).

---

21. (Cespe – Juiz Federal Substituto 2ª região/ 2013) Acerca do inquérito policial (IP), assinale opção correta.

a) Mesmo em caso de sigilo decretado no IP, a autoridade policial terá de encaminhar ao instituto de identificação os dados relativos à infração penal e à pessoa do indiciado.

b) O advogado tem direito de vista aos autos do IP, salvo nos casos de decretação de sigilo.

c) Qualquer pessoa do povo que tiver conhecimento de qualquer infração penal poderá comunicá-la à autoridade policial, que, então, deverá reduzi-la a termo e, caso verifique a procedência das informações, instaurar inquérito.

d) A pedido do indiciado, a autoridade policial deverá instaurar o contraditório e a ampla defesa no curso do IP.

e) Nos crimes hediondos, o IP pode ser instaurado com base apenas em denúncia anônima encaminhada a delegado de polícia, a membro do MP ou a juiz, por constituir indício da prática de crime.

COMENTÁRIOS

✪ **Nota do autor:** é comum encontrar afirmações de que o inquérito policial tem caráter sigiloso, apontando-se, como base legal, o art. 20 do CPP. Porém, vejam o que realmente diz tal dispositivo: "A autoridade assegurará no inquérito o sigilo necessário à elucidação do fato ou exigido pelo interesse da sociedade". Ora, em nenhum momento o art. 20 afirma que o inquérito *deve ser* sigiloso, mas que *pode ser* sigiloso, desde que haja necessidade do sigilo. E mais: tal sigilo não pode ser oposto ao defensor do imputado e ao membro do Ministério Público. Aliás, basta verificar o teor da Súmula Vinculante 14 do STF. Admite-se que o sigilo possa ser imposto em relação aos elementos ainda não documentados nos autos. Admite-se, também, que o sigilo seja oposto à defesa para não prejudicar o andamento de determinadas diligências, sendo exemplos comuns o sigilo sobre futura realização de busca e sobre autorização de interceptação telefônica. De outra parte, todos concordam que o inquérito tem natureza inquisitória. É inquisitório, pois não se aplica o princípio do contraditório, o que não quer dizer que não deva ser aplicado outro: o princípio da ampla defesa.

Alternativa correta: letra "A": o sigilo é para fins de proteção da própria investigação e, segundo alguns, da intimidade do investigado. Portanto, deve-se evitar divulgações externas, que venham a prejudicar tais objetivos de proteção. Isso não impede, contudo, que haja a comunicação ao instituto de identificação, até para que conste da folha de antecedentes daquele que foi indiciado.

Alternativa "B": os advogados podem examinar os autos de inquérito policial em qualquer repartição policial, ainda que tenha sido decretado o sigilo das investigações. Porém, não terão "vista" dos autos fora da repartição. Diz a respeito a Súmula Vinculante 14 do STF: "É direito do defensor, no interesse do representado, ter acesso amplo aos elementos de prova que, já documentados em procedimento investigatório realizado por órgão com competência de polícia judiciária, digam respeito ao exercício do direito de defesa".

Alternativa "C": na verdade, diz o § 3º do art. 5º do CPP: "Qualquer pessoa do povo que tiver conhecimento da existência de infração penal em que caiba ação pública poderá, verbalmente ou por escrito, comunicá-la à autoridade policial, e esta, verificada a procedência das informações, mandará instaurar inquérito". Portanto, não é qualquer infração penal, estando excluídas aquelas que somente se procede mediante queixa; e pode ser feita a comunicação oralmente, não havendo determinação para redução a termo.

Alternativa "D": embora haja opiniões em contrário, predomina o entendimento de que não vigora o princípio do contraditório no inquérito policial, não tendo o indiciado o direito de participar de oitivas de testemunhas, fazer perguntas etc. Porém, é assegurada a ampla defesa, o que significa que o indiciado poderá indicar testemunhas para serem ouvidas, sugerir perícias, peticionar nos autos etc.

Alternativa "E": denúncia anônima não tem sido aceita como suficiente para a instauração de inquérito policial, devendo a autoridade policial proceder a diligências para verificar os indícios de sua procedência, antes de instaurar o procedimento. Nenhuma ressalva há na Lei 8.072/1990 quanto aos casos de crimes hediondos, o que significa que vale a mesma solução.

---

22. (Cespe – Juiz de Direito Substituto – RN/2013) Acerca do inquérito policial, assinale a opção correta.

a) Decretada a prisão preventiva no curso das investigações, o prazo para conclusão do inquérito policial será de dez dias, contados da data em que a autoridade policial tomar conhecimento do cumprimento da ordem.

b) Para a garantia da preservação das provas produzidas nos crimes de exclusiva ação penal privada, os autos do inquérito policial devem ser remetidos ao juízo competente, onde, não havendo manifestação no prazo decadencial para queixa, devem ser arquivados, vedada, em qualquer caso, a sua entrega ao ofendido.

c) Em se tratando de crime de ação pública condicionada, poderá ser instaurado o inquérito pela autoridade policial sem a representação do ofendido, que deverá ser feita até o oferecimento da denúncia.

d) O delegado de polícia que tomar conhecimento de crime de homicídio ocorrido em via pública deverá dirigir-se ao local dos fatos e, encontrando a arma utilizada no crime, só poderá apreendê-la mediante autorização judicial.

e) Durante o inquérito policial, é assegurado ao defensor amplo acesso aos elementos de prova que, já documentados em procedimento investigatório realizado por órgão com competência de polícia judiciária, digam respeito ao direito de defesa.

COMENTÁRIOS

Alternativa correta: letra "E": trata-se da repetição daquilo que o STF consagrou na Súmula Vinculante 14. Portanto, ao defensor não pode ser negado acesso aos autos da investigação, pois nestes estão os atos já documentados.

Alternativa "A": estando o imputado preso, o prazo para o encerramento do inquérito policial é de 10 dias, contado o prazo, nesta hipótese, a partir do dia em que se executar a ordem de prisão (art. 10, *caput*, CPP), não do dia em que a autoridade policial tomar conhecimento dela.

Alternativa "B": o art. 19 do CPP dispõe de modo diverso. Diz tal dispositivo que, nos crimes em que não couber ação pública, os autos do inquérito serão remetidos ao juízo competente, onde aguardarão a iniciativa do ofendido ou de seu representante legal, ou serão entregues ao requerente, se o pedir, mediante traslado.

Alternativa "C": o inquérito policial não pode ser instaurado sem a representação do ofendido, nos crimes de ação penal pública condicionada à representação (art. 5º, § 4º, CPP).

Alternativa "D": nesse caso, poderá o delegado apreender de imediato o objeto, independentemente de autorização judicial (art. 6º, II, CPP).

---

23. (Cespe – Delegado de Polícia – BA/2013) Determinado policial militar efetuou a prisão em flagrante de Luciano e o conduziu à delegacia de polícia. Lá, com o objetivo de fazer Luciano confessar a prática dos atos que ensejaram sua prisão, o policial responsável por seu interrogatório cobriu sua cabeça com um saco plástico e amarrou-o no seu pescoço, asfixiando-o. Como Luciano não confessou, o policial deixou-o trancado na sala de interrogatório durante várias horas, pendurado de cabeça para baixo, no escuro, período em que lhe dizia que, se ele não confessasse, seria morto. O delegado de polícia, ciente do que ocorria na sala de interrogatório, manteve-se inerte. Em depoimento posterior, Luciano afirmou que a conduta do policial lhe provocara intenso sofrimento físico e mental.

23.1. Considerando a situação hipotética acima e o disposto na Lei Federal nº 9.455/1997, julgue os itens subsequentes.

O delegado não pode ser considerado coautor ou partícipe da conduta do policial, pois o crime de tortura somente pode ser praticado de forma comissiva.

COMENTÁRIOS

Errado. O delegado de polícia pode responder pelo crime de tortura, na forma prevista no § 2º do art. 1º da Lei 9.455/1997, que traz uma forma omissiva de conduta. Diz o dispositivo: "Aquele que se omite em face dessas condutas, quando tinha o dever de evitá-las ou apurá-las, incorre na pena de detenção de um a quatro anos". As condutas referidas são aquelas previstas no inciso I e no § 1º do art. 1º, incluindo a conduta do policial que praticou os atos de tortura descritos no enunciado, que configuram, especificamente, o disposto na alínea *a* do inciso I do art. 1º ("Constitui crime de tortura: I – constranger alguém com emprego de violência ou grave ameaça, causando-lhe sofrimento físico ou mental: a) com o fim de obter informação, declaração ou confissão da vítima ou de terceira pessoa").

23.2. Para a comprovação da materialidade da conduta do policial, é imprescindível a realização de exame de corpo de delito que confirme as agressões sofridas por Luciano.

COMENTÁRIOS

Errado. Não é imprescindível a realização de exame de corpo de delito, já que nem todos os "métodos" de tortura deixam vestígios. Não havendo vestígios, será desnecessário o exame (ar. 158, CPP). Ainda que tenha deixado vestígios, caso estes tenham desaparecido, pode a prova testemunhal e o relato da vítima suprir a falta do laudo. É o que dispõe o art. 167 ("Não sendo possível o exame de corpo de delito, por haverem desaparecido os vestígios, a prova testemunhal poderá suprir-lhe a falta").

---

24. (Cespe – Delegado de Polícia – BA/2013) Em relação ao inquérito policial, julgue os itens subsequentes, com base no disposto no Código de Processo Penal (CPP) e na doutrina.

24.1. Tratando-se de inquéritos policiais instaurados para a apuração de crimes perpetrados por organizações criminosas, é obrigatória a identificação datiloscópica das pessoas investigadas, ainda que tenham apresentado identificação civil.

COMENTÁRIOS

Errado. No gabarito, considerava-se certa a afirmativa, o que tinha uma explicação: estava em vigor a Lei 9.034/1995, que realmente possuía a regra acima. Porém, a Lei 12.850/2013 – que revogou a anteriormente citada – não a repetiu, de modo que não é obrigatória a identificação datiloscópica, caindo esse caso na regra geral.

24.2. De acordo com o CPP, entre os procedimentos a serem adotados pela autoridade policial incluem-se a oitiva do ofendido e a comunicação a ele dos atos da investigação policial, em especial, os relativos ao ingresso ou à saída do acusado da prisão, à designação de data para interrogatório e, no caso de indiciamento do acusado, à remessa dos autos à justiça.

COMENTÁRIOS

Errado. Não há a obrigatoriedade de a autoridade policial comunicar ao ofendido sobre os atos da investigação. Notem que, segundo o § 2º do art. 201 do CPP, o ofendido será comunicado dos atos processuais relativos ao ingresso e à saída do acusado da prisão, à designação de data para audiência e à sentença e respectivos acórdãos que a mantenham ou modifiquem. Tal obrigação cabe do Poder Judiciário, não à autoridade policial.

24.3. A instauração de inquérito policial para apuração de infrações penais, de competência da justiça estadual, imputadas a prefeito municipal condiciona-se à autorização do Tribunal de Justiça, órgão responsável pelo controle dos atos de investigação depois de instaurado o procedimento apuratório.

COMENTÁRIOS

Certo. O Tribunal de Justiça, nesse caso, é competente para julgar prefeitos municipais. A acusação caberá, normalmente, ao Procurador-Geral de Justiça, chefe do Ministério Público estadual.

24.4. Os delegados de polícia não podem recusar-se a cumprir requisição de autoridade judiciária ou de membro do MP para instauração de inquérito policial.

COMENTÁRIOS

Errado. Podem recusar-se a cumprir tais requisições, caso o fato seja atípico, por exemplo, ou se já houver inquérito instaurado ou mesmo se for de atribuição da Polícia Federal.

25. (Cespe – Delegado de Polícia – BA/2013) João, preso em flagrante pela prática do crime de roubo, foi encaminhado à delegacia de polícia, onde apresentou a carteira nacional de habilitação para identificar-se, visto que não portava sua carteira de identidade. Ainda assim, o delegado determinou que João fosse submetido à perícia dactiloscópica.

25.1. Com base nessa situação hipotética, julgue os itens que se seguem à luz do disposto na Lei n° 12.037/2009.

Nos termos da Lei n° 12.037/2009, a identificação criminal de João se justifica pelo fato de ele estar sendo indiciado pela prática de crime de roubo.

COMENTÁRIOS

Errado. A regra é que o civilmente identificado não será submetido a identificação criminal, salvo nas hipóteses previstas na própria Lei 12.037/2009, dentre as quais não se inclui o simples fato de o sujeito ser indiciado pela prática de roubo. Os casos previstos na lei são os seguintes (art. 3º): a) o documento apresentar rasura ou tiver indícios de falsidade; b) o documento apresentado for insuficiente para identificar cabalmente o indiciado; c) o indiciado portar documentos de identidade distintos, com informações conflitantes entre si; d) a identificação criminal for essencial às investigações policiais, segundo despacho da autoridade judiciária competente, que decidirá de ofício ou mediante representação da autoridade policial, do Ministério Público ou da defesa; e) constar de registros policiais o uso de outros nomes ou diferentes qualificações; f) o estado de conservação ou a distância temporal ou da localidade da expedição do documento apresentado impossibilite a completa identificação dos caracteres essenciais.

25.2. Ao determinar a identificação criminal de João, o delegado praticou o delito de constrangimento ilegal.

COMENTÁRIOS

Errado. A nosso ver, trata-se de crime de abuso de autoridade (art. 4º, *b*, Lei 4.898/1965).

26. (Cespe – Procurador do DF/ 2013) Considerando as normas referentes ao inquérito policial, julgue os itens a seguir.

26.1. Segundo as normas processuais penais vigentes, a autoridade policial não pode determinar o arquivamento do inquérito, salvo se o MP, previamente consultado, concordar com tal determinação.

COMENTÁRIOS

Errado. Nem a autoridade policial (art. 17, CPP), nem o MP pode determinar o arquivamento de inquérito policial. Somente o juiz pode arquivar o inquérito, havendo requerimento do MP. Havendo denúncia oferecida pelo MP e rejeição dela pelo juiz, o inquérito será arquivado, salvo se houver recurso em sentido estrito do *Parquet*, provido pelo Tribunal. Por outro lado, havendo requerimento de arquivamento pelo MP, pode o juiz deferi-lo, com o que o arquivamento ocorrerá. Porém, pode o juiz discordar do MP, devendo, então, aplicar o disposto no art. 28 do CPP: remeterá o inquérito ao Procurador-Geral de Justiça, chefe do MP, para que este decida se é ou não caso de arquivamento. Se o Procurador-Geral concordar com o arquivamento, nada poderá fazer o juiz senão arquivar os autos. Se o chefe do MP discordar, deverá ele próprio oferecer a denúncia ou designar outro membro da Instituição para fazê-lo.

26.2. De acordo com o CPP, qualquer pessoa do povo, ao tomar conhecimento da prática de atos delituosos, deverá comunicá-los à autoridade policial, seja verbalmente, seja por via formal.

COMENTÁRIOS

Errado. As pessoas do povo não têm um dever jurídico de comunicar à polícia sobre a ocorrência de infrações penais. As pessoas, de modo geral, têm a **faculdade** de fazer tal comunicação. Notem que o § 3º do art. 5º do CPP diz que qualquer pessoa do povo que tiver conhecimento da existência de infração penal em que caiba ação pública **poderá** – e não, "deverá" – verbalmente ou por escrito, comunicá-la à autoridade policial, e esta, verificada a procedência das informações, mandará instaurar inquérito.

27. (Cespe – Procurador do DF/ 2013) Julgue os itens subsequentes, a respeito da participação do MP no curso das investigações criminais, na instrução processual e na fase recursal.

COMENTÁRIOS

✪ **Nota do autor:** os enunciados a seguir tratam do papel do Ministério Público em todas as fases da persecução penal. Preferimos inserir a questão no tópico em tela, porque há menções em alguns deles sobre o papel do *Parquet* na fase de investigação.

27.1. Em conformidade com o que estabelece o CPP, do despacho que admitir ou não o assistente do MP jamais caberá recurso.

COMENTÁRIOS

Certo. O ofendido ou seu representante legal ou os sucessores do ofendido mencionados no art. 31 do CPP podem habilitar-se como assistentes do Ministério Público na ação penal (art. 268). Notem: na fase processual, não na etapa do inquérito policial. O limite para a habilitação é o trânsito em julgado da sentença. Ou seja, não é possível assistente na fase de execução da decisão condenatória definitiva. O ingresso do assistente no processo não interfere no procedimento já seguido até então, não se repetindo, por isso, os atos realizados. Por fim, diz o art. 273 que do despacho que admitir, ou não, o assistente, não caberá recurso, devendo, entretanto, constar dos autos o pedido e a decisão.

27.2. Nos termos da legislação processual vigente, o MP não está limitado à prévia instauração de inquéritos policiais para promover ações penais públicas, ainda que a apuração dos crimes seja complexa.

COMENTÁRIOS

Certo. O inquérito policial é dispensável. Caso o Ministério Público tenha elementos suficientes para a propositura da ação penal, poderá oferecer a denúncia, mesmo sem a prévia investigação por meio de inquérito policial. Assim, pode o Promotor de Justiça receber documentos que já possibilitem o oferecimento da ação penal e pode até mesmo o próprio Ministério Público investigar o fato. Notem que o art. 12 do CPP dispõe que o inquérito policial acompanhará a denúncia ou queixa, sempre que servir de base a uma ou outra. Ou seja, nem sempre o inquérito servirá de base para a denúncia.

27.3. Conforme jurisprudência pacificada no STJ, a participação de membro do MP na fase investigatória criminal acarreta, por esse fato, a sua suspeição para o oferecimento da respectiva denúncia.

COMENTÁRIOS

Errado. Ao contrário do que afirma o enunciado, o STJ já firmou entendimento de que a participação do membro do Ministério Público na fase de investigação não acarreta sua suspeição para oferecer denúncia e atuar na fase processual. Diz a Súmula 234: "A participação de membro do Ministério Público na fase investigatória criminal não acarreta seu impedimento ou suspeição para o oferecimento de denúncia".

27.4. De acordo com a Lei nº 9.296/1996, a intercepção das comunicações telefônicas poderá ser determinada a requerimento da autoridade policial, na fase de investigação criminal, ou a requerimento do MP, somente na fase de instrução criminal.

COMENTÁRIOS

Errado. O erro da assertiva está em limitar à fase processual a possibilidade de requerimento de interceptação telefônica pelo Ministério Público. Na verdade, pode o Ministério Público requerer a interceptação telefônica já na fase de investigação, conforme permite a Lei 9.296/1996.

28. (Cespe – Delegado de Polícia Federal – DPF/2013) Acerca da custódia cautelar e suas modalidades, dos atos processuais e seus sujeitos, bem como da ação penal, julgue os itens que se seguem.

Considere que, no curso de inquérito policial em que se apure crime de ação pública incondicionada, quando da primeira remessa dos autos ao Poder Judiciário com solicitação de retorno para novas diligências, a vítima do delito requeira a sua habilitação nos autos como assistente de acusação. Nessa situação, o pedido deve ser negado, visto que a figura do assistente é admitida no processo somente após o recebimento da denúncia e antes do trânsito em julgado da sentença.

COMENTÁRIOS

Certo. Realmente, não se admite a figura do assistente de acusação na fase de inquérito, eis que ainda sequer há acusação. Notem que o art. 268 do CPP menciona a "ação". Além disso, o art. 169 dispõe que o assistente será admitido enquanto não passar em julgado a sentença e receberá a causa no estado em que se achar.

29. (Cespe – Delegado de Polícia Federal – DPF/2013) Em cada um dos itens, é apresentada uma situação hipotética, seguida de uma assertiva a ser julgada em relação ao inquérito policial e suas peculiaridades, às atribuições da Polícia Federal e ao sistema probatório no processo penal brasileiro.

29.1. No curso de inquérito policial presidido por delegado federal, foi deferida a interceptação telefônica dos indiciados, tendo sido a transcrição dos dados em laudo pericial juntada em apenso aos autos do inquérito, sob segredo de justiça. Encaminhado o procedimento policial ao Poder Judiciário, o juiz permitiu o acesso da imprensa ao conteúdo dos dados da interceptação e a sua divulgação, sob o fundamento de interesse público à informação. Nessa situação hipotética, independentemente da autorização judicial de acesso da imprensa aos dados da interceptação telefônica, a divulgação desse conteúdo é ilegal e invalida a prova colhida, uma vez que o procedimento em questão, tanto na fase inquisitorial quanto na judicial, é sigiloso, por expressa regra constitucional.

COMENTÁRIOS

Errado. O sigilo do inquérito ou do processo depende, a nosso ver, de decisão do juiz, não sendo automática, pois, em regra, tais procedimentos são públicos, inclusive o inquérito. Quanto a este último, porém, tem-se entendido que também o delegado pode impor o sigilo. Segundo pensamos, ao contrário do que se costuma afirmar, o art. 20 do CPP não afirma que a regra é o sigilo do inquérito, mas apenas que o sigilo pode ser decretado, se necessário. De outra parte, a violação do sigilo não invalida os elementos informativos colhidos no inquérito ou a prova colhida na fase processual.

29.2. Uma quadrilha efetuou ilegalmente diversas transações bancárias na modalidade de saques e transferências eletrônicas em contas de inúmeros clientes de determinada agência do Banco do Brasil. A instituição financeira ressarciu todos os clientes lesados e arcou integralmente com os prejuízos resultantes das fraudes perpetradas pelo grupo. Nessa situação hipotética, cabe à Polícia Federal a instauração do inquérito policial, porquanto a ela compete, com exclusividade, a apuração de crimes praticados contra bens e serviços da União.

COMENTÁRIOS

Errado. As vítimas diretas, no caso, foram os cliente, não o banco. Portanto, só por isso a assertiva já estaria errada. Mas, além disso, mesmo que a vítima fosse o Banco do Brasil, não se trata de empresa pública, mas de sociedade de economia mista, não se enquadrando na hipótese do inciso IV do art. 109 da CF. E segundo o STJ: "Compete à justiça comum estadual processar e julgar as causas cíveis em que é parte sociedade de economia mista e os crimes praticados em seu detrimento" (Súmula 42).

29.3. Um delegado da Polícia Federal instaurou inquérito policial, mediante portaria, para investigar a conduta de deputado federal suspeito da prática de crimes contra a administração pública. Intimado para oitiva nos autos, o parlamentar impetrou habeas corpus contra o ato da autoridade policial, sob o argumento de usurpação de competência originária do STF. Nessa situação hipotética, assiste razão ao impetrante, visto que, para a instauração do procedimento policial, é necessário que a autoridade policial obtenha prévia autorização da Câmara dos Deputados ou do STF.

COMENTÁRIOS

Errado. Não há necessidade de autorização da Câmara dos Deputados. Porém, não pode, nesse caso, a Polícia Federal instaurar o inquérito de ofício, dependendo de autorização do STF. É o entendimento da Suprema Corte: "(...) Revela-se patente, no caso, a usurpação das competências constitucionais da Corte (art. 102, inciso I, alínea b, da Constituição Federal), uma vez que foram instaurados, de ofício, dois inquéritos policiais – o de nº 129/10 da DPCAMI da Comarca de Rio Sul/SC e o de nº 280/10 da DP da Comarca de Itapema/SC –, nos quais figurava como indiciado o reclamante detentor de foro especial por prerrogativa de função, uma vez que investido, à época da instauração dos procedimentos policiais, em mandato de deputado federal. 2. É da jurisprudência da Corte o entendimento de que a polícia judiciária não está autorizada a instaurar, de ofício, inquérito policial para apurar a conduta de parlamentares federais (PET nº 3.825/MT-QO, Tribunal Pleno, Relator para acórdão o Ministro Gilmar Mendes, DJ de 4/4/08). (...)" (Rcl 12.484-DF, Rel. Min. Dias Toffoli, j. 29.04.2014).

29.4. José foi indiciado em inquérito policial por crime de contrabando e, devidamente intimado, compareceu perante a autoridade policial para interrogatório. Ao ser indagado a respeito de seus dados qualificativos para o preenchimento da primeira parte do interrogatório, José arguiu o direito ao silêncio, nada respondendo. Nessa situação hipotética, cabe à autoridade policial alertar José de que a sua recusa em prestar as informações solicitadas acarreta responsabilidade penal, porque a lei é taxativa quanto à obrigatoriedade da qualificação do acusado.

COMENTÁRIOS

Certo. O direito ao silêncio diz respeito aos fatos apurados, ao conteúdo do interrogatório, não em relação à qualificação do imputado. Este, aliás, caso minta sobre sua identidade, deverá responder pelo crime do art. 307 do CP.

---

30. (Cespe – Advogado da União/2012) Julgue os itens subsequentes, a respeito da notitia criminis e dos procedimentos relativos aos crimes de lavagem de dinheiro.

A jurisprudência do STJ admite a possibilidade de instauração de procedimento investigativo com base em denúncia anônima, desde que acompanhada de outros elementos.

COMENTÁRIOS

Certo. Recebida a denúncia anônima, deve a Polícia ou o Ministério Público buscar apurar seu conteúdo com diligências preliminares, a fim de verificar sua verossimilhança. Com tais apurações preliminares, pode-se então instaurar o procedimento investigativo. É o entendimento do STJ: "(...) Esta Corte Superior de Justiça, com supedâneo em entendimento adotado por maioria pelo Plenário do Pretório Excelso nos autos do Inquérito nº 1957/PR, tem entendido que a notícia anônima sobre eventual prática criminosa, por si só, não é idônea para a instauração de inquérito policial ou deflagração da ação penal, prestando-se, contudo, a embasar procedimentos investigatórios preliminares em busca de indícios que corroborem as informações da fonte anônima, os quais tornam legítima a persecução criminal estatal. (...)" (HC 275.130-RS, Rel. Min. Jorge Mussi, j. 08.04.2014).

31. (Cespe – Delegado de Polícia – AL/ 2012) Acerca da ação penal e do inquérito policial, julgue os itens subsequentes.

31.1. No curso do inquérito policial, as partes poderão indicar assistentes técnicos para a produção e elaboração da prova pericial, podendo apresentar quesitos aos peritos oficiais e elaborar laudo em sentido diverso.

COMENTÁRIOS

Errado. Os assistentes técnicos não produzem prova pericial, tampouco laudo. Os assistentes técnicos elaboram mero parecer técnico (v.art.159, §§ 3º e 4º, CPP).

31.2. Quando se tratar de crimes relativos ao tráfico de drogas, o prazo para a conclusão do inquérito policial é de 30 dias, se o indiciado estiver preso e de 90 dias, se estiver solto, podendo ser duplicados, mediante pedido justificado da autoridade de polícia judiciária.

COMENTÁRIOS

Certo. É o que dispõe o art. 51, *caput*, da Lei 11.343/2006. O parágrafo único permite a duplicação do prazo pelo juiz, ouvido o Ministério Público, mediante pedido justificado da autoridade de polícia judiciária.

4. AÇÃO PENAL

- CF, arts. 5º, LIX, 129, I
- CPP, arts. 24 a 62

4.1. AÇÃO PENAL PÚBLICA

32. (Cespe – Delegado de Polícia – PE/2016) Acerca da ação penal, suas características, espécies e condições, assinale a opção correta.

a) A perempção incide tanto na ação penal privada exclusiva quanto na ação penal privada subsidiária da ação penal pública.

b) Os prazos prescricionais e decadenciais incidem de igual forma tanto na ação penal pública condicionada à representação do ofendido quanto na ação penal pública condicionada à representação do ministro da Justiça.

c) De regra, não há necessidade de a queixa-crime ser proposta por advogado dotado de poderes específicos para tal fim, em homenagem ao princípio do devido processo legal.

d) Tanto na ação pública condicionada à representação quanto na ação penal privada, se o ofendido tiver menos de vinte e um anos de idade e mais de dezoito anos de idade, o direito de queixa ou de representação poderá ser exercido por ele ou por seu representante legal.

e) É concorrente a legitimidade do ofendido, mediante queixa, e do MP, condicionada à representação do ofendido, para a ação penal por crime contra a honra de servidor público em razão do exercício de suas funções.

COMENTÁRIOS

Alternativa correta: letra "E": normalmente, esse crime seria de ação penal pública condicionada à representação, por força do disposto no art. 145, parágrafo único, do CP. Porém, firmou-se entendimento na jurisprudência de que pode o funcionário público ofendido oferecer queixa-crime, havendo legitimidade concorrente, portanto. Nesse sentido, a Súmula 714 do STF: "É concorrente a legitimidade do ofendido, mediante queixa, e do Ministério Público, condicionada à representação do ofendido, para a ação penal por crime contra a honra de servidor público em razão do exercício de suas funções".

Alternativa "A": a perempção jamais ocorre nas ações penais privadas subsidiárias. É que nelas, em caso de desídia do querelante, o Ministério Público retoma a ação como titular e o processo segue seu curso. Já nas ações penais exclusivamente privadas, a perempção importa em extinção da punibilidade. As causas de perempção estão no art. 60 do CPP: a) quando, iniciada a ação penal privada, o querelante deixar de promover o andamento do processo durante 30 dias seguidos; b) quando, falecendo o querelante, ou sobrevindo sua incapacidade, não comparecer em juízo, para prosseguir no processo, dentro do prazo de 60 (sessenta) dias, qualquer das pessoas a quem couber fazê-lo, ressalvado o disposto no art. 36 do CPP; c) quando o querelante deixar de comparecer, sem motivo justificado, a qualquer ato do processo a que deva estar presente, ou deixar de formular o pedido de condenação nas alegações finais; d) quando, sendo o querelante pessoa jurídica, esta se extinguir sem deixar sucessor.

Alternativa "B": não há diferença alguma quanto aos prazos prescricionais. Porém, no que tange aos prazos decadenciais, vem prevalecendo o entendimento de que não incide nas ações penais públicas condicionadas à requisição do Ministro da Justiça, embora haja entendimento minoritário no sentido contrário.

Alternativa "C": há expressa previsão sobre a necessidade de poderes especiais para o advogado nessa hipótese. Diz o art. 44 do CPP: "A queixa poderá ser dada por procurador com poderes especiais, devendo constar do instrumento do mandato o nome do querelante e a menção do fato criminoso, salvo quando tais esclarecimentos dependerem de diligências que devem ser previamente requeridas no juízo criminal".

Alternativa "D": sendo maior de 18 anos, é o ofendido plenamente capaz, razão pela qual a representação somente pode ser exercida por ele, salvo se, por outro motivo que não a idade, for ele incapaz, caso em que a representação deverá ser apresentada por seu representante legal. Em caso de colidência de interesses entre ambos, caberá a nomeação de curador especial para oferecer a representação.

---

33. (Cespe – Juiz de Direito – PB/2015) No que se refere a denúncia ou queixa, assinale a opção correta.

a) Além dos indícios de autoria, para o exercício da ação penal nos crimes de tráfico de drogas, a Lei nº 11.343/2006 considera suficiente o laudo de constatação.

b) O plenário do STF firmou entendimento no sentido de considerar o despacho que recebe denúncia ou queixa como uma espécie de decisão; por isso, tal despacho deve ser fundamentado.

c) No CPP está prevista a apelação como recurso cabível do não recebimento da denúncia ou queixa.

d) Inexiste possibilidade de litisconsórcio ativo entre o MP e o querelante.

e) A queixa, ainda que a ação penal seja privativa do ofendido, não poderá ser aditada pelo MP.

COMENTÁRIOS

Alternativa correta: letra "A": para o oferecimento de denúncia, deve existir nos autos indícios suficientes de autoria e prova da materialidade do delito. Para este último caso, pode-se perfeitamente aplicar o disposto no § 1º do art. 50 da Lei 11.343/2006, que estabelece: "Para efeito da lavratura do auto de prisão em flagrante e estabelecimento da materialidade do delito, é suficiente o laudo de constatação da natureza e quantidade da droga, firmado por perito oficial ou, na falta deste, por pessoa idônea". Notem que o dispositivo deixa claro que o laudo de constatação estabelece a materialidade do delito, o que é necessário para o oferecimento da denúncia. Depois, deve ser providenciado o laudo definitivo. Reforçando tal entendimento, o art. 56 dispõe que, recebida a denúncia, o juiz designará dia e hora para a audiência de instrução e julgamento, ordenará a citação pessoal do acusado, a intimação do Ministério Público, do assistente, se for o caso, e requisitará os laudos periciais. Ora, não há qualquer ressalva sobre a natureza de tais laudos, podendo-se concluir que pode ser o laudo definitivo, de exame químico-toxicológico da droga apreendida.

Alternativa "B": apesar dos reclamos da doutrina, o STF ainda não considera o despacho de recebimento da denúncia verdadeira decisão, que necessita de fundamentação: "(...)É pacífica a jurisprudência da Corte no sentido de que o recebimento da denúncia, por não ser ato decisório, não reclama fundamentação. Precedentes. (...)" (ARE 845.341 AgR-DF, Rel. Min. Dias Toffoli, j. 08.09.2015).

Alternativa "C": o recurso cabível, previsto no art. 581, I, do CPP, é o recurso em sentido estrito.

Alternativa "D": é possível, no caso de oferecimento de queixa subsidiária, na ação penal privada subsidiária da pública (art. 29, CPP), isso porque o Ministério Público não perde a titularidade da ação penal. Porém, a nosso ver, se aditar a queixa ou substituí-la, cessa o litisconsórcio e o Parquet reassume sozinho a titularidade da ação. Não concordamos com a opinião de que pode haver uma única ação penal, com litisconsórcio, no caso de conexão entre crime de ação penal pública e outro de ação pela privada. Nem vislumbramos, em nosso sistema, a existência da ação penal adesiva, presente, por exemplo, no ordenamento jurídico alemão.

Alternativa "E": mesmo nesse caso, a queixa poderá ser aditada pelo Ministério Público, tal como permite o art. 45 do CPP. Mas não pode o Ministério Público, a nosso ver, aditar a queixa para incluir querelado, pois, nesse caso, houve renúncia ao direito de queixa, que se estende aos demais autores do delito. Também não pode, a nosso ver, incluir crime, pois tal decisão cabe ao titular da ação. O aditamento tem como objetivo apenas o de corrigir aspectos formais.

---

34. (Cespe – Defensor Público – RN/2015) Assinale a opção correta a respeito da denúncia e da queixa-crime conforme o entendimento do STJ.

a) Nos crimes de ação penal privada, na procuração pela qual o ofendido outorga poderes especiais para o oferecimento da queixa-crime, observados os demais requisitos previstos no CPP, não é necessária a descrição pormenorizada do delito, desde que haja, pelo menos, a menção do fato criminoso ou o nomen juris.

b) Em habeas corpus, pode-se discutir a ausência de justa causa para a propositura da ação penal, mesmo nas hipóteses em que seja necessário um exame minucioso do conjunto fático-probatório em que ocorreu a infração.

c) O prazo de cinco dias para oferecimento da denúncia, nas hipóteses de réu preso, a fim de evitar a restrição prolongada à liberdade sem acusação formada, configura prazo próprio.

d) A queixa-crime apresentada perante juízo incompetente não obsta a decadência, se tiver sido observado o prazo de seis meses previsto no CPP.

e) O ato de recebimento da denúncia veicula manifestação decisória do Poder Judiciário, e não apenas simples despacho de caráter ordinatório.

COMENTÁRIOS

Alternativa correta: letra "A": esse o entendimento que vem prevalecendo na jurisprudência e em boa parte da doutrina. Ou seja, basta que, na procuração, seja feita menção ao fato criminoso que será imputado na queixa, não havendo necessidade de que seja totalmente descrito nesse momento. O entendimento majoritário encontra-se em consonância com o art. 44 do CPP, que apenas exige "menção do fato criminoso".

Alternativa "B": nesse caso, os tribunais – incluindo o STF – não tem concedido o *writ* de *habeas corpus*, pois neste há apenas uma análise sumária do alegado na impetração, o que é incompatível com a análise aprofundada do mérito.

Alternativa "C": não se trata de prazo próprio, eis que o Ministério Público não perde o direito de oferecer a denúncia depois de decorridos os 5 dias. A consequência poderá ser, no máximo, a soltura do acusado, mas isso somente se o excesso de prazo, de um modo global, estiver caracterizado.

Alternativa "D": o prazo é para oferecer a queixa-crime e, ainda que oferecida em juízo incompetente, houve afastamento do condição para a ocorrência da decadência. No STJ: AgRg no REsp 1.560.769-SP, Rel. Min. Sebastião Reis Júnior, j. 16.02.2016.

Alternativa "E": discordamos do gabarito, pois, para nós, o recebimento da denúncia tem caráter decisório e deve ser fundamentado. Porém, não é o entendimento que vem prevalecendo nos tribunais, inclusivo no STJ. Este tribunal e o STF entendem que o recebimento da denúncia não configura decisão judicial, pelo menos não a decisão mencionada no inciso IX do art. 93 da CF, não sendo exigível fundamentação complexa (STJ, HC 368.719-SC, Rel. Min. Ribeiro Dantas, j. 17.11.2016). Porém, a leitura de julgados como o citado mostra que, posto não se exija fundamentação extensa e se admita fundamentação sucinta, é certo que se não admite ausência total de fundamentação.

---

35. (Cespe – Analista Judiciário – Área Judiciária – TJ – CE/2014) No que se refere à ação penal, assinale a opção correta.

a) Arquivado o IP, por decisão judicial, a pedido do MP, permite-se o ajuizamento da ação penal privada subsidiária pública quando a vítima se sentir lesada pela violação de seus direitos.

b) Feita proposta de suspensão condicional do processo pelo MP, o acusado deverá declarar imediatamente se a aceita ou não, pois não lhe é permitido postergar tal manifestação para momento ulterior ao recebimento da denúncia.

c) A desistência da ação penal privada somente poderá ocorrer até a prolação da sentença condenatória.

d) O perdão concedido a um dos querelados aproveitará a todos, mesmo que haja recusa de um deles, não produzindo efeitos somente em relação a este.

e) A representação, condição de procedibilidade da ação penal pública condicionada, exige formalidade, não podendo ser suprida pela simples manifestação expressa da vítima ou de seu representante.

COMENTÁRIOS

Alternativa correta: letra "D": trata-se de regra aplicável, obviamente, às ações penais privadas, estando prevista no art. 51 do CPP ("O perdão concedido a um dos querelados aproveitará a todos, sem que produza, todavia, efeito em relação ao que o recusar").

Alternativa "A": a ação penal privada subsidiária da pública é permitida pela CF, em seu art. 5º, LIX: "será admitida ação privada nos crimes de ação pública, se esta não for intentada no prazo legal". No CPP, há previsão no art. 29: "Será admitida ação privada nos crimes de ação pública, se esta não for intentada no prazo legal, cabendo ao Ministério Público aditar a queixa, repudiá-la e oferecer denúncia substitutiva, intervir em todos os termos do processo, fornecer elementos de prova, interpor recurso e, a todo tempo, no caso de negligência do querelante, retomar a ação como parte principal". Assim, a queixa subsidiária somente é possível em caso de inércia do órgão ministerial, o que não ocorre quando este requer o arquivamento. Isso é muito importante: se houver manifestação do Ministério Público, por óbvio não houve inércia.

Alternativa "B": a proposta deve ser oferecida pelo Ministério Público quando do oferecimento da denúncia. O juiz pode perfeitamente receber a inicial acusatória e somente então designar audiência para ouvir o acusado a respeito da proposta. É nessa audiência que ele deverá dizer se aceita a proposta ou não.

Alternativa "C": a renúncia ao direito de ação deverá ocorrer até antes do oferecimento da queixa. Depois, pode haver o perdão do querelante ou a perempção, que resulta da desídia dele ou ausência de pedido de condenação em alegações finais. Esses casos acarretam a extinção da punibilidade, que pode ser reconhecida a qualquer tempo.

Alternativa "E": a representação não exige formalidade. Segundo o art. 39 do CPP e seus parágrafos, o direito de representação poderá ser exercido, pessoalmente pelo ofendido ou por procurador com poderes especiais, mediante declaração, escrita ou oral, feita ao juiz, ao órgão do Ministério Público, ou à autoridade policial. A representação feita oralmente ou por escrito, sem assinatura devidamente autenticada do ofendido, de seu representante legal ou procurador, será reduzida a termo, perante o juiz ou autoridade policial, presente o órgão do Ministério Público, quando a este houver sido dirigida.

---

36. (Cespe – Defensor Público – TO/2013) Acerca da ação penal, assinale a opção correta.

a) Admite-se a incidência da perempção na ação penal privada subsidiária da pública se o ofendido não promover a queixa no prazo de seis meses, atingindo a prescrição, também, o direito do titular originário da persecução penal.

b) A legitimidade para a propositura de todas as ações penais é concorrente, consoante atual entendimento uniforme dos tribunais superiores, e, caso a ação não seja intentada pelo MP, poderá ser proposta pelo ofendido ou por seu representante legal, conforme o caso.

c) O início da ação penal não coincide com o oferecimento da peça inicial acusatória pública ou queixa crime.

d) No processo penal condenatório a instauração da instância, com a propositura da ação penal, é ato complexo.

e) Admite-se, na ação pena pública incondicionada, que a peça inaugural acusatória possa conter imputação alternativa em relação aos fatos, sendo vedada, de forma expressa pelo CPP, a alternatividade em relação à autoria.

COMENTÁRIOS

Alternativa correta: letra "D": a instauração da instância, no processo penal, é ato complexo, pois depende não só do oferecimento e recebimento da denúncia, mas, sobretudo, da citação do acusado, vinculando-o à instância penal.

Alternativa "A": nesse caso, não há perempção ou prescrição, mas decadência (art. 38, CPP), que não atinge, porém, o titular da ação penal, ou seja, o Ministério Público.

Alternativa "B": o titular da ação penal pública é o Ministério Público, conforme prevê o art. 129, I, da CF. Não há, nesse caso, legitimidade concorrente. Porém, em caso de inércia do Ministério Público, admite-se a ação penal privada subsidiária (art. 29, CPP). Não é concorrente a legitimidade, mas subsidiária.

Alternativa "c": a ação penal tem início com seu oferecimento. Discute-se, apenas, se então já há ou não processo ou se este tem início com o recebimento da inicial acusatória.

Alternativa "e": a denúncia ou queixa deve trazer a descrição dos fatos de modo a possibilitar que o acusado deles se defenda. Assim, este deve saber exatamente do que está sendo acusado. Os fatos devem ser descritos também para que se saiba o que deve a acusação necessariamente provar, uma vez que esta tem tal ônus. É aqui que se insere a questão da denúncia ou queixa alternativa, ou seja, aquela que contém acusações alternativas. Um exemplo: um cidadão é surpreendido na condução de automóvel que, horas antes, fora roubado; é possível que ele tenha sido o roubador, mas é possível que o tenha receptado; o Promotor de Justiça, na impossibilidade de conseguir tal esclarecimento antes do decurso do prazo para o oferecimento da denúncia e estando o imputado preso, apresenta uma denúncia alternativa, imputando tanto a prática de roubo quanto de receptação, para que, durante a instrução, seja esclarecido qual o crime efetivamente cometido e pelo qual deve ser o réu condenado. Isso é possível? A maioria da doutrina entende que não. O problema da denúncia ou queixa alternativa é o prejuízo que acarreta para a defesa do acusado. Afinal, do que este deve se defender? De qual imputação? A acusação, por isso, deve ser certa. O STJ tem o entendimento de que a denúncia alternativa é possível se houver compatibilidade lógica entre as imputações, como se percebe da leitura da seguinte ementa de acórdão: "RECURSO ESPECIAL. PENAL. PROCESSO PENAL. TRANCAMENTO DA AÇÃO PENAL. ART. 89 DA LEI 8.666/93. 'Crimes previstos na Lei de licitações públicas. Concessão da Ordem pela Corte a quo para se trancar a ação penal em razão da alegada impossibilidade de se oferecer denúncia alternativa. Pedido de anulação do acórdão. Alegação de possibilidade de oferecimento de denúncia alternativa. Procedência. Compatibilidade lógica dos fatos imputados.' Recurso conhecido e provido" (REsp. 399.858-SP, Rel. Min. José Arnaldo da Fonseca, j. 25.02.2003). Em outros casos, o STJ acabou por aceitar a denúncia alternativa, mas antes a descaracterizou, ou seja, não reconheceu se tratar de verdadeira denúncia alternativa. É o que, a nosso ver, se dá no caso de crimes de ação múltipla. Em decisão mais recente, o STJ rechaçou denúncia alternativa que imputava justamente roubo e receptação, tal como no exemplo dado acima, eis que os fatos são incompatíveis: "(...) DÚVIDAS QUANTO À CONDUTA PRATICADA. ROUBO OU RECEPTAÇÃO. INVIABILIDADE DE DENÚNCIA ALTERNATIVA. OFENSA À AMPLA DEFESA E AO CONTRADITÓRIO. (...) Não é possível cumular na denúncia a prática de roubo e de receptação da mesma coisa. De fato, acaso o bem tenha sido roubado pelo paciente, não pode responder pela receptação dele, porquanto o uso do bem roubado pelo próprio agente nada mais é que post factum impunível, ou seja, mero exaurimento, razão pela qual não pode responder também pelo delito do art.

180 do Código Penal. 3. Não se mostra consentânea com o processo penal constitucional a possibilidade de o promotor, em caso de dúvida, formular duas narrativas, de maneira alternativa, para que ao fim da instrução, possa o Juiz escolher uma ou outra infração, porquanto ficaria sua defesa prejudicada, haja vista a imprecisão da denúncia. 4. É patente, também, que a descrição do delito de receptação não tem como se encaixar no tipo penal de roubo, pois, não obstante este ser crime complexo, a não comprovação de todos os seus elementos pode ensejar a desclassificação para o delito de furto, de lesão corporal ou de constrangimento ilegal, e não para o descrito no art. 180 do Código Penal. Com efeito, não há entre referidos fatos típicos relação de subsidiariedade, portanto, não há se falar na figura do soldado de reserva. 5. Tendo o parquet denunciado o paciente pelo roubo do bem, haja vista ter considerado existirem indícios mínimos da mencionada conduta, não pode ao final, à míngua de conseguir provar a imputação primeva, pedir a condenação pelo crime de receptação, sem se franquear ao paciente o procedimento do art. 384 do Código de Processo Penal. (...)" (HC 179.927-RJ, Rel. Min. Marco Aurélio Bellizze, j. 11.04.2013).

37. (Cespe – Analista do MPU/2013) Maria, vítima de estupro, comunicou o fato à autoridade policial na delegacia de polícia. Chamada, seis meses depois, para fazer o reconhecimento de um suspeito, Maria o identificou com segurança.

37.1. A partir dessa situação hipotética, julgue os itens subsequentes.

Caso Maria resolva perdoar o autor do estupro, deverá fazê-lo antes do recebimento da denúncia pelo juiz, o que garantirá a extinção da punibilidade.

COMENTÁRIOS

Errado. A ação penal nos crimes de estupro será, em regra, pública condicionada à representação da vítima (art. 225, *caput*, CP). Somente será pública incondicionada se a vítima for menor de 18 anos ou vulnerável (art. 225, parágrafo único, CP). Essas regras foram inseridas pela Lei 12.015, no ano de 2009. Assim, oferecida a representação, a vítima somente poderá dela se retratar até o oferecimento da denúncia (art. 25, CPP) A nosso ver, se for aplicável a Lei 11.340/2006 – Lei Maria da Penha – admite-se a retratação até mesmo depois de oferecida a denúncia, mas antes de seu recebimento pelo juiz.

37.2. Por ser o crime de estupro hediondo, a prisão temporária do suspeito, caso seja decretada, terá o prazo de trinta dias, prorrogável por igual período.

COMENTÁRIOS

Certo. Normalmente, o prazo da prisão temporária é de 5 dias, prorrogável por igual período. Porém, em se tratando de crime hediondo – e o estupro é crime dessa espécie – o prazo é maior, de 30 dias.

37.3. Maria tem o prazo de seis meses para representar contra o suspeito, iniciando-se a contagem, inclusive, do dia em que fez o reconhecimento na delegacia de polícia.

COMENTÁRIOS

Certo. O prazo para representação – de 6 meses – começa a ser contado do dia em que a vítima vier a saber quem foi o autor do crime, no caso da questão, do dia do reconhecimento (art. 38, CPP).

37.4. Caso Maria seja menor de dezoito anos de idade, cabe ao seu representante legal fazer a representação junto à autoridade policial no prazo legal, sob pena de decadência do direito.

COMENTÁRIOS

Errado. Diz o art. 24 do CPP que nos crimes de ação pública, esta será promovida por denúncia do Ministério Público, mas dependerá, quando a lei o exigir, de requisição do Ministro da Justiça, ou de representação do ofendido ou de quem tiver qualidade para representá-lo. De acordo com a Súmula 594 do STF, o direito de representação e de queixa podem ser exercidos, independentemente, pelo ofendido ou por seu representante legal. Nesse ponto, a doutrina diverge. Uma corrente, sustentando a posição da Súmula, entende que o prazo decadencial para o menor de 18 anos não corre enquanto ele não completar a maioridade; corre apenas para seu representante. Outra corrente entende que o prazo é único e, assim, se o representante legal tomar conhecimento da autoria do delito, o prazo decadencial já começa a correr e, se esgotado, impede o menor de representar quando completar 18 anos.

38. (Cespe – Juiz de Direito Substituto – RN/2013) No que se refere à ação penal, assinale a opção correta.

a) Suponha que, após o oferecimento de denúncia contra Pedro pela prática do crime de furto, tenham sido realizadas novas diligências pela autoridade policial, com a indicação da participação de Túlio na prática delitiva. Nessa hipótese, em face dos princípios da obrigatoriedade e da indivisibilidade da ação penal, o MP deverá promover nova ação penal contra Túlio, devendo, entretanto, ambas as ações – a primeira, em fase de defesa preliminar, e a segunda, contra Túlio – ter julgamento conjunto, dada a conexão probatória.

b) Segundo o entendimento do STF em julgamento de ADI, nos crimes de lesão corporal praticados contra a mulher em âmbito doméstico, a ação penal deve ser pública incondicionada, permanecendo, quanto ao crime de ameaça, a necessidade da representação da ofendida ou de seu representante legal.

c) Nas hipóteses de crimes de ação penal exclusivamente privada praticados contra sociedades legalmente constituídas, a queixa deverá ser prestada, necessariamente, pelo representante legal que o contrato ou estatuto designar, agindo em nome próprio, vedado o oferecimento de representação pela própria pessoa jurídica.

d) Na ação penal privada, admite-se a possibilidade de renúncia tácita do querelante em relação a alguns dos autores do crime, contra os quais se considerará arquivado o processo, prosseguindo a ação penal contra os demais, sob a fiscalização do MP.

e) Considere que Joana tenha oferecido representação contra sua vizinha Maria por crime de ameaça. Nessa situação, consoante previsão expressa no CPP, a representação oferecida por Joana deve ser considerada retratável até o recebimento da denúncia pela autoridade judicial.

COMENTÁRIOS

Alternativa correta: letra "B": na ADI 4.424-DF (Rel. Min. Marco Aurélio, j. 09.02.2012), o STF realmente decidiu o seguinte: "AÇÃO PENAL – VIOLÊNCIA DOMÉSTICA CONTRA A MULHER – LESÃO CORPORAL – NATUREZA. A ação penal relativa a lesão corporal resultante de violência doméstica contra a mulher é pública incondicionada – considerações". A razão de tal entendimento, a nosso ver, é simples: a necessidade de representação nos crimes de lesão corporal de natureza leve adveio com a Lei 9.099/1995, mas a Lei 11.340/2006 (Lei Maria da Penha) dispôs sobre a inaplicabilidade daquela lei aos casos de violência doméstica contra a mulher. Assim, nesses casos, voltamos à situação anterior à Lei 9.099, ou seja, o crime de lesão corporal leve contra mulher, no âmbito de violência doméstica, é de ação penal pública incondicionada. Já o crime de ameaça – de ação pública condicionada à representação – não foi afetado, sendo exigível a representação, mesmo nos casos de violência doméstica contra a mulher. Segundo entendimento do STJ: "A ação penal relativa ao crime de lesão corporal resultante de violência doméstica contra a mulher é pública incondicionada" (Súmula 542).

Alternativa "A": não há dúvida de que deve ser proposta ação contra Túlio. Há, inclusive, **continência** – não conexão –, devendo ocorrer a reunião de processos. Porém, no caso concreto, dependendo da etapa em que o processo contra um dos autores do crime se encontre, o art. 80 do CPP admite a possibilidade de que as ações penais corram separadamente.

Alternativa "C": o representante legal não age em nome próprio, mas em nome da empresa que foi vítima do crime. Segundo o art. 37 do CPP: "As fundações, associações ou sociedades legalmente constituídas poderão exercer a ação penal, devendo ser representadas por quem os respectivos contratos ou estatutos designarem ou, no silêncio destes, pelos seus diretores ou sócios-gerentes".

Alternativa "D": na ação penal privada aplica-se o princípio da indivisibilidade, ou seja, não pode o ofendido escolher quem quer ver processado ou condenado. Então, a renúncia ao direito de queixa – tácita ou expressa – em relação a algum dos querelados, atingirá todos os demais. Por sinal, o art. 49 do CPP dispõe que: "A renúncia ao exercício do direito de queixa, em relação a um dos autores do crime, a todos se estenderá".

Alternativa "E": a retratação é possível apenas até o oferecimento da denúncia, não do seu recebimento (art. 25, CPP). Note-se que a exceção encontra-se na Lei 11.340/2006 (Lei Maria da Penha), que permite a retratação até antes do recebimento da denúncia – e, assim, depois de seu oferecimento –, exigindo apenas que se dê em audiência judicial, especialmente designada para a mulher se retratar.

---

39. (Cespe – Delegado de Polícia – AL/ 2012) Acerca da ação penal e do inquérito policial, julgue os itens subsequentes.

39.1. No caso de o querelado, na ação penal privada, se manifestar no sentido de perdoar um dos réus, o perdão oferecido se estenderá a todos quantos alegadamente hajam intervindo no cometimento da infração penal, independentemente de aceitação ou não.

COMENTÁRIOS

Errado. Realmente, o perdão oferecido a um dos querelados deve se estender a todos, salvo àqueles que não o aceitarem. Vejam o que diz o art. 51 do CPP: "O perdão concedido a um dos querelados aproveitará a todos, sem que produza, todavia, efeito em relação ao que o recusar".

39.2. Um indivíduo, penalmente imputável, foi preso em flagrante pela prática de homicídio. Após cinco dias do recebimento do inquérito policial pelo MP, o laudo de exame cadavérico da vítima ainda não havia sido anexado aos autos. Nessa situação, a falta do laudo cadavérico, impedirá a propositura da ação penal por parte do MP.

COMENTÁRIOS

Errado. A falta do laudo não impedirá o oferecimento da ação penal, desde que haja informações suficientes sobre a ocorrência do homicídio. O laudo de exame necroscópico pode ser encaminhado aos autos posteriormente.

4.2. AÇÃO PENAL PRIVADA

40. (Cespe – Procurador do Estado – BA/2014) Julgue os itens subsequentes, no que se refere aos recursos, à ação penal e à competência no processo penal brasileiro.

40.1. Em ação penal privada que envolva vários agentes do ato delituoso, é permitido ao querelante, em razão do princípio da disponibilidade, escolher contra quem proporá a queixa-crime, sem que esse fato acarrete a extinção da punibilidade dos demais agentes conhecidos e nela não incluídos.

COMENTÁRIOS

Errado. O ofendido não pode escolher quem quer ver processado, devendo, ao contrário, oferecer a queixa contra todos os autores do crime. É o princípio da indivisibilidade da ação penal privada (art. 48, CPP). Se renunciar ao direito de queixa contra algum dos envolvidos, isso implicará em renúncia contra todos (art. 49).

40.2. Considere que Cássio, jogador de futebol residente na cidade de Montes Claros – MG, tenha declarado, em entrevista a jornais de circulação local no município de Governador Valadares – MG, que Emílio, árbitro de futebol, recebia dinheiro de agremiações para influenciar os resultados das partidas que arbitrava. Nessa situação hipotética, caso Emílio se considere caluniado e decida defender seus direitos na esfera criminal, ele poderá optar por propor a queixa-crime no foro de Montes Claros – MG.

COMENTÁRIOS

Certo. Nos casos de ação penal privada, o querelante pode optar por propor a queixa no foro de domicílio ou da residência do réu, ainda quando conhecido o lugar da infração (art. 73, CPP).

41. (Cespe – Procurador BACEN/2013) Acerca da ação penal e da ação ex delicto, assinale a opção correta.

a) Dada a própria natureza das infrações de menor potencial ofensivo, o ressarcimento do dano ex delicto não ocorre na presença do próprio juiz penal, por aplicação do sistema de separação na ação civil ex delicto.

b) Em face do princípio da inércia, o juiz penal não pode fixar, na sentença condenatória, um valor mínimo para a reparação dos danos causados pelo delito, considerando os prejuízos sofridos pelo ofendido, salvo se houver pedido das partes.

c) O Brasil adota o sistema misto de legitimidade ad causam ativa para a ação penal, tal como se evidencia na legislação penal, que assume características dos sistemas oficial e democrático.

d) Segundo orientação jurisprudencial, o MP poderá aditar queixa – crime em ação penal privativa do ofendido, desde que não altere a descrição fática da peça processual nem proceda à inclusão de coautor ou partícipe.

e) A apresentação da queixa-crime em juízo incompetente interrompe o prazo decadencial.

✪ **Nota do autor:** a questão foi anulada.

COMENTÁRIOS

Alternativa "A": errado. A Lei 9.099/1995 tem como um de seus objetivos o de promover a conciliação (art. 2º). Por isso, nas ações penais públicas condicionadas e privadas, possibilita uma fase de conciliação entre ofendido e autor dos fatos, previamente ao momento de proposição da transação penal (art. 74). Havendo conciliação, estará encerrado o caso, pois importa em renúncia ao direito de queixa ou representação, mas terá força de título executivo no juízo cível.

Alternativa "B": este ponto é extremamente controvertido. O juiz pode fixar o valor mínimo da reparação, conforme previsão do inciso IV do art. 387 do CPP. A controvérsia está no seguinte ponto: deve haver pedido das partes? A lei silencia a respeito. Particularmente, cremos que deva ser formulado o pedido pelo Ministério Público ou pelo ofendido, até para que se estabeleça um contraditório a respeito do cabimento e do valor mínimo. Mas, repita-se, nem todos têm tal entendimento.

Alternativa "C": errado. A que sistema democrático a questão se refere? Bem, além dos sistemas acusatório e inquisitório, há também o misto, que alguns chamam de "democrático", dividido em uma fase investigatória inquisitória e outra, processual, acusatória. Certamente, é disso que trata a questão. Temos restrições ao termo "democrático" usado em tal contexto. Por "sistema oficial" pode-se entender que as investigações são realizadas e a ação penal promovida por órgãos do Estado. Porém, não se trata de legislação penal, mas de processo penal.

Alternativa "D": certo. É exatamente o que entendeu o STJ no seguinte julgado: "(...) Nos termos do artigo 45 do CPP, a queixa poderá ser aditada pelo Ministério Público, ainda que se trate de ação penal privativa do ofendido, desde que não proceda à inclusão de co-autor ou partícipe, tampouco inove quanto aos fatos descritos, hipóteses, por sua vez, inocorrentes na espécie. (...)" (HC 85.039-SP, Rel. Min. Felix Fischer, j. 05.03.2009).

Alternativa "E": certo. É o entendimento que tem prevalecido, consoante o seguinte julgado do STJ: "(...) Mesmo que a queixa-crime tenha sido apresentada perante Juízo incompetente, o certo é que o seu simples ajuizamento é suficiente para obstar a decadência, interrompendo o seu Doutrina. Precedente do STJ e do STF. (...)" (RHC 25.611-RJ, Rel. Min. Jorge Mussi, j. 09.08.2011).

42. (Cespe – Defensor Público – DF/ 2013) Com relação à ação penal privada, à queixa-crime e à ação civil, julgue os itens que se seguem.

42.1. Conforme jurisprudência do STJ, nos casos de ação penal privada, não incide o ônus da sucumbência por aplicação analógica do CPC.

COMENTÁRIOS

Errado. Segundo já decidiu o STJ: "PROCESSUAL PENAL. RECURSO ESPECIAL. APLICAÇÃO DO ART. 20 DO CPC AOS CASOS DE AÇÃO PENAL PRIVADA. ART. 3º DO CPP. ÔNUS DA SUCUMBÊNCIA. Na ação penal privada incide o contido no art. 20 do CPC, observado o art. 3º do CPP. (Precedentes). Recurso especial provido" (REsp 620.177-SP, Rel. Min. Felix Fischer, j. 21.10.2004).

42.2. Suponha que contra um indivíduo tenha sido oferecida queixa-crime por suposta prática de crime de dano qualificado por motivo egoístico, crime para o qual a pena máxima é de três anos de detenção. Nesse caso, deverá ser utilizado o procedimento previsto na Lei nº 9.099/1995.

COMENTÁRIOS

Errado. Nesse caso, não se trata de crime de menor potencial ofensivo, eis que a pena máxima ultrapassa dois anos. Então, aplica-se o procedimento sumário do CPP.

5. AÇÃO CIVIL EX DELICTO

▸ CPP, arts. 63 a 68

43. (Cespe – Juiz Federal Substituto 2ª região/ 2013) Assinale opção correta com referência à ação penal e à ação civil.

a) Uma vez que transite em julgado a condenação criminal que fixe o valor da reparação civil pelos danos causados, o ofendido não poderá mover ação de reparação de danos com o propósito de acrescer seu valor, mas apenas execução do título executivo judicial formado na sentença penal.

b) O ofendido poderá propor ação civil em face do agente, ainda que a sentença absolutória decida que o fato imputado não constitui crime.

c) Concedido o perdão, mediante declaração expressa nos autos, o querelado será intimado a dizer, no prazo de três dias, se o aceita, não importando seu silêncio em aceitação.

d) O assistente de acusação, após ser regularmente habilitado no processo, poderá aditar a denúncia oferecida pelo MP.

e) O MP não pode aditar a queixa-crime por força da prevalência do princípio da disponibilidade da ação penal privada.

COMENTÁRIOS

✪ **Nota do autor:** escolhemos o tópico da ação civil *ex delicto* para a questão porque queremos chamar a atenção para um ponto específico, ou seja, a consequência da decisão absolutória para a ação civil, objeto da alternativa correta. Notem que os arts. 65, 66 e 67 do CPP são muito importantes para o entendimento da matéria. O art. 65 diz que faz coisa julgada no cível a sentença penal que reconhecer ter sido o ato praticado em estado de necessidade, em legítima defesa, em estrito cumprimento de dever legal ou no exercício regular de direito. O art. 66 afirma que, não obstante a sentença absolutória no juízo criminal, a ação civil poderá ser proposta quando não tiver sido, categoricamente, reconhecida a inexistência material do fato. Por fim, o art. 67 dispõe que não impedirão igualmente a propositura da ação civil: (i) o despacho de arquivamento do inquérito ou das peças de informação; (ii) a decisão que julgar extinta a punibilidade; (iii) a sentença absolutória que decidir que o fato imputado não constitui crime. Porém, devemos verificar tal ponto de modo mais detido. Vejam, na alternativa imediatamente abaixo, quais as consequências da decisão absolutória, conforme a sua fundamentação legal.

Alternativa correta: letra "B": em primeiro lugar, chamamos a atenção para o que a doutrina chama de "eficácia preclusiva subordinante da sentença penal". Com efeito, a responsabilidade civil é independente da criminal, conforme afirma o art. 935 do CC. Mas tal dispositivo afirma também que não se pode questionar mais sobre a existência do fato, ou sobre quem seja o seu autor, quando estas questões se acharem decididas no juízo criminal. Essa é a ideia da eficácia preclusiva subordinante da sentença penal. Pois bem. Se a sentença condenatória criminal transitada em julgada é um título executivo judicial, qual o reflexo da sentença absolutória no juízo cível? Vejamos quais são os reflexos na ação civil *ex delicto* das hipóteses de absolvição do art. 386 do CPP: a) prova da inexistência do fato: não há responsabilidade civil; b) falta de prova da existência do fato: pode haver discussão na esfera cível; c) o fato não constitui infração penal: pode haver ilícito civil e dever de indenizar; d) prova de que o acusado não concorreu para a infração: não há responsabilidade civil; e) falta de prova de que o acusado concorreu para a infração: pode haver discussão na esfera cível; f) prova de excludente de culpabilidade: pode haver discussão na esfera cível; g) prova de excludente de ilicitude: g.1) legítima defesa: em regra, torna o ato lícito também na esfera cível, sendo exceção o caso de *aberratio ictus* (terceiro pode pedir indenização ao causador do dano, que tem direito de regresso contra o agressor inicial); g.2) estado de necessidade: em regra, torna o ato lícito também na esfera cível, sendo exceção o caso em que o lesado não foi o causador do perigo (também aplica-se o direito de regresso contra o causador do perigo); g.3) estrito cumprimento do dever legal: em regra, torna o ato lícito também na esfera cível. Há corrente que entende haver responsabilidade objetiva do Estado (discordamos: a responsabilidade deriva de ato ilícito, apenas); g.4) exercício regular de direito: torna o ato lícito também na esfera cível.

Alternativa "A": a sentença condenatória não define o valor final da indenização, mas apenas seu valor mínimo, conforme deixa expresso o art. 387, IV, e o art. 63, parágrafo único, ambos do CPP. Portanto, pode o interessado buscar, na justiça cível, o valor total da indenização, por meio de ação própria.

Alternativa "C": ao contrário do que afirma a alternativa, o art. 58 do CPP deixa absolutamente claro que o silêncio do querelado importará em aceitação do perdão concedido pelo querelante e, assim, em extinção da punibilidade, sem que seja o mérito analisado.

Alternativa "D": o assistente não tem tal poder. O art. 271, *caput*, traz o que pode fazer o assistente: "Ao assistente será permitido propor meios de prova, requerer perguntas às testemunhas, aditar o libelo e os articulados, participar do debate oral e arrazoar os recursos interpostos pelo Ministério Público, ou por ele próprio, nos casos dos arts. 584, § 1º, e 598". Não há mais libelo ou articulados que possam ser aditados.

Alternativa "E": o CPP permite ao Ministério Público aditar a queixa, não havendo violação alguma à disponibilidade da ação privada. Assim, o art. 45 do CPP afirma: "A queixa, ainda quando a ação penal for privativa do ofendido, poderá ser aditada pelo Ministério Público, a quem caberá intervir em todos os termos subseqüentes do processo".

---

44. (Cespe – Defensor Público – DF/ 2013) Com relação à ação penal privada, à queixa-crime e à ação civil, julgue os itens que se seguem.

Mesmo que tenha sido reconhecida categoricamente a inexistência material do fato pelo juízo criminal, sendo proferida sentença absolutória, poderá ser proposta a ação civil ex delicto, dada a possibilidade de que a mesma prova seja valorada de outra forma no juízo cível.

COMENTÁRIOS

Errado. No caso de reconhecimento da inexistência do fato criminoso, tal decisão afetará o direito à indenização, que simplesmente deixará de existir. É uma hipótese em que a decisão penal afeta completamente a decisão no juízo cível.

---

45. (Cespe – Defensor Público – ES/ 2012) Julgue os próximos itens, que versam sobre inquérito policial, ação penal e ação civil ex delicto.

Considere que Júlio, agindo em legítima defesa contra Celso, atinja, por erro na execução – aberratio ictus –, Fátima, que esteja passando pelo local no momento e que não tenha relação com os contendores, causando-lhe lesões graves. Nessa situação hipotética, ainda que Júlio seja absolvido penalmente, haverá o dever de reparar os danos materiais e morais causados a Fátima, com o direito de regresso em face de Celso.

COMENTÁRIOS

Certo. Cuidado com as afirmações de que a absolvição no juízo criminal por legítima defesa impede a propositura da ação indenizatória. Na verdade, a decisão criminal nesse caso afirma que o fato é lícito. Ora, é lícito tanto no campo criminal quanto no cível. Todavia, deve-se observar que a conduta de Júlio é lícita em relação a Celso, mas não a Fátima, que nada tinha a ver com o caso. Então, ela poderá exigir indenização de Júlio, mas este, como foi obrigado a se defender da conduta de Celso, terá direito de regresso por parte deste.

---

46. (Cespe – Analista Judiciário – Área Judiciária – TRE-RJ/2012) Julgue os itens a seguir, que versam sobre ação civil, competência criminal e processos incidentes.

As esferas cível e penal são independentes, razão por que o prazo prescricional para o ajuizamento da ação civil ex delicto começa a fluir a partir do fato criminoso.

COMENTÁRIOS

Errado. As esferas cível e penal realmente são independentes, mas o prazo prescricional da ação civil é regulada pelo Código Civil. Nesse caso, segundo o art. 200 de tal Código: "Quando a ação se originar de fato que deva ser apurado no juízo criminal, não correrá a prescrição antes da respectiva sentença definitiva".

6. COMPETÊNCIA

- CF, arts. 5º, XXXVIII; 29, X; 96, III; 102; 105; 109; 124; 125
- CPP, arts. 69 a 91
- Lei 9.099/1995, art. 63
- Lei 11.101/2005, art. 183
- Lei 11.343/2006, art. 70

---

47. (Cespe – Juiz de Direito Substituto – AM/2016) Em relação à competência no processo penal e à jurisprudência dos tribunais superiores, assinale a opção correta.

a) Na hipótese de um crime de latrocínio em que haja conexão com um crime de tentativa de homicídio, deve haver a reunião de processos em um só juízo, e preponderará a competência do juízo ao qual esteja associado o crime cominado com pena mais grave, no caso o de latrocínio.

b) Nos crimes culposos contra a vida em que os atos de execução ocorram em um lugar e a consumação, em outro, excepcionalmente adota-se a teoria da atividade, e a competência para julgar o fato será do juízo do local dos atos executórios.

c) É da competência da justiça estadual o processo dos réus acusados pelo crime de redução à condição análoga à de escravo, porque a conduta criminosa atinge a liberdade individual de homem específico, não caracterizando violação a interesse da União.

d) A competência pela prevenção se dá quando, concorrendo dois ou mais juízes igualmente competentes ou com jurisdição cumulativa, um deles anteceda aos outros ao determinar a citação do réu.

e) Os crimes contra a honra da vítima quando praticados pelos redes sociais da Internet são da competência exclusiva da justiça federal.

COMENTÁRIOS

Alternativa correta: letra "B": a mesma regra é seguida pela jurisprudência nos crimes dolosos contra a vida, não somente nos culposos. É que fica muito mais fácil apurar o fato e colher as provas no lugar onde os atos executórios se deram.

Alternativa "A": nesse caso, a competência do tribunal do júri atrairá o julgamento do crime de latrocínio (este, isolado, não é julgado pelo tribunal do júri, porque não é considerado crime doloso contra a vida). É o que se depreende do disposto no art. 78, I, do CPP.

Alternativa "C": segundo o entendimento que prevalece, o art. 149 do CP não mais tutela a liberdade individual, mas também a organização do trabalho. Por isso, em regra a competência será da Justiça Federal (STJ, RHC 58.160-SP, Rel. Min. Leopoldo de Almeida Raposo (Des. convocado), j. 06.08.2015; STF, RE 459.510-MT, Rel. Min. Cezar Peluso, Rel. p/ Acórdão Min. Dias Toffoli, j. 26.1.2015).

Alternativa "D": se dá a prevenção sempre que um desses juízes tiver antecedido aos outros na prática de algum ato do processo ou de medida a este relativa, ainda que anterior ao oferecimento da denúncia ou da queixa (art. 83, CPP).

Alternativa "E": não é porque um crime foi cometido com uso da internet que será de competência da Justiça Federal. Porém, nos casos de crime contra a honra, por haver geralmente transnacionalidade – justamente porque as páginas das redes sociais são estrangeiras – a jurisprudência fixado a Justiça Federal como competente para julgamento.

48. (Cespe – Juiz de Direito Substituto – DF/2016) Transitada em julgado a sentença penal condenatória, no caso de ser editada lei de natureza penal mais benéfica, competirá ao juiz da vara de execução penal

a) devolver a carta de guia ao juízo de origem, a fim de que o juiz do processo de conhecimento aplique a pena mais benéfica ou remeta o feito diretamente ao tribunal local ou ao tribunal superior que porventura tenha aplicado, em grau de recurso, a condenação que até então vinha sendo executada.

b) aplicá-la em benefício do condenado, independentemente de a condenação ter sido estabelecida pelo juízo singular, pelo tribunal ou pelos tribunais superiores.

c) aplicá-la em benefício do condenado, salvo se a condenação tiver sido estabelecida pelo STF em ação penal originária, hipótese em que competirá aos ministros modificar seus julgados e ao juiz, remeter carta de guia ao ministro relator.

d) aplicá-la em benefício do condenado, salvo se a condenação tiver sido aplicada pelo STJ, hipótese em que deverá remeter a carta de guia ao ministro relator.

e) intimar o réu e seu defensor para lhes dar conhecimento da lei, a fim de que eles, se desejarem, ajuízem ação de revisão criminal, medida apta a desconstituir o título penal até então executado, dado o princípio da segurança das relações judiciais, conforme o qual a coisa julgada faz lei entre as partes.

COMENTÁRIOS

✪ **Nota do autor**: a questão trata, primordialmente, de matéria atinente à competência do juízo das execuções criminais.

Alternativa correta: letra "B" (responde também às alternativas "A", "C" e "D"): com o trânsito em julgado da sentença condenatória, inicia-se a etapa seguinte, a da execução da pena. Como o enunciado da questão menciona o "juiz da vara de execução penal", presume-se que a execução já havia sido iniciada. Sendo assim, na hipótese de *novatio legis in mellius*, aplica-se o disposto no parágrafo único do art. 2º do CP, devendo a nova lei ser aplicada ao caso, ainda que tenha havido o trânsito em julgado. A quem cabe aplicar a lei nova? A posição majoritária é de que cabe ao juiz das execuções penais, ou seja, aquele que estiver atuando na execução da pena, independentemente de qual órgão do Poder Judiciário tenha proferido a decisão condenatória. Nesse sentido, a Súmula 611 do STF: "Transitada em julgado a sentença condenatória, compete ao juízo das execuções a aplicação de lei mais benigna". Já o STJ, pela Súmula 192, entende que: "Compete ao juízo das execuções penais do Estado a execução das penas impostas a sentenciados pela Justiça Federal, Militar ou Eleitoral, quando recolhidos a estabelecimentos sujeitos à administração estadual". Tendo sido imposta a condenação pelo STF e ao STJ, podem trais Cortes delegar a execução da pena ao juízo das execuções. Ora, sendo esse o caso, caberá a este último decidir.

Alternativa "E": há entendimento minoritário no sentido de que deve ser ajuizada revisão criminal nesse caso. Mas a posição majoritária é a vista acima.

49. (Cespe – Juiz de Direito Substituto – DF/2016) Indivíduo que pratique crime a bordo de aeronave estrangeira em espaço aéreo brasileiro, será processado e julgado pela justiça

a) da comarca correspondente ao espaço aéreo em que a aeronave se encontrava no exato momento do cometimento do crime ou, não sendo possível precisá-la, pela justiça da comarca em cujo território se verificar o pouso.
b) de seu país de origem, pois, somente se estivesse a bordo de aeronave nacional é que a justiça brasileira seria competente.
c) da comarca correspondente ao espaço aéreo em que a aeronave se encontrava no exato momento do cometimento do crime.
d) do estado da Federação onde ele tiver residido por último ou, se ele nunca tiver residido no Brasil, no juízo da capital da República.
e) da comarca em cujo território ocorrer o pouso ou pela comarca de onde houver partido a aeronave.

COMENTÁRIOS

Alternativa correta: letra "E" (responde também todas as demais alternativas): sendo de natureza privada a aeronave brasileira, será aplicada a lei penal brasileira (art. 5º, § 2º, CP), tratando-se da aplicação do princípio da territorialidade. Qual o juízo competente? Segundo o art. 90 do CPP, os crimes praticados a bordo de aeronave nacional, dentro do espaço aéreo correspondente ao território brasileiro, ou ao alto-mar, ou a bordo de aeronave estrangeira, dentro do espaço aéreo correspondente ao território nacional, serão processados e julgados pela justiça da comarca em cujo território se verificar o pouso após o crime, ou pela da comarca de onde houver partido a aeronave. Se não for possível precisar os locais citados, a competência se dará pela prevenção.

50. (Cespe – Juiz de Direito Substituto – DF/2015) Cada uma das opções a seguir apresenta uma situação hipotética acerca da competência criminal, seguida de uma assertiva a ser julgada. Assinale a opção que apresenta a assertiva correta.

a) Em operação de fiscalização de trânsito realizada no DF, Eliane foi flagrada dirigindo sem a habilitação. Irritada, a condutora do veículo proferiu palavras que ofenderam o decoro dos profissionais que trabalhavam na fiscalização. Nessa situação, competirá ao juiz da vara de delitos de trânsito julgar as infrações cometidas.
b) Roberto importou do exterior, para venda, grande quantidade de equipamentos eletroeletrônicos. Ele não declarou esses bens à aduana brasileira nem recolheu os tributos que seriam devidos. Antes de chegar a Brasília, destino final, seu voo fez escalas em São Paulo e Goiânia. Nessa situação, havendo a apreensão da mercadoria em Brasília, competirá à justiça federal do DF processar e julgar a ação.
c) João, juiz federal, foi acusado de praticar crime de instigação ao suicídio. Nessa situação, a competência para processar e julgar o acusado será do tribunal do júri da comarca em que ele exerça a sua função.
d) Três amigas, de dezessete, dezoito e dezenove anos de idade, foram acusadas de cometer crime doloso contra a vida e crimes continentes com este em concurso de pessoas. Nessa situação, a competência para processar e julgar a ação penal contra as acusadas será do tribunal do júri.
e) Aderbal, juiz estadual, e Pablo, autônomo, foram acusados de cometer o crime de roubo em concurso formal. Nessa situação, a separação dos processos para que sejam processados e julgados em juízos distintos gerará nulidade, pois afrontará o princípio do juiz natural.

COMENTÁRIOS

Alternativa correta: letra "B": a nosso ver, houve a prática do crime de descaminho, previsto no art. 334 do CP, sendo o julgamento de competência da Justiça Federal. No caso, o último ato de execução do crime foi cometido em Brasília, razão pela qual lá será realizado o julgamento. É possível, assim, aplicar o § 1º do art. 70 do CPP.

Alternativa "A": trata-se de competência do Juizado Especial Criminal, eis que o crime de desacato insere-se entre os crimes de menor potencial ofensivo (notem que não restou caracterizado o crime do art. 309 do CTB, por ausência de perigo de dano na conduta). A Lei 11.697/2008 trata da organização judiciária do DF e prevê a existência de Vara de Delitos de Trânsito. Segundo o art. 22 de tal lei, compete ao Juiz da Vara de Delitos de Trânsito processar e julgar os feitos relativos às infrações penais previstas na legislação de trânsito, ressalvada a competência de outra Vara em crimes conexos e a dos Juizados Especiais Criminais.

Alternativa "C": o crime de induzimento, instigação ou auxílio ao suicídio é crime doloso contra a vida e, assim, deve ser julgado pelo tribunal do júri. Porém, o juiz federal possui foro por prerrogativa de função, que é prevista na própria CF. Sendo assim, prevalece tal exceção à regra geral da competência do júri. O juiz, portanto, será julgado pelo TRF da Região onde exerce suas funções.

Alternativa "D": serão julgadas pelo tribunal do júri apenas as amigas que tenham, ao tempo do crime, completado 18 anos. A menor de 18 será julgada pela Vara da Infância e Juventude.

Alternativa "E": havendo apenas um crime, não há que se falar em concurso formal, que pressupõe concurso de delitos. Seja como for, o juiz deve ser julgado pelo TJ e o concurso de agentes, nesse caso, pode atrair a competência do TJ para o julgamento do outro indivíduo. Esse vinha sendo o entendimento predominante, mas temos visto, nos últimos tempos, uma alteração desse entendimento no STF, que tem evitado julgar pessoas sem prerrogativa de foro em caso de concurso com pessoas que têm tal prerrogativa. Parece-nos ser uma tendência tal entendimento.

---

51. (Cespe – Juiz de Direito Substituto – DF/2015) A respeito de competência, juizados especiais criminais, princípios processuais penais e tipos de ação penal, assinale a opção correta.

a) Situação hipotética: O Tribunal do Júri de Taguatinga – DF condenou Guto pelo crime de tentativa de homicídio e, em grau de recurso de apelação, uma das turmas criminais do TJDFT manteve a sentença condenatória, que transitara em julgado. Assertiva: Nessa situação, havendo motivos para a propositura de revisão criminal, a competência para processar e julgar a ação será de uma das câmaras criminais do TJDFT.

b) No Estado democrático moderno não há espaço para a aplicação do princípio processual denominado favor rei, que contraria o jus libertatis do acusado.

c) Situação hipotética: Marta, de dezenove anos de idade, foi vítima de assédio sexual praticado pelo gerente da empresa em que trabalha. Assertiva: Nessa situação, a ação penal se processará mediante queixa-crime.

d) Situação hipotética: Breno foi vítima de injúria racial cuja autoria foi imputada a Rômulo. Assertiva: Nessa situação, a ação penal será pública incondicionada.

e) Compete às turmas criminais do TJDFT processar e julgar originariamente o habeas corpus impetrado contra decisão dos juizados especiais criminais.

COMENTÁRIOS

Alternativa correta: letra "A": a revisão criminal é julgada pelo mesmo tribunal que teve competência para julgar o recurso antes do trânsito em julgado.

Alternativa "B": ao contrário, tal princípio respeita a presunção de inocência, na medida em que permite a aplicação da lei e o julgamento do caso com uma perspectiva mais favorável ao acusado: a presunção de inocência só é afastada por provas suficientes, do contrário, deve-se julgar em favor do acusado; a dúvida na interpretação da lei deve ser resolvida em favor do réu etc.

Alternativa "C": o crime de assédio sexual está previsto no art. 216-A do CP. E o art. 225 traz a regra de que a ação penal, nesse caso, é pública condicionada à representação da vítima.

Alternativa "D": a ação penal é pública condicionada à representação do ofendido, conforme estabelece o parágrafo único do art. 145 do CP.

Alternativa "E": o habeas corpus, nesse caso, deverá ser julgado pelo colégio recursal (turmas recursais) do juizado especial criminal.

---

52. (Cespe – Juiz de Direito Substituto – DF/2015) Em cada uma das próximas opções, é apresentada uma situação hipotética a respeito de ação penal, competência e procedimentos em matéria infracional, seguida de uma assertiva a ser julgada. Assinale a opção que apresenta a assertiva correta.

a) Um adolescente cometeu ato infracional análogo ao tráfico de entorpecente. Nessa situação, conforme entendimento do STJ, esse fato, por si só, é suficiente para justificar a imposição de medida socioeducativa de internação desse adolescente.

b) Em uma ação penal privada subsidiária de ação penal pública, o querelante deixou de promover o andamento do processo por mais de trinta dias. Nessa situação, o juiz criminal deverá determinar a extinção da ação penal devido à extinção da punibilidade pela perempção.

c) O vice-governador de um estado da Federação foi acusado do crime de peculato. Nessa situação, caberá ao procurador-geral do MP do referido estado oferecer denúncia, e a ação penal deverá ser processada e julgada perante uma das câmaras criminais do tribunal de justiça do estado.

d) Clóvis, imputável, levou seus cavalos para pastar na fazenda de Lázaro sem o consentimento deste. Nessa situação, a ação penal deverá ser iniciada mediante representação.

e) O MPDFT propôs ação penal contra Adailton. Nessa situação, se houver prova inconteste da prescrição do crime que ensejou a referida ação penal, será cabível habeas corpus perante o TJDFT para trancar a ação penal.

COMENTÁRIOS

Alternativa correta: letra "E": no caso trazido pela alternativa, realmente admite-se habeas corpus para trancar a ação penal, o que é medida excepcional. A competência será, realmente, do TJ, pois se trata de ato produzido pelo Ministério Público. O melhor seria aguardar a própria rejeição da denúncia pelo juiz ou a absolvição sumária nos termos do art. 397 do CPP, caso já tivesse recebido a inicial.

Alternativa "A": o tema refoge ao processo penal, porém registramos que realmente tem o STJ entendimento de que, não sendo crime cometido com violência ou grave ameaça, não se deve aplicar a medida de internação.

Alternativa "B": a perempção é causa de extinção da punibilidade aplicável apenas às ações penais privadas. Nas ações privadas subsidiárias, a inércia do querelante faz com que o Ministério Público retome a condução da ação penal, como titular dela que é.

Alternativa "C": o art. 105 da CF prevê ser de competência do STJ o julgamento do Governador do Estado por crime comum, mas nada disse a respeito do Vice-Governador. Assim, o Vice será julgado pelo TJ, em ação penal proposta pelo Procurador-Geral de Justiça, mas apenas se assim dispuser a respectiva Constituição Estadual. Do contrário, não terá foro por prerrogativa de função.

Alternativa "D": havendo prejuízo, a conduta importará no crime do art. 164 do CP, que é de ação penal privada por conta do disposto no art. 167.

---

53. (Cespe – Defensor Público – RN/2015) Assinale a opção correta acerca do processo penal segundo o CPP e o entendimento do STF e do STJ.

a) A prevenção no processo penal, em diversas situações, constitui critério de fixação de competência, como na hipótese em que for possível a dois ou mais juízes conhecerem do mesmo crime — seja por dividirem a mesma competência de juízo, seja pela incerteza da competência territorial — ou, ainda, nos crimes continuados ou permanentes.

b) De acordo com a jurisprudência do STF, é imprescindível a transcrição integral dos diálogos colhidos por meio de interceptação telefônica ou escuta ambiental.

c) Segundo a jurisprudência do STJ, são impossíveis sucessivas prorrogações de interceptações telefônicas, ainda que o pedido de quebra de sigilo telefônico seja devidamente fundamentado, em razão da previsão legal de prazo máximo de quinze dias para tal medida, renovável por igual período.

d) A notícia anônima sobre eventual prática criminosa, por si só, é idônea para a instauração de inquérito policial ou a deflagração de ação penal.

e) A competência, na hipótese de crime continuado ou permanente praticado em território de duas ou mais jurisdições, é fixada pelo lugar onde se praticar o maior número de infrações.

COMENTÁRIOS

✪ **Nota do autor**: a questão lida com temas diversos, mas escolhemos o da competência para inseri-la neste tópico, visto que é o da alternativa correta.

Alternativa correta: letra "A": no processo penal, a prevenção é critério de definição de competência em alguns casos. O primeiro deles encontra-se previsto no § 3º do art. 70 do CPP: "Quando incerto o limite territorial entre duas ou mais jurisdições, ou quando incerta a jurisdição por ter sido a infração consumada ou tentada nas divisas de duas ou mais jurisdições, a competência firmar-se-á pela prevenção". Outra hipótese está no art. 71: "Tratando-se de infração continuada ou permanente, praticada em território de duas ou mais jurisdições, a competência firmar-se-á pela prevenção". Além disso, não sendo conhecido o lugar da infração, a competência é fixada pelo domicílio ou residência do réu, mas, se este tiver mais de uma residência, a competência firma-se pela prevenção (art. 72, § 1º). De outra parte, a precedência da distribuição fixará a competência quando, na mesma circunscrição judiciária, houver mais de um juiz igualmente competente (art. 75). Finalmente, em caso de conexão e continência, se todos os critérios trazidos pelo art. 78 forem incapazes de definir o juízo competente, utiliza-se o critério da prevenção (art. 78, II, c).

Alternativa "B": o STF vem entendendo não haver necessidade de transcrição integral do que foi gravado, bastando a transcrição ou relatório a respeito dos trechos relevantes para a imputação feita na denúncia.

Alternativa "C": não é esse o entendimento que prevalece. Podem ser realizadas sucessivas prorrogações do prazo das interceptações, por períodos de 15 dias, desde que cada prorrogação seja devidamente fundamentada, com a indicação de sua necessidade.

Alternativa "D": a jurisprudência é pacífica no sentido de que o inquérito policial não pode ser instaurado somente com base em denúncia anônima, mas deve haver outros indícios que o corroborem. Assim, recebida a denúncia anônima, deve o delegado de polícia realizar diligências que possam trazer indícios de sua verossimilhança, para, somente então, instaurar o inquérito. De outra parte, a ação penal não pode ser proposta com base meramente em denúncia anônima, pois faltaria justa causa.

Alternativa "E": nesses casos, a competência é firmada pela prevenção (art. 71, CPP).

---

54. (Cespe – Juiz de Direito – PB/2015) Em relação às disposições do CPP sobre competência, assinale a opção correta.

a) Em se tratando de crime permanente praticado em território de duas ou mais jurisdições, a competência será firmada pela residência do réu.

b) Não há mais hipótese no CPP de competência por distribuição.

c) Em se tratando de crimes conexos em que existe corréu acometido por doença mental, a unidade processual permanece, embora não seja possível prolatar sentença condenatória em seu desfavor.

d) A justiça federal deverá julgar os casos de contravenção praticada em detrimento de bens, serviços ou interesses da União.

e) Caso não se conheça o local da infração e o réu tenha mais de um domicílio, será aplicada a regra da prevenção para fins de fixação da competência jurisdicional.

COMENTÁRIOS

Alternativa correta: letra "E": no processo penal brasileiro, a regra é a seguinte: a competência será determinada pelo lugar em que se consumar a infração, ou, no caso de tentativa, pelo lugar em que for praticado o último ato de execução (art. 70, CPP). Contudo, não sendo conhecido o lugar da infração, a competência regular-se-á pelo domicílio ou residência do réu (art. 72, caput). Se o réu tiver mais de uma residência, a competência firmar-se-á pela prevenção (§ 1º) Se o réu não tiver residência certa ou for ignorado o seu paradeiro, será competente o juiz que primeiro tomar conhecimento do fato (§ 2º).

Alternativa "A": nesse caso, será firmada pela prevenção (art. 71, CPP).

Alternativa "B": há tal hipótese ainda. Segundo o art. 75 do CPP, a precedência da distribuição fixará a competência quando, na mesma circunscrição judiciária, houver mais de um juiz igualmente competente.

Alternativa "C": se não é possível prolatar decisão quanto a um dos réus, não pode perdurar a unidade processual, devendo ocorrer a separação, por meio do desmembramento dos autos. O § 1º do art. 79 traz justamente tal possibilidade, determinando a cessação da unidade processual.

Alternativa "D": a Justiça Federal não julga contravenções penais, em hipótese alguma, pois a própria CF excluiu tal competência (art. 109, IV).

---

55. (Cespe – Cartório – TJ – DF/2014) A respeito da competência, assinale a opção correta.

a) Se um civil comete um crime comum, e um militar pratica um delito militar, sendo as ações conexas, haverá, obrigatoriamente, a junção dos processos perante a jurisdição especializada.

b) Considere que Alfredo, no exercício de mandato de senador da República, pratique crime contra a administração pública, tendo o mandato terminado no curso da ação penal perante o STF. Nessa situação, prevalecerá, em relação a Alfredo, a competência especial por prerrogativa de função para a continuidade do processo e o julgamento perante a instância privilegiada, mesmo após cessado o exercício da função pública.

c) Tanto em ação penal privada quanto em ação penal pública, adota-se, como regra para a fixação do foro competente, o lugar da infração penal, podendo, todavia, nas ações exclusivamente privadas, o particular/querelante eleger o foro de seu domicílio.

d) Para a fixação da competência territorial, adota-se, no Código de Processo Penal (CPP) brasileiro, a teoria da ubiquidade, segundo a qual consideram-se lugar do crime tanto o da ação quanto o do resultado, indiferentemente.

e) Na determinação da competência por conexão ou continência e em caso de concurso de jurisdições da mesma categoria, prevalece, de regra, a competência do lugar da infração penal à qual seja cominada a pena mais grave.

COMENTÁRIOS

✪ **Nota do autor:** a alternativa correta menciona a conexão. Esta ocorre quando há pluralidade de delitos, cometidos por uma pluralidade de agentes ou por apenas um. A doutrina, com base no que dispõe o CPP, faz a seguinte classificação: A) Art. 76, I, CPP: **conexão intersubjetiva** – pluralidade de agentes e de infrações penais, que se subdivide em: a.1) **conexão intersubjetiva por simultaneidade**: diversas infrações, cometidas ao mesmo tempo (mesmas circunstâncias de tempo e lugar) por várias pessoas reunidas (ex.: torcedores de futebol que depredam os arredores de um estádio); a.2) **conexão intersubjetiva por concurso**: diversas infrações, cometidas por diversas pessoas, em concurso (i.e., previamente acordadas), mas em circunstâncias de tempo e lugar diversos (ex.: pessoas que praticam vários furtos a caixas eletrônicos em locais e dias diversos); a.3) **conexão intersubjetiva por reciprocidade**: diversas infrações, cometidas por diversas pessoas, umas contra as outras (ex.: colisão entre dois veículos, tendo como vítimas os dois condutores, agindo ambos com culpa); B) Art. 76, II, CPP: **conexão objetiva ou teleológica ou finalista**: duas ou mais infrações cometidas para facilitar ou ocultar as outras, ou para conseguir impunidade ou vantagem em relação a qualquer delas (ex.: crime de ocultação de cadáver em relação ao homicídio; homicídio de uma testemunha de outro crime; lavagem de dinheiro em relação à corrupção passiva); C) Art. 76, III, CPP: **conexão instrumental ou probatória**: a prova de uma infração ou de qualquer de suas elementares influir na prova de outra infração (ex.: receptação e furto do objeto receptado).

Alternativa correta: letra "E": quando há conexão, os crimes devem ser julgados, em regra, num único processo. Então, qual o foro que deve prevalecer e julgar o caso, quando mais de um for, em tese, competente? As regras são as seguintes: a) no concurso entre a competência do júri e a de outro órgão da jurisdição comum, prevalecerá a competência do júri; b) no concurso de jurisdições da mesma categoria: preponderará a do lugar da infração, à qual for cominada a pena mais grave; prevalecerá a do lugar em que houver ocorrido o maior número de infrações, se as respectivas penas forem de igual gravidade; firmar-se-á a competência pela prevenção, nos outros casos; c) no concurso de jurisdições de diversas categorias, predominará a de maior graduação (aplicável aos casos de foro por prerrogativa de função); d) no concurso entre a jurisdição comum e a especial, prevalecerá esta: no caso de crime militar, não haverá reunião de processos, pois a Justiça Militar não julga crime comum; conexão entre crime eleitoral e comum = reunião na Justiça Eleitoral.

Alternativa "A": nesse caso, não. Isso porque a Justiça Militar deve julgar apenas crime militar, jamais crime comum. E a Justiça comum não julga crime militar. Por isso, nesse caso, há cisão dos julgamentos.

Alternativa "B": cessado o exercício da função pública, cessa também o foro por prerrogativa de função. O STF tinha o entendimento segundo o qual, se cometido o crime durante o exercício funcional, prevaleceria a competência por prerrogativa de função, ainda que o inquérito ou a ação penal tivessem sido iniciados após a cessação daquele exercício. Era o que afirmava o verbete da Súmula 394. Ocorre que a Suprema Corte alterou tal entendimento, cancelando a Súmula. Em reação a isso, o Congresso Nacional fez aprovar alteração nos §§ 1º e 2º do art. 84. De relevante para o tema, o § 1º dizia que a competência especial por prerrogativa de função, relativa a atos administrativos do agente, prevaleceria ainda que o inquérito ou a ação judicial fossem iniciados após a cessação do exercício da função pública. Ou seja, os Parlamentares brasileiros praticamente copiaram a Súmula revogada. Mas, na ADIn 2792-DF, o STF entendeu inconstitucionais os dois parágrafos citados. Assim, atualmente entende-se que: a) as pessoas com foro por prerrogativa de função devem ser julgadas pelo Tribunal competente, mesmo que o crime tenha sido praticado antes do início do exercício funcional; b) uma vez que deixem o exercício de tal função, cessa o foro por prerrogativa. Nesse sentido, decisão do STF: "1. Agravo regimental em Inquérito. 2. Recurso interposto contra decisão monocrática que, em face da perda do mandato de Deputado Federal, reconheceu a incompetência superveniente deste Supremo Tribunal Federal (STF) para processar e julgar o investigado nos termos do art. 102 da Constituição Federal (CF). 3. A agravante sustenta a competência do STF para processar e julgar o feito, em face do art. 84 do CPP e seus parágrafos, assinalarem que a ex-autoridade, por ato praticado no ofício, mantém a prerrogativa de foro. Afirma, ainda, que o investigado aposentou-se antes da perda do mandato parlamentar, devendo-se, em analogia ao tratamento conferido aos juízes e promotores aposentados, manter a prerrogativa de foro. (...) 6. Com a perda do mandato eletivo pelo investigado, querelado ou denunciado, cessa a competência penal originária desta Corte para apreciar e julgar autoridades dotadas de prerrogativa de foro ou de função. (...) 7. Considerada a perda do mandato do Deputado Federal investigado, o juízo competente para apreciar a matéria é a 4ª Vara Criminal da Comarca de Londrina/PR. 8. Agravo regimental desprovido. 9. Com o objetivo de promover celeridade processual (CF, art. 5º, LXXVIII), determinação da imediata baixa dos autos à 4ª Vara Criminal da Comarca de Londrina/PR, independentemente de publicação do acórdão" (Inq 2105 AgR, Rel. Min. Gilmar Mendes, j. 31.10.2007).

Alternativa "C": na verdade, a regra não é o foro do lugar da infração, mas do lugar em que esta se consumou ou, no caso de tentativa, do lugar em que foi praticado o último ato de execução (art. 70, CPP).

Alternativa "D": adota-se a teoria do resultado, ao menos no CPP. A regra geral encontra-se no art. 70: "A competência será, de regra, determinada pelo lugar em que se consumar a infração, ou, no caso de tentativa, pelo lugar em que for praticado o último ato de execução".

---

56. (Cespe – Analista Judiciário – Área Judiciária – TJ – CE/2014) Assinale a opção correta em relação a competência, conexão e continência.

a) Na determinação da competência por conexão ou continência, quando houver concurso entre a jurisdição comum e a especial, prevalecerá aquela.

b) A junção dos processos, em decorrência de conexão ou continência, é absoluta.

c) A competência será determinada pela conexão quando duas ou mais pessoas forem acusadas pela mesma infração.

d) Caso um deputado federal cometa um crime de corrupção e seu comparsa, um delito doloso contra a vida, ambos serão processados e julgados perante o STF.

e) Se um deputado federal cometer um crime doloso contra a vida, ele terá de ser julgado pelo STF, em detrimento do tribunal do júri.

COMENTÁRIOS

✪ **Nota do autor:** sobre definição e classificação de conexão, vide nota do autor da questão anterior.

Alternativa correta: letra "E": embora a competência para julgar crimes dolosos contra a vida seja, em regra, do tribunal do júri, sendo, inclusive, direito fundamental inscrito no art. 5º da CF, é certo que os deputados federais têm foro por prerrogativa de função também previsto no texto constitucional. Assim, tal foro constitui exceção àquele direito fundamental. Por isso, os deputados são sempre julgados, em caso de crimes, pelo STF.

Alternativa "A": prevalecerá a especial (art. 78, IV, CPP).

Alternativa "B": não é absoluta. A unidade dos processos é a regra, mas há exceções, sendo exemplos: a) hipótese de concurso entre a jurisdição comum e a militar; b) concurso entre a jurisdição comum e a da

Vara da Infância e da Juventude; c) se, em relação a algum corréu, sobrevier o caso previsto no art. 152 ("Se se verificar que a doença mental sobreveio à infração o processo continuará suspenso até que o acusado se restabeleça, observado o § 2º do art. 149") do CPP; d) se houver co-réu foragido que não possa ser julgado à revelia, ou ocorrer a hipótese do art. 469, § 1º do CPP ("A separação dos julgamentos somente ocorrerá se, em razão das recusas, não for obtido o número mínimo de 7 (sete) jurados para compor o Conselho de Sentença"); e) será facultativa a separação dos processos quando as infrações tiverem sido praticadas em circunstâncias de tempo ou de lugar diferentes, ou, quando pelo excessivo número de acusados e para não lhes prolongar a prisão provisória, ou por outro motivo relevante, o juiz reputar conveniente a separação; f) hipótese de suspensão do processo, nos termos do art. 366 do CPP, quanto a um dos réus.

Alternativa "C": a continência se dá, de acordo com o art. 77 do CPP, quando duas ou mais pessoas forem acusadas pela mesma infração ou no caso de infração cometida em concurso formal, *aberratio ictus* e *aberratio criminis* (respectivamente, arts. 70, 73 e 74 do CP). Portanto, no caso da alternativa há continência, não conexão.

Alternativa "D": o comparsa, desde que não seja deputado, será julgado pelo tribunal do júri, eis que não possui foro por prerrogativa de função e tem o direito fundamental, previsto na CF, de ser julgado pelo tribunal popular em caso de cometimento de crime doloso contra a vida. O deputado será julgado pelo STF.

---

57. (Cespe – Juiz de Direito Substituto – MA/ 2013) Acerca da competência, assinale a opção correta com base no CPP e na doutrina de referência.

a) A conexão e a continência implicam a reunião dos processos e atingem os processos que estiverem com sentença prolatada, salvo se, em relação a algum corréu, sobrevier doença mental posterior à infração penal ou se houver corréu foragido que não possa ser julgado à revelia.

b) Determina-se a competência pela continência, caso se caracterize, nos termos do CPP, concurso formal de crimes, aberractio ictus e aberractio criminis.

c) Caracteriza-se como conexão intersubjetiva por simultaneidade a prática de diversas infrações penais, perpetradas por diversas pessoas, umas contra as outras.

d) A competência é definida pelo lugar em que ocorreu a infração cominada com a pena mais grave. Caso o limite territorial entre duas ou mais jurisdições seja incerto ou a jurisdição seja incerta, por ter sido o crime consumado ou tentado nas divisas de duas ou mais jurisdições, prevalece o lugar em que ocorreu o maior número de infrações, independentemente da regra de conexão ou continência.

COMENTÁRIOS

Alternativa correta: letra "B": é a previsão do art. 77 do CPP. Notem que o inciso II faz menção a artigos da Parte Geral antiga do CP, anterior à reforma de 1984, mas que equivalem aos arts. 70, 73 e 74.

Alternativa "A": a reunião de processos não atinge aqueles que já tenham sentença prolatada, conforme previsto no art. 82 do CPP.

Alternativa "C": a conexão intersubjetiva por simultaneidade se dá quando ocorrem diversas infrações, cometidas ao mesmo tempo (mesmas circunstâncias de tempo e lugar) por várias pessoas reunidas. A alternativa refere-se, na verdade, à conexão intersubjetiva por reciprocidade.

Alternativa "D": a competência é definida pelo local da consumação do delito (art. 70, CPP). Quando incerto o limite territorial entre duas ou mais comarcas, ou quando incerta a competência por ter sido a infração consumada ou tentada nas divisas de duas ou mais comarcas, a competência firmar-se-á pela prevenção (art. 70, § 3º, CPP).

---

58. (Cespe – Juiz Federal Substituto 1ª região/2013) De acordo com o entendimento dos tribunais superiores, assinale a opção correta acerca da competência jurisdicional.

a) Compete à justiça federal processar e julgar o crime de sabotagem contra serviço de transporte coletivo cuja conduta provoque danos aos equipamentos de informática que registram a frequência dos funcionários da empresa.

b) Compete à justiça federal processar e julgar o crime de redução a condição análoga à de escravo e o crime de venda de mercadoria imprópria ao consumo a esse conexo, cujas autorias sejam imputadas ao mesmo agente.

c) Compete à justiça federal da seção judiciária do DF processar e julgar crime de peculato praticado por servidor público integrante do quadro de pessoal efetivo do Ministério Público do DF e Territórios, órgão integrante do MPU.

d) Compete à justiça federal processar e julgar o crime e a contravenção penal a ele conexa praticados a bordo de aeronave estrangeira particular no espaço aéreo nacional.

e) Compete à seção judiciária da justiça federal local processar e julgar quaisquer crimes praticados por um índio contra outro índio dentro de reserva indígena demarcada.

COMENTÁRIOS

Alternativa correta: letra "B": o entendimento que prevalece no STJ e STF é que a competência para julgamento do crime de redução à condição análoga à de escravo é da Justiça Federal, o que inclui os crimes a ele conexos. Nesse sentido, posicionamento adotado no STJ: "(...) AVENTADA INCOMPETÊNCIA DA JUSTIÇA FEDERAL PARA PROCESSAR E JULGAR O CRIME DE REDUÇÃO A CONDIÇÃO ANÁLOGA À DE ESCRAVO. VIOLAÇÃO À ORGANIZAÇÃO DO TRABALHO. IMPOSSIBILIDADE DE SUBMISSÃO DO FEITO À JUSTIÇA ESTADUAL. 1. Com o advento da Lei 10.803/2003, que alterou o tipo previsto do artigo 149 da Lei Penal, passou-se a entender que o bem jurídico por ele tutelado deixou de ser apenas a liberdade individual, passando a abranger também a organização do trabalho, motivo pelo qual a competência para processá-lo e julgá-lo é da Justiça Federal. (...)" (RHC 41.003-PI, Rel. Min. Jorge Mussi, j. 10.12.2013). Quanto aos crimes conexos: "(...) A Terceira Seção desta Corte já pacificou o entendimento de que compete à Justiça Federal processar e julgar os autores do delito previsto no art. 149 do Código Penal, haja vista a violação aos direitos humanos e à organização do trabalho. (...) No caso, os demais crimes, por conexão fática e probatória, também ficam sob a jurisdição federal. Súmula 122 deste Superior Tribunal de Justiça. (...)" (RHC 25.583-MT, Rel. Maria Thereza de Assis Moura, j. 09.08.2012).

Alternativa "A": a prática de sabotagem contra meio de transporte é crime contra a segurança nacional, previsto no art. 15 da Lei 7.170/1983. Ocorre que não se vislumbra no caso da alternativa a caracterização de tal crime, tendo em vista a motivação – que aparentemente não foi política – bem como o bem jurídico efetivamente atingido – dano a equipamento da empresa concessionária do serviço público, que não é de natureza federal. Logo, a competência será da Justiça Estadual.

Alternativa "C": conforme já vimos na questão anterior, a competência será da Justiça do Distrito Federal, não da Justiça Federal, vez que a conduta não atinge interesse da União, como já decidiu o STJ (CC 23.047-SF, Rel. Min. Felix Fischer, j. 25.08.1999).

Alternativa "D": a Justiça Federal não julga contravenções penais, tendo em vista a exclusão feita pela própria CF, no art. 109, IV. Assim, mesmo havendo conexão entre crime de competência da Justiça Federal e uma contravenção, esta deverá ser analisada pela Justiça Estadual, especificamente por seu Juizado Especial Criminal.

Alternativa "E": a questão foi pacificada pela Súmula 140 do STJ: "Compete à justiça comum estadual processar e julgar crime em que o indígena figure como autor ou vítima".

---

59. (Cespe – Juiz de Direito Substituto – RN/2013) Considerando as regras de competência no processo penal, assinale a opção correta.

a) Em caso de conexão probatória entre ações em trâmite perante a vara do juizado especial de violência doméstica e familiar e a vara criminal comum, o concurso entre jurisdições especial e comum impede a reunião dos processos.

b) Compete à justiça federal o processamento e o julgamento de toda ação penal ajuizada contra indígena.

c) Em se tratando de crime tentado, a competência será determinada pelo lugar em que deveria ocorrer o resultado.

d) Suponha que Mário, com domicílio e conta bancária em Natal – RN, tenha emitido cheque para o pagamento de produtos adquiridos em loja localizada em Mossoró – RN e que, no momento da compensação, o cheque tenha sido recusado por ausência de provisão de fundos. Nesse caso, a competência para o processamento e julgamento de eventual ação ajuizada contra Mário, por crime de estelionato mediante cheque sem provisão de fundos, seria do foro do local da emissão do documento, ainda que outro tenha sido o local da recusa.

e) Considere que Helvécio, indiciado por homicídio doloso, tenha foro por prerrogativa de função estabelecido exclusivamente pela constituição estadual. Nesse caso, deve prevalecer, conforme entendimento do STF, a competência do tribunal do júri para o processamento e o julgamento da ação penal ajuizada contra Helvécio.

COMENTÁRIOS

Alternativa correta: letra "E": nesse caso, realmente prevalece a competência do tribunal do júri. É que ser julgado pelo júri em caso de homicídio doloso é uma garantia constitucional, que só pode ser afastada se houver exceção prevista na própria CF. Nesse sentido, a Súmula Vinculante 45 do STF: "A competência constitucional do tribunal do Júri prevalece sobre o foro por prerrogativa de função estabelecido exclusivamente pela Constituição Estadual".

Alternativa "A": não impede. Nesse caso, deverá prevalecer a competência da Vara Especial, com base no inciso IV do art. 78 do CPP.

Alternativa "B": segundo o entendimento do STJ, compete à justiça comum estadual processar e julgar crime em que o indígena figure como autor ou vítima (Súmula 140). Somente quando atingido interesse maior, do grupo indígena, é que a competência poderá ser deslocada para a Justiça Federal.

Alternativa "C": a regra a respeito desse assunto encontra-se no *caput* do art. 70 do CPP, que diz: "A competência será, de regra, determinada pelo lugar em que se consumar a infração, ou, no caso de tentativa, pelo lugar em que for praticado o último ato de execução".

Alternativa "D": algumas súmulas são muito importantes nesse ponto da matéria. Vejamos. O STF editou a Súmula 521, cujo verbete diz: "O foro competente para o processo e julgamento dos crimes de estelionato, sob a modalidade da emissão dolosa de cheque sem provisão de fundos, é o do local onde se deu a recusa do pagamento pelo sacado". Portanto, basta este entendimento para julgar a alternativa. Porém, há mais. O STJ tem a Súmula 244, com o mesmo entendimento acima, *verbis*: "Compete ao foro do local da recusa processar e julgar o crime de estelionato mediante cheque sem provisão de fundos". Tratando do estelionato do *caput* do art. 171 do CP, o STJ editou a Súmula 48, que afirma: "Compete ao juízo do local da obtenção da vantagem ilícita processar e julgar crime de estelionato cometido mediante falsificação de cheque". Portanto, cuidado aqui, pois há uma diferença quanto à competência, conforme o crime for o do *caput* do art. 171 ou se for na modalidade de emissão de cheques sem suficiente provisão de fundos.

---

60. (Cespe – Procurador BACEN/2013) No que se refere à jurisdição e à competência, assinale a opção correta.

a) Nos crimes contra o sistema financeiro, a competência será da justiça estadual, desde que não haja ofensa a bem, interesse ou serviço de uma das entidades federais.

b) Pelo elemento coercitio da jurisdição, o juiz pode utilizar providências cautelares civis ou medidas assecuratórias, bem como tornar obrigatória a decisão proferida, impondo o seu cumprimento para garantir a função jurisdicional.

c) Pelo critério territorial, não há previsão legal para que um juiz julgue crime que tenha ocorrido fora de sua circunscrição, em observância ao princípio da improrrogabilidade ou da aderência ao território.

d) Por ser matéria de ordem pública e insanável, a nulidade decorrente da inobservância da competência penal por prevenção é absoluta, diferentemente da nulidade ocorrida na competência ratione loci.

e) Compete à justiça federal processar e julgar os crimes de lavagem de dinheiro praticados contra o sistema financeiro e a ordem econômica.

COMENTÁRIOS

Alternativa correta: letra "E": de fato, segundo o art. 2º, III, da Lei 9.613/1998, são da competência da Justiça Federal os crimes de lavagem de dinheiro quando praticados contra o sistema financeiro e a ordem econômico-financeira, ou em detrimento de bens, serviços ou interesses da União, ou de suas entidades autárquicas ou empresas públicas; ou quando a infração penal antecedente for de competência da Justiça Federal.

Alternativa "A": o art. 109, VI, da CF determina ser da competência da Justiça Federal o julgamento dos crimes contra o sistema financeiro, nos casos determinados por lei. No caso da Lei 7.492/1986, a competência será da Justiça Federal, em razão do art. 26, que assim determina.

Alternativa "B": o juiz somente pode adotar as providências cautelares previstas na legislação processual penal, no CPP ou em leis especiais.

Alternativa "C": em caso de conexão entre crimes ocorridos em mais de um território, todos os delitos serão julgados por apenas um juiz, que normalmente teria competência para julgar apenas aqueles que ocorreram em sua comarca. Nesse caso, há prorrogação da competência territorial. Além disso, sendo competência de natureza relativa, não sendo arguida a incompetência, esta ficará prorrogada.

Alternativa "D": a nulidade por inobservância da competência por prevenção é de natureza relativa, como, por sinal, já decidiu o STF na Súmula 706.

---

61. (Cespe – Procurador Federal/2013) Acerca da competência, da coisa julgada e dos recursos no processo penal, julgue os itens a seguir à luz do entendimento dos tribunais superiores e da doutrina majoritária.

61.1. Aos juízes federais compete processar e julgar, nos casos determinados por lei, os crimes contra o sistema financeiro e a ordem econômico-financeira.

COMENTÁRIOS

Certo. É o que determina o inciso VI do art. 109 da CF.

61.2. A competência da justiça federal para processar e julgar os crimes contra a organização do trabalho alcança os delitos referentes a direitos individuais, e não, a direitos que visem a toda uma categoria de trabalhadores.

COMENTÁRIOS

Errado. É o contrário. A competência da Justiça Federal nesses casos refere-se aos crimes que atingem toda uma categoria de trabalhadores, não o interesse de um trabalhador isoladamente. Aliás, vem entendendo o STF que os crimes contra a organização do trabalho são de competência federal. Nesse sentido, o Agravo Regimental no Recurso Extraordinário 511.849-PA, Rel. Min. Roberto Barroso, j. 04.02.2014.

---

62. (Cespe – Analista do MPU/2013) A respeito dos institutos do processo penal brasileiro, julgue os itens subsecutivos.

Deputado estadual que pratique crime doloso contra a vida deve ser julgado, dada a prerrogativa de foro especial, pelo tribunal de justiça do estado em que tenha sido eleito.

COMENTÁRIOS

Errado. Normalmente, nos casos de crimes comuns de competência da Justiça Estadual, os deputados estaduais são julgados pelo Tribunal de Justiça de seu respectivo Estado. Em se tratando de crime de competência da Justiça Federal, o julgamento se dará perante o Tribunal Regional Federal da respectiva Região. Porém, se se tratar de crime doloso contra a vida, deve ser julgado pelo Tribunal do Júri. Por que? Porque a competência do Júri é determinada pela CF e somente pode ser trocada se a exceção estiver também no texto constitucional. No caso dos deputados estaduais, não há tal previsão. Normalmente, as regras encontram-se nas constituições estaduais, que não se sobrepõem à CF.

63. (Cespe – Delegado de Polícia Federal – DPF/2013) Acerca da custódia cautelar e suas modalidades, dos atos processuais e seus sujeitos, bem como da ação penal, julgue os itens que se seguem.

Em se tratando de ações penais privadas, prevalece, no processo penal, a competência de foro, com preponderância do interesse do queixoso no que diz respeito à distribuição territorial da competência.

COMENTÁRIOS

Certo. É esse o sentido do art. 73 do CPP. Tal regira diz que, nos casos de exclusiva ação privada, o querelante poderá preferir o foro de domicílio ou da residência do réu, ainda quando conhecido o lugar da infração.

64. (Cespe – Delegado de Polícia Federal – DPF/2013) Em cada um dos itens, é apresentada uma situação hipotética, seguida de uma assertiva a ser julgada em relação ao inquérito policial e suas peculiaridades, às atribuições da Polícia Federal e ao sistema probatório no processo penal brasileiro.

Uma quadrilha, em determinado lapso temporal, realizou, em larga escala, diversos roubos de cargas e valores transportados por empresas privadas em inúmeras operações interestaduais, o que ensejou a atuação da Polícia Federal na coordenação das investigações e a instauração do competente inquérito policial. Nessa situação hipotética, findo o procedimento policial, os autos deverão ser remetidos à justiça estadual, pois a atuação da Polícia Federal não transfere à justiça federal a competência para processar e julgar o crime.

COMENTÁRIOS

Certo. Uma coisa é a possibilidade de a investigação ser realizada pela Polícia Federal. A Lei 10.446/2002, por exemplo, trata da investigação dos crimes de repercussão interestadual ou internacional, que exigem "repressão" uniforme. Daí porque ela permite que a Polícia Federal investigue certos crimes que tenham tal repercussão, como crimes de roubo. Porém, isso não afeta a competência, ou seja, qual autoridade judicial irá atuar. Se a competência for da Justiça Estadual, está irá julgar o caso, mesmo que a investigação tenha sido de atribuição da Polícia Federal.

65. (Cespe – Advogado da União/2012) No que se refere a competência, prova, ação policial controlada e suspensão condicional do processo, julgue os itens seguintes.

Consoante a jurisprudência do STJ, compete, em regra, à justiça estadual processar e julgar os casos que envolvam crimes previstos nas Leis n° 8.137/1990 e n° 8.176/1991, quando relacionados à adulteração de combustível.

COMENTÁRIOS

Certo. Tal entendimento do STJ pode ser encontrado no seguinte julgado: "(...) Esta Corte firmou o entendimento de que compete à Justiça estadual o processamento e julgamento das condutas delituosas previstas nas Leis nº 8.137/1990 e 8.176/1991, quando relacionadas ao crime de **adulteração** de **combustível** ou, ainda, de feito que visa à apuração de possível crime de sonegação fiscal de tributo estadual – ICMS (...)" (HC 55.290-SP, Rel. Min. Og Fernandes, j. 04.10.2012).

66. (Cespe – Defensor Público – ES/ 2012) Acerca da competência, das questões e processos incidentes e da prova, julgue os itens subsequentes.

Suponha que Fred, Mauro e Roberto sejam denunciados por furto simples, sem qualquer liame subjetivo entre os agentes, em feitos separados e por suposta participação em saque a um supermercado. Nessa situação hipotética, por disposição expressa do CPP, há necessidade de simultaneus processus em face da presença da conexão intersubjetiva por simultaneidade.

COMENTÁRIOS

Certo. Trata-se de caso de conexão previsto no inciso I do art. 76 do CPP ("se, ocorrendo duas ou mais infrações, houverem sido praticadas, ao mesmo tempo, por várias pessoas reunidas...").

67. (Cespe – Delegado de Polícia – AL/ 2012) No que concerne aos aspectos processuais das leis penais extravagantes e às inovações legais havidas no sistema processual penal, julgue os itens a seguir.

O comércio ilegal de drogas envolvendo mais de um estado faz surgir o tráfico interestadual de entorpecentes, deslocando-se a competência para apuração e atuação da Polícia Federal, todavia, a competência para processar e julgar o criminoso continua a ser da justiça estadual.

COMENTÁRIOS

Certo. Conforme previsto no art. 70 da Lei 11.343/2006, somente será de competência da Justiça Federal o crime de tráfico transnacional ("O processo e o julgamento dos crimes previstos nos arts. 33 a 37 desta Lei, se caracterizado ilícito transnacional, são da competência da Justiça Federal"). Portanto, no caso de crime com repercussão apenas transestadual, a competência continuará da Justiça Estadual, não obstante possa ser investigado pela Polícia Federal, por força do que autoriza o art. 144, § 1º, I, da CF.

7. QUESTÕES PREJUDICIAIS, EXCEÇÕES E INCIDENTES

▸ CPP, arts. 92 a 124, 145 a 154

68. (Cespe – Juiz de Direito Substituto – AM/2016) Assinale a opção correta com referência aos sujeitos da relação processual penal e às questões incidentais.

a) As partes poderão indicar técnicos, quando não houver peritos oficiais, sendo que o profissional nomeado pela autoridade será obrigado a aceitar o encargo público, sob pena de prisão por crime de desobediência.

b) O juiz deve declarar-se impedido e, se não o fizer, poderá ser recusado por qualquer das partes, se ele, seu cônjuge, ou parente, consanguíneo ou afim, até o quarto grau, inclusive, sustentar demanda ou responder a processo que tenha de ser julgado por qualquer das partes.

c) De acordo com o entendimento do STJ, o assistente da acusação não terá direito a réplica, quando o MP tiver anuído à tese de legítima defesa do réu e declinado do direito de replicar.

d) É exigível procuração com poderes especiais para que seja oposta exceção de suspeição por réu representado pela DP, mesmo que o acusado esteja ausente do distrito da culpa.

e) O juiz nomeará advogado ao acusado que não o tiver, podendo o réu, a todo tempo, nomear outro de sua confiança, ou a si mesmo defender-se, caso tenha habilitação. Na hipótese de nomeação de defensor dativo, não será cabível o arbitramento de honorários.

COMENTÁRIOS

Alternativa correta: letra "D": foi o que decidiu o STJ no REsp 1.431.043-MG, Rel. Min. Maria Thereza de Assis Moura, j. 16.04.2015. Trata-se de exigência legal que não pode ser dispensada, consistindo em garantia da própria parte, evitando que se represente contra a sua vontade.

Alternativa "A": não havendo perito oficial, caberá ao juiz nomear alguém para exercer tal mister, não havendo previsão de indicação pelas partes. Estas poderão indicar assistentes técnicos.

Alternativa "B": o erro da alternativa está no grau de parentesco: a restrição atinge até o 3º grau (art. 254, III, CPP).

Alternativa "C": esse é o entendimento do STJ, exposto no RESp 1.343.402-SP, Rel. Min. Laurita Vaz, j. 21.08.2014.

Alternativa "E": o advogado dativo evidentemente faz jus aos honorários. Em alguns Estados, como o de São Paulo, há inclusive convênio entre a OAB e a Defensoria Pública, para que esta custeie tal pagamento.

69. (Cespe – Juiz de Direito Substituto – AM/2016) De acordo com o CPP, em regra, a exceção cuja arguição precederá a qualquer outra é a exceção de

a) litispendência.

b) incompetência do juízo.

c) ilegitimidade da parte.

d) coisa julgada.

e) suspeição.

COMENTÁRIOS

Alternativa correta: letra "E" (responde também todas as demais alternativas): trata-se do disposto no art. 96 do CPP ("A arguição de suspeição precederá a qualquer outra, salvo quando fundada em motivo superveniente").

70. (Cespe – Juiz de Direito Substituto – DF/2015) Assinale a opção correta acerca das medidas cautelares e incidentes processuais admissíveis no processo penal.

a) No caso de haver conflito negativo de competência entre um juízo criminal da Circunscrição Judiciária de Brasília e um juízo criminal da Seção Judiciária Federal de Brasília, competirá ao TRF da 1.ª Região processar e julgar esse conflito de competência.

b) A busca domiciliar pode ocorrer durante o dia ou durante a noite. Nesta, será necessária a autorização do morador. Naquela, se o morador demonstrar resistência, será permitido o uso da força contra coisas existentes no local.

c) O incidente de falsidade tem por objetivo arguir a falsidade das provas documental, testemunhal e pericial produzidas nos autos da ação penal, caso alguma delas apresente vícios que possam comprometer o resultado do processo.

d) Como o sequestro dos bens do acusado é processado e julgado em autos apartados, se os embargos da decisão que permitir a constrição forem julgados improcedentes, não haverá impedimento da perda desses bens, ainda que a sentença dos autos da ação penal que enseje o sequestro seja absolutória.

e) No caso de exceção de impedimento do magistrado que atua no feito, que deve ser realizada em autos apartados, o magistrado poderá julgá-la procedente, situação em que remeterá os autos a seu substituto, ou improcedente, situação em que continuará a processar o feito.

COMENTÁRIOS

Alternativa correta: letra "B": segundo a CF, a execução de mandado de busca somente pode ser realizada durante o dia, já que, à noite, somente será possível se houver autorização do morador. Os flagrantes também podem ser realizados à noite, oportunidade em que poderão ser realizadas apreensões relacionadas a ele. Atenção ao decidido pelo STF sobre a entrada forçada em domicílio no caso de crimes permanentes: "(...) A Constituição dispensa o mandado judicial para ingresso forçado em residência em caso de flagrante delito. No crime permanente, a situação de flagrância se protrai no tempo. (...) Período noturno. A cláusula que limita o ingresso ao período do dia é aplicável apenas aos casos em que a busca é determinada por ordem judicial. Nos demais casos – flagrante delito, desastre ou para prestar socorro – a Constituição não faz exigência quanto ao período do dia. (...) Controle judicial a posteriori. Necessidade de preservação da inviolabilidade domiciliar. Interpretação da Constituição. Proteção contra ingerências arbitrárias no domicílio. Muito embora o flagrante delito legitime o ingresso forçado em casa sem determinação judicial, a medida deve ser controlada judicialmente. A inexistência de controle judicial, ainda que posterior à execução da medida, esvaziaria o núcleo fundamental da garantia contra a inviolabilidade da casa (art. 5, XI, da CF) e deixaria de proteger contra ingerências arbitrárias no domicílio (Pacto de São José da Costa Rica, artigo 11, 2, e Pacto Internacional sobre Direitos Civis e Políticos, artigo 17, 1). O controle judicial a posteriori decorre tanto da interpretação da Constituição, quanto da aplicação da proteção consagrada em tratados internacionais sobre direitos humanos incorporados ao ordenamento jurídico. Normas internacionais de caráter judicial que se incorporam à cláusula do devido processo legal. (...) Justa causa. **A entrada forçada em domicílio, sem uma justificativa prévia conforme o direito, é arbitrária. Não será a constatação de situação de flagrância, posterior ao ingresso, que justificará a medida. Os agentes estatais devem demonstrar que havia elementos mínimos a caracterizar fundadas razões (justa causa) para a medida.** (...) Fixada a interpretação de que **a entrada forçada em domicílio sem mandado judicial só é lícita, mesmo em período noturno, quando amparada em fundadas razões, devidamente justificadas a posteriori, que indiquem que dentro da casa ocorre situação de flagrante delito, sob pena de responsabilidade disciplinar, civil e penal do agente ou da autoridade e de nulidade dos atos praticados.** (...)" (RE 603.616-RO, Rel. Min. Gilmar Mendes, j. 05.11.2015, grifos nossos).

Alternativa "A": tais conflitos têm sido julgados pelo STJ e a base de tal competência parece-nos advir do art. 105, I, *d*, da CF.

Alternativa "C": o objetivo é arguir a falsidade de prova documental, bastando verificar o que dispõe o art. 145 do CPP.

Alternativa "D": havendo sentença absolutória no processo criminal, o sequestro será levantado, conforme dispõe o inciso III do art. 131 do CPP. É verdade que a parte final do inciso menciona a necessidade de trânsito em julgado da decisão absolutória, mas observamos que o art. 386, parágrafo único, II, dispõe que o juiz, ao absolver, deverá ordenar a cessação das medidas cautelares, lembrando que estas podem ser pessoais (v.g., a prisão preventiva) ou reais (sendo exemplo o sequestro).

Alternativa "E": segundo o art. 112 do CPP, o juiz deve abster-se de servir no processo, quando houver impedimento legal, que declarará nos autos. Se não se der a abstenção, o impedimento poderá ser arguido pelas partes, seguindo-se o processo estabelecido para a exceção de suspeição. Nesse caso, aplicando-se o art. 100 do mesmo Código, tem-se que, caso o juiz não aceite a alegação de impedimento feita contra ele, somente então mandará autuar em apartado a petição, dará sua resposta dentro em três dias, podendo instruí-la e oferecer testemunhas, e, em seguida, determinará sejam os autos da exceção remetidos, dentro em 24 horas, ao juiz ou tribunal a quem competir o julgamento.

---

71. (Cespe – Delegado de Polícia – PE/2016) Em consonância com a doutrina majoritária e com o entendimento dos tribunais superiores, assinale a opção correta acerca dos sujeitos do processo e das circunstâncias legais relativas a impedimentos e suspeições.

a) As disposições relativas ao princípio do juiz natural são analogamente aplicadas ao MP.

b) No curso do inquérito policial, se for constatado que o delegado de polícia seja inimigo pessoal do investigado, este poderá opor exceção de suspeição, sob pena de preclusão do direito no âmbito de eventual ação penal.

c) O corréu pode atuar, no mesmo processo, como assistente da acusação do início da ação penal até seu trânsito em julgado, desde que autorizado pelo representante do parquet.

d) Poderá funcionar como perito no processo aquele que tiver opinado anteriormente sobre o objeto da perícia na fase de investigação criminal, em razão da especificidade da prova pericial.

e) A impossibilidade de identificação do acusado pelo seu verdadeiro nome ou por outros qualificativos que formalmente o individualize impede a propositura da ação penal, mesmo que certa a identidade física do autor da infração penal.

COMENTÁRIOS

Alternativa correta: letra "A": tudo o que justifica existência do princípio do juiz natural aplica-se ao princípio do promotor natural, exceto o fato de que este último princípio não é previsto na CF ou em leis ordinárias. Porém, apesar disso, e embora haja divergências doutrinárias e jurisprudenciais a respeito de sua existência, em geral a doutrina processualistas penal tem reconhecido o princípio do promotor natural e o tem tratado como verdadeira garantia do imputado. O CPP determina a aplicação das regras a respeito de impedimentos e suspeições dos juízes também aos membros do Ministério Público (art. 258, CPP).

Alternativa "B": o CPP não admite que seja oposta exceção da suspeição à autoridade policial, mas esta deverá, presente o motivo, declarar-se suspeita (art. 107).

Alternativa "C": corréu jamais poderá ser assistente de acusação, salvo na rara hipótese em que seja, ao mesmo tempo, ofendido em crime conexo. Isso porque somente podem habilitar-se como assistes o ofendido ou seu representante legal ou, na falta daquele, alguma das pessoas apontadas no art. 31 do CPP (art. 268).

Alternativa "D": o inciso II do art. 279 do CPP impede que, nesse caso, possa atuar como perito.

Alternativa "E": segundo o art. 259 do CPP, a impossibilidade de identificação do acusado com o seu verdadeiro nome ou outros qualificativos não retardará a ação penal, quando certa a identidade física. A qualquer tempo, no curso do processo, do julgamento ou da execução da sentença, se for descoberta a sua qualificação, far-se-á a retificação, por termo, nos autos, sem prejuízo da validade dos atos precedentes.

---

72. (Cespe – Delegado de Polícia – PE/2016) Conforme a legislação em vigor e o posicionamento doutrinário prevalente, assinale a opção correta com relação à competência e às questões e processos incidentes.

a) Todas as infrações penais, incluindo-se as contravenções que atingirem o patrimônio da União, suas autarquias e empresas públicas, serão da competência da justiça federal.

b) O processo incidente surge acessoriamente no processo principal, cujo mérito se confunde com o mérito da causa principal, devendo, assim, tal processo — o incidente — ser resolvido concomitantemente ao exame do mérito da ação penal, sob pena de decisões conflitantes.

c) A restituição de coisas apreendidas no bojo do inquérito policial ainda não concluído poderá ser ordenada pela autoridade policial, quando cabível, desde que seja evidente o direito do reclamante.

d) Havendo fundada dúvida sobre a sanidade mental do indiciado, o delegado de polícia poderá determinar de ofício a realização do competente exame, com o objetivo de aferir a sua imputabilidade.

e) Tratando-se de foro privativo por prerrogativa de função cuja competência para o conhecimento da causa é atribuída à jurisdição colegiada, esta será determinada pelo lugar da infração.

COMENTÁRIOS

Alternativa correta; letra "C": é o que permite o art. 120 do CPP ("A restituição, quando cabível, poderá ser ordenada pela autoridade policial ou juiz, mediante termo nos autos, desde que não exista dúvida quanto ao direito do reclamante"). Se duvidoso esse direito, o pedido de restituição deve ser autuado em apartado, concedendo-se ao requerente o prazo de 5 dias para a prova. Em tal caso, só o juiz criminal poderá decidir a respeito da restituição (art. 120, § 1º).

Alternativa "A": as contravenções penais nunca são decididas pela Justiça Federal, mesmo em caso de conexão com crime de alçada federal. Por que? Simples, porque a CF excluiu as contravenções, de modo absoluto, da competência da Justiça Federal (art. 109, IV).

Alternativa "B": justamente porque não há coincidência quanto ao mérito, os incidentes são decididos e normalmente processados separadamente, em apartado.

Alternativa "D": não pode a autoridade policial instaurar incidente de insanidade mental. Nesse caso, percebendo a necessidade do incidente, deverá a autoridade policial representar ao juiz para que este determine a instauração (art. 149, § 1º, CPP).

Alternativa "E": a competência depende do órgão em si. Assim, não importa onde um Deputado Federal tenha cometido o crime, pois competente para julgá-lo será sempre o STF. Outro exemplo: não importa o Estado em que o Promotor de Justiça cometeu o crime, pois será julgado sempre pelo TJ do Estado onde exerce suas funções.

---

73. (Cespe – Juiz de Direito – PB/2015) A respeito das exceções previstas no CPP, assinale a opção correta.

a) Da decisão que acolher a suspeição de perito, de intérprete, de serventuário ou de funcionário da justiça cabe recurso em sentido estrito.

b) A processualística penal segue as mesmas hipóteses previstas na legislação processual civil.

c) A suspeição deve ser arguida pela parte antes de qualquer outra alegação, salvo quando sua motivação ocorrer em momento posterior.

d) No juizado especial, em razão do princípio da oralidade, o juiz deve declarar oralmente sua suspeição.

e) Da decisão do magistrado que acolher a arguição de suspeição do órgão do MP cabe recurso em sentido estrito, no prazo de cinco dias.

COMENTÁRIOS

Alternativa correta: letra "C": é o que dispõe o art. 96 do CPP. Faz todo sentido. Se a parte entende que o juiz é suspeito, este não deve decidir mais nada antes de se resolver tal questão. A ressalva trazida na alternativa e pelo art. 96 é importante, pois é possível que o motivo da suspeição só se dê ou seja descoberto quando já iniciado e avançado o processo.

Alternativa "A": o inciso III do art. 581 do CPP permite recurso em sentido estrito contra decisão que julgar procedente qualquer exceção, menos a de suspeição.

Alternativa "B": o CPP prevê as exceções de suspeição, de incompetência do Juízo, de litispendência, de ilegitimidade de parte e de coisa julgada (art. 95). O CPC de 1973 previa as exceções de incompetência, impedimento e suspeição (art. 304), que podiam ser arguidas a qualquer tempo e grau. O CPC de 2015 (Lei 13.105), que revogou o CPC de 1973, dispõe de modo totalmente diverso, pois acaba com as exceções. Pela nova sistemática, ao réu incumbirá, na contestação, antes de discutir o mérito, alegar, entre outras coisas: (i) incompetência absoluta (esta pode ser também alegada a qualquer tempo) e relativa; (ii) litispendência; (iii) coisa julgada (art. 337). São, assim, matérias a serem discutidas em preliminar. No caso de impedimento ou suspeição, a parte deverá alegar sua ocorrência, tendo prazo de 15 dias para fazê-lo, a contar do conhecimento do fato, por meio de petição específica dirigida ao juiz do processo, na qual indicará o fundamento da recusa, podendo instruí-la com documentos em que se fundar a alegação e com rol de testemunhas (art. 146).

Alternativa "D": ao Juizado Especial Criminal devem ser aplicadas a mesma sistemática do CPP para a arguição da suspeição, eis que a Lei 9.099/1995 não regula a matéria e, na única vez em que mencionada impedimento e suspeição, o faz na parte referente ao Juizado Especial Cível, oportunidade em que remete a questão à "legislação em vigor" (art. 30).

Alternativa "E": não há tal previsão legal. Por sinal, nesse caso, o art. 104 do CPP é expresso: não cabe recurso.

---

74. (Cespe – Juiz de Direito – PB/2015) A respeito da restituição de coisas apreendidas, assinale a opção correta.

a) Os instrumentos do crime, se a perda for decretada em favor da União, bem como as demais coisas confiscadas, deverão ser inutilizados, sendo vedado que tais instrumentos ou coisas recebam qualquer outra destinação.

b) A restituição, quando cabível, poderá ser ordenada pela autoridade policial ou pelo juiz, mediante termo nos autos, desde que não haja dúvida quanto ao direito do reclamante.

c) Após ter sido formulado o pedido de restituição de bens apreendidos, o juiz poderá dispensar a oitiva do MP e decidir o pleito de imediato.

d) Caso seja facilmente deteriorável, a coisa apreendida deverá ser avaliada e, em seguida, deverá ser vendida, sem que seja necessário realizar leilão público.

e) As coisas apreendidas, ainda que deixem de ser diretamente importantes ao processo, não poderão ser restituídas antes do trânsito em julgado da sentença final.

COMENTÁRIOS

Alternativa correta: letra "B": é o que dispõe o caput do art. 120 do CPP.

Alternativa "A": segundo o art. 124 do CPP, os instrumentos do crime, cuja perda em favor da União for decretada, e as coisas confiscadas, serão inutilizados ou recolhidos a museu criminal, se houver interesse na sua conservação.

Alternativa "C": o juiz deverá sempre ouvir o Ministério Público (art. 120, § 3º, CPP).

Alternativa "D": tratando-se de coisas facilmente deterioráveis, serão avaliadas e levadas a leilão público, depositando-se o dinheiro apurado, ou entregues ao terceiro que as detinha, se este for pessoa idônea e assinar termo de responsabilidade (art. 120, § 5º, CPP).

Alternativa "E": somente deixarão de ser restituídas enquanto interessarem ao processo. Do contrário, não há impedimento à restituição (art. 118, CPP).

---

75. (Cespe – Promotor de Justiça – AC/2014) Considerando os entendimentos do STF e do STJ acerca dos princípios processuais penais, do inquérito e das questões e dos processos incidentes, assinale a opção correta.

a) Ao promotor de justiça é vedado, no curso de processo penal, suscitar o conflito de jurisdição.

b) A hipoteca legal sobre os imóveis do indiciado poderá ser requerida pelo ofendido em qualquer fase do processo, desde que haja certeza da autoria.

c) A condenação lastreada em declarações colhidas de testemunhas na fase inquisitorial, bem como em depoimentos prestados em juízo, ainda que garantidos o contraditório e a ampla defesa, resulta em ilegalidade, pois o CPP impede que o juiz, para a formação de sua livre convicção, considere elementos informativos colhidos na fase de investigação criminal.

d) O CPP prevê que, independentemente da demonstração de boa-fé, o terceiro adquirente tem o direito de opor-se, por meio de embargos, ao sequestro incidente sobre imóvel.

e) Existindo dúvida razoável quanto à saúde psíquica do acusado, competirá ao juiz da causa averiguar a necessidade de instauração de incidente de insanidade mental.

COMENTÁRIOS

✪ **Nota do autor:** a questão mistura temas diversos, mas duas das alternativas, inclusive a correta, inserem-se no tema do presente tópico.

Alternativa correta: letra "E": havendo dúvida quanto à sanidade mental do acusado, deve o juiz determinar a instauração do incidente, de ofício, ou a requerimento do Ministério Público, do defensor, do curador, do ascendente, descendente, irmão ou cônjuge do réu (art. 149, *caput*, CPP).

Alternativa "A": pode o Ministério Público suscitar o conflito de competência (art. 115, II, CPP).

Alternativa "B": não há necessidade de certeza da autoria, mas certeza da ocorrência da infração e indícios suficiente de autoria (art. 134, CPP).

Alternativa "C": não pode o juiz decidir exclusivamente com base nos elementos informativos colhidos na fase de investigação. Porém, se estes forem valorados em conjunto com os depoimentos colhidos na fase judicial, sob contraditório, não há vício algum, pois está dentro da permissão do art. 155 do CPP.

Alternativa "D": o sequestro poderá ser embargado por terceiro apenas se tiver como fundamento a boa-fé, conforme deixa claro o inciso II do art. 130 do CPP.

---

76. (Cespe – Defensor Público – TO/2013) No que diz respeito às questões e aos processos incidentes, assinale a opção correta.

a) O oferecimento da exceção de suspeição, por tutelar a imparcialidade do julgador, tem como efeito imediato a suspensão do processo, como regra geral, até a decisão final de mérito que autorize o relator a ordenar a prática de atos processuais urgentes.

b) A arguição de suspeição deve preceder a qualquer outra, admitindo-se a oposição a qualquer tempo ou grau de jurisdição, inclusive por meio da ação de habeas corpus, consoante entendimento dos tribunais superiores.

c) Admitida questão prejudicial obrigatória, suspende-se o curso da ação penal, sendo vedada a inquirição de testemunhas e a produção de outras provas, ainda que consideradas urgentes, e interrompe-se o prazo prescricional.

d) Tratando-se de questões prejudiciais facultativas, a suspensão do processo fica condicionada, entre outras circunstâncias, à prévia existência de ação civil ajuizada para resolver controvérsia considerada de difícil solução, desde que não verse sobre direito cuja prova a lei civil limite, garantidas a oitiva das testemunhas e a realização das provas de natureza urgente.

e) A exceção de suspeição, assim como a revisão criminal, pode ser intentada apenas pela parte, ou conjuntamente com o seu defensor, em face da necessidade de preservar a imparcialidade do julgador, consoante disposição expressa do CPP.

COMENTÁRIOS

Alternativa correta: letra "D": é o que se depreende do art. 93 do CPP, que dispõe: "Se o reconhecimento da existência da infração penal depender de decisão sobre questão diversa da prevista no artigo anterior, da competência do juízo cível, e se neste houver sido proposta ação para resolvê-la, o juiz criminal poderá, desde que essa questão seja de difícil solução e não verse sobre direito cuja prova a lei civil limite, suspender o curso do processo, após a inquirição das testemunhas e realização das outras provas de natureza urgente". Além disso, se houver alguma limitação sobre prova, como se dá nos casos de discussão sobre o estado civil das pessoas, tem-se uma questão prejudicial obrigatória.

Alternativa "A": não há tal suspensão do processo, o que se dará somente se o próprio juiz a aceitar (art. 99, CPP).

Alternativa "B": segundo o art. 96 do CPP, a arguição de suspeição precederá a qualquer outra, salvo quando fundada em motivo superveniente. Os tribunais superiores não têm aceito que a questão da suspeição seja discutida em sede de *habeas corpus*, eis que exige certa grau de contraditório, o que é inviável em tal remédio constitucional. Nesse sentido, julgado do STJ: "(...) As insurgências pertinentes à suposta parcialidade do Desembargador relator da ação penal originária enseja, se tanto, a apresentação de exceção de suspeição, procedimento marcadamente contraditório, incompatível, portanto com a angusta via eleita. (...)" (HC 275.233-PB, Rel. Min. Maria Thereza de Assis Moura, j. 05.11.2013).

Alternativa "C": diz o art. 92 do CPP que se a decisão sobre a existência da infração depender da solução de controvérsia, que o juiz repute séria e fundada, sobre o estado civil das pessoas, o curso da ação penal ficará suspenso até que no juízo cível seja a controvérsia dirimida por sentença passada em julgado, sem prejuízo, entretanto, da inquirição das testemunhas e de outras provas de natureza urgente. A prescrição ficará suspensa, por força do que dispõe o art. 116, I, do CP.

Alternativa "E": segundo o art. 98 do CPP, quando qualquer das partes pretender recusar o juiz, deverá fazê-lo em petição assinada por ela própria ou por procurador com poderes especiais.

---

77. (Cespe – Defensor Público – RR/2013) No curso de investigação policial, procedeu-se, por ordem judicial, à busca e apreensão de bens e de mercadorias de diversos vendedores ambulantes, sob a suspeita de os produtos serem provenientes de infrações penais, tendo sido apreendidos documentos e objetos relacionados à investigação e presos alguns dos investigados.

Em face dessa situação hipotética, assinale a opção correta acerca do inquérito policial e dos processos incidentes.

a) A discussão acerca da legítima propriedade de parte dos bens apreendidos somente poderá ser efetivada por meio de embargos de terceiro, de competência do juízo criminal, por ser matéria prejudicial à definição da infração penal, vedado o pronunciamento nesses embargos, antes de a sentença condenatória transitar em julgado.

b) Se a autoridade policial tiver dúvida quanto à integridade mental dos presos, ela pode determinar que eles sejam submetidos a exame de sanidade mental, a fim de esclarecer a culpabilidade, em autos apartados ao do inquérito policial, desde que nomeado curador aos acusados e, se não tiverem constituído advogado, desde que patrocinados por DP.

c) A autoridade policial, nesse caso, pode ordenar a realização dos exames periciais nos documentos que os investigados apresentarem, a fim de comprovar eventual falsidade material ou ideológica, assegurando-lhes o direito de proporem quesitos e de indicar assistente técnico para o exame.

d) É vedada a restituição de coisas apreendidas pela autoridade policial, ainda que não sejam objeto dos mandados nem se relacionem com os elementos da investigação policial, e ainda que não exista dúvida acera da propriedade, ante a necessidade de manifestação do titular da persecução penal, que deverá ocorrer somente em juízo.

e) Admite-se a alienação antecipada dos bens apreendidos, ordenada de ofício pelo magistrado, desde que demonstrada a necessidade de preservação do valor dos bens ou haja risco de deterioração, ou, ainda, sejam os bens de difícil manutenção.

COMENTÁRIOS

Alternativa correta: letra "E": segundo o art. 144-A do CPP, o juiz determinará a alienação antecipada para preservação do valor dos bens sempre que estiverem sujeitos a qualquer grau de deterioração ou depreciação, ou quando houver dificuldade para sua manutenção. O leilão far-se-á preferencialmente por meio eletrônico. Os bens deverão ser vendidos pelo valor fixado na avaliação judicial ou por valor maior. Não alcançado o valor estipulado pela administração judicial, será realizado novo leilão, em até 10 dias contados da realização do primeiro, podendo os bens ser alienados por valor não inferior a 80% do estipulado na avaliação judicial. O produto da alienação ficará depositado em conta vinculada ao juízo até a decisão final do processo, procedendo-se à sua conversão em renda para a União, Estado ou Distrito Federal, no caso de condenação, ou, no caso de absolvição, à sua devolução ao acusado. Quando a indisponibilidade recair sobre dinheiro, inclusive moeda estrangeira, títulos, valores mobiliários ou cheques emitidos como ordem de pagamento, o juízo determinará a conversão do numerário apreendido em moeda nacional corrente e o depósito das correspondentes quantias em conta judicial. No caso da alienação de veículos, embarcações ou aeronaves, o juiz ordenará à autoridade de trânsito ou ao equivalente órgão de registro e controle a expedição de certificado de registro e licenciamento em favor do arrematante, ficando este livre do pagamento de multas, encargos e tributos anteriores, sem prejuízo de execução fiscal em relação ao antigo proprietário. O valor dos títulos da dívida pública, das ações das sociedades e dos títulos de crédito negociáveis em bolsa será o da cotação oficial do dia, provada por certidão ou publicação no órgão oficial. Estas são as novas regras trazidas pela Lei 12.694/2012.

Alternativa "A": nem sempre a discussão sobre a propriedade do bem será questão prejudicial, ou seja, nem sempre da solução de tal questão dependerá a comprovação da ocorrência do crime. Assim, poderá ser feito um pedido de restituição de bem apreendido por quem tenha tal direito. Se este for duvidoso, o pedido de restituição deve ser autuado em apartado, assinando-se ao requerente o prazo de 5 dias para a prova. Em tal caso, só o juiz criminal – e não a autoridade policial – poderá decidir o incidente (art. 120, § 1º, CPP). Porém, em caso de dúvida sobre quem seja o verdadeiro dono, o juiz remeterá as partes para o juízo cível, ordenando o depósito das coisas em mãos de depositário ou do próprio terceiro que as detinha, se for pessoa idônea (§ 4º). Os embargos de terceiro são forma de impugnar o sequestro de bem, pelo terceiro, a quem houver sido transferido a título oneroso, sob o fundamento de tê-los adquirido de boa-fé (art. 130, II). Nesse caso, não poderá ser pronunciada decisão nesses embargos antes de passar em julgado a sentença condenatória (art. 130, parágrafo único).

Alternativa "B": se a autoridade policial tiver dúvida quanto à sanidade mental do investigado, poderá representar ao juiz para que seja instaurado o incidente de insanidade mental. O incidente processar-se-á em auto apartado, que só depois da apresentação do laudo, será apensado ao processo principal. O juiz nomeará curador ao acusado, quando determinar o exame, ficando suspenso o processo, se já iniciada a ação penal, salvo quanto às diligências que possam ser prejudicadas pelo adiamento (arts. 149 a 154, CPP).

Alternativa "C": a falsidade documental deve ser arguida, por escrito, ao juiz. Este observará o seguinte procedimento: a) mandará autuar em apartado a impugnação, e em seguida ouvirá a parte contrária, que, no prazo de 48 horas, oferecerá resposta; b) assinará o prazo de 3 dias, sucessivamente, a cada uma das partes, para prova de suas alegações; c) conclusos os autos, poderá ordenar as diligências que entender necessárias; d) se reconhecida a falsidade por decisão irrecorrível, mandará desentranhar o documento e remetê-lo, com os autos do processo incidente, ao Ministério Público (art. 145, CPP).

Alternativa "D": segundo o art. 120, *caput*, do CPP, a restituição, quando cabível, poderá ser ordenada pela autoridade policial, mediante termo nos autos, desde que não exista dúvida quanto ao direito do reclamante.

---

78. (Cespe – Defensor Público – RR/2013) No que se refere às questões prejudiciais e aos processos incidentes, assinale a opção correta.

a) As exceções dilatórias e peremptórias objetivam estancar definitivamente o curso da ação penal, pondo fim à relação jurídica processual, por faltar alguma condição da ação ou pressuposto processual.

b) A decisão acerca da interdição do réu, ainda que prolatada pelo juízo cível competente, por tratar de questão que envolve o estado civil da pessoa, faz coisa julgada na esfera criminal e obsta a instauração do incidente de insanidade mental no juízo criminal, por ser matéria que não pode mais ser discutida nessa esfera.

c) A exceção da verdade no crime de calúnia é questão prejudicial homogênea, própria ou perfeita.

d) Na apuração do crime de peculato, o ajuizamento de ação de improbidade pelos mesmos fatos constitui questão prejudicial heterogênea, o que impõe ao juízo criminal a suspensão do processo.

e) As exceções, defesas indiretas de mérito, são autuadas em autos apartados e não suspendem a tramitação do feito, devendo ser julgadas pelo próprio juízo criminal do processo principal.

COMENTÁRIOS

Alternativa correta: letra "C": é questão prejudicial, pois a decisão nela proferida pode influenciar a decisão de mérito do processo do crime contra a honra. É prejudicial homogênea própria porque na exceção também é tratada questão criminal e é decidida pelo juízo criminal.

Alternativa "A": somente as exceções peremptórias têm tal objetivo, como se dá com a exceção de coisa julgada, que gera a extinção do processo. As exceções dilatórias apenas atrasam o andamento do processo (ex.: exceção de incompetência).

Alternativa "B": a interdição na esfera cível pode ter diversos motivos. Por isso, ela não impede, no processo penal, a instauração de incidente de insanidade mental do acusado, a fim de verificar se este, ao tempo do crime, era capaz de entender o caráter ilícito do fato ou de se determinar de acordo com tal entendimento.

Alternativa "D": há independência estre as esferas criminal e cível, de modo que a ação penal não depende da solução da ação de improbidade.

Alternativa "E": nem sempre. A exceção de suspeição, por exemplo, pode suspender o processo, se reconhecida a suspeição pelo próprio juiz. Do contrário, quem a decidirá será o tribunal.

---

79. (Cespe – Juiz de Direito Substituto – MA/ 2013) Um homem de vinte e um anos de idade responde a processo judicial sumário no qual lhe é imputada a participação na prática de crimes perpetrados havia três anos. O defensor público responsável por sua defesa alegou, em sede de resposta preliminar, que o rapaz era menor de idade à época da ocorrência dos fatos e que apresentava incapacidade mental absoluta superveniente. Considerando a situação hipotética acima, assinale a opção correta acerca de questões prejudiciais, processos incidentes e procedimento sumário, com base no CPP e na interpretação doutrinária sobre esse código.

a) O juiz deverá rejeitar a resposta preliminar ofertada pelo defensor público, uma vez que, conforme disposição do CPP, essa resposta não é prevista expressamente no procedimento sumário, o que não obsta a possibilidade de absolvição sumária.

b) A questão prejudicial alegada pelo defensor, na qual se discute o estado civil da pessoa e o incidente de insanidade mental, arguidos no curso da ação penal, tem como efeito a suspensão do processo, com a suspensão da prescrição no primeiro caso.

c) A demonstração manifesta da incapacidade mental absoluta superveniente do acusado, mediante a apresentação de documentos hábeis, autoriza o juiz, no procedimento sumário, a absolver sumariamente o réu.

d) A arguição da menoridade do agente é questão prejudicial absoluta, devendo ser oferecida por intermédio de exceção própria, no prazo da resposta preliminar, sob pena de preclusão.

COMENTÁRIOS

Alternativa correta: letra "B": havendo controvérsia sobre o estado civil do réu – no caso, sua idade na época dos fatos – tem-se uma questão prejudicial obrigatória, que acarreta a suspensão do processo (art. 92, CPP) e da prescrição (art. 116, I, CP). De outra parte, havendo dúvida sobre a sanidade mental do acusado, mesmo que posterior ao crime, deve ser instaurado o incidente de insanidade, que suspenderá o processo (art. 149, § 2º, CPP). Interessante observar que, caso se comprove a inimputabilidade posterior ao crime e durante o processo, este deverá ficar suspenso até o acusado se restabelecer.

Alternativa "A": o procedimento sumário, assim como o ordinário, prevê a resposta à acusação, em consequência da regra do art. 394, § 4º, do CPP.

Alternativa "C": não é o caso de absolvição sumária – o que somente seria possível se a inimputabilidade fosse concomitante ao crime – mas de suspensão do processo até que o acusado se restabeleça (art. 152, *caput*, CPP).

Alternativa "D": não há exceção própria para a arguição da menoridade e tampouco deve ocorrer a preclusão. Isso porque o menor de 18 anos é inimputável e tal assunto pode ser arguido em qualquer fase do processo, inclusive na fase recursal.

---

80. (Cespe – Juiz Federal Substituto 1ª região/2013) Com relação a insanidade mental, perdimento de bens, sequestro de bens, provas e incidente de falsidade, assinale a opção correta.

a) Na sentença penal condenatória, o juiz poderá decretar o perdimento de bens apreendidos e empregados na prática do crime de sonegação tributária e destiná-los à União, que, incorporando-os a seu patrimônio, poderá usufruí-los, aliená – los em leilão judicial ou doá-los aos entes federados.

b) Considera-se prova ilícita por derivação aquela colhida por meio de interceptação telefônica autorizada por juiz competente, mas que demonstra a autoria de crime diverso do que foi objeto específico da decisão judicial.

c) No curso da ação penal privada, é proibido ao juiz instaurar, de ofício, o incidente de falsidade documental, haja vista que o direito nele contido é de natureza disponível, reservando-se ao querelado ou ao MP requerer sua instauração.

d) Caberá recurso de apelação, interposto no prazo de cinco dias, contra decisão que indefere o pedido de sequestro requerido pelo MP, por se tratar de decisão judicial com força de definitiva.

e) Se houver reconhecimento, por laudo de insanidade mental, de que o acusado, ao tempo da ação, era capaz de entender o caráter ilícito do fato, mas, no curso da instrução criminal, lhe sobrevier doença mental que o torne absolutamente incapaz de entender o caráter ilícito do fato, o juiz o absolverá impropriamente e aplicará medida de segurança de tratamento ambulatorial ou de internação.

COMENTÁRIOS

✪ **Nota do autor:** a questão lida com múltiplos assuntos, mas há duas alternativas que tratam de incidentes. Por isso, a inserimos neste tópico.

Alternativa correta: letra "D": não há previsão expressa de qual recurso é cabível nesse caso, não havendo, no art. 581 do CPP (recurso em sentido estrito), qualquer hipótese que seja aplicável ao caso. Então, por se tratar de procedimento autuado em apartado, de natureza cautelar, pode-se dizer que a sentença denegatória do sequestro é do tipo definitiva, proferida por juiz singular, sendo possível a aplicação do inciso II do art. 593. Ou seja, é cabível apelação.

Alternativa "A": o perdimento de bens – confisco penal – é possível em caso de condenação, desde que sejam instrumentos do crime, que consistam em coisas cujo fabrico, alienação, uso, porte ou detenção constitua fato ilícito ou caso se trate de produto do crime ou de qualquer bem ou valor que constitua proveito auferido pelo agente com a prática do fato criminoso (art. 91, CP). No caso da alternativa, entendemos não ser possível a perda, eis que se trata de instrumento para a prática do delito apenas. No caso de crime que gere prejuízo à Fazenda Pública, há entendimentos de que ainda se encontra em vigor o Decreto-lei 3.240/1941, que permite o sequestro dos bens – irrestritamente – do indiciado e, no caso de condenação, a perda dos proventos do crime.

Alternativa "B": a alternativa trata da descoberta fortuita de prova, que não é considerada ilícita, muito menos ilícita por derivação, já que a interceptação telefônica foi legal. Quanto à descoberta fortuita, entende a jurisprudência do STJ que: "(...) A quebra do sigilo telefônico do paciente e demais investigados foi permitida em razão dos elementos de convicção que já teriam sido reunidos em outro inquérito policial. (...) Não se vislumbra qualquer ilegalidade em tal procedimento, já que se a autoridade policial, em decorrência de interceptações telefônicas legalmente autorizadas, tem notícia do cometimento de novos ilícitos por parte daqueles cujas conversas foram monitoradas, é sua obrigação e dever funcional apurá-los, ainda que não possuam liame algum com os delitos cuja suspeita originariamente ensejou a quebra do sigilo telefônico. Precedentes do STJ e do STF. (...)" (HC 189.735-ES, Rel. Min. Jorge Mussi, j. 07.02.2013).

Alternativa "C": o art. 147 do CPP é expresso em permitir ao juiz que verifique, de ofício, a falsidade documental.

Alternativa "E": a absolvição imprópria, com aplicação de medida de segurança, somente é possível se, ao tempo do crime, o réu era incapaz de entender o caráter ilícito do fato ou de se determinar de acordo com tal entendimento (art. 26, CP). Se a inimputabilidade for superveniente, deve o juiz suspender o processo, até que o acusado se restabeleça (art. 152, CPP).

---

81. (Cespe – Delegado de Polícia – BA/2013) No que se refere a questões e processos incidentes, julgue os próximos itens.

81.1. A autoridade policial que, na fase de investigação criminal, desconfiar da integridade mental do acusado, poderá, sem suspender o andamento do inquérito policial, determinar, de ofício, que o acusado se submeta a exame de sanidade mental, a ser realizado por peritos oficiais.

COMENTÁRIOS

Errado. Nesse caso, cabe à autoridade policial representar ao juiz pela instauração do incidente de insanidade mental (art. 149, § 1º, CPP).

81.2. A restituição de coisas apreendidas em poder do investigado, no âmbito do inquérito policial, pode ser ordenada pela autoridade policial, desde que não haja vedação legal à restituição das coisas e inexista importância à prova da infração ou desde que a restituição não sirva à reparação do dano causado pelo crime e seja induvidoso o direito do reclamante, após oitiva obrigatória do MP.

COMENTÁRIOS

Certo. Vejamos o regramento básico da matéria: a) antes de transitar em julgado a sentença final, as coisas apreendidas não poderão ser restituídas enquanto interessarem ao processo (art. 118, CPP); b) a restituição, quando cabível, poderá ser ordenada pela autoridade policial ou juiz, mediante termo nos autos, desde que não exista dúvida quanto ao direito do reclamante (art. 120); c) se duvidoso esse direito, o pedido de restituição autuar-se-á em apartado, assinando-se ao requerente o prazo de 5 dias para a prova, caso em que só o juiz criminal poderá decidir o incidente (art. 120, § 1º).

81.3. Se, no curso de uma investigação criminal, a autoridade policial tomar conhecimento de questão prejudicial controversa da qual dependa a existência do crime investigado, a autoridade deverá ordenar a suspensão do procedimento e comunicar o fato ao MP, para que este tome as medidas cabíveis para a solução de controvérsia prejudicial obrigatória.

COMENTÁRIOS

Errado. Nesse caso, deve a autoridade policial relatar o inquérito e caberá ao Ministério Público decidir sobre a adoção de tais medidas. A suspensão é somente do processo, quando já houver ação penal e será determinada pelo juiz. Vejam o que diz o art. 92 do CPP: "Se a decisão sobre a existência da infração depender da solução de controvérsia, que o juiz repute séria e fundada, sobre o estado civil das pessoas, o curso da ação penal ficará suspenso até que no juízo cível seja a controvérsia dirimida por sentença passada em julgado, sem prejuízo, entretanto, da inquirição das testemunhas e de outras provas de natureza urgente". E seu parágrafo único dispõe: " Se for o crime de ação pública, o Ministério Público, quando necessário, promoverá a ação civil ou prosseguirá na que tiver sido iniciada, com a citação dos interessados".

---

82. (Cespe – Defensor Público – DF/ 2013) Com relação ao incidente de insanidade mental do acusado e ao princípio da motivação dos atos decisórios, julgue os itens subsequentes.

Considere a seguinte situação hipotética.

Iniciada ação penal por crime punido com pena de reclusão, em decorrência do surgimento de dúvida quanto à integridade mental do réu, o juiz suspendeu o processo e ordenou a realização de exame de sanidade mental. Feito o exame, os peritos concluíram, conforme laudo, que a doença mental e a inimputabilidade do réu sobrevieram à infração. Nessa situação, o processo continuará suspenso até que o acusado se restabeleça, salvo no que se refere às diligências que possam ser prejudicadas pelo adiamento.

COMENTÁRIOS

Certo. O acusado precisa entender o que se passa no processo, ou seja, que está sendo processado, devendo defender-se. Sobrevindo doença mental, isso torna-se impossível, razão pela qual deve o feito ser suspenso. Eis o que dispõe o art. 152 do CPP que, se se verificar que a doença mental sobreveio à infração o processo continuará suspenso até que o acusado se restabeleça. Nesse caso, o juiz deverá nomear curador ao acusado, quando determinar o exame, ficando suspenso o processo, se já iniciada a ação penal, salvo quanto às diligências que possam ser prejudicadas pelo adiamento.

---

83. (Cespe – Analista Judiciário – Área Judiciária – STF/2013) A respeito de nulidade e de questões incidentes, julgue os itens seguintes.

Mesmo em se tratando de questão prejudicial, é admissível que o crime de lavagem de bens e valores seja julgado antes daquele em que se apura o proveito ilícito de bem ou valor relacionado.

COMENTÁRIOS

Certo. O crime de lavagem de dinheiro, para existir, depende da existência de outro delito, que o antecede. Afinal, "lava-se" aquilo que se obteve em outro delito. Seria, pois, o caso de aguardar-se o julgamento do crime antecedente, pois se trataria de questão prejudicial, ou julgar ambos juntos, em razão da conexão. Porém, no caso de lavagem de dinheiro, o tratamento é outro, já que o inciso II do art. 2º da Lei 9.613.1998 determina que o processo e julgamento dos crimes de lavagem independem do processo e julgamento das infrações penais antecedentes, ainda que praticados em outro país, cabendo ao juiz competente para os crimes previstos na lei citada a decisão sobre a unidade de processo e julgamento.

8. CITAÇÃO, INTIMAÇÕES E CONTAGEM DE PRAZOS

- CPP, arts. 351 a 372
- CPC, 227 a 229

84. (Cespe – Juiz de Direito Substituto – AM/2016) Em processo no juizado especial criminal, superada a fase preliminar em razão da ausência do autor do fato, o MP ofereceu denúncia oral pela prática de crime de ameaça. Não tendo o oficial de justiça encontrado o autor para citá-lo nos endereços constantes dos autos, o juiz determinou a sua citação por hora certa. Concluída a citação por hora certa sem que o autor do fato tivesse sido encontrado ou tivesse comparecido à audiência designada, foi-lhe nomeado DP, e sobreveio condenação.

Nessa situação hipotética, conforme a legislação penal processual e a jurisprudência dos tribunais superiores, é correto afirmar que a citação realizada foi

a) válida, e não precisará ser refeita, pois a citação por hora certa é possível quando o acusado não é encontrado nos endereços constantes nos autos.

b) nula, e deverá ser refeita pelo juízo comum, com o devido encaminhamento dos autos pelo juizado especial criminal.

c) válida, e não precisará ser refeita, pois a citação por hora certa sempre precede a citação por edital.

d) válida, e não precisará ser refeita, pois o processo perante os juizados especiais criminais orienta-se pelos princípios da oralidade, simplicidade, economia processual e celeridade.

e) nula, e deverá ser refeita pelo próprio juizado especial criminal, por meio de edital, em atenção aos princípios da celeridade e da economia processual.

COMENTÁRIOS

Alternativa correta: letra "B" (responde também as alternativas "A" e "E"): a citação é nula porque não era o caso de citação com hora certa. Esta passou a ser admitida no processo penal a partir de 2008, quando foi dada nova redação ao art. 362 do CPP (que menciona a adoção do rito previsto em dispositivos do revogado CPC, atualmente arts. 252 a 254 do novo CPC). Ocorre que a regra deixa claro que somente será procedida tal espécie de citação se o oficial de justiça constatar que o réu está se ocultando para não ser citado. Caso não tendo indício disso, mas simplesmente o acusado não tenha sido encontrado, caberá ao juiz determinar a citação por edital. Ocorre que no rito sumaríssimo aplicável aos Juizados Especiais Criminais não se admite a citação por edital, de modo que, sendo esta necessária, o processo deve ser distribuído ao juízo criminal comum (art. 66, parágrafo único, Lei 9.099/1995). Portanto, a citação foi nula, eis que não era caso de citação com hora certa, que gera os mesmos efeitos da citação pessoal e devia ter sido realizada a citação por edital, no juízo criminal comum. Então, neste, deveria o juiz de suspendido o processo, nos termos do art. 366 do CPP, eis que não o acusado não compareceu em juízo, tampouco constituiu advogado.

Alternativa "C": a citação com hora certa não precede, obrigatoriamente, a citação por edital. As situações são distintas. Se o paradeiro do acusado é conhecido, deve ser citado pessoalmente, mas, se o oficial perceber que ele se oculta para não ser citado, faz a citação com hora certa. Quando o paradeiro do acusado é desconhecido – ou seja, não foi encontrado no endereço dos autos e, procurado outros endereços, a diligência resultou infrutífera – faz-se a citação por edital.

Alternativa "D": esses são, com efeito, os princípios orientadores do processo perante o Juizado Especial. Justamente por isso é que não se realiza a formalidade da citação por edital, incompatível com tais princípios.

85. (Cespe – Cartório – TJ – DF/2014) A respeito do disposto na Lei nº 9.099/1995, das citações e intimações e dos recursos em geral, assinale a opção correta.

a) A apelação criminal interposta pelo MP contra sentença absolutória obstará a soltura do réu até a decisão do recurso, caso seja demonstrada pela acusação a necessidade da custódia para a garantia da ordem pública.

b) Considera-se ficta ou presumida a citação feita por edital, somente cabível quando o réu estiver fora do território da jurisdição do juiz processante.

c) O juiz, diante da ocorrência de crime de menor potencialidade ofensiva e da recusa do MP em atuar no processo, poderá, de ofício, propor a suspensão condicional do processo, desde que reunidos os pressupostos legais permissivos.

d) A citação deve ser feita pessoalmente ao acusado, não sendo admitido chamamento ao processo por meio de procurador, admitindo, no entanto, a jurisprudência uma única exceção quando se tratar de réu inimputável, situação em que a citação é feita na pessoa do curador.

e) As decisões das turmas recursais nos juizados especiais ensejam interposição de recurso especial ao STJ.

COMENTÁRIOS

✪ **Nota do autor:** a questão trata de assuntos diversos, mas em duas das alternativas, inclusive na correta, são trazidos os pontos tratados nesse tópico. Então, a inserimos aqui.

Alternativa correta: letra "D": a citação deve ser, em regra pessoal. Se o acusado se ocultar para não ser citado, pode haver a citação por hora certa. Somente se não encontrado é que se faz a citação por edital. Além disso, deve-se observar que o preso será sempre citado pessoalmente, admitindo-se a inexistência de nulidade na citação por edital, apenas se estiver preso em outra unidade da Federação e isso não for de conhecimento do juiz. Por fim, no caso de inimputável, o STF já admitiu a citação na pessoa do curador (HC 66.927-SP, Rel. Min. Moreira Alves, j. 14.02.1989).

Alternativa "A": a apelação, nesse caso, não tem efeito suspensivo e não impedirá a soltura do acusado absolvido.

Alternativa "B": a citação por edital é sempre admitida quando o paradeiro do acusado for desconhecido.

Alternativa "C": no caso de recusa do Ministério Público, deve o juiz proceder por analogia com o art. 28 do CPP, ou seja, deve encaminhar o caso ao Procurador-Geral de Justiça. Nesse sentido, a Súmula 696 do STF: "Reunidos os pressupostos legais permissivos da suspensão condicional do processo, mas se recusando o promotor de justiça a propô-la, o juiz, dissentindo, remeterá a questão ao procurador-geral, aplicando-se por analogia o art. 28 do Código de Processo Penal".

Alternativa "E": tais decisões ensejam a interposição de recurso extraordinário ao STF (Súmula 640).

---

86. (Cespe – Analista Judiciário – Área Judiciária – TJ – CE/2014) Assinale a opção correta com relação a prazos processuais, citações e intimações.

a) A expedição de carta rogatória para citação de réu no exterior não suspende o curso da prescrição até o seu cumprimento.

b) No caso de réu preso na mesma unidade da Federação em que o juiz exerça a sua jurisdição, a citação poderá ser feita por edital caso haja rebelião no presídio.

c) O comparecimento espontâneo do réu e a respectiva constituição de patrono para exercer sua defesa não serão suficientes para sanar eventual irregularidade na citação, devendo esta ser novamente realizada, assim como todos os demais atos processuais subsequentes.

d) Os prazos processuais contam-se da juntada aos autos do mandado ou de carta precatória ou de ordem.

e) Somente quando houver comprovação de prejuízo é que será declarada a nulidade do processo criminal por falta de intimação da expedição de precatória para inquirição de testemunha.

COMENTÁRIOS

Alternativa correta: letra "E": segundo o entendimento do STF, é relativa a nulidade do processo criminal por falta de intimação da expedição de precatória para inquirição de testemunha (Súmula 155). Portanto, deve ser demonstrado prejuízo para que possa ser anulado o processo.

Alternativa "A": segundo o art. 368 do CPP: "Estando o acusado no estrangeiro, em lugar sabido, será citado mediante carta rogatória, suspendendo-se o curso do prazo de prescrição até o seu cumprimento".

Alternativa "B": nesse caso, haverá nulidade na citação. Segundo o STF: "É nula a citação por edital de réu preso na mesma unidade da federação em que o juiz exerce a sua jurisdição" (Súmula 351).

Alternativa "C": de acordo com o art. 570 do CPP, a falta ou a nulidade da citação, estará sanada, desde que o interessado compareça, antes de o ato consumar-se, embora declare que o faz para o único fim de argui-la. O juiz ordenará, todavia, a suspensão ou o adiamento do ato, quando reconhecer que a irregularidade poderá prejudicar direito da parte.

Alternativa "D": conta-se da realização da citação ou intimação. De acordo com a Súmula 710 do STF: "No processo penal, contam-se os prazos da data da intimação, e não da juntada aos autos do mandado ou da carta precatória ou de ordem".

---

87. (Cespe – Defensor Público – RR/2013) No que concerne às citações, às intimações e aos processos em espécie, assinale a opção correta.

a) O prazo para o oferecimento da resposta inicial, por escrito, à acusação, nos casos de citação por edital, inicia-se da data do comparecimento pessoal do acusado ou do defensor constituído.

b) O defeito de citação deve ser alegado pelas partes ou declarado, de ofício, pelo magistrado, até a prolação da sentença; após essa etapa, preclui a arguição para os sujeitos processuais, em razão da ocorrência do fenômeno da citação circunduta.

c) O comparecimento espontâneo do réu, no curso da instrução do processo, por meio de advogado constituído, supera o vício inicial de ausência ou defeito de citação válida.

d) Na citação por hora certa, o prazo para o oferecimento da resposta inicial, por escrito, à acusação inicia-se na data do retorno do aviso de recebimento da carta ou telegrama que tenha dado ciência ao réu de todo o ocorrido; transcorrido o prazo sem resposta, será imprescindível a atuação da DP no exercício da atribuição institucional de curadoria especial do réu citado.

e) No processo penal, impõe-se, em regra, a citação pessoal, admitindo-se, contudo, a citação ficta e por procurador com poderes especiais, desde que a outorga seja firmada por meio de instrumento público.

COMENTÁRIOS

Alternativa correta: letra "A": é a previsão do parágrafo único do art. 396 do CPP. A razão de tal previsão é simples: enquanto o acusado não comparecer nos autos ou constituir defensor, o processo permanecerá suspenso, nos termos do art. 366.

Alternativa "B": mais uma expressão obscura, tirada do fundo da gaveta e inserida em concurso público! Citação circunduta – leitor, se nunca ouviu tal expressão, não tenha vergonha de si mesmo, pois a maioria esmagadora daqueles com mestrado, doutorado ou pós-doutorado em processo penal também nunca a ouviram – é aquela que foi anulada em razão de vício insanável. Os defeitos da citação podem ser alegados até as alegações finais, que é o último momento para as partes se manifestarem antes da sentença. O juiz também poderá reconhecer o vício no momento de prolatar a sentença. Isso não impede que a parte argúa o problema em sede recursal também.

Alternativa "C": de acordo com o art. 570 do CPP, a falta ou a nulidade da citação estará sanada, desde que o interessado compareça, antes de o ato consumar-se, embora declare que o faz para o único fim de argui-la. O juiz ordenará, todavia, a suspensão ou o adiamento do ato, quando reconhecer que a irregularidade poderá prejudicar direito da parte. Porém, no caso dos procedimentos ordinário, sumário e do Júri, com a citação o réu deve apresentar sua resposta à acusação. Assim, comparecendo o acusado posteriormente, deve o juiz possibilitar a resposta, a nosso ver anulando os atos de instrução já realizados.

Alternativa "D": a citação com hora certa está regulada nos arts. 227 a 229 do CPC, aplicáveis ao processo penal. Assim, quando, por três vezes, o oficial de justiça houver procurado o réu em seu domicílio ou residência, sem o encontrar, deverá, havendo suspeita de ocultação, intimar a qualquer pessoa da família, ou em sua falta a qualquer vizinho, que, no dia imediato, voltará, a fim de efetuar a citação, na hora que designar. No dia e hora designados, o oficial de justiça, independentemente de novo despacho, comparecerá ao domicílio ou residência do citando, a fim de realizar a diligência. Se o citando não estiver presente, o oficial de justiça procurará informar-se das razões da ausência, dando por feita a citação, ainda que o citando se tenha ocultado em outra comarca. Da certidão da ocorrência, o oficial de justiça deixará contrafé com pessoa da família ou com qualquer vizinho, conforme o caso, declarando-lhe o nome. Feita a citação com hora certa, o escrivão enviará ao réu carta, telegrama ou radiograma, dando-lhe de tudo ciência. A citação com hora certa equipara-se à citação pessoal e, assim, o prazo de 10 dias para resposta à acusação começa a correr no dia útil seguinte à certidão que afirma ter sido realizada. Se o acusado não comparecer em Juízo, deverá a Defensoria Pública atuar, não na curadoria, mas na defesa do réu.

Alternativa "E": não há citação por procurador com poderes especiais. Há citação pessoal, com hora certa (que é forma de citação pessoal) e por edital. Porém, o acusado pode comparecer, por meio de advogado, e dar-se por citado.

---

88. (Cespe – Defensor Público – RR/2013) A respeito dos prazos no processo penal, assinale a opção correta.

a) De acordo com o CPP, a contagem dos prazos processuais deve ser feita conforme o estabelecido no CP, ou seja, conta-se o dia inicial, o dies a quo, que corresponde ao da intimação, e exclui-se o do vencimento, o dies ad quem.

b) Ao MP e à DP, por serem órgãos estatais, fazem jus a prazo em dobro para a interposição de recurso e em quádruplo para a contestação.

c) Em relação aos recursos interpostos pela DP e pelo MP, os prazos devem ser contados a partir da ciência pessoal do órgão oficiante no feito, e não da data do ingresso dos autos na sede da instituição.

d) De acordo com a doutrina, os prazos legais, como os fixados pela lei, vinculam os sujeitos processuais, e sua inobservância acarreta preclusão.

e) Segundo preceito expresso no CPP, todos os prazos do processo devem ser contínuos e peremptórios, não se interrompendo por férias, domingo ou dia feriado.

COMENTÁRIOS

Alternativa correta: letra "E": é o que dispõe o art. 798, *caput*, do CPP.

Alternativa "A": a contagem dos prazos processuais é diferente da utilizada para os prazos penais. Segundo o § 1º do art. 798 do CPP, não se computará no prazo o dia do começo, incluindo-se, porém, o do vencimento.

Alternativa "B": o Ministério Público não tem, no processo penal, prazo em dobro para recorrer. Já o art. 128, I, da LC 80/1994, assegura prazo em dobro para a Defensoria Pública Estadual.

Alternativa "C": prevalece o entendimento de que o prazo é contado a partir do ingresso dos autos na sede da instituição e não do dia em que o membro do Ministério Público ou da Defensoria teve acesso a ele.

Alternativa "D": nem sempre a inobservância dos prazos processuais acarreta a preclusão. Somente o fazem os prazos próprios (ex.: prazo para recorrer). Os demais, não, como se dá com o prazo para o oferecimento da denúncia, que a não impede depois.

---

89. (Cespe – Juiz Federal Substituto 2ª região/ 2013) Assinale a opção correta com relação a procedimentos diversos no contencioso penal, a citações e intimações e a recursos.

a) Se o réu solto, regularmente citado, não constituir advogado nos autos e não comparecer à audiência de instrução e julgamento por não ter sido mais localizado pelo oficial de justiça no endereço declinado nos autos, o juiz deverá decretar sua revelia e, por conseguinte, dispensar sua intimação da sentença condenatória prolatada no ato.

b) No procedimento comum ordinário que tiver por objeto crime cuja sanção cominada seja igual ou superior a quatro anos de pena privativa de liberdade, na instrução poderão ser inquiridas testemunhas arroladas pela acusação e pela defesa, não se compreendendo as que não prestem compromisso e as referidas.

c) O juiz deverá absolver sumariamente o acusado do crime de contrabando quando verificar a existência manifesta de qualquer causa excludente de culpabilidade do agente e que tenha sido por ele alegada em sua resposta à acusação.

d) No caso de revisão criminal requerida contra sentença condenatória pelo crime de calúnia, o condenado poderá cumular pedido de indenização, a ser liquidada no juízo cível.

e) No caso de réu citado por edital em que haja sido decretada a suspensão do processo e da prescrição, o juiz poderá decretar a antecipação da produção de provas para evitar unicamente o decurso do tempo, com fundamento no princípio constitucional da duração razoável do processo.

COMENTÁRIOS

✪ **Nota do autor:** a questão, que acabou sendo anulada, mistura temas diversos, mas a incluímos neste tópico a fim de reforçarmos alguns aspectos sobre citação e intimação.

Alternativa "A": errado. O acusado pode ser "regularmente citado" de duas formas: pessoalmente (ainda que por hora certa) ou por edital. No primeiro caso, se não comparecer aos autos do processo, o juiz determinará o prosseguimento do feito sem a sua presença (art. 367, CPP). Porém, quando for a sentença prolatada, o acusado deverá ser dela intimado, pessoalmente ou por edital, caso não encontrado (vide disposições do art. 392 a respeito). De outra parte, se o acusado tiver sido citado por edital e não tiver constituído defensor ou comparecido em Juízo, deverá o juiz determinar a suspensão do processo – e do prazo prescricional – conforme determina o art. 366. Nesse caso, por óbvio, não será prolatada sentença enquanto não cessarem os motivos da suspensão.

Alternativa "B": o art. 394, § 1º, I, do CPP estabelece que, sendo a pena máxima cominada igual ou superior a 4 anos, o rito adotado é o ordinário. E na instrução serão ouvidas testemunhas arroladas pela acusação e pela defesa (art. 400, *caput*), até o máximo de 8 por parte (art. 401, *caput*) e por fato imputado, não se computando, em tal número, as testemunhas referidas e as que não prestem compromisso (art. 401, § 1º). No gabarito, a alternativa foi considerada correta, mas a questão foi anulada porque a redação deste item podia levar ao falso entendimento de que as testemunhas não compromissadas e as referidas não podem ser arroladas pelas partes. Como vimos acima, elas podem ser arroladas (atenção: no caso das testemunhas referidas, a necessidade de suas oitivas normalmente surge ao longo do processo, durante a instrução, depois que o rol já foi apresentado pelas partes), mas não são contadas para efeito do número máximo permitido.

Alternativa "C": errado. O erro está em afirmar que o juiz poderá absolver sumariamente o acusado em qualquer caso de causa de exclusão da culpabilidade. O art. 397, II, do CPP exclui a possibilidade de absolvição se se tratar de inimputabilidade. Há uma razão para isso. Na inimputabilidade a absolvição pode ser de dois tipos, a própria – ou seja, o acusado é inocente – ou a imprópria – ele cometeu o fato típico e ilícito, mas é inimputável, daí porque receberá uma medida de segurança. Portanto, para que seja absolvido e lhe seja aplicada medida de segurança será necessário demonstrar que ele praticou o fato típico e ilícito, o que depende da instrução criminal e o art. 397 evita justamente tal fase processual. Portanto, não pode ser aplicado em tal caso.

Alternativa "D": errado. Segundo o art. 630, *caput*, do CPP, o tribunal que julgar procedente a revisão criminal poderá, se o interessado o requerer, reconhecer o direito a uma justa indenização pelos prejuízos sofridos, que será liquidada no juízo cível (§ 1º). Entretanto, a indenização não é cabível no caso de ação penal privada (art. 630, § 2º, *b*).

Alternativa "E": errado. Predomina o entendimento de que deve haver razões concretas para a realização da produção antecipada de provas. Nesse sentido, a Súmula 455 do STJ: "A decisão que determina a produção antecipada de provas com base no art. 366 do CPP deve ser concretamente fundamentada, não a justificando unicamente o mero decurso do tempo".

90. (Cespe – Juiz de Direito Substituto – RN/2013) Em relação às provas e aos atos processuais penais, assinale a opção correta.

a) Considere que, após várias diligências para a tentativa de citação pessoal, seja certificado nos autos que o réu esteja em local incerto e não sabido e que o juiz determine a citação por edital. Nessa situação, estaria configurada a nulidade da citação caso esta fosse efetivada sem a transcrição da denúncia, ainda que presente a indicação do dispositivo da lei penal.

b) A citação por hora certa e a realizada por edital são formas de citação ficta e receberam igual tratamento pelo legislador, que estabeleceu, de forma expressa, no CPP que, nas duas hipóteses, se o réu não comparecer nem constituir advogado para defesa, o processo será suspenso, assim como o prazo prescricional.

c) Considere que, ao analisar pedido do MP de remessa dos autos à delegacia de origem para novas diligências, o magistrado verifique a existência, no inquérito policial, de atestado médico com informação de que a testemunha presencial do crime, embora lúcida, tenha idade avançada e esteja muito doente, com sério risco de morte. Nessa hipótese, dado o princípio da imparcialidade e, na falta de requerimento do órgão da acusação, não é permitido ao magistrado determinar, de ofício, a produção antecipada de provas.

d) A inexistência de laudo de exame de corpo de delito complementar para a comprovação da ocorrência de lesão corporal de natureza grave que gere incapacidade para as ocupações habituais por mais de trinta dias não pode ser suprida pela prova testemunhal.

e) No processo penal, os prazos são contados da data da efetiva intimação, ainda que outra seja a data da juntada do mandado ou da carta precatória aos autos.

COMENTÁRIOS

✪ **Nota do autor:** prevalecem na questão as alternativas que tratam do tema das comunicações dos atos processuais e prazos.

Alternativa correta: letra "E": essa regra é fundamental na contagem dos prazos no processo penal, que é, portanto, diferente do que ocorre, em geral, no processo civil. As regras sobre o tema encontram-se no § 5º do art. 798 do CPP. Assim, no nosso processo penal, salvo disposição expressa em contrário, os prazos correm: (i) da intimação; (ii) da audiência ou sessão em que for proferida a decisão, se a ela estiver presente a parte; (ii) do dia em que a parte manifestar nos autos ciência inequívoca da sentença ou despacho. O STF editou a Súmula 710, que repete a regra: "No processo penal, contam-se os prazos da data da intimação, e não da juntada aos autos do mandado ou da carta precatória ou de ordem".

Alternativa "A": não é esse o entendimento que prevalece. Segundo o STF: "Não é nula a citação por edital que indica o dispositivo da lei penal, embora não transcreva a denúncia ou queixa, ou não resuma os fatos em que se baseia" (Súmula 366).

Alternativa "B": a citação por hora certa equivale à citação pessoal, eis que o paradeiro do acusado não é incerto, mas conhecido, embora ele deliberadamente se oculte para não ser citado. Por isso, inaplicável o art. 366 do CPP para tal hipótese, não devendo ocorrer a suspensão do processo. Já a citação por edital é a ficta e a ela se aplica a suspensão, desde que o réu não constitua defensor ou deixe de comparecer ao processo.

Alternativa "C": o art. 156, I, do CPP permite ao juiz, de ofício, ordenar, mesmo antes de iniciada a ação penal, a produção antecipada de provas consideradas urgentes e relevantes, observando a necessidade, adequação e proporcionalidade da medida. Todavia, estamos com aquela parte da doutrina que entende ser inconstitucional tal regra, no que tange à possibilidade de o juiz agir de ofício, antes de iniciada a ação penal, por entendermos que isso fere o princípio acusatório.

Alternativa "D": a falta de exame complementar poderá ser suprida pela prova testemunhal, segundo dispõe o § 3º do art. 168 do CPP. Entende-se que tal dispositivo é perfeitamente aplicável ao crime mencionado na alternativa. Nesse sentido, o posicionamento do STJ: "(...)1. No delito de lesão corporal de natureza grave, conquanto a realização da perícia complementar seja, via de regra, necessária para a sua configuração, o certo é que tal exame não precisa estar acostado aos autos no momento em que iniciado o processo, uma vez que, para que haja justa causa para a persecução penal, não se exige a comprovação cabal da prática do crime, mas a presença de um lastro probatório mínimo que revele a sua ocorrência. Precedente. 2. Na hipótese dos autos, quando do oferecimento da denúncia já havia nos autos um laudo que noticiava que as lesões experimentadas pela vítima lhe teriam incapacitado para as suas ocupações habituais por mais de 30 (trinta) dias, documentação que é suficiente para a deflagração da ação penal. 3. Ademais, ainda que não realizada a mencionada perícia, o § 3º do artigo 168 do Código de Processo Penal admite que o exame seja suprido por prova testemunhal. Doutrina. Jurisprudência. (...)".

91. (Cespe – Procurador do DF/ 2013) À luz da legislação pertinente e da jurisprudência consolidada nos tribunais superiores, julgue os próximos itens, relacionados a normas procedimentais no âmbito penal.

91.1. Segundo entendimento consagrado no STF, no processo penal, contam-se os prazos da data da intimação, e não da juntada aos autos da carta precatória.

COMENTÁRIOS

Certo: a Súmula 703 do STF estabelece que os prazos são contados da data da intimação e não da juntada do mandado ou da carta precatória aos autos. Tal entendimento está de acordo com o disposto no art. 798, § 5º, do CPP, que estabelece a regra segundo a qual, salvo nos casos expressos, os prazos correrão: a) da intimação; b) da audiência ou sessão em que for proferida a decisão, se a ela estiver presente a parte; c) do dia em que a parte manifestar nos autos ciência inequívoca da sentença ou despacho.

91.2. Conforme o CPP, a publicação da sentença se dará, à semelhança do que ocorre no processo cível, no Diário de Justiça, embora o prazo para eventual recurso se inicie a partir da intimação pessoal das partes.

COMENTÁRIOS

Errado: a intimação da sentença será pessoal, não sendo considerado o acusado intimado apenas pela publicação da decisão, ainda que se decidir pela publicação em diário oficial. Não se pode confundir a sistemática do processo civil, com a do processo penal. Assim, o acusado deverá ser intimado pessoalmente e somente se isso não for possível, a lei permite a intimação por edital (art. 392, CPP). Repita-se: não é prevista a intimação simplesmente pela publicação da sentença em diário oficial.

92. (Cespe – Defensor Público – DF/ 2013) No que se refere aos prazos e ao interrogatório no processo penal, julgue os itens a seguir.

No processo penal, os prazos são contados a partir da data da juntada aos autos do mandado de intimação, da carta precatória ou da carta de ordem, devidamente cumpridos.

COMENTÁRIOS

Errado. Segundo o STF: "No processo penal, contam-se os prazos da data da intimação, e não da juntada aos autos do mandado ou da carta precatória ou de ordem" (Súmula 710).

93. (Cespe – Delegado de Polícia – AL/ 2012) No que concerne aos aspectos processuais das leis penais extravagantes e às inovações legais havidas no sistema processual penal, julgue os itens a seguir.

93.1. Verificando que o réu, maliciosamente, está se ocultando para se escusar da citação, poderá o oficial de justiça proceder à citação por hora certa, observando as mesmas regras estabelecidas no Código de Processo Civil.

COMENTÁRIOS

Certo. O art. 362 do CPP, com a redação que lhe foi dada pela Lei 11.719/2008, passou a prever que, verificando que o réu se oculta para não ser citado, o oficial de justiça certificará a ocorrência e procederá à citação com hora certa, na forma estabelecida nos arts. 227 a 229 do CPC.

94. (Cespe – Analista Judiciário – Área Judiciária – TRE-RJ/2012) Em relação às nulidades, aos recursos e à execução penal, julgue os itens subsecutivos.

A intimação pessoal do réu que estiver preso faz-se necessária em relação às decisões que lhe forem desfavoráveis em primeiro e segundo grau de jurisdição, mas não em relação às das instâncias superiores.

COMENTÁRIOS

Errado. Segundo o entendimento do STJ: "(...) O réu não tem direito à intimação pessoal das decisões ou acórdãos proferidos em segundo grau ou nas instâncias superiores, restringindo-se esse direito à sentença condenatória, em caso de réu preso. (...)" (AgRg no EDcl no AREsp 269.139-SP, Rel. Min. Sebastião Reis Júnior, j. 21.05.2013).

9. PROVAS

- CF, art. 5º, X, XI, XII e LVI
- CPP, arts. 155 a 250

95. (Cespe – Juiz de Direito Substituto – AM/2016) Acerca dos meios de prova no processo penal, assinale a opção correta.

a) A interceptação telefônica é medida subsidiária e excepcional, só podendo ser determinada quando não houver outro meio para se apurar os fatos tidos por criminosos, sendo ilegal quando for determinada apenas com base em notícia anônima, sem investigação preliminar.

b) A competência para autorizar a interceptação telefônica é exclusiva do juiz criminal, caracterizando prova ilícita o aproveitamento da diligência como prova emprestada a ser utilizada pelo juízo cível ou em processo administrativo.

c) De acordo com o STJ, o prazo de quinze dias é contado a partir da data da decisão judicial que autoriza a interceptação telefônica e pode ser prorrogado sucessivas vezes pelo tempo necessário, especialmente quando o caso for complexo e a prova, indispensável.

d) Em regra, o CPP estabelece que o interrogatório do réu preso será feito pelo sistema de videoconferência ou outro recurso tecnológico de transmissão de sons e imagens em tempo real. Não sendo isso possível por falta de disponibilidade do recurso tecnológico, o preso será apresentado em juízo, mediante escolta.

e) A busca domiciliar poderá ser feita sem autorização do morador, independentemente de dia e horário, no caso de a autoridade judiciária comparecer pessoalmente para efetivar a medida, devendo esta declarar previamente sua qualidade e o objeto da diligência.

COMENTÁRIOS

Alternativa correta: letra "A": tendo em vista o potencial de restrição a direito fundamental como a privacidade, a interceptação telefônica somente deve ser usada se não houver outro meio de busca de prova menos restritivo e que possa atingir o mesmo resultado. A própria Lei 9.296/1996 reconhece tal caráter subsidiário no inciso II de seu art. 2º. Quanto à interceptação ser autorizada com base apenas em denúncia anônima, os tribunais têm rechaçado tal possibilidade. Nesse sentido, o entendimento do STJ: "(...) Na hipótese em apreço, constata-se que a comunicação anônima foi o único dado que serviu para embasar a interceptação telefônica autorizada judicialmente, que ensejou as quebras de sigilos de outros terminais, bem como as prorrogações posteriores, inexistindo a realização de diligências prévias à medida constritiva extrema. (...) Evidente a flagrante ilegalidade, visto que, em decorrência da suposta prática de tráfico de entorpecentes e associação, a quebra do sigilo, a prisão, a denúncia e a condenação do paciente estão intimamente amparadas nos informes apócrifos recebidos pela autoridade policial, que não se esmerou em realizar procedimentos investigatórios preliminares, antes da requisição da interceptação telefônica. (...)" (HC 229.205-ES, Rel. Min. Maria Thereza de Assis Moura, j. 08.04.2014).

Alternativa "B": a competência para autorizar a interceptação realmente é exclusiva do juiz criminal. Porém, a jurisprudência tem largamente admitido sua utilização como prova emprestada em procedimentos cíveis e administrativos.

Alternativa "C": o prazo de 15 dias é contado a partir da efetivação da medida, ou seja, do início efetivo da interceptação. Tal prazo pode ser prorrogado sucessivamente, desde que haja necessidade de continuação da medida e seja feito por meio de decisão judicial devidamente motivada (STJ, RHC 63.005-DF, Rel. Min. Maria Thereza de Assis Moura, j. 15.12.2015).

Alternativa "D": a regra é o interrogatório ser realizado no presídio onde se encontra o réu (art. 185, § 1º, CPP). Se isso não for possível, utiliza-se o sistema de videoconferência (§ 2º) ou, simplesmente, o acusado é escoltado à presença do juiz. No país, de modo geral, utiliza-se muito mais essa última alternativa.

Alternativa "E": segundo o art. 245 do CPP, as buscas domiciliares serão executadas de dia, salvo se o morador consentir que se realizem à noite, e, antes de penetrarem na casa, os executores mostrarão e lerão o mandado ao morador, ou a quem o represente, intimando-o, em seguida, a abrir a porta. Se a própria autoridade (judicial) der a busca, declarará previamente sua qualidade e o objeto da diligência. Nesse caso – raríssimo e não recomendável, a fim de evitar que o juiz se envolva na investigação – entendemos não haver necessidade de mandado, mas a busca somente poderá ser realizada de dia, salvo se o morador consentir que seja realizada à noite.

---

96. (Cespe – Juiz de Direito Substituto – AM/2016) Carla fez um seguro de vida que previa o pagamento de vultosa indenização a seu marido, José, caso ela viesse a falecer. O contrato previa que o beneficiário não teria direito à indenização se causasse a morte da segurada. Alguns meses depois, Carla foi encontrada morta, tendo o perito oficial que assinou o laudo cadavérico concluído que a causa provável fora envenenamento. Em que pese o delegado não ter indiciado José, o MP concluiu que havia indícios de autoria, razão pela qual ele foi denunciado por homicídio doloso. O juiz recebeu a denúncia e determinou a citação do réu. José negou a autoria do delito, tendo solicitado a admissão de assistente técnico e apresentado defesa em que requereu sua absolvição sumária. O parecer do assistente técnico foi no sentido de que a morte de Carla tivera causas naturais.

Acerca dessa situação hipotética, assinale a opção correta.

a) Caso o juiz absolva José por estar provado não ser ele autor do fato, essa decisão não impedirá que os genitores de Carla ingressem com ação civil indenizatória e obtenham o reconhecimento de sua responsabilidade civil.

b) O MP não poderia ter oferecido denúncia sem que o delegado tivesse indiciado José e procedido à sua oitiva na fase extrajudicial, razão pela qual o juiz deveria ter remetido os autos à delegacia para a referida providência.

c) O juiz poderá fundamentar uma sentença absolutória acatando o parecer elaborado pelo assistente técnico contratado por José, rejeitando as conclusões do perito oficial.

d) O laudo de exame cadavérico de Carla é nulo porque a legislação processual penal determina que ele seja elaborado e assinado por dois peritos oficiais.

e) A seguradora poderá intervir no processo criminal como assistente da acusação no intuito de demonstrar que José foi o autor do crime.

COMENTÁRIOS

Alternativa correta: letra "C": o juiz pode rejeitar as conclusões do perito oficial, conforme permite o art. 182 do CPP ("O juiz não ficará adstrito ao laudo, podendo aceitá-lo ou rejeitá-lo, no todo ou em parte"). Para tanto, deverá fundamentar tal posicionamento, ainda que com base no parecer do assistente técnico. Vale lembrar que, no rito dos crimes dolosos contra a vida, o juiz pode absolver sumariamente o réu quando estiver provada a inexistência do fato (art. 415, I), que é a hipótese abraçada pelo magistrado no enunciado da questão.

Alternativa "A": não há possibilidade de ação civil nesse caso, pois a decisão que reconhece não ter sido o acusado o autor do crime gera efeitos no direito civil.

Alternativa "B": o indiciamento ou a ausência dele não vincula o Ministério Público, que pode formar sua *opinio delicti*, mesmo que seja diversa da opinião do delegado. Quanto à ausência de interrogatório do suspeito, é minoritário o entendimento de que não poderia haver o início do processo sem que antes aquele pudesse fornecer sua versão.

Alternativa "D": não há mais qualquer exigência de que o laudo seja assinado por dois peritos. Basta ver que o caput do art. 159 do CPP menciona "perito", no singular.

Alternativa "E": a seguradora não é legitimada para figurar como assistente. Legitimidade teriam os descentes, ascendentes ou irmãos de Carla.

---

97. (Cespe – Delegado de Polícia – PE/2016) De acordo com a doutrina majoritária e com o entendimento dos tribunais superiores, assinale a opção correta relativamente à prova no processo penal.

a) Para a caracterização do crime de lesão corporal de natureza grave que resulte na incapacidade da vítima para as ocupações habituais por mais de trinta dias, é imprescindível a realização de exame complementar e a comprovação da incapacidade mediante prova pericial.

b) É nula a prova colhida em interceptação telefônica deferida por juiz estadual no curso de investigação criminal que, a posteriori, venha a se declarar incompetente por entender que a causa deverá ser processada e julgada no âmbito federal.

c) Em decorrência do princípio da ampla defesa, autoriza-se a inclusão, no processo, de provas obtidas ilicitamente, desde que favoráveis à defesa.

d) Dado o princípio da verdade real que rege o processo penal, os fatos notórios, os fatos incontroversos e aqueles que contêm presunção absoluta dependem de prova hábil para a sua convalidação.

e) Conforme a legislação processual pátria, a vítima não é qualificada como testemunha, não integrando, portanto, o número máximo de testemunhas a serem arroladas; todavia, a condição de ofendido não exclui a responsabilidade pelo crime de falso testemunho, caso, em seu depoimento, falte ou omita a verdade.

COMENTÁRIOS

✪ **Nota do autor**: a questão foi anulada.

Alternativa "A": errado. O erro, a nosso ver, está em afirmar que há necessidade de exame de corpo de delito complementar e comprovação da incapacidade por prova pericial, ou seja, por outra perícia. Na verdade, tratamos aqui da mesma perícia, ou seja, do exame de corpo de delito complementar, realizado após o decurso do prazo, em que se verificará ou não a incapacidade.

Alternativa "B": errado. Se nada havia nos autos, quando da autorização da medida de interceptação, que indicasse a competência da Justiça Federal, podia o juiz autorizá-la. Se, depois, constata-se ser competente a Justiça Federal, remete-se o feito a esta, sem prejuízo dos elementos de prova colhidos. Não há nulidade, portanto. Nesse sentido: STJ, RHC 47.405-MT, Rel. Min. Nefi Cordeiro, j. 13.09.2016.

Alternativa "C": errado, a nosso ver; certo, segundo a posição majoritária da doutrina sobre a prova ilícita e sua utilização a favor do acusado. Porém, tal entendimento é questionável e explicamos o motivo. Nos filiamos, nesse ponto, à divisão apresentada por Alexy, jurista alemão, que trouxe importante distinção entre normas-princípio e normas-regras que tratam de direitos fundamentais. As primeiras admitem ponderação, ou seja, a aplicação da regra da proporcionalidade; as demais, não. Para parte da doutrina, a proibição da prova ilícita é regra, não admitindo, assim, a ponderação. Concordamos com esse entendimento. O que isso quer dizer? Significa que, sendo hipótese de prova ilícita, ela não pode ser admitida no processo penal, como prevê regra específica da CF. Entretanto, caso se considere que a proibição da utilização da prova ilícita é um princípio, então é possível sua utilização no processo, desde que *pro reo*. Mas, atenção: aqueles que entendem totalmente inadmissíveis as provas ilícitas no processo e que isso é uma regra afirmam que, quando utilizadas pela acusado para proteção de sua liberdade, há a incidência de causa de exclusão da ilicitude, sendo, consequentemente, lícita a prova, podendo, assim, ser perfeitamente utilizada, pois não incidente a regra mencionada. Para estes, portanto, não há utilização de prova ilícita *pro reo* – vez que a prova ilícita não pode de modo algum ser utilizada –, mas prova lícita utilizada pelo acusado.

Alternativa "D": errado. Segundo o art. 374 do novo CPC, **não dependem de prova** os fatos (a) notórios, (b) afirmados por uma parte e confessados pela parte contrária, (c) admitidos no processo como incontroversos e (d) em cujo favor milita presunção legal de existência ou de veracidade. Tal dispositivo pode ser aplicado ao processo penal por analogia? A nosso ver, sim, com duas exceções: os fatos incontroversos e aqueles confessados pelo acusado. Como é cediço, a confissão do acusado não é absoluta no processo penal, não sendo presumida a veracidade de seu conteúdo, que deve ser valorado em conjunto com os demais elementos de prova constantes do processo (art. 197, CPP). Notem que há regra expressa no sentido de proibir que a confissão supra a falta do exame de corpo de delito (art. 158). Portanto, nem que o acusado admita determinado fato, ainda assim não se poderá dizer que é incontroverso, pois pode não haver prova suficiente de sua existência. O processo, como já afirmamos em outro momento acima, não pode prescindir da busca da verdade, da verdade possível, processual, que não pode ser obtida a todo custo, estando sujeita às limitações à prova (como a proibição da prova ilícita) impostas pela CF e pela legislação processual.

Alternativa "E": errado. A vítima não é testemunha, tanto que é tratada, o que tange aos meios de prova, de modo separado pelo legislador. Até mesmo no art. 400 do CPP, momento em que é regulado o procedimento a ser adotado na audiência de instrução, há clara diferenciação entre vítima e testemunha, pois ali consta que o juiz ouvirá o ofendido e as testemunhas arroladas. Assim, a rigor, não há sequer necessidade de que a vítima seja arrolada pela acusação, pois deverá ser ouvida sempre que possível (v. o art. 201). E mais: não entra no número de pessoas que podem ser arroladas pelas partes.

---

98. (Cespe – Juiz de Direito – PB/2015) Assinale a opção correta a respeito de provas no CPP.

a) Em caso de divergência entre os peritos, a controvérsia será resolvida internamente pelo diretor da repartição de lotação dos peritos, que elaborará laudo a fim de apresentar uma versão consensual.

b) No processo penal, a prova do estado de casado deve obedecer às restrições referentes ao estado de pessoas previstas no ordenamento civil.

c) Em respeito ao princípio acusatório, é vedado ao magistrado ordenar de ofício a produção antecipada de provas.

d) Por ser uma peça técnica, o laudo pericial deve ser aceito pelo juiz, sendo-lhe vedado inclusive rejeitá-lo em parte.

e) O assistente técnico atuará no exame de corpo de delito juntamente com o perito oficial.

COMENTÁRIOS

Alternativa correta: letra "B": no processo penal brasileiro aplica-se o sistema da persuasão racional, conforme estabelece o caput do art. 155: "O juiz formará sua convicção pela livre apreciação da prova produzida em contraditório judicial, não podendo fundamentar sua decisão exclusivamente nos elementos informativos colhidos na investigação, ressalvadas as provas cautelares, não repetíveis e antecipadas". Porém, há uma ressalva, prevista no parágrafo único: "Somente quanto ao estado das pessoas serão observadas as restrições estabelecidas na lei civil". Diz-se que tal ressalva ainda é resquício do sistema das provas tarifadas.

Alternativa "A": a solução legal não é essa. De acordo com o art. 180 do CPP, se houver divergência entre os peritos, serão consignadas no auto do exame as declarações e respostas de um e de outro, ou cada um redigirá separadamente o seu laudo, será nomeado um terceiro; se este divergir de ambos, pode-se determinar a realização de novo exame por outros peritos.

Alternativa "C": parte da doutrina entende que a permissão para que o juiz determine, de ofício, a produção antecipada de provas fere o princípio acusatório. No entanto, entendemos que a infringência ao princípio acusatório só ocorrerá de modo claro se tal produção antecipada se der antes da existência de processo, ainda na fase investigatória. Diga-se, contudo, que o CPP permite tal proceder, eis que, no inciso I do art. 156, permite, expressamente, que o juiz ordene, mesmo antes de iniciada a ação penal, a produção antecipada de provas consideradas urgentes e relevantes, "observando a necessidade, adequação e proporcionalidade da medida".

Alternativa "D": como qualquer outra prova de espécie diversa, a prova pericial não é absoluta, podendo o juiz rejeitar suas conclusões, ainda que parcialmente, o que, por óbvio, deve fazê-lo de forma fundamentada. Diz o art. 182 do CPP: "O juiz não ficará adstrito ao laudo, podendo aceitá-lo ou rejeitá-lo, no todo ou em parte".

Alternativa "E": segundo o § 4º do art. 159 do CPP, o assistente técnico atuará a partir de sua admissão pelo juiz e após a conclusão dos exames e elaboração do laudo pelos peritos oficiais, sendo as partes intimadas desta decisão.

---

99. (Cespe – Defensor Público – RN/2015) Assinale a opção correta com relação ao interrogatório do acusado segundo o entendimento do STJ e do STF.

a) Situação hipotética: Gérson, denunciado por roubo, não obstante a falta de citação prévia, compareceu espontaneamente à audiência designada, ao início da qual foi cientificado da acusação e entrevistou-se, reservadamente, com o DP nomeado para defendê-lo. Ato contínuo, informado do seu direito de permanecer em silêncio, Gérson foi interrogado e negou a imputação. Assertiva: Nessa situação, a falta de citação torna nulo o interrogatório de Gérson.

b) É direito do corréu ser representado por defensor constituído ou dativo no interrogatório dos outros acusados como forma de oportunizar a produção de prova que entender pertinente.

c) O direito de presença e de participação ativa nos atos de interrogatório judicial dos litisconsortes penais passivos encontra suporte legitimador em convenções internacionais, embora não seja previsto na CF.

d) O interrogatório do acusado de tráfico de drogas deve ocorrer no fim da instrução processual, após a oitiva das testemunhas.

e) É nulo o interrogatório do acusado realizado antes da oitiva de testemunhas de acusação inquiridas por meio de carta precatória.

COMENTÁRIOS

Alternativa correta: letra "B": o interrogatório não mais é ato privativo do juiz, eis que as partes poderão apresentar indagações ao acusado. Portanto, exigível o contraditório, com a participação de todas as partes, incluindo corréus. Trata-se de jurisprudência consolidada do STJ (HC 243.126-GO, Rel. Min. Jorge Mussi, j. 02.12.2014).

Alternativa "A": o STJ vem entendendo que o comparecimento do acusado em juízo, com prévia entrevista com o defensor, afasta a nulidade pela ausência de prévia citação (HC 132.125-MT, Rel. Min. Jorge Mussi, j. 21.10.2010), tendo em vista o disposto no art. 570 do CPP.

Alternativa "C": pode-se dizer que a participação dos corréus em tal ato decorre do próprio princípio do contraditório, expressamente previsto na CF.

Alternativa "D": nesse caso, prevalecia o entendimento jurisprudencial de que o rito processual da Lei 11.343/2006, que prevê o interrogatório como ato antecedente às oitivas das testemunhas, deveria ser aplicado. Ocorre que o STF e o STJ alteraram tal entendimento a partir do julgamento, pelo Supremo Tribunal Federal, do HC 127.900-AM, Rel. Min. Dias Toffoli, j. 03.03.2016. Segundo a Corte Suprema, que julgou caso em que era aplicado o Código de Processo Penal Militar, entendeu que a regra do art. 400 do CPP deve ser aplicado a todos os ritos especiais, devendo o interrogatório ser realizado ao final da instrução.

Alternativa "E": para nós, é realmente nulo o interrogatório nesse caso, mas não é o entendimento que prevalece, eis que entende o STJ que as cartas precatórias não suspendem o andamento da ação penal. Nesse sentido: AgRg no REsp 1.547.158-RN, Rel. Min. Maria Thereza de Assis Moura, j. 03.09.2015.

---

100. (Cespe – Defensor Público – RN/2015) Acerca das provas no processo penal, assinale a opção correta de acordo com o entendimento do STF e do STJ.

a) As provas testemunhais obtidas por meio de delação premiada, ainda que em consonância com as demais provas produzidas na fase judicial da persecução penal, são elementos inidôneos para subsidiarem a condenação do agente.

b) Conforme o princípio constitucional da razoável duração do processo, não cabem dilações indevidas no processo, sendo que a demora na tramitação do feito deve ser proporcional à complexidade do delito nele veiculado, bem como às diligências e aos meios de prova indispensáveis a seu deslinde.

c) Uma vez que a busca da verdade real se subordina a formas rígidas, a afirmação da reincidência depende de certidão na qual fique atestado cabalmente o trânsito em julgado de anterior condenação.

d) Conforme o entendimento do STF, a valoração da prova diz respeito a mera questão de fato, que não se confunde com o critério de reexame da prova, que é questão de direito.

e) Conforme súmula vinculante do STF, o defensor tem direito, no interesse do representado, de ter acesso amplo aos elementos de prova, os quais, já documentados em procedimento investigatório realizado por órgão com competência de polícia judiciária, refiram-se ao exercício do direito de defesa, inclusive com obtenção de cópia dos autos do inquérito policial, ainda que este tramite sob sigilo.

COMENTÁRIOS

Alternativa correta: letra "B": esse tem sido o entendimento consolidado nos tribunais, incluindo a relativização na demora das próprias investigações, conforme a complexidade do caso. Nesse sentido, decisão do STJ: Pet no Inq 583-PR, Rel. Min. Maria Thereza de Assis Moura, j. 04.11.2015.

Alternativa "A": ao contrário. É justamente o fato de a prova produzida pela delação estar em consonâncias com as demais provas produzidas em contraditório judicial é que lhe dá a ela força probante, capaz de fundamentar sentença condenatória.

Alternativa "C": prova-se a reincidência por meio de certidão ou de cópia do processo da condenação anterior, não havendo forma rígida. Ademais, a nosso ver, não existe propriamente a "verdade real", mas a verdade processual, a verdade possível, limitada pelas regras a respeito das provas e suas proibições. O STJ, porém, não raro menciona o "princípio da verdade real" a "busca da verdade real".

Alternativa "D": não há tal diferenciação pelo STF. O reexame e a valoração de prova e de fato são tratadas da mesma maneira, tanto assim que a Corte Suprema entende indevidos em sede de habeas corpus.

Alternativa "E": a Súmula Vinculante 14 não abrange o direito de obter cópia. Diz o enunciado: "É direito do defensor, no interesse do representado, ter acesso amplo aos elementos de prova que, já documentados em procedimento investigatório realizado por órgão com competência de polícia judiciária, digam respeito ao exercício do direito de defesa".

101. (Cespe – Juiz de Direito Substituto – DFT/2014) No que concerne aos modelos de investigação criminal, às provas, ao princípio da identidade física do juiz e à apelação, assinale a opção correta de acordo com o entendimento do STJ.

a) De acordo com o método inquisitório para a produção dos elementos probatórios, a cada uma das partes é permitido apresentar provas contrárias às do adversário, enriquecendo-se o material probatório à disposição do juiz e aumentando-se a base cognitiva para o estabelecimento da verdade sobre os fatos.

b) O reconhecimento fotográfico desacompanhado de outras provas justifica o regular processamento da ação penal e pode servir de elemento de convicção do juiz.

c) O efeito devolutivo da apelação encontra limites nas razões expostas pelo recorrente, em respeito ao princípio da dialeticidade que rege os recursos previstos no âmbito do processo penal pátrio.

d) Em respeito ao princípio da identidade física do juiz, consagrado no sistema processual penal pátrio, deve-se aguardar o retorno do magistrado que esteja gozando férias, para o prosseguimento do julgamento da ação penal, devendo a sentença ser proferida pelo magistrado que tenha participado da produção das provas durante o processo criminal, inadmitindo-se que juiz diverso o faça.

e) O CPP inadmite que elementos informativos da investigação possam servir de fundamento ao juízo sobre os fatos, ainda que existam provas produzidas em contraditório judicial.

COMENTÁRIOS

✪ **Nota do autor:** a questão foi inserida neste tópico, porque nela prevalece pontos ligados à prova no processo penal.

Alternativa correta: letra "C": o princípio da dialeticidade exige que a parte recorrente exponha os argumentos pelos quais insurge-se contra determinada sentença ou decisão, não bastando a mera demonstração de sua irresignação. Então, o tribunal *ad quem* julgará o recurso tendo em vista exatamente os pontos da decisão que são fundamentadamente justificados nas razões recursais. A observância da dialeticidade é importante, ainda, para o contraditório, eis que a parte recorrida poderá, em contrarrazões, impugnar os argumentos utilizados no recurso.

Alternativa "A": o sistema inquisitório é normalmente avesso a tal sistemática, eis que, nele, as figuras do acusador e do julgador misturam-se, não havendo propriamente um processo de "partes", nem interesse de que o acusado possa ver produzidas as provas que lhe interessarem.

Alternativa "B": entende-se que, isolado, o reconhecimento fotográfico – que, a rigor, não é previsto no CPP – não é suficiente para o processamento da ação penal ou para a condenação. Nesse sentido, o posicionamento do STJ: "(...) Este Superior Tribunal tem se posicionado no sentido da validade do reconhecimento fotográfico, desde que não seja utilizado de forma isolada, mas esteja em consonância com os demais elementos constantes dos autos. (...)" (HC 238.577-SP, Rel. Min. Sebastião Reis Júnior, j. 06.12.2012).

Alternativa "D": prevalecia o entendimento de que deveria ser aplicado ao processo penal, de modo subsidiário, o art. 132 do CPC revogado. Portanto, no caso de férias do juiz que presidiu a instrução, a sentença poderia ser proferida por outro. Nesse sentido, o entendimento do STJ: "(...) De acordo com o princípio da identidade física do juiz, que passou a ser aplicado também no âmbito do processo penal após o advento da Lei 11.719, de 20 de junho de 2008, o magistrado que presidir a instrução criminal deverá proferir a sentença no feito, nos termos do § 2º do artigo 399 do Código de Processo Penal. (...) Em razão da ausência de outras normas específicas regulamentando o referido princípio, nos casos de convocação, licença, promoção ou de outro motivo que impeça o juiz que tiver presidido a instrução de sentenciar o feito, por analogia – permitida pelo artigo 3º da Lei Adjetiva Penal –, deverá ser aplicada a regra contida no artigo 132 do Código de Processo Civil, que dispõe que os autos passarão ao sucessor do magistrado. Doutrina. Precedente. (...) No caso em apreço, o édito repressivo foi exarado por magistrada diversa do togado que participou da instrução do feito, o qual, consoante consignado pela autoridade apontada como coatora, encontrava-se em gozo de férias, o que afasta a mácula suscitada na impetração. (...)" (HC 303.925-SP, Rel. Min. Jorge Mussi, j. 18.11.2014). Ocorre que o novo CPC não repetiu a regra acima, mas silenciou a respeito. Caberá, então, à jurisprudência estabelecer a solução a ser adotada. Para nós, até mesmo por questão de segurança jurídica, deveria ser adotada a mesma regra anterior, a despeito da revogação do dispositivo legal.

Alternativa "E": o CPP admite que o juiz utilize na formação de sua convicção elementos informativos do inquérito policial, desde que não a forme com base exclusivamente neles (art. 155, CPP). Ademais, o citado dispositivo legal ressalva que poderá haver a utilização – a nosso ver, mesmo exclusiva – das provas antecipadas, irrepetíveis ou cautelares, ainda que produzidas na fase de inquérito.

102. (Cespe – Juiz de Direito Substituto – DFT/2014) Assinale a opção correta a respeito das provas, dos atos de prova e de investigação.

a) Os atos de prova visam fundamentar a adoção de medidas cautelares pelo juiz.

b) Se o juiz determinar, de ofício, a produção de provas, ele deverá submetê-las ao contraditório das partes, para que possam oferecer a contraprova, não se exigindo, contudo, que as partes participem da produção da prova.

c) No exame de corpo de delito, não há contraditório, por se tratar de antecipação ad perpetuam rei memoriam.

d) No CPP, não há distinção entre prova e elemento informativo da investigação.

e) Os atos de investigação visam à obtenção de informações que conduzam a um juízo de probabilidade idôneo para sustentar a opinio delicti do órgão da acusação.

COMENTÁRIOS

Alternativa correta: letra "E": é justamente esse o papel exercido pelo inquérito policial e por qualquer outro procedimento investigatório. Notem que se trata sempre de servir de embasamento à acusação, mas não de fundamento para a sentença.

Alternativa "A": para as medidas cautelares podem servir também os elementos informativos – que não são " elementos de prova" – do inquérito policial ou de outro procedimento investigatório. Assim, se no inquérito – que não produz prova, mas elemento informativo – surgir indício de autoria, isso pode ser usado para obtenção de medida cautelar real ou pessoal.

Alternativa "B": muito se questiona se o juiz pode, de ofício, determinar a produção de prova, tal como permite o art. 156 do CPP. Para alguns, trata-se de previsão que viola o princípio acusatório. Porém, não tem sido este o entendimento majoritário. Porém, em razão da necessidade de obediência ao princípio do contraditório, as partes devem obrigatoriamente participar da produção da prova, se a natureza desta assim possibilitar. Caso contrário, deve ocorrer o contraditório posterior, diferido.

Alternativa "C": há contraditório diferido, exercido posteriormente, já que normalmente não é possível ser exercício no momento da produção dessa espécie de prova.

Alternativa "D": o art. 155 do CPP diferencia "prova" – que é a produzida sob o contraditório judicial – e "elementos informativos" – que são os produzidos na fase de investigação, fora do contraditório.

103. (Cespe – Procurador do Estado – BA/2014) Acerca das provas, das sentenças e dos princípios do direito processual penal, julgue os itens a seguir.

No processo penal, o momento adequado para a especificação de provas pelo réu é a apresentação da resposta à acusação. Entretanto, isso não impede que, por ocasião de seu interrogatório, o réu indique outros meios de prova que deseje produzir.

COMENTÁRIOS

Certo. De fato, pode o réu indicar outras provas em seu interrogatório, que é o último ato dos procedimentos ordinário, sumário e sumaríssimo. Nesse caso, deve o juiz, em respeito ao princípio da ampla defesa, determinar a produção das provas indicadas, após o que as partes deverão se manifestar, seguindo-se as alegações orais (ou por memoriais) e a sentença.

104. (Cespe – Analista Judiciário – Área Judiciária – TJ – CE/2014) Assinale a opção correta no que diz respeito às provas no processo penal.

a) É vedada a realização de interrogatório por videoconferência, por ferir o direito de autodefesa do acusado.

b) A confissão feita perante a autoridade policial não será passível de retratação em juízo caso tenha sido assegurado ao acusado o direito ao contraditório e à ampla defesa mediante o acompanhamento de um advogado.

c) Admite-se a oitiva de corréu na qualidade de testemunha, de informante, ou mesmo de colaborador ou delator, atualmente conhecida como delação premiada.

d) O cônjuge separado não se pode recusar a prestar depoimento na condição de testemunha sobre o suposto cometimento de um delito pelo ex-marido, devendo assumir o compromisso de dizer a verdade.

e) Haja vista que o interrogatório judicial é meio de defesa do réu, o desrespeito a essa franquia individual, resultante da arbitrária recusa em lhe permitir a formulação de reperguntas aos demais corréus constituirá causa geradora de nulidade absoluta.

COMENTÁRIOS

Alternativa correta: letra "E": muito se discute se se trata de meio de defesa ou de prova o interrogatório. Para alguns, é meio de prova; para outros, exclusivamente de defesa; e para uma terceira corrente, é tanto meio de defesa quanto de prova. Este concurso adotou a segunda corrente. Nesse caso, a consequência é que deverá ser facultada a ele a formulação de perguntas aos demais corréus, aplicando-se o contraditório, hoje permitido no interrogatório.

Alternativa "A": o interrogatório por videoconferência é permitido em nosso sistema processual penal. Segundo o § 2º do art. 185 do CPP, excepcionalmente, o juiz, por decisão fundamentada, de ofício ou a requerimento das partes, poderá realizar o interrogatório do réu preso por sistema de videoconferência ou outro recurso tecnológico de transmissão de sons e imagens em tempo real, desde que a medida seja necessária para atender a uma das seguintes finalidades: a) prevenir risco à segurança pública, quando exista fundada suspeita de que o preso integre organização criminosa ou de que, por outra razão, possa fugir durante o deslocamento; b) viabilizar a participação do réu no referido ato processual, quando haja relevante dificuldade para seu comparecimento em juízo, por enfermidade ou outra circunstância pessoal; c) impedir a influência do réu no ânimo de testemunha ou da vítima, desde que não seja possível colher o depoimento destas por videoconferência, nos termos do art. 217 do CPP; d) responder à gravíssima questão de ordem pública.

Alternativa "B": a confissão é sempre retratável, inclusive aquela feita no interrogatório judicial (art. 200, CPP).

Alternativa "C": o corréu não é testemunha. Porém, pode decidir colaborar, caso em que, se se tratar de processo envolvendo criminalidade organizada, continua sendo acusado, porém, perde o direito de não se autoincriminar e passa a ter a obrigação de dizer a verdade, consoante dispõe a Lei 12.850/2013. Em algumas legislações, tal réu, nesse caso, passa a ser considerado testemunha. Aqui, quase chegamos a isso. Mas, atenção: tais observações aplicam-se apenas no âmbito da Lei 12.850.

Alternativa "D": cônjuge separado é cônjuge ainda e pode recusar-se a depor contra o marido. Caso deponha, não deve ser colhido seu compromisso (arts. 206 e 208, CPP).

---

105. (Cespe – Cartório – TJ – DF/2014) Acerca da prova no processo penal brasileiro e dos procedimentos a ela inerentes, assinale a opção correta.

a) Denomina-se qualificada a confissão em que o réu admite a prática do fato criminoso, invocando, por exemplo, alguma excludente de ilicitude ou culpabilidade.

b) Por não integrar o rol de testemunhas e não ter o compromisso de dizer a verdade, o ofendido, intimado para oitiva em juízo, pode abster-se de comparecer, sendo vedada a sua condução coercitiva.

c) São indispensáveis para a execução da medida de busca domiciliar, entre outros requisitos, ordem judicial escrita e fundamentada, e cumprimento da diligência durante o dia ou à noite, mediante prévia apresentação da ordem judicial ao morador.

d) Em regra, não sendo possível o exame de corpo de delito por haverem desaparecido os vestígios, a confissão do réu e a prova testemunhal poderão substituí-lo.

e) O interrogatório judicial deverá ser realizado como primeiro ato instrutório, sendo indispensável que o réu seja acompanhado por defensor, constituído ou dativo.

COMENTÁRIOS

Alternativa correta: letra "A": trata-se de classificação feita pela doutrina. O acusado pode perfeitamente admitir a prática do fato, mas justificar sua conduta, apresentando tese que afaste a ilicitude ou a culpabilidade. Isso é muito comum nos crimes de homicídio, em que muitos dos réus confessam o crime, mas alegam legítima defesa, por exemplo. É a confissão qualificada.

Alternativa "B": o ofendido deve ser ouvido e tem a obrigação de comparecer. Se o não fizer, o § 1º do art. 201 do CPP autoriza sua condução coercitiva.

Alternativa "C": o erro da alternativa está em afirmar que é requisito o cumprimento do mandado à noite. Na verdade, de acordo com a CF e o CPP, o mandado somente pode ser cumprido durante o dia.

Alternativa "D": apenas a prova testemunhal poderá substituir o exame de corpo de delito, no caso de desaparecimento dos vestígios (art. 167, CPP), a confissão, nunca (art. 158).

Alternativa "E": nos procedimentos ordinário, sumário e sumaríssimo o interrogatório é o último ato da instrução processual, sendo, de fato, indispensável que esteja o réu acompanhado de defensor, constituído, dativo ou nomeado para o ato (*ad hoc*), no caso de não comparecimento dos anteriormente mencionados.

---

106. (Cespe – Defensor Público – TO/2013) No que tange às provas no processo penal, assinale a opção correta.

a) É considerado como meio de prova direta o reconhecimento de pessoas por intermédio de fotografias, e sua validade, disciplinada no CPP, está condicionada à presença de autoridade policial ou judiciária, devendo ser observado o procedimento de colocar a fotografia da pessoa a ser reconhecida ao lado de outras fotografias de pessoas que com ela tiverem qualquer semelhança.

b) O CPP admite, de forma expressa, que o interrogatório possa ser renovado a qualquer tempo, de ofício ou a pedido fundamentado de qualquer das partes, com a possibilidade de ser o réu ouvido diretamente pelo tribunal.

c) A confissão tem como pressupostos de validade a capacidade do réu e a espontaneidade do ato produzido diante da autoridade competente, sendo assim admitida em relação a qualquer fato prejudicial ao réu.

d) O depoimento da vítima é expressamente citado como meio de prova no CPP e, apesar de não ser formalmente testemunha, a vítima é computada no número legal fixado para o rol de testemunhas.

e) A contradita é o instrumento processual cujo escopo consiste na impugnação de testemunha arrolada pela parte contrária, não se admitindo, em nenhuma hipótese, o manejo da objeção no tocante às testemunhas arroladas pela parte impugnante, permitindo-se a prova do alegado até o encerramento da instrução processual.

COMENTÁRIOS

✪ **Nota do autor:** cuidado com certas regras que se encontram espalhadas pelo CPP. É o caso do interrogatório. Vejam, na alternativa correta, como há pouco mais de 400 artigos separando regras sobre o mesmo assunto, qual seja, o interrogatório do acusado.

Alternativa correta: letra "B": a todo tempo, diz o art. 196 do CPP, o juiz poderá proceder a novo interrogatório de ofício ou a pedido fundamentado de qualquer das partes. E segundo o art. 616, no julgamento das apelações poderá o tribunal, câmara ou turma proceder a novo interrogatório do acusado, reinquirir testemunhas ou determinar outras diligências.

Alternativa "A": não há previsão expressa, no CPP, do reconhecimento de pessoa por fotografia, sendo considerado meio de prova atípico.

Alternativa "C": a espontaneidade da confissão não é seu requisito. Basta que a confissão seja voluntária. Logicamente, a capacidade do acusado será levada em consideração na valoração da confissão, lembrando que não se trata de prova com valor absoluto: como qualquer outro elemento de prova, deve ser analisado em conjunto com os demais elementos coligidos na instrução.

Alternativa "D": a vítima não é computada no número legal de testemunhas, simplesmente porque não é testemunha.

Alternativa "E": segundo o art. 214 do CPP, antes de iniciado o depoimento, as partes poderão contraditar a testemunha ou arguir circunstâncias ou defeitos, que a tornem suspeita de parcialidade, ou indigna de fé. O juiz fará consignar a contradita ou arguição e a resposta da testemunha, mas só excluirá a testemunha ou não lhe deferirá compromisso nos casos previstos nos arts. 207 e 208. Portanto, deve ser apresentada prova para basear a impugnação no mesmo ato em que esta é feita. Não há qualquer limitação quanto a quem pode ser alvo de contradita.

107. (Cespe – Juiz Federal Substituto 2ª região/ 2013) Assinale a opção correta a respeito do processo penal.

a) No crime de falsificação de documento público, a falta de perícia, por ter o réu se recusado a fornecer material gráfico similar àquele encontrado nas peças falsificadas, não pode ser suprida por outro meio de prova, porque se tratar de crime que deixa vestígios.

b) No crime de uso de documento falso, pode-se prescindir da prova pericial, desde que o ilícito seja comprovado por outros meios de prova.

c) A perícia sobre a aptidão para efetuar disparos é indispensável no crime de porte ilegal de arma de fogo, por se tratar de crime de perigo concreto.

d) O exame de corpo de delito poderá ser realizado em qualquer dia e a qualquer hora, salvo aos domingos e feriados.

e) É nula a prova de um crime obtida por meio de interceptação telefônica relacionada a outro delito, ainda que judicialmente autorizada, pois a autorização relacionada a esse outro delito cabe ao juiz competente para processar e julgar a causa a ele pertinente.

COMENTÁRIOS

✪ **Nota do autor:** a quase totalidade da questão examina a prova pericial. É importante saber que: i) quando a infração deixar vestígios, será indispensável o exame de corpo de delito, direto ou indireto (art. 158, CPP); ii) não sendo possível o exame de corpo de delito, por haverem desaparecido os vestígios, a prova testemunhal poderá suprir-lhe a falta (art. 167); iii) a confissão do acusado não pode suprir a falta do exame de corpo de delito, direto ou indireto (art. 158); iv) as perícias serão realizadas por perito oficial, portador de diploma de curso superior, não havendo mais a exigência de dois peritos (art. 159, *caput*); v) na falta de perito oficial, o exame será realizado por duas pessoas idôneas, portadoras de diploma de curso superior preferencialmente na área específica, dentre as que tiverem habilitação técnica relacionada com a natureza do exame (art. 159, § 1º); vi) o juiz não fica adstrito ao laudo, já que pode aceitá-lo ou rejeitá-lo, no todo ou em parte (art. 182).

Alternativa correta: letra "B": a perícia é necessária quando o crime deixar vestígios e desde que o juiz necessite dela para julgar. É assim, a nosso ver, que deve ser interpretado o art. 158 do CPP. Assim, se foi possível ter a certeza de que o documento era falso, sem a perícia correspondente, mas por outros meios de prova, nenhum impedimento há à condenação do acusado. Nesse sentido, o entendimento das 5ª e 6ª Turmas do STJ, sendo exemplo este julgado: "(...) A Quinta Turma deste Superior Tribunal possui compreensão no sentido de que a regra contida no art. 158 do CPP não é absoluta, assim não é obrigatória a realização de perícia no documento quando, através de outros meios de prova, a sua falsidade puder ser comprovada. (...)" (AgRg no AREsp 78480-SP, Rel. Min. Jorge Mussi, j. 11.12.2012).

Alternativa "A": o acusado tem o direito de não produzir prova contra si mesmo, o que inclui o de se recusar a fornecer o material para a perícia. Porém, como visto na alternativa anterior, tem-se admitido que a prova da falsificação seja feita por outros meios.

Alternativa "C": cuidado nessa alternativa. Houve muitas alterações no entendimento do STJ a respeito. A 6ª Turma de tal Tribunal Superior tinha precisamente tal entendimento: o crime de porte de arma de fogo é de perigo concreto e depende de perícia para comprovar a capacidade de efetuar disparos. Nesse sentido: "(...) Com a ressalva do ponto de vista do relator, a Sexta Turma, modificando entendimento anterior, firmou a compreensão de que, em se tratando de crime de porte de arma de fogo, se faz necessária a comprovação da potencialidade do instrumento, já que o princípio da ofensividade em direito penal exige um mínimo de perigo concreto ao bem jurídico tutelado pela norma, não bastando a simples indicação de perigo abstrato. (...)" (AgRg no REsp. 1.009.555-RS, Rel. Min. Haroldo Rodrigues (Des. convocado), j. 21.09.2010). Já a 5ª Turma entendia ser dispensável a perícia: "(...) Nos termos da orientação firmada por esta Corte, eventual nulidade de perícia ou até mesmo a ausência desta não descaracteriza o delito previsto no art. 14 da Lei 10.826/03, se existem outros meios de prova a atestar a materialidade do delito. Precedentes" (AgRg no REsp. 987843-RS, Rel. Min. Napoleão Nunes Maia Filho j. 19.08.2009). Agora, parece-nos que **as duas Turmas reconhecem a desnecessidade da perícia e que se trata de crime de perigo abstrato**, conforme o seguinte julgado: "(...) O entendimento hoje assente em ambas as Turmas da Terceira Seção é o de que o crime de porte ilegal de arma, previsto no art. 14 da Lei nº 10.826/2003, é de perigo abstrato, sendo irrelevante para a configuração do tipo penal que esteja ou não municiado o artefato. (...) Diante da posição firmada por esta Corte, é indiferente para a consumação do delito a demonstração de que a arma estaria apta para efetuar disparos, motivo pelo qual se torna inócua qualquer discussão acerca da validade do laudo pericial, uma vez que este se torna desnecessário para a adequação da conduta ao tipo. (...)" (AgRg no REsp. 1316918-RS, Rel. Min. Sebastião Reis Júnior, j. 18.12.2012).

Alternativa "D": o art. 161 do CPP dispõe justamente o contrário: "O exame de corpo de delito poderá ser feito em qualquer dia e a qualquer hora".

Alternativa "E": o uso da interceptação telefônica como prova emprestada é admitido por nossos tribunais. Nesse sentido, o entendimento do STJ: "(...) O Juiz de Direito da Vara de Inquéritos de Vitória, por requerimento do MP, determinou a juntada e utilização de prova produzida em operação policial, consistente em escutas telefônicas autorizadas judicialmente, que redundou na apreensão das máquinas caça níqueis para consequente oferecimento de nova denúncia. Assim, as interceptações telefônicas foram colhidas licitamente, podendo ser usadas de forma legítima, como prova emprestada em outro procedimento investigatório. (...)" (HC 222.550-ES, Rel. Min. Og Fernandes, j. 19.06.2012).

---

108. (Cespe – Juiz Federal Substituto 5ª região/2013) No que concerne às provas, tratados, convenções e cooperação em matéria penal, assinale a opção correta.

a) Mesmo sendo a atividade probatória mais ampla no processo penal que no processo civil, há vedações referentes aos meios pelos quais são colhidas as provas e aos resultados que podem ser obtidos com a utilização desses meios. A admissibilidade da prova fica condicionada, mesmo no caso de não haver vedação expressa, ao resultado da prova e ao fato de ela configurar ou não violação de direitos, devidamente autorizada.

b) Conforme disposto nos tratados bilaterais de auxílio direto firmados pelo Brasil, em se tratando de produção probatória, são desnecessários a homologação da sentença estrangeira e o exequatur, o qual pode ser apresentado diretamente ao juízo competente, ainda que a medida contemple pedido de caráter executório – como buscas e apreensões, bloqueios e quebras de sigilo –, desde que se intime, previamente, a parte contrária, com cópia do requerimento e das peças necessárias. Os autos permanecem, nesse caso, em juízo, até o decurso do prazo por ele estabelecido, após o qual, deferida e executada a medida, com ou sem resposta, deverão ser imediata e diretamente remetidos à autoridade solicitante.

c) Os procedimentos de ação controlada, afastamento de sigilo de informações fiscais, bancárias, financeiras e eleitorais e infiltração de agentes de polícia ou de inteligência dependem de prévia autorização judicial estritamente sigilosa, sendo, por essa razão, considerados medidas de produção antecipada de prova.

d) A busca e apreensão é considerada pelo CPP como meio de prova, devendo-se observar, quando de sua autorização, os requisitos gerais das medidas cautelares e, no particular, por imposição legal, a prévia demonstração de que a colheita da prova não pode ser feita por outros meios disponíveis, com a descrição pormenorizada das coisas e objetos sobre os quais recairá a medida; além disso, se executada em repartições públicas, essa medida deve ser precedida da requisição judicial do objeto da busca e apreensão.

e) A prova emprestada tem natureza documental e sua validade depende de que tenha sido produzida sob o crivo do contraditório e da ampla defesa, em outro processo judicial ou procedimento administrativo que envolvessem as mesmas partes. Consideram-se provas emprestadas aptas a lastrear a condenação os elementos colhidos diretamente pelo MP, desde que se tenha dado a oportunidade ao acusado de exercer a ampla defesa durante a produção da prova originária, sendo dispensada a renovação do contraditório.

COMENTÁRIOS

Alternativa "A": ao contrário do que ocorre no processo civil, no processo penal não há pontos realmente incontroversos, sendo possível a atividade probatória quanto a todos eles. Assim, por exemplo, mesmo havendo confissão do acusado, esta não será simplesmente aceita como verdade, devendo ser valorada como qualquer outra prova. Ademais, no processo penal deve o juiz, antes de admitir a prova, verificar se o resultado poderá infringir alguma garantia constitucional ou proibição legal. Ainda utilizando de exemplo, o acusado não é obrigado a produzir prova contra si mesmo, daí porque o juiz poderá indeferir pedido que possa resultar em tal resultado.

Alternativa "B": o Brasil não possui uma lei geral sobre cooperação jurídica internacional, de modo que as regras aplicáveis estão todas nos próprios tratados firmados com outros países, no Regimento Interno do STJ e, do modo subsidiário, no novo CPC, que traz todo um capítulo sobre o tema. Normalmente, os tratados bilaterais de cooperação indicam uma autoridade central em cada país signatário, responsável pelo recebimento ou encaminhamento do pedido. Assim, se outro país com tratado bilateral encaminhar pedido à nossa autoridade central (em geral, é o Departamento de Recuperação de Ativos do Ministério da Justiça; nos tratados com Canadá e Portugal, é o Ministério Público Federal), caberá a esta dar seguimento ao pleito, encaminhando ao Judiciário Federal quando necessária ordem judicial para obtenção de certas medidas, como busca e apreensão ou interceptação telefônica. O *exequatur*, a nosso ver, é exigido apenas no caso de cartas rogatórias e homologação de sentença estrangeira, de competência do STJ.

Alternativa "C": a ação controlada não depende propriamente de autorização judicial, já que o art. 8º, § 1º, da Lei 12.850/2013 prevê apenas que o retardamento da intervenção policial ou administrativa será previamente **comunicado** ao juiz competente que, se for o caso, **estabelecerá os seus limites** e comunicará ao Ministério Público. Além disso, a Lei 12.850/2013, ao contrário do que fazia a revogada Lei 9.034/1995, não admite a infiltração de agente de inteligência, mas apenas da Polícia. De qualquer maneira, as medidas citadas na alternativa são consideradas meios de investigação de prova, não meios de produção de prova, não sendo, portanto, antecipação destes.

Alternativa "D": embora o CPP inclua a busca e apreensão dentre os meios de prova, deve-se dizer que se trata de meio de investigação de prova, atuando, por vezes, como medida cautelar real. Somente neste caso é que devem ser aplicados os requisitos gerais das medidas cautelares. Não há exigência legal de demonstração de que a prova não pode ser feita por outro meio. De resto, o mandado de busca deverá indicar, o mais precisamente possível, a casa em que será realizada a diligência e o nome do respectivo proprietário ou morador; ou, no caso de busca pessoal, o nome da pessoa que terá de sofrê-la ou os sinais que a identifiquem (art. 243, CPP). Não há a exigência mencionada quanto a repartições.

Alternativa "E": nossa legislação processual penal não regulou a questão da prova emprestada, tal como fez, por exemplo, o CPP italiano, que a trata no âmbito da prova documental. Mesmo assim, entendemos que a prova emprestada tem realmente tal natureza. A doutrina majoritária tem exigido, para a admissibilidade da prova emprestadas, que tenha sido produzida sob contraditório, na presença do acusado contra o qual será usada no outro processo, mas não necessariamente pelo mesmo juiz. Assim, não pode ser considerada prova emprestada aquela produzida pelo Ministério Público, em suas próprias investigações, devendo ser tratada como mero elemento de informação.

---

109. (Cespe – Procurador BACEN/2013) Considerando os atos processuais e as provas no processo penal, assinale a opção correta.

a) As provas produzidas no inquérito policial pelo delegado de polícia devem atender aos princípios da publicidade e liberdade das provas, sem violar o princípio da judicialidade.

b) A possibilidade de o juiz produzir provas ex officio não viola o princípio da inércia ou da autorresponsabilidade das partes, desde que tais provas sejam submetidas ao contraditório.

c) As evidências decorrentes da quebra dos sigilos bancário e fiscal, pelo MP, de um investigado podem ser levadas a juízo para serem constituídas como prova, após a análise judicial e submissão ao contraditório.

d) De acordo com as teorias das nulidades e dos atos processuais no processo penal, o princípio da instrumentalidade das formas protege o ato praticado em desacordo com o modelo legal, caso sua finalidade tenha sido atingida, condicionando-o ainda ao prejuízo demonstrado, o que vincula o juiz a retirar a eficácia do ato processual questionado.

e) Por ter natureza personalíssima, a citação no processo penal não admite a modalidade por hora certa, considerada ficta ou presumida.

COMENTÁRIOS

Alternativa correta: letra "B": este ponto não é pacífico. Por óbvio, prova alguma produzida em juízo pode prescindir do contraditório, inclusive aquela determinada pelo juiz, de ofício. O problema, a nosso ver, não é esse. Particularmente, não vemos problema no que dispõe o art. 156, II, do CPP (pode o juiz, ainda que de ofício, "determinar, no curso da instrução, ou antes de proferir sentença, a realização de diligências para dirimir dúvida sobre ponto relevante"). Porém, entendemos que o inciso I do mesmo artigo fere o sistema acusatório na medida em que permite ao juiz, de ofício, antes de iniciada a ação, determinar a produção antecipada de provas. Se já iniciada a ação penal, também não vemos problema na atuação do juiz. Observamos, porém, que há entendimentos que reputam inconstitucional todo o art. 156.

Alternativa "A": o inquérito policial é procedimento preparatório da ação penal, servindo para embasar a denúncia do Ministério Público. Assim, o art. 155 do CPP trata o que foi colhido no inquérito como elemento de informação, não como prova, ressalvando apenas aquelas provas cautelares, não repetíveis e antecipadas. Portanto, no inquérito, não há judicialidade na produção dos elementos informativos, salvo quando há reserva de jurisdição, como se dá em caso de necessidade da quebra de determinados sigilos.

Alternativa "C": não se admite que possa o Ministério Público determinar a quebra dos sigilos fiscal e bancário. Nesses casos, há necessidade de se obter ordem judicial.

Alternativa "D": se o princípio da instrumentalidade das formas é aplicado a determinado ato do processo, por óbvio o juiz o aplica justamente para validá-lo, não para invalidá-lo como afirma a alternativa, retirando-lhe a eficácia.

Alternativa "E": a citação por hora certa passou a ser prevista no CPP a partir de 2008. Logo, é possível ser utilizada e equivale à citação pessoal, mas somente pode ser usada em caso de acusado com paradeiro conhecido e que se oculta para não ser citado.

---

110. (Cespe – Procurador Federal/2013) Segundo o entendimento dos tribunais superiores, julgue os próximos itens, a respeito da prisão e das provas no processo penal.

Quando a demora na produção das provas puder prejudicar a busca pela verdade real, notadamente em razão da grande probabilidade de as testemunhas não se lembrarem precisamente dos fatos presenciados, será cabível a produção antecipada de provas. Deve o juiz, para tanto, observar a necessidade, a adequação e a proporcionalidade da medida.

COMENTÁRIOS

Certo. É o que prevê o art. 156 do CPP. Observamos que a produção antecipada de provas deve ser excepcional, em caso de concreta necessidade, não bastando o mero decurso do tempo como fato preponderante. Ademais, nos permita o leitor questionar um ponto da afirmação acima: a busca da verdade real. Para nós, o processo penal não pode prescindir da busca da verdade, mas não deve ter a pretensão de buscar "a" verdade, ou seja, a assim denominada verdade "real". Qualquer verdade buscada será a verdade possível, atingível pelos limitados meios probatórios e inatingível se utilizados meios proibidos ou ilícitos de prova. Logo, para nós, a verdade será sempre processual.

---

111. (Cespe – Analista do MPU/2013) A respeito dos institutos do processo penal brasileiro, julgue os itens subsecutivos.

Na falta de perito oficial como, por exemplo, o médico legista, o exame de corpo de delito será realizado por duas pessoas idôneas, portadoras de diploma de curso superior preferencialmente em área específica e relacionada com a natureza do exame.

COMENTÁRIOS

Certo. A regra está no *caput* do art. 159 do CPP: "O exame de corpo de delito e outras perícias serão realizados por perito oficial, portador de diploma de curso superior". A exceção, no § 1º: "Na falta de perito oficial, o exame será realizado por 2 (duas) pessoas idôneas, portadoras de diploma de curso superior preferencialmente na área específica, dentre as que tiverem habilitação técnica relacionada com a natureza do exame".

---

112. (Cespe – Delegado de Polícia – BA/2013) Com relação às provas criminais, julgue os itens que se seguem.

112.1. É indispensável o exame pericial, direto ou indireto, nos casos em que a infração penal deixe vestígios, não podendo supri-lo a confissão do acusado, facultada ao MP, ao assistente de acusação, ao ofendido, ao querelante e ao acusado a indicação de assistente técnico para atuar na etapa processual após sua admissão pelo juiz e a conclusão dos exames e elaboração do laudo pelos peritos oficiais.

COMENTÁRIOS

Certo. É que se extrai das regras dos arts. 158 e 159, §§ 3º e 4, do CPP.

112.2. Consoante a interpretação doutrinária da legislação penal, as buscas e apreensões são consideradas não só meios de prova, mas também providências acautelatórias da atividade probante (medida cautelar), podendo ser executadas em qualquer fase da persecução penal.

COMENTÁRIOS

Certo. Na verdade, a doutrina mais atenta à terminologia da prova – v. Antonio Magalhães Gomes Filho, por exemplo – entende ser a busca e apreensão meio de investigação de prova. Há quem separe a busca da apreensão – v. Cleunice Pitombo – , como fazem outras legislações. Tanto a doutrina quanto a jurisprudência não raro apontam o caráter nitidamente cautelar da busca e apreensão, além de ser meio de busca de prova.

112.3. De acordo com o CPP, o interrogatório do investigado, em regra, pode ser realizado em qualquer etapa do inquérito policial, e por intermédio do sistema de videoconferência ou de outro recurso tecnológico de transmissão de sons e imagens em tempo real, desde que o investigado esteja recolhido em unidade da federação distinta daquela em que se realize o procedimento e tal medida seja necessária para prevenir risco à segurança pública, em razão de fundada suspeita de que o preso integre organização criminosa ou possa fugir durante o deslocamento.

COMENTÁRIOS

Errado. O interrogatório pode ser realizado em qualquer etapa do inquérito, salvo se for situação de flagrante, caso em que deverá ser realizado ao final do ato. Quanto ao interrogatório por videoconferência, há expressa previsão legal (art. 185, § 2º, CPP), desde que tenha uma das seguintes finalidades: a) prevenir risco à segurança pública, quando exista fundada suspeita de que o preso integre organização criminosa ou de que, por outra razão, possa fugir durante o deslocamento; b) viabilizar a participação do réu no referido ato processual, quando haja relevante dificuldade para seu comparecimento em juízo, por enfermidade ou outra circunstância pessoal; c) impedir a influência do réu no ânimo de testemunha ou da vítima, desde que não seja possível colher o depoimento destas por videoconferência, nos termos do art. 217 do CPP.

---

113. (Cespe – Delegado de Polícia – BA/2013) Um delegado de polícia, tendo recebido denúncia anônima de que Mílton estaria abusando sexualmente de sua própria filha, requereu, antes mesmo de colher provas acerca da informação recebida, a juiz da vara criminal competente a interceptação das comunicações telefônicas de Mílton pelo prazo de quinze dias, sucessivamente prorrogado durante os quarenta e cinco dias de investigação.

Kátia, ex-mulher de Mílton, contratou o advogado Caio para acompanhar o inquérito policial instaurado. Mílton, então, ainda no curso da investigação, resolveu interceptar, diretamente e sem o conhecimento de Caio e Kátia, as ligações telefônicas entre eles, tendo tomado conhecimento, devido às interceptações, de que o advogado cometera o crime de tráfico de influência. Em razão disso, Mílton procurou Kátia e solicitou que ela concordasse com a divulgação do conteúdo das gravações telefônicas, ao que Kátia anuiu expressamente. Mílton, então, apresentou ao delegado o conteúdo das gravações, que foram utilizadas para subsidiar ação penal iniciada pelo MP contra Caio, pela prática do crime de tráfico de influência.

Com base nessa situação hipotética, julgue os itens seguintes, a respeito das interceptações telefônicas.

113.1. O fato de Kátia – que era interlocutora dos diálogos gravados – ter consentido posteriormente com a divulgação do conteúdo das gravações não legitima o ato nem justifica sua utilização como prova.

COMENTÁRIOS

Certo. O STJ já julgou caso idêntico e entendeu que a gravação não poderia ser usada como prova: (...) TRÁFICO DE INFLUÊNCIA (ARTIGO 332 DO CÓDIGO PENAL). GRAVAÇÃO DE CONVERSA TELEFÔNICA ENTRE O PACIENTE, ADVOGADO, E SUA CLIENTE EFETUADA POR TERCEIRO. AUSÊNCIA DE PRÉVIA AUTORIZAÇÃO JUDICIAL. SIGILO VIOLADO. ILICITUDE DA PROVA. CONSTRANGIMENTO ILEGAL CARACTERIZADO. 1. A interceptação telefônica é a captação de conversa feita por um terceiro, sem o conhecimento dos interlocutores, que depende de ordem judicial, nos termos do inciso XII do artigo 5º da Constituição Federal. 2. A escuta é a captação de conversa telefônica feita por um terceiro, com o conhecimento de apenas um dos interlocutores, ao passo que a gravação telefônica é feita por um dos interlocutores do diálogo, sem o consentimento ou a ciência do outro. 3. Na hipótese, embora as gravações tenham sido implementadas pelo esposo da cliente do paciente com a intenção de provar a sua inocência, é certo que não obteve a indispensável prévia autorização judicial, razão pela qual se tem como configurada a interceptação de comunicação telefônica ilegal. 4. O fato da esposa do autor das interceptações – que era uma interlocutora dos diálogos gravados de forma clandestina – ter consentido posteriormente com a divulgação dos seus conteúdos não tem o condão de legitimar o ato, pois no momento da gravação não tinha ciência do artifício que foi implementado pelo seu marido, não se podendo afirmar, portanto, que, caso soubesse, manteria tais conversas com o seu advogado pelo telefone interceptado. 5. Aplicação da norma contida no artigo 157, caput, do Código de Processo Penal, com a redação que lhe foi dada pela Lei nº 11.690/08. (...)" (HC 161.053-SP, Rel. Min. Jorge Mussi, j. 27.11.2012).

113.2. O delegado de polícia não poderia ter determinado a instauração de inquérito policial exclusivamente com base na denúncia anônima recebida.

COMENTÁRIOS

Certo. É o entendimento que tem prevalecido em nossos tribunais. Nesse sentido, a seguinte decisão do STJ: "(...) Conquanto não possa servir como parâmetro único da persecução penal, a delatio criminis anônima pode servir para dar início às investigações e colheitas de elementos acerca da possível prática de infração penal, de sorte a desencadear medidas cautelares de maior peso. (...) Na hipótese em apreço, constata-se que a comunicação anônima foi o único dado que serviu para embasar a interceptação telefônica autorizada judicialmente, que ensejou as quebras de sigilos de outros terminais, bem como as prorrogações posteriores, inexistindo a realização de diligências prévias à medida constritiva extrema. (...) Evidente a flagrante ilegalidade, visto que, em decorrência da suposta prática de tráfico de entorpecentes e associação, a quebra do sigilo, a prisão, a denúncia e a condenação do paciente estão intimamente amparadas nos informes apócrifos recebidos pela autoridade policial, que não se esmerou em realizar procedimentos investigatórios preliminares, antes da requisição da interceptação telefônica. (...)" (HC 229.205-RS, Rel. Min. Maria Thereza de Assis Moura, j. 08.04.2014).

113.3. A interceptação telefônica solicitada pelo delegado de polícia e autorizada judicialmente é nula, haja vista ter sido sucessivamente prorrogada pelo magistrado por prazo superior a trinta dias, o que contraria a previsão legal de que o prazo da interceptação telefônica não pode exceder quinze dias, renovável uma vez por igual período.

COMENTÁRIOS

Errado. O entendimento prevalecente nos nossos Tribunais Superiores é o de que pode haver prorrogações sucessivas das interceptações telefônicas, desde que se mostrem necessárias e haja a devida fundamentação pelo juiz.

113.4. A interceptação telefônica realizada por Mílton é ilegal, porquanto desprovida da necessária autorização judicial.

COMENTÁRIOS

Certo. Qualquer interceptação telefônica deve contar com a autorização judicial, sob pena de evidente ilegalidade, impossibilitando o uso dos elementos de prova em inquérito ou processo.

---

114. (Cespe – Delegado de Polícia Federal – DPF/2013) Em cada um dos itens, é apresentada uma situação hipotética, seguida de uma assertiva a ser julgada em relação ao inquérito policial e suas peculiaridades, às atribuições da Polícia Federal e ao sistema probatório no processo penal brasileiro.

Um homem penalmente capaz foi preso e autuado em flagrante pela prática de tráfico ilícito de entorpecentes. Ao final do processo-crime, o juiz da causa determinou a juntada do laudo toxicológico definitivo, o que não ocorreu. Nessa situação, de acordo com a jurisprudência do STJ, não poderá o juiz proferir sentença condenatória valendo-se apenas do laudo preliminar da substância entorpecente.

COMENTÁRIOS

Certo. De fato, este vem sendo o entendimento do STJ: "(...) Sendo exigência para a condenação pelo crime de tráfico de drogas a presença nos autos de um laudo definitivo referente à natureza e quantidade da droga, a sua ausência impõe não simplesmente a nulidade dos autos, com a reabertura do prazo para a sua juntada ou mesmo produção, mas a absolvição do réu, considerando que não ficou provada a materialidade do delito. Precedentes e doutrina. (...)" (HC 287.879-SC, Rel. Min. Sebastião Reis Júnior, j. 19.08.2014).

---

115. (Cespe – Advogado da União/2012) No que se refere a competência, prova, ação policial controlada e suspensão condicional do processo, julgue os itens seguintes.

De acordo com o entendimento do STJ, é desnecessária a realização de perícia para a caracterização do delito consistente na venda de mercadoria em condições impróprias ao consumo.

COMENTÁRIOS

Errado. O entendimento do STJ é justamente o oposto ao acima afirmado: "(...) O Superior Tribunal de Justiça entende que, para se caracterizar o delito previsto no art. 7º, IX, da Lei nº 8.137/1990 – crime contra as relações de consumo –, é imprescindível a realização de perícia, a fim de se atestar se as mercadorias apreendidas estavam, de fato, em condições impróprias para o consumo. (...)" (RHC 41.075-SC, Rel. Min. Sebastião Reis Júnior, j. 20.03.2014).

---

116. (Cespe – Advogado da União/2012) No que diz respeito à prova no âmbito do direito processual penal, julgue os itens a seguir.

116.1. A violação do sigilo telefônico é admitida pela norma constitucional, para fins de investigação criminal ou instrução processual penal, desde que a decisão judicial que a determine esteja devidamente fundamentada e que tenham sido esgotados todos os outros meios disponíveis de obtenção de prova.

COMENTÁRIOS

Certo. O enunciado traz alguns dos requisitos previstos na Lei 9.296/1996 para a autorização da interceptação telefônica. Em primeiro lugar, a reserva de jurisdição, ou seja, somente é lícita a interceptação se houver prévia e fundamentada autorização judicial (arts. 1º e 5º). Mas não é só. A legislação também exige que o crime investigado seja apenado com reclusão, que a prova não puder ser feita por outros meios e que haja indícios razoáveis de autoria ou participação (art. 2º).

116.2. A gravação de conversa telefônica feita por um dos interlocutores, sem conhecimento do outro, ainda que ausente causa legal de sigilo ou de reserva da conversação, é considerada prova ilícita.

COMENTÁRIOS

Errado. Considera-se que, nesse caso, a prova é lícita, pois configura escuta, mas não interceptação telefônica, estando, pois, fora do regime da Lei 9.296/1996 e do inciso XII do art. 5º da CF. A interceptação telefônica se caracteriza por ser feita por terceiro não participante da conversa. Nesse sentido, o posicionamento consolidado no STJ: "(...) A gravação telefônica realizada por um dos interlocutores sem o consentimento do outro é lícita e pode ser validamente utilizada como elemento de prova, uma vez que a proteção conferida pela Lei nº 9.296/1996 se restringe às interceptações de comunicações telefônicas. (...)" (AgRg nos EDcl no REsp 815.787-SP, Rel. Min. Antonio Carlos Ferreira, j. 14.05.2013). É a posição que vem sendo seguida também pelo STF.

116.3. De acordo com a jurisprudência firmada no STJ, o MP está autorizado, desde que para fins de instrução processual penal, a requerer, diretamente, sem prévia autorização judicial, a quebra de sigilo bancário ou fiscal dos agentes envolvidos em delitos sob investigação.

COMENTÁRIOS

Errado. O Ministério Público não pode autorizar interceptação telefônica. Em outros países, como a Itália e a Alemanha, os Promotores de Justiça têm tal poder, em caso de urgência da medida, mas ainda assim devem obter confirmação judicial em poucos dias. No Brasil, somente o juiz pode autorizar interceptação telefônica. Trata-se de caso em que há reserva de jurisdição. Nesse sentido, o posicionamento de todos os tribunais, inclusive do STJ.

117. (Cespe – Defensor Público – ES/ 2012) Acerca da competência, das questões e processos incidentes e da prova, julgue os itens subsequentes.

Caracteriza-se como imprópria a confissão judicial produzida perante autoridade judicial incompetente para o deslinde do processo criminal em curso.

COMENTÁRIOS

Certo. Não existem classificações certas ou erradas, mas apenas as úteis e as inúteis. Esta é inútil. A confissão feita em juízo será considerada "judicial própria" se feita perante o juiz competente; e "judicial imprópria" se feita perante juiz incompetente.

10. SENTENÇA

- CF, art. 92, IX
- CPP, art. 381 a 392

118. (Cespe – Juiz de Direito Substituto – AM/2016) Sentença penal estrangeira pode ter eficácia no Brasil, possibilitando, inclusive, a reparação civil ex delicto. A sua eficácia depende de homologação pelo

a) STJ, desde que haja comprovação da ocorrência do seu trânsito em julgado no país de origem.

b) STF, independentemente da existência de tratado de extradição ou reciprocidade com o país de cuja autoridade judiciária emanou a decisão.

c) STJ, independentemente de ter ocorrido o trânsito em julgado no país de origem.

d) STF, desde que exista tratado de extradição ou reciprocidade com o país de cuja autoridade judiciária emanou a decisão.

e) STF, dependendo ainda de que tenha sido imposto ao réu medida de segurança ou condenação por crime punido no Brasil com pena de reclusão.

COMENTÁRIOS

Alternativa correta: letra "A" (responde também todas as demais alternativas): a homologação de sentença estrangeira é competência do STJ, conforme expressamente previsto no art. 105, I, *i*, da CF. As regras aplicáveis estão no art. 9º do CP; nos arts. 787 a 790 do CPP, no que não contrariar o CP, cuja regra citada lhe é posterior (e a competência passou a ser do STJ); o Regimento Interno do STJ; e, subsidiariamente, o novo CPC. De acordo com o art. 9º do CP, a sentença estrangeira, quando a aplicação da lei brasileira produz na espécie as mesmas consequências, pode ser homologada no Brasil para obrigar o condenado à reparação do dano, a restituições e a outros efeitos civis e/ou sujeitá-lo a medida de segurança. Na primeira hipótese, a homologação depende de pedido da parte interessada. Somente para a sujeição à medida de segurança é que se exige tratado de extradição com o país de cuja autoridade judiciária emanou a sentença, ou, na falta de tratado, de requisição do Ministro da Justiça. Além disso, segundo o art. 216-D do Regimento Interno do STJ, a sentença estrangeira deverá: ter sido proferida por autoridade competente; conter elementos que comprovem terem sido as partes regularmente citadas ou ter sido legalmente verificada a revelia; e ter transitado em julgado.

119. (Cespe – Juiz de Direito Substituto – DF/2016) Acerca do princípio do livre convencimento do juiz, assinale a opção correta.

a) Tendo formado sua convicção pela livre apreciação da prova produzida em contraditório judicial, o juiz poderá proferir decisão baseada exclusivamente nas provas não repetíveis, mas não poderá fazê-lo em caso de provas antecipadas ou cautelares.

b) O juiz deve formar sua convicção pela livre apreciação da prova produzida em contraditório judicial, não podendo proferir decisão baseada exclusivamente nos elementos informativos colhidos na fase de investigação, tampouco nas provas cautelares, não repetíveis e antecipadas.

c) Dada a previsão de que o juiz deve formar sua convicção pela livre apreciação da prova produzida em contraditório, a prova produzida na fase de investigação poderá fundamentar a decisão do magistrado se a sua produção tiver sido acompanhada pelo advogado do réu, ou seja, poderá o juiz fundamentar sua decisão exclusivamente nos elementos informativos produzidos na fase de inquérito.

d) Em decorrência do princípio do livre convencimento adotado pelo CPP, o juiz pode decidir de acordo com sua vivência acerca dos fatos, desde que sua decisão seja devidamente fundamentada.

e) O juiz deve formar sua convicção pela livre apreciação da prova produzida em contraditório judicial, e poderá proferir decisão com base exclusivamente nas provas cautelares, não repetíveis e antecipadas.

COMENTÁRIOS

Alternativa correta: letra "E" (responde também as alternativas "A", "B" e "D"): no que tange às decisões judiciais, o princípio adotado pelo nosso CPP é o da persuasão racional, pelo qual o juiz forma sua convicção pela livre apreciação das provas, mas desde que sejam aquelas produzidas em contraditório judicial, não podendo, portanto, fundamentar sua decisão exclusivamente nos elementos informativos colhidos na investigação, ressalvadas as provas cautelares, não repetíveis e antecipadas (art. 155, *caput*, CPP). Há controvérsia na doutrina sobre se realmente pode o juiz decidir com base exclusivamente em provas cautelares, não repetíveis e antecipadas, produzidas na etapa de investigação. De qualquer modo, é certo que o juiz não pode decidir simplesmente de acordo com sua "vivência", com sua "experiência de vida" ou "intuição", mas deve decidir com base em raciocínio lógico, baseado nas provas colhidas na instrução e mostrando a correlação entre estas e suas conclusões expostas na sentença.

Alternativa "C": o art. 155 do CPP não se refere simplesmente à prova produzida em contraditório, mas em contraditório judicial, ou seja, aquela prova produzida na fase processual, sob a presidência do juiz competente para julgar o caso e na presença e com a participação das partes.

---

120. (Cespe – Defensor Público – RN/2015) Com relação aos institutos da emendatio e da mutatio libelli, da sentença e da coisa julgada, bem como aos procedimentos comum e ordinário, aos juizados especiais cíveis e aos crimes dolosos contra a vida, assinale a opção correta.

a) Situação hipotética: Mauro foi definitivamente condenado pela prática do crime de roubo simples por sentença proferida por juízo estadual absolutamente incompetente. Posteriormente, ele foi novamente condenado pelo mesmo fato, desta feita pelo juízo federal constitucionalmente competente, mas agora a uma pena inferior à anteriormente imposta. Assertiva: Nesse caso, segundo o entendimento do STJ, diante da existência de coisa julgada material, deverá prevalecer a primeira condenação.

b) Situação hipotética: A DP, representando Jonas, ajuizou queixa-crime imputando ao querelado Antônio a prática do delito de injúria. Todavia, o juiz rejeitou a exordial acusatória. Assertiva: Nesse caso, para impugnar essa decisão, é cabível a interposição de recurso em sentido estrito.

c) Segundo a jurisprudência do STJ, não é possível a anulação parcial de sentença proferida pelo júri a fim de determinar submissão do réu a novo julgamento somente em relação às qualificadoras, ainda que a decisão dos jurados seja manifestamente contrária à prova dos autos apenas nesse particular.

d) A figura processual da mutatio libelli se presta à correção da equivocada capitulação jurídica dada ao fato criminoso narrado na denúncia, incorretamente classificado pelo MP. Essa providência, ademais, pode ser conduzida pelo próprio magistrado, sem que haja necessidade de aditamento ministerial ou oitiva prévia da defesa, exceto no caso de a modificação ocasionar agravamento na pena do acusado.

e) Situação hipotética: Paulo foi denunciado pelo crime de furto simples. Devidamente citado, ele ofertou resposta à acusação, alegando não ter sido autor do crime e apresentando documentos. Assertiva: Nessa hipótese, após a oitiva do MP e convencendo-se da procedência dos argumentos lançados pelo acusado, poderá o juiz absolvê-lo sumariamente.

COMENTÁRIOS

✪ **Nota do autor**: inserimos a questão nesse tópico, pois entendemos que, em última análise, o tema da sentença e da decisão judicial em geral permeia todas as alternativas.

Alternativa correta: letra "C": o STJ entende que as qualificadoras são elementos acessórios do fato principal, sendo dele inseparável. Assim, não é possível a anulação parcial da decisão dos jurados, para que haja renovação do julgamento apenas em relação a tal aspecto, ou seja, submissão das qualificadoras a uma nova votação. Nesse sentido: HC 246.223-BA, Rel. Min. Marco Aurélio Bellizze, j. 06.11.2012.

Alternativa "A": nesse caso, trata-se de competência absoluta e entende o STJ que a primeira condenação poderá ser anulada, ratificando o juiz competente os atos praticados. Proferindo nova condenação, esta é que prevalecerá (RHC 23.500-SP, Rel. Min. Jorge Mussi, j. 05.05.2011).

Alternativa "B": normalmente, não sendo recebida a queixa-crime, é cabível recurso em sentido estrito (art. 581, I, CPP). No entanto, no caso em tela – delito de injúria – trata-se de crime de menor potencial ofensivo, sendo aplicável a Lei 9.099/1995 e, consequentemente, é cabível a apelação prevista no art. 82 da mesma Lei. Nesse sentido, julgado do STJ: HC 326.391-ES, Rel. Min. Felix Fischer, j. 05.11.2015.

Alternativa "D": a *mutatio libelli* pressupõe o aditamento à denúncia, realizada pelo Ministério Público (art. 384, CPP), jamais pelo juiz. Sem o aditamento, o juiz não poderá levar em consideração na sentença os novos fatos surgidos durante a instrução probatória.

Alternativa "E": o juiz não poderá absolver sumariamente o acusado nesse caso, pois não estão presentes qualquer das hipóteses do art. 397 do CPP: (i) existência manifesta de causa excludente da ilicitude do fato; (ii) existência manifesta de causa excludente da culpabilidade do agente, salvo inimputabilidade; (iii) o fato narrado evidentemente não constitui crime; (iv) estiver extinta a punibilidade do agente.

---

121. (Cespe – Defensor Público – RN/2015) Assinale a opção correta no que se refere a revisão criminal, crime de tortura, nulidades, execução penal, prerrogativas e garantias dos DPs relacionadas com o processo penal.

a) A condenação de policial civil pelo crime de tortura acarreta, como efeito automático, independentemente de fundamentação específica, a perda do cargo público e a interdição para seu exercício pelo dobro do prazo da pena aplicada.

b) A ausência de intimação da expedição de carta precatória para a inquirição de testemunhas gera, segundo entendimento sumulado do STF, nulidade absoluta, por cerceamento de defesa e violação do devido processo legal.

c) Para impugnar decisão do juiz da execução penal que unifique as penas impostas ao sentenciado, é cabível a interposição de recurso em sentido estrito.

d) A ação de revisão criminal deve ser ajuizada no prazo decadencial de dois anos, contados do trânsito em julgado da sentença condenatória.

e) Segundo o entendimento do STJ, à DP, quando ela atua na qualidade de assistente de acusação, representando a vítima de determinado crime em uma ação penal, não se aplica a prerrogativa institucional da concessão de prazo em dobro para a realização de atos processuais.

COMENTÁRIOS

✪ **Nota do autor:** inserimos a questão neste tópico em razão da alternativa correta, que trata do tema da sentença.

Alternativa correta: letra "A": segundo dispõe o § 5º do art. 1º da Lei 9.455/1997, no caso dos crimes de tortura, a condenação acarretará a perda do cargo, função ou emprego público e a interdição para seu exercício pelo dobro do prazo da pena aplicada. Tais efeitos decorrem da própria lei, sendo, pois, automáticos.

Alternativa "B": segundo a Súmula 155 do STF: "É relativa a nulidade do processo criminal por falta de intimação da expedição de precatória para inquirição de testemunha".

Alternativa "C": é cabível agravo em execução, previsto no art. 197 da LEP.

Alternativa "D": a revisão criminal pode ser proposta a qualquer tempo, antes ou depois da extinção da penal (art. 622, CPP).

Alternativa "E": ao contrário, o STJ entende que o prazo em dobro aplica-se também nesse caso (HC 24.079-PB, Rel. Min. Felix Fischer, j. 19.08.2003).

---

122. (Cespe – Defensor Público – RN/2015) No que se refere à classificação dos atos jurisdicionais, assinale a opção correta.

a) O ato processual pelo qual o juiz recebe a denúncia tem natureza jurídica de despacho de mero expediente.

b) O ato jurisdicional que, apreciando o mérito da ação penal, aplica medida de segurança ao acusado é qualificado como sentença absolutória própria.

c) Sentença subjetivamente plúrima é aquela que provém de um órgão colegiado homogêneo, como é o caso dos tribunais de segundo grau de jurisdição.

d) Sentenças simples são as proferidas por um órgão monocrático ou singular, como no caso das sentenças proferidas pelo juiz presidente do tribunal do júri.

e) A decisão que põe termo à primeira fase do rito do tribunal do júri tem natureza de decisão definitiva stricto sensu.

COMENTÁRIOS

Alternativa correta: letra "C": sentença subjetivamente plúrima são resultantes de decisão de mais um julgador, tal como se dá nos acórdãos dos tribunais, formados pela decisão dos integrantes da câmara ou turma julgadora.

Alternativa "A": trata-se de decisão interlocutória, que dá início ao processo.

Alternativa "B": trata-se de sentença absolutória imprópria.

Alternativa "D": a sentença do juiz-presidente é proferida apenas por ele, mas resulta de decisão de um órgão colegiado leigo, que é o conselho de sentença. Lembrem-se: o júri não é órgão monocrático.

Alternativa "E": trata-se de decisão interlocutória que põe fim a uma fase do processo, não sendo decisão definitiva.

---

123. (Cespe – Procurador do Estado – BA/2014) Acerca das provas, das sentenças e dos princípios do direito processual penal, julgue os itens a seguir.

Considere que Marina tenha sido processada por crime de furto supostamente cometido contra seu primo André e que, após a fase de produção de provas, o MP, convencido de sua inocência, tenha opinado por sua absolvição. Nessa situação hipotética, segundo o Código de Processo Penal, o juiz não poderá proferir sentença condenatória contra Marina.

COMENTÁRIOS

Errado. O juiz pode perfeitamente condenar o acusado, a despeito de ter o Ministério Público opinado pela sua absolvição. É o que dispõe o art. 385 do CPP.

---

124. (Cespe – Defensor Público – TO/2013) No que diz respeito à sentença e à coisa julgada, assinale a opção correta.

a) A cassação dos direito políticos, um dos efeitos da sentença penal condenatória com trânsito em julgado, encontra-se presente em qualquer condenação criminal e perdura enquanto o sentenciado estiver cumprindo pena em regime fechado ou semiaberto.

b) Há, no CPP, regra expressa para os limites objetivos da coisa julgada da sentença penal condenatória, segundo a qual, diferentemente do que dispõe a norma processual civil, a motivação, o dispositivo e as questões prejudiciais, por se encontrarem ligados à definição do fato principal, devem ser objeto da coisa julgada.

c) O reconhecimento, pelo juiz, de circunstância agravante na sentença penal condenatória, não delineada expressamente na peça acusatória, exsurgida da instrução processual, independe de pedido expresso da parte acusatória e da submissão ao mutatio libelli.

d) As sentenças terminativas são as que encerram o processo, com exame e julgamento do meritum causae, absolvendo ou condenando o réu, e que permitem a formação da coisa julgada formal e material.

e) A sentença penal absolutória com trânsito em julgado, entre outros efeitos, obsta a arguição da exceção da verdade.

COMENTÁRIOS

Alternativa correta: letra "E": o art. 138, § 3º, III, do CP, estipula não ser admitida a exceção da verdade se do crime imputado, embora de ação pública, o ofendido foi absolvido por sentença irrecorrível.

Alternativa "A": a suspensão dos direitos políticos decorre do disposto no art. 15, III, da CF, que perdura enquanto durarem os efeitos da condenação criminal.

Alternativa "B": o CPP não possui tal regra.

Alternativa "C": segundo o art. 385 do CPP, nos crimes de ação pública, o juiz poderá proferir sentença condenatória, ainda que o Ministério Público tenha opinado pela absolvição, bem como reconhecer agravantes, embora nenhuma tenha sido alegada. Assim, tal dispositivo dá razão à alternativa. Porém, vale lembrar que se trata de prova da Defensoria Pública, ou seja, pode-se perfeitamente sustentar que não poderia o juiz reconhecer agravante não contida na denúncia ou alegada ao final do processo, já que haveria necessidade de o acusado defender-se de tal circunstância.

Alternativa "D": as sentenças terminativas não necessariamente colocam fim ao processo, com análise do mérito. A decisão de pronúncia, por exemplo, é decisão terminativa, que apenas encerra uma fase do procedimento, dando início a uma outra.

---

125. (Cespe – Procurador Federal/2013) Acerca da competência, da coisa julgada e dos recursos no processo penal, julgue os itens a seguir à luz do entendimento dos tribunais superiores e da doutrina majoritária.

A coisa julgada, instituto intimamente relacionado com o princípio da segurança jurídica, é a qualidade da decisão que a torna imutável, não sendo mais possível discutir seus comandos, senão por meio de revisão criminal, se preenchidos os requisitos estabelecidos no CPP.

COMENTÁRIOS

Certo. O inciso XXXVI do art. 5º da CF consagra o princípio da segurança jurídica, ao afirmar que a lei não prejudicará o direito adquirido, o ato jurídico perfeito e a coisa julgada. Havendo coisa julgada material, a decisão proferida permanece imutável, não sendo mais cabível recurso algum, restando tão-somente a revisão criminal, se a favor do condenado. Vale lembrar que esta não é recurso, mas meio autônomo de impugnação.

126. (Cespe – Juiz de Direito Substituto – RN/2013) No que diz respeito à sentença penal, fundamentação da pena e seus efeitos, assinale a opção correta.

a) Ao proferir sentença condenatória, o juiz fixará, se cabível, valor mínimo para a reparação dos danos causados, sem prejuízo da liquidação, perante o juízo cível, para a apuração do dano efetivamente sofrido.

b) Encerrada a instrução probatória, se entender cabível nova definição jurídica do fato, em consequência de prova existente nos autos, o juiz deve remeter o feito ao MP e, se o promotor de justiça o devolver sem aditamento, o magistrado deve ater – se à capitulação contida na denúncia.

c) No processo penal, não se admite, por violação à ampla defesa e ao contraditório, que o juiz, ainda que sem modificar a descrição do fato contida na denúncia, atribua definição jurídica diversa que importe em pena mais grave.

d) Na prolação da sentença condenatória, ao juiz não é permitido considerar circunstância agravante não descrita na denúncia.

e) De acordo com o princípio da congruência entre a acusação e a sentença, havendo pedido de absolvição pelo MP nos crimes de ação pública, o julgador não poderá proferir sentença condenatória.

COMENTÁRIOS

Alternativa correta: letra "A": trata-se de interessante alteração legislativa ocorrida em 2008. Agora, é realmente possível a fixação, já na sentença criminal condenatório, do valor mínimo para reparação do dano (art. 387, IV, CPP). Logicamente, por se tratar de valor mínimo, nada impede a liquidação da sentença, no juízo cível, para apurar o valor total da reparação.

Alternativa "B": se for possível nova definição jurídica do fato, por conta da existência de prova de alguma circunstância que provoque a modificação, o juiz deve verificar se tal circunstância encontra-se descrita na denúncia. Se estiver descrita, não há necessidade algum de aditamento pelo Ministério Público, podendo o juiz operar a desclassificação. É o que a doutrina chama de *emendatio libelli*, prevista no art. 383 do CPP. Se a circunstância não estiver descrita, deverá o Ministério Público aditar a denúncia, tratando-se da hipótese de *mutatio libelli* (art. 384). Se não houver o aditamento, o juiz deve aplicar o art. 28 do CPP, ou seja, encaminhar os autos ao Procurador-Geral de Justiça, para decisão sobre o aditamento (art. 384, § 1º).

Alternativa "C": admite-se, conforme previsto no art. 383 do CPP, sendo hipótese de *emendatio libelli*.

Alternativa "D": o art. 385 do CPP permite que o juiz reconheça agravante, ainda que não alegada pela acusação, o que nos parece de duvidosa constitucionalidade, se a agravante disser respeito a algum fato específico e não simplesmente de reincidência. É que entendemos deva o fato ser apontado na denúncia, vez que traz reflexos na pena e dele deveria o acusado ter a oportunidade de se defender.

Alternativa "E": nesse caso, o art. 385 do CPP também permite ao juiz condenar o réu, ainda que o Ministério Público opine pela absolvição.

127. (Cespe – Analista Judiciário – Área Judiciária – STF/2013) Acerca da emendatio libelli e de outros importantes institutos do processo penal, julgue os itens subsequentes.

127.1. O STF sumulou o entendimento no sentido da impossibilidade da mutatio libelli em segundo grau de jurisdição, o qual se mantém válido, a despeito das modificações nas normas processuais sobre a matéria, uma vez que os princípios da proibição da reformatio in pejus, da ampla defesa e da congruência da sentença penal, entre outros, vedam o aditamento à denúncia e a inclusão de fato novo após a sentença de primeiro grau.

COMENTÁRIOS

Certo. A assertiva refere-se à Súmula 453 do STF, que diz: "Não se aplicam à segunda instância o art. 384 e parágrafo único do Código de Processo Penal, que possibilitam dar nova definição jurídica ao fato delituoso, em virtude de circunstância elementar não contida explícita ou implicitamente na denúncia ou queixa". Pelos motivos expostos na assertiva, de fato, permanece perfeitamente válida o enunciado da súmula, a despeito das mudanças ocorridas nos arts. 383 e 384 do CPP.

127.2. Ao apreciar recurso interposto pela defesa contra decisão condenatória de primeiro grau, o tribunal pode atribuir ao fato uma classificação penal diversa da constante da denúncia ou da queixa, sem alterar a descrição fática da inicial acusatória nem aumentar a pena imposta ao recorrente, ainda que da nova tipificação possa resultar pena maior do que a fixada na sentença.

COMENTÁRIOS

Certo. O que não se admite em segundo grau é a *mutatio libelli*, prevista no art. 384 do CPP. Porém, nada impede que se aplique o art. 383, que traz a *emendatio libelli*, visto que, nesse caso, não há alteração dos fatos imputados ao acusado, mas apenas uma classificação diversa daqueles discutidos no processo e dos quais o réu defendeu-se.

128. (Cespe – Advogado da União/2012) Julgue os itens subsecutivos, a respeito dos efeitos da condenação criminal e de crimes contra a administração pública.

Em regra, não se concede o direito de recorrer em liberdade ao réu que tiver permanecido preso durante toda a instrução do processo, pois a manutenção do réu na prisão constitui um dos efeitos da respectiva condenação.

COMENTÁRIOS

Errado. A mantença do acusado na prisão não é um dos efeitos da condenação. Efeito desta é a obrigação de cumprir a pena. Porém, cumprimento efetivo de pena somente é possível depois do trânsito em julgado da condenação. Antes, não. É certo que se admite a progressão de regime de cumprimento da pena ou a aplicação imediata do regime menos severo nela determinada, antes do trânsito em julgado da sentença condenatória (STF, Súmula 716). Mas, notem: trata-se de uma possibilidade obviamente em benefício do condenado, pois, estando ele preso provisoriamente e havendo o instituto da detração, por que não já contar este tempo de prisão para efeitos de progressão de regime? Todavia, ressalte-se: prisão-pena, somente depois do trânsito em julgado; antes, há somente prisão provisória, de natureza cautelar. Por isso, quando o juiz prolatar a decisão condenatória, obrigatoriamente deverá decidir, fundamentadamente, se decretará a prisão do acusado que estiver solto ou se manterá a prisão preventiva já decretada anteriormente. Não é automático, devendo haver pronunciamento judicial fundamentado a respeito (art. 387, § 1º, CPP). Porém, esse não é mais o entendimento do STF: pode haver cumprimento da pena já depois de esgotada a via recursa ordinária, ainda que não tenha ocorrido o trânsito em julgado (HC 126.292-SP). Discordamos, portanto.

---

129. (Cespe – Defensor Público – ES/ 2012) No que diz respeito à sentença e à coisa julgada, bem como aos juizados especiais criminais, julgue os itens que se seguem.

O CPP preconiza, de forma expressa, os limites objetivos da coisa julgada, dispondo que a exceção de coisa julgada somente poderá ser oposta em relação ao fato principal que tiver sido objeto da sentença.

COMENTÁRIOS

Certo. É o que dispõe expressamente o § 2º do art. 110 do CPP.

11. PROCEDIMENTOS

11.1. PROCEDIMENTOS COMUNS ORDINÁRIO E SUMÁRIO

▸ CPP, arts. 394 a 411

---

130. (Cespe – Juiz de Direito Substituto – AM/2016) Em se tratando de procedimento comum ordinário, o juiz deverá absolver sumariamente o acusado quando verificar que

a) a punibilidade está extinta em razão da ocorrência da prescrição da pretensão punitiva em perspectiva.
b) o fato foi cometido em situação de manifesta inexigibilidade de conduta diversa.
c) estão ausentes indícios mínimos de autoria e materialidade do fato supostamente praticado.
d) o acusado é portador de doença mental, atestada por laudo médico oficial, e inteiramente incapaz de entender o caráter ilícito do fato.
e) o fato foi cometido em estrita obediência a ordem manifestamente ilegal.

COMENTÁRIOS

✪ **Nota do autor**: o novo procedimento adotado em 2008 prevê a possibilidade de o juiz, antes mesmo de iniciar a instrução, mas depois do recebimento da denúncia, citação e resposta do réu à acusação, absolvê-lo sumariamente, nas hipóteses restritas do art. 397 do CPP, ou seja, quando o juiz verificar: (i) a existência manifesta de causa excludente da ilicitude do fato; (ii) a existência manifesta de causa excludente da culpabilidade do agente, salvo inimputabilidade; (iii) que o fato narrado evidentemente não constitui crime; ou (iv) extinta a punibilidade do agente.

Alternativa correta: letra "B": a exigibilidade de conduta de diversa é requisito da culpabilidade e a doutrina admite que a inexigibilidade de conduta diversa seja considerada causa supralegal de exclusão da culpabilidade. Assim, pode o juiz absolver sumariamente o acusado com base no art. 397, II, do CPP.

Alternativa "A": o juiz pode absolver o acusado se constatar a ocorrência da prescrição da pretensão punitiva, levando em consideração a pena máxima cominada para a infração, caso tal causa de extinção da punibilidade se mostre presente (art. 397, IV, CPP). O que não pode o juiz fazer é absolver o réu com base na prescrição em perspectiva, porque não se enquadra em nenhuma das hipóteses do art. 397. Os que defendem a possibilidade de reconhecimento dessa forma de prescrição – não é o caso do STJ, que editou a Súmula 438, contrária a isso – entendem que se trata de falta de condição da ação, no caso, interesse de agir da acusação, eis que haveria um processo com resultado que obrigatoriamente levará ao futuro reconhecimento da prescrição. E a falta de alguma condição da ação não é hipótese, a nosso ver, de absolvição sumária, mas de rejeição da denúncia.

Alternativa "C": a ausência de indícios de autoria é causa de rejeição da denúncia. Ou seja, deveria ter o juiz rejeitado a inicial. Não o tendo feito, não é hipótese prevista no art. 397 do CPP e, assim, deverá realizar a instrução e, ao final, se não provada a imputação, absolver o acusado.

Alternativa "D": trata-se de hipótese de inimputabilidade, mas, como visto na nota do autor, o art. 397 do CPP exclui expressamente essa hipótese daquelas que permite a absolvição sumária. Por que? Simples: a inimputabilidade leva à absolvição imprópria, em que o juiz reconhece ter o acusado cometido um injusto penal e fato ilícito, faltando-lhe, porém, culpabilidade. Para chegar a tal conclusão, deve o juiz proceder à instrução do processo, etapa cuja realização seria impedida pela absolvição sumária.

Alternativa "E": sendo a ordem manifestamente ilegal, não há a causa de exclusão da culpabilidade prevista no art. 22 do CP, tampouco a causa de exclusão da ilicitude do inciso III do art. 23 do mesmo Código.

---

131. (Cespe – Juiz de Direito – PB/2015) Com relação ao instituto da suspensão condicional do processo, previsto na Lei nº 9.099/1995, assinale a opção correta.

a) De acordo com o STF, no caso de réu que tenha condenação anterior transitada em julgado, é possível a propositura da suspensão condicional do processo se já houver transcorrido mais de cinco anos entre a extinção da punibilidade pelo delito da condenação e a prática do novo fato criminoso.

b) Presentes os demais requisitos para a concessão do sursis processual, o MP poderá propor, ao oferecer a denúncia, a referida suspensão, ainda que o acusado esteja sendo processado por outro crime.

c) Se, durante o período de suspensão do processo, o acusado for processado por outro crime ou contravenção penal, o benefício poderá ser revogado por meio de decisão fundamentada do juízo.

d) A aceitação da suspensão condicional do processo levará à interrupção do prazo prescricional.

e) Dado que, conforme a jurisprudência do STJ, o sursis processual é um direito subjetivo do réu, na ação penal privada, a lei obriga o querelante a formular proposta de suspensão condicional do processo.

COMENTÁRIOS

✪ **Nota do autor:** nunca é demais observar que a suspensão condicional do processo, embora prevista no art. 89 da Lei 9.099/1999 – que trata dos processos perante o Juizado Especial Criminal – é aplicável a qualquer crime, desde que a pena mínima cominada for igual ou inferior a 1 ano, não sendo necessário que seja infração de menor potencial ofensivo.

Alternativa correta: letra "A": esse é, de fato, o posicionamento adotado no STF, consoante trecho da seguinte ementa de julgado: "**(...)** O silêncio da Lei dos Juizados Especiais, no ponto, não afasta o imperativo da interpretação sistêmica das normas de direito penal. Pelo que a exigência do artigo 89 da Lei nº 9.099/95 -- de inexistência de condenação por outro crime, para fins de obtenção da suspensão condicional do feito -- é de ser conjugada com a norma do inciso I do art. 64 do CP. Norma que 'apaga' a 'pecha' de uma anterior condenação criminal, partindo da presunção constitucional da regenerabilidade de todo indivíduo. A melhor interpretação do art. 89 da Lei nº 9.099/95 é aquela que faz associar a esse diploma normativo a regra do inciso I do art. 64 do Código Penal, de modo a viabilizar a concessão da suspensão condicional do processo a todos aqueles acusados que, mesmo já condenados em feito criminal anterior, não podem mais ser havidos como reincidentes, dada a consumação do lapso de cinco anos do cumprimento da respectiva pena. (...)" (HC 88.157-SP, Rel. Min. Ayres Britto, j. 28.11.2006).

Alternativa "B": por estar o acusado sendo processado por outro crime, não pode o Ministério Público propor-lhe a suspensão condicional do processo, pois a vedação prevista no art. 89, caput, da Lei 9.099/1995.

Alternativa "C": a suspensão será revogada se o acusado vier a ser processado por outro crime; mas poderá ser revogada – ou seja, a revogação não é obrigatória – se for imputada a prática de contravenção no novo processo (art. 89, §§ 3º e 4º, Lei 9.099).

Alternativa "D": não se trata de interrupção do lapso prescricional, mas de suspensão. O prazo, durante a suspensão, não corre (art. 89, § 6º, Lei 9.099).

Alternativa "E": não se trata de direito subjetivo do acusado, mas de um poder-dever do Ministério Público, embora haja controvérsias. Este parece ser também o entendimento adotado pelo STF, consoante se depreende do teor da Súmula 696: "Reunidos os pressupostos legais permissivos da suspensão condicional do processo, mas se recusando o promotor de justiça a propô-la, o juiz, dissentindo, remeterá a questão ao Procurador-Geral, aplicando-se por analogia o art. 28 do Código de Processo Penal." Caso entendesse o Supremo Tribunal ser um direito subjetivo do acusado, poderia o juiz aplicar a suspensão, a despeito da recusa do Ministério Público. No entanto, a solução do STF é a de deixar a decisão final ao próprio Ministério Público.

---

132. (Cespe – Procurador do Estado – BA/2014) Em relação à assistência no processo penal, julgue os itens subsecutivos.

O assistente de acusação, de acordo com a jurisprudência do STJ, não tem direito a manejar recurso de apelação que objetive o aumento da pena do sentenciado.

COMENTÁRIOS

Errado. Preenchido o requisito do art. 598 do CPP, pode o assistente de acusação interpor recurso de apelação para o fim de aumentar a pena. É o entendimento do STJ: HC 169.557-RJ, Rel. Min. Maria Thereza de Assis Moura, j. 29.08.2013.

133. (Cespe – Juiz Federal Substituto 5ª região/2013) Em relação aos sujeitos do processo, assinale a opção correta.

a) A atividade probatória do assistente de acusação independe do MP, sendo, por isso, dispensável a oitiva do órgão de acusação no que se refere às postulações probatórias propostas pelo assistente.

b) Conforme previsão do CPP, a atuação do assistente de acusação, que receberá a causa no estado em que ela se encontra, é admitida enquanto não transitar em julgado a sentença, vedada a participação de corréu no mesmo processo como assistente do MP.

c) Será configurada a suspeição do juiz, admitindo-se a recusa por qualquer das partes, quando ele tiver funcionado como juiz de outra instância, tendo se pronunciado, de fato ou de direito, sobre a questão.

d) O acusado e seu defensor, sejam eles pessoa física ou jurídica, constituem a parte passiva no processo penal, qualquer que seja a infração penal cometida.

e) O CPP, ao disciplinar os sujeitos, dispõe, de forma expressa, em capítulo específico, sobre a defensoria pública e sua atuação no processo criminal.

COMENTÁRIOS

✪ **Nota do autor:** inserimos a questão no tópico sobre procedimentos, não obstante tratar, fundamentalmente, sobre os sujeitos processuais.

Alternativa correta: letra "B": admite-se que o ofendido ou seu representante legal – ou seus sucessores processuais ou as pessoas, físicas ou jurídicas, eventualmente indicadas em legislação especial – possam atuar como assistentes da acusação. Embora haja entendimento de que a figura do assistente é inconstitucional, tal posicionamento é minoritário atualmente. Então, os dispositivos do CPP a respeito do tema ainda são aplicados. O art. 269 dispõe expressamente que o assistente será admitido enquanto não passar em julgado a sentença e receberá a causa no estado em que se achar. E o art. 270 proíbe que, no mesmo processo, o corréu atue como assistente do Ministério Público.

Alternativa "A": o Ministério Público é o titular da ação penal, não podendo o assistente sobrepujá-lo e tampouco o juiz pode deixar de ouvir o *Parquet* sobre requerimentos feitos por ele. Não por acaso, o art. 271 do CPP dispõe que ao assistente será permitido propor meios de prova, requerer perguntas às testemunhas, participar do debate oral e arrazoar os recursos interpostos pelo Ministério Público, ou por ele próprio, em algumas hipóteses restritas. Além disso, o § 1º do mesmo dispositivo obriga o juiz a ouvir previamente o Ministério Público antes de deferir a produção da prova.

Alternativa "C": não se trata de hipótese de suspeição, mas de impedimento. Segundo o art. 252 do CPP, ocorre impedimento do juiz processo em que: (i) tiver funcionado seu cônjuge ou parente, consanguíneo ou afim, em linha reta ou colateral até o terceiro grau, inclusive, como defensor ou advogado, órgão do Ministério Público, autoridade policial, auxiliar da justiça ou perito; (ii) ele próprio houver desempenhado qualquer dessas funções ou servido como testemunha; (iii) tiver funcionado como juiz de outra instância, pronunciando-se, de fato ou de direito, sobre a questão; (iv) ele próprio ou seu cônjuge ou parente, consangüíneo ou afim em linha reta ou colateral até o terceiro grau, inclusive, for parte ou diretamente interessado no feito. E haverá suspeição, segundo o art. 254: (a) se o juiz for amigo íntimo ou inimigo capital de qualquer das partes; (b) se ele, seu cônjuge, ascendente ou descendente, estiver respondendo a processo por fato análogo, sobre cujo caráter criminoso haja controvérsia; (c) se ele, seu cônjuge, ou parente, consanguíneo, ou afim, até o terceiro grau, inclusive, sustentar demanda ou responder a processo que tenha de ser julgado por qualquer das partes; (d) se tiver aconselhado qualquer das partes; (e) se for credor ou devedor, tutor ou curador, de qualquer das partes; (f) se for sócio, acionista ou administrador de sociedade interessada no processo. Finalmente, de acordo com o disposto no art. 255, o impedimento ou suspeição decorrente de parentesco por afinidade cessará pela dissolução do casamento que lhe tiver dado causa, salvo sobrevindo descendentes; mas, ainda que dissolvido o casamento sem descendentes, não funcionará como juiz o sogro, o padrasto, o cunhado, o genro ou enteado de quem for parte no processo. Entendemos que pode perfeitamente ser aplicadas algumas das causas de suspeição do juiz previstas no novo CPC, notadamente aquelas do art. 144. Assim, o juiz deve declarar-se suspeito nos casos em que figure como parte cliente do escritório de advocacia de seu cônjuge, companheiro ou parente, consanguíneo ou afim, em linha reta ou colateral, até o terceiro grau, inclusive, mesmo que patrocinado por advogado de outro escritório.

Alternativa "D": o defensor não é parte passiva, apenas o acusado. No caso de pessoa jurídica, ao contrário do que ocorre em alguns países, é limitada a possibilidade de figurar no pólo passivo. Atualmente, admite-se apenas no caso de crime ambiental.

Alternativa "E": ainda não foi incluída a Defensoria Pública na parte do CPP que trata dos sujeitos processuais, embora seja mencionada em alguns tópicos, por força de reformas legislativas mais recentes.

134. (Cespe – Analista do MPU/2013) A respeito dos institutos do processo penal brasileiro, julgue os itens subsecutivos.

Na hipótese de o réu não constituir advogado, o juiz nomeará defensor dativo para acompanhar o feito, havendo previsão expressa no sentido de que o acusado é obrigado a pagar os honorários arbitrados pelo juiz, caso não seja pobre.

COMENTÁRIOS

Certo. É o que prevê o parágrafo único do art. 263 do CPP.

135. (Cespe – Advogado da União/2012) No que se refere a competência, prova, ação policial controlada e suspensão condicional do processo, julgue os itens seguintes.

De acordo com a jurisprudência do STJ, o instituto da suspensão condicional do processo corresponde a um poder-dever do MP, não sendo, pois, direito público subjetivo do acusado.

COMENTÁRIOS

Certo. Embora o art. 89, que prevê a suspensão condicional do processo, esteja previsto na Lei 9.099/1995, ele se aplica a toda e qualquer infração penal cuja pena mínima cominada for igual ou inferior a 1 ano, mesmo se o rito aplicável for o comum ordinário ou sumário e mesmo se não se tratar de delito de menor potencial ofensivo. A quem cabe fazer a proposta de suspensão? Ao Ministério Público, como deixa claro o art. 89. Presentes todos os requisitos legais, é feita a proposta. Quais são tais requisitos? Os seguintes: (a) pena mínima cominada igual ou inferior a 1 ano; (b) acusado sem outro processo em andamento; (c) acusado não condenado anteriormente por crime; (d) presença dos requisitos que autorizariam a suspensão condicional da pena, previstos no art. 77 do CP (condenado não reincidente em crime doloso; análise favorável da culpabilidade, dos antecedentes, da conduta social e da personalidade do agente, bem como dos motivos e das circunstâncias autorizam a concessão do benefício; não seja indicada ou cabível a substituição pela pena por restritiva de direitos). Justamente neste último caso, pode-se afirmar que há requisito de natureza subjetiva, que deve ser analisado pelo membro do Ministério Público. Com o tempo, firmou-se no STJ e no STF o entendimento segundo o qual a suspensão condicional não é direito público subjetivo do acusado, mas poder-dever do Ministério Público. Tanto assim que, conforme a Súmula 696 do STF: "Reunidos os pressupostos legais permissivos da suspensão condicional do processo, mas se recusando o promotor de justiça a propô-la, o juiz, dissentindo, remeterá a questão ao procurador-geral, aplicando-se por analogia o art. 28 do Código de Processo Penal". Para o STJ: "(...) A suspensão condicional do processo não é direito público subjetivo do acusado, mas sim um poder-dever do Ministério Público, titular da ação penal, a quem cabe, com exclusividade, analisar a possibilidade de aplicação ou não do referido instituto, desde que o faça de forma fundamentada. (...)" (HC 218.785-PA, Rel. Min. Marco Aurélio Bellizze, j. 04.09.2012).

11.2. PROCEDIMENTO SUMARÍSSIMO (LEI 9.099/1995)

▶ Lei 9.099/1995, arts. 69 a 82

136. (Cespe – Juiz de Direito Substituto – DFT/2014) No que se refere aos juizados especiais criminais, segundo entendimento do STJ, assinale a opção correta.

a) Não é permitido ao beneficiário da suspensão condicional do processo realizar juízos de valor sobre a conveniência e oportunidade do cumprimento dos termos impostos, ficando ele legalmente vinculado ao adimplemento integral das medidas, sob pena de revogação da benesse.

b) A transação penal proposta pelo MP e aceita pelo acusado serve para gerar reincidência.

c) É cabível a impetração de habeas corpus para o reexame das razões de beneficiário de suspensão condicional do processo para justificar o inadimplemento das condições propostas pelo MP.

d) A aceitação de transação penal pode servir de fundamento para a não recomendação de candidato em concurso público na fase de investigação social.

e) É legal o aumento da pena-base, a título de maus antecedentes, com fundamento em registro decorrente da aceitação de transação penal proposta pelo MP.

COMENTÁRIOS

✪ **Nota do autor:** esta questão mostra o tanto que é importante que o candidato conheça os posicionamentos jurisprudenciais, notadamente do STF e do STJ.

Alternativa correta: letra "A": entende o STJ que: "(...) Uma vez aceitas as condições propostas pelo Ministério Público e pelo Juízo processante, não é dado ao beneficiário da suspensão condicional do processo realizar juízos de valor sobre a conveniência e oportunidade do cumprimento dos termos impostos, ficando legalmente vinculado ao adimplemento integral das medidas, sob pena de revogação obrigatória ou facultativa da benesse, a depender do caso. (...)" (RHC 41.053-MS, Rel. Min. Laurita Vaz, j. 22.10.2013).

Alternativa "B": o § 4º do art. 76 da Lei 9.099/1995 deixa claro que a aceitação da proposta de transação penal não implica em transação penal. Tal regra é aplicada, e nem poderia ser diferente, pelo STJ.

Alternativa "C": segundo o STJ: "(...) Não se coaduna com os estreitos limites do habeas corpus, ação constitucional de rito célere e cognição sumária, o reexame das razões do Recorrente para inadimplir os termos da suspensão condicional do processo, tampouco os motivos que, em caso parecido, levaram o Juízo processante a não exigir a realização do curso de reciclagem. (...)"(RHC 41.053-MS, Rel. Min. Laurita Vaz, j. 22.10.2013).

Alternativa "D": não se trata de ponto relativo ao processo penal, obviamente, razão pela qual deixaremos de comentar.

Alternativa "E": o STJ entende que é vedada a utilização de inquéritos policiais e ações penais em curso para agravar a pena-base (Súmula 444). Assim, como igual razão, não é possível considerar a transação penal para agravar a pena-base, até porque a aceitação pelo autor do fato não implica em confissão.

137. (Cespe – Cartório – TJ – DF/2014) Maria foi denunciada pela prática do delito de lesão corporal. Recebida a inicial acusatória, o juízo processante deferiu a suspensão condicional do processo. Todavia, passados três meses, o magistrado revogou o benefício, ao constatar que Maria estava em local incerto e não sabido e sendo processada por outro crime.

Em face dessa situação hipotética, assinale a opção correta acerca da suspensão do processo prevista na Lei nº 9.009/1995, segundo a jurisprudência do STJ.

a) O magistrado agiu corretamente, dado que a inobservância das condições impostas a Maria por ocasião do sursis processual enseja a revogação do benefício.

b) Com a revogação do sursis processual, é necessário que Maria seja citada por edital para a continuidade do processo.

c) Houve violação aos princípios do contraditório, da ampla defesa e do devido processo legal, pois, para a revogação do sursis processual, seria imprescindível a prévia manifestação da defesa.

d) Incabível a revogação automática do sursis processual, por demandar uma audiência de justificação para esse fim.

e) Na hipótese descrita, o cancelamento da benesse era facultativo.

COMENTÁRIOS

Alternativa correta: letra "A": se não era possível o oferecimento de proposta de suspensão, esta poderá ser revogada quando isso for constatado pelo juiz. Aliás, sobre o *sursis* processual, o STJ vem tendo tal entendimento há muito tempo: "(...) 1. A inobservância das condições legais ou judiciais impostas ao beneficiado pela suspensão condicional do processo constitui fato extintivo do direito à declaração de extinção da punibilidade baseada no término do período de prova. 2. A revogação do benefício independe de declaração expressa no curso do prazo de suspensão, bastando, para que seja implementada, a ocorrência de fato impeditivo da extinção da punibilidade naquele período. 3. Tratando-se de benefício de índole processual, mostra-se irrelevante que os fatos apurados no novo processo instaurado sejam anteriores ao período da suspensão, uma vez que, nos termos do art. 89, § 3º, da Lei 9.099/95, 'A suspensão será revogada se, no curso do prazo, o beneficiário vier a ser processado por outro crime'. (...)" (HC 62.401-ES, Rel. Min. Arnaldo Esteves Lima, j. 20.05.2008).

Alternativa "B": em primeiro lugar, em se tratado de crime de menor potencial ofensivo, deve ser seguido o rito sumaríssimo, previsto na Lei 9.099/1995. Então, se a denúncia foi recebida, isso significa que Maria já foi pessoalmente citada – eis que a citação por edital não é permitida no Juizado. Assim, revogada a suspensão condicional do processo, este volta a ter regular andamento, sem necessidade de nova citação.

Alternativa "C": deve haver a oportunidade de o acusado se justificar, não havendo necessidade, a nosso ver, de prévia manifestação da defesa (STJ, HC 227.153-SP, Rel. Min. Laurita Vaz, j. 18.04.2013). Porém, no caso aqui tratado, estando a acusada em lugar incerto, resta incabível a justificação, sendo possível a revogação.

Alternativa "D": não é exigível a audiência de justificação, bastando que seja dada a oportunidade ao réu de se justificar, por qualquer meio.

Alternativa "E": nesse caso, a revogação era obrigatória.

138. (Cespe – Defensor Público – RR/2013) No que diz respeito aos juizados especiais criminais, assinale a opção correta.

a) A suspensão condicional do processo é obstada nos casos em que o acusado esteja respondendo a outro processo por crime culposo ou doloso.

b) A ausência de reparação prévia do dano obsta o oferecimento da proposta de suspensão condicional do processo.

c) A sentença homologatória da transação legitima a vítima a ingressar com a ação executiva pelos danos causados pelo crime, no próprio juizado, caso não haja reparação voluntária pelo autor da infração.

d) A condenação anterior pela prática de crime em que tenha sido aplicada, por sentença definitiva, somente pena de multa impede o oferecimento da proposta de transação.

e) Admite-se a suspensão condicional do processo no caso de condenação anterior, se entre a data do cumprimento ou extinção da pena e a infração posterior, de menor potencial ofensivo, tiver decorrido período de tempo superior a cinco anos.

COMENTÁRIOS

Alternativa correta: letra "E": o problema, aqui, é que a lei proíbe a concessão da suspensão condicional do processo àquele que possui outro processo em andamento ou que já fora condenado. Porém, esta última vedação não pode ser eterna, razão pela qual entendeu o STF que deve ser aplicado o disposto no art. 64, I, do CP. Nesse sentido: "(...) O silêncio da Lei dos Juizados Especiais, no ponto, não afasta o imperativo da interpretação sistêmica das normas de direito penal. Pelo que a exigência do artigo 89 da Lei nº 9.099/95 – de inexistência de condenação por outro crime, para fins de obtenção da suspensão condicional do feito – é de ser conjugada com a norma do inciso I do art. 64 do CP. Norma que 'apaga' a 'pecha' de uma anterior condenação criminal, partindo da presunção constitucional da regenerabilidade de todo indivíduo. A melhor interpretação do art. 89 da Lei nº 9.099/95 é aquela que faz associar a esse diploma normativo a regra do inciso I do art. 64 do Código Penal, de modo a viabilizar a concessão da suspensão condicional do processo a todos aqueles acusados que, mesmo já condenados em feito criminal anterior, não podem mais ser havidos como reincidentes, dada a consumação do lapso de cinco anos do cumprimento da respectiva pena. (...)" (HC 88.157-SP, Rel. Min. Carlos Britto, j. 28.11.2006).

Alternativa "A": basta que o acusado esteja sendo processo por outro crime para que não seja possível a suspensão condicional do processo, conforme prevê o art. 89 da Lei 9.099/1995, que não faz qualquer distinção sobre a natureza do delito.

Alternativa "B": a reparação do dano é uma das condições que pode ser imposta ao acusado que aceitar a suspensão condicional, não sendo, assim, requisito para o oferecimento da proposta pelo Ministério Público.

Alternativa "C": a transação penal não importa em obrigação de indenizar o ofendido, que deve buscar a via adequada no juízo cível. A conciliação entre ambos é que pode servir de título executivo judicial.

Alternativa "D": o que impede a transação é a condenação anterior, por crime, à pena privativa de liberdade (art. 76, § 2º, I, Lei 9.099/1995). Ocorre que, se substituída esta por multa, ainda assim persiste a proibição.

---

139. (Cespe – Juiz de Direito Substituto – MA/ 2013) Após uma partida de futebol entre vizinhos, Fábio agrediu fisicamente João com socos e pontapés, tendo sido a agressão presenciada por policial militar que assistia ao jogo. Em razão das lesões sofridas, João ficou incapacitado para desempenhar suas ocupações habituais por dezesseis dias. Nessa situação hipotética,

a) não sendo obtida composição civil na audiência preliminar, será dada imediatamente a João a oportunidade de exercer o direito de representação verbal, que será reduzida a termo, sob pena de decadência.

b) o policial militar que presenciou o fato deve encaminhar Fábio à presença da autoridade policial responsável, que pode arbitrar fiança que deve ser recolhida imediatamente, sob pena de prisão, salvo se Fábio assumir o compromisso de comparecer ao juízo competente.

c) o MP, em audiência preliminar, antes da denúncia, pode oferecer proposta de suspensão condicional do processo, impondo como condição a reparação do dano material suportado por João mediante o pagamento dos custos hospitalares e medicamentos.

d) caracterizado o crime de lesão corporal de natureza grave, que resultou na incapacidade de João para suas ocupações habituais por mais de quinze dias, os autos devem ser encaminhados à vara criminal comum.

COMENTÁRIOS

✪ **Nota do autor:** o crime cometido por Fábio foi o de lesões corporais de natureza leve (art. 129, *caput*, CP). Por que? Ora, para que restasse configurado o § 1º do art. 129 seria necessário que o ofendido ficasse impossibilidade para suas ocupações habituais por mais de 30 dias. Sendo delito de menor potencial ofensivo, deve ser aplicado o rito da Lei 9.099/1995.

Alternativa correta: letra "B": em regra, em se tratando de crime de menor potencial ofensivo, não se faz prisão em flagrante, desde que o autor do fato se comprometa a comparecer ao Juizado Especial Criminal (art. 69, parágrafo único, Lei 9.099/1995). Porém, se ele não se comprometer a se apresentar, poderá ser lavrado o auto de prisão, podendo a autoridade policial conceder fiança.

Alternativa "A": realmente, será dada oportunidade ao ofendido de oferecer representação. Porém, ele não é obrigado a representar no mesmo ato, podendo fazê-lo enquanto não esgotado o prazo decadencial (art. 75, parágrafo único, Lei 9.099/1995). Ou seja, não ocorre o reconhecimento imediato da decadência do direito de representação.

Alternativa "C": a proposta de suspensão condicional do processo deve ser apresentada quando do oferecimento da denúncia (art. 89, Lei 9.099/1995). Antes disso, na fase preliminar, deve ser proposta transação penal, ou seja, a aplicação antecipada de pena restritiva de direito.

Alternativa "D": como visto na nota do autor, o crime foi o de lesões corporais de natureza leve. Se tivesse sido de natureza grave, aí sim o caso deveria ser remetido à Vara Criminal comum, pois não seria crime de menor potencial ofensivo.

---

140. (Cespe – Juiz de Direito Substituto – MA/ 2013) Alberto foi abordado em barreira policial quando conduzia regularmente seu veículo automotor em via pública urbana de grande circulação. Maurílio, policial rodoviário, solicitou a Alberto que lhe apresentasse o licenciamento anual do veículo, tendo este lhe informado ter esquecido o documento em sua residência. O policial esclareceu que o veículo seria recolhido ao depósito do DETRAN caso nenhum familiar ou conhecido de Alberto levasse, de imediato, ao local a referida documentação. Alberto, atrasado para um compromisso de trabalho ao qual não poderia faltar, ficou nervoso com a situação e, alterando a voz, disse a Maurílio, em tom ríspido, que consultasse o sistema de informação do referido departamento de trânsito, no qual o nome de Alberto com certeza constaria como proprietário do veículo, e ainda chamou Maurílio de imbecil. Nessa situação hipotética,

a) ficando comprovado que Alberto ostenta condenação anterior transitada em julgado por crime de ameaça, na qual tenha sido aplicada pena de multa, não poderá ser admitida proposta de transação penal oferecida pelo MP.

b) o MP poderá propor a Alberto pena restritiva de direitos ou multa, que, embora não produza efeito de reincidência, constará do registro de antecedentes criminais para impedimento do mesmo benefício no prazo de cinco anos.

c) Alberto responderá criminalmente em juízo por crime de desacato, podendo ser obtida composição civil entre as partes, reduzida a termo por escrito e homologada pelo juiz mediante sentença irrecorrível, que terá eficácia de título a ser executado no juízo civil competente.

d) caso seja oferecida pelo MP proposta de pena restritiva de direitos consistente em prestação pecuniária em favor de Maurílio e Alberto a aceite, será homologado acordo pelo juiz, que o reduzirá a termo por escrito, produzindo-se efeitos no juízo cível competente.

COMENTÁRIOS

✪ **Nota do autor:** a nosso ver, o crime cometido por Alberto foi o de desacato (art. 331, do CP), delito de menor potencial ofensivo, devendo ser aplicada a Lei 9.099/1995. Há entendimentos de que o crime de desacato não mais subsiste em nosso ordenamento, por ser contrária à convenções relativas a direitos humanos das quais o Brasil é signatário.

Alternativa correta: letra "B": trata-se da transação penal, prevista no art. 76 da Lei 9.099/1995. E, de fato, a aceitação da proposta pelo autor do fato não implica em confissão do delito ou em condenação e não constará para efeitos de antecedentes, salvo para impedir o mesmo benefício no prazo de cinco anos (art. 76, § 6º).

Alternativa "A": a simples condenação anterior não impede a transação penal, havendo impedimento somente se a condenação tiver sido de pena privativa de liberdade, em sentença definitiva (art. 76, I, Lei 9.099/1995).

Alternativa "C": não há composição civil nesse caso, já que o crime de desacato é de ação penal pública incondicionada. Assim, eventual composição seria inócua. Então, não se faz a composição, mas tenta-se a transação penal, se presentes os requisitos do art. 76 da Lei 9.099/1995.

Alternativa "D": a prestação pecuniária deve ser para a vítima. No caso de desacato, é a Administração Pública, não o policial. Portanto, não cabe tal proposta de transação penal.

---

141. (Cespe – Juiz de Direito Substituto – MA/ 2013) Eliete foi contratada para cuidar da alimentação e higiene pessoal de Clotilde, idosa de setenta e nove anos de idade. Uma semana depois da contratação da cuidadora, Clotilde queixou-se a seus filhos que Eliete costumava deixá-la sozinha ao anoitecer. Os filhos de Clotilde providenciaram a instalação de câmeras de vigilância na casa, e, após três dias, constataram que Eliete saía da casa, diariamente, depois das dezoito horas, e só retornava por volta da meia-noite, deixando Clotilde sozinha no imóvel, privando-a da refeição noturna e dos cuidados com sua higiene pessoal, uma vez que a fralda geriátrica só era trocada na manhã do dia seguinte. Em face dessa situação hipotética, assinale a opção correta.

a) Instaurado procedimento sumaríssimo por não ter Eliete aceito proposta de pena, o MP deverá oferecer denúncia, não podendo ser dispensado o exame de corpo de delito como prova da materialidade delitiva.

b) Oferecida a denúncia pelo MP, ocorre preclusão ao oferecimento da proposta de pena.

c) Caso seja oferecida denúncia oral contra Eliete e ela não estiver presente à audiência, o juiz decretará sua revelia e designará audiência de instrução e julgamento, na qual serão ouvidas Clotilde e as testemunhas, admitido o interrogatório de Eliete caso esta compareça espontaneamente.

d) Oferecida a denúncia contra Eliete, ela deverá ser citada, sendo designada data para a instrução e julgamento; aberta a respectiva audiência, o juiz concederá a palavra ao defensor de Eliete para responder à acusação, e o juiz receberá ou não a denúncia. Havendo recebimento, serão ouvidas Clotilde e as testemunhas de acusação e de defesa, interrogando-se a seguir Eliete, desde que presente ao ato processual, passando-se imediatamente aos debates orais e à prolação da sentença, cujo relatório poderá ser dispensado.

COMENTÁRIOS

✪ **Nota do autor:** para nós, Eliete cometeu o crime previsto no art. 99 do Estatuto do Idoso (Lei 10.741/2003). Atenção: o art. 94 do Estatuto permite a aplicação da Lei 9.099/1995 mesmo quando a pena máxima cominada chegue a até 4 anos de privação de liberdade. Porém, o STF deu a tal regra interpretação conforme a Constituição na ADIN 3.096-DF (Rel. Min. Cármen Lúcia, j. 16.06.2010): "AÇÃO DIRETA DE INCONSTITUCIONALIDADE. ARTIGOS 39 E 94 DA LEI 10.741/2003 (ESTATUTO DO IDOSO). RESTRIÇÃO À GRATUIDADE DO TRANSPORTE COLETIVO. SERVIÇOS DE TRANSPORTE

SELETIVOS E ESPECIAIS. APLICABILIDADE DOS PROCEDIMENTOS PREVISTOS NA LEI 9.099/1995 AOS CRIMES COMETIDOS CONTRA IDOSOS. 1. No julgamento da Ação Direta de Inconstitucionalidade 3.768/DF, o Supremo Tribunal Federal julgou constitucional o art. 39 da Lei 10.741/2003. Não conhecimento da ação direta de inconstitucionalidade nessa parte. 2. Art. 94 da Lei nº 10.741/2003: interpretação conforme à Constituição do Brasil, com redução de texto, para suprimir a expressão "do Código Penal e". Aplicação apenas do procedimento sumaríssimo previsto na Lei nº 9.099/95: benefício do idoso com a celeridade processual. Impossibilidade de aplicação de quaisquer medidas despenalizadoras e de interpretação benéfica ao autor do crime. 3. Ação direta de inconstitucionalidade julgada parcialmente procedente para dar interpretação conforme à Constituição do Brasil, com redução de texto, ao art. 94 da Lei nº 10.741/2003". Portanto, aplica-se apenas o procedimento da Lei 9.099/1995, mas não seus institutos despenalizadores, como a transação penal e a suspensão condicional do processo.

Alternativa correta: letra "D": o teor da alternativa é um resumo do procedimento sumaríssimo, previsto no art. 77 a 83 da Lei 9.099/1995, aplicável ao caso.

Alternativa "A": não é cabível a transação penal. Além disso, não é imprescindível o laudo de exame de corpo de delito para o oferecimento da denúncia, bastando um boletim médico ou documento equivalente (art. 77, § 1º, Lei 9.099/1995).

Alternativa "B": na verdade, devido à decisão do STF, não será possível a aplicação de qualquer medida despenalizadora. Porém, caso fosse possível a transação penal, o oferecimento da denúncia não acarretaria sua preclusão, conforme deixa claro o art. 79 da Lei 9.099/1995, que permite seja tentada a transação se na fase anterior não foi possível fazer a proposta.

Alternativa "C": não será decretada a revelia. Na verdade, a autora do fato será citada (art. 78, § 1º, Lei 9.099/1995), seguindo-se os demais atos do rito sumaríssimo.

---

142. (Cespe – Juiz de Direito Substituto – MA/ 2013) De acordo com as normas que regem os juizados especiais, assinale a opção correta.

a) A competência do juizado especial criminal é determinada pelo lugar em que tenha sido praticada a infração penal, ou pelo lugar em que se tenha produzido seu resultado.

b) Sempre que possível, a citação do autor do fato deverá ser feita pessoalmente no próprio juizado, ou por mandado, e, não sendo ele encontrado para ser citado, o juiz deverá encaminhar as peças existentes ao juízo criminal comum.

c) Os atos processuais praticados nos juizados especiais criminais devem ser públicos, podendo realizar-se em horário noturno, em qualquer dia da semana, ressalvados domingos e feriados.

d) O instituto da transação penal não se aplica no âmbito da justiça militar, salvo nos crimes militares próprios.

COMENTÁRIOS

Alternativa correta: letra "B": é a previsão do art. 66 da Lei 9.099/1995, que procura informalizar o tema da citação. Guardem isso: não há citação por edital no Juizado Especial Criminal. Por isso, se o autor do fato não for encontrado para ser citado, o feito deve ser remetido à Vara Criminal comum.

Alternativa "A": a competência do Juizado Especial Criminal é ditada pelo lugar em que foi praticada a infração penal (art. 63, Lei 9.099/1995). Ou seja, adota-se a teoria da ação (respeitamos os entendimentos em contrário), não a do resultado, como se dá no CPP, ou a da ubiquidade.

Alternativa "C": os atos poderão ser realizados até mesmo nos domingos e feriados, conforme dispuser a lei de organização judiciária. É o que permite o art. 64 da Lei 9.099/1995.

Alternativa "D": não se aplicam as disposições da Lei 9.099/1995 no âmbito da Justiça Militar, conforme dispõe o art. 99-A da própria Lei 9.099.

---

143. (Cespe – Juiz de Direito Substituto – MA/ 2013) Assinale a opção correta a respeito do juizado especial criminal.

a) Os institutos da transação penal e da suspensão condicional do processo aplicam-se à queixa-crime, recaindo sobre o querelante a legitimidade para oferecê-los ao querelado.

b) Em se tratando de crime de ameaça, se o condenado não pagar a pena de multa isoladamente aplicada, o juiz a converterá em pena privativa de liberdade ou em pena restritiva de direitos.

c) A suspensão condicional do processo pode ser proposta pelo MP para cada crime isoladamente, desde que a pena mínima cominada para cada delito não ultrapasse um ano.

d) A transação penal é direito público subjetivo do réu e, por tal razão, preenchidos os requisitos legais e se o MP se recusar a oferecer a respectiva proposta, o juiz, por sentença, deve fixar as condições legais para o seu cumprimento.

COMENTÁRIOS

Alternativa correta: letra "A": houve muita discussão sobre o cabimento dos institutos da transação penal e da suspensão condicional do processo nos crimes de ação penal privada. Uma interpretação literal da Lei 9.099 levaria à conclusão de que somente o Ministério

Público estaria autorizado a fazer a proposta, excluindo, assim, o querelante. Porém, tal entendimento vem sendo alterado na jurisprudência, admitindo-se tais medidas despenalizadoras. Nesse sentido, decisão do STJ: "(...) A jurisprudência dos Tribunais Superiores admite a aplicação da transação penal às ações penais privadas. Nesse caso, a legitimidade para formular a proposta é do ofendido, e o silêncio do querelante não constitui óbice ao prosseguimento da ação penal. (...) Isso porque, a transação penal, quando aplicada nas ações penais privadas, assenta-se nos princípios da disponibilidade e da oportunidade, o que significa que o seu implemento requer o mútuo consentimento das partes. (...)" (Apn 634-RJ, Rel. Min. Felix Fischer, j. 21.03.2012).

Alternativa "B": se a pena de multa aplicada isoladamente não for paga, deverá ser executada, não sendo possível a conversão em pena privativa de liberdade ou em restritiva de direito.

Alternativa "C": havendo diversos crimes cometidos em concurso, deverá ser levada em consideração as regras relativas ao concurso material ou formal. É o entendimento do STF: "Não se admite a suspensão condicional do processo por crime continuado, se a soma da pena mínima da infração mais grave com o aumento mínimo de um sexto for superior a um ano" (Súmula 723). É também o entendimento do STJ: "O benefício da suspensão do processo não é aplicável em relação às infrações penais cometidas em concurso material, concurso formal ou continuidade delitiva, quando a pena mínima cominada, seja pelo somatório, seja pela incidência da majorante, ultrapassar o limite de um (01) ano" (Súmula 243).

Alternativa "D": entende-se, majoritariamente, que a transação penal não é direito público subjetivo do autor do fato, cabendo ao Ministério Público decidir se deve ou não oferecer a proposta. Caso não o faça e o juiz não concorde com tal posicionamento, deve encaminhar o caso ao Procurador-Geral de Justiça, por analogia ao art. 28 do CPP. Nesse sentido: "Reunidos os pressupostos legais permissivos da suspensão condicional do processo, mas se recusando o promotor de justiça a propô-la, o juiz, dissentindo, remeterá a questão ao Procurador-Geral, aplicando-se por analogia o art. 28 do Código de Processo Penal" (Súmula 696, STF).

---

144. (Cespe – Juiz de Direito Substituto – MA/ 2013) Com relação aos juizados especiais criminais, assinale a opção correta.

a) Um dos princípios regentes dos juizados especiais criminais é a reparação dos danos sofridos pela vítima, uma exigência legislativa expressa como condição para a suspensão condicional do processo e transação, sempre que possível.

b) É vedada a aplicação da suspensão condicional do processo depois de encerrada a instrução, uma vez que o escopo dessa suspensão é evitar a instrução do feito e o desperdício da atividade judicante, sendo admitida sua aplicação, contudo, em momento posterior, caso a infração penal inicialmente imputada seja desclassificada, na fase de sentença, e o órgão de acusação seja ouvido.

c) No âmbito dos juizados criminais, a citação e a intimação devem ser, sempre que possível, pessoais e efetivadas no próprio juizado ou por quaisquer dos meios previstos na legislação processual penal comum aplicada subsidiariamente.

d) A exigência de comparecimento do autor do fato acompanhado de advogado ou defensor público impõe-se apenas à audiência de instrução e julgamento, não abrangendo a fase de suspensão condicional do processo ou transação.

COMENTÁRIOS

✪ **Nota do autor:** aproveitando que a alternativa correta refere-se à suspensão condicional do processo, façamos algumas considerações sobre tal instituto, especialmente sobre o momento para a aceitação da proposta e a aplicação nos crimes de ação penal privada. Quanto ao momento, deve o Ministério Público oferecer a proposta de suspensão quando oferecer a denúncia, conforme consta do art. 89 da Lei 9.099/1995. Mas, qual o momento para o acusado aceitá-la? Se o procedimento a ser adotado for o sumaríssimo, da própria Lei 9.099, deve-se ter em mente que, se foi oferecida denúncia, isso significa que não foi possível ou não foi aceita a proposta de transação penal. Então, apresenta o Ministério Público oralmente a denúncia. Se o acusado estiver presente ao ato, é citado. Porém, caso não esteja presente, deve o acusado ser citado posteriormente. Nos dois casos, o acusado deve comparecer à audiência designada, na qual seu defensor apresentará a defesa preliminar, com o que decidirá o juiz se recebe a denúncia. A recebendo, será o acusado instado a se manifestar quanto à proposta de suspensão. Por outro lado, se o procedimento for o ordinário ou o sumário, lembrem-se que o acusado será citado para oferecer resposta à acusação e depois o juiz decidirá se absolve sumariamente o acusado. Caso o não faça, deverá designar audiência una de instrução e julgamento. Não concordamos com o posicionamento segundo o qual deve ser realizada a audiência e, quando do interrogatório (último ato dela), deve o acusado dizer se aceita a proposta de suspensão ou não. A melhor solução, a nosso ver, é outra: decidindo o juiz não ser o caso de absolvição sumária, designa audiência para que o acusado diga se aceita ou não a proposta de suspensão e, caso a aceite, fica prejudicada a realização da audiência de instrução e julgamento, que sequer é marcada. Por fim, ainda quanto a tal tema, se houver a desclassificação do delito quando da sentença ou acórdão e a nova classificação jurídica do crime possibilitar a aplicação da suspensão condicional do processo, deve o juiz ou tribunal dar ao Ministério Público a oportunidade de apresentar a proposta de suspensão. Quanto à possibilidade de suspensão nas ações penais privadas, houve sempre muita relutância em aceitá-la, vez que o art. 89 da Lei 9.099/1995, lido de forma estrita, seria aplicável apenas às ações penais públicas. Porém, tal entendimento vem sendo superado e hoje admite-se a suspensão também nas ações privadas, cabendo a iniciativa da proposta ao querelante.

Alternativa correta: letra "B": a nota do autor resolve o problema proposto nesta alternativa. Mas, podemos acrescentar que, passado o momento para a oferta da suspensão condicional do processo e para sua aceitação – ou seja, antes da audiência de instrução e julgamento – não será mais possível ao acusado aceitá-la. Do contrário, teríamos o seguinte: o acusado recusa a proposta e aguarda a instrução; verificando que as provas vão levá-lo à condenação, aí passa a aceitar a proposta antes recusada. Isso não pode ser aceito. Por fim, mesmo se terminada a instrução, será possível a proposta de suspensão em caso de desclassificação do delito. Mas, notem: nessa hipótese, somente foi possível a proposta tardia da suspensão porque, até então, a classificação jurídica que prevalecia impedia que aquela fosse apresentada.

Alternativa "A": a reparação do dano não é condição para a transação penal, conforme se verifica nas hipóteses previstas no art. 76, § 2º, da Lei 9.099/1995, que lá estão para indicar quais os casos impeditivos da transação. Aliás, a reparação do dano por ser acertada entre autor e vítima quando da conciliação, o que implicará em renúncia ao direito de representação – ou seja, nem haverá transação penal. No caso da suspensão condicional do processo, uma das condições para a suspensão é justamente a reparação do dano, salvo a impossibilidade de ser efetuada.

Alternativa "C": o erro da alternativa é afirmar que todos os meios previstos de citação são aplicáveis ao Juizado Especial Criminal. Na verdade, apenas a citação pessoal é aceita, na forma afirmada pela alternativa. As demais formas, notadamente a citação por edital, são incompatíveis com a celeridade e informalidade esperada no Juizado. Logo, sendo necessária a citação por edital, o feito deve ser encaminhado à Vara Criminal comum.

Alternativa "D": aplica-se também à fase de transação e de suspensão. O autor do fato deve receber assistência jurídica antes de decidir pela aceitação ou não da transação e da suspensão. No caso desta, o acusado necessariamente terá advogado, já que o momento da aceitação será sempre posterior à defesa prévia ou à resposta à acusação.

---

145. (Cespe – Juiz Federal Substituto 2ª região/ 2013) Com base na Lei n.0 9.099/1995 e suas alterações, assinale a opção correta.

a) Na ação penal pública condicionada à representação em crime da competência do juizado especial criminal, não obtida composição civil e não aceita a proposta de transação penal, o MP poderá, antes da denúncia, oferecer proposta de suspensão condicional do processo.

b) A suspensão condicional do processo pode ser concedida para cada crime isoladamente, desde que para cada um deles, individualmente, a pena mínima cominada não seja superior a um ano, mesmo que o somatório das penas ultrapasse esse limite.

c) Admite-se a composição civil entre o autor do crime de desacato e o policial desacatado.

d) A suspensão condicional do processo poderá ser revogada se o acusado vier a ser processado, no curso do prazo, por contravenção penal.

e) Frustrada, no juízo cível, por falta de bens à penhora, a execução da composição civil dos danos homologada no juizado especial criminal, o MP poderá oferecer denúncia contra o autor do fato.

COMENTÁRIOS

Alternativa correta: letra "D": o § 3º do art. 89 da Lei 9.099/1995 determina que a suspensão será revogada se, no curso do prazo, o beneficiário vier a ser processado por outro crime ou não efetuar, sem motivo justificado, a reparação do dano. E o § 4º também prevê que ela poderá ser revogada – ou seja, a revogação não é obrigatória – se o acusado vier a ser processado, no curso do prazo, por contravenção, ou descumprir qualquer outra condição imposta.

Alternativa "A": a proposta de suspensão condicional do processo pressupõe a existência deste, ou seja, somente pode ser proposta pelo Ministério Público a partir do momento em que oferecer a denúncia. Aliás, o art. 89 da Lei 9.099/1995 fala em "ao oferecer a denúncia". E vale lembrar que esta somente será oferecida, nos crimes de ação penal pública condicionada à representação, se o ofendido decidir representar o autor do fato.

Alternativa "B": em caso de concurso de crimes, deverá ser levada em consideração a pena resultante. Há, a propósito, a Súmula 723 do STF ("Não se admite a suspensão condicional do processo por crime continuado, se a soma da pena mínima da infração mais grave com o aumento mínimo de um sexto for superior a um ano") e a Súmula 243 do STJ ("O benefício da suspensão do processo não é aplicável em relação às infrações penais cometidas em concurso material, concurso formal ou continuidade delitiva, quando a pena mínima cominada, seja pelo somatório, seja pela incidência da majorante, ultrapassar o limite de um (01) ano").

Alternativa "C": a composição civil se dá entre o ofendido ou seu representante legal e o autor do fato. No caso do desacato, o ofendido é o Estado, que não é representado pelo servidor. Este é sujeito passivo secundário.

Alternativa "E": havendo composição civil dos danos, a homologação constitui título executivo judicial, pondo fim à contenda criminal (art. 74, *caput*, Lei 9.099/1995). E sendo o crime necessariamente de ação penal pública condicionada à representação ou de ação penal privada, a homologação acarreta a perda do direito de representação ou de queixa (art. 74, parágrafo único). Portanto, se na execução do título judicial não forem encontrados bens à penhora, deve-se prosseguir nos termos da lei processual civil, nada podendo ser feito no campo criminal.

---

146. (Cespe – Juiz Federal Substituto 5ª região/2013) Com relação aos juizados especiais criminais, assinale a opção correta.

a) Para que seja possível a transação penal, nas ações penais públicas ou privadas, o beneficiário, entre outras condições, deve reparar o dano causado pela infração, salvo impossibilidade de fazê-lo, não podendo, ainda, ser reincidente em crime doloso.

b) No procedimento sumariíssimo, é assegurada a possibilidade da resposta à acusação, na forma e no prazo previstos no CPP, e igualmente garantida a possibilidade de absolvição sumária e de utilização da videoconferência, de modo a facilitar a participação do acusado no ato processual.

c) A suspensão condicional do processo só pode se dar se a pena mínima cominada à infração for igual ou inferior a um ano, sendo admitida ainda no caso de o denunciado ser maior de setenta anos de idade ou se razões de saúde a justificarem, ainda que a sanção seja superior ao mínimo estabelecido, e dilata, de seis a quatro anos, o prazo de suspensão do feito se o acusado atender aos demais requisitos para gozo do benefício legal.

d) A suspensão do processo, por ser direito subjetivo do acusado, poderá ser proposta em qualquer etapa processual, inclusive quando reconhecida sua possibilidade em sede recursal, situação em que deve o tribunal baixar o processo em diligência, a fim de que seja realizada a proposta de suspensão, que, uma vez aceita, paralisará totalmente o processo.

e) Considere que um indivíduo, maior de idade, capaz, tenha praticado crime de menor potencial ofensivo, e que o MP, convencido da existência da materialidade e da autoria do delito, tenha oferecido proposta de transação penal para aplicação imediata de pena restritiva de direitos. Considere, ainda, que o magistrado, ao examinar a proposta, aceita pelo acusado, tenha constatado que ele havia sido condenado anteriormente por contravenção penal, com sentença definitiva. Nessa situação, a condenação anterior, por si só, não obsta a transação proposta pelo MP.

COMENTÁRIOS

Alternativa correta: letra "E": os impedimentos à transação penal estão previstas no § 2º do art. 76 da Lei 9.099/1995 e são os seguintes: a) ter sido o autor da infração condenado, pela prática de crime, à pena privativa de liberdade, por sentença definitiva; b) ter sido o agente beneficiado anteriormente, no prazo de cinco anos, pela aplicação de pena restritiva ou multa, por transação penal; c) não indicarem os antecedentes, a conduta social e a personalidade do agente, bem como os motivos e as circunstâncias, ser necessária e suficiente a adoção da medida. Portanto, apenas a circunstância de ter o autor do fato condenação anterior pela prática de contravenção não impede a transação penal.

Alternativa "A": a reincidência na prática de crime realmente impede a transação penal, mas não se exige a reparação do dano. Esta pode decorrer da conciliação entre autor do fato e vítima, previamente à transação penal, o que, no caso de ação penal pública condicionada à representação ou ação penal privada, implica em extinção da punibilidade.

Alternativa "B": o procedimento a ser adotado perante o Juizado Especial Criminal é o sumaríssimo, que não prevê resposta à acusação depois do recebimento da denúncia. Isso assim é porque, segundo o procedimento da Lei 9.099/1995, o denunciado será citado e deverá comparecer à audiência, na qual o defensor apresentará uma defesa preliminar e somente então o juiz decidirá sobre o recebimento da denúncia. Se a receber, é realizada de imediato a instrução. Não vemos, a rigor, impedimento à utilização da videoconferência, se presentes as hipóteses legais.

Alternativa "C": a suspensão condicional do processo é prevista no art. 89 da Lei 9.099/1995 e em tal dispositivo estão todos os seus requisitos, sem qualquer referência à idade do acusado. Assim, a pena mínima deve ser igual ou inferior a um ano, o acusado não pode estar sendo processado ou ter sido condenado por outro crime.

Alternativa "D": segundo o STJ, a "(...) suspensão condicional do processo não é direito público subjetivo do acusado, mas sim um poder-dever do Ministério Público, titular da ação penal, a quem cabe, com exclusividade, analisar a possibilidade de aplicação ou não do referido instituto, desde que o faça de forma fundamentada. (...)" (HC 218.785-PA, Rel. Min. Marco Aurélio Bellizze, j. 04.12.2012).

---

147. (Cespe – Procurador BACEN/2013) Acerca do procedimento comum e dos especiais no processo penal, assinale a opção correta.

a) O BACEN e a Comissão de Valores Mobiliários podem oferecer, como ofendidos, subsidiariamente, a denúncia nos crimes contra o sistema financeiro nacional, quando não intentada a ação penal no prazo legal pelo MP.

b) No procedimento comum, o recebimento da denúncia deve ser fundamentado, cabendo recurso em sentido estrito da decisão.

c) O procedimento dos juizados especiais criminais será utilizado nos casos em que a pena máxima do crime seja menor ou igual a dois anos, e, antes do recebimento da denúncia, o juiz concederá apresentação de defesa preliminar ao acusado.

d) Nos crimes de ação penal privada contra a honra, após o oferecimento da queixa-crime pelo querelante, o juiz poderá marcar audiência de tentativa de conciliação entre as partes, antes do recebimento da peça acusatória.

e) Cabe à justiça federal processar os crimes contra a economia popular, que, considerados crimes contra a ordem econômico – financeira, requerem procedimentos especiais.

COMENTÁRIOS

✪ **Nota do autor:** inserimos esta questão nesse tópico, em razão da alternativa correta.

Alternativa correta: letra "C": o procedimento sumaríssimo, previsto na Lei 9.099/1995, é aplicado sempre que a lei assim o determinar, mas especialmente aos processos que tramitam no Juizado Especial Criminal, que tem competência para julgar os delitos de menor potencial ofensivo (ou seja, as contravenções penais e os crimes a que a lei comine pena máxima não superior a 2 anos, cumulada ou não com multa). Quanto ao procedimento, uma vez oferecida denúncia, o imputado receberá cópia dela e será notificado quanto à data da audiência de instrução e julgamento (art. 78, Lei 9.099). Nesta, o defensor apresentará resposta à acusação, normalmente de forma oral, decidindo o juiz se recebe ou não a denúncia (art. 81). Caso a receba, serão ouvidas as testemunhas arroladas pelas partes e, ao final, será o acusado interrogado.

Alternativa "A": o Banco Central e a Comissão de Valores Mobiliários poderão apenas atuar como assistentes do Ministério Público, mas não poderão oferecer a ação penal subsidiária. É que a Lei 7.492/1986 tem solução própria para o problema: "Quando a denúncia não for intentada no prazo legal, o ofendido poderá representar ao Procurador-Geral da República, para que este a ofereça, designe outro órgão do Ministério Público para oferecê-la ou determine o arquivamento das peças de informação recebidas".

Alternativa "B": não é cabível recurso contra o recebimento da denúncia. A posição majoritária é de que é desnecessária qualquer fundamentação que adentre no mérito quando o juiz receber a inicial acusatória. Porém, não é possível simplesmente um despacho dizendo "recebo a denúncia", sem qualquer justificação, ainda que mínima. Essa a tendência da jurisprudência.

Alternativa "D": o juiz deverá – não se trata de uma opção – marcar tal audiência, antes de receber a queixa, tal como prevê o art. 520 do CPP. Há entendimentos que se deve seguir o rito da Lei 9.099/1995, designando-se a audiência preliminar prevista em seu art. 76.

Alternativa "E": segundo a Súmula 498 do STF, compete à justiça dos Estados, em ambas as instâncias, o processo e o julgamento dos crimes contra a economia popular.

---

148. (Cespe – Procurador Federal/2013) Segundo o entendimento dos tribunais superiores, julgue os próximos itens, a respeito da prisão e das provas no processo penal.

Se, durante a vigência de suspensão condicional de processo instaurado devido a denúncia da prática do crime de receptação, o denunciado for processado por outro crime ou furtar-se à reparação do dano, sem justificativa, a suspensão condicional do processo deverá ser revogada.

COMENTÁRIOS

Certo. A suspensão condicional, prevista no art. 89 da Lei 9.099/1995, realmente não pode ser concedida em caso de réu que possua outro processo em andamento. Uma vez proposta e aceita pelo acusado, poderá ser revogada, tal como permite o § 3º do mesmo artigo, em duas situações: "A suspensão será revogada se, no curso do prazo, o beneficiário vier a ser processado por outro crime ou não efetuar, sem motivo justificado, a reparação do dano".

---

149. (Cespe – Defensor Público – TO/2013) No que concerne aos juizados especiais criminais, assinale a opção correta, segundo entendimento do STJ e do STF.

a) Considere que Silas, em gozo da suspensão condicional do processo, tenha sido novamente denunciado por crime de menor potencial ofensivo, praticado em data anterior ao delito cujo processo está suspenso. Nesse caso, o novo processo, por delito anterior, não interfere no gozo do benefício da suspensão, uma vez que, à época da concessão desta, o acusado preenchia todos os requisitos legais, nos termos do princípio da imediatidade que rege os atos processuais.

b) A desclassificação do fato imputado ao réu promovida pelo tribunal de justiça, por ocasião de recurso de apelação, para delito de menor potencial ofensivo, obsta a análise do benefício da suspensão condicional do processo, visto que a possibilidade desta já se exauriu, na primeira instância, com a prolação da sentença, mas não impede que o MP examine a possibilidade do oferecimento da transação penal.

c) Suponha que Celso, beneficiado pela suspensão condicional do processo, seja denunciado pelo MP por novo delito praticado no curso do benefício legal. Nesse caso, a revogação do sursis processual, de acordo com a jurisprudência dos tribunais superiores, ficará condicionada à prévia oitiva do acusado e da defesa técnica, sob pena de nulidade.

d) Como a vítima não participa da fase de suspensão condicional do processo, tampouco intervém na fixação do montante para a reparação do dano causado pelo crime, toda a matéria poderá ser rediscutida no juízo cível competente a fim de se apurar eventual responsabilidade civil remanescente.

e) A suspensão condicional do processo, após o término do período de prova, sem revogação, enseja a automática decretação da extinção da punibilidade do acusado.

COMENTÁRIOS

✪ **Nota do autor:** é importante observar que CESPE muitas vezes requer do candidato conhecimento dos entendimentos de nossos Tribunais Superiores.

Alternativa correta: letra "D": uma das condições da suspensão prevista no art. 89 da Lei 9.099/1995 é que seja reparado o dano, mas a fixação do montante, nesse caso, não é fixado com a participação da vítima. Assim, essa poderá discutir o valor total da reparação no juízo civil. É a mesma coisa que ocorre na sentença penal condenatória, em que o juiz fixar o valor da reparação (leia-se: o valor mínimo da reparação).

Alternativa "A"(responde também a alternativa "C"): segundo o STJ: "(...) O benefício da suspensão condicional do processo pode ser revogado mesmo após o transcurso do período de prova, desde que a causa da revogação tenha ocorrido durante o referido lapso temporal. Precedentes do STJ e do STF. (...) Do teor dos §§ 3º e 4º da Lei 9.099/1995, verifica-se que há duas situações em que a revogação do sursis processual é obrigatória (beneficiário processado por outro crime no decorrer do período de prova e a ausência de reparação do dano sem motivo justificado), e duas em que é facultativa (acusado processado por contravenção penal no curso do prazo e descumprimento de qualquer outra condição estabelecida). (...) Para que a revogação obrigatória da suspensão condicional do processo se mostre legítima, não é necessário que o magistrado possibilite ao beneficiário manifestar-se sobre o descumprimento das condições que lhe foram impostas, bastando que o acusado venha a ser processado por outro crime ou, sem justificativa, não efetue a reparação do dano. Precedentes. (...)" (RHC 39.396-RJ, Rel. Min. Jorge Mussi, 27.08.2013).

Alternativa "B": o STJ, há muito tempo, possui entendimento de que a desclassificação, nesse caso, não impede a análise do cabimento da suspensão condicional do processo (v. HC 33.001-RS, Rel. Min. Felix Fischer, j. 14.09.2004).

Alternativa "E": segundo o STJ: "(...) É entendimento assente no Superior Tribunal de Justiça que o benefício da suspensão condicional do processo pode ser revogado mesmo após o transcurso do período de prova, desde que a causa da revogação tenha ocorrido durante o referido lapso temporal. (...)" (AgRg no AREsp 559.292-SP, Rel. Min. Sebastião Reis Júnior, j. 02.10.2014).

150. (Cespe – Delegado de Polícia Federal – DPF/2013) Acerca da custódia cautelar e suas modalidades, dos atos processuais e seus sujeitos, bem como da ação penal, julgue os itens que se seguem.

As intimações e os comunicados de atos processuais, no âmbito dos juizados especiais criminais, podem ser feitos, de forma válida, por meio de correspondência ou qualquer outro meio idôneo de comunicação para cientificar seus destinatários, como por exemplo, por telegrama, por fax ou por telefonema.

COMENTÁRIOS

Este enunciado foi anulado. Segundo o art. 67 da Lei 9.099/1995, no Juizado Especial Criminal a intimação deve ser realizada por correspondência, com aviso de recebimento pessoal ou, tratando-se de pessoa jurídica ou firma individual, mediante entrega ao encarregado da recepção, que será obrigatoriamente identificado, ou, sendo necessário, por oficial de justiça, independentemente de mandado ou carta precatória, ou ainda por qualquer meio idôneo de comunicação.

151. (Cespe – Delegado de Polícia Federal – DPF/2013) A respeito dos processos em espécie, dos princípios que orientam o processo penal e da sentença criminal, julgue os próximos itens.

Considere a seguinte situação hipotética.

João, penalmente capaz, no decorrer de uma discussão de trânsito, agrediu Manuel, tendo a agressão causado ferimentos de natureza leve na vítima. Apresentadas as partes à autoridade policial, Manuel representou criminalmente contra o autor do fato, tendo sido lavrado o competente termo circunstanciado. Na fase judicial, o MP propôs ao autor a transação penal com a aplicação imediata de pena de multa, o que foi aceito por João, com a consequente homologação do acordo pelo juiz da causa. Transitada em julgado a decisão homologatória, João deixou de efetuar o pagamento da multa. Nessa situação hipotética, ao MP cabem o oferecimento da denúncia em detrimento de João e a instauração da competente ação penal.

COMENTÁRIOS

O enunciado foi anulado. O crime previsto no *caput* do art. 129 do CP – que ocorreu no caso acima – é de menor potencial ofensivo. Assim, havendo representação da vítima, tenta-se a composição civil. Frustrada esta, pode o Ministério Público, presentes os requisitos do art.

76 da Lei 9.099/1995, propor a transação penal. Se aceita pelo autor do fato, será ser homologada pelo juiz, caso não houver óbice legal. Portanto, não há o oferecimento da ação penal até esse momento. E se o autor do fato descumprir os termos da transação? A doutrina divide-se: uma parte entende ser caso de execução, se se tratar de pena de pecuniária, por exemplo. Outra corrente, à qual nos filiamos, entende que o Ministério Público pode oferecer denúncia. Esse entendimento vem sendo acolhido pela jurisprudência dominante. Aliás, a respeito, o STF editou a Súmula Vinculante 35, nos termos seguintes: "A homologação da transação penal prevista no artigo 76 da Lei 9.099/1995 não faz coisa julgada material e, descumpridas suas cláusulas, retoma-se a situação anterior, possibilitando-se ao Ministério Público a continuidade da persecução penal mediante oferecimento de denúncia ou requisição de inquérito policial". Notem que o entendimento do STJ era o de que a transação penal homologada fazia coisa julgada formal e material e, assim, em caso de descumprimento do acordo, não poderia ser proposta a ação penal contra o autor do fato. Porém, tal entendimento acabou alterado. Muito importante verificar o seguinte julgado, que resume a questão: "(...)1. No âmbito desta Corte Superior de Justiça consolidou-se o entendimento no sentido de que a sentença homologatória da transação penal possui eficácia de coisa julgada formal e material, o que a torna definitiva, motivo pelo qual não seria possível a posterior instauração de ação penal quando descumprido o acordo homologado judicialmente. 2. Contudo, o Supremo Tribunal Federal, ao examinar o RE 602.072/RS, cuja repercussão geral foi reconhecida, entendeu de modo diverso, assentando a possibilidade de ajuizamento de ação penal quando descumpridas as condições estabelecidas em transação penal, compreensão que passou a ser adotada pela Terceira Seção deste Sodalício. (...)" (HC 184.821-SC, Rel. Min. Jorge Mussi, 20.11.2012). Logo, a questão só podia mesmo ser anulada, pois afirma, ao mesmo tempo, que a decisão transita em julgado – sem explicar se formal ou materialmente – e que pode o Ministério Público oferecer denúncia.

---

152. (Cespe – Analista Judiciário – Área Judiciária – STF/2013) A respeito da citação e do recurso, julgue os itens a seguir.

Nos casos de competência do juizado especial criminal, o acusado será citado pessoalmente ou por hora certa, se, por qualquer motivo, não puder ser encontrado em nenhum dos endereços indicados nos autos.

COMENTÁRIOS

Errado. A citação no Juizado Especial Criminal é sempre pessoal. Caso não possa ser encontrado, não é caso de citação por hora certa, mas por edital. Porém, não se faz citação por edital no procedimento sumaríssimo, razão pela qual o processo, nesse caso, deverá ser enviado ao Juízo comum, adotando-se o procedimento sumário do CPP.

---

153. (Cespe – Defensor Público – ES/ 2012) No que diz respeito à sentença e à coisa julgada, bem como aos juizados especiais criminais, julgue os itens que se seguem.

153.1. A existência de ação penal, em andamento, contra o acusado não pode ser considerada indicadora de maus antecedentes, mas obsta a transação penal.

COMENTÁRIOS

Errado. O que impediria a transação penal seria a existência de condenação definitiva por crime, com aplicação de penal privativa de liberdade, não a mera existência de uma ação penal (art. 76, § 2º, I, Lei 9.099/1995). Mas, notem: a existência desta, nos termos do art. 89 da mesma lei, impede a suspensão condicional do processo.

153.2. Aceita pelo réu a proposta de suspensão condicional do processo oferecida pelo órgão de acusação, é vedado ao juiz recusar-se a suspender o feito, sob pena de violação de direito subjetivo do acusado.

COMENTÁRIOS

Certo. Cabe ao Ministério Público a proposta de suspensão e ao acusado aceitá-la. Ao juiz cabe apenas verificar a regularidade da proposta, não podendo recusar-se a suspender o processo, caso esteja a proposta de acordo com o art. 89 da Lei 9.099/1995.

11.3. PROCEDIMENTO DOS PROCESSOS DE COMPETÊNCIA DO TRIBUNAL DO JÚRI

- CF, art. 5º, XXXVIII
- CPP, arts. 406 a 497

---

154. (Cespe – Juiz de Direito Substituto – AM/2016) Com base no entendimento pacificado dos tribunais superiores, é correto afirmar que o excesso de linguagem comprovadamente existente na decisão de pronúncia ocasiona

a) a proibição da entrega de cópia da decisão de pronúncia aos jurados que eventualmente a requisitarem.

b) a nulidade absoluta da decisão de pronúncia e dos atos processuais subsequentes, independentemente de demonstração de prejuízo causado ao réu.

c) a nulidade relativa da decisão de pronúncia e dos atos processuais subsequentes, se demonstrado prejuízo ao réu.

d) a proibição da leitura da decisão de pronúncia pela acusação durante o julgamento no plenário do júri, para evitar que os jurados sejam influenciados.

e) o desentranhamento e envelopamento da decisão de pronúncia, providência adequada e suficiente para cessar a ilegalidade e contemplar o princípio da economia processual.

COMENTÁRIOS

Alternativa correta: letra "B" (responde também a Alternativa "C"): durante o julgamento, o juiz-presidente deverá fornecer aos jurados cópia da decisão de pronúncia. Assim, os jurados terão acesso à decisão e é inevitável que ela possa trazer algum tipo de influência no ânimo dos membros do conselho de sentença. Por isso, é fundamental que o juiz não se aprofunde no mérito, não faça uso de linguagem excessiva, que possa influir nas formação do convencimento dos jurados. Cabe às partes convencê-los, ao juiz-presidente. Por isso, os tribunais superiores têm decidido haver nulidade absoluta quando há excesso de linguagem na pronúncia (STJ, HC 325.076-RJ, Rel. Min. Joel Ilan Paciornik, j. 18.08.2016).

Alternativa "A": não há tal proibição, ao contrário, o art. 472, parágrafo único, do CPP determina que os jurados recebam cópia da decisão de pronúncia após o juramento solene.

Alternativa "D": não há proibição da leitura da decisão de pronúncia pelas partes. O que há é a vedação da utilização da pronúncia como argumento de autoridade, que beneficiem ou prejudiquem o acusado (art. 478, I, CPP).

Alternativa "E": anulada a decisão de pronúncia, outra deve ser proferida. Quanto à decisão anulada, poderá ser desentranha dos autos e colocada em envelope ou, como se decidiu no HC acima nominado, pode-se simplesmente rasurar o trecho excessivo. Aliás, no caso do HC mencionado, nem sequer foi anulada a decisão, sendo determinada a rasura de pequeno trecho, pesando o fato de que o caso tramitava havia 16 anos.

155. (Cespe – Juiz de Direito Substituto – DF/2016) Assinale a opção correta, acerca do procedimento relativo aos processos de competência do tribunal do júri.

a) O cidadão alistado no serviço do júri, que é de natureza facultativa, ao ser intimado, poderá solicitar sua exclusão mediante simples petição dirigida ao juiz presidente do tribunal do júri.

b) O jurado, por não ser magistrado de carreira, não poderá ser responsabilizado criminalmente nos mesmos termos em que são os juízes togados.

c) O alistamento, no serviço obrigatório do júri, compreenderá os cidadãos maiores de vinte e um anos, de notória idoneidade.

d) O alistamento, no serviço obrigatório do júri, compreenderá os cidadãos maiores de vinte cinco anos, de notória idoneidade, porque o jurado é equiparado ao juiz, para todos os efeitos, e essa é a idade exigida para o ingresso na magistratura.

e) O alistamento, no serviço do júri, de caráter obrigatório, compreenderá os cidadãos maiores de dezoito anos, de notória idoneidade.

COMENTÁRIOS

Alternativa correta: letra "E" (responde também as alternativas "C" e "C"): é a regra do art. 436 do CPP. Para verificar a "notória idoneidade", principalmente nos grandes centros urbanos, tem-se verificado a folha de antecedentes do alistado.

Alternativa "A": o serviço no júri é obrigatório. Somente será aceita escusa fundada em motivo relevante devidamente comprovado e apresentada, ressalvadas as hipóteses de força maior, até o momento da chamada dos jurados (art. 443, CPP). E o jurado somente será dispensado por decisão motivada do juiz presidente, consignada na ata dos trabalhos (art. 444). Portanto, não basta que apresente uma simples petição, contendo seu pedido.

Alternativa "B": ao contrário do afirmado na alternativa, o jurado, no exercício da função ou a pretexto de exercê-la, será responsável criminalmente nos mesmos termos em que o são os juízes togados, conforme dispõe o art. 445 do CPP.

156. (Cespe – Juiz de Direito Substituto – DF/2016) A respeito do procedimento no Tribunal do Júri, assinale a opção correta.

a) Em análise de recurso exclusivo da acusação, é defeso à instância recursal reduzir, de ofício, a pena fixada na sentença, sob pena de afronta à proibição da reforma.

b) Anulada a sentença do primeiro júri, em razão de recurso exclusivo da defesa, é defeso ao Conselho de Sentença, por ocasião do novo julgamento, reconhecer qualificadora não reconhecida na decisão anulada, sob pena de violação ao princípio da vedação da reformatio in pejus indireta.

c) Se houver recurso da defesa para anulação do julgamento e recurso da acusação somente para a agravação da pena e se for acolhido o recurso defensivo para anular a sentença condenatória, poderá o réu, por ocasião do novo julgamento, ser condenado a pena mais grave, sem que isso configure violação ao princípio da vedação da reformatio in pejus indireta.

d) Ao analisar recurso exclusivo da defesa, a instância recursal poderá corrigir, de ofício, evidente erro material contido na sentença, ainda que isso resulte em agravamento da pena.

e) A pena concretamente fixada em sentença anulada por recurso exclusivo da defesa não pode ser utilizada como parâmetro para a análise da prescrição da pretensão punitiva, na modalidade retroativa.

COMENTÁRIOS

Alternativa correta: letra "C": somente haveria reformatio in pejus indireta se a acusação não tivesse recorrido da pena fixada no primeiro julgamento. Entende-se que, nesse caso, em caso de idêntica condenação no segundo julgamento, a pena não poderia ultrapassar o patamar fixado no primeiro.

Alternativa "A": a reformatio in mellius não é vedada em nosso ordenamento. Assim, caso o tribunal verifique erro ou injustiça na fixação da pena, poderá diminuí-la, ainda que se trate de recurso exclusivo da acusação.

Alternativa "B": os jurados poderão reconhecer qualificadora não reconhecida no primeiro julgamento, pois o quesito a ela referente será submetido à votação do conselho de sentença. Porém, a pena fixada não poderá ultrapassar a pena do primeiro julgamento. Ou seja, é possível que o reconhecimento da qualificadora no novo julgamento não gere efeito algum na sanção penal.

Alternativa "D": o erro poderá ser corrigido, mas, em se tratando de recurso exclusivo da defesa, não poderá resultar em majoração da pena, pois isso representaria a proibida reformatio in pejus.

Alternativa "E": como a pena resultante do segundo julgamento, em caso de condenação, não poderá ser superior àquela fixada no primeiro, eis que a anulação foi resultado de recurso exclusivo da defesa, poderá, sim, ser levada em conta para o cálculo do prazo prescricional e para verificar a ocorrência da prescrição, mesmo na modalidade retroativa, observada a restrição contida no § 1º do art. 110 do CP.

---

157. (Cespe – Juiz de Direito Substituto – DF/2015) A respeito do processo e do procedimento nos crimes de competência do juiz singular e do tribunal do júri, assinale a opção correta.

a) No caso de citação por hora certa, a contagem do prazo para apresentação de defesa inicia-se na data da juntada do mandado de citação ou na data da carta precatória ou de ordem.

b) Nos crimes de competência do juiz singular, caso a citação seja realizada por edital e o acusado não compareça nem constitua advogado, o juiz deverá nomear defensor dativo para apresentar defesa no prazo de dez dias.

c) Se for provido o recurso de apelação interposto contra sentença do tribunal do júri que aplicou pena excessiva, o tribunal de apelação deverá retificar a pena.

d) A nulidade de sentença do tribunal do júri por falta de quesito obrigatório deve ser suscitada pela defesa no momento de formação dos quesitos; não o fazendo, incidirá a preclusão.

e) Se, em resposta aos quesitos, os jurados reconhecerem, por unanimidade, que o acusado teve a intenção de roubar e não de matar, o juiz presidente deverá desclassificar a conduta, dissolver o júri e remeter os autos ao juízo singular.

COMENTÁRIOS

Alternativa correta: letra "C": nesse caso, o que foi atacado no recurso foi a sentença do juiz, não a decisão dos jurados. Quando é a decisão do juiz que é atacada, o tribunal pode alterá-la, seja para corrigir a pena, seja para adequar a sentença ao veredicto dos jurados. Se atacada for a decisão dos jurados, poderá o tribunal anular o julgamento e determinar que outro seja realizado, desde que entenda que a decisão do conselho de sentença tenha sido manifestamente contrária à prova dos autos.

Alternativa "A": o prazo tem início a partir do momento em que for completado tal ato de citação, não havendo, no processo penal, regra que determina a contagem apenas depois da juntada do mandado nos autos.

Alternativa "B": nesse caso, deverá o juiz suspender o processo e o prazo prescricional, nos termos trazidos pelo art. 366 do CPP.

Alternativa "D": a nulidade deve ser arguida assim que ocorrer (art. 571, VIII, CPP), ou seja, no caso da ausência de quesito obrigatório, deve a parte arguir no momento em que forem apresentados os quesitos ou quando forem votados.

Alternativa "E": vamos por partes. Primeiramente, a questão da unanimidade. Entende-se hoje que são abertos os votos dos jurados apenas até atingir a maioria, ou seja, quatro votos num ou noutro sentido. Logo, se houver unanimidade, não se saberá, até porque isso permitiria a quebra do sigilo da votação (lógico, pois se saberia que todos os jurados votaram num determinado sentido). Outro ponto: dificilmente haverá formulação de quesito que permita ao jurado desclassificar o crime de homicídio para o de roubo. E, finalmente: havendo desclassificação pelos jurados, não será dissolvido o conselho de sentença, mas simplesmente caberá ao juiz-presidente decidir o caso, prolatando sentença.

---

158. (Cespe – Juiz de Direito – PB/2015) No que se refere ao procedimento do júri, assinale a opção correta à luz da interpretação dos tribunais superiores e dos dispositivos da legislação processual.

a) A decisão de pronúncia que afirme que a autoria e a materialidade do fato são absolutamente inquestionáveis é nula.

b) O recurso de protesto por novo júri é cabível em qualquer sentença condenatória proferida pelo tribunal do júri.

c) O juiz impronunciará o acusado quando ficar provada a incidência de causa que exclua o crime.

d) A decisão que impronuncia o réu caracteriza-se como interlocutória mista e deve ser atacada por meio de recurso em sentido estrito.

e) O juiz deverá absolver sumariamente o acusado se não houver provas suficientes da materialidade do fato ou da existência de indícios suficientes de autoria ou de participação no crime.

COMENTÁRIOS

Alternativa correta: letra "A": a decisão, no caso, é nula por excesso de linguagem. Na pronúncia, não deve o juiz exceder-se na análise do fato, não pode ingressar no mérito, mas apenas verificar a presença de dois requisitos: indícios de autoria e prova da materialidade. É que os jurados lerão a pronúncia e poderão ser influenciados pelas afirmações peremptórias que a decisão contiver. O mesmo vale para os acórdãos que pronunciarem o réu ou que confirmarem a decisão de pronúncia. Nesse sentido, posicionamento do STJ: "(...)A fundamentação do acórdão confirmatório da pronúncia extrapolou a demonstração da concorrência dos pressupostos legais exigidos, encerrando juízo de certeza quanto à responsabilidade do paciente, notadamente por afirmar que as provas são robustas e convergem para a culpabilidade do acusado, que ele praticou o delito com dolo homicida e que as qualificadoras do motivo fútil e do meio cruel são, respectivamente, "evidente" e "desmascarada". Excesso de linguagem configurado. Ilegalidade manifesta. (...)"(HC 265.967-SP, Rel. Min. Sebastião Reis Júnior, j. 05.03.2015).

Alternativa "B": o protesto por novo júri era recurso previsto em nosso CPP contra decisões do Júri que extrapolassem a pena de 20 anos. Tal benevolência absurda, bem à brasileira, foi revogada pela reforma de 2008.

Alternativa "C": nesse caso, deverá o juiz absolver sumariamente o acusado (art. 415, IV, CPP).

Alternativa "D": deve ser atacada por apelação (art. 416, CPP).

Alternativa "E": é caso de impronúncia (art. 414, CPP).

---

159. (Cespe – Juiz de Direito – PB/2015) Acerca dos procedimentos especiais previstos no CPP e nas leis extravagantes, assinale a opção correta à luz da jurisprudência dos tribunais superiores.

a) No procedimento do júri, admite-se a intimação da decisão de pronúncia por edital, ainda que o processo tenha transcorrido, desde o início, à revelia do réu citado também por edital.

b) A proposta de composição civil de danos em ação penal privada realizada pelo querelante com relação a apenas um dos querelados beneficiará os demais réus.

c) A leitura, pelo MP, da sentença condenatória de corréu, proferida em julgamento anterior, gera nulidade insanável de sessão de julgamento pelo conselho de sentença.

d) Com referência aos crimes previstos na Lei de Entorpecentes, a realização do interrogatório do réu antes da oitiva das testemunhas é causa de nulidade.

e) No procedimento do júri, o assistente de acusação, devido à subsidiariedade de sua atuação, estará impedido de replicar caso o MP concorde com a tese da defesa e não vá à réplica em plenário.

COMENTÁRIOS

✪ **Nota do autor:** por haver diversas alternativas tratando do rito do júri, inserimos a questão neste tópico.

Alternativa correta: letra "B": a proposta de composição civil implica em renúncia ao direito de queixa, o que se estende a todos os querelados. Nesse sentido, decisão do STJ: "**(...)** Ao final da peça de acusação, o querelante formulou proposta de composição de danos a dois dos querelados, o que implica, em sendo aceita e homologada judicialmente, a renúncia ao direito de queixa, nos termos do disposto no art. 74, parágrafo único, da Lei nº 9.099/95. A renúncia, expressa ou tácita (art. 104 do CPB), é causa extintiva da punibilidade, sendo irretratável (art. 107, V, CPB). E, por força do princípio da indivisibilidade, a manifestação do intento de não processar parte dos envolvidos, a todos se estende, pois a renúncia beneficiará todos os envolvidos. (...)" (Apn724-DF, Rel. Min. Og Fernandes, j. 20.08.2014).

Alternativa "A": admite-se a intimação da pronúncia por edital, caso não seja o acusado encontrado. No entanto, corretamente, tem-se entendido que tal regra não se aplica se o acusado foi citado também por edital e, portanto, não tomou conhecimento do processo, o que é possível para os casos anteriores a 1996, quando houve a importante mudança do art. 366 do CPP, em vigor até hoje. Nesse sentido, o posicionamento do STJ: "(...) Constatada a citação editalícia no feito, não há falar em indispensabilidade do conhecimento da imputação por ato pessoal na espécie, eis que inviável proceder-se à aplicação de normas mais benéficas, a pinçar em prol do acusado o melhor existente nas redações do artigo 366 do Código de Processo Penal, sob pena de se quebrantar a lógica do sistema, pois, na ponderação de valores, a ampla defesa, na estrita dimensão da auto-defesa, deveria ceder diante do princípio da igualdade, evitando-se a ocorrência de significativa fissura no primado da isonomia. (...) A indispensabilidade do conhecimento pessoal da imputação afigura-se necessária a fim de possibilitar ao acusado o conhecimento da imputação em seu desfavor, o que não se verificou na espécie, visto que o edital foi empregado para a citação do réu, bem como para o conhecimento da pronúncia.. (...)" (HC 252. 429-MS, Rel. Min. Maria Thereza de Assis Moura, j. 13.05.2014).

Alternativa "C": o entendimento do STJ é o de que não há óbice algum a tal leitura: "**(...)** A sentença condenatória proferida contra corréu não consta dos incisos I e II do artigo 478 da Lei Processual Penal, inexistindo óbice à sua menção por quaisquer das partes. (...) O caput do artigo 480 do Código de Processo Penal prevê a possibilidade de leitura de peças processuais pelas partes, podendo a acusação, a defesa e os jurados, a qualquer momento e por intermédio do Juiz Presidente, pedir que o orador indique a folha dos autos onde se encontra o trecho lido ou citado. (...) Desse modo, não se pode afirmar que a leitura pelo membro do Ministério Público do édito repressivo prolatado contra corréu tenha se dado em dissonância com o que prevê a legislação processual penal pertinente, não se vislumbrando a ocorrência da eiva indicada pelos impetrantes. (...)" (HC 198.574-SP, Rel. Min. Jorge Mussi, j. 26.02.2013).

Alternativa "D": ao contrário, na Lei de Drogas (Lei 11.343/2006), esse é o rito previsto. No sentido da inexistência de nulidade, o posicionamento do STJ (AgRg no REsp 1.357.261-SP, Rel. Min. Leopoldo de Arruda Raposo (Des. convocado), j. 17.09.2015. Isso mudou: o STF e o STJ alteraram tal entendimento a partir do julgamento, pelo Supremo Tribunal Federal, do HC 127.900-AM, Rel. Min. Dias Toffoli, j. 03.03.2016. Segundo a Corte Suprema, que julgou caso em que era aplicado o Código de Processo Penal Militar, entendeu que a regra do art. 400 do CPP deve ser aplicado a todos os ritos especiais, devendo o interrogatório ser realizado ao final da instrução. Logo, o interrogatório ao final deve ser realizado também no caso da Lei de Drogas.

Alternativa "E": concordamos com o que diz a alternativa, já que é o Ministério Público o titular da ação penal nesse caso. No entanto, não parece ser o entendimento no STJ: "**(...)** Os arts. 271 e 473 do Código de Processo Penal conferem ao Assistente da Acusação o direito à réplica, ainda que o Ministério Público tenha anuído à tese de legítima defesa do Réu e declinado do direito de replicar, razão pela qual deve ser anulado o julgamento. (...)" (REsp 1.343.402-SP, Rel. Min. Laurita Vaz, j. 21.08.2014).

---

160. (Cespe – Defensor Público – RN/2015) Daniel foi submetido a julgamento pelo tribunal do júri pelo crime de homicídio qualificado e foi, finalmente, absolvido pelo conselho de sentença, que acolheu a tese de legítima defesa. Interposto recurso pelo MP, o TJ competente deu provimento à impugnação ministerial para submeter o acusado a novo julgamento, por reputar a decisão dos jurados manifestamente contrária à prova dos autos. No segundo julgamento, Daniel foi condenado por homicídio simples a pena de seis anos de reclusão. A defesa interpôs recurso, que foi provido, e Daniel foi submetido a terceiro julgamento perante o tribunal do júri, que o condenou por homicídio qualificado a pena de doze anos de reclusão.

Acerca dessa situação hipotética, assinale a opção correta, com base no entendimento do STF.

a) Diante do resultado do segundo julgamento, ao conselho de sentença era vedado condenar Daniel por homicídio qualificado.

b) Embora o conselho de sentença estivesse legalmente autorizado a condenar Daniel pelo crime de homicídio qualificado, não poderia o juiz presidente dosar a pena em patamar superior a seis anos de reclusão.

c) Em função do princípio constitucional da soberania dos veredictos, não houve ilegalidade na imposição de pena a Daniel, no terceiro julgamento, em quantidade superior à fixada no segundo julgamento.

d) O recurso interposto pelo MP para impugnar a sentença absolutória do primeiro julgamento é denominado de protesto por novo júri.

e) O recurso interposto pelo MP não poderia ter sido conhecido, uma vez que a impugnação de decisão manifestamente contrária à prova dos autos somente pode ser veiculada em recurso da defesa.

COMENTÁRIOS

Alternativa correta: letra "B" (responde também a Alternativa "C""): somos da opinião de que não poderia haver o terceiro julgamento, eis que a decisão dos jurados, para nós, só pode ser anulada pelo mérito uma única vez. Mas esse não é o problema colocado pela alternativa. Na verdade, o problema é o da *reformatio in pejus* indireta. Notem que houve condenação por homicídio simples, não havendo recurso da acusação, mas exclusivamente da Defesa. Sendo assim, não obstante a soberania dos veredictos, ainda que os jurados apreciem e reconheçam os quesitos referentes às qualificadoras no novo julgamento, não poderia o juiz fixar pena superior ao do julgamento anterior, visto que a acusação conformou-se com a reprimenda e não pode julgamento exclusivo da Defesa resultar em desfecho que lhe seja prejudicial.

Alternativa "A": pensamos que é possível o reconhecimento das qualificadoras no novo julgamento, mas sem efeito sobre a sentença do juiz-presidente.

Alternativa "D": o recurso é o de apelação. O protesto por novo júri era recurso exclusivo da Defesa e não mais existe em nosso ordenamento jurídico.

Alternativa "E": a apelação com tal fundamento pode ser interposta por qualquer das partes, não somente pela Defesa.

---

161. (Cespe – Analista Judiciário – Área Judiciária – TJ – CE/2014) Com relação ao tribunal do júri, assinale a opção correta.

a) Não há previsão de recurso acerca da admissibilidade ou não do desaforamento, admitindo-se a possibilidade de impetração de mandado de segurança.

b) Se um secretário de Estado, com foro por prerrogativa de função estabelecido pela Constituição estadual, cometer um crime doloso contra a vida, ele terá de ser julgado pelo tribunal do júri.

c) A audiência da defesa é prescindível para o desaforamento de processo da competência do tribunal júri.

d) O desaforamento pode ocorrer na pendência de recurso contra a decisão de pronúncia, de tal modo que o pronunciamento pela instância superior dar-se-á após a remessa dos autos para a outra jurisdição.

e) O desaforamento não pode ser decretado simplesmente para se assegurar a segurança pessoal do réu, sendo imprescindível que exista dúvida sobre a imparcialidade do júri ou que o interesse da ordem pública o reclame.

COMENTÁRIOS

Alternativa correta: letra "B": de acordo com a Súmula Vinculante 45 do STF: "A competência constitucional do tribunal do Júri prevalece sobre o foro por prerrogativa de função estabelecido exclusivamente pela Constituição Estadual". Entenda o problema: a CF considera direito fundamental ser julgado pelo tribunal do júri em caso de cometimento de crime doloso contra a vida. Logo, esse direito somente poderá ser afastado por outra regra constante da própria CF, estabelecida pelo constituinte originário, como ocorre com aquelas relativas ao foro por prerrogativa de função. Porém, se tal foro não estiver previsto na CF, mas apenas em constituição de Estado da Federação, deve prevalecer a competência do tribunal do júri.

Alternativa "A": realmente, não há previsão de recurso específico nesse caso, mas é cabível o recurso especial. Quanto a eventual utilização de meio de impugnação autônomo, deve ser buscado o *habeas corpus* e não o mandado de segurança. A nosso ver, a não realização do desaforamento pode implicar em risco à liberdade do acusado, eis que pode acabar sendo julgado por tribunal do júri sem isenção, por exemplo.

Alternativa "C": segundo a Súmula 712 do STF, é nula a decisão que determina o desaforamento de processo da competência do júri sem audiência da defesa.

Alternativa "D": segundo o § 4º do art. 427 do CPP: "Na pendência de recurso contra a decisão de pronúncia ou quando efetivado o julgamento, não se admitirá o pedido de desaforamento, salvo, nesta última hipótese, quanto a fato ocorrido durante ou após a realização de julgamento anulado".

Alternativa "E": o risco à segurança pessoal do acusado pode ser uma das causas a justificar o desaforamento, conforme previsão do *caput* do art. 427 do CPP.

---

162. (Cespe – Juiz de Direito Substituto – MA/ 2013) No que se refere a procedimento no tribunal do júri, assinale a opção correta.

a) A decisão de pronúncia, etapa que encerra a primeira fase procedimental do júri, submete o réu ao julgamento pelo conselho de sentença e tem eficácia de coisa julgada no que diz respeito à vinculação do conselho de sentença ao crime e à autoria descritos na decisão.

b) Caso, no procedimento escalonado do júri, o delito seja desclassificado pelo conselho de sentença do tribunal do júri, cabe ao juiz presidente proferir a sentença, ainda que a desclassificação implique a modificação da competência de jurisdição ou do juízo natural.

c) Se, ao final da instrução do procedimento escalonado do júri, for demonstrada a autoria e(ou) participação de terceiros não incluídos na peça acusatória, compete ao magistrado remeter os autos ao órgão de acusação para o aditamento da peça acusatória, a fim de renovar todas as diligências do sumário em relação ao réu incluído no aditamento.

d) Admite-se desaforamento, nas hipóteses taxativas do CPP, desde que demonstrados a necessidade e o interesse da ordem pública e havida dúvida sobre a imparcialidade do júri ou a segurança pessoal do acusado, sendo prescindível a oitiva da defesa.

COMENTÁRIOS

Alternativa correta: letra "C": é o que prevê o art. 417 do CPP. Assim, deverá o Ministério Público aditar a denúncia, mas toda a instrução deverá ser renovada em relação a tal novo acusado. É fácil entender o motivo: o juiz não poderia usar prova cuja produção não contou com a participação de tal réu.

Alternativa "A": a pronúncia jamais vincula a decisão dos jurados. Ela apenas determina que o acusado vá a julgamento pelo Tribunal do Júri, delimitando a acusação a ser submetida aos jurados. Porém, estes têm total liberdade para decidir como bem entenderem, devendo guiar-se apenas de acordo com sua consciência e os ditames da Justiça.

Alternativa "B": normalmente, havendo desclassificação, caberá ao juiz-presidente proferir a sentença. Porém, não poderá fazê-lo se isso resultar na remota hipótese de alteração da competência, por exemplo, para a Justiça Militar. Nesse caso, caberá a remessa a esta para decisão.

Alternativa "D": há uma outra hipótese que pode justificar o desaforamento, qual seja, o comprovado excesso de serviço, se o julgamento não puder ser realizado no prazo de 6 meses, contado a partir da preclusão da decisão de pronúncia (art. 428, *caput*, CPP). Caso o pedido não tenha sido feito pela Defesa, esta deverá ser ouvida. A nosso ver, por sinal, a Defesa sempre deve ser ouvida.

163. (Cespe – Defensor Público – DF/ 2013) No que concerne à prisão preventiva e ao procedimento relativo aos processos de competência do tribunal do júri, julgue os seguintes itens.

A constatação do excesso de linguagem, ou seja, juízo de valor que ultrapasse os limites da indicação de indícios de materialidade e autoria, na sentença de pronúncia pode ensejar sua anulação.

COMENTÁRIOS

Certo. O juiz não deve, na pronúncia, aprofundar-se na análise da prova, tampouco fazer considerações subjetivas, sobre seu convencimento. Isso tem uma razão de ser: no Júri, os jurados lerão a sentença de pronúncia e poderão, assim, ser por ela influenciado, caso o juiz se exceda na linguagem utilizada. Por isso, a possibilidade de anulação da pronúncia.

11.4. PROCEDIMENTOS ESPECIAIS DO CPP E LEGISLAÇÃO PROCESSUAL ESPECIAL

- CPP, arts. 513 a 530-I
- Lei 9.605/1998
- Lei 4.898/1965
- Lei 1.521/1951
- Lei 12.850/2013
- Lei 9.455/1997
- Lei 9.807/1999
- Lei 9.609/1998
- Lei 8.038/1990
- Lei 11.101/2005
- Lei 11.343/2006
- Lei 4.737/1965
- Lei 9.296/1996
- Decreto-lei 1002/1969 (CPPM)
- Lei 9.613/1998
- Lei 11.340/2006
- Lei 9.503/1997

164. (Cespe – Delegado de Polícia – PE/2016) Godofredo tem a obrigação legal de cuidar de determinado idoso, mas o abandonou em um hospital — conduta prevista no art. 98, do Estatuto do Idoso, com pena de detenção de seis meses a três anos e multa. Paulo negou trabalho a um idoso, com a justificativa de que o pretendente ao emprego encontrava-se em idade avançada — conduta enquadrada no art. 100, II, do Estatuto do Idoso, com pena de reclusão de seis meses a um ano e multa.

Nessas situações, as medidas despenalizadoras, previstas na Lei n.° 9.099/1995 (lei dos juizados especiais),

a) poderão beneficiar ambos os acusados, desde que haja anuência das vítimas.

b) poderão beneficiar Paulo, com a transação penal, ao passo que Godofredo, com a suspensão condicional do processo.

c) não poderão beneficiar Godofredo nem Paulo.

d) poderão beneficiar apenas Godofredo.

e) poderão beneficiar apenas Paulo.

COMENTÁRIOS

✪ **Nota do autor**: o Estatuto do Idoso foi trazido pela Lei 10.741/2003.

Alternativa correta: letra "B"(responde também todas as demais alternativas): o art. 94 do Estatuto permite a aplicação da Lei 9.099/1995 mesmo quando a pena máxima cominada chegue a até 4 anos de privação de liberdade. Porém, o STF deu a tal regra interpretação conforme a Constituição na ADIN 3.096-DF (Rel. Min. Cármen Lúcia, j. 16.06.2010): "(...) Art. 94 da Lei nº 10.741/2003: interpretação conforme à Constituição do Brasil, com redução de texto, para suprimir a expressão "do Código Penal e". Aplicação apenas do procedimento sumaríssimo previsto na Lei nº 9.099/95: benefício do idoso com a celeridade processual. Impossibilidade de aplicação de quaisquer medidas despenalizadoras e de interpretação benéfica ao autor do crime. 3. Ação direta de inconstitucionalidade julgada parcialmente procedente para dar interpretação conforme à Constituição do Brasil, com redução de texto, ao art. 94 da Lei nº 10.741/2003". Portanto, aplica-se apenas o procedimento da Lei 9.099/1995, mas não seus institutos despenalizadores, como a transação penal e a suspensão condicional do processo". Assim, quanto aos respectivos patamares de pena que permitem a aplicação da transação penal e a suspensão condicional do processo, deve seguir o Estatuto do Idoso a regra geral da Lei 9.099/1995, não a do art. 94 da Lei 10.741. Apenas o procedimento sumaríssimo será seguido, ainda que a pena máxima seja superior a 2 anos, mas desde que não ultrapasse 4 anos. Diante disse, pode-se concluir que Paulo poderá ser beneficiado pela transação penal, pois o crime cometido encontra-se dentro do patamar das infrações penais de menor potencial ofensivo (pena máxima não superior a 2 anos); e Godofredo poderá ser beneficiado apenas com a suspensão condicional do processo, pois a pena mínima insere-se no requisito do art. 89 da Lei 9.099.

---

165. (Cespe – Delegado de Polícia – PE/2016) Sebastião, Júlia, Caio e Marcela foram indiciados por, supostamente, terem se organizado para cometer crimes contra o Sistema Financeiro Nacional. No curso do inquérito, Sebastião e Júlia, sucessivamente com intervalo de quinze dias, fizeram acordo de colaboração premiada.

Nessa situação hipotética, no que se refere à colaboração premiada,

a) nos depoimentos que prestarem, Sebastião e Júlia terão direito ao silêncio e à presença de seus defensores.

b) o MP poderá não oferecer denúncia contra Sebastião, caso ele não seja o líder da organização criminosa.

c) o MP poderá não oferecer denúncia contra Júlia, ainda que a delação de Sebastião tenha sido a primeira a prestar efetiva colaboração.

d) Sebastião e Júlia poderão ter o benefício do perdão judicial, independentemente do fato de as colaborações terem ocorrido depois de sentença judicial.

e) o prazo para o oferecimento da denúncia em relação aos delatores poderá ser suspenso pelo período, improrrogável, de até seis meses.

COMENTÁRIOS

✪ **Nota do autor**: a conduta em questão enquadra-se no crime do art. 2º da Lei 12.850/2013, presumindo-se presente os demais requisitos do art. 1º, § 1º, da mesma lei: "Considera-se organização criminosa a associação de 4 (quatro) ou mais pessoas estruturalmente ordenada e caracterizada pela divisão de tarefas, ainda que informalmente, com objetivo de obter, direta ou indiretamente, vantagem de qualquer natureza, mediante a prática de infrações penais cujas penas máximas sejam superiores a 4 (quatro) anos, ou que sejam de caráter transnacional". Tal lei permite a colaboração premiada e é a que melhor a regula em nosso ordenamento. Segundo o art. 4º, o juiz poderá, a requerimento das partes, conceder o perdão judicial, reduzir em até 2/3 a pena privativa de liberdade ou substituí-la por restritiva de direitos daquele que tenha colaborado efetiva e voluntariamente com a investigação e com o processo criminal, desde que dessa colaboração advenha um ou mais dos seguintes resultados: (i) a identificação dos demais coautores e partícipes da organização criminosa e das infrações penais por eles praticadas; (ii) a revelação da estrutura hierárquica e da divisão de tarefas da organização criminosa; (iii) a prevenção de infrações penais decorrentes das atividades da organização criminosa; (iv) a recuperação total ou parcial do produto ou do proveito das infrações penais praticadas pela organização criminosa; (v) a localização de eventual vítima com a sua integridade física preservada. Em qualquer caso, a concessão do benefício levará em conta a personalidade do colaborador, a natureza, as circunstâncias, a gravidade e a repercussão social do fato criminoso e a eficácia da colaboração.

Alternativa correta: letra "B" (responde também a alternativa "C"): o § 4º do art. 4º da Lei 12.850 trouxe nítida exceção ao princípio da obrigatoriedade da ação penal, permitindo que o Ministério Público deixe de oferecer denúncia se o imputado não for o líder da organização e tiver sido o primeiro a prestar efetiva colaboração.

Alternativa "A": esse aspecto da colaboração premiada é importante: nos depoimentos que prestar, o colaborador renunciará, na presença de seu defensor, ao direito ao silêncio e estará sujeito ao compromisso legal de dizer a verdade (art. 4º, § 14, Lei 12.850).

Alternativa "D": não é possível o perdão judicial nessa hipótese, já que, se a colaboração for posterior à sentença, a pena somente poderá ser reduzida até a metade ou será admitida a progressão de regime ainda que ausentes os requisitos objetivos.

Alternativa "E": o prazo para oferecimento de denúncia ou o processo, relativos ao colaborador, poderá ser suspenso por até 6 meses, prorrogáveis por igual período, até que sejam cumpridas as medidas de colaboração, suspendendo-se o respectivo prazo prescricional (art. 4º, § 3º, Lei 12.850).

---

166. (Cespe – Juiz de Direito Substituto – DFT/2014) Com referência à interceptação telefônica, assinale a opção correta.

a) O objetivo primordial da interceptação telefônica é reunir o maior número possível de informações, a fim de produzir substrato probatório mínimo hábil a desencadear eventual persecução penal, cabendo aos policiais executores da medida proceder a uma espécie de filtragem das escutas interceptadas, conforme a linha investigatória adotada.

b) A Lei nº 9.296/1996, que trata da interceptação das comunicações telefônicas, estipula o prazo de quinze dias para a interceptação de comunicações telefônicas, renovável uma vez por igual período, vedadas, de acordo com o entendimento jurisprudencial do STF e do STJ, as prorrogações por período superior a esse prazo.

c) A quebra do sigilo telefônico pode ter por base, exclusivamente, denúncia anônima sobre a autoria em determinado delito, ainda que a denúncia apócrifa esteja desacompanhada de investigações preliminares acerca dos fatos noticiados.

d) Segundo entendimento do STJ, é inadmissível a utilização de prova produzida em feito criminal diverso, obtida por meio de interceptação telefônica e relacionada com os fatos do processo-crime, ainda que seja oferecida à defesa oportunidade de proceder ao contraditório.

e) O contraditório das provas obtidas por meio de interceptação telefônica é postergado para os autos da ação penal deflagrada, quando as partes terão acesso ao seu conteúdo e, diante desses elementos, poderão impugnar e contraditar as provas obtidas por meio da medida cautelar.

COMENTÁRIOS

Alternativa correta: letra "E": por óbvio, é impossível o contraditório no momento da formação dos elementos de prova obtidos por meio da interceptação telefônica, pois implicaria na ineficácia de sua realização. Porém, o acusado, posteriormente, deve ter acesso a todo o conteúdo da interceptação, até para que possa questionar a correção das afirmações feitas na denúncia a partir de tal prova. Pode, inclusive, exercendo o contraditório, requerer perícias em relação ao que foi gravado, bem como qualquer esclarecimento.

Alternativa "A": não cabe a "filtragem" mencionada. Os policiais devem trazer aos autos tudo aquilo que for obtido por meio da interceptação, sob pena de violação, principalmente, ao princípio da ampla defesa.

Alternativa "B": tanto o STF quanto o STJ entendem que podem ocorrer diversas prorrogações consecutivas, desde que se deem por decisões fundamentadas.

Alternativa "C": nem o inquérito pode ser instaurado com base, exclusivamente, em denúncia anônima, nem a interceptação pode ser deferida com base nela. Nesse sentido, o entendimento do STJ: "(...) Na hipótese em apreço, constata-se que a comunicação anônima foi o único dado que serviu para embasar a interceptação telefônica autorizada judicialmente, que ensejou as quebras de sigilos de outros terminais, bem como as prorrogações posteriores, inexistindo a realização de diligências prévias à medida constritiva extrema. (...) Evidente a flagrante ilegalidade, visto que, em decorrência da suposta prática de tráfico de entorpecentes e associação, a quebra do sigilo, a prisão, a denúncia e a condenação do paciente estão intimamente amparadas nos informes apócrifos recebidos pela autoridade policial, que não se esmerou em realizar procedimentos investigatórios preliminares, antes da requisição da interceptação telefônica. (...)" (HC 229.205-ES, Rel. Min. Maria Thereza de Assis Moura, j. 08.04.2014).

Alternativa "D": o STJ, ao contrário do afirmado na alternativa, admite a interceptação telefônica como prova emprestada, sendo exemplo o seguinte julgado: "(...) A alegação de nulidade da decisão que determinou a utilização de prova emprestada já foi analisada por esta Corte quando do julgamento do Habeas Corpus nº 259.617/RJ, Rel. Min. LAURITA VAZ, no qual se reconheceu que é lícita a utilização de prova produzida em feito criminal diverso, obtida por meio de interceptação telefônica – de forma a ensejar, inclusive, a correta instrução do feito –, desde que relacionada com os fatos do processo-crime, e, após sua juntada aos autos, seja oportunizado à Defesa proceder ao contraditório e à ampla defesa. (...)" (HC 252.244-RJ, Rel. Min. Laurita Vaz, j. 11.03.2014).

---

167. (Cespe – Juiz de Direito Substituto – DFT/2014) Em relação à Lei Maria da Penha, assinale a opção correta.

a) O escopo da lei em apreço é a proteção da mulher em situação de fragilidade/vulnerabilidade diante do homem, desde que caracterizado o vínculo de relação doméstica, familiar ou de afetividade, não se aplicando os dispositivos dessa lei às relações domésticas e afetivas entre pessoas do mesmo sexo.

b) Para a incidência dessa lei, é necessária a comprovação da coabitação entre o agente e a vítima ao tempo do crime.

c) Consoante entendimento do STF, nos casos de lesão corporal grave, no âmbito doméstico, a ação penal será pública condicionada à representação da vítima.

d) Conforme entendimento do STJ, é possível o recebimento da denúncia com base no depoimento da vítima por crimes de ameaça praticados no ambiente doméstico, pois, ao longo da instrução processual, é que serão colhidos outros elementos de convicção, que irão, ou não, confirmar as alegações da vítima colhidas extrajudicialmente.

e) De acordo com o posicionamento do STF, nos casos de lesão corporal leve, no âmbito doméstico, a ação penal é privada.

COMENTÁRIOS

Alternativa correta: letra "D": é este, de fato, o entendimento do STJ. Nesse sentido: "(...) De acordo com a jurisprudência firmada nesta Corte é possível o recebimento da denúncia com base no depoimento da vítima por crimes de ameaça praticados no ambiente doméstico, de vez que no curso da instrução processual é que serão colhidos outros elementos de convicção aptos a confirmar ou não, as alegações da vítima colhidas extrajudicialmente, mormente quando se trata de delitos cometidos sem a presença de testemunhas, como no caso. (...)" (HC 263.690-RJ, Rel. Min. Moura Ribeiro, j. 17.10.2013).

Alternativa "A": segundo a Lei Maria da Penha (Lei 11.340/2006), configura violência doméstica e familiar contra a mulher qualquer ação ou omissão baseada no gênero que lhe cause morte, lesão, sofrimento físico, sexual ou psicológico e dano moral ou patrimonial em qualquer relação íntima de afeto, na qual o agressor conviva ou tenha convivido com a ofendida, independentemente de coabitação, que independem de orientação sexual. É o que se extrai do art. 5º, III e parágrafo único, não havendo, portanto, qualquer ressalva quanto ao relacionamento se dar entre duas mulheres.

Alternativa "B": como visto nos comentários à alternativa anterior, a caracterização de violência doméstica contra a mulher independe de coabitação entre agressor e vítima.

Alternativa "C": nesse caso, a ação penal será pública incondicionada. Aliás, no caso dos crimes de lesões corporais praticados contra a mulher no âmbito da violência doméstica, a ação penal será sempre pública incondicionada, como já decidiu o STF, julgando constitucional a vedação da aplicação da Lei 9.099/1995 aos casos de violência doméstica. E está nessa lei a previsão de representação no caso de lesões leves.

Alternativa "E": normalmente, em se tratando de crime de lesão corporal leve, ainda que cometido no âmbito doméstico, nos termos do § 9º do art. 129 do CP, haverá necessidade de representação da vítima. Porém, em se tratando de violência contra a mulher, deve ser aplicada a Lei 11.340/2006 (Lei Maria da Penha), não se exigindo a representação, ainda que leve a lesão corporal. É que a necessidade de representação em crime de lesão corporal leve foi introduzida em nosso ordenamento pela Lei 9.099/1995, pois, até então, o crime do art. 129, *caput*, era de ação penal pública incondicionada. Então, adveio a Lei 11.340/2006 que, em seu art. 41, previu a inaplicabilidade da Lei 9.099/1995 em casos de violência doméstica. Então, a doutrina e a jurisprudência se dividiram a respeito: o que não é aplicado da Lei 9.099, tudo ou apenas a transação penal? A questão nunca foi pacífica, nem no STJ, bastando verificar o Recurso Especial 1.127.981-PE (Rel. Min. Gilson Dipp, j. 22.11.2011), do qual se depreende a necessidade da representação. Ocorre que, em 2012, o STF, na ADI 4424 – portanto, com efeitos vinculantes e *erga omnes* – decidiu pela constitucionalidade do art. 41 da Lei Maria da Penha e, assim, que não é necessária a representação da ofendida em casos de lesões corporais leves (v. Informativo 654).

---

168. (Cespe – Promotor de Justiça – AC/2014) Assinale a opção correta com base no entendimento do STJ a respeito das interceptações telefônicas.

a) De acordo com a lei que rege as interceptações telefônicas, a competência para deferir esse procedimento no curso do inquérito policial é do promotor de justiça com atribuição para atuar na ação principal.

b) O investigado possui direito subjetivo não somente ao áudio das escutas telefônicas realizadas, mas também à transcrição, pela justiça, de todas as conversas interceptadas.

c) A ação penal padecerá de nulidade absoluta, por cerceamento de defesa, caso a defesa não tenha acesso à integralidade do teor das escutas telefônicas antes da colheita da prova oral.

d) É dispensável que o MP, na condição de fiscal da lei, seja cientificado da necessidade de averiguação da lisura do ato de interceptação telefônica determinada de ofício pelo juiz.

e) A fim de assegurar a ampla defesa, é necessário apenas que se transcrevam os excertos das escutas telefônicas que tenham servido de substrato para o oferecimento da denúncia.

COMENTÁRIOS

Alternativa correta: letra "E": o STJ já decidiu ser "(...) pacífico o entendimento nos tribunais superiores no sentido de que é prescindível a transcrição integral do conteúdo da quebra do sigilo das comunicações telefônicas, somente sendo necessária, a fim de se assegurar o exercício da garantia constitucional da ampla defesa, a transcrição dos excertos das escutas que serviram de substrato para o oferecimento da denúncia. (...)" (HC 244.888-PB, Rel. Min. Maria Thereza de Assis Moura, j. 14.10.2014).

Alternativa "A": na legislação brasileira, cabe sempre ao juiz decidir a respeito de interceptações telefônicas. Em outros países, como Alemanha e Itália, admite-se que o Ministério Público possa autorizar a interceptação em casos urgentes, mas deverá obter a confirmação judicial da ordem dentro de um prazo, que em geral é bem curto, de apenas alguns poucos dias. Não seguimos esse modelo.

Alternativa "B": não temos dúvida em afirmar que tem o acusado direito de acesso ao áudio da interceptação. Porém, como vimos nos comentários à alternativa correta, não é direito dele que venha aos autos a transcrição de todas as conversas.

Alternativa "C": não há nulidade, em regra, nesse caso, conforme já decidiu o STJ: "(...)1. Não há nulidade a ser reconhecida na juntada tardia das transcrições das interceptações telefônicas, visto que foram incorporadas aos autos antes da abertura de prazo para as alegações finais, possibilitando à defesa o amplo acesso, a fim de refutá-las antes da prolação da sentença de pronúncia, o que garantiu o pleno exercício da defesa e do contraditório. Assim, não há falar em cerceamento de defesa se o patrono do paciente teve acesso às transcrições e lhe foi facultado rechaçá-las antes mesmo do Juízo ter proferido a sentença de pronúncia, notadamente se não apontado nenhum prejuízo efetivo. 2. É prescindível a transcrição integral das interceptações telefônicas, sendo imperioso, tão somente, a fim de assegurar o amplo exercício da defesa, a de gravação dos trechos das escutas que embasaram a peça acusatória. Precedentes do STF. (...)" (HC 204.775-ES, Rel. Min. Marco Aurélio Bellizze, j. 12.04.2012).

Alternativa "D": de acordo com a Lei 9.296/1996, deve o Ministério Público ser comunicado, até para que possa acompanhar os trabalhos de interceptação. Tal regra deve ser aplicada mesmo quando a decisão foi tomada de ofício pelo juiz.

---

169. (Cespe – Cartório – TJ – DF/2014) Assinale a opção correta acerca de interceptação telefônica, segundo o STF, o STJ e a doutrina majoritária.

a) Segundo o entendimento do STF, é impossível a prorrogação do prazo de autorização para a interceptação telefônica por períodos sucessivos.

b) O juiz competente para determinar a interceptação é o competente para processar e julgar o crime de cuja prática se suspeita. No entanto, a verificação posterior de que se trata de crime para o qual o juiz seria incompetente não deve acarretar a nulidade absoluta da prova colhida.

c) É válido o deferimento de interceptação telefônica promovido em razão de denúncia anônima desacompanhada de outras diligências.

d) É indispensável prévia instauração de inquérito para a autorização de interceptação telefônica.

e) Consoante entendimento predominante nos tribunais superiores, faz-se necessária a transcrição integral do conteúdo da quebra do sigilo das comunicações telefônicas.

COMENTÁRIOS

Alternativa correta: letra "B": a regra citada está certa, pois em nosso sistema, ao menos atualmente, cabe ao juiz competente para julgar a futura ação penal autorizar a interceptação telefônica. Defende-se uma alteração legislativa, de modo a que seja criada a figura do "juiz de garantias", que seria incumbido de decidir todas as medidas cautelares, inclusive de conteúdo probatório, antes da ação penal. Porém, até o momento, tal figura não foi criada. De outra parte, por ocorrer que o juiz que se pensava inicialmente competente mostrou-se incompetente com o desenrolar da interceptação e dos elementos informativos colhidos. Nesse caso, admite-se a validade da autorização dada, não sendo anulada a prova produzida. Nesse sentido, a posição do STJ: "(...)1. Nos termos do artigo 1º da Lei 9.296/1996, a competência para deferir a interceptação telefônica no curso do inquérito policial é do juiz competente para a ação principal. 2. Prevalece na doutrina e na jurisprudência o entendimento segundo o qual a competência para autorizar a interceptação telefônica no curso das investigações deve ser analisada com cautela, pois pode ser que, inicialmente, o magistrado seja aparentemente competente e apenas no curso das investigações se verifique a sua incompetência. 3. A descoberta, no decorrer da execução das interceptações telefônicas, de que os delitos investigados foram praticados for a dos limites territoriais de jurisdição da autoridade que deferiu a medida, não tem o condão de nulificar as provas já colhidas. (...)" (RHC 49.057-PR, Rel. Min. Jorge Mussi, j. 04.09.2014).

Alternativa "A": ao contrário, o STJ entende ser possível prorrogações sucessivas, desde que fundamentadas: (...) Apesar do artigo 5º da Lei 9.296/1996 prever o prazo máximo de 15 (quinze) dias para a interceptação telefônica, renovável por mais 15 (quinze), não há qualquer restrição ao número de prorrogações possíveis, exigindo-se apenas que haja decisão fundamentando a necessidade de dilatação do período. Doutrina. Precedentes. (...)" (RHC 38.063-MG, Rel. Min. Jorge Mussi, j. 04.11.2014).

Alternativa "C": como já visto em questão anterior, é inadmissível a interceptação telefônica autorizada com base apenas em denúncia anônima. Nesse sentido, o posicionamento do STJ: "(...) Na hipótese em apreço, constata-se que a comunicação anônima foi o único dado que serviu para embasar a interceptação telefônica autorizada judicialmente, que ensejou as quebras de sigilos de outros terminais, bem como as prorrogações posteriores, inexistindo a realização de diligências prévias à medida constritiva extrema. (...) Evidente a flagrante ilegalidade, visto que, em decorrência da suposta prática de tráfico de entorpecentes e associação, a quebra do sigilo, a prisão, a denúncia e a condenação do paciente estão intimamente amparadas nos informes apócrifos recebidos pela autoridade policial, que não se esmerou em realizar procedimentos investigatórios preliminares, antes da requisição da interceptação telefônica. (...)" (HC 229.205-ES, Rel. Min. Maria Thereza de Assis Moura, j. 08.04.2014).

Alternativa "D": embora a nosso ver, a polícia somente deveria solicitar autorização de interceptação quando já tivesse inquérito instaurado para apurar o fato, não tem sido este o entendimento que vem prevalecendo.

Alternativa "E":, a jurisprudência dos tribunais superiores tem sido pacífica em não exigir a transcrição das conversas captadas na interceptação telefônica. Nesse sentido, decisão do STJ: "(...) É prescindível a transcrição integral do conteúdo da quebra do sigilo das comunicações telefônicas, somente sendo necessária, a fim de se assegurar o exercício da garantia constitucional da ampla defesa, que se permita às partes o acesso aos diálogos captados. In casu, a mídia (CDs de áudio) foi disponibilizada à defesa, a afastar a nulidade arguida. (...)" (HC 222.717-DF, Rel. Min. Maria Thereza de Assis Moura, j. 15.05.2014).

---

170. (Cespe – Defensor Público – TO/2013) Flávia, maior, capaz, de trinta e sete anos de idade, mãe de Lúcia, de dezesseis anos de idade, desconfiando que o companheiro, Saulo, de quarenta anos de idade, assediava sexualmente Lúcia, procurou a delegacia de polícia, onde foi instaurado o procedimento investigativo pertinente. Saulo foi conduzido à delegacia e prestou esclarecimentos, tendo sido indiciado. Ao retornar ao imóvel do casal, Saulo espancou Flávia, tendo-lhe causado lesões corporais graves, e expulsou mãe e filha do imóvel, sob a alegação de ter pago a maior parte da casa, o que lhe garantia o direito de permanecer no imóvel. Reteve também todos os bens comuns do casal. Flávia, imediatamente, em companhia da filha, voltou à delegacia de polícia e declarou o seu receio de que o agressor voltasse a agredi-la e o fato de não ter para onde ir.

Em face dessa situação hipotética, assinale a opção correta com base no que dispõe a Lei nº 11.340/2006.

a) De acordo com a referida lei, o juiz, ao receber o expediente com a comunicação dos fatos, somente poderá decretar a prisão preventiva de Saulo, de ofício, caso exista ação penal ajuizada. Na fase investigativa, a decretação da prisão depende de representação da autoridade policial ou de requerimento do MP.

b) Assegura expressamente a referida lei o dever da autoridade policial de fornecer transporte para Flávia e a filha a local seguro, bem como o acompanhamento ao domicílio para a retirada de seus pertences, enquanto são adotadas outras medidas protetivas.

c) Nesse caso, é imprescindível a oitiva prévia de Saulo antes da imposição das medidas protetivas a Flávia, inclusive as de natureza patrimonial, sob pena de nulidade da medida, segundo dispositivo expresso da lei de regência.

d) Ante a urgência da situação, a referida lei prevê a possibilidade de a autoridade policial proceder, de ofício, ao afastamento provisório do agressor do lar, enquanto são adotadas outras medidas pertinentes legalmente estabelecidas.

e) Determina a lei de regência, de forma expressa, a obrigatoriedade do segredo de justiça, no âmbito criminal, com relação às medidas protetivas adotadas em favor de Flávia e aos demais atos do processo.

COMENTÁRIOS

Alternativa correta: letra "B": segundo o art. 11 da Lei 11.340/2006, no atendimento à mulher em situação de violência doméstica e familiar, a autoridade policial deverá, entre outras providências: (i) garantir proteção policial, quando necessário, comunicando de imediato ao Ministério Público e ao Poder Judiciário; (ii) encaminhar a ofendida ao hospital ou posto de saúde e ao Instituto Médico Legal; (iii) fornecer transporte para a ofendida e seus dependentes para abrigo ou local seguro, quando houver risco de vida; (iv) se necessário, acompanhar a ofendida para assegurar a retirada de seus pertences do local da ocorrência ou do domicílio familiar; (v) informar à ofendida os direitos a ela conferidos nesta Lei e os serviços disponíveis.

Alternativa "A": segundo o *caput* do art. 20 da Lei 11.340, em qualquer fase do inquérito policial ou da instrução criminal, caberá a prisão preventiva do agressor, decretada pelo juiz, de ofício, a requerimento do Ministério Público ou mediante representação da autoridade policial. Trata-se de exceção à regra geral do art. 311 do CPP, que não permite a decretação da prisão preventiva, de ofício, pelo juiz, na fase de investigação.

Alternativa "C": segundo o § 1º do art. 19 da Lei 11.340, as medidas protetivas de urgência poderão ser concedidas de imediato, independentemente de audiência das partes e de manifestação do Ministério Público, devendo este ser prontamente comunicado.

Alternativa "D": cabe ao juiz a aplicação de tais medidas de urgência, conforme preceitua o art. 22 da Lei 11.340.

Alternativa "E": não há tal disposição na Lei "Maria da Penha".

---

171. (Cespe – Juiz Federal Substituto 1ª região/2013) No que concerne a aspectos diversos do direito processual penal brasileiro, assinale a opção correta.

a) O laudo de exame de corpo de delito será realizado por, no mínimo, dois peritos oficiais, portadores de diploma de curso superior, sob pena de nulidade do laudo.

b) O juiz que represente criminalmente ou por infração ética contra o advogado que o tiver injuriado no curso de audiência de instrução processual deverá imediatamente declarar-se suspeito, em razão do princípio da imparcialidade.

c) Em julgamento de acusado de crime organizado para o tráfico de drogas, o juiz poderá conceder o perdão judicial ou reduzir a pena do acusado colaborador que identificar os demais integrantes do grupo e as infrações por eles praticadas.

d) O MP, ao se manifestar acerca de questão preliminar suscitada na resposta à acusação, poderá requerer a absolvição do réu, ou mesmo a desistência da ação, essa restrita ao reconhecimento evidente da atipicidade do fato.

e) Durante investigação policial em crime de tráfico de drogas, o juiz poderá autorizar a infiltração de agente policial em organização criminosa e poderá protrair a prisão em flagrante delito pelo transporte de drogas, a fim de identificar outros integrantes do grupo.

COMENTÁRIOS

✪ **Nota do autor:** os pontos mais relevantes da questão estão nas alternativas que tocam em meios de investigação utilizados nos casos de tráfico de drogas e organizações criminosas. Por isso, a inserimos neste tópico.

Alternativa correta: letra "E": a infiltração de agentes policiais e a entrega controlada estão previstas na Lei 11.343/2006, no art. 53. O inciso II deste, por sinal, define a segunda hipótese: "a não-atuação policial sobre os portadores de drogas, seus precursores químicos ou outros produtos utilizados em sua produção, que se encontrem no território brasileiro, com a finalidade de identificar e responsabilizar maior número de integrantes de operações de tráfico e distribuição, sem prejuízo da ação penal cabível".

Alternativa "A": esse era o entendimento que prevalecia até a alteração legislativa ocorrida em 2008. Então, o art. 159 foi alterado e passou a prever que exame de corpo de delito e outras perícias serão realizados por perito oficial (notem o singular), portador de diploma de curso superior. Já o § 1º estabeleceu que. na falta de perito oficial, o exame será realizado por duas pessoas idôneas, portadoras de diploma de curso superior preferencialmente na área específica, dentre as que tiverem habilitação técnica relacionada com a natureza do exame.

Alternativa "B": nesse caso, não há suspeição, isso porque foi o advogado quem deu causa ao problema. Atento a isso, o art. 256 do CPP dispõe que a suspeição não poderá ser declarada nem reconhecida, quando a parte injuriar o juiz ou de propósito der motivo para criá-la.

Alternativa "C": segundo o art. 41 da Lei de Drogas, o indiciado ou acusado que colaborar voluntariamente com a investigação policial e o processo criminal na identificação dos demais co-autores ou partícipes do crime e na recuperação total ou parcial do produto do crime, no caso de condenação, terá pena reduzida de um terço a dois terços. O perdão judicial seria possível se aplicável a Lei 12.850/2013, que prevê tal espécie de benefício.

Alternativa "D": o Ministério Público não pode, em hipótese alguma, desistir da ação penal, devendo, na hipótese narrada pela alternativa, concordar com a absolvição sumária.

---

172. (Cespe – Juiz Federal Substituto 1ª região/2013) Em consonância com a jurisprudência dos tribunais superiores, com relação à interceptação telefônica e aos dispositivos legais aplicáveis ao tema, assinale a opção correta.

a) A perícia técnica de transcrição de conversas telefônicas interceptadas por ordem judicial é dispensável para a prova da autoria do crime.

b) Admite-se, por uma única vez, a prorrogação judicial da interceptação telefônica anteriormente decretada, desde que fundamentada pelo juiz competente, sob pena de nulidade da prova.

c) A interceptação telefônica poderá ser decretada por juiz criminal competente, para fins de investigação policial ou instrução criminal, pelo prazo máximo improrrogável de sessenta dias.

d) A prova obtida em interceptação telefônica autorizada por juiz criminal não poderá ser emprestada ao juízo cível onde tramite ação por improbidade administrativa contra o mesmo acusado, em razão da ofensa aos princípios do contraditório e da ampla defesa, ressalvada a concordância do acusado.

e) É nula a prova colhida em interceptação telefônica decretada por juiz incompetente, ainda que o motivo da incompetência não seja contemporâneo à decisão judicial, em razão de a nulidade operar efeitos de pleno direito desde a prática do ato judicial.

COMENTÁRIOS

Alternativa correta: letra "A": como visto em questão anterior, a jurisprudência dos tribunais superiores tem sido pacífica em não exigir a transcrição das conversas captadas na interceptação telefônica. Nesse sentido, decisão do STJ: "(...) É prescindível a transcrição integral do conteúdo da quebra do sigilo das comunicações telefônicas, somente sendo necessária, a fim de se assegurar o exercício da garantia constitucional da ampla defesa, que se permita às partes o acesso aos diálogos captados. In casu, a mídia (CDs de áudio) foi disponibilizada à defesa, a afastar a nulidade arguida. (...)" (HC 222.717-DF, Rel. Min. Maria Thereza de Assis Moura, j. 15.05.2014).

Alternativa "B": tem-se admitido sucessivas prorrogações, desde que fundamentadas. Nesse sentido, o entendimento do STF: "(...) O Plenário desta Corte já decidiu que 'é possível a prorrogação do prazo de autorização para a interceptação telefônica, mesmo que sucessivas, especialmente quando o fato é complexo, a exigir investigação diferenciada e contínua. Não configuração de desrespeito ao art. 5º, caput, da Lei 9.296/1996'. (...)" (RHC 120.551-MT, Rel. Min. Ricardo Lewandowski, j. 08.04.2014).

Alternativa "C": o prazo máximo da interceptação é de 15 dias, conforme prevê a Lei 9.296/1996. Como visto no comentário à alternativa anterior, pode ser prorrogado, por igual período, sucessivamente.

Alternativa "D": a prova emprestada é permitida nesse caso, não obstante a autorização originária para interceptação telefônica só ser possível para investigação criminal. Nesse sentido, decisão do STJ: "(...) Em relação às provas obtidas por interceptação telefônica, não há ilegalidade na utilização desses elementos na ação de improbidade, quando resultarem de provas emprestadas de processos criminais. Matéria pacificada no STJ. (...)" (REsp 1.190.244-RJ, Rel. Min. Castro Meira, j. 05.05.2011).

Alternativa "E": de acordo com o STJ: "(...) A Lei nº 9.296/1996, ao regulamentar a quebra do sigilo de comunicações telefônicas para fins de investigação criminal, explicitou, em seu art. 1º, que depende a interceptação de ordem do juiz competente da ação principal. Não obstante, segundo entendimento do Supremo Tribunal Federal, a regra do art. 1º da mencionada lei federal deve ser interpretada de maneira ponderada (HC nº 81.260/ES). (...) Não há como acolher-se a tese de nulidade aventada no presente recurso, porquanto, ao tempo em que autorizada a quebra dos sigilos bancário e telefônico do recorrente, ainda no curso das investigações criminais, os autos do inquérito policial ainda estavam sob a competência do Juízo da 5ª Vara Federal da Seção Judiciária de Mato Grosso, o que é suficiente para reconhecer que esse juízo era competente para autorizá-la. (...) Se, no decorrer das investigações, verificou-se a incompetência superveniente, tal situação, em regra, não afeta a validade das decisões precedentes à alteração da situação de fato que a tenha gerado. (...)" (RHC 32.525-AP, Rel. Min. Sebastião Reis Júnior, j. 05.03.2013).

173. (Cespe – Juiz Federal Substituto 1ª região/2013) A respeito de processos por crimes de responsabilidade de funcionário público, crimes contra a honra, crimes falimentares e crime de tráfico ilícito de entorpecentes, assinale a opção correta, com base na lei e no entendimento dos tribunais superiores.

a) No processo criminal por crimes de calúnia e difamação praticados contra servidor público no exercício da função, após recebida a queixa, o juiz designará audiência de reconciliação e, se essa for frutífera, homologará, por sentença, a desistência do querelante.

b) No processo criminal por tráfico internacional de drogas, é competente a justiça federal, ressalvada a competência da justiça estadual excepcionalmente se o crime for praticado em município que não seja sede de vara federal.

c) Constitui efeito da condenação por crime falimentar a inabilitação do condenado para o exercício de atividade empresarial, salvo se lhe for outorgado mandato ou gestão de negócio por terceiro que, momentaneamente, não possa exercer a administração da empresa.

d) Estando o réu solto e decorrido o prazo para o MP oferecer a denúncia por crime falimentar, qualquer credor habilitado ou o administrador judicial poderá oferecer ação penal privada subsidiária da pública, observado o prazo decadencial de seis meses, salvo se o parquet decidir aguardar a apresentação, pelo administrador, da exposição circunstanciada do relatório da falência.

e) De acordo com o STJ, no processo por crime de responsabilidade de funcionário público, oferecida a denúncia com base em inquérito policial devidamente relatado pelo delegado de polícia, o juiz não poderá recebê-la nem citar o acusado sem antes notificá-lo para que apresente resposta escrita, sob pena de nulidade absoluta.

COMENTÁRIOS

Alternativa correta: letra "D": a Lei 11.101/2005, no parágrafo único do art. 184, admite a ação penal privada subsidiária, que, no caso, pode ser proposta por qualquer credor habilitado ou o administrador judicial, observado o prazo decadencial de 6 meses.

Alternativa "A": embora a jurisprudência admita que a legitimidade para a propositura da ação penal, em tais casos, é concorrente – ou seja, pode tanto ser proposta pelo Ministério Público, havendo representação do ofendido, como pelo ofendido, por meio de queixa-crime – é certo que, de acordo com o CP, a ação penal é pública condicionada à representação. Logo, a nosso ver, não é cabível a audiência de conciliação prevista no art. 520 do CPP. Ademais, ainda que não se tenha tal entendimento, é certo que tal procedimento é aplicável aos crimes de calúnia e injúria, não de difamação, segundo o art. 519.

Alternativa "B": a competência é da Justiça Federal, em razão de haver tráfico internacional de drogas (base constitucional no art. 109, V, da CF/1988 e regra específica no art. 70 da Lei 11.343/2006). O § 3º do art. 109 da CF autoriza a lei a determinar o julgamento pela Justiça Estadual dos casos de competência da Justiça Federal, desde que a comarca não tenha Vara Federal. E o § 4º do mesmo art. 109 dispõe que o recurso cabível será sempre para o Tribunal Regional Federal na área de jurisdição do juiz de primeiro grau. Já a Lei 5.010/1966, que organiza a Justiça Federal, traz hipóteses, em seu art. 15, em que o juiz de primeiro grau estadual poderá julgar as causas que seriam da Justiça Federal, na ausência de Vara Federal. Contudo, especificamente sobre o tema da questão – tráfico internacional de drogas – há **regra específica na Lei 11.343/2006**. Com efeito, diz o parágrafo único do art. 70: "Os crimes praticados nos Municípios que não sejam sede de vara federal serão processados e julgados na vara federal da circunscrição respectiva". Portanto, deverá atuar o Procurador da República oficiante perante a Vara Federal da circunscrição.

Alternativa "C": não há tal exceção. Segundo o art. 181 da Lei de Recuperação Judicial, são efeitos da condenação: (i) a inabilitação para o exercício de atividade empresarial; (ii) o impedimento para o exercício de cargo ou função em conselho de administração, diretoria ou gerência das sociedades sujeitas a esta Lei; (iii) a impossibilidade de gerir empresa por mandato ou por gestão de negócio.

Alternativa "E": não é esta a posição do STJ. Segundo a Súmula 330 editada por tal Tribunal: "É desnecessária a resposta preliminar de que trata o art. 514 do Código de Processo Penal, na ação penal instruída por inquérito policial".

174. (Cespe – Juiz de Direito Substituto – RN/2013) No que concerne aos procedimentos em espécie, assinale a opção correta.

a) No procedimento relativo a processos da competência do tribunal do júri, caso o juiz não se convença da materialidade do fato ou da existência de indícios suficientes de autoria ou de participação, o acusado deverá ser sumariamente absolvido.

b) No rito do tribunal do júri, os jurados excluídos da formação do conselho de sentença, por impedimento, suspeição ou incompatibilidade, não poderão ser considerados para a constituição do número legal exigível para a realização da sessão de julgamento.

c) Na Lei nº 9.099/1995, é prevista a possibilidade de fase prévia de composição civil entre as partes e, caso obtida a conciliação nos crimes de menor potencial ofensivo de ação penal exclusivamente privada, a sentença homologatória importará na impossibilidade de futuro exercício do direito de queixa, ainda que o descumprimento do acordo seja constatado dentro do prazo decadencial.

d) Deve-se adotar o procedimento sumaríssimo, previsto na Lei nº 9.099/1995, em relação aos crimes de menor potencial ofensivo, ainda que praticados com violência doméstica e familiar contra a mulher.

e) No procedimento ordinário, poderão ser inquiridas, durante a instrução processual, até oito testemunhas arroladas pela acusação e oito testemunhas arroladas pela defesa, incluídas, nesse número, as que não prestem compromisso.

COMENTÁRIOS

Alternativa correta: letra "C": é a própria lei que estabelece haver, em caso de conciliação civil, a renúncia ao direito de queixa ou representação (art. 74, parágrafo único, Lei 9.099/1995). E se o acordado entre o ofendido e o autor do fato não for cumprido? Isso não afasta o efeito afirmado pela lei. Ou seja, houve a renúncia do direito de queixa, com extinção da punibilidade, de modo que não será possível à vítima propor a ação penal. Resta a ela apenas a execução do acordo homologado.

Alternativa "A": nesse caso, o juiz deve impronunciar o réu. Guardem bem: a falta de provas leva à impronúncia; a existência de prova de que não houve o crime ou de que o réu não foi o autor ou de causa de exclusão de ilicitude ou culpabilidade leva à absolvição sumária.

Alternativa "B": ao contrário, ainda assim tais jurados são contados no número mínimo – que é 15 – para instauração da sessão (arts. 451 e 463, § 2º, CPP).

Alternativa "D": em casos de violência doméstica e familiar contra a mulher não se aplica a Lei 9.099/1995, por expressa exclusão da própria Lei 11.340/2006. Isso inclui o próprio procedimento sumaríssimo, que está previsto na Lei 9.099. Nesse caso, a nosso ver, deve ser adotado o procedimento sumário, por analogia com o art. 538 do CPP.

Alternativa "E": não estão incluídas, nesse número, as testemunhas que não prestam compromisso (art. 401, § 1º, CPP).

175. (Cespe – Analista do MPU/2013) Considerando que um servidor público tenha sido preso em flagrante pela prática de peculato cometido em desfavor da Caixa Econômica Federal, tendo sido o crime facilitado em razão da função exercida pelo referido servidor, julgue os itens a seguir, com base na legislação processual penal.

Por se tratar de crime afiançável, ao servidor é garantido o direito de apresentar resposta preliminar no prazo de quinze dias, logo após a notificação pelo juízo processante, quando, então, o juiz decidirá pelo recebimento ou rejeição da denúncia.

COMENTÁRIOS

Certo. O art. 514 do CPP dispõe que, nos crimes afiançáveis, estando a denúncia ou queixa em devida forma, o juiz mandará autuá-la e ordenará a notificação do acusado, para responder por escrito, dentro do prazo de quinze dias. No caso, o peculato é crime afiançável. Mas, atenção: no STJ, há o entendimento de que não é necessária a resposta preliminar se a ação penal foi instruída por inquérito policial (Súmula 330). Já o STF trilhava também o mesmo caminho da Súmula 330 citada, mas, recentemente, alterou seu entendimento, exigindo a aplicação do art. 514 do CPP, salvo se o acusado não mais exercer o cargo público quando da denúncia: "(...) A partir do julgamento do HC 85.779/RJ, passou-se a entender, nesta Corte, que é indispensável a defesa prévia nas hipóteses do art. 514 do Código de Processo Penal, mesmo quando a denúncia é lastreada em inquérito policial (Informativo 457/STF). (...) A jurisprudência do STF, contudo, firmou-se no sentido de que o 'procedimento especial previsto no artigo 514 do CPP não é de ser aplicado ao funcionário público que deixou de exercer a função na qual estava investido' (...) Esta Corte decidiu, por diversas vezes, que a defesa preliminar de que trata o art. 514 do Código de Processo Penal tem como objetivo evitar a propositura de ações penais temerárias contra funcionários públicos e, por isso, a sua falta constitui apenas nulidade relativa. (...)" (HC 110.361-SC, Rel Min. Ricardo Lewandowski, j. 05.06.2012).

176. (Cespe – Procurador do Estado – DF/ 2013) À luz da legislação pertinente e da jurisprudência consolidada nos tribunais superiores, julgue os próximos itens, relacionados a normas procedimentais no âmbito penal.

Em se tratando de ação penal originária, oferecida a denúncia ao tribunal, determinar-se-á a notificação do acusado para que, no prazo de quinze dias, apresente a sua resposta, independentemente de ser ele funcionário público ou não, ou, ainda, de ter ele praticado crime contra a administração pública.

COMENTÁRIOS

Certo: o procedimento perante os Tribunais Superiores deve observar o disposto na Lei 8.038/1990. Assim, tal diploma legislativo prevê que, uma vez oferecida a denúncia ou queixa, deverá ser o imputado notificado para oferecer resposta à acusação no prazo de 15 dias (art. 4º, *caput*). A lei não faz qualquer ressalva sobre a qualidade do imputado. Logo, aplica-se mesmo àqueles que não são servidores públicos.

---

177. (Cespe – Delegado de Polícia Federal – DPF/2013) A respeito dos processos em espécie, dos princípios que orientam o processo penal e da sentença criminal, julgue os próximos itens.

Nos casos de crimes afiançáveis de responsabilidade do funcionário público, a legislação processual antecipa o contraditório antes de inaugurada a ação penal, com a apresentação da defesa preliminar.

COMENTÁRIOS

Certo. Como visto pouco acima, o art. 514 do CPP dispõe que, nos crimes afiançáveis, estando a denúncia ou queixa em devida forma, o juiz mandará autuá-la e ordenará a notificação do acusado, para responder por escrito, dentro do prazo de quinze dias. Trata-se, portanto, de um adiantamento do contraditório, mas apenas no caso de crimes cometidos por funcionários públicos. Mas, repetimos o que já vimos antes: no STJ, há o entendimento de que não é necessária a resposta preliminar se a ação penal foi instruída por inquérito policial (Súmula 330). O STF trilhava o mesmo caminho da Súmula 330 citada, mas, recentemente, alterou seu entendimento, exigindo sempre a aplicação do art. 514 do CPP, salvo se o acusado não mais exercer o cargo público quando da denúncia (HC 110.361-SC, Rel Min. Ricardo Lewandowski, j. 05.06.2012).

---

178. (Cespe – Delegado de Polícia Federal – DPF/2013) Julgue os itens seguintes com base na Lei nº 11.343/2006.

178.1. A autoridade de polícia judiciária deve comunicar ao juiz competente a prisão em flagrante no prazo improrrogável de cinco dias, remetendo-lhe cópia do auto lavrado, do qual será dada vista ao MP em até vinte e quatro horas.

COMENTÁRIOS

Errado. Segundo o art. 50 da Lei 11.343/2006 (Lei de Drogas), ocorrendo prisão em flagrante, a autoridade de polícia judiciária fará, imediatamente, comunicação ao juiz competente, remetendo-lhe cópia do auto lavrado, do qual será dada vista ao órgão do Ministério Público, em 24 horas.

178.2. Conforme entendimento pacificado do STJ, a eventual ilegalidade da prisão cautelar por excesso de prazo para conclusão da instrução criminal deve ser analisada à luz do princípio da razoabilidade, sendo permitida ao juízo, em hipóteses excepcionais, a extrapolação dos prazos previstos na lei processual penal.

COMENTÁRIOS

Certo. Eis um exemplo de tal entendimento do STJ: "(...) O excesso de prazo para o término da instrução criminal, segundo entendimento jurisprudencial deste Tribunal, deve ser aferido dentro dos limites da razoabilidade, considerando circunstâncias excepcionais que venham a retardar a instrução criminal e não se restringindo à simples soma aritmética de prazos processuais. (...)" (RHC 52.242-BA, Rel. Min. Gurgel de Faria, j. 18.11.2014).

178.3. O crime de tráfico de drogas é inafiançável e o acusado desse crime, insuscetível de sursis, graça, indulto ou anistia, não podendo as penas a que eventualmente seja condenado ser convertidas em penas restritivas de direitos.

COMENTÁRIOS

Errado. O crime de tráfico é inafiançável por força do inciso XLIII do art. 5º da CF, que também o considera insuscetível de graça – o que, para nós, inclui o indulto – e anistia. Porém, a jurisprudência do STF – acompanhada por outros tribunais – vem admitindo alguns benefícios, como a substituição da pena privativa de liberdade por restritiva de direitos e – por que não? – o sursis. Particularmente, discordamos, já que a Lei 8.072/1990 deixa claro que o regime inicial deve ser o fechado, incompatível com tais benefícios (o que também já foi relativizado pelo STF).

178.4. É legal a manutenção da custódia cautelar sob o único fundamento da vedação da liberdade provisória a acusados de delito de tráfico de drogas, consoante a jurisprudência STF.

COMENTÁRIOS

Errado. Ao contrário, o STF já julgou inconstitucional tal proibição legal: "(...) O Plenário do Supremo Tribunal Federal declarou a inconstitucionalidade da vedação legal à concessão de liberdade provisória para réu preso em flagrante por tráfico de entorpecentes, enunciada no art. 44 da Lei nº 11.343/2006 (HC 104.339, Rel. Min. Gilmar Mendes). (...)" (HC 106.691-SP, Rel. Min. Roberto Barroso, j. 02.09.2014).

179. (Cespe – Delegado de Polícia Federal – DPF/2013) No que se refere aos crimes de lavagem de dinheiro, julgue os itens subsecutivos com base no direito processual penal.

179.1. Compete à justiça federal processar e julgar os acusados da prática de crimes de lavagem de dinheiro, uma vez que a repressão a esses crimes é imposta por tratado internacional.

COMENTÁRIOS

Errado. Será da competência da Justiça Federal quando praticados contra o sistema financeiro e a ordem econômico-financeira, ou em detrimento de bens, serviços ou interesses da União, ou de suas entidades autárquicas ou empresas públicas; ou quando a infração penal antecedente for de competência da Justiça Federal (art. 2º, III, Lei 9.613/1998).

179.2. A simples existência de indícios da prática de um dos crimes que antecedem o delito de lavagem de dinheiro, conforme previsão legal, autoriza a instauração de inquérito policial para apurar a ocorrência do referido delito, não sendo necessária a prévia punição dos acusados do ilícito antecedente.

COMENTÁRIOS

Certo. Segundo o § 1º do art. 2º da Lei 9.613/1998, a denúncia por crime de lavagem será instruída com indícios suficientes da existência da infração penal antecedente, sendo puníveis os fatos previstos na lei citada, ainda que desconhecido ou isento de pena o autor, ou extinta a punibilidade da infração penal antecedente.

179.3. Conforme a jurisprudência do STJ, não impede o prosseguimento da apuração de cometimento do crime de lavagem de dinheiro a extinção da punibilidade dos delitos antecedentes.

COMENTÁRIOS

Certo. É o que prevê, em primeiro lugar, o § 1º do art. 2º da Lei 9.613/1998, após a reforma sofrida em 2012. Porém, já naquele ano, o STJ já mostrava que acolhia tal entendimento, independentemente da alteração legislativa (HC 207.936-MG, Rel. Min. Jorge Mussi, j. 27.03.2012).

180. (Cespe – Delegado de Polícia Federal – DPF/2013) Fábio, delegado, tendo recebido denúncia anônima na qual seus subordinados eram acusados de participar de esquema criminoso relacionado ao tráfico ilícito de substâncias entorpecentes, instaurou, de imediato, inquérito policial e requereu a interceptação das comunicações telefônicas dos envolvidos, que, devidamente autorizada pela justiça estadual, foi executada pela polícia militar.

No decorrer das investigações, conduzidas a partir da interceptação das comunicações telefônicas, verificou-se que os indiciados contavam com a ajuda de integrantes das Forças Armadas para praticar os delitos, utilizando aviões da Aeronáutica para o envio da substância entorpecente para o exterior.

O inquérito passou a tramitar na justiça federal, que prorrogou, por diversas vezes, o período de interceptação. Com a denúncia na justiça federal, as informações colhidas na intercepção foram reproduzidas em CD-ROM, tendo sido apenas as conversas diretamente relacionadas aos fatos investigados transcritas nos autos.

Acerca dessa situação hipotética e do procedimento relativo às interceptações telefônicas, julgue os itens.

180.1. Ao instaurar imediatamente inquérito policial e requerer as interceptações telefônicas para averiguar as acusações contra seus comandados, o delegado em questão agiu corretamente, em obediência ao princípio da moralidade administrativa.

COMENTÁRIOS

Errado. Deveria o delegado ter realizado diligências, a fim de verificar se havia alguma base de veracidade na denúncia anônima. O STJ tem anulado interceptações telefônicas realizadas em inquérito policial instaurado a partir de denúncia anônima. Nesse sentido: "(...) Na hipótese em apreço, constata-se que a comunicação anônima foi o único dado que serviu para embasar a interceptação telefônica autorizada judicialmente, que ensejou as quebras de sigilos de outros terminais, bem como as prorrogações posteriores, inexistindo a realização de diligências prévias à medida constritiva extrema. (...) Evidente a flagrante ilegalidade, visto que, em decorrência da suposta prática de tráfico de entorpecentes e associação, a quebra do sigilo, a prisão, a denúncia e a condenação do paciente estão intimamente amparadas nos informes apócrifos recebidos pela autoridade policial, que não se esmerou em realizar procedimentos investigatórios preliminares, antes da requisição da interceptação telefônica. (...)" (HC 229.205-ES, Rel. Min. Maria Thereza de Assis Moura, j. 08.04.2014).

180.2. Apesar de a lei prever o prazo máximo de quinze dias para a interceptação telefônica, renovável por mais quinze, não há qualquer restrição ao número de prorrogações, desde que haja decisão fundamentando a dilatação do período.

COMENTÁRIOS

Certo. É esse o entendimento que prevalece na doutrina e na jurisprudência do STF e do STJ.

180.3. Segundo o entendimento do STF, é permitido, em caráter excepcional, à polícia militar, mediante autorização judicial e sob supervisão do MP, executar interceptações telefônicas, sobretudo quando houver suspeita de envolvimento de autoridades policiais civis nos delitos investigados, não sendo a execução dessa medida exclusiva da autoridade policial, visto que são autorizados, por lei, o emprego de serviços e a atuação de técnicos das concessionárias de serviços públicos de telefonia nas interceptações.

COMENTÁRIOS

Certo. É o entendimento mostrado pelo STF no HC 96.986-MG, Rel. Min. Gilmar Mendes, j. 15.05.2012.

180.4. Autorizadas por juízo absolutamente incompetente, as interceptações telefônicas conduzidas pela autoridade policial são ilegais, por violação ao princípio constitucional do devido processo legal.

COMENTÁRIOS

Certo. É o entendimento que prevalece. Porém, deve-se ter muita cautelar nesses casos, eis que nem sempre é possível verificar, de plano, a incompetência. Ou seja, é possível que, quando autorizada a interceptação, não havia ainda conclusão sobre a incompetência do juízo. Nesse sentido, é a advertência do STJ: "(...) Prevalece na doutrina e na jurisprudência o entendimento segundo o qual a competência para autorizar a interceptação telefônica no curso das investigações deve ser analisada com cautela, pois pode ser que, inicialmente, o magistrado seja aparentemente competente e apenas no curso das investigações se verifique a sua incompetência. (...)" (HC 171.453-SP, Rel. Min. Jorge Mussi, j. 07.02.2013).

180.5. Na situação considerada, ainda que o CD-ROM com o conteúdo das conversas telefônicas tenha sido juntado aos autos da ação penal, houve violação aos princípios constitucionais do contraditório e da ampla defesa, dada a ausência de transcrição integral do conteúdo interceptado.

COMENTÁRIOS

A assertiva foi anulada. O CD-ROM com o conteúdo das conversas realmente deve ser juntado aos autos, eis que a defesa tem o direito de acesso ao resultado das interceptações. Porém, não há necessidade de transcrição integral das conversas. Nesse sentido, a seguinte decisão do STJ: "(...) O entendimento predominante nos Tribunais Superiores é no sentido da desnecessidade de transcrição integral do conteúdo da quebra do sigilo das comunicações telefônicas, bastando que se confira às partes acesso aos diálogos interceptados. Precedentes do STJ e do STF. (...)" (HC 171.453-SP, Rel. Min. Jorge Mussi, j. 07.02.2013).

181. (Cespe – Defensor Público – DF/ 2013) Com base no que dispõem a Lei n° 10.741/2003 e a Lei n° 8.069/1990, julgue o item abaixo.

Aos crimes descritos na Lei n° 10.741/2003 (Estatuto do Idoso) para os quais a pena máxima privativa de liberdade não ultrapasse quatro anos aplica-se o procedimento previsto na Lei n° 9.099/1995, mas não se aplicam as suas medidas despenalizadoras, como, por exemplo, a transação penal.

COMENTÁRIOS

Certo. O art. 94 do Estatuto do Idoso permite a aplicação da Lei 9.099/1995 mesmo quando a pena máxima cominada chegar a até 4 anos de privação de liberdade. Porém, o STF deu a tal regra interpretação conforme a Constituição na ADIN 3.096-DF (Rel. Min. Cármen Lúcia, j. 16.06.2010): "AÇÃO DIRETA DE INCONSTITUCIONALIDADE. ARTIGOS 39 E 94 DA LEI 10.741/2003 (ESTATUTO DO IDOSO). RESTRIÇÃO À GRATUIDADE DO TRANSPORTE COLETIVO. SERVIÇOS DE TRANSPORTE SELETIVOS E ESPECIAIS. APLICABILIDADE DOS PROCEDIMENTOS PREVISTOS NA LEI 9.099/1995 AOS CRIMES COMETIDOS CONTRA IDOSOS. 1. No julgamento da Ação Direta de Inconstitucionalidade 3.768/DF, o Supremo Tribunal Federal julgou constitucional o art. 39 da Lei 10.741/2003. Não conhecimento da ação direta de inconstitucionalidade nessa parte. 2. Art. 94 da Lei nº 10.741/2003: interpretação conforme à Constituição do Brasil, com redução de texto, para suprimir a expressão "do Código Penal e". Aplicação apenas do procedimento sumaríssimo previsto na Lei nº 9.099/95: benefício do idoso com a celeridade processual. Impossibilidade de aplicação de quaisquer medidas despenalizadoras e de interpretação benéfica ao autor do crime. 3. Ação direta de inconstitucionalidade julgada parcialmente procedente para dar interpretação conforme à Constituição do Brasil, com redução de texto, ao art. 94 da Lei nº 10.741/2003". Portanto, aplica-se apenas o procedimento da Lei 9.099/1995, mas não seus institutos despenalizadores, como a transação penal e a suspensão condicional do processo.

182. (Cespe – Advogado da União/2012) No que se refere a competência, prova, ação policial controlada e suspensão condicional do processo, julgue os itens seguintes.

De acordo com a Lei n° 9.034/1995, a ação controlada consiste em retardar, mediante prévia ordem judicial, a interdição policial de ação supostamente praticada por organizações criminosas, mantendo-se a ação sob observação e acompanhamento, para que a medida legal se concretize no momento mais eficaz para a formação de provas e o fornecimento de informações.

COMENTÁRIOS

Errado. A Lei 9.034/1995 foi revogada pela Lei 12.850/2013, que, porém, continuou a prever a figura da ação controlada. Na nova lei, o art. 8º, *caput*, traz a seguinte definição: "Consiste a ação controlada em retardar a intervenção policial ou administrativa relativa à ação praticada por organização criminosa ou a ela vinculada, desde que mantida sob observação e acompanhamento para que a medida legal se concretize no momento mais eficaz à formação de provas e obtenção de informações". Não há necessidade de prévia autorização judicial, já que o § 1º do mesmo art. 8º dispõe apenas que o retardamento da intervenção policial ou administrativa será previamente comunicado – não requerido – ao juiz competente que, se for o caso, estabelecerá os seus limites e comunicará ao Ministério Público.

183. (Cespe – Advogado da União/2012) Julgue os itens subsequentes, a respeito da notitia criminis e dos procedimentos relativos aos crimes de lavagem de dinheiro.

183.1. Se o acusado pelo delito de lavagem de dinheiro for citado por edital e não comparecer à audiência nem constituir advogado, ficarão suspensos o processo e o curso do prazo prescricional, podendo o juiz determinar a produção antecipada das provas consideradas urgentes e, se for o caso, decretar a prisão preventiva do réu.

COMENTÁRIOS

Errado. De acordo com o § 2º do art. 2º da Lei 9.613/1998 (Lei de Lavagem de Dinheiro), no processo por crime nela previsto, não se aplica o disposto no art. 366 do CPP, devendo o acusado que não comparecer nem constituir advogado ser citado por edital, prosseguindo o feito até o julgamento, com a nomeação de defensor dativo. Naturalmente, por força do princípio constitucional da ampla defesa e de regras existentes em tratados internacionais dos quais o Brasil é signatário (ex.: Pacto de São José da Costa Rica), há respeitável posição no sentido de que tal dispositivo da Lei de Lavagem não pode ser aplicado, de modo que, deve ser o processo suspenso no caso de citação por edital de acusado que não comparecer ao processo nem constituir defensor.

183.2. A apuração do crime de lavagem de dinheiro é autônoma e independe do processamento da ação penal e da condenação em crime antecedente.

COMENTÁRIOS

Certo. A lavagem de dinheiro pressupõe crime antecedente. Ou seja, procura-se "lavar", isto é, dar aparência de legalidade ao produto ou aos proventos de tais crimes anteriores. Na Lei de Lavagem não se especifica mais quais são estes crimes, tendo sido revogado o rol antes existente, que era taxativo. Agora, pode ocorrer lavagem de dinheiro de qualquer crime antecedente. Porém, a lei deixa claro, em seu art. 2º, II, da Lei 9.613/1998, que os processos e julgamentos dos crimes de lavagem independem do processo e julgamento das infrações penais antecedentes, ainda que praticados em outro país, cabendo ao juiz competente para os crimes previstos em tal lei a decisão sobre a unidade de processo e julgamento.

184. (Cespe – Delegado de Polícia – AL/ 2012) No que concerne aos aspectos processuais das leis penais extravagantes e às inovações legais havidas no sistema processual penal, julgue os itens a seguir.

184.1. Nos crimes ambientais, é viável e possível a prorrogação do prazo de suspensão condicional do processo, por mais um ano além do máximo previsto, que é de quatro anos, dependendo a declaração de extinção da punibilidade de laudo que comprove ter o acusado adotado todas as providências inerentes à reparação integral do dano.

COMENTÁRIOS

Certo. Segundo o art. 28 da Lei 9.605/1998, a suspensão condicional do processo prevista no art. 89 da Lei 9.099/1995 é aplicado aos delitos ambientais. Porém, nesse caso, a declaração de extinção de punibilidade dependerá de laudo de constatação de reparação do dano ambiental, ressalvada a impossibilidade comprovada; na hipótese de o laudo de constatação comprovar não ter sido completa a reparação, o prazo de suspensão do processo será prorrogado, até o período máximo previsto no art. 89, da Lei 9.099 – 4 anos –, acrescido de mais um ano, com suspensão do prazo da prescrição.

185. (Cespe – Analista Judiciário – Área Judiciária – STJ/2012) Com base no direito processual penal, julgue os itens subsecutivos.

Nesse sentido, considere que a sigla CPP, sempre que utilizada, refere-se ao Código de Processo Penal.

185.1. Nos termos da Lei de Drogas, para a lavratura do auto de prisão em flagrante e para o estabelecimento da materialidade do delito, não é necessário que o laudo de constatação preliminar da natureza e quantidade da droga apreendida seja firmado exclusivamente por perito oficial.

COMENTÁRIOS

Certo. De acordo com o § 1º do art. 50 da Lei 11.343/2006: "Para efeito da lavratura do auto de prisão em flagrante e estabelecimento da materialidade do delito, é suficiente o laudo de constatação da natureza e quantidade da droga, firmado por perito oficial ou, na falta deste, por pessoa idônea".

12. NULIDADES

- CF, art. 5º
- CPP, arts. 563 a 573

186. (Cespe – Defensor Público – RR/2013) Acerca das nulidades no processo penal, assinale a opção correta.

a) De acordo com a doutrina majoritária, é taxativo o rol de nulidades previsto no CPP, em razão de estas se consubstanciarem em sanções processuais, que devem ser expressamente estabelecidas na lei processual (*nulla nullitatis sine lege*).

b) De acordo com a doutrina majoritária, haverá nulidade absoluta quando o ato processual for praticado em detrimento do interesse público ou de ambas as partes.

c) É facultado ao julgador, a todo tempo e em qualquer grau de jurisdição, conhecer, de ofício, de nulidades, ainda que contrárias aos interesses do réu, de modo a se assegurar regularidade do processo.

d) O reconhecimento da nulidade de qualquer ato processual depende sempre de um provimento judicial, não decorrendo automaticamente da lei.

e) De acordo com o princípio da causalidade, o reconhecimento dos atos eivados de nulidade implica a automática nulidade de todos os subsequentes, sendo desnecessária a declaração judicial em relação a estes.

COMENTÁRIOS

Alternativa correta: letra "D": evidentemente, sempre deverá o juiz ou tribunal declarar a nulidade do ato, não havendo nulidade "automática".

Alternativa "A": o rol não é taxativo, eis que outras podem decorrer, uma vez infringidos, por exemplo, preceitos constitucionais.

Alternativa "B": não há tal entendimento. Ao menos, não como pensamento majoritário na doutrina.

Alternativa "C": não pode ser declarada nulidade contra o réu, se não foi arguida pela acusação ou se se tratar de recurso exclusivo da defesa.

Alternativa "E": todos os atos anulados devem ser expressamente declarados pelo juiz, ainda que de modo genérico (ex.: anula-se o processo a partir da oitiva de determinada testemunha).

187. (Cespe – Procurador Federal/2013) Segundo o entendimento dos tribunais superiores, julgue os próximos itens, a respeito da prisão e das provas no processo penal.

Alegações genéricas de nulidade processual, desprovidas de demonstração da existência de concreto prejuízo para a parte, não podem dar ensejo à invalidação da ação penal. Trata-se, no caso, do princípio pas de nullité sans grief.

COMENTÁRIOS

Certo. Tal princípio é também denominado "da transcendência", tendo sido acolhido por nossa lei processual (art. 563, CPP: "Nenhum ato será declarado nulo, se da nulidade não resultar prejuízo para a acusação ou para a defesa"). A doutrina, porém, afirma que a nulidade absoluta traz uma presunção de prejuízo, que não precisa de demonstração. No entanto, o STF tem se afastado de tal entendimento, exigindo prova do prejuízo até mesmo em caso de nulidade absoluta. Nesse sentido: "(...) entendimento deste Tribunal é o de que, para o reconhecimento de eventual nulidade, ainda que absoluta, faz-se necessária a demonstração do prejuízo, o que não ocorreu na espécie. Nesse sentido, o STF tem reafirmado que a demonstração de prejuízo, 'a teor do art. 563 do CPP, é essencial à alegação de nulidade, seja ela relativa ou absoluta, eis que (...) o âmbito normativo do dogma fundamental da disciplina das nulidades pas de nullité sans grief compreende as nulidades absolutas' (...)" (HC 120.880-MG, Rel. Min. Ricardo Lewandowski, j. 01.04.2014).

188. (Cespe – Procurador do Estado – DF/ 2013) À luz da legislação pertinente e da jurisprudência consolidada nos tribunais superiores, julgue os próximos itens, relacionados a normas procedimentais no âmbito penal.

COMENTÁRIOS

Errado: ao contrário do que afirma a assertiva, o STF tem entendimento outro. Entende a Suprema Corte que é relativa a nulidade decorrente da inobservância da competência penal por prevenção (Súmula 706).

189. (Cespe – Analista Judiciário – Área Judiciária – STF/2013) A respeito de nulidade e de questões incidentes, julgue os itens seguintes.

O tribunal ad quem não poderá reconhecer de ofício a nulidade da sentença absolutória de primeiro grau proferida por juiz incompetente, contra a qual tenha o Ministério Público interposto recurso, sem, no entanto, alegar o vício de incompetência absoluta.

COMENTÁRIOS

Certo. É o entendimento que se pode extrair da leitura da Súmula 160 do STF, que afirma: "É nula a decisão do tribunal que acolhe, contra o réu, nulidade não arguida no recurso da acusação, ressalvados os casos de recurso de ofício". Assim, para que possa haver nulidade da decisão absolutória por incompetência do juízo, deve o Ministério Público alegá-la em seu recurso.

13. RECURSOS

- CF, arts. 102, II e II, e 105, II e III
- CPP, arts. 574 a 620 e 639 a 646
- Lei 7.210/1984, art. 197
- Lei 9.099/1995, arts. 82 e 83

190. (Cespe – Cartório – TJ – DF/2014) Com relação aos princípios e aos recursos no processo penal, assinale a opção correta de acordo com o entendimento do STJ e do STF.

a) Segundo o STF, é inadmissível a imediata baixa dos autos para o início da execução da pena, mesmo quando a defesa se utiliza da interposição de recursos manifestamente incabíveis para obstar o trânsito em julgado da condenação, em razão da regra constitucional da presunção de inocência.

b) O recurso especial e o recurso extraordinário são interpostos na corte recorrida, que realiza o juízo de admissibilidade, o qual vincula e restringe a aferição dos pressupostos recursais a ser realizada pelos tribunais superiores.

c) Em atenção aos princípios da fungibilidade recursal e da instrumentalidade das formas, o STJ admite a conversão de embargos de declaração em agravo regimental.

d) O trânsito em julgado de uma decisão se afere pelo exaurimento dos recursos cabíveis ou pelo decurso in albis dos prazos para sua interposição. Assim, interposto o recurso, ainda que intempestivamente, ele impedirá o trânsito em julgado.

e) O princípio da unirrecorribilidade, que não comporta exceções, impede a cumulativa interposição de mais de um recurso contra o mesmo decisum.

COMENTÁRIOS

Alternativa correta: letra "C": tal entendimento é corriqueiro no STJ, bastando verificar o seguinte julgado: EDcl no REsp 1.400.361-PR, Rel. Min. Herman Benjamin, j. 02.10.2014.

Alternativa "A": há que se tomar cuidado com esse item. Na verdade, o princípio da presunção de inocência, a nosso ver, realmente veda a execução provisória da pena, não obstante as opiniões em contrário. Estas baseiam-se no fato de que o art. 27, § 2º, da Lei 8.038/1990, que trata dos Recursos Extraordinário e Especial, deu a estes apenas o efeito devolutivo. É dizer, ainda que não tenha ocorrido o trânsito em julgado da sentença, caso restem apenas tais recursos aos tribunais superiores, não haverá efeito suspensivo e, logo, poderá ser iniciado o cumprimento da pena. É um entendimento do qual discordamos. A nosso ver, o art. 5º, LVII, da CF não faz exceção alguma: ninguém será considerado culpado antes de uma sentença penal condenatória com trânsito em julgado, o que inclui não cumprir pena antes disso. Logo, a ressalva legal sobre a falta de efeito suspensivo nos recursos extraordinário e especial deve ser aplicada em conformidade com a CF, de modo que, a nosso ver, não deve ser aplicada ao processo penal. Este era também o entendimento do STF. Ocorre que, mais recentemente, o STF, no julgamento do HC 126.292-SP, modificou o entendimento que até então mantinha sobre o alcance do princípio da presunção de inocência. Assim, a Corte Suprema entendeu possível o início da execução da pena imediatamente depois do julgamento do recurso em segunda instância, ou seja, do esgotamento da via recursal ordinária. Portanto, o STF agora entende ser possível a prisão para cumprimento da pena ainda que haja recurso especial ou extraordinário pendente, isso porque não mais será possível a discussão do fato e da prova, não havendo mais, a partir daí, a presunção da inocência. É certo, porém, que sempre se admitiu, sem maiores contestações da doutrina, a progressão de regime de cumprimento da pena ou a aplicação imediata de regime menos severo, antes do trânsito em julgado, mas isso, note-se, em benefício do acusado. Nesse sentido, a Súmula 716 do STF. Aliás, o STF também já vinha admitindo a execução provisória quando restasse evidente que o recurso interposto ao Tribunal Superior era protelatório, razão pela qual a alternativa está errada.

Alternativa "B": tais recursos são de fato interpostos na corte recorrida, mas a decisão desta quanto à admissibilidade não vincula o STJ ou o STF.

Alternativa "D": o recurso intempestivo não impede o trânsito em julgado. Notem como a parte final da alternativa contradiz o afirmado no início, que está correto.

Alternativa "E": existe a possibilidade de interposição, contra uma mesma decisão, de recursos especial e extraordinário, sendo exceção ao princípio da unirrecorribilidade.

191. (Cespe – Procurador do Estado – BA/2014) Julgue os itens subsequentes, no que se refere aos recursos, à ação penal e à competência no processo penal brasileiro.

Contra a decisão que recebe a denúncia cabe recurso em sentido estrito.

COMENTÁRIOS

Errado. Não cabe recurso algum contra a decisão que receber a denúncia ou a queixa-crime. Somente se rejeita a inicial acusatória é que será possível o recurso, no caso, recurso em sentido estrito.

192. (Cespe – Defensor Público – RR/2013) Em relação aos recursos no processo penal, assinale a opção correta.

a) A decisão judicial que, em sede da ação de habeas corpus, reconheça, de forma expressa, que o fato investigado evidentemente não constitui crime ou que a punibilidade do agente está extinta por qualquer razão, é impugnável por meio de recurso em sentido estrito.

b) Admite-se o manejo do recurso ordinário constitucional, em sede de habeas corpus, pelo MP ou pela defesa, contra as decisões concessivas ou denegatórias da ordem, afastando-se a regra da unirrecorribilidade das decisões.

c) A decisão que julga o pedido de restituição de coisas apreendidas é impugnável por meio de recurso em sentido estrito.

d) O pedido de reabilitação é impugnável por meio de recurso de agravo em execução criminal.

e) A decisão que julga procedentes embargos opostos para impugnar sequestro de bens, ordenando o levantamento da medida patrimonial, deve ser contestada por intermédio de recurso em sentido estrito.

COMENTÁRIOS

Alternativa correta: letra "A": da decisão concessiva de *habeas corpus* é cabível o recurso em sentido estrito, desde que proferida em primeiro grau. Se proferida em *habeas corpus* impetrado perante tribunal, não será cabível tal recurso, mas apenas recurso especial ou extraordinário.

Alternativa "B": o recurso ordinário previsto no art. 30 da Lei 8.038/1990 somente é cabível contra decisão denegatória de *habeas corpus*.

Alternativa "C": entendemos que é impugnável por apelação, já que se trata de decisão com força de definitiva, não prevista dentre as hipóteses de cabimento de recurso em sentido estrito.

Alternativa "D": entende-se que o art. 746 do CPP não foi revogado pela Lei de Execuções Penais, pois dirige-se ao juiz da condenação. Assim, sendo concedida a reabilitação, é cabível o reexame necessário (recurso de ofício). Negada, não cabe recurso algum, mas o pedido poderá ser refeito no tempo oportuno.

Alternativa "E": a nosso ver, será cabível apelação.

---

193. (Cespe – Juiz Federal Substituto 2ª região/2013) Com relação a recursos e nulidades no processo penal, assinale a opção correta.

a) Não poderá ser declarada, pelo tribunal, a nulidade do ato processual praticado mediante corrupção passiva do juiz prolator da decisão.

b) Contra decisão que negar pedido de liberdade provisória poderá ser interposto recurso em sentido estrito perante o juiz, a quem competirá reformar ou sustentar sua decisão e, nesse último caso, encaminhar ao tribunal o recurso nos próprios autos.

c) Declarada a incompetência jurisdicional, o juiz deverá declarar nulos todos os atos processuais praticados e encaminhar os autos ao juiz competente.

d) Entende-se por efeito diferido do recurso o fato de a defesa poder interpor recurso perante o juiz singular e apresentar suas respectivas razões perante o tribunal.

e) Na pronúncia, se for reconhecido que o acusado agiu sob o domínio de violenta emoção logo em seguida a injusta provocação da vítima, caberá recurso em sentido estrito para o MP pleitear a exclusão da causa de diminuição da pena, que só poderá ser reconhecida pelos jurados.

COMENTÁRIOS

Alternativa correta: letra "E": é muito interessante esta situação. Realmente, cabe recurso em sentido estrito contra a decisão de pronúncia (art. 381, IV, CPP), sendo comum que o próprio Ministério Público o interponha, pois pode ocorrer, por exemplo, que o juiz não reconheça a existência de qualificadora, com o que o recurso terá o objetivo de incluí-la na imputação a ser levada aos jurados. O mesmo cabe em relação ao problema trazido pela alternativa. Vale lembrar que o § 1º do art. 413 não menciona as causas de diminuição de pena ("A fundamentação da pronúncia limitar-se-á à indicação da materialidade do fato e da existência de indícios suficientes de autoria ou de participação, devendo o juiz declarar o dispositivo legal em que julgar incurso o acusado e especificar as circunstâncias qualificadoras e as causas de aumento de pena") e o sempre esquecido Decreto-lei 3.931/1941 (Lei de Introdução ao CPP) ainda proíbe o juiz de reconhecer as causas de diminuição de pena na pronúncia. E não é só. Note-se que a pronúncia fixa os termos da imputação que será julgada pelo Conselho de Sentença. Assim, caso nela mantida a causa de diminuição, mesmo que os jurados a afastem quando da votação, não poderá o juiz desconsiderá-la quando da sentença, eis que, fixados anteriormente os termos da imputação, também estará fixada, a nosso ver, o máximo de punição possível para o acusado. Por exemplo: se o acusado foi pronunciado como incurso no art. 121, § 1º, do CP, a pena deverá ser fixada no patamar que vai de 6 a 20 anos, com a diminuição prevista no § 1º, ainda que o Conselho de Sentença não aceite sua ocorrência. Portanto, a causa de diminuição só pode ser reconhecida pelos jurados, jamais pelo juiz. Nesse sentido: "(...) A sentença de pronúncia, à luz do disposto nos arts. 408, caput e § 1º, e 416 do CPP, deve, sob pena de nulidade, cingir-se, motivadamente, à materialidade e aos indícios de autoria, bem como à especificação das circunstâncias qualificadoras, visto se tratar de mero juízo de admissibilidade da acusação. (…) Por conseguinte, é vedado ao juiz, nesse momento processual, bem como ao Tribunal, em grau de recurso, emitir juízo de valor (ou pronunciar-se) acerca de circunstâncias do crime, tais como agravantes e atenuantes. (...) 'O juiz da pronúncia, ao classificar o crime, consumado ou tentado, não poderá reconhecer a existência de causa especial de diminuição da pena' (art. 7º da Lei de Introdução ao Código de Processo Penal). (...)" (REsp. 896.948-CE, Rel. Min. Arnaldo Esteves Lima, j. 21.10.2008).

Alternativa "A": o art. 564, I, do CPP é claro: a nulidade será reconhecida por incompetência, suspeição ou suborno do juiz, ou seja, a corrupção passiva é causa de nulidade do ato processual.

Alternativa "B": não há previsão de recurso contra decisão que indeferir pedido de liberdade provisória, mas caberá recurso em sentido estrito se o juiz conceder a liberdade provisória ou indeferir pedido para sua decretação (art. 581, V, CPP).

Alternativa "C": nesse caso, parte minoritária da doutrina entende que a incompetência absoluta – que é a hipótese em tela – provoca a anulação de todos os atos processuais, enquanto a relativa anula apenas os atos decisórios. Já a posição majoritária entende que deve sempre ser aplicado o art. 567 do CPP, anulando-se apenas os atos decisórios. Todavia, no caso da decisão que recebe a denúncia, o STF entende que pode ser ratificada pelo juiz que receber o processo. Nesse sentido: "Tanto a denúncia quanto o seu recebimento emanados de autoridades incompetentes rationae materiae são ratificáveis no juízo competente. (...)" (HC 83.006-SP, Rel. Min. Ellen Gracie, j. 18.06.2003).

Alternativa "D": efeito diferido do recurso é outra coisa: ocorre na hipótese em que o conhecimento do recurso depende da admissibilidade de outro, é dizer, quando o recurso não será conhecido na impetração, mas somente depois de conhecimento de um outro, como ocorre com os recursos retidos existente no CPC.

---

194. (Cespe – Procurador Federal/2013) Acerca da competência, da coisa julgada e dos recursos no processo penal, julgue os itens a seguir à luz do entendimento dos tribunais superiores e da doutrina majoritária.

O recurso extraordinário e o recurso especial obstam a eficácia imediata do título condenatório penal, haja vista a presunção de não culpabilidade em favor do réu.

COMENTÁRIOS

Certo. Diz-se que o recurso extraordinário ou o especial não possui efeito suspensivo, é dizer não impede a execução da decisão judicial por ele impugnada. No entanto, tal regra deve ser harmonizada, no processo penal, com a presunção da inocência, de natureza constitucional. É que, nesse caso, enquanto a decisão condenatória não for definitiva, não é possível executar a pena fixada. É o que quer dizer o enunciado acima. Ocorre que, mais recentemente, o STF, no julgamento do HC 126.292-SP, modificou o entendimento que até então mantinha sobre o alcance do princípio da presunção de inocência. Assim, a Corte Suprema entendeu possível o início da execução da pena imediatamente depois do julgamento do recurso em segunda instância, ou seja, do esgotamento da via recursal ordinária. Portanto, o STF agora entende ser possível a prisão para cumprimento da pena ainda que haja recurso especial ou extraordinário pendente, isso porque não mais será possível a discussão do fato e da prova, não havendo mais, a partir daí, a presunção da inocência.

---

195. (Cespe – Procurador do Estado – DF/ 2013) À luz da legislação pertinente e da jurisprudência consolidada nos tribunais superiores, julgue os próximos itens, relacionados a normas procedimentais no âmbito penal.

A jurisprudência sumulada do STF veda de modo irrestrito que o assistente do MP maneje recurso extraordinário contra decisão concessiva de habeas corpus.

COMENTÁRIOS

Certo: de fato, a Súmula 208 do STF diz: "O assistente do Ministério Público não pode recorrer, extraordinariamente, de decisão concessiva de "habeas-corpus".

---

196. (Cespe – Juiz de Direito Substituto – RN/2013) Assinale a opção correta em relação aos recursos e nulidades no processo penal.

a) Considere que um réu condenado em processo criminal tenha renunciado ao direito de apelação, sem assistência do seu advogado, que interpõe apelação dentro do prazo. Nesse caso, a despeito da manifestação do réu, o recurso de apelação deverá ser conhecido, a fim de se garantir a ampla defesa.

b) O prazo para a interposição de agravo contra decisão do juiz da execução penal é de dez dias.

c) Para a verificação do recurso adequado, importa saber em que momento ocorreu a nulidade no procedimento do tribunal do júri.

d) Depende de efetiva demonstração de prejuízo para a defesa, por ser de natureza relativa, a nulidade do julgamento do tribunal do júri quando os quesitos da defesa não precedem aos das circunstâncias agravantes.

e) Se, em sessão do tribunal do júri, o réu for condenado a trinta anos de reclusão pela prática de homicídio duplamente qualificado e se a defesa entender que a sentença do juiz-presidente diverge das respostas dos jurados aos quesitos, o recurso cabível será a apelação, que, uma vez provida pelo tribunal ad quem, resultará no retorno dos autos ao juízo de origem para designação de data para nova sessão de julgamento.

COMENTÁRIOS

✪ **Nota do autor:** a questão foi anulada.

Alternativa "A": certo. É o entendimento que vem prevalecendo, tendo o STF editado súmula nesse sentido: "A renúncia do réu ao direito de apelação, manifestada sem a assistência do defensor, não impede o conhecimento da apelação por este interposta" (Súmula 705).

Alternativa "B": errado. O prazo do agravo previsto no art. 197 da LEP é de 5 dias. Nesse sentido, a Súmula 700 do STF: "É de cinco dias o prazo para interposição de agravo contra decisão do juiz da execução penal". Notem que a interpretação judicial foi muito importante, eis que o art. 197 acima mencionado nada diz quanto ao prazo.

Alternativa "C": errado. O que determina o recurso adequado no procedimento do Júri é a natureza da decisão, somada à fase do processo. Assim, em caso de pronúncia e desclassificação na primeira fase do procedimento, eventual nulidade poderá ser alegada por meio de recurso em sentido estrito; em caso de impronúncia e absolvição sumária na mesma fase, caberá apelação; já contra decisão proferida no julgamento pelo Tribunal do Júri, eventual nulidade deverá ser arguida por apelação.

Alternativa "D": errado. Não se faz mais quesito sobre circunstâncias agravantes, desde a reforma do rito do Júri. Cabe à parte, no caso, a acusação, alegar a circunstância agravante, que deverá ser analisada pelo Juiz-Presidente do Tribunal do Júri apenas, não pelos jurados.

Alternativa "E": nesse caso, poderá o Tribunal que analisar o recurso reformar a decisão do juiz. Notem que não há qualquer ofensa à soberania dos veredictos, visto que foi o juiz que a violou ao não seguir, em sua sentença, o resultado da votação pelos jurados.

197. (Cespe – Analista Judiciário – Área Judiciária – STF/2013) Tendo em vista variados temas para o processo penal, julgue os itens seguintes.

No processo penal, as decisões interlocutórias simples proferidas por juiz singular são, em regra, irrecorríveis, como é o caso da decisão de recebimento da denúncia ou da queixa. As decisões interlocutórias mistas, terminativas ou não terminativas são recorríveis por meio de recurso em sentido estrito, mas irrecorríveis por apelação, como é o caso da decisão de impronúncia.

COMENTÁRIOS

Errado. Segundo Guilherme de Souza Nucci, as decisões interlocutórias são soluções dadas pelo juiz, acerca de qualquer questão controversa, envolvendo contraposição de interesses das partes. As interlocutórias simples, segundo o mesmo autor, são decisões que dirimem uma controvérsia, sem colocar fim ao processo ou a um estágio do procedimento. Já as interlocutórias mistas ou decisões com força de definitiva, são aquelas que resolvem uma controvérsia, colocando fim ao processo ou a uma fase deste (*Código de Processo Penal Comentado*, 11ª ed., São Paulo: Revista dos Tribunais, 2012, p. 722). As decisões interlocutórias terminativas podem ser recorríveis tanto por recurso em sentido estrito – caso de rejeição da denúncia, que é interlocutória mista terminativa – quanto por apelação, caso da decisão de impronúncia.

198. (Cespe – Analista Judiciário – Área Judiciária – TRE-RJ/2012) Em relação às nulidades, aos recursos e à execução penal, julgue os itens subsecutivos.

Consoante entendimento do Superior Tribunal de Justiça, é inadmissível, dado o princípio da fungibilidade, o recebimento de simples petição em que se requeira a reconsideração de decisão singular de relator como agravo regimental, ainda que atendidos os pressupostos processuais do recurso correto.

COMENTÁRIOS

Errado. Justamente em razão do princípio da fungibilidade é que o STJ tem admitido o recebimento da petição de reconsideração como agravo regimental. Nesse sentido: "(...) A despeito de o pedido de reconsideração não constar do rol dos recursos previstos na legislação processual civil, esta Corte vem admitindo-o como agravo regimental, em homenagem aos princípios da fungibilidade e da economia processual. Precedentes. (...)" (RCD no MS 20.242-DF, Rel. Min. Jorge Mussi, j. 20.08.2014).

14. REVISÃO CRIMINAL

▸ CPP, arts. 621 a 631

199. (Cespe – Juiz de Direito Substituto – AM/2016) O tribunal do júri condenou à pena de sete anos de reclusão em regime fechado réu acusado da prática de homicídio simples. Em apelação, o tribunal de justiça negou provimento ao recurso apresentado pela defesa. A condenação transitou em julgado. Ainda inconformado, o condenado pediu o ajuizamento de revisão criminal em seu favor, requerendo sua absolvição, sob o argumento de que a sentença condenatória contrariou a evidência dos autos.

Com base na lei processual penal e na jurisprudência dominante dos tribunais superiores, assinale a opção correta acerca da situação hipotética apresentada e de aspectos a ela relacionados.

a) Se o acórdão da revisão criminal reconhecer que a sentença condenatória foi contrária à evidência dos autos, deverá ser realizado novo julgamento do condenado pelo tribunal do júri.

b) Nos processos oriundos do tribunal do júri, não é admitida revisão criminal com fundamento na contrariedade da sentença à evidência dos autos, uma vez que os jurados decidem conforme suas consciências.

c) Em respeito ao princípio constitucional da soberania dos veredictos, decisão na referida revisão criminal não poderá absolver o condenado: a absolvição contrariaria a decisão dos jurados.

d) Eventual decisão favorável na referida revisão criminal poderá apenas reduzir a pena aplicada e alterar o regime inicial de seu cumprimento, que são aspectos definidos pelo juiz na sentença.

e) O acórdão na referida revisão criminal poderá alterar a decisão dos jurados e determinar a absolvição do condenado caso a sentença condenatória tenha sido, de fato, contrária à evidência dos autos.

COMENTÁRIOS

Alternativa correta: letra "E": a questão é polêmica. Prevalece o entendimento de que é admissível revisão das decisões do Tribunal do Júri. Mas, o que deve fazer o tribunal revisor? A maioria da doutrina e a jurisprudência por ora dominante entendem que pode o tribunal absolver, desclassificar ou anular a decisão do Júri, nos termos do art. 626 do CPP, tal como faria com qualquer outra espécie de processo. A minoria – na qual nos incluímos – entende que pode apenas anular a decisão e determinar que o acusado seja novamente julgado pelo Tribunal do Júri, conciliando-se, dessa forma, o princípio da ampla defesa e a soberania dos veredictos.

Alternativa "A" (responde também a Alternativa "C" e "D"): como visto acima, é o nosso entendimento, mas não é aquele que predomina na jurisprudência dos tribunais superiores e na doutrina de modo geral. Portanto, predomina o entendimento que se pode o acusado ser absolvido em sede de revisão criminal das decisões do Júri.

Alternativa "B": entende-se que cabe ao Poder Judiciário reparar graves erros cometidos em julgamento, o que se mostra presente quando a decisão dos jurados contrariar frontalmente a prova dos autos ou quando houver prova da inocência do condenado. Essa a justificativa para que se admita a revisão criminal mesmo nos casos julgados pelo Júri (STJ, REsp 1.304.155-MT, Rel. Min. Sebastião Reis Júnior, Rel. p/ acórdão Min. Assusete Magalhães, j. 20.06.2013).

---

200. (Cespe – Analista Judiciário – Área Judiciária – STJ/2012) Com base no direito processual penal, julgue os itens subsecutivos.

Nesse sentindo, considere que a sigla CPP, sempre que utilizada, refere-se ao Código de Processo Penal.

Nos termos do CPP, novo pedido de revisão criminal poderá ser requerido a qualquer tempo – desde que não extinta a pena –, se o condenado discordar do resultado advindo do primeiro pedido de revisão.

COMENTÁRIOS

Errado. De fato, a revisão poderá ser requerida em qualquer tempo, antes da extinção da pena ou após. Porém, não será admissível a reiteração do pedido, salvo se fundado em novas provas (art. 622, CPP).

15. HABEAS CORPUS E MANDADO DE SEGURANÇA

- CF, art. 5º, LXVIII e LXIX
- CPP, arts. 647 a 667
- Lei 12.016/2009

---

201. (Cespe – Promotor de Justiça – AC/2014) Pedro, que estava preso preventivamente, foi condenado à pena de quinze anos de reclusão pela prática de roubo qualificado, tendo a sentença condenatória mantido sua prisão preventiva. Tendo Pedro apelado, e o tribunal de justiça do estado deu parcial provimento ao recurso, reduzindo o montante da pena privativa de liberdade à qual ele fora condenado. Pedro, então, interpôs recurso especial. Não tendo sido esse recurso admitido na origem, ele impetrou habeas corpus, alegando que não havia provas concretas da sua participação no evento criminoso e que a prisão preventiva havia sido decretada em razão da periculosidade abstrata do delito e do clamor público. Pedro é assaltante contumaz e esteve foragido durante parte da instrução.

Considerando a situação hipotética acima apresentada, assinale a opção correta conforme a atual jurisprudência do STF a respeito de habeas corpus.

a) Admite-se a utilização do habeas corpus para o reexame de pressupostos de admissibilidade de recursos.

b) Em regra, o estabelecimento da pena-base acima do mínimo legal pode ser revisado em sede de habeas corpus, sob a alegação de que a pena é injusta.

c) As circunstâncias concretas da prática do crime (modus operandi) e a fuga de Pedro durante parte da instrução criminal justificam a prisão cautelar para a garantia da ordem pública e salvaguarda da aplicação da lei penal.

d) O habeas corpus, ação autônoma de impugnação, é admissível para aferir a exatidão da dosimetria da pena.

e) O habeas corpus é meio hábil para a verificação da tese de negativa de autoria sustentada por Pedro.

COMENTÁRIOS

✪ **Nota do autor:** analisem os comentários abaixo e percebam algo importante: o entendimento do STF – e, diga-se, também do STJ – a respeito da admissibilidade do *habeas corpus* mudou muito. Há uma nítida tendência em limitar seu âmbito de aplicação, impedindo-o de servir como sucedâneo recursal ou de revisão criminal.

Alternativa correta: letra "C": é este, de fato, o entendimento reiterado do STF, consoante se verifica no seguinte julgado: "(...) É idônea a fundamentação apresentada para justificar a prisão preventiva, já que lastreada em circunstâncias concretas e relevantes para resguardar a ordem pública, ante a periculosidade do agente, evidenciada pelas circunstâncias em que o delito fora praticado" (HC 124.223-MG, Rel. Min. Teori Zavascki, j. 04.11.2014).

Alternativa "A": o STF tem jurisprudência pacífica no sentido oposto, ou seja, o *habeas corpus* não pode ser admitido para provocar o reexame de pressupostos de admissibilidade de recursos. Nesse sentido: HC 122.867-SP, Rel. Min. Luiz Fux, j. 19.08.2014.

Alternativa "B": segundo o STF, o *habeas corpus* não é a via processual adequada ao reexame das circunstâncias judiciais embasadoras da exacerbação da pena-base, ressalvados os casos de teratologia e de flagrante ilegalidade (HC 120.902-SP, Rel. Min. Luiz Fux, j. 03.06.2014).

Alternativa "D": de acordo com a Corte Suprema, o *habeas corpus*, ação autônoma de impugnação, não é admissível para aferir a exatidão da dosimetria da pena (HC 99.266-SP, Rel. Min. Luiz Fux, j. 25.10.2011).

Alternativa "E": para o STF, a negativa de autoria do delito não é aferível na via do *writ*, cuja análise se encontra reservada aos processos de conhecimento, nos quais a dilação probatória tem espaço garantido (HC 122.450-MG, Rel. Min. Luiz Fux, j. 28.10.2014).

---

202. (Cespe – Defensor Público – RR/2013) Em relação ao habeas corpus, assinale a opção correta.

a) A suspensão condicional do processo constitui óbice ao manejo da ação de habeas corpus, visto que, nesse caso, não há risco imediato da liberdade de ir e vir.

b) É cabível ação de habeas corpus para modificar o fundamento da decisão absolutória.

c) A declaração de extinção da punibilidade pelo cumprimento da pena ou pela existência de causa de impedimento da pretensão punitiva ou executória do Estado impede o manejo da ação de habeas corpus.

d) De acordo com o atual entendimento dos tribunais superiores, não cabe ação constitucional de habeas corpus como substitutivo de recursos ordinários e de outros recursos no processo penal, incluindo-se os casos em que a concessão da ordem seja feita de ofício.

e) Admite-se ajuizamento de ação de habeas corpus para discutir a concessão do sursis nos casos em que se discuta a aplicação de pena.

COMENTÁRIOS

Alternativa correta: letra "C": segundo o STF, não cabe habeas corpus quando já extinta a pena privativa de liberdade (Súmula 695). Além disso, entende-se que o mesmo se aplica aos casos em que a punibilidade já está extinta.

Alternativa "A": a posição da jurisprudência é francamente majoritária no sentido de que, não obstante ter o acusado aceito a suspensão condicional do processo, ainda assim poderá ser impetrado *habeas corpus* em seu favor. Nesse sentido, a posição do STJ: "(...) A aceitação da suspensão condicional do processo não prejudica a análise de habeas corpus em que se pleiteia o trancamento da ação penal, pois durante todo o período de prova o acusado fica submetido ao cumprimento das condições impostas, cuja inobservância enseja o restabelecimento do curso do processo. (...)" (HC 245.677-RJ, Rel. Min. Jorge Mussi, j. 10.09.2013).

Alternativa "B": cabível, nesse caso, a apelação, não servindo o *habeas corpus* de sucedâneo recursal. Ademais, não há qualquer risco à liberdade do indivíduo, não sendo possível, sequer em tese, pensar-se na possibilidade de *habeas corpus* nesse caso.

Alternativa "D": o STF e o STJ têm entendido que o *habeas corpus* não pode servir de sucedâneo recursal, isto é, não pode substituir o recurso eventualmente cabível. Assim, nesses casos, tais tribunais não têm conhecido as impetrações. Porém, se o caso ensejar a concessão de *habeas corpus* de ofício – ou seja, o Ministro tomou conhecimento, pela impetração não conhecida, de grave violação do direito de locomoção do Paciente – os tribunais têm concedido a ordem. Nesse sentido, decisão do STJ: "(...) Acompanhando o entendimento firmado pela 1ª Turma do Supremo Tribunal Federal, nos autos do Habeas Corpus nº 109.956, de relatoria do Excelentíssimo Ministro Marco Aurélio, a 5ª Turma deste Superior Tribunal de Justiça passou a adotar orientação no sentido de não mais admitir o uso do writ como substitutivo de recurso ordinário, previsto nos arts. 105, II, a, da Constituição da República e 30 da Lei nº 8.038/1990, sob pena de frustrar a celeridade e desvirtuar a essência desse instrumento constitucional. (...) O entendimento desta Corte evoluiu para não mais se admitir o manejo do habeas corpus em substituição ao recurso próprio, bem assim como sucedâneo de revisão criminal. (...) A despeito da impossibilidade de conhecimento do writ, convencionou-se analisar as alegações apresentadas, de forma fundamentada, a fim de apreciar a necessidade de concessão da ordem, de ofício. (...)" (HC 205.363-SC, Rel. Min. Regina Helena Costa, j. 08.04.2014).

Alternativa "E": os tribunais superiores têm rechaçado tal discussão, que demanda análise profunda do caso, o que não admitem em sede de *habeas corpus*. Assim, remetem a discussão do montante da pena às vias recursais normais, ou seja, à apelação.

---

203. (Cespe – Procurador Federal/2013) Acerca da competência, da coisa julgada e dos recursos no processo penal, julgue os itens a seguir à luz do entendimento dos tribunais superiores e da doutrina majoritária.

Diante da importância da ação constitucional do habeas corpus como instrumento de salvaguarda do direito ambulatorial do cidadão, a mais recente jurisprudência do STF e do STJ tem admitido o habeas corpus substitutivo do recurso ordinário.

COMENTÁRIOS

Errado. Tanto o STF quanto o STJ decidiram por não mais admitir *habeas corpus* quando for cabível o recurso ordinário constitucional, ampliando-se tal entendimento para abarcar as situações em que sejam também cabíveis outros recursos ou a revisão criminal. Nesse sentido, decisão do STJ que sintetiza a questão aqui tratada: "(...) Acompanhando o entendimento firmado pela 1ª Turma do Supremo Tribunal Federal, nos autos do Habeas Corpus nº 109.956, de relatoria do Excelentíssimo Ministro Marco Aurélio, a 5ª Turma deste Superior Tribunal de Justiça passou a adotar orientação no sentido de não mais admitir o uso do writ como substitutivo de recurso ordinário, previsto nos arts. 105, II, a, da Constituição da República e 30 da Lei nº 8.038/1990, sob pena de frustrar a celeridade e desvirtuar a essência desse instrumento constitucional. (..) O entendimento desta Corte evoluiu para não mais se admitir o manejo do habeas corpus em substituição ao recurso próprio, bem assim como sucedâneo de revisão criminal. (...)" (HC 269.818-ES, Rel. Min. Regina Helena Costa, j. 08.05.2014).

16. MEDIDAS COATIVAS PESSOAIS

▸ CPP, arts. 282 a 350

---

204. (Cespe – Juiz de Direito Substituto – AM/2016) A respeito das medidas cautelares, assinale a opção correta.

a) As medidas cautelares, como o recolhimento domiciliar no período noturno e a prisão preventiva, poderão ser decretadas pelo juiz, de ofício ou a requerimento das partes, no curso do inquérito policial ou durante o processo penal, quando houver necessidade para aplicação da lei penal, para a investigação ou a instrução criminal.

b) Ausentes os requisitos que autorizem a decretação da prisão preventiva, o juiz deverá conceder liberdade provisória, impondo fiança quando se tratar de crimes afiançáveis. Nesse caso, o arbitramento deverá ser precedido da manifestação do MP.

c) O juiz poderá substituir a prisão preventiva pela domiciliar quando o indiciado for pessoa idosa, hipótese em que este ficará recolhido em sua residência, somente podendo ausentar-se com escolta policial.

d) Em relação ao requisito periculum libertatis, a fuga do acusado do distrito da culpa é fundamentação suficiente para a manutenção da prisão preventiva ordenada pelo juiz no intuito de garantir a futura aplicação da lei penal.

e) O STF, em caráter liminar, se manifestou pela inconstitucionalidade de provimento de tribunal de justiça que instituiu a obrigatoriedade de audiência de custódia nos casos de prisão em flagrante, devido à ausência de previsão na legislação federal e ao fato de essa obrigatoriedade violar o princípio da separação dos poderes.

COMENTÁRIOS

Alternativa correta: letra "D": para a decretação da prisão preventiva, há necessidade de dois requisitos, quais sejam, o fumum comissi delicti e o periculum libertatis. Portanto, há a necessidade de que haja indício suficiente de autoria e prova da existência do crime; e pelo menos uma das hipóteses previstas no art. 312 do CPP, entre as quais está a função de assegurar futura aplicação da lei penal. Se o causado deliberadamente foge do distrito da culpa, essa circunstância pode servir de fundamento para a decretação da prisão preventiva, pois indica que poderá, se condenado, esquivar-se do cumprimento da sanção penal. É dizer, a prisão terá o objetivo de assegurar futura aplicação da lei penal.

Alternativa "A": medida cautelar adequada para servir ao interesse da investigação é a prisão temporária. Porém, nos casos em que o crime não esteja no rol legal da Lei 7.960/1989, pode ser usada a prisão preventiva, desde que presentes os requisitos do art. 312 do CPP. Nesse caso, na fase pré-processual, o juiz não poderá decretar a prisão preventiva de ofício, conforme se depreende da leitura do art. 311. Então, para decretá-la, dependerá de representação da autoridade policial ou de requerimento do Ministério Público ou do assistente de acusação.

Alternativa "B": a fiança não é a única medida cautelar que pode ser aplicada pelo juiz, ao contrário do que a leitura do art. 310 do CPP pode dar a impressão. O juiz pode aplicar qualquer uma das medidas elencadas no art. 319, entre as quais a fiança, desde que esta se mostre adequada ao caso. Não há previsão específica para prévia oitiva do Ministério Público a respeito, embora entendamos que seria salutar ouvir o titular da ação penal antes de se aplicar qualquer espécie de medida cautelar.

Alternativa "C": ser idoso (maior de 60 anos) não é pressuposto para a prisão domiciliar, havendo necessidade de que seja maior de 80 anos (art. 318, I, CPP). Por outro lado, não há necessidade de escolta policial, bastando autorização judicial para que o detido saia da residência.

Alternativa "E": o STF manteve a determinação do TJ de São Paulo, que editou provimento determinando a realização das audiências de custódia. E fez mais: indicou a necessidade que todos os tribunais determinassem a realização de tal espécie de audiência, dando plena aplicação a uma garantia que já era prevista na Convenção Americana de Direitos Humanos (Pacto de São José da Costa Rica). Nesse sentido, a ementa da decisão: "AÇÃO DIRETA DE INCONSTITUCIONALIDADE. PROVIMENTO CONJUNTO 03/2015 DO TRIBUNAL DE JUSTIÇA DE SÃO PAULO. AUDIÊNCIA DE CUSTÓDIA. 1. A Convenção Americana sobre Direitos do Homem, que dispõe, em seu artigo 7º, item 5, que "toda pessoa presa, detida ou retida deve ser conduzida, sem demora, à presença de um juiz", posto ostentar o status jurídico supralegal que os tratados internacionais sobre direitos humanos têm no ordenamento jurídico brasileiro, legitima a denominada "audiência de custódia", cuja denominação sugere-se "audiência de apresentação". 2. O direito convencional de apresentação do preso ao Juiz, consectariamente, deflagra o procedimento legal de habeas corpus, no qual o Juiz apreciará a legalidade da prisão, à vista do preso que lhe é apresentado, procedimento esse instituído pelo Código de Processo Penal, nos seus artigos 647 e seguintes. 3. O habeas corpus ad subjiciendum, em sua origem remota, consistia na determinação do juiz de apresentação do preso para aferição da legalidade da sua prisão, o que ainda se faz presente na legislação processual penal (artigo 656 do CPP). 4. O ato normativo sob o crivo da fiscalização abstrata de constitucionalidade contempla, em seus artigos 1º, 3º, 5º, 6º e 7º normas estritamente regulamentadoras do procedimento legal de habeas corpus instaurado perante o Juiz de primeira instância, em nada exorbitando ou contrariando a lei processual vigente, restando, assim, inexistência de conflito com a lei, o que torna inadmissível o ajuizamento de ação direta de inconstitucionalidade para a sua impugnação, porquanto o status do CPP não gera violação constitucional, posto legislação infraconstitucional. 5. As disposições administrativas do ato impugnado (artigos 2º, 4º 8º, 9º, 10 e 11), sobre a organização do funcionamento das unidades jurisdicionais do Tribunal de Justiça, situam-se dentro dos limites da sua autogestão (artigo 96, inciso I, alínea a, da CRFB). Fundada diretamente na Constituição Federal, admitindo ad argumentandum impugnação pela via da ação direta de inconstitucionalidade, mercê de materialmente inviável a demanda. 6. In casu, a parte do ato impugnado que versa sobre as rotinas cartorárias e providências administrativas ligadas à audiência de custódia em nada ofende a reserva de lei ou norma constitucional. 7. Os artigos 5º, inciso II, e 22, inciso I, da Constituição Federal não foram violados, na medida em que há legislação federal em sentido estrito legitimando a audiência de apresentação. 8. A Convenção Americana sobre Direitos do Homem e o Código de Processo Penal, posto ostentarem eficácia geral e erga omnes, atingem a esfera de atuação dos Delegados de Polícia, conjurando a alegação de violação da cláusula pétrea de separação de poderes. 9. A Associação Nacional dos Delegados de Polícia – ADEPOL, entidade de classe de âmbito nacional, que congrega a totalidade da categoria dos Delegados de Polícia (civis e federais), tem legitimidade para propor ação direta de inconstitucionalidade (artigo 103, inciso IX, da CRFB). Precedentes. 10. A pertinência temática entre os objetivos da associação autora e o objeto da ação direta de inconstitucionalidade é inequívoca, uma vez que a realização das audiências de custódia repercute na atividade dos Delegados de Polícia, encarregados da apresentação do preso em Juízo. 11. Ação direta de inconstitucionalidade PARCIALMENTE CONHECIDA e, nessa parte, JULGADA IMPROCEDENTE, indicando a adoção da referida prática da audiência de apresentação por todos os tribunais do país" (ADIn 5.240-SP, Rel. Min. Luiz Fux, j. 20.08.2015).

---

205. (Cespe – Delegado de Polícia – PE/2016) Considerando a doutrina majoritária e o entendimento dos tribunais superiores, assinale a opção correta a respeito da prisão.

a) O flagrante diferido que permite à autoridade policial retardar a prisão em flagrante com o objetivo de aguardar o momento mais favorável à obtenção de provas da infração penal prescinde, em qualquer hipótese, de prévia autorização judicial.

b) Para a admissibilidade de prisão temporária exige-se, cumulativamente, a presença dos seguintes requisitos: imprescindibilidade para as investigações, não ter o indiciado residência fixa ou não fornecer dados esclarecedores de sua identidade e existência de indícios de autoria em determinados crimes.

c) Configura crime impossível o flagrante denominado esperado, que ocorre quando a autoridade policial, detentora de informações sobre futura prática de determinado crime, se estrutura para acompanhar a sua execução, efetuando a prisão no momento da consumação do delito.

d) Havendo conversão de prisão temporária em prisão preventiva no curso da investigação policial, o prazo para a conclusão das investigações, no âmbito do competente inquérito policial, iniciar-se-á a partir da decretação da prisão preventiva.

e) Havendo mandado de prisão registrado no Conselho Nacional de Justiça (CNJ), a autoridade policial poderá executar a ordem mediante certificação em cópia do documento, desde que a diligência se efetive no território de competência do juiz processante.

COMENTÁRIOS

Alternativa correta: letra "D": o prazo para conclusão das investigações começa e ser contado a partir da instauração do inquérito, caso esteja solto o imputado e normalmente é de 30 dias. Porém, estando preso, o prazo é de 10 dias, contado a partir do dia em que se executar a ordem de prisão (art. 10, CPP). Assim, sendo preso em flagrante e convertida tal prisão em preventiva, entendemos que o prazo começou já no dia em que houve a prisão em flagrante. Porém, há controvérsia na doutrina quanto ao que ocorre no caso de prisão temporária. O prazo de 10 dias do art. 10 do CPP não entra em conflito com o prazo normal da prisão temporária, que é de 5 dias, prorrogável por mais 5. Porém, há evidente conflito se se tratar de crime hediondo ou assemelhado, em que o prazo sobe para 30 dias, prorrogável por mais 30. Ou seja, enquanto o prazo para conclusão do inquérito é de 10 dias, o prazo de prisão temporária, em tal caso, pode chegar a 60 dias. E lembrem-se que a prisão temporária só pode ser decretada no curso do inquérito. Nesse caso, estamos com a corrente jurisprudencial, majoritária, que entende seguir o inquérito o prazo da prisão temporária. Porém, ainda é possível pensar em outra hipótese, que é a da questão: decretada a prisão temporária, pode ser decretada a prisão preventiva, esgotada aquela, ainda no curso do inquérito. Nesse caso, pensamos que, de fato, é possível considerar que o prazo de 10 dias do art. 10 do CPP somente começará a correr a partir do momento da decretação da preventiva, que é o momento em que esta estará "valendo", é dizer, substituindo a prisão temporária. Esse ponto, advirta-se, não é tão pacífica como pode parecer.

Alternativa "A": a Lei 11.343/2006 (Lei de Drogas) é expressa no sentido de exigir, em tal hipótese, autorização judicial (art. 53).

Alternativa "B": não há a cumulação destes três requisitos. Na verdade, exige-se sempre a presença do requisito referente ao rol de crimes da Lei 7.960/1989, ou seja, somente pode ser decretada a prisão temporária se a investigação disser respeito a um dos crimes do catálogo legal e houver indícios de sua prática. Então, soma-se a esse requisito um dos outros dois citados na alternativa: imprescindibilidade para as investigações ou falta de elementos de identidade do suspeito.

Alternativa "C": não há crime impossível nesse caso, mas flagrante legítimo e que poderá ser classificado como flagrante próprio (art. 302, I, CPP). O flagrante preparado é que torna impossível a consumação do crime e, por isso, é considerada a hipótese como de crime impossível (STF, Súmula 145). No flagrante preparado, é a polícia que provoca a atuação criminosa, ao contrário do que se dá no flagrante esperado.

Alternativa "E": qualquer agente policial poderá efetuar a prisão determinada no mandado de prisão registrado no CNJ, ainda que fora da competência territorial do juiz que o expediu (art. 289-A, § 1º, CPP). Além disso, qualquer agente policial poderá efetuar a prisão decretada, ainda que sem registro no CNJ, adotando as precauções necessárias para averiguar a autenticidade do mandado e comunicando ao juiz que a decretou, devendo este providenciar, em seguida, o registro.

---

206. (Cespe – Delegado de Polícia – PE/2016) Acerca das alterações processuais assinaladas pela Lei n.º 12.403/2011, do instituto da fiança, do procedimento no âmbito dos juizados especiais criminais e das normas processuais pertinentes à citação e intimação, assinale a opção correta.

a) Se o acusado, citado por edital, não comparecer nem constituir advogado, será decretada a revelia e o processo prosseguirá com a nomeação de defensor dativo.

b) Em homenagem ao princípio da ampla defesa, será sempre pessoal a intimação do defensor dativo ou constituído pelo acusado.

c) O arbitramento de fiança, tanto na esfera policial quanto na concedida pelo competente juízo, independe de prévia manifestação do representante do MP.

d) Nos procedimentos previstos na Lei n.º 9.099/1995, em se tratando de ação penal pública condicionada à representação e não havendo conciliação na audiência preliminar, caso o ofendido se manifeste pelo não oferecimento de representação, o processo será julgado extinto de imediato, operando-se a decadência do direito de ação.

e) No caso de prisão em flagrante, a autoridade policial somente poderá conceder fiança se a infração penal for punida com detenção e prisão simples; nas demais situações, a fiança deverá ser requerida ao competente juízo.

COMENTÁRIOS

Alternativa correta: letra "C": realmente, não há previsão alguma de prévia ouvida do Ministério Público nesses casos. A nosso ver, isso somente se justifica nos casos em que a fiança pode ser arbitrada já pela autoridade policial, mas não no caso de fiança arbitrada pelo juiz. Pensamos que deve o titular da ação penal, ou seja, o Ministério Público ser ouvido antes de o juiz decidir por aplicar tal medida cautelar diversa da prisão. Mas, repita-se, a lei não exige isso.

Alternativa "A": nesse caso, será o processo suspenso (e o prazo prescricional) suspenso, não podendo prosseguir (art. 366, CPP).

Alternativa "B": o defensor dativo será intimado pessoalmente; o constituído, pelo diário oficial (art. 370, §§ 1º e 4º, CPP).

Alternativa "D": entende-se que poderá o ofendido oferecer nova representação enquanto não decorrido o prazo decadencial.

Alternativa "E": a autoridade policial pode arbitrar fiança nos crimes apenados com até 4 anos de pena máxima (art. 322, CPP).

---

207. (Cespe – Delegado de Polícia – PE/2016) Considerando-se que João tenha sido indiciado, em inquérito policial, por, supostamente, ter cometido dolosamente homicídio simples, e que Pedro tenha sido indiciado, em inquérito policial, por, supostamente, ter cometido homicídio qualificado, é correto afirmar que, no curso dos inquéritos,

a) se a prisão temporária de algum dos acusados for decretada, ela somente poderá ser executada depois de expedido o mandado judicial.

b) João e Pedro podem ficar presos temporariamente, sendo igual o limite de prazo para a decretação da prisão temporária de ambos.

c) o juiz poderá decidir sobre a prisão temporária de qualquer um dos acusados ou de ambos, independentemente de ouvir o MP, sendo suficiente, para tanto, a representação da autoridade policial.

d) o juiz poderá decretar, de ofício, a prisão temporária de Pedro mas não a de João.

e) o juiz poderá decretar, de ofício, a prisão temporária de João e de Pedro.

COMENTÁRIOS

Alternativa correta: letra "A": é exigência legal que a prisão temporária somente poderá ser executada depois de expedido o mandado judicial (art. 2º, § 5º, Lei 7.960/1989).

Alternativa "B": o homicídio simples não é crime hediondo, portanto, está sujeito à regra segundo a qual a prisão temporária pode ser decretada por 5 dias, prorrogável por mais 5 dias. O crime de homicídio qualificado é hediondo e, assim, a prisão temporária poderá ser decretada por 30 dias, prorrogável por igual período.

Alternativa "C": havendo representação da autoridade policial, antes de decretar a prisão temporária deverá o juiz ouvir o Ministério Público (art. 2º, § 1º, Lei 7.960).

Alternativa "D" (responde também a alternativa "E"): em nenhuma hipótese, o juiz poderá decretar a prisão temporária de ofício (art. 2º, caput, Lei 7.960), dependendo de representação da autoridade policial ou de requerimento do Ministério Público.

---

208. (Cespe – Juiz de Direito – PB/2015) A respeito da disciplina do CPP sobre a fiança, assinale a opção correta.

a) É admitida a concessão de fiança em caso de prisão civil ou militar.

b) A fiança poderá consistir em pedras, objetos ou metais preciosos.

c) O réu afiançado poderá ausentar-se de sua residência sem comunicar a autoridade processante, desde que o faça por período não superior a trinta dias.

d) Não há previsão de reforço da fiança no CPP.

e) Compete de forma exclusiva à autoridade judicial fixar fiança e decidir pela liberdade provisória.

COMENTÁRIOS

Alternativa correta: letra "B": segundo o art. 330, caput, do CPP, a fiança consiste em depósito de dinheiro, pedras, objetos ou metais preciosos, títulos da dívida pública, federal, estadual ou municipal, ou em hipoteca inscrita em primeiro lugar.

Alternativa "A": não há concessão de fiança nesses casos, conforme dispõe o inciso II do art. 324 do CPP.

Alternativa "C": ao contrário, de acordo com o art. 328 do CPP, o réu afiançado não poderá, sob pena de quebramento da fiança, mudar de residência, sem prévia permissão da autoridade processante, ou ausentar-se por mais de 8 dias de sua residência, sem comunicar àquela autoridade o lugar onde será encontrado.

Alternativa "D": há previsão expressa de reforço da fiança no CPP. Segundo o art. 340, será exigido reforço da fiança nos seguintes casos: (i) quando a autoridade tomar, por engano, fiança insuficiente; (ii) quando houver depreciação material ou perecimento dos bens hipotecados ou caucionados, ou depreciação dos metais ou pedras preciosas; (iii) quando for inovada a classificação do delito.

Alternativa "E": a nosso ver, deveria ser assim, visto que a fiança é medida cautelar, que somente deveria ser imposta por autoridade judicial. Porém, em nosso ordenamento, permite-se à autoridade policial conceder fiança ao preso em flagrante nos casos de infração cuja pena privativa de liberdade máxima não seja superior a 4 anos (art. 322, CPP).

---

209. (Cespe – Juiz de Direito Substituto – DFT/2014) Eduardo, reincidente e perigoso, foi preso preventivamente denunciado, com outras pessoas, por associação para o tráfico, porque mantinha, em depósito, 252, 61 g de cocaína, sem autorização e em desacordo com determinação legal ou regulamentar e, ainda, fornecia a droga a terceiros. Seu defensor pediu a instauração do incidente de insanidade, o que gerou excesso de prazo para a conclusão da instrução criminal.

Com base nessa situação hipotética, assinale a opção correta de acordo com o entendimento do STJ acerca da matéria.

a) Pelo princípio da razoabilidade, justifica-se eventual dilação de prazo para a conclusão da instrução processual quando a demora não é provocada pelo juízo ou pelo MP.

b) A conversão do julgamento em diligência, para a instauração do incidente de insanidade mental, pode determinar, ou não, segundo critério do magistrado, a suspensão do processo.

c) Constitui constrangimento ilegal o excesso de prazo na instrução provocado pela defesa.

d) A alegação de excesso de prazo para o término da instrução criminal advém de mera operação matemática.

e) A prisão de Eduardo deverá ser relaxada pelo juiz, dada a morosidade processual, que caracteriza constrangimento ilegal.

COMENTÁRIOS

✪ **Nota do autor:** a questão exige do candidato que conheça a jurisprudência do STJ a respeito dos temas tratados na alternativa, que giram em torno da prisão e da liberdade.

Alternativa correta: letra "A" (responde também as alternativas "C", "D" e "E"): basicamente, vem o STJ entendendo que não se deve verificar a ocorrência de excesso de prazo na instrução por meio da mera soma aritimética das etapas processuais, adotando-se, ao contrário, critério de razoabilidade. Nesse sentido, julgado que bem se encaixa no caso tratado na questão: "(...) O prazo para a conclusão da instrução criminal não tem as características de fatalidade e de improrrogabilidade, fazendo-se imprescindível raciocinar com o juízo de razoabilidade para definir o excesso de prazo (Precedentes). (...) Ademais, o número de réus originalmente envolvidos, de vítimas e de testemunhas, além dos diversos incidentes, requerimentos e recursos propostos pela defesa do paciente (agravos regimentais, exceções de impedimento e de suspeição, e requerimentos para expedição de ofícios), denotam a complexidade da causa, a qual justifica um certo atraso na instrução criminal, motivo pelo qual não vislumbro, na hipótese e por ora, o alegado constrangimento ilegal consubstanciado no excesso de prazo. (...)" (HC 294.628-AM, Rel. Min. Felix Fischer, j. 18.11.2014).

Alternativa "B": nesse caso, a suspensão do processo não é algo que fique ao critério do magistrado, mas se trata de imposição legal (art. 149, § 2º, CPP).

---

210. (Cespe – Cartório – TJ – DF/2014) Com relação à ação civil, à prisão e a seus institutos, assinale a opção correta.

a) Considere que a autoridade policial tenha sido informada de que um ilícito seria praticado em determinado local e tenha preparado uma equipe para, à espreita, aguardar o momento da execução do crime e efetivar a prisão. Nessa situação, é incabível a prisão em flagrante, porquanto a vigilância policial torna impossível a consumação do delito.

b) Da mesma forma que a prisão preventiva, a custódia temporária poderá ser decretada de ofício pelo juiz, durante o inquérito policial.

c) Após a promulgação da CF e as alterações processuais penais dela decorrentes, qualquer que seja a modalidade da prisão, esta só poderá se efetivada mediante mandado da autoridade judiciária competente.

d) A decisão que julga extinta a punibilidade do agente, bem como aquela que categoricamente reconhece a inexistência material do fato, exclui a propositura da ação civil para ação de reparação de dano, fazendo coisa julgada no juízo cível.

e) No caso de inovação na classificação do delito, não constitui constrangimento ilegal a cassação da fiança concedida em fase de inquérito policial, se a imputação contida na denúncia recebida em juízo a torna inviável.

COMENTÁRIOS

✪ **Nota do autor:** por prevalecerem alternativas sobre prisão, inserimos a questão neste tópico.

Alternativa correta: letra "E": há expressa permissão legal para a cassação da fiança nesse hipótese. Diz o art. 339 do CPP: "Será também cassada a fiança quando reconhecida a existência de delito inafiançável, no caso de inovação na classificação do delito".

Alternativa "A": nesse caso, o flagrante é lícito, porque se trata de flagrante esperado. Ilícito é o flagrante preparado, em que a própria polícia provoca a atuação criminosa e torna impossível a consumação do delito.

Alternativa "B": a prisão temporária não pode ser decretada de ofício pelo juiz, mas apenas se houver requerimento do Ministério Público ou representação da autoridade policial (art. 2º, *caput*, Lei 7.960/1989).

Alternativa "C": a prisão em flagrante não depende de mandado e pode ser executada por qualquer pessoa. Isso não mudou com a CF de 1988.

Alternativa "D": somente a decisão que entende inexistente o fato é que impede a propositura da ação civil. No caso de extinção da punibilidade, pode a ação civil ser proposta, eis que o direito à reparação do dano não é atingido.

---

211. (Cespe – Defensor Público – RR/2013) No que concerne às prisões e à liberdade provisória, assinale a opção correta.

a) A fiança tem por finalidade primordial assegurar a liberdade provisória do acusado ou réu, admitindo-se sua concessão pela autoridade policial, desde que a pena máxima privativa de liberdade prevista para a infração não seja superior a quatro anos; a autoridade policial deve levar em consideração, para o cálculo do máximo em abstrato da pena, o concurso de crimes, e as causas de diminuição de pena.

b) Impõe-se a decretação da prisão preventiva dos indivíduos que pratiquem crimes considerados inafiançáveis ou delitos para os quais, de acordo com o CPP, não seja possível a concessão da fiança, o que, por si só, obsta a liberdade provisória.

c) De acordo com o CPP, caso o magistrado verifique não mais subsistirem os elementos que tenham ensejado a decretação de prisão preventiva ou temporária, deverá ser decretada a liberdade provisória do réu, com ou sem fiança, e, nesse último caso, mediante condições a serem estabelecidas pelo juízo.

d) Ao se decretar prisão preventiva, de acordo com preceito expresso no CPP, em qualquer de suas modalidades, deve-se observar sempre, para os crimes dolosos, o limite da pena privativa de liberdade máxima superior a quatro anos.

e) A prisão preventiva, de acordo com o estabelecido no CPP, é considerada medida cautelar, razão pela qual se submete ao controle prévio do contraditório e ampla defesa, ressalvados os casos de urgência ou de perigo de ineficácia da medida, tendo o magistrado o dever de intimar a parte contrária do pedido de custódia, ao qual deve ser anexada cópia do requerimento e das peças necessárias; nesse caso, os autos permanecem em juízo, aguardando manifestação, o que resulta em óbice à decretação da prisão preventiva, de ofício, em qualquer fase da persecução penal.

COMENTÁRIOS

Alternativa correta: letra "A": segundo o art. 322 do CPP, a autoridade policial somente poderá conceder fiança nos casos de infração cuja pena privativa de liberdade máxima não seja superior a 4 anos. Assim, havendo mais de um crime, as regras dos arts. 69, 70 e 71 deverão ser observadas para o cálculo da pena máxima. Além disso, as causas de diminuição também devem ser consideradas, como se dá no caso da tentativa, em que a pena deve ser diminuída de um a dois terços.

Alternativa "B": o fato de ser inafiançável o crime não significa ser proibida a concessão da liberdade provisória. Como exemplo, os crimes hediondos são inafiançáveis, mas passíveis de liberdade provisória, com ou sem aplicação das demais medidas cautelares do art. 319 do CPP.

Alternativa "C": no caso de não mais estarem presentes os requisitos da prisão temporária, deve ser esta revogada. O mesmo se pode dizer quanto à prisão preventiva. Portanto, a solução não é a liberdade provisória, mas a revogação da medida cautelar pessoal.

Alternativa "D": nem sempre tal limite é aplicável. O art. 313 do CPP admite a prisão preventiva mesmo que o crime não tenha atingido tal limite, nas seguintes hipóteses: a) se tiver sido o agente condenado por outro crime doloso, em sentença transitada em julgado, ressalvado o disposto no inciso I do caput do art. 64 do CP; b) se o crime envolver violência doméstica e familiar contra a mulher, criança, adolescente, idoso, enfermo ou pessoa com deficiência, para garantir a execução das medidas protetivas de urgência; c) quando houver dúvida sobre a identidade civil da pessoa ou quando esta não fornecer elementos suficientes para esclarecê-la, devendo o preso ser colocado imediatamente em liberdade após a identificação, salvo se outra hipótese recomendar a manutenção da medida.

Alternativa "E": o contraditório é possível e incentivado pelo CPP antes da decretação da prisão preventiva ou de qualquer medida cautelar. Porém, ele é dispensável caso o contraditório venha a prejudicar o cumprimento da medida, restando apenas o contraditório diferido. Diz o § 3º do art. 282 do CPP: "Ressalvados os casos de urgência ou de perigo de ineficácia da medida, o juiz, ao receber o pedido de medida cautelar, determinará a intimação da parte contrária, acompanhada de cópia do requerimento e das peças necessárias, permanecendo os autos em juízo".

---

212. (Cespe – Juiz de Direito Substituto – MA/ 2013) No que concerne às prisões, assinale a opção correta à luz do CPP e da doutrina de referência.

a) A prisão preventiva subsidiária decretada para assegurar a execução de medidas cautelares não se submete ao limite imposto no CPP quanto à punição dos crimes dolosos com pena privativa de liberdade máxima superior a quatro anos.

b) A prisão domiciliar pode ser aplicada como alternativa à prisão preventiva exclusivamente se o agente tiver mais de oitenta anos de idade, for detentor de guarda de incapaz ou gestante a partir do sétimo mês de gravidez.

c) Dada sua natureza unicamente cautelar, a imposição da prisão temporária deve atender ao binômio da necessidade e adequação da medida à gravidade do crime doloso punido com pena privativa de liberdade máxima superior a quatro anos.

d) De acordo com a atual sistemática das prisões em flagrante, o flagrante diferido ou controlado é aplicável a todas as espécies de crimes em que haja circunstâncias fáticas autorizadoras da prisão preventiva.

COMENTÁRIOS

✪ **Nota do autor:** particularmente, apreciamos a classificação trazida por Antonio Scarance Fernandes quando à prisão preventiva. Para tal importante autor, há cinco espécies de prisão preventiva: "a prisão preventiva originária, imposta a pessoa solta (arts. 312 e 313, CPP); a prisão preventiva derivada, resultante de conversão de prisão em flagrante (art. 310, II, CPP); a prisão preventiva sancionatória, decretada em caso de descumprimento de outra medida cautelar (art. 312, par. único, CPP); a prisão preventiva protetiva, aplicada para garantir a atuação de medida protetiva em caso de violência doméstica (art. 313, III, CPP) e a prisão preventiva esclarecedora, determinada para que se esclareça a identidade de pessoa suspeita (art. 313, par. único, CPP)" (*Processo constitucional*. 7ª ed., São Paulo: Revista dos Tribunais, 2012, pp. 292-293).

Alternativa correta: letra "A": a prisão preventiva subsidiária (ou sancionatória) não está sujeita ao limite imposto pelo art. 313, I, do CPP (crimes dolosos punidos com pena privativa de liberdade máxima superior a 4 anos). A nosso ver, tal limite aplica-se apenas às prisões preventivas originária, derivada e esclarecedora, mas não à sancionatória e à protetiva. É que, nesses dois casos, a exigência de tal limite tornaria o sistema de medidas cautelares pessoais inoperante, pois nada haveria que fazer com aquele que descumprisse sistematicamente as medidas cautelares a ele impostas.

Alternativa "B": a prisão domiciliar pode substituir a prisão preventiva nos casos relacionados no art. 318 do CPP: a) acusado maior de 80 anos; b) acusado extremamente debilitado em virtude de doença grave; c) acusado imprescindível aos cuidados especiais de pessoa menor de 6 anos de idade ou com deficiência; d) acusada gestante a partir do 7º mês de gravidez; e) acusada gestante, sendo a gravidez de alto risco.

Alternativa "C": não há tal exigência no que respeita à prisão temporária, mas apenas à prisão preventiva. Na verdade, os requisitos da prisão temporária estão previstos no art. 1º da Lei 7.960/1989, havendo um rol de crimes. Somente nestes casos é que a prisão temporária pode ser decretada.

Alternativa "D": o flagrante diferido ou controlado é aquele em que a autoridade policial retarda sua atuação, é dizer, não o faz imediatamente, a fim de acompanhar a trama criminosa, de modo a propiciar desvendar e prender um maior número de integrantes de um grupo criminoso ou mesmo de sua liderança. É espécie especialmente prevista na Lei de Drogas (Lei 11.343/2006) e na Lei de Crime Organizado (Lei 12.850/2013), nesse último caso, denominada "ação controlada".

---

213. (Cespe – Juiz Federal Substituto 2ª região/ 2013) Assinale a opção correta a respeito da prisão e da liberdade.

a) A prisão preventiva poderá ser decretada no curso da investigação criminal ou da instrução processual, a requerimento da autoridade policial ou do MP, ou de ofício, pelo juiz.

b) A prisão preventiva poderá ser decretada observando-se a adequação da medida à gravidade do crime, as circunstâncias do fato e as condições pessoais do indiciado ou acusado.

c) Não poderá ser concedida fiança ao reincidente específico em crime de homicídio culposo.

d) No crime de epidemia com resultado morte, a fiança não poderá ser concedida pela autoridade policial, mas pelo juiz, por força da pena prevista em abstrato, tendo por valor entre dez e duzentos salários mínimos.

e) A fiança terá de ser quitada em dinheiro perante a autoridade que a estipular, vedado o depósito de pedras preciosas e de títulos da dívida pública.

COMENTÁRIOS

✪ **Nota do autor:** a nosso ver, o ponto mais importante da questão está justamente na alternativa correta ("B"), que acaba por revelar a aplicação do princípio da proporcionalidade ao tema das medidas coativas pessoais. Inequivocamente, o legislador tentou trazer tal princípio ao CPP, como se nota na leitura do art. 282: nos seus dois incisos, são mencionados dois requisitos do princípio (ou, para alguns, dois subprincípios), quais sejam, a adequação e a necessidade. Contudo, a forma como o legislador os inseriu não fica isento de críticas, eis que, quando se estuda o princípio da proporcionalidade, encontram-se seus requisitos apresentados na ordem inversa do art. 282: primeiro deve-se verificar se a medida é adequada e, somente então, se é necessária. Entendemos, com parte da doutrina, que deve o juiz (e, como muitas vezes será o requerente, também o Ministério Público) verificar qual o objetivo que pretende atingir com a decretação da medida cautelar (ex.: assegurar a realização da instrução criminal, impedindo intimidação de testemunha; impedir que o acusado fuja, vindo a frustrar a aplicação da lei penal etc.). Então, deve verificar se está presente o *fumus comissi delicti*, ou seja, indício suficiente que indique ter o imputado envolvimento na infração penal. Depois, cabe verificar a presença do *periculim libertatis*, ou seja, do risco efetivo que a liberdade do imputado representa para o fim que se pretende atingir com a medida. E não é só. Deve verificar quais medidas cautelares, incluindo a prisão preventiva, são adequadas – isto é, aptas – para atingir a finalidade buscada. Em seguida, dentre as adequadas, deve verificar qual a necessária, ou seja, aquela que terá eficiência para atingir a finalidade buscada, ao mesmo tempo em que representa uma menor restrição aos direitos fundamentais envolvidos. A restrição deve ser proporcional à pena que o imputado receberá em caso de condenação, é dizer: se não há probabilidade de cumprir pena privativa de liberdade, mas restritiva de direito, não é cabível a prisão preventiva; se apenas receberá pena privativa de liberdade em regime aberto, idem. E deve estar atento para a seguinte regra: a prisão preventiva será determinada quando não for cabível a sua substituição por outra medida cautelar (art. 282, § 6º, CPP).

Alternativa correta: letra "B": é a repetição do inciso II do art. 282 do CPP. Este dispositivo diz o seguinte:

"As medidas cautelares previstas neste Título" – note-se, tanto a prisão preventiva quanto as medidas cautelares diversas da prisão previstas nos arts. 319 e 320 do CPP – "deverão ser aplicadas observando-se a: I – necessidade para aplicação da lei penal, para a investigação ou a instrução criminal e, nos casos expressamente previstos, para evitar a prática de infrações penais; II – adequação da medida à gravidade do crime, circunstâncias do fato e condições pessoais do indiciado ou acusado".

Alternativa "A": a prisão preventiva será sempre decretada por autoridade judicial. Porém, antes do início da fase processual, ou seja, durante as investigações, o juiz somente poderá decretá-la se houver provocação, como se dá quando há representação da autoridade judicial ou requerimento do Ministério Público. Ou seja, o juiz somente poderá decretar a prisão preventiva de ofício na fase judicial, nunca na fase de investigação. Veja a redação do art. 311 do CPP e chegue à mesma conclusão.

Alternativa "C": o regime de fixação de fiança sofreu muitas alterações em 2011, portanto, fique atento. Primeiro, não se pode confundir os casos em que o crime é inafiançável, daqueles em que é afiançável, mas a fiança não pode ser aplicada – é disso que a questão trata. São inafiançáveis: os crimes de racismo; os crimes de tortura, tráfico ilícito de entorpecentes e drogas afins, terrorismo e os definidos como crimes hediondos; os crimes cometidos por grupos armados, civis ou militares, contra a ordem constitucional e o Estado Democrático (art. 323, CPP – atenção: o dispositivo fala "não será concedida fiança"; mas, na verdade, os casos citados estão também previstos na CF como inafiançáveis). De outra parte, não se concede fiança, ainda que os crimes sejam afiançáveis: aos que, no mesmo processo, tiverem quebrado fiança anteriormente concedida ou infringido, sem motivo justo, qualquer das obrigações a que se referem os arts. 327 e 328 do CPP; em caso de prisão civil ou militar; quando presentes os motivos que autorizam a decretação da prisão preventiva (art. 324).

Alternativa "D": em primeiro lugar, a autoridade policial pode conceder fiança apenas nos casos em que a pena privativa de liberdade máxima não for superior a 4 anos; o juiz pode conceder em todos os casos (art. 322, CPP). Segundo, o crime em tela é inafiançável, eis que se insere no rol dos crimes hediondos (art. 1º, VII, Lei 8.072/1990).

Alternativa "E": dispõe o art. 330 do CPP que a fiança consistirá em depósito de dinheiro, pedras, objetos ou metais preciosos, títulos da dívida pública, federal, estadual ou municipal, ou em hipoteca inscrita em primeiro lugar.

---

214. (Cespe – Juiz Federal Substituto 5ª região/2013) No dia 6/1/2013, no aeroporto internacional de Recife, o cidadão húngaro, István, foi preso quando se preparava para embarcar em voo internacional com destino à Alemanha. Os policiais federais que atuavam no aeroporto desconfiaram de seu comportamento incomum – István aparentava estar muito nervoso – e o convocaram para entrevista. Como István não entendia português nem inglês, os policiais realizaram sua revista pessoal, tendo encontrado 2.600 gramas de cocaína – o resultado preliminar para a droga foi positivo – colados ao seu corpo por fita adesiva. A droga foi imediatamente apreendida e István foi preso. Os policiais apreenderam seu cartão de embarque, a quantia de 350 euros e um aparelho de telefone celular.

O preso foi, então, apresentado à autoridade policial competente, que ordenou a lavratura do auto de prisão em flagrante, ouviu os agentes que efetuaram a prisão e a empregada da companhia aérea que acompanhou a abordagem e ordenou a lavratura do auto de apreensão da droga, dos valores e do aparelho celular. Como ele falava apenas o idioma húngaro, não foi possível o seu interrogatório. István recusou-se, ainda, a assinar os documentos do auto de prisão em flagrante. Por ordem da autoridade policial, o auto foi assinado pelos agentes que efetuaram a prisão e pela empregada da companhia aérea, na condição de testemunha, que declararam ter ouvido a leitura do documento na presença do preso.

Depois de dois dias à espera de um intérprete e, dada a sua ausência, foi passada a nota de culpa, deixando-se contudo de comunicar à família do preso, em razão da necessidade de ligação internacional. No dia 8/1/2013, foi comunicado da prisão em flagrante, com remessa dos autos, o juízo federal competente, e enviada cópia ao Ministério Público Federal e à Defensoria Pública Federal.

Com base nessa situação hipotética, assinale a opção correta acerca de prisões, liberdade provisória e do procedimento referentes aos crimes que envolvam entorpecentes.

a) A situação não demanda provimento jurisdicional imediato, pois a custódia decorre da natureza da infração penal, para a qual, por força de dispositivo legal expresso, é vedada a liberdade provisória.

b) A prisão em flagrante deve ser relaxada, mas o magistrado deve, dadas as circunstâncias, aguardar pronunciamento do órgão de acusação, já que, na fase da persecutio criminis, é vedado ao juiz converter ou decretar prisão preventiva, de ofício, para fins de conveniência da investigação ou instrução.

c) O exame jurisdicional da prisão em flagrante depende, por força de dispositivo legal expresso no CPP, de antecedente manifestação do órgão de persecução penal, devendo o magistrado decidir no prazo máximo de quarenta e oito horas.

d) O juiz competente, ao receber a comunicação da prisão em flagrante, acompanhada do respectivo auto, deve ordenar o relaxamento da prisão de István, dado o descumprimento de formalidades essenciais, e, de ofício, impor-lhe medida cautelar diversa da prisão.

e) O juiz deverá homologar o auto de prisão em flagrante, já que eventuais irregularidades na condução do flagrante ou nas formalidades não repercutem na custódia, convertendo, de ofício, a prisão em flagrante em preventiva, por se tratar de aprisionado estrangeiro.

COMENTÁRIOS

✪ **Nota do autor:** a questão foi anulada.

Alternativa "A": errado. A prisão deve ser comunicada, em até 24 horas, ao juiz, que deverá decidir se a prisão e a lavratura do auto de prisão foram legais, pois, se não foram, deverá determinar o relaxamento. Se legal a prisão, o juiz deve verificar se deve conceder a liberdade provisória ao preso. Aliás, a vedação do art. 44 da Lei 11.343/2006 já foi considerada inconstitucional pelo STF. De resto, somente se não cabível a liberdade, com ou sem aplicação de medida cautelar, poderá o juiz decretar a prisão preventiva. Assim, a prisão em flagrante não pode ser o motivo para que o indivíduo permaneça preso.

Alternativa "B": errado. Verificando qualquer irregularidade no flagrante, deve o juiz relaxar a prisão, não exigindo o art. 310 do CPP a prévia manifestação do Ministério Público.

Alternativa "C": errado. Como visto acima, não há exigência de prévia manifestação do Ministério Público – embora, particularmente, entendemos que, salvo no caso de relaxamento, deveria o juiz ouvir o *Parquet* antes de decretar a prisão preventiva ou impor medida cautelar, tendo em vista o sistema acusatório e ser tal órgão o titular da ação penal. O CPP não prevê o prazo de 48 horas para o juiz decidir. Aliás, não impõe prazo.

Alternativa "D": errado. Há, de fato, algumas irregularidades que demandam o relaxamento da prisão, como a entrega extemporânea da nota de culpa, da comunicação tardia ao juiz, a falta de duas testemunhas de leitura, apenas para apontar as mais evidentes. Porém, o relaxamento não impede que o juiz decrete a prisão preventiva ou aplique medida cautelar diversa da prisão. Porém, nas duas hipóteses, o juiz não é obrigado a aplicá-las, podendo fazê-lo se se mostrarem adequadas e necessárias (art. 282, CPP), bem como, no caso da prisão, se presente o previsto nos arts. 312 e 313.

Alternativa "E": errado. O juiz não homologa o auto de prisão em flagrante, mas decide se a prisão foi legal e, então, se deve conceder liberdade ou converter o flagrante em prisão preventiva. As irregularidades implicam na decisão de relaxamento. Como vimos acima, pode o juiz, mesmo relaxando a prisão, decretar a preventiva, mas não pelo simples motivo de ser estrangeiro o acusado.

215. (Cespe – Delegado de Polícia – BA/2013) Determinado cidadão, maior, capaz, réu em processo penal sob a acusação de crime de latrocínio na comarca de Catu – BA, tendo sido contra ele expedido mandado de prisão preventiva, devidamente registrado no banco de dados do Conselho Nacional de Justiça, foi abordado por agentes da delegacia de homicídios de Salvador – BA, no curso de investigação policial por outros delitos perpetrados na capital baiana. Após consulta ao sistema informatizado de capturas, e tendo sido o seu nome localizado, foi-lhe dada voz de prisão. Nesse momento, o cidadão empreendeu fuga em um veículo na direção ao interior do estado e, imediatamente perseguido pelos agentes policiais, foi interceptado e preso na Comarca de Feira de Santana – BA.

Com base na situação hipotética apresentada acima, julgue os itens subsequentes.

A decretação da prisão preventiva submete-se aos requisitos fáticos e normativos estabelecidos no CPP, sendo admitida em qualquer fase da persecução criminal, seja de ofício, seja por representação da autoridade policial, a requerimento do MP, do querelante ou do assistente de acusação.

COMENTÁRIOS

Errado. A prisão preventiva depende dos pressupostos e requisitos estabelecidos no art. 312 do CPP, bem como das condições do art. 313. Pode ser decretada em qualquer fase da persecução criminal. Porém, o juiz somente poderá decretá-la de ofício na fase judicial. Antes, dependerá de requerimento do Ministério Público, do querelante ou do assistente, ou de representação da autoridade policial (art. 311).

Nessa situação, por força do disposto contido no CPP, deverão os agentes apresentar o cidadão à autoridade policial de Feira de Santana – BA e, nessa ocasião, ele será informado de seus direitos constitucionais. Caso não apresente o nome de seu advogado, a defensoria pública será cientificada da prisão. A autoridade policial, após execução das formalidades legais, comunicará da prisão ao juízo do local de cumprimento da medida, o qual informará ao juízo que a decretou.

COMENTÁRIOS

Certo. O art. 290 do CPP dispõe que se o réu, sendo perseguido, passar ao território de outro município ou comarca, o executor poderá efetuar-lhe a prisão no lugar onde o alcançar, apresentando-o imediatamente à autoridade local, que, depois de lavrado, se for o caso, o auto de flagrante, providenciará para a remoção do preso. Portanto, deverá ser apresentado à autoridade de Feira de Santana. Deve, então, ser aplicado o § 3º do art. 289-A, que estabelece: "A prisão será imediatamente comunicada ao juiz do local de cumprimento da medida o qual providenciará a certidão extraída do registro do Conselho Nacional de Justiça e informará ao juízo que a decretou". Também deve ser aplicado o § 4º do mesmo dispositivo, que estabelece dever o preso ser informado de seus direitos, nos termos do inciso LXIII do art. 5º da CF e, caso o autuado não informe o nome de seu advogado, será comunicado à Defensoria Pública.

---

216. (Cespe – Procurador BACEN/2013) No que concerne a prisão e a questão prejudicial, assinale a opção correta.

a) Por vedação constitucional, não se admite a prisão cautelar do estrangeiro, mesmo em processo de extradição ou expulsão.

b) A prisão preventiva corresponde a medida cautelar ampla, aplicada em qualquer fase do inquérito ou processo, sendo determinada mesmo quando cabível a sua substituição por outra medida cautelar, uma vez preenchidos seus requisitos.

c) A suspensão do processo pelo juiz para se discutir questão prejudicial relativa à falsidade documental de registro civil não suspende o prazo prescricional.

d) O MP deve ser ouvido previamente quanto à decretação de prisão preventiva.

e) É cabível prisão especial em caso de crime hediondo, em face do princípio da individualização.

COMENTÁRIOS

Alternativa correta: letra "E": o § 1º do art. 295 do CPP dispõe que a prisão especial, nele prevista ou em outras leis, consiste exclusivamente no recolhimento em local distinto da prisão comum. É cabível para algumas pessoas, seja qual for o crime, em caso de prisão provisória, portanto, antes da prisão em razão de condenação definitiva. O art. 295 dispõe que tais pessoas permanecerão em quartéis ou em prisão especial. São elas (o rol é apenas exemplificativo, já que leis especiais podem – e trazem – outros casos): os ministros de Estado; os governadores ou interventores de Estados ou Territórios, o governador do Distrito Federal, seus respectivos secretários, os prefeitos municipais, os vereadores e os chefes de Polícia (Delegado-Geral de Polícia); os membros do Parlamento Nacional, do Conselho de Economia Nacional (que não mais existe) e das Assembléias Legislativas dos Estados; os cidadãos inscritos no "Livro de Mérito" (v. Decreto-lei 1.706/1939 e sua regulamentação pelo Decreto 5.244/1940); os oficiais das Forças Armadas e os militares dos Estados, do Distrito Federal e dos Territórios; os magistrados; os diplomados por qualquer das faculdades superiores da República; os ministros de confissão religiosa; os ministros do Tribunal de Contas; os cidadãos que já tiverem exercido efetivamente a função de jurado, salvo quando excluídos da lista por motivo de incapacidade para o exercício daquela função; os delegados de polícia e os guardas-civis dos Estados e Territórios, ativos e inativos. E o § 2º do mesmo art. 295 estabelece que não havendo estabelecimento específico para o preso especial, este será recolhido em cela distinta do mesmo estabelecimento.

Alternativa "A": Substituir por: não há qualquer vedação legal à prisão do estrangeiro. Embora a Lei 13.445, que revogou o Estatuto do Estrangeiro, não preveja mas a obrigatoriedade da prisão preventiva em caso de extradição, ela pode ser decretada, caso requerida pelo Estado estrangeiro.

Alternativa "B": qualquer medida cautelar deve se guiar pelos requisitos da adequação, necessidade e proporcionalidade. O art. 282 do CPP, por sinal, procura dizer exatamente isso. Assim, se existe outra medida, que não a prisão, que pode ser tão eficiente quanto esta para acautelar o processo, a lei determina que tal medida deve ter preferência, sendo a prisão a *ultima ratio*. É o que se depreende do art. § 6º do art. 282: "A prisão preventiva será determinada quando não for cabível a sua substituição por outra medida cautelar".

Alternativa "C": nesse caso, entendemos haver questão prejudicial obrigatória, não um simples incidente de falsidade documental, visto que não pode ser solucionado pelo próprio juiz da causa criminal. Assim, de acordo com o art. 92, deve o juiz suspender o processo até a solução da questão no juízo cível. E segundo o art. 116, I, do CP, enquanto não resolvida a questão, a prescrição não correrá.

Alternativa "D": a lei não impede que o juiz decrete a prisão preventiva de ofício, na fase judicial. Na fase de investigação, não poderá decretá-la sem prévia provocação (art. 311, CPP). Além disso, embora não seja aconselhável, admite-se que o juiz possa decretar a prisão preventiva requerida pela autoridade policial, por exemplo, sem ouvir o Ministério Público. A nosso ver, em razão do sistema acusatório e por ser o Ministério Público o titular da ação penal, deve sempre ser ouvido em tais casos.

---

217. (Cespe – Procurador Federal/2013) Segundo o entendimento dos tribunais superiores, julgue os próximos itens, a respeito da prisão e das provas no processo penal.

A existência de prova concludente da autoria delitiva constitui requisito indispensável para a decretação da prisão preventiva.

COMENTÁRIOS

Errado. São pressupostos para a decretação da prisão preventiva, de acordo como art. 312 do CPP, a existência de prova da existência do crime e de indício suficiente de autoria, não de prova concludente desta, exigível apenas para a prolação de sentença condenatória.

218. (Cespe – Delegado de Polícia Federal – DPF/2013) Acerca da custódia cautelar e suas modalidades, dos atos processuais e seus sujeitos, bem como da ação penal, julgue os itens que se seguem.

Suponha que um agente penalmente capaz pratique um roubo e, perseguido ininterruptamente pela polícia, seja preso em circunscrição diversa da do cometimento do delito. Nessa situação, a autoridade policial competente para a lavratura do auto de prisão em flagrante é a do local de execução do delito, sob pena de nulidade do ato administrativo.

COMENTÁRIOS

Errado. Nesse caso, aplica-se a regra do *caput* do art. 290 do CPP: "Se o réu, sendo perseguido, passar ao território de outro município ou comarca, o executor poderá efetuar-lhe a prisão no lugar onde o alcançar, apresentando-o imediatamente à autoridade local, que, depois de lavrado, se for o caso, o auto de flagrante, providenciará para a remoção do preso".

219. (Cespe – Defensor Público – DF/ 2013) No que concerne à prisão preventiva e ao procedimento relativo aos processos de competência do tribunal do júri, julgue os seguintes itens.

Mesmo que presente mais de um dos requisitos previstos no art. 312 do CPP, o juiz somente poderá converter a prisão em flagrante em preventiva quando se revelarem inadequadas ou insuficientes as medidas cautelares diversas da prisão.

COMENTÁRIOS

Certo. Trata-se da ideia-guia da reforma havida no CPP, em 2011, a respeito da prisão e da liberdade provisória. Não por acaso, o § 6º do art. 282 dispõe que a prisão preventiva será determinada quando não for cabível a sua substituição por outra medida cautelar, dentre as previstas no art. 319.

220. (Cespe – Analista Judiciário – Área Judiciária – STF/2013) Acerca da prisão preventiva, julgue o item a seguir.

A prisão preventiva subsidiária por descumprimento de medida cautelar anteriormente imposta somente poderá ser decretada para os crimes dolosos punidos com pena máxima privativa de liberdade superior a quatro anos, observados os demais requisitos normativos.

COMENTÁRIOS

Errado. Preferimos chamar tal espécie de prisão preventiva de sancionatória, como o faz Antonio Scarance Fernandes. Nesse caso, não se deve observar as condições do art. 313 do CPP. Do contrário, para os casos em que a pena máxima não se enquadrasse na hipótese do inciso I do citado artigo, o sistema ruiria: caso o imputado descumprisse qualquer medida cautelar, a prisão não poderia ser decretada. Por isso, pode e deve ser decretada, se não houver outra alternativa, independentemente da pena. Logicamente, que se deve ter cautela, a fim de incorrer em evidente desproporcionalidade.

221. (Cespe – Defensor Público – ES/ 2012) Julgue os itens seguintes, referentes à prisão e à liberdade provisória.

221.1. A autoridade policial é expressamente autorizada pelo CPP a conceder fiança nos casos de infração para a qual seja estipulada pena privativa de liberdade máxima não superior a quatro anos, devendo considerar, para determinar o valor da fiança, a natureza da infração, as condições pessoais de fortuna e vida pregressa do acusado, as circunstâncias indicativas de sua periculosidade, bem como a importância provável das custas do processo, até final julgamento.

COMENTÁRIOS

Certo. Conforme o *caput* do art. 322 do CPP, a autoridade policial somente poderá conceder fiança nos casos de infração cuja pena privativa de liberdade máxima não seja superior a 4 anos. E diz o art. 326 que, para determinar o valor da fiança, a autoridade terá em consideração a natureza da infração, as condições pessoais de fortuna e vida pregressa do acusado, as circunstâncias indicativas de sua periculosidade, bem como a importância provável das custas do processo, até final julgamento.

221.2. A prisão preventiva decretada de forma autônoma, independentemente do flagrante ou da conversão deste, deve observar as exigências da garantia da ordem pública, da ordem econômica, por conveniência da instrução criminal, ou para assegurar a aplicação da lei penal, quando houver prova da existência do crime e indício suficiente de autoria e quando for doloso o crime, punido com pena privativa de liberdade máxima superior a quatro anos.

COMENTÁRIOS

Certo. A afirmativa refere-se aos pressupostos e requisitos do art. 312 do CPP, bem como à condição do inciso I do art. 313.

221.3. A atual sistemática processual condiciona a execução da prisão em flagrante e a lavratura do respectivo auto ao delito imputado, que, sendo doloso, deve ser punido com pena máxima privativa de liberdade superior a quatro anos.

COMENTÁRIOS

Errado. Sempre que houver uma situação de flagrância, será possível a lavratura do auto respectivo, independentemente da pena da infração penal. Se se tratar de infração de menor potencial ofensivo, não se deve lavrar o auto, desde que seja possível o imediato encaminhamento do autor do fato ao Juizado Especial Criminal ou se ele se comprometer a lá comparecer quando chamado. O enunciado da questão faz confusão: em regra, não se decreta a prisão **preventiva**, se a pena máxima não for superior a 4 anos (art. 313, I, CPP). Mas o flagrante pode ser executado mesmo nesse caso.

17. MEDIDAS CAUTELARES REAIS

▸ CPP, arts. 125 a 144

222. (Cespe – Defensor Público – RN/2015) A respeito da prova indiciária em processo penal, da prisão em flagrante delito, das medidas assecuratórias, das citações e intimações e da suspensão condicional do processo, assinale a opção correta.

a) O CPP não admite a realização de citação por hora certa.

b) De acordo com a jurisprudência do STJ, a suspensão condicional do processo é aplicável aos crimes praticados em contexto de violência doméstica e familiar contra a mulher.

c) O CPP veda ao juiz a utilização de indícios para fundamentar uma condenação criminal.

d) Admite-se a prisão em flagrante na modalidade de flagrante presumido de alguém perseguido pela autoridade policial logo após o cometimento de um crime e encontrado em situação que faça presumir ser ele o autor da infração.

e) O sequestro consiste na medida assecuratória proposta com o fim de promover a retenção de bens imóveis e móveis do indiciado ou acusado, ainda que em poder de terceiros, quando adquiridos com o proveito da infração penal.

COMENTÁRIOS

✪ **Nota do autor**: cada alternativa trata de um temas diversos, razão pela qual inserimos a questão neste tópico em razão do tema tratado na alternativa correta.

Alternativa "E": trata-se de uma boa definição de sequestro, que é uma medida cautelar de natureza real. Mas, importante fazer uma observação: se o bem móvel for o próprio produto do crime, ou seja, o próprio objetivo do delito – a coisa subtraída no roubo, por exemplo – a medida mais adequada a ser usada, a nosso ver, é a apreensão, precedida ou não de busca.

Alternativa "A": ao contrário, a citação com hora certa é prevista no art. 362 do CPP desde 2008.

Alternativa "B": a jurisprudência é pacífica no sentido de que a Lei 9.099/1995 não se aplica aos crimes praticados no âmbito de violência doméstica contra mulher, nos termos da Lei 11.340/2006. Segundo a Súmula 536 do STJ: "A suspensão condicional do processo e a transação penal não se aplicam na hipótese de delitos sujeitos ao rito da Lei Maria da Penha".

Alternativa "C": primeiramente, cumpre observar que a regra do art. 155 do CPP estabelece que o juiz formará sua convicção pela livre apreciação da prova produzida em contraditório judicial, excluindo a possibilidade de que a decisão possa ser fundamentada exclusivamente nos elementos informativos colhidos na investigação, salvo as provas cautelares, não repetíveis e antecipadas. Portanto, para condenação há a necessidade de prova produzida sobre contraditório, durante a fase processual, salvo as exceções vistas no dispositivo citado. Usa-se a expressão "prova indiciária" como sendo os elementos informativos produzidos na fase de investigação, o que, a nosso ver constitui um uso não muito técnico da expressão. Prova indiciária é a prova por indícios. Indício, na definição legal do art. 239 do CPP, é a circunstância conhecida e provada, que, tendo relação com o fato, autorize, por indução, concluir-se a existência de outra ou outras circunstâncias. Note-se que não raro a lei exige a presença de *indícios suficientes* para o juiz proferir algumas decisões (exs.: pronúncia e decretação da prisão preventiva). Nesses casos, a palavra indício não tem o sentido técnico do art. 239, mas apenas quer dizer que há uma probabilidade razoável, por exemplo, de que o determinada pessoa tenha sido autora do delito ("indício suficiente" de autoria). Mas, do ponto de vista técnico, indícios são elementos de prova (o CPP os trata como "meio de prova") e, como qualquer outro elemento de prova, deve ser valorado em conjunto com os demais elementos colhidos no processo. Assim, posto haja quem entenda ser impossível a condenação por indícios, entendemos ser, sim, possível, desde que o conjunto de indícios permitam a certeza necessária para o decreto condenatório e tenham sido trazidos aos autos na fase judicial, sob contraditório, ou, na fase de investigação, se surgiu no âmbito de prova cautelar ou irrepetível ou antecipada.

Alternativa "D": o flagrante presumido, ficto ou assimilado é previsto no inciso IV do art. 302 do CPP, sendo a hipótese em que o imputado é encontrado, logo depois do delito, com instrumentos, armas, objetos ou papéis que façam presumir ser ele autor da infração. A hipótese em que há perseguição é chamada de flagrante impróprio, flagrante irreal ou quase flagrante, sendo previsto no inciso III do art. 302.

223. (Cespe – Juiz Federal Substituto 5ª região/2013) Em relação às questões e processos incidentes, assinale a opção correta.

a) De acordo com preceito expresso no CPP, a alienação antecipada, que deve ser provocada pelo MP, constitui incidente processual, autuado em autos apartados, contra o qual pode o réu ofertar embargos, desde que para discutir o valor estipulado pela administração judicial ou a necessidade de venda ou manutenção dos bens apreendidos; uma vez embargada a alienação com esse fundamento, não será pronunciada a decisão nos embargos antes de a sentença condenatória transitar em julgado.

b) Desde que se comprove, nos autos, a existência do crime, haja indício suficiente de autoria e se comprove a procedência ilícita dos bens, conforme dispositivo expresso no CPP, admite-se o sequestro de bens móveis produtos do crime.

c) O sequestro é incidente autuado em apartado contra o qual se admitem embargos de terceiro e do acusado, com a restrição de que se fundamentem, respectivamente, no fato de os bens terem sido adquiridos com os proventos da infração ou de terem sido transferidos a título oneroso e adquiridos de boa-fé; em ambas as hipóteses, não poderá ser pronunciada decisão nos embargos antes de a sentença condenatória transitar em julgado.

d) Na alienação antecipada de veículos, segundo consta expressamente no CPP, a ordem judicial da alienação conterá a determinação de transferência do bem, livre do pagamento de multas, encargos e tributos anteriores, além da advertência do dever do arrematante de efetivá-la no prazo de até noventa dias após a sentença condenatória transitar em julgado, sob pena de perda em favor da União.

e) Na alienação antecipada com o objetivo de preservar o valor dos bens, sempre que estes estiverem sujeitos a qualquer grau de deterioração ou depreciação, ou houver dificuldade para sua manutenção, deve-se observar o valor estipulado pela administração judicial; caso esse valor não alcance o montante estabelecido, os bens poderão ser alienados por valor não inferior a 80% do estipulado na avaliação judicial.

COMENTÁRIOS

✪ **Nota do autor:** a questão trata do que se pode perfeitamente chamar de medidas cautelares reais, que são, basicamente, o sequestro, o arresto e a especialização da hipoteca legal.

Alternativa correta: letra "E" (responde também a alternativa "D"): parece ser uma tendência no direito brasileiro o de permitir a alienação antecipada dos bens apreendidos, sequestrados etc. Isso talvez seja uma confissão do Estado brasileiro de que não pretende administrá-los, ao contrário do que ocorre em outros países, como a Inglaterra e a Itália, da qual costumamos copiar alguns dispositivos legais. De qualquer modo, tratando do tema da alternativa, é certo que o art. 144-A, incluído em 2012 no CPP, dispõe que o juiz determinará a alienação antecipada para preservação do valor dos bens sempre que estiverem sujeitos a qualquer grau de deterioração ou depreciação, ou quando houver dificuldade para sua manutenção. Os bens deverão ser vendidos pelo valor fixado na avaliação judicial ou por valor maior. Não alcançado o valor estipulado pela administração judicial, será realizado novo leilão, em até 10 dias contados da realização do primeiro, podendo os bens ser alienados por valor não inferior a 80% do estipulado na avaliação judicial. O produto da alienação ficará depositado em conta vinculada ao juízo até a decisão final do processo, procedendo-se à sua conversão em renda para a União, Estado ou Distrito Federal, no caso de condenação, ou, no caso de absolvição, à sua devolução ao acusado. Quando a indisponibilidade recair sobre dinheiro, inclusive moeda estrangeira, títulos, valores mobiliários ou cheques emitidos como ordem de pagamento, o juízo determinará a conversão do numerário apreendido em moeda nacional corrente e o depósito das correspondentes quantias em conta judicial. O valor dos títulos da dívida pública, das ações das sociedades e dos títulos de crédito negociáveis em bolsa será o da cotação oficial do dia, provada por certidão ou publicação no órgão oficial. No caso da alienação de veículos, embarcações ou aeronaves, o juiz ordenará à autoridade de trânsito ou ao equivalente órgão de registro e controle a expedição de certificado de registro e licenciamento em favor do arrematante, ficando este livre do pagamento de multas, encargos e tributos anteriores, sem prejuízo de execução fiscal em relação ao antigo proprietário.

Alternativa "A": como visto nos comentários à alternativa correta, não há necessidade da provocação do Ministério Público. Quanto à autuação em apartado, é natural que assim o seja, porque o próprio pedido de medida cautelar – como o sequestro, por exemplo – será autuado dessa forma. Por fim, não há previsão de embargos nesse caso, mas apenas contra a decisão que determinou o sequestro.

Alternativa "B": para que seja autorizado o sequestro de bens móveis, bastará a existência de indícios veementes da proveniência ilícita dos bens e desde que não seja cabível busca e apreensão (art. 132, CPP).

Alternativa "C": o pedido de sequestro realmente deve ser autuado em apartado (art. 129, CPP). Pode ser embargado pelo acusado, sob o fundamento de não terem os bens sido adquiridos com os proventos da infração, ou por terceiro, a quem houverem os bens sido transferidos a título oneroso, sob o fundamento de tê-los adquirido de boa-fé (art. 130). Não poderá ser pronunciada decisão nesses embargos antes de transitar em julgado a sentença condenatória.

---

224. (Cespe – Analista do MPU/2013) Considerando que um servidor público tenha sido preso em flagrante pela prática de peculato cometido em desfavor da Caixa

Econômica Federal, tendo sido o crime facilitado em razão da função exercida pelo referido servidor, julgue os itens a seguir, com base na legislação processual penal.

224.1. Ao receber o auto de prisão em flagrante do servidor, o juiz deverá converter a prisão em flagrante em preventiva e, então, se for o caso, deliberar pela aplicação de medidas cautelares diversas da prisão, como a suspensão do exercício da função pública.

COMENTÁRIOS

Errado. Ao receber o auto de prisão em flagrante, apenas uma das três alternativas do art. 310 do CPP, a saber: relaxar a prisão, em caso de ilegalidade; conceder a liberdade, com ou sem a aplicação das medidas cautelares previstas nos arts. 319 e 320; ou decretar a prisão em flagrante. É possível que o juiz relaxe a prisão e, em seguida, decrete a prisão. Porém, não é possível o decreto prisional e, ao mesmo tempo, a aplicação de medidas cautelares diversas da prisão.

224.2. Na hipótese de a prisão em flagrante do servidor ser ilegal, o pedido de relaxamento da prisão deve ser proposto por seu defensor junto à vara criminal da comarca em que ocorreu o peculato.

COMENTÁRIOS

Errado. O juiz pode relaxar de ofício ou pode haver o pedido de relaxamento feito por defensor. Porém, a decisão pode ser tomada pelo juiz a quem foi comunicada a prisão.

225. (Cespe - Defensor Público - TO/2013) Em relação às prisões, às medidas cautelares e à liberdade provisória, assinale a opção correta, segundo entendimento do STJ.

a) É autônoma a regulamentação da prisão temporária, e sua decretação depende da complexidade da investigação e da gravidade intrínseca de algumas infrações elencadas na lei de regência, não se vinculando aos requisitos de admissibilidade da prisão preventiva e do exame do cabimento de eventuais medidas cautelares diversas da prisão, tampouco ao teto de pena privativa de liberdade máxima superior a quatro anos nos crimes dolosos.

b) Nos crimes dolosos punidos com pena privativa de liberdade máxima inferior a quatro anos, é vedada a decretação da prisão preventiva, embora presentes os requisitos legais para a custódia excepcional, podendo ser imposta medida cautelar diversa, mesmo no caso de concurso de crimes para os quais não seja prevista, isoladamente, sanção penal privativa de liberdade superior ao mencionado limite legal.

c) Admite-se a decretação da prisão preventiva, de ofício, desde que exista ação penal regularmente instaurada, consoante preconiza a atual sistemática da custódia cautelar, ainda que resultante da conversão da prisão em flagrante.

d) A duração e a validade da prisão preventiva estão condicionadas à existência de fundamentação concreta. Expirados os motivos que deram ensejo à sua decretação, fica vedada a imposição de outra medida cautelar pelos mesmos fundamentos e em substituição àquela.

e) As prisões decorrentes da decisão de pronúncia e da prolação de sentença penal condenatória recorrível não se submetem ao limite de pena privativa de liberdade máxima superior a quatro anos, tampouco se impõe ao magistrado o exame da possibilidade de imposição de medidas cautelares diversas, em face da função específica dessas custódias.

COMENTÁRIOS

Alternativa correta: letra "A": a prisão temporária tem regramento próprio e encontra-se fora do CPP. Com efeito, a prisão temporária – espécie de prisão cautelar – é regulada pela Lei 7.960/1989. Ao contrário da prisão preventiva, a temporária deve ser decretada somente na fase de inquérito policial, não na fase judicial. Seus requisitos não são os mesmos daqueles da prisão preventiva e encontram-se nos incisos I, II e III do art. 1º da citada lei. Assim, ela somente pode ser decretada nas investigações dos crimes elencados no inciso III. Além disso, só pode ser decretada em tais crimes, havendo uma das seguintes situações: (i) quando imprescindível para as investigações do inquérito policial; (ii) quando o indicado não tiver residência fixa ou não fornecer elementos necessários ao esclarecimento de sua identidade.

Alternativa "B": não há vedação, propriamente. Na verdade, o art. 313 do CPP traz algumas condições para que a prisão preventiva possa ser decretada. Uma delas, é a pena máxima ser superior a 4 anos. É um critério de pura proporcionalidade em sentido estrito. No entanto, há outros incisos no mesmo artigo, que permitem a prisão, ainda que a pena inferior ao patamar citado. Como exemplo, temos o inciso II: a prisão poderá ser decretada se o acusado for reincidente, ainda que a pena máxima do crime seja igual ou inferior a 4 anos.

Alternativa "C": o juiz pode decretar a prisão em flagrante de ofício, desde que já haja processo, ou seja, denúncia oferecida e recebida. Na fase policial, o juiz pode decretar a prisão preventiva, mas dependerá de requerimento, sendo vedada decisão *ex officio* (art. 311, CPP). Há certa divergência quanto ao disposto no art. 310, eis que tal dispositivo afirma que o juiz pode decretar a prisão preventiva, quando for comunicado da prisão em flagrante. Nesse caso, pode decretar de ofício? Tem prevalecido o entendimento de que pode, havendo quem afirme não haver, propriamente, decisão "de ofício", pois o auto de prisão em flagrante já representa uma provocação do juiz pela autoridade policial. Particularmente, entendemos que, mesmo nesse caso, o juiz deve antes ouvir o Ministério Público, que poderá requerer a decretação da prisão. É a postura mais consentânea com o princípio acusatório e com a disposição do art. 311 acima citada.

Alternativa "D": realmente, a decretação e a mantença da prisão preventiva dependem sempre de decisão fundamentada. Porém, é perfeitamente possível que o juiz, não vendo mais a necessidade da prisão, a substitua por outra medida cautelar. O § 5º do art. 282 do CPP afirma: "O juiz poderá revogar a medida cautelar ou substituí-la quando verificar a falta de motivo para que subsista, bem como voltar a decretá-la, se sobrevierem razões que a justifiquem".

Alternativa "E": os requisitos da prisão preventiva, nesses casos, continuam aplicáveis e deve o juiz verificar se há necessidade de tal drástica medida ou se bastaria a aplicação de outras medidas cautelares.

---

226. (Cespe – Analista Judiciário – Área Judiciária – TRE-RJ/2012) Julgue os itens a seguir, que versam sobre ação civil, competência criminal e processos incidentes.

O arresto pressupõe a origem ilícita dos bens móveis, sendo determinado com o objetivo de garantir a satisfação, em caso de condenação, de eventual pena de multa, custas processuais e ressarcimento dos danos causados pela perpetração delitiva.

COMENTÁRIOS

Errado. O arresto não pressupõe a origem ilícita dos bens, que, por sinal, normalmente são imóveis. Excepcionalmente, o arresto pode recair sobre bens móveis. O objetivo principal é o ressarcimento dos danos, que tem preferência sobre o pagamento das despesas processuais e da pena pecuniária.

---

227. (Cespe – Analista Judiciário – Área Judiciária – STJ/2012) Com base no direito processual penal, julgue os itens subsecutivos.

Nesse sentindo, considere que a sigla CPP, sempre que utilizada, refere-se ao Código de Processo Penal.

Como a promoção da ação penal pública é atribuição exclusiva do Ministério Público, é vedado ao juiz, de ofício, ordenar o sequestro de bens do indiciado durante a fase inquisitorial.

COMENTÁRIOS

Errado. A ação penal pública é privativa do Ministério Público (art. 129, I, CF), embora seja admitida a ação penal privada subsidiária. Porém, apesar disso, em muitos casos o CPP admite que o juiz possa, de ofício, determinar algumas medidas, como a prisão preventiva e o sequestro dos bens. Nesse caso específico, a previsão encontra-se no art. 127 do CPP.

18. EXECUÇÃO PENAL

▸ Lei 7.210/1984 (LEP)

---

228. (Cespe – Juiz de Direito Substituto – AM/2016) Condenado definitivamente pela justiça federal brasileira por crime de tráfico internacional de drogas e cumprindo pena, no regime fechado, em presídio estadual na cidade de Manaus – AM, Pablo, cidadão boliviano, após cumprir mais de dois terços da pena aplicada, pleiteou progressão ao regime aberto. Ele apresenta bom comportamento na prisão e não possui residência fixa no Brasil. O pedido foi indeferido pelo juiz da Vara de Execuções Penais da comarca de Manaus. Inconformado, Pablo, de próprio punho, impetrou habeas corpus no Tribunal de Justiça do Amazonas, pleiteando a reforma da decisão de primeiro grau e a obtenção da progressão ao regime aberto.

Nessa situação hipotética, de acordo com a jurisprudência dos tribunais superiores, deve-se

a) denegar o habeas corpus, pois não é permitida a concessão de progressão de regime a estrangeiro que não comprovar residência fixa no Brasil.

b) negar seguimento ao habeas corpus, pois a competência para o seu julgamento é do TRF da respectiva região, por se tratar de condenação por crime de tráfico internacional de drogas.

c) negar seguimento ao habeas corpus, dada a existência na legislação de recurso próprio contra a decisão de indeferimento de progressão de regime, ou seja, o recurso em sentido estrito.

d) denegar o habeas corpus, pois não é permitida a progressão per saltum no ordenamento jurídico nacional.

e) negar seguimento ao habeas corpus, que não pode ser impetrado por estrangeiro em situação irregular no Brasil.

COMENTÁRIOS

✪ **Nota do autor**: a questão lida com o tema do habeas corpus, mas, primordialmente, com o tema da execução penal, daí porque a incluímos nesse tópico.

Alternativa correta: letra "D": de fato, há tal entendimento consolidado na jurisprudência do STJ: "É inadmissível a chamada progressão per saltum de regime prisional" (Súmula 491). Ora, verificando o enunciado da questão, percebe-se que o reeducando quer justamente passar diretamente do regime fechado para o aberto. Parece-nos que isso somente será possível, na prática, nas hipóteses da Súmula Vinculante 56 do STF ("A falta de estabelecimento penal adequado não autoriza a manutenção do condenado em regime prisional mais gravoso, devendo-se observar, nessa hipótese, os parâmetros fixados no RE 641.320/RS"), ou seja, se o sentenciado obtiver progressão do regime fechado para o semiaberto e não houver vaga neste último, poderá aguardar a abertura de vaga no regime aberto, o que não deixa de ser uma forma, ainda que provisória – que pode se tornar definitiva no caso concreto –, de progressão *per saltum*.

Alternativa "A": não há tal vedação, sendo aceita, hoje, a progressão em tal hipótese.

Alternativa "B": de acordo com a Súmula 192 do STJ, compete ao juízo das execuções penais do Estado a execução das penas impostas a sentenciados pela Justiça Federal, Militar ou Eleitoral, quando recolhidos a estabelecimentos sujeitos à administração estadual. Consequentemente, eventual agravo em execução ou mesmo habeas corpus será de competência do TJ do Estado.

Alternativa "C": o recurso previsto é o agravo em execução, do art. 197 da LEP. Assim, não poderia ser o habeas corpus conhecido, pois não poderia servir de sucedâneo recursal. Mas, repita-se, o recurso é o agravo, não o recurso em sentido estrito, visto que os incisos do art. 581 do CPP que tratam de matéria de execução penal foram tacitamente revogados pelo art. 197 da LEP.

Alternativa "E": o habeas corpus é previsto no art. 5º da CF, que se aplica também aos estrangeiros residentes no Brasil. Portanto, o estrangeiro pode impetrar habeas corpus.

---

229. (Cespe – Juiz de Direito Substituto – DF/2015) Assinale a opção correta no que se refere à execução penal.

a) Preso provisório que cometer fato tipificado como crime doloso enquanto estiver no estabelecimento prisional poderá ser submetido a regime disciplinar diferenciado.

b) É ato privativo do juízo da vara de execuções penais aplicar as sanções disciplinares de suspensão de direitos e de isolamento na própria cela ao condenado que cumpre pena em regime fechado.

c) Compete ao juízo prolator da sentença decidir os incidentes de detração, remissão e suspensão condicional da pena.

d) Ocorrendo abolitio criminis após o trânsito em julgado da sentença penal condenatória, caberá à vara de execuções penais competente, mediante revisão criminal, conhecer e aplicar a lei mais benéfica.

e) É cabível recurso de agravo em execução, no prazo de dez dias, contra decisão do juízo da vara de execução penal que negou pedido de conversão de pena privativa de liberdade em restritiva de direitos.

COMENTÁRIOS

Alternativa correta: letra "A": o Regime Disciplinar Diferenciado, também conhecido como RDD, é previsto no art. 52 da Lei 7.210/1984 (LEP). Segundo tal dispositivo, a prática de fato previsto como crime doloso constitui falta grave e, quando ocasione subversão da ordem ou disciplina internas, sujeita o preso provisório, ou condenado, sem prejuízo da sanção penal, a tal regime mais rigoroso, que possui as seguintes características: a) duração máxima de 360 dias, sem prejuízo de repetição da sanção por nova falta grave de mesma espécie, até o limite de 1/6 da pena aplicada; b) recolhimento em cela individual; c) visitas semanais de 2 pessoas, sem contar as crianças, com duração de 2 horas; d) o preso terá direito à saída da cela por 2 horas diárias para banho de sol. A decisão de incluir ou não o preso no regime especial é do juiz da execução penal.

Alternativa "B": tais sanções podem ser aplicadas pelo direito do estabelecimento prisional (art. 54, LEP). As sanções disciplinares são as seguintes: (i) advertência verbal; (ii) repreensão; (iii) suspensão ou restrição de direitos; (iv) isolamento na própria cela, ou em local adequado, nos estabelecimentos que possuam alojamento coletivo; (v) inclusão no regime disciplinar diferenciado. Somente esta última deve ser decidida por juiz.

Alternativa "C": o juiz prolator da sentença deve aplicar a detração, mas apenas para estabelecer o regime inicial de cumprimento da pena. Deve, ainda, se o caso, suspender a pena privativa de liberdade (sursis). Não pode, porém, aplicar a remição.

Alternativa "D": o entendimento que prevalece é o de que não há necessidade alguma de revisão criminal, bastando que o juiz das execuções aplique a abolitio criminis.

Alternativa "E": de acordo com a Súmula 700 do STF, o prazo para interposição de agravo em execução (art. 197, LEP) é de 5 dias, ou seja, o mesmo previsto para o recurso em sentido estrito.

---

230. (Cespe – Defensor Público – RN/2015) Acerca do trabalho do condenado e da remição, assinale a opção correta segundo a LEP e o entendimento do STJ.

a) O STJ sedimentou o entendimento de que é vedado o trabalho extramuros ao condenado em regime fechado, mesmo mediante escolta.

b) Aquele que estiver cumprindo pena privativa de liberdade ou que estiver preso provisoriamente será obrigado a trabalhar na medida de suas aptidões e capacidade.

c) A decisão que concede a remição na execução penal tem caráter meramente declarativo. Assim, o abatimento dos dias trabalhados do restante da pena a cumprir fica subordinado a ausência de posterior punição pela prática de falta grave.

d) A remição, cuja aplicação restringe-se exclusivamente ao trabalho interno, é uma recompensa àqueles que procedem corretamente e uma forma de abreviar o tempo de condenação, estimulando o próprio apenado a buscar atividades laborativas lícitas e educacionais durante o seu período de encarceramento.

e) O condenado que executar tarefas como prestação de serviço à comunidade deverá ser remunerado mediante prévia tabela, não podendo sua remuneração ser inferior a um salário mínimo.

COMENTÁRIOS

Alternativa correta: letra "C": tanto é assim, que o art. 127 da LEP dispõe que, em caso de falta grave, o juiz poderá revogar até 1/3 do tempo remido. Ou seja, o tempo remido já reconhecido pode ser revogado a qualquer tempo se ocorrer falta grave.

Alternativa "A": é perfeitamente possível o trabalho externo nesse caso, segundo o STJ, tanto assim que na Súmula 562 tal Corte firmou o seguinte entendimento: "É possível a remição de parte do tempo de execução da pena quando o condenado, em regime fechado ou semiaberto, desempenha atividade laborativa, ainda que extramuros". Ou seja, o trabalho extramuros pode se realizar no regime fechado, gerando remição da pena, na forma estabelecida na LEP.

Alternativa "B": apenas o preso condenado estará obrigado a trabalhar na medida de suas aptidões e capacidade.

Alternativa "D": a LEP permite a remição não só pelo trabalho, mas também pelo estudo. A remição se dará à razão de 1 dia de pena a cada 12 horas de frequência escolar – atividade de ensino fundamental, médio, inclusive profissionalizante, ou superior, ou ainda de requalificação profissional – divididas, no mínimo, em 3 dias.

Alternativa "E": o trabalho, nesse caso, é gratuito (art. 149, I, LEP).

---

231. (Cespe – Defensor Público – RN/2015) Com referência à remição, assinale a opção correta segundo a LEP e o entendimento do STJ.

a) A LEP autoriza a remição do remanescente da pena aos reeducandos em regime aberto.

b) A remição da pena pelo trabalho é realizada à razão de um dia de pena a cada três dias de trabalho, cuja jornada diária não seja inferior a seis nem superior a oito horas, o que impõe, para fins de cálculo, a soma das horas e não a consideração dos dias efetivamente trabalhados.

c) O tempo remido será computado para a concessão do livramento condicional e do indulto.

d) A LEP autoriza a remição do remanescente da pena aos reeducandos em regime fechado, não sendo facultada a concessão do benefício nos casos em que a pena estiver sendo cumprida em regime semiaberto.

e) Ao condenado que cumpre pena em regime fechado é vedado remir parte da reprimenda pela frequência a curso de ensino regular ou de educação profissional.

COMENTÁRIOS

✪ **Nota do autor**: a questão foi anulada.

Alternativa "A": errado. A remição aplica-se, em regra, segundo o art. 126 da LEP, aos que cumprem pena em regime fechado ou semiaberto. Porém, segundo § 6º do mesmo artigo, o condenado que cumpre pena em regime aberto ou semiaberto e o que usufrui liberdade condicional poderão remir, pela frequência a curso de ensino regular ou de educação profissional, parte do tempo de execução da pena ou do período de prova. Não se trata de remir o "remanescente", mas parte da pena. Notem, porém, que o STJ ainda não cancelou a Súmula 341, que diz: "A freqüência a curso de ensino formal é causa de remição de parte do tempo de execução de pena sob regime fechado ou semi-aberto". Logo, acrescente-se: também para o regime aberto.

Alternativa "B": errado. A razão do desconto é de 1 dia de pena a cada 3 dias de trabalho. O STJ entende realmente que a jornada diária deve ser de no mínimo 6 e no máximo 8 horas, mas a remição dá-se por dias trabalhados, não por horas (AgRg no HC 289.635-MG, Rel. Min. Rogério Schietti Cruz, j. 16.12.2014).

Alternativa "C": errado. Não inclui no cálculo do indulto. É que pena remida deve ser considerada pena cumprida para todos os efeitos, inclusive indulto.

Alternativa "D": errado. Como visto acima, também os presos em regime semiaberto podem remir a pena pelo trabalho ou estudo.

Alternativa "E": errado. Também os presos em regime fechado têm esse direito.

---

232. (Cespe – Defensor Público – RN/2015) Assinale a opção correta acerca da unificação e do cumprimento simultâneo de penas, segundo a LEP e o entendimento do STJ.

a) Sobrevindo nova condenação, incumbirá ao juízo que proferiu a sentença condenatória proceder à unificação das penas, adequando o regime prisional ao resultado da soma ou unificação das penas, observando-se, quando for o caso, a detração ou remição.

b) Segundo jurisprudência do STJ, sobrevindo nova condenação a pena privativa de liberdade a condenado que se encontre cumprindo pena restritiva de direitos, a suspensão do cumprimento desta ou o cumprimento simultâneo das penas mostra-se compatível quando fixado na nova condenação o regime inicial semiaberto ou fechado.

c) A pena alternativa de prestação pecuniária não pode ser executada concomitantemente com o cumprimento da pena privativa de liberdade.

d) A pena alternativa de perda de bens não pode ser executada concomitantemente com o cumprimento da pena privativa de liberdade.

e) Se houver condenação por mais de um crime, no mesmo processo ou em processos distintos, o regime de cumprimento de pena será determinado pelo resultado da soma ou unificação das penas, considerando-se, quando for o caso, a detração ou remição.

COMENTÁRIOS

Alternativa correta: letra "E": trata-se da repetição do que dispõe o *caput* do art. 111 da LEP.

Alternativa "A": na verdade, já havendo processo de execução da primeira pena, caberá ao juízo das execuções a unificação das penas.

Alternativa "B": segundo entende o STJ: "(...)Sobrevindo pena privativa de liberdade a condenado que se encontra cumprindo penas restritivas de direitos, não se verifica a ocorrência das hipóteses legais de conversão previstas no art. 44, §§ 4º e 5º, do Código Penal. Contudo, o cumprimento simultâneo de pena privativa com pena restritiva deve mostrar-se compatível, o que não se confirma quando o apenado encontra-se cumprindo pena em regime semiaberto ou fechado. Destarte, faz-se mister a unificação das penas, nos termos do art. 111 da LEP, não havendo se falar, portanto, em aplicação do art. 76 do CP (Precedentes.) (...) Como já firmado em diversos julgamentos desta Corte Superior, somente certas restritivas (prestação pecuniária e perda de bens) e a multa se coadunam com os regimes semiaberto e fechado. (...)" (HC 359.341-RS, Rel. Min. Ribeiro Dantas, j. 22.11.2016).

Alternativa "C": segundo a regra do art. 170 da LEP, quando a pena de multa for aplicada cumulativamente com pena privativa da liberdade, enquanto esta estiver sendo executada, poderá aquela ser cobrada mediante desconto na remuneração do condenado.

Alternativa "D": a perda de bens pode ser executada, como pena substitutiva à pena privativa de liberdade, ainda que esteja preso o condenado por outro crime, eis que não há incompatibilidade.

---

233. (Cespe – Defensor Público – RN/2015) Conforme previsto na LEP, constitui incumbência da DP

a) diligenciar a obtenção de recursos materiais e humanos para melhor assistência ao preso ou internado, em harmonia com a direção do estabelecimento.

b) requerer a emissão anual do atestado de pena a cumprir.

c) colaborar na fiscalização do cumprimento das condições da suspensão e do livramento condicional.

d) fiscalizar a regularidade formal das guias de recolhimento e de internamento.

e) contribuir na elaboração de planos nacionais de desenvolvimento, sugerindo as metas e prioridades da política criminal e penitenciária.

COMENTÁRIOS

Alternativa correta: letra "B": trata-se da incumbência prevista no art. 81-B, II, da LEP.

Alternativa "A": trata-se de incumbência do Conselho da Comunidade.

Alternativa "C": trata-se de incumbência do Patronato.

Alternativa "D": trata-se de incumbência do Ministério Público.

Alternativa "E": trata-se de incumbência do Conselho Nacional de Política Criminal e Penitenciária.

---

234. (Cespe – Juiz de Direito Substituto – DFT/2014) A respeito da execução penal, assinale a opção correta.

a) Segundo a jurisprudência do STJ, para a configuração de falta grave, é necessário que transite em julgado sentença penal condenatória em virtude da prática de crime doloso no decorrer da execução penal.

b) O condenado que praticar falta grave perderá todos os dias remidos.

c) Para a concessão da progressão de regime prisional e do livramento condicional, basta a satisfação dos requisitos objetivo (temporal) e subjetivo (atestado de bom comportamento carcerário), sendo expressamente vedada pela LEP a determinação, pelo magistrado, de realização de exame criminológico.

d) A apuração de falta disciplinar é atribuição da autoridade administrativa e requer peça acusatória promovida pelo MP.

e) A LEP não impõe a obrigatoriedade da instauração de procedimento administrativo disciplinar para o reconhecimento de falta grave, sendo suficiente, para tanto, a realização de audiência de justificação que possibilite a oitiva prévia do sentenciado, garantidos a ampla defesa e o contraditório.

COMENTÁRIOS

✪ **Nota do autor:** a questão foi anulada.

Alternativa "A": errado. Segundo o STJ: "(...) Esta Corte Superior, no julgamento do REsp 1.336.561/RS, julgado sob o rito do art. 543-C do CPC, sedimentou o entendimento no sentido de ser desnecessária a condenação com trânsito em julgado para que o novo delito, praticado no curso da execução, seja reconhecido como da falta grave. (...)" (HC 286.731-RS, Rel. Min. Ericson Maranho (Des. convocado), j. 04.11.2014). Por sinal, o mesmo STJ editou a Súmula 526: "O reconhecimento de falta grave decorrente do cometimento de fato definido como crime doloso no cumprimento da pena prescinde do trânsito em julgado de sentença penal condenatória no processo".

Alternativa "B": errado. Segundo o art. 127 da LEP, em caso de falta grave, o juiz poderá revogar até 1/3 do tempo remido.

Alternativa "C": errado. Não há tal proibição na LEP, sendo perfeitamente possível a determinação da realização de exame criminológico, desde que o juiz fundamente sua decisão, mostrando ser o exame necessário. O STF, por sinal, na Súmula Vinculante 26 deixa claro que não há proibição alguma.

Alternativa "D": errado. Não há necessidade de peça acusatória do MP, mas de procedimento administrativo.

Alternativa "E": a questão não é pacífica. De um lado, havia no STJ entendimento no mesmo sentido da assertiva, v.g.: "(...) O art. 118, § 2º, da Lei de Execução Penal, não impõe a obrigatoriedade de instauração de Procedimento Administrativo Disciplinar para o reconhecimento da referida infração, mas exige a realização de audiência de justificação que possibilite a oitiva prévia do sentenciado, garantindo-se, desse modo, o exercício do contraditório e da ampla defesa. (...)" (AgRg no REsp 1.346.921-RS, Rel. Min. Campos Marques (Des. convocado, j. 04.06.2013). Porém, numa decisão posterior, decidiu a mesma Corte: "(...) Para o reconhecimento da prática de falta disciplinar, no âmbito da execução penal, é imprescindível a instauração de procedimento administrativo pelo diretor do estabelecimento prisional, assegurado o direito de defesa, a ser realizado por advogado constituído ou defensor público nomeado. (...)" (REsp 1.378.557-RS, Rel. Min. Marco Aurélio Bellizze, j. 23.10.2013). Finalmente, o entendimento foi consolidado na Súmula 533: "Para o reconhecimento da prática de falta disciplinar no âmbito da execução penal, é imprescindível a instauração de procedimento administrativo pelo diretor do estabelecimento prisional, assegurado o direito de defesa, a ser realizado por advogado constituído ou defensor público nomeado".

---

235. (Cespe – Promotor de Justiça – AC/2014) Considerando a jurisprudência do STJ, assinale a opção correta conforme a Lei de Execução Penal.

a) A concessão da progressão de regime prisional depende da satisfação dos requisitos objetivo – decurso do lapso temporal – e subjetivo – atestado de bom comportamento carcerário e da existência de exame criminológico favorável ao sentenciado.

b) A gravidade abstrata do delito praticado e a extensão da pena ainda a ser cumprida não são suficientes, por si sós, para fundamentar a exigência de realização de exame criminológico.

c) A transferência para regime menos rigoroso poderá ser determinada pelo diretor do estabelecimento prisional se o preso tiver cumprido ao menos um sexto da pena no regime anterior e apresentar bom comportamento carcerário.

d) A denominada progressão por salto é admitida desde que o condenado tenha cumprido tempo exigido para progredir para o regime aberto.

e) O sentenciado tem que cumprir 2/3 da pena no regime em que se encontra antes que possa ser concedida a progressão para o regime subsequente.

COMENTÁRIOS

Alternativa correta: letra "B": segundo o STJ, admite-se o exame criminológico pelas peculiaridades do caso – é dizer, pela gravidade concreta do crime – desde que em decisão motivada (Súmula 439).

Alternativa "A": a progressão não depende obrigatoriamente da realização do exame criminológico, bastando os outros dois requisitos citados. São apenas estes os requisitos legais (art. 112, *caput*, LEP). Agora, se o juiz entender que o caso concreto, pelas suas peculiaridades, exige a realização do exame, então ele será requisito para a progressão. Vide a súmula acima mencionada.

Alternativa "C": a progressão será sempre determinada pelo juiz da execução, não pelo diretor do estabelecimento prisional.

Alternativa "D": segundo o STJ, é inadmissível a chamada progressão *per saltum* de regime prisional (Súmula 491). Porém, de acordo com a Súmula Vinculante 56 do STF: "A falta de estabelecimento penal adequado não autoriza a manutenção do condenado em regime prisional mais gravoso, devendo-se observar, nessa hipótese, os parâmetros fixados no RE 641.320/RS".

Alternativa "E": deve cumprir, em regra, 1/6 da pena (art. 112, *caput*, LEP) ou, no caso de crime hediondo, 2/5 da pena, se primário, ou 3/5, se reincidente.

---

236. (Cespe – Cartório – TJ – DF/2014) Eduardo, que cumpre pena de quinze anos de reclusão, em regime fechado, pela prática de homicídios e delitos patrimoniais, empreendeu fuga em 3/10/2013 e foi recapturado em 4/1/2014. O juiz das execuções, ao homologar a aludida falta grave, determinou a regressão de regime, declarou a perda de um terço dos dias remidos e alterou a data-base para fins de concessão de progressão de regime.

Em face dessa situação hipotética, assinale a opção correta com base no disposto na Lei de Execução Penal e na jurisprudência do STJ.

a) Eduardo poderá perder a totalidade dos dias remidos, conforme os motivos, as circunstâncias e as consequências da fuga empreendida.

b) Em razão da fuga de Eduardo, inicia-se, a partir da data da homologação dessa infração disciplinar, novo período aquisitivo para fins de progressão de regime prisional.

c) É inconstitucional a penalidade consistente na perda de dias remidos pelo cometimento de falta grave.

d) O cometimento de falta grave acarreta o reinício do cômputo do interstício necessário ao preenchimento do requisito objetivo para a concessão do benefício da progressão de regime.

e) O lapso temporal para a concessão dos benefícios da execução mantém-se inalterado mesmo com a fuga de Eduardo.

COMENTÁRIOS

Alternativa correta: letra "D": trata-se de entendimento jurisprudencial, vez que a LEP não traz, explicitamente, tal consequência do cometimento de falta grave, sendo decorrência do disposto no art. 127. No sentido do afirmado na alternativa, o posicionamento do STJ: "(...) Ao julgar sob o rito de "recurso repetitivo" (CPC, art. 543-C) o Recurso Especial nº 1.364.192/RS, decidiu a Terceira Seção desta Corte que: a) 'a prática de falta grave interrompe o prazo para a progressão de regime, acarretando a modificação da data-base e o início de nova contagem do lapso necessário para o preenchimento do requisito objetivo'; b) 'em se tratando de livramento condicional, não ocorre a interrupção do prazo pela prática de falta grave. Aplicação da Súmula 441/STJ'; c) 'não é interrompido automaticamente o prazo pela falta grave no que diz respeito à comutação de pena ou indulto, mas a sua concessão deverá observar o cumprimento dos requisitos previstos no decreto presidencial pelo qual foram instituídos" (Rel. Ministro Sebastião Reis Júnior, DJe 17/09/2014). (...)" (HC 292.403-SP, Rel. Min. Newton Trisotto (Des. convocado), j. 02.10.2014). Sobre o tema, de se destacar as seguintes Súmulas do STJ: 441 ("A falta grave não interrompe o prazo para obtenção de livramento condicional"), 534 ("A prática de falta grave interrompe a contagem do prazo para a progressão de regime de cumprimento de pena, o qual se reinicia a partir do cometimento dessa infração") e 535 ("A prática de falta grave não interrompe o prazo para fim de comutação de pena ou indulto").

Alternativa "A": até a edição da Lei 12.433/2011, realmente o condenado perdia todos os dias remidos, pois era isso o que dispunha o art. 127 da LEP. Com edição da citada lei, tal dispositivo ganhou a seguinte redação: "Em caso de falta grave, o juiz poderá revogar até 1/3 (um terço) do tempo remido, observado o disposto no art. 57, recomeçando a contagem a partir da data da infração disciplinar".

Alternativa "B": inicia-se o período a partir do dia do cometimento da falta grave (STJ, HC 292.703-SP, Rel. Min. Laurita Vaz, j. 19.08.2014).

Alternativa "C": de acordo com o STF: "O disposto no artigo 127 da Lei no 7.210/1984 (Lei de Execução Penal) foi recebido pela ordem constitucional vigente, e não se lhe aplica o limite temporal previsto no caput do artigo 58" (Súmula Vinculante 09).

Alternativa "E": como visto acima, a fuga representa falta grave, que traz alterações na contagem dos prazos de certos benefícios.

---

237. (Cespe - Defensor Público - TO/2013) Silas, condenado por roubo, em regime inicial fechado de cumprimento de pena, após regular progressão para o regime prisional semiaberto, obteve o direito de saídas temporárias. Decorrido o prazo concedido, Silas não retornou ao estabelecimento prisional, por ter sido preso em flagrante delito, na data anterior ao dia do retorno, por suposta participação em novo crime de roubo, em concurso de pessoas.

Nesse caso, de acordo com os dispositivos da LEP e o entendimento dos tribunais acerca do tema,

a) a contagem do prazo para o interstício necessário ao preenchimento do requisito objetivo para a concessão do benefício da progressão de regime deve ser suspensa até a decisão final do processo criminal relativo ao novo delito.

b) o juiz poderá ordenar a regressão de regime prisional de Silas, após a regular instauração do procedimento administrativo disciplinar, considerando como limite o regime anterior e suspendendo o direito a novos benefícios até decisão final de mérito da sindicância.

c) ocorrerá alteração da data-base, para o reinício da contagem do prazo para a progressão de regime, no que concerne ao restante da pena a ser cumprida, sem que seja interrompido o período aquisitivo para a obtenção de outros benefícios da execução penal, a exemplo da comutação da pena.

d) o benefício de saídas temporárias concedido a Silas deve ser revogado, sendo vedada nova concessão no curso do cumprimento da pena, ainda que ele seja absolvido do novo processo penal ou seja cancelada a punição disciplinar.

e) Silas não sofrerá qualquer consequência imediata com relação à execução da pena, uma vez que o fato de não ter retornado ao estabelecimento prisional foi involuntário, devendo, em face do princípio da presunção de inocência, aguardar o trânsito do processo criminal; se condenado, deve ser submetido a eventual punição disciplinar.

COMENTÁRIOS

Alternativa correta: letra "C": a consequência do cometimento de crime quando estiver o reeducando cumprindo pena no regime semiaberto – o que é o caso, já que ele tinha direito à saída temporária – é a regressão ao regime fechado (art. 118, I, LEP). Trata-se de falta grave, que, porém, não interromperá o prazo para obtenção do livramento condicional (STJ, Súmula 441).

Alternativa "A": não há qualquer necessidade de se aguardar a decisão no outro caso, sendo possível a regressão, tendo imediato início a contagem no novo período aquisitivo para progressão.

Alternativa "B": a regressão somente será determinada após decisão, antecedida do necessário contraditório. Então, finalizado o procedimento, pode ser determinada a regressão, que não impedirá a concessão de novos benefícios.

Alternativa "D": diz o art. 125 da LEP: "O benefício será automaticamente revogado quando o condenado praticar fato definido como crime doloso, for punido por falta grave, desatender as condições impostas na autorização ou revelar baixo grau de aproveitamento do curso". E seu parágrafo único determina que a recuperação do direito à saída temporária dependerá da absolvição no processo penal, do cancelamento da punição disciplinar ou da demonstração do merecimento do condenado.

Alternativa "E": como visto acima, há consequências, uma vez que o cometimento de novo crime no curso da execução leva à regressão do regime.

---

238. (Cespe – Defensor Público – TO/2013) Assinale a opção correta no que concerne à remição penal, de acordo com a LEP.

a) Os presos custodiados em decorrência do cumprimento de medida cautelar privativa de liberdade poderão remir, por trabalho ou por estudo, parte do tempo da execução provisória da pena.

b) O sentenciado que sofrer acidente no trabalho e, consequentemente, ficar impossibilitado de prosseguir trabalhando e estudando continuará a se beneficiar com a remição apenas pelo trabalho.

c) A remição, de acordo com preceito expresso na LEP, será declarada mensalmente pelo juiz da execução, com base nos registros do condenado acerca dos dias trabalhados e(ou) de estudo, ouvidos o MP e a defesa.

d) A remição pelo trabalho e pelo estudo contempla os condenados que cumpram pena em regime fechado, semiaberto e aberto, não se estendendo aos que estejam em gozo de liberdade condicional.

e) A LEP veda, de forma expressa, a cumulação de horas diárias de trabalho e de estudo para idêntica finalidade de remição, definindo, no mínimo, três dias por semana para estudo e o restante para o trabalho, de forma a se compatibilizarem.

COMENTÁRIOS

Alternativa correta: letra "A": é o que dispõe o art. 126 da LEP: "O condenado que cumpre a pena em regime fechado ou semiaberto poderá remir, por trabalho ou por estudo, parte do tempo de execução da pena". Por força do disposto no § 7º do mesmo dispositivo, as regras sobre remição aplicam-se ao preso provisório.

Alternativa "B": o preso impossibilitado, por acidente, de prosseguir no trabalho ou nos estudos continuará a beneficiar-se com a remição (art. 126, § 4º, LEP).

Alternativa "C": o § 8º do art. 126 da LEP apenas dispõe que a remição será declarada pelo juiz da execução, ouvidos o Ministério Público e a defesa, sem estabelecer que o juiz a declarará mensalmente. Na verdade, os registros sobre o preso e seu trabalho é que serão encaminhados ao juiz todo mês (art. 129, *caput*).

Alternativa "D": a remição por trabalho só se aplica aos presos em regime fechado e semiaberto e aos presos provisórios. A remição por estudo também se aplica aos que cumprem pena em regime aberto e em livramento condicional (art. 126, § 6º, LEP). Porém, segundo § 6º do mesmo artigo, o condenado que cumpre pena em regime aberto ou semiaberto e o que usufrui liberdade condicional poderão remir, pela frequência a curso de ensino regular ou de educação profissional, parte do tempo de execução da pena ou do período de prova.

Alternativa "E": é possível a cumulação, dispondo que § 3º do art. 126 da LEP que: "Para fins de cumulação dos casos de remição, as horas diárias de trabalho e de estudo serão definidas de forma a se compatibilizarem".

---

239. (Cespe – Defensor Público – TO/2013) Assinale a opção correta de acordo com interpretação dos tribunais superiores a respeito da progressão de regime prisional.

a) O tempo remido será computado como pena efetivamente cumprida, para todos os efeitos, salvo para progressão de regime e livramento condicional.

b) A tentativa da prática de crime hediondo, reconhecida na sentença penal condenatória com trânsito em julgado, afasta os rigores da norma no que tange ao lapso temporal para a progressão de regime, visto que o iter criminis não foi integralmente percorrido e ausente previsão legal expressa acerca da forma tentada do crime, o que afasta o caráter hediondo do delito.

c) A pena unificada, restrita ao limite de trinta anos de encarceramento, é considerada para definir a base de cálculo da progressão do regime prisional.

d) No que se refere aos crimes hediondos, a progressão de regime prisional tem a peculiaridade do lapso temporal diferenciado, sendo necessário o cumprimento de dois quintos da pena, se o sentenciado for primário, e três quintos, se reincidente, além do exame criminológico como requisito indispensável à concessão da progressão de regime.

e) A superveniência de nova condenação definitiva interrompe o lapso temporal para a concessão da progressão de regime, estabelecendo-se como data-base para o cálculo do novo benefício a data do trânsito em julgado da decisão condenatória.

COMENTÁRIOS

Alternativa correta: letra "E": o STJ vem decidindo que: "(...) A superveniência de nova condenação definitiva interrompe o lapso temporal para a concessão da progressão de regime, estabelecendo como data-base para cálculo do benefício a data do trânsito em julgado da decisão condenatória. (...)" (HC 208.144-MG, Rel. Min. Alderita Ramos de Oliveira (Des. convocada), j. 21.03.2013).

Alternativa "A": o art. 128 da LEP dispõe que o tempo remido será computado como pena cumprida, para todos os efeitos, não trazendo a lei qualquer exceção.

Alternativa "B": a forma tentada não retira o caráter de hediondo do crime elencado na Lei 8.072/1990, conforme estatui de forma expressa seu art. 1º.

Alternativa "C": de acordo com a Súmula 715 do STF: "A pena unificada para atender ao limite de trinta anos de cumprimento, determinado pelo art. 75 do Código Penal, não é considerada para a concessão de outros benefícios, como o livramento condicional ou regime mais favorável de execução".

Alternativa "D": segundo a Súmula Vinculante 26 do STF: "Para efeito de progressão de regime no cumprimento de pena por crime hediondo, ou equiparado, o juízo da execução observará a inconstitucionalidade do art. 2º da Lei nº 8.072, de 25 de julho de 1990, sem prejuízo de avaliar se o condenado preenche, ou não, os requisitos objetivos e subjetivos do benefício, podendo determinar, para tal fim, de modo fundamentado, a realização de exame criminológico". Assim, além de ser fundamentada a realização de exame criminológico, deve-se cumprir os novos prazos – citados na alternativa – para a progressão, instituídos por lei, depois que o STF declarou inconstitucional a antiga proibição à progressão de regime nos crimes da Lei 8.072.

---

240. (Cespe – Defensor Público – TO/2013) Assinale a opção correta em relação ao livramento condicional.

a) De acordo com a jurisprudência consolidada nos tribunais superiores, expirado o período de prova do livramento condicional sem suspensão ou prorrogação do benefício, a pena é automaticamente extinta.

b) Ao sentenciado reincidente por crime doloso cometido com violência ou grave ameaça à pessoa é vedada a concessão do livramento condicional.

c) Em caso de revogação do livramento condicional motivada pela prática de infração penal anterior ou posterior ao benefício ou, ainda, por qualquer outro motivo anterior à vigência do livramento, será computado como tempo de cumprimento da pena o período de prova, sendo permitida, para a concessão de novo livramento, a soma do tempo das duas penas.

d) Caso um condenado pratique novo delito durante o período de prova do livramento condicional, haverá prorrogação automática do período de prova estabelecido pelo juiz, independentemente de novo pronunciamento judicial, até o trânsito em julgado da decisão acerca do crime subsequente.

e) Tratando-se de crimes hediondos, o livramento condicional está condicionado ao requisito objetivo de cumprimento mínimo de dois quintos da pena, se o apenado for primário, e de três quintos, se reincidente, vedando-se a concessão do benefício em caso de reincidência específica.

COMENTÁRIOS

Alternativa correta: letra "A": segundo a jurisprudência consolidada do STJ: "(...) Nos termos da jurisprudência pacífica do STJ, concluído o prazo do livramento condicional, sem que tenha havido suspensão cautelar, revogação ou prorrogação do benefício, não é mais possível a adoção de tais medidas, ainda que se tenha praticado novo crime, durante o período de prova, devendo ser julgada extinta a punibilidade do condenado. (...)" (AgRg no HC 206.937-RJ, Rel. Min. Assusete Magalhães, j. 17.09.2013).

Alternativa "B": o parágrafo único do art. 83 do CP admite o livramento condicional em tais casos: "Para o condenado por crime doloso, cometido com violência ou grave ameaça à pessoa, a concessão do livramento ficará também subordinada à constatação de condições pessoais que façam presumir que o liberado não voltará a delinquir".

Alternativa "C": segundo o art. 88 do CP: "Revogado o livramento, não poderá ser novamente concedido, e, salvo quando a revogação resulta de condenação por outro crime anterior àquele benefício, não se desconta na pena o tempo em que esteve solto o condenado".

Alternativa "D": no caso do livramento condicional, entende-se que a prorrogação não é automática. Vide, nesse sentido, o julgado citado nos comentários à alternativa "a".

Alternativa "E": os requisitos estão no art. 83, V, do CP: "cumprido mais de dois terços da pena, nos casos de condenação por crime hediondo, prática da tortura, tráfico ilícito de entorpecentes e drogas afins, e terrorismo, se o apenado não for reincidente específico em crimes dessa natureza".

241. (Cespe – Defensor Público – RR/2013) Assinale a opção correta acerca da execução penal.

a) A prática de falta grave resulta na revogação obrigatória de até um terço do tempo remido, recomeçando a contagem a partir do trânsito em julgado da decisão revogatória.

b) Admite-se que o preso, por força de medida cautelar pessoal, possa remir por trabalho e por estudo parte do tempo de execução da pena.

c) De acordo com a Lei de Execução Penal, nas execuções penais relacionadas a crimes perpetrados com violência doméstica e familiar, é obrigatória a participação do agressor em programas de recuperação e reeducação, como condição para progressão de regime prisional e gozo de outros benefícios.

d) A concessão do indulto extingue todos os efeitos da condenação, vedada a menção desta nas certidões de antecedentes criminais.

e) O cometimento de novo delito durante o período de prova do livramento condicional prorroga automaticamente o lapso temporal de avaliação do sentenciado, até decisão final de mérito nesse novo delito, e obsta a extinção da punibilidade.

COMENTÁRIOS

Alternativa correta: letra "B": o preso provisório não é obrigado a trabalhar na prisão. No entanto, caso trabalhe, por óbvio que isso será contado para fins de remição, o mesmo podendo ser dito quanto ao estudo. É o que se extrai do art. 126, § 7º, da LEP, que obriga a aplicação das regras sobre remição ao preso provisório.

Alternativa "A": na verdade, segundo o art. 127 da LEP, em caso de falta grave, o juiz poderá revogar até 1/3 do tempo remido, recomeçando a contagem a partir da data da infração disciplinar.

Alternativa "C": na LEP, a única menção à violência doméstica encontra-se no parágrafo único do art. 152, que diz: "Nos casos de violência doméstica contra a mulher, o juiz poderá determinar o comparecimento obrigatório do agressor a programas de recuperação e reeducação".

Alternativa "D": o indulto não extingue todos os efeitos da condenação, mas somente a pena, se for esta a previsão do decreto. Do contrário, o juiz deverá ajustar a execução da pena aos termos deste (art. 192, LEP).

Alternativa "E": fica obstada a extinção da pena enquanto não houver o trânsito em julgado do outro crime. Por isso, até lá, o livramento condicional permanece prorrogado (art. 89, CP).

242. (Cespe – Juiz Federal Substituto 1ª região/2013) A respeito de execução de penas e de medidas de segurança, assinale a opção correta.

a) O juiz poderá suspender, pelo período de dois a quatro anos, a pena não superior a dois anos do crime de lesão corporal de natureza grave de que resulte debilidade permanente de membro, desde que o sentenciado cumpra as condições impostas, que poderão ser modificadas mediante proposta do conselho penitenciário.

b) A permanência da custódia de preso em estabelecimento penal federal será pelo período da prisão cautelar ou, em caso de condenação definitiva, pelo período de execução da pena, salvo necessidade de transferência.

c) O descumprimento de medida cautelar diversa da medida de prisão obriga o juiz a decretar a prisão preventiva com fundamento na garantia da aplicação da lei penal.

d) A medida de segurança que impõe tratamento ambulatorial não poderá ser convertida, no juízo da execução, por internação, em razão do princípio de no reformatio in pejus.

e) A fiança depositada em juízo, em caso de condenação, servirá ao pagamento das custas processuais e à execução da pena de multa e, por isso, não se estende à reparação civil da vítima, que constitui condenação acessória fundamentada na sentença.

COMENTÁRIOS

Alternativa correta: letra "A": trata-se da suspensão condicional da pena, também conhecida como *sursis*, aplicável quando o condenado não for reincidente em crime doloso, quando a culpabilidade, os antecedentes, a conduta social e personalidade do agente, bem como os motivos e as circunstâncias do crime autorizem a concessão do benefício e quando não for cabível ou indicada a substituição da pena privativa de liberdade por restritiva de direito (art. 77, CP). É justamente a hipótese trazida pela alternativa. Nesse caso, a suspensão se dará pelo prazo de 2 a 4 anos. Cabe ao juiz especificar as condições, mas poderá, a qualquer tempo, de ofício, a requerimento do Ministério Público ou mediante proposta do Conselho Penitenciário, modificar as condições e regras estabelecidas na sentença, ouvido o condenado (art. 156, § 2º, Lei 7.210/1984).

Alternativa "B": como vimos na questão anterior, a inclusão de preso em estabelecimento penal federal de segurança máxima será excepcional e por prazo determinado (art. 10, *caput*, Lei 11.671/2008), não podendo ser superior a 360 dias, renovável, excepcionalmente, quando solicitado motivadamente pelo juízo de origem, observados os requisitos da transferência (§ 1º).

Alternativa "C": é o próprio descumprimento em si que fundamenta o decreto prisional, *ex vi* do disposto no parágrafo único do art. 312 do CPP, não sendo necessária a fundamentação com base na garantia da ordem pública, que é prevista no *caput* do mesmo dispositivo.

Alternativa "D": a LEP permite a conversão. Segundo o art. 184, o tratamento ambulatorial poderá ser convertido em internação se o agente revelar incompatibilidade com a medida. Nesse caso, o prazo mínimo da internação será de um ano.

Alternativa "E": segundo o art. 336 do CPP, o dinheiro ou objetos dados como fiança servirão ao pagamento das custas, da indenização do dano, da prestação pecuniária e da multa, se o réu for condenado.

---

243. (Cespe – Juiz Federal Substituto 1ª região/2013) Considerando as súmulas dos tribunais superiores aplicáveis ao direito processual penal brasileiro, assinale a opção correta.

a) O decurso do prazo superior a cinco anos entre o fato e a instrução criminal é suficiente para justificar a produção antecipada de provas, em caso de crimes hediondos ou a esses equiparados.

b) Por violar o princípio constitucional da individualização da pena, é inadmissível o exame criminológico do condenado, para fins de progressão da pena, em vista do caráter subjetivo desse exame na apreciação do juiz.

c) No caso de o juiz da execução penal unificar a pena do condenado a quarenta e cinco anos de reclusão sob o regime fechado, a concessão do livramento condicional dependerá, entre outros requisitos, da limitação temporal de trinta anos do cumprimento da pena.

d) A falta grave cometida pelo preso não interrompe o prazo para a obtenção de livramento condicional perante o juiz da execução.

e) O juiz da execução só concederá a progressão de regime de cumprimento da pena após a condenação penal transitada em julgado para a acusação.

COMENTÁRIOS

✪ **Nota do autor:** o conhecimento das Súmulas do STJ e STF é importante e por isso incluímos, adiante, uma lista dos principais entendimento sumulados em matéria processual penal.

Alternativa correta: letra "D": é o que dispõe a Súmula 441 do STJ ("A falta grave não interrompe o prazo para obtenção de livramento condicional").

Alternativa "A": o entendimento contido na Súmula 455 do STJ é outro: "A decisão que determina a produção antecipada de provas com base no art. 366 do CPP deve ser concretamente fundamentada, não a justificando unicamente o mero decurso do tempo".

Alternativa "B": há duas súmulas que tratam do exame criminológico. Uma é a Súmula Vinculante 26 do STF: "Para efeito de progressão de regime no cumprimento de pena por crime hediondo, ou equiparado, o juízo da execução observará a inconstitucionalidade do art. 2º da Lei nº 8.072, de 25 de julho de 1990, sem prejuízo de avaliar se o condenado preenche, ou não, os requisitos objetivos e subjetivos do benefício, podendo determinar, para tal fim, de modo fundamentado, a realização de exame criminológico". A outra é a Súmula 439 do STJ: "Admite-se o exame criminológico pelas peculiaridades do caso, desde que em decisão motivada".

Alternativa "C": de acordo com a Súmula 715 do STF: "A pena unificada para atender ao limite de trinta anos de cumprimento, determinado pelo art. 75 do Código Penal, não é considerada para a concessão de outros benefícios, como o livramento condicional ou regime mais favorável de execução".

Alternativa "E": segundo a Súmula 716 do STF: "Admite-se a progressão de regime de cumprimento da pena ou a aplicação imediata de regime menos severo nela determinada, antes do trânsito em julgado da sentença condenatória".

---

244. (Cespe – Juiz de Direito Substituto – RN/2013) Considerando as disposições sobre a execução penal, assinale a opção correta.

a) O juiz pode determinar, de forma fundamentada, a realização de exame criminológico para fins de progressão do regime de cumprimento de pena por crime hediondo.

b) Suponha que João, condenado pela prática de crime de latrocínio, inicie o cumprimento da pena em regime fechado e, transcorrido um ano de execução da pena, seja acometido de doença mental comprovada por laudo psiquiátrico. Nessa hipótese, o juiz da execução deve conceder prisão domiciliar ao condenado.

c) O trabalho externo somente é permitido a presos em regime aberto ou semiaberto, cabendo ao preso em regime fechado a possibilidade exclusiva de trabalho interno.

d) Conforme estabelece a Lei de Execução Penal, a saída temporária poderá ser concedida por decisão exclusiva da autoridade penitenciária ao preso que cumpra pena no regime semiaberto, estando sujeita à fiscalização pelo MP e pelo juiz da execução.

e) A falta grave interrompe o prazo para a obtenção do livramento condicional.

COMENTÁRIOS

Alternativa correta: letra "A": o fato de ter sido revogada a previsão do exame criminológico na LEP não impede que o juiz determine sua realização, desde que fundamente tal decisão. Nesse sentido, o STF editou a Súmula Vinculante 26: "Para efeito de progressão de regime no cumprimento de pena por crime hediondo, ou equiparado, o juízo da execução observará a inconstitucionalidade do art. 2º da Lei nº 8.072, de 25 de julho de 1990, sem prejuízo de avaliar se o condenado preenche, ou não, os requisitos objetivos e subjetivos do benefício, podendo determinar, para tal fim, de modo fundamentado, a realização de exame criminológico".

Alternativa "B": nesse caso, a pena privativa de liberdade deverá ser convertida em medida de segurança. É o que dispõe o art. 183 da LEP.

Alternativa "C": segundo o art. 36 da LEP, o trabalho externo será admissível para os presos em regime fechado, mas somente em serviço ou obras públicas realizadas por órgãos da Administração Direta ou Indireta, ou entidades privadas, desde que tomadas as cautelas contra a fuga e em favor da disciplina.

Alternativa "D": a saída temporária é cabível, de fato, apenas aos presos em regime semiaberto, mas deverá ser decidida pelo juiz da execução, não pelo diretor do estabelecimento prisional.

Alternativa "E": o entendimento que prevalece é outro. Segundo a Súmula 441 do STJ: "A falta grave não interrompe o prazo para obtenção de livramento condicional".

---

245. (Cespe – Defensor Público – TO/2013) Com relação à regressão de regime prisional e às faltas disciplinares, assinale a opção correta com base no disposto na LEP e no entendimento dos tribunais superiores.

a) A falta disciplinar de natureza grave cometida pelo executando acarreta o reinício do cômputo do interstício necessário ao preenchimento do requisito objetivo para a concessão do benefício da progressão de regime bem como a perda total do tempo remido.

b) Segundo os princípios da estrita legalidade e da anterioridade, consideram-se faltas disciplinares, classificadas em leves, médias, graves e gravíssimas, apenas as que sejam previstas expressamente na LEP e que sejam anteriores à prática do fato.

c) Admite-se a regressão de regime prisional, com a transferência para qualquer dos regimes mais rigorosos, quando o condenado frustrar os fins da execução ou não pagar a multa cumulativamente imposta.

d) Considera-se falta média a inobservância, pelo condenado à pena privativa de liberdade, do dever de obediência ao servidor e do respeito a qualquer pessoa com quem se relacione no ambiente prisional, bem como do dever de cumprir as ordens recebidas.

e) A autoridade administrativa é detentora do poder disciplinar exercido sobre o preso na execução das penas restritivas de direitos, podendo, em caso de falta grave do sentenciado, suspender-lhe automaticamente o direito às saídas temporárias e decidir pela regressão de regime, ouvido previamente o condenado.

COMENTÁRIOS

Alternativa correta: letra "C": segundo o art. 118 da LEP, a execução da pena privativa de liberdade ficará sujeita à forma regressiva, com a transferência para qualquer dos regimes mais rigorosos, quando o condenado: (i) praticar fato definido como crime doloso ou falta grave; (ii) sofrer condenação, por crime anterior, cuja pena, somada ao restante da pena em execução, torne incabível o regime. Se, além disso, o condenado frustrar os fins da execução ou não pagar, podendo, a multa cumulativamente imposta, será transferido do regime aberto.

Alternativa "A": de acordo como STJ: "(...) Segundo entendimento fixado por esta Corte, o cometimento de falta disciplinar de natureza grave pelo Executando acarreta o reinício do cômputo do interstício necessário ao preenchimento do requisito objetivo para a concessão do benefício da progressão de regime (EREsp 1.176.486/SP, 3ª Seção, Rel. Min. NAPOLEÃO NUNES MAIA FILHO, julgamento concluído em 28/03/2012), iniciando-se o novo período aquisitivo a partir da data da última infração disciplinar. (...) O cometimento de falta grave, embora interrompa o prazo para a obtenção do benefício da progressão de regime, não o faz para fins de concessão de livramento condicional, por constituir requisito objetivo não contemplado no art. 83 do Código Penal. Súmula nº 441 deste Tribunal. (...) Só poderá ser interrompido o prazo para a aquisição do benefício do indulto, parcial ou total, se houver expressa previsão a respeito no decreto concessivo da benesse. Precedentes. (...) A constitucionalidade do art. 127 da Lei de Execução Penal, que impõe a perda dos dias remidos pelo cometimento de falta grave, foi reafirmada, por diversas vezes, pelo Supremo Tribunal Federal, ensejando a edição da Súmula Vinculante nº 9. (...)" (HC 292.703-SP, Rel. Min. Laurita Vaz, j. 19.08.2014).

Alternativa "B": segundo o art. 49 da LEP, as faltas disciplinares classificam-se em leves, médias e graves. A legislação local especificará as leves e médias, bem assim as respectivas sanções. Em face disso, entende o STJ que a anterioridade é princípio a ser aplicado: "(...) Antes do advento da Lei nº 11.466 de 29 de março de 2007, a posse de aparelho telefônico não constava do rol taxativo previsto no art. 50 da Lei de Execuções Penais, onde estão previstas as condutas caracterizadoras de falta disciplinar de natureza grave, razão pela qual não está autorizado o reconhecimento da falta por este motivo, sob pena de violação do princípio da legalidade e da irretroatividade da lei penal mais rigorosa. (...) Resolução da Secretaria de Administração Penitenciária do Estado de São Paulo tipificando a conduta como falta grave não é suficiente para legitimar a decisão, pois nos termos do art. 49 da Lei nº 7.210/1984, a legislação local somente está autorizada a especificar as condutas que caracterizem faltas leves ou médias e suas respectivas sanções. (...)" (HC 155.372-SP, Rel. Min. Marco Aurélio Bellizze, j. 02.08.2012).

Alternativa "D": são todas faltas graves, previstas na própria LEP.

Alternativa "E": o diretor tem atribuição para aplicar algumas sanções disciplinares, mas não pode revogar a saída temporária ou determinar a regressão de regime. Tais decisões são de competência do juiz.

---

246. (Cespe - Defensor Público - TO/2013) No que diz respeito ao indulto e à comutação de penas, assinale a opção correta.

a) Admite-se a aplicação do indulto humanitário aos condenados por qualquer espécie de crimes, salvo os crimes hediondos, desde que comprovadas as condições para a concessão do benefício, por meio de laudo médico oficial ou por médico designado pelo juízo da execução.

b) A concessão do indulto é ato privativo do presidente da República e tem por escopo extinguir os efeitos primários da condenação, de forma plena ou parcial, persistindo, contudo, os efeitos secundários, tais como reincidência, inclusão do nome do réu no rol dos culpados e obrigação de indenizar a vítima.

c) Admite-se a concessão do benefício de comutação da pena aos condenados por crimes hediondos ou equiparados ante a ausência de vedação expressa na CF ou na lei de regência.

d) É vedada a concessão de indulto à pena de multa, ainda que aplicada cumulativamente com pena privativa de liberdade.

e) A extinção da punibilidade é efeito da aplicação do indulto e da comutação da pena, permanecendo o registro da condenação na folha de antecedentes do beneficiário, para fins de prova de reincidência e análise de antecedentes criminais.

COMENTÁRIOS

✪ **Nota do autor:** o art. 84, XII, da CF estabelece que o indulto é da competência do Presidente da República. Porém, é concedido depois da sentença penal condenatória, admitindo certa parte da doutrina que antes mesmo do trânsito em julgado. Segundo a doutrina, a graça é um benefício individual, concedido mediante provocação da parte interessada; o indulto possui caráter coletivo e é concedido espontaneamente pelo Estado. A CF refere-se apenas ao indulto e a LEP também não menciona a graça, tratando-a como um indulto individual. A graça e o indulto são de competência privativa do Presidente da República (art. 84, XII, CF), que pode delegar tal poder aos ministros de Estado, ao Procurador-Geral da República ou ao Advogado-Geral da União (art. 84, parágrafo único, CF). A concessão do indulto, porém, não é automática, pois depende da apreciação judicial. A graça e o indulto somente atingem os efeitos principais da condenação, persistindo os efeitos penais secundários e os efeitos extrapenais. Ex.: a reincidência não é atingida. A graça e o indulto podem ser plenos, ou seja, atingem toda a pena; ou parciais, apenas diminuindo a pena ou a comutando (transformando-a em outra, de menor gravidade). Existe o chamado indulto condicional, que é aquele que se submete ao preenchimento de condição ou exigência futura por parte do indultado (ex.: ocupação lícita, boa conduta social etc.) que, se descumprida, pode levar ao reinício da pena. A graça e o indulto parciais e os condicionados podem ser recusados pelo beneficiado. Doutrinariamente, somente seria possível a graça e o indulto depois do trânsito em julgado. Porém, hoje já se admite a concessão antes disso, em benefício do acusado (Súmula 716 do STF). A Lei dos Crimes Hediondos, para os crimes ali mencionados, não permite a concessão de graça ou de indulto.

Alternativa correta: letra "B": vide nota do autor.

Alternativa "A": como vimos na nota do autor, a Lei dos Crimes Hediondos veda a concessão de indulto a tais infrações penais. No entanto, parte da doutrina entende que tal proibição da Lei 8.072 é inconstitucional, eis que a CF veda aos crimes hediondos apenas a graça e a anistia. De outra parte, parece-nos majoritário o entendimento segundo o qual é possível a concessão do indulto humanitário mesmo nos casos de crime hediondo. O indulto humanitário é aquele concedido a pessoas com doenças graves ou paraplegia, por exemplo. O Decreto 8.172, que concedeu indulto em 2013, prevê tal espécie de indulto no inciso XI do art. 1º, não fazendo qualquer distinção quanto ao crime cometido. Admite-se, assim, que se aplique aos crimes hediondos. É o posicionamento que vem adotando do STJ, quanto a decretos anteriores que traziam regras semelhantes: "(...) O Decreto Presidencial 7.420/2010, em seu art. 8º, § 1º, permite a concessão de indulto ao condenado por crime hediondo, desde que preenchidos os requisitos do art. 1º, inciso IX, letra "c", o que se verifica no caso. (...)" (HC 253.952-MT, Rel. Min. Maria Thereza de Assis Moura, j. 12.11.2013).

Alternativa "C": normalmente, os decretos que concedem indulto ou comutação, não permitem sua aplicação aos crimes hediondos. Tanto o STJ quanto o STF vêm entendendo não ser inconstitucional tal proibição, salvo se o crime foi praticado antes de se tornar hediondo (vedação da retroatividade). Nesse sentido, decisão do STF: "(...) A jurisprudência deste Supremo Tribunal Federal é firme no sentido de que o instituto da graça, previsto no art. 5º, inc. XLIII, da Constituição Federal, engloba o indulto e a comutação da pena, estando a competência privativa do Presidente da República para a concessão desses benefícios limitada pela vedação estabelecida no referido dispositivo constitucional. Precedentes. (...)" (HC 115.099-SP, Rel. Min. Cármen Lúcia, j. 19.02.2013). No mesmo sentido, o STJ: "(...) Seguindo a linha de compreensão do Supremo Tribunal Federal, esta Corte firmou entendimento no sentido de não ser possível o deferimento de comutação de penas a réu condenado pela prática de crime hediondo ou a ele equiparado. (...)" (HC 276.686-SP, Rel. Min. Maria Thereza de Assis Moura, j. 18.06.2014). Porém, o STF já entendeu possível a vedação até mesmo a crimes que não eram hediondos quando foram cometidos: "(...) Tratando-se o indulto de ato discricionário do Presidente da República, restrito, portanto, às condições estabelecidas em decreto presidencial, a vedação de sua concessão aos apenados por crimes hediondos, ainda que cometidos antes da vigência das Leis 8.072/1990 e 8.930/1994, não configura violação do princípio da irretroatividade da lei penal mais gravosa. Precedentes. (...) A aferição da natureza do crime, para concessão do indulto, há de se fazer na data da edição do decreto presidencial respectivo, não na do cometimento do delito. Precedentes. (...)" (HC 117.938-SP, Rel. Min. Rosa Weber, j. 10.12.2013).

Alternativa "D": não há propriamente tal vedação, até porque os decretos normalmente alcançam as multas aplicadas cumulativamente.

Alternativa "E": a comutação da pena não provoca a extinção da punibilidade, eis que se trata de readequação da sanção penal, nos termos do decreto presidencial. Quanto ao restante da alternativa, vide nota do autor.

247. (Cespe – Analista Judiciário – Área Judiciária – TRE-RJ/2012) Em relação às nulidades, aos recursos e à execução penal, julgue os itens subsecutivos.

É inexigível a instauração de procedimento administrativo disciplinar para o reconhecimento de falta grave cometida por condenado durante o cumprimento de pena privativa de liberdade; contudo, é indispensável a realização de audiência de justificação, na qual devem ser observados os princípios da ampla defesa e do contraditório, sob pena de nulidade absoluta.

COMENTÁRIOS

Certo, segundo o gabarito. **Errado**, de acordo com a jurisprudência hoje dominante. De um lado, havia no STJ entendimento no mesmo sentido da assertiva, v.g.: "(...) O art. 118, § 2º, da Lei de Execução Penal, não impõe a obrigatoriedade de instauração de Procedimento Administrativo Disciplinar para o reconhecimento da referida infração, mas exige a realização de audiência de justificação que possibilite a oitiva prévia do sentenciado, garantindo-se, desse modo, o exercício do contraditório e da ampla defesa. (...)" (AgRg no REsp 1.346.921-RS, Rel. Min. Campos Marques (Des. convocado, j. 04.06.2013). Porém, numa decisão posterior, decidiu a mesma Corte: "(...) Para o reconhecimento da prática de falta disciplinar, no âmbito da execução penal, é imprescindível a instauração de procedimento administrativo pelo diretor do estabelecimento prisional, assegurado o direito de defesa, a ser realizado por advogado constituído ou defensor público nomeado. (...)" (REsp 1.378.557-RS, Rel. Min. Marco Aurélio Bellizze, j. 23.10.2013). Hoje, consolidou-se o entendimento de tal Corte na Súmula 533: "Para o reconhecimento da prática de falta disciplinar no âmbito da execução penal, é imprescindível a instauração de procedimento administrativo pelo diretor do estabelecimento prisional, assegurado o direito de defesa, a ser realizado por advogado constituído ou defensor público nomeado".

✦ DICAS (RESUMO)

1. PRINCÍPIOS E GARANTIAS

- **CF, art. 5º**

DECRETO 678/1992 (CONVENÇÃO AMERICANA DE DIREITOS HUMANOS)

- **Princípio da presunção de inocência** (ou **da não culpabilidade** ou **do estado de inocência**): decorre do art. 5º, LVII, da CF. Significa que ninguém pode ser considerado culpado antes que advenha sentença penal condenatória com trânsito em julgado. Disso decorrem diversas consequências, sendo importante sublinhar: a) o acusado não tem que provar sua inocência, cabendo a prova da culpabilidade à parte acusadora; b) não é possível execução provisória da pena, a não ser para fins de progressão de regime ou aplicação de regime menos severo (v. STF, Súmulas 716 e 717); e, ainda, o § 2º do art. 387 do CPP manda que o tempo de prisão provisória já seja computado na sentença para fins de fixação do regime inicial da pena. O STF já vinha admitindo a execução provisória da pena se o recurso especial ou extraordinário manejado mostrar-se claramente protelatório. Ocorre que o STF, no julgamento do HC 126.292-SP, modificou o entendimento que até então mantinha sobre o alcance do princípio da presunção de inocência. Assim, a Corte Suprema entendeu possível o início da execução da pena imediatamente depois do julgamento do recurso em segunda instância, ou seja, do esgotamento da via recursal ordinária. Portanto, o STF agora entende ser possível a prisão para cumprimento da pena ainda que haja recurso especial ou extraordinário pendente – ou seja, execução provisória – isso porque não mais será possível a discussão do fato e da prova, não havendo mais, a partir daí, a presunção da inocência. Tal decisão vem causando polêmica nos meios jurídicos e ainda será objeto de maiores reflexões, visto que, a nosso ver, pode haver, sim, em sede de recurso extraordinário ou especial, reflexos da decisão sobre a prova – e, portanto, sobre a matéria fática provada. Basta que se pense sobre decisão que anule uma determinada prova em sede de recurso especial: o tribunal superior pode, em face de tal decisão, analisando a prova remanescente, absolver o acusado.

– havendo presunção de inocência, para que o acusado seja condenado é necessário que ela seja afastada pelas provas produzidas na instrução criminal. Logo, havendo dúvida, o acusado não poderá ser condenado (*in dubio pro reo*);

– no caso da pronúncia, o juiz deve ter certeza da materialidade do crime doloso contra a vida, é dizer, que tal crime ocorreu. Em caso de dúvida, deve impronunciar o réu. O mesmo vale para a existência de indícios suficientes de autoria: se o juiz não estiver convencido de que eles existem – ou seja, se estiver em dúvida quanto à presença de tais indícios suficientes – deve impronunciar o réu. Portanto, notem: ao contrário do que tradicionalmente se afirma, não se aplica, mesmo nesse caso, o brocardo *in dubio pro societate*, mas também o *in dubio pro reo*. Ora, juiz com dúvida é juiz que não está convencido e a pronúncia exige o convencimento.

- **Princípio da ampla defesa**: decorre do art. 5º, LV, da CF, que assegura a ampla defesa, aos litigantes, em processo judicial ou administrativo, e aos acusados em geral, com os meios e recursos a ela inerentes. Assim, todo acusado tem direito à defesa técnica, devendo o Estado providenciá-la, caso aquele não possa fazê-lo (art. 5º, LXXIV, CF). O acusado também tem direito à autodefesa, mas se trata de opção dele, que pode ou não exercê-la (ou seja, o acusado pode confessar o delito, negá-lo, silenciar a respeito etc.). A defesa técnica deve ser efetiva e a falta dela constitui nulidade absoluta. Já sua insuficiência, de acordo com entendimento do STF (Súmula 523), é causa de nulidade apenas relativa, devendo ser demonstrado prejuízo ao acusado. É importante observar que a Defesa deve ter acesso à todas as provas dos autos e a todas as informações nele disponíveis, inclusive na fase policial (v. STF, Súmula Vinculante 14). Entendemos que o princípio da ampla defesa deve ser aplicado já na fase investigatória.

- **Princípio do nemo tenetur se detegere**: é o direito de não produzir prova contra si mesmo. A CF reconhece ter o acusado direito ao silêncio, devendo ser advertido de sua existência (art. 5º, LXIII). Porém, o direito ao silêncio é apenas uma das facetas do princípio. Há outras consequências:

– além de poder manter-se em silêncio, não sendo obrigado a dizer nada, nem a confessar, o acusado não pode ser obrigado a dizer a verdade. Não se trata de direito de mentir, mas simplesmente que a mentira, nesse caso, não é sancionada. Mas, cuidado: o objetivo de mentir deve ser o de se proteger, o que significa que, caso a mentira prejudique terceiro, inclusive com imputação de crime a este, poderá o acusado responder pelo crime de denunciação caluniosa. Notem: a mentira não pode servir para a prática de crime. Por isso, não se tem admitido que o acusado minta sobre sua identidade, cometendo o delito de falsa identidade, caso o faça;

– o imputado tem o direito de não praticar qualquer ato que possa incriminá-lo. Mas, o direito somente abarca os comportamentos ativos do imputado, caso em que sempre se dependerá de seu consentimento. Não por outro motivo, o STF já considerou que o imputado não tem a obrigação de fornecer material para perícia grafotécnica ou de voz. O mesmo não se pode dizer quanto ao reconhecimento: o acusado não pode se recusar a ser submetido a reconhecimento;

– o imputado não pode se sujeitar a coleta de provas incriminadoras invasivas sem o seu consentimento: por prova invasiva, entende-se aquela que, para sua produção, exige que haja intervenção no corpo do imputado, com penetração de instrumentos ou substâncias, com ou sem extração de parte do organismo. Havendo permissão, a prova é lícita. E mais: se o imputado, involuntariamente, fornecer o material (pensem em um filtro de cigarro fumado por ele e recolhido pela polícia em um cinzeiro), este poderá ser usado. A mera inspeção corporal não configura invasão.

• **Princípio do contraditório**: também chamado por alguns de "princípio da bilateralidade da audiência", decorre do mesmo art. 5º, LV, da CF, que o afirma ao lado da ampla defesa. A formulação clássica do princípio do contraditório afirma que este consiste na ciência bilateral dos atos do processo e a possibilidade de contrariá-los. Porém, não é só isso. Contraditório pressupõe conhecimento dos atos e termos do processo, sem dúvida. Mas, implica na possibilidade efetiva de participar de tais atos, podendo neles influir, como ocorre no caso da produção das provas. E as partes no processo devem atuar em seus atos em igualdade de condições. Importante observar que todas as provas devem ser produzidas sob o contraditório, pois as partes tem o direito de presenciar sua produção e, mais importante, de influir na produção e, por via de consequência, no convencimento do juiz. É por isso que o art. 155 do CPP determina que o juiz deve formar sua convicção pela livre apreciação da prova produzida em contraditório judicial, não podendo fundamentar sua decisão exclusivamente nos elementos informativos colhidos na investigação (pois na fase de investigação, posto tenha a Defesa acesso aos autos – STF, Súmula Vinculante 14 –, não vige o contraditório), ressalvadas as provas cautelares, não repetíveis e antecipadas. Nestes três últimos casos ocorre o que a doutrina chama de "contraditório diferido". Na fase investigatória, não incide o princípio do contraditório: o fato de poder o advogado do investigado acompanhar alguns atos, formular requerimentos, apresentar argumentos, não significa que há contraditório, mas apenas a incidência da garantia da ampla defesa;

– assim, temos o **contraditório real**: as partes atuam na formação da prova (contraditório para a prova);

– e temos o **contraditório diferido**: atua depois da formação da prova (contraditório sobre a prova).

• **Princípio da paridade de armas** (ou **da igualdade de partes**): a Defesa deve ter os mesmos direitos, no processo, que o Ministério Público e vice-versa. É a igualdade formal, que decorre do art. 5º, *caput*, da CF. Mas, há a necessidade também da igualdade substancial, com a criação de mecanismos que garantam, efetivamente, a igualdade entre as partes no processo, já que a realidade mostra que, na prática, há desigualdade de forças entre o acusado – ou a maioria deles, que não possuem recursos para bancar, por exemplo, assistentes técnicos ou investigações privadas – e o Ministério Público. Alguns mecanismos foram criados, como no caso dos embargos infringentes (só possíveis para a Defesa) e a revisão criminal (já que é vedada a revisão *pro societate*, ou seja, revisão só é permitida a favor do acusado).

• **Princípios do juiz imparcial e do juiz natural**: decorrem de dois dispositivos da CF, quais sejam, os incisos XXXVII (não haverá juízo ou tribunal de exceção) e LIII (ninguém será processado nem sentenciado senão pela autoridade competente) do art. 5º, sendo a garantia do juiz imparcial implícita. Bastante explícito, a nosso ver, é a garantia do juiz natural, já que os dois dispositivos asseguram que sempre haverá um juiz com competências previamente definidas, de modo que, ocorrendo um crime, já se saberá qual magistrado deverá julgá-lo (na realidade, já se saberá se deverá ser julgado por vara especializada ou se deverá ocorrer distribuição a uma das varas da comarca). Além disso, nenhum tribunal especial não previsto na CF poderá ser formado para julgar um caso determinado.

• **Princípio da motivação**: decorre da regra decorrente do inciso IX do art. 93 do texto constitucional (todos os julgamentos dos órgãos do Poder Judiciário serão públicos, e fundamentadas todas as decisões, sob pena de nulidade, podendo a lei limitar a presença, em determinados atos, às próprias partes e a seus advogados, ou somente a estes, em casos nos quais a preservação do direito à intimidade do interessado no sigilo não prejudique o interesse público à informação).. Isso inclui não somente as decisões finais, mas também, segundo boa parte da doutrina, as interlocutórias;

- Admite-se, porém, sobretudo nos Tribunais Superiores, que o juiz pode referir-se a argumentos do Ministério Público ou o Tribunal pode referir-se às razões de decidir do juiz de primeiro grau, sendo isso suficiente. Os Tribunais Superiores também vêm admitindo não ser necessária fundamentação no recebimento da denúncia, já que se está no início do processo e o recebimento implica em aceitação implícita dos requisitos da inicial acusatória;

- **Atenção para duas regras do novo CPC** que podem vir a ser aplicadas ao processo penal, com importantes implicações práticas sobre a fundamentação das decisões judiciais:

• Art. 489, II: obrigação de fundamentar a decisão, quando deverá o juiz analisar as questões de fato e de direito postas à sua apreciação;

• Art. 489, § 1º: sentença não será considerada fundamentada (ou seja, pode ser anulada) se o juiz:

▪ se limitar à indicação, à reprodução ou à paráfrase de ato normativo, sem explicar sua relação com a causa ou a questão decidida;

- empregar conceitos jurídicos indeterminados, sem explicar o motivo concreto de sua incidência no caso;
- invocar motivos que se prestariam a justificar qualquer outra decisão;
- não enfrentar todos os argumentos deduzidos no processo capazes de, em tese, infirmar a conclusão adotada pelo julgador;
- se limitar a invocar precedente ou enunciado de súmula, sem identificar seus fundamentos determinantes nem demonstrar que o caso sob julgamento se ajusta àqueles fundamentos;
- deixar de seguir enunciado de súmula, jurisprudência ou precedente invocado pela parte, sem demonstrar a existência de distinção no caso em julgamento ou a superação do entendimento.

- **Princípio da publicidade**: decorre do inciso LX do art. 5º ("a lei só poderá restringir a publicidade dos atos processuais quando a defesa da intimidade ou o interesse social o exigirem"), e do inciso IX do art. 93 (todos os julgamentos dos órgãos do Poder Judiciário serão públicos, e fundamentadas todas as decisões, sob pena de nulidade, podendo a lei limitar a presença, em determinados atos, às próprias partes e a seus advogados, ou somente a estes, em casos nos quais a preservação do direito à intimidade do interessado no sigilo não prejudique o interesse público à informação), ambos do texto constitucional. Por isso, a Súmula Vinculante 14 do STF, que dispôs ser direito do defensor, no interesse do representado, ter acesso amplo aos elementos de prova que, já documentados em procedimento investigatório realizado por órgão com competência de polícia judiciária, digam respeito ao exercício do direito de defesa. De se notar que as restrições à publicidade dos atos processuais são aquelas acima mencionadas, podendo a lei infraconstitucional regulá-las, como faz o CPP no art. 782, por exemplo. Assim, pode-se dizer que a regra é a da **publicidade interna**, ou seja, publicidade às partes e aos que atuam no processo, podendo haver restrições à **publicidade externa**. Não se considera haver qualquer infringência à regra constitucional na chamada "sala secreta" ou "sala especial" no Tribunal do Júri (ou seja, a recolha dos jurados para a votação, caso não seja possível a realização desta no próprio Plenário, depois de esvaziado). Vejam, adiante, algumas noções sobre o sigilo na fase investigatória.
- **Princípio do duplo grau de jurisdição**: não possui previsão no texto da CF, mas é reconhecido pela doutrina com base no art. 8º, *h*, da Convenção Americana de Direitos Humanos (Pacto de São José da Costa Rica), referendado pelo Decreto 678/1992. Há divergência no STF quanto à natureza jurídica das disposições da referida convenção, havendo, de um lado, entendimento de que teriam *status* de norma constitucional e, por outro, de que teriam natureza supralegal (vem prevalecendo este último entendimento) De qualquer modo, os dispositivos da Convenção integram nosso ordenamento jurídico. Mas, há exceção evidente ao princípio: casos de competência originária dos Tribunais. Assim, por exemplo, no caso de competência originária do Supremo Tribunal Federal, não caberá recurso a outro tribunal, pois este simplesmente inexiste. No máximo, como visto na Ação Penal 470, que tramitou no STF, são aceitos embargos de declaração – que até podem ter efeitos infringentes, ou seja, modificadores do resultado – e embargos infringentes, desde que haja previsão legal ou regimental.
- **Princípio da oficialidade**: significa que os órgãos responsáveis pela investigação e pela ação penal pública são órgãos do Estado, com funções públicas. No caso da ação penal pública, a titularidade é privativa do Ministério Público, conforme o disposto no art. 129, I, da CF, sendo possível, apenas em caso de inércia de tal órgão, a ação penal privada subsidiária da pública.
- **Princípio da obrigatoriedade**: preenchidos os requisitos legais, os órgãos incumbidos de investigar e de promover a ação penal pública são obrigados a fazê-lo. O Ministério Público, por sinal, não pode desistir da ação ou de recurso que tenha interposto, nem o Delegado de Polícia pode arquivar o inquérito policial (**princípio da indisponibilidade**). O princípio não se aplica à ação penal privada. A lei somente autoriza que o Ministério Público deixe de propor ação penal em alguns casos, como nos casos de crimes de menor potencial ofensivo (Lei 9.099/1995), pois há previsão de transação penal previamente ao momento do oferecimento da denúncia. Aceita a transação pelo autor do fato, a ação deixa de ser proposta. Há flexibilização do princípio também nos casos em que há acordo de leniência . Além disso, a Lei 12.850/2013 autoriza que o Ministério Público deixe de propor a ação penal contra membro de organização criminosa que tenha, dentro de certas condições, colaborado para as investigações. Vejam abaixo, no tópico sobre ação penal, outras exceções ao princípio apontadas pela doutrina.
- **Princípio da duração razoável do processo**: trata-se de garantia do acusado, prevista no inciso LXXVIII do art. 5º da CF. Não há previsão legal sobre o que seja prazo razoável ou quais as consequências da não observância da garantia. No entanto, é certo que pode acarretar a concessão da liberdade ao acusado que estiver preso provisoriamente.
- **Princípio do devido processo legal (due process ou law)**: decorre da previsão do art. 5º, LIV, da CF (ninguém será privado da liberdade ou de seus bens sem o devido processo legal). Segundo a doutrina, divide-se em **devido processo legal substantivo** (substantive due process) e **devido processo legal processual** (procedural due process). O primeiro significa que as leis devem ser

razoáveis e racionais quando se referem a atos do Estado e o segundo, na verdade, engloba diversos outros princípios, sendo o que alguns denominam de "princípio síntese" (ou seja, nele estão englobados os princípios do juiz natural, do contraditório, ampla defesa, juiz imparcial etc.).

- **Princípio do Promotor Natural**: significa que o Procurador-Geral não pode nomear livremente qualquer membro do Ministério Público para atuar em casos determinados, escolhidos por ele, havendo necessidade de previsão – antecipada, por regramentos internos – de qual órgão ministerial deve atuar em determinadas situações. Há muita controvérsia sobre a existência deste princípio, posto não previsto expressamente no texto constitucional. Normalmente, entre os membros do Ministério Público, há a aceitação de sua existência: haverá sempre uma regra de distribuição de feitos predeterminada, que não pode ser alterada, exceto nos casos expressamente previstos pela lei, evitando-se o acusador de exceção (assim como não pode haver tribunal de exceção). Na Lei 8.625/1993 (Lei Orgânica Nacional no Ministério Público) encontram-se hipóteses em que é possível um feito passar de um membro do Ministério Público a outro, como o art. 10, IX, *g* (pode o Procurador-Geral, por ato excepcional e fundamentado, designar membro da instituição, submetendo sua decisão previamente ao Conselho Superior do Ministério Público) e o art. 24 (o Procurador-Geral de Justiça poderá, com a concordância do Promotor de Justiça titular, designar outro Promotor para funcionar em feito determinado, de atribuição daquele). É importante que se observe não ter o STF reconhecido, até agora, explicitamente, na CF, a existência de tal princípio, embora, por vezes, o cite sem entrar numa discussão mais aprofundada do tema. Segundo pensamos, a existência do princípio vem sendo reconhecida pela doutrina processualista penal, até como uma das garantias formadoras do devido processo legal.
- **Princípio da Verdade Real**: muito se afirma que o processo penal, diferentemente do processo civil, não se contenta com a verdade formal, mas deve o Magistrado buscar uma reconstrução histórica fidedigna dos fatos. Um certo "princípio da verdade real" é frequentemente citado em manifestações do Ministério Público e mesmo em Acórdãos dos Tribunais, inclusive do STJ. No entanto, a doutrina vem questionando sua existência. É que a lei estabelece diversas restrições ao juiz quanto ao que pode ser aceito como prova, havendo a proibição das provas ilícitas e daquelas não produzidas sob o contraditório (se únicas nos autos). Entendemos, porém, que o processo não pode e não deve prescindir da busca da verdade, mas, ao mesmo tempo, não deve iludir-se com a ideia de que seja capaz de atingir a "verdade real". No processo, atinge-se a verdade processual possível, dentro dos limites impostos pela CF e pela lei.
- **Princípio da identidade física do juiz**: foi adotado em nosso CPP na reforma de 2008, por meio da redação do § 2º do art. 399 do CPP, que diz: "O juiz que presidiu a instrução deverá proferir a sentença". O CPC de 1973 também possuía previsão a respeito, no art. 132, que passou a ser aplicado ao processo penal por analogia. Assim, conforme o dispositivo do CPC revogado, o juiz, titular ou substituto que concluir a audiência julgará a lide, salvo se estiver convocado, licenciado, afastado por qualquer motivo, promovido ou aposentado, casos em que passará os autos ao seu sucessor. No entanto – e aqui há que se ter cautelar –, **o novo CPC**, não contém disposição alguma a respeito do assunto. A nosso ver, deve ser aplicada a mesma solução dada pelo revogado CPC, mas não porque este, nesse ponto, continua em vigor – pois não continua –, mas por segurança jurídica. Entendemos que a solução até aqui seguida pela maioria da doutrina e da jurisprudência é razoável e deveria continuar a ser adotada. Tudo dependerá da posição jurisprudencial, que poderá mudar.
- **Princípio da proporcionalidade**: segundo alguns, trata-se de uma regra, não de um princípio. Seja como for, trata-se de princípio – vamos tratá-lo assim – que busca justamente a proteção dos direitos fundamentais frente às restrições que podem ser impostas, inclusive no processo penal;

– no processo penal, muito influente foi a obra de Nicolas Gonzales-Cuellar Serrano. Assim, tem-se entendido que qualquer restrição a direito fundamental depende, primeiramente, da **legalidade**, ou seja, de previsão em lei, com a respectiva regulamentação, da restrição. Ex.: previsão legal da interceptação telefônica, com a respectiva regulamentação;

– finalidade legítima, do ponto de vista constitucional, da medida restritiva. Assim, não se pode justificar a prisão temporária, por exemplo, com base no argumento de que, uma vez preso e isolado, o imputado poderá vir a confessar o crime, o que atentaria contra a dignidade humana;

– qualquer restrição deve ser judicialmente autorizada e de modo motivado;

– diz-se, ainda, que a proporcionalidade possui requisitos intrínsecos, também chamados de subprincípios:

  - adequação: será adequada a medida restritiva que for apta a se atingir o fim buscado com ela;
  - necessidade: dentre as medidas adequadas, deve o Estado escolher a menos gravosa, ou seja, a restrita em menor grau o direito fundamental atingido;
  - proporcionalidade em sentido estrito: é a ponderação entre a restrição causada ao direito fundamental e o fim buscado por meio dela.

2. NORMA PROCESSUAL PENAL E SUA APLICAÇÃO

- **CPP, arts. 1º a 3º**
- **Aplicação da lei penal no espaço**: a regra é a aplicação da *lex fori*, ou seja, a regra da territorialidade, que encontra exceção no próprio art. 1º, I, do CPP: aplica-se o CPP aos casos que devam ser julgados em território brasileiro, salvo disposições em contrário previstas em tratados, convenções ou regras de direito internacional.
- **Aplicação da lei penal no tempo**: a regra geral do art. 2º o CPP estabelece que a lei processual penal aplica-se desde logo, sem prejuízo da validade dos atos realizados sob a vigência da lei anterior. Portanto, alterada a lei processual, a nova deve ser aplicada, sem prejuízo do que já ocorreu no processo. No entanto, a doutrina vem entendendo que, no que tange às normas a respeito de medidas cautelares pessoais privativas ou restritivas da liberdade, por possuírem conteúdo misto, ou seja, penal e processual, deve seguir a regra do art. 5º, LV, da CF, que proíbe a retroação de norma penal, salvo para beneficiar o réu. Além disso, entende que ainda pode ser aplicado, mesmo que por analogia, o disposto no art. 2º do Decreto-lei 3.931/1941 (Lei de Introdução ao Código de Processo Penal), que prevê expressamente, quanto à prisão preventiva e à fiança, a aplicação da lei mais favorável no caso de intertemporalidade. Portanto:

– no caso de normas puramente processuais, aplica-se, como visto, o art. 2º do CPP;

– no caso de normas mistas (híbridas), ou seja, que misturem aspectos penais e processuais, o aspecto penal deve prevalecer, de modo que a nova lei não se aplicará se os dispositivos de natureza penal forem mais gravosos ao imputado. Não confundam normas mistas com as heterotópicas, que são normas que possuem uma única natureza (ex.: natureza processual), mas que se encontra em diploma legislativa com outro caráter (ex.: natureza processual, mas inserida no CP).

- **Analogia**: o art. 3º do CPP permite a aplicação da interpretação extensiva e da analogia. Para a aplicação desta última, deve haver lacuna, que pode ser integrada por meio de analogia. Para tanto, toma-se a regra existente para situações semelhantes, aplicando-se para aquela em que há a lacuna: *ubi eadem ratio, ibi eadem jus* (onde a mesma razão de fato, o mesmo direito)
- O CPC pode ser aplicado ao processo penal por analogia. O fundamento é o próprio art. 3º do CPP, não o art. 15 do CPC (que não menciona o processo penal).

3. INQUÉRITO POLICIAL E OUTROS PROCEDIMENTOS INVESTIGATÓRIOS

- **CPP, arts. 4º a 23**
- **Lei 9.099/1995, art. 69**
- **Lei 12.037/2009, art. 3º**
- **Lei 12830/2013**
- **CF, arts. 58, § 3º, e 129**
- O Inquérito Policial (IP) é conduzido pela Polícia Judiciária, função exercida, nos Estados, pela Polícia Civil e, no âmbito da União, pela Polícia Federal (art. 144, § 1º, IV, e § 4º, da CF). Estão excluídos das atribuições de tais Polícias os crimes militares.
- O IP é presidido por Delegado de Polícia (estadual ou federal), tendo como objetivo a apuração da materialidade e autoria das infrações penais.
- Segundo a Lei 12.830/2013, as funções de polícia judiciária e a apuração de infrações penais exercidas pelo delegado de polícia são de natureza jurídica, essenciais e exclusivas de Estado.
- Cabe ao Delegado de Polícia, segundo a mesma Lei 12.830/2013, a condução das investigações realizadas por meio de IP.
- Tem o IP natureza administrativa e serve de base para a propositura de ação penal (portanto, é um procedimento administrativo preparatório).
- O IP tem natureza inquisitória, é escrito e, segundo costuma dizer a doutrina, sigiloso.

– É inquisitório, pois não se aplica o princípio do contraditório, o que não quer dizer que não deva ser aplicado outro: o princípio da ampla defesa;

– Quanto ao sigilo, é certo que não se aplica aos advogados, em virtude do disposto no art. 7º, XIV, do Estatuto da Advocacia e a Ordem dos Advogados do Brasil (Lei 8.906/1994), que garante que tais profissionais possam examinar autos de inquérito policial em qualquer repartição policial. E a Súmula Vinculante 14 do Supremo Tribunal Federal dispõe ser direito do defensor, no interesse do representado, ter acesso amplo aos elementos de prova que, já documentados em procedimento investigatório realizado por órgão com competência de polícia judiciária, digam respeito ao exercício do direito de defesa. Normalmente, para afirmar que o inquérito é sigiloso, baseia-se a doutrina no art. 20 do CPP. Mas, notem: tal dispositivo na verdade não diz que o IP deve ser sigiloso. Não. Ali afirma-se apenas que a autoridade policial deve assegurar o sigilo necessário para as investigações. Ou seja, assegurar o sigilo, quando necessário.

- A doutrina reconhece a existência de investigações que não são feitas pela Polícia Judiciária: a) inquéritos parlamentares, realizados pelas Comissões Parlamentares de Inquérito ou pelas próprias polícias da Câmara dos Deputados e do Senado Federal, em caso de crimes cometidos em suas dependências (STF, Súmula 397); b) inquéritos policiais militares, conduzido por autoridades militares; c) investigações de infrações penais cometidas por Juízes de Direito e Promotores de Justiça, que são conduzidas pela cúpula das respectivas instituições; d) investigações de infrações penais de pessoas com prerrogativa de função pelos Tribunais Superiores.

- O inquérito civil previsto na Lei 7.347/1985 (que trata da ação civil pública) não é instaurado para apurar crime, mas como preparação para a ação mencionada. No entanto, pode ser usada para embasar a denúncia no âmbito criminal.
- O Ministério Público tem poderes de investigação, conforme já decidiu o STF, no RE 595.727-MG: "(...) Questão constitucional com repercussão geral. Poderes de investigação do Ministério Público. Os artigos 5º, incisos LIV e LV, 129, incisos III e VIII, e 144, inciso IV, § 4º, da Constituição Federal, não tornam a investigação criminal exclusividade da polícia, nem afastam os poderes de investigação do Ministério Público. Fixada, em repercussão geral, tese assim sumulada: 'O Ministério Público dispõe de competência para promover, por autoridade própria, e por prazo razoável, investigações de natureza penal, desde que respeitados os direitos e garantias que assistem a qualquer indiciado ou a qualquer pessoa sob investigação do Estado, observadas, sempre, por seus agentes, as hipóteses de reserva constitucional de jurisdição e, também, as prerrogativas profissionais de que se acham investidos, em nosso País, os Advogados (Lei 8.906/94, artigo 7º, notadamente os incisos I, II, III, XI, XIII, XIV e XIX), sem prejuízo da possibilidade – sempre presente no Estado democrático de Direito – do permanente controle jurisdicional dos atos, necessariamente documentados (Súmula Vinculante 14), praticados pelos membros dessa instituição'. Maioria. (...)"(RE 593.727-MG, Rel. Min. Gilmar Mendes, j. 14.05.2015).
- De qualquer modo, o IP é dispensável, conforme se depreende dos arts. 12, 27, 39, § 5º, e 46, § 1º, do CPP. Portanto, com base em outros tipos de informações (peças de informação, termos circunstanciados no caso dos delitos de menor potencial ofensivo, etc.), pode a ação penal ser oferecida.
- **Notitia criminis**: é o conhecimento do crime por parte da autoridade policial. A doutrina costuma dividi-la em três espécies:
  - **notitia criminis de cognição imediata ou espontânea**: se dá nas hipóteses em que a própria autoridade policial, em suas atividades rotineiras (ex.: leitura de jornal), toma conhecimento da infração penal;
  - **notitia criminis de cognição mediata ou provocada**: a autoridade policial toma conhecimento da infração penal por meio de comunicado escrito;
  - **notitia criminis de cognição coercitiva**: a autoridade policial toma conhecimento da infração quando alguém lhe é apresentado preso em flagrante.
- **Obs:** *delatio criminis* é a comunicação da infração penal à autoridade policial feita por quem não é o ofendido ou seu representante legal. Pode ser apresentar tanto sob a forma de *notitia criminis* de cognição imediata quanto como mediata.

ESPÉCIE DE AÇÃO	INÍCIO DO IP
Ação penal pública incondicionada **CPP, arts. 5º, *caput*, e 8º**	• de ofício, pela Autoridade Policial, que elabora portaria inaugural • por requisição do Ministério Público • por requisição do juiz (há quem entenda que isso atinge o sistema acusatório, sendo inconstitucional) • por requerimento do ofendido • por auto de prisão em flagrante
Ação penal pública condicionada **CPP, art. 5º, § 4º**	• depende de representação do ofendido ou seu procurador • ou de requisição do Ministro da Justiça, quando cabível
Ação penal privada **CPP, art. 5º, § 5º**	• depende de requerimento do ofendido
Foro por prerrogativa de função	• depende de autorização do Tribunal competente para julgar o caso

- **Identificação criminal** em caso de a pessoa já ser civilmente identificada: o assunto é regulado pela Lei 12.037/2009, que estabelece os casos em que o civilmente identificado poderá ser submetido à identificação criminal. São tantas as hipóteses previstas, que haverá a possibilidade de que seja realizada a identificação criminal, ainda que o indivíduo seja civilmente identificado. Os casos são os seguintes (art. 3º):

1) o documento apresentar rasura ou tiver indícios de falsidade;

2) o documento apresentado for insuficiente para identificar cabalmente o indiciado;

3) o indiciado portar documentos de identidade distintos, com informações conflitantes entre si;

4) a identificação criminal for essencial às investigações policiais, segundo despacho da autoridade judiciária competente, que decidirá de ofício ou mediante representação da autoridade policial, do Ministério Público ou da defesa;

5) constar de registros policiais o uso de outros nomes ou diferentes qualificações;

6) o estado de conservação ou a distância temporal ou da localidade da expedição do documento apresentado impossibilite a completa identificação dos caracteres essenciais.

- **Indiciamento**: o CPP não define critério algum. Porém, a Lei 12.830/2013, em seu art. 2º, § 6º, diz ser o indiciamento ato privativo do delegado de polícia, devendo se dar por ato fundamentado, mediante análise técnico-jurídica do fato, que deverá indicar a autoria, materialidade e suas circunstâncias. Trata-se de ato por meio do qual a Autoridade Policial indica quem, segundo os indícios coligidos no IP, é o autor da infração penal. O indiciamento deve ser feito durante o IP, sendo pacífico na jurisprudência o entendimento de que não cabe quando já há denúncia oferecida. A jurisprudência admite o "desindiciamento", por meio de *writ* de *habeas corpus*.

- **Incomunicabilidade do preso**: é vedada pela CF durante o estado de defesa, conforme regra expressa (art. 136, § 3º, IV). É certo que o art. 21 do CPP a prevê. No entanto, se mesmo durante o estado de defesa ela é vedada, entende-se que com mais razão ainda a incomunicabilidade não é possível em condições de normalidade institucional. Logo, concordamos com o entendimento segundo o qual o art. 21 do CPP não foi recepcionado pela CF de 1988. Há, é verdade, entendimento contrário. Mas, vale lembrar que até quem entende cabível a incomunicabilidade reconhece não valer para o advogado do preso e para o membro do Ministério Público. Com efeito, é prerrogativa do membro do Ministério Público o acesso ao indiciado preso, a qualquer momento, mesmo quando decretada a sua incomunicabilidade (art. 41, IX, Lei 8.625/1993). Já quanto aos advogados, diz o art. 7º, III, do Estatuto da Advocacia e a Ordem dos Advogados do Brasil (Lei 8.906/1994) ser direito do advogado "comunicar-se com seus clientes, pessoal e reservadamente, mesmo sem procuração, quando estes se acharem presos, detidos ou recolhidos em estabelecimentos civis ou militares, ainda que considerados incomunicáveis".

PRAZOS PARA ENCERRAMENTO DO IP		
	imputado solto	**imputado preso**
Regra geral (CPP)	30 dias, prorrogáveis	10 dias
PF (art. 66, Lei 5.010/1966)	30 dias, prorrogáveis	15 dias
Lei 10.343/2006 (Lei de Drogas)	90 dias, podendo ser duplicado	30 dias, podendo ser duplicado
IPM	40 dias, prorrogáveis por mais 20 dias	20 dias
Crimes contra a economia popular (Lei 1.521/1951, art. 10, § 1º)	10 dias	10 dias

- **Arquivamento do inquérito policial**: não pode ser determinado pela autoridade policial ou de ofício pela autoridade judiciária. O juiz somente poderá determinar o arquivamento a requerimento do Ministério Público.

– se discordar o juiz do pedido do Ministério Público: aplicação do art. 28 do CPP:

- na Justiça Estadual, juiz envia os autos ao Procurador-Geral de Justiça, que decidirá a respeito. Ele poderá: confirmar o arquivamento, com o que os autos irão para o arquivo; determinar a realização de mais diligências; oferecer denúncia ou designar outro Promotor de Justiça para oferece-la;

- na Justiça Federal ou do Distrito Federal: o juiz encaminha os autos à Câmara de Coordenação e Revisão do Ministério Público Federal ou do Distrito Federal. Parte da doutrina entende que a decisão final cabe a esta, tal como ocorre com o Procurador-Geral nos Ministérios Públicos estaduais. Porém, outros entendem que a Câmara dará apenas um parecer e que, nos termos do art. 28 do CPP, a decisão final será do Procurador-Geral da República. Nos últimos tempos, no âmbito do Ministério Público Federal, o Procurador-Geral tem delegado tal função à Câmara, de modo que a divergência doutrinária fica assim superada.

– **Arquivamento pelo Procurador-Geral da República nos feitos de sua atribuição originária**: em regra, não há necessidade de homologação pelo STF. Porém, a Suprema Corte entende que, nos casos de arquivamento por atipicidade ou por reconhecimento de causa de exclusão da ilicitude – que gera, na primeira hipótese, coisa julgada material – o Supremo deverá analisá-lo.

- **Arquivamento pelo Procurador-Geral de Justiça nos feitos de sua atribuição originária**: desnecessária qualquer decisão do Tribunal de Justiça, já que o arquivamento é obrigatório, salvo no caso em que o fundamento gere coisa julgada material (arquivamento por atipicidade do fato). Porém, o interessado que discordar da decisão do Procurador-Geral de Justiça poderá provocar a revisão do ato pelo Colégio de Procuradores de Justiça, nos termos do art. 12, XI, da Lei 8.625/1993, segundo procedimento regulado por cada lei orgânica estadual.
- **Arquivamento e coisa julgada material**: entende a doutrina, em geral, que o arquivamento com fundamento na atipicidade do fato ou na existência de causa de exclusão da ilicitude gera efeito de coisa julgada material, não podendo ocorrer futuro oferecimento de denúncia no caso de surgimento de provas novas. Esse vinha sendo o entendimento do STJ. Ocorre que, em 2015, o STF definiu seu posicionamento sobre o assunto, fixando o entendimento de que o arquivamento do inquérito policial em razão do reconhecimento de excludente de ilicitude não faz coisa julgada material (HC 125.101-SP, Rel. para o Acórdão Min. Dias Toffoli, j. 25.08.2015, Informativo 796) Na hipótese em que o arquivamento gere efeito de coisa julgada material, tal efeito subsiste, segundo o STF, mesmo que o arquivamento tenha sido determinado por juiz absolutamente incompetente.
- **Arquivamento e coisa julgada formal**: nos demais casos, é possível oferecimento da denúncia, enquanto não prescrita a infração penal, desde que surjam provas substancialmente novas.

4. AÇÃO PENAL

- **CF, arts. 5º, LIX, 129, I**
- **CPP, arts. 24 a 62**
- **Condições da ação**:
  - possibilidade jurídica do pedido (fato que é crime + punibilidade);
  - interesse de agir (interesse + adequação);
  - legitimidade de partes (ativa e passiva);
  - justa causa (fundamento probatório mínimo).
- **Obs.**: além das condições genéricas da ação penal acima mencionadas, é possível vislumbrar diversas hipóteses de condições específicas. Exs: representação do ofendido ou do representante legal nas ações penais públicas condicionadas; provas novas, no caso em que o inquérito policial tiver sido arquivado; laudo pericial nos crimes contra a propriedade imaterial. São também chamadas **condições de procedibilidade**.
  - O novo CPC não menciona mais "condições da ação". Entende-se, porém, que não deixou de reconhecer sua existência, eis que há menções a "interesse e legitimidade" (arts. 17, 337, XI, 485, VI). Porém, não há qualquer menção à possibilidade jurídica do pedido. A doutrina já vinha, de há muito, negando que era realmente uma condição da ação
- No CPP, o art. 395, II, diz que o juiz deve rejeitar a denúncia ou queixa quando faltar condição para o exercício da ação penal.
- Corrente minoritária entende que as condições da ação no processo penal são específicas deste: prática de fato aparentemente criminoso, punibilidade concreta, legitimidade de parte e justa causa
- Segue um quadro comparativo, com os princípios mais cobrados em concursos e as principais características das espécies de ação penal.

ESPÉCIES E CARACTERÍSTICAS DAS AÇÕES PENAIS		
	Princípios	**Características**
Ação penal pública incondicionada	**oficialidade**: é promovida por um órgão do Estado (Ministério Público) **obrigatoriedade**: presentes a materialidade da infração penal e indícios suficientes de autoria, o Ministério Público tem o dever de propor a ação penal (salvo exceções legais) **indisponibilidade**: o Ministério Público não pode desistir da ação penal ou de eventual recurso interposto, mas pode, em alegações finais ou parecer em 2º grau, opinar pela absolvição do acusado ou desclassificação da infração penal	não depende da vontade do ofendido ou de requisição de autoridade inicial = denúncia

ESPÉCIES E CARACTERÍSTICAS DAS AÇÕES PENAIS		
	Princípios	**Características**
Ação penal pública condicionada à representação do ofendido ou de seu representante legal	**oficialidade**: é promovida por um órgão do Estado (Ministério Público) **obrigatoriedade**: havendo representação e presentes a materialidade da infração penal e indícios suficientes de autoria, o Ministério Público tem o dever de propor a ação penal (salvo exceções legais) **indisponibilidade**: o Ministério Público não pode desistir da ação penal ou de eventual recurso interposto, mas pode, em alegações finais ou parecer em 2º grau, opinar pela absolvição do acusado ou desclassificação da infração penal	Representação do ofendido ou de seu representante legal = condição de procedibilidade para a propositura da ação penal A representação não vincula o Ministério Público: este não está obrigado a propor a ação penal se ausentes prova da ocorrência do delito ou indícios suficientes de autoria Retratação da representação: possível só até o oferecimento da denúncia. No caso da Lei 11.340 (Maria da Penha), a vítima pode se retratar ("renunciar") até antes do recebimento da denúncia O direito de representar está sujeito a prazo decadencial, normalmente de 6 meses, contado do dia em que veio a saber quem é o autor do crime (art. 103, CP) Inicial = denúncia
Ação penal pública condicionada à requisição do Ministro da Justiça	**oficialidade**: é promovida por um órgão do Estado (Ministério Público) **obrigatoriedade**: havendo requisição e presentes a materialidade da infração penal e indícios suficientes de autoria, o Ministério Público tem o dever de propor a ação penal (salvo exceções legais) **indisponibilidade**: o Ministério Público não pode desistir da ação penal ou de eventual recurso interposto, mas pode, em alegações finais ou parecer em 2º grau, opinar pela absolvição do acusado ou desclassificação da infração penal	Requisição do Ministro da Justiça = condição de procedibilidade para a propositura da ação penal Hipóteses do art. 7º, § 3º, CP (caso de extraterritorialidade da lei penal brasileira) e do art. 145, parágrafo único, CP (crime contra a honra do Presidente da República ou de chefe de governo estrangeiro) A requisição é ato administrativo discricionário A requisição não vincula o Ministério Público: este não está obrigado a propor a ação penal se ausentes prova da ocorrência do delito ou indícios suficientes de autoria A requisição não admite retratação e não está sujeita a prazo decadencial, embora haja entendimentos em contrário Inicial = denúncia
Ação penal privada subsidiária da pública	Não se aplicam os princípios da ação penal pública, já que não há obrigatoriedade da propositura da queixa, pois ela é proposta por particular. Mas, atenção: o perdão do ofendido e a renúncia não geram efeitos, já que o Ministério Público assumirá a ação penal	Admitida nos crimes de ação pública, se esta não for intentada no prazo legal Pode o Ministério Público aditar a queixa, repudiá-la e oferecer denúncia substitutiva, intervir em todos os termos do processo, fornecer elementos de prova, interpor recurso e, a todo tempo, no caso de negligência
Ação penal privada subsidiária da pública		do querelante, retomar a ação como "parte principal" O direito à queixa subsidiária está sujeito a prazo decadencial, de 6 meses, contado do dia em que se esgota o prazo para oferecimento da denúncia (art. 103, CP) Não ocorre perempção, pois, em caso de negligência do querelante, o Ministério Público tem o dever de retomar a ação como "parte principal" Inicial = queixa

ESPÉCIES E CARACTERÍSTICAS DAS AÇÕES PENAIS		
	Princípios	**Características**
Ação penal exclusivamente privada	**princípio da oportunidade**: o titular do direito de queixa não é obrigado a propô-la **princípio da disponibilidade**: o titular do direito pode a ele renunciar, pode desistir da ação e perdoar o acusado **princípio da indivisibilidade**: a ação penal privada deve ser intentada contra todos os envolvidos no delito, não podendo o querelante escolher quem irá processar. Assim, a renúncia em relação a um dos querelados, importa em renúncia ao direito de queixa a todos; e o perdão a um deles aproveitará a todos, salvo aquele que recusá-lo	Prazo decadencial é de 6 meses, normalmente; Está sujeita à perempção: a) quando, iniciada a ação penal, o querelante deixar de promover o andamento do processo durante 30 dias seguidos; b) quando, falecendo o querelante, ou sobrevindo sua incapacidade, não comparecer em juízo, para prosseguir no processo, dentro do prazo de 60 (sessenta) dias, qualquer das pessoas a quem couber fazê-lo, ressalvado o disposto no art. 36 do CPP; c) quando o querelante deixar de comparecer, sem motivo justificado, a qualquer ato do processo a que deva estar presente, ou deixar de formular o pedido de condenação nas alegações finais; d) quando, sendo o querelante pessoa jurídica, esta se extinguir sem deixar sucessor Inicial = queixa
Ação penal privada personalíssima	Idem, quanto aos princípios da ação penal exclusivamente privada	Hipótese: art. 236, CP (crime de "induzimento a erro essencial e ocultação de impedimento", relacionado a casamento), em que a queixa penal só pode ser proposta pelo contraente do casamento que foi enganado e por mais ninguém Demais características idênticas às da ação penal exclusivamente privada Em caso de falecimento do querelante, entende-se haver perempção, não sendo possível a substituição processual

- **Exceções ao princípio da obrigatoriedade (segundo a doutrina)**:
- transação penal (art. 76, Lei 9.099/1995);
- colaboração premiada específica (art. 4º, § 4º, Lei 12.850/2013):
- colaborador que não for líder da organização criminosa;
- que for o primeiro a prestar efetiva colaboração
- acordo de leniência (arts. 86 e 87, Lei 12.529/2011);
- termos de ajustamento de conduta (art. 5º, § 6º, Lei 7.347/1985);
- parcelamento do débito tributário (art. 83, § 2º, Lei 9.430/1996).
- Outros princípios invocados pela doutrina:
- **ne procedat iudex ex officio**: o juiz não pode iniciar o processo de ofício. Aplica-se a todas as espécies de ações penais;
- **ne bis in idem**: ninguém pode ser processado duas vezes pelo mesmo fato, com a mesma imputação. Aplica-se a todas as espécies de ações penais;
- **oficiosidade**: as autoridade públicas devem agir de ofício nas ações penais públicas incondicionadas;
- **autoritariedade**: nas ações ações penais públicas, a persecução penal fica a carga da autoridade pública. Aplica-se às ações penais privadas apenas quanto à fase pré-processual;
- **instranscendência**: as ações penais, públicas e privadas, devem ser propostas apenas em face daquele contra o qual há indícios de autoria.
- **Legitimidade para oferecer representação (e queixa, de modo geral)**:
- ofendido com 18 anos de idade ou mais: cabe a ele próprio oferecer a representação;
- ofendido menor de 18 anos ou com doença ou retardo mental: representação cabe ao representante legal; se não tiver representante legal ou caso haja interesses colidentes entre eles, a representação caberá a um curador especial, nomeado por juiz competente para o processo penal;

- ofendido maior de 16 e menor de 18 anos, casado: não possuindo representante legal em virtude da emancipação civil, há duas hipóteses: a) nomeação de curador especial; b) aguarda-se que atinja a idade de 18 anos, para que possa ter legitimidade para oferecer a representação, não correndo o prazo decadencial.
- pessoa jurídica: a representação cabe a quem os represente, segundo seus estatutos ou contratos sociais; na ausência de previsão, caberá aos diretores ou sócios que exerçam função de gerência;
- em caso de morte do ofendido (ou declarado ausente por decisão judicial): a representação cabe, nessa ordem, ao cônjuge (não inclui o companheiro, pois isso aumentaria o alcance do direito de punir, segundo entendimento aparentemente majoritário; a nosso ver, deve incluir o companheiro), ascendente, descendente e irmão.

- A representação, em regra, é retratável somente até o **oferecimento** da denúncia (não o recebimento, que é ato posterior, do juiz). Nesse sentido, regra expressa do art. 25 do CPP. Mas há uma exceção. O art. 16 da Lei 11.340/2006 (Lei Maria da Penha) possibilita a retratação feita pela ofendida, em audiência especialmente designada para tal fim, ainda que a denúncia já tenha sido oferecida, mas antes de seu recebimento pelo juiz.
- Normalmente, em se tratando de crime de lesão corporal leve, ainda que cometido no âmbito doméstico, nos termos do § 9º do art. 129 do CP, haverá a necessidade de representação da vítima. Porém, em se tratando de violência contra a mulher, deve ser aplicada a Lei 11.340/2006 (Lei Maria da Penha), não se exigindo a representação, ainda que leve a lesão corporal. É que a necessidade de representação em crime de lesão corporal leve foi introduzida em nosso ordenamento pela Lei 9.099/1995, pois, até então, o crime do art. 129, *caput*, era de ação penal pública incondicionada. Então, adveio a Lei 11.340/2006 que, em seu art. 41, previu a inaplicabilidade da Lei 9.099/1995 em casos de violência doméstica. Então, a doutrina e a jurisprudência se dividiram a respeito: o que não é aplicado da Lei 9.099, tudo ou apenas a transação penal? A questão nunca foi pacífica, nem no STJ, bastando verificar o Recurso Especial 1.127.981-PE (Rel. Min. Gilson Dipp, j. 22.11.2011), do qual se depreende a necessidade da representação. Ocorre que, em 2012, o STF, na ADI 4424 – portanto, com efeitos vinculantes e *erga omnes* – decidiu pela constitucionalidade do art. 41 da Lei Maria da Penha e, assim, que não é necessária a representação da ofendida em casos de lesões corporais leves (v. Informativo 654). No STJ, há a Súmula 536: "A suspensão condicional do processo e a transação penal não se aplicam na hipótese de delitos sujeitos ao rito da Lei Maria da Penha".
- **Prazo decadencial para a queixa ou representação**: normalmente, de 6 meses, contado do dia em que o ofendido veio a conhecer a autoria da infração penal.

- no caso de legitimidade do representante legal, há duas posições:
  - a inércia do representante não implica na decadência do direito para o ofendido, que poderá exercê-lo quando completar 18 anos (não há decadência de direito que não pode ser exercido);
  - a decadência para o representante legal afeta o direito do ofendido, pois o prazo decadencial não pode ser dividido.

- **Extinção da punibilidade na ação penal privada**
- **Prescrição**: aplicável a todas as espécies de ação, inclusive a privada;
- **Decadência**: perda do direito de oferecer a queixa (e também a representação na ação penal pública condicionada);
- **Renúncia**: ato unilateral do ofendido, realizado antes do processo;
  - **expressa**: por escrito, assinada pelo ofendido ou por seu representante legal ou por procurador com poderes especiais;
  - **tácita**: prática, pelo ofendido, de ato incompatível com a vontade de oferecer a queixa-crime, ou seja, de ver o autor da infração penal processado;
    - renúncia quanto a um dos autores do crime implica em renúncia contra todos;
- **Perdão do ofendido**: ato bilateral, realizado no curso do processo, que depende de aceitação do querelado;
  - **expresso** ou **tácito**;
  - pode ser oferecido até o trânsito em julgado da sentença condenatória;
  - oferecido por um dos ofendidos, não atinge o direito das demais vítimas em prosseguir com o processo;
  - oferecido a um dos querelados, deve ser estendido a todos os demais;
  - aceito por um dos querelados, não implica em aceitação pelos demais;
  - a aceitação pode ser **processual** ou **extraprocessual**, **expressa** ou **tácita**. O silêncio importa em aceitação;
- **Perempção**: inércia ou desídia do titular da ação penal privada;
  - quando, iniciada a ação penal privada, o querelante deixar de promover o andamento do processo durante 30 dias seguidos;
  - quando, falecendo o querelante, ou sobrevindo sua incapacidade, não comparecer em juízo, para prosseguir no processo, dentro do prazo de 60 dias, qualquer das pessoas a quem couber fazê-lo, ressalvado o disposto no art. 36 do CPP;
  - quando o querelante deixar de comparecer, sem motivo justificado, a qualquer ato do processo a que deva estar presente, ou deixar de formular o pedido de condenação nas alegações finais;

- quando, sendo o querelante pessoa jurídica, esta se extinguir sem deixar sucessor.

- **Requisitos da denúncia e da queixa**

– endereçamento;

– exposição do fato criminoso com todas as suas circunstâncias;

– qualificação do acusado ou dados que permitam individualizá-lo;

– classificação do crime;

– rol de testemunhas, se se pretender usar tal meio de produção de prova;

– subscrição pelo membro do Ministério Público (denúncia) ou pelo advogado do querelante, com poderes especiais especiais (queixa na ação penal privada);

  - na ação penal privada, a procuração deve mencionar o nome do querelado e o fato criminoso, entendendo a jurisprudência não haver necessidade de descrição minuciosas deste. Tais irregularidades são consideradas sanadas se o querelante também assinar a queixa.

  - prevalece o entendimento de que as irregularidades na procuração podem ser sanadas a qualquer tempo, mesmo depois do decurso do prazo decadencial.

5. AÇÃO CIVIL EX DELICTO

- **CPP, arts. 63 a 68**

- No Brasil, adotou-se o sistema da independência entre as instâncias civil e penal, no que toca à reparação do dano causado pela infração penal. Porém, trata-se de uma independência mitigada, eis que pode a ação penal condenatória pode servir de título executivo judicial (ação de execução *ex delicto*), mas, independentemente, é possível o ajuizamento da a ação civil própria (ação civil *ex delicto*).

- Ação penal condenatória com trânsito em julgado = título executivo judicial (ação de execução *ex delicto*).

– necessidade de prévia liquidação para apuração do montante da indenização;

– possibilidade de o juiz criminal, na sentença condenatória, fixar um valor mínimo de indenização;

- Legitimidade ativa para a ação civil *ex delicto*:

– vítima;

– representante legal;

– em caso de óbito: herdeiros;

– Defensoria Pública em caso de hipossuficiência;

– onde não houver Defensoria Pública: admite-se que seja proposta pelo Ministério Público ou que seja nomeado advogado dativo.

- Competência: juízo cível

- Se proposta a ação cível antes da sentença: o juiz cível pode suspendê-la.

HIPÓTESES DE ABSOLVIÇÃO DO ART. 386, CPP E REFLEXOS NA AÇÃO CIVIL	
Hipótese	**Consequência**
Prova da inexistência do fato	não há responsabilidade civil
Falta de prova da existência do fato	pode haver discussão na esfera civil
Fato não constitui infração penal	pode haver ilícito civil e dever de indenizar
Prova de que o acusado não concorreu para a infração	não há responsabilidade civil
Falta de prova de que o acusado concorreu para a infração	pode haver discussão na esfera civil
Prova de excludente de culpabilidade	pode haver discussão na esfera civil
Prova de excludente de ilicitude	**legítima defesa**: em regra, torna o ato lícito também na esfera civil, sendo exceção o caso de *aberratio ictus* (ou seja, o terceiro atingido pode pedir indenização ao causador do dano, que, por sua vez, tem direito de regresso contra o agressor inicial); **estado de necessidade**: em regra, torna o ato lícito também na esfera civil, sendo exceção o caso em que o lesado não foi o causador do perigo (ou seja, deve ser indenizado, tendo o causador direto do dano direito de regresso contra o causador do perigo); **estrito cumprimento do dever legal**: em regra, tor
	na o ato lícito também na esfera civil. Há corrente que entende haver responsabilidade objetiva do Estado (discordamos: a responsabilidade deriva de ato ilícito, apenas) **exercício regular de direito**: torna o ato lícito também na esfera civil

6. COMPETÊNCIA

- **CF, arts. 5º, XXXVIII; 29, X; 96, III; 102; 105; 109; 124; 125**
- **CPP, arts. 69 a 91**
- **Lei 9.099/1995, art. 63**
- **Lei 11.101/2005, art. 183**
- **Lei 11.343/2006, art. 70**
- **Jurisdição**: poder-dever pertinente ao Estado de aplicar o direito ao caso concreto.
- **Características**:

– Investidura: o exercício da jurisdição é feito por magistrado investido na função;

– Indelegabilidade: não pode ser delegada a outro órgão, salvo precatórias e cartas de ordem;

– Juiz natural;

– Inafastabilidade (art. 5º, LIII, CF: a lei não excluirá da apreciação do Poder Judiciário lesão ou ameaça a direito);

– Inevitabilidade ou irrecusabilidade: não está sujeita à vontade das partes;

– Inércia: depende de provocação, em regra.

- **Para exercer a jurisdição há divisão de competências** (v. quadro mais abaixo).
- **Competência absoluta**: tem origem direta em regra trazida pela CF

– é indisponível ao Ministério Público, querelante e imputado;

– a incompetência absoluta pode ser arguida até o trânsito em julgado, em qualquer fase do processo;

– pode ser arguida mesmo depois do trânsito em julgado, por meio de revisão criminal (admite-se, também, o *habeas corpus*), mas apenas nos casos de sentença condenatória ou absolutória imprópria. Assim, é vedada a arguição *pro societate* depois do trânsito em julgado de decisão absolutória própria;

– não há necessidade de demonstração de prejuízo;

– a incompetência absoluta pode ser declarada de ofício pelo juiz, até a sentença; depois, deverá ser declarada pelo tribunal recursal;

– exs. de competência absoluta: em razão da matéria e por prerrogativa de função.

- **Competência relativa**: tem origem direta em normas infraconstitucionais; indiretamente, em normas constitucionais.

– pode ser prorrogada, caso não alegada a incompetência no momento certo. Normalmente, deve ser alegada por meio de exceção de incompetência, no prazo da resposta à acusação. Se não alegada em exceção, mas na própria resposta, pode ser aceita pelo juiz mesmo assim;

– a incompetência, nesse caso, gera apenas nulidade relativa, devendo ser demonstrado prejuízo à parte;

– a incompetência relativa também pode ser declarada de ofício pelo juiz. A nosso ver de modo equivocado, o STJ estendeu a aplicação da Súmula 33 ao processo penal, de modo que tal Corte veda o reconhecimento da incompetência relativa de ofício pelo juiz. Na verdade, a Súmula 33 tem origem no processo civil, não devendo ser aplicada, *data venia*, ao processo penal;

– entendendo que pode ser declarada de ofício, entende-se que o juiz terá até o início da instrução para declará-la, em virtude de que, hoje, há o princípio da identidade física, de modo que, iniciada a coleta da prova pelo magistrado, estará preclusa a matéria da competência relativa.

– exs. de competência relativa: territorial e por prevenção.

- **Consequências da incompetência**:

– o CPP possui regra a respeito, que está no art. 567: a incompetência anula somente os atos decisórios;

– parte a doutrina entende que tal regra aplica-se apenas à incompetência relativa, já que a incompetência absoluta provoca a anulação de todos os atos, mesmo que não tenham natureza decisória;

– o entendimento jurisprudencial é diverso, ou seja, somente os atos decisórios devem ser anulados, aplicando-se o art. 567 do CPP, devendo o juiz competente ratificar os demais atos. É esse o entendimento do STF. Nesse sentido: "(...) Tanto a denúncia quanto o seu recebimento emanados de autoridades incompetentes rationae materiae são ratificáveis no juízo competente. (...)" (HC 83.006-SP, Rel. Min. Ellen Gracie, j. 18.06.2003);

- **Obs.:** comungamos do entendimento segundo o qual os atos de produção de prova realizados por juiz incompetente devem ser anulados, isso porque hoje vige o princípio da identidade física do juiz. Logo, se ao juiz que presidiu a instrução cabe a prolação da sentença, a produção probatória deverá ser refeita – e não meramente ratificada – pelo juiz competente, para que possa, então, prolatar a decisão.

CRITÉRIOS DOUTRINÁRIOS PARA DIVISÃO DA COMPETÊNCIA	
***Ratione materiae* (matéria)**	Define a Justiça competente, levando em conta: a) a natureza do delito; ou b) a titularidade do bem, valor ou interesse jurídico

***Ratione loci* (territorial)**	Os parâmetros podem ser o lugar da consumação do crime ou do domicílio do acusado: primeiro é necessário estabelecer a competência em razão da matéria (competência de jurisdição); depois, a competência territorial
***Ratione personae* (funcional)**	Leva em conta as funções exercidas por determinadas pessoas (foro por prerrogativa de função): os casos de foro por prerrogativa de função são previstos na CF e superam as demais competências.

- **Competência em razão da matéria:** competência de Justiça, absoluta.
- – divide-se em Justiças Comum e Especial:
- as Especiais são: Justiça Eleitoral, Justiça Militar; Justiça do Trabalho (alguns incluem também, para os crimes de responsabilidade, a Justiça Política);
- as Comuns são: Federal e Estadual, que incluem, dentro delas, também os respectivos tribunais do Júri e juizados especiais criminais.
- – **Justiça Comum Estadual: competência residual.**
- em caso de conexão com crime de competência da Justiça Federal, prevalecerá a competência desta.
- **Casuística jurisprudencial:**
- Súmula 42, STJ: causas cíveis em que é parte sociedade de economia mista e os crimes praticados em seu detrimento;
- Súmula 53, STJ: civil acusado de prática de crime contra instituições militares estaduais;
- Súmula 62, STJ: crime de falsa anotação na CTPS, atribuído à empresa privada;
- Súmula 73, STJ: uso de papel-moeda grosseiramente falsificado configura estelionato, de competência da Justiça Estadual;
- Súmula 140, STJ: crime em que o indígena figure como autor ou vítima;
- – **Justiça Comum Federal:**
- Art. 109, CF: diversas hipóteses (casuística constitucional);
- Regra geral: compete à Justiça Federal o julgamento dos delitos cometidos em detrimento de bens, serviços ou interesse da União, de suas entidades autárquicas ou empresas públicas.
- Exceção: contravenções penais e crimes de competência das Justiças Eleitoral e Militar.
- Casuística jurisprudencial:
- Súmula 91, STJ: cancelada. Agora, crime contra a fauna é competência da Justiça Estadual;
- Súmula 122, STJ: compete à Justiça Federal o processo e julgamento unificado dos crimes conexos de competência federal e estadual, não se aplicando a regra do art. 78, II, a, do CPP;
- Súmula 147, STJ: compete à Justiça Federal processar e julgar os crimes praticados contra funcionário público federal, quando relacionados com o exercício da função;
- Súmula 165, STJ: crime de falso testemunho cometido no processo trabalhista é de competência da Justiça Federal;
- Súmula 208, STJ: prefeito municipal por desvio de verba sujeita à prestação de contas perante órgão federal deve ser julgado pela Justiça Federal;
- Súmula 209, STJ: julgar prefeito por desvio de verba transferida e incorporada ao patrimônio municipal compete à Justiça Estadual;
- Súmula 522, STF: tráfico para o exterior é competência da Justiça Federal.
- – **Justiça Militar: art. 124, CF** – Justiça especial:
- Julga os crimes militares;
- **Justiça Militar da União**: julga os membros das Forças Armadas e os civis que incorram em crime militar;
- **Justiça Militar Estadual:** não julga civis, somente PMs (incluindo Bombeiros militares);
- **art. 125, § 4º, CF** (cabe processar e julgar os militares dos Estados, nos crimes militares definidos em lei e as ações judiciais contra atos disciplinares militares, ressalvada a competência do júri quando a vítima for civil);
- **art. 125, § 5º, CF** (compete aos juízes de direito do juízo militar processar e julgar, singularmente, os crimes militares cometidos contra civis e as ações judiciais contra atos disciplinares militares, cabendo ao Conselho de Justiça, sob a presidência de juiz de direito, processar e julgar os demais crimes militares);
- **Casuística jurisprudencial:**
- Súmula 6, STJ: compete à justiça comum estadual processar e julgar delito decorrente de acidente de trânsito envolvendo viatura de polícia militar, salvo se autor e vítima forem policiais militares em situação de atividade;
- Súmula 75, STJ: compete à Justiça Comum Estadual julgar policial militar por crime de promover ou facilitar a fuga de preso de estabelecimento penal;
- Súmula 78, STJ: compete à Justiça Militar Estadual julgar policial de corporação estadual, ainda que o delito tenha sido praticado em outra unidade da federação;
- Súmula 172, STJ: militar por crime de abuso de autoridade, ainda que pratica em serviço é de competência da Justiça Comum Estadual;

- **Justiça Eleitoral**: crimes eleitorais + HC e MS se houver pertinência temática.
- **crimes eleitorais** são aqueles previstos no Código Eleitoral ou que a lei defina como eleitorais;
- em caso de conexão entre crime eleitoral e crime comum de competência da Justiça Estadual, prevalece a competência da Justiça Eleitoral;
- se houver conexão entre crime eleitoral e crime doloso contra a vida, prevalece o entendimento de que haverá separação: o crime eleitoral será julgado pela Justiça Eleitoral; o crime doloso contra a vida, pelo Tribunal do Júri, instituído na Justiça Comum Estadual. A razão: assim como a competência da Justiça Eleitora está prevista na CF, a do Tribunal do Júri também está;
- havendo conexão entre crime eleitoral e crime de competência da Justiça Comum Federal, também haverá a separação, pelos mesmos motivos do item anterior;
- idem quanto à conexão entre crime eleitoral e crime militar.

- **Justiça do Trabalho**: a Justiça do Trabalho não tem competência para o julgamento de crimes. É verdade que houve casos de julgamento de infrações penais em tal Justiça, em razão da redação dada pela EC 45/2004 ao art. 114, I, IV e IX, da CF. Porém, decidiu o STF não ser cabível tal julgamento: "COMPETÊNCIA CRIMINAL. Justiça do Trabalho. Ações penais. Processo e julgamento. Jurisdição penal genérica. Inexistência. Interpretação conforme dada ao art. 114, incs. I, IV e IX, da CF, acrescidos pela EC nº 45/2004. Ação direta de inconstitucionalidade. Liminar deferida com efeito ex tunc. O disposto no art. 114, incs. I, IV e IX, da Constituição da República, acrescidos pela Emenda Constitucional nº 45, não atribui à Justiça do Trabalho competência para processar e julgar ações penais" (ADI 3.684 MC-DF, Rel. Min. Cezar Peluso, j. 01.02.2007). Porém, isso não quer dizer que não tenha a Justiça do Trabalho competência criminal alguma. Tem: o art. 114, IV, da CF dá-lhe competência para julgar os mandados de segurança, habeas corpus e habeas data, quando o ato questionado envolver matéria sujeita à sua jurisdição.

- **Competência territorial:** relativa. Deve ser verificada depois que se estabelecer a competência de Justiça.

- Regras previstas na legislação infraconstitucional.
- **Teoria do resultado**: art. 70, CPP (lugar em que se consumar a infração, ou, no caso de tentativa, pelo lugar em que for praticado o último ato de execução);

- Exceção: art. 63, Lei 9.099/1995 (teoria da ação: local em que foi praticada a infração penal);

- A jurisprudência vem mitigando o rigor do art. 70.
- Outras regras:

- se, iniciada a execução no território nacional, a infração se consumar fora dele, a competência será determinada pelo lugar em que tiver sido praticado, no Brasil, o último ato de execução;
- quando o último ato de execução for praticado fora do território nacional, será competente o juiz do lugar em que o crime, embora parcialmente, tenha produzido ou devia produzir seu resultado;
- quando incerto o limite territorial entre duas ou mais jurisdições, ou quando incerta a jurisdição por ter sido a infração consumada ou tentada nas divisas de duas ou mais jurisdições, a competência firmar-se-á pela **prevenção**;
- tratando-se de infração continuada ou permanente, praticada em território de duas ou mais jurisdições, a competência firmar-se-á pela **prevenção**;
- não sendo conhecido o lugar da infração, a competência regular-se-á pelo **domicílio ou residência do réu**;
- se o réu tiver mais de uma residência, a competência firmar-se-á pela **prevenção**;
- se o réu não tiver residência certa ou for ignorado o seu paradeiro, será competente o juiz que primeiro tomar conhecimento do fato;
- **atenção**: nos casos de **ação exclusivamente privada**, o querelante poderá preferir o foro de domicílio ou da residência do réu, ainda quando conhecido o lugar da infração;
- regras especiais dos arts. 88 a 90, CPP, para **crimes ocorridos a bordo de aeronaves ou embarcações no território nacional**:
- **viagem interna** no território brasileiro: compete o julgamento ao lugar em que primeiro a aeronave pousar ou a embarcação atracar após a infração penal;
- **internacional**: compete ao local da chegada da aeronave ou da embarcação, se veio do estrangeiro para o Brasil e o crime ocorreu em nosso território; ou compete ao lugar da última saída, no caso em que se dirige ao exterior.
- **Casuística jurisprudencial:**
- **Homicídio**: a jurisprudência entende ser competência do lugar da conduta;
- **Crime de estelionato mediante cheque sem fundos**: local da recusa do pagamento pelo sacado (Súmula 521, STF – Súmula 244, STJ);
- **Estelionato mediante falsificação de cheque**: local da obtenção da vantagem ilícita (Súmula 48, STJ);
- **Apropriação indébita**: lugar da alienação da coisa como própria, não o do seu recebimento;
- **Falso testemunho por precatória**: juízo deprecado. E por videoconferência? Entendemos que a

competência será do juízo que está efetivamente tomando o depoimento, não do lugar onde está o depoente;

- **Contrabando ou descaminho**: prevenção do Juízo Federal do lugar da apreensão dos bens (Súmula 151, STJ);
- **Uso de passaporte falso**: lugar em que o crime se consumou, sendo competência da Justiça Federal (Súmula 200, STJ).
- **Competência em razão da prerrogativa de foro**: absoluta.

– Matéria regulada na CF, não no CPP.

– Tais competências prevalecem sobre a do Tribunal do Júri.

– No caso de concurso de agentes com prerrogativas de foro diversas, prevalece a do Tribunal com "jurisdição mais ampla". Ex.: concurso entre Desembargador e Promotor de Justiça = competência do Superior Tribunal de Justiça para julgar os dois.

– No caso de concurso de pessoas por crime contra a vida, uma com foro por prerrogativa previsto na CF e outra sem prerrogativa, deve haver a separação de processos, sendo esta última julgada sozinha pelo Tribunal do Júri.

– Em caso de concurso entre Juiz Federal e Juiz de Direito, prevalece a competência do Tribunal Regional Federal.

– Em caso de exceção da verdade em que pessoa com foro de prerrogativa de função é a vítima (ofendido) em crime contra a honra, a *exceptio* deve se processar perante o Tribunal que a julgaria em caso de cometimento de um crime.

FORO POR PRERROGATIVA DE FUNÇÃO – COMPETÊNCIAS POR CRIMES COMUNS	
STF	Membros do "primeiro escalão" dos três Poderes (Presidente da República, Vice-Presidente da República, Ministros, Senadores, Deputados Federais, Ministros do Supremo Tribunal Federal) Alto comando das Forças Armadas Membros do Tribunal de Contas da União Chefes de missão diplomática permanente Membros do Superior Tribunal de Justiça Procurador-Geral da República o Chefe da Secretaria de Governo da Presidência da República, o Advogado-Geral da União, o Chefe da Casa Civil da Presidência da República, o Presidente do Banco Central do Brasil, o Chefe do Gabinete de Segurança Institucional da Presidência da República

FORO POR PRERROGATIVA DE FUNÇÃO – COMPETÊNCIAS POR CRIMES COMUNS	
STF	Cuidado para alterações que podem ser feitas a qualquer momento na Lei 10.683/2993. As mais recentes datam de, 2016.
STJ	Governadores dos Estados e do Distrito Federal Membros dos Tribunais Regionais Federais, dos Tribunais de Justiça, dos Tribunais Regionais do Trabalho, dos Tribunais Regionais Eleitorais, dos Tribunais de Contas dos Estados e do Distrito Federal Procuradores Regionais da República e do Trabalho Procuradores de Justiça do Distrito Federal que atuem perante Tribunal Membros dos Tribunais de Contas dos municípios
TRFs	Juízes federais, do trabalho e da Justiça Militar Membros do Ministério Público da União (inclusive do Distrito Federal); Deputados Estaduais, por crime federal Prefeitos municipais, por crime federal
TJs	Juízes de Direito estaduais e do Distrito Federal Membros dos Ministérios Públicos estaduais Deputados Estaduais Prefeitos municipais
TREs	Todos aqueles julgados pelos Tribunais Regionais Federais e Tribunais de Justiça, desde que o crime seja eleitoral

- **Prorrogação da competência.**

– A competência absoluta não pode ser prorrogada e a incompetência, nesse caso, pode ser declarada de ofício pelo juiz.

– A competência relativa é sanável e pode ser prorrogada, portanto, modificada.

– Prorrogação é atribuir competência a órgão judiciário que normalmente não a teria.

– Há alguns casos de prorrogação de competência no ordenamento jurídico brasileiro:

- conexão e continência;
- desaforamento;
- federalização dos crimes em que ocorre grave violação a direitos humanos;
- no caso dos crimes de menor potencial ofensivo:
- necessidade de citação por edital;
- complexidade da causa.

- e, segundo doutrina majoritária, a não oposição de exceção de incompetência, no caso de competência territorial.

– **Conexão**: pluralidade de delitos, cometido por uma pluralidade de agentes ou por apenas um.

- Art. 76, I, CPP: **conexão intersubjetiva** – pluralidade de agentes e de infrações penais. Se subdivide em:
- **conexão intersubjetiva por simultaneidade**: diversas infrações, cometidas ao mesmo tempo (mesmas circunstâncias de tempo e lugar) por várias pessoas reunidas (ex.: torcedores de futebol que depredam os arredores de um estádio);
- **conexão intersubjetiva por concurso**: diversas infrações, cometidas por diversas pessoas, em concurso (i.e., previamente acordadas), mas em circunstâncias de tempo e lugar diversos (ex.: pessoas que praticam vários furtos a caixas eletrônicos em locais e dias diversos);
- **conexão intersubjetiva por reciprocidade**: diversas infrações, cometidas por diversas pessoas, umas contra as outras (ex.: colisão entre dois veículos, com vítimas aos dois condutores, que agiram ambos com culpa). **Atenção**: a rixa não entra nessa classificação, pois, nela, as condutas configuram um só crime.
- Art. 76, II, CPP: **conexão objetiva ou teleológica ou finalista**: duas ou mais infrações cometidas para facilitar ou ocultar as outras, ou para conseguir impunidade ou vantagem em relação a qualquer delas (ex.: crime de ocultação de cadáver em relação ao homicídio; homicídio de uma testemunha de outro crime; lavagem de dinheiro em relação à corrupção passiva).
- Art. 76, III, CPP: **conexão instrumental ou probatória**: a prova de uma infração ou de qualquer de suas elementares influir na prova de outra infração (ex.: receptação e furto do objeto receptado).

– **Continência**: pluralidade de agentes e infração única ou unidade de agentes e concurso formal de delitos.

- Art. 77, I, CPP: **continência por cumulação subjetiva**: concurso de agentes.
- Art. 77, II, CPP: **continência por cumulação objetiva**: concurso formal de delitos (art. 70, CP), erro na execução ou aberratio ictus (art. 73, CP) e resultado diverso do pretendido ou aberratio criminis (art. 74, CP) – são todos casos de concurso formal.

– **Efeito da conexão e da continência**: reunião dos processos.

EXCEÇÕES À REUNIÃO DE PROCESSOS NA CONEXÃO OU CONTINÊNCIA	
Separação obrigatória de processos	**Separação facultativa**
concurso entre jurisdição comum e militar (Súmula 90, STJ: "Compete à Justiça Estadual Militar processar e julgar o policial militar pela prática do crime militar, e à comum pela prática do crime comum simultâneo àquele"	infrações praticadas em circunstâncias de tempo ou de lugar diferentes
concurso entre a jurisdição comum e à da Vara da Infância e Juventude	excessivo número de acusados, a fim de não lhes prolongar a prisão preventiva
concurso entre crime militar e eleitoral	por outro motivo relevante, o juiz reputar conveniente a separação.
superveniência de doença mental em um dos corréus: processo deve ser desmembrado em relação a este, só voltando a ter andamento depois de recuperado o acusado	–
suspensão do processo, nos termos do art. 366, CPP: desmembramento em relação ao acusado citado por edital, que não compareceu em juízo nem constituiu defensor.	–

– **Foro prevalente em caso de conexão e continência**:

- no concurso entre a competência do júri e a de outro órgão da jurisdição comum, prevalecerá a competência do júri;
- no concurso de jurisdições da mesma categoria:
- preponderará a do lugar da infração, à qual for cominada a pena mais grave;
- prevalecerá a do lugar em que houver ocorrido o maior número de infrações, se as respectivas penas forem de igual gravidade;
- firmar-se-á a competência pela prevenção, nos outros casos.
- no concurso de jurisdições de diversas categorias, predominará a de maior graduação (aplicável aos casos de foro por prerrogativa de função). Até a Ação Penal 470, em razão da conexão ou continência, o STF julgava não apenas as pessoas com foro

por prerrogativa de função, mas também aqueles réus que deveriam ser julgados pela Justiça Comum. Nos casos mais recentes (v. os processos resultantes da chamada "Operação Lava-Jato"), o STF ter determinado a separação, julgando apenas os casos de foro por prerrogativa, deixando o restante para a Justiça Comum;

- no concurso entre a jurisdição comum e a especial, prevalecerá esta:
- no caso de crime militar, não haverá reunião de processos, pois a Justiça Militar não julga crime comum;
- conexão entre crime eleitoral e comum: reunião na Justiça Eleitoral.

– **Absolvição e Desclassificação**: art. 81, CPP.

- Verificada a reunião dos processos por conexão ou continência, ainda que no processo da sua competência própria venha o juiz ou tribunal a proferir sentença absolutória ou que desclassifique a infração para outra que não se inclua na sua competência, continuará competente em relação aos demais processos (art. 81, caput, CPP);
- Reconhecida inicialmente ao júri a competência por conexão ou continência, o juiz, se vier a desclassificar a infração ou impronunciar ou absolver o acusado, de maneira que exclua a competência do júri (ainda na primeira fase do procedimento), remeterá o processo ao juízo competente (art. 81, parágrafo único, CPP);
- se a absolvição do crime doloso contra a vida ocorrer, os jurados continuarão a julgar o crime conexo;
- se os jurados desclassificarem o crime doloso contra a vida para outro que não é da competência do Júri, o juiz-presidente julgará este e o crime conexo.

7. QUESTÕES PREJUDICIAIS, EXCEÇÕES E INCIDENTES

- **Questões prejudiciais**: o reconhecimento da infração penal depende da solução de questão a ser decidida em outro processo.
- A doutrina faz algumas classificações:

– quanto à natureza da questão a ser decidida:

- **prejudicial homogênea**: deve ser decidida também no campo penal;
- **prejudicial heterogênea**: deve ser decidida em outro ramo do direito. As hipóteses dos arts. 92 e 93 são dessa espécie.

– quanto à necessidade de suspensão do processo:

- **prejudicial obrigatória** (art. 92, *caput*, CPP): diz respeito ao estado civil das pessoas. **Consequência**: o curso da ação penal ficará suspenso até que no juízo cível seja a controvérsia dirimida por sentença passada em julgado, sem prejuízo, entretanto, da inquirição das testemunhas e de outras provas de natureza urgente;
- **prejudicial facultativa** (art. 93, CPP): questão diversa do estado civil, sendo discutida em processo cível. **Consequência**: o juiz pode, desde que essa questão seja de difícil solução e não verse sobre direito cuja prova a lei civil limite, suspender o curso do processo, após a inquirição das testemunhas e realização das outras provas de natureza urgente. O juiz marcará o prazo da suspensão, que poderá ser razoavelmente prorrogado, se a demora não for imputável à parte. Expirado o prazo, sem que o juiz cível tenha proferido decisão, o juiz criminal fará prosseguir o processo, retomando sua competência para resolver, de fato e de direito, toda a matéria da acusação ou da defesa. O art. 93, do CPP, não fixa prazo para a suspensão do processo. Pensamos ser razoável o uso, por analogia, do prazo fixado, para caso idêntico, no art. 315, § 2º, do novo CPC: um ano.
- da suspensão caberá recurso em sentido estrito; da denegação, não há recurso previsto;
- a suspensão pode ser determinada de ofício pelo juiz ou a pedido das partes.
- **Exceção de suspeição.**

– Hipóteses de suspeição previstas no art. 254 do CPP, aplicáveis ao juiz e também aos membros do Ministério Público, peritos e intérpretes, serventuários da justiça e jurados.

– Delegado de Polícia pode se dar por suspeito, pois a ele se aplicam as hipóteses acima. Porém, contra ele não se pode opor exceção.

– A suspeição pode ser declarada de ofício ou ser oposta pelas partes, por petição assinada pela parte ou por procurador com poderes especiais.

– Se reconhecer a suspeição, o juiz sustará a marcha do processo, mandará juntar aos autos a petição do recusante com os documentos que a instruam, e por despacho se declarará suspeito, ordenando a remessa dos autos ao substituto.

– Não aceitando a suspeição, o juiz mandará autuar em apartado a petição, dará sua resposta dentro em três dias, podendo instruí-la e oferecer testemunhas, e, em seguida, determinará sejam os autos da exceção remetidos, dentro em vinte e quatro horas, ao juiz ou tribunal a quem competir o julgamento.

– Consequência do reconhecimento pelo Tribunal: anulação dos atos do processo.

– É uma exceção meramente dilatória;

– Como a decisão é proferida pelo tribunal, é possível o manejo dos Recursos Especial e Extraordinário, mas não do Recurso em Sentido Estrito.

- **Exceção de impedimento ou incompatibilidade.**

– Hipóteses de impedimento: art. 252, CPP.

- **Atenção:** o inciso I do art. 252 do CPP afirma haver impedimento do juiz quando "tiver funcionado seu cônjuge ou parente, consanguíneo ou afim, em linha reta ou colateral até o terceiro grau, inclusive, como defensor ou advogado, órgão do MP, autoridade policial, auxiliar da Justiça ou perito". A nosso ver, deve também ser aplicado, por analogia, o art. 144, do novo CPC, que incorporou, em seu inciso VII, a *ratio* da Resolução 200/2015 do CNJ: impedimento no caso "em que figure como parte cliente do escritório de advocacia de seu cônjuge, companheiro ou parente, consanguíneo ou afim, em linha reta ou colateral, até o terceiro grau, inclusive, mesmo que patrocinado por advogado de outro escritório"

- Hipóteses de incompatibilidade: art. 253, CPP.
- O juiz, o órgão do Ministério Público, os serventuários ou funcionários de justiça e os peritos ou intérpretes abster-se-ão de servir no processo, quando houver incompatibilidade ou impedimento legal, que declararão nos autos.
- Se não se der a abstenção, a incompatibilidade ou impedimento poderá ser arguido pelas partes, seguindo-se o processo estabelecido para a exceção de suspeição (art. 112, CPP).
- Tem natureza meramente dilatória;
- Quanto ao recurso cabível, aplica-se o mesmo princípio da exceção de suspeição.

• **Exceção de incompetência**.

- Deve ser reconhecida de ofício.
- Pode ser oposta, no prazo para resposta à acusação ou defesa prévia, por escrito ou até oralmente (art. 108, CPP).
- Juiz deve autuar a exceção em apartado e ouvir o Ministério Público ou o acusado, em caso de ter o primeiro apresentado a exceção.
- Juiz decide: reconhecendo a incompetência, cabe recurso em sentido estrito; negada, não caberá recurso algum;
- Consequência em caso de reconhecimento da incompetência: remessa ao juízo competente. V. acima os efeitos da incompetência absoluta ou relativa.
- Não oposta exceção em caso de competência territorial (relativa) = preclusão.
- É exceção meramente dilatória.

• **Exceção de litispendência**.

- Ocorre quando há tramitação simultânea de duas ações penais versando sobre o mesmo fato, imputado ao mesmo acusado.
- É exceção peremptória, pois, se reconhecida, põe fim ao segundo processo, no qual deve ser alegada.
- Pode ser alegada de ofício ou pelas partes, a qualquer tempo, não suspendendo o andamento do processo.
- A decisão que a rejeita é irrecorrível. Se reconhecida, quando arguida por uma das partes, cabe recurso em sentido estrito; se reconhecida de ofício, o recurso cabível é a apelação.

• **Exceção de coisa julgada**.

- Fato que já foi decidido em relação a determinado acusado, com trânsito em julgado, não pode ser objeto de nova ação penal em face da mesma pessoa (*non bis in idem*).
- Cabível em caso de coisa julgada material (processo encerrado definitivamente com decisão sobre o mérito), mostrando-se que já houve decisão definitiva quanto ao mesmo fato e acusado em outro processo.
- Não é cabível em relação à coisa julgada formal (ex.: em outro processo, sobre o mesmo fato, houve rejeição da denúncia por falta de indícios suficientes. Havendo novos indícios, pode haver nova denúncia).
- É exceção peremptória, pois leva à extinção do processo. Acolhida por requerimento da parte, cabe recurso em sentido estrito; se de ofício, apelação. Não há recurso em caso de indeferimento.

• **Exceção de ilegitimidade de parte**.

- Pode ser arguida verbalmente ou por escrito, a qualquer tempo.
- Pode ser peremptória, se há ilegitimidade *ad causam* (ex.: Ministério Público oferece denúncia em caso de ação penal privada).
- Pode, também, ter natureza dilatória, pois no caso da ilegitimidade *ad processum* (vício em pressuposto de constituição e desenvolvimento do processo; ex.: representação do ofendido), há possibilidade de que o vício seja sanado.
- A ilegitimidade pode se dar nos polos passivo e ativo.
- Cabe recurso em sentido estrito da decisão que reconhece a ilegitimidade de parte, por exceção; se o reconhecimento se dá de ofício, não há previsão de recurso, embora haja entendimento do cabimento também de recurso em sentido estrito. Contra o indeferimento, não há recurso.

• **Conflito de jurisdição**: há jurisdicionalidade envolvida.

Competência para decidir conflito de jurisdição	
Supremo Tribunal Federal (art. 102, I, *o*, CF)	entre o Superior Tribunal de Justiça e quaisquer tribunais
	entre os Tribunais Superiores
	entre os Tribunais Superiores e qualquer outro tribunal
Superior Tribunal de Justiça (art. 105, I, *d*, CF)	entre quaisquer tribunais, ressalvados os casos acima
	entre tribunal e juízes não vinculados a ele (ex.: conflito entre Tribunal Regional Federal e juiz estadual)
	entre juízes vinculados a tribunais diversos (ex.: entre juízes de Estados diversos)

Tribunal Regional Federal (art. 108, I, *e*, CF)	entre juízes federais da mesma região
	entre juizado especial federal e juiz federal da mesma seção judiciária (STJ, Súmula 428)
Tribunais de Justiça	entre juízes de seus respectivos estados

- **Conflito de atribuições**: nesse caso, não há jurisdicionalidade envolvida.
- **Atenção, muito importante:** o STF entendia caber a ele o julgamento do conflito de atribuições entre membros do Ministério Público Federal e do Ministério Público do Estado: "(...)Com fundamento no art. 102, I, f, da Constituição da República, deve ser conhecido o presente conflito de atribuição entre os membros do Ministério Público Federal e do Estado do Rio de Janeiro diante da competência do Supremo Tribunal Federal para julgar conflito entre órgãos de Ministérios Públicos diversos. (...)" (ACO 1.136-RJ, Rel. Min. Ellen Gracie, j. 04.08.2011). Porém, tal entendimento mudou recentemente. De fato, no julgamento de questão de ordem na ACO 1.567-SP (Rel. Min. Dias Toffoli, j. 17.08.2016), decidiu o STF que tal hipótese de conflito deve ser resolvida internamente pelo Ministério Público, especificamente pelo Procurador-Geral da República. Nesse sentido, o **Informativo 835:** "Cabe ao Procurador-Geral da República a apreciação de conflitos de atribuição entre órgãos do ministério público. Com base nesse entendimento, o Plenário, por maioria, resolveu questão de ordem no sentido do não conhecimento da ação e remeteu os autos ao Procurador-Geral da República. No caso, instaurara-se conflito negativo de atribuições entre ministério público estadual e ministério público federal, para apuração de crime contra o mercado de capitais previsto no art. 27-E da Lei 6.385/1976. O Tribunal consignou que a competência para a apreciação de conflitos de atribuição entre membros do ministério público, por não se inserir nas competências originárias do STF (CF, art. 102, I), seria constitucionalmente atribuída ao Procurador-Geral da República, como órgão nacional do ministério público. Vencidos os Ministros Marco Aurélio e Celso de Mello, que conheciam da ação. Pontuavam que a competência seria do STF e que conclusão diversa culminaria por nulificar, de modo absoluto, a autonomia institucional dos ministérios públicos estaduais". Particularmente, discordamos do novo entendimento do STF, pois entendemos que o Procurador-Geral da República não exerce qualquer chefia sobre os Ministérios Públicos dos Estados. Por isso, **na tabela abaixo, mantivemos nosso entendimento.**

ÓRGÃO RESPONSÁVEL PELA DECISÃO DO CONFLITO DE ATRIBUIÇÕES ENTRE MEMBROS DO MINISTÉRIO PÚBLICO	
Procurador-Geral de Justiça	entre Promotores de Justiça do mesmo Estado
Procurador-Geral da República	entre membros do Ministério Público da União
Supremo Tribunal Federal (nosso posicionamento))	entre membros de Ministérios Públicos estaduais diversos
	entre membro de Ministério Público Estadual e do Ministério Público da União

- **Restituição de coisa apreendida.**
- Antes de transitar em julgado a sentença final, as coisas apreendidas durante busca, ou encontradas na cena do crime, não poderão ser restituídas enquanto interessarem ao processo (art. 118, CPP).
- Delegado de polícia: pode restituir, desde que o direito do requerente seja certo ou quando a coisa não tiver sido apreendida em poder de terceiro de boa-fé.
- Juiz: pode decidir sempre.
- O incidente é autuado em apartado e permite dilação probatória.
- Em caso de dúvida sobre quem seja o verdadeiro dono, o juiz remeterá as partes para o juízo cível, ordenando o depósito das coisas em mãos de depositário ou do próprio terceiro que as detinha, se for pessoa idônea.
- Cabe apelação da decisão do juiz.
- **Incidente de falsidade.**
- Para se fazer o desentranhamento de um documento dos autos, em razão de suspeita de sua falsidade, deve ser instaurado este incidente, autuando-se a impugnação ao documento em apartado.
- Pode ser instaurado de ofício.
- A arguição de falsidade, feita por procurador, exige poderes especiais.
- É previsto contraditório e dilação probatória.
- Qualquer que seja a decisão, não fará coisa julgada em prejuízo de ulterior processo penal ou civil.
- **Incidente de insanidade mental.**
- Instaurado, de ofício, em caso de dúvida sobre a integridade mental do acusado.
- Também pode ser instaurado a requerimento do Ministério Público, do defensor, do curador, do ascendente, descendente, irmão ou cônjuge do acusado
- Pode ser instaurado ainda na fase do inquérito policial, por representação do delegado.
- O juiz deve nomear curador ao acusado, ficando suspenso o processo, se já iniciada a ação penal, salvo quanto às diligências que possam ser prejudicadas pelo adiamento.

<table>
<tr><th>MOMENTO DA INIMPUTABILIDADE</th><th>CONSEQUÊNCIA PROCESSUAL</th></tr>
<tr><td>ao tempo da infração</td><td>prosseguimento do processo, com a presença do curador (que pode ser o próprio defensor)</td></tr>
<tr><td rowspan="3">doença mental sobreveio à infração penal</td><td>suspensão do processos, até o restabelecimento do acusado</td></tr>
<tr><td>realização de diligências urgentes</td></tr>
<tr><td>não há suspensão do prazo prescricional</td></tr>
</table>

8. CITAÇÃO, INTIMAÇÃO E CONTAGEM DE PRAZOS

- **CPP, arts. 351 a 372**
- **CPC, 252 a 254**
- **Citação.**

– O processo terá completada a sua formação quando realizada a citação do acusado.

– A citação do acusado deve ser, a princípio, pessoal. Se estiver preso, será necessariamente pessoal. Exceção: militar, que se dará por intermédio do chefe do respectivo serviço.

– Se o réu estiver fora do território de competência do juiz do processo, pode ser feita a citação por carta precatória.

– Somente se o acusado não for encontrado é que será citado por edital, com prazo de 15 dias.

– A citação com hora certa é prevista no art. 362 do CPP, que faz remissão, quanto ao procedimento, aos arts. 227 a 229 do CPC de 1973, já revogado (por isso, deve ser interpretado o dispositivo como se estivesse a, mencionar os arts. 252/254 do novo CPC). As regras do CPC são as seguintes regras: (a) quando, por duas vezes, o oficial de justiça houver procurado o citando em seu domicílio ou residência sem o encontrar, deverá, havendo suspeita de ocultação, intimar qualquer pessoa da família ou, em sua falta, qualquer vizinho de que, no dia útil imediato, voltará a fim de efetuar a citação, na hora que designar; (b) no dia e na hora designados, o oficial de justiça, independentemente de novo despacho, comparecerá ao domicílio ou à residência do citando a fim de realizar a diligência; (c) se o citando não estiver presente, o oficial de justiça procurará informar-se das razões da ausência, dando por feita a citação, ainda que o citando se tenha ocultado em outra comarca, seção ou subseção judiciárias; (d) a citação com hora certa será efetivada mesmo que a pessoa da família ou o vizinho que houver sido intimado esteja ausente, ou se, embora presente, a pessoa da família ou o vizinho se recusar a receber o mandado; (e) da certidão da ocorrência, o oficial de justiça deixará contrafé com qualquer pessoa da família ou vizinho, conforme o caso, declarando-lhe o nome; (f) feita a citação com hora certa, o escrivão ou chefe de secretaria enviará ao réu, executado ou interessado, no prazo de 10 dias, contado da data da juntada do mandado aos autos, carta, telegrama ou correspondência eletrônica, dando-lhe de tudo ciência.

- se feita a citação com hora certa e o acusado não comparecer, ser-lhe-á nomeado defensor dativo.

– O processo seguirá sem a presença do acusado que, citado ou intimado pessoalmente para qualquer ato, deixar de comparecer sem motivo justificado, ou, no caso de mudança de residência, não comunicar o novo endereço ao juízo.

– Estando o acusado no estrangeiro, em lugar sabido, será citado mediante carta rogatória, suspendendo-se o curso do prazo de prescrição até o seu cumprimento.

– Se o acusado, citado por edital, não comparecer, nem constituir advogado, ficarão suspensos o processo e o curso do prazo prescricional, podendo o juiz determinar a produção antecipada das provas consideradas urgentes e, se for o caso, decretar prisão preventiva, se cabível (art. 366, CPP).

- a decisão que determina a produção antecipada de provas com base no art. 366 do CPP deve ser concretamente fundamentada, não a justificando unicamente o mero decurso do tempo (STJ, Súmula 455).
- embora o art. 366 do CPP não estabeleça prazo máximo para a suspensão do processo e do prazo prescricional, a doutrina e a jurisprudência entendem que não poderá ser indefinido. O entendimento majoritário é o de que a suspensão do prescricional regula-se pelo máximo da pena cominada (Súmula 415, Superior Tribunal de Justiça).
- **Intimações.**

– A intimação do acusado deve ser, a princípio, pessoal, aplicando-se as regras referentes à citação.

– A intimação do Ministério Público, do Defensor Público e do defensor dativo será pessoal.

– A intimação do defensor constituído, do advogado do querelante e do assistente far-se-á por publicação no órgão incumbido da publicidade dos atos judiciais da comarca, incluindo, sob pena de nulidade, o nome do acusado.

- **Contagem de prazos.**

– No processo penal, contam-se os prazos da data da intimação, e não da juntada aos autos do mandado ou da carta precatória ou de ordem (STF, Súmula 710).

– Os prazos também correm: da audiência ou sessão em que for proferida a decisão, se a ela estiver presente a parte; e do dia em que a parte manifestar nos autos ciência inequívoca da sentença ou despacho.

- Todos os prazos correm em cartório e são contínuos e peremptórios, não se interrompendo por férias, domingo ou dia feriado.
- Não se computa no prazo o dia do começo, incluindo-se, porém, o do vencimento.
- O prazo que terminar em domingo ou dia feriado considerar-se-á prorrogado até o dia útil imediato.
- Quando a intimação tiver lugar na sexta-feira, ou a publicação com efeito de intimação for feita nesse dia, o prazo judicial terá início na segunda-feira imediata, salvo se não houve expediente, caso em que começará no primeiro dia útil que se seguir (STF, Súmula 310).
- A informatização do processo judicial é objeto da Lei 11.419/2006, que, no § 3º do art. 4º, dispõe que a data da publicação será o primeiro dia útil seguinte ao da disponibilização da informação no Diário da Justiça eletrônico. Assim, o prazo começará a ser contado somente no primeiro dia útil seguinte ao considerado como data da publicação (art. 798, § 1º, CPP).

9. PROVAS

- **Terminologia da prova**:
- **elemento de prova**: dado objetivo que confirma ou nega uma afirmação sobre determinado fato. Exs.: declaração da testemunha e o conteúdo de um documento;
- **resultado da prova**: conclusão a que se chega depois do exame dos elementos de prova constantes dos autos;
- **objeto de prova**: é a verdade ou a falsidade de uma afirmação sobre um fato;
- **fonte de prova**: pessoa ou coisa da qual se obtém o elemento de prova (exs.: a testemunha e o documento);
- **meio de prova (ou de produção de prova)**: instrumento ou atividade por meio do qual o elemento de prova é introduzido no processo (exs.: prova testemunhal e prova documental). É realizado pelo juiz do processo, sob o contraditório das partes;
- **meio de investigação de prova (ou de pesquisa de prova)**: procedimento que visa à busca de fontes de prova. Nem sempre é realizado pelo juiz, mas pelo órgão de investigação, fora do processo. Exs.: interceptação telefônica e busca;
- **indício**: possui mais de um significado. Segundo o CPP: é a circunstância conhecida e provada, que, tendo relação com o fato, autorize, por indução, concluir-se a existência de outra ou outras circunstâncias (prova indireta);
- no sentido de prova indireta, indícios são elementos de prova (o CPP os trata como "meio de prova") e, como qualquer outro elemento de prova, deve ser valorado em conjunto com dos demais elementos colhidos no processo. Assim, posto haja quem entenda ser impossível a condenação por indícios, entendemos ser, sim, possível, desde que o conjunto de indícios permitam a certeza necessária para o decreto condenatório;
- quando a lei exige a presença de *indícios suficientes* para o juiz proferir algumas decisões (exs.: pronúncia e decretação da prisão preventiva), está se referindo ao indício como "prova semiplena". Nesses casos, a palavra indício não tem o sentido técnico visto acima, mas apenas quer dizer que há uma probabilidade razoável, por exemplo, de que determinada pessoa tenha sido autora do delito;
- **prova nominada**: meio previsto em lei;
- **prova inominada**: meio não previsto em lei;
- **prova típica**: são os meios previstos e regulados pela lei;
- **prova atípica**: meio não previsto (prova inominada) ou previsto, mas não regulado pela lei;
- **prova anômala**: utilização de meio de prova diversos daquele previsto para a obtenção da prova. Ex.: se se pretende obter a declaração de uma testemunha, deve-se usar o meio "prova testemunhal"; utilizando-se o meio "prova documental", com a juntada de documento escrito, contendo declaração da testemunha, tem-se a prova anômala;
- **prova irritual**: não é seguido o rito previsto na lei para a prova que se quer produzir;
- **provas cautelares**: nelas, há um risco de desaparecimento da fonte da prova, devendo ser realizada fora do contraditório, que será, portanto, diferido (ex.: interceptação telefônica);
- **provas irrepetíveis**: nelas, uma vez produzida, não há possibilidade de sua repetição, pelo desaparecimento ou modificação da fonte de prova. Ex.: exame pericial no cadáver (laudo de exame necroscópico);
- **provas antecipadas**: são produzidas sob contraditório e judicialmente, mas fora do momento previsto no rito processual ou mesmo antes de iniciado o processo, em razão da urgência (ex.: oitiva de testemunha acometida de doença grave e potencialmente fatal, ainda durante a fase de investigação);
- **prova emprestada**: de acordo com a maioria da doutrina, trata-se da utilização em um determinado processo, de prova produzida em outro, neste último caso, sob contraditório e tendo as mesmas partes. Doutrina minoritária entende que em ambos os processos deve atuar o mesmo juiz. Ademais, entende-se não ser possível o empréstimo de elemento informativo produzido em inquérito policial, salvo o caso das provas cautelares e irrepetíveis, em que o contraditório é diferido.
- **Provas ilícitas**: há vedação constitucional à utilização de provas ilícitas no processo penal (art. 5º, LVI, CF: "são inadmissíveis, no processo, as provas

obtidas por meios ilícitos"). O CPP traz igualmente tal proibição (art. 157, *caput*: "São inadmissíveis, devendo ser desentranhadas do processo, as provas ilícitas, assim entendidas as obtidas em violação a normas constitucionais ou legais").

- portanto, para o CPP são ilícitas: as provas obtidas em violação a normas constitucionais ou legais;
- na doutrina, há distinção entre provas ilícitas e ilegítimas, proposta por Ada Pellegrini Grinover, baseando-se em entendimento da doutrina italiana. Assim, segundo tal importante jurista, a prova ilegal seria de dois tipos: prova ilegítima (que viola normas processuais para sua produção) e prova ilícita (que viola norma de direito material ou garantias constitucionais). Como visto, não foi feita tal distinção no art. 157, CPP;
- as teorias "dos frutos da árvore envenenada" e "da descoberta inevitável" – criações da jurisprudência da Suprema Corte norte-americana – foram claramente adotadas na reforma sofrida pelo CPP em 2008, bastando verificar a redação dada ao § 1º do art. 157. Enquanto o *caput* proíbe a valoração das provas ilícitas – consideradas inadmissíveis, devendo ser desentranhadas dos autos – o referido parágrafo afirma: "São também inadmissíveis as provas derivadas das ilícitas" (frutos da árvore envenenada"), "salvo quando não evidenciado o nexo de causalidade entre umas e outras, ou quando as derivadas puderem ser obtidas por uma fonte independente das primeiras". O que se deve entender por "fonte independente"? Diz o § 2º: "aquela que por si só, seguindo os trâmites típicos e de praxe, próprios da investigação ou instrução criminal, seria capaz de conduzir ao fato objeto da prova". A doutrina vem criticando tal definição, por entender ter feito o legislador uma pequena confusão entre "fonte independente" – outra das criações da Suprema Corte norte-americana – e "descoberta inevitável". De fato, a definição contida no § 2º do art. 157 do CPP brasileiro descreve a situação de "descoberta inevitável". Então, o que seria a fonte independente? No caso da fonte independente, a prova tem duas origens, sendo uma delas ilícita. Assim, pode-se perfeitamente suprimir a fonte ilegal, que ainda assim subsistirá a fonte lícita.

- **Sistemas de avaliação da prova**:

- **sistema da íntima convicção** (ou da certeza moral do juiz): o julgador é livre para apreciar as provas, não sendo sequer obrigado a dar as razões de seu convencimento, não estando sujeito a qualquer restrição legal. Não é adotado como regra no Brasil, já que a CF exige que todas as decisões do Poder Judiciário sejam fundamentadas (art. 93, IX). Como exceção, porém, pode-se dizer que tal sistema foi adotado no Tribunal do Júri, pois os jurados não podem fundamentar seu veredicto, podendo julgar de acordo com sua convicção, ainda que contra a prova dos autos (embora, é certo, isso possa levar a pelo menos uma anulação do julgamento, com realização de outro);
- **sistema das provas legais** (ou da prova tarifada ou da certeza moral do legislador): os meios de prova têm seu valor fixado previamente pelo legislador. Vêm daí algumas afirmações, hoje sem muito sentido, como *testis unus, testis nullus*, às vezes repetida nos debates perante o Tribunal do Júri. Hoje, não há sentido algum em se considerar não provada a afirmação sobre um fato, porque foi atestado por apenas uma testemunha. Há um resquício bem evidente desse sistema em nosso CPP, no parágrafo único do art. 155: "somente quanto ao estado das pessoas serão observadas as restrições [probatórias, esclarecemos] estabelecidas na lei civil". Há quem aponte outro resquício na regra do art. 158, que afirma ser indispensável o exame de corpo de delito quando a infração deixar vestígio.
- **Sistema da persuasão racional** (ou do livre convencimento motivado): o juiz tem liberdade para valorar a prova produzida segundo os ditames constitucionais e legais, devendo motivar sua decisão, revelando como os elementos coligidos o levaram à conclusão exposta. É o sistema adotado como regra em nosso CPP;

- o **art. 155 do CPP** diz que o juiz formará sua convicção pela livre apreciação da prova, mas desde que produzida em contraditório judicial, além do que está limitado na fundamentação de sua decisão, eis que não poderá fundamentá-la exclusivamente nos elementos informativos colhidos na fase investigatória, ressalvadas as provas cautelares, não repetíveis e antecipadas.
- No quadro a seguir, os pontos principais cobrados nos concursos comentados.

Aspectos importantes
Provas periciais
• quando a infração deixar vestígios, será indispensável o exame de corpo de delito, direto ou indireto • não sendo possível o exame de corpo de delito, por haverem desaparecido os vestígios, a prova testemunhal poderá suprir-lhe a falta • a confissão do acusado não pode suprir a falta do exame de corpo de delito, direto ou indireto • as perícias serão realizadas por perito oficial, portador de diploma de curso superior, não havendo mais a exigência de dois peritos • na falta de perito oficial, o exame será realizado por duas pessoas idôneas, portadoras de diploma de curso superior preferencialmente na área específica, dentre as que tiverem habilitação técnica relacionada com a natureza do exame • o juiz não fica adstrito ao laudo, já que pode aceitá-lo ou rejeitá-lo, no todo ou em parte

Prova testemunhal

- a testemunha não pode eximir-se da obrigação de depor
- poderão recusar-se a depor: o ascendente ou descendente, o afim em linha reta, o cônjuge, ainda que desquitado, o irmão e o pai, a mãe, ou o filho adotivo do acusado
- tais pessoas serão ouvidas, sem o compromisso de dizer a verdade, quando não for possível, por outro modo, obter-se ou integrar-se a prova do fato e de suas circunstâncias
- são proibidas de depor as pessoas que, em razão de função, ministério, ofício ou profissão, devam guardar segredo, salvo se, desobrigadas pela parte interessada, quiserem dar o seu testemunho
- também não se deferirá o compromisso dizer a verdade aos doentes e deficientes mentais e aos menores de 14 anos
- em regra, nos procedimentos comuns, as perguntas serão formuladas pelas partes diretamente à testemunha. Apenas sobre os pontos não esclarecidos, o juiz poderá complementar a inquirição;
- se o juiz verificar que a presença do réu poderá causar humilhação, temor, ou sério constrangimento à testemunha ou ao ofendido, de modo que prejudique a verdade do depoimento, fará a inquirição por videoconferência e, somente na impossibilidade dessa forma, determinará a retirada do réu, prosseguindo na inquirição, com a presença do seu defensor;

Prova testemunhal

- testemunhas numerárias: são as arroladas pelas partes e que prestam compromisso legal;
- testemunhas extranumerárias: são as arroladas pelas partes e que não prestam compromisso legal ou que nada sabem de interesse do feito; são também as ouvidas por iniciativa do juiz;
- testemunhas fedatárias (ou impróprias ou instrumentárias): prestam depoimento sobre a regularidade de um ato processual, como se dá no caso de lavratura de flagrante em que não há testemunha da infração penal, mas apenas da prisão em si;
- a lei prevê o número máximo de testemunhas (numerárias) que podem ser arroladas, conforme o procedimento. P. ex.: no rito comum ordinário, o número máximo é de 8 testemunhas para a acusação e 8 para cada acusado. Entende-se que o número máximo é por fato imputado no processo.

Interrogatório do imputado

- deve ser feito pessoalmente pelo juiz
- excepcionalmente, o juiz, por decisão fundamentada, de ofício ou a requerimento das partes, poderá realizar o interrogatório do réu preso por sistema de videoconferência ou outro recurso tecnológico de transmissão de sons e imagens em tempo real, desde que a medida seja necessária para atender a uma das seguintes finalidades:

a) prevenir risco à segurança pública, quando exista fundada suspeita de que o preso integre organização criminosa ou de que, por outra razão, possa fugir durante o deslocamento;

b) viabilizar a participação do réu no referido ato processual, quando haja relevante dificuldade para seu comparecimento em juízo, por enfermidade ou outra circunstância pessoal;

c) impedir a influência do réu no ânimo de testemunha ou da vítima, desde que não seja possível colher o depoimento destas por videoconferência;

d) responder à gravíssima questão de ordem pública antes do interrogatório por videoconferência, o preso poderá acompanhar, pelo mesmo sistema tecnológico, a realização de todos os atos da audiência única de instrução e julgamento;

- o silêncio do imputado não importará em confissão e não poderá ser interpretado em prejuízo de sua defesa (princípio *nemo tenere se detegere*), não devendo ser aplicado o disposto no art. 198, CPP
- a confissão não prova automaticamente o envolvimento do imputado no fato: seu valor se aferirá pelos critérios adotados para os outros elementos de prova, e para a sua apreciação o juiz deverá confrontá-la com as demais provas do processo, verificando se entre ela e estas existe compatibilidade ou concordância;
- a confissão é divisível e retratável.

Busca e apreensão domiciliar

- a busca e apreensão domiciliar é usada para colher qualquer elemento de convicção, e também para:

a) prender criminosos;

b) apreender coisas achadas ou obtidas por meios criminosos;

c) apreender instrumentos de falsificação ou de contrafação e objetos falsificados ou contrafeitos;

d) apreender armas e munições, instrumentos utilizados na prática de crime ou destinados a fim delituoso;

e) descobrir objetos necessários à prova de infração ou à defesa do réu;

f) apreender cartas, abertas ou não, destinadas ao acusado ou em seu poder, quando haja suspeita de que o conhecimento do seu conteúdo possa ser útil à elucidação do fato;

g) apreender pessoas vítimas de crimes

- **regra constitucional** (art. 5º, XI): ninguém pode ingressar em casa alheia sem o consentimento do morador, salvo em caso de flagrante delito ou desastre, ou para prestar socorro, ou, durante o dia, por determinação judicial.

Ou seja, cumprimento de mandado de busca e apreensão, somente durante o dia; realização de apreensões à noite, somente com o consentimento do morador ou em caso de flagrante delito;

- **flagrante em crime permanente: atenção ao decidido pelo STF:** "(...) A Constituição dispensa o mandado judicial para ingresso forçado em residência em caso de flagrante delito. No crime permanente, a situação de flagrância se protrai no tempo. (...) Período noturno. A cláusula que limita o ingresso ao período do dia é aplicável apenas aos casos em que a busca é determinada por ordem judicial. Nos demais casos – flagrante delito, desastre ou para prestar socorro – a Constituição não faz exigência quanto ao período do dia. (...) Controle judicial a posteriori. Necessidade de preservação da inviolabilidade domiciliar. Interpretação da Constituição. Proteção contra ingerências arbitrárias no domicílio. Muito embora o flagrante delito legitime o ingresso forçado em casa sem determinação judicial, a medida deve ser controlada judicialmente. A inexistência de controle judicial, ainda que posterior à execução da medida, esvaziaria o núcleo fundamental da garantia contra a inviolabilidade da casa (art. 5º, XI, da CF) e deixaria de proteger contra ingerências arbitrárias no domicílio (Pacto de São José da Costa Rica, artigo 11, 2, e Pacto Internacional sobre Direitos Civis e Políticos, artigo 17, 1). O controle judicial a posteriori decorre tanto da interpretação da Constituição, quanto da aplicação da proteção consagrada em tratados internacionais sobre direitos humanos incorporados ao ordenamento jurídico. Normas internacionais de caráter judicial que se incorporam à cláusula do devido processo legal. (...) Justa causa. **A entrada forçada em domicílio, sem uma justificativa prévia conforme o direito, é arbitrária. Não será a constatação de situação de flagrância, posterior ao ingresso, que justificará a medida. Os agentes estatais devem demonstrar que havia elementos mínimos a caracterizar fundadas razões (justa causa) para a medida.** (...) Fixada a interpretação de que **a entrada forçada em domicílio sem mandado judicial só é lícita, mesmo em período noturno, quando amparada em fundadas razões, devidamente justificadas a posteriori, que indiquem que dentro da casa ocorre situação de flagrante delito, sob pena de responsabilidade disciplinar, civil e penal do agente ou da autoridade e de nulidade dos atos praticados.** (...)" (RE 603.616-RO, Rel. Min. Gilmar Mendes, j. 05.11.2015, grifos nossos).

Exame de alcoolemia (embriaguez ao volante)

- houve questionamentos quanto à confiabilidade do exame; quando à falta de possibilidade de con tra prova; e, finalmente, quanto à constitucionalidade de sua previsão, eis que ninguém pode ser obrigado a produzir prova contra si mesmo, razão pela qual também não poderia ser obrigado, ainda que na condução de veículo automotor, a se submeter ao exame pericial;
- o problema relacionava-se ao crime previsto no art. 306 do Código de Trânsito Brasileiro, que trazia um tipo penal com elementar de natureza objetiva, qual seja, a direção de veículo automotor tendo o motorista concentração superior a 6 decigramas de álcool etílico por litro de sangue. Para a comprovação dessa elementar, era necessária a realização de perícia. A lei mudou e hoje admite outros meios de provar a embriaguez, como a prova testemunhal, sendo o exame de alcoolemia apenas uma – não mais a única – possibilidade;
- o Superior Tribunal de Justiça entendeu não caber *habeas corpus* preventivo para discutir o tema, pois não se pode considerar como fundado receio o simples temor de, porventura, ter de se submeter ao exame ao trafegar pelas ruas em veículo automotor, sem a existência de procedimento investigatório (RHC 27.590-SP, Rel. Min. Maria Thereza de Assis Moura, j. 18.05.2010);
- além disso, o Superior Tribunal de Justiça entendeu que ninguém é obrigado a se submeter a tal perícia, em razão do princípio *nemo tenetur se detegere*, mas, ao mesmo tempo afirmou que os exames de alcoolemia (análise do sangue e o etilômetro) podem ser realizados e são perfeitamente legais, desde que a ele se submeta voluntariamente o motorista. Nesse sentido, o importante julgado em sede de Recurso Especial: RE 1.111.566-DF, Rel. Min. Marco Aurélio Bellizze, j. 28.03.2012.

. Atenção para as importantes novidades trazidas pela Lei 13.431/2017, que regula os depoimentos de crianças e adolescentes, vítimas ou testemunhas de violência. As principais regras são as seguintes:

- cria a noção de **escuta especializada**: é o procedimento de entrevista sobre situação de violência com criança ou adolescente perante órgão da rede de proteção, limitado o relato estritamente ao necessário para o cumprimento de sua finalidade;
- também cria a noção de **depoimento especial**: é o procedimento de oitiva de criança ou adolescente vítima ou testemunha de violência perante autoridade policial ou judiciária;
- principais aspectos:
  - a criança ou o adolescente será resguardado de qualquer contato, ainda que visual, com o suposto autor ou acusado, ou com outra pessoa que represente ameaça, coação ou constrangimento;
  - a escuta especializada e o depoimento especial serão realizados em local apropriado e acolhedor, com infraestrutura e espaço físico que garantam a privacidade da criança ou do adolescente vítima ou

testemunha de violência;

- o depoimento especial reger-se-á por protocolos e, sempre que possível, **será realizado uma única vez**, em sede de **produção antecipada de prova judicial**, garantida a ampla defesa do investigado;
- o depoimento especial seguirá o rito cautelar de antecipação de prova:
  - quando a criança ou o adolescente tiver menos de 7 anos;
  - em caso de violência sexual.
- não será admitida a tomada de novo depoimento especial, salvo quando justificada a sua imprescindibilidade pela autoridade competente e houver a concordância da vítima ou da testemunha, ou de seu representante legal;
- o depoimento especial será colhido conforme o seguinte procedimento:
  - os profissionais especializados esclarecerão a criança ou o adolescente sobre a tomada do depoimento especial, informando-lhe os seus direitos e os procedimentos a serem adotados e planejando sua participação, sendo vedada a leitura da denúncia ou de outras peças processuais;
  - é assegurada à criança ou ao adolescente a livre narrativa sobre a situação de violência, podendo o profissional especializado intervir quando necessário, utilizando técnicas que permitam a elucidação dos fatos;
  - no curso do processo judicial, o depoimento especial será transmitido em tempo real para a sala de audiência, preservado o sigilo;
  - findo o procedimento previsto no inciso II deste artigo, o juiz, após consultar o Ministério Público, o defensor e os assistentes técnicos, avaliará a pertinência de perguntas complementares, organizadas em bloco;
  - o profissional especializado poderá adaptar as perguntas à linguagem de melhor compreensão da criança ou do adolescente;
  - o depoimento especial será gravado em áudio e vídeo.
- à vítima ou testemunha de violência é garantido o direito de prestar depoimento diretamente ao juiz, se assim o entender;
- o juiz tomará todas as medidas apropriadas para a preservação da intimidade e da privacidade da vítima ou testemunha;
- o profissional especializado comunicará ao juiz se verificar que a presença, na sala de audiência, do autor da violência pode prejudicar o depoimento especial ou colocar o depoente em situação de risco, caso em que, fazendo constar em termo, será autorizado o afastamento do imputado;
- nas hipóteses em que houver risco à vida ou à integridade física da vítima ou testemunha, o juiz tomará as medidas de proteção cabíveis, permitidas pela própria lei, vistas acima;
- o depoimento especial tramitará em segredo de justiça.

· Finalmente, segundo pensamos, nossa legislação adequou-se às mais modernas legislações internacionais, como a aplicada na Inglaterra e País de Gales, com procedimento semelhante.

· Sobre interceptações telefônicas, v. tópico sobre procedimentos abaixo.

10. SENTENÇA

- *Emendatio libelli*: o juiz pode dar definição jurídica diversa ao fato, conforme autorização do art. 383 do CPP, desde que não modifique a descrição contida na inicial acusatória (denúncia ou queixa), ainda que, em consequência, tenha de aplicar pena mais grave.
  - assim, o juiz pode dar outra definição jurídica para o fato (e o réu defendeu-se de tal fato, não da classificação jurídica até então existente), não havendo previsão de manifestação da Defesa ou do Ministério Público e tampouco de produção de novas provas;
  - o que o juiz não pode fazer é dar definição jurídica diversa da contida na acusação, se a descrição do fato feita pelo juiz for além dos limites da denúncia ou queixa. Nesses casos, o Ministério Público deverá aditar a denúncia (art. 384, CPP – *mutatio libelli*). Do contrário, o juiz não poderá condenar o acusado por fato do qual não se defendeu. Deve haver correlação entre a acusação e a sentença.
  - existe posicionamento no sentido de que, antes de proferir a decisão, se verificar que será possível dar outra classificação jurídica para o fato já descrito na inicial, deve o juiz ouvir pelo menos o acusado. Tal posicionamento, a nosso ver, ganha mais peso com o novo **CPC**, cujo art. 9º estatui: "Não se proferirá decisão contra uma das partes sem que ela seja previamente ouvida". Trata-se de evidente aplicação do princípio constitucional do contraditório. Por que tal dispositivo pode influenciar o processo penal? Ora, além do fato de as disposições processuais civis poderem ser aplicadas, por analogia, ao processo penal, parece-nos haver uma razão mais forte: não pode o contraditório no processo civil ser mais amplo do que o aplicável ao processo penal. Então, tal salutar regra do art. 9º do CPC deve, segundo tal posicionamento, ser aplicado ao processo penal, de modo que o art. 383 do CPP deve ser aplicado em combinação com aquele dispositivo.
- *Mutatio libelli*: hipótese do art. 384 do CPP: "Encerrada a instrução probatória, se entender cabível nova definição jurídica do fato, em consequência de prova existente nos autos de elemento ou cir-

cunstância da infração penal não contida na acusação, o Ministério Público deverá aditar a denúncia ou queixa, no prazo de 5 (cinco) dias, se em virtude desta houver sido instaurado o processo em crime de ação pública, reduzindo-se a termo o aditamento, quando feito oralmente".

- a redação do art. 384, *caput*, e § 5º do CPP mostra que a provocação para o aditamento não deve partir do juiz, mas deve ser iniciativa do próprio Ministério Público. Cabe a tal órgão, em respeito ao sistema acusatório, verificar se é ou não cabível o aditamento;
- se o Ministério Público não fizer o aditamento, o juiz, ao invés de sentenciar, pode encaminhar os autos ao Procurador-Geral de Justiça, para que este verifique se é ou não caso de aditamento, em analogia explícita ao art. 28 do CPP (art. 384, § 1º);
- feito o aditamento, cada parte poderá arrolar até 3 testemunhas, no prazo de 5 dias, ficando o juiz, na sentença, adstrito aos termos do aditamento (§ 4º);
- então, o juiz, a requerimento de qualquer das partes, designará dia e hora para continuação da audiência, com inquirição de testemunhas, novo interrogatório do acusado, realização de debates e julgamento (§ 2º);
- se não admitido o aditamento, o processo prosseguirá (§ 5º), isto é, o juiz deverá prolatar a sentença, ficando adstrito apenas aos fatos já contidos na denúncia.

EMENDATIO LIBELLI	*MUTATIO LIBELLI*
Juiz dá definição jurídica diversa ao fato descrito na denúncia	MP verifica possibilidade de definição jurídica diversa da contida na denúncia
Juiz pode aplicar pena mais grave do que aquela prevista para a definição contida na denúncia ou queixa	Fato novo, surgido da instrução, não descrito na denúncia
Não há necessidade de dar vista dos autos ao MP	MP deve aditar a denúncia
Não há necessidade de aditamento	Recusa do MP: aplicação do art. 28, CPP

- **Absolvição imprópria** ocorre nos casos em que a existência do crime e a autoria são reconhecidas, mas o acusado, por ser inimputável, não é condenado, aplicando-se-lhe medida de segurança (art. 386, VI, CPP). Há uma condenação disfarçada de absolvição, como afirma certa doutrina, cabendo, inclusive, revisão criminal.
- Os casos de **absolvição própria** são os seguintes: a) estar provada a inexistência do fato; b) não haver prova da existência do fato; c) não constituir o fato infração penal; d) estar provado que o réu não concorreu para a infração penal; e) não existir prova de ter o réu concorrido para a infração penal; f) existirem circunstâncias que excluam o crime – causa de exclusão da ilicitude – ou mesmo se houver fundada dúvida sobre sua existência; g) não existir prova suficiente para a condenação.
- O art. 387 e §§ 1º e 2º do CPP dispõem que o juiz, ao proferir **sentença condenatória**: a) mencionará as circunstâncias agravantes ou atenuantes definidas no Código Penal, e cuja existência reconhecer; b) mencionará as outras circunstâncias apuradas e tudo o mais que deva ser levado em conta na aplicação da pena, de acordo com o disposto nos arts. 59 e 60 do Código Penal; c) aplicará as penas de acordo com essas conclusões; d) fixará valor mínimo para reparação dos danos causados pela infração, considerando os prejuízos sofridos pelo ofendido; e) atenderá, quanto à aplicação provisória de interdições de direitos e medidas de segurança, ao disposto no CPP; f) determinará se a sentença deverá ser publicada na íntegra ou em resumo e designará o jornal em que será feita a publicação (art. 73, § 1º, do Código Penal); g) decidirá, fundamentadamente, sobre a manutenção ou, se for o caso, imposição de prisão preventiva ou de outra medida cautelar, sem prejuízo do conhecimento da apelação que vier a ser interposta; h) computará o tempo de prisão provisória, de prisão administrativa ou de internação, no Brasil ou no estrangeiro, para fins de determinação do regime inicial de pena privativa de liberdade. Esta última disposição é mais recente, portanto, **atenção a ela**.
- A Lei 12.736, de 30 de novembro de 2012, modificou o art. 387 do CPP, que era composto do *caput* e de parágrafo único. Agora, possui dois parágrafos, sendo o primeiro praticamente idêntico ao antigo parágrafo único. Já o segundo trouxe a regra da detração vista na letra "h" acima.
- **Eficácia preclusiva subordinante da sentença penal**: a responsabilidade civil é independente da criminal, conforme afirma o art. 935 do CC. Mas tal dispositivo afirma também que não se pode questionar mais sobre a existência do fato, ou sobre quem seja o seu autor, quando estas questões se acharem decididas no juízo criminal. Essa é a ideia da eficácia preclusiva subordinante da sentença penal (v. acima, dicas sobre ação civil *ex delicto*).
- O art. 392 determina que a **intimação da sentença** será feita ao réu, pessoalmente, se estiver preso; ao réu, pessoalmente, ou ao defensor por ele constituído, quando se livrar solto, ou, sendo afiançável a infração, tiver prestado fiança; mediante edital, nesse último caso, se o réu e o defensor que houver constituído não forem encontrados, e assim o certificar o oficial de justiça; ao defensor constituído pelo réu, se este, afiançável, ou não, a infração, expedido o mandado de prisão, não tiver sido encontrado, e assim o certificar o oficial de justiça; nesse último caso, mediante edital, se o defensor que o réu houver constituído também não for encontrado, e assim o

certificar o oficial de justiça; mediante edital, se o réu, não tendo constituído defensor, não for encontrado, e assim o certificar o oficial de justiça.

- no caso de sentença condenatória, prevalece o entendimento de que o acusado e seu defensor devem ser intimados separadamente e o prazo para o recurso começa da última intimação;
- se a intimação for por carta precatória, a Súmula 710 do STF estabelece que os prazos são contados da data da intimação e não da juntada do mandado ou da carta aos autos. Em sentido contrário, entendimento é de que começa a correr o prazo recursal a partir da juntada da carta precatória ao autos, devidamente cumprida (STJ, RE 261.360-RS);
- há, também, a Súmula 523 do STF, que estabelece ser a desídia do defensor, que perde o prazo para o recurso, hipótese de nulidade absoluta, por cerceamento de defesa.

11. PROCEDIMENTOS

11.1. PROCEDIMENTOS COMUNS ORDINÁRIO E SUMÁRIO

- O art. 394 do CPP determina que o procedimento será comum ou especial.
- O procedimento comum será **ordinário**, **sumário** ou **sumaríssimo** (§ 1º).

PROCEDIMENTO	PENA PRIVATIVA DE LIBERDADE
Ordinário	máxima igual ou superior a 4 anos
Sumário	máxima inferior a 4 anos
Sumaríssimo	infrações de menor potencial ofensivo

- Nos procedimentos **ordinário** e **sumário**, oferecida a denúncia ou queixa, o juiz, se a não rejeitar liminarmente, recebê-la-á e ordenará a citação do acusado para responder à acusação, por escrito, no prazo de 10 dias.
- no caso de citação por edital, o prazo para a defesa começará a fluir a partir do comparecimento pessoal do acusado ou do defensor constituído; do contrário, aplica-se o disposto no art. 366 do CPP (suspensão do processo);
- na resposta, o acusado poderá arguir preliminares e alegar tudo o que interesse à sua defesa, oferecer documentos e justificações, especificar as provas pretendidas e arrolar testemunhas, qualificando-as e requerendo sua intimação, quando necessário;
- não apresentada a resposta no prazo legal, ou se o acusado, citado, não constituir defensor, o juiz nomeará defensor para oferecê-la, concedendo-lhe vista dos autos por 10 dias.

- O juiz, depois da resposta do acusado, poderá absolvê-lo sumariamente nos casos especificados nos incisos do art. 397 do CPP, ou seja, quando verificar: a) a existência manifesta de causa excludente da ilicitude do fato; b) a existência manifesta de causa excludente da culpabilidade do agente, salvo inimputabilidade; c) que o fato narrado evidentemente não constitui crime; ou d) estar extinta a punibilidade do agente.
- a nosso ver, o rol do art. 397 do CPP é taxativo, não incluindo a definição de ausência de "justa causa";
- a ausência de alguma das condições da ação – atipicidade do fato, por exemplo – pode levar à absolvição sumária. Porém, as hipóteses do art. 397 do CPP não se limitam à análise das condições da ação, chegando mesmo à análise do mérito (exemplo: existência de causa de exclusão da ilicitude);
- a inimputabilidade é excluída expressamente das causas que podem levar à absolvição sumária nos procedimentos comuns. Nesse caso, deverá a ação prosseguir e, ao final, o juiz proferirá sentença de absolvição imprópria, fixando medida de segurança.

- No **procedimento ordinário**, se o juiz não absolver sumariamente o acusado, designará audiência de instrução e julgamento, a ser realizada no prazo máximo de 60 dias.
- na audiência serão tomadas as declarações do ofendido, serão inquiridas as testemunhas arroladas pela acusação e pela defesa, nesta ordem, serão colhidos os esclarecimentos dos peritos – se houve prévio requerimento das partes –, serão realizadas acareações e reconhecimento de pessoas e coisas, e, ao final, será o acusado interrogado;
- na instrução poderão ser inquiridas até 8 testemunhas arroladas pela acusação e 8 pela defesa, não se computando, nesse número, as que não prestem compromisso e as referidas;
- permite-se o adiamento da audiência se o defensor, por motivo justificado, não puder comparecer. Contudo, o ônus de provar o impedimento do defensor incumbe a este, que deverá fazê-lo até a abertura da audiência e, caso não o faça, o juiz determina o prosseguimento do ato, nomeando defensor substituto, ainda que provisoriamente ou só para o efeito do ato;
- produzidas as provas, ao final da audiência, o Ministério Público, o querelante e o assistente e, a seguir, o acusado poderão requerer diligências cuja necessidade se origine de circunstâncias ou fatos apurados na instrução;
- não havendo requerimento de diligências, ou sendo indeferido, serão oferecidas alegações finais orais por 20 minutos, respectivamente, pela acusação e pela defesa, prorrogáveis por mais 10, proferindo o juiz, a seguir, sentença;

- havendo mais de um acusado, o tempo previsto para a defesa de cada um será individual;

- ao assistente do Ministério Público, após a manifestação desse, serão concedidos 10 minutos, prorrogando-se por igual período o tempo de manifestação da defesa;
- o juiz poderá, considerada a complexidade do caso ou o número de acusados, conceder às partes o prazo de 5 dias sucessivamente para a apresentação de memoriais. Nesse caso, terá o prazo de 10 dias para proferir a sentença;
- havendo necessidade de diligências, não haverá alegações orais em audiência. Assim que realizada a diligência, as partes apresentarão, no prazo sucessivo de 5 dias, suas alegações finais, por memorial, e, no prazo de 10 dias, o juiz proferirá a sentença.

– O juiz que presidiu a instrução deverá proferir a sentença (princípio da identidade física do juiz).

- No **procedimento sumário**, se o juiz não absolver sumariamente o acusado, designará audiência de instrução e julgamento, a ser realizada no prazo máximo de 30 dias.

– na audiência serão tomadas as declarações do ofendido, serão inquiridas as testemunhas arroladas pela acusação e pela defesa, nesta ordem, serão colhidos os esclarecimentos dos peritos – se houve prévio requerimento das partes –, serão realizadas acareações e reconhecimento de pessoas e coisas, e, ao final, será o acusado interrogado;

– na instrução poderão ser inquiridas até 5 testemunhas arroladas pela acusação e 5 pela defesa;

– nenhum ato será adiado, salvo quando imprescindível a prova faltante, determinando o juiz a condução coercitiva de quem deva comparecer.

– as alegações finais serão orais, concedendo-se a palavra, respectivamente, à acusação e à defesa, pelo prazo de 20 minutos, prorrogáveis por mais 10, proferindo o juiz, a seguir, sentença;

- havendo mais de um acusado, o tempo previsto para a defesa de cada um será individual;
- ao assistente do Ministério Público, após a manifestação desse, serão concedidos 10 minutos, prorrogando-se por igual período o tempo de manifestação da defesa;

– não há previsão de diligências complementares;

– O juiz que presidiu a instrução deverá proferir a sentença (princípio da identidade física do juiz).

DIFERENÇAS ENTRE PROCEDIMENTOS ORDINÁRIO E SUMÁRIO		
–	**Ordinário**	**Sumário**
Prazo para realização da audiência	60 dias	30 dias
Número máximo de testemunhas a serem arroladas por cada parte	8	5
Permitidas diligências depois da audiência?	Sim	Não
Previsão de memoriais, em substituição aos debates?	Sim	Não

- A **suspensão condicional do processo** é aplicável a todos os crimes que estiverem dentro dos limites previsto no art. 89 da Lei 9.099/1995.

– a suspensão condicional do processo será aplicada se a pena mínima cominada for igual ou inferior a 1 ano e desde que o acusado não esteja sendo processado ou não tenha sido condenado por outro crime, presentes os demais requisitos que autorizariam a suspensão condicional da pena;

– a suspensão terá duração de 2 a 4 anos;

– entendemos que a proposta de suspensão condicional deve ser feita pelo Promotor de Justiça, titular da ação penal (há, evidentemente, quem entenda que o juiz também pode fazer a proposta, caso o Promotor se recuse a fazê-la). Em caso de recusa do membro do Ministério Público, deve ser aplicado, por analogia, o disposto no art. 28 do CPP. É o entendimento do STF, por meio da Súmula 696: "Reunidos os pressupostos legais permissivos da suspensão condicional do processo, mas se recusando o Promotor de Justiça a propô-la, o juiz, dissentindo, remeterá a questão ao Procurador-Geral, aplicando-se por analogia o art. 28 do Código de Processo Penal". O mesmo se aplica à transação penal.

– quanto ao momento, deve o Ministério Público oferecer a proposta de suspensão quando oferecer a denúncia, conforme consta do art. 89 da Lei 9.099/1995. Mas, qual o momento para o acusado aceitá-la? Se o procedimento a ser adotado for o sumaríssimo, da própria Lei 9.099, deve-se ter em mente que, se foi oferecida denúncia, isso significa que não foi possível ou não foi aceita a proposta de transação penal. Então, apresenta o Ministério Público oralmente a denúncia. Se o acusado estiver presente ao ato, é citado. Porém, caso não esteja presente, deve o acusado também é citado posteriormente. Nos dois casos, o acusado deve comparecer à audiência designada, na qual seu defensor apresentará a defesa preliminar, com o que decidirá o juiz se recebe a denúncia. A recebendo, será o acusado instado a se manifestar quanto à proposta de suspensão. Por outro lado, se o procedimento for o ordinário ou o sumário, lembrem-se que o acusado será citado para oferecer resposta à acusação e depois o juiz decidirá se absolve sumariamente o acusado. Caso o não faça, deverá designar audiência una de instrução e julgamento. Não concordamos com o posicionamento segundo o qual deve ser realizada a audiência e, quando do interrogatório (último ato dela), deve o acusado dizer se aceita a proposta de suspensão ou não. A melhor solução, a nosso ver, é outra: decidindo o juiz não ser o caso de absolvição sumária, designa audiência para que o acusado diga se aceita ou não a proposta de suspensão e, caso a aceite, fica prejudicada a realização da audiência de instrução e julgamento, que sequer é marcada. Por fim, ainda quanto a tal tema, se houver a desclassificação do delito quando da sentença ou acórdão e a nova classificação jurídica do crime possibilitar a aplicação da suspensão condicional do processo, deve o juiz ou tribunal dar ao Ministério Público a oportunidade de apresentar a proposta de suspensão.

11.2. PROCEDIMENTO SUMARÍSSIMO (LEI 9.099/1995)

- Adotado para as infrações penais de menor potencial ofensivo e previsto na Lei 9.099/1995.
- **Infrações penais de menor potencial ofensivo**: as contravenções penais e os crimes a que a lei comine pena máxima não superior a 2 anos, cumulada ou não com multa.
- Há crimes em que são previstas penas alternativas: privativa de liberdade ou multa. Como exemplo, vejam o preceito secundário do art. 7º da Lei 8.137/1990: pena de detenção, de 2 a 5 anos, ou multa. Assim, visto sob o ângulo da pena privativa de liberdade, não se trata de infração de menor potencial ofensivo, já que, para isso, a pena máxima não poderia ultrapassar 2 anos; visto sob o prisma da pena de multa, seria crime de menor potencial ofensivo. Então, qual o critério que deve prevalecer? A nosso ver, o da pena privativa de liberdade. Isso porque o legislador, ao definir crime de menor potencial ofensivo levou em conta, essencialmente, a pena privativa de liberdade, de modo que, aquele cuja pena máxima ultrapassar 2 anos não pode ser considerado "de menor potencial ofensivo". Esse é, por sinal, vinha sendo o entendimento de uma das turmas do STJ: "(...) Considera-se crime de menor potencial ofensivo aquele cuja pena máxima não exceda o limite de 2 (dois) anos. (...) No caso, o Agravante foi denunciado pela prática do crime do art. 38 da Lei nº 9.605/98, cuja pena máxima abstratamente cominada é de 3 (três) anos de detenção. E, apesar da previsão de pena alternativa de multa, o critério eleito pelo legislador para definir se a infração reveste-se de menor gravidade e, portanto, se compete o julgamento da causa ao Juizado Especial, é exatamente o quantum máximo da pena privativa de liberdade abstratamente cominada. (...) Agravo regimental desprovido." (AgRg no REsp 1.208.989 – TO, Rel. Min. Laurita Vaz, j. 06.12.2011). Em decisão recente, a 2ª Turma do STF decidiu no mesmo sentido, quanto ao mesmo caso, verbis: "HABEAS CORPUS. PENAL. PROCESSUAL PENAL. CRIME CONTRA O MEIO AMBIENTE. AÇÃO PENAL. COMPETÊNCIA DA JUSTIÇA FEDERAL COMUM. PENA MÁXIMA SUPERIOR A DOIS ANOS. ORDEM DENEGADA. I – A lei prevê como infrações de menor potencial ofensivo as contravenções e os crimes a que a lei comine pena máxima não superior a dois anos, cumulada ou não com multa. II – O Ministério Público denunciou o paciente pela suposta prática do crime previsto no art. 38 da Lei 9.605/1998, que prevê a pena de detenção de um a três anos, ou multa, ou ambas as penas cumulativamente, de modo que não há falar, in casu, de infração de menor potencial ofensivo. Afastada, pois, a competência do Juizado Especial Federal Criminal. III – Ordem denegada" (HC 112.758 – TO, Rel. Min. Ricardo Lewandowski, j. 16.10.2012). Porém, em decisão da 6ª Turma, de 2015, o STJ decidiu que, nesse caso, é cabível a transação: "PROCESSO PENAL. RECURSO ORDINÁRIO EM HABEAS CORPUS. ART. 7.º, IX, DA LEI N.º 8.137/90. PENA MÍNIMA COMINADA IGUAL A DOIS ANOS. PREVISÃO ALTERNATIVA DE MULTA. SUSPENSÃO CONDICIONAL DO PROCESSO. TRANSAÇÃO PENAL. POSSIBILIDADE. RECURSO A QUE SE DÁ PROVIMENTO. 1. O preceito sancionador do delito descrito no art. 7.º, IX, da Lei n.º 8.137/90 comina pena privativa de liberdade mínima igual a dois anos ou multa. 2. Consistindo a pena de multa na menor sanção penal estabelecida para a figura típica em apreço, é possível a aplicação dos arts. 76 e 89 da Lei n.º 9.099/95. 3. Recurso ordinário a que se dá provimento, a fim de que o Ministério Público do Estado de São Paulo se manifeste acerca das propostas de transação penal e suspensão condicional do processo, afastado o argumento referente à pena mínima cominada para o referido crime" (RHC 54. 429-SP, Rel. Min. Maria Thereza de Assis Moura, j. 24.03.2015). Tal decisão pode indicar uma forte tendência de se aceitar a transação penal nesse caso, tal como já ocorreu com a aceitação da suspensão prevista no art. 89 da Lei 9.099.
- O processo perante o Juizado Especial orientar-se-á pelos critérios da oralidade, informalidade, economia processual e celeridade, objetivando, sempre que possível, a reparação dos danos sofridos pela vítima e a aplicação de pena não privativa de liberdade.

– não se pronunciará qualquer nulidade sem que tenha havido prejuízo;

– a prática de atos processuais em outras comarcas poderá ser solicitada por qualquer meio hábil de comunicação;

– serão objeto de registro escrito exclusivamente os atos havidos por essenciais. Os atos realizados em audiência de instrução e julgamento poderão ser gravados em fita magnética ou equivalente;

– a citação será pessoal e far-se-á no próprio Juizado, sempre que possível, ou por mandado;

– não encontrado o acusado para ser citado, o Juiz encaminhará as peças existentes ao Juízo comum para adoção do procedimento sumário;

– a intimação será feita por correspondência, com aviso de recebimento pessoal ou, tratando-se de pessoa jurídica ou firma individual, mediante entrega ao encarregado da recepção, que será obrigatoriamente identificado, ou, sendo necessário, por oficial de justiça, independentemente de mandado ou carta precatória, ou ainda por qualquer meio idôneo de comunicação.

- **Fase preliminar.**
- não há instauração de inquérito policial, mas é elaborado apenas termo circunstanciado. Se o caso for complexo, deve ser encaminhado ao Juízo criminal comum;
- é designada audiência preliminar;
- presente o representante do Ministério Público, o autor do fato e a vítima e, se possível, o responsável civil, acompanhados por seus advogados, o Juiz esclarecerá sobre a possibilidade da composição dos danos e da aceitação da proposta de aplicação imediata de pena não privativa de liberdade (transação penal);
- a conciliação pode ser conduzida por conciliador sob orientação do juiz;
- em caso de composição dos danos civis haverá redução desta por escrito e, homologada pelo Juiz mediante sentença irrecorrível, terá eficácia de título a ser executado no juízo cível competente;
- no caso de ação penal privada ou pública condicionada à representação, o acordo homologado acarreta a renúncia ao direito de queixa ou representação;
- não havendo a composição dos danos civis, será dada imediatamente ao ofendido a oportunidade de exercer o direito de representação, que não precisa ser feito no ato, podendo ser exercido posteriormente, enquanto não decorrido o prazo decadencial;
- havendo representação ou tratando-se de crime de ação penal pública incondicionada, não sendo caso de arquivamento, o Ministério Público poderá propor a aplicação imediata de pena restritiva de direitos ou multas, a ser especificada na proposta. É a **transação penal**;
- não poderá haver transação penal se: o autor da infração foi condenado, pela prática de crime, à pena privativa de liberdade, por sentença definitiva; o agente foi beneficiado anteriormente, no prazo de cinco anos, pela aplicação de pena restritiva ou multa, em transação penal; e não indicarem os antecedentes, a conduta social e a personalidade do agente, bem como os motivos e as circunstâncias, ser necessária e suficiente a adoção da medida;
- não pode o juiz propor a transação penal sem a proposta do Ministério Público. Se este se recursar e o juiz entender que deve ser feita a proposta, deve aplicar, por analogia, o disposto no art. 28 do CPP;
- acolhendo a proposta do Ministério Público aceita pelo autor da infração, o juiz aplicará a pena restritiva de direitos ou multa, que não importará em reincidência, sendo registrada apenas para impedir novamente o mesmo benefício no prazo de cinco anos. Além disso, não constará de certidão de antecedentes criminais, salvo para os fins previstos no mesmo dispositivo, e não terá efeitos civis, cabendo aos interessados propor ação cabível no juízo cível.

- **Procedimento sumaríssimo.**
- se o autor do fato não tiver comparecido à audiência preliminar ou não tiver sido possível o oferecimento de proposta de transação penal por falta de seus requisitos legais, o Ministério Público oferecerá ao Juiz, de imediato, denúncia oral, se não houver necessidade de diligências imprescindíveis. É permitida, também, a queixa oral; pode ser proposta a ação penal se o autor do fato descumprir os termos da transação penal (STF, Súmula Vinculante 35);
- oferecida a denúncia ou queixa, será reduzida a termo, entregando-se cópia ao acusado, que com ela ficará citado e imediatamente cientificado da designação de dia e hora para a audiência de instrução e julgamento. Ou, será feita a citação;
- o acusado deverá trazer suas testemunhas ou apresentar requerimento para intimação, no mínimo cinco dias antes da realização da audiência;
- o ofendido e o responsável civil serão intimados para a audiência de instrução e julgamento, caso não tenham comparecido à audiência preliminar;
- é possível a composição entre as partes mesmo depois de oferecida a denúncia, no caso em que não foi possível fazê-lo na fase anterior. É o que permite o art. 79 da Lei 9.099/1995, que cita expressamente os arts. 72, 73, 74 e 75 da mesma Lei. Admite, também, a doutrina a possibilidade, na mesma hipótese, de que se permita também a transação penal. Porém, ela não importa em retratação da ação penal proposta em caso de ação penal pública, que é irrenunciável, indisponível e obrigatória. Simplesmente, o juiz deixará de receber a denúncia em caso de aceitação da proposta de transação pelo autor do fato e aguardará o cumprimento do acordado;
- aberta a audiência, será dada a palavra ao defensor para responder à acusação, após o que o Juiz receberá, ou não, a denúncia ou queixa; havendo recebimento, serão ouvidas a vítima e as testemunhas de acusação e defesa, interrogando-se a seguir o acusado, se presente, passando-se imediatamente aos debates orais e à prolação da sentença;
- é possível a suspensão condicional do processo (art. 89, Lei 9.099/1995);
- da decisão de rejeição da denúncia ou queixa e da sentença caberá apelação (prazo de interposição: 10 dias), que poderá ser julgada por turma composta de três Juízes em exercício no primeiro grau de jurisdição, reunidos na sede do Juizado (Turma Recursal do Juizado Especial Criminal).

11.3. PROCEDIMENTO DOS PROCESSOS DE COMPETÊNCIA DO TRIBUNAL DO JÚRI

- O procedimento previsto para o julgamento dos crimes dolosos contra a vida (e os conexos a eles) é dividido em duas fases: instrução preliminar (*ju-*

dicium accusationis) e julgamento pelo Tribunal do Júri (*judicium causae*).

- **Instrução preliminar (*judicium accusationis*)**.
- – deve se encerrar em no máximo 90 dias;
- – oferecimento da denúncia (ou queixa subsidiária), podendo a acusação arrolar até 8 testemunhas;
- – recebimento da denúncia, seguindo-se a citação do acusado para oferecer, em 10 dias, resposta à acusação;
- – na resposta, o acusado poderá arguir preliminares e alegar tudo que interesse a sua defesa, oferecer documentos e justificações, especificar as provas pretendidas e arrolar testemunhas, até o máximo de 8, qualificando-as e requerendo sua intimação, quando necessário;
- – não apresentada a resposta no prazo legal, o juiz nomeará defensor para oferecê-la em até 10 dias, concedendo-lhe vista dos autos;
- – apresentada a defesa, o juiz ouvirá o Ministério Público ou o querelante sobre preliminares e documentos, em 5 dias;
- – há posições admitindo a aplicação do art. 397 do CPP (absolvição sumária, antes da instrução);
- – então, o juiz determinará a inquirição das testemunhas e a realização das diligências requeridas pelas partes, no prazo máximo de 10 dias;
- – na audiência de instrução, proceder-se-á à tomada de declarações do ofendido, se possível, à inquirição das testemunhas arroladas pela acusação e pela defesa, nesta ordem, bem como aos esclarecimentos dos peritos (se houver prévios requerimento das partes e deferimento pelo juiz), às acareações e ao reconhecimento de pessoas e coisas, interrogando-se, em seguida, o acusado e procedendo-se o debate;
- – nenhum ato será adiado, salvo quando imprescindível à prova faltante, determinando o juiz a condução coercitiva de quem deva comparecer.
- – as alegações serão orais, concedendo-se a palavra, respectivamente, à acusação e à defesa, pelo prazo de 20 minutos, prorrogáveis por mais 10;
- – havendo mais de um acusado, o tempo previsto para a acusação e a defesa de cada um deles será individual;
- – ao assistente do Ministério Público, após a manifestação deste, serão concedidos 10 minutos, prorrogando-se por igual período o tempo de manifestação da defesa;
- – encerrados os debates, o juiz proferirá a sua decisão, ou o fará em 10 dias;
- – o juiz poderá proferir as seguintes decisões: pronúncia, impronúncia, absolvição sumária, desclassificação do delito para outro de competência do Juízo criminal comum.

DECISÃO	REQUISITOS	RECURSO
Pronúncia	juiz deve estar convencido da materialidade do fato e da existência de indícios suficientes de autoria ou de participação	recurso em sentido estrito
Impronúncia	juiz que não estiver convencido da materialidade do fato ou da existência de indícios suficientes de autoria ou de participação	apelação
Absolvição sumária	provada a inexistência do fato; ou provado não ser ele autor ou partícipe do fato; ou o fato não constituir infração penal; ou demonstrada causa de isenção de pena (se esta for a única tese defensiva, no caso de inimputabilidade) ou de exclusão do crime	apelação
Desclassificação	juiz se convencer de que o crime não é da espécie "doloso contra a vida"	recurso em sentido estrito

- **Julgamento pelo Tribunal do Júri (*judicium causae*).**
- – o acusado deve ser pessoalmente intimado da pronúncia, mas, caso não encontrado, é admitida a intimação por edital;
- – preclusa a decisão, o presidente do Tribunal do Júri determinará a intimação do órgão do Ministério Público ou do querelante, no caso de queixa subsidiária, e do defensor, para, no prazo de 5 dias, apresentarem rol de testemunhas que irão depor em plenário, até o máximo de 5, oportunidade em que poderão juntar documentos e requerer diligência;
- – **atenção**: não existe mais o libelo;
  - **desaforamento**: se necessário, poderá ser requerido pelo Ministério Público, pelo Assistente de Acusação, pelo querelante, pelo acusado e pelo próprio juiz, devendo ser decidido pelo Tribunal – geralmente, o Tribunal de Justiça, mas, no caso da Justiça Federal, o respectivo Tribunal Regional Federal. Os motivos: interesse da ordem pública ou dúvida sobre a imparcialidade do júri ou mesmo a segurança pessoal do acusado. Assim, o Tribunal pode determinar o desaforamento do julgamento para outra co-

marca da mesma região, preferindo-se as mais próximas, desde que, obviamente, os mesmo motivos que o justificaram não estiverem presentes. A demora na realização do julgamento também pode dar causa ao desaforamento: em razão do comprovado excesso de serviço, ouvidos o juiz presidente e a parte contrária, se o julgamento não puder ser realizado no prazo de 6 meses, contado do trânsito em julgado da decisão de pronúncia. A Súmula 712 do STF afirma haver nulidade na decisão que determina o desaforamento do processo sem que a defesa tenha sido ouvida;

- o Tribunal do Júri é composto pelo juiz togado, que é seu presidente, bem como por 25 jurados, que serão sorteados dentre os alistados, dos quais 7 constituirão o Conselho de Sentença em cada sessão de julgamento;
- **Julgamento:**

- se o Ministério Público não comparecer, o juiz presidente adiará o julgamento para o primeiro dia desimpedido da mesma reunião, cientificadas as partes e as testemunhas. Não pode ser nomeado Promotor de Justiça ou Procurador da República *ad hoc*;
- não havendo escusa legítima para a falta do advogado do acusado, o julgamento será adiado somente uma vez, devendo o réu ser julgado quando chamado novamente. Nesse caso, o juiz intimará a Defensoria Pública para o novo julgamento, que será adiado para o primeiro dia desimpedido, observado o prazo mínimo de 10 dias;
- o julgamento não será adiado pelo não comparecimento do acusado solto, do assistente ou do advogado do querelante, que tiver sido regularmente intimado;
- se o acusado preso não for conduzido, o julgamento será adiado para o primeiro dia desimpedido da mesma reunião, salvo se houver pedido de dispensa de comparecimento subscrito por ele e seu defensor;
- o julgamento não será adiado se a testemunha deixar de comparecer, salvo se uma das partes tiver requerido a sua intimação por mandado, em caráter de imprescindibilidade, e indicando a sua localização. Se, intimada, a testemunha não comparecer, o juiz presidente suspenderá os trabalhos e mandará conduzi-la ou adiará o julgamento para o primeiro dia desimpedido, ordenando a sua condução. E o julgamento será realizado mesmo na hipótese de a testemunha não ser encontrada no local indicado, se assim for certificado por oficial de justiça;
- comparecendo, pelo menos, 15 jurados, o juiz presidente declarará instalados os trabalhos, anunciando o processo que será submetido a julgamento. Do contrário, terá de adiar o julgamento;
- o juiz fará, então, o sorteio dos jurados. O Ministério Público e a defesa, nessa ordem, poderão recusar, sem motivos, até 3 jurados (recusas peremptórias), não havendo limites para recusas motivadas, em caso de suspeição ou impedimento;
- não ocorre mais separação do julgamento em caso de mais de um réu, quando um deles recusar o jurado e o outro, assim como o Ministério Público, aceitá-lo. Só haverá separação se, em razão das recusas, não houver o número mínimo de 7 jurados para a composição do Conselho de Sentença;
- prestado o compromisso pelos jurados, será iniciada a instrução plenária quando o juiz presidente, o Ministério Público, o assistente, o querelante e o defensor do acusado tomarão, sucessiva e diretamente, as declarações do ofendido, se possível, e inquirirão as testemunhas arroladas pela acusação. Os jurados formulam perguntas por intermédio do juiz. **Atenção**: o juiz faz as perguntas primeiro, ao contrário do que ocorre no procedimento comum;
- as partes e os jurados poderão requerer acareações, reconhecimento de pessoas e coisas e esclarecimento dos peritos, bem como a leitura de peças que se refiram, exclusivamente, às provas colhidas por carta precatória e às provas cautelares, antecipadas ou não repetíveis;
- segue o interrogatório do acusado, se presente. O Ministério Público, o assistente, o querelante e o defensor, nessa ordem, poderão formular, diretamente, perguntas ao acusado. Os jurados formulam perguntas por intermédio do juiz.
- **atenção**: por expressa determinação legal (art. 474, § 3º, CPP), não se permitirá o uso de algemas no acusado durante o período em que permanecer no plenário do Júri, salvo se absolutamente necessário à ordem dos trabalhos, à segurança das testemunhas ou à garantia da integridade física dos presentes;
- encerrada a instrução, será concedida a palavra ao Ministério Público, que fará a acusação, nos limites da pronúncia ou das decisões posteriores que julgaram admissível a acusação, sustentando, se for o caso, a existência de circunstância agravante. O assistente falará depois do Ministério Público. Em caso de ação privada subsidiária, falará em primeiro lugar o querelante e, em seguida, o Ministério Público, salvo se este houver retomado a titularidade da ação. Depois da acusação, falará a defesa.

Duração máxima das etapas dos debates em plenário		
Ordem	apenas um acusado	dois ou mais acusados
Acusação	1 hora e 30 minutos	2 horas e 30 minutos

Duração máxima das etapas dos debates em plenário		
Defesa	1 hora e 30 minutos	2 horas e 30 minutos
Réplica	1 hora	2 horas
Tréplica	1 hora	2 horas

- durante os debates as partes não poderão, sob pena de nulidade, fazer referências: a) à decisão de pronúncia como argumento de autoridade que beneficie ou prejudique o acusado; b) às decisões posteriores que julgaram admissível a acusação (acórdão confirmatório da pronúncia, já havendo caso em que o Tribunal de Justiça paulista anulou julgamento em razão da leitura de acórdão que anulou julgamento sob o fundamento de ter sido a decisão dos jurados manifestamente contrária à prova dos autos) como argumento de autoridade que beneficiem ou prejudiquem o acusado; c) ou à determinação do uso de algemas; d) ao silêncio do acusado ou à ausência de interrogatório por falta de requerimento, em seu prejuízo;
- durante o julgamento não será permitida a leitura de documento ou a exibição de objeto que não tiver sido juntado aos autos com a antecedência mínima de 3 dias úteis, dando-se ciência à outra parte. Compreende-se em tal proibição a leitura de jornais ou qualquer outro escrito, bem como a exibição de vídeos, gravações, fotografias, laudos, quadros, croqui ou qualquer outro meio assemelhado, cujo conteúdo versar sobre a matéria de fato submetida à apreciação e julgamento dos jurados;
- concluídos os debates, o presidente indagará dos jurados se estão habilitados a julgar ou se necessitam de outros esclarecimentos;
- **formulação dos quesitos:** os quesitos serão redigidos em proposições afirmativas, simples e distintas, de modo que cada um deles possa ser respondido com suficiente clareza e necessária precisão. Na sua elaboração, o presidente levará em conta os termos da pronúncia ou das decisões posteriores que julgaram admissível a acusação, do interrogatório e das alegações das partes. Em seguida, a lei estabelece a ordem dos quesitos, a saber: materialidade do fato; autoria ou participação; se o acusado deve ser absolvido; se existe causa de diminuição de pena alegada pela defesa; se existe circunstância qualificadora ou causa de aumento de pena reconhecidas na pronúncia ou em decisões posteriores que julgaram admissível a acusação. Assim, tanto as agravantes quanto as atenuantes não mais são objeto de quesitação. O pedido de seu reconhecimento deve ser formulado nos debates e dirigido ao juiz-presidente. Ao final, havendo condenação, caberá a este considerá-lo ou não na sentença;
- **votação**: secreta, sob comando do Juiz-Presidente e na presença das partes. Nenhum dos jurados pode manifestar abertamente seu voto, sob pena de anulação imediata do julgamento. O resultado da votação de cada quesito se dará por maioria;
- em caso de desclassificação do crime doloso contra a vida, o juiz-presidente passará a julgar o caso, incluindo os crimes conexos;
- finalmente, o juiz lerá a sentença em Plenário;
- das decisões do Júri cabe apelação;

FUNDAMENTO DA APELAÇÃO	CONSEQUÊNCIA EM CASO DE PROVIMENTO DA APELAÇÃO
nulidade posterior à pronúncia	anulação do julgamento e realização de outro
sentença do juiz-presidente contrária à lei expressa ou à decisão dos jurados	reforma da sentença
erro ou injustiça no tocante à aplicação da pena ou da medida de segurança	reforma da sentença
decisão dos jurados manifestamente contrária à prova dos autos	anulação do julgamento e realização de outro. **Atenção:** por esse fundamento, só se anula o julgamento uma vez

- o Tribunal de Justiça (ou Tribunal Regional Federal) deve se ater ao fundamento apontado pelo Ministério Público para o recurso. Portanto, alegado um dos fundamentos no recurso, o Tribunal de Justiça não pode dar provimento à apelação com base em outro. A respeito, o STF editou a Súmula 713: "O efeito devolutivo da apelação contra decisões do júri é adstrito aos fundamentos da sua interposição";
- se da sentença não for interposta apelação pelo Ministério Público no prazo legal, o ofendido ou qualquer das pessoas enumeradas no art. 31 do CPP, ainda que não se tenha habilitado como assistente, poderá interpor apelação, que não terá, porém, efeito suspensivo (art. 598, CPP). O prazo para interposição de tal recurso será de quinze dias, começando a correr do dia em que terminar o prazo para o Ministério Público apelar. Contudo, se este recomenda aos Jurados a absolvição do acusado e ele é absolvido, não tem o órgão acusatório sucumbência e, portanto, não possui interesse recursal algum. Logo, não era cabível seu recurso. Pensamos, então, que o art. 598 somente se aplica em caso em que o pleito do Ministério Público em plenário não é aceito pelos jurados.

11.4. PROCEDIMENTOS ESPECIAIS DO CPP E LEGISLAÇÃO PROCESSUAL ESPECIAL

- Vejamos algumas dicas sobre alguns dos casos especiais normalmente tratados em questões de concursos.

- **Procedimento para os crimes de responsabilidade dos funcionários públicos.**
- determina o art. 514 do CPP que, nos crimes afiançáveis, estando a denúncia ou queixa em devida forma, o juiz mandará autuá-la e ordenará a notificação do acusado (funcionário público, fora dos casos de foro por prerrogativa de função), para responder por escrito, dentro do prazo de 15 dias;
- em geral, os crimes são afiançáveis, sendo mais fácil descobrir quais são inafiançáveis;
- primeiramente, a própria CF estabelece os casos de inafiançabilidade no art. 5º, incisos XLII ("a prática do racismo constitui crime inafiançável e imprescritível, sujeito à pena de reclusão, nos termos da lei"), XLIII ("a lei considerará crimes inafiançáveis e insuscetíveis de graça ou anistia a prática da tortura, o tráfico ilícito de entorpecentes e drogas afins, o terrorismo e os definidos como crimes hediondos, por eles respondendo os mandantes, os executores e os que, podendo evitá-los, se omitirem". V. Lei 8.072/1990) e XLIV (constitui crime inafiançável e imprescritível a ação de grupos armados, civis ou militares, contra a ordem constitucional e o Estado Democrático);
- o CPP não mais adota o critério da pena para a inafiançabilidade de um crime, como ocorria anteriormente às mudanças introduzidas pela Lei 12.403. Agora, os impedimentos para a fiança estão nos art. 323 (que apenas repete as proibições constitucionais) e 324 (que traz as seguintes proibições: aos que, no mesmo processo, tiverem quebrado fiança anteriormente concedida ou infringido, sem motivo justo, qualquer das obrigações a que se referem os arts. 327 e 328 do CPP; em caso de prisão civil ou militar; e quando presentes os motivos que autorizam a decretação da prisão preventiva);
- **voltando ao que dispõe o art. 514 do CPP,** no **STJ**, há o entendimento de que não é necessária a resposta preliminar se a ação penal foi instruída por inquérito policial (Súmula 330). Além disso, o mesmo Tribunal entende que a ausência da resposta sequer seria causa de nulidade absoluta, mas apenas relativa. Nesse sentido: HC 126.901-RS, Rel. Min. Maria Thereza de Assis Moura, j. 19.06.2012. O **STF** trilhava também o mesmo caminho da Súmula 330 acima citada, mas, recentemente, alterou seu entendimento, exigindo a aplicação do art. 514 do CPP, salvo se o acusado não mais exerce o cargo público quando da denúncia: HC 110.361-SC, Rel Min. Ricardo Lewandowski, j. 05.06.2012.
- à vista da resposta do acusado, o juiz rejeitará a queixa ou denúncia, em despacho fundamentado, se convencido da inexistência do crime ou da improcedência da ação;
- se receber a inicial acusatória, seguem a citação e o procedimento comum.

- **Crimes contra a honra**.
- normalmente, aplica-se o procedimento sumaríssimo aos crimes contra a honra, em razão da pena cominada;
- mas, caso não seja aplicada a Lei 9.099/1995, assim que ofertada a inicial acusatória, em caso de ação penal privada, o juiz oferecerá às partes oportunidade para se reconciliarem, fazendo-as comparecer em juízo e ouvindo-as, separadamente, sem a presença dos seus advogados, não se lavrando termo;
- se depois de ouvir o querelante e o querelado, o juiz achar provável a reconciliação, promoverá entendimento entre eles, na sua presença;
- no caso de reconciliação, depois de assinado pelo querelante o termo da desistência, a queixa será arquivada;
- como visto acima, ação penal privada é disponível, de modo que o querelante comparece se quiser para o ato, podendo haver perempção, se o caso (art. 60, III, CPP: quando o querelante deixar de comparecer, sem motivo justificado, a qualquer ato do processo a que deva estar presente). Mas, **atenção**: no caso em tela, temos a aplicação obrigatória da tentativa de conciliação prevista nos arts. 519/523 do CPP. Aqui a doutrina divide-se: uma corrente entende que, caso uma das partes, ou ambas, não compareça, o feito prossegue, pois entende-se que o querelante ou o querelado não quis a conciliação; outra entende que, se o não comparecimento for do querelado, deve haver condução coercitiva; se for do querelante, deve ser declarada a perempção. Entendo que o querelante e o querelado são obrigados a comparecer, o primeiro sob pena de perempção, o segundo, de condução coercitiva. O art. 520 do CPP diz que o juiz, antes de receber a queixa, **oferecerá** às partes oportunidade para a reconciliação, "fazendo-as comparecer e juízo e ouvindo-as" – é uma imposição legal, não uma opção;
- **exceção da verdade**: quando for oferecida, o querelante poderá contestar a exceção no prazo de dois dias, podendo ser inquiridas as testemunhas arroladas na queixa, ou outras indicadas naquele prazo, em substituição às primeiras, ou para completar o máximo legal;
- **importante**: se o querelante for pessoa com foro por prerrogativa de função, a exceção da verdade deve se processar no tribunal que tem competência para julgá-lo.

- **Procedimento nos crimes contra a propriedade imaterial.**
- o CPP regula o rito para o processamento dos crimes contra a propriedade imaterial nos arts. 524 a 530-I;

– o art. 525 traz verdadeira condição de procedibilidade para o oferecimento da inicial acusatória: no caso de haver o crime deixado vestígio, a queixa ou a denúncia não será recebida se não for instruída com o exame pericial dos objetos que constituam o corpo de delito, admitindo-se que seja suprido por prova testemunhal. Porém, é certo que tal condição somente é exigível nos casos em que o crime deixa vestígios;

– ou seja, pode ser dispensável o exame pericial se a infração for daquelas que não deixam vestígios.

• **Lei de Drogas (Lei 11.343/2006).**

– o inquérito policial será concluído no prazo de 30 dias, se o indiciado estiver preso, e de 90 dias, quando solto, podendo o juiz dobrar tais prazos;

– em qualquer fase da persecução criminal relativa aos crimes previstos na Lei de Drogas, são permitidos, além dos previstos em lei, mediante autorização judicial e ouvido o Ministério Público, os seguintes procedimentos investigatórios: a) a infiltração por agentes de polícia, em tarefas de investigação, constituída pelos órgãos especializados pertinentes; b) a não atuação policial sobre os portadores de drogas, seus precursores químicos ou outros produtos utilizados em sua produção, que se encontrem no território brasileiro, com a finalidade de identificar e responsabilizar maior número de integrantes de operações de tráfico e distribuição, sem prejuízo da ação penal cabível;

– **procedimento**:

• prazo para oferecimento da denúncia: 10 dias;

• podem ser arroladas até 5 testemunhas;

• segue a notificação do acusado para, em 10 dias, oferecer defesa prévia, na qual poderá arguir preliminares e invocar todas as razões de defesa, oferecer documentos e justificações, especificar as provas que pretende produzir e arrolar até 5 testemunhas;

• se a resposta não for apresentada no prazo, o juiz nomeará defensor para oferecê-la em 10 dias, concedendo-lhe vista dos autos no ato de nomeação;

• somente então o juiz recebe ou rejeita a denúncia;

• recebida a denúncia, o juiz designará dia e hora para a audiência de instrução e julgamento, que será realizada dentro dos 30 dias seguintes ao recebimento da denúncia, salvo se determinada a realização de avaliação para atestar dependência de drogas, quando se realizará em 90 dias;

• não obstante haver previsão de realização do interrogatório no início da audiência, o STF e o STJ entendem que deve ser realizado ao final, tal como se dá nos ritos ordinário, sumário e sumaríssimo;

• em seguida, será dada a palavra, sucessivamente, ao Ministério Público e ao defensor do acusado, para sustentação oral, pelo prazo de 20 minutos para cada um, prorrogável por mais 10, a critério do juiz;

• encerrados os debates, proferirá o juiz sentença de imediato, ou o fará em 10 dias;

• os crimes praticados nos Municípios que não sejam sede de vara federal serão processados e julgados na vara federal da circunscrição respectiva.

• **Lei "Maria da Penha" (Lei 11.340/2006).**

– a retratação ("renúncia") da representação deve ser feita na presença do juiz, conforme expressamente previsto no art. 16 da Lei 11.340/2006, *verbis*: "Nas ações penais públicas condicionadas à representação da ofendida de que trata esta Lei, só será admitida a renúncia à representação perante o juiz, em audiência especialmente designada com tal finalidade, antes do recebimento da denúncia e ouvido o Ministério Público". A representação pode ser feita à própria autoridade policial (art. 12);

– o art. 19, § 1º, admite que as medidas protetivas de urgência possam ser concedidas de imediato, independentemente de audiência das partes e de manifestação do Ministério Público, embora este possa ser prontamente comunicado;

– normalmente, em se tratando de crime de lesão corporal leve, ainda que cometido no âmbito doméstico, nos termos do § 9º do art. 129 do CP, haverá necessidade de representação da vítima. Porém, em se tratando de violência contra a mulher, deve ser aplicada a Lei 11.340/2006 (Lei Maria da Penha), não se exigindo a representação, ainda que leve a lesão corporal. É que a necessidade de representação em crime de lesão corporal leve foi introduzida em nosso ordenamento pela Lei 9.099/1995, pois, até então, o crime do art. 129, *caput*, era de ação penal pública incondicionada. Então, adveio a Lei 11.340/2006 que, em seu art. 41, previu a inaplicabilidade da Lei 9.099/1995 em casos de violência doméstica. Então, a doutrina e a jurisprudência se dividiram a respeito: o que não é aplicado da Lei 9.099, tudo ou apenas a transação penal? A questão nunca foi pacífica, nem no STJ, bastando verificar o Recurso Especial 1.127.981-PE (Rel. Min. Gilson Dipp, j. 22.11.2011), do qual se depreende a necessidade da representação. Ocorre que, em 2012, o STF, na ADI 4424 – portanto, com efeitos vinculantes e *erga omnes* – decidiu pela constitucionalidade do art. 41 da Lei Maria da Penha e, assim, que não é necessária a representação da ofendida em casos de lesões corporais leves (v. Informativo 654). No STJ, há a Súmula 536: "A suspensão condicional do processo e a transação penal não se aplicam na hipótese de delitos sujeitos ao rito da Lei Maria da Penha".

• **Lei de Falências e Recuperação Judicial (Lei 11.101/2005).**

– nos crimes falimentares, todas as ações penais são públicas incondicionadas;

– admite-se a ação penal privada subsidiária da pública, que pode ser intentada por qualquer credor habilitado ou pelo administrador judicial. O prazo decadencial é de seis meses;

- o juiz não preside inquérito para apuração de crime falimentar. Este deve ser apurado, se o caso, por inquérito policial, presidido por delegado de polícia;
- intimado da sentença que decreta a falência ou concede a recuperação judicial, o Ministério Público, verificando a ocorrência de qualquer crime previsto nesta Lei, promoverá imediatamente a competente ação penal ou, se entender necessário, requisitará a abertura de inquérito policial;
- compete ao juiz criminal da jurisdição onde tenha sido decretada a falência, concedida a recuperação judicial ou homologado o plano de recuperação extrajudicial, conhecer da ação penal.

- **Interceptação telefônica (Lei 9.296/1996).**

- a interceptação telefônica pode ser determinada, de ofício, pelo juiz, ou a requerimento da autoridade policial (na investigação criminal) ou do Ministério Público (durante a investigação ou processo);
- excepcionalmente, o juiz poderá admitir que o pedido seja formulado verbalmente, caso em que a concessão será condicionada à sua redução a termo
- pressupostos:

- indícios razoáveis da autoria ou participação em infração penal;
- a prova não puder ser feita por outros meios disponíveis;
- crime punido com reclusão.

- a interceptação não poderá exceder o prazo de quinze dias, renovável por igual tempo. A jurisprudência dos tribunais superiores admitem prorrogações sucessivas, desde que se mostrem necessárias e que as respectivas decisões sejam sempre fundamentadas;
    - no caso de a diligência possibilitar a gravação da comunicação interceptada, será determinada a sua transcrição. Os tribunais superiores, porém, não exigem a transcrição integral das conversas gravadas;
    - os tribunais superiores admitem que os elementos de prova colhidos nas interceptações sejam aproveitados em outras investigações e processos, cíveis, criminais ou administrativos;
- o procedimento ocorrerá em autos apartados, apensados aos autos do inquérito policial ou do processo criminal, preservando-se o sigilo das diligências, gravações e transcrições respectivas;
- a gravação que não interessar à prova será inutilizada por decisão judicial, durante o inquérito, a instrução processual ou após esta, em virtude de requerimento do Ministério Público ou da parte interessada.

- **Crimes contra o meio ambiente (Lei 9.605/ 1998).**

- nos crimes ambientais de menor potencial ofensivo, a proposta de aplicação imediata de pena restritiva de direitos ou multa, prevista no art. 76 da Lei 9.099/1995, somente poderá ser formulada desde que tenha havido a prévia composição do dano ambiental, salvo em caso de comprovada impossibilidade;
- em caso de suspensão condicional do processo (art. 89, Lei 9.099/1995):

- a declaração de extinção de punibilidade dependerá de laudo de constatação de reparação do dano ambiental, ressalvada a impossibilidade prevista no inciso I do § 1° do artigo 89 da Lei 9.099/1995;
- na hipótese de o laudo de constatação comprovar não ter sido completa a reparação, o prazo de suspensão do processo será prorrogado, até o período máximo previsto no referido art. 89, acrescido de mais um ano, com suspensão do prazo da prescrição;
- no período de prorrogação, não se aplicarão as condições dos incisos II, III e IV do § 1° do artigo 89 citado;
- findo o prazo de prorrogação, proceder-se-á à lavratura de novo laudo de constatação de reparação do dano ambiental, podendo, conforme seu resultado, ser novamente prorrogado o período de suspensão, até o máximo previsto acima;
- esgotado o prazo máximo de prorrogação, a declaração de extinção de punibilidade dependerá de laudo de constatação que comprove ter o acusado tomado as providências necessárias à reparação integral do dano.
- **Abuso de Autoridade. (Lei 4.898/1965).**

- se houver vestígios materiais do ato ou fato constitutivo do abuso de autoridade, a vítima ou o acusado poderá comprovar por meio de duas testemunhas qualificadas ou requerer ao juiz, até 72 horas antes da audiência de instrução e julgamento, a designação de perito para fazer as devidas verificações. Não se trata de suprir a falta de exame de corpo de delito por prova testemunhal, pois, se possível a realização da perícia, esta deve ser realizada, conforme regra geral do art. 158 do CPP;
- a leitura da Lei de Abuso de Autoridade faz crer que a ação penal nos delitos nela previstos dependem de representação do ofendido. Mas, para afastar tal impressão, foi editada a Lei 5.249/1967, que expressamente previu (art. 1º): "A falta de representação do ofendido, nos casos de abusos previstos na Lei nº 4.898, de 9 de dezembro de 1965, não obsta a iniciativa ou o curso de ação pública".

- **Crime contra a economia popular (Lei 1.521/1951)**: o art. 7º da Lei 1.521/1951 prevê que os juízes recorrerão de ofício sempre que absolverem os acusados em processo por crime contra a economia popular, ou quando determinarem o arquivamento dos autos do respectivo inquérito policial. Particularmente, entendemos que tais regras que preveem o reexame necessário são contrárias ao sistema acusatório, empregada em nosso sistema processual penal.

- **Lei de Lavagem de Capitais (Lei 9.613/1998).**

– a competência no caso de lavagem de dinheiro dependerá da análise do caso concreto. O próprio art. 2º da Lei 9.613/1998 dispõe ser competente a Justiça Federal: a) quando praticados os crimes contra o sistema financeiro e a ordem econômico-financeira, ou em detrimento de bens, serviços ou interesses da União, ou de suas entidades autárquicas ou empresas públicas; b) quando a infração penal antecedente for de competência da Justiça Federal.

– o art. 4º da Lei 9.613/1998, com a redação dada pela Lei 12.683/2012, dispõe que o juiz, de ofício, a requerimento do Ministério Público ou mediante representação do delegado de polícia, ouvido o Ministério Público em 24 horas, havendo indícios suficientes de infração penal, poderá decretar medidas assecuratórias de bens, direitos ou valores do investigado ou acusado, ou existentes em nome de interpostas pessoas, que sejam instrumento, produto ou proveito dos crimes previstos na referida lei ou das infrações penais antecedentes. E os §§ 2º e 3º realmente preveem que o interessado deve comprovar a licitude do bem para obter a liberação total ou parcial, bem como comparecer pessoalmente. A questão fala que o juiz age "uma vez provocado", mas a lei permite que atue de ofício;

– o art. 366 do CPP também é aplicado ao delito de lavagem de dinheiro, segundo parte da doutrina. No entanto, a Lei 9.613/1998, em seu art. 2º, § 2º, sempre trouxe regra sobre a não aplicação do art. 366 do CPP aos casos nela tratados. A regra foi mantida e ligeiramente modificada pela Lei 12.683/2012: no processo por crime de lavagem de dinheiro, não se aplica o art. 366 do CPP, devendo o acusado que não comparecer nem constituir advogado ser citado por edital, prosseguindo o feito até o julgamento, com a nomeação de defensor dativo.

- **Código de Trânsito Brasileiro (Lei 9.503/1997).**

– o art. 291, § 1º, do CTB (Lei 9.503/1997) não permite a aplicação dos arts. 74 (composição dos danos civis em audiência preliminar), 76 (transação penal), e 88 (representação em caso de lesões corporais leves ou culposas) da Lei 9.099/1995 nos casos de crimes de trânsito de lesão corporal culposa quando agente estiver sob a influência de álcool ou qualquer outra substância psicoativa que determine dependência; participando, em via pública, de corrida, disputa ou competição automobilística, de exibição ou demonstração de perícia em manobra de veículo automotor, não autorizada pela autoridade competente; transitando em velocidade superior à máxima permitida para a via em 50 km/h;

– além disso, não basta a instauração de termo circunstanciado, mas de inquérito policial para apurar tal crime em tais condições (§ 2º);

– com tais regras, e considerando que o homicídio culposo e a direção embriagada não são crimes de menor potencial ofensivo, conclui-se que não se deve aplicar o procedimento sumaríssimo quando há influência de álcool.

- **Lei das Organizações Criminosas (Lei 12.850/2013).**

– Considera organização criminosa a associação de 4 ou mais pessoas estruturalmente ordenada e caracterizada pela divisão de tarefas, ainda que informalmente, com objetivo de obter, direta ou indiretamente, vantagem de qualquer natureza, mediante a prática de infrações penais cujas penas máximas sejam superiores a 4 anos, ou que sejam de caráter transnacional;

– Prevê os seguintes meios de prova (embora não os regule todos):

- colaboração premiada;
- captação ambiental de sinais eletromagnéticos, ópticos ou acústicos;
- ação controlada;
- acesso a registros de ligações telefônicas e telemáticas, a dados cadastrais constantes de bancos de dados públicos ou privados e a informações eleitorais ou comerciais;
- interceptação de comunicações telefônicas e telemáticas, nos termos da legislação específica;
- afastamento dos sigilos financeiro, bancário e fiscal, nos termos da legislação específica;
- infiltração, por policiais, em atividade de investigação, na forma do art. 11;

– **Colaboração premiada:** o juiz poderá, a requerimento das partes, conceder o perdão judicial, reduzir em até 2/3 a pena privativa de liberdade ou substituí-la por restritiva de direitos daquele que tenha colaborado efetiva e voluntariamente com a investigação e com o processo criminal, desde que dessa colaboração advenha um ou mais dos seguintes resultados: I – a identificação dos demais coautores e partícipes da organização criminosa e das infrações penais por eles praticadas; II – a revelação da estrutura hierárquica e da divisão de tarefas da organização criminosa; III – a prevenção de infrações penais decorrentes das atividades da organização criminosa; IV – a recuperação total ou parcial do produto ou do proveito das infrações penais praticadas pela organização criminosa; V – a localização de eventual vítima com a sua integridade física preservada.

- nas mesmas hipóteses do caput, o Ministério Público poderá deixar de oferecer denúncia se o colaborador: I – não for o líder da organização criminosa;

II – for o primeiro a prestar efetiva colaboração nos termos deste artigo.

– **Ação controlada**: consiste em retardar a intervenção policial ou administrativa relativa à ação praticada por organização criminosa ou a ela vinculada, desde que mantida sob observação e acompanhamento para que a medida legal se concretize no momento mais eficaz à formação de provas e obtenção de informações;

– **Infiltração de agentes de polícia**: permita em tarefas de investigação, representada pelo delegado de polícia ou requerida pelo Ministério Público, após manifestação técnica do delegado de polícia quando solicitada no curso de inquérito policial, será precedida de circunstanciada, motivada e sigilosa autorização judicial, que estabelecerá seus limites.

• será admitida se houver indícios de infração penal envolvendo organização criminosa e se a prova não puder ser produzida por outros meios disponíveis;

• a infiltração será autorizada pelo prazo de até 6 meses, sem prejuízo de eventuais renovações, desde que comprovada sua necessidade. Findo o prazo, um relatório circunstanciado será apresentado ao juiz competente, que imediatamente cientificará o Ministério Público.

12. NULIDADES

• Segundo Gustavo Badaró, os **atos juridicamente inexistentes** "são *não atos*, em relação aos quais não se cogita de invalidação, pois a existência é um *problema que antecede a questão da validade*. Não há que falar em nulidade do ato inexistente. Somente em relação aos atos juridicamente existentes é que se cogita de sua validade ou invalidade, ficando os atos inexistentes fora de tal categoria" (*Processo Penal*. Rio de Janeiro: Campus/Elsevier, 2012, p. 575).

• **Nulidade absoluta**:

– o prejuízo é presumido. Assim, a parte não precisa demonstrar que foi prejudicada pelo ato viciado. No entanto, a presunção não é absoluta e o STF tem mostrado uma tendência a de exigir a comprovação, sempre, do prejuízo;

– pode ser arguida a todo tempo, em regra. No caso de haver sentença absolutória com trânsito em julgado, não mais poderá ser arguida;

• **Nulidade relativa**:

– deve ser comprovado o prejuízo à parte que arguir a nulidade;

– deve ser arguida no momento oportuno, pena de preclusão. Vejamos tais momentos:

• as nulidades da instrução criminal ocorridas na primeira fase do procedimento do Júri, ocorridas depois da resposta à acusação, devem ser arguidas na fase das alegações finais orais ou nos memoriais;

• as nulidades ocorridas depois da pronúncia, mas antes da designação do julgamento devem ser arguidas na fase do art. 422 do CPP;

• as nulidade ocorridas depois da fase de preparação do julgamento pelo Júri (art. 422), mas antes do julgamento devem ser arguidas no julgamento, após o pregão;

• as nulidade ocorridas no julgamento em plenário do Júri devem ser arguidas de imediato

• nos procedimentos comuns ordinário e sumário, as nulidades ocorridas até a citação devem ser arguidas na resposta à acusação; se ocorridas depois, a arguição se dará até as alegações finais orais ou nos memoriais;

• nestes casos, se ocorridas depois da sentença, devem ser arguidas no recurso.

• **Princípios:**

– **da transcendência ou do prejuízo** (*pas de nullité sans grief*): nenhum ato será declarado nulo, se da nulidade não resultar prejuízo para a acusação ou para a defesa;

• não será declarada a nulidade de ato processual que não houver influído na apuração da verdade substancial ou na decisão da causa;

– **da conservação dos atos processuais**: incompetência do juízo anulará apenas os atos decisórios;

• parte minoritária da doutrina entende que a incompetência absoluta provoca a anulação de todos os atos processuais, enquanto a relativa anula apenas os atos decisórios;

• ocorre que o Supremo Tribunal Federal passou a entender que até mesmo os atos decisórios proferidos por juiz incompetente pode ser ratificado pelo juiz que receber o processo. Nesse sentido: HC 83.006-SP, Rel. Min. Ellen Gracie, j. 18.06.2003.

– **do interesse**: nenhuma das partes poderá arguir nulidade referente a formalidade cuja observância só à parte contrária interesse;

• nenhuma das partes poderá arguir nulidade a que haja dado causa, ou para que tenha concorrido;

– **da instrumentalidade das formas**: não será declarada a nulidade de ato processual que, praticado por outra forma, tiver atingido o seu fim;

– **da oportunidade**: não será declarada nulidade (relativa) se não for arguida, em tempo oportuno;

– **da preclusão lógica**: não será declarada nulidade (relativa) se a parte, ainda que tacitamente, tiver aceito os seus efeitos;

– **da causalidade (ou da consequencialidade)**: a nulidade de um ato, uma vez declarada, causará a dos atos que dele diretamente dependam ou sejam consequência.

	Nulidade absoluta	Nulidade relativa
Ocorrência	violação de regras processuais previstas na CF	inobservância da forma do ato
Declaração	pode ser declarada de ofício	depende de provocação das partes para seu reconhecimento
Princípios	da instrumentalidade das formas	da transcendência
	da causalidade (ou da consequencialidade)	da conservação dos atos processuais
		do interesse
		da instrumentalidade das formas
		da oportunidade
		da preclusão lógica
		da causalidade (ou da consequencialidade)

13. RECURSOS

- **Características principais dos recursos:**
- **voluntariedade**: a parte interessada deve manifestar a intenção de recorrer. O reexame necessário da decisão de mérito é prevista em poucas hipóteses: decisão que concede habeas corpus ou a reabilitação; e decisão absolutória de acusados em processo por crime contra a economia popular ou arquivamento do respectivo inquérito policial (art. 7º da Lei 1.521/1951);
- **previsão legal**;
- **interposição antes da preclusão ou da coisa julgada.**
- **Princípios**:
- **duplo grau de jurisdição**: a decisão da matéria de fato e de direito deve ser reexaminada por órgão jurisdicional diverso daquele que a prolatou. O princípio é restringido, no Brasil, nos casos de foro por prerrogativa de função;
- **unirrecorribilidade das decisões**: a cada decisão deve corresponder, normalmente, apenas um recurso;
- **fungibilidade**: salvo a hipótese de má-fé, a parte não será prejudicada pela interposição de um recurso por outro (art. 579, CPP);
- **taxatividade**: o recurso deve estar previsto em lei para ser admitido. Porém, é possível a aplicação de interpretação extensiva e analogia, com um limite: não será admitido o recurso, mesmo nesses casos, se resta claro que a lei quis excluir a possibilidade de recurso na hipótese considerada;
- **voluntariedade**: v. acima;
- **disponibilidade**: cabe à parte decidir se quer ou não recorrer. No caso do Ministério Público, uma vez optando por recorrer, não pode desistir do recurso interposto;
- **non reformatio in pejus**: em caso de recurso interposto exclusivamente pela defesa, o recorrente não poderá ser prejudicado pela decisão do tribunal. A isso, dá-se também o nome de **efeito prodrômico da sentença**. Inclui-se a proibição à *reformatio in pejus* indireta: havendo recurso exclusivo da defesa que resulte em anulação da decisão, esta quando novamente proferida, não poderá agravar a situação do recorrente.
- **Recurso em sentido estrito**:
- hipóteses de cabimento previstas no art. 581, CPP; embora se diga que o rol não é taxativo, não se pode incluir situações que evidentemente foram excluídas pelo legislador (ex.: há previsão apenas de recurso contra decisão que não receber a denúncia, estando excluída a possibilidade de recurso contra a decisão que a receber);
- prazo para interposição: 5 dias;
- prazo para apresentação de razões e contrarrazões: 2 dias;
- efeito suspensivo: apenas naqueles interpostos contra perda da fiança e decisão que denegar a apelação ou a julgar deserta;
- é previsto juízo de retratação.
- **Apelação**:
- hipóteses de cabimento:
- das sentenças definitivas de condenação ou absolvição proferidas por juiz singular;
- das decisões definitivas, ou com força de definitivas, proferidas por juiz singular nos casos em que não cabe recurso em sentido estrito;
- das decisões de impronúncia e absolvição sumária;
- das decisões do Tribunal do Júri;
- da rejeição da denúncia ou da queixa no procedimento da Lei 9.099/1995;
- da decisão homologatória da transação penal, prevista na Lei 9.099/1995;
- em regra, não terá efeito suspensivo, salvo no caso em que interposta contra sentença condenatória;
- nos crimes de competência do Tribunal do Júri, ou do juiz singular, se da sentença não for interposta apelação pelo Ministério Público no prazo legal, o ofendido ou qualquer das pessoas enumeradas no art. 31 do CPP, ainda que não se tenha habilitado como assistente, poderá interpor apelação, que não terá, porém, efeito suspensivo;
- prazo para interposição: 5 dias;

- prazo para apresentação de razões e contrarrazões:
  - crimes: 8 dias;
  - para o assistente: 3 dias;
  - contravenções penais: 3 dias.
- se o apelante declarar, na petição ou no termo, ao interpor a apelação, que deseja arrazoar na superior instância serão os autos remetidos ao tribunal ad quem onde será aberta vista às partes, observados os prazos legais.

PRAZOS		
–	INTERPOSIÇÃO	RAZÕES E C.R.
APELAÇÃO	5 dias	8 dias (crime) – 3 dias (contravenções)
R.E.S.E.	5 dias	2 dias

- **Carta testemunhável**:
- o CPP estabelece que deve ser dada carta testemunhável da decisão que denegar o recurso e da que, admitindo embora o recurso, obstar à sua expedição e seguimento para o juízo *ad quem*;
- portanto, se a apelação não for recebida, caberá recurso em sentido estrito (art. 581, XV), mas, caso este não seja recebido pelo juiz, será possível a carta testemunhável;
- a carta testemunhável será requerida ao escrivão, ou ao secretário do tribunal, conforme o caso, nas 48 horas seguintes ao despacho que denegar o recurso, indicando o requerente as peças do processo que deverão ser trasladadas. Então, o escrivão, ou o secretário do tribunal, dará recibo da petição à parte e, no prazo máximo de 5 dias, no caso de recurso em sentido estrito, ou de 60 dias, no caso de recurso extraordinário, fará entrega da carta, devidamente conferida e concertada. E a lei prevê que o escrivão, ou o secretário do tribunal, que se negar a dar o recibo, ou deixar de entregar, sob qualquer pretexto, o instrumento, será suspenso por trinta dias;
- o juiz, ou o presidente do Tribunal de Apelação, em face de representação do testemunhante, imporá a pena e mandará que seja extraído o instrumento, sob a mesma sanção, pelo substituto do escrivão ou do secretário do tribunal. Se o testemunhante não for atendido, poderá reclamar ao presidente do tribunal *ad quem*, que avocará os autos, para o efeito do julgamento do recurso e imposição da pena;
- extraído e autuado o instrumento, observar-se-á o disposto nos arts. 588 a 592 do CPP, no caso de recurso em sentido estrito;
- o processo da carta testemunhável na instância superior seguirá o processo do recurso denegado e não terá efeito suspensivo;
- o juiz poderá se retratar de sua decisão anterior que não deu seguimento a recurso interposto, não, obviamente, de sua decisão de mérito.

- **Correição parcial**: é classificado como recurso apenas pela doutrina, sendo cabível contra a inversão tumultuária do processo.
- **Embargos de declaração**:
- art. 382, CPP: qualquer das partes poderá, no prazo de 2 dias, pedir ao juiz que declare a sentença, sempre que nela houver obscuridade, ambiguidade, contradição ou omissão;
- art. 619, CPP: aos acórdãos proferidos pelos Tribunais de Apelação, câmaras ou turmas, poderão ser opostos embargos de declaração, no prazo de dois dias contados da sua publicação, quando houver na sentença ambiguidade, obscuridade, contradição ou omissão;
- art. 83, § 2º, da Lei 9.099/1995: a apresentação dos embargos provoca a suspensão do prazo para os demais recursos. O CPP não tem previsão a respeito, razão pela qual a doutrina majoritária entende deva ser aplicado, subsidiariamente, o CPC (art. 1.026), que prevê a interrupção – não a suspensão – do prazo recursal, ou seja, o prazo se inicia novamente depois de julgados os embargos.
- **Protesto por novo Júri**: não existe mais, tendo sido revogado em 2008 os dispositivos que o previam (arts. 607 e 608, CPP).
- **Embargos infringentes e de nulidade**:
- recurso exclusivamente em favor do acusado, contra acórdão não unânime;
- prazo de 10 dias para interposição, a contar da publicação do acórdão;
- serão restritos à matéria objeto de divergência;
- não há vedação a que o Ministério Público interponha tal recurso, razão pela qual entendemos ser possível, desde que o faça em favor do acusado.
- e o caso de acórdão unânime numa parte e não unânime em outra? Cabem embargos infringentes quanto à parte não unânime e recurso especial ou extraordinário quanto à parte unânime? O entendimento era o de que deveriam ser interpostos embargos infringentes e, somente depois do julgamento destes, é que seriam interpostos RE ou REsp. Tal entendimento baseava-se no disposto no art. 498, do CPC revogado. O novo CPC não prevê embargos infringentes. Que fazer? A nosso ver, mais seguro interpor RE ou REsp quanto à parte unânime e embargos infringentes contra a não unânime. Tal entendimento pode trazer de volta duas Súmulas já antigas do STF:
  - **Súmula 354 do STF:** "Em caso de embargos infringentes parciais, é definitiva a parte da decisão embargada em que não houve divergência na votação";
  - **Súmula 355 do STF:** "Em caso de embargos infringentes parciais, é tardio o recurso extraordinário interposto após o julgamento dos em-

bargos, quanto à parte da decisão embargada que não for a por eles abrangida".

- **Agravo em execução**:
- o agravo em execução não terá efeito suspensivo, conforme disposição expressa do art. 197 da LEP;
- o STJ entende não ser cabível a interposição de mandado de segurança para dar efeito suspensivo ao agravo;
- o prazo para a interposição é o mesmo do recurso em sentido estrito, aplicando-se, aqui, o disposto no art. 586 do CPP. A Lei de Execução Penal silencia a respeito, mas esse entendimento encontra-se na Súmula 700 do STF.

14. HABEAS CORPUS

- **Habeas corpus**:
- é garantia prevista no art. 5º, LXVIII, CF: conceder-se-á "habeas-corpus" sempre que alguém sofrer ou se achar ameaçado de sofrer violência ou coação em sua liberdade de locomoção, por ilegalidade ou abuso de poder;
- não é recurso, mas ação constitucional;
- protege a liberdade de locomoção;
- portanto, não havendo risco à liberdade de locomoção, não é cabível, sendo utilizado o mandado de segurança;
- muito importante: o STF e o STJ têm limitado a possibilidade de impetração de *habeas corpus* quando for cabível a interposição de recurso ou revisão criminal. Em outras palavras, o *habeas corpus* não pode servir de sucedâneo recursal ou de revisão criminal.
- **Mandado de segurança:**
- é garantia prevista no art. 5º, LXIX, CF: conceder-se-á mandado de segurança para proteger direito líquido e certo, não amparado por "habeas-corpus" ou "habeas-data", quando o responsável pela ilegalidade ou abuso de poder for autoridade pública ou agente de pessoa jurídica no exercício de atribuições do Poder Público;
- não é recurso, mas ação constitucional;
- protege direitos líquidos e certos outros que não o de locomoção;
- regulado pela Lei 12.016/2009.

15. MEDIDAS COATIVAS PESSOAIS

- São de dois tipos as chamadas de medidas cautelares: **prisão** e **medidas cautelares diversas da prisão**

MEDIDAS COATIVAS PESSOAIS	ESPÉCIES
Prisão	• prisão em flagrante delito • prisão temporária • prisão preventiva

MEDIDAS COATIVAS PESSOAIS	ESPÉCIES
Medidas Cautelares Diversas	• comparecimento periódico em juízo, no prazo e nas condições fixadas pelo juiz, para informar e justificar atividades • proibição de acesso ou frequência a determinados lugares quando, por circunstâncias relacionadas ao fato, deva o indiciado ou acusado permanecer distante desses locais para evitar o risco de novas infrações • proibição de manter contato com pessoa determinada quando, por circunstâncias relacionadas ao fato, deva o indiciado ou acusado dela permanecer distante • proibição de ausentar-se da Comarca quando a permanência seja conveniente ou necessária para a investigação ou instrução • recolhimento domiciliar no período noturno e nos dias de folga quando o investigado ou acusado tenha residência e trabalho fixos • suspensão do exercício de função pública ou de atividade de natureza econômica ou financeira quando houver justo receio de sua utilização para a prática de infrações penais • internação provisória do acusado nas hipóteses de crimes praticados com violência ou grave ameaça, quando os peritos concluírem ser inimputável ou semi-imputável (art. 26 do Código Penal) e houver risco de reiteração • fiança, nas infrações que a admitem, para assegurar o comparecimento a atos do processo, evitar a obstrução do seu andamento ou em caso de resistência injustificada à ordem judicial • monitoração eletrônica; • proibição de ausentar-se do país, com entrega do passaporte

- **Características**:
- somente deve ser aplicada medida adequada ao fim que se busca atingir;
- somente deve ser aplicada a medida que realmente se mostre necessária para atingir tal fim, devendo ser escolhida a menos restritiva a direito fundamental;
- as medidas podem ser aplicadas isoladas ou cumuladas;
- as medidas não podem ser aplicadas de ofício pelo juiz no curso da investigação criminal, dependendo de representação da autoridade policial ou de requerimento do Ministério Público;
- durante a fase processual, o juiz pode decretar de ofício;
- ressalvados os casos de urgência ou de perigo de ineficácia da medida, o juiz deve ouvir a pessoa que será atingida por ela;
- o juiz pode substituir uma medida por outra ou acrescer alguma àquela já aplicada;
- a prisão preventiva pode ser decretada em caso de descumprimento das medidas cautelares diversas da prisão.
- **Prisão especial:** consiste exclusivamente no recolhimento da pessoa em local distinto da prisão comum. É cabível para algumas pessoas, em caso de prisão provisória, portanto, antes da prisão em razão de condenação definitiva. Tais pessoas permanecerão em quartéis ou em prisão especial. E, não havendo estabelecimento específico para o preso especial, este será recolhido em cela distinta do mesmo estabelecimento. São elas (o rol do CPP é apenas exemplificativo, já que leis especiais podem – e trazem – outros casos, sendo exemplo os **membros do Ministério Público**):
- os ministros de Estado;
- os governadores ou interventores de Estados ou Territórios, o governador do Distrito Federal, seus respectivos secretários, os prefeitos municipais, os vereadores e os chefes de Polícia (Delegado-Geral de Polícia);
- os membros do Parlamento Nacional, do Conselho de Economia Nacional (que não mais existe) e das Assembleias Legislativas dos Estados;
- os cidadãos inscritos no "Livro de Mérito" (v. Decreto-lei 1.706/1939 e sua regulamentação pelo Decreto 5.244/1940);
- os oficiais das Forças Armadas e os militares dos Estados, do Distrito Federal e dos Territórios;
- os magistrados;
- os diplomados por qualquer das faculdades superiores da República;
- os ministros de confissão religiosa;
- os ministros do Tribunal de Contas;
- os cidadãos que já tiverem exercido efetivamente a função de jurado, salvo quando excluídos da lista por motivo de incapacidade para o exercício daquela função;
- os delegados de polícia e os guardas-civis dos Estados e Territórios, ativos e inativos.
- O art. 84 da LEP, com as modificações trazidas pela Lei 13.167/2015, passou a exigir a separação de presos provisórios ou condenados, segundo alguns critérios. Assim, os presos provisórios deverão ficar separados da seguinte maneira: (i) acusados pela prática de crimes hediondos ou equiparados; (ii) acusados pela prática de crimes cometidos com violência ou grave ameaça à pessoa; (iii) acusados pela prática de outros crimes ou contravenções diversos dos anteriores
- **Critérios da decretação e escolha das medidas cautelares**:
- deve o juiz (e, como muitas vezes será o requerente, também o Ministério Público) verificar qual o objetivo que pretende atingir com a decretação da medida cautelar (ex.: assegurar a realização da instrução criminal, impedindo intimidação de testemunha; impedir que o acusado fuja, vindo a frustrar a aplicação da lei penal etc.);
- deve estar presente o *fumus comissi delicti*, ou seja, indícios suficientes que indiquem ter o imputado envolvimento na infração penal;
- verificação da presença do *periculim libertatis*, ou seja, do risco efetivo que a liberdade do imputado representa para o fim que se pretende atingir com a medida;
- verificação de quais medidas cautelares, incluindo a prisão preventiva, são adequadas para atingir a finalidade;
- em seguida, dentre as adequadas, qual a necessária, ou seja, aquela que terá eficiência para atingir a finalidade buscada, ao mesmo tempo em que representa uma menor restrição aos direitos fundamentais envolvidos
- a restrição deve ser proporcional à pena que o imputado receberá em caso de condenação, é dizer: se não há probabilidade de cumprir pena privativa de liberdade, mas restritiva de direito, não é cabível a prisão preventiva; se apenas receberá pena privativa de liberdade em regime aberto, idem;
- estes três últimos critérios representam a aplicação do princípio da proporcionalidade;
- notem: o art. 282 do CPP tenta trazer o princípio para a legislação processual, mas o faz de modo invertido.
- **regra**: a prisão preventiva será determinada quando não for cabível a sua substituição por outra medida cautelar (art. 282, § 6º, CPP).
- **Prisão temporária**: prevista na Lei 7.960/1989.

- cabível apenas na fase de investigação;
- não pode ser decretada de ofício pelo juiz, dependendo de representação da autoridade policial ou de requerimento do Ministério Público;
- tem duração máxima de 5 dias, prorrogável, apenas uma vez, por igual período, em caso de comprovada necessidade; nos casos dos crimes previsto na Lei 8.072/1990 (Lei dos Crimes Hediondos), o prazo máximo é de 30 dias, igualmente prorrogáveis;
- é cabível:
  - quando imprescindível para as investigações do inquérito policial;
  - quando o indicado não tiver residência fixa ou não fornecer elementos necessários ao esclarecimento de sua identidade;
  - quando houver fundadas razões, de acordo com qualquer prova admitida na legislação penal, de autoria ou participação do indiciado nos seguintes crimes:
  - homicídio doloso;
  - sequestro ou cárcere privado;
  - roubo;
  - extorsão;
  - extorsão mediante sequestro;
  - estupro;
  - epidemia com resultado de morte;
  - envenenamento de água potável ou substância alimentícia ou medicinal qualificado pela morte;
  - quadrilha ou bando;
  - genocídio, em qualquer de sua formas típicas;
  - tráfico de drogas;
  - crimes contra o sistema financeiro;
  - crimes previstos na Lei de Terrorismo.
- o rol de crimes é taxativo, só sendo possível a decretação da prisão temporária em tais casos e desde que: imprescindível para as investigações do inquérito policial; ou quando o indicado não tiver residência fixa ou não fornecer elementos necessários ao esclarecimento de sua identidade.

- **Prisão em flagrante**: hipóteses previstas no art. 302 do CPP.

ESPÉCIES DE FLAGRANTE DO CPP		
–	**Característica**	**Dispositivo legal**
flagrante próprio ou propriamente dito ou real ou verdadeiro	o imputado está cometendo a infração penal ou acaba de cometê-la	art. 302, I e II
flagrante impróprio ou irreal ou quase flagrante	o imputado é perseguido, logo após, pela autoridade, pelo ofendido ou por qualquer pessoa, em situação que faça presumir ser autor da infração	art. 302, III
flagrante presumido ou ficto ou assimilado	o imputado é encontrado, logo depois, com instrumentos, armas, objetos ou papéis que façam presumir ser ele autor da infração	art. 302, IV

- as autoridades policiais e seus agentes têm a obrigação de prender o imputado em situação de flagrância (**flagrante obrigatório**); qualquer do povo pode efetuar tal prisão (**flagrante facultativo**);
- **flagrante esperado**: a autoridade policial, sabendo que um crime poderá ocorrer em determinado local, em determinada hora, para lá se dirige e, quando realmente a infração se perfaz, efetua a prisão, que é legal;
- **flagrante preparado**: é ilegal, pois há provocação do agente da autoridade policial para que o imputado cometa o crime. Para o Supremo Tribunal Federal, não há crime quando a preparação do flagrante tornou impossível sua consumação (Súmula 145);
- **ação controlada (flagrante prorrogado** ou **retardado** ou **postergado** ou **diferido** ou **estratégico)**: é situação prevista em leis especiais.
  - **Lei 12.850/2013**, art. 8º: consiste em retardar a intervenção policial ou administrativa relativa à ação praticada por organização criminosa ou a ela vinculada, desde que mantida sob observação e acompanhamento para que a medida legal se concretize no momento mais eficaz à formação de provas e obtenção de informações. Nesse caso, o retardamento da intervenção policial ou administrativa será previamente comunicado ao juiz competente que, se for o caso, estabelecerá os seus limites e comunicará ao Ministério Público;
  - **Lei 11.343/2006**, art. 53, II: a não atuação policial sobre os portadores de drogas, seus precursores químicos ou outros produtos utilizados em sua produção, que se encontrem no território brasileiro, com a finalidade de identificar e responsabilizar maior número de integrantes de operações de tráfico e distribuição, sem prejuízo da ação penal cabível.
- aos casos em que se aplica a Lei 9.099/1995 (ou seja, nas infrações penais de menor potencial ofensivo, excluídos os casos da Lei 11.340/2005, sobre violência doméstica), não se fará o flagrante, devendo ser lavrado termo circunstanciado, desde que o autor do fato seja encaminhado ao juizado ou assumir o compromisso de a ele comparecer;

CASOS ESPECIAIS		
Magistrados	**Membros do Ministério Público**	**Advogados**
só serão presos em flagrante em caso de cometimento de crime inafiançável e a autoridade policial deverá imediatamente comunicar e apresentar o preso ao Presidente do tribunal	só serão presos em flagrante em caso de cometimento de crime inafiançável, quando a autoridade policial deverá comunicar e apresentar o preso ao Procurador-Geral em 24 horas	podem ser presos em flagrante, mas, quando o flagrante ocorrer por motivo de exercício da profissão, somente será possível se o crime for inafiançável, sendo necessária, nesse caso, a presença de representante da Ordem dos Advogados do Brasil durante a lavratura do auto

- apresentado o preso à autoridade competente, ouvirá esta o condutor e colherá, desde logo, sua assinatura, entregando a este cópia do termo e recibo de entrega do preso. Em seguida, procederá à oitiva das testemunhas (testemunhas numerárias) que o acompanharem e ao interrogatório do acusado sobre a imputação que lhe é feita, colhendo, após cada oitiva suas respectivas assinaturas, lavrando, a autoridade, afinal, o auto;
- a doutrina não vê empecilho para lavratura do auto no caso da presença de apenas uma testemunha;
- a falta de testemunhas da infração não impedirá o auto de prisão em flagrante; mas, nesse caso, com o condutor, deverão assiná-lo pelo menos duas pessoas que hajam testemunhado a apresentação do preso à autoridade (testemunhas instrumentais ou indiretas);
- não havendo autoridade no lugar em que se tiver efetuado a prisão, o preso será logo apresentado à do lugar mais próximo;
- a prisão de qualquer pessoa e o local onde se encontre serão comunicados imediatamente ao juiz competente, ao Ministério Público e à família do preso ou à pessoa por ele indicada;
- ao receber o auto de prisão em flagrante, o juiz deverá fundamentadamente (art. 310, CPP):
  - relaxar a prisão ilegal; ou
  - conceder liberdade provisória, com ou sem fiança; ou
  - converter a prisão em flagrante em preventiva, quando presentes os requisitos constantes do art. 312 do CPP, e se revelarem inadequadas ou insuficientes as medidas cautelares diversas da prisão.
- invertemos a ordem prevista no art. 310: o juiz somente decretará a prisão preventiva se não for caso de concessão da liberdade provisória, com ou sem aplicação de medida cautelar diversa da prisão;
  - **importante**: percebam que a prisão em flagrante não mais se sustenta sozinha. Portanto, para que o imputado permaneça preso, deve ser decretada a prisão preventiva;
  - por isso, parte da doutrina tem afirmado que a prisão em flagrante tem natureza "pré-cautelar";
  - parte da doutrina também entende que o juiz pode decidir sem ouvir o Ministério Público. Particularmente, entendemos que deve o *Parquet* ser ouvido, até para que diga se há necessidade ou não de aplicação de alguma medida cautelar ou de prisão preventiva. E mais: se há a presença do *fumus comissi delicti* e do *periculum libertatis*.

- **Prisão preventiva**:

- pode ser decretada durante a investigação (nesse caso, nunca de ofício) ou durante fase processual;
- devem ser observados os requisitos dos arts. 312 e 313 do CPP.
- particularmente, apreciamos a classificação trazida por Antonio Scarance Fernandes quando à prisão preventiva. Para tal importante autor, há cinco espécies de prisão preventiva: "a prisão preventiva originária, imposta a pessoa solta (arts. 312 e 313, CPP); a prisão preventiva derivada, resultante de conversão de prisão em flagrante (art. 310, II, CPP); a prisão preventiva sancionatória, decretada em caso de descumprimento de outra medida cautelar (art. 312, par. único, CPP); a prisão preventiva protetiva, aplicada para garantir a atuação de medida protetiva em caso de violência doméstica (art. 313, III, CPP) e a prisão preventiva esclarecedora, determinada para que se esclareça a identidade de pessoa suspeita (art. 313, par. único, CPP)" (*Processo constitucional*. 7ª ed., São Paulo: Revista dos Tribunais, 2012, pp. 292-293).

REQUISITOS E CONDIÇÕES PARA A PRISÃO PREVENTIVA	
Art. 312, CPP	1) como garantia da ordem pública; 2) como garantia da ordem econômica; 3) por conveniência da instrução criminal; 4) para assegurar a aplicação da lei penal
Art. 313, CPP	1) crimes dolosos punidos com pena privativa de liberdade máxima superior a 4 anos; 2) se o imputado tiver sido condenado por outro crime doloso, em sentença transitada em julgado, ressalvado o disposto no inciso I do caput do art. 64 do Código Penal

Art. 313, CPP	3) se o crime envolver violência doméstica e familiar contra a mulher, criança, adolescente, idoso, enfermo ou pessoa com deficiência, para garantir a execução das medidas protetivas de urgência; 4) quando houver dúvida sobre a identidade civil da pessoa ou quando esta não fornecer elementos suficientes para esclarecê-la, devendo o preso ser colocado imediatamente em liberdade após a identificação, salvo se outra hipótese recomendar a manutenção da medida.

- a prisão preventiva em nenhum caso será decretada se o juiz verificar pelas provas constantes dos autos ter o agente praticado o fato sob manto de excludente de ilicitude (art. 23, CP);
- diz o art. 236 do Código Eleitoral (Lei 4.737/1965) que nenhuma autoridade poderá, desde 5 dias antes e até 48 horas depois do encerramento da eleição, prender ou deter qualquer eleitor, salvo em flagrante delito ou em virtude de sentença criminal condenatória por crime inafiançável, ou, ainda, por desrespeito a salvo-conduto. E o § 1º determina que os membros das mesas receptoras e os fiscais de partido, durante o exercício de suas funções, não poderão ser detidos ou presos, salvo o caso de flagrante delito; da mesma garantia gozarão os candidatos desde 15 dias antes da eleição. Portanto, ainda que o juiz decrete a prisão, não poderá ser cumprido mandado dentro de tal prazo;
- poderá o juiz substituir a prisão preventiva pela domiciliar quando o agente for:
  - maior de 80 anos;
  - extremamente debilitado por motivo de doença grave;
  - imprescindível aos cuidados especiais de pessoa menor de 6 anos de idade ou com deficiência;
  - gestante;
  - mulher com filho de até 12 anos de idade incompletos;
  - homem, caso seja o único responsável pelos cuidados do filho de até 12 anos de idade incompletos.

- Como vimos acima, os arts. 319 e 320 do CPP, com a reforma ocorrida em 2011, trouxe diversas medidas cautelares diversas da prisão. Dentre elas, encontra-se a **fiança**.

FIANÇA – QUEM PODE CONCEDER?	
Autoridade Policial	**Juiz**
pena privativa de liberdade máxima não superior a 4 anos	todos os casos de crimes afiançáveis

- são inafiançáveis:
- crimes de racismo;
- crimes de tortura, tráfico ilícito de entorpecentes e drogas afins, terrorismo e nos definidos como crimes hediondos;
- crimes cometidos por grupos armados, civis ou militares, contra a ordem constitucional e o Estado Democrático;
- não pode ser concedida fiança:
- aos que, no mesmo processo, tiverem quebrado fiança anteriormente concedida ou infringido, sem motivo justo, qualquer das obrigações a que se referem os arts. 327 e 328 do CPP;
- em caso de prisão civil ou militar;
- quando presentes os motivos que autorizam a decretação da prisão preventiva).

PARÂMETROS PARA FIXAÇÃO DA FIANÇA	
Pena privativa de liberdade máxima não superior a 4 anos	**Pena privativa de liberdade máxima superior a 4 anos**
1 a 100 salários mínimos	10 a 200 salários mínimos

- se a situação econômica do preso recomendar, a fiança poderá ser:
- dispensada;
- reduzida até o máximo de 2/3; ou
- aumentada em até 1.000 vezes.
- a fiança poderá ser prestada enquanto não transitar em julgado a sentença condenatória.
- **quebramento** da fiança (importará na perda de metade do seu valor, cabendo ao juiz decidir sobre a imposição de outras medidas cautelares ou, se for o caso, a decretação da prisão preventiva):
- não comparecimento do imputado perante a autoridade, quando tenha sido intimado para atos do inquérito e da instrução criminal e para o julgamento, sem motivo justo;
- mudança de residência, sem prévia permissão da autoridade processante;
- ausência por mais de 8 dias de sua residência, sem comunicar àquela autoridade o lugar onde será encontrado;
- deliberadamente, o imputado praticar ato de obstrução ao andamento do processo;
- descumprimento de medida cautelar imposta cumulativamente com a fiança;
- quando o imputado resistir injustificadamente a ordem judicial;
- quando o imputado praticar nova infração penal dolosa.

– **cassação da fiança:**
- quando não era cabível na espécie de delito;
- quando reconhecida a existência de delito inafiançável, no caso de inovação na classificação do delito.

– fiança **sem efeito** (implica em retorno à prisão): quando não for reforçada. Necessidade de reforço:
- quando a autoridade tomar, por engano, fiança insuficiente;
- quando houver depreciação material ou perecimento dos bens hipotecados ou caucionados, ou depreciação dos metais ou pedras preciosas;
- quando for inovada a classificação do delito.

– **perda** da fiança: se, condenado, o acusado não se apresentar para o início do cumprimento da pena definitivamente imposta.

16. MEDIDAS CAUTELARES REAIS

- O CPP as chama de medidas assecuratórias.
- São as seguintes:

– sequestro de bens imóveis ilícitos;
- o imóvel deve ser produto direto ou indireto do crime;

– sequestro de bens móveis ilícitos;
- produto indireto do crime;
- produto direto: busca e apreensão.

– especialização e registro da hipoteca legal;
- bens de origem lícita;
- necessária para reparação do dano;

– arresto de bens imóveis, de origem lícita, previamente ao registro e especialização da hipoteca;

– arresto de bens móveis;
- bens de origem lícita;
- natureza subsidiária: ausência de bens imóveis ou com valor insuficiente para assegurar a indenização.

- Meios de defesa:

– embargos de terceiro: pessoa estranha ao processo;

– embargos do imputado: para alegação de que o bem é lícito, quando afirmado o contrário;

– embargos do terceiro de boa-fé: adquirente de boa-fé.

17. EXECUÇÃO PENAL

- **Trabalho do preso:**

– o condenado à pena privativa de liberdade está obrigado ao trabalho na medida de suas aptidões e capacidade;

– para o preso provisório, o trabalho não é obrigatório e só poderá ser executado no interior do estabelecimento;

– o trabalho externo será admissível para os presos em regime fechado somente em serviço ou obras públicas realizadas por órgãos da Administração direta ou indireta, ou entidades privadas, desde que tomadas as cautelas contra a fuga e em favor da disciplina.

- **Faltas disciplinares**: classificam-se em leves, médias e graves, as duas primeiras especificadas na legislação local, não na LEP.

configuram falta grave (art. 50, LEP):	• fuga; • incitar ou participar de movimento para subverter a ordem ou a disciplina; • possuir, indevidamente, instrumento capaz de ofender a integridade física de outrem; • provocar acidente de trabalho; • descumprir, no regime aberto, as condições impostas; • inobservar os deveres previstos nos incisos II e V, do artigo 39, da LEP; • ter em sua posse, utilizar ou fornecer aparelho telefônico, de rádio ou similar, que permita a comunicação com outros presos ou com o ambiente externo.

– **Súmula 441,** Superior Tribunal de Justiça: a falta grave não interrompe o prazo para obtenção de livramento condicional. Também não interrompe o prazo para a comutação das penas, conforme entendimento do mesmo Tribunal Superior. V. Súmulas a respeito de Execução Penal no próximo tópico.

- **Regime Disciplinar Diferenciado (RDD)**: previsto pelo art. 52 da LEP. Tal dispositivo prevê que a prática de fato previsto como crime doloso constitui falta grave e, quando ocasione subversão da ordem ou disciplina internas, sujeita o preso provisório, ou condenado, sem prejuízo da sanção penal, ao regime disciplinar diferenciado, com as seguintes características:

– duração máxima de trezentos e sessenta dias, sem prejuízo de repetição da sanção por nova falta grave de mesma espécie, até o limite de um sexto da pena aplicada;

– recolhimento em cela individual;

– visitas semanais de duas pessoas, sem contar as crianças, com duração de duas horas;

– o preso terá direito à saída da cela por 2 horas diárias para banho de sol.

– os §§ 1º e 2º ampliam a aplicação de tal regime disciplinar diferenciado aos presos provisórios ou condenados, nacionais ou estrangeiros, que apresentem alto risco para a ordem e a segurança do estabelecimento penal ou da sociedade, bem como para o preso provisório ou o condenado sob o qual recaiam fundadas suspeitas de envolvimento ou participação, a qualquer título, em organizações criminosas, quadrilha ou bando.

- **Execução provisória**: o princípio da presunção de inocência, a nosso ver, realmente veda a execução provisória da pena, não obstante as opiniões em contrário. Estas opiniões baseiam-se no fato de que os Recursos Extraordinário e Especial têm, em regra, apenas o efeito devolutivo. É dizer, ainda que não tenha ocorrido o trânsito em julgado da sentença, caso restem apenas tais recursos aos Tribunais Superiores, não haverá efeito suspensivo e, logo, poderá ser iniciado o cumprimento da pena. A nosso ver, o art. 5º, LVII, da CF não faz exceção alguma: ninguém será considerado culpado antes de uma sentença penal condenatória com trânsito em julgado, o que inclui não cumprir pena antes disso. É certo que se admite a progressão de regime de cumprimento da pena ou a aplicação imediata de regime menos severo, antes do trânsito em julgado, o que vem em benefício do acusado. Nesse sentido, a Súmula 716 do Supremo Tribunal Federal. E, ainda, o § 2º do art. 387 do CPP manda que o tempo de prisão provisória já seja computado na sentença para fins de fixação do regime inicial da pena. Ocorre que o STF passou a entender ser possível a execução provisória da pena, sempre, desde que esgotada a via recursal ordinária. Discordamos.

- **Unificação das penas**:

– quando houver condenação por mais de um crime, no mesmo processo ou em processos distintos, a determinação do regime de cumprimento será feita pelo resultado da soma ou unificação das penas, observada, quando for o caso, a detração ou remição; e, sobrevindo condenação no curso da execução, somar-se-á a pena ao restante da que está sendo cumprida, para determinação do regime. Por que dá-se a soma apenas ao restante da pena que está sendo cumprida? Porque o que já cumpriu não pode ser contada: pena cumprida é pena extinta, como gosta de afirmar a doutrina;

– a pena unificada para atender ao limite de trinta anos de cumprimento, determinado pelo art. 75 do Código Penal, não é considerada para a concessão de outros benefícios, como o livramento condicional ou regime mais favorável de execução (Súmula 715, Supremo Tribunal Federal).

- **Excesso ou desvio de execução**: ocorre sempre que algum ato for praticado além dos limites fixados na sentença, em normas legais ou regulamentares (art. 185, LEP – Lei 7.210/1984). O incidente pode ser suscitado pelo Ministério Público, pela Defensoria Pública, pelo Conselho Penitenciário, pelo sentenciado e por qualquer dos demais órgãos da execução penal. (arts. 81-B, I, *f*, e 186, LEP).

- O art. 84 da LEP, com as modificações trazidas pela Lei 13.167/2015, passou a exigir a separação de presos provisórios ou condenados, segundo alguns critérios. Assim, a separação dos presos condenados dá-se segundo estes critérios: (a) condenados pela prática de crimes hediondos ou equiparados; (b) reincidentes condenados pela prática de crimes cometidos com violência ou grave ameaça à pessoa; (c) primários condenados pela prática de crimes cometidos com violência ou grave ameaça à pessoa; (d) demais condenados pela prática de outros crimes ou contravenções em situação diversa das anteriores.

SAÍDAS DURANTE A EXECUÇÃO DA PENA	
PERMISSÃO DE SAÍDA	**SAÍDA TEMPORÁRIA**
condenados em regime fechado ou semiaberto presos provisórios saída com escolta **hipóteses:** • falecimento ou doença grave do cônjuge, companheira, ascendente, descendente ou irmão • necessidade de tratamento médico permissão fornecida pelo direito do estabelecimento	presos em regime semiaberto **requisitos:** • comportamento adequado • cumprimento mínimo de 1/6 da pena, se o condenado for primário, e 1/4, se reincidente • compatibilidade do benefício com os objetivos da pena • saída sem escolta **hipóteses:** • visita à família; • frequência a curso supletivo profissionalizante, bem como de instrução do 2º grau ou superior, na Comarca do Juízo da Execução; • participação em atividades que concorram para o retorno ao convívio social **regras:** • concedida por prazo não superior a 7 dias • pode ser renovada por mais 4 vezes durante o ano • quando se tratar de frequência a curso profissionalizante, de instrução de ensino médio ou superior, o tempo

SAÍDAS DURANTE A EXECUÇÃO DA PENA	
PERMISSÃO DE SAÍDA	SAÍDA TEMPORÁRIA
	de saída será o necessário para o cumprimento das atividades discentes • nos demais casos, as autorizações de saída somente poderão ser concedidas com prazo mínimo de 45 dias de intervalo entre uma e outra. • autorização concedida pelo juiz da execução

- **Remição**: o condenado que cumpre a pena em regime fechado ou semiaberto poderá remir, por trabalho ou por estudo, parte do tempo de execução da pena.

– 1 dia de pena a cada 12 horas de frequência escolar – atividade de ensino fundamental, médio, inclusive profissionalizante, ou superior, ou ainda de requalificação profissional – divididas, no mínimo, em 3 dias;

– 1 dia de pena a cada 3 dias de trabalho.

- **Monitoração eletrônica:** o art. 146-B da LEP permite a monitoração eletrônica de presos quando o juiz autorizar a saída temporária no regime semiaberto ou determinar a prisão domiciliar.

– a violação comprovada dos deveres previstos àqueles que estão sob monitoração poderá acarretar, a critério do juiz da execução, ouvidos o Ministério Público e a defesa:

- a regressão do regime;
- a revogação da autorização de saída temporária;
- a revogação da prisão domiciliar;
- advertência, por escrito, para todos os casos em que o juiz da execução decida não aplicar alguma das medidas anteriores.

– o art. 146-D também permite a revogação da monitoração quando se tornar desnecessária ou inadequada; ou se o acusado ou condenado violar os deveres a que estiver sujeito durante a sua vigência ou cometer falta grave;

– assim, não há uma só hipótese em que a revogação da monitoração é obrigatória. É certo que o art. 118, I, permite a regressão em caso de prática de crime doloso ou falta grave, devendo o juiz ouvir, antes, o condenado. De qualquer modo, não há previsão de proibição e nova progressão.

- **Anistia**: é lei de natureza penal. Como tal, sua edição é da competência legislativa da União (art. 22, I, CF) e, portanto, do Congresso Nacional. Além disso, há não pode ser concedida por medida provisória (art. 62, § 1º, *b*, CF). É lei penal de efeito retroativo, que retira as consequências de alguns crimes já praticados, promovendo, no dizer da doutrina, o seu "esquecimento" jurídico.

- A anistia pode ser:

1) especial (para crimes políticos);
2) comum (para crimes não políticos);
3) própria (concedida antes do trânsito em julgado);
4) imprópria (concedida depois do trânsito em julgado);
5) geral ou plena (menciona os fatos e atinge a todos que os cometeram);
6) parcial ou restrita (menciona fatos, mas exige o preenchimento de alguma condição pessoal do criminoso, como a primariedade);
7) incondicionada ou irrestrita (não exige o atendimento de nenhum requisito);
8) condicionada ou restrita (exige o atendimento a certos requisitos, podendo ser recusada pelo anistiado).

– uma vez concedida, a anistia não pode ser revogada, porque a lei posterior revogadora prejudicaria os anistiados, violando o princípio constitucional de que a lei não pode retroagir para prejudicar o acusado (art. 5º, XL);

– a lei que concede a anistia retira todos os efeitos penais, principais e secundários do fato, mas não os efeitos extrapenais;

– não é possível a concessão de anistia aos crimes mencionados na Lei 8.072/1990 (Lei dos Crimes Hediondos).

- **Agravo em execução**: recurso cabível contra decisões proferidas na execução penal.

– o agravo em execução não terá efeito suspensivo, conforme disposição expressa do art. 197 da LEP;

– o Superior Tribunal de Justiça entende não ser cabível a interposição de mandado de segurança para dar efeito suspensivo ao agravo;

– o prazo para a interposição é o mesmo do recurso em sentido estrito, aplicando-se, aqui, o disposto no art. 586 do CPP. A Lei de Execução Penal silencia a respeito, mas esse entendimento encontra-se na Súmula 700 do Supremo Tribunal Federal.

18. COOPERAÇÃO JURÍDICA INTERNACIONAL

- O Brasil nunca editou uma lei geral sobre cooperação jurídica internacional. Ela seria útil para suprir lacunas existentes nos tratados bilaterais de cooperação celebrados com outros países ou nos casos em que não há tratado, mas apenas promessa de reciprocidade.

- Não obstante, o novo CPC trouxe um capítulo inteiro sobre cooperação jurídica internacional e, a nosso ver, poderá fazer o papel da lei geral ainda não editada, já que, como é cediço, o CPC pode ser aplicado subsidiariamente ao processo penal, já que o CPP permite, em caso de lacuna, a aplicação de outros dispositivos legais por analogia.

- Mas, atenção: em primeiro lugar, deve ser aplicado o tratado de cooperação; subsidiariamente, as regras do CPP e do Regimento Interno do STJ, bem como o novo CPC..

- Principais requisitos para a cooperação segundo o novo CPC:
  - Respeito às garantias do devido processo legal
  - Não admissão de atos que contrariem ou que produzam resultados incompatíveis com as normas fundamentais que regem o Estado brasileiro
  - Recusa de pedido que configure manifesta ofensa à ordem pública
  - Igualdade de tratamento entre nacionais e estrangeiros
  - Publicidade processual
    - Se o tratado exigir, deve ser garantido o sigilo
  - Autoridade central
    - Ministério da Justiça – Departamento de Recuperação de Ativos e Cooperação Jurídica Internacional
    - Procuradoria-Geral da República – Assessoria de Cooperação Jurídica Internacional (tratados com Canadá e Portugal)
  - Espontaneidade na transmissão de informações a autoridades estrangeiras
- **Carta Rogatória**: instrumento por meio do qual um Estado pede a uma autoridade judiciária estrangeira a realização de alguma diligência (carta rogatória instrutória), comunicação de ato processual (carta rogatória ordinatória) ou execução de ato processual constritivo (carta rogatória executória).

– **Carta Rogatória Ativa**: encaminhada pelo Estado brasileiro, por intermédio do Ministério das Relações Exteriores ou do Ministério da Justiça;

– **Carta Rogatória Passiva**: de competência do STJ, que deve exarar o *exequatur*, ou seja, determinar, se o caso, seu cumprimento.

– só será expedida se demonstrada previamente a sua imprescindibilidade, arcando a parte requerente com os custos de envio;

– a expedição não suspenderá a instrução criminal e, findo o prazo marcado para o seu cumprimento e poderá realizar-se o julgamento, mas, a todo tempo, a rogatória, uma vez devolvida, será juntada aos autos.

– devem as partes serem intimadas da data da audiência no Estado estrangeiro? Cremos que não. Em primeiro lugar, o art. 222, *caput*, aplicável às precatórias, determina apenas a intimação da expedição da carta, não da data da audiência. Além disso, é pacífico o entendimento de que, intimada a defesa da expedição da carta precatória, torna-se desnecessária intimação da data da audiência no juízo deprecado (STJ, Súmula 273).

- **Pedido de auxílio direto**: diferencia-se da rogatórias porque nele as autoridades brasileiras não proferem *exequatur* e não homologam ato jurisdicional estrangeiro, sendo possível quando há tratados ou convenções a respeito.

– por meio do auxílio direto, as autoridades brasileiras conhecem dos fatos narrados pela autoridade requerente para daí proferir uma decisão nacional;

– o auxílio direto se dá entre autoridades centrais dos dois países;

– hoje, nossa autoridade central é o Ministério da Justiça, que exerce tal função por meio do seu Departamento de Recuperação de Ativos e Cooperação Jurídica Internacional e do Departamento de Estrangeiros;

– podem ser objeto de pedido de auxílio direto uma ampla gama de medidas que variam desde a comunicação de atos processuais, a obtenção de provas, a oitiva de testemunhas, a quebra de sigilo bancário, fiscal e telemático, a localização de bens e indivíduos, o sequestro de bens, o congelamento de contas bancárias até a repatriação de bens ou valores ilicitamente remetidos ao exterior;

– uma vez recebido o pedido de auxílio direito, ele é encaminhado à autoridade competente, que realizará a diligência ou pleiteará a autorização da medida a juízo federal de primeira instância, quando assim a lei o exigir, o que ocorre, como se sabe, quando há necessidade de autorização judicial, em geral em medidas constritivas, como quebra de sigilos e bloqueio de bens;

– assim, mesmo se tratando de cooperação jurídica internacional, a ordem judicial é exigida;

– cabe a Procurador da República oficiar perante a Justiça Federal de primeiro grau em tais casos.

- **Extradição**: consiste na entrega de um indivíduo a um outro país, para que neste ele seja julgado ou para cumpra pena pela qual nele foi condenado.

– a decisão sobre pedido de extradição cabe ao STF, conforme competência expressamente atribuída pela CF (art. 102, I, *g*) e é regulada, basicamente, pela Lei 13.445/2017 e pelo Regimento Interno do mesmo Tribunal

– no processo de extradição não se faz instrução probatória, pois o Estado requerente tem o dever de fornecer todas as informações, por documentos, necessárias para a decisão do STF, comprovando que os requisitos previstos na CF e legislação infraconstitucional brasileiras estão presentes. Porém, o extraditando será interrogado e terá direito à defesa, sem ingressar no mérito da ação que tramita no outro país;

– a Corte Suprema não analisará o mérito da ação penal estrangeira, mas o STF entende que deve haver o exame do mérito (indícios de autoria e prova do crime, pelo menos) da ação penal estrangeira quando se tratar de processo de extradição de brasileiro naturalizado para o exterior

– a prisão preventiva não é mais obrigatória, pois, segundo a Lei 13.445/2017, em caso de urgência, o Estado interessado na extradição poderá, previamente ou conjuntamente com a formalização do pedido extradicional, requerer, por via diplomática ou por meio de autoridade central do Poder Executivo, prisão cautelar com o objetivo de assegurar a executoriedade da medida de extradição que, após exame da presença dos pressupostos formais de admissibilidade exigidos na Lei ou em tratado, deverá representar à autoridade judicial competente, ouvido previamente o Ministério Público Federal. Ou seja, depende de pedido do Estado interessado. E mais: o STF, ouvido o Ministério Público, poderá autorizar prisão albergue ou domiciliar ou determinar que o extraditando responda ao processo de extradição em liberdade, com retenção do documento de viagem ou outras medidas cautelares necessárias, até o julgamento da extradição ou a entrega do extraditando, se pertinente, considerando a situação administrativa migratória, os antecedentes do extraditando e as circunstâncias do caso.

REQUISITOS DA EXTRADIÇÃO	
CONSTITUCIONAIS	**LEGAIS**
a) nenhum brasileiro será extraditado, salvo o naturalizado, em caso de crime comum, praticado antes da naturalização, ou de comprovado envolvimento em tráfico ilícito de entorpecentes e drogas afins, na forma da lei	a) a extradição poderá ser concedida quando o governo requerente se fundamentar em tratado, ou quando prometer ao Brasil a reciprocidade b) não poderá ser concedida se o fato que motivar o pedido não for considerado crime no Brasil ou no Estado requerente
b) não será concedida extradição de estrangeiro por crime político ou de opinião, ficando a cargo do STF decidir sobre o caráter do delito	c) também não será concedida se o Brasil for competente, segundo suas leis, para julgar o crime imputado ao extraditando
c) aos portugueses com residência permanente no País, se houver reciprocidade em favor de brasileiros, serão atribuídos os direitos inerentes ao brasileiro, salvo os casos previstos na Constituição, ou seja, tais cidadãos, segundo a doutrina, são equiparados aos brasileiros naturalizados, só podendo ser extraditados para Portugal, em virtude de um tratado bilateral entre o Brasil e tal nação (Decreto-legislativo 70.391/1972)	d) idem, se a lei brasileira impuser ao crime a pena de prisão igual ou inferior a 2 anos e) idem, se o extraditando estiver a responder a processo ou já houver sido condenado ou absolvido no Brasil pelo mesmo fato em que se fundar o pedido f) idem, se estiver extinta a punibilidade pela prescrição segundo a lei brasileira ou a do Estado requerente g) idem, se o extraditando houver de responder, no Estado requerente, perante Tribunal ou Juízo de exceção h) o crime deve ter sido cometido no território do Estado requerente ou serem aplicáveis ao extraditando as leis penais desse Estado
	i) deve estar o extraditando respondendo a processo investigatório ou a processo penal ou ter sido condenado pelas autoridades judiciárias do Estado requerente a pena privativa de liberdade
	j) deve o Estado solicitante se comprometer: 1. a não ser o extraditando preso nem processado por fatos anteriores ao pedido 2. a computar o tempo de prisão que, no Brasil, foi imposta por força da extradição 3. a comutar a pena corporal, perpétua ou de morte em pena privativa de liberdade, respeitado o limite máximo de cumprimento de 30 anos 4. a não ser o extraditando entregue, sem consentimento do Brasil, a outro Estado que o reclame 5. não considerar qualquer motivo político, para agravar a pena 6. não submeter o extraditando a tortura ou a outros tratamentos ou penas cruéis, desumanos ou degradantes

- **Homologação de sentença estrangeira**: o CP, em seu art. 9º, diz que a sentença estrangeira poderá ser homologada para:
- obrigar o condenado à reparação do dano, a restituições e a outros efeitos civis, o que depende de pedido da parte interessada;
- e sujeitá-lo a medida de segurança, que depende da existência de tratado de extradição com o país de cuja autoridade judiciária emanou a sentença, ou, na falta de tratado, de requisição do Ministro da Justiça.

– **atenção**: não se cumpre no Brasil pena privativa de liberdade decorrente de sentença estrangeira, por falta de previsão legal. O Estado que condenou o indivíduo deve requerer sua extradição;

– de acordo com o art. 105, I, *i*, da CF, a homologação de sentença estrangeira e o *exequatur* às cartas rogatórias que aqui cheguem é competência do STJ, estando revogado o art. 787 do CPP;

- deve ser observado também o Regimento Interno do STJ.;
- para que seja homologada, devem ser estar presentes os requisitos do art. 788 do CPP:

a) estar revestida das formalidades externas necessárias, segundo a legislação do país de origem;

b) haver sido proferida por juiz competente, mediante citação regular, segundo a mesma legislação;

c) ter passado em julgado;

d) estar devidamente autenticada por cônsul brasileiro;

e) estar acompanhada de tradução, feita por tradutor público.

◉ SÚMULAS APLICÁVEIS

1. PRINCÍPIOS E GARANTIAS

- **STF – Súmula 523** – No processo penal, a falta da defesa constitui nulidade absoluta, mas a sua deficiência só o anulará se houver prova de prejuízo para o réu.
- **STF – Súmula 716** – Admite-se a progressão de regime de cumprimento da pena ou a aplicação imediata do regime menos severo nela determinada, antes do trânsito em julgado da sentença condenatória.
- **STF – Súmula Vinculante 14** – É direito do defensor, no interesse do representado, ter acesso amplo aos elementos de prova que, já documentados em procedimento investigatório realizado por órgão com competência de polícia judiciária, digam respeito ao exercício do direito de defesa.

2. INQUÉRITO POLICIAL E OUTROS PROCEDIMENTOS INVESTIGATÓRIOS

- **STF – Súmula 397** – O poder de polícia da Câmara dos Deputados e do Senado Federal, em caso de crime cometido nas suas dependências, compreende, consoante o regimento, a prisão em flagrante do acusado e a realização do inquérito.
- **STF – Súmula 524** – Arquivado o inquérito policial, por despacho do juiz, a requerimento do promotor de justiça, não pode a ação penal ser iniciada sem novas provas.
- **STF – Súmula 568** – A identificação criminal não constitui constrangimento ilegal, ainda que o indiciado já tenha sido identificado civilmente.
- **STF – Súmula Vinculante 14** – É direito do defensor, no interesse do representado, ter acesso amplo aos elementos de prova que, já documentados em procedimento investigatório realizado por órgão com competência de polícia judiciária, digam respeito ao exercício do direito de defesa.
- **STJ – Súmula 234** – A participação de membro do Ministério Público na fase investigatória criminal não acarreta seu impedimento ou suspeição para o oferecimento de denúncia.
- **STJ – Súmula 444** – É vedada a utilização de inquéritos policiais e ações penais em curso para agravar a pena-base.

3. AÇÃO PENAL

- **STF – Súmula 524** – Arquivado o inquérito policial, por despacho do juiz, a requerimento do Promotor de Justiça, não pode a ação penal ser iniciada, sem novas provas.
- **STF – Súmula 554** – O pagamento de cheque emitido sem provisão de fundos, após o recebimento da denúncia, não obsta ao prosseguimento da ação penal
- **STF – Súmula 594** – Os direitos de queixa e de representação podem ser exercidos, independentemente, pelo ofendido ou por seu representante legal.
- **STF – Súmula 609** – É pública incondicionada a ação penal por crime de sonegação fiscal.
- **STF – Súmula 709** – Salvo quando nula a decisão de primeiro grau, o acórdão que provê o recurso contra a rejeição da denúncia vale, desde logo, pelo recebimento dela.
- **STF – Súmula 714** – É concorrente a legitimidade do ofendido, mediante queixa, e do Ministério Público, condicionada à representação do ofendido, para a ação penal por crime contra a honra de servidor público em razão do exercício de suas funções.
- **STJ – Súmula 542** - A ação penal relativa ao crime de lesão corporal resultante de violência doméstica contra a mulher é pública incondicionada.

4. AÇÃO CIVIL *EX DELICTO*

- **STJ – Súmula 18** – A sentença concessiva do perdão judicial é declaratória da extinção da punibilidade, não subsistindo qualquer efeito condenatório.

5. COMPETÊNCIA

- **STF – Súmula Vinculante 36** – Compete à Justiça Federal comum processar e julgar civil denunciado pelos crimes de falsificação e de uso de documento falso quando se tratar de falsificação da caderneta de inscrição e registro (CIR) ou de carteira de habilitação de amador (CHA), ainda que expedidas pela Marinha do Brasil.
- **STF – Súmula 498** – Compete à justiça dos Estados, em ambas as instâncias, o processo e o julgamento dos crimes contra a economia popular.
- **STF – Súmula 521** – O foro competente para o processo e julgamento dos crimes de estelionato, sob a modalidade da emissão dolosa de cheque sem pro-

visão de fundos, é o do local onde se deu a recusa do pagamento pelo sacado.

- **STF – Súmula 522** – Salvo ocorrência de tráfico com o exterior, quando, então, a competência será da Justiça Federal, compete à justiça dos Estados o processo e o julgamento dos crimes relativos a entorpecentes.
- **STF – Súmula 555** – É competente o tribunal de justiça para julgar conflito de jurisdição entre juiz de direito do Estado e a justiça militar local.
- **STF – Súmula 603** – A competência para o processo e julgamento de latrocínio é do juiz singular e não do tribunal do júri.
- **STF – Súmula 702** – A competência do Tribunal de Justiça para julgar prefeitos restringe-se aos crimes de competência da Justiça comum estadual; nos demais casos, a competência originária caberá ao respectivo tribunal de segundo grau.
- **STF – Súmula 703** – A extinção do mandato do prefeito não impede a instauração de processo pela prática dos crimes previstos no art. 1º do DL 201/67.
- **STF – Súmula 704** – Não viola as garantias do juiz natural, da ampla defesa e do devido processo legal a atração por continência ou conexão do corréu ao foro por prerrogativa de função de um dos denunciados.
- **STF – Súmula 706** – É relativa a nulidade decorrente da inobservância da competência penal por prevenção.
- **STF – Súmula Vinculante 45** – A competência constitucional do tribunal do Júri prevalece sobre o foro por prerrogativa de função estabelecido exclusivamente pela Constituição Estadual
- **STJ – Súmula 6** – Compete à justiça comum estadual processar e julgar delito decorrente de acidente de trânsito envolvendo viatura de polícia militar, salvo se autor e vítima forem policiais militares em situação de atividade
- **STJ – Súmula 38** – Compete à justiça estadual comum, na vigência da Constituição de 1988, o processo por contravenção penal, ainda que praticada em detrimento de bens, serviços ou interesse da União ou de suas entidades.
- **STJ – Súmula 42** – Compete à justiça comum estadual processar e julgar as causas cíveis em que é parte sociedade de economia mista e os crimes praticados em seu detrimento.
- **STJ – Súmula 48** – Compete ao juízo do local da obtenção da vantagem ilícita processar e julgar crime de estelionato cometido mediante falsificação de cheque.
- **STJ – Súmula 53** – Compete à justiça comum estadual processar e julgar civil acusado de prática de crime contra instituições militares estaduais.
- **STJ – Súmula 59** – Não há conflito de competência se já existe sentença com trânsito em julgado, proferida por um dos juízos conflitantes.
- **STJ – Súmula 62** – Compete à justiça estadual processar e julgar o crime de falsa anotação na Carteira de Trabalho e Previdência Social, atribuído a empresa privada.
- **STJ – Súmula 73** – A utilização de papel moeda grosseiramente falsificado configura, em tese, o crime de estelionato, da competência da Justiça Estadual.
- **STJ – Súmula 75** – Compete à justiça comum estadual processar e julgar o policial militar por crime de promover ou facilitar a fuga de preso de estabelecimento penal.
- **STJ – Súmula 90** – Compete à justiça estadual militar processar e julgar o policial militar pela prática do crime militar, e à comum pela prática do crime comum simultâneo àquele.
- **STJ – Súmula 104** – Compete à justiça estadual o processo e julgamento dos crimes de falsificação e uso de documento falso relativo a estabelecimento particular de ensino.
- **STJ – Súmula 107** – Compete à justiça comum estadual processar e julgar crime de estelionato praticado mediante falsificação das guias de recolhimento das contribuições previdenciárias, quando não ocorrente lesão à autarquia federal.
- **STJ – Súmula 122** – Compete à justiça federal o processo e julgamento unificado dos crimes conexos de competência federal e estadual, não se aplicando a regra do art. 78, II, "a", do Código de Processo Penal.
- **STJ – Súmula 140** – Compete à justiça comum estadual processar e julgar crime em que o indígena figure como autor ou vítima.
- **STJ – Súmula 147** – Compete à justiça federal processar e julgar os crimes praticados contra funcionário público federal, quando relacionados com o exercício da função.
- **STJ – Súmula 151** – A competência para o processo e julgamento por crime de contrabando ou descaminho define-se pela prevenção do juízo federal do lugar da apreensão dos bens.
- **STJ – Súmula 164** – O prefeito municipal, após a extinção do mandato, continua sujeito a processo por crime previsto no art. 1º do Decreto-lei nº 201, de 27.2.67.
- **STJ – Súmula 165** – Compete à justiça federal processar e julgar crime de falso testemunho cometido no processo trabalhista.
- **STJ – Súmula 172** – Compete à justiça comum processar e julgar militar por crime de abuso de autoridade, ainda que praticado em serviço.
- **STJ – Súmula 200** – O juízo federal competente para processar e julgar acusado de crime de uso de passaporte falso é o do lugar onde o delito se consumou.

- **STJ – Súmula 206** – A existência de vara privativa, instituída por lei estadual, não altera a competência territorial resultante das leis de processo.
- **STJ – Súmula 208** – Compete à justiça federal processar e julgar prefeito municipal por desvio de verba sujeita a prestação de contas perante órgão federal.
- **STJ – Súmula 209** – Compete à justiça estadual processar e julgar prefeito por desvio de verba transferida e incorporada ao patrimônio municipal.
- **STJ – Súmula 224** – Excluído do feito o ente federal, cuja presença levara o Juiz Estadual a declinar da competência, deve o Juiz Federal restituir os autos e não suscitar conflito.
- **STJ – Súmula 235** – A conexão não determina a reunião dos processos, se um deles já foi julgado.
- **STJ – Súmula 244** – Compete ao foro do local da recusa processar e julgar o crime de estelionato mediante cheque sem provisão de fundos.
- **STJ – Súmula 528** - Compete ao juiz federal do local da apreensão da droga remetida do exterior pela via postal processar e julgar o crime de tráfico internacional.

6. QUESTÕES PREJUDICIAIS, EXCEÇÕES E INCIDENTES

- **STJ – Súmula 59** – Não há conflito de competência se já existe sentença com trânsito em julgado, proferida por um dos juízes conflitantes.
- **STJ – Súmula 428** – Compete ao Tribunal Regional Federal decidir os conflitos de competência entre juizado especial federal e juízo federal da mesma seção judiciária.

7. CITAÇÃO, INTIMAÇÕES E CONTAGEM DE PRAZOS

- **STF – Súmula 155** – É relativa a nulidade do processo criminal por falta de intimação da expedição de precatória para inquirição de testemunha.
- **STF – Súmula 310** – Quanto a intimação tiver lugar na sexta-feira, ou a publicação com efeito de intimação for feita nesse dia, o prazo judicial terá início na segunda-feira imediata, salvo se não houve expediente, caso em que começará no primeiro dia útil que se seguir.
- **STF – Súmula 351** – É nula a citação por edital de réu preso na mesma unidade da federação em que o juiz exerce a sua jurisdição.
- **STF – Súmula 366** – Não é nula a citação por edital que indica o dispositivo da lei penal, embora não transcreva a denúncia ou queixa, ou não resuma os fatos em que se baseia.
- **STF – Súmula 707** – Constitui nulidade a falta de intimação do denunciado para oferecer contra-razões ao recurso interposto da rejeição da denúncia, não a suprindo a nomeação de defensor dativo.
- **STF – Súmula 710** – No processo penal, contam-se os prazos da data da intimação, e não da juntada aos autos do mandado ou da carta precatória ou de ordem.
- **STJ – Súmula 273** – Intimada a defesa da expedição da carta precatória, torna-se desnecessária intimação da data da audiência no juízo deprecado.

8. PROVAS

- **STF – Súmula 352** – Não é nulo o processo penal por falta de nomeação de curador ao réu menor que teve a assistência de defensor dativo.
- **STJ – Súmula 455** – A decisão que determina a produção antecipada de provas com base no art. 366 do CPP deve ser concretamente fundamentada, não a justificando unicamente o mero decurso do tempo.

9. SENTENÇA

- **STF – Súmula 423** – Não transita em julgado a sentença por haver omitido o recurso "ex officio", que se considera interposto "ex lege".
- **STF – Súmula 453** – Não se aplicam à segunda instância o art 384 e parágrafo único do Código de Processo Penal, que possibilitam dar nova definição jurídica ao fato delituoso, em virtude de circunstância elementar não contida explícita ou implicitamente na denúncia ou queixa.
- **STJ – Súmula 337** – É cabível a suspensão condicional do processo na desclassificação do crime e na procedência parcial da pretensão punitiva.
- **STJ – Súmula 442** – Fixada a pena-base no mínimo legal, é vedado o estabelecimento de regime prisional mais gravoso do que o cabível em razão da sanção imposta, com base apenas na gravidade abstrata do delito.
- **STJ – Súmula 443** – O aumento na terceira fase de aplicação da pena no crime de roubo circunstanciado exige fundamentação concreta, não sendo suficiente para a sua exasperação a mera indicação do número de majorantes.
- **STJ – Súmula 444** – É vedada a utilização de inquéritos policiais e ações penais em curso para agravar a pena-base.

10. PROCEDIMENTOS

- **Súmula Vinculante 35** – A homologação da transação penal prevista no artigo 76 da Lei 9.099/1995 não faz coisa julgada material e, descumpridas suas cláusulas, retoma-se a situação anterior, possibilitando-se ao Ministério Público a continuidade da persecução penal mediante oferecimento de denúncia ou requisição de inquérito policial.

- **STF – Súmula 156** – É absoluta a nulidade do julgamento, pelo júri, por falta de quesito obrigatório.
- **STF – Súmula 206** – É nulo o julgamento ulterior pelo júri com a participação de jurado que funcionou em julgamento anterior do mesmo processo.
- **STF – Súmula 208** – O assistente do Ministério Público não pode recorrer, extraordinariamente, de decisão concessiva de "habeas-corpus".
- **STF – Súmula 210** – O assistente do Ministério Público pode recorrer, inclusive extraordinariamente, na ação penal, nos casos dos arts. 584, § 1º, e 598 do Código de Processo Penal.
- **STF – Súmula 351** – É nula a citação por edital de réu preso na mesma unidade da federação em que o juiz exerce a sua jurisdição.
- **STF – Súmula 366** – Não é nula a citação por edital que indica o dispositivo da lei penal, embora não transcreva a denúncia ou queixa, ou não resuma os fatos em que se baseia.
- **STF – Súmula 696** – Reunidos os pressupostos legais permissivos da suspensão condicional do processo, mas se recusando o promotor de justiça a propô-la, o juiz, dissentindo, remeterá a questão ao procurador-geral, aplicando-se por analogia o art. 28 do Código de Processo Penal.
- **STF – Súmula 709** – Salvo quando nula a decisão de primeiro grau, o acórdão que provê o recurso contra a rejeição da denúncia vale, desde logo, pelo recebimento dela.
- **STF – Súmula 712** – É nula a decisão que determina o desaforamento de processo da competência do júri sem audiência da defesa.
- **STF – Súmula 723** – Não se admite a suspensão condicional do processo por crime continuado, se a soma da pena mínima da infração mais grave com o aumento mínimo de um sexto for superior a um ano.
- **STJ – Súmula 21** – Pronunciado o réu, fica superada a alegação do constrangimento ilegal da prisão por excesso de prazo na instrução.
- **STJ – Súmula 52** – Encerrada a instrução criminal, fica superada a alegação de constrangimento por excesso de prazo.
- **STJ – Súmula 64** – Não constitui constrangimento ilegal o excesso de prazo na instrução, provocado pela defesa.
- **STJ – Súmula 243** – O benefício da suspensão do processo não é aplicável em relação às infrações penais cometidas em concurso material, concurso formal ou continuidade delitiva, quando a pena mínima cominada, seja pelo somatório, seja pela incidência da majorante, ultrapassar o limite de um (01) ano.
- **STJ – Súmula 330** – É desnecessária a resposta preliminar de que trata o art. 514 do Código de Processo Penal, na ação penal instruída por inquérito policial.
- **STJ – Súmula 337** – É cabível a suspensão condicional do processo na desclassificação do crime e na procedência parcial da pretensão punitiva.
- **STJ – Súmula 415** – O período de suspensão do prazo prescricional é regulado pelo máximo da pena cominada.
- **STJ – Súmula 455** – A decisão que determina a produção antecipada de provas com base no art. 366 do CPP deve ser concretamente fundamentada, não a justificando unicamente o mero decurso do tempo.
- **STJ – Súmula 536** – A suspensão condicional do processo e a transação penal não se aplicam na hipótese de delitos sujeitos ao rito da Lei Maria da Penha

11. NULIDADES

- **STF – Súmula 155** – É relativa a nulidade do processo criminal por falta de intimação da expedição de precatória para inquirição de testemunha.
- **STF – Súmula 156** – É absoluta a nulidade do julgamento, pelo júri, por falta de quesito obrigatório.
- **STF – Súmula 160** – É nula a decisão do tribunal que acolhe, contra o réu, nulidade não arguida no recurso da acusação, ressalvados os casos de recurso de ofício.
- **STF – Súmula 206** – É nulo o julgamento ulterior pelo júri com a participação de jurado que funcionou em julgamento anterior do mesmo processo.
- **STF – Súmula 351** – É nula a citação por edital de réu preso na mesma unidade da federação em que o juiz exerce a sua jurisdição.
- **STF – Súmula 352** – Não é nulo o processo penal por falta de nomeação de curador ao réu menor que teve a assistência de defensor dativo.
- **STF – Súmula 366** – Não é nula a citação por edital que indica o dispositivo da lei penal, embora não transcreva a denúncia ou queixa, ou não resuma os fatos em que se baseia.
- **STF – Súmula 431** – É nulo o julgamento de recurso criminal, na segunda instância, sem prévia intimação, ou publicação da pauta, salvo em habeas-corpus.
- **STF – Súmula 523** – No processo penal, a falta da defesa constitui nulidade absoluta, mas a sua deficiência só o anulará se houver prova de prejuízo para o réu.
- **STF – Súmula 706** – É relativa a nulidade decorrente da inobservância da competência penal por prevenção.

- **STF – Súmula 707** – Constitui nulidade a falta de intimação do denunciado para oferecer contrarrazões ao recurso interposto da rejeição da denúncia, não a suprindo a nomeação de defensor dativo.
- **STF – Súmula 708** – É nulo o julgamento da apelação se, após a manifestação nos autos da renúncia do único defensor, o réu não foi previamente intimado para constituir outro.
- **STF – Súmula 712** – É nula a decisão que determina o desaforamento de processo da competência do júri sem audiência da defesa.
- **STJ – Súmula 273** – Intimada a defesa da expedição da carta precatória, torna-se desnecessária intimação da data da audiência no juízo deprecado.

12. RECURSOS

- **STF – Súmula 160** – É nula a decisão do tribunal que acolhe, contra o réu, nulidade não arguida no recurso da acusação, ressalvados os casos de recurso de ofício.
- **STF – Súmula 208** – O assistente do Ministério Público não pode recorrer, extraordinariamente, de decisão concessiva de "habeas-corpus".
- **STF – Súmula 210** – O assistente do Ministério Público pode recorrer, inclusive extraordinariamente, na ação penal, nos casos dos arts. 584, § 1º e 598 do Código de Processo Penal.
- **STF – Súmula 279** – Para simples reexame da prova não cabe recurso extraordinário.
- **STF – Súmula 280** – Por ofensa a direito local não cabe recurso extraordinário.
- **STF – Súmula 281** – É inadmissível o recurso extraordinário, quando couber na justiça de origem, recurso ordinária da decisão impugnada.
- **STF – Súmula 282** – É inadmissível o recurso extraordinário, quando não ventilada, na decisão recorrida, a questão federal suscitada.
- **STF – Súmula 283** – É inadmissível o recurso extraordinário, quando a decisão recorrida assenta em mais de um fundamento suficiente e o recurso não abrange todos eles.
- **STF – Súmula 284** – É inadmissível o recurso extraordinário, quando a deficiência na sua fundamentação não permitir a exata compreensão da controvérsia.
- **STF – Súmula 286** – Não se conhece do recurso extraordinário fundado em divergência jurisprudencial, quando a orientação do plenário do Supremo Tribunal Federal já se firmou no mesmo sentido da decisão recorrida.
- **STF – Súmula 287** – Nega-se provimento ao agravo, quando a deficiência na sua fundamentação, ou na do recurso extraordinário, não permitir a exata compreensão da controvérsia.
- **STF – Súmula 288** – Nega-se provimento a agravo para subida de recurso extraordinário, quando faltar no traslado o despacho agravado, a decisão recorrida, a petição de recurso extraordinário ou qualquer peça essencial à compreensão da controvérsia.
- **STF – Súmula 289** – O provimento do agravo por uma das turmas do Supremo Tribunal Federal ainda que sem ressalva, não prejudica a questão do cabimento do recurso extraordinário.
- **STF – Súmula 293** – São inadmissíveis embargos infringentes contra decisão em matéria constitucional submetida ao plenário dos tribunais.
- **STF – Súmula 299** – O recurso ordinário e o extraordinário interpostos no mesmo processo de mandado de segurança, ou de "habeas-corpus", serão julgados conjuntamente pelo Tribunal Pleno.
- **STF – Súmula 319** – O prazo do recurso ordinário para o Supremo Tribunal Federal, em "habeas-corpus" ou mandado de segurança, é de cinco dias.
- **STF – Súmula 322** – Não terá seguimento pedido ou recurso dirigido ao Supremo Tribunal Federal, quando manifestamente incabível, ou apresentado fora do prazo, ou quando for evidente a incompetência do tribunal.
- **STF – Súmula 344** – Sentença de primeira instância concessiva de "habeas-corpus", em caso de crime praticado em detrimento de bens, serviços ou interesses da união, está sujeita a recurso "ex officio".
- **STF – Súmula 356** – O ponto omisso da decisão, sobre o qual não foram opostos embargos declaratórios, não pode ser objeto de recurso extraordinário, por faltar o requisito do prequestionamento.
- **STF – Súmula 369** – Julgados do mesmo tribunal não servem para fundamentar o recurso extraordinário por divergência jurisprudencial.
- **STF – Súmula 395** – Não se conhece de recurso de habeas corpus cujo objeto seja resolver sobre o ônus das custas, por não estar mais em causa a liberdade de locomoção.
- **STF – Súmula 399** – Não cabe recurso extraordinário, por violação de lei federal, quando a ofensa alegada for a regimento de tribunal.
- **STF – Súmula 423** – Não transita em julgado a sentença por haver omitido o recurso "ex officio", que se considera interposto "ex lege".
- **STF – Súmula 428** – Não fica prejudicada a apelação entregue em cartório no prazo legal, embora despachada tardiamente.
- **STF – Súmula 431** – É nulo o julgamento de recurso criminal, na segunda instância, sem prévia intimação, ou publicação da pauta, salvo em habeas-corpus.

- **STF – Súmula 448** – O prazo para o assistente recorrer, supletivamente, começa a correr imediatamente após o transcurso do prazo do Ministério Público.
- **STF – Súmula 453** – Não se aplicam à segunda instância o art. 384 e parágrafo único do Código de Processo Penal, que possibilitam dar nova definição jurídica ao fato delituoso, em virtude de circunstância elementar não contida explícita ou implicitamente na denúncia ou queixa.
- **STF – Súmula 455** – Da decisão que se seguir ao julgamento de constitucionalidade pelo Tribunal Pleno, são inadmissíveis embargos infringentes quanto à matéria constitucional.
- **STF – Súmula 640** – É cabível recurso extraordinário contra decisão proferida por juiz de primeiro grau nas causas de alçada, ou por turma recursal de juizado especial cível e criminal.
- **STF – Súmula 699** – O prazo para interposição de agravo, em processo penal, é de cinco dias, de acordo com a Lei 8.038/90, não se aplicando o disposto a respeito nas alterações da Lei 8.950/94 ao Código de Processo Civil.
- **STF – Súmula 700** – É de cinco dias o prazo para interposição de agravo contra decisão do juiz da execução penal.
- **STF – Súmula 705** – A renúncia do réu ao direito de apelação, manifestada sem a assistência do defensor, não impede o conhecimento da apelação por este interposta.
- **STF – Súmula 707** – Constitui nulidade a falta de intimação do denunciado para oferecer contrarrazões ao recurso interposto da rejeição da denúncia, não a suprindo a nomeação de defensor dativo.
- **STF – Súmula 708** – É nulo o julgamento da apelação se, após a manifestação nos autos da renúncia do único defensor, o réu não foi previamente intimado para constituir outro.
- **STF – Súmula 713** – O efeito devolutivo da apelação contra decisões do júri é adstrito aos fundamentos da sua interposição.
- **STJ – Súmula 7** – A pretensão de simples reexame de prova não enseja recurso especial.
- **STJ – Súmula 83** – Não se conhece do recurso especial pela divergência, quando a orientação do tribunal se firmou no mesmo sentido da decisão recorrida.
- **STJ – Súmula 86** – Cabe recurso especial contra acórdão proferido no julgamento de agravo de instrumento.
- **STJ – Súmula 123** – A decisão que admite, ou não, recurso especial deve ser fundamentada, com o exame dos seus pressupostos gerais e constitucionais.
- **STJ – Súmula 126** – É inadmissível recurso especial, quando o acórdão recorrido assenta em fundamentos constitucional e infraconstitucional, qualquer deles suficiente, por si só, para mantê-lo, e a parte vencida não manifesta recurso extraordinário.
- **STJ – Súmula 203** – Não cabe recurso especial contra decisão proferida por órgão de segundo grau dos Juizados Especiais.
- **STJ – Súmula 207** – É inadmissível recurso especial quando cabíveis embargos infringentes contra o acórdão proferido no tribunal de origem.
- **STJ – Súmula 211** – É inadmissível recurso especial quanto à questão que, a despeito da oposição de embargos declaratórios, não foi apreciada pelo tribunal *a quo*.
- **STJ – Súmula 216** – A tempestividade de recurso interposto no Superior Tribunal de Justiça é aferida pelo registro no protocolo da secretaria e não pela data da entrega na agência do correio.
- **STJ – Súmula 315** – Não cabem embargos de divergência no âmbito do agravo de instrumento que não admite recurso especial.
- **STJ – Súmula 316** – Cabem embargos de divergência contra acórdão que, em agravo regimental, decide recurso especial.
- **STJ – Súmula 347** – O conhecimento de recurso de apelação do réu independe de sua prisão.

13. REVISÃO CRIMINAL

- **STF – Súmula 393** – Para requerer revisão criminal, o condenado não é obrigado a recolher-se à prisão.

14. *HABEAS CORPUS* E MANDADO DE SEGURANÇA

- **STF – Súmula 208** – O assistente do Ministério Público não pode recorrer, extraordinariamente, de decisão concessiva de habeas-corpus.
- **STF – Súmula 344** – Sentença de primeira instância concessiva de "habeas corpus", em caso de crime praticado em detrimento de bens, serviços ou interesses da União, está sujeita a recurso "ex officio".
- **STF – Súmula 395** – Não se conhece de recurso de habeas corpus cujo objeto seja resolver sobre o ônus das custas, por não estar mais em causa a liberdade de locomoção.
- **STF – Súmula 606** – Não cabe habeas corpus originário para o Tribunal Pleno de decisão de turma, ou do plenário, proferida em habeas corpus ou no respectivo recurso.
- **STF – Súmula 691** – Não compete ao Supremo Tribunal Federal conhecer de habeas corpus impetrado contra decisão do relator que, em habeas corpus requerido a tribunal superior, indefere a liminar.

- **STF – Súmula 692** – Não se conhece de habeas corpus contra omissão de relator de extradição, se fundado em fato ou direito estrangeiro cuja prova não constava dos autos, nem foi ele provocado a respeito.
- **STF – Súmula 693** – Não cabe habeas corpus contra decisão condenatória a pena de multa, ou relativo a processo em curso por infração penal a que a pena pecuniária seja a única cominada.
- **STF – Súmula 694** – Não cabe habeas corpus contra a imposição da pena de exclusão de militar ou de perda de patente ou de função pública.
- **STF – Súmula 695** – Não cabe habeas corpus quando já extinta a pena privativa de liberdade.
- **STF – Súmula 701** – No mandado de segurança impetrado pelo Ministério Público contra decisão proferida em processo penal, é obrigatória a citação do réu como litisconsorte passivo.
- **STJ – Súmula 21** – Pronunciado o réu, fica superada a alegação do constrangimento ilegal da prisão por excesso de prazo na instrução.
- **STJ – Súmula 52** – Encerrada a instrução criminal, fica superada a alegação de constrangimento por excesso de prazo.
- **STJ – Súmula 64** – Não constitui constrangimento ilegal o excesso de prazo na instrução, provocado pela defesa.
- **STJ – Súmula 376** – Compete a turma recursal processar e julgar o mandado de segurança contra ato de juizado especial.

15. MEDIDAS COATIVAS PESSOAIS

- **STF – Súmula 145** – Não há crime, quando a preparação do flagrante pela polícia torna impossível a sua consumação.
- **STF – Súmula 397** – O poder de polícia da Câmara dos Deputados e do Senado Federal, em caso de crime cometido nas suas dependências, compreende, consoante o regimento, a prisão em flagrante do acusado e a realização do inquérito.
- **STF – Súmula Vinculante 11** – Só é lícito o uso de algemas em casos de resistência e de fundado receio de fuga ou de perigo à integridade física própria ou alheia, por parte do preso ou de terceiros, justificada a excepcionalidade por escrito, sob pena de responsabilidade disciplinar, civil e penal do agente ou da autoridade e de nulidade da prisão ou do ato processual a que se refere, sem prejuízo da responsabilidade civil do Estado.
- **STF – Súmula Vinculante 25** – É ilícita a prisão de depositário infiel, qualquer que seja a modalidade do depósito.

- **STJ – Súmula 21** – Pronunciado o réu, fica superada a alegação do constrangimento ilegal da prisão por excesso de prazo na instrução.
- **STJ – Súmula 52** – Encerrada a instrução criminal, fica superada a alegação de constrangimento por excesso de prazo.
- **STJ – Súmula 64** – Não constitui constrangimento ilegal o excesso de prazo na instrução, provocado pela defesa.

16. EXECUÇÃO PENAL

- **STF – Súmula 611** – Transitada em julgado a sentença condenatória, compete ao juízo das execuções a aplicação de lei mais benigna.
- **STF – Súmula 700** – É de cinco dias o prazo para interposição de agravo contra decisão do juiz da execução penal.
- **STF – Súmula 715** – A pena unificada para atender ao limite de trinta anos de cumprimento, determinado pelo art. 75 do Código Penal, não é considerada para a concessão de outros benefícios, como o livramento condicional ou regime mais favorável de execução.
- **STF – Súmula 716** – Admite-se a progressão de regime de cumprimento da pena ou a aplicação imediata de regime menos severo nela determinada, antes do trânsito em julgado da sentença condenatória.
- **STF – Súmula 717** – Não impede a progressão de regime de execução da pena, fixada em sentença não transitada em julgado, o fato de o réu se encontrar em prisão especial.
- **STF – Súmula Vinculante 5** – A falta de defesa técnica por advogado no processo administrativo disciplinar não ofende a Constituição.
- **STF – Súmula Vinculante 9** – O disposto no artigo 127 da Lei no 7.210/1984 (Lei de Execução Penal) foi recebido pela ordem constitucional vigente, e não se lhe aplica o limite temporal previsto no caput do artigo 58.
- **STF – Súmula Vinculante 26** – Para efeito de progressão de regime no cumprimento de pena por crime hediondo, ou equiparado, o juízo da execução observará a inconstitucionalidade do art. 2o da Lei n. 8.072, de 25 de julho de 1990, sem prejuízo de avaliar se o condenado preenche, ou não, os requisitos objetivos e subjetivos do benefício, podendo determinar, para tal fim, de modo fundamentado, a realização de exame criminológico.
- **STF – Súmula Vinculante 56** – A falta de estabelecimento penal adequado não autoriza a manutenção do condenado em regime prisional mais gravoso, devendo-se observar, nessa hipótese, os parâmetros fixados no RE 641.320/RS.

- **STJ – Súmula 40** - Para obtenção dos benefícios de saída temporária e trabalho externo, considera-se o tempo de cumprimento da pena no regime fechado.
- **STJ – Súmula 192** – Compete ao juízo das execuções penais do Estado a execução das penas impostas a sentenciados pela Justiça Federal, Militar ou Eleitoral, quando recolhidos a estabelecimentos sujeitos à administração estadual.
- **STJ – Súmula 341** - A frequência a curso de ensino formal é causa de remição de parte do tempo de execução de pena sob regime fechado ou semiaberto.
- **STJ – Súmula 439** – Admite-se o exame criminológico pelas peculiaridades do caso, desde que em decisão motivada.
- **STJ – Súmula 441** – A falta grave não interrompe o prazo para obtenção de livramento condicional.
- **STJ – Súmula 471** – Os condenados por crimes hediondos ou assemelhados cometidos antes da vigência da Lei n. 11.464/2007 sujeitam-se ao disposto no art. 112 da Lei n. 7.210/1984 (Lei de Execução Penal) para a progressão de regime prisional.
- **STJ – Súmula 491** – É inadmissível a chamada progressão per saltum de regime prisional.
- **STJ – Súmula 493** – É inadmissível a fixação de pena substitutiva (art. 44 do CP) como condição especial ao regime aberto.
- **STJ – Súmula 520** - O benefício de saída temporária no âmbito da execução penal é ato jurisdicional insuscetível de delegação à autoridade administrativa do estabelecimento prisional.
- **STJ - Súmula 521** - A legitimidade para a execução fiscal de multa pendente de pagamento imposta em sentença condenatória é exclusiva da Procuradoria da Fazenda Pública.
- **STJ – Súmula 526** - O reconhecimento de falta grave decorrente do cometimento de fato definido como crime doloso no cumprimento da pena prescinde do trânsito em julgado de sentença penal condenatória no processo.
- **STJ – Súmula 533** - Para o reconhecimento da prática de falta disciplinar no âmbito da execução penal, é imprescindível a instauração de procedimento administrativo pelo diretor do estabelecimento prisional, assegurado o direito de defesa, a ser realizado por advogado constituído ou defensor público nomeado.
- **STJ – Súmula 534** - A prática de falta grave interrompe a contagem do prazo para a progressão de regime de cumprimento de pena, o qual se reinicia a partir do cometimento dessa infração.
- **STJ – Súmula 535** - A prática de falta grave não interrompe o prazo para fim de comutação de pena ou indulto.

✦ INFORMATIVOS APLICÁVEIS

STF

1. DO PROCESSO EM GERAL

1.1. DO INQUÉRITO POLICIAL

▸ ***Arquivamento de inquérito e procedimento investigatório criminal***

No caso, houve arquivamento de inquérito pelo STF e superveniente perda do foro originário perante a Corte. A reclamação com fundamento nos efeitos da decisão de arquivamento se enquadra no art. 102, I, "l", da CF (competência para julgar reclamação para garantia da autoridade das decisões do STF). Não há prejudicialidade entre duas as reclamações (STF e TJSP) sobre a mesma investigação posto que os paradigmas são diversos. O art. 18 do CPP possibilita reabertura de investigações, se de outras provas houver notícia. Daí, impossível a reabertura decorrer de simples mudança de opinião ou reavaliação da situação. É indispensável que haja novas provas ou, ao menos, novas linhas de investigação em perspectiva. É impossível reabrir inquérito para aprofundar linhas de investigação que já estavam disponíveis para exploração anterior. O arquivamento da investigação, ainda que não faça coisa julgada, é ato sério que só pode ser revisto por motivos igualmente sérios e surgidos posteriormente. Obsta-se, portanto, a reabertura de investigações que decorrem do puro e simples inconformismo com arquivamento requerido pelo Procurador-Geral da República, sem que uma linha de investigação nova tenha surgido após o arquivamento. *Rcl 20132/SP, Red. p/ ac. Min. Gilmar Mendes, 23.2.2016. 2ª T. (Info 815)*

▸ ***Inquérito: corrupção passiva e lavagem de dinheiro***

1. Cabe ao STF, ao exercer sua prerrogativa exclusiva de decidir sobre a cisão de processos envolvendo agentes com prerrogativa de foro, promover, em regra, o seu desmembramento, a fim de manter sob sua jurisdição apenas o que envolva especificamente essas autoridades, segundo as circunstâncias de cada caso. Ressalvam-se, todavia, situações em que os fatos se revelem "de tal forma imbricados que a cisão por si só implique prejuízo a seu esclarecimento". 2. A garantia contra a autoincriminação se estende às testemunhas, no tocante às indagações cujas respostas possam, de alguma forma, causar-lhes prejuízo. 3. A previsão constitucional do art. 86, § 4º, da CF se destina expressamente ao Chefe do Poder Executivo da União, não autorizando, por sua natureza restritiva, qualquer interpretação que amplie sua incidência a outras autoridades, nomeadamente do Poder Legislativo. 4. Tratando-se de colaboração premiada contendo diversos depoimentos, envolvendo diferentes pessoas e, possivelmente, diferentes organizações criminosas, tendo sido prestados em ocasiões

diferentes, em termos de declaração separados, dando origem a diferentes procedimentos investigatórios, em diferentes estágios de diligências, não assiste a um determinado denunciado o acesso universal a todos os depoimentos prestados. O que a lei lhe assegura é o acesso aos elementos da colaboração premiada que lhe digam respeito. 5. Eventual desconstituição de acordo de colaboração premiada tem âmbito de eficácia restrito às partes que o firmaram, não beneficiando e nem prejudicando terceiros. Até mesmo em caso de revogação do acordo, o material probatório colhido em decorrência dele pode ainda assim ser utilizado em face de terceiros, razão pela qual não ostentam eles, em princípio, interesse jurídico em pleitear sua desconstituição, sem prejuízo, obviamente, de formular, no momento próprio, as contestações que entenderem cabíveis quanto ao seu conteúdo. 6. Preservado o conteúdo das informações prestadas pelo colaborador, eventuais divergências de literalidade entre o documento escrito e a gravação dos depoimentos, quando realizada, não importa, automaticamente, a nulidade do ato, reservando-se ao interessado, se for o caso, no âmbito da ação penal, insurgir-se contra eventuais inconsistências existentes na versão escrita, podendo demandar do colaborador os esclarecimentos que forem necessários. 7. Não há nulidade na realização de busca e apreensão deferida após o oferecimento da denúncia, quando a medida cautelar visa especificamente coletar elementos referentes a fatos circunscritos a outra investigação e os elementos probatórios colhidos não foram utilizados ou considerados para o específico juízo de recebimento da denúncia. 8. Não se fazem presentes elementos mínimos de autoria, exigidos para o recebimento da denúncia, em relação à efetiva participação dos denunciados nos supostos crimes ocorridos nos anos de 2006 e 2007, ou mesmo que tenham eles, no período imediato, recebido vantagem indevida em razão do mandato parlamentar. 9. Todavia, em sua segunda parte, a denúncia, reforçada pelo aditamento, contém adequada indicação da conduta delituosa imputada, a partir de elementos aptos a tornar plausível a acusação e permitir o pleno exercício do direito de defesa, o que autoriza, nesse ponto, o recebimento da denúncia. 10. É incabível a causa de aumento do art. 327, § 2º, do CP pelo mero exercício do mandato parlamentar, sem prejuízo da causa de aumento contemplada no art. 317, § 1º. A jurisprudência exige uma imposição hierárquica ou de direção que não se acha nem demonstrada nem descrita nos presentes autos. 11. Denúncia parcialmente recebida, prejudicados os agravos regimentais. *Inq 3983/DF, Rel. Min. Teori Zavascki, 2 e 3.2016. Pleno. (Info 816)*

▸ *Inquérito e acesso às provas*

Diligências determinadas a requerimento do Ministério Público Federal são meramente informativas, não suscetíveis ao princípio do contraditório. Desse modo, não cabe à defesa controlar, "ex ante", a investigação, de modo a restringir os poderes instrutórios do relator do feito para deferir, desde logo, as diligências requeridas pelo Ministério Público que entender pertinentes e relevantes para o esclarecimento dos fatos. *Inq 3387 AgR/CE, Rel. Min. Dias Toffoli, 15.12.2015. 2ª T. (Info 812)*

▸ *Inquérito e compartilhamento de provas*

É assente na jurisprudência do STF a admissibilidade, em procedimentos administrativos ou civis, de prova emprestada produzida em processo penal, mesmo que sigilosos os procedimentos criminais. *Inq 3305 AgR/RS, Red. p/ ac. Min. Roberto Barroso, 23.2.2016. 1ª T. (Info 815)*

▸ *Inquérito e recebimento de denúncia*

Recebida parcialmente denúncia oferecida contra o deputado federal, presidente afastado da Câmara dos Deputados. O parlamentar afastado é acusado da suposta prática de corrupção passiva, lavagem de dinheiro e evasão de divisas e falsidade ideológica para fins eleitorais. A vantagem indevida seria oriunda da compra, pela Petrobras, de um campo petrolífero no Benim (África), e mantida de forma oculta, com dissimulação de sua propriedade e origem, em contas bancárias na Suíça. O Plenário entendeu demonstrados indícios suficientes de materialidade e autoria para que Cunha responda a ação penal sobre os fatos. Os dados constantes na denúncia sobre a transferência dos recursos para a conta do deputado indicam elementos típicos do crime de corrupção passiva, em razão de ações no sentido de assegurar a nomeação e manutenção de terceira pessoa em cargo público. Rejeitada a parte da denúncia, quanto ao crime de corrupção passiva, que pedia a incidência da causa de aumento de pena prevista no artigo 327, § 2º, do CP, pois o mero exercício do mandato popular não gera a aplicação desse dispositivo. Em relação aos crimes de lavagem de dinheiro, conforme a denúncia, uma empresa teria firmado contrato que incluía uma "taxa de sucesso" no valor de US$ 10 milhões com a petrolífera do Benim para intermediar as negociações com a Petrobras, desvelando indícios concretos de materialidade e autoria, como depoimentos, e-mails e contratos que atestam que os recursos recebidos pela empresa foram utilizados para abastecer uma conta do parlamentar em banco na Suíça. Comprovam, ainda, a utilização de mecanismos para ocultar sua participação por meio de depósitos em conta no exterior de sua propriedade e titularidade. O ministro destacou que os depósitos foram feitos em um trust, modalidade de empresa controladora de recursos financeiros cuja principal finalidade é a de manter o patrimônio e os investimentos feitos a partir dele de forma anônima. Em relação ao crime de evasão de divisas, a denúncia aponta que o o deputado afastado teria mantido ativos não declarados às autoridades brasileiras em valores superiores a US$ 100 mil, o que é proibido por lei. Embora as contas objeto dos depósitos estivessem em nome de trusts, foi comprovada na denúncia a relação direta que o deputado mantinha com os valores depositados, além de plena disponibilidade jurídica e econômica sobre o montante. A circunstância de os valores não estarem formalmente em seu nome é irrelevante para demonstrar a tipicidade da conduta. Quanto à falsidade ideológica para fins eleitorais, segundo o Ministério Público, o deputado não declarou, em documento enviado ao TSE em julho de 2009, US$ 3,836 milhões nas contas dos trusts mantidos na Suíça. O objetivo da omissão seria para fins eleitorais, pois o denunciado não teria como justificar bens incompatíveis no exterior, o que iria influenciar as eleições pela demonstração de enriquecimento ilícito. Rejeitados agravos regimentais apresentados por esposa e filha do deputado, respectivamente, contra decisão que deferiu o desmembramento dos autos, enviando para a Justiça Federal no Paraná os feitos referentes a ambas, que não têm prerrogativa de foro. O fato de a investigação apontar que o dinheiro proveniente de corrupção abasteceria a conta da esposa e pagaria despesas de cartão de crédito em nome de sua filha não seria motivo indispensável para se manter no STF a investigação. *Inq 4146/DF, Rel. Min. Teori Zavascki, 22.6.2016. Pleno. (Info 831)*

▸ ***Vício em inquérito policial e nulidade de ação penal***

É incabível a anulação de processo penal em razão de suposta irregularidade verificada em inquérito policial (atos praticados em inquérito presidido por delegado alegadamente suspeito). *RHC 131450/DF, Rel. Min. Cármen Lúcia, 3.5.2016. 1ª T. (Info 824)*

1.2. DA AÇÃO PENAL

1.2.1. DA AÇÃO PENAL (DISPOSIÇÕES GERAIS)

▸ ***Crime sexual contra vulnerável e titularidade da ação penal***

O art. 225 do CP, na sua redação original, previa que em crimes como o dos presentes autos somente se procedia mediante queixa, salvo se a vítima fosse pobre ou tivesse ocorrido abuso do pátrio-poder. A Lei 12.015/09, modificou a matéria, passando a prever ação pública incondicionada no caso de violência sexual contra menor. No caso concreto, em decisão transitada em julgado, considerou-se descabido o oferecimento de queixa-crime pelo pai da vítima, entendendo tratar-se de crime de ação penal pública. Inadmitida a ação penal pública, a consequência é a total desproteção da menor e a impunidade do crime. À vista da excepcionalidade do caso, o art. 227 da CF paralisa a incidência do art. 225 do CP, na redação originária, e legitima a propositura da ação penal pública. Aplicação da do princípio da proibição de proteção deficiente. *HC 123971/DF, Red. p/ ac. Min. Roberto Barroso, 25.2.2016. Pleno. (Info 815)*

▸ ***Queixa-crime e indivisibilidade da ação penal***

Não oferecida a queixa-crime contra todos os supostos autores ou partícipes da prática delituosa, há afronta ao princípio da indivisibilidade da ação penal, a implicar renúncia tácita ao direito de querela, cuja eficácia extintiva da punibilidade estende-se a todos quantos alegadamente hajam intervindo no cometimento da infração penal. *Inq 3526/DF, Rel. Min. Roberto Barroso, 2.2.2016. 1ª T. (Info 813)*

1.2.2. DA AÇÃO PENAL (DENÚNCIA)

▸ ***Recebimento de denúncia: existência de indícios mínimos de autoria e materialidade do delito***

O Plenário, por maioria, recebeu parcialmente denúncia oferecida em face de senador por suposta prática de crime de peculato, previsto no art. 312 do CP. De acordo com a acusação, o senador, no período de janeiro a julho de 2005, teria desviado recursos públicos da chamada verba indenizatória (destinada a despesas relacionadas ao exercício do mandato parlamentar), para pagar pensão alimentícia à filha. A denúncia ainda imputava ao senador a suposta prática dos crimes de falsidade ideológica e de uso de documento falso, previstos nos arts. 299 e 304 do CP, respectivamente. Diante do exposto, o Tribunal declarou a extinção da punibilidade ante a incidência da prescrição, quanto aos crimes de falsidade ideológica e de uso de documento falso, no que se referia aos documentos particulares. O Colegiado também rejeitou a denúncia, por inépcia, quanto aos crimes de falsidade ideológica e de uso de documento falso, relativamente aos documentos públicos (GTAs e declarações de vacinação contra febre aftosa). *Inq 2593/DF, rel. Min. Edson Fachin, j. 1º.12.2016. Pleno. (Info 849)*

▸ ***Trancamento de ação penal e inépcia da denúncia***

O trancamento de ação penal é medida excepcional, a ser aplicada quando evidente a inépcia da denúncia. A denúncia, embora tenha descrito as operações de evasão de divisas e individualizado as condutas atribuídas aos corréus, imputou ao paciente o cometimento do delito, tão somente em razão de ele ter ocupado, à época dos fatos, o cargo de diretor-presidente da sociedade empresária. Assim, não atendeu ao comando do art. 41 do CPP, por não conter o mínimo narrativo exigido pelo referido dispositivo legal. Não é inepta denúncia que contenha descrição mínima dos fatos atribuídos aos acusados – em especial, quanto ao crime imputado a administradores de sociedades empresárias. Todavia, essa inexigibilidade de individualização das condutas dos dirigentes da pessoa jurídica na peça acusatória pressupõe a não diferenciação das responsabilidades, no estatuto ou no contrato social, dos membros do conselho de administração ou dos diretores da companhia, ou, ainda, dos sócios ou gerentes da sociedade por quotas de responsabilidade limitada. *HC 127397/BA, rel. Min. Dias Toffoli, j. 6.12.2016. 2ª T. (Info 850)*

1.3. DA COMPETÊNCIA

▸ ***Competência e crime cometido no estrangeiro por brasileiro***

O fato de o delito ter sido cometido por brasileiro no exterior, por si só, não atrai a competência da justiça federal, porquanto não teria ofendido bens, serviço ou interesse da União (CF, art. 109, IV). *HC 105461/SP, Rel. Min. Marco Aurélio, 29.3.2016. 1ª T. (Info 819)*

▸ ***Desmembramento de processo e cerceamento de defesa***

O desmembramento do processo, como consectário do excessivo número de acusados, para imprimir maior celeridade processual, encontra respaldo no art. 80 do CPP. A reversão desse entendimento, com a posterior reunião dos processos, implicou a superação dessas questões, de modo que não há como avançar no exame da vulneração da paridade de armas e da ampla defesa quanto aos atos processuais realizados no período em que os autos permaneceram desmembrados, já que, sobre essa matéria específica, o STJ não se pronunciou. *HC 127288/SP, Rel. Min. Teori Zavascki, 23.8.2016. 2ª T. (Info 836)*

▸ ***Prerrogativa de foro e competência***

Por reputar usurpada a competência do STF (CF, art. 102, I, "b"), referendou-se medida cautelar deferida em reclamação ajuizada pela Presidente da República em face de decisão proferida nos autos de procedimento investigatório que tramita perante juízo federal de primeira instância. A decisão objeto de referendo determinara a suspensão e a remessa ao STF do referido procedimento, bem assim de quaisquer outros com o conteúdo de interceptação telefônica em que captadas conversas mantidas entre a Presidente da República e investigado nos autos do procedimento em questão. Determinara, ademais, a sustação dos efeitos de decisão na qual autorizada a divulgação das conversações telefônicas interceptadas. O Tribunal destacou que haveria dois dispositivos constitucionais fundamentalmente em cotejo na espécie. O primeiro deles, a alínea "l" do inciso I do art. 102 da CF, a estabelecer, nas hipóteses de cabimento da reclamação, a preservação de competência do STF. E o segundo, a alínea "b" do inciso I do art. 102, a fixar a competência originária dessa Corte para processar e julgar, originariamente, nas infrações penais comuns, o Presidente da República, entre outras autoridades. Assim, a reclamação teria por finalidade tutelar e proteger em sua globalidade a competência institucional que a Constituição defere ao STF, ou seja, o instrumento da reclamação deveria ser interpretado como meio de pronta e de eficaz proteção da sua competência originária, da sua competência recursal ordinária e da sua competência recursal extraordinária. No caso, o ato impugnado na reclamação estaria projetado exatamente sobre a esfera de competência originária do STF, a quem incumbiria, em sua condição de juiz natural, processar e julgar, nos processos penais condenatórios, aquelas autoridades detentoras de prerrogativa de foro. Por outro lado, competiria igualmente ao STF, com exclusividade, emitir qualquer juízo a respeito do desmembramento ou não de inquéritos ou processos nos quais se desse o surgimento de questões jurídicas a envolver detentor de prerrogativa de foro. Em seguida, o Plenário determinou a execução da decisão liminar independentemente da publicação do acórdão. *Rcl 23457 Referendo-MC/PR, Rel. Min. Teori Zavascki, 31.3.2016. Pleno. (Info 819)*

1.4. DA PROVA

1.4.1. DA PROVA (GERAL)

▸ ***Homicídio e desnecessidade da oitiva de todas as vítimas***

Não há direito absoluto à produção de prova. Em casos complexos, há que confiar no prudente arbítrio do juiz da causa, mais próximo dos fatos, quanto à avaliação da pertinência e relevância das provas requeridas pelas partes. Assim, a obrigatoriedade de oitiva da vítima deve ser compreendida à luz da razoabilidade e da utilidade prática da colheita da referida prova. *HC 131158/RS, Rel. Min. Edson Fachin, 26.4.2016. 1ª T. (Info 823)*

▸ ***Incidente de insanidade mental e obrigatoriedade***

O incidente de insanidade mental é prova pericial constituída em favor da defesa. Logo, não é possível determiná-lo compulsoriamente na hipótese em que a defesa se oponha à sua realização. *HC 133.078/RJ, Rel. min. Cármen Lúcia, 6.9.2016. 2ª T. (Info 838)*

1.4.2. DA PROVA (ILICITUDE)

▸ ***Busca e apreensão, violação de correspondência e domicílio***

No caso, procurador do MPT teria forjado a assinatura da procuradora-chefe, em promoção formulada por si próprio. O relator do inquérito havia deferido diligência requerida pelo "Parquet" apenas em relação ao equipamento usado pelo indiciado, com a finalidade de averiguar se a promoção fora lá elaborada. Porém, ao cumprir o mandado, o procurador-chefe substituto também havia autorizado a arrecadação do computador do gabinete da chefia da Procuradoria Regional. A defesa insurgia-se contra a apreensão desse equipamento, por transbordar os limites do mandado, bem assim contra a impossibilidade de indicar assistente técnico e de formular quesitos nessa fase inquisitorial. Além disso, sustentava que se teria procedido à análise do equipamento utilizado pelo recorrente de forma indevida, porque verificada sua correspondência eletrônica lá armazenada, em violação ao art. 5º, XII, da Constituição Federal. O Colegiado entendeu que, na hipótese, o fato de ter havido a entrega espontânea dos computadores traduz peculiaridade. Além disso, não cabe falar em violação ao direito à intimidade, por se tratar de material disponibilizado, inclusive, para o serviço público. Ademais, no que diz respeito à suposta violação do sigilo de correspondência eletrônica, não houve quebra da troca de dados, mas sim acesso aos dados registrados nos computadores. Sublinhou, também, no tocante ao cerceamento de defesa por indeferimento de diligência no curso da investigação, não ser o momento próprio para invocar o exercício do contraditório e da ampla defesa. Lembrou, inclusive, que a denúncia já havia sido recebida. Enfatizou, ainda, que uma vez entregue o computador que não constava da ordem de busca e apreensão, a perícia nessa máquina foi sustada. Depois de reapreciada a decisão, foi deferido o exame do elemento de prova. Assim, no caso, não houve a produção de prova ilícita para, posteriormente, decidir-se sobre sua admissão. A prova apenas foi produzida depois de decidido sobre a licitude da colheita do equipamento. *RHC 132062/RS, red. p/ ac. Min. Edson Fachin, j. 29.11.2016. 1ª T. (Info 849)*

▸ ***Prova ilícita e desentranhamento de peças processuais***

A denúncia, a pronúncia, o acórdão e as demais peças judiciais não são provas do crime. Por isso, em princípio, estão fora da regra constitucional que determina a exclusão das provas obtidas por meios ilícitos. O art. 157 do CPP, ao tratar das provas ilícitas e derivadas, não prevê a exclusão de peças processuais que a elas façam referência. A exclusão de peça que faça menções à realização da prova e ao debate quanto à validade da prova não é uma consequência óbvia da exclusão da prova. Não se aplica ao caso a jurisprudência que afasta o envelopamento como alternativa à desconstituição da pronúncia por excesso de linguagem. Isso porque os jurados recebem cópia da peça processual relativa à pronúncia e têm a prerrogativa de acessar a integralidade dos autos (arts. 472, par. ún.; e 480, § 3º, do CPP). Logo, seria incompatível com o rito que a decisão de pronúncia fosse uma peça oculta. *RHC 137368/PR, rel. Min. Gilmar Mendes, j. 29.11.2016. 2ª T. (Info 849)*

▸ ***Sigilo bancário e nulidade***

Negado provimento a recurso no qual se pleiteava a anulação de condenação criminal lastreada em prova produzida no âmbito da Receita Federal do Brasil por meio da obtenção de informações de instituições financeiras sem prévia autorização judicial de quebra do sigilo bancário (LC 105/01, art. 5º e 6º; Dec. 3.724/01; e Dec. 4.489/02). Reiterou-se o decidido na ADI 2390, no sentido de assentar a constitucionalidade das normas que permitem o acesso direto da Receita Federal à movimentação financeira dos contribuintes. *RHC 121429/SP, Rel. Min. Dias Toffoli, 19.4.2016. 2ª T. (Info 822)*

1.5. DOS SUJEITOS DO PROCESSO

1.5.1. DO JUIZ

▸ ***HC e impedimento ou suspeição de magistrado***

Não se admite interpretação criadora de causas de impedimento e suspeição (no caso, alegava-se impedimento ou suspeição de desembargador federal que havia exercido a função de corregedor da justiça federal em processo administrativo instaurado em desfavor do recorrente). *RHC 131735/DF, Rel. Min. Cármen Lúcia, 3.5.2016. 1ª T. (Info 824)*

1.6. DA PRISÃO, DAS MEDIDAS CAUTELARES E DA LIBERDADE PROVISÓRIA

1.6.1. DISPOSIÇÕES GERAIS

▸ ***Busca veicular e autorização judicial***

As medidas cautelares, por reclamarem especial urgência, não prescindem de agilidade, mas também não podem se distanciar das necessárias autorizações legais e judiciais. Consignou, também, que as apreensões de documentos no interior de veículos automotores, por constituírem hipótese de busca pessoal – caracterizada pela inspeção do corpo, das vestes, de objetos e de veículos (não destinados à habitação do indivíduo) –, dispensam autorização judicial quando houver fundada suspeita de que neles estão ocultados elementos necessários à elucidação dos fatos investigados, a teor do disposto no art. 240, § 2º, do CPP. *RHC 117767/DF, Rel. Min. Teori Zavascki, j. 11.10.2016. 2ª T. (Info 843)*

▸ ***Lei 13.257/16 e pedido superveniente***

Pedido superveniente para substituir prisão preventiva por domiciliar em atenção ao inc. V do art. 318 do CPP, recentemente incluído pela Lei 13.257/2016, deve ser analisado pelo juízo de origem, uma vez que não cabe à Suprema Corte apreciá-lo de forma originária, sob pena de incorrer em supressão de instância e em grave violação das regras constitucionais de competência. *HC 132462 AgR-ED/RJ, Rel. Min. Dias Toffoli, 10.5.2016. 2ª T. (Info 825)*

1.6.2. DA PRISÃO DOMICILIAR

▸ ***Marco Legal da Primeira Infância e prisão domiciliar***

O Marco Legal da Primeira Infância (Lei 13.257/2016), ao alterar as hipóteses autorizativas da concessão de prisão domiciliar, permite que o juiz substitua a prisão preventiva pela domiciliar quando o agente for gestante ou mulher com filho até 12 anos de idade incompletos (CPP, art. 318, IV e V). *HC 134069/DF, Rel. Min. Gilmar Mendes, 21.6.2016. 2ª T. (Info 831)*

1.6.3. DA PRISÃO PREVENTIVA

▸ ***Cabimento de prisão preventiva e concessão de "habeas corpus" de ofício***

Inocorrência de ilegalidade evidente que atinja os pressupostos e requisitos da prisão preventiva, cuja presença é sinalizada por intermédio de elementos concretos da situação em exame. Descabimento de análise minuciosa do conjunto fático-probatório que dá suporte à medida gravosa, tendo em vista a impossibilidade de se fazer por meio da via restrita do "habeas corpus". Presentes distinções processuais, anterior concessão da ordem não se projeta para o fim de alcançar fatos até então não submetidos ao STF. *HC 134240/MT, Rel. Min. Edson Fachin, 28.6.2016. 1ª T. (Info 832)*

▸ ***HC e substituição de prisão preventiva por medidas cautelares***

A prisão preventiva supõe prova da existência do crime (materialidade) e indício suficiente de autoria; todavia, por mais grave que seja o ilícito apurado e por mais robusta que seja a prova de autoria, esses pressupostos, por si sós, são insuficientes para justificar o encarceramento preventivo. A eles deverá vir agregado, necessariamente, pelo menos mais um dos seguintes fundamentos, indicativos da razão determinante da medida cautelar: (a) a garantia da ordem pública, (b) a garantia da ordem econômica, (c) a conveniência da instrução criminal ou (d) a segurança da aplicação da lei penal. Em nosso sistema, notadamente a partir da Lei 12.403/2011, que deu nova redação ao art. 319 do Código de Processo Penal, o juiz tem não só o poder, mas o dever de substituir a prisão cautelar por outras medidas sempre que essas se revestirem de aptidão processual semelhante. Impõe-se ao julgador, assim, não perder de vista a proporcionalidade da medida cautelar a ser aplicada no caso, levando em conta, conforme reiteradamente enfatizado pela jurisprudência desta Corte, que a prisão preventiva é medida extrema que somente se legitima quando ineficazes todas as demais. *HC 132233/PR, Rel. Min. Teori Zavascki, 26.4.2016. 2ª T. (Info 823)*

1.7. DAS CITAÇÕES E INTIMAÇÕES

1.7.1. DAS CITAÇÕES

▸ ***Citação com hora certa e processo penal***

[RPG] É constitucional a citação com hora certa no âmbito do processo penal. *RE 635145/RS, repercussão geral, Rel. p/ ac. Min. Luiz Fux, 1º.8.2016. Pleno. (Info 833)*

1.7.2. DAS INTIMAÇÕES

▸ ***Intimação da Defensoria Pública e sessão de julgamento de HC***

A intimação pessoal da Defensoria Pública quanto à data de julgamento de "habeas corpus" só é necessária se houver pedido expresso para a realização de sustentação oral. *HC 134.904/SP, Rel. min. Dias Toffoli, 13.9.2016. 2ª T. (Info 839)*

2. DOS PROCESSOS EM ESPÉCIE

2.1. DO PROCESSO COMUM

2.1.1. DO PROCEDIMENTO DO TRIBUNAL DO JÚRI

▸ ***Tribunal do júri e novo enquadramento fático-jurídico***

Se houver incorreto enquadramento fático-jurídico na capitulação penal, que repercuta na competência do órgão jurisdicional, admite-se, excepcionalmente, a possibilidade de o magistrado, antes da pronúncia e submissão do réu ao júri popular, efetuar a desclassificação para outro tipo penal e encaminhar o feito ao órgão competente. *HC 113598/PE, Rel. Min. Gilmar Mendes, 15.12.2015. 2ª T. (Info 812)*

3. DAS NULIDADES E DOS RECURSOS EM GERAL

3.1. DAS NULIDADES

▸ ***Intimação pessoal da Defensoria Pública e preclusão***

A não observância da intimação pessoal da Defensoria Pública – prerrogativa para o efetivo exercício de sua missão institucional – deve ser impugnada, imediatamente, na primeira oportunidade processual, sob pena de preclusão. No caso, na apelação, não teria havido a intimação, tendo sido alegada somente no recuso especial, não obstante a Defensoria houvesse oposto embargos de declaração. *HC 133476, Rel. Min. Teori Zavascki, 14.6.2016. 2ª T. (Info 830)*

▸ ***Prerrogativas da advocacia e interceptação telefônica***

Observou-se que a ofensa das prerrogativas da defesa e do advogado poderia produzir consequências processuais de três ordens, mas não gerariam a automática absolvição do imputado. Em primeiro lugar, poderia servir para a cassação ou invalidação do ato judicial. Em segundo lugar, poderia ser fundamento para a invalidação dos atos processuais subsequentes ao ato atentatório e com ele relacionados. Em terceiro lugar, poderia haver base para a recusa do magistrado, caso a transgressão apontar para a parcialidade dele. Observou que o magistrado atendera pedido do paciente e determinara o desentranhamento e a inutilização da prova. Notou que essa autoridade judicial teria feito constar que, da diligência, não resultara material útil e que não percebera que o telefone seria de advogado que atuaria no processo. Tendo em vista esse contexto, a primeira consequência da afronta à prerrogativa profissional – cassação ou invalidação do ato judicial – estaria fora de cogitação nesse caso. O resultado da interceptação fora desentranhado e destruído, após a defesa informar que o terminal interceptado pertenceria ao patrono do acusado. Não haveria nulidade a ser decretada, visto que o ato já se tornara ineficaz. *HC 129706/PR, Rel. Min. Gilmar Mendes, 28.6.2016. 2ª T. (Info 832)*

3.2. DOS RECURSOS EM GERAL

3.2.1. DO RECURSO EXTRAORDINÁRIO

▸ ***Inadmissibilidade de RE em matéria penal e prazo recursal***

Em razão da alteração da base normativa, inexistindo previsão específica no CPP e no RISTF, à luz do preconizado no art. 3º do CPP, o prazo a ser observado na interposição do agravo destinado a impugnar a decisão de inadmissibilidade do recurso extraordinário é o da regra geral do art. 1.003, § 5º, do NCPC, ou seja, de 15 dias. A despeito do que dispõe o art. 219, "caput", do NCPC, que determina a contagem do prazo recursal em dias úteis, o caso concreto trata de agravo em recurso extraordinário em matéria criminal. Nessa hipótese, as regras do processo civil somente se aplicam subsidiariamente. No caso, a contagem dos prazos no processo penal está prevista no art. 798 do CPP. Portanto, o NCPC não regula o processo penal nesse particular. Logo, diante da nova sistemática processual, o prazo para interposição do agravo que almeja destrancar recurso extraordinário criminal inadmitido na origem passou a ser de 15 dias, com a contagem regida pelo CPP. *ARE 993407/DF, Rel. Min. Edson Fachin, 25.10.2016. 1ª T. (Info 845)*

4. TEORIA E PRINCÍPIOS PROCESSUAIS PENAIS

▸ ***Câmara de tribunal de justiça composta por juízes de 1º grau***

Não viola o princípio do juiz natural o julgamento de apelação por órgão colegiado presidido por desembargador, sendo os demais integrantes juízes convocados. *HC 101473/SP, Red. p/ ac. Min. Roberto Barroso, 16.2.2016. 1ª T. (Info 814)*

▸ ***Termo de colaboração premiada e Súmula Vinculante 14***

A Súmula Vinculante 14 assegura ao defensor o direito de acesso às provas já produzidas e formalmente incorporadas ao procedimento investigatório, excluídas, consequentemente, as informações e providências investigatórias ainda em curso de execução e, por isso mesmo, não documentados no próprio inquérito ou processo judicial. O conteúdo dos depoimentos pretendidos pelo reclamante, embora posteriormente tornado público e à disposição, encontrava-se, à época do ato reclamado, submetido a sigilo, nos termos do art. 7º da Lei 12.850/13, regime esse que visa, segundo a lei de regência, a dois objetivos básicos: (a) preservar os direitos assegurados ao colaborador, dentre os quais o de "ter nome, qualificação, imagem e demais informações pessoais preservados" (art. 5º, II) e o de "não ter sua identidade revelada pelos meios de comunicação, nem ser fotografado ou filmado, sem sua prévia autorização por escrito" (art. 5º, V); e (b) "garantir o êxito das investigações" (arts. 7º, § 2º e 8º, § 3º). Enquanto não instaurado formalmente o inquérito propriamente dito acerca dos fatos declarados, o acordo de colaboração e os correspondentes depoimentos estão sujeitos a estrito regime de sigilo. Instaurado o inquérito, "o acesso aos autos será restrito ao juiz, ao Ministério Público e ao delegado de polícia, como forma de garantir o êxito das investigações, assegurando-se ao defensor, no interesse do representado, amplo acesso aos elementos de prova que digam respeito ao exercício do direito de defesa, devidamente precedido de autorização judicial, ressalvados os referentes às diligências em andamento" (art. 7º, § 2º). Assegurado, como assegura, o acesso do investigado aos elementos de prova carreados na fase de inquérito, o regime de sigilo consagrado na Lei 12.850/13 guarda perfeita compatibilidade com a Súmula Vinculante 14. *Rcl 22009 AgR/PR, Rel. Min. Teori Zavascki, 16.2.2016. 2ª T. (Info 814)*

STJ

1. DO PROCESSO EM GERAL

1.1. DO INQUÉRITO POLICIAL

▸ ***Tramitação direta de inquérito policial entre a Polícia Federal e o Ministério Público Federal.***

Não é ilegal a portaria editada por Juiz Federal que, fundada na Res. CJF n. 63/09, estabelece a tramitação direta de inquérito policial entre a Polícia Federal e o Ministério Público Federal. De fato, o inquérito policial "qualifica-se como procedimento administrativo, de caráter pré-processual, ordinariamente vocacionado a subsidiar, nos casos de infrações perseguíveis mediante ação penal de iniciativa pública, a atuação persecutória do Ministério Público, que é o verdadeiro destinatário dos elementos que compõem a 'informatio delicti'" (STF, HC 89837). Nesse desiderato, a tramitação direta de inquéritos entre a Polícia Judiciária e o órgão de persecução criminal traduz expediente que, longe de violar preceitos constitucionais, atende à garantia da duração razoável do processo – pois lhe assegura célere tramitação –, bem como aos postulados da economia processual e da eficiência. *RMS 46.165-SP, Rel. Min. Gurgel de Faria, DJe 4.12.2015. 5ª T. (Info 574)*

1.2. DA AÇÃO PENAL

1.2.1. DA AÇÃO PENAL (QUEIXA/REPRESENTAÇÃO)

▸ ***Honorários advocatícios sucumbenciais em ação penal privada extinta sem julgamento de mérito.***

É possível condenar o querelante em honorários advocatícios sucumbenciais na hipótese de rejeição de queixa-crime por ausência de justa causa. É pacífica a orientação de possibilidade de condenação em honorários advocatícios em caso de ação penal privada, com base no princípio geral de sucumbência e na aplicação do CPC. *EREsp 1.218.726-RJ, Rel. Min. Felix Fischer, DJe 1.7.2016. 3ª S. (Info 586)*

▸ ***Rejeição de inicial acusatória desacompanhada de documentos hábeis a demonstrar, ainda que de modo indiciário, a autoria e a materialidade do crime.***

Deve ser rejeitada a queixa-crime que, oferecida antes de qualquer procedimento prévio, impute a prática de infração de menor potencial ofensivo com base apenas na versão do autor e na indicação de rol de testemunhas, desacompanhada de Termo Circunstanciado ou de qualquer outro documento hábil a demonstrar, ainda que de modo indiciário, a autoria e a materialidade do crime. *RHC 61.822-DF, Rel. Min. Felix Fischer, DJe 25.2.2016. 5ª T. (Info 577)*

1.2.2. DA AÇÃO PENAL (QUEIXA/REPRESENTAÇÃO)

▸ ***Honorários advocatícios sucumbenciais em ação penal privada extinta sem julgamento de mérito.***

É possível condenar o querelante em honorários advocatícios sucumbenciais na hipótese de rejeição de queixa-crime por ausência de justa causa. É pacífica a orientação de possibilidade de condenação em honorários advocatícios em caso de ação penal privada, com base no princípio geral de sucumbência e na aplicação do CPC. *EREsp 1.218.726-RJ, Rel. Min. Felix Fischer, DJe 1.7.2016. 3ª S. (Info 586)*

▸ ***Rejeição de inicial acusatória desacompanhada de documentos hábeis a demonstrar, ainda que de modo indiciário, a autoria e a materialidade do crime.***

Deve ser rejeitada a queixa-crime que, oferecida antes de qualquer procedimento prévio, impute a prática de infração de menor potencial ofensivo com base apenas na versão do autor e na indicação de rol de testemunhas, desacompanhada de Termo Circunstanciado ou de qualquer outro documento hábil a demonstrar, ainda que de modo indiciário, a autoria e a materialidade do crime. *RHC 61.822-DF, Rel. Min. Felix Fischer, DJe 25.2.2016. 5ª T. (Info 577)*

1.3. DA AÇÃO CIVIL

▸ ***Legitimidade extraordinária do Ministério Público. Ação civil "ex delicto" em favor de menores carentes. Existência de Defensoria Pública.***

O reconhecimento da ilegitimidade ativa do Ministério Público para, na qualidade de substituto processual de menores carentes, propor ação civil pública "ex delicto", sem a anterior intimação da Defensoria Pública para tomar ciência da ação e, sendo o caso, assumir o polo ativo da demanda, configura violação ao art. 68 do CPP. *REsp 888.081-MG, Rel. Min. Raul Araújo, DJe 18.10.2016. 4ª T. (Info 592)*

1.4. DA COMPETÊNCIA

▸ ***Competência da justiça comum federal para julgar militar da ativa.***

Compete à Justiça Comum Federal – e não à Justiça Militar – processar e julgar a suposta prática, por militar da ativa, de crime previsto apenas na Lei 8.666/93 (Lei de Licitações), ainda que praticado contra a administração militar. *CC 146.388-RJ, Rel. Min. Felix Fischer, DJe 1.7.2016. 3ª S. (Info 586)*

▸ ***Conflito negativo de competência. Crimes contra a honra de particular supostamente cometidos durante depoimento prestado à Procuradoria do Trabalho. Competência da Justiça estadual.***

Não compete à Justiça federal processar e julgar queixa-crime proposta por particular contra particular, somente pelo fato de as declarações do querelado terem sido prestadas na Procuradoria do Trabalho. *CC 148.350-PI, Rel. Min. Felix Fischer, DJe 18.11.2016. 3ª S. (Info 593)*

▸ ***Interceptação telefônica e envio à instância especial de diálogo envolvendo terceiro não investigado detentor de prerrogativa de foro.***

Durante interceptação telefônica deferida em primeiro grau de jurisdição, a captação fortuita de diálogos mantidos por autoridade com prerrogativa de foro não impõe, por si só, a remessa imediata dos autos ao Tribunal competente para processar e julgar a referida autoridade, sem que antes se avalie a idoneidade e a suficiência dos dados colhidos para se firmar o convencimento acerca do possível envolvimento do detentor de prerrogativa de foro com a prática de crime. *HC 307.152-GO, Rel. p/ ac. Min. Rogerio Schietti Cruz, DJe 15.12.2015. 6ª T. (Info 575)*

1.5. DA PROVA

1.5.1. DA PROVA (GERAL)

▸ ***Utilização no processo penal de provas obtidas pela administração tributária.***

Os dados bancários entregues à autoridade fiscal pela sociedade empresária fiscalizada, após regular intimação e independentemente de prévia autorização judicial, podem ser utilizados para subsidiar a instauração de inquérito policial para apurar suposta prática de crime contra a ordem tributária. *RHC 66.520-RJ, Rel. Min. Jorge Mussi, DJe 15.2.2016. 5ª T. (Info 577)*

1.5.2. DA PROVA (ILICITUDE)

▸ ***Acesso a dados armazenados em telefone celular apreendido com base em autorização judicial.***

Determinada judicialmente a busca e apreensão de telefone celular ou smartphone, é lícito o acesso aos dados armazenados no aparelho apreendido, notadamente quando a referida decisão o tenha expressamente autorizado. *RHC 75.800-PR, Rel. Min. Felix Fischer, DJ 26.9.2016. 5ª T. (Info 590)*

▸ ***Extração sem prévia autorização judicial de dados e de conversas registradas no whatsapp.***

Sem prévia autorização judicial, são nulas as provas obtidas pela polícia por meio da extração de dados e de conversas registradas no whatsapp*RHC 51.531-RO, Rel. Min. Nefi Cordeiro, DJe 9.5.2016. 6ª T. (Info 583)*

1.5.3. DA PROVA (PERÍCIA)

▸ ***Monitoramento de e-mail corporativo de servidor público.***

As informações obtidas por monitoramento de e-mail corporativo de servidor público não configuram prova ilícita quando atinentes a aspectos não pessoais e de interesse da Administração Pública e da própria coletividade, sobretudo quando exista, nas disposições normativas acerca do seu uso, expressa menção da sua destinação somente para assuntos e matérias afetas ao serviço, bem como advertência sobre monitoramento e acesso ao conteúdo das comunicações dos usuários para cumprir disposições legais ou instruir procedimento administrativo. *RMS 48.665-SP, Rel. Min. Og Fernandes, DJe 5.2.2016. 2ª T. (Info 576)*

1.5.4. DA PROVA (TESTEMUNHAS)

▸ ***Inquirição de testemunhas pelo magistrado e ausência do MP na audiência de instrução.***

Não gera nulidade do processo o fato de, em audiência de instrução, o magistrado, após o registro da ausência do representante do MP (que, mesmo intimado, não compareceu), complementar a inquirição das testemunhas realizada pela defesa, sem que o defensor tenha se insurgido no momento oportuno nem demonstrado efetivo prejuízo. *REsp 1.348.978-SC, Rel. p/ ac. Min. Nefi Cordeiro, DJe 17.2.2016. 6ª T. (Info 577)*

1.6. DOS SUJEITOS DO PROCESSO

▸ ***Hipótese de deferimento de assistência à acusação.***

É possível a intervenção dos pais como assistentes da acusação na hipótese em que o seu filho tenha sido morto, mas, em razão do reconhecimento de legítima defesa, a denúncia tenha imputado ao réu apenas o crime de porte ilegal de arma de fogo. *RMS 43.227-PE, Rel. Min. Gurgel de Faria, DJe 7.12.2015. 5ª T. (Info 574)*

1.7. DA PRISÃO, DAS MEDIDAS CAUTELARES E DA LIBERDADE PROVISÓRIA

1.7.1. DA PRISÃO EM FLAGRANTE

▸ ***Crime de tráfico de drogas. Situação de flagrância. Extração de provas advindas de troca de mensagens por aparelho de telefone celular. Ausência de autorização judicial. Desconsideração das provas obtidas.***

Na ocorrência de autuação de crime em flagrante, ainda que seja dispensável ordem judicial para a apreensão de telefone celular, as mensagens armazenadas no aparelho estão protegidas pelo sigilo telefônico, que compreende igualmente a transmissão, recepção ou emissão de símbolos, caracteres, sinais, escritos, imagens, sons ou informações de qualquer natureza, por meio de telefonia fixa ou móvel ou, ainda, por meio de sistemas de informática e telemática. *RHC 67379-RN, Rel. Min. Ribeiro Dantas, DJe 9.11.2016. 5ª T. (Info 593)*

1.7.2. DA PRISÃO PREVENTIVA

▸ ***Registro de atos infracionais não justifica prisão preventiva.***

No processo penal, o fato de o suposto autor do crime já ter se envolvido em ato infracional não constitui fundamento idôneo à decretação de prisão preventiva. Isso porque a vida na época da menoridade não pode ser levada em consideração pelo Direito Penal para nenhum fim. Atos infracionais não configuram crimes e, por isso, não é possível considerá-los como maus antecedentes nem como reincidência, até porque fatos ocorridos ainda na adolescência estão acobertados por sigilo e estão sujeitos a medidas judiciais exclusivamente voltadas à proteção do jovem. *HC 338.936-SP, Rel. Min. Nefi Cordeiro, DJe 5.2.2016. 6ª T. (Info 576)*

1.8. DAS CITAÇÕES E INTIMAÇÕES

1.8.1. DAS CITAÇÕES

▸ ***Nulidade em ação penal por falta de citação do réu.***

Ainda que o réu tenha constituído advogado antes do oferecimento da denúncia – na data da prisão em flagrante – e o patrono tenha atuado, por determinação do Juiz, durante toda a instrução criminal, é nula a ação penal que tenha condenado o réu sem a sua presença, o qual não foi citado nem compareceu pessoalmente a qualquer ato do processo, inexistindo prova inequívoca de que tomou conhecimento da denúncia. *REsp 1.580.435-GO, Rel. Min. Rogerio Schietti Cruz, DJe 31.3.2016. 6ª T. (Info 580)*

1.8.2. DAS INTIMAÇÕES

▸ ***Inexigibilidade de termo de recurso ou de renúncia na intimação pessoal do acusado.***

Na intimação pessoal do acusado acerca de sentença de pronúncia, a ausência de apresentação do termo de recurso ou de renúncia não gera nulidade do ato. *RHC 61.365-SP, Rel. Min. Felix Fischer, DJe 14.3.2016. 5ª T. (Info 579)*

▸ ***Nulidade da intimação por edital de réu preso.***

Preso o réu durante o curso do prazo da intimação por edital da sentença condenatória, essa intimação fica prejudicada e deve ser efetuada pessoalmente. *RHC 45.584/PR, Rel. Min. Nefi Cordeiro, DJe 12.5.2016. 6ª T. (Info 583)*

1.9. DA SENTENÇA

▸ ***Possibilidade de fixação de valor mínimo para compensação de danos morais sofridos pela vítima de infração penal.***

O juiz, ao proferir sentença penal condenatória, no momento de fixar o valor mínimo para a reparação dos danos causados pela infração (art. 387, IV, do CPP), pode, sentindo-se apto diante de um caso concreto, quantificar, ao menos o mínimo, o valor do dano moral sofrido pela vítima, desde que fundamente essa opção. *REsp 1.585.684-DF, Rel. Min. Maria Thereza de Assis Moura, DJe 24.8.2016. 6ª T. (Info 588)*

2. DOS PROCESSOS EM ESPÉCIE

2.1. DO PROCESSO COMUM

2.1.1. DO PROCEDIMENTO DO TRIBUNAL DO JÚRI

▸ ***Ordem de formulação do quesito da absolvição enquanto tese defensiva principal em relação ao quesito da desclassificação.***

A tese absolutória de legitima defesa, quando constituir a tese principal defensiva, deve ser quesitada ao conselho de sentença antes da tese subsidiária de desclassificação em razão da ausência de "animus necandi"*REsp 1.509.504-SP, Rel. Min. Maria Thereza de Assis Moura, DJe 13.11.2015. 6ª T. (Info 573)*

▸ ***Possibilidade de extensão de decisão de desclassificação adotada por júri em favor de corréu.***

Ocorrido o desmembramento da ação penal que imputava aos coacusados a prática de homicídio doloso tentado decorrente da prática de "racha", a desclassificação em decisão do Tribunal do Júri do crime de homicídio doloso tentado para o delito de lesões corporais graves ocorrida em benefício do corréu (causador direto da colisão da que decorreram os ferimentos suportados pela vítima) é extensível, independentemente de recurso ou nova decisão do Tribunal Popular, a outro corréu (condutor do outro veículo) investido de igual consciência e vontade de participar da mesma conduta e não responsável direto pelas citadas lesões. *RHC 67.383-SP, Rel. p/ ac. Min. Sebastião Reis Júnior, DJe 16.5.2016. 6ª T. (Info 583)*

▸ ***Reexame necessário de sentença absolutória sumária em procedimento do tribunal do júri após entrada em vigor da Lei 11.689/08.***

Após a entrada em vigor da Lei 11.689/08, em 8 de agosto de 2008, o reexame necessário de decisão absolutória sumária proferida em procedimento do Tribunal do Júri que estiver pendente de apreciação não deve ser examinado pelo Tribunal "ad quem", mesmo que o encaminhamento da decisão absolutória à instância superior tenha ocorrido antes da entrada em vigor da referida Lei. *HC 278.124-PI, Rel. p/ ac. Min. Felix Fischer, DJe 30.11.2015. 5ª T. (Info 574)*

3. DAS NULIDADES E DOS RECURSOS EM GERAL

3.1. DAS NULIDADES

▸ ***Complementação de denúncia com rol de testemunhas.***

A intimação do Ministério Público para que indique as provas que pretende produzir em Juízo e a juntada do rol de testemunhas pela acusação, após a apresentação da denúncia, mas antes da formação da relação processual, não são causas, por si sós, de nulidade absoluta. Isso porque, a despeito da previsão legal do momento processual adequado para o arrolamento das testemunhas tanto para a acusação (art. 41 do CPP) quanto para a defesa (arts. 396 e 396-A), aspectos procedimentais devem ser observados pelas partes, devendo-se proceder a uma visão global do todo previsto, interpretando sistematicamente o CPP. *RHC 37.587-SC, Rel. Min. Reynaldo Soares da Fonseca, DJe 23.2.2016. 5ª T. (Info 577)*

3.2. DOS RECURSOS EM GERAL

3.2.1. DISPOSIÇÕES GERAIS

▸ ***Forma de contagem de prazo para interposição de agravo contra decisão monocrática de ministro relator do STJ.***

No âmbito do STJ, mesmo após a vigência do CPC/15, em controvérsias que versem sobre matéria penal ou processual penal, a contagem do prazo para interposição de agravo contra decisão monocrática de relator continua sendo feita de forma contínua (art. 798 do CPP), e não somente em dias úteis (art. 219 do CPC/15). *AgRg nos EDcl nos EAREsp 316.129-SC, Rel. Min. Reynaldo Soares da Fonseca, DJe 1º.6.2016. 3ª S. (Info 585)*

▸ ***Proibição de agravar a pena em recurso exclusivo da defesa.***

No âmbito de recurso exclusivo da defesa, o Tribunal não pode agravar a reprimenda imposta ao condenado, ainda que reconheça equívoco aritmético ocorrido no somatório das penas aplicadas. *HC 250.455-RJ, Rel. Min. Nefi Cordeiro, DJe 5.2.2016. 6ª T. (Info 576)*

3.2.2. DA APELAÇÃO

▸ ***Efeito devolutivo da apelação criminal interposta pelo Ministério Público.***

A matéria suscitada em apelação criminal interposta pelo Ministério Público deve ser apreciada quando, embora não tenha sido especificada na petição de interposição, fora explicitamente delimitada e debatida nas razões recursais. *HC 263.087-SP, Rel. Min. Nefi Cordeiro, DJe 5.4.2016. 6ª T. (Info 580)*

▸ ***Sentença de absolvição sumária e vedação de análise do mérito da ação penal em apelação.***

No julgamento de apelação interposta pelo Ministério Público contra sentença de absolvição sumária, o Tribunal não poderá analisar o mérito da ação penal para condenar o réu, podendo, entretanto, prover o recurso para determinar o retorno dos autos ao juízo de primeiro grau, a fim de viabilizar o prosseguimento do processo. *HC 260.188-AC, Rel. Min. Nefi Cordeiro, DJe 15.3.2016. 6ª T. (Info 579)*

3.2.3. DA REVISÃO

▸ ***Revisão criminal na hipótese em que a questão atacada também tenha sido enfrentada pelo STF em HC.***

O julgamento pelo STF de HC impetrado contra decisão proferida em recurso especial não afasta, por si só, a competência do STJ para processar e julgar posterior revisão criminal. *RvCr 2.877-PE, Rel. Min. Gurgel de Faria, DJe 10.3.2016. 3ª S. (Info 578)*

Digno é o Cordeiro de Deus!

Eu sou grata por P.
Eu sou grata pelo amor de Deus
Eu sou grata pelo congresso 180 que eu participei!
Eu sou grata pelas minhas filhas
Eu sou grata por minha mãe
Eu sou grata pelos meus irmãos
Eu sou grata pela minha saúde
Eu sou grata pela saúde das minhas filhas.
Eu sou grata pelas minhas amigas.
Eu sou grata pelo meu casamento
Eu sou grata por minhas filhas terem participado do congresso
Eu sou grata por Elton
Eu sou grata por minha mãe morar no babo branco.
Eu sou grata por ter ido a Recife semana passada e semana retrasada.
Eu sou grata por andar
Eu sou grata pelas minhas roupas.
Eu sou grata pelo meu cabelo.
Eu sou grata pelo meu plano de saúde
Eu sou grata por + um dia
Eu sou grata pelas viagens que eu fiz.
Eu sou grata pelas viagens que eu vou fazer com minhas filhas

Direito Civil

Jaime Bulos e
Thaís Del Monte Buzato

✦ QUESTÕES

⦿ DIREITO CIVIL – PARTE GERAL

1. LEI DE INTRODUÇÃO ÀS NORMAS DE DIREITO BRASILEIRO – DECRETO LEI 4.657/1942

01. (Cespe – Procurador do MP junto ao TCU/2015) A respeito da Lei de Introdução às Normas do Direito Brasileiro e de institutos relacionados às pessoas físicas e jurídicas, assinale a opção correta à luz da jurisprudência do STJ.

a) Tem caráter absoluto o dispositivo da lei em questão segundo o qual a sucessão por morte ou por anuência obedece à lei do país em que era domiciliado o falecido ou o desaparecido.

b) Não é possível a supressão do patronímico materno por ocasião do casamento, ainda que sob o fundamento de que o nome civil é inerente ao direito de personalidade.

c) A dissolução irregular de sociedade é, por si só, causa para a desconsideração da personalidade civil por configurar desvio da finalidade institucional.

d) É possível hipotecar imóvel de ausente com o fim específico de lhe evitar a ruína, hipótese em que será necessária ordem judicial.

e) A interdição por incapacidade absoluta demanda registro em registro público, providência que é dispensada quando se trata de interdição por incapacidade relativa.

Alternativa correta: Letra "d": A assertiva está correta pois encontra-se de acordo com o previsto no art. 31 que assim dispõe: Os imóveis do ausente só se poderão alienar, não sendo por desapropriação, ou hipotecar, quando o ordene o juiz, para lhes evitar a ruína.

Alternativa "a": Incorreta, pois contrária o disposto no art. 10 da Lei de Introdução às Normas de Direito Brasileiro (LINDB), que assim dispõe: Art. 10: A sucessão por morte ou por ausência obedece à lei do país em que domiciliado o defunto ou o desaparecido, qualquer que seja a natureza e a situação dos bens.

> *§ 1º A sucessão de bens de estrangeiros, situados no País, será regulada pela lei brasileira em benefício do cônjuge ou dos filhos brasileiros, ou de quem os represente, sempre que não lhes seja mais favorável a lei pessoal do de cujus.*

Alternativa "b": Incorreta, pois encontra-se em desacordo ao entendimento dos nossos tribunais, vejamos: REsp 1433187 / SC – STJ. 1. Excepcionalmente, desde que preservados os interesses de terceiro e demonstrado justo motivo, é possível a supressão do patronímico materno por ocasião do casamento.

Alternativa "c": Incorreta, vez que em desacordo com o disposto no Informativo 554 STJ: O encerramento das atividades da sociedade ou sua dissolução, ainda que irregulares, não são causas, por si sós, para a desconsideração da personalidade jurídica a que se refere o art. 50 do CC.

Alternativa "e": Incorreta, pois em desacordo com o previsto no art. 90, III, do Código Civil que diz que serão registrados em registro público a interdição por incapacidade absoluta ou relativa;

02. (Cespe – Defensor Público – RN/2015) A respeito da Lei de Introdução às Normas do Direito Brasileiro e de institutos relacionados às pessoas naturais e jurídicas, assinale a opção correta à luz da jurisprudência do STJ.

a) A internação psiquiátrica involuntária é também chamada de internação compulsória, pois decorre de determinação judicial e independe do consentimento do paciente ou de pedido de terceiro.

b) São válidos os negócios jurídicos praticados pelo incapaz antes da sentença de interdição, ainda que se comprove que o estado de incapacidade tenha sido contemporâneo ao negócio.

c) Não configura direito subjetivo da pessoa retificar seu patronímico no registro de nascimento de seus filhos após o divórcio, quando ela deixar de usar o nome de casada.

d) A filial é uma espécie de estabelecimento empresarial que possui personalidade jurídica própria, distinta da sociedade empresária.

e) Não se tratando de contrato de trato sucessivo, descabe a aplicação retroativa da lei nova para alcançar efeitos presentes de contratos celebrados anteriormente à sua vigência.

Alternativa correta: Letra "e": A assertiva está correta pois de acordo com o entendimento dos nossos tribunais acerca do assunto:

"Embora não seja permitida a aplicação retroativa da lei, há entendimento predominante na jurisprudência de que nos contratos de plano de saúde, se não foi oportunizada a possibilidade de migração de plano atingido pela nova lei, o contrato passa a ser regulamentado por esta, face a sua renovação anual e automática." (TJSC, AC n. 2011.008812-5, Rel. Des. CARLOS PRUDÊNCIO, j. em 13.04.2011).

Alternativa "a": Incorreta. Cumpre esclarecer que internação psiquiátrica involuntária e internação compulsória são coisas distintas. Sendo assim, o STJ já se manifestou acerca do assunto, vejamos:

> *III – São modalidades de internação psiquiátrica: a voluntária, que é aquela que se dá a pedido ou com o consentimento do paciente (mediante declaração assinada no momento da internação); a involuntária, que é a que se dá sem o consentimento do usuário e a pedido de terceiro; e, por fim, a internação compulsória, determinada por ordem judicial. (HC 130.155/SP, Rel. Ministro MASSAMI UYEDA, TERCEIRA TURMA, julgado em 04/05/2010, DJe 14/05/2010).*

Alternativa "b": Incorreta, pois em desacordo ao quanto já decidido pelo STJ.

> *"reputar-se-ão nulos os atos e negócios jurídicos praticados pelo incapaz anteriores à sentença de interdição, em se comprovando que o estado da incapacidade é contemporâneo ao ato ou negócio a que se pretende anular. Em relação aos atos e negócios jurídicos praticados pessoalmente pelo incapaz na constância da curadoria, estes afiguram-se nulos, independente de prova". (REsp 1414884/RS, Rel. Ministro MARCO AURÉLIO BELLIZZE, TERCEIRA TURMA, julgado em 03/02/2015, DJe 13/02/2015).*

Alternativa "c": Incorreta, pois em desacordo ao quanto já decidido pelo STJ:

> *1. É direito subjetivo da pessoa retificar seu patronímico no registro de nascimento de seus filhos após divórcio. (REsp 1279952/MG, Rel. Ministro RICARDO VILLAS BÔAS CUEVA, TERCEIRA TURMA, julgado em 03/02/2015, DJe 12/02/2015).*

Alternativa "d": Incorreta. Assim o STJ se pronunciou sobre o assunto:

> *5. Esta Corte já se manifestou sobre a impossibilidade de aplicação retroativa da lei nova para alcançar efeitos presentes e futuros de contratos celebrados anteriormente a sua vigência, afastando, assim, a chamada retroatividade mínima. Contudo, também já houve manifestação desta Corte no sentido de que a lei nova regula os efeitos presentes e futuros de contratos de trato sucessivo, pois o que se discute, em casos tais, não são "os efeitos presentes e futuros de negócio jurídico que era perfeito sob a égide da lei revogada, mas, sim, as conseqüências de negócio jurídico renovado sob os auspícios da lei nova" (REsp nº 735.168/RJ, Rel. Ministra Nancy Andrighi, Terceira Turma, DJe 26/03/2008) 6. Nessa esteira, mutatis mutandis, a novel legislação que alterou a alíquota do imposto deve incidir sobre os novos fatos geradores, a despeito da alíquota vigente à época em que foi realizado o contrato, visto que os fatos geradores do imposto de renda se renovam a cada aquisição da disponibilidade econômica ou jurídica da renda a ser remetida ao exterior.*
>
> *7. Recurso especial não provido. (REsp 1438876/SP, Rel. Ministro MAURO CAMPBELL MARQUES, SEGUNDA TURMA, julgado em 18/08/2015, DJe 28/08/2015)*

---

03. (Cespe – Juiz de Direito Substituto – AM/2016) A respeito da eficácia da lei no tempo e no espaço, assinale a opção correta conforme a LINDB.

a) Para ser aplicada, a norma deverá estar vigente e, por isso, uma vez que ela seja revogada, não será permitida a sua ultratividade.

b) Tendo o ordenamento brasileiro optado pela adoção, quanto à eficácia espacial da lei, do sistema da territorialidade moderada, é possível a aplicação da lei brasileira dentro do território nacional e, excepcionalmente, fora, e vedada a aplicação de lei estrangeira nos limites do Brasil.

c) Quando a sucessão incidir sobre bens de estrangeiro residente, em vida, fora do território nacional, aplicar-se-á a lei do país de domicílio do defunto, quando esta for mais favorável ao cônjuge e aos filhos brasileiros, ainda que todos os bens estejam localizados no Brasil.

d) Não havendo disposição em contrário, o início da vigência de uma lei coincidirá com a data da sua publicação.

e) Quando a republicação de lei que ainda não entrou em vigor ocorrer tão somente para correção de falhas de grafia constantes de seu texto, o prazo da vacatio legis não sofrerá interrupção e deverá ser contado da data da primeira publicação.

COMENTÁRIOS

Alternativa correta: letra "c". A assertiva está correta e encontra fundamento no artigo 5º, inciso XXXI da Constituição Federal e artigo 10, parágrafo primeiro da LINDB. Nesta situação hipotética, a aplicação da lei brasileira será subsidiária, ou seja, terá aplicação caso a lei estrangeira não seja mais favorável ao cônjuge e aos filhos do defunto.

Alternativa "a": A alternativa está equivocada, pois em situações excepcionais é permitida a aplicação de leis já revogadas, ao que se denomina ultratividade. Como exemplo, temos o artigo 2.041 do Código Civil que prevê a aplicação do Código Civil de 1916, já revogado, às sucessões abertas antes de sua entrada em vigor.

Alternativa "b":A assertiva está errada. O Brasil adota a teoria da territorialidade moderada, temperada ou mitigada, segundo a qual, excepcionalmente, será admitida a aplicação da lei estrangeira em território brasileiro, desde que tal excepcionalidade não atente contra a soberania nacional.

Alternativa "d":A assertiva está incorreta, pois contrária ao que dispõe o artigo 1º da LINDB, segundo o qual não havendo disposição em sentido contrário, a *vacatio legis* será de 45 dias.

Alternativa "e":A assertiva está errada, pois afronta o disposto no parágrafo terceiro do artigo 1º da LINDB, que determina que nesta situação hipotética o prazo de *vacatio legis* começará a correr da data da nova publicação.

---

04. (Cespe – Promotor de Justiça – AC/2014) Em relação à eficácia da lei no tempo, assinale a opção correta.

a) Por meio da revogação, em sentido amplo, termo afeto ao processo legislativo, a norma é extinta do sistema jurídico por outro ato normativo da mesma espécie, o que não se aplica às normas declaradas inconstitucionais.

b) A irretroatividade é a regra geral em matéria de direito intertemporal, não se admitindo, em hipótese alguma, a retroatividade de atos normativos em observância à segurança jurídica.

c) A promulgação da lei a torna obrigatória para a coletividade.

d) Pode ser promulgada nova lei sobre o mesmo assunto de norma já promulgada, sem que se ab-rogue tacitamente a anterior.

e) A vigência da lei coincide necessariamente com a data de sua publicação no Diário Oficial.

COMENTÁRIOS

Alternativa correta: letra "d". A alternativa está correta de acordo com o previsto no art. 2º, § 2º da LINDB. Cumpre ressaltar que duas leis podem ser promulgadas sobre o mesmo assunto. A análise do conflito entre elas é que só passará a existir após entrarem em vigência.

Alternativa "a": a alternativa está errada, pois uma norma diversa pode sim revogar outra. Além disso, pode se dar a inconstitucionalidade de uma norma de forma incidental. Deste modo, não é porque uma norma foi declarada inconstitucional que ela será imediatamente revogada.

Alternativa "b": a alternativa está errada. De fato, a irretroatividade é a regra geral, no entanto, como a questão não nos deu o tema, pode-se colocar como exceção à regra o quanto disposto no 5º, XL, CF, que permite a retroatividade.

Alternativa "c": a alternativa está errada, haja vista que o que torna uma lei obrigatória para a coletividade é a sua vigência, que só ocorrerá após a publicação (respeitando a *vacatio legis*) e não a sua promulgação.

Alternativa "e": a alternativa está errada pois a vigência não se confunde obrigatoriamente com a sua publicação. Há que se respeitar em muitos casos a *vacatio legis*, ou seja, a lei só entrará em vigor, caso não haja qualquer outra especificação, 45 (quarenta e cinco) dias após a sua publicação.

---

05. (Cespe – Procurador do Ministério Público junto ao TCDF/2013) A respeito da eficácia da lei no tempo e no espaço, julgue os itens a seguir.

05.1. No curso de uma relação contratual civil, caso surja lei nova que trate da matéria objeto da relação jurídica entabulada, essa nova lei deverá ser aplicada à referida relação se apresentar regra mais favorável ao devedor.

COMENTÁRIOS

A assertiva está errada, haja vista que contraria o disposto no art. 2.035 do Código Civil, que adotou o critério da retroatividade mínima, o que significa dizer que a lei nova só alcançará efeitos ainda não consumados do ato.

05.2. O princípio da irretroatividade da lei nova se aplica às leis de ordem pública.

COMENTÁRIOS

A assertiva está correta, pois a regra é a da irretroatividade da lei nova. No entanto, há necessidade de ressaltar a exceção prevista no parágrafo único do art. 2.035 do Código Civil que assim dispõe:

> *Parágrafo único. Nenhuma convenção prevalecerá se contrariar preceitos de ordem pública, tais como os estabelecidos por este Código para assegurar a função social da propriedade e dos contratos.*

06. (Cespe – Juiz de Direito Substituto – RN/2013) Consoante a Lei de Introdução às Normas do Direito Brasileiro, assinale a opção correta.

a) A lei posterior somente revoga a anterior quando expressamente o declare, podendo a revogação ser total (ab – rogação) ou parcial (derrogação).

b) As regras de aplicação da lei no espaço estabelecem que deve ser aplicada a lei brasileira quando a obrigação resultante de contrato tenha de ser cumprida no Brasil, ainda que o domicílio do proponente seja em outro país.

c) Na sucessão por morte ou por ausência de estrangeiro, a lei do domicílio do herdeiro ou legatário regula a capacidade para suceder, independentemente do lugar do domicílio do falecido ou ausente.

d) A prova dos fatos ocorridos em país estrangeiro rege-se pela lei brasileira quanto ao ônus e aos meios de produzir-se, não admitindo os tribunais brasileiros provas que a lei brasileira desconheça.

e) A referida lei prevê, como métodos de integração das normas, em ordem preferencial e taxativa, a analogia, os costumes, os princípios gerais de direito e a equidade.

COMENTÁRIOS

Alternativa correta: letra "c". A alternativa está correta pois de encontro com o previsto no art. 10, § 2º da LINDB. Há que se ressaltar que a capacidade para suceder difere-se da qualidade de herdeiro, já que esta está relacionada com a ordem de vocação hereditária.

Alternativa "a": Está errada, pois em desacordo com o disposto no art. 2º, § 1, da LINDB. A lei posterior irá revogar a anterior quando expressamente a declare revogada; quando for com ela incompatível ou quando ainda regule inteiramente a matéria de que tratava a lei anterior.

Alternativa "b": Está errada pois contraria ao disposto no art. 9º, § 2º, da LINDB. Quando tratar-se de contratos internacionais realizados entre ausentes, a regra é que a obrigação reputar-se – á constituída no lugar em que reside o proponente. Caso ele resida no exterior, a lei aplicada será a estrangeira, como regra, salvo se a execução do contrato tiver que ser em terras brasileiras, onde será aplicada a *lex loci executionis*, de acordo com o § 1º do referido artigo.

Alternativa "d": Está errada, pois em desacordo com o previsto no art. 13, da LINDB, haja vista que a prova dos fatos ocorridos em país estrangeiro reger-se-á pela lei que nele vigorar e não pela lei brasileira, como faz crer a alternativa.

Alternativa "e": Está errada pois contraria o previsto no art. 4º da LINDB, vez que a equidade não integra o rol do referido dispositivo.

07. (Cespe – Procurador BACEN/2013) A interpretação segundo a qual o juiz procura alcançar o sentido da lei em consonância com as demais normas que inspiram determinado ramo de direito é denominada

a) histórica.

b) lógica.

c) sistemática.

d) teleológica.

e) analógica.

COMENTÁRIOS

✪ **Nota dos autores**: Importante frisar que a finalidade de interpretação da norma é revelar o seu sentido e fixar o seu alcance. Sendo assim, dispomos dos seguintes métodos de interpretação, quais sejam: literal ou gramatical; lógica; sistemática; histórico; finalístico ou teleológico.

Alternativa correta: letra "c". A questão trata da forma de interpretação sistemática que consiste em fazer uma comparação entre a lei atual, em vários de seus dispositivos e outros textos ou textos anteriores. É considerada por vários doutrinadores como um dos meios de interpretação mais importante que dispomos.

Alternativa "a": A alternativa está errada visto que a interpretação histórica consiste no estudo das circunstâncias fáticas que envolviam a elaboração da norma, procurando nesse contexto o real sentido do texto legal.

Alternativa "b": A alternativa está errada pois o método de interpretação lógico consiste em utilizar-se de mecanismos da lógica, tais como silogismos, deduções, entre outros.

Alternativa "d": A alternativa está errada, vez que a o método de interpretação finalístico ou teleológico consiste em buscar interpretar a norma a comparando com o contexto social.

Alternativa "e": A alternativa está errada, visto que na interpretação analógica, o intérprete busca preencher lacunas deixadas pelo legislador.

08. (Cespe – Delegado de Polícia Federal – DPF/2013) Com base na Lei de Introdução às Normas do Direito Brasileiro, julgue o item a seguir.

A revogação de uma norma pela superveniência de outra que disponha sobre a mesma matéria poderá atingir as situações já consumadas sob a égide da lei antiga, afetando os efeitos pretéritos produzidos ou incidindo sobre os efeitos presentes ou futuros de situações passadas ocorridas na vigência da norma revogada.

COMENTÁRIOS

A assertiva está correta. Embora tenha havido discussões sobre o gabarito desta questão, cumpre informar que o entendimento da banca se deu em razão de "a mesma matéria poderá atingir..." e não deverá atingir, razão pela qual a expressão "poderá atingir...", configura exceção a regra da Irretroatividade da Lei, que é a Teoria da Retroatividade Mínima.

09. (Cespe – Procurador Federal/2013) Acerca da Lei de Introdução às Normas do Direito Brasileiro e das pessoas naturais e jurídicas, julgue os itens seguintes.

09.1. Embora os direitos da personalidade não possuam um prazo para o seu exercício em razão de serem imprescritíveis, a pretensão de reparação por dano moral sofrido sujeita-se a prazo prescricional.

COMENTÁRIOS

A assertiva está correta. Cumpre ressaltar que os direitos da personalidade têm como uma de suas características principais a imprescritibilidade. No entanto, de acordo com o disposto no art. 206, § 3º, IV do Código Civil, caso haja uma violação a um direito da personalidade, a pretensão da reparação civil prescreverá em 03 (três) anos.

09.2. O fato de um juiz, à míngua de previsão legal, concluir que o companheiro participante de plano de previdência privada faz jus à pensão por morte, ainda que não esteja expressamente inscrito no instrumento de adesão, caracteriza a utilização da integração da norma lacunosa por meio da analogia.

COMENTÁRIOS

A assertiva está correta. Para responder essa questão, o candidato não pode se esquecer dos Informativos, haja vista que a resposta está prevista no Informativo do STJ nº 421, que assim dispõe: STJ – Pensão Concedida a Companheiro do Mesmo Sexo. "A questão posta no REsp cinge-se à possibilidade de entender-se procedente o pedido de pensão post mortem feito à entidade fechada de previdência privada complementar, com base na existência de união afetiva entre pessoas do mesmo sexo pelo período aproximado de 15 anos. A Turma entendeu, entre outras questões, que, comprovada a existência de união afetiva entre pessoas do mesmo sexo, é de se reconhecer o direito do companheiro sobrevivente de receber benefícios previdenciários decorrentes do plano de previdência privada do qual o falecido era participante, com os idênticos efeitos da união estável. Desse modo, se, por força do art. 16 da Lei nº 8.213/1991, a necessária dependência econômica para a concessão da pensão por morte entre companheiros de união estável é presumida, também o é no caso de companheiros do mesmo sexo, diante do emprego da analogia que se estabeleceu entre essas duas entidades familiares. (...) Assim, aqueles que vivem em uniões de afeto com pessoas do mesmo sexo seguem enquadrados no rol dos dependentes preferenciais dos segurados no regime geral, bem como dos participantes no regime complementar de previdência, em igualdade de condições com todos os demais beneficiários em situações análogas. Ressaltou-se, ainda, que, incontroversa a união nos mesmos moldes em que a estável, o companheiro participante de plano de previdência privada faz jus à pensão por morte, ainda que não esteja expressamente inscrito no instrumento de adesão, isso porque a previdência privada não perde seu caráter social só pelo fato de decorrer de avença firmada entre particulares. Dessa forma, mediante ponderada intervenção do juiz, munido das balizas de integração da norma lacunosa por meio da analogia, considerando-se a previdência privada em sua acepção de coadjuvante da previdência geral e seguindo os princípios que dão forma ao direito previdenciário como um todo, entre os quais se destaca o da solidariedade, são considerados beneficiários os companheiros de mesmo sexo de participantes dos planos de previdência, sem preconceitos ou restrições de qualquer ordem, notadamente aquelas amparadas em ausência de disposição legal. Nesse contexto, enquanto a lei civil permanecer inerte, as novas estruturas de convívio que batem às portas dos tribunais devem ter sua tutela jurisdicional prestada com base nas leis existentes e nos parâmetros humanitários que norteiam, não só o Direito Constitucional, mas a maioria dos ordenamentos jurídicos existentes no mundo. (...) REsp 1.026.981-RJ,Rel. Min. Nancy Andrighi, julgado em 4/2/2010." Informativo STJ nº 421.

10. (Cespe – Advogado da União/2012) No que se refere à história dos conflitos de leis, a elementos de conexão e a reenvio, julgue os itens seguintes.

10.1. O reenvio é proibido pela Lei de Introdução às Normas do Direito Brasileiro.

COMENTÁRIOS

A assertiva está correta, pois é expressamente vedado pela LINDB o reenvio, de acordo com o previsto em seu art. 16. Assim, ao não permitir o reenvio, o juiz brasileiro estará impedido, ao aplicar à um caso concreto uma lei internacional, de aplicar também uma outra norma citada por aquela lei.

10.2. A aquisição e a exploração comercial de navios e aeronaves regem-se pela lei do local onde tenha sido efetuado o registro dos direitos de propriedade sobre a coisa.

COMENTÁRIOS

A assertiva está correta. No entanto, a resposta dessa questão encontra-se na doutrina de Direito Internacional Público e Privado e não na LINDB, haja vista que a regra do *lex rei sitae* comporta exceções fora da LINDB, entre elas as relativas a conflitos de leis envolvendo aeronaves e embarcações, regidos pela norma do Estado onde se encontram matriculados ou registrados tais equipamentos, nos termos do Direito Aeronáutico e do Direito do Mar. (PORTELA, Paulo Henrique Gonçalves. Direito internacional público e privado. Editora Juspodivm; pág. 515, 2ª ed.)

11. (Cespe – Juiz de Direito Substituto – PI/ 2012) O fato de um juiz, transcendendo a letra da lei, utilizar de raciocínio para fixar o alcance e a extensão da norma a partir de motivações políticas, históricas e ideológicas caracteriza o exercício da interpretação

a) teleológica.

b) sistemática.

c) histórica.

d) lógica.

e) doutrinária.

COMENTÁRIOS

Alternativa correta: letra "d". Trata-se do método de interpretação lógica. As demais alternativas estão erradas, vide comentários à questão 05 que também trata dos métodos de interpretação.

12. (Cespe – Delegado de Polícia – AL/ 2012) Com base no que dispões a Lei de Introdução às Normas do Direito Brasileiro (LINDB) e Direito Civil, julgue os itens subsecutivos.

A personalidade civil começa com o nascimento com vida, mas os direitos do nascituro estão sujeitos a uma condição resolutiva, ou seja, são direitos eventuais; esse conceito refere-se à teoria da personalidade condicional.

COMENTÁRIOS

O Código Civil determina que a personalidade tem início com o nascimento com vida (teoria natalista), porém, a tutela dos direitos da personalidade do nascituro não depende do seu nascimento com vida, sendo protegidos desde a concepção (teoria concepcionista). Assim, a condição resolutiva do nascimento com vida se dá apenas com relação aos direitos patrimoniais do nascituro (doação e herança)

Maria Helena Diniz criou a teoria eclética sobre os direitos do nascituro, segundo a qual ele possui dois tipos de personalidade jurídica:

Personalidade jurídica formal:	Personalidade jurídica material:
▸ o nascituro possui direitos da personalidade desde a concepção.	▸ o nascituro somente adquirirá direitos patrimoniais se nascer com vida.

12.1. A LINDB é considerada uma lex legum, ou seja, uma norma de sobre direito.

COMENTÁRIOS

A assertiva está correta. A LINDB é considerada uma norma de *sobredireito* ou de *superdireito* pois tem por objetivo disciplinar a vigência, aplicação, interpretação e integração das demais leis que compõem o ordenamento jurídico brasileiro. A LINDB não se ocupa da regulamentação das relações jurídicas, e sim de coordenar as demais normas.

12.2. A teoria da territorialidade temperada foi adotada pelo direito brasileiro.

COMENTÁRIOS

A assertiva está correta vez que em razão da soberania estatal aplicam-se as leis brasileiras dentro dos limites territoriais brasileiros. Esta territorialidade é temperada pois, excepcionalmente, admite-se a aplicação de leis estrangeiras no território nacional em decorrência de convenções, tratados e regras de direito internacional aderidas pelo Brasil. (arts. 7º a 10º da LINDB)

12.3. Uma garrafa de vinho de 1.830 da reserva especial, clausulada com inalienabilidade por testamento é um bem classificado como consumível fático e, ao mesmo tempo, como bem inconsumível do ponto de vista jurídico.

COMENTÁRIOS

A assertiva está correta de acordo com o art. 86 do Código Civil: *"São consumíveis os bens móveis cujo uso importa destruição imediata da própria substância, sendo também considerados tais os destinados à alienação"*. A primeira hipótese trazida pelo artigo trata dos bens consumíveis de fato, e a segunda, dos bens consumíveis de direito ou juridicamente consumíveis. Assim, por dedução lógica, se um bem destinado à alienação é consumível do ponto de vista jurídico, a sua retirada do comércio através de cláusula de inalienabilidade o torna juridicamente inconsumível

12.4. Na emancipação legal pelo matrimônio, a doutrina é pacífica em afirmar que sendo considerado nulo o casamento retorna-se à situação de incapaz, já que o ato foi considerado nulo, e portanto, não produz efeitos, diferente o que ocorre no caso de divórcio ou viuvez.

COMENTÁRIOS

A assertiva está errada. A maioria da doutrina entende que sendo o menor emancipado em decorrência do casamento, o reconhecimento de sua nulidade não revoga a emancipação. Porém, este entendimento não é pacífico, entendendo parte da doutrina que o casamento nulo faz com que o menor retorne à situação de incapaz. Ainda, segundo Pablo Stolze e Rodolfo Pamplona, tratando-se de nulidade ou anulabilidade do casamento, o cônjuge de boa-fé manteria a emancipação.

13. (Cespe – Promotor de Justiça – PI/2012) Considerando as regras de introdução às normas do direito brasileiro e os direitos do nascituro, assinale a opção correta.

a) Segundo as regras legais brasileiras, permite-se ao julgador o non liquet, nos casos de lacunas ou obscuridade da norma.

b) O Código Civil não admite a doação feita ao nascituro, apesar de lhe assegurar o status de pessoa humana.

c) Como o Código Civil exige o nascimento com vida para a aquisição da personalidade civil, o nascituro não tem direito a indenização por danos morais pela morte do pai.

d) O efeito repristinatório não é automático. Apenas excepcionalmente a lei revogada voltará a viger quando a lei revogadora for declarada inconstitucional ou quando for concedida a suspensão cautelar da eficácia da norma impugnada.

e) De acordo com a lei brasileira, o itinerante tem como domicílio presumido o local de moradia de seus pais ou de seu curador ou tutor.

COMENTÁRIOS

Alternativa correta: letra "d". A banca tratou aqui dos efeitos repristinatórios e não da repristinação. Assim, pedimos vênia para transcrever o julgado do STJ que bem esclarece acerca dessa questão: Contribuição Previdenciária Patronal. Empresa Agroindustrial. Inconstitucionalidade. Efeito Repristinatório. Lei De Introdução Ao Código Civil. 1. A declaração de inconstitucionalidade em tese, ao excluir do ordenamento positivo a manifestação estatal inválida, conduz à restauração de eficácia das leis e das normas afetadas pelo ato declarado inconstitucional. 2. Sendo nula e, portanto, desprovida de eficácia jurídica a lei inconstitucional, decorre daí que a decisão declaratória da inconstitucionalidade produz efeitos repristinatórios. 3. O chamado efeito repristinatório da declaração de inconstitucionalidade não se confunde com a repristinação prevista no artigo 2º, § 3º, da LINDB, sobretudo porque, no primeiro caso, sequer há revogação no plano jurídico. 4. Recurso especial a que se nega provimento.

Alternativa "a": Está errada, haja vista que não se permite mais o *non liquet* (expressão romana na qual o juiz não encontrando resposta adequada, poderia deixar de julgar), ou seja, o juiz não pode deixar de julgar (princípio da inafastabilidade).

Alternativa "b": Está errada, vez que contraria o disposto no art. 542, do Código Civil. O nosso ordenamento jurídico prevê a doação ao nascituro desde que a aceitação seja manifestada pelo seu representante legal.

Alternativa "c": Está errada. Os tribunais já tem aceito a possibilidade de indenização por dano morais ao nascituro em razão da morte do pai. STJ – Recurso Especial REsp 931556 RS 2007/0048300-6. Data de Publicação: 05/08/2008. Ementa: Responsabilidade Civil. Acidente Do Trabalho. Morte. Indenização Por Dano Moral. Filho Nascituro. Fixação Do Quantum Indenizatório. Dies A Quo. Correção Monetária. Data Da Fixação Pelo Juiz. Juros De Mora. Data Do Evento Danoso. Processo Civil. Juntada De Documento Na Fase Recursal. Possibilidade, Desde Que Não Configurada A Má-Fé Da Parte E Oportunizado O Contraditório. Anulação Do Processo. Inexistência De Dano. Desnecessidade.

Alternativa "e": A alternativa está errada pois contraria o disposto no art. 73, do Código Civil, no qual o itinerante terá como seu domicílio o lugar onde for encontrado.

14. (Cespe – Analista Judiciário – Área Judiciária – STM/2011) No que se refere à Lei de Introdução ao Código Civil e ao Novo Código Civil, julgue os itens a seguir.

14.1. O menor que for emancipado aos dezesseis anos de idade em razão de casamento civil e que se separar judicialmente aos dezessete anos retornará ao status de relativamente incapaz.

COMENTÁRIOS

A assertiva está errada, vez que a emancipação é definitiva e irrevogável. Mesmo que haja separação, divórcio ou viuvez, a emancipação é mantida.

14.2. Uma das causas que interrompem a prescrição é o despacho do juiz que ordena a citação, ainda que esse juiz seja incompetente.

COMENTÁRIOS

A assertiva está correta, haja vista que para interromper a prescrição é necessário apenas o despacho ordenando a citação, ainda que determinado por juiz incompetente, nos termos do art. 202, I, do Código Civil.

14.3. Havendo lacuna no sistema normativo, o juiz não poderá abster-se de julgar. Nesse caso, para preenchimento dessa lacuna, o juiz deve valer-se, em primeiro lugar, da analogia; persistindo a lacuna, serão aplicados os costumes e, por fim, os princípios gerais do direito.

COMENTÁRIOS

A assertiva está correta, pois trata-se da dicção do art. 4º da LINDB.

2. DAS PESSOAS

15. (Cespe – Juiz de Direito Substituto – AM/2016) Assinale a opção correta a respeito da pessoa natural e da pessoa jurídica.

a) Será tido como inexistente o ato praticado por pessoa absolutamente incapaz sem a devida representação legal.

b) Pelo critério da idade, crianças são consideradas absolutamente incapazes e adolescentes, relativamente incapazes.

c) As fundações são entidades de direito privado e se caracterizam pela união de pessoas com o escopo de alcançarem fins não econômicos.

d) Para se adquirir a capacidade civil plena, é necessário alcançar a maioridade civil, mas é possível que, ainda que maior de dezoito anos, a pessoa natural seja incapaz de exercer pessoalmente os atos da vida civil.

e) O reconhecimento da morte presumida, quando for extremamente provável a morte de quem estava com a vida sob risco, independe da declaração da ausência.

COMENTÁRIOS

Alternativa correta: letra "e". A assertiva está correta. A morte presumida ocorre em situações em que não há a comprovação da ocorrência efetiva da morte, mas em razão da alta probabilidade dela ter ocorrido há a sua declaração. Pode ocorrer sem a necessidade de declaração de ausência (artigo 6º do Código Civil), com relação a pessoas em perigo de vida ou desaparecidas em campanha ou feitas prisioneiras passados dois anos do término da guerra (artigo 7º do Código Civil). Ainda, de acordo com o art. 88 da Lei de Registros Públicos, de pessoa desaparecida em naufrágio, inundação, incêndio, terremoto ou qualquer outra catástrofe, quando provada sua presença no local do desastre e não for possível encontrar o cadáver para exame. Fora destas situações, a lei exige que seja declarada a ausência da pessoa para que seja presumida sua morte.

Alternativa "a":A assertiva está incorreta. Lembrando que após a entrada em vigor do Estatuto da Pessoa com Deficiência absolutamente incapaz é apenas a pessoa menor de 16 anos. De acordo com o art. 166, inciso I do Código Civil, o ato praticado por absolutamente incapaz sem a devida representação é considerado nulo e não inexistente.

Alternativa "b":A assertiva está equivocada. O Estatuto da Criança e do Adolescente (L. 8.069/90) determina que criança é a pessoa de até 12 anos incompletos e adolescente aquela entre 12 e 18 anos de idade. Para o artigo 3º do Código Civil, são absolutamente incapazes os menores de 16 anos.

Alternativa "c":A assertiva está errada. Primeiro por serem as fundações universalidades de bens, e não de pessoas, e são destinadas a fins específicos, dentre os previstos parágrafo único do artigo 62 do Código Civil. Segundo porque as fundações podem ser públicas ou privadas.

Alternativa "d":A assertiva está incorreta, pois nos casos expressos no parágrafo único do artigo 5º do Código Civil é possível alcançar a capacidade plena aos 16 anos, através da emancipação, e não aos 18 anos, quando cessa a menoridade. Por outro lado, acerta o examinador ao dispor sobre a possibilidade de a pessoa ser maior de 18 anos e incapaz de exercer os atos da vida civil, vez que pode, em razão de alguma doença ou retardo mental, por exemplo, não ter discernimento, o que deverá ser averiguado em processo de interdição.

16. (Cespe – Analista de Controle – Área Jurídica – TCE – PR/2016) A respeito da interpretação das leis, de pessoas físicas e jurídicas e de bens, assinale a opção correta.

a) O menor, ao completar dezesseis anos de idade, adquire capacidade de direito, ainda que não tenha sido emancipado.

b) A pessoa que viva alternadamente em mais de uma residência terá como domicílio aquela em que passe a maior parte do tempo.

c) Caso a administração de uma associação seja exercida de modo coletivo, suas decisões terão de ser tomadas pela maioria absoluta.

d) Um parque estadual poderá ser submetido à ordem especial de fruição mediante a cobrança para ingresso de pessoas.

e) Pelo método sistemático, interpreta-se a norma a partir do ordenamento jurídico de que esta seja parte, relacionando-a, direta ou indiretamente, com outras de mesmo objeto.

COMENTÁRIOS

Alternativa correta: letra "e". A assertiva está correta. Parte da premissa de que o Direito é um sistema, no qual os seus ramos relacionam-se direita ou indiretamente, devendo cada norma ser interpretada dentro do contexto geral da ciência, e não isoladamente.

Alternativa "a": A assertiva está equivocada. A capacidade de direito ou personalidade, é adquirida com o nascimento com vida (artigo 1º do Código Civil). A capacidade de exercício ou de fato é adquirida, em regra, aos 18 anos, ou aos 16 anos, nos casos de emancipação (artigo 5º do Código Civil).

Alternativa "b": A assertiva está errada. Trata do chamado domicílio plúrimo previsto no artigo 71 do Código Civil. Se a pessoa tiver várias residências (locais onde habitualmente exerce suas atividades), todas elas serão consideradas seu domicílio.

Alternativa "c": A assertiva está incorreta. Nesta situação hipotética, as decisões devem ser tomadas pela maioria dos presentes, a não ser que o ato constitutivo da associação disponha de forma diversa. (artigo 48 do Código Civil)

Alternativa "d": A assertiva está errada. Primeiramente, cumpre esclarecer que um parque estadual é um bem público de uso comum do povo. Embora o artigo 103 do Código Civil permita o estabelecimento de retribuição pelo uso desta modalidade de bem, não pode ser concedida uma "ordem especial para fruição" do mesmo, vez que isto afrontaria o direito da coletividade fruir deste bem, trazendo limitações individuais ao seu uso, ferindo seu aspecto comum.

---

17. (Cespe – Delegado de Polícia – PE/2016) Com base nas disposições do Código Civil, assinale a opção correta a respeito da capacidade civil.

a) Os pródigos, outrora considerados relativamente incapazes, não possuem restrições à capacidade civil, de acordo com a atual redação do código em questão.

b) Indivíduo que, por deficiência mental, tenha o discernimento reduzido é considerado relativamente incapaz.

c) O indivíduo que não consegue exprimir sua vontade é considerado absolutamente incapaz.

d) Indivíduos que, por enfermidade ou deficiência mental, não tiverem o necessário discernimento para a prática dos atos da vida civil são considerados absolutamente incapazes.

e) Somente os menores de dezesseis anos de idade são considerados absolutamente incapazes pela lei civil.

COMENTÁRIOS

Alternativa correta: Letra "e": A assertiva encontra-se correta pois encontra-se de acordo com o previsto no Estatuto da pessoa com deficiência que modificou as regras de capacidade civil, haja vista que hoje são considerados absolutamente incapazes somente os menores de dezesseis anos.

Alternativa "a": Incorreta, pois de acordo com o art. 4º, IV, do Código Civil os pródigos são considerados relativamente incapazes.

Alternativa "b": (responde a alternativa "d"): Incorreta, pois de acordo com as alterações trazidas ao CC pelo Estatuto da Pessoa com Deficiência os incisos II e III do art. 3º foram revogados e a pessoa com discernimento reduzido por deficiência mental é pessoa capaz.

Alternativa "c": Incorreta, pois aquele que não consegue expressar sua vontade é considerado relativamente incapaz e não absolutamente incapaz.

---

18. (Cespe – 2015 – AGU – Advogado da União). Julgue o item seguinte, que diz respeito à aplicação da lei, às pessoas e aos bens.

De acordo com entendimento do STJ, a emancipação, seja ela legal, voluntária ou judicial, não tem o condão de excluir a responsabilidade civil dos pais pelos atos praticados por seus filhos menores.

COMENTÁRIOS

Afirmativa errada. Para responder essa questão, o candidato tem que ter conhecimento da moderna jurisprudência do STJ que assim tem entendido sobre o assunto:

> *AGRAVO REGIMENTAL. AGRAVO DE INSTRUMENTO. AÇÃO DE INDENIZAÇÃO. ATROPELAMENTO. LESÕES CORPORAIS. INCAPACIDADE. DEVER DE INDENIZAR. REEXAME DE MATÉRIA DE FATO. REVISÃO DO VALOR DA INDENIZAÇÃO POR DANO MORAL. PENSÃO MENSAL. BENEFÍCIO PREVIDENCIÁRIO. CUMULAÇÃO. POSSIBILIDADE. JULGAMENTO ULTRA PETITA. OCORRÊNCIA. RESPONSABILIDADE CIVIL DOS PAIS. EMANCIPAÇÃO. 2. A emancipação voluntária, diversamente da operada por força de lei, não exclui a responsabilidade civil dos pais pelos atos praticados por seus filhos menores. [AgRg no Ag nº 1239557 TJ, Relatora Ministra MARIA ISABEL GALLOTTI, DJe de 17.10.2012].*

---

19. (Cespe – 2015 – AGU – Advogado da União) Julgue o item seguinte, que diz respeito à aplicação da lei, às pessoas e aos bens.

Entre os direitos ressalvados pela lei ao nascituro estão os direitos da personalidade, os quais estão entre aqueles que têm por objeto os atributos físicos, psíquicos e morais da pessoa.

COMENTÁRIOS

Afirmativa correta. O art. 2º do Código Civil dispõe: "A personalidade civil da pessoa começa do nascimento com vida; mas a lei põe a salvo, desde a concepção, os direitos do nascituro." A jurisprudência assim tem entendido:

> *REsp 1415727 / SC – 2013/0360491-3 DIREITO CIVIL. ACIDENTE AUTOMOBILÍSTICO. ABORTO. AÇÃO DE COBRANÇA. SEGURO OBRIGATÓRIO. DPVAT. PROCEDÊNCIA DO PEDIDO. ENQUADRAMENTO JURÍDICO DO NASCITURO. ART. 2º DO CÓDIGO CIVIL DE 2002. EXEGESE SISTEMÁTICA. ORDENAMENTO JURÍDICO QUE ACENTUA A CONDIÇÃO DE PESSOA DO NASCITURO. VIDA INTRAUTERINA. PERECIMENTO. INDENIZAÇÃO DEVIDA. ART. 3º, INCISO I,*

DA LEI nº 6.194/1974. INCIDÊNCIA. (...) 3. As teorias mais restritivas dos direitos do nascituro – natalista e da personalidade condicional – fincam raízes na ordem jurídica superada pela Constituição Federal de 1988 e pelo Código Civil de 2002. O paradigma no qual foram edificadas transitava, essencialmente, dentro da órbita dos direitos patrimoniais. Porém, atualmente isso não mais se sustenta. Reconhecem-se, corriqueiramente, amplos catálogos de direitos não patrimoniais ou de bens imateriais da pessoa – como a honra, o nome, imagem, integridade moral e psíquica, entre outros. **4. Ademais, hoje, mesmo que se adote qualquer das outras duas teorias restritivas, há de se reconhecer a titularidade de direitos da personalidade ao nascituro, dos quais o direito à vida é o mais importante. Garantir ao nascituro expectativas de direitos, ou mesmo direitos condicionados ao nascimento, só faz sentido se lhe for garantido também o direito de nascer, o direito à vida, que é direito pressuposto a todos os demais. (...)**

20. (Cespe – Juiz de Direito Substituto – DFT/2014) Acerca da prescrição e da proteção jurídica à intimidade, assinale a opção correta.

a) A tutela da dignidade da pessoa humana na sociedade da informação inclui o direito ao esquecimento.

b) O interesse público na divulgação de casos judiciais sempre deverá prevalecer sobre a privacidade ou intimidade dos envolvidos.

c) A exibição não autorizada de imagem de vítima de crime amplamente noticiado à época dos fatos, ainda que uma única vez, gera, por si só, direito de compensação por danos morais aos seus familiares.

d) À pretensão de cobrança de cotas condominiais aplica-se a regra geral da prescrição decenal, contada a partir do vencimento de cada parcela, conforme disposto no vigente Código Civil.

e) A veracidade de uma notícia confere a ela inquestionável licitude, razão pela qual não há qualquer obstáculo à sua divulgação, dado o direito à informação e à liberdade de imprensa.

COMENTÁRIOS

Alternativa correta: letra "a". A assertiva está correta, pois de acordo com o que dispõe o Enunciado 531 do Conselho da Justiça Federal, que garante proteção ao modo e à finalidade com os quais informações pretéritas serão utilizadas. Ainda, de acordo com o informativo 527 do STJ, o direito ao esquecimento deve prevalecer sobre o direito de informação quando relativo a fatos extemporâneos que possam trazer qualquer tipo de sofrimento, transtorno ou constrangimento à pessoa referida, preservando assim sua dignidade.

Alternativa "b": A assertiva está equivocada, vez que a privacidade e a intimidade são direitos individuais a serem protegidos pelo Estado, ainda que seus titulares estejam envolvidos em casos judiciais. Tanto é assim, que a própria legislação processual ( )(art. 189 do CPC/2015) elenca hipóteses em que os processos devem, obrigatoriamente, correr em sigilo, sendo o interesse público uma das razões que autorizam a decretação do segredo de justiça.

Alternativa "c": A assertiva está errada, pois em desacordo com o entendimento do STJ, que no Informativo 527 firmou entendimento no sentido de que a exibição não autorizada de imagem de vítima de crime de forma respeitosa e que "não revele situação vexatória ou degradante", por si só, não dá direito de compensação por danos morais aos familiares. Segundo o STJ, tal fato não viola o direito de esquecimento da vítima do crime e de seus familiares, pois: "na medida em que o tempo passa e se vai adquirindo um direito ao esquecimento, na contramão, a dor vai diminuindo, de modo que, relembrar o fato trágico da vida, a depender do tempo transcorrido, embora possa gerar desconforto, não causa o mesmo abalo de antes."

Alternativa "d": A assertiva está incorreta, pois contrária ao informativo 527 do STJ no qual a Rel. Min. Nancy Andrighi firmou entendimento no sentido de que às cotas condominiais não se aplica a regra geral prescricional prevista no art. 205 do CC (10 anos), e sim a exceção prevista no art. 206, § 5º do mencionado diploma, sendo de 05 anos, pois atendem aos requisitos de liquidez e definição em instrumento público ou particular (convenção de condomínio) exigidos pelo mencionado artigo.

Alternativa "e": A assertiva está errada e novamente recorremos ao Informativo 527 do STJ para justificá-la. No julgamento do REsp 1.335.153-RJ, o Rel. Min. Luis Felipe Salomão ressalta que a veracidade de uma notícia não lhe confere inquestionável licitude, nem confere caráter absoluto e ilimitado ao direito à informação e à liberdade de imprensa, que têm, como um de seus limites, o direito ao esquecimento das vítimas de crimes e seus familiares, que devem ter seus sentimentos respeitados quando de sua veiculação.

21. (Cespe – Cartório – TJ – DF/2014) A respeito da emancipação, assinale opção correta.

a) Caso menor com dezesseis anos completos pretenda estabelecer-se com economia própria, na falta de emancipação voluntária, faz-se necessária a autorização dos pais.

b) Na hipótese de casamento putativo, a nulidade do negócio jurídico produz efeitos jurídicos relativamente ao cônjuge, estando prejudicada a emancipação para a respectiva anotação no respectivo assento de nascimento.

c) Do mandado judicial ou do ato notarial deverá constar a indicação do registro civil das pessoas naturais onde tenha sido registrado o nascimento, para o fim de comunicação da emancipação, para a devida anotação no assento de nascimento.

d) A emancipação pode ser concedida pelo tutor ao tutelado que complete dezesseis anos, mediante instrumento público inscrito no registro civil competente.

e) A emancipação legal decorre do casamento, logo, na hipótese de declaração de nulidade do casamento, são considerados inválidos os negócios jurídicos praticados pelo menor em razão dos efeitos ex nunc da sentença declaratória.

COMENTÁRIOS

✪ **Nota dos autores:** Casamento putativo é aquele que, embora nulo ou anulável, por não preencher os requisitos de validade que lhe são exigidos, é contraído e boa-fé por pelo menos um dos cônjuges, de forma que, para o cônjuge que desconhece a razão que pode dar ensejo à sua nulidade ou anulação e para os filhos provenientes de tal matrimônio, gera todos os seus efeitos. Havendo boa-fé de ambos os cônjuges, a doutrina majoritária entende que os efeitos pessoais do casamento perduram mesmo após a sentença de anulação ou nulidade, de forma que a emancipação, o direito de usar o nome do cônjuge, entre outros, permanecem. Havendo boa-fé de um dos cônjuges, o casamento produzirá efeitos válidos apenas com relação a este e aos filhos, respondendo o consorte de má-fé por culpa, podendo-lhe ser impostas as sanções previstas no art. 1.564 do CC. Havendo má-fé de ambos os cônjuges, o casamento só gerará efeitos com relação aos filhos dele provenientes. Quanto aos bens adquiridos na constância do casamento, deverão ser divididos de acordo com as regras do direito das obrigações.

Alternativa correta: letra "c". A assertiva está correta, pois de acordo com o que dispõe o art. 90, inciso II combinado com art. 107, § 1º da Lei de Registros Públicos (L. 6.015/73). A emancipação, seja em razão do casamento ou não, deve ser obrigatoriamente anotada no registro de nascimento da pessoa, para que se torne pública e gere os efeitos dela decorrentes.

Alternativa "a": A assertiva está equivocada, pois a emancipação do menor com dezesseis anos completos que tenha economia própria em razão de estabelecimento civil ou comercial ou em decorrência da existência de relação de emprego é legal, não sendo necessária a autorização dos pais. Inteligência do art. 5º, inciso V do Código Civil.

Alternativa "b": Vide nota dos autores. A assertiva está incorreta, vez que a emancipação é mantida ao cônjuge de boa-fé.

Alternativa "d": A assertiva está errada, pois a emancipação do tutelado só é possível por sentença judicial, de acordo com o que dispõe o art. 5º, inciso I do Código Civil. Tal previsão legal visa proteger os interesses do tutelado, evitando que o tutor conceda a emancipação ao seu pupilo com o intuito de livrar-se das obrigações inerentes ao instituto.

Alternativa "e": Vide nota dos autores. A assertiva está incorreta, pois o art. 1.563 do Código Civil determina que a sentença que decretar a nulidade do casamento terá efeito retroativo à data de sua celebração, portanto, *ex tunc*. Contudo, não prejudicará a aquisição de direitos, a título oneroso, por terceiros de boa-fé.

---

22. (Cespe – Cartório – TJ – DF/2014) Em relação à forma de constituição, aquisição de personalidade jurídica, controle e extinção das fundações, assinale a opção correta.

a) No atual Código Civil, não se admite revogação de fundação, por testamento posterior, para a instituição de herdeiro.

b) As fundações públicas com personalidade de direito privado ingressam no mundo jurídico mediante autorização legislativa, enquanto as fundações de direito privado adquirem personalidade por meio de inscrição de seu estatuto no registro civil das pessoas jurídicas, podendo ambas serem extintas por decisão da maioria de seus membros.

c) As fundações instituídas como autarquias pelo poder público estão sujeitas ao controle financeiro e orçamentário do MPF e dos MPs estaduais, conforme o âmbito de sua atuação.

d) Pode-se instituir fundação, como disposição de última vontade, por testamento público, cerrado ou particular, observados, em cada caso, os requisitos legais.

e) A escritura pública firmada pelo instituidor da fundação não pode ser retificada no que diz respeito à composição dos órgãos de administração.

COMENTÁRIOS

Alternativa correta: letra "d". A assertiva está correta, pois em consonância com o art. 62 do Código Civil. Atendidos os requisitos ali previstos (dotação especial de bens livres e finalidade), uma fundação pode ser instituída por qualquer espécie testamentária, vez que a lei não faz qualquer distinção. Vale lembrar, em linhas gerais, que o testamento público é aquele escrito pelo tabelião em livro de notas (arts. 1.864 a 1.867 do CC); o testamento cerrado é aquele escrito pelo testador ou alguém a seu rogo e aprovado pelo tabelião (art. 1.868 a 1.875 do CC); o testamento particular é aquele escrito de próprio punho pelo testador ou mediante processo mecânico e não registrado em cartório. (art. 1.876 a 1.880 do CC)

Alternativa "a": A assertiva está equivocada, vez que o testador é livre para modificar ou revogar seu testamento a qualquer tempo, não havendo qualquer impedimento legal para tanto, mesmo que isso implique revogação de fundação e instituição de herdeiro. Vale lembrar que a revogação devo obediência aos ditames do art. 1.969 do Código Civil, devendo se dar do mesmo modo e forma que feitura do testamento. Ainda, se a revogação for parcial, de acordo com o art. 1.970 do mesmo diploma, o testamento anterior subsistirá em tudo que não for contrário ao posterior.

Alternativa "b": A assertiva está errada, pois apesar de as fundações públicas com personalidade de direito privado necessitarem de autorização legislativa para criação, também necessitam da inscrição de seu estatuto no registro civil das pessoas jurídicas para adquirirem personalidade. Ainda, uma vez que as fundações públicas de direito privado são criadas por lei, sua extinção deve se dar da mesma forma, mediante autorização legal, não bastando a decisão da maioria de seus membros pra tanto.

Alternativa "c": A assertiva está incorreta. Apesar da previsão expressa no art. 66 do Código Civil, no sentido de que os MPs estaduais velarão pelas fundações dos respectivos estados, o parágrafo primeiro do mesmo dispositivo legal, que encarrega o MPF de zelar pelas fundações situadas no Distrito Federal e nos Territórios foi declarado inconstitucional na ADIN nº 2.794-8.

O controle financeiro e orçamentário das fundações públicas, instituídas como autarquias ou não, cabe ao Tribunal de Contas do respectivo ente da Federação. Quando instituídas pela União, tal controle está previsto no art. 1º, inciso I da Lei 8.443/92.

Alternativa "e": A assertiva está incorreta, pois a escritura pública firmada pelo instituidor da fundação pode ser alterada mediante o atendimento dos requisitos previstos no art. 67 e incisos do Código Civil, quais sejam: deliberação de 2/3 dos componentes da gestão e representação da fundação, não contrariedade ou desvirtuamento de sua finalidade e aprovação pelo órgão do Ministério Público.

---

23. (Cespe – Cartório – TJ – DF/2014) Acerca da desconsideração da personalidade jurídica, assinale a opção correta.

a) Configurado o ilícito praticado por sociedade em detrimento do consumidor, as sociedades consorciadas e as coligadas respondem solidária e objetivamente pelo evento danoso.

b) No Código Civil brasileiro, é prevista a desconsideração da personalidade jurídica em caso de abuso caracterizado pelo desvio de finalidade ou confusão patrimonial, de modo a assegurar ao credor acesso aos bens particulares dos administradores e sócios da empresa para a satisfação de seu crédito.

c) Por ausência de previsão legal, a atividade que favorece o enriquecimento dos sócios em prejuízo econômico da sociedade não enseja a desconsideração da personalidade jurídica se a obrigação creditícia não decorrer de relação de consumo.

d) No Código de Defesa do Consumidor, é prevista a desconsideração da autonomia da pessoa jurídica nos casos de práticas abusivas, infração da lei, fato ou ato ilícito, desde que se configure fraude ou abuso de direito.

e) Não incide a hipótese de desconsideração da personalidade jurídica nos casos de encerramento ou inatividade da empresa jurídica por má administração do fornecedor, em prejuízo do consumidor.

COMENTÁRIOS

Alternativa correta: letra "b". A assertiva está correta, pois em consonância com o que preconiza o art. 50 do Código Civil. Vale lembrar, que apesar do o Código Civil ter adotado a teoria maior da desconsideração da personalidade jurídica, em contraposição à teoria menor adotada pelo Código de Defesa do Consumidor, o Enunciado 146 da III Jornada de Direito Civil orienta o intérprete a se utilizar de uma interpretação restritiva do art. 50 do CC, vez que tal instituto representa restrição ao princípio da autonomia patrimonial da pessoa jurídica.

Alternativa "a": A assertiva está equivocada, pois as sociedades consorciadas e coligadas respondem solidária, porém, subjetivamente, pelo evento danoso causado ao consumidor (art. 28, parágrafos 3º e 4º do CDC). Assim, por não haver poder de controle sobre os atos de uma sociedade pela outra, optou o Código de Defesa do Consumidor, pela necessidade de comprovação de culpa no evento danoso para que haja a efetiva responsabilização de uma sociedade pertencente a um consórcio ou a uma coligação.

Alternativa "c": A assertiva está incorreta, pois embora não haja previsão legal específica para a desconsideração da personalidade jurídica no caso de atividade que favorece o enriquecimento dos sócios em prejuízo econômico da sociedade, de acordo com entendimento firmado no informativo 554 do STJ, caso seja identificado "dolo das pessoas naturais que estão por trás da sociedade, desvirtuando-lhe os fins institucionais e servindo-se os sócios ou administradores desta para lesar credores ou terceiros", sua personalidade jurídica poderá ser desconsiderada. Ainda, apesar de o Código de Defesa do Consumidor prever expressamente a possibilidade de desconsideração da personalidade jurídica em caso de falência, estado de insolvência, encerramento ou inatividade provocados por má administração, o Enunciado 282 da IV Jornada de Direito Civil dispões que: "O encerramento irregular das atividades da pessoa jurídica, por si só, não basta para caracterizar abuso de personalidade jurídica".

Alternativa "d": A assertiva está errada, vez que o examinador tenta confundir o candidato ao se utilizar da palavra "autonomia", ao invés da palavra "personalidade". Ainda, o art. 28 do Código de Defesa do Consumidor não limita a desconsideração da personalidade jurídica à configuração de fraude ou abuso de poder. Como referido diploma adota a teoria menor quanto ao instituto em questão no seu art. 28, § 5º, basta a prática de algum ato ali previsto para que seja efetivada a desconsideração da personalidade jurídica.

Alternativa "e": Vide alternativa C. A assertiva está errada, vez que contraria o art. 28, *in fine* do CDC.

---

24. (Cespe – Cartório – TJ – DF/2014) Acerca da capacidade e personalidade civil das pessoas naturais, assinale a opção correta.

a) A emancipação voluntária pode ser concedida por ato conjunto dos pais, ou por um deles na falta do outro, mediante homologação judicial, ouvido o MP.

b) Somente depois de decretada a interdição por sentença constitutiva é que se reconhece a incapacidade civil, com efeitos ex nunc, sendo inviável a declaração de nulidade de alienação de imóvel realizada por pessoa portadora de anomalia psíquica, ainda que se comprove que a enfermidade era anterior à instituição da curatela.

c) A curatela do ausente poderá ser deferida a requerimento de qualquer interessado ou do MP, sendo o legítimo curador o cônjuge do ausente, desde que não esteja separado judicialmente ou de fato por mais de dois anos antes da declaração de ausência, direito que se estende ao companheiro.

d) O menor relativamente incapaz tem capacidade civil mediante assistência, notadamente para aceitar mandato, fazer testamento e ser testemunha em atos jurídicos.

e) Em razão do princípio da inalterabilidade do nome, o parentesco por afinidade em linha reta não autoriza a averbação, no registro de nascimento de enteado ou enteada, do nome da família de seu padrasto ou madrasta, ainda que haja a concordância destes.

COMENTÁRIOS

Alternativa correta: letra "c". A assertiva está correta. A legitimidade para requerimento de qualquer interessado ou do MP vem expressa no art. 22 do Código Civil. Já a legitimidade para ser curador vem expressa no art. 25 do mesmo diploma legal. Apesar de referidos dispositivos não fazerem menção ao companheiro, tal direito deve a ele ser estendido, pois a própria Constituição Federal reconhece a união estável como entidade familiar, de forma que os companheiros fazem jus aos mesmos direitos pessoais que são conferidos aos cônjuges.

Alternativa "a": A assertiva está equivocada, vez que contraria o art. 5º, parágrafo único, inciso I do Código Civil. A emancipação voluntária concedida ao filho com 16 anos completos pelos pais em conjunto ou por um deles na falta do outro se opera mediante instrumento público, independentemente de homologação judicial. A propósito, a homologação judicial, após oitiva do MP é necessária no caso de emancipação de pessoa sob tutela.

Alternativa "b": A assertiva está incorreta. Primeiramente, há que se ressaltar a divergência existente sobre a natureza jurídica da sentença de interdição. Enquanto o STJ entende que ela tem natureza constitutiva, a doutrina majoritária pende para o entendimento de que ela tem natureza declaratória, pois apenas reconhece a situação de incapacidade preexistente. Nos parece mais razoável o entendimento doutrinário, que vai de encontro com o que preconiza o art. 1.773 do Código Civil, que determina que a sentença que *declara* a interdição produz efeitos desde logo. Do exposto, podemos concluir que a sentença de interdição tem natureza jurídica declaratória e efeito *ex nunc*. Sendo assim, nada impede que o curador busque a nulidade ou anulação de ato praticado pelo incapaz antes da declaração de sua interdição, via ação autônoma, comprovando o prejuízo ao incapaz e a má-fé da parte contrária.

Alternativa "d": A assertiva está errada. O relativamente incapaz deve ser assistido quando da prática de determinados atos da vida civil, sob pena desses atos serem passíveis de anulação. Especificamente quanto à incapacidade relativa em razão da idade, o Código Civil prevê a possibilidade de os menores, entre 16 e 18 anos, praticarem determinados atos de forma válida, sem a necessidade da referida assistência. Entre eles, está a possibilidade de aceitar mandato (art. 666), de fazer testamento (art. 1.860, parágrafo único) e ser testemunha em atos jurídicos (art. 228, I).

Alternativa "e": A assertiva está incorreta vez que afronta o disposto no art. 57 da Lei de Registros Públicos (L. 6.015/73), que autoriza ao enteado ou enteada, mediante requerimento ao juiz competente, a inclusão do nome de família de seu padrasto ou madrasta, desde que com a concordância destes e sem prejuízo de seus apelidos de família.

---

25. (Cespe – Procurador do MP junto ao TCE-PB/2014) No que se refere às pessoas jurídicas e aos bens, assinale a opção correta.

a) O uso comum dos bens públicos é sempre gratuito.

b) A existência das pessoas jurídicas de direito privado tem início com a inscrição do ato constitutivo no respectivo registro, precedida, quando se fizer necessário, de autorização ou aprovação do Poder Executivo.

c) Para criar uma fundação, o seu instituidor deve fazer, por escritura pública ou testamento, dotação especial de bens livres, sendo imprescindível que indique a finalidade a que se destina a fundação, pois, se insuficientes os referidos bens para constituí-la, estes serão obrigatoriamente incorporados em outra que se proponha ao mesmo fim.

d) Em caso de abuso caracterizado pelo desvio de finalidade, a possibilidade de desconsideração da personalidade jurídica, para a extensão dos efeitos de certas e determinadas relações de obrigações ao patrimônio dos administradores da pessoa jurídica, decorre de construção jurisprudencial, não havendo previsão expressa nesse sentido no atual Código Civil.

e) Consideram-se benfeitorias os melhoramentos ou acréscimos sobrevindos ao bem, ainda que não decorram da intervenção do proprietário, possuidor ou detentor.

COMENTÁRIOS

Alternativa correta: letra "b". A assertiva está correta, pois de acordo com o que dispõe o art. 45 do Código Civil. Importante frisar, que o ato constitutivo de sociedade simples deve ser registrado no Registro Civil das Pessoas Jurídicas, e o ato constitutivo da sociedade empresária deve ser registrado no Registro Público das Empresas Mercantis (Juntas Comerciais). Qualquer sociedade estrangeira que pretenda atuar no Brasil depende de autorização do Poder Executivo Federal, de acordo com o art. 64 do DL 2.627/1940.

Alternativa "a": A assertiva está equivocada, vez que contraria o disposto no art. 103 do Código Civil, que determina que o uso de bens públicos pode ser tanto gratuito quanto retribuído ou oneroso, a depender do que disposição legal do ente federativo responsável pela sua administração. Exemplos de bens públicos de uso gratuito são as ruas, as praças, etc. Exemplo de bem público de uso oneroso, é um museu.

Alternativa "c": A assertiva está errada. Apesar de sua primeira parte estar de acordo com o que preceitua o art. 62 do Código Civil, no que se refere ao modo de instituição e indicação da finalidade da fundação; no caso de insuficiência de bens para constituí-la, estes serão incorporados a outra fundação que tenha finalidade igual ou semelhante apenas se de outro modo não dispuser o instituidor, é o que preceitua o art. 63 do mesmo diploma legal.

Alternativa "d": A assertiva está incorreta, vez que a possibilidade de desconsideração da personalidade jurídica, apesar de ter sua origem na jurisprudência, conta com previsão expressa no art. 50 do Código Civil.

Alternativa "e": A assertiva está errada por contrariar disposição expressa do art. 97 do Código Civil, que determina que os melhoramentos ou acréscimos sobrevindos ao bem sem a intervenção do proprietário, possuidor ou detentor não são consideradas benfeitorias. O artigo refere-se às acessões naturais, que se incorporam ao bem sem a interferência do homem, não sendo dessa forma consideradas benfeitorias para os respectivos efeitos legais. Exemplo de acessão natural é o surgimento de uma nascente em um imóvel.

---

26. (Cespe – Analista Judiciário – Área Judiciária – TJ – CE/2014) Uma família viajava de navio do Brasil para a Europa e, no curso da viagem, o navio naufragou, tendo morrido os quatro integrantes dessa família. Não foi possível identificar o integrante da família que morreu primeiro. Robson era o mais velho, Marcos, o mais novo, e João, maior de sessenta e cinco anos de idade. Rogério estava doente, em estágio terminal de sua vida.

Nessa situação hipotética, com base no disposto no Código Civil, dada a impossibilidade de constatar quem morreu primeiro, presume-se que

a) Rogério morreu primeiro, por estar em estágio terminal da vida.

b) João morreu primeiro, por ser maior de sessenta e cinco anos de idade.

c) Robson morreu primeiro, por ser o mais velho.

d) todos morreram simultaneamente.

e) Marcos morreu primeiro.

COMENTÁRIOS

Alternativa correta: letra "d", pois de acordo com o que dispõe o art. 8º do Código Civil, que prevê o instituto da comoriência, que nada mais é que a presunção de morte simultânea aplicável quando duas ou mais pessoas falecem na mesma ocasião e não se pode averiguar quem morreu primeiro. Referida presunção tem por finalidade evitar sucessão entre as pessoas falecidas e transmissíveis entre si, não obedecendo a uma ordem de precedência em razão de idade, sexo, doença ou qualquer outro fator.

---

27. (Cespe – Analista do MPU/2013) Julgue os itens que se seguem, referentes à pessoa jurídica.

27.1. Conforme entendimento do STJ, em relação à desconsideração da personalidade jurídica, o ordenamento jurídico pátrio adotou a denominada teoria maior da desconsideração.

COMENTÁRIOS

A assertiva está equivocada, vez que o ordenamento jurídico pátrio adotou a teoria maior da desconsideração da personalidade jurídica no art. 50 do Código Civil e 28 *caput* do Código de Defesa do Consumidor e, ainda que excepcionalmente, e a teoria menor da desconsideração da personalidade jurídica no parágrafo 5º do art. 28 do CDC. Em síntese, para a primeira teoria, há necessidade de abuso da personalidade e prejuízo aos credores para que ocorra a desconsideração; já para a segunda, basta que a personalidade configure obstáculo ao ressarcimento dos prejuízos dos credores (consumidores) para que seja desconsiderada.

27.2. A pessoa jurídica pode sofrer dano moral nos casos de violação à sua honra subjetiva.

COMENTÁRIOS

A assertiva está incorreta, vez que, apesar de a pessoa jurídica ser passível de dano moral, esta possui apenas honra objetiva, sendo desprovida de honra subjetiva. Cumpre esclarecer, que honra objetiva é aquela que diz respeito à reputação social que a pessoa possui, enquanto honra subjetiva é a imagem que o próprio sujeito tem de si.

28. (Cespe – Defensor Público – RR/2013) Acerca da capacidade para os atos da vida civil, assinale a opção correta.

a) A personalidade civil da pessoa começa com o nascimento com vida. Assim, a proteção que o Código Civil defere ao nascituro não alcança o natimorto no que concerne aos direitos da personalidade, tais como nome, imagem e sepultura.

b) A emancipação voluntária se dá por concessão conjunta e irrevogável dos pais, dependendo, ainda, de homologação judicial.

c) Os pródigos são considerados pelo Código Civil como absolutamente incapazes de exercer os atos da vida civil, incapacidade esta que deve ser decretada judicialmente por requisição do cônjuge ou familiar, já que o que se protege é exatamente o patrimônio da família e não apenas o do pródigo.

d) Segundo a jurisprudência do STJ, não será necessária a interdição prévia para que seja anulado negócio jurídico a ela anterior praticado por aquele que sofra de insanidade mental, desde que esta já exista no momento em que tiver sido realizado o negócio jurídico.

e) De acordo com a regra do benefício da restituição, expressamente prevista pelo Código Civil, é permitido ao relativamente incapaz, ao adquirir capacidade civil, revogar os negócios praticados em seu nome quando ele ainda era incapaz.

COMENTÁRIOS

✪ **Nota dos autores**: A Lei 13.146/2015 (Estatuto da Pessoa com Deficiência), que entrou em vigor em janeiro de 2016, visa precipuamente a inclusão social da pessoa deficiente, alterou alguns dispositivos do Código Civil na busca pela garantia da dignidade e da liberdade destas pessoas.

A primeira grande alteração diz respeito à capacidade. Passaram a ser considerados absolutamente incapazes apenas os menores de 16 anos e relativamente incapazes as pessoas entre 16 e 18 anos, os ébrios habituais e os viciados em tóxicos, aqueles que por causa transitória ou permanente não puderem exprimir sua vontade e os pródigos.

Assim, as pessoas deficientes são capazes até que se estabeleça curatela específica para determinados atos da vida civil.

Ressalta-se que a novel legislação não trata mais da interdição, causando, nas palavras de Flávio Tartuce, um verdadeiro "atropelamento legislativo", vez que o Novo Código de Processo Civil, que entrou em vigor em março de 2016, estrutura o processo de interdição.

Outra importante inovação trazida pelo Estatuto da Pessoa com Deficiência foi o processo de tomada de decisão apoiada, que tem previsão no art. 1.783-A do Código Civil, pelo qual o juiz, a pedido da pessoa com deficiência, nomeará duas pessoas idôneas e com as quais a pessoa deficiente mantenha vínculos, para auxiliá-la na tomada de decisões sobre os atos da vida civil.

Alternativa correta: letra "d". A assertiva está correta, vez que a pessoa que sofre de insanidade mental é incapaz. A capacidade é requisito de validade de todo e qualquer negócio jurídico, de forma que o consentimento dado por pessoa incapaz é viciado, o que dá ensejo à sua nulidade. Mesmo que assim não fosse, nada impede que o curador busque a nulidade ou anulação de ato praticado pelo incapaz antes da declaração de sua interdição, via ação autônoma, comprovando o prejuízo ao incapaz e a má-fé da parte contrária.

Alternativa "a": A assertiva está equivocada. Apesar de a primeira frase estar de acordo com o que dispõe o art. 2º do Código Civil, no que diz respeito ao início da personalidade, adotamos a teoria mista ou híbrida criada por Maria Helena Diniz, que determina que o nascituro possui personalidade formal, ou seja, o direito lhe confere proteção aos seus direitos da personalidade, e o nascimento com vida lhe confere personalidade material, ou seja, a proteção aos seus direitos patrimoniais. Ao natimorto são conferidos os direitos referentes à personalidade formal, de forma que lhe são garantidos os direitos da personalidade inerentes à sua condição, como nome, imagem e sepultura. Ainda, o Enunciado I da I Jornada de Direito Civil determina que: "A proteção que o Código defere ao nascituro alcança o natimorto no que concerne aos direitos da personalidade, tais como: nome, imagem e sepultura. "

Alternativa "b": A assertiva está errada, vez que em desacordo com o que preceitua o art. 5º, parágrafo único, inciso I do Código Civil. A emancipação voluntária pode ser dar por concessão conjunta dos pais ou por apenas um deles, na falta do outro, sempre mediante instrumento público e independentemente de homologação judicial. A emancipação voluntária que depende de homologação judicial é aquela concedida pelo tutor ao tutelado.

Alternativa "c": A assertiva está incorreta, pois os pródigos são relativamente incapazes, e não absolutamente, como quer fazer parecer o examinador. Em razão dos gastos excessivos praticados por estas pessoas, necessitam de assistência pra a prática de atos que importem disposição patrimonial. A incapacidade será declarada judicialmente, por meio de processo de interdição, que pode ser interposto pelo cônjuge, companheiro ou parentes mais próximos do interditando, bem como pelo Ministério Público. Ainda, o verdadeiro intuito protetivo da lei é quanto à dignidade humana do interditando, o que inclui a proteção ao seu patrimônio, ficando a proteção do patrimônio familiar em segundo plano.

Alternativa "e": A assertiva está incorreta. O benefício da restituição foi expressamente revogado pelo Código Civil de 1916 e o Código Civil de 2002 é silente a respeito. Em razão da impossibilidade de repristinação tácita no ordenamento jurídico pátrio, o benefício da restituição não encontra guarida no sistema civil vigente, o que consagra o princípio da boa-fé objetiva no qual se pauta a legislação vigente.

---

29. (Cespe – Juiz de Direito Substituto – MA/ 2013) Assinale a opção correta no que se refere a disposições gerais do Código Civil.

a) Caso um profissional que tenha negócios nas cidades A, B e C seja demandado judicialmente por fato ocorrido na cidade C e a demanda tenha relação com o exercício de sua profissão, essa cidade será considerada o domicílio do profissional para esse fim.

b) Devem ser registrados em registro público os nascimentos, casamentos e óbitos; a emancipação por outorga dos pais ou por sentença do juiz; a interdição por incapacidade absoluta ou relativa e a sentença declaratória do restabelecimento de sociedade conjugal e de ausência e de morte presumida.

c) Consideram-se interessados para o requerimento de declaração de ausência e de abertura provisória da sucessão, após três anos do desaparecimento da pessoa do seu domicílio, sem dela haver notícia, o cônjuge não separado judicialmente, os herdeiros necessários, legítimos ou testamentários; os que tiverem sobre os bens do ausente direito dependente de sua morte e os credores do ausente.

d) Entre os bens reciprocamente considerados, o bem principal é o que existe sobre si, absoluta e concretamente, e acessório, aquele cuja existência supõe a do principal; assim, quando se vende um imóvel, o vendedor, de acordo com essa regra, não pode retirar, por exemplo, o condicionador de ar instalado em um dos cômodos da casa se a retirada não estiver previamente pactuada, uma vez que o acessório segue o principal.

COMENTÁRIOS

Alternativa correta: letra "a". A assertiva está correta, pois de acordo com o que preceitua o parágrafo único do artigo 72 do Código Civil. Nas demandas relativas ao exercício da profissão, todos os lugares onde a pessoa a exerce constituirão domicílio e, consequentemente, foro competente para discussão das controvérsias concernentes às relações a ela pertinentes.

Alternativa "b": A assertiva está equivocada, todos os aqui mencionados devem ser registrados, com exceção da sentença declaratória do restabelecimento da sociedade conjugal, que deve ser averbada. (arts. 9 e 10 do Código Civil). Registrar significa inscrever, fazer a inscrição, o assentamento principal, já averbar significa informar ato ou fato que modifique o conteúdo ou o titular do direito registrado. Assim, tem-se a averbação como acessório do registro, devendo, portanto, seguir sua sorte.

Alternativa "c": A assertiva está incorreta na medida em que o examinador elenca as mesmas pessoas como interessados para o requerimento da declaração de ausência e para a abertura provisória da sucessão. Qualquer pessoa interessada ou o Ministério Público pode requerer a declaração de ausência (art. 22 do Código Civil), porém, somente as pessoas elencadas na assertiva têm legitimidade para requerer a abertura da sucessão provisória (art. 27 do CC). Ainda, de acordo com o art. 26 do mesmo diploma legal, os prazos para requerimento de abertura de sucessão provisória são: 01 ano da arrecadação dos bens, se o ausente não deixou representante ou procurador, ou 03 anos, caso o ausente tenha deixado representante ou procurador.

Alternativa "d": A assertiva está incorreta. O examinador exige que o candidato tenha conhecimento sobre o princípio da gravitação jurídica, segundo o qual o bem acessório segue a sorte do principal. Ainda, exige que o candidato conheça o regramento sobre as pertenças, que são aqueles bens que não configuram parte integrante do bem principal, mas lhe servem, de modo prolongado, ao uso, serviço ou aformoseamento. (art. 93 do CC). Vistos os preceitos básicos, resta saber que as pertenças configuram exceção ao princípio da gravitação jurídica, pois o art. 94 do mesmo diploma legal determina que os negócios jurídicos que dizem respeito ao bem principal não abrangem as pertenças, salvo disposição em contrário.

---

30. (Cespe – Procurador do Ministério Público junto ao TCDF/2013) Com relação às pessoas jurídicas, julgue o item que se segue.

Aquele que emprestar dinheiro a uma sociedade limitada com capital integralizado estará garantido pelo patrimônio da pessoa jurídica e dos sócios, que responderão de forma subsidiária. Como forma de resguardar o direito do emprestador, a lei pertinente prevê que essa garantia não comportará excepcionalidades.

COMENTÁRIOS

A assertiva está equivocada, pois na sociedade limitada a responsabilidade de cada sócio é restrita ao valor de suas quotas. A responsabilidade entre os sócios será solidária no tocante à integralização do capital social (art. 1.052 do CC), de forma que ao emprestador restará executar o patrimônio da sociedade, e não dos sócios. Como exceção à essa regra, temos, por exemplo, a desconsideração da personalidade jurídica previstas no art. 50 do mesmo diploma legal, situação em que, preenchidos os requisitos legais, o patrimônio dos sócios da sociedade limitada poderá ser atingido e ainda, a regra prevista no art. 1.080 do CC.

---

31. (Cespe – Procurador do DF/ 2013) A respeito da desconsideração da personalidade jurídica e do domicílio da pessoa natural, julgue os itens.

31.1. No entendimento do STJ, não é cabível a desconsideração da personalidade jurídica denominada inversa para alcançar bens de sócio que se tenha valido da pessoa jurídica para ocultar ou desviar bens pessoais, com prejuízo a terceiros.

COMENTÁRIOS

A assertiva está incorreta, de acordo com o Informativo 533 do STJ, o qual pedimos vênia para transcrever: "...ressalte-se que a Terceira Turma do STJ já decidiu pela possibilidade de desconsideração inversa da personalidade jurídica – que se caracteriza pelo afastamento da autonomia patrimonial da sociedade, para, contrariamente do que ocorre na desconsideração da personalidade jurídica propriamente dita, atingir o ente coletivo e seu patrimônio social, de modo a responsabilizar a pessoa jurídica por obrigações do sócio –, em razão de uma interpretação teleológica do art. 50 do CC/2002 (REsp 948.117-MS, DJe 3/8/2010)..."

31.2. O domicílio do representante comercial que não possua residência fixa e habitual em nenhum local e costume se hospedar em diversos hotéis nas cidades por onde transita será a capital do estado em que ele tiver nascido.

COMENTÁRIOS

A assertiva está errada, pois o domicílio da pessoa natural que não possui residência fixa e habitual é o local onde ela for encontrada, de acordo com o art. 73 do CC. Se analisarmos a questão do prisma profissional, o domicílio do representante comercial seria todo aquele onde ele contrai relações jurídicas, pela inteligência do parágrafo único do art. 72 do referido codex.

31.3. Não ensejará reparação por danos morais o uso não autorizado da imagem de atleta em cartaz de propaganda de evento esportivo, sem finalidade lucrativa ou comercial, salvo se houver comprovação, pelo atleta, da ocorrência de prejuízo a ele.

COMENTÁRIOS

A assertiva está errada, de acordo com entendimento firmado no informativo 516 do STJ, o qual pedimos vênia para transcrever: "O uso não autorizado da imagem de atleta em cartaz de propaganda de evento esportivo, ainda que sem finalidade lucrativa ou comercial, enseja reparação por danos morais, independentemente da comprovação de prejuízo. A obrigação da reparação pelo uso não autorizado de imagem decorre da própria utilização indevida do direito personalíssimo. Assim, a análise da existência de finalidade comercial ou econômica no uso é irrelevante. O dano, por sua vez, conforme a jurisprudência do STJ, apresenta-se in re ipsa, sendo desnecessária, portanto, a demonstração de prejuízo para a sua aferição. REsp 299.832-RJ, Rel. Min. Ricardo Villas Bôas Cueva, julgado em 21/2/2013."

---

32. (Cespe – Juiz do Trabalho Substituto 5ª região/2013) A respeito das fundações de direito privado, sob a ótica do direito civil pátrio, assinale a opção correta.

a) Poderão ser criadas fundações por pessoas físicas por si ou por seu representante legal, no caso de incapacidade relativa, por ato entre vivos ou por testamento.

b) Poderá a fundação ser instituída sem a destinação inicial de patrimônio a um fim específico e determinado, desde que isso conste formalmente no ato de sua instituição, por meio de escritura pública ou testamento.

c) Se a fundação for instituída mediante testamento, a declaração unilateral de vontade criativa dessa não poderá ser revogada, quer pelo testador, em vida, quer pelo credor quirografário do instituidor.

d) Se for judicialmente autorizada e com a participação do órgão do MP, a alienação dos bens das fundações poderá ser feita, ainda que o instituidor tenha estabelecido proibição de alienar. Nesse caso, o produto da venda deverá ser aplicado em outros bens, destinados à consecução dos mesmos fins.

e) Se a fundação for instituída por pessoa jurídica, a instituidora atua na administração da entidade, especifica a sua finalidade e estabelece dotação patrimonial ou repasses financeiros para propiciar o seu pleno funcionamento.

COMENTÁRIOS

Alternativa correta: letra "d". A assertiva está correta, vez que de acordo com a interpretação dada pelos tribunais e pela nossa melhor doutrina ao art. 69 do CC. A princípio, os bens que constituem o patrimônio das fundações são inalienáveis, não sendo permitido que sua diretoria ou seu conselho deliberativo aliene seu acervo patrimonial, sob pena de desvirtuamento da vontade de seu instituidor. Por outro lado, a artigo em comento determina a incorporação de patrimônio de fundação extinta a outra fundação com finalidade igual ou semelhante, desde que ouvido o Ministério Público, sendo esta hipótese possível apenas mediante autorização judicial.

Alternativa "a": A assertiva está equivocada. As fundações podem ser criadas por ato entre vivos ou por testamento, ocorre que, no caso de incapacidade relativa do instituidor, ele deve ser assistido e não representado, como quer fazer parecer o examinador. Lembre-se: os absolutamente incapazes devem ser representados, enquanto os relativamente incapazes devem ser assistidos na prática dos atos da vida civil.

Alternativa "b": A assertiva está errada, pois apesar de a fundação poder ser instituída mediante escritura pública ou testamento, a dotação especial de bens livres e a especificação dos fins a que ela se destina são necessárias. O que é facultado ao instituidor é a declaração, em seu ato constitutivo, do modo de administrá-la (art. 62 do Código Civil). Não é demasiado lembrar que uma fundação somente poderá ser instituída para fins religiosos, morais, culturais e de assistência.

Alternativa "c": A assertiva está incorreta, vez que o testador é livre para modificar ou revogar seu testamento a qualquer tempo, não havendo qualquer impedimento legal para tanto, mesmo que isso implique revogação de fundação. Vale lembrar que a revogação deve obediência aos ditames do art. 1.969 do Código Civil, devendo se dar do mesmo modo e forma que feitura do testamento. Ainda, se a revogação for parcial, de acordo com o art. 1.970 do mesmo diploma, o testamento anterior subsistirá em tudo que não for contrário ao posterior. Qualquer cláusula que preveja a impossibilidade de revogação de disposição testamentária será nula, por ofensa ao princípio da autonomia da vontade.

Alternativa "e": A assertiva está incorreta. Independentemente de quem seja o instituidor da fundação, sua administração caberá ao administrador designado em seu estatuto.

---

33. (Cespe – Juiz de Direito Substituto – RN/2013) Assinale a opção correta a respeito do domicílio.

a) O domicílio das pessoas jurídicas restringe-se ao lugar de funcionamento das respectivas diretorias e administrações.

b) Aos contratantes não é permitido especificar, nos contratos escritos, o domicílio onde se exercitem e cumpram os direitos e obrigações dos contratos.

c) Considera-se domicílio da pessoa natural que viva alternadamente em várias residências tão somente o lugar onde ela permaneça por mais tempo, sendo a pluralidade de domicílios permitida apenas às pessoas jurídicas.

d) Considera-se o domicílio da pessoa natural que não tenha residência habitual o lugar de seu nascimento.

e) O marítimo, o incapaz, o servidor público, o militar e o preso têm domicílio necessário.

COMENTÁRIOS

Alternativa correta: letra "e". A assertiva está correta, vez que de acordo com o que preceitua o art. 76 do Código Civil. Vale lembrar, que o domicílio do marítimo é aquele onde o navio estiver matriculado; o do incapaz é o do seu representante legal ou assistente, o do servidor público é o lugar onde exerce permanentemente suas funções, o do militar é a sede do comando a que for subordinado; e o do preso é o lugar onde estiver encarcerado. Insta constar, que a lei diz que o domicílio do preso é o lugar em que cumprir a sentença, porém, nosso sistema carcerário não é composto apenas por preses sentenciados, sendo possível a prisão provisória do acusado antes mesmo da sentença, sem contar a possibilidade de prisão civil pelo não pagamento de pensão alimentícia, de forma que a terminologia adequada seria "o lugar em que o preso estiver encarcerado" invés de "o lugar em que cumprir a sentença".

Alternativa "a": A assertiva está equivocada. O domicílio das pessoas jurídicas pode ser o lugar onde funcionarem as respectivas diretorias ou administrações, ou ainda, o domicílio especial eleito no seu estatuto ou ato constitutivo, de acordo com o que dispõe o art. 75, inciso II do Código Civil. O equívoco na questão está na restrição feita pelo examinador quanto ao domicílio da pessoa jurídica.

Alternativa "b": A assertiva está errada, pois em desacordo com o que estabelece o art. 78 do Código Civil, que permite aos contratantes a estipulação do chamado foro de eleição, que pode ser estabelecido nos negócios jurídicos escritos. Ressalta-se que, no contrato de adesão, a cláusula que estabelece foro de eleição em prejuízo do aderente não terá validade.

Alternativa "c": A assertiva está errada, pois o domicílio da pessoa natural que possui diversas residências, onde viva alternadamente, será o local de qualquer uma delas, de acordo com o art. 71 do CC. Assim, errônea é a afirmativa no sentido de que a pluralidade de domicílios é permitida apenas às pessoas jurídicas.

Alternativa "d": A assertiva está errada, pois o domicílio da pessoa natural que não possui residência fixa e habitual é o local onde ela for encontrada, de acordo com o art. 73 do CC. Tal disposição se aplica aos nômades, ciganos, e demais pessoas que não tenham residência habitual.

---

34. (Cespe – Juiz de Direito Substituto – RN/2013) Em relação às pessoas naturais, assinale a opção correta.

a) Aqueles que, por causa transitória, não puderem exprimir sua vontade são considerados relativamente incapazes.

b) A menoridade cessa aos dezoito anos completos de idade, quando a pessoa fica habilitada à prática de todos os atos da vida civil; para os menores, a incapacidade cessa pela emancipação, que somente poderá ser concedida por sentença judicial.

c) A declaração de morte presumida, condicionada à decretação de ausência, ocorre quando seja extremamente provável a morte de quem estivesse em perigo de vida e quando alguém, desaparecido em campanha ou feito prisioneiro, não seja encontrado até dois anos após o término da guerra.

d) O pseudônimo, adotado para atividades lícitas, goza da proteção que se dá ao nome.

e) A comoriência só deve ser reconhecida quando dois ou mais indivíduos que sejam parentes falecerem na mesma ocasião, não sendo possível averiguar se algum dos comorientes precedeu aos outros, caso em que se presumirão simultaneamente mortos.

COMENTÁRIOS

✪ **Nota dos autores**: vide nota dos autores à questão nº 20.

Alternativa correta: letra "d". A assertiva está correta, pois é cópia literal do artigo 19 do Código Civil. Pseudônimo ou codinome é o nome escolhido pela própria pessoa para o exercício de determinada atividade. Geralmente, é utilizado por artistas como cantores e atores. Uma vez utilizado para atividades lícitas, deverá ser protegido nos mesmos moldes do prenome e do sobrenome.

Alternativa "a": A assertiva está equivocada, pois estas pessoas são consideradas absolutamente incapazes, e não relativamente incapazes, como afirma o examinador. Vale lembrar, que os absolutamente incapazes devem ser representados quando da prática dos atos da vida civil, sob pena de nulidade absoluta do ato, enquanto os relativamente incapazes devem ser assistidos, sob pena de nulidade relativa do ato.

Alternativa "b": A assertiva está incorreta ao afirmar que a emancipação somente poderá ser concedida judicialmente. Independem de sentença judicial a emancipação concedida pelos pais ao maior de 16 anos, a decorrente do casamento, do exercício de emprego público efetivo, de colação de grau em curso superior e de estabelecimento de economia própria em razão de emprego ou estabelecimento civil ou comercial. (art. 5º do Código Civil)

Alternativa "c": A assertiva está errada na medida em que a declaração de morte presumida de pessoa nestas condições independe da decretação prévia de ausência (art. 7º do CC). Importante frisar, que assim como a morte real, que é aquela comprovada e atestada por médico (atestado de óbito), a sentença que reconhece a morte presumida também deve ser levada a registro, para que produza seus efeitos.

Alternativa "e": A assertiva está incorreta, pois a comoriência, ou seja, a presunção de morte simultânea aplicável quando duas ou mais pessoas falecem na mesma ocasião e não se pode averiguar quem morreu primeiro, não se aplica apenas a indivíduos que sejam parentes (art. 8º do Código Civil). Referida presunção tem por finalidade evitar sucessão entre as pessoas falecidas e transmissíveis entre si, independentemente de parentesco, não obedecendo a uma ordem de precedência em razão de idade, sexo, doença ou qualquer outro fator.

---

35. (Cespe – Defensor Público – DF/ 2013) No que se refere às pessoas naturais, julgue os itens que se seguem.

35.1. Aqueles que, independentemente da existência de grau de parentesco, tiverem sobre os bens do ausente direito dependente de sua morte possuem legitimidade, como interessados, em requerer que se declare a ausência e se abra provisoriamente a sucessão.

COMENTÁRIOS

A assertiva está correta na medida que que qualquer pessoa interessada ou o Ministério Público pode requerer a declaração de ausência (art. 22 do Código Civil) e ainda, independentemente da existência de grau de parentesco, aquelas pessoas elencadas no artigo 27 do Código Civil têm legitimidade para requerer a abertura da sucessão provisória, entre elas, os que tiverem sobre os bens do ausente direito dependente de sua morte.

35.2. O ordenamento jurídico pátrio garante que toda pessoa é capaz de direitos e deveres na ordem civil, de maneira que tal proteção depende necessariamente do nascimento com vida, momento em que adquire a personalidade civil.

COMENTÁRIOS

A assertiva está equivocada. Refere-se o examinador à capacidade de direito, de gozo ou de aquisição, que de acordo com o que dispõe o art. 2º do Código Civil, começa do nascimento com vida, colocando a lei a salvo, desde a concepção, os direitos do nascituro. No que diz respeito ao início da personalidade, adotamos a teoria mista ou híbrida criada por Maria Helena Diniz, que determina que o nascituro possui personalidade formal, ou seja, o direito lhe confere proteção aos seus direitos da personalidade, e o nascimento com vida lhe confere personalidade material, ou seja, a proteção aos seus direitos patrimoniais. Assim, a proteção aos direitos referentes à personalidade formal da pessoa, como nome e imagem, por exemplo, são protegidos independentemente de seu nascimento com vida.

35.3. Se dois ou mais indivíduos falecerem na mesma ocasião, não se podendo averiguar se a morte de algum dos comorientes precedeu à dos outros, será presumido que a morte do mais idoso ocorreu primeiro.

COMENTÁRIOS

A assertiva está incorreta, pois em desacordo com o que dispõe o art. 8º do Código Civil, que prevê o instituto da comoriência, que nada mais é que a presunção de morte simultânea aplicável quando duas ou mais pessoas falecem na mesma ocasião e não se pode averiguar quem morreu primeiro. Referida presunção tem por finalidade evitar sucessão entre as pessoas falecidas e transmissíveis entre si, não obedecendo a uma ordem de precedência em razão de idade, sexo, doença ou qualquer outro fator.

35.4. Não se faz necessária a averbação em registro público dos atos judiciais ou extrajudiciais de adoção.

COMENTÁRIOS

A assertiva está correta, vez que a Lei de Adoção (L. 12.010/09) revogou o inciso III do art. 10º do Código Civil, que estabelecia a necessidade de averbação em registro público dos atos judiciais ou extrajudiciais de adoção. Pela nova lei, não se faz mais a averbação da adoção no registro de nascimento do adotando. Faz-se o cancelamento do registro anterior e a abertura de um novo registro, mantendo-se as informações sobre a adoção armazenadas sigilosamente.

36. (Cespe – Analista Judiciário – Área Judiciária – STF/2013) Acerca das pessoas naturais, julgue os próximos itens.

É característica dos direitos da personalidade a sua oponibilidade erga omnes.

COMENTÁRIOS

Os direitos da personalidade são aqueles indispensáveis para o desenvolvimento digno de qualquer ser humano. Assim, todos devem respeitá-los, não podem sofrer limitações ou ofensas por parte de particulares ou do próprio Estado.

36.1. A sentença que declara a ausência da pessoa natural deve ser submetida a registro público.

COMENTÁRIOS

A assertiva está correta, pois de acordo com o que preceitua o art. 9º, IV do Código Civil. O registro se faz necessário para que a declaração de ausência se torne pública e surta os efeitos que dela se espera.

37. (Cespe – Advogado da União/2012) De acordo com o disposto no Código Civil brasileiro acerca da pessoa natural, julgue os itens a seguir.

37.1. Embora a lei proteja o direito sucessório do nascituro, não é juridicamente possível registrar no seu nome, antes do nascimento com vida, um imóvel que lhe tenha sido doado.

COMENTÁRIOS

A assertiva está correta, pois de acordo com o que dispõe o art. 2º do Código Civil. No que diz respeito ao início da personalidade, adotamos a teoria mista ou híbrida criada por Maria Helena Diniz, que determina que o nascituro possui personalidade formal, ou seja, o direito lhe confere proteção aos seus direitos da personalidade, e o nascimento com vida lhe confere personalidade material, ou seja, a proteção aos seus direitos patrimoniais. Assim, o registro de um imóvel em nome do nascituro antes de seu nascimento se revela juridicamente impossível.

37.2. A recente decisão do STF em favor da possibilidade de interrupção da gravidez de fetos anencéfalos não invalida o dispositivo legal segundo o qual o feto nascido com vida adquire personalidade jurídica, razão por que adquirirá e transmitirá direitos, ainda que faleça segundos depois.

COMENTÁRIOS

A assertiva está correta, vez que a decisão do STF em nada modifica a sistemática civil quanto à personalidade. Independentemente de qualquer anomalia, o nascimento com vida é que determina a aquisição da personalidade jurídica. Assim, mesmo que anencéfalo, havendo entrada de ar nos pulmões do feto nascido, ele adquirirá e transmitirá direitos, ainda que venha a falecer instantes depois. A título de curiosidade, o exame que detecta se houve ou não entrada de ar nos pulmões do recém-nascido é chamado Docimasia Hidrostática de Galeno.

38. (Cespe – Defensor Público – SE/ 2012) Com relação às pessoas jurídicas de direito privado, assinale a opção correta.

a) Se for coletiva a administração das referidas pessoas jurídicas, as decisões devem ser tomadas pela maioria de votos dos presentes, ainda que o ato constitutivo disponha de modo diverso.

b) O direito de anular a constituição da pessoa jurídica de direito privado por defeito do ato constitutivo decai no prazo de cinco anos, contado da publicação do ato de inscrição no órgão competente.

c) De acordo com a doutrina, os partidos políticos, por funcionarem e por serem organizados conforme o disposto em lei específica, não são considerados pessoas jurídicas de direito privado.

d) As pessoas jurídicas podem ser titulares de direitos da personalidade.

e) A existência legal dessas pessoas jurídicas inicia-se com a inscrição do seu ato constitutivo na junta comercial, vedada a exigência de registro, autorização ou aprovação do poder público.

COMENTÁRIOS

Alternativa correta: letra "d". A assertiva está correta, pois consagra o disposto no artigo 52 do Código Civil, que determina que aplica-se à pessoa jurídica, no que couber, a proteção aos direitos da personalidade. Evidentemente que nem todos os direitos da personalidades conferidos às pessoas físicas podem ser garantidos às pessoas jurídicas, como por exemplo o direito ao corpo e à sepultura, mas são merecedores de proteção o direito à imagem e à honra, por exemplo. Tanto é assim, que a Súmula 227 do STJ prevê que a pessoa jurídica pode sofrer dano moral. Vale ressaltar que a banca examinadora não levou em consideração o Enunciado 286 da IV Jornada de Direito Civil, segundo o qual: "Os direitos da personalidade são direitos inerentes e essenciais à pessoa humana, decorrentes de sua dignidade, não sendo as pessoas jurídicas titulares de tais direitos.", que corrobora o entendimento doutrinário no sentido de que a pessoa jurídica não possui direitos da personalidade, mas sim proteção e alguns desses direitos.

Alternativa "a": A assertiva está equivocada, vez que o art. 48 do Código Civil determina que a regra é que quando a administração da pessoa jurídica for coletiva, as decisões serão tomadas por maioria de votos, porém abre a possibilidade de que a tomada de decisões ocorra de modo diverso, quando assim dispuser seu ato constitutivo. Tal dispositivo consagra o princípio da autonomia da vontade, que deve estar presente quando da elaboração do ato constitutivo de qualquer pessoa jurídica, relativamente aos pontos que a lei assim permite.

Alternativa "b": A assertiva está errada, pois afronta o disposto no parágrafo único do art. 48 do Código Civil. Tal artigo prevê a possibilidade de anulação de atos que violem a lei ou o estatuto, ou ainda, quando eivadas de erro, dolo e simulação (vícios de consentimento), ou fraude (vício social), porém, o prazo ali previsto é de 03 (três) anos, e não de 05 (cinco), como quer fazer crer o examinador.

Alternativa "c": A assertiva está incorreta, pois o art. 44, inciso V do Código Civil determina expressamente que os partidos políticos são pessoas jurídicas de direito privado, pois instituídas por iniciativa de particulares, aplicando-se a eles o regime jurídico pertinente, ainda que previsto em legislação extravagante.

Alternativa "e": A assertiva está errada, pois desvirtua o disposto no art. 45 do Código Civil. A existência legal da pessoa jurídica inicia-se com a inscrição de seu ato constitutivo no respectivo registro. Importante frisar, que o ato constitutivo de sociedade simples deve ser registrado no Registro Civil das Pessoas Jurídicas, e o ato constitutivo da sociedade empresária deve ser registrado no Registro Público das Empresas Mercantis (Juntas Comerciais). Ainda, a título de exemplo, qualquer sociedade estrangeira que pretenda atuar no Brasil depende de autorização do Poder Executivo Federal, de acordo com o art. 64 do DL 2.627/1940.

---

39. (Cespe - Juiz de Direito Substituto - BA/ 2012) A respeito das pessoas jurídicas, assinale a opção correta.

a) A fundação constituída inter vivos será extinta se o instituidor não lhe transferir a propriedade do bem dotado.

b) Na transformação, é extinta a personalidade anterior à alteração para o novo modelo societário.

c) Na interpretação das normas relativas à empresa, deve-se considerar o princípio da função social.

d) A quebra de affectio societatis mostra-se causa suficiente à exclusão de sócio minoritário.

e) As novas disposições sobre a desconsideração da personalidade jurídica constantes no Código Civil implicaram mudança nas disposições relativas a essa matéria constantes no CDC.

COMENTÁRIOS

Alternativa correta: letra "c". A assertiva está correta, pois em consonância com o Enunciado 53 da I Jornada de Direito Civil, que determina que mesmo não havendo referência expressa, na interpretação das normas relativas à empresa deve ser levado em consideração o princípio da função social. Uma empresa cumpre com sua função social quando consegue harmonizar os seus interesses (geração de lucros) com a satisfação de seu público alvo, e ainda, desenvolvimento e preservação do meio social em que está inserida.

Alternativa "a": A assertiva está equivocada, pois caso o instituidor não transfira a propriedade dos bens dotados à fundação, o registro será feito mediante mandado judicial. Assim, a falta de transferência da propriedade dos bens dotados não acarreta a extinção da fundação. Inteligência do art. 64 do Código Civil.

Alternativa "b": A assertiva está errada, pois a transformação nada mais é do que a modificação do tipo societário, e impede a dissolução ou a liquidação da sociedade anterior, de forma que ela não será extinta, passando apenas a ser regida pelos preceitos pertinentes ao tipo de sociedade em que ela vai se converter. Inteligência do art. 1.113 do Código Civil

Alternativa "d": A assertiva está incorreta, pois afronta o Enunciado 67 da I Jornada de Direito Civil, que dispõe: "A quebra do affectio societatis não é causa para a exclusão do sócio minoritário, mas apenas para dissolução (parcial) da sociedade." *Affectio societatis* se traduz na intenção de uma pessoa em participar de uma sociedade, colaborando ativamente para o alcance dos fins a que ela se propõe.

Alternativa "e": A assertiva está errada, vez que em desacordo com o Enunciado 51 da I Jornada de Direito Civil que determina que: "A teoria da desconsideração da personalidade jurídica – disregard doctrine – fica positivada no novo Código Civil, mantidos os parâmetros existentes nos microssistemas legais e na construção jurídica sobre o tema." Assim, a previsão da desconsideração da personalidade jurídica no art. 50 do Código Civil em nada altera as disposições relativas ao tema previstas no art. 28 do Código de Defesa do Consumidor.

---

40. (Cespe – Delegado de Polícia – AL/ 2012) Com relação às pessoas naturais, às pessoas jurídicas e aos bens, julgue os itens a seguir.

Os direitos da personalidade são inatos, ilimitados e absolutos, com eficácia erga omnes, porém, seu exercício pode sofrer restrições.

COMENTÁRIOS

A assertiva está correta. Os direitos da personalidade são inatos, pois nascem junto com a pessoa, ressalvados os do nascituro, que são resguardados antes mesmo do nascimento. São ilimitados, pois as previsões legislativas são meramente exemplificativas, de forma que podem ser reconhecidos novos direitos da personalidade no decorrer da evolução social. São absolutos, aqui no sentido de serem oponíveis *erga omnes*, o que impõe ao Estado e à coletividade o dever de respeito a eles. Ainda, de acordo com o art. 11 do Código Civil, o exercício dos direitos da personalidade não pode sofrer restrições voluntárias, *exceto* nos casos previstos em lei. Vale ressaltar o regramento trazido pelo Enunciado 4 da I Jornada de Direito Civil e o Enunciado 130 da III Jornada de Direito Civil, respectivamente: "o exercício dos direitos da personalidade pode sofrer limitação voluntária, desde que não seja permanente nem geral." e "Os direitos da personalidade podem sofrer limitações, ainda que não especificamente previstas em lei, não podendo ser exercidos com abuso de direito de seu titular, contrariamente à boa-fé objetiva e aos bons costumes."

40.1. Na teoria da realidade orgânica, a pessoa jurídica tem identidade organizacional própria, identidade essa que deve ser preservada. Essa teoria foi adotada pelo Código Civil brasileiro.

COMENTÁRIOS

A assertiva está equivocada. Resumidamente, temos dois grandes grupos de teorias referentes à natureza jurídica da pessoa jurídica. O primeiro deles defende que as pessoas jurídicas traduzem mera ficção legal ou doutrinária, não possuindo existência real (Teorias da Ficção). O Segundo grande grupo defende que a pessoa jurídica possui existência real, com identidade própria (Teorias da Realidade). O Código Civil de 2002 adotou a **"Teoria da Realidade Técnica"**, que segundo Maria Helena Diniz: "A personalidade jurídica é um atributo que a ordem jurídica estatal outorga a entes que o merecem. Logo, essa teoria é a que melhor atende à essência da pessoa jurídica, por estabelecer, com propriedade, que a pessoa jurídica é uma realidade jurídica."

40.2. O princípio da gravitação jurídica é o princípio norteador dos bens reciprocamente considerados.

COMENTÁRIOS

A assertiva está correta. Os bens reciprocamente considerados podem ser principais ou acessórios. Principal é o bem que existe sobre si, abstrata ou concretamente; acessório aquele cuja existência supõe a do principal. (art. 92 do Código Civil). O princípio da gravitação jurídica é aquele que determina que o bem acessório segue a sorte do bem principal.

40.3. Pode-se classificar as uvas colhidas na época da safra da uva vermelha como frutos percipiendos e aquelas que ainda estão na videira, como frutos pendentes.

COMENTÁRIOS

A assertiva está equivocada. Frutos são utilidades que o bem principal periodicamente produz e cuja percepção (retirada) não diminui sua substância. Quanto ao estado, os frutos classificam-se em: pendentes (ainda estão unidos à coisa que os produziu), percebidos ou colhidos (já foram separados ou recebidos), estantes (já foram separados e encontram-se armazenados), percipiendos (deveriam ter sido colhidos mas não o foram) e consumidos (já não existem porque foram utilizados). As uvas colhidas na época da safra são frutos percebidos ou colhidos, enquanto aquelas que ainda estão na videira são frutos pendentes.

---

41. (Cespe – Promotor de Justiça – PI/2012) Com relação aos direitos da personalidade, assinale a opção correta.

a) Ainda que provoque excepcional angústia em algum dos contratantes, o inadimplemento contratual não constitui argumento justificador de violação de direitos da personalidade.

b) Segundo entendimento do STJ, havendo violação de direito da personalidade por meio de tortura em período de exceção, configura-se hipótese de pretensão indenizatória imprescritível.

c) No Código Civil, adota-se a tese de que os direitos da personalidade são absolutamente indisponíveis.

d) Conforme jurisprudência do STJ, a indenização por dano moral está sujeita à tarifação prevista na Lei de Imprensa.

e) É vedada a cumulação, na mesma condenação, de indenizações por dano estético e dano moral.

COMENTÁRIOS

Alternativa correta: letra "b". A assertiva está correta, de acordo com o julgado do STJ a seguir transcrito: Imprescritibilidade De Pretensão Indenizatória Decorrente De Violação De Direitos Humanos Fundamentais Durante O Período De Exceção. Inaplicabilidade Do Art. 1º Do Decreto nº 20.910/32. 1. O STJ pacificou entendimento no sentido de que são imprescritíveis as ações de reparação de danos ajuizadas em decorrência de perseguição, tortura e prisão, por motivos políticos, durante o Regime Militar, afastando-se, por conseguinte, a prescrição quinquenal prevista no art. 1º do Decreto 20.910/32. Isso, porque as referidas ações referem-se a período em que a ordem jurídica foi desconsiderada, com legislação de exceção, havendo, sem dúvida, incontáveis abusos e violações dos direitos fundamentais, mormente do direito à dignidade da pessoa humana (...) (AgRg no REsp 1251529/PR, Rel. Ministro Benedito Gonçalves, Primeira Turma, julgado em 28/06/2011, DJe 01/07/2011)

Alternativa "a": A assertiva está incorreta. O inadimplemento contratual, por si só, não caracteriza o dano moral contratual, sendo considerado pela jurisprudência pátria como mero dissabor. Nesse sentido: "Salvo circunstância excepcional que coloque o contratante em situação de extraordinária angústia ou humilhação, não há dano moral. Isso porque, o dissabor inerente à expectativa frustrada decorrente de inadimplemento contratual se insere no cotidiano das relações comerciais e não implica lesão à honra ou violação da dignidade humana" (REsp nº 1.129.881/RJ, relator Ministro Massami Uyeda, 3ª Turma, unânime, DJe 19.12.2011)."

Alternativa "c": A assertiva está equivocada, vez que, de acordo com o art. 11 do Código Civil, o exercício dos direitos da personalidade não pode sofrer restrições voluntárias, *exceto* nos casos previstos em lei. Vale ressaltar o regramento trazido pelo Enunciado 4 da I Jornada de Direito Civil e o Enunciado 130 da III Jornada de Direito Civil, respectivamente: "o exercício dos direitos da personalidade pode sofrer limitação voluntária, desde que não seja permanente nem geral." e "Os direitos da personalidade podem sofrer limitações, ainda que não especificamente previstas em lei, não podendo ser exercidos com abuso de direito de seu titular, contrariamente à boa-fé objetiva e aos bons costumes." A título de exemplo, temos a possibilidade de disposição do próprio corpo, após a morte, para fins altruístico ou científico, autorizada expressamente pelo art. 14 do Código Civil.

Alternativa "d": A assertiva está incorreta, vez que contraria ao entendimento do STJ firmado na Súmula 281 – "A indenização por dano moral não está sujeita à tarifação prevista na Lei de Imprensa". Na fixação dos danos morais, deve o juiz se ater à extensão do dano, ao comportamento do ofensor após o dano, as condições financeiras tanto da vítima quanto do ofensor, entre outros fatores.

Alternativa "e": A assertiva está equivocada, vez que contraria entendimento firmado na Súmula 387 do STJ – "É lícita a cumulação das indenizações de dano estético e dano moral." Tal entendimento baseia-se na premissa de que dano estético e dano moral não se confundem. O primeiro diz respeito à ofensa da imagem retrato da pessoa, e o segundo refere-se à ofensa aos direitos da personalidade extrapatrimoniais do sujeito.

---

42. (Cespe – Defensor Público – ES/ 2012) Com relação aos administradores das associações e da capacidade da pessoa natural, julgue os itens a seguir.

42.1. De acordo com a lei, deve ser de grau elevado a insanidade que enseje a interdição e a possibilidade de anulação dos atos praticados anteriormente.

COMENTÁRIOS

✪ **Nota dos autores**: vide nota dos autores à questão nº 20.

A assertiva está errada. A interdição e a anulação dos atos praticados anteriormente a ela não estão condicionadas ao grau de insanidade. Tanto o relativamente incapaz quanto o absolutamente incapaz podem ser interditados, havendo, *a posteriori*, a necessidade de que o primeiro seja assistido e o segundo seja representado na prática válida dos atos da vida civil. Após a interdição, nada impede que o assistente ou representante, mediante ação autônoma, requeira a anulação de ato praticado anteriormente, comprovado prejuízo ao incapaz e má-fé da parte contrária.

42.2. Nas associações, não há responsabilidade solidária entre os administradores, de forma que um não responde pelos atos praticados por outro.

COMENTÁRIOS

A assertiva está correta. De acordo com o art. 265 do Código Civil, a solidariedade não se presume, resulta de lei ou da vontade das partes. Como a lei é omissa quanto à responsabilidade solidária dos administradores das associações, cada administrador responderá pelos seus atos, a não ser que o contrário resulte de seu ato constitutivo.

3. DOS BENS

43. (Cespe – Procurador do MP junto ao TCU/2015) No que se refere a bens e negócios jurídicos, assinale a opção correta.

a) O estado de perigo é considerado defeito do negócio jurídico que, segundo a jurisprudência, não se compatibiliza com os contratos aleatórios ou com os negócios jurídicos unilaterais.

b) Caso a cessão de direitos sobre bem imóvel tenha sido celebrada para dissimular uma doação, será possível a subsistência do negócio dissimulado se este for considerado válido em substância e forma.

c) O usufruto, por ser considerado um bem fora do comércio, não pode ser alienado, ainda que para o nu-proprietário.

d) A fungibilidade dos bens está diretamente relacionada à consuntibilidade, pois não há bem consumível que seja infungível.

e) Caso o ascendente tenha vendido imóvel a determinado descendente sem o consentimento dos demais, o ato será nulo, o que configura matéria de ordem pública.

COMENTÁRIOS

Alternativa correta: Letra "b": A assertiva está correta pois de encontro ao disposto no art. 167 do Código Civil que assim dispõe: "É nulo o negócio jurídico simulado, mas subsistirá o que se dissimulou, se válido for na substância e na forma".

Alternativa "a": Errada, pois em desacordo ao entendimento majoritário dos tribunais, vejamos:

> *CIVIL E PROCESSUAL CIVIL. SEGURO SAÚDE ANTERIOR À LEI 9.656/98. SUBMISSÃO DO SEGURADO À CIRURGIA QUE SE DESDOBROU EM EVENTOS ALEGADAMENTE NÃO COBERTOS PELA APÓLICE. NECESSIDADE DE ADAPTAÇÃO A NOVA COBERTURA, COM VALORES MAIORES. SEGURADO E FAMILIARES QUE SÃO LEVADOS A ASSINAR ADITIVO CONTRATUAL DURANTE O ATO CIRÚRGICO. ESTADO DE PERIGO. CONFIGURAÇÃO. É EXCESSIVAMENTE ONEROSA O NEGÓCIO QUE EXIGE DO ADERENTE MAIOR VALOR POR*
>
> *AQUILO QUE JÁ LHE É DEVIDO DE DIREITO. DANO MORAL CONFIGURADO.*
>
> *- O estado de perigo é tratado pelo Código Civil de 2002 como defeito do negócio jurídico, um verdadeiro vício do consentimento, que tem como pressupostos: (i) a "necessidade de salvar-se, ou a pessoa de sua família"; (ii) o dolo de aproveitamento da outra parte ("grave dano conhecido pela outra parte"); e (iii) assunção de "obrigação excessivamente onerosa".*
>
> *- Deve-se aceitar a aplicação do estado de perigo para contratos aleatórios, como o seguro, e até mesmo para negócios jurídicos unilaterais. (RECURSO ESPECIAL Nº 918.392 – RN (2007/0011488-6); RELATORA : MINISTRA NANCY ANDRIGHI.*

Alternativa "c": Incorreta, pois de acordo com o disposto no Código Civil, o único caso em que o usufruto é alienável é o previsto no art. 1.410, VI, do Código Civil.

Alternativa "d": Errada, vez que contraria ao disposto no art. 85 do Código Civil.

Alternativa "e": Incorreta. De acordo com o art. 496 do Código Civil o ato será anulável e não nulo.

44. (Cespe – Juiz de Direito Substituto – AM/2016)A propósito dos bens e do domicílio, assinale a opção correta com fundamento nos dispositivos legais, na doutrina e no entendimento jurisprudencial pátrio.

a) Possuem domicílio necessário ou legal o militar, o incapaz, o servidor público, a pessoa jurídica de direito privado e o preso.

b) Pelo princípio da gravitação jurídica, a propriedade dos bens acessórios segue a sorte do bem principal, podendo, entretanto, haver disposição em contrário pela vontade da lei ou das partes.

c) O atributo da fungibilidade de um bem decorre exclusivamente de sua natureza.

d) Os rendimentos são considerados produto da coisa, já que sua extração e sua utilização não diminuem a substância do bem principal.

e) Ao possuidor de boa-fé faculta-se o exercício do direito de retenção para ver-se indenizado das benfeitorias úteis e voluptuárias, quando estas não puderem ser levantadas sem prejuízo ao bem principal.

COMENTÁRIOS

Alternativa correta: letra "b". A assertiva está correta. Pelo princípio da gravitação jurídica o bem acessório segue a sorte do bem principal, de forma que a propriedade de bem principal supõe a propriedade do bem acessório, salvo disposição em contrário. Tal princípio não possui previsão expressa no Código Civil, sendo resultante da análise de vários dispositivos ali transcritos.

Alternativa "a": A assertiva está equivocada. Domicílio necessário é aquele imposto por lei a determinadas pessoas. O artigo 76 do Código Civil determina quem são estas pessoas. A assertiva não contempla o marítimo, que tem como seu domicílio o local onde o navio estiver matriculado. Ainda, a assertiva contempla erroneamente a pessoa jurídica de direito privado, que, em regra, tem como domicílio o lugar de sua diretoria ou administração ou o local eleito em ato constitutivo.

Alternativa "c":A assertiva está errada. O artigo 85 do Código Civil determina que são fungíveis os bens que podem ser substituídos por outros da mesma espécie, qualidade e quantidade. A fungibilidade ou a infungibilidade pode decorrer também da vontade das partes, a exemplo de bens fungíveis emprestados para ornamentação e posterior devolução (aluguel de enfeites de festas) a que a doutrina dá o nome de *"comodatum ad pompamvelostentationem."*

Alternativa "d": A assertiva está incorreta. Produtos são utilidades que o bem principal periodicamente produz e cuja percepção (retirada) diminui sua substância. Frutos são utilidades que o bem principal periodicamente produz e cuja percepção (retirada) não diminui sua substância. Assim, os rendimentos devem ser considerados frutos e não produtos.

Alternativa "e":A assertiva está errada, pois contrária ao que determina o artigo 1.219 do Código Civil: "O possuidor de boa-fé tem direito à indenização das benfeitorias necessárias e úteis, bem como, quanto às voluptuárias, se não lhe forem pagas, a levantá-las, quando o puder sem detrimento da coisa, e poderá exercer o direito de retenção pelo valor das benfeitorias necessárias e úteis."

---

45. (Cespe – Juiz Federal Substituto 1ª região/2013) A respeito da classificação dos bens, assinale a opção correta.

a) Uma universalidade de fato é um bem coletivo cuja natureza não pode ser alterada pela vontade de seu titular.

b) As pertenças são bens acessórios, embora não acompanhem, como regra, o principal.

c) A fungibilidade de um bem é determinada por sua natureza, portanto um bem fungível não pode se tornar infungível por ato de vontade.

d) Um bem é consumível quando o seu uso importa imediata perda de sua substância, podendo-se afirmar que o conceito não guarda relação com a possibilidade de alienação.

e) A indivisibilidade é decorrente da natureza ou da lei, sendo impossível a indivisibilidade por força da vontade.

COMENTÁRIOS

Alternativa correta: letra "b". A assertiva está correta. Os bens reciprocamente considerados podem ser principais ou acessórios. Principal é o bem que existe sobre si, abstrata ou concretamente; acessório aquele cuja existência supõe a do principal. (art. 92 do Código Civil). O princípio da gravitação jurídica é aquele que determina que o bem acessório segue a sorte do bem principal. As pertenças são bens que não configuram parte integrante do bem principal, mas lhe servem, de modo prolongado, ao uso, serviço ou aformoseamento. (art. 93 do CC). Configuram exceção ao princípio da gravitação jurídica, pois o art. 94 do mesmo diploma legal determina que os negócios jurídicos que dizem respeito ao bem principal não abrangem as pertenças, salvo disposição em contrário.

Alternativa "a": A assertiva está equivocada. A universalidade de fato é um conjunto de bens singulares pertencentes a determinada pessoa que lhes dá destinação unitária. Porém, cada bem pertencente à universalidade pode ser objeto de relação jurídica própria (art. 90 do Código Civil). Assim, o dono de uma coleção de carros (universalidade de fato) pode vendê-los separadamente (bens singulares) de forme que, descaracterizada a coleção, restará perdida a natureza de universalidade de fato daqueles bens.

Alternativa "c": A assertiva está incorreta, pois a fungibilidade de um bem pode decorrer de sua própria natureza ou de ato de vontade, de forma que um bem fungível pode se tornar infungível em razão de manifestação de vontade de seu titular. Exemplo que ilustra bem tal situação é o de uma caneta comum, de determinada marca, que pode ser comprada com facilidade em papelarias, mas que foi dada de presente ao seu proprietário pelo seu pai, em seu último dia de vida. Assim, um bem que a princípio poderia ser facilmente substituído por outro de mesma espécie, qualidade e quantidade, torna-se insubstituível em razão do valor emocional que representa ao seu proprietário.

Alternativa "d": A assertiva está errada, pois em desacordo com o que determina o art. 86 do Código Civil que preceitua que também são considerados bens consumíveis aqueles bens que, apesar de o uso não importar perda de sua substância, são destinados à alienação. Um carro, por exemplo, é um bem cuja utilização não importa a perda imediata de sua substância, mas ele é considerado consumível em relação ao seu vendedor, que o "perde" no momento da transferência da propriedade.

Alternativa "e": A assertiva está incorreta, pois contraria ao disposto no art. 88 do Código Civil, que determina que os bens naturalmente divisíveis podem tornar-se indivisíveis por determinação da lei ou por vontade das partes. Exemplo corriqueiro de indivisibilidade por vontade das partes é a proibição, instituída em convenção de condomínio, de venda de uma vaga de garagem dissociada da venda do respectivo apartamento.

---

46. (Cespe – Juiz de Direito Substituto – CE/ 2012) Caso uma pessoa adquira um trator para melhor explorar sua propriedade rural, esse bem, de acordo com o Código Civil brasileiro, caracteriza-se como:

a) bem infungível.

b) bem imóvel por determinação legal.

c) bem imóvel por acessão industrial.

d) benfeitoria.

e) pertença.

COMENTÁRIOS

Alternativa correta: letra "e". A assertiva está correta, pois um trator se enquadra perfeitamente no conceito de pertença, que nada mais é do que um bem que não configura parte integrante do bem principal, mas lhe servem, de modo prolongado, ao uso, serviço ou aformoseamento. (art. 93 do CC).

Alternativa "a": A assertiva está errada, vez que bem um trator pode ser facilmente substituído por outro da mesma espécie, qualidade e quantidade, de acordo com o conceito de fungibilidade trazido pelo art. 85 do Código Civil.

Alternativa "b": A assertiva está equivocada, na medida em que um trator não se enquadra nas hipóteses de bens imóveis por determinação legal elencadas no art. 80 do Código Civil, quais sejam, os direitos reais sobre imóveis e as ações que os asseguram, bem como o direito à sucessão aberta.

Alternativa "c": A assertiva está incorreta, pois um trator não se enquadra no conceito de bem imóvel por acessão industrial ou artificial, sendo tudo aquilo que se incorpora permanentemente ao solo como resultado do trabalho do homem, como por exemplo uma construção.

Alternativa "d": A assertiva está errada, pois um trator não se enquadra no conceito de benfeitoria, qual seja, obra ou despesa realizada pelo homem na estrutura do bem principal com o propósito de conservação, melhoramento ou embelezamento.

4. DOS ATOS E FATOS JURÍDICOS

47. (Cespe – Analista de Controle – Área Jurídica – TCE – PR/2016) A respeito da disciplina do negócio jurídico no Código Civil, assinale a opção correta.

a) Em ação que vise à discussão de cláusulas contratuais, o juiz deverá, de ofício, declarar a nulidade do negócio caso verifique que o devedor foi coagido a contratar.

b) Um contrato de compra e venda de imóvel que for realizado sem escritura pública poderá ser convertido em promessa de compra e venda.

c) Caso o juiz decrete a nulidade de obrigação que uma pessoa pagou a um incapaz, ficará afastada a possibilidade de o devedor reclamar o que pagou ao credor incapaz, independentemente de este ter ou não se beneficiado do negócio.

d) Se um dos declarantes ocultar sua verdadeira intenção quanto aos efeitos jurídicos do negócio, este será inexistente por ausência de manifestação qualificada.

e) O silêncio de uma das partes quanto ao negócio jurídico proposto não tem o condão de criar vínculo, sendo necessária declaração de vontade expressa.

COMENTÁRIOS

Alternativa correta: letra "b". A assertiva está correta, pois contempla o *princípio da conversão substancial dos negócios jurídicos*, segundo o qual um negócio jurídico nulo (compra e venda de imóvel por instrumento particular) persistirá como outro negócio jurídico (promessa de compra e venda), se preenchidos os requisitos de validade deste último e atingidas as finalidades queridas pelas partes. (artigo 170 do Código Civil)

Alternativa "a":A assertiva está equivocada, pois a coação é causa de anulação e não de nulidade dos negócios jurídicos, de forma que deve ser alegada pelo devedor coagido, não podendo o juiz reconhecê-la de ofício (artigo 177 do Código Civil)

Alternativa "c":A assertiva está incorreta. Nesta situação hipotética, o devedor poderá reclamar o que indevidamente pagou ao incapaz se provar que a importância foi revertida em seu proveito. Inteligência do artigo 181 do Código Civil.

Alternativa "d": A assertiva está errada. Trata do que a doutrina denomina de *reserva mental*. Nesta situação hipotética, a vontade manifestada prevalecerá sobre a real intenção do declarante, salvo se este provar que o destinatário tinha conhecimento daquilo que reservava em sua mente. (artigo 110 do Código Civil)

Alternativa "e": A assertiva está incorreta. Em matéria de negócios jurídicos, a regra é *"quem cala, consente."*. Assim, o silêncio tem o condão de criar vínculo jurídico, a não ser quando a lei exigir declaração de vontade expressa. (artigo 111 do Código Civil).

48. (Cespe – Delegado de Polícia – PE/2016) A respeito dos elementos acidentais do negócio jurídico, assinale a opção correta.

a) Situação hipotética: Maria celebrou contrato de doação de bem imóvel a João. Na negociação, ficou estipulado que a transferência do bem somente se aperfeiçoará quando da morte da doadora. Assertiva: Nessa situação, o evento morte funciona como condição.

b) O encargo é elemento acidental característico dos negócios jurídicos que envolvam liberalidade. Em caso de inexecução do encargo pelo beneficiado, não há previsão de mecanismos de coerção direta ou indireta por parte do disponente.

c) O termo não essencial é aquele que não admite o cumprimento do objeto do negócio jurídico após o seu vencimento.

d) Denomina-se condição a cláusula acessória pela qual as partes subordinam a eficácia do negócio a acontecimento futuro e incerto.

e) Em caso de nulidade do negócio jurídico, a condição voluntariamente declarada pelas partes não será alcançada, permanecendo válida.

COMENTÁRIOS

Alternativa correta: Letra "d": A assertiva está correta pois encontra-se de acordo com o previsto no art. 121 do Código Civil que assim dispõe:

Art. 121: "Considera-se condição a cláusula que, derivando exclusivamente da vontade das partes, subordina o efeito do negócio jurídico a evento futuro e incerto".

Alternativa "a": Incorreta, vez que no caso trazido pelo examinador não se trata -de condição, haja vista que a morte é um evento futuro e CERTO, e, portanto, um TERMO convencional, e não condição.

Alternativa "b": Incorreta. Cumpre salientar que a primeira parte encontra-se correta e o erro está na segunda parte da assertiva vez que o Código Civil, ao contrário do quanto trazido pelo examinador, prevê mecanismos de coerção. Exemplo: Art. 555 do Código Civil: A doação pode ser revogada por ingratidão do donatário, ou por inexecução do encargo.

Alternativa "c": Incorreta, vez que diferente do exposto na alternativa, o termo essencial é que não admite esse atraso na entrega do objeto. Essa precisão no prazo não é tão rigorosa no termo não essencial.

Alternativa "e": Incorreta. Segundo a melhor doutrina, se a condição jamais for alcançada devido a uma impossibilidade na sua concretização decorrente da declaração de nulidade do negócio jurídico, a condição será inexistente, se resolutiva (Art. 124. *"Têm-se por inexistentes as condições impossíveis, quando resolutivas, e as de não fazer coisa impossível")* ou invalidam o negócio jurídico, se suspensivas (Art. 123: *"Invalidam os negócios jurídicos que lhes são subordinados: I – as condições físicas ou juridicamente impossíveis, quando suspensivas"*). De um modo ou de outro, jamais será considerada válida.

---

49. (Cespe – Delegado de Polícia – PE/2016) Assinale a opção correta a respeito dos defeitos dos negócios jurídicos.

a) Na lesão, os valores vigentes no momento da celebração do negócio jurídico deverão servir como parâmetro para se aferir a proporcionalidade das prestações.

b) Os negócios jurídicos eivados pelo dolo são nulos.

c) A coação exercida por terceiro estranho ao negócio jurídico torna-o nulo.

d) Age em estado de perigo o indivíduo que toma parte de um negócio jurídico sob premente necessidade ou por inexperiência, assumindo obrigação manifestamente desproporcional ao valor da prestação oposta ferindo o caráter sinalagmático do contrato.

e) Se em um negócio jurídico, ambas as partes agem com dolo, ainda assim podem invocar o dolo da outra parte para pleitear a anulação da avença.

COMENTÁRIOS

Alternativa correta: letra "a". Configura-se lesão quando uma pessoa assume uma prestação manifestamente desproporcional à prestação da outra parte, por razões de inexperiência ou necessidade. A assertiva está correta, pois de acordo com o que determina o artigo 157, § 1º do Código Civil, segundo o qual referida desproporção deve ser aferida de acordo com os valores vigentes à época da celebração do negócio.

Alternativa "b":A assertiva está incorreta, pois o art. 145 do Código Civil determina que são *anuláveis* os negócios jurídicos celebrados em razão de dolo.

Alternativa "c": A assertiva está equivocada por afrontar o artigo 155 do Código Civil, que determina que o negócio jurídico será considerado válido se a coação for proveniente de terceiro sem que a parte que dela aproveite tenha ou devesse ter conhecimento. Neste caso, caberá à pessoa coagida interpor ação de reparação de danos contra o autor da coação para reaver os prejuízos sofrido es razão do negócio.

Alternativa "d": A assertiva está errada, pois traz o conceito de lesão e não de estado de perigo. O estado de perigo vem conceituado no artigo 156 do Código Civil e ocorre quando alguém, necessitando salvar-se ou alguém de sua família de grave dano conhecido da outra parte, assume obrigação excessivamente onerosa.

Alternativa "e": A assertiva está incorreta, pois havendo dolo de ambas as partes, nenhuma delas poderá alegá-lo com o intuito de anular o negócio jurídico, perdendo até mesmo o direito de reclamar indenização. Inteligência do artigo 150 do Código Civil.

---

50. (Cespe – TCU – 2015 – Procurador do Ministério Público) No que se refere a bens e negócios jurídicos, assinale a opção correta

a) O estado de perigo é considerado defeito do negócio jurídico que, segundo a jurisprudência, não se compatibiliza com os contratos aleatórios ou com os negócios jurídicos unilaterais.

b) Caso a cessão de direitos sobre bem imóvel tenha sido celebrada para dissimular uma doação, será possível a subsistência do negócio dissimulado se este for considerado válido em substância e forma

c) O usufruto, por ser considerado um bem fora do comércio, não pode ser alienado, ainda que para o nu-proprietário.

d) A fungibilidade dos bens está diretamente relacionada à consuntibilidade, pois não há bem consumível que seja infungível.

e) Caso o ascendente tenha vendido imóvel a determinado descendente sem o consentimento dos demais, o ato será nulo, o que configura matéria de ordem pública.

COMENTÁRIOS

Alternativa correta: letra "b": A alternativa está correta de acordo com o disposto no art. 167 do Código Civil que assim dispõe: "É nulo o negócio jurídico simulado, mas subsistirá o que se dissimulou, se válido for na substância e na forma."

Alternativa "a": Incorreta. A jurisprudência tem entendido exatamente o contrário.

> **"Deve-se aceitar a aplicação do estado de perigo para contratos aleatórios, como o seguro, e até mesmo para negócios jurídicos unilaterais."** *(RECURSO ESPECIAL Nº 918.392 – RN (2007/0011488-6); RELATORA: MINISTRA NANCY ANDRIGHI.*

Alternativa "c": Incorreta. De acordo com o art. 1.410, VI, do Código Civil

Alternativa "d": Incorreta. Importante ressaltar a diferença de fungibilidade com consuntibilidade. Um bem pode ser consumível e ao mesmo tempo ser infungível, sendo exemplo, a última garrafa de um vinho famoso. Pode ser também inconsumível e fungível, caso de uma ferramenta ou de um simples talher.

Alternativa " e": Incorreta. É anulável e não nulo, de acordo com o previsto no art. 496, do Código Civil.

---

51. (Cespe – Procurador do MP junto ao TCE-PB/2014) Considerando as disposições do Código Civil no que diz respeito ao negócio jurídico e aos atos ilícitos, assinale a opção correta.

a) A confirmação pelas partes do negócio jurídico anulável deve ser expressa, ainda que parte do avençado já tenha sido cumprida pelo devedor, ciente do vício que o inquinava.

b) Não comete ato ilícito aquele que exerce direito próprio em manifesto excesso aos limites impostos pelos bons costumes.

c) É nulo o negócio jurídico celebrado por pessoa relativamente incapaz.

d) A escritura pública é formalidade essencial à validade de negócio jurídico que objetive a transferência de direitos reais sobre imóveis, independentemente de seu valor.

e) O erro referente ao motivo do negócio não o vicia, exceto se o falso motivo for expresso como razão determinante.

COMENTÁRIOS

Alternativa correta: letra "e". Está correta pois de acordo com o previsto no art. 140 do Código Civil. É importante frisar que falso motivo é o erro sobre a razão, ou seja, é aquele que leva o emitente da declaração de vontade a fazer de uma forma e não de outra. Ele é determinante, essencial e por isso vicia a declaração emanada.

Alternativa "a": Está errada pois contraria o disposto nos arts. 172, 173 e 174, do Código Civil, vez que o negócio jurídico anulável pode ser confirmado pelas partes, salvo direito de terceiro, não havendo necessidade de manifestação expressa quando o negócio já foi cumprido em parte pelo devedor.

Alternativa "b": Está errada, pois contraria o previsto no art. 187, do Código Civil, haja vista que diferente do quanto colocado pelo examinador, comete sim ato ilícito aquele que abusa do seu direito.

Alternativa "c": Errada, pois em desacordo com o previsto no art. 171, I, do Código Civil. O ato praticado por agente relativamente incapaz não é ato nulo e sim anulável, sendo referida anulabilidade relativa.

Alternativa "d": Errada, pois em desacordo com o previsto no art. 108 do Código Civil, haja vista que a exigência da escritura pública como essencial a validade do negócio jurídico só será cabível em imóveis cujo valor exceda a 30 (trinta) vezes o valor do maior salário mínimo vigente no Brasil.

---

52. (Cespe – Procurador do Estado – BA/2014) Acerca dos negócios jurídicos, julgue os itens a seguir.

52.1. A compra e venda de merenda escolar por pessoa absolutamente incapaz constitui o que a doutrina denomina ato-fato jurídico real ou material.

COMENTÁRIOS

A assertiva está correta. Trata-se do chamado ato-fato jurídico, sem previsão expressa no Código Civil. Essa teoria criada por Pontes de Miranda fica entre o ato da natureza e o fato do homem. Assim, para o ato-fato jurídico, a manifestação humana é da substância do fato, independendo para a norma se houve ou não a intenção de praticá-lo.

52.2. É anulável o negócio jurídico se a lei proibir a sua prática, sem cominar sanção.

COMENTÁRIOS

A assertiva está errada, pois trata-se no caso de ato nulo e não anulável, conforme previsto no art. 166, VIII, do Código Civil.

52.3. No negócio jurídico unilateral, está presente apenas uma declaração de vontade, sendo desnecessária a aceitação de outrem para que produza efeitos.

COMENTÁRIOS

A assertiva está correta. De acordo com Pedro Lenza, negócios jurídicos unilaterais, são os que se aperfeiçoam com uma única manifestação de vontade (classificação quanto à origem).

52.4. Ocorre a lesão quando uma pessoa, em premente necessidade ou por inexperiência, se obriga a prestação manifestamente desproporcional ao valor da prestação oposta, exigindo-se, para a sua configuração, ainda, o dolo de aproveitamento, conforme a doutrina majoritária.

COMENTÁRIOS

A assertiva está errada. Para responder essa questão, o candidato não poderá se esquecer que além da doutrina, há também o Enunciado nº 120 CJF/STJ que trata da matéria. Assim, segundo Flavio Tartuce: *"A lesão exige apenas dois elementos; a premente necessidade ou inexperiência e a onerosidade excessiva, elementos estes que não se confundem com o artifício ardiloso presente no dolo. Vale lembrar que o dolo de aproveitamento é aquele que traz um benefício patrimonial do agente. Esse Enunciado nº 120 CJF/STJ serve ainda para distinguir a lesão do art. 157 do CC da lesão usurária, pois a última exige o referido dolo de aproveitamento."* (Manual de Direito Civil, vol. único, ed. 2013, pág. 234).

52.5. O silêncio de uma das partes pode, excepcionalmente, representar anuência, se as circunstâncias ou os usos o autorizarem e não for necessária a declaração expressa de vontade.

COMENTÁRIOS

A assertiva está correta, pois de acordo com o previsto no art. 111 do Código Civil. O silêncio pode ser considerado como uma das formas de manifestação de vontade. No entanto, para que seja aceito, deverá estar de acordo com os costumes e práticas do local, desde que não seja imprescindível para a realização do negócio, a manifestação expressa.

53. (Cespe – Analista Judiciário – Área Judiciária – TJ – CE/2014) Acerca de pessoas naturais e negócio jurídico, assinale a opção correta à luz do Código Civil e da doutrina de referência.

a) Na concretização do negócio jurídico, o silêncio não tem consequência concreta a favor das partes.

b) Todas as pessoas naturais, por possuírem capacidade de direito, podem praticar, por si próprias, a generalidade dos atos da vida civil.

c) Considera-se termo a cláusula que, derivando exclusivamente da vontade das partes, subordina o efeito do negócio jurídico a evento futuro e incerto.

d) Os negócios jurídicos devem ser interpretados conforme a boa – fé e os usos do lugar de sua celebração.

e) Se, da declaração de vontade, for detectado o falso motivo, o negócio jurídico será sempre anulado.

COMENTÁRIOS

Alternativa correta: letra "d". A alternativa está correta pois trata-se de reprodução literal do art. 113 do Código Civil.

Alternativa "a": Está errada, pois contraria o previsto no art. 111, do Código Civil, vez que silêncio pode ser considerado como uma das formas de manifestação de vontade. No entanto, para que seja aceito deverá estar de acordo com os costumes e práticas do local, desde que não seja imprescindível para a realização do negócio, a manifestação expressa.

Alternativa "b": Está errada, haja vista que embora todas as pessoas naturais possuem capacidade de direito, nem todas podem praticar os atos da vida civil, podendo apenas praticá-los somente quem tenha capacidade de fato ou de exercício.

Alternativa "c": Errada, pois contraria o previsto no art. 121 do Código Civil. O artigo fala de condição e não de termo. Termo é cláusula que determina o momento em que começam ou terminam os efeitos do negócio jurídico enquanto a condição é a manifestação de vontade dos contratantes, ou ainda pode ser entendida como requisito de um ato ou pressuposto ou condição legal de um ato.

Alternativa "e": Está errada pois em desacordo com o previsto no art. 140 do Código Civil. O falso motivo só anula o negócio jurídico se ele for determinante ou essencial para o emitente manifestar sua declaração de vontade.

54. (Cespe – Analista do MPU/2013) Em relação aos negócios jurídicos, julgue os seguintes itens.

54.1. A invalidade do instrumento induz à invalidade do negócio jurídico, mesmo que este possa ser provado por outro meio.

COMENTÁRIOS

A assertiva está errada, pois contraria o previsto no art. 183, do Código Civil. O examinador tenta induzir à erro o candidato ao transcrever o artigo 183 subtraindo a palavra "não" e modificando a palavra "sempre" por "mesmo". Assim, o correto é que a invalidade do instrumento **não** induz à invalidade do negócio jurídico, **sempre** que este puder provar-se por outro meio.

54.2. Salvo se a lei dispuser em contrário, a escritura pública é essencial à validade do negócio jurídico que vise à constituição, transferência, modificação ou renúncia de direitos reais sobre imóvel de valor superior a trinta vezes o salário mínimo vigente.

COMENTÁRIOS

A assertiva está correta, pois trata-se do quanto previsto no art. 108, do Código Civil e no Enunciado 289, IV JDC: "O valor de 30 salários mínimos constante no art. 108 do Código Civil brasileiro, em referência à forma pública ou particular dos negócios jurídicos que envolvam bens imóveis, é o atribuído pelas partes contratantes e não qualquer outro valor arbitrado pela Administração Pública com finalidade tributária".

55. (Cespe – Defensor Público – RR/2013) Em 19/12/2012, Elias, divorciado, e sua irmã, por parte de pai, Joana, solteira, procuraram a DP para saber o que poderia ser feito a respeito da venda de um imóvel urbano, realizada pelo pai de ambos, Aldair, a seu neto, Miguel, filho de Cláudio, irmão dos assistidos, o qual havia passado a residir no imóvel com o pai alienante após a morte da companheira deste, Vilma. Afirmaram que não haviam consentido com a venda, muito embora dela tivessem sido notificados previamente, sem que, contudo, apresentassem qualquer impugnação. A alienação consumou-se em escritura pública datada de 18/10/2002 e registrada no dia 11/11/2002.

Considerando aspectos relativos a defeitos, validade, invalidade e nulidade do negócio jurídico, assinale a opção correta com referência à situação hipotética acima descrita.

a) Segundo a jurisprudência do STF, a ação para anular venda de ascendente a descendente, sem consentimento dos demais, prescreve em vinte anos, contados da data do ato. Assim, a pretensão anulatória de Elias e Joana não foi atingida pela prescrição.

b) Se, em lugar de vender, Aldair tivesse doado o bem a seu neto, seria imprescindível a anuência expressa dos demais herdeiros ao negócio.

c) De acordo com o Código Civil, a alienação feita por ascendente a descendente é ato jurídico nulo. Dessa forma, poderia ser ajuizada ação anulatória da venda realizada por Aldair a seu neto Miguel.

d) Nos termos da jurisprudência do STJ, para que a compra e venda de Aldair a Miguel possa ser anulada, é necessária a configuração de simulação, consistente em doação disfarçada ou, alternativamente, a demonstração de prejuízo.

e) De acordo com o Código Civil, o silêncio importa anuência, razão por que, se Joana e Elias, previamente notificados, não apresentaram qualquer discordância a respeito da compra e venda celebrada entre avô e neto, é correto inferir que ambos consentiram tacitamente com o negócio e, por isso, não poderiam pleitear a invalidade do contrato.

COMENTÁRIOS

Alternativa correta: letra "d". A alternativa está correta de acordo com o Informativo nº 514 do STJ, que abaixo transcrevemos: Período: 20 de março de 2013. Quarta Turma: Direito Civil. Necessidade De Comprovação Do Prejuízo Em Ação Anulatória De Venda Realizada Por Ascendente A Descendente. Não é possível ao magistrado reconhecer a procedência do pedido no âmbito de ação anulatória da venda de ascendente a descendente com base apenas em presunção de prejuízo decorrente do fato de o autor da ação anulatória ser absolutamente incapaz quando da celebração do negócio por seus pais e irmão. Com efeito, tratando-se de negócio jurídico anulável, para que seja decretada a sua invalidade é imprescindível que se comprove, no caso concreto, a efetiva ocorrência de prejuízo, não se admitindo, na hipótese em tela, que sua existência seja presumida. REsp 1.211.531-MS, Rel. Min. Luis Felipe Salomão, julgado em 5/2/2013.

Alternativa "a": Está errada. Há que se ressaltar que a Súmula 494 do STF (prescrição de 20 anos), teve sua aplicabilidade afastada com o advento do Código Civil de 2002. Assim, de acordo com o Enunciado 368 do Conselho de Justiça Federal, o prazo para anular a venda de ascendente para descendente é decadencial de 02 anos e não prescricional.

Alternativa "b": Está errada. A doação prescinde de anuência dos demais herdeiros, constituindo-se, no entanto, adiantamento de herança. A doação realizada pelos pais aos filhos, com exclusão de um ou mais herdeiros, é válida e independe do consentimento de todos os descendentes, configurando-se adiantamento de legítima, cabendo aos prejudicados, tão somente, ao ensejo da abertura da sucessão, postular pela redução dessa liberalidade até complementar a legítima, desde que ultrapasse a metade disponível. (TJMG, AP. cível nº 1.0106.06.023157-3/001(1), rel. Tarcísio Martins Costa, j. 22.07.2008).

Alternativa "c": Está errada pois a alienação neste caso da questão seria um ato jurídico anulável e não nulo, de acordo com o previsto no art. 496 do Código Civil. O prazo seria de dois anos contados da celebração do negócio (regra do art. 179, do Código Civil).

Alternativa "e": Está errada, pois neste caso o consentimento tem quer ser expresso, não sendo aceito o consentimento tácito, de acordo com o previsto no art. 496 do Código Civil.

56. (Cespe – Juiz Federal Substituto 5ª região/2013) Considerando a teoria geral do direito civil, assinale a opção correta.

a) Possuem domicílio necessário o incapaz, o servidor público, o preso, o marítimo e o empresário.

b) Para efeitos do direito à sucessão aberta, considera-se bem móvel ou imóvel, conforme o caso concreto.

c) Em relação à desconsideração da personalidade jurídica, o encerramento irregular das atividades da pessoa jurídica, por si só, basta para caracterizar o abuso de personalidade.

d) Quando determinada pessoa, sob premente necessidade ou por inexperiência, obriga-se a prestação manifestamente desproporcional ao valor da contraprestação, ocorre lesão.

e) A qualidade de associado é intransmissível, não podendo o estatuto dispor o contrário.

COMENTÁRIOS

Alternativa correta: letra "d": A afirmativa está correta pois trata-se de reprodução do art. 157, do Código Civil.

Alternativa "a": Está errada, haja vista que de acordo com o previsto no art. 176, do Código Civil, somente terá domicílio necessário o incapaz, o servidor público, o militar, o marítimo e preso. Assim, o empresário não faz parte deste rol, como erroneamente constou na afirmativa.

Alternativa "b": Está errada pois contraria o quanto previsto no art. 80, II, do Código Civil. Cumpre ressaltar que o direito à sucessão aberta é bem imóvel por definição e não móvel como consta na referida alternativa, pouco importando aqui o caso concreto.

Alternativa "c": Está errada, pois contraria o disposto no Enunciado 282 da IV – Jornada de Direito Civil que assim dispõe: Enunciado 282 da JDC: Art. 50: O encerramento irregular das atividades da pessoa jurídica, por si só, não basta para caracterizar abuso de personalidade jurídica.

Alternativa "e": Errada, pois contraria o art. 56 do Código Civil. De fato, a qualidade de associado é intransmissível, se o estatuto não dispuser o contrário. A lei continua mantendo o *intuito personae* ao associado, mas a norma neste caso não é cogente.

---

57. (Cespe – Juiz Substituto da Justiça Militar da União – STM/2013) No que se refere ao negócio jurídico, assinale a opção correta.

a) É nulo o negócio jurídico em que ambas as partes agem reciprocamente com dolo, podendo, nessa situação, qualquer dos contratantes requerer a anulação do ato negocial, desde que se responsabilize pelos danos causados ao outro contratante e a terceiro de boa-fé.

b) A nulidade absoluta pode ser suprida pelo juiz, desde que haja requerimento dos interessados, sendo, nesse caso, suscetível de ratificação.

c) Condição é o elemento acidental do ato ou negócio jurídico que o faz depender de evento futuro e incerto; se a condição for resolutiva, o negócio é suspenso, no plano de sua eficácia, até a sua ocorrência.

d) Considera-se não escrito o encargo ilícito ou impossível, o que libera o seu cumprimento e torna o negócio jurídico um ato negocial puro e simples; se o encargo constituir o motivo determinante da liberalidade, o negócio será inválido.

e) A coação vicia a declaração de vontade quando visa à obtenção de lucro exagerado de uma das partes, que se vale da inexperiência ou da necessidade econômica da outra, que se obriga à prestação desproporcional ao valor da prestação oposta, em frontal ofensa à comutatividade dos contratos.

COMENTÁRIOS

Alternativa correta: letra "d". Correta pois de encontro ao que dispõe o art. 137, do Código Civil, haja vista que o encargo deverá imprimir obrigação lícita e possível, caso contrário, deverá ser considerado não escrito.

Alternativa "a": Errada, haja vista que se ambas as partes agiram com dolo, nenhuma poderá alegá-lo para anular o negócio ou reivindicar indenização, nos termos do art. 150, do Código Civil.

Alternativa "b": Errada, haja vista que as nulidades devem ser pronunciadas pelo juiz, quando conhecer do negócio jurídico ou dos seus efeitos e as encontrar provadas, não lhe sendo permitido supri-las, ainda que a requerimento das partes, nos termos do § único do art. 168, do Código Civil.

Alternativa "c": Errada, na condição resolutiva, o negócio jurídico não se suspende, continua gerando seus efeitos normalmente, até que a sua condição se resolva, nos termos do art. 127, do Código Civil.

Alternativa "e": Errada, vez que se trata do conceito de lesão e não de coação, previsto no art. 157, do Código Civil.

---

58. (Cespe – Procurador do Ministério Público junto ao TCDF/2013) A respeito do negócio jurídico, julgue os itens subsecutivos.

58.1. A nulidade de negócio jurídico celebrado por absolutamente incapaz ocorrerá ipso jure (por força da lei), ou seja, sem que haja necessidade de manifestação do Poder Judiciário.

COMENTÁRIOS

A assertiva está errada pois contraria o disposto no art. 168, § único do Código Civil. Em se tratando de nulidade absoluta, deverá ser declarada *ex-officio* pelo magistrado, independente de alegação de qualquer pessoa e tais nulidades jamais se convalidarão.

58.2. É possível que seja válido negócio jurídico cujo instrumento de formalização possua vício de forma.

COMENTÁRIOS

A assertiva está correta pois de encontro com o previsto no art. 183 do Código Civil. O vício na forma do instrumento não invalida o negócio jurídico em si, caso este possa ser provado por outro meio.

59. (Cespe – Analista Judiciário – Área Judiciária – STF/2013) Em relação aos negócios jurídicos e à decadência, julgue os itens subsequentes.

59.1. É válida a renúncia à decadência legal.

COMENTÁRIOS

A assertiva está errada. A decadência poderá ser *legal* ou *convencional*. A legal (fixada pela lei em dispositivos do Código Civil ou do Código de Defesa do Consumidor) impede a sua renúncia, de acordo com o previsto no art. 209 do Código Civil. Já a convencional (que é a que se origina através da vontade das partes e se encontra prevista em contrato), poderá ser renunciada, assim como ocorre com a prescrição, em analogia ao art. 191 do mesmo estatuto legal.

59.2. A renúncia deve ser interpretada restritivamente, ao passo que os negócios jurídicos benéficos merecem interpretação extensiva.

COMENTÁRIOS

A assertiva está errada, pois contraria o quanto previsto no art. 114 do Código Civil. Em se tratando de negócios jurídicos benéficos e renúncia, a interpretação deverá ser restritiva, ou seja, o intérprete não poderá ampliar sua interpretação em nenhuma hipótese.

60. (Cespe – Analista Judiciário – Área Judiciária – TRT 10/2013) Julgue os itens que se seguem, a respeito da interpretação da legislação e dos atos e negócios jurídicos.

60.1. Atualmente o direito brasileiro é adepto à aplicação dos danos punitivos (punitive damages) a fim de evitar a causação de danos aos consumidores por falta de zelo do fornecedor.

COMENTÁRIOS

A assertiva está errada, encontrando-se respaldo no Informativo nº 538 do STJ, que assim dispõe: "Assim, não há falar em caráter de punição à luz do ordenamento jurídico brasileiro – que não consagra o instituto de direito comparado dos danos punitivos (punitive damages) –, haja vista que a responsabilidade civil por dano ambiental prescinde da culpa e que, revestir a compensação de caráter punitivo propiciaria o *bis in idem*(pois, como firmado, a punição imediata é tarefa específica do direito administrativo e penal). REsp 1.354.536-SE, Rel. Min. Luis Felipe Salomão, julgado em 26/3/2014. "

60.2. Considere que Cláudio tenha adquirido de Pedro um apartamento, cuja venda fora anunciada por este em jornal, e que, em razão dessa venda, Pedro tenha ficado sem patrimônio para garantir o pagamento de suas dívidas. Nessa situação, o negócio jurídico celebrado entre ambos é passível de anulação por fraude contra credores em face da presunção de má-fé de Pedro.

COMENTÁRIOS

A assertiva está errada, haja vista que em descompasso com o art. 159 do Código Civil. Cumpre ressaltar que no presente caso não há o que se falar em presunção de má-fé, haja vista que a presunção só ocorreria se tivesse havido alienação gratuita ou remissão da dívida. O contrato aqui é oneroso, razão pela qual haveria a necessidade de comprovação da má-fé e não de sua presunção.

61. (Cespe – Analista Judiciário – Área Judiciária – TRT 10/2013) Acerca dos direitos autorais e dos direitos nas relações de consumo, julgue os itens seguintes.

61.1. O consumidor que for cobrado por serviços prestados após a rescisão do contrato terá direito à repetição do valor cobrado indevidamente, ainda que não tenha efetuado o pagamento.

COMENTÁRIOS

A assertiva está errada, pois em desacordo com o art. 42, § único, do Código de Defesa do Consumidor. Importante ressaltar que a repetição de indébito refere-se tão e somente ao excesso do que fora pago, acrescido de juros e correção monetária, desde que haja engano injustificável por parte da empresa, portanto, se não houve o pagamento, não há o que se falar em repetição de indébito.

61.2. Embora a proteção aos direitos autorais independa de registro, faculta-se ao autor registrar suas obras intelectuais no órgão competente.

COMENTÁRIOS

A assertiva está correta pois de encontro com o previsto nos arts. 18 e 19, da Lei 9.610/98 (Lei de direitos autorais). Embora a proteção dos direitos autorais tenha seu surgimento com a criação da obra e o seu registro seja opcional, entende-se que é altamente recomendado que o autor o faça, haja vista que terá força probatória, em juízo, da sua autoria.

62. (Cespe – Juiz de Direito Substituto – RN/2013) Mário, de dezesseis anos de idade, e Maria, de dezoito anos de idade, celebraram, de forma consciente, voluntária e direta, contrato verbal de compra e venda de uma bicicleta, por meio do qual Mário ficou obrigado a entregar a Maria o bem mediante o recebimento do preço ajustado.

Considerando a situação hipotética apresentada e as regras relativas aos negócios jurídicos, assinale a opção correta.

a) Supondo-se que o negócio tenha sido celebrado com a devida assistência, a inclusão de termo inicial, como cláusula do negócio jurídico, suspenderia o exercício e a aquisição do direito.

b) Caso Mário invocasse coação na celebração do contrato, alegando fundado temor de dano iminente e considerável à sua pessoa, a apreciação do vício pelo julgador ocorreria apenas quando da análise do plano da eficácia do negócio jurídico.

c) O negócio jurídico é nulo de pleno direito, pois Mário, não tendo plena capacidade para os atos da vida civil ao tempo do negócio, deveria ter sido devidamente assistido por responsável legal.

d) Na hipótese retratada, mesmo sem a assistência ao menor, estão presentes os pressupostos de existência do negócio jurídico.

e) Maria, plenamente capaz ao tempo do negócio, verificando posteriormente que não mais tenha interesse na bicicleta, poderá invocar, em benefício próprio, a incapacidade relativa de Mário.

COMENTÁRIOS

Alternativa correta: letra "d": De fato, estão presentes os pressupostos de existência a não de validade do negócio jurídico, haja vista que para a validade do negócio jurídico indispensável a capacidade do agente, nos termos do art. 104, I, do Código Civil.

Alternativa "a": Errada, haja vista que o termo inicial suspende o exercício e não a aquisição do direito, conforme previsto no art. 131 do Código Civil.

Alternativa "b": Errada, pois o correto seria a análise no plano da validade, ou seja, da vontade viciada, haja vista que o negócio jurídico realizado é perfeito no plano da existência, mas maculado no plano da validade.

Alternativa "c": Errada, pois o negócio jurídico em questão é anulável e não nulo, nos termos do art. 171, I, do Código Civil.

Alternativa "e": Errada, pois em desacordo com o art. 105 do Código Civil. Cumpre ressaltar que a incapacidade relativa de uma das partes não pode ser invocada pela outra em benefício próprio, haja vista que trata-se de uma exceção pessoal, podendo ser arguida apenas pelo próprio incapaz ou seu representante legal.

63. (Cespe – Advogado da União/2012) Com relação à validade, existência e interpretação de negócios jurídicos, julgue os próximos itens.

O ilícito contratual caracteriza-se apenas pelo descumprimento de regras expressamente convencionadas, devendo o descumprimento de deveres anexos ser discutido na seara da responsabilidade civil.

COMENTÁRIOS

A assertiva está errada, encontrando-se respaldo no Enunciado 24 do CJF – "Art. 422: em virtude do princípio da boa-fé, positivado no art. 422 do novo Código Civil, a violação dos deveres anexos constitui espécie de inadimplemento, independentemente de culpa."

64. (Cespe – Defensor Público – AC/ 2012) João adquiriu de Caio uma gleba, com o propósito, conhecido das partes contratantes, de implementação de um loteamento. Efetuada a referida compra, João percebeu que a legislação municipal desautorizava a realização do empreendimento. Considerando a situação hipotética acima apresentada e os defeitos dos negócios jurídicos, assinale a opção correta.

a) Se, por ocasião da venda, Caio tivesse conhecimento das limitações impostas pela legislação municipal e, mesmo assim, tivesse assegurado ao comprador que a gleba poderia ser loteada, garantindo, inclusive, determinada rentabilidade, motivo determinante do negócio, o resultado prático seria totalmente dissonante da informação prestada e a manifestação de vontade seria viciosa devido a erro.

b) Se Caio tivesse obrigado João a realizar a compra mediante a ameaça de agredir alguém de sua família, o negócio jurídico seria anulável por coação, ainda que o comprador fosse adquirir o bem de qualquer maneira.

c) A compra e a venda não podem ser anuladas, pois o desconhecimento da lei não vicia a declaração de vontade, sendo sua ignorância inescusável.

d) O negócio jurídico em questão é passível de anulação, visto que foi celebrado com base em disciplina jurídica equivocada, ocorrendo a anulação por erro de direito.

e) É de três anos o prazo decadencial para pleitear a anulação do negócio jurídico com fundamento na existência de vícios da vontade, como o erro, o dolo e a coação.

COMENTÁRIOS

Alternativa correta: letra "d". Trata-se aqui do chamado erro de direito previsto no art. 139, III, do Código Civil. O erro de direito é o que incide sobre a exegese da norma jurídica, podendo macular a vontade manifestada, sendo passível de anulação por se tratar de erro substancial.

Alternativa "a": Errada, já que o caso não seria de erro e sim de dolo, conforme o previsto no art. 147 do Código Civil, tratando a alternativa de uma omissão dolosa, também denominado pela doutrina de dolo negativo. Tem-se como requisitos da omissão dolosa: bilateralidade do negócio; intenção de induzir a erro a outra parte através da omissão e o nexo de causalidade entre omissão intencional e manifestação volitiva, segundo Gilbert R. L. Florêncio.

Alternativa "b": Errada. Para que houvesse a anulação do negócio jurídico por coação, ela deveria ser a causa determinante do ato (art. 151 do Código Civil), o que no presente caso não ocorreu, haja vista que o comprador adquiriria o bem de qualquer maneira.

Alternativa "c": Errada. Aqui é preciso diferenciar erro de ignorância: Ninguém pode alegar ignorância da lei (art. 3º da LINDB). No entanto, o erro pode se dar em relação a interpretação da norma jurídica, sendo o chamado erro de direito, previsto no art. 139, III, do Código Civil, que torna anulável o negócio jurídico por tratar-se de erro substancial.

Alternativa "e": Errada, pois o prazo para pleitear a anulação do negócio jurídico é de 04 (quatro) anos, contados do dia em que cessar a coação ou em se tratando de erro, dolo, fraude contra credores, estado de perigo ou lesão, do dia em que se realizou o negócio jurídico e em se tratando de incapazes, do dia em que cessar a incapacidade, de acordo com o previsto no art. 178, I, II e III, do Código Civil.

---

65. (Cespe – Defensor Público – SE/ 2012) Assinale a opção correta acerca dos negócios jurídicos.

a) Os negócios jurídicos podem ser praticados pelo titular do direito negociado ou por seu representante; assim, qualquer manifestação de vontade do representante produz efeitos em relação ao representado.

b) Na análise de um negócio jurídico bilateral, deve-se, em atendimento ao princípio da autonomia da vontade, aplicar o sentido literal da linguagem consubstanciado no negócio, e não, o da intenção dos contratantes.

c) Ocorrerá defeito no negócio jurídico quando as declarações de vontade emanarem de erro substancial que poderia ser percebido por pessoa de diligência normal, em face das circunstâncias do negócio; assim, considera-se substancial o erro quando, sendo de direito e não implicando recusa à aplicação da lei, for ele o motivo único ou principal do negócio jurídico.

d) O dolo provoca a nulidade dos negócios jurídicos, exceto quando praticado por terceiro, e, se ambas as partes procederem com dolo, nenhuma delas poderá alegá-lo para anular o negócio ou reclamar indenização.

e) Não provoca vício ao negócio jurídico o fato de as suas condições se sujeitarem ao puro arbítrio de uma das partes.

COMENTÁRIOS

Alternativa correta: letra "c". A afirmativa está correta, pois em consonância com o previsto no art. 139, III, do Código Civil que trata do erro de direito (vide comentários em questões acima).

Alternativa "a": Errada, haja vista que não é toda manifestação de vontade do representante que produzirá efeitos em relação ao representado e sim a manifestação de vontade nos limites de seus poderes, nos termos do art. 116, do Código Civil.

Alternativa "b": Errada, pois em desacordo com o quanto previsto no art. 112 do Código Civil. Na análise do negócio jurídico a parte essencial é a manifestação de vontade, razão pela qual o intérprete deverá buscar a real intenção dos contratantes, já que o que vale é vontade real e não a declarada.

Alternativa "d": Errada, pois encontra-se em desacordo com o previsto no art. 145 do Código Civil. Trata-se de dolo substancial que gera a anulabilidade do negócio jurídico, e não sua nulidade, e o dolo acidental só obriga à satisfação das perdas e danos.

Alternativa "e": Errada, pois em desacordo ao previsto no art. 122 do Código Civil. As condições puramente potestativas, ou seja, aquelas que se sujeitam ao mero arbítrio ou capricho de uma das partes, não são admitidas.

---

66. (Cespe – Juiz de Direito Substituto – CE/ 2012) Marina comprometeu-se com Carla a entregar-lhe determinada quantia em dinheiro quando esta terminasse o curso superior. Ao perceber que Carla havia entregue a monografia de conclusão do curso, Marina entregou-lhe o valor prometido. Um mês depois, ela descobriu que Carla ainda não havia terminado o curso. Com base nessa situação hipotética, assinale a opção correta.

a) De acordo com o STJ, Marina deverá comprovar que incidiu em erro ao efetuar o pagamento a Carla antes do implemento da condição.

b) Marina terá direito à restituição do valor pago se demonstrar que Carla recebeu o dinheiro imbuída de má-fé.

c) Marina não terá direito à restituição do indébito porque a lei equipara o pagamento antes do implemento da condição ao pagamento de obrigação natural.

d) Para Marina fazer jus à restituição do valor pago, deverá apenas demonstrar que efetuou o pagamento antes do implemento da condição.

e) No caso, entende-se que, ao realizar o pagamento de forma antecipada, Marina abriu mão do implemento da condição.

COMENTÁRIOS

Alternativa correta: letra "d". (responde as demais alternativas). Correta, pois para Marina fazer jus ao que pagou, deverá apenas demonstrar que efetuou o pagamento antes do cumprimento da obrigação por parte de Carla, nos termos do disposto no art. 876, do Código Civil.

---

67. (Cespe – Juiz de Direito Substituto – AC/ 2012) Considerando que os vícios incidentes sobre a vontade, regulados no Código Civil sob a denominação defeitos do negócio jurídico, estão relacionados à formação ou à origem do negócio e atuam no plano da validade, assinale a opção correta.

a) A finalidade da revisão judicial do negócio que culmine em lesão é proteger a pessoa que, ao contratar, esteja em uma situação de inferioridade em relação à outra parte e, por essa razão, se submeta a uma prestação desproporcional; presentes os requisitos legais da lesão, deve o juiz anular o negócio jurídico, e não incitar os contratantes a uma revisão judicial da avença.

b) Por não ser considerado erro acidental, o erro de cálculo serve como fundamento para invalidar o negócio jurídico.

c) Ainda que juridicamente relevante, a reticência não pode ser invocada para invalidar o negócio jurídico.

d) Os vícios de consentimento prejudicam a exteriorização do negócio jurídico, atuando sobre o consentimento; já os vícios sociais se mostram quando há uma divergência entre a vontade exteriorizada e a ordem legal.

e) A sistemática em relação aos defeitos do negócio foi alterada no novo Código Civil: além de serem incorporados ao sistema dois novos vícios, a lesão e o estado de perigo, ainda se considera a simulação como causa de anulação, e não mais de nulidade.

COMENTÁRIOS

Alternativa correta: letra "d". Correta, haja vista que a alternativa faz clara distinção entre os chamados vícios do consentimento e os vícios sociais. Cumpre diferenciar vício do consentimento de vício social: no primeiro, há uma divergência entre a vontade interna, o íntimo querer do agente e a vontade exteriorizada. Já no segundo, há uma correspondência entre a vontade interna e a declarada, só que essa declaração é contrária a lei, no sentido de burlar e enganar terceiros.

Alternativa "a": Errada, haja vista que o juiz não deve anular o negócio jurídico se for oferecido suplemento suficiente, ou se a parte favorecida concordar com a redução do proveito, nos termos do § 2º do art. 157, do Código Civil.

Alternativa "b": Errada, haja vista que o erro de cálculo é erro acidental não servindo para invalidar o negócio jurídico, mas apenas para retificar a declaração de vontade, nos termos do art. 143, do Código Civil.

Alternativa "c": Errada, vez que a reticência por ser tratar de "reserva mental", prevista no art. 110 do Código Civil é causa de inexistência do negócio jurídico (art. 147 do mesmo estatuto legal).

Alternativa "e": Errada, haja vista que a simulação é causa de nulidade e não de anulação do negócio jurídico, nos termos do art. 167, do Código Civil.

---

68. (Cespe – Juiz de Direito Substituto – ES/2011) Pedro, ao chegar com seu filho gravemente doente em um hospital particular, concordou em pagar quantia exorbitante para submetê-lo a cirurgia, ante a alegação do médico de que o tempo necessário para levar a criança a outro hospital poderia acarretar-lhe a morte.

Nessa situação hipotética, caracteriza-se, como causa de invalidação do negócio,

a) o dolo, porque o pai foi induzido a aceitar condições que o prejudicavam.

b) o estado de perigo, porquanto o pai se encontrava em situação de extrema necessidade.

c) a lesão, porquanto o médico se aproveitou da situação.

d) o erro, porque o pai assumiu a prestação com vício de vontade.

e) a coação, porquanto foi incutido no pai o dano iminente ao filho.

COMENTÁRIOS

✪ **Nota dos autores**: importante salientar a diferença entre lesão e estado de perigo, haja vista que são institutos fáceis de o candidato errar na hora de responder a questão. Segundo Flávio Tartuce, os dois possuem um elemento objetivo, idêntico a ambos, e um elemento subjetivo distinto para cada um. Assim, o estado de perigo seria: Onerosidade excessiva (elemento objetivo) + Situação de perigo conhecido da outra parte (elemento subjetivo). Já a lesão poderia ser assim conceituada: Onerosidade excessiva (elemento objetivo) + Premente necessidade ou inexperiência (elemento subjetivo).

Alternativa correta: letra "b": (responde as alternativas "a", "c", "d", "e"). A afirmativa está correta pois de encontro com o previsto no art. 156 do Código Civil, já que no caso em questão, Pedro verificando que seu filho encontrava-se em estado gravo e com risco de morte, concordou em pagar quantia exorbitante para a cirurgia, desproporcional ao normalmente verificado em hipóteses semelhantes, configurando-se o estado de perigo.

5. PRESCRIÇÃO E DECADÊNCIA

69. (Cespe – Delegado de Polícia – PE/2016) Acerca de prescrição e decadência no direito civil, assinale a opção correta.

a) A prescrição não pode ser arguida em grau recursal.

b) Desde que haja consenso entre os envolvidos, é possível a renúncia prévia da decadência determinada por lei.

c) A prescrição não corre na pendência de condição suspensiva.

d) Ao celebrarem negócio jurídico, as partes, em livre manifestação de vontade, podem alterar a prescrição prevista em lei.

e) É válida a renúncia da prescrição, desde que determinada expressamente antes da sua consumação.

COMENTÁRIOS

Alternativa correta: letra "c".A assertiva está correta, pois a pendência de causa suspensiva faz com que não corra prazo prescricional. Assim determina o artigo 199, inciso I do Código Civil.

Alternativa "a": A assertiva está equivocada, pois a prescrição é matéria de ordem pública, de forma que não está sujeita a preclusão, podendo ser arguida em qualquer grau de jurisdição. Mesmo que assim não fosse, o artigo 193 do Código Civil prevê expressamente tal possibilidade.

Alternativa "b": A assertiva está errada, pois a decadência prevista em lei (legal) não pode ser objeto de renúncia, sob pena de nulidade. É o que determina o artigo 209 do Código Civil. Ressalta-se que a decadência convencional (estabelecida por vontade das partes) pode ser objeto de renúncia depois de consumada, por analogia ao artigo 191 do mesmo diploma legal.

Alternativa "d": A assertiva está incorreta, pois contrária ao que dispõe o artigo 192 do Código Civil, que determina que os prazos prescricionais não podem ser alterados por vontade de partes.

Alternativa "e": A assertiva está errada. A renúncia da prescrição será válida, desde que não cause prejuízo a terceiro e que ocorra *após* a sua consumação. Ainda, não há necessidade de ser determinada expressamente, podendo se dar de forma tácita, quando possível ser presumida em razão de fatos do interessado incompatíveis com a mesma. (artigo 191 do Código Civil).

70. (Cespe – Procurador do MP junto ao TCE-PB/2014) Acerca das disposições legais atinentes aos institutos da prescrição e da decadência na esfera cível, assinale a opção correta.

a) Não ocorre a prescrição entre ascendente e descendente enquanto este último não alcançar a idade de vinte e um anos, ainda que tenha cessado anteriormente o poder familiar.

b) Ressalvado o direito de terceiro, admite-se a alteração de prazo prescricional por acordo entre as partes.

c) A renúncia da prescrição, por configurar modo unilateral de despojamento de direitos, somente pode ocorrer de forma expressa.

d) A decadência, legal ou convencional, deve ser conhecida, de ofício, pelo juiz.

e) Segundo dispõe o atual Código Civil, caso a ação, na esfera cível, tenha origem em fato que demande apuração no juízo criminal, não correrá a prescrição antes da respectiva sentença definitiva.

COMENTÁRIOS

Alternativa correta: letra "e". Correta, pois de encontro ao previsto no art. 200 do Código Civil, vez que na pendência de apuração criminal não ocorrerá prescrição até o trânsito em julgado da decisão a ser prolatada.

Alternativa "a": Errada, visto que não corre a prescrição entre ascendentes e descendentes, durante o poder familiar, permanecendo-se assim suspensa, nos termos do art. 197, II, do Código Civil.

Alternativa "b": Errada, vez que os prazos não poderão ser alterados pelas partes, ja que a prescrição somente tem origem legal não podendo seus prazos serem alterados pelas partes, nos termos do art. 192 do Código Civil.

Alternativa "c": Errada, vez que a renúncia poderá ocorrer também de forma tácita, de acordo com o contido no art. 191, do Código Civil.

Alternativa "d": Errada, vez que somente a decadência legal pode ser conhecida de ofício pelo magistrado, de acordo com o disposto no art. 210, do Código Civil.

71. (Cespe – Juiz Federal Substituto 1ª região/2013) Considere que, em 20/8/2013 (terça-feira), determinada pessoa tenha sofrido danos materiais em razão de acidente provocado por servidor de órgão público, no exercício de sua função. Nessa situação, o último dia de prazo para o ajuizamento de ação que vise à obtenção de indenização a ser paga pelo ente público, de acordo com o entendimento do STJ, será

a) 21/8/2018 (terça-feira).

b) 20/8/2015 (quinta-feira).

c) 23/8/2016 (terça-feira).

d) 22/8/2023 (terça-feira).

e) 22/8/2016 (segunda-feira).

COMENTÁRIOS

Alternativa correta: letra "a". (responde as demais alternativas). O último dia do prazo será dia 21/08/2018, terça-feira, de acordo com entendimento do STJ, cujo Informativo reproduzimos a seguir: Informativo nº 512 do STJ: O prazo prescricional aplicável às ações de indenização contra a Fazenda Pública é de 5 (CINCO) anos, conforme previsto no Decreto 20.910/32, e não de três anos (regra do Código Civil), por se tratar de norma especial, que prevalece sobre a geral. STJ. 1ª Seção. REsp 1.251.993-PR, Rel. Min. Mauro Campbell, julgado em 12/12/2012.

---

72. (Cespe – Juiz Federal Substituto 2ª região/ 2013) Com relação a bens, negócios jurídicos e obrigações, e às regras de prescrição em favor da fazenda pública, assinale a opção correta à luz do Código Civil e da jurisprudência do STJ.

a) Nas relações de trato sucessivo em que a fazenda pública figure como devedora, quando não tiver sido negado o próprio direito reclamado, a prescrição atingirá apenas as prestações vencidas antes do quinquênio anterior à propositura da ação. Segundo o STJ, todavia, esse entendimento não é aplicável na hipótese de lei de efeitos concretos cuja vigência acarrete lesão ou modificação do status do suposto titular do direito, haja vista que, nesse caso, o prazo prescricional é contado da data da publicação da lei.

b) Há negócios jurídicos que se exteriorizam de maneira obscura e ambígua, sendo necessário interpretá-los a fim de se precisar a intenção neles consubstanciada. Nesse sentido, o Código Civil não proscreve a interpretação extensiva dos negócios jurídicos benéficos e da renúncia.

c) É anulável o negócio concluído pelo representante em conflito de interesses com o representado, se tal fato era ou devia ser do conhecimento de quem com aquele tratou. O prazo decadencial para se pleitear a anulação desse negócio é de um ano, contado de sua conclusão ou da cessação da incapacidade.

d) A fiança prestada sem autorização de um dos cônjuges implica a ineficácia parcial da garantia com relação ao cônjuge que a ela não anuiu.

e) Será considerada uma universalidade de fato a pluralidade de bens singulares que, pertinentes à mesma pessoa, tenham destinação unitária, não sendo possível, todavia, que os bens formadores dessa universalidade possam ser objeto de relações jurídicas próprias.

COMENTÁRIOS

Alternativa correta: letra "a". Correta, haja vista que esse tem sido o entendimento do STJ: se a suposta violação de um direito derivar de um ato único de efeitos concretos – e. g. a lei – o prazo prescricional é contado da sua publicação, assim considerada como momento do surgimento da pretensão jurídica, em razão da teoria da "actio nata". Nesse sentido: Administrativo. Agravo Regimental No Recurso Especial. Reajuste Previsto Em Lei Municipal. Ato De Efeitos Concretos. Prescrição. Ocorrência. Princípio Da Actio Nata. Inaplicabilidade Da Súmula 85/Stj. 1. É firme a jurisprudência do Superior Tribunal de Justiça no sentido de que, segundo o princípio da actio nata, em se tratando de ação proposta contra ato único de efeitos concretos (Lei Municipal 11.722/1995) que estabeleceu que não seria concedido reajustes aos servidores caso as despesas com pessoal e respectivos encargos ultrapassassem 40% da média das receitas correntes, importando na negativa do direito pleiteado pelas partes recorrentes. 2. Não há falar em relação de trato sucessivo que se renova mês a mês, de forma que, ultrapassados mais de 5 (cinco) anos do ato impugnado, ocorre a prescrição do próprio fundo de direito. 3. Agravo regimental não provido. (AgRg no REsp 1237607/SP, Rel. Ministro Benedito Gonçalves, Primeira Turma, julgado em 10/05/2011, DJe 13/05/2011).

Alternativa "b": Errada, haja vista que é proibida a interpretação extensiva dos negócios jurídicos benéficos e da renúncia, devendo ser interpretados estritamente, nos termos do art. 114 do Código Civil.

Alternativa "c": Errada, haja vista que o prazo decadencial é de 180 (cento e oitenta) dias a contar da conclusão do negócio ou da cessação da incapacidade, e não de um ano, nos termos do art. 119, § único, do Código Civil.

Alternativa "d": Errada, pois contraria Súmula nº 332 do STJ, que assim dispõe: "Fiança prestada sem autorização de um dos cônjuges implica a ineficácia total da garantia."

Alternativa "e": Errada, vez que o parágrafo único do art. 90 do Código Civil autoriza que os bens integrantes de uma universalidade de fato sejam objeto de relações jurídicas próprias.

---

73. (Cespe – Delegado de Polícia – BA/2013) Acerca de prescrição, julgue o item a seguir.

Considere que Lucas, Pedro e Marcos sejam credores solidários de Márcia pela quantia de R$ 20.000,00. Nessa situação hipotética, se Marcos ajuizar ação contra Márcia, e a ação constituí-la em mora pelo ato judicial, a prescrição estará interrompida e aproveitará a Lucas e a Pedro.

COMENTÁRIOS

A assertiva está correta pois de encontro com o previsto no § 1º do art. 204 do Código Civil, vez que em se tratando de obrigação solidária, a regra segundo a qual a interrupção da prescrição por um credor não aproveita aos outros é excepcionada.

74. (Cespe – Juiz de Direito Substituto – RN/2013) Com base no que dispõe o Código Civil sobre a prescrição e a decadência, assinale a opção correta.

a) O reconhecimento do direito pelo devedor constitui causa de interrupção da prescrição.

b) É válida a renúncia à decadência fixada em lei, desde que feita por pessoa capaz ou devidamente representada.

c) Os prazos decadenciais não se suspendem, mesmo quando correrem contra pessoa absolutamente incapaz.

d) Quando referentes a direitos indisponíveis, os prazos de prescrição podem ser alterados por acordo das partes.

e) A prescrição não corre contra os absolutamente incapazes nem contra os relativamente incapazes.

COMENTÁRIOS

Alternativa correta: letra "a". A afirmativa está correta pois de encontro com o previsto no art. 202, VI, do Código Civil, vez que qualquer conduta que reconheça de forma integral ou parcial a dívida, gera a interrupção da prescrição.

Alternativa "b": Errada, vez que é nula a renúncia à decadência legal, nos termos do art. 209 do Código Civil.

Alternativa "c": Errada. O art. 207 do Código Civil prevê que em regra não se aplicam à decadência as normas que impedem, suspendem ou interrompem a prescrição. No entanto o art. 208, do mesmo estatuto legal, estabelece exceções: "Aplica-se à decadência o disposto nos arts. 195 e 198, inciso I". Assim, nos termos do art. 198, I, do mesmo códex, não correrá a prescrição contra os incapazes de que trata o art. 3°, ou seja, os absolutamente incapazes.

Alternativa "d": Errada, vez que os prazos prescricionais não podem ser alterados por vontade das partes, nos termos do art. 192 do Código Civil.

Alternativa "e": Errada, vez que o art. 198, I, do Código Civil trata expressamente dos absolutamente incapazes dizendo que contra eles não correrão os prazos prescricionais. Outrossim, em relação aos relativamente incapazes, o dispositivo é omisso, razão pela qual entende-se que contra eles correrá o prazo prescricional.

75. (Cespe – Defensor Público – DF/ 2013) Acerca dos institutos da prescrição e da decadência na esfera cível, julgue os próximos itens.

75.1. Os prazos da prescrição podem ser alterados por acordo entre as partes, podendo, ainda, a parte por ela beneficiada alegá-la em qualquer grau de jurisdição.

COMENTÁRIOS

A assertiva está errada. Os prazos de prescrição não podem ser alterados por vontade das partes, nos termos do art. 192 do Código Civil. Outrossim, de fato a prescrição poderá ser alegada em qualquer grau de jurisdição pela parte a quem aproveitar, nos termos do art. 193 do mesmo códex.

75.2. A interrupção da prescrição, que pode ser promovida por qualquer interessado, pode ocorrer uma única vez. Entre as causas da interrupção inclui-se o despacho do juiz, ainda que incompetente, que ordenar a citação, se o interessado a promover no prazo e na forma da lei processual.

COMENTÁRIOS

A assertiva está correta. A interrupção da prescrição pode se dar por qualquer interessado, nos termos do art. 203 do Código Civil. Outrossim, as causas de interrupção da prescrição, que somente poderá ocorrer uma vez, estão elencadas no art. 202, do mesmo estatuto legal.

75.3. Salvo disposição legal em contrário, não se aplicam à decadência as normas que impedem, suspendem ou interrompem a prescrição, devendo o juiz conhecê-la de ofício nos casos estabelecidos em lei. Se a decadência for convencional, a parte a quem aproveita poderá alegá-la em qualquer grau de jurisdição, não podendo o juiz suprir a alegação.

COMENTÁRIOS

A assertiva está correta pois trata-se de reprodução literal dos arts. 207, 210 e 211 do Código Civil.

75.4. A violação do direito gera, para seu titular, a pretensão, a qual se pode extinguir pela prescrição, que continua a transcorrer com relação ao sucessor, em caso de falecimento do titular.

COMENTÁRIOS

A assertiva está correta haja vista que trata-se da conjugação de dois artigos do Código Civil, quais sejam, 189 e 196.

75.5. O juiz não pode suprir de ofício a alegação de prescrição, salvo para favorecer o absolutamente incapaz.

COMENTÁRIOS

A assertiva está errada. Tal afirmativa constava do art. 194, do Código Civil que foi revogado pela Lei nº 11.280/2006. Referida lei alterou ainda o § 5º, do art. 219, do Código de Processo Civil, que atualmente está redigido da seguinte forma: "O juiz pronunciará, de ofício, a prescrição". Assim sendo, atualmente o juiz deve reconhecer a prescrição de uma ação, independentemente de requerimento da outra parte, em qualquer situação.

76. (Cespe – Juiz do Trabalho Substituto 5ª região/2013) Quanto a prescrição e decadência, na seara do direito civil brasileiro, assinale a opção correta.

a) A suspensão da prescrição em relação a um dos credores solidários estende-se aos demais credores, se a obrigação for divisível.

b) A decadência contra os relativamente incapazes poderá ser suspensa em seu favor, mas, se essa se consumar, ensejará o ressarcimento de danos ao prejudicado em razão da atuação de seu representante.

c) O reconhecimento da decadência deverá ser feito a qualquer tempo e de ofício, por ser questão de ordem pública, sendo irrenunciável a faculdade liberatória se fixada em lei ou estipulada no contrato.

d) A renúncia à prescrição poderá ser expressa ou tácita e só valerá, se feita sem prejuízo de terceiro, depois que a prescrição se consumar.

e) A prescrição atinge diretamente o próprio direito e a decadência atinge a ação e, por via oblíqua, faz desaparecer o direito por ela tutelado.

COMENTÁRIOS

Alternativa correta: letra "d". Correta, pois de acordo com o que está expresso no art. 191 do Código Civil.

Alternativa "a": Errada, vez que suspensa a prescrição em relação a um dos credores solidários, se estenderá aos demais se a obrigação foi indivisível, nos termos do art. 201 do Código Civil.

Alternativa "b": Errada, vez que a decadência somente não correrá em relação aos absolutamente incapazes, nos termos do art. 208, c.c. o 197, do Código Civil.

Alternativa "c": Errada, vez que em relação a decadência convencional, admite-se a sua renúncia, conforme se extrai do art. 209 do Código Civil.

Alternativa "e": Errada, vez que o que ocorre é exatamente o contrário, ou seja, a decadência atinge diretamente o direito e a prescrição atinge a ação, sendo que por via obliqua acaba afetando o direito por ela tutelado.

77. (Cespe – Advogado da União/2012) A respeito da prescrição, julgue os itens seguintes.

77.1. O devedor capaz que pagar dívida prescrita pode reaver o valor pago se alegar, na justiça, a ocorrência de pagamento indevido ao credor, estando o direito de reaver esse valor fundado no argumento de que o credor que receba o que lhe não seja devido enriquece às custas do devedor.

COMENTÁRIOS

A assertiva está errada pois contraria o disposto no art. 191 do Código Civil. A banca entendeu que o pagamento de dívida prescrita é o mesmo que renunciar tacitamente à prescrição.

77.2. Considere a seguinte situação hipotética.

Carla, vítima de atropelamento, pretende, passados mais de três anos do fato, ajuizar, contra o agente que a vitimou, ação de reparação pelos danos materiais e morais sofridos. Nessa situação, Carla, em razão de sua inércia, perdeu o direito de agir com o referido objetivo em face do agente.

COMENTÁRIOS

Essa questão gerou grande controvérsia se deveria ou não ser anulada ou se o gabarito deveria ter sido outro. No entanto, a banca entendeu que a assertiva está errada, o que concordamos: 1º: houve clara menção quanto a ter decorrido mais de três anos; 2º: porque não perde o direito de ação, só a pretensão. Dispõe o Código Civil em seu art. 189: Violado o direito, nasce para o titular a pretensão, a qual se extingue, pela prescrição, nos prazos a que aludem os arts. 205 e 206.

78. (Cespe – Promotor de Justiça – PI/2012) Acerca dos institutos da prescrição e decadência, assinale a opção correta.

a) Mesmo que haja ação de evicção pendente, a contagem do prazo de prescrição corre normalmente.

b) A renúncia da prescrição pode ser expressa ou tácita.

c) Prescrição corresponde ao prazo estabelecido em lei ou pela vontade das partes para o exercício de um direito potestativo.

d) De acordo com o Código Civil, os prazos de prescrição podem ser alterados por acordo das partes.

e) A prescrição corre normalmente entre companheiros, na constância da união estável.

COMENTÁRIOS

Alternativa correta: letra "b". Correta, vez que a renúncia da prescrição poderá ser expressa ou tácita, de acordo com o previsto no caput do art. 191 do Código Civil.

Alternativa "a": Errada, pois não correrá a prescrição enquanto pendente ação de evicção, nos termos do art. 199, III, do Código Civil.

Alternativa "c": Errada, a prescrição se refere a direitos subjetivos pessoais. Já os direitos potestativos são objeto de decadência.

Alternativa "d": Errada, vez que os prazos prescricionais não podem ser alterados pela vontade das partes, nos termos do art. 192, do Código Civil.

Alternativa "e": Errada. O art. 168, I, do Código Civil determina que não correrá a prescrição entre cônjuges na constância do casamento. Sendo assim, estende – se à aplicação para os casos de união estável, haja vista que ambas são entidades familiares na qual também não correrá a prescrição entre companheiros na constância da união estável.

6. DA PROVA

79. (Cespe – Juiz de Direito Substituto – MA/ 2013) Em relação a fatos jurídicos, provas, prescrição e decadência, assinale a opção correta.

a) Suponha que Tiago, maior e portador de disfunção genética que impeça o seu desenvolvimento mental completo, e Mauro, maior e capaz, sejam credores de Caio, que lhes deva um cavalo. Nessa situação hipotética, a prescrição da pretensão de retomar a coisa devida não corre em relação a Tiago, circunstância que se estende Mauro.

b) A pretensão de a vítima de acidente automobilístico acionar a seguradora pelo seguro DPVAT prescreve em um ano.

c) Nos casos em que a lei exclui a prova testemunhal, não se admitem as presunções, com exceção das legais, assim como é irrevogável a confissão, que pode ser anulada se decorrer de erro de fato ou de coação.

d) Considere que João, com a intenção de doar um imóvel a seu filho Pedro, tenha firmado contrato de compra e venda do referido bem sem ter havido pagamento da coisa e que, passados quatro anos da transação, Marina, filha de João, pleiteie a anulação do contrato. Nessa situação, de acordo com o Código Civil, o contrato de compra e venda é nulo de pleno direito, devendo o imóvel retornar ao patrimônio de João.

COMENTÁRIOS

✪ **Nota dos autores**: A Lei 13.146/2015 (Estatuto da Pessoa com Deficiência), que entrou em vigor em janeiro de 2016, visa precipuamente a inclusão social da pessoa deficiente, alterou alguns dispositivos do Código Civil na busca pela garantia da dignidade e da liberdade destas pessoas.

Uma das grandes alterações trazidas pela novel Lei ao Código Civil é a do art. 228, § 2º, que passou a vigorar com a seguinte redação: "A pessoa com deficiência poderá testemunhar em igualdade de condições com as demais pessoas, sendo-lhe assegurados todos os recursos de tecnologia assistiva."

Alternativa correta: letra "c". Correta, pois trata-se de reprodução dos arts. 230 e 214 do Código Civil.

Alternativa "a": Errada. Tiago é relativamente incapaz, o que não é causa impeditiva de prescrição vez que, a prescrição não correrá contra os absolutamente incapazes nos termos do art. 198, I, do Código Civil.

Alternativa "b": Errada, vez que a pretensão da vítima de acidente automobilístico acionar a seguradora prescreve em 03 (três) anos, nos termos do art. 206, § 3º, IX, do Código Civil.

Alternativa "d": Errada. O art. 496 do Código Civil prevê que o contrato de compra e venda na situação apresentada é anulável e não nulo. No entanto, não se trata de compra e venda e sim de uma simulação, haja vista que houve uma doação na intenção de burlar os credores, o que tornaria o contrato nulo e não anulável. Ocorre que, o STJ tem entendido ser anulável o contrato, mesmo que haja simulação. Abaixo a ementa do acórdão que corrobora com o alegado. Direito Civil. Venda De Ascendente A Descendente Sem Anuência Dos Demais. Anulabilidade. Requisitos Da Anulação Presentes. 1. – Segundo entendimento doutrinário e jurisprudencial majoritário, a alienação feita por ascendente à descendente é, desde o regime originário do Código Civil de 1916 (art. 1132), ato jurídico anulável. Tal orientação veio a se consolidar de modo expresso no novo Código Civil (CC/2002, art. 496). 2. – Além da iniciativa da parte interessada, para a invalidação desse ato de alienação é necessário: a) fato da venda; b) relação de ascendência e descendência entre vendedor e comprador; c) falta de consentimento de outros descendentes (CC/1916, art. 1132), d) a configuração de simulação, consistente em doação disfarçada (REsp 476557/PR, Rel. Min. Nancy Andrighi, 3ª T., DJ 22.3.2004) ou, alternativamente, e) a demonstração de prejuízo (EREsp 661858/PR, 2ª Seção, Rel. Min. Fernando Gonçalves, Dje 19.12.2008; REsp 752149/AL, Rel. Min. Raul Araújo, 4ª T., 2.10.2010). 3. – No caso concreto estão presentes todos os requisitos para a anulação do ato. 4. – Desnecessidade do acionamento de todos os herdeiros ou citação destes para o processo, ante a não anuência irretorquível de dois deles para com a alienação realizada por avô a neto. 5. – Alegação de nulidade afastada, pretensamente decorrente de julgamento antecipado da lide, quando haveria alegação de não simulação de venda, mas, sim, de efetiva ocorrência de pagamento de valores a título de transferência de sociedade e de pagamentos decorrentes de obrigações morais e econômicas, à ausência de comprovação e, mesmo, de alegação crível da existência desses débitos, salientando-se a não especificidade de fatos antagônicos aos da inicial na contestação (CPC, art. 302), de modo que válido o julgamento antecipado da lide. 6. – Decisão do Tribunal de Justiça de Santa Catarina subsistente, Recurso Especial improvido. (REsp 953.461/SC, Rel. Ministro Sidnei Beneti, Terceira Turma, julgado em 14/06/2011, DJe 17/06/2011).

---

80. (Cespe – Defensor Público – SE/ 2012) No que diz respeito às provas, assinale a opção correta.

a) Segundo estatui o Código Civil brasileiro, ninguém está obrigado a produzir prova contra si; portanto, à pessoa é garantido o direito de se negar a submeter-se a exame médico necessário, sem qualquer consequência.

b) Os contratos firmados por instrumento particular feito e assinado, ou somente assinado por quem esteja na livre disposição e administração de seus bens, provam as obrigações convencionais, independentemente do seu valor, e os seus efeitos se operam em relação a terceiros, independentemente de qualquer registro.

c) A confissão, ato irrevogável, pode ser anulada se decorrer de erro de fato ou de coação e não terá eficácia se provier de quem não seja capaz de dispor do direito a que se referem os fatos confessados.

d) A lei impede que sirvam como testemunhas aquele que tiver interesse no litígio e o amigo íntimo ou inimigo capital de qualquer das partes, podendo, contudo, o juiz, à sua conveniência, determinar o depoimento dessas pessoas.

e) Em se tratando das obrigações provenientes de contrato, não se admite, ainda que subsidiariamente, a prova testemunhal caso o valor do negócio jurídico ultrapasse, na ocasião da celebração do contrato, o décuplo do maior salário mínimo vigente no país.

COMENTÁRIOS

Alternativa correta: letra "c". Correta, pois trata-se da conjugação dos arts. 214 e 213 do Código Civil.

Alternativa "a": Errada, vez que de acordo com o previsto no art. 231 do Código Civil, aquele que se recusa a submeter-se a exame médico necessário não poderá aproveitar-se de sua recusa. Insta ressaltar que se aplica referido dispositivo nos casos de exame de DNA para investigação de paternidade.

Alternativa "b": Errada, vez que os efeitos não se operam a terceiros, antes de registrado no registro público o contrato, nos termos do art. 221, caput, do Código Civil.

Alternativa "d": Errada. De fato, não podem ser admitidos como testemunha o interessado no litígio, o amigo íntimo e o inimigo capital nos termos do art. 228, IV, do Código Civil. No entanto, nos termos do § único do mesmo artigo, o juiz só as ouvirá caso sejam imprescindíveis e não ao seu bel prazer e conveniência conforme afirmado pelo examinador

Alternativa "e": Errada, vez que é admissível a prova testemunhal independentemente do valor do negócio jurídico, nos termos do art. 227, § único do Código Civil.

---

81. (Cespe – Juiz de Direito Substituto – CE/ 2012) Acerca da prova, no âmbito civil, assinale a opção correta.

a) No caso de fraude contra credor, a má-fé não pode ser presumida.

b) Se a prova for obtida ilicitamente, será vedado ao juiz permitir sua utilização.

c) O fato de uma pessoa ter sido testemunha em determinado contrato não constitui impedimento para ela testemunhar em juízo.

d) Caso o declarante se equivoque sobre a natureza do negócio jurídico, a confissão poderá ser revogada.

e) Cópia autenticada de título de crédito é considerada prova hábil quando perdido o título.

COMENTÁRIOS

Alternativa correta: letra "c": Correta, pois a testemunha de um contrato não integra o rol das pessoas impedidas de depor como testemunhas, nos termos do art. 228 do Código Civil, c.c. art. 405, § 2º do Código de Processo Civil.

Alternativa "a": Errada, haja vista que na fraude contra credor, a má-fé pode ser presumida, nos termos do art. 163 do Código Civil. Insta ressaltar que essa presunção é relativa.

Alternativa "b": Errada. De fato, a prova obtida de forma ilícita não poderá ser admitida. No entanto, a melhor doutrina e o STF entendem que ela não poderá ser admitida, salvo por razões de legítima defesa. Segundo a teoria da proporcionalidade, é permitida a utilização da prova ilícita, quando os bens jurídicos que se pretende proteger são mais elevados do que aqueles que se pretende preservar.

Alternativa "d": Errada, a confissão é irrevogável. Havendo equívoco por parte do confitente, ela deverá ser anulada e não revogada, nos termos do art. 214 do Código Civil.

Alternativa "e": Errada, pois fere o princípio da cartularidade. Em se tratando de duplicata é possível extrair a triplicata, em alguns casos. Assim, nos termos do art. 223, § único do Código Civil, a cópia do título de crédito não é prova hábil na perda do original.

7. DIREITO DAS OBRIGAÇÕES

82. (Cespe – Juiz de Direito Substituto – AM/2016) Acerca do direito das obrigações, assinale a opção correta.

a) Na hipótese de pluralidade de devedores obrigados ao pagamento de objeto indivisível, presume-se a existência de solidariedade passiva, a qual, entretanto, é afastada na hipótese de conversão da obrigação em perdas e danos.

b) Nas obrigações in solidum, todos os devedores, embora estejam ligados ao credor por liames distintos, são obrigados pela totalidade da dívida.

c) Caso um credor solidário faleça e seu crédito seja destinado a três herdeiros, cada um destes poderá exigir, por inteiro, a dívida do devedor comum, já que a morte não extingue a solidariedade anteriormente estabelecida.

d) Havendo pluralidade de credores e devedores, importa verificar se as obrigações são solidárias ou indivisíveis, já que, nas solidárias, poderá o devedor opor a todos os credores exceção pessoal que tenha contra apenas um deles, enquanto, nas indivisíveis, a exceção pessoal não se estende aos demais credores.

e) Nas obrigações de dar coisa incerta, se for silente o contrato, terá o devedor a atuação na fase de concentração do débito, cabendo-lhe entregar ao credor a melhor coisa.

COMENTÁRIOS

Alternativa correta: letra "b". A assertiva está correta. Obrigação *in solidum* é aquela originada de uma mesma causa, em que há pluralidade de devedores com prestações distintas, de forma que não há solidariedade entre eles, mas todos são obrigados pela totalidade da dívida. Construção doutrinária, não havendo previsão legal.

Alternativa "a": A assertiva está equivocada. A solidariedade não se presume. De acordo com o artigo 265 do Código Civil, ela será sempre resultante de lei ou da vontade das partes. No caso em questão cada devedor será obrigado ao pagamento da dívida toda em razão da indivisibilidade do objeto e não da solidariedade. Uma vez convertida em pecúnia (perdas e danos), a obrigação perde o caráter de indivisibilidade (artigo 263 do Código Civil)

Alternativa "c": A assertiva está errada. Em caso de morte do devedor solidário, cada herdeiro tem o direito de receber a parcela do crédito correspondente ao seu quinhão hereditário, a não ser que a obrigação seja indivisível (artigo 270 do Código Civil)

Alternativa "d": A assertiva está incorreta, pois em desacordo com o que dispõe o artigo 281 do Código Civil. O devedor só pode opor ao credor as exceções (defesas) que lhe forem pessoais, não lhe aproveitando as exceções pessoais interpostas por outro devedor. Já as exceções comuns a todos aproveitarão.

Alternativa "e": A assertiva está errada. Na obrigação de dar coisa incerta, o objeto é determinado apenas pela espécie e quantidade. A escolha (concentração) realmente cabe a devedor, mas o artigo 244 do Código Civil determina expressamente que ele não pode entregar coisa pior nem ser obrigado a entregar coisa melhor do que aquela estipulada no contrato.

83. (Cespe – Juiz de Direito Substituto – AM/2016) Em cada uma das seguintes opções, é apresentada uma situação hipotética, seguida de uma assertiva a ser julgada conforme institutos relacionados ao adimplemento das obrigações. Assinale a opção que apresenta a assertiva correta.

a) Após ter efetuado o pagamento de determinada dívida, Lauro constatou que, antes desse pagamento, tal dívida se encontrava prescrita. Nessa situação, Lauro poderá requerer a restituição do valor pago, mas o credor só estará obrigado a devolver o principal, sem atualização monetária nem incidência de juros de mora.

b) Em situação típica de solidariedade passiva, Jorge era credor de Matias, Pedro e Vênus, mas, verificando a crítica situação financeira de Matias, resolveu perdoar-lhe a dívida. Nessa situação, não pode o credor comum conceder remissão da dívida a apenas um dos codevedores, razão por que o perdão concedido a Matias alcançará Pedro e Vênus.

c) João foi fiador de Pedro em contrato de locação e pagou a dívida inteira referente a seis meses de aluguéis em atraso. Nessa situação, houve sub-rogação legal e João adquiriu todos os direitos, ações, privilégios e garantias do credor primitivo, podendo, inclusive, consoante entendimento pacificado pelo STJ, penhorar o atual imóvel residencial do locatário afiançado.

d) Verificando que seu amigo Paulo não tinha condições de quitar dívida em dinheiro contraída com Manoel, Carlos dirigiu-se ao credor e disse querer assumir a obrigação. Nessa situação, se Manoel aceitar Carlos como novo devedor, em substituição a Paulo, não será necessária a concordância deste, hipótese em que haverá novação subjetiva passiva por expromissão.

e) Júlio tem direito a indenização correspondente a R$ 5.000 em razão da meação de bens comuns que ficaram com sua ex-cônjuge Maria. Entretanto, Júlio deve a Maria R$ 2.000 a título de alimentos. Nessa situação, Júlio poderá compensar as dívidas, já que, na hipótese, há reciprocidade de obrigações, sendo as dívidas líquidas, atuais e vencidas.

COMENTÁRIOS

Alternativa correta: letra "d". A assertiva está correta, pois no caso em tela ocorre a substituição do devedor primitivo (novação subjetiva passiva) sem a necessidade de seu consentimento (expromissão). O artigo 362 do Código civil prevê expressamente a possibilidade de a novação subjetiva passiva se dar independentemente do consentimento do devedor.

Alternativa "a": A assertiva está equivocada. A dívida prescrita é o exemplo clássico de obrigação em que há débito, mas não há responsabilidade, de forma que seu credor não tem meios judiciais hábeis a exigir o seu pagamento. Porém, caso o devedor efetue o pagamento voluntariamente, não poderá exigi-lo de volta, pois o artigo 882 do Código Civil determina expressamente que não se pode repetir valor pago a título de dívida prescrita.

Alternativa "b": A assertiva está errada. A remissão da dívida concedida a um dos devedores solidários não aproveita aos demais. O valor relevado deve ser descontado do valor total da dívida, que mantém a solidariedade com relação aos demais devedores (artigo 277 do Código Civil)

Alternativa "c": A assertiva está incorreta. Segundo entendimento do STJ: "A nova Lei do Inquilinato restringiu o alcance do regime de impenhorabilidade dos bens patrimoniais residenciais instituído pela Lei nº 8.009/90, considerando passível de constrição judicial o bem familiar dado em garantia por obrigação decorrente de fiança concedida em contrato locatício. Com o pagamento da dívida pelo fiador da relação locatícia, fica este sub-rogado em todas as ações, privilégios e garantias que tinha o locador-credor em relação ao locatário-devedor, nos termos do Código Civil, art. 988. A jurisprudência já pacificou entendimento no sentido de ser vedada a penhora de bem de família do locatário, em execução proposta pelo locador a fim de solver dívida advinda da relação locatícia. Se ao locador-credor não é possibilitado constringir judicialmente o imóvel do locatário, e a sub-rogação transmite os direitos e ações que possuía o credor, consequência lógica é que ao fiador tal privilégio não pode ser assegurado, de vez que não existia para o credor primitivo."(REsp 263114 SP)

Alternativa "e": A assertiva está errada. Compensação é o meio de extinção das obrigações entre duas pessoas que são, ao mesmo tempo, credora e devedora uma da outra. As dívidas ficam extintas até onde se compensarem. (artigo 368 do Código Civil). O artigo 373 do mesmo diploma legal elenca uma série de créditos que não admitem compensação, entre eles estão os alimentares.

---

84. (Cespe – Analista de Controle – Área Jurídica – TCE – PR/2016) Carlos se obrigou a entregar a Roberto um automóvel fabricado em 1970, mas, diante da dificuldade de adimplemento, ficou acordada a substituição da obrigação pela entrega de um veículo zero km fabricado no corrente ano.

Nessa situação hipotética, de acordo com o Código Civil, ocorreu uma

a) compensação.
b) novação.
c) sub-rogação convencional.
d) transação.
e) remissão.

COMENTÁRIOS

Alternativa correta: letra "b". A assertiva está correta. Novação é forma indireta de extinção de obrigação que se dá quando as partes constituem uma nova obrigação com a finalidade de extinguir obrigação anterior que não fora cumprida (artigo 360 do Código Civil).

Alternativa "a": A assertiva está incorreta. Compensação é forma indireta de extinção de obrigação que se dá quando duas pessoas são, ao mesmo tempo, credor e devedor uma da outra. (artigo 368 do Código Civil).

Alternativa "c": A assertiva está errada. A sub-rogação é a substituição do credor pelo terceiro interessado que efetuou o pagamento da dívida. Pode ser legal (artigo 346 do Código Civil) ou convencional, quando o credor recebe o pagamento de terceiro, que expressamente lhe transfere todos os seus direitos ou quando uma terceira pessoa empresta ao devedor a quantia para solver a dívida, remanescendo o mutuante nos direitos do credor satisfeito.

Alternativa "d": A assertiva está equivocada, pois transação pressupõe acordo sobre a obrigação já existente, não a constituição de uma nova obrigação com a finalidade de substituição da anterior que não foi cumprida.

Alternativa "e": A assertiva está errada. Remissão é um ato de liberalidade do credor consistente em exonerar o devedor do pagamento da dívida.

---

85. (Cespe – Defensor Público – RN/2015) Com relação ao direito das obrigações, assinale a opção correta.

a) É permitido transformar os bens naturalmente divisíveis em indivisíveis se a alteração se der para preservar a natureza da obrigação, por motivo de força maior ou caso fortuito, mas não por vontade das partes.
b) As obrigações ambulatórias são as que incidem sobre uma pessoa em decorrência de sua vinculação a um direito pessoal, haja vista que da própria titularidade lhe advém a obrigação.

c) As obrigações conjuntivas possuem múltiplas prestações ou objetos, de tal modo que seu cumprimento será dado como efetivado quando todas as obrigações forem realizadas.

d) As obrigações disjuntivas são aquelas em que a prestação ou objeto material são indeterminados, isto é, há apenas referência quanto a gênero e quantidade.

e) A desconcentração é característica das obrigações de dar coisa incerta. É configurada pela escolha, ato pelo qual o objeto ou prestação se tornam certos e determinados, sendo necessário, para que possa produzir efeitos, que o credor seja disso cientificado.

COMENTÁRIOS

Alternativa correta: Letra "c": A assertiva está correta haja vista que a obrigação cumulativa ou conjuntiva consiste num vínculo jurídico pelo qual o devedor se compromete a realizar diversas prestações, de tal modo que não se considerará cumprida a obrigação até a execução de todas as prestações prometidas, sem exclusão de nenhuma.

Alternativa "a": Incorreta, pois encontra-se em desacordo ao previsto no art. 258 do Código Civil.

Alternativa "b": Incorreta, vez que obrigação ambulatória é sinônimo de obrigação *propter rem, in rem, ab rem* ou, ainda, reipersecutória. São obrigações decorrentes da coisa ou advindo da coisa. Difere da obrigação comum, pois naquela a transmissão é automática, independente da intenção específica do transmitente, e o adquirente do direito real não pode recusar-se a assumi-la. São exemplos da obrigação a imposição ao condômino de concorrer para as despesas de conservação da coisa comum conforme preceituado no art. 1.315 do Código Civil.

Alternativa "d": Incorreta. Importante frisar que a obrigação disjuntiva ou alternativa é tratada no art. 252 e seguintes do Código Civil. Muito embora possa existir obrigação alternativa de dar coisa incerta, a questão retrata somente a obrigação de dar coisa incerta, regulada no at. 243 do mesmo diploma, e não obrigação alternativa ou disjuntiva.

Alternativa "e": Incorreta, pois difere do quanto previsto no art. 245 do Código Civil.

---

86. . (Cespe – Procurador do MP junto ao TCU/2015) A respeito de obrigações, prova do fato jurídico e institutos da prescrição e decadência, assinale a opção correta.

a) O prazo de prescrição para a revisão de cláusula abusiva que estabeleça fatores de aumento do prêmio do seguro de acordo com a implementação de determinada faixa etária é, conforme a jurisprudência, decenal.

b) O instrumento particular assinado por quem esteja na livre disposição e administração de seus bens opera efeitos quanto a terceiros independentemente de registro no registro público.

c) Conforme estabelece expressamente o Código Civil, quando se trata de seguro de vida em grupo, o prazo de prescrição aplicável ao terceiro beneficiário é de cinco anos.

d) Segundo a jurisprudência, não será cabível a cominação de multa diária (astreintes) contra a fazenda pública quando se tratar de instrumento para o cumprimento de obrigação de fazer infungível.

e) No pagamento em consignação, a partir do momento em que o depósito é efetuado, cessam os juros da dívida e os riscos, não podendo o devedor requerer o levantamento do valor depositado.

COMENTÁRIOS

Alternativa correta: letra "a": A alternativa está em consonância com o entendimento do STJ acerca do assunto, vejamos:

> *"AGRAVO REGIMENTAL NO AGRAVO EM RECURSO ESPECIAL. PLANO DE SAÚDE. CLÁUSULA ABUSIVA. REAJUSTE. FAIXA ETÁRIA. PRESCRIÇÃO. DECENAL. ART. 205 DO CC. PRECEDENTES. INCIDÊNCIA. SÚMULA 83/STJ. RECURSO IMPROVIDO. 1. É decenal o prazo prescricional aplicável aos casos em que se discute a revisão de cláusula considerada abusiva pelo beneficiário de plano de saúde, nos termos do que disciplina o art. 205 do Código Civil. Precedentes. 2. Agravo regimental a que se nega provimento."*
>
> *(STJ – AgRg no AREsp: 624309 SP 2014/0322092-5, Relator: Ministro MARCO AURÉLIO BELLIZZE, Data de Julgamento: 28/04/2015, T3 – TERCEIRA TURMA, Data de Publicação: DJe 01/06/2015).*

Alternativa "b": Errada, pois contraria ao disposto no art. 221 do Código Civil que assim dispõe: "O instrumento particular, feito e assinado, ou somente assinado por quem esteja na livre disposição e administração de seus bens, prova as obrigações convencionais de qualquer valor; mas os seus efeitos, bem como os da cessão, não se operam, a respeito de terceiros, antes de registrado no registro público."

Alternativa "c": Errada, pois em desacordo ao entendimento dos nossos tribunais acerca do assunto:

> *"AGRAVO REGIMENTAL EM AGRAVO EM RECURSO ESPECIAL. SEGURO DE VIDA EM GRUPO. AÇÃO DE COBRANÇA. TERCEIRO BENEFICIÁRIO. PRAZO PRESCRICIONAL PREVISTO NO ART. 205 DO CÓDIGO CIVIL. 1. O prazo prescricional para o ajuizamento de ação de cobrança pelo beneficiário é de dez anos, nos termos do art. 205 do Código Civil. Precedentes. 2. Agravo regimental não provido."*

(STJ – AgRg no AREsp: 444145 SP 2013/0395415-9, Relator: Ministro RICARDO VILLAS BÔAS CUEVA, Data de Julgamento: 24/04/2014, T3 – TERCEIRA TURMA, Data de Publicação: DJe 02/05/2014).

Alternativa "d": Errada, pois o entendimento majoritário dos tribunais tem sido em sentido contrário ao trazido pela alternativa, vejamos:

> *"ADMINISTRATIVO. AGRAVO REGIMENTAL NO AGRAVO DE INSTRUMENTO. OBRIGAÇÃO DE FAZER. FIXAÇÃO DE MULTA. POSSIBILIDADE. ACÓRDÃO RECORRIDO EM CONSONÂNCIA COM A JURISPRUDÊNCIA DESTE TRIBUNAL. INCIDÊNCIA DA SÚMULA 83/STJ. (...) 2. É cabível, mesmo contra a Fazenda Pública, a cominação de multa diária – astreintes – como meio coercitivo para cumprimento de obrigação de fazer (fungível ou infungível) ou entrega de coisa. Precedentes do STJ. 3. Agravo regimental não provido."*
>
> *(STJ – AgRg no Ag: 1352318 RJ 2010/0168097-8, Relator: Ministro BENEDITO GONÇALVES, Data de Julgamento: 17/02/2011, T1 – PRIMEIRA TURMA, Data de Publicação: DJe 25/02/2011)*

Alternativa "e": Errada, pois contraria ao disposto nos arts. 337 e 338 do Código Civil.

87. (Cespe – TCU – 2015 – Procurador do Ministério Público). A respeito de obrigações, prova do fato jurídico e institutos da prescrição e decadência, assinale a opção correta.

a) O prazo de prescrição para a revisão de cláusula abusiva que estabeleça fatores de aumento do prêmio do seguro de acordo com a implementação de determinada faixa etária é, conforme a jurisprudência, decenal.

b) O instrumento particular assinado por quem esteja na livre disposição e administração de seus bens opera efeitos quanto a terceiros independentemente de registro no registro público.

c) Conforme estabelece expressamente o Código Civil, quando se trata de seguro de vida em grupo, o prazo de prescrição aplicável ao terceiro beneficiário é de cinco anos.

d) Segundo a jurisprudência, não será cabível a cominação de multa diária (astreintes) contra a fazenda pública quando se tratar de instrumento para o cumprimento de obrigação de fazer infungível.

e) No pagamento em consignação, a partir do momento em que o depósito é efetuado, cessam os juros da dívida e os riscos, não podendo o devedor requerer o levantamento do valor depositado.

COMENTÁRIOS

Alternativa correta: Letra "a". De acordo com a jurisprudência recente do STJ, corroborando com o disposto no art. 205 do Código Civil, a prescrição é decenal.

> *AGRAVO REGIMENTAL NO AGRAVO EM RECURSO ESPECIAL. PLANO DE SAÚDE. CLÁUSULA ABUSIVA. REAJUSTE. FAIXA ETÁRIA. PRESCRIÇÃO. DECENAL. ART. 205 DO CC. PRECEDENTES. INCIDÊNCIA. SÚMULA 83/STJ. RECURSO IMPROVIDO. 1. É decenal o prazo prescricional aplicável aos casos em que se discute a revisão de cláusula considerada abusiva pelo beneficiário de plano de saúde, nos termos do que disciplina o art. 205 do Código Civil. Precedentes. 2. Agravo regimental a que se nega provimento."*
>
> *(STJ – AgRg no AREsp: 624309 SP 2014/0322092-5, Relator: Ministro MARCO AURÉLIO BELLIZZE, Data de Julgamento: 28/04/2015, T3 – TERCEIRA TURMA, Data de Publicação: DJe 01/06/2015).*

Alternativa "b": Incorreta, pois em desacordo ao previsto no art. 221, do Código Civil que assim dispõe:

> *"Art. 221 – O instrumento particular, feito e assinado, ou somente assinado por quem esteja na livre disposição e administração de seus bens, prova as obrigações convencionais de qualquer valor; **mas os seus efeitos, bem como os da cessão, não se operam, a respeito de terceiros, antes de registrado no registro público.**"*

Alternativa "c": Incorreta, pois em desacordo ao previsto no art. 225 do Código Civil e a jurisprudência atual do STJ que assim dispõe:

> *"AGRAVO REGIMENTAL EM AGRAVO EM RECURSO ESPECIAL. SEGURO DE VIDA EM GRUPO. AÇÃO DE COBRANÇA. TERCEIRO BENEFICIÁRIO. PRAZO PRESCRICIONAL PREVISTO NO ART. 205 DO CÓDIGO CIVIL. 1. O prazo prescricional para o ajuizamento de ação de cobrança pelo beneficiário é de dez anos, nos termos do art. 205 do Código Civil. Precedentes. 2. Agravo regimental não provido."*
>
> *(STJ – AgRg no AREsp: 444145 SP 2013/0395415-9, Relator: Ministro RICARDO VILLAS BÔAS CUEVA, Data de Julgamento: 24/04/2014, T3 – TERCEIRA TURMA, Data de Publicação: DJe 02/05/2014).*

Alternativa "d": Incorreta. A jurisprudência tem entendido pela cominação de astreintes inclusive contra a Fazenda Pública.

> *"ADMINISTRATIVO. AGRAVO REGIMENTAL NO AGRAVO DE INSTRUMENTO. OBRIGAÇÃO DE FAZER. FIXAÇÃO DE MULTA. POSSIBILIDADE. ACÓRDÃO RECORRIDO EM CONSONÂNCIA COM A JURISPRUDÊNCIA DESTE TRIBUNAL. INCIDÊNCIA DA SÚMULA 83/STJ. (...) 2. É cabível, mesmo contra a Fazenda Pública, a cominação de multa diária – astreintes – como meio coercitivo para cumprimento de obrigação de fazer (fungível ou infungível) ou entrega*

de coisa. Precedentes do STJ. 3. Agravo regimental não provido."

(STJ – AgRg no Ag: 1352318 RJ 2010/0168097-8, Relator: Ministro BENEDITO GONÇALVES, Data de Julgamento: 17/02/2011, T1 – PRIMEIRA TURMA, Data de Publicação: DJe 25/02/2011).

Alternativa "e": Incorreta, pois em desacordo com o previsto nos arts. 337 e 338 do Código Civil, que assim dispõem:

Art. 337 – "O depósito requerer-se-á no lugar do pagamento, cessando, tanto que se efetue, para o depositante, os juros da dívida e os riscos, salvo se for julgado improcedente."

Art. 338 – "Enquanto o credor não declarar que aceita o depósito, ou não o impugnar, poderá o devedor requerer o levantamento, pagando as respectivas despesas, e subsistindo a obrigação para todas as consequências de direito."

---

88. (Cespe – Juiz de Direito Substituto – DFT/2014) Assinale a opção correta, considerando as modalidades de obrigações, os contratos bancários e a responsabilidade civil.

a) A suspensão indevida do abastecimento de água não configura dano moral in re ipsa, razão por que não cabe qualquer pedido de reparação de dano.

b) Assim como ocorre com as taxas condominiais, o fornecimento de água é obrigação que se transmite imediatamente ao adquirente do serviço, concomitantemente com a transferência do domínio ou da posse da coisa a que se refere, sendo ele responsável pelo pagamento dos débitos do contrato de fornecimento de água, a despeito do fato de ter adquirido o imóvel após o faturamento do serviço.

c) Não é exigida a constituição de renda para o pagamento de pensão vitalícia em decorrência de ação de indenização por danos materiais e morais, por se tratar de ônus exagerado ao devedor da obrigação de reparar.

d) É legal a cobrança de tarifa de abertura de crédito e de tarifa de emissão de carnê, por instituição bancária, desde que haja previsão contratual específica.

e) O contrato de fornecimento de água vincula apenas a concessionária e o solicitante do abastecimento, de modo que a contraprestação pela oferta do serviço não tem natureza jurídica de obrigação propter rem, na medida em que não se vincula à titularidade do imóvel.

COMENTÁRIOS

Alternativa correta: letra "e". A assertiva está correta. Vide comentários à alternativa B.

Alternativa "a": A assertiva está equivocada. O dano moral in re ipsa é aquele presumido, não dependendo, para sua configuração, de comprovação de abalo psicológico sofrido pela vítima. De acordo com o entendimento firmado no informativo 261 do TJDFT, a interrupção indevida de abastecimento de água, por si só, gera o dever de reparação a título de dano moral por parte da concessionária.

Alternativa "b": A assertiva está incorreta, pois no informativo 261 do TJDFT foi firmado o entendimento de que a o contrato de fornecimento de água vincula a concessionária a quem solicitou o fornecimento do serviço, não tendo natureza jurídica de obrigação *propter rem*, de forma que as obrigações dele provenientes não se transmitem automaticamente ao adquirente do imóvel. Assim, os débitos relativos ao fornecimento de água existentes até a data da transferência do domínio ou da posse da coisa, são de responsabilidade do antigo proprietário ou possuidor.

Alternativa "c": A assertiva está incorreta, pois contraria ao art. 475 – Q do Código de Processo Civil, que determina que: "Quando a indenização por ato ilícito incluir prestação de alimentos, o juiz, quanto a esta parte, poderá ordenar ao devedor constituição de capital, cuja renda assegure o pagamento do valor mensal da pensão." Mesmo que assim não fosse, outro não é o entendimento trazido na súmula 313 do STJ: "Em ação de indenização, procedente o pedido, é necessária a constituição de capital ou caução fidejussória para a garantia de pagamento da pensão, independentemente da situação financeira do demandado."

Alternativa "d": A assertiva está errada, pois o STJ já firmou entendimento de só é possível a cobrança de TAC e TEC nos contratos firmados até 30/04/2008, pois tais tarifas não foram previstas na tabela anexa à Circular Bacen 3.371/2007 e atos normativos que a sucederam.

---

89. (Cespe – Juiz de Direito Substituto – DFT/2014) Considerando o entendimento jurisprudencial predominante no TJDFT, assinale a opção correta.

a) A inclusão indevida do nome de pessoa jurídica em órgãos de proteção ao crédito não gera dano moral presumido.

b) Caracteriza dano moral à pessoa jurídica a lesão à sua honra subjetiva, isto é, ao conceito que a pessoa tenha de si mesma.

c) É ilegal cláusula de convenção de condomínio que limite o número de cães que cada condômino possa criar no interior de sua unidade residencial.

d) O desconto de empréstimos em conta-corrente deve limitar-se a 30% dos vencimentos do correntista, salvo se o negócio for entabulado com a anuência e livre vontade do devedor em valores que ultrapassem o referido limite, devendo prevalecer o princípio do pacta sunt servanda.

e) A ausência de medicamento no rol do protocolo clínico e das diretrizes terapêuticas do Ministério da Saúde não exonera o DF da sua obrigação de fornecer a medicação prescrita ao paciente, dada a máxima efetividade conferida ao direito fundamental à saúde.

COMENTÁRIOS

Alternativa correta: letra "e". A resposta está correta, vez que de acordo com o entendimento firmado no informativo 259 do TJDFT, o qual pedimos vênia para transcrever: (...) os Magistrados se filiaram às recentes decisões desta egrégia Corte no sentido de que a "ausência do medicamento no rol do protocolo clínico e diretrizes terapêuticas no Ministério da Saúde não exonera o Distrito Federal da sua obrigação de fornecer a medicação solicitada", mormente quando o medicamento já está registrado pela ANVISA e já está sendo comercializado. Desta feita, tendo em vista a máxima efetividade conferida ao direito fundamental à saúde e o dever do Estado em implementá-lo minimamente, o Colegiado deu provimento ao recurso para determinar que o DF forneça à agravante o medicamento prescrito FINGOLIMOD, sob pena de multa diária".

Alternativa "a": A assertiva está equivocada, vez que o TJDFT já firmou entendimento no sentido de que a inscrição indevida em órgão de proteção ao crédito gera dano moral in re ipsa. Uma pessoa jurídica inscrita indevidamente em órgão de proteção ao crédito sofre várias limitações, o que pode dificultar ou até mesmo impossibilitar seu regular funcionamento. Vale ressaltar, que quando preexistente anotação legítima, não terá cabimento indenização por dano moral, de acordo com a súmula 385 do STJ.

Alternativa "b": A assertiva está errada. Apesar se ser possível a caracterização de dano moral à pessoa jurídica (súmula 227 do STJ), este se dá por violação de sua honra objetiva, que tem relação com sua reputação, com a imagem que a sociedade tem dela. A pessoa jurídica é desprovida de honra subjetiva, que diz respeito à imagem que a própria pessoa faz de si.

Alternativa "c": A assertiva está incorreta, vez que no acórdão n.674871, 20120710241433ACJ, de relatoria de José Guilherme, 2ª Turma Recursal dos Juizados Especiais Cíveis e Criminais do DF, julgado em 23/04/2013 e publicado no DJE: 09/05/2013, onde o autor defendia a permanência de três cães em sua posse ao argumento de que não perturbam o sossego dos condôminos, o Julgador ponderou que quando uma pessoa se dispõe a conviver com outras em uma estrutura hierarquizada como um condomínio, sabe que terá que abrir mão de parcelas de suas liberdades individuais para que a ordem e boa convivência sejam mantidas. Assim, tendo em vista que o regimento interno do condomínio autoriza apenas um animal de pequeno/médio porte em cada unidade habitacional, os Magistrados entenderam que não pode o autor extrapolar este número e exigir que seus pares se submetam às suas liberalidades, colocando em risco a tranquilidade e até a salubridade de toda uma coletividade. Dessa forma, por existir norma proibitiva expressamente prevista na convenção condominial, o Colegiado reconheceu a inadmissibilidade da permanência dos animais no apartamento do autor.

Alternativa "d": A assertiva está errada, vez que nossos tribunais já firmaram o entendimento no sentido de que empréstimos em conta-corrente não devem ultrapassar o limite de 30% dos vencimento dos correntistas, evitando assim que ele seja privado dos recursos necessários à sua subsistência. Assim, entre o princípio do pacta sunt servanda e a dignidade da pessoa humana, optou a jurisprudência pela segunda.

---

90. (Cespe – Cartório – TJ – DF/2014) No que diz respeito às obrigações em relação à pluralidade de sujeitos e solidariedade, assinale a opção correta.

a) O ordenamento jurídico civil brasileiro consagra o princípio da presunção da solidariedade, em garantia ao adimplemento da obrigação e proteção do crédito.

b) Na solidariedade ativa, a suspensão da prescrição em favor de um dos credores aproveita os demais, e a renúncia da prescrição em face de um dos credores não alcança os demais.

c) A obrigação solidária passiva impõe ao credor a exigência ou a reclamação integral do débito, ainda que em face de apenas um dos codevedores, sob pena de extinção da solidariedade.

d) A solidariedade, cuja fonte é o próprio título que vincula as partes obrigadas, tem natureza subjetiva, não se baseando em negócio jurídico ou norma legal.

e) Na obrigação indivisível, cada codevedor está obrigado pela dívida toda; entretanto, o devedor que pagar a dívida sub-roga – se no direito do credor em relação aos demais coobrigados.

COMENTÁRIOS

Alternativa correta: letra "e". A assertiva está correta, pois traduz o disposto no art. 259 do Código Civil. Se a obrigação é indivisível, não há como cada codevedor realizar o pagamento parcial, ficando cada um obrigado pela dívida toda. O devedor que realizar o pagamento passará a ser credor dos demais coobrigados.

Alternativa "a": A assertiva está equivocada, vez que o artigo 265 do Código Civil veda expressamente a presunção da solidariedade, podendo ela ser resultante da lei ou da vontade das partes. Ainda, mesmo que assim não fosse, não podemos afirmar que a solidariedade entre os devedores se traduz em garantia de adimplemento, ainda que configure uma proteção ao credor.

Alternativa "b": A assertiva está errada, vez que a suspensão da prescrição em favor de um dos credores só aproveitará aos demais se a obrigação for indivisível (art. 201 do Código Civil). Sendo a obrigação divisível, a suspensão da prescrição a um dos credores não aproveitará aos demais. O mesmo raciocínio deve ser adotado com relação à renúncia da prescrição.

Alternativa "c": A assertiva está incorreta, pois em desacordo com o que dispõe o art. 275 do Código Civil, que determina que o credor pode exigir ou reclamar a integralidade do crédito de um ou alguns dos devedores, total ou parcialmente, a dívida comum. Ocorrendo o pagamento parcial, os devedores que não participaram do pagamento continuam solidariamente responsáveis pelo restante.

Alternativa "d": A assertiva está errada, pois a solidariedade só terá validade se baseada de lei (norma legal) ou da vontade das partes (negócio jurídico). Inteligência do art. 265 do Código Civil. Assim a solidariedade só será válida se tiver como fonte a lei ou a vontade das partes, não podendo, em hipótese alguma, ser presumida.

---

91. (Cespe – Cartório – TJ – DF/2014) Com base no direito das obrigações, assinale a opção correta acerca dos elementos acidentais e condicionais.

a) Em se tratando de obrigação modal, diversamente da condição suspensiva, as partes subordinam os efeitos do ato negocial a um acontecimento futuro e certo.

b) As obrigações mistas, que decorrem da vontade de um contratante e da atuação especial da outra parte, são admissíveis por não invalidarem o negócio jurídico.

c) Em contrato de compra e venda, pendente condição suspensiva, não há direito adquirido ao cumprimento da obrigação enquanto não seja implementada a cláusula firmada pelos contraentes.

d) No caso de a eficácia do negócio jurídico estar vinculada a evento futuro e incerto, verificado o pagamento da prestação antes do implemento da condição, se esta não se realizar, extingue-se a obrigação, não cabendo direito à restituição.

e) Na hipótese de compra e venda de imóvel rural sob a condição, em termo estabelecido, de o contrato se resolver se não for efetivado saneamento público básico, caso não se efetive a condição, dissolve-se a obrigação, e não há efeito retroativo, remanescendo os direitos reais concedidos na sua pendência até a desconstituição judicial.

COMENTÁRIOS

Alternativa correta: letra "c". A assertiva está correta, vez que de acordo com o que preconiza o art. 125 do Código Civil. A eficácia de qualquer negócio jurídico subordinado a condição suspensiva fica suspensa até a ocorrência do evento futuro e incerto estipulado pelas partes, que, uma vez ocorrido, adquirirá o contratante o direito ao cumprimento da obrigação pactuada. Assim, antes do implemento da condição suspensiva, os contratantes não terão o direito de exigir o cumprimento da obrigação pactuada.

Alternativa "a": A assertiva está equivocada. Obrigação modal, também chamada de onerosa, é aquela na qual se impõe um ônus a uma das partes. A lei é expressa no sentido de que, em regra, o encargo não suspende a aquisição nem o exercício de direitos decorrentes do ato negocial, exceto quando expressamente previsto no negócio jurídico como condição suspensiva. (art. 136 do Código Civil)

Alternativa "b": A assertiva está incorreta. As chamadas obrigações mistas, híbridas ou intermediárias têm origem na mistura de regras de direito pessoal com regras de direito real. Atualmente, chamadas de obrigações propter rem, ou próprias da coisa, que acompanham a coisa independentemente de quem seja seu titular.

Alternativa "d": A assertiva está errada. Conforme explanado na assertiva anterior, antes do implemento da condição suspensiva, os contratantes não terão o direito de exigir o cumprimento da obrigação pactuada, de forma que o pagamento da prestação antes do implemento da condição gera o enriquecimento sem causa (ou ilícito) do contratante que o recebeu, de forma que aquele que pagou poderá exigir seu ressarcimento. Vale lembrar que esta regra não se aplica aos contratos aleatório, pois como baseado na álea, ou na sorte, mesmo não ocorrendo a condição suspensiva, o pagamento será considerado válido.

Alternativa "e": A assertiva está incorreta. Devem ser analisadas duas situações distintas na resolução desta questão, ambas previstas no art. 128 do Código Civil. Se a compra e venda for realizada mediante pagamento à vista, a falta de saneamento público básico (condição resolutiva) faz extinguir todos os efeitos que se espera do contrato. Se o contrato for de execução continuada ou periódica (pagamento parcelado), a falta de saneamento público básico (condição resolutiva) não terá eficácia quanto aos atos já praticados, exceto se houver disposição em sentido contrário no contrato.

---

92. (Cespe – Procurador do MP junto ao TCE-PB/2014) José, Mauro e Carlos obrigaram-se solidariamente a entregar a Maria, em prazo contratualmente estipulado, determinado imóvel ou a quantia de R$ 100.000,00, cabendo a escolha aos devedores.

Com referência a essa situação hipotética e com base nos dispositivos legais acerca do direito das obrigações, assinale a opção correta.

a) Uma vez inadimplida a obrigação, importará renúncia da solidariedade a propositura de ação pela credora contra apenas um dos devedores.

b) Se Maria exonerar da solidariedade um dos devedores, não subsistirá a dos demais.

c) Segundo dispõe o atual Código Civil, o pagamento deverá ser efetuado no domicílio do credor, salvo se as partes convencionarem de forma diversa.

d) Caso as partes nada tivessem estipulado acerca da escolha, caberia aos devedores decidir se seria entregue o imóvel ou a quantia em dinheiro fixada como obrigação alternativa.

e) Tendo sido pactuado pelas partes que a escolha competiria aos devedores, pode o credor ser por eles obrigado a receber parte do imóvel e parte da quantia estipulada.

COMENTÁRIOS

Alternativa correta: letra "d". A assertiva está correta. Obrigações alternativas são aquelas que podem ser adimplidas de uma forma ou de outra, cabendo a escolha ao devedor, se as partes nada tiverem estipulado a seu respeito. (art. 252 do Código Civil)

Alternativa "a": A assertiva está equivocada, pois em desacordo com o que dispõe o parágrafo único do art. 275 do Código Civil. Justamente pelo fato de José, Mauro e Carlos serem devedores solidários, cada um deles é obrigado ao pagamento total da obrigação, e a propositura da ação pela credora contra apenas um dos devedores não importa renúncia à solidariedade.

Alternativa "b": A assertiva está incorreta, pois Maria pode renunciar à solidariedade em favor de um, alguns ou todos os devedores, sendo que a renúncia da solidariedade relativa a um dos devedores não aproveita aos demais, subsistindo com relação a estes. (art. 282 do Código Civil)

Alternativa "c": A assertiva está errada, pois contrária ao disposto no art. 327 do Código Civil. Segundo tal dispositivo, a regra é que o pagamento seja feito no domicílio do devedor, podendo ser feito em local diverso se assim as partes convencionares, se houver estipulação contrária em lei ou se decorrente da natureza da obrigação ou das circunstâncias do negócio.

Alternativa "e": A assertiva está incorreta, pois apesar de a escolha competir ao devedor, uma vez escolhida a forma de adimplemento dentre as opções oferecidas, esta deve ser cumprida em sua totalidade, não sendo o credor obrigado a receber parte de uma prestação e parte de outra. Inteligência do parágrafo primeiro do artigo 252 do Código Civil.

---

93. (Cespe – Procurador do Estado – BA/2014) Com relação ao direito das obrigações, julgue os itens que se seguem.

93.1. A teoria do adimplemento substancial impõe limites ao exercício do direito potestativo de resolução de um contrato.

COMENTÁRIOS

A assertiva está correta. Em regra, o inadimplemento da prestação por parte de um dos contratantes dá ao outro o direito de resolver o contrato (art. 475 do Código Civil). Porém, com base nos princípios da função social do contrato e da boa-fé objetiva, os tribunais superiores vêm aplicando a teoria do adimplemento substancial, que preceitua que, se o inadimplemento foi mínimo ou, havendo o cumprimento significativo da obrigação, o vínculo contratual deve ser preservado, cabendo ao contratante prejudicado a interposição da respectiva ação para exigir o cumprimento da obrigação.

93.2. De acordo com o entendimento do STJ, havendo cláusula de arrependimento em compromisso de compra e venda, a devolução do sinal, por quem o deu, ou a sua restituição em dobro, por quem o recebeu, exclui indenização maior a título de perdas e danos, salvo os juros moratórios e os encargos do processo.

COMENTÁRIOS

A assertiva está correta, vez que trata das chamadas arras penitenciais, previstas no art. 420 do Código Civil, que têm função unicamente indenizatória. Ainda, corrobora entendimento firmado na Súmula 412 do STF: "No compromisso de compra e venda com cláusula de arrependimento, a devolução do sinal, por quem o deu, ou a sua restituição em dobro, por quem o recebeu, exclui indenização maior, a título de perdas e danos, salvo os juros moratórios e os encargos do processo".

93.3. Em regra, as obrigações pecuniárias somente podem ser quitadas em moeda nacional e pelo seu valor nominal.

COMENTÁRIOS

A assertiva está correta, vez que trata do princípio do nominalisno expressamente previsto no art. 315 do Código Civil, que determina a regra segundo a qual as dívidas em dinheiro devem ser pagas em moeda corrente e pelo valor nominal. A título de exemplos, temos como exceção ao princípio do nominalismo a possibilidade de se pactuar o pagamento em moeda estrangeira nos contratos de importação ou exportação e a cláusula de escala móvel, que permite o ajuste dos valores contratados de acordo com os índices econômicos oficiais.

---

94. (Cespe – Promotor de Justiça – AC/2014) Assinale a opção correta no que se refere ao pagamento indevido.

a) De acordo com o Código Civil, no qual é adotada, em relação ao tema, a teoria subjetiva, a demonstração do erro cabe àquele que voluntariamente tenha pago o indevido.

b) No Código Civil, a disposição normativa referente ao pagamento indevido tem a mesma natureza da disciplinada no CDC, segundo a qual o fornecedor deve restituir em dobro ao consumidor, com correção monetária e juros de mora, aquilo que este tenha pago indevidamente.

c) A repetição do indébito é devida ainda que o objeto da prestação não cumprida seja ilícito, imoral ou proibido por lei.

d) Cabe o ajuizamento de ação fundada no enriquecimento sem causa ainda que a lei confira ao lesado outros meios para ressarcir-se do prejuízo sofrido, visto que, sendo esta ação mais ampla, as demais serão por ela absorvidas.

e) Não há possibilidade de pagamento indevido com relação a obrigações de fazer e não fazer, não cabendo, portanto, a repetição do indébito.

COMENTÁRIOS

Alternativa correta: letra "a". A assertiva está correta. O Código Civil adota a teoria subjetiva quanto ao pagamento indevido, de forma que há a necessidade de comprovação de erro daquele que pagou indevidamente e voluntariamente para que surja o dever de restituição daquele recebeu indevidamente. Tal teoria vem consubstanciada no art. 877 do Código Civil, que determina que: "àquele que voluntariamente pagou o indevido incumbe a prova de tê-lo feito com erro.

Alternativa "b": A assertiva está equivocada. O pagamento indevido tem a mesma disciplina no Código Civil e no Código de Defesa do Consumidor no que diz respeito ao àquele que demanda por dívida já paga, total ou parcialmente, sem ressalvar as quantias já recebidas, devendo restituir o devedor em dobro. Caso requeira mais do que lhe é devido, o credor deverá restituir o devedor em quantia equivalente à que dele exigir. (art. 940 do Código Civil)

Alternativa "c": A assertiva está incorreta, vez que contraria o disposto no art. 883 do Código Civil. Aquele que efetua o pagamento indevido com a finalidade ilícita, imoral ou proibida por lei não terá direito à repetição do indébito. Vale lembrar, que o objeto lícito é requisito de validade de todo e qualquer negócio jurídico. Sendo a obrigação inválida em razão da ilicitude de seu objeto, sem guarida fica a exigência de ressarcimento pelo enriquecimento indevido.

Alternativa "d": A assertiva está errada, pois o art. 886 do Código Civil exclui a possibilidade de ajuizamento de ação para fins de restituição do que foi pago indevidamente se a lei conferir ao prejudicado outros meios de ressarcimento ao prejuízo sofrido. A título de exemplo, podemos citar a ação de indenização, com o intuito de obrigar o contratante que recebeu prestação consistente em obrigação de fazer e não efetuou o respectivo pagamento.

Alternativa "e": A assertiva está errada, na medida em que é perfeitamente possível o pagamento indevido consistente em obrigação de fazer ou de não fazer. Nesta hipótese, aquele que recebeu a prestação ficará obrigado a indenizar o que a cumpriu na medida do lucro que obteve. (art. 881 do Código Civil). Vale ressaltar, que a repetição do indébito não será possível, mas o prejudicado não ficará desamparado, podendo ingressar com ação indenizatória contra aquele que recebeu indevidamente.

---

95. (Cespe – Promotor de Justiça – AC/2014) Considerando os conceitos de adimplemento e inadimplemento de uma obrigação, assinale a opção correta.

a) O devedor pode responder pelos prejuízos resultantes de caso fortuito ou força maior desde que, expressamente, tenha-se por eles responsabilizado.

b) O juiz pode conceder ao credor indenização suplementar se os juros da mora e a pena convencional não cobrirem o prejuízo suportado.

c) A invalidade da cláusula penal implica a invalidade da obrigação principal, visto que nesta está inserida.

d) Considera-se em mora o devedor que não efetue o pagamento no tempo ajustado, mas não o que cumpra a obrigação de forma imperfeita.

e) Não se admite que o credor recuse a prestação, ainda que o devedor a cumpra em mora, devendo aquele socorrer-se das perdas e danos para ver mitigado seu prejuízo.

COMENTÁRIOS

Alternativa correta: letra "a". A assertiva está correta, pois consagra o regramento trazido pelo art. 383 do Código Civil. A regra é que o devedor não responde por prejuízos resultantes de caso fortuito ou de força maior, porém, excepcionalmente, poderá responder por estes prejuízos de houver por eles se responsabilizada. Vale lembrar, que caso o devedor esteja em mora, também poderá ser responsabilizado por prejuízos advindos de caso fortuito ou de força maior.

Alternativa "b": A assertiva está incorreta, pois apenas no caso de os juros de mora não serem suficientes para cobrirem os prejuízos suportados e não havendo previsão de pena convencional é que o juiz poderá conceder ao credor indenização suplementar (art. 404, parágrafo único). Havendo cláusula que preveja a pena convencional, mesmo ela sendo insuficiente para cobrir o prejuízo suportado, o juiz ficará impedido de fixar indenização suplementar.

Alternativa "c": A assertiva está equivocada. Note-se que maliciosamente o examinador inverte a regra trazida pelo princípio da gravitação jurídica, segundo o qual o acessório segue a sorte do principal. Aplicando-se tal princípio ao caso em questão, temos a disposição do art. 922 do Código Civil de 1916, já revogada, que dispunha que nulidade da obrigação principal importava a da cláusula penal. Apesar de não termos disposição legal correspondente no código em vigor, temos que a invalidade do acessório não implica na invalidade do principal, de forma que a invalidade da cláusula penal não implica a invalidade da obrigação principal.

Alternativa "d": A assertiva está errada, vez que é considerado em mora tanto o devedor que não efetua o pagamento no tempo ajustado quanto o que não cumpre a obrigação da forma como foi estabelecida. Nos dois casos, há o inadimplemento da obrigação. Vale lembrar, que se, em razão da mora, a prestação se tornar inútil ao credor, este poderá recusá-la e ingressar com ação de perdas e danos.

Alternativa "e": A assertiva está incorreta, pois em desacordo com o que preceitua o parágrafo único do art. 395 do Código Civil. Vide comentários à alternativa anterior.

---

96. (Cespe – Analista Judiciário – Área Judiciária – TJ – CE/2014) Após ter sido cobrado extrajudicialmente por José, em face de dívida que tinha com este, Mário realizou o pagamento ao credor. Logo em seguida, Mário descobriu que, na data em que realizou o pagamento, a dívida já havia prescrito.

Com referência a essa situação hipotética, assinale a opção correta com base no Código Civil.

a) José deverá restituir somente metade do valor pago por Mário, uma vez que deve ser reconhecida a responsabilidade concorrente pelo fato.

b) José não deverá restituir o valor a Mário, visto que não se pode repetir o que se pagou para solver dívida prescrita, ou cumprir obrigação judicialmente inexigível.

c) José deverá restituir integralmente o valor a Mário, já que recebeu o que não lhe era devido, tendo sido indevido o pagamento feito por Mário. O valor da dívida não deverá ser atualizado monetariamente, não devendo incidir sobre ele juros legais.

d) José deverá restituir o valor a Mário, uma vez que se locupletou ilicitamente, recebendo o que não lhe era devido. O valor da dívida deverá ser atualizado monetariamente, não incidindo sobre ele acréscimo de juros legais.

e) José deverá restituir o valor a Mário, visto que recebeu o que não lhe era devido. O valor da dívida deverá corresponder ao dobro do valor devido.

COMENTÁRIOS

Alternativa correta: letra "b". A assertiva está correta, vez que de acordo com o que preceitua o art. 882 do Código Civil, segundo o qual não se pode repetir o que se pagou para solver dívida prescrita. Isto se dá em razão de a prescrição tornar a dívida inexigível, sendo o pagamento feito pelo devedor entendido como mera liberalidade, não sendo razoável que a lei lhe confira o direito de repetição. O mesmo raciocínio deve ser aplicado às obrigações naturais, que são aquelas desprovidas de ação, que são pagas por razões de foro íntimo do devedor, como o dízimo, por exemplo.

Alternativa "a": A questão trata da possibilidade ou não de repetição de indébito no caso de pagamento de dívida prescrita. A assertiva está incorreta, vez que não se discute concorrência de culpa pelo pagamento indevido. A culpa concorrente encontra-se prevista no art. 945 do Código Civil.

Alternativa "c": (responde alternativas "d" e "e") A assertiva está equivocada. Caso a dívida não estivesse prescrita, aplicar-se-ia o art. 940 do Código Civil, segundo o qual aquele que demanda por dívida já paga, total ou parcialmente, sem ressalvar as quantias já recebidas, deve restituir o devedor em dobro. Caso requeira mais do que lhe é devido, deverá restituir o devedor em quantia equivalente à que dele exigir. Em ambos os caos, incide sobre o valor a ser restituído juros legais e correção monetária.

---

97. (Cespe – Analista Judiciário – Área Judiciária – TJ – CE/2014) Rebeca, obrigada por três débitos da mesma natureza a Joana, pretende indicar a qual deles oferecerá pagamento, já que todos os débitos são líquidos e vencidos.

Nessa situação hipotética, Rebeca deverá valer-se da

a) imputação do pagamento.

b) dação em pagamento.

c) compensação.

d) sub-rogação legal.

e) sub-rogação convencional.

COMENTÁRIOS

Alternativa correta: letra "a". A assertiva está correta, vez que imputação ao pagamento é a indicação da dívida que está sendo paga, quando o devedor possui vários débitos da mesma natureza, líquidos e vencidos, com o mesmo credor, mas não possui condições de saldar todos. As regras quanto à ordem preferência dos créditos estão previstas no art. 355 do Código Civil.

Alternativa "b": A assertiva está incorreta, vez que dação em pagamento é o acordo de vontades por meio do qual o credor aceita receber do devedor, para exonerá-lo da dívida, objeto diverso daquele que constitui a obrigação. Ocorre a substituição da prestação originário por outra, com o consentimento de credor, extinguindo a obrigação.

Alternativa "c": A assertiva está errada, pois compensação é o meio de extinção das obrigações entre duas pessoas que são, ao mesmo tempo, credora e devedora uma da outra. (art. 368 do Código Civil).

Alternativa "d": A assertiva está incorreta, vez que sub-rogação legal é aquela prevista no art. 346 do Código Civil, que se opera mediante a substituição do credor pelo terceiro interessado que por ventura tenha efetuado o pagamento da dívida, do adquirente do imóvel hipotecado que efetiva o pagamento ou do credor que paga a dívida do devedor comum.

Alternativa "e": A assertiva está errada, vez que a sub-rogação convencional é aquela em que há a substituição do credor por ato de vontade das partes. Pode ocorres no caso de o credor receber o pagamento de terceiro e expressamente lhe transferir os seus direitos, bem como no caso de terceira pessoa que empresta ao devedor a quantia para solver a dívida, remanescendo o mutuante nos direitos do credor satisfeito.

---

98. (Cespe – Juiz de Direito Substituto – MA/ 2013) Com base no entendimento sumulado do STJ, assinale a opção correta.

a) Embora a cobrança de comissão de permanência exclua a exigibilidade dos juros remuneratórios, moratórios e da multa contratual, o valor da referida comissão, quando estabelecidos tais encargos, é limitado pelo somatório dos juros moratórios e remuneratórios.

b) Os juros de mora na indenização do seguro DPVAT fluem a partir da promulgação da sentença.

c) É penhorável o único imóvel residencial do devedor mesmo que o bem esteja locado a terceiros e a renda obtida com a locação seja revertida para a subsistência ou a moradia da família do devedor.

d) Na execução de crédito relativo a cotas condominiais, este não tem preferência sobre o crédito hipotecário.

COMENTÁRIOS

Alternativa correta: letra "a". A assertiva está correta, vez que de encontro ao que determina a Súmula 472 do STJ: "A cobrança de comissão de permanência – cujo valor não pode ultrapassar a soma dos encargos remuneratórios e moratórios previstos no contrato – exclui a exigibilidade dos juros remuneratórios, moratórios e da multa contratual."

Alternativa "b": A assertiva está equivocada, vez que contraria ao disposto na Súmula 426 do STJ, que determina que: "Os juros de mora na indenização do seguro DPVAT fluem a partir da citação", e não da sentença como quer fazer parecer o examinador.

Alternativa "c": A assertiva está errada, vez que a Súmula 486 do STJ determina que: "É impenhorável o único imóvel residencial do devedor que esteja locado a terceiros, desde que a renda obtida com a locação seja revertida para a subsistência ou a moradia da sua família."

Alternativa "d": A assertiva está incorreta, vez que contraria o enunciado da Súmula 478 do STJ, que determina que: "Na execução de crédito relativo a cotas condominiais, este tem preferência sobre o hipotecário". Tal enunciado baseou-se no fato de que as cotas condominiais destinam-se à conservação do imóvel, sendo indispensáveis à integridade do crédito hipotecário.

---

99. (Cespe – Juiz do Trabalho Substituto 5ª região/2013) No que tange a preferências e privilégios creditórios, no âmbito do direito civil pátrio, assinale a opção correta.

a) Poderá opor as defesas que tiver cada um dos credores ao crédito do outro, quer impugnando a própria preferência estabelecida a favor de um deles, quer alegando a nulidade, a simulação, a fraude ou a falsidade de dívidas e contratos.

b) Declarada a insolvência do devedor no curso de uma execução promovida por algum credor, esse terá o direito de se pagar, em primeiro lugar, com a venda judicial do patrimônio do devedor, preferindo seu crédito ao dos demais credores, pelo princípio da prioridade temporal ou da anterioridade da penhora.

c) Se vários credores de diversas classes concorrem aos mesmos bens, e o produto não basta para a quitação integral do débito, o pagamento será feito por rateio proporcional ao valor dos respectivos créditos entre os credores com garantia real e os credores com privilégio especial ou geral.

d) Incide sobre todos os bens do devedor a preferência de crédito com privilégio especial, com prevalência sobre os créditos com garantia real, inclusive os bens objeto da garantia e aqueles com privilégio geral ou legal.

e) Gozam os trabalhadores rurais, quanto à dívida dos seus salários, de privilégio geral sobre o produto da colheita, para a qual houver concorrido com o seu trabalho, a quaisquer outros créditos.

COMENTÁRIOS

Alternativa correta: letra "a". A assertiva está correta, pois de acordo com o art. 956 do Código Civil, que elenca os motivos que podem das ensejo a discussão entre credores da mesma obrigação, estipulando que eles podem opor quaisquer questionamentos que tiverem quanto ao crédito um do outro, inclusive impugnar preferência e alegar vícios quanto às dívidas e contratos.

Alternativa "b": A assertiva está equivocada. Declarada a insolvência do devedor, será declarado o vencimento antecipado de todas as suas dívidas, todos os seus bens suscetíveis de penhora serão arrecadados, e os credores se sujeitarão à execução de seus créditos em concurso universal. (art. 751 do CPC). Não se aplica ao caso o princípio da prioridade temporal ou da anterioridade da penhora, devendo o pagamento dos credores ser efetuado na ordem de preferência dos créditos prevista no art. 961 do Código Civil.

Alternativa "c": A assertiva está incorreta, vez que de acordo com o art. 961 do Código Civil, deverão ser pagos primeiro os credores com crédito real, depois os com crédito pessoal e privilégio especial, depois os com crédito pessoal e privilégio geral, depois os com créditos simples. Ainda, de acordo com o art. 962 do mesmo diploma legal, apenas quando houver concorrência de dois ou mais credores, sobre os mesmos bens e por igual título é que haverá rateio proporcional dos respectivos créditos se o produto não bastar para o pagamento integral de todos.

Alternativa "d": A assertiva está errada, pois o art. 963 do Código Civil determina que o privilégio especial só compreende os bens sujeitos ao pagamento de crédito que ele favorece, enquanto que o privilégio geral abrange todos os bens não sujeitos a crédito real e nem a privilégio especial.

Alternativa "e": A assertiva está incorreta, pois gozam os trabalhadores rurais de privilégio especial. Relativamente à dívida dos seus salários, prescindem a quaisquer outros créditos, ainda que reais. Inteligência do art. 964, inciso VIII do Código Civil.

---

100. (Cespe – Juiz do Trabalho Substituto 5ª região/2013) Acerca do direito das obrigações, no âmbito civil, assinale a opção correta.

a) A compensação efetiva-se entre dívidas recíprocas, vencidas ou vincendas, líquidas, fungíveis entre si e em que não haja diversidades de causa ou fundamento jurídico, já que obrigações de origens diferentes não podem ser compensadas.

b) A assunção da dívida consiste na possibilidade de terceiro, estranho à relação obrigacional, assumir a obrigação do devedor, responsabilizando-se pela dívida, desde que com a anuência expressa do credor.

c) As arras penitenciais asseguram a indenização suplementar no caso de prejuízos maiores do que o valor dessas, desde que conste do contrato o direito de arrependimento para qualquer das partes.

d) A cessão de crédito consiste na modificação objetiva da obrigação, que se transfere com vícios e vantagens ao cessionário, sendo necessário o consentimento prévio do devedor para que ocorra a cessão, a fim de que o negócio produza o efeito jurídico pretendido.

e) O terceiro não interessado que efetua o pagamento em seu próprio nome poderá reembolsar-se do que pagou, sub – rogando-se nos direitos do credor.

COMENTÁRIOS

Alternativa correta: letra "b". A assertiva está correta, pois de acordo com a definição de assunção da dívida trazida pelo art. 299 do Código Civil. Tal instituto também é chamado pela doutrina de cessão de débito, pois através dele o devedor originário cede seu débito a terceiro estranho à relação obrigacional, alterando assim o polo passivo da relação. Note-se que, para que a assunção tenha validade, se faz necessária a anuência expressa do credor.

Alternativa "a": A assertiva está equivocada. A compensação efetiva-se entre dívidas recíprocas, vencidas, líquidas e de coisas fungíveis (art. 369 do Código Civil). A origem diversa das dívidas em nada impede a compensação, exceto se provier de esbulho, furto ou roubo; se uma se originar de comodato, depósito ou alimentos ou se uma for de coisa impenhorável. (art. 373 do Código Civil).

Alternativa "c": A assertiva está incorreta, pois em desacordo com o que estipula o art. 420 do Código Civil. Com a previsão no contrato das arras penitenciais ou meramente indenizatórias, ocorre uma prefixação do valor das perdas e danos que garante o direito de arrependimento da parte, de forma que, havendo desistência do devedor, o credor as retém; havendo desistência do credor, ele as devolve em dobro, não havendo, em qualquer caso, direito a indenização suplementar.

Alternativa "d": A assertiva está errada, pois não cessão de crédito ocorre uma modificação em um dos elementos subjetivos da obrigação, qual seja, o credor, que transfere seu crédito a terceiro, alterando assim o polo ativo da relação. Para que a cessão tenha validade, é desnecessária a anuência do devedor, mas este deve ser sobre ela notificado para que saiba a quem deve efetuar o pagamento. (art. 290 do Código Civil).

Alternativa "e": A assertiva está incorreta, pois o art. 305 do Código Civil determina que o terceiro não interessado que efetua o pagamento em seu próprio nome tem direito a reembolso, mas não se sub-roga nos direitos do credor. Situação oposta à do terceiro interessado, que sub-roga-se nos direitos do credor (art. 346, inciso III do Código Civil). Importante frisar, que terceiro interessado é aquele que pode ter seu patrimônio atingido caso a dívida não seja paga pelo devedor.

---

101. (Cespe – Juiz do Trabalho Substituto 5ª região/2013) Ainda no que diz respeito às obrigações no direito civil brasileiro, assinale a opção correta.

a) Caracteriza-se a dação em pagamento como acordo liberatório entre credor e devedor, em que o credor consente em receber bem diverso daquele que originariamente fora objeto de pacto, sendo que essa, como meio de pagamento indireto, produz a extinção da obrigação.

b) Caracteriza-se como novação o acordo firmado entre credor e devedor para incluir termo aditivo contratual, pactuando o pagamento da dívida em atraso em parcelas periódicas ou prorrogando o prazo para quitar o débito originário.

c) No caso de inadimplemento culposo da obrigação de não fazer, o devedor exime-se da obrigação de indenizar, caso desfaça voluntariamente o ato de que se obrigara a abster, hipótese em que se resolve a obrigação, sem perdas e danos, restituindo-se essa ao estado anterior.

d) Considerando que a cláusula penal moratória é estipulada para a hipótese de descumprimento total da obrigação e funciona como prefixação das perdas e danos, ocorrendo o inadimplemento, autoriza-se ao credor optar por exigir a prestação, por pleitear as perdas e danos ou por preferir a importância convencionada.

e) Se o credor, nas obrigações solidárias passivas, conceder remissão em favor de um dos coobrigados, extingue-se a solidariedade em relação aos demais, surgindo, em seu lugar, uma obrigação conjunta, em que cada um dos devedores responderá exclusivamente por sua parte.

COMENTÁRIOS

Alternativa correta: letra "a". A assertiva está correta, vez que a dação em pagamento é a substituição da prestação originária por outra, com o consentimento do credor, extinguindo a obrigação. Na dação em pagamento, o credor abre mão da aplicação do princípio da identidade, da correspondência ou da exatidão previsto no art. 313 do Código Civil, que determina que o credor não é obrigado a receber prestação diversa da que lhe é devida, ainda que mais valiosa.

Alternativa "b": A assertiva está equivocada, na medida em que novação é a criação de uma nova obrigação com a finalidade de extinção da obrigação anterior. A novação se opera apenas nas hipóteses previstas no art. 360 do Código Civil. A renegociação da dívida ou a prorrogação de prazo para quitação do débito não implica em novação, vez que não há a criação de uma obrigação verdadeiramente nova, com objeto ou sujeitos diferentes da obrigação anterior.

Alternativa "c": A assertiva está errada. Advindo inadimplemento culposo de obrigação de não fazer, o credor pode exigir o desfazimento do ato às custas do devedor e ainda, o ressarcimento pelas perdas e danos (art. 251 do Código Civil). Caso o inadimplemento se dê sem culpa do devedor, por ser impossível a abstenção quanto ao ato, estará este liberado das perdas e danos.

Alternativa "d": A assertiva está incorreta. A cláusula penal é uma multa que pode ser estipulada nos contratos para as hipóteses de inadimplemento da obrigação. Possui dupla finalidade, sendo a primeira coercitiva e a segunda de prefixação do valor das perdas e danos. Nos contratos onde há previsão de cláusula penal, a regra é que o credor, no caso de inadimplemento da obrigação, pode exigir a satisfação da pena juntamente com o cumprimento da obrigação. (art. 411 do Código Civil). Excepcionalmente e, provado que o prejuízo experimentado pelo credor foi maior do que o valor estipulado na cláusula penal, poderá este se valer da ação de perdas e danos.

Alternativa "e": A assertiva está errada, vez que em desacordo com o que preceitua o art. 277 do Código Civil. A remissão concedida a um dos devedores solidários não aproveita aos demais, de forma que cada um dos devedores continuará responsável pela integralidade do pagamento, ficando assim preservada a solidariedade entre eles.

---

102. (Cespe – Procurador do Ministério Público junto ao TCDF/2013) Julgue os itens a seguir, relativos a adimplemento e extinção de obrigações.

102.1. O devedor de dois débitos da mesma natureza, líquidos, vencidos e com o mesmo credor, não poderá, caso pague quantia insuficiente para a quitação dos dois, imputar pagamento parcial de um deles.

COMENTÁRIOS

A assertiva está correta. A imputação ao pagamento é a indicação da dívida que está sendo paga, quando o devedor possui vários débitos da mesma natureza, líquidos e vencidos, com o mesmo credor, mas não possui condições de saldar todos. Em razão do princípio da realização integral do pagamento, previsto no art. 314 do Código Civil, o devedor não poderá imputar pagamento parcial de um dos débitos, pois o credor não pode ser obrigado a receber o nem o devedor a pagar por partes, se assim não for ajustado.

102.2. Se o devedor verificar que o credor é pessoa incapaz de receber, o pagamento deverá ser realizado mediante consignação.

COMENTÁRIOS

A assertiva está correta. Primeiramente, deve-se observar o que dispõe o art. 308 do Código Civil, no sentido de que o pagamento deve ser feito ao credor ou a quem o represente. No caso do incapaz, o pagamento deve ser feito ao seu assistente ou representante, a depender do grau de incapacidade. Apenas quando o devedor não conseguir efetuar ao pagamento ao representante do incapaz é que deverá realizar a consignação, ne medida em que esta hipótese está consagrada no art. 335, inciso III do Código Civil.

102.3. No pagamento de débito alheio em nome próprio pelo terceiro desinteressado não é necessária a notificação do devedor.

COMENTÁRIOS

A assertiva está correta. Parte-se da premissa que o objetivo principal da relação obrigacional é o pagamento. Assim, qualquer pessoa, que possa ter seu patrimônio atingido (interessado) ou não (não interessado) em razão do inadimplemento do devedor, pode efetuar o pagamento, independentemente de sua anuência. Ocorre que, o pagamento feito sem o conhecimento ou com oposição do devedor, retira do terceiro o direito de reembolso da quantia despendida (art. 306 do Código Civil)

103. (Cespe – Juiz Federal Substituto 1ª região/2013) Suponha que um fazendeiro, mediante contrato escrito, tenha doado 10% da safra produzida em sua fazenda para uma instituição de caridade que, posteriormente, havia transferido essa vantagem para terceira pessoa. Nessa situação, o segundo negócio se configura como

a) Novação
b) Sub-rogação local
c) Subcontrato
d) Cessão de contrato
e) Cessão de crédito

COMENTÁRIOS

Alternativa correta: letra "e". A assertiva está correta, pois na situação hipotética colocada a instituição de caridade transferiu, cedeu o direito de recebimento dos 10% da safra produzida pelo doador a terceira pessoa, alterando assim o polo ativo da obrigação. Vale lembrar que na cessão de crédito não há necessidade de anuência do devedor, mas sim de sua notificação, para que saiba a quem deve realizar o pagamento.

Alternativa "a": A assertiva está incorreta, pois na situação hipotética narrada não houve a criação de uma nova obrigação com a finalidade de extinguir a obrigação anterior. A novação configura forma indireta de pagamento.

Alternativa "b": A assertiva está errada, vez que na sub-rogação ocorre a substituição do credor pelo terceiro interessado que efetuou o pagamento da dívida, tendo efeito extintivo com relação ao credor originário e translativo em relação ao terceiro que efetuou o pagamento.

Alternativa "c": A assertiva está equivocada, na medida em que subcontrato ou contrato derivado é aquele acessório ao contrato principal, utilizado, na maioria das vezes, pelo Poder Público, em suas concessões.

Alternativa "d": A assertiva está incorreta, vez que na cessão de contrato ou cessão da posição contratual ocorre a transferência do conjunto de todos direitos e obrigações de que é titular uma das partes do contrato, sendo mais ampla do que a cessão do crédito ou do débito, pois abrange, entre outras coisas, o valor agregado pela dificuldade de negociação, o dever de abstenção, etc.

104. (Cespe – Juiz de Direito Substituto – RN/2013) No que se refere ao direito das obrigações, assinale a opção correta.

a) Em se tratando de solidariedade passiva, impossibilitada a prestação por culpa de um dos devedores solidários, subsiste para todos o encargo de pagar o equivalente e as perdas e danos.
b) Nas obrigações alternativas, se o título deferir a opção a terceiro e este não quiser, ou não puder exercê-la, a escolha passará automaticamente ao devedor.
c) A obrigação de dar coisa certa compreende apenas os acessórios dela expressamente mencionados.
d) Na obrigação de dar coisa incerta, indicada ao menos pelo gênero e pela quantidade, a escolha cabe ao credor, se o contrário não resultar do título da obrigação, não podendo ele escolher a melhor nem sendo obrigado a receber a pior.
e) Nas obrigações não divisíveis, havendo pluralidade de credores, poderá cada um deles exigir a dívida inteira; o devedor ou devedores se desobrigarão pagando a todos conjuntamente ou a um, dando este caução de ratificação dos outros credores.

COMENTÁRIOS

Alternativa correta: letra "e". A assertiva está correta, pois corrobora o trazido pelo legislador no art. 260 do Código Civil. Em razão da natureza indivisível do objeto da prestação não há como fazer a divisão do pagamento em partes iguais para cada credor, de forma que o devedor se desobrigará pagando a todos os credores conjuntamente ou a apenas um deles, que dará caução de ratificação quanto aos demais. Caução de ratificação é o documento pelo qual o credor que recebeu a prestação integralmente dá garantia de que os demais credores aprovam e confirmam o recebimento.

Alternativa "a": A assertiva está equivocada, pois em desacordo com o que preceitua o art. 279 do Código Civil. Quando houver a impossibilidade da prestação por culpa de um dos devedores solidários, apenas este será obrigado quanto às perdas e danos, remanescendo a solidariedade em relação a todos os coobrigados com relação à obrigação principal.

Alternativa "b": A assertiva está errada. Nas obrigações alternativas, se o terceiro não quiser exercer o direito de opção que o título lhe atribui, a escolha caberá às partes, que deverão decidir em comum acordo pela prestação que melhor lhes convier. Não havendo acordo entre as partes, a escolha caberá ao juiz. (art. 252, parágrafo quarto do Código Civil)

Alternativa "c": A assertiva está incorreta, pois afronta o princípio da gravitação jurídica, que estabelece que o bem acessório segue a sorte do bem principal. A obrigação de dar coisa certa abrange os acessórios dela, ainda que não mencionados, exceto se houver disposição em sentido contrário no título da obrigação ou se as circunstâncias do caso assim o exigirem. (art. 233 do Código Civil)

Alternativa "d": A assertiva está errada, na medida em que o examinador faz um certo jogo de palavras na tentativa de confundir o candidato. Na situação hipotética trazida pelo examinador, a escolha cabe ao devedor, se nada for estipulado em sentido contrário no título da obrigação, sendo certo que ele não poderá dar coisa pior nem poderá ser obrigado a prestar coisa melhor. (art. 244 do Código Civil)

---

105. (Cespe – Procurador do DF/ 2013) Julgue o item abaixo, relativo ao direito das obrigações.

Ainda que prevista no Código Civil, é abusiva cláusula contratual que atribua exclusivamente ao consumidor em mora a obrigação de arcar com os honorários advocatícios referentes à cobrança extrajudicial da dívida, sem exigir do fornecedor a demonstração de que a contratação de advogado seja efetivamente necessária e de que os serviços prestados pelo profissional contratado sejam privativos da advocacia.

COMENTÁRIOS

A assertiva está correta. Apesar de expressamente prevista no art. 395 do Código Civil a responsabilidade do devedor em mora arcar com os honorários advocatícios, quando se trata de relação consumerista a jurisprudência é mais cautelosa quanto à sua aplicação, justamente pela hipossuficiência presumida do consumidor, exigindo a comprovação da prestação de serviço privativo da advocacia para que a cláusula contratual que preveja a responsabilidade do consumidor em arcar com este custo seja válida. Este foi o entendimento firmado pelo STJ no julgamento do REsp 1274629, julgado em 16/05/2013. Ainda, o Enunciado 161 do CJF determina que: "Os honorários advocatícios previstos nos arts. 389 e 404 do Código Civil apenas têm cabimento quando ocorre a efetiva atuação profissional do advogado".

---

106. (Cespe – Defensor Público – DF/ 2013) No que se refere ao direito das obrigações, julgue os itens a seguir.

106.1. Se o devedor que assumiu obrigação de abster-se da prática de determinado ato vier a praticá-lo, o credor poderá exigir que ele o desfaça, sob pena de se desfazer à sua custa, ressarcindo o culpado perdas e danos. No entanto, extingue-se a obrigação de não fazer, desde que, sem culpa do devedor, se lhe torne impossível abster-se do ato que se obrigou a não praticar.

COMENTÁRIOS

A assertiva está correta, vez que conjuga o disposto nos arts. 251 e 250 do Código Civil, respectivamente. Vale lembrar ainda, a hipótese de inadimplemento de obrigação de não fazer em que não há a possibilidade de desfazimento, ocasião em que a única opção dada ao credor é a de perdas e danos. A título de exemplo, temos a revelação de segredo industrial.

106.2. A obrigação solidária pode ser pura e simples para um dos cocredores ou codevedores, e condicional, ou a prazo, ou pagável em lugar diferente, para o outro. Esse tipo de obrigação não se presume, devendo ser sempre resultante da lei ou da vontade das partes.

COMENTÁRIOS

A assertiva está correta, vez que consagra o princípio da variabilidade das obrigações, que permite que para um dos cocredores ou codevedores não se imponha qualquer condição, termo ou encargo e para outros se estipule prazo ou local diferente para pagamento ou subordine seus efeitos a evento futuro e incerto. (art. 266 do Código Civil). Vale lembrar, que o Enunciado 347 do Conselho da Justiça Federal traz a possibilidade de a solidariedade admitir outras disposições de conteúdo particular além do rol previsto no art. 266 do referido diploma.

106.3. A obrigação de dar coisa certa não abrange os acessórios da coisa, salvo se o contrário resultar do título ou das circunstâncias do caso.

COMENTÁRIOS

A assertiva está equivocada, vez que contraria o disposto no art. 233 do Código Civil. Em razão do princípio da gravitação jurídica, a regra é que o bem acessório segue a sorte do bem principal, de forma que a obrigação de dar coisa certa abrange seus acessórios, salvo se o contrário resultar do título ou das circunstâncias do caso.

---

107. (Cespe – Analista Judiciário – Área Judiciária – STJ/2012) Julgue os itens que se seguem, relativos às obrigações.

107.1. Nas obrigações alternativas, quando a escolha couber ao credor e recair sobre prestação inexigível por culpa do devedor, o credor terá direito de exigir a prestação subsistente ou optar pelo recebimento do valor da inexigível acrescentado de perdas e danos.

COMENTÁRIOS

A assertiva está correta, pois corrobora o disposto no art. 255 do Código Civil. Vale ressaltar que o examinador se utiliza da expressão "inexigível", como sinônimo de "impossível" e "inexequível", que são as expressões trazidas pelo artigo ora mencionado. Em uma análise literal, a questão deveria ser anulada, já que as três palavras possuem significados diferentes. Impossível é aquilo fora de possibilidade, inexequível é aquilo que não é passível de execução e inexigível é aquilo que não pode ser exigido.

107.2. Para o STJ, a novação, modalidade de extinção de obrigação, não impede a revisão dos negócios jurídicos antecedentes, em face da relativização do princípio do pacta sunt servanda no direito brasileiro.

COMENTÁRIOS

A assertiva está correta, de acordo com o posicionamento firmado pelo STJ no julgamento do AgREsp 76.535 – SC de relatoria do Min. Antônio Carlos Ferreira, julgado em 23/04/2015: A novação, conquanto modalidade de extinção de obrigação em virtude da constituição de nova obrigação substitutiva da originária, não tem o condão de impedir a revisão dos negócios jurídicos antecedentes, máxime diante da relativização do princípio do pacta sunt servanda, engendrada pela nova concepção do Direito Civil, que impõe o diálogo entre a autonomia privada, a boa-fé e a função social do contrato. Inteligência da Súmula 286 do STJ."

---

108. (Cespe – Defensor Público – SE/ 2012) Considerando as diversas modalidades de obrigações e suas características, assinale a opção correta.

a) Em caso de obrigações de dar coisa certa, se a coisa perecer antes do cumprimento da obrigação, o devedor, ainda que não tenha concorrido para o seu perecimento, responderá pelo equivalente, mais perdas e danos.

b) Em se tratando de obrigações de não fazer, caso o devedor pratique o ato a cuja abstenção se tenha obrigado, o credor poderá exigir que ele o desfaça, sob pena de se desfazer à sua custa, obrigando-se o culpado a ressarcir perdas e danos.

c) Tratando-se de obrigações de fazer, se a prestação do fato tornar-se impossível, ainda que sem culpa do devedor, este deverá responder por perdas e danos, dado o seu dever de garantir o cumprimento da obrigação.

d) Nos casos de obrigações alternativas, a escolha caberá ao credor, se os contratantes não estipularem outra coisa, extinguindo-se a obrigação caso todas as prestações se tornarem impossíveis por culpa do credor.

e) Havendo mora ou recusa do devedor em cumprir obrigação de fazer, independentemente da sua natureza, a obrigação se converterá sempre em perdas e danos.

COMENTÁRIOS

Alternativa correta: letra "b". A assertiva está correta, vez que corrobora o disposto no art. 251 do Código Civil. Vale lembrar ainda, a hipótese de inadimplemento de obrigação de não fazer em que não há a possibilidade de desfazimento, ocasião em que a única opção dada ao credor é a de perdas e danos. A título de exemplo, temos a revelação de segredo industrial.

Alternativa "a": A assertiva está incorreta, pois na hipótese em questão, se a coisa perecer sem culpa do devedor, a obrigação ficará resolvida para ambas as partes. Caso pereça por culpa do devedor, ele responderá pelo equivalente e mais perdas e danos. Inteligência do art. 234 do Código Civil. No perecimento sem culpa não há que se falar em responsabilização.

Alternativa "c": A assertiva está equivocada, vez que se a prestação tornar-se impossível sem culpa do devedor, a obrigação restará resolvida, havendo culpa, este responderá por perdas e danos. Novamente, não há que se falar em perdas e danos quando não há culpa.

Alternativa "d": A assertiva está errada, vez que nas obrigações alternativas, salvo estipulação em contrário, a escolha caberá ao devedor (art. 252 do Código Civil). Quando a escolha couber ao credor e recair sobre prestação inexigível por culpa do devedor, o credor terá direito de exigir a prestação subsistente ou optar pelo recebimento do valor da inexigível acrescentado de perdas e danos. (art. 255 do Código Civil)

Alternativa "e": A assertiva está incorreta, pois a mora ou recuso do devedor em cumprir com obrigação de fazer se converterá em perdas e danos caso a prestação tenha natureza personalíssima ou infungível, ou seja, aquela que só pode ser exequível por aquele devedor específico. (art. 247 do Código Civil). Se a obrigação puder ser cumprida por terceiro, poderá o credor mandar executá-la à custa do devedor, sem prejuízo da indenização cabível (art. 249 do Código Civil).

---

109. (Cespe – Juiz de Direito Substituto – PA/ 2012) Quatro pessoas contraíram um empréstimo de R$ 100.000,00, tendo ficado estipulada, no contrato, a solidariedade entre elas quanto ao pagamento do débito. Contudo, a obrigação contratual não foi cumprida. A respeito dessa situação, assinale a opção correta.

a) Aceitando o credor o recebimento parcial da dívida, presume-se a renúncia da solidariedade, mas não do restante da dívida.

b) Se o devedor solidário demandado chamar os outros ao processo, na sentença deverá ser fixado o valor a ser pago ao credor por cada um.

c) A lei admite que o credor exija de um ou de mais de um devedor solidário o pagamento parcial ou total da dívida comum.

d) Caso um dos devedores faleça, qualquer herdeiro poderá ser acionado pelo credor, ficando, então, suscetível de responder por um quarto da dívida, nas forças da herança, após a partilha.

e) Aquele que solver a dívida poderá cobrar R$ 75.000,00 de apenas um dos outros três, se os demais devedores forem insolventes.

COMENTÁRIOS

Alternativa correta: letra "c". A assertiva está correta, ne medida em que vislumbra a verdadeira razão da solidariedade passiva, que é permitir ao credor, a cobrança total ou parcial do débito de qualquer um dos coobrigados. Inteligência do art. 275 do Código Civil.

Alternativa "a": A assertiva está incorreta, vez que o pagamento parcial efetuado por um dos devedores não extingue a solidariedade quanto aos demais, ficando todos eles responsáveis pelo pagamento integral do restante do valor. Inteligência do art. 275 do Código Civil)).

Alternativa "b": A assertiva está incorreta, pois o devedor solidário, mesmo que se utilize do instituto do chamamento ao processo (art. 130, III, do NCPC), poderá ser condenado ao pagamento da totalidade do débito, em razão da solidariedade. A vantagem da utilização do referido instituto é a possibilidade de a sentença condenatória já servir, ao devedor que arcou com a integralidade do pagamento, de título executivo para a respectiva ação de regresso para reaver de cada coobrigado o respectivo quinhão.

Alternativa "d": A assertiva está errada, pois caso um dos devedores venha a falecer, a solidariedade será extinta com relação aos seus herdeiros, ficando cada um deles responsável apenas até o limite de seu quinhão hereditário, e não por um quarto da dívida como quer fazer parecer o examinador. Ressalta-se que todos os herdeiros reunidos serão considerados como um devedor solidário em relação aos demais devedores (art. 276 do Código Civil).

Alternativa "e": A assertiva está incorreta, pois aquele que solver a dívida poderá cobrar de cada um dos demais coobrigados a sua quota parte, sendo que se houver um devedor insolvente, sua quota parte será dividida igualitariamente entre os demais. (art. 283 do Código Civil).

---

110. (Cespe – Juiz de Direito Substituto – AC/ 2012) De acordo com as disposições do Código Civil e da jurisprudência dos tribunais pátrios, assinale a opção correta no que se refere a contratos, obrigações e capacidade para os negócios jurídicos.

a) Constitui requisito especial na formação dos contratos a colheita do acordo de vontades, que deve ser livre e espontâneo, não sendo, em nenhuma hipótese, aceito o silêncio como forma de manifestação tácita.

b) Diante de uma obrigação alternativa, deve-se respeitar a vontade dos contratantes e, na falta de estipulação ou de presunção contrária, a escolha entre as alternativas caberá ao credor.

c) É válido e irrecobrável o pagamento espontâneo, feito por maior de idade, para cumprir obrigação de dívidas inexigíveis, como as prescritas ou as de jogo.

d) É válido o ato praticado por pessoa declarada incapaz caso se comprove que essa pessoa estava lúcida no momento em que praticou o ato.

e) Em razão da tradicional proibição do pacta corvina, é defeso aos pais, por ato entre vivos, partilhar o seu patrimônio entre os descendentes.

COMENTÁRIOS

Alternativa correta: letra "c". A assertiva está correta, vez que a legislação entende que o pagamento espontâneo de dívida prescrita, de origem ilícita ou das chamadas obrigações naturais configura ato de mera liberalidade do devedor, vez que não possuem ação para a respectiva cobrança. Assim, uma vez pagas, são irrepetíveis. quanto às dívidas prescritas e às obrigações naturais, a fundamentação se encontra no art. 822 do Código Civil. Quanto às dívidas de jogo, a fundamentação está no art. 814 do mesmo diploma legal.

Alternativa "a": A assertiva está incorreta, pois apesar de o acordo de vontades ser requisito especial na formação dos contratos, o silêncio pode ser aceito como forma de manifestação tácita quando a lei não exigir a manifestação de vontade expressa ou quando as circunstâncias ou os usos do local o autorizarem. (art. 11 do Código Civil)

Alternativa "b": A assertiva está errada, vez que nas obrigações alternativas, salvo estipulação ou presunção em contrário, a escolha caberá ao devedor. Vale ressaltar, que as partes podem convencionar que a escolha caberá a terceiro, estranho à relação contratual, caso o terceiro não queira exercer o direito de opção que o título lhe atribui, a escolha caberá às partes, que deverão decidir em comum acordo pela prestação que melhor lhes convier. Não havendo acordo entre as partes, a escolha caberá ao juiz. (art. 252 do Código Civil)

Alternativa "d": A alternativa está incorreta, vez que a legislação brasileira não faz qualquer ressalva quanto aos intervalos de lucidez em que a pessoa interditada pratica qualquer ato da vida civil, de forma que, uma vez declarada a incapacidade, se faz necessária a representação ou a assistência, a depender do grau de incapacidade, para que que ato seja considerado válido. Ressalta-se que quanto aos atos pretéritos, poderão ser anulados caso fique demonstrado prejuízo ao incapaz e má-fé da outra parte.

Alternativa "e": A assertiva está incorreta. A proibição da pacta corvina está expressamente prevista no art. 426 do Código Civil, que proíbe a celebração de contrato que tenha por objeto herança de pessoa viva. Tal previsão visa evitar que os herdeiros negociem bens que provavelmente receberão de herança antes mesmo da abertura da sucessão. Porém, o art. 2018 do Código Civil determina que é válida a partilha feita por ascendente, por ato entre vivos, desde que não prejudique a legítima dos herdeiros necessários. Tal dispositivo visa facilitar a vida daqueles que sobreviveram ao de cujus, que num momento de fragilidade não precisarão se preocupar com a partilha dos bens já feita por ele em vida.

111. (Cespe – Juiz de Direito Substituto – AC/ 2012) Em relação à penhora, assinale a opção correta.

a) Pela disposição legal, não há necessidade da concordância do cônjuge do devedor para que este peça a substituição do bem penhorado por imóvel.

b) Tratando-se de penhora de dinheiro perante instituições bancárias, é possível a chamada penhora online, de valor limitado ao quantum exequendo, restrita ao caso de o BACEN não responder ao juízo no prazo legal sobre a existência, ou não, de ativos financeiros em favor do devedor.

c) Localizado, em banco particular, ativo financeiro do devedor, o juízo da execução deve, após a penhora online, necessariamente, determinar a transferência, para banco oficial, de valor dentro do limite do quantum exequendo.

d) Havendo a penhora online sobre quantias consideradas impenhoráveis pela lei, caberá ao executado o ônus de alegar e comprovar essa situação, solicitando ao juízo o correspondente desbloqueio.

e) De acordo com a legislação processual codificada, a parte fica impedida de requerer a substituição da penhora se esta incidir sobre bens de baixa liquidez.

COMENTÁRIOS

Alternativa correta: letra "d". A assertiva está correta. O art. 833 do Código de Processo Civil elenca os bens que são absolutamente impenhoráveis, como salários, proventos de aposentadoria, pensões, etc. Isso se dá em razão do caráter alimentar de tais prestações. Havendo penhora on line sobre as quantias que tenham origem ali elencadas, caberá ao executado o ônus da prova da impenhorabilidade da quantia.

Alternativa "a": A assertiva está incorreta, vez que a substituição do bem penhorado por um imóvel prescinde da expressa autorização do cônjuge, de acordo com o art. 847, § 3º do Código de Processo Civil. Ressalta-se que, a substituição ainda dependerá da comprovação de que não trará prejuízo ao exequente e de que será menos onerosa a ele, executado. (art. 847 do Código de Processo Civil)

Alternativa "b": A assertiva está equivocada, pois o art. 854 do Código de Processo Civil determina que a penhora on line se dará por meio de requisição do juiz à autoridade supervisora do sistema bancário, podendo inclusive, no mesmo ato, determinar sua indisponibilidade. Onde se lê requisição, leia-se ordem, de forma que não é facultado ao BACEN responder ao juízo de execução, sendo que a inobservância da ordem emitida pelo juiz poderá dar ensejo à configuração de crime de desobediência.

Alternativa "c": A assertiva está errada, vez que o art. 840 do Código de Processo Civil preceitua que o os bens serão preferencialmente depositados em banco oficial, não devem ser necessariamente transferidos, como quer fazer parecer o examinador. Vale ressaltar, que os bens ainda podem ser depositados em favor do depositário judicial, do depositário particular e até mesmo em poder do executado, quando de difícil remoção e com expressa anuência do exequente.

Alternativa "e": A assertiva está incorreta, vez que o art. 848, inciso V do Código de Processo Civil prevê expressamente a possibilidade de substituição da penhora que incidir sobre bens de baixa liquidez. Tal disposição vem a proteger o exequente, vez que a alienação de bens de baixa liquidez tem grandes chances de restar infrutífera.

8. DOS CONTRATOS

112. (Cespe – Juiz de Direito Substituto – AM/2016) A respeito dos contratos regidos pelo Código Civil, assinale a opção correta.

a) No contrato de transporte de pessoas, a responsabilidade do transportador pelo acidente com o passageiro será afastada quando for comprovada culpa exclusiva de terceiro.

b) Se o suicídio do segurado ocorrer dentro do prazo dos dois primeiros anos de vigência do contrato de seguro de vida, seus beneficiários não terão direito a indenização, ainda que não premeditado o suicídio, mas o segurador será obrigado a devolver o montante da reserva técnica já formada.

c) No silêncio do contrato, o empreiteiro contratado deve contribuir para execução da obra com seu trabalho e com os materiais necessários à sua conclusão.

d) Na venda ad corpus, o imóvel é alienado com especificação de sua área, de modo que, na falta de correspondência entre a área mencionada e a efetiva área adquirida, poderá o comprador reclamar a resolução do contrato ou o abatimento proporcional do preço.

e) O pacto de retrovenda é condição resolutiva expressa que permite ao credor reaver, a qualquer tempo, o imóvel alienado, desde que restitua ao adquirente o preço recebido, acrescido de todas as despesas por ele realizadas.

COMENTÁRIOS

Alternativa correta: letra "b". A assertiva está correta, e de acordo com o recente entendimento exarado pelo STJ no julgamento do REsp 1.334.005/GO – "Se o segurado se suicidar dentro dos dois primeiros anos de vigência de contrato de seguro de vida, o segurador, a despeito de não ter que pagar o valor correspondente à indenização, será obrigado a devolver ao beneficiário o montante da reserva técnica já formada, mesmo diante da prova mais cabal de premeditação do suicídio." – Assim, restam superadas as Súmulas 105 do STF e 61 do STJ e o Enunciado 187 da III Jornada de Direito Civil.

Alternativa "a": A assertiva está equivocada, pois fere disposição legal expressa no sentido de que tal responsabilidade não é afastada quando o acidente com passageiro se der por culpa de terceiro, cabendo ao transportador ingressar com ação de regresso contra o causador do dano. (artigo 735 do Código Civil)

Alternativa "c": A assertiva está errada. No silêncio do contrato de empreitada não se pode presumir a obrigação de fornecer materiais por parte do empreiteiro, pois de acordo com o artigo 610, parágrafo primeiro do Código Civil tal obrigação deve resultar de lei ou da vontade das partes.

Alternativa "d": A assertiva está incorreta, pois refere-se à venda *ad mensuram*. Na venda *ad corpus* o imóvel objeto do contrato é certo e determinado em seu corpo, pouco importando sua metragem. Mesmo que assim não fosse, na venda *ad corpus*, não havendo correspondência entre a área mencionada no contrato e a área real do imóvel, o comprador *não pode* pleitear o abatimento no preço ou a complementação da área, pois a menção às dimensões do imóvel no contrato é meramente enunciativa, não gerando obrigação de correspondência de metragem. (artigo 500, parágrafo terceiro do Código Civil)

Alternativa "e": A assertiva está errada. Retrovenda é a cláusula que prevê que vendedor tem, durante o prazo máximo de 03 (três) anos, o direito de exigir que o comprador lhe revenda o imóvel, restituindo-lhe o preço, mais as despesas por ele realizadas, inclusive as empregadas em melhoramentos do imóvel. (artigo 505 do Código Civil)

---

113. (Cespe – Juiz de Direito Substituto – AM/2016) A respeito da locação de imóveis urbanos, assinale a opção correta.

a) Os juros de mora decorrentes de inadimplemento em contrato de locação fluem a partir do vencimento de cada parcela em atraso, exceto em relação ao fiador, caso em que fluem a partir da sua citação no processo de execução.

b) A prorrogação do contrato de fiança acessório da locação por prazo indeterminado depende de pactuação expressa.

c) O antigo proprietário de imóvel locado não tem legitimidade para cobrar os aluguéis que tenham vencido em data anterior à alienação do imóvel, o que cabe somente ao novo proprietário.

d) Na hipótese em que, na data de vencimento, o valor do aluguel seja cobrado com incidência de desconto de bonificação, a multa, em caso de atraso no pagamento, deverá incidir sobre o valor do aluguel com o referido desconto.

e) A data do trânsito em julgado é o termo inicial do prazo de trinta dias para o cumprimento voluntário da sentença que determina a desocupação de imóvel alugado.

COMENTÁRIOS

Alternativa correta: Letra "d": A assertiva está correta de acordo com entendimento do STJ acerca do assunto:

" Na hipótese em que, na data de vencimento, o valor do aluguel seja cobrado com incidência de desconto de bonificação, a multa prevista para o caso de atraso no pagamento deverá incidir sobre o valor do aluguel com o referido desconto. Nos termos do art. 17 da Lei 8.245/1991, é livre a convenção do aluguel, prevalecendo o que as partes contrataram de acordo com seus interesses e necessidades, sendo vedada, apenas, a estipulação em moeda estrangeira e a vinculação à variação cambial ou ao salário mínimo. Desse modo, o desconto para pagamento pontual do aluguel (abono pontualidade) é, em princípio, liberalidade do locador, em obediência ao princípio da livre contratação, representando um incentivo concedido ao locatário, caso venha a pagar o aluguel em data convencionada. Referido bônus tem, portanto, o objetivo de induzir o locatário a cumprir corretamente sua obrigação de maneira antecipada. A multa contratual, por sua vez, também livremente acordada entre as partes, tem a natureza de sanção, incidindo apenas quando houver atraso no cumprimento da prestação (ou descumprimento de outra cláusula), sendo uma consequência, de caráter punitivo, pelo não cumprimento do que fora acordado, desestimulando tal comportamento (infração contratual). Portanto, apesar de ambos os institutos – o bônus e a multa – objetivarem o cumprimento pontual da obrigação contratada, não possuem eles a mesma natureza, pois o primeiro constitui um prêmio ou incentivo, enquanto a multa representa uma sanção ou punição. Por isso, em princípio, as cláusulas de abono pontualidade e de multa por impontualidade são válidas, não havendo impedimento a que estejam previstas no contrato de locação de imóvel, desde que compatibilizadas entre si, nas respectivas lógicas de incidência antípodas. Nessa ordem de ideias, a compatibilização dos institutos requer, para a validade do desconto, bônus ou prêmio por pontualidade, que este, constituindo uma liberalidade do locador, esteja previsto para ser aplicado apenas no caso de pagamento antes da data do vencimento normal do aluguel mensal, cumprindo seu objetivo "premial", representando uma bonificação, um desconto para o pagamento antes do dia do vencimento. Para pagamento efetuado no dia do vencimento da obrigação, entretanto, já não poderá incidir o bônus, mas o valor normal do aluguel (valor cheio), pois, caso contrário, esse "valor normal do aluguel" inexistirá na prática. (...)" REsp 832.293-PR, Rel. Min. Raul Araújo, julgado em 20/8/2015, DJe 28/10/2015.

Alternativa "a": Incorreta, pois em desacordo com o entendimento do STJ acerca do assunto:

> *FIANÇA. RECURSO ESPECIAL. CONTRATO DE LOCAÇÃO QUE ESPECIFICA O VALOR DO ALUGUEL E A DATA DE VENCIMENTO DAS PRESTAÇÕES. MORA EX RE. TERMO INICIAL DOS JUROS DE MORA, NO QUE TANGE AO FIADOR. MESMO DO LOCATÁRIO. OBRIGAÇÃO DO GARANTE DE ARCAR COM O VALOR DA DÍVIDA PRINCIPAL, INCLUSIVE OS ACESSÓRIOS (JUROS DE MORA). (REsp 1.264.820/RS, Relator Ministro LUIS FELIPE SALOMÃO, QUARTA TURMA, julgado em 13/11/2012, DJe 30/11/2012).*
>
> **Alternativa "b"**: *Incorreta, pois o STJ assim se decidiu sobre o assunto:*
>
> *STJ – EMBARGOS DE DECLARAÇÃO NO AGRAVO EM RECURSO ESPECIAL EDcl no AREsp 266795 RJ 2012/0257501-9 (STJ)*
>
> *Data de publicação: 01/08/2014*
>
> *1. Com o julgamento dos EREsp 566.633/CE, ficou pacificado no âmbito do STJ a admissão da prorrogação da fiança nos contratos locatícios estabelecidos por prazo indeterminado, contanto que expressamente prevista no pacto.*
>
> *2. Ademais, cumpre consignar que "a jurisprudência consolidada apreciou demandas à luz da redação primitiva do artigo 39 da Lei do Inquilinato (Lei 8.245/91). Com a nova redação conferida ao dispositivo pela Lei 12.112/09, para contratos de fiança firmados a partir de sua vigência, salvo disposição em contrário, a garantia, em caso de prorrogação legal da locação por prazo indeterminado, também prorroga-se automaticamente (ope legis), resguardando-se, durante essa prorrogação, evidentemente, a faculdade de o fiador de exonerar-se da obrigação mediante notificação resilitória".*

Alternativa "c": Incorreta.

> *STJ – RECURSO ESPECIAL REsp 706594 PR 2004/0170159-6 (STJ)*
>
> *Data de publicação: 28/09/2009*
>
> *Ementa: RECURSO ESPECIAL. LOCAÇÃO E PROCESSUAL CIVIL. LEGITIMIDADE PARA COBRANÇA DE ALUGUÉIS. COMPROVAÇÃO DA TITULARIDADE DO BEM. DESNECESSIDADE. INEXISTÊNCIA DE DÉBITOS CONTRATUAIS. ANÁLISE. INVIABILIDADE. SÚMULA N.º 7 DESTA CORTE. LEI DE USURA E CÓDIGO DE DEFESA DO CONSUMIDOR. INAPLICABILIDADE. 1. O entendimento deste Superior Tribunal de Justiça é no sentido de que é possível a cobrança dos aluguéis pelo locador, sem a exigência de prova da propriedade, sendo suficiente a apresentação do contrato de locação para a instrução da execução extrajudicial. Precedentes.*

Alternativa "e": Incorreta, pois de acordo com o Informativo n. 0513. Período: 6 de março de 2013. Terceira Turma.

"O termo do prazo de trinta dias para o cumprimento voluntário de sentença que determine a desocupação de imóvel alugado é a data da intimação pessoal do locatário realizada por meio de mandado de despejo."

---

114. (Cespe – Defensor Público – RN/2015) Em relação aos contratos, assinale a opção correta.

a) Caso um indivíduo firme contrato de seguro com determinada instituição financeira, e não haja dia previamente ajustado pelas partes para o pagamento de prestação do prêmio, o contrato não será desfeito automaticamente com o descumprimento da prestação pelo segurado no termo pactuado. Para o desfazimento do contrato, será necessária a prévia constituição em mora do contratante pela seguradora, mediante interpelação.

b) O Código Civil adotou o critério subjetivo da premeditação para determinar a cobertura relativa ao suicídio do segurado. Desse modo, a seguradora não será obrigada a indenizar se houver prova cabal da premeditação do suicídio, mesmo após o decurso do período de carência de dois anos.

c) No contrato do seguro de acidentes pessoais, como garantia por morte acidental, a seguradora se obriga, em virtude de expressa disposição legal, a indenizar também o beneficiário no caso de morte do segurado por causa natural.

d) No contrato de seguro de automóvel, o reconhecimento da responsabilidade, a confissão da ação ou a transação retiram do segurado de boa-fé o direito à indenização e ao reembolso, pois são prejudiciais à seguradora, a menos que haja prévio e expresso consentimento desta.

e) Se, em caso de risco, o comodatário privilegiar a segurança de seus próprios bens, abandonando os bens do comodante, responderá pelo dano que venha a ser sofrido pelo comodante, exceto nas hipóteses de caso fortuito ou força maior.

Alternativa correta: Letra "a": A assertiva está correta pois encontra-se de acordo com o previsto no art. 397, parágrafo único do Código Civil que assim dispõe:

> *Art. 397. O inadimplemento da obrigação, positiva e líquida, no seu termo, constitui de pleno direito em mora o devedor.*

Parágrafo único. Não havendo termo, a mora se constitui mediante interpelação judicial ou extrajudicial.

Outrossim, este tem sido o entendimento adotado pelos nossos tribunais, vejamos:

AGRAVO REGIMENTAL NO AGRAVO EM RECURSO ESPECIAL. CIVIL. PLANO DE PECÚLIO POR MORTE. NATUREZA DO CONTRATO. SEGURO DE VIDA. SEMELHANÇA.

ATRASO NO PAGAMENTO DO PRÊMIO. SUSPENSÃO AUTOMÁTICA DA AVENÇA.

DESCABIMENTO. NECESSIDADE DE CONSTITUIÇÃO EM MORA. AUSÊNCIA DE NOTIFICAÇÃO.

1. A Segunda Seção desta Corte Superior consagrou o entendimento de que o mero atraso no pagamento de prestação do prêmio do seguro não importa em desfazimento automático do contrato, pois exige-se, ao menos, a prévia constituição em mora do segurado pela seguradora, mediante notificação ou interpelação.

2. Aplica-se o mesmo entendimento aos planos de pecúlio por morte, pois essa espécie contratual assemelha-se aos seguros de vida.

3. Agravo regimental não provido.

(AgRg no AREsp 625.973/CE, Rel. Ministro RICARDO VILLAS BÔAS CUEVA, TERCEIRA TURMA, julgado em 18/06/2015, DJe 04/08/2015)

Alternativa "b": Incorreta, pois contraria o disposto no parágrafo único do art. 798 do Código Civil que assim dispõe:

Art. 798. O beneficiário não tem direito ao capital estipulado quando o segurado se suicida nos primeiros dois anos de vigência inicial do contrato, ou da sua recondução depois de suspenso, observado o disposto no parágrafo único do artigo antecedente.

Parágrafo único. Ressalvada a hipótese prevista neste artigo, é nula a cláusula contratual que exclui o pagamento do capital por suicídio do segurado.

Assim, após os dois anos de carência, mesmo que haja premeditação, a indenização deverá ser paga, sendo nula qualquer cláusula que disponha em contrário.

Alternativa "c": Incorreta pois contraria entendimento pacificado do STJ acerca do assunto:

5. Apesar da denominação "acidente vascular cerebral", o AVC é uma patologia, ou seja, não decorre de causa externa, mas de fatores internos e de risco da saúde da própria pessoa que levam à sua ocorrência. 6. Contratado o seguro de acidentes pessoais (garantia por morte acidental), não há falar em obrigação da seguradora em indenizar o beneficiário quando a morte do segurado é decorrente de causa natural, a exemplo da doença conhecida como acidente vascular cerebral (AVC), desencadeada apenas por fatores internos à pessoa. 7. Recurso especial não provido. STJ. RECURSO ESPECIAL Nº 1.443.115 – SP (2014/0061602-8). RELATOR: MINISTRO RICARDO VILLAS BÔAS CUEVA. Julgado em 21 de outubro de 2014.

Alternativa "d": Incorreta pois contrária ao entendimento do STJ acerca do assunto, vejamos:

STJ – Segurado de boa-fé que fez acordo com terceiro sem anuência da seguradora tem direito a reembolso

04/09/2014 O ministro afirmou que a melhor interpretação do parágrafo 2º do artigo 787 do Código Civil é que a confissão ou a transação não retiram do segurado de boa-fé e que tenha agido com probidade o direito à indenização e ao reembolso, sendo os atos "apenas ineficazes perante a seguradora". Desse modo, a perda da garantia securitária só se dará nas situações de prejuízo efetivo ao ente segurador, "como em caso de fraude ou de ressarcimento de valor exagerado ou indevido, resultantes de má-fé do próprio segurado", afirmou Villas Bôas Cueva.*

Alternativa "e": Incorreta, vez que a assertiva está em desacordo ao quanto previsto no art. 583 do Código Civil.

---

115. (Cespe – Defensor Público – RN/2015) No tocante à extinção dos contratos, assinale a opção correta.

a) Nos contratos bilaterais, o credor pode exigir a realização da obrigação pela outra parte, ainda que não cumpra a integralidade da prestação que lhe caiba.

b) A extinção do contrato decorrente de cláusula resolutiva expressa configura exercício do direito potestativo de uma das partes do contrato de impor à outra sua extinção e depende de interpelação judicial.

c) Situação hipotética: Joaquim, mediante contrato firmado, prestava serviços de contabilidade à empresa de Joana. Joaquim e Joana decidiram encerrar, consensualmente, o pactuado e dar fim à relação contratual. Assertiva: Nessa situação, configurou-se a resilição do contrato por meio de denúncia de uma das partes.

d) A cláusula resolutiva tácita é causa de extinção contemporânea à celebração ou formação do contrato, e a presença do vício torna o contrato nulo.

e) A resolução do contrato por onerosidade excessiva não se aplica aos contratos de execução instantânea, pois ocorre quando, no momento da efetivação da prestação, esta se torna demasiadamente onerosa para uma das partes, em virtude de acontecimentos extraordinários e imprevisíveis.

COMENTÁRIOS

Alternativa correta: Letra "e": A assertiva está correta pois de encontro ao disposto no art. 478 do Código Civil que assim dispõe:

Nos contratos de execução continuada ou diferida, se a prestação de uma das partes se tornar excessivamente onerosa, com extrema vantagem para a outra, em virtude de acontecimentos extraordinários e imprevisíveis, poderá o devedor pedir a resolução do contrato. Os efeitos da sentença que a decretar retroagirão à data da citação.

Alternativa "a": Incorreta, vez que a "**exceptio non adimpleti contractus**" ou a exceção do contrato não cumprido está previsto no Código Civil nos artigos 476 e 477, e significa que a parte que não cumpriu com a sua obrigação não pode exigir o cumprimento da obrigação da outra parte.

Alternativa "b": Incorreta. A cláusula resolutiva expressa possui eficácia plena, ou seja, em sendo expressa, ambas as partes possuem conhecimento das consequências de seu descumprimento. A cláusula resolutiva que estiver expressa no contrato possui eficácia plena (não precisa de interpelação judicial); já a cláusula resolutiva implícita depende de interpelação judicial.

Alternativa " c": Incorreta. O que houve no caso hipotético foi uma resilição bilateral que nada mais é do que um dos meios de extinção de contrato de forma consensual. Se fosse denúncia, a resilição seria unilateral e na assertiva trata-se de acordo entre as partes, portanto, resilição bilateral.

Alternativa "d": Incorreta, pois em desacordo ao previsto no art. 474 do Código Civil.

---

116. (Cespe – Procurador do MP junto ao TCU/2015) Com base na jurisprudência do STJ a respeito dos contratos, assinale a opção correta.

a) Na venda com reserva de domínio, a cláusula de reserva de domínio terá de ser estipulada por escrito e não dependerá de registro para valer contra terceiros.

b) A transação efetivada entre um dos devedores solidários e seu credor extingue a dívida em relação aos demais codevedores, mesmo que o credor não dê quitação de toda a dívida.

c) Caso o compromisso de compra e venda de imóvel não tenha sido levado a registro, a responsabilidade pelas despesas de condomínio recairá sobre o promissário vendedor.

d) A renegociação de contrato bancário ou a confissão de dívida, assim como a extinção contratual decorrente de quitação, não obstam a discussão sobre eventuais ilegalidades dos contratos anteriores.

e) Na alienação fiduciária de imóveis em garantia, o contrato se extingue por força da consolidação da propriedade em nome do credor fiduciário, e não pela alienação do bem em leilão público.

COMENTÁRIOS

Alternativa correta: letra "d": A alternativa está correta pois encontra-se de acordo com o previsto na Súmula 286 do STJ que assim dispõe: " Súmula 286: Súmula 286/STJ

Consumidor. Banco. Contrato bancário. Confissão de dívida ou renegociação. Possibilidade de discussão de eventuais ilegalidades nos contratos anteriores. CDC, art. 51.

A renegociação de contrato bancário ou a confissão da dívida não impede a possibilidade de discussão sobre eventuais ilegalidades dos contratos anteriores. Outrossim, há ainda o entendimento do STJ admitindo interpretação ampla para que se enquadre a hipótese de quitação ou novação:

> *GRAVO REGIMENTAL. EXECUÇÃO. CONFISSÃO DE DÍVIDA. SÚMULA 300/STJ. PROCESSO EXECUTÓRIO NÃO INSTRUÍDO COM O PRIMITIVO CONTRATO. DISCUSSÃO DE CLÁUSULAS CONTRATUAIS ORIGINÁRIAS. POSSIBILIDADE.*
>
> *SÚMULA N. 286/STJ. EMENDA À PETIÇÃO INICIAL DETERMINADA NO JUÍZO DE PRIMEIRO GRAU. APLICAÇÃO DO ART. 616 DO CPC. INÉRCIA DA PARTE. EXTINÇÃO DO PROCESSO. PRECEDENTES. RECURSO IMPROVIDO. DECISÃO MONOCRÁTICA MANTIDA.*
>
> *1. A jurisprudência deste Superior Tribunal de Justiça é pacífica no sentido da executividade do instrumento de confissão de dívida, ainda que oriundo de contrato de abertura de crédito, restando tal entendimento sumulado, nestes termos: "Enunciado n. 300: O instrumento de confissão de dívida, ainda que originário de contrato de abertura de crédito, constitui título executivo extrajudicial.".*
>
> 2. Não menos robusta, é a compreensão no âmbito desta Corte quanto a possibilidade de se revisar os contratos e suas cláusulas, para afastar eventuais ilegalidades, ainda que tenha havido quitação ou novação, a teor do que informa o verbete sumular nº 286/STJ: "A renegociação de contrato bancário ou a confissão da dívida não impede a possibilidade de discussão sobre eventuais ilegalidades dos contratos anteriores".
>
> *[...] (AgRg no REsp 871.400/SC, Rel. Ministro HÉLIO QUAGLIA BARBOSA, QUARTA TURMA, julgado em 13/02/2007, DJ 12/03/2007, p. 253)*

Alternativa "a": Errada, pois contraria ao disposto no art. 522 do Código Civil.

Alternativa "b": Errada, pois contrária o quanto previsto no art. 844, § 3º do Código Civil e o quanto já decidido pelo STJ, vejamos:

> *REsp 1478262/RS: 1. É firme a jurisprudência do STJ no sentido de que a transação efetivada entre um dos devedores solidários e seu credor só irá extinguir a dívida em relação aos demais codevedores (CC, art. 844, § 3º) quando o credor der a quitação por toda a dívida, e não de forma parcial.*

Alternativa "c": A alternativa encontra-se errada pois contraria o entendimento dos Tribunais, vejamos:

> *PROCESSO CIVIL. RECURSO ESPECIAL REPRESENTATIVO DE CONTROVÉRSIA. ART. 543-C DO CPC. CONDOMÍNIO. DESPESAS COMUNS. AÇÃO DE COBRANÇA. COMPROMISSO DE COMPRA E VENDA NÃO LEVADO A REGISTRO. LEGITIMIDADE PASSIVA. PROMITENTE VENDEDOR OU PROMISSÁRIO COMPRADOR. PECULIARIDADES DO CASO CONCRETO. IMISSÃO NA POSSE. CIÊNCIA INEQUÍVOCA.*
>
> *1. Para efeitos do art. 543-C do CPC, firmam-se as seguintes teses: a) O que define a responsabilidade pelo pagamento das obrigações condominiais não é o registro do compromisso de compra e venda, mas a relação jurídica material com o imóvel, representada pela imissão na posse pelo promissário comprador e pela ciência inequívoca do condomínio acerca da transação. b) Havendo compromisso de compra e venda não levado a registro, a responsabilidade pelas despesas de condomínio pode recair tanto sobre o promitente vendedor quanto sobre o promissário comprador, dependendo das circunstâncias de cada caso concreto. c) Se ficar comprovado: (i) que o promissário comprador se imitira na posse; e (ii) o condomínio teve ciência inequívoca da transação, afasta-se a legitimidade passiva do promitente vendedor para responder por despesas condominiais relativas a período em que a posse foi exercida pelo promissário comprador. 2. No caso concreto, recurso especial não provido. (REsp 1345331/RS, Rel. Ministro LUIS FELIPE SALOMÃO, SEGUNDA SEÇÃO, julgado em 08/04/2015, DJe 20/04/2015)*

Alternativa " e": Errada, pois em desacordo com o entendimento atual dos Tribunais:

> *PROCESSO CIVIL. RECURSO ESPECIAL REPRESENTATIVO DE CONTROVÉRSIA. ART. 543-C DO CPC. CONDOMÍNIO. DESPESAS COMUNS. AÇÃO DE COBRANÇA. COMPROMISSO DE COMPRA E VENDA NÃO LEVADO A REGISTRO. LEGITIMIDADE PASSIVA. PROMITENTE VENDEDOR OU PROMISSÁRIO COMPRADOR. PECULIARIDADES DO CASO CONCRETO. IMISSÃO NA POSSE. CIÊNCIA INEQUÍVOCA.*
>
> *1. Para efeitos do art. 543-C do CPC, firmam-se as seguintes teses: a) O que define a responsabilidade pelo pagamento das obrigações condominiais não é o registro do compromisso de compra e venda, mas a relação jurídica material com o imóvel, representada pela imissão na posse pelo promissário comprador e pela ciência inequívoca do condomínio acerca da transação. b) Havendo compromisso de compra e venda não levado a registro, a responsabilidade pelas despesas de condomínio pode recair tanto sobre o promitente vendedor quanto sobre o promissário comprador, dependendo das circunstâncias de cada caso concreto. c) Se ficar comprovado: (i) que o promissário comprador se imitira na posse; e (ii) o condomínio teve ciência inequívoca da transação, afasta-se a legitimidade passiva do promitente vendedor para responder por despesas condominiais relativas a período em que a posse foi exercida pelo promissário comprador. 2. No caso concreto, recurso especial não provido. (REsp 1345331/RS, Rel. Ministro LUIS FELIPE SALOMÃO, SEGUNDA SEÇÃO, julgado em 08/04/2015, DJe 20/04/2015)*

---

117. (Cespe – 2015 – AGU – Advogado da União) A respeito dos contratos, julgue o próximo item à luz do Código Civil:

Se vendedor e comprador estipularem o cumprimento das obrigações de forma simultânea em venda à vista, ficará afastada a utilização do direito de retenção por parte do vendedor caso o preço não seja pago.

COMENTÁRIOS

Afirmativa errada. De acordo com interpretação conjunta dos arts. 491 e 492 do Código Civil, verifica-se que não ficará afastada a utilização do direito de retenção por parte do vendedor caso o preço não seja pago, pois o vendedor não é obrigado a entregar a coisa antes de receber o preço.

---

118. (Cespe – 2015 – AGU – Advogado da União) A respeito dos contratos, julgue o próximo item à luz do Código Civil.

Caso os materiais para construção de obra decorrente de contrato em que o empreiteiro se responsabilize apenas pela mão de obra pereçam, o prejuízo recairá sobre o dono do empreendimento.

COMENTÁRIOS

Afirmativa correta. Trata-se do quanto disposto no art. 612 do Código Civil:

> *Art. 612 – "Se o empreiteiro só forneceu mão-de-obra, todos os riscos em que não tiver culpa correrão por conta do dono."*

Assim, aplica-se a regra do res perit domino.

---

119. (Cespe – Cartório – TJ – DF/2014) Acerca da extinção dos contratos, assinale a opção correta.

a) Em se tratando de contrato de execução continuada, as prestações efetivadas na relação de consumo não são restituídas, porquanto a resolução não tem efeito relativamente ao passado.

b) Em regra, a morte de um dos contratantes acarreta a dissolução do contrato por inexecução involuntária, sob o fundamento de caso fortuito e força maior.

c) Admite-se a inscrição, nas apólices de seguro, de cláusulas de rescisão unilateral e de exclusão de sua eficácia, por conveniência da seguradora, com fundamento em fato superveniente.

d) Nos contratos solenes, é possível a previsão de cláusulas de arrependimento, mediante ressarcimento dos prejuízos consistente na guarda das arras recebidas e perdas e danos.

e) A resolução por inexecução voluntária implica a extinção retroativa do contrato, opera ex tunc caso este seja de execução única, desconstitui os efeitos jurídicos produzidos e determina a restituição das prestações cumpridas.

COMENTÁRIOS

Alternativa correta: letra "e". A assertiva está correta. A resolução por inexecução voluntária ocorre quando um dos contratantes deixa de cumprir com a obrigação que lhe cabe por culpa, devendo responde por perdas e danos. Caso o contrato seja de execução única, opera efeitos ex tunc, voltando a relação ao estado originário. Caso de execução continuada, opera efeitos ex nunc, não tendo efeito com relação ao passado.

Alternativa "a": A assertiva está incorreta, vez que nos contratos de compra e venda e nas alienações fiduciárias em garantia serão nulas de pleno direito as cláusulas que autorizem a resolução do contrato de forma unilateral pelo credor juntamente com a retomada do produto e a perda total das prestações pagas em seu favor em razão do inadimplemento do devedor. Inteligência do Art. 53 do Código de Defesa do Consumidor.

Alternativa "b": A assertiva está equivocada, vez que esta regra só se aplica às obrigações personalíssimas ou nos casos onde há previsão contratual expressa sobre a dissolução do contrato no caso de morte de um dos contratantes. Nas demais situações, os direitos e obrigações referentes ao contrato transmitem-se aos herdeiros, que fixarão obrigados até o limite de seu quinhão hereditário.

Alternativa "c": A assertiva está errada, pois são nulas de pleno direito as cláusulas que autorizam a rescisão unilateral do contrato por parte do fornecedor (art. 51, inciso XI do Código de Defesa do Consumidor). Com mais razão ainda devem ser nulas as inseridas nesse sentido nas apólices de seguro, que são contratos de risco, não podendo o consumidor ficar à mercê da conveniência da seguradora.

Alternativa "d": A assertiva está incorreta, pois em desacordo com o que estipula o art. 420 do Código Civil. Com a previsão no contrato das arras penitenciais ou meramente indenizatórias, ocorre uma prefixação do valor das perdas e danos que garante o direito de arrependimento da parte, de forma que, havendo desistência do devedor, o credor as retém; havendo desistência do credor, ele as devolve em dobro, não havendo, em qualquer caso, direito a indenização suplementar a título de perdas e danos.

---

120. (Cespe – Procurador do Estado – BA/2014) No que se refere à locação de imóveis urbanos, julgue os itens que se seguem.

Os juros de mora decorrentes do inadimplemento em contrato de locação fluem a partir do vencimento de cada parcela em atraso, inclusive para o fiador.

COMENTÁRIOS

A assertiva está correta, pois trata da denominada mora ex re prevista no art. 397 do Código Civil. Por tratar-se de obrigação positiva e líquida firmada a termo pelas partes, o simples inadimplemento constitui o devedor em mora. Ainda, quanto ao fiador, por ser este devedor subsidiário, os juros de mora também correrão contra ele a partir do vencimento de cada parcela em atraso, e não a partir de sua citação no processo de execução.

---

121. (Cespe – Analista Judiciário – Área Judiciária – TJ – CE/2014) João, mediante contrato firmado, prestava assistência técnica de computadores à empresa de Mário. João e Mário, por mútuo consenso, resolveram por fim à relação contratual.

Nessa situação hipotética, considerando o que dispõe a doutrina majoritária sobre a matéria, caracterizou-se a

a) resolução bilateral do contrato.

b) revogação do contrato.

c) anulação do contrato.

d) inexistência contratual.

e) resilição bilateral do contrato.

COMENTÁRIOS

Alternativa correta: letra "e". A assertiva está correta, pois a resilição bilateral, também chamada de distrato, nada mais é do que um acordo liberatório entre os contratantes, por falta de interesse de ambos quanto à continuação do contrato. Vale ressaltar, que o distrato, para ter validade, deve ser realizado da mesma forma que se realizou o contrato e possui efeito ex nunc.

Alternativa "a": A assertiva está incorreta, vez que a resolução de um contrato não se dá por mútuo consentimento dos contratantes, e sim por inadimplemento da obrigação estipulada no contrato, ainda que recíproco.

Alternativa "b": A assertiva está equivocada, pois na revogação as partes tornam o contrato sem efeito, de forma que ele deixa de vigorar.

Alternativa "c": A assertiva está errada, pois a anulação de um contrato ocorre quando da inobservância de seus requisitos de validade, o que não ocorreu na hipótese mencionada.

Alternativa "d": A assertiva está incorreta, vez que na situação hipotética o contrato existiu, mas por mútuo consentimento as partes resolveram por fim à relação contratual.

---

122. (Cespe - Defensor Público - RR/2013) Breno contratou Mateus, mestre de obras, para construir o segundo andar de sua residência. No contrato, estipulou-se que a obra seria finalizada em seis meses e teria a garantia por defeitos eventualmente encontrados pelo período de três anos. Considerando a omissão contratual quanto a quem seria o responsável por fornecer os materiais que seriam utilizados na obra, Breno exigiu que Mateus fornecesse os materiais. Para evitar aborrecimentos, Mateus arcou com o custo dos materiais que empregou na obra. Contudo, em razão das insistentes cobranças do proprietário, Mateus resolveu delegar a construção da obra para seu primo Samuel, que entregou a obra dentro do prazo estipulado. No entanto, três anos após a entrega, verificaram-se infiltrações de água e vazamentos decorrentes da construção que tornaram inabitável todo o segundo andar da casa de Breno.

Com base nas disposições civilísticas pertinentes ao contrato de empreitada, assinale a opção correta a respeito da situação hipotética acima.

a) A responsabilidade do empreiteiro pela solidez e segurança da obra, segundo o STJ, restringe-se à possibilidade de ruína parcial ou total da construção, não abrangendo vícios de pequena monta, como vazamentos e infiltrações. Dessa forma, Mateus não responderá pelos defeitos encontrados pelo proprietário mais de três anos após a entrega do objeto do contrato.

b) Na situação em apreço, a despeito de o contrato ter previsto o prazo de garantia de três anos, Mateus responderá, por cinco anos, pela solidez e segurança do trabalho contratado por Breno.

c) De acordo com o Código Civil, Breno tem prazo de natureza prescricional de cento e oitenta dias, contados do aparecimento dos vazamentos e infiltrações, para propor ação contra Mateus.

d) Mateus, de fato, possuía a obrigação de fornecer os materiais da obra, pois, na ausência de menção a esse aspecto no contrato de empreitada, presume-se que o fornecimento dos materiais será de responsabilidade do empreiteiro.

e) O contrato de empreitada é de natureza personalíssima, motivo pelo qual Mateus não poderia ter transferido a responsabilidade da construção da obra para terceiro.

COMENTÁRIOS

Alternativa correta: letra "b". A assertiva está correta, vez que de acordo com o que dispõe o art. 618 do Código Civil, que determina que o empreiteiro responderá pela solidez e segurança do trabalho pelo prazo irredutível de 05 (cindo) anos. Tratando-se, segundo nossa melhor doutrina, de prazo decadencial previsto em lei, a cláusula do contrato que prevê o prazo de 03 (três) anos é nula. inteligência do art. 209 do Código Civil.

Alternativa "a": A assertiva está equivocada, pois o entendimento firmado pelo STJ (AgRg no REsp 399701) é no sentido de que a solidez e segurança a que se refere o art. 1.245 do Código Civil não retratam simplesmente o perigo de desmoronamento (ruína total ou parcial) do prédio, sendo o empreiteiro responsável por defeitos que possam comprometer futuramente a construção, tais como rachaduras, vazamentos e infiltrações.

Alternativa "c": A assertiva está incorreta, pois conforme justificativa da alternativa anterior, o prazo de 180 dias para propositura da ação é decadencial e não prescricional.

Alternativa "d": A assertiva está incorreta, vez que o contrato de empreitada pode ter como prestação apenas o trabalho do empreiteiro ou ainda, seu trabalho somado ao fornecimento dos materiais necessários à obra. De acordo com o art. 610, parágrafo primeiro, a obrigação de fornecimento de materiais não se presume, devendo resultar de lei ou da vontade das partes.

Alternativa "e": A assertiva está errada, vez que a lei prevê expressamente a possibilidade de a execução da obra ser confiada a terceiros, estabelecendo, inclusive, responsabilidade diferenciada ao empreiteiro e ao terceiro (art. 622 do Código Civil). Ainda, o art. 626 do mesmo diploma legal determina que não se extingue o contrato de empreitada pela morte de qualquer das partes, corroborando o entendimento de que não se trata de contrato personalíssimo.

---

123. (Cespe – Juiz de Direito Substituto – MA/ 2013) Considerando a interpretação do Código Civil segundo a jurisprudência do STJ, assinale a opção correta.

a) Segundo a jurisprudência do STJ, não é abusiva a cláusula de cobrança de juros compensatórios incidentes em período anterior à entrega das chaves nos contratos de compromisso de compra e venda de imóveis em construção sob o regime de incorporação imobiliária.

b) Em caso de distrato de contrato de compra e venda de imóvel, sendo estabelecidas arras penitenciais, os valores pagos a título de sinal devem ser considerados para fins de cálculo do valor a ser restituído.

c) O apontamento de título a protesto sem o efetivo registro mostra-se suficiente para ensejar dano moral.

d) A teoria do adimplemento substancial não é aceita pelo STJ.

COMENTÁRIOS

Alternativa correta: letra "a". A assertiva está correta, pois em consonância com o informativo 499 do STJ, do qual pedimos vênia para transcrever o trecho a seguir: "A Seção, por maioria, decidiu que não é abusiva a cláusula de cobrança de juros compensatórios incidentes em período anterior à entrega das chaves nos contratos de compromisso de compra e venda de imóveis em construção sob o regime de incorporação imobiliária".

Alternativa "b": A assertiva está incorreta, pois em desacordo com o que estipula o art. 420 do Código Civil. Com a previsão no contrato das arras penitenciais ou meramente indenizatórias, ocorre uma prefixação do valor das perdas e danos que garante o direito de arrependimento da parte, de forma que, havendo desistência do devedor, o credor as retém; havendo desistência do credor, ele as devolve em dobro, não havendo, em qualquer caso, direito a indenização suplementar a título de perdas e danos.

Alternativa "c": A assertiva está incorreta, pois em desacordo com o informativo 500 do STJ, do qual pedimos vênia para transcrever o trecho a seguir: "O simples apontamento de título a protesto sem o efetivo registro não gera dano moral. Isso porque, após a protocolização do título, o devedor tem a oportunidade de pagar a dívida ou sustar o protesto, antes de este ser lavrado e registrado, não configurando, portanto, nenhum constrangimento."

Alternativa "d": A assertiva está equivocada. Em regra, o inadimplemento da prestação por parte de um dos contratantes dá ao outro o direito de resolver o contrato (art. 475 do Código Civil). Porém, com base nos princípios da função social do contrato e da boa-fé objetiva, os tribunais superiores, vêm aplicando a teoria do adimplemento substancial, que preceitua que, se o inadimplemento foi mínimo ou, havendo o cumprimento significativo da obrigação, o vínculo contratual deve ser preservado, cabendo ao contratante prejudicado a interposição da respectiva ação para exigir o cumprimento da obrigação.

---

124. (Cespe – Juiz Federal Substituto 1ª região/2013) Considere que um indivíduo tenha contratado com sua esposa a venda, pelo preço de R$ 50,00, de um carro raro que ele tenha herdado do pai, tendo sido estabelecida a condição de que ela poderia experimentar o objeto pelo prazo de cinco dias, dentro do qual, caso não se sentisse satisfeita, poderia devolvê-lo. Nessa situação hipotética,

a) o contrato é ineficaz pois foi realizado entre cônjuges.

b) o preço ínfimo estabelecido afeta a natureza do negócio.

c) o contrato é viciado porque condiciona o recebimento da coisa a condição potestativa.

d) a compradora detém direito real sobre o bem a partir do consenso entre as partes.

e) a venda é nula porque ocorreu entre pessoas casadas.

COMENTÁRIOS

Alternativa correta: letra "b". A assertiva está correta, pois um dos elementos obrigatórios do contrato de compra e venda é o preço, que deve obedecer a três características: a) pecuniariedade (dinheiro ou valor fiduciário correspondente); b) certeza (expressamente fixado no contrato); c) seriedade (equivalência, proporcionalidade entre valor a ser pago e valor da coisa objeto do contrato. Sendo o valor irrisório, caracterizada estará uma relação de doação.

Alternativa "a": (responde a alternativa "e") A assertiva está errada. Apesar de a questão ter sido mal formulada, por não informar qual é o regime de bens do casamento dos contratantes, o fato de serem cônjuges não impede a realização de contrato de compra e venda entre eles, desde que relativa a bens excluídos da comunhão. (art. 499 do Código Civil)

Alternativa "c": A assertiva está incorreta, pois a condição meramente ou puramente potestativa é aceita pelo nosso ordenamento jurídico. Ainda, na situação hipotética trazida, não houve o condicionamento para o recebimento da coisa, e sim para a transferência efetiva da propriedade.

Alternativa "d": A assertiva está errada, pois dispõe o art. 1.226 do Código Civil que os direitos reais sobre coisas móveis, quando transmitidos por atos entre vivos, se adquirem com a tradição, e não com o consenso das partes, como que fazer parecer o examinador.

---

125. (Cespe – Juiz Federal Substituto 2ª região/ 2013) Acerca dos contratos e do SFH, assinale a opção correta de acordo com o que disciplinam o Código Civil e a jurisprudência do STJ.

a) A supressio configura-se quando há a supressão, por renúncia tácita, de um direito, em virtude do seu não exercício. A surrectio, por sua vez, ocorre nos casos em que o decurso do tempo implica o surgimento de uma posição jurídica pela regra da boa-fé.

b) Segundo o Código Civil, o doador pode estipular cláusula de reversão em favor de terceiro na hipótese de este sobreviver ao donatário.

c) É lícita a compra e venda entre cônjuges com relação a bens incluídos na comunhão.

d) O direito de preferência é passível de cessão e pode ser transmitido aos herdeiros.

e) O STJ já pacificou o entendimento no sentido da possibilidade de o mutuário do SFH ser obrigado a contratar o seguro habitacional obrigatório com a instituição financeira mutuante ou com a seguradora por ela indicada, não havendo abusividade em tal situação.

COMENTÁRIOS

Alternativa correta: letra "a". A assertiva está correta, vez que a supressio configura a perda, e a surrectio configura a aquisição de um direito em razão do decurso do tempo. O exemplo dos institutos mais trazido pela doutrina é o do preconizado no art. 330 do Código Civil: "O pagamento reiteradamente feito em outro local faz presumir renúncia do credor relativamente ao previsto no contrato." Neste caso, há a supressio quanto ao direito de credor em exigir que o pagamento seja realizado no local estipulado no contrato e surrectio quanto ao direito de o devedor efetuar o pagamento em lugar diverso do acordado.

Alternativa "b": A assertiva está equivocada. O doador pode estipular cláusula de reversão em seu favor, caso sobrevenha ao donatário, porém a cláusula de reversão em favor de terceiro não prevalece. Inteligência do art. 547 do Código Civil.

Alternativa "c": A assertiva está incorreta. O fato de as partes serem cônjuges não impede a realização de contrato de compra e venda entre elas, desde que relativa a bens excluídos da comunhão. (art. 499 do Código Civil)

Alternativa "d": A assertiva está errada, pois a preempção ou preferência estipulada em contrato de compra e venda não pode ser cedido e nem se transfere aos herdeiros (art. 520 do Código Civil)

Alternativa "e": A assertiva está errada, pois em desacordo com o que preceitua a Súmula 473 do STJ: "O mutuário do SFH não pode ser compelido a contratar o seguro habitacional obrigatório com a instituição financeira mutuante ou com a seguradora por ela indicada", pois resta configurada abusividade em tal situação.

---

126. (Cespe – Juiz Federal Substituto 2ª região/2013) Assinale a opção correta à luz da Lei de Locações e do Código Civil.

a) A fixação do quantum da indenização dependerá da aferição do grau de culpa do agente.

b) Ao possuidor de má-fé serão ressarcidas somente as benfeitorias necessárias, sendo-lhe garantido, todavia, o direito de retenção pela importância destas.

c) Na dívida portável, o credor fica com a responsabilidade de procurar o devedor para obter o adimplemento, pois o pagamento será realizado no domicílio do devedor, não ficando constituída a mora deste último antes da cobrança efetiva pelo credor. Na dívida quesível, o pagamento será realizado no domicílio do credor, sendo a mora automática nos contratos com termo, visto que o devedor deverá procurar o credor na data aprazada para adimplir a obrigação assumida.

d) O princípio da boa-fé objetiva é aplicável a todas as fases do contrato, impondo ao credor o dever de evitar o agravamento do próprio prejuízo.

e) Não se admitirá a emenda da mora se o locatário já houver utilizado essa faculdade por duas vezes nos vinte e quatro meses imediatamente anteriores à propositura da ação.

COMENTÁRIOS

Alternativa correta: letra "d". A assertiva está correta, vez que de acordo com o que preconiza o art. 422 do Código Civil e consagra o "duty to mitigate the loss", previsto expressamente no Enunciado 169 da II Jornada de Direito Civil: "O Princípio da boa-fé objetiva deve levar o credor a evitar o agravamento do próprio prejuízo."

Alternativa "a": A assertiva está errada, pois o art. 944 do Código Civil preceitua que o quantum indenizatório mede-se pela extensão do dano, e não pelo grau de culpa do agente. Vale lembrar, que por vezes o nosso ordenamento jurídico admite a responsabilização objetiva, situação em que será devida a indenização independentemente da existência ou do grau de culpa do agente.

Alternativa "b": A assertiva está equivocada. Ao possuidor de má-fé serão ressarcidas apenas as benfeitorias necessárias, não tendo direito de ser ressarcido pelas benfeitorias úteis ou voluptuárias. Porém, a lei lhe nega o direito de retenção pela importância das primeiras e o direito de levantar as últimas (art. 1.220 do Código Civil)

Alternativa "c": A assertiva está incorreta, vez que o correto seria exatamente o inverso daquilo trazido pelo examinador. Na dívida portável incumbe ao devedor encontrar o credor para satisfazer a prestação, já na quesível é o credor quem deve procurar o devedor para que satisfaça a obrigação. Tais conceitos são importantes, vez que trazem como consequência a possibilidade de consignação em pagamento no caso de desencontro entre credor e devedor.

Alternativa "e": Emendar a mora significa efetuar o pagamento dos aluguéis em atraso e daqueles que se vencerem no curso da ação, acrescidos de multas, juros, correção monetária, custas processuais e honorários advocatícios, com a finalidade de se evitar o despejo. A assertiva está incorreta, pois o art. 62, parágrafo único da Lei 8.245/91 (Lei do inquilinato) determina que não emendar a mora o locatário que já tiver se utilizado dessa faculdade, ainda que uma única vez, nos 24 (vinte e quatro) meses anteriores à propositura da ação.

127. (Cespe – Juiz do Trabalho Substituto 5ª região/2013) Com referência aos contratos regidos pelo direito civil pátrio, assinale a opção correta.

a) Nos contratos bilaterais com prestações recíprocas e simultâneas, qualquer dos contratantes poderá utilizar-se da exceção do contrato não cumprido, para recusar a sua prestação, ao fundamento de que o outro não cumpriu a sua parte no contrato.

b) Há isenção da responsabilidade do alienante em caso de perecimento do bem por defeito oculto, depois de efetuada a tradição, desde que conste expressamente do contrato cláusula exoneratória ou prova do desconhecimento do vício redibitório.

c) Como decorrência da força obrigatória dos contratos, mesmo havendo cláusula de arrependimento, o contrato preliminar é irrevogável e irretratável, e, por isso, as partes têm o direito de exigir a celebração do contrato definitivo como o pactuado, designando prazo à parte contrária para que o efetive.

d) É válido o contrato celebrado entre duas pessoas capazes que ajustam um negócio jurídico tendo por objeto a prestação de um fato por terceiro, cujo inadimplemento enseja a resolução do contrato e a responsabilização do terceiro por perdas e danos, em caso de descumprimento da prestação.

e) É possível, segundo a teoria da imprevisão, a revisão dos contratos de execução imediata ou de execução continuada, quando, em razão de fatos extraordinários e imprevisíveis, torna-se excessivamente onerosa a prestação de uma das partes, com extrema vantagem para a outra.

COMENTÁRIOS

Alternativa correta: letra "a". A assertiva está correta, pois de acordo com o que preceitua o art. 476 do Código Civil. Somente o contratante que está em dia com o cumprimento de suas obrigações poderá exigir o adimplemento da obrigação da outra parte. Vale lembrar, que existe a possibilidade de as partes renunciarem ao direito à exceção do contrato não cumprido, bastando, para tanto, a inserção no contrato da cláusula "solve et repete".

Alternativa "b": A assertiva está errada, pois contraria ao disposto no art. 44 do Código Civil, que determina a subsistência da responsabilidade do alienante no caso de perecimento da coisa por vício oculto já existente ao tempo da tradição.

Alternativa "c": A assertiva está equivocada. As partes têm o direito de exigir a celebração do contrato definitivo, designando prazo à parte contrária para tanto, desde que não conste cláusula de arrependimento no contrato preliminar. Inteligência do art. 463 do Código Civil.

Alternativa "d": A assertiva está errada. A promessa de fato de terceiro (arts. 439 a 440 do Código Civil) é válida, porém o terceiro só estará obrigado a cumprir com a prestação ali estipulada se a anuir expressamente, eximindo, dessa forma, o devedor originário. Havendo anuência do terceiro e o não cumprimento da obrigação, ele deverá ser responsabilizado. A ausência de anuência de terceiro cumulada com o não cumprimento da obrigação enseja a responsabilização do devedor primário por perdas e danos.

Alternativa "e": A assertiva está incorreta. A teoria da imprevisão trata da possibilidade de que um pacto seja alterado, a despeito da obrigatoriedade, sempre que as circunstâncias que envolveram a sua formação não forem as mesmas no momento da execução da obrigação contratual, de modo a prejudicar uma parte em benefício da outra. Porém, só tem aplicabilidade nos contratos de execução continuada ou diferida. Inteligência do art. 317 do Código Civil.

128. (Cespe – Juiz do Trabalho Substituto 5ª região/2013) Assinale a opção correta com relação aos contratos em espécie, regidos pelo direito civil brasileiro.

a) O doador ou o terceiro interessado, na doação com encargo sem estabelecimento de prazo para o cumprimento, poderá, na hipótese de inexecução do encargo, notificar judicial ou extrajudicialmente o donatário, constituindo-o em mora e revogando a doação.

b) A obrigação assumida, no depósito voluntário gratuito, é a de guardar a coisa e restituí-la quando o depositante a reclame, podendo o depositário fazer uso do bem depositado ou confiá – lo a terceiro, não respondendo pela perda do bem em casos fortuitos e de força maior.

c) O mútuo, contrato real e unilateral, tem como características a temporariedade, a fungibilidade da coisa emprestada, a translatividade de domínio do bem emprestado e a obrigatoriedade de restituição de outra coisa da mesma espécie, qualidade e quantidade.

d) No contrato de mandato, com cláusula de irrevogabilidade, a revogação será sempre expressa, não sujeitando o mandante a indenização, devendo apenas notificar o mandatário e terceiros, informando-os que o mandato foi revogado, sob pena de ter de cumprir as obrigações assumidas perante estes últimos, que de boa-fé contratem com o mandatário.

e) Preempção é a disposição contratual segundo a qual o comprador da coisa se obriga a vender o bem ao vendedor, pelo preço equivalente ao que foi adquirido, ou de dar em pagamento, para que este use seu direito de prelação.

COMENTÁRIOS

Alternativa correta: letra "c". A assertiva está correta, pois o contrato de mútuo é um contrato real, pois além do consenso de vontades, exige a tradição da coisa para seu aperfeiçoamento. É unilateral, na medida que estabelece obrigações para apenas uma das partes; tem por objeto coisa que pode ser substituída por outra da mesma espécie, quantidade e qualidade (fungibilidade), que deve ser obrigatoriamente restituída no prazo estipulado, ocasião em que se dará a sua extinção (temporariedade). Por fim, enquanto perdure, o domínio do bem emprestado (translatividade).

Alternativa "a": A assertiva está incorreta, vez que na hipótese de não cumprimento do encargo sem prazo previamente fixado, o doador poderá notificar judicialmente o donatário dando-lhe prazo razoável para que cumpra com o ônus que lhe fora atribuído. Somente quando não cumprido no prazo estipulado na notificação judicial é que a doação poderá ser revogada. Inteligência do art. 562 do Código Civil.

Alternativa "b": A assertiva está equivocada, pois no contrato de depósito, além de guardar a coisa e restituí-la quando reclamada pelo depositante, o depositário tem o dever de conservação da coisa e deve se utilizar da diligência que costuma ter com aquilo que lhe pertence (art. 629 do Código Civil). Ainda, só poderá confiar a coisa depositada a terceiro caso haja Não responderá pela perda do bem em razão de caso fortuito e de força maior, desde que os prove (art. 642 do Código Civil)

Alternativa "d": A assertiva está errada, vez que havendo cláusula de irrevogabilidade no contrato de mandato, sua revogação sujeitará o mandante ao pagamento de perdas e danos (art. 683 do Código Civil). Vale ressaltar que, de acordo com o art. 684 do mesmo diploma legal, quando a clausula de irrevogabilidade for condição de negócio bilateral ou for estipulada em benefício de exclusivo interesse dos mandatários, a revogação de mandato será ineficaz.

Alternativa "e": A assertiva está incorreta, pois a preempção ou preferência é a cláusula contratual que estabelece que o comprador, caso tenha intenção de vender o bem adquirido, tem o dever de oferecê-lo ao seu antigo vendedor, para que este, em igualdade de condições com terceiros, possa readquirir a coisa para si. Inteligência do art. 513 do Código Civil.

---

129. (Cespe – Procurador do Ministério Público junto ao TCDF/2013) Mediante a formalização de um contrato escrito, Paulo, que é casado com Lúcia, se obrigou a pagar a Dimas o que este tem a receber de Lauro, caso Lauro não cumpra a obrigação.

A propósito dessa situação hipotética, julgue os itens subsequentes.

129.1. O fato de Lauro não ter conhecimento do contrato não representa empecilho à formação desse instrumento.

COMENTÁRIOS

A assertiva está correta, vez que trata de contrato de fiança firmado entre Dimas e Paulo, sendo este último o fiador. O fato de Lauro não ter conhecimento deste contrato não representa empecilho à sua formação, já que o art. 820 do Código Civil autoriza a estipulação de fiança ainda que sem o consentimento ou contra a vontade do devedor.

129.2. Dada a natureza do contrato entabulado, haverá solidariedade entre Paulo e Lauro.

COMENTÁRIOS

A assertiva está equivocada, vez que no contrato de fiança a responsabilidade do fiador pelo cumprimento da obrigação é subsidiária. Tanto é assim, que pode se utilizar do benefício de ordem previsto no art. 827 do Código Civil. Existe, porém, a possibilidade de responsabilização solidária entre Paulo e Lauro caso Paulo renuncie ao benefício de ordem e haja previsão expressa quanto à solidariedade no contrato, pois esta não se presuma (art. 896 do Código Civil)

129.3. Caso o contrato seja anulado em razão da ausência de outorga uxória de Lúcia, esposa de Paulo, a consequência será a ineficácia total da garantia dada.

COMENTÁRIOS

A assertiva está correta, pois de acordo com o art. 1.647, inciso III do Código Civil, salvo no regime de separação absoluta de bens, nenhum dos cônjuges pode prestar fiança sem o aval do outro. A consequência da ausência de outorga uxória de Lúcia é a anulabilidade do ato praticado (art. 1.649 do Código Civil). Ainda nesse sentido, a Súmula 332 do STJ: "A fiança prestada sem autorização de um dos cônjuges implica a ineficácia total da garantia".

---

130. (Cespe – Procurador BACEN/2013) Para a resolução do contrato por aplicação da teoria da imprevisão, conforme estabelece o Código Civil, é necessária a prova de que

a) tenha sobrevindo desproporção manifesta entre o valor da prestação e o momento da execução, com extrema vantagem para a outra, em virtude de fato superveniente ao contrato.

b) a prestação de uma das partes tenha se tornado excessivamente onerosa em virtude de acontecimentos imprevisíveis, ainda que sem extrema vantagem para a outra.

c) a prestação de uma das partes tenha se tornado excessivamente onerosa, com extrema vantagem para a outra, em virtude de acontecimentos extraordinários, ainda que previsíveis.

d) tenha sobrevindo, em virtude de acontecimentos extraordinários, desproporção manifesta entre o valor da prestação e o momento da execução.

e) a prestação de uma das partes tenha se tornado excessivamente onerosa em virtude de acontecimentos extraordinários e imprevisíveis, com extrema vantagem para a outra.

COMENTÁRIOS

Alternativa correta: letra "e". (Responde todas as outras alternativas) A assertiva está correta, pois elenca todos os requisitos preconizados no art. 478 do Código Civil, que é o fundamento legal exigido pelo examinador no cabeçalho da questão. Vale observar o Enunciado 365 da IV Jornada de Direito Civil, que estabelece que: "A extrema vantagem do art. 478 deve ser interpretada como elemento acidental da alteração de circunstâncias, que comporta a incidência da resolução ou revisão do negócio por onerosidade excessiva, independentemente de sua demonstração plena."

---

131. (Cespe – Procurador BACEN/2013) Assinale a opção correta a respeito da fiança.

a) O benefício de ordem é direito garantido legalmente ao fiador, considerando-se não escrita cláusula de renúncia.

b) Não extingue a fiança o fato de o credor aceitar, em pagamento da dívida, dação em pagamento feita pelo devedor, se este vier a perder o objeto pela evicção.

c) Independentemente do regime de bens do casamento, será anulável e ineficaz a fiança prestada pelo cônjuge sem o consentimento do outro.

d) Ainda que a consequência da fiança seja onerosa, dada a garantia da dívida à custa do patrimônio do fiador, a solidariedade entre os fiadores se presume.

e) A obrigação de pagar a dívida do devedor não se transmite aos herdeiros, que não são obrigados a afiançar dívidas alheias.

COMENTÁRIOS

Alternativa correta: letra "d". A assertiva foi dada como correta pela banca, mas a questão deveria ter sido anulada, pois neste caso a solidariedade entre os fiadores não é presumida, mas sim decorrente de lei, caso os fiadores não se reservem o benefício da revisão. É o que determina o art. 829 do Código Civil, que assim estabelece: "A fiança conjuntamente prestada a um só débito por mais de uma pessoa importa o compromisso de solidariedade entre elas, se declaradamente não se reservarem o benefício de divisão."

Alternativa "a": A assertiva está errada, pois o art. 828, inciso I do Código Civil prevê o não aproveitamento deste benefício ao fiador que o renuncia expressamente. Benefício de ordem é o direito que o fiador tem de exigir que sejam primeiro executados os bens do devedor, caso seja demandado pelo pagamento da dívida.

Alternativa "b": A assertiva está equivocada, pois o art. 838, inciso III do Código Civil prevê que o fiador, ainda que solidário, ficará desobrigado se o devedor, em pagamento da dívida, aceitar amigavelmente do devedor objeto diverso do que este era obrigado a lhe dar (dação em pagamento), ainda que depois venha a perdê-lo por evicção.

Alternativa "c": A assertiva está incorreta, pois de acordo com o art. 1.647, inciso III do Código Civil, salvo no regime de separação absoluta de bens, nenhum dos cônjuges pode prestar fiança sem o aval do outro. A contrário senso, tem-se que no regime de separação absoluta de bens não se exige o consentimento do cônjuge para a prestação de fiança. A consequência da ausência de outorga uxória ou marital, quando exigida, é a anulabilidade do ato praticado (art. 1.649 do Código Civil). Ainda nesse sentido, a Súmula 332 do STJ: "A fiança prestada sem autorização de um dos cônjuges implica a ineficácia total da garantia".

Alternativa "e": A assertiva está equivocada, vez que em desacordo com o que estipula o art. 836 do Código Civil: "A obrigação do fiador passa aos herdeiros; mas a responsabilidade da fiança se limita ao tempo decorrido até a morte do fiador, e não pode ultrapassar as forças da herança."

---

132. (Cespe – Procurador do DF/ 2013) Acerca da locação de imóveis urbanos, julgue os próximos itens.

132.1. Nos contratos de locação, não é válida a cláusula de renúncia à indenização das benfeitorias e ao direito de retenção, uma vez que tais garantias são fixadas no Código Civil e na Lei de Locações, respectivamente.

COMENTÁRIOS

A assertiva está equivocada na medida em que contraria o disposto na Súmula 335 do STJ, que estabelece: "Nos contratos de locação, é válida a cláusula de renúncia à indenização das benfeitorias e ao direito de retenção". Ainda, a possibilidade de renúncia à indenização relativa às benfeitorias está prevista no art. 35 da Lei de Locações, enquanto o direito de retenção está previsto nos art. 579 do Código Civil, e não ao contrário, como quer fazer parecer o examinador.

132.2. Celebrado contrato de locação de imóvel, violará o princípio da boa-fé objetiva o locatário que, após exercer a posse direta do imóvel, alegar que o locador, por não ser o proprietário do imóvel, não tem legitimidade para o ajuizamento de eventual ação de despejo nas hipóteses em que a lei não exija essa condição do demandante.

COMENTÁRIOS

A assertiva está correta, pois corrobora entendimento firmado no Informativo 515 do STJ: "O locador, ainda que não seja o proprietário do imóvel alugado, é parte legítima para a propositura de ação de despejo fundada na prática de infração legal/contratual ou na falta de pagamento de aluguéis".

132.3. Em contrato de locação ajustado por prazo determinado antes da vigência da nova Lei de Locação, o fiador somente responderá pelos débitos locatícios contraídos no período da prorrogação por prazo indeterminado caso tenha previamente anuído no contrato, em fazê-lo.

COMENTÁRIOS

A assertiva está correta, pois de acordo com o entendimento firmado no informativo 509 do STJ, o qual pedimos vênia para transcrever: "Em contrato de locação ajustado por prazo determinado antes da vigência da Lei nº 12.112/2009, o fiador somente responde pelos débitos locatícios contraídos no período da prorrogação por prazo indeterminado se houver prévia anuência dele no contrato. A Lei nº 8.245/1991 (Lei do Inquilinato) prevê em seus arts. 46 e 50 que, findo o prazo ajustado, a locação será prorrogada por prazo indeterminado se o locatário continuar na posse do imóvel alugado por mais de trinta dias sem oposição do locador. Conforme a Súm. nº 214/STJ, "o fiador na locação não responde por obrigações resultantes de aditamento ao qual não anuiu". Todavia, diferente é a situação para os contratos de fiança firmados na vigência da Lei nº 12.112/2009, que não pode retroagir para atingir pactos anteriores. Referida lei conferiu nova redação ao art. 39 da Lei nº 8.245/1991, passando a estabelecer que "salvo disposição contratual em contrário, qualquer das garantias da locação se estende até a efetiva devolução do imóvel, ainda que prorrogada a locação por prazo indeterminado, por força desta Lei". Dessa forma, para os novos contratos, a prorrogação da locação por prazo indeterminado implica também prorrogação automática da fiança (ope legis), salvo pactuação em sentido contrário, resguardando-se, evidentemente, durante essa prorrogação, a faculdade do fiador de exonerar-se da obrigação mediante notificação resilitória."

---

133. (Cespe – Procurador do DF/ 2013) Julgue os itens a seguir, referentes aos contratos.

133.1. É possível a revisão ou a resolução dos contratos aleatórios por sua onerosidade excessiva, desde que o evento gerador da revisão ou resolução, superveniente, extraordinário e imprevisível, não se relacione com a própria álea assumida no contrato.

COMENTÁRIOS

A assertiva está correta, pois de acordo com o Enunciado 440 da V Jornada de Direito Civil, que estabelece: "É possível a revisão ou resolução por excessiva onerosidade em contratos aleatórios, desde que o evento superveniente, extraordinário e imprevisível não se relacione com a álea assumida no contrato." A revisão ou resolução de contrato aleatório será possível quando não relacionada com a álea assumida no contrato, pois esta representa o próprio risco assumido pelo contratante.

133.2. Quando as partes fixarem o momento para o cumprimento das obrigações, mas as condutas praticadas por uma delas revelarem que não será adimplente ao tempo convencionado, entender-se-á viável o exercício do direito resolutório de forma antecipada.

COMENTÁRIOS

A assertiva está correta, pois nada impede que se verifique a possibilidade de inadimplemento antes do tempo convencionado para cumprimento da obrigação. O art. 475 do Código Civil determina que a parte lesada pelo inadimplemento pode pedir a resolução do contrato, e o Enunciado 437 do CJF dispõe que: a resolução da relação jurídica contratual pode decorrer de inadimplemento antecipado".

---

134. (Cespe – Analista Judiciário – Área Judiciária – STF/2013) A respeito dos contratos, julgue o item seguinte.

A teoria do substancial adimplemento visa impedir o uso desequilibrado, pelo credor, do direito de resolução, preterindo desfazimentos desnecessários em prol da preservação do acordado, com vistas à realização de princípios como o da boa-fé objetiva e o da função social dos contratos.

COMENTÁRIOS

A assertiva está correta. Em regra, o inadimplemento da prestação por parte de um dos contratantes dá ao outro o direito de resolver o contrato (art. 475 do Código Civil). Porém, com base nos princípios da função social do contrato e da boa-fé objetiva, os tribunais superiores, vêm aplicando a teoria do adimplemento substancial, que preceitua que, se o inadimplemento foi mínimo ou, havendo o cumprimento significativo da obrigação, o vínculo contratual deve ser preservado, cabendo ao contratante prejudicado a interposição da respectiva ação para exigir o cumprimento da obrigação.

135. (Cespe – Analista Judiciário – Área Judiciária – STJ/2012) No que se refere aos contratos, julgue os seguintes itens.

135.1. É inválido o contrato celebrado entre duas pessoas capazes e aptas a criar direitos e obrigações quando o objeto desse contrato for a prestação de um fato por terceiro.

COMENTÁRIOS

A assertiva está errada, vez que o Código Civil prevê expressamente a figura da promessa de fato de terceiro (arts. 439 a 440 do Código Civil). Vale lembrar, que o terceiro só estará obrigado a cumprir com a prestação ali estipulada se a anuir expressamente, eximindo, dessa forma, o devedor originário. Havendo anuência do terceiro e o não cumprimento da obrigação, ele deverá ser responsabilizado. A ausência de anuência de terceiro cumulada com o não cumprimento da obrigação enseja a responsabilização do devedor primário por perdas e danos.

135.2. De acordo com o STJ, no contrato de compra e venda, será ilegal e abusiva cláusula de distrato que estipule a retenção integral das parcelas pagas pelo promitente comprador.

COMENTÁRIOS

A assertiva está correta, vez que nos contratos de compra e venda e nas alienações fiduciárias em garantia serão nulas de pleno direito as cláusulas que autorizem o distrato e a perda total das prestações pagas em favor do credor em razão do inadimplemento do devedor. Inteligência doa arts. 51, inciso IV e 53 do Código de Defesa do Consumidor.

136. (Cespe – Advogado da União/2012) Com base nas regras relativas à extinção e à resolução dos contratos, julgue os itens subsequentes.

136.1. De acordo com o STJ, contratada a venda de safra para entrega futura com preço certo, a incidência de pragas na lavoura não dará causa à resolução por onerosidade excessiva, ficando o contratante obrigado ao cumprimento da avença.

COMENTÁRIOS

A assertiva está correta, vez que corrobora o entendimento firmado pelo STJ no informativo 492. Para referida corte, a incidência de pragas na lavoura é evento previsível, o que impossibilita a resolução do contrato por onerosidade excessiva nos moldes do art. 478 do Código Civil. Mesmo que assim não fosse, a venda de safra para entrega futura é contrato aleatório, sendo possível sua resolução por onerosidade excessiva apenas quando não relacionada com a álea assumida no contrato, pois esta representa o próprio risco assumido pelo contratante.

136.2. Se determinado empregado de um condomínio de edifícios causar dano a uma unidade habitacional, será lícito ao condômino proprietário da unidade danificada, conforme entendimento do STJ, deixar de pagar cotas condominiais na hipótese de o condomínio não cumprir a obrigação de reparar os danos, visto que, nesse caso, terá ocorrido exceção de contrato não cumprido.

COMENTÁRIOS

A assertiva está equivocada, vez que o STJ firmou entendimento exatamente contrário ao trazido pelo examinador. O fundamento utilizado pela corte foi de que a obrigação de reparação de dano do condomínio normalmente vem prevista em convenção condominial, que tem natureza institucional, e não contratual, de forma que não é possível a alegação de exceção de contrato não cumprido por parte do condômino lesado com o intuito de deixar de pagar cotas condominiais.

137. (Cespe – Advogado da União/2012) No que se refere a contrato de prestação de serviço e mandato, julgue os itens que se seguem.

137.1. Conforme o STJ, o dever de prestar contas não se transmite aos herdeiros do mandatário, haja vista o caráter personalíssimo do contrato; no caso de morte do mandante, entretanto, ocorre a transmissão.

COMENTÁRIOS

A assertiva está correta, entendimento firmado no julgamento a seguir, o qual pedimos vênia para transcrever: "Recurso Especial. Civil e Processual Civil. Ação De Prestação De Contas. Contrato De Mandato. Morte Do Mandante. Legitimidade dos Herdeiros. 1. Esta Corte já decidiu que o dever de prestar de contas não se transmite aos herdeiros do mandatário, devido ao caráter personalíssimo do contrato de mandato (cf. REsp 1.055.819/SP, Rel. Ministro MASSAMI UYEDA, TERCEIRA TURMA, DJe 07/04/2010). 2. Essa orientação, porém, não pode ser estendida à hipótese de morte do mandante, porque as circunstâncias que impedem a transmissibilidade do dever de prestar contas aos herdeiros do mandatário não se verificam na hipótese inversa, relativa ao direito de os herdeiros do mandante exigirem a prestação de contas do mandatário. 3. Legitimidade dos herdeiros do mandante para ajuizarem ação de prestação de contas em desfavor do mandatário do 'de cujus'. Doutrina sobre o tema. 4. Recurso especial provido. (REsp 1122589/MG, Rel. Ministro Paulo De Tarso Sanseverino, Terceira Turma, julgado em 10/04/2012, DJe 19/04/2012)"

137.2. O objeto do contrato de prestação de serviço pode ser tanto uma atividade material quanto intelectual, sendo necessário, para que o contrato seja válido, o estabelecimento de determinação específica da natureza da atividade.

COMENTÁRIOS

A assertiva está equivocada, vez que de acordo com o art. 594 do Código Civil determina que os contratos de prestação de serviço podem ter por objeto prestação material ou imaterial, desde que lícita, mas a determinação específica da natureza da atividade não é requisito para que o contrato tenha validade, vez que de acordo com o art. 104, inciso II, o contrato pode ter objeto determinável. Não havendo determinação específica da natureza da atividade contratada, entende-se que a parte se obrigou a todo e qualquer serviço compatível com suas forças e condições (art. 601 do Código Civil)

138. (Cespe – Juiz de Direito Substituto – AC/ 2012) Acerca do modo de extinção e quitação dos contratos, assinale a opção correta.

a) Nos contratos de trato sucessivo, a resolução por inexecução voluntária produz efeitos ex tunc, extinguindo o que foi executado e obrigando as restituições recíprocas.

b) O CDC prevê hipótese excepcional de arrependimento, na qual o consumidor pode desistir do contrato, unilateralmente, em sete dias, sempre que a contratação ocorrer fora do estabelecimento comercial.

c) Em ação de resolução de contrato, a exceção de contrato não cumprido, por ser de natureza material, não pode ser alegada pelo réu em sua defesa.

d) À luz do que dispõe o Código Civil, tanto o distrato quanto a quitação devem ser feitos pela mesma forma exigida para o contrato.

e) A anulabilidade de um contrato advém de uma imperfeição da vontade; por essa razão, mesmo com o vício congênito e não decretada judicialmente, a avença é eficaz, podendo ser arguida por ambas as partes e reconhecida de ofício pelo juiz.

COMENTÁRIOS

Alternativa correta: letra "b". A assertiva está correta, vez que traduz o disposto no art. 49 do Código de Defesa do Consumidor. Tal hipótese se aplica às compras feitas por catálogo, por telefone, pela internet ou à domicílio. Exercido tal direito, os valores eventualmente pagos durante o período de reflexão (07 dias) deverão ser devolvidos monetariamente atualizados.

Alternativa "a": A assertiva está incorreta. A resolução por inexecução voluntária ocorre quando um dos contratantes deixa de cumprir com a obrigação que lhe cabe por culpa, devendo responde por perdas e danos. Caso o contrato seja de execução única, opera efeitos ex tunc, desconstitui os efeitos jurídicos produzidos e determina a restituição das prestações cumpridas. Nos contratos de trato sucessivo, a resolução por inexecução voluntária, opera efeitos ex nunc, não tendo efeito com relação ao passado.

Alternativa "c": A assertiva está incorreta, vez que a exceção de contrato não cumprido é exatamente um meio de defesa que pode ser utilizado pelo réu que, nos contratos bilaterais, tenha deixado de cumprir com sua obrigação em razão do inadimplemento da parte contrária. Inteligência do art. 476 do Código Civil.

Alternativa "d": A assertiva está incorreta. O distrato, para que tenha validade, deve se dar pela mesma forma exigida para o contrato (art. 472 do Código Civil). A quitação, por sua vez, sempre poderá ser dada por instrumento particular (ainda que o contrato tenha sido firmado por escritura pública), e ainda que não preencha os requisitos previstos no art. 320 do Código Civil, será válida se dos seus termos ou das circunstâncias do caso entender-se haver sido paga a dívida.

Alternativa "e": A assertiva está errada, vez que a anulabilidade de um contrato pode advir de vício de vontade, da incapacidade relativa das partes (art. 171 do Código Civil), além de outras razões expressamente previstas em lei. O ato jurídico eivado de nulidade relativa (anulabilidade) produz efeitos enquanto não invalidado mediante sentença. A anulação poderá ser requerida tanto pelas partes quanto por terceiros, mas não poderá ser declarada de ofício pelo juiz.

139. (Cespe – Defensor Público – ES/ 2012) A respeito das obrigações e contratos, julgue os itens a seguir.

139.1. Levado o contrato preliminar a registro no cartório competente, se o estipulante não lhe der execução, a outra parte não poderá considerá-lo desfeito e pleitear perdas e danos, em caso de prejuízo, sem, antes, requerer a execução específica.

COMENTÁRIOS

A assertiva está incorreta. Contrato preliminar é aquele pelo qual as partes se comprometem a realizar, futuramente, um outro contrato principal e definitivo. De acordo com o parágrafo único do art. 463 do Código Civil, ele deve ser levado a registro. Não celebrado o contrato principal, o juiz pode, a pedido do interessado, conferir caráter definitivo ao contrato preliminar, exceto se a obrigação for personalíssima, caso em que o contrato se resolverá em perdas e danos. Inteligência do art. 465 do Código Civil.

139.2. Embora o adimplemento seja um direito subjetivo do devedor, este não poderá exercê-lo se o atraso no cumprimento da obrigação tiver acarretado o desaparecimento da necessidade do credor na obtenção da prestação.

COMENTÁRIOS

A assertiva está correta. Embora o adimplemento seja um direito subjetivo do devedor, este só poderá exercê-lo enquanto a mora não tornar a prestação inútil ao credor, pois caso sobrevenha a inutilidade da obtenção da prestação para o credor, este poderá enjeitá-la e exigir a satisfação das perdas e danos. (art. 395, parágrafo único do Código Civil)

140. (Cespe – Defensor Público – ES/ 2012) Acerca da locação de imóveis urbanos, julgue os itens que se seguem.

140.1. Se o indivíduo A adquirir do indivíduo B imóvel no qual, por força de contrato de locação, resida o indivíduo C, presumir-se-á a concordância de A com a locação, caso este não a denuncie no prazo de noventa dias.

COMENTÁRIOS

A assertiva está correta. Salvo se o contrato de locação por prazo determinado tiver cláusula de vigência e estiver registrado em cartório, o adquirente do imóvel poderá notificar o locatário para que desocupe o imóvel em noventa dias (denuncia do contrato). Tal notificação deve ser feita no prazo de noventa dias a contar do registro do compromisso ou da venda em cartório, sendo presumida, após este prazo, a concordância com a manutenção da locação. (art. 8º da Lei do Inquilinato)

140.2. De acordo com a jurisprudência do STJ, caso uma pessoa se obrigue como principal pagador dos aluguéis de imóvel até a entrega das chaves, a prorrogação do contrato por prazo indeterminado acarretará a exoneração da fiança.

COMENTÁRIOS

A assertiva está incorreta, pois em desacordo com o entendimento firmado no informativo 509 do STJ, o qual pedimos vênia para transcrever: "Em contrato de locação ajustado por prazo determinado antes da vigência da Lei nº 12.112/2009, o fiador somente responde pelos débitos locatícios contraídos no período da prorrogação por prazo indeterminado se houver prévia anuência dele no contrato. A Lei nº 8.245/1991 (Lei do Inquilinato) prevê em seus arts. 46 e 50 que, findo o prazo ajustado, a locação será prorrogada por prazo indeterminado se o locatário continuar na posse do imóvel alugado por mais de trinta dias sem oposição do locador. Conforme a Súm. nº 214/STJ, "o fiador na locação não responde por obrigações resultantes de aditamento ao qual não anuiu". Todavia, diferente é a situação para os contratos de fiança firmados na vigência da Lei nº 12.112/2009, que não pode retroagir para atingir pactos anteriores. Referida lei conferiu nova redação ao art. 39 da Lei nº 8.245/1991, passando a estabelecer que "salvo disposição contratual em contrário, qualquer das garantias da locação se estende até a efetiva devolução do imóvel, ainda que prorrogada a locação por prazo indeterminado, por força desta Lei". Dessa forma, para os novos contratos, a prorrogação da locação por prazo indeterminado implica também prorrogação automática da fiança (ope legis), salvo pactuação em sentido contrário, resguardando-se, evidentemente, durante essa prorrogação, a faculdade do fiador de exonerar-se da obrigação mediante notificação resilitória."

141. (Cespe – Juiz de Direito Substituto – PI/ 2012) Acerca do adimplemento contratual, assinale a opção correta.

a) Não pode o credor recusar a imputação feita pelo devedor na dívida maior, quando o montante entregue só quitar a dívida menor.

b) É lícito aos contratantes incluir, na avença superior a um ano, cláusula de escala móvel, com o objetivo de estabelecer revisão a ser aplicada por ocasião dos pagamentos.

c) O pagamento que o devedor de boa-fé efetuar ao credor putativo só será válido se provado que reverteu em benefício seu.

d) O pagamento estipulado em cotas sucessivas não se presume pela apresentação da quitação da última cota.

e) Caso o credor seja incapaz, o devedor, de acordo com a lei, deverá, sempre, consignar o pagamento do valor devido àquele.

COMENTÁRIOS

Alternativa correta: letra "b". A assertiva está correta. A previsão contratual de cláusula de escala móvel é uma exceção ao princípio do nominalismo que permite o ajuste dos valores contratados de acordo com os índices econômicos oficiais. Está implicitamente permitida no art. 316 do Código Civil, que reconhece a licitude de convenção de aumento progressivo de prestações sucessivas. Ressalta-se que a exigência de a avença ter prazo superior a um ano decorre da previsão contida no parágrafo primeiro do artigo segundo da Lei 10.192/01, que determina a nulidade de qualquer estipulação de reajuste ou correção monetária de periodicidade inferior a um ano.

Alternativa "a": A assertiva está incorreta, pois sendo o valor insuficiente para quitar a dívida de maior valor, tal imputação implicaria em recebimento parcial de uma das dívidas, no caso a de maior valor, pelo credor. O art. 314 do Código Civil traz, como regra geral de pagamento, a impossibilidade de o credor ser obrigado a receber por partes, se assim não ajustou. Donde se conclui que a sua recusa à imputação que implicaria pagamento parcial da dívida de maior valor é perfeitamente válida.

Alternativa "c": A assertiva está equivocada, vez que o pagamento feito de boa-fé a credor putativo é válido, ainda que não revertido em seu proveito (art. 309 do Código Civil). Credor putativo é aquele que, apesar de aparentar ser o titular do crédito, não o é. Havendo erro escusável por parte do devedor quanto à titularidade do crédito, o pagamento será considerado válido.

Alternativa "d": A assertiva está errada. No pagamento por cotas sucessivas a apresentação de quitação da última delas faz presumir o pagamento das anteriores (art. 322 do Código Civil). Ressalta-se que tal presunção é relativa, admitindo-se, dessa forma, prova em contrário.

Alternativa "e": A assertiva está incorreta. Primeiramente, deve-se observar o que dispõe o art. 308 do Código Civil, no sentido de que o pagamento deve ser feito ao credor ou a quem o represente. No caso do incapaz, o pagamento deve ser feito ao seu assistente ou representante, a depender do grau de incapacidade. Apenas quando o devedor não conseguir efetuar ao pagamento ao representante do incapaz é que deverá realizar a consignação, na medida em que esta hipótese está consagrada no art. 335, inciso III do Código Civil.

142. (Cespe – Juiz de Direito Substituto – PA/ 2012) Pedro, percebendo que seu patrimônio seria consumido pelas dívidas que havia contraído com Marcos, decidiu doar ao seu irmão, sem qualquer encargo, seu único imóvel. Considerando-se essa situação hipotética, é correto afirmar que

a) Marcos somente poderá promover a anulação da doação se houver ação executiva em andamento.

b) qualquer credor de Pedro poderá promover a anulação da doação.

c) não é necessária a demonstração da má-fé do irmão, para que Marcos anule a doação.

d) o negócio realizado é, à luz do Código Civil, ineficaz em relação a Marcos.

e) não é necessário, para anular a doação, que Marcos demonstre que o prejuízo por ele sofrido tenha dela decorrido.

COMENTÁRIOS

Alternativa correta: letra "c". A assertiva está correta. A questão trata do instituto da fraude contra credores. Para a configuração de fraude contra credores em alienação onerosa de bem, são necessários: anterioridade de crédito; *eventus damni* (prejuízo ao credor) e *consilium fraudis* (conluio fraudulento entre devedor e adquirente). No caso em tela, como a alienação foi gratuita (doação sem encargo), dispensa-se a demonstração da má-fé do irmão para que fique configurada a fraude contra credores.

Alternativa "a": A assertiva está equivocada, vez que a questão trata do instituto da fraude contra credores, e não do instituto da fraude à execução, sendo que a primeira tem natureza jurídica de defeito do negócio jurídico, enquanto a segunda de incidente processual.

Alternativa "b": A assertiva está errada, pois terão legitimidade ativa para propositura da ação pauliana ou revocatória os credores que tiverem crédito constituído antes da doação.

Alternativa "d": A assertiva está incorreta. Apesar de esta afirmativa ser defendida por doutrinadores de renome, como Yussef Said Cahali e Cândido Rangel Dinamarco, que defendem que ato praticado em fraude contra credores é válido, desde que preenchidos seus requisitos de validade, mas ineficaz com relação ao credor do alienante, esta não é a posição adotada pelo Direito Civil positivado.

Alternativa "e": A assertiva está errada, vez que para a anulação do ato que se alega ter sido praticado mediante fraude contra credores há a necessidade de nexo de causalidade entre ele e o prejuízo causado ao credor.

9. VÍCIOS REDIBITÓRIOS E EVICÇÃO

143. (Cespe – Analista Judiciário – Área Judiciária – TJ – CE/2014) Ricardo comprou uma motocicleta de Manoel, firmando contrato em que não constava nenhuma cláusula expressa sobre a evicção. Após um mês de uso, a motocicleta foi apreendida por um oficial de justiça, que foi à casa de Ricardo cumprir mandado judicial de busca e apreensão fruto de ação judicial. Instado por Ricardo, Manoel declarou desconhecer a ação judicial que originou o referido mandado, alegando que adquiriu a motocicleta de terceiro.

Considerando essa situação hipotética e o disposto no Código Civil, assinale a opção correta.

a) Manoel responderá pelo dano somente se for comprovada a sua má-fé.

b) Ricardo não terá direito à indenização pela perda do veículo, em razão da liberdade de contratar.

c) Manoel não responderá pelo dano experimentado por Ricardo, haja vista que inexiste medida judicial aplicável a essa situação.

d) Ricardo deverá demandar judicialmente Manoel, que responderá pela evicção.

e) Manoel não responderá pelo dano experimentado por Ricardo, porque não tinha conhecimento da ação judicial e do mandado.

COMENTÁRIOS

Alternativa correta: letra "d": (responde as demais alternativas). Cumpre ressaltar que ocorre evicção quando o adquirente de coisa móvel ou imóvel, em contrato oneroso, perde o direito de propriedade, posse ou uso, total ou parcialmente, geralmente por sentença judicial, devido a fato anterior ou contemporâneo à aquisição. No caso em questão, o alienante da coisa (Manoel) é o responsável pela eventual evicção, sendo que esta não precisa estar expressa no contrato, pois decorre da lei. Outrossim, nos termos do art. 448 do Código Civil, o contrato pode atenuar ou agravar a responsabilidade.

144. (Cespe – Juiz Federal Substituto 2ª região/ 2013) A respeito do direito das obrigações, dos contratos e do enriquecimento sem causa, assinale a opção correta de acordo com o que disciplina o Código Civil.

a) Nos contratos onerosos, o alienante responde pela evicção. Essa subsiste garantia ainda que a aquisição tenha se realizado em hasta pública.

b) Na hipótese de exclusão contratual da responsabilidade pela evicção, se esta se der, o evicto terá direito a receber o preço que tiver pago pela coisa evicta se não sabia do risco da evicção, mas, todavia, se dele tiver sido previamente informado, não lhe será albergado o direito de receber a quantia paga, mesmo que não tenha assumido o risco quando tomou conhecimento desse.

c) Aquele que, sem justa causa, enriquecer à custa de outrem será obrigado a restituir o indevidamente auferido com atualização dos valores monetários. Se o enriquecimento tiver por objeto coisa determinada, quem a recebeu será obrigado a restituí-la, e, se a coisa não mais subsistir, a restituição se fará pelo valor do bem na época em que foi recebido.

d) Para exigir a pena convencional, o credor deve, necessariamente, alegar e provar o prejuízo.

e) No dano emergente, avaliam-se os reflexos futuros do ato lesivo sobre o patrimônio do credor; assim, esse dano corresponde ao acréscimo patrimonial que seria concedido ao ofendido caso a obrigação contratual ou legal tivesse sido cumprida.

COMENTÁRIOS

Alternativa correta: letra "a". Correta. Em se tratando de contratos onerosos, o alienante responde pela evicção, que poderá ser total ou parcial, ainda que a aquisição tenha se dado em hasta pública, nos termos do art. 447 do Código Civil.

Alternativa "b": Errada, já que o evicto tem direito a restituição da quantia paga, se não soube do risco da evicção, ou, dele informado, não o assumiu, de acordo com o disposto no art. 449 do Código Civil.

Alternativa "c": Errada, haja vista que de acordo com o previsto no § único do art. 884 do Código Civil, a restituição se fará pelo valor do bem à época em que foi exigido e não recebido, como trazido pelo examinador.

Alternativa "d": Errada, vez que para exigir a pena convencional, não é exigido que o credor alegue prejuízo, bastando demonstrar o inadimplemento da obrigação e a constituição do devedor em mora, nos termos do art. 416 do Código Civil.

Alternativa "e": Errada, vez que o conceito apresentado se refere ao lucro cessante e não ao dano emergente.

145. (Cespe – Juiz Substituto da Justiça Militar da União – STM/2013) A respeito de evicção e vícios redibitórios, assinale a opção correta.

a) O direito de demandar pela evicção não pressupõe, necessariamente, a perda da coisa por sentença judicial, podendo tal fato ocorrer também por decisão administrativa, caso fortuito ou força maior.

b) O adquirente de bem em hasta pública não tem a garantia dos vícios redibitórios nem a da evicção, visto que tais garantias se restringem aos contratos onerosos, nos quais o alienante garante o comprador contra os defeitos que tornem a coisa imprestável e contra a venda por quem não seja dono.

c) O alienante poderá eximir-se da responsabilidade pelo vício redibitório, se houver cláusula expressa no contrato para tanto, ou se ignorar o defeito da coisa ao tempo da tradição.

d) A garantia dos vícios redibitórios aplica-se aos contratos comutativos, aleatórios, gratuitos ou onerosos e às doações com encargo, devendo os defeitos existir ao tempo do contrato, tornar a coisa imprópria ao uso ou diversa da pretendida pelo adquirente ou, ainda, diminuir-lhe o valor.

e) Caso ocorra, em um contrato, evicção parcial, mas considerável, o evicto poderá optar entre a rescisão contratual e o abatimento no preço, proporcionalmente à parte subtraída do seu domínio.

COMENTÁRIOS

Alternativa correta: letra "e". Correta. Assim dispõe o art. 455, do Código Civil: Se parcial, mas considerável for a evicção, poderá o evicto optar entre a rescisão do contrato e a restituição da parte do preço correspondente ao desfalque sofrido.

Alternativa "a": Errada, haja vista que a evicção somente ocorre se a perda da coisa se deu por força de uma sentença judicial. Assim, não se configura evicção a perda da coisa por motivo de caso fortuito, força maior, roubo ou furto.

Alternativa "b": Errada, haja vista que não há previsão legal de garantia dos vícios redibitórios ao adquirente de bem hasta pública. Outrossim, ele terá direito a essa garantia em caso de evicção, nos termos do art. 447, segunda parte, do Código Civil.

Alternativa "c": Errada. A responsabilidade do alienante só poderá ser totalmente excluída, se for pactuada expressamente a cláusula de exclusão e o adquirente tenha sido informado sobre o risco da evicção e aceitou a situação.

Alternativa "d": Errada, haja vista que de acordo com o art. 441, do Código Civil, os vícios redibitórios só se aplicam aos contratos comutativos.

---

146. (Cespe – Defensor Público – AC/ 2012) Renato adquiriu de seu amigo Rodolfo, em 13/2/2010, um veículo automotor, que, passados trinta dias da compra, apresentou defeito no motor e parou de funcionar. Em 15/3/2010, o comprador procurou um advogado com o propósito de ajuizar ação para anular o negócio jurídico. Em 13/1/2011, Renato ajuizou ação objetivando a redibição ou o abatimento do preço pago pelo veículo. No entanto, o processo foi extinto com resolução do mérito em razão da decadência do direito do autor. Acerca da situação hipotética acima apresentada e da disciplina jurídica dos vícios redibitórios, das relações de consumo e da responsabilidade civil, assinale a opção correta.

a) O prazo decadencial para o adquirente reclamar a existência de vício redibitório seria de trinta dias a contar do conhecimento do vício oculto. No caso de vício oculto de difícil constatação, Renato teria o prazo de até cento e oitenta dias após a tradição, para conhecer o defeito e, uma vez constatado o defeito, teria o prazo de mais trinta dias para ingressar com as ações edilícias.

b) Em caso de responsabilidade de profissionais da advocacia por condutas consideradas negligentes, as demandas que invocam a teoria da perda de uma chance não passam pela análise das reais possibilidades de êxito do postulante, eventualmente perdidas em razão da desídia do causídico.

c) O equívoco inerente ao vício redibitório não se confunde com o erro substancial, vício de consentimento previsto na parte geral do Código Civil. O legislador tratou o vício redibitório de forma especial, projetando inclusive efeitos diferentes daqueles previstos para o erro substancial. O vício redibitório, da forma sistematizada pelo Código Civil de 1916, cujas regras foram mantidas pelo Código Civil ora vigente, atinge a psique do agente. O erro substancial, por sua vez, atinge a própria coisa, objetivamente considerada.

d) Na situação descrita, de fato, Renato decaiu do seu direito de rescindir o negócio em razão do transcurso do prazo de trinta dias previsto no CDC para a reclamação de vício redibitório.

e) A decisão judicial que extinguiu o processo está equivocada, pois ainda seria possível a Renato exercitar seu direito de redibir ou abater o preço pago, em razão da aplicação de dispositivo do CDC que estabelece o prazo de cinco anos para a reclamação por vício do produto ou serviço.

COMENTÁRIOS

Alternativa correta: letra "a" (responde as alternativas "d", "e"). A assertiva está correta pois de acordo com o previsto no art. 445 e seu § 1º do Código Civil. Assim sendo, na questão não se conta o prazo da entrega efetiva haja vista que o vício não foi aparente. O defeito só apareceu 30 dias após a sua compra. Desta feita, o prazo deve ser contado a partir do momento da ciência do vício. O prazo que o código determina para que o vício apareça é de 180 dias e, após seu conhecimento, terá o adquirente prazo de 30 dias para propor a ação.

Alternativa "b": Errada. O STJ prevê a possibilidade de responsabilização dos profissionais da advocacia, calcadas na teoria da perda da chance, passando pela análise das reais possibilidades de êxito do postulante. Eis o entendimento do Superior Tribunal de Justiça: Responsabilidade Civil. Recurso Especial. Dano Moral. Perda de Prazo Por Advogado. Teoria da Perda de Uma Chance. Decisão Denegatória de admissibilidade do Recurso Especial na questão principal que analisou as próprias razões recursais superando a alegação de intempestividade. Dano moral inexistente. 1. É difícil antever, no âmbito da responsabilidade contratual do advogado, um vínculo claro entre a alegada negligência do profissional e a diminuição patrimonial do cliente, pois o que está em jogo, no processo judicial de conhecimento, são apenas chances e incertezas que devem ser aclaradas em juízo de cognição. 2. Em caso de responsabilidade de profissionais da advocacia por condutas apontadas como negligentes, e diante do aspecto relativo à incerteza da vantagem não experimentada, as demandas que invocam a teoria da "perda de uma chance" devem ser solucionadas a partir de detida análise acerca das reais possibilidades de êxito do postulante, eventualmente perdidas em razão da desídia do causídico. Precedentes. (...) REsp 993936 / RJ Recurso Especial 2007/0233757-4.

Alternativa "c": Errada. O erro substancial é aquele que diz respeito a natureza do ato, ao objeto principal da declaração ou a algumas qualidades a ele essenciais para que possa viciar a vontade. Assim, há necessidade de que se constitua uma opinião errada sobre as condições essenciais determinantes da manifestação de vontade do agente, nos termos do art. 139 do Código Civil.

---

147. (Cespe – Juiz de Direito Substituto – AC/ 2012) No que concerne a evicção, assinale a opção correta de acordo com o Código Civil.

a) A responsabilidade decorrente da evicção deriva da lei e prescinde, portanto, de expressa previsão contratual; todavia, tal responsabilidade restringe-se à ação petitória, não sendo possível se a causa versar sobre posse.

b) Responde o alienante pela garantia decorrente da evicção caso o comprador sofra a perda do bem por desapropriação do poder público, cujo decreto expropriatório seja expedido e publicado posteriormente à realização do negócio.

c) Dá-se a evicção quando o adquirente perde, total ou parcialmente, a coisa por sentença fundada em motivo jurídico anterior, e o alienante tem o dever de assistir o adquirente, em sua defesa, ante ações de terceiros, sendo, entretanto, tal obrigação jurídica incabível caso o alienante tenha atuado de boa-fé.

d) De acordo com o instituto da evicção, o alienante deve responder pelos riscos da perda da coisa para o evicto, por força de decisão judicial em que fique reconhecido que aquele não era o legítimo titular do direito que convencionou transmitir ao evictor.

e) Sendo a evicção uma garantia legal, podem as partes, em reforço ao já previsto em lei, estipular a devolução do preço em dobro, ou mesmo minimizar essa garantia, pactuando uma devolução apenas parcial.

COMENTÁRIOS

Alternativa correta: letra "e". Correta, pois de acordo com o art. 448 do Código Civil podem as partes através de cláusula expressa, reforçar, diminuir ou excluir a responsabilidade pela evicção.

Alternativa "a": Errada, vez que a evicção também se aplica a posse, haja vista que se trata da perda sofrida pelo adquirente de uma coisa que detinha como proprietário ou possuidor através de sentença judicial.

Alternativa "b": Errada, vez que se a perda da coisa ocorreu por motivos supervenientes à alienação, no caso, a desapropriação, não há o que se falar em responsabilidade do alienante, nos termos do art. 457 do Código Civil.

Alternativa "c": Errada, pois independe de boa-fé.

Alternativa "d": Errada, não se transmite ao evictor e sim ao evicto.

---

148. (Cespe – Juiz de Direito Substituto – CE/ 2012) A respeito do vício redibitório, assinale a opção correta, conforme as disposições do Código Civil.

a) Adquirida mais de uma coisa conjuntamente, o adquirente não pode rejeitar apenas a que apresente vício redibitório.

b) Se as partes convencionarem a entrega de quantidade exata de determinada mercadoria, a entrega em menor quantidade autoriza o ajuizamento da ação quanti minoris.

c) A possibilidade de remoção do defeito apresentado não afasta a responsabilidade do alienante em responder pelo vício redibitório.

d) Caso o defeito de um veículo surja durante a garantia convencional, o prazo para reclamação não se esgotará antes do vencimento de tal garantia.

e) Ainda que a alienação tenha sido realizada de boa-fé, o alienante da coisa que apresente defeito deve restituir o valor recebido acrescido das despesas do contrato.

COMENTÁRIOS

Alternativa correta: letra "e". Correta, haja vista que se trata aqui do alienante que age com boa-fé, ou seja, que desconhecia o defeito da coisa, razão pela qual deverá restituir apenas o valor recebido acrescido das despesas do contrato, sem perdas e danos, que são devidas quando o alienante age de má-fé, nos termos do art. 443 do Código Civil.

Alternativa "a": Errada, haja vista que o adquirente pode rejeitar apenas a que apresente vício redibitório e não as demais, nos termos do art. 503 do Código Civil.

Alternativa "b": Errada. Não cabe ação *quanti minoris* no caso em tela, haja vista que ela somente é cabível em se tratando de vício oculto, o que não está expresso na questão.

Alternativa "c": Errada, pois defeitos menores ou que possam ser removidos são insuficientes para invocar a garantia, ou seja, afastam a responsabilidade do alienante de responder por vício redibitório, nos termos do art. 441 do Código Civil.

Alternativa "d": Errada, vez que de acordo com o art. 446 do Código Civil, aparecendo o vício, este deverá ser denunciado no prazo de 30 (trinta) dias, sob pena de decadência.

---

149. (Cespe – Promotor de Justiça – PI/2012) Assinale a opção correta a respeito da evicção.

a) As partes podem, por cláusula expressa, maximizar a responsabilidade pela evicção, mas não podem diminuí-la.

b) As benfeitorias necessárias ou úteis que não tenham sido reembolsadas ao que sofreu a evicção terão de ser pagas pelo alienante.

c) Será legítima a demanda pela evicção por parte do adquirente que, assumindo o risco, tenha conhecimento de que a coisa é alheia ou litigiosa.

d) De acordo com a lei civil, para poder exercitar o direito que da evicção lhe resulte, o adquirente poderá notificar do litígio apenas o alienante imediato, sendo-lhe defeso fazer a denominada denunciação por saltos.

e) Havendo cláusula excludente da garantia da evicção, se esta ocorrer, o evicto não terá nenhum direito a reclamar.

COMENTÁRIOS

Alternativa correta: Letra "b". Correta, pois de encontro com o disposto no art. 453 do Código Civil, no qual se prevê o direito do evicto de ser indenizado pelo evictor pelas benfeitorias necessárias ou úteis.

Alternativa "a": Errada, haja vista que através de cláusula expressa, as partes podem reforçar, diminuir ou excluir a responsabilidade pela evicção, nos termos do art. 448 do Código Civil.

Alternativa "c": Errada, vez que sendo alheia ou litigiosa, não pode o adquirente demandar pela evicção, nos termos do art. 457 do Código Civil.

Alternativa "d": Errada, pois o adquirente poderá notificar do litígio o alienante imediato ou qualquer dos anteriores, nos termos do art. 456 do Código Civil.

Alternativa "e": Errada, pois o evicto tem direito a receber o preço que pagou pela coisa evicta, se não soube do risco da evicção, ou, dele informado, não o assumiu, nos termos do art. 449 do Código Civil.

10. DIREITO DAS EMPRESAS

150. (Cespe – Juiz de Direito Substituto – DFT/2014) Assinale a opção correta de acordo com o entendimento predominante no TJDFT acerca de obrigações solidárias, contratos bancários e títulos de crédito.

a) O credor pode renunciar à solidariedade em favor de um, de alguns ou de todos os devedores; nesse caso, se houver rateio, entre os codevedores, da parte que, na obrigação, incumba a algum devedor insolvente, os exonerados da solidariedade pelo credor ficam de fora do rateio.

b) A solidariedade decorrente do contrato de abertura de conta conjunta é ativa e passiva, visto que cada titular está autorizado a movimentar livremente a conta.

c) A emissão de cheque sem suficiente provisão de fundos por um dos titulares de conta-corrente legitima a inscrição do nome de todos os cotitulares da conta nos cadastros de proteção ao crédito.

d) Os cotitulares não são devedores passivos solidários perante o portador do cheque sem suficiente provisão de fundos, pois a dívida se vincula à cártula, e não ao contrato bancário firmado com a instituição financeira.

e) Há solidariedade presumida, caso, na mesma obrigação, concorra mais de um credor, com direito à dívida toda, ou mais de um devedor, obrigado à dívida toda.

COMENTÁRIOS

Alternativa correta: letra "d". Correta. (vide comentários à alternativa "b").

Alternativa "a": Errada, os exonerados da solidariedade pelo credor deverão contribuir e não ficar de fora do rateio, nos termos do art. 284 do Código Civil.

Alternativa "b": (responde a alternativa "c"). Errada, a solidariedade neste caso é apenas ativa e não passiva, de acordo com o Informativo nº 264 – TJDFT, o qual reproduzimos: Contrato de conta conjunta – Solidariedade ativa. No julgamento de apelação interposta por instituição financeira contra sentença que julgou parcialmente procedentes os pedidos de exclusão do nome de correntista do cadastro de emitentes de cheques sem fundos e de indenização pelos danos morais sofridos, a Turma negou provimento ao recurso. Segundo o relato, o nome do autor foi negativado em razão da devolução de trinta e cinco cheques sem fundos, todos emitidos exclusivamente por sua companheira, com a qual mantém conta conjunta. Foi relatada a argumentação do banco de que a inscrição do nome do autor nos cadastros de proteção ao crédito decorreu da solidariedade existente entre os cotitulares de contas-correntes. Diante de tais fatos, o Desembargador esclareceu que a solidariedade decorrente da abertura de conta conjunta é solidariedade ativa, vez que cada titular está autorizado a movimentar livremente a conta, e não solidariedade passiva. Assim, afirmou que os cotitulares não são devedores passivos solidários perante o portador do cheque sem suficiente provisão de fundos, pois a dívida se vincula à cártula e não ao contrato bancário firmado com a instituição financeira. Nesse sentido, ante o reconhecimento da ilicitude na conduta do banco, o Colegiado manteve a sentença. (20090110029773APC, Relatora – Des. Nídia Corrêa Lima. Data da Publicação 01/08/2013.)

Alternativa "e": Errada, vez que a solidariedade não se presume, sendo decorrente de lei ou de vontade das partes, nos termos do art. 265 do Código Civil.

151. (Cespe – Promotor de Justiça – AC/2014) Acerca do título de crédito, assinale a opção correta.

a) Não se considera válido e eficaz o título de crédito em que não conste data de vencimento expressa nele próprio.

b) Uma das características dos títulos de crédito é a literalidade, ou seja, só são extraídos efeitos do título daquilo que estiver nele escrito.

c) Em regra, considera-se o lugar da emissão do título, quando não indicado expressamente, o domicílio do emitente, e o lugar do pagamento, quando não estipulado, o domicílio do sacado ou do credor beneficiário.

d) Ao se criar título de crédito, formaliza-se uma promessa unilateral formulada pelo emitente ou sacador, seu criador, que pode ser dirigida, inicialmente, a um número indeterminado de pessoas.

e) A omissão de requisito legal exigido ao título de crédito implica a invalidação do negócio jurídico que lhe tenha dado origem.

COMENTÁRIOS

Alternativa correta: letra "b". Correta, de acordo com o princípio da literalidade, o título somente vale pelo que nele está expresso, nos termos do art. 887, do Código Civil.

Alternativa "a": Errada. O título de crédito que não conste data de vencimento expressa é considerado à vista, nos termos do art. 889, § 1º, do Código Civil.

Alternativa "c": Errada, vez que se considera o lugar da emissão e o lugar do pagamento, quando não indicado no título, o do domicílio do emitente, conforme expresso no § 2º do art. 889, do Código Civil.

Alternativa "d": Errada, pois somente é dirigido a pessoas determinadas e não indeterminadas.

Alternativa "e": Errada, a omissão de qualquer requisito legal, que tire ao escrito a sua validade como título de crédito, não implica a invalidade do negócio jurídico que lhe deu origem, nos termos do art. 888, do Código Civil.

152. (Cespe – Juiz de Direito Substituto – AC/ 2012) Com base no que dispõem o Código Civil e a jurisprudência, assinale a opção correta acerca de títulos de crédito, bens e nome.

a) Considere que Cristóvão tenha passado a Dimas, em negociação com ele firmada, cheque de R$ 2.500,00 e que, no mês seguinte, seja surpreendido por cobrança informal de José, sob a alegação de ser portador de boa-fé e credor do mencionado título de crédito. Nessa situação, Cristóvão não poderá recusar-se ao adimplemento do cheque sob o argumento de não ter negociado com José.

b) Se o proprietário de fazenda de plantação de árvores de corte for um menor impúbere, então será obrigatória a prévia autorização judicial para que os pais do menor vendam o produto do corte das árvores.

c) A fundação, patrimônio ao qual a lei atribui personalidade jurídica, pode ter fins religiosos, culturais, morais ou de assistência e, eventualmente, fim lucrativo, devendo o lucro ser repartido entre os sócios.

d) Em ação de divórcio, em que o cônjuge feminino seja citado por edital e, revel, seja representado por curador especial, pode o juiz, de ofício, ao julgar procedente o pedido, determinar, no caso de ele haver adotado o nome do cônjuge masculino, que ele volte a usar o nome que usava antes do casamento.

e) O aval é, de acordo com o Código Civil, garantia cambiária típica, sendo permitido total ou parcialmente.

COMENTÁRIOS

Alternativa correta: Letra "a". Correta, pois trata-se de hipótese prevista no art. 896, do Código Civil.

Alternativa "b": Errada. É necessária a autorização judicial para que o menor continue a empresa e não para a venda do produto, nos termos do art. 974, § 1º do Código Civil.

Alternativa "c": Errada, pois as fundações não podem ter fins lucrativos, de acordo com o previsto no art. 62, § único, do Código Civil.

Alternativa "d": Errada, vez que o juiz não pode ofício determinar que se volte a usar o nome que usava antes do casamento por inexistir previsão legal para tanto. Mesmo nas hipóteses do art. 1.578 do Código Civil, há necessidade de requerimento expresso da outra parte.

Alternativa "e": Errada, vez que pelo Código Civil é expressamente vedado o aval parcial, nos termos do art. 897, § único. No entanto, a Lei Uniforme de Genebra (Lei especial), permite o aval parcial.

153. (Cespe – Juiz de Direito Substituto – BA/ 2012) A respeito do estabelecimento comercial e do empresário, assinale a opção correta.

a) O menor com dezesseis anos de idade completos poderá iniciar atividade empresarial, desde que seja autorizado judicialmente para tal e assistido pelo seu responsável legal até completar a maioridade.

b) Apenas o empresário inscrito na junta comercial sujeita-se à normas do Código Civil.

c) O contrato de alienação do estabelecimento comercial produzirá efeitos entre as partes somente após seu arquivamento na junta comercial.

d) Os bens do empresário individual respondem pelas dívidas comerciais que esse empresário contrair no exercício de suas atividades.

e) O estabelecimento comercial, na condição de universalidade de direito sui generis, não pode ser objeto de arresto.

COMENTÁRIOS

Alternativa correta: letra "d". Correta, haja vista que não há diferenciação entre os patrimônios em se tratando de empresa individual. A exceção é a EIRELI – Empresa individual de responsabilidade limitada na qual há separação dos bens pessoais dos bens da empresa.

Alternativa "a": Errada, vez que ela não poderá iniciar e sim dar continuidade a uma atividade empresarial existente, nos termos do art. 974, do Código Civil.

Alternativa "b": Errada, haja vista que o empresário irregular também se sujeita às normas do Código

Civil e da legislação comercial. Resposta extraída do Enunciado nº 198, da III Jornada de Direito Civil, que reproduzimos: "A inscrição do empresário na Junta Comercial não é requisito para a sua caracterização, admitindo-se o exercício da empresa sem tal providência. O empresário irregular reúne os requisitos do art. 966, sujeitando-se às normas do Código Civil e da legislação comercial, salvo naquilo em que forem incompatíveis com a sua condição ou diante de expressa disposição em contrário."

Alternativa "c": Errada. Para que possa produzir efeitos jurídicos em relação a terceiros, o contrato que tenha por objeto a alienação, o usufruto ou arrendamento do estabelecimento deverá ser averbado no Registro Público de Empresas Mercantis e publicado na imprensa oficial, de acordo com o artigo 1.144 do Código Civil.

Alternativa "e": Errada, pois é possível o arresto e a penhora do estabelecimento comercial. Súmula nº 451 do STJ: É legítima a penhora da sede do estabelecimento comercial.

---

154. (Cespe – Juiz de Direito Substituto – PA/ 2012) Considerando que determinado título de crédito à ordem tenha sido endossado de acordo com o que estabelece o Código Civil, assinale a opção correta.

a) Sem a tradição do título, não se completará a transferência por endosso.

b) É nula cláusula que desonere o endossante do cumprimento da prestação constante do título.

c) O endosso que tiver sido dado no anverso do título será considerado não escrito.

d) O pagador do título deverá verificar a autenticidade das assinaturas dele constantes.

e) Se o endosso for em branco, será nula a alteração para endosso em preto pelo endossatário.

COMENTÁRIOS

Alternativa correta: letra "a". Correta, vez que a transferência por endosso se configura com a entrega (tradição) do título, de acordo com o previsto no art. 910, § 2º do Código Civil.

Alternativa "b": Errada. O art. 914 do Código Civil prevê que ressalvada cláusula expressa em contrário, constante do endosso, não responde o endossante pelo cumprimento da prestação constante do título.

Alternativa "c": Errada, vez que o endosso posso lançado pelo endossante no verso ou no anverso do próprio título, nos termos do art. 910, do Código Civil. Importante ressaltar que se o endosso for no verso, basta a assinatura do endossante; se for dado no anverso há necessidade da expressão "por endosso" seguida da assinatura do endossante para que não haja confusão com o aval.

Alternativa "d": Errada. Quem paga o título está obrigado a verificar a regularidade da série de endosso, mas não a autenticidade das assinaturas, nos termos do previsto no § único do art. 911 do Código Civil.

Alternativa "e": Errada, vez que o endossatário pode mudar o endosso em branco para endosso em preto como também pode endossar novamente o título, em branco ou em preto, ou transferi-lo sem novo endosso, nos termos do art. 913 do Código Civil.

---

155. (Cespe – Promotor de Justiça – PI/2012) Com referência aos títulos de crédito, assinale a opção correta.

a) Em virtude de ser lícito o aval em cheque, é possível a proposição de ação monitória contra avalista de cheque prescrito.

b) Nenhum dos cônjuges pode, sem autorização do outro, exceto no regime da separação absoluta, prestar fiança ou aval.

c) A nota promissória vinculada a contrato de abertura de crédito goza de autonomia em razão da liquidez do título que a originou.

d) Em razão da existência de dispositivo legal que não admite cheque "a data certa" ou "a certo termo de vista", a jurisprudência não acolhe pedido de dano moral em virtude de apresentação antecipada de cheque pré-datado.

e) A simples devolução indevida do cheque não caracteriza dano moral, pois, para tanto, se exige prova de que o ato tenha causado angústia e aborrecimento sério ao prejudicado pela conduta.

COMENTÁRIOS

Alternativa correta: letra "b". Correta, vez que de acordo com o expresso no art. 1.647, III, do Código Civil. Caso a fiança ou o aval sejam prestados sem a anuência do outro cônjuge tal ato será passível de desconstituição em juízo, salvo no regime de separação total de bens.

Alternativa "a": Errada, haja vista o entendimento do STJ acerca do assunto: AgRg no recurso especial Nº 849.102 – SP. "Nos termos da jurisprudência desta Corte, prescrito o título de crédito, desaparece a relação cambial e, em consequência o aval. Dessa forma, o avalista só responde pela dívida se provado o seu locupletamento."

Alternativa "c": Errada, pois ela não goza de autonomia em razão da iliquidez do título que a originou, de acordo com a Súmula nº 258 do STJ, que assim dispõe:

Súmula nº 258 – A nota promissória vinculada a contrato de abertura de crédito não goza de autonomia em razão da iliquidez do título que a originou.

Alternativa "d": Errada. Para o STJ, basta que haja a apresentação antecipada do cheque pré-datado para que se configure dano moral.

Súmula nº 370 do STJ – Caracteriza dano moral a apresentação antecipada de cheque pré-datado.

Alternativa "e": Errada, pois para o STJ, basta que haja a devolução indevida do cheque para que se configure o dano moral.

Súmula nº 388 do STJ – A simples devolução indevida de cheque caracteriza dano moral.

156. (Cespe – Promotor de Justiça – PI/2012) Assinale a opção correta a respeito de empresa, empresário, estabelecimento e locação empresarial.

a) De acordo com a lei civil, é obrigatória a inscrição, no registro público de empresas mercantis, do empresário que desenvolva atividade rural.

b) O adquirente do estabelecimento responde pelos débitos anteriores à transferência, estejam, ou não, tais débitos contabilizados na escrituração.

c) A natureza jurídica do estabelecimento empresarial é de universalidade de direito.

d) Em relação ao empresário individual, é possível a desconsideração da personalidade jurídica.

e) Por meio de representação ou assistência, o menor não emancipado pode continuar a atividade empresarial exercida por seus pais.

COMENTÁRIOS

Alternativa correta: letra "e". Correta, haja vista que o menor não poderá iniciar a empresa, mas poderá continuar a atividade empresarial exercida por seus pais, através de representação ou assistência, nos termos do art. 974 do Código Civil.

Alternativa "a": Errada, vez que não é obrigatório o registro e sim facultativo, conforme previsto no art. 971 do Código Civil.

Alternativa "b": Errada, vez que ele só responderá pelos débitos anteriores desde que estejam devidamente contabilizados, nos termos do art. 1.146 do Código Civil.

Alternativa "c": Errada, a natureza jurídica do estabelecimento empresarial é de universalidade de fato, haja vista que os elementos que o compõem formam uma coisa unitária exclusivamente em razão da destinação que o empresário lhes dá, e não em virtude de lei.

Alternativa "d": Errada. Em relação ao empresário individual não é possível a desconsideração da personalidade jurídica, vez que os seus bens respondem direta e ilimitadamente pelas dívidas da empresa.

11. DIREITO DAS COISAS

157. (Cespe – Juiz de Direito Substituto – AM/2016) Acerca da posse, dos direitos reais e dos direitos reais de garantia, assinale a opção correta à luz da legislação e da jurisprudência.

a) O usufrutuário tem o direito de ceder o exercício do usufruto, a título gratuito ou oneroso, independentemente de autorização do nu-proprietário.

b) O penhor industrial deve ser constituído mediante a lavratura de instrumento público ou particular e levado a registro no cartório de títulos e documentos.

c) O ocupante irregular de bem público tem direito de retenção pelas benfeitorias realizadas se provar que foram feitas de boa-fé.

d) Quando da constituição de penhor, anticrese ou hipoteca, admite-se a imposição de cláusula comissória no contrato.

e) A decisão judicial que reconhece a aquisição da propriedade de bem imóvel por usucapião, a despeito dos efeitos ex tunc, não prevalece sobre a hipoteca judicial que tenha anteriormente gravado o bem.

COMENTÁRIOS

Alternativa correta: letra "a". A assertiva está correta, pois em consonância com o que prevê o artigo 1.393 do Código Civil. Ressalta-se que a assertiva menciona a cessão do exercício do usufruto (direito pessoal) e não a alienação do direito real em questão.

Alternativa "b": A assertiva está equivocada, pois apesar de o penhor industrial poder ser constituído por instrumento público ou particular, seu registro deve se dar em Cartório de Registro de Imóveis da circunscrição da situação da coisa empenhada (artigo 1.448 do Código Civil)

Alternativa "c": A assertiva está errada. Segundo entendimento recente do STJ: "Restando configurada a ocupação indevida de bem público, não há falar em posse, mas em mera detenção, de natureza precária, o que afasta o direito de retenção por benfeitorias e o almejado pleito indenizatório à luz da alegada boa-fé." (AgRg no REsp 1470182 RN)

Alternativa "d": A assertiva está incorreta. Cláusula comissória é aquela que autoriza o credor a ficar com o bem dado em garantia no caso de inadimplemento da dívida. O artigo 1.428 do Código Civil prevê expressamente a nulidade desta cláusula nos contratos que envolvem direitos reais de garantia.

Alternativa "e": A assertiva está errada. Segundo entendimento recente do STJ: A decisão que reconhece a aquisição da propriedade de bem imóvel por usucapião prevalece sobre a hipoteca judicial que anteriormente tenha gravado o referido bem. (AgRg no Ag 1.319.516-MG)

158. (Cespe – Juiz de Direito Substituto – AM/2016) Acerca dos registros públicos e do parcelamento do solo urbano, assinale a opção correta. ANULADA

a) Por violar o princípio da competência territorial, não é válida a notificação extrajudicial realizada por via postal, com aviso de recebimento, no endereço do devedor, ainda que o título tenha sido apresentado em cartório de títulos e documentos situado em comarca diversa do domicílio do devedor.

b) Nos casos de desmembramento de imóvel rural, a identificação do imóvel será obtida a partir de memorial descritivo, com as coordenadas georreferenciadas ao Sistema Geodésico Brasileiro, cabendo ao Instituto Nacional de Colonização e Reforma Agrária (INCRA) certificar que a poligonal objeto do memorial descritivo não se sobrepõe a nenhuma outra constante de seu cadastro georreferenciado.

c) É inválida cláusula contratual que permite ao loteador repassar aos compromissários compradores os custos expendidos por ele com a efetivação das obras elementares de implantação do empreendimento residencial.

d) Admite-se a usucapião extraordinária de área urbana que possua área inferior ao módulo mínimo estabelecido pela lei de parcelamento do solo urbano, em obediência ao princípio da função social da propriedade.

e) Independentemente de ação judicial, é admissível a averbação, no registro de nascimento do filho, da alteração do sobrenome de um dos genitores que, em decorrência do divórcio, optar por utilizar novamente o nome de solteiro.

COMENTÁRIOS

ANULADA. A banca examinadora entendeu por bem anular referida questão haja vista que havia mais de uma alternativa correta. Assim, esclareceu que: apesar de ter por fundamento o contido na Lei de Registro Públicos (itens 24 e 24.2 do edital de concurso), em especial o que dispõe o art. 176, §3º e § 4º da Lei de Registros Públicos:§ 3º Nos casos de desmembramento, parcelamento ou remembramento de imóveis rurais, a identificação prevista na alínea a do item 3 do inciso II do § 1º será obtida a partir de memorial descritivo, assinado por profissional habilitado e com a devida Anotação de Responsabilidade Técnica – ART, contendo as coordenadas dos vértices definidores dos limites dos imóveis rurais, georreferenciadas ao Sistema Geodésico Brasileiro e com precisão posicional a ser fixada pelo INCRA, garantida a isenção de custos financeiros aos proprietários de imóveis rurais cuja somatória da área não exceda a quatro módulos fiscais. (Incluído pela Lei nº 10.267, de 2001)§ 4º A identificação de que trata o § 3º tornar-se-á obrigatória para efetivação de registro, em qualquer situação de transferência de imóvel rural, nos prazos fixados por ato do Poder Executivo. (Incluído pela Lei nº 10.267, de 2001). Quanto ao recurso n. 510, observa-se que a opção D também é correta nos termos do RE 423349/RS, Rel. Min. Dias Tofolli, julgado em 29/04/2015 (Informativo 783). Quanto aos recursos n. 567 e 15 observa-se que o STJ já manifestou sobre nos seguintes termos: A Lei de Registros Públicos não permite que tal averbação se dê na via administrativa, sendo imprescindível o ajuizamento de ação judicial. Nesse sentido é o entendimento do STJ: É admissível a averbação, no registro de nascimento do filho, da alteração do sobrenome de um dos genitores que, em decorrência do divórcio, optou por utilizar novamente o nome de solteiro, contanto que ausentes quaisquer prejuízos a terceiros.

O art. 57 da Lei 6.015/1973 - Lei de Registros Públicos - admite a alteração do nome civil, excepcionalmente e de forma motivada, com a devida apreciação judicial, sem descurar da ausência de prejuízo a terceiros. Dessa forma, é justificável e plausível a modificação do sobrenome constante da certidão de nascimento, situação que prima pela contemporaneidade da vida, dinâmica por natureza (e não do momento da lavratura do registro). A função do sobrenome é identificar o núcleo familiar da pessoa e deve retratar a verdade real, fim do registro público, que objetiva espelhar, da melhor forma, a linhagem individual. Assim, é direito subjetivo da pessoa retificar seu sobrenome no registro de nascimento de seus filhos após divórcio. Ademais, a averbação do sobrenome no registro de nascimento do filho em decorrência do casamento (art. 3º, parágrafo único, da Lei 8.560/1992) atrai, à luz do princípio da simetria, a aplicação da mesma norma à hipótese inversa, qual seja, em decorrência do divórcio, um dos genitores deixa de utilizar o nome de casado. Além disso, não se coaduna à razoabilidade exigir que um dos genitores e seus filhos portem diariamente consigo cópia da certidão de casamento dos pais com a respectiva averbação para fins de identificação, em prejuízo do exercício do poder familiar. Além do mais, não seria coerente impor a alguém utilizar-se de outro documento público para provar a filiação constante de sua certidão de nascimento. Por isso, havendo alteração superveniente que venha a obstaculizar a própria identificação do indivíduo no meio social, resta indubitável a possibilidade de posterior retificação do registro civil. Por fim, registre-se que não se verifica impedimento legal para modificação do sobrenome dos filhos quando há alteração do nome de um dos genitores por ocasião do divórcio, conforme se verifica na legislação de regência: art. 54 da Lei 6.015/1973, arts. 20 e 27 do ECA, art. 1.565 do CC e art. 3º, parágrafo único, da Lei 8.560/1992. Precedentes citados: REsp 1.072.402-MG, Quarta Turma, DJe 1º/2/2013; e REsp 1.041.751-DF, Terceira Turma, DJe 3/9/2009. REsp 1.279.952-MG, Rel. Min. Ricardo Villas Bôas Cueva, julgado em 3/2/2015, DJe 12/2/2015.

159. (Cespe – Delegado de Polícia – PE/2016) O direito real, que se notabiliza por autorizar que seu titular retire de coisa alheia os frutos e as utilidades que dela advierem, denomina-se

a) usufruto.

b) uso.

c) habitação.

d) propriedade.

e) servidão.

COMENTÁRIOS

Alternativa correta: letra "a". A assertiva está correta. Segundo Flávio Tartuce, o usufruto é "o direito real de gozo ou fruição por excelência". Atribui ao usufrutuário o direito à posse, ao uso, à administração e à percepção dos frutos (artigo. 1.394 do Código Civil).

Alternativa "b": A assertiva está equivocada, pois o direito de uso concede ao seu titular apenas o direito de utilizar a coisa, de forma gratuita ou onerosa. Daí as nomenclaturas utilizadas pela doutrina: *usufruto anão, reduzido ou nanico.*

Alternativa "c": A assertiva está incorreta, pois o direito real e habitação apenas autoriza que seu titular habite o imóvel, não sendo-lhe autorizado retirar os frutos do mesmo.

Alternativa "d": A assertiva está equivocada. A propriedade pode ser conceituada como um direito da pessoa física ou jurídica de usar, gozar, dispor ou reaver um bem de quem injustamente o detenha.

Alternativa "e": A assertiva está errada. Segundo Flávio Tartuce, na servidão, "um prédio proporciona utilidade a outro, gravando o último, que é do domínio de outra pessoa", assim, a pessoa que tem domínio sobre o primeiro prédio adquire direito de gozo ou fruição sobre o segundo.

160. .(Cespe – Defensor Público – RN/2015) No que se refere aos bens jurídicos e a aspectos inerentes à posse e à propriedade, assinale a opção correta.

a) A aquisição da posse pode ocorrer pela apreensão, a qual, segundo a doutrina, pode ser concretizada não apenas pela apropriação unilateral da coisa sem dono, como também pela retirada da coisa de outrem sem sua permissão.

b) A tradição constitui uma das hipóteses de perda da posse que pode ser vislumbrada, por exemplo, na entrega da coisa a um representante para que este a administre.

c) Os bens naturalmente divisíveis não se podem tornar indivisíveis por vontade das partes.

d) Segundo o STJ, o usufrutuário pode valer-se de ações possessórias contra o nu-proprietário, mas não de ações de natureza petitória.

e) O perecimento da coisa é hipótese de perda da propriedade que não pode resultar de ato voluntário do proprietário, já que demanda, para a sua concretização, a ocorrência de fenômenos naturais, como terremotos ou inundações.

COMENTÁRIOS

Alternativa correta: Letra "a": A assertiva está correta pois de acordo com a melhor doutrina que adota a teoria de *Ihering*, a posse é perdida quando cessam os poderes fáticos sobre a coisa, mesmo que contra a vontade do possuidor (art. 1.223 do Código Civil). Observe-se que, no caso da alternativa A, o possuidor estava presente, não concordou com a agressão de terceiro, mas, mesmo assim, foi desapossado da coisa. Então, o terceiro adquire a posse da coisa, embora a posse seja injusta, pois maculada pela violência (art. 1.200 do Código Civil), e de má-fé, pois o possuidor conhece sua origem ilegal (art. 1.201 do Código Civil). O possuidor originário teria de manejar, nesse caso, ação de reintegração de posse, porque esta foi perdida contra a sua vontade. Destaque-se que, só para os possuidores que não presenciaram a agressão por terceiro, a posse só se perde depois que o possuidor tem notícia da turbação e não age (art. 1.224 do Código Civil). Não se aplica o art. 1.208 do Código Civil à alternativa A, pois não houve permissão nem tolerância (primeira parte) e o possuidor estava presente durante a agressão; logo, a violência cessou com a perda da posse e não houve clandestinidade (última parte).

Alternativa "b": Incorreta. A coisa móvel se transfere pela tradição, conforme preceitua o art. 1.267 do Código Civil. Ademais, a simples transferência da coisa móvel para ser administrada por terceiro não acarretaria sua perda, apenas o desdobramento da posse nos termos do art. 1.197 do Código Civil.

Alternativa "c": Incorreta, pois em desacordo ao previsto no art. 88 do Código Civil que determina que os bens divisíveis podem tornar-se indivisíveis por vontade das partes.

Alternativa "d": Incorreta. O usufruto é direito real de fruição sobre coisa alheia. Como tal, transfere a seu titular as faculdades de posse, uso, administração e gozo, originárias do direito de propriedade nos termos do art. 1.394 do Código Civil. Essas faculdades são exercidas pelo titular do usufruto sobre a coisa do nu-proprietário. Observa-se, portanto, que o usufrutuário exerce faculdades do direito de propriedade sobre coisa alheia. Logo, faz sentido que o usufrutuário maneje ações petitórias. Além disso, o STJ já decidiu que:

> *"3. O usufrutuário – na condição de possuidor direto do bem – pode valer-se das ações possessórias contra o possuidor indireto (nu-proprietário) e – na condição de titular de um direito real limitado (usu-*

> *fruto) – também tem legitimidade/interesse para a propositura de ações de caráter petitório, tal como a reivindicatória, contra o nu-proprietário ou contra terceiros." (STJ, REsp n. 1.202.843/PR).*

Alternativa "e": Incorreta, haja vista que o perecimento pode decorrer de ato voluntário do dono da coisa como no caso de destruição, nos termos do quanto previsto no art. 1.275 do Código Civil que assim dispõe:

> *Art. 1.275. Além das causas consideradas neste Código, perde-se a propriedade:*
>
> *I – por alienação;*
>
> *II – pela renúncia;*
>
> *III – por abandono;*
>
> *IV – por perecimento da coisa;*
>
> *V – por desapropriação.*

---

161. (Cespe – Defensor Público – RN/2015) No que se refere às disposições acerca de condomínio, aos direitos sobre coisa alheia e à propriedade fiduciária, assinale a opção correta.

a) A alienação da nua propriedade em hasta pública é, segundo o Código Civil, causa de extinção do direito real de usufruto.

b) Para o STJ, afronta o direito de propriedade e sua função social a decisão da assembleia geral de condôminos que determina a suspensão de serviços essenciais em decorrência da inadimplência de taxa condominial, já que o débito deve ser cobrado pelos meios legais.

c) O Código Civil não veda ao condômino dar posse, uso ou gozo da propriedade a estranhos sem a prévia aquiescência dos demais condôminos.

d) De acordo com a legislação civil, o direito de superfície pode ser transferido a terceiro mediante prévio pagamento do valor estipulado pela concedente para a respectiva transferência.

e) O contrato celebrado pelas partes que tenha por objeto a constituição da propriedade fiduciária poderá conter cláusula que autorize o proprietário fiduciário a ficar com a coisa alienada em garantia, caso a dívida não seja paga no vencimento.

COMENTÁRIOS

Alternativa correta: Letra "b": A assertiva encontra-se correta de acordo com o entendimento do STJ acerca do assunto, vejamos:

O inadimplemento de taxas condominiais não autoriza a suspensão, por determinação da assembleia geral de condôminos, quanto ao uso de serviços essenciais, em clara afronta ao direito de propriedade e sua função social e à dignidade da pessoa humana, em detrimento da utilização de meios expressamente previstos em lei para a cobrança da dívida condominial. (Stj Resp 1401815 ES).

Alternativa "a": Incorreta pois em desacordo com o entendimento dos nossos tribunais, vejamos:

A nua-propriedade pode ser objeto de penhora e alienação em hasta pública, ficando ressalvado o direito real de usufruto, inclusive após a arrematação ou a adjudicação, até que haja sua extinção. (REsp 925687 DF 2007/0031555-9).

Alternativa "c": Incorreta, pois em desacordo ao previsto no art. 1.314, parágrafo único do Código Civil que assim dispõe:

> *Art. 1.314. Cada condômino pode usar da coisa conforme sua destinação, sobre ela exercer todos os direitos compatíveis com a indivisão, reivindicá-la de terceiro, defender a sua posse e alhear a respectiva parte ideal, ou gravá-la.*
>
> *Parágrafo único. Nenhum dos condôminos pode alterar a destinação da coisa comum, nem dar posse, uso ou gozo dela a estranhos, sem o consenso dos outros.*

Alternativa "d": Incorreta, pois em desacordo com o parágrafo único do art. 1.372 do Código Civil que assim dispõe:

> *Art. 1.372. O direito de superfície pode transferir-se a terceiros e, por morte do superficiário, aos seus herdeiros.*
>
> *Parágrafo único. Não poderá ser estipulado pelo concedente, a nenhum título, qualquer pagamento pela transferência.*

Alternativa "e": Incorreta, pois ao contrário do quanto previsto no art. 1.365 do Código Civil.

> *Art. 1.365. É nula a cláusula que autoriza o proprietário fiduciário a ficar com a coisa alienada em garantia, se a dívida não for paga no vencimento.*

---

162. (Cespe – Procurador do MP junto ao TCU/2015) Com relação a posse, a direitos reais e a direitos reais de garantia, assinale a opção correta de acordo com a jurisprudência do STJ.

a) O usufrutuário vitalício, titular do direito real de usufruto, não pode propor ações que tenham por objeto a proteção da propriedade, por ser essa uma prerrogativa exclusiva do nu-proprietário.

b) A anticrese constitui direito real sobre imóvel que somente se adquire mediante registro no cartório de registro de imóveis.

c) Para que o promitente comprador adquira o direito real à aquisição do imóvel, é imprescindível, além de outras exigências legais, que a promessa de compra e venda seja celebrada por instrumento público.

d) Tratando-se de coisa comum a dois ou mais proprietários, é indispensável o consentimento de todos para que cada um possa individualmente dar em garantia real a parte que tiver.

e) Nas acessões artificiais, o possuidor que tiver semeado, plantado ou edificado em terreno alheio terá direito a indenização pelas benfeitorias necessárias, independentemente de ter agido de boa ou má-fé.

COMENTÁRIOS

Alternativa correta: letra "b". A alternativa está de acordo com o previsto no art. Art. 1.227 do Código Civil: "Os direitos reais sobre imóveis constituídos, ou transmitidos por atos entre vivos, só se adquirem com o registro no Cartório de Registro de Imóveis dos referidos títulos (arts. 1.245 a 1.247), salvo os casos expressos neste Código." Outrossim, importante ressaltar que a jurisprudência nos tem trazido a possibilidade de várias exceções que deverão ser analisadas caso a caso.

Alternativa "a": A alternativa encontra-se errada, haja vista o disposto no RESP 1202843/STJ: "Se é certo que o usufrutuário, na condição de possuidor direto do bem, pode valer-se das ações possessórias contra o possuidor indireto, também deve-se admitir a sua legitimidade para a propositura de ações de caráter petitório contra o nu-proprietário ou qualquer outra pessoa que obstaculize ou negue o seu direito"

Alternativa "c": Errada, pois em desacordo ao quanto trazido no Art. 1.417 do Código Civil: "Mediante promessa de compra e venda, em que se não pactuou arrependimento, celebrada por instrumento público ou particular, e registrada no Cartório de Registro de Imóveis, adquire o promitente comprador direito real à aquisição do imóvel."

Alternativa "d": Errada, pois encontra-se em desacordo ao previsto no Art. 1.420. § 2o. do Código Civil: " A coisa comum a dois ou mais proprietários não pode ser dada em garantia real, na sua totalidade, sem o consentimento de todos; mas cada um pode individualmente dar em garantia real a parte que tiver."

Alternativa "e": Errada, haja vista que o art. 1.225 do Código Civil assim dispõe: "Aquele que semeia, planta ou edifica em terreno alheio perde, em proveito do proprietário, as sementes, plantas e construções; se procedeu de boa-fé, terá direito a indenização."

---

163. (Cespe – Juiz de Direito Substituto – DFT/2014) Acerca do direito das coisas e do direito de família, assinale a opção correta à luz do Código Civil.

a) Adquire a propriedade integral por usucapião familiar o ex – cônjuge ou ex-companheiro que exercer posse direta sobre imóvel urbano de até 250 m2, utilizando-o para sua moradia ou de sua família, por dois anos ininterruptamente, sem oposição e com exclusividade, cuja propriedade divida com o consorte que tenha abandonado o lar, desde que não seja proprietário de outro imóvel urbano ou rural.

b) No caso de condomínio edilício, as áreas suscetíveis de utilização independente, tais como apartamentos, escritórios, salas, lojas, sobrelojas e abrigos para veículos, sujeitam-se à propriedade exclusiva, podendo ser alienadas e gravadas livremente por seus proprietários, independentemente de qualquer autorização expressa na convenção de condomínio.

c) As disposições relativas à guarda e à prestação de alimentos aos filhos menores não se estendem aos maiores incapazes.

d) Caso não haja acordo entre a mãe e o pai no que diz respeito à guarda do filho, terá de ser aplicada, necessariamente, a guarda compartilhada.

e) No registro do título de propriedade adquirido por meio da usucapião familiar especial, sendo o autor da ação judicialmente considerado hipossuficiente, não incidirão nem serão acrescidas, a nenhum título, taxas, custas e contribuições para o estado ou o DF sobre os emolumentos do registrador.

COMENTÁRIOS

Alternativa correta: letra "a". Correta, pois tratase da chamada usucapião especial em área urbana (Lei 12.424/11), cujos requisitos encontram – se previstos no art. 1.240-A do Código Civil.

Alternativa "b": Errada, haja vista que as vagas de garagem não poderão ser alienados ou alugados a pessoas estranhas ao condomínio, salvo autorização expressa na convenção de condomínio, de acordo com o disposto no art. 1.331, § 1º do Código Civil.

Alternativa "c": Errada, vez que as disposições se estendem aos maiores incapazes, nos termos do art. 1.590, do Código Civil.

Alternativa "d": Errada. Não havendo acordo entre a mãe e o pai no que diz respeito à guarda do filho, será aplicada sempre que possível e não necessariamente a guarda compartilhada, nos termos do art. 1.584, § 2º do Código Civil.

Alternativa "e": Errada, haja vista que o texto dessa alternativa era o correspondente ao § 2º do art. 1.240-A do Código Civil que foi vetado pela Presidente da República. A razão do veto foi a seguinte: "Os dispositivos violam o pacto federativo ao interferirem na competência tributária dos Estados, extrapolando o disposto no § 2º do art. 236 da Constituição".

---

164. (Cespe – Cartório – TJ – DF/2014) Assinale a opção correta a respeito do registro de imóveis.

a) A dúvida registraria configura procedimento administrativo suscitado pelo registrador, na fase de qualificação, na hipótese de títulos contraditórios, para o estabelecimento da ordem de preferência do registro.

b) Por força dos princípios da unitariedade e do fólio real, o título não pode ser cindido, não sendo possível, portanto, averbar, a requerimento do interessado, mandado de penhora de imóvel em que conste a existência de construção não averbada na matrícula respectiva.

c) De acordo com o princípio da prioridade, o título apresentado em primeiro lugar no registro assegura a preferência na aquisição do direito real respectivo, desse modo, protocolada escritura de hipoteca em que seja mencionada a constituição de hipoteca anterior, não inscrita, será registrada a hipoteca posterior, que obterá preferência.

d) Consoante o princípio da especialidade, a descrição do imóvel rural deve ser obtida a partir de memorial descritivo assinado por profissional habilitado, e os eventuais erros ou discrepâncias entre os limites reais do imóvel e os constantes da matrícula somente poderão ser retificados em ação demarcatória.

e) A retificação do registro por inexatidão causada por falsidade ou nulidade do registro ou do título que o fundamenta deverá ser declarada pelo juiz corregedor, em âmbito administrativo, somente quando for manifesta e não importar dano potencial a terceiros, ou quando houver consentimento de todos os interessados.

COMENTÁRIOS

Alternativa correta: letra "e". Correta, pois não havendo concordância de todos os interessados ou quando causar dano a terceiros, só poderá ser feita pela via judicial.

Alternativa "a": Errada. Segundo Maria Helena Diniz, a dúvida é um pedido de natureza administrativa, formulado pelo oficial do Registro, a rogo do apresentante do título, para que o juízo competente se manifeste sobre a legalidade da exigência feita, relativamente a um instrumento ou a vários documentos, decidindo se é ou não indispensável ao registro pretendido.

Alternativa "b": Errada, haja vista que que o princípio da unitariedade matricial impede que a matrícula contenha mais que um imóvel em sua descrição.

Alternativa "c": Errada, pois em desacordo com o art. 189, da Lei de Registros Públicos. Cumpre ressaltar que pelo princípio da prioridade, os títulos apresentados para registros são recepcionados e recebem uma numeração cronológica após lançados no livro de protocolo, esse ato é denominado prenotação ou protocolização. Desta feita, o registro da hipoteca estará sujeito ao regramento do artigo acima mencionado e não pelo princípio da prioridade.

Alternativa "d": Errada, haja vista que o princípio da especialidade, toda inscrição deve recair sobre um objeto precisamente individuado.

165. (Cespe – Cartório – TJ – DF/2014) No que se refere ao registro de imóveis, assinale a opção correta.

a) Na hipótese de desmembramento, o imóvel objeto da matrícula deve ser dividido em dois ou mais imóveis, abrindo-se novas matrículas, sem o encerramento da matrícula do imóvel primitivo, de modo a se obstar fraude à lei de parcelamento do solo urbano.

b) Em se tratando de gleba descontínua e constituindo as partes que a integram unidade orgânica, por exploração agrícola ou industrial, o imóvel deverá ser registrado em apenas uma matrícula, dado o princípio do unitarismo da matrícula e do fólio real.

c) Em caso de fusão de dois ou mais imóveis limítrofes pertencentes ao mesmo proprietário, o agrupamento deve ser averbado nas matrículas dos imóveis fundidos.

d) Ocorre agregação quando o imóvel recebe parte contígua de outro imóvel do mesmo proprietário, observado o patamar mínimo de área previsto em lei, mantendo-se as matrículas, com as averbações correspondentes à diminuição da área de um imóvel e acréscimo ao outro, com as modificações nos perímetros.

e) O imóvel rural pode sofrer vários desdobros, como a segregação de uma gleba maior para formar um ou mais imóveis novos, devendo, nesse caso, ser cancelada a matrícula do imóvel primitivo e abertas novas matrículas.

COMENTÁRIOS

Alternativa correta: letra "d". Correta pois de encontro com o disposto na Lei de Registro Público.

Alternativa "a": Errada, haja vista que neste caso as matrículas serão encerradas de acordo com o previsto no inciso II, do art. 235, da Lei de Registro Público (Lei 6.015/73).

Alternativa "b": Errada, pois neste caso serão constituídas novas matrículas, de acordo com o disposto no § 1º do art. 235, da Lei de Registro Público.

Alternativa "c": Errada, já que neste caso as matrículas primitivas serão encerradas, nos termos do art. 234 da Lei de Registro Público.

Alternativa "e": Errada, haja vista que serão desdobrados em novas matrículas, sem encerramento das anteriores, o que só ocorrerá quando houver fusão.

166. (Cespe – Cartório – TJ – DF/2014) A respeito da substituição fideicomissária, assinale a opção correta.

a) A capacidade testamentária passiva do fiduciário e do fideicomissário é apurada na abertura da sucessão, e não no momento da morte do fideicomitente.

b) Renunciando o fideicomissário à substituição da herança do legado ao tempo da abertura da sucessão, a propriedade consolida-se em favor do fiduciário.

c) A substituição fideicomissária caracteriza-se pela simultaneidade e dupla liberalidade ao fiduciário, que recebe o usufruto dos bens herdados, e o fideicomissário, desde logo, a propriedade.

d) A instituição de fideicomisso em dupla vocação, para beneficiar dois herdeiros existentes ao tempo da abertura da sucessão visa ao atendimento da vontade do testador, fideicomitente, de transmitir herança ou legado a duas pessoas na ordem hereditária.

e) Constitui requisito à configuração da substituição fideicomissária a eventualidade da vocação do fideicomissário, porquanto, até a substituição, o fiduciário será o proprietário sob condição resolutiva, e o fideicomissário o será sob condição suspensiva.

COMENTÁRIOS

Alternativa correta: letra "e". Correta, O fideicomisso pode ser definido como espécie de substituição testamentária consubstanciada na atribuição, pelo testador, da propriedade plena de determinado bem a herdeiro ou legatário seu, denominado "fiduciário", com a imposição da obrigação de, por sua morte, a certo tempo, ou sob condição pré-determinada, transmiti-la a outrem, qualificado fideicomissário (art. 1.951, do Código Civil). Verifica-se, assim, que o fiduciário vem a ser proprietário sob condição resolutiva e o fideicomissário o é sob condição suspensiva.

Alternativa "a": Errada, vez que a capacidade passiva do fiduciário é verificada quando da abertura da sucessão e a do fideicomissário quando da substituição.

Alternativa "b": Errada, vez que renunciando o fideicomissário no prazo de 20 (vinte) dias após aberta a sucessão, caducará o fideicomisso, caso não haja disposição em contrário, nos termos do art. 1.955 do Código Civil.

Alternativa "c": Errada, haja vista que o fideicomisso é sucessivo e não simultâneo, vez que os titulares da coisa herdada a gozam em momentos distintos. (art. 1.951, do Código Civil).

Alternativa "d": Errada, haja vista que o fideicomisso não beneficia dois herdeiros existentes ao tempo da abertura da sucessão, vez que obrigatoriamente o fideicomissário tem que ser pessoa não nascida ao tempo da morte do testador (art. 1.952, do Código Civil).

---

167. (Cespe – Procurador do MP junto ao TCE-PB/2014) João, proprietário de uma fazenda situada na zona rural do município de Patos – PB, abandonou-a em março de 2008. Em julho de 2008, imbuídos de má-fé, José e Maria passaram a exercer a posse do referido imóvel. Em 2010, o imóvel foi inundado em decorrência do rompimento de uma barragem existente na fazenda vizinha. No ano seguinte, José e Maria deixaram o local, que permanece desocupado e abandonado.

Considerando a situação hipotética acima e as disposições legais acerca da posse e dos direitos reais, assinale a opção correta.

a) Caso José e Maria ostentassem a qualidade de usufrutuários do imóvel, deveriam eles arcar com o pagamento das deteriorações resultantes do exercício regular do usufruto.

b) João poderá exigir de José e de Maria a reparação dos danos ocorridos no imóvel em decorrência da inundação ali havida em 2010, sendo irrelevante, para tal fim, o fato de ambos estarem imbuídos de boa ou má-fé.

c) No período em que passaram a exercer a posse do imóvel, José e Maria poderiam individualmente exercer sobre ele atos possessórios, contanto que o referido exercício por qualquer um deles não excluísse o do outro.

d) José e Maria têm direito à indenização das benfeitorias necessárias por eles realizadas no imóvel, bem como poderão exercer o direito de retenção pelo seu valor.

e) Caso se comprove a intenção de João de não mais conservar o imóvel em seu patrimônio quando o abandonou, poderá ser este arrecadado, como bem vago, e passar, três anos depois, à propriedade do município de Patos – PB.

COMENTÁRIOS

Alternativa correta: letra "c". Correta, pois trata-se aqui do instituto da composse, que é a exceção à regra da exclusividade da posse. A composse se deriva da indivisibilidade da coisa e está expressamente prevista no art. 1.199 do Código Civil.

Alternativa "a": Errada, vez que o usufrutuário não é obrigado a pagar as deteriorações resultantes do exercício regular do usufruto, nos termos do art. 1.402 do Código Civil.

Alternativa "b": Errada, pois somente o possuidor de má-fé responde pela perda, ou deterioração da coisa, ainda que acidentais, salvo se provar que de igual modo se teriam dado, estando ela na posse do reivindicante, nos termos do art. 1.218 do Código Civil.

Alternativa "d": Errada, haja vista que ao possuidor de má-fé somente é cabível o ressarcimento das benfeitorias necessárias, não tendo direito de retenção pela importância destas, de acordo com o previsto no art. 1.220, do Código Civil.

Alternativa "e": Errada, haja vista que o imóvel passará à propriedade da União e não ao Município de Patos/PB, de acordo com o previsto no § 1º do art. 1.276, do Código Civil.

168. (Cespe – Procurador do MP junto ao TCE--PB/2014) Acerca do regramento legal sobre o parcelamento do solo para fins urbanos, conforme a Lei nº 6.766/1979, assinale a opção correta.

a) Como regra geral, a infraestrutura mínima com a qual deve contar qualquer parcelamento do solo urbano restringe-se à existência de rede de abastecimento de água potável e de esgotamento sanitário, bem como energia elétrica domiciliar.

b) A partir do registro do loteamento, passam a integrar o domínio do município as vias e praças, os espaços livres e as áreas destinadas a edifícios públicos e outros equipamentos urbanos constantes do projeto e do memorial descritivo.

c) Será admitido o parcelamento do solo para fins urbanos apenas em zonas urbanas ou de urbanização específica, e que assim forem definidas pelo plano diretor.

d) O registro de loteamento poderá ser cancelado mediante requerimento do loteador, desde que conte com anuência da prefeitura e tenham sido comercializados no máximo 10% dos lotes, garantido aos compradores o direito à indenização.

e) Tanto o loteamento quanto o desmembramento consistem na subdivisão de gleba em lotes destinados à edificação, admitindo-se, em ambas as modalidades de parcelamento do solo urbano indicadas, o prolongamento dos logradouros públicos já existentes, embora a abertura de novas vias de circulação somente seja admitida no loteamento.

COMENTÁRIOS

Alternativa correta: letra "b". Correta, pois, de acordo com o art. 22, da Lei 6.766/79, Desde a data de registro do loteamento, passam a integrar o domínio do Município as vias e praças, os espaços livres e as áreas destinadas a edifícios públicos e outros equipamentos urbanos, constantes do projeto e do memorial descritivo.

Alternativa "a": Errada, haja vista que de acordo com 6º, do art. 2º, da Lei 6.766/79, a infra-estrutura básica das áreas habitacionais deverá constar: I – vias de circulação; II – escoamento das águas pluviais; III – rede para o abastecimento de água potável e IV – soluções para o esgotamento sanitário e para a energia elétrica domiciliar.

Alternativa "c": Errada, haja vista que a lei dispõe que sejam definidas pelo plano diretor ou aprovadas por lei municipal, nos termos do art. 3º da Lei 6.766/79

Alternativa "d": Errada, haja vista que o art. 23 da Lei 6.766/79 determina que o registro só será cancelado por decisão judicial; a requerimento do loteador, com anuência da Prefeitura, ou do Distrito Federal quando for o caso, enquanto nenhum lote houver sido objeto de contrato ou a requerimento conjunto do loteador e de todos os adquirentes de lotes, com anuência da Prefeitura, ou do Distrito Federal quando for o caso, e do Estado.

Alternativa "e": Errada, haja vista que no desmembramento não poderá haver prolongamento dos logradouros públicos já existentes, nos termos do art. 2º, § 1º e 2º da Lei 6.766/79.

169. (Cespe – Procurador do Estado – BA/2014) No que se refere ao parcelamento do solo urbano e aos registros públicos, julgue os itens seguintes.

169.1. No âmbito dos registros públicos, o procedimento de dúvida é o expediente por meio do qual o apresentante de um título registral, se inconformado com as exigências formuladas pelo registrador ou com a decisão que desde logo negue o registro, pode requerer ao juiz competente que, após proceder à requalificação do documento, determine seu acesso ao fólio real. Nesse contexto, não há possibilidade de interposição de recurso em face de decisão desfavorável do juiz.

COMENTÁRIOS

A assertiva está errada, haja vista que é perfeitamente cabível o recurso em face da decisão desfavorável do juiz, nos termos do art. 202 da Lei 6.015/73, que assim dispõe: "Da sentença, poderão interpor apelação, com os efeitos devolutivo e suspensivo, o interessado, o Ministério Público e o terceiro prejudicado"

169.2. Aprovado o projeto de loteamento pelo município, o loteador deverá submetê-lo ao registro imobiliário, acompanhado dos documentos indicados na lei, dentro de cento e oitenta dias, sob pena de caducidade da aprovação.

COMENTÁRIOS

A assertiva está correta. Para responder essa questão o candidato deverá valer-se da Lei 6.766/79, que trata do parcelamento do solo urbano. Encontra-se expresso em seu art. 18, que assim dispõe: Aprovado o projeto de loteamento ou de desmembramento, o loteador deverá submetê-lo ao registro imobiliário dentro de 180 (cento e oitenta) dias, sob pena de caducidade da aprovação, acompanhado dos seguintes documentos (...)."

170. (Cespe – Promotor de Justiça – AC/2014) Assinale a opção correta acerca da usucapião.

a) Não havendo registro de propriedade de terras, existe, em favor do Estado, a presunção iuris tantum de que sejam terras devolutas, sendo, então, desnecessária a prova da titularidade pública do bem, o que torna tais imóveis inalcançáveis pela usucapião.

b) O imóvel público é insuscetível de usucapião, devendo-se, entretanto, reconhecer como possuidor o particular que ocupa, de boa-fé, aquela área, ao qual é devido o pagamento de indenização por acessões ou benfeitorias ali realizadas.

c) O direito do usucapiente funda-se sobre o direito do titular precedente e, constituindo este o pressuposto daquele, determina-lhe a existência, as qualidades e sua extensão.

d) Por ser a usucapião forma de aquisição originária, dispensa-se o recolhimento do imposto de transmissão quando do registro da sentença, não obstante os direitos reais limitados e eventuais defeitos que gravam ou viciam a propriedade serem transmitidos ao usucapiente.

e) Dois elementos estão normalmente presentes nas modalidades de usucapião: o tempo e a posse, exigindo-se desta a característica ad usucapionem, referente à visibilidade do domínio e a requisitos especiais, como a continuidade e a pacificidade.

COMENTÁRIOS

Alternativa correta: letra "e". Correta, pois de fato, o tempo e a posse estão sempre presentes nas modalidades de usucapião. Neste sentido, o Enunciado nº 497, CJF/STJ, que assim dispõe:

> *Enunciado nº 497 – A continuidade e durabilidade são requisitos para a concessão da usucapião. O tempo vai variar conforme a modalidade de usucapião, mas é certo que em todas se exige o decurso de um lapso temporal. Importante lembrar que há entendimento no sentido de que o prazo pode ser complementado no curso do processo, desde que não haja má-fé*

Alternativa "a": Errada, pois a inexistência de registro não induz presunção que o imóvel seja público, segundo o entendimento do STJ, que transcrevemos: "Falta de registro de imóvel não permite presunção de propriedade estatal. A ausência de registro do imóvel em cartório não significa que ele se inclui no rol das terras devolutas, cabendo ao estado provar que detém a propriedade do bem. A conclusão é da Quarta Turma do Superior Tribunal de Justiça (STJ), ao negar provimento a recurso do Estado do Rio Grande do Norte em um processo de usucapião". (http://www.stj.gov.br/portal_stj/publicacao/engine.wsp?tmp.area=398&tmp.texto=103748)

Alternativa "b": Errada, vez que de acordo com o entendimento do STJ, o particular jamais exercerá poderes de propriedade em imóvel público, cujo entendimento reproduzimos: "O particular jamais exerce poderes de propriedade (art. 1.196 do CC) sobre imóvel público, impassível de usucapião (art. 183, § 3º, da CF). Não poderá, portanto, ser considerado possuidor dessas áreas, senão mero detentor. Essa impossibilidade, por si só, afasta a viabilidade de indenização por acessões ou benfeitorias, pois não prescindem da posse de boa-fé (arts. 1.219 e 1.255 do CC)".(Decisão proferida em junho de 2009 no Recurso Especial nº 945.055/DF).

Alternativa "c" Errada. Nas palavras de Francisco Eduardo Loureiro: "A usucapião (termo que o atual Código Civil utiliza no feminino) define-se como modo originário de aquisição da propriedade e de outros direitos reais pela posse prolongada e qualificada por requisitos estabelecidos em lei", salientando que "é modo originário de aquisição da propriedade, pois não há relação pessoal entre um precedente e um subsequente sujeito de direito". Ou seja, "o direito do usucapiente não se funda sobre o direito do titular precedente, não constituindo este direito o pressuposto daquele, muito menos lhe determinando a existência, as qualidades e a extensão". (Loureiro, Francisco Eduardo. "Código Civil Comentado". Coord. Min. Cezar Peluso. 2ª ed., Manole, São Paulo: 2008, pág. 1161).

Alternativa "d": Errada, haja vista que o novo proprietário não responde por nada (tributos anteriores) e havendo, por exemplo, uma hipoteca, ela será extinta, já que a aquisição pela usucapião é originária.

---

171. (Cespe – Promotor de Justiça – AC/2014) Com base no que dispõe o Código Civil sobre posse, assinale a opção correta.

a) Caracteriza-se como clandestina a posse adquirida via processo de ocultamento em relação àquele contra quem é praticado o apossamento, embora possa ser ele público para os demais. Por tal razão, a clandestinidade da posse é considerada defeito relativo.

b) Na posse precária, o vício se inicia no momento em que o possuidor recebe a coisa com a obrigação de restituí-la ao proprietário ou ao possuidor legítimo.

c) A ocupação de área pública, mesmo quando irregular, pode ser reconhecida como posse, podendo-se admitir desta o surgimento dos direitos de retenção e de indenização pelas acessões realizadas.

d) É possível reconhecer a posse a quem não possa ser proprietário ou não possa gozar dos poderes inerentes à propriedade.

e) É injusta a posse violenta, por meio da qual o usurpado seja obrigado a entregar a coisa para não ver concretizado o mal prometido, incluindo-se entre os atos de violência que tornam a posse injusta o temor reverencial e o exercício regular de um direito.

COMENTÁRIOS

Alternativa correta: letra "a". Correta, vez que a posse clandestina pressupõe a ausência do antigo possuidor, e sem que este saiba, referido é imóvel é ocupado por terceiro, não sendo justa essa posse, nos termos do art. 1.200 do Código Civil.

Alternativa "b": Errada, vez que a precariedade não se dá desde o início, tratando-se de defeito superveniente. Na posse precária há um abuso de confiança em relação ao outro contratante. A posse precária torna – se posse injusta quando não há a restituição do bem, embora devidamente notificado para a sua devolução.

Alternativa "c": Errada, haja vista que não há posse do particular sobre bem público, sendo apenas mero detentor, de acordo com entendimento do STJ a este respeito, o que reproduzimos: Processual Civil e Administrativo. Reintegração e Posse. Ocupação de Área Pública por Particulares. Omissão. Não Ocorrência. Lc 733/2006. Lei Local. Súmula 280/STF. Arts. 128 E 460 do CPC. Ausência de prequestionamento. Construção. Benfeitorias. Indenização. Impossibilidade. 1. Hipótese em que o Tribunal de Justiça reconheceu que a área ocupada pelos recorrentes é pública e afastou o direito à indenização pelas benfeitorias. 2. A solução integral da controvérsia, com fundamento suficiente, não caracteriza ofensa ao art. 535 do CPC. 3. A LC 733/2006, suscitada no Recurso Especial, é distrital, e não federal, de modo que não pode ser apreciada pelo STJ. Incide, por analogia, a Súmula 280/STF. 4. Não se conhece de Recurso Especial quanto à matéria (arts. 128 e 460 do CPC), que não foi especificamente enfrentada pelo Tribunal a quo, dada a ausência de prequestionamento. 5. Configurada a ocupação indevida de bem público, não há falar em posse, mas em mera detenção, de natureza precária, o que afasta o direito à indenização por benfeitorias. Precedentes do STJ. 6. Recurso especial parcialmente conhecido e, nessa parte, não provido. (STJ, REsp 1310458).

Alternativa "d": Errada, pois o art. 1.196 do Código Civil considera possuidor todo aquele que tem de fato o exercício, pleno ou não, de algum dos poderes inerentes à propriedade.

Alternativa "e": Errada, vez que o temor reverencial e o exercício regular de direito não são considerados atos ilícitos.

---

172. (Cespe – Analista Judiciário – Área Judiciária – TJ – CE/2014) No que se refere à posse, assinale a opção correta.

a) Configura-se constituto-possessório quando o proprietário da coisa aliena esse direito e permanece na posse direta da coisa, de modo que aquele que possuía em seu próprio nome, passa a possuir em nome de outrem.

b) A posse do imóvel não faz presumir a das coisas móveis que nele estiverem.

c) A posse violenta ou clandestina é injusta, e a obtida a título precário pode ser considerada justa.

d) O possuidor indireto é aquele que, achando-se em relação de dependência para com outro, conserva a posse em nome deste e em cumprimento de ordens ou de instruções suas.

e) Dada a existência de relação de subordinação, o possuidor direto de um bem não pode defender a sua posse contra o possuidor indireto desse mesmo bem.

COMENTÁRIOS

Alternativa correta: letra "a". Correta. Embora o Código Civil não traga a figura do constituto possessório como uma das formas de aquisição da posse, ele está previsto no § único do art. 1.247, como sendo um dos casos de tradição ficta.

Alternativa "b": Errada. A posse do imóvel traz a presunção das coisas móveis que nele estiverem, nos termos do art. 1.209, do Código Civil. Trata-se de uma presunção relativa, segundo a melhor doutrina.

Alternativa "c": Errada. Tanto a posse violenta, precária ou clandestina é considerada injusta nos termos do art. 1.200, do Código Civil.

Alternativa "d": Errada, vez que não se trata do conceito de possuidor indireto, mas sim de detentor. Para o art. 1.198, do Código Civil, o detentor é aquele que, achando-se em relação de dependência para com outro, conserva a posse em nome deste e em cumprimento de ordens ou instruções suas.

Alternativa "e": Errada, vez que o possuidor direto pode defender a sua posse do possuidor indireto, nos termos do art. 1.197, do Código Civil.

---

173. (Cespe – Defensor Público – TO/2013) Com relação a posse, assinale a opção correta.

a) Nas ações possessórias, é indispensável a outorga uxória no polo ativo, assim como o litisconsórcio é necessário no polo passivo da demanda.

b) As teorias sociológicas da posse conferem primazia aos valores sociais nela impregnados, como um poder fático de ingerência socioeconómica concreta sobre a coisa, com autonomia em relação à propriedade e aos direitos reais.

c) Tanto na teoria subjetiva quanto na objetiva, a posse é caracterizada como a conjugação do elemento corpus com o elemento animus, caracterizando-se o animus, na primeira, como a vontade de ser dono, o animus domini, e, na segunda, referindo-se à própria coisa, o animus rem sibi habendi.

d) A natureza jurídica da posse é a de direito real, haja vista que uma de suas características é a oponibilidade erga omnes, inclusive contra o proprietário.

e) O direito de sequela do possuidor é absoluto, cedendo apenas ante o direito de propriedade por meio da ação reivindicatória, bem como ante a boa-fé de terceiros, o que se justifica pelo fato de não ser conferida à posse a mesma publicidade conferida à propriedade pelo registro ou tradição.

COMENTÁRIOS

Alternativa correta: Letra "b". Correta, haja vista que de acordo com a teoria sociológica, a posse busca com seu uso dar efetividade aos direitos fundamentais, notadamente o direito à moradia e consequentemente à dignidade da pessoa humana, erradicando a pobreza e prestigiando a busca pela isonomia social.

Alternativa "a": Errada. Somente é indispensável a participação do cônjuge nos casos de composse ou de ato praticados por ambos, nos termos do § 2º, do art. 73 do Código de Processo Civil.

Alternativa "c": Errada. Teoria subjetiva (Savigny) – posse = corpus (detenção física da coisa) + animus domini (vontade de ter a coisa como sua). Teoria objetiva (Ihering) – posse = corpus (conduta de dono).

Alternativa "d": Errada, pois não há na doutrina uma unanimidade sobre a natureza jurídica da posse. Para uns, seria direito real (Savigny); para outros, direito pessoal (Ihering). Assim, ficamos com o entendimento de que a posse é somente um fato, não sendo direito real e nem pessoal.

Alternativa "e": Errada, vez que o direito de sequela do possuidor é relativo, de acordo com o previsto no art. 1.228, caput, do Código Civil.

---

174. (Cespe – Defensor Público – RR/2013) A respeito da posse, assinale a opção correta.

a) Os vícios da posse possuem caráter absoluto, isto é, produzem efeitos erga omnes. Assim, a posse do esbulhador, injusta, não pode ser protegida em face de terceiros que venham ameaçá-la.

b) O possuidor direto tem direito de defender a sua posse contra o indireto, mas este não tem o mesmo direito contra aquele.

c) A transmudação da detenção em posse é possível, desde que haja alteração na circunstância fática que vincule a pessoa à coisa.

d) A posse transferida espontaneamente em cumprimento de contrato viciado por coação vicia a posse obtida por seu intermédio, sendo qualificada como posse violenta.

e) Entende-se por posse precária aquela que é adquirida por meio traiçoeiro, de modo que o antigo possuidor não se dê conta do ato aquisitivo.

COMENTÁRIOS

Alternativa correta: letra "c": Correta, haja vista que o STJ possibilita a conversão da detenção em posse, de acordo com Enunciado 301 da IV Jornada de Direito Civil.

Alternativa "a": Errada, vez que os vícios da posse não produzem efeitos erga omnes, podendo somente ser alegado pelo possuidor ofendido contra o agressor.

Alternativa "b": Errada, vez que ambos podem defender a sua posse um contra ou outro ou contra terceiro.

Alternativa "d": Errada. O contrato possui vício do consentimento que ensejará a sua anulação. No entanto, não se pode alegar que a posse foi adquirida de forma violenta, vez que entregue de forma espontânea.

Alternativa "e": Errada. A posse precária é aquela obtida por abuso de confiança. Outrossim, a posse obtida com meio traiçoeiro é a posse clandestina.

---

175. (Cespe – Defensor Público – RR/2013) Aldo, que era proprietário de um imóvel na cidade de Boa Vista – RR, ocupou um imóvel rural de quarenta hectares localizado na fronteira do Brasil com a Venezuela e lá estabeleceu moradia, sem que possuísse qualquer título legitimador. Onze anos depois, ele recebeu uma notificação da União, que nunca havia apresentado qualquer oposição à presença de Aldo no local, determinando que ele desocupasse a área no prazo de trinta dias, pois esta constituía faixa de fronteira e, portanto, área pública. Durante o período em que ocupou o referido imóvel, Aldo figurou como réu de uma ação possessória contra ele ajuizada por um vizinho, dela tendo-se saído vencedor.

Com referência a essa situação hipotética, assinale a opção correta.

a) Aldo adquiriu a propriedade do bem por meio de usucapião extraordinário, já que possuiu, mansa e pacificamente, o imóvel por mais de dez anos ininterruptos.

b) Ainda que tenha exercido posse sobre o imóvel por mais de dez anos, sem qualquer oposição ou interrupção, Aldo não poderá adquirir-lhe a propriedade por meio de usucapião extraordinário porque já era proprietário de um lote na cidade de Boa Vista – RR.

c) O ajuizamento de ação possessória contestando a presença de Aldo no imóvel desqualificou a posse deste para fins de usucapião.

d) Para a aquisição da propriedade por meio da usucapião extraordinária, seria necessária a posse ininterrupta e sem oposição de um bem imóvel pelo prazo de quinze anos, razão por que Aldo não adquiriu a propriedade do bem.

e) De acordo com a jurisprudência do STJ, se o imóvel está situado em área de fronteira, cuida-se de domínio público, fato que impossibilita que Aldo adquira-lhe a propriedade por meio da usucapião.

COMENTÁRIOS

Alternativa correta: letra "a". (responde as alternativas "b", "c", "d"). A assertiva está correta, pois Aldo preencheu os requisitos necessários para a chamada usucapião extraordinária com previsão legal no art.

1.238 do Código Civil. Ressalte-se que no caso da alternativa, a usucapião se deu pelo disposto no parágrafo único do referido artigo, o qual reduz para dez anos ininterruptos de posse mansa e pacífica desde que faça do imóvel sua moradia habitual ou que realize obras ou serviços de caráter produtivo. Art. 1.238 – Aquele que, por quinze anos, sem interrupção, nem oposição, possuir como seu um imóvel, adquire-lhe a propriedade, independentemente de título e boa-fé; podendo requerer ao juiz que assim o declare por sentença, a qual servirá de título para o registro no Cartório de Registro de Imóveis. Parágrafo único. O prazo estabelecido neste artigo reduzir-se-á a dez anos se o possuidor houver estabelecido no imóvel a sua moradia habitual, ou nele realizado obras ou serviços de caráter produtivo.

Alternativa "e": Errada, vez que de acordo com o entendimento do STJ, terreno localizado em faixa de fronteira, por si só, não é considerado de domínio público, não impedindo Aldo de adquirir a propriedade através da usucapião. Eis o julgado que segue: Recurso especial. Usucapião. Faixa de fronteira. Possibilidade. Ausência de registro acerca da propriedade do imóvel. Inexistência de presunção em favor do estado de que a terra é pública. 1. O terreno localizado em faixa de fronteira, por si só, não é considerado de domínio público, consoante entendimento pacífico da Corte Superior. 2. Não havendo registro de propriedade do imóvel, inexiste, em favor do Estado, presunção iuris tantum de que sejam terras devolutas, cabendo a este provar a titularidade pública do bem. Caso contrário, o terreno pode ser usucapido. 3. Recurso especial não conhecido. RESP 674558.

---

176. (Cespe – Juiz de Direito Substituto – MA/ 2013) No que se refere ao direito das coisas, assinale a opção correta.

a) Conforme disposição expressa no Código Civil, o direito do promitente comprador à adjudicação compulsória não está condicionado ao registro do compromisso de compra e venda no cartório de imóveis.

b) Segundo a jurisprudência do STJ, o genitor que, após a separação do casal, resida sozinho em imóvel transferido aos filhos deve pagamento de alugueres, equivalente a 50% do valor da locação do imóvel, em razão do usufruto isolado do patrimônio pertencente à prole.

c) De acordo com o que estabelece o Código Civil, o registro da sentença de usucapião e do formal de partilha são fatos aquisitivos do domínio.

d) São três os sistemas referentes ao sistema registral estabelecidos pelo direito comparado: o romano, o francês e o alemão, tendo o ordenamento jurídico brasileiro adotado o sistema francês de aquisição da propriedade imobiliária.

COMENTÁRIOS

Alternativa correta: letra "b". Correta, pois trata-se de entendimento do STJ, cuja a ementa do julgado pedimos vênia para reproduzir: Civil. Processual civil. Recurso especial. Ação de cobrança de aluguel. Possibilidade. Utilização exclusiva de um dos ex-cônjuges, de imóvel pertencente aos filhos. Possibilidade. 1.Pretensão originária formulada no sentido de que o ex-cônjuge que ocupa imóvel doado aos filhos, pague o equivalente a 50% do valor de locação do imóvel, pelo usufruto, em caráter exclusivo, do bem pertencente à prole. 2. O exercício do direito real de usufruto de imóvel de filho, com base no Poder Familiar, compete aos pais de forma conjunta, conforme o disposto no art. 1.689, I, do CC-02. 3. A aplicação direta do regramento, contudo, apenas é possível na constância do relacionamento, pois, findo o casamento, ou a união estável, no mais das vezes, ocorre a separação física do casal, fato que torna inviável o exercício do usufruto de forma conjunta. 4. Nessa hipótese, é factível cobrança do equivalente à metade da locação do imóvel, pois a simples ocupação do bem por um dos ex-consortes representa impedimento de cunho concreto, ou mesmo psicológico, à utilização simultânea pelo outro usufrutuário (...) (REsp 1098854 RN 2008/0226953-2, Rel. Min. Nancy Andrighi, 3ª Turma, julgado em 04.09.2012, publicado em 21.09.2012).

Alternativa "a": Errada, haja vista que não se encontra expresso no Código Civil e sim na Súmula nº 239 do STJ, que assim dispõe: "O direito à adjudicação compulsória não se condiciona ao registro do compromisso de compra e venda no cartório de imóveis."

Alternativa "c": Errada. A sentença na ação de usucapião é meramente declaratória, ou seja, declara um direito pré-existente.

Alternativa "d": Errada, vez que o Brasil adotou o sistema alemão, embora haja grande discussão na doutrina sobre esta questão.

---

177. (Cespe – Delegado de Polícia – BA/2013) No que concerne à usucapião e à prova, julgue os itens seguintes, com base no Código Civil.

177.1. Considere que Pedro seja filho de Lúcia e primo de Maria e que ele pretenda provar determinado fato jurídico. Nessa situação hipotética, Maria poderá testemunhar, mas Lúcia somente poderá ser testemunha se for a única conhecedora do fato além de Pedro.

COMENTÁRIOS

A assertiva está correta. De acordo com o art. 228, V, do Código Civil, não podem ser admitidos como testemunha os ascendentes, razão pela Lúcia estaria impedida por ser mãe de Pedro. Outrossim, o parágrafo único do mesmo artigo assim dispõe: "Para a prova de fatos que só elas conheçam, pode o juiz admitir o depoimento das pessoas a que se refere este artigo."

177.2. Considere que Ana e João tenham vivido como companheiros em determinado imóvel urbano de 100 m2, cuja propriedade era dividida pelo casal e que João tenha abandonado o lar há dois anos. Nessa situação hipotética, Ana poderá adquirir a propriedade do imóvel mediante usucapião, desde que tenha exercido a posse direta sobre o bem ininterruptamente e sem oposição e não seja proprietária de imóvel rural superior a 50 hectares.

COMENTÁRIOS

A assertiva está errada, haja vista que para adquirir a propriedade do imóvel através de usucapião especial, Ana não poderá ser proprietária de nenhum outro imóvel, seja rural ou urbano, qualquer que seja a sua metragem, nos termos do art. 1.240, do Código Civil.

178. (Cespe – Juiz de Direito Substituto – RN/2013) A respeito do penhor, da hipoteca e da anticrese, assinale a opção correta.

a) O credor pignoratício é obrigado a defender a posse do bem empenhado e a dar ciência ao dono do respectivo bem a respeito das circunstâncias que possam tornar necessário o exercício da ação possessória.

b) Uma vez paga a dívida, é obrigação do credor pignoratício restituir a coisa, podendo, no entanto, permanecer com os frutos e acessões, independentemente da concordância do devedor.

c) De acordo com a legislação civil, somente quem puder alienar poderá também empenhar, hipotecar ou dar em anticrese, sendo, portanto, ineficazes as garantias reais estabelecidas por qualquer um que não seja dono, ainda que adquira supervenientemente a propriedade dos bens oferecidos.

d) Em caso de dívida não paga até o vencimento, será válida a cláusula que autoriza o credor pignoratício, anticrético ou hipotecário a ficar com o objeto da garantia, se houver concordância expressa das partes envolvidas.

e) Constitui-se o penhor pela manifestação de vontade do devedor, transferindo-se a posse ao credor pignoratício apenas na hipótese de não pagamento da dívida.

COMENTÁRIOS

Alternativa correta: letra "a". Correta de acordo com o previsto no art. .1435, II, do Código Civil, que determina que credor pignoratício é obrigado à defesa da posse da coisa empenhada e a dar ciência, ao dono dela, das circunstâncias que tornarem necessário o exercício de ação possessória.

Alternativa "b": Errada, já que se a dívida foi paga, é dever do credor pignoratício a restituição da coisa com os respectivos frutos e acessões, nos termos do art. 1.435, IV, do Código Civil.

Alternativa "c": Errada. O art. 1.420, do Código Civil diz que somente aquele que pode alienar poderá empenhar, hipotecar ou dar em anticrese; só os bens que se podem alienar poderão ser dados em penhor, anticrese ou hipoteca, estando assim correta a primeira parte da alternativa. No entanto, no seu § 1º, ele traz a propriedade superveniente torna eficaz, desde o registro, as garantias reais estabelecidas por quem não era dono, contrariando-se assim a parte final do contido na alternativa.

Alternativa "d": Errada, haja vista que a cláusula é nula, nos termos do art. 1.428, do Código Civil.

Alternativa "e": Errada, vez que o penhor se constitui pela transferência efetiva da posse, nos termos do art. 1.431, do Código Civil, que traz em seu parágrafo único as exceções.

179. (Cespe – Juiz Federal Substituto 1ª região/2013) A respeito da superfície, servidões, usufruto, penhor e hipoteca, assinale a opção correta.

a) O direito subjetivo integra o patrimônio do superficiário, podendo este transferir o direito de superfície a terceiro por negócio jurídico; no entanto, não haverá a saisine em favor dos herdeiros quando do seu falecimento.

b) A servidão de passagem, direito real que surge em razão da necessidade/utilidade de trânsito através de determinado imóvel, por constituir forma de proteção à função social da propriedade, embora se presuma, deve ser interpretada restritivamente.

c) O proprietário resolúvel pode conceder o bem em hipoteca, não lhe sendo vedado onerar a coisa; no entanto, verificado o evento futuro e incerto, o ônus real subsistirá, gravando-se a coisa.

d) No intuito de assegurar o cumprimento da função social da propriedade gravada, o Código Civil, sem prever prazo determinado, autoriza a extinção do usufruto pelo não uso ou pela não fruição do bem sobre o qual ele recai.

e) O valor do crédito e o bem dado em garantia com as suas especificações constituem elementos nucleares do contrato de penhor, de forma que, faltando um deles, a validade do pacto estará comprometida.

COMENTÁRIOS

Alternativa correta: letra "d'. Correta, haja vista que de acordo com o previsto no art. 1.410, VIII, do Código Civil, o usufruto se extinguirá pelo não uso ou pela não furição do bem sobre o qual ele recaia. Cumpre ressaltar que não basta a ocorrência das causas trazidas no referido artigo, é necessário ainda a sua averbação, com o cancelamento do registro e, em consequência, seus efeitos legais.

Alternativa "a": Errada, haja vista que o direito de superfície pode se transferir a terceiro e por morte do superficiário, aos herdeiros, de acordo com o previsto no art. 1.372, do Código Civil.

Alternativa "b": Errada, vez que a servidão de passagem não se presume, devendo ser interpretada restritivamente, sendo este o entendimento do STJ acerca do assunto, cuja ementa da decisão aqui reproduzimos:

> *Ementa: Recurso especial. Ação possessória. Interdito proibitório. Passagem forçada. Servidão de passagem. Distinções e semelhanças. Não caracterização no caso. Servidão não se presume e deve ser interpretada restritivamente. 1. Apesar de apresentarem naturezas jurídicas distintas, tanto a passagem forçada, regulada pelos direitos de vizinhança, quanto a servidão de passagem, direito real, originam-se em razão da necessidade/utilidade de trânsito, de acesso. 2. Não identificada, no caso dos autos, hipótese de passagem forçada ou servidão de passagem, inviável a proteção possessória pleiteada com base no alegado direito. 3. A servidão, por constituir forma de limitação do direito de propriedade, não se presume, devendo ser interpretada restritivamente. 4. Recurso especial provido. (REsp 316045 SP 2001/0038720-9, publicado em 29/10/2012)*

Alternativa "c": Errada, vez que resolvida a propriedade, entendem – se também resolvidos os direitos reais concedidos na sua pendência, de acordo com o previsto no art. 1.359, do Código Civil.

Alternativa "e": Errada, haja vista que para os contratos de penhor, anticrese e hipoteca terem eficácia, necessário que além dos dois requisitos trazidos na alternativa, sejam também expressamente e pormenorizadamente declarados no instrumento público ou particular, o prazo fixado para pagamento e a taxa de juros (se houver), nos termos do art. 1.424, I à IV, do Código Civil.

---

180. (Cespe – Juiz Federal Substituto 1ª região/2013) A respeito da propriedade fiduciária, disciplinada no Código Civil, assinale a opção correta.

a) Qualquer bem móvel por natureza, durável e consumível, pode ser objeto do contrato de alienação fiduciária.

b) O devedor fiduciante pode valer-se das ações possessórias contra terceiros, mas não manejá-las contra o credor fiduciário em razão de ser eventual o direito.

c) Não há óbice à efetivação da penhora do bem alienado fiduciariamente por dívidas do devedor fiduciante.

d) O credor fiduciário se transformará em proprietário do bem em caso de inadimplemento absoluto da dívida.

e) Ao terceiro não interessado que pagar a dívida garantida é permitido sub-rogar-se no crédito, tendo os privilégios do credor originário.

COMENTÁRIOS

Alternativa correta: letra "e". Correta, pois o terceiro, interessado ou não, que pagar a dívida, se sub-rogará de pleno direito no crédito e na propriedade fiduciária, de acordo com o previsto no art. 1.368 do Código Civil.

Alternativa "a": Errada, pois de acordo com o Código Civil, só é possível a alienação fiduciária de bem móvel infungível, que o devedor, com escopo de garantia, transfere ao credor, nos termos do art. 1.361 do Código Civil.

Alternativa "b": Errada, pois encontra-se em desacordo com o art. 1.197, do Código Civil que determina que o possuidor direto (devedor fiduciante) pode defender sua posse inclusive contra o indireto (credor fiduciário).

Alternativa "c": Errada, haja vista que não cabe penhora do bem que esteja sob a regência da alienação fiduciária, por dívidas do devedor fiduciário com outrem. Não pode o credor fiduciário responder com seus bens por dívidas de quem detém a posse direta de patrimônio seu. Este tem sido também o entendimento do STJ, vejamos: "Processual civil – execução – bem alienado fiduciariamente – penhora – impossibilidade – propriedade do credor fiduciário – embargos de terceiro – legitimidade ativa do devedor-executado – expressa previsão legal. 1. A alienação fiduciária em garantia expressa negócio jurídico em que o adquirente de um bem móvel transfere – sob condição resolutiva – ao credor que financia a dívida, o domínio do bem adquirido. Permanece, apenas, com a posse direta. Em ocorrendo inadimplência do financiado, consolida-se a propriedade resolúvel (REsp 47.047-1/SP, Rel. Min. Humberto Gomes de Barros). 2. O bem objeto de alienação fiduciária, que passa a pertencer à esfera patrimonial do credor fiduciário, não pode ser objeto de penhora no processo de execução, porquanto o domínio da coisa já não pertence ao executado, mas a um terceiro, alheio à relação jurídica. 3. Por força da expressa previsão do art. 1.046, § 2º, do CPC, é possível a equiparação a terceiro, do devedor que figura no pólo passivo da execução, quando este defende bens que pelo título de sua aquisição ou pela qualidade em que os possuir, não podem ser atingidos pela penhora, como é o caso daqueles alienados fiduciariamente. 4. Recurso especial não provido. (REsp 916.782/MG, Rel. Ministra Eliana Calmon, Segunda Turma, julgado em 18/09/2008, DJe 21/10/2008)."

Alternativa "d": Errada, vez que há vedação em nosso ordenamento do chamado pacto comissório.

Assim sendo, os direitos reais de garantia não admitem cláusula comissória, uma vez que o ordenamento jurídico proíbe que o credor possa ficar com a propriedade da coisa dada em garantia em caso de não pagamento da dívida no vencimento, de acordo com o expressamente previsto nos arts. 1.364 e 1.365 do Código Civil.

---

181. (Cespe – Juiz Federal Substituto 2ª região/ 2013) Com relação a direitos reais, obrigações e contratos, assinale a opção correta de acordo com o Código Civil.

a) O atual Código Civil consagra a positivação do princípio de que os direitos reais são numerus clausus, somente podendo ser criados por lei.

b) O Código Civil vigente prevê tanto a mora simultânea quanto a mora alternativa.

c) No seguro de pessoas, a apólice ou o bilhete podem ser ao portador.

d) Pode-se estipular a fiança ainda que sem consentimento do devedor, mas não contra a sua vontade.

e) A nulidade de qualquer das cláusulas da transação não implica, por si só, a nulidade da transação.

COMENTÁRIOS

Alternativa correta: letra "a". Correta, vez que de fato a numeração dos direitos reais é considerada *numerus clausus*, e o art. 1.225 do Código Civil vem corroborar com tal afirmativa.

Alternativa "b": Errada. Não há previsão expressa no Código Civil de nenhum desses tipos de mora, sendo fruto de construção doutrinária a chamada mora simultânea, na qual uma elimina a outra, como se nenhuma das partes houvesse incorrido em mora. Outrossim, não há qualquer consideração doutrinária em relação à mora alternativa.

Alternativa "c": Errada, vez que o parágrafo único do art. 760, do Código Civil é taxativo ao afirmar que em se tratando de seguro de pessoas, a apólice ou o bilhete não podem ser ao portador.

Alternativa "d": Errada, pois a fiança pode ser estipulada ainda que sem consentimento do devedor ou contra a sua vontade, nos termos do art. 820, do Código Civil.

Alternativa "e": Errada, haja vista que sendo nula qualquer das cláusulas da transação, nula será esta, nos termos do art. 848, do Código Civil.

---

182. (Cespe – Analista Judiciário – Área Judiciária – TRT 10/2013) Com relação aos direitos reais, julgue os itens subsecutivos.

182.1. A depreciação do bem imóvel dado em garantia pelo devedor causada pela falta de conservação acarreta, por si só, o vencimento antecipado do débito.

COMENTÁRIOS

A assertiva está errada. Não basta somente que haja a depreciação do bem imóvel para acarretar o vencimento antecipado do débito. Há necessidade que o devedor seja intimado para reforçar ou substituir a coisa e não o faça, de acordo com o previsto no art. 1.425, I, do Código Civil.

182.2. Na promessa de compra e venda de imóvel não loteado, pode-se inserir cláusula de arrependimento, contudo o exercício do direito de retratação só será cabível antes do pagamento total do preço.

COMENTÁRIOS

A assertiva está correta haja vista que a cláusula de arrependimento é vedada para imóveis urbanos loteados (Lei 6.766/79 e Decreto-Lei 58/37), sendo perfeitamente cabível para imóveis não loteados, de acordo com a Súmula nº 166 do STF, que assim dispõe: "É inadmissível o arrependimento no compromisso de compra e venda sujeito ao regime do decreto-lei 58, de 10/12/1937."

---

183. (Cespe – Promotor de Justiça – PI/2012) No que se refere aos direitos das coisas e aos direitos reais de garantia, assinale a opção correta.

a) As normas previstas no Código Civil sobre direito de superfície revogaram as do Estatuto da Cidade relativas ao mesmo tema.

b) Não é lícito que, sobre um mesmo bem imóvel, incidam simultaneamente uma anticrese e uma hipoteca.

c) O compossuidor que receba a posse em razão do princípio da saisine não terá direito à proteção possessória contra outro compossuidor.

d) O direito de passagem forçada não é garantido nos casos em que o acesso à via pública seja insuficiente ou inadequado para fins de exploração econômica.

e) O conteúdo do usufruto é mais amplo que o da servidão, pois esta só se estabelece sobre imóvel, enquanto aquele não tem essa limitação.

COMENTÁRIOS

Alternativa correta: letra "e": Correta, haja vista que o usufruto pode recair em um ou mais bens móveis ou imóveis, nos termos do art. 1.390 do Código Civil.

Alternativa "a": Errada, vez que o Código Civil não revogou as normas sobre direito de superfície previstas no Estatuto da Cidade, de acordo com o Enunciado nº

93 da C JF/STJ, que assim dispõe: "As normas previstas no Código Civil sobre direito de superfície não revogam as relativas a direito de superfície constantes do Estatuto da Cidade (Lei nº 10.257/2001) por ser instrumento de política de desenvolvimento urbano."

Alternativa "b": Errada, pois não há impedimento legal para tanto, nos termos do art. 1.506, § 2º, do Código Civil.

Alternativa "c": Errada. O STJ tem entendido que o compossuidor esbulhado tem direito de ingressar com ação de reintegração de posse. Eis o julgado que trata do tema: "Princípio saisine. Reintegração. Composse. Cinge-se a questão em saber se o compossuidor que recebe a posse em razão do princípio saisine tem direito à proteção possessória contra outro compossuidor. Inicialmente, esclareceu o Min. Relator que, entre os modos de aquisição de posse, encontra-se o ex lege, visto que, não obstante a caracterização da posse como poder fático sobre a coisa, o ordenamento jurídico reconhece, também, a obtenção desse direito pela ocorrência de fato jurídico – a morte do autor da herança –, em virtude do princípio da saisine, que confere a transmissão da posse, ainda que indireta, aos herdeiros independentemente de qualquer outra circunstância. Desse modo, pelo mencionado princípio, verifica-se a transmissão da posse (seja ela direta ou indireta) aos autores e aos réus da demanda, caracterizando, assim, a titularidade do direito possessório a ambas as partes. No caso, há composse do bem em litígio, motivo pelo qual a posse de qualquer um deles pode ser defendida todas as vezes em que for molestada por estranhos à relação possessória ou, ainda, contra ataques advindos de outros compossuidores. In casu, a posse transmitida é a civil (art. 1.572 do CC/1916), e não a posse natural (art. 485 do CC/1916). Existindo composse sobre o bem litigioso em razão do droit de saisine é direito do compossuidor esbulhado o manejo de ação de reintegração de posse, uma vez que a proteção à posse molestada não exige o efetivo exercício do poder fático – requisito exigido pelo tribunal de origem. O exercício fático da posse não encontra amparo no ordenamento jurídico, pois é indubitável que o herdeiro tem posse (mesmo que indireta) dos bens da herança, independentemente da prática de qualquer outro ato, visto que a transmissão da posse dá-se ope legis, motivo pelo qual lhe assiste o direito à proteção possessória contra eventuais atos de turbação ou esbulho. Isso posto, a Turma deu provimento ao recurso para julgar procedente a ação de reintegração de posse, a fim de restituir aos autores da ação a composse da área recebida por herança. Precedente citado: REsp 136.922-TO, DJ 16/3/1998. REsp 537.363-RS, Rel. Min. Vasco Della Giustina (Desembargador convocado do TJ-RS), julgado em 20/4/2010. 3ª Turma.

Alternativa "d": Errada, pois é garantido o direito de passagem forçada nos casos em que o acesso a via pública for insuficiente ou inadequado.

Enunciado nº 88 CJF/STJ, da I Jornada de Direito Civil: "Art. 1.285: O direito de passagem forçada, previsto no art. 1.285 do CC, também é garantido nos casos em que o acesso à via pública for insuficiente ou inadequado, consideradas, inclusive, as necessidades de exploração econômica."

---

184. (Cespe – Analista Judiciário – Área Judiciária – TRE-RJ/2012) Ainda com relação ao direito civil, julgue os itens subsequentes.

184.1. Considere que o proprietário de determinado imóvel hipoteque-o a duas pessoas distintas, que passam, então, a ser proprietárias, cada uma, de 50% do imóvel. Nesse caso, como a hipoteca é indivisível, qualquer um dos adquirentes responde pela totalidade da dívida.

COMENTÁRIOS

A assertiva está correta, pois de encontro com o disposto nos arts. 1.499 e 1.500 do Código Civil, ou seja, a hipoteca é um direito real de garantia que tem por característica ser indivisível. Ser indivisível significa que, enquanto a obrigação não for totalmente liquidada, o bem continuará inteiramente gravado de ônus real em garantia da dívida até que ocorra a extinção da hipoteca.

184.2. Considere que João tenha contratado, pelo valor de R$ 1.000,00, Manoel para confeccionar um armário e que, no contrato, não tenha sido acordado o local para pagamento. Nessa situação, resta configurado um caso de dívida quérable e Manoel, portanto, só poderá ser constituído em mora após a provocação do credor.

COMENTÁRIOS

A assertiva está correta. Por se tratar de dívida quérable, o credor tem obrigação de provocar o devedor para que o pague. Não havendo provocação do credor, não pode o devedor ser considerado em mora.

184.3. Empresário individual é pessoa física que exerce pessoalmente atividade econômica organizada para a produção ou circulação de bens ou de serviços. O estabelecimento é exigência a ser cumprida por empresário individual.

COMENTÁRIOS

A assertiva está correta. A banca trouxe o conceito de empresário individual, ou seja, aquele que exerce pessoalmente atividade econômica. A exigência do estabelecimento está prevista no art. 1.142 do Código Civil e aplica-se ao empresário individual.

12. DIREITO DAS FAMÍLIAS

185. (Cespe – Juiz de Direito Substituto – AM/2016) A respeito do direito de família, assinale a opção correta.

a) Dos nubentes que optam pelo regime de comunhão universal de bens não se exige a formulação de pacto antenupcial, ato solene lavrado por escritura pública.

b) É considerado bem de família, insuscetível de penhora, o único imóvel residencial do devedor no qual resida seu familiar, ainda que ele, proprietário, não habite no imóvel.

c) O fato de um casal de namorados projetar constituir família no futuro caracteriza a união estável se houver coabitação.

d) O casamento putativo não será reconhecido de ofício pelo juiz.

e) Se não houver transação em sentido contrário, as verbas indenizatórias integram a base de cálculo da pensão alimentícia.

COMENTÁRIOS

Alternativa correta: letra "b". A assertiva está correta, pois corrobora entendimento firmado no Informativo 543 do STJ: "Se o executado possui um único imóvel residencial, mas quem mora nele é um parente (ex: filho), mesmo assim esse imóvel será considerado como bem de família, sendo impenhorável. Em outras palavras, constitui bem de família, insuscetível de penhora, o único imóvel residencial do devedor em que resida seu familiar, ainda que o proprietário nele não habite." STJ. 2ª Seção. EREsp 1.216.187-SC, Rel. Min. Arnaldo Esteves Lima, julgado em 14/5/2014.

Alternativa "a": A assertiva está equivocada. O único regime de bens que não necessita de pacto antenupcial é o regime da comunhão parcial de bens, por ser o chamado *regime supletivo ou subsidiário de bens*, vez que aplicável quando não houver a escolha por nenhum outro regime mediante pacto antenupcial. (artigo 1.640 do Código Civil)

Alternativa "c": A assertiva está incorreta, pois contraria entendimento firmado no Informativo 557 do STJ: "O fato de namorados projetarem constituir família no futuro não caracteriza união estável, mas namoro qualificado, ainda que haja coabitação.". STJ. 3ª Turma. REsp 1.454.643-RJ, Rel. Min. Marco Aurélio Bellizze, julgado em 3/3/2015.

Alternativa "d": A assertiva está errada. Casamento putativo é aquele que, embora eivado de nulidade, foi contraído de boa-fé por um ou ambos os cônjuges. Como nulidade é matéria de ordem pública, segundo a melhor doutrina, nada impede que a putatividade seja declarada de ofício pelo juiz.

Alternativa "e":A assertiva está equivocada, pois contrária ao entendimento firmado pelo STJ: "Os alimentos incidem sobre verbas pagas em caráter habitual, aquelas incluídas permanentemente no salário do empregado. A verba alimentar incide, portanto, sobre vencimentos, salários ou proventos, valores auferidos pelo devedor no desempenho de sua função ou de suas atividades empregatícias, decorrentes dos rendimentos ordinários do devedor. 2. As parcelas denominadas auxílio-acidente, cesta-alimentação e vale-alimentação, que tem natureza indenizatória, estão excluídas do desconto para fins de pensão alimentícia porquanto verbas transitórias. (STJ – REsp: 1159408 PB 2009/0197588-1, Relator: Ministro Ricardo Villas Bôas Cueva, Julgamento: 07/11/2013, Terceira Turma, Publicação: DJe 25/11/2013).

186. (Cespe – Defensor Público – RN/2015) De acordo com as regras que disciplinam o casamento, assinale a opção correta.

a) Os impedimentos impedientes para o casamento constituem mera irregularidade e geram apenas efeitos colaterais sancionadores, mas não a nulidade do matrimônio.

b) Será nulo o casamento do divorciado, enquanto não for homologada ou decidida a partilha dos bens do casal, ainda que seja demonstrada a inexistência de prejuízo para o ex-cônjuge.

c) O casamento pode ser realizado mediante procuração, por instrumento público ou particular com poderes especiais.

d) A revogação do mandato precisa chegar ao conhecimento do mandatário, pois, celebrado o casamento sem que o mandatário ou o outro contraente tomem ciência da revogação, o casamento será válido, sem que possa o mandante ser compelido a indenizar por perdas e danos.

e) Os impedimentos absolutamente dirimentes para o casamento são proibições legais que, se forem desrespeitadas, geram a nulidade do matrimônio, mas podem ser supridas ou sanadas.

COMENTÁRIOS

Alternativa correta: Letra "a": a alternativa está correta pois encontra-se em consonância com o previsto no art. 1.523 do Código Civil. É importante, ainda, ressaltar que o examinador usa termos que já se encontram desatualizados e que são contrários a operacionalidade do Código Civil de 2002.

Alternativa "b": Incorreta, vez que contraria o previsto no art. 1.523, III, parágrafo único do Código Civil que permite que haja o divórcio primeiro e a partilha de bens posterior desde que não resulte em prejuízo financeiro ao ex-cônjuge.

Alternativa "c": Incorreta, vez que o casamento só poderá ser por procuração, por instrumento público e poderes especiais e não particular, de acordo com o previsto no art. 1.542 do Código Civil.

Alternativa "d": Incorreta, visto que a revogação do mandato não precisa chegar ao mandatário, de acordo com o previsto no § 1º do art. 1.542 do Código Civil que assim dispõe:

> *Art. 1.542. O casamento pode celebrar-se mediante procuração, por instrumento público, com poderes especiais.*
>
> *§ 1º – A revogação do mandato não necessita chegar ao conhecimento do mandatário; mas, celebrado o casamento sem que o mandatário ou o outro contraente tivessem ciência da revogação, responderá o mandante por perdas e danos.*

Alternativa "e": Incorreta, vez que os impedimentos dirimentes públicos ou absolutos tornam o casamento nulo e não poderão ser sanados. Somente os impedimentos dirimente privados ou relativos tornam o casamento anulável, de acordo com o previsto nos art. 1.521 e 1.550 do Código Civil.

---

187. (Cespe – Defensor Público – RN/2015) No tocante ao regime de bens do casamento, assinale a opção correta.

a) No casamento sob o regime de participação final nos aquestos, o bem imóvel que for adquirido exclusivamente por um dos cônjuges será de livre administração e alienação, por esse cônjuge.

b) Sob o regime da comunhão parcial de bens, não entram na comunhão os bens adquiridos na constância da sociedade conjugal, por fato eventual, com ou sem o concurso de trabalho ou despesa anterior.

c) No regime da comunhão universal de bens, participam da comunhão todos os bens presentes e futuros do casal, inclusive as dívidas anteriores ao casamento.

d) No regime de comunhão parcial, participam da comunhão as verbas indenizatórias decorrentes do ajuizamento de ação reclamatória trabalhista durante a vigência do vínculo conjugal, ainda que tais verbas venham a ser percebidas por um dos cônjuges após o fim do casamento.

e) O pacto antenupcial é indispensável na celebração do casamento pelo regime da separação obrigatória de bens.

COMENTÁRIOS

Alternativa correta: Letra "d". A assertiva está correta pois de acordo com o disposto nos arts. 1.658 e 1.660 do Código Civil. Outrossim, acerca do quanto apontado na assertiva, há ainda o entendimento dos tribunais que assim tem-se pronunciado sobre o tema:

> *AgRg no REsp 1467151 / RS 16/04/2015*
>
> *A indenização trabalhista recebida por um dos ex-cônjuges após a dissolução do vínculo conjugal, mas correspondente a direitos adquiridos na constância do casamento celebrado sob o regime da comunhão universal de bens, integra o patrimônio comum do casal e, portanto, deve ser objeto da partilha.*
>
> *REsp 1358916 / SP 16/09/2014 1. No regime de comunhão parcial ou universal de bens, o direito ao recebimento dos proventos não se comunica ao fim do casamento, mas, ao serem tais verbas percebidas por um dos cônjuges na constância do matrimônio, transmudam-se em bem comum, mesmo que não tenham sido utilizadas na aquisição de qualquer bem móvel ou imóvel (arts. 1.658 e 1.659, VI, do Código Civil). 2. O mesmo raciocínio é aplicado à situação em que o fato gerador dos proventos e a sua reclamação judicial ocorrem durante a vigência do vínculo conjugal, independentemente do momento em que efetivamente percebidos, tornando-se, assim, suscetíveis de partilha. Tal entendimento decorre da ideia de frutos percipiendos, vale dizer, aqueles que deveriam ter sido colhidos, mas não o foram.*

Alternativa " a": Incorreta, vez que contraria o disposto no parágrafo único do art. 1.673 do Código Civil, já que é possível a administração e alienação por um dos cônjuges quando se tratar apenas de bem móvel.

Alternativa "b": Incorreta. A assertiva está incorreta pois encontra-se em desacordo ao disposto no art. 1.660, II do Código Civil.

Alternativa "c": Incorreta, pois em desacordo ao previsto no art. 1.668, III, do Código Civil.

Alternativa "e": Incorreta, vez que diferente do quanto trazido pelo examinador, o pacto não é necessário quando as partes pretendem se casar pelo regime da comunhão parcial ou nos casos da separação obrigatória, pois ambos os referidos regimes decorrem de lei. Assim dispõe o art. 1.641 do Código Civil:

> Art. 1.641. É obrigatório o regime da separação de bens no casamento:
>
> *I – das pessoas que o contraírem com inobservância das causas suspensivas da celebração do casamento;*
>
> *II – da pessoa maior de 70 (setenta) anos;*
>
> *III – de todos os que dependerem, para casar, de suprimento judicial.*

---

188. (Cespe – Defensor Público – RN/2015) Acerca do direito a alimentos, assinale a opção correta. ANULADA

a) Os alimentos provisionais são cabíveis quando existem provas pré-constituídas da filiação, sendo fixados liminarmente na ação de alimentos sujeita a rito especial.

b) O direito a alimentos pode ser reconhecido retroativamente com base no princípio da solidariedade familiar.

c) Os alimentos gravídicos, uma vez deferidos pelo juiz, serão devidos a partir da data da concepção; no entanto, se, após o nascimento, não ficar comprovada a paternidade, tais alimentos poderão ser restituídos.

d) O dever dos netos de prestar alimentos aos avós é solidário, podendo estes escolher, entre os devedores solidários, qual será o obrigado a prestar a obrigação alimentar.

e) A legislação civil proíbe expressamente a transmissão da obrigação alimentar aos herdeiros do alimentante.

COMENTÁRIOS

ANULADA: A questão foi anulada pela banca examinadora que havia apontado como correta a alternativa "d". No entanto, a omissão do termo idoso prejudicou o julgamento objetivo da questão, o que acarretou em sua anulação, já que a previsão de prestar alimentos aos idosos resulta de disposição expressa no art. 12 do Estatuto do Idoso.

---

189. (Cespe – Juiz de Direito Substituto – DFT/2014) No que se refere ao entendimento jurisprudencial predominante no TJDFT acerca da responsabilidade civil, da união estável e dos danos morais, assinale a opção correta.

a) O Estado não responderá objetivamente por homicídio praticado por policial militar à paisana e sem arma da corporação, ainda que este se tenha utilizado da condição profissional para coagir e intimidar a vítima.

b) A união estável não se caracteriza apenas pela convivência pública, mas também pela intenção de constituir família, estabilidade da relação e exclusividade necessária à caracterização da união estável, não se admitindo o reconhecimento e dissolução de união estável post mortem de relacionamentos concomitantes.

c) É necessário que haja sofrimento sentimental para que se configure o dano moral, pois a honra é o principal aspecto dos direitos de personalidade, que, feridos, dão ensejo à referida compensação.

d) Em se tratando de ação de indenização por danos morais, os juros de mora devem ser contados a partir da data da prática do ato ilícito.

e) Há responsabilidade do condomínio, independentemente da existência de previsão de guarda e vigilância dos bens dos condôminos no regimento condominial.

COMENTÁRIOS

Alternativa correta: letra "b". A assertiva está correta, pois corrobora o entendimento firmado no informativo 264 do TJDFT, o qual pedimos vênia para transcrever: "União estável post mortem – Relacionamento concomitantes. A Turma negou provimento a apelação na qual se buscava reformar sentença que julgou improcedente ação de reconhecimento e dissolução de união estável post mortem. Segundo o Relator, a autora alegou ter vivido em união estável com o falecido em período no qual este mantinha outra união estável, firmada por escritura pública, e de onde vieram seus filhos. Ainda foi relatado que, para sustentar suas declarações, a autora apresentou mensagens amorosas e fotografias que dariam conta do relacionamento sadio que existiu entre o casal. Nesse contexto, o Desembargador asseverou que a união estável não se caracteriza apenas pela convivência pública, mas pela intenção de constituir família e estabilidade da relação. Observou que, apesar das afirmações, dois dos seis filhos que o de cujus teve com sua companheira nasceram durante o período em que a autora alegou ter havido o relacionamento. Diante de tais fatos, afirmou ser possível concluir que o falecido mantinha, ao mesmo tempo, união estável com sua companheira e relacionamento amoroso com a apelante, o que impede o reconhecimento da segunda união estável. Assim, como a apelante não se desincumbiu de provar que seu relacionamento com o falecido revestia-se da estabilidade e exclusividade necessária à caracterização da união estável, o Colegiado manteve a sentença. 20121010028296APC, Relator – Des. Jair Soares. Data da Publicação 06/08/2013."

Alternativa "a": A assertiva está incorreta, pois no julgamento dos Embargos Infringentes Cíveis 20090111125718, de relatoria do Des. Flávio Rostirola, julgado em 22/07/2013, o TJDTF decidiu pela responsabilidade objetiva do Estado, o qual pedimos vênia para transcrever a ementa: "administrativo. Homicídio praticado por policial militar à paisana. Comunicação da sua condição militar. Manifesto abuso da sua função. Nexo de causalidade entre a conduta do agente público e o dano experimentado pelas vítimas. Responsabilidade objetiva do estado configurada." Ressalta-se que o julgamento não foi unânime, e que há posições contrárias na doutrina, mas que não dão ensejo à anulação da questão que exige o entendimento jurisprudencial "predominante"no TJDFT.

Alternativa "c": A assertiva está incorreta, pois no julgamento da Apelação Cível 201201111619, de relatoria do Des. Alfeu MAchado, julgado em 10/12/2014, o TJDTF decidiu que: "O dano moral não mais se restringe à dor, tristeza e sofrimento, sendo definido como uma ofensa a um bem ou atributo da personalidade, em suma, uma agressão à dignidade de alguém (nome, honra, imagem etc)." Ainda, há que se mencionar o Enunciado 445 da V Jornada de Direito Civil, que estabelece que: "O dano moral indenizável não pressupõe necessariamente a verificação de sentimentos humanos desagradáveis como dor ou sofrimento".

Alternativa "d": A assertiva está equivocada, pois esta regra só se aplica à responsabilidade extracontratual (art. 398 do Código Civil e Súmula 54 do STJ). Se os danos morais forem provenientes de relação contratual ilíquida, os juros moratórios serão contados a partir da citação, quando líquida, a partir da data do vencimento.

Alternativa "e": A assertiva está incorreta, vez que afronta o posicionamento firmado no julgamento da Apelação Cível do Juizado Especial 20120610037586, de relatoria do Des. Fábio Eduardo Marques, julgado em 03/09/2013, onde o TJDTF decidiu que: "O condomínio não assumiu a guarda e vigilância da residência do condômino, e nenhuma participação fora atribuída a qualquer funcionário do condomínio para o ato ilícito, não havendo que se falar na sua obrigação em indenizar civilmente. 2. A sentença recorrida está em harmonia com a jurisprudência, a exemplo de precedente julgado no Superior Tribunal de Justiça: Não há responsabilidade do condomínio se este não assumiu expressamente em sua convenção a obrigação de indenizar os danos sofridos pelos condôminos, decorrentes de atos ilícitos ocorridos nas áreas comuns do prédio. (REsp 268.669/SP, Rel. Ministro Aldir Passarinho Junior, Quarta Turma)."

---

190. (Cespe – Juiz de Direito Substituto – DFT/2014) No que se refere ao entendimento jurisprudencial predominante no TJDFT acerca do direito de família, assinale a opção correta.

a) O numerário que, depositado em contas salariais, seja decorrente dos proventos do trabalho pessoal de cada cônjuge comunica-se ao outro, desde que adquirido na constância da união.

b) Os imóveis que estejam em nome de terceiro em razão de doação pelo cônjuge virago entram na partilha de bens, sem necessidade de prévia anulação do negócio jurídico pelo juízo competente.

c) Os alimentos pretéritos podem ser objeto de transação entre as partes, sem que isso configure renúncia aos alimentos.

d) A lei autoriza a renúncia aos alimentos quando for convencionada a guarda compartilhada de filho pelos genitores.

e) No regime da comunhão parcial de bens, o imóvel que seja adquirido na constância da união, ainda que sub-rogado no lugar de outros bens e recursos financeiros que um dos cônjuges já possua antes ao casamento, deve entrar na partilha.

COMENTÁRIOS

Alternativa correta: letra "c". A assertiva está correta. É certo que o art. 1.707 do Código Civil permite o não exercício, mas proíbe a renúncia ao direito a alimentos. Alimentos pretéritos são aqueles já fixados mas não pagos, que abrangem as prestações vencidas nos últimos dois anos (prescrição) e anteriores às últimas três prestações. A transação quanto aos alimentos pretéritos não configura renúncia à aos alimentos na medida em que já perderam o caráter alimentar que a lei lhes atribui.

Alternativa "a": A assertiva está equivocada, vez que são excluídos da comunhão os proventos do trabalho pessoal de cada cônjuge. (art. 1659, inciso VI do Código Civil). Ressalta-se que este é o entendimento predominante no TJDFT, mas existem entendimentos doutrinários e até mesmo jurisprudenciais no sentido de que essa regra incide sobre o direito de recebimento dos proventos, pois uma vez recebido, o dinheiro passa a ser comum e os bens com ele adquiridos, ainda que em nome de apenas um dos cônjuges, passam a pertencer a ambos.

Alternativa "b": A assertiva está incorreta, pois para que tais bens entrem na partilha, há necessidade de demanda a fim de se obter a rescisão de contrato de doação feita sem a observância dos preceitos do art. 1.647, incisos III e IV ou doados ao concubino. Inteligência do art. 1.642 do Código Civil.

Alternativa "d": A assertiva está errada, pois o art. 1.707 veda expressamente a renúncia aos alimentos. A guarda compartilhada não exonera os genitores do dever de prestar alimentos. Neste caso, os pais dividirão os cuidados e as despesas decorrentes dos filhos.

Alternativa "e": A assertiva está equivocada, pois o art. 1659, inciso II exclui expressamente da comunhão os bens adquiridos posteriormente e onerosamente, com o produto da venda de bens que lhe sejam próprios (particulares)

---

191. (Cespe – Juiz de Direito Substituto – DFT/2014) De acordo com o entendimento jurisprudencial predominante no STJ relativamente ao direito das obrigações e ao direito de família, assinale a opção correta.

a) O reconhecimento judicial da exoneração do pagamento de pensão alimentícia opera efeitos retroativos, obstando a execução das parcelas já vencidas e cobradas sob o rito do art. 733 do CPC.

b) O reconhecimento de fraude contra credores em ação pauliana, após a constatação da existência de sucessivas alienações fraudulentas na cadeia dominial de imóvel que originariamente pertencia ao acervo patrimonial do devedor, torna ineficaz o negócio jurídico por meio do qual o último proprietário adquiriu, de boa-fé e a título oneroso, o referido bem, porquanto o vício de origem também se transmite sucessivamente.

c) No regime da comunhão parcial de bens, o valor recebido por um dos cônjuges a título de doação, na constância do casamento, não integra a meação, desde que haja cláusula de incomunicabilidade.

d) Ao fixar os alimentos provisórios, o julgador, diante do pedido formulado pelo alimentando, não se volta, a princípio, para a capacidade do alimentante, mas procura encontrar o ideal dos alimentos ad necessitate, em face da análise dos elementos de que dispõe e do que vislumbra compor as necessidades do alimentando. Nesse caso, não há perquirição sobre a possibilidade de o alimentante pagar valor maior se a necessidade do alimentando foi plenamente satisfeita.

e) Para que o evicto possa exercer os direitos resultantes da evicção, na hipótese em que a perda da coisa adquirida tenha sido determinada por decisão judicial, é necessário o trânsito em julgado da referida decisão.

COMENTÁRIOS

Alternativa correta: letra "d". A assertiva está correta. "Na fixação dos alimentos provisórios, o julgador, diante do pedido formulado pelo alimentando, não se volta, a princípio, para a capacidade do alimentante – na qual a natureza do valor da verba percebida tem real influência –, mas procura encontrar o ideal dos alimentos ad necessitate, diante da análise dos elementos de que dispõe e do que vislumbra compor as necessidades do alimentando. Apenas quando ultrapassada essa análise inicial, passa-se a dispor sobre a possibilidade de adequar essa necessidade às condições financeiras do alimentante".(STJ, REsp 1.261.247 – SP, julgado em 16/4/2013)."

Alternativa "a": A assertiva está incorreta, pois para o STJ: "os efeitos da exoneração da pensão alimentícia não retroagem à data da citação, mas apenas têm incidência a partir do trânsito em julgado da decisão. Por esta razão, não há como obstar a execução de parcelas já vencidas e não pagas" (REsp nº 886.537 – MG).

Alternativa "b": A assertiva está incorreta, de acordo com entendimento firmado no REsp 1.100.525/2013: "O reconhecimento de fraude contra credores em ação pauliana, após a constatação da existência de sucessivas alienações fraudulentas na cadeia dominial de imóvel que originariamente pertencia ao acervo patrimonial do devedor, não torna ineficaz o negócio jurídico por meio do qual o último proprietário adquiriu, de boa-fé e a título oneroso, o referido bem, devendo-se condenar os réus que agiram de má-fé em prejuízo do autor a indenizá-lo pelo valor equivalente ao dos bens transmitidos em fraude contra o credor."

Alternativa "c": A assertiva está incorreta. "No regime de comunhão parcial de bens, não integra a meação o valor recebido por doação na constância do casamento – ainda que inexistente cláusula de incomunicabilidade – e utilizado para a quitação de imóvel adquirido sem a contribuição do cônjuge não donatário. Sob o citado regime, a doação realizada a um dos cônjuges somente será comunicável quando o doador expressamente se manifestar nesse sentido e, no silêncio, presume-se feita apenas à donatária." (STJ,3ª Turma, REsp 1318599, j. 23/04/2013)."

Alternativa "e": A assertiva está errada. "Para que o evicto possa exercer os direitos resultantes da evicção, na hipótese em que a perda da coisa adquirida tenha sido determinada por decisão judicial, não é necessário o trânsito em julgado da referida decisão."(STJ,REsp 1.332.112-GO, julgado em 21/3/2013)"

---

192. (Cespe – Juiz de Direito Substituto – DFT/2014) Assinale a opção correta à luz do entendimento jurisprudencial predominante no STJ.

a) Admite-se a alteração do regime de bens dos casamentos celebrados após a vigência do Código Civil de 2002, independentemente de qualquer ressalva em relação a direitos de terceiros, inclusive dos entes públicos, em respeito ao princípio da autonomia dos consortes.

b) A paternidade socioafetiva decorrente de adoção à brasileira impede a anulação do registro de nascimento para o reconhecimento da paternidade biológica, ainda quando requerida pelo filho adotado nessas circunstâncias.

c) Permite-se a averbação, no termo de nascimento do filho, da alteração do patronímico materno em decorrência do casamento, mas não a averbação do nome de solteira da genitora, caso esta, em decorrência de divórcio ou separação judicial, deixe de utilizar o nome de casada.

d) A prática conhecida como adoção à brasileira, assim como a adoção legal, rompe definitivamente os vínculos civis entre o filho e os pais biológicos, desfazendo, por consequência, todos os consectários legais da paternidade biológica, como os registrais, os patrimoniais e os hereditários.

e) O direito de reconhecimento da origem genética insere-se nos atributos da própria personalidade, de modo que, entre o vínculo socioafetivo decorrente da adoção à brasileira e os vínculos biológicos decorrentes do nascimento, devem prevalecer os vínculos biológicos, sempre que o filho assim desejar.

COMENTÁRIOS

Alternativa correta: letra "e". Vide fundamentação à alternativa B.

Alternativa "a": A assertiva está equivocada, pois a alteração do regime de bens só será admitida mediante a prova de ausência de prejuízo a terceiros, mediante procedimento de jurisdição voluntária onde serão apuradas as razões invocadas de comum acordo pelos cônjuges. (art. 1.639, parágrafo segundo do Código Civil)

Alternativa "b": (responde as alternativas "d" e "e") A assertiva está incorreta, vez que contraria ao entendimento firmado no informativo 512 do STJ, o qual pedimos vênia para transcrever: "A prática conhecida como "adoção à brasileira", ao contrário da adoção legal, não tem a aptidão de romper os vínculos civis entre o filho e os pais biológicos, que devem ser restabelecidos sempre que o filho manifestar o seu desejo de desfazer o liame jurídico advindo do registro ilegalmente levado a efeito, restaurando-se, por conseguinte, todos os consectários legais da paternidade biológica, como os registrais, os patrimoniais e os hereditários"

Alternativa "c": A assertiva está incorreta, pois em desacordo com o entendimento firmado pelo STJ no julgamento do REsp 2008/0150324-2 de Relatoria do Min. Luis Felipe Salomão, julgado em 04/12/2012: "O princípio da verdade real norteia o registro público e tem por finalidade a segurança jurídica, razão pela qual deve espelhar a realidade presente, informando as alterações relevantes ocorridas desde a sua lavratura. 2. O ordenamento jurídico prevê expressamente a possibilidade de averbação, no termo de nascimento do filho, da alteração do patronímico materno em decorrência do casamento, o que enseja a aplicação da mesma norma à hipótese inversa – princípio da simetria –, ou seja, quando a genitora, em decorrência de divórcio ou separação, deixa de utilizar o nome de casada (Lei 8.560/1992, art. 3º, parágrafo único).

---

193. (Cespe – Cartório – TJ – DF/2014) Acerca do casamento, assinale a opção correta.

a) É possível a anulação de casamento, sob o fundamento de erro essencial quanto à pessoa, em caso de impotência coeundi do cônjuge, por impossibilitar a realização da finalidade do matrimônio, ainda que tenha havido coabitação anterior à celebração do casamento e por mais de três anos após essa celebração.

b) O casamento nulo ou anulável produz todos os efeitos até o dia da sentença anulatória se ambos os cônjuges o contraíram de boa-fé.

c) Sobrevindo prole, não podem ser anulados os efeitos civis do casamento celebrado em infringência a impedimento dirimente decorrente de má-fé de ambos os cônjuges.

d) É válido o casamento nuncupativo realizado perante o oficial do registro, em caso de interditado portador de moléstia grave, na presença de duas testemunhas e do curador.

e) O casamento religioso celebrado sem a observância das formalidades legais, das causas suspensivas e da capacidade matrimonial poderá ser inscrito no registro civil, no prazo estabelecido no Código Civil, mediante requerimento do celebrante ou dos interessados.

COMENTÁRIOS

Alternativa correta: letra "b". A assertiva está correta, pois trata do casamento putativo, previsto no art. 1.561 do Código Civil. Casamento putativo é aquele que, embora nulo ou anulável, por não preencher os requisitos de validade que lhe são exigidos, é contraído e boa-fé por pelo menos um dos cônjuges, de forma que, para o cônjuge que desconhece a razão que pode dar ensejo à sua nulidade ou anulação e para os filhos provenientes de tal matrimônio, gera todos os seus efeitos.

Alternativa "a": A assertiva está incorreta. Primeiramente, cumpre esclarecer que a impotência coeundi ou instrumental é aquela que impede a realização do débito conjugal, configurando hipóteses de anulação de casamento por erro essencial quanto à pessoa (arts. 1.556 e 1.557, inciso III do Código Civil). Já a impotência generandi (para gerar – homem) ou concipiendi (para conceber – mulher), não configura causa de anulação, vez que casamento válido não é sinônimo de procriação. O equívoco da questão está no fato de que a coabitação anterior ao casamento, segundo nossa jurisprudência, retira a possibilidade de o cônjuge requerer a anulação do casamento em razão de erro essencial sobre a pessoa do outro. Ainda, de acordo com o art. 1.560 do Código Civil, o prazo para se intentar a ação anulatória é de três anos, contados da data da celebração do casamento.

Alternativa "c": A assertiva está incorreta. Ainda sobre o casamento putativo, havendo má-fé de ambos os cônjuges, o casamento só gerará efeitos com relação aos filhos dele provenientes. Assim, os efeitos civis decorrentes do casamento putativo anulado aproveitarão aos filhos, mas serão anulados com relação aos cônjuges.

Alternativa "d": A assertiva está equivocada, vez que o casamento nuncupativo é aquele realizado em viva voz, quando um dos nubentes estiver em iminente risco de morte (*in extremis vitae momentis),* na presença de seis testemunhas que não sejam parentes (até segundo grau) dos contraentes, não sendo possível a presença da autoridade competente para a celebração e nem de seu substituto. (art. 1.540 do Código Civil). No caso de moléstia grave de um dos nubentes, o art. 1.539 do Código Civil determina que o presidente do ato irá celebrar o casamento onde se encontrar o impedido, mesmo que à noite, na presença de suas testemunhas que saibam ler e escrever. Os dois procedimentos aqui mencionados em nada estão relacionados com interdição.

Alternativa "e": A assertiva está errada, vez que contraria o disposto no art. 1.515 do Código Civil. O casamento religioso equiparar-se-á ao casamento civil quando atender aos requisitos de validade deste e levado a registro próprio. Assim, o casamento religioso celebrado sem a observância das formalidades legais, das causas suspensivas e da capacidade matrimonial não terá validade para fins civis.

194. (Cespe - Cartório - TJ - DF/2014) No que se refere ao instituto da adoção, assinale a opção correta.

a) Verificado o óbito do adotante no curso do procedimento de adoção, ainda que manifestada a vontade do adotante, de forma inequívoca, impõe-se a declaração de perda de objeto do pedido.

b) Em se tratando de adoção de maiores de dezoito anos, admite - se o procedimento por ato extrajudicial perante o registro civil de pessoas naturais, com assistência de advogado, ou por meio de sentença constitutiva.

c) A lei veda que tutor com vínculo de parentesco em segundo grau colateral com o tutelado o adote, ainda que prestadas as contas de sua administração.

d) Configura requisito essencial à adoção o prévio estágio de convivência, excetuando-se a hipótese de a criança adotanda encontrar-se sob a guarda de fato dos adotantes.

e) O avô detentor da guarda de neta adolescente tem legitimidade para adotá-la, dispensando-se o estágio de convivência.

COMENTÁRIOS

Alternativa correta: letra "c". A assertiva está correta. Parente em segundo grau colateral é irmão, e o art. 42, parágrafo primeiro do Estatuto da Criança e do Adolescente proíbe expressamente a adoção pelo irmão do adotando. Se o tutor não fosse irmão do adotando, poderia adotar o tutelado após prestadas e saldadas as contas de sua administração. (art. 44 do ECA)

Alternativa "a": A assertiva está equivocada, vez que o art. 42, parágrafo sexto de Estatuto da Criança e do Adolescente reconhece a possibilidade de deferimento do pedido de adoção mesmo se o adotante vier a falecer no curso do procedimento, desde que tenha manifestado inequivocamente sua vontade de adotar. É a chamada adoção póstuma. Neste caso, a sentença de adotação terá efeito ex tunc, estabelecendo o parentesco a partir da data do óbito.

Alternativa "b": A assertiva está errada, vez que a adoção de pessoa maior de 18 anos dependerá de sentença constitutiva, de forma que só poderá se dar judicialmente, não sendo possível via escritura pública (art. 1.629 do Código Civil). Vale ressaltar, que a competência para o processo de adoção, em regra, é da vara da infância e juventude. Sendo o adotando maior de 18 anos, a competência será da vara de família, e o processo observará, no que couber, as regras atinentes à adoção estabelecidas no Estatuto da Criança e do Adolescente.

Alternativa "d": A assertiva está equivocada, já que o parágrafo primeiro do art. 46 do ECA prevê hipótese de dispensa do prévio estágio de convivência, não configurando portanto, requisito essencial à adoção. Por outro lado, o parágrafo segundo do mesmo dispositivo legal determina que a guarda de fato, por si só, não dispensa o estágio de convivência, devendo, para tanto, serem analisados outros fatores, como a constituição de vínculo afetivo, por exemplo.

Alternativa "e": A assertiva está incorreta, pois o art. 42, parágrafo primeiro do Estatuto da Criança e do Adolescente proíbe expressamente a adoção pelos ascendentes do adotando. A doutrina fundamenta tal vedação no fato de que a permissão alteraria o local do adotando na ordem de vocação hereditária.

195. (Cespe - Procurador do MP junto ao TCE-PB/2014) João e Maria casaram-se em 2005, tendo adotado o regime de comunhão parcial de bens. Como fruto dessa união, João e Maria tiveram, nos anos de 2008 e 2010, dois filhos comuns. Em 2011, João foi condenado criminalmente ao cumprimento de pena de um ano e seis meses de detenção, em regime inicialmente aberto, por sentença definitiva, pela prática de crime contra a administração pública, cujos frutos não se reverteram em proveito do casal. Em 2012, João deixou voluntariamente o lar conjugal e, um ano após, Maria ajuizou ação visando à extinção da sociedade conjugal por meio da separação judicial, tendo imputado a João a prática de ato que teria tornado insuportável a vida em comum.

Com referência a essa situação hipotética e com base nas disposições legais acerca do direito de família, assinale a opção correta.

a) Com a dissolução da sociedade conjugal havida entre João e Maria, a guarda dos filhos comuns deve ser conferida a apenas um dos genitores, uma vez que o Código Civil veda a adoção de solução diversa.

b) Em eventual conversão da separação judicial de João e Maria em divórcio, deverá o juiz fazer constar da sentença a causa que a tenha determinado, especialmente para fins de solução acerca da guarda dos filhos comuns.

c) De acordo com o que dispõe o atual Código Civil, a condenação criminal imposta a João configura causa para a suspensão do poder familiar relativamente aos filhos havidos da união com Maria.

d) As obrigações provenientes do ato ilícito praticado por João estão excluídas da comunhão.

e) Embora seja necessária a demonstração da culpa de João, por Maria, para obter a separação judicial pretendida, o reconhecimento de sua existência no curso da referida ação não produzirá qualquer outro efeito jurídico.

COMENTÁRIOS

Alternativa correta: letra "d". A assertiva está correta, vez que a questão é clara ao afirmar que os frutos do crime praticado por João não reverteram em proveito do casal. O art. 1.659, inciso IV do Código Civil determina que são excluídas da comunhão as obrigações provenientes de atos ilícitos, salvo se revertidas em proveito do casal.

Alternativa "a": A assertiva está errada, vez que o Código Civil prevê tanto a guarda unilateral (atribuída a um só dos genitores) quanto a guarda compartilhada, com distribuição equilibrada do tempo de convívio entre os genitores. Mesmo que assim não fosse, o parágrafo segundo do art. 23 do ECA determina que: "a condenação criminal do pai ou da mãe não implicará a destituição do poder familiar, exceto na hipótese de condenação por crime doloso, sujeito à pena de reclusão, contra o próprio filho ou filha."

Alternativa "b": A assertiva está incorreta, vez que na sentença que determina a conversão da separação em divórcio não deverá constar a causa que a determinou (art. 1.580 do Código Civil). Mesmo que assim não fosse, os motivos que ensejam a separação e/ou divórcio nem sempre coincidirão com os motivos ensejadores de perda da guarda dos filhos, a exemplo do já mencionado parágrafo segundo do art. 23 do ECA.

Alternativa "c": A assertiva está errada, vez que é causa de suspensão do poder familiar a condenação, por sentença irrecorrível, em virtude de crime cuja pena exceda dois anos de prisão. (art. 1.637, parágrafo único do Código Civil). NO caso em tela, João foi condenado a pena de 1 ano e seis meses.

Alternativa "e": A assertiva está incorreta. Na separação sanção ou na separação culpa, um cônjuge alega mau comportamento do outro que será considerado responsável pelo fim do casamento no caso de procedência da ação. Consequências do reconhecimento da culpa: perda do direito de alimentos, exceto quando indispensáveis à sobrevivência (arts. 1694, § 2º e 1704, § ú); perda do direito de conservar o sobrenome do outro (art. 1.578)

---

196. (Cespe – Promotor de Justiça – AC/2014) No que se refere aos impedimentos ao casamento e às circunstâncias que o tornam nulo ou anulável, assinale a opção correta.

a) Não podem casar-se os já casados, devendo-se observar que o casamento religioso, ainda que não inscrito em livro no registro civil de pessoas naturais, também caracteriza o referido impedimento.

b) O MP tem legitimidade para promover ação direta requerendo a decretação de nulidade do casamento.

c) É nulo o casamento contraído por pessoa com reduzida ou parcial capacidade de discernimento.

d) O casamento anulável, diferentemente do nulo, se celebrado de boa-fé pelos contraentes, produzirá os efeitos do casamento válido até a data da sentença que decretar a sua invalidação, de forma a resguardar a família e, em especial, os filhos havidos desse negócio jurídico.

e) Os impedimentos ao casamento previstos no art. 1.521 do Código Civil, por se basearem no interesse público e estarem relacionados à instituição da família e à estabilidade social, têm caráter absoluto, o que torna anulável o casamento realizado por desrespeito a qualquer um deles.

COMENTÁRIOS

✪ **Nota dos autores:** A Lei 13.146/2015 (Estatuto da Pessoa com Deficiência), que entrou em vigor em janeiro de 2016, visa precipuamente a inclusão social da pessoa deficiente, alterou alguns dispositivos do Código Civil na busca pela garantia da dignidade e da liberdade destas pessoas.

Importante inovação foi a trazida ao art. 1.550, § 2º, do Código Civil, que passou a vigorar da seguinte forma: "A pessoa com deficiência mental ou intelectual em idade núbia poderá contrair matrimônio, expressando sua vontade diretamente ou por meio de seu responsável ou curador." Por consequência, trouxe a revogação do inciso I do art. 1.548, que determinava ser nulo o casamento do enfermo mental sem o necessário discernimento para os atos da vida civil.

Ainda, a ignorância, anterior ao casamento, de defeito físico irremediável só será considerada erro essencial sobre a pessoa capaz de dar ensejo à anulação do casamento se tal defeito não caracterizar deficiência (art. 1.557, § 3º).

Alternativa correta: letra "b". A assertiva está correta, pois de acordo com o que preceitua o art. 1.549 do Código Civil. Cabe ao Ministério Público a guarda das instituições caras ao ordenamento jurídico brasileiro, sendo uma destas instituições o casamento.

Alternativa "a": A assertiva está equivocada. O casamento religioso equiparar-se-á ao casamento civil quando atender aos requisitos de validade deste e levado a registro próprio. Assim, o casamento religioso celebrado sem a observância das causas impeditivas (art. 1521 do Código Civil) não terá validade para fins civis, de forma que não fará incidir o impedimento previsto no inciso VI do referido dispositivo legal

Alternativa "c": A assertiva está incorreta, pois o casamento contraído por pessoa incapaz de consentir ou de manifestar de modo inequívoco seu consentimento padece de nulidade relativa, ou seja, é anulável. (art. 1.550, inciso IV do Código Civil) Sendo assim, caso não seja intentada ação de anulação no prazo de 180 dias a contar da data da celebração, o casamento convalescerá.

Alternativa "d": A assertiva está incorreta, vez que a regra se aplica tanto aos casamentos anuláveis quanto aos nulos. (art. 1.561 do Código Civil). Casamento putativo é aquele que, embora nulo ou anulável, por não preencher os requisitos de validade que lhe são exigidos, é contraído e boa-fé por pelo menos um dos cônjuges, de forma que, para o cônjuge que desconhece a razão que pode dar ensejo à sua nulidade ou anulação e para os filhos provenientes de tal matrimônio, gera todos os seus efeitos. Havendo boa-fé de ambos os cônjuges, a doutrina majoritária entende que os efeitos pessoais do casamento perduram mesmo após a sentença de anulação ou nulidade, de forma a resguardar a família.

Alternativa "e": A assertiva está incorreta. Primeiro porque o impedimento previsto no inciso IV, segundo entendimento da nossa melhor doutrina, pode ser realizado com relação ao casamento entre tios e sobrinhos, que forma a ser permitido mediante autorização judicial e exame médico que ateste a compatibilidade genética para procriação. (Enunciado 98 da I Jornada de Direito Civil). Segundo, pois o art. 1.548 do Código Civil determina que o casamento contraído com infringência de impedimento será nulo e não anulável, como quer fazer parecer o examinador.

197. (Cespe – Promotor de Justiça – AC/2014) Assinale a opção correta a respeito da tutela.

a) Aquele que, não sendo parente do menor, seja nomeado, por sentença, tutor, é obrigado a aceitar a tutela, sob pena de crime de desobediência, ainda que haja parentes idôneos, consanguíneos ou afins, em condições de exercê-la.

b) Os tutores são obrigados a prestar contas de sua administração, podendo ser dispensados desse dever pelos pais do tutelado, em testamento, ou pelo juiz, por decisão judicial.

c) O tutor poderá delegar a outra pessoa, física ou jurídica, o exercício total da tutela.

d) Se o patrimônio do menor for de valor considerável, poderá o juiz condicionar o exercício da tutela à prestação de caução bastante ou dispensá-la se for o tutor de reconhecida idoneidade.

e) A tutela testamentária é válida ainda que o nomeante, no momento de sua morte, não tenha pleno exercício do poder familiar.

COMENTÁRIOS

Alternativa correta: letra "d". A assertiva está correta, pois cópia literal do parágrafo único do art. 1.745 do Código Civil. Tal disposição visa garantir que o tutor não se aproveite ou dilapide o patrimônio do tutelado, exigindo dele garantia em valor suficiente para repor os bens do menor caso assim o proceda.

Alternativa "a": A assertiva está equivocada. Aquele que não é parente do menor só será obrigado a aceitar a tutela, se não houver nenhum parente idôneo, consanguíneo ou afim, em condições de exercê-la. (art. 1.737 do Código Civil)

Alternativa "b": A assertiva está incorreta. Os tutores são obrigados a prestar contas da sua administração mesmo que os pais do tutelado os dispense desta obrigação em testamento. (art. 1.755 do Código Civil). A prestação de contas visa a proteção do patrimônio do tutelado, que independe da vontade expressa pelos pais, ainda que por disposição de última vontade.

Alternativa "c": A assertiva está errada. O tutor poderá delegar a outra pessoa o exercício parcial da tutela, mediante autorização judicial, se os bens ou interesses administrativos exigirem conhecimentos técnicos, forem complexos ou deverem ser realizados em lugares distantes de seu domicílio. (art. 1.743 do Código Civil)

Alternativa "e": A assertiva está errada. A nomeação de tutor por testamento será nula se o genitor não tinha o poder familiar da menor ao tempo de sua morte. Inteligência do art. 1.730 do Código Civil. A contrário senso, a tutela testamentária será válida quando instituída pelo genitor que tinha o poder familiar sobre o menor ao tempo de sua morte.

198. (Cespe – Analista Judiciário – Área Judiciária – TJ – CE/2014) No que diz respeito a direito de família, assinale a opção correta, considerando o disposto no Código Civil.

a) O casamento válido dissolve-se pela morte de um dos cônjuges, pelo divórcio ou pela nulidade ou anulação do casamento.

b) Os salários percebidos pelos cônjuges em contraprestação ao trabalho não se comunicam no regime de comunhão parcial.

c) O pacto antenupcial, ainda que não seja feito por escritura pública, é valido e mantém sua eficácia quando lhe seguir o casamento.

d) É vedado, em qualquer circunstância, o casamento de pessoa com menos de dezesseis anos de idade.

e) Independentemente do regime de bens adotado no casamento, nenhum cônjuge poderá alienar ou onerar bens imóveis sem a autorização do outro.

COMENTÁRIOS

Alternativa correta: letra "b". A assertiva está correta, vez que são excluídos da comunhão os proventos do trabalho pessoal de cada cônjuge. (art. 1659, inciso VI do Código Civil). Ressalta-se que a questão é clara ao exigir aquilo que dispõe o Código Civil, mas existem entendimentos doutrinários e jurisprudenciais no sentido de que essa regra incide sobre o direito de recebimento dos proventos, pois uma vez recebido, o dinheiro passa a ser comum e os bens com ele adquiridos, ainda que em nome de apenas um dos cônjuges, passam a pertencer a ambos.

Alternativa "a": A assertiva está errada, vez que o casamento válido só se dissolve pela morte de um dos cônjuges ou pelo divórcio. (parágrafo primeiro do art. 1.571 do Código Civil). Atente-se ao fato de que casamento nulo ou anulável é aquele que não preenche os requisitos exigidos para sua validade, de forma que é inválido. Assim, não há que se falar que o casamento válido dissolve-se pela nulidade ou anulação.

Alternativa "c": A assertiva está errada, pois contrária ao disposto no art. 1.653 do Código Civil, que exige a escritura pública como requisito de validade do pacto antenupcial, sob pena de nulidade absoluta. Ainda, o mesmo dispositivo legal estabelece que o pacto antenupcial perderá eficácia se não lhe seguir o casamento.

Alternativa "d": A assertiva está incorreta, pois o art. 1.520 do Código Civil elenca duas hipóteses em que o casamento de menor que não alcançou a idade núbil será permitido: a) Para evitar imposição de cumprimento de pena criminal – *"casamento remédio"*. Ressalta-se que esta causa extintiva da punibilidade estava prevista no art. 107, VII do CP, e foi revogada em 2005, de forma que hoje em dia, o casamento da vítima com seu agressor não extingue a punibilidade do delinquente. b) Em caso de gravidez. Nas duas hipóteses há necessidade de autorização judicial e é imposto o regime de separação de bens (art. 1641, III)

Alternativa "e": A assertiva está incorreta, pois de acordo com o art. 1.647, inciso I do Código Civil, salvo no regime de separação absoluta de bens, nenhum dos cônjuges pode alienar ou onerar bens imóveis sem o aval do outro. A contrário senso, tem-se que no regime de separação absoluta de bens não se exige o consentimento do cônjuge para tanto. A consequência da ausência de outorga uxória ou marital, quando exigida, é a anulabilidade do ato praticado (art. 1.649 do Código Civil).

---

199. (Cespe – Defensor Público – TO/2013) Com base no que dispõe o Código Civil sobre as relações de parentesco, assinale a opção correta.

a) O parentesco por afinidade não se extingue com a dissolução do casamento ou da união estável.

b) O parentesco é natural ou civil, conforme resulte de consanguinidade ou da afinidade.

c) Cada cônjuge ou companheiro é aliado aos parentes do outro pelo vínculo da afinidade.

d) O parentesco por afinidade limita-se aos ascendentes, aos descendentes e aos colaterais do cônjuge ou companheiro, até o quarto grau.

e) Consideram-se parentes em linha reta as pessoas que estejam umas para com as outras na relação de ascendência, descendência e colateralidade.

COMENTÁRIOS

Alternativa correta: letra "c". A assertiva está correta, vez que de acordo com o que preceitua o art. 1.595 do Código Civil. Parentesco por afinidade é o vínculo que se estabelece entre o cônjuge e o companheiro e os ascendentes, descendentes e irmãos do outro. A afinidade por linha reta não se extingue, nem mesmo pela dissolução do casamento ou da união estável que o originou. O parentesco por afinidade na linha colateral se extingue com a dissolução do casamento ou da união estável que o originou.

Alternativa "a": A assertiva está incorreta. Parentesco por afinidade é o vínculo que se estabelece entre o cônjuge e o companheiro e os ascendentes, descendentes e irmãos do outro. A afinidade por linha reta não se extingue, nem mesmo pela dissolução do casamento ou da união estável que o originou. (art. 1.595, parágrafo segundo do Código Civil). O parentesco por afinidade na linha colateral se extingue com a dissolução do casamento ou da união estável que o originou.

Alternativa "b": A assertiva está errada. Parentesco natural e consanguíneo são equivalentes, o que na linguagem popular nos referimos às "pessoas com o mesmo sangue". Parentesco por afinidade é o vínculo que se estabelece entre o cônjuge ou companheiro e os parentes do outro. (art. 1.595 do Código Civil). Parentesco Civil é vínculo entre duas ou mais pessoas estabelecido em razão de outra origem, que não a consanguinidade e nem a afinidade, como adoção, por exemplo. **Importante:** marido e mulher não são parentes entre si. Vínculo matrimonial é diferente de parentesco.

Alternativa "d": A assertiva está equivocada. O parentesco por afinidade limita-se aos ascendentes, descendentes e irmãos do outro, estes últimos, colaterais em segundo grau. (art. 1.595, parágrafo primeiro do Código Civil) Ressalta-se que concunhado, aquele casado com o irmão do cônjuge, não é parente.

Alternativa "e": A assertiva está incorreta. O parentesco em linha reta ocorre quando há uma relação de ascendência e descendência entre os parentes, como por exemplo o bisavô, avô, pai, filho, neto (art. 1.591 do Código Civil). Dá-se o nome de estirpe ao subgrupo formado pelos descendentes de um mesmo descendente. O parentesco em linha colateral, transversal ou oblíqua o ocorre quanto às pessoas que provêm de um só tronco, sem descender uma da outra, como os irmãos, tios e sobrinhos e primos.

---

200. (Cespe – Defensor Público – TO/2013) Acerca do regime de bens entre cônjuges, assinale a opção correta.

a) O regime de comunhão universal implica a comunicação de todos os bens presentes e futuros dos cônjuges e suas dívidas passivas, com exceção, entre outras, dos bens doados ou herdados com a cláusula de incomunicabilidade e os subrogados em seu lugar.

b) O regime de participação final nos aquestos foi revogado do Código Civil, haja vista que o seu desuso desde a entrada em vigor do referido diploma legal demonstrou que os demais regimes de bens existentes eram suficientes para reger as relações patrimoniais entre os cônjuges.

c) No casamento celebrado sob o regime da separação de bens, enquanto não sobrevier a separação ou divórcio, a administração dos bens é conjunta dos consortes, que não poderão aliená-los ou gravá-los de ônus real sem a anuência do outro.

d) É obrigatório o regime da separação de bens no casamento das pessoas que o contraírem com inobservância das causas suspensivas da celebração do casamento; da pessoa maior de sessenta anos e, ainda, de todos os que dependerem, para casar, de suprimento judicial.

e) No regime de comunhão parcial de bens, comunicam-se os bens que sobrevierem ao casal na constância do casamento, denominados bens aquestos, sem qualquer exceção.

COMENTÁRIOS

Alternativa correta: letra "a". A assertiva está correta, pois em conformidade com o que estabelece os arts. 1.667 e 1.668, inciso I do Código Civil. Também não entram na comunhão os bens gravados de fideicomisso e o direito do herdeiro fideicomissário, antes de realizada a condição suspensiva; as dívidas anteriores ao casamento, salvo se provierem de despesas com seus aprestos, ou reverterem em proveito comum; as doações antenupciais feitas por um dos cônjuges ao outro com a cláusula de incomunicabilidade; os bens de uso pessoal, os livros e instrumentos de profissão; os proventos do trabalho pessoal de cada cônjuge (ressalvada posição doutrinária e jurisprudencial já mencionada); as pensões, meios-soldos, montepios e outras rendas semelhantes.

Alternativa "b": A assertiva está equivocada, pois o regime da participação final nos aquestos está expressamente previsto no art. 1.672 do Código Civil. Instituído pelo CC/2002 em substituição ao regime dotal, é considerado um regime híbrido ou misto, por misturar regras do regime de separação de bens e de comunhão parcial. Na constância do casamento vigoram as regras do regime de separação de bens, de forma que existem duas massas patrimoniais particulares de cada um dos cônjuges. Dissolvido o casamento, vigoram as regras do regime de comunhão parcial de bens, de forma que é feito um balanço patrimonial dos bens adquiridos após o casamento, cabendo a cada um dos cônjuges a metade do que o outro adquiriu durante o casamento.

Alternativa "c": A assertiva está errada, vez que no regime de separação de bens cada cônjuge administrará seus bens com exclusividade, podendo aliená-los ou gravá-los de ônus real independentemente de outorga (marital ou uxória). Inteligência do art. 1.687 do Código Civil.

Alternativa "d": A assertiva está incorreta. Apesar de aparentemente coincidir com a redação do art. 1.641 do Código Civil, peca ao mencionar a obrigatoriedade do regime de separação de bens da pessoa maior de 60 anos, quando na realidade o é a partir dos 70 anos de idade. O examinador, capciosamente, tenta induzir a erro o candidato, pois a imposição do regime de separação de bens em razão da idade de um dos contraentes não coincide com a definição de pessoa idosa trazida pelo Estatuto do Idoso.

Alternativa "e": A assertiva está errada. No regime de comunhão parcial, os bens adquiridos na constância do casamento (aquestos), comunicam-se, com exceção daqueles elencados no art. 1.659 do Código Civil, como por exemplo os bens adquiridos com valores exclusivamente pertencentes a um dos cônjuges em sub-rogação dos bens particulares, os bens de uso pessoal, os livros e instrumentos de profissão, etc.

---

201. (Cespe – Defensor Público – RR/2013) Lucas, com dezoito anos de idade, procurou a DP com o objetivo de receber uma orientação jurídica. Afirmou que, quando possuía quatro anos de idade, seu genitor fora condenado a pagar alimentos mensais em seu favor, fixados em 30% do salário mínimo. No entanto, o alimentante nunca efetuou o pagamento de uma prestação alimentar sequer. Nesses termos, indagou do DP responsável pelo atendimento se poderia cobrar o montante integral em atraso.

À luz das disposições civilísticas a respeito dos institutos da prescrição e dos alimentos, assinale a opção correta com referência à situação hipotética acima.

a) De acordo com o Código Civil, a pretensão de cobrança do crédito alimentar prescreve em cinco anos, a partir do vencimento de cada prestação. Assim, Lucas somente poderá cobrar os alimentos que não tenham vencido há mais de cinco anos.

b) Segundo o disposto no Código Civil, prescreve em dois anos a pretensão para haver prestações alimentares, a partir da data em que se vencerem. Dessa maneira, Lucas somente poderá cobrar os alimentos que não tenham vencido há mais de dois anos.

c) Lucas poderá cobrar todas as prestações alimentares que lhe são devidas, pois a prescrição não corre contra os absolutamente incapazes.

d) Diante de sua natureza de direito personalíssimo, a pretensão de cobrança de crédito alimentar não se sujeita à prescrição. Dessa forma, poderiam ser cobradas todas as prestações alimentícias devidas pelo genitor de Lucas.

e) Lucas somente poderá cobrar os alimentos inadimplidos referentes aos últimos três meses, pois as demais prestações, segundo a jurisprudência do STJ, perderam sua natureza alimentar diante da inércia do credor de alimentos.

COMENTÁRIOS

Alternativa correta: letra "c". (responde todas as outras alternativas) A assertiva foi dada como correta pela banca, mas na nossa opinião deveria ter sido anulada. Vejamos: O prazo prescricional relativo à cobrança de alimentos é de dois anos, de acordo com o que dispõe o parágrafo segundo do art. 206 do Código Civil. Porém, o art. 198, inciso I do Código Civil estabelece que a prescrição não corre contra o absolutamente incapaz. Esqueceu o examinador de considerar que, a partir dos 16 anos, idade em que Lucas alcança a capacidade relativa, a prescrição começa a correr contra ele. A assertiva estaria correta, se o examinador fundamentasse a possibilidade de cobrança de todas as prestações alimentares no fato de que a prescrição não corre entre ascendentes e descendentes, durante o poder familiar (art. 197, inciso II do Código Civil)

---

202. (Cespe – Defensor Público – RR/2013) Mara, na época com dezesseis anos de idade e autorizada por seus pais, casou com Jorge, à época com vinte e cinco anos de idade, não tendo os nubentes celebrado pacto antenupcial. No sexto mês de vigência do casamento, Mara apaixonou-se por uma amiga e com ela começou a se relacionar afetivamente. Nesse mesmo mês, desejando casar-se com essa amiga, Mara decidiu se separar do marido, saiu de casa levando seus objetos pessoais e ajuizou ação de divórcio com vistas a romper o vínculo conjugal. Na petição inicial da demanda, alegou não mais ser possível a reconciliação entre as partes e informou que o casal não teve filhos. Por outro lado, aduziu que os pais de Jorge, quando do casamento, doaram ao casal um bem imóvel. Além disso, durante o casamento, Jorge apostou e ganhou um prêmio de R$ 15.000.000,00 em uma loteria. Nesses termos, Mara pleiteou a decretação do divórcio do casal e a partilha dos bens amealhados pela entidade familiar.

Considerando as disposições legais e constitucionais do casamento e de sua dissolução, assinale a opção correta relativamente à situação hipotética acima descrita.

a) O casamento civil pode ser dissolvido pelo divórcio, após prévia separação judicial por mais de um ano nos casos expressos em lei, ou comprovada separação de fato por mais de dois anos. Dessa forma, o pedido de divórcio formulado por Mara não poderia ser acolhido, pois o casal não estava separado judicialmente por mais de um ano ou separado de fato há mais de dois anos.

b) Tanto o bem imóvel quanto o prêmio lotérico entram na comunhão de bens do casal, sendo, portanto, bens passíveis de partilha.

c) Tendo Mara se casado com autorização dos pais, vigora o regime de bens da separação obrigatória, não havendo, portanto, bens a partilhar.

d) De acordo com entendimento do STJ, não é permitido o casamento entre pessoas do mesmo sexo, sendo possível, entretanto, o reconhecimento de relação de união estável afetiva. Assim, ainda que obtenha o divórcio, Mara não poderá contrair casamento com sua amiga.

e) O Código Civil não permite o casamento do menor de dezoito anos de idade, ainda que com autorização dos pais. Dessa forma, em vez do divórcio, Mara deveria ter pleiteado a anulação de seu matrimônio com Jorge.

COMENTÁRIOS

Alternativa correta: letra "b". A assertiva está correta, vez que, não havendo pacto antenupcial, aplica-se ao casamento o regime da comunhão parcial de bens (art. 1.640 do Código Civil). Ainda, dispõe o art. 1.660 do mesmo diploma legal, que entram na comunhão os bens adquiridos por fato eventual, assim entendido o prêmio lotérico (inciso II), bem como os adquiridos por doação em favor de ambos os cônjuges (inciso III).

Alternativa "a": A assertiva está equivocada. Após a emenda 66/2010, que suprimiu a parte final do parágrafo sexto do art. 226 da Constituição Federal, que exigia a separação judicial prévia por pelo menos 01 ano ou separação de fato por 02 anos, como requisitos para a concessão do divórcio, alguns autores entendem que o instituto da separação foi eliminado do nosso ordenamento jurídico, restando apenas o divórcio direto (consensual ou litigioso) e a morte, como forma de extinção da sociedade conjugal e do vínculo matrimonial.

Alternativa "c": A assertiva está incorreta. O regime da separação obrigatória seria imposto no caso de Maria ter se casado antes dos 16 anos, mediante autorização judicial (arts. 1.520 e 1.641, inciso III do Código Civil). Ainda, o art. 1.517 autoriza o casamento de pessoas com 16 anos, mediante autorização dos pais ou representantes legais, sem qualquer imposição relativa ao regime de bens.

Alternativa "d": A assertiva está incorreta, pois contraria à Resolução 175 do CNJ, que determina que: "é vedada às autoridades competentes a recusa de habilitação, celebração de casamento civil ou de conversão de união estável em casamento entre pessoas de mesmo sexo." Assim, temos que o casamento entre pessoas do mesmo sexo já é uma realidade, ao menos jurisprudencial e fática, ainda que não prevista em lei, aqui considerada em sentido estrito.

Alternativa "e": A assertiva está incorreta, pois o Código Civil admite a possibilidade de casamento de pessoa entre 16 e 18 anos, mediante autorização dos pais ou responsáveis (art. 1.517), bem como o casamento de pessoa menor de 16 anos, para impedir a aplicação de sanção penal e nos casos de gravidez, mediante autorização judicial e imposição do regime de separação de bens (art. 1.520)

203. (Cespe – Defensor Público – RR/2013) No que se refere à guarda e ao direito de convivência entre familiares, assinale a opção correta.

a) A guarda compartilhada não impede a fixação de alimentos em favor do filho.

b) De acordo com a jurisprudência do STJ, a fixação da guarda compartilhada pressupõe, necessariamente, o consenso entre os pais.

c) A guarda compartilhada está vinculada à repartição de tempo de permanência dos pais separados para com seus filhos comuns, conferindo-se de forma exclusiva o poder parental por períodos preestabelecidos, geralmente de forma equânime, entre as casas dos genitores.

d) Atendendo à doutrina da preferência materna, o Código Civil prioriza a guarda unilateral em favor da mãe do menor.

e) O inadimplemento da pensão alimentícia fixada em favor do menor impede o exercício do direito de visitar pelo genitor que não detiver a guarda.

COMENTÁRIOS

Alternativa correta: letra "a". A assertiva está correta, pois de acordo com o entendimento doutrinário e jurisprudencial. A guarda compartilhada não exonera os genitores do dever de prestar alimentos. Neste caso, os pais dividirão os cuidados e as despesas decorrentes dos filhos. Segundo Maria Berenice Dias: "a guarda compartilhada não impede a fixação de alimentos, até porque nem sempre os genitores gozam das mesmas condições econômicas. Muitas vezes não há alternância da guarda física do filho e a não cooperação do outro pode onerar sobremaneira o genitor guardião".

Alternativa "b": A assertiva está equivocada, conforme julgado que pedimos vênia para transcrever: "(...) 2. A guarda compartilhada busca a plena proteção do melhor interesse dos filhos, pois reflete, com muito mais acuidade, a realidade da organização social atual que caminha para o fim das rígidas divisões de papéis sociais definidas pelo gênero dos pais. 3. A guarda compartilhada é o ideal a ser buscado no exercício do Poder Familiar entre pais separados, mesmo que demandem deles reestruturações, concessões e adequações diversas, para que seus filhos possam usufruir, durante sua formação, do ideal psicológico de duplo referencial. 4. Apesar de a separação ou do divórcio usualmente coincidirem com o ápice do distanciamento do antigo casal e com a maior evidenciação das diferenças existentes, o melhor interesse do menor, ainda assim, dita a aplicação da guarda compartilhada como regra, mesmo na hipótese de ausência de consenso. 5. A inviabilidade da guarda compartilhada, por ausência de consenso, faria prevalecer o exercício de uma potestade inexistente por um dos pais. E diz-se inexistente, porque contrária ao escopo do Poder Familiar que existe para a proteção da prole (...) ". Ainda, tal conclusão pode ser retirada da redação dada ao art. 1.584 do Código Civil, que determina que a guarda pode ser estipulada por consenso entre os pais (inciso I) ou decretada pelo juiz (inciso II)

Alternativa "c": A alternativa está errada, pois o examinador traça características da guarda alternada, conceituando-a como guarda compartilhada. Segundo entendimento trazido pelo TJRS no julgamento da Apelação Cível 70005673, de relatoria do Des. Sérgio Fernando de Vasconcellos Chaves, julgada em 12/03/2013: "A chamada guarda compartilhada não consiste em transformar o filho em objeto, que fica a disposição de cada genitor por um semestre, mas uma forma harmônica ajustada pelos genitores, que permita ao filho desfrutar tanto da companhia paterna como da materna, num regime de visitação bastante amplo e flexível, mas sem que o filho perca seus referenciais de moradia. Para que a guarda compartilhada seja possível e proveitosa para o filho, é imprescindível que exista entre os pais uma relação marcada pela harmonia e pelo respeito, onde não existam disputas nem conflitos."

Alternativa "d": A assertiva está equivocada. O parágrafo segundo do art. 1.583 determina que a aguarda unilateral será atribuída ao genitor que revele melhores condições para exercê-la, de forma apropriar ao filho saúde, segurança, educação, etc. O entendimento trazido pela assertiva não condiz com a sociedade atual, onde a mulher, em igualdade de condições com o homem, trabalha, não ficando mais restrita aos cuidados com a casa e com os filhos.

Alternativa "e": A assertiva está incorreta, na medida em que o inadimplemento da pensão alimentícia não interfere no exercício do direito de visita pelo genitor desprovido da guarda. Basta pensar que não atenderia aos padrões de equidade e justiça a proibição do exercício do direito de visita ao genitor que não tenha condições financeiras de prestar alimentos.

204. (Cespe – Juiz de Direito Substituto – RN/2013) Considerando a celebração de casamento com adoção, por mútuo consentimento, do regime da separação de bens, assinale a opção correta.

a) Ainda que o casamento tenha sido celebrado na vigência do Código Civil de 2002, um dos cônjuges não poderá, sem o consentimento do outro, alienar apartamento de propriedade exclusiva dele, haja vista que a alienação de bem imóvel por pessoa casada depende da outorga conjugal.

b) Em razão do regime adotado, havendo separação de fato do casal, um dos cônjuges, mesmo comprovando suas necessidades materiais e possibilidades financeiras do outro cônjuge, não poderá pedir alimentos a este.

c) Constatado que um dos cônjuges tenha contraído, em 2010, o casamento, em estado de enfermidade mental e sem o necessário discernimento para os atos da vida civil, poderá qualquer interessado ou o MP promover a ação para decretação de nulidade e a sentença, em caso de procedência, retroagirá à data da celebração do casamento.

d) Caso seja decretado o divórcio do casal em 2012, havendo reconciliação, os cônjuges poderão requerer, perante o juízo de família, o restabelecimento da sociedade conjugal, e o juiz que julgar procedente o pedido deverá oficiar ao cartório de pessoas naturais para determinar a averbação do restabelecimento no registro de casamento dos requerentes.

e) Caso o casamento tenha sido celebrado na vigência do Código Civil de 1916, não é possível a modificação do regime de bens, devendo o regime de bens permanecer o estabelecido no referido diploma legal.

COMENTÁRIOS

Alternativa correta: letra "c". A assertiva está correta, pois de acordo com o que preceituam os arts. 1.548, inciso I e 1.549 do Código Civil). O casamento contraído por enfermo mental sem o necessário discernimento para os atos da vida civil é nulo. A legitimidade para interposição da ação é de qualquer interessado e do Ministério Público. Uma vez decretada a nulidade, a sentença terá efeito ex tunc, retroagindo à data da celebração do casamento.

Alternativa "a": A assertiva está errada, vez que no regime de separação de bens cada cônjuge administrará seus bens com exclusividade, podendo aliená-los ou gravá-los de ônus real independentemente de outorga (marital ou uxória). Inteligência do art. 1.687 do Código Civil.

Alternativa "b": A assertiva está incorreta, pois o dever de mútua assistência perdura mesmo que haja a separação de fato ou judicial do casal (art. 1.704 do Código Civil), e independentemente do regime de bens em que foi celebrado o casamento, devendo ser fixados na proporção das necessidades do reclamante e das possibilidades da pessoa obrigada. Inteligência do art. 1.694 do Código Civil.

Alternativa "d": A assertiva está equivocada, tendo em vista que o divórcio extingue o vínculo matrimonial, impedindo o restabelecimento do casamento da forma como trazida pelo examinador. A assertiva estaria correta caso fizesse referência à separação judicial, sendo o restabelecimento do casamento deferido pelo juiz na ausência de prejuízo a terceiros. Inteligência do art. 1.577 do Código Civil.

Alternativa "e": A assertiva está errada, pois mediante a aplicação do art. 2.035 do Código Civil de 2002 (Escada Ponteada de Flávio Tartuce), que estabelece que a validade do negócio jurídico praticado na vigência do Código Civil de 1.916 é condicionada aos requisitos ali previstos, mas sua eficácia está subordinada às regras previstas no Código Civil de 2002, é possível, durante a vigência do Código Civil atual, a alteração do regime de casamento estabelecido na vigência do Código Civil de 2016.

205. (Cespe – Juiz de Direito Substituto – MA/ 2013) Assinale a opção correta em relação ao direito de família, segundo a jurisprudência do STJ.

a) A pensão alimentícia é prevista legalmente como hipótese de exceção à impenhorabilidade do bem de família, todavia somente os alimentos decorrentes do vínculo familiar autorizam essa exceção, haja vista a interpretação teleológica e sistemática, o que justifica o tratamento da matéria no livro IV do Código Civil, referente ao direito de família.

b) Aos cônjuges é permitido incluir ao seu nome o sobrenome do outro, ainda que após a data da celebração do casamento, devendo o respectivo requerimento ser feito administrativamente no cartório onde tenha sido celebrado o casamento, para fins de averbação no assento de casamento, conforme disposição do Código Civil.

c) A apelação contra decisão favorável ao alimentante, em ação de exoneração de alimentos, será recebida apenas no efeito devolutivo, não se aplicando ao caso, portanto, o efeito suspensivo.

d) Em face do princípio do adimplemento substancial, considera-se suficiente para a revogação da prisão civil do devedor de alimentos o pagamento parcial dos alimentos devidos.

COMENTÁRIOS

Alternativa correta: letra "c". A assertiva está correta, pois de acordo com o entendimento firmado no julgamento do REsp 2003/0172044-9 de relatoria da Min. Nancy Andrighi, publicado no informativo 501 do STJ, o qual pedimos vênia para transcrever: "Recurso especial. Processo civil. Revisional de alimentos. Redução e exoneração da prestação alimentícia. Efeitos da apelação. Deve ser recebido apenas no efeito devolutivo o recurso de apelação interposto contra sentença que decida pedido revisional de alimentos, seja para majorar, diminuir ou exonerar o alimentante do encargo. Valoriza-se, dessa forma, a convicção do juiz que, mais próximo das provas produzidas, pode avaliar com maior precisão as necessidades do alimentando conjugadas às possibilidades do alimentante, para uma adequada fixação ou até mesmo exoneração do encargo. Com a atribuição do duplo efeito, há potencial probabilidade de duplo dano ao alimentante quando a sentença diminuir o encargo alimentar: (i) dano patrimonial, por continuar pagando a pensão alimentícia que a sentença reconhece indevida e por não ter direito à devolução da quantia despendida, caso a sentença de redução do valor do pensionamento seja mantida, em razão do postulado da irrepetibilidade dos alimentos; (ii) dano pessoal, pois o provável inadimplemento ditado pela ausência de condições financeiras poderá levar o alimentante à prisão."

Alternativa "a": A assertiva está incorreta, pois no julgamento do REsp 1186225, realizado em 04/09/2012, a Terceira Turma do STJ firmou entendimento no sentido de que: "A exceção à impenhorabilidade do bem de família prevista no art. 3º, III, da Lei 8009/90, abrange não só os alimentos decorrentes de vínculo familiar, mas também aqueles oriundos de obrigação de reparar danos em razão da prática de ato ilícito."

Alternativa "b": A assertiva está incorreta, conforme dispõe Informativo 503 do STJ, o qual pedimos vênia para transcrever: "Acréscimo de sobrenome do cônjuge após a celebração do casamento. Aos cônjuges é permitido incluir ao seu nome o sobrenome do outro, ainda que após a data da celebração do casamento, porém deverá ser por meio de ação judicial. O registro de nascimento da pessoa natural, com a identificação do nome civil, em regra é imutável. Contudo, a lei permite, em determinas ocasiões, sua alteração. Ao oficial de cartório somente é permitido alterar um nome, independente de ação judicial, nos casos previstos em lei, como é a hipótese do art. 1565, § 1º do CC, o qual possibilita a inclusão do sobrenome de um dos nubentes no do outro, durante o processo de habilitação do casamento. A Turma entendeu que essa possibilidade deve-se estender ao período de convivência do casal, enquanto perdurar o vinculo conjugal. Porém, nesta hipótese, o nome deve ser acrescido por intermédio da ação de retificação de registros públicos, nos termos dos arts. 57 e 109 da Lei de Registros Públicos (Lei nº 6.015/1973). REsp 910.094-SC, Rel. Raul Araújo, julgado em 4/9/2012."

Alternativa "d": A assertiva está errada, pois o princípio do adimplemento substancial tem aplicabilidade na disciplina contratual, e não quanto aos alimentos. A revogação da prisão civil do devedor mediante pagamento parcial dos alimentos devidos só será possível se o credor der quitação total quanto ao débito autorizador da prisão.

---

206. (Cespe – Juiz Federal Substituto 2ª região/ 2013) Assinale a opção correta com base no Código Civil.

a) É impenhorável o único imóvel residencial do devedor que esteja locado a terceiros, desde que a renda obtida com a locação seja revertida para a subsistência ou a moradia da sua família.

b) A prova exclusivamente testemunhal só se admite nos negócios jurídicos cujo valor não ultrapasse vinte vezes o maior salário mínimo vigente no país ao tempo em que esses negócios tenham sido celebrados.

c) A novação feita sem o consenso do fiador com o devedor principal não importa na exoneração daquele do encargo.

d) Os prazos de favor obstam a compensação.

e) No caso de pagamento em quotas periódicas, a quitação da última implica presunção absoluta de estarem solvidas as cotas anteriores.

COMENTÁRIOS

Alternativa correta: letra "a". A assertiva está correta, vez que corrobora o disposto na Súmula 486 do STJ determina que: "É impenhorável o único imóvel residencial do devedor que esteja locado a terceiros, desde que a renda obtida com a locação seja revertida para a subsistência ou a moradia da sua família." Tal entendimento baseia-se no caráter alimentar dos aluguéis provenientes desta locação.

Alternativa "b": A assertiva está equivocada, vez que contraria o art. 227 do Código Civil: "A prova exclusivamente testemunhal só se admite nos negócios jurídicos cujo valor não ultrapasse o décuplo do maior salário mínimo vigente no país ao tempo em que esses negócios tenham sido celebrados." Ainda, a prova testemunhal suplementar à prova escrita será admitida qualquer que seja o valor do negócio jurídico.

Alternativa "c": A assertiva está errada, pois o art. 366 do Código Civil determina que a novação sem o consenso do fiador o exonera do encargo. Tal entendimento visa proteger a figura do fiador, que não pode ser obrigado a uma prestação que não assumiu, pois a novação implica em criação de uma nova obrigação em substituição à obrigação principal.

Alternativa "d": A assertiva está errada, vez que o art. 372 do Código Civil determina que os prazos de favor não obstam a compensação. Prazo de favor é aquele oferecido pelo credor ao devedor mesmo sem obrigação legal ou convencional de concedê-lo.

Alternativa "e": A assertiva está incorreta. No pagamento em prestações sucessivas, a quitação da última presume o pagamento das anteriores, no entanto, tal presunção é relativa, caindo por terra caso haja prova em contrário. Inteligência do art. 322 do Código Civil.

---

207. (Cespe – Defensor Público – DF/ 2013) Em relação a direito de família e sucessões, julgue os itens subsequentes.

207.1. De acordo com a jurisprudência pacificada do STJ, não é possível alterar o regime de bens de matrimônios contraídos sob a égide do Código Civil de 1916.

COMENTÁRIOS

A assertiva está errada, pois mediante a aplicação do art. 2.035 do Código Civil de 2002 (Escada Ponteada de Flávio Tartuce), que estabelece que a validade do negócio jurídico praticado na vigência do Código Civil de 1.916 é condicionada aos requisitos ali previstos, mas sua eficácia está subordinada às regras previstas no Código Civil de 2002, é possível, durante a vigência do Código Civil atual, a alteração do regime de casamento estabelecido na vigência do Código Civil de 2016.

207.2. O espólio tem legitimidade para postular indenização pelos danos materiais e morais experimentados pelos herdeiros, inclusive sob a alegação de que os referidos danos teriam decorrido de erro médico de que fora vítima o falecido.

COMENTÁRIOS

A assertiva está equivocada, de acordo com entendimento firmado pelo STJ no julgado a seguir transcrito: "Direito civil. Ilegitimidade do espólio para ajuizar ação indenizatória em razão de danos sofridos pelos herdeiros. O espólio não tem legitimidade para postular indenização pelos danos materiais e morais supostamente experimentados pelos herdeiros, ainda que se alegue que os referidos danos teriam decorrido de erro médico de que fora vítima o falecido. Nessa situação, debatem as partes em torno de bens cuja titularidade é dos herdeiros por direito próprio, e não sobre bem jurídico de titularidade originária do falecido que tenha sido transmitido por efeito hereditário. Assim, não havendo coincidência entre o postulante e o titular do direito pleiteado, configura-se hipótese de ilegitimidade ad causam." (Quarta Turma, DJe 6/10/2008. REsp 1.143.968-MG, Rel. Min. Luis Felipe Salomão, julgado em 26/2/2013)

207.3. Conforme a jurisprudência do STJ, a procedência de ação proposta com fins de exclusão do pagamento de pensão alimentícia reconhecida judicialmente não obsta a execução das parcelas já vencidas e cobradas sob o rito previsto no art. 733 do CPC.

COMENTÁRIOS

A assertiva está correta, pois de acordo com o entendimento firmado no informativo 518 do STJ: "O reconhecimento judicial da exoneração do pagamento de pensão alimentícia não alcança as parcelas vencidas e não pagas de dívida alimentar anteriormente reconhecida. Assim, os alimentos anteriormente fixados são devidos até o trânsito em julgado da ação de exoneração ou de redução. Caso a sentença de exoneração ou redução seja julgada procedente, esta não terá efeito retroativo. Se fosse admitida que esta sentença tivesse efeitos retroativos, isso seria um incentivo ao inadimplemento, considerando que o devedor faria de tudo para não pagar até que fosse julgada a ação de exoneração ou redução." (STJ. 3ª Turma. RHC 35.192-RS, Rel. Min. Villas Bôas Cueva, julgado em 12/3/2013).

207.4. Considerando que o estado civil de cada pessoa deve refletir sua realidade afetiva, em detrimento das formalidades e valores essencialmente patrimoniais, o STJ entende que não é necessária a prévia partilha de bens para a conversão da separação judicial em divórcio.

COMENTÁRIOS

A assertiva está correta, por analogia ao entendimento trazido pela Súmula 197 do STJ, que determina que o divórcio direito pode ser concedido sem que haja a prévia partilha dos bens. Se tal regramento aplica-se ao divórcio direto, nada obsta sua aplicação ao divórcio conversão.

208. (Cespe – Defensor Público – AC/ 2012) A respeito da obrigação alimentar dos avós, assinale a opção correta.

a) O inadimplemento da obrigação alimentar do genitor, ainda que não demonstrada sua impossibilidade de prestá-la, provisória ou definitivamente, possibilita ao alimentado pleitear alimentos diretamente dos avós.

b) Para o reconhecimento da obrigação alimentar avoenga, é imprescindível o esgotamento dos meios processuais disponíveis para obrigar o alimentante primário a cumprir sua obrigação, inclusive com o uso da coação extrema – pena de prisão – preconizada em artigo do CPC.

c) Conforme dispõe o Código Civil brasileiro, frustrada a obrigação alimentar principal de responsabilidade dos pais e estando a guarda do menor incapaz com a mãe, a obrigação subsidiária deverá ser diluída somente entre os avós paternos, na medida de seus recursos, em face de sua divisibilidade e possibilidade de fracionamento.

d) Consoante a jurisprudência consolidada do STJ, a responsabilidade dos avós em prestar alimentos é sucessiva, mas não complementar à obrigação dos pais.

e) Independentemente da impossibilidade de os genitores prestarem alimentos, poderão os parentes mais remotos do alimentado ser demandados, estendendo-se a obrigação alimentar aos ascendentes mais próximos.

COMENTÁRIOS

Alternativa correta: letra "b". (responde todas as outras alternativas) A assertiva está correta, vez que traduz o entendimento trazido no informativo 483 do STJ, o qual pedimos vênia para transcrever: "Obrigação alimentar. Avoenga. Ônus da prova. In casu, a questão está em analisar a validade da decisão do tribunal a quo que indeferiu pedido de alimentos provisórios em favor dos recorrentes os quais deveriam ser prestados pela recorrida, avó dos alimentandos. A Min. Relatora destacou que, apenas na impossibilidade de os demandados genitores prestarem alimentos, serão os parentes mais remotos, estendendo-se a obrigação alimentar, na hipótese, para os ascendentes mais próximos. O desemprego do alimentante primário – genitor – ou sua falta confirmam o desamparo do alimentado e a necessidade de socorro ao ascendente de grau imediato, fatos que autorizam o ajuizamento da ação de alimentos diretamente contra este. Contudo o mero inadimplemento da obrigação alimentar por parte do genitor, sem que se demonstre sua impossibilidade de prestar os alimentos, não faculta ao alimentado pleitear alimentos diretamente aos avós. Na hipótese, exige-se o prévio esgotamento dos meios processuais disponíveis para obrigar o alimentante primário a cumprir sua obrigação, inclusive com o uso da coação extrema preconizada no art. 733 do CPC. Assim, fixado pelo tribunal de origem que a avó demonstrou, em contestação, a impossibilidade de prestar os alimentos subsidiariamente, inviável o recurso especial, no particular, pelo óbice da Súm. nº 7-STJ. Com essas considerações, a Turma negou provimento ao recurso." (REsp 1.211.314-SP, Rel. Min. Nancy Andrighi, julgado em 15/9/2011).

---

209. (Cespe – Defensor Público – AC/ 2012) Assinale a opção correta acerca da união estável e do casamento.

a) A CF inaugurou uma nova fase do direito de família, fundada na adoção de um explícito polimorfismo familiar, em que arranjos multifacetados são igualmente aptos a constituir esse núcleo doméstico denominado família, recebendo todos eles a especial proteção do Estado, o que torna possível o reconhecimento de união estável entre pessoas do mesmo sexo, muito embora não se dê a estas o direito ao casamento, em virtude da literalidade da norma constitucional.

b) O singularismo familiar fundado no casamento engendrado pela CF impede que famílias formadas por pares homoafetivos possam ter a mesma proteção legal destinada aos casais heteroafetivos.

c) De acordo com a jurisprudência do STJ, o casamento civil é a melhor forma de proteção do Estado à família e, sendo múltiplos os arranjos familiares reconhecidos pela Carta Magna, não há de ser negada essa via a nenhuma família que por ela optar, independentemente da orientação sexual dos partícipes, muito embora as famílias constituídas por pares homoafetivos não possuam os mesmos núcleos axiológicos das constituídas por casais heteroafetivos.

d) Os artigos do Código Civil vigente relativos ao casamento vedam expressamente o casamento entre pessoas do mesmo sexo, razão por que não se admite o casamento civil entre pessoas que estejam vivendo uma união homoafetiva.

e) O STF conferiu ao artigo do Código Civil que reconhece como entidade familiar a união estável entre o homem e a mulher uma interpretação conforme com a CF, para dele excluir todo significado que impeça o reconhecimento da união contínua, pública e duradoura entre pessoas do mesmo sexo como entidade familiar, entendida esta como sinônimo perfeito de família.

COMENTÁRIOS

✪ **Nota dos autores:** O art. 226 da CF reconhece explicitamente três formas de família: a) matrimonial ou natural (decorrente do casamento); b) convencional, informal ou comportamental (decorrente da união estável); e c) monoparental (formada por qualquer dos pais e sua prole). A doutrina e jurisprudência, porém, vêm reconhecendo a instituição família em situações em que, apesar de não reconhecidas pela CF, merecem tutela jurídica, como a família anaparental (constituída apenas pelos filhos) a família homoafetiva (formada por pessoas do mesmo sexo) e a família eudemonista (formada por pessoas que possuem um vínculo de afinidade e afeto, independentemente da consanguinidade).

Especificamente sobre a união estável e o casamento homoafetivos, importante frisar o conteúdo Resolução 175 do CNJ, que determina que: "é vedada às autoridades competentes a recusa de habilitação, celebração de casamento civil ou de conversão de união estável em casamento entre pessoas de mesmo sexo." Assim, temos que o casamento e a união estável entre pessoas do mesmo sexo já é uma realidade, ao menos jurisprudencial e fática, ainda que não prevista em lei, aqui considerada em sentido estrito.

Alternativa correta: letra "e". A assertiva está correta, pois de acordo com o entendimento corroborado pelo STF no julgamento da ADPF 132/RJ, datado de 05/05/2011, de Relatoria do Ministro Ayres Brito, o qual pedimos vênia para transcrever: "6. Interpretação do art. 1.723 do código civil em conformidade com a constituição federal (técnica da "interpretação conforme"). Reconhecimento da união homoafetiva como família. Procedência das ações. Ante a possibilidade de interpretação em sentido preconceituoso ou discriminatório do art. 1.723 do Código Civil, não resolúvel à luz dele próprio, faz-se necessária a utilização da técnica de "interpretação conforme à Constituição". Isso para excluir do dispositivo em causa qualquer significado que impeça o reconhecimento da união contínua, pública e duradoura entre pessoas do mesmo sexo como família. Reconhecimento que é de ser feito segundo as mesmas regras e com as mesmas consequências da união estável heteroafetiva."

Demais alternativa: Vide nota dos autores.

---

210. (Cespe – Defensor Público – AC/ 2012) Considerando os direitos relacionados à personalidade, aos alimentos, ao divórcio e à evicção, assinale a opção correta.

a) Prevalece, nos tribunais, a tese de que ao nascituro é garantida apenas a expectativa de direito, tornando-se este efetivamente adquirido na eventualidade de aquele nascer vivo; não tem, portanto, o nascituro direito, por exemplo, aos danos morais decorrentes da morte do pai causada por ato ilícito.

b) O débito alimentar que autoriza a prisão civil do alimentante é o que compreende as três prestações anteriores ao ajuizamento da execução e as que vencerem no curso do processo; por essa razão, segundo entendimento do STJ, o pagamento de 30% do débito alimentar será capaz de elidir a prisão civil.

c) Os valores oriundos do fundo de garantia do tempo de serviço configuram frutos civis do trabalho, integrando, no casamento realizado sob o regime da comunhão parcial previsto no Código Civil de 1916, patrimônio comum e, consequentemente, partilhável quando do divórcio.

d) A responsabilidade pela evicção ocorre apenas quando a causa da constrição operada sobre a coisa é posterior à relação jurídica entabulada entre o alienante e o evicto, sendo o determinante o momento da constrição, a qual será, necessariamente, anterior à alienação.

e) Capacidade de fato, ou capacidade de gozo, ou capacidade de aquisição, é a faculdade abstrata de alguém gozar os seus direitos; a capacidade de direito, por sua vez, é a capacidade para adquirir direitos e exercê-los por si mesmo.

COMENTÁRIOS

Alternativa correta: letra "c". A assertiva está correta, vez que corrobora entendimento firmado pelo STJ no julgado seguir transcrito: "Recurso especial. Civil. Direito de família. Regime de bens do casamento. Comunhão parcial. Bens adquiridos com valores oriundos do FGTS. Comunicabilidade. Art. 271 do código civil de 1916. Interpretação restritiva dos arts. 269, IV, e 263, XIII, do CC de 1916. Incomunicabilidade apenas do direito e não dos proventos. Possibilidade de partilha. 1. Os valores oriundos do Fundo de Garantia do Tempo de Serviço configuram frutos civis do trabalho, integrando, nos casamentos realizados sob o regime da comunhão parcial sob a égide do Código Civil de 1916, patrimônio comum e, consequentemente, devendo serem considerados na partilha quando do divórcio. Inteligência do art. 271 do CC/16. 2. Interpretação restritiva dos enunciados dos arts. 269, IV, e 263, XIII, do Código Civil de 1916, entendendo-se que a incomunicabilidade abrange apenas o direito aos frutos civis do trabalho, não se estendendo aos valores recebidos por um dos cônjuges, sob pena de se malferir a própria natureza do regime da comunhão parcial. (REsp 848.660/RS, Rel. Ministro Paulo de Tarso Sanseverino, Terceira Turma, julgado em 03/05/2011, DJe 13/05/2011).

Alternativa "a": A assertiva está incorreta. No que diz respeito ao início da personalidade, adotamos a teoria mista ou híbrida criada por Maria Helena Diniz, que determina que o nascituro possui personalidade formal, ou seja, o direito lhe confere proteção aos seus direitos da personalidade, e o nascimento com vida lhe confere personalidade material, ou seja, a proteção aos seus direitos patrimoniais. Assim, em razão de sua personalidade formal, terá o nascituro direito a danos morais decorrentes da morte do pai causada por ato ilícito.

Alternativa "b": A assertiva está errada. O pagamento parcial do débito não é capaz de elidir a prisão civil. A revogação da prisão civil do devedor mediante pagamento parcial dos alimentos devidos só será possível se o credor der quitação total quanto ao débito autorizador da prisão.

Alternativa "d": A assertiva está errada. Evicção é a perda da coisa objeto do negócio jurídico em virtude de sentença judicial, que atribui a sua titularidade a terceira pessoa, por causa jurídica preexistente. O adquirente perde a posse ou a propriedade da coisa em virtude de decisão judicial que reconhece que uma outra pessoa tem um direito anterior sobre ela.

Alternativa "e": A assertiva está incorreta. A capacidade de direito, de gozo ou de aquisição nada mais é do que a personalidade jurídica, ou seja, a aptidão genérica necessária para que a pessoa possa adquirir direitos e contrair obrigações. Já a Capacidade de fato, de exercício ou de ação é a medida da personalidade. É a aptidão que o sujeito capaz de direito (personalidade) adquire para a prática dos atos da vida civil por si mesmo.

---

211. (Cespe – Juiz de Direito Substituto – AC/ 2012) No que se refere ao enfrentamento jurisprudencial do bem de família, assinale a opção correta.

a) A vaga de garagem com matrícula própria no registro de imóveis constitui bem de família para efeito de penhora.

b) O terreno não edificado não caracteriza bem de família, pois não serve à moradia familiar.

c) É inconstitucional a penhora de bem de família do fiador em contrato de locação.

d) Não faz jus aos benefícios da lei que regulamenta o bem de família o devedor que não resida no único imóvel que lhe pertença, só utilizando o valor obtido com a locação desse bem para complementar a renda familiar.

e) A execução de dívida oriunda de pensão alimentícia não pode ensejar a penhorabilidade do bem de família.

COMENTÁRIOS

Alternativa correta: letra "b". Apesar de a assertiva ter sido considerada correta, pois de acordo com o conceito de bem de família trazido pelo art. 1.712 do Código Civil, o examinador foi claro ao exigir o entendimento jurisprudencial sobre o tem, de forma que a questão merecia ser anulada, em razão do julgado a seguir transcrito: "(...) O fato de se tratar de terreno não edificado é circunstância que, por si só, não obsta sua qualificação como bem de família, na medida em que tal qualificação pressupõe a análise, caso a caso, da finalidade realmente atribuída ao imóvel." (REsp 1417629/SP, Rel. Ministra Nancy Andrighi, Terceira Turma, julgado em 10/12/2013, DJe 19/12/2013).

Alternativa "a": A assertiva está incorreta, vez que o STJ, no julgamento do AGRg no Ag 1058070/RS firmou entendimento no sentido de que a impenhorabilidade prevista na Lei 8.099/90 só atinge a garagem quando esta for vinculada à matrícula do imóvel. A vaga de garagem com matrícula própria não constitui bem de família para efeito de penhora. Este é o entendimento trazido pela Súmula 449 do STJ: "A vaga de garagem que possui matrícula própria no registro de imóveis não constitui bem de família para efeito de penhora."

Alternativa "c": A assertiva está incorreta, pois em desacordo com o entendimento firmado pelo STJ no julgamento do RE 495105 AgR/SP, datado de 05/11/2013 de relatoria do Ministro Marco Aurélio a seguir transcrito: "Penhora – bem de família – fiador em contrato de locação – constitucionalidade. O Tribunal, no julgamento do Recurso Extraordinário nº 407.688-8/SP, declarou a constitucionalidade do inciso VII do artigo 3º da Lei nº 8.009/90, que excepcionou da regra de impenhorabilidade do bem de família o imóvel de propriedade de fiador em contrato de locação."

Alternativa "d": A assertiva está equivocada, vez que em contradição com o entendimento firmado pelo STJ no julgamento do REsp 698750/SP, datado de 10/04/2007, de relatoria do Min. Denise Arruda a seguir transcrito: "Não obstante a Lei 8.009/90 mencionar "um único imóvel (...) para moradia permanente", a orientação desta Corte firmou-se no sentido de que a impenhorabilidade prevista na referida lei estende-se ao único imóvel do devedor, ainda que se encontre locado a terceiros, porquanto a renda auferida pode ser utilizada para que a família resida em outro imóvel alugado ou, ainda, para a própria manutenção da entidade familiar."

Alternativa "e": A assertiva está errada, conforme posicionamento firmado pelo STJ no julgamento do Resp 1.186.225/RS, datado de 04/09/2012, do relatoria do Min. Massami Uyeda a seguir transcrito: "A pensão alimentícia é prevista no art. 3º, III, da Lei nº 8.009/1990 como hipótese de exceção à impenhorabilidade do bem de família. E tal dispositivo não faz qualquer distinção quanto à causa dos alimentos, se decorrentes de vínculo familiar ou de obrigação de reparar danos. Na espécie, foi imposta pensão alimentícia em razão da prática de ato ilícito – acidente de trânsito –, ensejando-se o reconhecimento de que a impenhorabilidade do bem de família não é oponível à credora da pensão alimentícia."

212. (Cespe – Defensor Público – RO/ 2012) Acerca do direito de família e do direito de sucessão, assinale a opção correta.

a) Caracterizada a fraude contra credores, qualquer credor quirografário poderá requerer a anulação do negócio jurídico de transmissão gratuita de bens, caso o devedor já esteja insolvente ou em caso de iminente insolvência.

b) A deserdação bona mente abrange todos os casos em que os herdeiros necessários possam ser excluídos da sucessão, isto é, privados de sua legítima ou deserdados.

c) Aberta a sucessão, a propriedade dos bens do de cujus transmite-se, desde logo, aos herdeiros legítimos e testamentários.

d) A guarda compartilhada de filho(s) somente poderá ser estabelecida quando houver acordo entre a mãe e o pai.

e) As crianças cujos pais forem desconhecidos ou falecidos terão tutores nomeados pelo juiz ou serão incluídas em programa de colocação familiar.

COMENTÁRIOS

Alternativa correta: letra "e". A assertiva está correta, na medida em que corrobora o exposto no art. 1.734 do Código Civil. Vale ressaltar, que em ambas as hipóteses (nomeação de tutor ou colocação familiar), devem ser observadas as regras estabelecidas no Estatuto da Criança e da Adolescente.

Alternativa "a": A assertiva está errada, pois terão legitimidade ativa para propositura da ação pauliana ou revocatória os credores que tiverem crédito constituído antes da transmissão gratuita dos bens pelo devedor. Inteligência do art. 158, parágrafo segundo do Código Civil.

Alternativa "b": A assertiva está incorreta, pois a deserdação bona mente ocorre quando o autor da herança impõe cláusula de inalienabilidade, impenhorabilidade e de incomunicabilidade sobre os bens da legítima ou da parte disponível. Quanto aos bens que compõem a legítima, a deserdação bona mente só será válida se houver justa causa expressamente declarada pelo de cujus. Inteligência do art. 1.848 do Código Civil

Alternativa "c": A assertiva trata do princípio da saisine, expresso no art. 1.784 do Código Civil: "Aberta a sucessão, a herança transmite-se, desde logo, aos herdeiros legítimos e testamentários". A banca considerou a assertiva errada, pois troca a palavra "herança" pela expressão "propriedade dos bens do de cujus".

Alternativa "d": A assertiva está equivocada. Tal conclusão pode ser retirada da redação dada ao art. 1.584 do Código Civil, que determina que a guarda pode ser estipulada por consenso entre os pais (inciso I) ou decretada pelo juiz (inciso II). Ainda, o parágrafo segundo do mesmo dispositivo determina que: "Quando não houver acordo entre a mãe e o pai quanto à guarda do filho, será aplicada, sempre que possível, a guarda compartilhada."

---

213. (Cespe – Defensor Público – ES/ 2012) Julgue o item seguinte, a respeito da união estável e da ordem de vocação hereditária.

De acordo com a jurisprudência, não se deve declarar a união estável entre duas pessoas que celebrem expressamente contrato de namoro no qual esclareçam o propósito de não viverem em união estável, sob pena de se violar a boa-fé da parte inocente.

COMENTÁRIOS

A assertiva está errada, vez que jurisprudência pátria, juntamente com a doutrina, são uníssonas do sentido do não reconhecimento do contrato de namoro, vez que o objetivo principal de tal instrumento é a burla ao reconhecimento da união estável entre os contratantes, de forma a resguardar o patrimônio do (s) envolvido (s) de possível partilha. Tais decisões baseiam-se no fato de que os "namorados" ou "conviventes" que queiram proteger o patrimônio individual podem perfeitamente e legalmente, firmar contrato de convivência estabelecendo o regime de separação de bens, ou dispor livremente, da forma que melhor lhes convier, sobre a comunicação patrimonial.

---

214. (Cespe – Juiz de Direito Substituto – CE/ 2012) Considere que Carlos e Regina convivam em união estável e decidam celebrar contrato de convivência. Nessa situação,

a) o contrato somente produzirá efeitos patrimoniais.

b) o contrato pode ser celebrado por meio de escritura particular, desde que atestado por duas testemunhas e levado a registro.

c) se o casal já tiver filhos, o contrato não produzirá efeitos.

d) celebrado o contrato, este não poderá ser modificado antes de cinco anos.

e) o regime de bens escolhido no contrato terá efeitos retroativos.

COMENTÁRIOS

Alternativa correta: letra "a". A assertiva está correta, pois é o que se extrai da interpretação extensiva do art. 1.725 do Código Civil. Os efeitos decorrentes da união estável (deveres entre os conviventes, sucessão, direitos previdenciários, etc) são regulados por lei por lei, de forma que seus desdobramentos patrimoniais é que podem ser objeto de estipulação contratual.

Alternativa "b": A assertiva está equivocada, pois a lei não estipula uma forma a ser observada para que o contrato de convivência tenha validade. Assim, poderá ser celebrado mediante escritura pública ou particular, dispensando-se o registro, bastando que seja escrito.

Alternativa "c": A assertiva está errada, pois o contrato de convivência não tem sua eficácia condicionada ao fato de o casal ter ou não ter filhos. Ademais, os direitos dos filhos estão resguardados por lei, não podendo ser atingidos por estipulação contratual.

Alternativa "d": A assertiva está incorreta, pois os contratos de convivência são desprovidos de qualquer formalidade, de forma que sua modificação é livre e pode operar-se a qualquer tempo, desde que respeitados a lei, a moral e os bons costumes.

Alternativa "e": A assertiva está errada, pois o contrato de convivência terá validade a partir da data do início da convivência, pois a sua validade está a ela condicionada.

13. DIREITO DAS SUCESSÕES

---

215. (Cespe – Juiz de Direito Substituto – AM/2016) Em relação ao direito das sucessões, assinale a opção correta.

a) Não havendo descendentes ou ascendentes, os herdeiros colaterais do autor da herança concorrem com o cônjuge sobrevivente.

b) Em se tratando de casamento sob o regime de comunhão parcial de bens, o cônjuge supérstite concorrerá com os descendentes do cônjuge falecido apenas em relação aos bens particulares deste.

c) Será rompido o testamento válido se o legatário for excluído da sucessão ou falecer antes do legante.

d) Não goza da igualdade de condições com filho legítimo o filho adotado no ano de 1980, se a morte do autor da herança tiver ocorrido antes da vigência da Lei n.º 10.406/2012.

e) Tratando-se de sucessão colateral, o direito de representação estende-se ao sobrinho-neto do autor da herança.

COMENTÁRIOS

Alternativa correta: letra "b". A assertiva está correta, pois de acordo com o que determina o artigo 1.829 do Código Civil, que deu origem ao Enunciado 270 da III Jornada de Direito Civil: "O art. 1.829, inciso I, só assegura ao cônjuge sobrevivente o direito de concorrência com os descendentes do autor da herança quando casados no regime da separação convencional de bens ou, se casados nos regimes da comunhão parcial ou participação final nos aqüestos, o falecido possuísse bens particulares, hipóteses em que a concorrência restringe-se a tais bens, devendo os bens comuns (meação) ser partilhados exclusivamente entre os descendentes."

Alternativa "a": A assertiva está equivocada, pois não deixando o autor da herança ascendentes ou descendentes, a sucessão será deferida por inteiro ao cônjuge sobrevivente. Caso não haja cônjuge sobrevivente é que os colaterais serão chamados à sucessão (artigos 1.838 e 1.839 do Código Civil)

Alternativa "c": A assertiva está errada. As hipóteses de rompimento do testamento estão previstas nos artigos 1.973 a 1.975 do Código Civil. No caso em tela, o examinador confunde a figura do legante com a do legatário. O testamento será rompido se o descendente sobreviver ao testador.

Alternativa "d": A assertiva está incorreta. A Constituição Federal de 1.988 proíbe qualquer distinção entre filhos. Apesar de o filho ter sido adotado em 1.980, aplica-se a esta sucessão a norma vigente ao tempo de sua abertura. Assim, mesmo que a morte tenha ocorrido antes da entrada em vigor do Código Civil, ocorrendo após 1.988, os filhos consanguíneos e adotados terão os mesmos direitos.

Alternativa "e": A assertiva está errada, pois contrária ao disposto no artigo 1.853 do Código Civil e ao entendimento firmado no Informativo 485 do STJ: "A Turma negou provimento ao recurso com o entendimento de que, embora fosse o pai da recorrente sobrinho da inventariada, ele já havia falecido, e o direito de representação, na sucessão colateral, por expressa disposição legal, limita-se aos filhos dos irmãos, não se estendendo aos sobrinhos-netos, como é o caso da recorrente" (STJ, Resp 1.064.363/SP, Rel. Min. Nancy Andrighi, j. 11.10.2011).

---

216. (Cespe – Defensor Público – RN/2015) Acerca do direito das sucessões, assinale a opção correta. ANULADA

a) A declaração de indignidade do herdeiro faz que ele seja excluído da sucessão, de modo que, se o herdeiro excluído possui descendentes, estes não podem sucedê-lo em seu lugar, mesmo sendo possível, no caso concreto, o direito de representação.

b) O princípio da saisine, que regula a abertura da sucessão, também se aplica integralmente aos legatários.

c) A cessão, pelo co-herdeiro, de seu direito sobre um bem imóvel integrante do acervo hereditário, considerado individualmente, antes da partilha, é hipótese de nulidade de pleno direito.

d) Situação hipotética: João faleceu sem deixar descendentes, ascendentes ou cônjuge, mas deixou quatro irmãos, sendo três deles bilaterais e um unilateral. Assertiva: Nesse caso, a herança será partilhada em razão do número de vínculos sanguíneos existentes entre os herdeiros e o de cujus; dessa forma, cada irmão bilateral receberá dois sétimos da herança; e o irmão bilateral, um sétimo.

e) A capacidade sucessória testamentária passiva, consistente na nomeação de legatário sob condição suspensiva, deverá ser observada no momento da realização do testamento.

COMENTÁRIOS

ANULADA: Referida questão foi anulada pela banca examinadora. Pelo gabarito oficial a alternativa correta era a letra "d", porém, a assertiva contraria o disposto na Constituição Federal, não se aplicando assim a regra do art. 1.841 do Código Civil no caso em tela.

---

217. (Cespe – Procurador do MP junto ao TCU/2015) A respeito de institutos ligados ao direito das sucessões, assinale a opção correta com fundamento na jurisprudência do STJ. ANULADA

a) Para o recebimento dos valores devidos pelo autor da herança, os credores devem habilitar seus créditos antes da partilha, sendo-lhes vedado ajuizar demanda contra o espólio para essa finalidade.

b) Após a partilha, cada herdeiro responderá pelas dívidas do falecido dentro das forças da herança e na proporção da parte que lhe couber necessariamente no limite de seu quinhão hereditário.

c) Para efeito de cumprimento do dever de colação, é imprescindível que o nascimento de novo herdeiro tenha ocorrido após o ato de doação de bens imóveis do ascendente a seus descendentes.

d) Não é reconhecida à viúva legitimidade para exigir a imputação no processo de inventário de bens doados pelo ascendente a seu descendente, por ser essa exigência um direito privativo dos herdeiros necessários.

e) Não tem validade a cláusula testamentária por meio da qual o testador pode dar substituto ao fideicomissário para o caso de este vir a falecer antes do fiduciário.

COMENTÁRIOS

Resposta: Essa questão foi anulada pela banca examinadora, vez que o gabarito oficial tinha colocado como resposta correta a alternativa "d", o que não é cabível. O examinador ao extrair a questão da ementa de um acórdão do STJ não se atentou ao fato de que o caso concreto que deu origem ao acórdão fazia menção ao Código Civil de 1916, vez que embora publicado em 2010, se reportava à caso anterior ao ano 2002 e, portanto, sob a égide do anterior código que não reconhecia a esposa como herdeira necessária. Para saber mais, o acórdão a que se refere a questão é o que segue abaixo:

> *"Recurso Especial. Civil. Direito das Sucessões. Processo de Inventário. Distinção entre Colação e Imputação. Direito Privativo dos Herdeiros Necessários. Ilegitimidade do Testamenteiro. Interpretação do art. 1.785 do CC/16.*

1. O direito de exigir a colação dos bens recebidos a título de doação em vida do "de cujus" é privativo dos herdeiros necessários, pois a finalidade do instituto é resguardar a igualdade das suas legítimas. 2. A exigência de imputação no processo de inventário desses bens doados também é direito privativo dos herdeiros necessários, pois sua função é permitir a redução das liberalidades feitas pelo inventariado que, ultrapassando a parte disponível, invadam a legítima a ser entre eles repartida. 3. Correto o acórdão recorrido ao negar legitimidade ao testamenteiro ou à viúva para exigir a colação das liberalidades recebidas pelas filhas do inventariado. 4. Doutrina e jurisprudência acerca do tema. 5. Recursos especiais desprovidos". (Superior Tribunal de Justiça – Terceira Turma/ REsp 167.421/SP/ Relator Ministro Paulo de Tarso Sanseverino/ Julgado em 07.12.2010/Publicado no DJe em 17/12/2010).

218. (Cespe – Juiz de Direito Substituto – DFT/2014) Assinale a opção correta acerca do direito das sucessões.

a) O direito real de habitação tem por finalidade impedir que os herdeiros deixem o companheiro sobrevivente sem moradia e ao desamparo, visto que este não tem qualquer participação na herança do de cujus.

b) Será correta a sentença que, em ação de inventário, homologue a partilha sem manifestação acerca do direito real de habitação da viúva meeira em relação ao imóvel em que o casal tenha residido, porquanto, para tanto, exige-se o ajuizamento de ação própria.

c) Ao cônjuge sobrevivente assegura-se o direito real de habitação relativamente ao imóvel destinado à residência da família, desde que seja o único daquela natureza a inventariar e o regime de bens do casamento tenha sido o da comunhão universal.

d) O objetivo do legislador, ao criar o instituto do direito real de habitação, foi o de promover a proteção ao cônjuge supérstite que, desfavorecido de fortuna, corresse o risco de cair em situação de penúria ou grande inferioridade em comparação àquela de que desfrutava quando vivo o consorte, de modo que, mesmo havendo dois imóveis a serem inventariados, pode-se garantir ao cônjuge supérstite o direito real de habitação por sua utilidade, como fonte de sobrevivência.

e) O direito real de habitação não pode ser estendido ao companheiro.

COMENTÁRIOS

Alternativa correta: letra "d" (responde todas as demais alternativas). A resposta para todas as alternativas encontra-se no Informativo de Jurisprudência nº 257 do TJDFT, o qual reproduzimos a seguir: "A Turma deu provimento a apelação interposta em face de sentença que, em ação de inventário, homologou a partilha sem manifestação acerca do direito real de habitação da viúva meeira em relação ao imóvel em que o casal residia. Conforme informações, a viúva pugnou pelo reconhecimento do seu direito real de habitação, nos moldes do art. 1.831, do Código Civil. Na hipótese, os Julgadores observaram a existência de dois imóveis objetos de inventário, o que, inicialmente, contraria a norma do referido artigo, cuja redação garante ao cônjuge o direito real de habitação relativamente ao imóvel destinado à residência da família, desde que seja o único a inventariar. Entretanto, os Desembargadores esclareceram que o objetivo do legislador com tal instituto era tão somente promover a proteção ao cônjuge supérstite desfavorecido de fortuna e que corresse o risco de cair em situação de penúria ou grande inferioridade em comparação àquela de que desfrutava em vida do consorte. Destacaram que a lei não deixa de respaldar o direito de propriedade dos herdeiros, que já lhes é garantido mediante o direito positivo, mas – por se tratar de bem imóvel indivisível – busca enfatizar a utilidade do instituto, enquanto fonte de sobrevivência. Por fim, acrescentaram que o direito real de habitação deve ser estendido ao companheiro, seja por não ter sido revogada a previsão da Lei 9.278/1996, seja em razão da interpretação analógica do art. 1831, do Código Civil. Desta feita, por entender que tal garantia tem por finalidade impedir que os demais herdeiros deixem o cônjuge ou companheiro sobrevivente sem moradia e ao desamparo, o Colegiado deu provimento ao recurso. Acórdão n. 667793, 20050610054762APC, Relator: Romeu Gonzaga Neiva, Revisor: Angelo Canducci Passareli, 5ª Turma Cível, Data de Julgamento: 03/04/2013, Publicado no DJE: 11/04/2013. Pág.: 166.

219. (Cespe – Cartório – TJ – DF/2014) No que se refere à sobrepartilha, no âmbito do direito das sucessões, assinale a opção correta.

a) Verificado o estado de indivisão de bens, é necessária a proposição de outro processo de inventário e partilha, observado o prazo prescricional da ação.

b) Pelo princípio da eventualidade, admite-se a sobre partilha do espólio somente no caso de bens sonegados que foram descobertos após a partilha da herança.

c) Não é obrigatório que bens remotos da sede do juízo do inventário, litigiosos ou de liquidação morosa ou difícil fiquem para sobrepartilha, podendo os herdeiros e o cônjuge meeiro, se houver, concordar que sejam partilhados ou permaneçam indivisos.

d) Na hipótese de o cônjuge herdeiro sobrevivente falecer antes da partilha dos bens do premorto, os bens omitidos no inventário não poderão ser descritos e partilhados no inventário do consorte herdeiro supérstite, não se admitindo inventário conjunto ou cumulativo.

e) Realizado o inventário perante o juízo de direito da vara de órfãos e sucessões, a sobrepartilha, por sua natureza complementar, somente poderá ser realizada via judicial, em petição protocolada nos próprios autos, ainda que os interessados sejam capazes e concordes.

COMENTÁRIOS

Alternativa correta: letra "c". Correta, pois na realidade a sobrepartilha é um favor jurídico e não uma obrigatoriedade, ou seja, desde que haja concordância dos herdeiros os bens poderão permanecer indivisos ou serem partilhados, nos termos do art. 2.021 do Código Civil.

Alternativa "a": Errada, vez que neste caso ficam sujeitos a sobrepartilha, nos termos do art. 2.022 do Código Civil. A sobrepartilha é uma nova partilha, um favor jurídico autorizando os herdeiros a procederem a partilha de bens ilíquidos, situados em lugar remoto ou litigiosos.

Alternativa "b": Errada, a sobrepartilha pode ocorrer para os bens sonegados, situados em lugar remoto ou litigiosos e, ainda, em relação aos bens de difícil liquidação ou qualquer outro que se tenha conhecimento após a partilha, nos termos do art. 2022 do Código Civil.

Alternativa "d": Errada, pois as duas heranças serão cumulativamente inventariadas e partilhadas, se os herdeiros de ambos forem os mesmos, nos termos do art. 672 do Código de Processo Civil.

Alternativa "e": Errada, vez que sendo todos os interessados capazes e concordes, poderá ser feito extrajudicialmente, nos termos do art. °610, § 1° e 2 do Código de Processo Civil.

---

220. (Cespe – Cartório – TJ – DF/2014) Acerca da partilha de bens na sucessão, assinale a opção correta.

a) As liberalidades e doações recebidas deverão ser colacionadas nos autos de inventário pelos herdeiros descendentes, ascendentes e pelos que renunciaram à herança ou foram dela excluídos por indignidade ou deserção.

b) A partilha pode ser realizada de forma consensual, ou extrajudicial, quando houver acordo entre os herdeiros, mediante escritura pública, por termos nos autos de inventário, em qualquer caso, de negócio jurídico plurilateral, sendo essencial a assinatura do instrumento por todos os interessados e do curador do interditado, se houver.

c) A ação de declaração de nulidade relativa da partilha ajuizada dentro do prazo legal da rescisão da partilha consensual e do trânsito em julgado da sentença de partilha judicial, em caso de declaração de procedência do pedido, determina nova partilha, dispensando-se, entretanto, aos herdeiros a reposição de frutos e rendimentos auferidos até a anulação.

d) Da partilha deverá constar auto de orçamento, incluídos os nomes do autor da herança, do inventariante, do cônjuge sobrevivente, dos herdeiros, dos legatários e dos credores admitidos, bem como o ativo, o passivo e o líquido partível, e o valor de cada quinhão.

e) Por ser livre a manifestação de vontade na sucessão legítima ou testamentária, os atos jurídicos de aceitação e renúncia de herança podem ser retratados até a apresentação das últimas declarações nos autos da ação de inventário.

COMENTÁRIOS

Alternativa correta: letra "d". A resposta para essa alternativa não está no Código Civil e sim no Código de Processo Civil, em seu art. 653 que traz expressamente o que deverá constar na partilha.

Alternativa "a": Errada, haja vista que os ascendentes estão dispensados, vez que a obrigatoriedade é somente em relação aos descendentes, nos termos do art. 2.002 do Código Civil.

Alternativa "b": Errada. Havendo incapaz (a questão fala em curador do interditado), somente poderá ser realizada na forma judicial e não na extrajudicial, nos termos dos arts. 2.015 e 2.016 do Código Civil.

Alternativa "c": Errada. Não há dispensa aos herdeiros de repor os frutos e rendimentos auferidos até a anulação e sim obrigatoriedade de reestabelecer os frutos e rendimentos que adquiriram até a data do ato nulo, quando tenha sido declarada a nulidade relativa da partilha, para que estes possam fazer parte da nova partilha.

Alternativa "e": Errada, vez que os atos jurídicos de aceitação e renúncia de herança são irrevogáveis de acordo com o disposto no art. 1.812 do Código Civil.

---

221. (Cespe – Defensor Público – TO/2013) Acerca das sucessões, assinale a opção correta.

a) A sucessão abre-se no lugar da morte do falecido.

b) A sucessão dá-se por lei ou por disposição de última vontade, conforme seja legítima ou testamentária, e, havendo herdeiros necessários, o testador só poderá dispor da metade da herança.

c) A companheira ou o companheiro, na sucessão do outro, quanto aos bens adquiridos na vigência da união estável, concorre com descendentes só do autor da herança, tendo direito a uma quota equivalente à que por lei for atribuída a cada um deles.

d) Legitimam-se a suceder apenas as pessoas já nascidas no momento da abertura da sucessão, não havendo direitos sucessórios do nascituro.

e) Aberta a sucessão pelo ajuizamento da ação de inventário, a herança transmite-se por sentença que homologa a partilha de bens aos herdeiros legítimos e testamentários.

COMENTÁRIOS

✪ **Nota dos autores:** no julgamento dos recursos extraordinários 646721 e 878694, que questionavam a constitucionalidade do artigo 1.790 do Código Civil, tratando da equiparação entre cônjuges e companheiros, um em relação hétero e outro em relação homoafetiva, para fim de repercussão geral, foi aprovada a seguinte tese: "No sistema constitucional vigente é inconstitucional a diferenciação de regime sucessório entre cônjuges e companheiros devendo ser aplicado em ambos os casos o regime estabelecido no artigo 1829 do Código Civil".

Alternativa correta: letra "b". Correta, pois de encontro com o previsto nos arts. 1.786 e 1.789 do Código Civil, vez que a sucessão dá-se por lei ou disposição de última vontade e, havendo herdeiros necessários, o testador só poderá dispor de metade da herança.

Alternativa "a": Errada, pois contraria o art. 1.785 do Código Civil, vez que a sucessão abrirá no lugar do último domicílio do falecido.

Alternativa "c": Errada, pois em desacordo com o art. 1.790 do Código Civil que estabelece que a companheira ou o companheiro participará da sucessão do outro, quanto aos bens adquiridos onerosamente na vigência da união estável, nas condições seguintes: I. se concorrer com filhos comuns, terá direito a uma quota equivalente à que por lei for atribuída ao filho; II. se concorrer com descendentes só do autor da herança, tocar-lhe-á a metade do que couber a cada um daqueles; III. se concorrer com outros parentes sucessíveis, terá direito a um terço da herança; IV. não havendo parentes sucessíveis, terá direito à totalidade da herança.

Alternativa "d": Errada. O art. 1.798 do Código Civil assegura a legitimidade a sucessão as pessoas nascidas ou já concebidas (nascituro), assegurando-se assim os direitos sucessórios do nascituro.

Alternativa "e": Errada, pois aberta a sucessão, a herança transmite-se desde logo aos herdeiros legítimos e testamentários nos termos do art. 1.784 do Código Civil.

---

222. (Cespe – Juiz de Direito Substituto – MA/ 2013) Acerca do direito das sucessões, assinale a opção correta.

a) O instituto da colação diz respeito, tão somente, à sucessão legítima; assim, o herdeiro testamentário não tem legitimidade ativa para exigir à colação bem sonegado por herdeiro necessário.

b) Configura-se o direito de representação quando a lei chama certos parentes do falecido a suceder em todos os direitos em que ele sucederia se vivo fosse, sendo titulares desse direito os ascendentes e os descendentes.

c) É nulo, e não ineficaz, o legado de coisa certa que não pertença ao testador no momento da abertura da sucessão.

d) Constituem hipóteses de deserdação de herdeiros e legatários a ofensa física, a injúria grave, as relações ilícitas com madrasta e(ou) padrasto.

COMENTÁRIOS

Alternativa correta: letra "a": A resposta para essa alternativa encontra-se no entendimento do STJ, cuja a ementa do acórdão reproduzimos a seguir: "Civil. Sucessão. Inventário e partilha. Ação de sonegados. Bem doado a herdeiro necessário. Ausência de colação. Finalidade do instituto. Igualação das legítimas. Alteração da parte indisponível do autor da herança. Ilegitimidade ativa do herdeiro testamentário. Recurso parcialmente provido. 1. Não há falar em negativa de prestação jurisdicional nos embargos de declaração, se o Tribunal de origem enfrenta a matéria posta em debate na medida necessária para o deslinde da controvérsia, ainda que sucintamente. A motivação contrária ao interesse da parte não se traduz em maltrato ao art. 535 do CPC. 2. A finalidade da colação é a de igualar as legítimas, sendo obrigatório para os descendentes sucessivos (herdeiros necessários) trazer à conferência bem objeto de doação ou de dote que receberam em vida do ascendente comum, porquanto, nessas hipóteses, há a presunção de adiantamento da herança (arts. 1.785 e 1.786 do CC/1916; arts. 2.002 e 2.003 do CC/2002). 3. O instituto da colação diz respeito, tão somente, à sucessão legítima; assim, os bens eventualmente conferidos não aumentam a metade disponível do autor da herança, de sorte que benefício algum traz ao herdeiro testamentário a reivindicação de bem não colacionado no inventário. 4. Destarte, o herdeiro testamentário não tem legitimidade ativa para exigir à colação bem sonegado por herdeiro necessário (descendente sucessivo) em processo de inventário e partilha. (...) (REsp 400948 SE 2001/0169144-4 Relator(a): Ministro Vasco Della Giustina Julgado em 23/03/2010)

Alternativa "b": Errada. A primeira parte da alternativa está correta pois de encontro com o disposto no art. 1.851 do Código Civil. O erro encontra-se na segunda parte, haja vista que os ascendentes estão excluídos, nos termos do art. 1.852 do mesmo estatuto legal.

Alternativa "c": Errada, já que é ineficaz e não nulo o legado de coisa certa que não pertença ao testador, nos termos do art. 1.912 do Código Civil.

Alternativa "d": Errada, haja vista que a deserdação só atinge os herdeiros necessários, de acordo com o disposto no art. 1.961 do Código Civil.

---

223. (Cespe – Juiz de Direito Substituto – MA/ 2013) Com base na jurisprudência do STJ, assinale a opção correta.

a) A aplicação financeira de proventos de aposentadoria mantida por um dos consortes durante a vigência do matrimônio, sob o regime de comunhão universal de bens, não deve ser partilhada em inventário, dado o caráter alimentar do investimento.

b) A Caixa Econômica Federal é parte ilegítima para responder por vícios de construção nos casos em que ela, ao mesmo tempo, promova o empreendimento, tenha responsabilidade na elaboração do projeto com suas especificações, escolha a construtora e(ou) negocie os imóveis, visto que essas atividades, que visam garantir o sucesso do empreendimento, são inerentes à de agente financeiro em estrito senso.

c) A aplicação da sanção imposta pelo Código Civil em referência à demanda de repetição de indébito, consistente na exigência de pagamento em dobro por dívida já paga, pressupõe a existência de pagamento indevido, sendo prescindível a demonstração de má-fé do credor.

d) A sucessão aberta é considerada bem imóvel, por isso a constituição de procurador com poder especial para renunciar a herança de valor superior a trinta vezes o maior salário mínimo só terá validade se realizada por instrumento público ou termo judicial.

COMENTÁRIOS

Alternativa correta: letra "d". A resposta dessa afirmativa encontra – se no Informativo nº 506 do STJ, o qual pedimos vênia para transcrever: "Direito Civil. Renúncia à Herança por Procurador. Requisitos Formais. A constituição de procurador com poder especial para renunciar à herança de valor superior a trinta vezes o maior salário mínimo deve ser feita por instrumento público ou termo judicial para ter validade. Segundo o art. 1.806 do CC, a renúncia da herança deve constar expressamente de instrumento público ou termo judicial. Tal formalidade é uma decorrência lógica do previsto nos arts. 88, II, e 108 do mesmo diploma legal. Segundo o art. 80, II, considera-se bem imóvel a sucessão aberta. Já o art. 108 do mesmo código determina que a escritura pública é essencial à validade dos negócios jurídicos que visem à constituição, transferência, modificação ou renúncia de direitos reais sobre imóveis de valor superior a trinta vezes o maior salário mínimo. Assim, se a renúncia feita pelo próprio sucessor só tem validade se expressa em instrumento público ou termo judicial (art. 1.806 do CC), a transmissão de poderes para tal desiderato deverá observar a mesma formalidade. (REsp 1.236.671-SP, Rel. originário Min. Massami Uyeda, Rel. para acórdão Min. Sidnei Beneti, julgado em 9/10/2012.)

Alternativa "a": Errada, pois contraria ao entendimento do STJ sobre o assunto: "Recurso especial (art. 105, III, a, da CF) – procedimento de inventário – primeiras declarações – aplicação financeira mantida por esposa do de cujus na vigência da sociedade conjugal – depósito de proventos de aposentadoria – possibilidade de inclusão dentre o patrimônio a ser partilhado – perda do caráter alimentar – regime de comunhão universal – bem que integra o patrimônio comum e se comunica ao patrimônio do casal – exegese dos arts. 1.668, v e 1.659, vi, ambos do código civil – recurso desprovido. 1. Não se conhece da tese de afronta ao art. 535, I e II do CPC formulada genericamente, sem indicação do ponto relevante ao julgamento da causa supostamente omitido no acórdão recorrido. Aplicação da Súmula nº 284/STF, ante a deficiência nas razões recursais. 2. Os proventos de aposentadoria, percebidos por cônjuge casado em regime de comunhão universal e durante a vigência da sociedade conjugal, constituem patrimônio particular do consorte ao máximo enquanto mantenham caráter alimentar. Perdida essa natureza, como na hipótese de acúmulo do capital mediante depósito das verbas em aplicação financeira, o valor originado dos proventos de um dos consortes passa a integrar o patrimônio comum do casal, devendo ser partilhado quando da extinção da sociedade conjugal. Interpretação sistemática dos comandos contidos nos arts. 1.659, VI e 1.668, V, 1565, 1566, III e 1568, todos do Código Civil. 3. Recurso especial parcialmente conhecido e desprovido." (REsp 1053473 / RS)

Alternativa "b": Errada, pois de acordo com o entendimento do STJ, o banco é parte legítima para responder por vícios de construção nos casos em que ela, ao mesmo tempo, promova o empreendimento, tenha responsabilidade na elaboração do projeto com suas especificações, escolha a construtora e(ou) negocie os imóveis. Eis o julgado que traz este entendimento: "Recurso especial. Sistema financeiro da habitação. Vícios na construção de imóvel cuja obra foi financiada. Legitimidade do agente financeiro. 1. Em se tratando de empreendimento de natureza popular, destinado a mutuários de baixa renda, como na hipótese em julgamento, o agente financeiro é parte legítima para responder, solidariamente, por vícios na construção de imóvel cuja obra foi por ele financiada com recursos do Sistema Financeiro da Habitação. Precedentes. 2. Ressalva quanto à fundamentação do voto-vista, no sentido de que a legitimidade passiva da instituição financeira não decorreria da mera circunstância de haver financiado a obra e nem de se tratar de mútuo contraído no âmbito do SFH, mas do fato de ter a CEF provido o empreendimento, elaborado o projeto com todas as especificações, escolhido a construtora e o negociado diretamente, dentro de programa de habitação popular. 3. Recurso especial improvido. (STJ, REsp 738.071/SC, Rel. Min. Luis Felipe Salomão)

Alternativa "c": Errada, pois contrária ao entendimento do STJ acerca do assunto, de acordo com o Informativo 0506, que segue: "Direito civil. Repetição em dobro de indébito. Prova de má-fé. Exigência. A aplicação da sanção prevista no art. 1.531 do CC/1916 (mantida pelo art. 940 do CC/2002) – pagamento em dobro por dívida já paga – pressupõe tanto a existência de pagamento indevido quanto a má-fé do credor. Assim, em que pese o fato de a condenação ao pagamento em dobro do valor indevidamente cobrado prescindir de reconvenção ou propositura de ação própria, podendo ser formulado em qualquer via processual, torna-se imprescindível a demonstração da má-fé do credor. (...) (REsp 1.005.939-SC, Rel. Min. Luis Felipe Salomão, julgado em 9/10/2012.)

224. (Cespe – Analista Judiciário – Área Judiciária – TRT 10/2013) No que concerne ao direito de família e ao direito das sucessões, julgue os itens subsequentes.

224.1. O direito ao usufruto vidual é relativo, visto que sua efetivação se sujeita à demonstração pelo cônjuge sobrevivente de sua situação financeira precária.

COMENTÁRIOS

A assertiva está errada. Embora o Código Civil de 2002 não mais traga a figura do usufruto vidual que era expressamente prevista no Código de 1916 em seu art. 1611, § 1º, os requisitos exigidos para sua configuração são: o regime do casamento diferente da comunhão universal e o estado de viuvez, não dispondo nada sobre a prova de situação precária do cônjuge sobrevivente, segundo entendimento do STJ, que reproduzimos a seguir: "Agravo regimental. Recurso especial. Civil. Sucessão. Usufruto vidual. Partilha de bens. Inocorrência de transação sobre o direito de fruir da esposa sobreviva. Coisa julgada. Inocorrência. Recurso desprovido. 1. "O usufruto vidual [art. 1.611, § 1º, do CC/1916] é instituto de direito sucessório, independente da situação financeira do cônjuge sobrevivente, e não se restringe à sucessão legítima. Os únicos requisitos são o regime do casamento diferente da comunhão universal e o estado de viuvez" (REsp 648.072/RJ, Rel. Min. Ari Pargendler, DJ 23.04.2007). 2. O reconhecimento do direito de fruição da viúva não é obstado se, apesar de existir partilha, o usufruto vidual não foi nela transacionado, ou se não ocorreu eventual compensação por esse direito, ou, ainda, se não existiu sua renúncia (que não pode ser presumida). Isso porque usufruto vidual e domínio são institutos diversos, sendo um temporário e o outro de caráter definitivo, o que torna desnecessária a prévia rescisão ou anulação da partilha, já que não se alterará a propriedade dos bens partilhados. 3. Se impossível se tornar o usufruto da esposa sobreviva pela alienação dos bens inventariados, deverá ela ser indenizada. 4. Agravo regimental a que se nega provimento. (AgRg no REsp 472.465/SP, Rel. Ministro Vasco Della Giustina, Terceira Turma, julgado em 08/06/2010, DJe 24/06/2010).

224.2. O único bem imóvel residencial do devedor é penhorável, desde que esteja desocupado.

COMENTÁRIOS

A assertiva está correta, haja vista os entendimentos do STJ acerca da matéria, vejamos: Embora o STJ em sua Súmula 486 diga expressamente que "É impenhorável o único imóvel residencial do devedor que esteja locado a terceiros, desde que a renda obtida com a locação seja revertida para a subsistência ou a moradia da sua família.", torna-se imperioso destacar que somente o imóvel locado é absolutamente impenhorável, o que significa dizer que o imóvel desocupado (não morando o devedor e família e tampouco estando alugado) poderá ser penhorado, mesmo que sendo o único imóvel do devedor, de acordo com o julgado que segue: "Processo civil. Agravo no recurso especial. Impenhorabilidade do bem de família. Imóvel desocupado. – A jurisprudência do STJ firmou-se no sentido de que o fato de a entidade familiar não utilizar o único imóvel como residência não o descaracteriza automaticamente, sendo suficiente à proteção legal que seja utilizado em proveito da família, como a locação para garantir a subsistência da entidade familiar. – Neste processo, todavia, o único imóvel do devedor encontra-se desocupado e, portanto, não há como conceder a esse a proteção legal da impenhorabilidade do bem de família, nos termos do art. 1º da Lei 8.009/90, pois não se destina a garantir a moradia familiar ou a subsistência da família. Precedentes. – Agravo no recurso especial não provido. (AgRg no REsp 1232070/SC, Rel. Ministra Nancy Andrighi, Terceira Turma, julgado em 09/10/2012, DJe 15/10/2012).

225. (Cespe – Juiz de Direito Substituto – RN/2013) Patrick, casado com Malva, faleceu em razão de acidente automobilístico em que viajava toda a família, deixando as filhas Pietra, de quarenta e cinco anos de idade, e Marcela, de quarenta anos de idade, frutos de seu casamento. Deixou, ainda, os netos Henrique, de vinte e um anos de idade, interditado por decisão judicial, e Alex, de dezoito anos de idade, ambos da prole da filha Manuela, pré-morta.

Considerando essa situação hipotética e o direito das sucessões, assinale a opção correta.

a) Após conclusão da perícia para apuração das causas do acidente que vitimou Patrick, será excluído da sucessão, por sentença declaratória de indignidade, o herdeiro que seja condenado como autor, co-autor ou partícipe de homicídio doloso ou culposo praticado contra Patrick.

b) Se Malva for casada no regime da comunhão parcial de bens, somente concorrerá com os filhos e netos de Patrick se não houver bens particulares do falecido.

c) Os netos de Patrick, da prole da filha pré-morta, concorrerão em igualdade de condições com os demais herdeiros necessários, cabendo a cada um deles o mesmo quinhão que caberá aos filhos de Patrick.

d) Sendo todos os herdeiros maiores de dezoito anos de idade, o inventário poderá processar-se na forma administrativa, perante o cartório extrajudicial.

e) Qualquer que seja o regime de bens do casamento, a Malva, cônjuge sobrevivente, é assegurado o direito real de habitação relativo ao imóvel destinado à residência da família, desde que seja o único daquela natureza a inventariar.

COMENTÁRIOS

Alternativa correta: letra "e". A assertiva está correta, vez que corrobora com o disposto no art. 1.831 do Código Civil. Vale ressaltar, que o direito real de habitação ali garantido não prejudica a participação de Malva naquilo que lhe caiba a título de herança

Alternativa "a": A assertiva está equivocada, vez que a exclusão se daria apenas em caso de homicídio doloso consumado ou tentado (art. 1.814, inciso I do Código Civil). No caso em tela, Patrick faleceu em decorrência de acidente automobilístico, não havendo que se atribuir culpa a nenhum de seus herdeiros.

Alternativa "b": A assertiva está incorreta, vez que contraria ao disposto no art. 1.829, inciso I do Código Civil. No julgamento do REsp 1.117.563-SP, de relatoria da Min. Nancy Andrighi, julgado em 06/04/2010, o STJ firmou entendimento no sentido de que o cônjuge sobrevivente concorre com os descendentes no que se refere aos bens comuns, sendo os bens particulares partilhados apenas entre os descendentes.

Alternativa "c": A assertiva está errada, pois no caso concreto haveria a representação, prevista no art. 1.851 do Código Civil, que se dá quando a lei chama certos parentes do falecido a suceder em todos os direitos em que ele sucederia, se fosse vivo. Segundo a regra estabelecido no art. 1.855 do mesmo diploma legal, que determina que o quinhão do representado (Manoela) será repartido por igual entre os representantes (Henrique e Alex), cada um deles receberá valor correspondente a metade do quinhão que caberá a Pietra e Marcela.

Alternativa "d": A assertiva está incorreta, pois apesar de todos os herdeiros serem maiores de 18 anos de idade, Henrique foi interditado por decisão judicial, sendo, dessa maneira, incapaz. O art. 2.016 do Código Civil determina que a partilha deverá ser judicial caso um dos herdeiros seja incapaz.

---

226. (Cespe - Defensor Público - SE/ 2012) No que se refere ao direito sucessório, assinale a opção correta.

a) Os bens doados em vida pelo autor da herança aos seus descendentes não podem ser considerados para efeito de sucessão, devendo ser considerados, na partilha, tão somente os bens existentes à época da abertura do processo sucessório.

b) Aberto processo sucessório e transferidos os bens para os herdeiros legítimos ou legatários, estes não poderão ser demandados em juízo para o cumprimento de obrigação assumida, em vida, pelo autor da herança; todavia, antes da partilha, admite-se que o credor demande em face do espólio.

c) O herdeiro legítimo que houver sido autor, coautor ou partícipe de tentativa de homicídio doloso contra o autor da herança será excluído da sucessão. Todavia, aquele que tenha incorrido em atos que determinem a exclusão da herança na forma anteriormente indicada será admitido a suceder, desde que o ofendido o tenha expressamente reabilitado em testamento, ou em outro ato autêntico. Não havendo reabilitação expressa, o indigno, contemplado em testamento do ofendido, quando o testador, ao testar, já conhecia a causa da indignidade, pode suceder no limite da disposição testamentária.

d) A sucessão por ato causa mortis ocorre por disposição de lei ou de última vontade, e, aberta a sucessão, o monte hereditário é, desde logo, transmitido aos herdeiros legítimos e testamentários; todavia, para a transmissão dos bens objeto da herança, deve-se considerar o estado civil do autor da herança, pois, se tiver sido este casado em regime de comunhão de bens, o cônjuge supérstite herdará 50% da herança, e os outros 50% serão herdados pelos descendentes.

e) O herdeiro que, por qualquer motivo, seja excluído da herança pode, a qualquer momento, demandar o reconhecimento de seu direito sucessório para obter a restituição da herança ou de parte dela. Atualmente, a chamada petição de herança é admitida tanto pela via judicial quanto pela extrajudicial, desde que não haja interesse de incapaz.

COMENTÁRIOS

Alternativa correta: letra "c": Trata-se de reprodução dos arts. 1.814, I, e 1.818, § único do Código Civil.

Alternativa "a": Errada, haja vista que os descendentes são obrigados para igualar a legítima conferir o valor das doações que recebeu, nos termos do art. 2.002, § único, do Código Civil.

Tal obrigação é decorrente do princípio da intangibilidade.

Alternativa "b": Errada, haja vista que a herança responde pelo pagamento das dívidas do falecido e, após a partilha, só respondem os herdeiros nos limites da herança que lhes coube, nos termos do art. 1.997 do Código Civil.

Alternativa "d": Errada, pois contrária o disposto nos arts. 1.829 e 1.832 do Código Civil.

Alternativa "e": Errada, já que só é possível ingressar com ação de petição de herança na esfera judicial. Outrossim, só é imprescritível a ação de investigação de paternidade, não sendo possível a interposição de petição de herança a qualquer momento. Súmula 149, STF: "É imprescritível a ação de investigação de paternidade, mas não o é a de petição de herança."

---

227. (Cespe - Juiz de Direito Substituto - BA/ 2012) Acerca do direito das sucessões, assinale a opção correta.

a) É vedada a retratação da renúncia à herança, ainda que essa retratação não prejudique os credores.

b) Lei nova, se mais benéfica aos herdeiros, pode disciplinar sucessão aberta na vigência de lei anterior.

c) Falecido o herdeiro testamentário antes da morte do testador, seus descendentes, se houver, o sucederão.

d) Estando mortos todos os filhos do de cujus, os netos sucederão no direito à herança, de acordo com as quotas destinadas aos seus respectivos pais.

e) Testamento feito por deficiente mental se valida com a superveniência da capacidade.

COMENTÁRIOS

Alternativa correta: letra "a". Correta, pois mesmo que não acarrete prejuízo aos credores, os atos de aceitação ou renúncia à herança são irrevogáveis, nos termos do art. 1.812 do Código Civil.

Alternativa "b": Errada, pois a lei é a do tempo da abertura da sucessão conforme previsto no art. 1.787 do Código Civil.

Alternativa "c": Errada, pois não há sucessão de herdeiros testamentários. O legado é *intuitu personae*. Falecendo o legatário antes do testador, caducará o legado, de acordo com o disposto no art. 1.939, V, do Código Civil.

Alternativa "d": Errada, pois os netos herdarão por cabeça e não por estirpe, nos termos do art. 1.843, § 1º do Código Civil.

Alternativa "e": Errada, pois em desacordo com o previsto no art. 1.861 do Código Civil. Ressalte-se que se o testamento for feito por deficiente mental, não se convalidará com a superveniência da capacidade.

---

228. (Cespe – Juiz de Direito Substituto – CE/ 2012) Suponha que uma pessoa tenha falecido e deixado testamento válido no qual tenha disposto a propriedade da casa onde residia a sua caseira, ficando o restante dos seus bens aos herdeiros necessários. Nessa situação,

a) tendo sido a casa alienada a terceiros, considera-se revigorado o legado se for obtida a anulação do negócio por ocorrência de simulação.

b) ao contrário do que ocorre com os herdeiros necessários, a caseira somente adquirirá a propriedade após o encerramento da partilha.

c) a posse direta do imóvel será conferida à caseira por consentimento dos demais herdeiros, não lhe sendo lícito obtê-la por sua própria autoridade.

d) o imóvel, por ser bem individualizado e em razão de os legatários não concorrerem para o resgate de débitos, deverá ser entregue à caseira desde logo.

e) se for verificado que, após o testamento, a casa foi demolida e reconstruída com algumas transformações, estará configurada a caducidade do legado.

COMENTÁRIOS

Alternativa correta: letra "c": Correta, pois de acordo com o art. 1.923, § 1º do Código Civil. A caseira tem que pedir aos herdeiros para que possa ter a posse da coisa legada, haja vista que com a abertura da sucessão ela passa ter o domínio mas não a posse.

Alternativa "a": Errada, vez que a alienação no todo ou em parte da coisa legada pelo testador, caduca o legado nos termos do art. 1.939, II, do Código Civil.

Alternativa "b": Errada, vez que desde a abertura da sucessão, pertence ao legatário a coisa certa, salvo se o legado estiver sob condição suspensiva, nos termos do art. 1.923 do Código Civil.

Alternativa "d": Errada, haja vista que embora o legatário tenha o domínio da coisa certa desde a abertura da sucessão, ele não tem a posse, devendo exercer o seu direito de pedir a um dos herdeiros ou a todos, caso o testador não tenha especificado, de acordo com o previsto no art. 1.923, § 1º, do Código Civil.

Alternativa "e": Errada, haja vista que para caducidade do legado há necessidade de modificação da coisa a ponto de não mais lhe caber a denominação que possuía, de acordo com o previsto no art. 1.939, I, do Código Civil, o que não é o caso, pois aqui houveram algumas modificações apenas.

---

229. (Cespe – Promotor de Justiça – PI/2012) Com referência a partilha, ordem de vocação hereditária e demais regras de sucessão, assinale a opção correta.

a) A aptidão para ser sucessor regula-se pela lei vigente ao tempo da abertura da sucessão.

b) É ilícita a deixa ao filho do concubino, quando também o for do testador.

c) Por força do princípio de saisine, a herança se transfere imediatamente aos herdeiros. Assim, mesmo antes da partilha, cada herdeiro já tem sua fração precisa e delimitada.

d) No direito brasileiro, não há o chamado benefício de inventário.

e) É vedada a sucessão testamentária em favor do concepturo.

COMENTÁRIOS

Alternativa correta: letra "a". A afirmativa está correta, pois de encontro com o previsto no art. 1.787 do Código Civil. O dispositivo tem como finalidade preservar o direito adquirido pelos herdeiros em razão da morte do autor da herança. Ressalte-se que é no momento da abertura da sucessão que se verificará a capacidade para suceder e adquirir a herança de acordo com a lei que está em vigência.

Alternativa "b": Errada. É lícita e não ilícita a deixa ao filho do concubino, nos termos do art. 1.803 do Código Civil.

Alternativa "c": Errada, vez que aberta a sucessão, a herança transmite-se, desde logo, aos herdeiros legítimos e testamentários (princípio da saisine), nos termos do art. 1.784 do Código Civil. No entanto, não é prudente falar em delimitação da herança, sem antes passar pelo processo de inventário, haja vista que a transmissão da herança em razão da morte gera uma situação de indivisão entre os herdeiros, até a partilha final, havendo entre eles um condomínio necessário nos termos dos arts. 1.791 a 1.797 do Código Civil.

Alternativa "d": Errada. O benefício de inventário é favor concedido pela lei ao herdeiro, de não ser obrigado a pagar as dívidas do falecido senão na proporção dos bens herdados e nos limites desta, segundo o inventário. Encontra previsão no art. 276 do Código Civil.

Alternativa "e": Errada, vez que é permitida pelo Código Civil em seu art. 1.799 a sucessão testamentária em favor do concepturo. Cumpre esclarecer que o concepturo é aquele que ainda não foi nem concebido mas que poderá vir a suceder.

---

230. (Cespe – Defensor Público – MA/ 2011) De acordo com o direito das sucessões,

a) o indivíduo com mais de dezesseis anos de idade pode dispor de seus bens por ato de última vontade, desde que judicialmente autorizado, uma vez que não possui capacidade testamentária plena.

b) o testamento cerrado terá de ser aberto pelo tabelião, na presença de, pelo menos, três testemunhas.

c) a partilha, uma vez julgada, só será anulável pelos vícios e defeitos que invalidem, em geral, os negócios jurídicos e desde que observado o prazo decadencial de quatro anos.

d) o cônjuge sobrevivente está em segundo lugar na ordem de vocação hereditária; e, se forem cinco os filhos comuns do casal, caberá a ele, ascendente dos herdeiros, uma quarta parte da herança, sendo o restante dividido em partes iguais pelos filhos.

e) os descendentes do herdeiro excluído por indignidade sucedem por estirpe, como se ele estivesse morto antes da abertura da sucessão.

COMENTÁRIOS

Alternativa correta: letra "e": A assertiva está correta pois de acordo com o previsto no art. 1.816, § único do Código Civil.

Alternativa "a": Errada, haja vista que o maior de 16 anos tem capacidade plena para testar, embora relativamente incapaz para os atos da vida civil, não necessitando de autorização judicial e tampouco da assistência de seu representante legal nos termos do art. 1.860, § único, do Código Civil.

Alternativa "b": Errada, vez que falecido o testador, o testamento cerrado deverá ser apresentado ao juiz que o abrirá e o fará registrar, de acordo com o contido no art. 1.875 do Código Civil.

Alternativa "c": Errada. O prazo é de apenas 01 (um) ano, nos termos do art. 2.027, § único do Código Civil.

Alternativa "d": Errada, vez que o cônjuge concorre com os descendentes, nos termos do art. 1.829, I, do Código Civil. Outrossim, em concorrência com os descendentes (art. 1.829, inciso I) caberá ao cônjuge quinhão igual ao dos que sucederem por cabeça, não podendo a sua quota ser inferior à quarta parte da herança, se for ascendente dos herdeiros com que concorrer (art. 1.832, do mesmo estatuto legal).

14. DA RESPONSABILIDADE CIVIL

---

231. (Cespe – Delegado de Polícia – PE/2016) João, menor impúbere, de sete anos de idade, jogou voluntariamente um carrinho de brinquedo do alto do 14.º andar do prédio onde mora com a mãe Joana. Ao cair, o carrinho danificou o veículo de Arthur, que estava estacionado em local apropriado.

Tendo como referência essa situação hipotética, assinale a opção correta, considerando as disposições vigentes a respeito de responsabilidade civil no Código Civil.

a) O dever de reparar o dano provocado por João não alcança Joana, já que não há como provar sua culpa em relação à atitude do filho.

b) Embora a responsabilidade de Joana seja objetiva, seu patrimônio somente será atingido se João não tiver patrimônio próprio ou se este for insuficiente para reparar o prejuízo causado a Arthur.

c) Caso seja provada a culpa de João, a mãe, Joana, responderá objetivamente pelos danos causados pelo filho.

d) A responsabilidade civil de João é objetiva.

e) A mãe de João tem responsabilidade subjetiva em relação ao dano causado no veículo de Arthur.

COMENTÁRIOS

Alternativa correta: letra "c". Responde às demais alternativas. A resposta à questão exige uma interpretação sistemática das regras referentes à responsabilidade civil dos pais quanto aos atos dos filhos.

Primeiro, têm-se que a responsabilidade subsidiária de João, que de acordo com o art. 928 do Código Civil, só responderia pelos prejuízos causados se Joana não dispusesse de meios suficientes para fazê-lo. Como o enunciado da questão não traz esta informação (falta de condições da mãe), ela responde pelos prejuízos causados por João.

Da análise dos artigos 932, inciso I e 933 do Código Civil, extrai-se a conclusão de que Joana responde pela reparação civil decorrente dos atos praticados por João, *ainda que não haja culpa de sua parte* (responsabilidade objetiva).

Porém, para que joana seja responsabilizada, de forma objetiva, pelo prejuízo causado por João, necessária se faz a demonstração de culpa deste, vez que a responsabilidade do menor é subjetiva. Nesse sentido, foi aprovado o Enunciado nº 590 da VII Jornada de Direito Civil: "a responsabilidade civil dos pais pelos atos dos filhos menores, prevista no art. 932, inciso I, do Código Civil, não obstante objetiva, pressupõe a demonstração de que a conduta imputada ao menor, caso o fosse a um agente imputável, seria hábil para sua reprovação". É o que a doutrina denomina de *responsabilidade objetiva indireta ou impura*

---

232. (Cespe – Analista de Controle – Área Jurídica – TCE – PR/2016) Com relação à responsabilidade civil à luz do Código Civil, assinale a opção correta.

a) Por filiar-se à teoria do risco, o Código Civil estabelece como regra a responsabilidade objetiva, a qual prescinde da demonstração da culpa.

b) Os pais exonerar-se-ão da obrigação de reparar dano causado pelo filho se provarem não ter havido negligência da parte deles.

c) A escola terá direito de regresso contra o aluno, caso seja obrigada a indenizar prejuízo por ele causado a terceiros.

d) Provado o vínculo de subordinação, o empregador responderá pelos danos causados pelo empregado a terceiros, por culpa in eligendo.

e) Para que se possa exigir a restituição de pessoa que recebeu gratuitamente o produto de um crime para o qual não tenha concorrido, deve-se comprovar eventual vantagem econômica auferida.

COMENTÁRIOS

Alternativa correta: letra "c". A assertiva está correta, pois de acordo com o que preceitua o artigo 934 do Código Civil. Vale lembrar que referido artigo traz como exceção a hipótese de o causador do dano ser descendente do quem arcou com o prejuízo, absoluta ou relativamente incapaz.

Alternativa "a":A assertiva está equivocada. De acordo com a melhor doutrina, o Código Civil adota como regra a *Teoria da Responsabilidade Subjetiva*, tendo em vista o fato de que seu artigo 186, ao conceituar ato ilícito, leva em consideração a vontade do agente, abrangendo tanto o dolo quanto a culpa.

Alternativa "b": A assertiva está errada. Da leitura dos artigos dos artigos 932, inciso I e 933 do Código Civil, extrai-se a conclusão de que a responsabilidade dos pais quanto aos atos dos filhos é objetiva.

***Atenção** – Enunciado nº 590 da VII Jornada de Direito Civil: "a responsabilidade civil dos pais pelos atos dos filhos menores, prevista no art. 932, inciso I, do Código Civil, não obstante objetiva, pressupõe a demonstração de que a conduta imputada ao menor, caso o fosse a um agente imputável, seria hábil para sua reprovação". É o que a doutrina denomina de *responsabilidade objetiva indireta ou impura*

Alternativa "d": A assertiva está incorreta, pois o empregador responderá pelos danos causados pelo empregado a terceiros em razão de a lei determinar sua responsabilidade objetiva neste caso (artigos 932, inciso III e 933 do Código Civil), não em razão de culpa *in eligendo.*

Alternativa "e": A assertiva está incorreta, pois a responsabilidade será objetiva (artigos 932, inciso V e 933 do Código Civil), até o valor da vantagem auferida.

---

233. (Cespe – Defensor Público – RN/2015) A respeito dos atos ilícitos e da responsabilidade civil, assinale a opção correta segundo a jurisprudência do STJ.

a) O acordo extrajudicial firmado pelos pais em nome de filho menor, para fins de recebimento de indenização por ato ilícito, dispensa a intervenção do MP.

b) Para a aplicação da teoria da perda de uma chance, não se exige a comprovação da existência do dano final, mas a prova da certeza da chance perdida, que é o objeto de reparação.

c) Na hipótese de indenização por dano moral decorrente da prática de ato ilícito, os juros moratórios devem fluir a partir da data do ajuizamento da ação respectiva.

d) Segundo dispõe o Código Civil, caso repare o dano que seu filho relativamente incapaz causar a terceiro, o pai poderá reaver do filho o que pagar a título de indenização.

e) De acordo com o entendimento do STJ, se determinado preposto, valendo-se de circunstâncias proporcionadas pelo seu labor, praticar ato culposo fora do exercício do trabalho que lhe for confiado, causando prejuízo a terceiro, não será possível a responsabilização do empregador.

Alternativa correta: Letra "b": A assertiva está correta pois encontra-se de acordo com o entendimento firmado por nossos tribunais, vejamos:

> *RECURSO ESPECIAL. RESPONSABILIDADE CIVIL. PERDA DE UMA CHANCE. DESCUMPRIMENTO DE CONTRATO DE COLETA DE CÉLULAS-TRONCO EMBRIONÁRIAS DO CORDÃO UMBILICAL DO RECÉM NASCIDO. NÃO COMPARECIMENTO AO HOSPITAL. LEGITIMIDADE DA CRIANÇA PREJUDICADA. DANO EXTRAPATRIMONIAL CARACTERIZADO.*
>
> *1. Demanda indenizatória movida contra empresa especializada em coleta e armazenagem de células*

tronco embrionárias, em face da falha na prestação de serviço caracterizada pela ausência de prepostos no momento do parto.

2. Legitimidade do recém-nascido, pois "as crianças, mesmo da mais tenra idade, fazem jus à proteção irrestrita dos direitos da personalidade, entre os quais se inclui o direito à integralidade mental, assegurada a indenização pelo dano moral decorrente de sua violação" (REsp. 1.037.759/RJ, Rel. Min. Nancy Andrighi, TERCEIRA TURMA, julgado em 23/02/2010, DJe 05/03/2010).

3. A teoria da perda de uma chance aplica-se quando o evento danoso acarreta para alguém a frustração da chance de obter um proveito determinado ou de evitar uma perda.

4. Não se exige a comprovação da existência do dano final, bastando prova da certeza da chance perdida, pois esta é o objeto de reparação.

5. Caracterização de dano extrapatrimonial para criança que tem frustrada a chance de ter suas células embrionárias colhidas e armazenadas para, se for preciso, no futuro, fazer uso em tratamento de saúde.

6. Arbitramento de indenização pelo dano extrapatrimonial sofrido pela criança prejudicada.

7. Doutrina e jurisprudência acerca do tema.

8. RECURSO ESPECIAL PROVIDO.

(REsp 1291247/RJ, Rel. Ministro PAULO DE TARSO SANSEVERINO, TERCEIRA TURMA, julgado em 19/08/2014, DJe 01/10/2014).

Alternativa "a": Incorreta, pois o entendimento dos nossos tribunais tem sido na indispensabilidade de autorização judicial e de intervenção do Ministério Público quando firmado acordo extrajudicial em nome de menores.

São indispensáveis a autorização judicial e a intervenção do Ministério Público em acordo extrajudicial firmado pelos pais dos menores, em nome deles, para fins de receber indenização por ato ilícito (EREsp n. 292.974-SP, Rel. Min. SÁLVIO DE FIGUEIREDO TEIXEIRA, Segunda Seção, DJ 15/9/2003).

Alternativa "c": Incorreta, pois em desacordo ao quanto previsto na Súmula 54 do STJ:

SÚMULA 54: Os juros moratórios fluem a partir do evento danoso, em caso de responsabilidade extracontratual.

Alternativa "d": Incorreta, pois contraria o entendimento do STJ acerca do assunto.

5. A norma do art. 942 do Código Civil deve ser interpretada em conjunto com aquela dos arts. 928 e 934, que tratam, respectivamente, (i) da responsabilidade subsidiária e mitigada do incapaz e (ii) da inexistência de direito de regresso em face do descendente absoluta ou relativamente incapaz. (REsp 1319626/MG, Rel. Ministra NANCY ANDRIGHI, TERCEIRA TURMA, julgado em 26/02/2013, DJe 05/03/2013).

Alternativa "e": Incorreta pois em desacordo ao entendimento atual dos nossos tribunais acerca do assunto, vejamos:

"O empregador responde pelos atos culposos de seus prepostos, ainda que o ato tenha ocorrido sem sua permissão ou não estando o empregado efetivamente no exercício do labor que lhe foi confiado, mas valendo-se das circunstâncias propiciadas pelo trabalho." (AgRg no AREsp 139.980/PR, Rel. Ministro RAUL ARAÚJO, QUARTA TURMA, julgado em 26/05/2015, DJe 24/06/2015).

---

234. (Cespe – TCU – Procurador do Ministério Público – 2015) Com relação à responsabilidade civil, aos títulos de crédito e aos privilégios creditórios, assinale a opção correta.

a) Caso o título de crédito esteja em circulação, tanto ele quanto os direitos e as mercadorias que ele representa podem ser dados, separadamente, em garantia.

b) Não produz efeitos jurídicos válidos a aquisição de título à ordem por meio diverso do endosso.

c) De acordo com o Código Civil, o privilégio especial compreende os bens sujeitos, por disposição de lei ou por vontade das partes interessadas, ao pagamento do crédito que o privilégio especial favorece.

d) Segundo a jurisprudência, o protesto indevido de título de crédito gera, por si só, o dever de indenizar, hipótese em que o dano moral se configura in re ipsa, prescindindo de prova.

e) O furto de veículo sofrido por cliente em estacionamento oferecido por estabelecimento comercial caracteriza caso fortuito, que afasta o dever de indenizar.

COMENTÁRIOS

Alternativa correta: Letra "d": Trata-se do chamado dano moral in re ipsa, ou seja, não há necessidade de prova do dano causado por parte do sujeito que sofreu o protesto indevido. Nesse sentido:

Civil e processual civil. Recurso especial. Omissão. Inexistência. Danos morais. Não renovação do cheque especial. Ausência de prova. Protesto indevido. Negativação. Pessoa jurídica. Dano in re ipsa. Presunção. Desnecessidade de prova. Quantum indenizatório. Exagero. Afastamento de um dos motivos de sua fixação. Redução.

[...] Nos casos de protesto indevido de título ou inscrição irregular em cadastros de inadimplentes, o dano moral se configura in re ipsa, isto é, prescinde

de prova, ainda que a prejudicada seja pessoa jurídica. Precedentes;"

(REsp 1059663/MS, Rel. Ministra NANCY ANDRIGHI, TERCEIRA TURMA, julgado em 02/12/2008, DJe 17/12/2008)

Alternativa " a": Incorreta, pois em desacordo ao disposto no art. 895 do Código Civil, que assim dispõe:

Art. 895 – "Enquanto o título de crédito estiver em circulação, só ele poderá ser dado em garantia, ou ser objeto de medidas judiciais, e não, separadamente, os direitos ou mercadorias que representa."

Alternativa " b": Incorreta, pois contraria o previsto no art. 919 do Código Civil que assim dispõe:

Art. 919 – "A aquisição de título à ordem, por meio diverso do endosso, tem efeito de cessão civil."

Alternativa " c": Incorreta, pois de acordo com o previsto no art. 963 do Código Civil, o privilégio especial só compreende os bens sujeitos, por expressa disposição de lei, ao pagamento do crédito que ele favorece; e o geral, todos os bens não sujeitos a crédito real nem a privilégio especial.

Alternativa " e": Incorreta, pois contraria Súmula 130 do STJ que assim dispõe:

Súmula 130 do STJ: "A empresa responde, perante o cliente, pela reparação de dano ou furto de veículo ocorrido em seu estacionamento"

---

235. (Cespe – Juiz de Direito Substituto – DFT/2014) De acordo com o disposto no Código Civil e com o entendimento jurisprudencial predominante no STJ, assinale a opção correta.

a) A decisão que reconhece a aquisição da propriedade de bem imóvel por usucapião não desconstitui hipoteca judicial que tenha gravado anteriormente o referido bem, onerando o novo proprietário.

b) Na hipótese de desconsideração da personalidade jurídica de sociedade limitada modesta, com apenas dois sócios detentores, cada um deles, de 50% do capital social, não é possível responsabilizar pelas dívidas dessa sociedade o sócio que, de acordo com o contrato social, não exerça funções de gerência ou administração.

c) Empresa jornalística tem o dever de indenizar caso divulgue fatos investigativos que envolvam pessoa física que seja posteriormente absolvida judicialmente.

d) A responsabilidade da imprensa pelas informações por ela veiculadas é de caráter subjetivo, não se cogitando a aplicação da teoria do risco ou a responsabilidade objetiva.

e) A alteração de regimento interno de condomínio edilício depende de votação com observância do quórum mínimo de dois terços dos condôminos, nos termos do disposto no Código Civil.

COMENTÁRIOS

Alternativa correta: letra "d": A assertiva está correta, haja vista que em consonância com o Informativo nº 524 do STJ, o que pedimos vênia para transcrevê-lo: "Direito civil. Responsabilidade civil por veiculação de matéria jornalística. A entidade responsável por prestar serviços de comunicação não tem o dever de indenizar pessoa física em razão da publicação de matéria de interesse público em jornal de grande circulação a qual tenha apontado a existência de investigações pendentes sobre ilícito supostamente cometido pela referida pessoa, ainda que posteriormente tenha ocorrido absolvição quanto às acusações, na hipótese em que a entidade busque fontes fidedignas, ouça as diversas partes interessadas e afaste quaisquer dúvidas sérias quanto à veracidade do que divulga. De fato, a hipótese descrita apresenta um conflito de direitos constitucionalmente assegurados: os direitos à liberdade de pensamento e à sua livre manifestação (art. 5º, IV e IX), ao acesso à informação (art. 5º, XIV) e à honra (art. 5º, X). Cabe ao aplicador da lei, portanto, exercer função harmonizadora, buscando um ponto de equilíbrio no qual os direitos conflitantes possam conviver. Nesse contexto, o direito à liberdade de informação deve observar o dever de veracidade, bem como o interesse público dos fatos divulgados. Em outras palavras, pode-se dizer que a honra da pessoa não é atingida quando são divulgadas informações verdadeiras e fidedignas a seu respeito e que, outrossim, são de interesse público. Quanto à veracidade do que noticiado pela imprensa, vale ressaltar que a diligência que se deve exigir na verificação da informação antes de divulgá-la não pode chegar ao ponto de as notícias não poderem ser veiculadas até se ter certeza plena e absoluta de sua veracidade. O processo de divulgação de informações satisfaz o verdadeiro interesse público, devendo ser célere e eficaz, razão pela qual não se coaduna com rigorismos próprios de um procedimento judicial, no qual deve haver cognição plena e exauriente dos fatos analisados. Além disso, deve-se observar que a responsabilidade da imprensa pelas informações por ela veiculadas é de caráter subjetivo, não se cogitando da aplicação da teoria do risco ou da responsabilidade objetiva. Assim, para a responsabilização da imprensa pelos fatos por ela reportados, não basta a divulgação de informação falsa, exige-se prova de que o agente divulgador conhecia ou poderia conhecer a falsidade da informação propalada, o que configuraria abuso do direito de informação." (REsp 1.297.567-RJ, Rel. Min. Nancy Andrighi, julgado em 28/5/2013.)

Alternativa "a": Errada, pois de acordo com o Informativo nº 527 do STJ, a decisão que reconhece a aquisição da propriedade de bem imóvel por usucapião prevalece sobre a hipoteca judicial que anteriormente tenha gravado o referido bem.

Alternativa "b": Errada, pois em desacordo com o previsto no art. 50 do Código Civil. A lei é clara ao dizer que atingirá os bens particulares dos administradores ou sócios, razão pela qual o sócio que não exerça cargo de gerência ou administração, também terá os se bens particulares atingidos em caso de desconsideração da personalidade jurídica.

Alternativa "c": Errada. Os Tribunais tem entendido que não cabe indenização caso a pessoa tenha sido absolvida na ação penal instaurada, haja vista que a empresa jornalística se limitou a divulgar os fatos que estavam sendo apurados, sem qualquer juízo de valor. (TJ-DF – AC 457066620028070001 DF 0045706-66.2002.807.0001 Data de publicação: 02/09/2004)

Alternativa "e": Errada, pois para alteração do Regimento Interno é necessário maioria simples.

---

236. (Cespe – Juiz de Direito Substituto – DFT/2014) Considerando o entendimento jurisprudencial predominante no STJ, assinale a opção correta no que se refere a responsabilidade civil e alimentos.

a) A fixação dos alimentos definitivos em valor superior ao dos provisórios não autoriza a cobrança retroativa da diferença verificada entre eles.

b) Se os alimentos definitivos forem fixados em valor inferior ao dos provisórios, o alimentante poderá cobrar do alimentado o que tenha sido pago a maior.

c) A cláusula penal moratória compensa o inadimplemento, o que impede a responsabilização civil do promitente vendedor pelo valor referente aos lucros cessantes.

d) A responsabilidade civil pré-negocial, ou seja, a que se verifica na fase preliminar do contrato, não é regulada pelo Código Civil ora vigente.

e) O promitente comprador, no caso de atraso na entrega do imóvel adquirido, tem direito de exigir, além do cumprimento da obrigação e do pagamento do valor da cláusula penal moratória prevista no contrato, a indenização correspondente aos lucros cessantes pela não fruição do imóvel durante o período da mora.

COMENTÁRIOS

Alternativa correta: letra "e": Correta, de acordo com entendimento jurisprudencial predominante do STJ. "O promitente comprador, no caso de atraso na entrega do imóvel adquirido, tem direito a exigir, além do cumprimento da obrigação e do pagamento do valor da cláusula penal moratória prevista no contrato, a indenização correspondente aos lucros cessantes pela não fruição do imóvel durante o período da mora. Enquanto a cláusula penal compensatória funciona como pré-fixação das perdas e danos, a cláusula penal moratória, cominação contratual de uma multa para o caso de mora, serve apenas como punição pelo retardamento no cumprimento da obrigação. A cláusula penal moratória, portanto, não compensa o inadimplemento, nem substitui o adimplemento, não interferindo na responsabilidade civil correlata, que é decorrência natural da prática de ato lesivo ao interesse ou direito de outrem. Assim, não há óbice a que se exija a cláusula penal moratória juntamente com o valor referente aos lucros cessantes.(REsp 1.355.554-RJ, Rel. Min. Sidnei Beneti, julgado em 6/12/2012).

Alternativa "a" (responde a alternativa "b"): Ambas estão incorretas, haja vista o entendimento recente do STJ acerca da matéria, o qual pedimos vênia para reproduzir a ementa do julgado. "Direito civil. Alimentos. Ação de alimentos. Alimentos provisórios e definitivos. Efeito retroativo da sentença que promove a majoração do valor. 1. – Na linha dos precedentes desta Corte, os alimentos definitivos, quando fixados em valor inferior ao dos provisórios, não geram para o alimentante o direito de pleitear o que foi pago a maior, tendo em vista irrepetibilidade própria da verba alimentar. 2. – Todavia, quando fixados definitivamente em valor superior ao dos provisórios, terão efeito retroativo (Lei 5.478/68, art. 13, § 2º), facultando-se ao credor pleitear a diferença. 3. – Recurso Especial provido para assegurar a retroatividade do valor maior, fixado pela sentença. " STJ – Relator: Ministro Sidnei Beneti, Data de Julgamento: 07/03/2013, T3 – Terceira Turma.

Alternativa "d": Errada, pois em desacordo com o quanto previsto no art. 465 do Código Civil. O contratante credor poderá rescindir o contrato e requerer perdas e danos em virtude do inadimplemento do estipulante que não deu execução ao contrato preliminar.

---

237. (Cespe – Juiz de Direito Substituto – DFT/2014) De acordo com o entendimento do STJ sobre a responsabilidade civil e com o disposto na Lei de Registros Públicos relativamente ao registro civil de pessoas naturais, assinale a opção correta.

a) A regra geral, no direito brasileiro, é a da imutabilidade ou definitividade do nome civil, incluída a observância de determinada ordem quanto aos apelidos de família, vedando-se que a ordem no sobrenome dos filhos seja distinta daquela presente no sobrenome dos pais.

b) A doença preexistente não informada no momento da contratação do seguro exime a seguradora de honrar sua obrigação, ainda que o óbito decorra de causa diversa da doença omitida.

c) A perda de uma chance, caracterizada pela violação direta ao bem juridicamente protegido, qual seja, a chance concreta, real, com alto grau de probabilidade de gerar um benefício ou de evitar um prejuízo, consubstancia modalidade autônoma de indenização.

d) À hipótese de um paciente acometido de doença grave falecer em decorrência de erro médico não se aplica a teoria da responsabilidade civil decorrente da perda de uma chance, haja vista a ausência de nexo causal direto entre a conduta do médico e o dano, lesão gerada pela perda da vida, uma vez que o prejuízo causado terá como causa direta e imediata a própria doença do paciente, e não o erro médico.

e) A fixação de indenização decorrente da aplicação da teoria da perda de uma chance deve corresponder ao valor integral do dano final experimentado pela vítima.

COMENTÁRIOS

Alternativa correta: letra "c": Está correta, pois o dano por perda de uma chance faz parte dos chamados novos danos, dentre os quais encontram-se o dano social, o dano moral coletivo e o dano por perda de uma chance. Atualmente, os Tribunais têm aplicado o dano por perda de uma chance ao advogado que, negligentemente, perde prazo e prejudica o cliente.

Alternativa "a": Errada, pois o STJ já entendeu que mesmo que vigore o princípio da imutabilidade, a jurisprudência tem sido cada vez mais no sentido de uma interpretação mais ampla, permitindo em casos excepcionais uma flexibilidade da regra.

Alternativa "b": Errada, pois a doença preexiste mesmo que omitida no seguro de vida não é óbice para o pagamento da indenização, desde que não tenha sido a causa direta da morte do segurado.

Alternativa "d": Errada, haja vista o disposto no Informativo nº 513 do STJ, que assim dispõe: "Direito civil. Responsabilidade civil. Aplicabilidade da teoria da perda de uma chance para a apuração de responsabilidade civil ocasionada por erro médico. A teoria da perda de uma chance pode ser utilizada como critério para a apuração de responsabilidade civil ocasionada por erro médico na hipótese em que o erro tenha reduzido possibilidades concretas e reais de cura de paciente que venha a falecer em razão da doença tratada de maneira inadequada pelo médico. De início, pode-se argumentar ser impossível a aplicação da teoria da perda de uma chance na seara médica, tendo em vista a suposta ausência de nexo causal entre a conduta (o erro do médico) e o dano (lesão gerada pela perda da vida), uma vez que o prejuízo causado pelo óbito da paciente teve como causa direta e imediata a própria doença, e não o erro médico. Assim, alega-se que a referida teoria estaria em confronto claro com a regra insculpida no art. 403 do CC, que veda a indenização de danos indiretamente gerados pela conduta do réu. Deve-se notar, contudo, que a responsabilidade civil pela perda da chance não atua, nem mesmo na seara médica, no campo da mitigação do nexo causal. A perda da chance, em verdade, consubstancia uma modalidade autônoma de indenização, passível de ser invocada nas hipóteses em que não se puder apurar a responsabilidade direta do agente pelo dano final. Nessas situações, o agente não responde pelo resultado para o qual sua conduta pode ter contribuído, mas apenas pela chance de que ele privou a paciente. A chance em si – desde que seja concreta, real, com alto grau de probabilidade de obter um benefício ou de evitar um prejuízo – é considerada um bem autônomo e perfeitamente reparável. De tal modo, é direto o nexo causal entre a conduta (o erro médico) e o dano (lesão gerada pela perda de bem jurídico autônomo: a chance). Inexistindo, portanto, afronta à regra inserida no art. 403 do CC, mostra-se aplicável a teoria da perda de uma chance aos casos em que o erro médico tenha reduzido chances concretas e reais que poderiam ter sido postas à disposição da paciente. (REsp 1.254.141REsp 1.254.141-PR, Rel. Min. Nancy Andrighi, julgado em 4/12/2012).

Alternativa "e": Errada, pois também encontra-se em desacordo ao Informativo 513 do STJ: "Direito civil. Responsabilidade civil. Fixação do valor da indenização pela perda de uma chance. Não é possível a fixação da indenização pela perda de uma chance no valor integral correspondente ao dano final experimentado pela vítima, mesmo na hipótese em que a teoria da perda de uma chance tenha sido utilizada como critério para a apuração de responsabilidade civil ocasionada por erro médico. Isso porque o valor da indenização pela perda de uma chance somente poderá representar uma proporção do dano final experimentado pela vítima. REsp 1.254.141-PR, Rel. Min. Nancy Andrighi, julgado em 4/12/2012.

---

238. (Cespe – Cartório – TJ – DF/2014) Em relação à responsabilidade civil contratual e extracontratual, assinale a opção correta.

a) A decisão que julga extinta a punibilidade pela prescrição, decadência, perempção e pelo perdão aceito pelo ofendido elide a pretensão indenizatória no juízo cível.

b) Há presunção de responsabilidade civil pelo fato da coisa inanimada contra o titular do domínio ou possuidor, pelos danos que a coisa causar a terceiros, o que somente poderá eximir-se se demonstrados culpa exclusiva da vítima, caso fortuito ou força maior.

c) Em se tratando de evento danoso pelo fato da coisa, comprovada a existência de culpa concorrente de ambos, lesado e agente causador do dano, ou de culpa presumida do proprietário ou possuidor, haverá divisão de responsabilidade, mesmo que privado da guarda, por transferência da posse jurídica ou furto da coisa.

d) Tem responsabilidade subjetiva perante terceiros o tutor em relação ao ato ilícito praticado pelo tutelado que estiver sob sua autoridade e em sua companhia, fazendo-se necessária a comprovação de culpa in vigilando, ou negligência, por encerrar a tutela munus público.

e) O ato praticado em legítima defesa, estado de necessidade e no exercício regular de direito, reconhecido em sentença penal excludente de ilicitude, não exime o agente da responsabilidade civil de reparação do dano.

COMENTÁRIOS

Alternativa correta: letra "b": (responde a alternativa "c") O Código Civil nos seus arts. 936 e 937 trata da obrigatoriedade de indenização que resulta da responsabilidade pelo fato da coisa. A corrente majoritária entende que se trata de responsabilidade objetiva, razão pela qual somente não haverá responsabilidade quando a culpa for exclusiva da vítima, caso fortuito ou força maior.

Alternativa "a": Errada, haja vista que a responsabilidade civil independe da criminal, nos termos do art. 935 do Código Civil, razão pela qual, no caso da alternativa, poderá ser pleiteada indenização na esfera civil.

Alternativa "d": Errada, pois neste caso a responsabilidade é objetiva e não subjetiva, de acordo com o previsto nos arts. 932, II, e 933, ambos do Código Civil.

Alternativa "e": Errada, haja vista que a legitima defesa, o estado de necessidade e o exercício regular de direito são causas excludentes do dever de indenizar, não se configurando assim ilícitos civis. Outrossim, importante ressaltar que em se tratando de legitima defesa putativa ou de excesso na legitima defesa, no exercício regular de direito ou no estado de necessidade, poderá acarretar o dever de indenizar.

---

239. (Cespe – Procurador do MP junto ao TCE--PB/2014) Considerando as disposições do atual Código Civil acerca do enriquecimento sem causa e da responsabilidade civil, assinale a opção correta.

a) O Código Civil brasileiro atual trouxe significativa inovação no campo da responsabilidade civil ao promover a prevalência da teoria do risco em relação à teoria da culpa anteriormente vigente.

b) O incapaz responde pelos prejuízos que causar quando as pessoas por ele responsáveis não tenham obrigação de fazê-lo ou não disponham de meios suficientes para tanto, sendo irrelevante nesses casos a situação econômica do incapaz.

c) A deterioração ou destruição da coisa alheia a fim de remover perigo iminente não constitui ato ilícito quando as circunstâncias tornarem o ato absolutamente necessário e não houver excesso aos limites do indispensável para a remoção do perigo, razão por que ao dono da coisa deteriorada ou destruída não assistirá direito à indenização do eventual prejuízo que sofra.

d) No caso de lesão à saúde, o ofensor indenizará o ofendido das despesas do tratamento e dos lucros cessantes até ao fim da convalescença, além de algum outro prejuízo que o ofendido prove haver sofrido.

e) Aquele que, sem justa causa, enriquecer à custa de outrem será obrigado a restituir o indevidamente auferido, ainda que a lei confira ao lesado outros meios para se ressarcir do prejuízo sofrido.

COMENTÁRIOS

Alternativa correta: letra "d": Correta, pois trata-se de reprodução do art. 949 do Código Civil.

Alternativa "a": Errada. O Código Civil adota como regra a teoria subjetiva, conforme se verifica do art. 186, mas sem prejuízo da adoção da responsabilidade objetiva independentemente de culpa, que pode ser verificada em alguns dispositivos, como exemplo, o § único do art. 927 do mesmo estatuto legal.

Alternativa "b": Errada, pois contrária ao previsto no art. 928, § único, do Código Civil. De fato, o incapaz não está isento do dever de indenizar. No entanto, a lei lhe concede um tratamento diferenciado em razão da sua incapacidade, seja ela absoluta ou relativa. Assim, a indenização não poderá privar o incapaz do que lhe é necessário ou as pessoas que dele dependam.

Alternativa "c": Errada, pois em desacordo com o art. 188 do Código Civil. Como já explanado em questão anterior, os atos praticados em legítima defesa, ou no exercício regular de direito ou ainda em estado de perigo, não constituem ato ilícito. No entanto, de acordo com o art. 929 do Código Civil, o dono da coisa deteriorada ou destruída afim de remover perigo iminente, não for culpado, terá direito de indenização ao prejuízo que sofreu.

Alternativa "e": Errada. De fato, aquele que, sem justa causa, enriquecer à custa de outrem será obrigado a restituir o indevidamente auferido, com atualização monetária, de acordo com o previsto no art. 884 do Código Civil. No entanto, se houver outros meios para o ressarcimento, não será cabível a restituição por enriquecimento, nos termos do art. 886, do mesmo Códex.

---

240. (Cespe – Procurador do Estado – BA/2014) Acerca da responsabilidade civil, julgue os itens subsequentes, à luz da jurisprudência dominante do STJ.

240.1. Na hipótese de indenização por danos morais ou materiais decorrentes do falecimento de ente querido, o termo inicial da contagem do prazo prescricional é a data do óbito, independentemente da data da ação ou da omissão.

COMENTÁRIOS

A assertiva está correta pois de acordo com o Informativo 509 do STJ, o qual pedimos vênia para reproduzi-lo: "Direito civil. *Dies a quo* do prazo prescricional. Reparação de danos decorrentes de falecimento. O termo inicial da contagem do prazo prescricional na hipótese em que se pleiteia indenização por danos morais e/ou materiais decorrentes do falecimento de ente querido é a data do óbito, independentemente da data da ação ou omissão. Não é possível considerar que a pretensão à indenização em decorrência da morte nasça antes do evento que lhe deu causa. Diferentemente do que ocorre em direito penal, que considera o momento do crime a data em que é praticada a ação ou omissão que lhe deu causa, no direito civil a prescrição é contada da data da "violação do direito". (REsp 1.318.825-SE, Rel. Min. Nancy Andrighi, julgado em 13/11/2012.)

240.2. O espólio tem legitimidade para postular indenização pelos danos materiais e morais supostamente experimentados pelos herdeiros.

COMENTÁRIOS

A assertiva está errada. O espólio não tem legitimidade para postular indenização pelos danos materiais e morais experimentados pelos herdeiros. "Direito civil. Ilegitimidade do espólio para ajuizar ação indenizatória em razão de danos sofridos pelos herdeiros. O espólio não tem legitimidade para postular indenização pelos danos materiais e morais supostamente experimentados pelos herdeiros, ainda que se alegue que os referidos danos teriam decorrido de erro médico de que fora vítima o falecido. Nessa situação, debatem as partes em torno de bens cuja titularidade é dos herdeiros por direito próprio, e não sobre bem jurídico de titularidade originária do falecido que tenha sido transmitido por efeito hereditário. Assim, não havendo coincidência entre o postulante e o titular do direito pleiteado, configura-se hipótese de ilegitimidade *ad causam* (...) (REsp 1.143.968-MG, Rel. Min. Luis Felipe Salomão, julgado em 26/2/2013.)

---

241. (Cespe – Analista do MPU/2013) Acerca da responsabilidade civil, julgue os itens subsecutivos.

241.1. Caso o paciente morra em decorrência de ter recebido tratamento médico inadequado, a teoria da perda de uma chance poderá ser utilizada como critério de apuração da responsabilidade civil por erro médico, de acordo com entendimento do STJ.

COMENTÁRIOS

A assertiva está correta, de acordo com entendimento do STJ, o qual pedimos vênia para reproduzir o Informativo nº 513, que assim dispõe: "Direito civil. Responsabilidade civil. Aplicabilidade da teoria da perda de uma chance para a apuração de responsabilidade civil ocasionada por erro médico. A teoria da perda de uma chance pode ser utilizada como critério para a apuração de responsabilidade civil ocasionada por erro médico na hipótese em que o erro tenha reduzido possibilidades concretas e reais de cura de paciente que venha a falecer em razão da doença tratada de maneira inadequada pelo médico. De início, pode-se argumentar ser impossível a aplicação da teoria da perda de uma chance na seara médica, tendo em vista a suposta ausência de nexo causal entre a conduta (o erro do médico) e o dano (lesão gerada pela perda da vida), uma vez que o prejuízo causado pelo óbito da paciente teve como causa direta e imediata a própria doença, e não o erro médico. Assim, alega-se que a referida teoria estaria em confronto claro com a regra insculpida no art. 403 do CC, que veda a indenização de danos indiretamente gerados pela conduta do réu. Deve-se notar, contudo, que a responsabilidade civil pela perda da chance não atua, nem mesmo na seara médica, no campo da mitigação do nexo causal. A perda da chance, em verdade, consubstancia uma modalidade autônoma de indenização, passível de ser invocada nas hipóteses em que não se puder apurar a responsabilidade direta do agente pelo dano final. Nessas situações, o agente não responde pelo resultado para o qual sua conduta pode ter contribuído, mas apenas pela chance de que ele privou a paciente. A chance em si – desde que seja concreta, real, com alto grau de probabilidade de obter um benefício ou de evitar um prejuízo – é considerada um bem autônomo e perfeitamente reparável. De tal modo, é direto o nexo causal entre a conduta (o erro médico) e o dano (lesão gerada pela perda de bem jurídico autônomo: a chance). Inexistindo, portanto, afronta à regra inserida no art. 403 do CC, mostra-se aplicável a teoria da perda de uma chance aos casos em que o erro médico tenha reduzido chances concretas e reais que poderiam ter sido postas à disposição da paciente. (REsp 1.254.141REsp 1.254.141-PR, Rel. Min. Nancy Andrighi, julgado em 4/12/2012).

241.2. Ainda que demonstrada a ocorrência de ofensa injusta à dignidade da pessoa humana, faz-se necessária a comprovação da dor e do sofrimento para a configuração de dano moral.

COMENTÁRIOS

A assertiva está errada, haja vista que a posição do STJ é oposta ao enunciado, não sendo necessária a comprovação de dor ou sofrimento para configuração de dano moral. Aliás, o próprio Enunciado 445 da IV Jornada de Direito Civil, assim dispõe: "O dano moral indenizável não pressupõe necessariamente a verificação dos sentimentos humanos desagradáveis como dor ou sofrimento."

---

242. (Cespe – Defensor Público – RR/2013) Em fevereiro de 2009, Fábio, à época com dezessete anos de idade, emancipado por seus pais, mas ainda com eles residindo, estava dirigindo um veículo de sua propriedade quando atropelou João, que, após ficar internado em unidade de tratamento intensivo por mais de seis meses, faleceu em agosto de 2009. Revoltados e buscando reparação moral, a noiva, os filhos, os pais e os irmãos da vítima, em maio de 2012, procuraram a DP para saber da possibilidade de sucesso de uma demanda indenizatória a ser promovida contra os pais de Fábio, que possuíam bens suficientes para arcar com os prejuízos decorrentes do falecimento de João.

À luz da legislação, da jurisprudência e da doutrina pertinente à responsabilidade civil, assinale a opção correta a respeito da situação hipotética acima descrita.

a) De acordo com a jurisprudência do STJ, os irmãos do falecido não poderiam pleitear indenização por danos morais em razão do falecimento de João, pois, dentro do núcleo familiar, somente podem pleitear indenização o cônjuge, os ascendentes e os descendentes.
b) A demanda indenizatória que a família pretende veicular está prescrita, pois o prazo prescricional para a reparação de danos de qualquer natureza é de três anos.
c) Caso veicule a demanda indenizatória, a família obterá sucesso, pois o prazo prescricional para a reparação de danos de qualquer natureza é de cinco anos.
d) O STJ entende que a emancipação por outorga dos pais não exclui, por si só, a responsabilidade decorrente de atos ilícitos do filho. Dessa maneira, os pais de Fábio são civilmente responsáveis pelo evento danoso.
e) Segundo a jurisprudência do STJ, a noiva do falecido tem direito à indenização decorrente da morte de seu futuro marido, pois o sofrimento decorrente da quebra de sua legítima expectativa em constituir uma família configura dano moral *in re ipsa*.

COMENTÁRIOS

Alternativa correta: letra "d": É importante frisar que com a emancipação, o menor passar a ser responsável pelo dever de reparar os danos causados a terceiros, sejam morais ou patrimoniais. Os nossos tribunais e a melhor doutrina entendem ainda que haveria responsabilidade solidária dos pais pelos danos causados pelos filhos que emanciparam. Outrossim, o STJ tem entendido que se a emancipação ocorreu bem antes da prática do ato ilícito sem qualquer indício de má-fé dos pais do emancipado, estes ficariam isentos de qualquer responsabilidade.

Alternativa "a": Errada. O STJ tem entendido que basta a verificação de forte vínculo entre a vítima e os que pleiteiam a indenização, para que seja cabível o pedido de dano moral. Assim, no caso em comento, os irmãos do falecido poderiam pleitear a indenização.

Alternativa "b": Errada. De fato o art. 206, § 3º, V, do Código Civil traga como regra geral o prazo prescricional de 03 anos, o STJ tem entendido que no caso de dano moral decorrente de morte de ente querido, o prazo deverá ser contado da data do óbito e não do acidente que o causou. Abaixo, Informativo nº 509 do STJ: "Prescricional. Reparação de danos decorrentes de falecimento. O termo inicial da contagem do prazo prescricional na hipótese em que se pleiteia indenização por danos morais e/ou materiais decorrentes do falecimento de ente querido é a data do óbito, independentemente da data da ação ou omissão. Não é possível considerar que a pretensão à indenização em decorrência da morte nasça antes do evento que lhe deu causa. Diferentemente do que ocorre em direito penal, que considera o momento do crime a data em que é praticada a ação ou omissão que lhe deu causa, no direito civil a prescrição é contada da data da "violação do direito". (REsp 1.318.825-SE, Rel. Min. Nancy Andrighi, julgado em 13/11/2012.)

Alternativa "c": Errada. O prazo aqui é de 03 (três) anos, de acordo com o previsto no art. 206, § 3º, V, do Código Civil.

Alternativa "e": Errada, pois o STJ tem entendido que o que o noivo ou a noiva, não possui legitimidade ativa para pleitear indenização por danos morais em razão do falecimento de seu nubente.

---

243. (Cespe – Delegado de Polícia – BA/2013) Com relação à responsabilidade civil e aos contratos em geral, julgue os itens que se seguem.

No Código Civil, é prevista a possibilidade de as empresas responderem, independentemente de culpa, pelos danos causados pelos produtos postos em circulação.

COMENTÁRIOS

A assertiva está correta pois de encontro com o previsto no art. 931 do Código Civil. Trata-se aqui de responsabilidade objetiva dos empresários e empresas, semelhante ao previsto no CDC, só que de forma ampliada a todas as relações civis e não somente às consumeristas.

---

244. (Cespe – Juiz de Direito Substituto – RN/2013) Joana, com dezesseis anos de idade, órfã de mãe, pegou, sem o conhecimento do pai, com o qual vive e sob cuja autoridade se encontra, as chaves do veículo de propriedade dele e saiu dirigindo pela cidade. Em determinado trecho, para não atropelar uma criança, que indevidamente caminhava pela pista, Joana desviou o veículo e atingiu o automóvel de Pedro, que estava parado em um estacionamento. Desesperada, tentando fugir do local, atingiu o veículo de Paulo.

Considerando a situação hipotética apresentada e as regras acerca da responsabilidade civil, assinale a opção correta.

a) A responsabilidade do pai de Joana pelo ato praticado pela filha incapaz é objetiva, sendo desnecessária a comprovação da culpa de Joana para que ele seja responsabilizado.

b) Por ter agido em estado de necessidade ao desviar o veículo para não atingir a criança que caminhava pela pista Joana não tem o dever de indenizar Pedro, nem o teria se fosse maior e capaz.

c) Caso Paulo tome conhecimento de que o pai de Joana não dispõe de meios suficientes para reparar os danos causados pela filha e de que a menor seja proprietária de vasto patrimônio deixado por herança pela genitora, Joana, mesmo sendo menor relativamente incapaz, poderá responder pelos prejuízos causados a Paulo.

d) Se Joana fosse órfã de pai e mãe, somente se demonstrada culpa da parte do tutor nomeado, este responderia civilmente pelos atos praticados pela menor.

e) Na responsabilidade civil subjetiva, a comprovação de ausência de comportamento doloso de Joana é suficiente para afastar o dever jurídico de indenizar.

COMENTÁRIOS

Alternativa correta: letra "c": Está correta, pois de acordo com o previsto no art. 928 do Código Civil. Havia uma grande discussão entre os doutrinadores acerca de qual tipo de responsabilidade tratava este artigo: solidária ou subsidiária. No entanto, a corrente majoritária tem entendido tratar-se de responsabilidade subsidiária do incapaz, atendendo também ao disposto no art. 116 do ECA.

Alternativa "a": Errada. De fato, a responsabilidade do pai de Joana é objetiva, nos termos do art. 932, I, do Código Civil. No entanto, para que haja a responsabilidade do genitor, há necessidade de culpa na conduta de Joana, segundo inteligência do art. 933 do Código Civil.

Alternativa "b": Errada. O art. 188, II, do Código Civil determina que não constitui ato ilícito a destruição de coisa alheia, a fim de remover perigo iminente. No entanto, haverá obrigação de indenização em relação a Pedro, sendo que posteriormente poderá haver a ação de regresso em relação aos pais da criança que estava na rua, caso comprovada a sua culpa, nos termos dos arts. 929 e 930 do Código Civil.

Alternativa "d": Errada. Nos termos do art. 932, II, do Código Civil, o tutor também é responsável pela reparação civil e tal reparação independe se houve ou não culpa sua (art. 933, do mesmo estatuto legal). No entanto, continua sendo necessária a comprovação de culpa de Joana, assim como no caso da alternativa "a".

Alternativa "e": Errada. Em se tratando de responsabilidade subjetiva, é necessário se provar a conduta, o dano, o nexo causal entre a conduta e o dano. Assim sendo, não basta que se exclua o comportamento doloso de Joana para que não se configure o dever jurídico de indenizar, é necessário que também não haja culpa de sua parte para que haja a exclusão do dever de indenizar

---

245. (Cespe – Procurador BACEN/2013) No que se refere à liquidação das obrigações decorrentes da responsabilidade civil, assinale a opção correta.

a) O fato de a vítima se encontrar aposentada na ocasião do sinistro impede a indenização por perda da capacidade laborativa, ainda que ela exercesse outra atividade que passasse, em decorrência do dano sofrido, a ser realizada por terceiros.

b) Segundo entendimento do STJ, havendo redução permanente da capacidade laborativa da vítima do evento danoso, a pensão a ela devida deve ser limitada à data em que completar setenta anos de idade.

c) O eventual recebimento de benefício previdenciário afasta a percepção de pensão mensal devida em razão da perda de capacidade laborativa da vítima do evento danoso.

d) O fato de ser a vítima de acidente de trânsito menor impúbere e não exercer atividade laborativa não constitui impedimento para o recebimento da correspondente indenização se houver a diminuição da capacidade para o trabalho.

e) Se, em decorrência do dano sofrido, a capacidade laborativa da vítima for reduzida, o autor do dano deverá pagar à vítima os lucros cessantes até que esta atinja a idade de se aposentar.

COMENTÁRIOS

Alternativa correta: letra "d". Correta, pois de encontro ao quanto previsto no arts. 949 e 950 do Código Civil. O fato de e a vítima ser menor e não exercer atividade laborativa não impede o recebimento de indenização ou de pensão, conforme ja se posicionou o STJ a este respeito: "O dever de indenizar decorre unicamente da perda da capacidade laboral, sendo que a indenização de cunho civil não se confunde com aquela de natureza previdenciária, posto que a civil busca o ressarcimento da lesão física causada, não propriamente a mera compensação sob a ótica econômica."(STJ, REsp nº 1.062.692, 3ª Turma., rel. Min. Nancy Andrighi, j. 04.10.2011, Dje 11.10.2011)

Alternativa "a": Errada, vez que a indenização por ilícito civil não se confunde com o pagamento de aposentadoria (vide respostas às alternativas "c" e "d")

Alternativa "b": Errada. Segundo entendimento do STJ, a pensão neste caso é vitalícia. "Direito civil. Responsabilidade civil. Acidente de trânsito com vítimas. Perda permanente da capacidade laboral. Pensão vitalícia. É vitalícia a pensão fixada em ação indenizatória por danos causados em acidente automobilístico, na hipótese de perda permanente da capacidade laboral da vítima. O magistrado, ao estipular a periodicidade da pensão na ação indenizatória, leva em conta a duração temporal da incapacidade da vítima, considerando o momento de consolidação de suas lesões, as quais podem ser temporárias ou permanentes. A pensão correspondente à incapacidade permanente é vitalícia conforme previsto no art. 950 do CC. Assim, no caso de a pensão ser devida à própria vítima do acidente, não há falar em limitação do pensionamento até a idade provável de sobrevida da vítima, como ocorre nos casos de fixação de pensão em razão de homicídio (art. 948, II, do CC); pois, mesmo após atingir essa idade limite, continuará o ofendido necessitando da pensão, talvez até de forma mais rigorosa, em função da velhice e do incremento das despesas com saúde. (...) REsp 1.278.627-SC, Rel. Min. Paulo de Tarso Sanseverino, julgado em 18/12/2012.

Alternativa "c": Errada. Diverso do quanto trazido na alternativa, é perfeitamente possível a cumulação de benefício previdenciário com pensão decorrente de ilícito civil, conforme entendimento do STF, conforme consta na resposta da alternativa "d".

Alternativa "e": Errada, haja vista que os lucros cessantes são devidos até o fim da convalescença e não até a idade de se aposentar, nos termos do art. 950 do Código Civil.

246. (Cespe – Analista Judiciário – Área Judiciária – TRT 10/2013) No que concerne a obrigações e à responsabilidade civil, julgue os próximos itens.

246.1. Conforme jurisprudência do Superior Tribunal de Justiça, a responsabilidade do empregador por acidente de trabalho é subjetiva e fundada em presunção relativa de culpa de sua parte, de forma que a ele cabe o ônus da prova quanto à existência de alguma causa excludente de sua responsabilidade.

COMENTÁRIOS

Cumpre ressaltar que esta questão é de 2013 e o entendimento do STJ à época era da responsabilidade subjetiva do empregador. No entanto, o entendimento atual do STJ é o da responsabilidade objetiva, de acordo com o julgado de maio de 2015, o qual reproduzimos a ementa: "Agravo regimental no recurso especial – acidente de trabalho – responsabilidade objetiva do empregador – observância das normas de segurança – decisão monocrática que negou seguimento ao recurso especial. Irresignação do autor. 1. É objetiva a responsabilidade do empregador pelo acidente de trabalho ocorrido durante a prestação de serviço, porém a presunção de culpa poderá ser desconstituída quando comprovada a observância das normas de segurança e medicina do trabalho. Precedentes. O Tribunal de origem consignou que a empregadora preparou, treinou e orientou o empregado para realização de suas atividades, bem como tomou todas as precauções necessárias para proteção do trabalhador, tendo sido a negligência deste a causa provável do acidente. Infirmar tais conclusões demandaria a incursão na seara probatória dos autos, o que é vedado nesta instância extraordinária. Incidência da Súmula 7/STJ. 2. Agravo regimental desprovido. (AgRg no REsp 1287180/SP, Rel. Ministro Marco Buzzi, Quarta Turma, julgado em 05/05/2015, DJe 01/06/2015)

246.2. Subsistindo apenas uma das prestações, a obrigação alternativa transforma-se em simples, já que o credor terá perdido o direito de escolha.

COMENTÁRIOS

A afirmativa está errada. Em obrigações alternativas, a escolha caberá ao devedor, se outra coisa não se estipulou (art. 252 do Código Civil). No entanto, subsistindo uma das prestações, significa que a outra não poderá ser cumprida, mas subsistirá o débito em relação à outra (art. 253, do mesmo estatuto legal). Assim, de qualquer modo o credor não terá perdido seu direito de escolha, tendo em vista que, de acordo com o art. 255 do códex, se a culpa for do devedor pela perda da outra prestação e a escolha da prestação couber ao credor, este poderá exigir a prestação subsistente ou o valor da outra com perdas e danos.

247. (Cespe – Procurador do Ministério Público junto ao TCDF/2013) Julgue os itens seguintes com base nas regras atinentes à responsabilidade civil.

Haverá responsabilização do preponente ainda que a relação com o preposto tenha caráter gratuito.

COMENTÁRIOS

A assertiva está correta, pois de acordo com o disposto no art. 932, III, c.c. o art. 933, ambos do Código Civil. O conceito de preponente é oriundo do direito do trabalho que significa aquele que propõe, ou seja, aquele que designa outra pessoa apara agir em seu lugar. Assim, ele responde pelos atos de seus prepostos, praticados no exercício do trabalho que lhes competir, ou em razão dele de forma objetiva, ainda que não haja culpa de sua parte. Por sua vez, preposto é o que cumpre ordens de outrem, seja ou não assalariado.

247.1. De acordo com o STJ, caso o incorporador não seja o executor direto da construção do empreendimento imobiliário, contratando construtor para tanto, será subsidiariamente responsável pela solidez e segurança da edificação, que teria como responsável principal o construtor.

COMENTÁRIOS

A assertiva está errada. No caso em questão, trata-se de responsabilidade solidária e não subsidiária, de acordo com o entendimento do STJ. Abaixo, segue julgado referente à questão: REsp 884.367-DF, Relator: Ministro Raul Araújo (julgado em 06.03.2012). "O incorporador, como impulsionador do empreendimento imobiliário em condomínio, atrai para si a responsabilidade pelos danos que possam advir da inexecução ou da má execução do contrato de incorporação, abarcando-se os danos resultantes de construção defeituosa (art. 31, §§ 2° e 3°, da Lei n° 4.591/1964). Ainda que o incorporador não seja o executor direto da construção do empreendimento imobiliário, mas contrate construtor, permanece responsável juntamente com ele pela solidez e segurança da edificação (art. 618, CC). In casu, trata-se de obrigação de garantia assumida solidariamente com o construtor. Por conseguinte, o incorporador é o principal garantidor do empreendimento no seu todo, solidariamente responsável com outros envolvidos nas diversas etapas da incorporação. Essa solidariedade decorre da natureza da relação jurídica estabelecida entre o incorporador e o adquirente de unidades autônomas e também de previsão legal, não podendo ser presumida (art. 942, caput, CC; art. 25, § 1°, do CDC e arts. 31 e 43 da Lei n° 4.591/1964). Conclui-se, assim, que o incorporador e o construtor são solidariamente responsáveis por eventuais vícios e defeitos de construção surgidos no empreendimento imobiliário, sendo que o incorporador responde mesmo que não tenha assumido diretamente a execução da obra".

---

248. (Cespe – Juiz Federal Substituto 1ª região/2013) Considere que José, motorista de uma empresa de transporte de cargas, tendo obtido autorização para manter o veículo durante o horário de almoço, tenha causado, exatamente nesse período, acidente de trânsito com lesão a terceiro. Acerca dessa situação hipotética, assinale a opção correta.

a) A responsabilidade entre José e seu empregador será solidária.

b) A empresa não poderá ser cobrada isoladamente pela reparação dos danos.

c) O direito de regresso não existirá entre José e a empresa, caso esta arque com os prejuízos.

d) O lesado não poderá ajuizar ação conjunta contra José e seu empregador porque a natureza da responsabilidade do empregado e do empregador é diversa.

e) A empresa não responderá pelos danos porque que o acidente ocorreu quando José não estava cumprindo ordem de seu empregador.

COMENTÁRIOS

Alternativa correta: letra "a": Está correta, pois de fato há solidariedade entre José e seu empregador, nos termos do art. 942, § único, do Código Civil, tratando-se referido dispositivo de regra geral de solidariedade na responsabilidade civil.

Alternativa "b": Errada, vez que a responsabilidade do patrão, relativamente aos atos culposos de seu empregado, é sempre objetiva. Assim, para que nasça o dever de ressarcir, basta que o empregado esteja a seu serviço (no exercício do trabalho ou por ocasião dele) e cause dano a outrem, nos termos dos arts. 932, III, e 933 do Código Civil.

Alternativa "c": Errada, pois é possível sim o direito de ação de regresso, haja vista que trata-se de responsabilidade solidária, de acordo com o previsto no art. 934 do Código Civil.

Alternativa "d": Errada. Tendo em vista que se trata de responsabilidade solidária, o credor (vítima, no caso) poderá escolher qualquer devedor para cumprir a obrigação, seguindo inteligência do art. 275 do Código Civil.

Alternativa "e": Errada, pois embora ele não estivesse cumprindo ordem de seu empregador, ele tinha autorização para ficar com o veículo na hora do almoço, razão pela qual a empresa tem responsabilidade objetiva, nos termos dos arts. 932, III, e 933, do Código Civil.

---

249. (Cespe – Juiz Federal Substituto 5ª região/2013) No que se refere à responsabilidade civil, assinale a opção correta.

a) A jurisprudência do STJ tem afastado a caracterização de assalto ocorrido em estabelecimentos bancários como caso fortuito ou força maior, mantendo o dever de indenizar da instituição bancária, já que a segurança é essencial ao serviço prestado.

b) É devida indenização por lucros cessantes aos dependentes, considerando-se a vida provável do falecido do qual dependam. Segundo a jurisprudência do STJ, a longevidade provável da vítima, para efeito de fixação do tempo de pensionamento, pode ser apurada, no caso concreto, por critério fixado livremente pelo próprio julgador.

c) O início do prazo para a fluência dos juros de mora, nos casos de condenação a indenização por dano moral decorrente de responsabilidade extracontratual, ocorre na data do ajuizamento da ação.

d) Quanto à sua origem, a responsabilidade civil pode ser classificada em contratual ou negocial e extracontratual ou aquiliana. Esse modelo binário de responsabilidades, embora consagrado de modo unânime pela doutrina e pela jurisprudência pátria, não está expressamente previsto no Código Civil, ao contrário do que ocorre no CDC.

e) Com base no Código Civil brasileiro, o abuso de direito pode ser conceituado como ato jurídico de objeto lícito, mas cujo exercício, levado a efeito sem a devida regularidade, acarreta um resultado ilícito. Na codificação atual, portanto, não foi mantida a concepção tridimensional do direito de Miguel Reale, segundo o qual o direito é fato, valor e norma.

COMENTÁRIOS

Alternativa correta: letra "a". Correta, haja vista que o entendimento do STJ é no sentido de que o assalto dentro da agência bancária é decorrente de falta de segurança, não podendo ser classificado como caso fortuito ou força maior. Eis um julgado que corrobora com este entendimento: "Direito civil. Agravo regimental nos embargos de declaração no recurso especial. Responsabilidade civil. Assalto à mão armada ocorrido nas dependências de estacionamento mantido por agência bancária. Oferecimento de vaga para clientes e usuários. Corresponsabilidade da instituição bancária e da administradora do estacionamento. Indenização devida. 1. A instituição bancária possui o dever de segurança em relação ao público em geral (Lei nº 7.102/1983), o qual não pode ser afastado por fato doloso de terceiro (roubo e assalto), não sendo admitida a alegação de força maior ou caso fortuito, mercê da previsibilidade de ocorrência de tais eventos na atividade bancária. 2. A contratação de empresas especializadas para fazer a segurança não desobriga a instituição bancária do dever de segurança em relação aos clientes e usuários, tampouco implica transferência da responsabilidade às referidas empresas, que, inclusive, respondem solidariamente pelos danos. 3. Ademais, o roubo à mão armada realizado em pátio de estacionamento, cujo escopo é justamente o oferecimento de espaço e segurança aos usuários, não comporta a alegação de caso fortuito ou força maior para desconstituir a responsabilidade civil do estabelecimento comercial que o mantém, afastando, outrossim, as excludentes de causalidade encartadas no art. 1.058 do CC/1916 (atual 393 do CC/2002). 4. Agravo regimental desprovido. (AgRg nos EDcl no REsp 844.186/RS, Rel. Ministro Antonio Carlos Ferreira, Quarta Turma, julgado em 19/06/2012, DJe 29/06/2012)

Alternativa "b": Errada, pois o cálculo não é fixado livremente pelo julgador e sim baseados em cálculos do IBGE, segundo entendimento do STJ acerca do assunto, o qual pedimos vênia para reproduzir: "Civil. Ação de indenização. Acidente fatal. Morte de menor. Família de baixa renda. Pensionamento devido. Período. Cálculo. Constituição de capital necessário ao pagamento de prestações futuras. Orientação jurisprudencial da 2ª seção. I. Em se tratando de família de baixa renda, é devido o pensionamento pela morte de filho menor em acidente automobilístico, equivalente a 2/3 do salário mínimo dos 14 anos até 25 anos de idade da vítima, reduzido para 1/3 até a longevidade provável do falecido, segundo tabela da previdência social, baseada nos cálculos do IBGE, se a tanto sobreviver a recorrente. II. Há necessidade de constituição de capital para assegurar o pagamento das prestações futuras do pensionamento, consoante a orientação jurisprudencial uniformizada na 2ª Seção do STJ é no sentido da exigência de tal garantia (REsp nº 302.304-RJ, 2ª Seção, Rel. Min. Carlos Alberto Menezes Direito, unânime, DJU de 02.09.2002).

Alternativa "c": Errada, pois contrária à Súmula nº 54 do STJ, que assim dispõe: "Os juros moratórios fluem a partir do evento danoso, em caso de responsabilidade extracontratual."

Alternativa "d": Errada, pois a responsabilidade subjetiva está prevista nos arts. 927 e 186 do Código Civil; a responsabilidade objetiva está prevista no art. 187 do mesmo Códex e a contratual no art. 389 do referido estatuto.

Alternativa "e": Errada. Nas palavras de Venosa: "O Abuso de direito é um ato ilegal que tem uma máscara de ato legítimo. Trata-se de um ato jurídico aparentemente lícito, mas que, levado a efeito sem a devida regularidade, ocasiona resultado tido como ilícito. É inafastável certo arbítrio do julgador, ao se defrontar com situação de abusos de direito. Contudo, esse arbítrio é mais aparente do que real, pois o juiz em determinada época, circundado por um contexto social e histórico, o que fatalmente o fará obedecer a esses parâmetros, uma vez que sua decisão sofrerá o crivo de seus pares."

---

250. (Cespe – Juiz do Trabalho Substituto 5ª região/2013) Em relação à responsabilidade civil, prevista no ordenamento pátrio, assinale a opção correta.

a) A responsabilidade do empregador pelos atos ilícitos de seus empregados ou prepostos, praticados no exercício do trabalho que lhes competir, ou em razão dele, é presumida.

b) O uso não autorizado da imagem de pessoa pública, mesmo com fins econômicos e publicitários, não enseja danos morais e obrigação de indenizar, salvo se existir prova inequívoca de prejuízo à imagem da pessoa.

c) O pagamento de pensão a vítima de ilícito civil, em razão da diminuição temporária de sua capacidade laboral, não é devido em caso de não ocorrência da perda do emprego ou da redução dos seus rendimentos.

d) A responsabilidade objetiva pela reparação do dano causado atinge aquele cuja atividade normalmente desenvolvida implique, por sua natureza, risco aos direitos de outrem.

e) Na responsabilidade contratual, para obter reparação por perdas e danos, o contratante precisa demonstrar a culpa do inadimplente, além da prova de descumprimento do contrato.

COMENTÁRIOS

Alternativa correta: letra "d": Está correta pois encontra-se de acordo com o previsto no art. 927, § único, do Código Civil. Trata-se de responsabilidade objetiva e está fundada na teoria do risco em razão da atividade lícita que o agente exerce.

Alternativa "a": Errada. A responsabilidade do empregador é objetiva, estando superado o modelo de culpa presumida, de acordo com o Enunciado nº 451 da V Jornada de Direito Civil que assim dispõe: "A responsabilidade civil por ato de terceiro funda-se na responsabilidade objetiva ou independente de culpa, estando superado o modelo de culpa presumida."

Alternativa "b": Errada, pois em desacordo com o previsto no art. 20 do Código Civil. Assim, se lhe atingir a honra, a boa fama e a respeitabilidade, será passível de indenização.

Alternativa "c": Errada, pois contraria a decisão do STJ sobre o assunto, de acordo com o Informativo nº 511 do STJ, que a seguir transcrevemos: "É devido o pagamento de pensão à vítima de ilícito civil em razão da diminuição da capacidade laboral temporária, ainda que não haja a perda do emprego ou da redução dos seus rendimentos."

Alternativa "e": Errada, pois dispensa-se a demonstração de culpa no inadimplemento, nos termos do art. 475 do Código Civil, podendo a parte lesada requerer perdas e danos e lucros cessantes.

---

251. (Cespe – Advogado da União/2012) Julgue os itens a seguir, acerca da responsabilidade civil.

251.1. A configuração do vício do produto independe de sua gravidade ou do momento de sua ocorrência – se antes, durante, ou depois da entrega do bem ao consumidor lesado –, ou ainda de o vício ter ocorrido em razão de contrato, respondendo pelo dano todos os fornecedores, solidariamente, e o comerciante, de forma subsidiária.

COMENTÁRIOS

A assertiva está errada. A questão trata do vício do produto (defeito) e não do fato do produto. Portanto, sendo vício do produto, todos respondem de forma solidária, inclusive o comerciante. Deste modo, o art. 18 do CDC assim dispõe: "Os fornecedores de produtos de consumo duráveis ou não duráveis respondem solidariamente pelos vícios de qualidade ou quantidade que os tornem impróprios ou inadequados ao consumo a que se destinam ou lhes diminuam o valor, assim como por aqueles decorrentes da disparidade, com a indicações constantes do recipiente, da embalagem, rotulagem ou mensagem publicitária, respeitadas as variações decorrentes de sua natureza, podendo o consumidor exigir a substituição das partes viciadas"

251.2. O banco que terceirizar a entrega de talonário de cheque aos correntistas será responsável por eventual defeito na prestação do serviço, visto que se configura, nesse caso, a culpa in re ipsa, pressuposto da responsabilidade civil do banco pela reparação do dano.

COMENTÁRIOS

A assertiva está correta. Cumpre ressaltar que a culpa in re ipsa trata-se de um dano moral presumido, ou seja, para que se configure, independe de comprovação de abalo sofrido pela vítima, diverso do dano moral no qual se faz necessário provar a conduta, o dano e o nexo causal. Eis o julgado: "Responsabilidade civil. Extravio de talonários de cheques entregues por empresa contratada pelo banco. Inclusão do nome do correntista no serasa. Dano moral presumido. Valor reparatório. Critérios para fixação. Controle pelo STJ. Desnecessidade. Reexame de prova. Descabimento. Sucumbência recíproca. Não ocorrência. I – O banco é responsável por fazer chegar o talonário de cheques às mãos do correntista de forma segura, razão pela qual, ao optar por terceirizar esse serviço, assume o ônus por eventual defeito na sua prestação, não apenas pela existência de culpa in eligendo, mas também por caracterizar defeito de serviço, ex vi do disposto no artigo 14 e parágrafos do Código de Defesa do Consumidor, do qual ressai a sua responsabilidade objetiva pela reparação dos danos. II – Em casos que tais, o dano é considerado in re ipsa, isto é, não se faz necessária a prova do prejuízo, que é presumido e decorre do próprio fato e da experiência comum. III – Inexistindo critérios determinados e fixos para a quantificação do dano moral, recomendável que o arbitramento seja feito com moderação, atendendo às peculiaridades do caso concreto, o que, na espécie, ocorreu, não se distanciando o quantum arbitrado da razoabilidade.(...) (REsp 640196/PR, Rel. Ministro Castro Filho, Terceira Turma, julgado em 21/06/2005, DJ 01/08/2005, p. 448).

---

252. (Cespe – Defensor Público – SE/ 2012) Acerca dos efeitos da responsabilidade civil extracontratual, assinale a opção correta.

a) Embora a indenização por ato ilícito proveniente de dano extracontratual seja medida pela extensão do dano, se a vítima tiver concorrido culposamente para o evento danoso, a sua indenização será fixada com base na gravidade de sua culpa em confronto com a do autor do dano.

b) Como regra, a responsabilidade civil não passa da pessoa causadora do dano; assim, não havendo determinação expressa do empregador para que seus empregados façam ou deixem de fazer alguma coisa, não se pode responsabilizar o empregador pelos atos praticados por seus empregados, serviçais e prepostos, no exercício do trabalho que lhes competir, ou em razão dele.

c) As vítimas de lesão ou de outra ofensa à saúde têm direito de exigir do ofensor tão somente as despesas provenientes do tratamento, estendendo-se a obrigação de reparar os danos até o fim da convalescença, independentemente do tempo, e, nesse caso, o lesado, se preferir, poderá exigir que a indenização seja arbitrada e paga de uma só vez.

d) Não comete ato ilícito civil aquele que, por ação voluntária, destrói coisa alheia a fim de remover perigo iminente de dano, ainda que a ação não seja estritamente necessária, e o agente exceda os limites do indispensável para a remoção do perigo.

e) Mesmo que a responsabilidade civil independa da criminal, a lei veda que se questione, na esfera cível, fato decidido no juízo criminal; por conseguinte, a sentença penal absolutória, independentemente do motivo da absolvição, impede o processamento da ação civil de reparação de dano causado pelo mesmo fato que tenha provocado a absolvição do agente provocador do ilícito.

COMENTÁRIOS

Alternativa correta: Letra "a". A assertiva está correta pois de encontro aos arts. 944 e 945 do Código Civil. Pelo art. 944 tem-se que na realidade o que legislador busca é a reparação integral do dano, razão pela qual a indenização deverá se pautar pela extensão do dano causado. Outrossim, em havendo participação da vítima para o evento culposo, o art. 945 trata da distribuição da responsabilidade entre autor e vítima para que se verifique o *quantum* que deverá ser fixado para o autor do dano.

Alternativa "b": Errada, vez que trata-se de responsabilidade objetiva do empregador.,

Alternativa "c": Errada, vez que o art. 949 do Código Civil determina que o ofensor indenizará o ofendido em relação as despesas do tratamento, aos lucros cessantes e qualquer outro prejuízo que o ofendido prove ter suportado.

Alternativa "d": Errada, pois é exatamente o contrário do quanto expresso na alternativa, conforme verifica-se do art. 188 do Código Civil.

Alternativa "e": Errada. De fato o art. 935 do Código Civil dispõe que a responsabilidade civil independe da criminal. Outrossim, nem sempre a absolvição gera impedimento à existência de indenização, conforme análise do art. 66 do Código de Processo Penal, que assim dispõe: Não obstante a sentença absolutória no juízo criminal, a ação civil poderá ser proposta quando não tiver sido, categoricamente, reconhecida a inexistência material do fato. Sendo assim, verifica-se que o erro encontra-se na expressão "independentemente do motivo da absolvição"

253. (Cespe – Juiz de Direito Substituto – PA/ 2012) Acerca da responsabilidade por fato de outrem, assinale a opção correta.

a) De acordo com o STJ, se ocorrer dano pessoal por mau serviço prestado pelo hotel contratado para a hospedagem de cliente que tenha adquirido pacote turístico, a agência de viagens comercializadora do pacote não poderá ser responsabilizada.

b) Locadora de veículos tem responsabilidade subsidiária pelos danos causados a terceiro pelo locatário no decorrer da utilização do carro locado.

c) Se, ao conduzir veículo de propriedade dos pais, o filho menor, culposamente, causar dano a terceiro, a vítima, para obter reparação civil, terá de demonstrar que o dano foi causado pelo menor, por culpa in vigilando dos pais.

d) Estará afastada a responsabilidade dos pais pela reparação de danos a terceiro causados por filho menor emancipado por outorga, dada a perda do poder de direção dos atos do filho.

e) Em regra, o patrão é responsável pela reparação de dano decorrente de ato praticado por seu preposto, ainda que com desvio de suas atribuições.

COMENTÁRIOS

Alternativa correta: letra "e": Correta, pois neste caso a responsabilidade do patrão é objetiva, ou seja, independe de comprovação de culpa, nos termos do art. 932, III, do Código Civil.

Alternativa "a": Errada, vez que as agências de viagem respondem objetiva e solidariamente pelos prejuízos suportados pelo cliente.

Alternativa "b": Errada, haja vista que a responsabilidade é solidária com o locatário e não subsidiária, de acordo com a Súmula nº 492 do STF.

Alternativa "c": Errada, haja vista que a responsabilidade dos pais é objetiva, nos termos do art. 932 do Código Civil. Para Álvaro Villaça Azevedo, trata-se de responsabilidade objetiva impura, vez que decorrente de fato de terceiro.

Alternativa "d": Errada. A emancipação por outorga dos pais, não exclui por si só a responsabilidade que venha decorrer dos atos praticados pelos filhos emancipados.

254. (Cespe – Juiz de Direito Substituto – CE/ 2012) A respeito da responsabilidade civil das instituições bancárias, assinale a opção correta.

a) A responsabilidade do banco por bens guardados no cofre é afastada pela ocorrência de caso fortuito ou força maior.

b) De acordo com a jurisprudência, o banco não é responsável por roubo ocorrido no interior de uma agência bancária.

c) Aplica-se aos bancos o princípio res perit domino, com relação aos depósitos efetuados por seus clientes.

d) O fato de o cheque ter sido falsificado por preposto do correntista não afasta a responsabilidade do banco.

e) Provada falha justificada no sistema, não serão devidos pelo banco danos morais por devolução indevida de cheque.

COMENTÁRIOS

Alternativa correta: letra "c": Aplica-se aos bancos o princípio da res perit domino (a coisa perece para o dono), haja vista que o contrato bancário é uma espécie de contrato de mútuo, no qual se transfere ao banco o domínio do dinheiro depositado, por cuja conta correm todos os riscos desde a tradição, ficando o depositante apenas com um crédito equivalente a quantia depositada, que pode ser exigido a qualquer tempo, restando para o banco o prejuízo que venha a ocorrer.

Alternativa "a": Errada. A responsabilidade o banco é objetiva. No entanto, somente em casos de força maior teria a excludente de sua responsabilidade nos termos do art. 642 do Código Civil.

Alternativa "b": Errada. O STJ tem entendido que o banco é responsável por roubo ocorrido dentro de agência bancária, sendo perfeitamente cabível indenização por danos morais. "Agravo regimental – recurso especial – serviço bancário – falha na prestação do serviço – segurança – assalto no interior de caixa eletrônico – ressarcimento devido – quantum indenizatório – razoabilidade – recurso improvido. Há responsabilidade da instituição financeira ao pagamento de indenização por dano moral a cliente vítima de roubo no interior da agência bancária na hipótese em que verificada falha na segurança da agência, pois, nesse caso, a instituição financeira responde independentemente de culpa pelos danos decorrentes, cumprindo ao consumidor provar apenas o dano e o nexo de causalidade." (STJ, AgRg no REsp 1273445 / SP, 14/02/2012, 3ª Turma)

Alternativa "d": Errada. Neste caso a culpa é exclusiva do correntista, haja vista que a falsificação foi feita por preposto seu, isentando o banco de qualquer responsabilidade. Tal matéria está pacificada na Súmula 28 do STF que assim dispõe: "O estabelecimento bancário é responsável pelo pagamento de cheque falso, ressalvadas as hipóteses de culpa exclusiva ou concorrente do correntista."

Alternativa "e": Errada, pois a simples devolução indevida do cheque já configura dano moral ao correntista, de acordo com a Súmula 388 do STJ, que assim dispõe: "A simples devolução indevida de cheque caracteriza dano moral, independente de prova do prejuízo sofrido pela vítima".

255. (Cespe – Analista Judiciário – Área Judiciária – TRE-RJ/2012) Com relação a direito civil, Estatuto do Idoso, Estatuto da Criança e do Adolescente e Código de Defesa do Consumidor, julgue os itens a seguir.

255.1. O negócio jurídico realizado mediante representação é anulável se houver conflito de interesses entre o representante e o representado, desde que haja previsão para tal no contrato celebrado. O prazo prescricional para a anulação, nesse caso, é de cento e oitenta dias, contado da assinatura do contrato ou da cessação da incapacidade.

COMENTÁRIOS

A assertiva está errada. O prazo aqui é decadencial e não prescricional, conforme previsão do art. 119, § único, do Código Civil.

255.2. A responsabilidade civil decorrente do abuso de direito independe da culpa, sendo a indenização medida pela extensão do dano.

COMENTÁRIOS

A assertiva está correta, pois decorre de entendimento doutrinário, consubstanciado no Enunciado nº 37 da IV Jornada de Direito Civil que assim dispõe: "A responsabilidade civil decorrente do abuso do direito independe de culpa e fundamenta-se somente no critério objetivo-finalístico." Outrossim, a segunda parte da assertiva "sendo a indenização medida pela extensão do dano" tem sua previsão legal no art. 944 do Código Civil.

255.3. Como a capacidade testamentária é mensurada no momento da redação do testamento, o testamento de pessoa idosa só é válido se redigido antes que ela atinja sessenta anos de idade.

COMENTÁRIOS

A assertiva está errada, pois contrária ao disposto no art. 1860 do Código Civil. Cumpre ressaltar que a velhice não gera incapacidade, vez que havendo capacidade de discernimento a pessoa pode testar, não fixando a lei idade máxima para tanto.

255.4. No que se refere à desconsideração da personalidade jurídica, o Código Civil adota a teoria maior e o Código de Defesa do Consumidor, a teoria menor.

COMENTÁRIOS

A assertiva está correta. Ambas as codificações tratam do instituto da desconsideração da personalidade jurídica (art. 50 do Código Civil e art. 28, caput e 5º do CDC). Assim, o Código Civil adotou a teoria maior, ou seja, para que haja a desconsideração da personalidade jurídica, são necessários requisitos, quais sejam: o abuso caracterizado pelo desvio de finalidade ou a confusão patrimonial. Já para o CDC, que adota a teoria menor, basta a insolvência para que seja decretada a desconsideração.

15. DIREITO DO CONSUMIDOR

256. (Cespe - Analista Judiciário - Área Judiciária - TJ - CE/2014) A respeito de direito do consumidor, relação locatícia e direito da criança e do adolescente, assinale a opção correta.

a) Tratando-se de contratos de locação de imóvel, a prorrogação da locação por prazo indeterminado implica prorrogação automática da fiança (ope legis), salvo pactuação em sentido contrário, independentemente da época em que o contrato foi firmado.

b) Para efeitos de reparação de danos, equiparam-se a consumidores todas as vítimas do evento, denominados bystanders, ainda que não tenham adquirido produtos como destinatário final.

c) Para a adoção do menor por seus ascendentes ou colaterais exige-se do tutor a devida prestação de contas e o pagamento de eventual débito apurado.

d) O desconhecimento e a boa-fé do fornecedor sobre os vícios de qualidade por inadequação do serviço eximem-no de responsabilidade.

e) Na locação para temporada, se, ao término do prazo ajustado, o locatário não desocupar o imóvel locado, caberá ação reintegratória de posse do imóvel, com pedido liminar de desocupação.

COMENTÁRIOS

Alternativa correta: letra "b". A assertiva está correta, pois de acordo com o que dispõem os artigos 17, parágrafo segundo e 29 do Código de Defesa do Consumidor. São chamados pela doutrina de consumidores por equiparação ou consumidores lato senso. Ressalta-se que não há necessidade de aquisição do produto ou serviço para que se enquadrem nessa qualificação, bastando a exposição destas pessoas às práticas comerciais, como um anuncio publicitário enganoso, por exemplo.

Alternativa "a": A assertiva está incorreta, pois em desacordo com o entendimento firmado no informativo 509 do STJ, o qual pedimos vênia para transcrever: "Em contrato de locação ajustado por prazo determinado antes da vigência da Lei nº 12.112/2009, o fiador somente responde pelos débitos locatícios contraídos no período da prorrogação por prazo indeterminado se houver prévia anuência dele no contrato. A Lei nº 8.245/1991 (Lei do Inquilinato) prevê em seus arts. 46 e 50 que, findo o prazo ajustado, a locação será prorrogada por prazo indeterminado se o locatário continuar na posse do imóvel alugado por mais de trinta dias sem oposição do locador. Conforme a Súm. nº 214/STJ, "o fiador na locação não responde por obrigações resultantes de aditamento ao qual não anuiu". Todavia, diferente é a situação para os contratos de fiança firmados na vigência da Lei nº 12.112/2009, que não pode retroagir para atingir pactos anteriores. Referida lei conferiu nova redação ao art. 39 da Lei nº 8.245/1991, passando a estabelecer que "salvo disposição contratual em contrário, qualquer das garantias da locação se estende até a efetiva devolução do imóvel, ainda que prorrogada a locação por prazo indeterminado, por força desta Lei". Dessa forma, para os novos contratos, a prorrogação da locação por prazo indeterminado implica também prorrogação automática da fiança (ope legis), salvo pactuação em sentido contrário, resguardando-se, evidentemente, durante essa prorrogação, a faculdade do fiador de exonerar-se da obrigação mediante notificação resilitória."

Alternativa "c": A assertiva está incorreta, pois o art. 42, parágrafo primeiro do Estatuto da Criança e do Adolescente proíbe expressamente a adoção pelos ascendentes e irmãos do adotando. A doutrina fundamenta tal vedação no fato de que a permissão alteraria o local do adotando na ordem de vocação hereditária. Independentemente da adoção do tutelado, os tutores são obrigados a prestar contas da sua administração (art. 1.755 do Código Civil).

Alternativa "d": A assertiva está incorreta, pois mesmo que o fornecedor desconheça os vícios de qualidade por inadequação do serviço, responderá objetivamente pelo dano causado ao consumidor. (art. 23 do Código de Defesa do Consumidor). Caso assim não fosse, bastaria o fornecedor alegar tal ignorância para estar isento de qualquer responsabilidade com relação ao serviço defeituoso entregue ao consumidor.

Alternativa "e": A assertiva está equivocada, vez que afronta o disposto no art. 59 da Lei do Inquilinato. Caso o locatário não desocupe o imóvel ao final do prazo do contrato de aluguel por temporada, o locador poderá ingressar com ação de despejo, em até 30 dias após o vencimento do contrato. O juiz poderá conceder liminar ordenando a desocupação em 15 dias, desde que prestada caução no valor equivalente a 03 meses de aluguel.

257. (Cespe - Procurador BACEN/2013) No âmbito das relações de consumo, a inversão no ônus da prova

a) só é possível em caso de hipossuficiência do consumidor e verossímeis as alegações.

b) pode ser estabelecida em cláusula contratual.

c) está condicionada à manifestação do juiz, dado que não há tipificação legal.

d) acarreta a obrigação de a outra parte custear as despesas com a perícia.

e) é incabível em ação coletiva, conforme entendimento do STJ.

COMENTÁRIOS

Alternativa correta: letra "b". A assertiva está correta, desde que a estipulação não prejudique o consumidor. Inteligência do art. 51, inciso VI do Código de Defesa do Consumidor, que estabelece que são nulas de pleno direito cláusulas contratuais relativas ao fornecimento de produtos e serviços que estabeleçam o ônus da prova em prejuízo ao consumidor.

Alternativa "a": A assertiva está equivocada, pois o preenchimento de tais requisitos só será exigido quando a inversão depender de manifestação judicial nesse sentido (art. 6, inciso VIII do CDC). Nas hipóteses em que a inversão é prevista em lei, pois exige prova por parte do fornecedor, o preenchimento destes requisitos é desnecessário, como por exemplo art. 12, parágrafo terceiro do mesmo diploma legal.

Alternativa "c": A assertiva está incorreta, pois apesar de o art. 6, inciso III do CDC estabelecer a inversão do ônus da prova como regra de julgamento condicionada ao preenchimento dos requisitos ali exigidos, existem situações de inversão do ônus da prova previstas expressamente no Código de Defesa do Consumidor. A título de exemplo, podemos citar o art. 12, parágrafo terceiro; o art. 14, parágrafo terceiro e o art. 38.

Alternativa "d": A assertiva está errada, pois em desacordo com o julgado a seguir transcrito: "inversão do ônus da prova não tem o efeito de obrigar a parte contrária a arcar com as custas da prova requerida pelo consumidor. No entanto, sofre as conseqüências processuais advindas de sua não produção" (REsp nº 443.208-RJ, Terceira Turma, Relatora a Ministra Nancy Andrighi, DJ de 17/3/2003)

Alternativa "e": A assertiva está incorreta, vez que afronta entendimento firmado pelo STJ em julgamento do REsp 951785 datado de 15/02/2011 de relatoria do Min. Luis Felipe Salomão a seguir transcrito: "(...) Não há óbice a que seja invertido o ônus da prova em ação coletiva – providência que, em realidade, beneficia a coletividade consumidora –, ainda que se cuide de ação civil pública ajuizada pelo Ministério Público. 2. Deveras, "a defesa dos interesses e direitos dos consumidores e das vítimas" – a qual deverá sempre ser facilitada, por exemplo, com a inversão do ônus da prova – "poderá ser exercida em juízo individualmente, ou a título coletivo" (art. 81 do CDC)."

---

258. (Cespe – Procurador do DF/ 2013) A respeito do direito das relações de consumo e da responsabilidade civil, julgue os itens subsequentes.

258.1. O fornecedor que oferecer abatimento no preço do produto e reduzir o volume da mercadoria para quantidade diversa da que habitualmente fornecia no mercado não responderá por vício de quantidade, ainda que não informe na embalagem, de forma clara, precisa e ostensiva, a diminuição do conteúdo, dada a redução do preço do produto.

COMENTÁRIOS

A assertiva está errada, vez que deixa de observar o art. 6, inciso VI do CDC, que elenca entre os direitos básicos do consumidor a informação clara e adequada sobre os produtos e serviços, com especificação correta de quantidade, qualidade, riscos e etc. Ainda nesse sentido, acórdão publicado no informativo 524 do STJ: "Ainda que haja abatimento no preço do produto, o fornecedor responderá por vício de quantidade na hipótese em que reduzir o volume da mercadoria para quantidade diversa da que habitualmente fornecia no mercado, sem informar na embalagem, de forma clara, precisa e ostensiva, a diminuição do conteúdo." (STJ. 2ª Turma. REsp 1.364.915-MG, Rel. Min. Humberto Martins, j. em 14/5/2013.)

258.2. Os moradores de casas atingidas pela queda de aeronave pertencente a pessoa jurídica nacional de direito privado prestadora de serviço de transporte aéreo devem lastrear seus pedidos de ressarcimento de danos sofridos somente nos dispositivos do Código Civil, e não no Código de Defesa do Consumidor, uma vez que, não tendo utilizado os serviços da empresa aérea como destinatários finais, eles não se caracterizam como consumidores.

COMENTÁRIOS

A assertiva está equivocada, pois o art. 17 do Código de Defesa do Consumidor determina que devem ser equiparados aos consumidores todas as vítimas do evento, chamadas pela doutrina de consumidores por equiparação ou bystanders. Nesse sentido, julgado extraído do informativo 525 do STJ, relativo ao acidente com o avião Fokker 100 da Tam Linhas Aéreas que caiu em cima de residências no bairro Jabaquara em São Paulo: "É de cinco anos o prazo de prescrição da pretensão de ressarcimento de danos sofridos pelos moradores de casas atingidas pela queda, em 1996, de aeronave pertencente a pessoa jurídica nacional e de direito privado prestadora de serviço de transporte aéreo. Isso porque, na hipótese, verifica-se a configuração de um fato do serviço, ocorrido no âmbito de relação de consumo, o que enseja a aplicação do prazo prescricional previsto no art. 27 do CDC. Com efeito, nesse contexto, enquadra-se a sociedade empresária no conceito de fornecedor estabelecido no art. 3º do CDC, enquanto os moradores das casas atingidas pela queda da aeronave, embora não tenham utilizado o serviço como destinatários finais, equiparam-se a consumidores pelo simples fato de serem vítimas do evento (*bystanders*), de acordo com o art. 17 do referido diploma legal. Ademais, não há dúvida de que o evento em análise configura fato do serviço, pelo qual responde o fornecedor, em consonância com o disposto do art. 14 do CDC (...)" (REsp 1.202.013-SP, Rel. Min. Nancy Andrighi, julgado em 18/6/2013.)

259. (Cespe – Procurador Federal/2013) A respeito do negócio jurídico, das obrigações, dos contratos e da responsabilidade civil, julgue os itens a seguir.

259.1. No que diz respeito à configuração do vício do produto, o CDC não faz distinção quanto à gravidade do vício, quanto a ele ser anterior, contemporâneo ou posterior à entrega do bem, e nem se esta se deu em razão de contrato.

COMENTÁRIOS

A assertiva está correta. Exige do candidato conhecimento da disciplina atinente aos vícios redibitórios prevista no Código Civil e vícios do produto prevista do Código de Defesa do Consumidor. Enquanto no primeiro, entre os artigos 441 e 446, há a menção quanto à gravidade do vício, o momento de sua constatação e sua origem contratual, o segundo baseia-se na vulnerabilidade do consumidor, bastando a constatação do vício e a existência da relação de consumo para que haja a responsabilização do fornecedor.

259.2. A nulidade do negócio jurídico realizado em fraude contra credores é subjetiva, de forma que, para a sua tipificação, deve ser provada a intenção de burlar o mandamento legal.

COMENTÁRIOS

A assertiva está equivocada. Primeiro porque o ato praticado em fraude contra credores é passível de anulação e não de nulidade, como quer fazer parecer o examinador (art. 158 do Código Civil). Para a configuração de fraude contra credores em alienação onerosa de bem, são necessários: anterioridade de crédito; *eventus damni* (prejuízo ao credor) e *consilium fraudis* (conluio fraudulento entre devedor e adquirente). Para a configuração de fraude contra credores em alienação gratuita de bem, dispensa-se a demonstração da má-fé, bastando que haja a anterioridade do crédito e o evento danoso.

259.3. Os contratos são passíveis de revisão judicial, ainda que tenham sido objeto de novação, quitação ou extinção, haja vista não ser possível a validação de obrigações nulas.

COMENTÁRIOS

A assertiva está correta, vez que toda e qualquer relação contratual pode ser revista, ainda que tenha sido objeto de novação, quitação ou extinção, o que se dá em razão da prevalência do princípio da função social do contrato sobre o princípio do pacta sunt servanda. Nesse sentido: "A novação, conquanto modalidade de extinção de obrigação em virtude da constituição de nova obrigação substitutiva da originária, não tem o condão de impedir a revisão dos negócios jurídicos antecedentes, máxime diante da relativização do princípio do pacta sunt servanda, engendrada pela nova concepção do Direito Civil, que impõe o diálogo entre a autonomia privada, a boa-fé e a função social do contrato. Inteligência da Súmula 286 do STJ. " (STJ, AgREsp 76.535 – SC de relatoria do Min. Antônio Carlos Ferreira, julgado em 23/04/2015)

259.4. De acordo com o STJ, as empresas concessionárias de energia elétrica respondem objetivamente pelos danos causados a terceiros, em suas instalações, em virtude do risco excepcional que envolve o fornecimento de energia elétrica.

COMENTÁRIOS

A assertiva está correta, pois em consonância com o entendimento firmado pelo STJ a seguir transcrito: "(...) 3. Mesmo antes da Constituição Federal de 1988 e da entrada em vigor do Código Civil de 2002, já se reconhecia a responsabilidade objetiva da empresa concessionária de energia elétrica, em virtude do risco da atividade. 4. O risco da atividade de fornecimento de energia elétrica é altíssimo sendo necessária a manutenção e fiscalização rotineira das instalações. Reconhecida, portanto, a responsabilidade objetiva e o dever de indenizar (...)" (REsp 1095575/SP, Rel. Ministra NANCY ANDRIGHI, TERCEIRA TURMA, julgado em 18/12/2012, DJe 26/03/2013)

260. (Cespe – Juiz Federal Substituto 2ª região/ 2013) De acordo com o Código Civil, o Estatuto do Idoso e a jurisprudência do STJ, assinale a opção correta.

a) Entre as preferências e privilégios dos credores, o privilégio geral só compreende os bens sujeitos ao pagamento do crédito que ele favorece; e o especial, todos os bens não sujeitos ao crédito real nem a privilégio geral.

b) A interrupção da prescrição por um credor não aproveita aos outros; da mesma maneira, a interrupção da prescrição produzida contra o principal devedor não prejudica o fiador.

c) Segundo os ditames do Estatuto do Idoso e de acordo com o entendimento do STJ, é vedado às seguradoras de planos de saúde o aumento desarrazoado das mensalidades dos planos pelo simples fato de mudança de faixa etária.

d) As nulidades devem ser pronunciadas pelo juiz, quando conhecer do negócio jurídico ou dos seus efeitos e as encontrar provadas, sendo-lhe permitido supri-las de ofício ou a requerimento das partes.

e) Segundo o Código Civil, a invalidade do instrumento induz a do negócio jurídico mesmo que este possa ser provado por outro meio.

COMENTÁRIOS

Alternativa correta: letra "c". A assertiva está correta, pois corrobora entendimento firmado no informativo 551 do STJ: "(...) Posteriormente, em razão do advento do art. 15, § 3º, da Lei 10.741/2003 (Estatuto do Idoso) que estabelece ser "vedada a discriminação do idoso nos planos de saúde pela cobrança de valores diferenciados em razão da idade", impõe-se encontrar um ponto de equilíbrio na interpretação dos diplomas legais que regem a matéria, a fim de se chegar a uma solução justa para os interesses em conflito. Nesse passo, não é possível extrair-se do art. 15, § 3º, do Estatuto do Idoso uma interpretação que repute, abstratamente, abusivo todo e qualquer reajuste que se baseie em mudança de faixa etária, mas tão somente o aumento discriminante, desarrazoado, que, em concreto, traduza verdadeiro fator de discriminação do idoso, por visar dificultar ou impedir a permanência dele no seguro – saúde; prática, aliás, que constitui verdadeiro abuso de direito e violação ao princípio da igualdade e divorcia-se da boa-fé contratual. Ressalte-se que o referido vício – aumento desarrazoado – caracteriza-se pela ausência de justificativa para o nível do aumento aplicado. Situação que se torna perceptível, sobretudo, pela demasiada majoração do valor da mensalidade do contrato de seguro de vida do idoso, quando comparada com os percentuais de reajustes anteriormente postos durante a vigência do pacto (...) Portanto, excetuando-se as situações de abuso, a norma inserida na cláusula em análise – que autoriza o aumento das mensalidades do seguro em razão de o usuário completar sessenta anos de idade – não confronta o art. 15, § 3º, do Estatuto do Idoso, que veda a discriminação negativa, no sentido do injusto. (REsp 1.381.606-DF, Rel. originária Min. Nancy Andrighi, Rel. para acórdão Min. João Otávio De Noronha, julgado em 7/10/2014) .

Alternativa "a": A assertiva está incorreta, pois afronta o disposto no art. 963 do Código Civil que determina que o privilégio especial só compreende os bens sujeitos ao pagamento de crédito que ele favorece, enquanto que o privilégio geral abrange todos os bens não sujeitos a crédito real e nem a privilégio especial.

Alternativa "b": A assertiva está incorreta, pois afronta o disposto no art. 204 do Código Civil que determina que a interrupção da prescrição por um credor não aproveita aos outros, mas a produzida contra o devedor principal prejudica o fiador (art. 204, parágrafo terceiro do Código Civil)

Alternativa "d": A assertiva está errada, vez que afronta o disposto no parágrafo único do art. 168 do Código Civil: "As nulidades devem ser pronunciadas pelo juiz, quando conhecer do negócio jurídico ou dos seus efeitos e as encontrar provadas, não lhe sendo permitido supri-las, ainda que a requerimento das partes."

Alternativa "e": A assertiva está incorreta, pois em desacordo com o que preceitua o art. 183 do Código Civil, no sentido de que se o negócio jurídico puder ser provado por outro meio, a invalidade do instrumento não induzirá a sua invalidade.

---

261. (Cespe – Defensor Público – AC/ 2012) No que diz respeito às relações de consumo, assinale a opção correta.

a) O CDC não se aplica aos contratos de planos de saúde, regulados por norma específica ditada em lei especial.

b) Contrato de mútuo firmado entre correntista pessoa física e instituição financeira, para a compra de ações de sociedade anônima, não configura relação de consumo, pois o correntista não pode ser qualificado como destinatário final do produto, que constitui investimento.

c) O STJ não admite a revisão de ofício de cláusulas contratuais consideradas abusivas em contratos sujeitos às normas de defesa do consumidor.

d) Visando à adoção do critério finalista para a interpretação do conceito de consumidor, a jurisprudência do STJ veda a aplicabilidade do CDC às relações entre fornecedores e sociedades empresárias.

e) A discussão judicial da dívida obsta a negativação do nome do devedor nos cadastros de inadimplentes.

COMENTÁRIOS

Alternativa correta: letra "c". A assertiva está correta, pois de acordo com o entendimento firmado pelo STJ no julgamento do AgRg no REsp 871229/MS datado de 10/05/2011 de relatoria do Min. Luis Felipe Salomão, o qual pedimos vênia para transcrever: "(...) Encontra-se consolidado no Superior Tribunal de Justiça o entendimento acerca da impossibilidade de revisão de ofício de cláusulas consideradas abusivas em contratos que regulem relação de consumo."

Alternativa "a": A assertiva está incorreta, pois em desacordo com o que preceitua a súmula 469 do STJ que determina a aplicação do Código de Defesa do Consumidor aos contratos de plano de saúde.

Alternativa "b": A assertiva está incorreta, pois em desacordo com o que preceitua a súmula 297 do STJ que determina a aplicação do Código de Defesa do Consumidor às instituições financeiras. Ressalta-se que no julgamento da ADI 2591 realizado em 07/06/2006, o STF decidiu pela aplicação do CDC a toda e qualquer atividade bancária.

Alternativa "d": A assertiva está errada, pois confronta com posicionamento firmado pelo STJ no julgamento do REsp 1196951/PI datado de 14/02/2012 de relatoria do Min. Luis Felipe Salomão a seguir transcrito: "(...) Embora consagre o critério finalista para interpretação do conceito de consumidor, a jurisprudência do

STJ também reconhece a necessidade de, em situações específicas, abrandar o rigor desse critério para admitir a aplicabilidade do CDC nas relações entre fornecedores e sociedades-empresárias em que fique evidenciada a relação de consumo."

Alternativa "e": A assertiva está equivocada, conforme entendimento do STJ a seguir transcrito: "(...) A simples discussão judicial da dívida não é suficiente para afastar a mora, bem como obstaculizar ou remover a negativação do devedor nos bancos de dados a qual depende da presença concomitante dos seguintes requisitos: a) ação proposta pelo devedor contestando a existência integral ou parcial do débito; b) efetiva demonstração de que a pretensão se funda na aparência do bom direito; e c) depósito ou prestação de caução idônea do valor referente à parcela incontroversa, para o caso de a contestação ser apenas de parte do débito." (REsp 1.061.530/RS, relatora Min. Nancy Andrighi, DJE de 10/03/2009).

262. (Cespe – Juiz de Direito Substituto – AC/ 2012) Acerca de relações de consumo, locação, direitos autorais e títulos de crédito, assinale a opção correta.

a) Tratando-se de conta-corrente conjunta em que cada cotitular a movimente livremente, caso haja emissão de cheque sem provisão de fundos, tanto o nome do correntista emissor quanto o do outro estranho ao título poderão ser negativados no cadastro de proteção ao crédito.

b) As concessionárias de serviços rodoviários, nas suas relações com os usuários, estão subordinadas à legislação consumerista, podendo ser qualificadas como fornecedoras.

c) O CDC não é aplicável às instituições bancárias.

d) Nos contratos de locação, é inválida a cláusula de renúncia à indenização das benfeitorias e ao direito de retenção.

e) Consoante pacífica jurisprudência do STJ, é admissível o interdito proibitório para a proteção do direito autoral.

COMENTÁRIOS

Alternativa correta: letra "b". A assertiva está correta, de acordo com o julgado a seguir transcrito: "Concessionária de rodovia. Acidente com veículo em razão de animal morto na pista. Relação de consumo. 1. As concessionárias de serviços rodoviários, nas suas relações com os usuários da estrada, estão subordinadas ao Código de Defesa do Consumidor, pela própria natureza do serviço. No caso, a concessão é, exatamente, para que seja a concessionária responsável pela manutenção da rodovia, assim, por exemplo, manter a pista sem a presença de animais mortos na estrada, zelando, portanto, para que os usuários trafeguem em tranquilidade e segurança. Entre o usuário da rodovia e a concessionária, há mesmo uma relação de consumo, com o que é de ser aplicado o art. 101, do Código de Defesa do Consumidor. 2. Recurso especial não conhecido." (Superior Tribunal de Justiça – Terceira Turma/ REsp 467883/RJ/ Relator: Ministro Carlos Alberto Menezes Direito/ Julgado em 17.06.2003/ Publicado no DJ em 01.09.2003, p. 281).

Alternativa "a": A assertiva está equivocada, pois a solidariedade neste caso é apenas ativa e não passiva, de acordo com o Informativo nº 264 – TJDFT, o qual reproduzimos: Contrato de conta conjunta – Solidariedade ativa. No julgamento de apelação interposta por instituição financeira contra sentença que julgou parcialmente procedentes os pedidos de exclusão do nome de correntista do cadastro de emitentes de cheques sem fundos e de indenização pelos danos morais sofridos, a Turma negou provimento ao recurso. Segundo o relato, o nome do autor foi negativado em razão da devolução de trinta e cinco cheques sem fundos, todos emitidos exclusivamente por sua companheira, com a qual mantém conta conjunta. Foi relatada a argumentação do banco de que a inscrição do nome do autor nos cadastros de proteção ao crédito decorreu da solidariedade existente entre os cotitulares de contas-correntes. Diante de tais fatos, o Desembargador esclareceu que a solidariedade decorrente da abertura de conta conjunta é solidariedade ativa, vez que cada titular está autorizado a movimentar livremente a conta, e não solidariedade passiva. Assim, afirmou que os cotitulares não são devedores passivos solidários perante o portador do cheque sem suficiente provisão de fundos, pois a dívida se vincula à cártula e não ao contrato bancário firmado com a instituição financeira. Nesse sentido, ante o reconhecimento da ilicitude na conduta do banco, o Colegiado manteve a sentença. (20090110029773APC, Relatora – Des. Nídia Corrêa Lima. Data da Publicação 01/08/2013.)

Alternativa "c": A assertiva está errada, por contrariar entendimento sumulado pelo STJ: Súmula 297 – "O Código de Defesa do Consumidor é aplicável às instituições financeiras"

Alternativa "d": A assertiva está incorreta, por contrariar entendimento trazido pela súmula 335 do STJ a seguir transcrita: "Nos contratos de locação, é valida a cláusula de renúncia à indenização das benfeitorias e ao direito de retenção."

Alternativa "e": A assertiva está errada, conforme preceitua Súmula 228 do STJ: "É inadmissível o interdito proibitório para a proteção do direito autoral."

263. (Cespe – Juiz de Direito Substituto – PI/ 2012) Considerando que, em determinada festa, a explosão de uma garrafa de refrigerante cause danos a algumas pessoas, assinale a opção correta.

a) Para acionar judicialmente o fabricante, será necessária a demonstração da ocorrência de conduta culposa.

b) A ausência de comprovação de defeito na fabricação do produto excluirá a responsabilidade do fabricante.

c) Caso se trate de produto importado, o importador será considerado fornecedor presumido e responderá de forma objetiva pelos danos causados.

d) Se for comprovado que o dano decorreu de defeito de informação, a responsabilidade do comerciante será afastada.

e) Será solidária a responsabilidade do comerciante pelos danos causados às pessoas atingidas.

COMENTÁRIOS

Alternativa correta: letra "c". A assertiva está correta, pois o art. 12 do Código de Defesa do Consumidor determina que todos os participantes da cadeia de fornecimento do produto respondem, independentemente da existência de culpa (objetivamente) pela reparação dos danos causados ao consumidor.

Alternativa "a": A assertiva está equivocada, pois o art. 12 do Código de Defesa do Consumidor determina que todos os participantes da cadeia de fornecimento do produto respondem, independentemente da existência de culpa (objetivamente) pela reparação dos danos causados ao consumidor.

Alternativa "b": A assertiva está incorreta, pois trata-se de hipótese de inversão do ônus da prova ope legis, de forma que caberá ao fornecedor a prova de que o defeito inexiste (art. 12, parágrafo terceiro, inciso II do Código de Defesa do Consumidor)

Alternativa "d": A assertiva está incorreta, pois também é direito básico do consumidor a informação clara e precisa sobre todos os aspectos do produto ou serviço (art. 6, inciso III do Código de Defesa do Consumidor), de forma que sua não observância também acarreta a responsabilização do fornecedor.

Alternativa "e": A assertiva está equivocada, pois tratando-se de produto importado, a responsabilidade do comerciante será subsidiária ao do fabricante e à de quem colocou o produto em circulação. Caso não seja possível a identificação dessas pessoas, aí sim o comerciante responderá solidariamente pelos danos causados ao consumidor. (art. 13, inciso II do Código de Defesa do Consumidor).

16. DIREITOS AUTORAIS

264. (Cespe – Juiz de Direito Substituto – BA/ 2012) No que concerne a direitos autorais, assinale a opção correta.

a) A constituição do direito autoral ocorre com o registro da obra.

b) O autor da obra feita sob encomenda não gozará de forma plena dos direitos autorais.

c) A omissão do nome do autor na obra implica presunção relativa de anonimato.

d) Direitos conexos aos do autor não gozam de proteção no direito autoral.

e) À obra de gênero diferente pode ser dado título de obra já existente.

COMENTÁRIOS

Alternativa correta: letra "e": A afirmativa está correta, haja vista que de encontro com o contido no art. 10 da Lei 9.610/98 (Lei de direitos autorais). Assim, somente as obras do mesmo gênero, não poderão ter o mesmo título.

Alternativa "a": Errada, haja vista que a proteção dos direitos independe do registro, nos termos do previsto no art. 18, Lei 9.610/98 (Lei de direitos autorais).

Alternativa "b": Errada. Importante frisar que a lei não trata especificamente das obras por encomenda em relação à proteção do direito do autor, devendo as partes fixarem em contrato às exceções ao preceito que assim determina: "salvo disposição em contrário, os direitos em obras sob encomenda remanescem com o criador originário".

Alternativa "c": Errada, haja vista que a omissão do nome do autor não implica em anonimato ou em cessão de direito, de acordo com o previsto no art. 10, da Lei 9.610/98.

Alternativa "d": Errada, haja vista que que os direitos conexos são protegidos pela lei de direitos autorais (Lei 9.610/98), inclusive o Título V da referida lei é denominado "Dos direitos conexos", estando expressamente previsto em seu art. 89. Por fim, cumpre ressaltar que os direitos conexos são o que têm como finalidade a proteção dos interesses jurídicos de certas pessoas ou organizações que contribuem para tornar as obras acessíveis ao público ou que acrescentem à obra seu talento criativo, conhecimento técnico ou competência em organização.

265. (Cespe – Juiz de Direito Substituto – ES/2011) Com base na jurisprudência edificada no STJ sobre os direitos autorais, assinale a opção correta.

a) A pena pecuniária imposta a contrafator de programas de computador é restrita ao valor de mercado dos programas apreendidos.

b) Para a responsabilização do agente que reproduz obra de arte sem a prévia e expressa autorização do seu autor, deve ser aferida a sua culpa.

c) Não configura infração à legislação autoral a autorização de uso de software e módulos atinentes a ensino a distância por universidade contratante a outras para as quais não tenham sido licenciados os produtos, se coligadas.

d) A utilização de obras musicais em espetáculos gratuitos promovidos pela municipalidade não enseja a cobrança de direitos autorais.

e) A simples circunstância de serem publicadas fotografias sem a indicação de autoria é suficiente para dar ensejo a indenização por danos morais.

COMENTÁRIOS

Alternativa correta: letra "e": Correta, de acordo com entendimento pacificado do STJ sobre o tema: "Juizados especiais cíveis. Ação de indenização. Publicação em site, de fotografia internacionalmente premiada, sem autorização do autor e sem indicação de autoria. Dano material existente. Danos morais caracterizados. Procedência. Majoração do valor indenizatório à título de danos materiais. Condenação em danos morais. Sentença modificada em parte. 1.a. Utilização de fotografias sem autorização do autor e sem indicação dos créditos de autoria, descumprindo a lei, obriga o responsável pela utilização à reparar os danos materiais e morais decorrentes, conforme inteligência do artigo 29 da lei 9.610/98, e artigo 927, do código civil. 2.segundo dispõe o artigo 5º, inciso XXVII, da constituição federal: "aos autores pertence o direito exclusivo de utilização, publicação ou reprodução de suas obras, transmissível aos herdeiros pelo tempo que a lei fixar", emprestando-lhe o status de direitos fundamentais. No âmbito infraconstitucional, o artigo 79 da lei nº 9.610/98, estabelece que: "o autor de obra fotográfica tem direito a reproduzi-la e colocá-la à venda, observadas as restrições à exposição, reprodução e venda de retratos, e sem prejuízo dos direitos de autor sobre a obra fotografada, se de artes plásticas protegidas.". 3.no presente caso, o autor/recorrente comprovou que é artista e que utiliza artisticamente suas obras (fotografias), obtendo proveito econômico. A ré, por outro lado, não se desincumbiu do ônus de demonstrar que estava autorizada, de alguma forma, à utilizar as mencionadas fotografias em seu sítio na internet. Assim, neste ponto, torna-se incensurável a sentença que reconhece o dever de indenizar pelos danos causados em decorrência da utilização das fotos sem prévia autorização do autor. 4. Cito precedente julgado nesta corte, cujo trecho transcrevo à seguir: "(...)4. Nesse passo, a publicação da fotografia para ilustrar publicidade empresarial sem o expresso consentimento do autor, bem como sem assinalar a correta autoria da obra, dá ensejo aos danos materiais, eis que o recorrido deixou de perceber a pecúnia condizente a veiculação da foto (a cessão total ou parcial desses direitos será sempre por escrito e presumir-se-á onerosa. – art. 50, caput, e § 2º, lei 9.610/98)." (ACJ 2009.01.1.120750-3, rei. Juiz Luis Eduardo Yatsuda Arima, 1a TRJE/DF). 5º Outrossim, já decidiu o colendo STJ, acerca do cabimento dos danos morais em casos análogos: "(...) 4. A simples circunstância de as fotografias terem sido publicadas sem a indicação de autoria – como restou incontroverso nos autos – é o bastante para render ensejo à reprimenda indenizatória por danos morais. 5. O valor da condenação por danos morais (r$ 15.000,00) deve ser mantido, uma vez não se distanciar dos parâmetros praticados por esta corte. (...)" (REsp 750.822/RS, rel. Ministro Luis Felipe Salomão, quarta turma). 6.com efeito, fixo em r$1.500,00(um mil e quinhentos reais) o quantum relativo ao dano moral, em homenagem aos critérios já sedimentados pela doutrina e jurisprudência pátrias, bem como aos princípios da razoabilidade e proporcionalidade, sem perder de vista o aspecto punitivo (punitive damage) de que se reveste a condenação. 7. Necessária, outrossim, a adequação do valor relativo à indenização por danos materiais, máxime quando a ilustre magistrada de 1º grau, ao atribuir o valor tendo como base o mercado para fotografias de fotojornalismo, utilizou-se de parâmetro equivocado, quando deveria ter como base o piso para trabalhos relacionados ao mercado artístico e, eventualmente até mesmo, ao mercado publicitário e; olvidou tratar-se de fotografia artística premiada, inclusive internacionalmente; o que faço, com fulcro no preceituado no artigo 6º do CDC, majorando para r$ 1.500,00(um mil e quinhentos reais) a indenização a título de danos materiais. 8. Precedentes desta turma: "(acórdão nº 384865, 20080111239499acj, relator Arlindo mares, 2ª turma recursal dos juizados especiais do distrito federal, julgado em 13/10/2009, dj 03/11/2009 p. 230)." 9. Recurso conhecido e provido em parte. Sentença reformada em parte, servindo-se a súmula de julgamento como acórdão, conforme o disposto no art. 46, da lei nº 9.099/95. 10. Sem condenação em custas adicionais e honorários advocatícios, ante a ausência de recorrente vencido. (Acórdão nº 684912 do Processo nº20110111382716acj. Data 11/06/2013).

Alternativa "a": Errada. Eis o entendimento do STJ acerca do assunto: "Agravo regimental nos embargos de declaração em recurso especial. Responsabilidade civil. Direito autoral. Programa de computador (software). Possibilidade de identificação numérica da contrafação. Inaplicabilidade do artigo 103, parágrafo único da lei nº 9610/98. Indenização devida nos termos do artigo 102 da lei nº 9.610/98. Contrafação praticada sem o intuito de concorrer ou comprometer a indústria legalizada. Pena arbitrada no equivalente a dez vezes o preço de mercado do produto violado na data do ilícito praticado. 1. "A pena pecuniária imposta ao infrator não se encontra restrita ao valor de mercado dos programas apreendidos. Inteligência do art. 102 da Lei 9.610/98 – 'sem prejuízo da indenização cabível.' – na fixação do valor da indenização pela prática da contrafação" (REsp 1.136.676 – RS, Rel. Min. Nancy Andrighi) 2. O parágrafo único do art. 103 da Lei nº 9.610/98 tem sua aplicação condicionada à impossibilidade de quantificação dos programas de computador utilizados sem a devida licença, o que não é o caso dos autos. 3. O simples pagamento, pelo contrafator, do valor de mercado por cada exemplar apreendido, não corresponde à indenização pelo dano causado decorrente do uso indevido, tampouco inibe a sua prática. 4. (...) 5. Agravo regimental não provido. (AgRg nos EDcl no REsp 1158622/RS, Rel. Ministro Ricardo Villas Bôas Cueva, Terceira Turma, julgado em 15/03/2012, DJe 22/03/2012)

Alternativa "b": Errada, pois contrária ao entendimento do STJ sobre o tema. "Recurso especial – direitos autorais – reprodução de obra sem autorização – responsabilidade objetiva – aquisição e distribuição por terceira pessoa – vantagens indiretas – solidariedade com o contrafator, independente de culpa – recurso improvido. 1. É objetiva a responsabilidade do agente que reproduz obra de arte sem a prévia e expressa autorização do seu autor. 2. Reconhecida a responsabilidade do contrafator, aquele que adquiriu a obra fraudulenta e obteve alguma vantagem com ela, material ou imaterial, também responde pelo violação do direito do autor, sem espaço para discussão acerca da sua culpa pelo evento danoso. 3. Recurso improvido. (REsp 1123456/RS, Rel. Ministro Massami Uyeda, Terceira Turma, julgado em 19/10/2010, DJe 03/12/2010).

Alternativa "c": Errada. Eis o entendimento do STJ: "Recurso especial. I. – preliminares de violação do art. 535 e de cerceamento de prova no julgamento antecipado da lide rejeitadas. Ii. – direito autoral. Software e módulos para ensino à distância. Licenciamento. Ilicitude de cessão a outras universidades a que ligada a contratante. III. – condenação à regularização, sob multa, e ao pagamento de indenização. IV. – indenização calculada com base no número de usos ilícitos e não sobre o número de mais 3.000 exemplares, como previsto no art. 103, § ún., da lei de direito autoral. V. – multa de 10 (dez) vezes o número de exemplares fraudulentos; vi. – liquidação por arbitramento determinada; VII. – sucumbência integral mantida a cargo da ré. I. – (...) II. – Configura infração à legislação autoral a autorização de uso de software e módulos atinentes a ensino à distância por outras universidades a ela coligadas, para as quais não licenciados os produtos. (REsp 1127220/SP, Rel. Ministro Sidnei Beneti, Terceira Turma, julgado em 19/08/2010, DJe 19/10/2010).

Alternativa "d": Errada, pois contrária ao entendimento do STJ: "processual civil e civil. Ausência de prequestionamento. Súmula nº 282 do stf. Direito autoral. Eventos públicos gratuitos promovidos pela municipalidade em logradouros e praças públicas. Pagamento devido. Utilização de obra musical. Lei nº 9.610/98. 1. Aplica-se o óbice previsto na Súmula nº 282/STF quando a questão infraconstitucional suscitada no recurso especial não foi enfocada no acórdão recorrido. 2. A utilização de obras musicais em eventos públicos gratuitos que são promovidos pela municipalidade enseja, à luz da Lei nº 9.610/98, a cobrança de direitos autorais, a qual não mais está condicionada à auferição de lucro direto ou indireto pelo ente promotor. 3. Agravo regimental desprovido. (AgRg no Ag 1069838/SP, Rel. Ministro João Otávio De Noronha, Quarta Turma, julgado em 03/09/2009, DJe 14/09/2009).

17. ESTATUTO DO IDOSO E ECA

266. (Cespe – Juiz de Direito Substituto – AM/2016) No que se refere aos estatutos do idoso e da criança e do adolescente, assinale a opção correta.

a) A obrigação de prestar alimentos ao idoso é recíproca e conjunta em relação a todos os coobrigados.

b) O princípio da proteção integral e a aplicação de medidas de proteção à criança e ao adolescente, previstas no ECA, justificam a imperatividade na obediência à ordem cronológica do registro de pessoas interessadas na adoção.

c) A prática de ato infracional análogo ao delito de tráfico de entorpecentes permite a aplicação de medida de internação do adolescente infrator.

d) A superveniência da maioridade civil é causa de extinção da medida socioeducativa imposta ao adolescente infrator.

e) No âmbito dos direitos fundamentais da pessoa idosa, o respeito abrange a preservação do direito às ideias e crenças.

COMENTÁRIOS

Alternativa correta: Letra "e": A assertiva está correta pois de encontro ao quanto previsto no § 2º do art. 10 do Estatuto do Idoso, que assim dispõe:

> *Art. 10. É obrigação do Estado e da sociedade, assegurar à pessoa idosa a liberdade, o respeito e a dignidade, como pessoa humana e sujeito de direitos civis, políticos, individuais e sociais, garantidos na Constituição e nas leis. (...)*
>
> *§ 2º O direito ao respeito consiste na inviolabilidade da integridade física, psíquica e moral, abrangendo a preservação da imagem, da identidade, da autonomia, de valores, idéias e crenças, dos espaços e dos objetos pessoais.*

Alternativa "a": Incorreta, pois contraria o previsto no art. 12, Lei nº 10.741/2003 (Estatuto do idoso) que assim dispõe:

> *Art. 12. A obrigação alimentar é solidária, podendo o idoso optar entre os prestadores.*

Alternativa "b": Incorreta, pois em desacordo ao quanto previsto no art. 197-E do Estatuto da Criança e do Adolescente (Lei nº 8.069/1990) que assim dispõe:

Art. 197-E. Deferida a habilitação, o postulante será inscrito nos cadastros referidos no art. 50 desta Lei, sendo a sua convocação para a adoção feita de acordo com ordem cronológica de habilitação e conforme a disponibilidade de crianças ou adolescentes adotáveis.

§ 1º A ordem cronológica das habilitações somente poderá deixar de ser observada pela autoridade judiciária nas hipóteses previstas no § 13 do art. 50 desta Lei, quando comprovado ser essa a melhor solução no interesse do adotando.

Alternativa "c": Incorreta, pois em desacordo ao contido na Súmula 492 do STJ.

Súmula 492 do STJ: "O ato infracional análogo ao tráfico de drogas, por si só, não conduz obrigatoriamente à imposição de medida socioeducativa de internação do adolescente". (Súmula 492, TERCEIRA SEÇÃO, julgado em 08/08/2012, DJe 13/08/2012).

Alternativa "d": Incorreta. O art. 121, §5º, do ECA, prevê, inclusive, a liberação compulsória do adolescente infrator aos 21 anos de idade. Vejamos:

Art. 121. A internação constitui medida privativa da liberdade, sujeita aos princípios de brevidade, excepcionalidade e respeito à condição peculiar de pessoa em desenvolvimento. (...)

§ 5º A liberação será compulsória aos vinte e um anos de idade.

Direito Civil

Jaime Bulos e
Thaís Del Monte Buzato

✦ DICAS (RESUMO)

1. LEI DE INTRODUÇÃO ÀS NORMAS DE DIREITO BRASILEIRO – LINDB

(Decreto-Lei 4.657/42 com redação dada pela Lei 12.376/10)

A LINDB, em seus artigos 1º a 6º, regulamenta a vigência, aplicação, interpretação, integração e possíveis conflitos existentes entre todas as normas do ordenamento jurídico brasileiro, sejam elas de Direito Público ou de Direito Privado. Por esta razão, recebe da doutrina várias denominações, como "lei das leis", "norma das normas", "*lex legum*", "norma de superdireito", "norma de sobredireito", entre outras.

Vigência das leis:

- ***Vacatio legis:*** denomina-se *vacatio legis* o período entre a publicação e a entrada em vigor de uma lei. De acordo com o art. 1º da LINDB: "*Salvo disposição contrária, a lei começa a vigorar em todo o país 45 dias depois de oficialmente publicada.*"

  O legislador pode reduzir, aumentar ou suprimir a *vacatio legis*, pois o prazo de 45 dias estipulado na LINDB é supletivo, o que fica demonstrado com a expressão 'salvo disposição contrária' utilizada pelo legislador.
- ***Vacatio legis* de lei brasileira em estado estrangeiro:** nos estados estrangeiros, quando admitida a aplicação da legislação brasileira, a *vacatio legis* será de três meses (art. 1º, § 1º da LINDB)
- **Lei corretiva:** se houver nova publicação da lei, destinada a correção de erros materiais, durante o período de vacância, o prazo de *vacatio legis* deverá começar a ser contado a partir da nova publicação. Porém, se a nova publicação destinada a correção se der após a entrada em vigor, a lei corretiva será considerada nova lei. (art. 1º, §§ 3º e 4º)
- **Contagem do prazo de vacância:** inclui-se o dia da publicação e o último dia do prazo. A entrada em vigor se dá no primeiro dia subsequente à consumação do prazo, independentemente de ser domingo ou feriado (LC 95/98 art. 8º, § 1º)
- **Revogação das leis:** o princípio da continuidade previsto no art. 2º da LINDB determina que, em regra, uma lei só perderá sua vigência quando sobrevier outra que a modifique ou revogue. Como exceção, têm-se as leis temporárias ou excepcionais, que já entram em vigor com o período de vigência previamente estipulado.

  A revogação poderá ser total (ab-rogação) ou parcial (derrogação). Ainda, poderá se dar de forma expressa ou direta, quando o texto da lei nova a declarar ou; tácita ou indireta, quando o conteúdo da lei nova for incompatível com o conteúdo da lei anterior. (art. 2º, § 1º).
- **Princípio da não repristinação:** previsto no art. 2º, § 3º da LINDB, determina que: "*Salvo disposição em contrário, a lei revogada não se restaura por ter a lei revogadora perdido a vigência.*" Exemplo: Imagine uma situação em que a Lei B revogue a Lei A e, posteriormente, sobrevenha uma Lei C que revogue a Lei B. Salvo se tiver disposição expressa na Lei C, a Lei A não voltará a ter vigência por ter sido a Lei B revogada.

> **Atenção:** "repristinação" e "efeito repristinatório" são fenômenos jurídicos diferentes. A repristinação é um fenômeno legislativo, previsto no art. 2º, § 3º da LINDB, segundo o qual a lei revogada pode ser restaurada por ter a lei revogadora perdido a vigência quando assim expressamente o prever. O efeito repristinatório é fenômeno atinente ao controle concentrado de constitucionalidade, segundo o qual uma norma aparentemente revogada retoma sua vigência em decorrência da declaração de inconstitucionalidade de sua lei revogadora que nasceu eivada de nulidade.

- **Eficácia da lei no tempo:** art. 6º: "*A lei em vigor terá efeito imediato e geral, respeitados o ato jurídico perfeito, o direito adquirido e a coisa julgada.*" Tal dispositivo consagra o previsto no art. 5º, XXXVI da Constituição Federal.

  Ato jurídico perfeito é aquele já consumado segundo a lei vigente ao tempo em que se realizou, não podendo sofrer os efeitos da lei nova (§ 1º). Direito adquirido é aquele já pertencente ao sujeito, pois preenchidos os requisitos exigidos pela lei vigente ao tempo de sua aquisição, ainda que não o tenha exercido durante a vigência da lei revogada (§ 2º). Coisa julgada é a decisão judicial da qual não caiba mais recurso, gerando sua imutabilidade (§ 3º).

2. PARTE GERAL. DAS PESSOAS

Personalidade: é a aptidão exigida pelo direito para que as pessoas (físicas ou jurídicas) possam adquirir direitos e obrigações na ordem civil.

Para as pessoas jurídicas, o início de sua personalidade se dá do registro de seu ato constitutivo no Registro Civil das Pessoas Jurídicas (sociedades simples) ou na Junta Comercial (sociedades empresárias).

Para as pessoas naturais, de acordo com o art. 2º do Código Civil, a personalidade começa com o nascimento com vida. (Teoria natalista).

Apesar de o Código Civil ter adotado a Teoria Natalista quanto à proteção dos direitos da personalidade, não deixou de resguardar os direitos daqueles seres já concebidos, porém ainda não nascidos, os nascituros (art. 2º *in fine*)

Quanto à natureza jurídica dos direitos do nascituro, prevalece hoje a Teoria Mista ou Híbrida criada pela doutrinadora Maria Helena Diniz, segundo a qual o nascituro possui personalidade jurídica dividida em formal e material. A primeira, diz respeito aos direitos não patrimoniais, garantidos ao nascituro desde a concepção. A segunda, diz respeito aos direitos patrimoniais, aos quais o nascituro só terá direito após seu nascimento com vida.

- **Capacidade:** é a medida da personalidade. É a aptidão que o sujeito capaz de direito (personalidade) adquire para a prática dos atos da vida civil por si mesmo.

  O legislador prevê alguns motivos que impedem alguns sujeitos de praticar por si mesmos os atos da vida civil. Trata-se das hipóteses de incapacidade, que pode ser absoluta (art. 3º) ou relativa (art. 4º).

- **Incapacidade absoluta:** é a proibição total para a prática dos atos da vida civil.

  O desrespeito à proibição gera a nulidade absoluta do ato praticado (art. 166, I)

  O instrumento pelo qual se viabiliza a prática de atos relativos aos direitos e interesses do absolutamente incapaz é a representação, que será exercida pelos pais, caso se trate de menor sob poder familiar (art. 1690), pelo tutor, caso o menor esteja sob tutela (art. 1747), ou pelo curador caso a incapacidade absoluta tenha sido reconhecida por outro motivo que não a idade (arts. 1781 e 1747).

  Contra o absolutamente incapaz não corre prazo prescricional (art. 198, I), prazo decadencial (art. 208) e nem prazo para usucapião (art. 1.244).

  Após a entrada em vigor do Estatuto da Pessoa com Deficiência (L. 13.146/15), são absolutamente incapazes (art. 3º): I – Os menores de 16 anos (menores impúberes)

- **Incapacidade relativa:** é a proibição para a prática de determinados atos ou relativa ao modo de exercê-los.

  O desrespeito à proibição gera a nulidade relativa (anulabilidade) do ato praticado (art. 171, I)

  O instrumento pelo qual se viabiliza a prática de atos relativos aos direitos e interesses do relativamente incapaz é a assistência.

  Pelo instituto da assistência, o negócio será realizado em conjunto pelo relativamente incapaz e por seu representante legal.

  Contra o relativamente incapaz corre prazo prescricional e decadencial, exceto na relação entre ascendente e descendente durante o poder familiar (art. 197, II)

  São relativamente incapazes (art. 4º): I – os maiores de 16 e menores de 18 anos (menores púberes), II – Os ébrios habituais, os viciados em tóxico, III – Aqueles que, por causa transitória ou permanente, não puderem exprimir sua vontade, IV – Os pródigos.

  * ATENÇÃO: Com a entrada em vigor do Estatuto da Pessoa com Deficiência, os deficientes mentais não são mais considerados incapazes. Para a prática dos atos da vida civil, precisarão do apoio de duas pessoas de sua confiança, conforme o que determina o art. 1.783-A do Código civil, que trata do instituto da Tomada de Decisão Apoiada, pelo qual o juiz, a pedido da pessoa com deficiência, nomeará duas pessoas idôneas e com as quais a pessoa deficiente mantenha vínculos, para auxiliá-la na tomada de decisões sobre os atos da vida civil.

  Quanto aos relativamente incapazes em razão da idade, menores entre 16 e 18 anos, dispensa-se a assistência para: ser eleitor, ajuizar ação popular, fazer testamento, reconhecer filho, ser testemunha, aceitar mandato, celebrar contrato de trabalho.

  Ainda, caso o menor entre 16 e 18 anos oculte sua idade para eximir-se de obrigação por ele assumida, a lei reconhecerá a validade do negócio a fim de prestigiar a boa-fé da parte contrária. (art. 180)

  A capacidade dos indígenas é regulada pela Lei 6.001/73 – Estatuto do índio.

- **Emancipação:** é o ato pelo qual a lei confere capacidade plena ao menor entre 16 e 18 anos, tornando-o habilitado a praticar por si só todos os atos da vida civil.

  Pode se dar de três formas:

  a) *Voluntária ou direta*: concedida pelos pais ou por um deles na falta do outro, aos filhos maiores de 16 anos, independentemente de homologação judicial, mediante instrumento público.

b) *Judicial:* concedida pelo juiz em procedimento de jurisdição voluntária interposto por maior de 16 anos que se encontra sob tutela.

c) *Legal:* verificada automaticamente quando da ocorrência dos fatos previstos no art. 5º, parágrafo único, incisos II a V do Código Civil: casamento, exercício de emprego público efetivo, colação de grau em nível superior, estabelecimento civil ou comercial ou existência de relação de emprego, desde que, em função dele, o menor com 16 anos tenha economia própria.

- **Fim da personalidade:** de acordo com o art. 6º do Código Civil, a personalidade da pessoa natural tem fim com a sua morte.

  Espécies de morte:

a) *Morte real*: comprovada por exame médico onde há o diagnóstico de morte encefálica (Lei 9.434/97)

b) *Morte civil ou fictícia*: quando a pessoa viva é tratada pelo direito como se morta fosse. Ex.: deserdação

c) *Morte presumida*: situação em que não há a comprovação da ocorrência efetiva da morte, mas em razão da alta probabilidade dela ter ocorrido há a sua declaração. Pode ocorrer sem a necessidade de declaração de ausência (art. 6º), com relação a pessoas em perigo de vida ou desaparecidas em campanha ou feitas prisioneiras passados dois anos do término da guerra (art. 7º). Ainda, de acordo com o art. 88 da Lei de Registros Públicos, de pessoa desaparecida em naufrágio, inundação, incêndio, terremoto ou qualquer outra catástrofe, quando provada sua presença no local do desastre e não for possível encontrar o cadáver para exame.

  Fora as situações acima transcritas, a lei exige que seja declarada a ausência da pessoa para que seja presumida sua morte.

- **Ausência:** Ausente é aquele que desaparece de seu domicílio sem deixar notícia e representante ou mandatário para administrar seus bens (art. 22). Ainda, quando o mandatário não queira ou não possa exercer ou continuar o mandato, bem como se não possuir poderes suficientes. (art. 23).

  A ausência será declarada por meio do procedimento judicial, previsto nos arts. 1159 a 1169 do Código de Processo Civil, composto por três fases, de acordo com a probabilidade de retorno do ausente. a) Curadoria do ausente: o juiz determina a arrecadação dos bens do ausente e lhe nomeia um curador; b) Sucessão provisória: ocorre a habilitação dos herdeiros e imissão na posse dos bens deixados pelo ausente, de acordo com o testamento, se houver, ou ordem de vocação hereditária, mediante caução; c) Sucessão definitiva: é transferida a propriedade dos bens do ausente aos seus sucessores e levantada a caução. A partir da abertura desta fase é que se presume a morte do ausente (art. 6º), de forma que até então os herdeiros tinham apenas expectativa de direito quanto aos bens por ele deixados.

  Se o ausente retornar passados dez anos da abertura da sucessão definitiva, retomará os bens que ainda existirem no estado em que se encontrarem, os sub-rogados em seu lugar ou o preço que os herdeiros tiverem recebido a título de alienação.

- **Direitos da personalidade:** aqueles que têm por objeto os atributos físicos e psíquicos da pessoa humana, indispensáveis para um desenvolvimento digno de cada um.

  Em proteção ao direito à vida e ao corpo vivo, o art. 13º do Código Civil prevê a proibição de ato de disposição do corpo quando importar diminuição permanente da integridade física ou contrariar os bons costumes. A regra é flexibilizada nos casos de exigência médica ou para fins de transplante.

  A expressão "exigência médica" refere-se tanto ao bem estar físico quanto ao bem estar psíquico da pessoa. Ressalta-se que mesmo nos casos em que há exigência médica, ninguém pode ser forçado a submeter-se a tratamento ou intervenção cirúrgica quando houver risco de vida (art. 15). Ao médico cabe o dever de informação sobre as especificidades do procedimento e os riscos, sob pena de responsabilização, e ao paciente cabe a escolha pela realização ou não do procedimento.

  A Código ainda prevê a possibilidade de disposição gratuita do corpo ou parte dele para depois da morte, desde que para fins científicos ou altruísticos (art. 14)

  Quanto à integridade moral, o Código protege a honra, a imagem, a privacidade, a intimidade e a identidade.

  Quanto à identidade, segundo os arts. 17 e 18 do referido diploma legal, o nome da pessoa não pode ser utilizado em publicações que a exponham a desprezo público, ainda que não haja intenção difamatória. Ainda, não pode ser utilizado em propaganda comercial sem autorização.

  O art. 20, de forma abrangente, prevê o seguinte: *"salvo se autorizadas, ou se necessárias à administração da justiça ou à manutenção da ordem pública, a divulgação de escritos, a transmissão da palavra, ou a publicação, a exposição ou a utilização da imagem de uma pessoa poderão ser proibidas, a seu requerimento e sem prejuízo da indenização que couber, se lhe atingirem a honra, a boa fama ou a respeitabilidade, ou se se destinarem a fins comerciais."*

  Os direitos da personalidade são:

- *Absolutos:* oponíveis *erga omnes*
- *Gerais*: atribuídos a todas as pessoas
- *Inatos*: nascem junto com a pessoa, ressalvados os direitos do nascituro

- *Ilimitados:* podem ser criados novos
- *Imprescritíveis:* não se extinguem pelo não uso e não são adquiridos pelo decurso do tempo.
- *Indisponíveis:* são intransmissíveis e irrenunciáveis, não podendo o seu exercício sofrer limitações voluntárias, exceto em casos previstos em lei.
- *Impenhoráveis:* não podem ser objeto de penhora por dívida.
- *Vitalícios:* são protegidos enquanto a pessoa for viva e alguns se projetam pós-morte.
- *Extrapatrimoniais:* não integram diretamente o patrimônio da pessoa, porém, quando violados dão ensejo a reparação econômica.

- **Domicílio:** é o local onde a pessoa se presume presente e pratica habitualmente seus atos da vida civil. O art. 70 do Código Civil determina que o domicílio é o local onde a pessoa estabelece residência com ânimo de permanência.

  Em regra, o domicílio é voluntário, ou seja, pode ser escolhido livremente pela pessoa. Porém, algumas pessoas, em razão de alguma circunstância especial, têm seus domicílios estabelecidos por lei, os chamados domicílios necessários. (art. 76)

- *Incapaz:* domicílio de seu representante ou assistente
- *Servidor público:* lugar em que exerce suas funções.
- *Militar:* lugar em que servir ou a sede do comando a que for subordinado.
- *Marítimo:* lugar em que o navio estiver matriculado
- *Preso:* lugar em que estiver encarcerado

- **Pessoa Jurídica:** é o conjunto de pessoas e/ou patrimônios constituído para a consecução de determinado fim, ao qual a lei confere personalidade jurídica para que possa ser sujeito de direitos e obrigações na ordem civil.

  Várias foram as teorias criadas para fundamentar a existência das pessoas jurídicas que, por sua vez, dividiram-se em dois grandes grupos:

  O primeiro grupo, formado pelos negativistas, minoritário, nega que a pessoa jurídica possua personalidade própria, sendo uma mera ficção legal.

  O segundo grupo, que forma a corrente afirmativa, amplamente majoritário, reconhece a personalidade jurídica da pessoa jurídica como um expediente técnico conferido a ela por lei, para que possa contrair direitos e obrigações em seu próprio nome, sendo independente da personalidade jurídica de seus membros.

  Classificação das pessoas jurídicas:

a) Pessoas jurídicas de direito público:

- *Interno*: União, Distrito Federal, Estados, Municípios, Territórios, autarquias, fundações públicas e agências reguladoras. (art. 41)
- *Externo*: Estados soberanos estrangeiros e todas as pessoas que forem regidas pelo direito internacional público, como Santa Sé e Organizações Internacionais (Onu, Unesco, Oea, Oms, etc.) (art. 42)

b) Pessoas jurídicas de direito privado (**art. 44**): **I** – as associações; **II** – as sociedades; **III** – as fundações; **IV** – as organizações religiosas; **V** – os partidos políticos; **VI** – as empresas individuais de responsabilidade limitada.

  Ao Direito Civil compete o estudo das associações e fundações

- **Associação:** pessoa jurídica de direito privado, constituída por meio de um estatuto social, formada por um conjunto de pessoas reunidas para a consecução de um fim comum não econômico. (art. 53)

  Por ser formada por um conjunto de pessoas, cabe a estas pessoas a definição quanto a quem pode e quem não pode a ela se associar. Caso o estatuto não disponha de forma diversa, a qualidade de associado é intransmissível e, embora possa haver diferentes categorias de associados, dentro de cada categoria os associados devem ser tratados de forma igualitária. (arts. 55 e 56)

  Extinta a associação, seu patrimônio remanescente deverá ser destinado a outra entidade sem fins econômicos designada em seu estatuto. Caso este seja omisso, o patrimônio remanescente deverá ser destinado a instituição municipal, estadual ou federal com o finalidade semelhante. (art. 61)

- **Fundação privada:** pessoa jurídica de direito privado, constituída por meio de escritura pública ou testamento, formada por um conjunto de bens, reunidos para a consecução de um fim comum não econômico de caráter religioso, moral, cultural ou assistencial (art. 62).

  Preceitua o art. 63: "*Quando insuficientes para constituir a fundação, os bens a ela destinados serão, se de outro modo não dispuser o instituidor, incorporados em outra fundação que se proponha a fim igual ou semelhante.*"

  O art. 69 elenca os motivos pelos quais as fundações poderão ser extintas, por ato do Ministério Público ou de qualquer interessado, quais sejam: quando se tornar ilícita, impossível ou inútil sua finalidade ou quando vencido o prazo de sua existência. O patrimônio remanescente deverá ser destinado a outra fundação com finalidade igual ou semelhante, salvo se houver disposição contrária em seu ato constitutivo.

- **Desconsideração da personalidade da pessoa jurídica:** conforme já mencionado, a pessoa jurídica possui personalidade e patrimônio distintos de seus membros. Levando-se em consideração que esta prerrogativa pode ser utilizada de forma abusiva, gerando desvio de finalidade ou confusão patrimonial, a lei prevê um mecanismo de atingimento ao patrimônio pessoal de seus membros, a fim de evitar-se prejuízo a terceiros.

> *Art. 50: "Em caso de abuso da personalidade jurídica, caracterizado pelo desvio de finalidade ou pela confusão patrimonial, pode o juiz decidir, a requerimento da parte ou do MP quando lhe couber intervir no processo, que os efeitos de certas e determinadas relações de obrigações sejam estendidos aos bens particulares dos administradores ou sócios da pessoa jurídica".*

- **Desconsideração inversa da personalidade jurídica:** de origem doutrinária, foi reconhecida no enunciado 283 da 4ª Jornada de Direito Civil: *"é cabível a desconsideração da personalidade jurídica denominada "inversa" para alcançar bens de sócio que se valeu da pessoa jurídica para ocultar ou desviar bens pessoais, com prejuízo a terceiros."*

3. PARTE GERAL. DOS BENS

Não há um consenso na doutrina a respeito do conceito de *bem*, prevalecendo duas definições: 1) Tudo aquilo que existe no universo e que é útil ao homem; 2) Tudo aquilo que puder ser objeto de uma relação jurídica.

Os bens podem ser classificados de acordo com três grandes critérios:

a) isoladamente considerados ou considerados em si mesmos;

b) reciprocamente considerados

c) quanto à titularidade de seu domínio

Bens isoladamente considerados ou considerados em si mesmos:

De acordo com esta classificação os bens podem ser:

a) *Imóveis:* solo e tudo que a ele se incorporar (art. 79).

Alguns bens são qualificados como imóveis por determinação legal, pois o legislador resolveu dar maior segurança jurídica às relações que os envolvam. São eles: os direitos reais sobre imóveis e as ações que os asseguram e o direito à sucessão aberta (art. 80)

As edificações que, mesmo separadas do solo e removidas para outro local, conservarem sua unidade, bem como os materiais separados de um prédio para nele se reempregarem não perdem o caráter de bem imóvel. (art. 81)

b) *Móveis:* são aqueles que podem ser removidos de um local para outro, por força própria ou alheia, sem alteração de sua substância ou destinação. (art. 82)

Por determinação legal, são bens móveis: as energias que tenham valor econômico, os direitos reais sobre bens móveis e suas ações correspondentes, bem como os direitos pessoais de caráter patrimonial e respectivas ações (art. 83)

c) *Fungíveis:* aqueles que podem ser substituídos por outros da mesma espécie, quantidade e qualidade (art. 85)

d) *Infungíveis:* aqueles que, em decorrência de suas características especiais não podem ser substituídos por outros da mesma espécie, quantidade e qualidade.

e) *Divisíveis:* aqueles que podem ser fracionados sem que ocorra alteração em sua substância, diminuição considerável de seu valor ou prejuízo do uso a que se destinam (art. 87).

f) *Indivisíveis:* aqueles não que podem ser fracionados sem que ocorra alteração em sua substância, diminuição considerável de seu valor ou prejuízo do uso a que se destinam

g) *Singulares:* aqueles que, embora reunidos, são considerados isoladamente, independentemente dos demais.

h) *Coletivos:* são aqueles compostos por vários bens singulares, que considerados conjuntamente formam um todo (universalidade de fato) e ainda, o conjunto de relações jurídicas de uma pessoa, dotado de valor econômico (universalidade de direito)

Bens reciprocamente considerados:

De acordo com esta classificação os bens podem ser principais ou acessórios.

> *Art. 92: "Principal é o bem que existe sobre si, abstrata ou concretamente; acessório, aquele cuja existência supõe a do principal."*

O principal efeito desta classificação é o denominado *Princípio da Gravitação Jurídica*, que determina que o bem acessório segue a sorte do bem principal.

Os bens acessórios dividem-se em: frutos, produtos, pertenças e benfeitorias.

a) *Frutos:* são bens acessórios que nascem do bem principal de tempos em tempos e que cuja separação não causa a extinção parcial do bem principal.

Os frutos podem ser: *pendentes* (ainda estão unidos à coisa que os produziu), *percebidos ou colhidos* (já foram separados ou recebidos), *estantes* (já foram separados e encontram-se armazenados), *percipiendos* (deveriam ter sido colhidos mas não o foram), *consumidos* (já não existem porque foram utilizados).

b) *Produtos:* são bens acessórios que nascem do bem principal de tempos em tempos e que cuja separação causa a extinção parcial do bem principal.

c) *Pertenças:* são bens acessórios que se destinam ao serviço ou ao embelezamento do bem principal, sem constituir parte integrante deste (art. 93).

As pertenças configuram exceção ao princípio da gravitação jurídica, exceto se houver disposição em contrário (art. 94)

d) *Benfeitorias:* são obras realizadas pelo homem no bem principal com o objetivo de aformoseamento, deleite ou recreio (voluptuárias); melhoramento ou facilitação seu uso (úteis); reparo ou preservação (necessárias).

Bens quanto à titularidade de seu domínio:

Sob esse aspecto, os bens se dividem em públicos e particulares. Públicos são aqueles que pertencem à União, aos Estados, ao Distrito Federal e aos Municípios. Bens particulares são todos os demais. Tem-se, no caso, uma definição por exclusão.

Os bens públicos dividem-se em:

a) *de uso comum do povo:* aqueles que podem ser utilizados por qualquer do povo, podendo a utilização ser retribuída ou gratuita. Ex.: rios, mares, estradas, etc.
b) *de uso especial:* destinados ao funcionamento da administração pública ou à prestação de serviços públicos. Ex.: sede da prefeitura, posto de saúde, etc.
c) *dominicais:* de propriedade das pessoas jurídicas de direito público interno mas desafetados, desligados de qualquer função pública.

Os bens públicos de uso comum do povo e os de uso especial são inalienáveis enquanto afetados, já os dominicais podem ser alienados. Seja qual for a espécie de bem público, sua alienação deve obedecer os trâmites previstos pelo Direito Administrativo. (art. 101)

De acordo com o art. 102 do Código Civil e a Súmula 340 do STF, os bens públicos não podem ser adquiridos por meio de usucapião.

4. PARTE GERAL. DOS ATOS E FATOS JURÍDICOS

Negócio Jurídico: ato de manifestação de vontade direcionada a determinada finalidade, a qual a lei confere prestígio. Exemplo clássico de negócio jurídico é o contrato.

Os negócios jurídicos são analisados sob três planos:

1) **Plano de existência:** para que o negócio jurídico seja considerado existente é necessária a presença de pelo menos uma pessoa (física ou jurídica) e um objeto (material ou imaterial), sobre o qual irá recair uma manifestação de vontade direcionada a determinado fim.
2) **Plano de validade:** para que o negócio jurídico seja considerado válido, é necessário o preenchimento dos requisitos previstos no art. 104 do Código Civil, quais sejam: que a (s) pessoa (s) nele envolvida (s) seja (m) capaz (es), que seu objeto seja lícito, possível determinado ou determinável (sob pena de nulidade – art. 166, II) e que seja realizado na forma determinada ou não proibida por lei (sob pena de nulidade – art. 166, IV)

A incapacidade absoluta do agente leva à nulidade do negócio (art. 166, I), já a relativa leva à anulabilidade(art. 171, I).

O negócio jurídico ainda será nulo quando seu motivo determinante for ilícito, quando preterida alguma solenidade prevista em lei, quando tiver intuito de fraudar a lei, quando for simulado e quando a lei taxativamente o declarar nulo (arts. 166 e 167)

A simulação ocorre quando o negócio jurídico aparentar transferir ou conferir direitos a pessoas diferentes daquelas a que realmente transfere ou confere; quando contiver cláusula, declaração, confissão ou condição falsa ou quando pré ou pós datados. (art. 167)

O negócio jurídico ainda será anulável quando houver vício na manifestação de vontade (erro, dolo, coação, estado de perigo ou lesão) ou o vício social da fraude contra credores (art. 171, II), chamados pela doutrina de defeitos do negócio jurídico.

a) Erro: é a percepção distorcida da realidade. Para que gere a anulação do negócio jurídico ele deve ser essencial ou substancial, ou seja, de tal monta, que se o agente tivesse conhecimento da realidade, não realizaria o negócio.

   De acordo com o art. 139 erro substancial pode dizer respeito à natureza do negócio, seu objeto principal ou a alguma qualidade a ele essencial; pode ser concernente à identidade ou à qualidade essencial das pessoas envolvidas e ainda, quando de direitos, quando for o único ou principal motivo do negócio.

   Princípio da conservação do negócio jurídico pela retificação: ***Art. 144***. *"O erro não prejudica a validade do negócio jurídico quando a pessoa, a quem a manifestação de vontade se dirige, se oferecer para executá-la na conformidade da vontade real do manifestante."*

   Importante ressaltar que o erro difere-se do vício redibitório pois este, objetivo, ocorre quando há um defeito oculto na coisa objeto do negócio; já aquele, subjetivo, ocorre quando há uma falsa percepção quanto à realidade negocial.

b) Dolo: ocorre quando o agente é induzido maliciosamente pelo outro ou por terceira pessoa à prática de um negócio jurídico que lhe é prejudicial. Para que gere a anulação do negócio jurídico ele deve ser essencial ou substancial, ou seja, de tal sorte que, se não houvesse o induzimento, o negócio não teria sido realizado.

   O dolo acidental gera apenas a reparação do dano, mas não a anulação do negócio (art. 146)

   O dolo também pode ser praticado por omissão, na forma do art. 147: *"Nos negócios jurídicos bilaterais, o silêncio intencional de uma das partes a respeito de fato ou qualidade que a outra parte haja ignorado, constitui omissão dolosa, provando-se que sem ela o negócio não se teria celebrado."*

   Ainda, para que o negócio jurídico seja anulado, é necessário que não tenha havido dolo bilateral (art. 150)

c) Coação: é a ameaça dirigida a uma pessoa ou a pessoas a ela próximas, para que realize determinado negócio jurídico. Para que gere a anulação do negócio jurídico, deve ser grave, de forma a causar um fundado temor na vítima e ainda, deve ter sido a causa do negócio, ou seja, se não tivesse existido a coação o negócio jurídico não teria sido realizado.

A configuração da coação depende da análise de cada caso concreto, levando-se em conta as características pessoas da vítima (art. 152).

O exercício regular de um direito e o mero temor reverencial não configuram coação (art. 153).

d) Estado de perigo: é caracterizado quando o agente assume obrigação excessivamente onerosa para salvar-se ou salvar pessoa que lhe é próxima de perigo de dano grave conhecido pela outra parte. (art. 156). Ressalta-se que para que o estado de perigo gere a anulação do negócio jurídico, a situação de perigo deve ter sido a causa do negócio (sem ela o negócio não teria sido realizado) e deve ser de conhecimento da outra parte.

e) Lesão: ocorre quando uma parte vale-se da necessidade ou da inexperiência da outra para obtenção de um lucro manifestamente desproporcional na realização de um negócio jurídico (art. 157). O negócio não será anulado caso seja restabelecido o equilíbrio econômico. (art. 157. § 1º)

f) Fraude contra credores: não se trata de um vício do consentimento, mas de um vício social, mediante o qual o agente pratica um negócio jurídico com o intuito de dilapidar seu patrimônio e frustrar o pagamento de seus credores.

NEGÓCIO JURÍDICO NULO (NULIDADE)	NEGÓCIO JURÍDICO ANULÁVEL (ANULABILIDADE)
1. Defeito insanável/irremediável	**1.** Defeito sanável/remediável
2. Pode ser alegada de ofício, MP, parte e qualquer interessado (art. 168)	**2.** Somente pode ser alegada pelas partes ou interessados (art. 177)
3. NÃO pode ser convalidado/confirmado (art. 169)	**3.** PODE ser convalidado/confirmado (art. 172)
4. Ação declaratória de nulidade	**4.** Ação anulatória de negócio jurídico
5. Sentença declaratória de eficácia retroativa à data da realização do negócio (*ex tunc*)	**5.** Sentença desconstitutiva de eficácia NÃO retroativa à data da realização do negócio (*ex nunc*)
6. Imprescritível – Não está sujeito a prazo (pode ser alegada a qualquer tempo)	**6.** Prazo decadencial – em regra, 04 anos – quando a lei não dispuser – 02 anos (arts. 178 e 179), sob pena de convalidação.

3) **Plano de eficácia:** para que o negócio jurídico seja apto a produzir, imediatamente, os efeitos que dele se espera, ele deve ser isento de qualquer elemento que modifique a sua eficácia. Os elementos que modificam a eficácia dos negócios jurídicos são chamados pela doutrina de elementos acidentais. São eles: condição, termo e encargo.

a) Condição: é a cláusula que determina que o negócio jurídico só produzirá seus efeitos (suspensiva) ou deixará de produzir seus efeitos (resolutiva) com a ocorrência de um evento futuro e incerto (art. 121)

b) Termo: é a cláusula que determina que o negócio jurídico só produzirá seus efeitos (suspensivo ou inicial) ou deixará de produzir seus efeitos (resolutivo ou final) com a ocorrência de um evento futuro e certo.

c) Encargo: é a cláusula que atribui um ônus, uma obrigação ao beneficiário de um negócio jurídico (em regra, gratuito).

5. PARTE GERAL. PRESCRIÇÃO E DECADÊNCIA

O tempo é um fenômeno relevante para as relações jurídicas, na medida em que, no âmbito da prescrição e da decadência, caracteriza fator extintivo delas.

Para cada direito subjetivo conferido a um sujeito a lei determina um período dentro do qual ele pode ser exercido. Caso seu titular não o exerça dentro do período estabelecido em lei, perderá o direito ao seu exercício. Assim, **prescrição** é a perda da faculdade de exercício de um direito em razão da inércia de seu titular no prazo previsto em lei.

Como regra, temos o prazo de 10 anos previsto no art. 205, e as exceções a este prazo previstas no art. 206, que prevê hipóteses de prescrição de um a cinco anos para o exercício dos direitos ali relacionados. Todos os demais prazos previstos no Código Civil são decadenciais.

O Código Civil prevê situações que impedem ou suspendem o transcurso do prazo prescricional, de forma que ele ao menos comece a correr. São as causas subjetivas bilaterais (art. 197), as causas subjetivas unilaterais (art. 198) e as causas objetivas (art. 199).

Ainda, prevê hipóteses que interrompem a contagem do prazo prescricional, de forma que o prazo já transcorrido é ignorado, voltando a correr por inteiro a partir do ato que o interrompeu ou do último ato do processo (art. 202)

Atenção – Prescrição intercorrente: aquela que ocorre no curso de um processo em razão da inércia do autor em lhe dar regular andamento, devendo contra ele ser computado o prazo prescricional correspondente. Prevalece na doutrina o entendimento de que não existe previsão expressa do instituto no Código Civil, porém uma minoria vem entendendo que ela se encontra implicitamente prevista no art. 202. Ainda, o STJ, no julgamento do REsp 474771/SP admitiu sua ocorrência em situação em que o processo fica paralisado por culpa do autor por tempo suficiente para ocorrer a prescrição.

A **decadência** é a perda de um direito potestativo em razão da inércia de seu titular no prazo previsto em lei (legal) ou pelas partes (convencional).

Diferenças entre prescrição e decadência:

a) A prescrição diz respeito à pretensão de exercício de um direito, enquanto a decadência diz respeito ao direito propriamente dito.

b) A prescrição pode ser impedida, suspensa ou interrompida, enquanto a decadência não (art. 207)

c) A prescrição admite renúncia, desde que consumada e que não haja prejuízo a terceiros. A decadência legal não admite renúncia (art. 209)

d) A prescrição pode ser reconhecida de ofício, enquanto a decadência legal não (art. 211)

6. DIREITO DAS OBRIGAÇÕES

Obrigação é uma relação jurídica entre credor (*accipiens*) e devedor (*solvens*) que confere ao primeiro o direito de exigir do segundo o cumprimento de uma prestação.

Do conceito acima, extraímos a ideia de que as obrigações são compostas por três elementos:

– *Sujeitos*: credor e devedor

– *Objeto*: prestação (dar, fazer ou não fazer)

– *Vínculo jurídico*: débito (dever do devedor em cumprir com a obrigação) e responsabilidade (direito do credor exigir o cumprimento da obrigação)

As obrigações podem ser divididas levando-se em consideração vários critérios. Vamos analisar as obrigações levando em consideração a divisibilidade ou não de seu objeto em relação aos seus sujeitos.

É possível que em uma relação obrigacional exista mais de um credor e/ou mais de um devedor. Quando houver a pluralidade de sujeitos em pelo menos um dos lados da obrigação, é necessária a verificação da possibilidade de divisão de seu objeto, para então se saber qual é a medida da responsabilidade de cada sujeito.

– *Obrigações divisíveis:* quando o objeto da prestação puder ser dividido sem alteração de sua substância, diminuição considerável de seu valor ou prejuízo do uso a que se destina, cada credor terá direito à sua quota parte da prestação e cada devedor só será obrigado na medida de sua quota. (art. 257)

– *Obrigações indivisíveis:* quando o objeto da prestação não puder ser dividido entre os credores ou entre os devedores, em razão de sua natureza, por motivo econômico ou por ter sido o motivo determinante do negócio (art. 258)

– *Obrigações solidárias:* art. 264 – *Há solidariedade, quando na mesma obrigação concorre mais de um credor, ou mais de um devedor, cada um com direito, ou obrigado, à dívida toda."*

Pode haver solidariedade entre credores (ativa), entre devedores (passiva) ou entre todos eles (mista), porém, ela sempre decorrerá de lei (legal) ou da vontade das partes (convencional), não podendo ser presumida (art. 265).

- **Regras especiais sobre a solidariedade ativa:** aquela em que, sendo vários os credores, cada um pode exigir do devedor o cumprimento integral da prestação.

– *Princípio da prevenção.* O devedor pode escolher a qual credor quer fazer o pagamento. Porém, se já tiver sido demandado judicialmente por um deles, e já tiver sido citado, só poderá pagar ao credor demandante. (arts. 268 e 269)

– *Recebimento integral.* O credor que receber o pagamento integral responderá aos outros pela parte que lhes caiba.(art. 272)

– *Morte de um dos credores solidários.* Se deixar apenas um herdeiro ou se seus herdeiros agirem em conjunto, eles substituirão o credor solidário, podendo exigir o pagamento integral do devedor comum. Caso os herdeiros atuem isoladamente, cada um deles poderá exigir apenas a quota correspondente ao seu quinhão hereditário, extinguindo-se assim a solidariedade. (art. 270)

- **Regras especiais sobre a solidariedade passiva:** aquela em que, sendo vários os devedores, cada um deles é obrigado a cumprir a prestação por inteiro. (art. 275)

– *Escolha.* O credor pode cobrar a dívida apenas de um ou de alguns dos credores, e esta escolha não significa renúncia à solidariedade.

– *Pagamento parcial.* Se um dos devedores pagar parcialmente a dívida, remanesce a solidariedade para todos, pelo valor restante, ou seja, descontada a parte já paga. (art. 275)

– *Pagamento total.* O devedor que pagar a dívida integralmente terá direito de regresso contra os demais devedores.

– *Morte de um dos devedores solidários.* Se deixar apenas um herdeiro ou se seus herdeiros agirem em conjunto, eles substituirão o devedor solidário, podendo ser cobrados pelo cumprimento integral da obrigação, *até o limite do que receberam como herança.* Caso os herdeiros atuem isoladamente, cada um deles será obrigado ao pagamento até o limite de seu quinhão hereditário., salvo se o objeto for indivisível, ocasião em que deverá ser entregue (art. 276)

– *Renúncia da solidariedade.* O credor pode abrir mão da solidariedade entre todos os credores ou em relação a apenas um ou alguns deles. No primeiro caso, cada devedor passará a responder apenas pela sua parte da dívida. No segundo caso, a solidariedade persistirá com relação aos devedores não exonerados.

- **Extinção das obrigações:** de acordo com a satisfação do credor, pode-se classificar a extinção das obrigações em:

a) **Satisfatória:** sempre que a obrigação é satisfeita de modo que o credor receba a prestação.

– *Direta:* quando houver pagamento

– *Indireta:* quando o cumprimento da prestação se dá de outro modo que não o pagamento. Ex.: compensação de dívidas

b) **Não satisfatória:** quando o devedor é desobrigado, é exonerado da obrigação sem que o credor receba a prestação. Ex.: remissão, morte de devedor em obrigação personalíssima, prescrição, etc.

Embora o termo *"pagamento"* seja utilizado na linguagem leiga como sinônimo de cumprimento de obrigação em dinheiro, juridicamente o termo tem sentido mais amplo, traduzindo-se no cumprimento de qualquer tipo de obrigação, seja de dar, de fazer ou de não fazer. O pagamento é a forma direta de extinção das obrigações.

As obrigações ainda podem se extinguir das seguintes formas:

Dação: é forma indireta de extinção de obrigação pela qual o credor consente em receber prestação diversa da que lhe é devida, liberando-se assim o devedor da obrigação. (art. 356).

Confusão: é forma indireta de extinção de obrigação que ocorre quando na mesma pessoa se confundem credor e devedor (art. 381).

Compensação: é forma indireta de extinção de obrigação que se dá quando duas pessoas são, ao mesmo tempo, credor e devedor uma da outra. (art. 368).

Novação: é forma indireta de extinção de obrigação que se dá quando as partes constituem uma nova obrigação com a finalidade de extinguir obrigação anterior que não fora cumprida (art. 360).

7. DOS CONTRATOS:

- **Conceito:** é a principal forma de exteriorização de um negócio jurídico, pela qual duas ou mais pessoas (naturais ou jurídicas) estabelecem regras norteadoras da relação jurídica que pretendem criar, modificar ou extinguir.

- **Função social do contrato:** o art. 421 determina que: *"a liberdade de contratar será exercida em razão e nos limites da função social do contrato."*

  A função primordial de contrato é a facilitação da circulação de riquezas, porém, tal circulação não pode se dar em prejuízo das partes ou de terceiros. Assim, a lei confere ampla liberdade aos sujeitos na esfera contratual, vez que, salvo raras exceções, as partes podem escolher se, com quem, quando e de que forma querem contratar (*princípio da autonomia da vontade).* Porém, tal liberdade sofre limitação pelo princípio da *supremacia da ordem pública,* vez que o contrato não subsistirá no caso de infringência a preceitos de ordem pública (art. 2.035, parágrafo único).

- **Obrigatoriedade contratual:** também denominado *"pacta sunt servanda"*, os contratos são celebrados para serem fielmente cumpridos, de forma que obrigam as partes na medida naquilo que livremente estipularam.

  A Cláusula *Rebus sic stantibus*, presumidamente implícita em todos os contratos, pode ser entendida como *"enquanto as coisas assim estiverem"*. Assim, analisando conjuntamente as duas regras, podemos concluir que o contrato deve ser fielmente cumprido enquanto as coisas assim estiverem. Sobrevindo situação imprevista que altere significativamente as condições existentes no momento da celebração, de forma a gerar um desequilíbrio nas prestações, o contrato deve ser revisto para que se ajuste à nova realidade. (Teoria da imprevisão)

  Outra situação que relativiza a obrigatoriedade contratual é a onerosidade excessiva, prevista no art. 478: *"Nos contratos de execução continuada ou diferida, se a prestação de uma das partes se tornar excessivamente onerosa, com extrema vantagem para a outra, em virtude de acontecimentos extraordinários e imprevisíveis, poderá o devedor pedir a resolução do contrato."*

- **Interpretação dos contratos:** deve se dar de forma a prestigiar a boa-fé e os usos do local onde é celebrado (art. 113), atentando-se mais à intenção dos agentes do que ao sentido literal da linguagem empregada (112).

  Regra que merece atenção é a consubstanciada no art. 423. Nos contratos de adesão, visando salvaguardar interesses daquele que não teve oportunidade de discutir ou modificar qualquer cláusula do contrato ao qual se vinculou, o legislador determina que, havendo ambiguidade ou contradição, a interpretação deve se dar da forma que mais favoreça ao aderente.

- **Formação do contrato:** a formação do contrato passa por três fases.

a) *Negociações preliminares ou tratativas:* fase em que as partes buscam entrar num acordo quanto às condições do contrato a ser celebrado. Aqui surgem as minutas contratuais, que ainda não obrigam as partes.

b) *Proposta (oferta, policitação ou oblação)*: declaração unilateral de vontade pela qual um sujeito manifesta ao outro sua intenção de com ele contratar

A proposta vincula o proponente, obrigando-o a cumprir com aquilo que propôs pelo prazo nela previsto ou de acordo com os usos do local (art. 427).

Para se saber quando a proposta deixa de ser obrigatória, é necessário se ter em mente se ela foi feita entre presentes (via comunicação direta) ou entre ausentes (sem que haja comunicação direta entre as partes)

Quando feita a pessoa presente sem prazo previamente estabelecido para resposta, deixa de ser obrigatória se não for imediatamente aceita. (art. 428, I)

Atenção: a proposta feita por telefone ou meio de comunicação semelhante é considerada feita a pessoa presente. (art. 428, I)

Ainda, deixa de ser obrigatória, quando feita a pessoa ausente sem prazo previamente estabelecido para resposta, quando tiver decorrido tempo suficiente para a aceitação chegar ao conhecimento do proponente (art. 428, II). Quando com prazo previamente estipulado para resposta, este tiver decorrido sem a mesma. (art. 428, III). Quando a retratação do proponente chegar ao conhecimento da outra parte antes ou simultaneamente à proposta (art. 428, IV).

c) *Aceitação:* declaração unilateral de vontade pela qual o aceitante ou oblato adere integralmente à proposta, tornando o contrato perfeito.

A aceitação pode ser expressa ou tácita (art. 432) e deve realizar-se dentro do prazo estabelecido na proposta ou em um prazo razoável dentro dos usos locais. (art. 430)

Caso a proposta não seja aceita integralmente, ensejando alterações por parte do aceitante, este tomará o lugar do proponente. (art. 431)

Atenção: quanto ao momento da perfeição do contrato, o Código Civil adotou a *Teoria da agnação ou da declaração, na subteoria da expedição*, pela qual o contrato é considerado perfeito no momento em que o aceitante manifesta sua concordância com a proposta exteriorizando-a ao proponente. Assim, o contrato se torna perfeito quando da aceitação.

Já quanto ao local em que o contrato é considerado celebrado, o Código Civil determina que é o lugar onde ele foi proposto (art. 435).

- **Inadimplemento contratual:**

a) Cláusula resolutiva: Art. ***475***. *A parte lesada pelo inadimplemento pode pedir a resolução do contrato, se não preferir exigir-lhe o cumprimento, cabendo, em qualquer dos casos, indenização por perdas e danos.*

Esta cláusula que permite a resolução do contrato por inadimplemento de uma das partes é implícita em todos os contratos, mas é prudente que as partes a prevejam expressamente, pois uma vez constante do contrato, tem aplicabilidade imediata e, caso não conste, a resolução contratual dependerá de interpelação judicial (art. 474)

Em regra, o inadimplemento da prestação por parte de um dos contratantes dá ao outro o direito de resolver o contrato (art. 475 do Código Civil). Porém, com base nos princípios da função social do contrato e da boa-fé objetiva, os tribunais superiores, vêm aplicando a Teoria do Adimplemento Substancial, que preceitua que, se o inadimplemento foi mínimo ou, havendo o cumprimento significativo da obrigação, o vínculo contratual deve ser preservado, cabendo ao contratante prejudicado a interposição da respectiva ação para exigir o cumprimento da obrigação, restando dessa forma limitada a faculdade de o credor resolver o contrato nos casos de inadimplemento mínimo por parte do devedor.

b) Exceção do contrato não cumprido: nos contratos bilaterais que estabeleçam obrigações simultâneas, somente o contratante que está em dia com o cumprimento de suas obrigações poderá exigir o adimplemento da obrigação do outro. (art. 476)

- **Contrato de seguro de vida:** aquele pelo qual uma das partes (segurador) obriga-se para com outra (segurado), mediante o pagamento de um prêmio (ágio de seguro), a pagar determinada soma a terceiro (beneficiário), em decorrência da morte do segurado.

Atenção: é lícita a estipulação de prazo de carência no contrato de seguro de vida, período no qual o segurador estará isento do pagamento da indenização em caso de sinistro (art. 797). Porém, no caso de suicídio, o prazo de carência será de 02 anos, de acordo com o que preceitua o art. 798.

Qualquer cláusula contratual que exclua o pagamento do capital por suicídio do segurado ou que aumente o prazo de carência no caso de morte por suicídio será nula, de acordo com o art. 798, parágrafo único do Código Civil.

Outro não é o entendimento dos nossos tribunais:

- **Súmula 105 do STF:** Salvo se tiver havido premeditação, o suicídio do segurado no período contratual de carência não exime o segurador do pagamento do seguro.
- **Súmula 61 do STJ:** O seguro de vida cobre o suicídio não premeditado.

8. DO DIREITO DAS EMPRESAS

- **Direito empresarial ou direito comercial**: Com a promulgação do Código Civil de 2002 o direito de empresa passou a fazer parte do Livro II, não mais estando previsto em codificação própria (antigo Código Comercial). Utiliza-se hoje a expressão "direito de empresa "ou "direito empresarial" em razão da teoria que o embasa, a chamada Teoria da Empresa adotada pelo Código Civil italiano de 1942. Falava-se antes de 2002 em direito comercial, haja vista que a teoria que o embasava era a Teoria dos Atos do Comércio. Seja qual for a expressão utilizada, podemos entendê-las como sinônimas, desde que saibamos que não é a nomenclatura que as diferencia e sim as teorias que a embasam.

- **Conceito de empresa e empresário**: O Código Civil extrai do conceito de empresário previsto no artigo 966, o próprio conceito de empresa: **"Art. 966.** Considera-se empresário quem exerce profissionalmente atividade econômica organizada para a produção ou a circulação de bens ou de serviços." Assim, quem exerce a atividade ali elencada é o empresário, sendo a atividade exercida por ele, a empresa.

- **Requisitos**: Podem ser empresários aqueles que possuam capacidade civil e não tenham nenhum impedimento legal (art. 972 do Código Civil). **Atente-se para estes impedimentos**: aqueles que exercem cargos públicos, magistrados, falidos, membros do Ministério Público ou médicos, quanto ao exercício simultâneo de farmácia, estão impedidos de exercer a empresarialidade.

O impedimento não gera óbice para que sejam sócios de sociedades empresárias em cargos de não direção.

Outra dica importante: de acordo com o art. 974 do mesmo estatuto, o incapaz pode, por meio de representante legal ou devidamente assistido, continuar a empresa exercida anteriormente por seus pais ou por ele quando capaz. A regra é clara: o incapaz **nunca poderá** iniciar o exercício de uma empresa, mas apenas dar continuidade a uma atividade empresarial já iniciada.

EIRELI – Empresa Individual de Responsabilidade limitada. A Lei nº 12.441/2011 teve origem no Projeto de Lei nº 4.605/2009. A EIRELI para muitos é considerada uma espécie de sociedade unipessoal, o que não concordamos. A Comissão de Constituição e Justiça da Câmara deu novo enquadramento à EIRELI, tal qual a conhecemos hoje. Antes de sua aprovação, em relação à redação do artigo 980-A, foi suprimido o termo "sócio". No entanto, o legislador manteve o qualificativo "social" ao aludir sobre a exigência do capital integralizado, o que somente é cabível às sociedades. Sendo assim, a Lei nº 12.441/2011 institui no Brasil um novo tipo empresarial, a chamada empresa individual de responsabilidade limitada. Com esta nova criação, o Código Civil pátrio passou a admitir uma nova espécie de pessoa jurídica em seu artigo 44, VI.

Este novo tipo empresarial surgiu com a finalidade de separar o patrimônio pessoal do empresário individual, atribuindo-lhe uma limitação, na qual deverá primeiro responder o patrimônio da empresa, assim como já acontecem nos tipos societários existentes no nosso ordenamento e que tenham a limitação da responsabilidade.

O artigo 980-A do Código Civil elenca os requisitos necessários para constituição da EIRELI sendo eles:

a) constituição por uma única pessoa natural titular do capital social, que poderá figurar em uma única empresa deste tipo;

b) integralização do capital;

c) capital superior a 100 (cem) vezes valor do salário mínimo.

O legislador, quando determinou que a EIRELI se constitui por uma única pessoa natural, claramente quis manter este tipo empresarial como uma empresa individual e não como um novo tipo societário como muitos a tratam.

Ficamos com a posição de que a EIRELI é um tipo empresarial *"sui generis"* em relação às suas características e não uma sociedade unipessoal.

- **Lei de falência e recuperação de empresas:** A lei nº 11. 101/2005 trata da recuperação de empresas e da falência no direito brasileiro. Atualmente não se fala mais em concordata. Temos o instituto da recuperação de empresas que pode ser judicial ou extrajudicial.

- **A recuperação judicial** tem como finalidade contribuir para que a empresa que passa por séria crise econômico-financeira tenha condições de se recuperar. Trata-se de benefício legal concedido às empresas visando a sua mantença, o emprego de seus empregados e os interesses dos credores.

- **Cabimento**: só é cabível para as empresas com mais de dois anos de atividade empresarial regular; que não tenham sofrido falência; que não tenham pedido de recuperação judicial nos últimos 05 (cinco) anos e que o empresário não tenha sido condenado por crime falimentar. (art. 158 Lei de Recuperação de Empresas e Falência.)

- **São órgãos essenciais na R.J.**: o administrador judicial, o comitê de credores e assembleia geral de credores.

- **Procedimento**: Na recuperação judicial só tem legitimidade para fazer o pedido a própria empresa recuperanda e nunca os seus credores, como ocorre na falência. O juízo competente é o da sede do principal estabelecimento da empresa. Distribuída a inicial e preenchidos os requisitos elencados acima (cabimento), a decisão que defere o processamento da R.J. nomeará o administrador judicial, suspenderá todas as ações que corram contra a empresa recuperanda pelo prazo de 180 (cento e oitenta) dias, **excetuando-se**: as trabalhistas e tributárias. (art. 52 e art. 6º, parágrafo 1º, 2º e 7º da Lei de Recuperação de Empresas e falência). Determinará ainda a expedição do edital de credores e concederá o prazo de 15 (quinze) dias para estes habilitarem ou impugnarem seus créditos. (habilitação é inclusão de crédito não declarado e impugnação é objeção a crédito já habilitado) e por fim, concederá à empresa recuperanda o prazo de 60 (sessenta) dias para a apresentação do plano de recuperação. Trata-se de prazo peremptório e preclusivo que se não cumprido, dará ensejo à decretação da falência da empresa.

Da decisão que defere o processamento da Recuperação Judicial cabe agravo de instrumento (Enunciado 52 da I Jornada de Direito Comercial do CJF). Já da decisão que indefere o processamento, cabe recurso de apelação.

O candidato tem que ter claro que a recuperação judicial é um pedido e um benefício concedido à empresa e que portanto deverá obrigatoriamente preencher os requisitos legais.

Recuperação de empresa não é requisito para falência, em razão de não ser aplicada a todas as empresas existentes.

Não se aplica a recuperação judicial aos bancos, aos profissionais liberais, às operadoras de plano de saúde, seguradoras, operadoras de previdência privada, cooperativas, às sociedades simples e sociedades comuns e profissionais irregulares (art. 48 da Lei de Recuperação de Empresas e Falência).

- **Créditos excluídos da recuperação judicial:** Credor titular da posição de proprietário fiduciário, crédito decorrente de adiantamento de contrato de câmbio para exportação e crédito tributário.
- **Concessão da Recuperação**: após apresentado o plano de recuperação pela empresa recuperanda e aprovado pela assembleia de credores por maioria dos votos (trabalhistas ou decorrentes de acidente de trabalho e maioria dos votos das demais classes). O prazo de objeção ao plano pelos credores é de 30 dias (art. 55 Lei de Recuperação de Empresas e Falência.)

  Caso o plano de recuperação não seja apresentado no prazo de 60 (sessenta dias) pela empresa recuperanda ou seja rejeitado pelos credores, decretar-se-á a falência.

  Aprovado e homologado o plano, o juiz concede a recuperação, que terá o prazo de 02 (dois) anos para cumprimento. Seu encerramento se dará com o cumprimento de todas as obrigações assumidas no plano, pagamento dos honorários do administrador, relatório apresentado pelo administrador no prazo de 15 dias, pagamentos das custas judiciais e expedição de ofícios aos cartórios competentes.
- **Recuperação de micro empresa (ME) e empresa de pequeno porte (EPP)**: A lei nº 11.101/2005 trata também da recuperação para micro empresa e empresa de pequeno porte através do chamado "plano especial." Este plano contempla apenas os créditos quirografários, o prazo não poderá exceder 36 meses, com juros de 12% ao ano.
- **Recuperação Extrajudicial**: Aplicam-se os mesmos requisitos da R.J. Não abrangerá os créditos trabalhistas e os decorrentes de acidente de trabalho, bem como não abrangerá os mesmos créditos não abrangidos na R.J.

  Se todos os credores aprovarem o plano de forma unânime, não haverá necessidade de homologação judicial.

  Sendo aprovado com a discordância de um ou alguns dos credores, obrigatória será a homologação judicial para produzir efeitos.
- **Falência:** Também está prevista na Lei nº 11.101/2005. Falência é execução coletiva com a finalidade de liquidar o passivo e apurar o ativo da empresa. É considerada a "morte provocada" da empresa. Se a recuperação é a UTI, a falência é a morte. Uma vez decretada, nada mais poderá ser feito.

  Podem sofrer falência o empresário individual ou a sociedade empresária (art. 1º da Lei de Recuperação de Empresas e Falência).

  Pessoa física não vem a falir, torna-se devedor insolvente.
- **Não sofrem falência:** pessoas que exercem atividade não empresarial, profissional liberal, sociedade simples e cooperativas, empresas públicas e sociedades de economia mista (art. 2º, inciso I, da Lei de Recuperação de Empresas e Falência.)

  Com a decretação da falência, também ocorre a suspensão das ações pelo prazo de 180 (cento e oitenta) dias.
- **Juízo universal da falência:** é o juízo do local do principal estabelecimento da empresa. É indivisível e competente para conhecer todas as ações, interesses e negócios do falido. Promove o afastamento do devedor de suas atividades, visando preservar e otimizar a utilização produtiva dos bens, ativos e recursos produtivos, inclusive os intangíveis, da empresa.

  São legitimados para requerer a falência (art. 97):

I – O próprio devedor (autofalência)

II – o cotista ou acionista do devedor

III – o cônjuge sobrevivente, herdeiro do credor ou inventariante

IV – qualquer credor, devidamente regularizado na junta comercial, com título executivo acima de 40 (salários mínimos) e devidamente protestado.

Classificação dos créditos: concursais e extraconcursais

Concursais são os que tem origem antes da decretação da falência e são eles (art. 83):

I – Créditos trabalhistas limitados a 150 salários mínimos por credor e créditos surgidos de acidentes de trabalho

II – Créditos com garantia real até o limite do valor do bem gravado

III – Créditos Tributários

IV – Créditos com privilégios especiais

V – Créditos com privilégios gerais

VI – Créditos quirografários

VII – multas

VIII – créditos subordinados

Extraconcursais são os que tem origem após a decretação da falência e serão pagos antes dos concursais (art. 84). São eles:

I – Honorários do administrador judicial

II – Créditos trabalhistas após a decretação da falência

III – Crédito Tributário com fato gerador ocorrido após a decretação da falência.

IV – Custas judiciais.

IMPORTANTE: Da decisão que decretar a falência caberá agravo. Da decisão que declarar a improcedência do pedido de falência, caberá a apelação (art. 100, Lei de Recuperação e Falência)

9. DIREITO DAS COISAS

O Direito das Coisas é o conjunto de normas previstas no Código Civil disciplinadas entre os arts. 1.196 a 1.510, Livro III. O Código separou de forma muito correta os direitos patrimoniais em direitos reais e pessoais, cabendo ao Direito das Coisas a classificação dos direitos patrimoniais de natureza real. Abrange não só as relações que regulam os bens corpóreos (móveis ou imóveis), mas também os incorpóreos (autoral, propriedade industrial), tratando-se ainda da aquisição, exercício, conservação e perda de poder sobre os bens.

- **Utilização da expressão Direito das Coisas ou Direitos Reais**: a utilização de uma ou outra forma de nomear este ramo do direito civil tem gerado várias discussões na doutrina. Para Orlando Gomes, Caio Mário da Silva Pereira, Silvio Salvo Venosa entre outros, a correta denominação seria a de *Direitos Reais*, consideradas como normas reguladoras da propriedade. Para Clóvis Bevilaqua, Silvio Rodrigues e Washington Monteiro de Barros, Maria Helena Diniz e outros renomados autores, a mais correta seria *Direito das Coisas* em razão de se explicar o ramo do direito que se estuda e por se tratar do capítulo do Código Civil que tem essa própria denominação.
- **Características dos Direitos Reais – segundo Maria Helena Diniz:**

I – oponibilidade erga omnes

II – existência de um direito de sequela

III – Previsão de um direito de preferência a favor do titular de um direito real

IV – Possibilidade de abandono dos direitos reais, de renúncia a tais direitos

V – Viabilidade de incorporação da coisa por meio da posse

VI – Previsão da usucapião como um dos meios de aquisição

- **Da posse:**

  A posse é um dos institutos mais controvertidos e difíceis do direito civil. Pode-se entender a posse como uma situação de fato, juridicamente protegida. Na posse há o uso e o gozo da coisa por parte do possuidor, mas lhe falta o justo título que lhe conferiria a propriedade.

  Duas teorias tratam da posse no direito brasileiro:

- **Teoria Subjetiva (Savigny)** – é o poder que o possuidor dispõe de estar em contato com a coisa com a intenção de tê-la para si e defendê-la contra terceiros.
- **Teoria Objetiva (Ihering**) – posse é apenas a disposição física ou possibilidade de exercer o contato sobre a coisa.

  DICA: O direito brasileiro adota a teoria objetiva.

A posse pode ser **direta ou indireta**, **justa ou injusta, nova ou velha**. É direta aquela prevista no art. 1.197 do Código Civil exercida por quem detém materialmente a coisa, ou seja, a posse exercida pelo próprio proprietário. Indireta é aquela exercida por outra pessoa que não o proprietário e está prevista no art. 1.198. Justa é a mansa e pacifica e injusta é a que é adquirida com vícios, podendo ser através de violência, clandestinidade ou precariedade. Nova é aquela que possui menos de um ano e dia e velha aquela que possui pelo menos um ano e um dia.

Possuidor de boa-fé e possuidor de má-fé

Possuidor é diferente de detentor. O detentor é aquele que conserva a posse em nome do possuidor, cumprindo suas ordens e instruções, sendo vedada ao detentor qualquer proteção possessória.

Por sua vez, o Enunciado nº 301 CFJ/STJ da IV Jornada de Direito Civil, determina que: "é possível a conversão da detenção em posse desde que rompida a subordinação, na hipótese de exercício em nome próprio dos atos possessórios."

Possuidor de boa-fé é aquele que desconhece qualquer vício ou obstáculo que impeça a aquisição da coisa (art. 1.201 do Código Civil)

Possuidor de má-fé, por sua vez, é aquele que sabe e tem ciência de que a posse foi adquirida com vícios.

A lei admite que o possuidor turbado ou esbulhado proteja sua posse por força própria, desde que a reação seja imediata e na medida do indispensável para proteção (art. 1.210, parágrafo 1º do Código Civil)

Cabe ainda ao possuidor direto defender sua posse contra o possuidor indireto (proprietário), nos termos do art. 1.197 do Código Civil, utilizando-se de ação possessória para tanto e ainda.

O possuidor de boa-fé tem direito a ser ressarcido pelas benfeitorias úteis e necessárias, podendo exercer o direito de retenção do bem enquanto não for ressarcido (art. 1.219 do mesmo estatuto legal). Ao possuidor de má-fé serão ressarcidas somente as benfeitorias necessárias, não lhe assistindo o direito de retenção pela importância destas, nem o de levantar as voluptuárias (art. 1.220, do Código Civil).

Importante: mesmo a posse injusta poderá ser defendida, exceto contra aquele de quem ela foi retirada

- **Perda da posse:** pode se dar por abandono, tradição, perda ou destruição.

  De acordo com os arts. 1.223 e 1.224 do Código Civil, para que haja a perda da posse por aquele que presenciou o esbulho, basta a perda de seu poder sobre o bem. Já para aquele que não presenciou o esbulho, a posse se perde quando, voluntariamente, deixa de retornar a coisa ou, na tentativa de recuperá-la, é repelido violentamente.
- **Composse ou compossessão**: quando duas ou mais pessoas exercem simultaneamente poderes possessórios sobre a coisa em razão de sua indivisibilidade. Sempre decorre de contrato ou herança e está prevista no art. 1.199 do Código Civil.
- **Do locador e do locatário:**

– O locador mantém a posse indireta do imóvel, mesmo depois de efetuar a transferência do direito de uso a outrem (posse direta), objeto da locação. A isto se dá o nome de poder residual concernente à vigilância, à conservação ou mesmo aproveitamento de certas vantagens da coisa, ainda que não esteja mais em sua posse direta.

– Tanto locador quanto locatário possuem legitimidade *ad causam* passiva para responder por eventuais danos relativos ao uso da propriedade decorrentes do descumprimento dos seus deveres condominiais. O informativo 506 do STJ assim dispõe: *"Se o locatário do imóvel está descumprindo os deveres do condomínio, e com isso, causando danos a outros, a ação de indenização poderá ser proposta contra o locatário (causador direto do dano), contra o locador (proprietário e possuidor indireto da coisa) ou contra ambos conjuntamente."*

- **Da propriedade**

– A propriedade está prevista nos arts. 1.228 a 1.360 do Código Civil. Diversamente da posse, a propriedade pode ser conceituada como um direito da pessoa física ou jurídica de usar, gozar, dispor ou reaver um bem de quem injustamente o detenha. O direito de propriedade está amparado na Constituição Federal através da função social da propriedade (art. 5º, XXIII e 170, III).

– Pode-se dizer que a propriedade é direito real por excelência. No entanto, este direito pode ser restringido por meio de desapropriação em casos de necessidade ou utilidade pública ou ainda interesse social, bem como no caso de perigo iminente (art. 1.228, parágrafo 3º do Código Civil).

– Pode haver a privação da propriedade em casos de tombamento, faixas de fronteiras militares ou ainda decorrentes do direito de vizinhança em caso de passagem forçada para imóvel encravado.

- **Dicas importantes:** o proprietário, mesmo com a posse indireta de seu bem, não pode ser eximido de responder por eventuais danos causados em razão do uso indevido de sua propriedade.

  A transferência da propriedade das coisas móveis ocorre pela simples tradição e a de bens imóveis pela transcrição (registro), inteligência do artigo 1.267, do Código Civil. No entendimento de Orlando Gomes, nem sempre a tradição será a simples entrega da coisa, podendo se dividir em três espécies: real, jurídica (ficta) e virtual (simbólica ou consensual).

  O antigo Código de 1916 determinava que a propriedade abrangia tudo que lhe era superior e inferior em toda sua altura e profundidade. Com o Código de 2002 houve a preocupação do legislador em permitir a utilização do subsolo por parte do proprietário, mas nos limites úteis ao seu exercício. Embora a propriedade, nas palavras de Flávio Tartuce, vai do céu ao inferno, o proprietário deverá permitir atividades externas ao seu domínio que visem o bem comum, tais como a passagem de cabos de telefonia e de redes de TV a cabo, bem como passagens de água.
- **Da usucapião**

– É importante esclarecer que a palavra usucapião é feminina e portanto o correto é utilizar a expressão "a usucapião" e não "o usucapião", como equivocadamente ocorre.

– A usucapião significa aquisição pelo uso e está prevista nos arts. 1.238 a 1.244 do Código Civil. Quando se diz que a usucapião é um modo de aquisição da propriedade pelo uso, tem que ficar claro que não basta apenas o uso. Para que a pessoa possa requerer ao juiz a aquisição da propriedade através da usucapião, há a necessidade de uma posse ou uso prolongado no tempo, o ânimo de se tronar proprietário por parte do possuidor e que sua posse não tenha sido reivindicada nos prazos estipulados na lei, sendo mansa e pacifica.

- **Modalidades:**

- **Extraordinária**: art. 1.238 do Código Civil. Dispensa-se o justo título e a boa-fé, bastando que a posse seja ininterrupta por 15(quinze) anos. Há ainda que se ressaltar que sua utilidade se dá para imóveis rurais acima de 50 (cinquenta) hectares ou urbanos acima de 250 (duzentos e cinquenta metros) quadrados. O parágrafo único do referido artigo reduz para 10 (anos) o prazo quando o possuidor estabelecer no imóvel sua moradia habitual.

- **Ordinária**: prevista no art. 1.242 do Código Civil. Exigência de posse mansa, pacifica, continua, com justo título e boa – fé pelo prazo de 10 (dez) anos. Justo título deve ser entendido como o ato jurídico que habilita uma pessoa a adquirir o domínio, mas sem que produza efeitos legais. Boa-fé é a falta de conhecimento ou ignorância por parte do possuidor de vícios em relação àquela posse que, se fossem conhecido, impediriam a aquisição do domínio.

  A Constituição Federal trouxe novas hipóteses de usucapião que foram adotadas pelo Código Civil, sendo que em nenhuma delas há necessidade de justo título ou boa-fé, bastando o preenchimento de seus requisitos específicos:

- **Usucapião rural**: art. 191 da Constituição Federal e 1.239 do Código Civil. Também chamada de usucapião pró labore, cujos requisitos são: área não superior a 50 (cinquenta) hectares e posse ininterrupta por 05 (cinco) anos. O possuidor não pode ser proprietário de outro imóvel e tem que ser destinada à sua moradia e de sua família ou a tornar a área produtiva.

- **Usucapião urbana:** art. 183 da Constituição Federal e 1.240 do Código Civil. Chamada de usucapião pro moradia, cujos requisitos são posse mansa, pacífica e ininterrupta por mais de 05 (cinco) anos, não ser proprietário de outro imóvel e ter destinação à sua moradia e de sua família.

- **Usucapião familiar:** mais nova modalidade de usucapião e está prevista no art. 1.240-A do Código Civil. Ressalte-se ainda que o conceito de posse de referido artigo difere-se do conceito de posse do 1.197 do mesmo estatuto legal. (Enunciado 502 da V Jornada de Direito Civil)

  Trata-se de usucapião que exige a posse ininterrupta e sem oposição pelo prazo de 02 (dois) anos, sobre imóvel urbano de até 250 metros quadrados, cuja propriedade dividia-se com cônjuge ou companheiro que abandonou o lar. O possuidor não poderá ser proprietário de outro imóvel e deverá ser utilizado para sua moradia.

- **Do direito de vizinhança**

- O direito de vizinhança se aplica aos vizinhos, condôminos ou não.

- Para a lei, o conceito de vizinho é amplo, abrangendo não somente os prédios contíguos mas os de todo o seu entorno, permitindo assim ao proprietário ou ao possuidor tomar medidas para fazer cessar as interferências que por ventura vierem a ocorrer.

  > *Art. 1277 do Código Civil: "O proprietário ou o possuidor de um prédio tem o direito de fazer cessar as interferências prejudiciais à segurança, ao sossego e à saúde dos que o habitam, provocadas pela utilização de propriedade vizinha".*

Quando tais interferências forem determinadas via judicial, são de suportabilidade obrigatória. O art. 1.279 do mesmo estatuto trata da possibilidade de o possuidor ou proprietário requerer a redução ou até mesmo a eliminação das interferências, quando possíveis e viáveis.

No art. 1.280 do mesmo Código, o legislador previu a possibilidade de o proprietário ou possuidor buscar através do Judiciário se resguardar de eventuais danos causados pelo mau uso da propriedade vizinha, podendo exigir, se for o caso, a demolição do prédio vizinho, a reparação do prédio em caso de ameaça de ruína ou ainda requerer caução em casos de dano ou perigo iminente.

As ações que poderão ser intentadas são as seguintes:

I. ação de obrigação de fazer ou não fazer (com possibilidade de multa ou astreintes, nos termos do Código de Processo Civil)
II. ação de reparação de danos (abuso de direito, gera responsabilidade objetiva do vizinho)
III. ação demolitória (demolir uma obra construída)
IV. ação de nunciação de obra nova (embargo da obra)
V. ação de dano infecto (exigir do vizinho caução idônea ou garantia concreta, havendo riscos à propriedade ou a posse, diante do uso anormal do domínio – art. 1.281).

Os direitos e deveres dos condôminos estão previstos nos arts. 1.314 ao 1.328 do Código Civil. Embora o Código não tenha conceituado o que é condomínio ou condomínio voluntário, referidos conceitos nos são trazidos pela doutrina, vejamos:

Para alguns doutrinadores condomínio seria uma modalidade especial de propriedade de natureza *sui generis*. Para outros, como Clovis Bevilaqua, o condomínio seria uma forma anormal de propriedade. Independente do conceito, os condomínios existem e as suas regras precisam ser respeitadas, tutelando-se assim o direito de vizinhança e garantindo a tranquilidade dos condôminos.

10. DIREITO DAS FAMÍLIAS:

O art. 226 da Constituição Federal reconhece explicitamente três formas de FAMÍLIA:

- **Família matrimonial ou natural:** decorrente do casamento
- **Família convencional, informal ou comportamental:** decorrente da união estável
- **Família monoparental:** formada por qualquer dos pais e sua prole.

A doutrina, porém, vem reconhecendo a instituição FAMÍLIA em situações em que, apesar de não reconhecidas pela Constituição Federal, merecem tutela jurídica:

- **Família anaparental:** constituída apenas pelos filhos
- **Família homoafetiva:** formada por pessoas do mesmo sexo.
- **Família eudemonista:** formada por pessoas que possuem um vínculo de afinidade e afeto, independentemente da consanguinidade.
- **Casamento:** a lei não define casamento, sendo tarefa doutrinária sua conceituação. Por interpretação sistemática dos artigos do Código Civil, podemos dizer que casamento é a união entre duas pessoas que, atendendo às formalidades legais, tem por finalidade a constituição de uma família.

> **Atenção:** apesar de a Constituição Federal, a legislação infraconstitucional e doutrina trazerem como requisito legal do casamento a diversidade de sexos, o advento da Resolução 175 do CNJ muda esta concepção, vez que proíbe que os cartórios se neguem a realizar casamento ou conversão de união estável em casamento entre pessoas do mesmo sexo. Assim, temos que o casamento homoafetivo já é uma realidade no ordenamento jurídico brasileiro, porém ainda não incorporado em nossa Constituição Federal ou legislação, aqui considerada em sentido estrito.

> **Atenção:** a finalidade de constituição de família não se confunde com procriação. A união de pessoas que não querem ou não podem ter filhos também é reconhecida como casamento, desde que atendidos os requisitos legais e que haja o intuito de comunhão de vida.

- **Capacidade para o casamento:** a idade núbil no Brasil é de 16 anos (art. 1517). Assim, a pessoa entre 16 e 18 anos pode contrair núpcias, desde que com autorização dos pais ou representantes legais, pois relativamente incapaz.

Tanto quando houver divergência entre os pais ou responsáveis (art. 1517, parágrafo único) como quando a negativa de consentimento for injusta (art. 1.519), caberá ao juiz resolver a questão.

A autorização poderá ser revogada até a hora da celebração do casamento (art. 1.518).

> **Atenção:** No tocante ao casamento, Importante inovação foi a trazida pelo Estatuto da Pessoa com Deficiência ao art. 1.550, § 2º do Código Civil: "A pessoa com deficiência mental ou intelectual em idade núbia poderá contrair matrimônio, expressando sua vontade diretamente ou por meio de seu responsável ou curador." Por consequência, trouxe a revogação do inciso I do art. 1.548, que determinava ser nulo o casamento do enfermo mental sem o necessário discernimento para os atos da vida civil.

O art. 1.520 prevê duas situações em que o casamento de pessoas menores de 16 anos será permitido, mediante autorização judicial e imposição do regime de separação de bens (art. 1.641, III), quais sejam: em caso de gravidez e para evitar a imposição de pena criminal (casamento remédio).

> **Atenção:** o art. 107, VII do Código Penal que previa o casamento remédio como causa extintiva da punibilidade foi revogado em 2005, de forma que hoje em dia, o casamento da vítima com seu agressor não extingue a punibilidade do delinquente.

- **Anulação do casamento:** o art. 1.550 prevê as hipóteses em que o casamento poderá ser anulado: **I** – de quem não completou a idade mínima para casar; **II** – do menor em idade núbil, quando não autorizado por seu representante legal; **III** – por vício da vontade, nos termos dos arts. 1.556 a 1.558; **IV** – do incapaz de consentir ou manifestar, de modo inequívoco, o consentimento; **V** – realizado pelo mandatário, sem que ele ou o outro contraente soubesse da revogação do mandato, e não sobrevindo coabitação entre os cônjuges; **VI** – por incompetência da autoridade celebrante.

Os vícios de vontade que dão ensejo à anulação do casamento são: erro e coação.

Quanto ao erro, o art. 1.557, inciso I, considera erro essencial sobre a pessoa: **I** – o que diz respeito à sua identidade, sua honra e boa fama, sendo esse erro tal que o seu conhecimento ulterior torne insuportável a vida em comum ao cônjuge enganado; **II** – a ignorância de crime, anterior ao casamento, que, por sua natureza, torne insuportável a vida conjugal; **III** – a ignorância, anterior ao casamento, de defeito físico irremediável, ou de moléstia grave e transmissível, pelo contágio ou herança, capaz de pôr em risco a saúde do outro cônjuge ou de sua descendência; **IV** – a ignorância, anterior ao casamento, de doença mental grave que, por sua natureza, torne insuportável a vida em comum ao cônjuge enganado.

> **Atenção:** nos casos dos incisos I e II, a coabitação após a descoberta do fato validará o casamento, pois a lei presume que não há a caracterização da insuportabilidade da vida em comum. (art. 1.559)

> **ATENÇÃO:** No caso do inciso III, com a entrada em vigor do Estatuto da Pessoa com Deficiência, a ignorância, anterior ao casamento, de defeito físico irremediável só é considerada erro essencial sobre a pessoa capaz de dar ensejo à anulação do casamento se não caracterizar deficiência (art. 1.557, § 3º).

- **Domicílio do casal:** deve ser escolhido de comum acordo entre os cônjuges, podendo um ou outro se ausentar para atender encargos públicos, exercício da profissão ou interesses particulares relevantes (art. 1.569)

  Um dos deveres que o casamento impõe é o de coabitação. A ausência do domicílio do casal de forma injustificada, ou seja, que não se encaixe nas situações permissivas do art. 1.569, caracteriza a figura do abandono de lar.

  O abandono de lar pode gerar a perda do direito de moradia sobre o bem e, atendidos os requisitos legais, até mesmo a perda de sua propriedade, através da chamada usucapião familiar (L. 12.424/2011).

  Ressalta-se, que no caso de insuportabilidade de vida em comum, para se evitar a ocorrência de danos psicológicos ou até mesmo físicos entre o casal durante um processo de divórcio litigioso, o juiz pode determinar o afastamento de um dos cônjuges do lar conjugal, mediante pedido em ação cautelar de separação de corpos, que tem o condão de fazer cessar o dever de coabitação e afastar a caracterização da figura do abandono de lar. Para a procedência do pedido de separação de corpos, há a necessidade de comprovação de existência de casamento ou união estável, do *fumus boni iuris* e do *periculum in mora*. A separação de corpos é medida cautelar preparatória para uma futura ação de divórcio ou anulação de casamento.

- **Regime de bens entre os cônjuges:** exceto nas situações previstas no art. 1.641 do Código Civil, em que há a imposição do regime de separação de bens, os cônjuges são livres para escolher sob qual regime de bens pretendem se casar, separação, comunhão, comunhão parcial ou participação final nos aquestos, podendo inclusive combinar regras de mais de um regime por meio de pacto antenupcial. (arts. 1.639 e 1.630)

  Não sendo caso de obrigatoriedade do regime de separação de bens e os cônjuges não optem por nenhum outro regime, será aplicado, subsidiariamente, o regime da comunhão parcial (art. 1.640)

- **Dissolução da sociedade conjugal:** de acordo com o art. 1.571 do Código Civil, a sociedade conjugal termina: I – pela morte de um dos cônjuges; II – pela nulidade ou anulação do casamento; III – pela separação judicial; IV – pelo divórcio.

  O artigo 733 do Novo Código de Processo Civil prevê a possibilidade do divórcio ser realizado extrajudicialmente, em Cartório de Notas, desde que haja consenso entre os cônjuges quanto à dissolução da sociedade conjugal, quanto à partilha de bens, pensão alimentícia e utilização do sobrenome do outro; ainda, que não haja filhos menores ou incapazes do casal e que haja a assistência de um advogado ou defensor público, individual ou comum aos cônjuges.

  Havendo filhos menores do casal o divórcio, consensual ou litigioso, será necessariamente judicial, ocasião em que serão definidas questões relativas à guarda e ao regime de visitas. Pode-se estipular a guarda compartilhada ou a guarda unilateral. A primeira é aquela que deve ser aplicada sempre que possível (art. 1.584, § 2º), exercida por ambos os pais, com igualdade de direitos e deveres, embora não vivam sob o mesmo teto. A segunda é aquela exercida por apenas um dos pais e regulamentado o direito de visitas do outro, que será atribuída ao genitor que revele ter melhores condições de proporcionar afeto, saúde, segurança e educação ao filho. (art. 1.583, § 2º).

> **Atenção:** recomendamos a leitura da Lei 12.318/10, que surgiu com o intuito de prevenir e punir a famosa Síndrome da Alienação Parental, que em linhas gerais, ocorre quando um dos pais, denegrindo a imagem do outro, induz o filho a romper laços afetivos com este.

- **União estável:** reconhecida como entidade familiar pelos arts. 226, § 3º da Constituição Federal e 1.723 do Código Civil, é configurada pela convivência entre duas pessoas de forma pública, contínua e duradoura com o objetivo de constituição de família.

Na união estável, aplicam-se as mesmas regras já elencadas sobre o casamento referentes à diversidade de sexos (Resolução 175 do CNJ), à desnecessidade de procriação para configuração de núcleo familiar e quanto ao regime supletivo de bens (art. 1.725).

> **Atenção:** a lei não mais exige o prazo mínimo de 05 (cinco) anos de convivência para o reconhecimento da união estável, devendo ser levados em consideração outros fatores, como a durabilidade, estabilidade, continuidade e intuito de constituição de núcleo familiar.

- **Parentesco:** é o vínculo estabelecido entre duas ou mais pessoas em razão da consanguinidade, da afinidade ou de alguma relação civil.

O *parentesco por consanguinidade* é aquele que se estabelece entre duas ou mais pessoas em razão de descenderam umas das outras (parentesco em linha reta – art. 1.591) ou de um tronco ancestral comum, sem descenderem uma das outras (parentesco em linha colateral – art. 1.592).

Graus de parentesco: seja na linha reta ou na linha colateral, o parentesco é contado em graus. Grau é a distância, em gerações, que vai de um a outro parente.

Na linha reta cada geração equivale a um grau.

- Pais e filhos: parentes em linha reta em 1º grau
- Avôs e netos: parentes em linha reta em 2º grau
- Bisavôs e bisnetos: parentes em linha reta em 3º grau.

Na linha reta não há limite de graus.	Na linha colateral cada geração também equivale a um grau, porém, sobe-se de um dos parentes até o ascendente comum e depois se desce até encontrar o outro com o qual se quer estabelecer o grau de parentesco.
Na linha colateral o parentesco é limitado ao 4º grau. (primos e tios-avôs)	O *parentesco por afinidade* é aquele que se estabelece entre o cônjuge ou companheiro e os ascendentes, descendentes e irmãos do outro. O parentesco por afinidade na linha reta não se extingue com a dissolução da casamento ou da união estável (art. 1.595).
	O *parentesco civil* é aquele que se estabelece em razão de outra origem, que não a consanguinidade ou a afinidade. Exemplos: adoção, paternidade socioafetiva.

▸ **Atenção:** marido e mulher, companheiro e companheira não são parentes entre si. Relação matrimonial ou convivencial não se confunde com relação de parentesco.

- **Filiação:** é a relação de parentesco estabelecida entre pais e filhos.

A filiação faz surgir o poder familiar, que nada mais é que o conjunto de direitos e deveres atribuídos aos pais com relação à pessoa e aos bens dos filhos incapazes.

Compete aos pais, de acordo com o art. 1.634: ***I*** *– dirigir-lhes a criação e educação;* ***II*** *– tê-los em sua companhia e guarda;* ***III*** *– conceder-lhes ou negar-lhes consentimento para casarem;* ***IV*** *– nomear-lhes tutor por testamento ou documento autêntico, se o outro dos pais não lhe sobreviver, ou o sobrevivo não puder exercer o poder familiar;* ***V*** *– representá-los, até aos dezesseis anos, nos atos da vida civil, e assisti-los, após essa idade, nos atos em que forem partes, suprindo-lhes o consentimento;* ***VI*** *– reclamá-los de quem ilegalmente os detenha;* ***VII*** *– exigir que lhes prestem obediência, respeito e os serviços próprios de sua idade e condição.*

Os pais são usufrutuários e responsáveis pela administração dos bens dos filhos sob poder familiar (art. 1.689).

Caso um ou ambos os genitores ajam com abuso de autoridade, faltem com os deveres inerentes ao poder familiar ou malversem os bens dos filhos, poderá o juiz, a requerimento de algum parente ou do Ministério Público, suspender o poder familiar. (art. 1.637)

Note que a suspensão do poder familiar é uma faculdade conferida ao juiz como forma de sanção aos pais que negligenciarem com os deveres decorrentes da filiação, sendo sempre temporária, de forma que perdurará enquanto se mostrar necessária.

O poder familiar se extingue: pela morte dos pais ou do filho, pelo atingimento da capacidade plena, pela adoção ou por decisão judicial. (art. 1.635)

As situações que acarretam a perda do poder familiar por decisão judicial estão previstas no art. 1.638: castigo imoderado, abandono, prática de atos contrários à moral e aos bons costumes, prática reiterada das causas de suspensão do poder familiar. O procedimento a ser observado está previsto nos arts. 155 a 163 do ECA.

- **Alimentos:** prestações para a satisfação das necessidades de subsistência de quem não pode provê-las por si, devidas em decorrência do dever de solidariedade existente entre parentes, cônjuges ou companheiros.

Em regra, os alimentos compreenderão o necessário para que o alimentando subsista de modo compatível com a sua condição social, englobando todas as suas necessidades, como alimentação, vestuário, habitação, assistência médica, educação, cultura e lazer. Estes são os chamados alimentos civis, côngruos, convenientes ou *necessarium personae*, previstos no art. 1.694.

Excepcionalmente, os alimentos compreenderão apenas o estritamente necessário para que a pessoa subsista. São os chamados alimentos naturais, necessários, humanitários ou *necessarium vitae*, previstos no art. 1.964, § 2º (quando a situação de necessidade resultar de culpa de quem os pleiteia), e no art. 1.704, parágrafo único (o cônjuge declarado culpado).

Pressupostos da obrigação alimentar:

a) Vínculo de direito de família: relação de parentesco, casamento ou união estável.

b) Necessidade daquele que pede: situação econômica do credor. Impossibilidade de prover sua subsistência com seus bens ou seu trabalho (art. 1.695).

c) Possibilidade daquele a quem se pede: situação econômica do devedor. A imposição de prestação alimentar a alguém não pode significar privação de seu próprio sustento. Aquele que tem apenas o necessário para sua subsistência não pode ser obrigado a prestar alimentos a outrem (art. 1.695).

d) Proporcionalidade: devem ser prestados na proporção das necessidades do reclamante e dos recursos da pessoa obrigada (art. 1694, § 1º).

▸ **Atenção:** não há limite etário quanto ao dever de prestar alimentos entre pais e filhos. Presentes os pressupostos da obrigação alimentar, os alimentos serão devidos. O entendimento jurisprudencial vem acompanhando o desenvolvimento social. Houve uma época em que se entendia que os alimentos eram devidos aos filhos até que adquirissem a capacidade plena (18 anos), hoje, prevalece o entendimento de que os alimentos são devidos até que o filho cole grau em nível superior. Porém, caso o filho possua curso superior completo e não consiga manter sua própria subsistência em razão de algum problema físico ou mental, a obrigação alimentar dos pais persistirá. Vide informativo 518 do STJ.

11. DIREITO DAS SUCESSÕES

Entende-se por sucessão a transmissão dos bens do "de cujus" a outra pessoa, em razão de sua morte.

A abertura da sucessão se dá com a morte da pessoa natural (Princípio da Saisine – art. 1784 do CC), passando-se aos herdeiros, por lei ou disposição de última vontade, seus direitos e obrigações.

A sucessão pode ser classificada em:

1) **Sucessão Legítima**: decorre da lei. Morrendo a pessoa sem deixar testamento, transmite-se a herança aos herdeiros indicados na lei. Também será legítima se o testamento caducar ou for declarado nulo. Na sucessão legítima, deverá ser obedecida a ordem da vocação hereditária.

– Descendentes: os mais próximos excluem mais remotos.

– Ascendentes: os mais próximos excluem os mais remotos. Não há distinção entre linha materna e paterna, o que interessa é o grau. Não há direito de representação para ascendentes.

– Colaterais: os mais próximos excluem os mais remotos, exceção: direito de representação para filho de irmão pré-morto. Irmãos germanos ou bilaterais e irmãos unilaterais: os últimos têm direito a metade do quinhão dos primeiros.

Tio e sobrinho são colaterais de 3º grau, na falta de outros herdeiros, a herança deveria ser dividida entre eles, porém o direito sucessório estabelece que sobrinho exclui tio da sucessão, pois, devido ao direito de representação, o sobrinho entra no lugar do irmão pré-morto, que é um colateral de 2º grau, enquanto o tio, por ser ascendente, não possui direito de representação, se mantendo no 3º grau, como mais próximos afastam mais remotos, logo, sobrinho exclui tio.

Direito de representação: **A lei convocará os parentes do falecido a suceder os mesmos direitos que ele sucederia se estivesse ainda vivo.**

2) **Sucessão Testamentária**: decorre de disposição de última vontade (testamento). Havendo herdeiros necessários (cônjuge sobrevivente, descendentes ou ascendentes), o testador só poderá dispor de metade da herança (art. 1.789 CC). A outra metade constitui a "legítima", assegurada aos herdeiros necessários.

Testamento: Entende-se o testamento como negócio jurídico, personalíssimo, unilateral, solene e revogável através do qual alguém dispõe de seus bens no todo ou em parte para que sejam transmitidos depois de sua morte, respeitando-se sempre a legítima.

Não existe testamento em conjunto, por se tratar de ato unilateral e personalíssimo.

- **São incapazes de testar:** os menores de dezesseis anos, os desprovidos de discernimento e a pessoa jurídica.
- **Podem testar:** o cego, o analfabeto, o pródigo, o falido, etc.

Os maiores de 16 anos, mas menores de 18 anos, apesar de relativamente incapazes, podem testar, mesmo sem a assistência de seu representante legal.

Cumpre ressaltar ainda que a incapacidade posterior à elaboração do testamento não o invalida. A capacidade para testar deve existir no momento em que o testamento é feito.

São absolutamente incapazes para adquirir por testamento:

– Os indivíduos não concebidos, salvo se a disposição deste se referir à prole eventual de pessoas por ele designadas e existentes ao abrir-se a sucessão.

– As pessoas jurídicas de direito público externo relativamente a imóveis situados no Brasil.

São relativamente incapazes para adquirir por testamento, proibindo que se nomeiem herdeiros ou legatários: a pessoa que, a rogo, escreveu o testamento, seu cônjuge, seus ascendentes, descendentes, e irmãos.

– As testemunhas do testamento.

- O concubinário (amante) do testador casado, salvo se este, sem culpa sua, estiver separado de fato do cônjuge há mais de 05 anos.

Ainda, o tabelião, civil ou militar, o comandante, ou escrivão, perante o qual se fizer, assim como o que fizer, ou aprovar o testamento.

- **Testamento Público:** é o lavrado por tabelião em livro de notas, por disposição de última vontade do testador e feito de forma verbal, impedindo-se assim o mudo de realizá-lo
- **Testamento cerrado:** também conhecido como secreto, feito e assinado pelo testador ou por alguém a seu rogo, completado por instrumento de aprovação lavrado por oficial público na presença de 02 (duas) testemunhas idôneas.
- **Testamento particular:** é a forma mais simples de declarar a vontade e também a menos segura. É escrito pelo testador e lido em voz alta perante três testemunhas idôneas, que também assinarão.
- **Testamentos especiais:** São os de caráter provisório, feitos em situações de emergência, compreendendo assim os marítimos, aeronáuticos e militares.

Disposições testamentárias:

- **Havendo necessidade de interpretação, prevalecerá a que for mais próxima da vontade do testador.**
- **A invalidade parcial, não prejudicará a parte válida.**
- **Havendo mais de um herdeiro nomeado pelo testador sem que haja a discriminação da parte de cada um, será partilhado por igual entre os herdeiros.**

- Legado: **é a disposição testamentária a título singular, no qual o testador deixa ao legatário, um ou mais objetos individualizados ou uma certa quantia em dinheiro.**

Substituições e Fideicomisso

- Substituição hereditária é a disposição testamentária na qual o testador chama uma pessoa para receber, no todo ou em parte, a herança ou o legado, na falta ou após o herdeiro ou o legatário nomeado em primeiro lugar.
- **Substituição Fideicomissária** – O Fideicomisso é forma de substituição indireta. Consiste a substituição fideicomissária na instituição de herdeiro ou legatário com a obrigação de, por sua morte, a certo tempo ou sob condição preestabelecida, transmitir a herança ou o legado a uma outra pessoa. Estabelece-se uma vocação dupla: direta (para o herdeiro ou legatário instituído, que desfrutará do benefício por um certo tempo estipulado pelo de cujus) e indireta ou oblíqua (para o substituto).
- **Efeitos da sucessão:**

- **Título universal**: o herdeiro é chamado para suceder na totalidade dos bens ou da herança.
- **Título singular**: o herdeiro é chamado para receber determinados bens.
- **Aceitação da herança:** Trata-se do ato jurídico unilateral pelo qual o herdeiro manifesta livremente o desejo de receber a herança que lhe é transmitida. É indivisível e incondicional porque não se pode aceitar ou renunciar a herança em partes, mediante condição ou a termo.
- **Renúncia da herança**: É o ato jurídico unilateral pelo qual o herdeiro declara expressamente que não aceita a herança a que tem direito. É ato solene, devendo ser feito por escritura pública (perante o tabelião) ou termo nos autos (perante o juiz).
- **Herança jacente**: Ocorrerá quando o falecido não deixar herdeiro ou testamento ou quando todos os que forem chamados para suceder renunciarem.
- **Herança vacante**: Será declarada vacante a herança se decorrido o prazo de um ano da publicação do primeiro edital e esgotadas todas as diligências em busca de interessados, não aparecer nenhum herdeiro. Assim, após decorridos cinco anos da abertura da sucessão, o domínio dos bens passará para o poder público.

- Exclusão por indignidade: **É considerada uma pena civil, criada pelo legislador, atingindo os herdeiros necessários, os legítimos e os testamentários que praticarem qualquer ato mencionado no art. 1814 do Código Civil. A pena de indignidade só alcança o indigno, sendo representado por seus sucessores, como se morto fosse.**
- Deserdação: **é o ato unilateral pelo qual o de cujus exclui da sucessão, por decisão motivada, mediante testamento, herdeiro necessário, privando-o de sua legítima, por ter praticado alguma conduta prevista na lei como causa.**

São causas de deserdação:

- Deserdação dos descendentes por seus ascendentes (art. 1.962 CC): ofensa física, injúria grave; relações ilícitas com a madrasta ou padrasto; desamparo do ascendente em alienação mental ou grave enfermidade.
- Deserdação dos ascendentes pelos descendentes (art. 1.963 CC): ofensa física; injúria grave; relações ilícitas com a mulher ou companheira do filho ou a do neto com o marido ou companheiro da filha ou o da neta; desamparo do filho ou do neto com deficiência mental ou grave enfermidade.

Inventário e Partilha

- Inventário: procedimento judicial ou administrativo através do qual são apurados os bens, direitos e obrigações do "de cujus". Deverá ser instaurado até 60 (sessenta) dias da abertura da sucessão. Nomeia-se o inventariante que administrará o espólio.

- Partilha: é a finalidade do inventário, produzindo divisão dos bens e o recebimento do quinhão por cada herdeiro.
- Sobrepartilha: Trata-se da conferência de bens à partilha, haja vista a descoberta de bens sonegados ou outros que só foram descobertos após a ciência.
- Colação: **o ato de retorno à herança de bens que foram retirados por ato de liberalidade do de cujus.**

  Cumpre esclarecer que a colação ocorre nos autos do processo de inventário no prazo de 10 dias após citação do último herdeiro, não trazendo o bem de volta ao espólio, razão pela qual não incidirá sobre eles imposto causa mortis.
- Sonegados: **Trata-se da ocultação dolosa de bens que devem ser inventariados ou levados à colação. Pode ser praticada pelo inventariante ou pelos herdeiros**

12. RESPONSABILIDADE CIVIL

A responsabilidade civil é instituto dinâmico que invariavelmente se renova de modo que, frequentemente, surgem novas teses jurídicas a fim de atender às necessidades sociais emergentes. É o tema que teve maior desenvolvimento nos últimos 100 anos. Esta matéria sofreu grande evolução, tendo em vista que sua expansão se deu quanto à sua história, seus fundamentos, sua área de incidência e sua profundidade. Historicamente, no direito brasileiro clássico, a responsabilidade civil foi eminentemente baseada na culpa. Entretanto, com a evolução da doutrina, passou a ser entendida, também, como decorrente do risco, e, portanto, independente de culpa (responsabilidade civil objetiva). Nesse sentido, o Código Civil de 2002, atendendo à doutrina e à jurisprudência brasileira e tentando se adequar à Constituição Federal de 1988, inovou sobremaneira em relação ao Código Civil anterior. A responsabilidade civil era, até pouco tempo, subjetiva (artigo 159 do Código Civil de 1916) e, só excepcionalmente, objetiva, em algumas leis especiais. Hoje o sistema é dualista, coexistindo a responsabilidade subjetiva (artigo 186 do Código Civil de 2002) e a objetiva, esta sempre definida em lei.

- **Da obrigação de indenizar:** O art. 927 do Código Civil determina que aquele que por ato ilícito (art. 186 e 187) causar dano à alguém, está obrigado a repará-lo. A obrigação de indenizar, portanto, surge em decorrência da lei ou do contrato. No Código Civil a indenização abrange apenas as questões civis e não consumeristas.
- **Critérios de classificação**: a responsabilidade civil costuma ser classificada pela doutrina em razão da culpa e quanto à natureza jurídica da norma violada.

Quanto ao primeiro critério a responsabilidade é dividida em **objetiva** e **subjetiva**. Em razão do segundo critério, ela pode ser dividida em **responsabilidade contratual** e **extracontratual.**

- **Responsabilidade subjetiva**: aquela causada por conduta culposa *lato sensu*, que envolve a culpa *stricto sensu* e o dolo. A culpa (*stricto sensu*) caracteriza-se quando o agente causador do dano praticar o ato em razão de negligencia, imprudência e imperícia. Já o dolo é a vontade conscientemente dirigida à produção do resultado ilícito. Para que se configure a culpa, exigem-se os três elementos identificadores, quais sejam: voluntariedade sem intenção, previsibilidade e falta de cuidado.

  Deste modo, podemos destacar os seguintes elementos da responsabilidade civil subjetiva: 1) a conduta; 2) o dano; 3) a culpa e; 4) o nexo de causalidade entre a conduta e o dano.

  Da fundamentação legal da responsabilidade civil (artigos 186, 187 e 927, do Código Civil) e seus pressupostos, extraem-se os seguintes elementos:

  O fato lesivo que é o ato violador de um direito subjetivo, voluntário ou pelo menos imputável ao agente por dolo (culpa *lato sensu*) ou culpa (*stricto sensu*). A culpa *lato sensu* abrange o dolo e ocorre quando existe a vontade de cometer uma violação de direito. A culpa *stricto sensu* ocorre quando se verifica a falta de diligência por parte do agente causador do dano. A contrariedade ao direito deriva da qualificação como ilícito de determinados fatos, atos-fatos ou atos. Desse modo, conclui-se que o dever de indenizar nasce com a antijuridicidade.

  A ocorrência de um dano, patrimonial ou moral a um bem jurídico.

  O nexo de causalidade, a ligação entre o dano e o comportamento do agente. A demonstração desta relação causal é indispensável nos termos do Código Civil de 2002. Quebra-se essa relação causal: quando a culpa é da vítima – será proporcional se há culpa concorrente da vítima; e caracterizada a inevitabilidade, em decorrência de caso fortuito ou força maior.
- **Responsabilidade objetiva**: é aquela que dispensa a prova do elemento culpa e a vítima sempre terá direito à indenização ou reparação. Tem seu fundamento na "teoria do risco" (que no Brasil teve como percursor Alvino Ferreira Lima). O artigo 927, parágrafo único do Código Civil assim determina: "Haverá obrigação de reparar o dano, independente de culpa, nos casos especificados em lei, ou quando a atividade normalmente desenvolvida pelo autor do dano implicar, por sua natureza, risco para os direitos de outrem"

Principais regras da responsabilidade objetiva: arts. 927 ao 938 e 750 do Código Civil.

- **Respondem independente de culpa:**

I – os pais pelos atos praticados pelos filhos menores que estiverem sob sua autoridade ou em sua companhia;

II – o tutor e o curador pelos pupilos e curatelados, nos mesmos moldes acima;

III – o empregador ou comitente são responsáveis pelos atos de seus empregados, serviçais e prepostos no exercício do trabalho ou em razão dele;

IV – os donos de hotéis, hospedarias, casas ou estabelecimento comercial onde através de contrato de hospedagem se acomodem passageiros ou visitantes;

V – os que contribuem gratuitamente nos produtos de crime, até a concorrência da respectiva quantia;

VI – o dono ou detentor do animal que causar dano a outrem, desde que não provada a culpa da vítima ou motivo de força maior;

VII – o dono de edifício ou construção pelos danos que resultarem de sua ruína, se provier de falta de reparos, cuja necessidade fosse manifesta;

VIII – do habitante de casa ou parte dela que causar dano em decorrência lançar coisas sólidas ou liquidas pela janela, o qual denomina-se conceituar como defenestramento.

IX – O transportador, pelos danos causados às pessoas transportadas e suas bagagens, salvo motivo de força maior, sendo nula qualquer cláusula excludente de responsabilidade (art. 750 do Código Civil).

- **Responsabilidade civil contratual:** ocorre no momento em que há a violação pelo agente de preceito previamente combinado entre as partes. É o inadimplemento de uma obrigação e tem previsão nos arts. 389, 390 e 391 do Código Civil.
- **Responsabilidade civil extracontratual ou aquiliana**: Está baseada no ato ilícito (art. 186) e no abuso de direito (art. 187), ambos do Código Civil. Há uma violação de um dever de conduta que deveria ser o de agir com prudência e cautela em face dos demais cidadãos, sem causar qualquer tipo de dano a outrem.
- **Dos danos:** o nosso direito contempla o dano material e o dano moral. Contempla também os chamados novos danos: danos estéticos, dano moral coletivo, dano social e dano por perda de uma chance.
- **Dano moral:** Tem previsão no art. 186 do Código Civil e atualmente a jurisprudência pátria tem buscado associar o dano moral com aquele decorrente da lesão ao direito da personalidade, ainda que pouco tenha enfrentado a conceituação de tal questão. Não há indenização sem dano, cabendo o ônus de sua prova ao autor da demanda. Há que se esclarecer que para a caracterização do dano moral, não há obrigatoriedade da presença de sentimentos negativos, de acordo com o **Enunciado nº 445 da V Jornada de Direito Civil**: *"o dano moral indenizável não pressupõe necessariamente a verificação de sentimentos humanos desagradáveis como dor ou sofrimento."*
- **Dano material:** Os danos materiais ou patrimoniais constituem prejuízos ou perdas que atingem o patrimônio de alguém. Podem ser divididos em danos emergentes ou lucro cessante, nos termos do art. 402 do Código Civil.

– *Dano emergente* é o que efetivamente foi perdido pelo lesado.

– *Lucro cessante* é aquilo que o lesado deixou de obter em razão de ter sofrido o dano.

- **Dano estético:** e caracteriza-se o dano estético quando a pessoa fica com cicatrizes, feridas ou tem desfigurado o seu corpo, sofre amputações ou perda de órgãos. Ele é um dano presumido e o STJ o separa do dano moral, diferenciando-os. **A Súmula 387 do STJ** vem corroborar com tal assertiva: *"é lícita a cumulação das indenizações de dano estético e dano moral."*
- **Dano moral coletivo**: é entendido como uma nova categoria de dano e em nada se equipara ao dano moral individual. Tem expressa previsão no art. 6º, inciso VI do Código de Defesa do Consumidor. É ainda tema dos mais controversos na jurisprudência, com visível crescimento das decisões favoráveis à sua aceitação.

Para a caracterização do dano moral coletivo é necessário que a lesão aos bens e valores imateriais digam respeito a interesses coletivos, que envolvam direitos difusos, coletivos em sentido estrito ou individuais homogêneos. Referindo-se a esta distinção o Código de Defesa do Consumidor, em seu art. 81, trouxe a seguinte definição:

I. interesses ou direitos difusos, assim entendidos, para efeitos deste código, os transindividuais, de natureza indivisível, de que sejam titulares pessoas indeterminadas e ligadas por circunstâncias de fato;

II. interesses ou direitos coletivos, assim entendidos, para efeitos deste código, os transindividuais, de natureza indivisível de que seja titular grupo, categoria ou classe de pessoas ligadas entre si ou com a parte contrária por uma relação jurídica base;

III. interesses ou direitos individuais homogêneos, assim entendidos os decorrentes de origem comum.

- **Dano social:** É a nova modalidade de dano proposta pelo professor Antônio Junqueira de Azevedo. Para ele, os danos sociais são lesões à sociedade, no seu nível de vida, tanto por rebaixamento de seu patrimônio moral – principalmente a respeito da segurança – quanto por diminuição na qualidade de vida. Para Junqueira, o dano social não exclui o dano moral coletivo, já que o dano social estaria destinado apenas para direitos imateriais da coletividade enquanto o dano moral coletivo seria aplicado aos direitos individuais homogêneos, coletivos e difusos. O próprio enunciado 456 da V Jornada de Direito Civil do Conselho de Justiça Federal, reconhece o dano social como nova modalidade de dano: *A expressão "dano" no art. 944 abrange não só os danos individuais, materiais ou imateriais, mas também os danos sociais, difusos, coletivos e individuais homogêneos a serem reclamados pelos legitimados para propor ações coletivas."*

As decisões por dano social têm aumentado em nossos Tribunais. Assim, para corroborar com o quanto alegado, segue abaixo exemplo de condenação por danos sociais.

Trata-se de uma fraude ocorrida em um sistema de loterias no Rio Grande do Sul, chamado "Toto Bola". Ficou constatado que a loteria seria fraudulenta, retirando do consumidor as chances de vencer. Neste caso, o Tribunal de Justiça do Rio Grande do Sul, determinou, de ofício, indenização a título de dano social para o Fundo de Proteção aos Consumidores.

> *"Toto bola. Sistema de loterias de chances múltiplas. Fraude que retirava ao consumidor a chance de vencer. Ação de reparação de danos materiais e morais. Danos materiais limitados ao valor das cartelas comprovadamente adquiridas. Danos morais puros não caracterizados. Possibilidade, porém, de excepcional aplicação da função punitiva da responsabilidade civil. Na presença de danos mais propriamente sociais do que individuais, recomenda-se o recolhimento dos valores da condenação ao fundo de defesa de interesses difusos. Recurso parcialmente provido."* (*Ementa extraída do acórdão nº 71001249796/2007, da Terceira Turma Recursal Cível, de relatoria do Dr. Eugênio Facchini Neto, do Tribunal de Justiça do Rio Grande do Sul. Disponível em: http://www.tjrs.jus.br/busca/?tb=proc. Acesso em. 24.10.2014.)*

- **Dano por perda de uma chance**: também uma das novas modalidades de danos, que vem sendo cada vez mais reconhecida pela jurisprudência. A V Jornada de Direito Civil de novembro de 2011 reconheceu o dano por perda de uma chance como dano material ou imaterial. Trata-se do dano caracterizado quando a pessoa se frustra ao perder uma chance, uma oportunidade futura, caso dentro do razoável as coisas seguissem o seu fluxo normal. É como se a minha resposta em um concurso estivesse correta, fazendo com que a minha aprovação fosse certa, mas ao gabaritar o resultado fosse outro, não por minha culpa ou erro, mas de outrem, frustrando assim as minhas chances e expectativas.

  Julgados curiosos são os que responsabilizam advogados por perderem prazos de seus clientes, gerando perda da chance de vitória judicial (STJ, Ag. Rg. no Ag. 932.446/RS. Processo 2007/0167882-9, 3ª Turma, Relª Min. Fátima Nancy Andrighi, j. 06.12.2007.

- **Excludentes de responsabilidade**: têm como finalidade romper o cordão entre o ato e o dano ocasionado. São elas:

I. Fato de terceiro: só eximirá a responsabilidade quando aquele que causar o dano servir de mero instrumento do terceiro. Fora isso, não haverá excludente.

II. Exercício regular de um direito reconhecido. Aquele que age dentro do seu direito, não pode ser responsabilizado. Exemplo: credor que protesta título de crédito vencido e não pago.

III. Caso fortuito ou de força maior – Art. 393 do Código Civil. Não responderá, se expressamente não tiver por eles se responsabilizado.

IV. Culpa exclusiva da vítima: não é o agente que causa o dano e sim a própria vítima em razão de sua culpa.

13. DIREITO DO CONSUMIDOR – CÓDIGO DE DEFESA DO CONSUMIDOR – LEI Nº 8.078/90

O direito do consumidor pode ser entendido como um ramo novo do direito, cuja natureza jurídica é mista (direito público e direito privado) e com finalidade protetiva ao consumidor. Sua base de proteção está entre os direitos e garantias fundamentais da Constituição Federal em seu artigo 5º, inciso XXXII. O direito do consumidor tem codificação própria (CDC) e disciplina autônoma ministrada nos cursos de graduação e, regra de hermenêutica favorável em relação aos contratos de consumo, conforme previsto no art. 47 do CDC: "as cláusulas contratuais serão sempre interpretadas de maneira mais favorável ao consumidor."

- **Conceito de consumidor e fornecedor**: Consumidor é toda pessoa física ou jurídica que adquire ou utiliza produto ou serviço como destinatário final (art. 2º do CDC). Ressalte-se que a pessoa jurídica também é tida como consumidora e não somente a física, sendo comum em concursos o examinador induzir o candidato a erro neste sentido.

  São considerados consumidores por equiparação: as vítimas de acidente de consumo (art. 17 do CDC) e a pessoas expostas às práticas comerciais (art. 29, do mesmo estatuto).

  Fornecedor, por sua vez, é toda pessoa física ou jurídica, pública ou privada, nacional ou estrangeira, bem como os entes despersonalizados, que desenvolvem atividade de produção, montagem, criação, construção, transformação, importação, exportação, distribuição ou comercialização de produtos ou prestação de serviços (art. 3º do CDC).

  Aqui também o CDC inclui como fornecedor tanto a pessoa física como a jurídica (pública ou privada).

  Importante: O Código de Defesa do Consumidor também se aplica aos serviços prestados pelos órgãos públicos.

- **Coletividade de consumidores**: Importante ressaltar que o CDC não trata apenas do consumidor individual, mas também da coletividade, como podemos observar em seu art. 81 quando trata dos interesses coletivos, difusos e individuais homogêneos.
- **Produto ou serviço**: Produto é qualquer bem móvel ou imóvel, material ou imaterial. Já serviço é qualquer atividade fornecida no mercado de consumo, mediante remuneração, inclusive as de natureza bancária, financeira, de crédito e securitária, salvo as decorrentes das relações de caráter trabalhista (arts. 2º e 3º do CDC).
- **Regra importante**: Durante anos após a promulgação do CDC, tais dispositivos de proteção ao consumidor não se aplicavam às instituições bancárias e tão pouco as operadoras de plano de saúde ou seguradoras. Tal entendimento não mais prevalece, em razão da edição das seguintes súmulas do STJ:
- **Súmula 297**: "O Código de Defesa do Consumidor é aplicável às instituições financeiras."
- **Súmula 321**: "O Código de Defesa do Consumidor é aplicável à relação jurídica entre a entidade de previdência privada e seus participantes."
- **Da responsabilidade do fornecedor:** de acordo com o art. 18 do CDC, o fornecedor responde solidariamente por vícios de quantidade do produto, sempre que, respeitadas as variações decorrentes de sua natureza, o conteúdo líquido for inferior às indicações do recipiente, da embalagem, rotulagem ou mensagem publicitária. O CDC trouxe uma inovação em relação ao Código Civil, não se limitando apenas aos vícios ocultos, vez que abrange também os vícios aparentes e que sejam de fácil constatação pelo consumidor. Outrossim, de acordo com o mencionado artigo, os fornecedores respondem ainda pelo vício que decorre da disparidade das características com a oferta do produto, vez que antes do CDC a responsabilidade se dava apenas em razão da funcionalidade do bem ou da diminuição de seu valor.
- **Defeito X vício**: defeito é o que compromete a segurança que se espera de um produto ou um serviço, causando dano físico ou patrimonial ao consumidor. Já o vício é uma anomalia que compromete a qualidade ou a quantidade de um produto ou serviço, fazendo com que se torne impróprio para uso, diminua-lhe o valor, mas que não causa risco à saúde ou segurança do consumidor.

Havendo vício do produto, o art. 18 do CDC, em seu parágrafo único, determina que não sendo resolvido o problema em no máximo 30 (trinta) dias, o consumidor pode exigir: a substituição do produto por outro da mesma espécie e em perfeitas condições; restituição imediata da quantia paga, atualizada; ou o abatimento proporcional do preço.

Dos conceitos de vício e de produto extraímos os dois tipos de responsabilidade previstas no CDC: **a responsabilidade pelo fato e a responsabilidade pelo vício.**

- **Da responsabilidade do comerciante:** está prevista no art. 13 do CDC. Ele será responsabilizado quando o fabricante ou construtor, produtor ou importador não puder ser identificado, ou quando ainda não houver identificação clara no produto de seu fornecedor ou fabricante e ainda, quando não conservar de maneira adequada os produtos que são perecíveis.

  Dica: a responsabilidade aqui também é solidária.
- **Dos vícios**: acarretam a responsabilidade solidária entre todos os fornecedores; indenizações e proteção do consumidor em relação ao vício oculto ou vício aparente.
- **Vício oculto**: aquele que o homem médio não consegue perceber sem uma análise técnica da coisa.
- **Vício aparente**: aquele perceptível a qualquer pessoa.
- **Produtos duráveis:** são aqueles que não se desaparecem com o uso, como um carro, geladeira, fogão entre outros – O artigo 26, II, do Código de Defesa do Consumidor determina que será de 90 (noventa) dias o prazo para reclamar em se tratando de bens duráveis. Insta ressaltar que este prazo poderá ser bem superior, haja vista o quanto previsto no parágrafo 3º do artigo mencionado que não fixa um limite temporal para aparecimento do vício oculto, o que o diferencia do artigo 445, parágrafo 1º do Código Civil.
- **Produtos não duráveis**: são aqueles que desaparecem com o seu uso, seja em uma única vez ou em alguns poucos usos, como sabonete, pasta de dente, chocolate, entre outros – o prazo para reclamação é de 30 (dias), conforme previsto no art. 26, I, do CDC. O termo inicial da contagem do prazo será a data da entrega efetiva do produto ou do término da realização da execução dos serviços.
- **Prescrição**: o prazo será de 05 (cinco) anos para ingressar com ação de reparação de danos causados pelo fato do produto ou do serviço causar algum prejuízo ao consumidor. A contagem se dá a partir do conhecimento do dano e de sua autoria, conforme disposto no art. 27 do CDC.
- **Arrependimento ou desistência do contrato:** Trata-se de regra importantíssima do CDC para compras fora do estabelecimento comercial, permitindo ao consumidor arrepender-se da coisa comprada ou do contrato assumido, com previsão expressa no art. 49 do CDC. Trata-se do chamado prazo de arrependimento que abrange as vendas feitas em domicilio, pelo telefone, por catálogo ou pela internet. Este direito não está condicionado a qualquer defeito ou vício, sendo necessário apenas que o consumidor exponha o seu arrependimento através de carta, e-mail, telefone ou qualquer outra forma de comunicação.

A contagem do prazo de 07 (sete) dias estipulados pela lei se dá a partir da entrega do produto ou da assinatura do contrato.

Importante frisar que o direito de arrependimento só é possível para compras feitas fora do estabelecimento comercial, impedindo o consumidor de ter contato físico com o produto, sendo referido contato apenas visual através de fotos, postagens ou catálogos.

Outrossim, o STJ já se manifestou favorável ao direito de arrependimento, aplicando-se o art. 49 do CDC, quando tratar-se de contrato de financiamento celebrado no escritório do consumidor.

Ementa: "Em ação de busca e apreensão, é possível discutir a resolução do contrato de financiamento, garantido por alienação fiduciária, quando incide cláusula tácita de direito de arrependimento, prevista no art. 49 do CDC, porque esta objetiva restabelecer os contraentes ao estado anterior à celebração do contrato. É facultado ao consumidor desistir do contrato de financiamento, no prazo de 07 (sete) dias, a contar da assinatura, quando a contratação ocorrer fora do estabelecimento comercial, nos termos do art. 49 do CDC. (REsp 930.351-SP, j. 27.10.2009, rel. Min. Nancy Andrighi, Dje 16.11.2009.)

Dica: a responsabilidade no direito do consumidor, seja do fornecedor ou do comerciante, será sempre objetiva, ou seja, independente de culpa. No entanto, em caso de responsabilidade de profissional liberal, deverá ser provada a culpa do profissional, tratando-se assim de responsabilidade subjetiva (art. 14, parágrafo 4º do CDC).

14. DO DIREITO AUTORAL

Direito autoral regulas as relações entre o autor da obra intelectual, seus intérpretes e os que irão reproduzi-las ou utilizá-las publicamente. Os direitos autorais são protegidos e independem de registro, aplicando-se em regra a lei local.

Insere-se o direito autoral na seara do direito de propriedade imaterial.

A lei que rege no Brasil os direitos autorais é a Lei 9.610/98 – LDA – Lei de Direitos Autorais.

Os princípios do direito autoral estão expressos nos artigos da LDA e se dividem em:

- princípio da reciprocidade no tratamento;
- princípio da categoria dos bens móveis;
- princípio da interpretação restritiva;
- princípio da informalidade da proteção;
- princípio da autorização prévia;
- princípio da transferência do direito, entre outros.

- **Do autor**: O autor é o sujeito do direito autoral. É o que cria, adapta, escreve, arranja, entre outras atividades. Coautor é o que cria em conjunto (não é o mero auxilio). Sempre será pessoa física o criador, mas a proteção a ele concedida poderá se estender à pessoa jurídica, através de previsão legal, como exemplo, no caso de obra coletiva. A autoria é intransferível.
- **Direitos conferidos pela LDA**: direitos morais (art. 24); direitos patrimoniais e direitos da personalidade.
- **As obras protegidas** encontram-se previstas no art. 7º da LDA, sendo alguns exemplos: os textos de obras literárias, artísticas ou científicas; as obras audiovisuais; obras fotográficas; composições musicais; as ilustrações; os programas de computador; as pinturas, gravuras, esculturas, etc.
- **São isentos de proteção**: as ideias, os formulários em branco para serem preenchidos, decisões judiciais, leis, decretos, regulamentos, atos oficiais, calendários, agendas, cadastros entre outros.
- **Domínio público**: A legislação brasileira determina que os direitos patrimoniais do autor durem 70 anos, contados do primeiro dia do ano posterior ao do seu falecimento. Tal regra aplica-se também aos direitos conexos, contados a partir de primeiro de janeiro do ano subsequente.
- **Limitações ao direito do autor:** Embora a lei proteja o autor, existem limites aos direitos que lhe são conferidos. Os fundamentos que impõem a limitação são baseados no direito da coletividade, no interesse público e no direito de acesso à cultura e à informação.
- **São permitidas**:

- As citações, desde que devidamente colocados o nome do autor e a origem da obra (art. 46, III, da LDA);
- A cópia para uso privado, desde que não prejudique o comércio da obra e cause prejuízo injustificado ao autor;
- Paráfrase, que é a transcrição de idéias centrais de um texto, com outras palavras, mas somente em pequenos trechos, ressalvados por aspas ou com a devida fonte para que não se caracterize como plágio.
- Paródia, (recriação contestadora ou irreverente de uma obra) é permitida, desde que não reproduza integralmente a obra que lhe deu origem ou ainda que não seja dado o devido crédito.

A LDA não traz expressamente a figura do plágio. No entanto, no costume, plagiar é copiar. É apresentar como sua uma obra que é de outrem.

Os contratos no direito autoral poderão ser de **cessão total** ou **parcial** (os chamados licenciamentos, muito comuns entre as pessoas famosas que licenciam seus nomes e imagens para produtos) e os de **edição**.

Não importa o tipo de contrato, a interpretação deverá sempre ser restritiva.

- **Regimes especiais de obras**: Em caso de fotografias, deverá obrigatoriamente constar o nome do autor, não sendo permitida a reprodução de obra que não esteja de acordo com a original, salvo se houver autorização do autor para tanto.

  No caso de obra coletiva, o organizador da obra deverá, obrigatoriamente, mencionar a relação de todos os autores em cada exemplar, bem como o ano da publicação e o título da obra.

  Há também regimes especiais para a utilização dos fonogramas musicais e das obras audiovisuais.

- **Direitos conexos**: os direitos do autor serão aplicados também aos artistas, intérpretes, executantes, produtores fonográficos e empresas de radiofusão, quando couberem. Para o STJ, por exemplo, o ator não tem direito autoral mas apenas direitos conexos.

- **Sanções**: A violação aos direitos autorais enseja sanções tanto na esfera civil como na esfera penal.

  As sanções civis vão desde apreensão de material; suspensão de divulgação; pagamento de indenizações e multas; destruição de material ilegal; reparação da omissão do nome do autor em uma obra, entre outras.

  Na esfera penal, os crimes de violação de direitos do autor ou os que lhe são conexos bem como os de pirataria, possuem penas de detenção de três meses a um ano ou multa e reclusão de dois a quatro anos.

  A prescrição, de acordo com o Código Civil, para as ações de reparação civil (dano moral) será de três anos; já para as de dano patrimonial ou quebra de contrato autoral, será de cinco anos.

✦ SÚMULAS APLICÁVEIS

◉ SÚMULAS DO STF

1. PARTE GERAL

- **Súmula 150 do STF:** Prescreve a execução no mesmo prazo de prescrição da ação.
- **Súmula 153 do STF:** Simples protesto cambiário não interrompe a prescrição.
- **Súmula 154 do STF:** Simples vistoria não interrompe a prescrição.
- **Súmula 443 do STF:** A prescrição das prestações anteriores ao período previsto em lei não ocorre, quando não tiver sido negado, antes daquele prazo, o próprio direito reclamado, ou a situação jurídica de que ele resulta.

2. DIREITO DAS OBRIGAÇÕES

- **Súmula 121 do STF:** É vetada a capitalização de juros, ainda que expressamente convencionada.
- **Súmula 159 do STF:** A cobrança excessiva, mas de boa-fé, não dá lugar às sanções do art. 1531 do Código Civil. (A súmula refere-se ao art. 1531 do Código Civil de 1.916, que corresponde ao art. 940 do Código Civil de 2.002. Como não foi revogada, continua tendo aplicabilidade na respectiva correspondência)
- **Súmula 163 do STF:** Salvo contra a Fazenda Pública, sendo a obrigação ilíquida, contam-se os juros moratórios desde a citação inicial para a ação.
- **Súmula 255 do STF:** Sendo ilíquida a obrigação, os juros moratórios, contra a fazenda pública, incluídas as autarquias, são contados do trânsito em julgado da sentença de liquidação.
- **Súmula 500 do STF:** Não cabe a ação cominatória para compelir-se o réu a cumprir obrigação de dar.

3. DOS CONTRATOS

- **Súmula 80 do STF:** Para a retomada de prédio situado fora do domicílio do locador exige-se a prova da necessidade.
- **Súmula 174 do STF:** Para a retomada do imóvel alugado, não é necessária a comprovação dos requisitos legais na notificação prévia.
- **Súmula 175 do STF:** Admite-se a retomada do imóvel alugado para uso de filho que vai contrair matrimônio.
- **Súmula 409 do STF:** Ao retomante, que tenha mais de um prédio alugado, cabe optar entre eles, salvo abuso de direito.
- **Súmula 410 do STF:** Se o locador, utilizando prédio próprio para residência ou atividade comercial, pede o imóvel locado para uso próprio, diverso do que tem o por ele ocupado, não está obrigado a provar a necessidade, que se presume.
- **Súmula 483 do STF:** É dispensável a prova de necessidade, na retomada de prédio situado em localidade para onde o proprietário pretende transferir residência, salvo de manter, também, a anterior, quando dita prova será exigida.
- **Súmula 486 do STF:** Admite-se a retomada para a sociedade da qual o locador, ou seu cônjuge, seja sócio, com participação predominante no capital social.
- **Súmula 158 do STF:** Salvo estipulação contratual averbada em registro imobiliário, não responde o adquirente pelas benfeitorias do locatário.

- **Súmula 173 do STF:** Em caso de obstáculo judicial admite-se a purga da mora, pelo locatário, além do prazo legal.
- **Súmula 370 do STF:** Julgada improcedente a ação renovatória de locação, terá o locatário, para desocupar o imóvel, o prazo de seis meses, acrescidos de tantos meses quantos forem os anos da ocupação, até o limite total de dezoito meses.
- **Súmula 411 do STF:** O locatário autorizado a ceder a locação pode sublocar o imóvel.
- **Súmula 442 do STF:** A inscrição do contrato de locação no registro de imóveis, para a validade da cláusula de vigência contra o adquirente do imóvel, ou perante terceiros, dispensa a transcrição no registro de títulos e documentos
- **Súmula 161 do STF:** No contrato de transporte, é inoperante a cláusula de não indenizar.
- **Súmula 187 do STF:** A responsabilidade contratual do transportador, pelo acidente com o passageiro, não é elidida por culpa de terceiro, contra o qual tem ação regressiva.
- **Súmula 188 do STF:** O segurador tem ação regressiva contra o causador do dano, pelo que efetivamente pagou, até o limite previsto no contrato de seguro.
- **Súmula 105 do STF:** Salvo se tiver havido premeditação, o suicídio do segurado no período contratual de carência não exime o segurador do pagamento do seguro
- **Súmula 167 do STF:** Não se aplica o regime do Decreto-Lei 58, de 10/12/1937, ao compromisso de compra e venda não inscrito no registro imobiliário, salvo se o promitente vendedor se obrigou a efetuar o registro.
- **Súmula 168 do STF:** Para os efeitos do Decreto-Lei 58, de 10/12/1937, admite-se a inscrição imobiliária do compromisso de compra e venda no curso da ação.
- **Súmula 412 do STF:** No compromisso de compra e venda com cláusula de arrependimento, a devolução do sinal, por quem o deu, ou a sua restituição em dobro, por quem o recebeu, exclui indenização maior, a título de perdas e danos, salvo os juros moratórios e os encargos do processo.
- **Súmula 413 do STF:** O compromisso de compra e venda de imóveis, ainda que não loteados, dá direito à execução compulsória, quando reunidos os requisitos legais.
- **Súmula 489 do STF:** A compra e venda de automóvel não prevalece contra terceiros, se o contrato não foi transcrito no registro de títulos e documentos
- **Súmula 494 do STF:** a ação para anular venda de ascendente a descendente, sem consentimento dos demais, prescreve em vinte anos, contados da data do ato, revogada a súmula 152.
- **Súmula 335 do STF:** É válida a cláusula de eleição do foro para os processos oriundos do contrato

4. DIREITO DAS EMPRESAS

- **Súmula 189 do STF:** Os avais em branco e superpostos consideram-se simultâneos e não sucessivos.
- **Súmula 387 do STF:** A cambial emitida ou aceita com omissões, ou em branco, pode ser completada pelo credor de boa-fé antes da cobrança ou do protesto.
- **Súmula 600 do STF:** Cabe ação executiva contra o emitente e seus avalistas, ainda que não apresentado o cheque ao sacado no prazo legal, desde que não prescrita a ação cambiária.
- **Súmula 260 do STF:** O exame dos livros comerciais, em ação judicial, fica limitado às transações entre os litigantes.
- **Súmula 390 do STF:** A exibição judicial de livros comerciais pode ser requerida como medida preventiva.
- **Súmula 265 do STF:** Na apuração de haveres não prevalece o balanço não aprovado pelo sócio falecido, excluído ou que se retirou.
- **Súmula 417 do STF:** Pode ser objeto de restituição, na falência, dinheiro em poder do falido, recebido em nome de outrem, ou do qual, por lei ou contrato, não tivesse ele a disponibilidade.
- **Súmula 646 do STF:** Ofende o princípio da livre concorrência lei municipal que impede a instalação de estabelecimentos comerciais do mesmo ramo em determinadas áreas

5. DIREITO DAS COISAS

- **Súmula 49 do STF:** A cláusula de inalienabilidade inclui a incomunicabilidade dos bens
- **Súmula 120 do STF:** Parede de tijolos de vidro translúcido pode ser levantada a menos de metro e meio do prédio vizinho, não importando servidão sobre ele.
- **Súmula 414 do STF:** Não se distingue a visão direta da oblíqua na proibição de abrir janela, ou fazer terraço, eirado, ou varanda, a menos de metro e meio do prédio de outrem.
- **Súmula 122 do STF:** O enfiteuta pode purgar a mora enquanto não decretado o comisso por sentença.
- **Súmula 170 do STF:** É resgatável a enfiteuse instituída anteriormente à vigência do Código Civil.
- **Súmula 237 do STF:** O usucapião pode ser arguido em defesa.
- **Súmula 263 do STF:** o possuidor deve ser citado pessoalmente para a ação de usucapião.

- **Súmula 340 do STF:** Desde a vigência do Código Civil, os bens dominicais, como os demais bens públicos, não podem ser adquiridos por usucapião.
- **Súmula 391 do STF:** O confinante certo deve ser citado, pessoalmente, para a ação de usucapião
- **Súmula 415 do STF:** Servidão de trânsito não titulada, mas tornada permanente, sobretudo pela natureza das obras realizadas, considera-se aparente, conferindo direito à proteção possessória
- **Súmula 487 do STF:** será deferida a posse a quem, evidentemente, tiver o domínio, se com base neste for ela disputada.
- **Súmula 652 do STF:** Não contraria a Constituição o art. 15, § 1º, do Dl. 3.365/41 (Lei da Desapropriação por utilidade pública).

6. DIREITO DAS FAMÍLIAS

- **Súmula 149 do STF:** É imprescritível a ação de investigação de paternidade, mas não o é a de petição de herança.
- **Súmula 226 do STF:** Nas ações de desquite, os alimentos são devidos desde a inicial e não da data da decisão que os concede.
- **Súmula 305 do STF:** Acordo de desquite ratificado por ambos os cônjuges não é retratável unilateralmente
- **Súmula 379 do STF:** No acordo de desquite não se admite renúncia aos alimentos, que poderão ser pleiteados ulteriormente, verificados os pressupostos legais.
- **Súmula 377 do STF:** No regime de separação legal de bens, comunicam-se os adquiridos na constância do casamento.
- **Súmula 380 do STF:** Comprovada a existência de sociedade de fato entre os concubinos, é cabível a sua dissolução judicial, com a partilha do patrimônio adquirido pelo esforço comum.
- **Súmula 381 do STF:** Não se homologa sentença de divórcio obtida, por procuração, em país de que os cônjuges não eram nacionais.
- **Súmula 382 do STF:** A vida em comum sob o mesmo teto, "more uxório", não é indispensável à caracterização do concubinato.

7. RESPONSABILIDADE CIVIL

- **Súmula 28 do STF:** O estabelecimento bancário é responsável pelo pagamento de cheque falso, ressalvadas as hipóteses de culpa exclusiva ou concorrente do correntista.
- **Súmula 35 do STF:** Em caso de acidente de trabalho ou de transporte, a concubina tem direito de ser indenizada pela morte do amásio, se entre eles não havia impedimento para o matrimônio.
- **Súmula 261 do STF:** Para a ação de indenização, em caso de avaria, é dispensável que a vistoria se faça judicialmente.
- **Súmula 490 do STF:** A pensão correspondente à indenização oriunda de responsabilidade civil deve ser calculada com base no salário mínimo vigente ao tempo da sentença e ajustar-se-á às variações ulteriores.
- **Súmula 491 do STF:** É indenizável o acidente que cause a morte de filho menor, ainda que não exerça trabalho remunerado
- **Súmula 492 do STF:** A empresa locadora de veículos responde, civil e solidariamente com o locatário, pelos danos por este causados a terceiro, no uso do carro locado.
- **Súmula 562 do STF:** Na indenização de danos materiais decorrentes de ato ilícito cabe a atualização de seu valor, utilizando-se, para esse fim, dentre outros critérios, dos índices de correção monetária.

⦿ SÚMULAS VINCULANTES

1. DIREITO DAS OBRIGAÇÕES

- **Súmula vinculante 25:** É lícita a prisão civil do depositário infiel, qualquer que seja a modalidade do depósito.

2. DIREITO DAS EMPRESAS

- **Súmula vinculante 38:** É competente o Município para fixar o horário de funcionamento de estabelecimento comercial.
- **Súmula Vinculante 49:** Ofende o princípio da livre concorrência lei municipal que impede instalação de estabelecimentos comerciais do mesmo ramo em determinada área.

3. DIREITO DO CONSUMIDOR

- **Súmula vinculante 27:** Compete à justiça estadual julgar causas entre consumidor e concessionária de serviço público de telefonia, quando a Anatel não seja litisconsorte passiva necessária, assistente, nem oponente.

⦿ SÚMULAS DO STJ

1. PARTE GERAL

- **Súmula 403 do STJ:** Independe de prova do prejuízo a indenização pela publicação não autorizada de imagem de pessoa com fins econômicos ou comerciais.
- **Súmula 525 do STJ:** A câmara de Vereadores não possui personalidade jurídica, apenas personalidade judiciária, somente podendo demandar em juízo para defender os seus direitos institucionais

- **Súmula 322 do STJ:** Para a repetição de indébito, nos contratos de abertura de crédito em conta corrente, não se exige a prova do erro.
- **Súmula 195 do STJ:** Em embargos de terceiros não se anula ato jurídico, por fraude contra credores.
- **Súmula 85 do STJ:** Nas relações jurídicas de trato sucessivo em que a fazenda pública figure como devedora, quando não tiver sido negado o direito reclamado, a prescrição atinge apenas as prestações vencidas antes do quinquênio anterior à propositura da ação.
- **Súmula 101 do STJ:** a ação de indenização do segurado em grupo contra a seguradora prescreve em um ano.
- **Súmula 106 do STJ:** Proposta a ação no prazo fixado para o seu exercício, a demora na citação, por motivos inerentes ao mecanismo da justiça, não justifica o acolhimento da arguição de prescrição ou decadência
- **Súmula 229 do STJ:** O pedido de pagamento de indenização à seguradora suspende o prazo de prescrição até que o segurado tenha ciência da decisão.
- **Súmula 412 do STJ:** A ação de repetição de indébito de tarifas de água e esgoto sujeita-se ao prazo prescricional estabelecido no Código Civil.
- **Súmula 278 do STJ:** O termo inicial do prazo prescricional, na ação de indenização, é a data em que o segurado teve ciência inequívoca da incapacidade laboral.
- **Súmula 547 do STJ:** Nas ações em que se pleiteia o ressarcimento dos valores pagos a título de participação financeira do consumidor no custeio de construção de rede elétrica, o prazo prescricional é de vinte anos na vigência do Código Civil de 1916. Na vigência do Código Civil de 2002, o prazo é de cinco anos se houver previsão contratual de ressarcimento e de três anos na ausência de cláusula nesse sentido, observada a regra de transição disciplinada em seu art. 2.028.

2. DIREITO DAS OBRIGAÇÕES

- **Súmula 14 do STJ:** Arbitrados os honorários advocatícios em percentual sobre o valor da causa, a correção monetária incide a partir do respectivo ajuizamento.
- **Súmula 26 do STJ:** O avalista do título de crédito vinculado a contrato de mútuo também responde pelas obrigações pactuadas, quando no contrato figurar como devedor solidário.
- **Súmula 30 do STJ:** A comissão de permanência e a correção monetária são inacumuláveis.
- **Súmula 35 do STJ:** incide correção monetária sobre as prestações pagas, quando de sua restituição, em virtude de retirada ou exclusão de participante de plano de consórcio.
- **Súmula 43 do STJ:** Incide correção monetária sobre dívida por ato ilícito a partir do efetivo prejuízo.
- **Súmula 54 do STJ:** Os juros moratórios fluem a partir do evento danoso, em caso de responsabilidade extracontratual.
- **Súmula 76 do STJ:** A falta de registro do compromisso de compra e venda de imóvel não dispensa a prévia interpelação para constituir em mora o devedor.
- **Súmula 179 do STJ:** O estabelecimento de crédito que recebe dinheiro, em depósito judicial, responde pelo pagamento da correção monetária relativa aos valores recolhidos.
- **Súmula 271 do STJ:** A correção monetária dos depósitos judiciais independe de ação específica contra o banco depositário.
- **Súmula 245 do STJ:** A notificação destinada a comprovar a mora das dívidas garantidas por alienação fiduciária dispensa a indicação da valor do débito.
- **Súmula 283 do STJ:** As empresas administradoras de cartão de crédito são instituições financeiras e, por isso, os juros remuneratórios por elas cobrados não sofrem as limitações da Lei de Usura.
- **Súmula 362 do STJ:** A correção monetária do valor da indenização do dano moral incide desde a data do arbitramento.
- **Súmula 380 do STJ:** A simples propositura da ação de revisão de contrato não inibe a caracterização da mora do autor.
- **Súmula 410 do STJ:** A prévia intimação pessoal do devedor constitui condição necessária para a cobrança de multa pelo descumprimento de obrigação de fazer ou não fazer.

3. DOS CONTRATOS

- **Súmula 28 do STJ:** O contrato de alienação fiduciária em garantia pode ter por objeto bem que já integrava o patrimônio do devedor.
- **Súmula 72 do STJ:** A comprovação da mora é imprescindível à busca e apreensão do bem alienado fiduciariamente.
- **Súmula 92 do STJ:** A terceiro de boa-fé não é oponível a alienação fiduciária não anotada no certificado de registro do veículo automotor.
- **Súmula 284 do STJ:** A purga da mora, nos contratos de alienação fiduciária, só é permitida quando já pagos pelo menos 40% (quarenta por cento) do valor financiado.
- **Súmula 31 do STJ:** A aquisição, pelo segurado, de mais de um imóvel financiado pelo sistema financeiro de habitação, situados na mesma localidade, não exime a seguradora da obrigação de pagamento dos seguros
- **Súmula 60 do STJ:** É nula a obrigação cambial assumida por procurador do mutuário vinculado ao mutuante, no exclusivo interesse deste.
- **Súmula 61 do STJ:** O seguro de vida cobre o suicídio não premeditado.

- **Súmula 257 do STJ:** A falta de pagamento do prêmio do seguro obrigatório de Danos Pessoais Causados por Veículos Automotores de Vias Terrestres (DPVAT) não é motivo para a recusa do pagamento da indenização.
- **Súmula 402 do STJ:** O contrato de seguro por danos pessoais compreende os danos morais, salvo cláusula expressa de exclusão.
- **Súmula 465 do STJ:** Ressalvada a hipótese de efetivo agravamento do risco, a seguradora não se exime do dever de indenizar em razão da transferência do veículo sem a sua prévia comunicação.
- **Súmula 214 do STJ:** O fiador da locação não responde por obrigações resultantes de aditamento ao qual não anuiu.
- **Súmula 335 do STJ:** Nos contratos de locação, é válida a cláusula de renúncia à indenização das benfeitorias e ao direito de retenção.
- **Súmula 233 do STJ:** O contrato de abertura de crédito, ainda que acompanhado de extrato da conta corrente, não é título executivo.
- **Súmula 247 do STJ:** O contrato de abertura de crédito em conta-corrente, acompanhado do demonstrativo de débito, constitui documento hábil para o ajuizamento da ação monitória.
- **Súmula 285 do STJ:** Nos contratos bancários posteriores ao Código de Defesa do Consumidor incide a multa moratória nele prevista.
- **Súmula 286 do STJ:** A renegociação de contrato bancário ou a confissão da dívida não impede a possibilidade de discussão sobre eventuais ilegalidades dos contratos anteriores.
- **Súmula 287 do STJ:** A Taxa Básica Financeira (TBF) não pode ser utilizada como indexador de correção monetária nos contratos bancários.
- **Súmula 288 do STJ:** A Taxa de Juros de Longo Prazo (TJLP) pode ser utilizada como indexador de correção monetária nos contratos bancários.
- **Súmula 322 do STJ:** Para a repetição de indébito, nos contratos de abertura de crédito em conta-corrente, não se exige a prova do erro.
- **Súmula 379 do STJ:** Nos contratos bancários não regidos por legislação específica, os juros moratórios poderão ser convencionados até o limite de 1% ao mês.
- **Súmula 381 do STJ:** Nos contratos bancários, é vedado ao julgador conhecer, de ofício, da abusividade das cláusulas.
- **Súmula 289 do STJ:** A restituição das parcelas pagas a plano de previdência privada deve ser objeto de correção plena, por índice que recomponha a efetiva desvalorização da moeda.
- **Súmula 293 do STJ:** A cobrança antecipada do valor residual garantido descaracteriza o contrato de arrendamento mercantil.
- **Súmula 369 do STJ:** No contrato de arrendamento mercantil (leasing), ainda que haja cláusula resolutiva expressa, é necessária a notificação prévia do arrendatário para constituí-lo em mora.
- **Súmula 294 do STJ:** Não é potestativa a cláusula contratual que prevê a comissão de permanência, calculada pela taxa média de mercado apurada pelo Banco Central do Brasil, limitada à taxa do contrato.
- **Súmula 472 do STJ:** A cobrança de comissão de permanência – cujo valor não pode ultrapassar a soma dos encargos remuneratórios e moratórios previstos no contrato – exclui a exigibilidade dos juros remuneratórios, moratórios e da multa contratual.
- **Súmula 295 do STJ:** A Taxa Referencial (TR) é indexador válido para contratos posteriores à Lei nº 8.177/91, desde que pactuada.
- **Súmula 296 do STJ:** Os juros remuneratórios, não cumuláveis com a comissão de permanência, são devidos no período de inadimplência, à taxa média de mercado estipulada pelo Banco Central do Brasil, limitada ao percentual contratado.
- **Súmula 176 do STJ:** É nula a cláusula contratual que sujeita o devedor a taxa de juros divulgada pela ANBID/CATIP
- **Súmula 302 do STJ:** É abusiva a cláusula contratual de plano de saúde que limita no tempo a internação hospitalar do segurado.
- **Súmula 181 do STJ:** É admissível ação declaratória, visando obter certeza quanto à exata interpretação da cláusula contratual.
- **Súmula 485 do STJ:** A Lei de Arbitragem aplica-se aos contratos que contenham cláusula arbitral, ainda que celebrados antes da sua edição.
- **Súmula 530 do STJ:** Nos contratos bancários, a impossibilidade de comprovar a taxa de juros efetivamente contratada – por ausência de pactuação ou pela falta de juntada do instrumento aos autos –, aplica-se a taxa média de mercado, divulgada pelo Bacen, praticada nas operações da mesma espécie, salvo se a taxa cobrada for mais vantajosa para o devedor.
- **Súmula 539 do STJ:** É permitida a capitalização de juros com periodicidade inferior à anual em contratos celebrados com instituições integrantes do Sistema Financeiro Nacional a partir de 31/03/2000 (MP nº 1.963-2000, reeditada como MP nº 2.170-36/2001), desde que expressamente pactuada.
- **Súmula 541 do STJ:** A previsão no contrato bancário de taxa de juros anual superior ao duodécuplo da mensal é suficiente para permitir a cobrança da taxa efetiva anual contratada.
- **Súmula 549 do STJ:** É válida a penhora de bem de família pertencente a fiador de contrato de locação.
- **Súmula 564 do STJ:** No caso de reintegração de posse em arrendamento mercantil financeiro, quando a soma da importância antecipada a título de valor residual garantido (VRG) com o valor da

venda do bem ultrapassar o total do VRG previsto contratualmente, o arrendatário terá direito de receber a respectiva diferença, cabendo, porém, se estipulado no contrato, o prévio desconto de outras despesas ou encargos pactuados.

- **Súmula 565 do STJ:** A pactuação das tarifas de abertura de crédito (TAC) e de emissão de carnê (TEC), ou outra denominação para o mesmo fato gerador, é válida apenas nos contratos bancários anteriores ao início da vigência da Resolução-CMN n. 3.518/2007, em 30/4/2008.
- **Súmula 586 do STJ:** A exigência de acordo entre o credor e o devedor na escolha do agente fiduciário aplica-se, exclusiva-mente, aos contratos não vinculados ao Sistema Financeiro da Habitação _ SFH.

4. DIREITO DAS EMPRESAS

- **Súmula 219 do STJ:** Os créditos decorrentes de serviços prestados à massa falida, inclusive a remuneração do síndico, gozam dos privilégios próprios dos trabalhistas.
- **Súmula 305 do STJ:** É descabida a prisão civil do depositário quando, decretada a falência da empresa, sobrevém a arrecadação do bem pelo síndico.
- **Súmula 248 do STJ:** Comprovada a prestação dos serviços, a duplicata não aceita, mas protestada, é título hábil para instruir pedido de falência.
- **Súmula 361 do STJ:** A notificação do protesto, para requerimento de falência da empresa devedora, exige a identificação da pessoa que a recebeu.
- **Súmula 503 do STJ:** O prazo para ajuizamento de ação monitória em face do emitente de cheque sem força executiva é quinquenal, a contar do dia seguinte à data de emissão estampada na cártula.
- **Súmula 258 do STJ:** A nota promissória vinculada a contrato de abertura de crédito não goza de autonomia em razão da iliquidez do título que a originou.
- **Súmula 504 do STJ:** O prazo para ajuizamento de ação monitória em face do emitente de nota promissória sem força executiva é quinquenal, a contar do dia seguinte ao vencimento do título.
- **Súmula 143 do STJ:** Prescreve em cinco anos a ação de perdas e danos pelo uso de marca comercial
- **Súmula 451 do STJ:** É legítima a penhora da sede do estabelecimento comercial.
- **Súmula 531 do STJ:** Em ação monitória fundada em cheque prescrito ajuizada contra o emitente, é dispensável a menção ao negócio jurídico subjacente à emissão da cártula.
- **Súmula 554 do STJ:** Na hipótese de sucessão empresarial, a responsabilidade da sucessora abrange não apenas os tributos devidos pela sucedida, mas também as multas moratórias ou punitivas referentes a fatos geradores ocorridos até a data da sucessão.
- **Súmula 581 do STJ:** A recuperação judicial do devedor principal não impede o prosseguimento das ações e execuções ajuizadas contra terceiros devedores solidários ou coobrigados em geral, por garantia cambial, real ou fidejussória.

5. DIREITO DAS COISAS

- **Súmula 11 do STJ:** A presença da União ou de qualquer de seus entes, na ação de usucapião especial, não afasta a competência do foro da situação do imóvel.
- **Súmula 193 do STJ:** O direito de uso de linha telefônica pode ser adquirido por usucapião.
- **Súmula 239 do STJ:** O direito à adjudicação compulsória não se condiciona ao registro do compromisso de compra e venda no cartório de imóveis.
- **Súmula 260 do STJ:** A convenção de condomínio aprovada, ainda que sem registro, é eficaz para regular as relações entre os condôminos.
- **Súmula 478 do STJ:** Na execução de crédito relativo a cotas condominiais, este tem preferência sobre o hipotecário.
- **Súmula 308 do STJ:** A hipoteca firmada entre a construtora e o agente financeiro, anterior ou posterior à celebração da promessa de compra e venda, não tem eficácia perante os adquirentes do imóvel.
- **Súmula 486 do STJ:** É impenhorável o único imóvel residencial do devedor que esteja locado a terceiros, desde que a renda obtida com a locação seja revertida para a subsistência ou a moradia da sua família.
- **Súmula 496 do STJ:** Os registros de propriedade particular de imóveis situados em terrenos de marinha não são oponíveis à União.

6. DIREITO DAS FAMÍLIAS

- **Súmula 01 do STJ:** O foro do domicílio ou da residência do alimentando é o competente para a ação de investigação de paternidade, quando cumulada com a de alimentos.
- **Súmula 144 do STJ:** Os créditos de natureza alimentícia gozam de preferência, desvinculados os precatórios da ordem cronológica dos créditos de natureza diversa.
- **Súmula 277 do STJ:** Julgada procedente a investigação de paternidade, os alimentos são devidos a partir da citação.
- **Súmula 309 do STJ:** O débito alimentar que autoriza a prisão civil do alimentante é o que compreende as três prestações anteriores ao ajuizamento da execução e as que se vencerem no curso do processo.

- **Súmula 358 do STJ:** O cancelamento de pensão alimentícia de filho que atingiu a maioridade está sujeito à decisão judicial, mediante contraditório, ainda que nos próprios autos.
- **Súmula 134 do STJ:** Embora intimado da penhora em imóvel do casal, o cônjuge do executado pode opor embargos de terceiro para defesa de sua meação.
- **Súmula 364 do STJ:** O conceito de impenhorabilidade de bem de família abrange também o imóvel pertencente a pessoas solteiras, separadas e viúvas.
- **Súmula 449 do STJ:** A vaga de garagem que possui matrícula própria no registro de imóveis não constitui bem de família para efeito de penhora.
- **Súmula 197 do STJ:** O divórcio direto pode ser concedido sem que haja prévia partilha dos bens.
- **Súmula 251 do STJ:** A meação só responde pelo ato ilícito quando o credor, na execução fiscal, provar que o enriquecimento dele resultante aproveitou ao casal.
- **Súmula 301 do STJ:** Em ação investigatória, a recusa do suposto pai a submeter-se ao exame de DNA induz presunção *juris tantum* de paternidade.
- **Súmula 332 do STJ:** A fiança prestada sem autorização de um dos cônjuges implica a ineficácia total da garantia.

7. RESPONSABILIDADE CIVIL

- **Súmula 37 do STJ:** São cumuláveis as indenizações por dano material e dano moral oriundos do mesmo fato
- **Súmula 39 do STJ:** Prescreve em vinte anos a ação para haver indenização, por responsabilidade civil, de sociedade de economia mista.
- **Súmula 103 do STJ:** A empresa responde, perante o cliente, pela reparação de dano ou furto de veículo ocorrido em seu estacionamento.
- **Súmula 132 do STJ:** A ausência de registro da transferência não implica a responsabilidade do antigo proprietário por dano resultante de acidente que envolva o veículo alienado.
- **Súmula 145 do STJ:** No transporte desinteressado, de simples cortesia, o transportador só será civilmente responsável por danos causados ao transportado quando incorrer em dolo ou culpa grave.
- **Súmula 186 do STJ:** Nas indenizações por ato ilícito, os juros compostos somente são devidos por aquele que praticou o crime.
- **Súmula 194 do STJ:** Prescreve em vinte anos a ação para obter, do construtor, indenização por defeitos de obra.
- **Súmula 221 do STJ:** São civilmente responsáveis pelo ressarcimento de dano, decorrente de publicação pela imprensa, tanto o autor do escrito quanto o proprietário do veículo de divulgação.
- **Súmula 281 do STJ:** A indenização por dano moral não está sujeita à tarifação prevista na Lei de Imprensa.
- **Súmula 227 do STJ:** A pessoa jurídica pode sofrer dano moral.
- **Súmula 246 do STJ:** O valor do seguro obrigatório deve ser deduzido da indenização judicialmente fixada.
- **Súmula 313 do STJ:** Em ação de indenização, procedente o pedido, é necessária a constituição de capital ou caução fidejussória para a garantia de pagamento da pensão, independentemente da situação financeira do demandado.
- **Súmula 326 do STJ:** Na ação de indenização por dano moral, a condenação em montante inferior ao postulado na inicial não implica sucumbência recíproca.
- **Súmula 370 do STJ:** Caracteriza dano moral a apresentação antecipada de cheque pré-datado.
- **Súmula 388 do STJ:** A simples devolução indevida de cheque caracteriza dano moral.
- **Súmula 387 do STJ:** É lícita a cumulação das indenizações de dano estético e dano moral.
- **Súmula 420 do STJ:** Incabível, em embargos de divergência, discutir o valor da indenização por danos morais.
- **Súmula 475 do STJ:** Responde pelos danos decorrentes de protesto indevido o endossatário que recebe por endosso translativo título de crédito contendo vício formal extrínseco ou intrínseco, ficando ressalvado seu direito de regresso contra os endossantes e avalistas.
- **Súmula 476 do STJ:** O endossatário de título de crédito por endosso-mandato só responde por danos decorrentes de protesto indevido se extrapolar os poderes de mandatário.
- **Súmula 479 do STJ:** As instituições financeiras respondem objetivamente pelos danos gerados por fortuito interno relativo a fraudes e delitos praticados por terceiros no âmbito de operações bancárias.
- **Súmula 529 do STJ:** No seguro de responsabilidade civil facultativo, não cabe o ajuizamento de ação pelo terceiro prejudicado direta e exclusivamente em face da seguradora do apontado causador do dano.
- **Súmula 537 do STJ:** Em ação de reparação de danos, a seguradora denunciada, se aceitar a denunciação ou contestar o pedido do autor, pode ser condenada, direta e solidariamente junto com o segurado, ao pagamento da indenização devida à vítima, nos limites contratados na apólice.

8. DIREITO DO CONSUMIDOR:

- **Súmula 297 do STJ:** O Código de Defesa do Consumidor é aplicável às instituições financeiras.
- **Súmula 321 do STJ:** O Código de Defesa do Consumidor é aplicável à relação jurídica entre a entidade de previdência privada e seus participantes.
- **Súmula 469 do STJ:** Aplica-se o Código de Defesa do Consumidor aos contratos de plano de saúde.
- **Súmula 323 do STJ:** A inscrição do nome do devedor pode ser mantida nos serviços de proteção ao crédito até o prazo máximo de cinco anos, independentemente da prescrição da execução.
- **Súmula 359 do STJ:** Cabe ao órgão mantenedor do Cadastro de Proteção ao Crédito a notificação do devedor antes de proceder à inscrição.
- **Súmula 385 do STJ:** Da anotação irregular em cadastro de proteção ao crédito, não cabe indenização por dano moral, quando preexistente legítima inscrição, ressalvado o direito ao cancelamento.
- **Súmula 404 do STJ:** É dispensável o aviso de recebimento (AR) na carta de comunicação ao consumidor sobre a negativação de seu nome em bancos de dados e cadastros.
- **Súmula 477 do STJ:** A decadência do art. 26 do CDC não é aplicável à prestação de contas para obter esclarecimentos sobre cobrança de taxas, tarifas e encargos bancários.
- **Súmula 506 do STJ:** A Anatel não é parte legítima nas demandas entre a concessionária e o usuário de telefonia decorrentes de relação contratual.
- **Súmula 532 do STJ:** Constitui prática comercial abusiva o envio de cartão de crédito sem prévia e expressa solicitação do consumidor, configurando-se ato ilícito indenizável e sujeito à aplicação de multa administrativa.
- **Súmula 438 do STJ:** A administradoras de consórcio têm liberdade para estabelecer a respectiva taxa de administração, ainda que fixada em percentual superior a dez por cento.
- **Súmula 543 do STJ:** Na hipótese de resolução de contrato de promessa de compra e venda de imóvel submetido ao Código de Defesa do Consumidor, deve ocorrer a imediata restituição das parcelas pagas pelo promitente comprador - integralmente, em caso de culpa exclusiva do promitente vendedor/construtor, ou parcialmente, caso tenha sido o comprador quem deu causa ao desfazimento.
- **Súmula 548 do STJ:** Incumbe ao credor a exclusão do registro da dívida em nome do devedor no cadastro de inadimplentes no prazo de cinco dias úteis, a partir do integral e efetivo pagamento do débito.
- **Súmula 550 do STJ:** A utilização de escore de crédito, método estatístico de avaliação de risco que não constitui banco de dados, dispensa o consentimento do consumidor, que terá o direito de solicitar esclarecimentos sobre as informações pessoais valoradas e as fontes dos dados considerados no respectivo cálculo.
- **Súmula 563 do STJ:** O Código de Defesa do Consumidor é aplicável às entidades abertas de previdência complementar, não incidindo nos contratos previdenciários celebrados com entidades fechadas.
- **Súmula 566 do STJ:** Nos contratos bancários posteriores ao início da vigência da Resolução-CMN n. 3.518/2007, em 30/4/2008, pode ser cobrada a tarifa de cadastro no início do relacionamento entre o consumidor e a instituição financeira.
- **Súmula 572 do STJ:** O Banco do Brasil, na condição de gestor do Cadastro de Emitentes de Cheques sem Fundos (CCF), não tem a responsabilidade de notificar previamente o devedor acerca da sua inscrição no aludido cadastro, tampouco legitimidade passiva para as ações de reparação de danos fundadas na ausência de prévia comunicação.
- **Súmula 573 do STJ:** Nas ações de indenização decorrente de seguro DPVAT, a ciência inequívoca do caráter permanente da invalidez, para fins de contagem do prazo prescricional, depende de laudo médico, exceto nos casos de invalidez permanente notória ou naqueles em que o conhecimento anterior resulte comprovado na fase de instrução.

9. DIREITOS AUTORAIS

- **Súmula 63 do STJ:** São devidos direitos autorais pela retransmissão radiofônica de músicas em estabelecimentos comerciais.
- **Súmula 228 do STJ:** É inadmissível o interdito proibitório para a proteção de direito autoral.
- **Súmula 261 do STJ:** A cobrança de direitos autorais pela retransmissão radiofônica demúsicas, em estabelecimentos hoteleiros, deve ser feita conforme a taxa média de utilização do equipamento, apurada em liquidação.
- **Súmula 574 do STJ:** Para a configuração do delito de violação de direito autoral e a comprovação de sua materialidade, é suficiente a perícia realizada por amostragem do produto apreendido, nos aspectos externos do material, e é desnecessária a identificação dos titulares dos direitos autorais violados ou daqueles que os representem.

✦ INFORMATIVOS APLICÁVEIS

◉ STF

▸ ***Direito de reconhecimento de paternidade e princípio da dignidade da pessoa humana***

O Plenário acolheu embargos infringentes e julgou procedente pedido formulado em ação rescisória ajuizada com objetivo de desconstituir acórdão da Primeira Turma, a qual desprovera pleito de investigação de paternidade cumulada com petição de herança, sob o fundamento de que, se o autor havia nascido da constância do casa-mento, caberia, privativamente ao marido, o direito de contestar a legitimidade dos filhos nascidos de sua mulher. A Turma havia entendido, ainda, não bastar, sequer, o adultério da mulher, com quem o marido vivia sob o mesmo teto, para ilidir a presunção legal de legitimidade da prole. Tampouco, não seria suficiente a confissão materna para excluir a paternidade. O Tribunal enfatizou que, ao apreciar a ação rescisória, a Turma acolhera a paternidade presumida em detrimento das provas constantes dos autos. Assentara que, não sendo comprovada a separação do casal nem contestada a paternidade pelo marido, prevaleceria a presunção desta, de acordo com o disposto no art. 344 do CC/1916. Dessa forma, teria afastado o alegado erro de fato suscitado pelo embargante na ação rescisória. Ao assim decidir, a Turma teria potencializado o processo em detrimento do direito, inviabilizando-se o direito do filho em ter reconhecida sua verdadeira paternidade. Além de contrariado os princípios da razoabilidade e da dignidade da pessoa humana, teria tornado o processo mero ato de força formalizado em palavras sem forma de Direito e sem objetivo de Justiça. Além disso, teria esquecido que o fim de todos os procedimentos judiciais aos quais as partes se submetem seria a realização da Justiça, razão pela qual o procedimento, mais do que ser legal, deveria se r justo, e a jurisprudência sedimentada não poderia servir de dogma para sustentar uma injustiça flagrante. AR 1244 EI/MG, rel. min. Cármen Lúcia, julgamento em 22-9-2016. (AR-1244) (Informativo 840, Plenário)

▸ ***Vínculo de filiação e reconhecimento de paternidade biológica***

A paternidade socioafetiva, declarada ou não em registro público, não impede o reconhecimento do vínculo de filiação concomitante baseado na origem biológica, com os efeitos jurídicos próprios. Com base nesse entendi-mento, o Plenário, por maioria, negou provimento a recurso extraordinário em que se discutia a prevalência da paternidade socioafetiva sobre a biológica. No caso, a autora, ora recorrida, é filha biológica do recorrente, con-forme demonstrado por exames de DNA. Por ocasião do seu nascimento, a autora foi registrada como filha de pai afetivo, que cuidara dela, por mais de vinte anos, como se sua filha biológica fosse. O Supremo Tribunal Federal afirmou que o sobreprincípio da dignidade humana, na sua dimensão de tutela da felicidade e realização pessoal dos indivíduos a partir de suas próprias configurações existenciais, impõe o reconhecimento, pelo ordenamento jurídico, de modelos familiares diversos da concepção tradicional. O espectro legal deve acolher tanto vínculos de filiação construídos pela relação afetiva entre os envolvidos quanto aqueles originados da ascendência biológica, por imposição do princípio da paternidade responsável, enunciado expressamente no art. 226, § 7o, da CF. Dessa forma, atualmente não cabe decidir entre a filiação afetiva e a biológica quando o melhor interesse do descendente é o reconhecimento jurídico de ambos os vínculos. A omissão do legislador brasileiro quanto ao reconhecimento dos mais diversos arranjos familiares não pode servir de escusa para a negativa de proteção a situações de pluriparentalidade. Portanto, é importante reconhecer os vínculos parentais de origem afetiva e biológica. Todos os pais devem assumir os encargos decorrentes do poder familiar, e o filho deve poder desfrutar de direitos com relação a todos não só no âmbito do direito das famílias, mas também em sede sucessória. A Corte reputou ainda ser imperioso o reconhecimento da dupla parentalidade e manteve o acórdão de origem, que reconheceu os efeitos jurídicos de vínculo genético relativo ao nome, aos alimentos e à herança. RE 898060/SC, rel. min. Luiz Fux, julgamento em 21 e 22-9-2016. (RE-898060) (Informativo 840, Plenário, Repercussão Geral)

◉ STJ

1. DOS FATOS JURÍDICOS

1.1. DO NEGÓCIO JURÍDICO

1.1.1. DOS DEFEITOS DO NEGÓCIO JURÍDICO

▸ ***Impossibilidade de convalidação de negócio jurídico celebrado mediante a falsificação de assinatura de sócio.***

Não são convalidáveis os negócios jurídicos celebrados com o intuito de alterar o quadro societário de sociedade empresária por meio da falsificação de assinatura de sócio, ainda que o próprio sócio prejudicado pelo falso tenha, por escritura pública, concedido ampla, geral e irrevogável quitação, a fim de ratificar os negócios jurídicos. *REsp 1.368.960-RJ, Rel. Min. Marco Aurélio Bellizze, DJe 10.6.2016. 3ª T. (Info 585)*

1.2. DA PRESCRIÇÃO E DA DECADÊNCIA

▸ ***Prazo de prescrição da pretensão condenatória decorrente de nulidade de cláusula de reajuste de plano ou seguro de assistência à saúde. Recurso repetitivo. Tema 610.***

Na vigência dos contratos de plano ou de seguro de assistência à saúde, a pretensão condenatória decorrente da declaração de nulidade de cláusula de reajuste nele prevista prescreve em 20 anos (art. 177 do CC/1916) ou em 3 anos (art. 206, § 3º, IV, do CC), observada a regra de transição do art. 2.028 do CC. *REsp 1.361.182-RS, Rel. p/ ac. Min. Marco Aurélio Bellizze, 2ª S., DJ 19.9.2016. (Info 590)*

▸ *Prazo prescricional da pretensão de cobrança de serviço de conserto de veículo por mecânico.*

Prescreve em 10 anos (art. 205 do CC) a pretensão de cobrar dívida decorrente de conserto de automóvel por mecânico que não tenha conhecimento técnico e formação intelectual suficiente para ser qualificado como profissional liberal. Isso porque não há como se enquadrar o referido mecânico na categoria de profissional liberal, cuja pretensão de cobrança de serviço é regida pelo prazo prescricional de 5 anos (art. 206, § 5º, II, do CC). *REsp 1.546.114-ES, Rel. Min. Paulo de Tarso Sanseverino, DJe 23.11.2015. 3ª T. (Info 574)*

▸ *Prazo prescricional da pretensão de reembolso de despesas de caráter alimentar.*

Se a mãe, ante o inadimplemento do pai obrigado a prestar alimentos a seu filho, assume essas despesas, o prazo prescricional da pretensão de cobrança do reembolso é de 10 anos, e não de 2 anos. *REsp 1.453.838-SP, Rel. Min. Luis Felipe Salomão, DJe 7.12.2015. 4ª T. (Info 574)*

▸ *Prazo prescricional da pretensão de restituição de SATI. Recurso repetitivo. Tema 938.*

Incide a prescrição trienal sobre a pretensão de restituição dos valores pagos a título de comissão de corretagem ou de serviço de assistência técnico-imobiliária (SATI), ou atividade congênere (art. 206, § 3º, IV, CC). *REsp 1.551.956-SP, Rel. Min. Paulo de Tarso Sanseverino, 2ª S., DJ 6.9.2016. (Info 589)*

▸ *Prescrição da pretensão de reaver verbas pagas a título de benefício de previdência privada complementar indevidamente apropriadas por terceiro.*

É trienal o prazo prescricional da pretensão de entidade de previdência privada complementar de reaver verbas relativas a benefício indevidamente apropriadas por terceiro. *REsp 1.334.442-RS, Rel. p/ ac. Min. Raul Araújo, DJe 22.8.2016. 4ª T. (Info 588)*

▸ *Pretensão de reparação baseada na garantia da evicção. Prazo prescricional. Definição.*

A pretensão deduzida em demanda baseada na garantia da evicção submete-se ao prazo prescricional de três anos. *REsp 1.577.229-MG, Rel. Min. Nancy Andrighi, DJe 14.11.2016. 3ª T. (Info 593)*

2. DO DIREITO DAS OBRIGAÇÕES

2.1. DO INADIMPLEMENTO DAS OBRIGAÇÕES

▸ *Desproporção entre a quantia paga inicialmente e o preço ajustado.*

Se a proporção entre a quantia paga inicialmente e o preço total ajustado evidenciar que o pagamento inicial englobava mais do que o sinal, não se pode declarar a perda integral daquela quantia inicial como se arras confirmatórias fosse, sendo legítima a redução equitativa do valor a ser retido. *REsp 1.513.259-MS, Rel. Min. João Otávio de Noronha, DJe 22.2.2016. 3ª T. (Info 577)*

2.2. DAS VÁRIAS ESPÉCIES DE CONTRATO

2.2.1. DA COMPRA E VENDA

▸ *Inaplicabilidade do direito de preferência em contrato de compra e venda celebrado entre condôminos.*

O direito de preferência previsto no art. 504 do CC aplica-se ao contrato de compra e venda celebrado entre condômino e terceiro, e não àquele ajustado entre condôminos. *REsp 1.137.176-PR, Rel. Min. Marco Buzzi, DJe 24.2.2016. 4ª T. (Info 577)*

▸ *Nulidade de contrato de compra e venda de imóvel pertencente à união.*

É nulo o contrato firmado entre particulares de compra e venda de imóvel de propriedade da União quando ausentes o prévio recolhimento do laudêmio e a certidão da Secretaria do Patrimônio da União (SPU), ainda que o pacto tenha sido registrado no Cartório competente. *REsp 1.590.022-MA, Rel. Min. Herman Benjamin, DJ 8.9.2016. 2ª T. (Info 589)*

2.2.2. DA DOAÇÃO

▸ *Requisitos do instrumento procuratório para a validade da doação.*

É inválida a doação realizada por meio de procurador se o instrumento procuratório concedido pelo proprietário do bem não mencionar o donatário, sendo insuficiente a declaração de poderes gerais na procuração. *REsp 1.575.048-SP, Rel. Min. Marco Buzzi, DJe 26.2.2016. 4ª T. (Info 577)*

2.2.3. DO SEGURO

▸ *Abrangência de cláusula securitária de invalidez total permanente.*

O fato de o beneficiário de seguro de vida em grupo ter sido reformado pelo Exército em razão de incapacidade total para sua atividade habitual (serviço militar) não implica, por si só, o direito à percepção de indenização securitária em seu grau máximo quando a apólice de seguro estipula que esse grau máximo é devido no caso de invalidez total permanente para qualquer atividade laboral. *REsp 1.318.639-MS, Rel. Min. João Otávio de Noronha, DJe 6.5.2016. 3ª T. (Info 582)*

▸ *Cobertura securitária em caso de perda total do bem.*

Ainda que o sinistro tenha ocasionado a perda total do bem, a indenização securitária deve ser calculada com base no prejuízo real suportado pelo segurado, sendo o valor previsto na apólice, salvo expressa disposição em contrário, mero teto indenizatório. *REsp 1.473.828-RJ, Rel. Min. Moura Ribeiro, DJe 5.11.2015. 3ª T. (Info 573)*

▸ ***Direito de o segurador ser ressarcido em ação regressiva das despesas com reparo ou substituição de bem sinistrado.***

A despeito de o segurado ter outorgado termo de quitação ou renúncia ao causador do sinistro, o segurador terá direito a ser ressarcido, em ação regressiva contra o autor do dano, das despesas havidas com o reparo ou substituição do bem sinistrado, salvo se o responsável pelo acidente, de boa-fé, demonstrar que já indenizou o segurado pelos prejuízos sofridos, na justa expectativa de que estivesse quitando, integralmente, os danos provocados por sua conduta. *REsp 1.533.886-DF, Rel. Min. Nancy Andrighi, DJ 30.9.2016. 3ª T. (Info 591)*

▸ ***Indenização securitária e atraso na comunicação do sinistro.***

O segurado que, devido às ameaças de morte feitas pelo criminoso a ele e à sua família, deixou de comunicar prontamente o roubo do seu veículo à seguradora não perde o direito à indenização securitária (art. 771 do CC). *REsp 1.546.178-SP, Rel. Min. Ricardo Villas Bôas Cueva, DJ 19.9.2016. 3ª T. (Info 590)*

▸ ***Indenização securitária pelo valor do automóvel no momento do sinistro.***

É abusiva a cláusula de contrato de seguro de automóvel que, na ocorrência de perda total do veículo, estabelece a data do efetivo pagamento (liquidação do sinistro) como parâmetro do cálculo da indenização securitária a ser paga conforme o valor médio de mercado do bem, em vez da data do sinistro. *REsp 1.546.163-GO, Rel. Min. Ricardo Villas Bôas Cueva, DJe 16.5.2016. 3ª T. (Info 583)*

2.3. DA RESPONSABILIDADE CIVIL

2.3.1. DA RESPONSABILIDADE CIVIL (GERAL)

▸ ***Ausência de responsabilidade civil por gastos decorrentes de eleição suplementar.***

O candidato ao cargo de prefeito que obtém o deferimento do registro de sua candidatura no juízo eleitoral de primeiro grau, mas, depois de eleito, tem o registro indeferido pelo TSE, não deve indenização à União por gastos decorrentes de eleição suplementar. O art. 188 do CC, ao estipular as causas excludentes de ilicitude, admite hipóteses em que o dano experimentado pela vítima não será indenizado, porquanto a conduta do agente estará abonada pela lei. Uma dessas situações, descrita no inciso I do mencionado artigo, será aquela em que o agente tenha agido "no exercício regular de um direito reconhecido". Assim, ainda que o indeferimento do registro da candidatura – proferido a destempo pelo TSE – tenha dado causa à eleição suplementar do Prefeito, não se configura a ilicitude da conduta do candidato eleito, capaz de ensejar o ressarcimento pecuniário almejado pela União, visto que exerceu regularmente o direito de invocar a tutela jurisdicional para garantir presença no pleito, tendo alcançado, inclusive, inicial deferimento do registro de candidatura pelo juízo eleitoral de primeira instância. *REsp 1.596.589-AL, Rel. Min. Sérgio Kukina, DJe 27.6.2016. 1ª T. (Info 586)*

▸ ***Devolução de cheque sem provisão de fundos e responsabilidade civil de instituição bancária.***

O banco sacado não é parte legítima para figurar no polo passivo de ação ajuizada com o objetivo de reparar os prejuízos decorrentes da devolução de cheque sem provisão de fundos emitido por correntista. De fato, os arts. 2º, 7º e 10 da Res. Bacen n. 2.025/93 estabelecem regras para a elaboração da ficha-proposta a ser preenchida pelo cliente e procedimento para entrega de talonário de cheques. Mas, em nenhum momento, essas regras impõem o ônus da fiscalização constante do saldo em conta, nem transformam as instituições financeiras em garantes da solvibilidade de seus clientes. Assim, não se tratando de cheque administrativo ou cheque visado, a partir do momento em que o cheque é colocado à disposição do correntista não é possível fazer um controle do valor de emissão do título. *REsp 1.509.178-SC, Rel. Min. Maria Isabel Gallotti, DJe 30.11.2015. 4ª T. (Info 574)*

▸ ***Hipótese de inexistência de responsabilidade civil da mãe de menor de idade causador de acidente.***

A mãe que, à época de acidente provocado por seu filho menor de idade, residia permanentemente em local distinto daquele no qual morava o menor – sobre quem apenas o pai exercia autoridade de fato – não pode ser responsabilizada pela reparação civil advinda do ato ilícito, mesmo considerando que ela não deixou de deter o poder familiar sobre o filho. *REsp 1.232.011-SC, Rel. Min. João Otávio de Noronha, DJe 4.2.2016. 3ª T. (Info 575)*

▸ ***Legitimidade passiva de sociedade empresária proprietária de semirreboque em ação de reparação de danos.***

A sociedade empresária proprietária de semirreboque pode figurar no polo passivo de ação de reparação de danos ajuizada em decorrência de acidente de trânsito envolvendo o caminhão trator ao qual se encontrava acoplado. *REsp 1.289.202-RS, Rel. Min. Luis Felipe Salomão, DJ 29.8.2016. 4ª T. (Info 589)*

▸ ***Responsabilidade civil de instituição financeira por danos materiais decorrentes de desvios de valores por gerente de conta bancária.***

A instituição financeira deverá restituir os valores desviados por gerente que, conquanto tivesse autorização do correntista para realizar aplicações financeiras, utilizou-se das facilidades de sua função para desviar em proveito próprio valores constantes da conta bancária do cliente. *REsp 1.569.767-RS, Rel. Min. Paulo de Tarso Sanseverino, DJe 9.3.2016. 3ª T. (Info 578)*

▸ *Responsabilidade civil dos genitores pelos danos causados por seu filho esquizofrênico.*

Os pais de portador de esquizofrenia paranoide que seja solteiro, maior de idade e more sozinho tem responsabilidade civil pelos danos causados durante os recorrentes surtos agressivos de seu filho, no caso em que eles, plenamente cientes dessa situação, tenham sido omissos na adoção de quaisquer medidas com o propósito de evitar a repetição desses fatos, deixando de tomar qualquer atitude para interditá-lo ou mantê-lo sob sua guarda e companhia. *REsp 1.101.324-RJ, Rel. Min. Antonio Carlos Ferreira, DJe 12.11.2015. 4ª T. (Info 573)*

▸ *Termo final de pensão mensal por ato ilícito com resultado morte.*

O fato de a vítima de ato ilícito com resultado morte possuir, na data do óbito, idade superior à expectativa média de vida do brasileiro não afasta o direito de seu dependente econômico ao recebimento de pensão mensal, que será devida até a data em que a vítima atingiria a expectativa de vida prevista na tabela de sobrevida (Tábua Completa de Mortalidade) do IBGE vigente na data do óbito, considerando-se, para os devidos fins, o gênero e a idade da vítima. *REsp 1.311.402-SP, Rel. Min. João Otávio de Noronha, DJe 7.3.2016. 3ª T. (Info 578)*

▸ *Termo inicial de juros moratórios quando fixada pensão mensal a título de responsabilidade civil extracontratual.*

Na responsabilidade civil extracontratual, se houver a fixação de pensionamento mensal, os juros moratórios deverão ser contabilizados a partir do vencimento de cada prestação, e não da data do evento danoso ou da citação. *REsp 1.270.983-SP, Rel. Min. Luis Felipe Salomão, DJe 5.4.2016. 4ª T. (Info 580)*

▸ *Via processual adequada para se requerer sanção por cobrança judicial de dívida já adimplida. Recurso repetitivo. Tema 622.*

A aplicação da sanção civil do pagamento em dobro por cobrança judicial de dívida já adimplida (cominação encartada no art. 1.531 do CC/1916, reproduzida no art. 940 do CC/02) pode ser postulada pelo réu na própria defesa, independendo da propositura de ação autônoma ou do manejo de reconvenção, sendo imprescindível a demonstração de má-fé do credor. *REsp 1.111.270-PR, Rel. Min. Marco Buzzi, 2ª S., DJe 16.2.2016. (Info 576)*

2.3.2. DA RESPONSABILIDADE CIVIL (DANOS MORAIS)

▸ *Saque indevido em conta bancária e dano moral.*

O banco deve compensar os danos morais sofridos por consumidor vítima de saque fraudulento que, mesmo diante de grave e evidente falha na prestação do serviço bancário, teve que intentar ação contra a instituição financeira com objetivo de recompor o seu patrimônio, após frustradas tentativas de resolver extrajudicialmente a questão. *AgRg no AREsp 395.426-DF, Rel. p/ ac. Marco Buzzi, DJe 17.12.2015. 4ª T. (Info 574)*

3. DO DIREITO DAS COISAS

3.1. DA PROPRIEDADE

3.1.1. DA PROPRIEDADE EM GERAL

▸ *Usucapião especial urbana e área de imóvel inferior ao "módulo urbano".*

Não obsta o pedido declaratório de usucapião especial urbana o fato de a área do imóvel ser inferior à correspondente ao "módulo urbano" (a área mínima a ser observada no parcelamento de solo urbano por determinação infraconstitucional). *REsp 1.360.017-RJ, Rel. Min. Ricardo Villas Bôas Cueva, DJe 27.5.2016. 3ª T. (Info 584)*

3.1.2. DA AQUISIÇÃO DA PROPRIEDADE

▸ *Ação de usucapião extraordinária para aquisição da propriedade de coisa móvel. Registro no órgão de trânsito. Ausente. Limitação dos direitos da propriedade. Interesse de agir. Existência.*

Possui interesse de agir para propor ação de usucapião extraordinária aquele que tem a propriedade de veículo registrado em nome de terceiros nos Departamentos Estaduais de Trânsito competentes. *REsp 1.582.177-RJ, Rel. Min. Nancy Andrighi, DJe 9.11.2016. 3ª T. (Info 593)*

▸ *Aquisição de propriedade imóvel. Pagamento de construção em terreno de terceiro não contratante. Responsabilidade desse terceiro.*

O construtor proprietário dos materiais poderá cobrar do proprietário do solo a indenização devida pela construção, quando não puder havê-la do contratante. *REsp 963.199-DF, Rel. Min. Raul Araújo, DJe 7.11.2016. 4ª T. (Info 593)*

3.1.3. DOS DIREITOS DE VIZINHANÇA

▸ *Construção em terreno alheio de aqueduto para passagem de águas.*

O proprietário de imóvel tem direito de construir aqueduto no terreno do seu vizinho, independentemente do consentimento deste, para receber águas provenientes de outro imóvel, desde que não existam outros meios de passagem de águas para a sua propriedade e haja o pagamento de prévia indenização ao vizinho prejudicado. *REsp 1.616.038-RS, Rel. Min. Nancy Andrighi, DJ 7.10.2016. 3ª T. (Info 591)*

▸ *Exercício dos direitos de vizinhança e propriedade. Ação demolitória. Janelas. Construção a menos de um metro e meio do terreno vizinho. Art. 1.301, caput, do CC. Requisito objetivo.*

A proibição inserta no art. 1.301, caput, do Código Civil – de não construir janelas a menos de um metro e meio do terreno vizinho – possui caráter objetivo, traduz verdadeira presunção de devassamento, que não se limita à visão e engloba outras espécies de invasão (auditiva, olfativa e principalmente física). *REsp 1.531.094-SP, Rel. Min. Ricardo Villas Bôas Cueva, DJe 24.10.2016. 3ª T. (Info 592)*

3.1.4. DO CONDOMÍNIO GERAL

▸ *Aplicação de multas sancionatória e moratória por inadimplência condominial contumaz.*

No caso de descumprimento reiterado do dever de contribuir para as despesas do condomínio (inciso I do art. 1.336 do CC), pode ser aplicada a multa sancionatória em razão de comportamento "antissocial" ou "nocivo" (art. 1.337 do CC), além da aplicação da multa moratória (§ 1º do art. 1.336 do CC). *REsp 1.247.020-DF, Rel. Min. Luis Felipe Salomão, DJe 11.11.2015. 4ª T. (Info 573)*

3.1.5. DO CONDOMÍNIO EDILÍCIO

▸ *Ilicitude da proibição de uso de áreas comuns pelo condômino inadimplente.*

O condomínio, independentemente de previsão em regimento interno, não pode proibir, em razão de inadimplência, condômino e seus familiares de usar áreas comuns, ainda que destinadas apenas a lazer. Isso porque a adoção de tal medida, a um só tempo, desnatura o instituto do condomínio, a comprometer o direito de propriedade afeto à própria unidade imobiliária, refoge das consequências legais especificamente previstas para a hipótese de inadimplemento das despesas condominiais e, em última análise, impõe ilegítimo constrangimento ao condômino (em mora) e aos seus familiares, em manifesto descompasso com o princípio da dignidade da pessoa humana. O direito do condômino ao uso das partes comuns, seja qual for a destinação a elas atribuída, não decorre da situação (circunstancial) de adimplência das despesas condominiais, mas sim do fato de que, por lei, a unidade imobiliária abrange, como inseparável, uma fração ideal no solo (representado pela própria unidade) bem como nas outras partes comuns, que será identificada em forma decimal ou ordinária no instrumento de instituição do condomínio (§ 3º do art. 1.331 do CC). Ou seja, a propriedade da unidade imobiliária abrange a correspondente fração ideal de todas as partes comuns. Efetivamente, para a específica hipótese de descumprimento do dever de contribuição pelas despesas condominiais, o CC (arts. 1.336 e 1.337) impõe ao condômino inadimplente severas sanções de ordem pecuniária, na medida de sua recalcitrância. *REsp 1.564.030-MG, Rel. Min. Marco Aurélio Bellizze, DJe 19.8.2016. 3ª T. (Info 588)*

4. DO DIREITO DE FAMÍLIA

4.1. DO DIREITO PESSOAL

4.1.1. DAS RELAÇÕES DE PARENTESCO

▸ *Direito ao reconhecimento de paternidade biológica.*

O filho tem direito de desconstituir a denominada "adoção à brasileira" para fazer constar o nome de seu pai biológico em seu registro de nascimento, ainda que preexista vínculo socioafetivo de filiação com o pai registral. *REsp 1.417.598-CE, Rel. Min. Paulo de Tarso Sanseverino, DJe 18.2.2016. 3ª T. (Info 577)*

▸ *Extensão dos efeitos de sentença transitada em julgada que reconhece relação de parentesco.*

Os efeitos da sentença transitada em julgado que reconhece o vínculo de parentesco entre filho e pai em ação de investigação de paternidade alcançam o avô, ainda que este não tenha participado da relação jurídica processual. Os efeitos da sentença, que não se confundem com a coisa julgada e seus limites subjetivos, irradiam-se com eficácia "erga omnes", atingindo mesmo aqueles que não figuraram como parte na relação jurídica processual. *REsp 1.331.815-SC, Rel. Min. Antonio Carlos Ferreira, DJe 1.8.2016. 4ª T. (Info 587)*

▸ *Hipótese de ilegitimidade para pleitear o reconhecimento de filiação socioafetiva.*

O filho, em nome próprio, não tem legitimidade para deduzir em juízo pretensão declaratória de filiação socioafetiva entre sua mãe – que era maior, capaz e, ao tempo do ajuizamento da ação, pré-morta – e os supostos pais socioafetivos dela. *REsp 1.492.861-RS, Rel. Min. Marco Aurélio Bellizze, DJe 16.8.2016. 3ª T. (Info 588)*

▸ *Reconhecimento de paternidade socioafetiva "post mortem".*

Será possível o reconhecimento da paternidade socioafetiva após a morte de quem se pretende reconhecer como pai. *REsp 1.500.999-RJ, Rel. Min. Ricardo Villas Bôas Cueva, DJe 19.4.2016. 3ª T. (Info 581)*

4.2. DO DIREITO PATRIMONIAL

4.2.1. DO REGIME DE BENS ENTRE OS CÔNJUGES

▸ *Inexistência de meação de valores depositados em conta vinculada ao FGTS antes da constância da sociedade conjugal sob o regime da comunhão parcial.*

Diante do divórcio de cônjuges que viviam sob o regime da comunhão parcial de bens, não deve ser reconhecido o direito à meação dos valores que foram depositados em conta vinculada ao FGTS em datas anteriores à constância do casamento e que tenham sido utilizados para aquisição de imóvel pelo casal durante a vigência da relação conjugal. *REsp 1.399.199-RS, Rel. p/ ac. Min. Luis Felipe Salomão, DJe 22.4.2016. 2ª S. (Info 581)*

▸ ***Partilha de quotas de sociedade de advogados.***

Na separação judicial, sujeitam-se a partilha as quotas de sociedade de advogados adquiridas por um dos cônjuges, sob o regime da comunhão universal de bens, na constância do casamento. A participação societária distingue-se nitidamente da atividade econômica propriamente desenvolvida pela sociedade. Ainda que o objeto social consista na exploração da atividade profissional intelectual de seus sócios, a participação societária de cada qual, de modo algum, pode ser equiparada a proventos, rendimentos ou honorários, compreendidos estes como a retribuição pecuniária pela prestação de determinado serviço ou trabalho. Para a hipótese, é absolutamente irrelevante saber se a sociedade tem por objeto social a exploração de atividade empresarial, assim compreendida como a atividade econômica organizada para a produção ou circulação de bens ou serviços, ou de atividade profissional de seus sócios (sociedades uniprofissionais). A distinção quanto à natureza da sociedade, se empresarial ou simples, somente terá relevância se a pretensão de partilha estiver indevidamente direcionada a bens incorpóreos, como a clientela e seu correlato valor econômico e fundo de comércio, elementos típicos de sociedade empresária, espécie da qual a sociedade de advogados, por expressa vedação legal, não se insere (REsp 1.227.240 e REsp 958.116). *REsp 1.531.288-RS, Rel. Min. Marco Aurélio Bellizze, DJe 17.12.2015. 3ª T. (Info 575)*

▸ ***Termo inicial do prazo para herdeiro pleitear anulação de fiança.***

O prazo decadencial para herdeiro do cônjuge prejudicado pleitear a anulação da fiança firmada sem a devida outorga conjugal é de dois anos, contado a partir do falecimento do consorte que não concordou com a referida garantia. *REsp 1.273.639-REsp 1273639-SP, Rel. Luis Felipe Salomão, DJe 18.4.2016. 4ª T. (Info 581)*

4.2.2. DOS ALIMENTOS

▸ ***Acordo de alimentos sem a participação do advogado do alimentante.***

É válido o acordo de alimentos celebrado pelos interessados na presença do magistrado e do Ministério Público, mas sem a participação do advogado do alimentante capaz. *REsp 1.584.503-SP, Rel. Min. Ricardo Villas Bôas Cueva, DJe 26.4.2016. 3ª T. (Info 582)*

▸ ***Inexistência de transferência automática do dever de alimentar.***

O falecimento do pai do alimentando não implica a automática transmissão do dever alimentar aos avós. É orientação do STJ que a responsabilidade dos avós de prestar alimentos é subsidiária, e não sucessiva. Essa obrigação tem natureza complementar e somente exsurge se ficar demonstrada a impossibilidade de os genitores proverem os alimentos de seus filhos. Assim, para intentar ação contra ascendente de segundo grau, deve o alimentando demonstrar não somente a impossibilidade ou insuficiência de cumprimento da obrigação pela mãe, como também pelo espólio do pai falecido. *REsp 1.249.133-SC, Rel. p/ ac. Min. Raul Araújo, DJe 2.8.2016. 4ª T. (Info 587)*

▸ ***Transferência de guarda no curso de ação de execução de débitos alimentares.***

A genitora que, ao tempo em que exercia a guarda judicial dos filhos, representou-os em ação de execução de débitos alimentares possui legitimidade para prosseguir no processo executivo com intuito de ser ressarcida, ainda que, no curso da cobrança judicial, a guarda tenha sido transferida ao genitor (executado). *REsp 1.410.815-SC, Rel. Min. Marco Buzzi, DJ 23.9.2016. 4ª T. (Info 590)*

4.2.3. DO BEM DE FAMÍLIA

▸ ***Exceção à impenhorabilidade do bem de família.***

Na execução civil movida pela vítima, não é oponível a impenhorabilidade do bem de família adquirido com o produto do crime, ainda que a punibilidade do acusado tenha sido extinta em razão do cumprimento das condições estipuladas para a suspensão condicional do processo. *REsp 1.091.236-RJ, Rel. Min. Marco Buzzi, DJe 1º.2.2016. 4ª T. (Info 575)*

▸ ***Hipótese de impenhorabilidade de imóvel comercial.***

É impenhorável o único imóvel comercial do devedor quando o aluguel daquele está destinado unicamente ao pagamento de locação residencial por sua entidade familiar. *REsp 1.616.475-PE, Rel. Min. Herman Benjamin, DJ 11.10.2016. 2ª T. (Info 591)*

▸ ***Impenhorabilidade do bem de família.***

A impenhorabilidade do bem de família no qual reside o sócio devedor não é afastada pelo fato de o imóvel pertencer à sociedade empresária. *EDcl no AREsp 511.486-SC, Rel. Min. Raul Araújo, DJe 10.3.2016. 4ª T. (Info 579)*

▸ ***Penhorabilidade de bem de família imóvel dado em hipoteca não registrada.***

A ausência de registro da hipoteca em cartório de registro de imóveis não afasta a exceção à regra de impenhorabilidade prevista no art. 3º, V, da Lei 8.009/90, a qual autoriza a penhora de bem de família dado em garantia hipotecária na hipótese de dívida constituída em favor de entidade familiar. *REsp 1.455.554-RN, Rel. Min. João Otávio de Noronha, DJe 16.6.2016. 3ª T. (Info 585)*

4.3. DA UNIÃO ESTÁVEL

▸ ***Dissolução de união estável e impossibilidade de partilha de lucros de sociedade empresária quando destinados à conta de reserva.***

Os lucros de sociedade empresária destinados a sua própria conta de reserva não são partilháveis entre o casal no caso de dissolução de união estável de sócio. *REsp 1.595.775-AP, Rel. Min. Ricardo Villas Bôas Cueva, DJe 16.8.2016. 3ª T. (Info 588)*

5. DO DIREITO DAS SUCESSÕES

5.1. DA SUCESSÃO EM GERAL

▸ ***Sucessão. Herança. Aceitação tácita. Impossibilidade de renúncia posterior ao ajuizamento de ação de inventário e arrolamento de bens.***

O pedido de abertura de inventário e o arrolamento de bens, com a regularização processual por meio de nomeação de advogado, implicam a aceitação tácita da herança. *REsp 1.622.331-SP, Rel. Min. Ricardo Villas Bôas Cueva, DJe 14.11.2016. 3ª T. (Info 593)*

5.2. DA SUCESSÃO LEGÍTIMA

▸ ***Discussão de culpa no direito sucessório e ônus da prova.***

Ocorrendo a morte de um dos cônjuges após dois anos da separação de fato do casal, é legalmente relevante, para fins sucessórios, a discussão da culpa do cônjuge sobrevivente pela ruptura da vida em comum, cabendo a ele o ônus de comprovar que a convivência do casal se tornara impossível sem a sua culpa. *REsp 1.513.252-SP, Rel. Min. Maria Isabel Gallotti, DJe 12.11.2015. 4ª T. (Info 573)*

▸ ***Herança de bem gravado com cláusula de incomunicabilidade.***

A cláusula de incomunicabilidade imposta a um bem transferido por doação ou testamento só produz efeitos enquanto viver o beneficiário, sendo que, após a morte deste, o cônjuge sobrevivente poderá se habilitar como herdeiro do referido bem, observada a ordem de vocação hereditária. Isso porque a cláusula de incomunicabilidade imposta a um bem não se relaciona com a vocação hereditária. Assim, se o indivíduo recebeu por doação ou testamento bem imóvel com a referida cláusula, sua morte não impede que seu herdeiro receba o mesmo bem. São dois institutos distintos: cláusula de incomunicabilidade e vocação hereditária. *REsp 1.552.553-RJ, Rel. Min. Maria Isabel Gallotti, DJe 11.2.2016. 4ª T. (Info 576)*

▸ ***Ilegitimidade da viúva meeira para figurar no polo passivo de ação de petição de herança.***

A viúva meeira que não ostente a condição de herdeira é parte ilegítima para figurar no polo passivo de ação de petição de herança na qual não tenha sido questionada a meação, ainda que os bens integrantes de sua fração se encontrem em condomínio "pro indiviso" com os bens pertencentes ao quinhão hereditário. Isso porque eventual procedência da ação de petição de herança em nada refletirá na esfera de direitos da viúva meeira, tendo em vista que não será possível subtrair nenhuma fração de sua meação, que permanecerá invariável, motivo pela qual não deve ser qualificada como litisconsorte passiva necessária (REsp 331.781). *REsp 1.500.756-GO, Rel. Min. Maria Isabel Gallotti, DJe 2.3.2016. 4ª T. (Info 578)*

▸ ***Termo inicial do prazo prescricional da ação de petição de herança em reconhecimento póstumo de paternidade.***

Na hipótese em que ação de investigação de paternidade post mortem tenha sido ajuizada após o trânsito em julgado da decisão de partilha de bens deixados pelo "de cujus", o termo inicial do prazo prescricional para o ajuizamento de ação de petição de herança é a data do trânsito em julgado da decisão que reconheceu a paternidade, e não o trânsito em julgado da sentença que julgou a ação de inventário. *REsp 1.475.759-DF, Rel. Min. João Otávio de Noronha, DJe 20.5.2016. 3ª T. (Info 583)*

5.3. DO INVENTÁRIO E DA PARTILHA

▸ ***Pretensão anulatória de doação-partilha.***

Na hipótese em que o autor da herança tenha promovido em vida a partilha da integralidade de seus bens em favor de todos seus descendentes e herdeiros necessários, por meio de escrituras públicas de doação nas quais ficou consignado o consentimento de todos eles e, ainda, a dispensa de colação futura, a alegação de eventual prejuízo à legítima em decorrência da referida partilha deve ser pleiteada pela via anulatória apropriada, e não por meio de ação de inventário. *REsp 1.523.552-PR, Rel. Min. Marco Aurélio Bellizze, DJe 13.11.2015. 3ª T. (Info 573)*

Direito Ambiental

Rafael Costa Freiria e Taisa Cintra Dosso

✦ QUESTÕES

1. MEIO AMBIENTE: HISTÓRICO, CONCEITO, PRINCÍPIOS E CONSTITUIÇÃO FEDERAL

01. (Cespe – Delegado de Polícia – PE/2016) Conforme previsto na CF, é necessária a realização de estudo prévio de impacto ambiental antes da implantação de empreendimentos e de atividades consideradas efetiva ou potencialmente causadoras de degradação ambiental, que constitui exigência que atende ao princípio do(a)

a) prevenção.
b) poluidor-pagador.
c) proibição do retrocesso ambiental.
d) participação comunitária.
e) usuário-pagador.

COMENTÁRIOS

Alternativa correta: "a". A realização do estudo prévio de impacto ambiental previsto no artigo 225, § 1º, inciso IV, da Constituição Federal constitui exigência que atende o princípio da prevenção, segundo o qual o ente ambiental deve impor medidas para se evitar o dano ambiental, pois que muitas vezes é irreversível. O princípio se volta ao cuidado ambiental de atividades com risco conhecido ou certo, em que há certeza científica.

Alternativas "b": Está incorreta. O princípio do poluidor-pagador prevê a responsabilidade do poluidor pelos custos ambientais advindos de sua atividade econômica ambientalmente impactante, agregando-se esse valor no custo produtivo da atividade. A realização do EIA não está relacionada à responsabilidade do poluidor, mas à prevenção do dano.

Alternativa "c": Está incorreta. Segundo o princípio da proibição do retrocesso ambiental, salvo se houver significativa alteração das circunstâncias de fato, não se pode admitir o retrocesso da proteção ambiental para níveis inferiores, já consagrados. A realização do EIA não está relacionada com esse princípio, mas à prevenção de danos ambientais potenciais.

Alternativa "d": Está incorreta. De acordo com o princípio da participação comunitária, para que sejam instituídas políticas ambientais, bem como para que os assuntos sejam discutidos de forma salutar, é fundamental a cooperação entre o Estado e a comunidade, não se relacionado, pois, esse princípio, com a realização do EIA.

Alternativa "e": Está incorreta. O princípio do usuário-pagador pressupõe que as pessoas que utilizam os recursos naturais devem pagar pela sua utilização, ainda que não haja poluição. Não se confunde com o princípio do poluidor-pagador, que pressupõe poluição e apresenta caráter reparatório. A realização do EIA não se relaciona com esse princípio, pois trata do dano de forma preventiva.

02. (Cespe – Juiz de Direito Substituto – AM/2016) No que se refere à proteção conferida pela CF ao meio ambiente, assinale a opção correta.

a) Sob o monopólio da União são permitidas atividades nucleares de qualquer natureza, mediante a aprovação do Congresso Nacional, o que gera a responsabilização objetiva por eventuais danos.
b) É da competência concorrente da União, dos estados e do DF proteger o meio ambiente e combater a poluição em qualquer de suas formas.
c) Compete aos municípios a promoção do adequado ordenamento territorial, mediante planejamento e controle do uso, do parcelamento e da ocupação do solo urbano.
d) Com o objetivo de defender o meio ambiente, o poder público pode impor várias restrições e penas

aos particulares, salvo a desapropriação de imóveis, pois o direito de propriedade é direito fundamental.

e) No caso de atividade de extração de minério, advém das conclusões do EPIA a necessidade, ou não, de impor-se ao explorador a obrigação de recuperar o meio ambiente degradado.

COMENTÁRIOS

Alternativa correta: "c". A assertiva transcreve o artigo 30, inciso VIII, da Constituição Federal, segundo o qual compete aos Municípios: (...) VIII – promover, no que couber, adequado ordenamento territorial, mediante planejamento e controle do uso, do parcelamento e da ocupação do solo urbano.

Alternativa "a": Está incorreta. A Constituição Federal, em seu artigo 22, inciso XXVI, dispõe sobre a competência privativa legislativa, e não material, da União relativas às atividades nucleares de qualquer natureza. Portanto, está incorreta a afirmação de que sob o monopólio da União são permitidas atividades nucleares de qualquer natureza. Frisa-se que no que tange à competência do Congresso Nacional, dispõe o artigo 49, inciso XIV, da Constituição Federal ser esta exclusiva para aprovar iniciativas do Poder Executivo referentes a atividades nucleares.

Alternativa "b": Está incorreta. Dispõe o artigo 23, VI, da Constituição Federal ser competência comum, e não concorrente, da União, dos Estados, do Distrito Federal e (também) dos Municípios proteger o meio ambiente e combater a poluição em qualquer de suas formas.

Alternativa "d": Está incorreta. Com o objetivo de defender o meio ambiente, o poder público pode impor restrições e penas aos particulares, inclusive a desapropriação de imóveis que não cumpram sua função social (artigo 186, II, da CF), pois o direito de propriedade é direito fundamental, porém não absoluto.

Alternativa "e": Está incorreta. A Constituição não condiciona às conclusões do EPIA a necessidade ou não de impor-se ao explorador de minério a obrigação de recuperar o meio ambiente degradado. O artigo 225, § 2º, já determina àquele que explorar recursos minerais a obrigação de recuperar o meio ambiente degradado, de acordo com solução técnica exigida pelo órgão público competente, na forma da lei.

---

03. (Cespe – Procurador do Estado – BA/2014) No que se refere ao direito ambiental, julgue os itens a seguir.

O acesso à informação ambiental é um princípio de direito ambiental previsto tanto na CF quanto em normas infraconstitucionais.

COMENTÁRIOS

Certo. O acesso à informação ambiental encontra fundamento na Constituição Federal, em seu artigo 5º, XIV (direito à informação), bem como no artigo 225, § 1º, inciso IV, quando assegura expressamente a publicidade do estudo prévio de impacto ambiental. O princípio também está previsto no inciso VI do citado artigo, quando, ao impor ao Poder Público o dever de promover a educação ambiental em todos os níveis de ensino e a conscientização pública para a preservação do meio ambiente, indiretamente sinalizou a necessidade de divulgação de informação de caráter ambiental. O acesso à informação ambiental é um princípio de direito ambiental que encontra amparo também em normas infraconstitucionais, como no artigo 9º, inciso VII, da Lei nº 6.938/1981 (Lei da Política Nacional do Meio Ambiente) que institui o Sistema Nacional de Informações sobre Meio Ambiente (SINIMA), bem como no artigo 6º, inciso X, da Lei nº 12.305/2010 (Lei de Resíduos Sólidos), que o prevê expressamente.

---

04. (Cespe – Procurador do Estado – BA/2014) No que se refere ao princípio do usuário-pagador no âmbito do direito ambiental, entre outras normas ambientais, julgue os itens que se seguem.

04.1. Não é permitida a gestão das florestas públicas por meio de concessão florestal a pessoas que não se enquadrem no conceito de populações tradicionais.

COMENTÁRIOS

Errado. O artigo 3º, inciso VII, da Lei nº 11.284/2006 define concessão florestal como "delegação onerosa, feita pelo poder concedente, do direito de praticar manejo florestal sustentável para exploração de produtos e serviços numa unidade de manejo, mediante licitação, à pessoa jurídica, em consórcio ou não, que atenda às exigências do respectivo edital de licitação e demonstre capacidade para seu desempenho, por sua conta e risco e por prazo determinado". Desse modo, infere-se que a gestão das florestas públicas por meio de concessão florestal é permitida a pessoa jurídica, em consórcio ou não, que atenda às exigências do respectivo edital de licitação e demonstre capacidade para seu desempenho, portanto, é permitida para pessoas que não se enquadrem no conceito de populações tradicionais.

04.2. Todas as unidades de conservação devem dispor de plano de manejo que preveja as modalidades de utilização em conformidade com os seus objetivos.

COMENTÁRIOS

Certo. De acordo com o artigo 27, da Lei nº 9.985/2000, "as unidades de conservação devem dispor de um Plano de Manejo". Regulamentando o citado artigo, o Decreto nº 4.340/2002, em seu artigo 2º, inciso

I, estatui que "o ato de criação de uma unidade de conservação deve indicar (I) a denominação, a categoria de manejo, os objetivos, os limites, a área da unidade e o órgão responsável por sua administração". Portanto, todas as unidades de conservação devem dispor de plano de manejo que preveja as modalidades de utilização em conformidade com os seus objetivos.

04.3. De acordo com o referido princípio, deve-se proceder à quantificação econômica dos recursos ambientais, de modo a garantir reparação por todo o dano ambiental causado.

COMENTÁRIOS

Errado. Segundo o princípio do usuário-pagador, as pessoas que utilizam os recursos naturais devem pagar pela sua utilização, ainda que não haja poluição, não tendo a quantificação econômica dos recursos ambientais caráter reparatório ou indenizatório, mas contributivo. Não se confunde com o princípio do poluidor-pagador, que pressupõe poluição e apresenta caráter reparatório. A propósito, é um dos instrumentos da Política Nacional do Meio Ambiente, nos termos do artigo 4º, VII, "a imposição, ao poluidor e ao predador, da obrigação de recuperar e/ou indenizar os danos causados e, ao **usuário**, da contribuição pela utilização de recursos ambientais com fins econômicos".

05. (Cespe – Defensor Público – TO/2013) Suponha que dois municípios limítrofes tenham decidido instituir, mediante leis ordinárias aprovadas por suas respectivas câmaras municipais, uma só região metropolitana, visando a melhor integração, planejamento e execução de funções de interesse comum de ambas as cidades. Nas leis aprovadas, foram estabelecidas, ainda, diretrizes para o desenvolvimento urbano, a serem implementadas de forma conjunta. Em face dessa situação, assinale a opção correta.

a) As referidas leis municipais são inconstitucionais, pois a criação de região metropolitana somente pode ser feita por lei complementar, e não por lei ordinária, de iniciativa do chefe do Poder Executivo local.

b) As leis municipais estão de acordo com a CF, que estabelece ser da competência dos municípios a instituição de diretrizes para o desenvolvimento urbano.

c) A criação da região metropolitana não pode ser feita por leis municipais, competindo aos estados instituir regiões metropolitanas com vistas à organização, ao planejamento e à execução de funções públicas de interesse comum.

d) As leis municipais que instituíram a região metropolitana somente poderiam ter sido editadas após a realização de consulta às populações dos municípios envolvidos.

e) As câmaras municipais não podem estabelecer, por lei, diretrizes relacionadas ao desenvolvimento e aos transportes urbanos, pois essa competência se insere no âmbito das atribuições administrativas do Poder Executivo dos municípios envolvidos.

COMENTÁRIOS

✪ **Nota do autor:** A questão aborda institutos relativos ao meio ambiente urbano, tais como as regiões metropolitanas, os municípios, bem como a competência relativa ao desenvolvimento urbano.

Alternativa correta: "c". A Constituição Federal atribui aos **Estados** e não aos Municípios a competência para instituir **regiões metropolitanas**. Nos termos do artigo 25, § 3º da Constituição Federal, "os Estados poderão, mediante lei complementar, instituir regiões metropolitanas, aglomerações urbanas e microrregiões, constituídas por agrupamentos de Municípios limítrofes para integrar a organização, o planejamento e a execução de funções públicas de interesse comum".

Alternativas "a": Está incorreta, pois a criação de região metropolitana somente pode ser feita por lei complementar, de iniciativa do Chefe do Poder Executivo Estadual, nos termos do artigo 25, § 3º, da Constituição Federal.

Alternativa "b": Está incorreta, pois nos termos do artigo 21, inciso XX, da Constituição Federal, reproduzido no artigo 3º, IV, do Estatuto da Cidade, compete à **União** instituir diretrizes para o desenvolvimento urbano, inclusive habitação, saneamento básico e transportes urbanos.

Alternativa "d": Está incorreta, pois apenas lei complementar **estadual** pode instituir região metropolitana, nos termos do artigo 25, § 3º, da Constituição Federal, sendo exigida prévia realização de consulta às populações dos municípios envolvidos apenas quando houver a criação, a incorporação, a fusão e o desmembramento de municípios, conforme previsão do artigo 18, § 4º, também do Texto Constitucional.

Alternativa "e": Está incorreta. As câmaras municipais não podem estabelecer, por lei, diretrizes relacionadas ao desenvolvimento e aos transportes urbanos, pois essa competência se insere no âmbito da competência exclusiva da **União**, conforme artigo 21, inciso XX, da Constituição Federal.

06. (Cespe – Juiz Federal Substituto 2ª região/ 2013) Assinale a opção correta a respeito do direito ambiental sob o foco constitucional.

a) O MP tem o monopólio da ação penal por crimes ambientais e da ação civil pública ambiental.

b) A CF confere ao poder público e à coletividade o dever de preservar o meio ambiente, incumbindo-lhes várias atribuições específicas, inclusive a fiscalização de entidades que manipulem material genético.

c) A partir do texto constitucional pode-se concluir que a produção de energia nuclear, a comercialização de medicamentos e o emprego de agrotóxicos devem, obrigatoriamente, ser controlados pelo poder público.

d) Proprietário de pequeno imóvel rural, mesmo que nele não resida, pode beneficiar-se de usucapião especial urbana.

e) O princípio da responsabilidade ambiental entre gerações é meramente prospectivo e, por isso, não está positivado na CF.

COMENTÁRIOS

Alternativa correta: "c". Nos termos do artigo 225, § 1º, inciso V, da Constituição Federal, para assegurar a efetividade do direito ao meio ambiente ecologicamente equilibrado, "incumbe ao Poder Público controlar a produção, a comercialização e o emprego de técnicas, métodos e substâncias que comportem risco para a vida, a qualidade de vida e o meio ambiente". Assim, pela leitura do dispositivo invocado, pode-se concluir que a produção de energia nuclear, a comercialização de medicamentos e o emprego de agrotóxicos devem, obrigatoriamente, ser controlados pelo Poder Público.

Alternativa "a": Está incorreta. O Ministério Público tem o monopólio da ação penal por crimes ambientais, pois nos termos do artigo 26 da Lei nº 9.605/1998, a ação penal será de iniciativa pública incondicionada, tendo em vista que a coletividade sempre será afetada por um crime ambiental. Já, quanto à ação civil pública, o Ministério Público não tem o monopólio da ação, pois o artigo 5º da Lei nº 7.347/1985 atribui a legitimidade ativa também para outros legitimados, como a Defensoria Pública e as entidades políticas, além de outros.

Alternativa "b": Está incorreta. A Constituição Federal atribui em seu artigo 225, § 1º, inciso II apenas ao Poder Público, e não à coletividade, o dever de fiscalizar as entidades dedicadas à pesquisa e manipulação de material genético.

Alternativa "d": Está incorreta. A Constituição Federal, em seu artigo 183, determina como um dos requisitos específicos para aquisição do domínio mediante a usucapião especial urbana, o possuidor não ser proprietário de outro imóvel urbano ou rural. Assim, o proprietário de pequeno imóvel rural, mesmo que nele não resida, não pode se beneficiar de usucapião especial urbana.

Alternativa "e": Está incorreta. O princípio da responsabilidade ambiental entre gerações é prospectivo e está positivado na Constituição Federal, em seu artigo 225 o qual determina que "todos têm direito ao meio ambiente ecologicamente equilibrado, bem de uso comum do povo e essencial à sadia qualidade de vida, impondo-se ao Poder Público e à coletividade o dever de defendê-lo e preservá-lo para as presentes e futuras gerações."

07. (Cespe – Juiz Federal Substituto 2ª região/ 2013) Acerca da política urbana, assinale a opção correta.

a) É competência dos municípios instituir diretrizes para o desenvolvimento urbano, inclusive habitação, saneamento básico e transportes urbanos.

b) Em face da onerosidade que o trabalho de elaboração do plano diretor representa para o poder público municipal, todas as cidades com população inferior a vinte mil habitantes estão desobrigadas de elaborar o referido plano.

c) O planejamento municipal deverá utilizar-se de alguns instrumentos próprios do direito ambiental, como o zoneamento ambiental.

d) No âmbito das cidades, a elaboração do estudo de impacto de vizinhança substitui a elaboração do EIA, por ser o primeiro mais específico.

e) É facultado a todo poder público municipal exigir do proprietário do solo urbano não edificado que promova seu adequado aproveitamento, sob pena de edificação compulsória, pagamento de IPTU progressivo ou desapropriação.

COMENTÁRIOS

✪ **Nota do autor:** A questão correlaciona dispositivos constitucionais e infraconstitucionais previstos no Estatuto da Cidade, no tocante à proteção do meio ambiente urbano.

Alternativa correta: "c". O artigo 4º, inciso III, letra "c" do Estatuto da Cidade (Lei nº 10.257/2011), elenca o zoneamento ambiental como um dos instrumentos de política urbana a ser utilizado no planejamento municipal. Assim, o planejamento municipal deverá utilizar-se de alguns instrumentos próprios do direito ambiental, como o zoneamento ambiental.

Alternativa "a": Está incorreta. Nos termos do artigo 21, inciso XX, da Constituição Federal compete à União, exclusivamente, e não aos Municípios, instituir diretrizes para o desenvolvimento urbano, inclusive habitação, saneamento básico e transportes urbanos.

Alternativa "b": Está incorreta. O artigo 182, § 1º da Constituição Federal, determina a obrigatoriedade do plano diretor para cidades com mais de vinte mil habitantes. No entanto, o artigo 41 do Estatuto da Cidade criou novas hipóteses de obrigatoriedade do plano diretor, como, por exemplo, para cidades integrantes de regiões metropolitanas e aglomerações urbanas. Assim, não se pode afirmar que todas as cidades com população inferior a vinte mil habitantes estão desobrigadas de elaborar o referido plano, tendo em vista a exigência de plano diretor nas hipóteses elencadas no artigo 41 do Estatuto da Cidade, não sendo a onerosidade que o trabalho de elaboração do plano diretor representa para o poder público municipal o fator determinante para obrigatoriedade ou não do plano.

Alternativa "d": Está incorreta. Nos termos do artigo 38 do Estatuto da Cidade, a elaboração do estudo de impacto de vizinhança (EIV) não substitui a elaboração e a aprovação de estudo prévio de impacto ambiental (EIA). Portanto, no âmbito das cidades, a elaboração do estudo de impacto de vizinhança não substitui a elaboração do EIA.

Alternativa "e": Está incorreta. Nos termos do artigo 182, § 4º, incisos I, II e III, da Constituição Federal, é facultado ao poder público municipal exigir do proprietário do solo urbano não edificado que promova seu adequado aproveitamento, sob pena, sucessiva e não cumulativamente, de edificação compulsória, pagamento de IPTU progressivo ou desapropriação. Ou seja, as penas impostas são sucessivas e não cumulativas como se percebe do enunciado.

08. (Cespe – Juiz Federal Substituto 5ª região/2013) O direito ao meio ambiente é um direito de interesse

a) individual homogêneo de grande relevância social.

b) coletivo.

c) difuso.

d) meramente individual.

e) exclusivo do poder público.

COMENTÁRIOS

✪ **Nota do autor:** A questão exige o conhecimento acerca dos interesses coletivos em sentido amplo: interesses difusos, coletivos e individuais homogêneos.

A alternativa correta é a "c". O direito ao meio ambiente integra os **direitos humanos fundamentais de terceira geração**, fundado nos princípios da fraternidade ou solidariedade, caracterizados por serem direitos transindividuais, em que seu titular não é o homem individualizado, mas toda a coletividade. Nos termos do artigo 81, inciso I, da Lei nº 8.078/90, são interesses ou direitos difusos os transindividuais, de natureza indivisível, de que sejam titulares pessoas indeterminadas e ligadas por circunstâncias de fato. Portando, o direito ao meio ambiente é um **direito de interesse difuso**, objetivamente indivisível, sendo que a sua degradação afeta uma gama de pessoas indetermináveis e ligadas por circunstâncias de fato. Nesse sentido, dispõe o **artigo 225 da Constituição Federal** que **"todos têm direito ao meio ambiente ecologicamente equilibrado, bem de uso comum do povo e essencial e essencial à sadia qualidade de vida".**

Alternativa "a": Está incorreta. Os interesses individuais homogêneos, previstos no artigo 81, inciso III, do Código de Defesa do Consumidor, caracterizam-se pela divisibilidade do objeto, pela agregação dos titulares por situação fática ou jurídica em comum, e pelos sujeitos determináveis. O direito ao meio ambiente não é um direito de interesse individual homogêneo de grande relevância social, já que seu objeto é indivisível, os titulares são indetermináveis (coletividade) e agregados por situação fática comum e não jurídica.

Alternativa "b": Está incorreta. Os direitos coletivos caracterizam-se pela indivisibilidade do objeto, pela agregação dos titulares por uma situação jurídica entre si ou com a parte contrária, e pelas pessoas determináveis, conforme se infere do artigo 81, inciso II, do Código de Defesa do Consumidor. Como visto, o meio ambiente não se enquadra na categoria de interesses coletivos, pois que os titulares são agregados por circunstância de fato e não de direito, além dos sujeitos serem indetermináveis (coletividade).

Alternativa "d": Está incorreta, pois como determina o artigo 225 da Constituição Federal **todos** têm direito ao meio ambiente ecologicamente equilibrado, **bem de uso comum do povo.**

Alternativa "e": Está incorreta. O meio ambiente é um direito de **todos**, tratando-se de **bem de uso comum do povo**, portanto, afeto a toda coletividade, na dicção do artigo 225 da Constituição Federal, não havendo que se falar em exclusividade do Poder Público na sua titularidade.

09. (Cespe – Juiz Federal Substituto 5ª região/2013) Tendo em vista que, de acordo com o art. 225, § 4.°, da CF, na utilização da zona costeira, patrimônio nacional, deve-se manter a preservação do meio ambiente, assinale a opção correta.

a) As normas específicas fixadas pela União no Plano Nacional de Gerenciamento Costeiro não são obrigatórias para estados e municípios.

b) Pertencem à União as praias marítimas, as ilhas oceânicas e costeiras, sem exceção.

c) O prévio estudo de impacto ambiental é exigido apenas para os projetos urbanísticos acima de 10 ha.

d) O Brasil não ratificou a Convenção das Nações Unidas sobre o Direito do Mar e a Proteção do Meio Ambiente.

e) Os planos estaduais e municipais de gerenciamento costeiro não podem fixar limitações à utilização de imóveis, sendo essa uma prerrogativa apenas do plano nacional.

COMENTÁRIOS

✪ **Nota do autor:** A questão aborda itens relativos à zona costeira, como os bens públicos integrantes deste bioma, a Lei nº 7.661/88, que institui o Plano Nacional de Gerenciamento Costeiro e dá outras providências e a Convenção das Nações Unidas sobre o Direito do Mar e a Proteção do Meio Ambiente.

Alternativa correta: "a". As normas específicas fixadas pela União no Plano Nacional de Gerenciamento

Costeiro não são obrigatórias para estados e municípios, pois o artigo 5º, § 1º da Lei nº 7.661/88, faculta aos Estados e Municípios instituir, através de lei, os respectivos Planos Estaduais ou Municipais de Gerenciamento Costeiro, observadas as normas e diretrizes do Plano Nacional e o disposto na lei acima citada, e designar os órgãos competentes para a execução desses Planos.

Alternativa "b": Está incorreta. Pertencem à União as praias marítimas, as ilhas oceânicas e as costeiras. Mas o artigo 20, inciso IV da Constituição Federal, ressalva que não pertencem à União as ilhas oceânicas e costeiras que contenham a sede de Municípios, exceto aquelas áreas afetadas pelo serviço público e unidade ambiental federal (exceção introduzida pela EC nº 46/2005), e as referidas no artigo 26, inciso II do Texto Constitucional, que são as áreas, nas ilhas oceânicas e costeiras, que estiverem sob domínio do Estado.

Alternativa "c": Está incorreta. O prévio estudo de impacto ambiental será exigido para projetos urbanísticos acima de 100ha ou em áreas consideradas de relevante interesse ambiental, nos termos do artigo 2º, inciso XV, da Resolução Conama 01/1986.

Alternativa "d": Está incorreta. A Convenção das Nações Unidas sobre o Direito do Mar e a Proteção do Meio Ambiente, assinada em 10 de dezembro de 1982, em Montego Bay – Jamaica, entrou em vigor no Brasil, em 1995, com o Decreto nº 1.530, datado de 22 de junho de 1995. Assim, o Brasil ratificou a citada Convenção.

Alternativa "e": Está incorreta. O artigo 5º, § 2º da Lei nº 7.661/88 determina que "normas e diretrizes sobre o uso do solo, do subsolo e das águas, bem como limitações à utilização de imóveis, poderão ser estabelecidas nos Planos de Gerenciamento Costeiro, Nacional, Estadual e Municipal, prevalecendo sempre as disposições de natureza mais restritiva". Ou seja, os planos estaduais e municipais de gerenciamento costeiro podem fixar limitações à utilização de imóveis, não sendo essa uma prerrogativa apenas do plano nacional.

---

10. (Cespe – Juiz de Direito Substituto – RN/2013) No que concerne à tutela constitucional do meio ambiente e à repartição de competência em matéria ambiental, assinale a opção correta.

a) Permite-se a instalação, em local previamente fixado por decreto da Presidência da República, de usinas que operem com reator nuclear, desde que se realizado o devido estudo de impacto ambiental.

b) As terras devolutas ou arrecadadas pelos estados por ações discriminatórias são indisponíveis quando necessárias à proteção dos ecossistemas naturais.

c) Sendo a mata Atlântica e a serra do Mar patrimônio nacional, a CF veda o uso dos seus recursos naturais, com o objetivo de preservar-se o meio ambiente.

d) Embora a CF disponha que o meio ambiente ecologicamente equilibrado é bem de uso comum do povo, cabe exclusivamente ao poder público preservá-lo para as futuras gerações.

e) Conforme disposição expressa da CF, compete concorrentemente à União, aos estados, ao DF e aos municípios legislar sobre floresta, caça, pesca e fauna.

COMENTÁRIOS

✪ **Nota do autor:** Aborda-se na questão conhecimentos acerca do artigo 225 da Constituição Federal, bem como sobre competência legislativa em matéria ambiental.

Alternativa correta: "b". A assertiva está expressamente prevista no artigo 225, § 6º, da Constituição Federal: "São indisponíveis as terras devolutas ou arrecadadas pelos Estados, por ações discriminatórias, necessárias à proteção dos ecossistemas naturais".

Alternativa "a": Está incorreta. As usinas que operem com reator nuclear deverão ter sua localização definida em lei federal, e não em decreto presidencial. É o que dispõe o artigo 225, § 6º, da Constituição Federal: "As usinas que operem com reator nuclear deverão ter sua localização definida em lei federal, sem o que não poderão ser instaladas".

Alternativa "c": Está incorreta. A Constituição Federal não veda o uso dos recursos naturais existentes nos biomas considerados patrimônio nacional, mas condiciona a utilização de tais biomas à observância da lei, dentro de condições que assegurem a preservação do meio ambiente. É o que dispõe o artigo 225, § 4º, da Constituição Federal: "A Floresta Amazônica brasileira, a Mata Atlântica, a Serra do Mar, o Pantanal Mato-Grossense e a Zona Costeira são patrimônio nacional, e sua utilização far-se-á, na forma da lei, dentro de condições que assegurem a preservação do meio ambiente, inclusive quanto ao uso dos recursos naturais".

Alternativa "d": Está incorreta. Cabe ao Poder Público e também à coletividade defender e preservar o meio ambiente para as presentes e futuras gerações. É a redação do *caput* do artigo 225 da Constituição Federal: "Todos têm direito ao meio ambiente ecologicamente equilibrado, bem de uso comum do povo e essencial à sadia qualidade de vida, impondo-se ao Poder Público e à coletividade o dever de defendê-lo e preservá-lo para as presentes e futuras gerações".

Alternativa "e": Está incorreta. A Constituição Federal, em seu artigo 24, inciso VI, atribui competência concorrente à União, aos Estados e ao Distrito Federal para legislarem sobre florestas, caça, pesca e fauna. Os Municípios detêm competência legislativa em material ambiental, em decorrência do artigo 30, incisos I e II da Constituição da República, cabendo a eles legislar sobre assuntos de interesse local e suplementar a legislação estadual e federal no que couber.

11. (Cespe – Procurador do DF/ 2013) Considerando as disposições da LODF a respeito do meio ambiente e a competência em matéria ambiental, julgue os itens a seguir.

É competência do DF, concorrentemente com a União, legislar sobre cerrado, conservação da natureza, defesa do solo e dos recursos naturais, proteção do meio ambiente e controle da poluição, entre outras matérias.

COMENTÁRIOS

Certo. Dispõe o artigo 24, inciso VI da Constituição Federal que: "Compete à União, aos Estados e ao Distrito Federal legislar concorrentemente sobre: (...) VI – florestas, caça, pesca, fauna, conservação da natureza, defesa do solo e dos recursos naturais, proteção do meio ambiente e controle da poluição". O artigo 32, § 1º, da Carta Política, por seu turno, prescreve que ao Distrito Federal são atribuídas as competências legislativas reservadas aos Estados e aos Municípios. Portanto, é competência do Distrito Federal, concorrentemente com a União, legislar sobre cerrado (florestas), conservação da natureza, defesa do solo e dos recursos naturais, proteção do meio ambiente e controle da poluição, entre outras matérias.

12. (Cespe – Procurador do DF/ 2013) Com referência à responsabilidade penal por infrações ambientais, ao mandado de segurança em matéria ambiental e à função social da propriedade, julgue os itens subsequentes.

Considera-se que a propriedade urbana cumpre plenamente sua função social quando atende às exigências fundamentais de ordenação do espaço territorial previstas no plano diretor da cidade; no que tange à propriedade rural, isso ocorre quando ela é regularmente registrada na Divisão de Cadastro Rural do INCRA e no IBAMA.

COMENTÁRIOS

Errado. Quanto à propriedade urbana, a assertiva está correta, pois conforme determina o artigo 182, § 2º, da Constituição Federal "A propriedade urbana cumpre sua função social quando atende às exigências fundamentais de ordenação da cidade expressas no plano diretor". Já, no tocante à propriedade rural, a assertiva está errada. A propriedade rural cumpre sua função social não apenas quando ela está regularmente registrada na Divisão de Cadastro Rural do INCRA e no IBAMA, mas também quando atende, simultaneamente, segundo critérios e graus de exigência estabelecidos em lei, aos requisitos constitucionalmente previstos no artigo 186: a) aproveitamento racional e adequado; b) utilização adequada dos recursos naturais disponíveis e preservação do meio ambiente; c) observância das disposições que regulam as relações de trabalho e; d) exploração que favoreça o bem-estar dos proprietários e dos trabalhadores. Portanto, não obstante a primeira parte estar correta, no conjunto, a assertiva é considerada incorreta.

13. (Cespe – Juiz de Direito Substituto – MA/ 2013) Considerando os princípios fundamentais que regem o direito ambiental, assinale a opção correta.

a) O princípio do poluidor-pagador determina a incidência do regime jurídico da responsabilidade civil objetiva por danos ambientais.

b) Uma aplicação estrita do princípio da prevenção inverte o ônus da prova e impõe ao poluidor provar, com anterioridade, que sua ação não causará degradação ambiental.

c) Segundo o princípio do desenvolvimento sustentável, é proibida a instalação de indústria que, conforme o EIA/RIMA, cause poluição.

d) A ação popular, ao contrário da ação civil pública, é instrumento de efetivação do princípio da participação democrática no direito ambiental.

COMENTÁRIOS

Alternativa correta: "a". O princípio do poluidor-pagador, o qual busca agregar os custos ambientais de uma atividade econômica ambientalmente impactante, determina a incidência do regime jurídico da responsabilidade civil objetiva por danos ambientais, conforme previsão do artigo 14, § 1º, da Lei nº 6.938/1981, que assim dispõe: "Sem obstar a aplicação das penalidades previstas neste artigo, é o poluidor obrigado, independentemente da existência de culpa, a indenizar ou reparar os danos causados ao meio ambiente e a terceiros, afetados por sua atividade".

Alternativa "b": Está incorreta. É com fundamento no princípio da precaução, que trabalha com o risco incerto, e não no princípio da prevenção, que trabalha com o risco certo, que se sustenta o entendimento, já recepcionado pelo STJ, que admite a inversão do ônus da prova nas demandas ambientais, impondo-se ao poluidor provar, com anterioridade, que sua ação não causará degradação ambiental.

Alternativa "c": Está incorreta. Segundo o princípio do desenvolvimento sustentável, não é proibida a instalação de indústria que, conforme o EIA/RIMA, cause poluição. A indústria poderá ser instalada, desde que se observe a capacidade de suporte da poluição pelo ecossistema local, preservando os recursos naturais e mantendo-se padrões de qualidade ambiental. Esse princípio pressupõe a ponderação entre o desenvolvimento econômico e a preservação do meio ambiente ecologicamente equilibrado.

Alternativa "d": Está incorreta. Assim como a ação popular, a ação civil pública é instrumento de efetivação do princípio da participação democrática no direito ambiental, como se pode justificar com o rol de legitimados desta ação no artigo 5º da Lei da Ação Civil Pública, o qual inclui, além do Ministério Público, da Defensoria Pública e dos entes políticos, as associações civis sem fins lucrativos, criadas espontaneamente no meio social.

---

14. (Cespe – Juiz Federal Substituto 2ª região/ 2013) Acerca das disposições legais e doutrinárias sobre danos e impactos ambientais, assinale a opção correta.

a) O EIA deve, obrigatoriamente, prever medidas mitigadoras dos impactos negativos, tais como programas de educação ambiental dirigidos aos usuários do projeto analisado.

b) Se for procedente a ação civil pública proposta por associação civil, a indenização pelo dano ambiental difuso será revertida a essa associação, desde que ela tenha sido constituída há mais de um ano e que inclua entre suas finalidades a defesa do meio ambiente.

c) A atividade de controle e fiscalização de atividades potencialmente poluidoras não pode gerar a cobrança de taxas dos fiscalizados porque, como ocorre em benefício de toda a população, deve ser custeada por impostos.

d) Estados e municípios não podem criar outros tipos de sanções para as infrações administrativas contra o meio ambiente, ficando restritos ao rol apresentado na Lei dos Crimes Ambientais.

e) A compensação ambiental é uma contribuição financeira que aplica o princípio do usuário-pagador e pode ser implementada na forma de investimento na redução dos prováveis danos ao meio ambiente.

COMENTÁRIOS

Alternativa correta: "e". O princípio do usuário-pagador pressupõe que as pessoas que utilizam os recursos naturais devem pagar pela sua utilização, ainda que não haja poluição, tratando-se de uma contribuição financeira e não de uma indenização. A propósito, é um dos objetivos da Política Nacional do Meio Ambiente a imposição ao usuário da contribuição pela utilização de recursos ambientais com fins econômicos, conforme artigo 4º, inciso VII, da Lei nº 6.938/1981. Assim, a compensação ambiental é uma contribuição financeira que aplica o citado princípio, podendo ser implementada na forma de investimento da redução dos prováveis danos ao meio ambiente.

Alternativa "a": Está incorreta. Depreende-se do artigo 6º, inciso III, da Resolução Conama nº 01/1986, que o EIA deve, obrigatoriamente, desenvolver a atividade técnica de "definição das medidas mitigadoras dos impactos negativos, entre elas os equipamentos de controle e sistemas de tratamento de despejos, avaliando a eficiência de cada uma delas".

Alternativa "b": Está incorreta. Se for procedente a ação civil pública proposta por associação civil, constituída há mais de um ano e que inclua entre suas finalidades a defesa do meio ambiente (artigo 5º, inciso V, "a" e "b", da LACP), a indenização pelo dano ambiental **difuso** será revertida para um fundo fluido, pois consoante determina o artigo 13 da LACP, "havendo condenação em dinheiro, a indenização pelo dano causado reverterá a um fundo gerido por um Conselho Federal ou por Conselhos Estaduais de que participarão necessariamente o Ministério Público e representantes da comunidade, sendo seus recursos destinados à reconstituição dos bens lesados".

Alternativa "c": Está incorreta. A atividade de controle e fiscalização de atividades potencialmente poluidoras pode gerar a cobrança de taxas dos fiscalizados, pois que há efetivo exercício do poder de polícia ambiental, considerado como hipótese da incidência da taxa, tributo vinculado a uma atuação estatal.

Alternativa "d": Está incorreta. A Constituição Federal, em seu artigo 24, incisos VI, VII e VIII atribui competência concorrente à União, aos Estados e ao Distrito Federal para legislar sobre assuntos relativos ao meio ambiente. Consoante determinação do § 1º do citado artigo, a competência da União limitar-se-á a estabelecer normas gerais. Os Municípios também detêm competência legislativa em material ambiental, em decorrência do artigo 30, incisos I e II da Constituição da República, cabendo a eles legislar sobre assuntos de interesse local e suplementar a legislação estadual e federal no que couber. Desse modo, Estados e Municípios podem criar outros tipos de sanções para as infrações administrativas contra o meio ambiente, não ficando restritos ao rol apresentado na Lei dos Crimes Ambientais, que estabelece as normas gerais sobre o tema, nos termos do artigo 24, § 1º, da CF.

---

15. (Cespe – Juiz de Direito Substituto – RN/2013) O Enunciado 16 da Declaração do Rio de Janeiro de 1992 preceitua o seguinte: "Tendo em vista que o poluidor deve, em princípio, arcar com o custo decorrente da poluição, as autoridades nacionais devem procurar promover a internalização ao empreendimento dos custos ambientais e o uso de instrumentos econômicos, levando na devida conta o interesse público, sem distorcer o comércio e os investimentos internacionais". Esse enunciado encerra o princípio da(o)

a) informação.

b) prevenção.

c) precaução.

d) poluidor-pagador.

e) desenvolvimento sustentável.

COMENTÁRIOS

✪ **Nota do autor:** A questão aborda a temática dos princípios de direito ambiental.

Alternativa correta: "d". O Enunciado 16 da Declaração do Rio de Janeiro de 1992 prevê o princípio do poluidor-pagador, o qual prevê a responsabilidade do poluidor pelos custos ambientais advindos de atividade econômica ambientalmente impactante.

Alternativa "a": Está incorreta. O princípio da informação prevê o acesso de todos às informações relativas ao meio ambiente.

Alternativa "b": Está incorreta. O princípio da prevenção preconiza que o ente ambiental deve impor medidas para se evitar o dano ambiental, pois que muitas vezes é irreversível, voltando-se ao cuidado ambiental de atividades com risco conhecido ou certo, ou seja, em que há certeza científica.

Alternativa "c": Está incorreta. O princípio da precaução preconiza que o ente ambiental deve impor medidas para se evitar o dano ambiental, pois que muitas vezes é irreversível, ainda que não haja certeza científica sobre sua existência, voltando-se, pois, ao cuidado ambiental de atividades com risco desconhecido ou incerto.

Alternativa "e": Está incorreta. O princípio do desenvolvimento sustentável visa a ponderação entre o desenvolvimento econômico e a preservação do meio ambiente ecologicamente equilibrado.

16. (Cespe – Advogado da União/2012) Com relação ao meio ambiente e aos interesses difusos e coletivos, julgue o item abaixo.

Apesar de a floresta amazônica, a mata atlântica, a serra do Mar, o pantanal mato-grossense e a zona costeira serem, conforme dispõe a CF, patrimônio nacional, não há determinação constitucional que converta em bens públicos os imóveis particulares situados nessas áreas.

COMENTÁRIOS

Certo. O § 4º do artigo 225 da Constituição Federal determina que "a Floresta Amazônica brasileira, a Mata Atlântica, a Serra do Mar, o Pantanal Mato-Grossense e a Zona Costeira são patrimônio nacional, e sua utilização far-se-á, na forma da lei, dentro de condições que assegurem a preservação do meio ambiente, inclusive quanto ao uso dos recursos naturais". Assim, o texto constitucional determina que tais biomas são considerados patrimônios nacionais, mas **não dispõe sobre a conversão em bens públicos os imóveis particulares situados nessas áreas.** Nesse sentido, posicionou-se o **STF** no julgamento do Recurso Extraordinário nº 134.297, de 13/06/1995.

2. POLÍTICA NACIONAL DO MEIO AMBIENTE E SISTEMA NACIONAL DO MEIO AMBIENTE – PNMA – LEI Nº 6.938/1981

17. (Cespe – Delegado de Polícia – PE/2016) A concessão florestal, prevista na Lei n.º 11.284/2006, é

a) uma delegação, a pessoas físicas ou jurídicas, do direito de praticar manejo florestal sustentável.

b) um instrumento da Política Nacional do Meio Ambiente.

c) uma delegação onerosa que dispensa licitação.

d) vedada a pessoas jurídicas de pequeno porte.

e) uma delegação gratuita formalizada mediante contrato.

COMENTÁRIOS

Alternativa correta: "b". A Lei Federal 6938/1981, no seu artigo 9º, inciso XIII, prevê expressamente a concessão florestal como instrumento econômico da Política Nacional do Meio Ambiente. Este dispositivo foi inserido pela Lei Federal n.º 11.284/2006, que dispõe sobre a gestão de florestas públicas para produção sustentável, institui o Serviço Florestal Brasileiro – SFB, na estrutura do Ministério do Meio Ambiente, e cria o Fundo Nacional de Desenvolvimento Florestal – FNDF

Alternativa "a": Está incorreta. Nos termos do artigo 3º, inciso VII, da Lei Federal n.º 11.284/2006, a concessão florestal consiste em delegação onerosa, feita pelo poder concedente, do direito de praticar manejo florestal sustentável para exploração de produtos e serviços numa unidade de manejo, mediante licitação, à pessoa jurídica, em consórcio ou não, que atenda às exigências do respectivo edital de licitação e demonstre capacidade para seu desempenho, por sua conta e risco e por prazo determinado. Portanto, legalmente a possibilidade de concessão do direito de praticar manejo florestal sustentável está prevista somente para as pessoas jurídicas.

Alternativa "c": Está incorreta. Com base ainda no conceito legal de concessão florestal, previsto no artigo 3º, inciso VII, da Lei Federal n.º 11.284/2006, o referido instrumento consiste sim em delegação onerosa, passível de ocorrer mediante licitação. Assim, a licitação é requisito obrigatório para que a concessão florestal possa ocorrer.

Alternativa "d": Está incorreta. Nos termos do artigo 21, § 3º, da Lei Federal n.º 11.284/2006, encontra-se a possibilidade de ocorrer concessão florestal à pessoa jurídica de pequeno porte, microempresas e associações de comunidades locais, sendo que serão previstas em regulamento formas alternativas de fixação de garantias e preços florestais.

Alternativa "e": Está incorreta. Ainda com base no conceito legal de concessão florestal, previsto no artigo

3º, inciso VII, da Lei Federal n.º 11.284/2006, tem-se que o instrumento de concessão consiste em delegação onerosa e não gratuita, uma vez que o concessionário será selecionado a partir da obrigação de pagamento do maior preço ofertado ao poder concedente pela outorga da concessão florestal, bem como pela utilização da melhor técnica, considerando: o menor impacto ambiental; os maiores benefícios sociais diretos; a maior eficiência e a maior agregação de valor ao produto ou serviço florestal na região da concessão (Art. 26). Já o artigo 7º da mesma Lei estabelece expressamente que a concessão florestal deverá ser autorizada em ato do poder concedente e formalizada mediante contrato. O problema do enunciado então está na incorreção do termo delegação gratuita.

---

18. (Cespe – Delegado de Polícia – PE/2016) O órgão consultivo e deliberativo responsável pelo SISNAMA e pelo SNUC é o

a) Ministério do Meio Ambiente.

b) Conselho Nacional do Meio Ambiente.

c) Instituto Chico Mendes.

d) IBAMA.

e) Conselho de Governo.

COMENTÁRIOS

Alternativa correta: "b". O Conselho Nacional do Meio Ambiente é o órgão consultivo e deliberativo responsável pelo SISNAMA e pelo SNUC, conforme expressamente consta no artigo 6º, inciso II, da Lei nº. 6.938/81 c/c artigo 6º, inciso I, da Lei nº 9.985/2000.

Alternativas "a": Está incorreta, pois o Ministério do Meio Ambiente é o órgão central do SNUC, com a finalidade de coordenar o sistema, nos termos do artigo 6º, inciso II, da Lei nº 9985/2000.

Alternativa "c": Está incorreta. O Instituto Chico Mendes é um órgão executor do SISNAMA e do SNUC, nos termos do que dispõe o artigo 6º, inciso III, da Lei nº 9985/2000 c/c artigo 6º, inciso IV, da Lei nº 6.938/81.

Alternativa "d": Está incorreta, pois assim como o Instituto Chico Mendes, o IBAMA é um órgão executor do SISNAMA e do SNUC, nos termos do que dispõe o artigo 6º, inciso III, da Lei nº 9985/2000 c/c artigo 6º, inciso IV, da Lei nº 6.938/81.

Alternativa "e": Está incorreta. O Conselho de Governo é o órgão superior do SISNAMA com a função de assessorar o Presidente da República na formulação da política nacional e nas diretrizes governamentais para o meio ambiente e os recursos ambientais, consoante prevê o artigo 6º inciso I, da Lei nº 6.938/81.

---

19. (Cespe – Delegado de Polícia – PE/2016) O Instituto Chico Mendes de Conservação da Biodiversidade (Instituto Chico Mendes) é uma

a) sociedade de economia mista criada pela União.

b) empresa pública federal.

c) autarquia federal.

d) fundação pública de direito público.

e) instituição da administração direta do Poder Executivo federal.

COMENTÁRIOS

Alternativa correta: "c". O artigo 1º, da Lei nº 11.516/2007 cria o Instituto Chico Mendes de Conservação da Biodiversidade – Instituto Chico Mendes, enunciando tratar-se de autarquia federal dotada de personalidade jurídica de direito público, autonomia administrativa e financeira, vinculada ao Ministério do Meio Ambiente.

Alternativa "a": Está incorreta, pois conforme artigo acima citado, trata-se de autarquia federal e não de sociedade de economia mista criada pela União.

Alternativa "b": Está incorreta, pois tendo em vista previsão legal expressa, o Instituto Chico Mendes é uma empresa pública federal.

Alternativa "d": Está incorreta, pois seguindo raciocínio das alternativas anteriores, o Instituto Chico Mendes se trata de uma autarquia e não se uma fundação pública.

Alternativa "e": Está incorreta. O artigo 1º, da Lei nº 11.516/2007 determina que o Instituto Chico Mendes é uma autarquia federal dotada de personalidade jurídica de direito público, autonomia administrativa e financeira, vinculada ao Ministério do Meio Ambiente.

---

20. (Cespe – Promotor de Justiça – AC/2014) Considerando a divisão de competências ambientais, a Política Nacional do Meio Ambiente e os instrumentos de proteção ambiental, assinale a opção correta.

a) Para o cumprimento dos objetivos da Política Nacional do Meio Ambiente, o CONAMA deverá estabelecer normas, critérios e padrões relativos ao controle e à manutenção do meio ambiente, considerando a capacidade de autorregeneração dos corpos receptores e a necessidade do estabelecimento de parâmetros genéricos mensuráveis.

b) Em se tratando de empreendimentos potencialmente causadores de poluição ambiental que já tenham sido implantados irregularmente, dispensa-se o procedimento de licenciamento ambiental normalmente exigido para o seu funcionamento, exigindo-se em contrapartida indenização civil ambiental pelos danos causados.

c) A criação de espaços territoriais especialmente protegidos e a servidão ambiental poderão ser instituídas de forma onerosa ou gratuita, temporária ou perpétua, desde que mantido, no mínimo, o mesmo regime da reserva legal.

d) Para a aprovação de projetos habilitados a financiamento e incentivo governamentais, é facultado ao poder público exigir o licenciamento ambiental e o cumprimento das normas, critérios e padrões ambientais determinados pelo CONAMA.

e) No âmbito da cooperação entre os entes da Federação, o exercício das competências ambientais legislativas e materiais pelos estados, DF e municípios sujeita-se às normas gerais da União e às determinações do órgão ambiental federal.

COMENTÁRIOS

Alternativa correta: "a". Nos termos do artigo 7º, § 3º, do Decreto nº 99.274/1990, o qual regulamenta a Lei nº da Lei nº 6938/1981, compete ao CONAMA na fixação de normas, critérios e padrões relativos ao controle e à manutenção da qualidade do meio ambiente, levar em consideração a capacidade de autorregeneração dos corpos receptores e a necessidade de estabelecer parâmetros genéricos mensuráveis. Assim, para o cumprimento dos Objetivos da Política Nacional do Meio Ambiente, o CONAMA deverá estabelecer normas, critérios e padrões relativos ao controle e à manutenção da qualidade do meio ambiente, considerando-se o quanto determinado no artigo acima citado.

Alternativa "b": Está incorreta. Em se tratando de empreendimentos potencialmente causadores de poluição ambiental que já tenham sido implantados irregularmente, não se dispensa o procedimento de licenciamento ambiental normalmente exigido para o seu funcionamento, não sendo possível substituí-lo por indenização civil ambiental pelos danos causados, que poderá ser fixada de forma autônoma. Nesse sentido, o artigo 79-A da Lei de Crimes Ambientais prevê a celebração de Termo de Compromisso com vistas à regularização de empreendimentos irregulares. O licenciamento e a indenização têm funções distintas, não podendo aquele ser dispensado, ainda que haja fixação de indenização pelos danos causados.

Alternativa "c": Está incorreta. A criação de espaços territoriais especialmente protegidos somente poderá ser instituída de forma gratuita, mediante lei ou decreto, admitindo-se a supressão ou alteração apenas mediante lei. No que tange à servidão ambiental, dispõe o artigo 9º-B da Lei nº 6938/1981, que ela "poderá ser onerosa ou gratuita, temporária ou perpétua". Por fim, não se aplica a servidão ambiental às áreas de preservação permanente e à reserva legal mínima exigida, espaços territoriais especialmente protegidos.

Alternativa "d": Está incorreta. Para a aprovação de projetos habilitados a financiamento e incentivo governamentais, não é faculdade, mas dever do poder público exigir o licenciamento ambiental e o cumprimento das normas, critérios e padrões ambientais determinados pelo CONAMA, conforme expressamente determina o artigo 12 da Lei nº Lei nº 6938/1981: "As entidades e órgãos de financiamento e incentivos governamentais condicionarão a aprovação de projetos habilitados a esses benefícios ao licenciamento, na forma desta Lei, e ao cumprimento das normas, dos critérios e dos padrões expedidos pelo CONAMA". Assim, o licenciamento ambiental é condição para a concessão de benefícios por parte das entidades e órgãos de financiamento e incentivos governamentais.

Alternativa "e": Está incorreta. O exercício das competências ambientais legislativas pelos Estados, Distrito Federal e Municípios é concorrente (entre todos os entes federativos) e sujeita-se às normas gerais da União. Já a competência material é comum, devendo o ente federativo, tendo em vista o princípio da autonomia, observar as determinações do respectivo órgão ambiental competente.

---

21. (Cespe – Juiz de Direito Substituto – MA/ 2013) No que concerne aos instrumentos da Política Nacional do Meio Ambiente (PNMA), assinale a opção correta.

a) O licenciamento ambiental é exigido tanto para atividades efetivamente poluidoras como para aquelas que apenas potencialmente o são, sendo a realização de estado de impacto ambiental (EIA/RIMA) uma de suas etapas obrigatórias.

b) Os espaços territoriais especialmente protegidos, totalmente disciplinados na lei que regulamenta o SNUC, não integram o rol de instrumentos da PNMA.

c) O tombamento, instrumento da PNMA, destina-se especificamente à proteção do meio ambiente cultural.

d) O zoneamento ambiental, que consiste em limitação do uso do solo, atende ao princípio segundo o qual a propriedade deve cumprir sua função social e configura aspecto do exercício do poder de polícia.

COMENTÁRIOS

✪ **Nota do autor:** Essa questão e das demais relativas à Política Nacional do Meio Ambiente (PNMA) exigem o conhecimento de alguns dispositivos da Lei nº 6.938/1981, bem como do Decreto nº 99.274/1990, que regulamenta a citada lei.

Alternativa correta: "d". Como modalidade de intervenção do Estado na propriedade, dividindo-a em zonas conforme a melhor forma de preservação ambiental e utilização sustentável dos recursos naturais, o zoneamento ambiental é manifestação do exercício do poder de polícia ambiental e objetiva realizar a função socioambiental da propriedade.

Alternativa "a": Está incorreta. O licenciamento ambiental é exigido tanto para atividades efetivamente poluidoras como para aquelas que potencialmente o são, consoante se verifica no artigo 10 da Lei nº 6.938/1981. No entanto, a realização de estudo prévio de impacto ambiental (EIA/RIMA) não é uma de suas etapas obrigatórias, sendo apenas exigível, nos termos do artigo 225, § 1º, inciso IV, da Constituição Federal, se for significativa, efetiva ou potencialmente, a degradação ambiental esperada.

Alternativa "b": Está incorreta. Os espaços territoriais especialmente protegidos integram o rol de instrumentos da Política Nacional do Meio Ambiente, conforme artigo 9º, inciso VI, da Lei nº 6.938/1981.

Alternativa "c": Está incorreta. O tombamento destina-se à proteção do meio ambiente cultural, mas não integra o rol de instrumentos da Política Nacional do Meio Ambiente, conforme artigo 9º da Lei nº 6.938/1981.

---

22. (Cespe – Juiz Federal Substituto 2ª região/ 2013) De acordo com a PNMA, assinale a opção correta.

a) Embora seja órgão colegiado consultivo e deliberativo da PNMA, O CONAMA não atua junto ao SNUC.

b) Poluidor é aquele que gera poluição, não estando abrangidos por esse conceito aqueles cuja atividade provoque mera alteração adversa no meio ambiente, já que esta decorre de toda atividade humana.

c) O CONAMA é responsável por supervisionar os licenciamentos concedidos pelos estados para as atividades efetiva ou potencialmente poluidoras.

d) A concessão florestal, a servidão ambiental, e o seguro ambiental são instrumentos da PNMA.

e) Segundo o princípio do poluidor-pagador, os custos de reparação de área degradada devem ser impostos a quem a danificou, vedada a imposição de tal ônus a novo adquirente.

COMENTÁRIOS

Alternativa correta: "d". Nos termos do artigo 9º, inciso XIII, da Lei nº 6.938/1981, são instrumentos da Política Nacional do Meio Ambiente, os instrumentos econômicos, como a concessão florestal, a servidão ambiental, o seguro ambiental e outros.

Alternativa "a": Está incorreta. O Sistema Nacional de Unidades de Conservação da Natureza (SNUC) será gerido, dentre outros órgãos, pelo Conselho Nacional do Meio Ambiente (CONAMA), com as atribuições de acompanhar a implementação do Sistema, conforme determina o artigo 6º, inciso I, da Lei nº 9.985/2000.

Alternativa "b": Está incorreta. De acordo com a definição do artigo 3º, inciso VI, da Lei nº 6.938/1981, poluidor é a pessoa física ou jurídica, de direito público ou privado, responsável, direta ou indiretamente, por atividade causadora de degradação ambiental. Assim, poluidor é aquele que gera poluição, e também aquele cuja atividade provoque mera alteração adversa no meio ambiente, indiretamente causando degradação ambiental.

Alternativa "c": Está incorreta. Nos termos do artigo 8º, inciso I da Lei nº 6.938/1981, compete ao CONAMA "estabelecer, mediante proposta do IBAMA, normas e critérios para o licenciamento de atividades efetiva ou potencialmente poluidoras, a ser concedido pelos Estados e supervisionado pelo IBAMA". Assim, não é o CONAMA, mas o IBAMA, o responsável por supervisionar os licenciamentos concedidos pelos Estados para as atividades efetiva ou potencialmente poluidoras.

Alternativa "e": Está incorreta. Conforme determina o artigo 2º, § 2º, da Lei nº 12.651/2012, "as obrigações previstas nesta Lei têm natureza real e são transmitidas ao sucessor, de qualquer natureza, no caso de transferência de domínio ou posse do imóvel rural". Nesse sentido, os custos de reparação de área degradada devem ser impostos a quem a danificou, admitindo-se a imposição de tal ônus a novo adquirente.

3. PODER DE POLÍCIA, LICENCIAMENTO E ESTUDOS AMBIENTAIS (EIA)

---

23. (Cespe – Delegado de Polícia – PE/2016) Determinada sociedade empresária pretende realizar, no mar territorial que banha o município de Recife – PE, atividade potencialmente causadora de significativa degradação ambiental.

Nessa situação, de acordo com a Lei Complementar n.º 140/2011, o licenciamento ambiental dessa atividade será promovido pelo(a)

a) município de Recife ou, caso ele não possua órgão ambiental capacitado para promover esse licenciamento, pelo estado de Pernambuco.

b) União.

c) município de Recife.

d) estado de Pernambuco.

e) estado de Pernambuco ou, caso ele não possua conselho de meio ambiente, pela União.

COMENTÁRIOS

Alternativa correta: "b". O licenciamento ambiental deverá ser realizado pela União, pois por expressa previsão do artigo 7º, inciso XIV, "b", da LC 140/2011, compete à União promover o licenciamento ambiental de empreendimentos e atividades localizados ou desenvolvidos no mar territorial, na plataforma continental ou na zona econômica exclusiva.

Alternativas "a": Está incorreta. A localização da atividade (mar territorial) exclui a competência do Município e do Estado para realizar o licenciamento ambiental, cabendo à União, por expressa disposição do artigo 7º, inciso XIV, "b", da LC 140/2011, promover o licenciamento ambiental.

Alternativa "c": Está incorreta, pois assim como na assertiva "a", a localização da atividade (mar territorial) exclui a competência do Município para realizar o licenciamento ambiental, cabendo à União, por expressa disposição legal, promover o licenciamento ambiental.

Alternativa "d": Está incorreta, seguindo o raciocínio das alternativas "a" e "c", a localização da atividade (mar territorial) exclui a competência do Estado para realizar o licenciamento ambiental, cabendo à União, por expressa disposição legal, promover o licenciamento ambiental.

Alternativa "e": Está incorreta. A competência da União é assegurada prioritariamente, e não subsidiariamente, consoante artigo 7º, inciso XIV, "b", da LC 140/2011, para promover o licenciamento ambiental.

---

24. (Cespe – AGU – 2015 – Advogado da União) A respeito do meio ambiente e dos direitos e interesses das populações indígenas, julgue o item seguinte.

Dada a competência privativa da União para exercer controle e fiscalização ambiental, é exclusiva da União a competência para instituir taxa de fiscalização e controle do meio ambiente cujo fundamento seja o exercício regular do poder de polícia.

COMENTÁRIOS

Está errado. O exercício do poder de polícia ambiental é comum a todos os entes federativos, nos termos do artigo 23, inciso VI, da CF, sendo o seu exercício regular o fato gerador para cobrança de taxa, conforme artigo 78 do CTN. Assim sendo, não é exclusiva da União, mas comum a todos os entes federados, a competência para instituir taxa de fiscalização e controle do meio ambiente cujo fundamento seja o exercício regular do poder de polícia.

---

25. (Cespe – TRF 1º– 2015 – Juiz Federal Substituto da 1ª Região) Assinale a opção correta acerca do EIA e do procedimento de licenciamento ambiental.

a) Para o licenciamento ambiental de empreendimentos a serem instalados em municípios com mais de vinte mil habitantes, exige-se a realização de audiência pública para expor o conteúdo do EIA e do respectivo RIMA, bem como para recolher sugestões e dirimir dúvidas.

b) No âmbito do conteúdo do EIA, os impactos ambientais a serem analisados são os capazes de afetar direta ou indiretamente a biota e a qualidade dos recursos naturais, afastando-se os impactos de ordem econômica ou social.

c) O empreendedor e os profissionais que elaboram o EIA são responsáveis pelas informações apresentadas ao órgão ambiental competente e estão sujeitos a sanções nos âmbitos administrativo, penal e civil.

d) Para fins de orientar o poluidor no cumprimento de medidas de recuperação e(ou) indenização por danos causados em virtude de atividade industrial, exige-se o instrumento do licenciamento ambiental.

e) Nos casos devidamente justificados, para se aumentar a economicidade e eficiência, admite-se o procedimento de licenciamento ambiental conjunto, por exemplo, entre os órgãos ambientais federal e estaduais.

COMENTÁRIOS

Alternativa correta: "c". A matéria é disciplina na Resolução Conama nº 237/97 que dispõe, em seu artigo 11, que "os estudos necessários ao processo de licenciamento deverão ser realizados por profissionais legalmente habilitados, às expensas do empreendedor". Nos termos do seu parágrafo único, "o empreendedor e os profissionais que subscrevem os estudos previstos no *caput* deste artigo serão responsáveis pelas informações apresentadas, sujeitando-se às sanções administrativas, civis e penais". A responsabilidade penal está prevista, de forma típica, no artigo 69-A da Lei nº 9605/98.

Alternativa "a": Está incorreta. A realização de audiência pública durante o procedimento de licenciamento ambiental será obrigatória quando o órgão ambiental licenciador a julgar necessária, ou quando for solicitado por entidade civil, pelo Ministério Público ou por cinquenta cidadãos ou mais, nos termos do artigo 2º, *caput* da Resolução CONAMA nº 009/87. Portanto, a alternativa está errada, pois não se exige a realização de audiência pública em empreendimentos a serem instalados em municípios com mais de vinte mil habitantes.

Alternativa "b": Está incorreta. O artigo 1º da Resolução Conama nº 001/1986, que dispõe sobre o EIA/RIMA, considera impacto ambiental qualquer alteração das propriedades físicas, químicas e biológicas do meio ambiente, causada por qualquer forma de matéria ou energia resultante das atividades humanas que, direta ou indiretamente, afetam: I – a saúde, a segurança e o bem-estar da população; II – as atividades sociais e econômicas; III – a biota; IV – as condições estéticas e sanitárias do meio ambiente; V – a qualidade dos recursos ambientais. Portanto, no âmbito do conteúdo do EIA, os impactos ambientais a serem analisados são os capazes de afetar direta ou indiretamente a biota e a qualidade dos recursos naturais, não se afastando os impactos de ordem econômica ou social.

Alternativa "d": Está incorreta. O licenciamento ambiental tem como objetivo efetuar o controle ambiental das atividades efetiva e potencialmente poluidoras, através de um conjunto de procedimentos a serem determinados pelo órgão administrativo de meio ambiente competente, com o intuito de garantir o meio ambiente ecologicamente equilibrado e de defender a qualidade de vida da coletividade. Assim, é exigido para o efetivo controle ambiental de tais atividades, mediante uma séria de exigências e de procedimentos administrativos, e não apenas para orientar o poluidor no cumprimento de medidas de recuperação e(ou) indenização por danos causados em virtude de qualquer atividade empresarial. Portanto, a assertiva está incorreta.

Alternativa "e": Está incorreta. Nos termos do artigo 13 da LC nº 140/2011, o licenciamento ambiental será realizado por um único ente federativo, podendo os demais entes federativos se manifestarem de maneira não vinculante. Nesse sentido, dispõe o artigo 13 que "os empreendimentos e atividades são licenciados ou autorizados, ambientalmente, por um único ente federativo, em conformidade com as atribuições estabelecidas nos termos desta Lei Complementar". O § 1º , por sua vez, determina que "os demais entes federativos interessados podem manifestar-se ao órgão responsável pela licença ou autorização, de maneira não vinculante, respeitados os prazos e procedimentos do licenciamento ambiental". Desse modo, a alternativa está incorreta.

---

26. (Cespe – Juiz de Direito Substituto – DFT/2014) Uma empresa concessionária de serviço público de aproveitamento hidráulico de um rio federal, para garantir que seu projeto era ambientalmente móvel, apresentou, ao órgão competente, estudo de impacto ambiental acompanhado de requerimento de licença prévia que, efetivamente, lhe foi concedida com base no referido estudo. Para obter a licença de instalação, a empresa deverá conciliar suas atividades com a existência de cinco comunidades ribeirinhas e uma comunidade indígena que desenvolvem a pesca artesanal na região. A empresa deverá, ainda, recompor ou compensar a supressão de vegetação nativa em razão do alagamento de determinada área, nos termos do Código Florestal.

Em face dessa situação hipotética e considerando as normas e a jurisprudência pertinentes, assinale a opção correta.

a) O direito de participação das comunidades ribeirinhas e indígena afetadas pelas atividades da empresa é garantido por meio de instrumentos infraconstitucionais que preveem tanto a participação dessas comunidades nas audiências públicas decorrentes do processo de licitação quanto no processo decisório político da exploração dos potenciais hidráulicos.

b) Mencionado na situação hipotética em apreço, o estudo de impacto ambiental deve contemplar todas as alternativas tecnológicas, tanto para a implantação quanto para a localização do projeto.

c) O princípio do poluidor-pagador permite que, por meio de contrapartida financeira, a empresa possa poluir mediante o pagamento de indenização pelos possíveis danos ambientais causados à região.

d) A competência para fiscalizar a empresa é apenas do órgão ambiental fiscalizador federal, pois o rio é federal.

e) A obrigação de implementação de políticas que estimulem a produção de energia renovável está prevista na Política Nacional do Meio Ambiente e na CF.

COMENTÁRIOS

✪ **Nota do autor:** A questão aborda uma temática atual relativa ao direito de participação nos processos das comunidades ribeirinhas e indígenas atingidas por licenciamento de empreendimentos, além da competência para licenciar a reparação por eventuais danos ambientais causados. Ainda, trata o enunciado da política pública para a produção de energia renovável.

Alternativa correta: "b. O estudo de impacto ambiental deve contemplar todas as alternativas tecnológicas e de localização de projeto, confrontando-as com a hipótese de não execução do projeto, conforme determina o artigo 5º, inciso I da Resolução Conama nº 01/1986.

Alternativa "a": Está incorreta. O direito de participação das comunidades ribeirinhas e indígena afetadas pelas atividades da empresa é garantido por meio de instrumentos infraconstitucionais que preveem a participação dessas comunidades nas audiências públicas decorrentes do processo de licitação, não havendo, no entanto, previsão de participação no processo decisório político da exploração dos potenciais hidráulicos. Nesse sentido, dispõe o artigo 6º da Convenção nº 169 da OIT sobre Povos Indígenas e Tribais (promulgada pelo Decreto nº 5.051/2004), que ao aplicar as disposições desta Convenção, os governos deverão, dentre outras medidas, "consultar os povos interessados, mediante procedimentos apropriados e, particularmente, através de suas instituições representativas, cada vez que sejam previstas medidas legislativas ou administrativas suscetíveis de afetá-los diretamente", devendo essa consulta " ser efetuada com boa fé e de maneira apropriada às circunstâncias".

Alternativa "c": Está incorreta. O princípio do poluidor-pagador busca agregar os custos ambientais de uma atividade econômica ambientalmente impactante, mediante a indenização dos prejuízos ambientais. Esse princípio não deve ser interpretado de forma que se permita a poluição, desde que se pague pelos prejuízos. O princípio é do poluidor-pagador e não do pagador-poluidor. Assim, admite-se a poluição do meio ambiente dentro dos limites de tolerância previstos em lei, após o regular licenciamento do empreendimento.

Alternativa "d": Está incorreta. A competência para fiscalizar a empresa é manifestação do poder de polícia ambiental, decorrente da competência material comum de todos os entes federativos, nos termos do artigo 23, VI, da Constituição Federal. Assim, a competência para fiscalizar a empresa não é apenas do órgão ambiental federal, mas de todos os entes federados. Vale frisar que, infere-se do artigo 17, § 3º, da Lei Complementar nº 140/2011 que, caso haja o exercício concorrente do poder de polícia ambiental exercidos por mais de um ente federativo, prevalece o entendimento do órgão ambiental licenciador.

Alternativa "e": Está incorreta. A obrigação de implementação de políticas que estimulem a produção de energia renovável não está prevista na Política Nacional do Meio Ambiente e nem CF. Não há política pública obrigatória de produção de energia renovável. A implementação de políticas que estimulem a produção desta modalidade de energia está afeta à discricionariedade do administrador.

---

27. (Cespe – Procurador do Estado – BA/2014) No que se refere ao direito ambiental, julgue os itens a seguir.

A realização de audiência pública durante o procedimento de licenciamento ambiental é obrigatória caso haja solicitação de cinquenta ou mais cidadãos.

COMENTÁRIOS

Certo. A realização de audiência pública durante o procedimento de licenciamento ambiental será obrigatória quando o órgão ambiental licenciador a julgar necessária, ou quando for solicitado por entidade civil, pelo Ministério Público ou por cinquenta cidadãos ou mais. No caso de haver essa solicitação e a audiência não acontecer, eventual licença concedia não terá validade. É o que se infere do artigo 2º, *caput* e seu § 2º, da Resolução Conama nº 09/1987, que regulamente, em âmbito federal, a audiência pública em licenciamento ambiental.

---

28. (Cespe – Procurador do Estado – BA/2014) Uma empresa brasileira de exploração de gás e petróleo, pretendendo investir na exploração de gás de xisto, obteve autorização de pesquisa do órgão competente e identificou, no início das primeiras pesquisas exploratórias, um potencial razoável para a exploração do gás em determinada área federal. Apesar de ainda não dispor de tecnologia que garantisse totalmente a proteção ambiental da área de exploração, principalmente, no que tange à água subterrânea, a empresa obteve a licença prévia para proceder à exploração de gás de xisto.

Com base nessa situação hipotética, nas normas de proteção ao meio ambiente e na jurisprudência, julgue os itens seguintes.

28.1. A empresa poderá ser responsabilizada penalmente caso pratique ato ilícito, podendo ser desconsiderada a pessoa jurídica se a personalidade for obstáculo ao ressarcimento de prejuízos causados ao meio ambiente.

COMENTÁRIOS

Certo. Caso pratique ato ilícito, a empresa poderá ser responsabilizada penalmente, segundo o tipo legal do artigo 60 da Lei nº 9605/1998 (Lei dos Crimes Ambientais), o qual afirma que aquele que "construir, reformar, ampliar, instalar ou fazer funcionar, em qualquer parte do território nacional, estabelecimentos, obras ou serviços potencialmente poluidores, sem licença ou autorização dos órgãos ambientais competentes, ou contrariando as normas legais e regulamentares pertinentes" receberá como pena a "detenção, de um a seis meses, ou multa, ou ambas as penas cumulativamente". Ainda, poderá ser desconsiderada a pessoa jurídica sempre que sua personalidade for obstáculo ao ressarcimento de prejuízos causados à qualidade do meio ambiente, nos termos do artigo 4º da citada lei.

28.2. O município é impedido de fiscalizar as atividades da empresa, dada a competência federal para o licenciamento ambiental da área.

COMENTÁRIOS

Errado. A competência para licenciar não se confunde com a competência para o exercício do poder de polícia ambiental. Este último decorre de competência material comum de todos os entes federados, conforme artigo 23, inciso VI, da Constituição Federal. Assim, ainda que a competência para o licenciamento ambiental da área seja federal, o Município não é impedido de fiscalizar as atividades da empresa. Nesse sentido, artigo 17, § 3º, da Lei Complementar nº 140/2011.

28.3. O princípio da precaução poderá ser aplicado como um dos argumentos para a suspensão, pelo o órgão competente, da licença prévia da empresa, caso se identifique risco de dano ambiental.

COMENTÁRIOS

Certo. Na hipótese aventada, o risco ambiental é incerto, desconhecido. Nesse sentido, o princípio da precaução, que se fundamenta na ação protetiva antecipada diante do risco desconhecido, poderá ser aplicado pelo órgão competente como um dos argumentos para a suspensão da licença prévia da empresa, caso se identifique risco de dano ambiental.

28.4. A responsabilização civil da empresa poderá ser objeto de ação civil pública ajuizada pelo MP caso ocorra dano superveniente da exploração do gás de xisto, a despeito da licença obtida pela empresa para operar.

COMENTÁRIOS

Certo. Caso ocorra dano superveniente da exploração do gás de xisto, a despeito da licença obtida pela empresa para operar, esta, como empreendedora e causadora direta do dano ambiental, deve por ele responder no âmbito civil, objetivamente, conforme orientação do artigo 14 da Lei nº 6.938/1981, que determina a responsabilidade, independentemente de culpa, para aquele que causar dano ao meio ambiente. A responsabilização civil da empresa poderá ser objeto de ação civil pública, dada a natureza difusa do bem jurídico protegido (meio ambiente), tendo o Ministério Público legitimidade para propor a demanda, conforme previsão do artigo 5º, inciso I, da Lei nº 7.347/1985 (LACP), bem como do artigo 129, inciso III, da Constituição Federal.

29. (Cespe – Juiz Federal Substituto 5ª região/2013) A elaboração de estudo prévio de impacto ambiental, expressamente exigida na CF,

a) pode ser substituída pela realização de relatório de viabilidade ambiental.

b) pode ser dispensada mediante disposição expressa em Constituição estadual.

c) deve anteceder, necessariamente, a implantação da obra ou a realização da atividade.

d) deve ser feita concomitantemente à implantação da obra ou à realização da atividade.

e) pode ser dispensada mediante disposição expressa em lei federal.

COMENTÁRIOS

✪ **Nota do autor:** A questão exige correta interpretação do artigo 225 § 1º, inciso VI, que trata do estudo prévio de impacto ambiental.

Alternativa correta: "c". A Constituição Federal, em seu artigo 225 § 1º, inciso VI, incumbe ao Poder Público "exigir, na forma da lei, para instalação de obra ou atividade potencialmente causadora de significativa degradação do meio ambiente, estudo prévio de impacto ambiental, a que se dará publicidade". Assim, conforme determinação constitucional, a elaboração do estudo de impacto ambiental deve ser prévia, antecedendo, necessariamente, a implantação da obra ou a realização da atividade.

Alternativa "a": Está incorreta. Uma vez constatada a existência de significativa degradação ambiental, inexiste discricionariedade administrativa para realização do estudo prévio de impacto ambiental, não se admitindo sua substituição. Trata-se de imposição constitucional, artigo 225 § 1º, inciso VI, incumbindo-se ao Poder Público exigi-lo, na forma da lei, para instalação de obra ou atividade potencialmente causadora de significativa degradação do meio ambiente.

Alternativa "b" e "e": Estão incorretas. Não é possível que Constituição estadual ou lei federal criem exceção à obrigatoriedade do EIA/RIMA, o qual tem previsão constitucional, artigo 225, § 1º, inciso VI. Assim, a elaboração de estudo prévio de impacto ambiental, expressamente exigida na CF, não pode ser dispensada mediante disposição expressa em Constituição estadual ou lei federal, sob pena de afronta ao artigo constitucional acima citado.

Alternativa "d": Está incorreta. Conforme determina a Constituição Federal, o estudo deve ser prévio, e não concomitante ou póstumo à implantação da obra ou à realização da atividade.

30. (Cespe – Juiz de Direito Substituto – MA/ 2013) Autores populares requereram a anulação de licenças concedidas por ente público estadual para a construção de aterro sanitário em certa área de proteção ambiental (APA). Alegando risco de o chorume produzido pelo aterro atingir manancial subterrâneo, formularam pedido liminar para a suspensão das obras de engenharia já iniciadas e, como provimento final, a recomposição da área ao *status quo ante*. Considerando essa situação hipotética, assinale a opção correta.

a) O risco ambiental alegado pelos autores relaciona-se diretamente à licença de operação, ao passo que o pedido de liminar está relacionado ao objeto da licença de instalação.

b) As firmas de engenharia encarregadas da obra são ilegítimas para figurar no polo passivo da ação popular, destinada à anulação de atos administrativos, emanados de entes públicos.

c) Como o licenciamento ambiental está sendo conduzido por ente público estadual, depreende-se que a APA foi instituída pelo estado.

d) Como as águas subterrâneas são bens da União, é imprescindível a intimação desta para manifestar eventual interesse no feito; em caso de resposta positiva, a competência será da justiça federal.

COMENTÁRIOS

✪ **Nota do autor:** A questão abrange o conhecimento sobre competência para licenciar, modalidades de licença ambiental, questão processual relativa à legitimidade passiva em ação popular, bens públicos e competência para processar e julgar a ação.

Alternativa correta: "a". O risco ambiental de o chorume produzido pelo aterro atingir manancial subterrâneo relaciona-se diretamente à licença de operação, a qual permite o início das atividades de acordo com o projeto aprovado, apontando-se as medidas ambientais de controle e os condicionantes. Ou seja, apenas com a obtenção da licença autorizativa do início das atividades de acordo com o projeto aprovado é que se configura o risco ambiental alegado pelos autores. Já o pedido liminar de suspensão das obras de engenharia iniciadas está relacionado ao objeto da licença de instalação, a qual autoriza a instalação do empreendimento, impondo-se condições que deverão ser observadas.

Alternativa "b": Está incorreta. Podem figurar como réus na ação popular, conforme se infere do artigo 6º da Lei nº 4.717/1965, as pessoas jurídicas, públicas ou privadas, pessoas físicas, enfim todos aqueles que foram responsáveis pelo dano ou que obtiveram algum benefício com a lesão ao patrimônio público ("beneficiários direto do ato impugnado"). Assim, ainda que a ação popular seja destinada à anulação de atos administrativos emanados de entes públicos, como beneficiários diretos da licença impugnada, as firmas de engenharia encarregadas da obra são parte legítima para figurar no polo passivo da ação popular.

Alternativa "c": Está incorreta. Para fins de licenciamento ambiental em Áreas de Proteção Ambiental (APAs), não será aplicado o critério do ente federativo instituidor da unidade de conservação, conforme artigo 12 da Lei Complementar nº 140/2011. Nesse caso específico, serão utilizados outros critérios, conforme previsão do parágrafo único do citado artigo. Desse modo, tendo em vista a vedação legal, não é possível afirmar que a APA foi instituída pelo Estado, pelo fato do licenciamento ambiental ser conduzido por ente público estadual. O critério definidor da competência estadual para licenciar, no caso de APA, não foi o critério do ente federativo instituidor da unidade de conservação, mas outro critério previsto no parágrafo único do artigo 12 da Lei Complementar nº 140/2011.

Alternativa "d". Está incorreta. Nos termos do artigo 26, inciso I da Constituição Federal, as águas subterrâneas são bens do Estado e não da União, não sendo necessária a intimação desta para manifestar eventual interesse no feito.

---

31. (Cespe – Juiz Federal Substituto 2ª região/ 2013) Acerca do EIA e do RIMA, assinale a opção correta.

a) A resolução do CONAMA que regulamenta a realização de EIA enumera exaustivamente as atividades obrigatoriamente sujeitas a esse tipo de estudo.

b) Cabe ao órgão público competente para o licenciamento estabelecer, ab initio, os limites da área geográfica a ser analisada pela equipe multidiscipinar encarregada da elaboração de EIA/RIMA.

c) É crime sujeito a pena de reclusão e multa a elaboração ou apresentação, no licenciamento, de laudo ou relatório ambiental total ou parcialmente falso ou enganoso, inclusive por omissão.

d) A CF prestigia os princípios da informação e participação ao determinar expressamente a realização de audiências públicas para dar publicidade aos estudos prévios de impacto ambiental.

e) Não podem os estados e municípios legislar sobre EIA, pois essa competência foi delegada pela União ao CONAMA.

COMENTÁRIOS

Alternativa correta: "c". O enunciado descreve o tipo legal previsto no artigo 69-A da Lei nº 9.605/1998, que assim dispõe: "Elaborar ou apresentar, no licenciamento, concessão florestal ou qualquer outro procedimento administrativo, estudo, laudo ou relatório ambiental total ou parcialmente falso ou enganoso, inclusive por omissão: Pena – reclusão, de 3 (três) a 6 (seis) anos, e multa.(...)"

Alternativa "a": Está incorreta. A resolução do CONAMA nº 01/1986, que regulamenta a realização do EIA, em seu artigo 2º, enumera exemplificativamente e não exaustivamente, conforme entendimento majoritário da doutrina e da jurisprudência, as atividades obrigatoriamente sujeitas a esse tipo de estudo. Há outras normas que presumem a necessidade do EIA-RIMA, como a Resolução CONAMA nº 305/2002, bem como é possível o órgão ambiental exigir, fundamentadamente, que outras obras ou atividades que causem significativa degradação ambiental, sejam objeto de EIA.

Alternativa "b": Está incorreta. Nos termos do artigo 5º, inciso III, da Resolução Conama nº 001/1986, cabe ao estudo de impacto ambiental "definir os limites da área geográfica a ser direta ou indiretamente afetada pelos impactos, denominada área de influência do projeto, considerando, em todos os casos, a bacia hidrográfica na qual se localiza".

Alternativa "d": Está incorreta. A Constituição Federal prestigia os princípios da informação e participação ao determinar a necessidade de dar publicidade aos estudos prévios de impacto ambiental, consoante artigo 225, § 1º, inciso VI. No entanto, não há previsão expressa quanto à realização de audiências públicas para dar publicidade a esses estudos.

Alternativa "e": Está incorreta. A Constituição Federal, em seu artigo 24, inciso VI, atribui competência concorrente à União, aos Estados e ao Distrito Federal, para legislar sobre proteção do meio ambiente e controle da poluição. Consoante determinação do § 1º do citado artigo, a competência da União limitar-se-á a estabelecer normas gerais. Os Municípios também detêm competência legislativa em material ambiental, em decorrência do artigo 30, incisos I e II da Constituição da República, cabendo a eles legislar sobre assuntos de interesse local e suplementar a legislação estadual e federal no que couber. Portanto, cabe à União, aos Estados, ao Distrito Federal e aos Municípios legislar sobre proteção do meio ambiente e poluição, portanto, sobre Estudo de Impacto Ambiental.

---

32. (Cespe – Juiz Federal Substituto 5ª região/2013) A competência para legislar sobre a proteção ao meio ambiente é comum à União, aos estados, ao DF e aos municípios, havendo ações administrativas que competem a cada um desses entes de maneira exclusiva. De acordo com a Lei Complementar nº 140/2011, compete exclusivamente à União

a) promover o licenciamento ambiental de empreendimentos e atividades localizados ou desenvolvidos em áreas de proteção ambiental.

b) aprovar o manejo e a supressão de vegetação, florestas e formações sucessoras em atividades ou empreendimentos licenciados ou autorizados ambientalmente pelo estado.

c) aprovar o funcionamento de criadouros da fauna silvestre.

d) promover e orientar a educação ambiental em todos os níveis de ensino e a conscientização pública para a proteção do meio ambiente.

e) promover o licenciamento ambiental de empreendimentos e atividades localizados ou desenvolvidos em terras indígenas.

COMENTÁRIOS

Alternativa correta: "e". Compete exclusivamente à União promover o licenciamento ambiental de empreendimentos e atividades localizados ou desenvolvidos em terras indígenas, nos termos do artigo 7º, inciso XIV, letra "c", da Lei Complementar nº 140/2011.

Alternativa "a": Está incorreta. O licenciamento ambiental de empreendimentos e atividades localizados ou desenvolvidos em áreas de proteção ambiental (APA) observará a regra do artigo 12 da Lei Complementar nº 140/2011, podendo ser realizada pela União, pelos Estados ou pelos Municípios, segundo os critérios indicados no parágrafo único do citado artigo.

Alternativa "b": Está incorreta. Compete ao Estado aprovar o manejo e a supressão de vegetação, florestas e formações sucessoras em atividades ou empreendimentos por ele licenciados ou autorizados ambientalmente, consoante expressa previsão do artigo 8º, inciso XVI, letra "c", da Lei Complementar nº 140/2011.

Alternativa "c": Está incorreta. Compete ao Estado aprovar o funcionamento de criadouros da fauna silvestre, nos termos do artigo 8º, inciso XIX, da Lei Complementar nº 140/2011.

Alternativa "d": Está incorreta. Compete à União, e também aos Estados e Municípios, promover e orientar a educação ambiental em todos os níveis de ensino e a conscientização pública para a proteção do meio ambiente, consoante artigos 7º, 8º e 9º, e seus incisos XI, respectivamente, da Lei Complementar nº 140/2011.

---

33. (Cespe – Juiz Federal Substituto 5ª região/2013) Sabendo que, segundo a Lei Complementar nº 140/2011, o licenciamento ambiental é o procedimento administrativo destinado a licenciar atividades ou empreendimentos utilizadores de recursos ambientais, efetiva ou potencialmente poluidores ou capazes, de qualquer forma, de causar degradação ambiental, assinale a opção correta.

a) O licenciamento ambiental deve ser requerido ao órgão estadual competente e, em caráter supletivo, ao Instituto Brasileiro do Meio Ambiente e dos Recursos Naturais Renováveis.

b) Depois de concedida a licença, esta só pode ser revista pelo poder público se identificada irregularidade no procedimento que a antecedeu.

c) O decurso dos prazos de licenciamento, sem a emissão da licença ambiental, implica autorização para a obra ou atividade, vigendo até que o órgão licenciador emita decisão definitiva sobre o caso.

d) O licenciamento ambiental é um instrumento autônomo em relação ao estudo prévio de impacto ambiental.

e) As regras relativas à licença estabelecida no âmbito do direito administrativo aplicam-se ao licenciamento ambiental.

COMENTÁRIOS

✪ **Nota do autor:** A questão abrange o conhecimento de diversos aspectos do licenciamento ambiental, como sua relação como o estudo prévio de impacto ambiental, competência, revogação e licença ambiental.

Alternativa correta: "d". O estudo prévio de impacto ambiental é exigido previamente à instalação de obra ou atividade potencialmente causadora de significativa degradação do meio ambiente, tendo caráter informativo, não vinculando o órgão ambiental competente para licenciar. Assim, o licenciamento ambiental é um instrumento autônomo em relação ao estudo prévio de impacto ambiental.

Alternativa "a": Está incorreta. O licenciamento ambiental pode ser requerido ao órgão federal competente, no caso, o Instituto Brasileiro do Meio Ambiente e dos Recursos Naturais Renováveis (IBAMA), bem como ao órgão estadual, distrital ou municipal competente, conforme as regras definidas na legislação vigente, como a Lei Complementar nº 140/2011 e o Código Florestal, Lei nº 12.651/2012. Portanto, o licenciamento ambiental pode ser requerido em âmbito federal, estadual, distrital e municipal, conforme as regras e critérios previstos em lei.

Alternativa "b": Está incorreta. Depois de concedida a licença, esta poderá ser suspensa, alterada ou cancelada na hipótese prevista no artigo 19, inciso III, da Resolução Conama nº 237/1997, qual seja, na hipótese de graves e supervenientes riscos ao meio ambiente ou a saúde pública.

Alternativa "c": Está incorreta. O decurso dos prazos de licenciamento, sem a emissão da licença ambiental, não implica emissão tácita nem autoriza a prática de ato que dela dependa ou decorra, mas instaura a competência supletiva, assim considerada a ação do ente federativo que substitui o ente federativo originariamente detentor das atribuições. Tal assertiva é objeto do artigo 14, § 3º, da Lei Complementar nº 140/2011. E a atuação supletiva dos entes federados e disciplinada no artigo 15 da citada lei.

Alternativa "e": Está incorreta. No âmbito do direito administrativo, a licença é ato administrativo vinculado e não precário, inexistindo para o administrador conveniência e oportunidade para a sua concessão, ao passo que a autorização é ato administrativo discricionário e precário. Em razão da generalidade das normas ambientais, permitindo um juízo de conveniência e oportunidade ao administrador, atrelada à possibilidade de alteração posterior do interesse ambiental em licenças já deferidas (artigo 19 da Resolução Conama nº 237/1997), as regras relativas à licença estabelecida no âmbito do direito administrativo não se aplicam ao licenciamento ambiental. A licença ambiental, dada suas peculiaridades, tem o regime jurídico similar ao da autorização no âmbito do direito administrativo, e não da licença propriamente dita.

---

34. (Cespe – Juiz de Direito Substituto – RN/2013) No que se refere ao poder de polícia, ao estudo de impacto ambiental, ao licenciamento e ao monitoramento ambiental, assinale a opção correta.

a) O proponente do projeto deve arcar com todas as despesas e custos referentes à realização do estudo de impacto ambiental, realizado por equipe multidisciplinar habilitada, não dependente direta ou indiretamente do proponente do projeto, e que será responsável pelos resultados apresentados.

b) Não tendo sido o responsável pelo licenciamento de atividade que venha provocando degradação da qualidade ambiental, o ente federativo que tome conhecimento do fato não poderá adotar medidas para evitá-lo, devendo comunicá-lo imediatamente ao órgão competente, a quem caberá a lavratura de auto de infração ambiental.

c) Embora a emissão de licença ou autorização para a realização de empreendimentos caiba a um único ente federativo, os demais entes, se interessados, podem manifestar-se perante o órgão responsável, não tendo essa manifestação caráter vinculante.

d) Inexistindo órgão municipal capacitado para desempenhar ações administrativas de licenciamento ou autorização ambiental, cabe à União desempenhá-las, ainda que exista órgão ambiental estadual capaz de fazê-lo.

e) É dispensável o estudo prévio de impacto ambiental para a concessão de autorização para a exploração de recursos minerais, estando os responsáveis pelo empreendimento obrigados a recuperar o meio ambiente degradado, de acordo com a técnica exigida pelo órgão competente.

COMENTÁRIOS

Alternativa correta "c": O enunciado está correto, pois descreve a atuação subsidiária dos entes federados em licenciamento ambiental, tema objeto do artigo 2º, inciso III, da Lei Complementar nº 140/2011, que considera esta atuação como a "ação do ente da Federação que visa a auxiliar no desempenho das atribuições decorrentes das competências comuns, quando solicitado pelo ente federativo originariamente detentor das atribuições definidas nesta Lei Complementar". A atuação subsidiária não tem caráter vinculante.

Alternativa "a": Está incorreta. O proponente do projeto deve arcar com todas as despesas e custos referentes à realização do estudo de impacto ambiental, consoante determina o artigo 17, § 2º, do Decreto nº 99.274/1990. O EIA cabe a uma equipe multidisciplinar habilitada, conforme dicção do artigo 11 da Resolução Conama n° 237/19997, responsável pelos resultados apresentados, a qual será contratada pelo proponente do projeto, nos termos do artigo 8° da Resolução Conama n° 01/1986. Hoje não vigora mais a vedação à dependência direta ou indireta da equipe multidisciplinar ao proponente do projeto, diante da revogação do artigo 7º da Resolução Conama 01/1986, pelo artigo 21, da Resolução nº 237/1997. Desse modo, o proponente do projeto deve arcar com todas as despesas e custos referentes à realização do estudo de impacto ambiental, realizado por equipe multidisciplinar habilitada, que pode ser dependente direta ou indiretamente do proponente do projeto, e que será responsável pelos resultados apresentados.

Alternativa "b": Está incorreta. Não tendo sido o responsável pelo licenciamento de atividade que venha provocando degradação da qualidade ambiental, o ente federativo que tome conhecimento do fato poderá adotar medidas para evitá-lo, tendo em vista que o poder de polícia ambiental é comum a todos os entes federativos, conforme intepretação do artigo 23, inciso VI, da Constituição Federal. Nesse sentido, artigo 14, § 2º, da Lei Complementar nº 140/2011. O poder de polícia ambiental não se confunde como a competência para licenciar, entendimento que se extrai do artigo 17, § 3º, da Lei Complementar nº 140/2011.

Alternativa "d": Está incorreta. Inexistindo órgão municipal capacitado para desempenhar ações administrativas de licenciamento ou autorização ambiental, cabe ao Estado e não à União desempenhá-las, conforme determinação expressa de atuação supletiva do artigo 15, inciso II da Lei Complementar nº 140/2011. A União apenas atua caso também não exista o órgão ambiental estadual capaz de desempenhar ações administrativas de licenciamento ou autorização ambiental.

Alternativa "e": Está incorreta. É indispensável, e não dispensável, o estudo prévio de impacto ambiental para a concessão de autorização para a exploração de recursos minerais, haja vista caráter impositivo, que gera presunção absoluta da significativa degradação ambiental que existe na extração de minério, consoante determinação do artigo 2º, inciso XI, da Resolução Conama nº 01/1986, artigo este que arrola, de maneira exemplificativamente, casos em que há presunção de significativa degradação ambiental. Vale frisar que, na dicção do artigo 225, § 2º, da Constituição Federal, os responsáveis pelo empreendimento em questão estão obrigados a recuperar o meio ambiente degradado, de acordo com a técnica exigida pelo órgão competente.

35. (Cespe – Procurador do DF/ 2013) Considerando as disposições da LODF a respeito do meio ambiente e a competência em matéria ambiental, julgue os itens a seguir.

Após a realização de EIA e de audiência pública, os projetos que tenham significativo potencial poluidor devem ser submetidos à apreciação do Conselho de Meio Ambiente do DF, órgão de composição paritária do qual participam representantes do poder público, de entidades não governamentais relacionadas com a questão ambiental e do Corpo de Bombeiros Militar do DF.

COMENTÁRIOS

Certo. O enunciado reproduz o artigo 291 da Lei Orgânica do Distrito Federal, segundo o qual "os projetos com significativo potencial poluidor, após a realização do estudo de impacto ambiental e da audiência pública, serão submetidos a apreciação do Conselho de Meio Ambiente do Distrito Federal". Referido Conselho é órgão de composição paritária do qual participam representantes do poder público, de entidades não governamentais relacionadas com a questão ambiental e do Corpo de Bombeiros Militar do Distrito Federal, conforme se infere do artigo 4º, do Decreto nº 28.221/2007, que aprova o Regimento Interno do Conselho de Meio Ambiente do Distrito Federal. Desse modo, a assertiva está correta.

36. (Cespe – Procurador Federal/2013) Acerca do exercício, pela administração pública, do poder de polícia em matéria ambiental, julgue os itens seguintes.

36.1. O Cadastro Técnico Federal de Atividades Potencialmente Poluidoras ou Utilizadoras de Recursos Ambientais, instrumento da Política Nacional do Meio Ambiente, destina-se ao registro obrigatório de pessoas físicas ou jurídicas que se dediquem a atividades potencialmente poluidoras, e(ou) à extração, à produção, ao transporte e à comercialização de produtos potencialmente perigosos ao meio ambiente, assim como de produtos e subprodutos da fauna e flora, de modo que o descumprimento dessa obrigação enseja a aplicação de multa administrativa.

COMENTÁRIOS

Certo. O Cadastro Técnico Federal de Atividades Potencialmente Poluidoras ou Utilizadoras de Recursos Ambientais é um dos instrumentos da Política Nacional do Meio Ambiente, conforme previsto do artigo 9º, inciso II, da Lei nº 6.938/1981, e destina-se ao registro obrigatório de pessoas físicas ou jurídicas que se dediquem a atividades potencialmente poluidoras, e(ou) à extração, à produção, ao transporte e à comercialização de produtos potencialmente perigosos ao meio ambiente, assim como de produtos e subprodutos da fauna e flora, nos termos do artigo 17, inciso II, da citada lei. O descumprimento da obrigação de registro obrigatório enseja a aplicação de multa administrativa prevista no artigo 17-I e seus incisos, da referida lei, o qual estatui que "as pessoas físicas e jurídicas que exerçam as atividades mencionadas nos incisos I e II do art. 17 e que não estiverem inscritas nos respectivos cadastros até o último dia útil do terceiro mês que se seguir ao da publicação desta Lei incorrerão em infração punível com multa." Assim, a afirmação está correta.

36.2. A concessão de licenciamento ambiental pelo órgão ambiental competente ficará condicionada à aprovação do estudo de impacto ambiental pelo Conselho Nacional do Meio Ambiente, quando se tratar de empreendimento causador de significativo impacto ambiental localizado em área considerada patrimônio nacional.

COMENTÁRIOS

Errado. Ao Conselho Nacional do Meio Ambiente (CONAMA) não compete aprovar o estudo de impacto ambiental, quando se tratar de empreendimento causador de significativo impacto ambiental localizado em área considerada patrimônio nacional. Nos termos do artigo 8º, inciso II, da Lei nº 6.938/1981, compete ao CONAMA "determinar, quando julgar necessário, a realização de estudos das alternativas e das possíveis consequências ambientais de projetos públicos ou privados, requisitando aos órgãos federais, estaduais e municipais, bem assim a entidades privadas, as informações indispensáveis para apreciação dos estudos de impacto ambiental, e respectivos relatórios, no caso de obras ou atividades de significativa degradação ambiental, especialmente nas áreas consideradas patrimônio nacional". Assim, compete ao CONAMA apreciar os estudos de impacto ambiental, e não aprová-los ou não. Frisa-se, por fim, que o EIA tem caráter informativo e não vinculante com relação ao órgão ambiental competente para conceder a licença ambiental.

36.3. Em razão de a autoridade administrativa ser obrigada a observar a gravidade dos fatos relacionados ao cometimento de infrações administrativas ambientais, é vedada a aplicação da penalidade de multa na hipótese de funcionamento de estabelecimento em desacordo com a licença ambiental, mas que não tenha provocado danos significativos.

COMENTÁRIOS

Errado. Nos termos do artigo 6º, I, da Lei de Crimes Ambientais, "a autoridade competente observará para imposição e gradação da penalidade, dentre outros fatores, a gravidade do fato, tendo em vista os motivos da infração e suas conseqüências para a saúde pública e para o meio ambiente". O artigo 60 da citada lei, por seu turno, tipifica a conduta de "construir, reformar, ampliar, instalar ou fazer funcionar, em qualquer parte do território nacional, estabelecimentos, obras ou serviços potencialmente poluidores, sem licença ou autorização dos órgãos ambientais competentes, ou contrariando as normas legais e regulamentares pertinentes", cominando pena de "detenção, de um a seis meses, ou multa, ou ambas as penas cumulativamente". Infere-se dos dispositivos acima citados que a lei não condiciona a aplicação da pena de multa na conduta do artigo 60, ao impacto ser significativo ou não. Portanto, observando a gravidade do fato, diante de suas consequências para o meio ambiente, a autoridade administrativa poderá aplicar a pena de multa na hipótese de funcionamento de estabelecimento em desacordo com a licença ambiental, ainda que o dano ambiental não seja significativo.

---

37. (Cespe – Juiz Federal Substituto 1ª região/2013) No que se refere ao EIA e a licenciamento e licenças ambientais, assinale a opção correta.

a) O IBAMA é competente para estabelecer normas e critérios para o licenciamento de atividades efetiva ou potencialmente poluidoras, podendo ainda licenciar empreendimentos de repercussão regional ou nacional.

b) A licença ambiental com prazo de validade determinado é ato administrativo definitivo, e, por isso, confere ao administrado o direito de exercer a atividade na forma do licenciamento, sem revisão, até a expiração do prazo.

c) Se a licença ambiental for requerida a qualquer tempo antes da expiração do seu prazo de validade, este será automaticamente prorrogado até a manifestação definitiva do órgão competente.

d) É taxativa a listagem contida em resolução federal que enumera as atividades cujo licenciamento dependerá obrigatoriamente da elaboração de EIA/RIMA. Tal rol cria presunção absoluta de que essas atividades são causadoras de significativa degradação ambiental.

e) A bacia hidrográfica na qual se situará determinado projeto é a única referência geográfica preestabelecida para a equipe multidisciplinar encarregada da elaboração de EIA/RIMA que, para fixar os limites da área de influência, observará a extensão dos impactos.

COMENTÁRIOS

Alternativa correta: "e". O EIA terá como uma de suas diretrizes, dentre outras, "definir os limites da área geográfica a ser direta ou indiretamente afetada pelos impactos, denominada área de influência do projeto, considerando, em todos os casos, a bacia hidrográfica na qual se localiza", nos termos do artigo 5º, inciso II, da Resolução Conama nº 01/1986. Desse modo, está correta a afirmação de que a bacia hidrográfica na qual se situará determinado projeto é a única referência geográfica preestabelecida para a equipe multidisciplinar encarregada da elaboração de EIA/RIMA que, para fixar os limites da área de influência, observará a extensão dos impactos.

Alternativa "a": Está incorreta. Compete ao CONAMA, mediante proposta do IBAMA, estabelecer normas e critérios para o licenciamento de atividades efetiva ou potencialmente poluidoras, conforme previsão do artigo 8º, inciso I, da Lei nº 6.938/1981. No que tange à competência para licenciar empreendimentos de repercussão regional ou nacional, trata-se de atribuição do IBAMA, consoante artigo 4º da Resolução Conama nº 237/1997. Assim, embora a segunda assertiva esteja correta, no todo, o enunciado está errado.

Alternativa "b": Está incorreta. A licença ambiental com prazo de validade determinado é ato administrativo precário e não definitivo, dada as peculiaridades desta modalidade de licença, mais similar à autorização administrativa do que à licença administrativa propriamente dita. Assim, pode ser revogada ou modificada ainda durante o seu prazo de vigência. Disso decorre a necessidade de sua revisão até a expiração do prazo de validade. A propósito, nos termos do artigo 9º, inciso IV da Lei nº 6.938/1981, ao lado do licenciamento, a revisão de atividades efetiva ou potencialmente poluidoras são instrumentos da Política Nacional do Meio Ambiente.

Alternativa "c": Está incorreta. O prazo de validade da licença será automaticamente prorrogado até a manifestação definitiva do órgão competente, apenas se a sua renovação for requerida com antecedência máxima de 120 (cento e vinte) dias de sua expiração. É o que se dispõe o artigo 14, § 4º, da Lei Complementar nº 140/2011.

Alternativa "d": Está incorreta. Conforme entendimento majoritário da doutrina e da jurisprudência, é exemplificativa e não taxativa a listagem contida em resolução federal que enumera as atividades cujo licenciamento dependerá obrigatoriamente da elaboração de EIA/RIMA, no caso, artigo 2º, da Resolução Conama 01/1986. Tal rol cria presunção absoluta de que essas atividades são causadoras de significativa degradação ambiental.

4. ESPAÇOS TERRITORIAIS ESPECIALMENTE PROTEGIDOS PELO PODER PÚBLICO

38. (Cespe – Juiz de Direito Substituto – AM/2016) Considerando que se confere especial proteção ambiental a áreas com características ambientais relevantes, assinale a opção correta.

a) Pode haver, indistintamente, APPs e áreas de reserva legal em propriedades urbanas e rurais.

b) A identificação física de determinadas APPs depende da edição de ato normativo, sendo outras APPs identificáveis por sua localização, a partir de mera aplicação do Código Florestal.

c) Nas unidades de conservação situadas em áreas particulares, é de direito privado o regime jurídico especial de proteção que impõe restrições ao uso do solo.

d) A criação de espaços territoriais especialmente protegidos constitui uma das metas da Política Nacional do Meio Ambiente.

e) Segundo o Código Florestal, as APPs são áreas protegidas, cobertas por vegetação nativa, com a função de preservar os recursos hídricos e a biodiversidade.

COMENTÁRIOS

Alternativa correta: "b". A identificação física de determinadas APPs depende da edição de ato normativo quando forem criadas a partir de declaração de interesse social por ato do Chefe do Poder Executivo, as áreas cobertas com florestas ou outras formas de vegetação destinadas a uma ou mais das seguintes finalidades contidas nos incisos do artigo 6º, do Novo Código Florestal (Lei Federal n. 12.651/2012), como exemplo: conter a erosão do solo e mitigar riscos de enchentes e deslizamentos de terra e de rocha; proteger as restingas ou veredas; proteger várzeas; abrigar exemplares da fauna ou da flora ameaçados de extinção; proteger sítios de excepcional beleza ou de valor científico, cultural ou histórico, dentre outros. As demais hipóteses de APP são decorrentes da localização geográfica da área e estão previstas nos artigos 4º e 5º da mesma Lei Federal n. 12.651/2012.

Alternativa "a": Está incorreta. Segundo artigo 12, do Novo Código Florestal (Lei Federal n. 12.651/2012), somente o imóvel rural deve manter área com cobertura de vegetação nativa, a título de Reserva Legal, sem prejuízo da aplicação das normas sobre as Áreas de Preservação Permanente, observados os percentuais mínimos em relação à área do imóvel previstos no mesmo artigo.

Alternativa "c": Está incorreta. Mesmo nas unidades de conservação situadas em áreas particulares, não é de direito privado o regime jurídico especial de proteção que impõe restrições ao uso do solo, aplicando-se o regime jurídico especial previsto pelo Sistema Nacional de Unidades de Conservação, constante na Lei Federal n. 9985/2000, visando proteger as unidades de conservação, sejam em áreas públicas, sejam privadas, como espaço territorial e seus recursos ambientais, incluindo as águas jurisdicionais, com características naturais relevantes, legalmente instituídos pelo Poder Público, com objetivos de conservação e limites definidos, ao qual se aplicam garantias adequadas de proteção (artigo 2º, inciso II). Nestes casos o meio ambiente presente nos espaços protegidos é um direito de todos e possui natureza difusa e autoriza a imposição de limitações especiais ao direito de propriedade.

Alternativa "d": Está incorreta. A criação de espaços territoriais especialmente protegidos constitui em verdade instrumento da Política Nacional do Meio Ambiente, previsto no artigo 9º, VI, da Lei Federal 6938/81: consiste instrumento da Política Nacional do Meio Ambiente a criação de espaços territoriais especialmente protegidos pelo Poder Público federal, estadual e municipal, tais como áreas de proteção ambiental, de relevante interesse ecológico e reservas extrativistas;

Alternativa "e": Está incorreta. A previsão do artigo 2º, inciso II do Código Florestal (Lei Federal n. 12.651/2012), define Área de Preservação Permanente – APP como: área protegida, coberta ou não por vegetação nativa, com a função ambiental de preservar os recursos hídricos, a paisagem, a estabilidade geológica e a biodiversidade, facilitar o fluxo gênico de fauna e flora, proteger o solo e assegurar o bem-estar das populações humanas. Logo, pelo seu regime jurídico, as APPs podem também ocorrer em áreas não necessariamente cobertas por vegetação nativa.

39. (Cespe – Delegado de Polícia – PE/2016) Considere que, em 1999, a União tenha criado, por decreto presidencial, determinada unidade de conservação. Nessa situação, de acordo com a CF, a União

a) poderá alterá-la por meio de decreto.

b) poderá suprimi-la por meio de decreto.

c) somente poderá alterá-la ou suprimi-la por meio de lei.

d) poderá alterá-la por meio de portaria do Ministério do Meio Ambiente.

e) terá cometido ato nulo, já que o ato de criação dessa unidade deveria ter sido a lei.

COMENTÁRIOS

Alternativa correta: "c". Dispõe o artigo 225, § 1º, inciso III, da Constituição Federal que para assegurar a efetividade do direito ao meio ambiente ecologicamente equilibrado incumbe ao Poder Público, dentre outros deveres, definir, em todas as unidades da Federação, espaços territoriais e seus componentes a serem especialmente protegidos, sendo a alteração e a supressão permitidas somente através de lei, vedada qualquer utilização que comprometa a integridade dos atributos que justifiquem sua proteção. Assim, a unidade de conservação criada por decreto presidencial somente pode ser alterada ou suprimida por meio de lei.

Alternativas "a": Está incorreta, uma vez que o artigo 225, § 1º, inciso III, da Constituição Federal autoriza a alteração da unidade de conservação apenas mediante lei, não sendo possível por meio de decreto.

Alternativa "b": Está incorreta, pois a supressão da unidade de conservação, nos termos do dispositivo constitucional acima citado, somente é possível por meio de lei.

Alternativa "d": Está incorreta. Não é possível alteração por meio de portaria do Ministério do Meio Ambiente, pois há exigência de lei para tanto, consoante artigo citado.

Alternativa "e": Está incorreta. A criação de unidade de conservação por decreto presidencial está correta, pois o artigo 22 da Lei nº 9985/2000 prevê a criação de unidades de conservação por ato do Poder Público.

40. (Cespe – Delegado de Polícia – PE/2016) As unidades de conservação

a) devem possuir um plano de manejo, com exceção das reservas particulares do patrimônio natural.

b) são constituídas de espaços territoriais e seus recursos naturais, com exceção das águas jurisdicionais.

c) de proteção integral devem ser de posse e de domínio públicos.

d) de uso sustentável devem ser de posse e de domínio privados.

e) devem possuir zonas de amortecimento, com exceção das áreas de proteção ambiental e das reservas particulares do patrimônio natural.

COMENTÁRIOS

Alternativa correta: "e". O enunciado transcreve o artigo 25 da Lei nº. 9985/2000, segundo o qual "as unidades de conservação, exceto Área de Proteção Ambiental e Reserva Particular do Patrimônio Natural, devem possuir uma zona de amortecimento e, quando conveniente, corredores ecológicos".

Alternativa "a": Está incorreta, pois o artigo 27 da Lei do SNUC prevê que as unidades de conservação devem dispor de um Plano de Manejo, não excepcionado nenhuma unidade de conservação, portanto, as reservas particulares do patrimônio natural também devem dispor de um plano de manejo.

Alternativa "b": Está incorreta. Nos termos do artigo 2º, I, da Lei n. 9985/2000, entende-se por unidade de conservação o espaço territorial e seus recursos ambientais, incluindo as águas jurisdicionais, e não as excluindo, com características naturais relevantes, legalmente instituído pelo Poder Público, com objetivos de conservação e limites definidos, sob regime especial de administração, ao qual se aplicam garantias adequadas de proteção.

Alternativa "c": Está incorreta. A maioria das unidades de conservação de proteção integral são de domínio público, com exceção do Monumento Natural e do Refúgio da Vida Silvestre, que podem ser de domínio público ou particular. Portanto, as unidades de conservação de proteção integral não devem, necessariamente, ser de posse e domínio públicos.

Alternativa "d": Está incorreta. As unidades de conservação de uso sustentável podem ser de posse e domínio público, como as Reservas Extrativista e da Fauna, ou privada, como a Reserva Particular do Patrimônio Natural. Portanto, as unidades de conservação de uso sustentável não devem, necessariamente, ser de posse e domínio privados.

41. (Cespe – TJDFT – 2015 – Juiz de Direito Substituto) Com relação ao SNUC e ao Código Florestal, assinale a opção correta.

a) Não é permitido ao órgão ambiental licenciar empreendimento cujo estudo de impacto ambiental comprove que a atividade causará significativa degradação do meio ambiente.

b) O licenciamento de atividade potencialmente causadora de degradação do meio ambiente prescinde, na esfera federal, de autorização do ICMBio, salvo se se tratar de unidade de conservação de proteção integral.

c) O manejo sustentável para exploração florestal eventual, limitada a vinte metros cúbicos, sem propósito comercial e para consumo no próprio imóvel, independe de autorização dos órgãos competentes.

d) É vedado o cômputo das áreas de preservação permanente no cálculo do percentual da reserva legal do imóvel.

e) A reserva de biosfera não está prevista expressamente na lei que instituiu o SNUC, embora seja um modelo adotado internacionalmente.

COMENTÁRIOS

Alternativa correta: "c". Nesse sentido dispõe o artigo 23 da Lei nº 12.651/12 (Novo Código Florestal) que: "O manejo sustentável para exploração florestal eventual sem propósito comercial, para consumo no próprio imóvel, independe de autorização dos órgãos competentes, devendo apenas ser declarados previamente ao órgão ambiental a motivação da exploração e o volume explorado, limitada a exploração anual a 20 (vinte) metros cúbicos".

Alternativa "a": Está incorreta. O licenciamento ambiental é um procedimento administrativo, (artigo 1º, inciso I, da Resolução Conama nº 237/1997 e artigo 2º, inciso I, da LC nº 140/2011) exigido na construção, instalação, ampliação e funcionamento de estabelecimentos e atividades utilizadores de recursos ambiental, **efetiva ou potencialmente poluidores ou capazes, sob qualquer forma, de causar degradação ambiental** (artigo 10, *caput*, da Lei nº 6.938/1981). Está ligado ao controle da poluição e ao princípio da prevenção em matéria ambiental. Assim, ainda que a degradação ambiental seja **significativa**, desde que hajam estudos ambientais para a prevenção do dano, como o EIA/RIMA, é permitido ao órgão ambiental licenciar o empreendimento. Por fim, ressalta-se que o EIA/RIMA não vincula o órgão ambiental competente.

Alternativa "b": Está incorreta. Dentre as atribuições do ICMBio destaca-se o exercício do poder de polícia ambiental para a proteção das unidades de conservação instituídas pela União, indistintamente, nos termos do artigo 1º, inciso IV, da Lei nº 11.516/2007. Assim, o licenciamento de atividade potencialmente causadora de degradação do meio ambiente, na esfera federal, dependerá de autorização do ICMBio, tanto se for unidade de conservação de proteção integral ou de uso sustentável.

Alternativa "d": Está incorreta. O artigo 15 da Lei nº 12.651/12 admite o cômputo das Áreas de Preservação Permanente no cálculo do percentual da Reserva Legal do imóvel, desde que observadas as exigências nele previstas.

Alternativa "e": Está incorreta. O Sistema Nacional de Unidades de Conservação – SNUC (Lei nº 998/2000), em seu capítulo XI, reconhece a Reserva da Biosfera, dispondo em seu artigo 41 que "é um modelo, adotado internacionalmente, de gestão integrada, participativa e sustentável dos recursos naturais, com os objetivos básicos de preservação da diversidade biológica, o desenvolvimento de atividades de pesquisa, o monitoramento ambiental, a educação ambiental, o desenvolvimento sustentável e a melhoria da qualidade de vida das populações".

---

42. (Cespe – AGU – 2015 – Advogado da União) De acordo com o Código Florestal, julgue os próximos itens, referentes à proteção de florestas e às competências em matéria ambiental, previstas na Lei Complementar n.º 140/2011.

42.1. A regularidade da reserva legal envolve a conservação de sua vegetação nativa, de modo que a exploração econômica dessa área deve ser feita mediante plano de manejo sustentável previamente aprovado pelo órgão ambiental competente do SISNAMA, sem prejuízo da observância das demais normas ambientais pertinentes.

COMENTÁRIOS

Está certo. O Código Florestal (Lei n.º 12.651/2012), no *caput* do art. 17, prevê que a Reserva Legal deve ser conservada com cobertura de vegetação nativa proprietário do imóvel rural, possuidor ou ocupante a qualquer título, pessoa física ou jurídica, de direito público ou privado. O § 1º, por seu turno, admite a exploração econômica da reserva legal mediante manejo sustentável, previamente aprovado pelo órgão competente do Sisnama, de acordo com as modalidades previstas no art. 20.

42.2. A reserva legal de propriedade ou posse rural define-se como área protegida com a principal função ambiental de preservar os recursos hídricos, a paisagem e a estabilidade geológica no imóvel.

COMENTÁRIOS

Está errado. O enunciado traz a definição de Área de Preservação Permanente – APP, conforme previsto no artigo 3º, inciso II, do novo Código Florestal: Área de Preservação Permanente – APP: área protegida, coberta ou não por vegetação nativa, **com a função ambiental de preservar os recursos hídricos, a paisagem, a estabilidade geológica** e a biodiversidade, facilitar o fluxo gênico de fauna e flora, proteger o solo e assegurar o bem-estar das populações humanas. O conceito de Reserva Legal, por sua vez, está no inciso III seguinte, definindo-a como **área localizada no interior de uma propriedade ou posse rural,** delimitada nos termos do art. 12, com a função de assegurar o uso econômico de modo sustentável dos recursos naturais do imóvel rural, auxiliar a conservação e a reabilitação dos processos ecológicos e promover a conservação da biodiversidade, bem como o abrigo e a proteção de fauna silvestre e da flora nativa. Portanto, a assertiva está incorreta.

---

43. (Cespe – AGU – 2015 – Advogado da União) Acerca da criação e da gestão de florestas públicas nacionais, julgue os itens subsequentes.

43.1. As três modalidades de gestão de florestas públicas nacionais para produção sustentável são a concessão florestal ao setor privado, a destinação de florestas públicas às comunidades locais, além da gestão direta governamental pelo órgão competente integrante do Sistema Nacional de Unidades de Conservação.

COMENTÁRIOS

Está certo. A Lei n.º 11.284/2006 (Lei de Florestas Públicas), no artigo 4º, prevê as três modalidades de gestão de florestas públicas nacionais para produção sustentável: **a)** a criação de florestas nacionais, estaduais e municipais, nos termos do art. 17 da Lei n.º 9.985/2000, e sua gestão direta; **b)** a destinação de florestas públicas às comunidades locais; e **c)** a concessão florestal.

43.2. O Serviço Florestal Brasileiro, órgão gestor da concessão de florestas públicas nacionais, vinculado ao Ministério do Meio Ambiente, deve emitir a licença ambiental prévia antes da publicação de edital de licitação para a concessão florestal.

COMENTÁRIOS

Está errado. A Lei n.º 11.284/2006, no art. 54, institui o Serviço Florestal Brasileiro – SFB, órgão gestor da concessão de florestas públicas nacionais, integrante da estrutura do Ministério do Meio Ambiente. Nos termos do artigo 18 da citada lei, cabe ao órgão gestor, no caso o SFB, apenas solicitar ao órgão ambiental competente, a emissão da licença prévia, não tendo citado órgão competência para emiti-la. Nesse sentido, dispõe o artigo 18 que "a licença prévia para uso sustentável da unidade de manejo **será requerida pelo órgão gestor**, mediante a apresentação de relatório ambiental preliminar **ao órgão ambiental competente** integrante do Sistema Nacional do Meio Ambiente – SISNAMA". Portanto, o Serviço Florestal Brasileiro não tem competência para emitir a licença prévia, mas apenas de solicitar ao órgão ambiental competente a sua emissão.

43.3. A floresta nacional é unidade de conservação de uso sustentável, de posse e de domínio públicos, cuja criação deve ser precedida de estudos técnicos e de consulta pública que permitam identificar a localização, a dimensão e os limites mais adequados para a unidade, com vistas ao seu objetivo básico de uso múltiplo sustentável dos recursos florestais e pesquisa científica.

COMENTÁRIOS

Está certo. Segundo o caput do artigo 17 e seu §1º, da Lei n.º 9.985/2000, a floresta nacional é uma categoria do Grupo das Unidades de Conservação de uso sustentável e de posse e domínios públicos, tendo como objetivo básico o uso múltiplo sustentável dos recursos florestais e pesquisas científicas. Ainda, a criação das unidades de conservação deve ser precedida de estudos técnicos e de consulta pública que permitam identificar a localização a dimensão e os limites mais adequados para a unidade. A consulta pública só é facultativa para Estação Ecológica e Reserva Biológica, na dicção dos §§ 2º e 4º do artigo 22 da referida lei. Assim, a assertiva está correta.

44. (Cespe – Promotor de Justiça – AC/2014) Assinale a opção correta em relação ao Código Florestal (Lei nº 12.651/2012) e a seus dispositivos.

a) Permite-se o acesso de pessoas às áreas de preservação permanente para a obtenção de água e para o exercício de atividades de exploração agroflorestal sustentável de baixo ou médio impacto ao meio ambiente.

b) Na hipótese de posse do imóvel rural, a inscrição da reserva legal deverá ser feita mediante inscrição no cadastro ambiental rural do órgão ambiental competente apenas quando houver delimitação por lei do perímetro da zona rural, facultando-se, nos demais casos, a averbação gratuita da reserva legal no cartório de registro de imóveis.

c) Objetivando o desenvolvimento sustentável, o legislador fez constar no Código Florestal o princípio da responsabilidade comum da União, estados, DF e municípios, em colaboração com a sociedade civil, na criação de políticas para a preservação e a restauração da vegetação nativa e de suas funções ecológicas e sociais, tanto em áreas urbanas quanto nas rurais.

d) Todos os reservatórios artificiais e as acumulações naturais ou artificiais de água devem contar com áreas de entorno consideradas de preservação permanente, salvo na hipótese de dispensa expressa pelo órgão ambiental.

e) Em se tratando de transmissão da propriedade rural ou urbana, admite-se a delimitação de novas faixas de áreas de preservação permanente junto ao órgão ambiental competente para fins de regularização de exploração econômica mediante manejo sustentável.

COMENTÁRIOS

Alternativa correta: "c". De acordo com o artigo 1º, parágrafo único, inciso IV, do Código Florestal, "tendo como objetivo o desenvolvimento sustentável, esta Lei atenderá aos seguintes princípios: (...) IV – responsabilidade comum da União, Estados, Distrito Federal e Municípios, em colaboração com a sociedade civil, na criação de políticas para a preservação e restauração da vegetação nativa e de suas funções ecológicas e sociais nas áreas urbanas e rurais".

Alternativa "a": Está incorreta. Dispõe o artigo 9º da Lei nº 12.651/2012, que "é permitido o acesso de pessoas e animais às Áreas de Preservação Permanente para obtenção de água e para realização de atividades de baixo impacto ambiental". Assim, não é permitido o acesso às Áreas de Preservação Permanente para realização de atividades de médio impacto ambiental, mas apenas de baixo impacto.

Alternativa "b": Está incorreta. Conforme dispõe o artigo 18, § 2º, do Código Florestal, "na posse, a área de Reserva Legal é assegurada por termo de compromisso firmado pelo possuidor com o órgão competente do Sisnama, com força de título executivo extrajudicial, que explicite, no mínimo, a localização da área de Reserva Legal e as obrigações assumidas pelo possuidor por força do previsto nesta Lei". Quanto à averbação gratuita da reserva legal no cartório de registro de imóveis, dispõe o § 4º do citado artigo que "o registro da Reserva Legal no CAR desobriga a averbação no Cartório de Registro de Imóveis, sendo que, no período entre a data da publicação desta Lei e o registro no CAR, o proprietário ou possuidor rural que desejar fazer a averbação terá direito à gratuidade deste ato".

Alternativa "d": Está incorreta. O artigo 4º, § 1º, da Lei nº 12.651/2012, dispõe que "não será exigida Área de Preservação Permanente no entorno de reservatórios artificiais de água que não decorram de barramento ou represamento de cursos d'água naturais". Quanto às acumulações naturais ou artificiais de água, determina o § 4º, do citado artigo que "nas acumulações naturais ou artificiais de água com superfície inferior a 1 (um) hectare, fica dispensada a reserva da faixa de proteção prevista nos incisos II e III do *caput*, vedada nova supressão de áreas de vegetação nativa, salvo autorização do órgão ambiental competente do Sistema Nacional do Meio Ambiente – Sisnama". Desse modo, os reservatórios artificiais e as acumulações naturais ou artificiais de água devem contar com áreas de entorno consideradas de preservação permanente, nos termos e nas hipóteses acima definidos.

Alternativa "e": Está incorreta. Dispõe o artigo 7º, da Lei nº 12.651/2012 que "a vegetação situada em Área de Preservação Permanente deverá ser mantida pelo proprietário da área, possuidor ou ocupante a qualquer título, pessoa física ou jurídica, de direito público ou privado". A obrigação *propter rem* decorre do § 2º, do artigo acima citado, segundo o qual " a obrigação prevista no § 1º tem natureza real e é transmitida ao sucessor no caso de transferência de domínio ou posse do imóvel rural". Portanto, tratando-se de transmissão da propriedade rural ou urbana, não se admite a delimitação de novas faixas de áreas de preservação permanente junto ao órgão ambiental competente para fins de regularização de exploração econômica mediante manejo sustentável, devendo o novo proprietário manter a vegetação situada em APP, haja vista a natureza real e transmitida a ele, sucessor, das obrigações decorrentes do Novo Código Florestal.

45. (Cespe – Promotor de Justiça – AC/2014) Considerando o disposto na Lei n° 11.284/2006 acerca da gestão de florestas públicas para a produção sustentável, assinale a opção correta.

a) Desde que previamente à publicação da concessão florestal em diário oficial, faculta-se a realização de audiência pública para a elaboração dos termos do edital de licitação de cada lote a ser concedido.

b) A competência para legislar sobre gestão de florestas públicas é privativa da União.

c) Recursos florestais são definidos como elementos ou características de uma floresta potencialmente ou efetivamente geradores de produtos ou serviços florestais; serviços florestais se definem como os serviços prestados através do beneficiamento e comércio de produtos madeireiros e não madeireiros gerados pelo manejo florestal sustentável.

d) A gestão de florestas públicas para produção sustentável compreende três modalidades: a concessão florestal, a destinação de florestas públicas às comunidades locais e a criação e gestão direta de florestas públicas nacionais, estaduais e municipais definidas como unidades de conservação da natureza.

e) A concessão florestal, em regra, destinada a pessoas jurídicas com fins econômicos, poderá ser formalizada de forma gratuita aos posseiros de comunidades locais quando estiverem em áreas já ocupadas e utilizadas no interior de reservas extrativistas ou de projetos de assentamentos florestais.

COMENTÁRIOS

Alternativa correta: "d". A gestão de florestas públicas para produção sustentável compreende três modalidades: a concessão florestal (artigo 4º, inciso III, da Lei nº 11.284/2006), a destinação de florestas públicas às comunidades locais (artigo 4º, inciso II, da citada lei) e a criação e gestão direta de florestas públicas nacionais, estaduais e municipais definidas como unidades de conservação da natureza (artigo 4º, inciso I, da citada lei).

Alternativa "a": Está incorreta. Nos termos do artigo 8º, da Lei de Florestas Públicas, "a publicação do edital de licitação de cada lote de concessão florestal deverá ser precedida de audiência pública, por região, realizada pelo órgão gestor, nos termos do regulamento, sem prejuízo de outras formas de consulta pública". Assim, a realização de audiência pública é obrigatória e não facultativa.

Alternativa "b": Está incorreta. A competência para legislar sobre meio ambiente, no caso, gestão de florestas públicas é concorrente entre todos os entes federativos, cabendo à União editar normas gerais, e aos Estados, Distrito Federal e Municípios as especificarem, de acordo com o interesse regional e local. É o que se infere dos artigos 24, inciso VI e § 1º e artigo 30, incisos I e II, todos da Constituição Federal. A propósito, dispõe o artigo 2º, § 1, da Lei nº 11.284/2006, que "os Estados, o Distrito Federal e os Municípios promoverão as adaptações necessárias de sua legislação às prescrições desta Lei, buscando atender às peculiaridades das diversas modalidades de gestão de florestas públicas. O § 2º, por seu turno, determina que "os Estados, o Distrito Federal e os Municípios, na esfera de sua competência e em relação às florestas públicas sob sua jurisdição, poderão elaborar normas supletivas e complementares e estabelecer padrões relacionados à gestão florestal".

Alternativa "c": Está incorreta. A definição de recursos florestais está correta, de acordo com o artigo 3º, inciso II, da Lei nº 11.284/2006. Já, quanto aos serviços florestais, o enunciado define os produtos florestais, conforme dicção do inciso III, do mesmo artigo legal. Os serviços florestais, por sua vez, são definidos como "turismo e outras ações ou benefícios decorrentes do manejo e conservação da floresta, não caracterizados como produtos florestais", nos termos do inciso IV, do artigo 3º da citada lei.

Alternativa "e": Está incorreta. A concessão florestal não é, em regra, destinada a pessoas jurídicas com fins econômicos. Poderá ser formalizada de forma gratuita aos posseiros de comunidades locais quando estiverem em áreas já ocupadas e utilizadas no interior de reservas extrativistas ou de projetos de assentamentos florestais (artigo 6º, §§ 1º e 3º, da Lei nº 11.284/2006).

---

46. (Cespe – Procurador do Estado – BA/2014) Pedro é proprietário de um imóvel situado em município com mais de cinquenta mil habitantes. Sua propriedade é próxima da zona costeira, o que o obriga a cumprir algumas limitações administrativas municipais impostas pelo município no que tange à proteção ambiental da zona costeira.

Considerando essa situação hipotética, as normas aplicáveis e a jurisprudência, julgue os itens a seguir em relação à política urbana.

46.1. Apesar de o plano diretor não ser obrigatório ao município, este deve mapear as áreas suscetíveis à ocorrência de deslizamentos de grande impacto e de inundações bruscas.

COMENTÁRIOS

Errado. Nos termos do § 1º, do artigo 182 da Constituição Federal, o plano diretor é obrigatório para cidades com mais de vinte mil habitantes. Assim, considerando a situação hipotética em que o município tem mais de cinquenta mil habitantes, o plano diretor é obrigatório. Conforme previsto na Lei nº 12.608 de 2012, em seu artigo 22, o Governo Federal instituirá cadastro nacional de municípios com áreas suscetíveis à ocorrência de deslizamentos de grande impacto, inundações bruscas ou processos geológicos ou hidrológicos correlatos, e os Municípios incluídos no cadastro deverão, dentre outros itens, elaborar mapeamento contendo as áreas suscetíveis à ocorrência de deslizamentos de grande impacto, inundações bruscas ou processos geológicos ou hidrológicos correlatos.

46.2. A limitação administrativa imposta pelo município para a proteção ambiental da zona costeira gera direito de indenização a Pedro em face de eventual limitação do seu direito de explorar economicamente sua propriedade.

COMENTÁRIOS

Errado. Considerando que a zona costeira brasileira foi erigida ao *status* de patrimônio nacional, nos termos do § 4º do art. 225 da Constituição brasileira, e que esta macrorregião é composta por diversas áreas especialmente protegidas, a limitação administrativa imposta pelo município para a proteção ambiental da área refere-se ao uso ao direito de propriedade, portanto genérica, não sendo cabível indenização a Pedro pelo seu regime jurídico restritivo. Nesse sentido, STJ, Resp nº 1.233.257, de 16/10/2012.

46.3. Caso Pedro obtenha autorização administrativa para explorar um camping em sua propriedade, não cabe o encerramento da atividade comercial em face de dano ambiental decorrente da disposição de resíduos na zona costeira.

COMENTÁRIOS

Errado. A licença ambiental, dada suas peculiaridades, tem o regime jurídico similar ao da autorização no âmbito do direito administrativo, podendo assim ser designada. Desse modo, depois de concedida, poderá ser suspensa, alterada ou cancelada na hipótese prevista no artigo 19, inciso III, da Resolução Conama nº 237/1997, qual seja, na hipótese de **graves e supervenientes riscos ao meio ambiente ou à saúde pública**. Nesse contexto, caso Pedro obtenha autorização administrativa para explorar um camping em sua propriedade, havendo dano ambiental decorrente da disposição de resíduos na zona costeira., dá-se a hipótese prevista no artigo acima citado (graves e supervenientes riscos ao meio ambiente ou à saúde pública), dando-se, por fim, a suspensão ou cancelamento da autorização concedia e consequente encerramento da atividade comercial.

46.4. Exemplifica a aplicação do princípio do desenvolvimento sustentável a garantia a que Pedro possa construir um hotel na zona costeira para fomentar a economia da região e promover empregos, relativizando-se as limitações administrativas ambientais.

COMENTÁRIOS

Errado. Pedro não tem a garantia de que possa construir um hotel na zona costeira, em razão do que dispõe o artigo 10 e seu § 1º da Lei nº 7.661/1988: "As praias são bens públicos de uso comum do povo, sendo assegurado, sempre, livre e franco acesso a elas e ao mar, em qualquer direção e sentido, ressalvados os trechos considerados de interesse de segurança nacional ou incluídos em áreas protegidas por legislação específica. § 1º. Não será permitida a **urbanização** ou qualquer **forma de utilização do solo** na Zona Costeira que impeça ou dificulte o acesso assegurado no *caput* deste artigo. Ou seja, a urbanização ou qualquer forma de utilização do solo na Zona Costeira é a exceção e não a regra. Ainda, os planos nacional, estadual ou municipal de gerenciamento costeiro, previstos na citada lei, poderão instituir normas e diretrizes sobre o uso do solo, do subsolo e das águas, bem como limitações à utilização dos imóveis, prevalecendo sempre as disposições de natureza mais **restritiva**. Assim, via de regra, não é possível relativizar as limitações administrativas ambientais do local. Portanto, a assertiva está incorreta.

47. (Cespe – Defensor Público – TO/2013) A respeito da proteção e uso das florestas e demais formas de vegetação nativa, assinale a opção correta.

a) São áreas de preservação permanente, além das elencadas no Código Florestal, as áreas cobertas com florestas e demais formas de vegetação nativa consideradas de interesse social, devendo a declaração de interesse social ocorrer, necessariamente, por lei em sentido formal.

b) Considera-se manejo sustentável a substituição de vegetação nativa e de formações sucessoras por outras coberturas do solo, como atividades agropecuárias, industriais, de geração e transmissão de energia, de mineração e de transporte, assentamentos urbanos ou outras formas de ocupação humana.

c) A área de preservação permanente é a que se localiza no interior de uma propriedade ou posse rural, devendo ser mantida a sua cobertura vegetal nativa, por ser ela necessária ao abrigo e proteção da fauna e flora nativas, à conservação da biodiversidade e à reabilitação dos processos ecológicos.

d) As florestas existentes no território nacional e as demais formas de vegetação nativa, reconhecidas de utilidade às terras que revestem, são bens de interesse comum a todos os habitantes do país, exercendo-se os direitos de propriedade com as limitações que a legislação em geral, e em especial o Código Florestal, estabelecem.

e) Dada a competência da União para legislar privativamente sobre florestas, áreas de preservação permanente e de reserva legal, a legislação federal pertinente – Código Florestal – contém normas de aplicação obrigatória por todos os entes da Federação.

COMENTÁRIOS

✪ **Nota do autor:** A questão traz diversos conceitos do Novo Código Florestal e conhecimento sobre a competência legislativa ambiental.

Alternativa correta: "d". O enunciado descreve o artigo 2º da Lei nº 12.651/2012.

Alternativa "a": Está incorreta. São áreas de preservação permanente, além das elencadas no Código Florestal, as áreas cobertas com florestas e demais formas de vegetação nativa consideradas de interesse social, conforme disposição do artigo 6º da Lei nº 12.651/2012. No entanto, a declaração de interesse social ocorre não por lei em sentido formal, mas por ato do Chefe do Poder Executivo, no caso, por decreto, nos termos do artigo acima citado. **Alternativa "b": Está incorreta.** O enunciado traz a definição de uso alternativo do solo e não de manejo sustentável, conforme artigo 3º, inciso VI, da Lei nº 12.651/2012. O manejo sustentável está definido no inciso seguinte (inciso VII), do mesmo artigo, assim definido como "administração da vegetação natural para a obtenção de benefícios econômicos, sociais e ambientais, respeitando-se os mecanismos de sustentação do ecossistema objeto do manejo e considerando-se, cumulativa ou alternativamente, a utilização de múltiplas espécies madeireiras ou não, de múltiplos produtos e subprodutos da flora, bem como a utilização de outros bens e serviços".

Alternativa "c": Está incorreta. O enunciado traz a definição de Reserva Legal e não de Área de Preservação Permanente, conforme artigo 3º, inciso III, na Lei nº 12.651/2012. A APP está definida no inciso anterior (inciso II), do mesmo artigo, que a descreve como "área protegida, coberta ou não por vegetação nativa, com a função ambiental de preservar os recursos hídricos, a paisagem, a estabilidade geológica e a biodiversidade, facilitar o fluxo gênico de fauna e flora, proteger o solo e assegurar o bem-estar das populações humanas".

Alternativa "e": Está incorreta. A União não tem competência privativa para legislar sobre florestas, áreas de preservação permanente e de reserva legal, sendo tal competência concorrente entre ela, os Estados e o Distrito Federal, nos termos do artigo 24, inciso VI, da Constituição Federal. A aplicação obrigatória por todos os entes da Federação das normas do Código Florestal decorre da competência da União para estabelecer normas gerais em matéria de proteção ambiental, consoante § 1º, do artigo 24 da Constituição Federal que dispõe que "no âmbito da legislação concorrente, a competência da União limitar-se-á a estabelecer normas gerais".

48. (Cespe – Juiz de Direito Substituto – MA/ 2013) Em relação ao SNUC, assinale a opção correta.

a) As unidades de conservação integral são fundamentadas no ideário socioambientalista, ao passo que as unidades de uso sustentável se fundamentam no pensamento conservacionista.

b) A lei que regula o SNUC regulamenta o dever do poder público de preservar os processos ecológicos essenciais e prover o manejo ecológico das espécies e ecossistemas, ao passo que a Lei de Biossegurança dispõe sobre a preservação da diversidade e da integralidade do patrimônio genético do país.

c) As unidades de conservação são espécies do gênero definido como espaço territorial especialmente protegido, que comporta, entre outros espaços protegidos, os territórios indígenas.

d) Constitui diretriz do SNUC a busca do apoio de organizações não governamentais e de organizações privadas para a realização de pesquisas, sendo vedada a colaboração de pessoas físicas sem vínculo organizacional.

COMENTÁRIOS

Alternativa correta: "c". As **unidades de conservação** são espécies do gênero definido como espaço territorial especialmente protegido, sendo seu regramento previsto na Lei nº 9.985/2000, que aprovou o Sistema Nacional de Unidades de Conservação da Natureza (SNUC). Além das unidades de conservação, existem outros espaços, como os territórios indígenas. Nesse sentido, o conceito de área protegida é trazido pelo artigo 2º, da Convenção da Diversidade Biológica (CDB), promulgada pelo Decreto nº 2.519, de 17 de março de 1998, como "uma área definida geograficamente que é destinada, ou regulamentada, e administrada para alcançar objetivos específicos de conservação". Em cumprimento à CDB, o Ministério do Meio Ambiente elaborou o Plano Estratégico Nacional de Áreas Protegidas (PNAP), instituído pelo Decreto nº 5.758, de 13 de abril de 2006, definindo como espaços territoriais especialmente protegidos que deveriam integrar as áreas protegidas, as áreas terrestres e marinhas do Sistema Nacional de Unidades de Conservação, os **territórios indígenas** e quilombolas. Frisa-se que essas são as áreas enfocadas pelo PNAP, sendo que as outras áreas protegidas, como as áreas de preservação permanente e as reservas legais, são tratadas no planejamento da paisagem, no âmbito da abordagem ecossistêmica, com uma função estratégica de conectividade entre fragmentos naturais e as próprias áreas protegidas. Desse modo, os territórios indígenas também são espaços especialmente protegidos.

Alternativa "a": Está incorreta. As unidades de conservação integral, cujo objetivo básico é preservar a natureza, sendo admitido apenas o uso indireto dos seus recursos naturais, com exceção dos casos previstos em lei, conforme artigo 7º, § 1º, da Lei nº 9.985/2000, fundamentam-se no pensamento conservacionista. Já as unidades de uso sustentável são fundamentadas no ideário socioambientalista, pois têm como objetivo básico compatibilizar a conservação da natureza com o uso sustentável de parcela dos seus recursos naturais, nos termos do artigo 7º, § 2º, da lei acima citada. Ou seja, as unidades de conservação integral são fundamentadas no pensamento conservacionista, ao passo que as unidades de uso sustentável se fundamentam no ideário socioambientalista.

Alternativa "b": Está incorreta. A lei que regula o SNUC, Lei nº 9.985/2000, regulamenta o dever do poder público de preservar os processos ecológicos essenciais e prover o manejo ecológico das espécies e ecossistemas, nos termos do artigo 225, § 1º, inciso I, da Constituição Federal. Já a Lei de Biossegurança, Lei nº 11.105/2005, regulamenta o dever do poder público de controlar a produção, a comercialização e o emprego de técnicas, métodos e substâncias que comportem risco para a vida, a qualidade de vida e o meio ambiente, consoante preceitua o artigo 225, § 1º, inciso V, da Constituição Federal.

Alternativa "d": Está incorreta. Conforme se verifica nos termos do artigo 5º, inciso IV, da Lei nº 9.985/200, constitui como uma das diretrizes do SNUC a busca do "apoio e a cooperação de organizações não governamentais, de organizações privadas e pessoas físicas para o desenvolvimento de estudos, pesquisas científicas, práticas de educação ambiental, atividades de lazer e de turismo ecológico, monitoramento, manutenção e outras atividades de gestão das unidades de conservação", não havendo, portanto, vedação legal quanto à colaboração de pessoas físicas sem vínculo organizacional.

---

49. (Cespe – Juiz Federal Substituto 1ª região/2013) No que concerne a proteção florestal e gestão de florestas, assinale a opção correta.

a) A destinação de florestas públicas a comunidades locais é incompatível com os princípios constitucionais da impessoalidade e da isonomia.

b) As concessões florestais são formalizadas mediante contratos administrativos, precedidos de licitação, salvo nas hipóteses de declaração de inexigibilidade.

c) As florestas naturais, bem como as plantadas, localizadas nos diversos biomas, em bens da União, dos estados, do DF, dos municípios ou de entidades da administração indireta são consideradas florestas públicas.

d) A gestão do patrimônio florestal brasileiro, em especial das florestas públicas, é disciplinada em lei ordinária, comumente chamada de Código Florestal.

e) É vedado ao poder público delegar o direito de praticar manejo florestal sustentável a consórcio de pessoas jurídicas.

COMENTÁRIOS

✪ **Nota do autor:** A questão aborda o conhecimento sobre a Lei nº 11.284/2006, também conhecida como Lei das Florestas públicas.

Alternativa correta: "c". Nos termos do artigo 3º, inciso I, da Lei nº 11.284/2006, consideram-se florestas públicas as florestas, naturais ou plantadas, localizadas nos diversos biomas brasileiros, em bens sob o domínio da União, dos Estados, dos Municípios, do Distrito Federal ou das entidades da administração indireta.

Alternativa "a": Está incorreta. A destinação de florestas públicas a comunidades locais é compatível com os princípios constitucionais da impessoalidade e da isonomia, tanto que constitui um dos princípios da gestão de florestas públicas, nos termos do artigo 2º, inciso III, da Lei nº 11.284/2006 (Lei de Florestas Públicas), "o respeito ao direito da população, em especial das comunidades locais, de acesso às florestas públicas e aos benefícios decorrentes de seu uso e conservação".

No mesmo sentido, dispõe o artigo 6º, da citada lei que "antes da realização das concessões florestais, as florestas públicas ocupadas ou utilizadas por comunidades locais serão identificadas para a destinação, pelos órgãos competentes (...)". Por fim, conforme se infere do artigo 4º, inciso II da citada lei, a gestão de florestas públicas para produção sustentável será composta, dentre outros itens, da destinação de florestas públicas às comunidades locais.

Alternativa "b": Está incorreta. As concessões florestais são formalizadas mediante contratos administrativos, precedidos de licitação, sendo vedada nas licitações para concessão florestal, a declaração de inexigibilidade prevista no art. 25 da Lei no 8.666, de 21 de junho de 1993, conforme estatui o artigo 12, § 2º, da Lei de Florestas Públicas.

Alternativa "d": Está incorreta. A gestão do patrimônio florestal brasileiro, em especial das florestas públicas, é disciplinada em lei ordinária, Lei nº 11.284/2006, comumente chamada de Lei de Florestas Públicas.

Alternativa "e": Está incorreta. O artigo 3º, inciso VII, da Lei de Florestas Públicas define concessão florestal como "delegação onerosa, feita pelo poder concedente, do direito de praticar manejo florestal sustentável para exploração de produtos e serviços numa unidade de manejo, mediante licitação, à pessoa jurídica, em consórcio ou não, que atenda às exigências do respectivo edital de licitação e demonstre capacidade para seu desempenho, por sua conta e risco e por prazo determinado". Assim, não é vedado ao poder público delegar o direito de praticar manejo florestal sustentável a consórcio de pessoas jurídicas.

---

50. (Cespe – Procurador do DF/ 2013) Julgue os próximos itens, relativos à proteção do patrimônio cultural e às áreas de preservação permanente.

As áreas de preservação permanente localizadas dentro de áreas urbanas consolidadas devem ser desapropriadas e sua vegetação recuperada, em razão da função ambiental que exercem na proteção dos recursos naturais.

COMENTÁRIOS

Errado. Excepcionalmente, o Novo Código Florestal, assim como fazia a legislação anterior, somente autoriza o licenciamento ambiental para a exploração em vegetação em Áreas de Preservação Permanente nas hipóteses de utilidade pública, interesse social ou de baixo impacto ambiental. E consoante determina o artigo 3º, inciso IX, letra "d", consideram interesse social "a regularização fundiária de assentamentos humanos ocupados predominantemente por população de baixa renda em áreas urbanas consolidadas, observadas as condições estabelecidas na Lei nº 11.977/2009". Portanto, diante da hipótese acima citada, as áreas de preservação permanente localizadas dentro de áreas urbanas consolidadas, objeto de regularização fundiária de assentamentos humanos ocupados predominantemente por população de baixa renda, não devem ser desapropriadas, admitindo-se, excepcionalmente, em razão do interesse social, sua exploração, mediante o necessário licenciamento ambiental.

---

51. (Cespe – Procurador do DF/ 2013) Tendo em vista as categorias de unidades de conservação que compõem o Sistema Nacional de Unidades de Conservação da Natureza, julgue os itens a seguir.

51.1. Nas unidades de proteção integral, não se admite o uso direto ou indireto dos recursos naturais, mas apenas a exploração capaz de garantir a perenidade dos processos ecológicos, mantendo-se a biodiversidade e os demais atributos ecológicos, de forma socialmente justa e economicamente viável.

COMENTÁRIOS

Errado. Nos termos do artigo 7º, § 1º, da Lei nº 9.985/2000, "o objetivo básico das Unidades de Proteção Integral é preservar a natureza, sendo admitido apenas o uso indireto dos seus recursos naturais, com exceção dos casos previstos nesta Lei". Desse modo, nas unidades de proteção integral, não se admite o uso direto, mas indireto dos recursos naturais.

51.2. As unidades de conservação somente podem ser criadas por lei, que deverá definir seu regime especial de administração e as garantias adequadas de proteção.

COMENTÁRIOS

Errado. A criação dos espaços territoriais protegidos, dentre os quais se inserem as unidades de conservação, pode ser por lei ou decreto. Apenas quando se trate de alteração ou supressão desses espaços, será imprescindível a lei, nos termos do artigo 225, § 1º, inciso III, da Constituição Federal.

---

52. (Cespe – Procurador do DF/ 2013) Acerca dos princípios constantes do Código Florestal e da área de reserva legal, julgue o item abaixo.

Como regra, em todo imóvel rural deve ser mantida área com cobertura de vegetação nativa, cujas funções são assegurar o uso econômico de modo sustentável dos recursos naturais do imóvel, auxiliar a conservação e a reabilitação dos processos ecológicos e promover a conservação da biodiversidade, bem como o abrigo e a proteção de fauna silvestre e da flora nativa.

COMENTÁRIOS

Certo. Como regra, em todo imóvel rural deve ser mantida área com cobertura de vegetação nativa, como reserva legal, de acordo com o artigo 12 da Lei nº

12.651/2012, área essa cujas funções são assegurar o uso econômico de modo sustentável dos recursos naturais do imóvel, auxiliar a conservação e a reabilitação dos processos ecológicos e promover a conservação da biodiversidade, bem como o abrigo e a proteção da fauna silvestre e da flora nativa, conforme estatui o artigo 3º, inciso III, da citada lei.

53. (Cespe – Procurador Federal/2013) Considerando as legislações que disciplinam a proteção florestal e as unidades de conservação no Brasil, julgue os itens a seguir.

53.1. Nos casos de imóveis rurais de até quatro módulos fiscais, excepcionalmente, a regularização da área de reserva legal poderá deixar de contar com a cobertura integral de vegetação nativa, se forem computados os plantios de árvores frutíferas, ornamentais ou industriais, compostos por espécies exóticas, cultivadas em sistema intercalar ou em consórcio com espécies nativas da região em sistemas agroflorestais.

COMENTÁRIOS

Errado. No caso dos imóveis rurais de até quatro módulos fiscais (pequena propriedade ou posse rural definida no artigo 3º, inciso V, do Código Florestal), na regularização da área de reserva legal poderão ser computados os plantios de árvores frutíferas, ornamentais ou industriais, compostos por espécies exóticas, cultivadas em sistema intercalar ou em consórcio com espécies nativas da região em sistemas agroflorestais, conforme previsto no artigo 54 do citado diploma legal.

53.2. Sob o regime jurídico aplicável ao bioma mata atlântica, fica dispensada de autorização pelos órgãos ambientais a hipótese de exploração eventual e sem fins comerciais de espécies florestais nativas para consumo em propriedades ou posses das populações tradicionais ou dos pequenos produtores rurais, sem prejuízo do apoio governamental no sentido de orientar o manejo e a exploração sustentáveis dessas espécies.

COMENTÁRIOS

Certo. A Lei nº 11.428/2006, que é a Lei do Bioma Mata Atlântica, dispõe em seu artigo 9º que "a exploração eventual, sem propósito comercial direto ou indireto, de espécies da flora nativa, para consumo nas propriedades ou posses das populações tradicionais ou de pequenos produtores rurais, independe de autorização dos órgãos competentes, conforme regulamento". E nos termos do parágrafo único do citado artigo, "os órgãos competentes, sem prejuízo do disposto no *caput* deste artigo, deverão assistir as populações tradicionais e os pequenos produtores no manejo e exploração sustentáveis das espécies da flora nativa". Portanto, a assertiva está correta.

53.3. As florestas nacional, estadual e municipal são consideradas unidades de conservação da natureza de posse e domínio públicos, em que se admite a permanência de populações tradicionais que nelas habitem, desde que obedecidas normas regulamentares e o respectivo plano de manejo.

COMENTÁRIOS

Certo. As florestas nacional, estadual e municipal são consideradas unidades de conservação da natureza (artigo 14, inciso III e artigo 17, § 6º, da Lei nº 9.985/2000) de posse e domínio públicos (artigo 17, § 1º, da citada lei) em que se admite a permanência de populações tradicionais que nelas habitem, desde que obedecidas normas regulamentares e o respectivo plano de manejo (artigo 17, § 2º, da citada lei).

53.4. Na hipótese de supressão de vegetação nativa para uso alternativo do solo, em áreas públicas ou privadas, fica dispensada a autorização do órgão ambiental competente, desde que o imóvel esteja registrado no Cadastro Ambiental Rural.

COMENTÁRIOS

Errada. Nos termos do artigo 26 do Código Florestal, "a supressão de vegetação nativa para uso alternativo do solo, tanto de domínio público como de domínio privado, dependerá do cadastramento do imóvel no CAR, de que trata o art. 29, e de prévia autorização do órgão estadual competente do Sisnama".

54. (Cespe – Juiz Federal Substituto 1ª região/2013) O MP, alegando iminente degradação ambiental, ajuizou ACP, visando obstar a construção de um empreendimento comercial composto por dois restaurantes, uma lanchonete e uma loja de conveniência em zona de amortecimento de parque nacional federal, gerido pelo IBAMA. A ação foi ajuizada contra os empreendedores e contra o estado que instaurou o procedimento de licenciamento.

Considerando essa situação hipotética, assinale a opção correta.

a) O parque nacional é uma unidade de conservação de uso sustentável, na qual permitem-se recreação em contato com a natureza e turismo ecológico, o que legitima a intenção de dotar a zona de amortecimento com a infraestrutura apresentada.

b) A edição de lei específica será necessária caso o poder público, para resolver o impasse, decida ampliar o parque nacional sem modificar seus limites originais, apenas estendendo-os para abranger a área do pretendido empreendimento.

c) O autor da ACP preocupa-se com os chamados efeitos de borda, que, embora decorram de atividade antrópica fora das fronteiras da unidade de conservação, são da esfera de competência do gestor dessa unidade.

d) A competência para julgar o feito é da justiça comum, pois a zona de amortecimento é área particular e não é parte no feito a União, suas autarquias ou empresa pública.

e) Deverão ser indenizadas pelo poder público eventuais limitações administrativas impostas aos empreendedores no julgamento da ação, caso estejam impedidos de explorar seus imóveis na forma pretendida.

COMENTÁRIOS

Nota do autor: A questão aborda o conhecimento sobre parque nacional e instrumento para ampliar sua dimensão, zona de amortecimento e competência do gestor da unidade de conservação, além de questões relativas às demandas coletivas como competência e pedido da ação.

Alternativa correta: "c". De acordo com o artigo 36, § 3º, da Lei nº 9.985/2000, ao dispor sobre o licenciamento ambiental de empreendimentos de significativo impacto ambiental, determina que "quando o empreendimento afetar unidade de conservação específica ou sua zona de amortecimento, o licenciamento a que se refere o *caput* deste artigo só poderá ser concedido mediante autorização do órgão responsável por sua administração, e a unidade afetada, mesmo que não pertencente ao Grupo de Proteção Integral, deverá ser uma das beneficiárias da compensação definida neste artigo". No mesmo sentido, dispõe o artigo 1º da Resolução Conama nº 428/2010. Portanto, a ação civil pública cuida do chamado efeito de borda, entendido como as modificações físicas, químicas e biológicas observadas no espaço de contato do fragmento de vegetação da unidade com sua área adjacente, oriundo de atividade antrópica, fora da unidade de conservação, no caso, na sua zona de amortecimento, da esfera de competência do gestor dessa unidade, nos termos do artigo acima citado.

Alternativa "a": Está incorreta. Nos termos do artigo 8º, inciso III, da Lei nº 9985/2000, o Parque Nacional é unidade de conservação de proteção integral, tendo como objetivo básico, de acordo com o artigo 11 da citada lei "a preservação de ecossistemas naturais de grande relevância ecológica e beleza cênica, possibilitando a realização de pesquisas científicas e o desenvolvimento de atividades de educação e interpretação ambiental, de recreação em contato com a natureza e de turismo ecológico".

Alternativa "b": Está incorreta. Dispõe o artigo 22 que "as unidades de conservação são criadas por ato do Poder Público". O § 6º do citado artigo, por seu turno, preconiza que "a ampliação dos limites de uma unidade de conservação, sem modificação dos seus limites originais, exceto pelo acréscimo proposto, pode ser feita por instrumento normativo do mesmo nível hierárquico do que criou a unidade, desde que obedecidos os procedimentos de consulta estabelecidos no § 2º deste artigo". Portanto, caso o poder público, para resolver o impasse, decida ampliar o parque nacional sem modificar seus limites originais, apenas estendendo-os para abranger a área do pretendido empreendimento, deverá valer-se do instrumento normativo do mesmo nível hierárquico do que criou a unidade, não sendo necessariamente por lei, e desde que obedecidos os procedimentos de consulta estabelecidos no § 2º daquele artigo.

Alternativa "d": Está incorreta. A competência para julgar o feito é da Justiça Federal e não da Justiça Estadual, ainda que a referida área não seja de domínio da União, pois a zona de amortecimento possui a função de resguardar possíveis danos à Unidade de Conservação. No caso, como se trata de UC federal (parque nacional), há interesse da União e de seus órgãos na fiscalização da referida área, ainda que particular. A propósito, decidiu o **STJ**: "O MPF possui legitimidade para propor, na **Justiça Federal**, ação civil pública que vise à **proteção de zona de amortecimento de parque nacional**, ainda que a referida área não seja de domínio da União. Tratando-se de proteção ao meio ambiente, não há competência exclusiva de um ente da Federação para promover medidas protetivas. Impõe-se amplo aparato de fiscalização a ser exercido pelos quatro entes federados, independentemente do local onde a ameaça ou o dano estejam ocorrendo e da competência para o licenciamento. Deve-se considerar que o domínio da área em que o dano ou o risco de dano se manifesta é apenas um dos critérios definidores da legitimidade para agir do MPF. Ademais, convém ressaltar que o poder-dever de fiscalização dos outros entes deve ser exercido quando determinada atividade esteja, sem o devido acompanhamento do órgão local, causando danos ao meio ambiente. (STJ, AgRg no REsp 1.373.302-CE, 2ª Turma, Rel. Min. Humberto Martins, j. 11.6.2013). (Informativo nº 526).

Alternativa "e": Está incorreta. A discussão sobre indenização em decorrência de limitações administrativas impostas aos empreendedores na área localizada em zona de amortecimento não poderá ser objeto de julgamento na ACP, que tem por objeto obstar a construção de um empreendimento comercial, devendo, se for o caso, o pleito ser objeto de outra ação judicial.

5. Recursos Hídricos

55. (Cespe – Juiz de Direito Substituto – AM/2016) Com relação aos recursos hídricos, assinale a opção correta.

a) Compete ao Comitê Nacional de Recursos Hídricos organizar, implantar e gerir o Sistema Nacional de Informações sobre Segurança de Barragens.

b) Além do representante da FUNAI, os comitês de bacias hidrográficas de rios que abranjam terras indígenas incluirão representante das comunidades indígenas.

c) Conforme a localização dos corpos d'água, seu domínio divide-se entre a União, os estados (e por analogia o DF) e os municípios.

d) As competências dos comitês de bacias hidrográficas incluem o exercício do poder de polícia.

e) Cabe à Agência Nacional de Águas, outorgar, mediante permissão, o direito de uso de recursos hídricos em corpos de água de domínio da União, dos estados e do DF.

COMENTÁRIOS

Alternativa correta: "b". A Política Nacional de Recursos Hídricos, Lei Federal n. 9433/97, no seu artigo 39, § 3º, determina que nos Comitês de Bacia Hidrográfica de bacias cujos territórios abranjam terras indígenas devem ser incluídos representantes da Fundação Nacional do Índio – FUNAI, como parte da representação da União (inciso I) e das comunidades indígenas ali residentes ou com interesses na bacia (inciso II).

Alternativa "a": Está incorreta. Segundo o artigo 4º, inciso XX, da Lei Federal n. 9.984/2000, que dispões sobre a criação da Agência Nacional das Águas, constitui competência da ANA: organizar, implantar e gerir o Sistema Nacional de Informações sobre Segurança de Barragens (SNISB). Esta previsão foi incluída pela Lei nº 12.334, de 2010, que estabeleceu a Política Nacional de Segurança de Barragens (PNSB) e cria o Sistema Nacional de Informações sobre Segurança de Barragens (SNISB).

Alternativa "c": Está incorreta. A Lei Federal n. 9433/97, estabelece no seu artigo 30 que a implementação da Política Nacional de Recursos Hídricos, cabe aos Poderes Executivos Estaduais e do Distrito Federal. Tal previsão decorre do artigo 20, III da Constituição Federal, que inclui como bens da União os lagos, rios e quaisquer correntes de água em terrenos de seu domínio, ou que banhem mais de um Estado, sirvam de limites com outros países, ou se estendam a território estrangeiro ou dele provenham, bem como os terrenos marginais e as praias fluviais; e também do artigo 26, III, da mesma CF, que inclui entre os bens dos Estados as águas superficiais ou subterrâneas, fluentes, emergentes e em depósito, ressalvadas, neste caso, na forma da lei, as decorrentes de obras da União. Portanto, os municípios não possuem domínio sobre os recursos hídricos.

Alternativa "d": Está incorreta. A Lei Federal n. 9433/97, no seu artigo 38, traz o rol das competências dos nos Comitês de Bacia Hidrográfica e não prevê o poder de polícia administrativo. Em síntese, o Comitê deve promover o debate das questões relacionadas a recursos hídricos e articular a atuação das entidades intervenientes, por meio de processo participativos e deliberativos, aprovando Planos de Recursos Hídricos da bacia, acompanhando a execução do Plano de Recursos Hídricos da bacia e sugerir as providências necessárias ao cumprimento de suas metas; estabelecendo os mecanismos de cobrança pelo uso de recursos hídricos, dentre outras atribuições. Eventuais situações de infrações administrativas devem ser comunicadas aos órgãos federativos dotados de competência fiscalizatória para comando e controle.

Alternativa "e": Está incorreta. Segundo o artigo 4º, inciso IV, da Lei Federal n. 9.984/2000, compete à ANA: outorgar, por intermédio de autorização, o direito de uso de recursos hídricos em corpos de água de domínio da União.

---

56. (Cespe – Procurador do Estado – BA/2014) No que se refere ao direito ambiental, julgue os itens a seguir.

Os comitês de bacia hidrográfica são constituídos por usuários das águas e por entidades civis de recursos hídricos com atuação comprovada na bacia, entre outros membros, conforme dispõe a Lei nº 9.433/1997.

COMENTÁRIOS

Certo. Trata-se de determinação específica da Política Nacional de Recursos Hídricos, para a representação dos Comitês de Bacia Hidrográfica, devendo ser compostos, entre outros membros, pelos usuários das águas de sua área de atuação e pelos representantes das entidades civis de recursos hídricos com atuação comprovada na bacia, conforme determina Art. 39, IV e V da Lei Federal nº 9.433/1997.

---

57. (Cespe – Defensor Público – TO/2013) Considerando os instrumentos de gestão de recursos hídricos previstos na Lei nº 9.433/1997, que institui a Política Nacional de Recursos Hídricos e cria o Sistema Nacional de Gerenciamento de Recursos Hídricos, assinale a opção correta.

a) São princípios básicos do funcionamento do Sistema de Informações sobre Recursos Hídricos, de acordo com a citada lei, a centralização na obtenção e produção de dados e informações e a gestão compartilhada do sistema por todos os entes federativos.

b) A outorga de direito de uso de recursos hídricos implica a alienação parcial das águas, não sua alienação total.

c) A extração de água de aquífero subterrâneo para insumo de processo produtivo está condicionada à outorga pelo poder público; a captação de parcela da água existente em um corpo de água para abastecimento público independe de outorga.

d) Os valores arrecadados com a cobrança pelo uso de recursos hídricos devem ser aplicados na bacia hidrográfica correspondente, vedada sua destinação ao pagamento de despesas de custeio administrativo de qualquer natureza.

e) Constituindo-se em um dos instrumentos da política nacional de recursos hídricos, os planos de recursos hídricos devem ser elaborados por bacia hidrográfica, por estado e para o país.

COMENTÁRIOS

Alternativa correta: "e". Trata-se de questão diretamente relacionada com os Planos de Recursos Hídricos, enquanto instrumento específico da Política Nacional de Recursos Hídricos (PNRH), conforme preceitua o Art. 5º, I, da Lei Federal 9433/97. E como instrumento específico de efetivação da referida Política, no caso ferramenta de planejamento da gestão hídrica no país, os planos devem ser elaborados por bacia hidrográfica, por estado e para o país, conforme determina o art. 8º, da Lei Federal 9433/97.

Alternativa "a". Está incorreta, pois são princípios básicos do funcionamento do Sistema de

Informações sobre Recursos Hídricos, **a descentralização** (e não a centralização) na obtenção e produção de dados e informações e a gestão compartilhada do sistema por todos os entes federativos, conforme estabelece o Art. 26 da Lei Federal nº 9433/97.

Alternativa "b". Está incorreta, porque a água é um bem de domínio público, portanto, bem de uso comum do povo de natureza inalienável. Isto se encontra também explícito no texto do Art. 18, da Lei Federal 9433/97: a outorga não implica a alienação parcial das águas, que são inalienáveis, mas o simples direito de seu uso.

Alternativa "c". Está incorreta, a segunda parte da questão. No caso, a captação de parcela da água existente em um corpo de água para abastecimento público **depende** de outorga. Determinação expressa do Art. 12, I da Lei Federal nº 9433/97. Estão sujeitos a outorga pelo Poder Público os direitos dos seguintes usos de recursos hídricos, derivação ou captação de parcela da água existente em um corpo de água para consumo final, inclusive abastecimento público, ou insumo de processo produtivo.

Alternativa "d". Está incorreta, pois o pagamento de despesas de custeio administrativo de qualquer natureza é uma das prioridades dos valores arrecadados com a cobrança pelo uso de recursos hídricos, conforme determina Art. 22, II, da Lei Federal nº 9433/97.

58. (Cespe – Juiz Federal Substituto 2ª região/ 2013) Tendo em vista as normas que regem os recursos hídricos nacionais, assinale a opção correta.

a) A outorga e a utilização de recursos hídricos para fins de geração de energia elétrica estarão subordinadas ao Plano Nacional de Recursos Hídricos.

b) A apropriação de águas subterrâneas por meio de poços é permitida aos proprietários de terrenos rurais, desde que para consumo final.

c) As águas subterrâneas e os rios que provenham de outros países ou banhem mais de um estado são bens da União.

d) As águas públicas podem ser de uso comum ou dominicais, sendo que apenas as últimas podem ser objeto de outorga.

e) A lei que regulamenta a Política Nacional de Recursos Hídricos instituiu o direito de venda das águas como forma de conscientizar a coletividade acerca da importância de sua preservação.

COMENTÁRIOS

Alternativa correta: "a". Trata-se de questão relacionada com a outorga enquanto instrumento da Política Nacional de Recursos Hídricos (PNRH) e no caso outorga específica para utilização de recursos hídricos **para fins de geração de energia elétrica** estará subordinada ao Plano Nacional de Recursos Hídricos, por força do § 2º, Art. 12, da Lei Federal 9433/97.

Alternativa "b". Está incorreta, pois um dos fundamentos principais da Política Nacional de Recursos Hídricos (PNRH) é o de que a água é um bem de domínio público, portanto, bem de uso comum do povo de natureza inalienável. Neste sentido, não se admite a apropriação das águas. No caso da assertiva, a situação estaria passível de outorga, para se ter direito de uso da água, conforme previsão Art. 12, da Lei Federal 9433/97, que condiciona à outorga, ou seja, autorização do órgão competente a: extração de água de aquífero subterrâneo para consumo final ou insumo de processo produtivo.

Alternativa "c". Está incorreta, a primeira parte da questão. No caso, as águas subterrâneas incluem-se entre os bens dos Estados, segundo Art. 26 da Constituição Federal de 1988.

Alternativa "d". Está incorreta, pois as águas públicas são sempre de uso comum e de domínio público. Esta natureza jurídica decorre da fundamentação conjunta do Art. 1º, I da Política Nacional de Recursos Hídricos (Lei Federal 9433/97), que estabelece a água como bem de domínio público; do Art. 1º; do Art. 99, I do Código Civil, que estabelece serem bens públicos os de uso comum do povo, tais como rios, mares, estradas, ruas e praças; e do *caput* art. 225 da CF, que prevê o meio ambiente ecologicamente equilibrado, do qual fazem parte as águas públicas, com bem de uso comum do povo.

Alternativa "e". Está incorreta, porque não há possibilidade de direito de venda das águas. A água é bem de domínio público, portanto, inalienável. (Art. 1º, I, Lei Federal 9433/97).

59. (Cespe – Juiz Federal Substituto 5ª região/2013) O objetivo do regime de outorga de direitos de uso de recursos hídricos é assegurar o controle quantitativo e qualitativo dos usos da água e o efetivo exercício dos direitos de acesso à água. No âmbito da União,

a) a outorga preventiva de uso de recursos hídricos confere ao requerente, desde a sua autorização, o imediato uso dos recursos hídricos.

b) o aproveitamento dos recursos hídricos – incluídos os potenciais energéticos, a pesquisa e a lavra das riquezas minerais em terras indígenas – só pode ser efetivado mediante autorização do Congresso Nacional e após as comunidades afetadas terem sido ouvidas.

c) a inexistência de declaração de reserva de disponibilidade hídrica não impede a Agência Nacional de Energia Elétrica de licitar a concessão ou a autorização do uso de potencial de energia hidráulica em corpo de água de domínio da União.

d) a outorga de uso dos recursos hídricos depende de prévia realização de licitação.

e) a competência para a edição de normas gerais sobre outorga é do Ministério do Meio Ambiente.

COMENTÁRIOS

Alternativa correta: "b". Refere-se à questão relacionada ao regime jurídico das águas, para seu aproveitamento, quando em terras indígenas. No caso se aplica o Art. 231, **§ 3º, da CF, relacionado com os Direitos Indígenas e sobre os recursos naturais existentes em seus territórios, cujo aproveitamento depende de autorização específica do Congresso Nacional:** O aproveitamento dos recursos hídricos, incluídos os potenciais energéticos, a pesquisa e a lavra das riquezas minerais em terras indígenas só podem ser efetivados com autorização do Congresso Nacional, ouvidas as comunidades afetadas, ficando-lhes assegurada participação nos resultados da lavra, na forma da lei.

Alternativa "a". Está incorreta, pois a **outorga preventiva não confere direito de uso de recursos hídricos** e se destina a reservar a vazão passível de outorga, possibilitando, aos investidores, o planejamento de empreendimentos que necessitem desses recursos. Esta é a previsão do § 1º, Art. 6º, da Lei Federal nº 9984/2000, que dispõe sobre a criação da Agência Nacional das Águas – ANA.

Alternativa "c". Está incorreta. Para licitar a concessão ou autorizar o uso de potencial de energia hidráulica em corpo de água de domínio da União, a Agência Nacional de Energia Elétrica – ANEEL deverá promover, junto à ANA, a prévia obtenção de declaração de reserva de disponibilidade hídrica, conforme determina o Art. 7º, da Lei Federal nº 9984/2000.

Alternativa "d". Está incorreta, pois a outorga de uso dos recursos hídricos **independe** de prévia realização de licitação. A outorga é um instrumento da Política Nacional de Recursos Hídricos (Lei Federal 9433/97) sempre necessário sempre que se pretende se fazer algum tipo de uso recurso hídrico. Na verdade, a licitação é que dependerá da outorga, quando estiver em concorrência a utilização das águas, como no caso de utilização de potencial hidráulico para geração de energia elétrica.

Alternativa "e". Está incorreta. A competência para a edição de normas gerais sobre outorga é Ana – Agência Nacional das Águas. Definida pelo Art. 4º, II, da Lei Federal nº 9984/2000, que apresenta como competência da Ana, disciplinar, em caráter normativo, a implementação, a operacionalização, o controle e a avaliação dos instrumentos da Política Nacional de Recursos Hídricos, no caso, se insere a outorga.

---

60. (Cespe – Juiz Federal Substituto 5ª região/2013) No que se refere à Agência Nacional de Águas (ANA), agência reguladora cuja autonomia administrativa e financeira é mais ampla do que a das demais autarquias, assinale a opção correta.

a) Compete à ANA definir os critérios para a aplicação dos recursos arrecadados com a cobrança do uso de recursos hídricos.

b) A concessão, pela ANA, de outorga do direito de uso de recursos hídricos da União depende de homologação do Conselho Nacional de Recursos Hídricos.

c) Desde sua nomeação, o diretor da ANA está sujeito à perda de mandato em decorrência de renúncia, condenação judicial transitada em julgado ou decisão definitiva em processo administrativo disciplinar.

d) As outorgas de direito de uso de recursos hídricos para concessionárias e autorizadas de serviços públicos e de geração de energia hidrelétrica vigoram por prazos iguais aos prazos dos correspondentes contratos de concessão ou atos administrativos de autorização.

e) Não se pode delegar a execução de atividades de competência da ANA às agências de água ou de bacia hidrográfica.

COMENTÁRIOS

Alternativa correta: "d". A assertiva trata de regra específica para as outorgas de direito de uso de recursos hídricos para concessionárias e autorizadas de serviços públicos e de geração de energia hidrelétrica, onde os por prazos das outorgas deverão ser coincidentes com os dos correspondentes contratos de concessão ou atos administrativos de autorização, como determina o **§ 4º, do** Art. 5º, da Lei Federal nº 9984/2000.

Alternativa "a". Está incorreta, pois não compete à ANA definir os critérios para a aplicação dos recursos arrecadados com a cobrança do uso de recursos hídricos. Na verdade os critérios de utilização dos valores arrecadados pela cobrança pelo uso de recursos hídricos são definidos por Lei, pela Política Nacional de Recursos Hídricos, na forma do disposto no art. 22 da Lei no 9.433, de 1997, ou seja, devem utilizados no financiamento de estudos, programas, projetos e obras incluídos nos Planos de Recursos Hídricos e no pagamento de despesas de implantação e custeio administrativo dos órgãos e entidades integrantes do Sistema Nacional de Gerenciamento de Recursos Hídricos.

Alternativa "b". Está incorreta. A concessão, pela ANA, de outorga do direito de uso de recursos hídricos da União **não** depende de homologação do Conselho Nacional de Recursos Hídricos. O que irá depender da homologação do Conselho Nacional de Recursos Hídricos são alguns casos de prorrogação de outorga, definidos pelo Art. 5º, I e II, da Lei Federal nº 9984/2000.

Alternativa "c". Está incorreta. Não é desde sua nomeação, **mas sim após 04 (quatro) meses** da nomeação, que o diretor da ANA está sujeito à perda de mandato em decorrência de renúncia, condenação judicial transitada em julgado ou decisão definitiva em processo administrativo disciplinar. Como estabelece o **§ 1º, do** Art. 10, da Lei Federal nº 9984/2000.

Alternativa "e". Está incorreta. A ANA poderá sim delegar ou atribuir a agências de água ou de bacia hidrográfica a execução de atividades de sua competência, nos termos do art. 44 da Lei no 9.433, de 1997, e previsão expressa do **§ 4º, do** Art. 1º da Lei Federal nº 9984/2000.

---

61. (Cespe – Juiz Federal Substituto 1ª região/2013) A respeito das restrições e obrigações impostas aos entes públicos e aos particulares para viabilizar a defesa do meio ambiente, assinale a opção correta.

a) Os valores arrecadados com a cobrança do uso de recursos hídricos devem ser aplicados obrigatoriamente em programas e intervenções contempladas nos planos de recursos hídricos, sob pena de desvio de finalidade.

b) O licenciamento ambiental e o estudo prévio de impacto ambiental (EPIA) são imprescindíveis para viabilizar a extração de minério, podendo o órgão público competente impor, também, a obrigação de recuperar o meio ambiente degradado.

c) A defesa do meio ambiente, caso este venha a ser objeto de atividade predatória, pode justificar restrições ao uso da propriedade rural, mas sem alcançar o extremo da desapropriação, já que os valores do desenvolvimento econômico e proteção ambiental devem ser conciliados.

d) Os procedimentos de avaliação de impacto ambiental visam fornecer informações às administrações públicas, a fim de que possam decidir, de modo eficaz, pela proteção ao meio ambiente.

e) O proprietário de terreno particular pode apropriar-se das águas que existirem debaixo da superfície de seu prédio, retirando-as por meio de poços, desde que não prejudique os aproveitamentos existentes nem as desvie de seu curso natural.

COMENTÁRIOS

Alternativa correta: "a". Trata-se de questão relacionada cobrança pelo uso de recursos hídricos enquanto instrumento da Política Nacional de Recursos Hídricos (PNRH) e no caso, por força legal, obrigatoriamente Os valores arrecadados com a cobrança pelo uso de recursos hídricos serão aplicados prioritariamente na bacia hidrográfica em que foram gerados e serão utilizados no financiamento de estudos, programas, projetos e obras incluídos nos Planos de Recursos Hídricos, Esta determinação está prevista no Art. 22, I, da Lei Federal 9433/97, portanto, o seu descumprimento gera sim desvio de finalidade.

Alternativa "b". Está incorreta a segunda parte da assertiva. Não é discricionário ao órgão público competente determinar ou não a recuperação do meio ambiente degradado nos casos de extração de minério. Trata-se de obrigatoriedade constitucional, definida pelo **§ 2º, do art. 225, no sentido que a**quele que explorar recursos minerais fica obrigado a recuperar o meio ambiente degradado, de acordo com solução técnica exigida pelo órgão público competente.

Alternativa "c". Está incorreta. Pode ocorrer a desapropriação quando a propriedade rural não cumpre suas obrigações ambientais previstas na legislação. Isto porque o Art. 186 da CF prevê que a função social é cumprida quando a propriedade rural atende, simultaneamente, segundo critérios e graus de exigência estabelecidos em lei, aos seguintes requisitos: I - aproveitamento racional e adequado; **II** – utilização adequada dos recursos naturais disponíveis e preservação do meio ambiente; **III** – observância das disposições que regulam as relações de trabalho; **IV** – exploração que favoreça o bem-estar dos proprietários e dos trabalhadores. Ou seja, quando não há preservação do meio ambiente a propriedade deixa de cumprir sua função social. Por outro lado, o **Art. 184.** da CF, prevê que compete à União desapropriar por interesse social, para fins de reforma agrária, o imóvel rural que não esteja cumprindo sua função social (independentemente dos critérios que não sendo respeitado). Portanto, dependendo o tipo de ação predatório ao meio ambiente, pode ocorrer a desapropriação do imóvel rural com fundamento no não cumprimento da função social da propriedade.

Alternativa "d". Está incorreta, pois a avaliação de impacto ambiental visa fornecer informações às administrações públicas, a fim de que possam decidir, de modo eficaz, se atividades modificadoras do meio ambiente podem ou não ser aprovadas; e quando aprovadas, devem ocorrer dentro das condições que representem os menores impactos possíveis ao meio ambiente, com vistas ao desenvolvimento sustentável.

Alternativa "e". Está incorreta. Não pode haver nenhum tipo de apropriação das águas, independentemente da sua forma de uso, pois são bens de domínio público e alienáveis (Art. 1º, I, Lei Federal 9433/97).

62. (Cespe – Procurador do DF/ 2013) Relativamente à PNRH, julgue os itens seguintes.

O Poder Executivo do DF tem a responsabilidade de promover a integração das políticas locais de saneamento básico, de uso, ocupação e conservação do solo e de meio ambiente com a PNRH.

COMENTÁRIOS

Certo. Em primeiro lugar, esta afirmação decorre da natureza comum da competência administrativa do Poder Executivo, inclusive do DF, para proteger o meio ambiente e combater a poluição em qualquer de suas formas e promover programas de construção de moradias e a melhoria das condições habitacionais e de saneamento básico, conforme art. 23, VI e IX da CF. Em segundo, decorre das próprias diretrizes gerais de ação para implementação da Política Nacional de Recursos Hídricos, que prevê a integração da gestão de recursos hídricos com a gestão ambiental e a articulação da gestão de recursos hídricos com a do uso do solo, conforme Art. 3º, III e V da Política Nacional de Recursos Hídricos (Lei Federal 9433/97).

6. PATRIMÔNIO CULTURAL BRASILEIRO

63. (Cespe – AGU – 2015 – Advogado da União) A respeito do meio ambiente e dos direitos e interesses das populações indígenas, julgue o item seguinte.

Os índios, suas comunidades e organizações são partes legítimas para ingresso em juízo em defesa de seus direitos e interesses, competindo à justiça federal processar e julgar os crimes relacionados aos direitos dos índios.

COMENTÁRIOS

Está certo. Segundo previsão expressa do Art. 232 da CF: Os índios, suas comunidades e organizações são partes legítimas para ingressar em juízo em defesa de seus direitos e interesses, intervindo o Ministério Público em todos os atos do processo. De outra parte, o Art. 20, XI, da CF, prevê que são bens da União, as terras tradicionalmente ocupadas pelos índios, competindo, portanto, à justiça federal processar e julgar os crimes relacionados aos direitos dos índios.

64. (Cespe – Procurador do DF/ 2013) Julgue os próximos itens, relativos à proteção do patrimônio cultural e às áreas de preservação permanente.

São sujeitos ao tombamento apenas os bens culturais, ou seja, os que sejam produto da atividade do ser humano ou revelem a combinação da ação do ser humano com a natureza.

COMENTÁRIOS

Errado. O Decreto-lei número 25, de 30 de novembro de 1937, que disciplina o Tombamento, estabelece no seu Art. 1º, § 2º, que são também sujeitos a tombamento os monumentos naturais, bem como os sítios e paisagens que importe conservar e proteger pela feição notável com que tenham sido dotados pela natureza ou agenciados pela indústria humana.

65. (Cespe – Procurador do DF/ 2013) Acerca do patrimônio cultural e da proteção ambiental das terras indígenas, julgue os itens que seguem.

65.1. Em rol taxativo, a CF elenca os bens que constituem o patrimônio cultural brasileiro, como os conjuntos urbanos e sítios de valor histórico, paisagístico, artístico, arqueológico, paleontológico, ecológico e científico.

COMENTÁRIOS

Errado. A Constituição Federal prevê, de forma ampla por meio de seu Art. 216, que constituem patrimônio cultural brasileiro os bens de natureza material e imaterial, tomados individualmente ou em conjunto, portadores de referência à identidade, à ação, à memória dos diferentes grupos formadores da sociedade brasileira. Os incisos são exemplos de patrimônio cultural. Portanto, está errado falar em rol constitucional taxativo de bens integrantes do patrimônio cultural brasileiro.

65.2. A proteção ambiental das terras indígenas compete à União, sendo atribuição privativa do presidente da República autorizar a pesquisa e a lavra das riquezas minerais nessas áreas.

COMENTÁRIOS

Errado. No caso se aplica o Art. 231, **§ 3º, da CF, relacionado com os Direitos Indígenas e sobre os recursos naturais existentes em seus territórios, cuja autorização,** pesquisa e a lavra das riquezas minerais nessas áreas **depende de autorização específica do Congresso Nacional:** O aproveitamento dos recursos hídricos, incluídos os potenciais energéticos, a pesquisa e a lavra das riquezas minerais em terras indígenas só podem ser efetivados com autorização do Congresso Nacional, ouvidas as comunidades afetadas, ficando-lhes assegurada participação nos resultados da lavra, na forma da lei.

65.3. A promoção e proteção do patrimônio cultural brasileiro é responsabilidade do poder público, com a colaboração da comunidade, por meio de inventários, registros, vigilância, tombamento e desapropriação, e de outras formas de acautelamento e preservação.

COMENTÁRIOS

Certo. A Constituição Federal estabelece, expressamente, competir ao Poder Público, com a colaboração da comunidade, promover e proteger o patrimônio cultural brasileiro, por meio de inventários, registros, vigilância, tombamento e desapropriação, e de outras formas de acautelamento e preservação **(Art. 216, § 1º, da CF).**

7. RESPONSABILIDADE CIVIL, ADMINISTRATIVA E PENAL POR DANOS AMBIENTAIS/TUTELA PROCESSUAL DO MEIO AMBIENTE

66. (Cespe – Delegado de Polícia – PE/2016) Determinada pessoa física foi autuada por, supostamente, ter comercializado produtos, instrumentos e objetos que implicam a caça de espécimes da fauna silvestre. Considerando essa situação hipotética, assinale a opção correta com base no Decreto n.° 6.514/2008 — que dispõe sobre as infrações e sanções administrativas ao meio ambiente, estabelece o processo administrativo federal para apuração destas infrações, e dá outras providências.

a) A defesa do autuado deverá ser conhecida, ainda que seja apresentada fora do prazo.

b) O autuado não poderá ser intimado da lavratura do auto de infração por meio de edital.

c) O autuado não poderá ser intimado da lavratura do auto de infração por meio de carta registrada.

d) Se o auto de infração apresentar erro no enquadramento legal, o vício será insanável.

e) Se o auto de infração apresentar vício sanável, ele poderá ser convalidado a qualquer tempo.

COMENTÁRIOS

Alternativa correta: "e". Nos termos do artigo 99, do Decreto n.° 6.514/2008, que dispõe sobre as infrações e sanções administrativas ao meio ambiente e estabelece o processo administrativo federal para apuração destas infrações, o auto de infração que apresentar vício sanável poderá, a qualquer tempo, ser convalidado de ofício pela autoridade julgadora, mediante despacho saneador, após o pronunciamento do órgão da Procuradoria-Geral Federal que atua junto à respectiva unidade administrativa da entidade responsável pela autuação.

Alternativa "a": Está incorreta. Expressamente o artigo 117, inciso I, do Decreto n.° 6.514/2008, estabelece que a defesa não será conhecida quando apresentada fora do prazo.

Alternativa "b": Está incorreta. O artigo 96, inciso IV, do Decreto n.° 6.514/2008, prevê que o autuado poderá ser intimado da lavratura do auto de infração por edital, se estiver em lugar incerto, não sabido ou se não for localizado no endereço.

Alternativa "c": Está incorreta. O mesmo artigo 96, no seu inciso III, do Decreto n.° 6.514/2008, prevê também que o autuado poderá ser intimado da lavratura do auto de infração por carta registrada com aviso de recebimento;

Alternativa "d": Está incorreta. Conforme prevê o artigo 100, § 3º, do Decreto n.° 6.514/2008, o erro no enquadramento legal da infração não implica vício insanável, podendo ser alterado pela autoridade julgadora mediante decisão fundamentada que retifique o auto de infração.

67. (Cespe – Juiz de Direito Substituto – AM/2016) O fiscal de determinado órgão ambiental constatou que um madeireiro cortava árvores de espécies protegidas. O madeireiro apresentou autorização para cortar exemplares que apresentavam risco de queda, mas, dado o excesso de espécimes cortados, o fiscal considerou que a situação configurava tanto infração administrativa como crime ambiental. Considerou, ainda, após exame da autorização, que o documento estava em desacordo com as normas ambientais aplicáveis, inclusive por vício de competência.

Com base nessa situação hipotética, assinale a opção correta acerca de infrações ambientais e poder de polícia. (Rafael)

a) É correto afirmar que o órgão de lotação do fiscal é o IBAMA.

b) Cabem ao fiscal a lavratura do auto de infração ambiental e a instauração tanto do processo administrativo quanto do inquérito criminal contra o madeireiro.

c) Para a lavratura do auto de infração, é desnecessária análise do elemento subjetivo do madeireiro, pois a responsabilidade civil por dano ambiental é objetiva.

d) Se deixar de proceder à apuração mediante processo administrativo próprio, o fiscal poderá ser corresponsabilizado pelo corte ilegal das árvores.

e) A concessão de autorização em desacordo com as normas ambientais só configura crime se tiver havido dolo do servidor que a concedeu.

COMENTÁRIOS

Alternativa correta: "d". A situação descrita relata o corte de espécies protegidas, tema afeito à Lei Federal n. 11.428/2006. As espécies nativas protegidas constituem bem jurídico ambiental de grande importância, de modo que a ação ou omissão do fiscal em inobservância aos ditames legais e regulamentares no momento da apuração dos danos ambientais mediante processo administrativo pode acarretar em sua corresponsabilização pelo corte ilegal das árvores. Neste sentido a previsão do artigo 42, que prevê que a ação ou omissão das pessoas físicas ou jurídicas que importem inobservância aos preceitos desta Lei (Lei Federal n. 11.428/2006) e a seus regulamentos ou resultem em dano à flora, à fauna e aos demais atributos naturais sujeitam os infratores às sanções previstas em lei, em especial as dispostas na Lei de Crimes Ambientais (Lei n. 9605/1998) e seus decretos regulamentadores.

Alternativa "a": Está incorreta. A situação fática aponta que o documento estava em desacordo com as normas ambientais aplicáveis, inclusive por vício de competência. Se o documento possui vício de competência e o madeireiro apresenta para um fiscal autorização para corte de árvores com risco de queda, subentende-se que o documento foi apresentado no órgão estadual (ou mesmo municipal) quando na verdade deveria ser apresentado junto ao IBAMA, por se tratar de corte de árvores protegidas com excesso de espécies. Cabe destacar que a anuência do IBAMA é sempre necessária quando a supressão de vegetação primária ou secundária em estágio médio ou avançado de regeneração ultrapassar os limites cinquenta hectares por empreendimento, isolada ou cumulativamente (Art. 19, do Decreto Federal n 6.660/2008).

Alternativa "b": Está incorreta. Ao fiscal, dentro do seu poder de polícia, cabe a abertura do processo administrativo com base na situação de supressão de árvores protegidas sem autorização competente. O inquérito criminal deve ser instaurado via portaria por autoridade policial; no caso, o fiscal deve encaminhar o auto de infração administrativa para a delegacia de polícia competente.

Alternativa "c": Está incorreta. Para a autuação administrativa é necessária sim análise do elemento subjetivo do madeireiro, pois ao contrário do que ocorre no plano civil (no qual poluidores indiretos respondem objetivamente por danos ambientais), **na esfera administrativa,** não **se pode punir uma pessoa, sem que tenha agido com culpa, por infração ambiental cometida por terceiro.** Esta é a posição atual do STJ (AgRg no AREsp 62.584/RJ)

Alternativa "e": Está incorreta. Especialmente para casos que envolvem espécies protegidas, a concessão de autorização em desacordo com as normas ambientais pode também configurar crime quando há omissão do servidor ou mesmo se a situação resulte em dano à flora, à fauna e aos demais atributos naturais. É esta a previsão do já mencionado artigo 42, da Lei Federal n. 11.428/2006:"a ação ou omissão das pessoas físicas ou jurídicas que importem inobservância aos preceitos desta Lei e a seus regulamentos ou resultem em dano à flora, à fauna e aos demais atributos naturais sujeitam os infratores às sanções previstas em lei, em especial as dispostas na Lei de Crimes Ambientais (Lei n. 9605/1998)."

68. (Cespe – Delegado de Polícia – PE/2016) A responsabilidade civil por grave acidente ambiental ocorrido em uma região de determinado estado da Federação será

a) subjetiva, informada pela teoria do risco proveito.

b) objetiva, informada pela teoria do risco criado.

c) objetiva, informada pela teoria do risco integral.

d) subjetiva, informada pela teoria do risco criado.

e) subjetiva, informada pela teoria do risco integral.

COMENTÁRIOS

Alternativa correta: "c". Este é o posicionamento atual do STJ, no sentido de que a responsabilidade civil por danos ambientais, seja por lesão ao meio ambiente propriamente dito (dano ambiental público), seja por ofensa a direitos individuais (dano ambiental privado), é objetiva, fundada na teoria do risco integral, em face do disposto no art. 14, § 1º, da Lei n. 6938/81. (RECURSO ESPECIAL Nº 1.373.788 – SP (2013/0070847-2).

Alternativa "a": Está incorreta. O artigo 14, § 1º, da Política Nacional do Meio Ambiente (Lei n. 6938/81), estabelece que sem obstar a aplicação das penalidades previstas no referido artigo, é o poluidor obrigado, independentemente da existência de culpa, a indenizar ou reparar os danos causados ao meio ambiente e a terceiros, afetados por sua atividade. Portanto, esta previsão fundamenta a natureza de responsabilidade objetiva (e não subjetiva), independente de culta, da responsabilidade ambiental por reparação de danos. E como visto na questão anterior, informada pela teoria do risco integral e não pelo risco proveito, que responsabilizaria somente aquele que busca tirar proveito de determinada atividade potencial ou efetivamente danosa.

Alternativa "b": Está incorreta. A incorreção do enunciado está no apontamento de que a responsabilidade civil para o caso do dano ambiental seria informada pela teoria do risco criado. Dentro das teorias da responsabilidade civil, a do risco criado ocorre quando alguém, em razão de sua atividade ou profissão, cria perigo, devendo reparar o dano que causar. Como já mencionado, o entendimento jurisprudencial atual do STJ adota a teoria do risco integral para a reparação de danos ambientais.

Alternativa "d": Está incorreta. Como comentado nas previsões acima, o artigo 14, § 1º, da Lei Federal n. 6938/81 fundamenta a responsabilidade civil de natureza objetiva e a jurisprudência (STJ) adota a teoria do risco integral para os casos de dano ambiental.

Alternativa "e": Está incorreta. A natureza da responsabilidade civil ambiental é sempre objetiva, sendo que tal entendimento está inclusive recepcionado no artigo 225, § 3º, as condutas e atividades consideradas lesivas ao meio ambiente sujeitarão os infratores, pessoas físicas ou jurídicas, a sanções penais e administrativas, independentemente da obrigação de reparar os danos causados.

---

69. Cespe – TJDFT – 2015 – Juiz de Direito Substituto) Antônio depositou, a céu aberto, resíduos tóxicos em terreno de sua propriedade. Embora a área fosse cercada e houvesse placas de sinalização informando a presença de material tóxico, o acesso ao terreno era fácil, consentido e costumeiro. Joaquim, um morador que não conhecia bem a vizinhança, passou pelo local e sofreu, por conduta não dolosa, graves queimaduras decorrentes do contato com os resíduos tóxicos, pois, ao ver esse material, ficou curioso, se aproximou e o tocou.

Acerca dessa situação hipotética, assinale a opção correta à luz do entendimento do STJ.

a) Aplica-se ao caso a teoria do risco integral, de modo que Antônio deverá responder pelos danos sofridos por Joaquim, a menos que fique comprovada a culpa exclusiva da vítima ou a ocorrência de caso fortuito ou força maior.

b) Não é aplicável ao caso a teoria do risco integral, uma vez que Joaquim era um estranho que não tinha qualquer relação jurídico-contratual com Antônio, a lesão foi cometida a indivíduo e não ao meio ambiente e foram colocadas placas de sinalização indicando a presença de material tóxico.

c) Caso Antônio tivesse depositado os resíduos na condição de agente de entidade estatal e não como particular, sua provável responsabilidade obedeceria ao regime do risco administrativo.

d) A conduta de Antônio enquadra-se no conceito de dano ambiental e a ela devem ser aplicados o princípio do poluidor-pagador e a responsabilidade objetiva por risco integral.

e) Se Antônio tivesse depositado os resíduos na condição de agente de entidade estatal, sua responsabilidade seria de natureza subjetiva, sendo necessário provar culpa lato sensu para que o Estado respondesse por condutas omissivas causadoras de dano ao meio ambiente.

COMENTÁRIOS

Alternativa correta: 'd": O enunciado apresenta situação fática baseada em recente decisão do STJ, no caso o REsp 1.373.788-SP, Rel. Min. Paulo de Tarso Sanseverino, julgado em 6/5/2014. Trata-se de típica situação de ocorrência de dano ambiental, depósito de resíduos perigosos em local indevido acarretando danos em outra pessoa, geradora da responsabilidade civil ambiental objetiva por risco integral por parte do poluidor (art. 14, § 1º, da Lei 6.938/1981). Aplica-se ao caso o princípio ambiental do poluidor-pagador ao caso, ou seja, aquele que gera um dano ambiental, que possui natureza difusa, deve ser responsabilizado à sua reparação. Nos termos do referido acórdão: "O particular que deposite resíduos tóxicos em seu terreno, expondo-os a céu aberto, em local onde, apesar da existência de cerca e de placas de sinalização informando a presença de material orgânico, o acesso de outros particulares seja fácil, consentido e costumeiro, responde objetivamente pelos danos sofridos por pessoa que, por conduta não dolosa, tenha sofrido, ao entrar na propriedade, graves queimaduras decorrentes de contato com os resíduos".

Alternativa "a". Está incorreta. A teoria do risco integral, à luz do entendimento atualizado do STJ, não comporta os excludentes de culpa exclusiva da vítima ou a ocorrência de caso fortuito ou força maior. Nos termos do acórdão do STJ que consagra esse entendimento (**REsp 1.373.788-SP**), tem-se que "a teoria do risco como cláusula geral de responsabilidade civil restou consagrada no enunciado normativo do parágrafo único do art. 927 do CC, que assim dispôs: "Haverá obrigação de reparar o dano, independentemente de culpa, nos casos especificados em lei, ou quando a atividade normalmente desenvolvida pelo autor do dano implicar, por sua natureza, risco para os direitos de outrem". A teoria do risco integral constitui uma modalidade extremada da teoria do risco em que o nexo causal é fortalecido de modo a não ser rompido pelo implemento das causas que normalmente o abalariam (v.g. culpa da vítima; fato de terceiro, força maior). Essa modalidade é excepcional, sendo fundamento para hipóteses legais em que o risco ensejado pela atividade econômica também é extremado, como ocorre com o dano nuclear (art. 21, XXIII, "c", da CF e Lei 6.453/1977). O mesmo ocorre com o dano ambiental (art. 225, *caput* e § 3º, da CF e art. 14, § 1º, da Lei 6.938/1981), em face da crescente preocupação com o meio ambiente. Nesse mesmo sentido, extrai-se da doutrina que, na responsabilidade civil pelo dano ambiental, não são aceitas as excludentes de fato de terceiro, de culpa da vítima, de caso fortuito ou de força maior."

Alternativa "b". Está incorreta. Conforme o já mencionado entendimento atual do STJ, se aplica ao caso a teoria do risco integral à aquele que causa dano ambiental, que possui natureza difusa e deve ser reparado independentemente da existência prévia de relação jurídico-contratual entre as partes.

Alternativa "c". Está incorreta. O agente de entidade estatal, assim como a própria entidade estatal, responde, nos casos de danos ambientais, pela teoria do risco integral.

Alternativa "e". Está incorreta. Por força do art. 225, § 3º, da CF e art. 14, § 1º, da Lei 6.938/1981, não há distinção entre pessoas de direito privado e direito público na reparação de danos ambientais, aquele que causou dano deve repará-lo, independentemente da existência de culpa do agente.

70. (**Cespe – TRF 1ª– 2015 – Juiz Federal Substituto da 1ª Região)** Acerca do poder de polícia ambiental, da responsabilidade ambiental e das infrações ambientais no âmbito federal, assinale a opção correta de acordo com a legislação vigente.

a) Na apuração de infrações administrativas ambientais, aplicar-se-á prescrição intercorrente quando os processos instaurados ficarem paralisados por mais de dois anos sem julgamento ou despacho.

b) Uma vez aplicada advertência para os casos de infrações de menor potencial ofensivo, o órgão ambiental não poderá aplicar multa pelo mesmo fato.

c) O cumprimento de termo de compromisso perante o órgão ambiental relativo à conversão de multa simples em prestação de serviços de preservação do meio ambiente, obedecidas as exigências legais, provoca efeitos tanto na esfera administrativa quanto na esfera civil.

d) Haverá ilegalidade na aplicação de sanções administrativas cuja fundamentação jurídica específica indique ilícito constante de decreto regulamentar, visto que a responsabilização administrativa ambiental exige descrição de fatos ilícitos em lei.

e) O Instituto Chico Mendes de Conservação da Biodiversidade é incompetente para a lavratura dos autos de infrações cometidas no interior de unidade de conservação federal, dado que o poder de polícia ambiental no âmbito federal é exclusivo do IBAMA.

COMENTÁRIOS

Alternativa "c". Está correta. Segundo o Art. 146, § 3º, do Decreto nº 6.514/2008, que dispõe sobre as infrações e sanções administrativas ao meio ambiente, estabelece o processo administrativo federal para apuração destas infrações, **o termo de compromisso terá efeitos na esfera civil e administrativa.**

Alternativa "a". Está incorreta. O Art. 21, § 2º, do Decreto nº 6.514/2008, prevê que Incide a **prescrição no procedimento de apuração do auto de infração paralisado por mais de três anos,** pendente de julgamento ou despacho, cujos autos serão arquivados de ofício ou mediante requerimento da parte interessada, sem prejuízo da apuração da responsabilidade funcional decorrente da paralisação.

Alternativa "b". Está incorreta. Art. 6º do Decreto nº 6.514/2008, expressamente dispõe que a sanção de advertência não excluirá a aplicação de outras sanções.

Alternativa "d". Está incorreta. Não haverá ilegalidade na aplicação de sanções administrativas cuja fundamentação jurídica específica indique ilícito constante de decreto regulamentar. **A responsabilização ambiental que exige descrição de fatos ilícitos em lei é a criminal e não a administrativa.**

Alternativa "e". Está incorreta. Segundo o Art. 1 º, IV, da Lei Federal nº 11.516/2007, o Instituto Chico Mendes é competente para exercer o poder de polícia ambiental para a proteção das unidades de conservação instituídas pela União.

71. (Cespe – Juiz de Direito Substituto – DFT/2014) João instalou, em terreno de sua propriedade, situado na região industrial de Brasília – DF, um depósito de determinado produto químico. Por descuido de um de seus funcionários, um galão do produto foi derramado no solo da propriedade. O funcionário decidiu não relatar o episódio aos seus superiores. Após quatro meses do ocorrido, em razão de dívidas contraídas com o investimento, João decidiu vender a propriedade e contratou uma empresa de auditoria ambiental para analisar se havia algum dano na propriedade. Os auditores afirmaram que havia risco de o produto atingir o lençol freático, o que ainda não ocorrera. O novo comprador, Pedro, por descuido na análise dos documentos referentes ao imóvel, não observou o laudo técnico, que apontava risco de contaminação do lençol freático, e continuou a desenvolver a mesma atividade que João. Após um ano da compra do imóvel, Pedro recebeu a visita de fiscais do órgão ambiental fiscalizador, que analisavam o solo da região. Após análise da qualidade do solo, foi constatado que o lençol freático que abastecia a região havia sido contaminado por derramamento de produto químico no solo. Pedro foi autuado por contaminação do lençol freático, conforme previsão das normas aplicáveis.

Em face dessa situação hipotética e considerando as normas e a jurisprudência aplicáveis, assinale a opção correta.

a) Pedro pode ser responsabilizado civilmente, pois a responsabilidade de reparar o dano pode ser atribuída ao novo proprietário, ainda que este não tenha dado diretamente causa ao dano.

b) Pedro é responsável pela infração administrativa, mas não poderá ser responsabilizado a reparar civilmente o dano ambiental.

c) O simples risco da ocorrência de dano ambiental não poderia justificar a aplicação de medidas preventivas pela administração pública.

d) João pode mencionar o princípio da precaução como argumento para livrar-se da responsabilidade administrativa, civil e penal, visto que providenciou a auditoria ambiental antes de vender o imóvel.

e) João não pode ser, ao órgão competente, responsabilizado pela infração administrativa ocorrida, pois não é mais o proprietário do imóvel.

COMENTÁRIOS

Alternativa correta: "a". Tal fato decorre da responsabilidade civil pela reparação dos danos causados ao meio ambiente ser sempre objetiva e, portanto, não se condiciona à demonstração do elemento subjetivo pelo agente (1º, do Art. 14 da Lei Federal 6938/81). Além disso, o dano ambiental ocorrido, no caso o passivo ambiental, consiste em ônus da propriedade que o comprador assume e tem o dever de reparar o dano, restando eventual direito de regresso contra o causador.

Alternativa "b". Está incorreta. Como a responsabilidade pela reparação do dano ambiental é objetiva, quando compra o imóvel Pedro também passa a ser responsável em reparar a situação de passivo ambiental existente.

Alternativa "c". Está incorreta. Na verdade em decorrência do princípio ambiental da precaução (Princípio 15 da Declaração do Rio), o risco da ocorrência de dano ambiental necessariamente deveria justificar a aplicação de medidas preventivas pela administração pública, para se evitar a ocorrência de danos irreparáveis ou de difícil reparação, suportados por uma coletividade difusa.

Alternativa "d". Está incorreta. Na verdade, os auditores afirmaram que havia risco de o produto tóxico atingir o lençol freático, o que, pelo princípio da precaução, deveria levar João a tomar medidas para combater o risco de contaminação das águas subterrâneas – o que não ocorreu.

Alternativa "e". Está incorreta. João, na verdade, pode ser, ao órgão competente, responsabilizado pela infração administrativa ocorrida, pois cometeu ação e omissão que violam regras jurídicas de uso, gozo, promoção, proteção e recuperação do meio ambiente (conforme prevê o conceito de infração administrativa, previsto no Art. 72 da Lei de Crimes Ambientais).

72. (Cespe – Defensor Público – RR/2013) De acordo com as normas de proteção ao meio ambiente, assinale a opção correta.

a) A queimada da palha de cana-de-açúcar, embora cause inegáveis danos ao meio ambiente, é permitida, desde que a sua realização seja expressamente autorizada pelos órgãos ambientais competentes.

b) Nas demandas ambientais, não pode o juiz condenar a parte ré, simultânea e cumulativamente, na obrigação de fazer, não fazer e indenizar, por força da vedação ao bis in idem.

c) A responsabilidade civil pela reparação dos danos causados ao meio ambiente é, em regra, subjetiva, exceto nos casos de graves consequências à saúde da população, quando se exige, tão somente, a constatação do nexo causal entre a ação ou a omissão e o dano causado.

d) Com a criação do Instituto Brasileiro de Meio Ambiente e de Recursos Renováveis, a competência da União relativa a danos ao meio ambiente foi totalmente descentralizada, de modo que a União passou a ser parte ilegítima para figurar no polo passivo de ações civis públicas para a defesa do meio ambiente.

e) Em matéria de proteção ambiental, o Estado não pode ser responsabilizado, mesmo quando a omissão de cumprimento adequado do seu dever de fiscalizar for determinante para a concretização ou o agravamento do dano causado pelo seu causador direto.

COMENTÁRIOS

Alternativa correta: "a". A permissão da queimada da palha de cana-de-açúcar trata-se de situação excepcional, permitida em locais ou regiões cujas peculiaridades justifiquem o emprego do fogo em práticas agropastoris ou florestais, mediante prévia aprovação do órgão estadual ambiental competente do SISNAMA, para cada imóvel rural ou de forma regionalizada (Art. 38, I, da Lei Federal nº 12.651/2012).

Alternativa "b". Está incorreta. Nas demandas ambientais, pode sim o juiz condenar a parte ré, simultânea e cumulativamente, na obrigação de fazer, não fazer e indenizar, por força da vedação ao bis in idem. Como o dano ambiental usualmente projeta efeitos a longos termos, há que se perseguir, por igual, na sua reparação um duplo objetivo: estancar o fato gerador (através do cumprimento de obrigação de fazer ou não fazer) e imputar ao poluidor o ressarcimento monetário pelos estragos verificados (pedido indenizatório). Inclusive a possibilidade de cumulação desses dois objetivos da ação civil pública já foi reconhecida em decisão do STJ no julgamento do RECURSO ESPECIAL Nº 1.181.820 – MG, **julgado em 07/10/2010**. Na sequência trechos relevantes da fundamentação dessa decisão: RECURSO ESPECIAL Nº 1.181.820 – MG – "Não haveria sentido em se sustentar que, pela conjunção "ou" contida no art. 3º da LACP, devam ser propostas duas ações civis públicas, "uma para cada espécie de prestação". Isso porque em qualquer ação individual a cumulação de pedidos seria possível e "não teria sentido negar à ação civil pública, criada especialmente como alternativa para melhor viabilizar a tutela dos direitos difusos, o que se permite para a tutela de todo e qualquer outro direito, pela via do procedimento comum". No mesmo sentido: "Na hipótese de ação civil pública proposta em razão de dano ambiental, é possível que a sentença condenatória imponha ao responsável, cumulativamente, as obrigações de recompor o meio ambiente degradado e de pagar quantia em dinheiro a título de compensação por dano moral coletivo". (REsp 1.328.753-MG, Rel. Min. Herman Benjamin, j. 28.5.2013. 2ª T. (Info 526))

Alternativa "c". Está incorreta. A responsabilidade civil pela reparação dos danos causados ao meio ambiente será sempre objetiva, conforme determina § 1º, do Art. 14 da Lei Federal 6938/81: sem obstar a aplicação das penalidades previstas neste artigo, é o poluidor obrigado, **independentemente da existência de culpa,** a indenizar ou reparar os danos causados ao meio ambiente e a terceiros, afetados por sua atividade.

Alternativa "d". Está incorreta, pois, independentemente da criação do Instituto Brasileiro de Meio Ambiente e de Recursos Renováveis, a União é parte ilegítima para figurar no polo passivo de ações civis públicas para a defesa do meio ambiente em decorrência de danos causados, direta ou indiretamente, por sua atividade (§ 1º, do Art. 14 da Lei Federal 6938/81).

Alternativa "e". Está incorreta. Na verdade, por força dos Art. 23, VI e Art. 225, *caput* e **§ 3º, ambos** da CF e § 1º, do Art. 14 da Lei Federal 6938/81, o Estado deve ser responsabilizado quando a omissão de cumprimento adequado do seu dever de fiscalizar for determinante para a concretização ou o agravamento do dano causado pelo seu causador direto. A jurisprudência do STJ firmou-se no sentido de reconhecer a legitimidade passiva de pessoa jurídica de direito público (no caso, estado-membro) na ação que busca a responsabilidade pela degradação do meio ambiente, em razão da conduta omissiva quanto a seu dever de fiscalizá-lo. Essa orientação coaduna-se com o art. 23, VI, da CF, que firma ser competência comum da União, estados, Distrito Federal e municípios a proteção do meio ambiente e o combate à poluição em qualquer de suas formas. Anote-se que o art. 225, "caput", da CF prevê o direito de todos a um meio ambiente ecologicamente equilibrado, além de impor ao Poder Público e à coletividade o dever de defendê-lo e preservá-lo em benefício das presentes e futuras gerações. (AgRg no REsp 958.766, rel. Min. Mauro C. Marques, 16.3.10. 2ª T. (Info 427)).

---

73. (Cespe – Juiz de Direito Substituto – MA/ 2013) No que se refere à responsabilização por danos ambientais, assinale a opção correta.

a) A responsabilidade civil objetiva por danos ambientais está consagrada genericamente na legislação ambiental esparsa e, em relação aos danos nucleares, é objeto de expressa disposição constitucional.

b) Não há intercomunicação entre as esferas criminal, administrativa e cível para fins de responsabilização por danos ambientais.

c) A força maior e o caso fortuito, excludentes de responsabilidade ligadas, respectivamente, à força da natureza e obra do acaso, afastam a obrigação de reparar os danos ambientais.

d) O auto de infração ambiental não é dotado de presunção de veracidade, dada a aplicação dos princípios constitucionais da presunção de inocência e da ampla defesa ao processo administrativo.

COMENTÁRIOS

Alternativa correta: "a". A responsabilidade civil objetiva em relação aos danos nucleares é objeto de expressa disposição constitucional. O Art. 21, XXIII, "d" da CF, dispõe que compete à União explorar os serviços e instalações nucleares de qualquer natureza e exercer monopólio estatal sobre a pesquisa, a lavra, o enriquecimento e reprocessamento, a industrialização e o comércio de minérios nucleares e seus derivados, atendida a seguinte condição: **a responsabilidade civil por danos nucleares independe da existência de culpa.** Enquanto a responsabilidade civil objetiva por danos ambientais está consagrada genericamente na legislação esparsa, como exemplos, Art. 4º, VII e § 1º, do Art. 14 da Lei Federal 6938/81 e Art. 927, parágrafo único do Código Civil.

Alternativa "b". Está incorreta. A intercomunicação entre as esferas criminal, administrativa e cível é uma característica essencial para fins de responsabilização por danos ambientais. A Constituição Federal prevê que as condutas e atividades consideradas lesivas ao meio ambiente sujeitarão os infratores, pessoas físicas ou jurídicas, a sanções penais e administrativas, independentemente da obrigação de reparar os danos causados (§ 3º, Art. 225 da CF). Portanto, as responsabilidades podem ocorrer concomitantemente pela ocorrência de uma situação de violação da legislação ambiental. Assim como, em certas situações, obrigações cumpridas em determinada esfera, são aproveitadas para outras. Como são os casos, por exemplo, de reparação de danos na esfera administrativa que são aproveitados nas esferas cível e criminal.

Alternativa "c". Está incorreta. Segundo entendimento majoritário do **STJ**, a força maior e o caso fortuito, excludentes de responsabilidade ligadas, respectivamente, à força da natureza e obra do acaso, **não** afastam a obrigação de reparar os danos ambientais. Neste sentido os fundamentos utilizados pelo próprio STJ para sustentar a aplicação da chamada Teoria do Risco Integral: "**a responsabilidade por dano ambiental é objetiva, informada pela teoria do risco integral, sendo o nexo de causalidade o fator aglutinante que permite que o risco se integre na unidade do ato, sendo descabida a invocação, pela empresa responsável pelo dano ambiental, de excludentes de responsabilidade civil para afastar a sua obrigação de indenizar.** A doutrina menciona que, conforme o art. 14, § 1º, da Lei 6.938/1981, a responsabilidade por dano ambiental é objetiva, tendo por pressuposto a existência de atividade que implique riscos para a saúde e para o meio ambiente, sendo o nexo de causalidade o fator aglutinante que permite que o risco se integre na unidade do ato que é fonte da obrigação de indenizar, de modo que, aquele que explora a atividade econômica coloca-se na posição de garantidor da preservação ambiental, e os danos que digam respeito à atividade estarão sempre vinculados a ela. Por isso descabe a invocação, pelo responsável pelo dano ambiental, de excludentes de responsabilidade civil. No mesmo sentido, há recurso repetitivo do STJ em situação análoga (REsp 1.114.398/ PR, Segunda Seção, DJe 16/2/2012). Com efeito, está consolidando no âmbito do STJ a aplicação aos casos de dano ambiental da teoria do risco integral, vindo daí o caráter objetivo da responsabilidade. (AgRg no REsp 1.412.664-SP, Quarta Turma, DJe 11/3/2014, AgRg no AREsp 201.350-PR, Quarta Turma, DJe 8/10/2013). REsp 1.354.536-SE**, Rel. Min. Luis Felipe Salomão, julgado em 26/3/2014".**

Alternativa "d". Está incorreta. Os princípios mencionados não são excludentes, mas sim concomitantes ao processo administrativo ambiental e, por conseguinte, incidem no ato de infração ambiental e suas decorrências. Portanto, além da presunção de veracidade do auto de infração, o Art. 95 do Decreto nº 6514/2008, estabelece expressamente que o processo administrativo ambiental será orientado pelos princípios da legalidade, finalidade, motivação, razoabilidade, proporcionalidade, moralidade, ampla defesa, contraditório, segurança jurídica, interesse público e eficiência.

---

74. (Cespe – Juiz Federal Substituto 2ª região/ 2013) Acerca dos crimes ambientais e de suas respectivas sanções penais, assinale a opção correta.

a) Devido à importância crescente atribuída ao meio ambiente, a lei que dispõe sobre as sanções penais e administrativas aplicáveis a condutas e atividades lesivas ao meio ambiente instituiu penas mais rigorosas para as pessoas físicas, prestigiando as penas de encarceramento como regra geral.

b) A pena de prestação de serviços à comunidade nos crimes ambientais inclui prestação de serviços em entidades assistenciais, hospitais, escolas e orfanatos.

c) As pessoas jurídicas estão sujeitas a responder por crimes ambientais nas modalidades dolosa ou culposa, cometidos por decisão de seu representante legal ou contratual, ou de seu órgão colegiado, no interesse ou benefício da entidade.

d) O valor pago a título de pena de prestação pecuniária não será deduzido do montante de eventual reparação civil a que for condenado o infrator.

e) Se ao crime ambiental for aplicada pena privativa de liberdade inferior a quatro anos, deverá ocorrer sua substituição por pena restritiva de direito.

COMENTÁRIOS

Alternativa correta: "e". A correta assertiva traz regra da Lei de Crimes Ambientais (Lei Federal nº 9605/98), no seu Art. 7º, inciso I, que prevê a aplicação da pena restritiva de direito se ao crime ambiental for aplicada pena privativa de liberdade inferior a quatro anos. Há a mesma possibilidade se o crime for culposo.

Alternativa "a". Está incorreta. Isto porque a maior parte das penas por crimes ambientais são iguais ou inferiores a 04 (quatro) anos, quando deve ocorrer a aplicação de penas restritivas de direitos. Assim, o correto seria afirmar que são prestigiadas as penas restritivas de direito, disciplinadas entre os Arts. 7º e 13 da Lei de Crimes Ambientais (Lei Federal nº 9605/98).

Alternativa "b". Está incorreta. Segundo a redação do Art. 9º da Lei de Crimes Ambientais, prestação de serviços à comunidade consiste na atribuição ao condenado de tarefas gratuitas junto a parques e jardins públicos e unidades de conservação, e, no caso de dano da coisa particular, pública ou tombada, na restauração desta, se possível. A legislação específica de prestação de serviços à comunidade por prática de crimes ambientais não inclui entidades assistenciais, hospitais, escolas e orfanatos.

Alternativa "c". Está incorreta. A redação do Art. 3º da Lei de Crimes Ambientais não traz margem para a faculdade ("estão sujeitas") de serem responsabilizadas as pessoas jurídicas por crimes ambientais nas modalidades dolosa ou culposa, cometidos por decisão de seu representante legal ou contratual, ou de seu órgão colegiado, no interesse ou benefício da entidade. Na verdade, o dispositivo condiciona: serão responsabilizadas as pessoas jurídicas por crimes ambientais, cometidos por decisão de seu representante legal ou contratual, ou de seu órgão colegiado, no interesse ou benefício da entidade.

Alternativa "d". Está incorreta, pois, apesar de correrem em processos autônomos, as responsabilidades civis, administrativas e criminais, as medidas reparatórias e de pagamento de penas de prestação pecuniária, por exemplos, podem ser aproveitadas para dedução de obrigações entre as esferas. No caso, o valor pago a título de pena de prestação pecuniária será deduzido do montante de eventual reparação civil a que for condenado o infrator. Da mesma forma, a obrigação da reparação do dano cumprida na esfera administrativa é aproveitada nas esferas cível e criminal.

---

75. (Cespe – Juiz Federal Substituto 2ª região/ 2013) Um pescador artesanal profissional ajuizou ação indenizatória por danos materiais e morais contra empresa exploradora de petróleo, alegando prejuízos decorrentes de vazamento de óleo combustível em águas marinhas onde pescava. Provou-se que o rompimento do oleoduto fora causado por deslizamentos de terra decorrentes de chuvas torrenciais. Essas mesmas chuvas causaram o rompimento das barreiras de contenção instaladas pela empresa ao tentar remediar o problema. O vazamento de óleo resultou na mortandade da fauna aquática e na imediata proibição de pesca na região, imposta pelo IBAMA, com duração de seis meses. Na fase de provas, restou cabalmente comprovada a regularidade das instalações da empresa segundo as melhores tecnologias disponíveis e a idoneidade dos esforços para reparação do problema.

Na situação hipotética acima descrita,

a) por ter natureza punitiva, a condenação por danos morais será inviável se, no caso, for reconhecida a ausência de dolo ou culpa do réu, ou seja, ausência de ilícito a ser punido.

b) a força maior implica necessariamente ausência de culpa e, por isso, se for reconhecida processualmente, afastará a obrigação de indenizar.

c) a pretensão indenizatória do pescador será imprescritível, porque está relacionada à ocorrência de dano ambiental.

d) o princípio do poluidor-pagador é, em tese, aplicável ao caso porque, embora não esteja positivado na legislação brasileira, está previsto em documentos internacionais de que o Brasil é signatário.

e) não é cabível a inversão do ônus da prova quanto ao quantum debeatur do dano material, cabendo ao pescador provar também a ocorrência, mas não o quantum, do dano moral pretendido.

COMENTÁRIOS

Alternativa correta: "e". Ao contrário do dano ambiental, enquanto dano de natureza difusa, o dano moral é indenizável mediante prova efetiva de sua ocorrência. Neste sentido a posição do STJ: Configuração de dano moral. Patente o sofrimento intenso de pescador profissional artesanal, causado pela privação das condições de trabalho, em consequência do dano ambiental, é também devida a indenização por dano moral, fixada, por equidade, em valor equivalente a um salário-mínimo ((REsp 1.114.398, rel. Min. Sidnei Beneti, j. 8.2.12. 2ª S. (Info 490))

Alternativa "a". Está incorreta. No caso, a indenização por danos morais não possui natureza punitiva, mas sim reparatória. E no caso, mesmo eventualmente reconhecida a ausência de dolo ou culpa do réu, ou seja, ausência de ilícito a ser punido, uma vez comprovado o sofrimento de monta causado ao pescador, que ficou impossibilitado de exercer seu trabalho por tempo considerável, deve haver a condenação por danos morais. Este é inclusive a posição do STJ a respeito de situação análoga: "Mantida a condenação da Petrobrás ao pagamento de indenização por danos morais e materiais causados ao recorrido, pescador profissional, em razão de acidente ambiental. "In casu", o presente apelo especial, admitido como representativo de controvérsia, busca especificamente equalizar o julgamento das ações de indenização por danos patrimoniais e extrapatrimoniais causados por vazamento de nafta do navio NT-Norma, de propriedade da recorrente, ocorrido em outubro de 2001, no Porto de Paranaguá, fato que suspendeu a atividade de pesca na região pelo prazo de um mês. Inicialmente, asseverou-se inexistir cerceamento de defesa no julgamento antecipado da lide, pois o magistrado considerou que os aspectos decisivos da causa estavam suficientemente maduros para embasar seu convencimento. Segundo se observou, cabe ao juiz, como único destinatário da prova, aferir a necessidade ou não de colher outros elementos probatórios para análise das alegações das partes. Quanto à alegada ilegitimidade "ad causam", reputou-se estar devidamente comprovada a qualidade de pescador do recorrido à época dos fatos. A carteira de identificação profissional fornecida pelo Ministério da Agricultura, apesar de ter sido emitida após o acidente ambiental, demonstra claramente que ele estava registrado no Departamento de Pesca e Aquicultura como trabalhador de atividade pesqueira, desde 1988. Em relação às hipóteses de excludentes do nexo de causalidade levantadas pela defesa, afirmou-se estar diante do caso de responsabilidade objetiva do transportador de carga perigosa, na modalidade "risco integral", em que não se admite qualquer causa de excludente de responsabilidade. Destacou-se, ademais, que, segundo o acórdão objurgado, o vazamento de nafta teria sido ocasionado pela colisão do navio de propriedade da recorrente, e não pelo deslocamento da boia de sinalização da entrada do canal. Entendeu-se, ainda, ser cabível o pagamento de indenização por danos extrapatrimoniais, diante do sofrimento de monta causado ao recorrido, que ficou impossibilitado de exercer seu trabalho por tempo considerável. Reafirmou-se o entendimento do enunciado da Súm. 54 deste Tribunal Superior, no sentido de que, tratando-se de responsabilidade extracontratual, os juros de mora incidirão a partir do evento danoso". (*REsp 1.114.398, rel. Min. Sidnei Beneti, j. 8.2.12. 2ª S. (Info 490)*)

Alternativa "b". Está incorreta. Segundo entendimento do STJ, a força maior **não** afasta a obrigação de reparar os danos ambientais. Neste sentido os fundamentos utilizados pelo próprio STJ para sustentar a aplicação da chamada Teoria do Risco Integral: "**a responsabilidade por dano ambiental é objetiva, informada pela teoria do risco integral, sendo o nexo de causalidade o fator aglutinante que permite que o risco se integre na unidade do ato, sendo descabida a invocação, pela empresa responsável pelo dano ambiental, de excludentes de responsabilidade civil para afastar a sua obrigação de indenizar.** A doutrina menciona que, conforme o art. 14, § 1º, da Lei 6.938/1981, a responsabilidade por dano ambiental é objetiva, tendo por pressuposto a existência de atividade que implique riscos para a saúde e para o meio ambiente, sendo o nexo de causalidade o fator aglutinante que permite que o risco se integre na unidade do ato que é fonte da obrigação de indenizar, de modo que, aquele que explora a atividade econômica coloca-se na posição de garantidor da preservação ambiental, e os danos que digam respeito à atividade estarão sempre vinculados a ela. Por isso descabe a invocação, pelo responsável pelo dano ambiental, de excludentes de responsabilidade civil. No mesmo sentido, há recurso repetitivo do STJ em situação análoga (REsp 1.114.398/ PR, Segunda Seção, DJe 16/2/2012). Com efeito, está consolidando no âmbito do STJ a aplicação aos casos de dano ambiental da teoria do risco integral, vindo daí o caráter objetivo da responsabilidade. (AgRg no REsp 1.412.664-SP, Quarta Turma, DJe 11/3/2014, AgRg no AREsp 201.350-PR, Quarta Turma, DJe 8/10/2013). REsp 1.354.536-SE**, Rel. Min. Luis Felipe Salomão, julgado em 26/3/2014".**

Alternativa "c". Está incorreta. A pretensão indenizatória do pescador **não** será imprescritível, porque, na verdade, está relacionada aos prejuízos sofridos na sua atuação profissional. A imprescritibilidade estará associada ao dever de reparação do dano ambiental que possui natureza continua até que cessem seus efeitos nocivos ao meio ambiente. Neste sentido, posição do STJ: tratando-se de direito difuso, – proteção ao meio ambiente –, a ação de reparação é imprescritível (REsp 1.056.540/GO)

Alternativa "d". Está incorreta. Em verdade, o princípio do poluidor-pagador é aplicável ao caso e está positivado na legislação brasileira, como, por exemplo, no Art. 4º, VII, da Política Nacional do Meio Ambiente (Lei Federal 6938/81), que estabelece como um de seus objetivos a imposição, ao poluidor e ao predador, da obrigação de recuperar e/ou indenizar os danos causados e, ao usuário, da contribuição pela utilização de recursos ambientais com fins econômicos. No mesmo sentido o Art. 14, § 1º, da Lei nº 6.938/81.

---

76. (Cespe – Juiz Federal Substituto 2ª região/ 2013) Em 2009, um particular ajuizou ação por desapropriação indireta em decorrência da edição de normas, datadas do ano 2001, que constituíram como área de proteção ambiental extensos trechos às margens de um lago, abrangendo a propriedade do autor. Na petição inicial, este informou que, em virtude dessas normas, o poder público registrou no cartório de imóveis a proibição de edificar por quase todo o seu imóvel, esvaziando o conteúdo econômico desse bem. Daí o pedido de reconhecimento da desapropriação indireta e, sucessivamente, o pleito de indenização pelas restrições. Em contestação, o poder público alegou prescrição e, ainda, que não houve desapropriação indireta, mas mera limitação administrativa não indenizável que, ao contrário do alegado pelo autor, até incrementou o valor do imóvel, por ter aumentado o interesse de turistas.

Acerca dessa situação hipotética e da legislação a ela pertinente, assinale a opção correta.

a) O poder público só ficará obrigado a indenizar limitação administrativa decorrente de criação de unidade de conservação em terras particulares se ficar configurada uma restrição que esvazie totalmente o valor econômico do bem.

b) Na situação em apreço, é irrelevante o argumento de que foi incrementado o interesse turístico na área, pois, de acordo com a legislação pertinente, o proprietário será privado do direito de estabelecer as condições para visitação pelo público.

c) A lei que instituiu o SNUC não especifica as categorias de unidades de conservação que ensejam obrigatoriamente a transferência do domínio particular para o público, devendo a apreciação ser feita caso a caso.

d) Na hipótese em questão, já transcorreu o prazo prescricional, quer se trate de caso de desapropriação indireta ou de indenização por restrição de uso decorrente da legislação ambiental.

e) A desapropriação indireta pode caracterizar-se mesmo sem o efetivo apossamento da propriedade individual pelo poder público.

COMENTÁRIOS

Alternativa correta: "a". A questão está consolidada em entendimento jurisprudencial no sentido que o poder público somente fica obrigado a indenizar limitação administrativa ambiental em terras particulares, se restar configurada uma restrição que esvazie totalmente o valor econômico do bem. Neste sentido STJ: "Diante de eventual esvaziamento econômico de propriedade, deve ser indenizado pelo Estado, por meio de ação de direito pessoal" (AgRg nos EDcl no AREsp 382944 / MG AgRg nos EDcl no AREsp 382944 / MG, Data da Publicação/Fonte DJe 24/03/2014).

Alternativa "b". Está incorreta, pois segundo reza a legislação específica (Lei SNUC – Lei Federal 9985/2000), nas áreas sob propriedade privada, cabe ao proprietário estabelecer as condições para pesquisa e visitação pelo público, observadas as exigências e restrições legais (§ 4º, Art. 15).

Alternativa "c". Está incorreta, pois a Lei SNUC (Lei Federal 9985/2000) especifica expressamente as categorias de unidades de conservação que ensejam obrigatoriamente a transferência do domínio particular para o público. Tais situações estão previstas no Capítulo III da referida legislação, no intervalo entre os Arts. 7º e 21.

Alternativa "d". Está incorreta. No caso prescreveu somente o prazo para a desapropriação indireta, que é de 10 (dez) anos, conforme entendimento da 2ª Turma do Superior Tribunal de Justiça, após a entrada em vigor do Código Civil de 2002. No outro caso, irá depender da comprovação do esvaziamento econômico da propriedade e o lapso temporal irá ocorrer a partir do momento que isto passou a ocorrer. Pois, conforme posição do STJ, há casos em que essas restrições administrativas ambientais não geram direito indenizatório. Por exemplo: isso fica evidente nos casos de imóveis à beira de lagos, em que o proprietário particular continua na posse do bem, incluindo a área de preservação permanente, e usufrui dos benefícios decorrentes da proximidade das águas (STJ – EMBARGOS DE DECLARAÇÃO NO AGRAVO EM RECURSO ESPECIAL EDcl no AREsp 278484 MG 2012/0276231-2 (STJ).

Alternativa "e". Está incorreta. Também há posicionamento estabelecido pelo STJ de que "Não há desapropriação indireta sem que haja o efetivo apossamento da propriedade pelo Poder Público. Desse modo, as restrições ao direito de propriedade, impostas por normas ambientais, ainda que esvaziem o conteúdo econômico, não se constituem desapropriação indireta (AgRg nos EDcl no AREsp 382944 / MG AgRg nos EDcl no AREsp 382944 / MG, Data da Publicação/Fonte DJe 24/03/2014).

---

77. (Cespe – Juiz Federal Substituto 5ª região/2013) A responsabilidade por possíveis danos ao meio ambiente decorrentes de atividade ou empreendimento

a) condiciona-se à demonstração do elemento subjetivo pelo agente.

b) restringe-se ao ressarcimento do dano, caso a licença ambiental tenha sido concedida regularmente.

c) pode ensejar, na esfera administrativa, a sanção de intervenção na empresa infratora.

d) enseja o dever de reparar, caso a conduta consista, no mínimo, em ilicitude administrativa.

e) não abrange a pessoa jurídica na esfera penal.

COMENTÁRIOS

Alternativa correta: "b". No caso, se uma atividade ou empreendimento recebeu licença ambiental regular, significa que se trata de uma situação lícita, cujos eventuais danos decorrentes não geram responsabilidades administrativas ou criminais (responsabilidades subjetivas); somente o dever de reparar/ressarcir tais danos, em decorrência da responsabilidade civil ambiental (de natureza objetiva).

Alternativa "a". Está incorreta. A responsabilidade civil pela reparação dos danos causados ao meio ambiente será sempre objetiva e, portanto, não se condiciona à demonstração do elemento subjetivo pelo agente, conforme determina § 1º, do Art. 14 da Lei Federal 6938/81: sem obstar a aplicação das penalidades previstas neste artigo, é o poluidor obrigado, **independentemente da existência de culpa,** a indenizar ou reparar os danos causados ao meio ambiente e a terceiros, afetados por sua atividade.

Alternativa "c". Está incorreta. Seguindo o princípio da legalidade, não consta no rol das infrações administrativas a sanção de intervenção da empresa, conforme se verifica pelo Art. 72 da Lei Federal 9605/98.

Alternativa "d". Está incorreta. O dever de reparar não representa necessariamente, no mínimo, em ilicitude administrativa. O dever de reparar tem natureza objetiva. Quando a atividade é lícita e ocorre dano ambiental decorrente, tem-se o dever de reparar o dano, mas não consiste em ilicitude administrativa.

Alternativa "e". Está incorreta, pois as pessoas jurídicas serão responsabilizadas administrativa, civil e penalmente, nos casos em que a infração seja cometida por decisão de seu representante legal ou contratual, ou de seu órgão colegiado, no interesse ou benefício da sua entidade. (Art. 3º, da Lei Federal 9605/98).

---

78. (Cespe – Juiz Federal Substituto 2ª região/2013) Determinada associação de moradores ajuizou ação civil pública contra concessionária de energia elétrica, demandando a adoção de medidas para a redução do campo eletromagnético de linha de transmissão a ser instalada sobre seu bairro, sob o argumento de que, na intensidade prevista na licença de instalação, havia estudos denunciadores da possibilidade de aumento do risco de câncer nas pessoas expostas por longos períodos à radiação liberada. A associação requereu ainda medida liminar para que, durante o curso do processo, fosse observado padrão de segurança dos níveis de radiação adotado em certo país estrangeiro, sob pena de multa.

Considerando a situação hipotética acima, assinale a opção correta.

a) A associação de moradores em apreço tem legitimidade ativa para pleitear o cumprimento de obrigações de fazer, mas não teria legitimidade para pleitear indenização pelos danos ambientais difusos.

b) Como a autora provou a existência de estudos que indicam aumento dos riscos de câncer, caberá à ré comprovar a segurança quanto aos níveis de radiação a serem emitidos pela citada linha de transmissão.

c) O pleito da associação funda-se no princípio da precaução, segundo o qual devem ser adotadas medidas mitigadoras dos danos ambientais devidamente comprovados em EIA/RIMA.

d) Se a atividade em questão tiver sido licenciada conforme padrões de segurança nacionais, será juridicamente impossível a pretensão de obrigar a empresa à implementação de critérios mais rigorosos.

e) Caso venha a fixar eventuais astreintes na modalidade de multa diária, o juiz deverá observar um limite para que o valor não enseje enriquecimento sem causa da associação autora.

COMENTÁRIOS

Alternativa correta: "b". Trata-se de posicionamento consolidado do STJ o ônus do empreendedor da atividade potencialmente lesiva de demonstrar a segurança do empreendimento. Neste sentido: "Trata-se da inversão do ônus probatório em ação civil pública (ACP) que objetiva a reparação de dano ambiental. A Turma entendeu que, nas ações civis ambientais, o caráter público e coletivo do bem jurídico tutelado e não eventual hipossuficiência do autor da demanda em relação ao réu conduz à conclusão de que alguns direitos do consumidor também devem ser estendidos ao autor daquelas ações, pois essas buscam resguardar (e muitas vezes reparar) o patrimônio público coletivo consubstanciado no meio ambiente. A essas regras, soma-se o princípio da precaução. Esse preceitua que o meio ambiente deve ter em seu favor o benefício da dúvida no caso de incerteza (por falta de provas cientificamente relevantes) sobre o nexo causal entre determinada atividade e um efeito ambiental nocivo. Assim, ao interpretar o art. 6º, VIII, da Lei nº 8.078/1990 c/c o art. 21 da Lei nº 7.347/1985, conjugado com o princípio da precaução, justifica-se a inversão do ônus da prova, transferindo para o empreendedor da atividade potencialmente lesiva o ônus de demonstrar a segurança do empreendimento". Precedente citado: REsp 1.049.822-RS, DJe 18/5/2009. REsp 972.902-RS, Rel. Min. Eliana Calmon, julgado em 25/8/2009.

Alternativa "a". Está incorreta. No caso, com base na Lei da Ação Civil Pública (Lei Federal nº 7.347/85, especialmente Art. 3°), a associação de moradores em apreço tem legitimidade ativa tanto para pleitear o cumprimento de obrigações de fazer, quanto para pleitear indenização pelos danos ambientais difusos. Isto porque o objeto da demanda são interesses difusos, no caso danos ambientais decorrentes de irradiação eletromagnética.

Alternativa "c". Está incorreta a segunda parte da afirmação. Na verdade, o pleito da associação pode se fundamentar no princípio da precaução, quando há incerteza científica quanto aos danos ambientais que podem ser causados pela atividade. No entanto, a segunda parte da afirmação, que relaciona o princípio da precaução com o fato de deverem ser adotadas medidas mitigadoras dos danos ambientais devidamente comprovados em EIA/RIMA, está se relacionando com o princípio da prevenção, quando os danos ambientais são certos e conhecidos e procura-se minimizá-los.

Alternativa "d". Está incorreta. As condições das licenças ambientais podem ser alteradas, pelos órgãos ambientais competentes, em decorrência da superveniência de graves riscos ambientais e de saúde (Art. 19, III, da Resolução CONAMA 237/97).

Alternativa "e". Está incorreta, pois tais valores, decorrentes da modalidade multa diária, não são revertidos para a associação autora, mas sim a um fundo gerido por um Conselho Federal ou por Conselhos Estaduais de que participarão necessariamente o Ministério Público e representantes da comunidade, sendo seus recursos destinados à reconstituição dos bens lesados (Art. 13, da Lei Federal nº 7.347/85).

Com base em três autos de infração combinados com autos de embargo de obra lavrados pelo IBAMA contra empresa de turismo de aventura que começou a edificar hotéis em terrenos de sua propriedade localizados em três estados diferentes, às margens de um rio que corta esses três estados, o MPF ajuizou ACP contra tal empresa, alegando repercussão regional do dano e pleiteando a condenação da empresa, a demolição das obras levantadas a menos de trinta metros da borda da calha do leito regular, a recomposição da vegetação nativa suprimida e o pagamento de indenização por dano ambiental. A empresa, em sua contestação, suscitou preliminares de incompetência do juízo e ilegitimidade ativa do MPF e alegou que tinha licenças ambientais de instalação expedidas, para cada obra individualmente, pelos entes ambientais de cada estado federado, o que afastaria a competência do IBAMA para a fiscalização do empreendimento. Sustentou, ainda, que os hotéis seriam de pequeno porte e construídos isoladamente uns dos outros, não havendo, por isso, razão para considerá-los conjuntamente como empreendimento único de repercussão regional, e que, na área de preservação permanente (APP), as edificações ocupariam apenas locais previamente degradados, sem vegetação, dado o solo rochoso, tendo extirpado vegetação nativa apenas fora da APP, até mesmo porque a preservação ambiental coincide com seus interesses econômicos, que consistem na exploração do turismo ecológico com sustentabilidade.

---

79. (Cespe – Juiz Federal Substituto 1ª região/2013) Com relação à situação hipotética apresentada, assinale a opção correta.

a) Correto o argumento acerca da incompetência do IBAMA para a fiscalização, já que órgãos estaduais concederam licenças ambientais para cada empreendimento isoladamente.

b) Não procede a alegação da empresa de que não poderia ser responsabilizada pela supressão de flora nativa fora da APP, salvo se comprovar a existência de autorização válida expedida por órgão competente.

c) O pedido de indenização deve ser subsidiário, pois apenas no caso de ser inviável a reparação total in natura do dano ambiental é que se pode cogitar de condenação ao pagamento em pecúnia.

d) Procede a alegação de ilegitimidade ativa do MPF, já que os terrenos são particulares e as águas superficiais fluentes são bens dos estados.

e) A alegação de ocorrência de dano ambiental de âmbito regional atrai a competência da seção judiciária do DF.

COMENTÁRIOS

Alternativa correta: "b". A supressão de flora nativa, mesmo fora da APP, sempre dependerá de existência de autorização válida expedida por órgão competente, segundo os critérios de competência estabelecidos pelo Lei Complementar nº 140/2011.

Alternativa "a". Está incorreta. A Constituição Federal, artigo 23, estabeleceu a competência **comum** entre União, Estados, Distrito Federal e Municípios para proteger os documentos, as obras e outros bens de valor histórico, artístico e cultural, os monumentos, as paisagens naturais notáveis e os sítios arqueológicos; proteger o meio ambiente e combater a poluição em qualquer de suas formas; preservar as florestas, a fauna e a flora. Além disso, o Art. 17 da Lei Complementar nº 140/2011, prevê aos **entes federativos da atribuição comum de fiscalização** da conformidade de empreendimentos e atividades efetiva ou potencialmente poluidores ou utilizadores de recursos naturais com a legislação ambiental em vigor. Portanto, mesmo com licenças estaduais, o IBAMA detém competência para fiscalização de referidos empreendimentos.

Alternativa "c". Está incorreta, pois contraria entendimento jurisprudencial consolidado do STJ, que possibilita o pedido cumulativo de reparação do dano e indenização pecuniária. Neste sentido: "O princípio da reparação "in integrum" aplica-se ao dano ambiental. Com isso, a obrigação de recuperar o meio ambiente degradado é compatível com a indenização pecuniária por eventuais prejuízos, até sua restauração plena. (...) Se reconhece, em tese, a possibilidade de cumulação de indenização pecuniária e obrigações de fazer voltadas à recomposição "in natura" do bem lesado, o que impõe a devolução dos autos ao tribunal de origem para que verifique existir dano indenizável e seu eventual "quantum debeatur"." REsp 1.114.893, rel. Min. Herman Benjamin, 16.3.10. 2ª T. (Info 427)

Alternativa "d". Está incorreta. No caso, os terrenos estão localizados às margens de rio que banha mais de um Estado, portanto, domínio dessas águas é da União e, consequência, legitimidade ativa do MPF. Segundo os termos do Art. 20, III, da CF: São bens da União: os lagos, rios e quaisquer correntes de água em terrenos de seu domínio, ou que banhem mais de um Estado, sirvam de limites com outros países, ou se estendam a território estrangeiro ou dele provenham, bem como os terrenos marginais e as praias fluviais.

Alternativa "e". Está incorreta. A alegação de ocorrência de dano ambiental de âmbito regional atrai a competência para o foro da Capital do Estado ou no do Distrito Federal, segundo regra de competência do Art. 93, II, do CDC.

---

80. (Cespe – Juiz Federal Substituto 1ª região/2013) Considerando a situação hipotética apresentada, assinale a opção correta.

a) A ação não poderia ter sido proposta caso o IBAMA tivesse determinado, após processo administrativo regular, a demolição das obras por meio de medidas administrativas autoexecutórias.

b) Os entes estaduais que concederam as licenças de instalação – mesmo que tenham autorizado as obras em APP – não poderiam ser incluídos no polo passivo da ação, visto que pessoas jurídicas de direito público não são abrangidas pela definição legal de poluidor.

c) Se a ré comprovar cabalmente a alegação de que edificou somente onde não havia vegetação na APP, deverá o pedido de demolição das obras ser julgado improcedente.

d) A identificação física da área de construção do empreendimento como APP ripária decorre diretamente da definição legal em vigor, prescindindo de edição de ato normativo do Poder Executivo.

e) A largura de trinta metros para caracterização da APP ciliar é a mínima legal, podendo ser maior em virtude da largura do rio e(ou) do fato de estar ele localizado em área rural ou urbana.

COMENTÁRIOS

Alternativa correta: "d". Sim, a identificação dos limites legais da APP ripária (matas ciliares) decorre diretamente da definição atual do Novo Código Florestal (Lei Federal nº 12.651/2012), que traz todo o regime jurídico aplicável às áreas de preservação permanente, o que inclui suas metragens.

Alternativa "a". Está incorreta. Mesmo no caso de demolição das obras por meio de medidas administrativas autoexecutórias, poderia haver a propositura de ação judicial para se discutir medidas reparatórias e/ou indenizatórias dos danos ocorridos na área.

Alternativa "b". Está incorreta. Por força dos Art. 23, VI e Art. 225, *caput* e **§ 3º, ambos** da CF e § 1º, do Art. 14 da Lei Federal 6938/81, o Estado pode ser responsabilizado (e incluído no polo passivo) quando a omissão de cumprimento adequado do seu dever de fiscalizar for determinante para a concretização ou o agravamento do dano causado pelo seu causador direto. A jurisprudência do STJ firmou-se no sentido de reconhecer a legitimidade passiva de pessoa jurídica de direito público (no caso, estado-membro) na ação que busca a responsabilidade pela degradação do meio ambiente, em razão da conduta omissiva quanto a seu dever de fiscalizá-lo. Essa orientação coaduna-se com o art. 23, VI, da CF, que firma ser competência comum da União, estados, Distrito Federal e municípios a proteção do meio ambiente e o combate à poluição em qualquer de suas formas. Anote-se que o art. 225, "caput", da CF prevê o direito de todos a um meio ambiente ecologicamente equilibrado, além de impor ao Poder Público e à coletividade o dever de defendê-lo e preservá-lo em benefício das presentes e futuras gerações. (*AgRg no REsp 958.766, rel. Min. Mauro C. Marques, 16.3.10. 2ª T. (Info 427)*)

Alternativa "c". Está incorreta. Segundo o Novo Código Florestal (Lei Federal nº 12.651/2012, Art. 3º, II), considera-se APP área protegida, coberta ou não por vegetação nativa, com a função ambiental de preservar os recursos hídricos, a paisagem, a estabilidade geológica e a biodiversidade, facilitar o fluxo gênico de fauna e flora, proteger o solo e assegurar o bem-estar das populações humanas. Portanto, independentemente da existência ou não de vegetação, trata-se de área protegida cuja a forma de intervenção apresentada no caso é proibida.

Alternativa "e". Está incorreta. A largura de trinta metros para caracterização da APP ciliar não é a mínima legal. A Lei Federal nº 12.651/2012 traz possibilidades de APP inferiores a 30 (trinta) metros. Como, por exemplo, na implantação de reservatório d'água artificial destinado a geração de energia ou abastecimento público em área urbana, são projetadas Áreas de Preservação Permanente em seu entorno, com faixa mínima de 15 (quinze) metros.

---

81. (Cespe – Juiz de Direito Substituto – RN/2013) Acerca da tutela processual do meio ambiente, assinale a opção correta.

a) Independentemente de requerimento do autor, o juiz poderá determinar a cessação da atividade nociva ao meio ambiente, além da cominação de multa diária em caso de descumprimento.

b) Conforme o STF, não é possível a realização de desapropriação para fins de reforma agrária em imóveis abrangidos por áreas de proteção ambiental.

c) Os bens particulares tombados somente podem ser alienados à União, aos estados, ao DF e aos municípios, sendo a transferência a terceiros punida com multa de 10% sobre o valor do bem transferido.

d) As autarquias ou fundações encarregadas da defesa e proteção do meio ambiente têm legitimidade para firmar termo de ajustamento de conduta, desde que haja participação do MP.

e) O MP estadual tem legitimidade para instaurar inquérito civil público contra sociedade empresarial, para apurar o descumprimento de normas relativas a higiene e segurança do trabalho.

COMENTÁRIOS

Alternativa correta: "a". Na ação que tenha por objeto o cumprimento de obrigação de fazer ou não fazer, o juiz determinará o cumprimento da prestação da atividade devida ou a cessação da atividade nociva, sob pena de execução específica, ou de cominação de multa diária, se esta for suficiente ou compatível, independentemente de requerimento do autor (Art. 11, Lei Federal nº 7.347/85).

Alternativa "b". Está incorreta. O posicionamento do STF é o contrário**:** "É possível a realização de desapropriação para fins de reforma agrária em imóveis abrangidos por áreas de proteção ambiental, desde que cumprida a legislação pertinente". (MS 25576 DF (DJe-150 DIVULG 04-08-2011 PUBLIC 05-08-2011 EMENT VOL-02560-01 PP-00076).

Alternativa "c". Está incorreta. Os bens particulares tombados podem ser alienados a particulares. No caso, União, os Estados, DF terão direito de preferência (Art. 22, do Decreto-Lei nº 25/37, que disciplina o Tombamento).

Alternativa "d". Está incorreta. As autarquias ou fundações encarregadas da defesa e proteção do meio ambiente, enquanto Os órgãos públicos legitimados para propor ACP, poderão tomar dos interessados compromisso de ajustamento de sua conduta às exigências legais, mediante cominações, que terá eficácia de título executivo extrajudicial, independentemente da participação do MP.

Alternativa "e". Está incorreta. No caso, a legitimidade para instaurar inquérito civil público contra sociedade empresarial, para apurar o descumprimento de normas relativas à higiene e segurança do trabalho é do Ministério Público do Trabalho (Lei Complementar nº 75/93).

---

82. (Cespe – Procurador do DF/ 2013) Com referência à responsabilidade penal por infrações ambientais, ao mandado de segurança em matéria ambiental e à função social da propriedade, julgue os itens subsequentes.

82.1. A responsabilização das pessoas jurídicas por crimes ambientais, nos casos em que a infração seja cometida por decisão de seu representante legal ou contratual, ou de seu órgão colegiado, no interesse ou benefício da sua entidade, exclui a responsabilidade das pessoas físicas partícipes do mesmo fato.

COMENTÁRIOS

Errado. A responsabilidade das pessoas jurídicas não exclui a das pessoas físicas, autoras, co-autoras ou partícipes do mesmo fato (Art. 3º, parágrafo único, da Lei de Crimes Ambientais, Lei Federal 9.605/98).

82.2. Na medida em que o conceito de poluidor, em matéria ambiental, abrange toda pessoa responsável por atividade causadora de degradação ambiental, o mandado de segurança na tutela do meio ambiente pode ser impetrado não apenas contra autoridade pública ou agente de pessoa jurídica no exercício de atribuições do poder público, mas também contra qualquer pessoa, física ou jurídica, de direito público ou privado, que cause dano ambiental.

COMENTÁRIOS

Errado. Mesmo para as situações que causem danos ambientais, o mandado de segurança só pode ser impetrado contra autoridade pública ou agente de pessoa jurídica no exercício de atribuições do poder público, conforme preceitua Art. 1º e § 1º, da Lei Federal nº 12.016/2009.

8. BIODIVERSIDADE / CONHECIMENTOS TRADICIONAIS/BIOSSEGURANÇA/ENERGIA

83. (Cespe – Juiz de Direito Substituto – AM/2016) Acerca de biodiversidade, patrimônio genético e conhecimento tradicional associado, assinale a opção correta. (Rafael)

a) A gestão do patrimônio genético e o acesso ao conhecimento tradicional associado competem aos municípios, por se tratar de assunto de interesse local.

b) As ações que visem ao acesso ao conhecimento tradicional associado à biodiversidade podem transcorrer mesmo sem o consentimento prévio dos povos indígenas e de outras comunidades locais.

c) O conhecimento tradicional associado ao patrimônio genético decorrente de práticas das comunidades indígenas nacionais integra o patrimônio cultural brasileiro.

d) A divisão dos benefícios decorrentes de exploração econômica de produto desenvolvido a partir de conhecimento tradicional associado ocorrerá sob formas que permitam quantificação de valores, vedadas as contribuições na forma de capacitação de recursos humanos.

e) A diversidade biológica será legalmente protegida se tiver potencial para uso humano.

COMENTÁRIOS

Alternativa correta: "c". O primeiro o artigo 8º da Lei Federal n.13.123/2015 estabelece que como protegidos os conhecimentos tradicionais associados ao patrimônio genético de populações indígenas, de comunidade tradicional ou de agricultor tradicional contra a utilização e exploração ilícita. Depois o § 2º do mesmo artigo, determina que o conhecimento tradicional associado ao patrimônio genético de que trata esta Lei integra o patrimônio cultural brasileiro e poderá ser depositado em banco de dados.

Alternativa "a": Está incorreta. Segundo o parágrafo único do artigo 3º, da Lei Federal n.13.123/2015, que dispõe sobre o acesso ao patrimônio genético, sobre a proteção e o acesso ao conhecimento tradicional associado e sobre a repartição de benefícios para conservação e uso sustentável da biodiversidade, são de competência da União a gestão, o controle e a fiscalização das atividades de acesso ao patrimônio genético existente no País ou ao conhecimento tradicional associado para fins de pesquisa ou desenvolvimento tecnológico e a exploração econômica de produto acabado ou material reprodutivo oriundo desse acesso.

Alternativa "b": Está incorreta. Nos termos do artigo 10, inciso IV, da Lei Federal n.13.123/2015, são garantidos às populações indígenas, às comunidades tradicionais e aos agricultores tradicionais que criam, desenvolvem, detêm ou conservam conhecimento tradicional associado, os direitos de participar do processo de tomada de decisão sobre assuntos relacionados ao acesso a conhecimento tradicional associado e à repartição de benefícios decorrente desse acesso, na forma do regulamento;

Alternativa "d": Está incorreta. Segundo o artigo 19, alínea "e", da Lei Federal n.13.123/2015, a repartição de benefícios decorrente da exploração econômica de produto acabado ou material reprodutivo oriundo de acesso ao patrimônio genético ou ao conhecimento tradicional associado poderá constituir-se na modalidade de capacitação de recursos humanos em temas relacionados à conservação e uso sustentável do patrimônio genético ou do conhecimento tradicional associado.

Alternativa "e": Está incorreta. Segundo o Decreto Federal n. 4339/2002, que institui os princípios e diretrizes para a implementação da Política Nacional da Biodiversidade, no item 2, I, do seu anexo, a diversidade biológica tem valor intrínseco, merecendo respeito independentemente de seu valor para o homem ou potencial para uso humano;

84. (Cespe – TJDFT – 2015 – Juiz de Direito Substituto) À luz da legislação nacional referente à biodiversidade e da Convenção sobre Diversidade Biológica, assinale a opção correta.

a) Em caso de relevante interesse público, o ingresso em área privada para acesso a amostra de componente do patrimônio genético pode ocorrer sem que os titulares sejam previamente informados.

b) A Convenção sobre Diversidade Biológica consagrou a primazia da conservação ex situ dos componentes da diversidade biológica.

c) Segundo a convenção em apreço, a biodiversidade é patrimônio comum da humanidade, o que restringe os direitos soberanos dos Estados sobre seus recursos naturais, restringindo-lhes, ainda, o poder para legislar sobre o acesso a recursos genéticos.

d) Atividades e projetos que envolvam organismos geneticamente modificados e seus derivados podem ser desenvolvidos por entidades de direito público ou privado ou por pessoas físicas em atuação autônoma, desde que mantenham vínculo empregatício com pessoa jurídica.

e) O Conselho de Gestão do Patrimônio Genético tem competência para estabelecer normas técnicas e diretrizes para a elaboração do contrato de utilização do patrimônio genético e de repartição de benefícios.

COMENTÁRIOS

Alternativa correta: 'e". A competência do Conselho de Gestão do Patrimônio Genético para estabelecer normas técnicas e diretrizes para a elaboração do contrato de utilização do patrimônio genético e de repartição de benefícios, está expressamente prevista no plano da legislação nacional, no Art. 6º , § 1º , I, alíneas "a" e "b", da Lei Federal nº 13.123, de 20 de maio de 2015.

Alternativa "a". Está incorreta. A Lei Federal nº 13.123, de 20 de maio de 2015 não apresenta a exceção de que nos casos de relevante interesse público possa haver ingresso em área privada para acesso a patrimônio genético sem a informação dos proprietários. Conforme prevê o Art. 3º : O acesso ao patrimônio genético existente no País ou ao conhecimento tradicional associado para fins de pesquisa ou desenvolvimento tecnológico e a exploração econômica de produto acabado ou material reprodutivo oriundo desse acesso somente serão realizados mediante cadastro, autorização ou notificação, e serão submetidos a fiscalização, restrições e repartição de benefícios nos termos e nas condições estabelecidos nesta Lei e no seu regulamento.

Alternativa "b". Está incorreta. A conservação *ex situ* dos componentes da diversidade biológica significa as condições em que o patrimônio genético é mantido fora de seu *habitat* natural. Na verdade a primazia buscada pela Convenção é das condições *in situ* - condições em que o patrimônio genético existe em ecossistemas e *habitats* naturais e, no caso de espécies domesticadas ou cultivadas, nos meios onde naturalmente tenham desenvolvido suas características distintivas próprias, incluindo as que formem populações espontâneas (Art. 2º, XXV, Lei Federal nº 13.123/2015).

Alternativa "c". Está incorreta. O preâmbulo (§ 4º), o art. 3º e o art. 15, I da Convenção da Diversidade Biológica fundamentam a soberania dos Estados para estabelecer sua política de gestão do patrimônio genético e do conhecimento tradicional associado.

Alternativa "d". Está incorreta. O § 2º do art. 2º da Lei de Biosseguranca (Lei nº 11.105/2005) prevê que: "As atividades e projetos de que trata este artigo são vedados a pessoas físicas em atuação autônoma e independente, ainda que mantenham vínculo empregatício ou qualquer outro com pessoas jurídicas".

---

85. (Cespe – Juiz de Direito Substituto – MA/ 2013) O governo de determinado estado da Federação proibiu totalmente, por meio de lei, o cultivo, a manipulação e a industrialização de organismos geneticamente modificados no âmbito estadual. Na exposição de motivo que justificava a proposta, mencionou-se o objetivo de se evitarem riscos possíveis ao meio ambiente, devido à incerteza científica quanto a repercussões decorrentes da inserção ambiental de tais organismos. Após a publicação da lei, foi ajuizada, perante o STF, ADI contra a norma, sob o argumento de que a lei federal que dispõe sobre biossegurança permite, com ressalvas, atividades com organismos geneticamente modificados. A respeito dessa situação hipotética, assinale a opção correta.

a) O STF deve julgar procedente a ADI porque a lei estadual contraria o que dispõe a lei federal sobre biossegurança.

b) Ainda que a União permita a utilização de organismos geneticamente modificados, pode o estado-membro proibi-los, visto que, em direito ambiental, cabe à União fixar pisos mínimos de proteção, e aos estados e municípios, para o atendimento de seus interesses regionais e locais, cabe fixar teto de proteção.

c) O princípio ambiental que embasa especificamente a referida lei é o da prevenção, dada a decisão de se postergar a adoção de organismos geneticamente modificados em face da incerteza quanto aos riscos ambientais dela decorrentes.

d) Ao editar a nova lei, o estado exerceu sua competência comum com a União e demais entes federados para a proteção do meio ambiente.

COMENTÁRIOS

Alternativa correta: "a". A lei estadual é inconstitucional, e deve ser declarada com tal pelo STF, pois as normas federais, com a competência de estabelecer os critérios gerais, possibilitam as atividades e projetos que envolvam OGM e seus derivados, relacionados ao ensino com manipulação de organismos vivos, à pesquisa científica, ao desenvolvimento tecnológico e à produção industrial, desde que respeitados os preceitos da própria Lei sobre biossegurança e de sua regulamentação, bem como pelas eventuais conseqüências ou efeitos advindos de seu descumprimento (Art. 2º, Lei Federal 11.105/2005).

Alternativa "b". Está incorreta. Os Estados e Municípios podem até ser mais restritivos quanto às penalidades, mas não podem contrariar os comandos das normas gerais da União (art. 24, § 4º, da CF)

Alternativa "c". Está incorreta**.** Na verdade, pode-se considerar que a referida lei estadual se embasa no princípio ambiental da precaução (Princípio 15 da Declaração do Rio), pois no caso se discute a incerteza de riscos da ocorrência de danos ambientais decorrente da adoção de organismos geneticamente modificados.

Alternativa "d". Está incorreta. A competência legislativa dos Estados tem sempre natureza concorrente, com fundamento no art. 24, parágrafos, da CF. A competência comum é a administrativa ou executiva.

---

86. (Cespe – Juiz Federal Substituto 5ª região/2013) A respeito de atividades que envolvam OGMs e seus derivados, assinale a opção correta à luz da Lei nº 11.105/2005.

a) As entidades financiadoras ou patrocinadoras das atividades que envolvam OGM e seus derivados devem exigir a apresentação do certificado de qualidade em biossegurança, sob pena de se tornarem corresponsáveis pelos eventuais efeitos decorrentes da atividade.

b) A realização de atividades que envolvam OGM e seus derivados depende de autorização expedida por órgão estadual competente em matéria ambiental.

c) É permitido o registro, o patenteamento e o licenciamento de tecnologias genéticas de restrição de uso.

d) Para fins de pesquisa e terapia, é proibida a utilização de células-tronco embrionárias obtidas de embriões humanos produzidos por fertilização in vitro.

e) As atividades relacionadas à pesquisa científica podem ser desenvolvidas por pessoas físicas, desde que estas mantenham vínculo empregatício, ou de qualquer outra natureza, com pessoas jurídicas.

COMENTÁRIOS

Alternativa correta: "a". Trata-se de decorrência direta do Decreto Federal nº 5591/2005, que regulamenta a Lei de Biossegurança e prevê, no seu Art. 46, que as organizações públicas e privadas, nacionais e estrangeiras, financiadoras ou patrocinadoras de atividades ou de projetos que envolvam OGM, devem exigir a apresentação de CQB, sob pena de se tornarem co-responsáveis pelos eventuais efeitos decorrentes do descumprimento deste Decreto.

Alternativa "b". Está incorreta. A realização de atividades que envolvam OGM e seus derivados depende de autorização expedida pela Comissão Técnica Nacional de Biossegurança – CTNBio, integrante do Ministério da Ciência e Tecnologia, instância colegiada multidisciplinar de caráter consultivo e deliberativo, para prestar apoio técnico e de assessoramento ao Governo Federal na formulação, atualização e implementação da PNB de OGM e seus derivados (Art. 10, Lei Federal nº 11.105/2005)

Alternativa "c". Está incorreta. Dentro do regime jurídico da Política Nacional de Biossegurança, algumas práticas são terminantemente proibidas, dentre elas: utilização, a comercialização, o registro, o patenteamento e o licenciamento de tecnologias genéticas de restrição do uso. (Art. 6º, VII)

Alternativa "d". Está incorreta. Em verdade é permitida, para fins de pesquisa e terapia, a utilização de células-tronco embrionárias obtidas de embriões humanos produzidos por fertilização **in vitro** e não utilizados no respectivo procedimento, desde que sejam embriões inviáveis ou sejam embriões congelados há 3 (três) anos ou mais, na data da publicação da Lei, ou que, já congelados na data da publicação da Lei, depois de completarem 3 (três) anos, contados a partir da data de congelamento. (Art. 5º, da Lei Federal nº 11.105/2005)

Alternativa "e". Está incorreta. O § 2º do art. 2º da Lei de Biossegurança prevê que: "As atividades e projetos de que trata este artigo são vedados as pessoas físicas em atuação autônoma e independente, ainda que mantenham vínculo empregatício ou qualquer outro com pessoas jurídicas". Visa, pois, evitar a proliferação de laboratórios nos quais seja difícil a identificação e o acompanhamento de atividades que colocam em risco a biodiversidade e saúde humana, ainda que os pesquisadores tivessem recursos econômicos para desenvolvimento da atividade.

87. (Cespe – Juiz Federal Substituto 1ª região/2013) A respeito de biodiversidade e dos conhecimentos tradicionais associados, assinale a opção correta.

a) Somente a partir da Convenção da Diversidade Biológica, na ECO-92, ficou estabelecido, a fim de dificultar a biopirataria, que o uso comercial de genes de qualquer espécie nativa depende do consentimento informado do governo do país de origem.

b) A gestão do acesso ao conhecimento tradicional associado compete aos estados.

c) A Convenção da Diversidade Biológica é uma convenção – quadro que, para a concretização de seus objetivos, vem sendo complementada por protocolos mais específicos, como o de Nagoya.

d) O conhecimento tradicional associado não tem expressão econômica real nem potencial, sendo juridicamente protegido devido à relevância como manifestação do meio ambiente cultural.

e) Incumbe ao poder público e à sociedade o dever de preservar a diversidade e a integridade do patrimônio genético e o de fiscalizar as entidades dedicadas a pesquisa e manipulação de material genético.

COMENTÁRIOS

Alternativa correta: "c". A Convenção sobre a Diversidade Biológica é uma convenção-quadro, aprovada em 1992, durante a Conferência das Nações Unidas para o Meio Ambiente. Portanto, periodicamente ocorrem Conferências das Partes signatárias dessa Convenção para atualizar o entendimento sobre o estágio do momento para a regulamentação da bidiversidade e dos conhecimentos tradicionais associados. Importantes protocolos dessa convenção-quadro são de Cartagena e de Nagoya.

Alternativa "a". Está incorreta. Em verdade não se trata de dizer que o uso comercial de genes de qualquer espécie nativa depende do consentimento informado do governo do país de origem, mas sim reconhece a Convenção da Biodiversidade como direitos soberanos dos Estados sobre seus recursos naturais, competindo aos governos nacionais e à legislação nacional a autoridade para determinar o acesso ou não a recursos genéticos da sua biodiversidade (Art.15, item 5 da Convenção da Diversidade Biológica).

Alternativa "b". Está incorreta. A gestão do acesso ao conhecimento tradicional associado compete à União. Especificamente, no âmbito do Ministério do Meio Ambiente, ao Conselho de Gestão do Patrimônio Genético, de caráter deliberativo e normativo, composto de representantes de órgãos e de entidades da Administração Pública Federal que detêm competência para deliberar sobre a autorização de acesso a conhecimento tradicional associado, mediante anuência prévia de seu titular (MP 2186-16/2001, Art. 7º e Art. 10 e 11).

Alternativa "d". Está incorreta. O conhecimento tradicional associado possui grande expressão econômica, com valor real ou potencial, sendo juridicamente protegido também protegido por conta disso. Como prevê a definição legal: conhecimento tradicional associado – informação ou prática individual ou coletiva de comunidade indígena ou de comunidade local, com valor real ou potencial, associada ao patrimônio genético (MP 2186-16/2001, Art. 7º, II);

Alternativa "e". Está incorreta. Incumbe somente ao poder público o dever de fiscalizar as entidades dedicadas a pesquisa e manipulação de material genético (Art. 225, § 1º, V, da CF)

---

88. (Cespe – Juiz de Direito Substituto – RN/2013) Em relação à biodiversidade e ao patrimônio genético, assinale a opção correta.

a) Ao Conselho Nacional de Biossegurança, instância colegiada multidisciplinar de caráter consultivo e deliberativo, cabe prestar apoio técnico e de assessoramento ao governo federal na formulação, atualização e implementação da Política Nacional de Biossegurança.

b) As atividades relacionadas à pesquisa científica que envolvam organismos geneticamente modificados são permitidas a pessoas físicas em atuação autônoma e independente, desde que mantenham vínculo empregatício ou qualquer outro com pessoas jurídicas.

c) Conforme a Convenção sobre Diversidade Biológica, considera-se ecossistema a área geograficamente destinada ao alcance de objetivos específicos de conservação.

d) De acordo com a Política Nacional de Biodiversidade, cabe aos países desenvolvidos o aporte de recursos financeiros novos e adicionais e a facilitação do acesso adequado às tecnologias pertinentes para atender às necessidades dos países em desenvolvimento, no que se refere à conservação e à utilização sustentável da biodiversidade.

e) É permitida, para fins de pesquisa e terapia, a utilização de células-tronco embrionárias obtidas de embriões humanos produzidos por fertilização in vitro, exigindo-se apenas que sejam embriões inviáveis.

COMENTÁRIOS

Alternativa correta: "d". Trata-se de uma das diretrizes da Política Nacional de Biodiversidade, previstas no Decreto Federal nº 4339/2002;

Alternativa "a". Está incorreta. A assertiva se refere às características da Comissão Técnica Nacional de Biossegurança – CTNBio e não do Conselho Nacional de Biossegurança (Art. 10, Lei Federal nº 11.105/2.005)

Alternativa "b". Está incorreta. O correto é que as atividades e projetos de que envolvam organismos geneticamente modificados são vedados a pessoas físicas em atuação autônoma e independente, ainda que mantenham vínculo empregatício ou qualquer outro com pessoas jurídicas. (Art. Art. 2º, § 2º, Lei Federal nº 11.105/2005).

Alternativa "c". Está incorreta. Pela **Convenção de Diversidade Biológica Ecossistema** "significa um complexo dinâmico de comunidades vegetais, animais e de microorganismos e o seu meio inorgânico que interagem como uma unidade funcional" (Artigo 1 da CDB).

Alternativa "e". Está incorreta. Além de que sejam embriões inviáveis somente é permitida, para fins de pesquisa e terapia, a utilização de células-tronco embrionárias obtidas de embriões humanos produzidos por fertilização **in vitro** desde os mesmos não sejam utilizados no respectivo procedimento (Art. 5ºLei Federal nº 11.105/2005).

---

89. (Cespe – Juiz Federal Substituto 5ª região/2013) Entre as fontes de energias renováveis, inclui-se a energia solar. Em relação a essa fonte de energia, assinale a opção correta.

a) O direito à captação da energia solar não é um direito integrante da função social da propriedade.

b) A captação e a utilização da energia solar sujeitam-se à realização de licenciamento ambiental, prescindindo da elaboração de estudo prévio de impacto ambiental.

c) A energia solar é classificada como um bem imóvel.

d) Caso, ao redor de determinada propriedade que capte energia solar, seja construído um prédio que dificulte a captação da energia, a possível diminuição da captação da energia solar não poderá ser objeto de indenização.

e) A utilização de energia solar prescinde de autorização prévia do órgão ambiental.

COMENTÁRIOS

Alternativa correta: "e". Como não se trata de atividade poluidora ou que cause degradação ao meio ambiente (pelo contrário, trata-se de energia limpa, alternativa para substituir fontes energéticas mais impactantes e poluentes como a hidroelétrica e os combustíveis fósseis), não está sujeita a autorização prévia do órgão ambiental.

Alternativa "a". Está incorreta. A função social da propriedade engloba a observâncias das normas regulamentadoras das dimensões ambiental, econômica e social relacionadas com o direito de propriedade (Art. 1228, **§ 1º,** do Código Civil) no caso o direito à captação da energia solar trata-se de via desenvolvimento sustentável, pois equilibra as dimensões econômica e ambiental.

Alternativa "b". Está incorreta, pois segundo Art. 1º, I da Resolução CONAMA 237/97, define-se Licenciamento Ambiental como: procedimento administrativo pelo qual o órgão ambiental competente licencia a localização, instalação, ampliação e a operação de empreendimentos e atividades utilizadoras de recursos ambientais, consideradas efetiva ou potencialmente poluidoras ou daquelas que, sob qualquer forma, possam causar degradação ambiental, considerando as disposições legais e regulamentares e as normas técnicas aplicáveis ao caso. Como não se trata de atividade poluidora ou que cause degradação ao meio ambiente (pelo contrário, trata-se de energia limpa), não está sujeita ao licenciamento ambiental.

Alternativa "c". Está incorreta. O Art. 83, I do Código Civil considera móveis para os efeitos legais, as energias que tenham valor econômico, onde se enquadra a energia solar.

Alternativa "d". Está incorreta. A possível diminuição da captação da energia solar, por força de obra nova próxima, **poderá** ser objeto de indenização. Tem-se que a energia solar consiste em bem móvel dotado de valor econômico (Art. 83, I, CC). Assim, aquele que, por sua ação ou omissão, causa possível diminuição da captação dessa fonte energética renovável tem o dever de indenizar (Arts. 186, 187 e 927 do Código Civil).

Direito Ambiental

Rafael Costa Freiria e
Taisa Cintra Dosso

✦ DICAS (RESUMO)

1. MEIO AMBIENTE: HISTÓRICO, CONCEITO, PRINCÍPIOS E CONSTITUIÇÃO FEDERAL

1.1. PRINCIPAIS DOCUMENTOS JURÍDICOS RELATIVOS À TUTELA AMBIENTAL

A **preocupação com a questão ambiental dos países** vem crescendo ao longo dos tempos. Principalmente a partir de 1960, começaram a surgir leis mais severas visando a proteção ambiental. Atualmente, as leis cuidam dos mais variados temas, objetivando sempre o **desenvolvimento sustentável**.

No âmbito internacional, destacam-se os seguintes documentos jurídicos:	
Conferência de Estocolmo sobre o Meio Ambiente Humano	realizada em 1972, na Suécia, reunindo 113 países, foi o **marco mundial** que ensejou o **alerta** sobre os riscos à humanidade gerados pela degradação ambiental, introduzindo os países em um debate sobre a questão, resultando na **Declaração sobre Meio Ambiente.**
Conferência das Nações Unidas para o Meio Ambiente e Desenvolvimento (CNUMAD)	também conhecida como **ECO 92**, realizada em 1992**,** no Rio de Janeiro, reunindo 178 países, objetivou centralizar no mundo a discussão sobre o meio ambiente, aperfeiçoando os instrumentos de proteção ambiental internacional, resultando nos seguintes documentos: **Convenção sobre Diversidade Biológica**, **Convenção sobre Mudanças do Clima**, **Declaração de Princípios sobre o Uso das Florestas**, **Declaração do Rio** e **Agenda 21**.
Conferência das Nações Unidas sobre o Meio Ambiente e Desenvolvimento (RIO+10)	realizada em 2002, em Joanesburgo, na África do Sul, reunindo 191 países, reforçou os objetivos da ECO 92, resultando nos seguintes documentos: **Declaração de Joanesburgo** e no **Plano de Implementação**.
Conferência das Nações Unidas sobre Desenvolvimento Sustentável (RIO+20)	realizada em 2012, no Rio de Janeiro, reunindo 193 países, reforçou os princípios e compromisso ambientais já assumidos desde a ECO 92, apresentando como centro da questão ambiental a erradicação da pobreza e a economia verde, resultando no documento **"O futuro que queremos".**

No Brasil, a legislação ambiental apresentou a seguinte evolução:	
1965	▸ Código Florestal
1981	▸ Lei da Política Nacional do Meio Ambiente
1988	▸ Constituição Federal
1997	▸ Lei do Sistema Nacional de Recursos Hídricos
1998	▸ Lei de Crimes Ambientais
2000	▸ Lei do Sistema Nacional de Unidade de Conservação da Natureza – SNUC

No Brasil, a legislação ambiental apresentou a seguinte evolução:	
2007	▸ Lei de Diretrizes Nacionais e Saneamento Básico
2009	▸ Lei da Política Nacional sobre Mudança do Clima
2010	▸ Lei da Política Nacional de Resíduos Sólidos
2011	▸ Lei Complementar nº 140/2011 – Dispõe sobre competência material relativa ao meio ambiente, em especial sobre licenciamento ambiental.
2012	▸ Lei da Política Nacional de Mobilidade Urbana
2015	▸ Lei de Acesso ao Patrimônio Genético, sobre a Proteção e o Acesso ao Conhecimento Tradicional associado e sobre a repartição de benefícios para conservação e uso sustentável da Biodiversidade

1.2. MEIO AMBIENTE

- **Conceito legal:** É o conjunto de condições, leis, influências e interações de ordem física, química e biológica, que permite, abriga e rege a vida em todas as suas formas, conforme artigo 3º, inciso I, da Lei nº 6.938/1981. A definição legal abrange o chamado **meio ambiente natural, pois que abarca apenas o elemento biológico.**
- **Conceito mais abrangente**: Prevalece o entendimento de que o conceito de meio ambiente é **mais abrangente**, incluindo as criações humanas, por exemplo. Daí a classificação do meio ambiente em: a) **meio ambiente natural**: definido no artigo 3º, inciso I, da Lei nº 6.938/1981, como os recursos naturais, ecossistemas, biodiversidade e patrimônio genético; b) **meio ambiente cultural**: são as criações humanas sobre os elementos naturais que possuem valor histórico, paisagístico, artístico, arqueológico, paleontológico, ecológico ou científico; c) **meio ambiente artificial**: é composto pelo espaço urbano seja construído (edificações), seja aberto (praças e ruas, por exemplo) e; d) **meio ambiente do trabalho**: são as condições atinentes às relações de trabalho, que permitem ao trabalhador exercer suas funções de maneira digna e segura.
- **O direito ao meio ambiente é um direito de interesse difuso.**
- O direito ao meio ambiente integra os **direitos humanos fundamentais de terceira geração**, fundado nos princípios da fraternidade ou solidariedade, caracterizados por serem direitos transindividuais, em que seu titular não é o homem individualizado, mas toda coletividade.
- Nos termos do artigo 81, inciso I, da Lei nº 8.078/90, são interesses ou direitos difusos os transindividuais, de natureza indivisível, de que sejam titulares pessoas indeterminadas e ligadas por circunstâncias de fato. Portando, o direito ao meio ambiente é um **direito de interesse difuso**, sendo que a sua degradação afeta uma gama de pessoas indetermináveis e ligadas por circunstâncias de fato. Nesse sentido, dispõe o **artigo 225 da Constituição Federal** que **"todos têm direito ao meio ambiente ecologicamente equilibrado, bem de uso comum do povo e essencial à essencial à sadia qualidade de vida.**
- **Concepção antropocêntrica:** O artigo 225 da Constituição Federal, ao determinar que todos têm direito ao meio ambiente ecologicamente equilibrado, reflete a concepção antropocêntrica do Texto Constitucional, pois que o equilíbrio ambiental visa a assegurar a existência humana, colocando o homem no centro do universo.

1.3. PRINCÍPIOS DE DIREITO AMBIENTAL

Princípio da ubiquidade	O direito ao meio ambiente ecologicamente equilibrado previsto no artigo 225 da Constituição Federal está intimamente ligado com o direito à vida. Assim, o direito ambiental é **onipresente** na tutela de todo direito subjetivo. O meio ambiente é o **epicentro** dos direitos humanos.
Princípio da solidariedade intergeracional	As **atuais gerações** devem preservar o meio ambiente para as **presente e futura gerações**, mediante a utilização racional dos recursos ambientais. Está previsto no artigo 225 da CF. Também conhecido como **princípio da responsabilidade ambiental entre gerações.**

Princípio da participação	Decorre do artigo 225 da CF, bem como do Princípio 10 da Declaração do Rio, segundo o qual se impõe ao **Poder Público** e à **coletividade** o dever de preservação do meio ambiente. A atuação conjunta dos órgãos públicos e da sociedade permite a implantação de políticas ambientais efetivas. É a **responsabilidade compartilhada** em prol da preservação ambiental.
Princípio das responsabilidades comuns, mas diferenciadas	Trata-se do Princípio 7 da Declaração do Rio, segundo o qual todos **os Estados têm a responsabilidade comum de preservação ambiental, sendo as habilidades e as capacidades dos Estados diferenciadas** para atingir essa finalidade. A criação de padrões ambientais com imposição de obrigações para os Estados deve ser diferenciada conforme as respectivas habilidades e capacidades. Está previsto no artigo 170, VI, da CF, destinando-se aos agentes econômicos nacionais.
Princípio do desenvolvimento sustentável	Decorre do artigo 1º, § 1º, da Declaração sobre Desenvolvimento da ONU, bem como do artigo 4º, inciso I, da Lei nº 6.938/1981. Pressupõe **a ponderação entre o desenvolvimento econômico e a preservação do meio ambiente ecologicamente equilibrado**, ou na redação do citado artigo 4º, "**à compatibilização do desenvolvimento econômico social com a preservação da qualidade do meio ambiente e do equilíbrio ecológico**". Tem aplicação, sobretudo, na utilização dos recursos naturais renováveis, sendo o EIA um instrumento de sua incidência. O artigo 3º da Lei de Licitações prevê a **promoção do desenvolvimento sustentável** como um dos objetivos do processo licitatório.
Princípio da prevenção	Decorre implicitamente do artigo 225 da CF, preconizando que o ente ambiental deve impor medidas para se evitar o dano ambiental, pois que muitas vezes é irreversível. O princípio se volta ao cuidado ambiental de atividades com **risco conhecido** ou **certo**, em que há **certeza científica**.
Princípio da precaução	Está previsto no Princípio 15 da Declaração do Rio, preconizando que o ente ambiental deve impor medidas para se evitar o dano ambiental, pois que muitas vezes é irreversível, **ainda que não haja certeza científica sobre sua existência.** O princípio se volta ao cuidado ambiental de atividades com **risco desconhecido** ou **incerto**, aplicando-se o postulado **in dubio pro natura**. É com fundamento neste princípio que se respalda o entendimento jurisprudencial em que se **admite a inversão do ônus da prova nas demandas ambientais,** impondo-se ao poluidor provar, com anterioridade, que sua ação não causará degradação ambiental.
Princípio do poluidor-pagador	Está previsto no enunciado 16 da Declaração do Rio de Janeiro de 1992. Prevê a **responsabilidade do poluidor pelos custos ambientais advindos de sua atividade econômica ambientalmente impactante**. Agrega-se esse valor no custo produtivo da atividade. Este princípio determina a incidência do regime jurídico da **responsabilidade civil objetiva por danos ambientais**, conforme previsão do artigo 14, § 1º, da Lei nº 6.938/1981, que assim dispõe: "Sem obstar a aplicação das penalidades previstas neste artigo, é o poluidor obrigado, independentemente da existência de culpa, a indenizar ou reparar os danos causados ao meio ambiente e a terceiros, afetados por sua atividade".
Princípio do usuário-pagador	Pressupõe que **as pessoas que utilizam os recursos naturais devem pagar pela sua utilização, ainda que não haja poluição.** Não se confunde com o princípio do poluidor-pagador, que pressupõe poluição e apresenta caráter reparatório. A propósito, é um dos instrumentos da Política Nacional do Meio Ambiente, nos termos do artigo 4º, VII, "a imposição, ao poluidor e ao predador, da obrigação de recuperar e/ou indenizar os danos causados e, ao usuário, da contribuição pela utilização de recursos ambientais com fins econômicos".
Princípio da educação ambiental	Está previsto no artigo 225, § 1º, inciso VI, da CF. Visa **promover a conscientização pública** para a preservação do meio ambiente, através da educação ambiental em todos os níveis de ensino.
Princípio da cooperação entre os povos	Todas as nações devem cooperar na preservação ambiental, através de tratados internacionais, pois que **o meio ambiente não conhece fronteiras políticas.** Este princípio orienta as relações internacionais do Brasil, conforme artigo 4º, inciso IX, da CF.

Princípio da função socioambiental	A propriedade **urbana** e **rural** deve preservar **o meio ambiente,** cumprindo sua função socioambiental. Decorre dos artigos 5º, XXII, XXIII, 170, II e III e 186 da CF.
Princípio da informação	Prevê **o acesso de todos às informações relativas ao meio ambiente,** ressalvadas as exceções legais. Decorre do artigo 5º, XIV e artigo 225, § 1º, incisos IV e VI, todos da CF.
Princípio do limite	Estabelece o dever do **Poder Público** de estabelecer **os limites das atividades que impliquem em riscos à qualidade de vida e ao meio ambiente.**
Princípio da vedação do retrocesso ambiental	Salvo se houver significativa alteração das circunstâncias de fato, **não se pode admitir o retrocesso da proteção ambiental para níveis inferiores, já consagrados.**

1.4. O MEIO AMBIENTE NA CONSTITUIÇÃO FEDERAL

Seguindo a tendência mundial de inserção das normas ambientais no Texto Constitucional, a Constituição Federal de 1988 dispõe sobre o meio ambiente em diversos artigos a relativos à vários temas:

competência ambiental legislativa	▸ artigo 22, IV, XII e XVI; ▸ artigo 24, VI, VII e VIII; e ▸ artigo 30, I e II.
competência ambiental material	▸ artigo 23, III, IV, VI, VII e IX.
ordem econômica	▸ artigo 170, inciso VI; ▸ artigo 174, § 4º; e ▸ artigo 175.
meio ambiente artificial	▸ artigo 182.
meio ambiente cultural	▸ artigos 215, 216 e 216-A .
meio ambiente natural	▸ artigo 225.
meio ambiente laboral	▸ artigo 200, VIII, da CF.

1.5. COMPETÊNCIA EM MATÉRIA AMBIENTAL

⦿ COMPETÊNCIA LEGISLATIVA CONCORRENTE

A Constituição Federal, em seu **artigo 24, incisos VI, VII e VIII** atribui **competência concorrente à União, aos Estados e ao Distrito Federal** para legislar sobre assuntos relativos ao meio ambiente como florestas, caça, pesca, fauna, conservação da natureza, defesa do solo e dos recursos naturais, proteção do meio ambiente e controle da poluição. Consoante determinação do **§ 1º** do citado artigo, a competência da União limitar-se-á a estabelecer normas gerais. Os **Municípios** também detêm **competência legislativa em material ambiental**, em decorrência do **artigo 30, incisos I e II** da Constituição da República, cabendo a eles legislar sobre assuntos de interesse local e suplementar a legislação estadual e federal no que couber.

Ressalva: O **artigo 22, incisos IV, XII e XXVI, da CF**, determina **competência legislativa exclusiva da União** legislar sobre **águas, energias, jazidas, minas e outros recursos minerais, bem como atividades nucleares de qualquer natureza**.

⦿ COMPETÊNCIA MATERIAL COMUM

A Constituição Federal, em seu **artigo 23, incisos III, IV, VI, VII e IX** atribui **competência material comum à União, Estados, Distrito Federal e Municípios, no intuito de promover a execução de políticas e preceitos relativos à proteção ambiental.**

Ressalvas: O artigo **21, incisos IX, XVIII, XIX, XX e XXIII, da CF**, determina algumas **competências ambientais materiais exclusivas da União**, como, por exemplo, instituir diretrizes para o desenvolvimento urbano, inclusive habitação, saneamento básico e transportes urbanos;

O artigo **30, incisos VIII e IX, da CF**, determina **competência material exclusiva do Município** "promover, no que couber, adequado ordenamento territorial, mediante planejamento e controle do uso, do parcelamento e da ocupação do solo urbano", bem como "promover a proteção do patrimônio histórico-cultural local, observada a legislação e a ação fiscalizadora federal e estadual.

Lei Complementar nº 140/2011: Regula as competências ambientais comuns entre a União, os Estados, o Distrito Federal e os Municípios, especialmente sobre licenciamento ambiental.

2. ORDEM ECONÔMICA

Princípio da ordem econômica e financeira: Nos termos do **artigo 170, inciso VI da CF, a defesa do meio ambiente**, inclusive mediante tratamento diferenciado conforme o impacto ambiental dos produtos e serviços e de seus processos de elaboração e prestação, é um dos **princípios da ordem econômica e financeira**.

Artigo 174, § 4º, da CF: O Estado favorecerá a organização da atividade garimpeira em cooperativas, levando em conta a **proteção do meio ambiente** e a promoção econômico-social dos garimpeiros.

Artigo 175, CF: Dispõe sobre a exploração ou aproveitamento das **jazidas e demais recursos minerais e os potenciais de energia hidráulica.**

◉ MEIO AMBIENTE ARTIFICIAL

Artigo 182: A **política de desenvolvimento urbano**, executada pelo Poder Público municipal, conforme diretrizes gerais fixadas em lei, tem por objetivo **ordenar o pleno desenvolvimento das funções sociais da cidade e garantir o bem-estar de seus habitantes**.

§ 1º. O **plano diretor**, aprovado pela Câmara Municipal, obrigatório para cidades com mais de vinte mil habitantes, é o instrumento básico da política de desenvolvimento e de expansão urbana.

§ 2º. A **propriedade urbana cumpre sua função social** quando atende as exigências fundamentais de ordenação da cidade expressas no plano diretor.

§ 3º. As **desapropriações de imóveis urbanos** serão feitas com prévia e justa indenização em dinheiro.

§ 4º. É facultado ao Poder Público municipal, mediante lei específica para área incluída no plano diretor, exigir, nos termos da lei federal, **do proprietário do solo urbano não edificado, subutilizado ou não utilizado, que promova seu adequado aproveitamento**, sob **pena**, sucessivamente, de:

I – parcelamento ou edificação compulsórios;

II – imposto sobre a propriedade predial e territorial urbana progressivo no tempo;

III – desapropriação com pagamento mediante títulos da dívida pública de emissão previamente aprovada pelo Senado Federal, com prazo de resgate de até dez anos, em parcelas anuais, iguais e sucessivas, assegurados o valor real da indenização e os juros legais.

Observações
▸ A Lei nº 10.257/2001, conhecida como **Estatuto da Cidade**, regulamenta o espaço urbano, garantindo uma **cidade sustentável** onde deverá ser observado o saneamento ambiental, devendo-se evitar a poluição ambiental, protegendo-se o meio ambiente em seu conceito mais abrangente.
▸ A política urbana busca implementar a **sustentabilidade das cidades**, entendida como o direito à terra urbana, à moradia, ao saneamento ambiental, à infraestrutura urbana, ao transporte e aos serviços públicos, ao trabalho e ao lazer, para as presentes e futuras gerações.
▸ O **plano diretor, obrigatório** para cidades com mais de vinte mil habitantes, bem como nas hipóteses do artigo 41 do EC, objetiva a **gestão democrática da cidade**, devendo ser promovidas **audiências públicas** e **debates**, garantidos a **publicidade** e o acesso às **informações**, devendo ser **revisto** a cada dez anos.

Observações
▸ São **instrumentos de execução da política urbana** previstos no **Estatuto da Cidade**: a) direito de superfície; b) direito de preempção; c) outorga onerosa do direito de construir; d) operações urbanas consorciadas; e) transferência do direito de construir; f) plano diretor; g) zoneamento ambiental; h) tombamento de imóveis; i) instituição de unidade de conservação; j) estudo prévio de impacto ambiental (EIA) e l) estudo prévio de impacto de vizinhança (EIV) e; m) usucapião coletiva.
▸ Nos termos do **artigo 25, § 3º, da CF**, os **Estados** poderão, mediante lei complementar, instituir **regiões metropolitanas, aglomerações urbanas e microrregiões**, constituídas por agrupamentos de municípios limítrofes, para integrar a organização, o planejamento e a execução de funções públicas de interesse comum.

⦿ MEIO AMBIENTE CULTURAL

O meio ambiente cultural está disciplinado nos artigos **215, 216 e 216-A.**

O **Estado** garantirá a todos o pleno exercício dos direitos culturais e acesso às fontes da cultura nacional, e apoiará e incentivará a valorização e a difusão das manifestações culturais, bem como protegerá as manifestações das culturas populares, indígenas e afro-brasileiras, e das de outros grupos participantes do processo civilizatório nacional. (artigo 215, *caput* e § 1º, da CF)

Plano Nacional de Cultura	artigo 215, § 3º, CF
Sistema Nacional de Cultura	artigo 216-A, CF

Constituem **patrimônio cultural brasileiro** os bens de natureza material e imaterial, tomados individualmente ou em conjunto, portadores de referência à identidade, à ação, à memória dos diferentes grupos formadores da sociedade brasileira, (artigo 216, *caput*, CF). Os incisos do *caput* do artigo 216, trazem um **rol exemplificativo** dos bens integrantes do patrimônio cultural, como as criações científicas, artísticas e tecnológicas, além de outros.

O **Poder Público**, com a colaboração da comunidade, promoverá e protegerá o patrimônio cultural brasileiro, por meio de **inventários, registros, vigilância, tombamento e desapropriação, e de outras formas de acautelamento e preservação**, sendo que os **danos e ameaças** ao patrimônio cultural serão **punidos** na forma da lei (artigo 216, *caput* e § 1º, da CF)

⦿ MEIO AMBIENTE DO TRABALHO

Está previsto no **artigo 200, VIII, da CF**, quando determina a Constituição Federal que **compete ao Sistema Único de Saúde, colaborar na proteção do meio ambiente, nele compreendido o do trabalho.**

⊙ MEIO AMBIENTE NATURAL

Dispõe o **artigo 225, caput, da Constituição Federal** que "todos têm **direito ao meio ambiente ecologicamente equilibrado**, bem de uso comum do povo e essencial à sadia qualidade de vida, impondo-se ao **Poder Público e à coletividade** o **dever de defendê-lo e preservá-lo** para as **presentes e futuras gerações**". Conforme já visto acima, este dispositivo denota:

a) a **natureza difusa** do direito ao meio ambiente, como d**ireito humano de terceira geração**;

b) concepção **antropocêntrica**;

c) princípio da **ubiquidade**;

d) princípio da **solidariedade intergeracional** e;

e) princípio da **participação** e da **responsabilidade compartilhada**.

O dever do Poder Público na defesa e preservação do meio ambiente está detalhado nos § 1º e seus incisos, elencando o legislador deveres específicos a serem cumpridos como:

- preservar e restaurar os **processos ecológicos essenciais** e prover o **manejo ecológico das espécies e ecossistemas**;
- preservar a diversidade e a integridade do **patrimônio genético** do País e fiscalizar as entidades dedicadas à pesquisa e manipulação de material genético;
- definir, em todas as unidades da Federação, **espaços territoriais e seus componentes a serem especialmente protegidos**, sendo a **alteração e a supressão permitidas somente através de lei**, vedada qualquer utilização que comprometa a integridade dos atributos que justifiquem sua proteção;
- Observação: a criação de espaços territoriais especialmente protegidos pode se dar por lei ou ato do Poder Público.
- exigir, na forma da lei, para instalação de obra ou atividade potencialmente causadora de significativa degradação do meio ambiente, **estudo prévio de impacto ambiental**, a que se dará publicidade;
- controlar a produção, a comercialização e o emprego de técnicas, métodos e substâncias que **comportem risco para a vida, a qualidade de vida e o meio ambiente**;
- promover a **educação ambiental** em todos os níveis de ensino e a **conscientização pública** para a preservação do meio ambiente;
- proteger a **fauna e a flora,** vedadas, na forma da lei, as práticas que coloquem em risco sua função ecológica, provoquem a extinção de espécies ou submetam os animais à crueldade;

§ 2º – Aquele que **explorar recursos minera**is fica obrigado a recuperar o meio ambiente degradado, de acordo com solução técnica exigida pelo órgão público competente, na forma da lei.

§ 3º – As **condutas e atividades consideradas lesivas ao meio ambiente** sujeitarão os infratores, pessoas físicas ou jurídicas, **a sanções penais e administrativas, independentemente da obrigação de repar**ar os danos causados.

§ 4º – A Floresta Amazônica brasileira, a Mata Atlântica, a Serra do Mar, o Pantanal Mato-Grossense e a Zona Costeira são **patrimônio nacional**, e sua utilização far-se-á, na forma da lei, dentro de condições que assegurem a preservação do meio ambiente, inclusive quanto ao uso dos recursos naturais.

Obs: A Constituição **não dispõe sobre a conversão em bens públicos os imóveis particulares situados nessas áreas.** Nesse sentido, posicionou-se o **STF** no julgamento do Recurso Extraordinário nº 134.297, de 13/06/1995.

Obs: A **Lei nº 7.661/88** institui o **Plano Nacional de Gerenciamento Costeiro** e dá outras providências.

Obs: O Brasil ratificou a **Convenção das Nações Unidas sobre o Direito do Mar e a Proteção do Meio Ambient**e, assinada em 10 de dezembro de 1982, em Montego Bay, na Jamaica.

§ 5º – São indisponíveis **as terras devolutas ou arrecadadas pelos Estad**os, por ações discriminatórias, necessárias à proteção dos ecossistemas naturais.

§ 6º – As **usinas** que operem com **reator nucle**ar deverão ter sua localização definida em lei federal, sem o que não poderão ser instaladas.

2.1 POLÍTICA NACIONAL DO MEIO AMBIENTE E SISTEMA NACIONAL DO MEIO AMBIENTE – PNMA – LEI Nº 6.938/1981

A **Lei nº 6.938/1981**, institui a **Política Nacional do Meio Ambiente (PNMA),** estabelecendo princípios, objetivos e instrumentos para a implementação da preservação dos recursos naturais, bem como institui o **Sistema Nacional do Meio Ambiente (SISNAMA)**, com vistas a estabelecer uma rede de agências governamentais, nos diversos níveis da federação, assegurando mecanismos capazes de, com eficiência, implementar a política nacional do meio ambiente.

De acordo com a definição **do artigo 3º, inciso VI**, da Lei nº 6.938/1981, **poluidor** é a pessoa física ou jurídica, de direito público ou privado, responsável, direta ou indiretamente, por atividade causadora de degradação ambiental.

⦿ INSTRUMENTOS DA POLÍTICA NACIONAL DO MEIO AMBIENTE

Nos termos do artigo 9º da lei são instrumentos da Política Nacional do Meio Ambiente:
▸ o estabelecimento de **padrões de qualidade ambiental;**
▸ **o zoneamento ambiental:** como modalidade de intervenção do Estado na propriedade, dividindo-a em zonas conforme a melhor forma de preservação ambiental e utilização sustentável dos recursos naturais, o zoneamento ambiental é manifestação do exercício do poder de polícia ambiental e objetiva realizar a função socioambiental da propriedade. Pode ser chamado de **zoneamento ecológico-econômico (ZEE)**, devendo ser aprovado mediante lei, observando-se as zonas de uso estritamente industrial, de uso predominantemente industrial, de uso diversificado e de reserva ambiental.
▸ a avaliação de impactos ambientais;
▸ o licenciamento e a revisão de atividades efetiva ou potencialmente poluidoras;
▸ os incentivos à produção e instalação de equipamentos e a criação ou absorção de tecnologia, voltados para a melhoria da qualidade ambiental;
▸ a criação de espaços territoriais especialmente protegidos pelo Poder Público federal, estadual e municipal, tais como áreas de proteção ambiental, de relevante interesse ecológico e reservas extrativistas;
▸ o sistema nacional de informações sobre o meio ambiente;
▸ o Cadastro Técnico Federal de Atividades e Instrumentos de Defesa Ambiental;
▸ as penalidades disciplinares ou compensatórias ao não cumprimento das medidas necessárias à preservação ou correção da degradação ambiental;
▸ a instituição do Relatório de Qualidade do Meio Ambiente, a ser divulgado anualmente pelo Instituto Brasileiro do Meio Ambiente e Recursos Naturais Renováveis – IBAMA;
▸ a garantia da prestação de informações relativas ao meio ambiente, obrigando-se o Poder Público a produzi-las, quando inexistentes;
▸ o Cadastro Técnico Federal de atividades potencialmente poluidoras e/ou utilizadoras dos recursos ambientais;
▸ instrumentos econômicos, como concessão florestal, servidão ambiental, seguro ambiental e outros;

⦿ SISTEMA NACIONAL DO MEIO AMBIENTE (SISNAMA)

Dispõe **o artigo 6º** da Lei nº 6.938/1981, que os órgãos e entidades da **União**, dos **Estados**, do **Distrito Federal**, dos **Territórios** e dos **Municípios**, bem como as **fundações** instituídas pelo Poder Público, responsáveis pela proteção e melhoria da qualidade ambiental, constituirão o **Sistema Nacional do Meio Ambiente – SISNAMA**, cuja composição segue abaixo:

órgão superior	▸ o **Conselho de Governo**, com a função de assessorar o Presidente da República na formulação da Política nacional e nas diretrizes governamentais para o meio ambiente e os recursos ambientais.

órgão consultivo e deliberativo	▸ o **Conselho Nacional do Meio Ambiente (CONAMA),** com a finalidade de assessorar, estudar e propor ao Conselho de Governo, diretrizes de Políticas governamentais para o meio ambiente e os recursos naturais e deliberar, no âmbito de sua competência, sobre normas e padrões compatíveis com o meio ambiente ecologicamente equilibrado e essencial à sadia qualidade de vida. Sua **competência** está definida no **artigo 8º** da Lei nº 6.938/1981: ▸ estabelecer, mediante proposta do **IBAMA**, normas e critérios para o **licenciamento de atividades efetiva ou potencialmente poluidoras**, a ser concedido pelos Estados e supervisionado pelo IBAMA;
órgão consultivo e deliberativo	▸ determinar, quando julgar necessário, **a realização de estudos das alternativas e das possíveis consequências ambientais de projetos públicos ou privados**, requisitando aos órgãos federais, estaduais e municipais, bem assim a entidades privadas, as informações indispensáveis para apreciação dos estudos de impacto ambiental, e respectivos relatórios, no caso de obras ou atividades de significativa degradação ambiental, especialmente nas áreas consideradas patrimônio nacional. ▸ determinar, mediante representação do IBAMA, **a perda ou restrição de benefícios fiscais concedidos pelo Poder Público**, em caráter geral ou condicional, e a perda ou suspensão de participação em linhas de financiamento em estabelecimentos oficiais de crédito; ▸ estabelecer, privativamente, **normas e padrões nacionais de controle da poluição por veículos automotores, aeronaves e embarcações**, mediante audiência dos Ministérios competentes; ▸ estabelecer **normas, critérios e padrões relativos ao controle e à manutenção da qualidade do meio ambiente com vistas ao uso racional dos recursos ambientais,** principalmente **os hídricos.**
órgão central	▸ o **Ministério do Meio Ambiente** (antiga Secretaria do Meio Ambiente da Presidência da República), com a finalidade de planejar, coordenar, supervisionar e controlar, como órgão federal, a Política nacional e as diretrizes governamentais fixadas para o meio ambiente.
órgão executor	▸ **o Instituto Brasileiro do Meio Ambiente e dos Recursos Naturais Renováveis (IBAMA) e o Instituto Chico Mendes de Conservação da Biodiversidade (ICMBIO)** com a finalidade de executar e fazer executar, como órgão federal, a Política e diretrizes governamentais fixadas para o meio ambiente.
órgãos seccionais	▸ **os órgãos ou entidades estaduais** responsáveis pela execução de programas, projetos e pelo controle e fiscalização de atividades capazes de provocar a degradação ambiental.
órgãos locais	▸ os **órgãos ou entidades municipais**, responsáveis pelo controle e fiscalização dessas atividades, nas suas respectivas jurisdições.

2.2 PODER DE POLÍCIA, LICENCIAMENTO E ESTUDOS AMBIENTAIS (EIA)

⊙ PODER DE POLÍCIA AMBIENTAL

O exercício do **poder de polícia ambiental** é comum a todos os entes federativos, nos termos do artigo 23, inciso VI, da CF, sendo o seu exercício regular o fato gerador para cobrança de **taxa**, conforme artigo 78 do CTN.

A **competência para exercer o poder de polícia** não se confunde com a **competência para licenciar**, podendo a fiscalização e o licenciamento da atividade serem realizados por entes distintos.

O artigo 17, *caput*, da LC nº 140/2011 dá **prioridade,** para fiscalizar, ao órgão ambiental que realizou o licenciamento, sem prejuízo do exercício do poder de polícia pelos demais entes federativos, conforme estatui o § 3º do citado artigo.

⊙ LICENCIAMENTO AMBIENTAL

Decorre do dever específico do Poder Público de **controlar a poluição** (artigo 225, § 1º, V), sendo um dos principais **instrumentos da política nacional do meio ambiente**. Considera-se **poluição**, nos termos do artigo 3º, inciso III, da Lei da PNMA**,** a **degradação da qualidade ambiental resultante de atividades que direta ou indiretamente**: a) prejudiquem a saúde, a segurança e o bem-estar da população; b) criem condições adversas às atividades sociais e econômicas; c) afetem desfavoravelmente a biota; d) afetem as condições estéticas ou sanitárias do meio ambiente; e) lancem matérias ou energia em desacordo com os padrões ambientais estabelecidos.

O **licenciamento** é um **procedimento administrativo** (artigo 1º, inciso I, da Resolução Conama nº 237/1997 e artigo 2º, inciso I, da LC nº 140/2011) exigido na construção, instalação, ampliação e funcionamento de estabelecimentos e atividades utilizadoras de recursos ambientais, **efetiva** ou **potencialmente poluidores** ou capazes, sob qualquer forma, de **causar degradação ambiental** (artigo 10, *caput*, da Lei nº 6.938/1981).

Fases do licenciamento	estão previstas no artigo 10 da Resolução Conama nº 237/1997, devendo-se dar a ele **publicidade**, consoante determina o artigo 10, § 1º, da Lei nº 6.938/1981. Nos termos do citado, o licenciamento observa as seguintes etapas:
	▸ Definição pelo órgão ambiental competente, com a participação do empreendedor, dos **documentos, projetos e estudos ambientais,** necessários ao início do processo de licenciamento correspondente à licença a ser requerida;
	▸ **Requerimento da licença ambiental pelo empreendedor**, acompanhado dos documentos, projetos e estudos ambientais pertinentes, dando-se a devida publicidade;
	▸ **Análise pelo órgão ambiental competente**, integrante do SISNAMA, dos documentos, projetos e estudos ambientais apresentados e a realização de vistorias técnicas, quando necessárias;
	▸ **Solicitação de esclarecimentos e complementações pelo órgão ambiental competente**, integrante do SISNAMA, uma única vez, em decorrência da análise dos documentos, projetos e estudos ambientais apresentados, quando couber, podendo haver a reiteração da mesma solicitação caso os esclarecimentos e complementações não tenham sido satisfatórios;
	▸ **Audiência pública**, quando couber, de acordo com a regulamentação pertinente;
	▸ **Solicitação de esclarecimentos e complementações pelo órgão ambiental competente, decorrentes de audiências públicas**, quando couber, podendo haver reiteração da solicitação quando os esclarecimentos e complementações não tenham sido satisfatórios;
	▸ **Emissão de parecer técnico conclusivo** e, quando couber, **parecer jurídico**;
	▸ **Deferimento ou indeferimento do pedido de licença**, dando-se a devida **publicidade**.

Competência para licenciar: A competência para licenciar está disciplinada na LC nº 140/2011, bem como na Resolução nº 237/1997, adotando-se como critérios definidores: a) dimensão do impacto ambiental; b) domínio do bem público afetado e; c) no caso de unidade de conservação, será competente o ente federativo que a instituiu, exceto de se tratar de Áreas de Proteção Ambiental (APA).

Atuação supletiva e subsidiária: A lei prevê a atuação **supletiva** do ente federativo de maior abrangência territorial, quando o de menor, competente, não puder realizar o licenciamento, bem como a atuação **subsidiária**, que visa auxiliar o ente competente, quando houver deste solicitação.

O decurso dos prazos de licenciamento, sem a emissão da licença ambiental, não implica emissão tácita nem autoriza a prática de ato que dela dependa ou decorra, mas instaura a competência supletiva, nos termos do artigo 14, § 3º, da Lei Complementar nº 140/2011.

Competência dos entes federativos: A lei determina a competência para licenciar da **União** (artigo 7º, inciso XIV da LC nº 140/2011 e artigo 4º da Resolução Conama 237/1997) e dos **Municípios** (artigo 9º, da LC nº 140/2011), cabendo aos **Estados** a competência **remanescente**, ou seja, que não seja da União ou dos Municípios, conforme determina o artigo 8º da citada lei complementar.

Nos termos do artigo 13 da lei, o licenciamento ambiental será realizado **por um único ente federativo**, podendo os demais entes federativos manifestarem de maneira não vinculante.

Dispensa do licenciamento: quando, em caráter de urgência, for necessária a execução de atividades de **segurança nacional** e obras de **interesse da defesa civil,** destinadas à prevenção e mitigação de acidentes em áreas urbanas situadas em áreas de preservação permanente.

⊙ LICENÇA AMBIENTAL

Licença ambiental é o ato administrativo pelo qual o órgão ambiental competente, estabelece as condições, restrições e medidas de controle ambiental que deverão ser obedecidas pelo empreendedor, pessoa física ou jurídica, para localizar, instalar, ampliar e operar empreendimentos ou atividades utilizadoras dos recursos ambientais consideradas efetiva ou potencialmente poluidoras ou aquelas que, sob qualquer forma, possam causar degradação ambiental, conforme determina o artigo 1º, inciso II, da Resolução Conama nº 237/1997.

Espécies:		
Licença Prévia (LP)	**Licença de Instalação (LI)**	**Licença de Operação (LO)**
concedida preliminarmente, apenas aprovando o projeto, atestando a sua viabilidade ambiental e os respectivos condicionantes e requisitos básicos para as próximas fases de sua implementação;	que autoriza a instalação de empreendimento, impondo condicionantes que deverão ser observados;	que permite o início das atividades de acordo com o projeto aprovado, apontando as medidas ambientais de controle e os condicionantes.

Sempre acompanhada de **estudos ambientais**, as licenças ambientais têm **prazo de validade**, sendo este **automaticamente prorrogado** até a manifestação **definitiva** do órgão competente, **apenas se a sua renovação for requerida com antecedência máxima de 120 (cento e vinte) dias de sua expiração**. É o que se dispõe o artigo 14, § 4º, da Lei Complementar nº 140/2011.

Depois de concedida, poderá ser **suspensa, alterada** ou **cancelada** na hipótese prevista no artigo 19, inciso III, da Resolução Conama nº 237/1997, qual seja, na hipótese de **graves e supervenientes riscos ao meio ambiente ou à saúde pública**.

Em razão da generalidade das normas ambientais, permitindo um juízo de conveniência e oportunidade ao administrador, atrelada à possibilidade de alteração posterior do interesse ambiental em licenças já deferidas (artigo 19 da Resolução Conama nº 237/1997), as regras relativas à licença estabelecida no âmbito do direito administrativo não se aplicam ao licenciamento ambiental. **A licença ambiental, dada suas peculiaridades, pode ter o regime jurídico similar ao da autorização no âmbito do direito administrativo.**

⊙ ESTUDOS AMBIENTAIS E ESTUDO PRÉVIO DE IMPACTO AMBIENTAL

Os **Estudos Ambientais** (ou **Avaliação de Impactos Ambientais – AIA**) são definidos como são todos e quaisquer estudos relativos aos aspectos ambientais relacionados à localização, instalação, operação e ampliação de uma atividade ou empreendimento, apresentado como subsídio para a análise da licença requerida, tais como: relatório ambiental, plano e projeto de controle ambiental, relatório ambiental preliminar, diagnóstico ambiental, plano de manejo, plano de recuperação de área degradada e análise preliminar de risco, conforme determina **artigo 1º, inciso III, da Resolução Conama nº 237/1997**.

Entende-se por **impacto ambiental**, nos termos do **artigo 1º, da Resolução Conama nº 001/1986,** qualquer alteração das propriedades físicas, químicas e biológicas do meio ambiente, causada por qualquer forma de matéria ou energia resultante das atividades humanas que, direta ou indiretamente, afetam: a) a saúde, a segurança e o bem-estar da população; b) as atividades sociais e econômicas; c) a biota; d) as condições estéticas e sanitárias do meio ambiente; e) a qualidade dos recursos ambientais.

O Estudo de Impacto Ambiental (EIA) é uma **modalidade mais complexa de estudos ambientais**, previsto no **artigo 225 § 1º, inciso VI, da Constituição Federal**, que incumbe ao Poder Público "exigir, na forma da lei, para instalação de obra ou atividade potencialmente causadora de **significativa** degradação do meio ambiente, estudo **prévio** de impacto ambiental, a que se dará publicidade".

O EIA é regulamentado pela **Resolução Conama nº 01/1986.** Não é possível que constituição estadual ou lei federal criem **exceção à obrigatoriedade do EIA/RIMA**, o qual tem previsão constitucional.

A resolução do CONAMA nº 01/1986, em seu artigo 2º, enumera **exemplificativamente** e **não exaustivamente**, conforme entendimento doutrinário e jurisprudencial, as atividades obrigatoriamente sujeitas a esse tipo de estudo. Há outras normas que presumem a necessidade do EIA-RIMA, bem como é possível o órgão ambiental exigir, fundamentadamente, que outras obras ou atividades que causem significativa degradação ambiental, sejam objeto de EIA.

Uma vez constatada a existência de s**ignificativa degradação ambiental**, **inexiste discricionariedade administrativa** para realização do estudo prévio de impacto ambiental.

O EIA será elaborado por uma **equipe multidisciplinar** contratada pelo empreendedor, cabendo ao proponente do projeto **arcar com todas as despesas e custos** referentes à realização do estudo de impacto ambiental, consoante determina o artigo 17, § 2º, do Decreto nº 99274/1990.

A realização de **audiência pública** durante o procedimento de licenciamento ambiental será **obrigatória** quando o **órgão ambiental licenciador a julgar necessária**, ou quando for **solicitado por entidade civil**, pelo **Ministério Público** ou por **cinquenta cidadãos ou mais**. No caso de haver essa solicitação e a audiência não acontecer, eventual licença concedia não terá validade, conforme artigo 2º, *caput* e seu § 2º, da Resolução Conama nº 09/1987, que regulamente, em âmbito federal, a audiência pública em licenciamento ambiental.

As conclusões do EIA serão documentadas no **Relatório de Impacto Ambiental (RIMA)**, o qual deve ser apresentado de forma objetiva e adequada a sua compreensão, sendo que respeitado o sigilo industrial, o RIMA será acessível ao público.

O EIA-RIMA tem caráter **informativo**, não vinculando o órgão ambiental competente para licenciar.

2.3 ESPAÇOS TERRITORIAIS ESPECIALMENTE PROTEGIDOS PELO PODER PÚBLICO

É **dever específico do Poder Público**, na defesa e preservação do meio ambiente, definir, em todas as unidades da Federação, **espaços territoriais e seus componentes a serem especialmente protegidos.**

A **alteração** ou **supressão** só é permitida mediante **lei**, mas a **instituição** dos espaços especialmente protegidos por ser feita por **lei** ou **decreto**.

A **desafetação** ou **redução dos limites** de uma **unidade de conservação** só pode ser feita mediante **lei específica** (artigo 22, § 7º, da Lei nº 9.985/2000).

Regulamentam os espaços especialmente protegidos, o Novo Código Florestal (Lei nº 12.651/2012), a Lei do Sistema Nacional das Unidades de Conservação (Lei nº 9.985/2000), a Lei da Mata Atlântica (Lei nº 11.428/2006) e a Lei de Florestas Públicas (Lei nº 11.284/2006), além de outros diplomas legais.

Os **espaços especialmente protegidos** são:

a) **Áreas de preservação permanente;**

b) Reserva legal; c) Unidades de conservação;

d) Apicuns e salgados (artigo 11-A, do Novo Código Florestal);

e) Áreas verdes urbanas (artigo 25, do Novo Código Florestal) **e;**

f) Áreas de uso restrito, que são os **pantanais** e **planícies pantaneiras** (artigo 11 e 12 do Novo Código Florestal).

g) as **terras indígenas** e **territórios quilombolas**.

Bens de interesse comum: as **florestas** existentes no território nacional e as **demais formas de vegetação nativa**, reconhecidas de **utilidade** às terras que revestem, são **bens de interesse comum a todos os habitantes do País**, exercendo-se os direitos de propriedade com as limitações que a legislação em geral e especialmente o Novo Código Florestal estabelecem, conforme estatui seu artigo 2º.

Obrigação propter rem: Nos termos do artigo 2º, § 2º, do Novo Código Florestal, "as obrigações previstas nesta Lei têm **natureza real** e são **transmitidas ao sucessor**, de qualquer natureza, no caso de transferência de domínio ou posse do imóvel rural. Ou seja, as obrigações relativas à preservação ambiental de um imóvel, urbano ou rural, são transmitidas ao seu sucessor.

⊙ ÁREA DE PRESERVAÇÃO PERMANENTE

Conceito: é a área protegida, coberta ou não por vegetação nativa, com a função ambiental de preservar os recursos hídricos, a paisagem, a estabilidade geológica e a biodiversidade, facilitar o fluxo gênico de fauna e flora, proteger o solo e assegurar o bem-estar das populações humanas, conforme artigo 3º, inciso II, do Novo Código Florestal.

Estão regulamentadas no **Novo Código Florestal**.

Podem decorrer de **expressa previsão legal,** como as definidas, em **zona urbana** ou **rural**, no artigo 4º, do Novo Código Florestal, bem como as **declaradas de interesse social por ato do Chefe do Poder Executivo**, quando destinadas às finalidades do artigo 6º da citada lei.

Como **limitação de uso ao direito de propriedade**, não ensejam indenização ao proprietário do imóvel.

Nos **reservatórios d´água artificiais,** a APP será fixada por licença ambiental (artigo 4º, inciso III, da lei).

Não será possível a supressão de vegetação em área de preservação permanente, como regra geral, admitindo-se a sua exploração apenas quando houver **utilidade pública**, **interesse social** ou **atividades de baixo impacto ambiental**.

◉ RESERVA LEGAL

Conceito: é a área localizada no interior de uma propriedade ou posse rural, delimitada nos termos do art. 12, com a função de assegurar o uso econômico de modo sustentável dos recursos naturais do imóvel rural, auxiliar a conservação e a reabilitação dos processos ecológicos e promover a conservação da biodiversidade, bem como o abrigo e a proteção de fauna silvestre e da flora nativa, consoante artigo 3º, inciso III, do Novo Código Florestal.

Estão regulamentadas no **Novo Código Florestal**, incidindo em **áreas rurais,** nos **percentuais** indicados no artigo 12 da lei.

Nos termos do artigo 19 da lei, "a inserção do imóvel rural em **perímetro urbano** definido mediante lei municipal **não desobriga o proprietário ou posseiro da manutenção da área de Reserva Legal**, que só será extinta concomitantemente ao registro do parcelamento do solo para fins urbanos aprovado segundo a legislação específica e consoante as diretrizes do plano diretor de que trata o § 1º do art. 182 da Constituição Federal".

Como **limitação de uso ao direito de propriedade**, não ensejam indenização ao proprietário do imóvel. Admitem a exploração sob a forma de manejo florestal sustentável, não se permitindo o corte raso da vegetação.

Admite o Novo Código Florestal **o cômputo das áreas de preservação permanente no cálculo da reserva legal**, observadas as condições previstas no artigo 15 de lei.

Registro no Cadastro Ambiental Rural: A área de Reserva Legal deverá ser registrada no órgão ambiental competente por meio de inscrição no Cadastro Ambiental Rural, sendo vedada a alteração de sua destinação, nos casos de transmissão, a qualquer título, ou de desmembramento, com as exceções previstas em lei, nos termos do artigo 18 do Novo Código Florestal. Assim, o registro da reserva legal no CAR desobriga o proprietário de averbá-la no Cartório de Registro de Imóveis.

◉ UNIDADES DE CONSERVAÇÃO

Estão regulamentadas na **Lei nº 9.985/2000**, que instituiu o SNUC, definidos no artigo 2º, inciso I, como "**espaço territorial e seus recursos ambientais, incluindo as águas jurisdicionais, com características naturais relevantes, legalmente instituído pelo Poder Público, com objetivos de conservação e limites definidos, sob regime especial de administração, ao qual se aplicam garantias adequadas de proteção**". São divididas em dois grupos:

a) **Unidades de Proteção Integral** e;
b) **Unidades de Uso Sustentável.**

Como modalidade de espaço territorial especialmente protegido, as unidades de conservação podem ser criadas por **lei** ou **decreto**, devendo ser precedida de estudos técnicos e consulta pública, sendo sua **alteração** ou **supressão** somente permitida mediante **lei**.

A Lei nº 9.985/2000 instituiu o **Sistema Nacional de Unidades de Conservação da Natureza (SNUC),** constituído pelo conjunto das unidades de conservação federais, estaduais e municipais, que tem como objetivos, dentre outros, contribuir para a preservação e a restauração da diversidade de ecossistemas naturais e promover o desenvolvimento sustentável a partir dos recursos naturais.

O SNUC será gerido pelos seguintes órgãos, com as respectivas atribuições:		
Órgão consultivo e deliberativo:	**Órgão central:**	**Órgãos executores:**
o **Conselho Nacional do Meio Ambiente** – Conama, com as atribuições de acompanhar a implementação do Sistema;	o **Ministério do Meio Ambiente**, com a finalidade de coordenar o Sistema; e	o **Instituto Chico Mendes** e o **Ibama**, em caráter supletivo, os órgãos estaduais e municipais, com a função de implementar o SNUC, subsidiar as propostas de criação e administrar as unidades de conservação federais, estaduais e municipais, nas respectivas esferas de atuação.

Zona de Amortecimento: As unidades de conservação, exceto Área de Proteção Ambiental e Reserva Particular do Patrimônio Natural, devem possuir uma zona de amortecimento e, quando conveniente, corredores ecológicos, conforme dicção do artigo 25 da Lei nº 9.985/2000.

◉ UNIDADES DE CONSERVAÇÃO

Unidades de Conservação de Proteção Integral	Unidades de Conservação de Uso Sustentável
Tem como objetivo preservar a natureza, sendo admitido **apenas o uso indireto dos seus recursos naturais**, com exceção dos casos previstos em lei.	Tem como objetivo compatibilizar a conservação da natureza com o **uso sustentável** de parcela dos seus **recursos naturais.**
Estação Ecológica: tem como objetivo a preservação da natureza e a realização de pesquisas científicas. É de domínio público, sendo proibida a visitação pública, exceto quando com objetivo educacional.	**Área de Proteção Ambiental:** constituída por terras públicas ou privadas, é uma área em geral extensa, com um certo grau de ocupação humana, dotada de atributos abióticos, bióticos, estéticos ou culturais especialmente importantes para a qualidade de vida e o bem-estar das populações humanas. Tem como objetivos básicos proteger a diversidade biológica, disciplinar o processo de ocupação e assegurar a sustentabilidade do uso dos recursos naturais.
Reserva Biológica: tem como objetivo a preservação integral da biota e demais atributos naturais existentes em seus limites, sem interferência humana direta ou modificações ambientais. É de domínio público, sendo proibida a visitação pública, exceto quando com objetivo educacional. Admite-se a pesquisa científica, se autorizada.	**Área de Relevante Interesse Ecológico:** constituída por terras públicas ou privadas, é uma área em geral de pequena extensão, com pouca ou nenhuma ocupação humana, com características naturais extraordinárias ou que abriga exemplares raros da biota regional, e tem como objetivo manter os ecossistemas naturais de importância regional ou local e regular o uso admissível dessas áreas, de modo a compatibilizá-lo com os objetivos de conservação da natureza.
Parque Nacional: tem como objetivo básico a preservação de ecossistemas naturais de grande relevância ecológica e beleza cênica, possibilitando a realização de pesquisas científicas e o desenvolvimento de atividades de educação e interpretação ambiental, de recreação em contato com a natureza e de turismo ecológico. É domínio público, admitindo-se a visitação pública e a pesquisa científica, se autorizadas.	**Floresta Nacional:** é uma área de domínio público, com cobertura florestal de espécies predominantemente nativas e tem como objetivo básico o uso múltiplo sustentável dos recursos florestais e a pesquisa científica, com ênfase em métodos para exploração sustentável de florestas nativas. É admitida a permanência de populações tradicionais que a habitam quando de sua criação. A visitação pública é permitida e a pesquisa científica é permitida e incentivada.
Monumento Natural: tem como objetivo básico preservar sítios naturais raros, singulares ou de grande beleza cênica. A área pode ser pública ou particular, se compatível, admitindo-se a visitação pública.	**Reserva Extrativista:** é uma área de domínio público, sendo utilizada por populações extrativistas tradicionais, cuja subsistência baseia-se no extrativismo e, complementarmente, na agricultura de subsistência e na criação de animais de pequeno porte, e tem como objetivos básicos proteger os meios de vida e a cultura dessas populações, e assegurar o uso sustentável dos recursos naturais da unidade. A visitação pública é permitida e a pesquisa científica é permitida e incentivada.
Refúgio da Vida Silvestre: tem como objetivo proteger ambientes naturais onde se asseguram condições para a existência ou reprodução de espécies ou comunidades da flora local e da fauna residente ou migratória. A área pode ser pública ou particular, se compatível, admitindo-se a visitação pública e a pesquisa científica, se autorizadas.	**Reserva da Fauna:** é uma área de domínio público, composta por área natural com populações animais de espécies nativas, terrestres ou aquáticas, residentes ou migratórias, adequadas para estudos técnico-científicos sobre o manejo econômico sustentável de recursos faunísticos. A visitação pública é permitida, sendo proibido o exercício da caça amadorística ou profissional.

Unidades de Conservação de Proteção Integral	Unidades de Conservação de Uso Sustentável
–	**Reserva de desenvolvimento sustentável:** é uma área de domínio público, composta por uma área natural que abriga populações tradicionais, cuja existência baseia-se em sistemas sustentáveis de exploração dos recursos naturais, desenvolvidos ao longo de gerações e adaptados às condições ecológicas locais e que desempenham um papel fundamental na proteção da natureza e na manutenção da diversidade biológica. A visitação pública e a pesquisa científica são permitidas e incentivadas.
–	**Reserva particular do patrimônio natural:** é uma área privada, gravada com perpetuidade, com o objetivo de conservar a diversidade biológica. A visitação pública e a pesquisa científica são permitidas.

⦿ GESTÃO DE FLORESTAS PÚBLICAS

A **gestão de florestas públicas** para a produção sustentável é disciplinada na **Lei nº 11.284/2006,** que vem permitir a exploração de madeiras em terras públicas, o que não era permitido até então, observados os preceitos legais.

Tem como **objetivos**: a) regulamentar a **gestão de florestas em áreas públicas** (domínio da União, Estados, Distrito Federal e municípios); b) criar o **Serviço Florestal Brasileiro**, órgão regulador da gestão das florestas públicas e fomentador das atividades florestais sustentáveis no Brasil e; c) criar o **Fundo Nacional de Desenvolvimento Florestal** voltado para o desenvolvimento tecnológico, promoção da assistência técnica e incentivos para o desenvolvimento florestal sustentável.

Florestas Públicas: são as florestas, naturais ou plantadas, localizadas nos diversos biomas brasileiros, em bens sob o domínio da União, dos Estados, dos Municípios, do Distrito Federal ou das entidades da administração indireta (artigo 3º, inciso I).

A **gestão** dos recursos ambientais nas **florestas públicas** para a produção sustentável dá-se:

Através da **definição de florestas nacionais, estaduais, distritais e municipais**, (florestas públicas), e instituição das **respectivas unidades de conservação** que permitam a produção florestal sustentável;

Através da **destinação de florestas públicas para o uso comunitário** como assentamentos florestais, reservas extrativistas, etc;

Através das **concessões florestais remuneradas**, baseadas em processo de licitação pública, dando efetividade ao princípio do desenvolvimento sustentável.

Concessão florestal: é a delegação **onerosa**, feita pelo poder concedente, do **direito de praticar manejo florestal sustentável para exploração de produtos e serviços numa unidade de manejo**, mediante **licitação**, à **pessoa jurídica**, em consórcio ou não, que atenda às exigências do respectivo **edital de licitação** e demonstre capacidade para seu desempenho, por sua conta e risco e por **prazo determinado** (artigo 3º, inciso VII, da lei).

Procedimento: A concessão florestal será autorizada em **ato do poder concedente** e formalizada mediante **contrato**, que deverá observar os termos da lei, das normas pertinentes e do edital de licitação. A publicação do edital deverá ser precedida de **audiência pública**, e de ato do poder **concedente justificando a conveniência da concessão florestal**, caracterizando seu objeto e a unidade de manejo.

Licitações: As **licitações** para concessão florestal observarão os termos da **lei** e, supletivamente, da legislação própria, respeitados os **princípios da legalidade, moralidade, publicidade, igualdade, do julgamento por critérios objetivos e da vinculação ao instrumento convocatório**. Serão realizadas na modalidade **concorrência e outorgadas a título oneroso**, sendo **vedada a declaração de inexigibilidade** prevista no art. 25 da Lei no 8.666, de 21 de junho de 1993.

Contrato de concessão: confere ao concessionário **somente os direitos expressamente previstos no contrato de concessão**, sendo **vedada** a outorga de qualquer dos direitos previstos no **artigo 16, § 1º,** da lei, como, por exemplo, titularidade imobiliária ou preferência para sua aquisição e exploração dos recursos minerais, pesqueiros ou da fauna silvestre. Serão estabelecidos por **prazos máximos de 20 e 40 anos**, dependendo do manejo a ser implementado, sendo que **após a celebração do contrato**, o licitante vencedor, deverá preparar um **Plano de Manejo Florestal Sustentável,** o qual deverá ser apresentado ao **IBAMA** para **aprovação antes do início das operações.**

⦿ MATA ATLÂNTICA

A **Mata Atlântica**, considerada **patrimônio nacional** pelo artigo 225, § 4º, da CF, é disciplinada pela **Lei nº 11.428/2006, Lei do Bioma Mata Atlântica,** regulamentada pelo Decreto nº 6.660/2008.

Consideram-se **integrantes do Bioma Mata Atlântica** as seguintes formações florestais nativas e ecossistemas associados: **Floresta Ombrófila Densa; Floresta Ombrófila Mista, também denominada de Mata de Araucárias; Floresta Ombrófila Aberta; Floresta Estacional Semidecidual; e Floresta Estacional Decidual, bem como os manguezais, as vegetações de restingas, campos de altitude, brejos interioranos e encraves florestais do Nordeste**, sendo que **somente os remanescentes de vegetação nativa no estágio primário e nos estágios secundário inicial, médio e avançado de regeneração** na área de abrangência acima definida, terão seu uso e conservação regulados pela Lei º 11.428/2006 (artigo 2º da lei).

A proteção e a utilização do Bioma Mata Atlântica têm por **objetivo geral** o desenvolvimento sustentável e, por **objetivos específicos**, a salvaguarda da biodiversidade, da saúde humana, dos valores paisagísticos, estéticos e turísticos, do regime hídrico e da estabilidade social. Na proteção e na utilização do Bioma Mata Atlântica, serão observados os **princípios** da **função socioambiental da propriedade**, da **eqüidade intergeracional**, da **prevenção**, da **precaução**, do **usuário-pagador**, da **transparência das informações e atos**, da **gestão democrática**, da **celeridade procedimental**, da **gratuidade dos serviços administrativos prestados ao pequeno produtor rural** e às **populações tradicionais** e do **respeito ao direito de propriedade.**

O **corte, a supressão e a exploração da vegetação do Bioma Mata Atlântica** far-se-ão de maneira **diferenciada**, conforme se trate de **vegetação primária ou secundária**, nesta última levando-se em conta o **estágio de regeneração**, sendo **vedado o corte** nas hipóteses previstas no **artigo 11** da lei:

- quando a **vegetação**: 1) abrigar espécies da flora e da fauna silvestres **ameaçadas de extinção**, em território nacional ou em âmbito estadual, assim declaradas pela União ou pelos Estados, e a intervenção ou o parcelamento puserem em risco a sobrevivência dessas espécies; 2) exercer a função de **proteção de mananciais ou de prevenção e controle de erosão**; 3) formar **corredores** entre remanescentes de vegetação primária ou secundária em estágio avançado de regeneração; 4) proteger o **entorno das unidades de conservação**; ou 5) possuir **excepcional valor paisagístico**, reconhecido pelos órgãos executivos competentes do Sistema Nacional do Meio Ambiente – SISNAMA;
- quando o **proprietário** ou **posseiro não cumprir os dispositivos da legislação ambiental.**

A **supressão de vegetação primária e secundária no estágio avançado de regeneração** somente poderá ser autorizada em caso de **utilidade pública**, sendo que a **vegetação secundária em estágio médio de regeneração** poderá ser suprimida nos casos de **utilidade pública e interesse social,** em todos os casos devidamente caracterizados e motivados em procedimento administrativo próprio, quando inexistir alternativa técnica e locacional ao empreendimento proposto.

Além da proibição absoluta de exploração prevista no artigo 11, a lei cria um **regime jurídico especial de proteção do bioma**, conforme a vegetação e o estágio de regeneração, **proibindo a supressão de vegetação primária** do Bioma Mata Atlântica, para fins de **loteamento ou edificação**, nas **regiões metropolitanas** e **áreas urbanas.**

Por fim, a lei institui o **Fundo de Restauração do Bioma Mata Atlântic**a destinado ao financiamento de projetos de restauração ambiental e de pesquisa científica.

2.4 RECURSOS HÍDRICOS

⦿ DOMÍNIO DAS ÁGUAS

A água é um recurso natural finito. Em decorrência disso, temos que a água não pode ter domínio/propriedade particular, pois isso deixaria totalmente sem controle o fato de que o uso excessivo de recursos hídricos por particulares possa prejudicar toda uma coletividade.

Lei 9.433/97, Art. 1º, I	Água como um bem de domínio público.

Isso significa que não há água de domínio particular, mesmo as águas de nascentes em propriedades particulares são de domínio público. **Além de não haver água de domínio particular, também não há água de domínio municipal. Ou o domínio de determinado recurso hídrico é de um Estado ou será da União.**

Essa regra também tem o mesmo propósito da regra que não confere domínio particular das águas: o Município que fizesse uma exploração descontrolada dos recursos hídricos que cortam seu território, automaticamente estaria prejudicando os municípios vizinhos.

Sabemos que na prática isso infelizmente acaba ainda ocorrendo, mas, quando isso acontece, regras de Direito Ambiental estão sendo violadas.

Importante!
Para se fazer uso dos recursos hídricos ou se deve pedir autorização para a União ou para os Estados.

Nesse sentido, é a Constituição Federal que irá definir se o domínio das águas é Federal ou Estadual, de acordo com as seguintes regras:

Art. 20.CF **São bens da União :**	(...) III – os lagos, rios e quaisquer correntes de água em terrenos de seu domínio, ou que banhem mais de um Estado, sirvam de limites com outros países, ou se estendam a território estrangeiro ou dele provenham, bem como os terrenos marginais e as praias fluviais; VI – "o mar territorial"; (...) VIII – os potenciais de energia hidráulica; (...)"

Neste sentido, encontramos as águas que são de domínio dos Estados por exclusão, excetuando os casos de domínio da União vistos anteriormente todos os demais são de domínio dos Estados, conforme outra regra da Constituição Federal:

Art.26. CF **Incluem entre os bens do Estado:**	as águas superficiais ou subterrâneas, fluentes, emergentes e em depósito, ressalvadas, neste caso, na forma da lei, as decorrentes de obras da União.

⊙ BACIA HIDROGRÁFICA

A bacia hidrográfica é compreendida como sistema e limite natural de análise e intervenção no território, composta por um conjunto de terras drenadas por um curso d'água principal e seus afluentes.

A bacia hidrográfica é a unidade territorial, definida pela Lei Federal nº 9433/97, para implementação da Política Nacional de Recursos Hídricos. Assim, para a gestão dos recursos hídricos, além das fronteiras territoriais estabelecidas para a União, Estados e Municípios, é fundamental levar em conta os recortes territoriais definidos pelos desenhos das bacias hidrográficas. Isso porque os impactos (sejam positivos, sejam negativos.) quanto aos usos de recursos hídricos de um determinado curso d´água, irão repercutir sobre toda a bacia e, por consequência, sobre todos os habitantes dos municípios pertencentes a essa mesma bacia[1].

⊙ OBJETIVOS E INSTRUMENTOS DA POLÍTICA NACIONAL DE RECURSOS HÍDRICOS

A partir da premissa de que os recursos hídricos são bens de domínio público (da União ou dos Estados em benefício da coletividade) é de que a bacia hidrográfica é a unidade territorial para gestão desses recursos, o passo seguinte é analisar os objetivos da Política de Recursos Hídricos e os principais aspectos dos instrumentos definidos pela legislação para gerenciar o uso e conservação das águas.

---

1 Sobre a importância da bacia hidrográfica como unidade territorial para planejamento e gestão ambientais vide FREIRIA, Rafael Costa. Direito, Gestão e Políticas Públicas Ambientais. São Paulo: Senac. 2011.

Os objetivos da Política Nacional de Recursos Hídricos estão previstos no Art. 2º da Lei Federal nº 9433/1997:		
I – assegurar à atual e às futuras gerações a necessária disponibilidade de água, em padrões de qualidade adequados aos respectivos usos;	II – a utilização racional e integrada dos recursos hídricos, incluindo o transporte aquaviário, com vistas ao desenvolvimento sustentável;	III – a prevenção e a defesa contra eventos hidrológicos críticos de origem natural ou decorrentes do uso inadequado dos recursos naturais.

Os objetivos da Política de Recursos Hídricos, como se vê, estão voltados para a gestão das águas sob os aspectos quantitativos (assegurar a necessária disponibilidade de água para gerações presentes e futuras) e qualitativos (padrões de qualidade adequados), levando-se sempre em conta o caráter finito desse recurso ambiental fundamental para a sobrevivência da população mundial.

O Art. 5º da Política Nacional dos Recursos Hídricos define os instrumentos para execução e efetivação dos seus objetivos:	I – os Planos de Recursos Hídricos; II – o enquadramento dos corpos de água em classes, segundo os usos preponderantes da água; III – a outorga dos direitos de uso de recursos hídricos; IV – a cobrança pelo uso de recursos hídricos; (...) VI – o Sistema de Informações sobre Recursos Hídricos.

Os Planos de Recursos Hídricos (suas diretrizes e conteúdo mínimo estão previstos no Art. 7º da Lei 9.433/97) são os instrumentos de Planejamento estratégico das Bacias Hidrográficas.

Como vimos que o domínio das águas é federal e estadual, há planos federais e estaduais. Em síntese, os Planos de Recursos Hídricos devem trazer o diagnóstico de situação, o balanço de condições e disponibilidades hídricas de cada bacia, bem como metas para aprimoramento de gestão das águas.

O primeiro Plano Nacional de Recursos Hídricos[2] foi publicado em 3 de março de 2006, através da Resolução CNRH (Conselho Nacional de Recursos Hídricos.) nº 58, de 30.01.2006.

⦿ OUTORGA DOS DIREITOS DE USO DE RECURSOS HÍDRICOS

Outorgar significa consentir, conceder, autorizar. É por meio do regime de Outorga de direitos de uso de recursos hídricos que o órgão ambiental competente irá controlar quantitativa e qualitativamente o uso da água e o efetivo exercício dos direitos de acesso a ela. Trata-se de poderoso instrumento para efetivação dos objetivos da Política Nacional de Recursos Hídricos.

A concessão ou não da Outorga é realizada por meio de processo administrativo, a partir do qual, uma vez atendidas todas as exigências do órgão ambiental, poderá ser concedida ao interessado o direito de utilizar o recurso hídrico, mediante confecção do Termo de Outorga, que estabelecerá os condicionantes quantitativos, qualitativos e temporais de uso.

Segundo o Art. 12 da Lei nº 9.433/97 dependem de outorga pelo Poder Público as seguintes utilizações de recursos hídricos:	I – desviar ou captar parcela da água existente em um corpo de água para consumo final, inclusive abastecimento público, ou insumo de processo produtivo; II – extrair água de aqüífero subterrâneo para consumo final ou insumo de processo produtivo (poço de água); III – lançarem no corpo de água esgotos e demais resíduos líquidos ou gasosos, tratados ou não, com o fim de sua diluição, transporte ou disposição final; IV – aproveitar potenciais hidrelétricos; V – outros usos que alterem o regime, a quantidade ou a qualidade da água existente em um corpo de água.

2 Mais informações sobre este Plano podem ser acessadas na página da ANA (Agência Nacional de Águas): http://www2.ana.gov.br/Paginas/servicos/planejamento/planoderecursos/pnrh.aspx#

◉ EXCEÇÕES AO REGIME DE OUTORGA

O parágrafo 1º do Art. 12 da Lei nº 9.433/97 prevê que independe de outorga pelo Poder Público:	I – o uso de recursos hídricos para a satisfação das necessidades de pequenos núcleos populacionais localizados no meio rural; II – os desvios, captações e lançamentos considerados insignificantes; III – as acumulações de volumes de água consideradas insignificantes.

◉ COBRANÇA PELO USO DE RECURSOS HÍDRICOS

A Lei nº 9.433/97, através de seu Art. 20, define os critérios de cobrança pelo uso de recursos hídricos, ao estabelecer que: **"Serão cobrados os usos dos recursos hídricos sujeitos à Outorga."**

Isso significa que o regime de Outorga também estabelece os parâmetros para eventual cobrança por uso de água proporcional à sua utilização. Todo uso de água outorga será também passível de cobrança.

Os Objetivos da Cobrança da Utilização dos Recursos Hídricos são especificados pelo Art. 19 da Lei nº. 9.433/97:	I – reconhecer a água como bem econômico e dar ao usuário uma indicação de seu real valor; II – incentivar a racionalização do uso da água; III – obter recursos financeiros para o financiamento dos programas e intervenções contemplados nos planos de recursos hídricos.

Nesse sentido, o fato de a água ser um bem de domínio público de uso comum, fundamenta a cobrança proporcional aos usos quantitativos e qualitativos dos recursos hídricos, como forma de incentivar uma utilização racional da água também através de uma perspectiva econômica.

Um importante esclarecimento sobre Cobrança pelo Uso da Água é diferenciar o instrumento, com a taxa fixa que normalmente se paga às Prefeituras Municipais e que são voltadas para pagar o custo pelo sistema de Tratamento da Água que utilizado.

O pagamento dessa taxa pelo tratamento da água que utilizamos é diferente do instrumento de cobrança por utilização dos Recursos Hídricos. A Cobrança pelo Uso da Água (que difere da cobrança pelo Tratamento) é voltado para a proporcionalidade, controle e tipo de utilizações de recursos hídricos.

Quem usa mais, deve pagar mais, no sentido de se estabelecer um mecanismo econômico voltado para o uso racional da água; teoricamente afirma-se com isso que a água passa a ter um "preço público". A cobrança proporcional é um exemplo prático típico de aplicação do princípio ambiental do "usuário-pagador".

◉ COMPETÊNCIA PARA COBRANÇA

A primeira competência para a cobrança por utilização de Recursos Hídricos é da Agência Nacional de Águas (ANA), com ocorrência de delegação dessa competência aos Comitês de Bacia Hidrográfica. Cada Estado possui seus Comitês de Bacias, de acordo com as delimitações territoriais estabelecidas pelas mesmas.

Agência Nacional das Águas – ANA	importante conhecer as principais previsões da Lei Federal nº 9984/2000, que dispõe sobre o regime jurídico da referida Agência.

◉ DEFINIÇÃO DE COMITÊS DE BACIA HIDROGRÁFICA

Órgão específico estabelecido para a gestão técnica e administrativa de cada bacia hidrográfica, com representantes do poder público e sociedade civil – cada Bacia tem seu Comitê (regulamentação através dos artigos 37 e seguintes da Lei 9433/97).

A Lei Federal n. 9433/97, no seu artigo 38, traz o rol das competências dos nos Comitês de Bacia Hidrográfica. Em síntese o Comitê possui o caráter de promover o debate das questões relacionadas a recursos hídricos e articular a atuação das entidades intervenientes, por meio de processo participativos e deliberativos, aprovando Planos de Recursos Hídricos da bacia, acompanhando a execução do Plano de Recursos Hídricos da bacia e sugerir as providências necessárias ao cumprimento de suas metas; estabelecendo os mecanismos de cobrança pelo uso de recursos hídricos, dentre outras atribuições.

Os Comitês não possuem poder de polícia, eventuais situações de infrações administrativas devem ser comunicadas aos órgãos federativos dotados de competência fiscalizatória para comando e controle.

Ainda não são todos os Comitês de Bacias que instituíram cobrança pelo Uso da Água[3]. Aqueles que realizam, devem respeitar regras específicas no direcionamento dos recursos decorrentes da cobrança pelo uso da água, sendo estes direcionamentos os seguintes, determinados pelo Política Nacional de Recursos Hídricos:

> *Art. 22. Os valores arrecadados com a cobrança pelo uso de recursos hídricos serão aplicados prioritariamente na bacia hidrográfica em que foram gerados e serão utilizados:*
>
> *I – no financiamento de estudos, programas, projetos e obras incluídos nos Planos de Recursos Hídricos;*
>
> *II – no pagamento de despesas de implantação e custeio administrativo dos órgãos e entidades integrantes do Sistema Nacional de Gerenciamento de Recursos Hídricos.*

2.5 PATRIMÔNIO CULTURAL BRASILEIRO

Especificamente sobre o **meio ambiente cultural,** tem-se que no direito brasileiro está estabelecida e garantida a proteção do patrimônio cultural, com base no artigo 216, da Constituição Federal de 1988:

> *Art. 216 – Constituem patrimônio cultural brasileiro os bens de natureza material e imaterial, tomados individualmente ou em conjunto, portadores de referência à identidade, à ação, à memória dos diferentes grupos formadores da sociedade brasileira, nos quais se incluem:*
>
> *I – as formas de expressão;*
>
> *II – os modos de criar, fazer e viver;*
>
> *III – as criações científicas, artísticas e tecnológicas;*
>
> *IV – as obras, objetos, documentos, edificações e demais espaços destinados às manifestações artístico-culturais;*
>
> *V – os conjuntos urbanos e sítios de valor histórico, paisagístico, artístico, arqueológico, paleontológico, ecológico e científico.*

Neste sentido, encontra-se estabelecido em termos legais e doutrinários no sistema jurídico brasileiro que os bens estão incluídos no patrimônio cultural brasileiro, desde que sejam portadores de referência à identidade, à ação, à memória dos diferentes grupos formadores da nacionalidade ou sociedade brasileiras, são protegidos e também merecedores também da tutela do Direito Ambiental.

Em termos de previsões de direito que respaldam esse instrumento com potencialidade de **proteção do meio ambiente cultural**, tem-se o instituto administrativo do **Tombamento[4], que está disciplinado pelo Decreto-lei número 25, de 30 de novembro de 1937**, conforme se verifica pelas redações de seu artigo primeiro e parágrafo segundo:

> *Art. 1º Constitue o patrimônio histórico e artístico nacional o conjunto dos bens móveis e imóveis existentes no país e cuja conservação seja de interêsse público, quer por sua vinculação a fatos memoráveis da história do Brasil, quer por seu excepcional valor arqueológico ou etnográfico, bibliográfico ou artístico.*
>
> *§ 2º Equiparam-se aos bens a que se refere o presente artigo e são também sujeitos a tombamento os monumentos naturais, bem como os sítios e paisagens que importe conservar e proteger pela feição notável com que tenham sido dotados pela natureza ou agenciados pela indústria humana.*

O tombamento, como instrumento de proteção do patrimônio histórico e artístico nacional, pode recair sobre bens particulares e também bens públicos.

Tem-se como resultado prático final deste procedimento a impossibilidade do bem protegido ser destruído, demolido, mutilado, ou mesmo reparado, pintado e restaurado, salvo havendo, para estas três últimas situações, autorização do órgão competente. (Art. 17, do Decreto-Lei nº 25/37).

---

3 Como exemplo, o Comitê do PCJ (localizado no Estado de São Paulo e formado pela confluência das Bacias dos Rios Piracicaba, Capivari e Jundiaí), foi um dos pioneiros no Brasil a estabelecer os critérios para cobrança pela utilização dos Recursos Hídricos no Estado de São Paulo.

4 Na perspectiva doutrinária administrativista, Maria Sylvia Zanella Di Pietro (2011, p. 141) define o Tombamento como "procedimento administrativo pelo qual o Poder Público sujeita a restrições parciais os bens de qualquer natureza cuja conservação seja de interesse público, por sua vinculação a fatos memoráveis da história ou por seu excepcional valor arqueológico ou etnológico, bibliográfico ou artístico." Enquanto José dos Santos Carvalho (2011, p. 734) trata o Tombamento como "forma de intervenção na propriedade pela qual o Poder Público procura proteger o patrimônio cultural brasileiro."

Um bem pode ter reconhecido seu valor cultural e ser, portanto, objeto de tombamento, por via legislativa ou por intermédio de procedimento administrativo, admitindo também a legislação que o tombamento seja feito por determinação jurisdicional.

2.6 RESPONSABILIDADE CIVIL, ADMINISTRATIVA E PENAL POR DANOS AMBIENTAIS/TUTELA PROCESSUAL DO MEIO AMBIENTE

⊙ RESPONSABILIDADE CIVIL AMBIENTAL

O **dano ambiental** é a lesão aos recursos ambientais, que segundo a Lei nº 6.938/81, no artigo 3º, V, são considerados como tais "a atmosfera, as águas interiores, superficiais e subterrâneas, os estuários, o mar territorial, o solo, o subsolo, os elementos da biosfera, a fauna e a flora" – com consequente degradação o equilíbrio ecológico.

Nos casos de dano ao meio ambiente a regra é a da responsabilidade civil objetiva, independentemente da existência de culpa. Isso é o que dispõe a Lei nº 6.938/81, no artigo 14, § 1º: *"Sem obstar a aplicação das penalidades previstas neste artigo, é o poluidor obrigado, independentemente de existência de culpa, a indenizar ou reparar os danos causados ao meio ambiente e a terceiros, afetados por sua atividade."*

Tal previsão foi recepcionada pelo Código Civil brasileiro, que nos termos do seu art. 927, parágrafo único, prevê que:

> *"Aquele que, por ato ilícito (arts. 186 e 187), causar dano a outrem, fica obrigado a repará-lo.*
>
> *Parágrafo único.* ***Haverá obrigação de reparar o dano, independentemente de culpa, nos casos especificados em lei, ou quando a atividade normalmente desenvolvida pelo autor do dano implicar, por sua natureza, risco para os direitos de outrem."***

Basta, portanto, a simples **ocorrência de dano ambiental e um nexo de causalidade entre essa ocorrência e a ação do sujeito causador da lesão ao meio ambiente**, para que a responsabilidade civil de reparação desse dano seja objetiva.

É importante destacar que este **sujeito causador pode ser pessoa física ou jurídica, de direito privado ou direito público.** Isto significa, por exemplo, que o Estado pode ser responsabilizado pela ocorrência de dano ambiental, desde que ocorra relação de causa e efeito entre sua ação e/ou omissão e o evento danoso ambiental ocorrido. Da mesma forma o particular.

Outro ponto que cabe ser enfatizado é **regime de Solidariedade Passiva entre os Responsáveis** pela ocorrência de dano ambiental. Na responsabilidade solidária, todos aqueles que direta ou indiretamente possam ter contribuído para a ocorrência do dano ambiental, podem ser chamados para sua reparação.

Portanto, toda vez que se tem um passivo ambiental, tem-se o acúmulo de danos infligidos ao meio natural por uma determinada atividade ou pelo conjunto de ações humanas e, por conseguinte, um custo necessário para recuperar ou reparar os danos ambientais (montante do passivo ambiental).

Em suma: **todo passivo ambiental gera uma responsabilidade civil ambiental para a sua reparação, mitigação ou compensação, que se perpetua no tempo, até que o dano seja reparado**.

Para que haja a Responsabilidade Civil, não é necessária a ocorrência de culpa (independe da vontade ou não de causar o dano), basta que tenha havido relação de causa e efeito entre a atividade do agente e o dano causado.

Com base em todos os aspectos analisados da responsabilidade civil ambiental, podem ser sintetizadas algumas características fundamentais:

Características da Responsabilidade Objetiva Ambiental	
	▶ Ocorrência do Evento Danoso
	▶ Nexo de Causalidade (Relação de Causa e Efeito entre a atividade do agente e o dano causado)
	▶ Irrelevância da licitude da conduta
	▶ Regime de Solidariedade Passiva entre os Responsáveis

ATENÇÃO!	▸ **pela responsabilidade civil objetiva, o causador do dano ambiental é obrigado, independentemente da culpa, a indenizar** (inclusive com a possibilidade de indenização a título de danos morais) **ou reparar os danos causados ao meio ambiente e a terceiros, afetados por sua conduta.** O objetivo primordial desse sistema de responsabilidade é buscar restabelecer o mais próximo possível a situação à condição anterior ao dano; e quando isto não for possível, buscar medidas compensatórias.

Este é o posicionamento atual do STJ, no sentido de que a responsabilidade civil por danos ambientais, seja por lesão ao meio ambiente propriamente dito (dano ambiental público), seja por ofensa a direitos individuais (dano ambiental privado), é objetiva, fundada na teoria do risco integral, em face do disposto no art. 14, § 1º, da Lei n. 6938/81. (RECURSO ESPECIAL Nº 1.373.788 – SP (2013/0070847-2).

Finalmente cabe destacar que sempre será possível responsabilizar civilmente o autor de um dano ambiental, independentemente de se esgotar eventuais vias processuais instauradas para se apurar responsabilidades administrativas e/ou criminais. As 3 (três) vias de responsabilizações ambientais podem ocorrer concomitantemente, cada qual com o seu propósito, sendo o da responsabilidade civil a busca da reparação (quando não possível, a compensação) do dano ambiental ocorrido.

◉ AÇÃO CIVIL PÚBLICA E A RESPONSABILIDADE CIVIL AMBIENTAL

Conforme apontado no caso mencionado no item anterior, para que fosse dada uma solução para o grave dano ambiental ocorrido, foi necessária a propositura, por parte do Ministério Público, de uma Ação Civil Pública. Cabem ser feitas algumas considerações sobre o regime jurídico e os alcances de sua atuação.

A Ação Civil Pública é o principal instrumento de tutela ambiental, utilizado para apurar e/ou responsabilizar civilmente a reparação de casos de dano ambiental.

Ela foi criada em 24 de julho de 1985, com a publicação da Lei Federal nº 7.347, com o fim de disciplinar e proteger não só o meio ambiente, mas também o consumidor, os bens e direitos de valor histórico, artístico, estético, cultural, turístico e paisagístico, na condição de direitos difusos e coletivos[5].

Com essa lei, a defesa do meio ambiente, em nome de toda a coletividade, começou a ser realizada, segundo seu art. 5º, pelos seguintes órgãos e entidades (legitimação ativa): **Ministério Público, Defensoria Pública,** [6] **pelos representantes legais e respectivos órgãos da união, estados, Distrito Federal e municípios, por associações civis, constituídas há pelo menos um ano e que inclua nas suas finalidades institucionais a proteção do meio ambiente**.

Portanto, tais legitimados ativos, podem propor a ação civil pública perante situação de ocorrência de dano ou ameaça de dano ao meio ambiente ou outros interesses difusos e coletivos.

A demanda de responsabilização civil por dano ambiental terá sempre como objeto uma obrigação de dar (pagar), de fazer ou não fazer, no sentido de evitar, mitigar ou reparar uma situação de dano ambiental. Poderá também incluir medidas compensatórias, quando não houver mais a possibilidade de evitar o dano ou trata-se de dano irreparável. Seu objeto decorre da previsão do art. 3º Lei Federal nº 7.347/85:

> *"Art. 3º A ação civil poderá ter por objeto a condenação em dinheiro ou o cumprimento de obrigação de fazer ou não fazer."*

Apesar do emprego da disjuntiva **ou** no texto do art. 3º, a sugerir pedidos alternativos, nada obsta, diante do caso concreto, pleitear o autor da ação civil pública o cumprimento de obrigação de fazer ou não fazer cumulado com pedido indenizatório. Inclusive a possibilidade de cumulação desses dois objetivos da ação civil pública já foi reconhecida em decisão do STJ no julgamento do RECURSO ESPECIAL Nº 1.181.820 – MG, **julgado em 07/10/2010**.

Todas essas observações são pertinentes. **O mecanismo processual da ação civil pública, portanto, é adequado para que se pleiteiem, cumulativamente, a reparação pecuniária do dano causado e o cumprimento de obrigação de fazer**.

Ressalte-se que em entendimento recente do STJ[7], reconheceu-se a possibilidade de o agente degradador ser condenado ao pagamento de dano moral coletivo em favor das vítimas afetadas pelo dano ambiental.

---

5 Art. 1º Regem-se pelas disposições desta Lei, sem prejuízo da ação popular, as ações de responsabilidade por danos morais e patrimoniais causados: I – ao meio-ambiente; II – ao consumidor; III – a bens e direitos de valor artístico, estético, histórico, turístico e paisagístico; IV – a qualquer outro interesse difuso ou coletivo. (Incluído pela Lei nº 8.078 de 1990) V – por infração da ordem econômica; (Redação dada pela Leu nº 12.529, de 2011).; VI – à ordem urbanística. (Incluído pela Medida provisória nº 2.180-35, de 2001)

6 Inserida na lista dos autorizados a propor a ação civil pública pela Lei Federal nº 11448/07.

7 REsp 1269494/MG, Rel. Min. Eliana Calmon, Segunda Turma, julgado em 24/09/2013

Cabe dizer também que os órgãos com legitimidade para propor a ação civil pública podem, antes do ingresso da ação, podem firmar termos de compromisso de ajustamento de conduta de reparação de danos ambientais ou de qualquer situação fática que não esteja em conformidade com a legislação ambiental. Tal compromisso tem eficácia de título executivo extrajudicial (art. 5˚, § 6º, da Lei 7.347/85).

> É **competente** para processar e julgar a causa o **juiz do foro do local onde ocorrer o dano**, admitindo medidas cautelares e concessão de liminar suspensiva do fato ou ato contra o qual se dirige a ação.
>
> Importante destacar o artigo 16 da Lei da Ação Civil Pública que prevê que **a sentença civil da ação civil pública fará coisa julgada erga omnes, exceto se a ação for julgada improcedente por deficiência de provas**, hipótese em que qualquer legitimado poderá intentar outra ação com idêntico fundamento, valendo-se de nova prova.

Assim, com a regulamentação da chamada ação civil pública, o meio ambiente ganha importante instrumento de proteção na condição de interesse de toda uma coletividade, ou seja, órgãos públicos e entidades civis passam a ser legitimados a proporem a ação civil em favor de todos aqueles que, direta ou indiretamente, possam sofrer consequências de eventuais danos ao meio ambiente. Como aponta Mancuso[8], a concepção holística de meio ambiente, com a publicação da Lei nº 7.347/85, passa ser suscetível de ser objeto de uma nova e importante forma de proteção, a tutela jurídica em prol de interesses difusos e coletivos.

⊙ RESPONSABILIDADE ADMINISTRATIVA

A responsabilidade administrativa fundamenta-se na capacidade que o poder público tem de impor limites às condutas dos administrados. Em outras palavras, os órgãos públicos, sejam federais, estaduais ou municipais, detêm o chamado "**poder de polícia administrativa**", que consiste na possibilidade de exercer fiscalização sobre todas as atividades e bens que afetam ou possam afetar a coletividade.

O conceito legal de poder de polícia está disciplinado pelo art. 78, do Código Tributário Nacional:	"Considera-se poder de polícia atividade da administração pública que, limitando ou disciplinando Direito, interesse ou liberdade, regula a prática de ato ou abstenção de fato, em razão de interesse público concernente à segurança, à higiene, à ordem, aos costumes, à disciplina da produção e do mercado, ao exercício de atividades econômicas dependentes de concessão ou autorização do Poder Público, à tranquilidade pública ou ao respeito à propriedade e aos direitos individuais ou coletivos".

Além do fundamento constitucional do § 3º do art. 225, a Responsabilidade Administrativa possui previsão na **Lei Federal nº 9.605, de 12 de fevereiro de 1998**, que dispõe sobre as sanções tanto penais quanto administrativas, derivadas de condutas e atividades lesivas ao meio ambiente e também no **Decreto Federal nº 6.514, de 22 de julho de 2008 (com alterações e acréscimos advindos do Decreto Federal nº 6.686, de 10 de dezembro de 2008)**, que dispõe sobre as infrações e sanções administrativas ao meio ambiente e estabelece o processo administrativo federal para apuração destas infrações.

O conceito legal de infração administrativa ambiental está previsto no art. 70 da Lei nº 9.605/98 e, com a mesma redação, no art. 2º, do Decreto Federal nº 6.514/2008, como sendo:

> **"toda ação ou omissão que viole as regras jurídicas de gozo, promoção, proteção e recuperação do meio ambiente".**

Com a constatação da ocorrência de uma infração ambiental administrativa, ocorre a lavratura de um "Auto de Infração Ambiental" (AIA). Conforme prescreve o art. 96, do Decreto Federal nº 6.514/2008:

> Constatada a ocorrência de infração administrativa ambiental, será lavrado auto de infração, do qual deverá ser dado ciência ao autuado, assegurando-se o contraditório e a ampla defesa.

Importante destacar que para a autuação administrativa é necessária análise do elemento subjetivo do madeireiro, pois ao contrário do que ocorre no plano civil (no qual poluidores indiretos respondem objetivamente por danos ambientais), **na esfera administrativa, não se pode punir uma pessoa, sem que tenha agido com culpa, por infração ambiental cometida por terceiro.** Esta é a posição atual do STJ (AgRg no AREsp 62.584/RJ)

Ao autuado são asseguradas as garantias constitucionais da ampla defesa e do contraditório incidentes no processo administrativo ambiental, conforme previsão do art. 5 ˚, **LV, da Constituição Federal: aos litigantes, em pro-**

8 MANCUSO, Ronaldo de Camargo. Ação Civil Pública: em defesa do meio ambiente, do patrimônio cultural e dos consumidores. 7. ed. São Paulo: RT, 2001.

cesso judicial ou administrativo, e aos acusados em geral são assegurados o contraditório e ampla defesa, com os meios e recursos a ela inerentes.

Em termos formais, o Auto de Infração Ambiental, deverá atender requisitos específicos constantes do art. 97 do Decreto Federal nº 6.514/2008:

Requisitos que devem constar no Auto de Infração Ambiental:	▸ Lavrado em Impresso Próprio
	▸ Indicação do infrator
	▸ Descrição clara e objetiva das infrações administrativas constatadas
	▸ Indicação dos respectivos dispositivos legais e regulamentares infringidos
	▸ Não devendo conter emendas ou rasuras que comprometam sua validade

Uma vez autuado, o Acusado pode apresentar Defesa Administrativa ou realizar eventual pagamento da multa imposta, dentro do respectivo prazo legal previsto para cada um destes atos.

No caso da opção pelo pagamento, segundo previsão do art. 113, parágrafo primeiro do Decreto Federal nº 6.514/2008, o órgão ambiental responsável concederá **o desconto de trinta por cento**, se o autuado decidir efetuar o pagamento da penalidade no prazo de 20 (vinte) dias previsto para o oferecimento da defesa administrativa.

Por outro lado, no caso de apresentação de defesa, devem, no transcurso do processo administrativo ambiental, serem observados os seguintes prazos, Art. 71 da Lei 9.605/98 (e também artigos 113 e 127 do Decreto Federal nº 6.514/2008):

20 dias para oferecer a defesa	30 dias para autoridade competente julgar o auto de infração	20 dias para o infrator recorrer da decisão condenatória à instância superior	5 dias para pagamento da multa

Na Defesa Administrativa, podem ser alegados motivos que eventualmente afastem a responsabilidade administrativa do Acusado. Após apresentada a Defesa, o Órgão Ambiental competente para o Julgamento, pode proceder de três formas:

- ▸ Julgar totalmente improcedente a defesa, mantendo a Penalidade Administrativa do Auto de Infração;
- ▸ Julgar procedente a defesa, arquivando-se o Auto de Infração;
- ▸ Facultar ao "Acusado" um Termo de Compromisso de Recuperação Ambiental da área afetada.

De acordo com a decisão, o Acusado pode ainda recorrer à Segunda Instância Administrativa para tentar a reforma da decisão.

Ultrapassadas as instâncias recursais e confirmada a ocorrência de Infração Administrativa Ambiental, o Infrator, de acordo com a dimensão do dano ambiental e outras características do caso concreto, está sujeito ao cumprimento das Penalidades Administrativas impostas, além de outras que eventualmente já tiver sofrido em caráter cautelar, como, por exemplo, a apreensão dos animais, produtos e subprodutos da fauna e flora, instrumentos, petrechos, equipamentos ou veículos de qualquer natureza utilizados na infração.

As principais penalidades administrativas estão previstas no art. 70 da Lei nº 9.605/98 e, com a mesma redação, no art. 3º, do Decreto Federal nº 6.514/2008, como:

I – advertência;

II – multa simples;

III – multa diária;

IV – apreensão dos animais, produtos e subprodutos da fauna e flora, instrumentos, petrechos, equipamentos ou veículos de qualquer natureza utilizados na infração;

V – destruição ou inutilização do produto;

VI – suspensão de venda e fabricação do produto;

VII – embargo de obra ou atividade;

VIII – demolição de obra;

IX – suspensão parcial ou total de atividades;

XI – restritiva de direitos, que podem ser de suspensão ou cancelamento de licença ou autorização, perda ou restrição de incentivos e benefícios fiscais e proibição de contratar com a administração pública, pelo período de até três anos (previstas no artigo 72 da Lei nº 9.065/1998).

⦿ RESPONSABILIDADE CRIMINAL

Chega-se ao último gênero de Responsabilidade Ambiental, **a Responsabilidade Criminal**. Das Responsabilidades estudadas anteriormente, a Responsabilidade Criminal é a mais rigorosa. Vimos que aquele que comete danos ao meio ambiente pode ser multado, ser obrigado a reparar/indenizar o dano causado e, por meio da Responsabilidade Criminal, pode, por exemplo, e dependendo da gravidade do crime ambiental cometido, ser também preso.

Toda a matéria de Responsabilidade Penal por Danos Ambientais foi sistematizada com a **Lei 9.605/98 – a Lei de Crimes Ambientais.**

Esta Lei traz as especificidades dos crimes ambientais, regulamentando uma listagem específica de situações para condutas lesivas ao meio ambiente.

Apesar de ser uma lei específica, a aplicação da lei penal ambiental acompanha toda a sistemática do Código Penal e do Código de Processo Penal brasileiros. Ou seja, caso falte alguma regra para apuração da responsabilidade penal por dano ambiental na Lei de Crimes Ambientais, aplica-se subsidiariamente o Código Penal e o Código de Processo Penal. É o que se verifica da previsão do artigo 79 da Lei de Crimes Ambientais: "Art. 79 – Aplicam-se subsidiariamente a esta Lei as disposições do Código Penal e do Código de Processo Penal."

Deve-se sempre ressaltar que em matéria de responsabilidade penal ambiental, **o infrator só responde pelo crime praticado se a ele houver dado causa ao menos culposamente.**

Art. 18 do Código Penal brasileiro:	
Crime doloso	**Crime culposo**
I – doloso, quando o agente quis o resultado ou assumiu o risco de produzi-lo;	II – culposo, quando o agente deu causa ao resultado por imprudência, negligência ou imperícia.

Isso significa que **não há Responsabilidade Objetiva no âmbito criminal ambiental**. Ou seja, para que ocorra responsabilidade criminal por danos ambientais a conduta do agente infrator deve ter sido cometida com dolo ou culpa. A mera ocorrência do dano ao meio ambiente, sem dolo, nem culpa, não gera responsabilidade criminal.

A Responsabilidade Objetiva, de Risco Integral, que responsabiliza o agente independentemente de dolo ou culpa, como visto, só ocorre na Responsabilidade Civil por danos ambientais.

⦿ APLICAÇÃO DAS PENAS POR CRIMES AMBIENTAIS

Foi na Lei de Crimes Ambientais que o legislador definiu as penas e as condições de sua aplicação para cada caso concreto, bem como delineou os critérios que podem atenuar, agravar ou até mesmo excluir sua incidência.

Por outras palavras, o processo de responsabilização ambiental criminal segue a mesma lógica do Código Penal e de Processo Penal geral, mas com critérios específicos relacionados com a questão ambiental. É como se houvesse critérios para uma dosimetria específica para se apurar a medida das penas por crimes ambientais de acordo com as circunstâncias e características de cada conduta tipificada e seus reflexos ao meio ambiente.

Portanto, as condutas e atividades lesivas ao meio ambiente, bem como seus critérios específicos de aplicação, encontram-se descritos pela Lei Federal, nº 9.605/98, a Lei de Crimes Ambientais.

O primeiro parâmetro para apuração de responsabilidade criminal ambiental está previsto pelo art. 6º da Lei de Crimes Ambientais, que vai impor como condição para a gradação da penalidade, em cada caso, a observância dos seguintes aspectos:

Art. 6º Para imposição e gradação da penalidade, a autoridade competente observará:	I – a gravidade do fato, tendo em vista os motivos da infração e suas consequências para a saúde pública e para o meio ambiente; II – os antecedentes do infrator quanto ao cumprimento da legislação de interesse ambiental; III – a situação econômica do infrator, no caso de multa.

Tem-se como isso uma lógica própria para apuração da penalidade decorrente da prática de crime ambiental, que deverá sempre levar em conta a gravidade do fato, as consequências para a saúde pública e meio ambiente, os antecedentes, a conduta social, a personalidade do acusado e, no caso de eventual pena de multa a situação econômica do agente

⊙ CIRCUNSTÂNCIAS ATENUANTES

As Circunstâncias Atenuantes para aplicação de pena por crime ambiental estão previstas no Art. 14 da Lei de Crimes Ambientais (LCA):	I – baixo grau de instrução ou escolaridade do agente; II – arrependimento do infrator, manifestado pela espontânea reparação do dano; III – comunicação prévia pelo agente do perigo iminente de degradação ambiental; IV – colaboração com os agentes encarregados da vigilância e do controle ambiental.

Como se vê, as circunstâncias que irão atenuar a apuração da penalidade a ser aplicada pela prática de crime ambiental, em grande medida, dos incisos II a IV, estão relacionadas com ações do agente voltadas para minimizar o dano ambiental causado por sua conduta tipificada (seja realizando a reparação, seja comunicando às autoridades o perigo ambiental iminente decorrente de sua ação ou mesmo colaborando com os agentes competentes no controle do dano acorrido).

Ressalte-se que o inciso I, baixo grau de instrução ou escolaridade do agente, trata de um conceito jurídico indeterminado, que deverá ser verificado caso a caso, de acordo com as características de instrução/formação (formal e informal) de cada acusado. Cabe dizer, que há corrente doutrinária ambiental que configura esta situação como daquele sujeito que não teria concluído o ensino fundamental.

⊙ CIRCUNSTÂNCIAS AGRAVANTES

As Circunstâncias Agravantes para aplicação de pena por crime ambiental estão previstas no Art. 15 da LCA:

I. reincidência nos crimes de natureza ambiental;

II. ter o agente cometido a infração:

a) para obter vantagem pecuniária;

b) coagindo outrem para a execução material da infração;

c) afetando ou expondo a perigo, de maneira grave, a saúde pública ou o meio ambiente;

d) concorrendo para danos à propriedade alheia;

e) atingindo áreas de unidades de conservação ou áreas sujeitas, por ato do Poder Público, a regime especial de uso;

f) atingindo áreas urbanas ou quaisquer assentamentos humanos;

g) em período de defeso à fauna;

h) em domingos ou feriados;

i) à noite;

j) em épocas de seca ou inundações;

l) no interior do espaço territorial especialmente protegido;

m) com o emprego de métodos cruéis para abate ou captura de animais;

n) mediante fraude ou abuso de confiança;

o) mediante abuso do direito de licença, permissão ou autorização ambiental;

p) no interesse de pessoa jurídica mantida, total ou parcialmente, por verbas públicas ou beneficiada por incentivos fiscais;

q) atingindo espécies ameaçadas, listadas em relatórios oficiais das autoridades competentes;

r) facilitada por funcionário público no exercício de suas funções.

Com relação às causas agravantes da pena, a reincidência nos crimes de natureza ambiental se configura quando o agente já tiver cometido crime ambiental previsto pela Lei Federal nº 9.605/98, com trânsito em julgado da sentença condenatória, e cometer outro crime.

Já as demais circunstâncias agravantes se configuram por situações que representam **maior ameaça ambiental** (em termos da dimensão dos danos e dos méis empregados, alíneas de "c" a "m" e "q") ou quando há **condutas**

fraudulentas ao sistema jurídico ambiental visando vantagens ou proveitos econômicos em detrimento da preservação do meio ambiente (casos das alíneas "a", "b" e de "n" a "p" e "r").

Na primeira situação temos, por exemplo, o caso do cometimento de crime ambiental em épocas de seca ou inundações, quando as fragilidades ambientais desses períodos fazem com que os efeitos ambientais danosos, decorrentes de práticas criminosas, sejam muito mais intensos e severos.

Na segunda, temos o exemplo do agente que abusa do direito de licença ambiental, extrapolando os limites da autorização para realizar atividade impactante ao meio ambiente, para proveito próprio e com sérios riscos para o meio que circunda a atividade.

⊙ CAUSAS EXCLUDENTES DE ANTIJURIDICIDADE

As causas excludentes da antijuridicidade por crime ambiental estão previstas no Art. 37 da LCA, e referem-se à conduta específica de crime de abate de animal:

Não é crime o abate de animal, quando realizado:	I – em estado de necessidade, para saciar a fome do agente ou de sua família; II – para proteger lavouras, pomares e rebanhos da ação predatória ou destruidora de animais, desde que legal e expressamente autorizado pela autoridade competente; III – (VETADO) IV – por ser nocivo o animal, desde que assim caracterizado pelo órgão competente.

Essas situações previstas no art. 37 da Lei de Crimes Ambientais não são consideradas geradoras de responsabilidade criminal por dano ambiental. São situações bem específicas, nas quais, para salvaguardar valores como a vida e a saúde, exclui-se a antijuridicidade do dano ambiental causado.

No caso do inciso I do art. 37 da Lei de Crimes Ambientais, deve ser admitido o estado de miserabilidade do agente e a impossibilidade de alimentar-se por outros meios.

No inciso II, a ação não pode ocorrer a partir do livre arbítrio do agente. A autoridade ambiental deve conceder autorização prévia para que ocorra o abate.

Por fim, o inciso IV exige que o órgão competente reconheça que o animal realmente é nocivo, pelos danos à lavoura, destruição de outros espécimes ou perigo que representa para o homem. Ou seja, as condutas lesivas só são consideradas lícitas quando possuem finalidades específicas e estão previstas na legislação.

Atenção!	Em suma: além do primeiro caso de conduta justificante a partir do estado de necessidade do agente, que abate animal protegido para saciar sua fome ou de sua família, os outros dois casos, **sempre dependerão de requisitos próprios**: o do inciso II, da **autorização expressa da autoridade competente para abater animais protegidos que estão colocando em risco lavouras, pomares e rebanhos com sua ação predatória ou destruidora**; e o do inciso III, **o abate, dentro da situação de excludente, da caracterização de sua nocividade animal por parte do órgão competente**.

Na configuração do delito de bagatela envolvendo matéria ambiental, o STF tem exigido a satisfação, de forma concomitante, de certos requisitos, quais sejam: a conduta minimamente ofensiva, a ausência de periculosidade social da ação, o reduzido grau de reprovabilidade do comportamento e a lesão jurídica inexpressiva.

Por fim, deve-se destacar Excludente de Antijuridicidade decorrente das exceções advindas com o Novo Código Florestal (LEI Nº 12.651/2012), especificamente no que se refere às possibilidades a continuidade das atividades agrossilvipastoris, de ecoturismo e de turismo rural em áreas rurais consolidadas até 22 de julho de 2008 (conforme analisado no tópico 5.2.4 e ss.).

⊙ PENAS APLICÁVEIS ÀS PESSOAS FÍSICAS

Como foi enfatizado, desde que comprovado o dolo ou culpa do agente e atendidos requisitos gerais para responsabilização penal (imputabilidade), qualquer pessoa pode ser responsabilizada criminalmente pela prática de condutas tipificadas como crimes ambientais.

Penalidades que podem sofrer as pessoas físicas por prática de crimes ambientais:	▸ Penas Privativas de Liberdade
	▸ Penas Restritivas de Direitos

As penas privativas de liberdade estão previstas em cada tipo penal da Lei de Crimes Ambientais e variam de acordo com a gravidade da conduta. Ressalta-se que, de acordo com as características da pena a ser aplicada, da culpabilidade, dos antecedentes, da conduta social e personalidade do agente, bem como dos motivos e das circunstâncias do crime, a pena privativa de liberdade pode ser substituída pela restritiva de direitos.

As espécies de penas restritivas de direitos, em decorrência da prática de crimes ambientais, estão previstas pelo artigo 8 ° e detalhadas pelos artigos 9 ° a 13 da Lei de Crimes Ambientais:

ESPÉCIE DE PENA PRIVATIVA DE LIBERDADE (artigo 8º da LCA)	PARÂMETRO PARA APLICAÇÃO (artigos 9º a 13 da LCA)
I – prestação de serviços à comunidade	A prestação de serviços à comunidade consiste na atribuição ao condenado de tarefas gratuitas junto a parques e jardins públicos e unidades de conservação, e, no caso de dano da coisa particular, pública ou tombada, na restauração desta, se possível.
II – interdição temporária de direitos;	As penas de interdição temporária de direito são: (i) a proibição de o condenado contratar com o Poder Público; (ii) de receber incentivos fiscais ou quaisquer outros benefícios; (iii) bem como de participar de licitações, pelo prazo de cinco anos, no caso de crimes dolosos, e de três anos, no de crimes culposos.
III – suspensão parcial ou total de atividades;	A suspensão de atividades será aplicada quando estas não estiverem obedecendo às prescrições legais.
IV – prestação pecuniária;	A prestação pecuniária consiste no pagamento em dinheiro à vítima ou à entidade pública ou privada com fim social, de importância, fixada pelo juiz, não inferior a um salário mínimo nem superior a trezentos e sessenta salários mínimos. O valor pago será deduzido do montante de eventual reparação civil a que for condenado o infrator.
V – recolhimento domiciliar	O recolhimento domiciliar baseia-se na auto-disciplina e senso de responsabilidade do condenado, que deverá, sem vigilância, trabalhar, frequentar curso ou exercer atividade autorizada, permanecendo recolhido nos dias e horários de folga em residência ou em qualquer local destinado a sua moradia habitual, conforme estabelecido na sentença condenatória.

⊙ CRIMES DE MENOR POTENCIAL OFENSIVO – DA POSSIBILIDADE DE TRANSAÇÃO PENAL

O Art. 27 da Lei de Crimes Ambientais prevê que:	Nos crimes ambientais de menor potencial ofensivo, a proposta de aplicação imediata de pena restritiva de direitos ou multa, prevista no Art. 76 da Lei 9.099, de 26 de setembro de 1995 (Juizados Especiais), somente poderá ser formulada desde que tenha havido a prévia composição do dano ambiental, salvo em caso de comprovada impossibilidade.

Em uma situação concreta, se estiverem presentes todos os requisitos da Transação Penal, havendo uma ocorrência policial, a autoridade competente deverá lavrar termo circunstanciado[9], para verificar a incidência de delito ambiental de menor potencial ofensivo.

Conforme artigo 89 da Lei 9.099/95, com as modificações estabelecidas pelo art. 28[10] da Lei de Crimes Ambientais, além destes requisitos, a declaração de extinção de punibilidade dependerá ainda de laudo de constatação de reparação do dano ambiental.

Portanto, em havendo proposta de transação penal pelo Ministério Público antes do oferecimento de denúncia, seja em sede de processo iniciado por termo circunstanciado nos Juizados Especiais Criminais, seja em sede de inquérito policial, e verificado o preenchimento dos requisitos para a transação, bem como a elaboração do laudo de constatação de reparação do dano ambiental, o juiz homologará a transação penal, aplicando ao agente pena restritiva de direitos ou pena de multa.

É comum na Transação Penal que o agente assuma o compromisso de prestar auxílio às Organizações e Fundações que realizam trabalhos sociais e ambientais à comunidade, como forma de cumprimento de pena alternativa à privativa de liberdade.

–	Detenção, de um ano a três anos ou multa, ou ambas as penas cumulativamente.
–	Detenção, de um a três anos, ou multa, ou ambas as penas cumulativamente.
–	Reclusão, de um a cinco anos
–	Reclusão, de um a dois anos, e multa
–	**PENA**
–	Detenção, de seis meses a um ano, e multa
Art. 50-A. Desmatar, explorar economicamente ou degradar floresta, plantada ou nativa, em terras de domínio público ou devolutas, sem autorização do órgão competente	Reclusão de 2 (dois) a 4 (quatro) anos e multa
Art. 51. Comercializar motosserra ou utilizá-la em florestas e nas demais formas de vegetação, sem licença ou registro da autoridade competente.	Detenção, de três meses a um ano, e multa.
Art. 61. Disseminar doença ou praga ou espécies que possam causar dano à agricultura, à pecuária, à fauna, à flora ou aos ecossistemas:	Reclusão, de um a quatro anos, e multa.

9 Segundo Art. 69, da Lei nº 9.099, de 26 de setembro de 1995, para os casos de crime de menor potencial ofensivo: A autoridade policial que tomar conhecimento da ocorrência lavrará termo circunstanciado e o encaminhará imediatamente ao Juizado, com o autor do fato e a vítima, providenciando-se as requisições dos exames periciais necessários.

10 Art. 28. As disposições do art. 89 da Lei nº 9.099, de 26 de setembro de 1995, aplicam-se aos crimes de menor potencial ofensivo definidos nesta Lei, com as seguintes modificações:
I – a declaração de extinção de punibilidade, de que trata o § 5° do artigo referido no *caput*, dependerá de laudo de constatação de reparação do dano ambiental, ressalvada a impossibilidade prevista no inciso I do § 1° do mesmo artigo;
II – na hipótese de o laudo de constatação comprovar não ter sido completa a reparação, o prazo de suspensão do processo será prorrogado, até o período máximo previsto no artigo referido no *caput*, acrescido de mais um ano, com suspensão do prazo da prescrição;
III – no período de prorrogação, não se aplicarão as condições dos incisos II, III e IV do § 1° do artigo mencionado no *caput*;
IV – findo o prazo de prorrogação, proceder-se-á à lavratura de novo laudo de constatação de reparação do dano ambiental, podendo, conforme seu resultado, ser novamente prorrogado o período de suspensão, até o máximo previsto no inciso II deste artigo, observado o disposto no inciso III;
V – esgotado o prazo máximo de prorrogação, a declaração de extinção de punibilidade dependerá de laudo de constatação que comprove ter o acusado tomado as providências necessárias à reparação integral do dano.

⦿ INCIDÊNCIA DO PRINCÍPIO DA INSIGNIFICÂNCIA

Atenção!	Segundo o atendimento jurisprudencial do STJ, se admite a incidência do princípio da insignificância para casos de crime ambiental quando demonstrada, a partir do exame da situa-ção concreta, a ínfima lesividade ao bem ambiental tutelado pela norma. Este posicionamento está presente na decisão da Segunda Turma do Supremo Tribunal Federal (STF) em decisão em sede Habeas Corpus (HC 112563), publicado em 10/12/2012, concedido, por maioria de votos, e que absolveu um pescador de Santa Catarina que havia sido condenado por crime contra o meio ambiente (contra a fauna) por pescar durante o período de defeso, utilizando-se de rede de pesca fora das especificações do Ibama e flagrado com 12 camarões. Nos termos da ementa do acordão: "Rei furtivae de valor insignificante. Periculosidade não considerável do agente. Crime de bagatela. Caracterização. Aplicação do princípio da insignificância. Atipicidade reconhecida".

⦿ COMPETÊNCIA PARA JULGAMENTO – CRIMES CONTRA A FAUNA E FLORA

Atualmente **prevalece o entendimento que a competência para julgamento dos crimes contra a fauna e flora é da Justiça Estadual**, exceto quando há ofensa direta a **bens, serviços e/ou interesses da União ou de suas entidades autárquicas**. Nesses últimos casos a **competência passa a ser da Justiça Federal**. Por exemplo, quando o delito é praticado em uma Unidade de Conservação Federal ou mesmo quando o objeto do delito é uma espécie ameaçada de extinção.

⦿ RESPONSABILIDADE PENAL DA PESSOA JURÍDICA

A Constituição Federal, por intermédio do seu Art. 225, § 3º, prevê que as condutas e atividades consideradas lesivas ao meio ambiente **sujeitarão os infratores, pessoas físicas ou jurídicas, a sanções penais.**

A Lei de Crimes Ambientais de forma mais específica, no seu Art. 3º, dispõe que:	As pessoas jurídicas serão responsabilizadas administrativa, civil e penalmente conforme o disposto nesta Lei, nos casos em que a infração seja cometida por decisão de seu representante legal ou contratual, ou de seu órgão colegiado, no interesse ou benefício da sua entidade.

Portanto, qualquer pessoa jurídica, seja de direito público ou privado, pode ser responsabilizada penalmente pela prática de crimes ambientais.

Dentre os requisitos necessários para se responsabilizar uma pessoa jurídica pela prática de crime ambiental, tem-se que **(1) a infração penal tenha sido cometida por decisão de seu representante legal ou contratual, ou de seu órgão colegiado; (2) que a infração tenha sido cometida no interesse ou benefício da pessoa jurídica.**

Apesar da responsabilização da pessoa jurídica que pratica crimes ambientais ser uma tendência mundial, bem como os seus fundamentos legais estarem previstos há tempos na Constituição Federal de 1988 e na Lei de Crimes Ambientais de 1998, tem-se que o alcance e as formas de responsabilização criminal ambiental das pessoas jurídicas estão sendo estabelecidos somente nos últimos anos pelas decisões dos Tribunais Superiores.

Atenção!	A posição atual do STF é no sentido da possibilidade de responsabilização penal da pessoa jurídica sem necessidade de punição conjunta com a pessoa física.

⦿ PENAS APLICÁVEIS À PESSOA JURÍDICA:

As penas aplicáveis à Pessoa Jurídica estão previstas no art. 21 da LCA e são as seguintes:	I – multa; II – restritivas de direitos; III – prestação de serviços à comunidade.

As espécies de penas restritivas de direitos aplicáveis às pessoas jurídicas, em decorrência da prática de crimes ambientais, estão previstas pelo artigo 22 e detalhadas pelos seus parágrafos:

ESPÉCIE DE PENA PRIVATIVA DE LIBERDADE (artigo 22 da LCA)	PARÂMETRO PARA APLICAÇÃO (parágrafos 1º, 2º e 3º)
I. suspensão parcial ou total de atividades	A suspensão de atividades será aplicada quando estas não estiverem obedecendo às disposições legais ou regulamentares, relativas à proteção do meio ambiente.
II. interdição temporária de estabelecimento, obra ou atividade;	A interdição será aplicada quando o estabelecimento, obra ou atividade estiver funcionando sem a devida autorização, ou em desacordo com a concedida, ou com violação de disposição legal ou regulamentar.
III. proibição de contratar com o Poder Público, bem como dele obter subsídios, subvenções ou doações.	A proibição de contratar com o Poder Público e dele obter subsídios, subvenções ou doações não poderá exceder o prazo de dez anos.

As espécies de penas de prestação de serviços à comunidade aplicáveis às pessoas jurídicas, em decorrência da prática de crimes ambientais, estão previstas pelo artigo 23 da Lei de Crimes:

> I – custeio de programas e de projetos ambientais;
>
> II – execução de obras de recuperação de áreas degradadas;
>
> III – manutenção de espaços públicos;
>
> IV – contribuições a entidades ambientais ou culturais públicas.

Atenção!	Cabe destacar que segundo os termos de decisão do STF, em sede de Recurso Extraordinário (RE 548181/PR) de 6/8/2013, cuja relatora foi Ministra Rosa Weber: "É admissível a condenação de pessoa jurídica pela prática de crime ambiental, ainda que absolvidas as pessoas físicas ocupantes de cargo de presidência ou de direção do órgão responsável pela prática criminosa." (...) "Ao se condicionar a responsabilização da pessoa jurídica à física, estaria ocorrendo a subordinação da responsabilização jurídico-criminal do ente coletivo à efetiva condenação da pessoa física, o que não seria objetivo previsto no mandamento constitucional de criminalização contido no § 3º do art. 225 da CF/88".

⊙ AÇÃO PENAL

Finalmente cabe destacar que a Ação Penal a ser instaurada para o julgamento de crimes contra o meio ambiente **será sempre pública e incondicionada.**

É o que estabelece expressamente o artigo 26 da Lei de Crimes Ambientais:

> Nas infrações penais previstas nesta Lei, a ação penal é pública incondicionada.

A Ação Penal pública no caso dos crimes ambientais é **incondicionada**, pois seu exercício não se subordina a nenhum requisito, pode ser iniciada sem a representação do ofendido e sem a requisição do Ministro da Justiça.

2.7 BIODIVERSIDADE/BIOSSEGURANÇA

A Convenção da Diversidade Biológica fixa no art. 1º as premissas básicas sobre as quais se fundamentam todos os princípios relativos à preservação de diversidade biológica global e os conhecimentos associados a ela:

> A conservação da diversidade biológica, a utilização sustentável de seus componentes e a repartição justa e eqüitativa dos benefícios derivados da utilização sustentável dos recursos genéticos, mediante, inclusive, o acesso adequado aos recursos genéticos e a transferência adequada de tecnologias pertinentes, levando em conta todos os direitos sobre tais recursos e tecnologias, e mediante o financiamento adequado

Também a mesma Convenção (art. 2º) define o que seja a **Diversidade Biológica**, como objeto de proteção das normas internacionais e nacionais de direito ambiental:

Diversidade biológica
significa a variabilidade de organismos vivos de todas as origens, compreendendo, dentre outros, os ecossistemas terrestres, marinhos e outros ecossistemas aquáticos e os complexos ecológicos de que fazem parte; compreendendo ainda a diversidade dentro de espécies, entre espécies e de ecossistemas.

Atenção!

Por outro lado, desde a Constituição de 1988, há previsão expressa no ordenamento jurídico brasileiro de proteção da diversidade biológica na sua dimensão de patrimônio genético. É o que se depreende da previsão do art. 225, parágrafo 1º, inciso II:

Art. 225 – Todos têm direito ao meio ambiente ecologicamente equilibrado, bem de uso comum do povo e essencial à sadia qualidade de vida, impondo-se ao Poder Público e à coletividade o dever de defendê-lo e preservá-lo para as presentes e futuras gerações.

§ 1º. Para assegurar a efetividade desse direito, incumbe ao Poder Público:

II – preservar a diversidade e a integridade do patrimônio genético do País e fiscalizar as entidades dedicadas à pesquisa e manipulação de material genético.

A Convenção da Diversidade Biológica CDB (art. 2º), Apresenta o conceito de **Biotecnologia:** qualquer aplicação tecnológica que utilize sistemas biológicos, organismos vivos, ou seus derivados, para fabricar ou modificar produtos ou processos para utilização específica.

Enquanto que a **Biossegurança** é compreendida como:

"**Conjunto de normas que regulamenta a manipulação genética, de forma que esta não coloque em risco a qualidade de vida do homem, bem como, e em especial, o seu próprio meio ambiente**. Portanto, Biossegurança compreende os riscos envolvidos na manipulação e na liberação para o meio ambiente de organismos geneticamente modificados. Dentre os possíveis tipos de risco temos os para a biodiversidade (e. g., espalhamento descontrolado de um organismo geneticamente modificado no meio ambiente) e para a saúde (e.g. toxicidade de um alimento para a população)".

No ano 2000, foi realizada a "Conferência das Partes da Convenção da Biodiversidade", com a presença de representantes de 180 países, na cidade de Montreal, no Canadá. Nessa Conferência foi aprovado o Protocolo de Biossegurança que, em homenagem a cidade-sede da Conferência preparatória de 1999, realizada na cidade de Cartagena, Colômbia, foi denominado "Protocolo de Cartagena".

Dentre os principais objetivos do Protocolo, tem-se a definição de um regime jurídico adequado de proteção no campo de transferência, manipulação e utilização segura dos Organismos Geneticamente Modificados, resultantes da Biotecnologia moderna (OGMs). Visa, principalmente, a conservação e a utilização sustentável da diversidade biológica, ao mesmo tempo, evitar e prevenir riscos para a saúde humana. O âmbito de sua aplicação são os movimentos transfronteiriços dos OGMs. O Protocolo adota o princípio do direito ambiental da precaução, com relação aos alimentos transgênicos.

Em 16 de Fevereiro de 2.006, o Brasil aprovou o Decreto nº 5.705, internalizando as previsões do Protocolo de Cartagena no sistema jurídico nacional.

Atenção!

Para dar mais efetividade ao Protocolo de Cartagema, bem como à própria Convenção da Diversidade Biológica, em 24 de Março de 2.005, é sancionada a Lei nº 11.105, denominada Lei de Biossegurança, que estabelece as normas de segurança e mecanismos de fiscalização de atividades que envolvam organismos geneticamente modificados – OGM e seus derivados, cria o Conselho Nacional de Biossegurança – CNBS, reestrutura a Comissão Técnica Nacional de Biossegurança – CTNBio, dispõe sobre a Política Nacional de Biossegurança – PNB.

A Lei de Biossegurança prevê os parâmetros legais para as pesquisas genéticas e apresenta a regulação necessária a tais pesquisas no território nacional.

Regulamenta especialmente dois temas: **Organismos Geneticamente Modificados – OGM e as células-tronco embrionárias humanas**

Deste modo, a Lei de Biossegurança tem por finalidade estabelecer normas de segurança e mecanismos de fiscalização no uso das técnicas de Engenharia Genética, conforme preceitua o seu art. 1º:

Esta lei estabelece **normas de segurança** e mecanismos de fiscalização sobre a construção, o cultivo, a manipulação, o transporte, a transferência, a importação, a exportação, o armazenamento, a pesquisa, a comercialização, o consumo, a liberação no meio ambiente e o descarte de organismos geneticamente modificados – OGM e seus derivados, tendo como diretrizes o estimulo ao avanço cientifico na área de Biossegurança e Biotecnologia, a proteção à vida e a saúde humana, animal e vegetal, e a observância do princípio da precaução para a proteção do meio ambiente.

Assim, a Lei disciplina oito atividades relacionadas aos Organismos Geneticamente Modificados (OGM), a saber: **"construção, cultivo, manipulação, transporte; comercialização, consumo, liberação e descarte"**.

A Lei da Biossegurança traz também conceitos instrumentais importantes:

Organismos Geneticamente Modificados (OGM) são definidos como:	organismo cujo material genético – ADN/ARN tenha sido modificado por qualquer técnica de engenharia genética (art. 3º, V, Lei nº 11.105/2005).
Derivado de OGM	produto obtido de OGM e que não possua capacidade autônoma de replicação ou que não contenha forma viável de OGM (art. 3º, VI, Lei nº 11.105/2005).
Clonagem	processo de reprodução assexuada, produzida artificialmente, baseada em um único patrimônio genético, com ou sem utilização de técnicas de engenharia genética (art. 3º, VII, Lei nº 11.105/2005).
Células-tronco embrionárias	células de embrião que apresentam a capacidade de se transformar em células de qualquer tecido de um organismo.

Com base nesses conceitos, que definem objetos do regime jurídico da Biossegurança, o art. 2º da Lei, estabelece que as atividades e os projetos ligados à produção industrial e o desenvolvimento tecnológico que envolvam OGM estão sujeitos ao controle do Poder Público, o que possui direta relação com o princípio do Direito Ambiental do Limite (apresentado no capítulo 2 sobre princípios ambientais), em que cabe ao Poder Público estabelecer os limites e as possibilidades para as atividades de biotecnologia.

Art. 2º – As atividade e projetos que envolvam OGM e seus derivados, relacionados ao *ensino* com manipulação de organismos vivos, à *pesquisa cientifica*, ao desenvolvimento tecnológico e à produção industrial ficam restritos ao âmbito de entidades de direito público ou privado, que serão responsáveis pela obediência aos preceitos desta Lei e de sua regulamentação, bem como pelas eventuais conseqüências ou efeitos advindos de seu descumprimento.

Além disso, o § 2º do art. 2º da Lei de Biossegurança prevê que: "As atividades e projetos de que trata este artigo são vedados as pessoas físicas em atuação autônoma e independente, ainda que mantenham vínculo empregatício ou qualquer outro com pessoas jurídicas".

Dentro do regime jurídico, algumas práticas são terminantemente proibidas pela Política Nacional de Biossegurança. Tais proibições estão previstas pelo art. 6º da Lei:

I – implementação de projeto relativo a OGM sem a manutenção de registro de seu acompanhamento individual;
II – engenharia genética em organismo vivo ou o manejo **in vitro** de ADN/ARN natural ou recombinante, realizado em desacordo com as normas previstas nesta Lei;
III – engenharia genética em célula germinal humana, zigoto humano e embrião humano;
IV – **clonagem humana**;
V – destruição ou descarte no meio ambiente de OGM e seus derivados em desacordo com as normas estabelecidas pela CTNBio, pelos órgãos e entidades de registro e fiscalização, referidos no art. 16 desta Lei, e as constantes desta Lei e de sua regulamentação;
VI – **liberação no meio ambiente de OGM ou seus derivados, no âmbito de atividades de pesquisa, sem a decisão técnica favorável da CTNBio e, nos casos de liberação comercial, sem o parecer técnico favorável da CTNBio, ou sem o licenciamento do órgão ou entidade ambiental responsável, quando a CTNBio considerar a atividade como potencialmente causadora de degradação ambiental, ou sem a aprovação do Conselho Nacional de Biossegurança – CNBS, quando o processo tenha sido por ele avocado, na forma desta Lei e de sua regulamentação**;
VII – a utilização, a comercialização, o registro, o patenteamento e o licenciamento de tecnologias genéticas de restrição do uso.

É vedada a pesquisa e cultivo de OGM em terras indígenas[11] e em Unidades de Conservação, com exceção das APAs (Áreas de Proteção Ambiental)[12], unidades de conservação de uso sustentável, onde a legislação não proíbe.

A Política Nacional da Biossegurança é regulamentada, também, pelo Decreto Federal nº 5.591, de 22/11/2005, que estabelece, em linhas gerais, o regime jurídico sobre os agentes implementadores da Lei 11.105/2005, desde o Conselho Nacional de Biossegurança – CNBS – até às Comissões Internas de Biossegurança – CIBio a maior parte dos dispositivos regulamentadores trata da Comissão Técnica de Biossegurana – CTNBio.

⊙ ÓRGÃOS DE IMPLEMENTAÇÃO DA POLÍTICA NACIONAL DE BIOSSEGURANÇA – ÊNFASE NA COMISSÃO NACIONAL DE BIOSSEGURANÇA – CTNBIO

A Lei de Biossegurança, em termos de estruturação administrativa, reestrutura a **Comissão Técnica Nacional de Biossegurança – CTNBio,** cria o **Conselho Nacional de Biossegurança – CNBS,** institui as **Comissões Internas de Biossegurança – CIBio**, em níveis subalternos e forma o **Sistema de Informação em Biossegurança – SIB.**

A Comissão Técnica Nacional de Biossegurança – CTNBio – integra a Administração Direta Federal, não possui personalidade jurídica própria. Está ligada ao Ministério da Ciência e Tecnologia e dá apoio técnico e assessoramento ao Governo Federal, nas questões ligadas à Biossegurança e Biotecnologia.

Assim, a Lei de Biossegurança, no Capítulo III, art. 10º, *caput* e parágrafo único, prevê as atribuições e natureza jurídica da CTNBio:

Art. 10. A CTNBio, integrante do Ministério da Ciência e Tecnologia, é instância colegiada multidisciplinar de caráter consultivo e deliberativo, para prestar apoio técnico e de assessoramento ao Governo Federal na formulação, atualização e implementação da PNB de OGM e seus derivados, bem como no estabelecimento de normas técnicas de segurança e de pareceres técnicos referentes à autorização para atividades que envolvam pesquisa e uso comercial de OGM e seus derivados, com base na avaliação de seu risco zoofitossanitário, à saúde humana e ao meio ambiente. Parágrafo único. A CTNBio deverá acompanhar o desenvolvimento e o progresso técnico e científico nas áreas de biossegurança, biotecnologia, bioética e afins, com o objetivo de aumentar sua capacitação para a proteção da saúde humana, dos animais e das plantas e do meio ambiente.

O art. 10º enfatiza que a ação da Comissão buscará, em especial, por meio de atribuições consultivas e deliberativas, o desenvolvimento científico e tecnológico nas áreas de Biossegurança, Biotecnologia e Bioética, notadamente por meio de análise, controle e fiscalização de pesquisas ligadas a OGMs e incentivos a ações concretas.

A Lei estabelece, também, a esfera administrativa da CTNBio, bem como a delimitação das funções normativas, executivas e decisórias, setorizadas às questões que justificaram sua criação: Biossegurança dos OGM e seus derivados.

O caráter de tomada de decisão por maioria absoluta dos membros	**Art. 11, § 8º – (Incluído pela Lei nº 11.460, de 2007):** As decisões da CTNBio serão tomadas com votos favoráveis da maioria absoluta de seus membros.

As competências funcionais da CTNBio estão previstas no art. 14 da Lei de Biossegurança em seus vinte e três incisos e regulamentada pelo Decreto nº 5.591/2.005, art. 5º, incisos I a XXIII.

11 A Constituição de 1988, no parágrafo § 1º, do art. 231, conceitua o que sejam áreas tradicionalmente ocupadas pelos índios: São terras tradicionalmente ocupadas pelos índios as por eles habitadas em caráter permanente, as utilizadas para suas atividades produtivas, as imprescindíveis à preservação dos recursos ambientais necessários a seu bem-estar e as necessárias a sua reprodução física e cultural, segundo seus usos, costumes e tradições.

12 A Área de Proteção Ambiental é uma área em geral extensa, com um certo grau de ocupação humana, dotada de atributos abióticos, bióticos, estéticos ou culturais especialmente importantes para a qualidade de vida e o bem-estar das populações humanas, e tem como objetivos básicos proteger a diversidade biológica, disciplinar o processo de ocupação e assegurar a sustentabilidade do uso dos recursos naturais (art. 15, da Lei Federal nº 9985/2000, Lei SNUC)

Merecem destaque as seguintes atribuições:	1 – estabelecer normas e regulamentos relativos às atividades, pesquisas e projetos relacionados a OGMs e seus derivados;
	2 – classificar os OGMs e seus derivados segundo o seu grau de risco, procedendo com monitoramentos, critérios e análise de avaliação de risco, caso a caso;
	3 – estabelecer os mecanismos de funcionamentos das Comissões Internas de Biossegurança – CIBio;
	4 – autorizar, cadastrar e acompanhar as atividades de pesquisas com OGM ou derivados, bem como a importação do mesmo;
	5 – definir o nível de biossegurança a ser aplicado ao OGM e seus usos, e os respectivos procedimentos e medidas de segurança quanto ao seu uso, conforme as normas estabelecidas na regulamentação desta Lei, bem como quanto aos seus derivados;
	6 – identificar atividades e produtos decorrentes do uso de OGM e seus derivados potencialmente causadores de degradação do meio ambiente ou que possam causar riscos à saúde humana;
	7 – reavaliar suas decisões técnicas por solicitação de seus membros ou por recurso dos órgãos e entidades de registro e fiscalização, fundamentado em fatos ou conhecimentos científicos novos, que sejam relevantes quanto à biossegurança do OGM ou derivado, na forma desta Lei e seu regulamento;
	8 – propor a realização de pesquisas e estudos científicos no campo da biossegurança de OGM e seus derivados;
	9 – apresentar proposta de regimento interno ao Ministro da Ciência e Tecnologia;
	10 – emitir Certificado de Qualidade em Biossegurança – CQB e decisões técnicas, caso a caso, no âmbito de pesquisa e uso comercial de OGMs e seus derivados.

Nas decisões técnicas, o plenário da CTNBio poderá expedir autorização favorável ou desfavorável ao pedido de liberação comercial do OGM. Existirão, portanto, três possibilidades: deferimento, indeferimento, e deferimento com identificação de potencial degradação ambiental.

Para a última situação, quando a CTNBio entender que o OGM é potencialmente ou efetivamente causador de degradação ambiental, determinará que se faça o Licenciamento Ambiental, encaminhando o processo ao órgão competente do Ministério do Meio Ambiente para suas providências, cabendo ao órgão decidir sobre a necessidade de Estudo de Impacto Ambiental – EIA – e respectivo Relatório Ambiental – RIMA – ou outros estudos para avaliação do risco, sob pena de controle judicial da decisão.

⦿ BIODIVERSIDADE E CONHECIMENTO TRADICIONAL ASSOCIADO – LEI FEDERAL N. 13.123/2015

Importante destacar que em 2015, em 20 de maio, o Brasil por meio da Lei Federal n. 13.123, institui sua Política Nacional de Acesso ao Patrimônio genético, sobre a Proteção e o Acesso ao Conhecimento Tradicional Associado e sobre a repartição de benefícios para conservação e uso sustentável da Biodiversidade.

Dentro dos conceitos trazidos pelo marco regulatório (Art. 2o), cabem ser destacados:

> **patrimônio genético** – *informação de origem genética de espécies vegetais, animais, microbianas ou espécies de outra natureza, incluindo substâncias oriundas do metabolismo destes seres vivos;*
>
> **conhecimento tradicional associado** – *informação ou prática de população indígena, comunidade tradicional ou agricultor tradicional sobre as propriedades ou usos diretos ou indiretos associada ao patrimônio genético;*

Como concepção orientadora dos propósitos de proteção da Lei, **considera-se que a diversidade biológica tem valor in-trínseco, merecendo respeito independentemente de seu valor para o homem** ou potencial para uso humano;

A referida Lei cria também no âmbito do Ministério do Meio Ambiente **o Conselho de Gestão do Patrimônio Genético – CGen**, órgão colegiado de caráter deliberativo, normativo, consultivo e recursal, responsável por coordenar a elaboração e a imple-mentação de políticas para a gestão do acesso ao patrimônio genético e ao conhecimento tradicional associado e da repartição de benefícios, formado por representação de órgãos e entidades da administração pública federal que detêm competência sobre as diversas ações de que trata esta Lei com participação máxima de 60% (sessenta por cento) e a representação da sociedade civil em no mínimo 40% (quarenta por cento) dos membros, assegurada a paridade entre: I – setor empresarial; II – setor acadêmico; e III – populações indígenas, comunidades tradicionais e agricultores tradicionais. (Art. 6º)

Neste contexto, às populações indígenas, às comunidades tradicionais e aos agricultores tradicionais que criam, desenvolvem, detêm ou conservam conhecimento tradicional associado **são garantidos os direitos de participar do processo de tomada de decisão sobre assuntos relacionados ao acesso a conhecimento tradicional associado e à repartição de benefícios decorrente desse acesso, na forma do regulamento.**

O artigo 8º da mesma legislação estabelece como protegidos os conhecimentos tradicionais associados ao patrimônio genético de populações indígenas, de comunidade tradicional ou de agricultor tradicional contra a utilização e exploração ilícita. E o § 2º do mesmo artigo, determina que **o conhecimento tradicional associado ao patrimônio genético integra o patrimônio cultural brasileiro e poderá ser depositado em banco de dados.**

Para este novo marco regulatório, considera-se **infração administrativa** contra o patrimônio genético ou contra o conhecimento tradicional associado toda ação ou omissão que viole as normas da Lei Federal n. **13.123/2015.**

✦ SÚMULAS APLICÁVEIS

⦿ ESPAÇOS TERRITORIAIS ESPECIALMENTE PROTEGIDOS PELO PODER PÚBLICO

- **STF – Súmula 479 –** As margens dos rios navegáveis são de domínio público, insuscetíveis de expropriação e, por isso mesmo, excluídas de indenização.

⦿ PRESCRIÇÃO. MULTA POR INFRAÇÃO AMBIENTAL

- **STJ – Súmula 467-.** Prescreve em cinco anos, contados do término do processo administrativo, a pretensão da Administração Pública de promover a execução da multa por infração ambiental.

⦿ INFORMATIVOS APLICÁVEIS

✦ STF

▸ ***Crime ambiental e dano efetivo ao bem jurídico tutelado***

Aplica-se o princípio da insignificância aos crimes ambientais, tanto com relação aos de perigo concreto – em que ocorre dano efetivo ao bem jurídico tutelado –, quanto aos de perigo abstrato, como no art. 34, "caput", da Lei 9.605/98. Apesar de a conduta do denunciado amoldar-se à tipicidade formal e subjetiva, inexiste tipicidade material, consistente na relevância penal da conduta e no resultado típico. Mesmo diante de crime de perigo abstrato, não é possível dispensar a verificação "in concreto" do perigo real ou mesmo potencial da conduta praticada. O acusado estava em pequena embarcação quando foi surpreendido em contexto de pesca rústica, com vara de pescar, linha e anzol. Não estava em barco grande, munido de redes, arrasto nem com instrumentos de maior potencialidade lesiva ao meio ambiente. *Inq 3788/DF, Rel. Min. Cármen Lúcia, 1º.3.2016. 2ª T. (Info 816)*

▸ ***Pesca ilegal: crime de perigo e princípio da insignificância***

A proteção, em termos criminais, ao meio ambiente decorre de mandamento constitucional, conforme prescreve o § 3º do art. 225 da CF. 2. Em razão da sua relevância constitucional, é latente, portanto, o interesse do estado na repreensão às condutas delituosas que possam colocar o meio ambiente em situação de perigo ou lhe causar danos, consoante a Lei 9.605/98. 3. Essa proteção constitucional, entretanto, não afasta a possibilidade de se reconhecer, em tese, o princípio da insignificância quando há a satisfação concomitante de certos pressupostos, tais como: a) mínima ofensividade da conduta do agente; b) nenhuma periculosidade social da ação; c) reduzidíssimo grau de reprovabilidade do comportamento; e d) inexpressividade da lesão jurídica provocada. 4. A conduta praticada pode ser considerada como um crime de perigo, que se consuma com a mera possibilidade do dano. 5. O comportamento do recorrente é dotado de intenso grau de reprovabilidade, pois ele agiu com liberalidade ao pescar em pleno defeso utilizando-se de redes de pesca de aproximadamente 70 metros, o que é um indicativo da prática para fins econômicos e não artesanais, afastando, assim, já que não demonstrada nos autos, a incidência do inciso I do art. 37 da Lei Ambiental, que torna atípica a conduta quando praticada em estado de necessidade, para saciar a fome do agente ou de sua família. 6. Nesse contexto, não há como afastar a tipicidade material da conduta, tendo em vista que a reprovabilidade que recai sobre ela está consubstanciada no fato de o recorrente ter pescado em período proibido utilizando-se de método capaz de colocar em risco a reprodução dos peixes, o que remonta, indiscutivelmente, à preservação e ao equilíbrio do ecossistema aquático. *HC 127926/SC, Rel. Min. Dias Toffoli, 26.10.2016. 2ª T. (Info 845)*

▸ ***Princípio da precaução e campo eletromagnético***

No atual estágio do conhecimento científico, que indica ser incerta a existência de efeitos nocivos da exposição ocupacional e da população em geral a campos elétricos, magnéticos e eletromagnéticos gerados por sistemas de energia elétrica, não existem impedimentos, por ora, a que sejam adotados os parâmetros propostos pela Organização Mundial de Saúde (OMS), conforme estabelece a Lei 11.934/2009. *RE 627189/SP, Repercussão geral – mérito, Rel. Min. Dias Toffoli, 8.6.2016. Pleno. (Info 829)*

✦ STJ

▸ *Danos materiais ocasionados por construção de hidrelétrica.*

O pescador profissional artesanal que exerça a sua atividade em rio que sofreu alteração da fauna aquática após a regular instalação de hidrelétrica (ato lícito) tem direito de ser indenizado, pela concessionária de serviço público responsável, em razão dos prejuízos materiais decorrentes da diminuição ou desaparecimento de peixes de espécies comercialmente lucrativas paralelamente ao surgimento de outros de espécies de menor valor de mercado, circunstância a impor a captura de maior volume de pescado para a manutenção de sua renda próxima à auferida antes da modificação da ictiofauna. *REsp 1.371.834-PR, Rel. Min. Maria Isabel Gallotti, DJe 14.12.2015. 4ª T. (Info 574)*

▸ *Inocorrência de danos morais em caso de construção de hidrelétrica.*

O pescador profissional artesanal que exerça a sua atividade em rio que sofreu alteração da fauna aquática após a regular instalação de hidrelétrica (ato lícito) – adotadas todas as providências mitigatórias de impacto ambiental para a realização da obra, bem como realizado EIA/RIMA – não tem direito a ser compensado por alegados danos morais decorrentes da diminuição ou desaparecimento de peixes de espécies comercialmente lucrativas paralelamente ao surgimento de outros de espécies de menor valor de mercado, circunstância que, embora não tenha ocasionado a suspensão da pesca, imporia a captura de maior volume de pescado para manutenção de sua renda próxima à auferida antes da modificação da ictiofauna. *REsp 1.371.834-PR, Rel. Min. Maria Isabel Gallotti, DJe 14.12.2015. 4ª T. (Info 574)*

Direito Agrário

Rafael Costa Freiria e Taisa Cintra Dosso

✦ QUESTÕES

1. TEORIA GERAL DO DIREITO AGRÁRIO: DEFINIÇÃO, HISTÓRICO E PRINCÍPIOS DE DIREITO AGRÁRIO

01. (Cespe – Procurador do Estado – BA/2014) No que se refere aos princípios do direito agrário e da formação histórica do domínio público e privado no Brasil, julgue os itens a seguir.

01.1. A Lei nº 601/1850, conhecida como Lei de Terras, foi editada para que se combatesse a situação fundiária caótica existente à época e se permitisse o ordenamento do espaço territorial brasileiro.

COMENTÁRIOS

Certo. Em 1822, concomitantemente com a independência, há no Brasil a revogação do regime das sesmarias. O regime jurídico subsequente de ocupação e uso do território por meio da garantia da propriedade, só veio a ser criado em 1850, em 18 de setembro, quando foi promulgada a Lei 601, que ficou conhecida com "Lei de Terras". A instituição da Lei de Terras foi uma espécie de marco inicial da transição do regime territorial escravista, da economia açucareira das plantagens ao surgimento da economia do café e sua consequente substituição por um regime territorial baseado no trabalho do colonato. Em síntese, a "Lei de Terras" estabelece regras de direito voltadas para demarcação e, mais uma vez, ocupação do território, agora assegurando mecanismos garantidores do direito de propriedade ao particular. A Lei de Terras evidencia o propósito do direito brasileiro à época, de assegurar as terras como propriedades privadas ou públicas, combatendo a situação fundiária caótica existente à época, para que, a partir da definição de um regime jurídico, pudessem ser tratadas como mercadorias.

01.2. Consoante o princípio de acesso e distribuição da terra ao cultivador direto e pessoal, deve-se oferecer a possibilidade de acesso à terra a quem não tenha condições de tê-la a título oneroso

COMENTÁRIOS

Certo. O princípio, constante na correta assertiva, direciona a importância da prevalência do efetivo labor sobre a terra, bem como fundamenta o instituto da Reforma Agrária, como sendo o conjunto de medidas que visam a promover melhor distribuição da terra, mediante modificações no regime de sua posse e uso, a fim de atender aos princípios de justiça social e ao aumento de produtividade (artigo 16 do Estatuto da Terra (Lei nº 4.504/64)).

02. (Cespe – Delegado de Polícia – BA/2013) No tocante ao direito agrário, julgue os seguintes itens.

Direito agrário designa o conjunto de princípios e normas que disciplinam as relações jurídicas, econômicas e sociais surgidas das atividades agrárias, bem como as empresas, a estrutura e a política agrárias, com o objetivo de alcançar a justiça social agrária e o cumprimento da função social da terra.

COMENTÁRIOS

Certo. A afirmação apresenta os elementos essenciais para o conceito de Direito Agrário, como um conjunto de princípios e de normas (o Direito Agrário possui princípios e normas próprias) que visam a disciplinar as relações jurídicas emergentes da atividade agrária (conteúdo essencial do direito agrário: exploração extrativa agrícola, pecuária ou agroindustrial), com base na função social da propriedade, na proteção dos recursos naturais, no aumento da produtividade agrária e na justiça social.

03. (Cespe – Procurador Federal/2013) A respeito de conceitos e princípios aplicados ao direito agrário, julgue os itens subsequentes.

03.1. O direito agrário caracteriza-se pela imperatividade de suas regras, com forte intervenção do Estado nas relações agrárias, e pelo caráter social dessas regras, com nítida proteção jurídica e social ao trabalhador, o que as diferencia das normas do direito civil, que buscam manter o equilíbrio entre as partes e o predomínio da autonomia de vontades.

COMENTÁRIOS

Certo. A afirmativa está correta. Apresenta um dos objetivos essenciais para o Direito Agrário, no caso a prevalência de normas de ordem pública no sentido de garantir a justiça social, especialmente no sentido de proteção ao trabalhador rural. O enunciado, da mesma forma, vai ao encontro do conceito de contratos agrários como sendo: "acordo de vontades que permite o uso temporário da terra alheia por agricultores e pecuaristas, subordinados às cláusulas obrigatórias e ao dirigismo estatal, com a prevalência das normas de ordem pública (COELHO, José Fernando Lutz. *Contratos agrários:* uma visão neo-agrarista. Curitiba: Juruá, 2011, p. 66-67).

03.2. São princípios do direito agrário a utilização da terra sobreposta à titulação dominial, a garantia da propriedade da terra condicionada ao cumprimento da função social, a primazia do interesse coletivo sobre o interesse individual, o combate ao latifúndio, ao minifúndio, ao êxodo rural, à exploração predatória e aos mercenários da terra.

COMENTÁRIOS

Certo. Todos são princípios da disciplina jurídica agrária, portanto, constituem fundamentos estruturantes do Direito Agrário. O primeiro, utilização da terra sobreposta à titulação dominial, traz como diretriz que a utilização contínua, efetiva, sem oposição, com cumprimento da função social da terra, por determinado lapso de tempo (critério material – definido pela legislação) se sobrepõe sobre a titulação dominial (critério formal – nome do proprietário no registro do imóvel rural). Direciona a importância da prevalência do efetivo labor sobre a terra, servindo para combater o êxodo rural e ao mesmo tempo os mercenários da terra; Os segundos, cumprimento da função social, a primazia do interesse coletivo sobre o interesse individual, direciona que uma propriedade rural que atende sua função social é uma propriedade sustentável, pois há equilíbrio entre o exercício e o respeito de suas dimensões econômica, social e ambiental, sendo isenta da ameaça de desapropriação por interesse social; O combate ao latifúndio e ao minifúndio, também é função estruturante do Direito Agrário, especialmente o latifúndio por produção, que ocorre quando a propriedade rural, independentemente de sua dimensão, não cumpre a função social, e o minifúndio, imóvel rural de área e possibilidades inferiores às da propriedade familiar, no caso, com área inferior àquela que possibilita o cumprimento da função social.

03.3. O princípio da função social da propriedade, aplicado ao direito agrário, atribui ao proprietário o direito de usar, gozar e dispor da coisa como melhor lhe aprouver.

COMENTÁRIOS

Errado. Está incorreto o enunciado, pois o cumprimento da função social traz condicionamentos econômicos, sociais e ambientais ao uso gozo e disposição do imóvel rural. E essa interferência na autonomia da vontade e disposição relacionados com o direito de propriedade rural, possui fundamento constitucional no Art. 186, da Constituição Federal de 1988: "A função social é cumprida quando a propriedade rural atende, simultaneamente, segundo critérios e graus de exigência estabelecidos em lei, aos seguintes requisitos: I – aproveitamento racional e adequado; II – utilização adequada dos recursos naturais disponíveis e preservação do meio ambiente; III – observância das disposições que regulam as relações de trabalho; IV – exploração que favoreça o bem-estar dos proprietários e dos trabalhadores.

04. (Cespe – Delegado de Polícia – BA/2013) No tocante ao direito agrário, julgue os seguintes itens.

Considere que um terreno dividido por uma estrada cumpra sua função social, sendo destinado a atividades agropecuárias. Nessa situação hipotética, em decorrência dessa divisão, o prédio rústico não é caracterizado como imóvel rural.

COMENTÁRIOS

Errado. Está incorreto, pois segundo o Estatuto da Terra, art. 4ª, I (Lei Federal nº 4.504/64), constitui imóvel rural "prédio rústico, de área contínua, qualquer que seja a sua localização, que se destine a exploração extrativa agrícola, pecuária ou agroindustrial, quer através de planos públicos de valorização, quer através da iniciativa privada." Portanto, independentemente do terreno ser dividido por uma estrada, se exerce atividade agropecuária, trata-se de imóvel rural.

05. (Cespe – Defensor Público – TO/2013) No que tange aos requisitos necessários para que a propriedade rural cumpra a sua função social, assinale a opção correta.

a) O proprietário rural deve residir no imóvel.

b) A propriedade rural não pode ter área superior a cinco mil hectares.

c) Não é necessário que se observem as disposições que regulam as relações de trabalho, desde que se respeitem os contratos de arrendamento e parcerias rurais.

d) A propriedade rural não pode ser objeto de contrato de arrendamento.

e) A propriedade rural deve ser aproveitada de forma racional e adequada.

COMENTÁRIOS

✪ **Nota do autor:** Trata-se de questão envolvendo o fundamental tema da função social da propriedade rural

Alternativa correta: "e". Consiste na característica do cumprimento da dimensão econômica da função social da propriedade rural. Exigência literal do art. 186, inciso I, da Constituição Federal de 1988: "A função social é cumprida quando a propriedade rural atende, simultaneamente, segundo critérios e graus de exigência estabelecidos em lei, aos seguintes requisitos: I – aproveitamento racional e adequado."

Alternativa "a". Está incorreta, pois residir no imóvel não se trata de condicionante legal para o cumprimento da função social do imóvel rural. Tais condicionantes são encontrados na leitura conjunta dos arts. 186, da Constituição Federal de 1988 e Art. 9° da Lei Federal nº 8.629/1993.

Alternativa "b". Está incorreta, porque não há um limite em termos de dimensão territorial para que se considere se uma propriedade cumpre ou não sua função social. Uma área superior a cinco mil hectares cumpre sua função social quando é produtiva e atende as obrigações sociais e ambientais previstas pela legislação.

Alternativa "c". Está incorreta. O cumprimento das disposições que regulam as relações de trabalho é condicionante legal imprescindível para o cumprimento da função social pela propriedade rural (Exigência literal do art. 186, inciso III, da Constituição Federal de 1988).

Alternativa "d". Está incorreta. No caso somente a propriedade rural pode ser objeto de arrendamento. E os contratos de arrendamento, típicos de Direito Agrário, devem necessariamente, cumprir a função social da propriedade nas suas cláusulas. É o que prevê o art. 13, do Decreto Federal no 59.566/1966, "nos contratos agrários, qualquer que seja a sua forma, contarão obrigatoriamente, clausulas que assegurem a conservação dos recursos naturais e a proteção social e econômica dos arrendatários e dos parceiros-outorgados".

2. IMÓVEL RURAL, CLASSIFICAÇÃO, PRODUTIVIDADE E AQUISIÇÃO POR ESTRANGEIROS

06. (Cespe – Delegado de Polícia – BA/2013) No tocante ao direito agrário, julgue os seguintes itens.

Considere que João explore, econômica e racionalmente, sua propriedade, por meio da plantação de produtos vegetais em parte de suas terras, sendo a outra parte destinada à recuperação de pastagens, com a utilização de 80% da terra e grau de eficiência na exploração superior a 100%. Considere, ainda, que, devido a uma enchente em sua propriedade, João tenha deixado de apresentar, nesse ano, os graus de produtividade na exploração da terra exigidos para a espécie. Nessa situação hipotética, as terras de João poderão ser objeto de desapropriação para fins de reforma agrária.

COMENTÁRIOS

Errado. Está incorreto, pois a situação apresenta caso de força maior (enchente na propriedade rural), situação excepcional que não afeta configura propriedade improdutiva a ensejar desapropriação para fins de reforma agrária. Tal regime de exceção encontra fundamento no Art. 6º, § 7º da Lei Federal nº 8.629/1993, que estabelece que não perderá a qualificação de propriedade produtiva o imóvel que, por razões de força maior, caso fortuito ou de renovação de pastagens tecnicamente conduzida, devidamente comprovados pelo órgão competente, deixar de apresentar, no ano respectivo, os graus de eficiência na exploração, exigidos para a espécie.

07. (Cespe – Defensor Público – TO/2013) Assinale a opção correta em relação ao imóvel rural.

a) O imóvel rural de área compreendida entre um e quinze módulos fiscais é considerado pequena propriedade.

b) A pequena propriedade rural bem como a média, legalmente consideradas, desde que seu proprietário não possua outra, são insuscetíveis de desapropriação para fins de reforma agrária.

c) O imóvel rural considerado legalmente como pequena propriedade rural pode ser objeto de penhora para pagamento de débitos decorrentes de sua atividade produtiva.

d) As operações de transferência de imóvel rural objeto de desapropriação para fins de reforma agrária não são isentas de impostos federais, estaduais e municipais.

e) São suscetíveis de desapropriação para fins de reforma agrária os imóveis rurais legalmente considerados como pequena e média propriedade rural.

COMENTÁRIOS

✪ **Nota do autor:** Trata-se de questão envolvendo o regime jurídico do imóvel rural e de sua classificação.

Alternativa correta: "b". Consiste no tratamento diferenciado dispensado à pequena e média propriedade rural pelo ordenamento jurídico de Direito Agrário, no caso, conferindo imunidade à ameaça de desapropriação para fins de reforma agrária. Garantia que encontra fundamento constitucional no Art. 185 da Constituição Federal de 1988: São insuscetíveis de desapropriação para fins de reforma agrária: I – a pequena e média propriedade rural, assim definida em lei, desde que seu proprietário não possua outra;

Alternativa "a". Está incorreta, pois segundo o Art. 4º, II, alínea "a", da Lei Federal nº 8.629/93, é considerada pequena propriedade rural a área compreendida somente compreendida com dimensão entre 1 (um) e 4 (quatro) módulos fiscais. A área superior a 4 (quatro) e com até 15 (quinze) módulos fiscais é considerada média propriedade rural (Art. 4º, III, da Lei Federal nº 8.629/93)

Alternativa "c". Está incorreta. Trata-se de garantia fundamental, prevista no art. 5º, inciso XXVI, da Constituição Federal de 1988, que a pequena propriedade rural, assim definida em lei, desde que trabalhada pela família, não será objeto de penhora para pagamento de débitos decorrentes de sua atividade produtiva, dispondo a lei sobre os meios de financiar o seu desenvolvimento.

Alternativa "d". Está incorreta, pois a Lei Federal 8629/1993, garante exatamente o contrário, ou seja, isenção de impostos nas operações de transferência de imóveis desapropriados para fins de reforma agrária. É o que prevê seu Art. 26: São isentas de impostos federais, estaduais e municipais, inclusive do Distrito Federal, as operações de transferência de imóveis desapropriados para fins de reforma agrária, bem como a transferência ao beneficiário do programa.

---

08. (Cespe – Defensor Público – TO/2013) Em relação à propriedade rural produtiva, assinale a opção correta.

a) Para que a propriedade rural seja considerada produtiva, o grau de utilização da terra deverá ser igual ou superior a 60%, percentual calculado pela relação entre a área efetivamente utilizada e a área aproveitável total do imóvel.

b) As áreas de exploração florestal nativas, de acordo com o plano de exploração estabelecido conforme as condições legais, não são consideradas efetivamente utilizadas.

c) Para que a propriedade rural seja considerada produtiva, o grau de eficiência na exploração da terra deve ser igual ou superior a 80%.

d) Para ser considerada produtiva, a propriedade rural deve atingir, simultaneamente, graus de utilização da terra e de eficiência na exploração.

e) As áreas plantadas com produtos vegetais não são consideradas efetivamente utilizadas para fins de avaliação da propriedade rural produtiva.

COMENTÁRIOS

✪ **Nota do autor:** Trata-se de questão envolvendo o regime jurídico da propriedade rural produtiva.

Alternativa correta: "d". Esta alternativa apresenta exatamente os critérios legais previstos pelo Art. 6º da Lei Federal nº 8.629/1993, para definição da propriedade produtiva, quais sejam: os indicadores de graus de utilização da terra e de eficiência na exploração.

Alternativa "a". Está incorreta, pois para que a propriedade rural seja considerada produtiva, o grau de utilização da terra deverá ser igual ou superior a 80% (§ 1º, Art. 6º da Lei Federal nº 8.629/1993) e não 60%. A afirmação seguinte procede, no sentido que este percentual deve ser calculado pela relação entre a área efetivamente utilizada e a área aproveitável total do imóvel.

Alternativa "b". Está incorreta, pois as áreas de exploração florestal nativas são consideradas efetivamente utilizadas, para fins de caracterização da propriedade produtiva. Essa é a previsão contida no Art. 6º, § 3º, da Lei Federal nº 8.629/1993, que considera efetivamente utilizadas: "as áreas de exploração extrativa vegetal ou florestal, observados os índices de rendimento estabelecidos pelo órgão competente do Poder Executivo, para cada Microrregião Homogênea, e a legislação ambiental."

Alternativa "c". Está incorreta, porque para que a propriedade rural seja considerada produtiva, o grau de eficiência na exploração da terra deve ser igual ou superior a 100% (§ 2º, Art. 6º da Lei Federal nº 8.629/1993) e não a 80%, como mencionado (este é o percentual mínimo de utilização da terra).

Alternativa "e". Está incorreta, pois, em verdade, as áreas plantadas com produtos vegetais são sim consideradas efetivamente utilizadas para fins de avaliação da propriedade rural produtiva. É o que dispõe o (inciso I, § 2º, Art. 6º da Lei Federal nº 8.629/1993), o grau de eficiência na exploração da terra deverá ser igual ou superior a 100% (cem por cento), e será obtido de acordo com a seguinte sistemática: I – para os produtos vegetais, divide-se a quantidade colhida de cada produto pelos respectivos índices de rendimento estabelecidos pelo órgão competente do Poder Executivo, para cada Microrregião Homogênea.

---

09. (Cespe – Procurador do Estado – BA/2014) Com relação à aquisição de imóveis rurais por pessoas físicas ou jurídicas estrangeiras, julgue os itens seguintes.

A aquisição de imóvel rural por pessoas físicas ou jurídicas estrangeiras sem a observância dos requisitos legais enseja nulidade relativa do ato praticado.

COMENTÁRIOS

Errado. Está incorreto, porque não se trata de nulidade relativa a aquisição de imóvel por pessoas físicas ou jurídicas estrangeiras sem a observância dos requisitos legais, mas sim absoluta. É o que prevê a Lei Federal nº 5.709/71, no seu Art. 15: "A aquisição de imóvel rural, que viole as prescrições desta Lei, é nula de pleno direito. O tabelião que lavrar a escritura e o oficial de registro que a transcrever responderão civilmente pelos danos que causarem aos contratantes, sem prejuízo da responsabilidade criminal por prevaricação ou falsidade ideológica. O alienante está obrigado a restituir ao adquirente o preço do imóvel".

09.1. Com o propósito de defender o território nacional, o legislador constituinte fez constar expressamente na CF vedação à aquisição de imóveis rurais por pessoas físicas ou jurídicas estrangeiras em áreas situadas em faixa de fronteira.

COMENTÁRIOS

Errado. O art. 190 da Constituição Federal de 1988 estabelece que a lei regulará e limitará a aquisição ou o arrendamento de propriedade rural por pessoa física ou jurídica estrangeira e estabelecerá os casos que dependerão de autorização do Congresso Nacional. Portanto, não consta expressamente na CF vedação à aquisição de imóveis rurais por pessoas físicas ou jurídicas estrangeiras em áreas situadas em faixa de fronteira. Além disso, a Lei Federal nº 5.709/71, que regulamenta referido dispositivo constitucional, no seu art. 11, parágrafo único que trimestralmente, os Cartórios de Registros de Imóveis remeterão, sob pena de perda do cargo, à Corregedoria da Justiça dos Estados a que estiverem subordinados e ao Ministério da Agricultura, relação das aquisições de áreas rurais por pessoas estrangeiras e quando se tratar de imóvel situado em área indispensável à segurança nacional (como são as faixas de fronteira), a relação mencionada neste artigo deverá ser remetida também à Secretaria-Geral do Conselho de Segurança Nacional.

09.2. A soma das áreas dos imóveis rurais pertencentes a pessoas físicas ou jurídicas estrangeiras não poderá ultrapassar um quarto da superfície dos municípios em que se situem.

COMENTÁRIOS

Certo. Está correto, pois a afirmação está baseada na regulamentação específica para compra de áreas rurais por pessoas, físicas ou jurídicas, estrangeiras. No caso a Lei Federal nº 5.709/71, no seu Art. 12, que determina que "a soma das áreas rurais pertencentes a pessoas estrangeiras, físicas ou jurídicas, não poderá ultrapassar a um quarto da superfície dos Municípios onde se situem, comprovada por certidão do Registro de Imóveis".

3. TERRAS INDÍGENAS E COMUNIDADES QUILOMBOLAS

10. (Cespe – Procurador do Estado – BA/2014) No que concerne às terras indígenas, julgue os itens a seguir.

10.1. São nulos e extintos, não produzindo efeitos jurídicos, os atos que objetivem a ocupação, o domínio e a posse de terras indígenas, ou a exploração das riquezas naturais do solo, dos rios e dos lagos nelas existentes, ressalvado relevante interesse público da União, segundo o que dispuser lei complementar, não gerando a nulidade e a extinção direito a indenização ou a ações contra a União, salvo, na forma da lei, quanto às benfeitorias derivadas da ocupação de boa-fé.

COMENTÁRIOS

Certo. Está correto, uma vez que reflete garantia jurídica decorrente do regime jurídico do indigenato, presente no § 6º, do art. 231, da CF/88, e serão sempre considerados nulos e extintos, não produzindo efeitos jurídicos, os atos que tenham por objeto a ocupação, o domínio e a posse das terras a que se refere este artigo, ou a exploração das riquezas naturais do solo, dos rios e dos lagos nelas existentes, ressalvado relevante interesse público da União, não gerando a nulidade e a extinção direito a indenização ou ações contra a União, salvo, quanto às benfeitorias derivadas da ocupação de boa-fé.

10.2. A CF assegura expressamente aos estados-membros a propriedade das terras indígenas não situadas em área de domínio da União.

COMENTÁRIOS

Errado. Está incorreta, porque uma vez configuradas como áreas tradicionalmente ocupadas e destinadas a sua posse permanente, os índios têm usufruto exclusivo das riquezas do solo, dos rios e dos lagos nelas existentes (§ 2º, do art. 231 da CF). Apesar de serem de usufruto indígena, as áreas tradicionalmente ocupadas pelos índios são sempre bens públicos da União (e não de estados-membros, independentemente da localização da área), conforme art. 20, XI, da Constituição, são bens da União: as terras tradicionalmente ocupadas pelos índios.

10.3. Pelo instituto jurídico do indigenato, título congênito conferido ao índio, o ordenamento jurídico brasileiro reconhece o direito dos índios de terem a sua organização social, costumes, línguas, crenças e tradições, bem como os direitos originários sobre as terras que tradicionalmente ocupam, competindo à União demarcá-las bem como proteger e fazer respeitar todos os seus bens.

COMENTÁRIOS

Certo. A própria Constituição de 1988, no parágrafo § 1º, do art. 231, conceitua, da forma como colocado na assertiva, o que sejam áreas tradicionalmente ocupadas pelos índios: terras tradicionalmente ocupadas pelos índios as por eles habitadas em caráter permanente, as utilizadas para suas atividades produtivas, as imprescindíveis à preservação dos recursos ambientais necessários a seu bem-estar e as necessárias a sua reprodução física e cultural, segundo seus usos, costumes e tradições. Portanto, para haver o enquadramento constitucional como áreas tradicionalmente ocupadas pelos índios, 4 (quatro) condições devem ocorrer de maneira concomitante. As áreas devem ser: Habitadas pelos índios em caráter permanente; Utilizadas para suas atividades produtivas; Imprescindíveis para a preservação dos recursos ambientais necessários ao bem-estar dos índios; Necessárias para reprodução física e cultural, segundo os seus usos, costumes e tradições.

---

11. (Cespe – Procurador Federal/2013) Julgue os itens seguintes, a respeito da demarcação e titulação de terras ocupadas por remanescentes das comunidades dos quilombos.

11.1. São considerados remanescentes das comunidades dos quilombos os grupos étnico-raciais que, além de assim se autodefinirem no âmbito da própria comunidade, contem com trajetória histórica própria, relações territoriais específicas e presunção de ancestralidade negra relacionada com a resistência à opressão histórica sofrida.

COMENTÁRIOS

Certo. Consiste na própria definição jurídica de Comunidades Quilombolas, que projeta regime jurídico especial de proteção sobre o território que vier a ser reconhecido a essas comunidades. Esta definição é encontrada no art. 2º, do Decreto Federal nº 4.887/2003: Consideram-se remanescentes das comunidades dos quilombos, os grupos étnico-raciais, segundo critérios de auto-atribuição, com trajetória histórica própria, dotados de relações territoriais específicas, com presunção de ancestralidade negra relacionada com a resistência à opressão histórica sofrida.

11.2. É da competência exclusiva da União, por meio do Instituto Nacional de Colonização e Reforma Agrária, identificar, reconhecer, delimitar, demarcar e titular as terras ocupadas por remanescentes das comunidades dos quilombos.

COMENTÁRIOS

Errada. Está incorreta, pois não se trata de competência exclusiva da União identificar, reconhecer, delimitar, demarcar e titular as terras ocupadas por remanescentes das comunidades dos quilombos. Essa competência é concorrente com os Estados, do Distrito Federal e dos Municípios. Este critério legal de competência para reconhecimento de terras quilombolas, está previsto na parte final do Art. 3º, Decreto Federal nº 4.887/2003, que estabelece competir ao Ministério do Desenvolvimento Agrário, por meio do Instituto Nacional de Colonização e Reforma Agrária – INCRA, a identificação, reconhecimento, delimitação, demarcação e titulação das terras ocupadas pelos remanescentes das comunidades dos quilombos, sem prejuízo da competência concorrente dos Estados, do Distrito Federal e dos Municípios.

4. REGISTRO E HIPOTECA DE IMÓVEL RURAL

---

12. (Cespe – Procurador do Estado – BA/2014) A respeito da matrícula e do registro de imóveis rurais, julgue os próximos itens.

12.1. Em se tratando de ações judiciais que envolvam a transferência de terras públicas rurais, o prazo para o ajuizamento de ação rescisória é de oito anos, contado do trânsito em julgado da decisão.

COMENTÁRIOS

✪ **Nota do autor:** A questão envolve matéria abordada em lei específica, no caso, Lei nº 6.739/1979, que dispõe sobre a matrícula e registro de imóveis rurais.

Certo. A Lei nº 6.739/1979, que dispõe sobre a matrícula e registro de imóveis rurais, determina em seu artigo 8º C que "é de oito anos, contados do trânsito em julgado da decisão, o prazo para ajuizamento de ação rescisória relativa a processos que digam respeito a transferência de terras públicas rurais".

12.2. Segundo a jurisprudência do STF, o registro paroquial confere direito de propriedade ao possuidor.

COMENTÁRIOS

Errado. Nesse sentido é a jurisprudência do STJ: "(...). Não há direito de propriedade decorrente do Registro Paroquial. Com efeito, nos termos do art. 94 do Decreto nº 1.318, de 30 de janeiro de 1854, as declarações dos possuidores ou sesmeiros feitas ao Pároco não lhes conferiam nenhum direito. Por outro lado, sendo vedado ao possuidor ou sesmeiro hipotecar ou alienar o terreno antes de tirar título passado na respectiva Representação Provincial, infere-se que o direito de propriedade das glebas somente se aperfeiçoava com o registro do dito título, sendo irrelevante o cadastro realizado perante o Vigário Paroquial. 7. Recurso especial não conhecido".(REsp 389372 / SC, 4ª Turma, Rel. Ministro Luis Felipe, julgamento: 04/06/2009). No mesmo sentido, é a jurisprudência do STF: "Recurso Extraordinário. Ação discriminatória. Registro Paroquial não induz propriedade. É meio probante de fato da posse. (...)" **(Recurso Extraordinário nº 79828 / GO,** 1ª Turma, **Relator Min. Néri da Silveira, julgamento 08/06/1990).**

12.3. Suponha que uma matrícula relativa a imóvel rural tenha sido aberta por oficial de registro com base em título nulo de pleno direito. Nesse caso, somente é possível cancelar a referida matrícula mediante ação judicial.

COMENTÁRIOS

Errado. O artigo 1º, da Lei nº 6.739/1979, permite cancelar a referida matrícula mediante requerimento de pessoa jurídica de direito público ao Corregedor-Geral de Justiça, o que faz nos seguintes termos: "A requerimento de pessoa jurídica de direito público ao Corregedor-Geral da Justiça, são declarados inexistentes e cancelados a matrícula e o registro de imóvel rural vinculado a título nulo de pleno direito, ou feitos em desacordo com o art. 221 e seguintes da Lei nº 6.015, de 31 de dezembro de 1973, alterada pela Lei nº 6.216, de 30 de junho de 1975". Assim, não é possível cancelar a referida matrícula somente mediante ação judicial, mas também mediante o requerimento acima indicado.

12.4. Os títulos de posse ou quaisquer documentos de ocupação legitimamente outorgados por órgãos de terras de estado – membro são válidos e continuarão a produzir os efeitos atribuídos pela legislação vigente à época de suas expedições, configurando-se situação jurídica consolidada.

COMENTÁRIOS

Certo. O enunciado reproduz o artigo 7º, da Lei nº 6.739/1979, segundo o qual "os títulos de posse ou quaisquer documentos de ocupação, legitimamente outorgados por órgão do Poder Público Estadual, continuarão a produzir os efeitos atribuídos pela legislação vigente à época de suas expedições e configuram situação jurídica constituída, nos termos do art. 5º, alínea b do Decreto-lei nº 1.164, de 1º de abril de 1971".

13. (Cespe – Delegado de Polícia – BA/2013) No tocante ao direito agrário, julgue os seguintes itens.

Caso o imóvel rural seja hipotecado, o registro Torrens, procedimento especial de registro de imóvel rural que visa garantir sua titularidade, somente será possível com a anuência expressa do credor hipotecário ou da pessoa em favor de quem se tenha instituído o ônus.

COMENTÁRIOS

Certo. Nos termos do artigo 279 da Lei nº 6.015/1973, "o imóvel sujeito a hipoteca ou ônus real não será admitido a registro sem consentimento expresso do credor hipotecário ou da pessoa em favor de quem se tenha instituído o ônus".

5. USUCAPIÃO CONSTITUCIONAL AGRÁRIO

14. (Cespe – Procurador do Estado – BA/2014) Julgue os itens a seguir, relativos à usucapião agrária.

14.1. A usucapião especial rural poderá ocorrer nas áreas de interesse ecológico, desde que preenchidos os requisitos legais previstos.

COMENTÁRIOS

Errado. De acordo com o artigo 3º, da Lei nº 6.969/1981, que dispõe sobre a aquisição, por usucapião especial, de imóvel rural, "a usucapião especial não ocorrerá nas áreas indispensáveis à segurança nacional, nas terras habitadas por silvícolas, nem nas áreas de interesse ecológico, consideradas como tais as reservas biológicas ou florestais e os parques nacionais, estaduais ou municipais, assim declarados pelo Poder Executivo, assegurada aos atuais ocupantes a preferência para assentamento em outras regiões, pelo órgão competente". Desse modo, a usucapião especial rural não poderá ocorrer nas áreas de interesse ecológico, ainda que preenchidos os requisitos legais previstos.

14.2. Segundo a jurisprudência do STJ, em ação de usucapião movida por particular em face de estado-membro, cabe a este a prova de que o imóvel usucapiendo é bem dominical insuscetível de ser usucapido.

COMENTÁRIOS

✪ **Nota do autor:** A questão aborda uma discussão frequente quando se trata de usucapião de terras devolutas.

Certo. Nesse sentido: "CIVIL. USUCAPIÃO. ALEGAÇÃO, PELO ESTADO, DE QUE O IMÓVEL CONSTITUI TERRA DEVOLUTA. A ausência de transcrição no Ofício Imobiliário não induz a presunção de que o imóvel se inclui no rol das terras devolutas; o Estado deve provar essa alegação. Precedentes do Supremo Tribunal Federal e do Superior Tribunal de Justiça. Recurso especial não conhecido" (REsp 113.255/MT, Rel. Ministro Ari Pargendler, 3ª Turma, julgado em 10/04/2000). Desse modo, segundo a jurisprudência do **STJ, a inexistência de registro imobiliário do bem objeto da ação de usucapião não induz presunção de que o imóvel seja público (por exemplo, terra devoluta), cabendo ao**

Estado provar a titularidade do terreno como óbice ao reconhecimento da prescrição aquisitiva.

15. (Cespe – Delegado de Polícia – BA/2013) No tocante ao direito agrário, julgue os seguintes itens.

Para a configuração da propriedade nos termos da usucapião rural prevista na CF, exige-se que o possuidor seja pessoa física sem titularidade de outra propriedade, que exerça, pessoalmente ou por meio de terceiros contratados, atividade agrária diuturna sobre a terra, com *animus domini*, em área de, no máximo, vinte e cinco hectares, sem oposição nem interrupção de, no mínimo, dez anos, tendo moradia efetiva na propriedade.

COMENTÁRIOS

✪ **Nota do autor:** A questão aborda os requisitos do usucapião constitucional agrário previstos no artigo 191 da Constituição Federal.

Errado. Disciplinando a usucapião especial rural, o artigo 191 da Constituição Federal determina que "aquele que, não sendo proprietário de imóvel rural ou urbano, possua como sua, por cinco anos ininterruptos, sem oposição, área de terra, em zona rural, não superior a cinquenta hectares, tornando-a produtiva por seu trabalho ou de sua família, tendo nela sua moradia, adquirir-lhe-á a propriedade". Portanto, para a configuração da propriedade nos termos da usucapião rural prevista na CF, exige-se que o possuidor seja pessoa física sem titularidade de outra propriedade, que exerça, pessoalmente ou **pelo trabalho de sua família** (e não por meio de terceiros contratados), atividade agrária diuturna sobre a terra, com *animus domini*, **em área não superior a cinquenta hectares** (e não em área de, no máximo, vinte e cinco hectares), sem oposição nem interrupção de, no mínimo, **cinco anos** (e não dez), tendo moradia efetiva na propriedade.

16. (Cespe – Defensor Público – TO/2013) Para a aquisição da propriedade imobiliária por intermédio da usucapião constitucional rural,

a) o usucapiente pode ser proprietário de imóvel rural ou urbano, desde que tenha a posse da área objeto da usucapião por cinco anos ininterruptos.

b) o usucapiente deve ter o *animus domini* bem como moradia na área objeto da usucapião.

c) a área objeto da usucapião deve estar cultivada, sem necessidade de *animus domini* do usucapiente.

d) o imóvel objeto da usucapião constitucional rural pode ser um imóvel público.

e) o usucapiente pode ser proprietário de imóvel rural, e a área objeto da usucapião não pode ser superior a cinquenta hectares.

COMENTÁRIOS

✪ **Nota do autor:** A questão envolve os requisitos do usucapião constitucional agrário previstos no artigo 191 da Constituição Federal.

Alternativa correta: "b" A posse no usucapião especial rural é a exercida com *animus domini*, em que não é necessário perquirir o foro íntimo do possuidor, mas sim provar a exteriorização da propriedade, o "possuir como sua", mediante o reconhecimento por terceiros, como vizinhos, por exemplo. Ainda, o artigo 191 da Constitucional Federal exige que o possuidor tenha moradia na área objeto do usucapião: "Aquele que, não sendo proprietário de imóvel rural ou urbano, possua como sua, por cinco anos ininterruptos, sem oposição, área de terra, em zona rural, não superior a cinquenta hectares, tornando-a produtiva por seu trabalho ou de sua família, tendo nela sua moradia, adquirir-lhe-á a propriedade".

Alternativa "a": Está incorreta. O artigo 191 acima citado determina que o possuidor não pode ser proprietário de imóvel rural ou urbano, não bastando, dentre outros requisitos, que tenha a posse da área objeto da usucapião por cinco anos ininterruptos.

Alternativa "c": Está incorreta. O artigo 191 acima citado determina que a área seja produtiva. Assim, além da moradia, o cultivo da terra constitui o outro pilar da usucapião constitucional rural, denotando sua íntima relação com a função social da propriedade. Ainda, é necessário o *animus domini* do usucapiente.

Alternativa "d": Está incorreta. Nos termos do parágrafo único do artigo 191 da Constituição Federal, "os imóveis públicos não serão adquiridos por usucapião".

Alternativa "e": Está incorreta. O artigo 191 acima citado determina que o possuidor não pode ser proprietário de imóvel rural ou urbano. Já quanto à área objeto da usucapião, esta não pode ser superior a cinquenta hectares.

17. (Cespe – Procurador Federal/2013) Acerca do processo de desapropriação para a reforma agrária, de títulos da dívida agrária e da usucapião especial rural, julgue os próximos itens.

Considere a seguinte situação hipotética.

Em agosto de 2013, Pedro e Maria, casados sob o regime de comunhão parcial de bens, propuseram ação de usucapião especial rural, demonstrando que possuem como seu, há pelo menos dez anos, de forma ininterrupta, o imóvel rural X, de cinquenta e cinco hectares, onde residem com os filhos e produzem com o seu trabalho. Em julho de 2013, João propôs demanda na justiça, em que contesta a posse do imóvel X por Pedro e Maria e atesta que tal imóvel integra herança deixada por seu avô paterno.

Nessa situação, a justiça deve indeferir a demanda de João e conceder a Pedro e Maria a propriedade do referido imóvel, bem como o direito de se manterem na posse do terreno rural, haja vista o cumprimento dos requisitos constitucionais.

COMENTÁRIOS

Errado. Nessa situação, independentemente de a justiça deferir ou não a demanda de João, o ajuizamento da ação em face de Pedro e Maria, em julho de 2013, contestando a posse do imóvel X, já caracteriza a oposição quando à posse dos usucapientes, que deixa de ser exercida de forma mansa e pacífica e, portanto, de ser justa, "sem oposição", como determina o artigo 191 da Constituição Federal. Ainda, a dimensão do imóvel objeto de litígio (cinquenta e cinco hectares) não atende ao requisito constitucional de área "não superior a cinquenta hectares", na redação do artigo acima citado. Portanto, a assertiva está errada, pois não pode ser concedida a propriedade do imóvel a Pedro e Maria, bem como o direito de se manterem na posse do terreno rural com base na usucapião, haja vista o não cumprimento de dois requisitos constitucionais: posse mansa e pacífica e área não superior a cinquenta hectares.

6. DESAPROPRIAÇÃO POR INTERESSE SOCIAL PARA FINS DE REFORMA AGRÁRIA

18. (Cespe – Defensor Público – TO/2013) Em relação à desapropriação de imóvel rural para fins de reforma agrária, assinale a opção correta.

a) Tratando-se de desapropriação parcial, o proprietário poderá requerer, na contestação, que a desapropriação atinja todo o imóvel quando a área remanescente ficar reduzida a superfície inferior à da média propriedade ou prejudicada substancialmente em suas condições de exploração econômica, caso seja o seu valor inferior ao da parte desapropriada.

b) Não é necessário que se instrua a petição inicial, no processo de desapropriação para fins de reforma agrária, com o texto do decreto declaratório de interesse social para fins de reforma agrária publicado no Diário Oficial da União.

c) No processo de desapropriação para fins de reforma agrária, a contestação deve ser oferecida no prazo de trinta dias.

d) O decreto que declarar o imóvel como de interesse social para fins de reforma agrária autoriza a União a propor a ação de desapropriação.

e) A ação de desapropriação deverá ser proposta no prazo de cinco anos, contado da publicação do decreto declaratório.

COMENTÁRIOS

✪ **Nota do autor:** A questão aborda alguns dispositivos da Lei Complementar nº 76/1993, que dispõe sobre o procedimento contraditório especial, de rito sumário, para o processo de desapropriação de imóvel rural, por interesse social, para fins de reforma agrária.

Alternativa correta: "d". Nos termos do artigo 184, § 2º, da CF, o qual dispõe sobre desapropriação por interesse social para fins de reforma agrária, "o decreto que declarar o imóvel como de interesse social, autoriza a União a propor a ação de desapropriação". **Alternativa "a": Está incorreta.** Dispõe o artigo 4º, da Lei Complementar nº 76/1993, que "intentada a desapropriação parcial, o proprietário poderá requerer, na contestação, a desapropriação de todo o imóvel, quando a área remanescente ficar: I – reduzida a superfície inferior à da pequena propriedade rural; ou II – prejudicada substancialmente em suas condições de exploração econômica, caso seja o seu valor inferior ao da parte desapropriada". Assim, com relação ao inciso I, a afirmação está errada, pois fala em **média** propriedade, quando o correto é "reduzida a superfície inferior à da **pequena** propriedade rural".

Alternativa "b": Está incorreta. É necessário que se instrua a petição inicial, no processo de desapropriação para fins de reforma agrária, com o texto do decreto declaratório de interesse social para fins de reforma agrária, publicado no Diário Oficial da União, conforme determina o artigo 5º, inciso I, da Lei Complementar nº 76/1993.

Alternativa "c": Está incorreta. No processo de desapropriação para fins de reforma agrária, a contestação deve ser oferecida **no prazo de quinze e não trinta dias**, conforme estatuído no artigo 9º da citada lei complementar, segundo o qual "a contestação deve ser oferecida no prazo de quinze dias e versar matéria de interesse da defesa, excluída a apreciação quanto ao interesse social declarado".

Alternativa "e": Está incorreta. A ação de desapropriação deverá ser proposta **no prazo de dois anos e não cinco**, contado da publicação do decreto declaratório, conforme preceitua o artigo 3º da Lei Complementar nº 76/1993, segundo o qual "a ação de desapropriação deverá ser proposta dentro do prazo de dois anos, contado da publicação do decreto declaratório".

19. (Cespe – Defensor Público – RR/2013) Com base nas normas referentes ao direito agrário, assinale a opção correta.

a) O valor da indenização referente à desapropriação de terra para fins de reforma agrária corresponderá à dimensão da área da propriedade devidamente registrada no cartório de registro de imóveis competente, em observância ao princípio da fé pública, que ampara os atos cartorários.

b) Compete à União desapropriar, por interesse social, para fins de reforma agrária, o imóvel rural que não esteja cumprindo sua função social, mediante prévia e justa indenização em dinheiro, de acordo com o valor apurado mediante perícia.

c) A função social é cumprida quando a propriedade rural atende simultaneamente, segundo critérios e graus de exigência estabelecidos em lei, o aproveitamento racional e adequado, a utilização adequada dos recursos naturais disponíveis, a preservação do meio ambiente, a observância das disposições que regulam as relações de trabalho e a exploração que favoreça o bem-estar dos proprietários e dos trabalhadores.

d) Aquele que, não sendo proprietário de imóvel rural ou urbano, possuir área, em zona rural, de terra pública ou privada – por cinco anos ininterruptos, sem oposição –, não superior a cinquenta hectares, tornando-a produtiva por seu trabalho ou o de sua família e nela fixando moradia, adquirir-lhe-á a propriedade.

e) O imóvel rural de domínio público ou particular objeto de esbulho possessório ou de invasão motivada por conflito agrário ou fundiário não será vistoriado, avaliado ou desapropriado nos dois anos seguintes à sua desocupação, ou no dobro desse prazo em caso de reincidência, exceto se a invasão for praticada por movimento social previamente reconhecido pelo governo federal.

COMENTÁRIOS

✪ **Nota do autor:** A questão abrange dispositivos constitucionais como o artigo 183, § 3º, 184 e 186 da Constituição Federal, bem como artigo da Lei nº 8.629/1993, que regulamenta os dispositivos constitucionais relativos à reforma agrária, além de entendimento jurisprudencial sobre o valor da indenização na desapropriação agrária.

Alternativa correta: "c". A afirmação **reproduz o artigo 186 da Constituição Federal**, que dispõe sobre a função social da propriedade rural, segundo o qual "a função social é cumprida quando a propriedade rural atende, simultaneamente, segundo critérios e graus de exigência estabelecidos em lei, aos seguintes requisitos: I – aproveitamento racional e adequado; II – utilização adequada dos recursos naturais disponíveis e preservação do meio ambiente; III – observância das disposições que regulam as relações de trabalho; IV – exploração que favoreça o bem-estar dos proprietários e dos trabalhadores".

Alternativa "a": Está incorreta. Conforme entendimento do **STJ** "em respeito ao princípio da **justa indenização**, os valores referentes à desapropriação para fins de reforma agrária devem corresponder à **exata dimensão da propriedade**, pois não faz sentido vincular-se, de forma indissociável, o valor da indenização à área registrada, visto que tal procedimento poderia acarretar, em certos casos, o enriquecimento sem causa de uma ou de outra parte caso a área constante do registro seja superior". (STJ, REsp 1.115.875-MT, Rel. Min. Mauro Campbell Marques, julgado em 7/12/2010) (Informativo nº 459).

Alternativa "b": Está incorreta. O artigo 184, que trata da desapropriação por interesse social para fins de reforma agrária, determina que a prévia e justa indenização será em **títulos da dívida agrária e não em dinheiro**. Nesse sentido: "Art. 184. Compete à União desapropriar por interesse social, para fins de reforma agrária, o imóvel rural que não esteja cumprindo sua função social, mediante prévia e justa indenização em títulos da dívida agrária, com cláusula de preservação do valor real, resgatáveis no prazo de até vinte anos, a partir do segundo ano de sua emissão, e cuja utilização será definida em lei".

Alternativa "d": Está incorreta. A assertiva se torna errada quando menciona a usucapião de terra pública, haja vista a vedação constitucional expressa no artigo 183, § 3º, da Constituição Federal, segundo o qual "os imóveis públicos não serão adquiridos por usucapião".

Alternativa "e": Está incorreta. Dispõe o artigo 2º, § 6º, da Lei nº 8.629/1993, que "o imóvel rural de domínio público ou particular objeto de esbulho possessório ou invasão motivada por conflito agrário ou fundiário de caráter coletivo não será vistoriado, avaliado ou desapropriado nos dois anos seguintes à sua desocupação, ou no dobro desse prazo, em caso de reincidência; e deverá ser apurada a responsabilidade civil e administrativa de quem concorra com qualquer ato omissivo ou comissivo que propicie o descumprimento dessas vedações".

Assim, não há a ressalva da lei quanto à não aplicação das sanções previstas no artigo acima citado "se a invasão for praticada por movimento social previamente reconhecido pelo governo federal".

---

20. (Cespe – Procurador Federal/2013) Acerca do processo de desapropriação para a reforma agrária, de títulos da dívida agrária e da usucapião especial rural, julgue os próximos itens.

Em caso de desapropriação de imóvel rural, por interesse social, para fins de reforma agrária, o expropriante, por ordem do juízo, estabelecida por sentença, deverá depositar o valor da indenização, em espécie, corrigido monetariamente, para as benfeitorias, sendo que, para a parcela correspondente à terra nua, esse valor deve ser depositado em títulos da dívida agrária.

COMENTÁRIOS

Errada. De acordo com o artigo 14 da Lei Complementar nº 76/1993, "o valor da indenização, estabelecido por sentença, deverá ser depositado pelo expropriante à ordem do juízo, em dinheiro, para as benfeitorias úteis e necessárias, inclusive culturas e pastagens artificiais e, em Títulos da Dívida Agrária, para a terra nua". Vale frisar que esse dispositivo teve sua execução parcialmente suspensa pela Resolução nº 19, de 2.007, do Senado Federal, em virtude do julgamento pelo Plenário do STF do RE 247.866/CE. Assim, o entendimento do STF quanto a essa questão é no sentido de que não é possível o pagamento de indenização estabelecida em sentença diretamente em dinheiro, mas apenas pelo regime de precatórios estabelecidos no artigo 100, da CF. Portanto, a assertiva está incorreta.

7. CONTRATOS AGRÁRIOS

21. (Cespe – Procurador Federal/2013) No que concerne aos contratos agrários, julgue o item a seguir.

Se, por hipótese, João tiver firmado acordo com José para que este, pelo período de dois anos, exerça atividade de exploração agrícola em parte de sua propriedade rural, considera-se que foi firmado entre eles um contrato agrário, cuja finalidade é a de regulamentar as relações de uso ou posse temporária do imóvel rural para a implementação de atividade agrícola ou pecuária.

COMENTÁRIOS

Errado. Os contratos agrários podem ser celebrados por prazo determinado ou indeterminado, observando-se os **prazos mínimos** previstos em lei. O Decreto nº 59.566/55, que regulamenta o Estatuto da Terra, em seu artigo 13, II, "a", estabelece **prazos mínimos variados segundo o tipo de atividade e o vulto do empreendimento** (**3** anos – exploração de lavoura temporária ou de pecuária de pequeno ou médio porte; **5** anos – exploração de lavoura permanente ou de pecuária de grande porte e; **7** anos – exploração florestal). Assim, a assertiva está incorreta, pois **não observa o prazo mínimo de 3 anos inerente aos contratos agrários**, mencionando prazo menor de 2 anos. Nesse sentido, é o entendimento do **STJ**: "ARRENDAMENTO RURAL. Prazo mínimo. O prazo mínimo para o arrendamento rural é de três anos. Art. 13, II, a, do Dec. nº 59.566/55. (...)" (STJ, REsp 195.177/PR, 4ª T., Rel. Min. Ruy Rosado de Aguiar Júnior, julgado em 3/2/2000).

Direito Agrário

Rafael Costa Freiria e
Taisa Cintra Dosso

✦ DICAS (RESUMO)

1. TEORIA GERAL DO DIREITO AGRÁRIO: DEFINIÇÃO, HISTÓRICO E PRINCÍPIOS DE DIREITO AGRÁRIO

1.1. DEFINIÇÃO

O direito agrário pode ser compreendido como o **conjunto de princípios e de normas, de direito público e de direito privado, que visam a disciplinar as relações jurídicas emergentes da atividade agrária, com base na função social da propriedade, na proteção dos recursos naturais, no aumento da produtividade agrária e na justiça social** [1].

Deve-se considerar como conteúdo essencial do direito agrário: **a atividade agrária**.

O Estatuto da Terra, em seu artigo 4º, I, extrai o conceito quando **define o imóvel rural, considerando atividade agrária a exploração extrativa agrícola, pecuária ou agroindustrial. O Código Civil fala em atividade rural apenas, viabilizando uma definição multifuncional**[2].

2. HISTÓRICO

Na sequência são apresentados os principais marcos históricos do Direito Agrário brasileiro:

Primeiro Marco Histórico	"Lei de Terras" (Lei Federal nº 601 de 1850)
Segundo Marco Histórico	Constituição Federal de 1934 institui o Usucapião pro-labore – constitucional rural (Lei Federal nº 6.969 de 1981 e art. 191 CF/88)
Terceiro Marco Histórico	A Constituição Federal de 1946 instituiu a Desapropriação por interesse social (Leis Complementares nº 76/93 e 88/96).
Quarto Marco Histórico	No ano de 1964, em 30 de novembro, é publicada a Lei nº 4.504, que dispõe sobre o Estatuto da Terra.
Quinto Marco Histórico	Constituição Federal de 1988 – capítulo específico para a Política Agrícola e Fundiária (artigos 184 a 191 – Lei Federal nº 8.629/1993) – normas de direitos fundamentais – direito de propriedade condicionado à função social (art. 5º, incisos XXII e XXIII da CF).

3. PRINCÍPIOS

Constituem os fundamentos estruturantes do Direito Agrário.

Para fins didáticos, na sequência, serão apontados os mais importantes princípios agrários, assim considerados pela doutrina, bem como a síntese de seus propósitos:

3.1 PRINCÍPIO DA FUNÇÃO SOCIAL DA PROPRIEDADE

Por meio da previsão legal de seu Art. 5º, inciso XXIII, a CF/88 brasileira passou a determinar que: **"A propriedade atenderá a sua função social".**

De forma mais específica, estabelece o Art. 186, inciso II, da CF de 1988, critérios para aferição do cumprimento da função social pelos usos da **propriedade rural:**

Art. 186. A função social é cumprida quando a propriedade rural atende, simultaneamente, segundo critérios e graus de exigência estabelecidos em lei, aos seguintes requisitos:
I – aproveitamento racional e adequado;
II – utilização adequada dos recursos naturais disponíveis e preservação do meio ambiente;
III. observância das disposições que regulam as relações de trabalho;
IV. exploração que favoreça o bem-estar dos proprietários e dos trabalhadores.

1 Neste sentido e mais sobre o assunto ver em SODERO, Fernando Pereira. Direito agrário e reforma agrária. São Paulo: Legislação Brasileira, 1968; e LIMA, Rafael Augusto de Mendonça. Direito agrário, reforma agrária e colonização. Rio de Janeiro: Francisco Alves, 1975.

2 TRENTINI, Flavia. *Teoria geral do direito agrário contemporâneo*. São Paulo: Atlas, 2012, p. 50.

Em termos das perspectivas infraconstitucionais, esses propósitos principiológicos da função social da propriedade já estavam presentes no Art. 2°, do Estatuto da Terra – Lei Federal 4.504/64, bem como direcionaram e foram incorporados e detalhados pela Lei Federal nº 8.629/1993, que regulamentou os dispositivos constitucionais sobre Reforma Agrária.

Inclusive os parágrafos do Art. 9° da Lei Federal nº 8.629/1993, detalham o conteúdo de cada vetor constitucional definidor da função social da propriedade:

I. aproveitamento racional e adequado	Considera-se racional e adequado o aproveitamento que atinja os graus de utilização da terra e de eficiência na exploração (§ 1º)
II. utilização adequada dos recursos naturais disponíveis	Considera-se adequada a utilização dos recursos naturais disponíveis quando a exploração se faz respeitando a vocação natural da terra, de modo a manter o potencial produtivo da propriedade. (§ 2º)
II. preservação do meio ambiente	Considera-se preservação do meio ambiente a manutenção das características próprias do meio natural e da qualidade dos recursos ambientais, na medida adequada à manutenção do equilíbrio ecológico da propriedade e da saúde e qualidade de vida das comunidades vizinhas. (§ 3º)
III. observância das disposições que regulam as relações de trabalho;	A observância das disposições que regulam as relações de trabalho implica tanto o respeito às leis trabalhistas e aos contratos coletivos de trabalho, como às disposições que disciplinam os contratos de arrendamento e parceria rurais. (§ 4º)
IV. exploração que favoreça o bem-estar dos proprietários e dos trabalhadores.	A exploração que favorece o bem-estar dos proprietários e trabalhadores rurais é a que objetiva o atendimento das necessidades básicas dos que trabalham a terra, observa as normas de segurança do trabalho e não provoca conflitos e tensões sociais no imóvel. (§ 5º)

Muitos dos outros princípios de Direito Agrário são interdecorrentes do Princípio da Função Social da propriedade rural e refletem as previsões constitucionais, concentradas de forma especializada nos arts. 184 a 191 da CF.

Síntese do alcance de outros Princípios Agrários:

Princípios Agrários	Conteúdo
Princípio da Primazia da Utilização da Terra	Traz como diretriz que a utilização contínua, efetiva, sem oposição, com cumprimento da função social da terra, por determinado lapso de tempo (critério material – definido pela legislação) se sobrepõe sobre a titulação dominial (critério formal – nome do proprietário no registro do imóvel rural). Direciona a importância da prevalência do efetivo labor sobre a terra.
Princípio da Desapropriação para fins de Reforma Agrária como aspecto positivo da intervenção do Estado	O não cumprimento da função social pode acarretar na desapropriação por interesse social, para fins de reforma agrária, conforme determina art. 184 da Constituição Federal de 1988.
Princípio da Privatização de Terras Públicas	O princípio é decorrente do direcionamento constitucional de que a destinação de terras públicas e devolutas será compatibilizada com a política agrícola e com o plano nacional de reforma agrária, conforme determina art. 188 da Constituição Federal de 1988. Insere-se no contexto de que o particular possui mais capacidade para a exploração das atividades agrárias.
Princípio da Dicotomia do Direito Agrário	Dicotômico por ser o Direito Agrário norteado por duas perspectivas de atuação: Política da Reforma Agrária (constitucionalmente prevista nos arts. 184-186 CF/88) e Política Agrícola (constitucionalmente prevista nos arts. 187-191 CF).
Princípio da Vedação da Desapropriação do Imóvel Rural Produtivo e da Pequena e Média Propriedade Rural	O princípio decorre do direcionamento constitucional de que são insuscetíveis de desapropriação para fins de reforma agrária a pequena e média propriedade rural, assim definida em lei, desde que seu proprietário não possua outra; e a propriedade produtiva, conforme determina art. 185 da Constituição Federal de 1988.

Princípios Agrários	Conteúdo
Princípio do Monopólio Legislativo da União para legislar em matéria agrária	Decorre da determinação constitucional da competência legislativa privativa da União para legislar sobre Direito Agrário, conforme art. 22, I, CF/88.
Princípio do Estímulo ao Cooperativismo	Decorrente da função social da propriedade e zela pela melhoria na condição de vida das pessoas e o fortalecimento do espírito comunitário, através do estímulo às cooperativas e associações.
Princípio do Fortalecimento da Empresa Agrária	Deve-se criar condições para a constituição de empresas agrárias que realizem atividades agrícolas com eficiência, resultados e respeito aos condicionantes da função social da propriedade. Este princípio consagra umas das finalidades do Direito Agrário.
Proteção Especial da Propriedade Indígena	O princípio decorre da previsão constitucional do art. 231, que traz proteção especial para a propriedade indígena, no sentido que são reconhecidos aos índios sua organização social, costumes, línguas, crenças e tradições, bem como os direitos originários sobre as terras que tradicionalmente ocupam, competindo à União demarcá-las, proteger e fazer respeitar todos os seus bens. Considerado por parte da doutrina como Princípio do "Indigenato".

Portanto, a compreensão do sentido e finalidade dos princípios agrários permite constatar alógica e essência do sistema jurídico de Direito Agrário brasileiro.

Isso porque, as legislações agrárias, bem como as que guardam relação com as mesmas e todos os seus institutos e instrumentos, definidores das respectivas Políticas de Reforma Agrária e/ou Agrícola, devem estar em sintonia com os princípios agrários.

3.2 IMÓVEL RURAL, CLASSIFICAÇÃO, PRODUTIVIDADE E AQUISIÇÃO POR ESTRANGEIROS

No contexto da evolução histórica do direito de propriedade e posse agrárias, tem-se que nos dias atuais não se pode conceber o estudo do Direito Agrário sem que se tenha a concepção de **imóvel rural.**

A premissa para a compreensão do imóvel rural enquanto instituto do Direito Agrário é a necessidade que ele atenda a sua função social.

A primeira definição para **imóvel rural** é apresentada pelo Estatuto da Terra (art. 4ª, I), como:

Prédio rústico, de área contínua, qualquer que seja a sua localização, que se destine a exploração extrativa agrícola, pecuária ou agro-industrial, quer através de planos públicos de valorização, quer através da iniciativa privada.

De outra parte, a Lei Federal nº 8.629/93, que regulamenta os artigos agrários da Constituição de 1988, dispõe em seu art. 4º a concepção de Imóvel rural como:

O prédio rústico de área contínua, qualquer que seja a sua localização, que se destine ou possa se destinar à exploração agrícola, pecuária, extrativa, vegetal, florestal ou agro-industrial.

A doutrina de Direito Agrário conceitua **prédio rústico** "como todo aquele edifício que é construído e destinado às coisas rústicas, tais como todas as propriedades rurais com suas benfeitorias, e os edifícios destinados para recolhimento de gados, reclusão de feras e depósito de frutos, ou sejam construídos nas cidades e vilas, ou não campo.[3]"

Atenção!	Como se depreende dos conceitos legais, o Direito Agrário contemplou como imóvel rural todo aquele que fosse destinado às atividades agrárias, independentemente de sua localização. Além disso, o imóvel rural para ser considerado como tal, deve necessariamente cumprir sua função social.

3 OPTIZ, Oswaldo e OPTIZ, Silvia C. B. Curso Completo de Direito Agrário. 7 ed. São Paulo: Saraiva, 2013. p. 26/27.

3.2.1 MÓDULO RURAL, MÓDULO FISCAL E CLASSIFICAÇÃO DOS IMÓVEIS RURAIS

A classificação dos imóveis rurais quanto à sua dimensão, busca assegurar uma área mínima como limite para o seu fracionamento, sem lhes retirar as potencialidades de produção coerentes com a necessidade de cumprir a função social.

Tal módulo rural mínimo deve proporcionar ao agricultor e sua família não apenas a subsistência, mas ainda o progresso econômico e social.

Será também a partir dessa referência, que se definem os critérios para dimensionar a classificação dos imóveis rurais.

A primeira definição do Módulo Rural é feita por meio da leitura conjunta dos incisos II e III, do Art. 4º, do Estatuto da Terra (Lei Federal nº 4504/64).

O Art. 4º, inciso III, prevê que: **o "Módulo Rural", como a área fixada nos termos do inciso anterior**. E essa definição é dada pelo inciso II do mesmo artigo, como sendo o módulo a medida adotada para o imóvel rural classificado como Propriedade Familiar:

"Propriedade Familiar", o imóvel rural que, direta e pessoalmente explorado pelo agricultor e sua família, lhes absorva toda a força de trabalho, garantindo-lhes a subsistência e o progresso social e econômico, com área máxima fixada para cada região e tipo de exploração, e eventualmente trabalhado com a ajuda de terceiros;

O Decreto Nº 55891/1965, no seu art. 11 estabelece a finalidade da dimensão do módulo rural:

> *O módulo rural, definido no inciso III do art. 4º do Estatuto da Terra, tem como finalidade primordial estabelecer uma unidade de medida que exprima a interdependência entre a dimensão, a situação geográfica dos imóveis rurais e a forma e condições do seu aproveitamento econômico.*

Módulo Rural:	Instituto que define a fração mínima de parcelamento do imóvel rural, visando evitar a proliferação de áreas tidas como antieconômicas para efeito de exploração agropecuária, bem como para se propiciar a realização do princípio da função social da propriedade.

A Lei Federal nº 6.746/79, alterou dispositivos do Estatuto da Terra e trouxe o conceito de Módulo Fiscal. O critério da dimensão do imóvel para fixação do Imposto Territorial Rural (ITR) passa ser definido pela dimensão dada pelo **Módulo Fiscal.**

Assim o Módulo Rural segue como o Instituto definidor da fração mínima para parcelamento da propriedade rural. Enquanto o critério de dimensão rural, base de cálculo definidora do ITR (Imposto Territorial Rural), bem como critério para a classificação dos imóveis rurais, passam a ser previstos pela dimensão do **Módulo Fiscal**.

Módulo Fiscal:	Instituto que define critério de dimensão rural para fins de cálculo do ITR (Imposto Territorial Rural) e também da classificação dos imóveis rurais: minifúndio, pequena propriedade, média propriedade, latifúndio.

Compete à estrutura Regimental do INCRA fixar o módulo fiscal, conforme determina Decreto nº 5.735/2006, Art. 15:

À Diretoria de Ordenamento da Estrutura Fundiária compete: X – propor a fixação dos módulos fiscais e os índices de rendimento que aferem o conceito de produtividade do imóvel rural;

O número de módulos fiscais de cada imóvel rural será obtido dividindo-se sua área aproveitável total pelo módulo fiscal do Município.

A partir da definição do Módulo Fiscal de acordo com a região do país onde se situe a propriedade, são definidos os seguintes critérios para classificação dos imóveis rurais:

Minifúndio	Imóvel rural de área e possibilidades inferiores às da propriedade familiar (Art. 4, IV Lei 4504/64). Também inferior àquele que permite ao imóvel cumprir sua função social. Considerado pela doutrina como "câncer da terra*". Combatido preventivamente com a proibição de alienação de área inferiores ao módulo rural (a Propriedade Familiar).

Propriedade Familiar	Imóvel rural que, direta e pessoalmente explorado pelo agricultor e sua família, lhes absorva toda a força de trabalho, garantindo-lhes a subsistência e o progresso social e econômico, com área máxima fixada para cada região e tipo de exploração, e eventualmente trabalho com a ajuda de terceiros Art. 4º, II, do Estatuto da Terra (Lei Federal nº 4504/64). Requisitos: titulação em nome de algum dos membros da entidade familiar; Exploração direta e pessoal, pelo titular do domínio e sua família que lhes absorva toda a força de trabalho; Área ideal para cada tipo de exploração, conforme a região; Possibilidade Eventual de ajuda de terceiros.**
Pequena Propriedade	Área compreendida entre 1 (um) e 4 (quatro) módulos fiscais (Art. 4º, II, a) da Lei Federal nº 8.629/93); O que define a pequena propriedade é seu tamanho e se diferencia da familiar por não necessitar da existência componente trabalho familiar para se caracterizar.
Média Propriedade	a) de área superior a 4 (quatro) e até 15 (quinze) módulos fiscais; (Art. 4º, III, da Lei Federal nº 8.629/93);
Latifúndio	Definido pelo art. 22, item 2, do Decreto 84.685/80, como aquele imóvel rural que: a) exceda a 600 (seiscentas) vezes o módulo fiscal **(denominado latifúndio por extensão)**; b) não excedendo o limite referido na alínea anterior, e tendo área igual ou superior à dimensão do módulo de propriedade rural, seja mantido inexplorado em relação às possibilidades físicas, econômicas e sociais do meio, com fins especulativos, ou seja, deficiente ou inadequadamente explorado, de modo a vedar-lhe a inclusão no conceito de empresa rural **(denominado latifúndio por exploração)**. Portanto, neste último caso, a propriedade improdutiva, aquela que não cumpre a sua função social também é classificada como latifúndio.

*. MARQUES, Benedito Ferreira. Direito Agrário brasileiro. São Paulo: Atlas, 2011, p. 56.

**.MARQUES, Benedito Ferreira. Direito Agrário brasileiro. São Paulo: Atlas, 2011, p. 57.

3.2.2 PROPRIEDADE PRODUTIVA

Portanto, associada à questão da classificação dos imóveis rurais, esta a concepção de propriedade produtiva, também condição do cumprimento da função social da propriedade.

Como já visto no Princípio Agrário da Função Social da Propriedade, o seu cumprimento ocorre com a efetivação de 3 (três) dimensões: econômica, ecológica e econômica. **A concepção de propriedade produtiva está ligada à realização da dimensão econômica da propriedade.**

A Lei Federal nº 8.629/1993, que dispõe sobre a regulamentação dos dispositivos constitucionais relacionados com o direito agrário, prevê o conceito de propriedade produtiva:

> Considera-se propriedade produtiva **aquela que, explorada econômica e racionalmente, atinge, simultaneamente, graus de utilização da terra e de eficiência na exploração, segundo índices fixados pelo órgão federal competente.** (Art. 6º)

A mesma Lei Federal nº 8.629/93, em seu art. 11, indica que os parâmetros, índices e indicadores que informam o conceito de produtividade serão ajustados, periodicamente, **pelo Ministério da Agricultura e Reforma Agrária (atual MAPA), depois de ouvido o Conselho Nacional de Política Agrícola**:

> Os parâmetros, índices e indicadores que informam o conceito de produtividade serão ajustados, periodicamente, de modo a levar em conta o progresso científico e tecnológico da agricultura e o desenvolvimento regional, pelos Ministros de Estado do Desenvolvimento Agrário e da Agricultura e do Abastecimento, ouvido o Conselho Nacional de Política Agrícola.

E o próprio Art. 6º da Lei Federal nº 8.629/1993 estabelece os parâmetros para definição da propriedade produtiva a partir de indicadores de graus de utilização da terra e de eficiência na exploração, nos seguintes termos:

> O grau de utilização da terra, para efeito do caput deste artigo, deverá ser igual ou superior a 80% (oitenta por cento), calculado pela relação percentual entre a área efetivamente utilizada e a área aproveitável total do imóvel. (§ 1º)

> O grau de eficiência na exploração da terra deverá ser igual ou superior a 100% (cem por cento), e será obtido de acordo com a seguinte sistemática (§ 2º):
> I. para os produtos vegetais, divide-se a quantidade colhida de cada produto pelos respectivos índices de rendimento estabelecidos pelo órgão competente do Poder Executivo, para cada Microrregião Homogênea;
> II. para a exploração pecuária, divide-se o número total de Unidades Animais (UA) do rebanho, pelo índice de lotação estabelecido pelo órgão competente do Poder Executivo, para cada Microrregião Homogênea;
> III. a soma dos resultados obtidos na forma dos incisos I e II deste artigo, dividida pela área efetivamente utilizada e multiplicada por 100 (cem), determina o grau de eficiência na exploração.

E o mesmo regime jurídico estabelece, em termos de exceção, que não perderá a qualificação de propriedade produtiva o imóvel que, por razões de força maior, caso fortuito ou de renovação de pastagens tecnicamente conduzida, devidamente comprovados pelo órgão competente, deixar de apresentar, no ano respectivo, os graus de eficiência na exploração, exigidos para a espécie (Art. 6º, § 7º).

Cabe dizer que, segundo o art. 43 e seguintes do Estatuto da Terra (Lei Federal nº 4.504/64), **está na competência do Instituto Brasileiro de Reforma Agrária (INCRA) a fiscalização e realização de cadastros dos imóveis rurais em todo o país, com identificação dos respectivos titulares e sua natureza, dimensões, localização geográfica, características físicas, tipo de exploração, volumes e índices médios relativos à produção agrícola, condições para o beneficiamento dos produtos agropecuários etc.**

Atenção! Assim, índices e indicadores que informam o conceito de produtividade da propriedade agrária são ajustados, periodicamente, pelo Ministério da Agricultura e Reforma Agrária (atual MAPA) **e o levantamento, zoneamento e fiscalização de propriedades produtivas e não produtivas, fica sob a competência do INCRA (Instituto Brasileiro de Reforma Agrária),** com a finalidade de fixar os elementos sócio-econômicos que orientarão o estabelecimento das diretrizes da política agrária a ser desenvolvida em cada região do país, bem como direcionarão as ações dos órgãos governamentais para desenvolvimento do setor rural, nas regiões delimitadas e entendidas como de maior significação econômica e social, bem como aquelas passíveis de reforma agrária.

3.2.3 AQUISIÇÃO DO IMÓVEL RURAL POR ESTRANGEIROS

Prescreve a determinação constitucional (Art. 190) para a necessidade de regulamentação especial para aquisição e arrendamento de imóveis rurais por pessoa física ou jurídica estrangeira: A lei regulará e limitará a aquisição ou o arrendamento de propriedade rural por pessoa física ou jurídica estrangeira e estabelecerá os casos que dependerão de autorização do Congresso Nacional.

No caso, aplicam-se os critérios estabelecidos pela Lei Federa nº 5.709/1971. O art. 23, da Lei no 8.629/1993 (que regulamenta os dispositivos agrários constitucionais), vai condicionar também tratamento especial pela mesma Lei para os casos de arrendamento, ao estabelecer que o estrangeiro residente no País e a pessoa jurídica autorizada a funcionar no Brasil só poderão arrendar imóvel rural na forma da Lei 5.709, de 7 de outubro de 1971.

A Lei Federal nº 5.709/71, no seu art. 3º, estabelece como condição que a aquisição de imóvel rural por pessoa física estrangeira não poderá exceder a 50 (cinqüenta) módulos de exploração indefinida, em área contínua ou descontínua. Sendo que o tamanho de referido módulo será determinado de acordo com a localização do país.

Outra previsão importante é a de que a soma das áreas rurais pertencentes a pessoas estrangeiras, físicas ou jurídicas, não poderá ultrapassar a um quarto da superfície dos Municípios onde se situem, comprovada por certidão do Registro de Imóveis (Art. 12).

4. TERRAS INDÍGENAS E COMUNIDADES QUILOMBOLAS

4.1 TERRAS INDÍGENAS

A Constituição Federal de 1988 apresenta um capítulo específico (Cap. VIII do Tít. VIII – da Ordem Social, artigos 231 e 232) para o direito dos índios, com tratamento especializado para as terras que habitualmente ocupam.

A Constituição de 1988, no parágrafo **§ 1º, do art. 231, conceitua o que sejam áreas tradicionalmente ocupadas pelos índios:**

> **§ 1º** – São terras tradicionalmente ocupadas pelos índios as por eles habitadas em caráter permanente, as utilizadas para suas atividades produtivas, as imprescindíveis à preservação dos recursos ambientais necessários a seu bem-estar e as necessárias a sua reprodução física e cultural, segundo seus usos, costumes e tradições.

<table>
<tr><td rowspan="4">Atenção! Portanto, para haver o enquadramento constitucional como áreas tradicionalmente ocupadas pelos índios, 4 (quatro) condições devem ocorrer de maneira concomitante. As áreas devem ser:</td><td>▸ Habitadas pelos índios em caráter permanente;</td></tr>
<tr><td>▸ Utilizadas para suas atividades produtivas;</td></tr>
<tr><td>▸ Imprescindíveis para a preservação dos recursos ambientais necessários ao bem estar dos índios;</td></tr>
<tr><td>▸ Necessárias para reprodução física e cultural, segundo os seus usos, costumes e tradições.</td></tr>
</table>

Como decorrência, toda vez que uma comunidade indígena possuir direitos sobre uma determinada área (caracterizada como tradicionalmente ocupada), nos termos do § 1º do Artigo 231 da CF, o Poder Público terá a atribuição de identificá-la, delimitá-la, de realizar a demarcação física dos seus limites, registrá-la em cartórios de registro de imóveis e protegê-la. Estes atos estão vinculados aos propósitos do próprio caput do artigo 231 e, por isso mesmo, a União não pode deixar de promovê-los.

Atenção!	O processo administrativo de demarcação é o meio para se determinar os limites do território tradicionalmente ocupado pelos povos indígenas.

A sua realização é um dever da União Federal nos casos em que a demarcação das terras indígenas se faz necessária para: **a) propiciar as condições fundamentais para a sobrevivência física e cultural desses povos; e b) preservar a diversidade cultural brasileira, na sua representação indígena.**

Atenção! Uma vez configuradas como áreas tradicionalmente ocupadas e destinadas **a sua posse permanente, os índios têm usufruto exclusivo das riquezas do solo, dos rios e dos lagos nelas existentes** (§ 2º, do art. 231 da CF).

Apesar de serem de usufruto indígena, **as áreas tradicionalmente ocupadas pelos índios são bens públicos da União, conforme art. 20, XI, da Constituição**:

> Art. 20. São bens da União:
>
> XI – as terras tradicionalmente ocupadas pelos índios.

Atenção! Portanto, estas terras, por serem bens públicos da União, são inalienáveis, indisponíveis e insuscetíveis de prescrição aquisitiva (§ 4º, do art. 231).

Atenção! Por outro lado, **nas terras indígenas, o aproveitamento dos recursos hídricos, incluídos os potenciais energéticos, a pesquisa e a lavra das riquezas minerais só podem ser efetivados com autorização do Congresso Nacional, ouvidas as comunidades afetadas**, ficando-lhes assegurada participação nos resultados da lavra, na forma da lei **(§ 5º, do art. 231).**

E serão considerados **nulos e extintos, não produzindo efeitos jurídicos, os atos que tenham por objeto a ocupação, o domínio e a posse das terras a que se refere este artigo, ou a exploração das riquezas naturais do solo, dos rios e dos lagos nelas existentes, ressalvado relevante interesse público da União**, não gerando a nulidade e a extinção direito a indenização ou ações contra a União, salvo, quanto às benfeitorias derivadas da ocupação de boa-fé. **(§ 6º, do art. 231).** O limite temporal, para eventuais alegações de situações pretéritas de nulidade ou extinção em situações de domínio ou posse de terras eventualmente indígenas, é o caráter permanente de ocupação expresso na Constituição Federal de 1988 **(§ 1º, do art. 231).**

Nas terras indígenas não se aplicam os dispositivos constitucionais que colocam como papel do Estado favorecer a organização da atividade garimpeira em cooperativas (previsto no art. 174, §§ 3º e 4º, ligados à atividade econômica). Nas áreas indígenas não deverá haver incentivo a este tipo de organização. **(§ 7º, do art. 231)**

Atenção! Outra garantia constitucional importante **é a proibição da remoção dos grupos indígenas de suas terras, salvo, ad referendum do Congresso Nacional,** em caso de catástrofe ou epidemia que ponha em risco sua população, ou no interesse da soberania do País, após deliberação do Congresso Nacional, garantido, em qualquer hipótese, o retorno imediato logo que cesse o risco **(§ 5º, do art. 231)** .

E a última previsão constitucional relacionada diretamente com os direitos indígenas, **estabelece que os índios, suas comunidades e organizações são partes legítimas para ingressar em juízo em defesa de seus direitos e interesses,** intervindo o Ministério Público em todos os atos do processo. (Art. 232, da CF).

A Constituição Federal de 88, no seu **art. 129, V,** coloca como funções institucionais do Ministério Público: defender judicialmente os direitos e interesses das populações indígenas.

Além de todas essas previsões constitucionais, sobre terras indígenas é importante também saber que elas encontram regulamentação na **Lei Federal nº 6001, de 19 de dezembro de 1973**, que dispõe sobre o **Estatuto do Índio** e regula de forma geral a situação jurídica dos índios ou silvícolas e das comunidades indígenas, com o propósito de preservar a sua cultura e integrá-los, progressiva e harmoniosamente, à comunhão nacional.

4.2 COMUNIDADES QUILOMBOLAS

Outra **comunidade tradicional** que possui regulamentação específica **são os quilombolas**, que detém regime jurídico próprio, estabelecido pelo **Decreto nº 4.887/2003**, e são qualificados como tais **os remanescentes das comunidades dos quilombos, os grupos étnico-raciais, segundo critérios de auto-atribuição, com trajetória histórica própria, dotados de relações territoriais específicas, com presunção de ancestralidade negra relacionada com a resistência à opressão histórica sofrida.**

Atenção! Assim, **as comunidades quilombolas são espécies de comunidades tradicionais**, dotadas de regime jurídico específico.

As comunidades quilombolas, assim como as comunidades indígenas, possuem um regime jurídico em que uma vez identificadas e reconhecidas terras ocupadas de forma tradicional e permanente por remanescentes das comunidades dos quilombos, deve o Ministério do Desenvolvimento Agrário, por meio do Instituto Nacional de Colonização e Reforma Agrária – INCRA, delimitá-las, demarcá-las e reconhecer a titulação aos seus possuidores tradicionais.

Importante destacar que o Decreto Federal nº 4.887/2003, regulamenta o art. 68 do Ato das Disposições Constitucionais Transitórias:

Art. 68 – Aos remanescentes das comunidades dos quilombos que estejam ocupando suas terras é reconhecida a propriedade definitiva, devendo o Estado emitir-lhes os títulos respectivos.

Da mesma forma que as comunidades indígenas, a relação das comunidades quilombolas com o direito agrário se dá pelo reconhecimento de propriedades definitivas à essas comunidades, com fundamento em ocorrência de trajetória histórica própria de ancestralidade negra, sobre território específico, onde se realizam também atividades agrárias.

Atenção! Referido Decreto Federal regulamentador (**4.887/2003) apresenta os critérios para reconhecimento, demarcação e proteção das propriedades quilombolas. Dentre os principais aspectos, podem ser considerados**:

1 – A caracterização dos remanescentes das comunidades dos quilombos será atestada mediante auto definição da própria comunidade (§ 1º, Art. 2º).

2 – São consideradas **terras ocupadas por remanescentes das comunidades dos quilombos as utilizadas para a garantia de sua reprodução física, social, econômica e cultural** (§ 2º, Art. 2º).

3 – Para a medição e demarcação das terras, serão levados em consideração critérios de territorialidade indicados pelos remanescentes das comunidades dos quilombos, sendo facultado à comunidade interessada apresentar as peças técnicas para a instrução procedimental (Art. 7º).

4 – O INCRA, após concluir os trabalhos de campo de identificação, delimitação e levantamento ocupacional e cartorial, publicará edital por duas vezes consecutivas no Diário Oficial da União e no Diário Oficial da unidade federada onde se localiza a área sob estudo, contendo as seguintes informações (Art. 7º):

- denominação do imóvel ocupado pelos remanescentes das comunidades dos quilombos;
- circunscrição judiciária ou administrativa em que está situado o imóvel;
- limites, confrontações e dimensão constantes do memorial descritivo das terras a serem tituladas; e
- títulos, registros e matrículas eventualmente incidentes sobre as terras consideradas suscetíveis de reconhecimento e demarcação.

5 – Todos os interessados terão o prazo de noventa dias, após a publicação e notificações, para oferecer contestações ao relatório relacionado com o reconhecimento da propriedade quilombola, juntando as provas pertinentes (Art. 9º).

6 – Verificada a presença de ocupantes nas terras dos remanescentes das comunidades dos quilombos, o INCRA acionará os dispositivos administrativos e legais para o reassentamento das famílias de agricultores pertencentes à clientela da reforma agrária ou a indenização das benfeitorias de boa-fé, quando couber (Art. 14).

7 – Após **a expedição do título de reconhecimento de domínio**, a Fundação Cultural Palmares garantirá assistência jurídica, em todos os graus, aos remanescentes das comunidades dos quilombos para defesa da posse contra esbulhos e turbações, para a proteção da integridade territorial da área delimitada e sua utilização por terceiros, podendo firmar convênios com outras entidades ou órgãos que prestem esta assistência (Art. 16).

8 – A titulação prevista neste Decreto será reconhecida e registrada mediante outorga de título coletivo e pró-indiviso às comunidades quilombolas, **com obrigatória inserção de cláusula de inalienabilidade, imprescritibilidade e de impenhorabilidade** (Art. 17).

9 – Para os fins de política agrícola e agrária, os remanescentes das comunidades dos quilombos receberão dos órgãos competentes tratamento preferencial, assistência técnica e linhas especiais de financiamento, destinados à realização de suas atividades produtivas e de infraestrutura (Art. 20).

10 – A expedição do título e o registro cadastral a ser procedido pelo INCRA far-se-ão sem ônus de qualquer espécie, independentemente do tamanho da área (Art. 22).

5. REGISTRO E HIPOTECA DE IMÓVEL RURAL

LEI Nº 6.739/1979: Dispõe sobre matrícula e registro de imóveis rurais

Requerimento ao Corregedor-Geral da Justiça:	Nos termos do artigo 1º, a requerimento de pessoa jurídica de direito público ao Corregedor-Geral da Justiça, são declarados inexistentes e cancelados a matrícula e o registro de imóvel rural vinculado a título nulo de pleno direito, ou feitos em desacordo com o art. 221 e seguintes da Lei nº 6.015, de 31 de dezembro de 1973.
Ação anulatória:	A parte interessada, se inconformada com o Provimento, poderá ingressar com ação anulatória, perante o Juiz competente, contra a pessoa jurídica de direito público que requereu o cancelamento, ação que não sustará os efeitos deste, admitido o registro da citação, nos termos do art. 167, I, 21, da Lei nº 6.015, de 31 de dezembro de 1973, conforme estatui o artigo 3º.
Títulos de posse e documentos outorgados pelo Poder Público:	Os títulos de posse ou quaisquer documentos de ocupação, legitimamente outorgados por órgão do Poder Público Estadual, continuarão a produzir os efeitos atribuídos pela legislação vigente à época de suas expedições e configuram situação jurídica constituída. É o que determina o artigo 7º da lei.
Retificação quando houver transferência de terras públicas:	A União, o Estado, o Distrito Federal ou o Município prejudicado poderá promover, via administrativa, a retificação da matrícula, do registro ou da averbação feita em desacordo com o art. 225 da Lei nº 6.015, de 31 de dezembro de 1973, quando a alteração da área ou dos limites do imóvel importar em transferência de terras públicas, consoante artigo 8º-A da lei.
Prazo da ação rescisória que versar sobre a transferência de terras públicas rurais:	É de oito anos, contados do trânsito em julgado da decisão, o prazo para ajuizamento de ação rescisória relativa a processos que digam respeito a transferência de terras públicas rurais, nos termos do artigo 8-C.

Observações

Procedimento especial de registro de imóvel rural (Registro Torrens):	A **Lei nº 6.015/1973** (Lei de Registros Públicos), artigos 277 a 288, dispõe sobre **o procedimento especial de registro de imóvel rural** denominado **Registro Torrens.**
Hipoteca ou ônus real sobre imóvel rural:	O imóvel sujeito a **hipoteca ou ônus real** não será admitido a registro **sem consentimento expresso** do credor hipotecário ou da pessoa em favor de quem se tenha instituído o ônus (artigo 279 da Lei nº 6.015/1973).
Registro paroquial	Conforme entendimento jurisprudencial, o **registro paroquial não induz propriedade**, tratando-se de meio probante de fato da posse.

6. USUCAPIÃO CONSTITUCIONAL AGRÁRIO

Usucapião CONSTITUCIONAL AGRÁRIO	Trata-se de **instrumento de política agrária**, que visa dar **cumprimento à função social da propriedade.**
Regime Jurídico:	Surgiu com a Constituição de 1934. O Estatuto da Terra o disciplinou em seu artigo 98.
Previsão atual:	artigo 191, da CF, reproduzido pelo artigo 1.239, do CC, regulamentado pela Lei nº 6.969/1981.
Definição constitucional	Aquele que, não sendo proprietário de imóvel rural ou urbano, possua como sua, por cinco anos ininterruptos, sem oposição, área de terra, em zona rural, não superior a cinquenta hectares, tornando-a produtiva por seu trabalho ou de sua família, tendo nela sua moradia, adquirir-lhe-á a propriedade. Parágrafo único – Os imóveis públicos não serão adquiridos por usucapião.

⊙ REQUISITOS

GENÉRICOS C/C ARTIGO 191, DA CF:	
pessoal:	▸ quanto à pessoa do possuidor – **não pode ser proprietário de imóvel urbano ou rural.** No caso da usucapião constitucional agrário, considerando-se intenção do legislador em fixar o homem no campo e sua família na zona rural, **apenas a pessoa física pode ser beneficiária do dispositivo legal, excluindo-se a pessoa jurídica**, que não tem como fixar moradia e também não possui família que possa tornar a terra produtiva. **Podem se beneficiar do instituto tanto o brasileiro nato quanto o naturalizado. O estrangeiro também pode, observando-se o disposto no artigo 190 da CF.**
real:	▸ área rural **não superior a 50 hectares**. O objeto deve ser lícito, **não podendo recair sobre bens públicos e bens inalienáveis**. ▸ Questão controvertida na doutrina é a respeito da possibilidade de **usucapião de terras devolutas**. Prevalece o entendimento doutrinário, segundo o qual **não é possível o usucapião de terras devolutas, tendo em vista a vedação do parágrafo único do artigo 191 da Carta Política** (os imóveis públicos não podem ser adquiridos por usucapião), sendo esse também o entendimento da jurisprudência sobre o tema.
real:	▸ Merece destaque o entendimento do **STF** e do **STJ** no sentido de que **a inexistência de registro imobiliário do bem objeto da ação de usucapião não induz presunção de que o imóvel seja público (terras devolutas)**, cabendo ao Estado provar a titularidade do terreno como óbice ao reconhecimento da prescrição aquisitiva. ▸ **Não são suscetíveis de usucapião as terras devolutas:** a) **tradicionalmente ocupadas pelos índios**, que são inalienáveis e indisponíveis, e os direitos sobre elas considerados imprescritíveis (artigo 231, § 4º, CF); b) **as terras devolutas ou arrecadadas pelos Estados, por ações discriminatórias, necessárias à proteção dos ecossistemas naturais** (artigo 225, § 5º, CF) e; c) **as áreas indispensáveis à segurança nacional.** ▸ **Concluindo o rol de áreas que não podem ser objeto de usucapião, além das terras devolutas, o artigo 3º da Lei nº 6.969/81 proíbe a usucapião nas seguintes áreas, ainda que particulares: a) nas áreas indispensáveis à segurança nacional; b) nas terras habitadas por silvícolas; c) nas áreas de interesse ecológico, consideradas como tais as reservas biológicas ou florestais; d) as áreas dos parques nacionais, estaduais ou municipais, assim declarados pelo Poder Executivo competente; e) na faixa de fronteira e; f) nos casos do art. 5º do Decreto nº 87.040.**

<table>
<tr><th colspan="2">GENÉRICOS C/C ARTIGO 191, DA CF:</th></tr>
<tr><td>formal:</td><td>1) quanto à posse: a) deve haver animus domini; b) posse-trabalho; c) ininterrupta;
Não é possível ao sucessor singular unir sua posse à do antecessor (accessio possessionis), já que a lei exige que a propriedade rural se torne produtiva pelo trabalho do possuidor e que este tenha nela sua morada. Já a sucessão a título universal é possível (successio possessionis). Ou seja, somente o sucessor universal (como, por exemplo, os herdeiros do de cujus) continuam com o direito à posse do antecessor, se com ele morava e cultivava a terra a usucapir. Assim, a cessão da posse não é possível, mas a sucessão da posse é possível.
Ainda, é possível a composse (comunhão na posse) no usucapião rural, desde que todos os compossuidores preencham os requisitos específicos relativos ao trabalho na terra e moradia, sem prejuízo dos demais requisitos.
2) Lapso de tempo: 5 anos e;
3) Sentença judicial.</td></tr>
<tr><td>ESPECÍFICOS (artigo 191, da CF):</td><td>a) produtividade e;
b) moradia.
O cultivo e a moradia são os pilares da usucapião constitucional rural, denotando estreita relação do instituto com a função social da propriedade.</td></tr>
</table>

⦿ PROCESSO E PROCEDIMENTO EM MATÉRIA DE USUCAPIÃO ESPECIAL RURAL

<table>
<tr><th>Procedimento comum, com as modificações previstas na lei especial:
(artigo 5º, Lei nº 6.969/1981 c/c artigo 318, CPC).</th></tr>
<tr><td>Foro competente: foro da situação do imóvel</td></tr>
<tr><td>Petição inicial: artigo 319, CPC c/c artigo 5º, § 1º, da Lei nº 6.969/1981, o qual determina:
a) individualização do imóvel, com dispensa da juntada da respectiva planta;
b) se a posse e os requisitos do usucapião não puderem ser comprovados documentalmente, poderá o autor requerer a designação de audiência preliminar, a fim de justificar a posse (artigo 5º, § 3º, da Lei nº 6.969/81);
c) o requerimento para a citação pessoal daquele em cujo nome esteja transcrito o imóvel usucapiendo;
d) a citação pessoal dos confinantes;
e) a citação, por edital, dos réus ausentes, incertos e desconhecidos, na forma do artigo 257 do CPC;
f) a cientificação por carta, com recibo de volta (AR), para que manifestem interesse na causa, os representantes da Fazenda Pública da União, dos Estados, do Distrito Federal, dos Territórios e dos Municípios, no prazo de 45 dias.</td></tr>
<tr><td>A usucapião especial poderá ser invocado como matéria de defesa, valendo a sentença que a reconhecer, como título para transcrição no Registro de Imóveis (artigo 7º, da Lei nº 6.969/1981).</td></tr>
<tr><td>O prazo para contestar corre da intimação da decisão que declarar justificada a posse, havendo ou não audiência preliminar (artigo 5º, § 4º, da Lei nº 6.969/81).</td></tr>
<tr><td>Não justificada a posse, sentencia o juiz com a extinção do processo. Justificada a posse e assim declarada judicialmente, o autor será mantido no imóvel, até a decisão final, reconhecendo-se ou não o domínio. Se, embora justificada a posse, ocorrer a revelia dos citados, é facultado ao juiz o julgamento antecipado da lide. Havendo contestação, e após eventuais atividades de saneamento, será designada audiência de instrução e julgamento. Da decisão que julgar a ação, caberá recurso de apelação ao Tribunal de Justiça do Estado respectivo.</td></tr>
</table>

7. POLÍTICA AGRÁRIA E REFORMA AGRÁRIA. DESAPROPRIAÇÃO POR INTERESSE SOCIAL PARA FINS DE REFORMA AGRÁRIA

<table>
<tr><td>Política agrária:</td><td>é modalidade de política pública. Trata-se de conjunto de regras disciplinadoras (esparsas na Constituição) do desenvolvimento do setor agrícola.
A política agrária abrange a política agrícola e a política fundiária, com vistas ao desenvolvimento do setor agrícola.</td></tr>
</table>

Política agrícola:	é o conjunto de providências de amparo à propriedade da terra, que se destinem a orientar, no interesse da economia rural, as atividades agropecuárias, seja no sentido de garantir-lhes o pleno emprego, seja no de harmonizá-las com o processo de industrialização do país, conforme definido no **artigo 1º, § 2º do Estatuto da Terra.** Será executada **nos termos da lei (no caso, Lei nº 8.171/1991)**, com a participação efetiva do setor de produção, envolvendo produtores e trabalhadores rurais, além de outros setores (artigo 187, CF). Incluem-se no planejamento agrícola as atividades agroindustriais, agropecuárias, pesqueiras e florestais. (artigo 187, § 1º, CF). **A política agrícola e a reforma agrária são institutos que não se confundem, mas se complementam.** Nesse sentido, dispõe o artigo 187, § 2º, da CF, que "serão compatibilizadas as ações de política agrícola e de reforma agrária".
Política fundiária:	Disciplina a posse da terra e seu uso adequado, tendo como objetivo a promoção do acesso à terra àqueles que saibam produzir. É o principal instrumento da **reforma agrária**. A **destinação de terras públicas e devolutas** será compatibilizada com a política agrícola e com o plano nacional de reforma agrária (artigo 188, da CF).

REFORMA AGRÁRIA	
Reforma agrária:	▸ é o conjunto de medidas que visam a promover melhor distribuição da terra, mediante modificação no regime de sua posse e uso, a fim de atender aos princípios de justiça social e ao aumento da produtividade, nos termos do § 1º do artigo 1º do Estatuto da Terra (Lei nº 4.504/94). ▸ A **melhor distribuição da terra** denota a ideia de corrigir o que está errado, resgatando os princípios da justiça social e da produtividade desejada.
Regime jurídico:	▸ surgiu com a EC nº 10/64. Previsão: Estatuto da Terra (Lei nº 4.504/1964), Lei Agrária (Lei nº 8.629/1993) e Constituição Federal.
Instrumentos de realização:	▸ a) Imposto Territorial Rural (ITR) e ▸ b) Desapropriação – sanção. ▸ O **INCRA** (Instituto Nacional de Colonização e Reforma Agrária) é a autarquia federal responsável pela implementação da reforma agrária em âmbito nacional.
Distribuição de terras para formação dos assentamentos rurais:	▸ Segundo o artigo 17 da Lei Agrária, o assentamento deverá ser efetuado em **terras economicamente úteis, de preferência na região habitada pelos trabalhadores rurais**; ▸ **Ordem de preferência**: artigo 19, da Lei Agrária; ▸ Terão **prioridade** os chefes de família numerosa, cujos membros se disponham a exercer atividades agrárias na área a ser distribuída; ▸ Ocorre mediante **outorga de títulos de domínio** ou por **instrumento de concessão de uso real,** inegociáveis pelo prazo de dez anos (artigo 189, *caput*, da CF); ▸ A MP nº 2.183-56 incluiu o artigo 26-A na Lei nº 8.629/93, dispondo que **"não serão cobradas custas e emolumentos para registro de títulos translativos de domínio de imóveis rurais desapropriados para fins de reforma agrária"**; ▸ São **isentas de impostos** federais, estaduais e municipais as operações de transferência de imóveis desapropriados para fins de reforma agrária. (artigo 184, § 5º, da CF); ▸ O orçamento fixará anualmente o volume total de títulos da dívida agrária, assim como o montante de recursos para atender ao programa de reforma agrária no exercício. (artigo 184, § 4º, da CF).

⦿ DESAPROPRIAÇÃO POR INTERESSE SOCIAL PARA FINS DE REFORMA AGRÁRIA

<table>
<tr><th colspan="2">Desapropriação por interesse social para fins de reforma agrária</th></tr>
<tr><td colspan="2">Foi instituída na Constituição de 1946.
Nos termos do artigo 184 da Constituição Federal, a desapropriação por interesse social para fins de reforma agrária ocorre mediante prévia e justa indenização em títulos da dívida agrária, com cláusula de preservação do valor real, resgatáveis no prazo de até vinte anos, a partir do segundo ano de sua emissão.</td></tr>
<tr><td>Sujeito ativo:</td><td>A competência legislativa e material cabe à União. Ao INCRA, cabe promover a ação de desapropriação.
O decreto que declarar o imóvel como de interesse social, para fins de reforma agrária, autoriza a União a propor ação de desapropriação (artigo 184 § 2º, da CF)
A União pode desapropriar por interesse social, para fins de reforma agrária, bens do Estado e do Município.
Deve haver autorização legislativa da entidade desapropriante. No caso da desapropriação agrária, cabe ao Congresso Nacional a referida autorização.</td></tr>
<tr><td>Sujeito passivo:</td><td>Pode ser qualquer pessoa física ou jurídica, de direito público ou de direito privado, desde que proprietária de bem exigível para a finalidade da expropriação.</td></tr>
<tr><td>Objeto:</td><td>O imóvel que não esteja cumprindo sua função social, conforme determina o artigo 186 da Constituição Federal;
Não se configure nenhuma exceção constitucional (a pequena e média propriedade rural, desde que seu proprietário não possua outra e a propriedade produtiva, conforme artigo 185, da CF) ou infraconstitucional (como a empresa rural e áreas ambientalmente protegidas), que exclua o imóvel da incidência do artigo 184 da CF.</td></tr>
</table>

Áreas ambientalmente protegidas:	Se for **reserva indígena**, **parque ou exploração visando à preservação ecológica**, as terras rurais de domínio da União, dos Estados e dos Municípios **não serão destinadas à execução dos planos de reforma agrária** (artigo 10, inciso IV, c/c artigo 13, da Lei Agrária).

⦿ PROCEDIMENTO NA AÇÃO DE DESAPROPRIAÇÃO AGRÁRIA

<table>
<tr><th colspan="2">FASE ADMINISTRATIVA</th></tr>
<tr><td>Vistoria do INCRA no imóvel:</td><td>Referida vistoria tem fundamento no artigo 2º, § 2º, da Lei nº 8.629/93, determinando-se a necessidade de prévia notificação ao proprietário do imóvel ou, na sua ausência, ao representante ou ao preposto que se encontre na administração do bem, não confundindo este com os auxiliares de serviços gerais. Não localizando ninguém, o INCRA fará a comunicação por edital, nos forma do § 3º, artigo 2º, da Lei nº 8.629/93.
O § 6º, artigo 2º da Lei nº 8.629/93, por sua vez, estabelece que o imóvel rural de domínio público ou particular objeto de esbulho possessório ou invasão motivada por conflito agrário ou fundiário de caráter coletivo não será vistoriado, avaliado ou desapropriado nos dois anos seguintes à sua desocupação, ou no dobro desse prazo, em caso de reincidência, devendo ser apurada a responsabilidade civil e administrativa de quem concorra com qualquer ato omissivo ou comissivo que propicie o descumprimento dessas vedações.</td></tr>
</table>

FASE ADMINISTRATIVA	
Declaração do Presidente da República do interesse social do imóvel:	**A declaração expropriatória deverá conter os seguintes elementos**: a) sujeito ativo da desapropriação; b) a descrição exata do bem; c) o fundamento, no caso, o interesse social para reforma agrária; d) a destinação específica a ser dada ao bem; e) fundamento legal específico e; f) os recursos orçamentários destinados ao atendimento da despesa. **Quanto aos efeitos, a declaração expropriatória**: a) cria para a União o direito subjetivo de, no prazo legal, promover a desapropriação, podendo seus agentes adentrarem no imóvel, com vistas à determinação exata de sua extensão e à constatação do seu estado atual, para fins indenizatórios, independentemente de autorização judicial; b) fixa o estado físico atual da coisa, propiciando o estabelecimento da indenização. Dispõe o **artigo 2º, § 4º, da Lei nº 8.629/93** que, **presume-se, por força de lei, a nulidade na alteração do domínio, da dimensão e das condições de uso do imóvel, introduzidas ou ocorridas até seis meses após a data da notificação prévia do proprietário, do preposto ou do representante.**
Desapropriação amigável (artigo 10, DL nº 3.365/41):	É necessário que a **Administração Pública** se cientifique da **regularidade dominial do bem, da existência de dotação orçamentária e da disponibilidade financeira para pagamento da indenização e emolumentos cartoriais, além da anuência do proprietário quanto ao valor da avaliação do bem**. No caso da desapropriação agrária, é necessária a formalização por instrumento público e posterior registro na matrícula do imóvel, independendo de autorização legislativa e homologação judicial, salvo se realizada no curso do processo judicial, em que, após citado, o expropriado anui com o preço ofertado (artigo 22, Decreto-lei nº 3.365/41 e artigo 10, *caput*, LC nº 76/93).

FASE JUDICIAL
Não havendo acordo, ou seja, não havendo desapropriação amigável em **até 2 anos seguintes à publicação do decreto expropriatório** (artigo 3º, LC nº 76/93), é ajuizada a ação competente.
Ação de desapropriação agrária proposta pelo INCRA, na Justiça Federal, no foro do imóvel. Procedimento contraditório **especial de rito sumário**
Petição inicial contendo a oferta do preço (artigo 319 , CPC, c/c artigo 5º, LC nº 76/93)
Não havendo dúvida de domínio, após citado, o expropriado poderá requerer o **levantamento de 80% da indenização depositada** (artigo 6º, § 1º, LC nº 76/93).
Audiência de tentativa de conciliação para fixação do valor da indenização prévia e justa (artigo 6º, §§ 3º a 7º, LC nº 76/93). Nos termos do artigo 10, LC nº 76/93, "**havendo acordo sobre o preço**, este será homologado por sentença". O parágrafo único, por seu turno, dispõe que "**não havendo acordo**, o valor que vier a ser acrescido ao depósito inicial por força de laudo pericial acolhido pelo Juiz será depositado em espécie para as benfeitorias, juntado aos autos o comprovante de lançamento de Títulos da Dívida Agrária para terra nua, como integralização dos valores ofertados".
Contestação: prazo – 15 dias Restringe-se à impugnação do preço e questões formais (artigo 9º, LC nº 76/93). É assente na jurisprudência o entendimento de que **não se discute a produtividade do imóvel na ação de desapropriação**, devendo essa questão ser objeto de ação autônoma. Se a **desapropriação for parcial e o proprietário intentar a desapropriação integral do imóvel, incluindo a área remanescente, deverá requerê-lo na contestação**, demonstrando o cumprimento dos seguintes requisitos legais: a) a área remanescente ficou reduzida a superfície inferior à da pequena propriedade rural e; b) a área remanescente é inaproveitável (prejudicada substancialmente em suas condições de exploração econômica), e que o valor é inferior ao da parte desapropriada (artigo 4º, LC nº 76/93). A essa faculdade a doutrina denomina como **direito de extensão**.

FASE JUDICIAL
Após apresentação da contestação, haverá a **intimação do Ministério Público**. O representante do Ministério Público federal tem intervenção obrigatória na ação de desapropriação agrária e o fará depois das partes e antes de cada decisão proferida no processo (artigo 18, § 2º, da LC nº 76/93).
Perícia: adstrita a pontos impugnados do laudo de vistoria administrativa
Audiência de instrução e julgamento
Sentença: Dispõe o **artigo 12, § 1º, da LC nº 76/93**, que "**ao fixar o valor da indenização, o juiz considerará, além dos laudos periciais, outros meios objetivos de convencimento, inclusive a pesquisa de mercado**". O § 2º, por seu turno, dispõe que, "**o valor da indenização corresponderá ao valor apurado na data da perícia, ou ao consignado pelo juiz, corrigido monetariamente até a data de seu efetivo pagamento**".
Caberá **apelação** com efeito devolutivo, quando interposta pelo expropriado e, em ambos os efeitos, quando interposta pelo expropriante. Haverá recurso de ofício (duplo grau de jurisdição obrigatório), apenas se a diferença entre o preço oferecido na inicial e a condenação fixada na sentença for superior a 50%, consoante determina o artigo 13 da citada lei.
Com **o trânsito em julgado da decisão e quitada a indenização**, a **sentença é levada ao CRI competente para transcrição do registro de imóveis** (artigo 17, LC nº 76/93).
A **ação de desapropriação agrária tem caráter preferencial e prejudicial em relação a outras referentes ao mesmo imóvel**, e estão **dispensadas do pagamento de preparo e emolumentos** e, caso haja outra ação que tenha por objeto o imóvel expropriando, será distribuída por dependência ao mesmo juiz federal da ação de desapropriação, com a intervenção imediata da União, conforme preceitua o artigo 18 da LC nº 76/93.

⊙ INDENIZAÇÃO NA DESAPROPRIAÇÃO AGRÁRIA

A **indenização será prévia e justa**, sendo o pagamento feito **em títulos da dívida agrária**, com cláusula de preservação do valor real, resgatáveis no prazo de até vinte anos, a partir do segundo ano de sua emissão (artigo 184, CF). Quanto às **benfeitorias úteis e necessárias**, a indenização será em **dinheiro** (§ 1º, artigo 184, CF).

Nos termos do artigo 12 da Lei nº 8.629/93, a **indenização justa deve refletir o preço atual de mercado do imóvel em sua totalidade**, aí incluídas as terras e acessões naturais, matas e florestas e as benfeitorias indenizáveis, observando-se os critérios legais.

A **exigência de que a indenização seja justa e prévia** se materializa na necessidade do Poder Público, no caso a União, demonstrar previamente, por meio de **comprovante de lançamento de título da dívida agrária (TDA)** e por meio de **comprovante de depósito em dinheiro**, que os recursos foram reservados para pagamento da indenização objeto da desapropriação.

Terra nua	Benfeitorias úteis e necessárias	Indenização (terra nua + benfeitorias)
Títulos da dívida agrária (TDA) Seus requisitos estão previstos na Constituição Federal, regulamentados pelo 5º, § 3º a 6º, da Lei nº 8.629/93: a) necessidade de **cláusula que assegure o seu valor real** e; b) **prazo de resgate, que deve ser feito em até 20 anos**,	Dinheiro	Correção monetária até a data do efetivo pagamento (artigo 12, § 2º, LC nº 76/93)

Terra nua	Benfeitorias úteis e necessárias	Indenização (terra nua + benfeitorias)
Caráter sancionador	Regime dos precatórios, nos termos do artigo 100, da CF	Juros moratórios + Juros compensatórios (artigo 15-A e 15-B, Decreto-Lei nº 3.365/41)
Deve estar incluída indenização da cobertura florestal (artigo 12, § 2º, Lei nº 8.629/1993)	–	Despesas processuais e honorários advocatícios (determinação do sucumbente – artigo 19, LC nº 76/93)

◉ INDENIZAÇÃO DA COBERTURA FLORESTAL

Quanto à **indenização da terra nua**, o § 2º, do artigo 12 da Lei Agrária, determina que **no valor da indenização deve estar incluída a indenização da cobertura florestal** (florestas naturais, matas nativas e qualquer outro tipo de vegetação natural).

O entendimento jurisprudencial é no sentido de que ainda que se trate de **área de reserva legal**, portanto de preservação obrigatória, **seu valor econômico deve integrar o quantum indenizatório.**

A jurisprudência tem admitido o acréscimo de um **percentual de 10% a 20% ao valor da terra nua**, a fim de **compensar a existência da vegetação natural não considerada em separado na avaliação pericial.**

A **lei limita o valor da indenização da cobertura florestal,** determinando que o preço apurado não pode superar, em qualquer hipótese, o **preço de mercado do imóvel** (parte final do § 2º do citado artigo 12).

O **STJ** firmou entendimento de que a reserva florestal pode ser indenizada separadamente da terra nua, desde que haja **prova de sua exploração econômica pelo proprietário**, limitado o valor da indenização total ao valor de mercado do imóvel.

◉ BENFEITORIAS INDENIZADAS

São consideradas as **benfeitorias** existentes **até a expedição do ato expropriatório.** As benfeitorias, realizadas **após** a expedição do ato expropriatório, serão indenizadas se forem necessárias e, no caso das úteis, se houver prévia autorização, não havendo previsão legal para indenização das benfeitorias voluptuárias.

Dispõe o **artigo 14 da LC nº 76/93** que "o valor da indenização, estabelecido por sentença, deverá ser depositado pelo expropriante à ordem do juízo, em dinheiro, para as benfeitorias úteis e necessárias, inclusive culturas e pastagens artificiais e, em Títulos da Dívida Agrária, para a terra nua".

Importante ressaltar que esse dispositivo **teve sua execução parcialmente suspensa pela Resolução nº 19, de 2.007, do Senado Federal**, em virtude do julgamento pelo Plenário do STF do RE 247.866/CE. Assim, o entendimento do STF quanto a essa questão é no sentido de que **não é possível o pagamento de indenização estabelecida em sentença diretamente em dinheiro, mas apenas pelo regime de precatórios estabelecidos no artigo 100, da CF.**

◉ VEDAÇÃO DO AJUIZAMENTO DE AÇÃO REIVINDICATÓRIA

Nos termos do artigo 21 da LC nº 76/93**, "os imóveis rurais desapropriados, uma vez registrados em nome do expropriante, não poderão ser objeto de ação reivindicatória".**

8. CONTRATOS AGRÁRIOS

Acordo de vontades que permite o uso temporário da terra alheia por agricultores e pecuaristas, subordinados às cláusulas obrigatórias e ao dirigismo estatal.

<table>
<tr><td rowspan="5">São princípios aplicáveis aos contratos agrários:</td><td>▸ princípio da autonomia da vontade;</td></tr>
<tr><td>▸ princípio da força vinculante, refletido na máxima pacta sunt servanda;</td></tr>
<tr><td>▸ princípio da relatividade das convenções;</td></tr>
<tr><td>▸ princípio da proteção de quem trabalha a terra;</td></tr>
<tr><td>▸ princípio da conservação dos recursos naturais e proteção do meio ambiente.</td></tr>
</table>

Classificam-se em:

<table>
<tr><td>Nominados:</td><td>são os previstos em lei. Artigos 92 a 96 do Estatuto da Terra e Regulamento nº 59.566/66. É o arrendamento rural e a parceria rural.

Dispõe o artigo 1º do Regulamento nº 59.566/66, que

"O arrendamento e a parceria são contratos agrários que a lei reconhece, para o fim de posse ou uso temporário da terra, entre o proprietário, quem detenha a posse ou tenha a livre administração de um imóvel rural, e aquele que nela exerça qualquer atividade agrícola, pecuária, agroindustrial, extrativa ou mista".</td></tr>
<tr><td>Arrendamento rural</td><td>Assemelha-se a uma locação, em que há cessão de uso e gozo da terra, mediante retribuição certa, suportando o arrendatário, com exclusividade, os riscos e auferindo os frutos.

Sua definição está no artigo 3º do citado Regulamento:

"O contrato agrário pelo qual uma pessoa se obriga a ceder à outra, por tempo determinado ou não, o uso e gozo de imóvel rural, parte ou partes do mesmo, incluindo, ou não, outros bens, benfeitorias e ou facilidades, com o objetivo de nele ser exercida atividade de exploração agrícola, pecuária, agroindustrial, extrativa ou mista, mediante, certa retribuição ou aluguel, observados os limites percentuais da Lei".</td></tr>
<tr><td>Parceria rural</td><td>Assemelha-se a um contrato de sociedade, em que há cessão de uso específico e gozo parcial da terra, mediante renda variável, suportando, ambos os contratantes, os riscos do empreendimento e dividindo entre si os frutos e lucros.

Sua definição está no artigo 96º do Estatuto da Terra e artigo 4º e 5º do Regulamento citado:

"O contrato agrário pelo qual uma pessoa se obriga a ceder à outra, por tempo determinado ou não, o uso específico de imóvel rural, de parte ou partes dele, incluindo, ou não, benfeitorias, outros bens e/ou facilidades, com o objetivo de nele ser exercida atividade de exploração agrícola, pecuária, agroindustrial, extrativa vegetal ou mista; e/ou lhe entrega animais para cria, recria, invernagem, engorda ou extração de matérias-primas de origem animal, mediante partilha, isolada ou cumulativamente, dos seguintes riscos: I – caso fortuito e de força maior do empreendimento rural; II – dos frutos, produtos ou lucros havidos nas proporções que estipularem, observados os limites percentuais estabelecidos no inciso VI do caput deste artigo e; III – variações de preço dos frutos obtidos na exploração do empreendimento rural".

O artigo 5º do Regulamento classifica a parceria rural, conforme o seu objeto, em agrícola, pecuária, agroindustrial, extrativa e mista.</td></tr>
<tr><td>Inominados:</td><td>Não há previsão legal. Dispõe o art. 39 do Regulamento que "quando o uso ou posse temporária da terra for exercido por qualquer outra modalidade contratual, diversa dos contratos de Arrendamento e Parceria, serão observadas pelo proprietário do imóvel as mesmas regras aplicáveis à arrendatários e parceiros, e, em especial a condição estabelecida no art. 38 supra". São exemplos de contratos inominados o comodato e a locação de pastagens.

Os contratos nominados de arrendamento e parceria rural podem ter natureza mista, relativamente ao mesmo imóvel rural: arrendamento para determinado tipo de atividade desenvolvida individualmente e parceria para outra atividade, explorada por ambos os contratantes, sendo admitida a transformação do contrato de parceria para arrendamento ou deste para aquela.</td></tr>
</table>

Observações

Forma: Os contratos podem ser **expressos** ou **tácitos**. Admite-se a **prova testemunhal**. Nos termos do artigo 11 do Regulamento, podem ser **escritos** ou **verbais**, sendo que, com relação a estes, **presume-se como ajustadas as cláusulas obrigatórias** previstas no artigo 13 (preservação dos recursos naturais e proteção social e econômica dos arrendatários e parceiros outorgantes).

O proprietário garantirá ao arrendatário ou parceiro o uso e gozo do imóvel arrendado ou cedido em parceria, sendo-lhe vedado exigir do arrendatário ou do parceiro: a) prestação de serviço gratuito; b) exclusividade da venda da colheita; c) obrigatoriedade do beneficiamento da produção em seu estabelecimento; d) obrigatoriedade da aquisição de gêneros e utilidades em seus armazéns ou barracões e; e) aceitação de pagamento em "ordens", "vales", "borós" ou outras formas regionais substitutivas da moeda (artigo 93 do Estatuto da Terra).

Terras Públicas: A lei veda expressamente o contrato de arrendamento ou parceria que tenha por objeto a exploração de terras públicas, ressalvadas as hipóteses previstas no artigo 94 do Estatuto da Terra: a) razões de segurança nacional o determinarem; b) áreas de núcleos de colonização pioneira, na sua fase de implantação, forem organizadas para fins de demonstração; c) forem motivo de posse pacífica e a justo título, reconhecida pelo Poder Público, antes da vigência do citado diploma legal.

Simulação nos contratos agrários: A **denominação do contrato** não é suficiente para reconhecer sua natureza. O ordenamento jurídico coíbe a **falsa parceria**, quando se tratar de **arrendamento rural**, no **artigo 92, § 7º, do Estatuto de Terra**, bem como quando se tratar de **efetivo contrato de trabalho**, conforme **artigo 96, § 4º, do Estatuto da Terra.**

Artigo 92, § 7º, do Estatuto de Terra: "qualquer simulação ou fraude do proprietário nos contratos de arrendamento ou de parceria, em que o preço seja satisfeito em produtos agrícolas, dará ao arrendatário ou ao parceiro o direito de pagar pelas taxas mínimas vigorantes na região para cada tipo de contrato".

Artigo 96, § 4º, do Estatuto da Terra: "os contratos que prevejam o pagamento do trabalhador, parte em dinheiro e parte em percentual na lavoura cultivada ou em gado tratado, são considerados simples locação de serviço, regulada pela legislação trabalhista, sempre que a direção dos trabalhos seja de inteira e exclusiva responsabilidade do proprietário, locatário do serviço a quem cabe todo o risco, assegurando-se ao locador, pelo menos, a percepção do salário mínimo no cômputo das 2 (duas) parcelas".

Prazos: Os contratos podem ser celebrados por **prazo determinado** ou **indeterminado**, observando-se os prazos mínimos previstos em lei, devendo ocorrer seu término sempre após a ultimação da colheita. **O Estatuto da Terra dispõe ser presumido o prazo mínimo de três anos para os contratos de arrendamento, quando celebrados por tempo indeterminado. Quanto aos contratos de parceria, também é fixado o prazo mínimo de três anos, desde que não convencionado pelas partes.** O Regulamento, em seu artigo 13, II, "a", por seu turno, estabelece **prazos mínimos variados segundo o tipo de atividade e o vulto do empreendimento** (**3** anos – exploração de lavoura temporária ou de pecuária de pequeno ou médio porte; **5** anos – exploração de lavoura permanente ou de pecuária de grande porte e; **7** anos – exploração florestal).

Pagamento: No contrato de **arrendamento**, **o pagamento é ajustado em valor certo, podendo as partes contratar sobre os preços, observando-se os limites legais.** Já, na **parceria, o resultado obtido é partilhado entre os parceiros outorgante e outorgado**, sendo que o artigo 35 do Regulamento fixa percentual de participação na partilha, entre 10% e 75%, conforme a participação em bens do parceiro outorgante.

Segundo entendimento jurisprudencial, é inválida a cláusula que estabelece o **preço** do arrendamento rural em produto, ou seu equivalente, e não em quantia fixa em dinheiro. No entanto, o seu **pagamento** pode ser ajustado que se faça em dinheiro ou em quantidade de frutos.

Benfeitorias: As que forem úteis e necessárias feitas pelo possuidor de boa-fé são indenizáveis e, não sendo paga a indenização, o benfeitor poderá reter o imóvel até que seja feito o pagamento. Quanto às voluptuárias, somente haverá indenização se sua construção for expressamente autorizada.

Quando as **benfeitorias necessárias ou úteis** forem feitas às **expensas do arrendador** dando lugar a **aumento nos rendimentos da gleba**, terá ele direito a uma **elevação proporcional da renda**, e não serão indenizáveis ao fim do contrato, salvo estipulação em contrário.

Subarrendamento: Sem expresso consentimento do proprietário é vedado o subarrendamento.

⦿ DIREITO DE PREFERÊNCIA

A lei assegura **direito de preferência na renovação do contrato** (artigo 95, IV, Estatuto da Terra) **e na alienação do imóvel** (artigo 92, § 3º, Estatuto da Terra), observando-se **procedimento notificatório do artigo 22 do Regulamento nº 59.566/66.**
Consoante entendimento do **STJ**, o **direito de preferência tratado no art. 92, § 3º, do Estatuto da Terra beneficia tão somente o arrendatário**, não abrangendo outras modalidades de contratos agrários, como a parceria rural. Ainda, segundo o **STJ, não se faz necessário o registro do contrato de arrendamento na matrícula do imóvel arrendado para o exercício do direito de preferência.**
O proprietário pode **retomar o imóvel**, observadas as formalidades legais, com prévia e regular notificação dirigida ao outro contratante. Pode **promover ação de despejo** (artigo 32, do Regulamento), que observará o procedimento comum, com as modificações previstas na lei especial.

✦ SÚMULAS APLICÁVEIS

1. USUCAPIÃO CONSTITUCIONAL AGRÁRIO

- **Súmula 237 do STF** – O usucapião pode ser arguido em defesa.
- **Súmula 263 STF** – O possuidor deve ser citado pessoalmente para a ação de usucapião.
- **Súmula 340 do STF** – Desde a vigência do Código Civil, os bens dominicais, como os demais bens públicos, não podem ser adquiridos por usucapião.
- **Súmula 391 do STF** – O confinante certo deve ser citado, pessoalmente, para a ação de usucapião.
- **Súmula 11 do STJ** – Presença da União ou de qualquer de seus entes, na ação de usucapião especial, não afasta a competência do foro da situação do imóvel.

2. DESAPROPRIAÇÃO POR INTERESSE SOCIAL PARA FINS DE REFORMA AGRÁRIA

2.1 APLICAÇÃO DE JUROS E CORREÇÃO MONETÁRIA EM AÇÃO DE DESAPROPRIAÇÃO

- **Súmula 164 do STF** – No processo de desapropriação, são devidos juros compensatórios desde a antecipada imissão de posse, ordenada pelo juiz, por motivo de urgência.
- **Súmula 345 do STF** – Na chamada desapropriação indireta, os juros compensatórios são devidos a partir da perícia, desde que tenha atribuído valor atual ao imóvel.
- **Súmula 416 do STF** – Pela demora no pagamento do preço da desapropriação não cabe indenização complementar além dos juros.
- **Súmula 561 do STF** – Em desapropriação, é devida a correção monetária até a data do efetivo pagamento da indenização, devendo proceder-se à atualização do cálculo, ainda que por mais de uma vez.
- **Súmula 618 do STF** – Na desapropriação, direta ou indireta, a taxa dos juros compensatórios é de 12% (doze por cento) ao ano.
- **Súmula 12 do STJ** – Em desapropriação, são cumuláveis juros compensatórios e moratórios.
- **Súmula 67 do STJ** – Na desapropriação, cabe a atualização monetária, ainda que por mais de uma vez, independente do decurso de prazo superior a um ano entre o cálculo e o efetivo pagamento da indenização.
- **Súmula 69 do STJ** – Na desapropriação direta, os juros compensatórios são devidos desde a antecipada imissão na posse e, na desapropriação indireta, a partir da efetiva ocupação do imóvel.
- **Súmula 113 do STJ** – Os juros compensatórios, na desapropriação direta, incidem a partir da imissão na posse, calculados sobre o valor da indenização, corrigido monetariamente.
- **Súmula 114 do STJ** – Os juros compensatórios, na desapropriação indireta, incidem a partir da ocupação, calculados sobre o valor da indenização, corrigido monetariamente.

- **Súmula 408 do STJ** – Nas ações de desapropriação, os juros compensatórios incidentes após a Medida Provisória nº 1.577, de 11/06/1997, devem ser fixados em 6% ao ano até 13/09/2001 e, a partir de então, em 12% ao ano, na forma da Súmula nº 618 do Supremo Tribunal Federal.

2.2 HONORÁRIOS ADVOCATÍCIOS EM AÇÃO DE DESAPROPRIAÇÃO

- **Súmula 378 do STF** – Na indenização por desapropriação incluem-se os honorários do advogado do expropriado.
- **Súmula 617 do STF** – A base de cálculo dos honorários em desapropriação é a diferença entre a oferta e a indenização, corrigidas ambas monetariamente.
- **Súmula 131 do STJ** – Nas ações de desapropriação incluem-se no cálculo de verba advocatícia as parcelas relativas aos juros compensatórios e moratórios, devidamente corrigidas.
- **Súmula 141 do STJ** – Os honorários de advogado em desapropriação direta são calculados sobre a diferença entre a indenização e a oferta, corrigidas monetariamente.

2.3 OUTROS TEMAS RELATIVOS À DESAPROPRIAÇÃO

- **Súmula 23 do STF** – Verificados os pressupostos legais para o licenciamento da obra, não o impede a declaração de utilidade pública para desapropriação do imóvel, mas o valor da obra não se incluirá na indenização, quando a desapropriação for efetivada.
- **Súmula 111 do STF** – É legítima a incidência do imposto de transmissão "inter vivos" sobre a restituição, ao antigo proprietário, de imóvel que deixou de servir à finalidade da sua desapropriação.
- **Súmula 56 do STJ** – Na desapropriação para instituir servidão administrativa são devidos os juros compensatórios pela limitação de uso da propriedade.
- **Súmula 119 do STJ** – A ação de desapropriação indireta prescreve em vinte anos.
- **Súmula 354 do STJ** – A invasão do imóvel é causa de suspensão do processo expropriatório para fins de reforma agrária.

✦ INFORMATIVOS APLICÁVEIS

▸ ***Empresa rural de grande porte não tem direito de preferência previsto no Estatuto da Terra.***

O direito de preferência para a aquisição do imóvel arrendado, previsto no art. 92, § 3º, do Estatuto da Terra, não é aplicável à empresa rural de grande porte (arrendatária rural). O Estatuto da Terra não impôs nenhuma restrição quanto à pessoa do arrendatário, para o exercício do direito de preferência, de modo que, ao menos numa interpretação literal, nada obstaria a que uma grande empresa rural viesse a exercer o direito de preempção. Porém, o Decreto n. 59.566/1966, que regulamenta o Estatuto da Terra, estabeleceu que os benefícios nele previstos seriam restritos àqueles que explorem atividade rural direta e pessoalmente, como o típico homem do campo (art. 38), fazendo uso eficiente e correto da terra, contando essencialmente com a força de trabalho de sua família (art. 8º). *REsp 1.447.082-TO, Rel. Min. Paulo de Tarso Sanseverino, DJe 13.5.2016. 3ª T. (Info 583)*

▸ ***Prazo mínimo de contrato de arrendamento rural para a criação de gado bovino.***

É de cinco anos o prazo mínimo para a duração de contrato de arrendamento rural em que ocorra pecuária de gado bovino, independentemente da maior ou menor escala da atividade exploratória ou da extensão da área a que se refira o contrato. *REsp 1.336.293-RS, Rel. Min. João Otávio de Noronha, DJe 1.6.2016. 3ª T. (Info 584)*

Direito Eleitoral

Gustavo Bugalho

✦ QUESTÕES

1. CONCEITOS, FONTES E PRINCÍPIOS DO DIREITO ELEITORAL

01. (Cespe – Juiz de Direito Substituto – DFT/2014) Acerca dos aspectos jurídicos pertinentes ao sistema eleitoral brasileiro e sua disciplina legal, assinale a opção correta.

a) Conforme o Código Eleitoral, a circunscrição eleitoral nas eleições para o cargo de deputado federal é nacional.

b) Eleitor brasileiro que se encontre no exterior pode votar apenas nas eleições para os cargos de presidente e vice-presidente da República.

c) A disciplina do sistema eleitoral brasileiro constante do Código Eleitoral somente pode ser alterada mediante lei complementar.

d) O domicílio eleitoral do servidor público é necessariamente o local de exercício do cargo efetivo para o qual ele tenha sido nomeado.

e) O sistema eleitoral proporcional, adotado pelo Código Eleitoral brasileiro, aplica-se nas eleições para cargos legislativos e executivos.

COMENTÁRIOS

Alternativa correta "b" – O artigo 225 do Código Eleitoral prevê que nas eleições para presidente e vice-presidente da República poderá votar o eleitor que se encontrar no exterior.

Alternativa "a". Errada – Nas eleições para deputado estadual, deputado federal, senador e governador, a circunscrição é o estado.

Alternativa "c". Errada – O Código Eleitoral foi recepcionado como Lei Complementar pela CF de 1988 apenas na parte de organização e competência, razão pela qual somente tais matérias devem ser disciplinadas por Lei Complementar.

Alternativa "d". Errada – Domicílio eleitoral se difere do conceito de domicílio no Código Civil, pois não se exige o elemento subjetivo ou intenção de permanecer.

Alternativa "e". Errada – O sistema proporcional é adotado para as eleições para Deputado Federal, Deputado Estadual ou Distrital e Vereador.)

02. (Cespe – Procurador do Estado – BA/2014) Acerca dos direitos políticos, julgue os itens a seguir.

02.1. Não são alistáveis como eleitores nem os estrangeiros nem os militares.

COMENTÁRIOS

✪ Nota do autor: A questão do militar é frequentemente cobrada em concursos públicos da banca, especialmente porque, em regra, costuma confundir bastante os candidatos, especialmente ao diferenciar o militar conscrito com o militar de carreira.

Errado. Não se deve confundir militar com conscrito. Consoante artigo 14, § 2º da Constituição Federal, não podem alistar-se como eleitores os estrangeiros e, durante o período do serviço militar obrigatório, os conscritos. Ao passo que o artigo 14, § 8º da Constituição Federal prevê que o militar alistável é elegível, atendidas as seguintes condições: I – se contar menos de dez anos de serviço, deverá afastar-se da atividade; II – se contar mais de dez anos de serviço, será agregado pela autoridade superior e, se eleito, passará automaticamente, no ato da diplomação, para a inatividade.

02.2. Os direitos políticos passivos consagram as normas que impedem a participação no processo político eleitoral.

COMENTÁRIOS

✪ **Nota do autor:** Vale lembrar: Direito Político ativo é o direito de votar e Direito Político passivo é o direito de ser votado.

Errado. Os direitos políticos passivos consagram as normas que permitem a participação do cidadão no processo eleitoral.

---

03. (Cespe – Promotor de Justiça – AC/2014) Assinale a opção correta acerca dos princípios constitucionais relativos aos direitos políticos.

a) O alistamento eleitoral e o voto são facultativos para os analfabetos, os maiores de sessenta e cinco anos e os maiores de dezesseis e menores de dezoito anos de idade.

b) O alistamento eleitoral e o voto são facultativos para os estrangeiros de qualquer nacionalidade, residentes no Brasil por período superior a quinze anos ininterruptos e sem condenação penal.

c) O pleno exercício dos direitos políticos e o domicílio eleitoral na circunscrição pelo prazo mínimo de um ano antes do registro da candidatura são condições de elegibilidade.

d) O militar alistável é elegível e, contando menos de dez anos de serviço, deve ser agregado pela autoridade superior; se eleito, passará, automaticamente, no ato da diplomação, para a inatividade.

e) A soberania popular é exercida pelo sufrágio universal e pelo voto direto e secreto, com valor igual para todos, e, nos termos da lei, mediante plebiscito, referendo e iniciativa popular.

COMENTÁRIOS

Alternativa correta "e". Tal situação é prevista no artigo 14, I, II e III da Constituição Federal.

Alternativa "a". Errada – O alistamento eleitoral e o voto são facultativos para os analfabetos, os maiores de setenta anos e os maiores de dezesseis e menores de 18 anos.

Alternativa "b". Errada. Estrangeiros não podem alistar-se como eleitores.

Alternativa "c". Errada – Para concorrer às eleições, o candidato deverá possuir domicílio eleitoral na respectiva circunscrição pelo prazo de, pelo menos, um ano antes do pleito.

Alternativa "d". Errada – O militar alistável é elegível. Se contar menos de dez anos de serviço, deverá afastar-se da atividade. Se contar mais de dez anos de serviço, será agregado pela autoridade superior e, se eleito, passará automaticamente, no ato da diplomação, para a inatividade

---

04. (Cespe – Delegado de Polícia – BA/2013) De acordo com o Código Eleitoral e com a Lei das Eleições (Lei nº 9.504/1997), julgue os itens a seguir, a respeito da disciplina legal do processo eleitoral.

Será cancelado o registo do eleitor com menos de setenta anos de idade, ausente, sem justificativa, em três ou mais eleições consecutivas.

COMENTÁRIOS

Certo. A regra é prevista no artigo 71, V, do Código Eleitoral, com redação dada pela Lei 7.663/88, exceto para aqueles que tem o alistamento como facultativo.

2. NORMAS GERAIS DE DIREITO ELEITORAL E SISTEMAS ELEITORAIS

---

05. (Cespe – Analista Judiciário – TJ/RJ – 2012) Com base no disposto no Código Eleitoral (Lei nº 4.737/1965) acerca do cancelamento e da exclusão do alistamento eleitoral, julgue os itens a seguir.

05.1. No processo de exclusão de alistamento eleitoral, a defesa pode ser realizada pelo próprio interessado, por outro eleitor ou, ainda, por delegado de partido.

COMENTÁRIOS

Certo. O artigo 73 do Código Eleitoral prevê que no caso de exclusão, a defesa pode ser feita pelo interessado, por outro eleitor ou por delegado de partido

---

05.2. Ressalvada a hipótese de falecimento, a partir da instauração do processo de exclusão, o eleitor, preventivamente, já não poderá votar. Busca-se, com isso, evitar que seja computado como válido voto passível de ser anulado posteriormente no caso de sentença final que determine a exclusão do referido eleitor.

COMENTÁRIOS

✪ **Nota do autor:** Trata de uma questão recorrente em concursos públicos. Para ajudar o candidato na resolução da questão, basta lembrar do princípio da presunção de inocência.

Errado. O artigo 72 do Código Eleitoral prevê a possibilidade do eleitor em processo de exclusão continuar votando, como corolário do princípio da presunção de inocência. O parágrafo único do mesmo artigo, faz ressalva, em se tratando de inscrições contra as quais hajam sido interpostos recursos das decisões que as deferiram, desde que tais recursos venham a ser providos pelo Tribunal Regional ou Tribunal Superior, serão nulos os votos se o seu número for suficiente para alterar qualquer representação partidária ou classificação de candidato eleito pelo princípio majoritário

3. ORGANIZAÇÃO JUDICIÁRIA ELEITORAL

06. (Cespe – Delegado de Polícia – PE/2016) No que se refere às competências originária e privativa para processar e julgar ações junto aos tribunais eleitorais e à competência dos juízes eleitorais e das juntas eleitorais, assinale a opção correta.

a) Compete aos juízes eleitorais a expedição do diploma de candidatos eleitos para ocupar cargos municipais.

b) Caberá ao presidente do tribunal regional eleitoral, em razão de sua competência privativa, encaminhar à assembleia legislativa estadual proposição de aumento do número de seus juízes eleitorais.

c) A competência originária para processar e julgar ação de cancelamento do registro de candidatos a cargos eletivos será do TSE.

d) Em se tratando de disputa de competência para o julgamento de crime eleitoral praticado na divisa de dois municípios, o conflito de jurisdição será processado e julgado originariamente pelo TSE.

e) As competências das juntas eleitorais incluem a nomeação, em audiência pública, nos respectivos prazos legais, dos membros das mesas receptoras.

COMENTÁRIOS

Alternativa correta "d". Questão passível de recurso. A "pegadinha" consiste no fato de que quando a questão se refere a "divisas", isto quer dizer que os municípios estão localizados em estados diferentes, logo, a competência é do TSE.

Alternativa "a" – Errada. competênciaA competência para a expedição de diploma aos candidatos eleitos para ocupar os cargos municipais é da Junta eleitoral (prefeito, vice-prefeito e vereadores).

Alternativa "b" – Errada. Cabe ao TRE enviar a proposição de aumento de número de seus juízes ao eleitoral ao TSE para que este encaminhe ao Congresso Nacional.

Alternativa "c" – Errada. A competência originária para processar e julgar ação de cancelamento do registro de candidatos a cargos eletivos será do TRE do respectivo estado ou do juiz eleitoral, no caso das eleições municipais.

Alternativa "e" – Errada Tais competências são do juiz eleitoral.

07. (Cespe – Juiz de Direito Substituto – MA/ 2013) Considerando a composição e o funcionamento dos órgãos da justiça eleitoral, assinale a opção correta.

a) Na hipótese de indicação de duas pessoas que tenham parentesco entre si para integrar tribunal regional eleitoral, deve-se proceder à exclusão do primeiro indicado.

b) É da competência exclusiva do MP arguir a suspeição de membro de tribunal eleitoral.

c) Os membros do TSE devem ser magistrados ou integrantes do MP.

d) Entre os membros de cada tribunal regional eleitoral inclui-se um juiz federal.

COMENTÁRIOS

✪ **Nota do autor:** O tema correspondente à composição dos Tribunais Regionais Eleitorais e do Tribunal Superior Eleitoral, bem como suas competências e atribuições, é um tema certo para cair em todos os concursos públicos que exijam a matéria eleitoral. Assim, é importante que o candidato dê uma atenção muito especial em aprender diferenciar os diversos órgãos da Justiça Eleitoral.

Alternativa correta "d". O Código Eleitoral prevê expressamente esta regra. O art. 120, § 1º CF estabelece que os Tribunais Regionais Eleitorais compor-se-ão: II. de um juiz do Tribunal Regional Federal com sede na Capital do Estado ou no Distrito Federal, OU, não havendo, de juiz federal, escolhido, em qualquer caso, pelo Tribunal Regional Federal respectivo.

Alternativa "a" – Errada. O Artigo 25, § 6º do Código Eleitoral prevê que não podem fazer parte do Tribunal Regional pessoas que tenham entre si parentesco, ainda que por afinidade, até o quarto grau, seja o vínculo legítimo ou ilegítimo, excluindo-se neste caso a que tiver sido escolhida por último.

Alternativa "b" – Errada. O Artigo 28, § 2º do Código Eleitoral preconiza que perante o Tribunal Regional, e com recurso voluntário para o Tribunal Superior qualquer interessado poderá arguir a suspeição dos seus membros, do Procurador Regional, ou de funcionários de sua Secretaria, assim como dos juízes e escrivães eleitorais, nos casos previstos na lei processual civil e por motivo de parcialidade partidária, mediante o processo previsto em regimento.

Alternativa "c" – Errada. O Artigo 16 do Código Eleitoral e Artigo 119 da CF dispõem que o TSE compõe-se, no mínimo, de sete membros, sendo que por nomeação do Presidente da República, serão nomeados dois juízes entre seis advogados de notável saber jurídico e idoneidade moral, indicados pelo STF.

08. (Cespe – Delegado de Polícia – BA/2013) Em relação à organização e ao funcionamento da justiça eleitoral, julgue os próximos itens.

08.1. Competem ao juiz eleitoral tanto o registro quanto a cassação do registro de candidato a prefeito.

COMENTÁRIOS

✪ **Nota do autor:** Veja que, mais uma vez, a questão de competência é cobrada. Importante o candidato se atentar para a diferença de funções entre o Juiz Eleitoral e a Junta Eleitoral, nos casos de eleições municipais.

Certo – Os juízes eleitorais são competentes para cassação e registro de candidatos a Prefeito e Vice-Prefeito e Vereadores. Observe-se que as Juntas Eleitorais não possuem competência para o registro de candidaturas.

08.2. O advogado que estiver regularmente inscrito na Ordem dos Advogados do Brasil poderá servir como juiz eleitoral de primeira instância.

COMENTÁRIOS

✪ **Nota do autor:** Importante ter em mente princípios como o princípio do juiz natural.

Errado. Consoante artigo 93 da CF, Lei complementar, de iniciativa do Supremo Tribunal Federal, disporá sobre o Estatuto da Magistratura, ingresso na carreira, cujo cargo inicial será o de juiz substituto, mediante concurso público de provas e títulos, com a participação da Ordem dos Advogados do Brasil em todas as fases, exigindo-se do bacharel em direito, no mínimo, três anos de atividade jurídica e obedecendo-se, nas nomeações, à ordem de classificação. Isso quer dizer que somente poderá servir como juiz eleitoral de primeira instância aquele que foi regularmente concursado e empossado no cargo de Juiz Estadual)

08.3. Participa da composição dos tribunais regionais eleitorais um representante do MP.

COMENTÁRIOS

✪ **Nota do autor:** As regras de composição dos Tribunais Regionais devem ser gravadas pelo candidato, já que é constante que se cobre conhecimentos específicos sobre o tema.

Errado. Diferente dos tribunais do Trabalho, de Justiça e Federais, os Tribunais Eleitorais não têm o quinto constitucional, mas apenas duas vagas destinadas necessariamente a advogados indicados pelo Tribunal de Justiça.

---

09. (Cespe – Juiz de Direito Substituto – RN/2013) A respeito da composição e do funcionamento da justiça eleitoral, assinale a opção correta.

a) A perda de diploma pode ser decidida ainda que estejam ausentes integrantes do TSE, desde que as ausências sejam justificadas.

b) Qualquer interessado pode arguir a suspeição de ministro do TSE por parcialidade partidária.

c) Dado o princípio do quinto constitucional, é assegurado ao MP o cargo de ministro corregedor do TSE.

d) as juntas eleitorais são competentes para o registro de candidato a prefeito.

e) Advogado ocupante de cargo comissionado pode ser ministro do TSE, desde que indicado pela Ordem dos Advogados do Brasil.

COMENTÁRIOS

Alternativa correta "b". Consoante artigo 20 do Código Eleitoral, qualquer interessado poderá arguir a suspeição ou impedimento dos seus membros, do Procurador-Geral ou de funcionários de sua Secretaria, nos casos previstos na lei processual civil ou penal e por motivo de parcialidade partidária, perante o Tribunal Superior Eleitoral.

Alternativa "a". Errada – Todos os membros do TSE deverão estar presentes, quando a decisão versar a respeito de interpretação do Código Eleitoral em face da CF/88, cassação de registro de partidos políticos ou recursos que importem anulação geral de eleições ou perda de diplomas. Se não houver a possibilidade de algum dos integrantes estar presente, deverá ser convocado seu suplente.

Alternativa "c". Errada – O Corregedor-Geral da Justiça Eleitoral deverá ser um dos membros do Superior Tribunal de Justiça no Tribunal Regional Eleitoral.

Alternativa "d". Errada – A competência para registro de candidato a prefeito é do Juízo Eleitoral de primeira instância.

Alternativa "e". Errada – A indicação do advogado para cargo de Ministro do TSE deve partir do Supremo Tribunal Federal.

---

10. (Cespe – Analista Judiciário – Área Judiciária – TRE-RJ/2012) Os Tribunais Regionais Eleitorais (TREs) são órgãos da Justiça Federal presentes nos estados e no Distrito Federal. Acerca da competência desses tribunais, julgue os itens subsequentes.

A competência do TRE para julgamento de recurso interposto contra decisão proferida por juiz eleitoral do respectivo estado em mandado de segurança restringe-se à hipótese de denegação da ordem.

COMENTÁRIOS

Errado. O artigo art. 29 do Código Eleitoral prevê que compete aos Tribunais Regionais julgar os recursos interpostos das decisões dos juízes eleitorais que concederem ou denegarem habeas corpus ou mandado de segurança.

10.1. Compete privativamente aos TREs a elaboração de seus próprios regimentos internos.

COMENTÁRIOS

✪ **Nota do autor:** Em caso de dúvida, lembre-se que em regra os Tribunais têm competência para elaboração dos regimentos internos próprios.

Certo. O artigo 30, I do Código Eleitoral prevê que compete, ainda, privativamente, aos Tribunais Regionais elaborar o seu regimento interno.

10.2. Compete ao TRE processar e julgar, originariamente, conflitos de jurisdição entre juízes eleitorais do respectivo estado.

COMENTÁRIOS

Certo. O já citado artigo 29 do Código Eleitoral prevê que compete aos Tribunais Regionais Eleitorais processar e julgar originariamente os conflitos de jurisdição entre juízes eleitorais do respectivo Estado.

4. RECURSOS E IMPUGNAÇÕES

11. (Cespe – Juiz de Direito Substituto – DFT/2015) Acerca da ação de impugnação de mandato eletivo, assinale a opção correta conforme entendimento pacificado do TSE.

a) A reprovação das contas de campanha de um candidato a cargo majoritário implica a sua cassação, cabendo ao MPE propor, dentro do prazo legal, a ação de impugnação de mandato eleitoral.

b) É incabível agravo contra decisões interlocutórias em uma ação de impugnação de mandato eletivo, pois não há previsão desse recurso no Código Eleitoral. Contudo, será cabível a impetração de mandado de segurança caso a parte prejudicada queira revisão da decisão judicial pelo TRE.

c) Julgado procedente o pedido na ação de impugnação de mandato eletivo em uma eleição majoritária cuja nulidade atinja mais da metade dos votos, deve o magistrado, observando o mesmo regime procedimental estabelecido para a ação de investigação judicial eleitoral, convocar os demais candidatos, de acordo com a votação.

d) O provimento judicial na ação de impugnação de mandato eletivo lastreia-se em fatos e provas robustas, fato que impossibilita a aplicação, pelo juízo eleitoral, do instituto do julgamento antecipado da lide.

e) Haverá litisconsórcio passivo necessário entre o prefeito e seu vice na ação de impugnação de mandato eletivo, cabendo ao juiz eleitoral extinguir o processo sem resolução do mérito na hipótese de o vice-prefeito, transcorrido o prazo para a sua propositura, não estar incluso no polo passivo.

COMENTÁRIOS

Alternativa "e". CORRETA – É obrigatória a formação de litisconsórcio passivo na referida ação, considerando que a decisão abrangeria toda a chapa.

Alternativa "a". INCORRETA – A reprovação das contas de campanha não conduz, necessariamente, à cassação de mandato alicerçada no art. 30-A da Lei nº 9.504/97, sendo imprescindível aplicar os princípios constitucionais da proporcionalidade e da razoabilidade.

Alternativa "b". INCORRETA – Não são impugnáveis de imediato as decisões interlocutórias proferidas sob o rito da Lei Complementar nº 64/90, podendo a respectiva matéria ser suscitada no recurso apropriado, não se sujeitando à preclusão. Quanto ao mandado de segurança, apenas excepcionalmente, em situações teratológicas ou de manifesta ilegalidade, admite-se a impetração deste para a impugnação de ato judicial.

Alternativa "c". INCORRETA – Código Eleitoral, Art. 224. Se a nulidade atingir a mais de metade dos votos do país nas eleições presidenciais, do Estado nas eleições federais e estaduais ou do município nas eleições municipais, julgar-se-ão prejudicadas as demais votações e o Tribunal marcará dia para nova eleição dentro do prazo de 20 (vinte) a 40 (quarenta) dias. Fique atento, pois a lei 13.165/2015 anotou matéria expressa ligada a esta questão.

Alternativa "d". INCORRETA – Inexiste vedação específica ao julgamento antecipado.

12. (Cespe – Procurador do Estado – BA/2014) Acerca dos direitos políticos, julgue os itens a seguir.

As ações de impugnação de mandato eletivo tramitam necessariamente em segredo de justiça.

COMENTÁRIOS

Certo. O artigo 14, parágrafo onze da Constituição Federal prevê que a ação de impugnação de mandato tramitará em segredo de justiça, respondendo o autor, na forma da lei, se temerária ou de manifesta má-fé.

13. (Cespe – Promotor de Justiça – AC/2014) Diva, prefeita candidata à reeleição, foi denunciada por ter difamado e injuriado Helen, candidata opositora, durante a propaganda eleitoral gratuita veiculada na mídia, tendo-lhe imputado fato ofensivo à sua reputação de servidora pública.

Em face dessa situação hipotética, assinale a opção correta à luz das disposições constitucionais e da legislação eleitoral.

a) O juiz pode deixar de aplicar pena caso Helen, de forma reprovável, tenha provocado diretamente os crimes, assim como no caso de retorção imediata que consista em outros crimes da mesma espécie.

b) Se o promotor de justiça eleitoral promover o arquivamento, o juiz poderá encaminhar os autos ao procurador regional eleitoral, que deverá designar outro promotor para oferecer a denúncia.

c) Se a denúncia for recebida por juiz eleitoral, Diva poderá invocar, em seu favor, como matéria de defesa, a incompetência do juízo, tese que tem sido acolhida pela justiça eleitoral, ao fundamento de que crime cometido por prefeito deve ser julgado pelo tribunal de justiça.

d) A exceção da verdade é admitida para ambos os fatos, na medida em que Helen é servidora pública e a ofensa foi relativa ao exercício das funções de agente público.

e) Verificadas as infrações penais, o MP tem prazo de dez dias para oferecer denúncia, independentemente de representação, uma vez que os crimes eleitorais são de ação pública.

COMENTÁRIOS

Alternativa correta "e" – Trata-se do prazo previsto no art. 357 do CE e independe de representação porque, conforme jurisprudência do TSE, é inadmissível ação pública condicionada a representação do ofendido, tendo em vista o notório e inquestionável interesse público que envolve a matéria eleitoral.

Alternativa "a". Errada – A inaplicabilidade de penas nas hipóteses propostas pelo enunciado da alternativa só se aplica ao crime de injúria, e não ao de difamação.

Alternativa "b". Errado – Além de designar outro promotor, o próprio Procurador Regional Eleitoral poderia oferecer a denúncia, ou ainda mesmo insistir no arquivamento.

Alternativa "c". Errado – A prefeita deverá ser julgada pelo Tribunal Regional Eleitoral, considerando tratar-se de crime eleitoral e por ser detentora, nos termos do artigo 29, X da Constituição Federal, de foro por prerrogativa de função.

Alternativa "d". Errado – A exceção da verdade somente é permitida no caso de difamação, não sendo, portanto, admitida no crime de injúria.)

14. (Cespe – Juiz de Direito Substituto – DFT/2014) Assinale a opção correta no que diz respeito a crimes eleitorais.

a) É da justiça eleitoral a competência para o julgamento de crime comum conexo a crime eleitoral.

b) O foro especial por prerrogativa da função aplica-se a ex – prefeito acusado da prática de crime eleitoral.

c) Aplicam-se aos crimes eleitorais praticados por meio da imprensa, do rádio ou da televisão a disciplina do CP e das leis penais extravagantes.

d) Para a tipificação do crime de corrupção eleitoral, exige-se que o eleitor venda seu voto.

e) Para a tipificação da captação ilícita de sufrágio, nome técnico da compra de voto, exige-se que a oferta do bem ao eleitor seja feita diretamente pelo candidato.

COMENTÁRIOS

Alternativa correta "a". No caso de conexão, a justiça especializada exerce força atrativa sobre os demais delitos comuns, sendo competente para julgá-los.

Alternativa "b". Errada – O foro por prerrogativa de função decorre do próprio exercício da função, no entanto, a qualidade de ex-prefeito não resguarda a sua prerrogativa, havendo o deslocamento da competência.

Alternativa "c". Errada – Nos termos do art. 288 do Código Eleitoral (Lei 4.737/65), "nos crimes eleitorais cometidos por meio da imprensa, do rádio ou da televisão, aplicam-se exclusivamente as normas deste Código e as remissões a outra lei nele contempladas".

Alternativa "d". Errada – Na corrupção eleitoral a venda do voto pelo eleitor leva apenas ao exaurimento do crime eleitoral. Para a caracterização do citado crime, basta apenas o ato de corromper o eleitor.

Alternativa "e". Errada – Não se trata de crime personalíssimo, ou seja, o candidato pode se valer de interposta pessoa.

15. (Cespe – Juiz de Direito Substituto – RN/2013) Assinale a opção correta acerca do ilícito da captação de sufrágio.

a) A interrupção do processo de captação do sufrágio em curso impede a consumação do delito.

b) Distribuição de recurso por cabo eleitoral ou comitê de campanha isenta o candidato de responsabilidade legal.

c) A captação de sufrágio é consumada com o pedido de voto pelo candidato.

d) É vedado ao candidato empresário realizar contratações excessivas no período eleitoral.

e) Doação não habitual de cestas básicas não caracteriza compra de voto.

COMENTÁRIOS

Alternativa correta "a" – Neste caso, o delito de corrupção eleitoral no caso de captação ilícita de sufrágio, restará configurado na forma tentada, desde que, durante os atos de execução delitiva, o crime em testilha não seja consumado por circunstâncias alheias à vontade do agente. Se a interrupção da execução não for por circunstâncias alheias à vontade do agente, trata-se de fato atípico no âmbito criminal.

Alternativa "b". Errada – A distribuição de recurso por cabo eleitoral somente isentará o candidato da responsabilidade se ficar comprovado que este não tinha conhecimento ou, se tinha, buscou evitar o delito.

Alternativa "c". Errada – A captação ilícita de sufrágio é consumada com o ato de oferecer, dar, prometer vantagem ou benefício a eleitor.

Alternativa "d". Errada – Inexiste tal vedação na legislação eleitoral.

Alternativa "e". Errada – A doação, ainda que exclusiva e única, caracteriza a compra de voto.

5. CONDIÇÕES DE ELEGIBILIDADE E INELEGIBILIDADES

16. (Cespe – Juiz de Direito Substituto – AM/2016) Assinale a opção correta acerca dos impedimentos eleitorais previstos na legislação vigente.

a) O pré-candidato que for sobrinho de governador de estado em exercício não poderá se candidatar a governador do mesmo estado no próximo pleito.

b) Não poderá se candidatar a governador pré-candidato condenado em primeira instância por crime contra o patrimônio público e que o recurso por ele interposto não tenha sido apreciado judicialmente até a data da convenção.

c) Pré-candidato a deputado federal filiado ao partido há apenas cinco meses antes da convenção não poderá se candidatar, ainda que tenha domicílio eleitoral no estado há mais de um ano.

d) Não poderá se candidatar a deputado federal pré-candidato que possuir domicílio eleitoral no estado há menos de um ano, ainda que seja filiado ao partido há mais de um ano.

e) Pré-candidato a deputado federal que não tiver completado vinte e um anos de idade até a data da convenção realizada pelo seu partido não poderá se candidatar: ele não atingiu a idade mínima exigida pela CF.

COMENTÁRIOS

Alternativa "d". CORRETA – O prazo para domicílio na circunscrição do pleito ao qual candidato pretenda concorrer é de no mínimo um ano antes da eleição.

Alternativa "a" . INCORRETA – A inelegibilidade atinge somente até o segundo grau de parentesco.

Alternativa "b". INCORRETA- A inelegibilidade em questão somente é considerada após julgamento por órgão colegiado.

Alternativa "c". INCORRETA – O prazo mínimo para filiação a partido político deverá ser considerado em relação à data da eleição, não da convenção. Logo, se o candidato está filiado no partido há cinco meses em relação à convenção e esta ocorre pelo menos dois meses antes da eleição, o prazo de seis meses antes da eleição para filiação está atendido.

Alternativa "e". INCORRETA – Salvo em relação aos candidatos a vereador, cuja verificação da idade ocorre em relação à data final do registro, os demais candidatos deverão ter a idade mínima exigida até a data da posse.

17. (Cespe – Juiz de Direito Substituto – DFT/2015) Pedro e Marcos, este último casado com Maria, foram eleitos para os cargos de prefeito e de vice-prefeito, respectivamente, do município X. No mandato imediatamente posterior, foram reeleitos nos mesmos cargos. Nos seis meses anteriores ao próximo pleito, Marcos substituiu Pedro temporariamente. Nessa situação hipotética, para as eleições seguintes,

a) Marcos poderá se candidatar ao cargo de prefeito do município

b) Maria será inelegível no território da jurisdição de Marcos, sendo essa condição classificada como cominada, isto é, sanção jurídica que se aplica a Maria por força de seu casamento.

c) Maria não poderá se candidatar no território da jurisdição de Marcos; sua inelegibilidade é direta, por decorrer de fato específico relacionado a si própria.

d) Pedro ficará inelegível para um terceiro mandato no cargo de prefeito, o que não o impede de transferir seu domicílio eleitoral para município diverso, onde poderá concorrer validamente para o referido cargo.

e) Marcos poderá concorrer novamente ao cargo de vice-prefeito do município.

COMENTÁRIOS

Alternativa "a". CORRETA – Como o vice substituiu/sucedeu ao chefe do Executivo apenas no 2º mandato, 6 meses antes da eleição, poderá concorrer ao cargo de chefe do Executivo. Não poderá, todavia, pleitear reeleição posteriormente.

Alternativa "b". INCORRETA – Inelegibilidade não pode ser considerada sanção.

Alternativa "c". INCORRETA- A inelegibilidade em questão é reflexa, ou indireta.

Alternativa "d". INCORRETA – A inelegibilidade em questão, decorrente do exercício de dois mandatos de executivo, é extensivo a qualquer jurisdição, posto que o que se busca é evitar a perpetuação no poder.

Alternativa "e". INCORRETA – Marcos já foi reeleito para a função de vice-prefeito, uma vez, e a limitação de reeleições se estende aos vice-prefeitos.

18. (Cespe – Juiz de Direito Substituto – PB/2015) Cada uma das próximas opções apresenta uma situação hipotética, seguida de uma assertiva a ser julgada. Conforme a jurisprudência pertinente às hipóteses de elegibilidade e inelegibilidade, assinale a opção que apresenta a assertiva correta.

a) Maurício foi reeleito prefeito no município Y. Ainda no cargo de prefeito desse município, Maurício pretende candidatar-se consecutivamente ao mesmo cargo no município Z. Nessa situação, Maurício deverá atender aos requisitos para o registro da nova candidatura para tornar-se elegível no município Z.

b) Devido a suspeita de que não saberia ler e escrever, José, candidato a cargo de vereador, foi submetido a teste público e solene, a fim de que fosse apurada sua habilidade de escrita e leitura. Nessa situação, a submissão de José a exames coletivos constituiu instrumento legítimo para a comprovação da aludida condição de elegibilidade.

c) Patrícia, candidata a vice-prefeita em uma chapa, foi reeleita para mandato consecutivo. No meio do segundo mandato, o prefeito renunciou ao cargo, de modo que a vice-prefeita sucedeu ao titular. Nessa situação, Patrícia tornou-se inelegível para concorrer ao cargo de prefeita na eleição subsequente.

d) Glauber, militar na ativa, com o intuito de concorrer ao cargo de vereador, mudou de domicílio para o município X, mas alterou seu domicílio eleitoral apenas nove meses antes do pleito eleitoral. Nessa situação, Glauber será elegível para o cargo de vereador, pois aos militares não se aplicam as regras da filiação partidária e do tempo de domicílio na circunscrição eleitoral.

e) Paulo, vice-governador por dois anos, assumiu o governo do estado devido à morte do titular. No entanto, Paulo deseja concorrer novamente ao cargo de vice-governador em uma chapa encabeçada por outro candidato. Nessa situação, para que seja afastada a sua inelegibilidade, Paulo deverá deixar o cargo de governador no prazo legal.

COMENTÁRIOS

Alternativa "e". Correta – O governador do estado, ainda que em caráter de sucessão, para concorrer a outro cargo deverá se afastar do cargo nos seis meses anteriores à eleição.

Alternativa "a". Incorreta – O cidadão que exerce dois mandatos consecutivos como prefeito de determinado município fica inelegível para o cargo da mesma natureza em qualquer outro município da federação.

Alternativa "b". Incorreta – Havendo dúvida quanto à condição de alfabetização do candidato e quanto à idoneidade do comprovante por ele apresentado, o juízo eleitoral pode realizar teste, de forma individual e reservada.

Alternativa "c". Incorreta – O vice-prefeito que tenha substituído o titular nos seis meses anteriores ao pleito poderá se candidatar ao cargo de prefeito na eleição subsequente, em conformidade à pacífica jurisprudência do Tribuna Superior Eleitoral.

Alternativa "d". Incorreta – A condição de elegibilidade referente ao domicílio eleitoral um ano antes do pleito, na respectiva circunscrição, também se aplica aos servidores públicos militares.

19. (Cespe – Juiz de Direito Substituto – MA/ 2013) Considerando os casos de inelegibilidade previstos em lei, assinale a opção correta.

a) A jurisprudência do TSE veda a candidatura de pai e filho, em uma mesma chapa, para os cargos de prefeito e vice-prefeito, por tal situação configurar nepotismo.

b) Secretário da administração estadual não está obrigado a afastar-se de seu cargo para candidatar-se a cargo eletivo em âmbito federal.

c) Governador de estado pode manter-se no cargo para candidatar-se à reeleição.

d) Considere que Maria mantenha um relacionamento homoafetivo com a atual prefeita do município X. Nessa situação, a companheira da prefeita poderá candidatar-se a cargo eletivo nesse município.

COMENTÁRIOS

✪ **Nota do autor:** Muita atenção do candidato, uma vez que é costumeira a confusão: os chefes do Poder Executivo somente deverão se afastar dos respectivos mandatos para concorrerem a mandatos distintos. Em se tratando de reeleição, não há obrigatoriedade em tal afastamento. Trata-se de uma "pegadinha" bastante comum na banca.

Alternativa correta "c" – O artigo 14 da Constituição Federal estabelece em seu parágrafo sexto que para concorrerem a outros cargos, o Presidente da República, os Governadores de Estado e do Distrito Federal e os Prefeitos devem renunciar aos respectivos mandatos até seis meses antes do pleito. No caso de reeleição, não é necessário que o Chefe do Executivo renuncie ao mandato

Alternativa "a". Errada – Não há problema algum se pai e filho compuserem chapa eleitoral para os cargos de Prefeito e Vice-Prefeito respectivamente. O que a regra da inelegibilidade quer afastar é a perpetuidade no poder. Também não se configura nepotismo. Prefeito e Vice-prefeito são cargos políticos e, no caso, advindos do voto, da vontade popular

Alternativa "b". Errada – O Secretário de Estado está sujeito à regra de desincompatilização. Em regra, deverá se desincompatibilizar seis meses antes das eleições se candidato a Presidente e Vice-Presidente, Governador e Vice-Governador, Senado Federal, Deputado Federal e Deputado Estadual, Vereador ou quatro meses, se candidato a Prefeito e Vice-Prefeito.

Alternativa "d" – Errada. O STF deu interpretação conforme ao art. 1723, do CC equiparando a união homoafetiva à **união estável**, alcançando, portanto, inelegibilidade no caso mencionado.

---

20. (Cespe – Juiz de Direito Substituto – RN/2013) De acordo com a Lei de Inelegibilidade e o disposto na Lei de Ficha Limpa,

a) a condenação por órgão colegiado, na hipótese de crime contra a administração pública, implica inelegibilidade, ainda que o processo não tenha transitado em julgado.

b) não há inelegibilidade caso a condenação, ainda que por órgão colegiado, decorra de mero crime ambiental.

c) qualquer eleitor é parte legítima para impugnar o registro de candidato.

d) advogado excluído dos quadros de sua entidade profissional somente pode candidatar-se nos pleitos municipais.

e) cidadão condenado pela prática de crime contra a honra por órgão colegiado é inelegível para qualquer cargo, ainda que o processo não tenha transitado em julgado.

COMENTÁRIOS

✪ **Nota do autor:** A Lei da Ficha limpa é tema que está em destaque atualmente. Importante lembrar que, como a referida lei limita direitos, ela deverá ser interpretada de maneira taxativa, ou restritivamente.

Alternativa correta. "a" – A previsão estabelecida pela Lei da Ficha Limpa é no sentido de que, o condenado por órgão colegiado por crime contra administração pública, implica inelegibilidade. A lei não estabelece a necessidade de trânsito em julgado da decisão.

Alternativa "b". Errada – A Lei da Ficha Limpa insere a condenação criminal por órgão colegiado por crime ambiental, como causa de inelegibilidade.

Alternativa "c". Errada – A impugnação ao registro de candidato poderá ser promovida por qualquer candidato, partido político, coligação ou representante do Ministério Público.

Alternativa "d". Errada – Profissional excluído dos quadros de sua entidade profissional, seja qual for, é inelegível para qualquer cargo.

Alternativa "e". Errada – A lei não prevê inelegibilidade no caso citado.

6. LEI DAS ELEIÇÕES – ESCOLHA E REGISTRO DE CANDIDATOS

21. (Cespe – Juiz de Direito Substituto – AM/2016) Considerando que, em um estado da Federação com direito a eleger vinte deputados federais, um partido político regularmente inscrito participará das eleições sem estar coligado a nenhum outro, assinale a opção que apresenta uma quantidade correta de candidatos que poderão concorrer ao cargo de deputado(a) federal pelo referido partido.

a) vinte homens – vinte mulheres

b) nove homens – vinte e uma mulheres

c) vinte homens – duas mulheres

d) vinte e dois homens – oito mulheres

e) trinta homens – dez mulheres

COMENTÁRIOS

Alternativa correta "b" – Por força da minirreforma eleitoral, quando o Estado da Federação pode eleger acima de 12 deputados federais, o partido poderá registrar até 150% do número das vagas na Câmara, ou seja, se há 20 (vagas) em disputa, aplica-se o índice de 150% = x1,5 (150%) = 30 candidatos. A minirreforma estabelece, também, uma proporção de 70% x 30% de cada sexo. Assim, a cada 10 candidatos, 3 devem ser HOMEM ou MULHER e 7 devem ser HOMEM ou MULHER, totalizando 3+3+3 = 9 e 7+7+7 = 21.

Alternativa "a". Errada – Vide comentário à alternativa "b"

Alternativa "c". Errada – Vide comentário à alternativa "b"

Alternativa "d". Errada – Vide comentário à alternativa "b"

Alternativa "e". Errada – Vide comentário à alternativa "b"

---

22. (Cespe – Delegado de Polícia – PE/2016) Com relação às convenções partidárias para a escolha de candidatos, assinale a opção correta.

a) O prazo para que os partidos políticos deliberem com relação a seus candidatos e com relação às possíveis coligações é de, no mínimo, seis meses antes da data da eleição.

b) Para que possa concorrer em uma eleição, o candidato a vereador deverá ter domicílio eleitoral na circunscrição e estar com a filiação deferida pelo partido político, no mínimo, seis meses antes da data da eleição.

c) O estatuto de cada partido político regerá as normas para a escolha e a substituição de candidatos; em caso de omissão do referido estatuto, caberá ao órgão de direção nacional do partido, ou ao estadual, ou ao municipal, de acordo com o respectivo pleito eleitoral, estabelecer tais regramentos.

d) Caberá aos diretórios partidários estadual e municipal deliberarem sobre as coligações em seus respectivos pleitos eleitorais; a legislação veda a interferência do diretório nacional em tais decisões, ainda que haja posições divergentes, decorrentes da autonomia das decisões desses diretórios.

e) As candidaturas natas, às quais deputados e vereadores em exercício de seus mandatos eletivos assegurariam o registro de suas candidaturas para o mesmo cargo, não encontram respaldo no ordenamento jurídico brasileiro.

COMENTÁRIOS

Alternativa correta "e" - Independentemente se já detentor de mandato, o candidato deverá ser escolhido em convenção para poder disputar novo mandato.

Alternativa "a". Errada - As convenções para escolha dos candidatos deverão ser realizadas entre os dias 20 de julho e 05 de agosto do ano das eleições, que é quando devem ser feitas tais deliberações.

Alternativa "b". Errada - O candidato deverá ter domicílio na circunscrição, no mínimo, um ano antes das eleições.

Alternativa "c". Errada - As normas para a escolha e substituição dos candidatos e para a formação de coligações serão estabelecidas no estatuto do partido, observadas as disposições desta Lei. Em caso de omissão do estatuto, caberá ao órgão de direção nacional do partido estabelecer as normas a que se refere este artigo, publicando-as no Diário Oficial da União até cento e oitenta dias antes das eleições.

Alternativa "d". Errada - Se a convenção partidária de nível inferior se opuser, na deliberação sobre coligações, às diretrizes legitimamente estabelecidas pelo órgão de direção nacional, nos termos do respectivo estatuto, poderá esse órgão anular a deliberação e os atos dela decorrentes.

---

23. (Cespe - Delegado de Polícia - PE/2016) Por meio de convenção estadual, um partido político escolheu os seus candidatos aos cargos majoritário e proporcional e, no prazo legal, solicitou seus pedidos de registros junto ao tribunal regional eleitoral competente. Ao analisar a solicitação, o procurador regional eleitoral impugnou o pedido de registro de candidatura de um candidato ao cargo de deputado federal.

Considerando essa situação hipotética, assinale a opção correta.

a) Caso a impugnação tenha se fundamentado em não quitação de multa eleitoral do candidato, o partido poderá efetuar o pagamento ou requerer o parcelamento devido, para fins de regularizar a situação do candidato.

b) Como a legislação eleitoral não estipula prazo legal para o julgamento dos pedidos de impugnação, o candidato impugnado poderá participar do pleito eleitoral até o julgamento final do processo.

c) Caso o candidato impugnado concorra sub judice, os votos obtidos em sua candidatura somente serão computados ao partido após o deferimento do seu registro.

d) O candidato impugnado somente poderá utilizar o horário de rádio e televisão após o deferimento do seu registro.

e) O partido político poderá requerer a substituição do candidato impugnado até a véspera da eleição, ocasião em que o tribunal regional eleitoral deverá expedir comunicados aos cartórios eleitorais, para que os eleitores sejam informados, no dia da votação, sobre a substituição ocorrida.

COMENTÁRIOS

Alternativa correta "c" - O deferimento do registro é a condição tanto para a contabilização dos votos para o candidato sub judice bem como para o partido/coligação do qual faz parte.

Alternativa "a". Errada - O pagamento da multa ou o seu parcelamento - possível em até 60m - deve ser comprovado até o momento do registro da candidatura. Após o registro não tem como corrigir esse vício.

Alternativa "b". Errada - Até vinte dias antes do pleito, todos os pedidos de registros, inclusive os impugnados e os recursos , devem deverão estar julgados nas instâncias ordinárias.

Alternativa "d". Errada - O candidato sub judice pode efetuar todos os atos pertinentes à campanha eleitoral, inclusive dispor do horário gratuito eleitoral na rádio e TV. Seu nome será mantido na urna no dia na eleição enquanto estiver sob essa condição.

Alternativa "e". Errada - A mera impugnação não é suficiente para autorizar o pedido de substituição pelo partido. As hipóteses de substituição elencadas são, conforme o art. 13, caput, da Lei 9504/97, falecimento, renúncia, inelegibilidade, cancelamento do registro ou registro indeferido. Ademais, o pedido de substituição, nos termos do art. 13, §3º, só pode ser apresentado até vinte dias antes do pleito, exceto em hipótese de falecimento, quando a substituição pode ocorrer após tal prazo.

---

24. (Cespe - Delegado de Polícia - PE/2016) De acordo com a Lei das Eleições — Lei n.º 9.504/1997 —, assinale a opção correta.

a) As coligações terão denominações próprias, que não poderão coincidir com nome de candidatos, e, na propaganda para o pleito proporcional, cada partido usará apenas a sua legenda sob o nome da coligação.

b) Nas eleições para cargos do legislativo, somente serão computados ao partido os votos dados a candidato que não participe de legenda partidária.

c) Em razão da sua responsabilidade subsidiária, o partido político somente será acionado para o pagamento de multas em face de propaganda eleitoral extemporânea de seus candidatos, caso esses candidatos não realizem o pagamento devido no tempo legal.

d) Nas eleições majoritárias para os pleitos estadual e federal, serão considerados eleitos os candidatos que obtiverem a maioria simples dos votos, excluindo-se os votos brancos e nulos.

e) Em município com mais de duzentos mil habitantes, deve ocorrer segundo turno nas eleições para prefeito.

COMENTÁRIOS

Alternativa correta "a" – Artigo 6º, parágrafo 1º-A da Lei 9504/97.

Alternativa "b". Errada – Inexistem candidatos que não participem de legenda partidária, por não adotarmos o sistema de candidatura avulsa. A digitação do número de candidato inexistente, mas com legenda válida, transmitirá o voto para o partido no caso das eleições proporcionais, e não nas eleições para o legislativo. Isso porque os senadores são membros do Poder Legislativo, mas são eleitos pelo sistema majoritário.

Alternativa "c". Errada – A responsabilidade do partido político é solidária, não subsidiária.

Alternativa "d". Errada – Será considerado eleito o candidato a Presidente ou a Governador que obtiver a maioria absoluta de votos, não computados os em branco e os nulos.

Alternativa "e". Errada – O segundo turno poderá – e não deverá – ocorrer nos municípios com mais de duzentos mil eleitores, e não habitantes. Não confunda!

---

25. (Cespe – Promotor de Justiça – AC/2014) Considere que, no exercício do mandato de senador, Ivo seja escolhido pela coligação integrada por seu partido para disputar o cargo de prefeito no ano de 2016. Em face dessa situação, assinale a opção correta à luz das disposições constitucionais e da legislação eleitoral hoje em vigor.

a) Se o pedido de registro da candidatura for indeferido e o partido renunciar ao direito de preferência, Ivo poderá ser substituído por filiado a qualquer partido integrante da coligação em até dez dias contados da notificação da decisão judicial.

b) O pedido de registro da candidatura de Ivo deve ser apresentado pela coligação ao juiz eleitoral até às 18 horas do nonagésimo dia anterior à data marcada para a eleição.

c) Na hipótese de o partido ou coligação não requerer o registro de Ivo, ele mesmo pode fazê-lo perante o TRE, observado o prazo máximo de 48 horas seguintes à publicação da lista dos candidatos pela justiça eleitoral.

d) A impugnação ao pedido de registro de candidatura de Ivo pode ser feita por candidato, partido político, coligação, MP, ou qualquer eleitor, em petição fundamentada.

e) Se o pedido de registro da candidatura for indeferido, Ivo poderá efetuar atos relativos à campanha eleitoral, e seu nome poderá ser mantido na urna eletrônica, ficando a validade dos votos a ele atribuídos condicionada a registro válido de substituto.

COMENTÁRIOS

Alternativa correta "a" – Nos termos do artigo 13 e parágrafos da lei 9504/97: É facultado ao partido ou coligação substituir candidato que for considerado inelegível, renunciar ou falecer após o termo final do prazo do registro ou, ainda, tiver seu registro indeferido ou cancelado. A escolha do substituto far-se-á na forma estabelecida no estatuto do partido a que pertencer o substituído, e o registro deverá ser requerido até 10 (dez) dias contados do fato ou da notificação do partido da decisão judicial que deu origem à substituição. Nas eleições majoritárias, se o candidato for de coligação, a substituição deverá fazer-se por decisão da maioria absoluta dos órgãos executivos de direção dos partidos coligados, podendo o substituto ser filiado a qualquer partido dela integrante, desde que o partido ao qual pertencia o substituído renuncie ao direito de preferência.

Alternativa "b". Errada – Os partidos e coligações solicitarão à Justiça Eleitoral o registro de seus candidatos até as dezenove horas do dia 5 de julho do ano em que se realizarem as eleições.

A partir do advento da Lei 13.165/2015, este prazo passou a ser o dia 15 de agosto, às 19 horas.

Alternativa "c". Errada – Na hipótese de o partido ou coligação não requerer o registro de seus candidatos, estes poderão fazê-lo perante a Justiça Eleitoral, observado o prazo máximo de quarenta e oito horas seguintes à publicação da lista dos candidatos pela Justiça Eleitoral.

Alternativa "d". Errada – Consoante a Lei das Inelegibilidades, caberá a qualquer candidato, a partido político, coligação ou ao Ministério Público, no prazo de 5 (cinco) dias, contados da publicação do pedido de registro do candidato, impugná-lo em petição fundamentada.

Alternativa "e". Errada – Nesse caso, a questão nem mesmo informou que ele se insurgiu contra o indeferimento, nem sequer cogitando que esteja sub judice, razão pela qual não poderá praticar qualquer ato.

7. CONDUTAS VEDADAS A AGENTES PÚBLICOS EM CAMPANHAS ELEITORAIS

26. (Cespe – Promotor de Justiça – AC/2014) Assinale a opção correta com base no que dispõe a legislação eleitoral acerca das condutas dos agentes públicos durante a campanha.

a) É permitido o uso, pelo candidato a reeleição de prefeito da residência oficial para a realização de contatos, encontros e reuniões pertinentes à própria campanha, desde que tenham caráter de ato público.

b) É proibido ceder ou usar, em benefício de candidato, partido político ou coligação, bens móveis ou imóveis pertencentes à administração direta ou indireta da União, dos estados, do DF e dos municípios para a realização de convenção partidária.

c) É proibida a cessão de servidor público licenciado da administração direta ou indireta federal, estadual ou municipal do Poder Executivo a comitês de campanha eleitoral de candidato, partido político ou coligação.

d) São permitidas, até três meses antes do pleito, a nomeação ou exoneração de cargos em comissão, a nomeação para cargos do Poder Judiciário, do MP e dos órgãos da Presidência da República e a nomeação dos aprovados em concursos públicos homologados.

e) É proibido fazer pronunciamento em cadeia de rádio e televisão, fora do horário eleitoral gratuito, nos três meses antes do pleito, salvo quando, a critério da Presidência da República, tratar-se de matéria urgente, relevante e característica das funções de governo.

COMENTÁRIOS

Alternativa correta "d" – Art. 73. São proibidas aos agentes públicos, servidores ou não, as seguintes condutas tendentes a afetar a igualdade de oportunidades entre candidatos nos pleitos eleitorais, nomear, contratar ou de qualquer forma admitir, demitir sem justa causa, suprimir ou readaptar vantagens ou por outros meios dificultar ou impedir o exercício funcional e, ainda, *ex officio*, remover, transferir ou exonerar servidor público, na circunscrição do pleito, nos três meses que o antecedem e até a posse dos eleitos, sob pena de nulidade de pleno direito, ressalvada a nomeação dos aprovados em concursos públicos homologados até o início daquele prazo.

Alternativa "a". Errada – A utilização da residência oficial é permitida para realização de contatos, encontros e reuniões pertinentes à campanha, desde que não se realize ato público. .

Alternativa "b". Errada – A utilização de bens da Administração Pública para a realização de convenção partidária é expressamente permitida, desde que o partido ou coligação se responsabilize por eventuais danos e afins que ocorrerem.

Alternativa "c". Errada – A proibição estende-se exclusivamente a servidor que esteja na ativa. A legislação é específica que, tal proibição, existe, salvo se o servidor estiver licenciado.

Alternativa "e". Errada – As hipóteses nas quais são possíveis tais pronunciamentos serão analisadas pela Justiça Eleitoral e não pela Presidência da República.

8. PROPAGANDA ELEITORAL

27. (Cespe – Juiz de Direito Substituto – DFT/2015) A respeito de propaganda eleitoral, assinale a opção correta.

a) Ao candidato que exerça a profissão de cantor é vedada a realização de shows durante o período eleitoral.

b) É vedada às agremiações políticas integrantes de uma mesma coligação a troca entre si de cadastros que contenham endereços de correio eletrônico para fins de propaganda eleitoral.

c) Admite-se a veiculação de propaganda eleitoral em sítio eletrônico de pessoa jurídica caso o propósito seja eminentemente jornalístico

d) A cominação de pena ao provedor de conteúdo na Internet pela divulgação de propaganda eleitoral irregular realizada por perfil falso independe do prévio conhecimento acerca do material publicado.

e) É vedada a divulgação na Internet de jornal impresso que contenha propaganda eleitoral paga.

COMENTÁRIOS

Alternativa "c". CORRETA – Trata-se de excepcionalidade da lei eleitoral, autorizando a realização de matéria de cunho meramente jornalístico. Importante lembrar que, em caso de página de jornal impresso reproduzido na internet, a propaganda eleitoral divulgada no meio impresso, pode ser mantida em sua reprodução digital.

Alternativa "a". INCORRETA – O candidato poderá continuar exercendo sua profissão regularmente, desde que não haja cunho eleitoral e não seja realizado em comício/showmício ou propaganda eleitoral.

Alternativa "b". INCORRETA – é vedada a cessão/utilização/doação de cadastros eletrônicos dos clientes das pessoas citadas no art. 24 da mesma Lei, em favor de candidatos, partidos e coligações, não se aplicando a vedação entre partidos políticos.

Alternativa "d". INCORRETA – a aplicação de pena, neste sentido, somente ocorre quando o candidato detém prévio conhecimento e aceitação da conduta.

Alternativa "e". INCORRETA – A mera reprodução das páginas físicas de jornal não é considerada propaganda irregular. Remete-se ao comentário da alternativa "c".

---

28. (Cespe – Analista Judiciário – Área Judiciária – TRE-RJ/2012) A respeito dos partidos políticos, julgue os itens seguintes.

Propaganda partidária gratuita, gravada ou ao vivo, poderá ser veiculada a qualquer hora do dia ou da noite.

COMENTÁRIOS

✪ **Nota do autor:** É bastante comum os concursos públicos perguntarem a respeito da realização, a qualquer tempo, de propaganda partidária, tentando levar o candidato a erro, confundindo-a com a propaganda eleitoral propriamente dita.

Errado. "No segundo semestre do ano da eleição, não será veiculada a propaganda partidária gratuita prevista em lei nem permitido qualquer tipo de propaganda política paga no rádio e na televisão." Ademais, até mesmo a propaganda partidária, deverá ser veiculada dezenoveexclusivamente dezenove horas e trinta minutos e as vinte e duas horas

---

29. (Cespe – Analista Judiciário – TRE/RJ – 2012): Julgue os itens a seguir, acerca de propaganda eleitoral na Internet.

29.1. É autorizada a veiculação, na Internet, de propaganda eleitoral paga.

COMENTÁRIOS

✪ **Nota do autor:** A propaganda eleitoral na internet é um tema cuja regulamentação é bastante rígida e detém diversas nuances que podem ser cobradas em concursos públicos, especialmente por ter se desenvolvido recentemente nas últimas duas eleições.

Errado. O artigo 57-C da lei das eleições veda qualquer tipo de propaganda eleitoral paga.

29.2. É vedado à entidade de classe ou sindical ceder seu cadastro de endereços eletrônicos a candidatos, partidos ou coligações.

COMENTÁRIOS

Certo. São vedadas a utilização, doação ou cessão de cadastro eletrônico de seus clientes, em favor de candidatos, partidos ou coligações, às seguintes pessoas: entidade ou governo estrangeiro; órgão da administração pública direta e indireta ou fundação mantida com recursos provenientes do Poder Público; concessionário ou permissionário de serviço público; entidade de direito privado que receba, na condição de beneficiária, contribuição compulsória em virtude de disposição legal; entidade de utilidade pública; entidade de classe ou sindical; pessoa jurídica sem fins lucrativos que receba recursos do exterior; entidades beneficentes e religiosas; entidades esportivas; organizações não-governamentais que recebam recursos públicos e organizações da sociedade civil de interesse público.

29.3. Será suspenso, indefinidamente, o acesso ao conteúdo informativo do sítio eletrônico que veicular propaganda eleitoral em ofensa às regras definidas pela legislação eleitoral, independentemente de requerimento ou da observância de qualquer rito específico.

COMENTÁRIOS

Errado. O artigo 57-I da lei 9504/97 estabelece que a requerimento de candidato, partido ou coligação, observado o rito previsto no art. 96 da mesma lei, a Justiça Eleitoral poderá determinar a suspensão, por vinte e quatro horas, do acesso a todo conteúdo informativo dos sítios da internet que deixarem de cumprir as disposições legais.

29.4. Somente será permitida a propaganda eleitoral por meio de rede social da Internet se o seu conteúdo tiver sido gerado pelo próprio candidato.

COMENTÁRIOS

✪ **Nota do autor:** Lembrar que foi a alteração legislativa sobre o tema é recente, portanto, questões serão sempre esperadas. Hoje está mais aberta a possibilidade de utilização de mecanismos eletrônicos e de internet.

Errado. A propaganda eleitoral na internet poderá ser realizada também por meio de blogs, redes sociais, sítios de mensagens instantâneas e assemelhados, cujo conteúdo seja gerado ou editado por candidatos, partidos ou coligações ou de iniciativa de qualquer pessoa natural.

29.5. Observadas as disposições da lei, é lícita a propaganda eleitoral veiculada pela Internet nas quarenta e oito horas que antecederem as eleições.

COMENTÁRIOS

✪ **Nota do autor:** Como já mencionado anteriormente, a propaganda eleitoral na internet é um dos temas prediletos dos examinadores, na área eleitoral, na atualidade.

Certo. É importante observar que a legislação eleitoral veda a maior parte das propagandas eleitorais neste período, considerando exceção a propaganda eleitoral pela internet).

9. LEI DOS PARTIDOS POLÍTICOS

30. (Cespe – Juiz de Direito Substituto – AM/2016) De acordo com as normas que regulam o funcionamento dos partidos políticos no Brasil,

a) não há restrições à fusão ou incorporação de partidos políticos que tenham obtido o registro definitivo do TSE.

b) as mudanças de filiação partidária não são consideradas para efeito da distribuição dos recursos do fundo partidário entre os partidos políticos.

c) o desvio reiterado do programa partidário, a grave discriminação política pessoal e a filiação a novo partido são considerados justas causas de desfiliação de detentores de mandato eletivo.

d) o apoiamento de eleitores filiados a determinado partido político pode ser computado para fins de registro do estatuto de um novo partido político.

e) o tempo de propaganda partidária gratuita no rádio e na televisão é distribuído entre os partidos proporcionalmente aos votos obtidos na eleição mais recente para deputado federal.

COMENTÁRIOS

Alternativa correta. "b" –Art. 41-A: Lei 9.096/95: II – 95% (noventa e cinco por cento) serão distribuídos aos partidos na proporção dos votos obtidos na última eleição geral para a Câmara dos Deputados. Parágrafo Único: Para efeito do disposto no inciso II, serão desconsideradas as mudanças de filiação partidária em quaisquer hipóteses.

Alternativa "a". Errada – Somente será admitida a fusão ou incorporação de partidos políticos que hajam obtido o registro definitivo do Tribunal Superior Eleitoral há, pelo menos, 5 (cinco) anos.

Alternativa "c". Errada – Com a minirreforma eleitoral de 2015, a filiação a novo partido deixou de ser justa causa para desfiliação partidária.

Alternativa "d". Errada – O apoiamento, ou seja, a lista de assinaturas, deve conter somente assinaturas de eleitores não filiados a partidos políticos.

Alternativa "e". Errada – A distribuição do tempo de propaganda é diretamente proporcional ao número de representantes eleitos para a Câmara dos Deputados, e não ao número de votos obtidos na última eleição para aquela Casa.

31. (Cespe – Delegado de Polícia – PE/2016) De acordo com as disposições preliminares da Lei dos Partidos Políticos — Lei n.º 9.096/1995 —, assinale a opção correta.

a) Para que determinado partido político de caráter nacional obtenha registro de seu estatuto junto ao TSE, serão necessários, entre outros requisitos, o apoio de eleitores não filiados a partidos políticos.

b) O partido político, adquire personalidade jurídica após o registro de seu estatuto junto ao TSE.

c) O partido político poderá subordinar-se a entidades estrangeiras.

d) O pedido de registro de seu estatuto junto ao TSE, assegura aos partidos políticos a exclusividade da sua denominação, da sua sigla e dos seus símbolos.

e) O STF considera os partidos políticos como pessoas jurídicas de direito público, devido ao fato de eles receberem recursos do fundo partidário e de terem acesso gratuito ao rádio e à televisão.

COMENTÁRIOS

Alternativa correta. "a" – Só é admitido o registro do estatuto de partido político que tenha caráter nacional, considerando-se como tal aquele que comprove, no período de dois anos, o apoiamento de eleitores não filiados a partido político, correspondente a, pelo menos, 0,5% (cinco décimos por cento) dos votos dados na última eleição geral para a Câmara dos Deputados, não computados os votos em branco e os nulos, distribuídos por um terço, ou mais, dos Estados, com um mínimo de 0,1% (um décimo por cento) do eleitorado que haja votado em cada um deles.

Alternativa "b". Errada – Aqui uma pegadinha bastante comum: a personalidade jurídica do partido político se inicia, assim como a de qualquer associação, com o registro perante o Cartório de Registro Civil de Pessoas Jurídicas da Capital Federal.

Alternativa "c". Errada – O partido político não pode se subordinar a qualquer entidade estrangeira, especialmente considerando que o partido político deve ter entre suas diretrizes o respeito à soberania nacional.

Alternativa "d". Errada – Outra pegadinha: o deferimento do registro perante o TSE concede todas essas garantias ao partido e não apenas o pedido de registro.

Alternativa "e". Errada – Partidos políticos são pessoas jurídicas de direito privado, sem fins lucrativos, tais como as associações.

32. (Cespe – Delegado de Polícia – PE/2016) Cada uma das próximas opções apresenta uma situação hipotética, seguida de uma assertiva a ser julgada, de acordo com as normas de filiação partidária e à luz da Lei dos Partidos Políticos — Lei n.º 9.096/1995. Assinale a opção que apresenta a assertiva correta.

a) Um vereador eleito por determinado partido político ao qual estava filiado requereu a sua desfiliação, no período de trinta dias que antecede o prazo de filiação exigido pela legislação, para concorrer à reeleição por outro partido político. O partido original indeferiu o seu pedido de desfiliação e o ameaçou com a perda do mandato. Nessa situação, a atitude do partido foi indevida, já que o vereador agiu em conformidade com as hipóteses de justa causa previstas na legislação.

b) Determinado partido político pretende estabelecer, no ano eleitoral, prazo de filiação partidária superior ao prazo previsto na legislação, com o propósito de orientar as inscrições de seus futuros candidatos a cargos eletivos. Nessa situação, para executar a referida ação, é suficiente que o partido altere seu estatuto, na forma da lei.

c) José, que jamais exerceu cargo eletivo, pretende, após ter sido filiado muitos anos a determinado partido político, desfiliar-se do partido em questão. Nessa situação, é suficiente que José requeira sua desfiliação junto ao órgão de direção municipal do partido.

d) O estatuto de determinado partido político elencou várias possibilidades de cancelamento da filiação partidária, além das previstas na legislação. Nessa situação, há erro insanável no estatuto do partido, que deveria ter previsto apenas as situações elencadas na legislação.

e) Um cidadão, filiado ao partido político X há mais de vinte anos, resolveu se filiar ao partido político Y, sem, contudo, se desfiliar do partido X. Nessa situação, como ficou caracterizada a dupla filiação partidária, ambas as filiações serão consideradas nulas, para todos os efeitos legais.

COMENTÁRIOS

Alternativa correta. "a" – Poderá o detentor de mandado eletivo, num prazo de trinta dias a ser definido anteriormente ao prazo final de filiação exigido em lei, requerer seu desfiliamento do Partido politicopolítico para filiar-se a outro, sem, por isso, perder o mandado eletivo. É a chamada "janela partidária" e, em 2016, as datas em questão foram definidas através da EC 96.

Alternativa "b". Errada – O partido político não pode realizar tal ato em ano de eleição.

Alternativa "c". Errada – A desfiliação de partido político deve ser comunicada ao órgão municipal do partido bem como ao juiz eleitoral da zona de inscrição.

Alternativa "d". Errada – O cancelamento imediato da filiação partidária verifica-se nos casos de outras situações específicas previstas no estatuto, com comunicação obrigatória ao atingido no prazo de quarenta e oito horas da decisão.

Alternativa "e". Errada – Com as alterações da minirreforma eleitoral, em tal situação, ocorrerá o cancelamento da filiação mais antiga, apenas.

33. (Cespe – Promotor de Justiça – AC/2014) Assinale a opção correta com relação aos partidos políticos.

a) A responsabilidade, inclusive civil e trabalhista, cabe solidariamente ao órgão partidário municipal, estadual ou nacional que tiver dado causa a descumprimento da obrigação, a violação de direito, a dano a outrem ou a qualquer ato ilícito.

b) A sanção de suspensão do repasse de novas quotas do fundo partidário, por desaprovação total da prestação de contas de partido, não pode ser aplicada por meio de desconto, do valor a ser repassado, da importância apontada como irregular.

c) É assegurada aos partidos políticos autonomia para adotar os critérios de escolha e o regime de suas coligações eleitorais, sem obrigatoriedade de vinculação entre as candidaturas em âmbito nacional, estadual, distrital ou municipal.

d) Os órgãos de direção nacional, estadual e municipal do partido político podem receber doações de pessoas físicas e jurídicas, inclusive entidades de classe ou sindicais, para constituição de seus fundos.

e) A personalidade jurídica é adquirida, nos termos da lei civil, após o registro do estatuto do partido político no TSE.

COMENTÁRIOS

Alternativa correta. "c" – A partir da Emenda Constitucional 52, os partidos não precisam dar simetria às coligações de âmbito nacional e regional na mesma eleição.

Alternativa "a". Errada – A solidariedade é expressamente excluída pelo artigo 15-A da Lei dos Partidos Políticos.

Alternativa "b". Errada – O artigo 25, parágrafo único, da lei 9.504/97, prevê que a sanção de suspensão do repasse de novas quotas do Fundo Partidário, por desaprovação total ou parcial da prestação de contas do candidato, deverá ser aplicada de forma proporcional e razoável, pelo período de 1 (um) mês a 12 (doze) meses, ou por meio do desconto, do valor a ser repassado, na importância apontada como irregular, não podendo ser aplicada a sanção de suspensão, caso a prestação de contas não seja julgada, pelo juízo ou tribunal competente, após 5 (cinco) anos de sua apresentação.

Alternativa "d". Errada – É vedada pela legislação eleitoral a doação de pessoas jurídicas para partidos políticos ou campanhas eleitorais.

Alternativa "e". Errada – O partido político adquire personalidade jurídica na forma da lei civil, ou seja, com correspondente Registro Civil em cartório.

34. (Cespe – Analista Judiciário – Área Judiciária – TRE-RJ/2012) A respeito dos partidos políticos, julgue os itens seguintes.

34.1. O Tribunal Superior Eleitoral determinará, após decisão judicial transitada em julgado, o cancelamento do registro civil e do estatuto de partido político que, comprovadamente, não houver prestado, nos termos da lei, as devidas contas à justiça eleitoral.

COMENTÁRIOS

Certo. É o que determina a Lei 9096/95 em seu art. 28: O Tribunal Superior Eleitoral, após trânsito em julgado de decisão, determina o cancelamento do registro civil e do estatuto do partido contra o qual fique provado: I – ter recebido ou estar recebendo recursos financeiros de procedência estrangeira; II – estar subordinado a entidade ou governo estrangeiros; III – não ter prestado, nos termos desta Lei, as devidas contas à Justiça Eleitoral; IV – que mantém organização paramilitar.)

34.2. Na casa legislativa, o integrante de bancada partidária atua livremente, não estando subordinado às diretrizes estabelecidas em estatuto pelos órgãos de direção do partido político a que ele estiver filiado.

COMENTÁRIOS

✪ **Nota do autor:** Importante lembrar que o tema "fidelidade partidária" não está ligado exclusivamente aos casos de mudança de partido, mas também de obediência aos princípios e orientações partidárias.

Errado. Na Casa Legislativa, o integrante da bancada de partido deve subordinar sua ação parlamentar aos princípios doutrinários e programáticos e às diretrizes estabelecidas pelos órgãos de direção partidários, na forma do estatuto.

10. ALISTAMENTO E CADASTRO DE ELEITORES.

35. (Cespe – Delegado de Polícia – PE/2016) Com relação ao alistamento eleitoral, assinale a opção correta à luz do Código Eleitoral.

a) Em razão do princípio da competência privativa dos juízes eleitorais e do princípio da vinculação do processo eleitoral, no caso de perda ou extravio do título de eleitor, a sua segunda via deverá ser requerida junto ao juiz da zona eleitoral em que o eleitor estiver inscrito.

b) Caso o eleitor mude de domicílio, ele poderá requerer a transferência de seu título, desde que observado o tempo mínimo de residência no novo domicílio e o cumprimento da exigência de ter votado em, pelo menos, uma eleição, no caso de inscrição primitiva.

c) O código eleitoral elenca as causas de cancelamento da inscrição eleitoral; a ocorrência de uma dessas causas gerará a exclusão do eleitor, que poderá votar de forma válida até que se processe a sua exclusão.

d) No alistamento eleitoral, será considerado o domicílio eleitoral do cidadão qualificado e inscrito o lugar onde sua residência tiver sido estabelecida com ânimo definitivo.

e) O eleitor ficará vinculado permanentemente à seção eleitoral indicada no seu título.

COMENTÁRIOS

✪ Nota do autor: Importante ter sempre em mente o princípio da presunção de inocência do eleitor, bem como o princípio do devido processo legal e ampla defesa.

Alternativa correta "c". O eleitor tem a prerrogativa da presunção de inocência. Assim, ele poderá votar normalmente até efetiva condenação e perda do título.

Alternativa "a" – Errada Se o eleitor estiver fora do seu domicílio eleitoral poderá requerer a segunda via ao juiz da zona em que se encontrar, esclarecendo se vai recebê-la na sua zona ou na em que requereu.

Alternativa "b" – Errada. A transferência só será admitida satisfeitas as seguintes exigências: I – entrada do requerimento no cartório eleitoral do novo domicílio até 100 (cem) dias antes da data da eleição. II – transcorrência de pelo menos 1 (um) ano da inscrição primitiva; III – residência mínima de 3 (três) meses no novo domicílio, atestada pela autoridade policial ou provada por outros meios convincentes.

Alternativa "d" – Errada. No direito eleitoral não se exige o ânimo definitivo de residência. Sendo assim o conceito de domicílio eleitoral é mais amplo do que o conceito de domicílio civil.

Alternativa "e" – Errada O Código Eleitoral não apenas permite a transferência de título de eleitor, como prevê os requisitos para tal.

36. (Cespe – Delegado de Polícia – PE/2016) Com relação ao alistamento eleitoral, à transferência de domicílio eleitoral, à segunda via da inscrição e ao título eleitoral, assinale a opção correta à luz da Resolução n.° 21.538/2003 do TSE.

a) Caso o título de eleitor seja inutilizado ou dilacerado, o eleitor poderá, pessoalmente ou por meio de procurador nomeado, requerer junto ao cartório eleitoral competente a expedição de segunda via.

b) Requerimento de inscrição eleitoral ou de transferência não será recebido no prazo de cento e cinquenta dias que antecedem a data da eleição.

c) Nas hipóteses de transferência, de revisão ou de emissão de segunda via do título eleitoral, a data de emissão do título será a data de inscrição originária do alistamento do eleitor junto ao cartório eleitoral competente.

d) A pena de multa será aplicada a não alistado maior de dezoito anos que tenha requerido sua inscrição eleitoral após completar a referida idade.

e) Caso o juiz eleitoral defira o pedido de transferência de domicílio eleitoral de determinado eleitor, o MP Eleitoral terá competência exclusiva para recorrer junto ao tribunal regional eleitoral, no prazo legal, após a sua intimação.

COMENTÁRIOS

Alternativa correta "b". O Código estabelece este prazo para que, após, possam ser tomados os preparativos para as eleições, sem equívocos.

Alternativa "a" – Errada. O eleitor deve requerer pessoalmente junto ao cartório eleitoral, não sendo possível constituir procurador para o ato.

Alternativa "c" – Errada. A data de emissão do título será a mesma do preenchimento do requerimento.

Alternativa "d" – Errada. O indivíduo, se brasileiro nato, pode se alistar até completar 19 anos ou até 01 anos após adquirida a nacionalidade brasileira, no caso de ser brasileiro naturalizado.

Alternativa "e" – Errada A competência para recorrer em caso de deferimento, é do delegado do partido.

---

37. (Cespe – Delegado de Polícia – PE/2016) Com relação a acesso às informações constantes de cadastro, restrição de direitos políticos, revisão do eleitorado e justificação do não comparecimento à eleição, assinale a opção correta à luz da Resolução n.° 21.538/2003 do TSE.

a) No caso de perda dos direitos políticos, serão considerados documentos hábeis para comprovar a reaquisição ou o restabelecimento de direitos políticos o decreto ou a portaria.

b) Informações de caráter personalizado constantes do cadastro eleitoral poderão ser fornecidas a qualquer cidadão, em razão do princípio eleitoral da publicidade das inscrições dos eleitores.

c) No caso de fraude no alistamento dos eleitores de determinada zona eleitoral de um município, caberá ao juiz presidente da junta eleitoral da comarca, em razão da sua competência, a realização de correição e revisão do eleitorado.

d) O juiz eleitoral deverá, em regra, realizar a revisão do eleitorado do município ou da zona de sua competência, no ano de realização do processo eleitoral, para garantir maior segurança jurídica ao pleito.

e) O eleitor que deixar de votar devido ao fato de estar residindo, no dia do pleito, no exterior deverá justificar a sua ausência, dentro do prazo legal, perante a embaixada do Brasil estabelecida no país onde se encontrar, sob pena de incidência de multa eleitoral.

COMENTÁRIOS

Alternativa correta "a". Vide artigo 53 da Resolução 21.538. do TSE.

Alternativa "b" – Errada. Em resguardo da privacidade do cidadão, não se fornecerão informações de caráter personalizado constantes do cadastro eleitoral.

Alternativa "c" – Errada. Quando houver denúncia fundamentada de fraude no alistamento de uma zona ou município, **o** Tribunal Regional Eleitoral – e não o juiz eleitoral – poderá determinar a realização de correição e, provada a fraude em proporção comprometedora, ordenará, comunicando a decisão ao Tribunal Superior Eleitoral, a revisão do eleitorado, obedecidas as instruções contidas nesta resolução e as recomendações que subsidiariamente baixar, com o cancelamento de ofício das inscrições correspondentes aos títulos que não forem apresentados à revisão.

Alternativa "d" – Errada. Não há revisão de eleitorado em ano eleitoral, exceto em hipóteses especiais previstas legalmente, correspondendo, portanto a uma conduta excepcional.

Alternativa "e" – Errada. A justificativa do eleitor que estava fora do país no dia da eleição, deverá ocorrer até trinta dias da data de sua chegada ao Brasil.

Direito Eleitoral

Gustavo Bugalho

✦ DICAS (RESUMO)

1. CONCEITOS, FONTES E PRINCÍPIOS DO DIREITO ELEITORAL

Conceitos

O Direito Eleitoral, em sua conceituação, tem como ponto principal os direitos políticos e as eleições, sendo ligado diretamente com o Processo Democrático. A partir destes termos, nascem os principais conceitos este ramo do Direito.

Para Joel José Candido, Direito Eleitoral é o ramo do Direito Público que trata de institutos relacionados com os direitos políticos e das eleições, em todas as suas fases, como forma de escolha dos titulares dos mandatos eletivos e das instituições do Estado."

O autor Djalma Pinto, conceitua o Direito Eleitoral como sendo o ramo do Direito Público que disciplina a criação dos partidos, o ingresso do cidadão no corpo eleitoral para a fruição dos direitos políticos, o registro das candidaturas, a propaganda eleitoral, o processo e a investidura no mandato eletivo."

Desta maneira, é possível entender o Direito Eleitoral como a ciência do Direito que objetiva disciplinar e estudar as normas, regramentos e institutos reguladores do processo legislativo lato sensu, determinando assim as condições sob as quais reger-se-ão os direitos políticos, o registro das candidaturas, a propaganda eleitoral, o processo e a investidura no mandato eletivo.

Fontes do Direito Eleitoral:

O Direito Eleitoral, como as demais áreas do Direito, detém algumas fontes essenciais para sua correta interpretação e aplicação.

Destas fontes, podemos obter a seguinte classificação:

Fontes Diretas:

a) Constituição Federal – Em especial os Capítulos IV e V de seu Título I, bem como Título IV da Constituição Federal, que trata da Organização dos Poderes.

b) Lei dos Partidos Políticos

c) Código Eleitoral

d) Lei das Inelegibilidades

e) Lei das Eleições

f) Resoluções do TSE.

Fontes indiretas:

a) Doutrina Eleitoral

b) Jurisprudência Eleitoral

c) Doutrinas, normas e jurisprudências de outras áreas do Direito.

Objeto:

O objeto principal do Direito Eleitoral, é o Processo Eleitoral considerado em seu conceito amplo, ou seja, todos os atos vinculados direta ou indiretamente com a disputa eleitoral.

Conforme previsto pela Constituição Federal, o processo eleitoral brasileiro, ou seja, o instrumento através do qual o cidadão é chamado a exercer seu Poder, através do voto, é composto das seguintes modalidades.

Eleições Ordinárias – Realizadas em primeiro turno no primeiro domingo de outubro do último ano de mandato. Em caso de haver segundo turno para as eleições do Poder Executivo, este ocorrerá sempre no último domingo do mencionado mês de outubro (Vide adiante, as hipóteses em que haverá Segundo Turno).

São realizadas alternadamente entre Eleições Gerais, nas quais os cidadãos deverão escolher seus representantes para os mandatos de Presidente da República, Senador, Deputado Federal, Governador e Deputado Estadual, e eleições municipais, nas quais os cidadãos escolherão seus representantes municipais, ou seja, Prefeito e Vereadores.

Nas Eleições Gerais, os candidatos são escolhidos pelo número e, na seguinte ordem:	
Deputado Estadual	▸ composto por cinco algarismos
Deputado Federal	▸ composto por quatro algarismos
Senador	▸ composto por três algarismos
Governador	▸ composto por dois números
Presidente	▸ composto por dois números

Nas Eleições Gerais, os candidatos são escolhidos pelo número e, na seguinte ordem:	
Nas Eleições Municipais, serão escolhidos	
Vereadores	▸ compostos por cinco números
Prefeito Municipal	▸ composto por dois números.

Plebiscito – Votação na qual a população se manifesta prol ou contra medida legislativa de relevante influência à suas vidas, antes desta medida entrar em pleno vigor.

Foi utilizado quando da realização da revisão constitucional, então prevista Constitucionalmente, tendo ocorrido no ano de 1993.

Referendo – Nesta modalidade, o povo é chamado a se manifestar, por via de votação, em prol ou contra a manutenção de medida legislativa de relevante influência às suas vidas, após sua entrada em vigor.

A título de exemplo, pode-se citar o referendo que tratava sobre a campanha do desarmamento, ocorrido em 2006.

Eleições Extraordinárias – Realizadas sempre que a legislação determinar, em data a ser fixada em cada caso, pela Justiça Eleitoral, quando ocorrer hipóteses de nulidade ou anulação de eleições, que serão tratadas adiante.

Tal modalidade tem ocorrido com certa constância, em especial nas eleições municipais, especialmente em casos em que há a decretação de nulidade dos votos do candidato vencedor, em virtude de ação de investigação judicial eleitoral, recurso contra diplomação e/ou ação de impugnação de mandato eletivo.

Princípios do Direito Eleitoral:

Princípios são condições essenciais e abstratas de que regulam o Direito. No caso do Direito Eleitoral, têm-se diversos princípios essenciais. Alguns deles regulam o panorama político e eleitoral como um todo e são previstos constitucionalmente. Outros, têm uma atuação específica e podem se encontrar implícitos em outros princípios e normas.

Entre os princípios fundamentais do Direito Eleitoral, pode-se citar:

Soberania Popular:

Este é o princípio base de todo o processo eleitoral e do Direito Eleitoral. É o princípio essencial do Direito Eleitoral uma vez que confere ao povo o poder absoluto de determinar os caminhos do país. Este princípio está expresso no artigo primeiro da Constituição Federal e será exercido, em regra, de maneira indireta, ou seja, através de representantes escolhidos pelos cidadãos. É a denominada democracia indireta.

A soberania popular será exercida pelos seguintes instrumentos:

a) Voto.

b) Plebiscito

c) Referendo.

d) Iniciativa Popular.

O voto, plebiscito e o referendo, já foram tratados em capítulo anterior.

No que tange à Iniciativa Popular, esta será exercida diretamente pela população, através da proposição de projetos de leis, desde que apoiada através da a adesão mínima de um por cento da população eleitoral nacional, mediante assinaturas, distribuídos por pelo menos 5 unidades federativas e no mínimo três décimos por cento dos eleitores em cada uma dessas unidades.

É importante notar que os instrumentos "b", "c" e "d" são exemplos de exercício direto da Soberania Popular, embora sejam utilizados de maneira excepcional.

Sufrágio Universal:

De acordo com este princípio, o voto é universal e acessível a todos que preencham os requisitos constitucionais para serem considerados cidadãos e não estejam com seus direitos políticos suspensos, nas hipóteses que serão analisados em capítulo oportuno.

Desta forma, torna-se inadmissível se restringir o direito ao voto em razão de cor, sexo ou quaisquer outras formas de exclusão social.

Voto direto, secreto e com valor igual para todos:

Este princípio busca garantir efetiva de participação do cidadão na condução da coisa pública, afirmando assim a garantia de uma votação segura de pressões e ameaças políticas.

Objetiva também evitar que se realizem votações "por procuração", buscando, assim, que o eleitor manifeste sua real intenção, na busca de prevenir que a legitimidade da vontade expressa seja contestada, para que se obtenha a real manifestação da soberania popular.

Assim, o voto deve ser realizado pelo próprio eleitor, em cabine indevassável que assegure o caráter sigiloso da sua opção e, o voto não poderá ter "peso" diferente em função de quaisquer critérios um em relação a outro. Deverá ter indistinto e idêntico valor.

Liberdade partidária:

Este princípio poderá ser analisado sob duas óticas:

Ótica do Cidadão:	Ótica do Partido:
Garantia de predominância da ideologia particular de cada cidadão, ficando este livre para escolher aquele partido que atenda às suas aspirações ideológicas, ou até mesmo se abster de participar ativamente da política militante. A liberdade partidária garante, inclusive, o direito do cidadão não se filiar a qualquer agremiação política.	Liberdade Assegurada de criação, fusão, organização e extinção de partidos políticos pelo artigo 17 da Constituição Federal, no sentido de que o Poder Público não pode interferir na criação, fusão, incorporação, extinção de partidos e nas normas internas de condutas, bem como em sua ideologia. Por este princípio, o partido político somente está adstrito a observar normas de caráter geral, que dizem respeito ao sistema partidário eleitoral, sem, todavia, a lei adentrar em minúcias estatutárias ou organizativas referentes aos mesmos, situação na qual estaria eivada de profunda inconstitucionalidade. As agremiações partidárias, também, não podem ter caráter paramilitar ou excludente, bem como devem se abster de receber financiamento de governos estrangeiros e determinados grupos que serão estudados oportunamente.

No que diz respeito aos demais princípios, são importantes à citação dos seguintes:

- **Princípio do Pluralismo Político.** Por este princípio, o Estado Brasileiro, admite e aceita todas as modalidades de ideologias e linhas de pensamento político.
- **Princípio da Legalidade.** A lei é de observância obrigatória para que qualquer ato eleitoral detenha condição de validade.
- **Princípio da Celeridade.** Busca-se que todos os atos sejam realizados de maneira célere, e, assim, o processo eleitoral tenha o desfecho rápido.
- **Princípio da Anualidade.** O art. 16 da Constituição Federal prescreve que "a lei que alterar o processo eleitoral entrará em vigor na data de sua publicação, não se aplicando à eleição que ocorra até um ano da data de sua vigência".
- **Princípio da Preclusão.** Este princípio faz considerar que todos os prazos, exceto aqueles de cunho constitucional, são preclusivos, ou seja, há a perda do direito ao ato pelo seu não exercício no momento correto.

Outros princípios que podem ser citados:

- **Princípio da proporcionalidade**
- **Princípio do impulso oficial**

No que é pertinente especificamente à propaganda eleitoral, é conveniente citar os seguintes princípios:

- **Legalidade** – Somente se permite a realização das modalidades de propaganda nos moldes e limites estabelecidos pela lei.
- **Liberdade** – Não se pode aplicar qualquer restrição à propaganda eleitoral exceto aquelas regularmente previstas por lei.
- **Responsabilidade** – O candidato é responsável pela propaganda eleitoral veiculada em seu nome.
- **Igualdade** – Deve-se tratar igualmente todos os candidatos e partidos no que diz respeito à possibilidade de realizar propaganda eleitoral, nos limites da legislação.
- **Disponibilidade** – Diretamente ligado ao princípio da liberdade, permite que ao candidato ou partido se dê a possibilidade de escolher a modalidade que lhe convier, dentro daquelas permitidas legalmente.
- **Controle Judicial da Propaganda** – A propaganda eleitoral está submetida ao controle judicial em seus excessos e ilicitudes.
- **Proibição de pré-candidatura** – A legislação eleitoral veda a realização de propaganda eleitoral de candidatos anteriormente à sua escolha em convenção e posterior registro. A propaganda eleitoral só é permitida após o dia 05 de julho do ano eleitoral.

2. NORMAS GERAIS DE DIREITO ELEITORAL E SISTEMAS ELEITORAIS

Sistemas Eleitorais.

O Sistema Eleitoral é o instituto, o meio responsável pela regulamentação do movimento político eleitoral. É através do conceito de Sistema Eleitoral que são definidos os procedimentos para escolha de governantes e a forma de distribuição dos votos e das cadeiras eletivas existentes.

No ordenamento jurídico-constitucional brasileiro, temos duas modalidades distintas de Sistemas Eleitorais: Majoritário e Proporcional.

Majoritário:

No Sistema Majoritário tem-se por eleito o candidato que atingir o voto da maioria dos eleitores. O Sistema Majoritário Brasileiro considera apenas os votos válidos, excluindo-se os votos nulos e os votos em branco.

Dentro deste Sistema Majoritário existem duas subespécies ou subsistemas reconhecidos: O Sistema Majoritário Simples e o Sistema Majoritário de dois turnos.

No Sistema Majoritário Simples, considera-se eleito o candidato que obtém o maior número de votos entre todos os candidatos da respectiva eleição No Brasil, Sistema Majoritário Simples é o sistema adotado nas eleições para Senador nos termos do artigo 46 da Constituição Federal.

No Sistema Majoritário em Dois Turnos, considera-se vencedor o candidato que, em primeiro turno, não se contabilizando os votos brancos e nulos (artigo 77), obtiver a maioria absoluta dos votos.

Por maioria absoluta deve-se entender o primeiro número inteiro acima de cinquenta por cento dos votos válidos, isto é, excluídos os votos brancos e nulos.

Se este coeficiente não for atingido, os dois candidatos mais votados vão para uma disputa direta em segundo turno.

Novamente, neste caso, haverá a prevalência para aquele candidato que atingir os cinquenta por cento mais um da totalidade de votos válidos.

No Brasil é prevista a hipótese do segundo turno na eleição Presidencial, as eleições para Governadores de Estado. É prevista também nas eleições para Prefeito Municipal APENAS nos municípios que tenham mais de duzentos mil eleitores inscritos (E não habitantes, como se confunde normalmente).

Se houver a morte, renúncia, desistência ou impedimento antes da realização do primeiro turno?

Neste caso, o partido prejudicado poderá substituir o candidato, podendo manter o vice se lhe for de interesse.

Se houver, antes da votação para o Segundo Turno a morte, renúncia, desistência ou impedimento do candidato que foi para o segundo turno?

Convoca-se para este segundo turno o candidato de maior votação entre os candidatos remanescentes.

Se houver empate no Segundo Turno?

Elege-se o candidato mais idoso.

Sistema Proporcional.

Neste, os votos, em primeiro momento, são distribuídos para o partido.

Em nosso ordenamento jurídico, o Sistema Proporcional está presente nas eleições para Deputados Federais, Estaduais, Distritais (Distrito Federal) e Vereadores.

Para se chegar ao resultado, é necessária a aplicação de uma fórmula aritmética de contabilização dos votos.

É a seguinte:

1) Calcula-se quociente eleitoral:

Este quociente eleitoral é o número mínimo de votos que o partido deve obter para entrar na distribuição das cadeiras da Casa sob disputa. *Número de Votos Válidos (Excluídos Brancos, Nulos) / Número de cadeiras em disputa.*

Assim, temos a seguinte situação hipotética:

Determinado município A tem 30 mil eleitores. Destes, 25 mil foram votos válidos e 5 mil foram brancos ou nulos.

Para o mencionado Município A, estão em disputa 10 cadeiras de Vereadores (números arredondados para facilitar a explicação).

Desta forma, divide-se 25 mil votos válidos por dez cadeiras, e, como resultado se tem que cada partido, para atingir o coeficiente eleitoral deve ter obtido um número mínimo de 2.500 votos válidos.

25.000 / 10 = 2.500

Quociente Eleitoral = 2.500 votos

2) Depois calcula-se o Quociente Partidário:

Número de cadeiras que cada partido, dentre os que atingiram o quociente eleitoral, vai ter direito no cargo disputado. *Número de votos na legenda ou nos candidatos da legenda dividido pelo Quociente eleitoral.*

Assim, no nosso exemplo anterior, temos: O Partido "Zegna" obteve uma votação total (em seus candidatos ou na legenda) de 8 mil votos. Desta forma, divide-se 8 mil votos por 2.500, que é o quociente eleitoral que calculamos anteriormente, perfazendo um resultado de 3, 2.

Desta forma, em princípio, despreza-se a decimal posterior à vírgula e obtém-se o número de cadeiras inicialmente atribuídas ao partido: 03.

Assim, terão direito a ocupar a cadeira para vereador, os três candidatos mais votados dentro do Partido Zegna, se estes tiverem obtido a votação nominal mínima do artigo 108 da lei das eleições, ou seja, 10% do número de votos do Quociente Eleitoral.

Vale notar que, se houver coligação, os votos de ambos os partidos deverão ser somados.

$$\text{Quociente Partidário (Nº de Cadeiras)} = \frac{\text{Nº de Votos do Partido}}{\text{Quociente Eleitoral}}$$

Vagas Remanescentes:

Se, ainda assim, após realizadas essas operações ainda estiverem vagas cadeiras na Casa Legislativa em questão calcular-se-á a sobra eleitoral, dividindo-se a votação dos partidos pelo quociente partidário mais um, fazendo-se esta operação até que se tenha todas as cadeiras preenchidas, sempre que se tenha, no partido, candidato com a votação nominal mínima nos termos do artigo 108 da lei eleitoral.

O citado artigo 108, estabelece:

> *"Art. 108. Estarão eleitos, entre os candidatos registrados por um partido ou coligação que tenham obtido votos em número igual ou superior a 10% (dez por cento) do quociente eleitoral, tantos quantos o respectivo quociente partidário indicar, na ordem da votação nominal que cada um tenha recebido."*

PRESTE ATENÇÃO!!!!

Atente-se que tanto nas eleições majoritárias como nas proporcionais, a substituição de candidato só se efetivará se o novo pedido for apresentado até 20 (vinte) dias antes do pleito, exceto em caso de falecimento de candidato, quando a substituição poderá ser efetivada após esse prazo." Essa norma passou a ser prevista desta maneira com a lei 12.891/2013 e passou a valer a partir das eleições de 2016.

A decisão da Justiça Eleitoral que importe o indeferimento do registro, a cassação do diploma ou a perda do mandato de candidato eleito em pleito majoritário acarreta, após o trânsito em julgado, a realização de novas eleições, independentemente do número de votos anulados. Esta eleição corre às expensas da Justiça Eleitoral e será:

> *"I - indireta, se a vacância do cargo ocorrer a menos de seis meses do final do mandato;*
>
> *II - direta, nos demais casos.*

Sistema Misto:

Tem características de ambos os Sistemas na regulamentação da disputa de um mesmo cargo eletivo. No Brasil não se aplica.

Em alguns concursos, já se questionou as hipóteses da existência de candidato único. Neste caso, na eleição majoritária, o candidato deve ser submetido a dois turnos de votação, tenha o município mais ou menos de duzentos mil eleitores. Em primeiro turno, precisará de 50%+1 dos votos válidos. Ao partir para o segundo turno, ele vai concorrer com os votos nulos. Se tiver mais votos do que o número de votos nulos, ou até mesmo em idêntica quantidade, o candidato único é proclamado prefeito. Se houver mais votos nulos do que para o candidato, é realizada nova eleição.

Normas Gerais do Direito Eleitoral.

A Constituição Federal estabelece capítulos com as normas fundamentais de Direito Eleitoral.

O Capítulo IV da Constituição Federal estabelece algumas destas normas gerais de Direito Eleitoral e é dividido em três artigos.

No primeiro artigo, o artigo 14, determina-se que a **soberania popular** será exercida pelo **sufrágio universal direto e secreto**, e especialmente **através do plebiscito, do referendo e da iniciativa popular**.

Em seguida, estabelece a **obrigatoriedade do alistamento eleitoral** para **os maiores de dezoito anos** e a facultatividade para os **analfabetos, maiores de setenta e àqueles entre dezesseis e dezoito anos**.

Proíbe o alistamento aos **estrangeiros e aos militares conscritos.**

Posteriormente, a Constituição Federal determina as condições de elegibilidade:	▸ Nacionalidade brasileira
	▸ Pleno exercício do direito político
	▸ Alistamento eleitoral
	▸ Domicílio eleitoral na circunscrição
	▸ Filiação partidária

A própria Constituição Federal estabelece a idade mínima para o cidadão se eleger, que são as seguintes:

- 18 anos para Vereador
- 21 anos para Prefeito, Deputado Federal e Deputado Estadual, Vice-Prefeito e Juiz de Paz.
- 30 anos para Governador de Estado, Governador do Distrito Federal e Vice-Governadores.
- 35 anos para Senador, Presidente e Vice-Presidente da República.

A idade mínima constitucionalmente estabelecida como condição de elegibilidade é verificada tendo por referência a data da posse, salvo quando fixada em dezoito anos, hipótese em que será aferida na data-limite para o pedido de registro. A exceção se dá na disputa para o mandato de vereador, na qual a verificação do alcance da idade mínima deverá ocorrer por ocasião do registro. Essa mudança, realizada em 2015, decorre da utilização, muitas vezes, de candidatos menores de idade, portanto inimputáveis, que se registravam apenas para cometer crimes eleitorais no decorrer da campanha.

O artigo 14 também determina que a lei regulamentará os outros casos e inelegibilidade. Isto já foi feito através da lei complementar 64/90. Determina também a possibilidade de impugnação do mandato quando for o caso de abuso do poder econômico, corrupção ou fraude de direitos políticos, serão possíveis, vedando expressamente a possibilidade de cassação de tais direitos.

Por sua vez, fechando o capítulo, o artigo 16 estabelece que, embora entre em vigor na data da publicação, a lei que alterar o processo eleitoral não será aplicada às eleições que ocorram até um ano após a data da vigência.

Tais normas serão estudadas oportunamente.

Capítulo próprio vai tratar especificamente das normas gerais dos partidos políticos.

Neste Capítulo, o constituinte achou por bem garantir expressamente a liberdade partidária, explicitando ser livre a criação, fusão, incorporação e extinção de partidos políticos, estabelecendo apenas alguns requisitos de caráter amplo e geral, para a criação de tais partidos, conforme já mencionamos entre os princípios do Direito Eleitoral.

É imperativo que o partido tenha caráter nacional, preste contas à Justiça Eleitoral, enquanto proíbe-se o recebimento de recursos financeiros de entidade ou governo estrangeiro, sua subordinação a estes ou que o partido tenha caráter paramilitar.

Organização Judiciária Eleitoral

Apesar de não ter um quadro permanente de magistrados especializados na matéria, a Justiça Eleitoral Brasileira, além de ser uma das mais avançadas do mundo, detém um quadro organizado.

São órgãos da Justiça Eleitoral:

I – TRIBUNAL SUPERIOR ELEITORAL:	
SEDE	▸ Capital da República e jurisdição em todo o País;
COMPOSIÇÃO	▸ 07 ministros, distribuídos da seguinte maneira:
	▸ 03 advindos dentre os Ministros do STF
	▸ 02 advindos do STJ
	▸ 02 nomeados pelo Presidente da República, dentre seis advogados de notável saber jurídico e idoneidade moral, indicados pelo STF.
	▸ O Presidente e o Vice-Presidente serão eleitos entre os três ministros do STF e o Corregedor Eleitoral, entre os dois ministros do STJ, através de eleição, cujas disposições particulares serão estabelecidas no Regimento Interno do TSE.
	▸ São eleitos, também, substitutos, em número igual para cada categoria de Ministros.
MANDATO:	▸ 2 anos, no mínimo, com possibilidade de renovação por mais dois anos.

II – TRIBUNAIS REGIONAIS ELEITORAIS:	
COMPOSIÇÃO	▸ 07 Juízes (também chamados de Desembargadores).
SEDE	▸ Na capital de cada estado.
DISTRIBUIÇÃO	▸ 02 juízes dentre os desembargadores do Tribunal de Justiça;
	▸ 02 juízes, dentre juízes de direito, escolhidos pelo Tribunal de Justiça;
	▸ 01 juiz do Tribunal Regional Federal com sede na Capital do Estado ou no Distrito Federal, ou, não havendo, de juiz federal, escolhido, em qualquer caso, pelo Tribunal Regional Federal respectivo
	▸ por nomeação, pelo Presidente da República, de dois juízes dentre seis advogados de notável saber jurídico e idoneidade moral, indicados pelo Tribunal de Justiça.
	▸ O Tribunal Regional Eleitoral elegerá seu Presidente e o Vice-Presidente – dentre os desembargadores.

III – JUÍZES ELEITORAIS:
São magistrados da Justiça Estadual, designados pelo TRE para presidir as Zonas Eleitorais, menor fração territorial com jurisdição dentro de uma circunscrição judiciária eleitoral.
É possível, entretanto, aos juízes em estágio probatório, exercerem as funções de juízes eleitorais titulares das Zonas Eleitorais. Note-se que os juízes exercem as funções eleitorais de modo cumulativo com a jurisdição comum.

IV – JUNTAS ELEITORAIS:	
Órgãos colegiados de primeira instância da Justiça Eleitoral.	
COMPOSIÇÃO	São compostas por dois ou quatro membros, mais seu presidente que é o Juiz de Direito, totalizando três ou cinco membros.
	Os demais membros da Junta Eleitoral, com exceção do Presidente, poderão ser leigos, sem formação jurídica.

IMPEDIMENTOS:

Os membros da Junta Eleitoral serão nomeados com 60 dias antes das eleições. Não poderão fazer parte da Junta Eleitoral as seguintes pessoas:

I. os candidatos e seus parentes, ainda que por afinidade, até o segundo grau, inclusive, e bem assim o cônjuge;

II. os membros de diretorias de partidos políticos devidamente registrados e cujos nomes tenham sido oficialmente publicados;

III. as autoridades e agentes policiais, bem como os funcionários no desempenho de cargos de confiança do Executivo;

IV. os que pertencerem ao serviço eleitoral.

COMPETÊNCIA DOS ÓRGÃOS DA JUSTIÇA ELEITORAL.

A competência dos órgãos da Justiça Eleitoral será estabelecida em Lei Complementar.

A Constituição Federal, entretanto, estabelece no artigo 121 as competências recursais e de recorribilidade dos órgãos da Justiça Eleitoral.

TRIBUNAL SUPERIOR ELEITORAL:

O Tribunal Superior Eleitoral é competente para julgar recursos advindos das decisões dos Tribunais Regionais Eleitorais quando:

I. forem proferidas contra disposição expressa desta Constituição ou de lei;

II. ocorrer divergência na interpretação de lei entre dois ou mais tribunais eleitorais;

III. versarem sobre inelegibilidade ou expedição de diplomas nas eleições federais ou estaduais;

IV. anularem diplomas ou decretarem a perda de mandatos eletivos federais ou estaduais;

V. denegarem "habeas-corpus", mandado de segurança, "habeas-data" ou mandado de injunção.

A regulamentação desta matéria ficou por conta do Código Eleitoral, nos respectivos artigos. 22 e 23 (TSE), arts, 29 e 30 (TREs), art. 35 (Juízes Eleitorais) e arts. 40, 195 e 196 (Juntas Eleitorais).

O art. 22 do Código Eleitoral prevê que, compete ao Tribunal Superior Eleitoral processar e julgar originariamente:

a) o registro e a cassação de registro de partidos políticos, dos seus Diretórios Nacionais e de candidatos a Presidência e Vice-Presidência da República;

b) os conflitos de jurisdição entre Tribunais Regionais e Juízes Eleitorais de Estados diferentes;

c) a suspeição ou impedimento aos seus membros, ao Procurador-Geral e aos funcionários da sua Secretaria;

d) os crimes eleitorais e os comuns que lhes forem conexos cometidos pelos seus próprios Juízes e pelos Juízes dos Tribunais Regionais;

e) o *habeas corpus* ou *mandado de segurança*, em matéria eleitoral, relativos a atos do Presidente da República, dos Ministros de Estado e dos Tribunais Regionais; ou, ainda, o *habeas corpus* quando houver perigo de se consumar a violência antes que o Juiz competente possa prover sobre a impetração;

f) as reclamações relativas a obrigações impostas por lei aos partidos políticos, quanto à sua contabilidade e à apuração da origem dos seus recursos;

g) as impugnações à apuração do resultado geral, proclamação dos eleitos e expedição de diploma na eleição de Presidente e Vice-Presidente da República;

h) os pedidos de desaforamento dos feitos não decididos nos Tribunais Regionais dentro de trinta dias da conclusão ao Relator, formulados por partido, candidato, Ministério Público ou parte legitimamente interessada;

i) as reclamações contra os seus próprios Juízes que, no prazo de trinta dias a contar da conclusão, não houverem julgado os feitos a eles distribuídos;

j) a ação rescisória, nos casos de inelegibilidade, desde que intentada dentro do prazo de cento e vinte dias de decisão irrecorrível, *possibilitando-se o exercício do mandato eletivo até o seu trânsito em julgado*;

Compete ao Tribunal Superior Eleitoral julgar os recursos interpostos das decisões dos Tribunais Regionais nos termos do art. 276 do Código Eleitoral, inclusive os que versarem de matéria administrativa.

O Artigo 23 do Código Eleitoral estabelece, também, um rol de competências organizativas do Tribunal Superior Eleitoral:

I – elaborar o seu Regimento Interno;

II – organizar a sua Secretaria e a Corregedoria-Geral, propondo ao Congresso Nacional a criação ou extinção dos cargos administrativos e a fixação dos respectivos vencimentos, provendo-os na forma da lei;

III – conceder aos seus membros licença e férias, assim como afastamento do exercício dos cargos efetivos;

IV – aprovar o afastamento do exercício dos cargos efetivos dos Juízes dos Tribunais Regionais Eleitorais;

V – propor a criação de Tribunal Regional na sede de qualquer dos Territórios;

VI – propor ao Poder Legislativo o aumento do número dos Juízes de qualquer Tribunal Eleitoral, indicando a forma desse aumento;

VII – fixar as datas para as eleições de Presidente e Vice-Presidente da República, Senadores e Deputados Federais, quando não o tiverem sido por lei;

VIII – aprovar a divisão dos Estados em Zonas Eleitorais ou a criação de novas Zonas;

IX – expedir as instruções que julgar convenientes à execução deste Código;

X – fixar a diária do Corregedor-Geral, dos Corregedores Regionais e auxiliares em diligência fora da sede;

XI – enviar ao Presidente da República a lista tríplice organizada pelos Tribunais de Justiça, nos termos do art. 25;

XII – responder, sobre matéria eleitoral, às consultas que lhe forem feitas em tese por autoridade com jurisdição federal ou órgão nacional de partido político;

XIII – autorizar a contagem dos votos pelas Mesas Receptoras nos Estados em que essa providência for solicitada pelo Tribunal Regional respectivo;

XIV – requisitar força federal necessária ao cumprimento da lei, de suas próprias decisões ou das decisões dos Tribunais Regionais que o solicitarem, e para garantir a votação e a apuração;

XV – organizar e divulgar a súmula de sua jurisprudência;

XVI – requisitar funcionários da União e do Distrito Federal quando o exigir o acúmulo ocasional do serviço de sua Secretaria;

XVII – publicar um *boletim eleitoral*;

XVIII – tomar quaisquer outras providências que julgar convenientes à execução da legislação eleitoral.

TRIBUNAIS REGIONAIS ELEITORAIS:

O artigo 29 do Código Eleitoral regulamenta que ao Tribunais Regionais Eleitorais estes compete **processar e julgar originariamente:**

a) o registro e o cancelamento do *registro* dos *Diretórios Estaduais e Municipais* de partidos políticos, bem como de candidatos a Governador, Vice-Governador e membro do Congresso Nacional e das Assembleias Legislativas;

b) os conflitos de jurisdição entre Juízes Eleitorais do respectivo Estado;

c) a suspeição ou impedimentos aos seus membros, ao Procurador Regional e aos funcionários da sua Secretaria, assim como aos Juízes e *Escrivães Eleitorais*;

d) os crimes eleitorais cometidos pelos Juízes Eleitorais;

e) o *habeas corpus* ou mandado de segurança em matéria eleitoral contra ato de autoridades que respondam perante os Tribunais de Justiça por crime de responsabilidade e, em grau de recurso, os denegados ou concedidos pelos Juízes Eleitorais; ou, ainda, o *habeas corpus* quando houver perigo de se consumar a violência antes que o Juiz competente possa prover sobre a impetração;

f) as reclamações relativas a obrigações impostas por lei aos partidos políticos, quanto à sua contabilidade e à apuração da origem dos seus recursos;

g) os pedidos de desaforamento dos feitos não decididos pelos Juízes Eleitorais em trinta dias da sua conclusão para julgamento, formulados por partido, candidato, Ministério

Público ou parte legitimamente interessada, sem prejuízo das sanções decorrentes do excesso de prazo;

Os Tribunais Regionais Eleitorais são competentes também para **julgar os recursos interpostos:**

a) dos atos e das decisões proferidas pelos Juízes e Juntas Eleitorais;

b) das decisões dos Juízes Eleitorais que concederem ou denegarem *habeas corpus* ou mandado de segurança.

Competências organizativas do Tribunal Regional Eleitoral:

a) Elaborar o seu Regimento Interno;

b) organizar a sua Secretaria e a Corregedoria Regional, provendo-lhes os cargos na forma da lei,

c) propor ao Congresso Nacional, **por intermédio do Tribunal Superior, a criação ou supressão de cargos e a fixação dos respectivos vencimentos;**

d) conceder aos seus membros e aos Juízes Eleitorais licença e férias, assim como afastamento do exercício dos cargos efetivos, submetendo, quanto àqueles, a decisão à aprovação do Tribunal Superior Eleitoral;

e) fixar a data das eleições de **Governador e Vice-Governador, Deputados Estaduais, Prefeitos, Vice-Prefeitos, Vereadores e Juízes de Paz, quando não determinada por disposição constitucional ou legal**;

f) constituir as Juntas Eleitorais e designar a respectiva sede e jurisdição; indicar ao Tribunal Superior as Zonas Eleitorais ou Seções em que a contagem dos votos deva ser feita pela Mesa Receptora;

g) apurar, com os resultados parciais enviados pelas Juntas Eleitorais, os resultados finais das eleições de Governador e Vice-Governador, de membros do Congresso Nacional e expedir os respectivos diplomas, remetendo dentro do prazo de 10 (dez) dias após a diplomação, ao Tribunal Superior, cópia das atas de seus trabalhos;

h) responder, sobre matéria eleitoral, às consultas que lhe forem feitas, em tese, por autoridade pública ou partido político; dividir a respectiva circunscrição em Zonas Eleitorais, submetendo esta divisão, assim como a criação de novas Zonas, à aprovação do Tribunal Superior; aprovar a designação do ofício de Justiça que deva responder pela Escrivania Eleitoral durante o biênio;

I. requisitar a força necessária ao cumprimento de suas decisões e solicitar ao Tribunal Superior a requisição de *força federal;*

j) autorizar, no Distrito Federal e nas capitais dos Estados, ao seu Presidente e, no interior, aos Juízes Eleitorais, a requisição de funcionários federais, estaduais ou municipais para auxiliarem os *Escrivães Eleitorais*, quando o exigir o acúmulo ocasional do serviço; requisitar funcionários da União e, ainda, no Distrito Federal e em cada Estado ou Território, funcionários dos respectivos quadros administrativos, no caso de acúmulo ocasional de serviço de suas Secretarias; aplicar as penas disciplinares de advertência e de suspensão, até 30 (trinta) dias, aos Juízes Eleitorais; cumprir e fazer cumprir as decisões e instruções do Tribunal Superior;

k) determinar, em caso de urgência, providências para a execução da lei na respectiva circunscrição; organizar o fichário dos eleitores do Estado;

l) suprimir os mapas parciais de apuração, mandando utilizar apenas os boletins e os mapas totalizadores, desde que o menor número de candidatos às eleições proporcionais justifique a supressão, observadas as seguintes normas: qualquer candidato ou partido poderá requerer ao Tribunal Regional que suprima a exigência dos mapas parciais de apuração;

ATENÇÃO: Note que, da decisão do Tribunal Regional, qualquer candidato ou partido político poderá, no prazo de três dias, recorrer para o Tribunal Superior, que decidirá em cinco dias; a supressão dos mapas parciais de apuração só será admitida até seis meses antes da data da eleição; os boletins e mapas de apuração serão impressos pelos Tribunais Regionais, depois de aprovados pelo Tribunal Superior; o Tribunal Regional ouvirá os partidos na elaboração dos modelos dos boletins e mapas de apuração, a fim de que estes atendam às peculiaridades locais, encaminhando os modelos que aprovar, acompanhados das sugestões ou impugnações formuladas pelos partidos, à decisão do Tribunal Superior.

JUÍZES ELEITORAIS:

São atribuições dos juízes eleitorais:

a) cumprir e fazer cumprir as decisões e determinações do Tribunal Superior e do Regional;

b) processar e julgar os crimes eleitorais e os comuns que lhe forem conexos, ressalvada a competência originária do Tribunal Superior e dos Tribunais Regionais;

c) decidir *habeas corpus* e mandado de segurança em matéria eleitoral, desde que essa competência não esteja atribuída privativamente à instância superior; fazer as diligências que julgar necessárias à ordem e presteza do serviço eleitoral;

d) tomar conhecimento das reclamações que lhe forem feitas verbalmente ou por escrito, reduzindo-as a termo, e determinando as providências que cada caso exigir; indicar, para aprovação do Tribunal Regional, a serventia de Justiça que deve ter o anexo da Escrivania Eleitoral;

e) dirigir os processos eleitorais e determinar a inscrição e a exclusão de eleitores;

f) expedir títulos eleitorais e conceder transferência de eleitor; dividir a Zona em Seções Eleitorais;

g) mandar organizar, em ordem alfabética, relação dos eleitores de cada Seção, para remessa à Mesa Receptora, juntamente com a pasta das *folhas individuais de votação*; ordenar o registro e cassação do registro dos candidatos aos cargos eletivos municipais e comunicá-los ao Tribunal Regional;

h) designar, até 60 (sessenta) dias antes das eleições, os locais das Seções.

I. nomear, 60 (sessenta) dias antes da eleição, em audiência pública anunciada com pelo menos 5 (cinco) dias de antecedência, os membros das Mesas Receptoras;

j) instruir os membros das Mesas Receptoras sobre as suas funções;

k) providenciar para a solução das ocorrências que se verificarem nas Mesas Receptoras;

l) tomar todas as providências ao seu alcance para evitar os atos viciosos das eleições;

m) fornecer aos que não votaram por motivo justificado e aos não alistados, por dispensados do alistamento, um certificado que os isente das sanções legais;

n) comunicar, até as 12 horas do dia seguinte à realização da eleição, ao Tribunal Regional e aos Delegados de partidos credenciados, o número de eleitores que votarem em cada uma das Seções da Zona sob sua jurisdição, bem como o total de votantes da Zona.

JUNTA ELEITORAL:

A competência e as atribuições da Junta Eleitoral estão previstas no artigo 40 do Código Eleitoral:

a) Apurar, no prazo de 10 (dez) dias, as eleições realizadas nas Zonas Eleitorais sob a sua jurisdição; resolver as impugnações e demais incidentes verificados durante os trabalhos da contagem e da apuração; expedir os boletins de apuração mencionados no art. 179 do Código Eleitoral;

b) expedir diploma aos eleitos para cargos municipais.

IMPORTANTE: Já foi objeto de perguntas de concursos públicos, sobre a existência de quarentena de saída para juízes eleitorais. O CNJ decidiu aplicar uma "quarentena" aos juízes da classe de juristas junto aos Tribunais Eleitorais. Esta quarentena é de três anos para voltarem a advogar nos órgãos onde atuavam. Desta maneira, se o juiz eleitoral atuava junto ao TRE/PR, ele não poderá atuar perante tal Tribunal. Não terá problemas, entretanto, se desejar atuar perante o TRE/SP, por exemplo.

3. RECURSOS E IMPUGNAÇÕES

São dois, os momentos nos quais se tem possibilidade de impugnação ao candidato: antes e depois da eleição.

Pré-eleição: Ação de Impugnação de Registro de Candidatura e Ação de Investigação Judicial Eleitoral.

AÇÃO DE IMPUGNAÇÃO DE REGISTRO DE CANDIDATURA

- **Prazo:** 05 dias a partir da publicação do pedido de registro.
- **Legitimados ativos:** Candidatos, Partido, Coligação e Ministério Público.
- **Prova:** Pré-constituída.
- **Testemunhas:** Máximo 03.
- **Contestação:** 07 dias após o término para apresentação das impugnações ou da notificação da impugnação.
- **Alegações finais:** Prazo comum de 05 dias.
- **Sentença:** 03 dias.
- **Recurso:** 03 dias.

Sendo declarada a inelegibilidade, o partido ou coligação poderá escolher substituto, ainda que já tenha terminado o prazo para registro de candidaturas. Importante ressaltar, por ínterim, que a inelegibilidade do titular da candidatura do Poder Executivo não alcança os seus respectivos vices.

AÇÃO DE INVESTIGAÇÃO JUDICIAL ELEITORAL

- **Hipóteses:** Apurar transgressões pertinentes à origem de valores pecuniários, abuso do poder econômico ou político que tenham ocorrido em detrimento da liberdade do voto.
- **Legitimados:** Partidos políticos, candidatos ou coligação.
- **Rito: S**umaríssimo, realizado pelo Corregedor Geral ou pelos Corregedores Regionais Eleitorais, sendo as mesmas partes legítimas acima citadas, autorizadas a apresentar representação indicando fatos e pedindo a abertura de investigação judicial. Em âmbito municipal, a competência é do juiz eleitoral.
- **Contestação:** 05 dias.
- **Testemunhas:** Máximo de 06.
- **Alegações finais:** 02 dias.
- **Efeitos:** Se o Tribunal julgar procedente a representação, este declarará a inelegibilidade dos responsáveis por cada ato por oito anos, nos termos da lei da "Ficha Limpa", bem como determinará a remessa dos autos aos órgãos de praxe para as providências cabíveis.
- **Má-fé:** É tipificada como crime, pelo artigo 25 da LC 64/90, e será apenada com detenção de seis meses a dois anos e multa.
- **Pós-eleição:** Recurso contra a Diplomação e a Ação de Impugnação de Mandato Eletivo.

AÇÃO DE IMPUGNAÇÃO DE MANDATO ELETIVO

Natureza constitucional, haja vista ser impugnação prevista no artigo 14 da Constituição Federal.

- **Legitimado passivo:** Candidato eleito e diplomado que tenha cometido fraude, corrupção ou abuso do poder econômico, ou, que impeça que o suplente tenha acesso ao mandato nas mesmas condições.
- **Prazo:** 15 dias a partir da diplomação.
- **Provas:** Não há necessidade de se constituir prova inequívoca do abuso do poder econômico, corrupção eleitoral, entre outros. Na inicial da Ação de Impugnação de Mandato Eletivo é necessário somente que se demonstre indícios da ocorrência dos atos que são objetos desta ação.
- **Testemunhas:** Máximo de 06 testemunhas.
- **Contestação:** 07 dias.
- **Alegações finais:** 05 dias.
- **Sentença:** 03 dias.
- **Recurso:** 03 dias. Idem para contrarrazões. Tem efeito suspensivo, ou seja, o sujeito passivo pode exercer o mandato durante seu curso.

RECURSO CONTRA DIPLOMAÇÃO

- **Sujeito passivo:** Candidatos que tiverem alguma inelegibilidade superveniente, e aqueles que tiverem sido diplomados mediante errônea interpretação da lei quanto à aplicação do sistema de representação proporcional, erro de direito ou de fato na apuração final quanto à determinação do quociente eleitoral ou partidário, contagem de votos e classificação de candidato, manifesta contradição com a prova dos autos nas hipóteses de captação de sufrágio e de votação viciada de falsidade, fraude, coação, interferência do poder econômico ou do poder de autoridade.
- **Prazo:** 03 dias, contados a partir da data da sessão de diplomação dos eleitos.
- **Legitimidade Ativa:** Partidos políticos, candidatos para a eleição em foco e o Ministério Público.
- **Provas:** Prova pré-constituída. Ação de Investigação Judicial Eleitoral pode, e deve, ser utilizada como arcabouço probatório do Recurso contra Diplomação.

Ação de Investigação Judicial Eleitoral.

Discute-se se a Ação de Investigação Judicial trata-se de uma Ação ou de uma Investigação Judicial.

Entende-se, para efeitos deste trabalho, a Ação Judicial Eleitoral sob as duas espécies, dependendo da função que se presta a exercer.

Trata-se de Investigação quando é utilizada para produção de prova a fim de se utilizar eventualmente no futuro.

Torna-se ação quando o efeito buscado é a cassação do registro da candidatura de determinado candidato.

Neste último efeito, se a AIJE for julgada procedente com trânsito em julgado, passa a se formar em inelegibilidade geral para todos os cargos eletivos em que a lei complementar 64/90 menciona.

Estarão sujeitos à AIJE aqueles candidatos que praticarem três espécies de abuso:	▸ Abuso do poder econômico, por exemplo, uso da máquina administrativa (servidores, bens móveis ou imóveis públicos).
	▸ Abuso do poder político.
	▸ Abuso dos meios de comunicação social, como por exemplo, a utilização indevida de televisões, rádios e jornais em favor de determinado candidato e/ou em detrimento de outro.

A legitimidade para pleitear a AIJE está afeta aos partidos políticos ou coligações, os candidatos e o Ministério Público.

O objetivo do instrumento ora analisado é demonstrar judicialmente que o candidato praticou tais atos ilegais. Ocorre, todavia, que, os efeitos da medida ora analisada podem ser dividido em dois momentos distintos:

Julgamento antes das eleições	será decretada a inelegibilidade do candidato e seu registro será cassado.
Julgamento após as eleições	se o candidato não for eleito será dado prosseguimento ao julgamento, haja vista que, se procedente o julgamento, ocorrerá ao investigado a inelegibilidade por três anos. Se o candidato foi eleito, a AIJE poderá ser utilizada em Recurso Contra a Diplomação ou Ação de Impugnação de Mandato Eletivo.

O procedimento obedecerá ao seguinte rito processual:

- Distribui-se a inicial com documentos, rol testemunhal de no máximo seis testemunhas e pedido de diligencias a serem realizadas.
- Deferida a inicial, será o requerido notificado para apresentar defesa em cinco dias com documentos, pedido de diligencias e até seis testemunhas e o Ministério Público intimado para se manifestar.

Uma vez apresentada a defesa, poderá ser realizado o julgamento antecipado ou emitido despacho saneador e a consequente abertura da instrução a ser realizada em cinco dias.

Após, serão realizadas diligencias no prazo de três dias, e, excepcionalmente, a oitiva de terceiros.

Após esta fase, será aberto prazo comum ao Ministério Público e às partes para apresentar Alegações Finais em dois dias.

No dia seguinte o procedimento vai concluso para que se emita relatório conclusivo em três dias. Após, é remetido ao Tribunal, no dia seguinte, dando-se vista ao Ministério Público no Tribunal por 48 horas para julgamento pelo Colegiado. Uma vez julgado, caberá recurso no prazo de três dias.

Habeas Corpus Eleitoral

Assim como em matéria de Direito Comum, é possível a interposição deste remédio constitucional nas hipóteses do artigo quinto, LXVIII da Constituição Federal e em Direito Eleitoral é admitido em todas as instâncias.

Seu processamento é feito nos termos do Código de Processo Penal e dos regimentos internos dos Tribunais.

A matéria tratada deverá ser diretamente afeta ao Direito Eleitoral, não sendo possível sua interposição em relação a matérias comuns.

Decidido o remédio pelo Juiz Eleitoral, cabe o Recurso Inominado, que será analisado posteriormente.

Mandado de Segurança Eleitoral

O Mandado de Segurança é cabível no Direito Eleitoral em todos os momentos do processo eleitoral.

Este remédio constitucional poderá ser interposto perante todas as instâncias eleitorais.

Embora a Súmula 257 do STF entenda que não cabe mandado de segurança contra ato judicial passível de recurso ou correção, a jurisprudência vem aceitando a interposição de mandado de segurança para assegurar efeito suspensivo a recursos que normalmente não o tem, desde que se demonstre *fumus boni júris*, do dano irreparável e se observe o prazo para tal.

Mandado de Injunção e Habeas Data Eleitoral

São cabíveis em Direito Eleitoral nas mesmas hipóteses do artigo quinto, LXXI e LXXII da Constituição Federal e foi trazido ao Direito Eleitoral pelo artigo 121, parágrafo quarto, inciso V.

O *Habeas Data* é mais usado atualmente no processamento eletrônico de dados, especialmente nos casos de inscrição eleitoral e alterações nos bancos de dados, inclusive de eleições passadas.

Este remédio pode ser interposto perante as três instâncias eleitorais.

No caso dele ser interposto pelo Partido, poderá ter caráter eleitoral ou de Justiça Comum.

É regulamentado pela lei 9507/97.

Sobre o Mandado de Injunção, somente o caso concreto poderá estabelecer a frequência de sua utilização no Direito Eleitoral.

Ação Rescisória Eleitoral

É fundamentada no artigo 22, I do Código Eleitoral, que foi acrescentado pela Lei Complementar 86/1996.

Esta ação será interposta pelo rito ordinário, nos termos do Código de Processo Civil, combinado com os artigos 485 a 495 da mesma lei.

Será interposta nos casos em que for declarada inelegibilidade ou a suspensão da elegibilidade por meio de prestação jurisdicional, que a rigor é feita através da Ação de Impugnação de Pedido de Registro de Candidatura ou Investigação Judicial Eleitoral, ou, até mesmo, indiretamente, através do Recurso Contra Diplomação e Ação de Impugnação de Mandato Eletivo.

O prazo para ingresso da ação rescisória, que é decadencial, é de 120 dias a partir do trânsito em julgado da decisão que declarou inelegibilidade do candidato.

O legitimado para o ingresso da ação pode ser o vencido no acórdão a ser rescindido, o Partido Político ou Coligação, e até mesmo o Ministério Público Eleitoral.

Embora não seja pacífico o entendimento de sobre quais decisões podem ser objeto da presente ação, entendemos, ao contrário de outros eleitoralistas, que toda decisão transitada em julgado, nos casos elencados pelos artigos fundamentadores da ação, é passível de interposição da presente ação rescisória eleitoral, haja vista que, fossem somente as decisões proferidas pelo TSE passíveis desta ação, haveria uma situação na qual as decisões de instâncias inferiores transitadas em julgado teriam mais força do que as decisões emitidas pelo TSE, haja vista que aquelas não seriam passíveis de revisão, enquanto esta sim.

Recursos Eleitorais

Além das ações acima analisadas, tem-se a diversos recursos eleitorais que podem ser interpostos ao longo de diversas espécies de processos.

Estes recursos, em termos gerais, não têm efeito suspensivo, salvo no caso da Apelação Criminal Eleitoral e algumas outras exceções expressamente citadas pela legislação eleitoral. A lei 13.165/15 passou a considerar como recurso de efeito suspensivo automático, todo aquele que for interposto em decorrência de condenação que resulte em cassação de registro, afastamento do titular ou perda de mandato eletivo.

O prazo para interposição dos recursos eleitorais, em regra, é de três dias, salvo se a legislação eleitoral estabelecer de forma diferente. Isto ocorre, porque o Direito Eleitoral deve ter sua prestação jurisdicional ágil e rápida, de forma a decidir as questões de forma a evitar que a sentença não venha a ser inútil.

A forma de contagem dos prazos em matéria eleitoral se dá, nos casos de matéria civil eleitoral, nos termos do artigo 184 do Código de Processo Civil. No que tange às matérias de Direito Penal Eleitoral, tem-se que os prazos serão contados na forma do artigo 798 do Código de Processo Penal, salvo em algumas hipóteses que a legislação eleitoral estiver prevendo de forma diferente.

Se a matéria, no entanto, for de direito material em assunto criminal eleitoral, deve-se aplicar o artigo 10 do Código Penal, a menos que a legislação eleitoral preveja de forma diferente.

Passa-se, a partir deste momento, a analisar alguns dos principais recursos eleitorais e suas aplicações:

Recursos contra as decisões dos Juízes Eleitorais

Apelação Eleitoral – Este recurso é previsto para os casos de sentença criminal em matéria eleitoral, independentemente se esta for condenatória ou absolutória. Está previsto no artigo 362 do Código Eleitoral e pode ser proposto em dez dias a partir da intimação da sentença, mediante petição ou termo. As razões deverão ser interpostas dentro do mesmo prazo, se o recorrente quiser. Tem efeito suspensivo.

Recurso em Sentido Estrito – A fundamentação deste recurso está no artigo 364 do Código Eleitoral e combinado com os artigos 581 a 592 do Código de Processo Penal, sendo este, especialmente, um recurso de retratação. Pode ser interposto em até cinco dias a contar da intimação da decisão recorrida. As razões do recurso deverão ser feitas juntamente com a interposição.

Revisão Criminal Eleitoral – Embora se discuta a natureza deste recurso, ele será tratado neste capítulo. Tem as mesmas funções da Revisão Criminal comum, sendo de benefício privativo do ré definitivamente condenado e está autorizado pelo artigo 364 do Código Eleitoral.

Recurso Inominado – Este recurso se fundamenta no artigo 265 do Código Eleitoral e é cabível relativamente aos atos, resoluções ou despachos emitidos pelos Juízes Eleitorais, fora da matéria criminal. O prazo para proposição é de três dias.

Todos os atos, despachos e resoluções cíveis eleitorais são analisados através deste Recurso, em princípio, sendo que as principais situações a ensejarem este recurso são:

- decisão que julgar impugnação à designação de escrutinadores e auxiliares.
- decisão que julgar pedido de inscrição eleitoral, se o pedido for com base na lei 6996/82, o prazo para interposição é de cinco dias.

- decisão que apreciar direito de resposta e julgar as representações feitas com base no poder de polícia eleitoral.
- decisão que julgar alegação de impedimento de mesário.
- decisão que julgar reclamação à designação de secções eleitorais.
- decisão que julgar pedido de cancelamento de inscrição ou exclusão de eleitor.
- sentença que julgar a Ação de Impugnação de Pedido de Registro de Candidatura.
- sentença que decidir Ação de Impugnação de Mandato Eletivo.
- decisão que julgar Investigação Judicial Eleitoral.

Recursos Contra Decisões das Juntas Eleitorais

Contra as decisões emitidas pelas Juntas Eleitorais caberá os seguintes recursos para o Tribunal Regional Eleitoral:

Recurso Inominado – Previsto no artigo 165 do Código Eleitoral, e, diferentemente de seu homônimo anteriormente citado, o prazo para interposição não é de três dias, mas imediatamente, a partir da ciência da decisão da Junta Eleitoral, e seu rito será regulamentado na forma dos artigos 169 e seguintes do Código Eleitoral, não sendo recurso de retratação.

Entre outras hipóteses, são atacáveis através deste recurso as seguintes decisões da Junta eleitoral:

- que resolver impugnações e demais incidentes ocorridos durante a contagem e apuração, embora esta hipótese não seja muito aplicável atualmente, vez que diminuiu-se o número de impugnações, em decorrência da informatização das eleições.
- que não expedir boletins de apuração do artigo 179 do Código Eleitoral.
- que decidir a respeito de todas as impugnações constantes na ata de resolução e demais decisões de protestos, reclamações e afins.

Recurso contra a Diplomação – Este instituto já foi estudado anteriormente, razão pela qual se remete o leitor ao início do capítulo.

Recurso Parcial – Este recurso, atualmente, não é tão aplicável, em decorrência da informatização das eleições. É um recurso a ser interposto contra decisão da Junta Eleitoral que decidir sobre as urnas, cédulas e votos. É processado nos termos do artigo 169 e seguintes do Código Eleitoral, e, em geral é utilizado principalmente pelos partidos políticos através de seus fiscais e delegados. A legitimidade para sua interposição também é do Ministério Público.

Recursos contra Decisões dos Tribunais Regionais Eleitorais

Recurso Parcial – Com fundamento no artigo 261 e parágrafo 1º do Código Eleitoral, é cabível na apuração das eleições federais e gerais por parte dos Tribunais Regionais Eleitorais e, no geral, tem as mesmas orientações do Recurso Especial estudado no item anterior.

Embargos de Declaração – O fundamento para os Embargos de Declaração no âmbito eleitoral é dado pelo artigo 275 do Código Eleitoral e são voltados apenas para os casos de matéria civil eleitoral, nos quais existam ambiguidade, obscuridade, contradição ou omissão em acórdão eleitoral. Ocorre, entretanto, que, em se tratando de matéria criminal eleitoral, há a possibilidade do ingresso de embargos de declaração regulamentado pelos artigos 619 e 620 do Código de Processo Penal. Há que se notar que, tratando-se da hipótese do artigo 275 do Código Eleitoral o prazo para interposição é de três dias e, no caso de matéria criminal, é de dois dias.

Recurso Contra a Diplomação – Tem-se os mesmos comentários no início do presente capítulo a respeito do Recurso contra a Diplomação geral, nos casos de diplomações de governadores, vice-governadores, deputados e suplentes, mandatos estes de competência dos Tribunais Regionais Eleitorais.

Recurso Inominado – Este recurso é interposto para o próprio Tribunal Regional Eleitoral e tem por objetivo alterar os atos, resoluções ou despachos do presidente do respectivo Tribunal. O rito e o julgamento deste recurso serão disciplinados pelos Regimentos Internos dos respectivos Tribunais Regionais Eleitorais.

Recurso Especial – É atacável a decisão, por via deste recurso quando a decisão do Tribunal for contrária à disposição expressa da Constituição Federal, lei eleitoral ou resolução do TSE. É cabível também contra decisões administrativas dos Tribunais Regionais Eleitorais, nas hipóteses já citadas.

O prazo para interposição é de três dias e para contrarrazões também é de três dias, ao contrário do que muitos entendem, 48 horas, em interpretação errônea da legislação eleitoral.

Agravo – Pode ser interposto contra decisão que denegar Recurso Especial no prazo de três dias e, assim como o antigo Agravo de Instrumento do Direito Civil, deve ser instruído com toda documentação necessária ao entendimento do processo.

Recurso Ordinário – Previsto no inciso II, *a* e *b* do artigo 276 do Código Eleitoral, serve para decisões dos Tribunais Regionais Eleitorais a respeito de inelegibilidades nas eleições gerais que julgarem Ação de Impugnação de Pedido de Registro de Candidatura, Investigação Judicial Eleitoral, Ação de Impugnação de Mandato Eletivo ou denegarem *habeascorpus*, mandado de segurança, *habeas data* ou mandado de injunção.

O prazo para propositura é de três dias, nos termos do artigo 277 do Código Eleitoral.

Recursos contra Decisões do Tribunal Superior Eleitoral

Além dos recursos anteriormente citados em relação ao Tribunal Regional Eleitoral, como Recurso Inominado, Embargos de Declaração, Revisão Criminal, Agravo e Recurso Ordinário que também são cabíveis, em sua maioria, em relação às decisões do Tribunal Superior Eleitoral, tem-se o Recurso Extraordinário.

O Recurso Extraordinário é cabível tanto para matéria cível eleitoral ou criminal eleitoral quando, neste último caso, se aplique pena de reclusão. O prazo para interposição é de três dias. Os casos em que se aceita a interposição do Recurso Extraordinário estão regulamentados no artigo 102, III da Constituição Federal. Além desta hipótese, tem-se a aplicabilidade do Recurso Extraordinário nas ações cuja competência originária seja do Tribunal Superior Eleitoral.

Resolução 21.538 do Tribunal Superior Eleitoral.

Alistamento:

O alistamento eleitoral, mediante processamento eletrônico de dados, implantado nos termos da Lei nº 7.444/85, será efetuado, em todo o território nacional, na conformidade do referido diploma legal.

É facultado o alistamento, no ano em que se realizarem eleições, do menor que completar 16 anos até a data do pleito, inclusive, e poderá ser solicitado até o encerramento do prazo fixado para requerimento de inscrição eleitoral ou transferência.

O brasileiro nato que não se alistar até os 19 anos ou o naturalizado que não se alistar até um ano depois de adquirida a nacionalidade brasileira incorrerá em multa imposta pelo juiz eleitoral e cobrada no ato da inscrição.

Não se aplicará a pena ao não-alistado que requerer sua inscrição eleitoral até o centésimo quinquagésimo primeiro dia anterior à eleição subsequente à data em que completar 19 anos.

TRANSFERÊNCIA:

A transferência do eleitor só será admitida se satisfeitas as seguintes exigências:

I. recebimento do pedido no cartório eleitoral do novo domicílio no prazo estabelecido pela legislação vigente;

II. transcurso de, pelo menos, um ano do alistamento ou da última transferência; (EXCETO PARA CASOS DE SERVIDOR PÚBLICO POR MOTIVO DE REMOÇÃO OU TRANSFERÊNCIA).

III. residência mínima de três meses no novo domicílio, declarada, sob as penas da lei, pelo próprio eleitor (Lei nº 6.996/82, art. 8º); (EXCETO PARA CASOS DE SERVIDOR PÚBLICO POR MOTIVO DE REMOÇÃO OU TRANSFERÊNCIA).

IV. prova de quitação com a Justiça Eleitoral.

DA SEGUNDA VIA

No caso de **perda ou extravio** do título, bem assim de **sua inutilização ou dilaceração**, o eleitor deverá requerer pessoalmente ao juiz de seu domicílio eleitoral que lhe expeça **segunda via.**

DO TÍTULO ELEITORAL

O título eleitoral terá as dimensões de 9, 5 x 6, 0 cm, será confeccionado em papel com marca d'água e peso de 120 g/m2, impresso nas cores preto e verde, em frente e verso, tendo como fundo as Armas da República, e será contornado por serrilha.

O título eleitoral será emitido, obrigatoriamente, por computador e dele constarão, em espaços próprios, o nome do eleitor, a data de nascimento, a unidade da Federação, o município, a zona e a seção eleitoral onde vota, o número da inscrição eleitoral, a data de emissão, a assinatura do juiz eleitoral, a assinatura do eleitor ou a impressão digital de seu polegar, bem como a expressão "segunda via", quando for o caso.

DA FISCALIZAÇÃO DOS PARTIDOS POLÍTICOS

Os partidos políticos, por seus delegados, poderão:

I. acompanhar os pedidos de alistamento, transferência, revisão, segunda via e quaisquer outros, até mesmo emissão e entrega de títulos eleitorais, previstos nesta resolução;

II. requerer a exclusão de qualquer eleitor inscrito ilegalmente e assumir a defesa do eleitor cuja exclusão esteja sendo promovida;

III. examinar, sem perturbação dos serviços e na presença dos servidores designados, os documentos relativos aos pedidos de alistamento, transferência, revisão, segunda via e revisão de eleitorado, deles podendo requerer, de forma fundamentada, cópia, sem ônus para a Justiça Eleitoral.

Para os fazê-lo, os partidos políticos poderão manter até **dois delegados perante o Tribunal Regional Eleitoral e até três delegados em cada zona eleitoral,** que se revezarão, não sendo permitida a atuação simultânea de mais de um delegado de cada partido.

DOS BATIMENTOS

O batimento ou cruzamento das informações constantes do cadastro eleitoral terá como objetivos expurgar possíveis duplicidades ou pluralidades de inscrições eleitorais e identificar situações que exijam averiguação e será realizado pelo Tribunal Superior Eleitoral, em âmbito nacional.

DAS DUPLICIDADES E PLURALIDADES (COINCIDÊNCIAS)

Todo eleitor que tiver sua inscrição não liberada em decorrência do cruzamento de informações deverá ser notificado para, se o desejar, requerer regularização de sua situação eleitoral, no prazo de 20 dias, contados da data de realização do batimento.

Não poderá ser objeto de transferência, revisão ou segunda via, inscrição agrupada em duplicidade ou pluralidade.

Identificada situação em que um mesmo eleitor possua duas ou mais inscrições liberadas ou regulares, agrupadas ou não pelo batimento, o cancelamento de uma ou mais delas deverá, preferencialmente, recair:

I. na inscrição mais recente, efetuada contrariamente às instruções em vigor;

II. na inscrição que não corresponda ao domicílio eleitoral do eleitor;

III. naquela cujo título não haja sido entregue ao eleitor;

IV. naquela cujo título não haja sido utilizado para o exercício do voto na última eleição;

V. na mais antiga.

DA RESTRIÇÃO DE DIREITOS POLÍTICOS

Tomando conhecimento de fato ensejador de inelegibilidade ou de suspensão de inscrição por motivo de suspensão de direitos políticos ou de impedimento ao exercício do voto, a autoridade judiciária determinará a inclusão dos dados no sistema mediante comando específico.

A regularização de situação eleitoral de pessoa com restrição de direitos políticos somente será possível mediante comprovação de haver cessado o impedimento.

São considerados documentos comprobatórios de reaquisição ou restabelecimento de direitos políticos:

Nos casos de perda:	▸ decreto ou portaria;
	▸ comunicação do Ministério da Justiça.
Nos casos de suspensão:	▸ para interditos ou condenados: sentença judicial, certidão do juízo competente ou outro documento;
	▸ para conscritos ou pessoas que se recusaram à prestação do serviço militar obrigatório: Certificado de Reservista, Certificado de Isenção, Certificado de Dispensa de Incorporação, Certificado do Cumprimento de Prestação Alternativa ao Serviço Militar Obrigatório, Certificado de Conclusão do Curso de Formação de Sargentos, Certificado de Conclusão de Curso em Órgão de Formação da Reserva ou similares;
	▸ para beneficiários do Estatuto da Igualdade: comunicação do Ministério da Justiça ou de repartição consular ou missão diplomática competente, a respeito da cessação do gozo de direitos políticos em Portugal, na forma da lei.
Nos casos de inelegibilidade:	▸ certidão de quitação ou outro documento.

DA FOLHA DE VOTAÇÃO E DO COMPROVANTE DE COMPARECIMENTO À ELEIÇÃO

A folha de votação, da qual constarão apenas os eleitores regulares ou liberados, e o comprovante de comparecimento serão emitidos por computador.

DAS INSPEÇÕES E CORREIÇÕES

O corregedor-geral ou regional, no âmbito de sua jurisdição, **sempre que entender necessário ou que tomar conhecimento da ocorrência de indícios de irregularidades na prestação dos serviços eleitorais**, pessoalmente ou por intermédio de comissão de servidores especialmente por ele designada, como providência preliminar à correição, inspecionará os serviços eleitorais da circunscrição, visando identificar eventuais irregularidades.

DA REVISÃO DE ELEITORADO

Quando houver **denúncia fundamentada de fraude no alistamento de uma zona ou município**, o Tribunal Regional Eleitoral poderá determinar a realização de correição e, provada a fraude em proporção comprometedora, ordenará, comunicando a decisão ao Tribunal Superior Eleitoral, a revisão do eleitorado, obedecidas as instruções contidas nesta resolução e as recomendações que subsidiariamente baixar, com o cancelamento de ofício das inscrições correspondentes aos títulos que não forem apresentados à revisão.

O Tribunal Superior Eleitoral determinará, de ofício, a revisão ou correição das zonas eleitorais sempre que:

I. o total de transferências de eleitores ocorridas no ano em curso seja dez por cento superior ao do ano anterior;

II. o eleitorado for superior ao dobro da população entre dez e quinze anos, somada à de idade superior a setenta anos do território daquele município;

III. o eleitorado for superior a sessenta e cinco por cento da população projetada para aquele ano pelo Instituto Brasileiro de Geografia e Estatística – IBGE (Lei nº 9.504/97, art. 92).

Não será realizada revisão de eleitorado em ano eleitoral, salvo em situações excepcionais, quando autorizada pelo Tribunal Superior Eleitoral.

DA JUSTIFICAÇÃO DO NÃO-COMPARECIMENTO À ELEIÇÃO

O eleitor que deixar de votar e não se justificar perante o juiz eleitoral até 60 dias após a realização da eleição incorrerá em multa imposta pelo juiz eleitoral. Para eleitor que se encontrar no exterior na data do pleito, o prazo de que trata o caput será de 30 dias, contados do seu retorno ao país.

Será cancelada a inscrição do eleitor que se abstiver de votar em três eleições consecutivas, salvo se houver apresentado justificativa para a falta ou efetuado o pagamento de multa, ficando excluídos do cancelamento os eleitores que, por prerrogativa constitucional, não estejam obrigados ao exercício do voto e cuja idade não ultrapasse 80 anos.

DA NOMENCLATURA UTILIZADA

I. COINCIDÊNCIA – o agrupamento pelo batimento de duas ou mais inscrições ou registros que apresentem dados iguais ou semelhantes, segundo critérios previamente definidos pelo Tribunal Superior Eleitoral;

II. GÊMEOS COMPROVADOS – aqueles que tenham comprovado mesma filiação, data e local de nascimento, em cujas inscrições haja registro de código FASE 256;

III. HOMÔNIMOS – aqueles, excetuados os gêmeos, que possuam dados iguais ou semelhantes, segundo critérios previamente definidos pelo Tribunal Superior Eleitoral, e que figurem em uma mesma duplicidade ou pluralidade (coincidência);

IV. HOMÔNIMOS COMPROVADOS – aqueles em cujas inscrições haja registro de código FASE 248;

V. SITUAÇÃO – condição atribuída à inscrição que define sua disponibilidade para o exercício do voto e condiciona a possibilidade de sua movimentação no cadastro:

a) regular – a inscrição não envolvida em duplicidade ou pluralidade, que está disponível para o exercício do voto e habilitada a transferência, revisão e segunda via;

b) suspensa – a inscrição que está indisponível, temporariamente (até que cesse o impedimento), em virtude de restrição de direitos políticos, para o exercício do voto e não poderá ser objeto de transferência, revisão e segunda via;

c) cancelada – a inscrição atribuída a eleitor que incidiu em uma das causas de cancelamento previstas na legislação eleitoral, que não poderá ser utilizada para o exercício do voto e somente poderá ser objeto de transferência ou revisão nos casos previstos nesta resolução;

d) coincidente – a inscrição agrupada pelo batimento, nos termos do inciso I, sujeita a exame e decisão de autoridade judiciária e que não poderá ser objeto de transferência, revisão e segunda via:

- não liberada – inscrição coincidente que não está disponível para o exercício do voto;
- liberada – inscrição coincidente que está disponível para o exercício do voto.

VI . INEXISTENTE – a inscrição cuja inserção no cadastro foi inviabilizada em decorrência de decisão de autoridade judiciária ou de atualização automática pelo sistema após o batimento;

VII. ELEIÇÃO – cada um dos turnos de um pleito, para todos os efeitos.

OPERAÇÕES:

OPERAÇÃO 1 – ALISTAMENTO quando o alistando requerer inscrição e quando em seu nome não for identificada inscrição em nenhuma zona eleitoral do país ou exterior, ou a única inscrição localizada estiver cancelada por determinação de autoridade judiciária (FASE 450).

OPERAÇÃO 3 – TRANSFERÊNCIA sempre que o eleitor desejar alterar seu domicílio e for encontrado em seu nome número de inscrição em qualquer município ou zona, unidade da Federação ou país, em conjunto ou não com eventual retificação de dados.

OPERAÇÃO 5 – REVISÃO quando o eleitor necessitar alterar local de votação no mesmo município, ainda que haja mudança de zona eleitoral, retificar dados pessoais ou regularizar situação de inscrição cancelada nas mesmas condições previstas para a transferência.

OPERAÇÃO 7 – SEGUNDA VIA quando o eleitor estiver inscrito e em situação regular na zona por ele procurada e desejar apenas a segunda via do seu título eleitoral, sem nenhuma alteração.

Condições de elegibilidade e inelegibilidades

Condições de Elegibilidade.

Neste ponto é interessante falar um pouco sobre direitos políticos positivos e direitos políticos negativos.

Os Direitos políticos positivos abrangem a capacidade eleitoral ativa e a capacidade eleitoral passiva, ou seja, respectivamente, o direito de votar e de ser votado.

Os Direitos políticos negativos privam ainda que momentaneamente, o cidadão de seus direitos políticos.

No que diz respeito às condições de elegibilidade, estas são assim definidas pelo artigo 14 da Constituição Federal:

- **Nacionalidade brasileira.** A nacionalidade pode ser nata ou naturalizada No caso da nacionalidade **NATURALIZADA**, a Constituição Federal proíbe que o sujeito seja candidato às seguintes funções:

São privativos de brasileiro nato os cargos:	▸ de Presidente e Vice-Presidente da República;
	▸ de Presidente da Câmara dos Deputados;
	▸ de Presidente do Senado Federal;
	▸ de Ministro do Supremo Tribunal Federal;
	▸ da carreira diplomática;
	▸ de oficial das Forças Armadas.
	▸ de Ministro de Estado da Defesa

– **O pleno exercício dos direitos políticos.**

RELEMBRANDO: Situações que impedem, ainda que temporariamente, o pleno exercício dos direitos políticos (Artigo 15 da Constituição Federal):

I. cancelamento da naturalização por sentença transitada em julgado;

II. incapacidade civil absoluta;

III. condenação criminal transitada em julgado, enquanto durarem seus efeitos;

IV. recusa de cumprir obrigação a todos imposta ou prestação alternativa, nos termos do art. 5º, VIII;

V. improbidade administrativa, nos termos do art. 37, § 4º.

– **O eleitor deve ser, ao menos, minimamente alfabetizado.**

– **Domicílio eleitoral na circunscrição eleitoral.**

LEMBRANDO: O eleitor tem que estar inscrito há pelo menos um ano da eleição em determinada circunscrição para que ele possa se candidatar a cargos públicos eleitorais.

Circunscrição, para o efeito das eleições presidenciais é o país, para efeitos das eleições para deputados federais e estaduais, senadores e governadores é o estado sobre o qual versa o pleito, e, para efeito de eleições municipais, ou seja, de prefeito e vereadores, o município.

– **Filiação deferida pelo partido no mínimo seis meses antes da data da eleição.**

– **Ter a idade específica para a disputa de cada cargo eleitoral.**

Ou seja:

a) trinta e cinco anos para Presidente e Vice-Presidente da República e Senador;

b) trinta anos para Governador e Vice-Governador de Estado e do Distrito Federal;

c) vinte e um anos para Deputado Federal, Deputado Estadual ou Distrital, Prefeito, Vice-Prefeito e juiz de paz;

d) dezoito anos para Vereador.

MILITARES (NÃO CONSCRITOS):

I. se contar menos de dez anos de serviço, deverá afastar-se da atividade;

II. se contar mais de dez anos de serviço, será agregado pela autoridade superior e, se eleito, passará automaticamente, no ato da diplomação, para a inatividade.

REELEIÇÃO: O Presidente da República, os Governadores, Prefeitos Municipais e quem os houver substituído são reelegíveis para o mesmo cargo uma vez, não sendo necessário para isto que se afastem de suas funções. (Emenda Constitucional nº 16, de 04 de junho de 1997).

AS INELEGIBILIDADES.

A Lei Complementar 64/1994 elenca as hipóteses de inelegibilidade:

a) os inalistáveis e os analfabetos.

b) os membros do Congresso Nacional, das Assembleias Legislativas, da Câmara Legislativa e das Câmaras Municipais, que hajam perdido os respectivos mandatos por infringência do disposto nos incisos I e II do art. 55 da Constituição Federal, dos dispositivos equivalentes sobre perda de mandato das Constituições Estaduais e Leis Orgânicas dos Municípios e do Distrito Federal, para as eleições que se realizarem durante o período remanescente do mandato para o qual foram eleitos e nos oito anos subsequentes ao término da legislatura; (Redação dada pela LCP 81, de 13/04/94)

c) o Governador e o Vice-Governador de Estado e do Distrito Federal e o Prefeito e o Vice-Prefeito que perderem seus cargos eletivos por infringência a dispositivo da Constituição Estadual, da Lei Orgânica do Distrito Federal ou da Lei Orgânica do Município, para as eleições que se realizarem durante o período remanescente e nos 8 (oito) anos subsequentes ao término do mandato para o qual tenham sido eleitos; (Redação dada pela Lei Complementar nº 135, de 2010)

d) os que tenham contra sua pessoa representação julgada procedente pela Justiça Eleitoral, em decisão transitada em julgado ou proferida por órgão colegiado, em processo de apuração de abuso do poder econômico ou político, para a eleição na qual concorrem ou tenham sido diplomados, bem como para as que se realizarem nos 8 (oito) anos seguintes; (Redação dada pela Lei Complementar nº 135, de 2010)

e) os que forem condenados, em decisão transitada em julgado ou proferida por órgão judicial colegiado, desde a condenação até o transcurso do prazo de 8 (oito) anos após o cumprimento da pena, pelos crimes: (Redação dada pela Lei Complementar nº 135, de 2010)

1) contra a economia popular, a fé pública, a administração pública e o patrimônio público; (Incluído pela Lei Complementar nº 135, de 2010)

2) contra o patrimônio privado, o sistema financeiro, o mercado de capitais e os previstos na lei que regula a falência; (Incluído pela Lei Complementar nº 135, de 2010)

3) contra o meio ambiente e a saúde pública; (Incluído pela Lei Complementar nº 135, de 2010)

4) eleitorais, para os quais a lei comine pena privativa de liberdade; (Incluído pela Lei Complementar nº 135, de 2010)

5) de abuso de autoridade, nos casos em que houver condenação à perda do cargo ou à inabilitação para o exercício de função pública; (Incluído pela Lei Complementar nº 135, de 2010)

6) de lavagem ou ocultação de bens, direitos e valores; (Incluído pela Lei Complementar nº 135, de 2010)

7) de tráfico de entorpecentes e drogas afins, racismo, tortura, terrorismo e hediondos; (Incluído pela Lei Complementar nº 135, de 2010)

8) de redução à condição análoga à de escravo; (Incluído pela Lei Complementar nº 135, de 2010)

9) contra a vida e a dignidade sexual; e (Incluído pela Lei Complementar nº 135, de 2010)

10) praticados por organização criminosa, quadrilha ou bando; (Incluído pela Lei Complementar nº 135, de 2010)

f) os que forem declarados indignos do oficialato, ou com ele incompatíveis, pelo prazo de 8 (oito) anos; (Redação dada pela Lei Complementar nº 135, de 2010)

g) os que tiverem suas contas relativas ao exercício de cargos ou funções públicas rejeitadas por irregularidade insanável que configure ato doloso de improbidade administrativa, e por decisão irrecorrível do órgão competente, salvo se esta houver sido suspensa ou anulada pelo Poder Judiciário, para as eleições que se realizarem nos 8 (oito) anos seguintes, contados a partir da data da decisão, aplicando-se o disposto no inciso II do art. 71 da Constituição Federal, a todos os ordenadores de despesa, sem exclusão de mandatários que houverem agido nessa condição; (Redação dada pela Lei Complementar nº 135, de 2010).

h) os detentores de cargo na administração pública direta, indireta ou fundacional, que beneficiarem a si ou a terceiros, pelo abuso do poder econômico ou político, que forem condenados em decisão transitada em julgado ou proferida por órgão judicial colegiado, para a eleição na qual concorrem ou tenham sido diplomados, bem como para as que se realizarem nos 8 (oito) anos seguintes; (Redação dada pela Lei Complementar nº 135, de 2010)

I) os que, em estabelecimentos de crédito, financiamento ou seguro, que tenham sido ou estejam sendo objeto de processo de liquidação judicial ou extrajudicial, hajam exercido, nos 12 (doze) meses anteriores à respectiva decretação, cargo ou função de direção, administração ou representação, enquanto não forem exonerados de qualquer responsabilidade;

j) os que forem condenados, em decisão transitada em julgado ou proferida por órgão colegiado da Justiça Eleitoral, por corrupção eleitoral, por captação ilícita de sufrágio, por doação, captação ou gastos ilícitos de recursos de campanha ou por conduta vedada aos agentes públicos em campanhas eleitorais que impliquem cassação do registro ou do diploma, pelo prazo de 8 (oito) anos a contar da eleição; (Incluído pela Lei Complementar nº 135, de 2010)

k) o Presidente da República, o Governador de Estado e do Distrito Federal, o Prefeito, os membros do Congresso Nacional, das Assembleias Legislativas, da Câmara Legislativa, das Câmaras Municipais, que renunciarem a seus mandatos desde o oferecimento de representação ou petição capaz de autorizar a abertura de processo por infringência a dispositivo da Constituição Federal, da Constituição Estadual, da Lei Orgânica do Distrito Federal ou da Lei Orgânica do Município, para as eleições que se realizarem durante o período remanescente do mandato para o qual foram eleitos e nos 8 (oito) anos subsequentes ao término da legislatura; (Incluído pela Lei Complementar nº 135, de 2010)

l) os que forem condenados à suspensão dos direitos políticos, em decisão transitada em julgado ou proferida por órgão judicial colegiado, por ato doloso de improbidade administrativa que importe lesão ao patrimônio público e enriquecimento ilícito, desde a condenação ou o trânsito em julgado até o transcurso do prazo de 8 (oito) anos após o cumprimento da pena; (Incluído pela Lei Complementar nº 135, de 2010).

m) os que forem excluídos do exercício da profissão, por decisão sancionatória do órgão profissional competente, em decorrência de infração ético-profissional, pelo prazo de 8 (oito) anos, salvo se o ato houver sido anulado ou suspenso pelo Poder Judiciário; (Incluído pela Lei Complementar nº 135, de 2010)

n) os que forem condenados, em decisão transitada em julgado ou proferida por órgão judicial colegiado, em razão de terem desfeito ou simulado desfazer vínculo conjugal ou de união estável para evitar caracterização de inelegibilidade, pelo prazo de 8 (oito) anos após a decisão que reconhecer a fraude; (Incluído pela Lei Complementar nº 135, de 2010)

o) os que forem demitidos do serviço público em decorrência de processo administrativo ou judicial, pelo prazo de 8 (oito) anos, contado da decisão, salvo se o ato houver sido suspenso ou anulado pelo Poder Judiciário; (Incluído pela Lei Complementar nº 135, de 2010)

p) a pessoa física e os dirigentes de pessoas jurídicas responsáveis por doações eleitorais tidas por ilegais por decisão transitada em julgado ou proferida por órgão colegiado da Justiça Eleitoral, pelo prazo de 8 (oito) anos após a decisão, observando-se o procedimento previsto no art. 22; (Incluído pela Lei Complementar nº 135, de 2010)

q) os magistrados e os membros do Ministério Público que forem aposentados compulsoriamente por decisão sancionatória, que tenham perdido o cargo por sentença ou que tenham pedido exoneração ou aposentadoria voluntária na pendência de processo administrativo disciplinar, pelo prazo de 8 (oito) anos; (Incluído pela Lei Complementar nº 135, de 2010)

AS DESINCOMPATIBILIZAÇÕES.

A legislação inclui em seu bojo algumas inelegibilidades em razão do cargo e das funções ocupados pelo agente público. Elas são relativas e poderão ser sanadas desde que o candidato se afaste temporariamente de suas funções atendendo a determinados prazos. Tal modalidade é denominada "desincompatibilização".

Os prazos, em regra, são assim dispostos:

I. para Presidente e Vice-Presidente da República:

a) até 6 (seis) meses depois de afastados definitivamente de seus cargos e funções:

1) os Ministros de Estado:

2) os chefes dos órgãos de assessoramento direto, civil e militar, da Presidência da República;

3) o chefe do órgão de assessoramento de informações da Presidência da República;

4) o chefe do Estado-Maior das Forças Armadas;

5) o Advogado-Geral da União e o Consultor-Geral da República;

6) os chefes do Estado-Maior da Marinha, do Exército e da Aeronáutica;

7) os Comandantes do Exército, Marinha e Aeronáutica;

8) os Magistrados;

9) os Presidentes, Diretores e Superintendentes de autarquias, empresas públicas, sociedades de economia mista e fundações públicas e as mantidas pelo poder público;

10) os Governadores de Estado, do Distrito Federal e de Territórios;

11) os Interventores Federais;

12) os Secretários de Estado;

13) os Prefeitos Municipais;

14) os membros do Tribunal de Contas da União, dos Estados e do Distrito Federal;

15) o Diretor-Geral do Departamento de Polícia Federal;

16) os Secretários-Gerais, os Secretários-Executivos, os Secretários Nacionais, os Secretários Federais dos Ministérios e as pessoas que ocupem cargos equivalentes;

b) os que tenham exercido, nos 6 (seis) meses anteriores à eleição, nos Estados, no Distrito Federal, Territórios e em qualquer dos poderes da União, cargo ou função, de nomeação pelo Presidente da República, sujeito à aprovação prévia do Senado Federal;

c) (Vetado);

d) os que, até 6 (seis) meses antes da eleição, tiverem competência ou interesse, direta, indireta ou eventual, no lançamento, arrecadação ou fiscalização de impostos, taxas e contribuições de caráter obrigatório, inclusive parafiscais, ou para aplicar multas relacionadas com essas atividades;

e) os que, até 6 (seis) meses antes da eleição, tenham exercido cargo ou função de direção, administração ou representação nas empresas de que tratam os arts. 3° e 5° da Lei n° 4.137, de 10 de setembro de 1962, quando, pelo âmbito e natureza de suas atividades, possam tais empresas influir na economia nacional;

f) os que, detendo o controle de empresas ou grupo de empresas que atuem no Brasil, nas condições monopolísticas previstas no parágrafo único do art. 5° da lei citada na alínea anterior, não apresentarem à Justiça Eleitoral, até 6 (seis) meses antes do pleito, a prova de que fizeram cessar o abuso apurado, do poder econômico, ou de que transferiram, por força regular, o controle de referidas empresas ou grupo de empresas;

g) os que tenham, dentro dos 4 (quatro) meses anteriores ao pleito, ocupado cargo ou função de direção, administração ou representação em entidades representativas de classe, mantidas, total ou parcialmente, por contribuições impostas pelo poder Público ou com recursos arrecadados e repassados pela Previdência Social;

h) os que, até 6 (seis) meses depois de afastados das funções, tenham exercido cargo de Presidente, Diretor ou Superintendente de sociedades com objetivos exclusivos de operações financeiras e façam publicamente apelo à poupança e ao crédito, inclusive através de cooperativas e da empresa ou estabelecimentos que gozem, sob qualquer forma, de vantagens asseguradas pelo poder público, salvo se decorrentes de contratos que obedeçam a cláusulas uniformes;

i) os que, dentro de 6 (seis) meses anteriores ao pleito, hajam exercido cargo ou função de direção, administração ou representação em pessoa jurídica ou em empresa que mantenha contrato de execução de obras, de prestação de serviços ou de fornecimento de bens com órgão do Poder Público ou sob seu controle, salvo no caso de contrato que obedeça a cláusulas uniformes;

j) os que, membros do Ministério Público, não se tenham afastado das suas funções até 6 (seis)) meses anteriores ao pleito;

l) os que, servidores públicos, estatutários ou não, dos órgãos ou entidades da Administração direta ou indireta da União, dos Estados, do Distrito Federal, dos Municípios e dos Territórios, inclusive das fundações mantidas pelo Poder Público, não se afastarem até 3 (três) meses anteriores ao pleito, garantido o direito à percepção dos seus vencimentos integrais;

III. para Governador e Vice-Governador de Estado e do Distrito Federal;

a) os inelegíveis para os cargos de Presidente e Vice-Presidente da República especificados na alínea a do inciso II deste artigo e, no tocante às demais alíneas, quando se tratar de repartição pública, associação ou empresas que operem no território do Estado ou do Distrito Federal, observados os mesmos prazos;

b) até 6 (seis) meses depois de afastados definitivamente de seus cargos ou funções:

1) os chefes dos Gabinetes Civil e Militar do Governador do Estado ou do Distrito Federal;

2) os comandantes do Distrito Naval, Região Militar e Zona Aérea;

3) os diretores de órgãos estaduais ou sociedades de assistência aos Municípios;

4) os secretários da administração municipal ou membros de órgãos congêneres;

IV. para Prefeito e Vice-Prefeito:

a) no que lhes for aplicável, por identidade de situações, os inelegíveis para os cargos de Presidente e Vice-Presidente da República, Governador e Vice-Governador de Estado e do Distrito Federal, observado o prazo de 4 (quatro) meses para a desincompatibilização;

b) os membros do Ministério Público e Defensoria Pública em exercício na Comarca, nos 4 (quatro) meses anteriores ao pleito, sem prejuízo dos vencimentos integrais;

c) as autoridades policiais, civis ou militares, com exercício no Município, nos 4 (quatro) meses anteriores ao pleito;

V. para o Senado Federal:

a) os inelegíveis para os cargos de Presidente e Vice-Presidente da República especificados na alínea a do inciso II deste artigo e, no tocante às demais alíneas, quando se tratar de repartição pública, associação ou empresa que opere no território do Estado, observados os mesmos prazos;

b) em cada Estado e no Distrito Federal, os inelegíveis para os cargos de Governador e Vice-Governador, nas mesmas condições estabelecidas, observados os mesmos prazos;

VI. para a Câmara dos Deputados, Assembleia Legislativa e Câmara Legislativa, no que lhes for aplicável, por identidade de situações, os inelegíveis para o Senado Federal, nas mesmas condições estabelecidas, observados os mesmos prazos;

VII. para a Câmara Municipal:

a) no que lhes for aplicável, por identidade de situações, os inelegíveis para o Senado Federal e para a Câmara dos Deputados, observado o prazo de 6 (seis) meses para a desincompatibilização;

b) em cada Município, os inelegíveis para os cargos de Prefeito e Vice-Prefeito, observado o prazo de 6 (seis) meses para a desincompatibilização .

Importante: Enquanto a falta de condição de elegibilidade consiste no não preenchimento das condições exigidas para ser candidato, a inelegibilidade consiste na caracterização de situações que afetam a capacidade eleitoral passiva do cidadão.

Diferentemente da incompatibilidade, que pode ser afastada em virtude de ato de vontade do próprio candidato, a inelegibilidade só pode ser afastada após o término das condições que o deixaram assim.

Outra questão que se confunde muito em concursos públicos, é a diferença entre perda, suspensão e cassação de direitos políticos.

A perda de direitos políticos é a privação destes direitos em caráter permanente e duradouro, em razão da perda de nacionalidade.

A suspensão tem caráter temporário e, uma vez cessada sua causa, a reaquisição ocorre automaticamente.

A cassação de direitos políticos já não existe no Brasil após a Constituição de 1988. Tratava-se de uma privação temporária ou definitiva dos direitos políticos em virtude de ato emanado pelo Poder Executivo.

Outra questão que se observa é quanto ao voto dos portadores de necessidades especiais. Já ocorreram oportunidades nas quais tal questão foi indagada. Pois bem. O voto, neste caso é obrigatório, entretanto o juiz pode torná-lo facultativo caso se demonstre excessivamente oneroso para o cidadão.

Lei das Eleições – Escolha e registro de candidatos

CONVENÇÕES PARTIDÁRIAS E REGISTRO DE CANDIDATOS

Convocação, instalação e formalidades.

Convenção Partidária – Método para escolha dos candidatos que participarão da disputa por determinado cargo eletivo representando seu respectivo partido e/ou coligação;

PRAZO: A escolha dos candidatos pelos partidos deverá ser feita no período de 20 de julho a 05 de agosto do ano em que se realizarem as eleições, lavrando-se a respectiva ata em livro aberto, rubricado pela Justiça Eleitoral, publicada em 24 (vinte e quatro) horas em qualquer meio de comunicação. (Note que esta é uma alteração realizada pela Lei 13.165/2015.)

CONVOCAÇÃO: Pessoalmente (por carta) e por edital.

Conveniente que seja realizada esta convocação com pelo menos oito dias de antecedência de sua realização. Expedição de edital em jornais de grande circulação no local ou, não havendo, fixação em local visível no fórum local. Sobre a instalação e o procedimento para escolha dos candidatos, o partido político, através de seu estatuto, deverá definir as demais normas para sua realização. Se o edital é omisso, o órgão nacional do partido deverá estabelecer estas regras e publicá-las no Diário Oficial da União em até 180 dias antes da eleição e remetê-las ao Tribunal Superior Eleitoral anteriormente à efetiva realização das convenções partidárias de escolha de candidatos, nos termos do artigo sétimo e parágrafo primeiro da lei eleitoral.

LOCAL: Poderá realizá-la na própria sede, em prédios e auditórios. A lei não proíbe em nenhum momento sua realização em local aberto, embora não seja aconselhável realizá-lo. O Poder Público está autorizado em ceder prédios gratuitamente para que o partido possa realizá-las, ficando a cargo deste a obrigação por sua limpeza e conservação nos moldes em que foi recebido.

Coligação: Escolha de Candidatos, composição e espécies

O objetivo da coligação eleitoral, na maioria das vezes, é atuar conjuntamente em campanha eleitoral, em determinada circunscrição eleitoral, com fins de atribuir forças aos partidos a ela pertencentes.

NOMENCLATURA: A coligação deverá ter um nome. Este nome poderá ser formado com a junção das siglas dos partidos pertencentes, ou até mesmo pela escolha de um nome determinado. Neste caso, proíbe-se que o nome faça alusão a nome ou número de candidato ou que contenha pedido de voto para partido.

A utilização do nome na propaganda da coligação será **obrigatória.** DEVEM CONSTAR: MAJORITÁRIA – além da utilização do nome, deverá estar presente, também, a indicação dos nomes dos partidos participantes da coligação. PROPORCIONAL – o partido político que formar determinada coligação poderá se resumir a utilizar apenas sua sigla em companhia com a nomenclatura da coligação.

REPRESENTAÇÃO PERANTE A JUSTIÇA ELEITORAL:

O artigo sexto da lei eleitoral abre a possibilidade, no que tange ao relacionamento com a Justiça Eleitoral. A coligação pode ser representada pelo referido representante comum ou então designar delegados indicados pelos partidos componentes, em até três para o Juízo Eleitoral, quatro para o Tribunal Regional Eleitoral ou cinco para o Tribunal Superior Eleitoral.

Nomes e números de identificação dos candidatos.

Número do partido: Cada partido, quando de seu registro, obtém um número composto por dois algarismos.

ELEIÇÕES MAJORITÁRIAS: O inciso I, do artigo 15 da Lei das Eleições estabelece que, nas eleições majoritárias, os candidatos deverão concorrer com o número do partido. Exceção à eleição de Senador, que o candidato concorre com o número do partido acrescentado do algarismo "1" ou "2" no final, consoante haver uma ou duas cadeiras em disputa no Senado na respectiva eleição.

ELEIÇÕES PROPORCIONAIS: No caso dos candidatos à Câmara dos Deputados, estes concorrerão com o número composto de quatro algarismos, sendo os dois primeiros o número do partido pelo qual está concorrendo. Em se tratando de eleições para as Assembléias Legislativas dos Estados e à Câmara Distrital, o número será composto por cinco algarismos, obedecendo à regra anterior.

A lei das eleições estabelece que, no que diz respeito à eleição para as Câmaras Municipais, as normas serão baixadas por resolução do Tribunal Superior Eleitoral.

NOME DO CANDIDATO: Cada candidato deverá ser registrado com o nome completo e com, no máximo três, as variações nominais, indicando a ordem de preferência entre tais variações, a que pretende ser registrado, obedecendo-se as seguintes normas:

a) o prenome, seja ele composto ou simples. No caso do prenome composto, este pode ser completo ou abreviado.

b) o sobrenome.

c) o cognome, ou apelido, desde que este não seja de cunho ridículo ou irreverente. Exceção se abre quando o candidato demonstra ser conhecido por esta alcunha.

d) o nome pelo qual é conhecido, nas mesmas condições do item anterior.

MOTIVOS DE INDEFERIMENTO DO NOME ESCOLHIDO: Se o nome deste se confundir com o de candidato a eleição majoritária.

Exceção: Se o candidato à eleição majoritária estiver exercendo mandato ou tiver exercido mandato nos últimos quatro anos, ou o candidato à eleição proporcional tenha concorrido, nos últimos quatro anos, em eleição com a mesma denominação.

Quantidade de Candidatos permitidos por Partido.

ELEIÇÕES MAJORITÁRIAS: Cada partido político ou coligação deverá escolher um candidato ao cargo principal em disputa, juntamente com seu respectivo vice, ou, no caso da disputa para o Senado, seus dois suplentes.

ELEIÇÕES PROPORCIONAIS – Assim distribuídos:

1 – Nos estados em que o número de vagas que serão preenchidas for maior do que vinte:	a) cada partido ou coligação tem direito a indicar até 150% do número de cargos em eleição.
2 – Nos Estados em que o número de vagas na eleição for menor ou igual a doze:	a) cada partido escolherá até 200% o número de cargos em eleição.
	b) a coligação poderá escolher até 250% dos cargos em eleição.

DISTRIBUIÇÃO POR SEXO: Obrigatório observar o mínimo de 30% e o máximo de 70% das vagas para cada sexo.

Nos Municípios de até cem mil eleitores, nos quais cada coligação poderá registrar candidatos no total de até 200% (duzentos por cento) do número de lugares a preencher.

No caso de as convenções para a escolha de candidatos não indicarem o número máximo de candidatos, os órgãos de direção dos partidos respectivos poderão preencher as vagas remanescentes até trinta dias antes do pleito.

Do Registro de Candidatos

PRAZO: Os partidos e coligações solicitarão à Justiça Eleitoral o registro de seus candidatos até às dezenove horas do dia 15 de agosto do ano em que se realizarem as eleições.

DOCUMENTOS A SEREM JUNTADOS:
▸ Formulário Demonstrativo de Regularidade de Atos
▸ Partidários – DRAP
▸ Requerimento de Registro de Candidatura – RRC, ocasião na qual deverá observar alguns requisitos e a juntada de alguns documentos.
▸ a cópia da ata de convenção, digitada ou datilografada e conferida pela Justiça Eleitoral.
▸ fotografia do candidato, no tamanho estabelecido pela Justiça Federal.
▸ certidões criminais da Justiça Eleitoral, Federal, Estadual e demais Tribunais competentes, quando for o caso de o candidato ser detentor de foro por prerrogativa de função.
▸ declaração de bens do pretenso candidato, assinada e atualizada.
▸ comprovante de escolaridade ou declaração de próprio punho do candidato quanto à sua escolaridade, se aquele for impossível de ser fornecido.
▸ sendo o caso específico, a comprovação de desincompatibilização para a disputa.
▸ indicação dos valores máximos que serão gastos na campanha.
▸ comunicação, no requerimento, do número, nome completo e os apelidos ou variações nominais.
▸ subscrição do requerimento.

A Votação.

Medidas Preliminares à votação.

1 – Convocação de quem vai trabalhar nas eleições e dos membros das mesas receptoras, composta por um Presidente, dois Mesários, dois Secretários e um Suplente, de acordo com o artigo 120 do Código Eleitoral, nomeados pelo Juiz Eleitoral em, no mínimo, 60 antes da votação.

FUNÇÕES DOS COMPONENTES DA MESA: Código Eleitoral as elenca nos artigos 127 e 128 suas funções.

Presidente: estar presente à seção eleitoral às 7:30 da manhã no dia da eleição, decidir imediatamente todas as dificuldades ou dúvidas que ocorrerem, manter a ordem, comunicar ao juiz eleitoral quando houver ocorrências dependentes de soluções deste.

Secretários: Entre outras coisas lavrar a ata da eleição e cumprir as demais obrigações que lhes forem atribuídas através de instruções.

Mesários: Naturais substitutos do presidente, enquanto o suplente, em primeiro momento, substituirá ambos os secretários.

O serviço de tais funcionários eventuais é gratuito e obrigatório, sendo passível de processo-crime a recusa injustificada e a falta quando convocado.

IMPEDIMENTOS: Artigo 120, parágrafo primeiro e incisos do Código Eleitoral.

Dentre as tais causas de impedimento, tem-se:

1) os candidatos e parentes, ainda que por afinidade, até segundo grau, inclusive, e bem assim o cônjuge;
2) os membros de diretórios de partidos políticos, desde que exerçam função executiva;
3) as autoridades e agentes policiais, bem como os funcionários no desempenho de cargos de confiança no Executivo;
4) os que pertencerem ao serviço eleitoral;

Outras causas que impedem o exercício da função de mesário, dependendo de análise concreta, quais sejam:

1) os menores de 18 anos.
2) os filiados a qualquer partido político
3) os que estejam respondendo a qualquer processo judicial por crime doloso.
4) os membros do Ministério Público.
5) aqueles que estiverem com seus direitos políticos temporária ou definitivamente suspensos ou perdidos.

Se o nomeado tiver motivos justos para recusar a nomeação, somente poderá alegar tais motivos até 05 o dias a contar da nomeação, salvo se sobrevindos após tal nomeação.

Se a motivação para recusa for por qualquer dos partidos, este poderá reclamar ao juiz eleitoral no prazo de 02 dias a partir da audiência pública na qual se nomear os mesários, e o juiz decidirá em igual prazo, de 02 dias, cabendo recurso ao TRE no prazo de 03 dias, que deverá ser resolvido no mesmo prazo.

2 – Organização, no prazo de trinta dias antes das eleições, duas listas de candidatos, quais sejam:

- Uma separada por partidos políticos, aparecendo os candidatos na ordem numérica e com as três variações de nome, na ordem escolhida por aquele candidato.
- A segunda por ordem alfabética do nome completo do candidato e a variação dos nomes escolhidas, acompanhados, em sua frente, de seu número e da legenda de seu partido político.

Ambas serão necessárias para a votação e apuração manuais, vez que a urna eletrônica traz o nome e as fotos dos candidatos e totaliza os votos.

Votação.

A votação se realiza conjuntamente para Presidente, Governadores, Deputados Federais, Deputados Estaduais e Senadores em uma só data.

Em ano intercalado, se realiza a conjuntamente votação dos Prefeitos e Vereadores Municipais.

Em ambos os casos, o primeiro turno dar-se-á no primeiro domingo de outubro do ano eleitoral.

Nos casos da votação para Presidente, Governadores, Senadores e Prefeitos a eleição se verifica pelo **sistema majoritário**, ou seja, quem atingir a maioria absoluta dos votos válidos é considerado eleito. Não atingindo maioria absoluta, nos casos do Presidente, Governadores e Prefeitos de cidades de mais de duzentos mil habitantes, haverá segundo turno. Este segundo turno será realizado no último domingo do mesmo mês de outubro.

Aos eleitores em trânsito no território nacional é assegurado o direito de votar para Presidente da República, Governador, Senador, Deputado Federal, Deputado Estadual e Deputado Distrital em urnas especialmente instaladas nas capitais e nos Municípios com mais de cem mil eleitores.

O exercício deste voto em trânsito sujeita-se à observância das regras seguintes:

I – para votar em trânsito, o eleitor deverá habilitar-se perante a Justiça Eleitoral no período de até quarenta e cinco dias da data marcada para a eleição, indicando o local em que pretende votar;

II – aos eleitores que se encontrarem fora da unidade da Federação de seu domicílio eleitoral somente é assegurado o direito à habilitação para votar em trânsito nas eleições para Presidente da República;

III – os eleitores que se encontrarem em trânsito dentro da unidade da Federação de seu domicílio eleitoral poderão votar nas eleições para Presidente da República, Governador, Senador, Deputado Federal, Deputado Estadual e Deputado Distrital.

Na data da votação, os mesários deverão organizar as filas de eleitores, dando-lhes senhas ou fazendo com que respeitem as filas por ordem de chegada, do lado de fora da seção eleitoral.

Há que se ressaltar que, dentro da seção eleitoral somente deverão ficar os mesários, o eleitor que estiver votando e os fiscais dos partidos, desde que mantenham a ordem ali dentro. Excepcionalmente podem ingressar na seção os delegados de partidos com fins de verificar os trabalhos de seus fiscais.

Após o ingresso na seção e devidamente identificado, o eleitor escolhe o número do candidato e, estando correta a escolhe, aperta a tecla "confirma", tendo o voto computado.

Após digitar o número do candidato, aparecerá no visor da urna o nome, a fotografia, o cargo disputado e a legenda do partido.

Digitando o número do partido, aparece apenas o nome do respectivo partido no visor.

Caso tenha se equivocado, o eleitor apertará a tecla cancela para reiniciar sua votação.

Deve-se observar que havendo eleições proporcionais e majoritárias conjuntamente, votar-se-á primeiramente nos candidatos às eleições proporcionais e posteriormente nos majoritários.

As votações terminarão às 17: 00 do dia das eleições. Em virtude do sistema eletrônico de votação, não mais será permitido o voto em separado e, assim, somente poderá votar o eleitor que estiver cadastrado na respectiva seção.

Havendo necessidade de votação por cédulas, o juiz eleitoral entregará ao presidente da mesa receptora de votos, mediante a entrega de recibo deste, as cédulas oficiais, a urna de lona lacrada e o lacre para a fenda da urna, que deverá ser colocado ao final da votação.

As cédulas entregues são de duas espécies, amarelas destinadas à votação das eleições majoritárias e brancas destinadas à escolha nas eleições proporcionais.

Nesta espécie de votação, o eleitor, após conferência do título e assinatura na lista de eleitores da seção, receberá duas cédulas abertas e se dirigirá à cabine para votar. Posteriormente, depositará as cédulas dobradas na urna.

Após isso, será devolvido o título e entregue o comprovante de votação.

Aos eleitores em trânsito no território nacional é assegurado o direito de votar para Presidente da República, Governador, Senador, Deputado Federal, Deputado Estadual e Deputado Distrital em urnas especialmente instaladas nas capitais e nos Municípios com mais de cem mil eleitores.

O exercício do voto em trânsito sujeita-se à observância das regras seguintes:

I - para votar em trânsito, o eleitor deverá habilitar-se perante a Justiça Eleitoral no período de até quarenta e cinco dias da data marcada para a eleição, indicando o local em que pretende votar;

II - aos eleitores que se encontrarem fora da unidade da Federação de seu domicílio eleitoral somente é assegurado o direito à habilitação para votar em trânsito nas eleições para Presidente da República;

III - os eleitores que se encontrarem em trânsito dentro da unidade da Federação de seu domicílio eleitoral poderão votar nas eleições para Presidente da República, Governador, Senador, Deputado Federal, Deputado Estadual e Deputado Distrital.

Fiscais e delegados, fiscalização dos programas e das urnas, impugnações.

Fiscais e delegados.

Os partidos políticos e coligações poderão nomear até 03 fiscais que trabalharão em turno de revezamento e delegados para exercer o poder de fiscalização das eleições.

Os fiscais e delegados deverão ser escolhidos entre homens e mulheres maiores de dezoito anos de idade, sejam eleitores e estejam no gozo dos direitos políticos e que não façam parte da mesa receptora por escolha judicial.

São identificados através de suas credenciais, que são emitidas pelos partidos e/ou coligações, por pessoas autorizadas pelos partidos para tal e cujos nomes são registrados na Justiça Eleitoral.

A função destes fiscais e delegados é fiscalizar todas as fases da votação, apuração e totalização dos resultados das eleições.

Fiscalização dos programas e das urnas.

Para exercerem regularmente a fiscalização, os partidos deverão ter conhecimento antecipado dos softwares a serem utilizados, nos termos do artigo 66 da 9.504/97 e poderão, no prazo de cinco dias a contar da apresentação e conferência dos softwares, apresentar impugnação fundamentada à Justiça Eleitoral.

Não obstante, no dia das eleições, será feita auditoria das urnas eletrônicas, por amostragem, através de votação paralela na presença dos fiscais e delegados dos partidos, OAB e entidades representativas da sociedade.

Posteriormente, poderão também, na apuração, acompanhar a aberturadas urnas, sejam eletrônicas ou manuais, naquelas podendo verificar inclusive a digitação dos números no microterminal da urna eletrônica.

Há a possibilidade dos partidos contratarem, também, empresas especializadas a fim de fiscalizarem o software utilizado pelas urnas eletrônicas.

Não obstante, os fiscais deverão observar o regular andamento das práticas das mesas receptoras, dos eleitores, dos candidatos e dos demais partidos ao longo da realização da votação, tomando as medidas que forem necessárias para coibir práticas ilegais e abusivas por parte de quem seja.

Impugnações.

Uma forma de exercer as funções dos fiscais ocorre por meio das impugnações. Tais impugnações podem ser realizadas em relação à composição da mesa receptora, conforme já foi analisado em tópico anterior, ao sistema de computação no prazo de cinco dias a contar do recebimento dos programas, e da apuração.

Neste último caso, os fiscais, delegados ou os próprios candidatos deverão juntar cópias do boletim relativo à urna impugnada.

Salvo no primeiro caso no qual a impugnação deverá ser endereçada ao juiz eleitoral, nos demais o endereçamento será feito à Junta Eleitoral, ou, caso esta não receba, em até quarenta e oito horas pelo Tribunal Regional Eleitoral. Após análise e oitiva das duas testemunhas sobre as razoes pelas quais não foi recebida a impugnação pela Junta, o Tribunal Regional Eleitoral se pronunciará em quarenta e oito horas sobre o recebimento ou não da impugnação, e, se o caso, determinará o afastamento do presidente da Junta Eleitoral e, sendo ainda novamente o caso, a instauração de ação criminal nos termos do Código Eleitoral.

Condutas vedadas a agentes públicos em campanhas eleitorais

Agentes públicos: Todos aqueles que, ainda que temporariamente ou sem remuneração, venham a exercer qualquer função para a Administração Pública.

ATENÇÃO: Discute-se se o rol de condutas estabelecido pela lei 9504/97 seria meramente exemplificativo ou taxativo. Atualmente, admite o Tribunal Superior Eleitoral, o caráter taxativo deste rol de condutas.

CONDUTAS VEDADAS:

1) Ceder ou usar, em benefício de candidato, partido político ou coligação, bens móveis ou imóveis pertencentes à Administração direta ou indireta da

União, dos Estados, do Distrito Federal, dos Territórios e dos Municípios, ressalvada a realização de convenção partidária. Art. 73, I da Lei 9504/97.

2) Usar materiais ou serviços, custeados pelos Governos ou Casas Legislativas, que excedam as prerrogativas consignadas nos regimentos e normas dos órgãos que integra.

3) Ceder servidor público ou empregado da administração direta ou indireta federal, estadual ou municipal do Poder Executivo, ou usar de seus serviços, para comitês de campanha eleitoral de candidato, partido político ou coligação, durante o horário de expediente normal, salvo se o servidor ou empregado estiver licenciado.

4) Fazer ou permitir uso promocional em favor de candidato, partido político ou coligação, de distribuição gratuita de bens e serviços de caráter social custeados ou subvencionados pelo Poder Público.

5) Nomear, contratar ou de qualquer forma admitir, demitir sem justa causa, suprimir ou readaptar vantagens ou por outros meios dificultar ou impedir o exer-

cício funcional e, ainda, ex oficio, remover, transferir ou exonerar servidor público, na circunscrição do pleito, nos três meses que o antecedem e até a posse dos eleitos, sob pena de nulidade de pleno direito, ressalvados a nomeação ou exoneração de cargos em comissão e designação ou dispensa de funcionários de confiança, a nomeação dos aprovados em concursos públicos homologados até o início daquele prazo, a nomeação para cargos do Poder Judiciário, do Ministério Público, dos Tribunais ou Conselhos de Contas e dos órgãos da Presidência da República, a nomeação ou contratação necessária à instalação ou funcionamento inadiável de serviços públicos essenciais, com previa e expressa autorização do Chefe do Poder Executivo e a transferência ou remoção ex-oficio de militares, policiais civis e de agentes penitenciários.

6) realizar, no primeiro semestre do ano de eleição, despesas com publicidade dos órgãos públicos federais, estaduais ou municipais, ou das respectivas entidades da administração indireta, que excedam a média dos gastos no primeiro semestre dos três últimos anos que antecedem o pleito;

7) Fazer, **na circunscrição do pleito**, revisão geral da remuneração dos servidores públicos que exceda a recomposição da perda de seu poder aquisitivo ao longo do ano da eleição, **a partir do início do período compreendido entre 180 dias das eleições, até a posse dos eleitos.**

8) Nos três meses que antecedem o pleito:

a) Realizar transferência voluntária de recursos da União aos Estados e Municípios e dos Estados aos Municípios, sob pena de nulidade de pleno direito, ressalvados os recursos destinados a cumprir obrigação formal preexistente para execução de obra ou serviço em andamento e com cronograma prefixado, e os destinados a atender situações de emergência e de calamidade pública.

b) Com exceção da propaganda de produtos e serviços que tenham concorrência no mercado, autorizar publicidade institucional dos atos, programas, obras, serviços e campanhas dos órgãos públicos federais, estaduais ou municipais ou das respectivas entidades da administração indireta, salvo em caso de grave e urgente necessidade pública, assim reconhecida pela Justiça Eleitoral.

c) Fazer pronunciamento em cadeia de rádio e televisão, fora do horário eleitoral gratuito, salvo quando, a critério da Justiça Eleitoral, tratar-se de matéria urgente, relevante e característica das funções de governo.

d) Utilizar shows artísticos pagos com recursos públicos na realização de inaugurações.

e) Participar, no caso dos candidatos a cargos do Poder Executivo, de inaugurações de obras públicas.

9) Realizar distribuição gratuita de bens, valores ou benefícios por parte da Administração Pública, **no ano em que se realizar eleição,** exceto nos casos de calamidade pública, de estado de emergência ou de programas sociais autorizados em lei e já em execução orçamentária no exercício anterior, casos nos quais o Ministério Público poderá promover o acompanhamento de sua execução financeira e administrativa.

PENA: Suspensão imediata da conduta e multa de cinco mil a cem mil UFIR, sendo passível de duplicação se houver reincidência por parte do candidato ou partido.

PENAS ESPECÍFICAS: Nos casos das condutas de número 1, 2, 3, 4 e 8, "a", "b" e "c" já citadas, o candidato beneficiado ficará sujeito à cassação do registro ou diploma.

PARTIDOS POLÍTICOS: Para os partidos, além das punições anteriores, pode haver também a exclusão do partido que se beneficiou dos atos vedados, da distribuição do Fundo Partidário.

EXCEÇÃO ÀS VEDAÇÕES: A proibição número 1, não diz respeito e não se aplica ao uso, em campanha, do transporte oficial pelo Presidente da República, e uso, pelos candidatos à reeleição de Presidente, Vice-Presidente, Governador, Vice-Governador, Prefeito e Vice Prefeito, de suas residências oficiais para a realização de contatos, encontros e reuniões pertinentes à campanha, desde que não tenham caráter de ato público.

Arrecadação e aplicação de recursos em campanhas eleitorais.

RESPONSÁVEIS PELAS DESPESAS – Partidos, ou de seus candidatos.

LIMITES DE GASTOS POR CARGO ELETIVO EM DISPUTA:

Serão contabilizadas nos limites de gastos de cada campanha as despesas efetuadas pelos candidatos e as efetuadas pelos partidos que puderem ser individualizadas.

O descumprimento dos limites de gastos fixados para cada campanha acarretará o pagamento de multa em valor equivalente a 100% (cem por cento) da quantia que ultrapassar o limite estabelecido, sem prejuízo da apuração da ocorrência de abuso do poder econômico.

O limite de gastos nas campanhas eleitorais dos candidatos às eleições para Presidente da República, Governador e Prefeito será definido com base nos gastos declarados, na respectiva circunscrição, na eleição para os mesmos cargos imediatamente anterior à promulgação da Lei 13.165/2015, observado o seguinte:

I - para o primeiro turno das eleições, o limite será de:

a) 70% (setenta por cento) do maior gasto declarado para o cargo, na circunscrição eleitoral em que houve apenas um turno;

b) 50% (cinquenta por cento) do maior gasto declarado para o cargo, na circunscrição eleitoral em que houve dois turnos;

II - para o segundo turno das eleições, onde houver, o limite de gastos será de 30% (trinta por cento) do valor previsto no item I acima.

A lei estabeleceu que, nos Municípios de até dez mil eleitores, o limite de gastos será de R$ 100.000,00 (cem mil reais) para Prefeito e de R$ 10.000,00 (dez mil reais) para Vereador ou o valor acima referido, se for maior.

O limite de gastos nas campanhas eleitorais dos candidatos às eleições para Senador, Deputado Federal, Deputado Estadual, Deputado Distrital e Vereador será de 70% (setenta por cento) do maior gasto contratado na circunscrição para o respectivo cargo na eleição imediatamente anterior à publicação da lei 13.165/2015.

Na definição dos limites mencionados acima, serão considerados os gastos realizados pelos candidatos e por partidos e comitês financeiros nas campanhas de cada um deles.

Caberá à Justiça Eleitoral, a partir das regras definidas na já mencionada lei:

I - dar publicidade aos limites de gastos para cada cargo eletivo atualizados até 20 de julho do ano da eleição;

II - na primeira eleição subsequente à publicação desta lei 13.165/2015, atualizar monetariamente, pelo Índice Nacional de Preços ao Consumidor - INPC da Fundação Instituto Brasileiro de Geografia e Estatística - IBGE ou por índice que o substituir, os valores sobre os quais incidirão os percentuais de limites de gastos acima citados

III - atualizar monetariamente, pelo INPC do IBGE ou por índice que o substituir, os limites de gastos nas eleições subsequentes.

O candidato a cargo eletivo fará, diretamente ou por intermédio de pessoa por ele designada, a administração financeira de sua campanha usando recursos repassados pelo partido, inclusive os relativos à cota do Fundo Partidário, recursos próprios ou doações de pessoas físicas.

CNPJ – Candidatos estão obrigados à inscrição no Cadastro Nacional da Pessoa Jurídica – CNPJ, cujo número deverá ser fornecido pela Justiça Eleitoral no prazo de 03 dias úteis.

ABERTURA DE CONTA BANCÁRIA ESPECÍFICA – É **obrigatório** para o partido e para os candidatos abrir **conta bancária específica** para registrar **TODO** o movimento financeiro da campanha. Somente **APÓS** a abertura da conta bancária, é **possível a arrecadação e doações para despesas de campanha, sob pena de rejeição das contas.**

EXCEÇÃO: Casos de candidatura para Prefeito e Vereador em Municípios onde não haja agência ou posto bancário.

Bancos são obrigados a acatar, em até três dias, o pedido de abertura de conta de qualquer candidato escolhido em convenção, sendo-lhes vedado condicioná-la a depósito mínimo e à cobrança de taxas ou de outras despesas de manutenção.

NÃO ABERTURA DE CONTA ESPECÍFICA: Implicará a **desaprovação** da prestação de contas do partido ou candidato; comprovado abuso de poder econômico, será cancelado o registro da candidatura ou cassado o diploma, se já houver sido outorgado.

PRESTAÇÃO DE CONTAS:

As prestações de contas dos candidatos às eleições majoritárias serão feitas pelo próprio candidato, devendo ser acompanhadas dos extratos das contas bancárias referentes à movimentação dos recursos financeiros usados na campanha e da relação dos cheques recebidos, com a indicação dos respectivos números, valores e emitentes.

As prestações de contas dos candidatos às eleições proporcionais serão feitas pelo próprio candidato.

Ficam dispensadas de comprovação na prestação de contas:

I. a cessão de bens móveis, limitada ao valor de R$ 4.000, 00 (quatro mil reais) por pessoa cedente;

II. doações estimáveis em dinheiro entre candidatos, partidos ou comitês financeiros, decorrentes do uso comum tanto de sedes quanto de materiais de propaganda eleitoral, cujo gasto deverá ser registrado na prestação de contas do responsável pelo pagamento da despesa.

A contratação direta ou terceirizada de pessoal para prestação de serviços referentes a atividades de militância e mobilização de rua nas campanhas eleitorais observará os seguintes limites, impostos a cada candidato:

I. em Municípios com até 30.000 (trinta mil) eleitores, não excederá a 1% (um por cento) do eleitorado;

II. nos demais Municípios e no Distrito Federal, corresponderá ao número máximo apurado no inciso I, acrescido de 1 (uma) contratação para cada 1.000 (mil) eleitores que exceder o número de 30.000 (trinta mil).

As contratações observarão ainda os seguintes limites nas candidaturas aos cargos a:

I. Presidente da República e Senador: em cada Estado, o número estabelecido para o Município com o maior número de eleitores;

II. Governador de Estado e do Distrito Federal: no Estado, o dobro do limite estabelecido para o Município com o maior número de eleitores, e, no Distrito Federal, o dobro do número alcançado no inciso II do caput;

III. Deputado Federal: na circunscrição, 70% (setenta por cento) do limite estabelecido para o Município com o maior número de eleitores, e, no Distrito Federal, esse mesmo percentual aplicado sobre o limite calculado na forma do inciso II do caput, considerado o eleitorado da maior região administrativa;

IV. Deputado Estadual ou Distrital: na circunscrição, 50% (cinquenta por cento) do limite estabelecido para Deputados Federais;

V. Prefeito: nos limites previstos nos incisos I e II do caput;

VI. Vereador: 50% (cinquenta por cento) dos limites previstos nos incisos I e II do caput, até o máximo de 80% (oitenta por cento) do limite estabelecido para Deputados Estaduais.

Os partidos políticos, as coligações e os candidatos são obrigados, durante as campanhas eleitorais, a divulgar em sítio criado pela Justiça Eleitoral para esse fim na rede mundial de computadores (internet):

I - os recursos em dinheiro recebidos para financiamento de sua campanha eleitoral, em até 72 (setenta e duas) horas de seu recebimento;

II - no dia 15 de setembro, relatório discriminando as transferências do Fundo Partidário, os recursos em dinheiro e os estimáveis em dinheiro recebidos, bem como os gastos realizados.

Os gastos com passagens aéreas efetuados nas campanhas eleitorais serão comprovados mediante a apresentação de fatura ou duplicata emitida por agência de viagem, quando for o caso, desde que informados os beneficiários, as datas e os itinerários, vedada a exigência de apresentação de qualquer outro documento para esse fim.

A Justiça Eleitoral adotará sistema simplificado de prestação de contas para candidatos que apresentarem movimentação financeira correspondente a, no máximo, R$ 20.000,00 (vinte mil reais), atualizados monetariamente, a cada eleição, pelo Índice Nacional de Preços ao Consumidor - INPC da Fundação Instituto Brasileiro de Geografia e Estatística - IBGE ou por índice que o substituir.

O sistema simplificado mencionado deverá conter, pelo menos:

I - identificação das doações recebidas, com os nomes, o CPF ou CNPJ dos doadores e os respectivos valores recebidos;

II - identificação das despesas realizadas, com os nomes e o CPF ou CNPJ dos fornecedores de material e dos prestadores dos serviços realizados;

III - registro das eventuais sobras ou dívidas de campanha.

Nas eleições para Prefeito e Vereador de Municípios com menos de cinquenta mil eleitores, a prestação de contas será feita sempre pelo sistema simplificado acima referido.

Os valores transferidos pelos partidos políticos oriundos de doações serão registrados na prestação de contas dos candidatos como transferência dos partidos e, na prestação de contas dos partidos, como transferência aos candidatos, sem individualização dos doadores.

Havendo segundo turno, encaminhar a prestação de contas, referente aos 2 (dois) turnos, até o vigésimo dia posterior à sua realização.

A decisão que julgar as contas dos candidatos eleitos será publicada em sessão até três dias antes da diplomação. Da decisão que julgar as contas prestadas pelos candidatos caberá recurso ao órgão superior da Justiça Eleitoral, no prazo de 3 (três) dias, a contar da publicação no Diário Oficial.

SOBRAS DE CAMPANHA:

Se, ao final da campanha, ocorrer sobra de recursos financeiros, esta deve ser declarada na prestação de contas e, após julgados todos os recursos, transferida ao partido, obedecendo aos seguintes critérios:

I. no caso de candidato a Prefeito, Vice-Prefeito e Vereador, esses recursos deverão ser transferidos para o órgão diretivo municipal do partido na cidade onde ocorreu a eleição, o qual será responsável exclusivo pela identificação desses recursos, sua utilização, contabilização e respectiva prestação de contas perante o juízo eleitoral correspondente;

II. no caso de candidato a Governador, Vice-Governador, Senador, Deputado Federal e Deputado Estadual ou Distrital, esses recursos deverão ser transferidos para o órgão diretivo regional do partido no Estado onde ocorreu a eleição ou no Distrito Federal, se for o caso, o qual será responsável exclusivo pela identificação desses recursos, sua utilização, contabilização e respectiva prestação de contas perante o Tribunal Regional Eleitoral correspondente;

III. no caso de candidato a Presidente e Vice-Presidente da República, esses recursos deverão ser transferidos para o órgão diretivo nacional do partido, o qual será responsável exclusivo pela identificação desses recursos, sua utilização, contabilização e respectiva prestação de contas perante o Tribunal Superior Eleitoral;

IV. o órgão diretivo nacional do partido não poderá ser responsabilizado nem penalizado pelo descumprimento do disposto na lei 12.891 por parte dos órgãos diretivos municipais e regionais.

REJEIÇÃO DAS CONTAS: Rejeitadas as contas, a Justiça Eleitoral remeterá cópia de todo o processo ao Ministério Público Eleitoral para que se promova a competente investigação judicial eleitoral acerca de eventual inelegibilidade e/ou abuso de poder econômico.

DOAÇÕES:

Quem pode fazer? Podem ser feitas **por pessoas físicas**.

Limites: Qualquer eleitor poderá realizar gastos, em apoio a candidato de sua preferência, **até a quantia equivalente a um mil UFIR, não sujeitos a contabilização**, desde que não reembolsados.

As doações ficam limitadas a 10% (dez por cento) dos rendimentos brutos auferidos pelo doador no ano anterior à eleição.

Este limite não se aplica a doações estimáveis em dinheiro relativas à utilização de bens móveis ou imóveis de propriedade do doador, desde que o valor estimado não ultrapasse R$ 80.000,00 (oitenta mil reais).

- O candidato poderá usar recursos próprios em sua campanha até o limite de gastos estabelecido na lei para o cargo ao qual concorre.

REQUISITOS FORMAIS: As doações somente poderão ser realizadas por meio de:

- cheques cruzados e nominais ou transferência eletrônica de depósitos;
- depósitos em espécie devidamente identificados;
- mecanismo disponível em sítio do candidato, partido ou coligação na internet, permitindo inclusive o uso de cartão de crédito, sendo imprescindível a identificação do doador.

Em todos os casos, é **IMPRESCINDÍVEL,** a emissão de recibo eleitoral para **TODAS** as doações realizadas.

PROIBIÇÕES:

- doações em dinheiro, bem como de troféus, prêmios, ajudas de qualquer espécie feitas por candidato, entre o registro e a eleição, a pessoas físicas ou jurídicas.
- é proibido a partido e candidato, receber direta ou indiretamente doação em dinheiro ou estimável em dinheiro, inclusive por meio de publicidade de qualquer espécie, procedente de:

O partido ou candidato que receber recursos provenientes de fontes vedadas ou de origem não identificada deverá proceder à devolução dos valores recebidos ou, não sendo possível a identificação da fonte, transferi-los para a conta única do Tesouro Nacional.

CONSEQUÊNCIA DO DESCUMPRIMENTO DAS PROIBIÇÕES PARA O PARTIDO:

- perderá o direito ao recebimento da quota do Fundo Partidário do ano seguinte;
- responderem os candidatos beneficiados por abuso do poder econômico.

A sanção de suspensão do repasse de novas quotas do Fundo Partidário, por desaprovação total ou parcial da prestação de contas do candidato, deverá ser aplicada de forma proporcional e razoável, pelo período de 1 (um) mês a 12 (doze) meses, ou por meio do desconto, do valor a ser repassado, na importância apontada como irregular.

IMPORTANTE: A sanção de suspensão não pode ser implementada caso a prestação de contas não seja julgada, pelo juízo ou tribunal competente, após 5 (cinco) anos de sua apresentação.

GASTOS ELEITORAIS:

QUAIS SÃO???

I – confecção de material impresso de qualquer natureza e tamanho;

II – propaganda e publicidade direta ou indireta, por qualquer meio de divulgação, destinada a conquistar votos;

III – aluguel de locais para a promoção de atos de campanha eleitoral;

IV – despesas com transporte ou deslocamento de candidato e de pessoal a serviço das candidaturas; V – correspondência e despesas postais;

VI – despesas de instalação, organização e funcionamento de Comitês e serviços necessários às eleições;

VII – remuneração ou gratificação de qualquer espécie a pessoal que preste serviços às candidaturas ou aos comitês eleitorais;

VIII – montagem e operação de carros de som, de propaganda e assemelhados;

IX – a realização de comícios ou eventos destinados à promoção de candidatura;

X – produção de programas de rádio, televisão ou vídeo, inclusive os destinados à propaganda gratuita;

XII – realização de pesquisas ou testes pré-eleitorais;

XIV – aluguel de bens particulares para veiculação, por qualquer meio, de propaganda eleitoral;

XV – custos com a criação e inclusão de sítios na Internet;

XVI – multas aplicadas aos partidos ou candidatos por infração do disposto na legislação eleitoral.

XVII – produção de jingles, vinhetas e slogans para propaganda eleitoral.

Desde o advento da lei 12.891/13, foram estabelecidos os seguintes limites com relação ao total do gasto da campanha:

I. alimentação do pessoal que presta serviços às candidaturas ou aos comitês eleitorais: 10% (dez por cento);
II. aluguel de veículos automotores: 20% (vinte por cento).

Estas alterações não foram válidas, ainda, para as eleições 2014.

Propaganda Eleitoral

Diferenças entre propaganda irregular e propaganda criminosa:

Na propaganda irregular, não há proibição ou vedação, mas meramente uma restrição à liberdade da propaganda política.

A propaganda criminosa, ao contrário, tem proibição expressa pela legislação eleitoral, com as respectivas sanções estabelecidas.

Em ambos os casos, temos sanções eleitorais propriamente ditas, mas, no caso específico da propaganda criminosa, tem-se penas criminais estipuladas em sua tipificação na legislação eleitoral.

Dentre as propagandas irregulares, temos a propaganda antecipada, aquela paga por candidatos ou por terceiros que não o partido, sem legenda ou com utilização de artifícios publicitários que criem estados mentais, emocionais ou passionais na opinião pública, entre outras.

Para esta modalidade de propaganda, a legislação prevê várias sanções, dentre elas a cassação do registro do candidato, a cassação do direito de transmissão de propaganda partidária gratuita pelo rádio e pela televisão, anulabilidade da votação, solidariedade dos partidos, inelegibilidade para as eleições que se realizarem nos três anos seguintes à eleição na qual ocorreu a propaganda irregular, com a consequente cassação do registro do candidato.

Já no caso da propaganda criminosa, temos, como já falado, além de tais espécies de sanções, também as sanções criminais como qualquer outra figura criminosa.

São existentes, também, alguns crimes ligados à propaganda eleitoral, que não necessariamente estão contidos na propaganda eleitoral.

Dentre as figuras típicas relacionadas à propaganda, temos as seguintes:

Código Eleitoral:

Art. 323. Divulgar, na propaganda, fatos que sabe inverídicos, em relação a partidos ou candidatos e capazes de exercerem influência perante o eleitorado:

Pena – detenção de dois meses a um ano, ou pagamento de 120 a 150 dias-multa.

Parágrafo único. A pena é agravada se o crime é cometido pela imprensa, rádio ou televisão.

Art. 324. Caluniar alguém, na propaganda eleitoral, ou visando fins de propaganda, imputando-lhe falsamente fato definido como crime:

Pena – detenção de seis meses a dois anos, e pagamento de 10 a 40 dias-multa.

§ 1° Nas mesmas penas incorre quem, sabendo falsa a imputação, a propala ou divulga.

§ 2º A prova da verdade do fato imputado exclui o crime, mas não é admitida:

I. se, constituindo o fato imputado crime de ação privada, o ofendido, não foi condenado por sentença irrecorrível;

II. se o fato é imputado ao Presidente da República ou chefe de governo estrangeiro;

III. se do crime imputado, embora de ação pública, o ofendido foi absolvido por sentença irrecorrível.

Art. 325. Difamar alguém, na propaganda eleitoral, ou visando a fins de propaganda, imputando-lhe fato ofensivo à sua reputação:

Pena – detenção de três meses a um ano, e pagamento de 5 a 30 dias-multa.

Parágrafo único. A exceção da verdade somente se admite se ofendido é funcionário público e a ofensa é relativa ao exercício de suas funções.

Art. 326. Injuriar alguém, na propaganda eleitoral, ou visando a fins de propaganda, ofendendo-lhe a dignidade ou o decoro:

Pena – detenção até seis meses, ou pagamento de 30 a 60 dias-multa.

§ 1º O juiz pode deixar de aplicar a pena:

I. se o ofendido, de forma reprovável, provocou diretamente a injúria;

II. no caso de retorsão imediata, que consista em outra injúria.

§ 2º Se a injúria consiste em violência ou vias de fato, que, por sua natureza ou meio empregado, se considerem aviltantes:

Pena – detenção de três meses a um ano e pagamento de 5 a 20 dias-multa, além das penas correspondentes à violência prevista no Código Penal.

Art. 327. As penas cominadas nos artigos. 324, 325 e 326, aumentam-se de um terço, se qualquer dos crimes é cometido:

I. contra o Presidente da República ou chefe de governo estrangeiro;

II. contra funcionário público, em razão de suas funções;

III. na presença de várias pessoas, ou por meio que facilite a divulgação da ofensa.

Art. 331. Inutilizar, alterar ou perturbar meio de propaganda devidamente empregado:

Pena – detenção até seis meses ou pagamento de 90 a 120 dias-multa.

Art. 332. Impedir o exercício de propaganda:

Pena – detenção até seis meses e pagamento de 30 a 60 dias-multa.

Art. 334. Utilizar organização comercial de vendas, distribuição de mercadorias, prêmios e sorteios para propaganda ou aliciamento de eleitores:

Pena – detenção de seis meses a um ano e cassação do registro se o responsável fôr candidato.

Art. 335. Fazer propaganda, qualquer que seja a sua forma, em língua estrangeira:

Pena – detenção de três a seis meses e pagamento de 30 a 60 dias-multa.

Parágrafo único. Além da pena cominada, a infração ao presente artigo importa na apreensão e perda do material utilizado na propaganda.

Art. 336. Na sentença que julgar ação penal pela infração de qualquer dos artigos. 322, 323, 324, 325, 326, 328, 329, 331, 332, 333, 334 e 335, deve o juiz verificar, de acordo com o seu livre convencionamento, se diretório local do partido, por qualquer dos seus membros, concorreu para a prática de delito, ou dela se beneficiou conscientemente.

Parágrafo único. Nesse caso, imporá o juiz ao diretório responsável pena de suspensão de sua atividade eleitoral por prazo de 6 a 12 meses, agravada até o dobro nas reincidências.

Art. 337. Participar, o estrangeiro ou brasileiro que não estiver no gôzo dos seus direitos políticos, de atividades partidárias inclusive comícios e atos de propaganda em recintos fechados ou abertos:

Pena – detenção até seis meses e pagamento de 90 a 120 dias-multa. (esta modalidade não foi recepcionada pela Constituição Federal de 1988).

Lei das Eleições – 9504/97 –

Art. 39. (...)

§ 5º Constituem crimes, no dia da eleição, puníveis com detenção, de seis meses a um ano, com a alternativa de prestação de serviços à comunidade pelo mesmo período, e multa no valor de cinco mil a quinze mil UFIR:

I. o uso de alto-falantes e amplificadores de som ou a promoção de comício ou carreata;

II. a arregimentação de eleitor ou a propaganda de boca de urna; (Redação dada pela Lei nº 11.300, de 2006)

III. a divulgação de qualquer espécie de propaganda de partidos políticos ou de seus candidatos, mediante publicações, cartazes, camisas, bonés, broches ou dísticos em vestuário. (Incluído pela Lei nº 11.300, de 2006)

Quando a propaganda eleitoral é permitida? A propaganda eleitoral somente é permitida após o dia 15 de agosto do ano da eleição.

Para evitar o uso da propaganda partidária gratuita de maneira velada como propaganda eleitoral, a lei eleitoral proíbe sua veiculação no segundo semestre do ano em que se realizar eleição.

O desrespeito a essas disposições – Multa.

Importante notar que nas propagandas eleitorais dos candidatos a cargos majoritários o nome do Vice deve constar em tamanho não inferior a 30% do nome do titular.

PROPAGANDA INTRAPARTIDÁRIA: Na quinzena anterior à escolha do candidato pelo partido mediante convenção partidária, é permitido que o pretenso candidato realize propaganda intrapartidária, ou seja,

exclusivamente dentro do partido, objetivando ser escolhido para disputar as eleições. Nesta modalidade, entretanto, é **proibido** manifestações externas ao partido, como rádio, televisão e outdoors.

PROPAGANDA ANTECIPADA: Propaganda realizada anteriormente à data determinada pela legislação eleitoral. Em geral pode ser explícita ou velada. Os Tribunais entendem que **uma propaganda para ser considerada como propaganda antecipada**, deve ter **menção a cargo eletivo ou elementos que levem à conclusão relação entre a propaganda e o pleito que está por vir, na qual o sujeito possa se tornar candidato, após a convenção eleitoral.**

Não se considera propaganda antecipada (Lei 12.981):

Não serão consideradas propaganda antecipada e poderão ter cobertura dos meios de comunicação social, inclusive via internet:

I. a participação de filiados a partidos políticos ou de pré-candidatos em entrevistas, programas, encontros ou debates no rádio, na televisão e na internet, inclusive com a exposição de plataformas e projetos políticos, observado pelas emissoras de rádio e de televisão o dever de conferir tratamento isonômico;

II. a realização de encontros, seminários ou congressos, em ambiente fechado e a expensas dos partidos políticos, para tratar da organização dos processos eleitorais, discussão de políticas públicas, planos de governo ou alianças partidárias visando às eleições, podendo tais atividades ser divulgadas pelos instrumentos de comunicação intrapartidária;

III. a realização de prévias partidárias e sua divulgação pelos instrumentos de comunicação intrapartidária e pelas redes sociais;

IV. a divulgação de atos de parlamentares e debates legislativos, desde que não se faça pedido de votos;

V. a manifestação e o posicionamento pessoal sobre questões políticas nas redes sociais.

VI. a realização, a expensas de partido político, de reuniões de iniciativa da sociedade civil, de veículo ou meio de comunicação ou do próprio partido, em qualquer localidade, para divulgar ideias, objetivos e propostas partidárias.

Será considerada propaganda eleitoral antecipada a convocação, por parte do Presidente da República, dos Presidentes da Câmara dos Deputados, do Senado Federal e do Supremo Tribunal Federal, de redes de radiodifusão para divulgação de atos que denotem propaganda política ou ataques a partidos políticos e seus filiados ou instituições.

PROPAGANDA ELEITORAL – VEDAÇÕES:

- **Nos bens cujo uso dependa de cessão ou permissão** do Poder Público, ou que a ele pertençam, e nos de uso comum, inclusive:

- **postes de iluminação pública**
- **sinalização de tráfego**
- **viadutos**
- **passarelas**
- **pontes**
- **paradas de ônibus e outros equipamentos urbanos árvores, jardins localizados em áreas públicas muros, cercas e tapumes divisórios, localizados em áreas públicas**

- É vedada na campanha eleitoral a confecção, utilização, distribuição por comitê, candidato, ou com a sua autorização:

- **camisetas**
- **chaveiros**
- **bonés**
- **canetas**
- **brindes**
- **cestas básicas**
- **quaisquer outros bens ou materiais que possam proporcionar vantagem ao eleitor.**

- Showmícios
- Outdoors
- Aglomeração de pessoas portando vestuário padronizado no dia do pleito, até o término do horário de votação.
- Trio elétrico **(Exceção: Sonorização de comícios)**
- No recinto das seções eleitorais e juntas apuradoras, é proibido aos servidores da Justiça Eleitoral, aos mesários e aos escrutinadores o uso de vestuário ou objeto que contenha qualquer propaganda de partido político, de coligação ou de candidato.
- O uso, na propaganda eleitoral, de símbolos, **frases ou imagens, associadas ou semelhantes às empregadas por órgão de governo, empresa pública ou sociedade de economia mista constitui crime**.
- O candidato **doar, oferecer, prometer, ou entregar,** ao eleitor, com o fim de obter-lhe o voto, **bem ou vantagem pessoal de qualquer natureza, inclusive emprego ou função pública,** desde o registro da candidatura até o dia da eleição.

OUTRAS VEDAÇÕES:

A partir de **30 de junho do ano da eleição**, é vedado às emissoras de rádio e televisão, em sua programação normal e noticiário:

- transmitir, ainda que sob a forma de entrevista jornalística, imagens de realização de pesquisa ou qualquer outro tipo de consulta popular de natureza eleitoral em que seja possível identificar o entrevistado ou em que haja manipulação de dados;
- usar trucagem, montagem ou outro recurso de áudio ou vídeo que, de qualquer forma, degradem ou ridicularizem candidato, partido ou coligação, ou produzir ou veicular programa com esse efeito; (**O que é truncagem?** É a sobreposição ou utilização de imagens a fim de criar uma cena ou imagem irreal).
- veicular propaganda política ou difundir opinião favorável ou contrária a candidato, partido, coligação, a seus órgãos ou representantes;
- dar tratamento privilegiado a candidato, partido ou coligação;
- veicular ou divulgar filmes, novelas, minisséries ou qualquer outro programa com alusão ou crítica a candidato ou partido político, mesmo que dissimuladamente, exceto programas jornalísticos ou debates políticos;
- divulgar nome de programa que se refira a candidato escolhido em convenção, ainda quando preexistente, inclusive se coincidente com o nome do candidato ou com a variação nominal por ele adotada. Sendo o nome do programa o mesmo que o do candidato, fica proibida a sua divulgação, sob pena de cancelamento do respectivo registro.

Constituem crimes, no dia da eleição (BOCA DE URNA):

- o uso de alto-falantes e amplificadores de som ou a promoção de comício ou carreata;
- a arregimentação de eleitor ou a propaganda de boca de urna; – a divulgação de qualquer espécie de propaganda de partidos políticos ou de seus candidatos.

PROPAGANDA ATRAVÉS DE FOLHETOS, IMPRESSOS E VOLANTES. É PERMITIDA.

Deve constar no impresso:

- CNPJ do responsável pela confecção
- CNPJ do contratante.
- Tiragem.

Na propaganda dos candidatos a cargo majoritário deverão constar, também, os nomes dos candidatos a vice ou a suplentes de senador, de modo claro e legível, em tamanho não inferior a 30% (trinta por cento) do nome do titular.

Cavaletes, cartazes, bonecos, bandeiras? Proibida a sua utilização. No caso de bandeira, há permissão desde que seja empunhada por pessoa, ou seja, não tenha sido afixada em qualquer lugar. É permitido, entretanto, a montagem de mesa de distribuição de materiais - adesivos e afins - no passeio, desde que haja alguém para fazer a distribuição e não atrapalhe o fluxo da via.

Realização de propaganda em recinto aberto. Não depende de licença da polícia, no entanto o candidato, partido ou coligação promotora do ato fará a devida comunicação à autoridade policial em, no mínimo, vinte e quatro horas antes de sua realização, a fim de que esta lhe garanta, segundo a prioridade do aviso, o direito contra quem tencione usar o local no mesmo dia e horário.

Alto-falantes e amplificadores de som. Permitidos somente das 08: 00 às 22: 00hs. Proibido menos de 200 metros de:

- I – das sedes dos Poderes Executivo e Legislativo da União, dos Estados, do Distrito Federal e dos Municípios, das sedes dos Tribunais Judiciais, e dos quartéis e outros estabelecimentos militares;
- II – dos hospitais e casas de saúde;
- III – das escolas, bibliotecas públicas, igrejas e teatros, quando em funcionamento.

Realização de Comícios – Permitidos no horário compreendido entre as 8 (oito) e as 24 (vinte e quatro) horas.

Carreata, passeata, caminhada, distribuição de material gráfico, carro de som – Permitidos até as vinte e duas horas do dia que antecede a eleição.

Trios Elétricos? Fica vedada a utilização de trios elétricos em campanhas eleitorais, exceto para a sonorização de comícios.

Importante lembrar que a propaganda eleitoral via telemarketing está terminantemente proibida.

EM BENS PARTICULARES:

Em bens particulares, independe de obtenção de licença municipal e de autorização da Justiça Eleitoral a veiculação de propaganda eleitoral, desde que seja feita em adesivo ou papel, não exceda a 0,5 m^2 (meio metro quadrado) e não contrarie a legislação eleitoral.

- **Da propaganda eleitoral na imprensa escrita permitidas**

– Permitida até antevéspera das eleições

– LIMITE – até dez anúncios de propaganda eleitoral, por veículo, em datas diversas, com espaço máximo de 1/8 de jornal padrão ou um ¼ de revista, tablóide.

– Deverá constar o valor pago pela inserção.

PENA PARA DESOBEDIÊNCIA: Multa.

Da propaganda eleitoral no rádio e na televisão;

As emissoras de rádio e de televisão e os canais de televisão por assinatura mencionados no art. 57 reservarão, nos trinta e cinco dias anteriores à antevéspera das eleições, horário destinado à divulgação, em rede, da propaganda eleitoral gratuita, da seguinte forma:

I - na eleição para Presidente da República, às terças e quintas-feiras e aos sábados:

a) das sete horas às sete horas e doze minutos e trinta segundos e das doze horas às doze horas e doze minutos e trinta segundos, no rádio;

b) das treze horas às treze horas e doze minutos e trinta segundos e das vinte horas e trinta minutos às vinte horas e quarenta e dois minutos e trinta segundos, na televisão;

II - nas eleições para Deputado Federal, às terças e quintas-feiras e aos sábados:

a) das sete horas e doze minutos e trinta segundos às sete horas e vinte e cinco minutos e das doze horas e doze minutos e trinta segundos às doze horas e vinte e cinco minutos, no rádio;

b) das treze horas e doze minutos e trinta segundos às treze horas e vinte e cinco minutos e das vinte horas e quarenta e dois minutos e trinta segundos às vinte horas e cinquenta e cinco minutos, na televisão;

III - nas eleições para Senador, às segundas, quartas e sextas-feiras:

a) das sete horas às sete horas e cinco minutos e das doze horas às doze horas e cinco minutos, no rádio, nos anos em que a renovação do Senado Federal se der por um terço;

b) das treze horas às treze horas e cinco minutos e das vinte horas e trinta minutos às vinte horas e trinta e cinco minutos, na televisão, nos anos em que a renovação do Senado Federal se der por um terço;

c) das sete horas às sete horas e sete minutos e das doze horas às doze horas e sete minutos, no rádio, nos anos em que a renovação do Senado Federal se der por dois terços;

d) das treze horas às treze horas e sete minutos e das vinte horas e trinta minutos às vinte horas e trinta e sete minutos, na televisão, nos anos em que a renovação do Senado Federal se der por dois terços;

IV - nas eleições para Deputado Estadual e Deputado Distrital, às segundas, quartas e sextas-feiras:

a) das sete horas e cinco minutos às sete horas e quinze minutos e das doze horas e cinco minutos às doze horas e quinze minutos, no rádio, nos anos em que a renovação do Senado Federal se der por um terço;

b) das treze horas e cinco minutos às treze horas e quinze minutos e das vinte horas e trinta e cinco minutos às vinte horas e quarenta e cinco minutos, na televisão, nos anos em que a renovação do Senado Federal se der por um terço;

c) das sete horas e sete minutos às sete horas e dezesseis minutos e das doze horas e sete minutos às doze horas e dezesseis minutos, no rádio, nos anos em que a renovação do Senado Federal se der por dois terços;

d) das treze horas e sete minutos às treze horas e dezesseis minutos e das vinte horas e trinta e sete minutos às vinte horas e quarenta e seis minutos, na televisão, nos anos em que a renovação do Senado Federal se der por dois terços;

V - na eleição para Governador de Estado e do Distrito Federal, às segundas, quartas e sextas-feiras:

a) das sete horas e quinze minutos às sete horas e vinte e cinco minutos e das doze horas e quinze minutos às doze horas e vinte e cinco minutos, no rádio, nos anos em que a renovação do Senado Federal se der por um terço;

b) das treze horas e quinze minutos às treze horas e vinte e cinco minutos e das vinte horas e quarenta e cinco minutos às vinte horas e cinquenta e cinco minutos, na televisão, nos anos em que a renovação do Senado Federal se der por um terço;

c) das sete horas e dezesseis minutos às sete horas e vinte e cinco minutos e das doze horas e dezesseis minutos às doze horas e vinte e cinco minutos, no rádio, nos anos em que a renovação do Senado Federal se der por dois terços;

d) das treze horas e dezesseis minutos às treze horas e vinte e cinco minutos e das vinte horas e quarenta e seis minutos às vinte horas e cinquenta e cinco minutos, na televisão, nos anos em que a renovação do Senado Federal se der por dois terços;

VI - nas eleições para Prefeito, de segunda a sábado:

a) das sete horas às sete horas e dez minutos e das doze horas às doze horas e dez minutos, no rádio;

b) das treze horas às treze horas e dez minutos e das vinte horas e trinta minutos às vinte horas e quarenta minutos, na televisão;

VII - ainda nas eleições para Prefeito, e também nas de Vereador, mediante inserções de trinta e sessenta segundos, no rádio e na televisão, totalizando setenta minutos diários, de segunda-feira a domingo, distribuídas ao longo da programação veiculada entre as cinco e as vinte e quatro horas, na proporção de 60% (sessenta por cento) para Prefeito e 40% (quarenta por cento) para Vereador.

A PROPAGANDA ELEITORAL NA INTERNET:

- A propaganda eleitoral na internet poderá ser realizada nas seguintes formas:
- I – na página oficial do candidato, com endereço eletrônico comunicado à Justiça Eleitoral **e hospedado, direta ou indiretamente, em provedor de serviço de internet estabelecido no País;**
- II – em website do partido ou da coligação, com endereço eletrônico comunicado à Justiça Eleitoral e **hospedado, direta ou indiretamente, em provedor de serviço de internet estabelecido no País;**
- III – por meio de mensagem eletrônica para endereços cadastrados gratuitamente pelo candidato, partido ou coligação;
- IV – por meio de blogs, redes sociais, programas de mensagens instantâneas e assemelhados, cujo conteúdo seja gerado ou editado por candidatos, partidos ou coligações ou de iniciativa de qualquer pessoa natural.
- Às pessoas jurídicas abaixo, é proibida a doação ou cessão de cadastro eletrônico de seus clientes, em favor de candidatos, partidos ou coligações:
- entidade ou governo estrangeiro;
- órgão da administração pública direta e indireta
- fundação mantida com recursos provenientes do Poder Público
- concessionário ou permissionário de serviço público.
- entidade de direito privado que receba, na condição de beneficiária, contribuição compulsória em virtude de disposição legal; entidade de utilidade pública
- entidade de classe ou sindical
- pessoa jurídica sem fins lucrativos que receba recursos do exterior
- entidades beneficentes e religiosas
- entidades esportivas
- organizações não-governamentais que recebam recursos públicos.
- organizações da sociedade civil de interesse público.

É proibida a venda de cadastro de endereços eletrônicos e o desrespeito sujeita o responsável pela divulgação da propaganda e, quando comprovado seu prévio conhecimento, o beneficiário à multa no valor de R$ 5.000, 00 (cinco mil reais) a R$ 30.000, 00 (trinta mil reais).

É proibida, também, a colocação de propaganda eleitoral em página de pessoa jurídica, ainda que esta seja sem fins lucrativos.

- **DIREITO DE RESPOSTA:**
- A partir da escolha de candidatos em convenção, é assegurado o direito de resposta a candidato, partido ou coligação atingidos, ainda que de forma indireta, por conceito, imagem ou afirmação caluniosa, difamatória, injuriosa ou sabidamente inverídica, difundidos por qualquer veículo de comunicação social.
- PRAZOS:
- I – vinte e quatro horas, quando se tratar do horário eleitoral gratuito;
- II – quarenta e oito horas, quando se tratar da programação normal das emissoras de rádio e televisão;
- III – setenta e duas horas, quando se tratar de órgão da imprensa escrita.

DEBATES POLÍTICOS:

Independentemente da veiculação de propaganda eleitoral gratuita no horário definido nesta Lei, é facultada a transmissão por emissora de rádio ou televisão de debates sobre as eleições majoritária ou proporcional, sendo assegurada a participação de candidatos dos partidos com representação superior a nove Deputados, e facultada a dos demais, observado o seguinte:

- Para os debates que se realizarem no primeiro turno das eleições, serão consideradas aprovadas as regras, inclusive as que definam o número de participantes, que obtiverem a concordância de pelo menos 2/3 (dois terços) dos candidatos aptos, no caso de eleição majoritária, e de pelo menos 2/3 (dois terços) dos partidos ou coligações com candidatos aptos, no caso de eleição proporcional.

Lei dos Partidos Políticos

DISPOSIÇÕES PRELIMINARES

Natureza Jurídica dos Partidos Políticos: O partido político, pessoa jurídica de direito privado.

Objetivo: Destina-se a assegurar, no interesse do regime democrático, a autenticidade do sistema representativo e a defender os direitos fundamentais definidos na Constituição Federal.

Liberdade Partidária: Dois aspectos:

1 – É livre a criação, fusão, incorporação e extinção de partidos políticos.

Condições: Os programas devem respeitar a soberania nacional, o regime democrático, o pluripartidarismo e os direitos fundamentais da pessoa humana.

2 – É assegurada, ao partido político, autonomia para definir sua estrutura interna, organização e funcionamento. A ação do partido tem caráter nacional e é exercida de acordo com seu estatuto e programa, sem subordinação a entidades ou governos estrangeiros.

Princípio da Isonomia: Os filiados de um partido político têm iguais direitos e deveres.

PARTIDO POLÍTICO COM CARÁTER PARAMILITAR: É vedado ao partido político ministrar instrução militar ou paramilitar, utilizar-se de organização da mesma natureza e adotar uniforme para seus membros.

DA ORGANIZAÇÃO E FUNCIONAMENTO DOS PARTIDOS POLÍTICOS

Da Criação e do Registro dos Partidos Políticos

Do registro dos partidos políticos:

O partido político, após adquirir personalidade jurídica na forma da lei civil, registra seu estatuto no Tribunal Superior Eleitoral.

Requisitos para Registro:

Só é admitido o registro do estatuto de partido político que tenha caráter nacional, considerando-se como tal aquele que comprove, no período de dois anos, o apoiamento de eleitores não filiados a partido político, correspondente a, pelo menos, 0,5% (cinco décimos por cento) dos votos dados na última eleição geral para a Câmara dos Deputados, não computados os votos em branco e os nulos, distribuídos por um terço, ou mais, dos Estados, com um mínimo de 0,1% (um décimo por cento) do eleitorado que haja votado em cada um deles.

Consequência do Registro:

1) Só o partido que tenha registrado seu estatuto no Tribunal Superior Eleitoral pode participar do processo eleitoral, receber recursos do Fundo Partidário e ter acesso gratuito ao rádio e à televisão.
2) Somente o registro do estatuto do partido no Tribunal Superior Eleitoral assegura a exclusividade da sua denominação, sigla e símbolos, vedada a utilização, por outros partidos, de variações que venham a induzir a erro ou confusão
3) O partido com registro no Tribunal Superior Eleitoral pode credenciar, respectivamente:

I. delegados perante o Juiz Eleitoral;
II. delegados perante o Tribunal Regional Eleitoral;
III. delegados perante o Tribunal Superior Eleitoral.

Os delegados credenciados pelo órgão de direção nacional representam o partido perante quaisquer Tribunais ou Juízes Eleitorais; os credenciados pelos órgãos estaduais, somente perante o Tribunal Regional

Eleitoral e os Juízes Eleitorais do respectivo Estado, do Distrito Federal ou Território Federal; e os credenciados pelo órgão municipal, perante o Juiz Eleitoral da respectiva jurisdição.

Formalização do Registro:

O requerimento do registro de partido político, dirigido ao cartório competente do Registro Civil das Pessoas Jurídicas, da Capital Federal, deve ser subscrito pelos seus fundadores, em número nunca inferior a cento e um, com domicílio eleitoral em, no mínimo, um terço dos Estados.

Adquirida a personalidade jurídica na forma deste artigo, o partido promove a obtenção do apoiamento mínimo de eleitores anteriormente citados e realiza os atos necessários para a constituição definitiva de seus órgãos e designação dos dirigentes, na forma do seu estatuto. Prova do apoiamento mínimo de eleitores é feita por meio de suas assinaturas, com menção ao número do respectivo título eleitoral, em listas organizadas para cada Zona, sendo a veracidade das respectivas assinaturas e o número dos títulos atestados pelo Escrivão Eleitoral.

Documentos Essenciais para Registro Partidário.

- cópia autêntica da ata da reunião de fundação do partido;
- exemplares do Diário Oficial que publicou, no seu inteiro teor, o programa e o estatuto;
- relação de todos os fundadores com o nome completo, naturalidade, número do título eleitoral com a Zona, Seção, Município e Estado, profissão e endereço da residência.
- requerimento indicando o nome e função dos dirigentes provisórios e o endereço da sede do partido na Capital Federal.

REGISTRO DO ESTATUTO: Feita a constituição e designação anterior, os dirigentes nacionais promoverão o registro do estatuto do partido junto ao Tribunal Superior Eleitoral, através de requerimento acompanhado de:

I. exemplar autenticado do inteiro teor do programa e do estatuto partidários, inscritos no Registro Civil;

II. certidão do registro civil da pessoa jurídica, a que se refere o § 2º do artigo anterior;

III. certidões dos cartórios eleitorais que comprovem ter o partido obtido o apoiamento mínimo de eleitores anteriormente referido

Alterações Programáticas ou Estatutárias: Qualquer alteração, após registradas no Ofício Civil competente, devem ser encaminhadas, para o mesmo fim, ao Tribunal Superior Eleitoral.

FUSÃO, INCORPORAÇÃO E EXTINÇÃO DE PARTIDOS POLÍTICOS.

Cancelamento de Registro dos Partidos Políticos.

Fica cancelado, junto ao Ofício Civil e ao Tribunal Superior Eleitoral, o registro do partido que, na forma de seu estatuto, se dissolva, se incorpore ou venha a se fundir a outro.

O Tribunal Superior Eleitoral, após trânsito em julgado de decisão, determina o cancelamento do registro civil e do estatuto do partido contra o qual fique provado:

- ter recebido ou estar recebendo recursos financeiros de procedência estrangeira;
- estar subordinado a entidade ou governo estrangeiros;
- não ter prestado, nos termos desta Lei, as devidas contas à Justiça Eleitoral;
- que mantém organização paramilitar.

O processo de cancelamento é iniciado pelo Tribunal à vista de denúncia de qualquer eleitor, de representante de partido, ou de representação do Procurador-Geral Eleitoral.

Fusão de Partidos Políticos:

Ocorrerá por decisão de seus órgãos nacionais de deliberação, observando-se o seguinte:

- os órgãos de direção dos partidos elaborarão projetos comuns de estatuto e programa;
- os órgãos nacionais de deliberação dos partidos em processo de fusão votarão em reunião conjunta, por maioria absoluta, os projetos, e elegerão o órgão de direção nacional que promoverá o registro do novo partido.

Na hipótese de fusão, a existência legal do novo partido tem início com o registro, no Ofício Civil competente da Capital Federal, do estatuto e do programa, cujo requerimento deve ser acompanhado das atas das decisões dos órgãos competentes.

Incorporação de Partido Político.

No caso de incorporação, observada a lei civil, caberá ao partido incorporando deliberar por maioria absoluta de votos, em seu órgão nacional de deliberação, sobre a adoção do estatuto e do programa de outra agremiação.

Adotados o estatuto e o programa do partido incorporador, realizar-se-á, em reunião conjunta dos órgãos nacionais de deliberação, a eleição do novo órgão de direção nacional.

No caso de incorporação, o instrumento respectivo deve ser levado ao Ofício Civil competente, que deve, então, cancelar o registro do partido incorporado a outro.

VOTOS OBTIDOS ANTERIORMENTE: Havendo fusão ou incorporação de partidos, os votos obtidos por eles, na última eleição geral para a Câmara dos Deputados, devem ser somados para efeito do funcionamento parlamentar, nos termos do art. 13, da distribuição dos recursos do Fundo Partidário e do acesso gratuito ao rádio e à televisão.

REGISTRO DO NOVO ESTATUTO: O novo estatuto ou instrumento de incorporação deve ser levado a registro e averbado, respectivamente, no Ofício Civil e no Tribunal Superior Eleitoral.

DA FILIAÇÃO PARTIDÁRIA.

QUEM PODE SE FILIAR: Só pode filiar-se a partido o eleitor que estiver no pleno gozo de seus direitos políticos.

É facultado ao partido político estabelecer, em seu estatuto, prazos de filiação partidária superiores aos previstos nesta Lei, com vistas a candidatura a cargos eletivos.

DESFILIAÇÃO Para desligar-se do partido, o filiado faz comunicação escrita ao órgão de direção municipal e ao Juiz Eleitoral da Zona em que for inscrito.

Decorridos dois dias da data da entrega da comunicação, o vínculo torna-se extinto, para todos os efeitos.

Perderá o mandato o detentor de cargo eletivo proporcional que se desfiliar, sem justa causa, do partido pelo qual foi eleito.

Consideram-se justa causa para a desfiliação partidária somente as seguintes hipóteses:

I - mudança substancial ou desvio reiterado do programa partidário;

II - grave discriminação política pessoal; e

III - mudança de partido efetuada durante o período de trinta dias que antecede o prazo de filiação exigido em lei para concorrer à eleição, majoritária ou proporcional, ao término do mandato vigente."

COMUNICAÇÃO AO JUÍZO ELEITORAL: Quem se filia a outro partido deve fazer comunicação ao partido e ao juiz de sua respectiva Zona Eleitoral, para cancelar sua filiação;

Até o advento da lei 12.891/2013, a dupla filiação era causa de cancelamento de ambas. Com a chegada desta, passou-se a considerar apenas a última filiação, ou seja, aquela mais recente, cancelando-se as anteriores.

CANCELAMENTO DA FILIAÇÃO:

I. morte;
II. perda dos direitos políticos;
III. expulsão;
IV. outras formas previstas no estatuto, com comunicação obrigatória ao atingido no prazo de quarenta e oito horas da decisão.
V. filiação a outro partido, desde que a pessoa comunique o fato ao juiz da respectiva Zona Eleitoral.

DAS FINANÇAS E CONTABILIDADE DOS PARTIDOS.

Manutenção de escrituração contábil e Prestação de Contas do Partido.

O partido político, através de seus órgãos nacionais, regionais e municipais, deve manter escrituração contábil, de forma a permitir o conhecimento da origem de suas receitas e a destinação de suas despesas.

O partido está obrigado a enviar**, anualmente**, à Justiça Eleitoral, o balanço contábil do exercício findo, até o **dia 30 de abril do ano seguinte**.

O balanço contábil do órgão nacional será enviado ao Tribunal Superior Eleitoral, o dos órgãos estaduais aos Tribunais Regionais Eleitorais e o dos órgãos municipais aos Juízes Eleitorais.

A Justiça Eleitoral determina, imediatamente, a publicação dos balanços na imprensa oficial, e, onde ela não exista, procede à afixação dos mesmos no Cartório Eleitoral.

No ano em que ocorrem eleições, o partido deve enviar **balancetes mensais** à Justiça Eleitoral, durante os quatro meses anteriores e os dois meses posteriores ao pleito.

Os balanços devem conter, entre outros, os seguintes itens:

I. discriminação dos valores e destinação dos recursos oriundos do fundo partidário;
II. origem e valor das contribuições e doações;
III. despesas de caráter eleitoral, com a especificação e comprovação dos gastos com programas no rádio e televisão, comitês, propaganda, publicações, comícios, e demais atividades de campanha;
IV. discriminação detalhada das receitas e despesas.

Financiamento e Receitas Partidárias:

As doações de recursos financeiros somente poderão ser efetuadas na conta do partido político por meio de:

I - cheques cruzados e nominais ou transferência eletrônica de depósitos;

II - depósitos em espécie devidamente identificados;

III - mecanismo disponível em sítio do partido na internet que permita inclusive o uso de cartão de crédito ou de débito e que atenda aos seguintes requisitos:

a) identificação do doador;
b) emissão obrigatória de recibo eleitoral para cada doação realizada.

Fiscalização sobre Escrituração Contábil Partidária.

Os órgãos partidários municipais que não haja movimentado recursos financeiros ou arrecadado bens estimáveis em dinheiro ficam desobrigados de prestar contas à Justiça Eleitoral, exigindo-se do responsável partidário, até o dia 30 de abril de cada ano, a apresentação de declaração da ausência de movimentação de recursos nesse período.

A desaprovação da prestação de contas do partido não ensejará sanção alguma que o impeça de participar do pleito eleitoral."

A Justiça Eleitoral exerce a fiscalização sobre a prestação de contas do partido e das despesas de campanha eleitoral, devendo atestar se elas refletem adequadamente a real movimentação financeira, os dispêndios e os recursos aplicados nas campanhas eleitorais, exigindo a observação das seguintes normas:

I - obrigatoriedade de designação de dirigentes partidários específicos para movimentar recursos financeiros nas campanhas eleitorais;

II - relatório financeiro, com documentação que comprove a entrada e saída de dinheiro ou de bens recebidos e aplicados;

III - obrigatoriedade de ser conservada pelo partido, por prazo não inferior a cinco anos, a documentação comprobatória de suas prestações de contas;

IV - obrigatoriedade de prestação de contas pelo partido político e por seus candidatos no encerramento da campanha eleitoral, com o recolhimento imediato à tesouraria do partido dos saldos financeiros eventualmente apurados.

PENALIDADES:

A desaprovação das contas do partido implicará exclusivamente a sanção de devolução da importância apontada como irregular, acrescida de multa de até 20% (vinte por cento).

A sanção acima será aplicada exclusivamente à esfera partidária responsável pela irregularidade, não suspendendo o registro ou a anotação de seus órgãos de direção partidária nem tornando devedores ou inadimplentes os respectivos responsáveis partidários.

A sanção mencionada deverá ser aplicada de forma proporcional e razoável, pelo período de um a doze meses, e o pagamento deverá ser feito por meio de desconto nos futuros repasses de cotas do Fundo Partidário, desde que a prestação de contas seja julgada, pelo juízo ou tribunal competente, em até cinco anos de sua apresentação.

O desconto no repasse de cotas resultante da aplicação da sanção a já referida será suspenso durante o segundo semestre do ano em que se realizarem as eleições.

Os gastos com passagens aéreas serão comprovados mediante apresentação de fatura ou duplicata emitida por agência de viagem, quando for o caso, desde que informados os beneficiários, as datas e os itinerários, vedada a exigência de apresentação de qualquer outro documento para esse fim.

Os órgãos partidários poderão apresentar documentos hábeis para esclarecer questionamentos da Justiça Eleitoral ou para sanear irregularidades a qualquer tempo, enquanto não transitada em julgado a decisão que julgar a prestação de contas.

Erros formais ou materiais que no conjunto da prestação de contas não comprometam o conhecimento da origem das receitas e a destinação das despesas não acarretarão a desaprovação das contas.

A responsabilização pessoal civil e criminal dos dirigentes partidários decorrente da desaprovação das contas partidárias e de atos ilícitos atribuídos ao partido político somente ocorrerá se verificada irregularidade grave e insanável resultante de conduta dolosa que importe enriquecimento ilícito e lesão ao patrimônio do partido.

O instituto ou fundação de pesquisa e de doutrinação e educação política não será atingido pela sanção aplicada ao partido político em caso de desaprovação de suas contas, exceto se tiver diretamente dado causa à reprovação.

A falta de prestação de contas implicará a suspensão de novas cotas do Fundo Partidário enquanto perdurar a inadimplência e sujeitará os responsáveis às penas da lei.

RECURSO: Da decisão que desaprovar total ou parcialmente a prestação de contas dos órgãos partidários caberá recurso para os Tribunais Regionais Eleitorais ou para o Tribunal Superior Eleitoral, conforme o caso, o qual deverá ser recebido com efeito suspensivo.

DO ACESSO GRATUITO AO RÁDIO E À TELEVISÃO.

Os partidos com pelo menos um representante em qualquer das Casas do Congresso Nacional têm assegurados os seguintes direitos relacionados à propaganda partidária:

I - a realização de um programa a cada semestre, em cadeia nacional, com duração de:

a) cinco minutos cada, para os partidos que tenham eleito até quatro Deputados Federais;

b) dez minutos cada, para os partidos que tenham eleito cinco ou mais Deputados Federais;

II - a utilização, por semestre, para inserções de trinta segundos ou um minuto, nas redes nacionais, e de igual tempo nas emissoras estaduais, do tempo total de:

a) dez minutos, para os partidos que tenham eleito até nove Deputados Federais;

b) vinte minutos, para os partidos que tenham eleito dez ou mais deputados federais.

QUEM PODE OFERECER REPRESENTAÇÃO CONTRA PROPAGANDA PARTIDÁRIA: A representação, que somente poderá ser oferecida por partido político, será julgada pelo Tribunal Superior Eleitoral quando se tratar de programa em bloco ou inserções nacionais e pelos Tribunais Regionais Eleitorais quando se tratar de programas em bloco ou inserções transmitidos nos Estados correspondentes.

IMPORTANTE: Em cada rede somente serão autorizadas até dez inserções de trinta segundos ou cinco de um minuto por dia.

✦ SÚMULAS APLICÁVEIS

1. NORMAS GERAIS DE DIREITO ELEITORAL E SISTEMAS ELEITORAIS.

Súmula-TSE nº 9. O TRIBUNAL SUPERIOR ELEITORAL, usando das atribuições que lhe confere o art. 23, XV, do Código Eleitoral, resolve editar a seguinte súmula:

Súmula nº 9. A suspensão de direitos políticos decorrente de condenação criminal transitada em julgado cessa com o cumprimento ou a extinção da pena, independendo de reabilitação ou de prova de reparação dos danos.

Referências:

CF, art. 15, III;

Recurso nº 9.900/92 (Acórdão nº 12.731);

Recurso nº 9.760/92 (Acórdão nº 12.877);

Recurso nº 10.797, de 1º.10.92.

Ministro PAULO BROSSARD, presidente e relator – Ministro SEPÚLVEDA PERTENCE – Ministro CARLOS VELLOSO – Ministro AMÉRICO LUZ – Ministro JOSÉ CÂNDIDO – Ministro TORQUATO JARDIM – Ministro EDUARDO ALCKMIN – Dr. GERALDO BRINDEIRO, vice-procurador-geral eleitoral.

Publicada no *DJ* de 28, 29 e 30.10.1992.

⊙ ORGANIZAÇÃO JUDICIÁRIA ELEITORAL.

Súmula-STF nº 72. No julgamento de questão constitucional, vinculada a decisão do Tribunal Superior Eleitoral, não estão impedidos os ministros do Supremo Tribunal Federal que ali tenham funcionado no mesmo processo, ou no processo originário.

Referências:

Constituição Federal de 1946, art. 97, II; art. 200;

Regimento Interno do Supremo Tribunal Federal de 1940, art. 87.

Presidência do Senhor Ministro Ribeiro da Costa. Presentes à sessão os Senhores Ministros Luiz Gallotti, Hahnemann Guimarães, Cândido Motta Filho, Vilas Boas, Gonçalves de Oliveira, Victor Nunes Leal, Pedro Chaves, Hermes Lima e Evandro Lins.

Súmula da Jurisprudência Predominante do Supremo Tribunal Federal – Anexo ao Regimento Interno. Edição: Imprensa Nacional, 1964, p. 57.

Súmula-STJ nº 368. A Primeira Seção, na sessão ordinária de 26 de novembro de 2008, aprovou o seguinte enunciado de Súmula, que será publicado no "Diário da Justiça Eletrônico do Superior Tribunal de Justiça", por três vezes, em datas próximas, nos termos do art. 123 do RISTJ.

Compete à Justiça comum estadual processar e julgar os pedidos de retificação de dados cadastrais da Justiça Eleitoral.

Referências:

CF/1988, art. 121;

Conflitos de competência nº 41.549-PB (25/08/2004 – DJ 04/10/2004), 49.147-PB (22/03/2006 – DJ 08/05/2006), 56.901-PB (26/04/2006 – DJ 15/05/2006), 56.896-PB (26/04/2006 – DJ 20/11/2006), 56.894-PB (10/05/2006 – DJ 22/05/2006), 56.905-PB (27/09/2006 – DJ 23/10/2006), 56.932-PB (09/04/2008 – DJe 19/05/2008).

Presidência do Senhor Ministro Luiz Fux. Presentes à sessão as Senhoras Ministras Eliana Calmon e Denise Arruda e os Senhores Ministros Francisco Falcão, Teori Albino Zavascki, Castro Meira, Humberto Martins, Herman Benjamin, Mauro Campbell Marques e Benedito Gonçalves. Subprocurador-Geral da República, Dr. Flávio Giron.

Publicação: *DJE* de 3.12.2008.

Súmula-STJ nº 374. A Primeira Seção, na sessão ordinária de 11 de março de 2009, aprovou os seguintes enunciados de Súmula, que serão publicados no "Diário da Justiça Eletrônico do Superior Tribunal de Justiça", por três vezes, em datas próximas, nos termos do art. 123 do RISTJ. (...)

Súmula nº 374. Compete à Justiça Eleitoral processar e julgar a ação para anular débito decorrente de multa eleitoral.

Referências:

CF/1988, art. 109, I;

Lei nº 4.737, de 15/07/1965, art. 367, IV;

Conflitos de competência nº 23.132-TO (28/04/1999 – DJ 07/06/1999), 32.609-SP (14/11/2001 – DJ 04/03/2002), 41.571-ES (13/04/2005 – DJ 16/05/2005), 46.901-PR (22/02/2006 – DJ 27/03/2006), 77.503-MS (28/11/2007 – DJ 10/12/2007).

Presidência do Senhor Ministro Luiz Fux. Presentes à sessão as Senhoras Ministras Eliana Calmon e Denise Arruda e os Senhores Ministros Francisco Falcão, Teori Albino Zavascki, Castro Meira, Humberto Martins, Herman Benjamin, Mauro Campbell Marques e Benedito Gonçalves. Subprocurador-Geral da República, Dr. Flávio Giron.

Publicação: *DJE* de 30.3.2009.

2. RECURSOS E IMPUGNAÇÕES

Súmula-STF nº 728. SÚMULA DA JURISPRUDÊNCIA PREDOMINANTE DO SUPREMO TRIBUNAL FEDERAL – ADENDO Nº 8 – Aprovado pelo Tribunal Pleno, na sessão de 26 de novembro de 2003, e que se publica no Diário da Justiça, por 3 dias consecutivos, nos termos do § 3º do artigo 102 do Regimento Interno.

É de três dias o prazo para a interposição de recurso extraordinário contra decisão do Tribunal Superior Eleitoral, contado, quando for o caso, a partir da publicação do acórdão, na própria sessão de julgamento, nos termos do art. 12 da Lei nº 6.055/74, que não foi revogado pela Lei 8.950/94.

Referências:

Lei nº 6.055/74, art. 12;

CPC-73, art. 508, na redação dada pela Lei nº 8.950/94;

Agravos regimentais nos agravos de instrumento nºs 354555-RS (09.10.2001, DJ-14.12.2001) e 371643-MG (18.6.2002, DJ-11.10.2002).

Presidência do Senhor Ministro Maurício Corrêa. Presentes à sessão os Senhores Ministros Sepúlveda Pertence, Celso de Mello, Carlos Velloso, Marco Aurélio, Nelson Jobim, Ellen Gracie, Gilmar Mendes, Cezar Peluso, Carlos Britto e Joaquim Barbosa. Subprocurador-Geral da República, Dr. Cláudio Lemos Fonteles.

Publicação: *DJ* de 9.12.2003, p. 2; *DJ* de 10.12.2003, p. 2; e *DJ* de 11.12.2003, p. 2.

3. CONDIÇÕES DE ELEGIBILIDADE E INELEGIBILIDADES.

Súmula-TSE nº 5. O TRIBUNAL SUPERIOR ELEITORAL, usando das atribuições que lhe confere o art. 23, XV, do Código Eleitoral, resolve editar a seguinte súmula:

Súmula nº 5. Serventuário de cartório, celetista, não se inclui na exigência do art. 1º, II, *l*, da LC nº 64/90.

Referências:

LC nº 64/90, art. 1º, II, *l*;

Acórdão nº 12.757 (RE nº 10.280);

Acórdão nº 12.758 (RE nº 10.129).

Ministro PAULO BROSSARD, presidente e relator – Ministro SEPÚLVEDA PERTENCE – Ministro CARLOS VELLOSO – Ministro AMÉRICO LUZ – Ministro JOSÉ CÂNDIDO – Ministro TORQUATO JARDIM – Ministro EDUARDO ALCKMIN – Dr. ARISTIDES JUNQUEIRA ALVARENGA, procurador-geral eleitoral.

Publicada no *DJ* de 28, 29 e 30.10.1992.

Súmula-TSE nº 6. O TRIBUNAL SUPERIOR ELEITORAL, usando das atribuições que lhe confere o art. 23, XV, do Código Eleitoral, resolve editar a seguinte súmula:

Súmula nº 6. É inelegível, para o cargo de prefeito, o cônjuge e os parentes indicados no par. 7º do art. 14 da Constituição, do titular do mandato, ainda que este haja renunciado ao cargo há mais de seis meses do pleito.

- Ac.-TSE nºs 3.043/2001 e 19.442/2001 e Ac.-STF, de 7.4.2003, no RE nº 344.882: cônjuge e parentes do chefe do Executivo são elegíveis para o mesmo cargo do titular, quando este for reelegível e tiver se afastado definitivamente do cargo até seis meses antes do pleito.

Referências:

CF, art. 14, § 7º;

Recursos especiais nºs 9.919, 9.992, 9.993 e 9.994.

Ministro PAULO BROSSARD, presidente e relator – Ministro SEPÚLVEDA PERTENCE – Ministro CARLOS VELLOSO – Ministro AMÉRICO LUZ – Ministro JOSÉ CÂNDIDO – Ministro TORQUATO JARDIM – Ministro EDUARDO ALCKMIN – Dr. ARISTIDES JUNQUEIRA ALVARENGA, procurador-geral eleitoral.

Publicada no *DJ* de 28, 29 e 30.10.1992.

Súmula-TSE nº 7 (Cancelada)

NE: A Súmula nº 7, publicada no *DJ* de 28, 29 e 30.10.92, foi cancelada pela Res.-TSE nº 20.920/2001. Assim determinava: "É inelegível para o cargo de prefeito a irmã da concubina do atual titular do mandato."

Súmula-TSE nº 8 (Cancelada)

NE: A Súmula nº 8, publicada no *DJ* de 28, 29 e 30.10.92, foi cancelada pela Res.-TSE nº 20.920/2001. Assim determinava: "O vice-prefeito é inelegível para o mesmo cargo."

Súmula-TSE nº 12. O TRIBUNAL SUPERIOR ELEITORAL, usando das atribuições que lhe confere o art. 23, XV, do Código Eleitoral, resolve editar a seguinte súmula:

Súmula nº 12. São inelegíveis, no município desmembrado, e ainda não instalado, o cônjuge e os parentes consangüíneos ou afins, até o segundo grau ou por adoção, do prefeito do município-mãe, ou de quem o tenha substituído, dentro dos seis meses anteriores ao pleito, salvo se já titular de mandato eletivo.

Referências:

Acórdão nº 12.902 (Rec. nº 9.927), de 30.9.92; Acórdão nº 12.956 (Rec. nº 10.402), de 1º.10.92; Acórdão nº 12.933 (Rec. nº 10.837), de 1º.10.92; Resolução nº 18.219 (Cons. nº 12.739), de 2.6.92.

Ministro PAULO BROSSARD, presidente e relator – Ministro SEPÚLVEDA PERTENCE – Ministro CARLOS VELLOSO – Ministro AMÉRICO LUZ – Ministro JOSÉ CÂNDIDO – Ministro TORQUATO JARDIM – Ministro EDUARDO ALCKMIN – Dr. GERALDO BRINDEIRO, vice-procurador-geral eleitoral.

Publicada no *DJ* de 1º.12.1992.

Súmula-TSE nº 13. O TRIBUNAL SUPERIOR ELEITORAL, usando das atribuições que lhe confere o art. 23, inciso XV, do Código Eleitoral, resolve editar o seguinte verbete de súmula:

Não é auto-aplicável o § 9º, art. 14, da Constituição, com a redação da Emenda Constitucional de Revisão nº 4/94.

Referências:

Recurso nº 12.082, relator Ministro Diniz de Andrada, 4.8.94;

Recurso nº 12.107, relator Ministro Flaquer Scartezzini, 6.8.94;

Recurso nº 12.081, relator Ministro Flaquer Scartezzini, 6.8.94.

Ministro SEPÚLVEDA PERTENCE, presidente – Ministro CARLOS VELLOSO – Ministro MARCO AURÉLIO – Ministro FLAQUER SCARTEZZINI – Ministro ANTONIO DE PÁDUA RIBEIRO – Ministro TORQUATO JARDIM – Ministro DINIZ DE ANDRADA.

Publicada no *DJ* de 28, 29 e 30.10.1996.

TRANSRIÇÃO DO ARTIGO: **Art. 14.** A soberania popular será exercida pelo sufrágio universal e pelo voto direto e secreto, com valor igual para todos, e, nos termos da lei, mediante: **§ 9º** Lei complementar estabelecerá outros casos de inelegibilidade e os prazos de sua cessação, a fim de proteger a probidade administrativa, a moralidade para exercício de mandato considerada vida pregressa do candidato, e a normalidade e legitimidade das eleições contra a influência do poder econômico ou o abuso do exercício de função, cargo ou emprego na administração direta ou indireta. (Redação dada pela Emenda Constitucional de Revisão nº 4, de 1994)

Súmula-TSE nº 15. O TRIBUNAL SUPERIOR ELEITORAL, usando das atribuições que lhe confere o art. 23, XV, do Código Eleitoral, resolve editar o seguinte verbete de súmula:

O exercício de cargo eletivo não é circunstância suficiente para, em recurso especial, determinar-se a reforma da decisão mediante a qual o candidato foi considerado analfabeto.

Referências:

Acórdão nº 13.069, de 16.9.96;

Acórdão nº 13.048, de 18.9.96;

Acórdão nº 13.216, de 23.9.96;

Acórdão nº 13.206, de 24.9.96.

Ministro MARCO AURÉLIO, presidente – Ministro EDUARDO ALCKMIN, relator – Ministro ILMAR GALVÃO – Ministro FRANCISCO REZEK – Ministro NILSON NAVES – Ministro EDUARDO RIBEIRO – Ministro DINIZ DE ANDRADA – Dr. GERALDO BRINDEIRO, procurador-geral eleitoral.

Publicada no *DJ* de 28, 29 e 30.10.1996.

Súmula-TSE nº 19. O TRIBUNAL SUPERIOR ELEITORAL, usando das atribuições que lhe confere o art. 23, inciso XV, do Código Eleitoral, resolve editar o seguinte verbete de súmula:

O prazo de inelegibilidade de três anos, por abuso de poder econômico ou político, é contado a partir da data da eleição em que se verificou (art. 22, XIV, da LC nº 64, de 18.5.90).

- Súmula editada na vigência da redação original da LC nº 64/1990. O art. 2º da LC nº 135/2010 alterou o prazo de inelegibilidade previsto no inciso XIV do art. 22.

Referências:

Acórdão nº 392, de 15.6.99, relator Ministro Eduardo Ribeiro;

Acórdão nº 1.123C, de 31.8.98, relator Ministro Eduardo Alckmin;

Acórdão nº 12.686, de 23.9.97, relator Ministro Costa Porto;

Acórdão nº 12.882, de 2.9.96, relator Ministro Ilmar Galvão;

Acórdão nº 13.522, de 30.9.96, relator Ministro Eduardo Alckmin.

Ministro NÉRI DA SILVEIRA, presidente – Ministro COSTA PORTO, relator – Ministro MAURÍCO CORRÊA – Ministro NELSON JOBIM – Ministro WALDEMAR ZVEITER – Ministro GARCIA VIEIRA – Ministro FERNANDO NEVES – Dr. GERALDO BRINDEIRO, procurador-geral eleitoral.

Publicada no *DJ* de 21, 22 e 23.8.2000.

Súmula Vinculante-STF nº 18. O Tribunal, por maioria, vencido o Senhor Ministro Marco Aurélio, acolheu e aprovou a proposta de edição da Súmula Vinculante nº 18, nos seguintes termos:

A dissolução da sociedade ou do vínculo conjugal, no curso do mandato, não afasta a inelegibilidade prevista no § 7º do artigo 14 da Constituição Federal.

Referências:

Constituição Federal de 1988, art. 14, § 1º (redação dada pela Emenda Constitucional 16/1997) e § 7º;

Emenda Constitucional 16/1997;

Recursos Extraordinários nº 568596 (*DJe* nº 222, em 21.11.2008), 433460 (*DJ* de 19.10.2006), 446999 (*DJ* de 9.9.2005).

Presidência do Senhor Ministro Gilmar Mendes. Presentes à sessão os Senhores Ministros Celso de Mello, Marco Aurélio, Ellen Gracie, Cezar Peluso, Carlos Britto, Eros Grau, Cármen Lúcia e Dias Toffoli. Subprocurador-Geral da República, Dr. Haroldo Ferraz da Nóbrega.

Publicação: *DJE* nº 210/2009 de 10.11.2009, p. 1, e *DOU* de 10.11.2009, p. 1.

4. LEI DAS ELEIÇÕES – ESCOLHA E REGISTRO DE CANDIDATOS

Súmula-TSE nº 3. O TRIBUNAL SUPERIOR ELEITORAL, usando das atribuições que lhe confere o art. 23, XV, do Código Eleitoral, resolve editar a seguinte súmula:

Súmula nº 3. No processo de registro de candidatos, não tendo o juiz aberto prazo para o suprimento de defeito da instrução do pedido, pode o documento, cuja falta houver motivado o indeferimento, ser juntado com o recurso ordinário.

- Lei nº 9.504/1997, art. 11, § 3º: prazo de 72 horas para diligências.

Referências:

Resolução-TSE nº 17.845/92;

Acórdão nº 12.609, de 19.9.92;

Acórdão nº 12.493, de 10.9.92.

Ministro PAULO BROSSARD, presidente e relator – Ministro SEPÚLVEDA PERTENCE – Ministro CARLOS VELLOSO – Ministro AMÉRICO LUZ – Ministro JOSÉ CÂNDIDO – Ministro TORQUATO JARDIM – Ministro EDUARDO ALCKMIN – Dr. GERALDO BRINDEIRO, vice-procurador-geral eleitoral.

Publicada no *DJ* de 28, 29 e 30.10.1992.

Súmula-TSE nº 4. O TRIBUNAL SUPERIOR ELEITORAL, usando das atribuições que lhe confere o art. 23, XV, do Código Eleitoral, resolve editar a seguinte súmula:

Súmula nº 4. Não havendo preferência entre candidatos que pretendam o registro da mesma variação nominal, defere-se o do que primeiro o tenha requerido.

- Lei nº 9.504/1997, art. 12, § 1º, I a V: regras para determinação da preferência.

Referência:

Acórdão nº 12.497, de 10.9.92.

Ministro PAULO BROSSARD, presidente e relator – Ministro SEPÚLVEDA PERTENCE – Ministro CARLOS VELLOSO – Ministro AMÉRICO LUZ – Ministro JOSÉ CÂNDIDO – Ministro TORQUATO JARDIM – Ministro EDUARDO ALCKMIN – Dr. GERALDO BRINDEIRO, vice-procurador-geral eleitoral.

Publicada no *DJ* de 28, 29 e 30.10.1992.

Súmula-TSE nº 10. O TRIBUNAL SUPERIOR ELEITORAL, usando das atribuições que lhe confere o art. 23, XV, do Código Eleitoral, resolve editar a seguinte súmula:

Súmula nº 10. No processo de registro de candidatos, quando a sentença for entregue em cartório antes de três dias contados da conclusão ao juiz, o prazo para o recurso ordinário, salvo intimação pessoal anterior, só se conta do termo final daquele tríduo.

Referências:

LC nº 64/90, art. 8º;

Recurso nº 10.446, de 30.9.92;

Recurso nº 10.100, de 1º.10.92.

Ministro PAULO BROSSARD, presidente – Ministro SEPÚLVEDA PERTENCE – Ministro CARLOS VELLOSO – Ministro AMÉRICO LUZ – Ministro JOSÉ CÂNDIDO – Ministro TORQUATO JARDIM – Ministro EDUARDO ALCKMIN – Dr. GERALDO BRINDEIRO, vice-procurador-geral eleitoral.

Publicada no *DJ* de 28, 29 e 30.10.1992.

Súmula-TSE nº 11. O TRIBUNAL SUPERIOR ELEITORAL, usando das atribuições que lhe confere o art. 23, XV, do Código Eleitoral, resolve editar a seguinte súmula:

Súmula nº 11. No processo de registro de candidatos, o *partido* que não o impugnou não tem legitimidade para recorrer da sentença que o deferiu, salvo se se cuidar de matéria constitucional.

- Ac.-TSE, de 3.11.2010, no AgR-REspe nº 937944: ilegitimidade também de candidato, coligação ou MPE.
- Ac.-TSE nº 22.578/2004: aplicação desta súmula a todos os legitimados a impugnar registro de candidatura. Ac.-TSE nºs 12.371/1992, 13.058/1992, 13.268/1996, 14.133/1996 e Ac.-TSE, de 19.12.2006, no REspe nº 27.967: legitimidade recursal do Ministério Público Eleitoral, ainda que não haja impugnado o pedido de registro de candidato; contra, os Ac.-TSE nºs 12.230/1994 e 14.294/1996.
- V. Ac. STF, de 18.12.2013, no ARE nº 728188; e Res.-TSE nº 23.405/2014: o Ministério Público tem legitimidade para recorrer de decisão que defere registro de candidatura, ainda que não haja apresentado impugnação, sendo-lhe inaplicável a presente súmula.

Referência:

Rec. nº 9.678, de 1º.10.92.

Ministro PAULO BROSSARD, presidente e relator – Ministro SEPÚLVEDA PERTENCE – Ministro CARLOS VELLOSO – Ministro AMÉRICO LUZ – Ministro JOSÉ CÂNDIDO – Ministro TORQUATO JARDIM – Ministro EDUARDO ALCKMIN – Dr. GERALDO BRINDEIRO, vice-procurador-geral eleitoral.

Publicada no *DJ* de 28, 29 e 30.10.1992.

Súmula-TSE nº 20. O TRIBUNAL SUPERIOR ELEITORAL, usando das atribuições que lhe confere o art. 23, inciso XV, do Código Eleitoral, resolve editar o seguinte verbete de súmula:

A falta do nome do filiado ao partido na lista por este encaminhada à Justiça Eleitoral, nos termos do art. 19 da Lei nº 9.096, de 19.9.95, pode ser suprida por outros elementos de prova de oportuna filiação.

Referências:

Acórdão nº 587, de 1º.7.99, relator Ministro Edson Vidigal;

Acórdão nº 12.958C, de 23.9.96, relator Ministro Ilmar Galvão;

Acórdão nº 12.961, de 12.9.96, relator Ministro Francisco Rezek;

Acórdão nº 14.598C, de 13.3.97, relator Ministro Ilmar Galvão.

Ministro NÉRI DA SILVEIRA, presidente – Ministro COSTA PORTO, relator – Ministro MAURÍCO CORRÊA – Ministro NELSON JOBIM – Ministro WALDEMAR ZVEITER – Ministro GARCIA VIEIRA – Ministro FERNANDO NEVES – Dr. GERALDO BRINDEIRO, procurador-geral eleitoral.

____

Publicada no *DJ* de 21, 22 e 23.8.2000.

5. ARRECADAÇÃO E APLICAÇÃO DE RECURSOS EM CAMPANHAS ELEITORAIS.

Súmula-TSE nº 21 (CANCELADA). O TRIBUNAL SUPERIOR ELEITORAL, no uso das atribuições que lhe confere o artigo 23, inciso XV, do Código Eleitoral, resolve editar o seguinte verbete de Súmula:

O prazo para ajuizamento da representação contra doação de campanha acima do limite legal é de 180 dias, contados da data da diplomação.

Referências:

Recurso Especial Eleitoral nº 36552, relator Ministro Marcelo Ribeiro, *DJE* de 28.5.2010;

Recurso Especial Eleitoral nº 4311116, relatora Ministra Cármen Lúcia, *DJE* de 20.8.2010;

Agravo Regimental no Recurso Especial Eleitoral nº 36403, relator Ministro Aldir Passarinho Junior, *DJE* de 20.8.2010;

Embargos de Declaração no Agravo Regimental no Recurso Especial Eleitoral nº 399341274, relatora Ministra Cármen Lúcia, *DJE* de 16.8.2011;

Agravo Regimental no Recurso Especial Eleitoral nº 4126623, relator Ministro Aldir Passarinho Junior, *DJE* de 17.8.2010.

Ministro RICARDO LEWANDOWSKI, presidente – Ministra CÁRMEN LÚCIA, relatora – Ministro MARCO AURÉLIO – Ministra NANCY ANDRIGHI – Ministra LAURITA VAZ – Ministro MARCELO RIBEIRO – Ministro ARNALDO VERSIANI.

____

Publicada no *DJE* de 8, 9 e 10.2.2012.

6. PROPAGANDA ELEITORAL

Súmula-TSE nº 17 (Cancelada)

NE: A Súmula nº 17, publicada no *DJ* de 21, 22 e 23.8.2000, foi cancelada em 16.4.2002, em julgamento de Questão de Ordem no REspe nº 19.600. Assim determinava: "Não é admissível a presunção de que o candidato, por ser beneficiário de propaganda eleitoral irregular, tenha prévio conhecimento de sua veiculação (arts. 36 e 37 da Lei nº 9.504, de 30.9.97)."

Súmula-TSE nº 18. O TRIBUNAL SUPERIOR ELEITORAL, usando das atribuições que lhe confere o art. 23, inciso XV, do Código Eleitoral, resolve editar o seguinte verbete de súmula:

Conquanto investido de poder de polícia, não tem legitimidade o juiz eleitoral para, de ofício, instaurar procedimento com a finalidade de impor multa pela veiculação de propaganda eleitoral em desacordo com a Lei nº 9.504/97.

Referências:

Acórdão nº 2.096, de 15.2.2000, relator Ministro Eduardo Ribeiro;

Acórdão nº 15.883, de 12.8.99, relator Ministro Eduardo Ribeiro;

Acórdão nº 16.025, de 10.8.99, relator Ministro Nelson Jobim;

Acórdão nº 16.073, de 14.9.99, relator Ministro Eduardo Alckmin;

Acórdão nº 16.107, de 30.9.99, relator Ministro Eduardo Alckmin;

Acórdão nº 16.195, de 14.12.99, relator Ministro Edson Vidigal.

Ministro NÉRI DA SILVEIRA, presidente – Ministro COSTA PORTO, relator – Ministro MAURÍCO CORRÊA – Ministro NELSON JOBIM – Ministro WALDEMAR ZVEITER – Ministro GARCIA VIEIRA – Ministro FERNANDO NEVES – Dr. GERALDO BRINDEIRO, procurador-geral eleitoral.

____

Publicada no *DJ* de 21, 22 e 23.8.2000.

7. LEI DOS PARTIDOS POLÍTICOS

Súmula-TSE nº 2. O TRIBUNAL SUPERIOR ELEITORAL, usando das atribuições que lhe confere o art. 23, XV, do Código Eleitoral, resolve editar a seguinte súmula:

Súmula nº 2. Assinada e recebida a ficha de filiação partidária até o termo final do prazo fixado em lei, considera-se satisfeita a correspondente condição de elegibilidade, ainda que não tenha fluído, até a mesma data, o tríduo legal de impugnação.

- Lei nº 9.096/1995, arts. 17 a 19.

Referências:

Lei nº 5.682/71 (LOPP), art. 65 e parágrafos;

Acórdão nº 12.367, de 27.8.92;

Acórdão nº 12.368, de 27.8.92;

Acórdão nº 12.376, de 1º.9.92;

Acórdão nº 12.378, de 1º.9.92.

Ministro PAULO BROSSARD, presidente e relator – Ministro SEPÚLVEDA PERTENCE – Ministro CARLOS VELLOSO – Ministro AMÉRICO LUZ – Ministro JOSÉ CÂNDIDO – Ministro TORQUATO JARDIM – Ministro EDUARDO ALCKMIN – Dr. GERALDO BRINDEIRO, procurador-geral eleitoral.

Publicada no *DJ* de 28, 29 e 30.10.1992.

Súmula-TSE nº 14 (Cancelada)

NE: A Súmula nº 14, publicada no *DJ* de 25, 26 e 27.9.96, foi cancelada pela Res.-TSE nº 21.885/2004. Assim determinava: "A duplicidade de que cuida o parágrafo único do artigo 22 da Lei nº 9.096/95 somente fica caracterizada caso a nova filiação houver ocorrido após a remessa das listas previstas no parágrafo único do artigo 58 da referida lei".

✦ INFORMATIVOS APLICÁVEIS

✦ STF

▸ ***Crime de desobediência eleitoral e não enquadramento***

Não comete crime de desobediência eleitoral o candidato que, proibido de ingressar em órgãos públicos com o intuito de realizar atos inerentes à campanha eleitoral, adentra prédios da Administração Pública para filmar e fotografar. *Inq 3909/SE, Rel. Min. Gilmar Mendes, 17.5.2016. 2ª T. (Info 826)*

▸ ***ADI e designação de promotor eleitoral***

O Procurador-Geral da República detém a prerrogativa, ao lado daquela atribuída ao Chefe do Poder Executivo, de iniciar os projetos de lei que versem sobre a organização e as atribuições do Ministério Público Eleitoral. Assim, a designação, de membro do Ministério Público local como promotor eleitoral, por Procurador Regional Eleitoral, que é membro do Ministério Público Federal, não afronta a autonomia administrativa do Ministério Público do Estado. *ADI 3802/DF, Rel. Min. Dias Toffoli, 10.3.2016. Pleno. (Info 817)*

Direitos Humanos

Kerton Nascimento e Costa

✦ QUESTÕES

01. (Cespe – Defensor Público – MA/ 2011) Acerca da afirmação histórica dos Direitos Humanos, assinale a opção correta.

a) A Magna Carta, de 1215, instituiu a separação dos poderes ao declarar que o funcionamento do parlamento, um órgão que visa defender os súditos perante o rei, não pode estar sujeito ao arbítrio deste.

b) Os sistemas das minorias e de mandatos, criados no âmbito das Nações Unidas, garantiam que os habitantes pertencentes às minorias de determinados países europeus enviassem petições ao Comitê de Minorias.

c) A Declaração de Filadélfia é considerada a primeira carta política a atribuir aos direitos trabalhistas o estatuto de direito fundamental, juntamente com as liberdades individuais e os direitos políticos.

d) A importância histórica do habeas corpus, de 1679, consiste no fato de que essa garantia judicial, instituída na Inglaterra para proteger a liberdade de locomoção, serviu de modelo para a criação de outras formas de proteção das liberdades fundamentais, como o juicio de amparo, na América Latina.

e) A Constituição de Weimar foi o primeiro documento a afirmar os princípios democráticos na história política moderna.

COMENTÁRIOS

✪ **Nota do autor:** esta questão versa sobre a afirmação histórica dos Direitos Humanos. O assunto exige do candidato um conhecimento da evolução histórica de tais direitos. A característica da historicidade, que traduz o acréscimo de direitos conquistados ao logo do tempo, é um dos pilares dos Direitos Humanos, pois representa a evolução da proteção humana, sempre amparada pelo ideal da dignidade. Hannah Arendt entende que, no tocante a historicidade dos Direitos Humanos, que estes não são um dado, mas um construído, uma invenção humana, em constante processo de construção e reconstrução. Há recentemente um apelo pelo não retrocesso na temática dos Direitos Humanos. Resumindo, os direitos conquistados de forma árdua ao logo o tempo devem ser mantidos. No caso de sua modificação, nunca devem retroceder em grau de proteção.

Alternativa correta: letra "d": o período histórico que antecedeu o *habeas corpus act*, de 1679, foi tenso e repleto de particularidades. Com a derrota de Carlos I, o trono foi ocupado por Oliver Cromwell durante onze anos. O monarca governou com imensa crueldade, típica dos governantes medievais, atribuindo a si mesmo o título de Lorde protetor. Após sua morte, e a sucessão natural de seu filho Richard, que governou por um período inferior a um ano, as tropas escocesas restabeleceram a dinastia Stuart, com a proclamação de Carlos II como rei da Inglaterra, Escócia e Irlanda, no ano de 1660. Carlos II buscou aproximação com Luis XIV, Rei da França, célebre pela sua frase: *l' État c'est moi* (O Estado sou eu). Em razão dessa aproximação, rechaçada pelo parlamento inglês, a Inglaterra se viu envolvida na guerra da Holanda. Carlos II obteve destaque em seu reinado com a edição da Lei de Habeas Corpus, em 1679. Este documento foi o precursor do que conhecemos como a atual garantia contra a ameaça de sofrer violência ou coação em sua liberdade de locomoção, por ilegalidade ou abuso de poder. Na alternativa é mencionado o *juicio de amparo*, oriundo do Direito Mexicano. Esta ação, que encontra semelhanças com o mandado de segurança previsto na Constituição brasileira, tem natureza de ação ajuizada por particular visando à proteção jurisdicional de ato impregnado de inconstitucionalidade.

Alternativa "a": a alternativa foi bem elaborada e busca confundir os candidatos. Notem que o início do texto apresenta com exatidão o ano em que a Magna Carta foi editada, ou seja, 1215. Este documento limitava os poderes do Rei, exigindo à renúncia de direitos considerados exagerados, assim como a obediência à lei, que deveria ser considerada superior a vontade do soberano. O documento, em que pese seja considerado o primeiro passo rumo ao constitucionalismo no ocidente, não instituiu a separação de poderes, residindo nesta afirmação o erro da questão.

Alternativa "b": a alternativa é de difícil solução, pois remete à Liga das Nações, criada em 1919, por meio do tratado de Versalhes. Com o fim da primeira guerra mundial um novo cenário se apresentou no tocante ao mapeamento político na Europa. Em razão disso, o surgimento de minorias foi inevitável, diante da multiplicidade de etnias, línguas e religiões. A Liga foi criada com o intuito de promover a cooperação, a paz e a segurança internacional. O documento também condenava agressões externas contra a integridade territorial e a independência política de seus membros. A Liga das Nações instituiu um sistema de petições que poderia ser utilizado por membros dos grupos minoritários quando seus direitos fossem violados. O erro da questão está na informação de que estas petições deveriam ser direcionadas ao comitê das minorias, quando o correto é o direcionamento à Liga das Nações.

Alternativa "c": a alternativa pede a primeira carta política que menciona o trabalho como um direito fundamental. Em que pese a Declaração da Filadélfia, datada de 1944 e apresentada na alternativa, seja considerada como o pilar de sustentação dos princípios da Organização Internacional do Trabalho, foi na Declaração do Homem e do Cidadão, na França, em 1789, no art. XVIII, que houve a primeira menção ao trabalho como um direito fundamental do homem. A redação do art. XVIII da Declaração diz que "todo homem pode empenhar seus serviços, seu tempo; mas não pode vender-se nem ser vendido. Sua pessoa não é propriedade alheia. A lei não reconhece domesticidade; só pode existir um penhor de cuidados e de reconhecimento entre o homem que trabalha e aquele que o emprega". Há também a menção ao direito ao trabalho na Declaração Universal dos Direitos Humanos, de 1948.

Alternativa "e": o primeiro documento a afirmar os princípios democráticos na história política moderna foi a Declaração de Independência das 13 colônias Britânicas da América do Norte, de 1776. Tal documento é considerado o evento que inaugurou a democracia moderna, com a menção ao respeito aos Direitos Humanos.

---

02. (Cespe – Defensor Público – MA/ 2011) A proteção internacional dos Direitos Humanos é um conjunto de normas jurídicas que garante o respeito à dignidade de todas as pessoas. Com relação ao sistema e à natureza de proteção internacional contra as violações de Direitos Humanos, assinale a opção correta.

a) Os tratados institutivos de garantias de Direitos Humanos fundamentam-se na noção contratualista, que supera o princípio da reciprocidade e é comum aos direitos dos tratados.

b) A natureza diplomática da proteção internacional dos Direitos Humanos atribui aos Estados o dever de proteger tanto os nacionais quanto os estrangeiros que se encontrem em território pátrio, do que se depreende que a nacionalidade tem especial importância nesse contexto.

c) A natureza do sistema de proteção internacional dos Direitos Humanos é de domínio reservado do Estado nos limites de sua soberania, possibilitando a responsabilização internacional do Estado quando as instituições nacionais forem omissas na tarefa de proteger os Direitos Humanos.

d) A natureza sinalagmática dos tratados internacionais impõe obrigações estatais efetivas para a proteção dos indivíduos e de seus direitos diante de outro Estado contratante.

e) O regime objetivo das normas internacionais de Direitos Humanos refere-se às várias obrigações dos Estados com os indivíduos que estão sob sua jurisdição, independentemente da nacionalidade da pessoa.

COMENTÁRIOS

✪ **Nota do autor:** a questão trata do Sistema Internacional de proteção dos Direitos Humanos, que contempla uma ampla estrutura normativa. Como precedentes do processo de internacionalização dos Direitos Humanos, podemos mencionar o Direito Humanitário, a Liga das Nações, de 1920, a Organização Internacional do trabalho e a Declaração universal dos Direitos Humanos. No tocante a estrutura normativa, encontramos diversos documentos e podemos citar como exemplo o Pacto Internacional dos Direitos civis e Políticos, o Pacto Internacional dos Direitos Econômicos, Sociais e Culturais, etc. Em suma, em concordância com o enunciado da questão, é o conjunto de normas jurídicas que garante o respeito à dignidade de todas as pessoas.

Alternativa correta: letra "e": a alternativa está correta, pois a dignidade inerente à pessoa humana, independentemente de sua nacionalidade, foi um dos sustentáculos da Declaração Universal dos Direitos Humanos, em 1948. O caráter universal visa justamente combater as fronteiras da nacionalidade, obrigando os países que aderem aos tratados internacionais sobre Direitos Humanos a proteger os cidadãos que presentes em seu território, independentemente de sua nacionalidade. É possível afirmar que essa declaração inaugurou um novo patamar da proteção humana, com o reconhecimento da universalidade, atribuindo os direitos ao homem pelo simples fato de ser homem, e positivando direitos e garantias, em que o poder dos Estados encontra-se limitado em face da pessoa humana.

Alternativa "a": a alternativa busca confundir os candidatos, pois apresenta a noção contratualista como fundamento dos tratados internacionais que versam sobre os Direitos Humanos. A noção contratualista impera nos tratados internacionais em geral, já que há de forma clara uma contraprestação e obrigações mútuas. No caso dos tratados internacionais versando sobre os Direitos Humanos, não há tal contraprestação, sendo garantidos aos nacionais e estrangeiros o direito ao desfrute da dignidade, inerente a toda pessoa humana. É uma obrigação unilateral, em que não existe a necessidade de cumprimento, por parte da pessoa humana, de nenhuma condição para que os Direitos Humanos sejam respeitados.

Alternativa "b": no tocante a proteção da pessoa humana por parte dos Estados signatários de tratados internacionais que versam sobre os Direitos Humanos, não há nenhuma distinção entre os nacionais e estrangeiros. A universalidade apresentada na Declaração Universal dos Direitos Humanos deixa claro que a dignidade é inerente à pessoa humana, independente do seu país de origem. Cabe ao Estado que abriga uma pessoa, por força das obrigações unilaterais assumidas por meio dos tratados, garantirem que esta seja respeitada em seus Direitos Humanos universais. Há diferenciação entre o nacional e o estrangeiro no desfrute da cidadania, inerente ao povo, aqui concebido como aquele que possui vínculo jurídico e político com o Estado.

Alternativa "c": a alternativa está errada, pois a natureza do sistema internacional de proteção dos Direitos Humanos tem o condão de reduzir a soberania dos Estados, realocando os Direitos Humanos para a jurisdição internacional, em detrimento da jurisdição local.

Alternativa "d": a alternativa é menciona a natureza sinalagmática dos tratados internacionais, e essa informação está correta, desde que esses tratados não versem sobre os Direitos Humanos. No tocante aos tratados internacionais sobre Direitos Humanos, há obrigações unilaterais que não vinculam as pessoas ao oferecimento de contraprestações para que sejam garantidos os Direitos Humanos. O direito humano é inerente à pessoa humana, assim como a sua dignidade, não sendo necessário nenhuma prática ou contraprestação para que seja exigível dos Estados o respeito e a efetividade dos direitos da pessoa humana.

---

03. (Cespe – Defensor Público – MA/ 2011) Considerando que a Política Nacional de Direitos Humanos é responsável pelo desenvolvimento de políticas públicas para a afirmação dos Direitos Humanos na sociedade brasileira, assinale a opção correta acerca dos programas nacionais de Direitos Humanos (PNDHs).

a) A implementação do Plano Nacional de Educação em Direitos Humanos visa fortalecer os Direitos Humanos como instrumento transversal das políticas públicas e revisar a legislação sobre abuso de autoridade e desacato à autoridade, conforme definido no PNDH-1.

b) O PNDH-3 apresenta propostas para o aperfeiçoamento do poder público no desenvolvimento de políticas públicas de prevenção ao crime e à violência, reforçando a noção de acesso universal à justiça como direito fundamental.

c) O Plano Nacional de Prevenção e Erradicação do Trabalho Infantil e Proteção do Trabalhador Adolescente tem por finalidade coordenar as diversas formas de intervenção estabelecidas no PNDH-2, de forma a assegurar a eliminação do trabalho infantil.

d) O PNDH-2 prevê ações em prol do direito à memória e à verdade, que incluem a promoção da apuração e do esclarecimento público das violações de Direitos Humanos praticadas no contexto da repressão política ocorrida no Brasil, com o propósito de promover a reconciliação nacional.

e) O PNDH-1 foi lançado em 1996 com o objetivo de estabelecer ações específicas para garantir o direito a educação, saúde, previdência e assistência social, trabalho, moradia, meio ambiente saudável, alimentação, cultura e lazer, assim como de estabelecer propostas voltadas para a educação e sensibilização de toda a sociedade brasileira, visando à construção e consolidação de uma cultura de respeito aos Direitos Humanos.

COMENTÁRIOS

✪ **Nota do autor:** a alternativa versa sobre a Política nacional dos Direitos Humanos, iniciada em 1985, porém, fortalecida apenas no ano de 1995. Desta política surgiram 3 Programas Nacionais de Direitos Humanos. Em 2008, o PNDH 3 revisou o PNDH 1 e o PNDH 2. O PNDH 3 tem 82 objetivos estratégicos que merecem uma análise por parte dos candidatos.

Alternativa correta: letra "b": o eixo orientador IV do PNDH 3, no que tange à Segurança Pública, o acesso à justiça e o combate a violência, prevê "propostas para que o Poder Público se aperfeiçoe no desenvolvimento de políticas públicas de prevenção ao crime e à violência, reforçando a noção de acesso universal à Justiça como direito fundamental, e sustentando que a democracia, os processos de participação e transparência, aliados ao uso de ferramentas científicas e à profissionalização das instituições e trabalhadores da segurança, assinalam os roteiros mais promissores para que o Brasil possa avançar no caminho da paz pública".

Alternativa "a": o Plano Nacional de Educação em Direitos Humanos está previsto no PNDH 3, e não no PNDH 1. Tal plano integra a diretriz 18, que versa sobre a efetivação das diretrizes e dos princípios da política nacional de educação em Direitos Humanos para fortalecer cultura de direitos, sendo objetivo estratégico I desta diretriz.

Alternativa "c": a diretriz 8 do PNDH 3 versa sobre a promoção dos direitos de crianças e adolescentes para o seu desenvolvimento integral, de forma não discriminatória, assegurando seu direito de opinião e participação. O Objetivo estratégico VI da diretriz 8 versa sobre a erradicação do trabalho infantil em todo o território nacional, e tal ideia contava no PNDH 1 e não no PNDH 2 como consta na alternativa.

Alternativa "d": tal direito encontra previsão no PNDH 3, exatamente no Eixo Orientador VI: Direito à Memória e à Verdade.

Alternativa "e": em que pese a data de lançamento PNDH 1 esteja correta, ou seja, 1996, não havia tantas especificidades, sendo que este Programa visava os direitos civis e políticos, não havendo menção, por exemplo, ao meio ambiente saudável.

---

04. (Cespe - Defensor Público - MA/ 2011) Com relação ao núcleo de direito internacional dos Direitos Humanos, formado de instrumentos internacionais de natureza cogente, assinale a opção correta.

a) A Carta de São Francisco é pioneira ao estabelecer que o Estado é obrigado a garantir direitos básicos a todos sob sua jurisdição, nacionais ou estrangeiros.

b) A Convenção sobre a Eliminação de Todas as Formas de Discriminação contra a Mulher permite que determinados direitos sejam limitados quando isso for necessário à segurança nacional e à ordem pública.

c) A Convenção Internacional sobre a Proteção dos Direitos de Todos os Trabalhadores Migrantes e dos Membros das suas Famílias estabelece um sistema de petições, que podem ser encaminhadas ao respectivo comitê por indivíduos cujos direitos referidos no documento tenham sido violados.

d) O Tribunal Penal Internacional visa reprimir a conduta de qualquer pessoa que, conhecendo a finalidade e a atividade criminosa geral de um grupo criminoso organizado ou a sua intenção de cometer infrações, dele participe ativamente.

e) A Convenção Americana de Direitos Humanos enuncia de forma específica os direitos sociais, culturais e econômicos, estabelecendo mecanismo próprio de supervisão desses direitos.

COMENTÁRIOS

✪ **Nota do autor:** a questão versa sobre o núcleo de direito internacional de Direitos Humanos, um conjunto de documentos que visa a internacionalização do direito humano, com vistas a cooperação entre os estados na persecução do ideal da dignidade humana e da igualdade entre os povos.

Alternativa correta: letra "a": a carta de São Francisco, datada de 1945, ao término da segunda guerra, foi de suma importância e precedeu a Declaração Universal dos Direitos Humanos, sendo um dos seus pilares.

Alternativa "a": a alternativa está de acordo com o espírito do documento, cujos povos das nações unidas resolvem "preservar as gerações vindouras do flagelo da guerra, que por duas vezes, no espaço da nossa vida, trouxe sofrimentos indizíveis à humanidade, e a **reafirmar a fé nos direitos fundamentais do homem, na dignidade e no valor do ser humano, na igualdade de direito dos homens e das mulheres, assim como das nações grandes e pequenas, e a estabelecer condições sob as quais a justiça e o respeito às obrigações decorrentes de tratados e de outras fontes do direito internacional possam ser mantidos**"...

Alternativa "b": os direitos, de qualquer ordem, não são absolutos. A Constituição Federal apresenta possibilidades em que, de forma excepcional e temporária, as liberdades individuais serão suspensas em prol da segurança nacional e da ordem. Portanto, ocorrerão nos casos de estado de defesa, estado de sítio e intervenção federal. Não há na Convenção qualquer menção a isso, sendo um documento que prima pelo tratamento igualitário que deve ser destinado às mulheres.

Alternativa "c": a alternativa foi bem formulada e busca confundir os candidatos. De forma mais comum, essas petições só podem ser feitas pelos Estados que integram as convenções, e não por indivíduos. O art. 76 da Convenção diz que "As comunicações apresentadas ao abrigo do disposto neste artigo só podem ser recebidas e apreciadas se forem provenientes de um Estado que tenha feito uma declaração, reconhecendo a competência do Comitê, no que lhe diz respeito". O Comitê não recebe as comunicações apresentadas por um Estado que não tenha feito tal declaração.

Alternativa "d": o Tribunal Penal Internacional é uma corte de última instância, não atuando se um caso estiver sendo investigado ou com julgamento em andamento por um sistema jurídico nacional. Isso só ocorre se os procedimentos desse país não forem genuínos. O Tribunal Penal Internacional só julga casos extremamente graves.

Alternativa "e": a Convenção Americana de Direitos Humanos de 1969, também nomeada de Pacto de San José da Costa Rica, apresenta no art. 26 a seguinte informação: "Os Estados-partes comprometem-se a adotar as providências, tanto no âmbito interno, como mediante cooperação internacional, especialmente econômica e técnica, a fim de conseguir progressivamente a plena efetividade dos direitos que decorrem das normas econômicas, sociais e sobre educação, ciência e cultura, constantes da Carta da Organização dos Estados Americanos, reformada pelo Protocolo de Buenos Aires, na medida dos recursos disponíveis, por via legislativa ou por outros meios apropriados"

---

05. (Cespe - Defensor Público - MA/ 2011) Com relação à proteção dos Direitos Humanos e à sua constitucionalização, assinale a opção correta.

a) A CF distingue cidadania de nacionalidade, referindo-se esta à possibilidade de a pessoa ser titular de direitos políticos e aquela, ao vínculo entre pessoa e Estado.

b) Na CF, assim como na Constituição de 1946, o princípio da prevalência de Direitos Humanos é estabelecido como princípio fundamental a reger o Estado nas suas relações internacionais.

c) Os direitos fundamentais, restritos, na CF, exclusivamente aos direitos individuais, são cláusulas pétreas, ou seja, não podem ser alterados por emenda constitucional.

d) Os direitos fundamentais podem ser restringidos tanto por expressa disposição constitucional quanto por norma infraconstitucional com fundamento na CF.

e) A titularidade de direitos fundamentais é atribuída aos estrangeiros residentes no país, mas não aos estrangeiros não residentes.

COMENTÁRIOS

✪ **Nota do autor:** a questão versa sobre a proteção dos Direitos Humanos e o fortalecimento da tutela por meio da constitucionalização de tais direitos. Na Constituição brasileira, os direitos fundamentais são entendidos com Direitos Humanos positivados, de acordo com a divisão doutrinária, que trata os direitos do homem como àqueles que lhe são naturais, os Direitos Humanos como os que estão previstos e tutelados em tratados internacionais, e os Direitos Fundamentais, esses os Direitos Humanos positivados nas Constituições

Alternativa correta: letra "d": não há direitos absolutos, portanto a sua suspensão temporária em determinados casos encontra previsão na Constituição Federal brasileira, como nos casos de estado de defesa, estado de sítio e intervenção federal. É sabido que é tutelada a liberdade, assim como o direito de ir e vir, entretanto, legislações infraconstitucionais, amparadas na Constituição, podem restringir esses direito, como na aplicação da Lei Penal, por exemplo.

Alternativa "a ": o examinador busca confundir o candidato com a inversão dos conceitos. No tocante a cidadania, esta é entendida como o gozo dos direitos políticos. Por isso a importância da capacidade eleitoral ativa. No tocante à nacionalidade, são brasileiros os natos e os naturalizados, e somente estes têm vínculo jurídico e político com o país.

Alternativa "b": em que pese à previsão da prevalência dos Direitos Humanos como princípio que rege as relações internacionais do Brasil com outros Estados, previsto no inciso II do art. 4º da CF, a Constituição de 1946 sequer menciona os Direitos Humanos.

Alternativa "c": uma tentativa muito comum dos examinadores de concurso é colocar os direitos fundamentais como algo intocável e imutável. O que não pode haver é a supressão destes, mas a modificação e a ampliação são possíveis por meio de emendas constitucionais.

Alternativa "e": os direitos fundamentais são os Direitos Humanos positivados na Constituição. O que é garantido ao estrangeiro residente no Brasil, por meio da redação do caput do art. 5º da CF, é a inviolabilidade do direito à vida, à liberdade, à igualdade, à segurança e à propriedade. Os Direitos Humanos são de titularidade difusa, e não limitados aos estrangeiros que residem no país. O Brasil assumiu o compromisso, por meio de diversos documentos internacionais, de respeitar a pessoa humana, independentemente de sua nacionalidade.

---

06. (Cespe – Defensor Público – MA/ 2011) Considerando a teoria geral dos Direitos Humanos, assinale a opção correta.

a) Consoante a teoria da margem de apreciação, nenhuma norma de Direitos Humanos pode ser invocada para limitar o exercício de qualquer direito.

b) A característica da indivisibilidade dos Direitos Humanos decorre da constatação de que a condição de pessoa é o único requisito para a sua titularidade de direitos e das necessidades humanas universais.

c) A superioridade das normas de Direitos Humanos caracteriza-se pela aferição de idoneidade, necessidade e equilíbrio da intervenção do Estado em determinado direito fundamental.

d) O princípio da proibição do retrocesso social é uma cláusula de defesa do cidadão em face de possíveis arbítrios impostos pelo legislador no sentido de desconstituir as normas de direitos fundamentais.

e) Com a inclusão dos direitos sociais no rol dos direitos do homem, antes composto apenas de direitos de liberdade, os direitos do homem passaram a constituir uma categoria homogênea.

COMENTÁRIOS

✪ **Nota do autor:** a alternativa versa sobre a teoria geral dos Direitos Humanos. O assunto é amplo e de difícil domínio. Sugiro que seja conhecido o espírito das legislações que tratam do assunto, como forma de resolução das questões, que são abstratas.

Alternativa correta: letra "d": o princípio da proibição do retrocesso, também conhecido como vedação do retrocesso, almeja manter um conjunto mínimo de garantias humanas, protegido da atuação dos legisladores. Ao legislar suprimindo direitos e garantias fundamentais, diz-se que ocorreu retrocesso legislativo. No Brasil, a vedação do retrocesso aparece na redação do art. 60, § 4º, com vedação quanto à supressão de direitos individuais.

Alternativa "a": a teoria da margem de apreciação consiste em um critério para solução de conflitos. Apesar dos Direitos Humanos sofrerem dos efeitos da internacionalização, entende-se, por meio desta teoria, que um juiz local (nacional) tem mais condições de julgar um caso do que um juiz de uma corte internacional. Essa teoria foi usada no caso Handsyde, na Inglaterra, com o confisco de livros considerados obscenos no Reino Unido. A corte europeia entendeu que "em virtude do contínuo e direto contato com as forças vitais de seus países, as autoridades estatais estão, a princípio, em melhor posição de que o juiz internacional, para avaliar as exigências morais de suas sociedades".

Alternativa "b": a condição de pessoa humana lhe atribui, de forma inata, a dignidade. Indivisibilidade dos Direitos Humanos tem supedâneo na impossibilidade de dividí-los, pois são interdependentes e se relacionam, formando um bloco maciço de direitos.

Alternativa "c": existem Direitos Humanos que consistem justamente na não intervenção dos Estados, ou seja, as liberdades negativas. Por óbvio que determinados direitos fundamentais, como a saúde, por exemplo, dependem da intervenção estatal para sua efetivação. Ao dizer que uma norma de Direitos Humanos é superior, entendemos que esta seja essencial para a humanidade, diante da interdependência que existe entre todos os Direitos Humanos fundamentais.

Alternativa "e": não apenas na inclusão os direitos sociais, mas de qualquer direito humano. A divisão em dimensões de Direitos Humanos explica o enunciado da questão. A primeira dimensão consiste, de forma simples, na liberdade. A segunda dimensão remete à igualdade, com o advento dos direitos sociais, e a terceira dimensão à fraternidade, com os direitos difusos, a exemplo do meio ambiente ecologicamente equilibrado. Esse conjunto de direitos que foi sendo ampliado forma um bloco que se relaciona com os demais direitos existentes nos ordenamentos jurídicos.

---

07. (Cespe – Defensor Público – AC/ 2012) Assinale a opção correta a respeito da Corte Interamericana de Direitos Humanos.

a) Essa corte é integrada por sete juízes eleitos, não se admitindo ela a participação de juízes ad hoc.

b) A referida corte desempenha, além da função jurisdicional, função consultiva.

c) Das suas decisões cabe recurso à Assembleia Geral da Organização dos Estados Americanos.

d) A jurisdição dessa corte internacional abrange todos os países do continente americano.

e) O Brasil reconheceu a jurisdição dessa corte no mesmo ano em que ratificou a Convenção Americana de Direitos Humanos.

COMENTÁRIOS

✪ **Nota do autor:** questão versando sobre a Corte Interamericana de Direitos Humanos, e o assunto são comumente cobradas em concursos públicos. Um dos pontos mais conhecidos desta declaração é o direito a não produzir provas contra si mesmo, amplamente difundido, e que serve de supedâneo para a recusa em fornecer material genético em investigações criminais.

Alternativa correta: letra "b": a alternativa está correta, e encontra sustentação na redação do art. 61 da Convenção, que assim o diz: "os Estados-membros da Organização poderão consultar a Corte sobre a interpretação desta Convenção ou de outros tratados concernentes à proteção dos Direitos Humanos nos Estados americanos. **Também poderão consultá-la, no que lhes compete, os órgãos enumerados no capítulo X da Carta da Organização dos Estados Americanos, reformada pelo Protocolo de Buenos Aires**".

Alternativa "a": mostra-se de extrema importância o conhecimento deste documento, pois o examinador vai tentar confundir os candidatos com informações erradas. O art. 55, 2, da Convenção diz que "se um dos juízes chamados a conhecer do caso for de nacionalidade de um dos Estados-partes, outro Estado-parte no caso poderá designar uma pessoa de sua escolha para integrar a Corte, na qualidade de juiz *ad hoc*".

Alternativa "c": o art. 67 da Convenção diz que "A sentença da Corte será **definitiva e inapelável**. Em caso de divergência sobre o sentido ou alcance da sentença, a Corte interpretá-la-á, a pedido de qualquer das partes, desde que o pedido seja apresentado dentro de noventa dias a partir da data da notificação da sentença".

Alternativa "d": uma tentativa comum dos examinadores na elaboração de questões que versem sobre a Corte Interamericana. Sua jurisdição alcança os Estados-parte.

Alternativa "e": o Brasil reconheceu a Convenção em 10 de Dezembro de 1988, e o mesmo em entrou em vigor em 06 de Novembro de 1992, por meio do Decreto nº 678.

---

08. (Cespe – Defensor Público – AC/ 2012) Com referência à Comissão Interamericana de Direitos Humanos, assinale a opção correta.

a) Não compete a essa comissão o conhecimento de queixa ou denúncia formulada por pessoa natural, visto que apenas Estados-membros têm legitimação para agir nos termos do direito público internacional.

b) A demora injustificada na tramitação dos recursos internos autoriza o conhecimento de denúncia mesmo sem o prévio esgotamento daqueles.

c) A solução amistosa das queixas recebidas por essa comissão exige homologação da Corte Interamericana de Direitos Humanos.

d) Essa comissão poderá conhecer queixa idêntica a outra pendente de julgamento, desde que a litispendência não ocorra perante a própria comissão ou a Corte Interamericana de Direitos Humanos.

e) A essa comissão cabe, mediante prévia autorização da Corte Interamericana de Direitos Humanos, formular recomendações aos Estados-membros.

COMENTÁRIOS

✪ **Nota do autor:** em mais essa questão, segue um amostra de que a Comissão Interamericana de Direitos Humanos é assunto recorrente em provas de concursos públicos. Os candidatos devem se aprimorar neste e em outros documentos que tornam mais complicado o domínio na temática dos Direitos Humanos, diante da pulverização de instrumentos.

Alternativa correta: letra "b": a redação do art. 46 da Convenção Interamericana de Direitos Humanos diz que "Para que uma petição ou comunicação apresentada de acordo com os artigos 44 ou 45 seja admitida pela Comissão, será necessário:

a) que hajam sido interpostos e esgotados os recursos da jurisdição interna, de acordo com os princípios de Direito Internacional geralmente reconhecidos;

b) que seja apresentada dentro do prazo de seis meses, a partir da data em que o presumido prejudicado em seus direitos tenha sido notificado da decisão definitiva;

c) que a matéria da petição ou comunicação não esteja pendente de outro processo de solução internacional; e

d) que, no caso do artigo 44, a petição contenha o nome, a nacionalidade, a profissão, o domicílio e a assinatura da pessoa ou pessoas ou do representante legal da entidade que submeter a petição". Apesar disse, e prevendo as dificuldades no cumprimento destes requisitos, o inciso 2, c, diz que 2. As disposições das alíneas "a" e "b" do inciso 1 deste artigo não se aplicarão quando: **c) houver demora injustificada na decisão sobre os mencionados recursos**".

Alternativa "a": essa é uma das mais importantes informações que são obradas em provas do CESPE. Os candidatos devem se atentar para essas tentativas de surpresas. A redação do art. 44 da Convenção diz que "Qualquer pessoa ou grupo de pessoas, ou entidade não governamental legalmente reconhecida em um ou mais Estados-membros da Organização, pode apresentar à Comissão petições que contenham denúncias ou queixas de violação desta Convenção por um Estado-parte".

Alternativa "c": a redação do art. 49 da Convenção diz que "Se se houver chegado a uma solução amistosa de acordo com as disposições do inciso 1, "f", do artigo 48, a Comissão redigirá um relatório que será encaminhado ao peticionário e aos Estados-partes nesta Convenção e posteriormente transmitido, para sua publicação, ao Secretário Geral da Organização dos Estados Americanos. O referido relatório conterá uma breve exposição dos fatos e da solução alcançada. Se qualquer das partes no caso o solicitar, ser-lhe-á proporcionada a mais ampla informação possível".

Alternativa "d": o artigo 46 é claro no sentido da ocorrência de litispendência. A letra c, do inciso 1 do art. 46 diz que "**que a matéria da petição ou comunicação não esteja pendente de outro processo de solução internacional**".

Alternativa "e": o art. 41 da Convenção apresenta as funções a Comissão Interamericana de Direitos Humanos, e na letra b diz que uma delas é "formular recomendações aos governos dos Estados-membros, quando considerar conveniente, no sentido de que adotem medidas progressivas em prol dos Direitos Humanos no âmbito de suas leis internas e seus preceitos constitucionais, bem como disposições apropriadas para promover o devido respeito a esses direitos". Não há menção a prévia autorização da Corte.

---

09. (Cespe - Defensor Público - AC/ 2012) O Pacto Internacional de Direitos Econômicos, Sociais e Culturais

a) impõe a todos os Estados-partes a gratuidade da educação primária e secundária, mas não da educação universitária.

b) reconhece implicitamente o direito à proteção contra a fome.

c) estabelece prazo mínimo de seis meses de licença-maternidade para as mães trabalhadoras.

d) ainda não foi ratificado pelo Brasil.

e) contém disposições que concernem ao direito do trabalho.

COMENTÁRIOS

✪ **Nota do autor:** este pacto é diferente do Pacto dos Direitos Civis e Políticos, pois enquanto este estabelece direitos endereçados aos indivíduos, aquele estabelece deveres endereçados aos Estados.

Alternativa correta: letra "E": o Pacto apresenta em seus arts. 6º, 7º e 8º, diversas disposições atinentes ao direito ao trabalho como um direito humano, impondo aos Estados-parte obrigações no sentido de respeitá-lo e fomentá-lo.

Alternativa "A": no art. 13, 2, a, do Pacto, a informação é de que a educação primária deverá ser obrigatória e acessível gratuitamente a todos.

Alternativa "B": esta proteção é explícita, de acordo com o art. 11, 2, do Pacto diz que "os Estados Partes do presente Pacto, **reconhecendo o direito fundamental de toda pessoa de estar protegida contra a fome**, adotarão, individualmente e mediante cooperação internacional, as medidas, inclusive programas concretos"...

Alternativa "C": o art. 10, 2, do pacto diz que "deve-se conceder proteção especial às mães **por um período de tempo razoável antes e depois do parto**. Durante esse período, deve-se conceder às mães que trabalham licença remunerada ou licença acompanhada de benefícios previdenciários adequados". Não há especificação de meses.

Alternativa "D": foi ratificado por meio do Decreto nº 591 de 6 de julho de 1992.

---

10. (Cespe – Defensor Público – AC/ 2012) O Pacto Internacional sobre Direitos Civis e Políticos

a) veda a escravidão e os trabalhos forçados ou obrigatórios, sem qualquer ressalva.

b) estabelece o ne bis in idem e a presunção de inocência, sem, contudo, referenciar o duplo grau de jurisdição.

c) impõe a designação de defensor de ofício para assistir o acusado sempre que o interesse da justiça o exigir.

d) permite que os Estados-membros proíbam, arbitrariamente, a entrada de qualquer pessoa, ainda que natural do país, em seu território.

e) dispõe expressamente sobre a proibição da tortura.

COMENTÁRIOS

✪ **Nota do autor:** a pulverização de documentos versando sobre os Direitos Humanos torna mais difícil o seu domínio. Os tratados tem proteções gerais que se assemelham. Os candidatos devem se atentar para os pontos mais destacados e polêmicos, que geralmente são cobrados.

Alternativa correta: letra "e": esse tratado é famoso por essa inserção direta a respeito da tortura. A redação do art. 7º diz que "ninguém poderá ser submetido à tortura, nem a penas ou tratamento cruéis, desumanos ou degradantes. Será proibido sobretudo, submeter uma pessoa, sem seu livre consentimento, a experiências médicas ou cientificas".

Alternativa "A": em que pese a redação do art. 8°, 3, dizer que " Ninguém poderá ser obrigado a executar trabalhos forçados ou obrigatórios". A redação da alínea b diz que **"a alínea a) do presente parágrafo não poderá ser interpretada no sentido de proibir, nos países em que certos crimes sejam punidos com prisão e trabalhos forçados, o cumprimento de uma pena de trabalhos forçados, imposta por um tribunal competente"**. Complementando a informação, a alínea c do art. 8º diz que "**para os efeitos do presente parágrafo, não serão considerados "trabalhos forçados ou obrigatórios**".

Alternativa "B": o duplo grau de jurisdição está evidente na redação do art. 14, 5, que assim o diz: "Toda pessoa declarada culpada por um delito terá direito de recorrer da sentença condenatória e da pena a uma instância superior, em conformidade com a lei".

Alternativa "C": a redação do art. 14, 3, d, diz que "De estar presente no julgamento e de defender-se pessoalmente ou por intermédio de defensor de sua escolha; de ser informado, caso não tenha defensor, do direito que lhe assiste de tê-lo e, sempre que o interesse da justiça assim exija, de ter um defensor **designado ex-offício gratuitamente**, se não tiver meios para remunerá-lo".

Alternativa "D": a redação do art. 12, 4, é clara e diz que "ninguém poderá ser privado arbitrariamente do direito de entrar em seu próprio país".

---

11. (Cespe – Defensor Público – AC/ 2012) A Declaração Universal de Direitos Humanos

a) foi proclamada pelos revolucionários franceses do final do século XVIII e confirmada, após a Segunda Guerra Mundial, pela Assembleia Geral das Nações Unidas.

b) foi o primeiro documento internacional a estabelecer expressamente o princípio da vedação ao retrocesso social.

c) nada declara sobre o direito à propriedade, em razão da necessidade de acomodação das diferentes ideologias das potências vencedoras da Segunda Guerra Mundial.

d) não faz referência à possibilidade de qualquer pessoa deixar o território de qualquer país ou nele ingressar, embora assegure expressamente a liberdade de locomoção dentro das fronteiras dos Estados.

e) assegura a toda pessoa o direito de participar do governo de seu próprio país, diretamente ou por meio de representantes.

COMENTÁRIOS

✪ **Nota do autor:** a Declaração Universal dos Direitos Humanos, esse importantíssimo documento que influenciou as cartas constitucionais por todo o mundo, é assunto recorrente em provas que versem sobre os Direitos Humanos. Os candidatos devem dedicar especial atenção ao tema.

Alternativa correta: letra "E": a resposta da questão encontra sustentação na redação do art. 21, I, da DUDH, que assim o diz "Todo o homem tem o direito de tomar parte no governo de seu país diretamente ou por intermédio de representantes livremente escolhidos".

Alternativa "A": o examinador tenta confundir os candidatos com a Declaração dos Direitos do Homem e do Cidadão, na França, em 1789. A DUDH foi proclamada em 1948.

Alternativa "B": a vedação do retrocesso teve a sua primeira menção no ano de 1966, no Pacto de Direitos Humanos.

Alternativa "C": a DUDH apresenta no art. 17, expressamente nos incisos I e II, a seguinte informação: "I) Todo o homem tem direito à propriedade, só ou em sociedade com outros. II) Ninguém será arbitrariamente privado de sua propriedade".

Alternativa "D": a redação do art. 13, I e II diz que "I) Todo homem tem direito à liberdade de locomoção e residência dentro das fronteiras de cada Estado. II) Todo o homem tem o direito de deixar qualquer país, inclusive o próprio, e a este regressar".

---

12. (Cespe – Defensor Público – AC/ 2012) Assinale a opção correta no que diz respeito à afirmação histórica dos Direitos Humanos.

a) O expresso reconhecimento do princípio da universalidade dos Direitos Humanos pela Declaração de Viena de 1993 pôs termo ao debate sobre o multiculturalismo e o relativismo cultural.

b) O Bill of Rights, de 1689, foi a primeira carta de direitos de que se tem notícia na história.

c) A Constituição Mexicana de 1917 e a Constituição de Weimar de 1919 são marcos da afirmação dos Direitos Humanos de segunda geração.

d) Após a Segunda Guerra Mundial, para que os direitos dos trabalhadores enumerados na Declaração Universal dos Direitos do Homem de 1948 fossem garantidos no plano internacional, criou-se a Organização Internacional do Trabalho.

e) Não há referência, na Declaração de Viena de 1993, ao princípio da indivisibilidade dos Direitos Humanos.

COMENTÁRIOS

✪ **Nota do autor:** a questão versa sobre a afirmação histórica dos Direitos Humanos, sendo assunto importante e comumente cobrado em provas de concursos públicos.

Alternativa correta: letra "C": a Carta mexicana de 1917 foi a primeira a reconhecer e positivar direitos trabalhistas, classificando-os como direitos fundamentais, juntamente com as liberdades individuais e os direitos políticos (arts. 5º e 123). Esse documento é de suma importância histórica, pois na Europa a consciência de que os Direitos Humanos têm também uma dimensão social só veio a se firmar após a grande guerra de 1914-1918, que encerrou de fato o século XIX. A Constituição de Weimar, em 1919, seguiu a trilha da Carta mexicana, e todas as convenções aprovadas pela então recém-criada Organização Internacional do Trabalho, na Conferência de Washington. Semelhantemente à Carta mexicana, a Carta de Weimar apresentou a limitação da jornada de trabalho, o desemprego, a proteção da maternidade, a idade mínima de admissão nos trabalhos industriais e o trabalho noturno dos menores na indústria.

Alternativa "A": a Declaração de Viena gerou uma grande controvérsia, pois, apesar da menção em seu art. 1º de que a natureza universal dos Direitos Humanos não admitia dúvidas, o documento convergiu na questão da diversidade que tornaria os princípios de Direitos Humanos não aplicáveis ou relativos, segundo os diferentes padrões culturais e religiosos.

Alternativa "B": historicamente, o Código de Hamurabi, datado de 1.690 a.C., pode ser considerado como o primeiro documento a tratar de Direitos Humanos.

Alternativa "D": a Organização Internacional do Trabalho foi criada em 1919, com o final da primeira guerra mundial.

Alternativa "E": foi na Declaração de Viena, em 1993, que houve a legitimação da indivisibilidade dos Direitos Humanos. Seus preceitos devem ser aplicados aos direitos civis, políticos e também econômicos.

---

13. (Cespe – Defensor Público – RO/ 2012) Considerando o Pacto de São José da Costa Rica, assinale a opção correta.

a) Mesmo não tendo sido prevista no referido pacto, a proteção da integridade psíquica de toda pessoa é dever dos Estados signatários, por força de orientação da Comissão Interamericana e da Corte Interamericana.

b) Os Estados signatários desse pacto comprometem-se a respeitar os direitos e liberdades nele reconhecidos e a garantir seu livre e pleno exercício às pessoas que estejam sujeitas à sua jurisdição.

c) Os Estados-partes são dispensados de adotar quaisquer medidas legislativas destinadas a garantir o exercício dos direitos e liberdades previstos nesse pacto, que se torna eficaz, no Estado-parte, a partir de sua assinatura.

d) Por não definir o significado da palavra pessoa, que é o sujeito dos Direitos Humanos por ele garantidos, o pacto possibilita que Estados-partes restrinjam, por meio da jurisprudência ou da legislação nacional, o significado do termo.

e) O pacto não prevê, expressamente, o direito de toda pessoa de ter reconhecida sua personalidade jurídica, embora se infira de suas disposições o dever de os Estados-partes reconhecerem esse direito.

COMENTÁRIOS

✪ **Nota do autor:** questão versando sobre o Pacto de San José da Costa Rica, introduzido no ordenamento brasileiro por meio do Decreto nº 678/92.

Alternativa correta: letra "B": a questão está correta, e encontra sustentação na redação do art. 1º da Convenção, que diz: "Os Estados-partes nesta Convenção comprometem-se a respeitar os direitos e liberdades nela reconhecidos e a garantir seu livre e pleno exercício a toda pessoa que esteja sujeita à sua jurisdição, sem discriminação alguma, por motivo de raça, cor, sexo, idioma, religião, opiniões políticas ou de qualquer outra natureza, origem nacional ou social, posição econômica, nascimento ou qualquer outra condição social".

Alternativa "A": a alternativa está errada, pois o art. 5º, 1, da Convenção diz que "toda pessoa tem direito a que se respeite sua integridade física, psíquica e moral".

Alternativa "C": pelo contrário, pois a redação do art. 2º trata do dever de adotar disposições de direitos interno, com a seguinte redação: "se o exercício dos direitos e liberdades mencionados no artigo 1 ainda não estiver garantido por disposições legislativas ou de outra natureza, os Estados-partes comprometem-se a adotar, de acordo com as suas normas constitucionais e com as disposições desta Convenção, as medidas legislativas ou de outra natureza que forem necessárias para tornar efetivos tais direitos e liberdades".

Alternativa "D": o art. 1º, 2, define que pessoa é todo ser humano.

Alternativa "E": o art. 3º diz que toda pessoa tem o direito ao reconhecimento de sua personalidade jurídica.

---

14. (Cespe – Defensor Público – RO/ 2012) O Programa Nacional de Direitos Humanos

a) identifica, desde a sua primeira edição, os órgãos estatais diretamente responsáveis pela realização das diretrizes ou ações nele previstas.

b) é atualizado respeitando-se a periodicidade estabelecida na CF.

c) não foi positivado quando de sua primeira edição, já que havia sido produzido exclusivamente por iniciativa da sociedade civil organizada.

d) incorporou ações especificamente relacionadas à DP apenas a partir de sua segunda edição.

e) encontra-se em sua terceira edição, que incorporou proposições oriundas da 11ª Conferência Nacional dos Direitos Humanos e de outras tantas conferências temáticas nacionais.

COMENTÁRIOS

✪ **Nota do autor:** a questão versa sobre o Programa Nacional de Direitos Humanos, atuante no Brasil desde 1992.

Alternativa correta: letra "E": a alternativa está correta, pois o Programa encontra-se em sua terceira versão, sendo a primeira em 1992.

Alternativa "A": o PNDH 2 é que identifica tais órgãos.

Alternativa "B": não há periodicidade de atualização estabelecida na CF.

Alternativa "C": foi positivado desde a sua primeira edição, que ocorreu em 1992.

Alternativa "D": a menção à Defensoria Pública já existiu na primeira edição do Programa.

---

15. (Cespe – Defensor Público – RO/ 2012) No que se refere ao sistema europeu de Direitos Humanos, assinale a opção correta.

a) O Protocolo nº 13, de 2002, admite a pena de morte apenas em tempo de guerra.

b) O Protocolo nº 4, de 1963, admite a expulsão coletiva de estrangeiros, desde que observados os trâmites fixados pela legislação do Estado-parte.

c) No Protocolo nº 7, de 1984, prevê-se, no caso de condenação por infrações menores assim definidas nas leis do Estado-parte e no caso de condenação aplicada pela mais alta corte do Estado-parte, exceção ao direito a duplo grau de jurisdição em matéria penal.

d) Além das manifestações dos Estados-partes, o Tribunal Europeu dos Direitos do Homem pode admitir apenas petições de organizações não governamentais e de coletividades ou grupos minoritários.

e) A Convenção Europeia dos Direitos do Homem veda qualquer restrição, no território por ela abrangido, à atividade política dos estrangeiros.

COMENTÁRIOS

✪ **Nota do autor:** a questão versa sobre o Sistema Europeu de Direitos Humanos, e deve receber atenção dos candidatos, pois, em que pese não seja tão comum a sua cobrança, possui particularidades que merecem ser estudadas, diante da universalidade dos Direitos Humanos.

Alternativa correta: letra "C": o protocolo nº 7, adotado em Estrasburgo em 22.11.1984, com entrada em vigor em 01.11.1988, contempla a adoção de garantias processuais na expulsão de estrangeiros, garantia ao duplo grau de jurisdição em matéria criminal, direito à indenização em caso de erro judiciário, o princípio do *non bis in idem* e o princípio da igualdade conjugal.

Alternativa "A": o protocolo nº 13, adotado em Vilnius (Lituânia) em 03.05.2002, com entrada em vigor em 01.07.2003, apresenta a abolição completa da pena de morte, mesmo em situações de exceção.

Alternativa "B": o protocolo nº 4 prevê a proibição da prisão civil por dívidas, liberdade de circulação, proibição da expulsão de nacionais e proibição da expulsão coletiva de estrangeiros.

Alternativa "D": com a entrada em vigor do protocolo nº 11, o direito de petição individual é possível.

Alternativa "E": o art. 16 da Convenção Europeia dos Direitos do Homem diz exatamente o contrário.

---

16. (Cespe – Defensor Público – RO/ 2012) O Pacto Internacional Sobre Direitos Civis e Políticos

a) garante o direito de casar e fundar família, mas nada dispõe sobre o consentimento dos nubentes.

b) garante às minorias o direito de professar e praticar sua própria religião e o de usar sua própria língua, desde que o exercício desses direitos não represente sério risco de fragmentação da vida cultural do Estado-parte.

c) prevê que nenhuma garantia nele estabelecida poderá ser suspensa pelos Estados-partes.

d) veda qualquer forma de restrição à liberdade de expressão.

e) admite diversas restrições ao direito de reunião.

COMENTÁRIOS

✪ **Nota do autor:** a questão versa sobre o Pacto Internacional Sobre Direitos Civis e Políticos, e basta o conhecimento do texto legal par a resolução da questão.

Alternativa correta: letra "E": o artigo 21 do Pacto diz que "O direito de reunião pacifica será reconhecido. O exercício desse direito estará sujeito apenas às restrições previstas em lei e que se façam necessárias, em uma sociedade democrática, no interesse da segurança nacional, da segurança ou da ordem pública, ou para proteger a saúde ou a moral pública ou os direitos e as liberdades das demais pessoas".

Alternativa "A": o art. 23, 2, do Pacto diz que "será reconhecido o direito do homem e da mulher de, **em idade núbil**, contrair casamento e constituir família".

Alternativa "B": a redação do art. 27 do Pacto diz que "Nos Estados em que haja minorias étnicas, religiosas ou linguísticas, as pessoas pertencentes a essas minorias não poderão ser privadas do direito de ter, conjuntamente com outros membros de seu grupo, sua própria vida cultural, de professar e praticar sua própria religião e usar sua própria língua".

Alternativa "C": a redação do art. 4º do Pacto diz que "quando situações excepcionais ameacem a existência da nação e sejam proclamadas oficialmente, os Estados Partes do presente Pacto podem adotar, na estrita medida exigida pela situação, medidas que suspendam as obrigações decorrentes do presente Pacto, desde que tais medidas não sejam incompatíveis com as demais obrigações que lhes sejam impostas pelo Direito Internacional e não acarretem discriminação alguma apenas por motivo de raça, cor, sexo, língua, religião ou origem social".

Alternativa "D": a redação do art. 19, 2 e 3, diz que "toda pessoa terá direito à liberdade de expressão; esse direito incluirá a liberdade de procurar, receber e difundir informações e ideias de qualquer natureza, independentemente de considerações de fronteiras, verbalmente ou por escrito, em forma impressa ou artística, ou por qualquer outro meio de sua escolha.

> *3. O exercício do direito previsto no parágrafo 2 do presente artigo implicará deveres e responsabilidades especiais.* **Consequentemente, poderá estar sujeito a certas restrições, que devem, entretanto, ser expressamente previstas em lei e que se façam necessárias para:**
>
> **a) assegurar o respeito dos direitos e da reputação das demais pessoas;**
>
> **b) proteger a segurança nacional, a ordem, a saúde ou a moral públicas.**

---

17. (Cespe – Defensor Público – RO/ 2012) A Convenção Internacional sobre a Proteção dos Direitos de Todos os Trabalhadores Migrantes e dos Membros das suas Famílias

a) não se aplica aos estrangeiros que se instalem, na qualidade de investidores, em um Estado-parte.

b) não faz qualquer distinção entre os trabalhadores migrantes documentados e os não documentados.

c) não admite restrição alguma à saída do trabalhador estrangeiro do Estado-parte para o qual migrou.

d) dispõe que apenas as autoridades públicas do Estado-parte podem, na forma da legislação nacional, apreender e destruir documentos de identidade, inclusive passaporte, documentos de autorização de entrada, permanência, residência ou de estabelecimento no território nacional, ou, ainda, documentos relativos à autorização de trabalho, devendo, em qualquer caso, emitir recibo da apreensão ou certidão da destruição do documento.

e) protege todos os migrantes, inclusive os estudantes estagiários, que exerçam alguma atividade remunerada sob a orientação, direção ou supervisão de outrem.

COMENTÁRIOS

✪ **Nota do autor:** a questão versa sobre a Convenção Internacional sobre a Proteção dos Direitos de Todos os Trabalhadores Migrantes e dos Membros das suas Famílias.

Alternativa correta: letra "A": a redação do art. 3º, c, diz que a Convenção não se aplica às pessoas que se instalam num Estado diferente do seu Estado de origem na qualidade de investidores.

Alternativa "B": o art. 5º da Convenção apresenta uma clara distinção entre os imigrantes documentados e indocumentados.

> *"Para efeitos da presente Convenção, os trabalhadores migrantes e os membros das suas famílias: a) São considerados* ***documentados*** *ou em situação regular se forem autorizados a entrar, permanecer e exercer uma atividade remunerada no Estado de emprego, ao abrigo da legislação desse Estado e das convenções internacionais de que esse Estado seja Parte;*
>
> *b) São considerados* ***indocumentados*** *ou em situação irregular se não preenchem as condições enunciadas na alínea a) do presente artigo".*

Alternativa "C": o art. 65, 1, d, diz que "os Estados Partes mantêm serviços apropriados para tratamento das questões relativas à migração internacional dos trabalhadores e dos membros das suas famílias.

> *c) Fornecer informação e prestar assistência adequada aos trabalhadores migrantes e aos membros das suas famílias no que se refere às autorizações,* ***formalidades e providências necessárias para a partida, viagem, chegada, estada, atividades remuneradas, saída e regresso****, bem como às condições de trabalho e de vida no Estado de emprego e, ainda, disposições legais e regulamentares vigentes em matéria aduaneira, cambial, fiscal e outras".*

Alternativa "D": a redação do art. 21 da Convenção diz que "ninguém, **exceto os funcionários públicos devidamente autorizados por lei para este efeito**, tem o direito de apreender, destruir ou tentar destruir documentos de identidade, documentos de autorização de entrada, permanência, residência ou de estabelecimento no território nacional, ou documentos relativos à autorização de trabalho. Se for autorizada a apreensão e perda desses documentos, será emitido um recibo pormenorizado. Em caso algum é permitido destruir o passaporte ou documento equivalente de um trabalhador migrante ou de um membro da sua família".

Alternativa "E": segundo a redação do art. 3º, e, a Convenção não se aplica aos estudantes e estagiários.

---

18. (Cespe – Defensor Público – ES/ 2012) Julgue os seguintes itens, sobre a teoria geral, a afirmação histórica, os fundamentos e a universalidade dos Direitos Humanos.

I. A hermenêutica diatópica constitui proposta de superação do debate sobre universalismo e relativismo cultural.

II. A universalidade e a indivisibilidade são características próprias da concepção contemporânea dos Direitos Humanos.

III. A concepção contemporânea dos Direitos Humanos surgiu com o término da Primeira Grande Guerra Mundial.

IV. As três gerações de Direitos Humanos demonstram que visões de mundo diferentes refletem-se nas normas jurídicas voltadas à proteção da pessoa.

V. A universalidade dos Direitos Humanos, necessariamente, impõe a visão de mundo ocidental plasmada na Declaração Universal de Direitos Humanos.

COMENTÁRIOS

✪ **Nota do autor:** tanto a teoria geral, como a afirmação histórica dos Direitos Humanos, são assuntos recorrentes em concursos públicos, o que motiva os candidatos a dedicarem especial atenção aos temas.

Alternativa correta: a primeira assertiva está **certa**. A tendência contemporânea da universalidade nem sempre supera o relativismo cultural. Há, segundo os críticos do universalismo, uma padronização da visão de Direitos Humanos ocidentais, em flagrante desrespeito às culturas orientais, por exemplo. A hermenêutica diatópica visa expor as incompletudes de culturas conflitantes e a sua consequente integração, com o respeito aos diferentes *topois* das culturas, ou seja, suas verdades e pontos incontestáveis de argumentação, que em muito diferem de cultura para cultura.

A segunda assertiva está **certa**, pois a universalidade e a indivisibilidade são conceitos contemporâneos dos Direitos Humanos. Ambos os conceitos foram fortalecidos com a Declaração Universal dos Direitos Humanos. A universalidade ganha realce quando é reconhecido que todos os homens nascem livres e iguais em direitos e dignidade. No tocante a indivisibilidade, está encontra sustentação no reconhecimento de que a fruição dos Direitos Humanos é a soma dos direitos civis, políticos, econômicos, além da saúde, moradia e todos os demais direitos que compõe o bloco necessário para o desfrute da dignidade humana. A terceira assertiva está **errada**, pois a concepção contemporânea dos Direitos Humanos surgiu após a segunda guerra mundial, em especial com a Declaração Universal dos Direitos Humanos.

A quarta assertiva está **certa**. A existência de dimensões de Direitos Humanos refletem os diferentes momentos em que a humanidade foi conquistando direitos. Em um primeiro momento, diante do absolutismo e da privação de liberdade, este era o direito almejado e desejado pela humanidade. Em um segundo momento, após a conquista da liberdade, foi reconhecido o papel do Estado na promoção da igualdade, com atuações positivas propiciando o desfrute de direitos sociais. Em um terceiro momento, o reconhecimento da difusão de direitos e obrigações materializou a solidariedade, ou seja, contextos diferentes, dimensões diferentes.

A quinta assertiva está **errada**, pois a universalidade caminha no sentido de reconhecer toda a humanidade como titular dos Direitos Humanos, e não o reconhecimento de uma visão ocidental de tais direitos. Esta é a principal crítica da universalidade, que estaria disfarçada de dominação de culturas diferentes pelos ocidentais.

19. (Cespe – Defensor Público – ES/ 2012) Julgue os itens que se seguem, referentes ao direito internacional dos Direitos Humanos e ao sistema interamericano de Direitos Humanos.

I. No exercício de sua competência consultiva, a Corte Interamericana de Direitos Humanos pode considerar qualquer tratado internacional aplicável aos Estados americanos.

II. A Carta das Nações Unidas não integra o núcleo de direito internacional dos Direitos Humanos, pois apenas institui um organismo internacional.

III. A mudança de nacionalidade é direito assegurado pela Declaração Universal de Direitos Humanos.

IV. Nos termos do Pacto Internacional de Direitos Civis e Políticos, a autodeterminação dos povos esgota-se na possibilidade de estabelecer livremente o seu estatuto político.

V. O Pacto Internacional de Direitos Econômicos, Sociais e Culturais relaciona o direito ao trabalho ao gozo das liberdades políticas fundamentais.

VI. Nos termos da Convenção Internacional sobre a Eliminação de Todas as Formas de Discriminação Racial, a exclusão de direitos baseada unicamente na origem nacional também poderá caracterizar discriminação racial.

COMENTÁRIOS

✪ **Nota do autor:** as assertivas referem-se ao direito internacional dos Direitos Humanos e ao sistema interamericano de Direitos Humanos. Os assuntos são corriqueiros em provas de concurso, em especial o sistema interamericano de Direitos Humanos, que exige do candidato o conhecimento dos dispositivos que o integram.

Alternativa correta: a primeira assertiva está **certa**, e encontra supedâneo na redação do art. 64, 1, da Convenção Americana de Direitos Humanos, de 1969, que assim o diz: "Os Estados-membros da Organização poderão consultar a Corte sobre a interpretação desta Convenção ou de outros tratados concernentes à proteção dos Direitos Humanos nos Estados americanos. Também poderão consultá-la, no que lhes compete, os órgãos enumerados no capítulo X da Carta da Organização dos Estados Americanos, reformada pelo Protocolo de Buenos Aires".

A segunda assertiva está **errada**, pois a carta das Nações Unidas, conhecida também como Declaração de São Francisco, assinada em 26 de junho de 1945, apresenta diversos princípios que influenciaram a Declaração Universal dos Direitos Humanos, assim como a estrutura da ONU, destacando os horrores acontecidos nas duas guerras que afligiram a humanidade. Apresenta também a estrutura da ONU.

A terceira assertiva está **certa**, e encontra sustentação na redação do art. 15, 2, que assim o diz: "**ninguém pode ser arbitrariamente privado da sua nacionalidade nem do direito de mudar de nacionalidade**".

A quarta assertiva está **errada**, pois a redação do art. 1º, 1, diz que "**todos os povos têm direito à autodeterminação. Em virtude desse direito, determinam livremente seu estatuto político e asseguram livremente seu desenvolvimento econômico, social e cultural**".

A quinta assertiva está **certa**, pois a redação do art. 6º, 1 e 2, diz que "Os Estados Partes do presente Pacto **reconhecem o direito ao trabalho**, que compreende o direito de toda pessoa de ter a possibilidade de ganhar a vida mediante um trabalho livremente escolhido ou aceito, e tomarão medidas apropriadas para salvaguardar esse direito. **As medidas que cada Estado Parte do presente Pacto tomará a fim de assegurar o pleno exercício desse direito deverão incluir a orientação e a formação técnica e profissional, a elaboração de programas, normas e técnicas apropriadas para assegurar um desenvolvimento econômico, social e cultural constante e o pleno emprego produtivo em condições que salvaguardem aos indivíduos o gozo das liberdades políticas e econômicas fundamentais**".

A sexta assertiva está **certa**, e encontra sustentação na redação do art. 1º da Convenção Internacional sobre a Eliminação de Todas as Formas de Discriminação Racial, que assim o diz: "**Para os fins da presente Convenção, a expressão "discriminação racial" significará toda distinção, exclusão, restrição ou preferência baseada em raça, cor, descendência ou origem nacional ou étnica que tenha por objeto ou resultado anular ou restringir o reconhecimento, gozo ou exercício em um mesmo plano (em igualdade de condição) de Direitos Humanos e liberdades fundamentais nos campos político, econômico, social, cultural ou em qualquer outro campo da vida pública**".

20. (Cespe – Defensor Público – SE/ 2012) Com relação ao direito humanitário, assinale a opção correta.

a) O direito humanitário, a criação da Liga das Nações e a criação da Organização Internacional do Trabalho são apontados pela doutrina como antecedentes históricos do moderno direito internacional dos Direitos Humanos.

b) A afirmação histórica dos Direitos Humanos não representou mudança na perspectiva da doutrina clássica sobre o objeto de regulação do direito internacional, tendo as prescrições internacionais de proteção à pessoa humana sido plenamente inseridas no âmbito da normatização das relações entre Estados soberanos.

c) O direito internacional humanitário, como conceito abrangente, abarca, ao mesmo tempo, a proteção dos Direitos Humanos dos refugiados e os Direitos Humanos em tempos de paz, não alcançando, porém, as disposições de proteção aos combatentes postos fora de combate por captura ou ferimento durante a guerra, por serem tais prescrições típicas matérias de jus in bello.

d) O direito humanitário não abrange as prescrições ligadas à proteção dos civis durante a guerra.

e) A doutrina não estabelece qualquer diferença substancial entre as expressões Direitos Humanos e direito humanitário, servindo ambas à designação do mesmo conjunto de regras voltadas à proteção da pessoa humana, tanto no plano nacional quanto no internacional.

COMENTÁRIOS

✪ **Nota do autor:** a alternativa versa sobre a afirmação histórica dos Direitos Humanos, com documentos que antecederam a visão contemporânea de tais direitos.

Alternativa correta: letra "A": a alternativa está correta. O direito Internacional Humanitário, também conhecido como direito de guerra, configura-se em um conjunto de normas que atua nos conflitos armados, protegendo as pessoas que não participam de conflitos, além de estabelecer regras nos combates. Sua origem remonta 1860. No tocante à Liga das nações, esta surgiu em 1919, e foi dissolvida em 1946. Visava à reunião das Nações, com o objetivo de manter a paz e a ordem no Mundo Inteiro. A OIT (Organização Internacional do Trabalho) foi criada em 1919, fundada sobre a pedra de que a paz universal e permanente somente pode estar baseada na justiça social, um verdadeiro Direito Humano de segunda dimensão.

Alternativa "B": a alternativa está completamente errada ao declarar que a afirmação histórica dos Direitos Humanos não representou mudança na perspectiva da doutrina clássica sobre o objeto de regulação do direito internacional. As conquistas não foram facilmente absorvidas pelos ordenamentos jurídicos, em um natural reconhecimento de que os governos devem servir seus governados. Os Direitos Humanos não foram pacíficas concessões, foram árduas conquistas.

Alternativa "C": o Direito Internacional Humanitário, datado de 1919, visa justamente estabelecer regras nos combates, inclusive protegendo as pessoas que deles não participam.

Alternativa "D": Como dito na alternativa anterior, visa justamente à proteção de pessoas nos combates, tanto as que participam ativamente deles, como à proteção dos civis durante a guerra.

Alternativa "E": a expressão "direito humanitário" remete ao ano de 1919, em que a definição da pessoa humana ainda era frágil. Na contemporaneidade, o ser humano é titular de direitos inatos pela sua condição humana, com instrumentos de proteção que vão além da ocorrência de guerras.

---

21. (Cespe - Defensor Público - SE/ 2012) Relativamente ao entendimento do STF e do STJ acerca dos Direitos Humanos, assinale a opção correta.

a) Nos termos da jurisprudência do STF, os tratados internacionais sobre Direitos Humanos aprovados antes da reforma constitucional promovida pela Emenda Constitucional nº 45/2004 têm força de lei ordinária e os aprovados depois da referida emenda têm força, sempre, de norma supralegal.

b) A despeito do previsto no Pacto de São José da Costa Rica, a prisão civil do depositário infiel é admitida pelo STF, conforme Súmula nº 619/STF, segundo a qual a prisão do depositário judicial pode ser decretada no próprio processo em que se constitui o encargo, independentemente da propositura de ação de depósito.

c) Ao qualificar os tratados internacionais como normas supralegais, o STF admite que tais acordos estão além do direito positivo, sobrepondo-se e servindo de paradigma a todas as normas do ordenamento jurídico brasileiro.

d) De acordo com precedentes do STF, os programas nacionais de Direitos Humanos, dada a sua natureza jurídica, têm a mesma força normativa dos tratados internacionais sobre Direitos Humanos, aprovados pelo Congresso Nacional.

e) Conforme a jurisprudência do STJ, o Poder Judiciário, em regra, deve limitar-se à verificação da legalidade do procedimento que tenha culminado em decisão do CONARE relativa ao indeferimento de refúgio de estrangeiro.

COMENTÁRIOS

✪ **Nota do autor:** a alternativa pede o entendimento do STF e STJ sobre os Direitos Humanos, exigindo dos candidatos um conhecimento que vá além dos dispositivos legais.

Alternativa correta: letra "E": a alternativa é de difícil solução, pois remete ao entendimento do STJ, em um caso peculiar. Em suma, "a Segunda Turma do Superior Tribunal de Justiça esclareceu que o Judiciário não pode analisar a oportunidade e a conveniência para que estrangeiro tenha direito ao benefício do asilo político, no País. Os ministros chegaram a esse entendimento ao analisar um recurso da União, para que o Judiciário não interfira nas decisões de cunho político do Comitê Nacional para os Refugiados – Conare, órgão vinculado ao Ministério da Justiça".

Alternativa "A": o candidato deve tomar cuidado com as questões que tragam expressões terminativas ou ampliativas. Nesta questão, o examinador usa a palavra sempre. O STF entende que os tratados que versarem sobre os Direitos Humanos e que, apesar de ratificados pelo Brasil, não foram submetidos ao procedimento de aprovação em duas casas, em dois turnos e com quorum de 3/5 dos membros, tem status supralegal, mas não tem o status de emendas constitucionais. A redação do art. 5º, § 3º, da CF diz que "os tratados e convenções internacionais sobre Direitos Humanos que forem aprovados, em cada Casa do Congresso Nacional, em dois turnos, por três quintos dos votos dos respectivos membros, serão equivalentes às emendas constitucionais".

Alternativa "B": o entendimento do STF evoluiu e prevê a prisão civil apenas para o devedor inescusável de obrigação alimentícia. A mencionada Súmula 619 do STF foi revogada em 2008.

Alternativa "C": se os tratados internacionais passarem pelo procedimento positivado no art. 5º, § 3º, ou seja, aprovados nas duas casas do Congresso, em dois turnos, e com quorum de 3/5 dos membros de cada casa, serão considerados como emendas constitucionais, e aí sim, servirão de paradigma de validade para as demais normas do ordenamento jurídico.

Alternativa "D": a questão tem a resolução lógica. Os programas de Direitos Humanos devem seguir as orientações constantes dos tratados, mas não possuem a mesma natureza jurídica, pois representam um conjunto de ações que visam a promoção dos Direitos Humanos, estabelecendo metas e princípios.

---

22. (Cespe – Defensor Público – SE/ 2012) De acordo com as disposições da Convenção Internacional sobre a Eliminação de Todas as Formas de Discriminação Racial,

a) as disposições da referida convenção não implicam em restrição alguma às disposições legais dos Estados-partes sobre nacionalidade, cidadania e naturalização.

b) os elementos relevantes para a caracterização da discriminação racial se restringem à raça, à cor e à origem étnica.

c) a origem nacional, por si só, não é elemento relevante para a caracterização da discriminação racial.

d) considera-se discriminatória a medida especial que, destinada a assegurar a proteção de grupos raciais, institua qualquer espécie de segregação jurídica permanente.

e) a restrição ou a anulação de liberdades fundamentais é irrelevante para a caracterização da discriminação racial.

COMENTÁRIOS

✪ **Nota do autor:** a questão versa sobre a Convenção Internacional sobre a Eliminação de Todas as Formas de Discriminação Racial, Decreto 65.810, de 8 de dezembro de 1969.

Alternativa correta: letra "D": a alternativa está correta, e encontra sustentação na redação do art. II, 2, da Convenção Internacional sobre a Eliminação de Todas as Formas de Discriminação Racial, que assim o diz: "os Estados Partes tomarão, se as circunstâncias o exigirem, nos campos social, econômico, cultural e outros, as medidas especiais e concretas para assegurar como convier o desenvolvimento ou a proteção de certos grupos raciais ou de indivíduos pertencentes a estes grupos com o objetivo de garantir-lhes, em condições de igualdade, o pleno exercício dos direitos do homem e das liberdades fundamentais.

Essas medidas não deverão, em caso algum, ter a finalidade de manter direitos a grupos raciais, depois de alcançados os objetivos em razão dos quais foram tomadas". A manutenção *ad eternum* dos efeitos de ações afirmativas geram, a longo prazo, desigualdades.

Alternativa "A": a redação do art. I, 3, diz que "nada nesta Convenção poderá ser interpretado como afetando as disposições legais dos Estados Partes, relativas a nacionalidade, cidadania e naturalização, **desde que tais disposições não discriminem contra qualquer nacionalidade particular**".

Alternativa "B": a redação do art. I, 1, diz que "nesta Convenção, a expressão ""discriminação racial"" significará qualquer distinção, exclusão restrição ou preferência baseadas em raça, cor, descendência ou origem nacional ou étnica que tem por objetivo ou efeito anular ou restringir o reconhecimento, gozo ou exercício num mesmo plano, (em igualdade de condição), de Direitos Humanos e liberdades fundamentais no domínio político econômico, social, cultural ou em qualquer outro domínio de vida pública".

Alternativa "C": a alternativa é respondida com a redação do art. I, 1, mencionada na alternativa anterior.

Alternativa "E": a alternativa é respondida com a redação do art. I, 1, mencionada na alternativa "**B**".

---

23. (Cespe – Defensor Público – SE/ 2012) Considerando o que dispõe a Convenção sobre os Direitos da Criança, assinale a opção correta.

a) A liberdade de associação não é prevista no texto do acordo em apreço.

b) Toda criança deve ser sempre pessoalmente ouvida em processo judicial que lhe diga respeito.

c) Considera-se criança, em regra, o ser humano com menos de dezoito anos.

d) A toda criança é garantido o direito a um nome, embora não haja menção a registro de nascimento.

e) A guarda compartilhada de criança filha de pais separados não encontra respaldo na referida convenção.

COMENTÁRIOS

✪ **Nota do autor:** a questão versa sobre a Convenção sobre os Direitos da Criança. Os candidatos devem prestar muita atenção, pois esta Convenção apresenta direitos diferentes dos previstos no ordenamento brasileiro.

Alternativa correta: letra "C": a alternativa encontra sustentação na redação do art. 1, que diz "Para efeitos da presente Convenção considera-se como criança todo ser humano com menos de dezoito anos de idade, a não ser que, em conformidade com a lei aplicável à criança, a maioridade seja alcançada antes". Notem que o ECA apresenta uma classificação diferente, entendendo como criança a pessoa com idade até inferior a doze anos.

Alternativa "A": a redação do art. 15 diz que "os Estados Partes reconhecem os direitos da criança à liberdade de associação e à liberdade de realizar reuniões pacíficas".

Alternativa "B": a redação do art. 12, 1 e 2, diz que "Os Estados Partes assegurarão à criança que estiver capacitada a formular seus próprios juízos o direito de expressar suas opiniões livremente sobre todos os assuntos relacionados com a criança, levando-se devidamente em consideração essas opiniões, em função da idade e maturidade da criança".

Com tal propósito, se proporcionará à criança, em particular, a **oportunidade de ser ouvida em todo processo judicial ou administrativo que afete a mesma, quer diretamente quer por intermédio de um representante ou órgão apropriado, em conformidade com as regras processuais da legislação nacional**. Cuidado com o uso da palavra "sempre" nas questões, geralmente remete ao erro.

Alternativa "D": o art. 8, 1 e 2, diz que "Os Estados Partes se comprometem a respeitar o direito da criança de preservar sua identidade, inclusive a nacionalidade, o nome e as relações familiares, de acordo com a lei, sem interferências ilícitas.

Quando uma criança se vir privada ilegalmente de algum ou de todos os elementos que configuram sua identidade, os Estados Partes deverão prestar assistência e proteção adequadas com vistas a restabelecer rapidamente sua identidade".

Alternativa "E": a redação do art. 9, 3, sustenta a existência de guarda compartilhada, e assim o diz: "Os Estados Partes respeitarão o direito da criança que esteja separada de um ou de ambos os pais de manter regularmente relações pessoais e contato direto com ambos, a menos que isso seja contrário ao interesse maior da criança".

---

24. (Cespe – Defensor Público – SE/ 2012) De acordo com o que dispõe a Convenção Americana de Direitos Humanos,

a) o Estado-parte não tem a obrigação de analisar pedido de indulto, anistia ou comutação de pena requeridos por condenado à morte.

b) o direito à vida deve ser protegido, como regra, desde a concepção.

c) a pena de morte pode ser restabelecida nos Estados-parte que a tenham abolido.

d) a pena de morte, nos Estados-partes que a adotem, pode ser aplicada a delitos políticos.

e) a pena de morte pode ser imposta a condenados por crimes conexos a delitos políticos.

COMENTÁRIOS

✪ **Nota do autor:** em mais esta questão, é abordado a Convenção Americana de Direitos Humanos. Os candidatos devem dedicar especial atenção ao tema, pois é recorrente nas provas realizadas pelo CESPE.

Alternativa correta: letra "B": a alternativa está correta e encontra sustentação na redação do art. 4, 1, da Convenção Americana de Direitos Humanos. O art. diz que "toda pessoa tem o direito de que se respeite sua vida. Esse direito deve ser protegido pela lei e, em geral, **desde o momento da concepção**. Ninguém pode ser privado da vida arbitrariamente".

Alternativa "A": a redação do art. 4º, 6, diz exatamente o contrário: "Toda pessoa condenada à morte tem direito a solicitar anistia, indulto ou comutação da pena, os quais podem ser concedidos em todos os casos. Não se pode executar a pena de morte enquanto o pedido estiver pendente de decisão ante a autoridade competente".

Alternativa "C": o art. 4º, 3, veda expressamente a possibilidade de restabelecimento da pena de morte nos estados que a tenham abolido. "Não se pode restabelecer a pena de morte nos Estados que a hajam abolido".

Alternativa "D": o art. 4º, 4, veda expressamente a possibilidade de condenação à pena de morte por delitos políticos. "Em nenhum caso pode a pena de morte ser aplicada a delitos políticos, nem a delitos comuns conexos com delitos políticos".

Alternativa "E": o art. 4º, 4, veda expressamente a possibilidade de condenação à pena de morte por delitos comuns conexos com delitos políticos. "Em nenhum caso pode a pena de morte ser aplicada a delitos políticos, nem a delitos comuns conexos com delitos políticos".

25. (Cespe – Defensor Público – SE/ 2012) A Comissão Interamericana de Direitos Humanos

a) não pode solicitar a Estado-parte a adoção de medidas cautelares para prevenir danos irreparáveis decorrentes de suposta violação dos Direitos Humanos.

b) tem como único documento paradigmático para a proteção dos Direitos Humanos no continente americano o Pacto de São José da Costa Rica.

c) tem o poder de fixar seu próprio regulamento, estabelecendo nele o procedimento a ser observado para o processamento de petições que denunciem violações aos Direitos Humanos resguardados pelo Pacto de São José da Costa Rica.

d) detém competência para conhecer denúncia de violação de Direitos Humanos praticada por qualquer país que integre a Organização dos Estados Americanos, nos termos da Convenção Americana de Direitos Humanos.

e) não pode aceitar nem processar petições individuais.

COMENTÁRIOS

✪ **Nota do autor:** outra questão versando sobre a Convenção Americana de Direitos Humanos, especificamente dobre Comissão Americana de Direitos Humanos.

Alternativa correta: letra "C": a redação do art. 39 da Convenção Americana de Direitos Humanos, responde a questão, "A Comissão elaborará seu estatuto e submetê-lo-á à aprovação da Assembleia Geral e **expedirá seu próprio Regulamento**".

Alternativa "A": a redação do art. 63, 1, permite essa possibilidade. "**Em casos de extrema gravidade e urgência, e quando se fizer necessário evitar danos irreparáveis às pessoas, a Corte, nos assuntos de que estiver conhecendo, poderá tomar as medidas provisórias que considerar pertinentes.** Se se tratar de assuntos que ainda não estiverem submetidos ao seu conhecimento, poderá atuar a pedido da Comissão".

Alternativa "B": a convenção Americana de Direitos Humanos faz parte do sistema internacional de proteção dos Direitos Humanos, e à Comissão Interamericana de Direitos Humanos adota como paradigmas as demais normas vigentes nas Américas, com seus protocolos específicos.

Alternativa "D": a competência da Comissão é adstrita aos Estados-parte.

Alternativa "E": esse é um erro muito comum, o de entender que não se podem processar petições individuais. O art. 44 da Convenção diz que "Qualquer pessoa ou grupo de pessoas, ou entidade não governamental legalmente reconhecida em um ou mais Estados-membros da Organização, pode apresentar à Comissão petições que contenham denúncias ou queixas de violação desta Convenção por um Estado-parte".

26. (Cespe – Defensor Público – TO/2013) A respeito da proteção aos presos no âmbito do direito internacional, assinale a opção correta.

a) A Convenção Americana sobre Direitos Humanos e a Declaração Universal dos Direitos Humanos exigem a separação entre o suspeito de praticar infração penal que aguarda julgamento e o preso condenado.

b) A Convenção Americana sobre Direitos Humanos proíbe a pena de trabalhos forçados.

c) A Convenção Europeia sobre Direitos Humanos e o Pacto Internacional de Direitos Civis e Políticos prescrevem que poderá ser exigida garantia de comparecimento ao juízo para a libertação de preso suspeito da prática de infração penal.

d) A Declaração Universal dos Direitos Humanos garante expressamente aos presos o direito de participação política.

e) A Convenção sobre os Direitos da Criança determina que, em qualquer circunstância, as crianças privadas de liberdade sejam separadas dos adultos.

COMENTÁRIOS

✪ **Nota do autor:** questão de difícil resolução, por se tratar de instrumentos não muito difundidos e pouco cobrados em concursos.

Alternativa correta: letra "C": a resolução da questão remete aos textos legais da Convenção e do Pacto. O art. 5º, item 3A da Convenção Europeia sobre Direitos Humanos diz que: "qualquer pessoa presa ou detida nas condições previstas no parágrafo 1, alínea c), do presente artigo deve ser apresentada imediatamente a um juiz ou outro magistrado habilitado pela lei para exercer funções judiciais e tem direito a ser julgada num prazo razoável, ou posta em liberdade durante o processo. A colocação em liberdade pode estar condicionada a uma garantia que assegure a comparência do interessado em juízo." No tocante ao Pacto Internacional de Direitos Civis e Políticos, art. 9º, item 3: "Qualquer pessoa presa ou encerrada em virtude de infração penal deverá ser conduzida, sem demora, à presença do juiz ou de outra autoridade habilitada por lei a exercer funções e terá o direito de ser julgada em prazo razoável ou de ser posta em liberdade. A prisão preventiva de pessoas que aguardam julgamento não deverá constituir a regra geral, mas a soltura poderá estar condicionada a garantias que assegurem o comparecimento da pessoa em questão à audiência, a todos os atos do processo e, se necessário for, para a execução da sentença."

Alternativa "A": não há tal exigência. Há sim uma menção quanto a separação dos presos temporários dos já condenados, mas isso pode persistir em situações excepcionais.

Alternativa "B": a redação do art. 6º, 2 e 3, a, diz que *"Ninguém deve ser constrangido a executar trabalho forçado ou obrigatório.* ***Nos países em que se prescreve, para certos delitos, pena privativa de liberdade acompanhada de trabalhos forçados, esta disposição não pode ser interpretada no sentido de proibir o cumprimento da dita pena, imposta por um juiz ou tribunal competente.*** *O trabalho forçado não deve afetar a dignidade, nem a capacidade física e intelectual do recluso.*

Não constituem trabalhos forçados ou obrigatórios para os efeitos deste artigo:

a) ***os trabalhos ou serviços normalmente exigidos de pessoa reclusa em cumprimento de sentença ou resolução formal expedida pela autoridade judiciária competente.*** *Tais trabalhos ou serviços devem ser executados sob a vigilância e controle das autoridades públicas, e os indivíduos que os executarem não devem ser postos à disposição de particulares, companhias ou pessoas jurídicas de caráter privado".*

Alternativa "D": não há na declaração tal menção. Em que pesem os direitos políticos serem fundamentais, eles podem, assim como qualquer outro direito fundamental, em situações excepcionais, serem restringidos, em prol da coletividade e da paz social.

Alternativa "E": a redação do art. 37, c, da Convenção sobre os Direitos da Criança diz que "toda criança privada da liberdade seja tratada com a humanidade e o respeito que merece a dignidade inerente à pessoa humana, e levando-se em consideração as necessidades de uma pessoa de sua idade. Em especial, toda criança privada de sua liberdade ficará separada dos adultos, **a não ser que tal fato seja considerado contrário aos melhores interesses da criança**, e terá direito a manter contato com sua família por meio de correspondência ou de visitas, salvo em circunstâncias excepcionais".

---

27. (Cespe – Defensor Público – TO/2013) Assinale a opção correta acerca da Convenção contra a Tortura e Outros Tratamentos ou Penas Cruéis, Desumanos ou Degradantes.

a) A referida convenção não pode funcionar como base legal para a extradição, quando permitida, de pessoa acusada de tortura.

b) O Comitê contra a Tortura deve ser composto por pessoas de reputação ilibada indicadas pelos Estados-partes e aprovadas pelo secretário-geral da ONU.

c) Essa convenção não estabelece garantias para o acusado da prática de tortura.

d) O referido acordo internacional define a tortura como qualquer ato por meio do qual dores ou sofrimentos agudos, físicos ou mentais, são infligidos intencionalmente a uma pessoa a fim de castigá-la por ato que ela tenha cometido, mesmo que tais dores ou sofrimentos sejam consequência unicamente de sanções legítimas.

e) Quando o Estado-parte reconhecer a competência do Comitê contra a Tortura para receber e processar petições individuais, devem ser sempre consideradas inadmissíveis as petições apócrifas.

COMENTÁRIOS

✪ **Nota do autor:** a questão versa sobre a Convenção contra a Tortura e Outros Tratamentos ou Penas Cruéis, Desumanos ou Degradantes. Este documento realça a dignidade humana, um dos fundamentos da República Federativa do Brasil, e invoca os princípios da Carta das Nações Unidas e da Declaração Universal dos Direitos Humanos.

Alternativa correta: letra "E": a alternativa é de difícil solução, pois exige o conhecimento de particularidades sobre a Convenção contra a Tortura e Outros Tratamentos ou Penas Cruéis, Desumanos ou Degradantes. A alternativa encontra sustentação na redação do art. 22, 1 e 2 da Convenção.

"Artigo 22 – 1. Todo Estado-parte na presente Convenção poderá declarar, em virtude do presente artigo, a qualquer momento, que reconhece a competência do Comitê para receber e examinar as comunicações enviadas por pessoas sob sua jurisdição, ou em nome delas, que aleguem ser vítimas de violação, por um Estado-parte, das disposições da Convenção. O Comitê não receberá comunicação alguma relativa a um Estado-parte que não houver feito declaração dessa natureza. 2. ***O Comitê considerará inadmissível qualquer comunicação recebida em conformidade com o presente artigo que seja anônima****, ou que, a seu juízo, constitua abuso do direito de apresentar as referidas comunicações, ou que seja incompatível com as disposições da presente Convenção".*

Alternativa "A": a redação do art. 8º, 2, diz que "Se um Estado-parte que condiciona a extradição à existência de tratado receber um pedido de extradição por parte de outro Estado-parte com o qual não mantém tratado de extradição, **poderá considerar a presente Convenção como base legal para a extradição com respeito a tais crimes.** A extradição sujeitar-se-á às outras condições estabelecidas pela lei do Estado que receber a solicitação".

Alternativa "B": a redação do art. 17, 3, diz que "Os membros do Comitê serão eleitos em reuniões bienais dos Estados-partes convocadas pelo Secretário Geral das Nações Unidas. Nestas reuniões, nas quais o quórum será estabelecido por dois terços dos Estados-partes, serão eleitos membros do Comitê os candidatos que obtiverem o maior número de votos e a maioria absoluta dos votos dos representantes dos Estados-partes presentes e votantes".

Alternativa "C": a redação do art. 7º, 3, diz que "Qualquer pessoa processada por qualquer dos crimes previstos no artigo **4º receberá garantias de tratamento justo em todas as fases do processo**".

Alternativa "D": a redação do art. 1º diz que "Para fins da presente Convenção, o termo "tortura" designa qualquer ato pelo qual dores ou sofrimentos agudos, físicos ou mentais, são infligidos intencionalmente a uma pessoa a fim de obter, dela ou de terceira pessoa, informações ou confissões; de castigá-la por ato que ela ou terceira pessoa tenha cometido ou seja suspeita de ter cometido; de intimidar ou coagir esta pessoa ou outras pessoas; ou por qualquer motivo baseado em discriminação de qualquer natureza; quando tais dores ou sofrimentos são infligidos por um funcionário público ou outra pessoa no exercício de funções públicas, ou por sua instigação, ou com o seu consentimento ou aquiescência. Não se considerará como tortura as dores ou sofrimentos que sejam consequência unicamente de sanções legítimas, ou que sejam inerentes a tais sanções ou delas decorram".

28. (Cespe – Defensor Público – RR/2013) O conceito de universalismo de chegada

a) contrapõe-se, no que se refere à definição dos Direitos Humanos, às considerações sobre o contexto cultural de cada sociedade.

b) sintetiza as garantias universais aptas a sustentar uma teoria dos Direitos Humanos intercultural.

c) opõe-se às ideias do relativismo cultural e aproxima-se das do universalismo de partida.

d) associa-se à ideia de humanidade em sua indistinta integralidade cultural e social.

e) está associado ao desenvolvimento de uma teoria de Direitos Humanos alheia às peculiaridades culturais de cada sociedade.

COMENTÁRIOS

✪ **Nota do autor:** o conceito de universalismo de chegada é pouco cobrado, em uma clara amostra de que o assunto é muito extenso e deve ser profundamente estudado, em especial nas provas para a defensoria Pública.

Alternativa correta: letra "B": a pedra de toque do universalismo de chegada é a variedade de culturas, em que o universalismo chegará após os conflitos e diálogos que ocorrem entre as diferenças culturais. Não há no universalismo de chegada uma superação de ideais culturais, mas uma interconexão entre eles.

Alternativa "A": é justamente o contrário, pois identifica o respeito às várias culturas.

Alternativa "C": o universalismo de partida é o oposto, pois este é anterior aos conflitos culturais.

Alternativa "D": não há integralidade cultura, há múltiplas culturas, e os conflitos entre estas.

Alternativa "E": no universalismo de chegada há o entendimento acerca das múltiplas culturas e da necessidade de estabelecimento de diálogo entre elas.

29. (Cespe – Defensor Público – RR/2013) Na Declaração Universal dos Direitos Humanos,

a) não há menção à remuneração de trabalhos iguais.

b) é reconhecida a relação entre o desenvolvimento da personalidade e o caráter de pertença a uma comunidade.

c) ao exercício dos direitos e liberdades por ela assegurados não se sobrepõe propósito ou princípio algum.

d) é abordado o conceito de propriedade individual, mas não o de propriedade coletiva.

e) não são reconhecidos deveres de ordem alguma.

COMENTÁRIOS

✪ **Nota do autor:** a questão versa sobre a Declaração Universal dos Direitos Humanos, um dos documentos mais cobrados em provas de concurso.

Alternativa correta: letra "B": a questão é facilmente respondida com o conhecimento da Declaração Universal dos Direitos Humanos, especificamente o art. 29, 1, que diz "**o indivíduo tem deveres para com a comunidade, fora da qual não é possível o livre e pleno desenvolvimento da sua personalidade**".

Alternativa "A": a redação do art. 23, 1, diz que "toda a pessoa tem direito ao trabalho, à livre escolha do trabalho, a **condições equitativas** e satisfatórias de trabalho e à proteção contra o desemprego".

Alternativa "C": a redação do art. 29, 3, diz que "em caso algum estes direitos e liberdades poderão ser exercidos contrariamente e aos fins e aos princípios das Nações Unidas".

Alternativa "D": o art. 17, 1, é claro ao mencionar que "toda a pessoa, **individual ou coletiva**, tem direito à propriedade".

Alternativa "E": a redação do art. 29, 1, diz que "o indivíduo **tem deveres** para com a comunidade, fora da qual não é possível o livre e pleno desenvolvimento da sua personalidade".

30. (Cespe – Defensor Público – RR/2013) A respeito da Convenção Internacional sobre a Eliminação de Todas as Formas de Discriminação Racial, assinale a opção correta.

a) Os signatários da convenção em apreço devem apresentar, pelo menos uma vez, a cada seis anos, relatório concernente às medidas adotadas no respectivo Estado-parte para a efetivação das disposições acordadas.

b) A tipificação penal da difusão de ideias embasadas no ódio racial é medida imposta por essa convenção.

c) A exclusão, distinção, restrição ou preferência embasada na raça, cor, descendência ou origem étnica esgotam as modalidades de discriminação proibidas pela convenção em pauta.

d) O Comitê Internacional para a Eliminação da Discriminação Racial receberá comunicações de indivíduos ou grupos de indivíduos, relativas a qualquer Estado-parte da referida convenção, independentemente da declaração prévia do Estado-parte sobre a aceitação da competência do comitê.

e) Até o ano de 2012, o Brasil não havia reconhecido a competência do Comitê Internacional para a Eliminação da Discriminação Racial.

COMENTÁRIOS

✪ **Nota do autor:** a questão trata da Convenção Internacional sobre a Eliminação de Todas as Formas de Discriminação Racial, esse importante documento de 1968, em vigor no Brasil desde 08 de Dezembro de 1969, por meio do Decreto nº 65.810.

Alternativa correta: letra "B": a questão pode ser respondida com o conhecimento do texto legal.

A redação do art. IV, a, diz que "os Estados partes condenam toda propaganda e todas as organizações que se inspirem em ideias ou teorias baseadas na superioridade de uma raça ou de um grupo de pessoas de uma certa cor ou de uma certa origem étnica ou que pretendem justificar ou encorajar qualquer forma de ódio e de discriminação raciais e comprometem-se a adotar imediatamente medidas positivas destinadas a eliminar qualquer incitação a uma tal discriminação, ou quaisquer atos de discriminação com este objetivo tendo em vista os princípios formulados na Declaração universal dos direitos do homem e os direitos expressamente enunciados no artigo 5 da presente convenção, eles se comprometem principalmente:

> *a)* **a declarar delitos puníveis por lei, qualquer difusão de ideias baseadas na superioridade ou ódio raciais**, *qualquer incitamento à discriminação racial, assim como quaisquer atos de violência ou provocação a tais atos, dirigidos contra qualquer raça ou qualquer grupo de pessoas de outra cor ou de outra origem técnica, como também qualquer assistência prestada a atividades racistas, inclusive seu financiamento".*

Alternativa "A": a redação do art. IX, 1, diz que "os Estados Partes comprometem-se a apresentar ao Secretário Geral para exame do Comitê, um relatório sobre as medidas legislativas, judiciárias, administrativas ou outras que tomarem para tornarem efetivas as disposições da presente Convenção:

> *a) dentro do prazo de um ano a partir da entrada em vigor da Convenção, para cada Estado interessado no que lhe diz respeito,* **e posteriormente, cada dois anos, e toda vez que o Comitê o solicitar.** *O Comitê poderá solicitar informações complementares aos Estados Partes.*

Alternativa "C": a redação do art. I, 1, diz que "Nesta Convenção, a expressão "discriminação racial "significará **qualquer distinção, exclusão restrição ou preferência baseadas em raça, cor, descendência ou origem nacional ou étnica que tem por objetivo ou efeito anular ou restringir o reconhecimento, gozo ou exercício num mesmo plano, (em igualdade de condição), de Direitos Humanos e liberdades fundamentais no domínio político econômico, social, cultural ou em qualquer outro domínio de vida pública**".

Alternativa "D": a redação do art. XIV, 1, diz que "Todo o Estado parte poderá declarar e qualquer momento que reconhece a competência do Comitê para receber e examinar comunicações de indivíduos sob sua jurisdição que se consideram vítimas de uma violação pelo referido Estado Parte de qualquer um dos direitos enunciados na presente Convenção. **O Comitê não receberá qualquer comunicação de um Estado Parte que não houver feito tal declaração**".

Alternativa "E": a Convenção foi ratificada pelo Brasil em 27 de março de 1968.

---

31. (Cespe – Defensor Público – RR/2013) No que se refere à Convenção Americana de Direitos Humanos, assinale a opção correta.

a) No caso de suspensão de garantias, esta não poderá atingir normas de Direitos Humanos qualificadas como jus cogens.

b) Nos Estados-partes organizados sob a forma federal, as reservas ao pacto poderão ser levadas a efeito pelas unidades federativas do respectivo Estado-parte.

c) A referida convenção impõe ao governo central do Estadoparte organizado sob a forma federal o dever de cumprir todas as disposições de proteção aos Direitos Humanos nela elencadas, mesmo aquelas que estejam na órbita de competência das unidades federadas desse Estado.

d) Essa convenção admite a sua própria suspensão in totum em caso de guerra, perigo público ou outra emergência que ameace a independência ou segurança do Estado-parte.

e) Segundo essa convenção, a suspensão de garantias nela previstas prescinde de qualquer comunicação aos Estados – partes do acordo.

COMENTÁRIOS

✪ **Nota do autor:** a Convenção Americana de Direitos Humanos é assunto recorrente nas provas do CESPE. Os candidatos devem se esmerar no assunto, a fim de evitar surpresas.

Alternativa correta: letra "A": a redação do art. 27, 1, diz que "em caso de guerra, de perigo público, ou de outra emergência que ameace a independência ou segurança do Estado-parte, este poderá adotar as disposições que, **na medida e pelo tempo estritamente limitados às exigências da situação**, suspendam as obrigações contraídas em virtude desta Convenção, **desde que tais disposições não sejam incompatíveis com as demais obrigações que lhe impõe o Direito Internacional e não encerrem discriminação alguma fundada em motivos de raça, cor, sexo, idioma, religião ou origem social**". As normas *jus cogens* não podem ser derrogadas pela vontade das partes, portanto, mesmo em situações excepcionais, determinadas disposições desta convenção devem ser respeitadas.

Alternativa "B": a redação do art. 28 diz que "quando se tratar de um Estado-parte constituído como Estado federal, o governo nacional do aludido Estado-parte cumprirá todas as disposições da presente Convenção, relacionadas com as matérias sobre as quais exerce competência legislativa e judicial". O inciso 2 do art. 28 diz que "No tocante às disposições relativas às matérias que correspondem à competência das entidades componentes da federação, o governo nacional deve tomar imediatamente as medidas pertinentes, em conformidade com sua Constituição e com suas leis, a fim de que as autoridades competentes das referidas entidades possam adotar as disposições cabíveis para o cumprimento desta Convenção".

Alternativa "C": o inciso 2 do art. 28 diz que "no tocante às disposições relativas às matérias que correspondem à competência das entidades componentes da federação, o governo nacional deve tomar imediatamente as medidas pertinentes, em conformidade com sua Constituição e com suas leis, a fim de que as autoridades competentes das referidas entidades possam adotar as disposições cabíveis para o cumprimento desta Convenção". O pacto respeita a divisão de competências de cada Estado, mas cabe ao Estado Nacional o papel de fomentar o cumprimento das obrigações constantes no documento.

Alternativa "D": a redação do art. 27, 1, é clara. A suspensão *in totum*, ou seja, na integralidade, não ocorre, pois as normas *jus cogens* não podem ser suspensas. No inciso 2 do art. 27, estão inscritos os direitos que não podem ser suspensos.

Alternativa "E": a redação do art. 27, 3, diz que "Todo Estado-parte no presente Pacto que fizer uso do direito de suspensão deverá comunicar imediatamente aos outros Estados-partes na presente Convenção, por intermédio do Secretário Geral da Organização dos Estados Americanos, as disposições cuja aplicação haja suspendido, os motivos determinantes da suspensão e a data em que haja dado por terminada tal suspensão".

---

32. (Cespe – Defensor Público – RR/2013) A respeito da Comissão Interamericana de Direitos Humanos, assinale a opção correta.

a) Essa comissão não está autorizada a aceitar petições de caráter individual.

b) Apenas dois membros eleitos dessa comissão podem ter a mesma nacionalidade.

c) Os membros dessa comissão serão eleitos a título pessoal, pela Assembleia Geral da OEA, a partir de nomes propostos pela própria OEA, não podendo os Estados-partes indicar candidatos a membros da comissão.

d) Essa comissão representa todos os Estados-partes que integram a OEA, mesmo aqueles que não reconhecem a jurisdição da Corte Interamericana de Direitos Humanos.

e) O mandato dos membros dessa comissão é vitalício.

COMENTÁRIOS

✪ **Nota do autor:** questão versando sobre a Comissão Interamericana de Direitos Humanos, órgão consultivo, cuja principal função é a de promover a observância e a defesa dos Direitos Humanos.

Alternativa correta: letra "D": a alternativa foi bem formulada e induz o candidato a erro, pois confunde o candidato com o direito de petições, previsto no art. 44. No tocante a representação, o art. 35 diz que "A Comissão representa todos os Membros da Organização dos Estados Americanos".

Alternativa "A": a redação do art. 44 diz que "Qualquer pessoa ou grupo de pessoas, ou entidade não governamental legalmente reconhecida em um ou mais Estados-membros da Organização, pode apresentar à Comissão petições que contenham denúncias ou queixas de violação desta Convenção por um Estado-parte".

Alternativa "B": segundo a reação do art. 36, 2, "cada um dos referidos governos pode propor até três candidatos, nacionais do Estado que os propuser ou de qualquer outro Estado-membro da Organização dos Estados Americanos. Quando for proposta uma lista de três candidatos, pelo menos um deles deverá ser nacional de Estado diferente do proponente". O Inciso 2 do art. 37 diz que " Não pode fazer parte da Comissão mais de um nacional de um mesmo país"

Alternativa "C": a redação do art. 36, 1, diz que "os membros da Comissão serão eleitos a título pessoal, pela Assembleia Geral da Organização, a partir de uma lista de candidatos propostos pelos governos dos Estados-membros".

Alternativa "E": a redação do art. 37, 1, diz que "1. Os membros da Comissão serão eleitos por quatro anos e só poderão ser reeleitos uma vez, porém o mandato de três dos membros designados na primeira eleição expirará ao cabo de dois anos. Logo depois da referida eleição, serão determinados por sorteio, na Assembleia Geral, os nomes desses três membros".

---

33. (Cespe - Defensor Público - RR/2013) Assinale a opção correta em relação à Corte Interamericana de Direitos Humanos.

a) Essa corte poderá determinar medidas cautelares apenas nos casos de seu conhecimento, excluídos os que ainda não tenham sido por ela processados.

b) O Estado-parte inconformado com sentença dessa corte poderá apelar à Assembleia Geral da OEA.

c) Nos termos da Convenção Americana de Direitos Humanos, apenas os Estados-partes e a Comissão Interamericana de Direitos Humanos podem submeter casos à decisão dessa corte.

d) Essa corte não pode emitir opinião sobre a compatibilidade, em abstrato, entre a convenção e norma de direito interno.

e) Depois de prolatada uma decisão dessa corte, compete à Comissão Interamericana de Direitos Humanos o acompanhamento de seu cumprimento.

COMENTÁRIOS

✪ **Nota do autor:** questão versando sobre a Corte Interamericana de Direitos Humanos, que tem como principal função a interpretação e aplicação da Convenção Interamericana de Direitos Humanos.

Alternativa correta: letra "C": alternativa que pode ser respondida com o conhecimento da Convenção, que trata da Corte no capítulo VIII, a partir do art. 52. No art. 61, 1, encontramos o acerto da alternativa: "somente os Estados-partes e a Comissão têm direito de submeter um caso à decisão da Corte".

Alternativa "A": a redação do art. 63, 2, diz que "em casos de extrema gravidade e urgência, e quando se fizer necessário evitar danos irreparáveis às pessoas, a Corte, nos assuntos de que estiver conhecendo, poderá tomar as medidas provisórias que considerar pertinentes. Se se tratar de assuntos que ainda não estiverem submetidos ao seu conhecimento, poderá atuar a pedido da Comissão".

Alternativa "B": o art. 67 da Convenção é claro, "a sentença da Corte será definitiva e inapelável. Em caso de divergência sobre o sentido ou alcance da sentença, a Corte interpretá-la-á, a pedido de qualquer das partes, desde que o pedido seja apresentado dentro de noventa dias a partir da data da notificação da sentença".

Alternativa "D": o art. 64, 2, responde a alternativa, apresentando o erro: "a Corte, a pedido de um Estado-membro da Organização, poderá emitir pareceres sobre a compatibilidade entre qualquer de suas leis internas e os mencionados instrumentos internacionais".

Alternativa "E": o art. 65 da Convenção diz que "A Corte submeterá à consideração da Assembleia Geral da Organização, em cada período ordinário de sessões, um relatório sobre as suas atividades no ano anterior. De maneira especial, e com as recomendações pertinentes, indicará os casos em que um Estado não tenha dado cumprimento a suas sentenças".

---

34. (Cespe - Defensor Público - RR/2013) De acordo com a Convenção Americana dos Direitos Humanos,

a) é possível a expulsão coletiva de estrangeiros.

b) a proteção legal do direito à vida inicia-se, em geral, a partir do momento do nascimento.

c) é reconhecida a existência de deveres da pessoa para com a família, a comunidade e a humanidade.

d) nos países onde a pena de morte tenha sido abolida, essa forma de punição só poderá ser restabelecida para os crimes mais graves.

e) é inadmissível a limitação dos direitos estabelecidos na convenção.

COMENTÁRIOS

✪ **Nota do autor:** mais uma alternativa versando sobre a Convenção Americana dos Direitos Humanos, este importante documento, e um dos mais cobrados em provas sobre os Direitos Humanos.

Alternativa correta: letra "C": a redação do art. 32, I, apresenta a seguinte redação: "toda pessoa tem deveres para com a família, a comunidade e a humanidade". Como visto, em que pesem os argumentos de que no tocante aos Direitos Humanos só existem direitos, temos uma clara amostra de que a existência de deveres é um dos requisitos para o respeito aos direitos de terceiros, além de representar importante liame com a vida em sociedade.

Alternativa "A": o art. 22, 9, da Convenção Americana dos Direitos Humanos veda expressamente a expulsão coletiva.

Alternativa "B": a redação do art. 4, 1, diz que "toda pessoa tem o direito de que se respeite sua vida. Esse direito deve ser protegido pela lei e, em geral, desde o momento da concepção. Ninguém pode ser privado da vida arbitrariamente".

Alternativa "D": o art. 4º, 3, apresenta a vedação ao regresso da pena de morte em um país que atenha abolido.

Alternativa "E": o art. 27, 1, contraria a alternativa: "Em caso de guerra, de perigo público, ou de outra emergência que ameace a independência ou segurança do Estado-parte, **este poderá adotar as disposições que, na medida e pelo tempo estritamente limitados**

às exigências da situação, suspendam as obrigações contraídas em virtude desta Convenção, desde que tais disposições não sejam incompatíveis com as demais obrigações que lhe impõe o Direito Internacional e não encerrem discriminação alguma fundada em motivos de raça, cor, sexo, idioma, religião ou origem social".

---

35. (Cespe – Juiz Substituto da Justiça Militar da União – STM/2013) Consoante o disposto na Convenção Americana sobre Direitos Humanos,

a) a família constitui o núcleo natural e fundamental da sociedade.

b) apenas a Comissão Interamericana de Direitos Humanos tem legitimidade para apresentar casos ao julgamento da Corte Interamericana de Direitos Humanos.

c) juiz membro da Corte Interamericana de Direitos Humanos não pode conhecer de casos de violação em que seja parte o país de que é nacional.

d) a Comissão Interamericana de Direitos Humanos só poderá comparecer à Corte Interamericana de Direitos Humanos nos casos por ela apresentados.

e) o acusado tem o direito de renunciar à defesa.

COMENTÁRIOS

✪ **Nota do autor:** outra questão versando sobre a Convenção Americana de Direitos Humanos.

Alternativa correta: letra "A": a alternativa vai de encontro à previsão do art. 17, 1, da Convenção Americana de Direitos Humanos. "A família é o núcleo natural e fundamental da sociedade e deve ser protegida pela sociedade e pelo Estado".

Alternativa "B": além da Comissão, os Estados-parte tem legitimidade para apresentar casos ao julgamento da Corte Interamericana de Direitos Humanos, de acordo com o previsto no art. 61, 1.

Alternativa "C": segundo o art. 55, 1, "o juiz, que for nacional de algum dos Estados-partes em caso submetido à Corte, conservará o seu direito de conhecer do mesmo". Não há vedação.

Alternativa "D": o art. 57 da Convenção diz que "A Comissão comparecerá em todos os casos perante a Corte".

Alternativa "E": o art. 8º, 2, e, que trata das Garantias Judiciais, diz que "Toda pessoa acusada de um delito tem direito a que se presuma sua inocência, enquanto não for legalmente comprovada sua culpa. Durante o processo, toda pessoa tem direito, em plena igualdade, às seguintes garantias mínima.

> *e)* **direito irrenunciável de ser assistido por um defensor** *proporcionado pelo Estado, remunerado ou não, segundo a legislação interna, se o acusado não se defender ele próprio, nem nomear defensor dentro do prazo estabelecido pela lei".*

---

36. (Cespe – Juiz Substituto da Justiça Militar da União – STM/2013) Acerca da DUDH, assinale a opção correta.

a) À elaboração da DUDH seguiram-se a da Declaração Americana dos Direitos e Deveres do Homem e a da Convenção Europeia de Direitos Humanos.

b) É pacífico para a doutrina o entendimento de que a universalidade dos Direitos Humanos garantidos pela declaração em apreço não foi acompanhada da afirmação da indivisibilidade desses mesmos direitos.

c) Na DUDH, é previsto expressamente o direito à participação política, mas não o de acesso a serviços públicos.

d) O caráter universal da declaração em apreço foi formatado no decorrer dos trabalhos de sua preparação, pois, originalmente, pretendia-se elaborar uma "declaração internacional".

e) A DUDH atualizou a linguagem dos Direitos Humanos sem modificar a essência das declarações liberais dos séculos XVIII e XIX.

COMENTÁRIOS

✪ **Nota do autor:** a questão versa sobre a Declaração Universal dos Direitos Humanos. Esse documento, adotado em 10 de dezembro de 1948, representou um importante avanço, fortalecendo a universalidade dos Direitos Humanos, assim como a sua indivisibilidade, pois uniu, apesar da dicotomia histórica, os direitos civis e políticos aos direitos econômicos, sociais e culturais.

Alternativa correta: letra "D": a questão foi muito bem formulada, e a resolução da mesma é possível com o conhecimento histórico da Declaração, que está condensado em doutrinas a respeito dos Direitos Humanos. A Declaração, durante a confecção dos trabalhos, era denominada Internacional. Durante sua formulação, e com o reconhecimento da universalidade que habita nos Direitos Humanos, levando a pessoa humana ao status de cidadão natural de seu país, mas também ao status de cidadão do mundo, já que os Direitos Humanos independem de raça, cor, etnia, etc., a nomenclatura foi ajustada, passando a ser denominada Universal.

Alternativa "A": mais uma alternativa bem elaborada pelo CESPE, que exige do candidato o conhecimento dos dispositivos que versam sobre os Direitos Humanos. No tocante a Declaração Americana dos Direitos e Deveres do Homem, esta foi adotada em abril de 1948, porém, a respeito da Convenção Europeia de Direitos Humanos, esta foi adotada em 4 de Novembro de 1950, portanto, em data posterior a DUDH.

Alternativa "B": a alternativa está errada, pois na DUDH um dos pontos chave foi o reconhecimento, tanto da universalidade, como da indivisibilidade, pois foram reconhecidos os elos entre os direitos civis e políticos e os direitos econômicos, sociais e culturais.

Alternativa "C": a alternativa está errada. Para a sustentação do erro, apresentamos a redação do art. 25 da DUDH: "toda a pessoa tem direito a um nível de vida suficiente para lhe assegurar e à sua família a saúde e o bem-estar, principalmente quanto à alimentação, ao vestuário, ao alojamento, à assistência médica e ainda quanto aos serviços sociais necessários, e tem direito à segurança no desemprego, na doença, na invalidez, na viuvez, na velhice ou noutros casos de perda de meios de subsistência por circunstâncias independentes da sua vontade."

Alternativa "E": a essência de tal declaração tinha o caráter liberal, que era limitado às liberdades negativas, sem a previsão de direitos sociais. Primava-se pela distância do Estado na vida das pessoas. Posteriormente, foi reconhecido que o Estado deve atuar na promoção dos direitos sociais, realçando a indivisibilidade dos Direitos Humanos.

---

37. (Cespe – Juiz Substituto da Justiça Militar da União – STM/2013) Acerca do TPI, assinale a opção correta.

a) A jurisdição do TPI sobre acusados que tenham entre dezesseis e dezoito anos de idade é condicionada à constatação, mediante perícia, do suficiente desenvolvimento psicológico dos acusados para a compreensão do caráter ilícito da conduta a eles imputada.

b) O estatuto do TPI estabelece a imprescritibilidade apenas dos crimes de genocídio e de determinados atos qualificados como crimes contra a humanidade.

c) O TPI está sediado na cidade de Roma.

d) O TPI é competente para julgar apenas os crimes de genocídio e os crimes contra a humanidade.

e) De acordo com o Estatuto de Roma, instrumento que instituiu o TPI, são considerados crimes contra a humanidade a escravidão e o apartheid cometidos em caso de ataque generalizado ou sistemático contra qualquer população civil.

COMENTÁRIOS

✪ **Nota do autor:** a questão versa sobre o Tribunal Penal Internacional, criado em 1998, por meio do Estatuto de Roma, e promulgado no Brasil em 2002. O TPI não julga os Estados, mas pessoas que praticam crimes graves, como o genocídio e a tortura.

Alternativa correta: letra "E": A alternativa está correta, e sua resolução encontra sustentação na redação do art. 7°, do Estatuto de Roma, que trata dos crimes contra a humanidade. O rol é extenso, o que nos impede de mencioná-lo em sua integralidade. A previsão dos crimes de escravidão e apartheid estão nas alíneas C e J do art. 7º do Estatuto de Roma.

Alternativa "A": segundo a redação do art. 26 do Estatuto de Roma, o Tribunal não terá jurisdição sobre pessoas que, à data da alegada prática do crime, não tenham ainda completado 18 anos de idade.

Alternativa "B": segundo o art. 29 do Estatuto de Roma, os crimes de competência do Tribunal Penal Internacional não prescrevem.

Alternativa "C": a sede do Tribunal Penal Internacional é em Haia, Países Baixos.

Alternativa "D": a redação do art. 7º do Estatuto de Roma prevê uma série de crimes cuja competência pertence ao tribunal Penal Internacional.

---

38. (Cespe – Juiz Substituto da Justiça Militar da União – STM/2013) Com base na Convenção contra a Tortura e outros Tratamentos ou Penas Cruéis, Desumanas ou Degradantes, assinale a opção correta.

a) As penas legítimas que inflijam dores ou sofrimentos agudos, físicos ou mentais, devem ser consideradas tortura.

b) A ratificação da referida convenção por determinado Estado implica o reconhecimento da competência do Comitê Contra a Tortura para processar comunicações de violação apresentadas por seus cidadãos.

c) Somente as comunicações de violação anônimas podem ser recusadas pelo Comitê Contra a Tortura.

d) A qualidade especial do agente é essencial para a configuração do crime de tortura.

e) A orientação de tipificar a tortura como crime próprio, expressa na referida convenção, é adotada na legislação brasileira.

COMENTÁRIOS

✪ **Nota do autor:** a questão versa sobre a Convenção contra a Tortura e outros Tratamentos ou Penas Cruéis, Desumanas ou Degradantes. Esse documento está em vigor no Brasil desde 19 de abril de 2007, por meio do Decreto nº 6.085.

Alternativa correta: letra "D": a ocorrência de tortura está intimamente ligada à figura do agente e a motivação da prática ilícita. A redação do art. 1º da Convenção apresenta uma interessante e ampla delimitação do tema. "Para fins da presente Convenção, o termo "tortura" designa qualquer ato pelo qual dores ou sofrimentos agudos, físicos ou mentais, são infligidos intencionalmente a uma pessoa **a fim de obter, dela ou de terceira pessoa, informações ou confissões; de castigá-la por ato que ela ou terceira pessoa tenha cometido ou seja suspeita de ter cometido; de intimidar ou coagir esta pessoa ou outras pessoas; ou por qualquer motivo baseado em discriminação de qualquer natureza; quando tais dores ou sofrimentos são infligidos por um funcionário público**

ou outra pessoa no exercício de funções públicas, ou por sua instigação, ou com o seu consentimento ou aquiescência. Não se considerará como tortura as dores ou sofrimentos que sejam consequência unicamente de sanções legítimas, ou que sejam inerentes a tais sanções ou delas decorram".

Alternativa "A": a parte final do art. 1º diz que "**não se considerará como tortura** as dores ou sofrimentos que sejam consequência unicamente de sanções legítimas, ou que sejam inerentes a tais sanções ou delas decorram".

Alternativa "B": a redação do art. 28 diz que "cada Estado-parte poderá declarar, por ocasião da assinatura ou ratificação da presente Convenção ou da adesão a ela, que não reconhece a competência do Comitê quanto ao disposto no artigo 20".

Alternativa "C": o texto legal, contido no art. 22, 2, diz que "o Comitê considerará inadmissível qualquer comunicação recebida em conformidade com o presente artigo que seja anônima, ou que, a seu juízo, constitua abuso do direito de apresentar as referidas comunicações, ou que seja incompatível com as disposições da presente Convenção".

Alternativa "E": em que pese a tendência internacional em considerar a tortura um crime próprio, a legislação brasileira o considera comum. A Lei nº 9.455/97, em regra, classificou a tortura como delito comum, podendo ser praticado por qualquer pessoa.

---

39. (Cespe – Juiz Substituto da Justiça Militar da União – STM/2013) Acerca da CIJ, assinale a opção correta.

a) A CIJ não pode valer-se da jurisprudência de nenhum país.

b) O processo perante a CIJ é inteiramente escrito.

c) A CIJ não pode responder a consultas.

d) Admite-se a revisão das sentenças proferidas pela CIJ.

e) As organizações de defesa dos Direitos Humanos têm legitimidade para representar parte em demandas submetidas à CIJ.

COMENTÁRIOS

✪ **Nota do autor:** a questão versa sobre a Corte Internacional de Justiça, criada em junho de 1945, localizada no Peace Palace, em Haia. A função da Corte é o de apresentar soluções para conflitos judiciais promovidos pelos Estados; emitir pareceres acerca de questões legais que lhe são encaminhadas por órgãos das Nações Unidas, além de agências especializadas. É composta de 15 juízes, eleitos pela Assembleia-Geral das Nações Unidas e pelo seu Conselho de Segurança para mandatos com duração de nove anos. Seus idiomas oficiais são o inglês e o francês.

Alternativa correta: letra "D": apesar da sentença da Corte ser definitiva e inapelável, existem situações em que a mesma pode ser revista, em casos pontuais. A redação do art. 61, 1, diz que "o pedido de revisão de uma sentença só poderá ser feito em razão do descobrimento de algum fato suscetível de exercer influência decisiva, o qual, na ocasião de ser proferida a sentença, era desconhecido da Corte e também da parte que solicita a revisão, contanto que tal desconhecimento não tenha sido devido à negligência".

Alternativa "A": essa alternativa é de difícil resolução, pois remete a teoria da margem de apreciação, um meio de solução de conflitos concretos existentes entre o sistema internacional de Direitos Humanos e a legislação interna de cada nação. Tal teoria encontra aplicação no sistema europeu, sem ainda ter sido propagada no sistema americano. Consiste em reconhecer que determinadas situações, repletas de polêmica e controvérsias, relacionadas com as restrições estatais devem ser debatidas e solucionadas pelas comunidades nacionais, não cabendo ao juiz internacional decidí-las.

Alternativa "B": os processos perante à Corte tem duas fases, uma escrita e uma oral, de acordo com o previsto no art. 43.1 da Carta das nações Unidas.

Alternativa "C": a redação do art. 63.2, diz que a Corte "poderá coordenar as atividades das entidades especializadas, por meio de consultas e recomendações às mesmas e de recomendações à Assembleia Geral e aos Membros das Nações Unidas".

Alternativa "E": não há tal previsão na Carta das Nações Unidas. Os Estados membros podem acionar a Corte.

---

40. (Cespe – Defensor Público – DF/ 2013) Considerando as disposições constitucionais relativas aos Direitos Humanos e aos tratados que versam sobre o tema, julgue os itens subsequentes.

I. O procurador-geral da República poderá, ouvido o Conselho Nacional do Ministério Público, suscitar, perante o STF, incidente de deslocamento de competência para a justiça federal quando julgar que o processo envolve grave violação de Direitos Humanos e exige o cumprimento de obrigações decorrentes de tratados internacionais de Direitos Humanos dos quais o Brasil seja parte.

II. Uma das condições para que os tratados e convenções internacionais sobre Direitos Humanos sejam considerados equivalentes às normas constitucionais é a sua aprovação, em cada casa do Congresso Nacional, pelo mesmo processo legislativo previsto para a aprovação de proposta de emenda constitucional.

COMENTÁRIOS

✪ **Nota do autor:** questão versando sobre a posição constitucional no tocante aos Direitos Humanos, elencando o deslocamento de competência e a hierarquia dos tratados internacionais que versam sobre o Tema Direitos Humanos.

Alternativa correta: a primeira assertiva está **errada**, pois a redação do § 5º, do art. 109 da Constituição diz que "nas hipóteses de grave violação de Direitos Humanos, o Procurador-Geral da República, com a finalidade de assegurar o cumprimento de obrigações decorrentes de tratados internacionais de Direitos Humanos dos quais o Brasil seja parte, poderá suscitar, perante o Superior Tribunal de Justiça, em qualquer fase do inquérito ou processo, incidente de deslocamento de competência para a Justiça Federal". A segunda assertiva está **certa**, e vai de encontro ao previsto no art. 5º, § 3º da Constituição Federal.

---

41. (Cespe – Defensor Público – DF/ 2013) Julgue o item abaixo com base no que dispõe a Carta das Nações Unidas.

Os membros não permanentes do Conselho de Segurança da Organização das Nações Unidas, em número de dez, devem ser eleitos pela Assembleia Geral com base, entre outros critérios, na distribuição geográfica equitativa.

COMENTÁRIOS

✪ **Nota do autor:** a questão versa sobre a Carta das Nações Unidas. Esse importante documento estabelece a estrutura e o funcionamento da ONU, prevendo a importantíssima Corte Internacional de Justiça.

Alternativa correta: a assertiva está certa, e está prevista na Carta das Nações Unidas, especificamente no art. 23.1 e 2.

> *"Artigo 23. 1. O Conselho de Segurança será composto de quinze Membros das Nações Unidas. A República da China, a França, a União das Repúblicas Socialistas Soviéticas, o Reino Unido da Grã-Bretanha e Irlanda do norte e os Estados unidos da América serão membros permanentes do Conselho de Segurança.* **A Assembleia Geral elegerá dez outros Membros das Nações Unidas para Membros não permanentes do Conselho de Segurança**, *tendo especialmente em vista, em primeiro lugar, a contribuição dos Membros das Nações Unidas para a manutenção da paz e da segurança internacionais e para os outros propósitos da Organização e também a* **distribuição geográfica equitativa**.
>
> *2. Os membros não permanentes do Conselho de Segurança serão eleitos por um período de dois anos. Na primeira eleição dos Membros não permanentes do Conselho de Segurança, que se celebre depois de haver-se aumentado de onze para quinze o número de membros do Conselho de Segurança, dois dos quatro membros novos serão eleitos por um período de um ano. Nenhum membro que termine seu mandato poderá ser reeleito para o período imediato".*

---

42. (Cespe – Defensor Público – DF/ 2013) Considerando o disposto na Convenção Americana sobre Direitos Humanos (Pacto de São José da Costa Rica), julgue os itens subsequentes.

I. Ao aderir à referida convenção, o Brasil reconheceu o direito automático de visitas e inspeções in loco da Comissão Interamericana de Direitos Humanos, observado o prévio aviso às autoridades governamentais brasileiras.

II. Qualquer pessoa ou grupo de pessoas, ou entidade não governamental legalmente reconhecida em um ou mais Estados-membros da OEA tem competência para ingressar com petições que contenham denúncias ou queixas de violação da Convenção sobre Direitos Humanos perante a Comissão Interamericana de Direitos Humanos.

COMENTÁRIOS

✪ **Nota do autor:** em mais esta questão, o CESPE cobra o conhecimento sobre a Convenção América de Direitos Humanos, realçando a importância do estudo deste dispositivo.

Alternativa correta: a primeira assertiva está **errada**, pois a redação do Decreto 678, de 6 de novembro de 1992, que promulgou a Convenção, apresenta uma ressalva, no seguinte sentido: "ao depositar a carta de adesão a esse ato internacional, em 25 de setembro de 1992, o Governo brasileiro fez a seguinte declaração interpretativa: "**O Governo do Brasil entende que os arts. 43 e 48, alínea d, não incluem o direito automático de visitas e inspeções in loco da Comissão Interamericana de Direitos Humanos, as quais dependerão da anuência expressa do Estado**". Essa negativa tem o claro condão de preservar a soberania do país. A segunda assertiva está **certa**, e vai de encontro ao previsto no art. 44 da Convenção. "**Qualquer pessoa ou grupo de pessoas, ou entidade não governamental legalmente reconhecida em um ou mais Estados-membros da Organização, pode apresentar à Comissão petições que contenham denúncias ou queixas de violação desta Convenção por um Estado-parte**".

---

43. (Cespe – Defensor Público – DF/ 2013) Com base nas disposições do Pacto Internacional de Direitos Civis e Políticos, julgue o item abaixo.

Toda pessoa tem direito à liberdade de expressão, independentemente de considerações de fronteiras, verbalmente ou por escrito, em forma impressa ou artística, ou por qualquer outro meio de sua escolha, não podendo o exercício desse direito estar sujeito a qualquer tipo de restrição ou limites por parte dos Estados subscritores do pacto em apreço.

COMENTÁRIOS

✪ **Nota do autor:** o Pacto Internacional de Direitos Civis e Políticos representa a primeira dimensão de Direitos Humanos. Com o reconhecimento da indivisibilidade dos Direitos Humanos, foram somados a estes os direitos econômicos, sociais e culturais, complementando um bloco de direitos em constante construção.

Alternativa correta: a assertiva está **errada**, pois não existem direitos absolutos, mesmo os fundamentais, pois a segurança nacional e da coletividade vem antes dos direitos individuais. O limite do direito está ligado à fruição do direito alheio. Que isso sirva de alerta para os candidatos. A redação do art. 19 do Pacto Internacional de Direitos Civis e Políticos, e de seus incisos 1, 2 e 3 é de importante conhecimento para os candidatos:

> *"1. ninguém poderá ser molestado por suas opiniões.*
>
> *2. Toda pessoa terá direito à liberdade de expressão; esse direito incluirá a liberdade de procurar, receber e difundir informações e ideias de qualquer natureza, independentemente de considerações de fronteiras, verbalmente ou por escrito, em forma impressa ou artística, ou por qualquer outro meio de sua escolha.*
>
> *3. O exercício do direito previsto no parágrafo 2 do presente artigo implicará deveres e responsabilidades especiais. Consequentemente, poderá estar sujeito a certas restrições, que devem, entretanto, ser expressamente previstas em lei e que se façam necessárias para:*
>
> *a) assegurar o respeito dos direitos e da reputação das demais pessoas;*
>
> *b) proteger a segurança nacional, a ordem, a saúde ou a moral públicas".*

---

44. (Cespe – Defensor Público – DF/ 2013) Julgue os itens seguintes, relacionados à Convenção Internacional sobre a Eliminação de todas as Formas de Discriminação contra a Mulher e à responsabilidade internacional do Estado.

I. Os atos de órgãos do Estado contrários ao direito internacional implicam responsabilidade internacional, mesmo se forem baseados no seu direito interno.

II. Nessa convenção, é prevista a possibilidade de adoção, pelos Estados-partes, de medidas especiais de caráter temporário destinadas a acelerar a igualdade de fato entre o homem e a mulher; tais medidas não serão consideradas discriminatórias e deverão cessar quando os objetivos de igualdade de oportunidade e tratamento houverem sido alcançados.

COMENTÁRIOS

✪ **Nota do autor:** a questão versa sobre a Convenção Internacional sobre a Eliminação de todas as Formas de Discriminação contra a Mulher, e sobre a responsabilidade internacional do Estado. Os dois temas são relevantes. No âmbito da responsabilidade internacional do Estado, podemos elencar a relativização do conceito de soberania, mitigado pelas normas internacionais que afligem diretamente o ordenamento interno. No tocante às mulheres, os altos índices de violência fomentaram criação de uma lei específica, ou seja, a Lei nº 11.340.

Alternativa correta: a primeira assertiva está **certa**, pois o Estado, ao se torna signatário de tratados internacionais, torna-se vinculado às normas contidas neste, inclusive com limites ao exercício de sua soberania interna. A segunda assertiva está **certa**, e vai de encontro ao previsto no art. 4º.1, da Convenção Internacional sobre a Eliminação de todas as Formas de Discriminação contra a Mulher, que diz: "a adoção pelos Estados-partes de medidas especiais **de caráter temporário** destinadas a **acelerar a igualdade de fato entre o homem e a mulher** não se considerará discriminação na forma definida nesta Convenção, mas de nenhuma maneira implicará, como consequência, a manutenção de normas desiguais ou separadas; essas medidas cessarão quando os objetivos de igualdade de oportunidade e tratamento houverem sido alcançados". As medidas afirmativas, as que visam o equilíbrio de situações históricas de desigualdade, não podem ter caráter permanente, sob o risco de fomentar uma nova desigualdade.

---

45. (Cespe – Promotor de Justiça – AC/2014) No que concerne à relação entre os tratados internacionais de Direitos Humanos e o ordenamento jurídico brasileiro, assinale opção correta.

a) Os tratados internacionais de Direitos Humanos seguem a forma ordinária de incorporação de atos internacionais, conforme o modelo dualista adotado pela Constituição Federal.

b) Os tratados internacionais de Direitos Humanos podem ser invocados, desde que tenham sido aprovados por decreto legislativo do Senado Federal.

c) A aplicação dos tratados internacionais de Direitos Humanos no plano interno inicia-se a partir do ato de assinatura do Estado brasileiro.

d) Cabe ao Congresso Nacional ratificar os tratados internacionais de Direitos Humanos, que passam, com a ratificação, a ser exigíveis.

e) Os tratados internacionais de Direitos Humanos possuem regime especial de incorporação, nos termos da EC nº 45/2004.

COMENTÁRIOS

✪ **Nota do autor:** a alternativa é de fácil resolução, pois basta ao candidato o conhecimento da Constituição Federal.

Alternativa correta: letra "E" (responde as demais alternativas): segunda redação do § 3º do art. 5º da Constituição Federal, "os tratados e convenções internacionais sobre Direitos Humanos que forem aprovados, em cada Casa do Congresso Nacional, em dois turnos, por três quintos dos votos dos respectivos membros, serão equivalentes às emendas constitucionais".

---

46. (Cespe – Promotor de Justiça – AC/2014) No que se refere ao sistema internacional de proteção dos Direitos Humanos, assinale a opção correta.

a) O Pacto Internacional sobre Direitos Econômicos, Sociais e Culturais e o Pacto Internacional sobre Direitos Civis e Políticos, adotados pela ONU, têm natureza jurídica de tratados internacionais, assim incorporados pelo Brasil.

b) A Corte Europeia de Direitos Humanos, que compõe o quadro institucional da União Europeia, vincula apenas os países – membros desta.

c) O Brasil reconheceu a jurisdição da Corte Interamericana de Direitos Humanos desde que ela foi instituída, tendo apoiado os processos que deram origem ao sistema interamericano de Direitos Humanos.

d) A Declaração Universal dos Direitos Humanos tem estatuto de tratado internacional e marca o início da chamada fase de universalização dos direitos do homem.

e) O Tribunal Penal Internacional, importante instrumento de afirmação internacional dos Direitos Humanos, foi criado na década de sessenta do século passado.

COMENTÁRIOS

✪ **Nota do autor:** a questão versa sobre o sistema internacional de proteção dos Direitos Humanos. O assunto é amplo, pois contém diversos dispositivos que integram este importante sistema.

Alternativa correta: letra "A": a alternativa está correta, pois o Decreto nº 592, de 6 de julho de 1992, promulgou o pacto, incorporando-o ao Ordenamento brasileiro. Cabe um importante esclarecimento, pois o Pacto, segundo o entendimento do STF, possui status supralegal, pois não passou pelo crivo previsto no § 3º do art. 5º da CF, não sendo, portanto, considerado como emenda constitucional. A **única** Convenção que tem o status de Emenda Constitucional é a Convenção Internacional sobre os Direitos das Pessoas com Deficiência e seu Protocolo Facultativo, assinados em Nova York, em 30 de março de 2007.

Alternativa "B": a Corte Europeia de Direitos Humanos integra o Conselho da Europa, e não a União Europeia.

Alternativa "C": o Brasil reconheceu a jurisdição obrigatória da Corte em 10 de dezembro de 1998, sob reserva de reciprocidade e para os fatos posteriores a essa data. A Corte Interamericana surgiu em 1979.

Alternativa "D": em que pese seja de suma importância e de marcar o início da chamada fase de universalização dos direitos do homem, a Declaração Universal dos Direitos Humanos não tem status de tratado internacional, sendo aprovado sob a forma de resolução da Assembleia Geral da ONU.

Alternativa "E": o TPI foi criado em 1998.

---

47. (Cespe – Promotor de Justiça – AC/2014) Com referência à Declaração Universal sobre os Direitos da Criança de 1959 (DUDC), assinale a opção correta.

a) Embora incorporada ao direito brasileiro à época de sua elaboração, a DUDC foi parcialmente derrogada com o advento do ECA.

b) Eventuais emendas à DUDC promovidas em âmbito internacional gerarão efeitos no direito interno brasileiro somente após nova apreciação do Congresso Nacional.

c) Dada sua natureza jurídica, a DUDC não teve de ser incorporada ao ordenamento jurídico brasileiro.

d) A DUDC foi incorporada ao ordenamento jurídico brasileiro como tratado internacional de Direitos Humanos, tendo sido aprovada nas duas casas do Congresso Nacional, em dois turnos, por maioria dos votos dos respectivos membros.

e) A aplicação da DUDC, cujo caráter é de jus cogens, é obrigatória, independentemente de retificação pelos Estados.

COMENTÁRIOS

✪ **Nota do autor:** apesar do assunto não ser muito cobrado e com o advento do ECA, esse importante documento, em que pese sua natureza de "quase direito", deve ser estudado pelos candidatos, pois apresenta informações que foram recepcionadas pelo nosso ordenamento jurídico, assim como existem no ECA situações em que a proteção é ainda mais ampla, realçando o princípio *pro homine*.

Alternativa correta: letra "C" (responde as demais): é dito que essa Declaração tem natureza soft law, ou quase direito. Ela não vincula os Estados com obrigações, mas representa um importante vetor, influenciando o ordenamento interno, como o Estatuto da Criança e do adolescente.

---

48. (Cespe – Promotor de Justiça – AC/2014) Em relação à Convenção sobre os Direitos das Pessoas com

Deficiência e a seu Protocolo Facultativo, que, assinados em Nova Iorque, em 30/3/1987, são considerados um avanço quanto à abrangência e à efetividade dos Direitos Humanos, assinale a opção correta.

a) A validade da referida convenção no ordenamento jurídico brasileiro independe de procedimento formal de incorporação.

b) Sendo a matéria da referida convenção prevista na CF, não é necessário que tal convenção seja invocada na ordem interna.

c) Os dispositivos da referida convenção são aplicados, no ordenamento jurídico brasileiro, somente de modo analógico, já que o documento não foi incorporado formalmente ao ordenamento nacional.

d) O Protocolo Facultativo da convenção trata da submissão dos Estados signatários à jurisdição da Corte Interamericana de Direitos Humanos.

e) A referida convenção foi introduzida no ordenamento jurídico brasileiro nos termos inovadores da EC nº 45/2004.

COMENTÁRIOS

✪ **Nota do autor:** a alternativa versa sobre a Convenção sobre os Direitos das Pessoas com Deficiência e a seu Protocolo Facultativo, a única Convenção que tem status de emenda constitucional, pois foi submetida ao procedimento previsto no § 3º do art. 5º da Constituição Federal.

Alternativa correta: letra "E": a Convenção sobre os Direitos das Pessoas com Deficiência e o seu Protocolo Facultativo, é a única Convenção que tem status de emenda constitucional, pois foi submetida ao procedimento previsto no § 3º do art. 5º da Constituição Federal.

Alternativa "A": qualquer tratado deve ser incorporado ao Ordenamento jurídico brasileiro por meio de Decreto. O status de emenda constitucional é possível se respeitado o procedimento previsto no § 3º do art. 5º da Constituição Federal.

Alternativa "B": sempre que um direito da pessoa com deficiência é violado, ainda por se tratar de um direito humano, esta Convenção, que integra o rol de emendas constitucionais, deve ser invocada, inclusive para controle de constitucionalidade.

Alternativa "C": a Convenção sobre os Direitos das Pessoas com Deficiência e o seu Protocolo Facultativo, é a única Convenção que tem status de emenda constitucional, pois foi submetida ao procedimento previsto no § 3º do art. 5º da Constituição Federal.

Alternativa "D": não há menção à Corte Interamericana de Direitos Humanos, mas ao Comitê sobre os Direitos das Pessoas com Deficiência.

Direitos Humanos

Kerton Nascimento e Costa

✦ DICAS (RESUMOS)

Tratar da temática dos Direitos Humanos é tarefa que nos remete aos aspectos históricos e os contornos evolutivos de tais direitos. Não é possível afirmar, pois seria um imenso absurdo, que os Direitos Humanos surgiram da noite para o dia, e que sempre tivemos o respeito às liberdades com garantias asseguradas por constituições, como desfrutamos hoje na grande maioria dos países.

Essas conquistas foram se somando, e se hoje temos um sistema internacional de proteção dos Direitos Humanos, devemos a este fenômeno a uma importante característica destes direitos, ou seja, a historicidade. Hannah Arendt, entende que, no tocante a historicidade dos Direitos Humanos, que estes não são um dado, mas um construído, uma invenção humana, em constante processo de construção e reconstrução.

De um passado em que o homem era subjugado por governantes absolutistas até o momento em que desfrutamos de governos democráticos, foram árduas lutas no sentido de promover o ideal da pessoa humana como o centro dos ordenamentos jurídicos.

Ocorre que o termo "Direitos Humanos" tem recebido a pecha de estar adstrito aos marginais. Essa classificação, amplamente divulgada no Brasil, mancha a sua importância, conectando este importante segmento do Direito ao abrandamento na punição de marginais e adolescentes infratores. Fato, todos os seres humanos são titulares de Direitos Humanos, mesmo os que cometem crimes ou atos infracionais, mas esta titularidade vai muito além desses grupos, e demonstraremos isso.

1. AFIRMAÇÃO HISTÓRICA DOS DIREITOS HUMANOS

Os Direitos Humanos foram sendo construídos ao longo da História. Diversos acontecimentos marcaram essa evolução de forma tão intensa, que são lembrados como marcos. Trataremos dos mais importantes, e os mais cobrados em provas de concursos.

1.1 MAGNA CARTA

No século XVIII, na Inglaterra, podemos vislumbrar importantes acontecimentos que deram origem aos mais importantes documentos e declarações referentes aos Direitos Humanos.

A Magna Charta Libertatum, outorgada em 1215 pelo Rei João Sem-Terra da Inglaterra, merece um grande destaque no estudo dos Direitos Humanos. Apesar de não propriamente um documento concebido com o ideal de garantir direitos aos cidadãos, constitui-se em um pacto firmado entre os Barões Ingleses, os bispos e o Rei João Sem-Terra, com liberdades específicas e direcionadas à nobreza e ao clero.

Esse documento foi fruto de pressões exercidas pelos nobres e pelo clero, não sendo aceito de forma pacífica pelo regente, que em um primeiro momento hesitou em concordar com a concessão de liberdades como a de que nenhum homem livre podia ser privado de seu direito à vida, liberdade ou propriedade, a não ser com o devido processo legal. Aqui surge a primeira referência ao *due process of law.*

Apesar de serem direitos restritos aos nobres e ao clero, este documento foi referência para as liberdades civis que conhecemos hoje, como o habeas corpus, o devido processo legal e a garantia da propriedade.

1.2 *HABEAS CORPUS ACT*

Seguindo a linha de influência da Magna Carta, o Habeas Corpus Act, de 1679, é assunto recorrente em provas de concursos. O Rei Carlos II obteve destaque em seu reinado com a edição da Lei de Habeas Corpus, em 1679, em que pese a prévia existência do instituto na *Common Law* Inglesa.

Esse instrumento legislativo previa que o indivíduo, ou mesmo por outra pessoa em favor de indivíduo que estivesse detido ou sendo acusado de crime, por meio de um requerimento escrito, poderia ser concedido, depois de apreciado, a ordem de *Habeas Corpus*. Notem que é semelhante à garantia que possuímos hoje no ordenamento brasileiro, inexistindo forma específica para sua proposição e a necessidade de advogado para o ato.

1.3 *BILL OF RIGHTS*

No ano de 1689, o Bill of Rights se destacou por almejar a independência do parlamento Inglês. Em que pese repita os preceitos contidos na Magna Carta, esse documento foi de suma importância na sedimentação do ideal da separação de poderes.

Houve um imenso fortalecimento do princípio da legalidade, pois o rei estava impedido de suspender as leis, ou mesmo a execução destas, sem a anuência do parlamento, as imunidades parlamentares, a liberdade de eleição dos membros do parlamento, com sua convocação frequente, além da vedação a aplicação de penas cruéis. Em suma, uma forte restrição ao poder estatal. Vê-se neste documento a forte influência do contratualista John Locke. Em que pese o avanço considerável no tocante à liberdade e ao freio ao poder estatal, esse documento vedava de forma expressa a liberdade religiosa.

1.4 O *BILL OF RIGHTS* DE VIRGINIA 1776

O descontentamento dos colonos americanos contra as medidas da Coroa Inglesa, consideradas tiranas, no tocante a tributação, foi a pedra de toque para a revolta que deu início a tão importante movimento, que influenciou o mundo e inaugurou os governos democráticos. A revolta foi liderada por Thomas Jefferson, partir do porto de Boston, no ano de 1775.

Havia uma preocupação em não parecer um movimento desorganizado ou de arruaceiros, e por isso era impregnado de ideias políticos e filosóficos. Esta revolução foi influenciada por ideais iluministas. A grande quantidade de jornais e a prática dos panfletos sedimentam essa afirmação.

Há uma clara menção a limitação do poder estatal, remetendo as ideias de John Locke. Esse movimento pavimentou o que conhecemos como democracia e direitos do homem, merecendo amplo destaque.

A Declaração da Virgínia ocorreu em 16/06/1876, seguida da Declaração de Independência dos Estados unidos da América, em 04/07/1776, e posteriormente a Constituição Americana, de 17/09/1787.

1.5 A REVOLUÇÃO FRANCESA

Em quem pese a importância do movimento Americano, e a proximidade cronológica, inclusive com influência direta a esta, a Revolução Francesa ganhou imenso destaque na história, sendo amplamente difundida e, muitas vezes, confundida como sendo o principal marco no tocante aos Direitos Humanos.

Os seus ideias ecoam pela história, influenciado as doutrinas e a classificação das dimensões de Direitos Humanos. Esse importante movimento, com viés claramente iluminista, visa o rompimento com o absolutismo e o início do governo liberal, por meio de uma República. A incompetência da nobreza e do clero era tamanha, que a burguesia e as classes mais baixas da população se revoltaram, com as sucessivas crises econômicas, causadas, principalmente, pela guerra entre a França e a Índia, entre 1754-1763, e com o apoio financeiro destinado às 13 colônias britânicas da América do Norte, durante a guerra da independência, entre os anos de 1775-1783.

Após uma série de acontecimentos marcantes, em 26 de agosto de 1789, a Declaração dos Direitos do Homem e do Cidadão, com os ideais da liberdade, igualdade e fraternidade, além da menção a necessidade de uma Constituição e da separação de poderes, foi promulgada.

Posteriormente, no ano de 1791, a primeira Constituição francesa foi promulgada. Em 1793, uma nova Constituição surge, e desta vez, com garantias mais claras, e com a previsão dos direitos fundamentais à igualdade, liberdade, segurança, propriedade, legalidade, livre acesso aos cargos públicos, livre manifestação do pensamento, liberdade de imprensa, presunção de inocência, devido processo legal, ampla defesa, etc.

1.6 CARTA MEXICANA

Carta mexicana de 1917 foi a primeira a reconhecer e positivar direitos trabalhistas, classificando-os como direitos fundamentais, juntamente com as liberdades individuais e os direitos políticos (arts. 5º e 123).

Esse documento é de suma importância histórica, pois na Europa a consciência de que os Direitos Humanos têm também uma dimensão social só veio a se firmar após a grande guerra de 1914-1918, que encerrou de fato o século XIX.

1.7 CONSTITUIÇÃO DE WEIMAR

A Constituição de Weimar, em 1919, seguiu a trilha da Carta mexicana, e todas as convenções aprovadas pela então recém-criada Organização Internacional do Trabalho, na Conferência de Washington.

Semelhantemente à Carta mexicana, a Carta de Weimar apresentou a limitação da jornada de trabalho, o desemprego, a proteção da maternidade, a idade mínima de admissão nos trabalhos industriais e o trabalho noturno dos menores na indústria.

1.8 LIGA DAS NAÇÕES

A Liga da Nações foi criada em 1919, por meio do tratado de Versalhes. Ocorre que com o fim da primeira guerra mundial um novo cenário se apresentou no tocante ao mapeamento político na Europa.

Em razão disso, o surgimento de minorias foi inevitável, diante da multiplicidade de etnias, línguas e religiões. A Liga foi criada com o intuito de promover a cooperação, a paz e a segurança internacional.

O documento também condenava agressões externas contra a integridade territorial e a independência política de seus membros. A Liga das Nações instituiu um sistema de petições que poderia ser utilizado por membros dos grupos minoritários quando seus direitos fossem violados.

Importante mencionar a criação da OIT (Organização Internacional do Trabalho) como uma agência da Liga das Nações. Isso aconteceu após assinatura do Tratado de Versalhes. A OIT foi concebida como o ideal de uma legislação trabalhista de âmbito internacional, com fundamentos humanitários, políticos e econômicos.

1.9 DECLARAÇÃO UNIVERSAL DOS DIREITOS HUMANOS DE 1948

Nenhum documento versando sobre os Direitos Humanos possui uma difusão tão grande e uma influência tão marcante. **Em que pese não tenha a natureza jurídica de um tratado, ou seja, não impõe obrigações aos Estados**, ela influenciou grande parte das Constituições democráticas pelo mundo afora. **A Declaração foi adotada sob a forma de uma Resolução, que não apresenta força de lei, objetivando o reconhecimento universal dos Direitos Humanos**.

Com o final da Segunda Guerra Mundial, e com a constatação das atrocidades cometidas contra a humanidade, as Nações, reunidas em Assembleia na ONU, decidiram primar a pessoa humana em uma Declaração, com o reconhecimento de sua dignidade, inerente à condição humana.

O ideal Kantiano é marcante na declaração, e já pode ser verificado no primeiro artigo, que diz: "todas as pessoas nascem livres e iguais em dignidade e direitos. São dotadas de razão e consciência e devem agir em relação umas às outras com espírito de fraternidade".

O conjunto de direitos contidos na Declaração é considerado como um patamar mínimo, sem os quais a pessoa humana não pode viver de forma digna. A sua aprovação foi unânime, ou seja, 48 votos Estados, e 8 abstenções. Nenhum voto contrário aos seus princípios.

Fica evidente que a dignidade da pessoa humana é o centro dessa declaração. A declaração rompeu com o ideal de que os Direitos Humanos são adstritos a uma determinada raça, promovendo a universalidade.

Outro ponto marcante foi o rompimento com o pensamento dicotômico que existia, separando os direitos de liberdade (civis e políticos), dos direitos econômicos, sociais e culturais. A declaração inova ao apresentar o conceito de indivisibilidade destes direitos.

A Declaração influenciou fortemente a Constituição Brasileira de 1988, pois o Constituinte Originário elencou como um dos fundamentos da República Federativa do Brasil a dignidade da pessoa humana. Este fundamento configura uma meta princípio do Estado brasileiro.

2. DIREITOS FUNDAMENTAIS

Quando se classifica um direito como fundamental, podemos dizer que ele é indispensável, ou que sem ele não é possível conviver em sociedade.

No entendimento de Jose Afonso da Silva, os Direitos Fundamentais são "...aqueles que reconhecem autonomia aos particulares, garantindo a independência aos indivíduos diante dos demais membros da sociedade política e do próprio Estado"

O caput do art. 5º da Constituição da República Federativa do Brasil apresenta um rico texto, em que demonstra a amplitude dos direitos fundamentais, atribuindo a sua titularidade a todos, não limitando aos nacionais: "**todos são iguais perante a lei**, sem distinção de qualquer natureza, garantindo-se aos brasileiros e aos estrangeiros residentes no País a inviolabilidade do direito à vida, à liberdade, à igualdade, à segurança e à propriedade..."

Os direitos fundamentais apresentam características importantes, e que merecem destaque no presente estudo.

CARACTERÍSTICAS DOS DIREITOS FUNDAMENTAIS	
Imprescritibilidade	Um direito fundamental não se perde se não for usado. É um direito fundamental, previsto no art. 5º, inciso XXXV, o acesso ao Poder Judiciário, materializando o Princípio da Inafastabilidade do Controle Jurisdicional. O fato do indivíduo não acessar o Judiciário, não faz com que esse direito se perca.
Irrenunciabilidade	O indivíduo não pode renunciar aos seus direitos fundamentais. É previsto no caput do art. 5º que todos são iguais perante a Lei. O indivíduo não pode simplesmente abrir mão dessa igualdade, renunciando a ela.
Inalianabilidade	Não podem ser alienados. O indivíduo não pode alienar o seu direito fundamental à saúde. Trata-se de um conjunto de direitos mínimos e básicos que devem existir no ordenamento jurídico.
Concorrência	Os direitos fundamentais podem ser acumulados. Um não exclui o outro. Como pode ser visto, o rol do art. 5º possui 78 incisos, mais os quatro parágrafos, além de outros direitos fundamentais espalhados pela Constituição (sociais, políticos, nacionalidade, etc.) e nos tratados internacionais ao qual o Brasil é signatário.
Limitabilidade	Em que pese sejam fundamentais, podem ser restringidos, pois não são absolutos. É previsto no caput do art. 5º o direito fundamental à liberdade, mas esse direito pode ser restringido em caso de pena privativa de liberdade.
Universalidade	Essa talvez seja uma das principais características dos Direitos Fundamentais (humanos), pois atribui a titularidade a todos as pessoas, pelo simples fato de serem humanos. Esse ideal foi fortalecido com a Declaração Universal dos Direitos Humanos.
Historicidade	Como já mencionamos anteriormente, essa característica demonstra que os direitos fundamentais são construídos e somados ao longo da história, e continuam em construção. Por isso se diz que não é possível a supressão de direitos fundamentais, por serem cláusulas pétreas, mas é possível a sua ampliação.

Georg Jellinek desenvolveu, no final do século XIX, na obra intitulada Sistema dos Direitos Subjetivos Públicos (System der subjektiv öffentlichen Rechte), parte de seu pensamento doutrinário sob o enfoque das diversas formas em relação as quais os indivíduos podem se colocar frente ao Estado. Dependendo do status, ou seja, da relação que os indivíduos mantêm com o Estado, é que emergirão direitos ou deveres.

Das diversas formas pelas quais os indivíduos podem se relacionar com o Estado podem ser extraídas quatro espécies fundamentais. Foi denominada de teoria dos quatro status de *Jellinek*:

a) ***status subjectionis* ou status passivo** – o indivíduo encontra-se subordinado aos poderes estatais, razão pela qual, deve se submeter ao cumprimento de alguns deveres, e às proibições impostas pelo Estado. Citem-se como exemplo a obrigação de exercício do direito de sufrágio pelo voto aos maiores de dezoito anos, e a proibição do direito de reunião para fins não pacíficos.

b) ***status negativus* ou *status libertatis*** – pode-se afirmar que se refere àqueles direitos que devem ser assegurados na situação em que o indivíduo requer um comportamento negativo do Estado, uma abstenção, para que, assim, possa exercer plenamente algumas de suas liberdades.

c) ***status civitatis* ou status positivo** – permite que o indivíduo, subjugado pelos poderes instituídos e classes mais favorecidas, exija prestações positivas do Estado, que propiciem redução das desigualdades sociais.

d) ***status activus*** – relaciona-se à possibilidade de participação ativa dos indivíduos na formação da vontade política estatal. Consubstancia-se, por exemplo, na iniciativa popular de lei, e na possibilidade de manejo de ação popular.

2.1 MULTICULTURALISMO E INTERCULTURALIDADE

São pensamentos que se apresentam ligados à tutela dos Direitos Humanos e fundamentais. O multiculturalismo prega o respeito às diferentes culturas presentes na sociedade e que normalmente tem origem nas misturas de nacionalidades, raças e etnias durante o processo de formação de um povo.

Funda-se, ainda, em um movimento contra-hegemônico, que não aceita a imposição de valores homogêneos que refletem os interesses da classe dominante. Por sua vez, a interculturalidade é uma das perspectivas do multiculturalismo, que se especializa por trabalhar com as ideias de abertura e interatividade. Sob este prisma, a sociedade deve ser democrática e aceitar que todos os valores culturais devem ser respeitados, em um movimento de constante negociação e ponderação.

Há em parte da doutrina uma crítica a globalização, pois esta seria um disfarce para a dominação de culturas, por meio da imposição do universalismo ocidental dos Direitos Humanos. A relatividade dos direitos fundamentais chama a atenção quando se lança um olhar sobre as diferentes culturas existentes no planeta. O que é fundamental para um cristão não é para um muçulmano, e vice-versa. O respeito à diferença cultural é essencial para a sedimentação da dignidade humana. A liga das nações, criada em 1919, visava justamente proteger as minorias étnicas que surgiram com a mudança do mapa político com o final da primeira guerra.

3. AS DIMENSÕES DE DIREITOS FUNDAMENTAIS

Esse assunto é sempre cobrado em provas de concursos públicos, e merece um destaque já que é mencionado na totalidade das doutrinas jurídicas.

Os direitos fundamentais costumam ser divididos em dimensões, de acordo com o momento histórico e com os objetos de sua conquista. Havia uma classificação, que ainda vigora em algumas doutrinas, de gerações de Direitos Humanos. Ocorre que essa classificação nos remete à superação, ou seja, uma geração excluiria a outra. Isso vai de encontro as características da concorrência e historicidade dos direitos fundamentais, e por isso adotaremos a nomenclatura dimensões de direitos fundamentais.

AS DIMENSÕES DOS DIREITOS FUNDAMENTAIS	
Primeira Dimensão	A primeira dimensão de direitos está ligada à liberdade, com os direitos civis e políticos. A revolução Francesa é um marco dessa dimensão, pois rompe com o absolutismo e inicia um governo das leis, com a Constituição de 1791.
Segunda Dimensão	A segunda dimensão está conectada a igualdade, por meio dos direitos sociais, econômicos e culturais. Depois de conquistada a liberdade, e o afastamento da figura do Estado da vida dos cidadãos, foi necessária uma nova visão, a fim de promover a igualdade. A Declaração Universal Dos Direitos Humanos foi fundamental ao realçar a universalidade e interdependência dos Direitos Humanos.
Terceira Dimensão	A terceira dimensão está conectada a solidariedade, remetendo ao direito à paz, à determinação dos povos, ao desenvolvimento, à comunicação, ao meio ambiente ecologicamente equilibrado e ao patrimônio comum da humanidade. Notem que impera um caráter coletivo, e não mais o individualismo de outrora.
Quarta Dimensão	A quarta dimensão está ligada à informação, aos regimes democráticos e ao pluralismo cultural e político.

4. O ESTADO E O CONSTITUCIONALISMO

Após discorrer sobre a afirmação histórica dos Direitos Humanos, e fazer um apanhado dos principais acontecimentos que marcaram sua evolução, passaremos a tratar do Estado, do exercício do Poder estruturado por uma Constituição, e também dos instrumentos internacionais que foram incorporados ao ordenamento jurídico brasileiro.

O sistema Internacional dos Direitos Humanos contempla uma gama de instrumentos que merecem destaque, em especial o Sistema Interamericano de Direitos Humanos.

Para que o estudo seja completo, trataremos agora, de forma resumida, da formação do Estado, e também da classificação e surgimento das Constituições, abarcando o conceito de constitucionalismo.

Para que haja um entendimento acerca das atividades estatais precisamos fazer uma breve introdução, de forma a esclarecer alguns pontos importantes sobre a formação do Estado e, consequentemente, das atividades desenvolvidas por este.

Estado está umbilicalmente vinculado a poder, sendo que existem situações em que ambos chegam a se confundir.

O parágrafo único do art. 1° da Constituição Federal é claro ao mencionar que "todo o poder emana do povo, que o exerce por meio de representantes eleitos ou diretamente, nos termos desta Constituição".

A clareza do texto legal nem sempre se mostra suficiente para o entendimento da complexidade do exercício do poder.

O Estado, na sua formação, tem quatro elementos principais:

ELEMENTOS QUE CARACTERIZAM A FORMAÇÃO DE UM ESTADO	
Povo	Um Estado precisa ter pessoas. Notem que a palavra é povo, e não população. O povo tem vínculo jurídico e político com o Estado, são, portanto, os cidadãos.
Território	O Estado também precisa ter um território, para abrigar o seu povo e para exercer as diretrizes jurídicas estabelecidas, geralmente, em uma Constituição.
Soberania	Um Estado, por meio do poder constituinte, estabelece seus fundamentos, objetivos e limites, em regra, por meio de uma Constituição. Então, dentro dos limites territoriais (já incluídas as aeronaves, embarcações e outras extensões do território), o Estado exerce a sua soberania, que nada mais é que ditar as regras jurídicas dentro do seu território.
Finalidade	A finalidade do Estado é o bem comum. Esse ideal abstrato se orienta na satisfação das necessidades do povo e também da população, já que os Direitos Humanos são estendidos a todos as pessoas, como direito inerente à pessoa humana. Limitar a persecução do bem comum aos cidadãos seria incoerente.

Para exercer sua soberania, cuidar do seu povo e do seu território e no alcançar o bem comum, ou seja, o bem de todos, o Estado se organiza na forma federativa. Nem sempre foi assim, pois o Brasil adotou a forma de república federativa somente no ano de 1889. Antes disso, vivíamos em um regime monárquico, e o Estado era unitário.

Existe a ainda, como forma de organização do Estado, a confederação, que é adotada nos Estados Unidos da América, com diferenças marcantes se comparada a forma federativa, adotada no Brasil.

Enquanto nos Estados Unidos da América pode se dizer que as 13 colônias se uniram para a formação do Estado Federal, em um claro movimento centrípeto, no Brasil foi justamente o contrário, pois vigorava o modelo de Estado Unitário.

Então, é possível afirmar que houve um movimento centrífugo no federalismo brasileiro, ocorrendo uma distribuição de competências entre os entes federados que partiu do centro, ou seja, do Estado Unitário para o Estado Federado.

FORMAS DE ESTADO	
Unitário	Caracterizado por entidade única, inexistindo subdivisões de território. A soberania era exercida unicamente pelo governo central (no Brasil, era exercido pelo monarca. O último monarca brasileiro foi Dom Pedro II).
Federação	O Estado Federado Brasileiro é composto pela união indissolúvel dos Estados, Municípios e do Distrito Federal. Importante salientar que os entes federados possuem autonomia, mas não soberania. Esta é exercida pela União. Os Estados podem ter suas próprias Constituições, desde que estas não estejam em desacordo com os ditames da Constituição Federal.
Confederação	Se parece com a federação, ou seja, tem a mesma subdivisão territorial, com uma marcante diferença. Os entes confederados possuem soberania, e não somente autonomia, como na forma federativa. O maior exemplo é o EUA, que adota tal sistema. Como é notório, existe a pena de morte nos Estados Unidos da América, mas somente em alguns Estados. Então, os entes confederados possuem uma ampla liberdade para legislar, o que vai além da simples autonomia.

No contexto atual, não há dúvidas de que o federalismo é a melhor organização do Estado, e a que tem a maior capacidade de materializar um dos objetivos da República Federativa do Brasil, previsto no art. 3º, inciso III da CF, ou seja, reduzir as desigualdades sociais e regionais.

Ainda sobre o Estado e o exercício do poder, trazemos a redação do art. 1º da Constituição Federal, que nos diz o seguinte: "A República Federativa do Brasil, formada pela união indissolúvel dos Estados e Municípios e do Distrito Federal, constitui-se em **Estado Democrático de Direito**"...

O assunto permeia a origem do constitucionalismo e sua consequente evolução para o neoconstitucionalismo.

Sobre o assunto, apresentamos as principais evoluções do constitucionalismo ao longo da história.

EVOLUÇÃO DO CONSTITUCIONALISMO	
Primitivo	O constitucionalismo primitivo remonta 30.000 a.c. O povo hebreu se destacou ao elencar como invioláveis os textos bíblicos. Tal submissão a um texto, eleito como um balizador, a qual todos devem se submeter, pode ser considerada a primeira característica do constitucionalismo.
Antigo	Remonta 100 a.c, até Século V d.c. Nesse período os monarcas elaboravam as normas de convívio social, e até havia a positivação alguns direitos individuais, porém, tais textos podem ser nomeados de letra morta, pois não havia respeito às leis que eles mesmos criavam
Medieval	Remonta do século V até o XVIII. Nesse período já existem os sinais concretos de um constitucionalismo. A confecção de documentos que limitavam os poderes dos monarcas materializa uma das principais características do constitucionalismo, ou seja, a limitação do poder estatal. A Magna carta de 1215, que limitava os poderes do Rei João sem Terra é o principal exemplo do surgimento das limitações ao exercício do poder.
Moderno	Remonta o século XIII ao XX. O surgimento das constituições formais liberais, com reais garantias legais e possuidoras da legitimidade popular. Movimentos como a Independência das 13 colônias americanas e a revolução francesa, exemplificam esse período.

EVOLUÇÃO DO CONSTITUCIONALISMO	
Contemporâneo	Século XX até o XXI. Esse período é marcado pela elaboração de constituições dirigentes, que apresentam uma gama de direitos e garantias sociais, que buscam a igualdade. Há um reconhecimento da força normativa das constituições, e sua posição privilegiada em relação ao restante do ordenamento jurídico.
Neoconstitucionalismo	Esse estágio da evolução do constitucionalismo, um aprimoramento do constitucionalismo contemporâneo, é marcado pela atuação crescente do Poder Judiciário na materialização dos direitos previstos no texto constitucional. Há uma busca pela maior efetividade do texto constitucional.

A expressão "Estado Democrático de Direito" nos remete a evolução estatal. Já vivenciamos outras classificações do Estado Brasileiro, que nem sempre foi considerado como Democrático de Direito. Estivemos sob a égide de um Estado Social, em que foi estabelecida a imagem de um Estado Paternalista, provedor.

Em um tempo recente, fomos sujeitos a um período de ditadura, em que os direitos individuais eram suprimidos e a liberdade de expressão era cerceada. Não é à toa que a Constituição Federal de 1988, que sucedeu esse período turbulento da história brasileira, é chamada de Constituição Cidadã, já que apresenta em seu texto uma gama de direitos individuais, devidamente tutelados por meio do art. 5º, e também ao longo de todo o texto constitucional.

Podemos afirmar que ao atingir o ápice da insatisfação popular, ocorreu a inauguração de uma nova ordem jurídica, algo que somente é possível com a instalação de uma nova Constituição. O assunto será tratado a seguir, quando serão tratadas as características do poder constituinte originário.

A classificação atual do Estado, ou seja, Democrático de Direito, muito mais adequada a nossa situação atual, encontramos os elementos essenciais que diferenciam esta classificação das mencionadas anteriormente.

É notório que fazemos parte de um fictício contrato social, aquele em que cedemos parte de nossa liberdade em prol do Estado, que deve, além de outras funções, ser provedor e protetor. Em suma, a sociedade entrou em acordo sobre o que seriam seus direitos e decidem respeitá-los. Caso haja o desrespeito, o Estado tende a buscar o equilíbrio.

Então, para buscar o mencionado equilíbrio, o Estado atua, exercendo um poder cuja titularidade é do povo. Entretanto, esse exercício do poder encontra limites. A expressão Estado Democrático de Direito é a que mais se aproxima da realidade.

O Estado é Democrático, pois o poder pertence ao povo, que o exerce por meio de representantes eleitos, ou diretamente. E o Estado é de Direito, pois no exercício do poder estatal os limites são estabelecidos pelo ordenamento jurídico, cujo principal documento é uma Constituição.

Um assunto que também merece destaque nesse trabalho é o Poder Constituinte, que cria uma nova ordem jurídica, materializada, em regra, por uma Constituição.

Como mencionado anteriormente, a Constituição Federal de 1988 inaugurou uma nova ordem jurídica por meio do poder constituinte originário, que é considerado inicial, ilimitado, incondicionado e autônomo.

Esse poder tem a capacidade de romper totalmente com a ordem jurídica anterior.

Importante salientar que isso não significa que tudo o que era previsto nas Constituições anteriores é lixo e merece ser descartado. Isso é uma inverdade, pois existem normas constitucionais que ainda vigoram e que foram recepcionadas pela constituição de 1988.

PODER CONSTITUINTE ORIGINÁRIO (TAMBÉM DENOMINADO PRIMÁRIO OU DE 1º GRAU)	
Inicial	O Poder Constituinte originário inicia uma nova ordem jurídica, em regra, rompendo totalmente com a ordem anterior.
Ilimitado	Seu exercício não encontra limites, e como há o rompimento com a ordem jurídica anterior, os limites estabelecidos anteriormente não atuam sobre esta nova ordem jurídica.
incondicionado	Não se sujeita a qualquer forma, inexistindo qualquer condição para o seu exercício.
Autônomo	A nova ordem jurídica (Constituição) deve seguir a estrutura estabelecida pelos que exercem o Poder Constituinte, sem qualquer vínculo com a ordem anterior.

Como visto, o Poder Constituinte cria uma nova ordem jurídica, que se materializa por meio de uma Constituição.

Esse documento pode ser classificado de formas diversas, e segundo fundamentos diferentes. As principais concepções de constituições serão apresentadas agora.

CONCEPÇÕES DAS CONSTITUIÇÕES	
Sociológica	Idealizada por Ferdinand Lassalle, em 1862, essa concepção diz que a constituição deve apresentar as somas dos fatores reais de poder que regem a nação. Caso isso não ocorra, a Constituição seria apenas uma **folha de papel**, apartada da realidade.
Política	Idealizada por Carl Schimitt, em 1928, é decorrente de uma decisão política fundamental, apresentando a estrutura do estado, um rol de direitos fundamentais. Para Schimitt, as normas que não corresponderem a esta descrição, ou seja, carregadas de ideal político, são meras leis constitucionais, se afastando do sentido de norma constitucional.
Jurídica	Idealizada por Hans Kelsen, em 1934, eleva a Constituição a norma hipotética fundamental com elevado grau de pureza. Possui sentido lógico-jurídico, sendo a norma mais elevada do ordenamento jurídico, servindo de base para a confecção das demais normas, em um claro sentido jurídico – positivo.
Aberta	Idealizada por Peter Haberle, em 1975, apresenta uma constituição que é interpretada por todos, excluindo a ideia de exclusividade dos juristas na interpretação do texto legal. Segundo essa definição, as diversas camadas da sociedade interpretam a constituição por meio de suas ações e insatisfações. Os grupos de pressão existentes na sociedade são excelentes exemplos dessa abertura de interpretação. As ações públicas realizadas quando da apreciação da questão do aborto dos anencéfalos é uma amostra disso, pois o STF se cercou de opiniões externas para chegar a uma decisão sobre o assunto.

Apresentaremos, a seguir, as principais classificações das constituições.

CLASSIFICAÇÕES DAS CONSTITUIÇÕES	
Origem	Quando nascem, as Constituições podem ser **outorgada**s, ou seja, aquelas em que não houve a participação popular, pois são impostas, e as **promulgadas**, que decorrem dos representantes do povo no exercício do poder. A CF de 1988 foi promulgada.
Forma	Sua forma pode ser **escrita**, como a Brasileira, que está positivada em um documento solene ou **não escrita**, também denominada consuetudinária, cujo melhor exemplo é o da Inglaterra.

CLASSIFICAÇÕES DAS CONSTITUIÇÕES	
Elaboração	Em sua elaboração, as Constituições podem ser **dogmáticas**, baseadas na situação vigente no momento de sua elaboração, os denominados dogmas (verdades incontrastáveis), e podem ser **históricas**, pois são constituídas através de um lento processo de formação. Resta esclarecer que a CF Brasileira é dogmática.
Estabilidade	A estabilidade ou mutabilidade de uma Constituição é definida pela possibilidade, ou não, de sua alteração, e de como são feitas essas alterações. Sem maiores delongas, a Constituição Brasileira é **rígida**, pois a sua alteração é exigido um processo legislativo mais complexo do que o utilizado na elaboração de leis ordinárias. Temos ainda as Constituições semirrígidas, flexíveis e imutáveis.
Conteúdo	As constituições podem ser, quanto ao conteúdo, **materiais**, àquelas que tratam de assuntos que são primordiais ao funcionamento e a organização do Estado, e **formais**, àquelas que, apesar de apresentarem normas no texto constitucionais, estas não versam sobre a organização e funcionamento do Estado. A CF Brasileira é formal, pois, apesar de possuir normas que tratam diretamente de assuntos essenciais à organização do Estado, também apresenta normas que não tem essa natureza.

Enfim, após o quadro acima, podemos classificar a Constituição brasileira como **promulgada, escrita, dogmática, rígida e formal**.

Acerca da origem da Constituição, resta esclarecer que nem sempre tivemos constituições promulgadas (com a participação dos representantes populares). Algumas de nossas Cartas Constitucionais foram outorgadas (impostas), e esse assunto merece destaque, já que o tema gravita em provas de concursos públicos.

Vejamos no quadro a seguir as 8 Constituições brasileiras, com a informação das que foram promulgadas e as que foram outorgadas.

PROMULGADAS	OUTORGADAS
1891	1824
1934	1937
1946	1967
1988	1969

Formado o Estado, resta estabelecer os limites do poder estatal. Nesse contexto, existe um ponto que merece especial atenção, a divisão orgânica do Poder Estatal.

É a denominada tripartição do poder, classificação ultrapassada, pois se o poder é apenas um, em que pese a redação da Constituição Brasileira, no art. 2º, mencionar que "são **poderes** da União, independentes e harmônicos entre si, o Executivo, o Legislativo e o Judiciário", o entendimento é de que a expressão correta seria que **o poder é dividido em órgãos, que exercem funções distintas**, independentes e que devem funcionar de forma harmônica.

DIVISÃO ORGÂNICA DO PODER ESTATAL, UNO E INDIVISÍVEL.	
Executivo	Responsável pela administração. Age em conformidade com a lei, elaborada pelo Legislativo, e está submetido ao controle exercido pelo Judiciário. Sua função típica é administrar, ou executar os ditames legais, as políticas públicas, etc. Eventualmente exerce, atipicamente, as funções de legislar e julgar.
Legislativo	O legislativo deve elaborar as leis que regem o Estado Brasileiro, a fim de direcionar os atos do executivo, e fornecer as bases para que o Judiciário resolva as lides. Sua função típica é a de legislar. Eventualmente exerce, atipicamente, as funções de administrar e julgar.
Judiciário	Em um Estado, nem sempre as pessoas concordam sobre as situações, e nem sempre concordam com os atos praticados pela administração. Surgem aí as lides, que são pretensões resistidas e que necessitam da intervenção do Estado Juiz para dizer o direito, o exercício da **jurisdição**. Esse interesse de agir (necessidade de intervenção estatal para resolução de conflitos), se resolve por meio do Poder Judiciário. Então, sua função típica é julgar. Eventualmente exerce, atipicamente, as funções de administrar e legislar.

Indispensável tecer breves considerações acerca do mecanismo utilizado no controle do exercício do poder estatal. Como dito antes, cada órgão estatal desempenha tarefas típicas, que seriam suas funções primárias, e eventualmente tarefas atípicas.

Ocorre que nem sempre os órgãos estatais agem corretamente e em tempo de satisfazer as necessidades da sociedade, titular do poder. Diante disso, ou seja, quando um órgão deixa de cumprir sua função primária, ou mesmo quando este órgão se excede no exercício de suas atribuições previamente definidas, se faz necessária a intervenção do outro, ou dos outros órgãos que integram o poder uno e indivisível do Estado. Como mencionado no art. 2º da CF/88, os poderes são independentes e harmônicos. Entretanto, essa mencionada independência não significa que sua atuação é ilimitada, e que não sofra controle por parte dos outros órgãos.

Então, quando um órgão deixa de cumprir sua função, ou exagera no cumprimento, os outros órgãos são legitimados agir, a fim de que seja mantida a harmonia, igualmente prevista no texto constitucional. Tal sistema recebeu o nome de freios e contrapesos, também denominado *checks and balances*, no sistema jurídico estadunidense.

Os freios e contrapesos ganharam notoriedade, principalmente, com as intervenções do Judiciário nas esferas de atuação do Legislativo e do Executivo.

No âmbito do Legislativo, podemos exemplificar com a atuação do Judiciário na questão que tratava do direito de greve dos servidores públicos, cuja falta de norma regulamentadora impedia a fruição de norma constitucional.

Por meio dos Mandados de Injunção 670, 708 e 712, o Supremo Tribunal Federal decidiu que, diante da ausência de lei que regulasse o direito de greve no serviço público, valem as regras previstas para o setor privado (Lei nº 7783/89).

No tocante ao Executivo, podemos mencionar que existem muitas atuações do Judiciário materializando os direitos previstos na Constituição Federal, em especial o direito a saúde, previsto no art. 196. São diversos os casos em que o Estado ou o Município foram condenados a custear remédios e tratamentos médicos financeiramente inacessíveis aos cidadãos.

Em que pese a abstração do art. 196 da CF, e que claramente demanda a elaboração de políticas públicas voltadas a promover tão importante e fundamental direito, o Judiciário, no exercício do sistema de freios e contrapesos, tem agido e garantido o acesso à saúde, em casos pontuais, pois os cidadãos são atendidos de forma individual, pois exercem o seu direito de ação.

Importante mencionar que tais atuações nem sempre são consideradas adequadas, pois causam desequilíbrio nos orçamentos dos Entes federativos. A atuação de outro órgão, quando atua na função típica de órgão diverso, só deve ocorrer quando há omissão ou exagero no exercício das funções previamente estabelecidas.

A esse fenômeno, o da ingerência do Judiciário nas esferas de atuação do Legislativo e do Executivo, damos o nome de ativismo judicial, o que não será discutido no presente texto.

Um último ponto a ser esclarecido sobre o assunto é o fato de que o Judiciário age amparado por uma norma constitucional, prevista no art. 5º, XXXV. Essa norma, direito humano, constante do rol de diretos fundamentais da Constituição, garante a apreciação de toda causa submetida à análise do Judiciário. Tal norma se configura em princípio, o da inafastabilidade do controle jurisdicional.

Há na doutrina uma discussão acerca do alcance desta norma, e se todas as questões submetidas deveriam ser apreciadas, como gravados no texto constitucional, ou sempre "decididas". Há o entendimento de que o Judiciário deve apreciar todas as causas, mas somente decidir as que lhe são atinentes, em respeito a divisão orgânica de funções.

5. OS TRATADOS INTERNACIONAIS

Os tratados internacionais podem proteger direitos de todos os seres humanos ou apenas de algum grupo em especial, em geral "excluídos". Nesse passo, é possível apontar a existência de **dois sistemas de proteção**: homogêneo e heterogêneo.

No sistema homogêneo, identifica-se verdadeira universalidade, pois os direitos de todos os seres humanos são tutelados, e não de um grupo específico.

Ao contrário do sistema **homogêneo** de proteção, disponibilizado de forma indistinta à universalidade de pessoas, o sistema **heterogêneo** de proteção tem por foco um grupo merecedor, diante de várias circunstâncias – **como a exclusão histórica** – de atenção especial, como ocorre com a criança, as mulheres, os portadores de necessidades especiais e outros. Toda vez que não se estiver diante de um caso de aplicação do sistema homogêneo, o intérprete estará diante de normas que implicam discriminação entre seres humanos, pois são aplicadas determinadas normas em benefício de alguns e não de todos. Insta salientar que a discriminação é legal e pode existir no ordenamento jurídico, é o elemento *díscrimen* na elaboração dos instrumentos legislativos, justamente visando o resgate de situações de desequilíbrio entre grupos sociais.

É fato que A Constituição Federal do Brasil avançou significativamente ao prever como fundamento do Estado a dignidade da pessoa humana, além de conter um artigo com 78 incisos, e mais quatro parágrafos, versando sobre os direitos fundamentais, além de outras previsões pulverizadas ao longo do texto constitucional.

Entretanto, são nos tratados internacionais que a disciplina dos Direitos Humanos encontra sua maior amplitude.

Esses instrumentos materializam uma vontade universal, que tem o condão de limitar a soberania interna dos países que decidem fazer parte dos tratados. Essa limitação é extremamente saudável, já que coloca a pessoa humana acima do exercício do poder do Estado.

5.1 HIERARQUIA DOS TRATADOS INTERNACIONAIS NO ORDENAMENTO BRASILEIRO

Nem todos os tratados internacionais que versam sobre Direitos Humanos tem a mesma hierarquia no ordenamento jurídico brasileiro.

No Brasil, os tratados e convenções internacionais sobre Direitos Humanos que forem aprovados, em cada Casa do Congresso Nacional, em dois turnos, por três quintos dos votos dos respectivos membros, **serão equivalentes às emendas constitucionais,** nos termos do art. 5°, § 3°, da CF, incluído pela EC 45/04.

Essa sistemática de incorporação de tratados de Direitos Humanos (art. 5°, § 3°, da CF) foi aplicada pela primeira vez em 2008, na votação do Decreto Legislativo 186, que acabou culminando na promulgação da Convenção sobre os Direitos das Pessoas com Deficiência com força constitucional, segundo o Decreto 6.949/2009.

Como reflexo do reconhecimento de status constituição à Convenção, a Procuradora Geral da República Deborah Macedo Duprat de Britto Pereira ajuizou, em 2009, a **ADPF 182**, cujos pedidos são para que se reconheça que: a) o art. 20, § 2º, da Lei nº 8.742/93 não foi recepcionado pela Convenção dos Direitos da Pessoa com Deficiência, que foi aprovada pelo Decreto Legislativo nº 186/2008, de acordo com o procedimento previsto no art. 5º, § 3º, da Constituição Federal, **integrando, portanto, o bloco de constitucionalidade brasileiro**; b) o conceito estabelecido no art. 1° da Convenção sobre os Direitos da Pessoa com Deficiência, é de uso imperativo no direito interno brasileiro, sendo imediatamente aplicável no que tange aos critérios para concessão dos benefícios de prestação continuada disciplinados pela Lei nº 8.742/93.

Sem prejuízo da supremacia da Constituição sobre os tratados e convenções internacionais, a norma convencional internacional em vigor e aplicável no Brasil e que disponha acerca de Direitos Humanos, não tendo sido objeto de processo legislativo que a equiparasse a emenda constitucional (art. 5°, § 3°, da CF, nos termos da EC 45/04), tem força jurídico-normativa suficiente para restringir a eficácia e indiretamente obstar a aplicabilidade da norma constitucional paradigma, gozando de **status supralegal**. Tal posição foi firmada no RE 466.343, julgado em 2008 e relatado pelo Ministro Cezar Peluso.

Esse entendimento, em que pese tenha recebido críticas, e não tenha sido unânime no STF, representa um avanço na defesa e manutenção das conquistas jurídicas no campo da proteção humana.

Vale destacar trecho do voto do Ministro Gilmar Mendes: "Desde a adesão do Brasil, sem qualquer reserva, ao Pacto Internacional dos Direitos Civis e Políticos (art. 11) e à Convenção Americana sobre Direitos Humanos – Pacto de San José da Costa Rica (art. 7º, 7), ambos no ano de 1992, não há mais base legal para prisão civil do depositário infiel, pois o caráter especial desses diplomas internacionais sobre Direitos Humanos lhes reserva lugar específico no ordenamento jurídico, estando abaixo da Constituição, porém acima da legislação interna. **O status normativo supralegal dos tratados internacionais de Direitos Humanos subscritos pelo Brasil, dessa forma, torna inaplicável a legislação infraconstitucional com ele conflitante, seja ela anterior ou posterior ao ato de adesão. Assim ocorreu com o art. 1.287 do CC de 1916 e com o DL 911/1969, assim como em relação ao art. 652 do Novo CC (Lei 10.406/2002).**" (RE 466.343, julgado em 2008 e relatado pelo Ministro Cezar Peluso).

"NOVA" PIRÂMIDE NORMATIVA
(Baseada no posicionamento do STF)

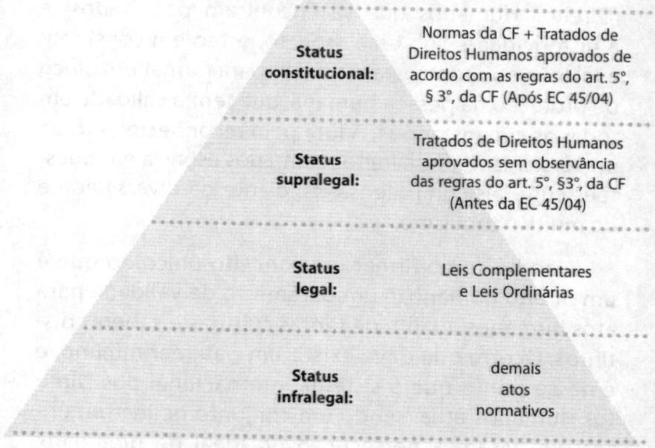

(LÉPORE, Paulo. *Direito constitucional*. 3 ed. Salvador: Juspodivm, 2015, p. 60).

A proteção dos direitos fundamentais não desconsidera o princípio da supremacia da constituição, **entretanto,** a norma convencional internacional sobre Direitos Humanos **tem** aptidão para afetar a eficácia ou a aplicabilidade da norma constitucional interna. No bojo do RE 466.343, ficou consignado que "Desde a adesão do Brasil, sem qualquer reserva, ao Pacto Internacional dos Direitos Civis e Políticos (art. 11) e à Convenção Americana sobre Direitos Humanos – Pacto de San José da Costa Rica (art. 7º, 7), ambos no ano de 1992, não há mais base legal para prisão civil do depositário infiel, pois o caráter especial desses diplomas internacionais sobre Direitos Humanos lhes reserva lugar específico no ordenamento jurídico, estando abaixo da Constituição, porém acima da legislação interna.

O status normativo supralegal dos tratados internacionais de Direitos Humanos subscritos pelo Brasil, dessa forma, **torna inaplicável a legislação infraconstitucional com ele conflitante**, seja ela anterior ou posterior ao ato de adesão. Assim ocorreu com o art. 1.287 do CC de 1916 e com o DL 911/1969, assim como em relação ao art. 652 do Novo CC (Lei 10.406/2002)."

No tocante a atuação do Estado na concretização dos dispositivos que versam sobre os Direitos Humanos, cabe mencionar a importante previsão constitucional no § 5° do art. 109 que contempla as hipóteses de **grave violação de Direitos Humanos**, em que o Procurador Geral da República, com a finalidade de assegurar o cumprimento de obrigações decorrentes de tratados internacionais de Direitos Humanos dos quais o Brasil seja parte, poderá suscitar, perante o **Superior Tribunal de Justiça**, em qualquer fase do inquérito ou processo, incidente de deslocamento de competência para a Justiça Federal. Trata-se do disposto no § 5° do art. 109 da CF.

6. O SISTEMA INTERNACIONAL DE PROTEÇÃO DOS DIREITOS HUMANOS

Uma das características dos direitos fundamentais (Direitos Humanos que se encontram positivados) é a historicidade. Sob esse aspecto, estão em constante evolução e as conquistas se unem para formar um bloco de proteção da pessoa humana, que tenha validade em todas as circunstâncias. A luta pelo reconhecimento da universalidade dos Direitos Humanos esbarra em questões culturais compreensíveis, diante da diversidade e do multiculturalismo.

Não há como firmar um conceito único do que é um direito humano, e um parâmetro de validade para atos humanos, diante de tantas culturas e saberes distintos. Ocorre que deve existir um patamar mínimo, e é nesse ponto que o sistema internacional dos Direitos Humanos atua, sendo um conjunto de instrumentos que visam a persecução do ideal de dignidade humana, atuando em grupos específicos, como será visto adiante.

Já mencionamos, quando tratamos na afirmação histórica dos Direitos Humanos, de forma sucinta, os principais acontecimentos que marcaram a temática da proteção humana e o reconhecimento da dignidade inerente à todos.

O direito humanitário e a formação da Liga das Nações foram de suma importância para a evolução dos Direitos Humanos, mas foi no final da Segunda Guerra que houve uma real expansão desta visão protetora. A irradiação dos ideais de proteção da pessoa humana com o reconhecimento da dignidade inerente a todos ocorreu com a Carta das Nações Unidas e posteriormente com a Declaração Universal dos Direitos Humanos. Esse fato certamente foi fomentado pelas atrocidades cometidas pelo regime nazista, que tanto males causou à humanidade.

A atuação da Nações no intuito de combater o ideal de vincular direitos a uma categoria específica de pessoas deu início a universalidade dos Direitos Humanos, além de sua indivisibilidade, ambos previstos e realçados na Declaração Universal dos Direitos Humanos.

Rompe-se com a ideia limitada de que a proteção da pessoa humana está adstrita ao campo doméstico dos Estados. Há o claro reconhecimento de que a tutela do ser humano deve ir além de fronteiras, inclusive com o poder de limitar, de forma relativa, a soberania dos Estados.

Trataremos de datas e instrumentos específicos, a fim de demonstrar esse caminhar histórico e evolutivo, na proteção da pessoa humana.

6.1 A CARTA DAS NAÇÕES UNIDAS – 1945

Não há como negar que a Organização das Nações Unidas foi um grande avanço na sedimentação de uma forma de conduzir as políticas internacionais, visando o desenvolvimento e a paz. A atuação da Organização é cada vez mais frequente e se tornou notória mundialmente, muito mais nos campos da atuação política do que na prática.

Para a persecução de seus objetivos a ONU divide-se em órgãos, cujos principais são a Assembleia Geral, O Conselho de Segurança, A Corte Internacional de Justiça, o Conselho Econômico e Social, o Conselho de Tutela e o Secretariado.

No tocante a **Assembleia Geral**, sua competência está adstrita a formular recomendações relativas a toda e qualquer matéria que esteja expressa na Carta das Nações Unidas, e os membros das Nações Unidas são automaticamente membros da Assembleia Geral, tendo o direito a um voto, sendo o quorum de aprovações de questões consideradas relevantes (previstas no art. 18, 2 da Carta), o de dois terços dos membros presentes e votantes.

Já o Conselho de Segurança, cuja principal função é a manutenção da paz e da segurança internacional, de acordo com expressa previsão do art. 24 da carta das nações Unidas, é Órgão da ONU, composto por cinco membros com status permanente, que são China, França, Reino Unido, Estados Unidos e Rússia.

Dez membros têm o status de não permanentes, eleitos pela Assembleia Geral para mandatos de dois anos. Os critérios par a escolha dos membros não permanentes são a distribuição geográfica equitativa e a contribuição dos membros para os propósitos das Nações Unidas. A temática nos remete ao pleito constante do Estado brasileiro por uma cadeira permanente no Conselho de Segurança da ONU, e a resistência de países vizinhos, como a Argentina, para o sucesso dessa empreitada.

O art. 92 da Carta trata da Corte Internacional de Justiça, sendo este o principal órgão internacional das Nações Unidas. É composto por quinze juízes, tendo o seu funcionamento regulamentado por meio do Estatuto da Corte, anexado à Carta.

A competência da Corte atinge os campos consultivos e contenciosos, mas somente os estados podem ser partes perante à Corte, segundo a redação do art. 34 da Estatuto.

Seu secretariado é chefiado pelo Secretário Geral, com mandato de 5 anos, desde que recomendado pelo Conselho de segurança.

O conselho de tutela tem a função de fomentar o processo de descolonização e autodeterminação dos povos, apesar de atualmente não estar ativo. Já o Conselho Econômico e Social tem a competência para promover a cooperação em questões econômicas, sociais e culturais, cabendo ainda a confecção de recomendações que visem o respeito e a obediência aos Direitos Humanos.

6.2 A DECLARAÇÃO UNIVERSAL DOS DIREITOS HUMANOS – 1948

Adotada em 1948, precisamente em 10 de dezembro, por meio da aprovação unânime de 48 Estados, com apenas 8 abstenções, sem que houvesse qualquer disposição contrária ao seu texto, afirmando este documento como um guia de ética universal, consagrando valores a serem seguidos pelos estados.

Ao afirmar um padrão de respeito à pessoa humana e à sua dignidade, a Declaração Universal dos Direitos Humanos afirma a universalidade dos Direitos Humanos, em claro contraponto ao ideal nazista, além de prever a indivisibilidade de tais direitos, unindo, de forma inédita, os direitos civis e políticos com os direitos econômicos, sociais e culturais.

Como forma de sedimentar o entendimento apresentado pela Declaração Universal dos Direitos Humanos, apresentamos o texto da resolução nº 32/130, oriunda da Assembleia Geral das Nações Unidas que diz "todos os Direitos Humanos, qualquer que seja o tipo a que pertencem, se inter-relacionam necessariamente entre si, e são indivisíveis e interdependentes".

Apesar de ser uma resolução, com alcance que não se aproxima de um tratado, e portando não impondo obrigações aos Estados, a DUDH atua como um código de conduta, consagrando a universalidade e interdependência dos Direitos Humanos, de uma forma nunca dantes vista.

Entretanto, quando os parâmetros estabelecidos pela DUDH passam a incorporar as Constituições nacionais, vinculam automaticamente os Estados ao seu cumprimento.

Então, não é uma inverdade afirmar que a DUDH, em que pese não tenha força jurídica vinculante, tem o condão de realmente vincular os estados, em face de seu alcance paradigmático.

7. O SISTEMA GLOBAL DE PROTEÇÃO INTERNACIONAL DOS DIREITOS HUMANOS – ESTRUTURA NORMATIVA

Um Dos efeitos mais notáveis da universalização dos Direitos Humanos foi a relativização da soberania dos Estados, fazendo com que estes se submetessem ao monitoramento e relativo controle da comunidade internacional, que pactuou pelo respeito aos Direitos Humanos.

O termo *international accountability* remete diretamente a este monitoramento e controle parcial pela comunidade internacional.

Como dito anteriormente, a Declaração Universal de 1948 não é detentora de poder coercitivo, ou seja, não vincula os Estados à qualquer obrigação, reconhecendo os Direitos Humanos universais, mas sem a força normativa de um tratado, sendo apenas uma declaração.

Diante dessa ausência de eficácia legal na proteção dos Direitos Humanos reconhecidos por meio da DUDH, foi necessário que dispositivos legais surgissem para vincular os Estados ao respeito aos Direitos Humanos, com o estabelecimento de metas e sanções.

Sob esse contexto de necessidade de implementar um legalismo na esfera dos Direitos Humanos, dois tratados ganharam destaque na persecução pela positivação os direitos consagrados na DUDH, o Pacto Internacional dos Direitos Civis e Políticos e o Pacto Internacional dos Direitos Econômicos e Sociais, respectivamente em 1949 e 1966.

A união da Declaração Universal dos Direitos Humanos, com os dois pactos mencionados anteriormente, deu origem ao que é nominado de *International Bill of Rights*, ou a Carta Internacional de Direitos Humanos. Uma gama de tratados internacionais vieram a complementar esta carta, tratando de assuntos específicos.

Carta Internacional de Direitos Humanos (International Bill of Rights) – Rol exemplificativo.
▸ Declaração Universal dos Direitos Humanos
▸ Pacto Internacional dos Direitos Civis e Políticos
▸ Pacto Internacional dos Direitos Econômicos e Sociais
▸ Convenção para Prevenção e Repressão do crime de genocídio
▸ Convenção Contra a Tortura e outros Tratamentos ou Penas Cruéis, Desumanos ou Degradantes
▸ Convenção Internacional sobre a Eliminação de todas as formas de Discriminação Racial
▸ Convenção sobre a Eliminação de todas as formas de Discriminação contra a Mulher
▸ Convenção sobre os Direitos das Crianças
▸ Convenção Sobre os Direitos das Pessoas com Deficiência e seu protocolo facultativo.

Outros instrumentos existem, com o mesmo intuito, ou seja, o respeito aos Direitos Humanos, estipulando limites e obrigações aos Estados, limitando consideravelmente a sua soberania interna.

Dentre os instrumentos mencionados, apesar de todos serem de extrema importância, destacamos a Convenção Sobre os Direitos das Pessoas com Deficiência, pois este é, até o momento, o único documento que foi submetido a apreciação do Congresso Nacional Brasileiro, galgando o status de norma constitucional, observada a regra constitucional estipulada pela redação do art. 5º, parágrafo 3º.

A regra adotada pelo Supremo Tribunal Federal, de considerar os tratados e convenções internacionais sobre Direitos Humanos com status supralegal, veio a minimizar a morosidade em analisar tão importantes documentos, e sua natural inserção no texto constitucional.

Em que pesem as críticas ferrenhas a atitude do STF, principalmente por ter criado uma espécie de "degrau" na tradicional pirâmide normativa, após decorridos alguns anos dessa atuação, entendemos que amenizou consideravelmente a falta de efetividade de tais tratados.

8. O SISTEMA INTERAMERICANO DE PROTEÇÃO DOS DIREITOS HUMANOS

Anteriormente mencionamos o sistema global de proteção dos Direitos Humanos, já que os documentos que o integram foram concebidos sob a égide da Organização das Nações Unidas.

Em atuação conjunta com o sistema global, surgem os sistemas regionais de proteção aos Direitos Humanos. O sistema global de proteção não encontra limites regionais, alcançando qualquer Estado participante.

Há atualmente três sistemas regionais com grande expressão, o Europeu, o Africano e o Interamericano.

Não há que se dizer que a criação de tais sistemas regionais remetem ao desprezo pelo sistema global, ou mesmo um isolamento para o universo dos sistemas regionais, de forma alguma.

Ocorre que de uma forma bem simples, os sistemas regionais possibilitam, em face de um menos número de países participantes, o tratamento diferenciado de questões locais.

No tocante ao Sistema Europeu de Proteção dos Direitos Humanos, este conta com a Convenção Europeia de Direitos Humanos, datada de 1950. Tal Comissão estabeleceu a Comissão e a Corte Europeia de Direitos Humanos, que hoje, em virtude do Protocolo nº 11, vigorando a partir de novembro de 1998, houve a fusão de ambas, objetivando proporcionar ao sistema europeu um maior alcance e justicialização, materializada por uma maior efetividade da proteção dos Direitos Humanos. É, sem sombra de dúvidas o sistema de proteção regional mais avançado, se comparados aos demais.

O sistema Africano de Proteção dos Direitos Humanos, cujo mais importante documento é a Carta Africana de Direitos Humanos e dos Povos de 1981, que criou a Comissão Africana de Direitos Humanos. Posteriormente, na mesma esteira da Sistema Europeu, foi criada a Corte Africana de Direitos Humanos, por meio de um Protocolo à carta, em 1998. Diante dos recentes regimes autoritários que persistiram no continente africano, podemos afirmar que este sistema ainda encontra-se distante do sistema Europeu e Interamericano, sendo, até o momento, o que menos gerou benefícios à pessoa humana.

O sistema Interamericano de Proteção dos Direitos Humanos tem na Convenção Americana de Direitos Humanos, de 1969, o seu mais importante documento, estabelecendo tanto a Comissão Interamericana de Direitos Humanos como a Corte Interamericana de Direitos Humanos.

No tocante ao Sistema Interamericano, que nos desperta maior interesse, em razão da imediata e notória aplicação no ordenamento jurídico brasileiro, salientamos a importância da Convenção Interamericana de Direitos Humanos, mais conhecida como Pacto de San José da Costa Rica, com data de 1969, e entrada em vigor a partir de 1978.

Importante salientar que esta Convenção assegura, de forma bastante semelhante com o Pacto dos Direitos Civis e Políticos, um rol de direitos de grande relevância, voltados aos exercício dos direitos civis e políticos, com destaque para o direito à personalidade jurídica, à vida, a não ser submetido à escravidão, à liberdade, a um julgamento justo, à compensação em caso de erro judiciário, a privacidade, à liberdade de consciência e expressão, a resposta, a liberdade de associação, ao nome, a nacionalidade, à liberdade de movimento e residência, De participação do governo, à igualdade perante a lei e também o direito da proteção judicial, em clara evidência da justicialização dos Direitos Humanos.

Evidente que este rol de direitos influenciou, em grau elevado, a Constituição Brasileira, que positivou em seu texto diversos direitos constantes do Pacto de San José da Costa Rica, que ficou notório no Brasil em razão da disseminação do direito de não produzir provas contra si mesmo.

No que tange à Comissão Interamericana de Direitos Humanos, sua competência alcança todos os Estados que façam parte da Convenção Americana, além dos Estados que integram a Organização do Estados Americanos.

É composta por sete membros, que devem possuir alta autoridade moral e reconhecido saber em matéria de Direitos Humanos. Este requisito extremamente subjetivo abraça os nacionais de qualquer Estado-membro da Organização dos estados Americanos. O mandato dos membros é de quatro anos, e são eleitos pela Assembleia Geral, sendo permitida uma reeleição.

Em relação ás atribuições da Comissão Interamericana, podemos destacar a confecção de recomendações aos governos dos Estados-partes, a preparação de estudos e relatórios, a solicitação de informações aos governos sobre medias adotadas para a efetiva aplicação da Convenção, além da submissão anual de um relatório à Assembleia Geral da Organização dos Estados Americanos.

Uma das mais importantes atribuições da Comissão é a de examinar as comunicações e pedidos encaminhadas por indivíduos ou grupo de indivíduos, entidades não governamentais, com denúncias à violação de direito humanos que esteja previsto e consagrado pela Convenção Interamericana.

Assim como nos demais tratados que versam sobre os Direitos Humanos, os Estados que se torna parte da Convenção, aceita de forma obrigatória e automática a competência da Comissão para o exame das comunicações e pedidos.

Todas as petições, a exemplo do sistema global, devem obedecer a requisitos de admissibilidade previamente especificados. Um dos principais é o prévio esgotamento dos recursos internos. Em suma, não serão aceitas as comunicações quando ainda restarem recursos na esfera interna do Estado que tenha desrespeitado os direitos consagrados na Convenção. Existe uma exceção, ou seja, a injustificada demora processual ou o desrespeito do devido processo legal.

Em ambos os casos, existe expressa previsão de normas constitucionais na Carta Brasileira, que visam o combate a tais mazelas.

Rompidos os obstáculos em forma de requisitos para a propositura das petições, a comissão solicita informações ao governo denunciado, e somente depois de recebida a resposta, ou da expiração do prazo concedido para o fornecimento destas, é que vão ser verificados os motivos da petição. Inexistindo, ocorre o arquivamento da petição. Em caso de não arquivamento, a Comissão, com a anuência das partes, procederá um detalhado exame do assunto, podendo inclusive proceder investigações.

Insta salientar que a atitude da Comissão sempre caminhará, inicialmente, na tentativa de uma solução pacífica ente o denunciante e o Estado. Caso essa solução amistosa ocorra, a Comissão produzirá um informe a ser transmitido ao denunciante, assim como s Estados-partes da Convenção, com comunicação posterior à Secretaria da Organização dos Estados Americanos para a publicação, com exposição sintética dos fatos e também da solução obtida.

Sobre a Corte Interamericana de Direitos Humanos, este se reveste das prerrogativas de Órgão Jurisdicional dos sistema de proteção regional. É composta por sete juízes nacionais de Estados membros da Organização dos Estados Americanos. Estes juízes são eleitos pelos Estados-partes da Convenção.

A competência da Corte é contenciosa e consultiva, sendo que par a realização de consultas, qualquer Estado membro da Organização dos Estados Americanos pode solicitar o parecer da corte no que tange à interpretação da Convenção Interamericana de Direitos Humanos, ou mesmo sobre qualquer tratado que verse sobre a proteção de Direitos Humanos nos Estados Americanos. Insta salientar que neste caso, o consultivo, o Estado não precisa ser parte da Convenção.

Já no exercício da sua competência contenciosa, é necessário que o Estado seja parte da Convenção Interamericana de Direitos Humanos, que reconhecem de forma expressa a competência da Corte. Não é possível que indivíduos submetam seus pedidos à Corte, de acordo com expressa previsão do art. 61 da Convenção. Importante salientar que na tentativa de tornar o acesso à corte possível a indivíduos e mesmo às Organizações não Governamentais (ONGs), caso a Comissão submeta um caso a análise perante à Corte, tanto as vítimas, como seus representantes e parentes podem apresentar, autonomamente, seus argumentos e provas.

Caso seja reconhecido que um Estado-parte violou um direitos previsto na Convenção Interamericana de Direitos Humanos, determinará a adoção de medidas que restaurem o direito violado, podendo inclusive condenar o Estado ao pagamento de compensação à vítima.

Direito Penal Militar

Luis Henrique Usai

✦ QUESTÕES

1. DA EXPOSIÇÃO DE MOTIVOS DO CPM

01. (Cespe – Juiz Substituto da Justiça Militar da União – STM/2013) No que se refere à aplicação do princípio da insignificância no direito penal militar, assinale a opção correta.

a) O princípio da insignificância somente pode ser aplicado nos crimes materiais ou de resultado.

b) O juízo positivo de tipicidade dispensa a análise da ofensa ao bem jurídico tutelado.

c) A excludente de tipicidade pela aplicação do princípio da bagatela é aceita por analogia, ou interpretação integrativa, inclusive contra a lei.

d) O princípio da insignificância não é um princípio constitucional implícito.

e) A exposição de motivos do CPM admite a aplicação do princípio da insignificância.

COMENTÁRIOS

✪ **Nota do autor:** o princípio da insignificância também possui o verbete de Princípio da Bagatela (crime de bagatela) ou Preceito Bagatelar, tem o sentido de excluir ou de afastar a própria tipicidade penal, doutrina majoritária. Importante realizar a leitura dos 20 itens da Exposição de motivos do CPM, exarados por Luís Antônio da Gama e Silva, à época (1969) Ministro da Justiça.

Alternativa correta: letra "e". Na exposição de motivos, item "17" (dezessete) está consignado o seguinte: "entre os crimes de **lesão corporal**, incluiu-se o de lesão levíssima, a qual, segundo o ensino da vivência militar, pode ser desclassificada pelo juiz para infração disciplinar, poupando-se, em tal caso, o pesado encargo de um processo penal para fato de tão pequena monta, indicando de forma translúcida o reconhecimento do princípio da insignificância". Há o reconhecimento também desse princípio no **delito de furto privilegiado**, quando o réu é primário e o valor da coisa subtraída não excede à décima parte do salário mínimo.

Alternativa "a". Com suporte no entendimento do STF, destacado por Cleber Masson, Direito Penal, p. 26/7, o **princípio da insignificância** tem aplicação a qualquer espécie de delito com o que ele seja compatível, e não apenas aos crimes contra o patrimônio.

O STF entende haver a compatibilidade desse princípio com o fato desde que sejam observados os seguintes requisitos:

> *I – conduta minimamente ofensiva do agente;*
>
> *II – ausência de risco social da ação;*
>
> *III – reduzido grau de reprovabilidade do comportamento; e,*
>
> *IV – relativa inexpressividade da lesão jurídica.*

Alternativa "b". Para o **juízo (positivo) de tipicidade** penal, Luiz Flávio Gomes, em **Teoria Constitucional do Delito no Limiar do 3º Milênio,** esclarece que em sentido material, **já não bastará, destarte, a mera realização formal** da conduta descrita na *fattispecie*. O fato concreto para ser típico requer:

a) realização da conduta descrita (subsunção formal da conduta ao tipo);

b) necessária produção de um resultado jurídico (afetação – lesão ou perigo concreto de lesão – do bem jurídico protegido);

c) que esse resultado seja desvalioso e intolerável (desvalor do resultado); e,

d) que seja objetivamente imputável ao risco proibido produzido pela conduta do agente.

Alternativa "c". Quanto à **natureza jurídica** do princípio da insignificância ainda existem algumas divergências doutrinárias, restando basicamente quatro correntes:

I. Afirma tratar-se de excludente de tipicidade;

II. Outra entende que se trata de excludente de antijuridicidade;

III. Outra ainda assevera que é excludente de culpabilidade; e,

IV. O Princípio da Insignificância seria um misto em excludentes de tipicidade e antijuridicidade.

O Superior Tribunal de Justiça entende que somente o Poder Judiciário é dotado de poderes para efetuar o reconhecimento do princípio da insignificância.

Alternativa "d". O Princípio da Insignificância está diretamente ligado ao **direito fundamental** de liberdade, o qual não pode ser afastado por meros ilícitos. Também se relaciona com o princípio da intervenção mínima onde se prega que nem toda lesão ao bem jurídico deve ser protegida pelo Direito Penal, que somente deve ocupar-se de condutas realmente importantes. Nos termos do art. 5º § 2º encontramos que os direitos e garantias expressos nesta Constituição não excluem outros decorrentes do regime e dos princípios por ela adotados, ou dos tratados internacionais em que a República Federativa do Brasil seja parte. O Princípio da Insignificância também tem relação fundamental com os princípios da dignidade da pessoa humana, da lesividade, da intervenção mínima e o da fragmentariedade. Deste modo, o princípio da dignidade da pessoa humana atua como vetor de interpretação dos demais princípios penais, e de onde se origina o Princípio da Insignificância que predominantemente possui a natureza jurídica de excluir a tipicidade penal. (Silva, 2008, p. 21).

2. DA APLICAÇÃO DA LEI PENAL MILITAR

02. (Cespe – Juiz Substituto da Justiça Militar da União – STM/2013) Com relação a tempo e lugar do crime, bem como à territorialidade e extraterritorialidade da lei penal militar, assinale a opção correta à luz do CPM e da doutrina de referência.

a) No que se refere à aplicação da lei penal militar no espaço, adota-se no CPM, de forma expressa, os princípios da justiça universal ou cosmopolita, da personalidade ou nacionalidade e da defesa real.

b) No CPM, é adotada a teoria mista em relação ao *tempus delictis*, considerando-se praticado o crime tanto no momento da conduta ou omissão quanto no momento do resultado do crime.

c) Para os crimes permanentes e continuados, é estabelecida no CPM regra específica em relação ao tempo do crime, adotando-se a teoria da atividade, que se fundamenta nos princípios constitucionais da legalidade e da ultratividade da lei penal mais favorável ao réu.

d) Diferentemente do sistema adotado no CP, no CPM considera-se lugar do crime apenas o lugar onde se tenha produzido ou deveria produzir-se o resultado, consoante a teoria do resultado.

e) A extraterritorialidade da lei penal militar constitui regra geral no CPM, a qual se aplica, inclusive, ao caso de o agente – de qualquer nacionalidade – ter praticado crime militar e estar sendo processado ou ter sido julgado por justiça estrangeira.

COMENTÁRIOS

✪ **Nota do autor:** verificamos a reiteração de questões voltadas ao tema de tempo do crime militar (art. 5º), lugar e territorialidade do crime castrense (art. 6º e art. 7º). Oportuno a constante leitura desses dispositivos legais.

Alternativa correta: letra "e". O Código Penal Militar, nos termos do art. 7º, **adota a teoria incondicionada ou irrestrita da extraterritorialidade,** ou seja, aplica-se a lei castrense ao delito praticado **fora** do território nacional, desde que constitua crime militar, nos termos da lei penal militar brasileira. Pode a vítima ser nacional ou estrangeira, **não importando também a nacionalidade** do criminoso, seja ele nacional ou estrangeiro. Será aplicada a lei militar mesmo que haja processo contra o autor do crime ou se ele já tiver sido julgado no país estrangeiro, onde ocorreu o crime militar.

Alternativa "a". Para o **lugar do crime militar aplica-se a teoria mista que engloba** duas outras distintas, ou seja, teoria da ubiquidade e teoria da atividade, ambas seguidas pelo Superior Tribunal Militar.

Alternativa "b". Em relação ao *"tempus delictis"*, **tempo do crime militar** a legislação castrense adotou a **teoria da atividade**, ou seja, no momento da conduta (ação ou omissão), idêntica capitulação no art. 4º do Código Penal Comum.

Alternativa "c". O tempo, para os crimes militares continuados e permanentes, obedece à súmula 711 do STF que recomenda a aplicação da lei quando da cessação da permanência ou da última conduta na prática delitiva do crime continuado. Em tais situações, mesmo que seja mais severa a lei posterior.

Alternativa "d". Novamente temos a **teoria mista** para o **lugar do crime.** O CPM **não adota a teoria do resultado,** havendo as seguintes distinções:

- **d.1**) Para o Código Penal Militar;
  - **I) crimes comissivos (fazer): teoria da ubiquidade;**
  - **II) crimes omissivos (não fazer): teoria da atividade.**
- **d.2**) Para o Código Penal Comum:
  - **I) crimes comissivos (fazer): teoria da ubiquidade;**
  - **II) crimes omissivos (não fazer): teoria da ubiquidade.**

03. (Cespe – Juiz Substituto da Justiça Militar da União – STM/2013) A respeito da lei penal militar no espaço, do lugar do crime e da pena cumprida no estrangeiro, assinale a opção correta.

a) O CPM pune o infrator aos seus preceitos, qualquer que seja sua nacionalidade ou o lugar onde tenha delinquido, dentro ou fora do território nacional, processado ou julgado por justiça estrangeira.

b) Os prédios das embaixadas não são considerados, para o direito penal militar, como extensão do território nacional, visto que pertencem aos Estados que representam.

c) Para a verificação do lugar do crime, o CPM adotou, apenas, a teoria da atividade, considerando praticado o fato no lugar em que se tiver desenvolvido a atividade criminosa.

d) A pena cumprida no estrangeiro atenua a pena imposta no Brasil pelo mesmo crime, quando diversas, ou nesta é computada, quando idênticas. Assim, se for mais severa, a pena cumprida no estrangeiro funcionará, por não ser idêntica, apenas como uma atenuante, não podendo ser computada na pena aqui imposta.

e) Da mesma forma que o CP, o CPM adota, como regra, o princípio da territorialidade e, como exceção, o princípio da extraterritorialidade.

COMENTÁRIOS

Alternativa correta: letra "a". Temos novamente a aplicação do princípio da territorialidade, aos crimes praticados no espaço do território brasileiro, e o da extraterritorialidade ilimitada, desde que se subsuma às definições de crime militar da legislação castrense nacional.

Alternativa "b". "**As sedes diplomáticas** *(embaixadas, sedes de organismos internacionais etc)* **já não são consideradas extensão de território estrangeiro, embora sejam invioláveis como garantia aos representantes alienígenas"**. *Na Convenção de Viena, determina-se que "os locais das missões diplomáticas são invioláveis, não podendo ser objeto de busca, requisição, embargo ou medida de execução". (MIRABETE, Julio Fabbrini. Manual de Direito Penal. Vol. 1. São Paulo: Atlas, 2002, pg. 82), logo, não pertencem aos Estados que representam.*

Alternativa "c". Novamente para o **lugar do crime militar** aplica-se a **teoria mista que engloba** duas outras distintas, ou seja, teoria da ubiquidade e teoria da atividade, ambas seguidas pelo Superior Tribunal Militar.

I) crimes comissivos (fazer): teoria da ubiquidade;

II) crimes omissivos (não fazer): teoria da atividade.

Alternativa "d". Sobre o cumprimento de pena no estrangeiro aplica-se a inteligência do art. 8°, ou seja, a pena cumprida no estrangeiro atenua a pena imposta no Brasil pelo mesmo crime, quando diversas, ou nela é computada, quando idênticas.

Alternativa "e". O Código Penal adotou os mesmos **princípios** da territorialidade e da extraterritorialidade para a análise do **espaço** do crime. Para a lei penal militar a **extraterritorialidade é regra**, sendo suficiente, para a sua aplicação, que o delito praticado constitua crime militar nos termos da lei penal militar nacional, independentemente da nacionalidade da vítima ou do criminoso, do lugar onde tenha sido cometido o crime ou do fato de ter havido prévio processo em país estrangeiro. Para o Código Penal Comum o princípio da extraterritorialidade **é exceção.**

04. (Cespe – Juiz Substituto da Justiça Militar da União – STM/2013) Assinale a opção correta a respeito da aplicação da lei penal militar no tempo e das leis penais excepcionais e temporárias.

a) As normas do CPM relativas aos crimes militares praticados em tempo de guerra não constituem exemplo de lei penal temporária.

b) Aos condenados por crimes praticados em tempo de guerra serão aplicadas as penas mais severas estabelecidas, ainda que a sentença condenatória seja proferida depois da cessação do estado de guerra.

c) Ao contrário do que ocorre no direito penal comum, no direito penal militar, a lei posterior que deixa de considerar determinado fato como crime estende-se aos efeitos de natureza civil.

d) De acordo com o CPM, para se reconhecer qual a lei mais favorável, a lei posterior e a anterior devem ser combinadas, extraindo-se de cada uma delas o dispositivo que mais beneficie o réu.

e) O princípio da retroatividade benigna não é aplicável às medidas de segurança.

COMENTÁRIOS

✪ **Nota do autor:** é conveniente lembrar os princípios de retroatividade da lei mais benigna, a irretroatividade de norma mais gravosa e a ultratividade das leis temporárias.

Alternativa correta: letra "a". A lei temporária, conforme ensinamentos de Damásio de Jesus (1995, p. 82), "é aquela que possui vigência previamente fixada pelo legislador". Este determinará a data de início e término da vigência. Para Wiliam Wanderley Jorge (2005, p. 123), **a lei excepcional** "é aquela promulgada para atender a condições extraordinárias ou anormais da vida de uma comunidade, tais como, epidemia, guerra civil, revoluções, calamidade públicas". A lei excepcional pode ter termo inicial, mas o final estará condicionado à cessação do evento, sem que haja prévia fixação de data.

Alternativa "b". O Pacto de São José da Costa Rica ratificado pelo Brasil por meio do Decreto nº 678, de 6/11/1992, estabelece em seu artigo 9º, o princípio da legalidade e da retroatividade.

Ninguém poderá ser condenado por atos ou omissões que, no momento em que foram cometidos, não constituam delito, de acordo com o direito aplicável, tampouco se poderá impor pena mais grave do que a aplicável no momento da ocorrência do delito. Se, depois de perpetrado o delito, a lei estipular a imposição de pena mais leve, o delinquente deverá dela beneficiar-se. Neste sentido salienta Cezar Roberto Bitencourt (2003, p. 111) "nos crimes permanentes ou continuados aplicar-se-á a lei posterior em vigor, desde que ainda perdure a permanência ou continuidade, mas resulta impunível a continuidade dos atos precedentes à entrada em vigor da lei". No entanto, em se tratando de sucessão de leis excepcionais ou temporárias as quais tragam a hipótese de crime permanente, se o agente permanecer na prática do crime e, o legislador agravar a lei, aplicar-se-á a pena mais severa por interpretação da Súmula 711 do STF.

Alternativa "c". Ocorre *abolitio criminis* quando a lei nova deixa de considerar crime, um fato anteriormente tipificado como ilícito penal. A nova lei retira a característica de ilicitude penal de uma conduta precedentemente incriminada. Há uma situação de lei penal posterior mais benigna, que deve atingir, inclusive, fatos definitivamente julgados, mesmo em fase de execução. Com a *abolitio criminis* desaparecem todos os efeitos penais, permanecendo somente os civis.

Alternativa "d". Sobre a combinação de leis, **lex-tertia,** há duas posições:

I) não se admite a combinação de leis para favorecer o agente, pois estaria o juiz criando uma terceira Lei, o que não é permitido.

II) admite a combinação, Damásio, Celso Delmanto, Mirabete, se o juiz pode aplicar o "todo" de uma ou outra Lei, poderá também mesclar.

"Lex-tertia", enunciado "523", "sim" e "525", "não", o Supremo Tribunal Federal em recente decisão, ao julgar o Recurso Extraordinário nº 600.817 adotou a posição **da teoria da ponderação unitária**, ou seja, de que **não** é possível a aplicação da **"lex-tertia"**.

Alternativa "e". Segundo Mirabete (2000, p. 362) o **princípio da anterioridade** também vige para **as medidas de segurança**, assim como o da **retroatividade** da lei mais benigna. A Constituição Federal, em termos gerais, prevê que a lei penal não retroagirá, salvo para beneficiar o réu (art. 5º, XL), não pode a lei ordinária instituir nova medida de segurança ou torná-la mais severa para os fatos ocorridos antes de sua vigência. Para a maioria da doutrina a proibição das penas perpétuas, previstas no art. 5º, XLVII, "b", da CF, abrange as medidas de segurança, porque a expressão **"penas"** utilizada na Constituição Federal foi usada em sentido amplo. Esses princípios também são reconhecidos nas causas extintivas da punibilidade, tipificação de novas condutas, cominação de penas, alteração de regimes de cumprimento de penas, ou qualquer norma penal que, de qualquer modo, agrave a situação jurídico-penal do indiciado, réu ou condenado, conforme reconheceu o próprio STF.

---

05. (Cespe – Juiz Substituto da Justiça Militar da União – STM/2013) No que refere à caracterização do crime militar, assinale a opção correta.

a) A facilitação da fuga de um preso de uma cadeia pública estadual comum por policial militar configura crime militar.

b) O Código de Trânsito Brasileiro não afasta a incidência do CPM nos crimes militares, pois, diante do princípio da especialidade, este é especial em relação àquele.

c) Os crimes de deserção e cobardia são considerados crimes impropriamente militares.

d) Os crimes militares somente podem ser praticados por militar, jamais por civil, exceto quando em coautoria.

e) Os crimes militares não são expressamente previstos na CF.

COMENTÁRIOS

✪ **Nota do autor:** verifica-se a importância dos assuntos relativos aos crimes militares e crimes propriamente militares, além de se analisar os princípios utilizados para solução dos conflitos aparentes de normas, tais como especialidade, consunção, alternatividade e subsidiariedade.

Alternativa correta: letra "b". O CPM **é lei especial** dispondo de proteção da Constituição Federal, art. 124, parágrafo único. Para que haja eventual revogação é necessário que a disposição seja expressa. Não houve a derrogação tácita do art. 210 do CPM, lesão corporal culposa, com a entrada em vigor da Lei nº 9.503/97, CTB. Quando o legislador entende ser necessária a exclusão de alguma conduta estabelecida no art. 9º do CPM irá realizá-la de forma expressa, como por exemplo: a Lei nº 9.299/96 e a Lei nº 12.432/11, que disciplinam a apuração e julgamento de homicídios dolosos praticados por militares contra civis.

Alternativa "a". A competência para processar e julgar o policial militar por crime de promover ou facilitar a fuga de preso de estabelecimento penal é da Justiça Comum. (Súmula nº 75/STJ).

Alternativa "c". Segundo Romeiro, p. 68, "(...) **crimes propriamente militares** são aqueles que só podem ser praticados **por militares**. É o caso, por exemplo, dos crimes de deserção, de cobardia, de dormir em serviço, de recusa de obediência, de abandono de posto, etc. Já os **crimes impropriamente militares** são os que, comuns em sua natureza, podem ser praticados por qualquer **cidadão, civil ou militar**, mas que, quando praticados por militar em certas condições, a lei considera militares, como os crimes de homicídio e lesão corporal, os crimes contra a honra, os crimes contra o patrimônio, os crimes de tráfico ou posse de entorpecentes, o peculato, a corrupção, os crimes de falsidade, entre outros. São também impropriamente militares os crimes praticados por civis, que a lei define como militares, como o de violência contra sentinela (CPM, art. 158)".

Alternativa "d". A Justiça Militar Federal tem sua competência delimitada *ratione materiae*, ou seja, incumbe-lhe, sem exceções, julgar os delitos castrenses definidos em lei, sejam estes praticados por **militares da ativa, da reserva, reformados ou por civis**, apontando-se, em relação aos inativos e aos civis, que, nos exatos termos do inciso III do artigo 9º, sua conduta deve ter por finalidade ofender as Instituições Militares.

Alternativa "e". Sobre a previsibilidade constitucional do crime militar na CF/88 temos várias citações, tais como:

I) **Art. 5º LXI** – ninguém será preso senão em flagrante delito ou por ordem escrita e fundamentada de autoridade judiciária competente, salvo nos casos de transgressão militar ou **crime propriamente militar**, definidos em lei;

II) **Art. 125 § 4º** Compete à Justiça Militar estadual processar e julgar os militares dos Estados, **nos crimes militares definidos em lei** e as ações judiciais contra atos disciplinares militares, ressalvada a competência do júri quando a vítima for civil, cabendo ao tribunal competente decidir sobre a perda do posto e da patente dos oficiais e da graduação das praças;

III) **Art. 125 § 5º** Compete aos juízes de direito do juízo militar processar e julgar, singularmente, os **crimes militares** cometidos contra civis e as ações judiciais contra atos disciplinares militares, cabendo ao Conselho de Justiça, sob a presidência de juiz de direito, processar e julgar os demais crimes militares;

IV) **Art. 144 § 4º** – às polícias civis, dirigidas por delegados de polícia de carreira, incumbem, ressalvada a competência da União, as funções de polícia judiciária e a apuração de infrações penais, **exceto as militares.**

3. DO CRIME E DA IMPUTABILIDADE

06. (Cespe – Juiz Substituto da Justiça Militar da União – STM/2013) Com base no CPM e em sua interpretação doutrinária, assinale a opção correta com relação a erro de direito, erro de fato, erro determinado por terceiro, *aberratio delicti*, *aberratio ictus* e *aberratio causae*.

a) A aberratio delicti, figura prevista expressamente no CPM, tem origem necessária com a ocorrência da aberratio causae e resulta em um erro persona in rem.

b) A aberratio ictus constitui erro na execução e difere do erro sobre a pessoa, ambos previstos os erros estão expressamente na norma penal militar, em duas circunstâncias assinaladas pela doutrina: no erro sobre a pessoa, não há concordância entre a realidade do fato e a representação do agente; na aberratio ictus, a pessoa visada pelo agente sofre perigo de dano, o que não ocorre no erro sobre a pessoa.

c) O erro de direito, que se configura quando o agente supõe lícito o fato ilícito, classifica-se em direto, se cometido por agente que ignora os preceitos normativos, e indireto, se praticado por agente que interpreta erroneamente a lei penal. Em ambos os casos, exclui-se a culpabilidade do agente, salvo se o ato praticado constituir crime que atente contra o dever militar.

d) Os erros de fato essencial e acidental excluem o dolo. Em caso de erro de fato essencial, o agente será isento da pena; em caso de erro de fato acidental, o agente será punido a título de culpa, se o fato for punível como crime culposo.

e) Nos casos de erro de direito e de erro de fato determinado por terceiro, o agente responderá por culpa, em caso de erro invencível; e o terceiro provocador, por dolo, em qualquer situação.

COMENTÁRIOS

✪ **Nota do autor:** o erro, em toda sua amplitude, praticado pelo autor do crime é matéria de extrema importância nos concursos públicos, haja vista que o operador do direito deve ter em mente que a falsa interpretação da realidade pelo agente pode resultar em consequências danosas, cuja dosimetria da sanção deve também ser sopesada nos anais forenses.

Alternativa correta: letra "b". No erro sobre a pessoa o agente acerta na execução, mas erra da escolha da vítima, vindo a atingir outra. O agente praticou todos os atos de execução de forma perfeita, mas na realidade do fato, a morte foi do sósia ou do irmão gêmeo da pessoa que pretendia atingir. Na mente do agente ele atingiu seu desafeto, que não sofreu qualquer perigo, mesmo porque não se encontrava no local, acertando, destarte, outra pessoa.

Na "aberratio ictus" a pessoa visada, que está sobre a mira do autor, sofre perigo, mas não é atingida. O agente erra na execução e acerta pessoa diversa, que em regra não queria, respondendo pelo resultado culposo, caso haja previsão legal do crime.

Alternativa "a". O erro de fato, acidental, pode ser subdividido:

I) "aberratio delicti" ou "aberratio criminis";

II) "aberratio causae" ou dolo geral;

III) "aberratio ictus";

IV) "error in persona"; e,

V) "error in objecto".

A **"aberratio delicti"** pode resultar de um erro **"persona in rem"** ou **"aberratio a re in personam"**, onde o **agente** ao tentar acertar uma coisa atinge uma pessoa ou vice-versa. O fato é que **não** possui origem necessária na "aberratio causae", também denominado erro sucessivo da causa.

Alternativa "c". O Erro de direito ou erro de proibição está previsto no art. 35 do CPM**,** isto é, a pena pode ser atenuada ou substituída por outra menos grave quando o agente, salvo em se tratando de crime que atente contra o dever militar, supõe lícito o fato, por ignorância ou erro de interpretação da lei, se escusáveis. **Subdivide-se em:**

I) Vencível, evitável ou inescusável: se o sujeito agisse com um pouco mais de cuidado teria ciência da sua ilicitude. O sujeito responde pelo crime doloso, com a pena diminuída;

II) Invencível, inevitável ou escusável: exclui a culpabilidade.

O erro de direito está ligado à possibilidade ou não de o agente conhecer o caráter ilícito do fato.

Alternativa "d". O erro de fato essencial exclui o dolo, mas poderá haver punição se houver a previsão do crime na modalidade culposa. **O erro de fato acidental** não exclui o dolo, logo, responderá o agente pela conduta praticada.

Alternativa "e". Sobre o erro provocado por terceiros, prevê o art. 36, § 2º que responderá o terceiro pelo crime, **a título de dolo ou culpa**, conforme o caso. Se o erro de direito é invencível, haverá exclusão da culpabilidade e por consequência da punibilidade.

---

07. (Cespe – Juiz Substituto da Justiça Militar da União – STM/2013) À luz do CPM, assinale a opção correta a respeito da disciplina do erro.

a) A pena pode ser atenuada ou substituída por outra menos grave quando o agente, em se tratando de crime que atente contra o dever militar, supuser lícito o fato, por ignorância ou erro de interpretação da lei, se escusáveis.

b) Será isento de pena aquele que, quando convocado à incorporação, deixar de se apresentar por ignorância ou errada compreensão dos atos da convocação militar, quando escusáveis.

c) O erro de fato essencial incide somente sobre o tipo fundamental do crime, não sendo extensível às qualificadoras e agravantes.

d) O CPM, assim como o CP, distingue o erro de tipo direto e indireto do erro de proibição.

e) Nos crimes militares, se, por acidente na execução, for atingido bem jurídico diverso do visado pelo agente, responderá este por culpa, se o fato for previsto como crime culposo.

COMENTÁRIOS

Alternativa correta: letra "e". Temos novamente o erro de fato essencial, este exclui o dolo, mas o agente responderá pelo fato caso haja previsão do crime na modalidade culposa.

Alternativa "a". Conforme inteligência do art. 35, a pena pode ser atenuada ou substituída por outra menos grave quando o agente, **salvo em se tratando de crime que atente contra o dever militar,** supõe lícito o fato, por ignorância ou erro de interpretação da lei, se escusáveis.

Alternativa "b". Nos termos do art. 183, § 2º, a pena é **diminuída** de um terço, pela ignorância ou a errada compreensão dos atos da convocação militar, quando escusáveis, **não havendo a isenção** da sanção.

Alternativa "c". O erro de fato incide diretamente sobre os **fatos elementares e circunstanciais do tipo**, isto é, quando o erro do agente recai sobre os dados constitutivos do tipo ou sobre circunstâncias agravantes, aquelas que sempre agravam a pena quando não constituem ou qualificam o crime, e sobre as causas de aumento de pena.

Alternativa "d". Quanto à diferença sobre o erro de tipo e o de proibição, verificamos que o Código Penal, art. 21, estabelece que o desconhecimento da lei é inescusável. O Código Penal Militar **aceita a ignorância** ou erro de interpretação da lei, se o crime não atentar contra o dever militar, inteligência do art. 35.

---

08. (Cespe – Juiz Substituto da Justiça Militar da União – STM/2013) A respeito das causas excludentes de ilicitude e da inexigibilidade de conduta diversa, assinale a opção correta.

a) A inexigibilidade de conduta diversa é expressamente prevista pelo CPM.

b) O CPM não permite a legítima defesa contra agressões morais, mas somente físicas.

c) Quando os bens e interesses necessariamente sacrificados são inferiores aos protegidos, o estado de necessidade é exculpante; quando iguais ou superiores, é justificante.

d) No que se refere ao estado de necessidade, o CPM adotou a teoria unitária.

e) A legítima defesa no contexto dos crimes militares não diverge do regramento estabelecido pelo CP.

COMENTÁRIOS

✪ **Nota do autor:** é conveniente ao concurseiro ter a exata noção da natureza jurídica das excludentes de antijuridicidade (também chamadas de descriminantes, causas de justificação, tipos permissivos, excludentes da ilicitude, excludentes do crime, excludentes da criminalidade) e das excludentes de culpabilidade (também denominadas de dirimentes, exculpantes).

Alternativa correta, letra "a". Temos a inteligência do art. 38, alíneas "a" e "b", § 1º e § 2º e art. 39, c/c art. 41, sendo que há a exclusão da culpa em estrita obediência a ordem direta de superior hierárquico, em matéria de serviços, cuja ordem não era manifestadamente ilegal. Há também excludente da culpabilidade quando o agente, atuando em estado de necessidade, sacrifica direito alheio ainda que superior ao direito protegido, desde que não lhe era razoavelmente exigível conduta diversa.

Alternativa "b". A legítima defesa no CPM pode ser tanto contra agressões físicas como morais. Só não se permite contra agressões morais nos crimes em que há violação do dever militar, o agente não pode invocar coação irresistível senão quando **física ou material**, conforme previsão do art. 40 da Lei Castrense.

Alternativa "c". Sobre o estado de necessidade a banca examinadora inverteu sua aplicabilidade, sendo o correto o seguinte: quando os bens e interesses necessariamente sacrificados são inferiores aos protegidos, o estado de necessidade é justificante (descriminante, é o tipo permissivo); quando os bens sacrificados são iguais ou superiores, é causa exculpante (dirimente, excludente de culpabilidade ou eximentes).

Alternativa "d". No que diz respeito à natureza jurídica do estado de necessidade, a doutrina é divergente surgindo assim a **teoria unitária e a teoria diferenciadora**.

A **teoria unitária entende** que o estado de necessidade é hipótese de exclusão da ilicitude quando **o bem jurídico protegido é de valor maior** ou igual ao bem jurídico sacrificado. Na hipótese de o bem protegido ter menor valor, possivelmente será reduzido a pena.

Por outro lado, para a teoria **diferenciadora**, na hipótese de o **bem jurídico protegido** for de valor igual ou menor que o sacrificado, o estado de necessidade **excluirá a culpabilidade**. Somente excluirá a ilicitude quando o bem jurídico protegido tiver valor maior que o bem sacrificado. O Código Penal adotou a **teoria unitária**, ao passo que o **Código Penal Militar** adotou a **diferenciadora**.

Alternativa "e". A legítima defesa no CPM diverge do CP porque há a possibilidade de o comandante de navio, aeronave ou praça de guerra, na iminência de perigo ou grave calamidade, compelir os seus subalternos, por meios violentos, a executar serviços e manobras urgentes, para salvar a unidade ou vidas, ou evitar o desânimo, o terror, a desordem, a rendição, a revolta ou o saque.

4. DO CONCURSO DE AGENTES E CONCURSO DE CRIMES

09. (Cespe – Juiz Substituto da Justiça Militar da União – STM/2013) Em relação ao concurso de agentes e de crimes no direito penal militar, assinale a opção correta.

a) No tocante ao concurso de agentes, o CPM adota a teoria pluralista, distinguindo de forma expressa as categorias de autor, coautor e partícipe.

b) De acordo com a doutrina majoritária, o civil poderá ser coautor em crime militar próprio, pois, também de acordo com a mesma doutrina, a circunstância de caráter pessoal (ser militar e superior da vítima) pode comunicar-se ao coautor.

c) No que tange ao concurso de crimes, o CPM adota idêntico sistema do CP, prevendo a punição do agente com a exasperação da pena no concurso homogêneo.

d) Em relação ao crime continuado, há no CPM disposição diversa daquela prevista no CP, vedando-se de forma expressa o reconhecimento da continuidade delitiva nos crimes contra a pessoa, ainda que estes sejam perpetrados contra a mesma vítima.

e) Tratando-se de concurso de agentes, as circunstâncias e as condições de natureza pessoal são elementos essenciais à infração penal, uma vez que definem o liame entre as pessoas e a qualidade e quantidade da pena a ser imposta a cada agente.

COMENTÁRIOS

✪ **Nota do autor:** tanto o concurso de crime quanto o concurso de agentes são matérias essenciais para distinguir a real conduta do agente quando da prática delitiva. Servirão de base também para a dosimetria da pena.

Alternativa correta, letra "b". A doutrina, hoje em dia, não tanto majoritária, e o STM entendem ser possível a coautoria em crime propriamente militar (puramente militar, essencialmente militar, tipicamente militar), mas o STF tem decidido de forma contrária, fundamentando que o julgamento de civil pela justiça militar é matéria que escapa ao juízo natural. "É excepcional a competência da **Justiça castrense para o julgamento de civis**, em tempo de paz. A tipificação da conduta de agente civil como crime militar está a depender do "**intuito de atingir, de qualquer modo, a Força, no sentido de impedir, frustrar, fazer malograr, desmoralizar ou ofender o militar ou o evento ou situação em que este esteja empenhado**". O cometimento do delito militar por agente civil em tempo de paz se dá em caráter excepcional. Essa ofensa traduz-se contra aqueles bens jurídicos tipicamente associados à função de natureza militar, ou seja, defesa da Pátria, garantia dos poderes constitucionais, da Lei e da ordem (art. 142 da CF). (**Habeas Corpus**

86.216, Rel. Min. **Ayres Britto**, julgamento em 19Fev08, Primeira Turma, *DJE* de 24Out08.) **No mesmo sentido**: **HC 104.619**, Rel. Min. **Cármen Lúcia**, julgamento em 08Fev11, Primeira Turma, *DJE* de 14-3-2011; **HC 99.671**, Rel. Min. **Ellen Gracie**, julgamento em 24-11-2009, Segunda Turma, *DJE* de 11-12-2009". E continua, "não se tem por configurada a competência penal da Justiça Militar da União, em tempo de paz, tratando-se de réus civis, se a ação delituosa, a eles atribuída, **não afetar, ainda que potencialmente, a integridade, a dignidade, o funcionamento e a respeitabilidade das instituições militares, que constituem**, em essência, nos delitos castrenses, os bens jurídicos penalmente tutelados". O caráter é anômalo da jurisdição penal castrense sobre civis, notadamente em tempo de paz. **No mesmo sentido**: **HC 105.256**, rel. Min. **Celso de Mello**, julgamento em 12Jun12, Segunda Turma, *DJE* de 8-2-2013.

O STM já decidiu (Recurso em Sentido Estrito Nº 2000.01.000674-8/RJ) que "em caso de ofensa aviltante a inferior (art. 175 CPM) havendo concurso de agentes é irrelevante que o concorrente seja estranho à Carreira Militar. As elementares do crime consistentes na condição de militar e de superior se comunicam ao civil, por força do art. 53 § 1º, "in fine" do CPM".

Alternativa "a". Sobre o **concurso de pessoas** o Código Penal Militar adotou a **teoria monista com moderação (atenuação). Temos a aplicação do a**rt. 53, isto é, quem, de qualquer modo, concorre para o crime incide nas penas a este cominadas.

Alternativa "c". No art. 79, não temos distinção entre concurso material e formal de crimes, tampouco se na espécie perfeito ou imperfeito. O legislador castrense aplica a mesma regra tanto no cúmulo material, se os crimes possuírem penas de mesma espécie, quanto no resultado agravado, se de espécies diferentes, sempre respeitando o limite imposto pelo art. 58 do CPM, ou seja, 10 anos no máximo (sanção de detenção), ou de 30 anos (punição de reclusão).

Alternativa "d". A inteligência do art. 80, parágrafo único, do CPM expressamente estabelece, como exceção, **a continuidade delitiva** nos crimes contra a pessoa, (art. 205 a 239 do CPM) desde que se seja **a mesma vítima**. **Não se aplicando a continuidade** nos crimes contra a pessoa, quando há vítimas diferentes. Para o Código Penal comum é possível a continuidade delitiva nos crimes contra a pessoa, mesmo em relação a vítimas diversas, conforme parágrafo único do art. 71 CPB.

Alternativa "e". O que define a **qualidade e quantidade da pena** a ser aplicada é a **culpabilidade**, ou seja, o dolo e o grau da culpa, além do que não se comunicam as condições e circunstâncias de caráter pessoal. Por exemplo, um autor possuía à data do crime 19 anos e o outro 25 anos, logo o benefício aplicado ao agente menor de 21 anos não se estende ao de 25 anos, por ser condição pessoal, que não se comunica ao concorrente, tudo nos termos do art. 53 § 1º c/c art. 72, I, do CPM.

10. (Cespe – Juiz Substituto da Justiça Militar da União – STM/2013) A respeito da imputabilidade penal e do concurso de agentes, assinale a opção correta.

a) Com relação ao concurso de agentes, o CPM adotou, como regra, a teoria dualista.

b) A participação não é possível nos crimes de autoria coletiva necessária, como, por exemplo, o crime de rixa.

c) Adotou o CPM, nos moldes do CP, o chamado sistema biopsicológico ou misto, que sincretiza os sistemas biológico e psicológico.

d) De acordo com o CPM, a embriaguez completa, ainda que proveniente de caso fortuito ou força maior, não isenta o réu de pena, mas pode atenuá-la.

e) Para o direito penal militar, o indivíduo com menos de dezoito anos de idade será inimputável, salvo se, já tendo completado dezesseis anos, revelar suficiente desenvolvimento psíquico para entender o caráter ilícito do fato e determinar-se de acordo com esse entendimento.

COMENTÁRIOS

✪ **Nota do autor:** temos situações de inimputabilidade penal e causas de redução da imputabilidade, ou seja, motivos de exclusão da culpabilidade ou da atenuação de sua existência (semi-imputabilidade).

Alternativa correta, letra "c". Tanto na legislação castrense como na legislação penal comum encontramos o *sistema biopsicológico, também chamado de* **biopsicológico normativo ou sistema misto.** *Tal sistema está ligado ao agente sobre a capacidade de entendimento do caráter ilícito do fato e de sua autodeterminação de acordo com esse entendimento.* Essa capacidade está relacionada à existência de fatores **biológicos** (maioridade penal), **psiquiátricos** (sanidade mental), **psicológicos** (discernimento pleno e voluntariedade) e até **antropológicos** (entendimento e padrões sócioculturais, que predominam num meio social determinado).

Alternativa "a". Novamente o assunto questionado pela banca sobre a teoria do concurso de pessoas, sendo que o Código Penal Militar adotou a **teoria monista com moderação (atenuação),** todos respondem pelo mesmo fato criminoso, analisando-se individualmente o grau de culpabilidade.

Alternativa "b". A participação é possível nos crimes de autoria coletiva necessária desde que haja a tentativa do crime, conforme disposição do art. 54, o ajuste, a determinação ou instigação e o auxílio, salvo disposição em contrário, não são puníveis se o crime não chega, pelo menos, a ser tentado.

Alternativa "d". Nos termos do art. 49, não é igualmente imputável o agente que, por embriaguez completa quando for proveniente de caso fortuito ou força maior, era, ao tempo da ação ou da omissão, inteiramente incapaz de entender o caráter criminoso do fato ou de determinar-se de acordo com esse entendimento, ou seja, isentando-o de pena.

No parágrafo único do mesmo artigo, a pena pode ser **reduzida de um a dois terços**, se o agente por embriaguez proveniente de caso fortuito ou força maior, não possuía, ao tempo da ação ou da omissão, a plena capacidade de entender o caráter criminoso do fato ou de determinar-se de acordo com esse entendimento.

Alternativa "e". Apesar de haver a previsão hipotética, nos artigos 50 a 52, de aplicar-se punição ao menor de dezoito anos, com o advento da CF/88, art. 228, encontramos o caráter absoluto da inimputabilidade aos menores de dezoito anos, que ficam sujeitos às normas da legislação especial.

5. DAS PENAS E SUA APLICAÇÃO

11. (Cespe - Juiz Substituto da Justiça Militar da União - STM/2013) Em relação às penas prescritas no CPM, assinale a opção correta.

a) Nas hipóteses em que a pena privativa de liberdade imposta a militar for cumprida em estabelecimento prisional civil devido à carência de penitenciária militar, o detento deverá permanecer sujeito à legislação penal militar.

b) O civil condenado pela justiça militar ficará encarcerado em penitenciária militar, mas sujeito ao regime penal comum.

c) Não poderá ser computado na pena privativa de liberdade o excesso de tempo de prisão, no cumprimento da pena por outro crime, reconhecido em decisão judicial irrecorrível.

d) A pena de reforma pode ser convertida em pena de detenção, de três meses a um ano, se o condenado já estiver aposentado na data da sentença.

e) Em nenhuma hipótese a pena de morte poderá ser executada sem a comunicação ao presidente da República.

COMENTÁRIOS

✪ **Nota do autor: todas as alternativas estão erradas, questão anulada.**

Alternativa "a". Temos a inteligência do art. 61 quando a condenação do **militar for superior a dois anos** e o cumprimento ocorrer em estabelecimento penal comum, por não haver penitenciária militar, o regime a ser obedecido é o da legislação penal comum, nos termos da Lei de Execução Penal (Lei nº 7.210/84).

Alternativa "b". Quando um civil for condenado pela Justiça Militar o cumprimento da pena privativa de liberdade será em estabelecimento prisional comum, obedecendo-se ao regime da mesma Lei 7.210/84, conforme art. 62 do CPM. Poderá haver a exceção caso o crime, praticado pelo civil, seja em tempo de guerra, cumprindo-se a pena, no todo ou em parte, em penitenciária militar, tudo em benefício da segurança do país.

Alternativa "c". Nos termos do art. 67, computam-se na pena privativa de liberdade o tempo de prisão provisória, no Brasil ou no estrangeiro, e o de internação em hospital ou manicômio, bem como o excesso de tempo, reconhecido em decisão judicial irrecorrível, no cumprimento da pena, por outro crime, desde que a decisão seja posterior ao crime.

Alternativa "d". Conforme estabelece o art. 64, parágrafo único, se o condenado, quando proferida a sentença, **já estiver** na reserva, ou **reformado** ou aposentado, a pena de **suspensão do exercício** do posto, graduação, cargo ou função **será convertida em pena de detenção**, de três meses a um ano.

Alternativa "e". Nos termos do art. 57, parágrafo único, se a pena de morte for imposta em zona de operações de guerra, poderá ser executada imediatamente quando o exigir o interesse da ordem e da disciplina militar, não o sendo em zona de operações de guerra será comunicada, logo que passe em julgado, ao Presidente da República, não podendo ser executada senão depois de sete dias após a comunicação.

12. (Cespe - Juiz Substituto da Justiça Militar da União - STM/2013) No tocante às espécies de penas previstas no CPM e à sua aplicação, assinale a opção correta.

a) Na aplicação da pena, caso haja mais de uma agravante e mais de uma atenuante, o juiz poderá limitar-se a uma só agravação ou uma só atenuação, mas não poderá fazê-lo no tocante às majorantes e minorantes.

b) A suspensão condicional da pena aplica-se a todos os crimes militares – desde que a pena privativa de liberdade imposta não seja superior a dois anos –, podendo perdurar por dois a seis anos – desde que o réu não seja reincidente por crime praticado no país ou no estrangeiro e que os seus antecedentes, sua personalidade e sua conduta posterior, bem como os motivos e as circunstâncias do crime, possibilitem a presunção de que ele não tornará a delinquir.

c) A imposição das penas acessórias deve ser declarada de forma expressa na sentença, com indispensável fundamentação, admitindo-se a cominação da perda do posto e da patente pelo juízo de primeiro grau nos casos de condenação à pena privativa de liberdade por tempo superior a dois anos, vedada a declaração da pena de indignidade ou incompatibilidade para o oficialato.

d) O magistrado, na aplicação da pena, ao reconhecer a presença de circunstâncias atenuantes, poderá diminuir a pena abaixo do mínimo previsto na lei penal militar, em face da existência de crimes para os quais não seja prevista pena mínima e da possibilidade de reconhecer o ato praticado como infração disciplinar.

e) No trato do concurso de circunstâncias agravantes e atenuantes, deve o magistrado dar preponderância às de natureza subjetiva, entendidas como as que resultem dos motivos determinantes do crime, da personalidade do agente e da reincidência.

COMENTÁRIOS

✪ **Nota do autor:** verifica-se a real necessidade de distinguir as penas principais das acessórias. Para o cálculo de pena, utiliza-se o sistema trifásico. Parte-se, em regra, da pena básica hipotética, aplicando-se as agravantes, após as atenuantes, os aumentos e diminuições respectivos até o "quantum" final.

Alternativa correta, letra "e". Temos a aplicação do art. 75 do CPM, ou seja, a natureza subjetiva do agente é a manifestação de seu âmago. O porquê do crime (motivos). Quem é esse autor, a maneira da execução indicará seu *modus operandi* próprio. É a exteriorização de sua personalidade, se ele é criminoso habitual ou ocasional.

Alternativa "a". No concurso de agravantes e atenuantes, temos a aplicação do art. 75, isto é, a pena deve aproximar-se do limite indicado pelas circunstâncias preponderantes, entendendo-se como tais as que resultam dos motivos determinantes do crime, da personalidade do agente, e da reincidência. Se há equivalência entre umas e outras, é como se não tivessem ocorrido.

Para as majorantes e minorantes verificamos no art. 76 que na hipótese de a lei prever causas especiais de aumento ou diminuição da pena, não ficará o juiz adstrito aos **limites** da pena cominada ao crime, senão apenas aos da espécie de pena aplicável (art. 58).No concurso dessas causas especiais, pode o juiz limitar-se a um só aumento ou a uma só diminuição, prevalecendo, todavia, a causa que mais aumente ou diminua.

Alternativa "b". A legislação castrense dispõe expressamente a impossibilidade da aplicação **do "Sursis" da pena** para alguns crimes militares, não se aplicando, tal instituto, indistintamente à totalidade deles, como arguida na questão, ou seja, há exceções previstas no art. 88 do CPM, não aplicação ao condenado por crime cometido em tempo de guerra e em vários crimes em tempo de paz, tais como: contra a segurança nacional, de aliciação e incitamento, de violência contra superior, oficial de dia, de serviço ou de quarto, sentinela, vigia ou plantão, de desrespeito a superior, de insubordinação, ou de deserção e os tipificados nos art. 160, 161, 162, 235, 291 e seu parágrafo único, itens. I a IV.

Alternativa "c". Quando à imposição de **pena acessória**, conforme estabelecem os artigos 100 e 107, CPM, a regra é de a se constar expressamente da sentença, mas o caso comporta **exceções**, tais como: **perda de posto** e patente (art. 99); **perda da função pública** para o civil e para o militar da reserva ou reformado, se a estiver exercendo (art. 103, II); e, **suspensão dos direitos políticos** (art. 106).

Alternativa "d". Quando há mais de uma atenuante o juiz poderá reconhecer só uma. Não podendo diminuir aquém do mínimo hipotético legal ou exceder além do máximo. Tal regra está no art. 69 § 2º do CPM, ou seja, salvo o disposto no art. 76, é fixada dentro dos limites legais a quantidade da pena aplicável. Poderá o juiz extrapolar tais limites hipotéticos quando das circunstâncias de **aumento ou diminuição da pena**, devendo aplicar a que mais aumenta ou a que mais diminua. O magistrado estará apenas vinculado às espécies de sanção, como detenção ou reclusão, por exemplo, podendo ir **além do máximo** ou ficar **aquém do mínimo** legal. Haverá a combinação do art. 69 § 2º e art. 76, parágrafo único.

---

13. (Cespe – Juiz Substituto da Justiça Militar da União – STM/2013). No que concerne aos crimes de falsidade e às penas principais e acessórias, assinale a opção correta de acordo com o CPM.

a) Para todos os crimes de falsidade, haverá a incidência de agravante se o agente perpetrar o delito com fim de obter lucro ou de causar prejuízo a terceiro.

b) A ocorrência de prejuízo à administração militar ou a terceiro, ou a potencialidade da ocorrência desse prejuízo, constitui condição "sine qua non" para a consumação do crime de uso de documento falso.

c) Na punição ao crime de falsificação de documento, a agravação da pena do agente devido à sua condição de oficial dependerá do seu efetivo exercício na repartição militar responsável pela confecção do documento falsificado.

d) A condenação do militar pelo crime de falsidade material ou ideológica submeterá o oficial à declaração de indignidade para o oficialato, qualquer que seja a pena imposta.

e) Em relação à punição ao crime de uso de documento falso quando o agente é também autor da falsificação, o CPM, ao impor o concurso de crimes, estabelece forma distinta daquela prevista no CP.

COMENTÁRIOS

✪ **Nota do autor:** temos o conflito aparente de normas, devendo ser aplicado os princípios norteadores da especialidade, subsidiariedade, alternatividade e consunção.

Alternativa correta, letra "d". Temos novamente a aplicação do art. 100 do CPM, em que o juiz irá declarar, na sentença como pena acessória, a indignidade do oficial, dentre outros, nos casos de condenação pelo crime de falsificação de documento (art. 311) e falsidade ideológica (art. 312).

Alternativa "a". Nem todos os crimes de falsificação, previstos no Capítulo V, Título VII, Crimes contra a Administração Militar, art. 311 ao art. 318 do CPM, possuem a agravante da obtenção de lucro ou em prejuízo de terceiro. A previsão de tal circunstância está no art. 314, isto é, na emissão de certidão ou atestado Ideologicamente falso.

Alternativa "b". O crime de uso de documento falso atenta contra a boa-fé, a dignidade, a respeitabilidade, a moralidade da administração pública, não havendo necessidade de ocorrência de prejuízo material para a administração militar ou a terceiro, ou a potencialidade da ocorrência desse prejuízo, como condição "sine qua non" para a consumação de tal delito.

Alternativa "c". A agravação da pena ao oficial no caso de falsificação de documento público ou particular não dependerá do seu efetivo exercício na repartição, pois poderá ocorrer a falsificação em local distinto. O legislador utilizou a **disjuntiva "ou"**, logo, poderá ser oficial **ou** exercer função em repartição militar.

Alternativa "e". É pacífico o entendimento doutrinário e jurisprudencial no sentido de que o agente que pratica as condutas de falsificar e de usar o documento falsificado deve responder apenas por um delito. Segundo jurisprudência do STF, se o mesmo sujeito falsifica e, em seguida, usa o documento falsificado, responde apenas pela falsificação. O bem jurídico tutelado é a fé pública, que foi malferida no momento em que se constituiu a falsificação. Posterior utilização do documento, pelo próprio autor do falso, consubstancia, em si, desdobramento dos efeitos da infração anterior.

6. DA EXTINÇÃO DE PUNIBILIDADE

14. (Cespe – Juiz Substituto da Justiça Militar da União – STM/2013) A respeito das causas extintivas da punibilidade, assinale a opção correta.

a) O rol de causas extintivas da punibilidade previstas na parte geral do CPM é taxativo.

b) Se um militar, manejando imprudentemente uma pistola, com um só disparo matar um colega e ferir outro, a extinção da punibilidade do crime de lesões corporais não impedirá o aumento de pena de um sexto até a metade para o crime de homicídio culposo.

c) Seja o peculato doloso ou culposo, o ressarcimento do dano será causa extintiva da punibilidade.

d) Apesar da extinção da punibilidade, o fato persistirá como ilícito penal, gerando efeitos civis e criminais, como, por exemplo, ante a prática de novo crime, a possibilidade da reincidência e da negação do sursis ou a agravação da pena nos casos de delitos conexos.

e) No direito penal militar, a extinção da punibilidade não impede a aplicação de medida de segurança.

COMENTÁRIOS

✪ **Nota do autor:** o concurseiro deve também estar bem informado das situações de exclusão de antijuridicidade, culpabilidade e de punibilidade penal. **Atenção: todas as alternativas estão erradas, questão anulada.**

Alternativa "a". O rol de causas extintivas de punibilidade do art. 123 não é taxativo, pois há situações previstas na parte especial, como no ressarcimento do dano no peculato culposo e ou na retratação do agente, antes da sentença, no crime de falso testemunho.

Alternativa "b". Devemos realizar uma leitura atenta ao art. 206, § 2º, que prevê a hipótese de homicídio culposo, pois se em consequência de uma só ação ou omissão culposa, ocorre **morte de mais de uma pessoa ou também lesões corporais em outras pessoas**, a pena é aumentada de um sexto até metade. Chegamos à conclusão que o resultado morte ou lesões corporais deve **atingir mais de uma vítima**, para que se possa infligir a agravante de um sexto até metade, não se limitando apenas a uma única vítima de lesão corporal culposa.

Alternativa "c". Destacamos que a extinção de punibilidade ocorre com a reparação do dano, se precede a sentença irrecorrível, aplicável ao crime de peculato na somente na **forma culposa**, não se aplicando **ao peculato doloso.**

Alternativa "d". A extinção de punibilidade **não gera efeitos criminais**, o fato não persiste como ilícito penal, não sendo considerado o agente como reincidente, gerando somente efeitos civis, como ação de danos emergentes e lucros cessantes.

Alternativa "e". Interessante é ressaltar que com a extinção da punibilidade não se impõe medida de segurança, nem subsiste a que tenha sido imposta.

15. (Cespe – Juiz Substituto da Justiça Militar da União – STM/2013) Acerca da prescrição, assinale a opção correta à luz do CPM.

a) É causa de redução, pela metade, dos prazos prescricionais da pretensão punitiva em favor de condenado a mora no julgamento a ser aferida na data da prolação da sentença penal condenatória ou do acórdão.

b) O curso da prescrição executória é suspenso enquanto o condenado estiver preso por outro motivo e é interrompido pelo início ou continuação do cumprimento da pena ou pela reincidência.

c) Interrompe-se a prescrição pelo recebimento da denúncia e pela publicação da sentença ou acórdão condenatórios recorríveis, o que produz efeito relativamente a todos os autores do crime.

d) São causas suspensivas da prescrição da pretensão punitiva: a existência de questão prejudicial obrigatória, o fato de o agente encontrar-se cumprindo pena no estrangeiro e a captura do desertor e do insubmisso.

e) A prescrição da pretensão executória para as penas principais e acessórias é regulada pelo tempo fixado na sentença, computando-se nos mesmos prazos estabelecidos para a prescrição em abstrato, com o aumento de um terço desses prazos se o condenado for reincidente específico em crimes militares.

COMENTÁRIOS

✪ **Nota do autor:** necessário entender a prescrição da pretensão punitiva e a prescrição da pretensão executória da pena. No primeiro caso temos uma pena hipotética, após o trânsito em julgado teremos uma pena real. Em ambos os casos os prazos prescricionais são os definidos na tabela do art. 125 do CPM.

Alternativa correta, letra "b". Temos, neste caso, a inteligência do artigo 126, § 3º do CPM, a saber, o curso da prescrição da execução da pena **suspende-se** enquanto o condenado está preso por outro motivo, e **interrompe-se** pelo início ou continuação do cumprimento da pena, ou pela reincidência.

Alternativa "a". A **mora** (demora, atraso, inércia do Estado para a pretensão punitiva) irá beneficiar o réu. A redução dos prazos prescricionais está prevista no art. 129, CPM, pois são reduzidos de **metade** os prazos da prescrição, quando o criminoso era, ao tempo do crime, menor de vinte e um anos ou maior de setenta. Aqui se leva em conta as condições pessoais do agente no momento do crime, menor de 21 anos ou maior de 70 anos de idade.

Alternativa "c". Prevê o art. 125, § 5º que a prescrição da ação penal será **interrompida**:

I) pela instauração do processo; e,

II) pela sentença condenatória recorrível.

Verifica-se que a banca examinadora trouxe situações expressas do Código Penal Comum não se aplicando *"ipsis litteris"* à legislação castrense, haja vista que o art. 117 estabelece que o curso da prescrição é interrompido, dentre outras situações, **pelo recebimento da denúncia ou da queixa.**

Alternativa "d". Quanto à **suspensão da prescrição,** o § 4º, do art. 125, estabelece que a prescrição da ação penal não corre:

I) enquanto não resolvida, em outro processo, questão de que dependa o reconhecimento da existência do crime;

II) enquanto o agente cumpre pena no estrangeiro.

Para o **crime de deserção** a curso do prazo de prescrição é contado da consumação do crime, **mas por ele ser considerado crime permanente**, a consumação prolonga-se no tempo. O prazo prescricional é de 04 anos, nos termos da tabela do art. 125, inciso VI, do CPM, contados de sua captura ou de sua apresentação espontânea, com a circunstância de que o agente deverá também atingir a idade de 45 anos, se praça e de 60 anos, se oficial, para a extinção de punibilidade, nos termos do art. 132 da citada norma.

Sobre a **insubmissão** prevê o art. 131, que a prescrição começa a correr, no dia em que o insubmisso atinge a idade de trinta anos.

Alternativa "e". Conforme art. 126, a prescrição da execução da pena privativa de liberdade ou da medida de segurança que a substitui (art. 113) regula-se pelo tempo fixado na sentença e verifica-se nos mesmos prazos estabelecidos no art. 125, os quais se **aumentam de um terço, se o condenado é criminoso habitual ou por tendência.** Sobre as **penas acessórias** há previsão legal de sua imprescritibilidade, face ao estabelecido no art. 130, ou seja, é imprescritível a execução das penas acessórias.

---

16. (Cespe – Juiz Substituto da Justiça Militar da União – STM/2013) A respeito da prescrição no direito penal militar, assinale a opção correta.

a) A execução das penas acessórias prescreve em quatro anos, contados da data do fato.

b) A prescrição do crime de insubmissão começa a correr do dia em que o insubmisso atinge a idade de quarenta e cinco anos.

c) Ao militar que deserta e permanece nesta condição sem ser reintegrado aplica-se a regra de que, embora decorrido o prazo da prescrição, a extinção da punibilidade somente poderá ocorrer quando o desertor atingir a idade de quarenta e cinco anos, e, se oficial, a de sessenta.

d) A prescrição não pode ser decretada de ofício pelo juiz.

e) Da mesma forma que no CP, o CPM estabelece que serão reduzidos de metade os prazos de prescrição dos crimes militares se o criminoso tiver, ao tempo do crime, menos de vinte e um anos de idade, ou, na data da sentença, mais de setenta anos de idade.

COMENTÁRIOS

Alternativa correta, letra "c". Não se operam as prescrições enquanto não atingidas as idades limites citadas, em relação aos desertores. Temos a impossibilidade de reconhecimento do lapso prescricional do art. 125, inciso VI, ou seja, 04 anos embora transcorrido, por vedação expressa do artigo 132 do Código Penal Militar, que leva em consideração as idades dos desertores. Se oficial deve atingir 60 anos, e, se praça atingir a idade de 45 anos.

Alternativa "a". Novamente, temos a indagação sobre as **penas acessórias,** reiterando que há previsão legal de sua imprescritibilidade, face ao estabelecido no art. 130, ou seja, é imprescritível a execução das penas acessórias.

Alternativa "b". Ratificando, temos a aplicação do art. 131, isto é, a prescrição começa a correr, no crime de insubmissão, do dia em que o insubmisso atinge a **idade de trinta anos** e não quarenta e cinco anos, situação esta aplicável ao crime de deserção.

Alternativa "d". Encontramos de forma expressa no art. 133, que a prescrição, embora não alegada, deve ser declarada de ofício pelo juiz.

Alternativa "e". Sobre a **redução dos prazos de prescrição** verificamos que o texto do art. 115 do CP é diferente do art. 129 do CPM, ou seja:

> *I – No art. 115, são reduzidos de metade os prazos de prescrição quando o criminoso era, ao tempo do crime, menor de 21 (vinte e um) anos, ou, na data da sentença, maior de 70 (setenta) anos.*
>
> *II – No art. 129, são reduzidos de metade os prazos da prescrição, quando o criminoso era, ao tempo do crime, menor de vinte e um anos ou maior de setenta.*

Pela simples análise do CP os benefícios são aos aplicáveis:

> *I – aos menores de 21 anos, quando da data do crime; e,*
>
> *II – aos maiores de 70 anos, quando da data da prolação da sentença.*

No CPM prevalecem as idades dos supostos beneficiários **somente na data da** prática da infração penal militar, não se referindo quanto à sentença.

7. DOS CRIMES CONTRA A AUTORIDADE E DISCIPLINA

17. (Cespe – Juiz Substituto da Justiça Militar da União – STM/2013). No que concerne a alguns crimes contra a autoridade ou disciplina militar, assinale a opção correta.

a) Para a tipificação dos crimes de violência contra superior e contra militar de serviço, exige-se a condição de militar do sujeito ativo.

b) No que se refere ao crime de revolta – que consiste na prática dos atos que caracterizam o motim, acrescido do uso de armas pelos agentes – o CPM prevê agravamento de pena para o (s) cabeça (s) e atribui essa condição de proeminência aos oficiais que participarem do movimento.

c) Para a configuração do crime militar de motim, exige-se a reunião de mais de três militares com o objetivo específico de subverter a ordem, de ofender a hierarquia e a disciplina.

d) Admite-se o civil como sujeito ativo do crime de aliciação para motim, que se consuma com o mero convite para a prática do crime.

e) Para sua consumação o incitamento – que é o chamamento de militares para a prática de crimes diversos do motim e da revolta, não compreendendo ato de indisciplina –, são necessários o assentimento e a prática das infrações pelo incitado.

COMENTÁRIOS

✪ **Nota do autor:** podemos utilizar a mnemônica (**audi**) para memorizar os crimes contra a **au**toridade e **di**sciplina militares (art. 149 ao art. 182, ou seja, motim, revolta, aliciação, incitamento, violência contra superior, violência contra militar de serviço, **desrespeito a** superior, símbolo nacional ou farda), **insubordinação** (recusa de obediência, oposição à ordem de sentinela, reunião ilícita, publicação ou crítica indevida) usurpação, excesso ou abuso de autoridade, resistência, fuga, evasão, arrebatamento e amotinamento de presos).

Alternativa correta, letra "b". Temos a inteligência do art. 149, parágrafo único c/c art. 53, § 4º e § 5º do CPM, com aumento da pena de 1/3 para os cabeças.

Consideram-se **cabeças**, nos crimes de autoria coletiva necessária os militares (motim ou revolta) o militares que dirigem, provocam, instigam ou excitam a ação. Nesta situação os militares podem ser de soldado a general, não foi especificada a graduação, tampouco o posto ou título.

Na ocorrência de revolta contendo inferiores, havendo um ou mais oficiais, serão estes considerados cabeças. Neste caso se houver um ou mais oficiais, pela condição do posto ou da patente terão sanções aumentadas em 1/3, em relação aos demais concorrentes.

Alternativa "a". Para a ocorrência de **crime de violência contra superior**, há necessidade de o agente inferior ser militar (crime propriamente militar, essencialmente militar ou tipicamente militar), o que não ocorre no crime de violência contra militar de serviço, cujo agente pode ser civil ou militar (crime impropriamente militar ou acidentalmente militar).

Alternativa "c". Para a configuração do crime de motim ou revolta exige-se a presença de **dois ou mais militares**, com o dolo genérico para praticarem as condutas descritas nos incisos I a IV do art. 149 do CPM. Como a regra, na legislação penal, a previsão do crime é na modalidade dolosa, temos o elemento subjetivo do injusto exigido em cada tipo penal, ou seja, a consciência e vontade de praticar a conduta, o que caracteriza o dolo genérico. Já o dolo específico está naqueles tipos penais em que exige, além do dolo genérico, uma taxatividade específica, uma intenção especial do autor.

Alternativa "d". O crime de **aliciação** para o motim pode ser praticado por civil, consumando-se com a **concordância do militar,** mesmo sem a ocorrência do crime para o qual foi atraído. Sabemos que aliciar é atrair, seduzir, angariar, recrutar, basta apenas seduzir um militar**, com sua efetiva concordância.**

Alternativa "e". No incitamento existe a provocação à desobediência, à prática de um crime militar, ou seja, compreende ato de indisciplina. Ele pode ser de forma indireta, quando, por exemplo, o agente faz apologia de um fato considerado criminoso, ou faz propaganda do autor desse fato criminoso, em local sujeito à administração militar.

8. DOS CRIMES CONTRA O SERVIÇO E O DEVER

18. (Cespe - Juiz Substituto da Justiça Militar da União - STM/2013) A respeito dos crimes militares em espécie, assinale a opção correta.

a) O crime militar de abandono de posto pode ser cometido de forma dolosa ou culposa.

b) Militares que, armados, se reunirem contra ordem recebida de superior, negando-se a cumpri-la, praticarão o crime de motim.

c) O militar que desrespeitar superior diante de outro militar cometerá o crime de insubordinação.

d) Cometerá o crime de deserção o militar que se ausentar, sem licença, da unidade em que sirva, ou do lugar em que deva permanecer, por mais de cinco dias.

e) Constitui crime militar a prática de ato libidinoso em lugar sujeito a administração militar.

COMENTÁRIOS

✪ **Nota do autor:** podemos também utilizar a mnemônica (**sede**) para memorizar os crimes contra o serviço e o dever militar (art. 183 ao art. 204, ou seja, insubmissão, **deserção (art. 187, mais de 08 dias de ausência),** casos assimilados de deserção (art. 188, ao não se apresentar, **dentro de 08 dias**, por término de **licença, agregação, trânsito, férias**, após declaração de **estado de sítio** ou **de guerra**, após cumprimento de pena, obter a exclusão do serviço ativo criando ou simulando incapacidade), abandono de posto, omissão de eficiência e outras omissões, descumprimento de missão, embriaguez em serviço e dormir em serviço).

Alternativa correta, letra "e". Temos a inteligência do art. 235, ou seja, praticar, ou permitir o militar que com ele se **pratique ato libidinoso**, **homossexual ou não**, em lugar sujeito a administração militar. Ato libidinoso é o que visa ao prazer sexual. É todo aquele que serve de desafogo à concupiscência. O ato tem que ser lascivo, voluptuoso, dirigido para a satisfação do instinto sexual.

Alternativa "a". Conforme disposição do art. 195, que trata do crime de abandono de posto, há somente a previsão legal na modalidade dolosa, haja vista que o agente pratica o ato sem a ordem de superior hierárquico, tendo a livre consciência de sua conduta.

Alternativa "b". Se dois ou mais **militares reunirem-se armados** contra ordem recebida de superior, negando-se a cumpri-la praticarão o crime o crime de **revolta,** face ao parágrafo único do art. 149. Será crime de motim se, nas mesmas circunstâncias, estiverem desarmados.

Alternativa "c". O crime de **insubordinação, art. 163,** consuma-se com a recusa em obedecer à ordem do superior sobre assunto ou matéria de serviço, ou relativamente a dever imposto em lei, regulamento ou instrução, diferente do art. 160, que trata do desrespeito a superior diante de outro militar.

Alternativa "d". Consuma-se o crime de Deserção, nos termos do art. 187, a ausência do militar, sem licença, da unidade em que serve, ou do lugar em que deve permanecer, **por mais de oito dias** e não mais de cinco dias.

19. (Cespe - Juiz Substituto da Justiça Militar da União - STM/2013) No que tange aos crimes militares de insubmissão e de deserção, assinale a opção correta.

a) Em se tratando de crime de insubmissão, o CPM isenta o réu de pena se há, por parte deste, ignorância ou a errada compreensão dos atos dirigidos ao chamamento do dever militar, quando esses atos forem escusáveis; e exclui igualmente de pena nos casos de favorecimento real ou pessoal ao insubmisso, se o agente favorecedor for ascendente, descendente, cônjuge ou irmão do criminoso.

b) A consumação do delito de deserção, em todas as suas espécies, ocorre após o transcurso de oito dias de ausência do militar.

c) O CPM afasta a escusa absolutória nos casos de favorecimento real ou pessoal quando da prática do crime de deserção, ainda que o favorecimento seja cometido em favor de ascendente, descendente, cônjuge ou irmão do criminoso.

d) Tratando-se de crime de deserção propriamente dita ou clássica, pela ausência do militar, sem licença, da unidade em que serve, ou do lugar em que deve permanecer, por mais de oito dias, a contagem do prazo de graça inicia-se no dia seguinte ao dia da verificação da ausência, enquanto o dia final é contado por inteiro.

e) O crime de insubmissão é caracterizado pela recusa do agente em obedecer a ordem do superior sobre assunto ou matéria de serviço, ou relativamente a dever imposto em lei, regulamento ou instrução.

COMENTÁRIOS

✪ **Nota do autor:** há notórias diferenças entre os crimes de deserção (art. 187 e seguintes) e o crime de insubmissão (art. 183). O que há de comum é que ambos pertencem ao mesmo capítulo, isto é, dos crimes contra o serviço e dever militar (**sede).** Importante a leitura atenta aos casos assimilados de deserção e as particularidades quando se é praticado por praça e quando o autor é oficial quanto aos prazos prescricionais.

Alternativa correta, letra "d". Temos a aplicação do § 1º, do art. 451 CPM, a contagem dos dias de ausência, para efeito da lavratura do termo de deserção, iniciar-se-á à **zero hora do dia seguinte** àquele em que for verificada a falta injustificada do militar.

Ex.: se o militar está escalado no dia 10 de outubro de 2014, no horário das 09:00 h às 18:00 h, temos que realizar a seguinte contagem:

I) **início da ausência** é 110000OUT14 (zero hora de 11 de outubro).

II) **o prazo de graça** será de 110000OUT14 até 182400OUT14, ou seja, contado por inteiro. O prazo de graça perdura até os últimos instantes da ausência, pois ainda não se consumou o crime de deserção. Até aquela data e hora o fato é transgressão disciplinar.

III) **a consumação da deserção** será em 190000OUT14 (mais de 08 dias de ausência).

Alternativa "a". Quanto à **insubmissão**, nos termos do § 2º do art. 183 a pena será diminuída de 1/3 pela ignorância ou a errada compreensão, não havendo **isenção** de sanção para o réu.

Alternativa "b". Existem os "casos assimilados" do crime de deserção, art. 188 e 189, em que o prazo para a consumação não excedem 08 dias. Encontramos a deserção especial em que o militar deixa de apresentar-se no momento da partida de navio ou aeronave em que é tripulante...., consumação instantânea do crime.

Alternativa "c". O CPM não afasta a escusa absolutória ao favorecimento real (art. 351). Há isenção de pena, pelo favorecimento pessoal, para o ascendente, descendente, cônjuge ou irmão, para o crime de **deserção** (art. 193, parágrafo único).

Alternativa "e". A recusa em obedecer à ordem do superior é uma das espécies do crime de insubordinação (art. 163). Não se trata do crime de insubmissão (art. 183), cuja conduta é deixar de apresentar-se o convocado à incorporação, dentro do prazo que lhe foi marcado, ou, apresentando-se, ausentar-se antes do ato oficial de incorporação.

9. DOS CRIMES CONTRA A HONRA

20. (Cespe – Juiz Substituto da Justiça Militar da União – STM/2013) No que tange aos crimes contra a honra, assinale a opção correta.

a) A ação penal militar para o crime de injúria é pública condicionada à representação do ofendido.

b) Em se tratando do crime de calúnia, não se admite a exceção da verdade em face da pessoa do superior hierárquico.

c) Admite-se o perdão judicial à prática do crime de injúria tanto nos casos em que o ofendido, de forma reprovável, a provocar diretamente quanto nas situações em que ele fizer uso de retorsão imediata.

d) Os preceitos do CPM relativos ao crime de calúnia são idênticos aos do CP, tutelando, inclusive, a honra dos mortos.

e) No juízo militar, caso haja equivocidade da ofensa, não se admitirá o pedido de explicações, devendo-se resolver todas as questões no curso da ação penal.

COMENTÁRIOS

✪ **Nota do autor:** na legislação castrense não existe a Ação Penal Privada Principal, ou seja, aquela que depende exclusivamente da queixa crime do ofendido ou seu requerimento junto ao Distrito Policial para a persecução criminal (ação penal e inquérito policial respectivamente). **Atenção**: **todas as alternativas estão erradas, questão anulada.**

Alternativa "a". O CPM prevê somente três espécies de Ação Penal:

I) **Ação Penal Incondicionada**, sendo a regra, conforme ínsito no art. 121, isto é, a ação penal somente pode ser promovida por denúncia do Ministério Público da Justiça Militar.

II) **Ação Penal Condicionada à Requisição (art. 31), para os crimes do art. 136 a 141 CPM,** delitos contra a Segurança Externa do País. Apesar de o texto legal referir-se ao Ministério Militar, por disposição da Lei Complementar nº 97/99 (art. 3º, 19 c/c 20), foram transformados em Comandos. Até que se proceda à revisão dos atos normativos pertinentes, as **referências legais a Ministério ou a Ministro** de Estado da Marinha, do Exército e da Aeronáutica passam a ser entendidas como **Comando ou ao Comandante dessas Forças**, respectivamente, desde que não colidam com atribuições do Ministério ou Ministro de Estado da Defesa. Entendemos que o MPM ao receber a "requisição" do comando ou comandante Militar, respectivo, não estará vinculado ao seu cumprimento, sendo a melhor leitura a "**comunicação do fato", equivalente a uma representação,** ao Procurador Geral da Justiça

Militar. Este irá analisar a real necessidade sobre eventual propositura da ação penal, haja vista o princípio da autonomia funcional, não estando vinculado àquela comunicação. Quando o agente for civil e não houver coautor militar a requisição será do **Ministro da Justiça.**

III) Ação Penal Privada Subsidiária da Ação Penal Pública conforme insculpido na Constituição Federal art. 5º, inciso **LIX,** "será admitida ação privada nos crimes de ação pública, se esta não for intentada no prazo legal". O Código de Processo Penal Militar em seu art. 79, estabelece o prazo para o Ministério Público oferecer a denúncia, ou seja, em 05 dias, caso o réu esteja preso, e em 15 dias, quando estiver solto. Esgotados tais prazos será possível a propositura da Ação Penal Privada Subsidiária da Ação Penal Pública.

Alternativa "b". Admite-se a exceção da verdade para os crimes de calúnia, havendo algumas impossibilidades de sua aplicação, nos termos do § 2º do art. 214, **não estando o superior hierárquico** entre aqueles. Não se admite, por exemplo, a exceção da verdade se o fato é imputado contra o Presidente da República ou chefe de governo estrangeiro.

Alternativa "c". A legislação castrense não estabelece a possibilidade de aplicação do perdão judicial nos casos de injúria em que o ofendido, de forma reprovável, o provocou diretamente, ou mesmo em circunstâncias de retorsão imediata das ofensas.

Alternativa "d". Não se tutela a honra dos mortos no CPM, somente no Código Penal Comum.

Alternativa "e". Admitir-se-á o pedido de explicações em juízo, conforme art. 221 do CPM, ou seja, se o interpelado se recusa a dá-las ou, a critério do juiz, não as dá satisfatórias, responde pela ofensa.

10. DOS CRIMES CONTRA A LIBERDADE E DOS CRIMES SEXUAIS

21. (Cespe – Juiz Substituto da Justiça Militar da União – STM/2013) À luz do CPM, assinale a opção correta a respeito dos crimes contra a liberdade individual, dos crimes sexuais e das penas principais e acessórias.

a) A simples condição de oficial, quando da prática de qualquer dos crimes sexuais, resulta na incidência da causa de aumento de pena, pela metade, com a consequente sujeição do agente à declaração de indignidade para o oficialato.

b) Todos os crimes sexuais atentam contra a liberdade sexual da vítima, por violarem o direito desta de dispor do próprio corpo e de escolher livremente seus parceiros.

c) Em se tratando do crime de ameaça, só haverá caracterização de delito militar se a motivação da ameaça decorrer de razões referentes a serviço de natureza militar.

d) Na punição ao crime de constrangimento ilegal, incidirá aumento de pena, aplicando-se esta em dobro, quando, entre outras situações, houver emprego de arma na perpetração do crime. Nesse caso, além da pena cominada, haverá o concurso daquela correspondente à violência.

e) Em relação dos crimes sexuais que evolvam menores, o CPM segue idêntico preceito do CP, considerando haver presunção absoluta de violência – iuris etiure –, se a vítima não for maior de quatorze anos, ainda que tenha consentido com a prática do ato sexual.

COMENTÁRIOS

Alternativa correta, letra "d". Temos a aplicação do art. 222, § 1º e § 2º CPM, em que ocorrendo o constrangimento ilegal, haverá aplicação da **pena em dobro** nas seguintes situações:

1) quando reunirem-se mais de três pessoas para a prática desse delito;

2) quando houver emprego de arma; e,

3) quando o constrangimento é exercido com abuso de autoridade para obter confissão de autoria de crime ou obter declaração como testemunha.

Se houver violência aplica-se também a pena correspondente a ela.

Alternativa "a". Os **crimes sexuais** estão previstos nos artigos 232 a 239 do CPM, tais como, estupro, atentado violento ao pudor, corrupção de menores, pederastia, ato obsceno e escrito ou objeto obsceno, ficando sujeito à **declaração de indignidade** a prática do crime do art. 235, pederastia, conforme art. 100. O art. 237 prevê agravação da pena para os crimes sexuais, e ainda se praticado por **Oficial,** haverá a **agravante entre 1/5 e 1/3 e não aumento de metade,** conforme disposto no art. 73 do CPM.

Alternativa "b". Nem todos os crimes sexuais atentam contra a liberdade sexual da vítima, haja vista que a maioria deles estabelece a conduta de constrangimento ou corrupção da vontade da vítima, e por tais motivos violam o direito e a liberdade dela em dispor do próprio corpo, ao praticarem o ato contra sua vontade. Para o crime de pederastia o militar permite a prática do ato libidinoso, há manifestação livre e consciente de sua vontade e também a liberdade em escolher seus parceiros, mas se o ato for praticado em lugar sujeito à administração militar haverá a conduta ilícita.

Apesar de o título ser **"pederastia",** art. 235 do CPM, há o aspecto teleológico de incluir também os atos heterossexuais praticados em local sujeito à administração militar. Neste caso, a expressão "pederastia" foi utilizada em seu conceito atual, designando **qual-**

quer relação homossexual, sem fazer referência à idade dos envolvidos. No sentido clássico a pederastia indica relação homossexual masculina, entre um adulto e um menor de idade.

Alternativa "c". Nos termos do art. 223, a ameaça pode consuma-se por meio de palavra, por escrito ou gesto, ou qualquer outro meio simbólico, de lhe causar mal injusto e grave, sem que haja motivação sobre o serviço militar, caso o seja, teremos aumento da pena em 1/3 conforme disposição do parágrafo único do mesmo artigo.

Alternativa "e". Na lei militar existe a presunção relativa *juris tantum* de a vítima ser menor de 14 anos (art. 236, I), havendo a disposição expressa de "salvo fundada suposição contrária do agente". Na lei penal comum há a presunção absoluta (*juris et de iure*) daquela, não havendo qualquer ressalva (art. 217-A CPB).

11. DOS CRIMES CONTRA O PATRIMÔNIO E ADMINISTRAÇÃO MILITAR

22. (Cespe – Juiz Substituto da Justiça Militar da União – STM/2013) À luz do CPM, assinale a opção correta com relação ao crime de furto.

a) A agravante decorrente do furto perpetrado no período noturno não se encontra prevista de forma expressa no CPM. O escopo de legislador na norma penal comum foi proteger a casa onde repousa o indivíduo, não se aplicando, portanto, tal agravante à pena pelo furto de patrimônio sob a administração militar.

b) De acordo com preceito expresso do CPM, o furto praticado contra o patrimônio da fazenda nacional é sempre qualificado, o que não afasta, por si só, a possibilidade de incidência do privilégio em razão do pequeno valor da coisa subtraída e o arrependimento posterior consistente na reparação do dano ou restituição do bem.

c) Ao furto qualificado pela destruição ou rompimento de obstáculo à subtração da coisa, ou com abuso de confiança, mediante emprego de chave falsa ou por concurso de duas ou mais pessoas não se aplicam a atenuante do pequeno valor da coisa e a causa de diminuição de pena pela restituição do bem, pois há maior desvalor da ação.

d) No sentenciamento do agente que tiver praticado crime de furto, se o valor do bem não exceder ao décuplo do valor do salário mínimo vigente no país, o juiz poderá diminuir a pena de um a dois terços, podendo, ainda, deixar de aplicar a pena e conceder o perdão judicial, considerando o fato apenas como infração disciplinar.

e) Em relação ao crime de furto, o CPM admite que incida o arrependimento posterior, com a substituição da pena de reclusão pela de detenção ou a sua diminuição de um a dois terços, ou, ainda, que se considere a infração como disciplinar, desde que o agente seja primário e, antes de instaurada a ação penal, restitua a coisa ao seu dono ou repare o dano causado. Nesse caso, para a incidência da causa de diminuição de pena pela reparação ou restituição do bem, não se levará em consideração o valor do bem subtraído, sendo admitida, de forma diversa do CP, a extensão desse benefício ao coautor e ao partícipe, por se tratar de circunstância de natureza objetiva.

COMENTÁRIOS

Nota do autor: é conveniente uma atenta leitura ao texto do art. 240 e seus parágrafos, além da figura exclusiva do furto de uso. Este previsto somente na legislação castrense.

Alternativa correta, letra "b". Por ser a coisa furtada pertencente à **Fazenda Nacional**, a conduta configura **furto** qualificado, como previsto no § 5º do art. 240 do CPM, que deve ser combinado com o § 1º do mesmo artigo, considerando aquela como de pequeno valor, ou seja, não exceda a **um décimo da quantia mensal do mais alto salário mínimo do país.** É a disposição expressa do § 7º daquele artigo, onde o legislador estabeleceu a possibilidade de aplicação das atenuações dos §§ 1ª e 2º, caso a *"res furtiva"* seja pertencente à Fazenda Nacional.

Alternativa "a". Há a previsibilidade expressa na lei castrense de ser **qualificado o furto** praticado durante a noite, conforme disposição do § 4º, do art. 240.

Alternativa "c". As qualificadoras por destruição ou rompimento de obstáculo à subtração da coisa, por abuso de confiança, mediante emprego de chave falsa ou por concurso de duas ou mais pessoas, previstas no § 6º, também podem ter redução da pena caso o agente seja primário e de pequeno valor a coisa subtraída, conforme combinação dos §§ 7º e 2º, tudo do art. 240.

Alternativa "d". Conforme dispõe o § 1º do art. 240, se o agente é primário e é de pequeno valor a coisa furtada, o juiz pode substituir a pena de reclusão pela de detenção, diminuí-la de um a dois terços, ou considerar a infração como disciplinar. Entende-se pequeno o valor que não exceda a um décimo da quantia mensal do mais alto salário mínimo do país, não havendo a hipótese de aplicação do **perdão judicial**, como excludente de punibilidade. Temos a desclassificação da infração penal militar para transgressão disciplinar, cabendo ao comandante do acusado analisar aquele comportamento na esfera administrativa, com direito à ampla defesa e ao contraditório.

Alternativa "e". Para que seja eventualmente considerada a infração penal como disciplinar, há necessidade de que o réu seja primário e que o valor da coisa subtraída não exceda a um décimo da quantia mensal do mais alto salário mínimo do país, tais condições devem também ser observadas mesmo que ocorra o arrependimento posterior, isto é, com a efetiva restituição do bem.

Sobre o arrependimento posterior a banca examinadora combinou os §§ 1º e 2º do art. 240, sendo que para obtenção de tal benefício deve-se levar em conta sim o valor da coisa subtraída, ou seja, que não exceda à décima parte do maior salário mínimo do país, além de ser o réu primário e que a restituição ou reparação do dano ocorra antes da instauração da ação penal.

Para o CP, teremos que analisar o art. 16 c/c § 2º do art. 155 e art. 181 a 183, item II, ou seja, o arrependimento posterior é possível, aos crimes cometidos sem violência ou grave ameaça, quando reparado o dano ou restituída a coisa até o recebimento da denúncia.

Em situações especiais previstas no § 2º do art. 155, sendo o criminoso primário, e de pequeno valor a coisa furtada, o juiz pode substituir a pena de reclusão pela de detenção, diminuí-la de um a dois terços, ou aplicar somente a pena de multa, deixando, destarte, de se aplicar tal benefício nos termos do art. 183, inciso II, **ao estranho que participa** do crime naquelas situações.

---

23. (Cespe – Juiz Substituto da Justiça Militar da União – STM/2013) À luz do CPM, assinale a opção correta a respeito do crime de furto.

a) Não constitui crime militar a subtração de coisa alheia móvel para fim de uso momentâneo, desde que seja imediatamente restituída ou reposta no lugar onde se achava.

b) O CPM não admite a figura do furto qualificado-privilegiado.

c) Tratando-se do crime de furto, se o agente for primário e for de pequeno valor a coisa furtada, o juiz poderá substituir a pena de reclusão pela de detenção, diminuí-la de um a dois terços, ou considerar a infração como disciplinar. Para esse fim, entende-se como pequeno o valor que não exceda a quantia mensal correspondente ao mais alto salário mínimo do país.

d) Extinguir-se-á a punibilidade do crime de furto simples se o criminoso, sendo primário, restituir a coisa ao seu dono ou reparar o dano causado, antes de instaurada a ação penal.

e) Ao contrário do CP, o CPM prevê o furto qualificado pelo repouso noturno.

COMENTÁRIOS

Alternativa correta, letra "e". Temos a previsão expressa dessa **qualificadora** no art. 240, § 4º, se o furto é praticado durante a noite, a pena será de reclusão, de dois a oito anos. Na legislação penal comum, conforme art. 155, § 1º, temos o **aumento** da pena do crime de furto, quando é praticado durante o repouso noturno, não se tratando de qualificadora.

Alternativa "a". A legislação castrense, diferente da penal comum, prevê com exclusividade o tipo **furto de uso**, conforme art. 241, ou seja, se a coisa é subtraída para o fim de uso momentâneo e, a seguir, vem a ser imediatamente restituída ou reposta no lugar onde se achava. Temos ainda, no parágrafo único, aumento de metade da pena, se a coisa usada é veículo motorizado; e de um terço, se é animal de sela ou de tiro.

Alternativa "b". O CPM, nos termos do § 7º do art. 240, admite a possibilidade de o furto ser qualificado e privilegiado ao mesmo tempo. Situação esta também admitida na legislação comum, até por interpretação da Segunda Turma do Supremo Tribunal Federal que concedeu *Habeas Corpus* (HC 96843), "Considero que o critério norteador deve ser o da verificação da compatibilidade entre as qualificadoras (art. 155, parágrafo 4º) e o privilégio (art. 155, parágrafo 2º). A esse respeito, no seguimento do crime de furto, não há incompatibilidade entre as regras constantes dos dois parágrafos referidos", explicou a relatora, ministra Ellen Gracie.

Alternativa "c". Novamente temos a aplicação do § 1º, última parte, do art. 240, entende-se **pequeno o valor** que não exceda a um décimo da quantia mensal do mais alto salário mínimo do país.

Alternativa "d". Não há extinção da punibilidade do crime de **furto simples** se o criminoso, sendo primário, restituir a coisa ao seu dono ou reparar o dano causado, antes de instaurada a ação penal. Haverá no **furto privilegiado**, nos termos dos §§ 1º e 2º do art. 240 a **atenuação da sanção ou poderá considerar a infração como disciplinar**, devendo o réu ser primário e de pequeno valor a coisa.

---

24. (Cespe – Juiz Substituto da Justiça Militar da União – STM/2013) Em determinada missão militar de treinamento, foram utilizados diversos aparelhos de localização por satélite, de propriedade das Forças Armadas, sob a supervisão e vigilância do sargento Z, responsável pela instrução. No fim do dia, depois de cumprida a missão, no momento da restituição dos equipamentos, o soldado X manteve em seu poder o equipamento que lhe fora entregue para a o exercício, tendo, em conluio com o soldado F, falsificado de forma grosseira a assinatura do sargento M, responsável pelo recebimento do patrimônio, na guia de restituição de patrimônio. Ao conferir todos os bens utilizados, o diligente militar imediatamente percebeu a ausência do equipamento em questão e a falsificação de sua assinatura no documento. Prontamente, ele comunicou o fato ao oficial responsável pela missão, que ordenou a revista em todos os militares participantes da instrução. O equipamento foi, então, encontrado na mochila do soldado X. Este, por sua vez, confessou o fato e disse que pretendia apenas utilizar o equipamento em uma trilha particular e que o restituiria logo em seguida. O soldado F declarou ter assinado o documento a pedido do soldado X, por ter a letra parecida com a do sargento M, mediante a promessa de ser posteriormente compensado pelo auxílio. O bem foi avaliado em mil e duzentos reais. À luz do que preceitua o CPM quanto aos crimes de furto, apropriação indébita, estelionato e peculato, assinale a opção correta a respeito da situação hipotética acima descrita.

a) O crime perpetrado pelos militares foi o de furto qualificado mediante fraude e concurso de agentes, na forma tentada.

b) Os soldados X e F praticaram o crime de apropriação indébita qualificada, em razão de o bem lhes ter sido entregue para o exercício militar, na forma tentada.

c) O crime perpetrado pelos soldados foi o de estelionato, na forma tentada, por meio de fraude, com o objetivo de induzir a administração militar em erro e permanecer na posse do bem.

d) O crime perpetrado pelos soldados foi o de peculato qualificado pelo concurso de agentes e pelos meios de execução, mediante fraude na forma tentada.

e) Os soldados praticaram o crime de peculato-furto na forma tentada.

COMENTÁRIOS

Alternativa correta, letra "a". Como a entrega da coisa ao agente ocorreu de forma viciada, fraudulenta, por meio de erro ou se tivesse acontecido com o emprego de violência, não há nessas situações o delito de peculato. Temos a perpetuação do crime de **furto qualificado** pela fraude, na forma tentada, pois os agentes ainda não tinham a posse tranquila e dela pudessem dispor (art.240, § 2º, inciso II c/c art. 30, inciso, II, do CPM).

Alternativa "b". Não podemos falar em apropriação indébita visto que tanto a entrega da coisa quanto o recebimento foram viciados, não havendo boa-fé do recebedor. Na apropriação indébita o dolo é posterior à tradição da coisa. O *animus rem sibi habendi* é subsequente à posse.

Alternativa "c". Com as informações do texto, verifica-se que a intenção era de uso do aparelho e respectiva devolução, não se trata de **estelionato**, pois neste crime o dolo é antecedente à posse do objeto. Tendo como finalidade a permanência da coisa em sua posse.

Alternativa "d". O crime de peculato está capitulado, nas várias modalidades, do art. 303 e 304, (peculato apropriação, desvio, furto, culposo, peculato por erro de outrem) **não havendo a figura na forma qualificada.**

Alternativa "e". Trata a lei no § 2º do artigo 303 do **peculato-furto** ou impróprio. Aqui, ao contrário do caput, o militar ou funcionário não detém a posse do dinheiro, valor ou bem móvel, público ou particular, sendo que a conduta criminosa, ao invés de consistir em uma apropriação ou desvio, consubstancia-se na subtração da coisa. Não obstante é necessário que o agente valha-se de sua condição de militar ou funcionário para a configuração do delito. Se tal não ocorrer, como, por exemplo, na situação em que o militar, mediante escalada e arrombamento, invade a tesouraria da unidade em que serve e subtrai grande quantidade de vales-transportes, estará praticando o crime de furto qualificado e não o de peculato-furto. No crime de peculato-furto, encontramos duas modalidades estabelecidas na norma:

I. Na primeira, o funcionário pratica diretamente a subtração. O Elemento subjetivo é o dolo de subtrair ou concorrer na subtração da coisa, aliado à intenção de proveito próprio ou alheio, abrangendo, destarte, a consciência da facilidade que a condição de funcionário ou militar proporciona ao agente.

II. Na segunda espécie, o militar ou funcionário, com consciência e vontade, concorre para que outrem ("extraneus") subtraia o dinheiro, valor ou bem. Exemplo: a sentinela que permite a entrada de coautor no quartel para que este subtraia um fuzil. Consuma-se o delito com a inversão de posse do objeto material.

Direito Penal Militar

Luis Henrique Usai

✦ DICAS (RESUMO)

1. PARA A TERRITORIALIDADE

Aplica-se a lei do território onde ocorreu o crime, não importando a nacionalidade dos envolvidos. O território do Brasil possui 8.511.965 km2 e uma costa atlântica de 7.400 km. Por disposição da Lei nº 8.617/93, o **mar territorial** é uma faixa de águas costeiras que alcança 12 **milhas náuticas (01 m.n. = 1.852 m, ou seja, 22 quilômetros)** a partir do litoral, que não se deve confundir com a **Z**ona **E**conômica **E**xclusiva (**ZEE**), **que são 200 milhas**. A ZEE é uma faixa de água que começa no limite exterior do mar territorial de um Estado costeiro e termina a uma distância de 200 milhas náuticas (370 km) do litoral, exceto se o limite exterior for mais próximo de outro país. Tais espaços são garantidos por direitos especiais sobre a exploração e uso de recursos marinhos.

2. ERRO DE DIREITO OU ERRO DE PROIBIÇÃO, PREVISTO NO ART. 35 DO CPM.

Art. 35. A pena pode ser atenuada ou substituída por outra menos grave quando o agente, salvo em se tratando de crime que atente contra o dever militar, supõe lícito o fato, por ignorância ou erro de interpretação da lei, se escusáveis.

a) Vencível, evitável ou inescusável: se o sujeito agisse com um pouco mais de cuidado teria ciência. O sujeito responde pelo crime doloso, com a pena diminuída;

b) Invencível, inevitável ou escusável: exclui a culpabilidade.

O erro de direito está ligado à possibilidade ou não de o agente conhecer o caráter ilícito do fato.

3. ERRO DE FATO OU ERRO DE TIPO, PREVISTO NO ART. 36 DO CPM

Art. 36. É isento de pena quem, ao praticar o crime, supõe, por erro plenamente escusável, a inexistência de circunstância de fato que o constitui ou a existência de situação de fato que tornaria a ação legítima.

Erro culposo

§ 1º Se o erro deriva de culpa, a este título responde o agente, se o fato é punível como crime culposo.

O erro de fato (tipo) divide-se **em essencial e acidental**.

- O erro de fato essencial pode ou não excluir o dolo e a culpa, depende se o fato era evitável ou não.
- O erro de tipo acidental não exclui o dolo. Subdivide-se em:

a) **erro sobre a pessoa ("aberratio in personam);**

b) **erros na execução:**

b.1) "aberratio delicti ou "aberratio criminis";

b.2)"aberratio ictus" ou "erro in persona personam".

c) **erro sobre o nexo causal ("aberratio causae" ou estrito senso, ação única; e, dolo geral ou erro sucessivo, onde há duas ou mais ações).**

d) **em erro sobre o objeto ("error in objecto" ou "aberratio in objecto");**

Erro provocado

§ 2º Se o erro é provocado por terceiro, *responderá este pelo crime, a título de dolo ou culpa, conforme o caso.*

Diferença entre erro de tipo e erro de proibição.

No erro de tipo essencial o agente não sabe o que faz. O erro de fato (tipo) ocorre sobre os elementos do tipo, excluindo o dolo. Haverá punição somente que houver previsão do crime na modalidade culposa.

No erro de proibição (direito) ele sabe o que faz, mas acredita que não é contrário ao ordenamento jurídico. Ele recai sobre a ilicitude do comportamento, refletindo na culpabilidade, que pode excluí-la ou atenuá-la.

Em resumo: O erro de tipo atua no âmbito do fato típico do crime, agindo sobre o dolo e a culpa, enquanto que o erro de proibição atua na culpabilidade, excluindo ou não a potencial consciência da ilicitude. Esta consciência juntamente com a imputabilidade e a exigibilidade de conduta diversa são os elementos integrantes da culpabilidade.

Culpabilidade	▸ é a reprovabilidade de conduta, um desvalor.
São seus elementos:	▸ Imputabilidade;
	▸ Possibilidade de conhecimento do caráter ilícito do fato; e,
	▸ Exigibilidade de conduta diversa.

a) **Erro sobre a pessoa**

Art. 37. Quando o agente, por erro de percepção ou no uso dos meios de execução, ou outro acidente, atinge uma pessoa em vez de outra, responde como se tivesse praticado o crime contra aquela que realmente pretendia atingir. Devem se ter-se em conta não as condições e qualidades da vítima, mas as da outra pessoa, para configuração, qualificação ou exclusão do crime, e agravação ou atenuação da pena.

Erro quanto ao bem jurídico

§ 1º Se, por erro ou outro acidente na execução, é atingido bem jurídico diverso do visado pelo agente, responde este por culpa, se o fato é previsto como crime culposo.

Duplicidade do resultado

§ 2º Se, no caso do artigo, é também atingida a pessoa visada, ou, no caso do parágrafo anterior, ocorre ainda o resultado pretendido, aplica-se a regra do art. 79.

b) **Erro na Execução:**

b.1) "Aberratio delicti" ou "aberratio criminis" é o desvio do crime ou desvio do delito. O agente tem a vontade de atingir um bem e atinge outro de natureza diferente. Temos várias hipóteses:

1º) se o agente pretende atingir uma pessoa (**errando-a**) e acerta uma ou mais coisas. **"Erro (aberratio) a re in personam".** O resultado diverso do pretendido é punido a título de culpa, caso haja previsão legal. Nesse caso responderá pelo dano culposo tantos quantos forem os objetos atingidos, haja vista que no CPM existe a previsão legal do crime de dano na forma culposa, isto é, art. 262 a 265 c/c art. 266 do CPM. Ex. Causar dano em material militar recolhido ao depósito, pertencente ou não às forças armadas, art. 262 c/c art. 266 do CPM. O Decreto nº 98.820/90 (R-3) regulamenta, no Exército, os materiais permanentes e de consumo. Aplica-se o art. 37 (**Erro sobre a pessoa**), § 1º (**erro quanto ao bem jurídico**) do CPM.

§ 1º Se, por erro ou outro acidente na execução, é atingido bem jurídico diverso do visado pelo agente, responde este por culpa, se o fato é previsto como crime culposo.

2º) se o agente pretende atingir uma pessoa (**atingindo-a**) e acerta também outra(s) coisa(s). **"Erro (aberratio) a re in personam".** Nessa hipótese temos **resultado duplo**. Além do dano culposo subsiste o crime intencional contra a pessoa. Aplica-se o art. 37 § 2º c/c art. 79, última parte, concurso formal de crime.

*Art. 37 (**Erro sobre a pessoa**), § 2º (**duplicidade do resultado**) do CPM.*

§ 2º Se, no caso do art. 37, é também atingida a pessoa visada, ou, no caso do parágrafo anterior, ocorre ainda o resultado pretendido, aplica-se a regra do art. 79.

Concurso de crimes. Art. 79. Quando o agente, mediante uma só ou mais de uma ação ou omissão, pratica dois ou mais crimes, idênticos ou não, as penas privativas de liberdade devem ser unificadas. Se as penas são da mesma espécie, a pena única é a soma de todas; se, de espécies diferentes, a pena única é a mais grave, mas com aumento correspondente à metade do tempo das menos graves, ressalvado o disposto no art. 58.

Mínimos e máximos genéricos, art. 58, o mínimo da pena de reclusão é de um ano, e o máximo de trinta anos; o mínimo da pena de detenção é de trinta dias, e o máximo de dez anos.

3º) se o agente pretende atingir uma coisa (**errando-a**) e acerta uma ou mais pessoas. **"Erro (aberratio) persona in rem".** O resultado diverso do pretendido é punido a título de culpa, caso haja previsão legal. Situação análoga ao 1º exemplo, art. 37 § 1º do CPM.

4º) se o agente pretende atingir uma coisa (**atingindo-a**) e acerta também outra(s) pessoa(s). **"Erro (aberratio) persona in rem".** Nessa hipótese temos **resultado duplo**. Além do crime contra a pessoa na modalidade culposa subsiste o crime intencional contra o patrimônio. Situação análoga ao 2º exemplo acima, art. 37, § 2º c/c art. 79 do CPM.

Temos o exemplo clássico do agente que pretendendo agredir seu desafeto, encontra-o no interior de uma loja, que está em pé logo atrás da vitrine. O agente atira uma pedra quebrando o vidro, não atingindo a pessoa visada, mas sim a balconista.

Para a solução desse fato podemos encontrar soluções distintas:

1º) Responde por dano culposo ou doloso (dolo eventual pela quebra do vidro) e lesão corporal culposa ou dolosa (dolo eventual por ter atingido a balconista). Se era absolutamente imprevisível a presença da balconista, a lesão será culposa.

Se era previsível a presença da balconista a lesão poderá ser culposa ou dolosa (dolo eventual).

Se para o agente a quebra da vitrine era indiferente, haverá dolo eventual ou dolo alternativo.

2º) Responde por dano culposo ou doloso, lesão corporal dolosa caso tenha atingindo seu desafeto e lesão culposa ou dolosa por ter atingido também a balconista. Nesse caso temos a duplicidade do resultado.

O(s) resultado(s) diverso(s) do(s) pretendido(s) será(ão) punido(s) a título de culpa, caso haja previsão legal.

b.2) "Aberratio Ictus" ou "erro in persona personam". O agente pretende atingir uma pessoa e atinge outra(s). O erro acontece quando o agente se engana na escolha da vítima, trocando-a involuntariamente por outra. Se o agente pretende lesionar "A" (errando-a) atinge "B", responde pelo crime como se tivesse atingido a pessoa "A", conforme sua intenção. Na "aberratio ictus" o agente visa atingir certa pessoa, e por acidente ou erro no uso dos meios de execução (aberração na execução) vem a atingir outra. O erro não o isenta de pena.

Há uma singela diferença entre o erro contra a pessoa e a "aberratio ictus".

No erro quanto à pessoa, o agente confunde a pessoa que pretende atingir com outra. Ele quer matar seu desafeto, encontrando-o na rua à noite com pouca luminosidade, mas acaba por matar o irmão gêmeo daquele, ou alguém bem semelhante. Verificamos que o autor do crime foi perfeito na execução, porém errou a pessoa que desejava matar.

Na "Aberratio Ictus", o agente erra a execução do crime e, por isso, atinge pessoa diversa. Não há confusão quanto à pessoa pretendida, mas sim erro significativo nos atos de execução. O agente deseja matar seu desafeto na rua atira de qualquer maneira, errando o alvo, vindo a atingir um inocente que por ali passava.

Em ambos os casos poderá haver resultado único ou duplo, podendo o agente responder pelo resultado culposo ou pelo dolo eventual, aplicando-se a regra do concurso formal impróprio (somam-se as penas).

c) **O (erro), "aberratio causae", erro na causa** que produz o resultado do crime. Pode ser subdividido em:

c.1) **dolo geral** ou **erro sucessivo** (**duas ou mais ações, dois ou mais dolos**). Uma pessoa atira em outra, achando que já está morta enterra o corpo, mas a causa da morte é por asfixia. Ocorreu erro ao enterrar a vítima, quando ainda estava viva. Erro na causa que produz o resultado do crime. O agente acredita ter matado a vítima de um modo, quando na verdade foi outro o meio por ele empregado. Independentemente da causa ele será julgado pelo homicídio doloso. O erro de nexo causal não elide a conduta do agente. Este responderá pelo resultado. Nesse caso há duas ações do agente, dolo em atirar e o dolo em enterrar.

c) **2) erro de causa estrito senso** ocorre o resultado com a prática de **única ação ou único dolo.** Se "A" deseja matar "B" por afogamento, jogando-o de um precipício, mas antes de cair na água sofre vários traumas durante a queda. O exame necroscópico detecta lesões múltiplas e ausência de água nos pulmões. Haverá também homicídio doloso por ação única, independente da causa da morte.

d) Lembrando que o **erro acidental** não exclui o dolo, como por exemplo, **o erro sobre o objeto ("error in objecto")**. Ocorre quando o sujeito supõe que sua conduta recai sobre determinada coisa, sendo que na realidade incide sobre outra. O agente subtrai farinha presumindo tratar-se de açúcar. A **"aberratio delicti"** pode resultar de um erro **"persona in rem"** ou **"aberratio a re in personam"** ao tentar acertar uma coisa atinge uma pessoa ou vice-versa, mas não possui origem necessária na "aberratio causae", ou erro sucessivo da causa. Na "aberratio causae" sempre haverá dolo no resultado final, no erro "persona in rem" haverá culpa no resultado final, respondendo o agente somente se houver previsão do fato na modalidade culposa.

O erro de direito, também chamado erro de proibição, somente excluirá a culpabilidade se for erro escusável, ou seja, invencível ou inevitável. A pena será atenuada se o erro por inescusável, ou seja, vencível ou evitável. O agente com algumas cautelas poderia ter ou tomar conhecimento do caráter ilícito de sua conduta e não a praticar

Não basta apenas a alegação de desconhecimento da lei. Se o agente, no exercício arbitrário das próprias razões retira objeto de seu devedor, presume ter norma que o proteja desse comportamento, mas na realidade a lei não lhe ampara. Por se tratar de erro vencível, evitável, não há condições de se perdoar, erro inescusável (não são concedidas as escusas, as desculpas). Responderá o agente por dolo com a sanção atenuada.

No erro de tipo essencial existe a falsa percepção da realidade, exclui o elemento subjetivo do injusto (dolo) se invencível ou plenamente escusável. Poderá haver punição se o fato possui tipicidade culposa.

Ex: O agente sai do Shopping e com a chave de "seu carro" abre um veículo semelhante e sai, quando verifica que pertence a outrem. Não há dolo de furto. Como não existe a modalidade de furto culposo, ele não responderá por crime algum. Conduta atípica.

Se ele está no meio da selva caçando e observa um vulto e atira, acertando-a, pensando tratar-se de um animal, quando na verdade trata-se de uma pessoa. Ele agiu sem o dolo, mas há a modalidade de homicídio culposo, respondendo por esse tipo penal.

a) erro invencível, inevitável ou escusável, não pode ser evitado pela normal diligência, ou pela diligência de um homem de médio conhecimento.

b) erro vencível, evitável ou inescusável, pode ser evitado pela diligência ordinária ou comum, resulta da conduta imprudente ou negligente do agente. **Já no erro acidental não há a exclusão do dolo**, o agente compreende o caráter ilícito de sua conduta, havendo erro no objeto. Quer subtrair ouro em uma caixa, quando subtrai cobre, há o dolo da subtração independentemente do objeto.

O terceiro responderá a título de dolo ou culpa quando o erro é por ele provocado. É o que prevê o § 2º do art. 36 do COM, isto é, se o erro é provocado por terceiro, responderá este pelo crime, a título de dolo ou culpa, conforme o caso.

4. LEMBRANDO AS TEORIAS PARA O CONCURSO DE PESSOAS:

A doutrina elegeu três teorias sobre o concurso de pessoas, entre elas temos:

I) Teoria monista (unitária) há somente um crime, respondendo o autor, coautor e partícipe. Todos respondem pelo mesmo fato criminoso, analisando-se individualmente o grau de culpabilidade.

II) Teoria dualista, há dois crimes: um praticado pelo autor; outro, pelo partícipe.

III) Teoria pluralista, haverá tantos crimes quantos forem os concorrentes, ou seja, dependerá o número de autores e o de partícipes. Cada uma das pessoas responderá por um crime. Se uma pessoa que empresta sua arma para outros dois roubarem, comete um crime ao passo que os outros dois autor (coautor) cometem crimes de natureza diferenciada.

5. CONCURSO DE CRIMES (HOMOGÊNEO E HETEROGÊNEO):

1) **Concurso material ou real** quando há duas ou mais condutas (comissivas ou omissivas), que resultam em dois ou mais crimes (02 ou mais resultados) idênticos ou não. Poderá ser:

a) **Homogêneo**: os crimes são idênticos (Ex.: roubo em duas datas diferentes).

b) **Heterogêneo**: os crimes não idênticos (Ex.: roubo seguido de estupro).

2) **Concurso formal ou ideal** quando há uma única conduta com uma pluralidade de resultados (mais de um crime). Divide em:

a) **Homogêneo**. Crimes idênticos (Ex.: um disparo com duas ou mais mortes).

b) **Heterogêneo**: Crimes não idênticos (Ex.: um acidente com uma morte e uma lesão corporal).

c) **Há concurso formal perfeito, próprio ou normal** quando há unidade de vontades em relação aos delitos.

d) **Já o concurso formal imperfeito, impróprio ou anormal** ocorre quando há vontades distintas em relação a cada delito (Ex.: duas mortes desejadas com um único disparo).

A inteligência do art. 80, parágrafo único, do CPM estabelece expressamente a continuidade delitiva nos crimes contra a pessoa, (art. 205 a 239 do CPM) desde que seja **a mesma vítima**. **Não** se aplicando a continuidade nos crimes contra a pessoa, quando há **vítimas diferentes**. No Código Penal comum é possível a continuidade delitiva nos crimes contra a pessoa, mesmo em relação a vítimas diversas, conforme parágrafo único do art. 71 CPB.

6. CRIME CONTINUADO.

Prevê art. 71 do CPM, o agente que mediante mais de uma ação ou omissão, pratica dois ou mais crimes da mesma espécie e, pelas condições de tempo, lugar, maneira de execução e outras semelhantes, devem ter havidos os subsequentes como continuação do primeiro, aplicando-se a pena de um só dos crimes, se idênticas, ou a mais grave, se diversas, aumentada, em qualquer caso, de um sexto a dois terços.

O parágrafo único estabelece que nos crimes dolosos, contra vítimas diferentes, cometidos com violência ou grave ameaça à pessoa, poderá o juiz, considerando a culpabilidade, os antecedentes, a conduta social e a personalidade do agente, bem como os motivos e as circunstâncias, **aumentar** a pena de um só dos crimes, se idênticas, ou a mais grave, se diversas, até o triplo, observadas as regras do parágrafo único do art. 70 e do art. 75 da lei castrense.

Sobre o crime continuado podemos verificar 03 circunstâncias:

1) **pluralidade de crimes da mesma espécie**. Para o Penal Comum não há necessidade de ser o mesmo crime, haja vista tratar-se de crime **da mesma espécie,** aplicando-se a pena mais grave. No CPM, apensar de também utilizar a expressão crimes da mesma espécie, o cálculo da pena é de forma distinta, não se podendo aplicar a mesma regra do penal comum.

São crimes da mesma espécie aqueles que tiverem como objeto o mesmo bem jurídico e que guardem, entre si, semelhança em seus elementos objetivos e subjetivos.

2) **exista entre os crimes nexo de continuação,** isto é, tempo (normalmente 30 dias), lugar (próximos), maneira de execução ("modus operandi") semelhante, conduta relativamente igual à anterior e outras condições que indicarão certa homogeneidade.

3) **que o agente possua única vontade,** destacando-se três teorias:

a) **teoria subjetiva**: é necessária a comprovação de que o agente tinha única vontade em relação aos crimes praticados, aproveitando o tempo, lugar, maneiras de execução e outras circunstâncias;

b) **teoria objetiva**: a vontade do agente é prescindível, dispensando-se o aproveitamento do tempo, lugar, "modus operandi" etc, para a continuidade delitiva.

c) **teoria objetiva-subjetiva**: temos a junção das anteriores, isto é, deveremos comprovar tanto as circunstâncias objetivas (tempo, lugar etc), quanto a vontade única em que o agente aproveitando circunstâncias objetivas do(s) crime(s) anterior (es), continua na prática delitiva.

Para o CPM tanto é possível, no crime continuado, aplicar o instituto do cúmulo material, se os crimes possuírem penas de mesma espécie, como o aumento, se de espécies diferentes, respeitando o limite imposto pelo art. 58 do CPM, ou seja, 10 anos no máximo, se a sanção for de detenção, ou de 30 anos, caso a pena seja de reclusão.

Pesquisa STM sobre o tema:

Receptação. Crime Continuado. Civil, que, em três oportunidades, adquire armas furtadas do Exército Brasileiro. Reconhecimento da continuidade delitiva, o que impõe a consideração dos atos subsequentes como continuação do primeiro e, em consequência, a aplicação da pena como se fosse o delito único, embora perpetrado parceladamente; aplicação, para a fixação de reprimenda, de critério inspirado na previsão insita no Código Penal para a apenação de crimes continuados, afastada, pois, a drasticidade do preceituado no diploma substantivo castrense sobre a matéria; impossibilidade de o Poder Judiciário, na unicidade de sua atuação e no seu papel de aplicador sistemático do ordenamento jurídico, chancelar a diversidade da lei diante de hipótese verdadeiramente iguais, o que ocorreria caso se aplicasse, "in casu", a previsão ínsita no CPM sobre o crime continuado nos estritos limites de sua literalidade; apenação que resultou exagerada, cabível, pois, a sua redução; decisão por maioria" (STM – Ap. nº 47.161-1/PA – Rel. Min. Gen. Ex. Antônio Joaquim Soares Moreira).

O que define a qualidade e quantidade da pena a ser aplicada é a culpabilidade, ou seja, o dolo e o grau da culpa, além do que não se comunicam as condições e circunstâncias de caráter pessoal. Por ex. um autor possuía à data do crime 19 anos e o outro 25 anos, logo o benefício aplicado ao agente menor de 21 anos não se estende ao de 25, por ser condição pessoal, que não se comunica ao concorrente. Tudo nos termos do art. 53 § 1º c/c art. 72, I CPM.

7. COAUTORIA

Conforme art. 53, quem, de qualquer modo, concorre para o crime incide nas penas a este cominadas.

Condições ou circunstâncias pessoais. § 1º, a punibilidade de qualquer dos concorrentes é independente da dos outros, determinando-se segundo a sua própria culpabilidade. Não se comunicam as condições ou circunstâncias de caráter pessoal, salvo quando elementares do crime.

Art. 72. São circunstâncias que sempre atenuam a pena, ser o agente menor de vinte e um ou maior de setenta anos à data do crime.

✦ SÚMULAS APLICÁVEIS

1. STF

- **694.** Não cabe "Habeas Corpus" contra a imposição de pena de exclusão de militar ou de perda da patente ou da função pública.
- **711.** *A lei penal mais grave aplica-se ao crime continuado ou ao crime permanente, se a sua vigência é anterior à cessação da continuidade ou da permanência.*

2. STJ

- **75.** Compete à Justiça Comum Estadual processar e julgar o policial militar por crime de promover ou facilitar a fuga de preso de estabelecimento penal.
- **527** O tempo de duração da medida de segurança não deve ultrapassar o limite máximo da pena abstratamente cominada ao delito praticado.

✦ INFORMATIVO APLICÁVEL

▸ ***Crime militar: expedição de carta precatória e interrogatório de réu solto***

Ante o reconhecimento da prescrição da pretensão punitiva, concedeu-se "habeas corpus" de ofício para a extinguir a punibilidade do paciente (CPM, art. 125, VI). Tratava-se de "writ" em que se sustentava a nulidade do processo a partir do interrogatório realizado via carta precatória, assim como a aplicação da atenuante da confissão espontânea, cujo reconhecimento constituiria direito subjetivo do paciente à redução de pena. O impetrante argumentava não haver previsão legal ou qualquer fundamentação no despacho em que determinada a realização do ato deprecado. Apontava a ocorrência de constrangimento ilegal decorrente da flexibilização do princípio da identidade física do juiz. Considerou-se que o paciente respondera ao processo em liberdade. Uma vez solto, não é ônus do Estado providenciar o transporte até a sede do órgão julgador para, lá, ser interrogado. Embora o Código de Processo Penal Militar não preveja a expedição de carta precatória para inquirir acusado, e sim citá-lo, tampouco a veda. Presente a lacuna observa-se a incidência subsidiária da legislação de processo penal comum, quando aplicável ao caso concreto e sem prejuízo da índole do processo penal militar (CPM, art. 3º, "a"). Além disso, entendeu que a atenuante da confissão, nos termos do Código Penal Militar, está vinculada à revelação da autoria criminosa ignorada ou imputada a outrem. Por outro lado, tal atenuante de pena prevista no art. 65, III, "d", do CP exige apenas a espontaneidade, mas não alcança a legislação militar, em virtude do critério da especialidade. Isso porque não afasta a razão de ser da minorante, qual seja, elucidar a verdade real. *HC 115189/AM, Rel. Min. Marco Aurélio, 3.5.2016. 1ª T. (Info 824)*

Processo Penal Militar

Luis Henrique Usai

✦ QUESTÕES

1. DA POLÍCIA JUDICIÁRIA MILITAR

01. (Cespe – Analista do MPU/2013) Com base no **direito processual penal** militar, julgue os itens que se seguem.

O Ministro da Defesa, dada a sua condição de ministro de Estado civil, não exerce função de polícia judiciária militar.

COMENTÁRIOS

Certo. Encontramos no artigo 7º do CPPM o rol das autoridades que podem exercer a polícia judiciária militar e, dentre elas, temos os Comandantes da Marinha, Exército e Aeronáutica, pois não são mais Ministros, os Comandantes de Região Militar, Distrito Naval e Comando Aéreo, e, por fim, comandantes de **forças**, unidades ou navios. Não há disposição expressa que inclua o cargo de Ministro da Defesa do país.

2. DO PROCESSO ESPECIAL DE DESERÇÃO

02. (Cespe – Analista do MPU/2013) Segundo o entendimento do STF, a qualificação de militar é elemento estrutural do tipo penal de deserção, de forma que a ausência desse requisito impede o processamento do feito.

COMENTÁRIOS

Certo. Tanto o STF como STM entendem que a condição de militar é requisito de procedibilidade da ação penal para o crime de deserção, aplicando-se as Súmulas "08" e "12" do STM, senão vejamos:

> **Súmula Nº 8.** *O desertor sem estabilidade e o insubmisso que, por apresentação voluntária ou em razão de captura, forem julgados em inspeção de saúde, para fins de reinclusão ou incorporação, incapazes para o Serviço Militar, podem ser isentos do processo, após o pronunciamento do representante do Ministério Público. (DJ 1 Nº 77, de 24.04.95).*
>
> **Súmula Nº 12.** *A praça sem estabilidade não pode ser denunciada por deserção sem ter readquirido o status de militar, condição de procedibilidade para a "persecutio criminis", através da reinclusão. Para a praça estável, a condição de procedibilidade é a reversão ao serviço ativo. (DJ 1 Nº 18, de 27.01.97).*

3. DAS PARTES NO PROCESSO. DO ASSISTENTE

03. (Cespe – Analista do MPU/2013) Considere que determinado militar tenha sido vítima de crime de lesão corporal e que a correspondente ação penal militar contra o autor do ilícito esteja em curso. Nessa situação, somente o militar ofendido, seu representante legal ou seu sucessor podem habilitar-se a intervir no processo como assistentes do MP.

COMENTÁRIOS

Errado. Ao afirmar que somente o militar ofendido, seu representante legal ou seu sucessor podem habilitar-se a intervir no processo como assistentes do MP, a banca do concurso utilizou "ipsis litteris" o art. 60, deixando, porém, de observar o art. 63 que também concede ao advogado da Justiça Militar, atualmente exercido pelo ocupante do cargo de Defensor Público, o direito de ser assistente, desde que não funcione no processo como procurador de qualquer acusado.

4. DO INQUÉRITO POLICIAL MILITAR

04. (Cespe – Juiz Substituto da Justiça Militar da União – STM/2013) Acerca da lei de processo penal, da polícia judiciária, do inquérito policial e da ação penal no âmbito militar, assinale a opção correta.

a) Os inquéritos policiais militares regularmente arquivados podem ser desarquivados, conforme as hipóteses expressamente previstas no CPPM, a pedido do MPM.

b) A lei processual penal militar pode ser interpretada extensiva ou restritivamente, e, ainda, ser suprida pela legislação de processo penal comum, sem prejuízo da índole do processo penal militar, mesmo que resulte em situação mais gravosa ao acusado.

c) Admite-se a delegação do exercício da atividade da polícia judiciária militar a oficiais da ativa, para fins especificados e por tempo limitado, atendidos hierarquia e comando, entre outras normas; em se tratando de delegação para instauração de inquérito policial militar, deverá a referida delegação recair em oficial de posto superior ao do indiciado, seja este oficial da ativa, da reserva, remunerada ou não, ou reformado.

d) É atribuição da polícia judiciária militar a investigação de crimes comuns ocorridos no interior das vilas militares.

e) O CPPM prevê a possibilidade de afastamento do encarregado do IPM sob o fundamento de suspeição, de modo que se preservem a hierarquia e a disciplina.

COMENTÁRIOS

Alternativa correta: letra "c". Temos a inteligência do art. 7º e seus parágrafos, estabelecendo a delegação do exercício da atividade de polícia judiciária militar aos oficiais da ativa para fins especificados e por tempo limitado. Tratando-se de delegação para instauração de inquérito policial militar, deverá aquela recair em oficial de posto superior ao do indiciado, seja este oficial da ativa, da reserva, remunerada ou não, ou reformado.

Alternativa "a". Sobre o **arquivamento de inquérito** encontramos no art. 24, que, a autoridade militar não poderá mandar arquivar autos de inquérito, embora conclusivo da inexistência de crime ou de inimputabilidade do indiciado.

Por disposição do art. 25, o arquivamento de inquérito não obsta a **instauração de outro**, se novas provas aparecerem em relação ao fato, ao indiciado ou a terceira pessoa, ressalvados o caso julgado e os casos de extinção da punibilidade.

Alternativa "b". Sobre a interpretação literal, temos no art. 2º, que a lei de processo penal militar deve ser interpretada no sentido literal de suas expressões. Os termos técnicos hão de ser entendidos em sua acepção especial, salvo se evidentemente empregados com outra significação.

Nos termos do § 1º, admitir-se-á a interpretação extensiva ou a interpretação restritiva, quando for manifesto, no primeiro caso, que a expressão da lei é mais estrita e, no segundo, que é mais ampla, do que sua intenção.

Estabelece o § 2º, **que não é, porém, admissível** qualquer dessas interpretações, quando:

> **I.** *cercear a defesa pessoal do acusado;*
>
> **II.** *prejudicar ou alterar o curso normal do processo, ou lhe desvirtuar a natureza;*
>
> **III.** *desfigurar de plano os fundamentos da acusação que deram origem ao processo.*

Alternativa "d". As chamadas vilas militares, onde pode ocorrer um furto, roubo, estelionato, no interior delas, até mesmo agressão doméstica entre um casal de militares. Apesar de existir domicílios de militares nesses locais de propriedade da União ou Estado, ter um administrador militar, muitas vezes áreas anexas a quartéis, são áreas comuns e **não são considerados locais sujeito à administração militar, em termos processuais.**

Alternativa "e". Prevê o art. 142 que não se poderá opor suspeição ao encarregado do inquérito. Isto se deve ao fato de o IPM ser um procedimento investigatório e preliminar, logo, não há nulidade sobre os atos praticados, tampouco eventuais suspeições do encarregado. Deverá, entretanto, declarar-se suspeito quando ocorrer motivo legal, que lhe seja aplicável.

5. DA COMPETÊNCIA PARA JULGAMENTO, CONEXÃO E CONTINÊNCIA

05. (Cespe – Juiz Substituto da Justiça Militar da União – STM/2013) Em relação ao foro militar, à jurisdição e à competência, assinale a opção correta.

a) A perpetuatio fori, uma das consequências da conexão ou da continência, ocorre com a reunião dos processos, o juiz ou tribunal da sua competência original, venha a proferir sentença absolutória ou que desclassifique a infração para outra que não se inclua na esfera de sua competência, continuando o juiz ou tribunal competente em relação às demais infrações.

b) O CPPM prevê a possibilidade da separação de julgamento no caso de, havendo vários acusados, algum estar foragido e não poder ser julgado à revelia ou no caso de os defensores de dois ou mais acusados não acordarem na suspeição de juiz do Conselho de Justiça, hipóteses que implicam quebra da unidade processual exigida pela conexão ou continência.

c) Se a infração penal atentar diretamente contra os princípios da hierarquia e disciplina, admite-se, segundo o CPPM, a definição da competência pelo lugar do serviço, mesmo que conhecido o lugar da infração.

d) Em se tratando de crimes praticados por militar fora do território nacional, o CPPM firma a competência pela sede do lugar em que serve o agente no território nacional ou, não sendo isso possível, pela distribuição.

e) De acordo com o CPPM, a conexão ocorre quando duas ou mais pessoas são acusadas da mesma infração.

COMENTÁRIOS

Alternativa correta: letra "a". Temos nessa questão a aplicação literal do art. 104, do CPPM, alterando-se apenas a expressão "competência original" pela expressão "competência própria" do texto legal, senão vejamos: "verificada a reunião dos processos, em virtude de conexão ou continência, ainda que no processo da sua competência própria venha o juiz ou tribunal a proferir sentença absolutória ou que desclassifique a infração para outra que não se inclua na sua competência, continuará ele competente em relação às demais infrações".

Alternativa "b". Conforme estabelece o art. 105, haverá separação **somente dos julgamentos e não dos processos:**

> *I – se, de vários acusados, algum estiver foragido e não puder ser julgado à revelia; e,*
>
> *II – se os defensores de dois ou mais acusados não acordarem na suspeição de juiz de Conselho de Justiça, superveniente para compô-lo, por ocasião do julgamento.*

Haverá **quebra da unidade dos processos** nos termos do art. 106, ou seja, o juiz poderá separar os processos:

a) quando as infrações houverem sido praticadas em situações de tempo e lugar diferentes;
b) quando for excessivo o número de acusados, para não lhes prolongar a prisão;
c) quando ocorrer qualquer outro motivo que ele próprio repute relevante.

Alternativa "c". Para definição da competência temos o art. 85 c/c art. 96 estabelecendo que o foro militar será determinado:

I. **de modo geral**:
   a) pelo lugar da infração;
   b) pela residência ou domicílio do acusado;
   c) pela prevenção;

II. **de modo especial**, pela sede do lugar de serviço.

Quanto à competência sobre o **local de serviço,** prevê o art. 96 que o militar em situação de atividade ou assemelhado na mesma situação, ou para o funcionário lotado em repartição militar, **o lugar da infração**, quando este não puder ser determinado, **será o da unidade**, navio, força ou órgão onde estiver servindo, não lhe sendo aplicável o critério da prevenção, salvo entre Auditorias da mesma sede e atendida a respectiva especialização, **não havendo previsão legal de a infração atentar diretamente contra os princípios da hierarquia e disciplina.**

Alternativa "d". Nos termos do art. 91, os crimes militares **cometidos fora do território nacional** serão, de **regra**, processados em **Auditoria da Capital da União**, havendo exceções, tais como:

> *I – se, iniciada a execução em território estrangeiro, o crime se consumar no Brasil, será competente a Auditoria da Circunscrição em que o crime* **tenha produzido ou devia produzir o resultado;**
>
> *II – se, iniciada a execução no território nacional, o crime se consumar fora dele, será competente a Auditoria da Circunscrição em que se houver praticado o* **último ato ou execução.**

Alternativa "e". De acordo com o CPPM, art. 100, a **continência** ocorre quando duas ou mais pessoas são acusadas da mesma infração.

Em caso de infrações conexas ou continentes, ainda que o Juiz altere a definição do tipo penal a ser julgado naquele processo, e do que resultaria, em tese, a modificação da competência, por exigência da nova aplicação das regras previstas no artigo 78 do Código de Processo Penal (eleição do foro prevalente em caso de conexão ou continência), permanece ele competente para o julgamento de todas as infrações ali reunidas, perpetuando-se ou prorrogando-se a sua jurisdição.

6. DA RESTITUIÇÃO DE COISAS APREENDIDAS E DA HIPOTECA LEGAL

06. (Cespe – Juiz Substituto da Justiça Militar da União – STM/2013) Em relação a medidas preventivas e assecuratórias, assinale a opção correta.

a) De acordo com o CPPM, admite-se a hipoteca legal em qualquer fase da persecução penal militar, desde que haja a certeza da infração e a fundada suspeita da autoria.

b) Dado o sistema adotado pelo CPPM, a restituição de coisas apreendidas, em qualquer fase da persecução penal militar, somente é admitida por decisão judicial específica, sujeita a impugnação por meio de apelação.

c) No CPPM, é admitida, de forma expressa, a possibilidade de o acusado ou de a vítima interpor embargos nos casos de pedido de restituição de coisas apreendidas em poder de terceiro de boa-fé, não sendo, contudo, permitido que seja pronunciada decisão nesses embargos antes de a sentença condenatória ter transitado em julgado.

d) O sequestro de bens, disciplinado de forma expressa no CPPM, tem por objetivo a apreensão de bens móveis ou imóveis adquiridos com os proventos da infração penal militar, sendo necessária, para sua decretação, que independe de provocação do MPM, a existência de indícios veementes da proveniência ilícita dos bens e da lesão ao patrimônio militar.

e) Como no CPPM não há previsão da possibilidade de alienação antecipada de bens apreendidos por força de decisão judicial, ainda que eles estejam sujeitos a qualquer grau de deterioração ou depreciação, admite-se, havendo necessidade de se preservar o valor desses bens, a aplicação, de forma excepcional e subsidiária, de dispositivo da legislação comum.

COMENTÁRIOS

✪ **Nota do autor: todas as alternativas estão erradas, questão anulada.**

Alternativa "a". A inscrição e a especialização da hipoteca legal, conforme dispõe o art. 207, serão requeridas à autoridade judiciária militar, pelo Ministério Público, **em qualquer fase do processo**, desde que haja certeza da infração penal e indícios suficientes de autoria, não se aplicando à fase inquisitorial, portanto **não é em toda a persecução criminal.**

Alternativa "b". A restituição de coisas apreendidas pode ser ordenada pela autoridade policial militar ou pelo juiz, no termos do art. 191.

Do despacho do juiz que ordenar a restituição **caberá recurso** para o STM com efeito suspensivo, conforme parágrafo único do art. 194, trata-se de recurso em sentido estrito e não apelação.

Alternativa "c". Nos termos do art. 193, alínea "a" c/c alínea "b", o juiz poderá ordenar a restituição da coisa apreendida em poder de terceiro de boa-fé, obedecendo aos requisitos do art. 191, ou seja:

> **I** – *que a coisa seja restituível:*
>
> **II** – *que não interessa mais ao processo; e,*
>
> **III** – *que não se tenham dúvidas sobre a propriedade.*

Caso a coisa seja pedida pelo acusado ou pelo lesado e, também, pelo terceiro, o incidente autuar-se-á em apartado e os reclamantes terão, em conjunto, o prazo de cinco dias para apresentar provas e o de três dias para arrazoar, findos os quais o juiz decidirá, **cabendo da decisão recurso** para o Superior Tribunal Militar.

Alternativa "d". Ao realizarmos a leitura atenta ao art. 202, sobre as providências do sequestro pela autoridade judiciária militar, verificamos que ela providenciará:

a) se de imóvel, a sua inscrição no Registro de Imóveis;

b) se de coisa móvel, o seu depósito, sob a guarda de depositário nomeado para esse fim.

No **sequestro não ocorre a "apreensão"** dos bens móveis ou bens imóveis, mas sim daqueles bens adquiridos com os proventos da infração. Na busca e apreensão procura-se o **próprio produto da infração**, e não outro bem (móvel ou imóvel) adquirido com proventos do crime, que serão objeto de **sequestro.**

Alternativa "e". Nos termos do art. 195, tratando-se de coisa facilmente deteriorável, será avaliada e levada a leilão público, depositando-se o dinheiro apurado em estabelecimento oficial de crédito determinado em lei.

7. DA PRISÃO EM FLAGRANTE DELITO E DA PRISÃO PREVENTIVA

07. (Cespe – Juiz Substituto da Justiça Militar da União – STM/2013) No que se refere à liberdade provisória e à prisão provisória, bem como à prisão flagrante e à preventiva, assinale a opção correta.

a) A prisão em flagrante de militar somente poderá ser realizada por outro militar de posto ou graduação igual ou superior ao posto ou à graduação do preso.

b) Desde que haja, entre outros requisitos, prova do fato delituoso e indícios suficientes de autoria, a prisão preventiva pode ser decretada, em qualquer fase da persecução penal, pelo auditor ou pelo Conselho de Justiça, de ofício, a requerimento do MP ou por representação da autoridade encarregada do inquérito policial-militar.

c) De acordo com o CPPM, a autoridade militar encarregada de lavrar e presidir o auto de prisão em flagrante somente poderá conceder fiança aos acusados da prática de crimes para os quais a máxima pena privativa de liberdade não seja superior a quatro anos.

d) O juiz auditor somente poderá conceder liberdade provisória mediante fiança aos acusados de crimes patrimoniais e delitos dos quais decorra proveito econômico para o agente, admitindo-se a cumulação com medidas cautelares diversa da prisão. Uma vez concedida a liberdade provisória, o agente deve comprometer-se, por meio de termo, a comparecer a todos os atos do processo, sob pena de revogação da concessão.

e) De acordo com preceito expresso no CPPM, não será imposta prisão em flagrante aos agentes que pratiquem crimes que possam ser considerados, pelo juiz, infração disciplinar.

COMENTÁRIOS

Alternativa correta: letra "b". Verificamos que para decretação da prisão preventiva além da competência da autoridade judiciária é necessário o preenchimento dos requisitos constantes do art. 254. O ato pode ser realizado tanto pelo auditor como pelo Conselho de Justiça, de ofício, a requerimento do Ministério Público ou mediante representação da autoridade encarregada do IPM, em qualquer fase deste ou do processo, desde que haja prova do fato delituoso e indícios suficientes de autoria, fundamentando também nas circunstâncias do art. 255, ou seja:

> I – *garantia da ordem pública;*
>
> II – *conveniência da instrução criminal;*
>
> III – *periculosidade do indiciado ou acusado;*
>
> IV – *segurança da aplicação da lei penal militar;*
>
> V – *exigência da manutenção das normas ou princípios de hierarquia e disciplina militares, quando ficarem ameaçados ou atingidos com a liberdade do indiciado ou acusado.*

Alternativa "a". Sobre a **prisão em flagrante** encontramos no art. 243, que **qualquer pessoa** poderá e os militares deverão prender quem for insubmisso ou desertor, ou seja, encontrado em flagrante delito, não sendo ato exclusivo de outro militar de posto ou graduação igual ou superior ao posto ou à graduação do preso.

Alternativa "c". Encontramos no art. 324, inciso II, CPP, com a alteração da Lei 12.403/11, a **vedação da concessão da fiança** em caso de prisão civil ou **militar**. No art. 322, verificamos que a **autoridade policial** somente poderá conceder fiança nos casos de infração cuja pena privativa de liberdade máxima não seja superior a 04 (quatro) anos, não se estendendo tal competência à **autoridade militar**.

Alternativa "d". Conforme art. 253, quando o juiz verificar pelo auto de prisão em flagrante que o agente praticou o fato nas condições do art. 35 (**Erro de direito**), ou art. 38 (**coação irresistível ou obediência hierárquica**), observado o disposto no art. 40 (**coação física ou material**), art. 39 (**estado de necessidade como excludente da culpabilidade**) e art. 42 (**excludentes do crime**), do Código Penal Militar, poderá conceder ao indiciado **liberdade provisória**, mediante termo de comparecimento a todos os atos do processo. Essa liberdade provisória poderá ser revogada caso o agente não comparece aos atos do processo.

Alternativa "e". Se a **autoridade militar ou judiciária** (art. 247, § 2º) verificar a manifesta inexistência de infração penal militar ou a não participação da pessoa conduzida, **relaxará a prisão**. Em se tratando de infração penal comum, remeterá o preso à autoridade civil competente.

8. DOS ATOS PROBATÓRIOS

08. (Cespe – Juiz Substituto da Justiça Militar da União – STM/2013) No que concerne aos atos probatórios, assinale a opção correta.

a) Uma vez determinado o exame pericial, admite-se, em qualquer fase da persecução, a formulação de quesitos e a indicação de assistente técnico pelo MP, pelo assistente de acusação, pelo ofendido e pelo acusado.

b) O comparecimento da testemunha, caso seja militar ou funcionário público, será requisitado ao respectivo chefe ou à autoridade superior a que estiver subordinada. Se a testemunha tiver patente superior à do presidente do Conselho Permanente de Justiça, a requisição de comparecimento e o interrogatório deverão ser realizados, em juízo, por intermédio da autoridade militar a que essa testemunha estiver imediatamente subordinada.

c) A oitiva de testemunha arrolada pelo MPM e que resida em outra circunscrição judiciária militar será realizada por meio de carta precatória e, embora o fato de haver esse tipo de testemunha a ser ouvida não suspenda a instrução criminal, ficam condicionados à colheita de seu depoimento o prazo para oferecimento do rol de testemunhas de defesa e a oitiva dessas testemunhas.

d) Conforme disposição do CPPM, o interrogatório do réu é ato privativo do juiz, não podendo haver interferência das partes, em qualquer de suas etapas. Caso o réu esteja preso, o interrogatório será realizado em sala própria, no estabelecimento em que o preso estiver recolhido, desde que estejam garantidas a segurança do juiz, do membro do MP e dos auxiliares, bem como a presença do defensor e a publicidade do ato.

e) O exame pericial poderá ser determinado pela autoridade policial militar, pela autoridade judiciária, ou, ainda, requerido por qualquer das partes, vedando-se ao juiz e à autoridade policial militar o seu indeferimento, salvo em caso de exame de corpo de delito.

COMENTÁRIOS

Alternativa correta: letra "c". Verifica-se a aplicação do art. 359, e seus §§ 1º e 2º c/c art. 390 do CPPM, pois a testemunha de acusação arrolada pelo MPM na denúncia, que residir fora da jurisdição do juízo poderá ser inquirida pelo auditor do lugar da sua residência, por meio de carta precatória, sem efeito suspensivo da instrução criminal.

O prazo para instrução é de cinquenta dias, estando o réu preso, e de noventa estando o réu solto, não sendo computados nesses prazos, dentre outros motivos, a inquirição de testemunhas por precatória. Os prazos citados podem ser prorrogados. Uma vez devolvida aquela, devidamente cumprida, será junta aos autos.

Alternativa "a". Verificamos que sobre a formulação **de quesitos, pelo ofendido, pelo assistente de acusação e a indicação do assistente técnico**, a lei processual castrense possui lacunas, sendo necessário utilizarmos o art. 3º, recorrendo ao Processo Penal Comum em seu art. 159 §§ 3º e 4º, haja vista que os art. 316 c/c art. 65 não estabelecem a possibilidade de o ofendido apresentar quesitos, tampouco prevê a indicação do assistente técnico.

Outrossim, para apresentação dos quesitos não é em qualquer fase da persecução criminal, haja vista que poderão, igualmente, fazê-lo: no **inquérito**, o indiciado; e, durante a **instrução criminal**, o Ministério Público e o acusado, em prazo que lhes for marcado para aquele fim, pelo auditor.

Alternativa "b". Se o militar requisitado como testemunha tiver **patente superior** à do Presidente do Conselho Permanente de Justiça, nos termos parágrafo único do art. 349, será **compelida a comparecer por intermédio** da autoridade militar a que estiver imediatamente subordinada. Se notificada regularmente deixar de comparecer sem justo motivo, será conduzida por oficial de justiça e multada pela autoridade notificante na quantia de um vigésimo a um décimo do salário mínimo vigente no lugar. Havendo recusa ou resistência à condução, o juiz poderá impor-lhe prisão até quinze dias, sem prejuízo do processo penal por crime de desobediência.

Alternativa "d". Quanto ao **tempo e lugar do interrogatório realizado pelo juiz** temos a combinação dos artigos 302 e 303, mas que para que o interrogatório do réu preso seja em sala própria, temos que combinar o art. 3º do CPPM e o art. 185, § 2º do CPP, sendo esta **medida excepcional**, ou seja:

> I – *que possa colocar em risco a segurança pública; e/ou,*
>
> II – *tenha a existência de fundada suspeita de que o preso integre organização criminosa ou possa fugir durante o deslocamento.*

O interrogatório do réu em estabelecimento carcerário não é **regra,** a ser observada tanto na instrução do processo penal comum, quanto na processual penal militar.

Alternativa "e". Verificamos no art. 315, parágrafo único, **que o juiz** poderá negar a perícia, se a reputar desnecessária ao esclarecimento da verdade, salvo em caso de exame de corpo de delito.

9. DO PROCESSO ORDINÁRIO E DOS PROCESSOS ESPECIAIS

09. (Cespe – Juiz Substituto da Justiça Militar da União – STM/2013) Em relação ao processo ordinário e aos processos especiais, previstos no CPPM, assinale a opção correta.

a) De acordo com o CPPM, o prazo máximo para encerramento dos processos especiais será de sessenta dias, esteja o réu preso ou em liberdade.

b) No processo ordinário e nos processos especiais, é admitida a revelia de acusado preso ou solto. Estando o acusado preso, a revelia ocorrerá se ele se recusar a comparecer à instrução criminal; no caso de o acusado estar em liberdade, a revelia pode ser decretada se ele, tendo sido regularmente citado, não atender ao chamado judicial para o início da instrução criminal, ou se, previamente notificado, deixar de comparecer, sem justa causa, a ato do processo no qual seja indispensável sua presença.

c) Tanto no processo ordinário quanto nos processos especiais, é vedado ao Conselho de Justiça, na sessão de julgamento, dar nova definição jurídica ao fato, com aplicação de pena mais grave – salvo postulação expressa formulada pelo MP na referida sessão –, e reconhecer a presença de agravante ou proferir condenação nos casos em que o MP houver formulado pedido pela absolvição.

d) No processo ordinário e nos especiais, o fato de o agente ser militar é condição de procedibilidade, que perdura até o trânsito em julgado da decisão.

e) Os processos especiais, consoante preceito expresso do CPPM, serão julgados necessariamente pelo Conselho Especial de Justiça.

COMENTÁRIOS

Alternativa correta, letra "b". Temos a inteligência dos artigos 411, e 412, rito da instrução criminal do processo ordinário, ou seja:

> I – *Se o acusado estiver preso e recusar-se a comparecer à instrução criminal, sem motivo justificado, ser-lhe-á designado o advogado de ofício para defendê-lo, ou outro advogado se este estiver impedido, e, independentemente da qualificação e interrogatório, o processo prosseguirá à sua revelia.*
>
> II – *Se ele estiver solto, tendo sido regularmente citado, não comparecer ao juízo para o início da instrução, ou previamente cientificado e, sem justa causa, deixar de comparecer a ato processo em que sua presença seja indispensável, será o acusado considerado revel.*

Considerando que para os processos especiais não se preveem a revelia nos crimes de deserção e insubmissão, mas que é possível a recusa de o preso comparecer à instrução criminal. Para suprir essa omissão utilizamos novamente o art. 3º, alíneas "e", analogia ao rito ordinário.

Alternativa "a". Os processos especiais para julgamento dos crimes de deserção e insubmissão estabelecem, nos termos do art. 453 e 464, § 3º, que a contar da apresentação voluntária ou captura dos desertores ou insubmissos, deverão ser julgados em sessenta dias, caso contrário aqueles serão colocados em liberdade, não se encerrando o processo nesse prazo.

Alternativa "c". Nos termos do art. 437 (Processo Ordinário) c/c art. 455, § 2º (Deserção de Oficial), art. 457, § 5º (Deserção de Praça) e art. 465 (Insubmissão), há disposições expressas de que o Conselho de Justiça poderá dar ao fato definição jurídica diversa da que constar na denúncia, ainda que, em consequência, tenha de se aplicar pena mais grave, **desde que aquela**

definição haja sido formulada pelo **Ministério Público** em alegações escritas e a outra parte tenha tido a oportunidade de respondê-la, situação esta possível nos processos especiais, haja vista a ressalva expressa de se cumprir o **rito prescrito no próprio código de processo penal militar.**

Alternativa "d". O Superior Tribunal Militar editou a Súmula nº 12, versando que a **praça sem estabilidade** não pode ser denunciada por deserção sem ter readquirido o status de militar, condição de procedibilidade para a "persecutio criminis", por meio da reinclusão. Para a praça estável a condição de procedibilidade é a reversão ao serviço ativo.

Alternativa "e". Nos termos do art. 457 § 4º c/c art. 465, que tratam dos processos de **deserção de praça e de insubmissão** analisamos que, recebida a denúncia, determinará o Juiz-Auditor a citação do acusado, realizando-se em dia e hora previamente designados, perante o **Conselho Permanente de Justiça,** não sendo todos os processos especiais julgados pelo Conselho Especial de Justiça.

10. DAS NULIDADES E DOS RECURSOS EM GERAL

10. (Cespe – Juiz Substituto da Justiça Militar da União – STM/2013) Assinale a opção correta no que diz respeito a nulidades e recursos em geral.

a) Admite-se a interposição de recurso, em sentido estrito, das decisões monocráticas do juiz auditor; as decisões colegiadas do Conselho de Justiça somente podem ser impugnadas por intermédio de apelação.

b) Conforme o CPPM, caso a instrução processual ocorra perante juízo incompetente, todos os atos processuais deverão ser renovados.

c) De acordo com preceito expresso do CPPM, o fato de o juiz ter sido declarado suspeito ou impedido não anula o processo, salvo no caso de seu voto ter sido seguido pela maioria ou no caso de absolvição do acusado.

d) O CPPM estabelece, de forma expressa e taxativa, o rol de recursos cabíveis das decisões do Conselho de Justiça, quais sejam: recurso em sentido estrito, apelação, embargos de divergência e de declaração.

e) Os embargos infringentes do julgado são oponíveis pela defesa e pela acusação em face de acórdão não unânime e, excepcionalmente, em face de condenação unânime, se houver, nesse último caso, divergência quanto à classificação do crime ou à quantidade ou natureza da pena imposta ao recorrente, facultando-se a dispensa de intimação e o oferecimento do recurso, independentemente de intimação do acórdão.

COMENTÁRIOS

Alternativa correta, letra "e". A banca examinadora pinçou textos dos artigos 538 a 541, podendo o réu (defesa) ou acusação (Ministério Público) interpor **embargos infringentes** de **acórdão não unânime** do STM. Caso o **acórdão seja unânime** poder-se-á interpor embargos de **nulidade.** Tal instituto vem demonstrado no art. 119, § 2º, do Regimento Interno do STM, ou seja, na articulação dos **embargos** a pretensão da **nulidade** deverá ser fundamentada distintamente da que se refira à divergência. Tal divergência deverá ter por base a classificação do crime, a quantidade da pena ou natureza da sanção imposta no acórdão unânime.

Os embargos de nulidade ou infringentes do julgado serão oferecidos juntamente com a petição independentemente de intimação do acórdão.

Alternativa "a". Nos termos do art. 516, verificamos que caberá **recurso em sentido estrito** da **decisão ou sentença.** A **apelação** será interposta, conforme art. 526, contra sentença definitiva de condenação ou de absolvição ou sentença definitiva ou com força de definitiva, em casos não específicos para o recurso em sentido estrito. Logo contra as decisões colegiadas do Conselho de Justiça podem ser impugnadas por intermédio de apelação ou recurso em sentido estrito, **não sendo somente apelação,** fato este ratificado pelo art. 510.

Alternativa "b". Nos termos dos artigos 499 e 500, verificamos **que nenhum ato judicial será declarado nulo** se da nulidade não resultar prejuízo para a acusação ou para a defesa. A nulidade poderá ocorrer por **incompetência**, impedimento, suspeição ou suborno do juiz, não havendo, destarte, necessidade de serem renovados, salvo se houver gravames ou onerar as partes.

Alternativa "c". Nos termos do art. 509, a sentença proferida pelo Conselho de Justiça com juiz irregularmente investido, impedido ou suspeito, não anula o processo, **salvo se a maioria se constituir com o seu voto.**

Alternativa "d". Conforme disposto no art. 510, das **decisões do Conselho** de Justiça ou do **auditor** poderão as partes interpor o **recurso em sentido estrito e a apelação.**

11. INCIDENTES PROCESSUAIS (DO LIVRAMENTO CONDICIONAL E DO INDULTO)

11. (Cespe – Juiz Substituto da Justiça Militar da União – STM/2013) De acordo com o que dispõe o CPPM acerca da execução de sentença e dos incidentes de execução, assinale a opção correta.

a) Para a obtenção do livramento condicional, exige-se que o condenado seja primário e tenha recebido pena de reclusão ou detenção inferior a dois anos, além de ter cumprido, no mínimo, dois terços dessa pena e reparado o dano causado por seu crime.

b) A vedação da suspensão condicional do processo, adotada como regra na sistemática processual penal castrense, não se aplica, em tempo de guerra, quando houver necessidade da presença do condenado no campo de batalha.

c) Em sede de execução criminal militar, é vedada ao sentenciado a recusa ao indulto ou à comutação da pena, benefícios legais de natureza objetiva em favor do condenado.

d) Aos acusados da prática de crimes em tempo de guerra não é permitido o livramento condicional, concedido aos acusados da prática de crimes contra a segurança externa do país, ou de revolta, motim, aliciação e incitamento, violência contra superior ou militar de serviço que já tiverem cumprido, no mínimo, dois terços da pena, observados, ainda, outros requisitos legais.

e) Todas as decisões prolatadas em sede de incidentes na execução criminal militar submetem-se aos Conselhos Especial ou Permanente de Justiça.

COMENTÁRIOS

Alternativa correta: letra "d". Verificamos a inteligência do art. 642 c/c art. 97, que estabelecem a não aplicação do livramento condicional ao condenado por crime cometido em tempo de guerra. Em tempo de paz é possível sua aplicação aos crimes contra a segurança externa do país, ou de revolta, motim, aliciação e incitamento, violência contra superior ou militar de serviço, desde que já tiverem cumprido, no mínimo, dois terços da pena além de se observar os incisos II e III do art. 618, ou seja:

> *II – tenha reparado, salvo impossibilidade de fazê-lo, o dano causado pelo crime;*
>
> *III – sua boa conduta durante a execução da pena, sua adaptação ao trabalho e às circunstâncias atinentes à sua personalidade, ao meio social e à sua vida pregressa permitam supor que não voltará a delinquir.*

Alternativa "a". Para a obtenção do **livramento condicional**, art. 618, exige-se que o condenado seja primário e tenha recebido pena de reclusão ou detenção **igual** ou **superior** a dois anos, além de ter cumprido, no mínimo, metade dessa pena, tenha reparado o dano causado, salvo impossibilidade de fazê-lo e que sua boa conduta durante a execução da pena, sua adaptação ao trabalho e às circunstâncias atinentes à sua personalidade, ao meio social e à sua vida pregressa **permitam supor que não voltará a delinquir**.

Alternativa "b". A **suspensão do processo** é matéria prevista no art. 89 da Lei 9.099/95, mas conforme art. 90-A e súmula nº 09 do STM, as disposições da citada lei não se aplicam no âmbito da **Justiça Militar**.

Alternativa "c". Nos termos do art. 649, o condenado **poderá recusar o indulto** ou a comutação da pena.

Alternativa "e". As decisões em incidentes de execução, ou seja, suspensão condicional da pena e livramento condicional, conforme art. 611 e 620 podem ser prolatadas em primeira instância ou Tribunal, portanto não são todas que se submetem aos Conselhos Especial ou Permanente de Justiça.

Processo Penal Militar

Luis Henrique Usai

✦ DICAS (RESUMO)

1) O conceito de competência está intimamente ligado ao de jurisdição. Enquanto a jurisdição, como função soberana do Estado, significa a aplicação do direito vigente ao caso concreto, compondo os litígios, o que é feito por intermédio dos juízes, a competência nada mais é do que limites dessa jurisdição (ASSIS, Jorge César de. Código de Processo Penal Militar Anotado. vol. 1 (Artigos 1º a 169). 2. ed. Curitiba: Juruá, 2006, p. 156).

2) O IPM não é a única peça informativa de que trata o CPPM, podemos destacar:

I) auto de prisão em flagrante (**APF**);

II) a instrução provisória de deserção (**IPD**); e,

III) a instrução provisória de insubmissão (**IPI**).

Importante salientar que o STM editou a Resolução Nº 203, em 22 de abril de 2014, estabelecendo o Código de Normas Cartorárias da 1ª Instância da Justiça Militar da União.

A Resolução prevê no art. 13 que o processo receberá a capa na cor indicada por Provimento da Auditoria de Correição, a qual deverá ser rubricada pelo Diretor de Secretaria:

I) branca: IPM, APF, IP, Expedientes, Apartados, Apensos etc.

II) bege: Instrução Provisória de Deserção;

III) amarela: Instrução Provisória de Insubmissão;

IV) laranja: Ação Penal Militar (Forma Especial) – Deserção;

V) rosa: Ação Penal Militar (Forma Especial) – Insubmissão;

VI) verde: Ação Penal Militar (Forma Ordinária) relativa ao Exército;

VII) cinza: Ação Penal Militar (Forma Ordinária) relativa à Marinha;

VIII) azul petróleo: Ação Penal Militar (Forma Ordinária) relativa à Aeronáutica;

IX) marrom: PQS, Medidas Cautelares;

x) vermelha: Processo de Execução Penal (PEP);

XI) azul clara: Controle de Sentença;

XII) mostarda: Precatórias.

Apesar de o IPM ser importante, pois fornece elementos ao Ministério Público Militar sobre o fato e a autoria, não se mostra indispensável, podendo ser oferecida denúncia independente de sua instauração, isto porque o importante é que o MPM tenha provas em relação àqueles elementos.

Conforme estabelece o art. 28 do CPPM o IPM poderá ser **dispensado** quando o fato e sua autoria já estiverem esclarecidos por documentos ou outras provas materiais.

Dispensado também nos crimes contra a honra, quando decorrerem de escrito ou publicação, cujo autor esteja identificado.

Por fim nos crimes previstos nos artigos 341 e 349 ambos do Código Penal Militar que dizem respeito, respectivamente, aos crimes de desacato à autoridade judiciária militar e o de desobediência à decisão judicial.

Qualquer pessoa poderá comparecer ao Órgão do Ministério Público Militar relatar ter sido vítima de crime militar ou mesmo que algum crime tenha sido praticado numa determinada unidade militar e, caso o integrante do Órgão que recebeu essas informações já tiver convicto da existência de indícios de crime e autoria, poderá oferecer denúncia, independente da instauração do inquisitorial.

3) Incidente de Uniformização de Jurisprudência nº 001/03 TJMSP.

Devemos considerar a sinonímia entre **o desertor e o trânsfuga**.

Frise-se, ainda, que no ato de inspeção, a praça especial é referida na lei processual, não o tratando como desertor, porém, reincluído, no caso do estável.

Ao ser citado, o artigo 456, § 4º, do CPPM, refere-se ao desertor como "acusado", portanto, consumada a deserção ao termo do 9º (nono) dia de ausência, na forma do artigo 187 do CPM.

Em suma, todo o tratamento dispensado pela legislação penal militar e processual penal militar, sempre é no sentido de que o desertor ou trânsfuga (como modernamente se busca rotular aquele que se reapresenta ou é preso), têm o mesmo tratamento legal.

Destarte, resta entendido que, como justiça, deva-se aplicar o texto legal do artigo 132 do CPM, só se permitindo o reconhecimento de prescrição, mesmo que fluído o lapso legal, na incidência do limite etário, nas hipóteses de ser o desertor detentor de graduação ou oficialato.

Não decorrido o limite etário, a extinção de punibilidade não pode ser reconhecida, portanto, nos exatos limites da legalidade, fonte maior do Direito, em especial do penal militar.

Restou vencido o Exmo. Juiz Lourival Costa Ramos, que, à luz do crime de favorecimento a desertor (artigo 193 do CPM), asseverou seu posicionamento de apuração pura e simples da prescrição, na forma do artigo 125 do CPM, independentemente da idade do agente.

Em plenário do Tribunal de Justiça Militar do Estado de São Paulo, sem voto o Senhor Juiz Presidente, DR. PAULO ANTONIO PRAZAK, e vencido o Senhor Juiz Lourival Costa Ramos, por maioria (3x1), reconheceu-se a incidência do artigo 132 do CPM, **não se operando a prescrição, enquanto não atingida a idade limite ali prevista, em relação a desertores.**

Como consequência, editou-se, em Plenário a Súmula nº 001/2005, do seguinte teor:

> *DESERÇÃO – Artigo 187 do CPM – Lapso prescricional atingido na forma do artigo 125 do CPM – Impossibilidade de seu reconhecimento por vedação expressa do artigo 132 do Código Penal Militar, que leva em consideração a idade do desertor.*
>
> *São Paulo, 04 de maio de 2005.*
>
> **Publicado no D.O.E. nº 107 de 13 de junho de 2005.**

4) Importante recordar dos institutos da **anistia, do indulto e da graça.**

A anistia ou **amnistia** (do grego amnestía, "esquecimento") também do latim tardio amnestia, é o ato pelo qual o poder público declara impuníveis delitos específicos, normalmente crimes políticos, fazendo cessar as diligências persecutórias ou tornando nulas e de nenhum efeito as condenações, motivados pela utilidade social. A lei de anistia é aprovada pelo Poder Legislativo (Congresso Nacional) e sancionado pelo Poder Executivo (Presidente da República). A anistia anula a punição e o fato que a causa.

O indulto (perdão coletivo da pena) ou **a graça** (perdão individual da pena) são concedidos pelo chefe de Estado, mediante Decreto, que suprime a execução da pena, sem desconsiderar os efeitos da condenação.

O **indulto** é destinado aos sentenciados que cumprem pena privativa de liberdade e que se subsumem às condições do Decreto Presidencial, dentre elas ao alcance de determinado interstício temporal e comportamento carcerário satisfatório. Como bem esclarece Cezar Roberto Bitencourt, citando Maggiore, "anistia, graça e indulto constituem as formas mais antigas de extinção da punibilidade, conhecidas como clemência soberana – indulgência principis – justificavam-se pela necessidade, não raro, de atenuar os rigores exagerados das sanções penais, muitas vezes desproporcionais aos crimes praticados."

O direito positivo brasileiro não estabelece uma clara distinção entre indulto e graça em sentido restrito.

A **graça** é o perdão da pena do condenado, que se destina a um ou mais condenados, desde que devidamente individualizados. O motivo pode ter incidências diversas, como um ato humanitário, por exemplo.

Para Guilherme de Souza Nucci "é a clemência destinada a uma pessoa determinada, não dizendo respeito a fatos criminosos."

Para Carlos Maximiliano a anistia "é um ato do poder do soberano que cobre com o véu do olvido certas infrações criminais, e, em consequência, impede ou extingue os processos respectivos e torna de nenhum efeito penal as condenações".

A anistia só pode ser concedida por meio de Lei do Congresso Nacional (art. 48, VIII, da CR), cabendo ao Judiciário aplicá-la ao caso concreto. São insuscetíveis de anistia os Crimes hediondos, a Tortura, o Tráfico Ilícito de Entorpecentes e o Terrorismo (art. 5º, XLIII, da CR, e art. 2º, I, da Lei nº 8.075/90).

5) Busca e Apreensão, Sequestro, Hipoteca Legal e Arresto de bens.

Na Busca e Apreensão procura-se a pessoa ou a coisa que é o próprio produto da infração (**confisco** dos instrumentos e produtos do crime, que serão inutilizados ou recolhidos a Museu Criminal ou entregues às Forças Armadas, se lhes interessarem). No caso de condenação haverá restituição à vítima do delito (administração militar), ou seja, a Fazenda Nacional.

No caso de absolvição serão restituídos os objetos lícitos àquele de quem houverem sido apreendidos, caso contrário, serão confiscados.

Após 90 dias do trânsito em julgado da sentença condenatória ou absolutória sem que haja a reclamação dos objetos apreendidos, serão vendidos em hasta pública, depositando-se o saldo à disposição do juiz de ausentes.

O Sequestro pode ser de bens móveis ou imóveis. Se imóveis, o juiz determina o registro no Cartório de Registro de Imóveis. Se móveis nomeia-se fiel depositário. Existe a retenção da coisa litigiosa, por ordem judicial, pela dúvida sobre a origem desse bem. O bem sequestrado deve ter sido adquirido com o dinheiro oriundo do ilícito.

Condenado o réu, o bem irá à hasta pública e o valor arrecadado destinado à indenizar o patrimônio sob administração militar.

Existe a previsão do sequestro ainda que o bem já tenham sido transferidos a terceiros por qualquer forma de alienação, ou por abandono ou renúncia.

Estão sujeitos ao mesmo dispositivo os bens de responsáveis por contrabando, ou outro ato ilícito, em aeronave ou embarcação militar, em proporção aos prejuízos e riscos por estas sofridas, bem como os dos seus tripulantes, que não tenham participado da prática do ato ilícito.

Não poderão ser sequestrados os bens desapropriados por Decreto do Executivo Federal, dos Estados, ou dos Municípios, caso seja editado em data anterior àquela em que foi praticado o delito.

Na Hipoteca Legal e no arresto os bens, objeto da constrição, não possuem origem ilícita, tampouco foram adquiridos com o produto do delito.

Há um procedimento burocrático para a inscrição, podendo antes ser solicitado o arresto. Pode haver a substituição da hipoteca por caução (garantia suficiente, real ou fidejussória).

Temos como garantias reais: a hipoteca, o penhor e anticrese.

Já a garantia fidejussória é a pessoal, o cumprimento da obrigação é transferido a terceira pessoa, que não é o devedor inicial. Pode ser como avalista ou como fiador.

No Arresto (móveis e imóveis) busca-se também prevenir eventual indenização do prejuízo causado pelo autor do crime à vítima (administração militar). Interessante destacar que decretado o arresto de bem imóvel, haverá prazo de 15 dias para que seja requerida a inscrição e especialização da hipoteca legal, caso contrário o arresto será revogado.

Não é permitido arrestar bens que, de acordo com a lei civil, sejam insuscetíveis de penhora, ou, de qualquer modo, signifiquem conforto indispensável ao acusado e à sua família.

✦ SÚMULAS APLICÁVEIS

1. STJ

- **06.** Compete à Justiça Comum Estadual processar e julgar delito decorrente de acidente de trânsito envolvendo viatura de Polícia Militar, salvo se autor e vítima forem policiais militares em situação de atividade.
- **53.** Compete à Justiça Comum Estadual processar e julgar civil acusado de prática de crime contra instituições militares estaduais.
- **75.** Compete à Justiça Comum Estadual processar e julgar o policial militar por crime de promover ou facilitar a fuga de preso de estabelecimento penal.
- **78.** Compete à Justiça Militar processar e julgar militar de corporação estadual, ainda que o delito tenha sido praticado em outra unidade federativa.
- **90.** Compete à Justiça Estadual Militar processar e julgar o policial militar pela prática de crime militar e à Comum pela prática do crime comum simultâneo àquele.
- **172.** Compete à Justiça Comum processar e julgar militar por crime de abuso de autoridade, ainda que praticado em serviço.

2. STM

- **5.** A desclassificação de crime capitulado na denúncia pode ser operada pelo Tribunal ou pelos Conselhos de Justiça, mesmo sem manifestação neste sentido do Ministério Público Militar nas alegações finais, desde quando importe em benefício para o réu e conste da matéria fática.
- **8.** O desertor sem estabilidade e o insubmisso que, por apresentação voluntária ou em razão de captura, forem julgados em inspeção de saúde, para fins de reinclusão ou incorporação, incapazes para o Serviço Militar, podem ser isentos do processo, após o pronunciamento do representante do Ministério Público.
- **9.** A Lei nº 9.099, de 26.09.95, que dispõe sobre os Juízos Especiais Cíveis e Criminais e dá outras providências, não se aplica à Justiça Militar da União.
- **12.** A praça sem estabilidade não pode ser denunciada por deserção sem ter readquirido o status de militar, condição de procedibilidade para a persecutio criminis, através da reinclusão. Para a praça estável, a condição de procedibilidade é a reversão ao serviço ativo.

✦ INFORMATIVOS APLICÁVEIS

▸ ***Fixação de competência e Justiça Militar***

Compete à Justiça Castrense julgar ação penal destinada à apuração de crime cujo autor e vítima sejam militares caso ambos estejam em serviço e em local sujeito à administração militar. *HC 135019/SP, Rel. Min. Rosa Weber, j. 20.9.2016. 1ª T. (Info 840)*

▸ ***Fixação de competência e Justiça Militar***

Compete à Justiça Castrense processar e julgar ação penal destinada à apuração de delito de apropriação de coisa havida acidentalmente (CPM, art. 249), praticado por militar que não esteja mais na ativa. *HC 136539/AM, Rel. Min. Ricardo Lewandowski, j. 4.10.2016. 2ª T. (Info 842)*

▸ ***Justiça Militar: crime praticado por civil, competência e contraditório***

Denegado "habeas corpus" impetrado em favor de civil denunciada pela suposta prática de furto simples em continuidade delitiva (CPM, art. 240, c/c art. 80). Ela realizara saques bancários da conta corrente de militar inativo falecido e, por essa razão, o Ministério Público Militar ofertara denúncia. Após a rejeição da peça acusatória, fora interposto recurso em sentido estrito, ao qual fora dado provimento tanto para não considerar a Justiça Militar competente quanto para receber a denúncia. Em casos semelhantes já se afirmara a competência da Justiça Castrense, tendo em conta a existência de dano à Administração Militar. Muito embora o tema da compatibilidade do julgamento de civil pela

Justiça Militar da União esteja pendente de análise pelo Plenário, na espécie, não trata da questão do ponto de vista constitucional, mas apenas diz respeito ao eventual enquadramento do fato como crime militar, nos termos da lei. No que se refere a hipotética supressão de instância, tendo em vista a existência de teses apreciadas em sede recursal, mas não em primeira instância, o Colegiado invocou o Enunciado 709 da Súmula do STF. No entanto, há precedente afastando o entendimento sumulado, nas situações em que o juiz de primeira instância se limita a afirmar sua própria incompetência. Nesse caso, o Tribunal deve determinar o retorno dos autos para que o magistrado prossiga na análise da admissibilidade da acusação. Sucede que, nesses autos, o fundamento para rejeitar a denúncia não fora a incompetência do juízo, porque o magistrado desclassificara a imputação de furto para estelionato militar (CPM, art. 251). Assim, a hipótese não foge ao âmbito do entendimento sumular. A respeito da possibilidade de apresentação de defesa prévia, consignou-se o seu cabimento no processo penal ordinário, a ser oportunizada após o recebimento da exordial. Contudo, o dispositivo em questão não assegura defesa prévia à admissibilidade da acusação, de maneira que, ainda que fosse aplicável ao processo penal militar, a tese não favoreceria a paciente. Além disso, a paciente tivera oportunidade de se pronunciar previamente sobre a admissibilidade da acusação, quando das contrarrazões apresentadas perante o STM. *HC 125777/CE, Rel. Min. Gilmar Mendes, 21.6.2016. 2ª T. (Info 831)*

▸ *Ministério Público Militar e ausência de contrarrazões*

A renúncia do Ministério Público Militar ao direito de contrarrazoar – na condição de parte –, em primeira instância, não impossibilita que a Procuradoria-Geral da Justiça Militar atue em segundo grau de jurisdição. *HC 131077/PE, Rel. Min. Cármen Lúcia, 15.12.2015. 2ª T. (Info 812)*

▸ *Processo penal militar e interrogatório ao final da instrução*

A exigência de realização do interrogatório ao final da instrução criminal, conforme o art. 400 do CPP, é aplicável no âmbito de processo penal militar. *HC 127900/AM, Rel. Min. Dias Toffoli, 3.3.2016. Pleno. (Info 816)*

Direitos Difusos e Coletivos

Daílson Soares Rezende

✦ QUESTÕES

1. INTERESSES METAINDIVIDUAIS

01. (Cespe – Defensor Público – RR/2013) A respeito da teoria constitucional dos direitos difusos e coletivos e dos interesses público, privado, difusos, coletivos e individuais homogêneos, assinale a opção correta.

a) Embora a legislação apresente diferenças entre os interesses difusos e os interesses individuais homogêneos, a doutrina aponta que, na prática, a distinção é inviável, em razão de ambas as espécies originarem-se de circunstâncias de fato comuns.

b) A CF prevê, como instrumentos para a tutela dos direitos coletivos latu sensu, apenas a ACP e a ação coletiva.

c) A distinção entre interesse público primário (o bem geral) e interesse público secundário (o modo pelo qual a administração vê o interesse público) é, atualmente, juridicamente irrelevante, pois, na sociedade moderna, qualquer interesse público coincide com o interesse da sociedade.

d) Os interesses difusos não são mera subespécie de interesse público, pois, embora possa haver coincidência entre interesses de um grupo indeterminável de pessoas e interesses do Estado ou da coletividade, isso nem sempre acontece.

e) A única diferença entre interesse difuso e interesse coletivo em sentido estrito é a origem da lesão.

COMENTÁRIOS

✪ **Nota do autor:** os interesses metaindividuais podem ser: I – difusos (grupo indeterminável, objeto indivisível e decorrem de situação fática), II – coletivos (grupo determinável, objeto indivisível e decorrem de relação jurídica) e III – individuais homogêneos (grupo determinável, objeto divisível e decorrem de origem comum)[1].

Alternativa correta: letra "d". Interesses ou direitos difusos são os transindividuais, de natureza indivisível, de que sejam titulares pessoas indeterminadas e ligadas por circunstâncias de fato. (CDC, Art. 81, I).

Alternativa "a". Errada. Interesses ou direitos difusos são os transindividuais, de natureza indivisível, de que sejam titulares pessoas indeterminadas e ligadas por circunstâncias de fato. (CDC, Art. 81, I). Interesses ou direitos individuais homogêneos são os decorrentes de origem comum. (CDC, Art. 81, III).

Alternativa "b". Errada. ACP é gênero e ação coletiva, espécie.

Alternativa "c". Errada. Interesse Público Primário. Verdadeiro interesse público. Interesses com feição social, que visam ao bem-estar social, etc. Interesse público: no início era "aquilo que não era privado. Secundário seria o "interesse privado do Estado". Interesses imediatos da Adm. Pública. Interpretação que a Adm. dá à noção de interesse público. Não pode se dissociar do primário.

Alternativa "e". Errada. Interesses ou direitos difusos, assim entendidos, para efeitos deste código, os transindividuais, de natureza indivisível, de que sejam titulares pessoas indeterminadas e ligadas por circunstâncias de fato. (CDC, Art. 81, I). Interesses ou direitos coletivos, assim entendidos, para efeitos deste código, os transindividuais, de natureza indivisível de que seja titular grupo, categoria ou classe de pessoas ligadas entre si ou com a parte contrária por uma relação jurídica base. (CDC, Art. 81, II).

---

1 MAZZILLI, Hugo Nigro. **A defesa dos interesses difusos em juízo**: meio ambiente, consumidor, patrimônio cultural, patrimônio público e outros interesses. 19 ed. rev., ampl. e atual. São Paulo: Saraiva, 2006, p.55.

02. (Cespe – Defensor Público – RR/2013) A respeito das regras gerais de defesa judicial dos interesses transindividuais e da ACP, assinale a opção correta de acordo com o entendimento do STJ.

a) É vedada a inversão do ônus da prova nas ações civis públicas ajuizadas pelo MP, porque o parquet não é ente hipossuficiente.

b) É prescindível analisar a natureza do interesse ou direito individual homogêneo – disponível ou indisponível – para fundamentar a legitimação extraordinária do MP para ajuizar ACP.

c) Por aplicação analógica de dispositivo da Lei da Ação Popular, as sentenças de improcedência de ACP sujeitam-se indistintamente ao reexame necessário.

d) É vedado ao beneficiário de sentença genérica proferida em ação civil coletiva ajuizar a liquidação e a execução individual no foro do seu domicílio.

e) Em razão do prejuízo presumido, a ausência de intimação do MP para funcionar como fiscal da lei em ACP acarreta nulidade processual insanável.

COMENTÁRIOS

✪ **Nota do autor:** quanto ao direito probatório, não há nas leis específicas do sistema processual coletivo regras específicas, mas se aplica subsidiariamente as regras no Código de Processo Civil.

Alternativa correta: letra "c". Segundo entendimento do STJ, a aplicação do artigo 19 da lei que rege as ações populares pode ser aplicada em todo o "microssistema coletivo" naquilo que for útil à tutela dos interesses da sociedade. Dada a ausência de dispositivo na lei de ação civil pública, Lei nº 7.347/85, versando sobre remessa oficial, deve-se, prioritariamente buscar norma de integração dentro do microssistema processual de tutela coletiva, o que confirma como legítima a aplicação por analogia do artigo 19 da Lei 4.717/65.

Alternativa "a". Errada. Conforme entendimento do STJ, o Ministério Público, nas ações civis públicas faz jus à inversão do ônus da prova.

Alternativa "b". Errada. Quanto aos direitos individuais HOMOGÊNEOS há necessidade de se analisar a sua natureza, se esses direitos forem indisponíveis, e se esses direitos forem disponíveis, se envolver direitos individuais homogêneos disponíveis com relevância social.

Alternativa "d". Errada. Conforme entendimento do STJ, o beneficiário de sentença genérica em ação civil coletiva pode ajuizar a liquidação e a execução individual no foro de seu domicílio (REsp 1391198/RS, Rel. Ministro LUIS FELIPE SALOMÃO, SEGUNDA SEÇÃO, julgado em 13/08/2014, DJe 02/09/2014).

Alternativa "e". Errada. Conforme entendimento do STJ, a ausência de intimação do Ministério Público em ação civil pública para funcionar como fiscal da lei não dá ensejo, por si só, à nulidade processual, salvo comprovado prejuízo. (AgRg no AREsp 75.210/BA, Rel. Ministro HUMBERTO MARTINS, SEGUNDA TURMA, julgado em 06/03/2012, DJe 13/03/2012).

03. (Cespe – Defensor Público – AC/ 2012) No que diz respeito ao interesse público e privado, assinale a opção correta.

a) Ao MP cabe a fiscalização da formação do patrimônio financeiro inerente ao Estado.

b) Mesmo em face da simples expectativa de direito, o interesse público é tutelado, protegido e garantido pelo ordenamento jurídico pátrio.

c) O MP deve atuar sempre na defesa dos interesses da coletividade, sejam eles particulares ou públicos.

d) O MP atua na defesa dos direitos difusos, coletivos, individuais homogêneos e individuais indisponíveis, ou seja, na defesa do chamado interesse público primário.

e) A Procuradoria da União é o único órgão competente para proteger o patrimônio financeiro da administração pública, denominado interesse público secundário.

COMENTÁRIOS

✪ **Nota do autor:** para o Novo CPC (art. 177), o Ministério Público exercerá o direito de ação em conformidade com suas atribuições constitucionais.

Alternativa correta: letra "d" (responde também as alternativas "a" e "c"). O MP deve zelar pela defesa do interesse social relevante (interesse público primário), que se difere do interesse público secundário (interesse próprio da Administração Pública enquanto entidade jurídica e política).

Alternativa "b". Errada. O interesse público já é garantido, não se falando em mera expectativa de direito.

Alternativa "e". Errada. A proteção ao erário é interesse socialmente relevante, razão pelo qual sua tutela não se restringe à Procuradoria da União.

04. (Cespe – Defensor Público – AC/ 2012) Assinale a opção correta acerca dos interesses difusos, coletivos e individuais homogêneos.

a) As lesões a direitos individuais homogêneos e disponíveis podem ser investigadas pelo MP.

b) A revista íntima praticada pelo empregador constitui lesão ao direito individual homogêneo, no âmbito da relação jurídica de emprego.

c) Direitos coletivos são os de natureza indivisível, de que sejam titulares pessoas indeterminadas e ligadas por circunstâncias de fato.

d) Os direitos difusos são determináveis porque os seus titulares são identificados conforme o grupo, categoria ou classe em que estejam inseridos.

e) Os direitos individuais homogêneos, derivados de relação jurídica idêntica, são indivisíveis, e seus titulares, indeterminados.

COMENTÁRIOS

✪ **Nota do autor:** a questão trata das principais características dos interesses metaindividuais.

Alternativa correta: letra "a". O STF[2] e o STJ[3] já decidiram que se houver interesse social relevante na tutela objetiva de determinado bem jurídico, mesmo que se trate de direito individual homogêneo disponível, é possível que o Ministério Público investigue a lesão ou mesmo ajuíze Ação Civil Pública.

Alternativa "b". Errada. Por se tratar de direito indivisível (intimidade) dentro de uma relação jurídica (emprego) de pessoas determináveis (empregados), o direto violado em questão foi o coletivo *stricto senso* e não individual homogêneo (objeto divisível e origem comum).

Alternativa "c". Errada. A assertiva menciona o conceito de interesses e direitos difusos. Já interesses e direitos coletivos consistem nos transindividuais, de natureza indivisível de que seja titular grupo, categoria ou classe de pessoas ligadas entre si ou com a parte contrária por uma relação jurídica base (CDC, art. 81, parágrafo único, inciso II).

Alternativa "d". Errada. A alternativa se refere ao conceito parcial de interesses coletivos. Já interesses difusos são os transindividuais, de natureza indivisível, de que sejam titulares pessoas indeterminadas e ligadas por circunstâncias de fato (CDC, art. 81, parágrafo único, inciso I).

Alternativa "e". Errada. Os interesses ou direitos individuais homogêneos são os direitos individuais decorrentes de origem comum (CDC, art. 81, parágrafo único, inciso III).

---

05. (Cespe – Defensor Público – AC/ 2012) No que diz respeito ao interesse público e privado, assinale a opção correta.

a) Ao MP cabe a fiscalização da formação do patrimônio financeiro inerente ao Estado.

b) Mesmo em face da simples expectativa de direito, o interesse público é tutelado, protegido e garantido pelo ordenamento jurídico pátrio.

c) O MP deve atuar sempre na defesa dos interesses da coletividade, sejam eles particulares ou públicos.

d) O MP atua na defesa dos direitos difusos, coletivos, individuais homogêneos e individuais indisponíveis, ou seja, na defesa do chamado interesse público primário.

e) A Procuradoria da União é o único órgão competente para proteger o patrimônio financeiro da administração pública, denominado interesse público secundário.

COMENTÁRIOS

✪ **Nota do autor:** o Ministério Público poderá ajuizar ação civil pública para a tutela de interesses difusos, coletivos, individuais homogêneos e também individuais indisponíveis.

Alternativa correta: letra "d" (responde também as alternativas "a" e "c"). O MP deve zelar pela defesa do interesse social relevante (interesse público primário), que se difere do interesse público secundário (interesse próprio da Administração Pública enquanto entidade jurídica e política).

Alternativa "b". Errada. O interesse público já é garantido, não se falando em mera expectativa de direito.

Alternativa "e". Errada. A proteção ao erário é interesse socialmente relevante, razão pelo qual sua tutela não se restringe à Procuradoria da União.

---

06. (Cespe – Defensor Público – AC/ 2012) Assinale a opção correta acerca dos interesses difusos, coletivos e individuais homogêneos.

a) As lesões a direitos individuais homogêneos e disponíveis podem ser investigadas pelo MP.

b) A revista íntima praticada pelo empregador constitui lesão ao direito individual homogêneo, no âmbito da relação jurídica de emprego.

c) Direitos coletivos são os de natureza indivisível, de que sejam titulares pessoas indeterminadas e ligadas por circunstâncias de fato.

d) Os direitos difusos são determináveis porque os seus titulares são identificados conforme o grupo, categoria ou classe em que estejam inseridos.

e) Os direitos individuais homogêneos, derivados de relação jurídica idêntica, são indivisíveis, e seus titulares, indeterminados.

COMENTÁRIOS

✪ **Nota do autor:** segundo o Projeto de Lei que visa unificar as normas processuais voltadas à tutela

---

2 Precedentes: RE 163.231/SP, AI 637.853 AgR/SP, AI 606.235 AgR/DF, RE 475.010 AgR/RS, RE 328.910 AgR/SP e RE 514.023 AgR/RJ

3 REsp 1.331.690-RJ e REsp 1154747/SP

coletiva, em tramite na Câmara dos Deputados sob o nº 5.139/2009, o processo civil coletivo rege-se pelos seguintes princípios: I – amplo acesso à justiça e participação social;II – duração razoável do processo, com prioridade no seu processamento em todas as instâncias; III – isonomia, economia processual, flexibilidade procedimental e máxima eficácia;IV – tutela coletiva adequada, com efetiva precaução, prevenção e reparação dos danos materiais e morais, individuais e coletivos, bem como punição pelo enriquecimento ilícito; V – motivação específica de todas as decisões judiciais, notadamente quanto aos conceitos indeterminados; VI – publicidade e divulgação ampla dos atos processuais que interessem à comunidade; VII – dever de colaboração de todos, inclusive pessoas jurídicas públicas e privadas, na produção das provas, no cumprimento das decisões judiciais e na efetividade da tutela coletiva;VIII – exigência permanente de boa-fé, lealdade e responsabilidade das partes, dos procuradores e de todos aqueles que de qualquer forma participem do processo; e IX – preferência da execução coletiva.

Alternativa correta: letra "a". O STF[4] e o STJ[5] já decidiram que se houver interesse social relevante na tutela objetiva de determinado bem jurídico, mesmo que se trate de direito individual homogêneo disponível, é possível que o Ministério Público investigue a lesão ou mesmo ajuíze Ação Civil Pública.

Alternativa "b". Errada. Por se tratar de direito indivisível (intimidade) dentro de uma relação jurídica (emprego) de pessoas determináveis (empregados), o direto violado em questão foi o coletivo *stricto senso* e não individual homogêneo (objeto divisível e origem comum).

Alternativa "c". Errada. A assertiva menciona o conceito de interesses e direitos difusos. Já interesses e direitos coletivos consistem nos transindividuais, de natureza indivisível de que seja titular grupo, categoria ou classe de pessoas ligadas entre si ou com a parte contrária por uma relação jurídica base (CDC, art. 81, parágrafo único, inciso II).

Alternativa "d". Errada. A alternativa se refere ao conceito parcial de interesses coletivos. Já interesses difusos são os transindividuais, de natureza indivisível, de que sejam titulares pessoas indeterminadas e ligadas por circunstâncias de fato (CDC, art. 81, parágrafo único, inciso I).

Alternativa "e". Errada. Os interesses ou direitos individuais homogêneos são os direitos individuais decorrentes de origem comum (CDC, art. 81, parágrafo único, inciso III).

4 Precedentes: RE 163.231/SP, AI 637.853 AgR/SP, AI 606.235 AgR/DF, RE 475.010 AgR/RS, RE 328.910 AgR/SP e RE 514.023 AgR/RJ

5 REsp 1.331.690-RJ e REsp 1154747/SP

07. (Cespe – Defensor Público – AC/ 2012) No que concerne à ação civil pública e à coletiva, assinale a opção correta.

a) A legislação vigente admite o ajuizamento de ação civil coletiva decorrente de fatos e direitos de origem diversa.

b) Não é possível estabelecer, em ação civil coletiva, pedido sobre obrigação de dar, fazer ou não fazer relacionado a direitos individuais homogêneos.

c) Para dar ensejo a uma ação civil coletiva, o direito deve ser indivisível, porém idêntico em uma coletividade.

d) A ação civil pública foi instituída para evitar decisões contraditórias e não para desestimular ações individuais.

e) A ação civil pública, também conhecida como ação de classe, é um instrumento de tutela de direitos difusos, coletivos e individuais indisponíveis.

COMENTÁRIOS

✪ Nota do autor: segundo o Projeto de Lei que visa unificar as normas processuais voltadas à tutela coletiva, em tramite na Câmara dos Deputados sob o nº 5.139/2009, são admissíveis todas as espécies de ações e provimentos capazes de propiciar a adequada e efetiva tutela dos direitos e interesses difusos, coletivos e individuais homogêneos.

Alternativa correta: letra "e". A ação civil pública tutela a proteção do patrimônio público e social, do meio ambiente e de outros interesses difusos e coletivos, e individuais indisponíveis.

Alternativa "a". Errada. O objeto da ação civil coletiva são os interesses individuais homogêneos, individuais de natureza divisível, derivados do mesmo fundamento de fato ou de direito ou afins entre si por ponto comum de fato ou de direito, formais, vale dizer, com perfeita relação entre sujeito e objeto, por isso em regra transmissíveis *inter vivos* ou *mortis causa*, salvo se imateriais, merecem tutela coletiva, ainda que de titularidade determinada apenas pela relevância – paradoxo essencial – do interesse social subjacente, que acabou por propiciar ao Ministério Público, por derivação, ser admitido como substituto processual dos titulares individualizados.

Alternativa "b". Errada. A ação civil poderá ter por objeto a condenação em dinheiro ou o cumprimento de obrigação de fazer ou não fazer (Lei 7.347/85, Art. 3º).

Alternativa "c". Errada. O objeto da ação civil coletiva são os interesses individuais homogêneos, individuais de natureza divisível, derivados do mesmo fundamento de fato ou de direito ou afins entre si por ponto comum de fato ou de direito. A natureza é comum e não idêntica

Alternativa "d". Errada. O objetivo da Ação Civil Pública é o direito de postular a tutela jurisdicional dos interesses metaindividuais, ou seja, buscar soluções para os conflitos de interesse de um número indeterminado de pessoas com diversos interesses, mas que dentro desses encontram-se um interesse que é indivisível a todos deste grupo.

---

08. (Cespe – Defensor Público – RO/ 2012) Considere que a direção de tradicional colégio público de determinada capital do país tenha extinguido as turmas do ensino médio no período noturno e que o MP tenha ajuizado ação civil pública visando à manutenção das turmas noturnas da referida instituição de ensino. Considerando essa situação hipotética, assinale a opção correta.

a) Deve-se levar em conta, no caso, a ótica daqueles que ainda não ingressaram no colégio e que eventualmente podem ser atingidos pela ausência do curso noturno, sendo esse grupo indeterminável de futuros alunos titulares de direito difuso à manutenção do ensino noturno.

b) O MP é parte ilegítima para ajuizar a referida ação, destinada à defesa de direitos individuais disponíveis.

c) Verifica-se, em relação aos alunos já matriculados no período noturno, que não poderiam permanecer estudando naquele período em razão da decisão da direção, a presença de direito difuso a ser defendido pela DP.

d) O MP é parte legítima para ajuizar a ação, que visa à defesa de interesses acidentalmente coletivos.

e) Os dispositivos do ECA não se aplicam ao caso, visto que nele não se configura situação de perigo ou abandono de criança ou adolescente.

COMENTÁRIOS

✪ **Nota do autor:** segundo o Projeto de Lei que visa unificar as normas processuais voltadas à tutela coletiva, em tramite na Câmara dos Deputados sob o nº 5.139/2009, são legitimados concorrentemente para propor a ação coletiva: I – o Ministério Público; II – a Defensoria Pública; III – os Entes Públicos Federados e respectivas autarquias, fundações públicas, empresas públicas, sociedades de economia mista, bem como seus órgãos despersonalizados que tenham como finalidades institucionais a defesa dos interesses ou direitos difusos, coletivos ou individuais homogêneos; IV – a Ordem dos Advogados do Brasil, inclusive as suas seções e subseções; V – as entidades sindicais e de fiscalização do exercício das profissões, restritas à defesa dos interesses ou direitos difusos, coletivos e individuais homogêneos ligados à categoria; VI – os partidos políticos com representação no Congresso Nacional, nas Assembleias Legislativas ou nas Câmaras Municipais, conforme o âmbito do objeto da demanda, a ser verificado quando do ajuizamento da ação; e VII – as associações civis e as fundações de direito privado legalmente constituídas e em funcionamento há pelo menos um ano (requisito dispensável quando haja manifesto interesse social evidenciado pelas características do dano ou pela relevância do bem jurídico a ser protegido), para a defesa de interesses ou direitos relacionados com seus fins institucionais, dispensadas a autorização assemblear ou pessoal e a apresentação do rol nominal dos associados ou membros.

Alternativa correta: letra "a". Classifica a categoria dos direitos a que pertencem os alunos que ainda não ingressaram no colégio como indetermináveis e, portanto, pertencentes à categoria dos direitos difusos.

Alternativa "b". Errada. O MP só terá legitimidade para ajuizar a referida ação, se os direitos individuais homogêneos disponíveis forem de interesse social (se houver relevância social).

Alternativa "c". Errada. Os alunos já estão matriculados, ou seja, os sujeitos são determinados, logo, não se trata de direito difuso a ser defendido e sim de direito individual homogêneo.

Alternativa "d". Errada. O MP só terá legitimidade para ajuizar a referida ação, se os direitos individuais homogêneos disponíveis forem de interesse social (se houver relevância social).

Alternativa "e". Errada. O ECA, na linha do próprio Direito da Criança e do Adolescente, encampou a Doutrina da Proteção Integral, pela qual essas pessoas são consideradas sujeitos de direitos e não objeto de proteção. Substituiu a Doutrina da Situação Irregular.

---

09. (Cespe – Defensor Público – RO/ 2012) Com relação aos interesses coletivos, assinale a opção correta.

a) Os titulares de interesses coletivos em sentido estrito agregam se por circunstâncias de fato.

b) Os titulares de interesses difusos são caracterizados pela indeterminabilidade relativa.

c) Os titulares de interesses difusos ligam-se por relação jurídica base.

d) Os interesses individuais homogêneos são caracterizados por uma transindividualidade artificial ou relativa.

e) O objeto dos interesses individuais homogêneos é indivisível.

COMENTÁRIOS

✪ **Nota do autor:** a defesa dos interesses e direitos metaindividuais é de interesse público primário, sobretudo por tutelar interesse social relevante que ultrapassa a esfera individual.

Alternativa correta: letra "d". Os interesses ou direitos individuais homogêneos são os direitos individuais decorrentes de origem comum (CDC, art. 81, parágrafo único, inciso III).

Alternativa "a". Errada. Interesses e direitos coletivos em sentido estrito consistem nos transindividuais, de natureza indivisível de que seja titular grupo, categoria ou classe de pessoas ligadas entre si ou com a parte contrária por uma relação jurídica base (CDC, art. 81, parágrafo único, inciso II).

Alternativa "b" (responde também a alternativa "c"). Errada. Interesses e direitos difusos são os transindividuais, de natureza indivisível, de que sejam titulares pessoas indeterminadas e ligadas por circunstâncias de fato (CDC, art. 81, parágrafo único, inciso I).

Alternativa "e". Errada. O objeto é divisível, ou seja, o prejuízo de um pode ser diferente do prejuízo de outro. É possível corrigir o prejuízo de um e não corrigir o prejuízo de outro. Ex.: cobrança da taxa do cartão de crédito – os valores de cada lesado serão diferentes, logo, o prejuízo é divisível.

---

10. (Cespe – Defensor Público – RO/ 2012) De acordo com o que dispõe o art. 94 da CF, um quinto das vagas dos tribunais deve ser destinado a advogados. Entretanto, o tribunal de justiça de determinado estado da Federação, deixando de observar o critério constitucional, nomeou, para vaga destinada a um advogado, o juiz mais antigo da carreira, antes mesmo que a OAB formalizasse qualquer lista com eventuais candidatos ao cargo. Nessa situação, desrespeitou-se, em relação aos advogados, o interesse

a) individual homogêneo.

b) individual disponível.

c) público secundário.

d) difuso.

e) coletivo em sentido estrito.

COMENTÁRIOS

✪ **Nota do autor:** o quinto constitucional é um direito social relevante e indisponível decorrente de norma constitucional.

Alternativa correta: letra "e". Interesses e direitos coletivos em sentido estrito consistem nos transindividuais, de natureza indivisível de que seja titular grupo, categoria ou classe de pessoas ligadas entre si ou com a parte contrária por uma relação jurídica base (CDC, art. 81, parágrafo único, inciso II). Vale dizer: classe de pessoas = advogados e relação jurídica de base = CF/88.

Alternativa "a". Errada. Os interesses ou direitos individuais homogêneos são os direitos individuais decorrentes de origem comum (CDC, art. 81, parágrafo único, inciso III).

Alternativa "b". Errada. O direito é disponível quando está sob o total domínio de seu titular, de tal modo que este pode fazer tudo em relação a aquele, principalmente alienar, e mesmo renunciar. O critério de livre disponibilidade é na verdade de difícil apreensão. Ou seja, são aqueles em que a parte pode abrir mão sem que terceiros venham se opor. Não é o caso, pois o quinto constitucional é um direito indisponível.

Alternativa "c". Errada. O interesse público secundário é o da pessoa jurídica de direito público que seja parte em uma determinada relação jurídica – quer se trate da União, do Estado-membro, do Município ou das suas autarquias. Em ampla medida, pode ser identificado como o interesse do erário, que é o de maximizar a arrecadação e minimizar as despesas.

Alternativa "d". Errada. Interesses e direitos difusos são os transindividuais, de natureza indivisível, de que sejam titulares pessoas indeterminadas e ligadas por circunstâncias de fato (CDC, art. 81, parágrafo único, inciso I).

---

11. (Cespe – Defensor Público – ES/ 2012) Em um Estado democrático de direito, cabe ao legislador a função de editar a lei; ao administrador público e ao magistrado, aplicarem-na de modo a atingir os interesses do grupo formador do Estado. E é a partir desses interesses que surgem os confrontos entre o que é de interesse do Estado e o que deve ser de interesse privado. Considerando tais aspectos, julgue os itens a seguir.

11.1. Os interesses difusos e os interesses coletivos são indivisíveis e se assemelham aos interesses individuais homogêneos, por se dirigirem a grupos, categorias ou classes de pessoas determináveis.

COMENTÁRIOS

✪ **Nota do autor:** por causa da heterogeneidade dos titulares dos direitos e interesses difusos, eles são indeterminados e indetermináveis.

Errado. A indivisibilidade do objeto é própria dos interesses difusos e coletivos, mas com relação à determinação dos seus titulares persiste absoluta somente com relação aos difusos, enquanto que nos coletivos é relativo. Portanto, de forma abstrata, nos interesses coletivos e individuais homogêneos, seus titulares são determináveis, mas nos interesses difusos seus titulares são indetermináveis.

11.2. O interesse do Estado ou dos governantes deve coincidir necessariamente com o bem geral da coletividade, pois, ao tomarem suas decisões, os governantes devem atender ao real interesse da comunidade.

COMENTÁRIOS

✪ **Nota do autor:** a assertiva trata da distinção entre interesse público primário e secundário, que por vezes colidem.

Errado. Segundo a doutrina, como o interesse do Estado ou dos governantes não coincide necessariamente com o bem geral da coletividade, oportuno distinguir o interesse público primário do interesse público secundário; com efeito, em suas decisões, nem sempre o governante atende ao real interesse da comunidade. O interesse público primário é o interesse social, o interesse da sociedade ou da coletividade como um todo. Portanto, nem sempre coincidem o interesse público primário e o secundário. Nesse sentido, o interesse público primário pode ser identificado com o interesse social, o interesse da sociedade ou da coletividade, e até mesmo com os mais autênticos interesses difusos.

---

12. (Cespe – Defensor Público – ES/ 2012) Sabendo que, devido à sua destinação, o MP está legitimado à defesa de qualquer interesse difuso, julgue os itens seguintes.

12.1. Conforme o princípio da obrigatoriedade, o dever de agir obriga o MP a propor ACP, mesmo nas situações em que, esgotadas todas as diligências, as evidências não produzam todo o fundamento necessário.

COMENTÁRIOS

✪ **Nota do autor:** os princípios devem se harmonizar, não se admitindo interpretação e aplicação que aniquile qualquer um deles.

Errado. Se o órgão do Ministério Público, esgotadas todas as diligências, se convencer da inexistência de fundamento para a propositura da ação civil, promoverá o arquivamento dos autos do inquérito civil ou das peças informativas, fazendo-o fundamentadamente (Lei 7.347/85, art. 9º). Assim, harmoniza-se o princípio da obrigatoriedade da ACP com o da autonomia do Ministério Público, sem que haja prejuízo aos interesses tutelados.

12.2. Em caso de lesões a interesses de uma categoria de pessoas, a restauração da ordem jurídica violada só pode ser alcançada por meio de legitimação ordinária.

COMENTÁRIOS

✪ **Nota do autor:** apesar a assertiva não especificar qual a ligação estabelecida entre os grupos, o ordenamento jurídico brasileiro prevê a legitimação extraordinário para a defesa em nome próprio de interesse/ direito alheio individual ou coletivo.

Errado. Têm legitimidade para propor a Ação Civil Pública: o Ministério Público; a Defensoria Pública; a União, os Estados, o Distrito Federal e os Municípios; a autarquia, empresa pública, fundação ou sociedade de economia mista; a associação que, concomitantemente: esteja constituída há pelo menos 1 (um) ano nos termos da lei civil; inclua, entre suas finalidades institucionais, a proteção ao patrimônio público e social, ao meio ambiente, ao consumidor, à ordem econômica, à livre concorrência, aos direitos de grupos raciais, étnicos ou religiosos ou ao patrimônio artístico, estético, histórico, turístico e paisagístico. (Lei 7.347/85, art. 5º e incisos).

---

13. (Cespe – Promotor de Justiça – PI/2012) A respeito dos direitos coletivos, considerados em sentido amplo, assinale a opção correta.

a) Os direitos transindividuais e metaindividuais, direitos coletivos em sentido amplo, abrangem os direitos difusos, coletivos, individuais homogêneos e o individual indisponível.

b) Os bens que integram o patrimônio financeiro do Estado inserem-se no âmbito do interesse público primário.

c) A lei confere exclusividade ao MP na defesa judicial do interesse público primário.

d) O interesse público secundário é protegido pelos denominados direitos difusos, coletivos, individuais homogêneos e individuais indisponíveis, pertencentes à sociedade.

e) Em regra, o MP tem legitimidade para a defesa dos interesses público e particular.

COMENTÁRIOS

✪ **Nota do autor:** a tradicional classificação entre direito público e direito privado é insuficiente para as especificidades e necessidades da sociedade contemporânea.

Alternativa correta: letra "a". Os direitos transindividuais e metaindividuais ultrapassam a esfera individual, se referem ao interesse social e abrangem os direitos difusos, coletivos, individuais homogêneos ou indisponíveis.

Alternativa "b". Errada. Trata-se na verdade de interesse da Administração Pública (interesse público secundário) que possibilita sua atuação para concretizar suas finalidades coletivas de servir o interesse social (interesse público primário).

Alternativa "c". Errada. A Constituição Federal atribui ao Ministério Público, de forma privativa, tão somente a promoção da ação penal pública (artigo 129, I). Portanto, afora essa hipótese, todas as outras atividades realizadas pelo Ministério Público não constituem, a princípio e por si só, óbice para que outras instituições também o façam, ou seja, a defesa dos interesses públicos classificados como primários por todas as instituições com capacidade para tal.

Alternativa "d". Errada. O Interesse Público Secundário é o interesse privado do Estado. Interesses imediatos da Administração Pública. Somente por via reflexa o interesse público secundário é da sociedade. Já o interesse primário é diretamente o interesse da sociedade, tutelado pelos direitos difusos, coletivos e individuais homogêneos ou indisponíveis.

Alternativa "e". Errada. O interesse propriamente da Administração Pública, ou seja, o interesse público primário é defendido por seu órgão de representação judicial e consultoria jurídica, sendo vedado ao MP defendê-lo. Ademais, o direito individual indisponível pode ser defendido pelo MP, já o disponível fica a cargo do seu titular ou outro legitimado extraordinário.

---

14. (Cespe – Promotor de Justiça – PI/2012) Com relação aos direitos difusos, coletivos e individuais homogêneos, assinale a opção correta.

a) Os direitos individuais homogêneos são indivisíveis, embora seus titulares sejam determinados.

b) Os titulares dos direitos difusos podem ser individualmente determinados.

c) Tanto os interesses difusos quanto os direitos coletivos são de natureza indivisível.

d) Os direitos coletivos correspondem aos direitos metaindividuais, cujos titulares são pessoas indeterminadas.

e) É vedada a investigação de afronta a direitos individuais homogêneos por meio de inquérito civil.

COMENTÁRIOS

✪ **Nota do autor:** O compromisso de ajustamento de conduta é instrumento formal, podendo ser celebrado nos autos do inquérito civil ou do procedimento preparatório de inquérito civil, com os interessados para adequação de suas condutas às exigências legais, mediante cominações, com eficácia de título executivo extrajudicial, nos termos da legislação específica (Art. 4º, do Ato Normativo nº 484, de 5 de outubro de 2006, do Órgão Especial do Colégio de Procuradores de Justiça – CPJ).

Alternativa correta: letra "c". A indivisibilidade é comum aos direitos e interesses naturalmente coletivos, os difusos e os coletivos em sentido estrito, o que resulta na impossibilidade de individualização da titularidade, sendo que todos os membros do grupo são titulares ou ninguém é titular.

Alternativa "a". Errada. Os direitos e interesses individuais homogêneos são divisíveis (tuteláveis individualmente pelos titulares e possibilitam resultados diferentes), possuem titulares determináveis (sobretudo na fase de liquidação da sentença coletiva). A homogeneidade advém do elo decorrente de um evento comum aos titulares.

Alternativa "b". Errada. São indeterminados e indetermináveis os titulares dos direitos e interesses difusos, por causa da heterogeneidade dos interessados.

Alternativa "d". Errada. Os titulares dos direitos e interesses coletivos em sentido estrito são individualmente indeterminados, mas determináveis por grupo devido à relação jurídica comum.

Alternativa "e". Errada. O inquérito civil é investigação administrativa, de caráter inquisitorial, unilateral e facultativo, instaurado e presidido pelo Ministério Público e destinado a apurar a ocorrência de danos efetivos ou potenciais a direitos ou interesses difusos, coletivos ou individuais homogêneos ou outros que lhe incumba defender, servindo como preparação para o exercício das atribuições inerentes às suas funções institucionais (Art. 2º, do Ato Normativo nº 484, de 5 de outubro de 2006, do Órgão Especial do Colégio de Procuradores de Justiça – CPJ).

---

15. (Cespe – Promotor de Justiça – PI/2012) Assinale a opção correta a respeito da tutela em juízo dos interesses individuais homogêneos, difusos e coletivos.

a) A multa indenizatória decorrente da violação a direitos difusos e coletivos do trabalho deve ser revertida ao Fundo de Reparação dos Bens Lesados, enquanto a penalidade decorrente do efeito da violação a direitos individuais indisponíveis deve ser revertida em favor dos próprios lesados.

b) A ACP que vise à proteção de direitos difusos e coletivos induz litispendência para as ações individuais.

c) Se a associação autora da ACP formular pedido de desistência, o parquet poderá assumir a legitimidade ativa extraordinária da ação.

d) Em ACP cujo objeto seja direito difuso, coletivo, individual homogêneo ou individual indisponível, os efeitos da coisa julgada material são erga omnes e ultra partes.

e) Segundo entendimento do STJ, o interesse patrimonial da fazenda pública identifica-se, por si só, com o interesse público a que se refere a lei quando dispõe sobre a intervenção do MP.

COMENTÁRIOS

✪ **Nota do autor:** pelo princípio da indisponibilidade mitigada, em caso de abandono ou desistência pelo autor da ação coletiva, os demais legitimados podem e o Ministério Público deve dar continuidade na demanda coletiva. Tal princípio possui previsão expressa na legislação infraconstitucional.

Alternativa correta: letra "c". Em caso de desistência infundada ou abandono da ação por associação legitimada, o Ministério Público ou outro legitimado assumirá a titularidade ativa. (Lei nº 7.347/85, art. 5º, § 3º). A nosso ver não é facultativa, mas sim obrigatória, por isso a palavra "poderá" torna a assertiva falsa, o que resulta em nulidade da questão.

Alternativa "a". Errada. As multas e condenações em dinheiro na Ação Civil Pública serão destinadas ao Fundo para a Reconstituição de Bens Lesados (atualmente denominado de Fundo de Defesa de Direitos Difusos – FDD) (Lei nº 7.347/85, arts. 11 e 13; e Decreto nº 1.306/94, art. 2º, I). Assim, não há distinção quanto à natureza do direito violado, o que nos leva a concluir que inclui o direito individual indisponível.

Alternativa "b". Errada. As ações coletivas não induzem litispendência para as ações individuais.

Alternativa "d". Errada. A sentença civil coletiva fará coisa julgada erga omnes, exceto se o pedido for julgado improcedente por insuficiência de provas, hipótese em que qualquer legitimado poderá intentar outra ação com idêntico fundamento, valendo-se de nova prova. (Lei 7.347/85, art. 16).

Alternativa "e". Errada. Segundo entendimento do STJ (REsp 1192255-RS), não é obrigatória a intervenção do Ministério Público nas demandas indenizatórias, já que o interesse patrimonial da Fazenda Pública, por si só, não se identifica com o "interesse público" a que alude o art. 82, III, do CPC.

16. (Cespe – Promotor de Justiça – TO/2012) Com relação à teoria constitucional e à tutela dos direitos difusos e coletivos, assinale a opção correta.

a) São considerados interesses coletivos os transindividuais, de natureza indivisível, de que sejam titulares pessoas indeterminadas e ligadas por circunstâncias de fato.

b) Direitos ou interesses transindividuais não possuem titulares individuais determinados e pertencem a uma comunidade ou coletividade.

c) O interesse público secundário é o interesse social, o da sociedade ou da coletividade, assim como a proteção ao meio ambiente.

d) Os interesses relacionados a condôminos de um edifício excedem o âmbito estritamente individual, constituindo interesses públicos.

e) Direitos difusos e direitos coletivos distinguem-se pela coesão como grupo, categoria ou classe anterior à lesão, própria dos direitos difusos, e não dos coletivos stricto sensu.

COMENTÁRIOS

✪ **Nota do autor:** há na doutrina quem diferencie tutela de direitos coletivos e tutela coletiva de direitos. Essa conclusão é baseada na classificação material e não formal dos direitos. Um dos seus defensores é o Ministro do STF, Teori Albino Zavascki.

Alternativa correta: letra "b". O CDC considera transindividuais somente os direitos e interesses difusos e coletivos. Assim, somente são transindividuais os direitos e interesses coletivos propriamente ditos, ficando de fora os direitos e interesses individuais homogêneos ou indisponíveis, apesar de todos serem objetos de tutela coletiva. São indeterminados e indetermináveis os titulares dos direitos e interesses difusos, por causa da heterogeneidade dos interessados. Os titulares dos direitos e interesses coletivos em sentido estrito são individualmente indeterminados, mas determináveis por grupo devido à relação jurídica comum.

Alternativa "a". Errada. A assertiva menciona o conceito de interesses e direitos difusos. Já interesses e direitos coletivos consistem nos transindividuais, de natureza indivisível de que seja titular grupo, categoria ou classe de pessoas ligadas entre si ou com a parte contrária por uma relação jurídica base (CDC, art. 81, parágrafo único, inciso II).

Alternativa "c". Errada. Interesse Público Primário é o interesse social, da coletividade, tem como característica a supremacia sobre o particular (Meio Ambiente é interesse primário). Interesse Público Secundário é o interesse patrimonial da Administração Pública, somente é legítimo quando é harmonioso com o interesse primário.

Alternativa "d". Errada. Interesse Público é o interesse do Estado, que pode ser dividido em Primário (coletividade) ou Secundário (da própria administração), portanto, o interesse dos condôminos não se configura interesse público, mas sim direito ou interesse coletivo lato sensu.

Alternativa "e". Errada. Interesses difusos são os transindividuais, de natureza indivisível, de que sejam titulares pessoas indeterminadas e ligadas por circunstâncias de fato (CDC, art. 81, parágrafo único, inciso I). Já os interesses e direitos coletivos consistem nos transindividuais, de natureza indivisível de que seja titular grupo, categoria ou classe de pessoas ligadas entre si ou com a parte contrária por uma relação jurídica base (CDC, art. 81, parágrafo único, inciso II). Assim, o erro da assertiva é inverter a diferenciação.

17. (Cespe – Defensor Público – MA/2011) Acerca da tutela dos direitos difusos e coletivos, assinale a opção correta.

a) Mesmo que a defesa coletiva de direitos individuais homogêneos não represente relevante interesse social, o MP poderá promovê-la, em razão de expressa disposição legal.

b) A existência, na CF, de um capítulo próprio para os direitos coletivos evidencia uma categoria especial dos direitos fundamentais.

c) Os direitos sociais, como a liberdade de associação profissional e sindical, são caracterizados como direitos coletivos.

d) O MP possui disponibilidade sobre o conteúdo material da ação civil pública, bem como disponibilidade sobre a própria ação.

e) Os direitos individuais homogêneos decorrem de origens distintas, ou seja, derivam de relações jurídicas diversas, mas podem ser tutelados por ações coletivas.

COMENTÁRIOS

✪ **Nota do autor:** os interesses metaindividuais podem ser: i – difusos (grupo indeterminável, objeto indivisível e decorrem de situação fática), ii – coletivos (grupo determinável, objeto indivisível e decorrem de relação jurídica) e iii – individuais homogêneos (grupo determinável, objeto divisível e decorrem de origem comum)[6].

Alternativa correta: letra "c". Leciona José Afonso da Silva[7] que "os direitos coletivos sobrevivem ao longo do texto constitucional, caracterizados, na maior parte, como direitos sociais, como a liberdade de associação profissional e sindical (arts. 8º e 37, IV), o direito de greve (arts. 9º e 37, VIII), o direito de participação de trabalhadores e empregadores nos colegiados de órgãos públicos (art. 10), a representação de empregado junto aos empregadores (art. 11), o direito ao meio ambiente ecologicamente equilibrado (art. 225); ou caracterizado como instituto de democracia direta nos arts. 14, I, II e III, 27, § 4º, 29, XI, e 61, § 2º; ou, ainda, como instituto de fiscalização financeira, no art. 31, § 3º".

Alternativa "a". Errada. Necessário que haja interesse social relevante para legitimar o ajuizamento de Ação Civil Pública pelo Ministério Público para defender direitos individuais homogêneos, conforme jurisprudência do STJ (RE 472489/RS) e do STJ (RESP 946.533/PR).

Alternativa "b". Errada. Os direitos coletivos não possuem capítulo próprio na Constituição da República Federativa do Brasil, apesar de consistirem numa categoria especial de direitos fundamentais.

Alternativa "d". Errada. O MP não é titular do direito que defende em nome próprio ao ajuizar demandas, portanto não possui faculdade de dispor de direito que não é seu, o que não significa que sua autonomia fica prejudicada, pois ao se convencer funda da ausência de elementos que demonstrem o cabimento da Ação Civil Pública não fica obrigado ajuizá-la.

Alternativa "e". Errada. Os direitos individuais homogêneos são titularizados por grupo, categoria ou classe de pessoas determinadas ou determináveis, que compartilhem prejuízos divisíveis, de ORIGEM COMUM, normalmente oriundos das mesmas circunstâncias de fato. Os interesses individuais homogêneos, apesar de serem individuais, fazem jus à tutela coletiva, ou seja, ao processo civil coletivo.

2. AÇÕES COLETIVAS

18. (Cespe – Promotor de Justiça – AC/2014) No que concerne à legitimidade para a proposição de ACP, assinale a opção correta de acordo com o entendimento do STJ.

a) O MP é parte ilegítima para propor ACP com a finalidade de compelir município a efetivar matrícula de criança em creche municipal.

b) O MP é parte ilegítima para propor ACP com o fim de compelir plano de saúde a voltar a fornecer medicamento específico a consumidor que sofra de esclerose múltipla.

c) O MP é parte legítima para propor ACP com o fim de pleitear a defesa de interesses individuais, difusos ou coletivos, relativos à infância e à adolescência, apesar de não haver, a esse respeito, previsão expressa no ECA.

d) Associação civil de defesa do consumidor é parte legítima para ajuizar ACP em defesa de interesses individuais homogêneos.

e) O MP é parte ilegítima para propor ACP com o fim de obrigar o Estado a fornecer alimento especial indispensável à saúde de pessoa pobre, mormente quando sofra de doença grave que, em razão do não fornecimento do aludido alimento, possa causar prematuramente a sua morte.

COMENTÁRIOS

✪ **Nota do autor:** para aferição da legitimidade do MP para ajuizar ações judiciais, é preciso ter como diretriz o cumprimento de suas funções institucionais.

Alternativa correta: letra "d". Faltou mencionar o requisito legal de constituição há pelo menos um ano ou pelo menos sua dispensabilidade quando ficar evidenciado o interesse social relevante (CDC, art. 82, IV e § 1º). A nosso ver, torna a assertiva incorreta, o que anularia a questão, mas o CESPE a manteve como válida.

Alternativa "a" (responde também as alternativas "b" e "e"). Errada. Tem legitimidade para propor a Ação Civil Pública principal e a cautelar, o Ministério Público. (Lei 7.347/85, art. 5º, I). O Ministério Público é instituição permanente, essencial à função jurisdicional do Estado, incumbindo-lhe a defesa da ordem jurídica, do regime democrático e dos interesses sociais e individuais indisponíveis. (CF/88, art. 127). Assim, mesmo que se classifiquem os direitos violados como individuais indisponíveis (alimentação específica para manter a saúde, como já decidiu o STJ – 823.079) haverá a tutela

---

6 MAZZILLI, Hugo Nigro. **A defesa dos interesses difusos em juízo**: meio ambiente, consumidor, patrimônio cultural, patrimônio público e outros interesses. 19 ed. rev., ampl. e atual. São Paulo: Saraiva, 2006, p.55.

7 SILVA, José Afonso da. **Curso de Direito Constitucional positivo**. 36. ed., rev., e atual. São Paulo: Malheiros, 2012, p. 197, grifo nosso.

coletiva por causa do interesse social relevante em jogo, inclusive por previsão expressa em legislações específicas.

Alternativa "c". Errada. O erro reside em afirmar ausência de previsão legal expressa, pois segundo o ECA (art. 201, V), "compete ao Ministério Público promover o inquérito civil e a ação civil pública para a proteção dos interesses individuais, difusos ou coletivos relativos à infância e à adolescência".

---

19. (Cespe – Promotor de Justiça – AC/2014) Assinale a opção correta acerca do CDC e do que dispõe a lei que trata da ACP e a Lei de Improbidade.

a) O prazo para a aplicação das sanções previstas na Lei de Improbidade prescreve em cinco anos, inclusive no que se refere à reparação do dano ao erário.

b) O CDC é aplicável às instituições financeiras, inclusive no que se refere às relações jurídicas oriundas de contrato de arrendamento mercantil.

c) Segundo a lei que trata da ACP, é possível a condenação, em honorários, de advogado da associação autora, ainda que não tenha sido comprovada sua má-fé.

d) Segundo a lei que dispõe sobre a ACP, deve haver adiantamento de custas e honorários periciais.

e) Prescrita a ação civil de improbidade administrativa no que diz respeito à aplicação de penalidades, é vedado ao MP pleitear o ressarcimento do dano ao erário.

COMENTÁRIOS

✪ **Nota do autor:** pela Lei da Ação Civil Pública, aplicam-se à defesa dos direitos e interesses difusos, coletivos e individuais, no que for cabível, os dispositivos do Código de Defesa do Consumidor.

Alternativa correta: letra "b". O CDC é aplicável às instituições financeiras. (Súmula 297, STJ).

Alternativa "a". Errada. A lei estabelecerá os prazos de prescrição para ilícitos praticados por qualquer agente, servidor ou não, que causem prejuízos ao erário, ressalvadas as respectivas ações de ressarcimento. (CF/88, art. 37, § 5º).

Alternativa "c". Errada. Em caso de litigância de má-fé, a associação autora e os diretores responsáveis pela propositura da ação serão solidariamente condenados em honorários advocatícios e ao décuplo das custas, sem prejuízo da responsabilidade por perdas e danos. (Lei 7.347/85, art. 17).

Alternativa "d". Errada. Nas ações de que trata esta lei, não haverá adiantamento de custas, emolumentos, honorários periciais e quaisquer outras despesas, nem condenação da associação autora, salvo comprovada má-fé, em honorários de advogado, custas e despesas processuais. (Lei 7.347/85, art. 18).

Alternativa "e". Errada. A lei estabelecerá os prazos de prescrição para ilícitos praticados por qualquer agente, servidor ou não, que causem prejuízos ao erário, ressalvadas as respectivas ações de ressarcimento. (CF, art. 37, § 5º).

---

20. (Cespe – Defensor Público – DF/ 2013) A respeito do processo civil coletivo, julgue o item abaixo à luz da jurisprudência do STJ.

Na ação de caráter coletivo ajuizada por entidade associativa em defesa dos interesses de seus associados, apenas os substituídos que, na data da propositura da ação, tenham domicílio no âmbito da competência territorial do órgão prolator da sentença civil serão abrangidos pelos efeitos da referida sentença.

COMENTÁRIOS

✪ **Nota do autor:** para a Lei nº 9.494/97 (art. 2º-A), a sentença civil prolatada em ação de caráter coletivo proposta por entidade associativa, na defesa dos interesses e direitos dos seus associados, abrangerá apenas os substituídos que tenham, na data da propositura da ação, domicílio no âmbito da competência territorial do órgão prolator.

Certo. É pacífico no STJ, o entendimento de que a sentença proferida em ação coletiva abrangerá apenas os substituídos, nos limites da competência territorial do órgão julgador, nos termos do art. 2º-A da Lei nº 9.494/97. Precedentes: REsp 1.307.178/CE, Rel. Min. MAURO CAMPBELL MARQUES, Segunda Turma, DJe 8/2/13; AgRg no REsp 1279061/MT, Rel. Ministro HUMBERTO MARTINS, SEGUNDA TURMA, julgado em 19/04/2012, DJe 26/04/2012; AgRg no REsp 1184216/DF, Rel. Ministro JORGE MUSSI, QUINTA TURMA, julgado em 14/06/2011, DJe 27/06/2011; e AgRg no REsp 972.765/PE, Rel. Ministro PAULO GALLOTTI, SEXTA TURMA, julgado em 18/06/2009, DJe 10/08/2009.

---

21. (Cespe – Defensor Público – DF/ 2013) No que se refere à ACP, ao mandado de segurança coletivo e à ação popular, julgue os itens seguintes à luz do entendimento do STJ.

21.1. Para a anulação de contratação irregular decorrente de procedimento licitatório, admite-se o ajuizamento de ação popular com fundamento em afronta aos princípios que regem a administração pública, independentemente de comprovação do dano ao erário.

COMENTÁRIOS

✪ **Nota do autor:** o patrimônio público e social é tutelável por meio de Ação Civil Pública.

Certo. A jurisprudência do STJ admite o ajuizamento de ação popular na defesa da moralidade administrativa, ainda que inexista dano material ao patrimônio público. (REsp 964.909/RS, Rel. Min. Eliana Calmon, Segunda Turma, DJe 23/11/2009).

21.2. O prazo prescricional de cinco anos previsto na Lei da Ação Popular não é aplicável à ACP e à respectiva execução.

COMENTÁRIOS

✪ **Nota do autor:** a ação popular prescreve em 5 (cinco) anos (Lei nº 4.717/65, art. 21).

Errado. A posição atual e dominante no Superior Tribunal de Justiça é no sentido de ser aplicável à ação civil pública e à respectiva execução, por analogia, o prazo prescricional de cinco anos previsto no art. 21 da Lei da Ação Popular (AgRg nos EAREsp 119.895/PR, Rel. Ministro FELIX FISCHER, CORTE ESPECIAL, DJe de 13/09/2012).

21.3. A DP tem legitimidade para ajuizar ACP para discutir a responsabilidade pelo recolhimento de contribuições previdenciárias devidas em razão do desempenho de trabalho doméstico, por se tratar de defesa de interesses transindividuais de categoria presumidamente hipossuficiente.

COMENTÁRIOS

✪ **Nota do autor:** para o STJ, não há litispendência entre ação civil pública e as ações individuais. Mesmo já ajuizada a ação civil pública e concedida a liminar autorizando a correção monetária dos depósitos do FGTS, continua a existir o legítimo interesse processual dos autores. (REsp 192322 / SP, Rel. Ministro GARCIA VIEIRA, DJ 29.03.1999 p.104).

Certo. A teor da compreensão firmada pelo STJ, a Defensoria Pública possui legitimidade para ajuizar ação civil pública na defesa de interesses transindividuais de hipossuficientes. (AgRg no REsp 1243163/RS, Rel. Ministro OG FERNANDES, SEXTA TURMA, julgado em 19/02/2013, DJe 27/02/2013).

21.4. Para que a legitimidade de entidade de classe seja reconhecida em sede de mandado de segurança coletivo, é imprescindível a demonstração de que a pretensão tenha sido veiculada no interesse de toda a categoria, e não de apenas parte dela.

COMENTÁRIOS

✪ **Nota do autor:** a aferição da legitimidade ativa da entidade de classe é feita com base na pertinência temática entre seus fins institucionais e o direito e interesse sob judice.

Errado. A entidade de classe tem legitimação para o mandado de segurança ainda quando a pretensão veiculada interesse apenas a uma parte da respectiva categoria. (Súmula 630, STF)

22. (Cespe – Defensor Público – AC/ 2012) Considerando a coisa julgada na ação civil coletiva, assinale a opção correta.

a) Os efeitos da sentença, quanto aos direitos difusos, coletivo e individuais homogêneos, serão erga omnes, havendo ampliação dos efeitos subjetivos da coisa julgada.

b) Os efeitos erga omnes estabelecidos no CDC prejudicam os interesses e direitos individuais do grupo, categoria ou classe.

c) A ação civil pública que vise à proteção dos direitos difusos ou coletivos induz a litispendência, no que se refere às ações individuais.

d) A coisa julgada, efeito da decisão, torna imutável e irretratável a sentença.

e) Na ação civil pública, o efeito da coisa julgada material será *interpartes*, e, em demanda individual, veda-se que os efeitos da coisa julgada sejam *intealios*.

COMENTÁRIOS

✪ **Nota do autor:** ao interpretar em conjunto os artigos 468, 472 e 474, CPC/1973 e 93 e 103, CDC, o STJ sedimentou o entendimento de que "a liquidação e a execução individual de sentença genérica proferida em ação civil coletiva pode ser ajuizada no foro do domicílio do beneficiário, porquanto os efeitos e a eficácia da sentença não estão circunscritos a lindes geográficos, mas aos limites objetivos e subjetivos do que foi decidido, levando-se em conta, para tanto, sempre a extensão do dano e a qualidade dos interesses metaindividuais postos em juízo"[8].

Alternativa correta: letra "e". A nosso ver, a afirmativa está errada, pois o regime da coisa julgada nas ações coletivas não se restringe às partes, mas o CESPE a manteve como certa. Nas ações coletivas, os limites subjetivos da coisa julgada não se restringem somente às partes, com as particularidades da natureza do direito tutelado, a extensão do dano e o que foi decidido e está sob o manto da irrecorribilidade. Nas ações individuais, a sentença faz coisa julgada às partes entre as quais é dada, não beneficiando, nem prejudicando terceiros. No entanto, nas causas relativas ao estado de pessoa, se houverem sido citados no processo, em litisconsórcio necessário, todos os interessados, a sentença produz coisa julgada em relação a terceiros (CPC/73, art. 472).

Alternativa "a". Errada. A sentença civil fará coisa julgada erga omnes, nos limites da competência territorial do órgão prolator, exceto se o pedido for julgado

8 REsp 1243887/PR, Rel. Ministro LUIS FELIPE SALOMÃO, CORTE ESPECIAL, julgado em 19/10/2011, DJe 12/12/2011

improcedente por insuficiência de provas, hipótese em que qualquer legitimado poderá intentar outra ação com idêntico fundamento, valendo-se de nova prova (Lei 7.347/85, art. 16).

Alternativa "b". Errada. Os efeitos da coisa julgada previstos no CDC não prejudicarão interesses e direitos individuais dos integrantes da coletividade, do grupo, categoria ou classe (CDC, art. 103, § 1º).

Alternativa "c". Errada. As ações coletivas não induzem litispendência para as ações individuais, mas os efeitos da coisa julgada erga omnes ou ultra partes não beneficiarão os autores das ações individuais, se não for requerida sua suspensão no prazo de trinta dias, a contar da ciência nos autos do ajuizamento da ação coletiva (CDC, art. 104).

Alternativa "d". Errada. A coisa julgada é uma **qualidade da sentença**. Não é propriamente efeito da sentença, "mas a qualidade dela representada pela 'imutabilidade' do julgado e de seus efeitos, depois que não seja mais possível impugná-los por meio de recurso"[9].

23. (Cespe – Defensor Público – AC/ 2012) Assinale a opção correta, no que concerne aos recursos.

a) Em caso de litigância de má-fé em ação popular, não se deve responsabilizar os cidadãos pela propositura da ação nem condená-los solidariamente em honorários advocatícios.

b) Nem todas as decisões proferidas em ação civil pública, ação civil coletiva ou ação popular são passíveis de recurso fundamentado nas normas do CPC.

c) Nas ações civis públicas e coletivas, não se exige preparo para recorrer, regra aplicável tanto para a parte ativa quanto para a parte passiva da demanda.

d) É vedada ao juiz, em ação civil pública e coletiva, a concessão de liminar sem audiência de justificação prévia.

e) Na ação civil pública, coletiva e popular, haverá adiantamento de custas, emolumentos, honorários periciais e quaisquer outras despesas, conforme preceitua o CDC.

COMENTÁRIOS

✪ **Nota do autor:** o CESPE justificou que optou pela anulação desta questão, por não ter opção correta, dado que a afirmação feita na opção considerada como gabarito (letra "c") é objeto de divergência no âmbito jurisprudencial.

9 THEODORO JÚNIOR, Humberto, Curso de Direito Processual Civil. Vol. 1. Teoria Geral do Processo Civil e Processo de Conhecimento. 53ª. Ed. Rio de Janeiro: Forense, p. 552.

Alternativa correta: ANULADA.

Alternativa "a". Errada. Em caso de litigância de má-fé, a associação autora e os diretores responsáveis pela propositura da ação serão solidariamente condenados em honorários advocatícios e ao décuplo das custas, sem prejuízo da responsabilidade por perdas e danos. (Lei 7.347/85, art. 17).

Alternativa "b". Errada. Das sentenças e decisões proferidas contra o autor da ação e suscetíveis de recurso, poderá recorrer qualquer cidadão e também o Ministério Público. (Lei 4.717/65, art. 19, § 2º).

Alternativa "c". Errada. As partes só pagarão custas e preparo a final. (Lei 4.717/65, art. 10).

Alternativa "d". Errada. Poderá o juiz conceder mandado liminar, com ou sem justificação prévia, em decisão sujeita a agravo. (Lei 7.347/85, art. 12).

Alternativa "e". Errada. Nas ações de que trata esta lei, não haverá adiantamento de custas, emolumentos, honorários periciais e quaisquer outras despesas, nem condenação da associação autora, salvo comprovada má-fé, em honorários de advogado, custas e despesas processuais. (Lei 7.347/85, art. 18).

24. (Cespe – Defensor Público – AC/ 2012) Acerca da competência referente aos direitos difusos e coletivos, assinale a opção correta.

a) A justiça federal e a estadual de primeira instância têm competência funcional para julgar as demandas que envolvam direitos difusos e coletivos, conforme a pessoa e a matéria.

b) A competência em razão da hierarquia poderá, ou não, ser da primeira instância jurisdicional, situada no lugar onde tenha ocorrido dano a direito difuso coletivo.

c) O valor da causa influencia diretamente a determinação da competência para fins de ação civil pública.

d) Conforme prevê o CDC, a ação civil coletiva para responsabilizar o fornecedor de produtos ou serviços não pode ser proposta no domicílio do autor.

e) Se o lesado na ação coletiva for um trabalhador, o critério de fixação de competência será o funcional, ou seja, a ação deverá ser julgada na justiça comum estadual.

COMENTÁRIOS

✪ **Nota do autor:** O critério funcional de fixação da competência jurisdicional considera a função do órgão jurisdicional e tem como subdivisões a vertical e a horizontal.

Alternativa correta: letra "a". As ações civis públicas serão propostas no foro do local onde ocorrer o dano, cujo juízo terá competência funcional para processar e julgar a causa (Lei 7.347/85, art. 2°).

Alternativa "b". Errada. A competência em razão da matéria e da hierarquia é inderrogável por convenção das partes; mas estas podem modificar a competência em razão do valor e do território, elegendo foro onde serão propostas as ações oriundas de direitos e obrigações (Lei 7.347/85, art. 18).

Alternativa "c". Errada. As ações previstas nesta Lei serão propostas no foro do local onde ocorrer o dano, cujo juízo terá competência funcional para processar e julgar a causa (Lei 7.347/85, art. 2°).

Alternativa "d". Errada. Na ação de responsabilidade civil do fornecedor de produtos e serviços, sem prejuízo do disposto nos Capítulos I e II deste título, serão observadas as seguintes normas a ação pode ser proposta no domicílio do autor (CDC, art. 101, I).

Alternativa "e". Errada. As ações civis públicas serão propostas no foro do local onde ocorrer o dano, cujo juízo terá competência funcional para processar e julgar a causa (Lei 7.347/85, art. 2°).

---

25. (Cespe – Defensor Público – RO/ 2012) O MP ajuizou ação civil pública, visando anular acordo firmado entre o estado X e determinada empresa, por meio do qual o ente federativo concedia à empresa o benefício de inserção em regime especial de apuração tributária. Alegou o MP que a inserção da empresa no referido regime acarretaria cobrança de tributo em valor menor que o devido, o que geraria prejuízo ao referido estado e lesão ao patrimônio público. Com relação à situação hipotética acima descrita, assinale a opção correta.

a) A ação civil pública não é cabível na hipótese, sendo a ação popular o instrumento adequado para o caso.
b) A legitimidade do MP para ajuizar a referida ação civil pública fundamenta-se no fato de o MP estar tutelando a defesa do erário e a higidez da arrecadação tributária.
c) O MP não possui legitimidade para ajuizar a referida ação civil pública, dada a caracterização de direito disponível, cujos beneficiários são individualizáveis.
d) O MP não tem legitimidade para ajuizar a referida ação civil pública, visto que a ele não cabe propor ação coletiva cujo objeto seja matéria tributária.
e) O MP só teria legitimidade para ajuizar a referida ação civil pública provocado por associação ou entidade de representação dos contribuintes, situação em que o parquet figuraria no polo ativo da ação como substituto processual.

COMENTÁRIOS

✪ **Nota do autor:** a legitimidade do Ministério Público deve ser aferida com base em suas finalidades institucionais.

Alternativa correta: letra "b" (responde as demais alternativas). Regem-se pelas disposições da Lei da Ação Civil Pública, sem prejuízo da ação popular, as ações de responsabilidade por danos morais e patrimoniais causados ao patrimônio público e social (Lei 7.347/85, Art. 1°, VIII). Assim, é possível ao MP utilizar-se de Ação Civil Pública para a defesa do patrimônio público, sem prejuízo das demais formas legais. Ademais, não incide a vedação prevista no parágrafo único, do art. 1º, da Lei nº 7.347/85, pois toda a coletividade é beneficiada com a tutela coletiva do erário.

---

26. (Cespe – Defensor Público – ES/ 2012) Julgue os próximos itens, relativos à defesa dos interesses difusos em juízo.

26.1. Em caso de lesão ao patrimônio público, a indenização obtida em ACP será destinada a recompor o patrimônio lesado.

COMENTÁRIOS

✪ **Nota do autor:** ocorrendo lesão ao patrimônio público por ação ou omissão, dolosa ou culposa, do agente ou de terceiro, dar-se-á o integral ressarcimento do dano.

Certo. Havendo condenação em dinheiro, a indenização pelo dano causado reverterá a um fundo gerido por um Conselho Federal ou por Conselhos Estaduais de que participarão necessariamente o Ministério Público e representantes da comunidade, sendo seus recursos destinados à reconstituição dos bens lesados (Lei 7.347/85, art. 13).

26.2. A coisa julgada será erga omnes, mas limitada ao grupo, classe ou categoria de pessoas, na ACP ou na ação coletiva que verse sobre interesses coletivos, se a improcedência se fundar em falta de provas.

COMENTÁRIOS

✪ **Nota do autor:** a defesa dos interesses e direitos dos consumidores e das vítimas poderá ser exercida em juízo individualmente, ou a título coletivo.

Errado. A coisa julgada será ULTRA PARTES (limitadamente ao grupo, categoria ou classe), exceto se o pedido for julgado improcedente por insuficiência de provas e apenas em caso de procedência do pedido (art. 103, § 1º, CDC).

26.3. Em processo coletivo, o reexame da decisão que negar a concessão de liminar poderá ser realizado em processo cautelar ou em mandado de segurança, até que se profira a prestação jurisdicional definitiva.

COMENTÁRIOS

✪ **Nota do autor:** por causa da má redação desta assertiva, o candidato pode ter duas interpretações: a) o reexame é possível por meio de processo cautelar ou mandado de segurança; e b) é possível o reexame de decisões interlocutórias proferidas em processo cautelar e mandado de segurança coletivo.

Certo. Como vimos anteriormente, considerando que a assertiva encerra conclusão no sentido de ser possível o reexame de decisão interlocutória que nega liminar em processo cautelar ou mandado de segurança coletivo, realmente está correta a conclusão, por previsão normativa de recurso ou mesmo outro meio de impugnação. Agora, a nosso ver, diante da possibilidade de dúvida interpretativa, esta assertiva deveria ser anulada, mas o CESPE a manteve como correta.

27. (Cespe – Defensor Público – ES/ 2012 – adaptado) Julgue o próximo item, referente à ACP.

A categoria ético-política dos sujeitos hipervulneráveis justifica a defesa de direito individual indisponível, ainda que não homogêneo, por meio de ACP.

COMENTÁRIOS

✪ **Nota do autor:** por ser notório o interesse social relevante, o Estatuto do Idoso (art. 79, parágrafo único) prevê expressamente que além dos direitos difusos, coletivos e individuais homogêneos, os direitos individuais indisponíveis também são protegidos judicialmente, mesmo que previstos em outros diplomas normativos.

Certo. Conforme precedentes do STJ[10], cabe Ação Civil Pública para a defesa de interesses e direitos difusos, coletivos e individuais homogêneos ou indisponíveis.

10 Precedentes: REsp 1328270 MG 2012/0120574-5, Relator: Ministro ARNALDO ESTEVES LIMA, Data de Julgamento: 28/08/2012, T1 – PRIMEIRA TURMA, Data de Publicação: DJe 05/09/2012; REsp 931.513/ RS, Rel. Ministro CARLOS FERNANDO MATHIAS (JUIZ FEDERAL CONVOCADO DO TRF 1ª REGIÃO), Rel. p/ Acórdão Ministro HERMAN BENJAMIN, PRIMEIRA SEÇÃO, julgado em 25/11/2009, DJe 27/09/2010; e EREsp 819.010/SP, Rel. Min. ELIANA CALMON, Rel. p/ acórdão Min. TEORI ALBINO ZAVASCKI, Primeira Seção, DJe 29/9/08.

28. (Cespe – Defensor Público – ES/ 2012) Considerando que a CF fortaleceu a atuação do MP tanto na esfera civil como na penal, julgue os itens que se seguem.

28.1. A intervenção do MP em ação coletiva em andamento na justiça estadual não é o suficiente para promover o deslocamento da competência para a justiça federal.

COMENTÁRIOS

✪ **Nota do autor:** nas ações coletivas, a aferição da competência é feita pelos critérios funcional, material, valorativo e territorial.

Certo. A intervenção do MP em processo em andamento na justiça estadual não é suficiente a deslocar os autos para a justiça federal, uma vez que não tem interesse da União, empresa pública, ou dos demais entes do art. 109 da CF.

28.2. Aos membros do MP cabe a defesa do patrimônio público e social, podendo eles atuar como representantes da fazenda pública nas ações em que esta seja ré, embora não tenham legitimidade para ser advogados nas ações em que a fazenda pública seja autora.

COMENTÁRIOS

✪ **Nota do autor:** o Ministério Público defende em nome próprio o interesse alheio coletivo, o interesse público primário. Para que não fique à disposição valorativa e casuística se há interesse público primário ou secundário quando o ente fazendário atual em juízo, a Constituição Federal veda ao Ministério Público realizar sua representação judicial e sua consultoria jurídica.

Errado. São funções institucionais do Ministério Público exercer outras funções que lhe forem conferidas, desde que compatíveis com sua finalidade, sendo-lhe vedada a representação judicial e a consultoria jurídica de entidades públicas. (CF, art. 129, IX).

28.3. Considere a seguinte situação hipotética. Uma empresa de construção civil foi devidamente licenciada para iniciar as obras de construção de uma vila nas proximidades de um parque e, durante a execução dessas obras, ocorreram danos ambientais à localidade. Nessa situação hipotética, a empresa, independentemente de culpa, responderá pelos referidos danos, para cuja reparação o MP estará apto a intentar ACP.

COMENTÁRIOS

✪ **Nota do autor:** a Política Nacional do Meio Ambiente tem por objetivo a preservação, melhoria e recuperação da qualidade ambiental propícia à vida, visando assegurar, no País, condições ao desenvolvimento socioeconômico, aos interesses da segurança nacional e à proteção da dignidade da vida humana.

Certo. O poluidor do meio ambiente possui responsabilidade civil objetiva, sem prejuízo das demais sanções legais. Ademais, o Ministério Público possui legitimidade ativa para ajuizar Ação Civil Pública em seu desfavor (Lei nº 6.938/81, art. 14, § 1º).

29. (Cespe – Defensor Público – SE/ 2012) Em caso de ajuizamento de ação coletiva com a finalidade de se obter tutela jurisdicional que condene determinada instituição financeira a reparar o dano causado a determinada coletividade de poupadores,

a) os efeitos da sentença de improcedência da ação coletiva se estenderão às ações individuais com o mesmo objeto.

b) a sentença de procedência somente poderá beneficiar os poupadores, e não seus sucessores.

c) as ações individuais que tenham por objeto a mesma questão não poderão ser liquidadas ou executadas com base na sentença coletiva que julgue procedente o pedido.

d) os efeitos da sentença de procedência ou de improcedência se estenderão às vítimas e seus sucessores.

e) admite-se o aproveitamento da coisa julgada coletiva benéfica para as pretensões individuais, que podem ser liquidadas e executadas com base na sentença coletiva.

COMENTÁRIOS

✪ **Nota do autor:** a defesa dos interesses e direitos dos consumidores e das vítimas poderá ser exercida em juízo individualmente, ou a título coletivo.

Alternativa correta: letra "e". A execução poderá ser coletiva, sendo promovida pelos legitimados de que trata o art. 82, abrangendo as vítimas cujas indenizações já tiveram sido fixadas em sentença de liquidação, sem prejuízo do ajuizamento de outras execuções. (CDC, art. 98).

Alternativa "a". Errada. Os efeitos da coisa julgada previstos nos incisos I e II não prejudicarão interesses e direitos individuais dos integrantes da coletividade, do grupo, categoria ou classe (CDC, art. 103, § 1º).

Alternativa "b". Errada. Os efeitos da coisa julgada de que cuida o art. 16, combinado com o art. 13 da Lei nº 7.347, de 24 de julho de 1985, não prejudicarão as ações de indenização por danos pessoalmente sofridos, propostas individualmente ou na forma prevista neste código, mas, se procedente o pedido, beneficiarão as vítimas e seus sucessores, que poderão proceder à liquidação e à execução, nos termos dos arts. 96 a 99 (CDC, art. 103, § 3º).

Alternativa "c". Errada. A execução poderá ser coletiva, sendo promovida pelos legitimados de que trata o art. 82, abrangendo as vítimas cujas indenizações já tiveram sido fixadas em sentença de liquidação, sem prejuízo do ajuizamento de outras execuções. (CDC, art. 98).

Alternativa "d". Errada. Os efeitos da coisa julgada de que cuida o art. 16, combinado com o art. 13 da Lei nº 7.347, de 24 de julho de 1985, não prejudicarão as ações de indenização por danos pessoalmente sofridos, propostas individualmente ou na forma prevista neste código, mas, se procedente o pedido, beneficiarão as vítimas e seus sucessores, que poderão proceder à liquidação e à execução, nos termos dos arts. 96 a 99 (CDC, art. 103, § 1º).

30. (Cespe – Defensor Público – SE/ 2012) Se determinada associação ajuizar ação coletiva e, sem justo motivo, deixar de dar andamento ao processo ou desistir da ação,

a) poderão assumir a titularidade qualquer outra associação, o cidadão e o MP.

b) o magistrado deverá proceder à intimação, por edital, de outros legitimados para assumirem o polo ativo da ação, vedada a intimação pessoal.

c) o processo deverá ser extinto sem julgamento de mérito.

d) competirá exclusivamente ao MP dar seguimento à ação, assumindo a titularidade.

e) apenas outra associação poderá assumir a titularidade da ação.

COMENTÁRIOS

✪ **Nota do autor:** não é possível ao Ministério Público ou outro legitimidade assumir o polo ativo da Ação Civil Pública se a desistência for por justa causa.

Alternativa correta: letra "a" (responde as demais alternativas). Em caso de desistência infundada ou abandono da ação por associação legitimada, o Ministério Público ou outro legitimado assumirá a titularidade ativa. (Lei 7.347/85, art. 5º, § 3º). Se o autor desistir da ação ou der motiva à absolvição da instância, serão publicados editais nos prazos e condições previstos no art. 7º, inciso II, ficando assegurado a qualquer cidadão, bem como ao representante do Ministério Público, dentro do prazo de 90 (noventa) dias da última publicação feita, promover o prosseguimento da ação. (Lei 4.717/65, art. 9º).

31. (Cespe – Defensor Público – SE/ 2012) A respeito da competência nas ações coletivas e da liquidação e execução da sentença, assinale a opção correta.

a) Tratando-se de liquidação e cumprimento da sentença em ação coletiva que imponha obrigação de pagar, se a ação objetivar a reparação de outros valores, diversos do patrimônio público, tais como os direitos dos idosos e dos consumidores, os valores serão revertidos a um fundo de reparação de bens lesados.

b) O juiz federal não dispõe de competência para processar e julgar a ACP e a ação popular quando o presidente da República figurar como autoridade demandada.

c) De acordo com a legislação de regência, o juízo perante o qual seja proposta a primeira ACP é prevento para todas as ações coletivas que, posteriormente ajuizadas, possuam a mesma causa de pedir ou o mesmo pedido, exigindo-se ainda, para a incidência da prevenção, a identidade de partes.

d) Compete à justiça federal processar e julgar todas as ações coletivas cujo objeto seja a proteção ao meio ambiente.

e) Nas ações coletivas, o cumprimento de sentença que imponha a obrigação de fazer ou não fazer contra o poder público segue o rito previsto no CPC, devendo o poder público ser citado para opor embargos, com a posterior expedição de ofício-requisitório.

COMENTÁRIOS

✪ **Nota do autor:** o Fundo de Defesa de Direitos Difusos (FDD), criado pela Lei nº 7.347, de 24 de julho de 1985, tem por finalidade a reparação dos danos causados ao meio ambiente, ao consumidor, a bens e direitos de valor artístico, estético, histórico, turístico, paisagístico, por infração à ordem econômica e a outros interesses difusos e coletivos.

Alternativa correta: letra "a". Havendo condenação em dinheiro, a indenização pelo dano causado reverterá a um fundo gerido por um Conselho Federal ou por Conselhos Estaduais de que participarão necessariamente o Ministério Público e representantes da comunidade, sendo seus recursos destinados à reconstituição dos bens lesados. (Lei 7.347/85, art. 13).

Alternativa "b". Errada. Aos juízes federais compete processar e julgar as causas em que a União, entidade autárquica ou empresa pública federal forem interessadas na condição de autoras, rés, assistentes ou oponentes, exceto as de falência, as de acidentes de trabalho e as sujeitas à Justiça Eleitoral e à Justiça do Trabalho. (CF/88, art. 109, I).

Alternativa "c". Errada. A propositura da ação prevenirá a jurisdição do juízo para todas as ações posteriormente intentadas que possuam a mesma causa de pedir ou o mesmo objeto. (Lei 7.347/85, art. 2º, parágrafo único).

Alternativa "d". Errada. As ações previstas nesta Lei serão propostas no foro do local onde ocorrer o dano, cujo juízo terá competência funcional para processar e julgar a causa. (Lei 7.347/85, art. 2º).

Alternativa "e". Errada. O procedimento para liquidação da sentença nas ações coletivas será o dos artigos 475-A e seguintes do CPC, onde se prevê três modalidades de liquidação, a depender do caso, que serão: por cálculo, quando a determinação do valor depender apenas de cálculo aritmético; por arbitramento, quando determinado na sentença ou convencionado pelas partes, assim como quando assim o exigir a natureza do seu objeto e por artigos, quando para se determinar o valor houver necessidade de alegar e provar fato novo.

32. (Cespe – Defensor Público – SE/ 2012) Assinale a opção correta com relação à coisa julgada e à prescrição nas ações coletivas.

a) Em regra, a execução de sentença coletiva prescreve em cinco anos a contar da prolação da sentença.

b) Na hipótese de improcedência de ação coletiva por falta de provas, quando a demanda tiver sido proposta para tutela de interesses e direitos individuais homogêneos, a coisa julgada recairá sobre as pretensões coletivas, de modo que não será viável a repropositura da ação coletiva para tutelar direitos individuais e homogêneos com o mesmo objeto, ainda que mediante a indicação de prova nova.

c) Na ação coletiva ajuizada para tutelar direitos e interesses coletivos stricto sensu, a eficácia da sentença de procedência não se limita a determinado grupo ou categoria, por ser erga omnes.

d) De acordo com entendimento do STJ, o termo inicial do prazo de prescrição para o ajuizamento de ação coletiva com a finalidade de atacar contrato ilegal é a subscrição do contrato.

e) A ação coletiva para a tutela do meio ambiente prescreve em cinco anos contados da ciência do dano.

COMENTÁRIOS

✪ **Nota do autor:** a coisa julgada nas ações coletivas é tema recorrente nos concursos, merecendo especial atenção do candidato ao elaborar seu roteiro de estudos.

Alternativa correta: letra "b". Não há permissão legal para repropor a mesma Ação Coletiva para a tutela de direitos individuais homogêneos em caso de improcedência da primeira por falta de provas. Esta interpretação é obtida na leitura do art. 103, inciso III e § 2º, do CDC.

Alternativa "a". Errada. Somente a partir do momento em que é possível cumprimento definitivo da sentença é que se fala em termo inicial da prescrição. Portanto, é o trânsito em julgada da sentença coletiva o termo inicial da prescrição da pretensão executória.

Alternativa "c". Errada. Nos direitos coletivos em sentido estrito, a sentença fará coisa julgada *ultra* partes, mas limitadamente ao grupo, categoria ou classe, salvo improcedência por insuficiência de provas (CDC, art. 103, II).

Alternativa "d". Errada. Por existir continuidade dos efeitos no tempo, o Superior Tribunal de Justiça (REsp 1150639 RS) possui entendimento sedimentado no sentido de que o prazo prescricional de ação civil pública em que se busca questionar a validade de contrato administrativo tem como termo inicial o término do contrato.

Alternativa "e". Errada. Por considerar de caráter continuado a infração ambiental, o STJ (REsp 1223092 / SC) possui entendimento no sentido da imprescritibilidade das ações que visam a cessação dos danos ambientais.

33. (Cespe – Defensor Público – SE/ 2012) No que se refere à ACP, assinale a opção correta.

a) De acordo com a legislação de regência, não é cabível o ajuizamento de ACP para veicular pretensão que envolva tributos.

b) É vedada a formação de litisconsórcio ativo para a propositura da ACP.

c) Segundo a lei, a legitimidade da DP para o ajuizamento de ACP só se justifica na qualidade de representante judicial de associação economicamente hipossuficiente legitimada para a propositura da ação.

d) Não se admite a assistência litisconsorcial na ACP.

e) Não é cabível o ajuizamento de ACP para a tutela meramente preventiva.

COMENTÁRIOS

✪ **Nota do autor:** o Superior Tribunal de Justiça, ao julgar o REsp nº 1273643/PR, sedimentou o entendimento no sentido de que "no âmbito do Direito Privado, é de cinco anos o prazo prescricional para ajuizamento da execução individual em pedido de cumprimento de sentença proferida em Ação Civil Pública".

Alternativa correta: letra "a". Não será cabível ação civil pública para veicular pretensões que envolvam tributos, contribuições previdenciárias, o Fundo de Garantia do Tempo de Serviço – FGTS ou outros fundos de natureza institucional cujos beneficiários podem ser individualmente determinados. (Lei 7.347/85, art. 1º, parágrafo único).

Alternativa "b". Errada. Fica facultado ao Poder Público e a outras associações legitimadas nos termos deste artigo habilitar-se como litisconsortes de qualquer das partes. (Lei 7.347/85, art. 5º, § 2º).

Alternativa "c". Errada. Têm legitimidade para propor a ação principal e a ação cautelar a Defensoria Pública. (Lei 7.347/85, art. 5º, II).

Alternativa "d". Errada. Fica facultado ao Poder Público e a outras associações legitimadas nos termos deste artigo habilitar-se como litisconsortes de qualquer das partes. (Lei 7.347/85, art. 5º, § 2º).

Alternativa "e". Errada. Têm legitimidade para propor a ação principal e a ação cautelar. (Lei 7.347/85, art. 5º).

34. (Cespe – Defensor Público – SE/ 2012) No que concerne à multa nas ações coletivas, assinale a opção correta.

a) Em caráter excepcional, o STJ admite que a execução do valor da multa contra o poder público ocorra mediante sequestro (arresto) de rendas públicas.

b) A multa imposta tem caráter compensatório ou indenizatório.

c) Segundo o STJ, a fixação de multa pelo magistrado depende de requerimento ou provocação expressa da parte.

d) Nas ações coletivas, a multa cominada liminarmente, quando não adimplida, será imediatamente exigível do réu.

e) Uma vez imposta a multa, é vedado ao magistrado modificar o seu valor.

COMENTÁRIOS

✪ **Nota do autor:** o STJ (REsp 840912/RS) já decidiu que em situações de inconciliável conflito entre o direito fundamental à saúde e o regime de impenhorabilidade dos bens públicos, prevalece o primeiro sobre o segundo.

Alternativa correta: letra "a". No julgamento do Recurso Especial 840912/RS, diante da prevalência do direito à vida sobre o interesse financeiro do Estado, o STJ decidiu que é legítima a determinação judicial de bloqueio de verbas públicas como meio de efetivação urgente do direito prevalente em risco de irreversível dano.

Alternativa "b". Errada. Conforme a doutrina, se a multa não for suficiente para convencer o réu a adimplir, ela poderá ser cobrada independentemente do valor devido em face da prestação inadimplida e do eventual dano provocado pela falta do adimplemento na forma específica e no prazo convencionado; se a multa acaba levando ao adimplemento, é possível cumular-se a multa com indenização pelo eventual dano provocado pela mora do demandado.

Alternativa "c". Errada. Na ação que tenha por objeto o cumprimento de obrigação de fazer ou não fazer, o juiz determinará o cumprimento da prestação da atividade devida ou a cessação da atividade nociva, sob pena de execução específica, ou de cominação de multa diária, se esta for suficiente ou compatível, independentemente de requerimento do autor (Lei 7.347/85, Art. 11).

Alternativa "d". Errada. A multa cominada liminarmente só será exigível do réu após o trânsito em julgado da decisão favorável ao autor, mas será devida desde o dia em que se houver configurado o descumprimento. (Lei 7.347/85, Art. 12, § 2º).

Alternativa "e". Errada. O juiz poderá, de ofício, modificar o valor ou a periodicidade da multa, caso verifique que se tornou insuficiente ou excessiva. (CPC, Art. 461, § 6º).

---

35. (Cespe – Promotor de Justiça – PI/2012) No que concerne à ACP, assinale a opção correta.

a) Se o MP atuar como parte na ACP, será dispensável a sua intimação para oficiar como fiscal da lei no processo.

b) A antecipação de tutela, na ACP, não pode ser deferida sem a prévia justificação ou manifestação da outra parte.

c) Constitui procedimento da ACP a realização de audiência de conciliação.

d) Qualquer pessoa que causar dano ou impedir o exercício de direitos difusos, coletivos, individuais indisponíveis ou homogêneos poderá figurar no polo passivo da ACP.

e) A ACP constitui instrumento adequado para deduzir pretensão de índole tributária.

COMENTÁRIOS

✪ **Nota do autor:** são nulos os atos lesivos ao patrimônio público, nos casos de: a) incompetência; b) vício de forma; c) ilegalidade do objeto; d) inexistência dos motivos; e) desvio de finalidade.

Alternativa correta: letra "d". Não há nenhuma restrição quanto àquele que pode constar no polo passivo das ações coletivas em sentido amplo, ou seja, das ações civis públicas e ações coletivas em sentido estrito. Basta que se prove que a pessoa é causadora do dano, mostrar que o dano tem correspondência com um direito material que é violado, e mostrar que esse direito vai além da individualidade e passa à transindividualidade (ou metaindividualidade).

Alternativa "a". Errada. O Ministério Público, se não intervier no processo como parte, atuará obrigatoriamente como fiscal da lei. (Lei 7.347/85, Art. 5 º, § 1º).

Alternativa "b". Errada. Poderá o juiz conceder mandado liminar, com ou sem justificação prévia, em decisão sujeita a agravo. (Lei 7.347/85, Art. 12).

Alternativa "c". Errada. Aplica-se à ação civil pública, prevista nesta Lei, o Código de Processo Civil, aprovado pela Lei nº 5.869, de 11 de janeiro de 1973, naquilo em que não contrarie suas disposições. (Lei 7.347/85, Art. 12). Em regra, uma ação civil pública tramita sob o rito ordinário, no qual não há audiência de conciliação (a audiência de conciliação está prevista no rito sumário). Por conseguinte, em regra não constitui procedimento da ação civil pública a audiência de conciliação.

Alternativa "e". Errada. Não será cabível ação civil pública para veicular pretensões que envolvam tributos, contribuições previdenciárias, o Fundo de Garantia do Tempo de Serviço – FGTS ou outros fundos de natureza institucional cujos beneficiários podem ser individualmente determinados. (Lei 7.347/85, Art. 1º, parágrafo único.

---

36. (Cespe – Promotor de Justiça – TO/2012) Assinale a opção correta acerca da ACP.

a) A justiça estadual é competente para processar e julgar ACP por danos causados ao patrimônio público, nas comarcas que não sejam sede de vara da justiça federal, ainda que a União seja parte no processo, conforme vigente súmula do STJ.

b) Os valores pagos pelo réu de ACP, como forma de indenização por danos, serão revertidos a um fundo gerido por um conselho federal ou por conselhos estaduais de que participarão necessariamente o MP e representantes da comunidade, e os recursos se destinarão à reconstituição dos bens lesados.

c) Segundo o STJ, o inquérito civil, como peça informativa, não é suficiente para embasar a propositura de ACP contra deputado federal, sendo necessária, nesse caso, a abertura de procedimento administrativo prévio.

d) Possuem legitimidade ativa para a ACP a DP, o MP, a União, os estados, o DF, os municípios, as entidades do terceiro setor, as autarquias, as empresas públicas, as fundações e as sociedades de economia mista.

e) Compete ao MP pleitear, em ACP, indenização decorrente de seguro obrigatório de danos pessoais causados por veículos automotores de vias terrestres, em benefício do segurado.

COMENTÁRIOS

✪ **Nota do autor:** a ação civil pública poderá ter por objeto a condenação em dinheiro ou o cumprimento de obrigação de fazer ou não fazer.

Alternativa correta: letra "b". Havendo condenação em dinheiro, a indenização pelo dano causado reverterá a um fundo gerido por um Conselho Federal ou por Conselhos Estaduais de que participarão necessariamente o Ministério Público e representantes da comunidade, sendo seus recursos destinados à reconstituição dos bens lesados. (Lei 7.347/85, Art. 13).

Alternativa "a". Errada. Estabelecia a Súmula 183 do STJ que "compete ao juiz estadual, nas comarcas que não sejam sede de vara da justiça federal, processar e julgar ação civil pública, ainda que a união figure no processo". No entanto, após os Embargos de Declaração no CC nº 27.676-BA, na sessão de 08/11/2000, a Primeira Seção do Superior Tribunal de Justiça deliberou pelo CANCELAMENTO da Súmula nº 183.

Alternativa "c". Errada. Conforme entendimento do STJ, o inquérito civil, como peça informativa, tem por fim embasar a propositura da ação, que independe da prévia instauração do procedimento administrativo. (REsp 1.119.568/PR, Rel. Ministro Arnaldo Esteves Lima, Primeira Turma, DJe 23/09/2010).

Alternativa "d". Errada. Têm legitimidade para propor a ação principal e a ação cautelar o Ministério Público, a Defensoria Pública, a União, os Estados, o Distrito Federal e os Municípios, a autarquia, empresa pública, fundação ou sociedade de economia mista, a associação que, concomitantemente: a) esteja constituída há pelo menos 1 (um) ano nos termos da lei civil; b) inclua, entre suas finalidades institucionais, a proteção ao meio ambiente, ao consumidor, à ordem econômica, à livre concorrência ou ao patrimônio artístico, estético, histórico, turístico e paisagístico. (Lei 7.347/85, Art. 5, e incisos).

Alternativa "e". Errada. O Ministério Público não tem legitimidade para pleitear, em ação civil pública, a indenização decorrente do DPVAT em benefício do segurado. (Súmula 470 do STJ).

---

37. (Cespe – Promotor de Justiça – TO/2012) Acerca da tutela em juízo dos interesses individuais homogêneos, difusos e coletivos, assinale a opção correta.

a) O fluid recovery é um fundo de reparação de interesses difusos lesados destinado a reconstituir e reparar exatamente o mesmo bem lesado.

b) Caso haja, pela associação legitimada, desistência infundada ou abandono da ACP ajuizada para a defesa de direitos coletivos, deverá o juiz extinguir o processo, sem o exame do mérito.

c) É lícito à DP atuar como substituto processual de consumidores em demandas relacionadas a direitos individuais em sentido estrito, disponíveis ou indisponíveis.

d) Na hipótese de tutela jurisdicional de direitos e interesses individuais homogêneos, o juízo que proferiu a sentença genérica terá competência absoluta para a liquidação e execução quando promovidas individualmente.

e) Em sede de ACP, haverá a coisa julgada *secundum eventum litis*, por procedência ou improcedência do pedido, mesmo nos casos de exame perfunctório das provas.

COMENTÁRIOS

✪ **Nota do autor:** a tutela em juízo dos interesses individuais homogêneos, difusos e coletivos demanda aplicação das normas esparsas do microssistema processual coletivo.

Alternativa correta: letra "c". O STJ (AgRg no AREsp nº 53.146/SP) entende que "a Defensoria Pública tem autorização legal para atuar como substituto processual dos consumidores, tanto em demandas envolvendo direitos individuais em sentido estrito, como direitos individuais homogêneos, disponíveis ou indisponíveis, na forma do art. 4º, incisos VII e VIII, da Lei Complementar nº 80/94".

Alternativa "a". Errada. Por ser difícil individualizar e restabelecer o status quo dos prejudicados, no direito brasileiro, o instituto da reparação fluída possui adaptações, pois a sentença condenatória é genérica, somente fixa a responsabilidade do réu na reparação dos danos causados. O valor a ser indenizado é apurado de forma individualizada por cada lesado na ação de liquidação.

Alternativa "b". Errada. Em caso de desistência infundada ou abandono da ação por associação legitimada, o Ministério Público ou outro legitimado assumirá a titularidade ativa. (Lei 7.347/85, Art. 5º, § 3º).

Alternativa "d". Errada. Conforme entendimento do STJ, a competência para a ação individual de cumprimento ("liquidação e execução" – art. 98, § 2º, I da Lei 8.078/90) de sentença genérica proferida em ação coletiva é determinada pelas regras gerais do CPC, mais especificamente no seu Livro I, Título IV, como ocorre com a liquidação e execução da sentença penal condenatória, da sentença estrangeira, da sentença arbitral (CPC, art. 475-P, III) e dos títulos executivos extrajudiciais. (RECURSO ESPECIAL Nº 1.243.887 – PR).

Alternativa "e". Errada. O sistema processual coletivo brasileiro inseriu a coisa julgada *secundum eventum probationis* para a defesa de direitos difusos e coletivos stricto sensu. Assim, se o pedido for julgado improcedente com insuficiência de provas, não ocorrerá extensão da coisa julgada aos substituídos na relação processual.

---

38. (Cespe – Defensor Público – MA/ 2011) A respeito das ações civis públicas, destinadas a tutelar direitos e interesses transindividuais, assinale a opção correta.

a) Para ensejar a defesa coletiva, não é necessária qualquer homogeneidade nos direitos subjetivos individuais a serem defendidos.

b) A ação civil pública, não prevista na CF, é garantida em preceito normativo infralegal.

c) As associações de classe e as entidades sindicais podem apenas extrajudicialmente promover a defesa dos direitos e interesses dos respectivos associados e filiados.

d) A titularidade na ação civil pública é subjetivamente indeterminada, sendo o MP e as pessoas jurídicas de direito público os únicos legitimados como substituto processual, nesse caso.

e) Quando, em uma ação civil pública, for proferido juízo de improcedência por falta de provas, qualquer dos legitimados ativos poderá renovar a ação, com base em novos elementos probatórios.

COMENTÁRIOS

✪ **Nota do autor:** "a ação civil pública é cabível para a tutela preventiva ou ressarcitória, de ordem moral ou patrimonial, de todo e qualquer direito difuso, coletivo ou individual homogêneo"[11].

Alternativa correta: letra "e". Não Ação Civil Pública, a sentença civil fará coisa julgada erga omnes, EXCETO se o pedido for julgado improcedente por insuficiência de provas, hipótese em que qualquer legitimado poderá intentar outra ação com idêntico fundamento, valendo-se de nova prova (Lei nº 7.347/85, art. 16).

Alternativa "a". Errada. A relação de afinidade, de homogeneidade entre os direitos individuais é o que motiva a tutela coletiva dos direitos individuais homogêneos.

Alternativa "b". Errada. A ação civil pública tem previsão expressa na Constituição Federal (inciso III, do art. 129), e é regulamentada em norma infraconstitucional (Lei nº 7.347/85).

Alternativa "c". Errada. As entidades associativas, quando expressamente autorizadas, têm legitimidade para representar seus filiados judicial ou extrajudicialmente (CF/88, art. 5º, XXI). Ademais, ao sindicato cabe a defesa dos direitos e interesses coletivos ou individuais da categoria, inclusive em questões judiciais ou administrativas (CF/88, art. 8º, III).

Alternativa "d". Errada. Têm legitimidade para propor a Ação Civil Pública: I – o Ministério Público; II – a Defensoria Pública; III – a União, os Estados, o Distrito Federal e os Municípios; IV – a autarquia, empresa pública, fundação ou sociedade de economia mista; e V – a associação que preencha os requisitos legais (Lei nº 7.347/85, art. 5º).

11 GAJARDONI, Fernando da Fonseca. **Direitos difusos e coletivos II**: (ações coletivas em espécie: ação civil pública, ação popular e mandado de segurança coletivo). São Paulo: Saraiva, 2012, p.18. (coleção saberes do direito; 35).

3. IMPROBIDADE ADMINISTRATIVA

39. (Cespe – Promotor de Justiça – AC/2014) No que se refere à Lei de Improbidade Administrativa, assinale a opção correta.

a) Para os efeitos dessa lei, aquele que exerce, ainda que transitoriamente, desde que de forma remunerada, mandato, cargo, emprego ou função na administração direta é considerado agente público.

b) De acordo com entendimento pacificado no STJ, os agentes políticos submetem-se aos preceitos dessa lei.

c) Consoante jurisprudência do STJ, é vedada a cumulação de pedidos condenatório e ressarcitório em sede de ação por improbidade administrativa.

d) Para os efeitos dessa lei, não se reputa agente público aquele que exerça, por contratação, emprego em entidade para cuja criação o erário haja concorrido com mais de cinquenta por cento do patrimônio ou da receita anual.

e) Segundo entendimento do STJ, seria compatível com a CF eventual preceito normativo infraconstitucional que impusesse imunidade aos agentes políticos no que se refere à aplicação dos preceitos da referida lei.

COMENTÁRIOS

✪ **Nota do autor:** a violação aos princípios da administração pública pode ser caracterizada como ato de improbidade administrativa, nos termos da Lei nº 8.429/92.

Alternativa correta: letra "b". Para o STJ, os agentes políticos se submetem à Lei de Improbidade Administrativa, com exceção do Presidente da República. Logo, é possível que os agentes políticos respondam pelos crimes de responsabilidade da Lei nº 1.079/50 e também por improbidade administrativa.

Alternativa "a". Errada. Reputa-se agente público, para os efeitos desta lei, todo aquele que exerce, ainda que transitoriamente ou sem remuneração, por eleição, nomeação, designação, contratação ou qualquer outra forma de investidura ou vínculo, mandato, cargo, emprego ou função nas entidades mencionadas no artigo anterior. (Lei 8.429/92, Art. 2º).

Alternativa "c". Errada. Independentemente das sanções penais, civis e administrativas previstas na legislação específica, está o responsável pelo ato de improbidade sujeito às seguintes cominações, que podem ser aplicadas isolada ou cumulativamente, de acordo com a gravidade do fato. (Lei 8.429/92, Art. 12).

Alternativa "d". Errada. Reputa-se agente público, para os efeitos desta lei, todo aquele que exerce, ainda que transitoriamente ou sem remuneração, por eleição, nomeação, designação, contratação ou qualquer outra forma de investidura ou vínculo, mandato, cargo, emprego ou função nas entidades mencionadas no artigo anterior. (Lei 8.429/92, Art. 2°).

Alternativa "e". Errada. Conforme o STJ, excetuada a hipótese de atos de improbidade praticados pelo Presidente da República (art. 85, V), cujo julgamento se dá em regime especial pelo Senado Federal (art. 86), não há norma constitucional alguma que imunize os agentes políticos, sujeitos a crime de responsabilidade, de qualquer das sanções por ato de improbidade previstas no art. 37, § 4º. Seria incompatível com a Constituição eventual preceito normativo infraconstitucional que impusesse imunidade dessa natureza.

---

40. (Cespe – Defensor Público – AC/ 2012) A respeito da improbidade administrativa, assinale a opção correta.

a) A responsabilidade civil decorrente do ato de improbidade administrativa é objetiva, ou seja, não se analisa dolo ou culpa, porque o prejuízo sempre será do poder público.

b) Ação contrária aos princípios da administração pública não gera improbidade administrativa quando não causa prejuízo ao erário.

c) Ato de improbidade é definido como o ato lesivo ao ordenamento jurídico praticado exclusivamente por servidor público, no exercício de sua função, contra a administração direta, indireta ou fundacional de qualquer dos poderes da União, dos estados, do DF e dos municípios.

d) A probidade administrativa configura norma difusa, visto que os bens pertencentes ao Estado constituem res publica, devendo ser coibido qualquer desvio de destinação desses bens.

e) As sanções legalmente previstas para atos de improbidade administrativa não incluem a proibição de contratar com o poder público.

COMENTÁRIOS

✪ **Nota do autor:** o denunciante que mesmo tendo a ciência na inocência do representado por ato de improbidade administrativa, responde penal e civilmente.

Alternativa correta: letra "d". A probidade administrativa configura norma difusa (é a norma que tutela direitos transindividuais que ultrapassam a esfera do sujeito individualmente considerado), como é o caso da probidade administrativa que tutela o patrimônio público, bens pertencentes ao Estado constituem a res pública, devendo ser coibido qualquer desvio de destinação desses bens.

Alternativa "a". Errada. Constitui ato de improbidade administrativa que causa lesão ao erário qualquer ação ou omissão, dolosa ou culposa, que enseje perda patrimonial, desvio, apropriação, malbaratamento ou dilapidação dos bens ou haveres das entidades públicas. (Lei 8.429/92, Art. 10).

Alternativa "b". Errada. A aplicação das sanções previstas nesta lei independe da efetiva ocorrência de dano ao patrimônio público, salvo quanto à pena de ressarcimento (Lei 8.429/92, Art. 21, I).

Alternativa "c". Errada. As disposições desta lei são aplicáveis, no que couber, àquele que, mesmo não sendo agente público, induza ou concorra para a prática do ato de improbidade ou dele se beneficie sob qualquer forma direta ou indireta. (Lei 8.429/92, Art. 3º).

Alternativa "e". Errada. Independentemente das sanções penais, civis e administrativas previstas na legislação específica, está o responsável pelo ato de improbidade sujeito às seguintes cominações, que podem ser aplicadas isolada ou cumulativamente, de acordo com a gravidade do fato, na hipótese do art. 10, ressarcimento integral do dano, perda dos bens ou valores acrescidos ilicitamente ao patrimônio, se concorrer esta circunstância, perda da função pública, suspensão dos direitos políticos de cinco a oito anos, pagamento de multa civil de até duas vezes o valor do dano e proibição de contratar com o Poder Público ou receber benefícios ou incentivos fiscais ou creditícios, direta ou indiretamente, ainda que por intermédio de pessoa jurídica da qual seja sócio majoritário, pelo prazo de cinco anos; (Lei 8.429/92, Art. 12, II).

---

41. (Cespe – Defensor Público – RO/ 2012) Assinale a opção correta a respeito da improbidade administrativa.

a) Comprovado ato de improbidade que cause prejuízo ao erário, o agente público acusado do ato poderá ser condenado a pena de suspensão dos direitos políticos pelo prazo de até dez anos.

b) Segundo a doutrina majoritária, a probidade administrativa tem natureza de direito individual homogêneo.

c) O sujeito passivo de ato de improbidade administrativa restringe-se à pessoa jurídica de direito público atingida pelo ato.

d) Pratica ato de improbidade administrativa o agente público que adquire, para si ou para outrem, no exercício do cargo ou função pública, bens cujo valor seja desproporcional à evolução do respectivo patrimônio ou renda.

e) Não restando configurado prejuízo financeiro para o ente público e, portanto, ausente a lesão ao patrimônio público, não há de se falar em eventual ato de improbidade administrativa.

COMENTÁRIOS

✪ **Nota do autor:** o sucessor daquele que causar lesão ao patrimônio público ou se enriquecer ilicitamente está sujeito às cominações da Lei de Improbidade Administrativa até o limite do valor da herança.

Alternativa correta: letra "d". Adquirir, para si ou para outrem, no exercício de mandato, cargo, emprego ou função pública, bens de qualquer natureza cujo valor seja desproporcional à evolução do patrimônio ou à renda do agente público (Lei 8.429/92, art. 9°, VII).

Alternativa "a". Errada. Na hipótese do art. 10 (prejuízo ao erário), ressarcimento integral do dano, perda dos bens ou valores acrescidos ilicitamente ao patrimônio, se concorrer esta circunstância, perda da função pública, suspensão dos direitos políticos de cinco a oito anos, pagamento de multa civil de até duas vezes o valor do dano e proibição de contratar com o Poder Público ou receber benefícios ou incentivos fiscais ou creditícios, direta ou indiretamente, ainda que por intermédio de pessoa jurídica da qual seja sócio majoritário, pelo prazo de cinco anos. (Lei 8.429/92, art. 12, II).

Alternativa "b". Errada. A ação teria natureza coletiva e sobre elas podem incidir os dispositivos do microssistema de ações coletivas, formado pela LACP, CDC e AP.

Alternativa "c". Errada. Os atos de improbidade praticados por qualquer agente público, servidor ou não, contra a administração direta, indireta ou fundacional de qualquer dos Poderes da União, dos Estados, do Distrito Federal, dos Municípios, de Território, de empresa incorporada ao patrimônio público ou de entidade para cuja criação ou custeio o erário haja concorrido ou concorra com mais de cinquenta por cento do patrimônio ou da receita anual, serão punidos na forma desta lei. (Lei 8.429/92, Art. 1°). Estão também sujeitos às penalidades desta lei os atos de improbidade praticados contra o patrimônio de entidade que receba subvenção, benefício ou incentivo, fiscal ou creditício, de órgão público bem como daquelas para cuja criação ou custeio o erário haja concorrido ou concorra com menos de cinqüenta por cento do patrimônio ou da receita anual, limitando-se, nestes casos, a sanção patrimonial à repercussão do ilícito sobre a contribuição dos cofres públicos. (Lei 8.429/92, Art. 1°, Parágrafo único).

Alternativa "e". Errada. A aplicação das sanções previstas nesta lei independe da efetiva ocorrência de dano ao patrimônio público. (Lei 8.429/92, art. 21).

---

42. (Cespe – Defensor Público – ES/ 2012 – adaptado) Julgue o próximo item, referente à ação de improbidade administrativa.

A petição inicial da ação de improbidade administrativa ajuizada pelo MP pode ser objeto de aditamento pelos demais legitimados, em atuação supletiva, para suprir omissão objetiva ou subjetiva.

COMENTÁRIOS

✪ **Nota do autor:** celebrar contrato ou outro instrumento que tenha por objeto a prestação de serviços públicos por meio da gestão associada sem observar as formalidades previstas na lei é caracterizado ato de improbidade administrativa.

Certo. Conforme a doutrina, a atuação supletiva dos demais legitimados deve incidir sempre que constatada alguma omissão, subjetiva (agentes causadores) ou objetiva (fatos caracterizadores de improbidade) na petição ajuizada. Ante a omissão, o aditamento deverá ser feito para que sejam acrescidos elementos que guardam relação lógica com o originariamente narrado na inicial.

---

43. (Cespe – Promotor de Justiça – PI/2012) A respeito da atuação do MP em matéria de improbidade administrativa, assinale a opção correta com base na jurisprudência.

a) É absolutamente vedada a condenação do MP ao pagamento de honorários advocatícios em ACP.

b) Não se admite que o MP utilize a denominada prova emprestada em ACP cujo objeto seja ato de improbidade administrativa.

c) É imprescritível a ACP que tenha por objeto o ressarcimento de danos causados ao erário por atos de improbidade administrativa.

d) O critério para fixar a competência para a ACP por ato de improbidade administrativa proposta pelo MP é o do domicílio do réu, e não o do local do dano.

e) O MP não pode instaurar inquérito civil contra magistrado, com o fim de apurar a prática de ato de improbidade a este atribuída.

COMENTÁRIOS

✪ **Nota do autor:** para a concessão da cautelar de indisponibilidade de bens na ação de improbidade administrativa por lesão ao patrimônio público ou enriquecimento ilícito, basta o *fumus boni iuris* (consistente na presença de indícios de autoria), pois o *periculum in mora* é presumido em favor da necessária garantia de ressarcimento do Erário, de acordo com entendimento sedimentado pelo Superior Tribunal de Justiça no julgamento do REsp 1366721/BA.

Alternativa correta: letra "c". A administração pública direta e indireta de qualquer dos Poderes da União, dos Estados, do Distrito Federal e dos Municípios obedecerá aos princípios de legalidade, impessoalidade, moralidade, publicidade e eficiência e, também, ao seguinte. (CF/88, art. 37). A lei estabelecerá os prazos de prescrição para ilícitos praticados por qualquer agente, servidor ou não, que causem prejuízos ao erário, ressalvadas as respectivas ações de ressarcimento. (CF/88, art. 37, § 5º).

Alternativa "a". Errada. Posiciona-se o STJ no sentido de que, em sede de ação civil pública, a condenação do Ministério Público ao pagamento de honorários advocatícios somente é cabível na hipótese de comprovada e inequívoca má-fé do Parquet.

Alternativa "b". Errada. A prova emprestada para ser válida de estar ao crivo do contraditório e ampla defesa, além de haver a identidade de partes nos dois processos.

Alternativa "d". Errada. As ações previstas nesta Lei serão propostas no foro do local onde ocorrer o dano, cujo juízo terá competência funcional para processar e julgar a causa. (Lei 7.347/85, art. 2º).

Alternativa "e". Errada. Conforme entendimento do STJ, não há foro especial por prerrogativa de função nas ações civis públicas para apuração de atos de improbidade administrativa, bem como no inquérito civil instaurado para investigar a suposta prática dos referidos atos.

---

44. (Cespe – Promotor de Justiça – TO/2012) A respeito da disciplina jurídica relativa aos atos de improbidade administrativa, assinale a opção correta.

a) A Lei de Improbidade Administrativa não é aplicável a prefeito, presidente da República, ministros de Estado, ministros do STF e ao procurador-geral da República.

b) O agente público que prestar falsa declaração de bens estará sujeito à pena de demissão, a bem do serviço público, sem prejuízo de outras sanções cabíveis.

c) Segundo a jurisprudência do STJ, é indispensável a presença de dolo específico para a configuração de ato de improbidade por atentado aos princípios da administração pública.

d) Prescreve em dois anos após o término do exercício de mandato, de cargo em comissão ou de função de confiança a ação destinada a levar a efeito as sanções previstas na Lei de Improbidade Administrativa.

e) Nas ações submetidas ao rito da Lei de Improbidade administrativa, a falta de notificação do acusado para apresentar defesa prévia constitui motivo para a decretação da nulidade absoluta do feito.

COMENTÁRIOS

✪ Nota do autor: a exigência de juízo prévio sobre o mérito após o prazo de resposta do réu, contida no rito especial previsto na Lei nº 8.429/92, somente se aplica à ação de improbidade administrativa típica, devido à sua natureza sancionatória política-pessoal, não se aplicando tal exigência à ação de ressarcimento civil que visa à anulação do ato administrativo, que possui natureza civil ressarcitória, de acordo com entendimento sedimentado pelo Superior Tribunal de Justiça no julgamento do REsp 1163643/SP.

Alternativa correta: letra "b". Será punido com a pena de demissão, a bem do serviço público, sem prejuízo de outras sanções cabíveis, o agente público que se recusar a prestar declaração dos bens, dentro do prazo determinado, ou que a prestar falsa. (Lei 8.429/92, Art. 13, § 3º).

Alternativa "a". Errada. Conforme entendimento jurisprudencial, os atos de improbidade administrativa são tipificados como crime de responsabilidade na Lei nº 1.079/1950, delito de caráter político-administrativo. O sistema constitucional brasileiro distingue o regime de responsabilidade dos agentes políticos dos demais agentes públicos. A Constituição não admite a concorrência entre dois regimes de responsabilidade político-administrativa para os agentes políticos: o previsto no art. 37, § 4º (regulado pela Lei nº 8.429/1992) e o regime fixado no art. 102, I, "c", (disciplinado pela Lei nº 1.079/1950). Se a competência para processar e julgar a ação de improbidade (CF, art. 37, § 4º) pudesse abranger também atos praticados pelos agentes políticos, submetidos a regime de responsabilidade especial, ter-se-ia uma interpretação ab-rogante do disposto no art. 102, I, "c", da Constituição. (Rcl 2138 / DF).

Alternativa "c". Errada. Segundo entendimento do STJ, o art. 11 não exige dolo específico, mas genérico: "vontade de realizar fato descrito na norma incriminadora". Nessa linha, é desnecessário perquirir a existência de enriquecimento ilícito do administrador público ou o prejuízo ao Erário. O dolo está configurado pela manifesta vontade de realizar conduta contrária aos deveres de honestidade e legalidade, e aos princípios da moralidade administrativa e da impessoalidade (Recurso Especial 765.212/AC).

Alternativa "d". Errada. As ações destinadas a levar a efeitos as sanções previstas nesta lei podem ser propostas: I – até cinco anos após o término do exercício de mandato, de cargo em comissão ou de função de confiança. (Lei 8.429/92, Art. 23, I).

Alternativa "e". Errada. Conforme entendimento do STJ, a falta de notificação do acusado para apresentar defesa prévia nas ações submetidas ao rito da Lei de Improbidade Administrativa (art. 17, § 7º, da Lei nº 8.429/1992) é causa de nulidade relativa do feito, devendo ser alegada em momento oportuno e devidamente comprovado o prejuízo à parte. Com esse entendimento, a Turma negou provimento ao recurso, mantida a condenação do recorrente. Precedentes citados: REsp 1116932-SP, DJe 14/10/2009, e REsp 1.034.511-CE, DJe 22/9/2009. EDcl no REsp 1.194.009-SP, Rel. Min. Arnaldo Esteves Lima, julgados em 17/5/2012.

---

45. (Cespe – Defensor Público – MA/ 2011) O direito a um governo honesto, eficiente e zeloso das coisas públicas tem natureza transindividual, sendo a probidade administrativa inerente à democracia. Acerca da ação de improbidade administrativa, assinale a opção correta.

a) No âmbito da ação de improbidade administrativa, não se aplica o princípio da presunção da inocência, pois, uma vez tipificado o ato de improbidade, o acusado se torna culpado.

b) De maneira semelhante à tutela ao direito transindividual, a CF estabelece que a ação de improbidade visa, primordialmente, preservar ou recompor o patrimônio público.

c) As sanções legais a um ato de improbidade administrativa não incluem a suspensão dos direitos políticos.

d) A indisponibilidade de bens não constitui propriamente uma sanção, mas medida de garantia destinada a assegurar o ressarcimento ao erário.

e) As sanções aplicáveis aos atos de improbidade possuem natureza penal, com finalidade pedagógica e intimidatória, com vistas a inibir novas infrações.

COMENTÁRIOS

✪ **Nota do autor:** a improbidade administrativa será própria (praticada por servidor público) ou imprópria (quando praticada por particular).

Alternativa correta: letra "d". A lei não prevê a indisponibilidade de bens como sanção por prática de improbidade administrativa, mas sim como medida cautelar que visa o ressarcimento ao erário.

Alternativa "a". Errada. O princípio do estado de inocência (ou presunção de inocência), desdobramento do princípio do devido processo legal, previsto no artigo 5°, LVII da Constituição Federal de 1988 determina que antes da sentença condenatória transitar em julgado não pode o acusado sofrer efeitos da execução de pena. É a chamada "pena antecipada".

Alternativa "b". Errada. Para a Constituição Federal (art. 129, III), a Ação Civil Pública visa a proteção do patrimônio público e social, do meio ambiente e de outros interesses difusos e coletivos.

Alternativa "c". Errada. A Lei nº 8.429/92 prevê a suspensão dos direitos políticos como uma das sanções legais em caso de improbidade administrativa.

Alternativa "e". Errada. Os atos de improbidade administrativa são sancionados civil (suspensão dos direitos políticos, perda da função pública, indisponibilidade dos bens e ressarcimento ao erário) e penalmente.

4. DIREITO DO CONSUMIDOR

46. (Cespe – Promotor de Justiça – AC/2014) Considerando as disposições do CDC, assinale a opção correta.

a) Considera-se defeituoso o serviço pela adoção de novas técnicas.

b) Não há previsão de excludentes para a responsabilidade do fornecedor de serviços.

c) Segundo entendimento do STJ, a regra geral insculpida no CDC é a da responsabilidade subjetiva dos fornecedores pelos danos causados aos consumidores.

d) O fornecedor de serviços deve responder, independentemente da existência de culpa, pelas informações insuficientes ou inadequadas sobre a fruição e os riscos da prestação do serviço.

e) É prevista a responsabilidade objetiva dos profissionais liberais.

COMENTÁRIOS

✪ **Nota do autor:** a propositura de ação cautelar de exibição de documentos bancários(cópias e segunda via de documentos) é cabível como medida preparatória a fim de instruir a ação principal, bastando a demonstração da existência de relação jurídica entre as partes, a comprovação de prévio pedido à instituição financeira não atendido em prazo razoável, e o pagamento do custo do serviço conforme previsão contratual e normatização da autoridade monetária, de acordo com entendimento sedimentado pelo Superior Tribunal de Justiça no julgamento do REsp 1349453/MS.

Alternativa correta: letra "d". O fornecedor de serviços responde, independentemente da existência de culpa, pela reparação dos danos causados aos consumidores por defeitos relativos à prestação dos serviços, bem como por informações insuficientes ou inadequadas sobre sua fruição e riscos. (CDC, art. 14).

Alternativa "a". Errada. O serviço não é considerado defeituoso pela adoção de novas técnicas (CDC, art. 14, § 2º).

Alternativa "b". Errada. O fornecedor de serviços só não será responsabilizado quando provar: que, tendo prestado o serviço, o defeito inexiste; a culpa exclusiva do consumidor ou de terceiro (CDC, art. 14, § 3º).

Alternativa "c". Errada. O fornecedor de serviços responde, independentemente da existência de culpa, pela reparação dos danos causados aos consumidores por defeitos relativos à prestação dos serviços, bem como por informações insuficientes ou inadequadas sobre sua fruição e riscos. (CDC, art. 14).

Alternativa "e". Errada. A responsabilidade pessoal dos profissionais liberais será apurada mediante a verificação de culpa. (CDC, art. 14, § 4º).

5. DIREITO DO IDOSO

47. (Cespe – Promotor de Justiça – PI/2012) No que se refere à tutela de pessoas idosas pelo MP, assinale a opção correta, considerando a jurisprudência pertinente ao tema.

a) O MP tem legitimidade para propor ACP cuja finalidade seja obter provimento jurisdicional que assegure internação hospitalar a pessoa idosa acometida de grave doença.

b) A ACP não figura entre os instrumentos aptos para a defesa de direitos dos idosos pelo MP.

c) O MP não tem legitimidade para propor ação judicial destinada a garantir o fornecimento de medicação para suprir a necessidade de idoso carente.

d) A intervenção do MP em ação que envolva o benefício previdenciário do idoso é obrigatória.

e) O fato de pessoa idosa figurar na demanda torna imprescindível a oitiva do parquet.

COMENTÁRIOS

✪ **Nota do autor:** a política nacional do idoso tem por objetivo assegurar os direitos sociais do idoso, criando condições para promover sua autonomia, integração e participação efetiva na sociedade.

Alternativa correta: letra "a". Compete ao Ministério Público instaurar o inquérito civil e a ação civil pública para a proteção dos direitos e interesses difusos ou coletivos, individuais indisponíveis e individuais homogêneos do idoso (Lei 10.741/03, art. 74, I).

Alternativa "b". Errada. Compete ao Ministério Público instaurar o inquérito civil e a ação civil pública para a proteção dos direitos e interesses difusos ou coletivos, individuais indisponíveis e individuais homogêneos do idoso (Lei 10.741/03, art. 74, I).

Alternativa "c". Errada. Conforme entendimento do STJ, admite-se que o Ministério Público é legitimado para propor ação civil pública em defesa de direito individual indisponível à saúde de hipossuficiente.

Alternativa "d". Errada. Conforme entendimento do STJ, a intervenção do Ministério Público nas ações em que envolva o interesse do idoso não é obrigatória, devendo ficar comprovada a situação de risco de que trata o art. 43 da Lei 10.741/2003.

Alternativa "e". Errada. Conforme entendimento do STJ, o simples fato de uma pessoa idosa figurar em uma relação processual não enseja a intervenção do Ministério Público, salvo se houver interesse social na causa ou direitos indisponíveis em debate, a teor do disposto no artigo 75 da Lei nº 10.741/03.

---

48. (Cespe – Defensor Público – DF/ 2013 – adaptado) Julgue o item que segue, relativo aos direitos dos idosos.

Segundo o que dispõe o Estatuto do Idoso, as transações relativas a alimentos referendadas pela DP configuram título executivo extrajudicial.

COMENTÁRIOS

✪ **Nota do autor:** O acordo de alimentos ao idoso referendado pelo Ministério Público estadual ou pela Defensoria Pública estadual, além de se configurar como título executivo, pode ser executado sob pena de prisão civil, conforme já decidiu o STF (REsp 1117639/MG).

Certo. As transações relativas a alimentos poderão ser celebradas perante o Promotor de Justiça ou Defensor Público, que as referendará, e passarão a ter efeito de título executivo extrajudicial nos termos da lei processual civil. (Lei 10.741/03, art. 13).

6. PROTEÇÃO DAS MULHERES

---

49. (Cespe – Defensor Público – DF/ 2013 – adaptado) Julgue o item que segue, relativo aos direitos das vítimas de violência doméstica familiar.

Conforme o diploma legal que regulamenta os mecanismos para coibir a violência doméstica e familiar contra a mulher, a notificação da ofendida a respeito dos atos processuais relativos ao agressor, em especial daqueles referentes ao seu ingresso e saída da prisão, dispensa a intimação do DP em relação ao mesmo ato.

COMENTÁRIOS

✪ **Nota do autor:** O Supremo Tribunal Federal, no julgamento da ADI 4424, deu interpretação conforme aos artigos 12, inciso I, e 16, ambos da Lei nº 11.340/2006, para assentar a natureza incondicionada da ação penal em caso de crime de lesão, pouco importando a extensão desta, praticado contra a mulher no ambiente doméstico.

Errado. A ofendida deverá ser notificada dos atos processuais relativos ao agressor, especialmente dos pertinentes ao ingresso e à saída da prisão, sem prejuízo da intimação do advogado constituído ou do defensor público (Lei nº 11.340/06, art. 21).

---

50. (Cespe – Defensor Público – ES/ 2012) No que se refere aos direitos da empregada doméstica e à licença-maternidade, julgue os itens a seguir.

50.1. Sendo a licença-maternidade para a empregada doméstica prorrogada por decisão do empregador, a sua remuneração, durante a prorrogação, será proporcional ao tempo de trabalho.

COMENTÁRIOS

✪ **Nota do autor:** a empregada doméstica gestante tem direito a licença-maternidade de 120 (cento e vinte) dias, sem prejuízo do emprego e do salário (Lei Complementar nº 150/2015, art. 25).

Errado. Se o empregador resolve estender por conta própria o benefício (licença-maternidade), cria situação mais benéfica à trabalhadora e, por isso, não pode reduzir a sua remuneração (Princípio da Condição mais Benéfica c/c Princípio da Inalterabilidade Contratual Lesiva).

50.2. O pagamento de uma proporção limitada da remuneração das trabalhadoras domésticas na forma de parcelas in natura poderá ser determinado na legislação nacional, em acordos coletivos ou em decisão arbitral, segundo convenção da OIT.

COMENTÁRIOS

✪ **Nota do autor:** é facultada a contratação, por prazo determinado (não superior a 90 dias), do empregado doméstico: I – mediante contrato de experiência; II – para atender necessidades familiares de natureza transitória e para substituição temporária de empregado doméstico com contrato de trabalho interrompido ou suspenso.

Certo. Segundo o art. 12 da Convenção da OIT nº 189, os salários dos trabalhadores domésticos deverão ser pagos diretamente em dinheiro, em intervalos regulares, não menos que uma vez por mês. A menos que a modalidade de pagamento esteja prevista na legislação nacional ou em acordos coletivos, o pagamento poderá ser realizado por transferência bancária, cheque bancário, cheque postal ou ordem de pagamento ou por outro meio de pagamento monetário legal, com o consentimento do trabalhador interessado. O pagamento de uma proporção limitada da remuneração dos trabalhadores domésticos na forma de parcelas *in natura* poderá ser determinada na legislação nacional, em acordos coletivos ou em decisão arbitral, em condições não menos favoráveis que aquelas geralmente aplicáveis a outras categorias de trabalhadores, sempre e quando se adotem as medidas necessárias para assegurar que as prestações in natura sejam feitas com o acordo do trabalhador e sejam apropriadas para seu uso e benefício pessoal, e que o valor atribuído às mesmas seja justo e razoável.

---

51. (Cespe – Defensor Público – ES/ 2012) Acerca da proteção assegurada à mulher no ordenamento nacional, julgue os itens subsequentes.

51.1. É meramente protetiva a natureza das medidas de enfrentamento à violência contra a mulher da floresta, adotadas pela Secretaria Especial de Política para as Mulheres.

COMENTÁRIOS

✪ **Nota do autor:** a Portaria nº 85, de 10 de agosto de 2010, da Secretaria Especial de Política para as Mulheres da Presidência do Brasil, instituiu as diretrizes de enfrentamento à violência contra as mulheres do Campo e da Floresta.

Errado. O enfrentamento à violência contra as mulheres do Campo e da Floresta necessita de ações preventivas e protetivas, tendo como foco o fortalecimento psicossocial das mulheres e a concretude das medidas legalmente previstas para sancionar os agressores. Nesse contexto, importante a leitura da Portaria nº 85, de 10 de agosto de 2010, da Secretaria Especial de Política para as Mulheres da Presidência do Brasil, que instituiu as diretrizes de enfrentamento à violência contra as mulheres do Campo e da Floresta.

51.2. A promoção da autonomia econômica e financeira das mulheres, por meio do apoio ao empreendedorismo, associativismo, cooperativismo e comércio, inclui-se entre as ações do Programa Nacional de Política para as Mulheres.

COMENTÁRIOS

✪ **Nota do autor:** a Política Nacional para as Mulheres é orientada pelos princípios de igualdade e respeito à diversidade, de equidade, de autonomia das mulheres, de laicidade do Estado, de universalidade das políticas, de justiça social, de transparência dos atos públicos e de participação e controle social.

Certo. Em observância ao princípio de autonomia das mulheres, o II Plano Nacional de Políticas para as Mulheres tem como uma de suas prioridades a promoção da autonomia econômica e financeira das mulheres por meio da assistência técnica, do acesso ao crédito e do apoio ao empreendedorismo, associativismo, cooperativismo e comércio[12].

51.3. Compete exclusivamente à União manter centros de atendimento integral e multidisciplinar para as mulheres vítimas de violência doméstica.

COMENTÁRIOS

✪ **Nota do autor:** a Lei Maria da Penha (Lei nº 11.340/06), estabeleceu mecanismos para coibir a violência doméstica e familiar contra a mulher.

Errado. A União, o Distrito Federal, os Estados e os Municípios poderão criar e promover, no limite das respectivas competências, centros de atendimento integral e multidisciplinar para mulheres e respectivos dependentes em situação de violência doméstica e familiar (Lei nº 11.340/06, art. 35, I).

---

12 BRASIL. Presidência da República. Secretaria Especial de Políticas para as Mulheres. **II Plano Nacional de Políticas para as Mulheres**. 2ª Reimpressão. Brasília: Secretaria Especial de Políticas para as Mulheres, 2008, p.40.

7. DIREITO URBANÍSTICO

52. (Cespe – Defensor Público – DF/ 2013) Com fundamento nos diplomas legais que regulamentam o direito de moradia, julgue os itens subsecutivos.

52.1. Nos programas habitacionais de interesse social desenvolvidos por órgãos da administração pública com atuação nessa área, a concessão de direito real de uso de imóveis públicos não pode ser contratada coletivamente.

COMENTÁRIOS

✪ Nota do autor: o direito à infraestrutura urbana e aos serviços públicos, os quais abarcam o direito à pavimentação de vias públicas, compõe o rol de direitos que dão significado à garantia do direito a cidades sustentáveis, conforme previsão do art. 2º da Lei 10.257/2001 – Estatuto das Cidades, conforme entendimento atual do Superior Tribunal de Justiça (AgRg no REsp 1490020/PE).

Errado. Nos casos de programas e projetos habitacionais de interesse social, desenvolvidos por órgãos ou entidades da Administração Pública com atuação específica nessa área, a concessão de direito real de uso de imóveis públicos poderá ser contratada coletivamente (Lei 10.257/03, Art. 4, § 2º).

52.2. A regularização fundiária pode ser promovida por cooperativa habitacional, que detém legitimidade, inclusive, para os atos de registro.

COMENTÁRIOS

✪ Nota do autor: a regularização fundiária urbana consiste no conjunto de medidas jurídicas, urbanísticas, ambientais e sociais que visam à regularização de assentamentos irregulares e à titulação de seus ocupantes, de modo a garantir o direito social à moradia, o pleno desenvolvimento das funções sociais da propriedade urbana e o direito ao meio ambiente ecologicamente equilibrado.

Errado. As cooperativas habitacionais possuem legitimidade para promover a regularização fundiária de assentamento urbano (desde o início até o fim, incluindo atos de registro) (Lei nº 11.977/09, art. 50, *caput*, inciso II e parágrafo único).

52.3. Observados os requisitos legais, aquele que possuiu como seu, por cinco anos, ininterruptamente e sem oposição, até duzentos e cinquenta metros quadrados de imóvel público situado em área urbana, utilizando-o para sua moradia ou de sua família, tem o direito à concessão de uso especial para fins de moradia em relação ao referido bem, que poderá ser obtida tanto pela via administrativa quanto pela judicial.

COMENTÁRIOS

✪ Nota do autor: é previsto constitucionalmente a concessão de uso de área urbana (CF/88, art. 183, § 1º) e de área rural (CF/88, art. 189, *caput*). O Estatuto da Cidade (Lei nº 10.257/01), ao regulamentar os artigos 182 e 183 da Constituição Federal e estabelecer diretrizes para a política urbana, tentou dedicar um capítulo específico para a concessão de uso especial para fins de moradia em imóvel urbano, mas foi vetado pelo presidente da República.

Certo. Por força da Medida Provisória nº 2.220/01 (vigente por causa da Emenda Constitucional nº 32/01), aquele que, até 30 de junho de 2001, possuiu como seu, por cinco anos, ininterruptamente e sem oposição, até duzentos e cinquenta metros quadrados de imóvel público situado em área urbana, utilizando-o para sua moradia ou de sua família, tem o direito à concessão de uso especial para fins de moradia em relação ao bem objeto da posse, desde que não seja proprietário ou concessionário, a qualquer título, de outro imóvel urbano ou rural (art. 1º).O título de concessão de uso especial para fins de moradia será obtido pela via administrativa perante o órgão competente da Administração Pública ou, em caso de recusa ou omissão deste, pela via judicial (art. 6º).

53. (Cespe – Defensor Público – DF/ 2013) A respeito da política nacional para a população em situação de rua, julgue os próximos itens.

53.1. O Poder Executivo federal pode firmar convênios com entidades privadas, ainda que estas tenham fins lucrativos, para o desenvolvimento e a execução de projetos que beneficiem a população em situação de rua.

COMENTÁRIOS

✪ Nota do autor: são princípios da Política Nacional para a População em Situação de Rua: i) além da igualdade e equidade; ii) respeito à dignidade da pessoa humana; iii) direito à convivência familiar e comunitária; iv) valorização e respeito à vida e à cidadania; v) atendimento humanizado e universalizado; e vi) respeito às condições sociais e diferenças de origem, raça, idade, nacionalidade, gênero, orientação sexual e religiosa, com atenção especial às pessoas com deficiência.

Errado. O Poder Executivo Federal poderá firmar convênios com entidades públicas e privadas, SEM FINS LUCRATIVOS, para o desenvolvimento e a execução de projetos que beneficiem a população em situação de rua E estejam de acordo com os princípios, diretrizes e objetivos que orientam a Política Nacional para a População em Situação de Rua (Decreto nº 7.053/09, art. 4º).

53.2. Constitui elemento imprescindível para a caracterização de população em situação de rua, para fins de incidência da proteção legal, a utilização de áreas degradadas como espaço de moradia e sustento, de forma permanente.

COMENTÁRIOS

✪ **Nota do autor:** são diretrizes da Política Nacional para a População em Situação de Rua: i) promoção dos direitos civis, políticos, econômicos, sociais, culturais e ambientais; ii) responsabilidade do poder público pela sua elaboração e financiamento; iii) articulação das políticas públicas federais, estaduais, municipais e do Distrito Federal; iv) integração das políticas públicas em cada nível de governo; v) integração dos esforços do poder público e da sociedade civil para sua execução; vi) participação da sociedade civil, por meio de entidades, fóruns e organizações da população em situação de rua, na elaboração, acompanhamento e monitoramento das políticas públicas; vii) incentivo e apoio à organização da população em situação de rua e à sua participação nas diversas instâncias de formulação, controle social, monitoramento e avaliação das políticas públicas; viii) respeito às singularidades de cada território e ao aproveitamento das potencialidades e recursos locais e regionais na elaboração, desenvolvimento, acompanhamento e monitoramento das políticas públicas; ix) implantação e ampliação das ações educativas destinadas à superação do preconceito, e de capacitação dos servidores públicos para melhoria da qualidade e respeito no atendimento deste grupo populacional; e x) democratização do acesso e fruição dos espaços e serviços públicos.

Errado. Para tutela da Política Nacional para a População em Situação de Rua considera-se **população em situação de rua** o grupo populacional heterogêneo que possui em comum a pobreza extrema, os vínculos familiares interrompidos ou fragilizados e a inexistência de moradia convencional regular, E que utiliza os logradouros públicos e as áreas degradadas como espaço de moradia e de sustento, de forma TEMPORÁRIA OU PERMANENTE, bem como as unidades de acolhimento para pernoite temporário ou como moradia provisória (Decreto nº 7.053/09, art. 1º, parágrafo único).

54. (Cespe – Defensor Público – AC/ 2012) Assinale a opção correta em relação à defesa da ordem urbanística.

a) O planejamento de construção de ruas e de prédios de forma a garantir fluxo tranquilo, tanto do transporte terrestre quanto do aéreo, não se enquadra como diretriz da ordem urbanística.

b) A justa distribuição dos benefícios advindos do processo de urbanização bem como dos ônus dele decorrentes não se inclui entre as preocupações relacionadas à ordem urbanística.

c) Caso o dano por falta de investimento em infraestrutura, como a falta de água frequente ou defeitos na rede de esgoto, atinja apenas alguns bairros de determinado município, estará configurada violação a direito difuso.

d) A regularização fundiária e a urbanização de áreas ocupadas por população de baixa renda, mediante o estabelecimento de normas especiais de urbanização, é matéria afeta ao direito de propriedade e, como tal, não diz respeito ao direito urbanístico.

e) A lei reconhece como direito coletivo em sentido amplo a ordem urbanística, sendo um dos objetivos da política urbana o pleno desenvolvimento da propriedade urbana, razão pela qual a construção de condomínios em região arborizada deve ser precedida de estudo de impacto ambiental.

COMENTÁRIOS

✪ **Nota do autor:** a ordem urbanística consiste no "conjunto de normas de ordem pública e de interesse social que regulam o uso da propriedade urbana em prol do bem coletivo, da segurança, do equilíbrio ambiental e do bem-estar dos cidadãos"[13].

Alternativa correta: letra "e". O Estatuto da Cidade reconheceu a ordem urbanística como um direito coletivo (difuso ou coletivo em sentido estrito) tutelável por meio da Ação Civil Pública. Ademais, o Estatuto da Cidade dispõe que a política urbana tem por objetivo ordenar o pleno desenvolvimento das funções sociais da cidade e da propriedade urbana (Lei nº 10.257/01, art. 2º, *caput*). Um dos instrumentos da política urbana é o estudo prévio de impacto ambiental (EPIA) (Lei nº 10.257/01, art.4º, VI), que é obrigatório para a construção dos novos empreendimentos: I – com área superior a 50 (cinquenta) hectares, vedada a fragmentação do projeto para ocultar ou camuflar seu porte; II – com área de até 50 (cinquenta) hectares, se potencialmente causadores de significativa degradação do meio ambiente; ou III – localizados em região com adensamento de empreendimentos de carcinicultura ou salinas cujo impacto afete áreas comuns (Lei nº 12.651/12, art.11-A, § 3º). Como se trata de construção de condomínios, em região arborizada, está caracterizado a potencial significativa degradação do meio ambiente (se a área for de até 50 hectares). No entanto, convém destacar que não havia delimitação da área, tampouco o risco ao meio ambiente descrito na assertiva, portanto haveria a possibilidade dupla interpretação ou mesmo margem de dúvida, o que a nosso ver levaria à anulação da questão, mas o CESPE manteve a assertiva como válida.

Alternativa "a". Errada. O planejamento do desenvolvimento das cidades é uma das diretrizes gerais da política urbana (Estatuto da Cidade, art. 2º, IV).

Alternativa "b". Errada. A justa distribuição dos benefícios e ônus decorrentes do processo de urbaniza-

---

13 MACHADO, Paulo Affonso Leme. **Direito ambiental brasileiro**. 12. ed. São Paulo: Malheiros, 2004, p. 367.

ção é uma das diretrizes gerais da política urbana (Estatuto da Cidade, art. 2º, IX).

Alternativa "c". Errada. O CESPE classificou como direito coletivo, pois os titulares são determináveis por classe (usuários de água e esgoto do bairro atingido). Mas como o ele entre eles pode ser caracterizado como posterior, é possível confundir com violação ao direito difuso à ordem urbanística. Portanto, a nosso ver, ante a possibilidade de duas interpretações, a assertiva deveria ser anulada.

Alternativa "d". Errada. A regularização fundiária e a urbanização de áreas ocupadas por população de baixa renda mediante o estabelecimento de normas especiais de urbanização, uso e ocupação do solo e edificação, consideradas a situação socioeconômica da população e as normas ambientais é uma das diretrizes gerais da política urbana (Estatuto da Cidade, art. 2º, XIV).

---

55. (Cespe – Defensor Público – SE/ 2012) A respeito da aquisição, por usucapião especial, de imóveis rurais, assinale a opção correta.

a) A ação de usucapião especial submete-se ao procedimento ordinário.

b) A usucapião especial abrange as terras devolutas, em geral, e pode ser reconhecida administrativamente, com a expedição de título definitivo de domínio para a correspondente transcrição no registro de imóveis.

c) O benefício da assistência judiciária gratuita, concedido pelo magistrado, não se estende ao registro de imóveis.

d) A usucapião especial não pode ser invocada como matéria de defesa.

e) Na ação de usucapião especial, é vedada a concessão de liminar em favor do autor.

COMENTÁRIOS

✪ **Nota do autor:** o CESPE anulou esta questão, justificando que há jurisprudência em sentido contrário ao da afirmação feita na opção considerada como verídica (letra "b").

Alternativa correta: ANULADA.

Alternativa "a". Errada. Adotar-se-á, na ação de usucapião especial rural, o procedimento sumaríssimo, assegurada a preferência à sua instrução e julgamento (Lei nº 6.969/81, Art. 5º)

Alternativa "b". Errada. A usucapião especial rural abrange as terras particulares e as terras devolutas, em geral, sem prejuízo de outros direitos conferidos ao posseiro, pelo Estatuto da Terra ou pelas leis que dispõem sobre processo discriminatório de terras devolutas (Lei 6.969/81, Art. 2º). No caso de terras devolutas, em geral, a usucapião especial rural poderá ser reconhecida administrativamente, com a consequente expedição do título definitivo de domínio, para transcrição no Registro de Imóveis (Lei 6.969/81, Art.4º, § 2º). No entanto, há quem entenda que por serem as terras devolutas bens da União (CF/88, art. 20, II), e considerando imóveis públicos, são insuscetíveis de aquisição por usucapião, nos termos do art. 183, § 3º, da CF/88 e Súmula nº 340, do STF. Acertada a decisão do CESPE em anular a questão.

Alternativa "c". Errada. O autor da ação de usucapião especial terá, se o pedir, o benefício da assistência judiciária gratuita, inclusive para o Registro de Imóveis (Lei 6.969/81, Art. 6º).

Alternativa "d". Errada. A usucapião especial poderá ser invocada como matéria de defesa, valendo a sentença que a reconhecer como título para transcrição no Registro de Imóveis (Lei 6.969/81, Art. 7º).

Alternativa "e". Errada. Adotar-se-á, na ação de usucapião especial, o procedimento sumaríssimo, assegurada a preferência à sua instrução e julgamento (Lei 6.969/81, Art. 5º). O autor, expondo o fundamento do pedido e individualizando o imóvel, com dispensa da juntada da respectiva planta, poderá requerer, na petição inicial, designação de audiência preliminar, a fim de justificar a posse, e, se comprovada esta, será nela mantido, liminarmente, até a decisão final da causa (Lei 6.969/81, Art. 5º, § 1º).

---

56. (Cespe – Juiz de Direito Substituto – AC/ 2012) De acordo com o Estatuto das Cidades, as diretrizes da política urbana incluem

a) a garantia do direito a cidades sustentáveis e a cooperação entre os governos, iniciativa privada e demais setores da sociedade no processo de urbanização, em atendimento do interesse social.

b) a garantia de acessibilidade aos equipamentos urbanos e a gestão democrática por meio da atividade parlamentar.

c) a cooperação entre o governo, a iniciativa privada e as organizações não governamentais no atendimento do interesse social e a gestão integrada do sistema de gerenciamento de trânsito nos municípios com população igual ou superior a quinhentos mil habitantes.

d) a gestão descentralizada dos recursos hídricos e o planejamento integrado do sistema de esgotamento sanitário.

e) a cooperação intermunicipal no processo de elaboração do zoneamento industrial e o plano de manejo de parques, praças e áreas verdes dos espaços urbanos.

COMENTÁRIOS

✪ **Nota do autor:** o Estatuto da Cidade é uma importante conquista da sociedade, com vistas ao desenvolvimento urbano, estabelecendo as diretrizes gerais e outros aspectos pertinentes da Política Urbana.

Alternativa correta: letra "a" (responde as demais alternativas). A política urbana tem por objetivo ordenar o pleno desenvolvimento das funções sociais da cidade e da propriedade urbana, mediante as seguintes diretrizes gerais: garantia do direito a cidades sustentáveis, entendido como o direito à terra urbana, à moradia, ao saneamento ambiental, à infraestrutura urbana, ao transporte e aos serviços públicos, ao trabalho e ao lazer, para as presentes e futuras gerações; gestão democrática por meio da participação da população e de associações representativas dos vários segmentos da comunidade na formulação, execução e acompanhamento de planos, programas e projetos de desenvolvimento urbano; cooperação entre os governos, a iniciativa privada e os demais setores da sociedade no processo de urbanização, em atendimento ao interesse social; planejamento do desenvolvimento das cidades, da distribuição espacial da população e das atividades econômicas do Município e do território sob sua área de influência, de modo a evitar e corrigir as distorções do crescimento urbano e seus efeitos negativos sobre o meio ambiente; oferta de equipamentos urbanos e comunitários, transporte e serviços públicos adequados aos interesses e necessidades da população e às características locais; ordenação e controle do uso do solo. (Lei 10.257/01, Art. 2º, I, II, III, IV, V e VI).

57. (Cespe - Juiz de Direito Substituto - AC/ 2012) O Estatuto da Cidade prevê como institutos jurídicos e políticos da política urbana

a) a contribuição de melhoria e o tombamento de imóveis.

b) a preempção e o plano de desenvolvimento econômico e social.

c) a desapropriação e a instituição de unidades de conservação.

d) o direito de superfície e a gestão orçamentária participativa.

e) o IPTU e a concessão do direito real de uso.

COMENTÁRIOS

✪ **Nota do autor:** os instrumentos da política urbana que demandam dispêndio de recursos por parte do Poder Público municipal devem ser objeto de controle social, garantida a participação de comunidades, movimentos e entidades da sociedade civil. Assim, é ilegal o plano diretor não for formulado com a participação de comunidades, movimentos e entidades da sociedade civil.

Alternativa correta: letra "c". A desapropriação e a instituição de unidades de conservação são institutos jurídicos e políticos da política urbana (Estatuto da Cidade, art.4º, V, "a" e "e").

Alternativa "a". Errada. A contribuição de melhoria é instituto tributário financeiro e não jurídico e político. O tombamento é (Lei 10.257/01, Art. 4º, V, "d").

Alternativa "b". Errada. Preempção está correto (Estatuto da Cidade, Art. 4º, V, "m"). No entanto, o plano de desenvolvimento econômico e social é instituto do planejamento municipal (Lei 10.257/01, Art. 4º, III, "h").

Alternativa "d". Errada. O direito de superfície está correto, mas a gestão orçamentária é instrumento de planejamento municipal (Lei 10.257/01, art. 4, e incisos).

Alternativa "e". Errada. O IPTU é instituto tributário e financeiro (Lei 10.257/01, art. 4º, IV, "a"), mas a concessão de direito real de uso é instituto jurídicos e políticos (Lei 10.257/01, art. 4º, V, "g").

8. TUTELA DA PESSOA COM DEFICIÊNCIA

58. (Cespe - Defensor Público - TO/2013) Acerca do direito das pessoas com deficiência, conforme a Lei nº 7.853/1989, assinale a opção correta.

a) Recusar, retardar ou dificultar internação ou deixar de prestar assistência médico-hospitalar e ambulatorial, quando possível, a pessoa portadora de deficiência constitui crime punível com pena de reclusão e multa.

b) Recusar, retardar ou omitir dados técnicos indispensáveis à propositura da ação civil constitui crime punível com pena de prisão simples.

c) Obstar, sem justa causa, o acesso de alguém a qualquer cargo público, por motivos derivados de sua deficiência, constitui crime punível com pena de detenção.

d) Recusar, suspender, procrastinar, cancelar ou fazer cessar, sem justa causa, a inscrição de aluno em estabelecimento de ensino de qualquer natureza, por motivos derivados da deficiência que porte, consiste em infração administrativa punível com multa.

e) Negar a alguém, sem justa causa, emprego ou trabalho, por motivos derivados de sua deficiência, constitui infração penal punível apenas com pena de multa.

COMENTÁRIOS

✪ **Nota do autor:** o STJ (AgRg no RMS 27231-ES; AgRg no AREsp 103855-DF; AgRg no REsp 1165962-BA; AgRg no REsp 1365794-RS; EDcl no AREsp 196093-RS e EREsp 1117974-RS), acompanhando o entendimento do STF (AI-AGR 840597 e RE-AGR 602254), mudou anterior posicionamento para pacificar sua jurisprudência no sentido de que o candidato, cuja nomeação tardia decorreu por força de decisão judicial, não tem direito à indenização pelo tempo que aguardou a solução definitiva pelo Judiciário, uma vez que esse retardamento não configura preterição ou ato ilegítimo da administração pública a justificar contrapartida indenizatória.

Alternativa correta: letra "a" (responde as demais alternativas). Constitui crime punível com reclusão de 2 (dois) a 5 (cinco) anos e multa: I – recusar, cobrar valores adicionais, suspender, procrastinar, cancelar ou fazer cessar inscrição de aluno em estabelecimento de ensino de qualquer curso ou grau, público ou privado, em razão de sua deficiência; II – obstar inscrição em concurso público ou acesso de alguém a qualquer cargo ou emprego público, em razão de sua deficiência; III – negar ou obstar emprego, trabalho ou promoção à pessoa em razão de sua deficiência; IV – recusar, retardar ou dificultar internação ou deixar de prestar assistência médico-hospitalar e ambulatorial à pessoa com deficiência; V – deixar de cumprir, retardar ou frustrar execução de ordem judicial expedida na ação civil pública de defesa dos direitos da pessoa com deficiência; VI – recusar, retardar ou omitir dados técnicos indispensáveis à propositura da ação civil pública de defesa dos direitos da pessoa com deficiência, quando requisitados. (Lei nº 7.853/89, art. 8º, I, II, III, IV, V e VI).

59. (Cespe – Defensor Público – TO/2013) Com base no disposto na Lei nº 10.048/2000 e no Decreto nº 5.296/2004, bem como no dispositivo constitucional sobre o direito das pessoas com deficiência, assinale a opção correta.

a) O tratamento diferenciado previsto no Decreto nº 5.296/2004 inclui, entre outros, pessoal capacitado para prestar atendimento às pessoas com deficiência visual, mental e múltipla, bem como às pessoas idosas.

b) Nos serviços de emergência dos estabelecimentos públicos e privados de atendimento à saúde, a prioridade deve sempre ser dada a pessoas com deficiência.

c) É constitucionalmente prevista a criação de programas de prevenção e atendimento especializado para os portadores de deficiência física, sensorial ou mental, bem como a integração social exclusiva do adolescente portador de deficiência, mediante o treinamento para o trabalho.

d) As empresas de ônibus estão obrigadas a reservar assentos às pessoas portadoras de deficiência, devendo o proprietário da empresa que descumprir a determinação legal responder criminalmente pela omissão.

e) Os logradouros e sanitários públicos e particulares, assim como os edifícios públicos e particulares, devem obedecer a normas de construção, para efeito de licenciamento da respectiva edificação, específicas para o atendimento das necessidades das pessoas portadoras de deficiência.

COMENTÁRIOS

✪ **Nota do autor:** a Corte Especial do STJ, no julgamento do MS 18.966/DF, em voto-vencedor de relatoria do Ministro Humberto Martins, decidiu que a surdez unilateral não possibilita a seu portador concorrer a vaga de concurso públicos nas destinadas aos portadores de deficiência(MS 18.966/DF, Rel. Ministro Castro Meira, Rel. p/ Acórdão Ministro Humberto Martins, Corte Especial, DJe 20.3.2014).

Alternativa correta: letra "a". O tratamento diferenciado inclui, dentre outros: assentos de uso preferencial sinalizados, espaços e instalações acessíveis; mobiliário de recepção e atendimento obrigatoriamente adaptado à altura e à condição física de pessoas em cadeira de rodas, conforme estabelecido nas normas técnicas de acessibilidade da ABNT; serviços de atendimento para pessoas com deficiência auditiva, prestado por intérpretes ou pessoas capacitadas em Língua Brasileira de Sinais – LIBRAS e no trato com aquelas que não se comuniquem em LIBRAS, e para pessoas surdocegas, prestado por guias-intérpretes ou pessoas capacitadas neste tipo de atendimento; pessoal capacitado para prestar atendimento às pessoas com deficiência visual, mental e múltipla, bem como às pessoas idosas; disponibilidade de área especial para embarque e desembarque de pessoa portadora de deficiência ou com mobilidade reduzida; sinalização ambiental para orientação das pessoas referidas no art. 5º; divulgação, em lugar visível, do direito de atendimento prioritário das pessoas portadoras de deficiência ou com mobilidade reduzida; admissão de entrada e permanência de cão-guia ou cão-guia de acompanhamento junto de pessoa portadora de deficiência ou de treinador nos órgãos da administração pública direta, indireta e fundacional, nas empresas prestadoras de serviços públicos e nas instituições financeiras, bem como nas demais edificações de uso público e naquelas de uso coletivo, mediante apresentação da carteira de vacina atualizada do animal; e a existência de local de atendimento específico para as pessoas portadoras de deficiência ou com mobilidade reduzida. (Decreto 5.296/04, Art. 6º, § 1º, e incisos).

Alternativa "b". Errada. Nos serviços de emergência dos estabelecimentos públicos e privados de atendimento à saúde, a prioridade conferida pelo Decreto 5.296/04 fica condicionada à avaliação médica em face da gravidade dos casos a atender. (Decreto 5.296/04, Art. 6º, § 2º).

Alternativa "c". Errada. O Estado promoverá programas de assistência integral à saúde da criança, do adolescente e do jovem, admitida a participação de entidades não governamentais, mediante políticas específicas e obedecendo ao preceito de criação de programas de prevenção e atendimento especializado para as pessoas portadoras de deficiência física, sensorial ou mental, bem como de integração social do adolescente e do jovem portador de deficiência, mediante o treinamento para o trabalho e a convivência, e a facilitação do acesso aos bens e serviços coletivos, com a eliminação de obstáculos arquitetônicos e de todas as formas de discriminação (CF/88, Art. 227, § 1º, II).

Alternativa "d". Errada. As empresas públicas de transporte e as concessionárias de transporte coletivo reservarão assentos, devidamente identificados, aos idosos, gestantes, lactantes, pessoas portadoras de deficiência e pessoas acompanhadas por crianças de colo (Lei 10.048/00, Art. 3º), sob pena de pagarem multa de R$ 500, 00 (quinhentos reais) a R$ 2.500, 00 (dois mil e quinhentos reais), , por veículo. Portanto, não há previsão de sanção criminal por desrespeito à reserva de assento para o dono da concessionária.

Alternativa "e". Errada. Os logradouros e sanitários PÚBLICOS, bem como os edifícios de uso PÚBLICO, terão normas de construção, para efeito de licenciamento da respectiva edificação, baixadas pela autoridade competente, destinadas a facilitar o acesso e uso desses locais pelas pessoas portadoras de deficiência. (Lei 10.048/00, Art. 4º).

---

60. (Cespe – Defensor Público – TO/2013) Ainda com relação ao direito das pessoas com deficiência, assinale a opção correta de acordo com o Decreto nº 5.296/2004.

a) Nos estacionamentos externos ou internos das edificações de uso público ou de uso coletivo, ou nos localizados nas vias públicas, serão reservados, pelo menos, 4% do total de vagas para veículos que transportem pessoa portadora de deficiência física ou visual, sendo assegurada, no mínimo, uma vaga, em locais próximos à entrada principal ou ao elevador, de fácil acesso à circulação de pedestres, com especificações técnicas de desenho e traçado conforme o estabelecido nas normas técnicas de acessibilidade.

b) Para atender ao disposto na referida norma, o Poder Executivo determinou taxativamente a isenção de tributos para a importação de equipamentos que, destinados à adequação do sistema de transporte coletivo às necessidades dos portadores de deficiência, não sejam produzidos no país.

c) Consoante a referida norma, classifica-se como deficiência mental o funcionamento intelectual significativamente inferior à média, manifestado antes dos dezoito anos e com limitações associadas a duas ou mais áreas de habilidades adaptativas.

d) Considera-se deficiência auditiva, para os fins do referido decreto, a perda unilateral ou bilateral, parcial ou total, de quarenta decibéis ou mais, aferida por audiograma nas frequências de 500 Hz, 1.000 Hz e 2.000 Hz.

e) Para os fins do referido decreto, as fontes públicas não são consideradas mobiliário urbano, conceituado como o conjunto de objetos existentes nas vias e espaços públicos, superpostos ou adicionados aos elementos da urbanização ou da edificação, de forma que sua modificação ou traslado não altere substancialmente tais elementos.

COMENTÁRIOS

✪ **Nota do autor:** os órgãos da administração pública direta, indireta e fundacional, as empresas prestadoras de serviços públicos e as instituições financeiras deverão dispensar atendimento prioritário às pessoas portadoras de deficiência ou com mobilidade reduzida.

Alternativa correta: letra "c". Considera-se, para os efeitos do Decreto nº 5.296/2004, pessoa portadora de deficiência, além daquelas previstas na Lei nº 10.690, de 16 de junho de 2003, a que possui limitação ou incapacidade para o desempenho de atividade e se enquadra na categoria DEFICIÊNCIA MENTAL (funcionamento intelectual significativamente inferior à média, com manifestação ANTES DOS DEZOITO ANOS e limitações associadas a DUAS OU MAIS ÁREAS DE HABILIDADES ADAPTATIVAS, tais como: comunicação; cuidado pessoal; habilidades sociais; utilização dos recursos da comunidade; saúde e segurança; habilidades acadêmicas; lazer; e trabalho) (Decreto 5.296/04, Art. 5º, § 1º, I, alínea "d").

Alternativa "a". Errada. Nos estacionamentos externos ou internos das edificações de uso público ou de uso coletivo, ou naqueles localizados nas vias públicas, serão reservados, pelo menos, DOIS POR CENTO do total de vagas para veículos que transportem pessoa portadora de deficiência física ou visual definidas neste Decreto, sendo assegurada, no mínimo, uma vaga, em locais próximos à entrada principal ou ao elevador, de fácil acesso à circulação de pedestres, com especificações técnicas de desenho e traçado conforme o estabelecido nas normas técnicas de acessibilidade da ABNT(- Decreto 5.296/04, Art. 25).

Alternativa "b". Errada. Caberá ao Poder Executivo, com base em estudos e pesquisas, VERIFICAR a viabilidade de REDUÇÃO ou ISENÇÃO de tributo para importação de equipamentos que não sejam produzidos no País, necessários no processo de adequação do sistema de transporte c coletivo, desde que não existam similares nacionais; e para fabricação ou aquisição de veículos ou equipamentos destinados aos sistemas de transporte coletivo (Decreto 5.296/04, Art. 45, I e II). Na elaboração dos estudos e pesquisas a que se referem o caput, deve-se observar o disposto no art. 14 da Lei Complementar no 101, de 4 de maio de 2000, sinalizando impacto orçamentário e financeiro da medida estudada (Decreto 5.296/04, Art. 45, parágrafo único).

Alternativa "d". Errada. Considera-se, para os efeitos do Decreto nº 5.296/2004, pessoa portadora de deficiência, além daquelas previstas na Lei no 10.690, de 16 de junho de 2003, a que possui limitação ou incapacidade para o desempenho de atividade e se enquadra na categoria DEFICIÊNCIA AUDITIVA (perda BILATERAL, parcial ou total, de quarenta e um decibéis (dB) ou mais, aferida por audiograma nas frequências de 500Hz, 1.000Hz, 2.000Hz e 3.000Hz) (Decreto 5.296/04, Art. 5º, § 1º, I, alínea "b").

Alternativa "e". Errada. Para os fins de acessibilidade, considera-se MOBILIÁRIO URBANO, o conjunto de objetos existentes nas vias e espaços públicos, superpostos ou adicionados aos elementos da urbanização ou da edificação, de forma que sua modificação ou traslado não provoque alterações substanciais nestes elementos, tais como semáforos, postes de sinalização e similares, telefones e cabines telefônicas, FONTES PÚBLICAS, lixeiras, toldos, marquises, quiosques e quaisquer outros de natureza análoga (Decreto 5.296/04, Art. 8º, IV).

---

61. (Cespe - Defensor Público - RR/2013) No que concerne à defesa das pessoas portadoras de deficiência, assinale a opção correta.

a) O candidato que não se declarar portador de necessidades especiais no ato da inscrição, mesmo após a divulgação do resultado final, será obrigatoriamente incluído na lista especial, em virtude de debilidade residual permanente oriunda de fato ocorrido antes da publicação do edital do certame.

b) O MP não possui legitimidade ativa para ajuizar ACP para a defesa do interesse individual de pessoa portadora de deficiência que necessite de prótese auditiva.

c) A reserva de percentual de vagas, em concursos públicos, para pessoas portadoras de deficiência física, nos termos da CF, afasta a exigência de aprovação em etapa do concurso público em que se avalia a capacitação física do candidato, mesmo que seja indispensável para o desempenho do cargo.

d) Devem ser reservadas, no mínimo, 5% das vagas ofertadas em concurso público aos portadores de necessidades especiais e, caso a aplicação do referido percentual resulte em número fracionado, este deverá ser elevado até o primeiro número inteiro subsequente, desde que respeitado o limite máximo de 20% das vagas ofertadas.

e) Os portadores de visão monocular e de surdez unilateral não têm direito de concorrer, em concurso público, às vagas reservadas aos deficientes, visto que a legislação exige, para o exercício desse direito, deficiência total de membro, órgão ou sistema do corpo humano.

COMENTÁRIOS

✪ **Nota do autor:** ao CONADE (Conselho Nacional dos Direitos da Pessoa Portadora de Deficiência), criado no âmbito do Ministério da Justiça como órgão superior de deliberação colegiada, compete zelar pela efetivação do sistema descentralizado e participativo de defesa dos direitos da pessoa portadora de deficiência.

Alternativa correta: letra "d". Fica assegurado à pessoa portadora de deficiência o direito de se inscrever em concurso público, em igualdade de condições com os demais candidatos, para provimento de cargo cujas atribuições sejam compatíveis com a deficiência de que é portador (Decreto 3.298/99, art. 37). O candidato portador de deficiência, em razão da necessária igualdade de condições, concorrerá a todas as vagas, sendo reservado no mínimo o percentual de cinco por cento em face da classificação obtida (Decreto 3.298/99, art. 37, § 1º). Caso a aplicação do percentual de que trata o parágrafo anterior resulte em número fracionado, este deverá ser elevado até o primeiro número inteiro subsequente (Decreto 3.298/99, art. 37, § 2º), desde que observado o limite de 20% do total das vagas oferecidas no concurso (Lei 8.112/90, art. 5º, § 2º).

Alternativa "a". Errada. O candidato que não se declara portador de necessidades especiais no ato da inscrição não pode, após a divulgação do resultado final do certame, ser incluído na lista especial em virtude de debilidade residual permanente, supervenientemente atestada em laudo técnico, oriundo de acidente ocorrido mais de doze anos antes (EDcl no RMS 29625 / DFO).

Alternativa "b". Errada. O Ministério Público possui legitimidade para defesa dos direitos individuais indisponíveis, mesmo quando a ação vise à tutela de pessoa individualmente considerada (Resp 931513 da 1 seção do STJ13).

Alternativa "c". Errada. A reserva de vagas para deficientes físicos nos concursos públicos, na forma do art. 37, inciso VIII, da Constituição Federal, é norma de eficácia contida, mas, havendo regulamentação dessa hipótese na legislação infraconstitucional, a Administração Pública não pode se furtar à garantia desse direito. Embora a Carta Magna determine a reserva de vagas para portadores de deficiências físicas, essas deverão ser compatíveis com as atribuições do cargo pretendido e, portanto, esses candidatos não estão dispensados de participar e obter aprovação em todas as fases do certame, inclusive na de avaliação física, caso prevista no edital (RMS 28.062/PR, Rel. Ministra LAURITA VAZ, QUINTA TURMA, julgado em 20/09/2011, DJe 04/10/2011).

Alternativa "e". Errada. O portador de visão monocular tem direito de concorrer, em concurso público, às vagas reservadas aos deficientes (Súmula 377, STJ).

---

62. (Cespe - Defensor Público - DF/ 2013 - adaptado) Julgue o item que segue, relativo aos direitos das pessoas com necessidades especiais.

De acordo com a jurisprudência do STJ, não se reconhece à surdez meramente unilateral o caráter de necessidade especial, razão pela qual o seu portador deverá disputar as vagas de ampla concorrência em concurso público, e não as destinadas aos portadores de deficiência física.

COMENTÁRIOS

✪ **Nota do autor:** é considerada pessoa portadora de deficiência a que possui deficiência auditiva, ou seja, que possui perda bilateral, parcial ou total, de quarenta e um decibéis (dB) ou mais, aferida por audiograma nas frequências de 500HZ, 1.000HZ, 2.000Hz e 3.000Hz.

Errado. Questão desatualizada. Para o STJ, candidato em concurso público com surdez unilateral NÃO tem direito a participar do certame na qualidade de deficiente auditivo. A surdez unilateral NÃO é considerada como deficiência auditiva segundo o Decreto 3.298/99 (STJ. Corte Especial. MS 18.966-DF, Rel. Min. Castro Meira, Rel. para acórdão Min. Humberto Martins, julgado em 2/10/2013).

63. (Cespe – Defensor Público – ES/ 2012) No que se refere ao direito das pessoas portadoras de deficiência, julgue os próximos itens.

63.1. O atendimento prioritário refere-se ao tratamento diferenciado às pessoas portadoras de deficiência, incluindo-se o serviço prestado por guia-intérprete às pessoas surdo-cegas.

COMENTÁRIOS

✪ **Nota do autor:** o atendimento prioritário no âmbito da administração pública federal direta e indireta, bem como das empresas prestadoras de serviços públicos, obedecerá às disposições do Decreto 5.296/04, além do que estabelece o Decreto nº 3.507/00.

Certo. O tratamento diferenciado inclui, dentre outros, os serviços de atendimento para pessoas com deficiência auditiva, prestado por intérpretes ou pessoas capacitadas em Língua Brasileira de Sinais – LIBRAS e no trato com aquelas que não se comuniquem em LIBRAS, e para pessoas surdo cegas, prestado por guias-intérpretes ou pessoas capacitadas neste tipo de atendimento (Decreto 5.296/04 art. 6º, § 1º, III).

63.2. O aconselhamento genético inclui-se entre os direitos básicos assegurados pelo poder público às pessoas portadoras de deficiência.

COMENTÁRIOS

✪ **Nota do autor:** ao Poder Público e seus órgãos cabe assegurar às pessoas portadoras de deficiência o pleno exercício de seus direitos básicos, inclusive dos direitos à educação, à saúde, ao trabalho, ao lazer, à previdência social, ao amparo à infância e à maternidade, e de outros que, decorrentes da Constituição e das leis, propiciem seu bem-estar pessoal, social e econômico.

Certo. Na área da saúde, a promoção de ações preventivas, como as referentes ao planejamento familiar, ao aconselhamento genético, ao acompanhamento da gravidez, do parto e do puerpério, à nutrição da mulher e da criança, à identificação e ao controle da gestante e do feto de alto risco, à imunização, às doenças do metabolismo e seu diagnóstico e ao encaminhamento precoce de outras doenças causadoras de deficiência (Lei 7.853/89, art. 2º, II, "a").

63.3. Ao promover arquivamento de inquérito civil que verse sobre interesses relacionados às pessoas portadoras de deficiências, o MP deverá remeter, para reexame, os autos ou as respectivas peças ao Conselho Superior do Ministério Público.

COMENTÁRIOS

✪ **Nota do autor:** a atividade investigatória do Ministério Público rege-se pelos princípios gerais da atividade administrativa, pelos direitos e garantias individuais e pelos princípios especiais que regulam o Ministério Público.

Certo. Esgotadas as diligências, caso se convença o órgão do Ministério Público da inexistência de elementos para a propositura de ação civil, promoverá fundamentadamente o arquivamento do inquérito civil, ou das peças informativas. Neste caso, deverá remeter a reexame os autos ou as respectivas peças, em 3 (três) dias, ao Conselho Superior do Ministério Público, que os examinará, deliberando a respeito, conforme dispuser seu Regimento (Lei 7.853/89, art. 6º, § 1º).

63.4. Nos termos da legislação pertinente, a paralisia cerebral e a ostomia são consideradas deficiências mentais.

COMENTÁRIOS

✪ **Nota do autor:** as deformidades estéticas e as que não produzam dificuldades para o desempenho de funções NÃO são consideradas deficiências físicas.

Errado. Paralisia cerebral e a ostomia são consideradas DEFICIÊNCIAS FÍSICAS (Decreto 3.298/99, Art.4º, I). Agora, a lei considerada pessoa portadora de deficiência a que possui deficiência mental, ou seja, possui funcionamento intelectual significativamente inferior à média, com manifestação antes dos dezoito anos e limitações associadas a duas ou mais áreas de habilidades adaptativas, tais como: a) comunicação; b) cuidado pessoal; c) habilidades sociais; d) utilização dos recursos da comunidade; e) saúde e segurança; f) habilidades acadêmicas; g) lazer; e h) trabalho(Decreto 3.298/99, Art. 4º, IV).

63.5. De acordo com determinação legal, a DP, de forma concorrente com os conselhos estaduais dos direitos da pessoa portadora de deficiência, tem legitimidade para acompanhar e sugerir medidas para o cumprimento das normas gerais e critérios básicos para a promoção da acessibilidade das pessoas portadoras de deficiência.

COMENTÁRIOS

✪ **Nota do autor:** acessibilidade é a condição para utilização, com segurança e autonomia, total ou assistida, dos espaços, mobiliários e equipamentos urbanos, das edificações, dos serviços de transporte e dos dispositivos, sistemas e meios de comunicação e informação, por pessoa portadora de deficiência ou com mobilidade reduzida.

Errado. O Conselho Nacional dos Direitos da Pessoa Portadora de Deficiência, os Conselhos Estaduais, Municipais e do Distrito Federal, e as organizações representativas de pessoas portadoras de deficiência terão legitimidade para acompanhar e sugerir medidas para o cumprimento dos requisitos estabelecidos neste Decreto (Decreto 5.296/04, Art. 4º).

---

64. (Cespe – Promotor de Justiça – PI/2012) No que se refere à defesa das pessoas portadoras de deficiência, à proteção ao patrimônio cultural e à ordem urbanística, assinale a opção correta.

a) O conceito de ordem urbanística, reconhecida como direito coletivo em sentido amplo, abrange o direito à terra urbana, a moradia e a saneamento ambiental, mas não a transporte e prestação de serviços públicos.

b) Não podem ser objetos de ação judicial de natureza coletiva a reparação do dano nem a determinação do cumprimento da lei em caso de violação ao direito do portador de deficiência de ter assento preferencial em qualquer meio de transporte coletivo.

c) O direito urbanístico é difuso, ainda que se trate de dano que atinja apenas alguns bairros.

d) Segundo a jurisprudência, é obrigatória a intervenção do MP como custos legis na ação judicial que tenha por objeto a defesa do interesse de deficiente físico cuja nomeação em concurso público tenha sido negada.

e) Como o valor cultural do bem é anterior ao seu tombamento, é cabível a proposição de ACP para responsabilizar o particular pela conservação do patrimônio, independentemente de qualquer ato do poder público que estabeleça a necessidade de sua proteção.

COMENTÁRIOS

✪ **Nota do autor:** sem prejuízo da ação de indenização do prejudicado, o Ministério Público, de ofício ou por solicitação da Comissão de Valores Mobiliários – CVM, adotará as medidas judiciais necessárias para evitar prejuízos ou obter ressarcimento de danos causados aos titulares de valores mobiliários e aos investidores do mercado.

Alternativa correta: letra "d". Segundo entendimento do STJ, a intervenção do Ministério Público fundamentada na qualidade de parte dotada de capacidade civil deve envolver direitos indisponíveis ou de tamanha relevância social que evidenciem a existência de interesse público no feito (art. 82, III, CPC). Nas causas que tratam da negativa de nomeação de portador de deficiência física com fundamento na ausência de capacitação física indispensável ao desempenho das funções inerentes ao cargo pretendido, que envolvem exame de ofensa a direito individual indisponível de deficiente físico a ingressar no serviço público, é obrigatória a intervenção do Parquet.

Alternativa "a". Errada. A política urbana tem por objetivo ordenar o pleno desenvolvimento das funções sociais da cidade e da propriedade urbana, mediante as seguintes diretrizes gerais, a garantia do direito a cidades sustentáveis, entendido como o direito à terra urbana, à moradia, ao saneamento ambiental, à infraestrutura urbana, ao transporte e aos serviços públicos, ao trabalho e ao lazer, para as presentes e futuras gerações (Lei nº 10.257/01, art. 2º, I).

Alternativa "b". Errada. As ações coletivas caracterizam-se pela circunstância de o autor pleitear em juízo não em defesa de um direito próprio, mas em busca de uma tutela que beneficie toda uma comunidade ou grandes grupos, titulares do direito material invocado. A Lei 7.347/85 limitou-se a disciplinar processualmente a ação civil pública, genericamente aplicável às causas sobre responsabilidade por danos morais e patrimoniais causados ao meio ambiente, ao consumidor, a bens e direitos de valor artístico, estético, histórico, turístico e paisagístico, conforme artigo 1º. No plano material, atualmente há abundante legislação, como por exemplo, para a defesa das pessoas portadoras de deficiência (Lei 7.853/89); para apurar a responsabilidade por danos causados aos investidores no mercado de valores mobiliários (Lei 7.913/89); para a proteção da Criança e do Adolescente – ECA (Lei 8.069/90); e, para a defesa dos consumidores, com o Código de Defesa do Consumidor (Lei 8.078/90), esta a mais importante sobre as matérias tratáveis nas ações coletivas, que, além de definir materialmente os direitos coletivos ou difusos nascidos das relações de consumo, incluiu entre os casos de ação coletiva os "direitos individuais homogêneos" (artigo 81, parágrafo único, III).

Alternativa "c". Errada. Segundo a doutrina, dentro da categoria dos interesses transindividuais, os relativos a ordem urbanística pode qualificar-se quer como difusos, quer como coletivos. Serão difusos quando tiverem maior generalidade e abrangência no que toca aos componentes do grupo; além disso, não haverá qualquer relação jurídica entre eles, sendo meramente circunstancial o agrupamento. É o caso, por exemplo, de ação para impedir construção que provoque gravame urbanístico para todo o bairro. Podem, no entanto, configurar-se como coletivos: nesse caso, os indivíduos serão determináveis em tese e entre eles próprios, ou relativamente a terceiros haverá uma relação jurídica base. É a hipótese de ação que vise a tutela de interesses urbanísticos de um condomínio, ameaçados por algum tipo de ofensa oriunda de ações do setor público ou privado"[14].

---

14 CARVALHO Filho. José dos Santos. **Comentários ao Estatuto da Cidade**. Rio de Janeiro. Lumen Juris, 2006.

Alternativa "e". Errada. Com o tombamento o bem cultural recebe atributo para que seja garantida a continuidade da memória. O valor inestimável de alguns bens os levam a ser tombados como patrimônio histórico, e devem, por isso, ser distinguidos por sua inscrição no chamado Livro do Tombo, uma publicação onde se registram os bens que foram declarados com valor excepcional. O Livro de Tombo deve conter informações sobre o bem, como um pequeno histórico, assim como sua descrição e propriedade. O tombamento é regido e efetivado no Brasil por meio do Decreto nº 25, de 30 de Novembro de 1937. Na Lei é tratado o procedimento que deve ser tomado diante da abertura do processo de tombamento, além dos efeitos do tombamento.

65. (Cespe – Procurador do Município – Prefeitura Vitória-ES/2007) Acerca da lei de apoio às pessoas portadoras de deficiência, julgue o item abaixo.

Apenas o Ministério Público é parte legítima para ajuizar ações civis públicas destinadas à proteção de interesses coletivos ou difusos das pessoas portadoras de deficiência.

COMENTÁRIOS

✪ **Nota do autor:** "a legitimidade ativa para a propositura da ação civil pública no Brasil é concorrente e disjuntiva"[15]. Concorrente pela pluralidade de legitimados, e disjuntiva por causa da independência para agir entre eles, por não necessidade de ação conjunta ou mesmo concordância de quaisquer deles.

Errado. Por restringir a legitimidade ativa a apenas o Ministério Público. Assim, as ações civis públicas destinadas à proteção de interesses coletivos ou difusos das pessoas portadoras de deficiência poderão ser propostas pelo Ministério Público, pela União, Estados, Municípios e Distrito Federal; por associação constituída há mais de 1 (um) ano, nos termos da lei civil, autarquia, empresa pública, fundação ou sociedade de economia mista que inclua, entre suas finalidades institucionais, a proteção das pessoas portadoras de deficiência (Lei n ° 7.853/89, art. 3 °).

9. PROTEÇÃO DO MEIO AMBIENTE

66. (Cespe – Promotor de Justiça – PI/2012) Acerca da proteção ao meio ambiente, assinale a opção correta.

a) O pagamento, pelo poluidor, de indenização destinada a reparar dano ambiental condiciona-se à comprovação de dolo ou culpa em sentido estrito.

b) Não é admitida a intervenção do MPF em demanda na qual se discuta a nulidade de auto de infração ambiental, já que a questão se limita ao interesse patrimonial no crédito gerado.

c) É obrigatória a intervenção do MP nas ações de desapropriação de qualquer espécie.

d) É de competência da justiça federal o julgamento da ACP ajuizada pelo MPF, ainda que o objeto da ação seja dano ambiental.

e) Em matéria de meio ambiente, vigora o princípio da precaução, segundo o qual todo aquele que poluir tem o dever de reparar o dano causado.

COMENTÁRIOS

✪ **Nota do autor:** o Estatuto da Cidade é uma importante conquista da sociedade, com vistas ao desenvolvimento urbano, estabelecendo as diretrizes gerais e outros aspectos pertinentes da Política Urbana.

Alternativa correta: letra "d". Conforme entendimento do STJ, a presença do Ministério Público Federal, órgão da União, na relação jurídica processual como autor da ação civil pública, faz competente a Justiça Federal para o processo e julgamento da ação (competência "*ratione personae*") consoante o art. 109, inciso I, da CF/88.

Alternativa "a". Errada. Sem obstar a aplicação das penalidades previstas neste artigo, é o poluidor obrigado, independentemente da existência de culpa, a indenizar ou reparar os danos causados ao meio ambiente e a terceiros, afetados por sua atividade. O Ministério Público da União e dos Estados terá legitimidade para propor ação de responsabilidade civil e criminal, por danos causados ao meio ambiente. (Lei 6.938/1981, art. 14, § 1º).

Alternativa "b". Errada. É função institucional do Ministério Público da União a defesa do meio ambiente (Lei Complementar nº 75/93, art. 5º, inc. III, alínea "d").

Alternativa "c". Errada. Conforme entendimento do STJ, em regra, a ação de desapropriação direta ou indireta não pressupõe automática intervenção do Parquet, exceto quando envolver, frontal ou reflexamente, proteção ao meio ambiente, interesse urbanístico ou improbidade administrativa.

Alternativa "e". Errada. Conforme a doutrina, o princípio da precaução é um princípio moral e político que determina que se uma ação pode originar um dano irreversível público ou ambiental, na ausência de consenso científico irrefutável, o ónus da prova encontra-se do lado de quem pretende praticar o ato ou ação que pode causar o dolo. Em termos ambientais, surgiu na Convenção sobre Diversidade Biológica. A sua aplicação na área do ambiente prende-se sobretudo em precaver possíveis efeitos nefastos e irrecuperáveis, causados por ações que embora possam não estar cientifica e empiricamente provados que originem implicitamente esses danos, por precaução, não havendo comprovação de impactes negativos, a ação não deve ter lugar. O princípio que a alternativa fala a respeito é o princípio do POLUIDOR-PAGADOR.

15 GAJARDONI, Fernando da Fonseca. **Direitos difusos e coletivos II:** (ações coletivas em espécie: ação civil pública, ação popular e mandado de segurança coletivo). São Paulo: Saraiva, 2012, p.33. (coleção saberes do direito; 35).

67. (Cespe – Procurador do Município – Prefeitura Vitória-ES/2007) Julgue os itens a seguir, no que concerne ao direito urbanístico e às normas atinentes ao patrimônio histórico e cultural.

67.1. Considerando que, desde 1999, Lícia more ininterruptamente com sua família em imóvel urbano de 200 metros quadrados, sem qualquer oposição do poder público, é lícito que ela adquira por usucapião o referido imóvel, desde que não seja proprietária de outro imóvel urbano ou rural.

COMENTÁRIOS

✪ **Nota do autor:** no atual Código Civil, os prazos da prescrição aquisitiva da propriedade foram reduzidos, compatibilizando a função social da propriedade com a tutela dos direitos ambientais e o direito fundamental à moradia, apesar de trazer conceitos vagos que demandam do juiz uma atividade judicante à luz das necessidades e interesses coletivos.

Certo. Aquele que possuir, como sua, área urbana de até duzentos e cinquenta metros quadrados, por cinco anos ininterruptamente e sem oposição, utilizando-a para sua moradia ou de sua família, adquirir-lhe-á o domínio, desde que não seja proprietário de outro imóvel urbano ou rural (CC/02, art. 1240).

67.2. As obras de arte de origem estrangeira pertencentes à representação consular do Uruguai acreditada no Brasil estão excluídas do patrimônio histórico e artístico nacional.

COMENTÁRIOS

✪ **Nota do autor:** excluem-se do **patrimônio histórico e artístico nacional** as obras de origem estrangeira: 1) que pertençam às representações diplomáticas ou consulares acreditadas no país; 2) que adornem quaisquer veículos pertencentes a empresas estrangeiras, que façam carreira no país; 3) que se incluam entre os bens referidos no art. 10 da Introdução do Código Civil, e que continuam sujeitas à lei pessoal do proprietário; 4) que pertençam a casas de comércio de objetos históricos ou artísticos; 5) que sejam trazidas para exposições comemorativas, educativas ou comerciais; 6) que sejam importadas por empresas estrangeiras expressamente para adorno dos respectivos estabelecimentos (Decreto-lei n º 25, de 30 de novembro de 1937, art. 3º).

Certo. Como se tratam de obras de origem estrangeira pertencentes à representação consular acreditadas no Brasil, elas NÃO SE INCLUEM no patrimônio histórico e artístico nacional, por expressa exclusão legal, como vimos na Nota dos autores.

68. (Cespe – Procurador do Município – Prefeitura Vitória-ES/2007) Em cada um dos itens seguintes, é apresentada uma situação hipotética, seguida de uma assertiva a ser julgada, acerca dos crimes contra o meio ambiente.

68.1. Anísio, analfabeto, foi preso em flagrante delito por pescar em período proibido para tal prática. Nessa situação, a pena para esse crime, que é detenção de um a três anos ou multa, poderá ser atenuada em razão do baixo grau de instrução de Anísio.

COMENTÁRIOS

✪ **Nota do autor:** a Lei n º 9.605/98 dispõe sobre as sanções penais e administrativas derivadas de condutas e atividades lesivas ao meio ambiente.

Certo. Houve tipicidade da conduta (art. 34). Ademais, convém destacarmos as seguintes circunstâncias que atenuam a pena em caso de condenação por prática de crime contra o meio ambiente: I – baixo grau de instrução ou escolaridade do agente; II – arrependimento do infrator, manifestado pela espontânea reparação do dano, ou limitação significativa da degradação ambiental causada; III – comunicação prévia pelo agente do perigo iminente de degradação ambiental; IV – colaboração com os agentes encarregados da vigilância e do controle ambiental (art. 14, da Lei n º 9.605/98).

68.2. Visando intensificar sua atividade de venda de madeira, a pessoa jurídica Nobre Comércio de Madeiras Ltda. danificou parte remanescente da mata atlântica, pela derrubada de árvores. Nessa situação, a sanção penal e administrativa imposta à Nobre Comércio de Madeiras Ltda. exclui o dever de reparar os danos causados.

COMENTÁRIOS

✪ **Nota do autor:** o art. 225, § 3 º, da Constituição Federal deixa claro que em se tratando de meio ambiente, "a responsabilização é cumulativa, ou seja, um fato que gerou degradação ambiental pode configurar infração penal e/ou administrativa (se houver previsão legal nesse sentido) e demandará reparação em espécie e/ou indenização"[16].

Errado. Pelo princípio do poluidor-pagador, as condutas e atividades consideradas lesivas ao meio ambiente sujeitarão os infratores, pessoas físicas ou jurídicas, a sanções penais E administrativas, independentemente da obrigação de reparar os danos causados (CF/88, art. 225, § 3 º).

10. ESTATUTO DA TERRA

69. (Cespe – Defensor Público – SE/ 2012) Com fundamento nas disposições constantes no Estatuto da Terra, assinale a opção correta.

a) Dada a competência da União para desapropriar imóveis para fins de reforma agrária, é indelegável a sua atribuição de proceder ao cadastramento, às vistorias e às avaliações de propriedades rurais, tanto para os estados quanto para os municípios.

16 MARQUES, José Roberto. **Lições preliminares de direito ambiental.** São Paulo: Verbatim, 2010, p.64-65.

b) A União pode desapropriar, por interesse social, bens de domínio dos estados, independentemente de autorização legislativa.

c) De acordo com a legislação pertinente, se, após sentença definitiva, determinado bem objeto de desapropriação for incorporado ao patrimônio público e o particular expropriado não se conformar com o ato, a questão se resolverá em perdas e danos, já que o particular não pode ajuizar ação de reivindicação, ainda que com fundamento em nulidade do processo de desapropriação.

d) No desempenho de sua missão de incentivar o desenvolvimento rural, o poder público não pode utilizar-se da tributação progressiva da terra.

e) De acordo com a legislação de regência, o imóvel rural pode destinar-se, ou não, à exploração agrícola, pecuária ou agroindustrial, bastando, para ser enquadrado no conceito legal, que sirva para garantir a subsistência de seu proprietário e de sua família.

COMENTÁRIOS

✪ **Nota do autor:** o Estatuto da Terra (Lei nº 4.504/64) regula os direitos e obrigações concernentes aos bens imóveis rurais, para os fins de execução da Reforma Agrária e promoção da Política Agrícola.

Alternativa correta: letra "c". Os bens expropriados, uma vez incorporados à Fazenda Pública, não podem ser objeto de reivindicação, ainda que fundada em nulidade do processo de desapropriação. Qualquer ação, julgada procedente, resolver-se-á em perdas e danos. (Dec.-Lei 3.365/41, Art. 35).

Alternativa "a". Errada. A União, mediante convênio, poderá delegar aos Estados, ao Distrito Federal e aos Municípios o cadastramento, as vistorias e avaliações de propriedades rurais situadas no seu território, bem como outras atribuições relativas à execução do Programa Nacional de Reforma Agrária, observados os parâmetros e critérios estabelecidos nas leis e nos atos normativos federais. (Lei 4.504/64, Art. 6º, § 2º).

Alternativa "b". Errada. A União poderá desapropriar, por interesse social, bens do domínio dos Estados, Municípios, Distrito Federal e Territórios, precedido o ato, em qualquer caso, de autorização legislativa. (Lei 4.504/64, Art. 22, parágrafo único).

Alternativa "d". Errada. Para incentivar a política de desenvolvimento rural, o Poder Público se utilizará da tributação progressiva da terra, do Imposto de Renda, da colonização pública e particular, da assistência e proteção à economia rural e ao cooperativismo e, finalmente, da regulamentação do uso e posse temporários da terra. (Lei 4.504/64, Art. 47).

Alternativa "e". Errada. Para os efeitos desta Lei, definem-se "Imóvel Rural", o prédio rústico, de área contínua qualquer que seja a sua localização que se destina à exploração extrativa agrícola, pecuária ou agroindustrial, quer através de planos públicos de valorização, quer através de iniciativa privada (Lei 4.504/64, Art. 4º, I).

70. (Cespe - Promotor de Justiça - PI/2012) Com base no que dispõe o Estatuto da Terra, assinale a opção correta.

a) O poder público pode explorar imóvel rural de sua propriedade para qualquer finalidade lícita.

b) A lei assegura às populações indígenas a posse e a propriedade das terras por elas ocupadas.

c) O imóvel rural é definido como o prédio rústico, de área contínua ou não, cuja finalidade seja a exploração extrativa agrícola, pecuária ou agroindustrial.

d) É vedado à União delegar aos estados, ao DF e aos municípios atribuições relativas à execução do Programa Nacional de Reforma Agrária, matéria inserida no âmbito de sua atuação exclusiva.

e) Os bens desapropriados por sentença definitiva, incorporados ao patrimônio público, não podem ser objeto de reivindicação fundada em nulidade do processo de desapropriação.

COMENTÁRIOS

✪ **Nota do autor:** Reforma Agrária é o conjunto de medidas que visem a promover melhor distribuição da terra, mediante modificações no regime de sua posse e uso, a fim de atender aos princípios de justiça social e ao aumento de produtividade.

Alternativa correta: letra "e". Os bens desapropriados por sentença definitiva, uma vez incorporados ao patrimônio público, não podem ser objeto de reivindicação, ainda que fundada em nulidade do processo de desapropriação. Qualquer ação julgada procedente, resolver-se-á em perdas e danos. (Lei 4.504/64, art. 23).

Alternativa "a". Errada. O Poder Público poderá explorar direta ou indiretamente, qualquer imóvel rural de sua propriedade, unicamente para fins de pesquisa, experimentação, demonstração e fomento, visando ao desenvolvimento da agricultura, a programas de colonização ou fins educativos de assistência técnica e de readaptação. (Lei 4.504/64, art. 10).

Alternativa "b". Errada. É assegurado às populações indígenas o direito à posse das terras que ocupam ou que lhes sejam atribuídas de acordo com a legislação especial que disciplina o regime tutelar a que estão sujeitas. (Lei 4.504/64, art. 2º, § 4º).

Alternativa "c". Errada. Para os efeitos do Estatuto da Terra, define-se "Imóvel Rural", o prédio rústico, de área contínua qualquer que seja a sua localização que se destina à exploração extrativa agrícola, pecuária ou agroindustrial, quer através de planos públicos de valorização, quer através de iniciativa privada (Lei 4.504/64, art. 4º, I).

Alternativa "d". Errada. A União, mediante convênio, poderá delegar aos Estados, ao Distrito Federal e aos Municípios o cadastramento, as vistorias e avaliações de propriedades rurais situadas no seu território, bem como outras atribuições relativas à execução do Programa Nacional de Reforma Agrária, observados os parâmetros e critérios estabelecidos nas leis e nos atos normativos federais. (Lei 4.504/64, art. 6º, § 2º).

Direitos Difusos e Coletivos

Daílson Soares Rezende

✦ DICAS (RESUMO)

1 DIREITO PROCESSUAL COLETIVO

A regulamentação da Ação Popular, pela Lei nº 4.717/65, e sua posterior alteração pela Lei 6.513/77, que considerou como patrimônio público "os bens e direitos de valor econômico, artístico, estético, histórico e turístico", proporcionou a tutela de interesses difusos por meio de uma ação, abandonando-se o modelo derivado da tradição do processo civil individualista existente.[1]

Vinte anos depois, foi sancionada a Lei nº 7.347/1985, conhecida como a Lei da Ação Civil Pública, que, além de disciplinar um novo procedimento, inaugurou um novo subsistema de processo, direcionado para a tutela dos direitos transindividuais, particularizados por não se encontrarem sob o domínio jurídico de uma pessoa, mas de uma coletividade.[2]

Posteriormente, com a Constituição Federal de 1988, foi registrada, de forma expressa, a tutela de diversos direitos com natureza transindividual, como o meio ambiente (art. 225), a proteção do consumidor (art. 5º, XXXII), a preservação da probidade administrativa (art. 37, § 4º), bem como a proteção à infância e juventude. O Texto Constitucional também conferiu legitimação ao Ministério Público para a tutela de qualquer espécie de direitos e interesses difusos e coletivos (art. 129, III).

Além disso, a Constituição Federal conferiu legitimação aos partidos políticos, com representação no Congresso Nacional, às organizações sindicais, às entidades de classe e às associações para impetrar mandado de segurança coletivo, em defesa dos interesses de seus membros ou associados (art. 5º, LXX, "b").

Pouco depois, foram aprovados o Estatuto da Criança e do Adolescente (Lei nº 8.069/1990) e o Código de Defesa do Consumidor (Lei nº 8.078/1990).

O Estatuto da Criança e do Adolescente, nos artigos 208-224, reporta-se à "proteção judicial dos interesses individuais, difusos e coletivos", tratando da tutela jurisdicional coletiva dos interesses daquelas pessoas, paralela à tutela socioindividual e à tutela socioeducativa, conforme constatado por Paulo Afonso Garrido de Paula.[3]

No mesmo ano, também foi aprovado o Código de Defesa do Consumidor, responsável pela definição dos interesses difusos, coletivos e individuais homogêneos (art. 82).

A partir desse conjunto normativo, reconhece-se a existência de um "subsistema específico, rico e sofisticado, aparelhado para atender aos conflitos coletivos, característicos da sociedade moderna"[4], denominado de Direito Processual Coletivo, dividido, na concepção de Gregório Assagra de Almeida, em *especial* e *comum*.[5]

Para o aludido autor, o direito processual coletivo especial engloba as demandas no controle da (in) constitucionalidade das leis e atos públicos, compreendendo o contraste por via de ação (ADIn, ADCon, inconstitucionalidade por omissão, descumprimento de preceito fundamental), previstas na Constituição Federal e reguladas pelas Leis 9.868 e 9.882, de 1999.[6]

---

1. ZAVASCKI, Teori Albino. *Processo Coletivo – Tutela de Direitos Coletivos e Tutela Coletiva de Direitos*. 3 ed. São Paulo: Revista dos Tribunais, 2008, p. 34.
2. ZAVASCKI, Teori Albino. Op. cit., p. 35.
3. PAULA, Paulo Afonso Garrido de. *Direito da Criança e do Adolescente e Tutela Jurisdicional Diferenciada*. São Paulo: Revista dos Tribunais, 2002, p. 91.
4. ZAVASCKI, Teori Albino. Op. cit., p. 36.
5. MANCUSO, Rodolfo de Camargo. *Jurisdição Coletiva e Coisa Julgada. Teoria Geral das Ações coletivas*. 2 ed. São Paulo: Revista dos Tribunais, 2007, p. 72-73.
6. MANCUSO, Rodolfo de Camargo. Op. cit., p. 73.

Identificou o autor, ainda, o direito processual coletivo comum, decorrente de três dispositivos constitucionais:

a) Art. 1º, que consagrou o Estado Democrático de Direito, que deve ser responsável pela transformação da realidade social com justiça, o que demanda a existência de instrumento potencializado de tutela dos direitos massificados;

b) Art. 5º, XXXV, pelo qual o Judiciário é tutelador de direitos individuais e de direitos coletivos, sem qualquer restrição;

c) Art. 129, III, que consagrou o princípio da não-taxatividade da ação coletiva. [7]

Assim, o processo coletivo comum engloba a ação civil pública, a ação popular, o mandado de injunção, o mandado de segurança coletivo, o dissídio coletivo, a impugnação de mandato eletivo e a ação direta interventiva.

Esse direito processual coletivo é regido por princípios próprios de um novo sub-ramo da processualística[8].

O Novo Código de Processo Civil (Lei nº 13.105/15), com vigência em 18 de março de 2016, não disciplinou o processo civil coletivo, mas apenas fez algumas remissões normativas: i - quando se deparar com diversas demandas individuais repetiti-vas, incumbe ao juiz oficiar o Ministério Público, a Defensoria Pública e, na medida do possível, outros legitimados a que se referem o art. 5º da Lei nº 7.347, de 24 de julho de 1985, e o art. 82 da Lei nº 8.078, de 11 de setembro de 1990, para, se for o caso, promover a propositura da ação coletiva respectiva (inciso X do art. 139); ii - O Ministério Público será intimado para, no prazo de 30 (trinta) dias, intervir como fiscal da ordem jurídica nas hipóteses previstas em lei ou na Constituição Federal e nos processos que envolvam: a) interesse público ou social; b) litígios coletivos pela posse de terra rural ou urbana (art. 178); iii - A Defensoria Pública exercerá a orientação jurídica, a promoção dos direitos humanos e a defesa dos direitos individuais e coletivos dos necessitados, em todos os graus, de forma integral e gratuita (art. 185); iv - No litígio coletivo pela posse de imóvel, quando o esbulho ou a turbação afirmado na petição inicial houver ocorrido há mais de ano e dia, o juiz, antes de apreciar o pedido de concessão da medida liminar, deverá designar audiência de mediação, a realizar-se em até 30 (trinta) dias, ocasião em que o Ministério Público será intimado para comparecer à audiência, e a Defensoria Pública será intimada sempre que houver parte beneficiária de gratuidade da justiça e os órgãos responsáveis pela política agrária e pela política urbana da União, de Estado ou do Distrito Federal e de Município onde se situe a área objeto do litígio poderão ser intimados para a audiência, a fim de se manifestarem sobre seu interesse no processo e sobre a existência de possibilidade de solução para o conflito possessório; v – O incidente de resolução de demandas repetitivas admitido suspenderá os processos pendentes, individuais ou coletivos, que tramitam no Estado ou na região, conforme o caso (inciso I do art. 982); vi – A tese jurídica fixada no incidente de resolução de demandas repetitivas julgado será aplicada a todos os processos individuais ou coletivos que versem sobre idêntica questão de direito e que tramitem na área de jurisdição do respectivo tribunal, inclusive àqueles que tramitem nos juizados especiais do respectivo Estado ou região (inciso I do art. 985).

2 CLASSIFICAÇÃO DOS INTERESSES METAINDIVIDUAIS

Os interesses transindividuais foram **sistematizados** no Código de Defesa do Consumidor em interesses DIFUSOS, COLETIVOS E INDIVIDUAIS HOMOGÊNEOS, cada qual com suas características de acordo com o seguinte quadro[9]:

Interesses	Grupo	Objeto	Origem
Difusos	Indeterminável	Indivisível	Situação de fato
Coletivos	Determinável	Indivisível	Relação jurídica
Individuais Homogêneos	Determinável	Divisível	Origem Comum

7. Idem, ibidem, p. 73.

8. Idem, ibidem, p.72-73.

9. Indispensável quadro apresentado por Hugo Nigro Mazzilli, *in* A Defesa dos Interesses Difusos. 23a.ed. São Paulo: Saraiva, p. 58.

- **Interesses difusos**: interesses "transindividuais, de natureza indivisível, de que sejam titulares pessoas indeterminadas e ligadas por circunstâncias de fato" (art. 81, parágrafo único, I, CDC).
- **Interesses coletivos**: "interesses transindividuais indivisíveis de um grupo determinado ou determinável de pessoas, reunidas por uma relação jurídica básica comum" (art. 81, parágrafo único, II, CDC).
- **Interesses individuais homogêneos:** "de grupo, categoria ou classe de pessoas determinadas ou determináveis, que compartilhem prejuízos divisíveis, de origem comum, normalmente oriundos das mesmas circunstâncias de fato" (art. 81, parágrafo único, III, CDC).

Note-se que os interesses individuais homogêneos não são propriamente interesses coletivos, mas recebem a tutela coletiva, de modo que é possível identificar:

Interesses Essencialmente Coletivos	• Interesses Difusos. • Interesses Coletivos.
Interesses Acidentalmente Coletivos	• Interesses Individuais homogêneos

Os interesses individuais homogêneos, apesar de serem individuais, fazem jus à tutela coletiva, ou seja, ao processo civil coletivo.

3 AÇÃO CIVIL PÚBLICA

3.1 CONCEITO

De acordo com Teori Albino Zavascki, "ação civil pública é a denominação atribuída pela Lei 7.347, de 1985, ao procedimento especial, por ela instituído, destinado a promover a tutela de direitos e interesses transindividuais".[10] Essa denominação, segundo ele, não encontra respaldo na natureza da pretensão de direito material deduzida na ação, mas, como ocorre com o mandado de segurança coletivo, ação popular e ações penais, guarda pertinência para com a legitimação ativa.[11]

Sobre o papel da ação civil pública na sociedade, Marcelo Abelha Rodrigues enfatiza que essa ação tem índole constitucional, e representa um dos mais legítimos instrumentos processuais do ordenamento jurídico brasileiro, destinados à efetivação da justiça social. Mais do que um conjunto de técnicas processuais, a Lei 7.347/85 consagra o resgate e esperança de uma justiça mais digna, mais próxima possível dos anseios da população brasileira.[12]

De fato, como asseverado, a ação civil pública somente poderá ser utilizada para a tutela de interesses metaindividuais, quer seja essencialmente ou acidentalmente coletivos.

Porém, como se verá adiante, os Tribunais vêm reconhecendo a possibilidade do manejo da ação civil pública também para a defesa de interesse individual, desde que indisponível, tendo em vista o seu relevante valor social.

A ação civil pública não é a única admitida para a tutela dos interesses de crianças e adolescentes. Aliás, o Estatuto a considera como uma espécie do gênero ação civil, permitindo-se especialmente o ajuizamento de ações mandamentais.[13]

---

10. ZAVASCKI, Teori Albino. *Processo Coletivo – Tutela de Direitos Coletivos e Tutela Coletiva de Direitos*. 3 Ed. São Paulo: Revista dos Tribunais, 2008, p. 63.
11 Idem, ibidem, p. 64-65.
12. DIDIER JUNIOR, FREDIE (org). RODRIGUES, Marcelo Abelha. *Ações Constitucionais*. Salvador: Juspodivm, 2006, p. 265.
13. PAULA, Paulo Afonso Garrido de. Op. cit., p. 49.

3.2 A LEGITIMAÇÃO PARA AGIR

3.2.1CORRENTES DOUTRINÁRIAS SOBRE A LEGITIMAÇÃO

É de conhecimento de todos que lidam com a tutela coletiva que a busca de um legitimado para a defesa de interesses do grupo em juízo é um ponto polêmico, dentre outros.[14]

Com a finalidade de justificar a legitimação para agir nas ações coletivas, a doutrina elaborou três correntes principais: a legitimação extraordinária por substituição processual, a legitimação ordinária das "formações sociais" e a legitimação autônoma para condução do processo.[15]

De acordo com a tese da substituição processual, o autor da ação civil pública defende, em seu nome, interesse de outrem. A propósito, defende Hugo Nigro Mazzilli que "a legitimação extraordinária [por meio da substituição processual] ou especial dá-se em proveito da *efetividade* da defesa do interesse violado" [com observação nossa].[16] Nesse mesmo sentido, Ada Pelegrini Grinover.[17]

Após analisar as correntes doutrinárias existentes, Luiz Manoel Gomes Júnior sustenta que na legitimação processual coletiva que é, justamente, a possibilidade de almejar a proteção dos direitos coletivos lato sensu (difusos, coletivos e individuais homogêneos), ainda que haja coincidência entre os interesses próprios de quem atua com os daqueles que serão, em tese, beneficiados com a decisão a ser prolatada.[18] E arremata: "Haverá, assim, no caso dos entes legitimados para atuar no pólo ativo das Ações Coletivas, *sempre*, uma *legitimação processual coletiva*".[19]

3.2.2 ENTES LEGITIMADOS

A legitimação ativa para a propositura da ação civil pública advém da integração da Lei da Ação Civil Pública e do Código de Defesa do Consumidor.

Nesse sentido, tem legitimidade para tanto:

a) o Ministério Público;

b) A Defensoria Pública;

c) A União, os Estados, o Distrito Federal e os Municípios;

d) a autarquia, empresa pública, fundação ou sociedade de economia mista;

e) a associação que, concomitantemente, esteja constituída há pelo menos um ano nos termos da lei civil e inclua, entre suas finalidades, a proteção ao meio ambiente, ao consumidor, à ordem ecológica, à livre concorrência ou ao patrimônio artístico, estético, histórico, turístico e paisagístico; e,

f) entidades e órgãos da administração pública direta ou indireta, ainda que sem personalidade jurídica, especificamente destinados à defesa dos interesses e direitos protegidos pelo CDC.

Trata-se de legitimação concorrente e disjuntiva, uma vez que "cada um dos colegitimados pode ajuizar essas ações, quer litisconsorciando-se com outros, quer fazendo-o isoladamente. É concorrente, porque todos os colegitimados do art. 5º da LACP ou do art. 82 do CDC podem agir em defesa de interesses transindividuais; é disjuntiva porque não precisam comparecer em litisconsórcio".[20]

3.2.3 COISA JULGADA

Nas ações coletivas a sentença fará coisa julgada:

I. *erga omnes*, exceto se o pedido for julgado improcedente por insuficiência de provas, hipótese em que qualquer legitimado poderá intentar outra ação, com idêntico fundamento, valendo-se de nova prova, na hipótese de direitos difusos.

---

14. DIDIER JUNIOR, Fredie. Op. cit., p. 207.
15. Idem, ibidem, p. 208.
16. MAZZILLI, Hugo Nigro. Op. cit., p. 60.
17. GRINOVER, Ada Pelegrini. BENJAMIM, Antônioherman de Vasconcellos. FINK, Daniel Roberto (e outros). Código Brasileiro de Defesa do Consumidor. 8 ed. Rio de Janeiro: Forense, 2005, p. 869.
18. GOMES JUNIOR, Luiz Manoel. *Curso de Direito Processual Coletivo*. 2 ed. São Paulo: SRS, 2008, p. 85.
19. Idem, ibidem, p. 85.
20. Mazzili, p. 343.

II. *ultra partes*, mas limitadamente ao grupo, categoria ou classe, salvo improcedência por insuficiência de provas, nos termos do inciso anterior, quando se tratar dos direitos coletivos em sentido estrito.

III. *erga omnes*, apenas no caso de procedência do pedido, para beneficiar todas as vítimas e seus sucessos, na hipótese de direitos individuais homogêneos.

3.2.4 INQUÉRITO CIVIL

Por meio do inquérito civil, o Ministério Público promoverá a colheita de informações que, mais tarde, poderão dar ensejo ao ajuizamento de ação civil pública. Também neste expediente de cunho administrativo, poderá o MP tomar o compromisso de ajustamento de conduta e expedir recomendações.

Para que isso seja possível, o MP poderá requisitar documentos, informações, exames e perícias entre outras diligências.

Natureza jurídica do inquérito: procedimento investigatório não contraditório.

Possui três fases principais: a) instauração, por meio de portaria; b) instrução; e, c) conclusão.

Procedimento preparatório: em conformidade com o disposto nos §§ 4º a 6º, do art. 2º, da Resol. 23/2007, do CNMP, é facultado ao Ministério Público instaurar procedimento preparatório. Ao final desse procedimento, poderá o MP ajuizar a ação civil pública, instaurar inquérito civil ou arquivar o expediente.

O Ministério Público promove o arquivamento do inquérito civil, se entender não ser o caso de ajuizamento da ação civil pública ou tomada de qualquer outra providência. A promoção será decidida pelo Conselho Superior do Ministério Público a que o promotor de justiça estiver vinculado.

4 AÇÃO DE IMPROBIDADE ADMINISTRATIVA

Como ressalta Maria Sylvia Zanella di Pietro, não constitui tarefa fácil estabelecer a distinção entre moralidade e probidade administrativa, pois são expressões que encerram o mesmo significado e que se relacionam com a ideia de honestidade na Administração Pública.[21]

No entanto, de acordo ainda com Di Pietro, essa relação de sentidos deixa de existir quando se considera a probidade como ato ilícito, pois possui sentido mais amplo e preciso, a abranger não só atos desonestos ou imorais, mas também os ilegais.[22]

Ou, como indicado por Marcello Caetano, a "probidade administrativa consiste no dever de 'o funcionário servir a Administração com honestidade, procedendo no exercício das suas funções, sem aproveitar os poderes ou facilidades delas decorrentes em proveito pessoal ou de outrem a quem queira favorecer".[23]

Foi o atual Texto Constitucional que fez previsão, pela primeira vez, da expressão "improbidade administrativa" (artigos 15, V, e 37, § 4º), embora não a tenha definido. A regulamentação da norma constitucional ocorreu com a Lei nº 8.429/1992, conhecida como a Lei de Improbidade Administrativa, responsável por situar os atos de improbidade em três classes, fixando-lhes as respectivas penas, como adiante será visto.[24]

Para a ocorrência do ato de improbidade administrativa, mister a presença de três elementos: sujeito ativo, sujeito passivo e a ocorrência de um dos atos previstos na lei como de improbidade.[25]

São considerados sujeitos ativos o agente público e o terceiro que induza ou concorra para a prática do ato de improbidade, ou dele se beneficie sob qualquer forma direta ou indireta.[26]

Qualquer pessoa que preste serviços ao Estado é considerada, pela lei, como agente público, estando englobados no conceito os agentes políticos, servidores públicos e particulares em colaboração com o Poder Público. No que se refere aos terceiros, mencionados no art. 3º, praticarão ato de improbidade desde que tenham concorrido para

---

21. DI PIETRO, Maria Sylvia Zanella. *Direito Administrativo*. São Paulo: Atlas, 2007, p. 743.
22. Idem, ibidem, p. 745.
23. SILVA, José Afonso da, p. 669, *apud* CAETANO, Marcello. *Manual de Direito Administrativo*. 1 Ed. Rio de Janeiro: Forense, 1970.
24. PAZZAGLINI FILHO, Marino. Op. cit., p. 20.
25 DI PIETRO, Maria Sylvia. Op. cit., p. 759.
26. Idem, ibidem, p. 755.

a sua prática, mesmo sem a obtenção de qualquer vantagem em seu benefício próprio. Partindo-se dessa diferenciação, a improbidade administrativa será própria (praticada por servidor público) ou imprópria (quando praticada por particular).

De outro lado, o sujeito passivo é abrangido por todas as pessoas jurídicas, públicas, políticas, os órgãos dos três Poderes, a Administração Pública direta e indireta, empresas incorporadas ao Poder Público e empresas para cuja criação o erário público concorreu com mais de cinquenta por cento do patrimônio ou da receita anual.

Também estão incluídas entidades privadas cujas atividades são incentivadas pelo Estado, com subvenções, incentivos fiscais ou creditícios, ou contribuição para criação ou custeio.

Identificados os sujeitos ativo e passivo, passa-se à análise das condutas que caracterizam, de acordo com a Lei nº 8.429/1992, os atos de improbidade administrativa.

Nesse ponto, como dito acima, identifica a lei três modalidades de improbidade:

a) atos que importem em enriquecimento ilícito (art. 9º);

b) atos que causem prejuízo ao erário (art. 10);

c) atos que atentem contra os princípios da Administração Pública (art. 11).

Nos termos do art. 9º, constituirá ato de improbidade administrativa auferir qualquer tipo de vantagem patrimonial indevida em razão do exercício de cargo, mandato, função, emprego ou atividades nas entidades mencionadas no art. 1º.

Já de acordo com o art. 10, constituirá ato de improbidade a lesão ao erário por ação ou omissão, que enseja perda patrimonial, desvio, apropriação, malbaratamento ou dilapidação dos bens ou haveres.

Por fim, constituirá ato de improbidade a ofensa aos princípios da administração pública por meio de ação ou omissão que viole os deveres de honestidade, imparcialidade, legalidade e lealdade às instituições (art. 11).

A improbidade administrativa será apurada por meio de ação civil, a ser ajuizada pelo Ministério Público ou pela pessoa jurídica de direito público lesada, que nada mais é do que uma ação civil pública, com causa de pedir específica.

5 AÇÃO POPULAR

A ação popular é espécie de ação coletiva[27] pela qual o cidadão postula a anulação de ato lesivo ao patrimônio público, à moralidade administrativa, ao meio ambiente e ao patrimônio histórico e cultural, valendo-se de extraordinária legitimação concedida para a defesa de interesses da coletividade. Desde 1934, tem fundamento nas Cartas Constitucionais, com exceção do período em que vigente o Texto de 1937.

Nesse passo, a Constituição Federal de 1988, em seu artigo 5º, LXXII, previu que "qualquer cidadão é parte legítima para propor ação popular que vise a anular ato lesivo ao patrimônio público ou de entidade de que o Estado participe, à moralidade administrativa, ao meio ambiente e ao patrimônio histórico e cultural (...)".

Identifica a doutrina classificações das ações populares, registrando Mancuso que aquelas ações podem ser: a) preventivas, com finalidade de evitar a ocorrência de um dano público; b) supletivas, que podem ser ajuizadas em razão da omissão do titular; c) subsidiárias, em que o autor auxilia os órgãos da entidade; d) corretivas, quando "o autor popular age no interesse da coletividade a que pertence (...) para pedir ressarcimento do dano que eventualmente esses administradores tenham produzido à entidade administrada".[28]

Analisando-se a classificação, identifica-se que a ação popular brasileira é corretiva, em vista de seu objeto.[29]

---

27. "(...) a mais legítima de todas as ações coletivas; isso pelo fato de que o seu legitimado ativo é o próprio cidadão titular do direito difuso lesado ou ameaçado de lesão". ALMEIDA, Gregório Assagra de. Direito *Processual Coletivo: um novo ramo do direito processual*. São Paulo: Saraiva, 2003, p. 434.

28. MAGALHÃES, Waldir Gomes. *Cadernos de Direito Constitucional e Ciência Política*, p. 288, *apud* MANCUSO, Rodolfo de Camargo. *Ação Popular*. 5 ed. São Paulo: Revista dos Tribunais, 2003, p. 69.

29. Idem, ibidem, p. 228.

Sobre o tema, discorre Gregório Assagra de Almeida que a ação popular, no Brasil, é de tipo corretiva, podendo ter caráter preventivo, quando a lesão pode ser irreparável, se consumada.[30]

Possui objeto específico, qual seja, anular ato lesivo aos seguintes bens jurídicos: (i) patrimônio público, (ii) moralidade administrativa, (iii) meio ambiente e (iv) patrimônio histórico e cultural. A lesividade constitui, assim, seu requisito indispensável.[31]

A lesividade está patente nos próprios artigos 2º e 3º, da Lei nºº 4.717/1965, em que a expressão "atos lesivos" encontra-se expressa. De outro lado, no art. 4º, a lesividade é presumida, cabendo ao demandado ilidi-la no caso concreto.

Discute-se se há necessidade de, concomitantemente à lesividade, ser também o ato ilegal. A propósito do tema, Zavascki considera que a lesão à moralidade é, em si mesma, uma ilegalidade, motivo pelo qual, com relação a ela, não haveria motivo para discussão, aliás, conforme já decidiu o Superior Tribunal de Justiça.[32] Nos demais casos, sustenta o autor que qualquer lesão somente pode ser assim considerada se ela for ilegítima.[33]

Sustenta-se também que a lesividade ao erário não constitui fundamento de admissibilidade da ação popular, pois o Texto Constitucional também protege os bens imateriais. O Supremo Tribunal Federal já teve oportunidade de se manifestar no sentido de ser dispensável a demonstração de prejuízo material aos cofres públicos, como se extrai da ementa seguinte:

> *AÇÃO POPULAR. ABERTURA DE CONTA EM NOME DE PARTICULAR PARA MOVIMENTAR RECURSOS PÚBLICOS. PATRIMÔNIO MATERIAL DO PODER PÚBLICO. MORALIDADE ADMINISTRATIVA. ART. 5º, INC. LXXIII, DA CONSTITUIÇÃO FEDERAL. O entendimento sufragado pelo acórdão recorrido no sentido de que, para o cabimento da ação popular, basta a ilegalidade do ato administrativo a invalidar, por contrariar normas específicas que regem a sua prática ou por se desviar dos princípios que norteiam a Administração Pública, dispensável a demonstração de prejuízo material aos cofres públicos, não é ofensivo ao inc. LXXIII do art. 5º da Constituição Federal, norma esta que abarca não só o patrimônio material do Poder Público, como também o patrimônio moral, o cultural e o histórico. As premissas fáticas assentadas pelo acórdão recorrido não cabem ser apreciadas nesta instância extraordinária à vista dos limites do apelo, que não admite o exame de fatos e provas e nem, tampouco, o de legislação infraconstitucional. Recurso não conhecido. (RE 170768, Relator(a): Min. ILMAR GALVÃO, Primeira Turma, julgado em 26/03/1999, DJ 13-08-1999 PP-00016 EMENT VOL-01958-03 PP-00445)*

Diferentemente, o Superior Tribunal de Justiça tem sustentado a necessidade da presença do binômio ilicitude/lesividade, conforme se extrai da seguinte ementa:

> *ADMINISTRATIVO. CONTRATO DE GESTÃO. LICITAÇÃO. DISPENSA. [...]*
>
> *4. Ausência de comprovação de prejuízo para a Administração em razão do contrato de gestão firmado. 5. A Ação Popular exige, para sua procedência, o binômio ilicitude e lesividade. 6. Recurso especial improvido. (REsp 952.899/DF, Rel. Ministro JOSÉ DELGADO, PRIMEIRA TURMA, julgado em 03/06/2008, DJe 23/06/2008).*

---

30. RAMOS, Elival da Silva. *Ação popular como instrumento de participação política*, p. 116, *apud* ALMEIDA, Gregório Assagra de. *Direito Processual Coletivo: um novo ramo do direito processual*. São Paulo: Saraiva, 2003, p. 392.

31. ZAVASCKI, Teori Albino. *Processo Coletivo – Tutela de Direitos Coletivos e Tutela Coletiva de Direitos*. 3 ed. São Paulo: Revista dos Tribunais, 2008, p. 93.

32. AÇÃO POPULAR. LICITAÇÕES. ANULAÇÃO. ADOÇÃO DE RELATÓRIO ANTERIOR. EXISTÊNCIA. ILEGALIDADE. COMPROVAÇÃO. SÚMULA 7/STJ. LESIVIDADE. MALFERIMENTO A PRINCÍPIOS ADMINISTRATIVOS. I – O acórdão proferido pelo Tribunal a quo ao manter a decisão monocrática de procedência do pedido, em autos de ação popular na qual se buscava a nulidade de procedimentos licitatórios em decorrência de irregularidades, foi expresso ao mencionar que adotava o relatório já anteriormente prolatado por desembargador sorteado, não se verificando, dessa forma, qualquer nulidade a título de afronta aos artigos 165 e 458 e 535, do Código de Processo Civil. II – A ilegalidade foi devidamente comprovada na instância ordinária, condenando-se o réu às perdas e aos danos dela decorrentes, tendo em conta a fraude perpetrada no respectivo procedimento licitatório, cujas provas não podem ser reexaminadas por esta eg. Corte de Justiça, em razão do óbice contido na Súmula 7/STJ. III – Determinadas ilegalidades de atos administrativos, por si sós, conduzem à ocorrência de lesão patrimonial aos cofres públicos, principalmente quando se está diante de malferimentos a importantes princípios administrativos, tal como o da moralidade. Precedentes: EREsp nº 14.868/RJ, Rel. Min. JOSÉ DELGADO, DJ de 18/04/2005, REsp nº 479.803/SP, Rel. Min. JOÃO OTÁVIO DE NORONHA, DJ de 22/09/2006. IV – Recurso especial improvido. (REsp 858.910/SP, Rel. Ministro FRANCISCO FALCÃO, PRIMEIRA TURMA, julgado em 28/11/2006, DJ 01/02/2007 p. 437).

33. ZAVASCHI, Teori Albino. Op. cit., 2008, p. 95.

Detêm legitimação ativa para a sua propositura o cidadão com comprovação, mediante a apresentação do título eleitoral ou documento equivalente. Trata-se de típica hipótese de legitimação extraordinária na modalidade de substituição processual.

Sustenta-se que a concepção de cidadão não encontra respaldo no Texto Constitucional, pois se encontra dentro das garantias constitucionais fundamentais (art. 5º, LXXIII, da CF). Para tanto, sustenta Gregório Assagra que a concepção de cidadão "deve ser extraída de um dos mandamentos nucleares da Constituição Federal, qual seja o *princípio da dignidade da pessoa humana*". Para o indicado autor, todos aqueles que devem ser respeitados por conta dessa dignidade possuem legitimidade para o ajuizamento dessa ação.[34]

No polo passivo haverá a formação de litisconsórcio necessário, ocupado pelas pessoas públicas ou privadas e as entidades que possuem titularidade sobre o patrimônio público; os responsáveis pelo ato lesivo, por ação ou omissão; e, as pessoas diretamente beneficiadas pelo ato lesivo.

Não há foro privilegiado para o processamento e julgamento da ação popular, que tramitará perante a Justiça Federal ou a Justiça Estadual a depender da incidência ou não de uma das hipóteses contidas no art. 109, da Constituição Federal (interesse da União etc.). Existindo Vara Fazendária, esta, em regra, será a competente.

Proferida sentença de procedência, deverá o juiz, após reconhecer a invalidade do ato impugnado, condenar os réus ao pagamento de perdas e danos, bem como das custas e demais despesas.

A sentença terá eficácia *erga omnes*, salvo se julgada improcedente por deficiência probatória, quando então qualquer outro cidadão poderá propor nova ação, desde que se utilize de nova prova. Em razão dessa regra – coisa julgada *secundum eventum litis* – protege-se o bem jurídico da má atuação do autor, seja por deficiência técnica, colusão ou má-fé.[35]

6 MANDADO DE SEGURANÇA INDIVIDUAL E COLETIVO

6.1 HIPÓTESES DE CABIMENTO DO MANDADO DE SEGURANÇA

O artigo 1°, da Lei n° 12.016/2009, tal como a Constituição Federal, determina que o mandado de segurança terá cabimento para proteger:

a) direito líquido e certo: de acordo com atual entendimento doutrinário e jurisprudencial, ter-se-á direito líquido e certo quando for possível a demonstração inequívoca de um direito em relação aos fatos indicados na inicial, não havendo possibilidade de dilação probatória.

Nesses termos, se houver necessidade de dilação probatória, deverá o magistrado extinguir o processo, sem resolução do mérito, em razão da ausência de condição específica do mandado de segurança.

b) direito não amparado por *habeas corpus* ou *habeas data*;

c) ameaça ou violação;

d) por ato ilegal ou abusivo de autoridade.

De acordo com o art. 23, da Lei n° 12.016/2009, o mandado de segurança deve ser ajuizado no prazo de cento e vinte dias, contados da ciência do interessado. Esse prazo já constava da Lei n° 1.533/1951 (art. 18), tendo o Supremo Tribunal Federal reconhecido a constitucionalidade da regra, editando o verbete n° 632, de sua Súmula.

Esse prazo, muito embora assim seja dito reiteradamente, não é decadencial. Trata-se, em verdade, de caducidade processual, uma vez que a perda do prazo não afeta o direito material, que poderá ser tutelado por meio de outra via.[36]

Na seara da defesa dos direitos da criança e do adolescente, mostra-se claro que o prazo não é decadencial.

Ora, é sabido que os prazos prescricionais e decadenciais não correm contra os absolutamente incapazes, dentre as quais, estão inseridas as pessoas de até dezesseis anos de idade, conforme preveem os artigos 198, I, c.c. 208, do Código Civil.

---

34. ALMEIDA, Gregório Assagra de. Op. cit., p. 403.
35. ZAVASCKI, Teori Albino. *Processo Coletivo. Tutela de Direitos Coletivos e Tutela Coletiva de Direitos*. 3 ed. São Paulo: Revista dos Tribunais, 2008, p 108.
36. BARROSO, Darlan. ROSSATO, Luciano Alves. *Mandado de Segurança*. São Paulo: Revista dos Tribunais, 2009, p. 25.

Nesse sentido, se o prazo para o ajuizamento do mandado de segurança fosse decadencial, com relação aos menores de dezesseis anos, ele somente seria iniciado após o adolescente completar essa idade, independentemente de quando fosse datada a ação ou omissão ilegal ou abusiva de autoridade, situação essa que não encontra amparo na finalidade do mandado de segurança.

Desse modo, como não se trata de prazo decadencial, mas de mera caducidade processual, esse prazo deve ser observado também por crianças e adolescentes, ou mesmo pelo Ministério Público, quando ajuizado o *writ* para a defesa dos interesses daqueles (art. 201, IX, do Estatuto).

Não será cabível o mandado de segurança:

a) *contra ato do qual caiba recurso administrativo com efeito suspensivo, independentemente de caução*: se o ato coator estiver suspenso por força de recurso administrativo, não há interesse de agir a fundamentar o mandado de segurança. Essa vedação aplica-se exclusivamente aos atos comissivos, e não aos atos omissivos (verbete n° 429, da Súmula do Supremo Tribunal Federal);

b) *contra ato judicial do qual caiba recurso com efeito suspensivo e contra decisão judicial com trânsito em julgado*: o mandado de segurança pode ser utilizado, excepcionalmente, como sucedâneo recursal ou como ação impugnativa. Será sucedâneo recursal quando não existir recurso específico em face de decisão judicial, ou ainda quando o recurso for inoperante. Será ação impugnativa, por sua vez, quando já houver formado a coisa julgada, sendo cabível única e exclusivamente quando se estiver diante de decisões teratológicas, não obstante seja vedada pela Súmula 268, do Supremo Tribunal Federal;

c) *contra ato de gestão comercial*: os atos de gestão comercial de administradores de empresas públicas, de sociedade de economia mista ou de concessionárias não poderão ser discutidos em via de mandado de segurança, quando relativos a atos próprios da atividade empresarial. Contudo, os atos caracterizados como da Administração Pública, como ocorre, por exemplo, com aqueles praticados no procedimento de licitação ou concurso público, serão considerados como atos de poder, estando sujeitos à correção via *mandamus*.

6.2 MANDADO DE SEGURANÇA COLETIVO

O mandado de segurança coletivo foi inserido no Texto Constitucional de 1988, muito embora já fosse admitido pela doutrina anteriormente. Trata-se de espécie do gênero mandado de segurança, "sendo idênticos os pressupostos constitucionais para a impetração de ambos". Possui regime jurídico *vinculado*.[37]

Nesse passo, o constituinte não optou por criar um novo instituto, mas apenas ampliou a legitimidade dos impetrantes.[38]

O *writ* coletivo decorre de legitimação extraordinária, por meio da qual os legitimados poderão, em nome próprio, demandar direito alheio. Em sentido diverso, Luiz Manoel Gomes Junior e Rogério Favreto asseveram que no mandado de segurança coletivo há uma *legitimação processual coletiva*, na tentativa de afastar qualquer confusão com a substituição processual prevista no Código de Processo Civil.[39]

Desde o advento da Constituição Federal, a doutrina e jurisprudência discutiam sobre quais direitos poderiam ser tutelados pelo mandado de segurança coletivo. A propósito do tema, Uadi Lammêgo Bulos já sustentava, antes da Lei n° 12.016/2009, que o *writ* é restrito à tutela dos interesses coletivos e individuais homogêneos, apesar de reconhecer a existência de orientação divergente.[40]

A celeuma, no entanto, encontrou seu fim com a aprovação da Lei n° 12.016/2009, que restringiu o manejo do *mandamus* aos direitos coletivos (em sentido estrito) e individuais homogêneos, excluindo os direitos difusos, previsão essa questionável sob o ponto de vista de sua constitucionalidade.

Detêm legitimidade para o seu ajuizamento: partidos políticos com representação no Congresso Nacional; organizações sindicais; entidades de classe; e, associação legalmente constituída e em funcionamento há mais de

---

37. BULOS, UadiLammêgo. *Curso de Direito Constitucional*. São Paulo: Saraiva, 2008, p. 590.
38. Idem, ibidem, p. 591.
39. GOMES JUNIOR, Luiz Manoel. FAVRETO, Rogério. *Comentários à Nova Lei do Mandado de Segurança. Lei n° 12.016, de 7 de agosto de 2009*. São Paulo: Revista dos Tribunais, 2009, p. 172.
40. BULOS, UadiLammêgo. Op. cit., p. 592.

um ano, os quais não necessitarão, de acordo com orientação jurisprudencial, apresentar autorização expressa dos substituídos (Súmula 629, do Supremo Tribunal Federal), ou listagem contendo a indicação destes.[41] Nesse sentido:

> *PENAL. AGRAVO REGIMENTAL NO RECURSO ORDINÁRIO EM MANDADO DE SEGURANÇA COLETIVO. AUTORIZAÇÃO EXPRESSA DOS ASSOCIADOS. DISPENSÁVEL. INCIDÊNCIA DA SÚMULA 266/STF. AGRAVO CONHECIDO E PARCIALMENTE PROVIDO.*
>
> *1. Consoante entendimento do Superior Tribunal de Justiça, em mandado de segurança coletivo, dispensa-se a autorização expressa ou a relação nominal dos associados substituídos, uma vez que as associações atuam em regime de substituição processual autônoma.*
>
> *2. "Não cabe mandado de segurança contra lei em tese" (Súmula 266/STF).*
>
> *3. Agravo regimental conhecido e parcialmente provido para afastar a obrigatoriedade de autorização expressa ou a relação nominal dos associados no caso de mandado de segurança coletivo.*
>
> *(AgRg no RMS 15.854/SP, Rel. Ministro ARNALDO ESTEVES LIMA, QUINTA TURMA, julgado em 29/09/2009, DJe 03/11/2009).*

Essa legitimidade é restrita, não podendo haver a ampliação pelo legislador.[42] Assim já decidiu o Superior Tribunal de Justiça:

> *ADMINISTRATIVO. MANDADO DE SEGURANÇA. PORTARIA 2.656/2007. LEGITIMIDADE DE PARTE. SÚMULAS 101 E 262/STF. AUSÊNCIA DE COMPROVAÇÃO DE FERIMENTO A DIREITO LÍQUIDO E CERTO.*
>
> *1. Não cabe mandado de segurança impetrado por cacique de etnia indígena contra ato normativo do Ministro da Saúde consistente na Portaria n° 2.656/2007, que estabelece diversas alterações no subsistema indígena de Saúde.*
>
> *2. O artigo 5º, LXX, da Carta da República restringe a legitimação ativa em caso de mandado de segurança em que se discute direito coletivo a partido político com representação no Congresso Nacional e a organização sindical, entidade de classe ou associação legalmente constituída há pelo menos um ano, em defesa de interesses de seus membros ou associados, não prevendo o exercício desse direito diretamente por pessoa física.*
>
> *3. "O mandado de segurança não substitui a ação popular" (Súmula 101/STF).*
>
> *4. A via eleita exige a comprovação de ofensa a direito líquido e certo, o que não ocorre na espécie.*
>
> *5. Inviável o writ contra lei em tese, consoante preconiza a Súmula 262/STF.*
>
> *6. Agravo regimental não provido.*
>
> *(AgRg no MS 13248/DF, Rel. Ministro CASTRO MEIRA, PRIMEIRA SEÇÃO, julgado em 28/05/2008, DJe 16/06/2008)*

O partido político constitui instrumento indispensável à preservação do Estado Democrático de Direito. Consubstancia-se em pessoa jurídica de direito privado, com objetivos constitucionais. Em razão dessa importância, foram contemplados como legitimados à propositura do mandado de segurança coletivo.

Sobre o tema, a Lei n° 12.016/2009 determinou que os Partidos Políticos poderão ingressar com o mandado de segurança coletivo *na defesa de seus interesses legítimos relativos a seus integrantes ou à finalidade partidária.*

Podem ser apontadas duas finalidades partidárias: a finalidade genérica, constante do art. 1°, da Lei n° 9.096/1995 ("O partido político, pessoa jurídica de direito privado, destina-se a assegurar, no interesse do regime democrático, a autenticidade do sistema representativo e a defender os direitos fundamentais definidos na Constituição Federal"), bem como finalidade específica, constante de seus programas.

---

41 PROCESSUAL CIVIL. TRIBUTÁRIO. AGRAVO REGIMENTAL NO RECURSO ESPECIAL. CONTRIBUIÇÃO AO INCRA. ALEGADA CONTRARIEDADE AO ART. 535 DO CPC. NÃO OCORRÊNCIA. MANDADO DE SEGURANÇA COLETIVO. INSTRUÇÃO DA INICIAL COM A RELAÇÃO NOMINAL DOS FILIADOS. DESNECESSIDADE. PRECEDENTES. DESPROVIMENTO DO AGRAVO REGIMENTAL. 1. Esta Corte de Justiça, seguindo o posicionamento adotado pelo Supremo Tribunal Federal, firmou entendimento no sentido de que "(...) as entidades elencadas no inciso LXX, 'b', do art. 5º da Carta Magna, atuando na defesa de direito ou de interesses jurídicos de seus representados – substituição processual, ao impetrarem mandado de segurança coletivo, não necessitam de autorização expressa deles, nem tampouco de apresentarem relação nominativa nos autos" (REsp 220.556/DF, 5ª Turma, Rel. Min. José Arnaldo da Fonseca, DJ de 5.3.2001). 2. Agravo regimental desprovido. (AgRg no REsp 1030488/PE, Rel. Ministra DENISE ARRUDA, PRIMEIRA TURMA, julgado em 03/11/2009, DJe 25/11/2009)

42. GOMES JUNIOR, Luiz Manoel. CRUZ, Luana Pedrosa de Figueiredo. FAVRETO, Rogério. E outros. *Comentários à Nova Lei do Mandado de Segurança. Lei 12.016, de 7 de agosto de 2009.* São Paulo: Revista dos Tribunais, 2009, p. 168-169.

7 TUTELA DAS PESSOAS COM DEFICIÊNCIA

7.1 DISPOSIÇÕES PRELIMINARES

Baseado na Convenção sobre os Direitos das Pessoas com Deficiência, no dia 07 de julho de 2015 foi publicado no Diário Oficial da União o Estatuto da pessoa com deficiência (Lei nº 13.146/2015). Referida norma entrará em vigor após 180 (cento e oitenta) dias de sua publicação oficial, em janeiro de 2016, e prima pelo princípio da norma mais benéfica, não revogando as regras anteriores.

➢ Considera-se **PESSOA COM DEFICIÊNCIA** aquela que tem impedimento de longo prazo de natureza física, mental, intelectual ou sensorial, o qual, em interação com uma ou mais barreiras, pode obstruir sua participação plena e efetiva na sociedade em igualdade de condições com as demais pessoas.

Compete ao Poder Público criar instrumentos para avaliação da deficiência que deve ser biopsicossocial, realizada por equipe multiprofissional e interdisciplinar e considerar:

I – os impedimentos nas funções e nas estruturas do corpo;

II – os fatores socioambientais, psicológicos e pessoais;

III – a limitação no desempenho de atividades; e

IV – a restrição de participação.

ATENÇÃO: Importantes conceitos encampados no Estatuto da pessoa com deficiência:

✓ **ACESSIBILIDADE:** possibilidade e condição de alcance para utilização, com segurança e autonomia, de espaços, mobiliários, equipamentos urbanos, edificações, transportes, informação e comunicação, inclusive seus sistemas e tecnologias, bem como de outros serviços e instalações abertos ao público, de uso público ou privados de uso coletivo, tanto na zona urbana como na rural, por pessoa com deficiência ou com mobilidade reduzida;

✓ **DESENHO UNIVERSAL**: concepção de produtos, ambientes, programas e serviços a serem usados por todas as pessoas, sem necessidade de adaptação ou de projeto específico, incluindo os recursos de tecnologia assistiva;

✓ **TECNOLOGIA ASSISTIVA OU AJUDA TÉCNICA:** produtos, equipamentos, dispositivos, recursos, metodologias, estratégias, práticas e serviços que objetivem promover a funcionalidade, relacionada à atividade e à participação da pessoa com deficiência ou com mobilidade reduzida, visando à sua autonomia, independência, qualidade de vida e inclusão social;

✓ **BARREIRAS:** qualquer entrave, obstáculo, atitude ou comportamento que limite ou impeça a participação social da pessoa, bem como o gozo, a fruição e o exercício de seus direitos à acessibilidade, à liberdade de movimento e de expressão, à comunicação, ao acesso à informação, à compreensão, à circulação com segurança, entre outros, classificadas em:

a) *barreiras urbanísticas*: as existentes nas vias e nos espaços públicos e privados abertos ao público ou de uso coletivo;

b) *barreiras arquitetônicas*: as existentes nos edifícios públicos e privados;

c) *barreiras nos transportes*: as existentes nos sistemas e meios de transportes;

d) *barreiras nas comunicações e na informação:* qualquer entrave, obstáculo, atitude ou comportamento que dificulte ou impossibilite a expressão ou o recebimento de mensagens e de informações por intermédio de sistemas de comunicação e de tecnologia da informação;

e) *barreiras atitudinais:* atitudes ou comportamentos que impeçam ou prejudiquem a participação social da pessoa com deficiência em igualdade de condições e oportunidades com as demais pessoas;

f) *barreiras tecnológicas:* as que dificultam ou impedem o acesso da pessoa com deficiência às tecnologias;

- **COMUNICAÇÃO:** forma de interação dos cidadãos que abrange, entre outras opções, as línguas, inclusive a Língua Brasileira de Sinais (Libras), a visualização de textos, o Braille, o sistema de sinalização ou de comunicação tátil, os caracteres ampliados, os dispositivos multimídia, assim como a linguagem simples, escrita e oral, os sistemas auditivos e os meios de voz digitalizados e os modos, meios e formatos aumentativos e alternativos de comunicação, incluindo as tecnologias da informação e das comunicações;

- **ADAPTAÇÕES RAZOÁVEIS:** adaptações, modificações e ajustes necessários e adequados que não acarretem ônus desproporcional e indevido, quando requeridos em cada caso, a fim de assegurar que a pessoa com deficiência possa gozar ou exercer, em igualdade de condições e oportunidades com as demais pessoas, todos os direitos e liberdades fundamentais;
- **ELEMENTO DE URBANIZAÇÃO:** quaisquer componentes de obras de urbanização, tais como os referentes a pavimentação, saneamento, encanamento para esgotos, distribuição de energia elétrica e de gás, iluminação pública, serviços de comunicação, abastecimento e distribuição de água, paisagismo e os que materializam as indicações do planejamento urbanístico;
- **MOBILIÁRIO URBANO:** conjunto de objetos existentes nas vias e nos espaços públicos, superpostos ou adicionados aos elementos de urbanização ou de edificação, de forma que sua modificação ou seu traslado não provoque alterações substanciais nesses elementos, tais como semáforos, postes de sinalização e similares, terminais e pontos de acesso coletivo às telecomunicações, fontes de água, lixeiras, toldos, marquises, bancos, quiosques e quaisquer outros de natureza análoga;
- **PESSOA COM MOBILIDADE REDUZIDA**: aquela que tenha, por qualquer motivo, dificuldade de movimentação, permanente ou temporária, gerando redução efetiva da mobilidade, da flexibilidade, da coordenação motora ou da percepção, incluindo idoso, gestante, lactante, pessoa com criança de colo e obeso;
- **RESIDÊNCIAS INCLUSIVAS**: unidades de oferta do Serviço de Acolhimento do Sistema Único de Assistência Social (Suas) localizadas em áreas residenciais da comunidade, com estruturas adequadas, que possam contar com apoio psicossocial para o atendimento das necessidades da pessoa acolhida, destinadas a jovens e adultos com deficiência, em situação de dependência, que não dispõem de condições de autossustentabilidade e com vínculos familiares fragilizados ou rompidos;
- **MORADIA PARA A VIDA INDEPENDENTE DA PESSOA COM DEFICIÊNCIA**: moradia com estruturas adequadas capazes de proporcionar serviços de apoio coletivos e individualizados que respeitem e ampliem o grau de autonomia de jovens e adultos com deficiência;
- **ATENDENTE PESSOAL**: pessoa, membro ou não da família, que, com ou sem remuneração, assiste ou presta cuidados básicos e essenciais à pessoa com deficiência no exercício de suas atividades diárias, excluídas as técnicas ou os procedimentos identificados com profissões legalmente estabelecidas;
- **PROFISSIONAL DE APOIO ESCOLAR**: pessoa que exerce atividades de alimentação, higiene e locomoção do estudante com deficiência e atua em todas as atividades escolares nas quais se fizer necessária, em todos os níveis e modalidades de ensino, em instituições públicas e privadas, excluídas as técnicas ou os procedimentos identificados com profissões legalmente estabelecidas;
- **ACOMPANHANTE**: aquele que acompanha a pessoa com deficiência, podendo ou não desempenhar as funções de atendente pessoal.

7.2 DA IGUALDADE E DA NÃO DISCRIMINAÇÃO

O Estatuto da pessoa com deficiência dedicou capítulo específico para ressaltar que toda pessoa com deficiência tem direito à igualdade de oportunidades com as demais pessoas e não sofrerá nenhuma espécie de discriminação.

DISCRIMINAÇÃO EM RAZÃO DA DEFICIÊNCIA: toda forma de distinção, restrição ou exclusão, por ação ou omissão, que tenha o propósito ou o efeito de prejudicar, impedir ou anular o reconhecimento ou o exercício dos direitos e das liberdades fundamentais de pessoa com deficiência, incluindo a recusa de adaptações razoáveis e de fornecimento de tecnologias assistivas. Por isso, A PESSOA COM DEFICIÊNCIA NÃO ESTÁ OBRIGADA À FRUIÇÃO DE BENEFÍCIOS DECORRENTES DE AÇÃO AFIRMATIVA.

PROTEÇÃO À PESSOA COM DEFICIÊNCIA: a pessoa com deficiência será protegida de toda forma de negligência, discriminação, exploração, violência, tortura, crueldade, opressão e tratamento desumano ou degradante.

- São considerados especialmente vulneráveis a criança, o adolescente, a mulher e o idoso, com deficiência.

NÃO CONFUNDIR: capacidade civil com deficiência. A deficiência não afeta a plena capacidade civil da pessoa, inclusive para:

I – casar-se e constituir união estável;

II – exercer direitos sexuais e reprodutivos;

III – exercer o direito de decidir sobre o número de filhos e de ter acesso a informações adequadas sobre reprodução e planejamento familiar;

IV – conservar sua fertilidade, sendo vedada a esterilização compulsória;

V – exercer o direito à família e à convivência familiar e comunitária; e

VI – exercer o direito à guarda, à tutela, à curatela e à adoção, como adotante ou adotando, em igualdade de oportunidades com as demais pessoas.

DEVER GERAL DE COMUNICAÇÃO: É dever de todos comunicar à autoridade competente qualquer forma de ameaça ou de violação aos direitos da pessoa com deficiência. Se, no exercício de suas funções, os juízes e os tribunais tiverem conhecimento de fatos que caracterizem as violações previstas nesta Lei, devem remeter peças ao Ministério Público para as providências cabíveis.

DEVER GERAL DE PRIORIDADE NA EFETIVAÇÃO DOS DIREITOS: É dever do Estado, da sociedade e da família assegurar à pessoa com deficiência, com prioridade, a efetivação dos direitos referentes à vida, à saúde, à sexualidade, à paternidade e à maternidade, à alimentação, à habitação, à educação, à profissionalização, ao trabalho, à previdência social, à habilitação e à reabilitação, ao transporte, à acessibilidade, à cultura, ao desporto, ao turismo, ao lazer, à informação, à comunicação, aos avanços científicos e tecnológicos, à dignidade, ao respeito, à liberdade, à convivência familiar e comunitária, entre outros decorrentes da Constituição Federal, da Convenção sobre os Direitos das Pessoas com Deficiência e seu Protocolo Facultativo e das leis e de outras normas que garantam seu bem-estar pessoal, social e econômico.

FINALIDADES DO DIREITO AO ATENDIMENTO PRIORITÁRIO DA PESSOA COM DEFICIÊNCIA
I – proteção e socorro em quaisquer circunstâncias;
II – atendimento em todas as instituições e serviços de atendimento ao público;
III – disponibilização de recursos, tanto humanos quanto tecnológicos, que garantam atendimento em igualdade de condições com as demais pessoas;
IV – disponibilização de pontos de parada, estações e terminais acessíveis de transporte coletivo de passageiros e garantia de segurança no embarque e no desembarque;
V – acesso a informações e disponibilização de recursos de comunicação acessíveis;
VI – recebimento de restituição de imposto de renda;
VII – tramitação processual e procedimentos judiciais e administrativos em que for parte ou interessada, em todos os atos e diligências.

EXTENSÃO DO DIREITO DE ATENDIMENTO PRIORITÁRIO: Os direitos de atendimento prioritário acima elencados são extensivos ao acompanhante da pessoa com deficiência ou ao seu atendente pessoal, exceto quanto ao recebimento de restituição de imposto de renda e tramitação processual e procedimentos judiciais.

PRIORIDADE CONDICIONADA: Nos serviços de emergência públicos e privados, a prioridade no atendimento é condicionada aos protocolos de atendimento médico.

7.3 DOS DIREITOS FUNDAMENTAIS

7.3.1 NOÇÕES GERAIS

- Para garantir a **dignidade de todas as pessoas,** inclusive as portadoras de deficiência, a Constituição Federal concedeu os seguintes **DIREITOS FUNDAMENTAIS:**

DIREITOS FUNDAMENTAIS:	
INDIVIDUAIS E COLETIVOS	**SOCIAIS**
Vida	Alimentação
Liberdade	Saúde
Igualdade	Moradia

DIREITOS FUNDAMENTAIS:	
INDIVIDUAIS E COLETIVOS	SOCIAIS
Segurança	Trabalho
Propriedade	Segurança
	Educação
	Previdência Social
	Lazer
	Proteção à maternidade
	Proteção à infância
	Assistência aos desamparados

IMPORTANTE: É proibida: qualquer discriminação no tocante a salário e critérios de admissão do trabalhador portador de deficiência.

É **dever do Estado**:

1) cuidar da saúde e assistência pública, da proteção e garantia das pessoas portadoras de deficiência;
2) promover a proteção e integração social das pessoas portadoras de deficiência;
3) garantir atendimento educacional especializado aos portadores de deficiência, preferencialmente na rede regular de ensino;
4) criar programas de prevenção e atendimento especializado para as pessoas portadoras de deficiência física, sensorial ou mental, bem como de integração social do adolescente e do jovem portador de deficiência, mediante o treinamento para o trabalho e a convivência, e a facilitação do acesso aos bens e serviços coletivos, com a eliminação de obstáculos arquitetônicos e de todas as formas de discriminação.

LEMBRE-SE: **A LEI** reservará percentual dos cargos e empregos públicos para as pessoas portadoras de deficiência e definirá os critérios de sua admissão.

NÃO SE ESQUEÇA: A CONCESSÃO DE **APOSENTADORIA ESPECIAL** AOS PORTADORES DE DEFICIÊNCIA FICA CONDICIONADA À **LEI COMPLEMENTAR.** Assim, a Lei Complementar nº 142/13, reza que para a concessão de aposentadoria da pessoa com deficiência segurada do Regime Geral de Previdência Social – RGPS devem ser preenchidos os seguintes requisitos:

a. Ser pessoa com deficiência, que para os fins de aposentadoria especial é aquela que tem impedimentos de longo prazo de natureza física, mental, intelectual ou sensorial, os quais, em interação com diversas barreiras, podem obstruir sua participação plena e efetiva na sociedade em igualdade de condições com as demais pessoas.

b. Ter os seguintes tempos de contribuição:

1.b.1. 25 (vinte e cinco) anos de tempo de contribuição, se homem, e 20 (vinte) anos, se mulher, no caso de segurado com deficiência grave;

1.b.2. 29 (vinte e nove) anos de tempo de contribuição, se homem, e 24 (vinte e quatro) anos, se mulher, no caso de **segurado com deficiência moderada**;

1.b.3. 33 (trinta e três) anos de tempo de contribuição, se homem, e 28 (vinte e oito) anos, se mulher, no caso de **segurado com deficiência leve**; ou

1.b.4. 60 (sessenta) anos de idade, se homem, e 55 (cinquenta e cinco) anos de idade, se mulher, **independentemente do grau de deficiência**, desde que cumprido tempo mínimo de contribuição de 15 (quinze) anos E comprovada a existência de deficiência durante igual período.

IMPORTANTE: É assegurado às pessoas com deficiência, inclusive seu acompanhante quando necessário, o acesso a salas de cinema, cineclubes, teatros, espetáculos musicais e circenses e eventos educativos, esportivos, de lazer e de entretenimento, em todo o território nacional, promovidos por quaisquer entidades e realizados em estabelecimentos públicos ou particulares, MEDIANTE PAGAMENTO DA METADE DO PREÇO DO INGRESSO EFETIVAMENTE COBRADO DO PÚBLICO EM GERAL.

- A **ASSISTÊNCIA SOCIAL** será prestada **A QUEM DELA NECESSITAR, INDEPENDENTEMENTE DE CONTRIBUIÇÃO** à seguridade social, e tem dentre outros, os seguintes **objetivos**:
  1) a habilitação e reabilitação das pessoas portadoras de deficiência e a promoção de sua integração à vida comunitária;
  2) a garantia de um salário mínimo de benefício mensal à pessoa portadora de deficiência e ao idoso que comprovem não possuir meios de prover à própria manutenção ou de tê-la provida por sua família, conforme dispuser a lei.

  IMPORTANTE: **A Convenção Internacional sobre os Direitos das Pessoas com Deficiência**:

1) assinada em Nova Iorque, em 2007;
2) observou o procedimento legislativo de Emenda Constitucional;
3) possui disposições equivalentes a normas constitucionais;
4) ampliou o conceito de pessoas com deficiência.

- Pessoas com deficiência são aquelas que **têm impedimentos de longo prazo** de natureza física, mental, intelectual ou sensorial, **os** quais, em interação com diversas barreiras, **podem obstruir sua participação plena e efetiva na sociedade** em igualdades de condições com as demais pessoas.

CONVENÇÃO INTERNACIONAL SOBRE OS DIREITOS DAS PESSOAS COM DEFICIÊNCIA – CIDPD
PRINCÍPIOS
• O respeito pela dignidade inerente, a autonomia individual, inclusive a liberdade de fazer as próprias escolhas, e a independência das pessoas
• A não-discriminação
• A plena e efetiva participação e inclusão na sociedade
• O respeito pela diferença e pela aceitação das pessoas com deficiência como parte da diversidade humana e da humanidade
• A igualdade de oportunidades
• A acessibilidade
• A igualdade entre o homem e a mulher
• O respeito pelo desenvolvimento das capacidades das crianças com deficiência e pelo direito das crianças com deficiência de preservar sua identidade

7.3.2 DO DIREITO À VIDA

DIGNIDADE ENQUANTO DIREITO PÚBLICO SUBJETIVO: Compete ao poder público garantir a dignidade da pessoa com deficiência ao longo de toda a vida. Assim, em situações de risco, emergência ou estado de calamidade pública, a pessoa com deficiência será considerada vulnerável, devendo o poder público adotar medidas para sua proteção e segurança.

FACULDADE DE ESCOLHA NO TRATAMENTO MÉDICO: a pessoa com deficiência não poderá ser obrigada a se submeter a intervenção clínica ou cirúrgica, a tratamento ou a institucionalização forçada. No entanto, dispensa-se o consentimento prévio da pessoa com deficiência em casos de risco de morte e de emergência em saúde, resguardado seu superior interesse e adotadas as salvaguardas legais cabíveis. Por isso:

- O consentimento da pessoa com deficiência em situação de curatela poderá ser suprido, na forma da lei.
- O consentimento prévio, livre e esclarecido da pessoa com deficiência é indispensável para a realização de tratamento, procedimento, hospitalização e pesquisa científica.
- Em caso de pessoa com deficiência em situação de curatela, deve ser assegurada sua participação, no maior grau possível, para a obtenção de consentimento.

LIMITES À PESQUISA CIENTÍFICA COM PESSOA COM DEFICIÊNCIA: a pesquisa científica envolvendo pessoa com deficiência em situação de tutela ou de curatela deve ser realizada, em caráter excepcional, apenas quando houver indícios de benefício direto para sua saúde ou para a saúde de outras pessoas com deficiência e desde que não haja outra opção de pesquisa de eficácia comparável com participantes não tutelados ou curatelados.

7.3.3 DO DIREITO À HABILITAÇÃO E À REABILITAÇÃO

FINALIDADES DA HABILITAÇÃO E REABILITAÇÃO: o processo de habilitação e de reabilitação é direito da pessoa com deficiência, visando ao pleno desenvolvimento de potencialidades, talentos, habilidades e aptidões físicas, cognitivas, sensoriais, psicossociais, atitudinais, profissionais e artísticas que contribuam para a conquista da autonomia da pessoa com deficiência e de sua participação social em igualdade de condições e oportunidades com as demais pessoas.

DIRETRIZES E GARANTIAS DO PROCESSO DE HABILITAÇÃO E DE REABILITAÇÃO	
DIRETRIZES	**GARANTIAS**
I – diagnóstico e intervenção precoces;	I – organização, serviços, métodos, técnicas e recursos para atender às características de cada pessoa com deficiência;
II – adoção de medidas para compensar perda ou limitação funcional, buscando o desenvolvimento de aptidões;	II – acessibilidade em todos os ambientes e serviços;
III – atuação permanente, integrada e articulada de políticas públicas que possibilitem a plena participação social da pessoa com deficiência;	III – tecnologia assistiva, tecnologia de reabilitação, materiais e equipamentos adequados e apoio técnico profissional, de acordo com as especificidades de cada pessoa com deficiência;
IV – oferta de rede de serviços articulados, com atuação intersetorial, nos diferentes níveis de complexidade, para atender às necessidades específicas da pessoa com deficiência;	IV – capacitação continuada de todos os profissionais que participem dos programas e serviços.
V – prestação de serviços próximo ao domicílio da pessoa com deficiência, inclusive na zona rural, respeitadas a organização das Redes de Atenção à Saúde (RAS) nos territórios locais e as normas do Sistema Único de Saúde (SUS).	

7.3.4 DO DIREITO À SAÚDE

ATENDIMENTO INTEGRAL E ACESSO UNIVERSAL E IGUALITÁRIO POR MEIO DO SUS E DAS INSTITUIÇÕES PRIVADAS QUE PARTICIPEM DE FORMA COMPLEMENTAR DO SUS OU QUE RECEBAM RECURSOS PÚBLICOS PARA SUA MANUTENÇÃO: é assegurada atenção integral à saúde da pessoa com deficiência em todos os níveis de complexidade, por intermédio do SUS e das instituições privadas que participem de forma complementar do SUS ou que recebam recursos públicos para sua manutenção, garantido acesso universal e igualitário.

<table>
<tr><th colspan="2">MEIOS PARA GARANTIR O ATENDIMENTO INTEGRAL À SAÚDE E O ACESSO UNIVERSAL E IGUALITÁRIO POR MEIO DO SUS</th></tr>
<tr><td>Participação nas políticas públicas</td><td rowspan="3">As ações e os serviços de saúde pública destinados à pessoa com deficiência devem assegurar:
I – diagnóstico e intervenção precoces, realizados por equipe multidisciplinar;
II – serviços de habilitação e de reabilitação sempre que necessários, para qualquer tipo de deficiência, inclusive para a manutenção da melhor condição de saúde e qualidade de vida;
III – atendimento domiciliar multidisciplinar, tratamento ambulatorial e internação;
IV – campanhas de vacinação;
V – atendimento psicológico, inclusive para seus familiares e atendentes pessoais;
VI – respeito à especificidade, à identidade de gênero e à orientação sexual da pessoa com deficiência;
VII – atenção sexual e reprodutiva, incluindo o direito à fertilização assistida;
VIII – informação adequada e acessível à pessoa com deficiência e a seus familiares sobre sua condição de saúde;
IX – serviços projetados para prevenir a ocorrência e o desenvolvimento de deficiências e agravos adicionais;
X – promoção de estratégias de capacitação permanente das equipes que atuam no SUS, em todos os níveis de atenção, no atendimento à pessoa com deficiência, bem como orientação a seus atendentes pessoais;
XI – oferta de órteses, próteses, meios auxiliares de locomoção, medicamentos, insumos e fórmulas nutricionais, conforme as normas vigentes do Ministério da Saúde.</td></tr>
<tr><td>Atendimento segundo normas éticas e técnicas</td></tr>
<tr><td>Capacitação inicial e continuada dos profissionais que participem da habilitação e reabilitação da pessoa com deficiência</td></tr>
</table>

PLANOS E SEGUROS PRIVADOS DE SAÚDE: as operadoras dos planos e seguros privados de saúde não podem discriminar as pessoas com deficiência. Uma forma de discriminação vedada é a oferta de produtos e serviços abaixo do oferecido ao público em geral e a cobrança diferenciada de valores somente por causa da condição pessoal da pessoa com deficiência.

DIREITO A ACOMPANHANTE OU A ATENDENTE PESSOAL: à pessoa com deficiência internada ou em observação é assegurado o direito a acompanhante ou a atendente pessoal, devendo o órgão ou a instituição de saúde proporcionar condições adequadas para sua permanência em tempo integral. Na impossibilidade de permanência do acompanhante ou do atendente pessoal junto à pessoa com deficiência, cabe ao profissional de saúde responsável pelo tratamento justificá-la por escrito, cabendo ao o órgão ou a instituição de saúde adotar as providências cabíveis para corrigir tal necessidade.

VIOLÊNCIA CONTRA A PESSOA COM DEFICIÊNCIA: qualquer ação ou omissão, praticada em local público ou privado, que lhe cause morte ou dano ou sofrimento físico ou psicológico. Ademais, os casos de suspeita ou de confirmação de violência praticada contra a pessoa com deficiência serão objeto de notificação compulsória pelos serviços de saúde públicos e privados à autoridade policial e ao Ministério Público, além dos Conselhos dos Direitos da Pessoa com Deficiência.

7.3.5 DO DIREITO À EDUCAÇÃO

EDUCAÇÃO: dever geral de efetivação do direito à educação com garantia de sistema educacional inclusivo e aprendizado ao longo de toda a vida da pessoa com deficiência, com vistas ao seu pleno desenvolvimento.

OBRIGAÇÕES DO PODER PÚBLICO: Incumbe ao poder público assegurar, criar, desenvolver, implementar, incentivar, acompanhar e avaliar:

I – sistema educacional inclusivo em todos os níveis e modalidades, bem como o aprendizado ao longo de toda a vida;

II – aprimoramento dos sistemas educacionais, visando a garantir condições de acesso, permanência, participação e aprendizagem, por meio da oferta de serviços e de recursos de acessibilidade que eliminem as barreiras e promovam a inclusão plena;

III – projeto pedagógico que institucionalize o atendimento educacional especializado, assim como os demais serviços e adaptações razoáveis, para atender às características dos estudantes com deficiência e garantir o seu pleno acesso ao currículo em condições de igualdade, promovendo a conquista e o exercício de sua autonomia;

IV – oferta de educação bilíngue, em Libras como primeira língua e na modalidade escrita da língua portuguesa como segunda língua, em escolas e classes bilíngues e em escolas inclusivas;

V – adoção de medidas individualizadas e coletivas em ambientes que maximizem o desenvolvimento acadêmico e social dos estudantes com deficiência, favorecendo o acesso, a permanência, a participação e a aprendizagem em instituições de ensino;

VI – pesquisas voltadas para o desenvolvimento de novos métodos e técnicas pedagógicas, de materiais didáticos, de equipamentos e de recursos de tecnologia assistiva;

VII – planejamento de estudo de caso, de elaboração de plano de atendimento educacional especializado, de organização de recursos e serviços de acessibilidade e de disponibilização e usabilidade pedagógica de recursos de tecnologia assistiva;

VIII – participação dos estudantes com deficiência e de suas famílias nas diversas instâncias de atuação da comunidade escolar;

IX – adoção de medidas de apoio que favoreçam o desenvolvimento dos aspectos linguísticos, culturais, vocacionais e profissionais, levando-se em conta o talento, a criatividade, as habilidades e os interesses do estudante com deficiência;

X – adoção de práticas pedagógicas inclusivas pelos programas de formação inicial e continuada de professores e oferta de formação continuada para o atendimento educacional especializado;

XI – formação e disponibilização de professores para o atendimento educacional especializado, de tradutores e intérpretes da Libras, de guias intérpretes e de profissionais de apoio;

XII – oferta de ensino da Libras, do Sistema Braille e de uso de recursos de tecnologia assistiva, de forma a ampliar habilidades funcionais dos estudantes, promovendo sua autonomia e participação;

XIII – acesso à educação superior e à educação profissional e tecnológica em igualdade de oportunidades e condições com as demais pessoas;

XIV – inclusão em conteúdos curriculares, em cursos de nível superior e de educação profissional técnica e tecnológica, de temas relacionados à pessoa com deficiência nos respectivos campos de conhecimento;

XV – acesso da pessoa com deficiência, em igualdade de condições, a jogos e a atividades recreativas, esportivas e de lazer, no sistema escolar;

XVI – acessibilidade para todos os estudantes, trabalhadores da educação e demais integrantes da comunidade escolar às edificações, aos ambientes e às atividades concernentes a todas as modalidades, etapas e níveis de ensino;

XVII – oferta de profissionais de apoio escolar;

XVIII – articulação intersetorial na implementação de políticas públicas.

OBRIGAÇÕES DAS INSTITUIÇÕES PRIVADAS DE ENSINO: Às instituições privadas, de qualquer nível e modalidade de ensino, aplica-se obrigatoriamente o disposto nos itens I, II, III, V, VII, VIII, IX, X, XI, XII, XIII, XIV, XV, XVI, XVII e XVIII acima descritos, sendo vedada a cobrança de valores adicionais de qualquer natureza em suas mensalidades, anuidades e matrículas no cumprimento dessas determinações.

FIQUE DE OLHO: a Confederação Nacional dos Estabelecimentos de Ensino – CONFENEN ajuizou a Ação Direta de Inconstitucionalidade, com pedido de medida cautelar, em tramite sob o nº 5357 perante o Supremo Tribunal Federal para questionar a constitucionalidade da obrigatoriedade de as escolas privadas promoverem a inserção das pessoas com deficiência no ensino regular e prover as medidas de adaptação necessárias sem que o ônus financeiro seja repassado às mensalidades, anuidades e matrículas, norma contida no §1º do artigo 28 e artigo 30, caput, da Lei nº 13.146/2015 (Estatuto da Pessoa com Deficiência), alegando violação aos arts. 5º, caput, incisos XXII, XXIII, LIV, 170, incisos II e III, 205, 206, caput, incisos II e III, 208, caput, inciso III, 209, 227, caput, § 1º, inciso II, todos da Constituição da República. A medida cautelar e o mérito foram improvidos, cuja ementa da decisão merece transcrição:

> *EMENTA: AÇÃO DIRETA DE INCONSTITUCIONALIDADE. MEDIDA CAUTELAR. LEI 13.146/2015. ESTATUTO DA PESSOA COM DEFICIÊNCIA. ENSINO INCLUSIVO. CONVENÇÃO INTERNACIONAL SOBRE OS DIREITOS DA PESSOA COM DEFICIÊNCIA. INDEFERIMENTO DA MEDIDA CAUTELAR. CONSTITUCIONALIDADE DA LEI 13.146/2015 (arts. 28, § 1º e 30, caput, da Lei nº 13.146/2015). 1. A Convenção Internacional sobre os Direitos da Pessoa com Deficiência concretiza o princípio da igualdade como fundamento de uma sociedade democrática que respeita a dignidade humana. 2. À luz da Convenção e, por consequência, da própria Constituição da República, o ensino inclusivo em todos os níveis de educação não é realidade estranha ao ordenamento jurídico pátrio, mas sim imperativo que se põe mediante regra explícita. 3. Nessa toada, a Constituição da República prevê em diversos dispositivos a proteção da pessoa com deficiência, conforme se verifica nos artigos 7º, XXXI, 23, II, 24, XIV, 37, VIII, 40, § 4º, I, 201, § 1º, 203, IV e V, 208, III, 227, § 1º, II, e § 2º, e 244. 4. Pluralidade e igualdade são duas faces da mesma moeda. O respeito à pluralidade não prescinde do respeito ao princípio da igualdade. E na atual quadra histórica, uma leitura focada tão somente em seu aspecto formal não satisfaz a completude que exige o princípio. Assim, a igualdade não se esgota com a previsão normativa de acesso igualitário a bens jurídicos, mas engloba também a previsão normativa de medidas que efetivamente possibilitem tal acesso e sua efetivação concreta. 5. O enclausuramento em face do diferente furta o colorido da vivência cotidiana, privando-nos da estupefação diante do que se coloca como novo, como diferente. 6. É somente com o convívio com a diferença e com o seu necessário acolhimento que pode haver a construção de uma sociedade livre, justa e solidária, em que o bem de todos seja promovido sem preconceitos de origem, raça, sexo, cor, idade e quaisquer outras formas de discriminação (Art. 3º, I e IV, CRFB). 7. A Lei nº 13.146/2015 indica assumir o compromisso ético de acolhimento e pluralidade democrática adotados pela Constituição ao exigir que não apenas as escolas públicas, mas também as particulares deverão pautar sua atuação educacional a partir de todas as facetas e potencialidades que o direito fundamental à educação possui e que são densificadas em seu Capítulo IV. 8. Medida cautelar indeferida. 9. Conversão do julgamento do referendo do indeferimento da cautelar, por unanimidade, em julgamento definitivo de mérito, julgando, por maioria e nos termos do Voto do Min. Relator Edson Fachin, improcedente a presente ação direta de inconstitucionalidade. (ADI 5357 MC-Ref, Relator(a): Min. EDSON FACHIN, Tribunal Pleno, julgado em 09/06/2016, PROCESSO ELETRÔNICO DJe-240 DIVULG 10-11-2016 PUBLIC 11-11-2016)*

7.3.6 DO DIREITO À MORADIA

> **MORADIA**: residência inclusiva + família (natural ou substituta) + vida independente que possibilite livre escolha nas relações da pessoa com deficiência. Por isso, incumbe ao Poder Público adotar programas e ações estratégicas para apoiar a criação e a manutenção de moradia para a vida independente da pessoa com deficiência.

SUAS: a proteção integral na modalidade de residência inclusiva será prestada no âmbito do Suas à pessoa com deficiência em situação de dependência que não disponha de condições de autossustentabilidade, com vínculos familiares fragilizados ou rompidos.

PRIORIDADE NA AQUISIÇÃO DE IMÓVEL: nos programas habitacionais, públicos ou subsidiados com recursos públicos, a pessoa com deficiência ou o seu responsável que demonstrar interesse goza de prioridade na aquisição de imóvel para moradia própria uma única vez, observado o seguinte:

I – reserva de, no mínimo, 3% (três por cento) das unidades habitacionais para pessoa com deficiência;

II – em caso de edificação multifamiliar, garantia de acessibilidade nas áreas de uso comum e nas unidades habitacionais no piso térreo e de acessibilidade ou de adaptação razoável nos demais pisos;

III – disponibilização de equipamentos urbanos comunitários acessíveis;

IV – elaboração de especificações técnicas no projeto que permitam a instalação de elevadores.

7.3.7 DO DIREITO AO TRABALHO

DIREITO AO TRABALHO: a pessoa com deficiência tem direito ao trabalho de sua LIVRE ESCOLHA E ACEITAÇÃO, em AMBIENTE ACESSÍVEL E INCLUSIVO, em IGUALDADE DE OPORTUNIDADES com as demais pessoas. Por isso:

I – as pessoas jurídicas de direito público, privado ou de qualquer natureza são obrigadas a garantir ambientes de trabalho acessíveis e inclusivos.

II – a pessoa com deficiência tem direito, em igualdade de oportunidades com as demais pessoas, a condições justas e favoráveis de trabalho, incluindo igual remuneração por trabalho de igual valor.

III – é vedada restrição ao trabalho da pessoa com deficiência e qualquer discriminação em razão de sua condição, inclusive nas etapas de recrutamento, seleção, contratação, admissão, exames admissional e periódico, permanência no emprego, ascensão profissional e reabilitação profissional, bem como exigência de aptidão plena.

IV – a pessoa com deficiência tem direito à participação e ao acesso a cursos, treinamentos, educação continuada, planos de carreira, promoções, bonificações e incentivos profissionais oferecidos pelo empregador, em igualdade de oportunidades com os demais empregados.

V – é garantida aos trabalhadores com deficiência acessibilidade em cursos de formação e de capacitação.

VI – a finalidade primordial das políticas públicas de trabalho e emprego promover e garantir condições de acesso e de permanência da pessoa com deficiência no campo de trabalho. Ademais, os programas de estímulo ao empreendedorismo e ao trabalho autônomo, incluídos o cooperativismo e o associativismo, devem prever a participação da pessoa com deficiência e a disponibilização de linhas de crédito, quando necessárias.

VII – o poder público deve implementar serviços e programas completos de habilitação profissional e de reabilitação profissional para que a pessoa com deficiência possa ingressar, continuar ou retornar ao campo do trabalho, respeitados sua livre escolha, sua vocação e seu interesse.

VIII – será concedido horário especial ao servidor público civil federal portador de deficiência (ou que tenha cônjuge, filho ou dependente com deficiência), quando comprovada a necessidade por junta médica oficial, independentemente de compensação de horário

COLOCAÇÃO COMPETITIVA DA PESSOA COM DEFICIÊNCIA
CONCEITO
Constitui modo de inclusão da pessoa com deficiência no trabalho a colocação competitiva, em igualdade de oportunidades com as demais pessoas, nos termos da legislação trabalhista e previdenciária, na qual devem ser atendidas as regras de acessibilidade, o fornecimento de recursos de tecnologia assistiva e a adaptação razoável no ambiente de trabalho.
DIRETRIZES
A colocação competitiva da pessoa com deficiência pode ocorrer por meio de trabalho com apoio, observadas as seguintes diretrizes: I – prioridade no atendimento à pessoa com deficiência com maior dificuldade de inserção no campo de trabalho; II – provisão de suportes individualizados que atendam a necessidades específicas da pessoa com deficiência, inclusive a disponibilização de recursos de tecnologia assistiva, de agente facilitador e de apoio no ambiente de trabalho; III – respeito ao perfil vocacional e ao interesse da pessoa com deficiência apoiada; IV – oferta de aconselhamento e de apoio aos empregadores, com vistas à definição de estratégias de inclusão e de superação de barreiras, inclusive atitudinais; V – realização de avaliações periódicas; VI – articulação intersetorial das políticas públicas; VII – possibilidade de participação de organizações da sociedade civil.

7.3.8 DO DIREITO À ASSISTÊNCIA SOCIAL

CONCEITO DE ASSISTÊNCIA SOCIAL: política social que provê o atendimento das necessidades básicas, traduzidas em proteção à família, à maternidade, à infância, à adolescência, à velhice e à pessoa portadora de deficiência, independentemente de contribuição à seguridade social.

OBJETIVOS DA ASSISTÊNCIA SOCIAL: os serviços, os programas, os projetos e os benefícios no âmbito da política pública de assistência social à pessoa com deficiência e sua família têm como objetivo a garantia da segurança de renda, da acolhida, da habilitação e da reabilitação, do desenvolvimento da autonomia e da convivência familiar e comunitária, para a promoção do acesso a direitos e da plena participação social.

ORGANIZAÇÃO E GESTÃO: a concessão e a manutenção dos benefícios de prestação continuada são de competência da União (arts. 12, I, 19, III, 20, caput, 2 29, parágrafo único, da Lei nº 8.742/93).

SUAS: A assistência social à pessoa com deficiência, nos termos do caput deste artigo, deve envolver conjunto articulado de serviços do âmbito da Proteção Social Básica e da Proteção Social Especial, ofertados pelo Suas, para a garantia de seguranças fundamentais no enfrentamento de situações de vulnerabilidade e de risco, por fragilização de vínculos e ameaça ou violação de direitos.

CUIDADORES SOCIAIS: os serviços socioassistenciais destinados à pessoa com deficiência em situação de dependência deverão contar com cuidadores sociais para prestar-lhe cuidados básicos e instrumentais.

BENEFÍCIO DE PRESTAÇÃO CONTINUADA: é assegurado à pessoa com deficiência que não possua meios para prover sua subsistência nem de tê-la provida por sua família o benefício mensal de 1 (um) salário-mínimo, nos termos da Lei nº 8.742, de 7 de dezembro de 1993. **Presume-se incapaz** de prover a manutenção da pessoa com deficiência, a família cuja renda mensal per capita seja inferior a 1/4 (um quarto) do salário-mínimo. Não serão computados como renda mensal bruta familiar: I – benefícios e auxílios assistenciais de natureza eventual e temporária; II – valores oriundos de programas sociais de transferência de renda; III – bolsas de estágio curricular; III- bolsas de estágio supervisionado; IV – pensão especial de natureza indenizatória e benefícios de assistência médica; V – rendas de natureza eventual ou sazonal, a serem regulamentadas em ato conjunto do Ministério do Desenvolvimento Social e Combate à Fome e do INSS; VI – rendimentos decorrentes de contrato de aprendizagem; e VII – benefício de prestação continuada auferido por idoso ou portador de deficiência. O Superior Tribunal de Justiça firmou as seguintes teses após julgamento de Recursos Especiais representativos de controvérsia, para uniformizar a jurisprudência brasileira: 1 – O Plano de Benefícios da Previdência Social – PBPS, dando cumprimento ao art. 202, caput, da Constituição Federal (redação original), definiu o valor mínimo do salário-de-benefício, nunca inferior ao salário mínimo, e seu limite máximo, nunca superior ao limite máximo do salário-de-contribuição (Tema 148); 2 – A limitação do valor da renda per capita familiar não deve ser considerada a única forma de se comprovar que a pessoa não possui outros meios para prover a própria manutenção ou de tê-la provida por sua família, pois é apenas um elemento objetivo para se aferir a necessidade, ou seja, presume-se absolutamente a miserabilidade quando comprovada a renda per capita inferior a 1/4 do salário mínimo (Tema 185); 3 – Aplica-se o parágrafo único do artigo 34 do Estatuto do Idoso (Lei n. 10.741/03), por analogia, a pedido de benefício assistencial feito por pessoa com deficiência a fim de que benefício previdenciário recebido por idoso, no valor de um salário mínimo, não seja computado no cálculo da renda per capita prevista no artigo 20, § 3º, da Lei n. 8.742/93 (Tema 640); 4 – Nos planos de benefícios de previdência privada patrocinados pelos entes federados – inclusive suas autarquias, fundações, sociedades de economia mista e empresas controladas direta ou indiretamente -, para se tornar elegível a um benefício de prestação que seja programada e continuada, é necessário que o participante previamente cesse o vínculo laboral com o patrocinador, sobretudo a partir da vigência da Lei Complementar nº 108/2001, independentemente das disposições estatutárias e regulamentares (Tema 944).

AUXÍLIO INCLUSÃO: terá direito a auxílio-inclusão, nos termos da lei, a pessoa com deficiência moderada ou grave que:

I – receba o benefício de prestação continuada previsto no art. 20 da Lei nº 8.742, de 7 de dezembro de 1993, e que passe a exercer atividade remunerada que a enquadre como segurado obrigatório do RGPS;

II – tenha recebido, nos últimos 5 (cinco) anos, o benefício de prestação continuada previsto no art. 20 da Lei nº 8.742, de 7 de dezembro de 1993, e que exerça atividade remunerada que a enquadre como segurado obrigatório do RGPS.

7.3.9 DO DIREITO À PREVIDÊNCIA SOCIAL

APOSENTADORIA ESPECIAL: a pessoa com deficiência segurada do Regime Geral de Previdência Social (RGPS) tem direito à aposentadoria nos termos da Lei Complementar nº 142, de 8 de maio de 2013.

REQUISITOS DA APOSENTADORIA ESPECIAL: é assegurada a concessão de aposentadoria pelo RGPS ao segurado com deficiência, observadas as seguintes condições:

I – aos 25 (vinte e cinco) anos de tempo de contribuição, se homem, e 20 (vinte) anos, se mulher, no caso de segurado com deficiência grave;

II – aos 29 (vinte e nove) anos de tempo de contribuição, se homem, e 24 (vinte e quatro) anos, se mulher, no caso de segurado com deficiência moderada;

III – aos 33 (trinta e três) anos de tempo de contribuição, se homem, e 28 (vinte e oito) anos, se mulher, no caso de segurado com deficiência leve; ou

IV – aos 60 (sessenta) anos de idade, se homem, e 55 (cinquenta e cinco) anos de idade, se mulher, independentemente do grau de deficiência, desde que cumprido tempo mínimo de contribuição de 15 (quinze) anos e comprovada a existência de deficiência durante igual período.

7.3.10 DO DIREITO À CULTURA, AO ESPORTE, AO TURISMO E AO LAZER

ACESSIBILIDADE AOS MEIOS: a pessoa com deficiência tem direito à cultura, ao esporte, ao turismo e ao lazer em igualdade de oportunidades com as demais pessoas, sendo-lhe garantido o acesso:

I – a bens culturais em formato acessível;

II – a programas de televisão, cinema, teatro e outras atividades culturais e desportivas em formato acessível; e

III – a monumentos e locais de importância cultural e a espaços que ofereçam serviços ou eventos culturais e esportivos.

IMPORTANTE: é vedada a recusa de oferta de obra intelectual em formato acessível à pessoa com deficiência, sob qualquer argumento, inclusive sob a alegação de proteção dos direitos de propriedade intelectual.

DEVERES DO PODER PÚBLICO: o poder público deve:

I – adotar soluções destinadas à eliminação, à redução ou à superação de barreiras para a promoção do acesso a todo patrimônio cultural, observadas as normas de acessibilidade, ambientais e de proteção do patrimônio histórico e artístico nacional.

II – promover a participação da pessoa com deficiência em atividades artísticas, intelectuais, culturais, esportivas e recreativas, com vistas ao seu protagonismo, devendo:

a) incentivar a provisão de instrução, de treinamento e de recursos adequados, em igualdade de oportunidades com as demais pessoas;

b) assegurar acessibilidade nos locais de eventos e nos serviços prestados por pessoa ou entidade envolvida na organização das atividades de que trata este artigo; e

c) assegurar a participação da pessoa com deficiência em jogos e atividades recreativas, esportivas, de lazer, culturais e artísticas, inclusive no sistema escolar, em igualdade de condições com as demais pessoas.

RESERVA DE ESPAÇOS LIVRES E ASSENTOS: nos teatros, cinemas, auditórios, estádios, ginásios de esporte, locais de espetáculos e de conferências e similares, serão reservados espaços livres e assentos para a pessoa com deficiência, de acordo com a capacidade de lotação da edificação, observado o disposto em regulamento, SEM QUE ISSO IMPLIQUE ACRÉSCIMO DE VALOR NO INGRESSO DA PESSOA COM DEFICIÊNCIA.

ACESSIBILIDADE EM HOTÉIS, POUSADAS E SIMILARES: após vinte e quatro meses da entrada em vigor do Estatuto da pessoa com deficiência, os hotéis, pousadas e similares devem ser construídos observando-se os princípios do desenho universal, além de adotar todos os meios de acessibilidade, conforme legislação em vigor. E os estabelecimentos já existentes deverão disponibilizar, pelo menos, 10% (dez por cento) de seus dormitórios acessíveis, garantida, no mínimo, 1 (uma) unidade acessível.

7.3.11 DO DIREITO AO TRANSPORTE E À MOBILIDADE

IGUALDADE DE OPORTUNIDADES: o direito ao transporte e à mobilidade da pessoa com deficiência ou com mobilidade reduzida será assegurado em igualdade de oportunidades com as demais pessoas, por meio de identificação e de eliminação de todos os obstáculos e barreiras ao seu acesso.

INTEGRANTES DOS SERVIÇOS DE TRANSPORTE COLETIVO: para fins de acessibilidade aos serviços de transporte coletivo terrestre, aquaviário e aéreo, em todas as jurisdições, consideram-se como integrantes desses serviços os veículos, os terminais, as estações, os pontos de parada, o sistema viário e a prestação do serviço.

VAGAS DE ESTACIONAMENTO: em todas as áreas de estacionamento aberto ao público, de uso público ou privado de uso coletivo e em vias públicas, devem ser reservadas 2% do total de vagas (no mínimo uma), próximas aos acessos de circulação de pedestres, devidamente sinalizadas, para veículos que transportem pessoa com deficiência com comprometimento de mobilidade, desde que devidamente identificados. Utilizar-se das vagas reservadas às pessoas com deficiência ou idosos, sem credencial que comprove tal condição, é considerado infração de trânsito gravíssima, sujeita à multa e remoção do veículo.

ACESSIBILIDADE AO TRANSPORTE COLETIVO: os veículos de transporte coletivo terrestre, aquaviário e aéreo, as instalações, as estações, os portos e os terminais em operação no País devem ser acessíveis, de forma a garantir o seu uso por todas as pessoas, dispondo de sistema de comunicação acessível que disponibilize informações sobre todos os pontos do itinerário. Ademais, são asseguradas à pessoa com deficiência prioridade e segurança nos procedimentos de embarque e de desembarque nos veículos de transporte coletivo, de acordo com as normas técnicas, SEM QUE ISSO IMPLIQUE NA COBRANÇA DE TAXA ADICIONAL DA PESSOA COM DEFICIÊNCIA.

INCENTIVO PÚBLICO: o poder público incentivará a fabricação de veículos acessíveis e a sua utilização como táxis e vans, de forma a garantir o seu uso por todas as pessoas, inclusive com benefícios fiscais.

EMPRESAS DE TÁXI: as frotas de empresas de táxi devem reservar 10% (dez por cento) de seus veículos acessíveis à pessoa com deficiência.

LOCADORAS DE VEÍCULOS: as locadoras de veículos são obrigadas a oferecer 1 (um) veículo adaptado para uso de pessoa com deficiência, a cada conjunto de 20 (vinte) veículos de sua frota. O veículo adaptado deverá ter, no mínimo, câmbio automático, direção hidráulica, vidros elétricos e comandos manuais de freio e de embreagem.

7.4 DA ACESSIBILIDADE

7.4.1 NOÇÕES GERAIS

CONCEITO: a acessibilidade é direito que garante à pessoa com deficiência ou com mobilidade reduzida viver de forma independente e exercer seus direitos de cidadania e de participação social.

CONCEPÇÕES DE ACESSIBILIDADE OBRIGATÓRIAS EM TODO PROJETO: a concepção e a implantação de projetos que tratem do meio físico, de transporte, de informação e comunicação, inclusive de sistemas e tecnologias da informação e comunicação, e de outros serviços, equipamentos e instalações abertos ao público, de uso público ou privado de uso coletivo, tanto na zona urbana como na rural, devem atender aos princípios do desenho universal, tendo como referência as normas de acessibilidade.

EDIFICAÇÕES NOVAS E EXISTENTES: a construção, a reforma, a ampliação ou a mudança de uso de edificações abertas ao público, de uso público ou privadas de uso coletivo deverão ser executadas de modo a serem acessíveis. Ademais, as edificações públicas e privadas de uso coletivo já existentes devem garantir acessibilidade à pessoa com deficiência em todas as suas dependências e serviços, tendo como referência as normas de acessibilidade vigentes.

LIVRE TRÂNSITO NAS INTERVENÇÕES EM ESPAÇOS PÚBLICOS: em qualquer intervenção nas vias e nos espaços públicos, o poder público e as empresas concessionárias responsáveis pela execução das obras e dos serviços devem garantir, de forma segura, a fluidez do trânsito e a livre circulação e acessibilidade das pessoas, durante e após sua execução.

ACESSIBILIDADE NOS DEMAIS ATOS PÚBLICOS E PRIVADOS: orientam-se, no que couber, pelas regras de acessibilidade previstas em legislação e em normas técnicas, observado o disposto na Lei nº 10.098, de 19 de dezembro de 2000, nº 10.257, de 10 de julho de 2001, e nº 12.587, de 3 de janeiro de 2012:

I – os planos diretores municipais, os planos diretores de transporte e trânsito, os planos de mobilidade urbana e os planos de preservação de sítios históricos elaborados ou atualizados a partir da publicação desta Lei;

II – os códigos de obras, os códigos de postura, as leis de uso e ocupação do solo e as leis do sistema viário;

III – os estudos prévios de impacto de vizinhança;

IV – as atividades de fiscalização e a imposição de sanções; e

V – a legislação referente à prevenção contra incêndio e pânico.

7.4.2 DO ACESSO À INFORMAÇÃO E À COMUNICAÇÃO

INTERNET: é obrigatória a acessibilidade nos sítios da internet mantidos por empresas com sede ou representação comercial no País ou por órgãos de governo, para uso da pessoa com deficiência, garantindo-lhe acesso às informações disponíveis, conforme as melhores práticas e diretrizes de acessibilidade adotadas internacionalmente.

CONCESSIONÁRIAS: as empresas prestadoras de serviços de telecomunicações deverão garantir pleno acesso à pessoa com deficiência, conforme regulamentação específica.

INCENTIVO E FISCALIZAÇÃO PELO PODER PÚBLICO: cabe ao poder público:

a) incentivar a oferta de aparelhos de telefonia fixa e móvel celular com acessibilidade que, entre outras tecnologias assistivas, possuam possibilidade de indicação e de ampliação sonoras de todas as operações e funções disponíveis.

b) adotar mecanismos de incentivo à produção, à edição, à difusão, à distribuição e à comercialização de livros em formatos acessíveis, inclusive em publicações da administração pública ou financiadas com recursos públicos, com vistas a garantir à pessoa com deficiência o direito de acesso à leitura, à informação e à comunicação.

c) assegurar a disponibilidade de informações corretas e claras sobre os diferentes produtos e serviços ofertados, por quaisquer meios de comunicação empregados, inclusive em ambiente virtual, contendo a especificação correta de quantidade, qualidade, características, composição e preço, bem como sobre os eventuais riscos à saúde e à segurança do consumidor com deficiência, em caso de sua utilização, aplicando-se, no que couber, os arts. 30 a 41 da Lei no 8.078, de 11 de setembro de 1990.

d) diretamente ou em parceria com organizações da sociedade civil, promover a capacitação de tradutores e intérpretes da Libras, de guias intérpretes e de profissionais habilitados em Braille, audiodescrição, estenotipia e legendagem

SERVIÇOS DE RADIODIFUSÃO DE SONS E IMAGENS: devem permitir o uso dos seguintes recursos, entre outros:

I – subtitulação por meio de legenda oculta;

II – janela com intérprete da Libras;

III – audiodescrição.

TECNOLOGIA ASSISTIVA: as instituições promotoras de congressos, seminários, oficinas e demais eventos de natureza científico-cultural devem oferecer à pessoa com deficiência, no mínimo, os recursos de tecnologia assistiva. Ademais, os congressos, os seminários, as oficinas e os demais eventos de natureza científico-cultural promovidos ou financiados pelo poder público devem garantir as condições de acessibilidade e os recursos de tecnologia assistiva. Não obstante, os programas, as linhas de pesquisa e os projetos a serem desenvolvidos com o apoio de agências de financiamento e de órgãos e entidades integrantes da administração pública que atuem no auxílio à pesquisa devem contemplar temas voltados à tecnologia assistiva.

7.4.3 DA TECNOLOGIA ASSISTIVA

DIREITO: é garantido à pessoa com deficiência acesso a produtos, recursos, estratégias, práticas, processos, métodos e serviços de tecnologia assistiva que maximizem sua autonomia, mobilidade pessoal e qualidade de vida.

PLANO ESPECÍFICO DE MEDIDAS: o poder público desenvolverá plano específico de medidas, a ser renovado em cada período de 4 (quatro) anos, com a finalidade de:

I – facilitar o acesso a crédito especializado, inclusive com oferta de linhas de crédito subsidiadas, específicas para aquisição de tecnologia assistiva;

II – agilizar, simplificar e priorizar procedimentos de importação de tecnologia assistiva, especialmente as questões atinentes a procedimentos alfandegários e sanitários;

III – criar mecanismos de fomento à pesquisa e à produção nacional de tecnologia assistiva, inclusive por meio de concessão de linhas de crédito subsidiado e de parcerias com institutos de pesquisa oficiais;

IV – eliminar ou reduzir a tributação da cadeia produtiva e de importação de tecnologia assistiva;

V – facilitar e agilizar o processo de inclusão de novos recursos de tecnologia assistiva no rol de produtos distribuídos no âmbito do SUS e por outros órgãos governamentais.

7.4.4 DO DIREITO À PARTICIPAÇÃO NA VIDA PÚBLICA E POLÍTICA

ISONOMIA: o poder público deve garantir à pessoa com deficiência todos os direitos políticos e a oportunidade de exercê-los em igualdade de condições com as demais pessoas. Por isso, à pessoa com deficiência será assegurado o direito de votar e de ser votada, inclusive por meio das seguintes ações:

I – garantia de que os procedimentos, as instalações, os materiais e os equipamentos para votação sejam apropriados, acessíveis a todas as pessoas e de fácil compreensão e uso, sendo vedada a instalação de seções eleitorais exclusivas para a pessoa com deficiência;

II – incentivo à pessoa com deficiência a candidatar-se e a desempenhar quaisquer funções públicas em todos os níveis de governo, inclusive por meio do uso de novas tecnologias assistivas, quando apropriado;

III – garantia de que os pronunciamentos oficiais, a propaganda eleitoral obrigatória e os debates transmitidos pelas emissoras de televisão possuam, pelo menos, os recursos elencados do Estatuto da pessoa com deficiência;

IV – garantia do livre exercício do direito ao voto e, para tanto, sempre que necessário e a seu pedido, permissão para que a pessoa com deficiência seja auxiliada na votação por pessoa de sua escolha.

PARTICIPAÇÃO NA CONDUÇÃO DAS QUESTÕES PÚBLICAS: o poder público promoverá a participação da pessoa com deficiência, inclusive quando institucionalizada, na condução das questões públicas, sem discriminação e em igualdade de oportunidades, observado o seguinte:

I – participação em organizações não governamentais relacionadas à vida pública e à política do País e em atividades e administração de partidos políticos;

II – formação de organizações para representar a pessoa com deficiência em todos os níveis;

III – participação da pessoa com deficiência em organizações que a representem.

7.4.5 DA CIÊNCIA E TECNOLOGIA

FOMENTO PÚBLICO: o poder público deve fomentar o desenvolvimento científico, a pesquisa e a inovação e a capacitação tecnológicas, voltados à melhoria da qualidade de vida e ao trabalho da pessoa com deficiência e sua inclusão social, observando-se o que segue:

I – O fomento pelo poder público deve priorizar a geração de conhecimentos e técnicas que visem à prevenção e ao tratamento de deficiências e ao desenvolvimento de tecnologias assistiva e social.

II – a acessibilidade e as tecnologias assistiva e social devem ser fomentadas mediante a criação de cursos de pós-graduação, a formação de recursos humanos e a inclusão do tema nas diretrizes de áreas do conhecimento.

III – deve ser fomentada a capacitação tecnológica de instituições públicas e privadas para o desenvolvimento de tecnologias assistiva e social que sejam voltadas para melhoria da funcionalidade e da participação social da pessoa com deficiência.

IV – as medidas previstas neste artigo devem ser reavaliadas periodicamente pelo poder público, com vistas ao seu aperfeiçoamento.

ESTÍMULO PÚBLICO: devem ser estimulados a pesquisa, o desenvolvimento, a inovação e a difusão de tecnologias voltadas para ampliar o acesso da pessoa com deficiência às tecnologias da informação e comunicação e às tecnologias sociais. Serão estimulados, em especial:

I – o emprego de tecnologias da informação e comunicação como instrumento de superação de limitações funcionais e de barreiras à comunicação, à informação, à educação e ao entretenimento da pessoa com deficiência;

II – a adoção de soluções e a difusão de normas que visem a ampliar a acessibilidade da pessoa com deficiência à computação e aos sítios da internet, em especial aos serviços de governo eletrônico.

7.5 DO ACESSO À JUSTIÇA

DEVERES DO PODER PÚBLICO: o poder público deve:

I – assegurar o acesso da pessoa com deficiência à justiça, em igualdade de oportunidades com as demais pessoas, garantindo, sempre que requeridos, adaptações e recursos de tecnologia assistiva.

I – capacitar os membros e os servidores que atuam no Poder Judiciário, no Ministério Público, na Defensoria Pública, nos órgãos de segurança pública e no sistema penitenciário quanto aos direitos da pessoa com deficiência.

III – garantir à pessoa com deficiência submetida a medida restritiva de liberdade todos os direitos e garantias a que fazem jus os apenados sem deficiência, garantida a acessibilidade. Os direitos da pessoa com deficiência serão garantidos por ocasião da aplicação de sanções penais.

IV – oferecer todos os recursos de tecnologia assistiva disponíveis para que a pessoa com deficiência tenha garantido o acesso à justiça, sempre que figure em um dos polos da ação ou atue como testemunha, partícipe da lide posta em juízo, advogado, defensor público, magistrado ou membro do Ministério Público.

MINISTÉRIO PÚBLICO: o Ministério Público é instituição permanente, essencial à função jurisdicional do Estado, incumbindo-lhe a defesa da ordem jurídica, do regime democrático e dos interesses sociais e individuais indisponíveis, dentre os quais os interesses relacionados à deficiência das pessoas. O Ministério Público presenta a sociedade, pugnando pelo fiel cumprimento do interesse público, encampado nas normas constitucionais e infraconstitucionais, por isso, sua atuação NÃO fica disponível à conveniência e oportunidade subjetiva, sobretudo quando se trata da proteção aos interesses relacionados à deficiência das pessoas (art. 127, da CF/88, e art. 5º, da Lei nº 7.853/89).

SERVIÇOS NOTARIAIS E DE REGISTRO: os serviços notariais e de registro não podem negar ou criar óbices ou condições diferenciadas à prestação de seus serviços em razão de deficiência do solicitante, devendo reconhecer sua capacidade legal plena, garantida a acessibilidade, sob pena de responsabilização por discriminação em razão de deficiência.

RECONHECIMENTO IGUAL PERANTE A LEI: a pessoa com deficiência tem assegurado o direito ao exercício de sua capacidade legal em igualdade de condições com as demais pessoas. Para isso:

I – quando necessário, a pessoa com deficiência será submetida à curatela, conforme a lei.

II – é facultado à pessoa com deficiência a adoção de processo de tomada de decisão apoiada.

CURATELA: na curatela são observadas as seguintes normas:

I – os curadores são obrigados a prestar, anualmente, contas de sua administração ao juiz, apresentando o balanço do respectivo ano. A curatela afetará tão somente os atos relacionados aos direitos de natureza patrimonial e negocial.

II – a definição da curatela não alcança o direito ao próprio corpo, à sexualidade, ao matrimônio, à privacidade, à educação, à saúde, ao trabalho e ao voto.

III – a curatela constitui medida extraordinária, devendo constar da sentença as razões e motivações de sua definição, preservados os interesses do curatelado.

IV – no caso de pessoa em situação de institucionalização, ao nomear curador, o juiz deve dar preferência a pessoa que tenha vínculo de natureza familiar, afetiva ou comunitária com o curatelado.

V – para emissão de documentos oficiais, não será exigida a situação de curatela da pessoa com deficiência.

VI – em casos de RELEVÂNCIA E URGÊNCIA e a fim de proteger os interesses da pessoa com deficiência em situação de curatela, será lícito ao juiz, ouvido o Ministério Público, de oficio ou a requerimento do interessado, nomear, desde logo, curador provisório, o qual estará sujeito, no que couber, às disposições do Código de Processo Civil.

7.6 DOS CRIMES E DAS INFRAÇÕES ADMINISTRATIVAS

DISCRIMINAÇÃO: praticar, induzir ou incitar discriminação de pessoa em razão de sua deficiência: Pena – reclusão, de 1 (um) a 3 (três) anos, e multa. Aumenta-se a pena em 1/3 (um terço) se a vítima encontrar-se sob cuidado e responsabilidade do agente.

DISCRIMINAÇÃO CIBERNÉTICA: se o crime de discriminação é cometido por intermédio de meios de comunicação social ou de publicação de qualquer natureza: Pena – reclusão, de 2 (dois) a 5 (cinco) anos, e multa. O juiz poderá determinar, ouvido o Ministério Público ou a pedido deste, ainda antes do inquérito policial, sob pena de desobediência: I – recolhimento ou busca e apreensão dos exemplares do material discriminatório; II – interdição das respectivas mensagens ou páginas de informação na internet. Constitui efeito da condenação, após o trânsito em julgado da decisão, a destruição do material apreendido.

APROPRIAÇÃO INDEVIDA: apropriar-se de ou desviar bens, proventos, pensão, benefícios, remuneração ou qualquer outro rendimento de pessoa com deficiência: Pena – reclusão, de 1 (um) a 4 (quatro) anos, e multa. Aumenta-se a pena em 1/3 (um terço) se o crime é cometido: I – por tutor, curador, síndico, liquidatário, inventariante, testamenteiro ou depositário judicial; ou II – por aquele que se apropriou em razão de ofício ou de profissão.

ABANDONO: abandonar pessoa com deficiência em hospitais, casas de saúde, entidades de abrigamento ou congêneres: Pena – reclusão, de 6 (seis) meses a 3 (três) anos, e multa. Na mesma pena incorre quem não prover as necessidades básicas de pessoa com deficiência quando obrigado por lei ou mandado.

RETENÇÃO DE DOCUMENTOS: reter ou utilizar cartão magnético, qualquer meio eletrônico ou documento de pessoa com deficiência destinados ao recebimento de benefícios, proventos, pensões ou remuneração ou à realização de operações financeiras, com o fim de obter vantagem indevida para si ou para outrem: Pena – detenção, de 6 (seis) meses a 2 (dois) anos, e multa. Aumenta-se a pena em 1/3 (um terço) se o crime é cometido por tutor ou curador.

7.7 DO CADASTRO NACIONAL DE INCLUSÃO DA PESSOA COM DEFICIÊNCIA (CADASTRO-INCLUSÃO)

CONCEITO: o Cadastro Nacional de Inclusão da Pessoa com Deficiência (Cadastro-Inclusão), registro público eletrônico com a finalidade de coletar, processar, sistematizar e disseminar informações georreferenciadas que permitam a identificação e a caracterização socioeconômica da pessoa com deficiência, bem como das barreiras que impedem a realização de seus direitos.

DIRETRIZES GERAIS: o Cadastro-Inclusão observará as seguintes diretrizes gerais:

I – o Cadastro-Inclusão será administrado pelo Poder Executivo federal e constituído por base de dados, instrumentos, procedimentos e sistemas eletrônicos.

II – os dados constituintes do Cadastro-Inclusão serão obtidos pela integração dos sistemas de informação e da base de dados de todas as políticas públicas relacionadas aos direitos da pessoa com deficiência, bem como por informações coletadas, inclusive em censos nacionais e nas demais pesquisas realizadas no País, de acordo com os parâmetros estabelecidos pela Convenção sobre os Direitos das Pessoas com Deficiência e seu Protocolo Facultativo.

III – para coleta, transmissão e sistematização de dados, é facultada a celebração de convênios, acordos, termos de parceria ou contratos com instituições públicas e privadas, observados os requisitos e procedimentos previstos em legislação específica.

IV – para assegurar a confidencialidade, a privacidade e as liberdades fundamentais da pessoa com deficiência e os princípios éticos que regem a utilização de informações, devem ser observadas as salvaguardas estabelecidas em lei.

V – os dados do Cadastro-Inclusão somente poderão ser utilizados para as seguintes finalidades:

a) formulação, gestão, monitoramento e avaliação das políticas públicas para a pessoa com deficiência e para identificar as barreiras que impedem a realização de seus direitos;
b) realização de estudos e pesquisas.

VI – suas informações devem ser disseminadas em formatos acessíveis.

7.8 DO COMPARECIMENTO DE PESSOA COM DEFICIÊNCIA PERANTE OS ÓRGÃOS PÚBLICOS

IMPORTANTE: é vedado exigir o comparecimento de pessoa com deficiência perante os órgãos públicos quando seu deslocamento, em razão de sua limitação funcional e de condições de acessibilidade, imponha-lhe ônus desproporcional e indevido, hipótese na qual serão observados os seguintes procedimentos:

I – quando for de interesse do poder público, o agente promoverá o contato necessário com a pessoa com deficiência em sua residência;

II – quando for de interesse da pessoa com deficiência, ela apresentará solicitação de atendimento domiciliar ou fará representar-se por procurador constituído para essa finalidade.

LEMBRE-SE: é assegurado à pessoa com deficiência atendimento domiciliar pela perícia médica e social do Instituto Nacional do Seguro Social (INSS), pelo serviço público de saúde ou pelo serviço privado de saúde, contratado ou conveniado, que integre o SUS e pelas entidades da rede socioassistencial integrantes do Suas, quando seu deslocamento, em razão de sua limitação funcional e de condições de acessibilidade, imponha-lhe ônus desproporcional e indevido.

7.9 POLÍTICA NACIONAL

7.9.1 DISPOSIÇÕES GERAIS

LEMBRE-SE: A Política Nacional para a Integração da Pessoa Portadora de Deficiência compreende o conjunto de orientações normativas que objetivam assegurar o pleno exercício dos direitos individuais e sociais das pessoas portadoras de deficiência

IMPORTANTE: as **deformidades estéticas** e as que não produzam dificuldades para o desempenho de funções **NÃO SÃO CONSIDERADAS DEFICIÊNCIA FÍSICA!**

7.9.2 OBJETIVOS

- A Política Nacional para a Integração da Pessoa Portadora de Deficiência tem como objetivos:

1) o acesso, o ingresso e a permanência da pessoa portadora de deficiência em todos os serviços oferecidos à comunidade;
2) integração das ações dos órgãos e das entidades públicos e privados nas áreas de saúde, educação, trabalho, transporte, assistência social, edificação pública, previdência social, habitação, cultura, desporto e lazer, visando à prevenção das deficiências, à eliminação de suas múltiplas causas e à inclusão social;
3) desenvolvimento de programas setoriais destinados ao atendimento das necessidades especiais da pessoa portadora de deficiência;
4) formação de recursos humanos para atendimento da pessoa portadora de deficiência;
5) garantia da efetividade dos programas de prevenção, de atendimento especializado e de inclusão social.

7.10 EQUIPARAÇÃO DE OPORTUNIDADES

7.10.1 ACESSO À EDUCAÇÃO

IMPORTANTE: **Para assegurar** às pessoas portadoras de deficiência **o pleno exercício de seu direito fundamental à educação**, os órgãos e entidades da administração direta e indireta devem dispensar, no âmbito de sua competência e finalidade, **tratamento prioritário e adequado**, tendente a viabilizar, **sem prejuízo de outras**, as seguintes medidas:

1) a inclusão, no sistema educacional, da Educação Especial como modalidade educativa que abranja a educação precoce, a pré-escolar, as de 1º e 2º graus, a supletiva, a habilitação e reabilitação profissionais, com currículos, etapas e exigências de diplomação próprios;
2) a inserção, no referido sistema educacional, das escolas especiais, privadas e públicas;
3) a oferta, obrigatória e gratuita, da Educação Especial em estabelecimento público de ensino;
4) o oferecimento obrigatório de programas de Educação Especial a nível pré-escolar, em unidades hospitalares e congêneres nas quais estejam internados, por prazo igual ou superior a 1 (um) ano, educandos portadores de deficiência;
5) o acesso de alunos portadores de deficiência aos benefícios conferidos aos demais educandos, inclusive material escolar, merenda escolar e bolsas de estudo;
6) a matrícula compulsória em cursos regulares de estabelecimentos públicos e particulares de pessoas portadoras de deficiência capazes de se integrarem no sistema regular de ensino.

7.10.2 ACESSO AO TRABALHO

- **IMPORTANTE**: **Para assegurar** às pessoas portadoras de deficiência **o pleno exercício de seu direito fundamental ao trabalho**, os órgãos e entidades da administração direta e indireta devem dispensar, no âmbito de sua competência e finalidade, **tratamento prioritário e adequado**, tendente a viabilizar, **sem prejuízo de outras**, as seguintes medidas:

1) o apoio governamental à formação profissional, e a garantia de acesso aos serviços concernentes, inclusive aos cursos regulares voltados à formação profissional;

2) o empenho do Poder Público quanto ao surgimento e à manutenção de empregos, inclusive de tempo parcial, destinados às pessoas portadoras de deficiência que não tenham acesso aos empregos comuns;

3) a promoção de ações eficazes que propiciem a inserção, nos setores públicos e privado, de pessoas portadoras de deficiência;

4) a adoção de legislação específica que discipline a reserva de mercado de trabalho, em favor das pessoas portadoras de deficiência, nas entidades da Administração Pública e do setor privado, e que regulamente a organização de oficinas e congêneres integradas ao mercado de trabalho, e a situação, nelas, das pessoas portadoras de deficiência.

- **LEMBRE-SE**: A **empresa com cem ou mais empregados** está **obrigada a preencher de dois a cinco por cento de seus cargos** com beneficiários da Previdência Social **reabilitados** ou com **pessoa portadora de deficiência habilitada**, na seguinte proporção:

  1) até duzentos empregados, dois por cento;

  2) de duzentos e um a quinhentos empregados, três por cento;

  3) de quinhentos e um a mil empregados, quatro por cento;

  4) mais de mil empregados, cinco por cento.

IMPORTANTE: Em **TODO** CONCURSO PÚBLICO para provimento de cargos ou empregos públicos, **cujas atribuições sejam compatíveis com a deficiência** de que é portador, fica assegurado ao candidato portador de deficiência:

i. **o direito de se inscrever,** em igualdade de condições com os demais candidatos;

ii. **concorrer a todas as vagas**, sendo **reservado no mínimo** o percentual de **cinco por cento** em face da classificação obtida, e se, na sua aplicação, resultar em número fracionado, este será elevado ao próximo número inteiro subsequente.

- **FIQUE DE OLHO: É CRIME**: obstar, sem justa causa, o acesso de alguém a qualquer cargo público, por motivos derivados de sua deficiência

- **LEMBRE-SE**: **Sob pena de nulidade, os editais de concursos públicos deverão conter**:

  1) o número de vagas existentes, bem como o total correspondente à reserva destinada à pessoa portadora de deficiência;

  2) as atribuições e tarefas essenciais dos cargos;

  3) previsão de adaptação das provas, do curso de formação e do estágio probatório, conforme a deficiência do candidato;

  4) exigência de apresentação, pelo candidato portador de deficiência, no ato da inscrição, de laudo médico atestando a espécie e o grau ou nível da deficiência, com expressa referência ao código correspondente da Classificação Internacional de Doença – CID, bem como a provável causa da deficiência.

7.11 ATENDIMENTO E ACESSIBILIDADE

7.11.1 ATENDIMENTO PRIORITÁRIO

- **IMPORTANTE**: Os órgãos da **administração pública** direta, indireta e fundacional, as **empresas prestadoras de serviços públicos** e as **instituições financeiras deverão dispensar atendimento prioritário às pessoas com deficiência, aos idosos com idade igual ou superior a 60 (sessenta) anos, às gestantes, às lactantes, às pessoas com crianças de colo e aos obesos.**

- **LEMBRE-SE**: **Atendimento prioritário** compreende **tratamento diferenciado** e **atendimento imediato.**

ATENDIMENTO PRIORITÁRIO	
Tratamento diferenciado	assentos de uso preferencial sinalizados, espaços e instalações acessíveis
	mobiliário de recepção e atendimento obrigatoriamente adaptado à altura e à condição física de pessoas em cadeira de rodas, conforme estabelecido nas normas técnicas de acessibilidade da ABNT
	serviços de atendimento para pessoas com deficiência auditiva, prestado por intérpretes ou pessoas capacitadas em Língua Brasileira de Sinais – LIBRAS e no trato com aquelas que não se comuniquem em LIBRAS, e para pessoas surdocegas, prestado por guias-intérpretes ou pessoas capacitadas neste tipo de atendimento
	pessoal capacitado para prestar atendimento às pessoas com deficiência visual, mental e múltipla, bem como às pessoas idosas
	disponibilidade de área especial para embarque e desembarque de pessoa portadora de deficiência ou com mobilidade reduzida
	sinalização ambiental para orientação
	divulgação, em lugar visível, do direito de atendimento prioritário das pessoas portadoras de deficiência ou com mobilidade reduzida
Tratamento diferenciado	admissão de entrada e permanência de cão-guia ou cão-guia de acompanhamento junto de pessoa portadora de deficiência ou de treinador nos locais dispostos no *caput* do art. 5º, bem como nas demais edificações de uso público e naquelas de uso coletivo, mediante apresentação da carteira de vacina atualizada do animal
	a existência de local de atendimento específico
Atendimento imediato	É o atendimento prestado às pessoas portadoras de deficiência ou com mobilidade reduzida, antes de qualquer outra, depois de concluído o atendimento que estiver em andamento, observada a prioridade de atendimento atribuída ao idoso.

7.11.2 ACESSIBILIDADE

7.11.2.1 DISPOSIÇÕES GERAIS DE ACESSIBILIDADE

- **IMPORTANTE**: Para assegurar às pessoas portadoras de deficiência o pleno exercício dos direitos individuais e sociais e efetiva integração social, **o Estado dever adotar, dentre outras, ações que garantam a funcionalidade das edificações e vias públicas, inibindo ou extraindo obstáculos ao acesso dessas pessoas nesses locais.**
- **ACESSIBILIDADE** é a possibilidade e condição de alcance para utilização, com segurança e autonomia, dos espaços, mobiliários e equipamentos urbanos, das edificações, dos transportes e dos sistemas e meios de comunicação, por pessoa portadora de deficiência ou com mobilidade reduzida.

7.11.2.2 ACESSIBILIDADE ARQUITETÔNICA E URBANÍSTICA

7.11.2.2.1 ELEMENTOS DA URBANIZAÇÃO

- **LEMBRE-SE**: **O planejamento e a urbanização** das vias públicas, dos parques e dos demais espaços de uso público **deverão ser concebidos e executados de forma a torná-los acessíveis para as pessoas portadoras de deficiência ou com mobilidade reduzida.**

7.11.2.2.2 ACESSIBILIDADE NOS EDIFÍCIOS PÚBLICOS OU DE USO COLETIVO

- **IMPORTANTE**: A construção, ampliação ou reforma de **edifícios públicos ou privados destinados ao uso coletivo** deverão ser executadas de modo que sejam ou se tornem **acessíveis às pessoas portadoras de deficiência ou com mobilidade reduzida**.
- Os **locais de espetáculos, conferências, aulas e outros de natureza similar** deverão dispor de **espaços reservados** para pessoas que utilizam cadeira de rodas, e de **lugares específicos** para pessoas com deficiência

auditiva e visual, **inclusive acompanhante**, de acordo com a ABNT, de modo a facilitar-lhes as condições de acesso, circulação e comunicação.

- **IMPORTANTE**: Os **estabelecimentos de ensino** de qualquer nível, etapa ou modalidade, **públicos ou privados, proporcionarão condições de acesso e utilização de todos os seus ambientes ou compartimentos para pessoas portadoras de deficiência ou com mobilidade reduzida**, inclusive salas de aula, bibliotecas, auditórios, ginásios e instalações desportivas, laboratórios, áreas de lazer e sanitários.
- **LEMBRE-SE**: Em todas as **áreas de estacionamento** de veículos, **localizadas em vias ou em espaços públicos**, deverão ser **reservadas vagas próximas dos acessos de circulação de pedestres**, devidamente sinalizadas, **para veículos que transportem pessoas portadoras de deficiência com dificuldade de locomoção**.
  - **IMPORTANTE:** É obrigatória a colocação, de forma visível, do Símbolo Nacional de Pessoa Ostomizada em todos os locais que possibilitem acesso, circulação e utilização por pessoas ostomizadas e em todos os serviços que forem postos à sua disposição ou que possibilitem o seu uso, principalmente no acesso aos banheiros públicos e privados. Tal obrigação fora incluída pela Lei nº 13.031/14.

7.11.2.3 ACESSIBILIDADE AOS SERVIÇOS DE TRANSPORTES COLETIVOS

- Os **sistemas de transporte coletivo** são considerados **acessíveis** quando todos os seus **elementos** são concebidos, organizados, implantados e adaptados **segundo o conceito de desenho universal**, garantindo o **uso pleno com segurança e autonomia por todas as pessoas**.
- **IMPORTANTE**: Caberá ao **Poder Executivo**, com base em estudos e pesquisas, **verificar a viabilidade de redução ou isenção de tributo**:

I. **para importação** de equipamentos que não sejam produzidos no País, necessários no processo de adequação do sistema de transporte coletivo, desde que não existam similares nacionais; e

II. **para fabricação ou aquisição** de veículos ou equipamentos destinados aos sistemas de transporte coletivo.

7.12 A PROTEÇÃO E OS DIREITOS DAS PESSOAS PORTADORAS DE TRANSTORNOS MENTAIS E O MODELO ASSISTENCIAL EM SAÚDE MENTAL

- **BOA NOTÍCIA:** Em 2014, a Lei nº 13.061/14 institui o Dia Nacional dos Direitos Fundamentais da Pessoa com Transtornos Mentais, a ser celebrado, anualmente, no dia 10 de outubro.

DIREITOS DA PESSOA PORTADORA DE TRANSTORNO MENTAL
• ter acesso ao melhor tratamento do sistema de saúde, consentâneo às suas necessidades
• ser tratada com humanidade e respeito e no interesse exclusivo de beneficiar sua saúde, visando alcançar sua recuperação pela inserção na família, no trabalho e na comunidade
• ser protegida contra qualquer forma de abuso e exploração
• ter garantia de sigilo nas informações prestadas
• ter direito à presença médica, em qualquer tempo, para esclarecer a necessidade ou não de sua hospitalização involuntária
• ter livre acesso aos meios de comunicação disponíveis
• receber o maior número de informações a respeito de sua doença e de seu tratamento
• ser tratada em ambiente terapêutico pelos meios menos invasivos possíveis
• ser tratada, preferencialmente, em serviços comunitários de saúde mental

- A **internação voluntária ou involuntária** somente será **autorizada por médico devidamente registrado** no Conselho Regional de Medicina – CRM do Estado onde se localize o estabelecimento.
- **FIQUE DE OLHO**: A **internação psiquiátrica involuntária** deverá, **no prazo de setenta e duas horas**, ser **comunicada ao Ministério Público Estadual** pelo responsável técnico do estabelecimento no qual tenha ocorrido, devendo esse mesmo procedimento ser adotado quando da respectiva alta.

7.13 PENSÃO E INDENIZAÇÃO POR DANOS MORAIS AOS PORTADORES DA DEFICIÊNCIA FÍSICA CONHECIDA COMO SÍNDROME DA TALIDOMIDA

LEMBRE-SE: Os portadores de deficiência física conhecida como Síndrome da Talidomida têm direito à pensão e à indenização por dano moral, respectivamente instituídas pelas Leis 7.070/82 e 12.190/10.

A pensão tem as seguintes características:

- Mensal;
- Vitalícia;
- Intransferível;
- Tem natureza indenizatória, por isso não prejudica;
- Não é acumulável com rendimento ou indenização que, a qualquer título, venha a ser pago pela União a seus beneficiários, salvo a indenização por dano moral concedida pela Lei nº 12.190/10;
- Mantida e paga pelo Instituto Nacional de Previdência Social, por conta do Tesouro Nacional.

Seu valor é:

- Calculado conforme a natureza e o grau de dependência da deficiência;
- Não poderá ser reduzido em razão de eventual aquisição de capacidade laborativa ou de redução de incapacidade para o trabalho, ocorridas após a sua concessão;
- Isento de Imposto de Renda.

A indenização por dano moral:

- Consiste no pagamento de valor único igual a R$ 50.000,00 (cinquenta mil reais), multiplicado pelo número dos pontos indicadores da natureza e do grau da dependência resultante da deformidade física;
- Não incide Imposto de Renda;
- Ressalvado o direito de opção, não é acumulável com qualquer outra da mesma natureza concedida por decisão judicial.

7.14 COORDENADORIA NACIONAL PARA INTEGRAÇÃO DA PESSOA PORTADORA DE DEFICIÊNCIA – CORDE

- **LEMBRE-SE**: a Coordenadoria Nacional para Integração da Pessoa Portadora de Deficiência – **Corde** foi instituída pela Lei nº 7.853/89, para **auxiliar do dever no Estado consistente, basicamente, em garantir o pleno exercício dos direitos individuais e sociais das pessoas portadoras de deficiências**, e sua efetiva integração social. Em 2009, a Corde **foi elevada a Subsecretaria Nacional de Promoção dos Direitos da Pessoa com Deficiência (SNPD)**, cuja importância foi sobressaltada com a Convenção Internacional sobre os Direitos da Pessoa com Deficiência, com status de Emenda Constitucional.
- **IMPORTANTE:** Compete à antiga Corde – atual SNPD:

i. coordenar as ações governamentais e medidas que se refiram às pessoas portadoras de deficiência;

ii. elaborar os planos, programas e projetos subsumidos na Política Nacional para a Integração de Pessoa Portadora de Deficiência, bem como propor as providências necessárias a sua completa implantação e seu adequado desenvolvimento, inclusive as pertinentes a recursos e as de caráter legislativo;

iii. acompanhar e orientar a execução, pela Administração Pública Federal, dos planos, programas e projetos mencionados no inciso anterior;

iv. manifestar-se sobre a adequação à Política Nacional para a Integração da Pessoa Portadora de Deficiência dos projetos federais a ela conexos, antes da liberação dos recursos respectivos;

v. manter, com os Estados, Municípios, Territórios, o Distrito Federal, e o Ministério Público, estreito relacionamento, objetivando a concorrência de ações destinadas à integração social das pessoas portadoras de deficiência;

vi. provocar a iniciativa do Ministério Público, ministrando-lhe informações sobre fatos que constituam objeto da ação civil de que esta Lei, e indicando-lhe os elementos de convicção;

vii. emitir opinião sobre os acordos, contratos ou convênios firmados pelos demais órgãos da Administração Pública Federal, no âmbito da Política Nacional para a Integração da Pessoa Portadora de Deficiência;

viii. promover e incentivar a divulgação e o debate das questões concernentes à pessoa portadora de deficiência, visando à conscientização da sociedade.

8 DIREITOS DOS IDOSOS

8.1 DIREITOS FUNDAMENTAIS

8.1.1 DISPOSIÇÕES GERAIS

Para garantir a **dignidade de todas as pessoas,** inclusive das idosas, a Constituição Federal concedeu os seguintes **DIREITOS FUNDAMENTAIS:**

DIREITOS FUNDAMENTAIS:	
INDIVIDUAIS E COLETIVOS	**SOCIAIS**
Vida	Alimentação
Liberdade	Saúde
Igualdade	Moradia
Segurança	Trabalho
Propriedade	Segurança
	Educação
	Previdência Social
	Lazer
	Proteção à maternidade
	Proteção à infância
	Assistência aos desamparados

É considerada **IDOSA** pessoa com **idade igual ou superior a 60 (sessenta) anos**!

NÃO SE ESQUEÇA: TODA pessoa está num **processo de envelhecimento sadio (senescência)**, até ser idoso, MAS **nem todo idoso é considerado senil**, ou seja, que está num processo de declínio ou diminuição da capacidade físico-mental (envelhecimento patológico), **que pode resultar em sua incapacidade civil por interdição**.

IMPORTANTE: É obrigação da **família, da comunidade, da sociedade e do Poder Público** assegurar ao idoso, **com absoluta prioridade**, a efetivação do direito à vida, à saúde, à alimentação, à educação, à cultura, ao esporte, ao lazer, ao trabalho, à cidadania, à liberdade, à dignidade, ao respeito e à convivência familiar e comunitária.

LEMBRE-SE: a **garantia de prioridade compreende**:

1) atendimento preferencial imediato e individualizado junto aos órgãos públicos e privados prestadores de serviços à população;

2) preferência na formulação e na execução de políticas sociais públicas específicas;

3) destinação privilegiada de recursos públicos nas áreas relacionadas com a proteção ao idoso;

4) viabilização de formas alternativas de participação, ocupação e convívio do idoso com as demais gerações;

5) priorização do atendimento do idoso por sua própria família, em detrimento do atendimento asilar, exceto dos que não a possuam ou careçam de condições de manutenção da própria sobrevivência;

6) capacitação e reciclagem dos recursos humanos nas áreas de geriatria e gerontologia e na prestação de serviços aos idosos;

7) estabelecimento de mecanismos que favoreçam a divulgação de informações de caráter educativo sobre os aspectos biopsicossociais de envelhecimento;

8) garantia de acesso à rede de serviços de saúde e de assistência social locais.

9) prioridade no recebimento da restituição do Imposto de Renda.

8.1.2 DIREITO À VIDA

- **IMPORTANTE**: O **envelhecimento** é um **direito personalíssimo** e a **sua proteção um direito social.**

8.1.3 DIREITO À LIBERDADE, AO RESPEITO E À DIGNIDADE

- É obrigação do Estado e da sociedade, assegurar à pessoa idosa a liberdade, o respeito e a dignidade, como pessoa humana e sujeito de direitos civis, políticos, individuais e sociais, garantidos na Constituição e nas leis.

8.1.4 ALIMENTOS

LEMBRE-SE: A **obrigação alimentar** é **solidária**, podendo o idoso optar entre os prestadores.

IMPORTANTE: As **transações relativas a alimentos** poderão ser celebradas **perante o Promotor de Justiça ou Defensor Público**, que as referendará, e passarão a ter efeito de **título executivo extrajudicial.**

8.1.5 DIREITO À SAÚDE

- **Incumbe ao Poder Público fornecer** aos idosos, **gratuitamente**, **medicamentos**, especialmente os de uso continuado, **assim como próteses, órteses e outros recursos relativos ao tratamento, habilitação ou reabilitação.**
- **ATENÇÃO:** O Superior Tribunal de Justiça, no julgamento do Tema 952 afeto pelo rito de Recursos Especiais Repetitivos, firmou a seguinte tese para uniformizar a jurisprudência brasileira: O reajuste de mensalidade de plano de saúde individual ou familiar fundado na mudança de faixa etária do beneficiário é válido desde que:

  (i) haja previsão contratual;

  (ii) sejam observadas as normas expedidas pelos órgãos governamentais reguladores. No tocante aos contratos antigos e não adaptados, isto é, aos seguros e planos de saúde firmados antes da entrada em vigor da Lei nº 9.656/1998, deve-se seguir o que consta no contrato, respeitadas, quanto à abusividade dos percentuais de aumento, as normas da legislação consumerista e, quanto à validade formal da cláusula, as diretrizes da Súmula Normativa nº 3/2001 da ANS. Em se tratando de contrato (novo) firmado ou adaptado entre 2/1/1999 e 31/12/2003, deverão ser cumpridas as regras constantes na Resolução CONSU nº 6/1998, a qual determina a observância de 7 (sete) faixas etárias e do limite de variação entre a primeira e a última (o reajuste dos maiores de 70 anos não poderá ser superior a 6 (seis) vezes o previsto para os usuários entre 0 e 17 anos), não podendo também a variação de valor na contraprestação atingir o usuário idoso vinculado ao plano ou seguro saúde há mais de 10 (dez) anos. Para os contratos (novos) firmados a partir de 1º/1/2004, incidem as regras da RN nº 63/2003 da ANS, que prescreve a observância: a) de 10 (dez) faixas etárias, a última aos 59 anos; b) do valor fixado para a última faixa etária não poder ser superior a 6 (seis) vezes o previsto para a primeira; e c) da variação acumulada entre a sétima e décima faixas não poder ser superior à variação cumulada entre a primeira e sétima faixas.

  (iii) não sejam aplicados percentuais desarrazoados ou aleatórios que, concretamente e sem base atuarial idônea, onerem excessivamente o consumidor ou discriminem o idoso.

- **Em razão da idade do consumidor, ou da condição de pessoa portadora de deficiência, ninguém pode ser impedido de participar de planos privados de assistência à saúde.**

  PARA O IDOSO ENFERMO:

- É **vedado exigir seu comparecimento perante os órgãos públicos**, hipótese na qual será admitido o seguinte procedimento:

I. **quando de interesse do poder público**, o agente promoverá o contato necessário com o idoso em sua residência; ou

II. **quando de interesse do próprio idoso**, este se fará representar por procurador legalmente constituído.

- É **assegurado o atendimento domiciliar** pela perícia médica do Instituto Nacional do Seguro Social – INSS, pelo serviço público de saúde ou pelo serviço privado de saúde, contratado ou conveniado, que integre o Sistema Único de Saúde – SUS, para expedição do laudo de saúde necessário ao exercício de seus direitos sociais e de isenção tributária.
- **LEMBRE-SE**: Ao idoso **internado ou em observação** é assegurado o **direito a acompanhante**, devendo o órgão de saúde proporcionar as condições adequadas para a sua permanência em tempo integral, **segundo o critério médico**.
- Caberá ao profissional de saúde responsável pelo tratamento conceder autorização para o acompanhamento do idoso ou, no caso de impossibilidade, justificá-la por escrito.

FIQUE DE OLHO: O **direito de optar pelo tratamento de saúde** mais favorável **é exercido**:

- **PRIMEIRO**, pelo **idoso com domínio de suas faculdades mentais**;
- **SEGUNDO**, Não estando o idoso em condições de proceder à opção, esta será feita:

1) pelo curador, quando o idoso for interditado;
2) pelos familiares, quando o idoso não tiver curador ou este não puder ser contatado em tempo hábil;
3) pelo médico, quando ocorrer iminente risco de vida e não houver tempo hábil para consulta a curador ou familiar;
4) pelo próprio médico, quando não houver curador ou familiar conhecido, caso em que deverá comunicar o fato ao Ministério Público.

8.1.6 EDUCAÇÃO, CULTURA, ESPORTE E LAZER

- Nos **currículos mínimos** dos diversos níveis de **ensino formal** serão **inseridos conteúdos voltados ao processo de envelhecimento, ao respeito e à valorização do idoso**, de forma a eliminar o preconceito e a produzir conhecimentos sobre a matéria.

LEMBRE-SE: A participação dos idosos em atividades culturais e de lazer será proporcionada mediante **descontos de pelo menos 50% (cinquenta por cento)** nos ingressos para **eventos artísticos, culturais, esportivos e de lazer**, bem como o **acesso preferencial aos respectivos locais.**

8.1.7 PROFISSIONALIZAÇÃO E TRABALHO

Na admissão do idoso em **qualquer trabalho ou emprego**, é **vedada a discriminação e a fixação de limite máximo de idade**, inclusive para concursos, **ressalvados os casos em que a natureza do cargo o exigir.**

LEMBRE-SE: O **primeiro critério de desempate em concurso público** será a idade, dando-se **preferência ao de idade mais elevada.**

8.1.8 ASSISTÊNCIA SOCIAL

IMPORTANTE: É garantido ao idoso um salário mínimo de benefício mensal ao idoso que preencha os seguintes requisitos:

1) comprove não possuir meios de prover à própria manutenção ou de tê-la provida por sua família;
2) idade igual ou superior a 65 anos;

LEMBRE-SE: **Presume-se** incapaz de prover a manutenção da pessoa idosa, a família cuja renda mensal per capita seja inferior a 1/4 (um quarto) do salário-mínimo. Não serão computados como renda mensal bruta familiar: I – benefícios e auxílios assistenciais de natureza eventual e temporária; II – valores oriundos de programas sociais de transferência de renda; III – bolsas de estágio curricular; III- bolsas de estágio supervisionado; IV – pensão especial de natureza indenizatória e benefícios de assistência médica; V – rendas de natureza eventual ou sazonal, a serem regulamentadas em ato conjunto do Ministério do Desenvolvimento Social e Combate à Fome e do INSS; VI – rendimentos decorrentes de contrato de aprendizagem; e benefício de prestação continuada auferido por idoso ou portador de deficiência.

NÃO SE ESQUEÇA: O Superior Tribunal de Justiça firmou as seguintes teses após julgamento de Recursos Especiais representativos de controvérsia, para uniformizar a jurisprudência brasileira: 1 – O Plano de Benefícios da Previdência Social – PBPS, dando cumprimento ao art. 202, caput, da Constituição Federal (redação original), definiu **o valor mínimo do salário-de-benefício, nunca inferior ao salário mínimo, e seu limite máximo, nunca superior ao limite máximo do salário-de-contribuição** (Tema 148); 2 – **A limitação do valor da renda per capita familiar não deve ser considerada a única forma de se comprovar que a pessoa não possui outros meios para prover a própria manutenção ou de tê-la provida por sua família**, pois é apenas um elemento objetivo para se aferir a necessidade, ou seja, presume-se absolutamente a miserabilidade quando comprovada a renda per capita inferior a 1/4 do salário mínimo (Tema 185); 3 – Aplica-se o parágrafo único do artigo 34 do Estatuto do Idoso (Lei n. 10.741/03), por analogia, a pedido de benefício assistencial feito por pessoa com deficiência a fim de que benefício previdenciário recebido por idoso, no valor de um salário mínimo, não seja computado no cálculo da renda per capita prevista no artigo 20, § 3º, da Lei n. 8.742/93 (Tema 640); 4 – Nos planos de benefícios de previdência privada patrocinados pelos entes federados – inclusive suas autarquias, fundações, sociedades de economia mista e empresas controladas direta ou indiretamente -, para se tornar elegível a um benefício de prestação que seja programada e continuada, é necessário que o participante previamente cesse o vínculo laboral com o patrocinador, sobretudo a partir da vigência da Lei Complementar nº 108/2001, independentemente das disposições estatutárias e regulamentares (Tema 944).

- O benefício da Prestação Continuada **não pode ser acumulado** pelo beneficiário com qualquer outro no âmbito da seguridade social ou de outro regime, **salvo os da assistência médica e da pensão especial de natureza indenizatória**.
- A **condição de acolhimento em instituições de longa permanência não prejudica** o direito do idoso ao **benefício de prestação continuada**.

8.1.9 HABITAÇÃO

O idoso tem direito a moradia digna, no seio da família natural ou substituta, ou desacompanhado de seus familiares, quando assim o desejar, ou, ainda, em instituição pública ou privada.

IMPORTANTE: NOS PROGRAMAS HABITACIONAIS, públicos ou subsidiados com recursos públicos, **o idoso goza de prioridade na aquisição de imóvel para moradia própria**, observado o seguinte:

1) reserva de pelo menos 3% (três por cento) das unidades habitacionais residenciais para atendimento aos idosos;
2) implantação de equipamentos urbanos comunitários voltados ao idoso;
3) eliminação de barreiras arquitetônicas e urbanísticas, para garantia de acessibilidade ao idoso;
4) critérios de financiamento compatíveis com os rendimentos de aposentadoria e pensão.
5) as unidades residenciais reservadas para atendimento a idosos devem situar-se, preferencialmente, no pavimento térreo.

8.1.10 TRANSPORTE

IMPORTANTE: A **gratuidade nos transportes coletivos públicos depende**:

- Nos transportes coletivos públicos **urbanos e semiurbanos**:
  1) Ser idoso maior de 65 anos de idade;
  2) Basta que o idoso apresente qualquer documento pessoal que faça prova de sua idade.
- Para idosos com **idade entre 60 e 65**, a **lei local estabelecerá os critérios**!
- No transporte coletivo **interestadual**:
  1) Ser idoso com idade igual ou superior a 60 anos;
  2) Ter renda igual ou inferior a dois salários-mínimos;
  3) Solicitar um único "Bilhete de Viagem do Idoso", nos pontos de venda próprios da transportadora, com antecedência de, pelo menos, três horas em relação ao horário de partida do ponto inicial da linha do serviço de transporte;
  4) Comparecer ao terminal de embarque até trinta minutos antes da hora marcada para o início da viagem;

5) Apresentar documento pessoal que faça prova de sua idade e da renda igual ou inferior a dois salários-mínimos;

6) Ter duas vagas gratuitas por veículo;

Finalizadas as vagas gratuitas no transporte coletivo interestadual, o idoso tem direito a **desconto de 50%**, no mínimo, no valor das passagens.

Não estão incluídas NO BENEFÍCIO DE GRATUIDADE DO TRANSPORTE COLETIVO INTERESTADUAL **as tarifas de pedágio e de utilização dos terminais e as despesas com alimentação**

LEMBRE-SE: **É assegurada a reserva**, para os idosos, **nos termos da lei local**, de **5% das vagas** nos **estacionamentos públicos e privados**, as quais deverão ser posicionadas de forma a garantir a melhor comodidade ao idoso.

FIQUE DE OLHO: São asseguradas a prioridade e a segurança do idoso nos procedimentos de embarque e desembarque nos veículos do sistema de transporte coletivo.

8.2 POLÍTICA DE ATENDIMENTO AO IDOSO

8.2.1 POLÍTICA NACIONAL DO IDOSO

8.2.1.1 DIRETRIZES DA POLÍTICA NACIONAL DO IDOSO

- viabilização de **formas alternativas de participação, ocupação e convívio do idoso**, que proporcionem sua integração às demais gerações
- **participação do idoso**, através de suas organizações representativas, na formulação, implementação e avaliação das políticas, planos, programas e projetos a serem desenvolvidos
- **priorização do atendimento** ao idoso **através de suas próprias famílias**, em detrimento do atendimento asilar, à exceção dos idosos que não possuam condições que garantam sua própria sobrevivência
- descentralização político-administrativa
- **capacitação e reciclagem dos recursos humanos** nas áreas de geriatria e gerontologia e na prestação de serviços
- **implementação de sistema de informações** que permita a divulgação da política, dos serviços oferecidos, dos planos, programas e projetos em cada nível de governo
- estabelecimento de mecanismos que favoreçam a divulgação de informações de caráter educativo sobre os aspectos biopsicossociais do envelhecimento
- **priorização do atendimento ao idoso** em **órgãos públicos e privados prestadores de serviços**, quando desabrigados e sem família
- apoio a estudos e pesquisas sobre as questões relativas ao envelhecimento

É vedada a permanência de portadores de doenças que necessitem de assistência médica ou de enfermagem permanente em instituições asilares de caráter social.

8.2.1.2 AÇÕES GOVERNAMENTAIS

IMPORTANTE: É assegurado ao idoso o **direito de dispor de seus bens, proventos, pensões e benefícios**, **SALVO** nos casos de **incapacidade judicialmente comprovada**.

8.2.1.3 MODALIDADES DE ATENDIMENTO

MODALIDADE ASILAR é o atendimento, em **regime de internato, ao idoso sem vínculo familiar ou sem condições de prover à própria subsistência** de modo a satisfazer as suas necessidades de moradia, alimentação, saúde e convivência social.

LEMBRE-SE: Fica **proibida a permanência** em **instituições asilares, de caráter social**, de **idosos portadores de doenças que exijam assistência médica permanente ou de assistência de enfermagem intensiva**, cuja **falta possa agravar ou por em risco sua vida ou a vida de terceiros**.

8.2.2 ENTIDADES DE ATENDIMENTO AO IDOSO

- **O dirigente** de instituição prestadora de atendimento ao idoso **responderá civil e criminalmente** pelos atos que praticar em detrimento do idoso, **sem prejuízo das sanções administrativas.**

IMPORTANTE: As **instituições filantrópicas ou sem fins lucrativos prestadoras de serviço ao idoso** terão direito à **assistência judiciária gratuita**.

8.2.3 FISCALIZAÇÃO DAS ENTIDADES DE ATENDIMENTO

FIQUE DE OLHO: As **entidades governamentais e não governamentais de atendimento ao idoso** serão **fiscalizadas** pelos **Conselhos do Idoso**, **Ministério Público**, **Vigilância Sanitária** e **outros previstos em lei.**

8.2.4 CONSELHOS NACIONAL, ESTADUAIS, DO DISTRITO FEDERAL E MUNICIPAIS DO IDOSO

Os Conselhos Nacional, Estaduais, do Distrito Federal e Municipais do Idoso, previstos na Lei nº 8.842, de 4 de janeiro de 1994:

- Zelarão pelo cumprimento dos direitos do idoso;
- Serão órgãos permanentes, paritários e deliberativos, compostos por igual número de representantes dos órgãos e entidades públicas e de organizações representativas da sociedade civil ligadas à área.

CONSELHO NACIONAL DOS DIREITOS DO IDOSO – CNDI	
Natureza	Órgão colegiado de caráter deliberativo, integrante da estrutura básica da Secretaria Especial dos Direitos Humanos da Presidência da República.
Finalidade	Elaborar as diretrizes para a formulação e implementação da política nacional do idoso, observadas as linhas de ação e as diretrizes conforme dispõe o Estatuto do Idoso, bem como acompanhar e avaliar a sua execução.
Composição	Um representante da Secretaria Especial dos Direitos Humanos da Presidência da República e de cada Ministério a seguir indicado: das Relações Exteriores; do Trabalho e Emprego; da Educação; da Saúde; da Cultura; do Esporte; da Justiça; da Previdência Social; da Ciência e Tecnologia; do Turismo; do Desenvolvimento Social e Combate à Fome; do Planejamento, Orçamento e Gestão; e das Cidades.
	Quatorze representantes de entidades da sociedade civil organizada, sem fins lucrativos, com atuação no campo da promoção e defesa dos direitos da pessoa idosa, que tenham filiadas organizadas em, pelo menos, cinco unidades da Federação, distribuídas em três regiões do País.

CONSELHO NACIONAL DOS DIREITOS DO IDOSO – CNDI	
Atribuições do presidente	Convocar e presidir as reuniões do colegiado; Solicitar a elaboração de estudos, informações e posicionamento sobre temas de relevante interesse público; Firmar as atas das reuniões e homologar as resoluções; e Constituir, convocar reuniões e organizar o funcionamento das comissões permanentes e dos grupos temáticos; Resolver as dúvidas e os casos omissos no Decreto nº 5.109/2004, *ad referendum* do Colegiado.
Competência	Elaborar as diretrizes, instrumentos, normas e prioridades da política nacional do idoso, bem como controlar e fiscalizar as ações de execução; Zelar pela aplicação da política nacional de atendimento ao idoso; Dar apoio aos Conselhos Estaduais, do Distrito Federal e Municipais dos Direitos do Idoso, aos órgãos estaduais, municipais e entidades não governamentais, para tornar efetivos os princípios, as diretrizes e os direitos estabelecidos pelo Estatuto do Idoso; Avaliar a política desenvolvida nas esferas estadual, distrital e municipal e a atuação dos conselhos do idoso instituídos nessas áreas de governo; Acompanhar o reordenamento institucional, propondo, sempre que necessário, as modificações nas estruturas públicas e privadas destinadas ao atendimento do idoso; Apoiar a promoção de campanhas educativas sobre os direitos do idoso, com a indicação das medidas a serem adotadas nos casos de atentados ou violação desses direitos; Acompanhar a elaboração e a execução da proposta orçamentária da União, indicando modificações necessárias à consecução da política formulada para a promoção dos direitos do idoso; e Elaborar o regimento interno, que será aprovado pelo voto de, no mínimo, dois terços de seus membros, nele definindo a forma de indicação do seu Presidente e Vice-Presidente; Acompanhar e avaliar a expedição de orientações e recomendações sobre a aplicação do Estatuto do Idoso, e dos demais atos normativos relacionados ao atendimento do idoso; Promover a cooperação entre os governos da União, dos Estados, do Distrito Federal e dos Municípios e a sociedade civil organizada na formulação e execução da política nacional de atendimento dos direitos do idoso; Promover, em parceria com organismos governamentais e não-governamentais, nacionais e internacionais, a identificação de sistemas de indicadores, no sentido de estabelecer metas e procedimentos com base nesses índices, para monitorar a aplicação das atividades relacionadas com o atendimento ao idoso; Promover a realização de estudos, debates e pesquisas sobre a aplicação e os resultados estratégicos alcançados pelos programas e projetos de atendimento ao idoso, desenvolvidos pela Secretaria Especial dos Direitos Humanos da Presidência da República; e Estimular a ampliação e o aperfeiçoamento dos mecanismos de participação e controle social, por intermédio de rede nacional de órgãos colegiados estaduais, regionais, territoriais e municipais, visando fortalecer o atendimento dos direitos do idoso.

8.3 ACESSO À JUSTIÇA

8.3.1 DISPOSIÇÕES GERAIS

- **IMPORTANTE**: É assegurada **prioridade na tramitação** dos **processos e procedimentos e na execução dos atos e diligências judiciais** em que figure como **parte ou interveniente pessoa com idade igual ou superior a 60 (sessenta) anos**, em qualquer instância.

- **LEMBRE-SE**: Para o **exercício da garantia de prioridade**, BASTA o idoso **fazer prova de sua idade** e **requerer** benefício à autoridade judiciária competente para decidir o feito, que determinará as providências a serem cumpridas, anotando-se essa circunstância em local visível nos autos do processo.
- **A prioridade não cessará com a morte do beneficiado, estendendo-se em favor do cônjuge supérstite, companheiro ou companheira**, com união estável, **maior de 60 (sessenta) anos.**
- **A prioridade se estende aos processos e procedimentos** na Administração Pública, empresas prestadoras de serviços públicos e **instituições financeiras**, ao **atendimento preferencial** junto à Defensoria Pública da União, dos Estados e do Distrito Federal em relação aos Serviços de Assistência Judiciária.

8.3.2 MINISTÉRIO PÚBLICO

ATRIBUIÇÕES DO MINISTÉRIO PÚBLICO
instaurar o inquérito civil e a ação civil pública para a proteção dos direitos e interesses difusos ou coletivos, individuais indisponíveis e individuais homogêneos do idoso
promover e acompanhar as ações de alimentos, de interdição total ou parcial, de designação de curador especial, em circunstâncias que justifiquem a medida **e oficiar em todos os feitos em que se discutam os direitos de idosos em condições de risco**
atuar como **substituto processual** do idoso em situação de risco
promover a revogação de instrumento procuratório do idoso, quando necessário ou o interesse público justificar
instaurar procedimento administrativo e praticar atos necessários para instruí-lo
instaurar sindicâncias, requisitar diligências investigatórias e a instauração de inquérito policial, para a apuração de ilícitos ou infrações às normas de proteção ao idoso
zelar pelo efetivo respeito aos direitos e garantias legais assegurados ao idoso, promovendo as medidas judiciais e extrajudiciais cabíveis
inspecionar as entidades públicas e particulares de atendimento e os programas destinados ao idoso, adotando de pronto as medidas administrativas ou judiciais necessárias à remoção de irregularidades porventura verificadas
requisitar força policial, bem como a colaboração dos serviços de saúde, educacionais e de assistência social, públicos, para o desempenho de suas atribuições
referendar transações envolvendo interesses e direitos dos idosos

IMPORTANTE: O STJ entende que somente há obrigatoriedade de intervenção do Ministério Público se comprovado situação de risco a direitos previstos no Estatuto do idoso, nos termos do art. 43 do Estatuto do Idoso, evitando a intervenção obrigatória do MP de forma indiscriminada (AgRg no AREsp 115.629/MG, Rel. Ministro MAURO CAMPBELL MARQUES, SEGUNDA TURMA, julgado em 22/05/2012, DJe 29/05/2012; AgRg no REsp 1182212/PR, Rel. Ministro JORGE MUSSI, QUINTA TURMA, julgado em 09/08/2011, DJe 23/08/2011).

- **A falta de intervenção do Ministério Público acarreta a nulidade do feito** SOMENTE SE HOUVER PREJUÍZO A DIREITOS E INTERESSES DO IDOSO, que será declarada de ofício pelo juiz ou a requerimento de qualquer interessado.

8.4 CRIMES

Podemos afirmar que:

- **TODOS os crimes** previstos no Estatuto do Idoso de **ação penal pública incondicionada**;
- Não é considerada válida a interpretação que inclui todos os crimes contra idoso como de menor potencial ofensivo.

CRIMES CONTRA O IDOSO	
Preceito Primário	**Preceito Secundário**
Discriminar pessoa idosa, impedindo ou dificultando seu acesso a operações bancárias, aos meios de transporte, ao direito de contratar ou por qualquer outro meio ou instrumento necessário ao exercício da cidadania, por motivo de idade	Pena – reclusão de 6 (seis) meses a 1 (um) ano e multa
Desdenhar, humilhar, menosprezar ou discriminar pessoa idosa, por qualquer motivo	Idem
Deixar de prestar assistência ao idoso, quando possível fazê-lo sem risco pessoal, em situação de iminente perigo, ou recusar, retardar ou dificultar sua assistência à saúde, sem justa causa, ou não pedir, nesses casos, o socorro de autoridade pública	Pena – detenção de 6 (seis) meses a 1 (um) ano e multa
Abandonar o idoso em hospitais, casas de saúde, entidades de longa permanência, ou congêneres, ou não prover suas necessidades básicas, quando obrigado por lei ou mandado	Pena – detenção de 6 (seis) meses a 3 (três) anos e multa
Expor a perigo a integridade e a saúde, física ou psíquica, do idoso, submetendo-o a condições desumanas ou degradantes ou privando-o de alimentos e cuidados indispensáveis, quando obrigado a fazê-lo, ou sujeitando-o a trabalho excessivo ou inadequado	Pena – detenção de 2 (dois) meses a 1 (um) ano e multa **Se resulta lesão corporal de natureza grave**: Pena – reclusão de 1 (um) a 4 (quatro) anos. **Se resulta a morte**: Pena – reclusão de 4 (quatro) a 12 (doze) anos
Obstar o acesso de alguém a qualquer cargo público por motivo de idade	Pena – reclusão de 6 (seis) meses a 1 (um) ano e multa
Negar a alguém, por motivo de idade, emprego ou trabalho	Idem
Recusar, retardar ou dificultar atendimento ou deixar de prestar assistência à saúde, sem justa causa, a pessoa idosa	Idem
Deixar de cumprir, retardar ou frustrar, sem justo motivo, a execução de ordem judicial expedida na ação civil aludida no Estatuto do Idoso	Idem
Recusar, retardar ou omitir dados técnicos indispensáveis à propositura da ação civil objeto desta Lei, quando requisitados pelo Ministério Público	Idem
Deixar de cumprir, retardar ou frustrar, sem justo motivo, a execução de ordem judicial expedida nas ações em que for parte ou interveniente o idoso	Pena – detenção de 6 (seis) meses a 1 (um) ano e multa
Apropriar-se de ou desviar bens, proventos, pensão ou qualquer outro rendimento do idoso, dando-lhes aplicação diversa da de sua finalidade	Pena – reclusão de 1 (um) a 4 (quatro) anos e multa

CRIMES CONTRA O IDOSO	
Preceito Primário	**Preceito Secundário**
Negar o acolhimento ou a permanência do idoso, como abrigado, por recusa deste em outorgar procuração à entidade de atendimento	Pena – detenção de 6 (seis) meses a 1 (um) ano e multa
Reter o cartão magnético de conta bancária relativa a benefícios, proventos ou pensão do idoso, bem como qualquer outro documento com objetivo de assegurar recebimento ou ressarcimento de dívida	Pena – detenção de 6 (seis) meses a 2 (dois) anos e multa
Exibir ou veicular, por qualquer meio de comunicação, informações ou imagens depreciativas ou injuriosas à pessoa do idoso	Pena – detenção de 1 (um) a 3 (três) anos e multa
Induzir pessoa idosa sem discernimento de seus atos a outorgar procuração para fins de administração de bens ou deles dispor livremente	Pena – reclusão de 2 (dois) a 4 (quatro) anos
Coagir, de qualquer modo, o idoso a doar, contratar, testar ou outorgar procuração	Pena – reclusão de 2 (dois) a 5 (cinco) anos
Lavrar ato notarial que envolva pessoa idosa sem discernimento de seus atos, sem a devida representação legal	Pena – reclusão de 2 (dois) a 4 (quatro) anos
Impedir ou embaraçar ato do representante do Ministério Público ou de qualquer outro agente fiscalizador	Pena – reclusão de 6 (seis) meses a 1 (um) ano e multa

O STF julgou parcialmente procedente a ADI 3096 (Relator(a): Min. CÁRMEN LÚCIA, Tribunal Pleno, julgado em 16/06/2010, DJe-164 DIVULG 02-09-2010 PUBLIC 03-09-2010 EMENT VOL-02413-02 PP-00358 RTJ VOL-00216 – PP-00204), e deu interpretação conforme à Constituição do Brasil (**Entendeu aplicável apenas o procedimento sumaríssimo previsto na Lei n. 9.099/95, no que tange ao benefício do idoso com a celeridade processual; e pela impossibilidade de aplicação de quaisquer medidas despenalizadoras e de interpretação benéfica ao autor do crime**), com redução de texto (**suprimiu a expressão "do Código Penal e"**), ao **art. 94 do Estatuto do Idoso**.

IMPORTANTE: Tanto o STF (Info 473) quanto o STJ (Info 424) entendem que o **Estatuto do Idoso NÃO alterou o artigo 115, do Código Penal**, ou seja, **somente o condenado, maior de 70 anos de idade**, na data da decisão condenatória, **é agraciado com a redução pela metade do prazo prescricional.**

9 EDUCAÇÃO NACIONAL

9.1 DISPOSIÇÕES GERAIS

A Educação:

1) É direito fundamental social;
2) É dever do Estado e da família;
3) Deve ser promovida e incentivada com a colaboração da sociedade;
4) Visa possibilitar à pessoa:
   - Seu pleno desenvolvimento;
   - Seu preparo para o exercício da cidadania;
   - Sua qualificação para o trabalho.

IMPORTANTE: Educação é mais abrangente que ensino!

DIFERENÇAS	
EDUCAÇÃO	**ENSINO**
Abrange os processos formativos que se desenvolvem na vida familiar, na convivência humana, no trabalho, nas instituições de ensino e pesquisa, nos movimentos sociais e organizações da sociedade civil e nas manifestações culturais	É sistemático, formal e se desenvolve em instituições próprias

LEMBRE-SE: O acesso ao ensino obrigatório e gratuito é **direito público subjetivo.**

IMPORTANTE: **O ensino é livre à iniciativa privada**, atendidas as seguintes condições:

I. **cumprimento das normas gerais** da educação nacional e do respectivo sistema de ensino;

II. **autorização de funcionamento e avaliação** de qualidade pelo Poder Público;

III. **capacidade de autofinanciamento**, ressalvado o previsto no art. 213 da Constituição Federal (recursos públicos).

9.2 PRINCÍPIOS DA EDUCAÇÃO NACIONAL

Princípios Constitucionais do Ensino no Brasil
• Igualdade de condições para o acesso e permanência na escola
• Liberdade de aprender, ensinar, pesquisar e divulgar o pensamento, a arte e o saber
• Pluralismo de ideias e de concepções pedagógicas, e coexistência de instituições públicas e privadas de ensino
• Gratuidade do ensino público em estabelecimentos oficiais
• Valorização dos profissionais da educação escolar, garantidos, na forma da lei, planos de carreira, com ingresso exclusivamente por concurso público de provas e títulos, aos das redes públicas
• Gestão democrática do ensino público, na forma da lei
• Garantia de padrão de qualidade
• Piso salarial profissional nacional para os profissionais da educação escolar pública, nos termos de lei federal

IMPORTANTE: Além dos princípios constitucionais anteriormente elencados, o ensino se orienta pelos seguintes **princípios infraconstitucionais:**

I. Respeito à liberdade e apreço à tolerância;

iI. Valorização da experiência extraescolar;

iiI. Vinculação entre a educação escolar, o trabalho e as práticas sociais;

iV. Consideração com a diversidade étnico-racial.

9.3 GARANTIAS NA EDUCAÇÃO ESCOLAR PÚBLICA

Garantias Constitucionais na Educação ofertada pelo Estado
• Educação básica obrigatória e gratuita, assegurada inclusive sua oferta gratuita para todos os que a ela não tiveram acesso na idade própria
• Progressiva universalização do ensino médio gratuito
• Atendimento educacional especializado aos portadores de deficiência, preferencialmente na rede regular de ensino
• Educação infantil, em creche e pré-escola, às crianças até 5 (cinco) anos de idade
• Acesso aos níveis mais elevados do ensino, da pesquisa e da criação artística, segundo a capacidade de cada um
• Oferta de ensino noturno regular, adequado às condições do educando
• Atendimento ao educando, em todas as etapas da educação básica, por meio de programas suplementares de material didático escolar, transporte, alimentação e assistência à saúde

- Além das garantias constitucionais anteriormente elencadas, o dever do Estado com educação escolar pública será efetivado mediante as **garantias infraconstitucionais de**:
  1) Oferta de educação escolar regular para jovens e adultos, com características e modalidades adequadas às suas necessidades e disponibilidades, garantindo-se aos que forem trabalhadores as condições de acesso e permanência na escola;
  2) Padrões mínimos de qualidade de ensino, definidos como a variedade e quantidade mínimas, por aluno, de insumos indispensáveis ao desenvolvimento do processo de ensino-aprendizagem;
  3) Vaga na escola pública de educação infantil ou de ensino fundamental mais próxima de sua residência a toda criança a partir do dia em que completar 4 (quatro) anos de idade (critério do georreferenciamento, que cede espaço apenas se o superior interesse da criança o justificar).

9.4 NÍVEIS E MODALIDADES DE EDUCAÇÃO E ENSINO

9.4.1 COMPOSIÇÃO DOS NÍVEIS ESCOLARES

- A **EDUCAÇÃO ESCOLAR** compõe-se de:

I. **EDUCAÇÃO BÁSICA**, formada pela **educação infantil**, **ensino fundamental** e **ensino médio**;

II. **EDUCAÇÃO SUPERIOR.**

9.4.2 EDUCAÇÃO BÁSICA

9.4.2.1 DISPOSIÇÕES GERAIS

MUDANÇA LEGISLATIVA E PENDÊNCIA JURISDICIONAL:

➢ A Medida Provisória nº 746, de 22 de setembro de 2016, convertida na Lei nº 13.415, de 16 de fevereiro 2017 e questionada perante o Supremo Tribunal Federal na ADIn 5599, tem por propósito implementar ampla reforma no ensino médio mediante a alteração de diversos dispositivos da Lei Federal nº 9.394, de 20 de dezembro de 1996 (LDB). Entre as principais modificações, podem-se destacar:

(i) ampliação progressiva da carga horária mínima – de 800 para 1.400 horas – para o ensino médio, com destinação de até 1.200 horas para cumprimento da Base Nacional Comum Curricular, devendo os sistemas de ensino oferecer, no prazo máximo de cinco anos, pelo menos mil horas anuais de carga horária, a partir de 2 de março de 2017;

(ii) criação da Política de Fomento à implementação de Escolas de Ensino Médio em Tempo Integral;

(iii) os sistemas de ensino disporão sobre a oferta de educação de jovens e adultos e de ensino noturno regular, adequado às condições do educando;

(iv) atribuição à "formação técnica e profissional", que inclui experiência prática de trabalho no setor produtivo, de igual peso às demais áreas de conhecimento ou de atuação profissional de que trata o art. 36 da LDB (linguagens, matemática, ciências da natureza e ciências humanas);

(iv) obrigatoriedade da língua inglesa nos currículos de ensino médio, e, com relação às facultativas, tratamento preferencial para o espanhol;

(v) possibilidade de as redes de ensino e escolas contratarem "profissionais com notório saber" para lecionar sobre áreas afins à sua formação; e

(vi) dever de utilização das disciplinas definidas pela Base Nacional Comum Curricular nos processos nacionais de avaliação.

BASE NACIONAL COMUM CURRICULAR:

✓ Definirá direitos e objetivos de aprendizagem do ensino médio, conforme diretrizes do Conselho Nacional de Educação, nas seguintes áreas do conhecimento: I – linguagens e suas tecnologias; II – matemática e suas tecnologias; III – ciências da natureza e suas tecnologias; IV – ciências humanas e sociais aplicadas.

- ✓ A parte diversificada dos currículos (exigida pelas características regionais e locais da sociedade, da cultura, da economia e dos educandos), definida em cada sistema de ensino, deverá estar harmonizada à Base Nacional Comum Curricular e ser articulada a partir do contexto histórico, econômico, social, ambiental e cultural.
- ✓ A Base Nacional Comum Curricular referente ao ensino médio incluirá obrigatoriamente estudos e práticas de educação física, arte, sociologia e filosofia.
- ✓ O ensino da língua portuguesa e da matemática será obrigatório nos três anos do ensino médio, assegurada às comunidades indígenas, também, a utilização das respectivas línguas maternas.
- ✓ Os currículos do ensino médio incluirão, obrigatoriamente, o estudo da língua inglesa e poderão ofertar outras línguas estrangeiras, em caráter optativo, preferencialmente o espanhol, de acordo com a disponibilidade de oferta, locais e horários definidos pelos sistemas de ensino.
- ✓ A carga horária destinada ao cumprimento da Base Nacional Comum Curricular não poderá ser superior a mil e oitocentas horas do total da carga horária do ensino médio, de acordo com a definição dos sistemas de ensino.
- ✓ A União estabelecerá os padrões de desempenho esperados para o ensino médio, que serão referência nos processos nacionais de avaliação, a partir da Base Nacional Comum Curricular.
- ✓ Os currículos do ensino médio deverão considerar a formação integral do aluno, de maneira a adotar um trabalho voltado para a construção de seu projeto de vida e para sua formação nos aspectos físicos, cognitivos e socioemocionais.
- ✓ Os conteúdos, as metodologias e as formas de avaliação processual e formativa serão organizados nas redes de ensino por meio de atividades teóricas e práticas, provas orais e escritas, seminários, projetos e atividades on-line, de tal forma que ao final do ensino médio o educando demonstre: I – domínio dos princípios científicos e tecnológicos que presidem a produção moderna; II – conhecimento das formas contemporâneas de linguagem.

CURRÍCULO DO ENSINO MÉDIO:

- ✓ Será composto pela Base Nacional Comum Curricular e por itinerários formativos, que deverão ser organizados por meio da oferta de diferentes arranjos curriculares, conforme a relevância para o contexto local e a possibilidade dos sistemas de ensino, a saber: I – linguagens e suas tecnologias; II – matemática e suas tecnologias; III – ciências da natureza e suas tecnologias; IV – ciências humanas e sociais aplicadas; V – formação técnica e profissional.
- ✓ A organização dos itinerários formativos e das respectivas competências e habilidades será feita de acordo com critérios estabelecidos em cada sistema de ensino.
- ✓ A critério dos sistemas de ensino, poderá ser composto itinerário formativo integrado, que se traduz na composição de componentes curriculares da Base Nacional Comum Curricular – BNCC e dos itinerários formativos.
- ✓ Os sistemas de ensino, mediante disponibilidade de vagas na rede, possibilitarão ao aluno concluinte do ensino médio cursar mais um itinerário formativo.
- ✓ A critério dos sistemas de ensino, a oferta de formação com ênfase técnica e profissional considerará: I – a inclusão de vivências práticas de trabalho no setor produtivo ou em ambientes de simulação, estabelecendo parcerias e fazendo uso, quando aplicável, de instrumentos estabelecidos pela legislação sobre aprendizagem profissional; II – a possibilidade de concessão de certificados intermediários de qualificação para o trabalho, quando a formação for estruturada e organizada em etapas com terminalidade.
- ✓ A oferta de formações experimentais relacionadas à formação técnica e profissional, em áreas que não constem do Catálogo Nacional dos Cursos Técnicos, dependerá, para sua continuidade, do reconhecimento pelo respectivo Conselho Estadual de Educação, no prazo de três anos, e da inserção no Catálogo Nacional dos Cursos Técnicos, no prazo de cinco anos, contados da data de oferta inicial da formação.

- ✓ A oferta de formação técnica e profissional a que se refere o inciso V do caput, realizada na própria instituição ou em parceria com outras instituições, deverá ser aprovada previamente pelo Conselho Estadual de Educação, homologada pelo Secretário Estadual de Educação e certificada pelos sistemas de ensino.
- ✓ As instituições de ensino emitirão certificado com validade nacional, que habilitará o concluinte do ensino médio ao prosseguimento dos estudos em nível superior ou em outros cursos ou formações para os quais a conclusão do ensino médio seja etapa obrigatória.
- ✓ Além das formas de organização em séries anuais, períodos semestrais, ciclos, alternância regular de períodos de estudos, grupos não-seriados, com base na idade, na competência e em outros critérios, ou por forma diversa de organização, sempre que o interesse do processo de aprendizagem assim o recomendar, o ensino médio poderá ser organizado em módulos e adotar o sistema de créditos com terminalidade específica.
- ✓ Para efeito de cumprimento das exigências curriculares do ensino médio, os sistemas de ensino poderão reconhecer competências e firmar convênios com instituições de educação a distância com notório reconhecimento, mediante as seguintes formas de comprovação: I – demonstração prática; II – experiência de trabalho supervisionado ou outra experiência adquirida fora do ambiente escolar; III – atividades de educação técnica oferecidas em outras instituições de ensino credenciadas; IV – cursos oferecidos por centros ou programas ocupacionais; V – estudos realizados em instituições de ensino nacionais ou estrangeiras; VI – cursos realizados por meio de educação a distância ou educação presencial mediada por tecnologias.
- ✓ As escolas deverão orientar os alunos no processo de escolha das áreas de conhecimento ou de atuação profissional.

9.4.3 EDUCAÇÃO PROFISSIONAL

MUDANÇA LEGISLATIVA:

- ✓ A Medida Provisória nº 746, de 22 de setembro de 2016, convertida na Lei nº 13.415, de 16 de fevereiro 2017 e questionada perante o Supremo Tribunal Federal na ADIn 5599, atribuiu à "formação técnica e profissional", que inclui experiência prática de trabalho no setor produtivo, igual peso às demais áreas de conhecimento ou de atuação profissional de que trata o art. 36 da LDB (linguagens, matemática, ciências da natureza e ciências humanas).

LOCAIS E FORMAS DE DESENVOLVIMENTO:

- ✓ A preparação geral para o trabalho e, facultativamente, a habilitação profissional poderão ser desenvolvidas nos próprios estabelecimentos de ensino médio ou em cooperação com instituições especializadas em educação profissional.
- ✓ A educação profissional técnica de nível médio será desenvolvida nas seguintes formas: I – articulada com o ensino médio; II – subseqüente, em cursos destinados a quem já tenha concluído o ensino médio.
- ✓ A educação profissional técnica de nível médio deverá observar: I – os objetivos e definições contidos nas diretrizes curriculares nacionais estabelecidas pelo Conselho Nacional de Educação; II – as normas complementares dos respectivos sistemas de ensino; III – as exigências de cada instituição de ensino, nos termos de seu projeto pedagógico.
- ✓ A educação profissional técnica de nível médio articulada, será desenvolvida de forma: I – integrada, oferecida somente a quem já tenha concluído o ensino fundamental, sendo o curso planejado de modo a conduzir o aluno à habilitação profissional técnica de nível médio, na mesma instituição de ensino, efetuando-se matrícula única para cada aluno; II – concomitante, oferecida a quem ingresse no ensino médio ou já o esteja cursando, efetuando-se matrículas distintas para cada curso, e podendo ocorrer: a) na mesma instituição de ensino, aproveitando-se as oportunidades educacionais disponíveis; b) em instituições de ensino distintas, aproveitando-se as oportunidades educacionais disponíveis; c) em instituições de ensino distintas, mediante convênios de intercomplementaridade, visando ao planejamento e ao desenvolvimento de projeto pedagógico unificado.

VALIDADE DO CERTIFICADO:

- ✓ Os diplomas de cursos de educação profissional técnica de nível médio, quando registrados, terão validade nacional e habilitarão ao prosseguimento de estudos na educação superior.
- ✓ Os cursos de educação profissional técnica de nível médio, nas formas articulada concomitante e subseqüente, quando estruturados e organizados em etapas com terminalidade, possibilitarão a obtenção de certificados de qualificação para o trabalho após a conclusão, com aproveitamento, de cada etapa que caracterize uma qualificação para o trabalho.

9.4.4 EDUCAÇÃO SUPERIOR

Educação superior	
Finalidades	**Estimular** a criação cultural e o desenvolvimento do espírito científico e do pensamento reflexivo;
	Formar diplomados nas diferentes áreas de conhecimento, aptos para a inserção em setores profissionais e para a participação no desenvolvimento da sociedade brasileira, e colaborar na sua formação contínua;
	Incentivar o trabalho de pesquisa e investigação científica, visando o desenvolvimento da ciência e da tecnologia e da criação e difusão da cultura, e, desse modo, desenvolver o entendimento do homem e do meio em que vive;
	Promover a divulgação de conhecimentos culturais, científicos e técnicos que constituem patrimônio da humanidade e comunicar o saber através do ensino, de publicações ou de outras formas de comunicação;
	Suscitar o desejo permanente de aperfeiçoamento cultural e profissional e possibilitar a correspondente concretização, integrando os conhecimentos que vão sendo adquiridos numa estrutura intelectual sistematizadora do conhecimento de cada geração;
	Estimular o conhecimento dos problemas do mundo presente, em particular os nacionais e regionais, prestar serviços especializados à comunidade e estabelecer com esta uma relação de reciprocidade;
	Promover a extensão, aberta à participação da população, visando à difusão das conquistas e benefícios resultantes da criação cultural e da pesquisa científica e tecnológica geradas na instituição.
Abrange os seguintes cursos e programas	**Cursos sequenciais** por campo de saber, de diferentes níveis de abrangência, abertos a candidatos que atendam aos requisitos estabelecidos pelas instituições de ensino, desde que tenham concluído o ensino médio ou equivalente;
	De graduação, abertos a candidatos que tenham concluído o ensino médio ou equivalente e tenham sido classificados em processo seletivo;
	De pós-graduação, compreendendo programas de mestrado e doutorado, cursos de especialização, aperfeiçoamento e outros, abertos a candidatos diplomados em cursos de graduação e que atendam às exigências das instituições de ensino;
	De extensão, abertos a candidatos que atendam aos requisitos estabelecidos em cada caso pelas instituições de ensino.

PROCESSO SELETIVO PARA ACESSO À GRADUAÇÃO NO ENSINO SUPERIOR

✓ Aberto a candidatos que tenham concluído o ensino médio ou equivalente e tenham sido classificados em processo seletivo (considerará as competências e as habilidades definidas na Base Nacional Comum Curricular);

✓ Aberto à transferência de alunos regulares de outras instituições de educação superior, para cursos afins, na hipótese de existência de vagas. EXCEÇÃO: É possível a transferência *ex officio*:

1) Quando se tratar de **servidor público federal** civil ou militar estudante, **ou seu dependente estudante;**

2) Se requerida em razão de **comprovada remoção ou transferência de ofício;**

3) Mudança de domicílio para o município ou localidade mais próxima onde se situe a instituição recebedora;

4) Entre **instituições congêneres** vinculadas a qualquer sistema de ensino;

5) Em **qualquer época do ano**;

6) Independe da existência de vaga.

9.4.5 EDUCAÇÃO ESPECIAL

- **Educação especial** é a **modalidade de educação escolar** oferecida preferencialmente na rede regular de ensino, para educandos com deficiência, transtornos globais do desenvolvimento e altas habilidades ou superdotação.
- **O poder público deverá instituir cadastro nacional de alunos com altas habilidades ou superdotação matriculados na educação básica e na educação superior,** a fim de fomentar a execução de políticas públicas destinadas ao desenvolvimento pleno das potencialidades desse alunado. A identificação precoce de alunos com altas habilidades ou superdotação, os critérios e procedimentos para inclusão no cadastro referido no caput deste artigo, as entidades responsáveis pelo cadastramento, os mecanismos de acesso aos dados do cadastro e as políticas de desenvolvimento das potencialidades do alunado de que trata o caput serão definidos em regulamento.
- **Os sistemas de ensino assegurarão aos educandos com deficiência, transtornos globais do desenvolvimento e altas habilidades ou superdotação:**

  I. currículos, métodos, técnicas, recursos educativos e organização específicos, para atender às suas necessidades;

  II. terminalidade específica para aqueles que não puderem atingir o nível exigido para a conclusão do ensino fundamental, em virtude de suas deficiências, e aceleração para concluir em menor tempo o programa escolar para os superdotados;

  III. professores com especialização adequada em nível médio ou superior, para atendimento especializado, bem como professores do ensino regular capacitados para a integração desses educandos nas classes comuns;

  IV. educação especial para o trabalho, visando a sua efetiva integração na vida em sociedade, inclusive condições adequadas para os que não revelarem capacidade de inserção no trabalho competitivo, mediante articulação com os órgãos oficiais afins, bem como para aqueles que apresentam uma habilidade superior nas áreas artística, intelectual ou psicomotora;

  V. acesso igualitário aos benefícios dos programas sociais suplementares disponíveis para o respectivo nível do ensino regular.

9.5 PROFISSIONAIS DA EDUCAÇÃO

QUEM SÃO OS PROFISSIONAIS DA EDUCAÇÃO?

➢ Consideram-se **profissionais da educação escolar básica** os que, nela estando em efetivo exercício e tendo sido formados em cursos reconhecidos, são: I. professores habilitados em nível médio ou superior para a docência na educação infantil e nos ensinos fundamental e médio; II. trabalhadores em educação portadores de diploma de pedagogia, com habilitação em administração, planejamento, supervisão, inspeção e orientação educacional, bem como com títulos de mestrado ou doutorado nas mesmas áreas; III. trabalhadores em educação, portadores de diploma de curso técnico ou superior em área pedagógica ou afim; IV. profissionais com notório saber reconhecido pelos respectivos sistemas de ensino, para ministrar conteúdos de áreas afins à sua formação ou experiência profissional, atestados por titulação específica ou prática de ensino em unidades educacionais da rede pública ou privada ou das corporações privadas em que tenham atuado, exclusivamente para atender à formação técnica e profissional; V. profissionais graduados que tenham feito complementação pedagógica, conforme disposto pelo Conselho Nacional de Educação.

IMPORTANTE: o STF já decidiu[43] que para efeitos de **aposentadoria com redução de idade e tempo de contribuição** garantida pela CF aos profissionais de educação, as funções de magistério não abrangem as de direção, coordenação e assessoramento pedagógicos, ainda que privativas de professor.

9.6 RECURSOS FINANCEIROS

- Serão **recursos públicos destinados à educação** os **originários de**:

  I. **receita de impostos** próprios da União, dos Estados, do Distrito Federal e dos Municípios;

  II. **receita de transferências** constitucionais e outras transferências;

---

43 ADI 2253, Relator(a): Min. MAURÍCIO CORRÊA, Tribunal Pleno, julgado em 25/03/2004, DJ 07-05-2004 PP-00007 EMENT VOL-02150-01 PP-00135 RTJ VOL-00191-01 PP-0011.

III. **receita do salário-educação** e de outras **contribuições sociais**;

IV. **receita de incentivos fiscais**;

V. **outros recursos previstos em lei**.

IMPORTANTE: os **recursos públicos** serão destinados às escolas públicas, podendo ser dirigidos a escolas comunitárias, confessionais ou filantrópicas que:

I. comprovem finalidade não-lucrativa e não distribuam resultados, dividendos, bonificações, participações ou parcela de seu patrimônio sob nenhuma forma ou pretexto;

II. apliquem seus excedentes financeiros em educação;

III. assegurem a destinação de seu patrimônio a outra escola comunitária, filantrópica ou confessional, ou ao Poder Público, no caso de encerramento de suas atividades;

IV. prestem contas ao Poder Público dos recursos recebidos.

9.7 FUNDO DE MANUTENÇÃO E DESENVOLVIMENTO DA EDUCAÇÃO BÁSICA E DE VALORIZAÇÃO DOS PROFISSIONAIS DA EDUCAÇÃO – FUNDEB

9.7.1 DISPOSIÇÕES GERAIS

- Para a manutenção e desenvolvimento do ensino, os Estados, o Distrito Federal e os Municípios destinam parte dos 25%, no mínimo, da receita resultante de impostos, compreendida a proveniente de transferências, à **manutenção e desenvolvimento da educação básica e à remuneração condigna dos trabalhadores da educação**. E, a **distribuição dos recursos e de responsabilidades** entre esses entes federados, é assegurada mediante a criação, no âmbito de cada Estado e do Distrito Federal, de um **Fundo de Manutenção e Desenvolvimento da Educação Básica e de Valorização dos Profissionais da Educação – FUNDEB**, de natureza contábil.

9.7.2 TRANSFERÊNCIA E GESTÃO OS RECURSOS

IMPORTANTE: Os **eventuais saldos** de recursos financeiros disponíveis nas contas específicas dos Fundos, **cuja perspectiva de utilização seja superior a 15 (quinze) dias,** deverão ser aplicados em **operações financeiras de curto prazo ou de mercado aberto**, lastreadas em títulos da dívida pública, na instituição financeira responsável pela movimentação dos recursos, **de modo a preservar seu poder de compra**.

9.7.3 UTILIZAÇÃO DOS RECURSOS

LEMBRE-SE: **Pelo menos 60% (sessenta por cento) dos recursos anuais totais** dos Fundos serão destinados ao pagamento da **remuneração dos profissionais do magistério da educação básica em efetivo exercício na rede pública**.

- É **vedada a utilização dos recursos** dos Fundos:

  1) No financiamento das **despesas não consideradas como de manutenção e desenvolvimento da educação básica**, quais sejam:

     - **Pesquisa**, quando não vinculada às instituições de ensino, ou, quando efetivada fora dos sistemas de ensino, que não vise, precipuamente, ao aprimoramento de sua qualidade ou à sua expansão;
     - **Subvenção** a instituições públicas ou privadas de caráter assistencial, desportivo ou cultural;
     - **Formação** de quadros especiais para a administração pública, sejam militares ou civis, inclusive diplomáticos;
     - **Programas suplementares** de alimentação, assistência médico-odontológica, farmacêutica e psicológica, e outras formas de assistência social;
     - **Obras de infraestrutura**, ainda que realizadas para beneficiar direta ou indiretamente a rede escolar;
     - **Pessoal docente e demais trabalhadores da educação**, quando **em desvio de função ou em atividade alheia** à manutenção e desenvolvimento do ensino.

2) Como garantia ou contrapartida de operações de crédito, internas ou externas, contraídas pelos Estados, pelo Distrito Federal ou pelos Municípios que não se destinem ao financiamento de projetos, ações ou programas considerados como ação de manutenção e desenvolvimento do ensino para a educação básica.

9.7.4 ACOMPANHAMENTO, CONTROLE SOCIAL, COMPROVAÇÃO E FISCALIZAÇÃO DOS RECURSOS

IMPORTANTE: **O acompanhamento e o controle social** sobre a distribuição, a transferência e a aplicação dos recursos dos Fundos **serão exercidos, junto aos respectivos governos**, no âmbito da União, dos Estados, do Distrito Federal e dos Municípios, **por conselhos instituídos especificamente para esse fim.**

COMPOSIÇÃO DO CONSELHO DE ACOMPANHAMENTO E CONTROLE SOCIAL DO FUNDEB	
Em âmbito federal	**Total** de 14 membros, no mínimo;
	Até 4 representantes do **Ministério da Educação**;
	1 representante do **Ministério da Fazenda**;
	1 representante do **Ministério do Planejamento, Orçamento e Gestão**;
Em âmbito federal	1 representante do **Conselho Nacional de Educação**;
	1 representante do **Conselho Nacional de Secretários de Estado da Educação – CONSED**;
	1 representante da **Confederação Nacional dos Trabalhadores em Educação – CNTE**;
	1 representante da **União Nacional dos Dirigentes Municipais de Educação – UNDIME;**
	2 representantes dos **pais de alunos da educação básica pública**;
	2 representantes dos **estudantes da educação básica pública**, um dos quais, indicado pela União Brasileira de Estudantes Secundaristas – UBES.
Em âmbito estadual	**Total** de 12 membros, no mínimo;
	3 representantes do **Poder Executivo estadual**, dos quais pelo menos 1 (um) do órgão estadual responsável pela educação básica;
	2 representantes dos **Poderes Executivos Municipais**;
	1 representante do **Conselho Estadual de Educação;**
	1 representante da **seccional da União Nacional dos Dirigentes Municipais de Educação – UNDIME**;
	1 representante da **seccional da Confederação Nacional dos Trabalhadores em Educação – CNTE**;
	2 representantes dos **pais de alunos da educação básica pública**;
	2 representantes dos **estudantes da educação básica pública**, 1 dos quais, indicado pela entidade estadual de estudantes secundaristas;
Em âmbito municipal	**Total** de 9 membros, no mínimo;
	2 representantes do **Poder Executivo Municipal**, dos quais pelo menos 1 (um) da Secretaria Municipal de Educação ou órgão educacional equivalente;
	1 representante dos **professores da educação básica pública**;
	1 representante dos **diretores das escolas básicas públicas;**
	1 representante dos **servidores técnico-administrativos das escolas básicas públicas**;
	2 representantes dos **pais de alunos da educação básica pública**;
	2 representantes dos **estudantes da educação básica pública**, um dos quais, indicado pela entidade de estudantes secundaristas.

LEMBRE-SE: Integrarão ainda os **Conselhos Municipais dos FUNDEB**, quando houver, 1 representante do respectivo **Conselho Municipal de Educação** e 1 representante do **Conselho Tutelar** a que se refere o Estatuto da Criança e do Adolescente, indicados por seus pares.

IMPORTANTE: São **impedidos** de integrar os Conselhos de Acompanhamento e Controle Social do FUNDEB:

I. **cônjuge e parentes consanguíneos ou afins, até 3º grau**, do Presidente e do Vice-Presidente da República, dos Ministros de Estado, do Governador e do Vice-Governador, do Prefeito e do Vice-Prefeito, e dos Secretários Estaduais, Distritais ou Municipais;

II. **tesoureiro, contador ou funcionário de empresa de assessoria ou consultoria** que prestem serviços relacionados à administração ou controle interno dos recursos do Fundo, **bem como cônjuges, parentes consanguíneos ou afins, até 3º grau, desses profissionais;**

III. **estudantes que não sejam emancipados;**

IV. **pais de alunos** que:

a) **exerçam cargos ou funções públicas de livre nomeação e exoneração** no âmbito dos órgãos do respectivo Poder Executivo gestor dos recursos; **ou**

b) **prestem serviços terceirizados, no âmbito dos Poderes Executivos em que atuam os respectivos conselhos.**

- **O presidente** dos Conselhos de Acompanhamento e Controle Social do FUNDEB será **eleito por seus pares** em reunião do colegiado, sendo **impedido de ocupar a função o representante do governo gestor dos recursos do Fundo no âmbito da União, dos Estados, do Distrito Federal e dos Municípios.**

IMPORTANTE: os **Conselhos dos Estados, do Distrito Federal e dos Municípios** de Acompanhamento e Controle Social do FUNDEB **poderão, sempre que julgarem conveniente:**

I. **apresentar** ao Poder Legislativo local e aos órgãos de controle interno e externo manifestação formal acerca dos registros contábeis e dos demonstrativos gerenciais do Fundo;

II. **por decisão da maioria de seus membros, convocar o Secretário de Educação competente ou servidor equivalente** para prestar **esclarecimentos acerca do fluxo de recursos e a execução das despesas do Fundo**, devendo a autoridade convocada **apresentar-se em prazo não superior a 30 dias;**

III. **requisitar** ao Poder Executivo **cópia de documentos referentes a:**

a) licitação, empenho, liquidação e pagamento de obras e serviços custeados com recursos do Fundo;

b) folhas de pagamento dos profissionais da educação, as quais deverão discriminar aqueles em efetivo exercício na educação básica e indicar o respectivo nível, modalidade ou tipo de estabelecimento a que estejam vinculados;

c) documentos referentes aos convênios com instituições;

d) outros documentos necessários ao desempenho de suas funções;

IV. **realizar** visitas e inspetorias in loco para verificar:

a) o desenvolvimento regular de obras e serviços efetuados nas instituições escolares com recursos do Fundo;

b) a adequação do serviço de transporte escolar;

c) a utilização em benefício do sistema de ensino de bens adquiridos com recursos do Fundo.

✦ SÚMULAS APLICÁVEIS

1 DIREITOS DA PESSOA COM DEFICIÊNCIA

1.1 ACESSO AO TRABALHO

- **STJ – Súmula nº 552.** O portador de surdez unilateral não se qualifica como pessoa com deficiência para o fim de disputar as vagas reservadas em concursos públicos.

- **STJ – Súmula nº 377.** O portador de visão monocular tem direito de concorrer, em concurso público, às vagas reservadas aos deficientes.

1.2 ATUAÇÃO DO MINISTÉRIO PÚBLICO

- **STJ – Súmula nº 470.** O Ministério Público não tem legitimidade para pleitear, em ação civil pública, a indenização decorrente do DPVAT em benefício do segurado.

1.3 BENEFÍCIOS PREVIDENCIÁRIOS

- **STJ – Súmula nº 507.** A acumulação de auxílio-acidente com aposentadoria pressupõe que a lesão incapacitante e a aposentadoria sejam anteriores a 11/11/1997, observado o critério do art. 23 da Lei nº 8.213/1991 para definição do momento da lesão nos casos de doença profissional ou do trabalho.

2 EDUCAÇÃO NACIONAL

- **STF – Súmula Vinculante nº12.** A cobrança de taxa de matrícula nas universidades públicas viola o disposto no art. 206, IV, da CF.
- **STF – Súmula nº 58.** É válida a exigência de média superior a quatro para aprovação em estabelecimento de ensino superior, consoante o respectivo regimento.
- **STJ – Súmula nº 570.** Compete à Justiça Federal o processo e julgamento de demanda em que se discute a ausência de ou o obstáculo ao credenciamento de instituição particular de ensino superior no Ministério da Educação como condição de expedição de diploma de ensino a distância aos estudantes.
- **STJ – Súmula nº 448.** A opção pelo Simples de estabelecimentos dedicados às atividades de creche, pré-escola e ensino fundamental é admitida somente a partir de 24/10/2000, data de vigência da Lei nº 10.034/2000.
- **STJ – Súmula nº 341.** A frequência a curso de ensino formal é causa de remição de parte do tempo de execução de pena sob regime fechado ou semiaberto.
- **STJ – Súmula nº 104.** Compete à justiça estadual o processo e julgamento dos crimes de falsificação e uso de documento falso relativo a estabelecimento particular de ensino.
- **STJ – Súmula nº 34.** Compete à justiça estadual processar e julgar causa relativa à mensalidade escolar, cobrada por estabelecimento particular de ensino.

3 CONSUMIDOR

3.1 ATUAÇÃO DO MINISTÉRIO PÚBLICO

- **STF – Súmula nº 643.** O Ministério Público tem legitimidade para promover ação civil pública cujo fundamento seja a ilegalidade de reajuste de mensalidades escolares.

3.2 COMPETÊNCIA JURISDICIONAL

- **STF – Súmula Vinculante nº 27.** Compete à Justiça estadual julgar causas entre consumidor e concessionária de serviço público de telefonia, quando a ANATEL não seja litisconsorte passiva necessária, assistente, nem opoente.

3.3 CONSÓRCIOS

- **STJ – Súmula nº 538.** As administradoras de consórcio têm liberdade para estabelecer arespectiva taxa de administração, ainda que fixada em percentual superior a dez por cento.

3.4 IMÓVEL

- **STJ – Súmula nº 543.** Na hipótese de resolução de contrato de promessa de compra e venda de imóvel submetido ao Código de Defesa do Consumidor, deve ocorrer a imediata restituição das parcelas pagas pelo promitente comprador - integralmente, em caso de culpa exclusiva do promitente vendedor/construtor, ou parcialmente, caso tenha sido o comprador quem deu causa ao desfazimento.

3.5 INSTITUIÇÕES FINANCEIRAS

- **STJ – Súmula nº 566.** Nos contratos bancários posteriores ao início da vigência da Resolução-CMN n. 3.518/2007, em 30/4/2008, pode ser cobrada a tarifa de cadastro no início do relacionamento entre o consumidor e a instituição financeira.
- **STJ – Súmula nº 539.** É permitida a capitalização de juros com periodicidade inferior à anual em contratos celebrados com instituições integrantes do Sistema Financeiro Nacional a partir de 31/3/2000(MP nº 1.963-17/2000, reeditada como MP nº 2.170-36/2001), desde que expressamente pactuada.
- **STJ – Súmula nº 532.** Constitui prática comercial abusiva o envio de cartão de crédito sem prévia e expressa solicitação do consumidor, configurando-se ato ilícito indenizável e sujeito à aplicação de multa administrativa.
- **STJ – Súmula nº 530.** Nos contratos bancários, na impossibilidade de comprovar a taxa de juros efetivamente contratada – por ausência de pactuação ou pela falta de juntada do instrumento aos autos –, aplica-se a taxa média de mercado, divulgada pelo Bacen, praticada nas operações da mesma espécie, salvo se a taxa cobrada for mais vantajosa para o devedor.
- **STJ – Súmula nº 514.** A CEF é responsável pelo fornecimento dos extratos das contas individualizadas vinculadas ao FGTS dos Trabalhadores participantes do Fundo de Garantia do Tempo de Serviço, inclusive para fins de exibição em juízo, independentemente do período em discussão.
- **STJ – Súmula nº 479.** As instituições financeiras respondem objetivamente pelos danos gerados por fortuito interno relativo a fraudes e delitos praticados por terceiros no âmbito de operações bancárias.
- **STJ – Súmula nº 477.** A decadência do art. 26 do CDC não é aplicável à prestação de contas para obter esclarecimentos sobre cobrança de taxas, tarifas e encargos bancários.
- **STJ – Súmula nº 297.** O código de defesa do consumidor é aplicável às instituições financeiras.
- **STJ – Súmula nº 285.** Nos contratos bancários posteriores ao código de defesa do consumidor incide a multa moratória nele prevista.

3.6 PLANO DE SAÚDE

- **STJ – Súmula nº 302.** É abusiva a cláusula contratual de plano de saúde que limita no tempo a internação hospitalar do segurado.
- **STJ – Súmula nº 469.** Aplica-se o código de defesa do consumidor aos contratos de plano de saúde.

3.7 PREVIDÊNCIA

- **STJ – Súmula nº 563.** O Código de Defesa do Consumidor é aplicável às entidades abertas de previdência complementar, não incidindo nos contratos previdenciários celebrados com entidades fechadas.

3.8 SERVIÇO DE PROTEÇÃO AO CRÉDITO

- **STJ – Súmula nº 572.** O Banco do Brasil, na condição de gestor do Cadastro de Emitentes de Cheques sem Fundos (CCF), não tem a responsabilidade de notificar previamente o devedor acerca da sua inscrição no aludido cadastro, tampouco legitimidade passiva para as ações de reparação de danos fundadas na ausência de prévia comunicação.
- **STJ – Súmula nº 550.** A utilização de escore de crédito, método estatístico de avaliação de risco que não constitui banco de dados, dispensa o consentimento do consumidor, que terá o direito de solicitar esclarecimentos sobre as informações pessoais valoradas e as fontes dos dados considerados no respectivo cálculo.
- **STJ – Súmula nº 548.** Incumbe ao credor a exclusão do registro da dívida em nome do devedor no cadastro de inadimplentes no prazo de cinco dias úteis, a partir do integral e efetivo pagamento do débito.
- **STJ – Súmula nº 404.** É dispensável o aviso de recebimento (ar) na carta de comunicação ao consumidor sobre a negativação de seu nome em bancos de dados e cadastros.
- **STJ – Súmula nº 385.** Da anotação irregular em cadastro de proteção ao crédito, não cabe indenização por dano moral, quando preexistente legítima inscrição, ressalvado o direito ao cancelamento.
- **STJ – Súmula nº 359.** Cabe ao órgão mantenedor do cadastro de proteção ao crédito a notificação do devedor antes de proceder à inscrição.
- **STJ – Súmula nº 323.** A inscrição de inadimplente pode ser mantida nos serviços de proteção ao crédito por, no máximo, cinco anos.

3.9 SERVIÇOS PÚBLICOS

- **STJ – Súmula nº 547.** Nas ações em que se pleiteia o ressarcimento dos valores pagos a título de participação financeira do consumidor no custeio de construção de rede elétrica, o prazo prescricional é de vinte anos na vigência do Código Civil de 1916. Na vigência do Código Civil de 2002, o prazo é de cinco anos se houver previsão contratual de ressarcimento e de três anos na ausência de cláusula nesse sentido, observada a regra de transição disciplinada em seu art. 2.028.
- **STJ – Súmula nº 412.** A ação de repetição de indébito de tarifas de água e esgoto sujeita-se ao prazo prescricional estabelecido no código civil.
- **STJ – Súmula nº 407.** É legítima a cobrança da tarifa de água, fixada de acordo com as categorias de usuários e as faixas de consumo.
- **STJ – Súmula nº 356.** É legítima a cobrança da tarifa básica pelo uso dos serviços de telefonia fixa.

4 AÇÃO CIVIL PÚBLICA

4.1 ATUAÇÃO DO MINISTÉRIO PÚBLICO

- **STF – Súmula nº 643.** O Ministério Público tem legitimidade para promover ação civil pública cujo fundamento seja a ilegalidade de reajuste de mensalidades escolares.

5 AÇÃO POPULAR

- **STF – Súmula nº 365.** Pessoa jurídica não tem legitimidade para propor ação popular.
- **STF – Súmula nº 101.** O mandado de segurança não substitui a ação popular.

6. MANDADO DE SEGURANÇA

6.1 CABIMENTO

- **STF – Súmula nº 429.** A existência de recurso administrativo com efeito suspensivo não impede o uso do mandado de segurança contra omissão da autoridade.
- **STF – Súmula nº 270.** Não cabe mandado de segurança para impugnar enquadramento da lei 3.780, de 12 de julho de 1960, que envolva exame de prova ou de situação funcional complexa.
- **STF – Súmula nº 268.** Não cabe mandado de segurança contra decisão judicial com trânsito em julgado.
- **STF – Súmula nº 267.** Não cabe mandado de segurança contra ato judicial passível de recurso ou correição.
- **STF – Súmula nº 266.** Não cabe mandado de segurança contra lei em tese.

6.2 CITAÇÃO DE LITISCONSORTE

- **STF – Súmula nº 701.** No mandado de segurança impetrado pelo ministério público contra decisão proferida em processo penal, é obrigatória a citação do réu como litisconsorte passivo.
- **STF – Súmula nº 631.** Extingue-se o processo de mandado de segurança se o impetrante não promove, no prazo assinado, a citação do litisconsorte passivo necessário.

6.3 COISA JULGADA

- **STF – Súmula nº 304.** Decisão denegatória de mandado de segurança, não fazendo coisa julgada contra o impetrante, não impede o uso da ação própria.

6.4 COMPETÊNCIA

- **STF – Súmula nº 624.** Não compete ao supremo tribunal federal conhecer originariamente de mandado de segurança contra atos de outros tribunais.
- **STF – Súmula nº 623.** Não gera por si só a competência originária do supremo tribunal federal para conhecer do mandado de segurança com base no art. 102, i, n, da constituição, dirigir-se o pedido contra deliberação administrativa do tribunal de origem, da qual haja participado a maioria ou a totalidade de seus membros.
- **STF – Súmula nº 433.** É competente o tribunal regional do trabalho para julgar mandado de segurança contra ato de seu presidente em execução de sentença trabalhista.
- **STF – Súmula nº 330.** O supremo tribunal federal não é competente para conhecer de mandado de segurança contra atos dos tribunais de justiça dos estados.
- **STF – Súmula nº 248.** É competente, originariamente, o supremo tribunal federal, para mandado de segurança contra ato do tribunal de contas da união.

6.5 DIREITO LÍQUIDO E CERTO

- **STF – Súmula nº 625.** Controvérsia sobre matéria de direito não impede concessão de mandado de segurança.

6.6 HONORÁRIOS ADVOCATÍCIOS

- **STF – Súmula nº 512.** Não cabe condenação em honorários de advogado na ação de mandado de segurança.

6.7 LEGITIMIDADE ATIVA

- **STF – Súmula nº 628.** Integrante de lista de candidatos a determinada vaga da composição de tribunal é parte legítima para impugnar a validade da nomeação de concorrente.

6.8 LEGITIMIDADE PASSIVA

- **STF – Súmula nº 627.** No mandado de segurança contra a nomeação de magistrado da competência do presidente da república, este é considerado autoridade coatora, ainda que o fundamento da impetração seja nulidade ocorrida em fase anterior do procedimento.
- **STF – Súmula nº 510.** Praticado o ato por autoridade, no exercício de competência delegada, contra ela cabe o mandado de segurança ou a medida judicial.

6.9 LIMINARES

- **STF – Súmula nº 626.** A suspensão da liminar em mandado de segurança, salvo determinação em contrário da decisão que a deferir, vigorará até o trânsito em julgado da decisão definitiva de concessão da segurança ou, havendo recurso, até a sua manutenção pelo supremo tribunal federal, desde que o objeto da liminar deferida coincida, total ou parcialmente, com o da impetração.
- **STF – Súmula nº 405.** Denegado o mandado de segurança pela sentença, ou no julgamento do agravo, dela interposto, fica sem efeito a liminar concedida, retroagindo os efeitos da decisão contrária.

6.10 MANDADO DE SEGURANÇA COLETIVO

- **STF – Súmula nº 629.** A impetração de mandado de segurança coletivo por entidade de classe em favor dos associados independe da autorização destes.
- **STF – Súmula nº 630.** A entidade de classe tem legitimação para o mandado de segurança ainda quando a pretensão veiculada interesse apenas a uma parte da respectiva categoria.

6.11 PRAZO DE IMPETRAÇÃO

- **STF – Súmula nº 632.** É constitucional lei que fixa o prazo de decadência para a impetração de mandado de segurança.
- **STF – Súmula nº 430.** Pedido de reconsideração na via administrativa não interrompe o prazo para o mandado de segurança.

6.12 RECURSOS

- **STF – Súmula nº 597.** Não cabem embargos infringentes de acórdão que, em mandado de segurança decidiu, por maioria de votos, a apelação.
- **STF – Súmula nº 392.** O prazo para recorrer de acórdão concessivo de segurança conta-se da publicação oficial de suas conclusões, e não da anterior ciência à autoridade para cumprimento da decisão.
- **STF – Súmula nº 299.** O recurso ordinário e o extraordinário interpostos no mesmo processo de mandado de segurança, ou de "habeas-corpus", serão julgados conjuntamente pelo tribunal pleno.
- **STF – Súmula nº 294.** São inadmissíveis embargos infringentes contra decisão do supremo tribunal federal em mandado de segurança.
- **STF – Súmula nº 272.** Não se admite como ordinário recurso extraordinário de decisão denegatória de mandado de segurança.

6.13 VIA PROCESSUAL ADEQUADA

- **STF – Súmula nº 271.** Concessão de mandado de segurança não produz efeitos patrimoniais, em relação a período pretérito, os quais devem ser reclamados administrativamente ou pela via judicial própria.

- **STF – Súmula nº 269.** O mandado de segurança não é substitutivo de ação de cobrança.
- **STF – Súmula nº 101.** O mandado de segurança não substitui a ação popular.
- **STJ – Súmula nº 460.** É incabível o mandado de segurança para convalidar a compensação tributária realizada pelo contribuinte.
- **STJ – Súmula nº 376.** Compete à Turma Recursal processar e julgar o mandado de segurança contra ato de juizado especial.
- **STJ – Súmula nº 333.** Cabe mandado de segurança contra ato praticado em licitação promovida por sociedade de economia mista ou empresa pública.
- **STJ – Súmula nº 213.** O mandado de segurança constitui ação adequada para a declaração do direito à compensação tributária.
- **STJ – Súmula nº 202.** A impetração de segurança por terceiro, contra ato judicial, não se condiciona a interposição de recurso.
- **STJ – Súmula nº 177.** O Superior Tribunal de Justiça é incompetente para processar e julgar, originariamente, mandado de segurança contra ato de órgão colegiado presidido por Ministro de Estado.
- **STJ – Súmula nº 169.** São inadmissíveis embargos infringentes no processo de mandado de segurança.
- **STJ – Súmula nº 105.** Na ação de mandado de segurança não se admite condenação em honorários advocatícios.
- **STJ – Súmula nº 41.** O superior Tribunal de Justiça não tem competência para processar e julgar, originariamente, mandado de segurança contra ato de outros tribunais ou dos respectivos órgãos.

✦ INFORMATIVOS APLICÁVEIS

1 CONSUMIDOR (LEI N° 8.078/90 – CDC)

1.1 COBRANÇA

▸ *Repetição de indébito de contrato de cédula de crédito rural. Prazo prescricional. Definição. Recurso repetitivo. Tema 919.*

A pretensão de repetição de indébito de contrato de cédula de crédito rural prescreve no prazo de vinte anos, sob a égide do art. 177 do Código Civil de 1916, e de três anos, sob o amparo do art. 206, § 3º, IV, do Código Civil de 2002, observada a norma de transição do art. 2.028 desse último Diploma Legal. *REsp 1.361.730-RS, Rel. Min. Raul Araújo, DJe 28.10.2016. 2ª S. (Info 592)*

1.2 COMPETÊNCIA JURISDICIONAL

▸ *Competência internacional e relação de consumo.*

A Justiça brasileira é absolutamente incompetente para processar e julgar demanda indenizatória fundada em serviço fornecido de forma viciada por sociedade empresária estrangeira a brasileiro que possuía domicílio no mesmo Estado estrangeiro em que situada a fornecedora, quando o contrato de consumo houver sido celebrado e executado nesse local, ainda que o conhecimento do vício ocorra após o retorno do consumidor ao território nacional. *REsp 1.571.616-MT, Rel. Min. Marco Aurélio Bellizze, DJe 11.4.2016. 3ª T. (Info 580)*

1.3 COMPETÊNCIA LEGISLATIVA

▸ *ADI e normas para a venda de títulos de capitalização*

O Plenário, em conclusão, julgou procedente pedido formulado em ação direta para declarar a inconstitucionalidade da Lei 14.507/2002 do Estado de Minas Gerais. A lei impugnada estabelece normas para a venda de títulos de capitalização e similares na referida unidade federativa. O Colegiado asseverou que a regra contida no § 3º do art. 24 da CF também abrange o "caput" do artigo. Em seguida, entendeu que o exercício da competência legislativa concorrente pelos Estados – presente ou não norma geral editada pela União – pressupõe o atendimento de situações peculiares do ente, circunstância não verificada no caso. Observou haver lei federal sobre a matéria (Código de Defesa do Consumidor). Ademais, ressaltou que a lei impugnada dispõe, na sua inteireza, sobre sistema de capitalização, o que compete privativamente à União, que também já editou normas sobre defesa do consumidor e publicidade nessa matéria. A norma em debate estabelece, indevidamente, vedação a uma venda casada, o que a legislação federal autoriza. *ADI 2905/MG, red. p/ o ac. Min. Marco Aurélio, j. 16.11.2016. Pleno. (Info 847)*

▸ *Exigência para participar de licitação e conflito legislativo*

Por ofensa à competência privativa da União para legislar sobre normas gerais de licitação e contratos, o Plenário, por maioria, julgou procedente pedido formulado em ação direta para declarar a inconstitucionalidade da Lei 3.041/05 do Estado de Mato Grosso do Sul, sem efeito repristinatório em relação às leis anteriores de mesmo conteúdo. *ADI 3.735/MS, Rel. min. Teori Zavascki, 8.9.2016. Pleno. (Info 838)*

▸ *Cobrança de estacionamento de veículos: competência e livre iniciativa*

É inconstitucional, por violar a competência privativa da União (CF, art. 22, I), lei estadual que regulamenta cobrança de estacionamento de veículos. A disciplina acerca da exploração econômica de estacionamentos privados refere-se a direito civil. *ADI 4862/PR, Rel. Min. Gilmar Mendes, 18.8.2016. Pleno. (Info 835)*

1.4 DIREITO À INFORMAÇÃO

▸ *Ação civil pública. Vinho. Rótulo. Informações essenciais. Lei 8.918/94. CDC. Inaplicabilidade.*

Inexiste a obrigação legal de se inserir nos rótulos dos vinhos informações acerca da quantidade de sódio ou de calorias (valor energético) presente no produto. *REsp 1.605.489-SP, Rel. Min. Ricardo Villas Bôas Cueva, DJe 18.10.2016. 3ª T. (Info 592)*

1.5 IMÓVEL

▸ ***Prazo prescricional da pretensão de restituição de SATI. Recurso repetitivo. Tema 938.***

Incide a prescrição trienal sobre a pretensão de restituição dos valores pagos a título de comissão de corretagem ou de serviço de assistência técnico-imobiliária (SATI), ou atividade congênere (art. 206, § 3º, IV, CC). *REsp 1.551.956-SP, Rel. Min. Paulo de Tarso Sanseverino, 2ª S., DJ 6.9.2016. (Info 589)*

▸ ***Abusividade de cobrança de SATI ao consumidor pelo promitente-vendedor de imóvel. Recurso repetitivo. Tema 938.***

É abusiva a cobrança pelo promitente-vendedor do serviço de assessoria técnico-imobiliária (SATI), ou atividade congênere, vinculado à celebração de promessa de compra e venda de imóvel. *REsp 1.599.511-SP, Rel. Min. Paulo de Tarso Sanseverino, 2ª S., DJ 6.9.2016. (Info 589)*

1.6 INTERVENÇÃO DE TERCEIROS

▸ ***Interpretação do art. 88 do CDC. Denunciação à lide.***

Descabe ao denunciado à lide, nas relações consumeristas, invocar em seu benefício a regra de afastamento da denunciação (art. 88 do CDC) para eximir-se de suas responsabilidades perante o denunciante. *REsp 913.687-SP, Rel. Min. Raul Araújo, DJe 4.11.2016. 4ª T. (Info 592)*

1.7 LEGITIMIDADE ATIVA E PASSIVA JUDICIAL

▸ ***Condomínio de adquirentes de edifício em construção. Defesa dos interesses dos condôminos frente a construtora ou incorporadora. Aplicação do CDC.***

Aplica-se o CDC ao condomínio de adquirentes de edifício em construção, nas hipóteses em que atua na defesa dos interesses dos seus condôminos frente a construtora ou incorporadora. *REsp 1.560.728-MG, Rel. Min. Paulo de Tarso Sanseverino, DJe 28.10.2016. 3ª T. (Info 592)*

▸ ***Legitimidade passiva "ad causam" de incorporadora imobiliária em demanda que objetiva restituição de comissão de corretagem e de SATI. Recurso repetitivo. Tema 939.***

Tem legitimidade passiva "ad causam" a incorporadora, na condição de promitente-vendedora, para responder a demanda em que é pleiteada pelo promitente-comprador a restituição dos valores pagos a título de comissão de corretagem e de taxa de assessoria técnico-imobiliária, alegando-se prática abusiva na transferência desses encargos ao consumidor. *REsp 1.551.968-SP, Rel. Min. Paulo de Tarso Sanseverino, 2ª S., DJ 6.9.2016. (Info 589)*

1.8 PLANO DE SAÚDE

▸ ***Plano de saúde. Demissão sem justa causa de titular. Extinção do plano coletivo empresarial. Contratação de novo plano (coletivo por adesão) com a mesma operadora. Prazo de carência. Inexigibilidade.***

É ilícita a exigência de cumprimento de carência de ex-dependente de plano coletivo empresarial, extinto em razão da demissão sem justa causa do titular, ao contratar novo plano de saúde, na mesma operadora, mas em categoria diversa (coletivo por adesão). *REsp 1.525.109-SP, Rel. Min. Ricardo Villas Bôas Cueva, DJe 18.10.2016. 3ª T. (Info 592)*

▸ ***Abrangência de cobertura contratual de assistência à saúde relativamente a tratamento disponibilizado por hospital credenciado em parceria com instituição não credenciada.***

No caso em que, nas informações divulgadas por plano de saúde aos seus usuários, determinado hospital particular figure como instituição credenciada sem ressalvas, se o usuário optar pela realização de tratamento contratado e disponibilizado pelo aludido hospital, a operadora do plano será obrigada a custeá-lo, ainda que o serviço seja prestado em parceria com instituição não credenciada, cuja unidade de atendimento funcione nas dependências do hospital, sendo irrelevante o fato de haver, na mesma localidade, outras instituições credenciadas para o mesmo tipo de tratamento de saúde. *REsp 1.613.644-SP, Rel. Min. Ricardo Villas Bôas Cueva, DJ 30.9.2016. 3ª T. (Info 590)*

▸ ***Desclassificação de operadora de plano de saúde de autogestão como fornecedora.***

Não se aplica o CDC às relações existentes entre operadoras de planos de saúde constituídas sob a modalidade de autogestão e seus filiados, na hipótese em que firmado contrato de cobertura médico-hospitalar. *REsp 1.285.483-PB, Rel. Min. Luis Felipe Salomão, DJe 16.8.2016. 2ª S. (Info 588)*

▸ ***Hipótese em que não é assegurado ao ex-empregado o direito de manter sua condição de beneficiário em plano de saúde coletivo empresarial.***

O empregado que for aposentado ou demitido sem justa causa não terá direito de ser mantido em plano de saúde coletivo empresarial custeado exclusivamente pelo empregador – sendo irrelevante se houver coparticipação no pagamento de procedimentos de assistência médica, hospitalar e odontológica -, salvo disposição contrária expressa em contrato ou em convenção coletiva de trabalho. *REsp 1.594.346-SP, Rel. Min. Ricardo Villas Bôas Cueva, DJe 16.8.2016. 3ª T. (Info 588)*

▸ ***Abusividade de cláusula que autoriza plano de saúde a indeferir procedimentos médico-hospitalares.***

Em contrato de plano de assistência à saúde, é abusiva a cláusula que preveja o indeferimento de quaisquer procedimentos médico-hospitalares quando solicitados por médicos não cooperados. *REsp 1.330.919-MT, Rel. Min. Luis Felipe Salomão, DJe 18.8.2016. 4ª T. (Info 588)*

▸ *Coparticipação do usuário de plano de saúde em percentual sobre o custo de tratamento médico sem internação.*

Não é abusiva cláusula contratual de plano privado de assistência à saúde que estabeleça a coparticipação do usuário nas despesas médico-hospitalares em percentual sobre o custo de tratamento médico realizado sem internação, desde que a coparticipação não caracterize financiamento integral do procedimento por parte do usuário, ou fator restritor severo ao acesso aos serviços. *REsp 1.566.062-RS, Rel. Min. Ricardo Villas Bôas Cueva, DJe 1.7.2016. 3ª T. (Info 586)*

▸ *Dever de assistência ao neonato durante os trinta primeiros dias após o seu nascimento.*

Quando o contrato de plano de saúde incluir atendimento obstétrico, a operadora tem o dever de prestar assistência ao recém-nascido durante os primeiros trinta dias após o parto (art. 12, III, "a", da Lei n. 9.656/1998), independentemente de a operadora ter autorizado a efetivação da cobertura, ter ou não custeado o parto, tampouco de inscrição do neonato como dependente nos trinta dias seguintes ao nascimento. *REsp 1.269.757-MG, Rel. Min. Luis Felipe Salomão, DJe 31.5.2016. 4ª T. (Info 584)*

▸ *Equiparação de companheiro a cônjuge para fins de cobertura de cláusula de remissão de plano de saúde.*

O companheiro faz jus à cobertura de cláusula de remissão por morte de titular de plano de saúde na hipótese em que a referida disposição contratual faça referência a cônjuge, sendo omissa quanto a companheiro. *REsp 1.457.254-SP, Rel. Min. Ricardo Villas Bôas Cueva, DJe 18.4.2016. 3ª T. (Info 581)*

▸ *Reembolso de despesas médicas realizadas em hospital não conveniado ao plano.*

O plano de saúde deve reembolsar o segurado pelas despesas que pagou com tratamento médico realizado em situação de urgência ou emergência por hospital não credenciado, ainda que o referido hospital integre expressamente tabela contratual que exclui da cobertura os hospitais de alto custo, limitando-se o reembolso, no mínimo, ao valor da tabela de referência de preços de serviços médicos e hospitalares praticados pelo plano de saúde. *REsp 1.286.133-MG, Rel. Min. Marco Aurélio Bellizze, DJe 11.4.2016. 3ª T. (Info 580)*

▸ *Nulidade de cláusula de renúncia à entrevista qualificada para contratar plano de saúde.*

É nula a cláusula inserta por operadora de plano privado de assistência à saúde em formulário de Declaração de Doenças ou Lesões Preexistentes (Declaração de Saúde) prevendo a renúncia pelo consumidor contratante à entrevista qualificada orientada por um médico, seguida apenas de espaço para aposição de assinatura, sem qualquer menção ao fato de tal entrevista se tratar de faculdade do beneficiário. *REsp 1.554.448-PE, Rel. Min. João Otávio de Noronha, DJe 26.2.2016. 3ª T. (Info 578)*

1.9 PRÁTICAS ABUSIVAS

▸ *Concessão de serviços aéreos. Transporte aéreo. Serviço essencial. Cancelamento de voos. Abusividade. Dever de informação ao consumidor.*

O transporte aéreo é serviço essencial e pressupõe continuidade. Considera-se prática abusiva tanto o cancelamento de voos sem razões técnicas ou de segurança inequívocas como o descumprimento do dever de informar o consumidor, por escrito e justificadamente, quando tais cancelamentos vierem a ocorrer. *REsp 1.469.087-AC, Rel. Min. Humberto Martins, DJe 17.11.2016. 2ª T. (Info 593)*

▸ *Hipótese em que instituição de ensino superior não pode recusar a matrícula de aluno.*

Instituição de ensino superior não pode recusar a matrícula de aluno aprovado em vestibular em razão de inadimplência em curso diverso anteriormente frequentado por ele na mesma instituição. *REsp 1.583.798-SC, Rel. Min. Herman Benjamin, DJ 7.10.2016. 2ª T. (Info 591)*

▸ *Validade do desconto de pontualidade inserido em contrato de prestação de serviços educacionais.*

O denominado "desconto de pontualidade", concedido pela instituição de ensino aos alunos que efetuarem o pagamento das mensalidades até a data do vencimento ajustada, não configura prática comercial abusiva. *REsp 1.424.814-SP, Rel. Min. Marco Aurélio Bellizze, DJ 10.10.2016. 3ª T. (Info 591)*

▸ *Legalidade de cláusula de raio em contrato de locação de espaço em shopping center.*

Em tese, não é abusiva a previsão, em normas gerais de empreendimento de shopping center ("estatuto"), da denominada "cláusula de raio", segundo a qual o locatário de um espaço comercial se obriga – perante o locador – a não exercer atividade similar à praticada no imóvel objeto da locação em outro estabelecimento situado a um determinado raio de distância contado a partir de certo ponto do terreno do shopping center. Para o sucesso e viabilização econômica/administrativa do "shopping center, os comerciantes vinculam-se a uma modalidade específica de contratação. Entre as diversas cláusulas extravagantes insertas no contrato de shopping center – a despeito da existência de severa discussão doutrinária a respeito da natureza jurídica do ajuste, podendo ser considerado sociedade, locação, contrato coligado, misto, atípico, de adesão, entre outros -, há efetivo consenso de que todas servem para justificar e garantir o fim econômico almejado pelas partes. Nessa conjuntura, é possível citar, dentre essas disposições contratuais: "res sperata", aluguel mínimo, aluguel percentual, aluguel dobrado no mês de dezembro, fiscalização da contabilidade, imutabilidade do ramo de negócio, impossibilidade de cessão ou sublocação e, também, a denominada "cláusula de raio", objeto do caso aqui analisado. De acordo com a "cláusula de raio", o locatário de um espaço comercial se obriga, perante o locador, a não exercer atividade similar à praticada no imóvel objeto da locação em outro estabelecimento situado a um determinado raio de distância daquele imóvel. Em que pese a existência de um shopping center não seja considerado elemento essencial para a aplicação dessa cláusula, é inquestionável que ela se mostra especialmente apropriada no contexto de tais centros comerciais, notadamente em razão da preservação dos interesses comuns à generalidade dos locatários e empreendedores dos shoppings. *REsp 1.535.727-RS, Rel. Min. Marco Buzzi, DJe 20.6.2016. 4ª T. (Info 585)*

1.10 PREVIDÊNCIA

▸ ***Necessidade de filiação à entidade aberta de previdência complementar para contratar empréstimo.***

É possível impor ao consumidor sua prévia filiação à entidade aberta de previdência complementar como condição para contratar com ela empréstimo financeiro. *REsp 861.830-RS, Rel. Min. Maria Isabel Gallotti, DJe 13.4.2016. 4ª T. (Info 581)*

1.11 PROTEÇÃO AO CRÉDITO

▸ ***Termo inicial do prazo de permanência de registro de nome de consumidor em cadastro de proteção ao crédito.***

O termo inicial do prazo de permanência de registro de nome de consumidor em cadastro de proteção ao crédito (art. 43, § 1º, do CDC) inicia-se no dia subsequente ao vencimento da obrigação não paga, independentemente da data da inscrição no cadastro. *REsp 1.316.117-SC, Rel. p/ ac. Min. Paulo de Tarso Sanseverino, DJe 19.8.2016. 3ª T. (Info 588)*

▸ ***Hipótese em que a inscrição indevida em cadastro de inadimplentes não enseja indenização por dano moral. Recurso repetitivo. Tema 922.***

A inscrição indevida comandada pelo credor em cadastro de proteção ao crédito, quando preexistente legítima inscrição, não enseja indenização por dano moral, ressalvado o direito ao cancelamento. *REsp 1.386.424-MG, Rel. p/ ac. Min. Maria Isabel Gallotti, 2ª S., DJe 16.5.2016. (Info 583)*

▸ ***Protesto por tabelionato de comarca diversa do domicílio do devedor e esgotamento dos meios de localização para a intimação do devedor por edital. Recurso repetitivo. Tema 921.***

Tese firmada para fins do art. 543-C do CPC/73: 1. O tabelião, antes de intimar o devedor por edital, deve esgotar os meios de localização, notadamente por meio do envio de intimação por via postal, no endereço fornecido por aquele que procedeu ao apontamento do protesto. 2. é possível, à escolha do credor, o protesto de cédula de crédito bancário garantida por alienação fiduciária, no tabelionato em que se situa a praça de pagamento indicada no título ou no domicílio do devedor. *REsp 1.398.356-MG, Rel. p/ ac. Min. Luis Felipe Salomão, 2ª S., DJe 30.3.2016. (Info 579)*

▸ ***"Crediscore" e interesse de agir em ação cautelar de exibição de documentos. Recurso repetitivo. Tema 915.***

Em relação ao sistema "credit scoring", o interesse de agir para a propositura da ação cautelar de exibição de documentos exige, no mínimo, a prova de: i) requerimento para obtenção dos dados ou, ao menos, a tentativa de fazê-lo à instituição responsável pelo sistema de pontuação, com a fixação de prazo razoável para atendimento; e ii) que a recusa do crédito almejado ocorreu em razão da pontuação que lhe foi atribuída pelo sistema "scoring". *REsp 1.304.736-RS, Rel. Min. Luis Felipe Salomão, 2ª S., DJe 30.3.2016. (Info 579)*

1.12 RESPONSABILIDADE CIVIL

▸ ***Internet. Comércio eletrônico. Provedor de pesquisa. Intermediação não caracterizada. Vício da mercadoria ou inadimplemento contratual. Ausência de responsabilidade.***

O provedor de buscas de produtos à venda on-line que não realiza qualquer intermediação entre consumidor e vendedor não pode ser responsabilizado por qualquer vício da mercadoria ou inadimplemento contratual. *REsp 1.444.008-RS, Rel. Min. Nancy Andrighi, DJe 9.11.2016. 3ª T. (Info 593)*

▸ ***Responsabilidade civil dos provedores de busca.***

Não há dano moral quando o provedor de busca, mesmo após cientificado pelo consumidor, exibe associação indevida entre o argumento de pesquisa (o nome desse consumidor) e o resultado de busca (o sítio eletrônico cujo conteúdo nocivo ao consumidor já tenha sido corrigido pelo responsável da página eletrônica). *REsp 1.582.981-RJ, Rel. Min. Marco Aurélio Bellizze, DJe 19.5.2016. 3ª T. (Info 583)*

▸ ***Necessidade de correspondência entre o argumento e o resultado de pesquisa em provedor de busca.***

O provedor de busca cientificado pelo consumidor sobre vínculo virtual equivocado entre o argumento de pesquisa (nome de consumidor) e o resultado de busca (sítio eletrônico) é obrigado a desfazer a referida indexação, ainda que esta não tenha nenhum potencial ofensivo. *REsp 1.582.981-RJ, Rel. Min. Marco Aurélio Bellizze, DJe 19.5.2016. 3ª T. (Info 583)*

▸ ***Ausência de dano moral "in re ipsa" pela mera inclusão de valor indevido na fatura de cartão de crédito.***

Não há dano moral "in re ipsa" quando a causa de pedir da ação se constitui unicamente na inclusão de valor indevido na fatura de cartão de crédito de consumidor. Assim como o saque indevido, também o simples recebimento de fatura de cartão de crédito na qual incluída cobrança indevida não constitui ofensa a direito da personalidade (honra, imagem, privacidade, integridade física); não causa, portanto, dano moral objetivo, "in re ipsa". *REsp 1.550.509-RJ, Rel. Min. Maria Isabel Gallotti, DJe 14.3.2016. 4ª T. (Info 579)*

2 EDUCAÇÃO

2.1 ACESSIBILIDADE

▸ ***Direito à educação: ensino privado e acesso a pessoas com deficiência***

Escolas particulares devem cumprir obrigações do Estatuto da Pessoa com Deficiência. Julgadas constitucionais as normas do Estatuto da Pessoa com Deficiência (Lei 13.146/15) que estabelecem a obrigatoriedade de as escolas privadas promoverem a inserção de pessoas com deficiência no ensino regular e prover as medidas de adaptação necessárias sem que ônus financeiro seja repassado às mensalidades, anuidades e matrículas. *ADI 5357 MC-Referendo/DF, Rel. Min. Edson Fachin, 9.6.2016. Pleno. (Info 829)*

2.2 ENSINO SUPERIOR

▸ ***FIES: obrigações tributárias e alteração normativa***

O Plenário, ao apreciar ADI ajuizada em face de dispositivos da Lei 10.260/01, julgou prejudicado o pedido quanto aos arts. 12, IV; e 19, "caput" e §§ 1º a 5º; e improcedente no tocante ao art. 12, "caput". As normas em questão tratam de obrigações tributárias e previdenciárias de instituições de ensino vinculadas ao Fundo de Financiamento ao Estudante do Ensino Superior (FIES). A respeito do art. 12, "caput", da lei impugnada, o Colegiado anotou que sua alteração superveniente, por força da Lei 12.202/10, não foi substancial. A nova redação apenas modificou a data de emissão limite para os certificados do Tesouro Nacional serem resgatados antecipadamente (de 1º de novembro para 10 de novembro), o que não implica prejudicialidade do pedido. Esses certificados representam títulos da dívida pública, emitidos em favor da instituição de ensino, com a finalidade de quitação de débitos com o INSS. Ao analisar a alegação de inconstitucionalidade material da norma, o Tribunal reputou que a necessidade de satisfação das obrigações previdenciárias correntes para o resgate antecipado dos certificados da dívida pública em poder das instituições de ensino superior não interfere no exercício do direito constitucional à obtenção gratuita de certidões em repartições públicas, para defesa de direitos ou esclarecimento de situações de interesse pessoal. Essa condição não contraria nem restringe o direito dessas instituições de provocarem o Judiciário para questionar qualquer obrigação previdenciária, garantidos também os direitos processuais ao contraditório e à ampla defesa. Quanto aos arts. 12, IV; e 19, "caput" e §§ 1º a 5º, o Plenário sublinhou que o art. 12, IV sofreu alteração substancial pela Lei 11.552/2007. Com isso, passou a prever como condição para o resgate antecipado que as instituições de ensino superior não estejam em atraso nos pagamentos dos tributos administrados pela receita federal. O "caput" do art. 19, por sua vez, vincula-se ao art. 55 da Lei 8.212/1991, expressamente revogado pelo art. 44, I, da Lei 12.101/2009. Assim, embora esses dispositivos impugnados não tenham sido expressamente revogados, perderam o objeto, pois o conteúdo normativo tinha como destinatárias as instituições de ensino enquadradas no citado art. 55. O art. 19 perdeu, portanto, um elemento essencial: a definição das entidades titulares da obrigação instituída nas normas impugnadas. E, de acordo com a jurisprudência do STF, reconhece-se o prejuízo de ações de controle abstrato nas quais as normas impugnadas deixam de subsistir no ordenamento jurídico. *ADI 2545/DF, rel. Min. Cármen Lúcia, j. 16.11.2016. Pleno. (Info 847)*

▸ ***ADI e revalidação de diplomas obtidos no exterior***

A previsão em lei estadual, acerca da revalidação de títulos obtidos em instituições de ensino superior dos países membros do Mercosul, afronta o pacto federativo (CF, art. 60, § 4º, I), na medida em que usurpa a competência da União para dispor sobre diretrizes e bases da educação nacional. *ADI 5341 MC- Referendo/AC, Rel. Min. Edson Fachin, 10.3.2016. Pleno. (Info 817)*

▸ ***Validade do desconto de pontualidade inserido em contrato de prestação de serviços educacionais.***

O denominado "desconto de pontualidade", concedido pela instituição de ensino aos alunos que efetuarem o pagamento das mensalidades até a data do vencimento ajustada, não configura prática comercial abusiva. *REsp 1.424.814-SP, Rel. Min. Marco Aurélio Bellizze, DJ 10.10.2016. 3ª T. (Info 591)*

2.3 ENSINO TÉCNICO PROFISSIONALIZANTE

- **STF – Anulação de registro de aposentadoria e comprovação de tempo trabalhado na condição de aluno-aprendiz.**. A Primeira Turma retomou julgamento de mandado de segurança impetrado contra acórdão do TCU, que anulara ato de concessão de aposentadoria e determinara o retorno do impetrante à atividade, para completar os requisitos para a aposentadoria integral, ou que os proventos fossem proporcionais ao tempo de contribuição. Na espécie, a Corte de Contas glosara o cômputo de tempo prestado na condição de aluno-aprendiz por entender que não ficara comprovada a efetiva prestação do serviço. Na sessão de 5.5.2015, o Ministro Marco Aurélio (relator) indeferiu a ordem. Afirmou que o servidor que pretendesse ter o citado período contado como de tempo de serviço deveria apresentar certidão do estabelecimento de ensino frequentado. Tal documento deveria atestar a condição de aluno-aprendiz e o recebimento de retribuição pelos serviços executados, consubstanciada em auxílios materiais diversos. Ressaltou que, com a edição da Lei 3.353/1959, passara-se a exigir, para a contagem do tempo mencionado, a demonstração de que a mão de obra tivesse sido remunerada com o pagamento de encomendas. O elemento essencial à caracterização do tempo de serviço como aluno-aprendiz não seria a percepção de uma vantagem direta ou indireta, mas a efetiva execução do ofício para o qual receberia instrução, mediante encomendas de terceiros. Como consequência, a declaração emitida por instituição de ensino profissionalizante somente serviria a comprovar o período de trabalho caso registrasse expressamente a participação do educando nas atividades laborativas desenvolvidas para atender aos pedidos feitos às escolas, o que não teria ocorrido no caso. Na certidão juntada aos autos constaria apenas que o impetrante frequentara curso técnico profissionalizante por certo período, inexistindo referência à participação na produção de quaisquer bens ou serviços solicitados por terceiros. Não haveria sequer comprovação de retribuição pecuniária à conta do orçamento. MS 31518/DF, rel. Min. Marco Aurélio, 16.2.2016. (MS-31518)

2.4 PROFISSIONAIS DA EDUCAÇÃO

▸ ***Contratação em caráter temporário e concurso público***

É inconstitucional lei estadual que assegura a permanência de servidores da Fundação Universidade Regional do Rio Grande do Norte admitidos em caráter temporário, entre o período de 8.1.1987 a 17.6.1993, sem a prévia aprovação em concurso público, e torna sem efeitos os atos de direção da universidade que, de qualquer forma, excluíram esses servidores do quadro de pessoal. A proposição legislativa decorreu de iniciativa parlamentar que usurpou a prerrogativa do chefe do Executivo quanto às matérias relacionadas ao regime jurídico dos servidores públicos. Houve ofensa ao princípio do concurso público (CF/88, art. 37, II), haja vista a estabilização de servidores contratados apenas temporariamente. O art. 19 do ADCT concedera estabilidade excepcional somente aos servidores que, ao tempo da promulgação do texto, estavam em exercício há mais de cinco anos. *ADI 1241/RN, Rel. Min. Dias Toffoli, j. 22.9.2016. Pleno. (Info 840)*

▸ ***Contratação temporária de professores e emergencialidade***

São inconstitucionais dispositivos de lei estadual que autorizam a contratação temporária de professores da rede pública de ensino nas hipóteses de "afastamentos que repercutam em carência de natureza temporária" e para "fins de implementação de projetos educacionais, com vistas à erradicação do analfabetismo, correção do fluxo escolar e qualificação da população cearense". O art. 37, IX, da CF exige complementação normativa criteriosa quanto aos casos de necessidade temporária de excepcional interesse público que ensejam contratações sem concurso. Recrutamentos dessa espécie são admissíveis, mesmo para atividades permanentes da Administração, mas o legislador deve especificar os traços de emergencialidade que justificam a medida atípica. A lei também permite a contratação temporária de profissionais do magistério nas situações de licença para tratamento de saúde; licença gestante; licença por motivo de doença de pessoa da família; licença para trato de interesses particulares; e cursos de capacitação. Nessas ocorrências, alheias ao controle da Administração, cuja superveniência pode resultar em desaparelhamento transitório do corpo docente, permite-se reconhecer a emergencialidade. *ADI 3721/CE, Rel. Min. Teori Zavascki, 9.6.2016. Pleno. (Info 829)*

- **STF – Presunção de inocência e eliminação de concurso público (Transcrições). Presunção de inocência e elimina**ção de concurso público (Transcrições) (v. Informativo 825) RE 560900/DF* RELATOR: Ministro Roberto Barroso Ementa**: RECURSO EXTRAORDINÁRIO COM REPERCUSSÃO GERAL. IDONEIDADE MORAL DE CANDIDATOS EM CONCURSOS PÚBLICOS. INQUÉRITOS POLICIAIS OU PROCESSOS PENAIS EM CURSO. PRESUNÇÃO DE INOCÊNCIA. PRINCÍPIO DA MORALIDADE ADMINISTRATIVA. 1. Como regra geral, a simples existência de inquéritos ou processos penais em curso não autoriza a eliminação de candidatos em concursos públicos, o que pressupõe: (i) condenação por órgão colegiado ou definitiva; e (ii) relação de incompatibilidade entre a natureza do crime em questão e as atribuições do cargo concretamente pretendido, a ser demonstrada de forma motivada por decisão da autoridade competente. 2. A lei pode instituir requisitos mais rigorosos para determinados cargos, em razão da relevância das atribuições envolvidas, como é o caso, por exemplo, das carreiras da magistratura, das funções essenciais à justiça e da segurança pública (CRFB/1988, art. 144), sendo vedada, em qualquer caso, a valoração negativa de simples processo em andamento, salvo situações excepcionalíssimas e de indiscutível gravidade. 3. As duas proposições acima correspondem às teses do presente julgado, para fins de repercussão geral. Por se tratar de mudança de jurisprudência, a orientação ora firmada não se aplica a certames já realizados e que não tenham sido objeto de impugnação até a data do presente julgamento. 4. Recurso extraordinário conhecido e desprovido. Relatório: 1. Trata-se de recurso extraordinário (art. 102, III, a, da Constituição) interposto contra acórdão do TJDFT, assim ementado: "CONSTITUCIONAL. MANDADO DE SEGURANÇA. POLICIAL MILITAR. CURSO DE FORMAÇÃO DE CABO. REJEIÇÃO DE MATRÍCULA. PENDÊNCIA JUDICIAL. PRINCÍPIO DA PRESUNÇÃO DE INOCÊNCIA. A exclusão do impetrante na seleção para o Curso de Formação de Cabos pela mera denúncia oferecida pelo Ministério Público extrapola o razoável, tornando-se uma decisão tendenciosa, pois, enquanto não condenado por sentença transitada em julgado, há de se presumir a inocência do acusado, conforme regra constitucionalmente preconizada. Assim, tem-se como inaceitável a presunção prevista no Decreto Distrital nº 7.456/83, bem como no edital do certame, de que determinado candidato não possui aptidão por estar sendo processado criminalmente. Recurso improvido. Unânime." 2. O referido acórdão que manteve sentença concessiva de mandado de segurança, impetrado por soldado que responde a processo criminal pela suposta prática do delito previsto no art. 342 do CP (falso testemunho), assegurando-lhe o direito de participar de curso de formação de Cabos Combatentes da Polícia Militar. 3. No caso, a progressão funcional do impetrante foi obstada em razão da sua inadmissão no concurso para ingresso no Curso de Formação de Cabos no Quadro de Praças Policiais e Militares Combatentes – QPPMC. O ato de eliminação do candidato está embasado no item 3.5 do Edital nº 33/2005 de convocação, que vedou a participação de candidato "denunciado por crime de natureza dolosa" (fls. 15). 4. Nas informações prestadas na origem pela autoridade impetrada, esclarece-se que a previsão editalícia encontrava suporte na redação dos arts. 11 e 28, II, do Decreto Distrital nº 7.456/1983, que previam, respectivamente, o requisito de "idoneidade moral" e a exclusão, do quadro de acessos, do candidato que estivesse "'sub-judice' ou preso preventivamente, em virtude de inquérito policial-militar instaurado". Além disso, em caso de absolvição, os arts. 16, III, e 22 do mesmo diploma preveem o direito a "ressarcimento de preterição", com a respectiva promoção do candidato, independentemente da existência de vagas. 5. Concedida a segurança e confirmada a sentença pelo Tribunal, insurge-se o Distrito Federal por meio do presente recurso, sob a alegação de ofensa ao art. 5º, LVII, da Constituição. Sustenta que o princípio constitucional da presunção de inocência visa à limitação temporal dos efeitos da condenação penal, não à mitigação da análise administrativa de fatos desabonadores à conduta de candidato à ascensão funcional, fundamentada nos princípios da hierarquia, disciplina e proteção do ordenamento jurídico. Defendeu, ainda, a razoabilidade do critério de exclusão, que se mostraria coerente com a natureza do cargo aspirado e a elevação do poder de comando. Neste sentido, afirma que a Administração deve agir cautelarmente, a fim de evitar que policiais que estejam sendo investigados pelo cometimento de crimes e sérios desvios de conduta sejam promovidos enquanto permanecerem nesta situação. 6. Admitido o feito na origem, sem que tenham sido oferecidas contrarrazões (fls. 148), os autos subiram ao STF. 7. A repercussão geral do tema versado nos autos foi reconhecida pelo Plenário Virtual, em acórdão de relatoria do Min. Joaquim Barbosa, que recebeu a seguinte ementa: "CONSTITUCIONAL. ADMINISTRATIVO. CONCURSO PÚBLICO. RESTRIÇÃO POSTA AOS CANDIDATOS QUE RESPONDEM A PROCESSO CRIMINAL (EXISTÊNCIA DE DENÚNCIA CRIMINAL). ACÓRDÃO RECORRIDO QUE AFASTA A RESTRIÇÃO, COM BASE NA PRESUNÇÃO CONSTITUCIONAL DE INOCÊNCIA. MANIFESTAÇÃO PELA CONFIGURAÇÃO DO REQUISITO DE REPERCUSSÃO GERAL, PARA CONHECIMENTO E JULGAMENTO DO RECURSO EXTRAORDINÁRIO." 8. O parecer ministerial, da lavra do então Subprocurador-Geral da República, Rodrigo Janot Monteiro de Barros, é pelo desprovimento do recurso extraordinário, com a seguinte ementa: "CONSTITUCIONAL. ADMINISTRATIVO. CONCURSO PÚBLICO. EXCLUSÃO DE CANDIDATO DEVIDO À EXISTÊNCIA DE DENÚNCIA CRIMINAL. VIOLAÇÃO AO PRINCÍPIO CONSTITUCIONAL DA PRESUNÇÃO DE INOCÊNCIA. INCIDÊNCIA DA CLÁUSULA DE REPERCUSSÃO GERAL. 1. A questão ora sob exame foi considerada como de repercussão geral, para conhecimento e julgamento do recurso extraordinário. 2. Acórdão que ajusta-se à jurisprudência do Supremo Tribunal Federal, que se firmou no sentido de que afronta o princípio da presunção de inocência a exclusão de candidato de concurso público por estar indiciado em inquérito policial ou respondendo a ação penal. 3. Parecer pelo não provimento do recurso." 9. A União, admitida na qualidade de amicus curiae, pugnou pelo provimento do recurso. Defende ser a matéria regida pelos princípios da supremacia do interesse público, moralidade e probidade, do que resulta a necessidade de exclusão de candidatos que não cumpram os parâmetros razoavelmente estabelecidos. Acrescenta que a restrição à participação de candidatos não está adstrita às hipóteses de existência de investigação ou processo criminal, mas alcança também situações discriminadas em regulamento como desvio de comportamento ou inidoneidade moral. Invoca, ainda, as razões adotadas por esta Corte ao concluir pela constitucionalidade da Lei Complementar nº 135/2010 (ADCs 29 e 30 e ADI 4.578, Rel. Min. Luiz Fux). Relaciona, por fim, os projetos legislativos em trâmite que visam a instituir impedimento ao ingresso no serviço público daqueles que forem inelegíveis. 10. O Estado do Rio de Janeiro, também admitido como amicus curiae, endossa as teses da União. Acrescenta que o caso envolve, principalmente, uma ponderação entre os princípios da presunção de inocência e o da moralidade administrativa, sendo que a restrição ao primeiro seria "mínima". A interpretação que ampliou a aplicação da presunção de inocência para fora do âmbito estritamente penal não mais se justificaria, haja vista o amadurecimento institucional do País no que diz respeito à construção de um sistema impessoal e objetivo de acesso aos cargos públicos efetivos. Afirma que, a depender do cargo em questão, outros bens jurídicos entrariam na ponderação, tais como a segurança pública, a proteção à ordem econômica e financeira, ao meio-ambiente etc. Sustenta que os requisitos negativos (como, no caso, a inexistência de antecedentes criminais) são os que melhor atendem à exigência de impessoalidade e isonomia. Conclui defendendo que "no âmbito das carreiras de segurança pública, é constitucional a exigência de que o candidato não ostente em sua ficha de antecedentes investigação criminal ou processo criminal em curso". 11. Admiti ainda como amicus curiae a Defensoria Pública da União, que se manifestou a favor da tese do recorrido. 12. É o relatório. Voto: I. A hipótese 1. Conforme já relatado, e nos termos da manifestação do relator originário, Min. Joaquim Barbosa, ao submeter o tema ao Plenário Virtual, a controvérsia a ser decidida consiste na "definição acerca da validade da restrição posta aos candidatos à aprovação em concurso para provimento de cargo ou função pública, fundada na existência de denúncia criminal". 2. O caso concreto apresenta a particularidade de não se tratar propriamente de ingresso no serviço público, mas de progressão funcional, uma vez que o ora recorrido já é soldado da Polícia Militar do Distrito Federal, e pretendia participar do Curso de Formação de Cabos Policiais Militares Combatentes. No entanto, a repercussão geral reconhecida não distinguiu entre as situações e, de fato, devem ambas ser tratadas à luz dos mesmos princípios jurídicos. II. Da necessidade de ponderação entre bens jurídicos constitucionais para a solução da controvérsia 3. Como já anunciado no relatório, o caso envolve uma ponderação de diferentes bens jurídicos com assento constitucional, não podendo ser solucionado a partir de um tradicional raciocínio silogístico, ou dos critérios usuais para resolução de antinomias (hierárquico, de especialidade e cronológico), uma vez que há normas da mesma hierarquia indicando soluções diferentes. Nessas situações, e conforme o conhecimento que hoje já é convencional na matéria, o raciocínio deve percorrer três etapas: a primeira, identificar as normas que postulam incidência na hipótese; a segunda, examinar os fatos relevantes – ou, como se trata de uma tese a ser firmada em repercussão geral, os contornos fáticos gerais do problema –; e a terceira, harmonizar as normas em conflito, calibrando o peso de cada qual e restringindo-as no grau mínimo indispensável, de modo a fazer prevalecer a solução mais adequada à luz de todo o sistema jurídico. Esse processo intelectual tem como fio condutor o princípio da razoabilidade ou proporcionalidade, também já incorporado à cultura jurídica nacional. 4. A primeira etapa do raciocínio, portanto, é a identificação das normas jurídicas pertinentes. De um lado, destaca-se o princípio da presunção de inocência, segundo o qual "ninguém será considerado culpado até o trânsito em julgado de sentença penal condenatória" (CRFB/1988, art. 5º, LVII). Embora se trate de um princípio afeto à seara penal, a jurisprudência corrente desta Corte o expandiu para outros domínios, tais como o direito administrativo, que rege a controvérsia ora em exame. Confiram-se, a propósito, alguns julgados representativos: "Agravo regimental no recurso extraordinário com agravo. Competência do relator para negar seguimento a recurso manifestamente inadmissível. Ato administrativo ilegal. Controle judicial. Possibilidade. Concurso público. Soldado da Polícia Militar. Inquérito policial. Investigação social. Exclusão do certame. Princípio da presunção de inocência. Violação. Impossibilidade. Precedentes. (...) 3. A jurisprudência da Corte firmou o entendimento de que viola o princípio da presunção de inocência a exclusão de certame público de candidato que responda a inquérito policial ou ação penal sem trânsito em julgado da sentença condenatória." (ARE 753.331-AgR, Rel. Min. Dias Toffoli – destaques acrescentados). "AGRAVO REGIMENTAL NO AGRAVO DE INSTRUMENTO. CONSTITUCIONAL. ADMINISTRATIVO. CONCURSO PÚBLICO. POLÍCIA CIVIL DO DISTRITO FEDERAL. MAUS ANTECEDENTES. PRESUNÇÃO DE INOCÊNCIA. PRECEDENTES. O Supremo Tribunal Federal fixou entendimento no sentido de que a eliminação do candidato de concurso público que esteja respondendo a inquérito ou ação penal, sem pena condenatória transitada em julgado, fere o princípio da presunção de inocência." (AI 741.101-AgR, Rel. Min. Eros Grau – destaques acrescentados). "DIREITO ADMINISTRATIVO. CONCURSO PÚBLICO. SOLDADO DA POLÍCIA CIVIL. CANDIDATO. ELIMINAÇÃO NA FASE DE INVESTIGAÇÃO SOCIAL. TRANSAÇÃO PENAL PACTUADA. AUSÊNCIA DE CARATER CONDENATÓRIO. PRINCÍPIO DA PRESUNÇÃO DE INOCÊNCIA. AS RAZÕES DO AGRAVO REGIMENTAL NÃO SÃO APTAS A INFIRMAR OS FUNDAMENTOS QUE LASTREARAM A DECISÃO AGRAVADA. ACÓRDÃO RECORRIDO PUBLICADO EM 23.02.2012. A jurisprudência desta Corte firmou o entendimento de que viola o princípio da presunção de inocência a exclusão de certame público de candidato que responda a inquérito policial ou ação penal sem trânsito em julgado da sentença condenatória. Precedentes." (ARE 713.138-AgR, Rel. Min. Rosa Weber – destaques acrescentados) "CONSTITUCIONAL. ADMINISTRATIVO. CONCURSO PÚBLICO. POLÍCIA MILITAR. CANDIDATO. ELIMINAÇÃO. INVESTIGAÇÃO SOCIAL. ART. 5º, LVII, DA CF. VIOLAÇÃO. I – Viola o princípio constitucional da presunção da inocência, previsto no art. 5º, LVII, da Constituição Federal, a exclusão de candidato de concurso público que responde a inquérito ou ação penal sem trânsito em julgado da sentença condenatória. Precedentes." (RE 559.135-AgR, Rel. Min. Ricardo Lewandowski – destaques acrescentados) "CONCURSO PÚBLICO – CAPACITAÇÃO MORAL – PROCESSO-CRIME EM ANDAMENTO. Surge motivado de forma contrária à garantia constitucional que encerra a presunção da não-culpabilidade ato administrativo, conclusivo quanto à ausência de capacitação moral, baseado, unicamente, na acusação e, portanto, no envolvimento do candidato em ação penal." (RE 194.872, Rel. Min. Marco Aurélio – destaques acrescentados) 5. No mesmo sentido, as seguintes decisões monocráticas: RE 782.649, Rel. Min. Celso de Mello; ARE 750.847, Rel. Min. Gilmar Mendes; AI 855.448, Rel. Min. Luiz Fux; RE 602.229, Rel. Min. Cármen Lúcia. 6. Observe-se, porém, que em recentíssima decisão a Corte mudou a orientação jurisprudencial até então vigente em matéria penal, para entender que "a execução provisória de acórdão penal condenatório proferido em grau de apelação, ainda que sujeito a recurso especial ou extraordinário, não compromete o princípio constitucional da presunção de inocência" (HC 126.292, Rel. Min. Teori Zavascki, j. 17.02.2016, acórdão ainda não publicado). 7. Reforçando o peso do princípio da presunção de inocência, encontram-se os princípios da liberdade profissional (CRFB/1988, art. 5º, XIII) e o da ampla acessibilidade aos cargos públicos (CRFB/1988, art. 37, I), este último corolário dos princípios republicano, da isonomia e da impessoalidade, a impedir que o ingresso no serviço público – e a progressão funcional – sejam obstados com base em perseguições ou discriminações ilegítimas, respeitados os requisitos validamente estabelecidos em lei, como preveem as próprias normas constitucionais. 8. No outro prato da balança, destaca-se o princípio da moralidade administrativa (CRFB/1988, art. 37, caput). Como se sabe, o princípio da moralidade impõe aos agentes públicos o dever geral de boa administração, do qual decorrem, entre outros, os imperativos de honestidade, atuação vinculada ao interesse público e boa-fé. Isso porque eles administram bens que não lhes pertencem, devendo, como agentes delegados que são, atuar em nome, por conta e a bem do interesse público. Nessa linha, ao selecionar candidatos ao ingresso ou promoção no serviço público, é legítimo que o administrador busque aferir não apenas a capacidade técnica, mas também a idoneidade moral do postulante, que, ao assumir o cargo, também passará à função de agente delegado da coletividade. Por isso, em tese, justificam-se as investigações sociais ou de vida pregressa, com os limites a serem vistos na sequência. 9. Parece necessário um breve parêntesis sobre o ponto. A idoneidade moral decorrente do princípio da moralidade administrativa não pode ser confundida com moralismo. Vale dizer: nenhum candidato a cargo público pode ser eliminado do certame por não compartilhar da mesma concepção de vida boa e da mesma moral privada que a dos membros da banca examinadora. Trata-se aqui de uma moralidade pública e laica, de uma ética mínima e intersubjetivamente aceitável. 10. Além do princípio geral da moralidade, outros fatores podem exigir graus de escrutínio mais severos na escolha de candidatos, a depender da particular relevância e essencialidade do cargo público em questão. Assim, e.g., justifica-se um maior rigor na seleção de magistrados, por se tratar de membros de Poder, que exercerão diretamente a função jurisdicional, uma das funções básicas do Estado. Outro exemplo nessa linha é a seleção de policiais, em que, ao lado da moralidade administrativa, adquire relevo o bem jurídico da segurança pública, cuja proteção é dever de tais agentes (CRFB/1988, art. 144). 11. Identificadas, em linhas gerais, as normas que postulam incidência na hipótese, cumpre passar à segunda etapa, qual seja, o exame dos fatos relevantes, ou, mais propriamente, dos contornos fáticos amplos da questão, por se cuidar de uma tese a ser firmada em repercussão geral. 12. Cuida-se, aqui, da acessibilidade aos cargos públicos, que deve ser ampla e, como regra, ser precedida de concurso público. A exceção são os cargos em comissão, que são de livre nomeação. Ainda assim, em relação a tais cargos, o País deu um salto republicano ao proibir o nepotismo nos três Poderes, por iniciativa do Conselho Nacional de Justiça (CNJ) e do Supremo Tribunal Federal (STF). Com efeito, a Resolução CNJ 07/2005 foi declarada constitucional (ADC 12, Rel. Min. Ayres Britto)1 e, na sequência, a vedação da nomeação de parentes até o terceiro grau foi estendida aos demais Poderes (Súmula Vinculante 13)2. 13. A despeito da consagração do concurso público como elemento moralizador na seleção de candidatos a cargos públicos, vez por outra se renovam ameaças, quer à sua realização, quer à observância de critérios objetivos e impessoais nos certames. No âmbito do STF, é possível citar, como exemplo emblemático, o esforço empreendido para impor o mandamento constitucional do concurso no provimento das serventias judiciais (e.g., MS 26.860, Rel. Min. Luiz Fux). 14. Igualmente emblemática foi a decisão do CNJ ao condenar a realização de entrevistas reservadas no concurso para ingresso na magistratura do Estado de São Paulo, em 2012. Na ocasião, a pretexto de aferir se os candidatos seriam "talhados" para o cargo, examinadores faziam perguntas sobre a vida pessoal, a sexualidade e os projetos de vida que pretendiam seguir. Com base em tais "entrevistas", 2/3 (dois terços) dos candidatos aprovados nas três fases anteriores – inclusive alguns dos primeiros colocados – vieram a ser reprovados. 15. É certo que o Conselho Nacional de Justiça, em decisão histórica (processo nº 0002289-13.2012.2.00.0000 e outros), invalidou parcialmente o certame e reiterou a vedação de tal prática. Mas o episódio revelou como é problemática a utilização de critérios não estritamente objetivos para a seleção de candidatos. É preciso, portanto, redobrada cautela e parâmetros claros para não se cair no domínio da subjetividade indesejável. Nunca é demais relembrar que durante o regime militar, a "investigação social" e a aferição de "idoneidade moral" eram muitas vezes utilizadas para excluir adversários do regime, mulheres desquitadas e pessoas de orientação sexual "não convencional". 16. Retomando-se a narrativa, o contexto fático da questão aqui enfrentada é o do candidato a cargo público – no caso específico, candidato a concurso de promoção – que responde a processo penal, sem que haja até o momento da inscrição condenação em qualquer grau de jurisdição. Cuida-se de saber se o acesso a cargo público pode ser restringido nesta hipótese, em nome de uma suposta falta de idoneidade moral do candidato. Ou se, ao revés, seria necessário um marco objetivo de maior certeza jurídica, a legitimar a desqualificação do postulante à vaga. 17. Por fim, passa-se à terceira etapa do raciocínio da ponderação: a harmonização das normas em conflito, levando-se em conta o princípio da razoabilidade ou proporcionalidade. De forma simplificada, trata-se de encontrar um ponto de equilíbrio entre o direito de acesso aos cargos públicos, de um lado, e as limitações decorrentes de requisitos para o exercício da função, de outro. A solução constitucionalmente adequada situa-se entre esses dois extremos e dela decorrem, diretamente, a vedação de algumas discriminações e a imposição de requisitos mínimos condizentes com o cargo. No espaço restante, a instituição de um modelo adequado compete ao legislador, como parte do regime jurídico da carreira. O presente voto trata do núcleo constitucional mínimo a ser observado. III. A solução proposta 18. Tratando-se de candidatos a cargos públicos investigados ou processados criminalmente, como conciliar, de um lado, a impessoalidade e a objetividade na seleção, e, de outro, a preocupação legítima com o perfil moral daqueles que pretendem gerir interesses da coletividade? A resposta está na formulação de critérios razoavelmente objetivos para aferir a "idoneidade moral", relacionados a processos penais em curso contra o candidato, com referência, no mínimo, aos seguintes aspectos: (i) fase em que se encontra o processo; e (ii) relação de pertinência (incompatibilidade) entre a acusação e o cargo em questão. III.1. Necessidade de condenação por órgão colegiado ou definitiva 19. Quanto ao primeiro aspecto (fase processual), a Corte teve recentemente a oportunidade de decidir questão semelhante, a propósito das hipóteses de inelegibilidade, cuja tipificação o art. 14, § 9º, da Constituição determina, entre outros fins, para "proteger (...) a moralidade para exercício de mandato considerada a vida pregressa do candidato". 20. A legislação eleitoral considerava inelegíveis "os que forem condenados criminalmente, com sentença transitada em julgado, pela prática de crime contra a economia popular, a fé pública, a administração pública, o patrimônio público, o mercado financeiro, pelo tráfico de entorpecentes e por crimes eleitorais, pelo prazo de 3 (três) anos, após o cumprimento da pena" (redação original do art. 1º, I, e, da LC nº 64/1990). Após intensa mobilização que resultou num projeto de lei de iniciativa popular, com cerca de 1,6 milhão de assinaturas, foi editada a LC nº 135/2010 ("Lei da Ficha Limpa"), que deu ao dispositivo acima a sua redação atual: "Art. 1º São inelegíveis: I – para qualquer cargo: (...) e) os que forem condenados, em decisão transitada em julgado ou proferida por órgão judicial colegiado, desde a condenação até o transcurso do prazo de 8 (oito) anos após o cumprimento da pena, pelos crimes: 1. contra a economia popular, a fé pública, a administração pública e o patrimônio público; 2. contra o patrimônio privado, o sistema financeiro, o mercado de capitais e os previstos na lei que regula a falência; 3. contra o meio ambiente e a saúde pública; 4. eleitorais, para os quais a lei comine pena privativa de liberdade; 5. de abuso de autoridade, nos casos em que houver condenação à perda do cargo ou à inabilitação para o exercício de função pública; 6. de lavagem ou ocultação de bens, direitos e valores; 7. de tráfico de entorpecentes e drogas afins, racismo, tortura, terrorismo e hediondos; 8. de redução à condição análoga à de escravo; 9. contra a vida e a dignidade sexual; e 10. praticados por organização criminosa, quadrilha ou bando;" 21. No exercício do controle abstrato de constitucionalidade (ADCs 29 e 30 e ADI 4.578, Rel. Min. Luiz Fux), o Supremo Tribunal Federal declarou a validade do preceito, afastando inclusive o argumento da presunção de inocência, por não se tratar da esfera estritamente penal, e sim eleitoral. Transcrevo trecho do voto do eminente relator: "Ora, é exatamente disso que se cuida na espécie: a inserção, pela Emenda Constitucional de Revisão nº 4/94, da previsão do art. 14, § 9º, atualmente vigente estabeleceu disposição constitucional – portanto, de mesma hierarquia do art. 5º, LVII – que veicula permissivo para que o legislador complementar estabeleça restrições à elegibilidade com base na vida pregressa do candidato, desde que direcionadas à moralidade para o exercício do mandato. Nessa ordem de ideias, conceber-se o art. 5º, LVII, como impeditivo à imposição de inelegibilidade a indivíduos condenados criminalmente por decisões não transitadas em julgado esvaziaria sobremaneira o art. 14, § 9º, da Constituição Federal, frustrando o propósito do constituinte reformador de exigir idoneidade moral para o exercício de mandato eletivo, decerto compatível com o princípio republicano insculpido no art. 1º, 'caput', da Constituição Federal. Destarte, reconduzir a presunção de inocência aos efeitos próprios da condenação criminal se presta a impedir que se aniquile a teleologia do art. 14, § 9º, da Carta Política, de modo que, sem danos à presunção de inocência, seja preservada a validade de norma cujo conteúdo, como acima visto, é adequado a um constitucionalismo democrático". 22. Como se vê, a lei fixa critérios objetivos: uma fase processual delimitada (condenação transitada em julgado ou por órgão colegiado, e não a mera pendência de investigações ou processos) e um rol taxativo de infrações penais, todas comprometedoras da idoneidade moral que se exige dos postulantes a cargos públicos eletivos. 23. É bem de ver que mesmo eventual condenação penal transitada em julgado não resulta necessariamente na perda do cargo público para o servidor que já é efetivo, como dispõe o art. 92 do Código Penal: "Art. 92 – São também efeitos da condenação: I – a perda de cargo, função pública ou mandato eletivo: a) quando aplicada pena privativa de liberdade por tempo igual ou superior a um ano, nos crimes praticados com abuso de poder ou violação de dever para com a Administração Pública; b) quando for aplicada pena privativa de liberdade por tempo superior a 4 (quatro) anos nos demais casos. (...) Parágrafo único – Os efeitos de que trata este artigo não são automáticos, devendo ser motivadamente declarados na sentença." 24. Portanto, se nem mesmo certas condenações transitadas em julgado podem fazer um agente público perder o cargo por força de sentença penal, com maior razão a simples pendência de investigações ou processos judiciais não pode produzir a eliminação de candidatos. 25. Por outro lado, pedindo vênia a quem pense diferentemente e à jurisprudência predominante no Tribunal, entendo que é excessiva a exigência de que a condenação tenha transitado em julgado. Na ausência de lei, parece perfeitamente razoável aplicar por analogia os critérios previstos para fins eleitorais na LC nº 135/2010. Eles pressupõem não apenas o recebimento da denúncia e o transcurso de toda a instrução, mas também uma condenação definitiva ou um juízo colegiado, de cognição exauriente, no sentido da condenação. Este último julgamento é feito por juízes mais experientes, em estágio avançado da carreira judiciária, e não poderá ser revisto pelos Tribunais Superiores, em recurso especial e extraordinário, quanto às suas premissas fáticas. 26. Tal como já compreendeu esta Corte no julgamento das ADCs 29 e 30 e ADI 4.578, Rel. Min. Luiz Fux, tais circunstâncias permitem a formulação de um juízo de reprovabilidade moral em relação ao candidato, e podem implicar sua eliminação do certame. Não entender assim implica restrição demasiada ao princípio da moralidade, sendo excessiva a invocação de um princípio afeto à seara penal, em toda a sua extensão, de modo a exigir o trânsito em julgado para a produção de efeitos relativos ao direito administrativo (acessibilidade aos cargos públicos). III.2. Necessidade de relação de incompatibilidade entre a natureza do crime e as atribuições do cargo 27. Além do aspecto relativo à fase processual (condenação por órgão colegiado ou definitiva), é preciso também que haja uma relação de pertinência entre a acusação e as atribuições do cargo em questão. Em outras palavras: nem todas as condenações criminais colegiadas ou definitivas devem implicar, automaticamente, a eliminação de candidatos de concursos, mas apenas aquelas que revelem, em razão da natureza do crime apurado, uma incompatibilidade com os pressupostos necessários ao exercício da função pública em questão. Por exemplo, uma condenação colegiada pelo crime previsto no art. 306 do Código de Trânsito Brasileiro ("Conduzir veículo automotor com capacidade psicomotora alterada em razão da influência de álcool ou de outra substância psicoativa que determine dependência") não parece ser incompatível com o exercício de uma função pública de bibliotecário, mas certamente não se coaduna com a pretensão de exercer o cargo de agente de trânsito. 28. Nessa linha, o parágrafo único do art. 92 do Código Penal exige fundamentação específica para a determinação de perda do cargo, ao prever que tal efeito da condenação não é automático. Essa exigência deve ser entendida como um ônus argumentativo de demonstrar a incompatibilidade entre a condenação em questão e as atribuições do cargo concretamente exercido. O mesmo raciocínio pode ser utilizado na seleção de candidatos em concursos públicos. A necessidade de um nexo entre a acusação e as atribuições do cargo em exame coaduna-se não apenas com o princípio da razoabilidade ou proporcionalidade – particularmente o subprincípio da adequação –, mas também com o art. 37, II, da Constituição, segundo o qual os critérios de seleção adotados em concursos públicos deverão observar "a natureza e a complexidade do cargo ou emprego". Assim, qualquer discriminação deve ter relação com as características da função a ser exercida, e esse juízo de incompatibilidade deve ser feito de forma motivada pela autoridade competente. III.2.1. Possibilidade de critérios mais rígidos em relação a determinadas carreiras 29. A propósito desse juízo de incompatibilidade, pode-se afirmar que certos cargos pressupõem, por definição, um controle de idoneidade moral mais estrito em razão das atribuições envolvidas, razão pela qual, em princípio, são incompatíveis com quaisquer condenações criminais, salvo casos excepcionais. É o que ocorre com as carreiras da magistratura, das funções essenciais à justiça (Ministério Público, Advocacia Pública e Defensoria Pública) e da segurança pública (CF/1988, art. 144). Trata-se de agentes da lei, dos quais se exige não só que apliquem o direito em suas atividades profissionais envolvendo terceiros, mas, sobretudo, que o apliquem para si próprios, que vivam conforme o direito:

essa é uma condição moral básica para exigir de outrem o cumprimento da lei, função precípua de tais agentes públicos. 30. A lei pode vir a reforçar o controle de acesso a tais cargos, dispondo, por exemplo, que eventual condenação judicial em primeira instância, ou mesmo a imposição administrativa de pena por infração disciplinar (respeitado, em qualquer caso, o contraditório), seria suficiente para a eliminação de candidato em concurso público. Esse tratamento mais estrito harmoniza-se com o § 7º ao art. 37 da CRFB/1988, o qual determina que "A lei disporá sobre os requisitos e as restrições ao ocupante de cargo ou emprego da administração direta e indireta que possibilite o acesso a informações privilegiadas". Até que advenha a lei, porém, vale o mínimo que se pode extrair da moralidade constitucional: exige-se condenação definitiva ou por órgão colegiado e juízo de pertinência. 31. Naturalmente, os parâmetros ora desenvolvidos não impedem a eliminação de candidato devido à impossibilidade física de comparecer a certas etapas do certame ou de exercer o cargo, em razão de obrigações judicialmente impostas no curso de processo penal. IV. Legitimidade dos parâmetros estabelecidos e sua aplicação ao caso concreto 32. Vistos os dois parâmetros mínimos necessários à harmonização dos princípios em conflito (condenação definitiva ou por órgão colegiado e relação de incompatibilidade entre a acusação e o cargo em questão), é importante observar que não se trata de restrições impostas sem amparo legal, o que é repelido pela jurisprudência desta Corte, como se vê, exemplificativamente, nos precedentes que afastam a exigência de exame psicotécnico quando não haja previsão legal (AI 758.533 QO-RG, Rel. Min. Gilmar Mendes, Súmula 686/STF e Súmula Vinculante 44). Aqui, diversamente, cuida-se de parâmetros para aplicação direta do princípio da moralidade administrativa: não se trata, portanto, de restrições adicionais impostas sem lei, e sim de balizas para a aplicação de restrições impostas diretamente pelo texto constitucional. Em certa medida, pode-se dizer que se trata de uma "restrição das restrições", pois a falta de parâmetros pode dar à moralidade administrativa uma dimensão exagerada, ao eliminar candidatos pelo mero oferecimento de denúncia. Segundo o Min. Celso de Mello, a teoria da "restrição das restrições" ou da "limitação das limitações" traduz a ideia de que: "(...) as limitações a direitos fundamentais, como o de que ora se cuida, sujeitam-se, em seu processo hermenêutico, a uma exegese necessariamente restritiva, sob pena de ofensa a determinados parâmetros de índole constitucional, como, p. ex., aqueles fundados na proibição de retrocesso social, na proteção ao mínimo existencial (que deriva do princípio da dignidade da pessoa humana), na vedação da proibição insuficiente e, também, na proibição de excesso." (ARE 745.745 AgR) 33. A imposição de restrições de acesso a cargos públicos como decorrência da aplicação direta da Constituição não é novidade na jurisprudência deste Tribunal. Foi o que ocorreu, por exemplo, no julgamento da ADC 12, Rel. Min. Ayres Britto, em que o STF assentou a validade constitucional da Resolução CNJ nº 07/2005, que vedou o nepotismo no âmbito do Judiciário. Eis a ementa do referido precedente: "AÇÃO DECLARATÓRIA DE CONSTITUCIONALIDADE, AJUIZADA EM PROL DA RESOLUÇÃO Nº 07, de 18.10.05, DO CONSELHO NACIONAL DE JUSTIÇA. ATO NORMATIVO QUE 'DISCIPLINA O EXERCÍCIO DE CARGOS, EMPREGOS E FUNÇÕES POR PARENTES, CÔNJUGES E COMPANHEIROS DE MAGISTRADOS E DE SERVIDORES INVESTIDOS EM CARGOS DE DIREÇÃO E ASSESSORAMENTO, NO ÂMBITO DOS ÓRGÃOS DO PODER JUDICIÁRIO E DÁ OUTRAS PROVIDÊNCIAS'. PROCEDÊNCIA DO PEDIDO. 1. Os condicionamentos impostos pela Resolução nº 07/05, do CNJ, não atentam contra a liberdade de prover e desprover cargos em comissão e funções de confiança. As restrições constantes do ato resolutivo são, no rigor dos termos, as mesmas já impostas pela Constituição de 1988, dedutíveis dos republicanos princípios da impessoalidade, da eficiência, da igualdade e da moralidade. 2. Improcedência das alegações de desrespeito ao princípio da separação dos Poderes e ao princípio federativo. O CNJ não é órgão estranho ao Poder Judiciário (art. 92, CF) e não está a submeter esse Poder à autoridade de nenhum dos outros dois. O Poder Judiciário tem uma singular compostura de âmbito nacional, perfeitamente compatibilizada com o caráter estadualizado de uma parte dele. Ademais, o art. 125 da Lei Magna defere aos Estados a competência de organizar a sua própria Justiça, mas não é menos certo que esse mesmo art. 125, caput, junge essa organização aos princípios 'estabelecidos' por ela, Carta Maior, neles incluídos os constantes do art. 37, cabeça. 3. Ação julgada procedente para: a) emprestar interpretação conforme à Constituição para deduzir a função de chefia do substantivo 'direção' nos incisos II, III, IV, V do artigo 2° do ato normativo em foco; b) declarar a constitucionalidade da Resolução nº 07/2005, do Conselho Nacional de Justiça." 34. Em conclusão, a exclusão de candidatos de concursos públicos, sob o pretexto da análise de vida pregressa ou idoneidade moral, mediante valoração discricionária de investigações ou processos criminais em curso, significa conceder à autoridade administrativa o poder de atribuir efeitos à mera existência de ação penal. Tais efeitos podem, muitas vezes, ser mais nefastos ao réu que a própria pena, abstrata ou concretamente considerada, ou outros efeitos extrapenais da condenação transitada em julgado, fixados somente ao final do contraditório. Ressalte-se: é conferir à banca examinadora, muitas vezes, poder de aplicar sanção maior que a determinada em lei penal. 35. Eliminar candidatos a partir de cláusulas gerais ou conceitos jurídicos indeterminados, tais como "idoneidade moral", mediante juízo subjetivo de banca examinadora, é incompatível com os princípios republicano, da impessoalidade e da ampla acessibilidade aos cargos públicos, na forma como devem ser pensados no atual contexto brasileiro. Num Estado Democrático de Direito, ninguém, por maior que seja sua retidão de caráter e conduta, está imune a ser investigado e até a responder a uma acusação penal, de modo que a simples existência de inquéritos ou processos não se presta a aferir a idoneidade moral, ao menos para fins de participação num processo seletivo objetivo e republicano, como devem ser os concursos públicos para cargos efetivos. Essa regra somente poderia ser afastada em casos excepcionalíssimos, de indiscutível gravidade (e.g., um candidato preso em flagrante por estupro de vulnerável – CP, art. 217-A – que, durante o curso do processo penal, pretendesse assumir cargo em escola de ensino fundamental). 36. A solução proposta satisfaz o princípio da razoabilidade ou proporcionalidade, uma vez que é: (i) adequada, pois a restrição que se impõe é idônea para proteger a moralidade administrativa; (ii) não é excessiva, de vez que após a condenação em segundo grau a probabilidade de manutenção da condenação é muito grande e a exigência de relação entre a infração e as atribuições do cargo mitiga a restrição; e (iii) proporcional em sentido estrito, na medida em que a atenuação do princípio da presunção de inocência é compensada pela contrapartida em boa administração e idoneidade dos servidores públicos. 37. Assentadas essas premissas, cabe analisar o caso concreto. Como já visto, pretendeu-se vedar o acesso do ora recorrido a curso de formação de Cabos Combatentes da Polícia Militar, requisito necessário à sua progressão funcional por antiguidade, por estar respondendo a processo penal no período da matrícula (11.2005). A acusação se referia ao crime de falso testemunho (CP, art. 342). Em consulta ao andamento do referido processo na internet, constata-se que, 04.2008, o réu teve a punibilidade extinta por cumprir suspensão condicional do processo. 38. Embora o recorrido integre carreira de segurança pública, o que, em tese, justifica maior rigor na seleção, a simples pendência de processo sem condenação não justifica um juízo de reprovação moral. A mera existência de um processo nada diz sobre o caráter do processado, nem pode ser tido como algo anormal – ao menos não num regime em que não há ninguém acima da lei ou imune a processos. Além disso, atribuir demasiado relevo a pendências judiciais pode produzir danos por fatores arbitrários. O caso ilustra bem o ponto. 39. Segundo informações do andamento processual, o processo em questão foi distribuído em 03.02.2005, época em que a pena do crime de falso testemunho era reclusão de um a três anos (redação do art. 342 do CP, antes da Lei nº 12.850/2013). Em razão da pena mínima, era cabível o benefício da suspensão condicional do processo desde o oferecimento da denúncia (Lei nº 9.099/1995, art. 89). No entanto, a audiência de suspensão condicional do processo somente foi realizada em 04.2006. Não fosse o longo período de um ano e dois meses entre o oferecimento da denúncia e a audiência de suspensão condicional, provavelmente o processo não estaria em curso em 12.2005, quando o recorrido foi excluído do curso em questão. 40. Portanto, a restrição à participação do candidato se baseou na mera existência de inquérito ou processo penal, sem que o agente sequer tenha sido condenado em primeira instância, apenas porque, caprichosamente, o processo estava em curso no período da matrícula. Esse tipo de fator arbitrário não pode ser decisivo. A existência da figura do "ressarcimento de preterição" não pode servir para legitimar arbitrariedades, a serem evitadas sempre que possível. Não é porque se pode reparar um ilícito que se vai cometê-lo. V. Conclusão 41. Diante do exposto, conheço do recurso extraordinário, nego-lhe provimento e proponho a fixação das seguintes teses: (1) como regra geral, a simples existência de inquéritos ou processos penais em curso não autoriza a eliminação de candidatos em concursos públicos, o que pressupõe: (i) condenação por órgão colegiado ou definitiva; e (ii) relação de incompatibilidade entre a natureza do crime em questão e as atribuições do cargo concretamente pretendido, a ser demonstrada de forma motivada por decisão da autoridade competente; (2) a lei pode instituir requisitos mais rigorosos para determinados cargos, em razão da relevância das atribuições envolvidas, como é o caso, por exemplo, das carreiras da magistratura, das funções essenciais à justiça e da segurança pública (CRFB/1988, art. 144), sendo vedada, em qualquer caso, a valoração negativa de simples processo em andamento, salvo situações excepcionalíssimas e de indiscutível gravidade. 42. A fim de preservar a segurança e a estabilidade das relações jurídicas, por se tratar de mudança de jurisprudência, proponho que a orientação ora firmada não se aplique a certames já realizados e que não tenham sido objeto de impugnação até a data do presente julgamento. 43. É como voto. * julgamento pendente de conclusão. ** ementa do voto do Ministro Roberto Barroso. Notas de rodapé: 1 Para uma análise deste caso, do ajuizamento da inicial ao seu desfecho, v. Luís Roberto Barroso, O novo direito constitucional brasileiro: contribuições para a construção teórica e prática da jurisdição constitucional no Brasil, 2013. 2 Súmula Vinculante 13: "A nomeação de cônjuge, companheiro ou parente em linha reta, colateral ou por afinidade, até o terceiro grau, inclusive, da autoridade nomeante ou de servidor da mesma pessoa jurídica investido em cargo de direção, chefia ou assessoramento, para o exercício de cargo em comissão ou de confiança ou, ainda, de função gratificada na administração pública direta e indireta em qualquer dos Poderes da União, dos Estados, do Distrito Federal e dos Municípios, compreendido o ajuste mediante designações recíprocas, viola a Constituição Federal". INOVAÇÕES LEGISLATIVAS 30 de maio a 3 de junho de 2016 Medida Provisória nº 729, de 31.5.2016 – Altera a Lei nº 12.722, de 3 de outubro de 2012, que dispõe sobre o apoio financeiro da União aos Municípios e ao Distrito Federal para ampliação da oferta da educação infantil. Publicada no DOU, Seção 1, Edição nº 103, p. 2, em 1º.6.2016. Secretaria de Documentação – SDO Coordenadoria de Jurisprudência Comparada e Divulgação de Julgados – CJCD (Informativo 828).

▸ *Concurso público e suspeita de irregularidade de titulação*

A criação de critério "ad hoc" de contagem de títulos de pós-graduação, após a abertura da fase de títulos e da apresentação dos certificados pelos candidatos, constitui flagrante violação ao princípio da segurança jurídica e da impessoalidade. Impossibilidade de aplicação retroativa da Res. 187/2014/CNJ ao presente concurso, em respeito à modulação dos efeitos efetuada pelo CNJ e aos precedentes desta Corte sobre a matéria. *MS 33406/DF, Rel. p/ ac. min. Roberto Barroso, 6.9.2016. 1ª T. (Info 838)*

▸ ***Licitação e demonstração de prejuízo ao erário ou favorecimento***

O desvio de recursos para finalidades públicas (os recursos teriam sido incorporados ao Tesouro – caixa único do Estado) não configura o crime de peculato (CP, art. 312, caput: "peculato desvio"). O proveito à administração pública não se enquadra no conceito de "proveito próprio ou alheio" exigido pelo tipo penal, mas no tipo "emprego irregular de verbas ou rendas públicas" (CP, art. 315). Já o art. 89 da Lei 8.666/93 (inexigibilidade indevida de licitação) requer prova da inexigibilidade fora das hipóteses legais e demonstração do prejuízo ao erário e da finalidade específica de favorecimento indevido. *Inq 3731/DF, Rel. Min. Gilmar Mendes, 2.2.2016. 2ª T. (Info 813)*

- **STJ – Piso salarial nacional para os professores da educação básica. Vencimento básico. Reflexo sobre gratificações e demais vantagens. Incidência sobre toda a carreira. Tema 911. A Lei n. 11.738/2008, em seu art. 2º, § 1º, ordena que o vencimento inicial das carreiras do magistério público da educação básica deve corresponder ao piso salarial profissional nacional, sendo vedada a fixação do vencimento básico em valor inferior, não havendo determinação de incidência automática em toda a carreira e reflexo imediato sobre as demais vantagens e gratificações, o que somente ocorrerá se estas determinações estiverem previstas nas legislações locais.** Discutiu-se se os artigos 2º, § 1º, e 6º, da Lei nº 11.738/2008 autorizam a automática repercussão do piso salarial profissional nacional quanto aos profissionais do magistério público da educação básica sobre as classes e níveis mais elevados da carreira, bem assim sobre as vantagens temporais, adicionais e gratificações, sem a edição de lei estadual a respeito, inclusive para os professores que já auferem vencimentos básicos superiores ao piso. Com efeito, há razão ao se sustentar que a Lei em comento – como regra geral – não teria permitido a automática repercussão do piso nacional sobre as classes e níveis mais elevados da carreira do magistério e tampouco o reflexo imediato sobre as vantagens temporais, adicionais e gratificações. Com efeito, partindo-se do entendimento (intangível para o STJ) já estabelecido pelo STF – de que o piso corresponde ao vencimento básico inicial –, pode-se afirmar que a Lei n. 11.738/2008 se limitou a estabelecer o piso salarial: valor mínimo a ser pago pela prestação do serviço de magistério, abaixo do qual a União, os Estados, o Distrito Federal e os Municípios não poderão fixar o vencimento inicial das carreiras do magistério público da educação básica. Assim, não há que se falar em reajuste geral para toda a carreira do magistério, não havendo nenhuma determinação de incidência escalonada com aplicação dos mesmos índices utilizados para a classe inicial da carreira. Nesse contexto, apenas aqueles profissionais que, a partir de 27/4/2011 (consoante o entendimento do STF), percebessem valores inferiores ao piso legalmente fixado seriam beneficiados com as disposições legais, não havendo qualquer repercussão para os demais professores que, naquela data, já auferiam vencimentos básicos superiores ao estabelecido na lei em comento. Da mesma forma, não há que se falar em reflexo imediato sobre as vantagens temporais, adicionais e gratificações. Essa, portanto, é a premissa geral a ser utilizada na interpretação em questão: a Lei n. 11.738/2008, em seu art. 2º, § 1º, apenas determinou que o vencimento inicial das carreiras do magistério público da educação básica deve corresponder ao piso salarial profissional nacional, sendo vedada a fixação do vencimento básico (entendimento do STF) em valor inferior, não havendo qualquer determinação de reescalonamento de toda a carreira e reflexo imediato sobre as demais vantagens e gratificações. Faz-se mister destacar, entretanto, que os temas não se exaurem com o estabelecimento dessa premissa geral. Explica-se. Uma vez determinado pela Lei n. 11.738/2008 que os entes federados devem fixar o vencimento básico das carreiras no mesmo valor do piso salarial profissional, se em determinada lei estadual, que institui o plano de carreira do magistério naquele estado, houver a previsão de que as classes da carreira serão remuneradas com base no vencimento básico, a adoção do piso nacional refletirá em toda a carreira. O mesmo ocorre com as demais vantagens e gratificações. Se na lei local existir a previsão de que a vantagem possui como base de cálculo o vencimento inicial, não haverá como se chegar a outro entendimento, senão o de que a referida vantagem sofrerá necessariamente alteração com a adoção do piso salarial nacional. REsp 1.426.210-RS, Rel. Min. Gurgel de Faria, Primeira Seção, por unanimidade, julgado em 23/11/2016, DJe 09/12/2016. (Informativo 594)

3 DIREITOS DO IDOSO

3.1 CONCURSO PÚBLICO

▸ ***Estatuto do Idoso e critérios de desempate em concurso público***

O Estatuto do Idoso, por ser lei geral, não se aplica como critério de desempate, no concurso público de remoção para outorga de delegação notarial e de registro, porque existente lei estadual específica reguladora do certame, a tratar das regras aplicáveis em caso de empate. *MS 33046/PR, Rel. Min. Luiz Fux, 10.3.15. 1ª Turma. (Info 777)*

3.2 PRECATÓRIOS

▸ ***Precatórios: embargos de declaração convertidos em diligência***

Convertido em diligência julgamento conjunto de embargos de declaração opostos em ADI para permitir a intervenção de todos os interessados na causa (RISTF, art. 140). Mantida a modulação dos efeitos, no tempo, do quanto decidido anteriormente em questão de ordem, sem prejuízo do pagamento dos precatórios. Representantes de estados-membros teriam demonstrado preocupação com a falta de capacidade de pagamento dos entes públicos e que iriam buscar uma solução legislativa para esse problema (PEC 74-A). Tal proposta leva em conta a modulação ditada pelo STF, de modo a assegurar mecanismos de diferenciamento para que a decisão judicial que prevê a quitação total dos precatórios até o final de 2020 seja cumprida. Estudos estatísticos atuariais do Congresso revelam que os estados-membros não tem como pagar no tempo aprazado. *ADI 4357 ED/DF, Rel. Min. Luiz Fux, 9.12.2015. Pleno. (Info 811)*

4 MEIO AMBIENTE

▸ ***Princípio da precaução e campo eletromagnético***

No atual estágio do conhecimento científico, que indica ser incerta a existência de efeitos nocivos da exposição ocupacional e da população em geral a campos elétricos, magnéticos e eletromagnéticos gerados por sistemas de energia elétrica, não existem impedimentos, por ora, a que sejam adotados os parâmetros propostos pela Organização Mundial de Saúde (OMS), conforme estabelece a Lei 11.934/2009. *RE 627189/SP, Repercussão geral – mérito, Rel. Min. Dias Toffoli, 8.6.2016. Pleno. (Info 829)*

5 DIREITOS DA PESSOA COM DEFICIÊNCIA

5.1 BENEFÍCIO ASSISTENCIAL DE PRESTAÇÃO CONTINUADA

- **STF – Reclamação – Reinterpretação de Decisão Proferida em ADI – Parametricidade – Idoneidade Processual da Reclamação (Transcrições). Reclamação – Reinterpretação de Decisão Proferida em ADI – Parametricidade – Idoneidade Processual da Reclamação (Transcrições) Rcl 18.636/PB* RELATOR: Ministro Celso de Mello EMENTA: Reclamação. Função constitucional desse instrumento processual (RTJ 134/1033 – RTJ 166/785). Alegado desrespeito à autoridade da decisão proferida pelo Supremo Tribunal Federal no exame da Rcl 4.374/PE. Julgamento plenário no qual esta Suprema Corte procedeu, expressamente, à reinterpretação dos comandos emergentes de decisão anteriormente proferida na análise da ADI 1.232/DF. A questão da parametricidade das decisões emanadas desta Suprema Corte no âmbito de ações reclamatórias, quando o Tribunal, em virtude de evolução hermenêutica, vem a redefinir, nelas, o conteúdo e o alcance de julgamentos revestidos de eficácia "erga omnes" e de efeito vinculante anteriormente proferidos em sede de fiscalização normativa abstrata. Idoneidade processual da reclamação "como instrumento de (re)interpretação da decisão proferida em controle de constitucionalidade abstrato" (Rcl 4.374/PE, Rel. Min. GILMAR MENDES, Pleno). Pretendido acesso ao benefício assistencial de prestação continuada (CF, art. 203, V). Critério objetivo que, consagrado no § 3º do art. 20 da Lei nº 8.742/93, revelou-se insuficiente e inadequado ao amparo efetivo das pessoas necessitadas, pois excluía do alcance tutelar do benefício constitucional pessoas em situação de comprovada miserabilidade. A ressignificação conferida pelo Supremo Tribunal Federal à regra legal em causa, fundada em modificações supervenientes do contexto fático e do quadro normativo em vigor, conduziu à superação da exegese dada no julgamento da ADI 1.232/DF, ensejando, mediante evolução interpretativa, nova compreensão hermenêutica, considerada mais adequada e fiel à vocação protetiva inerente ao art. 203, V, da Constituição. Declaração, pelo Plenário do Supremo Tribunal Federal, da inconstitucionalidade parcial, sem pronúncia de nulidade, do § 3º do art. 20 da Lei nº 8.742/93 (Rcl 4.374/PE). Injustificada recusa do INSS em conceder ao reclamante, que é portador de grave doença neurológica de natureza degenerativa, incapacitante e crônica, o pretendido benefício assistencial. Inadmissibilidade dessa recusa administrativa, pois, caso acolhida, transgrediria, frontalmente, o postulado constitucional que, dirigido ao Estado, veda a proteção insuficiente de direitos fundamentais (como o direito à assistência social). A proibição da proteção insuficiente como uma das expressões derivadas do princípio da proporcionalidade. Reconhecimento da plena legitimidade do acesso do ora reclamante ao benefício constitucional em referência. Precedentes. Reclamação julgada procedente. DECISÃO: Trata-se de reclamação na qual se sustenta que o ato judicial ora questionado – emanado da Turma Nacional de Uniformização dos Juizados Especiais Federais (Processo nº 0506011-30.2012.4.05.8200) – teria desrespeitado a autoridade das decisões que o Plenário do Supremo Tribunal Federal proferiu no julgamento conjunto da Rcl 4.374/PE e do RE 567.985/MT. Aduz, em síntese, a parte ora reclamante, para justificar a alegada transgressão à autoridade das decisões que esta Suprema Corte proferiu em referidos julgamentos, as seguintes considerações: "O reclamante propôs uma ação objetivando o recebimento do benefício assistencial a que alude o art. 203, V, da CF/88, ao argumento de que é portador, desde seu nascimento, de doença neurológica degenerativa e crônica denominada ATAXIA ESPINOCEREBELAR TIPO 3, também conhecida como DOENÇA DE MACHADO-JOSEPH (CID G11.1), enfermidade esta que gera um 'quadro progressivo de perda de movimentos, coordenação e força, evidenciando redução volumétrica do cerebelo' (deficiência incapacitante), cuja comprovação se deu através dos laudos médicos. Isto porque, embora tenha o reclamante pleiteado o aludido amparo assistencial administrativamente, em 17.11.2009, o INSS – APS ITABAIANA indeferiu o pedido ao argumento de que 'não foi reconhecido o direito ao benefício, tendo em vista que não há enquadramento no § 3º do art. 20 da Lei nº 8.742/93, considerada a renda 'per capita' do grupo familiar igual ou superior a ¼ do salário mínimo'. Ponderou, pois, o reclamante, na inicial, que a jurisprudência tem entendido pela flexibilização do enquadramento do requisito da renda 'per capita' do grupo familiar para fins de atestar o estado de miserabilidade, devendo o critério de aferição da renda mensal previsto no § 3º do art. 20 da Lei nº 8.742/93 ser observado como um mínimo, não excluindo a possibilidade de o julgador, ao analisar o caso concreto, lançar mão de outros elementos probatórios que afirmem a condição de miserabilidade da parte e de sua família. Em vista dessa possibilidade de por** outros meios de prova se atestar o estado de miserabilidade, trouxe o reclamante aos autos diversos outros elementos que comprovam não possuir 'meios de prover a própria manutenção ou de tê-la provida por sua família', tal como consta no art. 203, V, da Constituição Federal. Embora tais elementos de prova fossem suficientes para deferir o pleito do reclamante, omitiu-se a Magistrada sentenciante em sequer analisá-los, julgando improcedente a lide de maneira antecipada, por entender que o reclamante não cumpriu o requisito objetivo da renda 'per capita' familiar inferior a ¼ do salário mínimo, sendo tal requisito, na sua ótica, o único a pautar a análise de concessão do aludido benefício. Contra a referida decisão fora interposto recurso inominado pelo reclamante. Todavia, a Turma Recursal dos Juizados Federais da Seção Judiciária da Paraíba negou provimento ao mesmo. Com intuito de suprir omissões detectadas na decisão acima mencionada, bem assim com a finalidade de se proceder ao respectivo prequestionamento, o reclamante opôs embargos de declaração, porém a referida Turma Recursal achou por bem também rejeitá-los. Na sequência, foi interposto Incidente Nacional de Uniformização de Jurisprudência, inadmitido na origem, visando demonstrar que o STF, o STJ, as Turmas Recursais de outras regiões e a própria TNU consideram a possibilidade de se provar por outras vias a condição de miserabilidade a que se refere o art. 203, inciso V, da Constituição Federal, já tendo o STF reconhecido, com repercussão geral, a inconstitucionalidade do referido § 3º do art. 20 da Lei nº 8.742/93. Interpôs, então, o reclamante Agravo nos próprios autos, pleiteando a reconsideração da decisão ou, caso contrário, a remessa à Turma Nacional de Uniformização de Jurisprudência dos Juizados Especiais Federais para o regular processamento do incidente cujo objeto é 'ANULAR O ACÓRDÃO IMPUGNADO QUE JULGOU ANTECIPADAMENTE A LIDE, RETORNANDO OS AUTOS AO JUÍZO DE PRIMEIRO GRAU PARA QUE SE PROCEDA À VERIFICAÇÃO DAS CONDIÇÕES SOCIAIS E ECONÔMICAS DO AGRAVANTE, DIANTE DAS PECULIARIDADES POR ELE NARRADAS'. Passo seguinte, a decisão foi mantida e o Agravo encaminhado à Turma Nacional de Uniformização, que, em decisão monocrática, por meio de seu Ministro Presidente, negou provimento ao recurso." (grifei) O Ministério Público Federal, em parecer da lavra do ilustre Subprocurador-Geral da República Dr. PAULO GUSTAVO GONET BRANCO, opinou pelo não conhecimento da presente reclamação em manifestação que está assim ementada: "Reclamação. Utilização como paradigma de precedentes, sem eficácia geral e vinculante, de cuja relação processual o reclamante não fez parte. Impossibilidade. Parecer por que se negue seguimento à reclamação." (grifei) Sendo esse o contexto, passo a apreciar o pedido formulado nesta causa. Todos sabemos que a reclamação, qualquer que seja a natureza que se lhe atribua – ação (PONTES DE MIRANDA, "Comentários ao Código de Processo Civil", tomo V/384, Forense), recurso ou sucedâneo recursal (MOACYR AMARAL SANTOS, RTJ 56/546-548; ALCIDES DE MENDONÇA LIMA, "O Poder Judiciário e a Nova Constituição", p. 80, 1989, Aide), remédio incomum (OROSIMBO NONATO, "apud" Cordeiro de Mello, "O processo no Supremo Tribunal Federal", vol. 1/280), incidente processual (MONIZ DE ARAGÃO, "A Correição Parcial", p. 110, 1969), medida de direito processual constitucional (JOSÉ FREDERICO MARQUES, "Manual de Direito Processual Civil", vol. 3º, 2ª parte, p. 199, item n. 653, 9ª ed., 1987, Saraiva) ou medida processual de caráter excepcional (Ministro DJACI FALCÃO, RTJ 112/518-522) –, configura instrumento de extração constitucional destinado a viabilizar, na concretização de sua dupla função de ordem político-jurídica, a preservação da competência e a garantia da autoridade das decisões do Supremo Tribunal Federal (CF, art. 102, I, "l"), consoante tem enfatizado a jurisprudência desta Corte Suprema (RTJ 134/1033, Rel. Min. CELSO DE MELLO, v.g.). Esse instrumento formal de tutela, "que nasceu de uma construção pretoriana" (RTJ 112/504), busca, portanto, em essência, ao lado de sua função como expressivo meio de preservação da competência do Supremo Tribunal Federal, fazer prevalecer, no plano da hierarquia judiciária, o efetivo respeito aos pronunciamentos jurisdicionais emanados desta Suprema Corte (RTJ 149/354-355, Rel. Min. CELSO DE MELLO), especialmente quando impregnados de eficácia vinculante: "Reclamação e preservação da autoridade das decisões do Supremo Tribunal Federal. O eventual descumprimento, por juízes ou Tribunais, de decisões emanadas do Supremo Tribunal Federal, especialmente quando proferidas com efeito vinculante (CF, art. 102, § 2º), ainda que em sede de medida cautelar, torna legítima a utilização do instrumento constitucional da reclamação, cuja específica função processual – além de impedir a usurpação da competência da Corte Suprema – também consiste em fazer prevalecer e em resguardar a integridade e a eficácia subordinante dos comandos que emergem de seus atos decisórios. Precedentes. Doutrina." (RTJ 179/995-996, Rel. Min. CELSO DE MELLO, Pleno) A destinação constitucional da via reclamatória, portanto – segundo acentua, em autorizado magistério, JOSÉ FREDERICO MARQUES ("Instituições de Direito Processual Civil", vol. IV/393, 2ª ed., Forense) –, além de vincular esse meio processual à preservação da competência global do Supremo Tribunal Federal, prende-se ao objetivo específico de salvaguardar a extensão e os efeitos dos julgados desta Suprema Corte. Esse saudoso e eminente jurista, ao justificar a necessidade da reclamação – enquanto meio processual vocacionado à imediata restauração do "imperium" inerente à decisão desrespeitada –, assinala, em tom de grave advertência, a própria razão de ser desse especial instrumento de defesa da autoridade decisória dos pronunciamentos do Supremo Tribunal Federal ("Manual de Direito Processual Civil", vol. 3/199-200, item n. 653, 9ª ed., 1987, Saraiva): "O

Supremo Tribunal, sob pena de se comprometerem as elevadas funções que a Constituição lhe conferiu, não pode ter seus julgados desobedecidos (por meios diretos ou oblíquos), ou vulnerada sua competência. Trata-se (...) de medida de Direito Processual Constitucional, porquanto tem como 'causa finalis' assegurar os poderes e prerrogativas que ao Supremo Tribunal foram dados pela Constituição da República." (grifei) Mostra-se irrecusável concluir, desse modo, que o descumprimento, por quaisquer juízes ou Tribunais, de decisões proferidas pelo Supremo Tribunal Federal autoriza a utilização da via reclamatória, vocacionada, em sua específica função processual, a resguardar e a fazer prevalecer, no que concerne à Suprema Corte, a integridade, a autoridade e a eficácia dos comandos que emergem de seus atos decisórios, desde que proferidos com eficácia vinculante, na linha do magistério jurisprudencial consagrado por este Tribunal (RTJ 187/150-152, Rel. Min. CELSO DE MELLO, v.g.). Assentadas tais premissas, impõe-se analisar, preliminarmente, se se mostra cabível, ou não, o emprego da reclamação em situações de alegado desrespeito a decisões que a Suprema Corte tenha proferido, como ocorre na espécie, em sede de processos de perfil subjetivo. É que o ora reclamante, ao deduzir a sua pretensão jurídica, invocou, como paradigmas, processos de índole subjetiva (Rcl 4.374/PE e RE 567.985/MT), versando casos concretos nos quais essa mesma parte reclamante não figurou como sujeito processual. O Supremo Tribunal Federal tem advertido não caber reclamação, quando utilizada para fazer prevalecer a jurisprudência desta Suprema Corte (ou para impor-lhe a observância) em situações nas quais os julgamentos do Tribunal não se revistam de eficácia vinculante, exceto se se tratar de decisão que o Supremo Tribunal Federal tenha proferido em processo subjetivo no qual haja intervindo, como sujeito processual, a própria parte reclamante, hipótese inocorrente na espécie. Ocorre, no entanto, que o Plenário desta Corte Suprema, no julgamento da Rcl 4.374/PE, não apenas resolveu o conflito individual deduzido naquela causa, mas procedeu, expressamente, à reinterpretação dos comandos emergentes da decisão anteriormente proferida, em sede de fiscalização normativa abstrata, no exame da ADI 1.232/DF, vindo a redefinir, dessa forma, o próprio conteúdo e o alcance de referido julgamento, revestido de eficácia "erga omnes" e de efeito vinculante, declarando a inconstitucionalidade parcial, sem pronúncia de nulidade, do § 3º do art. 20 da Lei nº 8.742/1993, afastando, em consequência, para efeito de concessão do benefício assistencial de prestação continuada (CF, art. 203, V), o obstáculo representado pela norma legal em referência: "Benefício assistencial de prestação continuada ao idoso e ao deficiente. Art. 203, V, da Constituição. A Lei de Organização da Assistência Social (LOAS), ao regulamentar o art. 203, V, da Constituição da República, estabeleceu critérios para que o benefício mensal de um salário mínimo fosse concedido aos portadores de deficiência e aos idosos que comprovassem não possuir meios de prover a própria manutenção ou de tê-la provida por sua família. 2. Art. 20, § 3º, da Lei 8.742/1993 e a declaração de constitucionalidade da norma pelo Supremo Tribunal Federal na ADI 1.232. Dispõe o art. 20, § 3º, da Lei 8.742/93 que 'considera-se incapaz de prover a manutenção da pessoa portadora de deficiência ou idosa a família cuja renda mensal 'per capita' seja inferior a ¼ (um quarto) do salário mínimo'. O requisito financeiro estabelecido pela lei teve sua constitucionalidade contestada, ao fundamento de que permitiria que situações de patente miserabilidade social fossem consideradas fora do alcance do benefício assistencial previsto constitucionalmente. Ao apreciar a Ação Direta de Inconstitucionalidade 1.232-1/DF, o Supremo Tribunal Federal declarou a constitucionalidade do art. 20, § 3º, da LOAS. 3. Reclamação como instrumento de (re)interpretação da decisão proferida em controle de constitucionalidade abstrato. Preliminarmente, arguido o prejuízo da reclamação, em virtude do prévio julgamento dos recursos extraordinários 580.963 e 567.985, o Tribunal, por maioria de votos, conheceu da reclamação. O STF, no exercício da competência geral de fiscalizar a compatibilidade formal e material de qualquer ato normativo com a Constituição, pode declarar a inconstitucionalidade, incidentalmente, de normas tidas como fundamento da decisão ou do ato que é impugnado na reclamação. Isso decorre da própria competência atribuída ao STF para exercer o denominado controle difuso da constitucionalidade das leis e dos atos normativos. A oportunidade de reapreciação das decisões tomadas em sede de controle abstrato de normas tende a surgir com mais naturalidade e de forma mais recorrente no âmbito das reclamações. É no juízo hermenêutico típico da reclamação – no 'balançar de olhos' entre objeto e parâmetro da reclamação – que surgirá com maior nitidez a oportunidade para evolução interpretativa no controle de constitucionalidade. Com base na alegação de afronta a determinada decisão do STF, o Tribunal poderá reapreciar e redefinir o conteúdo e o alcance de sua própria decisão. E, inclusive, poderá ir além, superando total ou parcialmente a decisão-parâmetro da reclamação, se entender que, em virtude de evolução hermenêutica, tal decisão não se coaduna mais com a interpretação atual da Constituição. 4. Decisões judiciais contrárias aos critérios objetivos preestabelecidos e Processo de inconstitucionalização dos critérios definidos pela Lei 8.742/1993. A decisão do Supremo Tribunal Federal, entretanto, não pôs termo à controvérsia quanto à aplicação em concreto do critério da renda familiar 'per capita' estabelecido pela LOAS. Como a lei permaneceu inalterada, elaboraram-se maneiras de contornar o critério objetivo e único estipulado pela LOAS e avaliar o real estado de miserabilidade social das famílias com entes idosos ou deficientes. Paralelamente, foram editadas leis que estabeleceram critérios mais elásticos para concessão de outros benefícios assistenciais, tais como: a Lei 10.836/2004, que criou o Bolsa Família; a Lei 10.689/2003, que instituiu o Programa Nacional de Acesso à Alimentação; a Lei 10.219/01, que criou o Bolsa Escola; a Lei 9.533/97, que autoriza o Poder Executivo a conceder apoio financeiro a municípios que instituírem programas de garantia de renda mínima associados a ações socioeducativas. O Supremo Tribunal Federal, em decisões monocráticas, passou a rever anteriores posicionamentos acerca da intransponibilidade dos critérios objetivos. Verificou-se a ocorrência do processo de inconstitucionalização decorrente de notórias mudanças fáticas (políticas, econômicas e sociais) e jurídicas (sucessivas modificações legislativas dos patamares econômicos utilizados como critérios de concessão de outros benefícios assistenciais por parte do Estado brasileiro). 5. Declaração de inconstitucionalidade parcial, sem pronúncia de nulidade, do art. 20, § 3º, da Lei 8.742/1993. 6. Reclamação constitucional julgada improcedente." (Rcl 4.374/PE, Rel. Min. GILMAR MENDES – grifei) Ao assim proceder, o Supremo Tribunal Federal reconheceu que, após o julgamento da ADI 1.232/DF, o critério objetivo definido pelo art. 20, § 3º, da Lei 8.742/1993 (renda familiar mensal "per capita" inferior a 1/4 do salário mínimo), em face de modificações supervenientes nas circunstâncias materiais e no quadro normativo positivado pelo Estado, sofreu um processo de progressiva inconstitucionalização, revelando-se insuficiente e inadequado à proteção efetiva das pessoas necessitadas. Como se sabe, a omissão estatal no adimplemento de imposições ditadas pela Constituição – à semelhança do que se verifica nas hipóteses em que o legislador comum se abstém, como no caso, de adotar medidas concretizadoras do dever imposto pelo art. 203, V, do Estatuto Fundamental – culmina por fazer instaurar "situações constitucionais imperfeitas" (LENIO LUIZ STRECK, "Jurisdição Constitucional e Hermenêutica", p. 468/469, item n. 11.4.1.3.2, 2002, Livraria do Advogado Editora), cuja ocorrência justifica "um tratamento diferenciado, não necessariamente reconduzível ao regime da nulidade absoluta" (J. J. GOMES CANOTILHO, "Direito Constitucional", p. 1.022, item n. 3, 5ª ed., 1991, Almedina, Coimbra – grifei), em ordem a obstar o imediato reconhecimento do estado de inconstitucionalidade no qual eventualmente incida o Poder Público por efeito de violação negativa do texto da Carta Política (RTJ 162/877, Rel. Min. CELSO DE MELLO, Pleno). Daí a exata afirmação feita pelo eminente Ministro TEORI ALBINO ZAVASCKI ("Eficácia das Sentenças na Jurisdição Constitucional", p. 115/116, item n. 5.5, 2001, RT), cuja lição a propósito do tema ora em exame põe em evidência o relevo que podem assumir, em nosso sistema jurídico, as transformações supervenientes do estado de fato e/ou de direito: "Isso explica, também, uma das técnicas de controle de legitimidade intimamente relacionada com a cláusula da manutenção do estado de fato: a da 'lei ainda constitucional'. O Supremo Tribunal Federal adotou em vários precedentes (...). Com base nessa orientação e considerando o contexto social verificado à época do julgamento, o Supremo Tribunal Federal rejeitou a argüição de inconstitucionalidade da norma em exame, ficando claro, todavia, que, no futuro, a alteração do 'status quo' poderia ensejar decisão em sentido oposto." (grifei) É precisamente o que ocorreu em relação ao art. 20, § 3º, da Lei nº 8.742/93, uma vez que a regra em questão vem sofrendo, ao longo do tempo e em virtude de alteração de quadro fático motivada por circunstâncias de índole econômico-social, modificação sensível, o que levou esta Suprema Corte a reconhecer, no exame da Rcl 4.374/PE, a existência de uma situação constitucional imperfeita, decorrente da constatação de execução incompleta do dever que o inciso V do art. 203 da Constituição da República impôs ao legislador, destacando-se, em referido julgado, a ocorrência, no caso, de uma típica situação de omissão inconstitucional parcial. De outro lado, ao dirimir a controvérsia constitucional suscitada no âmbito da Rcl 4.374/PE, esta Suprema Corte deixou consignado, no douto voto proferido pelo eminente Ministro GILMAR MENDES, Relator, a possibilidade de o Tribunal, em virtude de evolução hermenêutica, modificar a sua própria jurisprudência, vindo, inclusive, a declarar inconstitucional aquilo que anteriormente havia sido considerado compatível com o texto da Constituição da República, rememorando, ainda, que, no âmbito do controle incidental, há inúmeros precedentes que legitimam essa prática processual. Reconheceu-se, em referido julgamento (Rcl 4.374/PE), na linha do entendimento proposto pelo Ministro GILMAR MENDES (e acolhido pelo Plenário desta Corte), que a oportunidade de reapreciar o conteúdo das decisões proferidas pelo Supremo Tribunal Federal em sede de fiscalização normativa abstrata tende a surgir, com maior naturalidade e de forma mais corrente, no âmbito das reclamações. É por meio da reclamação, portanto, que o Supremo Tribunal Federal, no desempenho de sua jurisdição constitucional, reaprecia o conteúdo e revisa o alcance de suas próprias decisões proferidas em sede de controle abstrato de constitucionalidade, na medida em que o processo de reclamação – como ressaltado pelo eminente Ministro GILMAR MENDES (Rcl 4.374/PE) – em nada se distingue nem diverge ontologicamente de qualquer jurisdição de perfil constitucional, uma vez que o instrumento da reclamação visa e objetiva proteger a integridade da ordem constitucional, de tal modo que a possível superação, por esta Suprema Corte, de uma anterior decisão sua, mesmo proferida em sede de fiscalização normativa abstrata, resultará legítima em decorrência do exercício pleno dessa mesma jurisdição constitucional. Desse modo, ajuizada a reclamação, como na espécie, com base na alegada transgressão à autoridade de julgamento (Rcl 4.374/PE) que redefiniu o conteúdo e o alcance de decisão emanada desta Suprema Corte em processo de fiscalização normativa abstrata (ADI 1.232/

DF), revela-se plenamente possível, não obstante em caráter excepcional, outorgar parametricidade, ainda que em sede de reclamação, à decisão nela proferida que se apresenta – em virtude da especificidade do contexto que venho de mencionar – impregnada dos mesmos efeitos que são peculiares ao julgamento efetuado no âmbito do controle abstrato de constitucionalidade. Plenamente justificável, assim, a utilização, no caso, do instrumento constitucional da reclamação. Passo, desse modo, à análise da pretensão deduzida na presente causa. E, ao fazê-lo, devo assinalar, por necessário, que o benefício assistencial em causa reveste-se de caráter alimentar, importando a sua não concessão em risco inaceitável para a subsistência do ora reclamante, que é portador de grave doença neurológica degenerativa, incapacitante e crônica, denominada "ataxia espinocerebelar tipo 3" (ou "Doença de Machado-Joseph"), causa geradora de "quadro progressivo de perda de movimentos, coordenação e força, evidenciando redução volumétrica do cerebelo", conforme atestam os laudos periciais produzidos nos presentes autos. Cumpre observar, ainda, que, por tal razão, o ora reclamante sofreu a decretação judicial de sua interdição civil, achando-se totalmente desprovido de recursos financeiros, dependendo, economicamente, por esse motivo, de sua família, atualmente composta por seis (06) integrantes, cuja renda mensal total é de apenas um (01) salário mínimo!!! Cabe enfatizar, por relevante, que a família do reclamante tem gastos elevados com a sua manutenção, notadamente com medicamentos e pagamento de aluguel residencial, que representam despesas essenciais à subsistência do destinatário do benefício assistencial em causa. Não obstante todas essas dramáticas circunstâncias, desde 19/09/2009, ou seja, há mais de seis (06) anos, o INSS tem recusado ao reclamante a concessão do benefício de prestação continuada que é devido a pessoas portadoras de deficiência, tão somente porque, à época do requerimento administrativo, o reclamante não atendia ao requisito inscrito no art. 20, § 3º, da Lei nº 8.742/93, "considerada a renda 'per capita' do grupo familiar igual ou superior a 1/4 do salário mínimo". Cabe destacar, no ponto, que o magistrado federal de primeiro grau, ao julgar improcedente a ação ajuizada pelo ora reclamante, assinalou que "o litígio restringe-se, portanto, ao enquadramento do(a) promovente à renda 'per capita' mínima exigida pela referida legislação", sendo certo que, mesmo após o julgamento por esta Suprema Corte do RE 567.985/MT e da Rcl 4.374/PE, ainda assim, a Turma Recursal dos Juizados Especiais Federais da Seção Judiciária da Paraíba veio a negar provimento ao recurso inominado interposto em referido litígio, tendo em vista que, à época do requerimento administrativo, a renda mensal "per capita" do grupo familiar era superior a 1/4 do salário mínimo, o que representa manifesta transgressão à diretriz jurisprudencial firmada pelo Plenário do Supremo Tribunal Federal nos precedentes em referência. Com efeito, o entendimento então prevalecente no âmbito deste Tribunal, em virtude da alteração de sua jurisprudência, foi consolidado pelo Supremo Tribunal Federal em julgamento plenário no qual, após reconhecida a existência de repercussão geral da mesma questão constitucional ora versada nesta causa, pronunciou-se em sentido que confere plena legitimidade jurídica ao pretendido acesso do ora reclamante ao benefício assistencial em causa: "Benefício assistencial de prestação continuada ao idoso e ao deficiente. Art. 203, V, da Constituição. A Lei de Organização da Assistência Social (LOAS), ao regulamentar o art. 203, V, da Constituição da República, estabeleceu os critérios para que o benefício mensal de um salário mínimo seja concedido aos portadores de deficiência e aos idosos que comprovem não possuir meios de prover a própria manutenção ou de tê-la provida por sua família. 2. Art. 20, § 3º, da Lei 8.742/1993 e a declaração de constitucionalidade da norma pelo Supremo Tribunal Federal na ADI 1.232. Dispõe o art. 20, § 3º, da Lei 8.742/93 que 'considera-se incapaz de prover a manutenção da pessoa portadora de deficiência ou idosa a família cuja renda mensal 'per capita' seja inferior a 1/4 (um quarto) do salário mínimo'. O requisito financeiro estabelecido pela lei teve sua constitucionalidade contestada, ao fundamento de que permitiria que situações de patente miserabilidade social fossem consideradas fora do alcance do benefício assistencial previsto constitucionalmente. Ao apreciar a Ação Direta de Inconstitucionalidade 1.232-1/DF, o Supremo Tribunal Federal declarou a constitucionalidade do art. 20, § 3º, da LOAS. 3. Decisões judiciais contrárias aos critérios objetivos preestabelecidos e Processo de inconstitucionalização dos critérios definidos pela Lei 8.742/1993. A decisão do Supremo Tribunal Federal, entretanto, não pôs termo à controvérsia quanto à aplicação em concreto do critério da renda familiar 'per capita' estabelecido pela LOAS. Como a lei permaneceu inalterada, elaboraram-se maneiras de se contornar o critério objetivo e único estipulado pela LOAS e de se avaliar o real estado de miserabilidade social das famílias com entes idosos ou deficientes. Paralelamente, foram editadas leis que estabeleceram critérios mais elásticos para a concessão de outros benefícios assistenciais, tais como: a Lei 10.836/2004, que criou o Bolsa Família; a Lei 10.689/2003, que instituiu o Programa Nacional de Acesso à Alimentação; a Lei 10.219/01, que criou o Bolsa Escola; a Lei 9.533/97, que autoriza o Poder Executivo a conceder apoio financeiro a Municípios que instituírem programas de garantia de renda mínima associados a ações socioeducativas. O Supremo Tribunal Federal, em decisões monocráticas, passou a rever anteriores posicionamentos acerca da intransponibilidade dos critérios objetivos. Verificou-se a ocorrência do processo de inconstitucionalização decorrente de notórias 'mudanças fáticas' (políticas, econômicas e sociais) e 'jurídicas' (sucessivas modificações legislativas dos patamares econômicos utili-

zados como critérios de concessão de outros benefícios assistenciais por parte do Estado brasileiro). 4. Declaração de inconstitucionalidade parcial, sem pronúncia de nulidade, do art. 20, § 3º, da Lei 8.742/1993. 5. Recurso extraordinário a que se nega provimento." (RE 567.985/MT, Red. p/ o acórdão Min. GILMAR MENDES, Pleno - grifei) Vale ressaltar, por necessário, que essa diretriz jurisprudencial tem sido corroborada em sucessivos julgamentos proferidos no âmbito desta Suprema Corte (AI 803.306/ES, Rel. Min. MARCO AURÉLIO - ARE 743.831/TO, Rel. Min. CÁRMEN LÚCIA - ARE 755.427/SP, Rel. Min. CELSO DE MELLO - ARE 769.631/PB, Rel. Min. ROBERTO BARROSO - ARE 796.589/SP, Rel. Min. ROSA WEBER - ARE 798.114-AgR/SP, Rel. Min. CÁRMEN LÚCIA - ARE 818.541/SP, Rel. Min. RICARDO LEWANDOWSKI - ARE 834.838/SP, Rel. Min. TEORI ZAVASCKI - RE 433.737-AgR/SP, Rel. Min. MARCO AURÉLIO, v.g.). Não constitui demasia insistir, neste ponto, por necessário, que é dramática e cruel, sob todos os aspectos - notadamente aqueles de caráter pessoal, familiar, social e financeiro -, a triste (e penosa) situação individual, plenamente comprovada nos autos, em que se encontra o ora reclamante, que se dirige a esta Suprema Corte "in forma pauperis", buscando, em sede jurisdicional, o amparo que lhe tem sido negado por um frio aparato burocrático... Não bastassem esses aspectos, cabe também referir a circunstância - triste e dolorosa - de que a família do autor vive em situação de inegável miserabilidade, profundamente incompatível com o postulado da essencial dignidade da pessoa humana, que representa, no contexto de nosso sistema constitucional, considerada a centralidade desse princípio nuclear, um dos fundamentos mais expressivos em que repousa o Estado Democrático de Direito (CF, art. 1º, III). Torna-se claro, pois, presentes tais considerações, e tendo em vista, ainda, a jurisprudência plenária desta Suprema Corte (Rcl 4.374/PE e RE 567.985/MT), a plena legitimidade do acesso do ora reclamante ao benefício assistencial em causa em razão da acertada evolução jurisprudencial promovida por esta Suprema Corte. Sendo assim, e pelas razões expostas, julgo procedente a presente reclamação, para assegurar ao ora reclamante o acesso imediato ao benefício assistencial da prestação continuada a que se refere o art. 203, V, da Constituição Federal. Comunique-se, com urgência, transmitindo-se cópia da presente decisão à E. Turma Nacional de Uniformização dos Juizados Especiais Federais (Processo nº 0506011-30.2012.4.05.8200), à colenda Turma Recursal dos Juizados Especiais Federais da Seção Judiciária da Paraíba (Processo nº 0506011-30.2012.4.05.8200) e ao Senhor Juiz Federal do 7º Juizado Especial da Seção Judiciária do Estado da Paraíba (Processo nº 0506011-30.2012.4.05.8200). Arquivem-se os presentes autos. Publique-se. Brasília, 10 de novembro de 2015. Ministro CELSO DE MELLO Relator *decisão publicada no DJe de 16.11.2015 INOVAÇÕES LEGISLATIVAS 1º a 5 de fevereiro de 2016 Medida Provisória nº 712, de 29.1.2016 - Dispõe sobre a adoção de medidas de vigilância em saúde quando verificada situação de iminente perigo à saúde pública pela presença do mosquito transmissor do Vírus da Dengue, do Vírus Chikungunya e do Zika Vírus. Publicada no DOU, Seção 1, Edição nº 21, p. 1, em 1º.2.2016. Decreto nº 8.662, de 1º.2.2016 - Dispõe sobre a adoção de medidas rotineiras de prevenção e eliminação de focos do mosquito Aedes aegypti, no âmbito dos órgãos e entidades do Poder Executivo federal, e cria o Comitê de Articulação e Monitoramento das ações de mobilização para a prevenção e eliminação de focos do mosquito Aedes aegypti. Publicada no DOU, Seção 1, Edição nº 22, p. 1, em 2.2.2016. Lei nº 13.256, de 4.2.2016 - Altera a Lei nº 13.105, de 16 de março de 2015 (Código de Processo Civil), para disciplinar o processo e o julgamento do recurso extraordinário e do recurso especial, e dá outras providências. Publicada no DOU, Seção 1, Edição nº 25, p. 1, em 5.2.2016. Secretaria de Documentação - SDO Coordenadoria de Jurisprudência Comparada e Divulgação de Julgados - CJCD (Informativo 813)

5.2 CONCURSO PÚBLICO

▸ ***Acumulação lícita de cargos públicos.***

É possível a acumulação de um cargo público de professor com outro de intérprete e tradutor da Língua Brasileira de Sinais (Libras). Nos termos da CF, a inacumulabilidade de cargo público emerge como regra, cujas exceções são expressamente estabelecidas no corpo da própria Carta Magna (art. 37, XVI). Na exceção prevista na alínea "b" do inciso XVI do art. 37 da CF ("a de um cargo de professor com outro técnico ou científico"), o conceito de "cargo técnico ou científico" não remete, essencialmente, a um cargo de nível superior, mas à atividade desenvolvida, em atenção ao nível de especificação, capacidade e técnica necessários para o correto exercício do trabalho (RMS 42.392, RMS 28.644 e RMS 20.033). *REsp 1.569.547-RN, Rel. Min. Humberto Martins, DJe 2.2.2016. 2ª T. (Info 575)*

5.3 EDUCAÇÃO

▸ ***Direito à educação: ensino privado e acesso a pessoas com deficiência***

Escolas particulares devem cumprir obrigações do Estatuto da Pessoa com Deficiência. Julgadas constitucionais as normas do Estatuto da Pessoa com Deficiência (Lei 13.146/15) que estabelecem a obrigatoriedade de as escolas privadas promoverem a inserção de pessoas com deficiência no ensino regular e prover as medidas de adaptação necessárias sem que ônus financeiro seja repassado às mensalidades, anuidades e matrículas. *ADI 5357 MC-Referendo/DF, Rel. Min. Edson Fachin, 9.6.2016. Pleno. (Info 829)*

6 AÇÕES COLETIVAS EM ESPÉCIES

6.1 AÇÃO CIVIL PÚBLICA (LEI Nº 7.347/85)

▸ ***Dispensa do requisito temporal para a legitimação ativa de associação em ação civil pública.***

É dispensável o requisito temporal (pré-constituição há mais de um ano) para associação ajuizar ação civil pública quando o bem jurídico tutelado for a prestação de informações ao consumidor sobre a existência de glúten em alimentos. *REsp 1.600.172-GO, Rel. Min. Herman Benjamin, DJ 11.10.2016. 2ª T. (Info 591)*

▸ ***Termo "a quo" do prazo prescricional das execuções individuais de sentença coletiva. Recurso repetitivo. Tema 877.***

O prazo prescricional para a execução individual é contado do trânsito em julgado da sentença coletiva, sendo desnecessária a providência de que trata o art. 94 da Lei 8.078/90. *REsp 1.388.000-PR, Rel. p/ ac. Min. Og Fernandes, 1ª S., DJe 12.4.2016. (Info 580)*

6.2 AÇÃO DE IMPROBIDADE ADMINISTRATIVA (LEI N ° 8.429/92)

▸ ***Possibilidade de dupla condenação ao ressarcimento ao erário pelo mesmo fato.***

Não configura "bis in idem" a coexistência de título executivo extrajudicial (acórdão do TCU) e sentença condenatória em ação civil pública de improbidade administrativa que determinam o ressarcimento ao erário e se referem ao mesmo fato, desde que seja observada a dedução do valor da obrigação que primeiramente foi executada no momento da execução do título remanescente. *REsp 1.413.674-SE, Rel. para o acórdão Min. Benedito Gonçalves, DJe 31.5.2016. 1ª T. (Info 584)*

6.3 AÇÃO POPULAR (LEI N ° 4.717/65)

▸ ***Ação popular. Ajuizamento contra ato da câmara dos deputados. Incompetência do STF. Art. 102, I, da CF. Rol taxativo.***

Não tem competência originária o STF para processamento e julgamento de ação popular contra ato da Câmara dos Deputados, na pessoa de seu Presidente, ainda que a autoridade disponha de prerrogativa de foro no âmbito criminal ou esteja sujeita à jurisdição imediata, em mandado de segurança, de tribunal, pois o rol do artigo102, I, da CF é taxativo. *(Pet 6080, Info 32/2016, Tese 248)*

▸ ***Ação popular. Impugnação à nomeação de senador suplente para presidir a comissão de "impeachment" da Presidente da República. Competência do STF.***

Não tem competência originária o STF para o processo e julgamento de ação popular com objetivo de impugnar a nomeação de senador suplente para presidir comissão de "impeachment" da Presidente da República, ainda que a autoridade requerida disponha de prerrogativa de foro no âmbito criminal ou esteja sujeita à jurisdição imediata, em mandado de segurança, de tribunal, pois o rol do art. 102, I da CF é taxativo. *(Pet 6162, Info 39/2016, Tese 308)*

EDITORA
JusPODIVM
www.editorajuspodivm.com.br

Impressão e Acabamento
Prol
EDITORA GRÁFICA